21世纪经济学系列教材

高级微观经济学

（上册）

田国强

Advanced Microeconomics

中国人民大学出版社
· 北京 ·

谨以本书缅怀

引领我进入经济学殿堂的两位导师

Leo Hurwicz 教授与林少宫教授！

——田国强

十位著名经济学家对本书的评价

目前愈来愈多的人感到需要补上理论经济学这一课，以免被似是而非的流行说法误导和对社会经济态势作出误判。在我看来，对于有一定基础的读者来说，田国强教授的《高级微观经济学》是一本最值得推荐的高级经济学教材。这本教材的最大优势在于：一方面，它避免了许多国内经济学教材忽视 20 世纪中期以来经济学重大发展的缺点，从现代经济学的基准理论到最前沿的观点都给出了准确的界定和严格的证明；另一方面，它又避免了绝大多数引进教材缺乏中国元素的缺点，能够结合中国经济改革、经济发展和国家治理的实际，阐明各种经济理论的内涵思想。即使对于理解书中高深的数理模型和复杂的数学推导有困难的读者，仅仅从作者对经济学理念和经济学方法的系统深刻阐述得到启示，也会感到受益匪浅。

——**吴敬琏** 国务院发展研究中心研究员、中欧国际工商管理学院宝钢经济学讲席教授

田国强教授在美国执教经济学近 30 年，在中国推动经济学教育改革 10 余年。本书是他在中美两国学习、研究、讲授微观经济理论的集成之作。它既严谨系统地介绍了现代微观经济学基础和前沿理论，又结合了中国经济改革开放发展的国情。这是一本专为中国学生写的高级经济学教科书，是对中国经济学教育改革的新贡献。

——**钱颖一** 清华大学经济管理学院院长，国家“千人计划”特聘专家，世界计量经济学会会士

田国强教授将他近 30 年来在微观经济学领域内研究与教学取得的成就和积累的心得倾注于这部力作，填补了国内高水平微观经济学教材的一个空白。其内容非常丰富，可以像 Mas-Colell-Whinston-Green 的教科书一样，成为微观经济学领域的标准教科书或参考书。尤其应该提到的是，田国强教授对于现代经济学的科学和客观的阐述，充分展示了一个经济学家严谨的治学精神，值得所有人一读。

——**周林** 上海交通大学安泰经济与管理学院院长，国家“千人计划”特聘专家，世界计量经济学会会士

中国经济学教育和研究取得了长足的进步，但还有很长的路要走。一方面仍然全面落后于国际前沿，一方面和中国经济的实践结合远远不够。田国强倾力写作的这本高级微观经济学教材，全面而系统，既覆盖了微观经济学前沿的重要主题，又结合中国经济的实践，努力

运用经济学理论分析中国现实问题。本书出得及时，值得大力推荐!

——**蔡洪滨**　北京大学光华管理学院院长，世界计量经济学会会士

这是一本讲授微观经济学的高级教程。它涵盖的内容非常系统和前沿，而且有对包括中国在内的真实经济世界的精彩解析，超越了之前同类的教科书。它是华人经济学家田国强教授几十年课堂生涯的倾心之作。

——**张军**　复旦大学经济学院院长，中国经济研究中心主任，长江学者特聘教授

微观经济学是现代经济学的基石与核心组成部分。著名华人经济学家田国强教授根据自己在中美高校近 30 年教学、研究及学术管理的经验与心得写成的《高级微观经济学》一书，涵盖了现代微观经济学的基本理论、分析框架、研究方法以及重要前沿研究。本书框架恢宏、体系完备、逻辑严谨、层次清晰。作者在介绍经济学基本思想、概念与理论时，总是通过一些富有启发性的实例加以解释说明，使教材在确保严谨科学的同时，又显得深入浅出，颇具可读性。尤其值得称道的是，作者经常结合中国经济的历史现实，从中国视角探讨现代微观经济学的适用性以及如何用于分析中国经济问题。我相信，这些鲜明特色与优点，将使本书成为最适合中国学生和青年学者使用的经典教材与必备参考书。

——**洪永淼**　厦门大学经济学院院长，美国康奈尔大学 Ernest S. Liu 经济学与国际研究讲席教授，国家"千人计划"特聘专家，发展中国家科学院院士

田国强教授的《高级微观经济学》乃集其多年教学与科研之大成。本书内容安排合理、既深又广。读者通过本书的学习，不仅有助于掌握现代微观经济理论，也能增进对其适用范围的认识。本书就如何修正这些理论以切合中国经济现实问题的研究具有独到见解，令人信服。研读本书，你将直达经济学研究的前沿。

——**谢丹阳**　武汉大学经济与管理学院院长，香港科技大学经济系教授，国家"千人计划"特聘专家

田国强教授的《高级微观经济学》是一本非常优秀的教科书与参考书。本书内容广泛，既覆盖了经典的微观经济理论，又引入了最前沿的主题。重要的定理（结果）既有直观的解释，又有严谨的证明。例子与习题有益于学生更深刻的理解。本书的特点是既与国际前沿的微观理论接轨，又与中国的实际相结合。这是一本中国学生与学者学习和应用微观经济理论不可缺少的读物。我强烈推荐此书。

——**白聚山**　南开大学金融学院院长，美国哥伦比亚大学经济系教授，国家"千人计划"特聘专家，世界计量经济学会会士

田国强教授是国内现代经济学教育的开拓者之一。田教授的《高级微观经济学》在现代经济学理论中融入了中国的经济思想，对中国学生而言是不可多得的一本微观经济学教材。掌握好微观经济学理论，是作出优秀实证经验研究 (empirical work) 的必要条件。这本书也是中国经济学者的重要参考资料。

——**张俊森** 香港中文大学经济系主任，国家“千人计划”特聘专家，世界计量经济学会会士

过去近 30 年，田国强教授一直致力于现代经济学在中国的教育和推广，取得了公认的成就，本教材又是一个很好的例证。全书渗透了他数十年来从事微观经济学研究和教学的心血，既有从基本概念到研究前沿的理论全面介绍，又做到了与中国现实、学术及思想相结合，是一本极具特色的高级微观经济学教材，也是从事中国经济问题研究尤其是微观实证研究学者的重要参考书。极力推荐!

——**甘犁** 西南财经大学经济与管理研究院院长，中国家庭金融调查与研究中心主任，美国得州 A&M 大学经济系终身教授，国家“千人计划”特聘专家

前　　言

《高级微观经济学》是基于我多年使用的《高级微观经济理论》英文讲义稿翻译，用了近10年时间反复修改，增补近一倍内容而成。本书内容齐全、丰富，涵盖直至最前沿的微观经济理论，适合于作为研究生高级微观经济学系列课程、高级微观经济理论专题课程教材和作为研究人员的重要参考书。英文讲义曾用于我在美国得克萨斯农工大学 (简称 “得州 A&M 大学”)、上海财经大学、香港科技大学、清华大学、中国人民大学等国内外多所高校的课程讲授，受到听过该课的众多师生的欢迎，一些世界一流大学经济系同行和博士生也将此讲义作为教学、研究和学习的参考资料。本书的选题广泛，囊括了现代微观经济理论中最基本直至最前沿的几乎所有典型主题，也是我过去 30 多年学习、思考、研究和讲授微观经济理论的集成之作。

经济学是一门看似简单，其实难以学好、掌握、透彻理解和真正领悟的非常艰深的学问。经济问题之所以难以解决，除了个体（无论是在国家层面还是企业、家庭或个人层面）在通常情况下都会逐利这一最基本的客观现实外，另外一个最大的客观现实就是，在绝大多数情形下，经济人之间的信息往往是不对称的，很容易装：一个人说了一番话，也不知道说的是真话还是假话；而听讲的人即使两眼盯着看，好像在聚精会神地听，也不知道是否真正听进去了，从而增加了理解和解决问题的难度，弄不好就抵消了所采用的制度安排的作用。这样，如何应对这两个最大的客观现实，应采用什么样的经济制度、激励机制和政策就成了经济学各领域最核心的问题和主题。同时，经济学由于往往涉及主观价值判断，不同的个体有不同的价值观、不同的观点，如有人偏重资源配置效率，有人强调资源配置公平，个体间对经济改革和政策的看法往往也不同，很容易引起很大的争论，因而使得理解和掌握经济学及其逻辑思维难上加难。

再加上经济学又是一门外部性特别强的社会学科，具有很大的正负外部性（按当前时髦的语言来说，即所谓的正能量或负能量)。不像医生，医术不好，受损或医死只是个别人，经济学应用不好影响的却是经济社会的各个方面，影响到社会、群体和个人。从而严谨地训练，正确理解、学好和掌握现代经济学，特别是掌握本书所讨论的微观经济学的主要内容，不仅对现代经济学的理论创新非常重要，对实际应用更重要，一旦用错，制定出错误的经济政策和制度，影响和危及的不仅是个体，甚至是整个国家层面的经济发展。这样，除了要学好经济学，在提出政策建议时，还特别不能屁股决定脑袋，以致过多考虑自身利益，因而除了勇于担当，还要具有社会良心和责任感。

改革开放以降，现代经济学在中国的传播和教学经历了一个从无到有、从少到多的发展过程。尤其是 20 世纪 90 年代初邓小平南方谈话及中国确立现代市场经济体制建设目标后，进入一个蓬勃发展的时期。时至今日，现代经济学包括微观经济学的很多原理、概念、方法已成为学界、政府和社会大众耳熟能详的基本常识和共同语言。随着中国进入全面深化改革以推进国家治理体系和治理能力现代化的历史新阶段，市场在资源配置中的决定性作用已得到中国政府决策层的确认，较之早前基础性作用的提法又大大向前迈进了一步。同时为了让政府更好地发挥维护和服务的作用，需要界定和厘清政府与市场、政府与社会的治理边界，以此理解和解决好发展的逻辑和治理的逻辑，现代经济学毫无疑问将在这些方面发挥不可或缺的作用，这无疑为现代经济学在中国的发展、创新和应用提供了一个极其难得的机遇。

现代经济学是一门极具包容性和开放性的处于动态发展中的学科，已远远超越新古典经济学的阶段，而中国的经济实践更可为经济理论的创新发展提供丰富的现实土壤。在笔者看来，只要采用严谨内在逻辑分析的推理和论证（不见得是数学模型），并且采用理性假设（包括有限理性假设），这样的研究就属于现代经济学的范畴。在现代经济学的学科框架下来检视，微观经济学主要是关于个体如何决策的理论，其核心内容是关于价格如何决定的理论（因而可用“定价”两个字高度概括），是关于市场如何运行的理论，也是关于市场在一些情形下如失灵时应如何补救的理论。它着力于研究有限资源在不同用途之间如何配置以便更好满足人类不同的需要，也构成了包括宏观经济学和其他几乎所有经济学领域的微观基础，对于人们更好地理解如何充分和正确发挥市场在资源配置中的决定性作用及更好发挥政府在维护社会公平正义和提供公共服务方面的作用，可以起到“明道”和“优术”的双重作用。

知其然，更要知其所以然，要知道一个经济理论的适用范围，否则一旦泛用来指导经济政策的制定弄不好会造成很大的社会负效应。如果对现代经济学理论逻辑及其实证量化的训练有限，在讨论问题、表述概念或给出政策建议时就会有很大的随意性，就有可能不太会注重理论的前提条件而将其盲目照搬到中国问题的研究和应用中来，就会导致许多问题，而掌握了数理的公理化方法的最大好处就在于表达理论时的确定性和清晰化，使得讨论和批评有一个可通约的讨论范式和分析框架。否定严谨的讨论方法和现代经济学的作用，就会认为现有的主流经济学的基本理论假设太强，太过注重数学性和严谨性，与现实隔得太远，从而认为不能很好地解释和解决中国的现实问题。推到极致，就会否定现代经济学在中国经济发展和市场化改革中的基本作用，认为需要另起炉灶，发展出独有的中国经济学及其理论。

其实，在大多数情况下，有这种看法的人是自身没有弄清楚前提条件，从而不知道理论有其适用范围，就盲目地泛用，出错了，于是就怪理论不好，甚至认为理论是错的。其实，像任何学科的理论一样，每个严谨的经济理论都给出了前提条件，不是在所有情形下都有效，从而，除非理论自身有逻辑矛盾，它们之间没有对错之分，而只有哪个理论或模型最适合中国当前的经济制度环境。如果没有严谨性，又怎么总能得出具有内在逻辑的结果呢？正如哈佛大学的丹尼·罗德里克（Dani Rodrik）教授所指出的，这些指责通常来自外行或者某个非正统的边缘派。[①] 的确如此，持有这种论调的人往往都对经济学理论和方法了解有限，因而无论是做原创性研究还是实际应用研究，都非常有必要学好经济学，掌握其分析框架及方法，注重逻辑分析的严谨性，这正是本书的基本目的。

作为微观经济学的高阶课程，高级微观经济学的教学目的就是揭示一些常见的原理、概念背后的严谨内在逻辑，培养学生以严谨方式分析经济理论问题的能力和思维方式，以及如何抓住和刻画复杂经济行为和经济学现象的本质（即模型化）来进行严谨演绎推理的内在逻辑经济分析。本书全面系统地阐释了现代微观经济学从基础理论、基准理论、分析框架、研

① Rodrik, Dani. “Economists vs. Economics”, http://www.project-syndicate.org /commentary/economists-versus-economics-by-dani-rodrik-2015-09.

究方法到最新前沿专题的内容，从而可根据课程需要选取全部或部分章节来作为经济学、金融学、统计学、管理学、应用数学以及相关学科博士研究生、硕士研究生、高年级本科生的高级微观经济学课程教材，也可作为从事经济学教学和研究的教师与学者的重要参考书。

本书特色

目前，国内高级微观经济学课程的教学大多是采用英文原版教材或其中译本，好处是与国际接轨，及时解决国内高质量经济学教材匮乏的问题，但不足之处也很明显，就是缺乏中国元素，在现代经济理论与中国经济现实之间缺乏直接联系。本书最大的特色，就是填补了这方面的空白，它既严谨系统地介绍了现代经济学的许多基准理论和最前沿的微观理论，只要有可能，都给出了准确的定义和严格的证明，同时又结合中国国情和市场化改革及国家治理通俗易懂地介绍了各种经济理论的内涵思想，力争做到有思想的学术和有学术的思想的有机结合。

20 世纪 80 年代国内经济学界基本上是有思想没学术，现在则是基本上有学术而没思想，为什么不能做到有学术的思想和有思想的学术的辩证统一呢？中国思想界和学术界对如何看待经济学教育和研究的很多争论，其根源就在此。其实，即使对严谨的原创性研究也完全可以做到有学术的思想和有思想的学术的有机结合，很多技术性很强的理论也包含很多深邃的经济思想，模型背后体现的是深刻的经济学思想和极强的洞察力（如本书将详细讨论的一般均衡理论、机制设计理论等）。在成熟的现代市场制度下由于大众耳濡目染这些思想也许不是那么重要，再加上现实制度环境较为接近模型假设，即使直接套用也不会造成大的问题，但在中国经济社会如何转型的方向性问题都没明了的中国情景下，了解这些思想和洞察力就显得异常重要，一方面为如何转型指明了方向，同时也可避免由于理论模型假设与现实太远却直接套用所造成的严重问题。很多国外同行教材的译本，由于缺乏与中国情景的衔接，还是存在很大隔阂，使得很多人迷失在数学模型中，不知道这些经济理论背后隐含的假设及其深刻的思想和洞察力。

为了增加对本书所介绍的各种经济理论（包括用高深数学表达的经济理论）的来源背景和发展轨迹及其传承的了解，同时也是为了增加读者学习经济理论的兴趣和知识的全面性以及平衡好学术性和思想性，根据网络资源，加上自己的理解，综合整理了 44 位（每章两位）对现代微观经济学的发展作出了开创性贡献的经济学家人物小传。

本书还在对很多微观经济理论模型的介绍中尽可能地加入了中国情景，结合中国国情和市场化改革阐述理论背后的经济学内涵思想和政策启示，并且还将其与中国古代博大精深的哲学思想、国学智慧相对接，希望做到有思想的学术及有学术的思想的有机结合，实现思想与学术的有机融合。学习经济学，不仅要优经济学的术，更要明其道，掌握其深邃思想，成为智者。这样的写法，在国内外的经济学教科书中有一定独到的特色。

本书结构

微观经济学注重从个体经济行为分析入手研究经济问题，进而基于此发展成给定或设计各种制度安排，特别是在市场制度下经济运行的结果。本书也是按照这样的逻辑来安排专题篇章。不过，在此之前本书还安排了关于学习高级微观经济理论所需的预备知识和方法的介绍。

全书共分为上、下两册，七个部分。上册由第零及一至三部分组成，主要介绍在无摩擦理想情形下市场基本不会失灵的基准模型、基准理论，以及分析框架、方法和工具。由第四至六部分组成的下册则从探讨无摩擦自由竞争市场制度的着重点转为着重讨论市场经济制度在什么情况下会失灵的问题。主要考察在存在经济外部性、公共品，特别是信息不对称等市场失灵的情形下，如何对市场进行修正和弥补，以此解决资源有效配置的问题。本书内容大致介绍如下：

第零部分有 2 章，是书的总论和预备知识，主要介绍现代经济学的本质和方法、数学预备知识和方法，以起到明道和优术的双重作用。首先对现代经济学科，特别是现代微观经济学理论的本质、范畴、思想、分析框架和研究方法，以及经济学思想与中国博大精深的国学智慧的相通性，作概要介绍。这些内容希望能增加人们对经济学各学科的包容性，这种包容性不仅对经济学各学科的发展非常重要，如现代经济学与政治经济学，在学科内也是如此，如基准理论与旨在解决具体现实问题的理论。当前对现代经济学有许多争论，其争辩的焦点包括：数学性与通俗性、原创性研究与中国问题研究、理论与应用、基准理论与现实差距、学术性与思想性、国际化与本土化、教学与科研，其本质是在争辩经济学的包容性问题。其次介绍了我们在本书以及现代经济学中几乎所有常用的数学分析工具和方法，其篇幅和内容丰富，可用作学好高级宏微观经济学的经济数学这门课程的基本教材或重要参考书，也可作为学习和研究经济学所需数学的手册式参考资料。

第一部分有 3 章，主要探讨个体决策制定的内在经济逻辑，包括消费者理论、生产者理论和不确定下的选择。个体决策模型是经济学中许多理论模型得以建立的微观基础，在经济学家思考问题的方式中占据核心地位。同时，许多选择是在不确定情形下作出的，人们通常需要规避一些不确定性，比如通过购买保险，为此不确定情形下的选择问题，是经济学一个极其重要的内容。

第二部分有 4 章，主要探讨博弈论与市场理论，包括博弈论、重复博弈和声誉机制、合作博弈、各种市场结构类型的市场理论。博弈论已成为主流经济学中一个非常重要的子学科，是微观经济学中一个核心领域，也是研究经济学中许多互动决策问题的最基本分析工具，比如垄断竞争，特别是寡头市场理论的讨论就需要用到大量博弈论知识和结果，所以将其作为应用放在一起进行讨论。

第三部分有 4 章，主要探讨完全竞争理想状态下市场基准理论——一般均衡理论与社会福利，包括竞争均衡的实证理论，竞争均衡的规范理论，经济核、公正配置及社会选择理论，不确定性下的一般均衡理论。一般均衡理论是近百年来经济理论发展史上最重要的理论之一，也是人类经济思想宝库中最耀眼的成就之一，为更好地研究和解决现实问题提供了重要的参照系和基准点。该部分将对竞争均衡的本质进行刻画，并对如何公正配置资源进行讨论，从而进一步论证市场经济制度的普适性、最优性和合理性。

以上第一至三部分主要考量的是在理想情形下市场基本不会失灵的基准模型、基准理论，这些基准模型和基准理论也是本科生和研究生所应学的传统内容。然而，在许多情形下，市场不是万能的，往往会失灵，因而由第四至六部分组成的下册则主要讨论更接近现实的非理想情形下市场往往会失灵时应该如何应对的问题。

第四部分有 2 章，主要探讨具有外部性和公共品（包括公共服务）情形下的资源配置问题，包括外部性、公共品这些典型的市场失灵情形。从微观和信息角度来看，市场还面临着许多问题，导致了“市场失灵”。分析市场在什么地方失灵和政府应该如何去做十分重要。在该部分我们将看到，一般来说，这些非市场“物品”或者“有害品”将导致帕累托无效结果，从而导致市场失灵。由于存在外部性和公共品，私人品市场一般来说不是配置资源的好机制。

第五部分有 5 章，主要探讨激励、信息和经济机制设计理论，包括隐藏信息下的委托—代理理论、道德风险下的委托—代理理论、完全信息下的一般机制设计、不完全信息下的一般机制设计、动态机制设计等。经济机制理论主要研究在自由选择、自愿交换、信息不完全及决策分散化的条件下，能否及怎样设计一套机制（游戏规则或制度）来达到既定目标，并且能够比较和判断一个机制的优劣性，而信息是否对称、激励是否相容，则是导致不同机制出现不同绩效的根源所在。

第六部分有 2 章，主要介绍现代微观经济理论的两个热门前沿分领域：拍卖理论和匹配理论，统称之为市场设计。市场设计这一新兴领域可视为第五部分一般机制设计理论的具体拓展和延伸，在现实中特别是在公共服务的提供方面都有其广泛的应用。

教学提示

如前所述，本书主要是供研究生高级微观经济学系列课程、高级微观经济理论专题课程以及数理经济学课程使用。本书主题的多样化和内容的相对独立性及递进性，同时也为不同层次的微观经济学教学和教师认为最重要的方面提供了很大的选择余地和自由发挥的空间，其内容适用于不同层次的高级微观课程的教学，教师可以根据教学需要，机动地选择有关章节讲解。本书除了供经济学博士微观经济学系统教学和前沿专题教学外，也可作为本科生和硕士研究生的教材和重要参考书。关于数学知识的第 2 章可作为学好经济学所需上的经济数学或数理经济学这门课程的教材或重要教学参考书。上海财经大学经济学院在 2004 年开始对高年级本科生开设了高级微观经济学课程，对研究生开设了高级微观经济学 Ⅰ、Ⅱ、Ⅲ，以及前沿微观理论专题。

下面对选用本教材的老师提供一些建议。(1) 对于高年级本科生以及研究生的高级微观经济学Ⅰ，考虑一个学期的教学，可以选择下面的章节：个体决策制定部分的第 3、4 和 5 章及博弈论的第 6、7 和 8 章；(2) 对研究生的高级微观经济学Ⅱ，考虑一个学期的教学可以选择下面的章节：第 9 章市场理论，一般均衡理论与社会福利部分的第 10、11、12 和 13 章，外部性和公共物品部分的第 14 和 15 章，以及机制设计理论部分的第 16 和 17 章；(3) 对于研究生的高级微观经济学Ⅲ或前沿微观理论专题，授课老师根据不同的侧重点，可以选择机制设计理论部分的第 18、19 和 20 章，或者选择市场设计部分的第 21 和 22 章。当然，在具体教学中对章节的选择还需要依据授课老师的偏好、研究兴趣以及课程时间的约束等等。此外，无论是讲授高级微观经济学Ⅰ、Ⅱ、Ⅲ还是前沿微观理论专题，首先让学生自己预习或教师大致讲授第 1 章的内容都是较可取的做法。

对让本科生大致了解现代经济学的范畴、思想、分析框架和研究方法而言，第 1 章和其他各章的引言部分内容就已基本足够。实际上，我每年在上海财经大学给经济学院本科生（必修）及其他学院本科生（选修）讲授的一个学分的全校大课——“经济学思想与方法”，基本对应的就是第 1 章的内容。该门课程已被列入国家精品视频公开课，相关视频也在《经济研究》网站首页列示，已有超过 8 万的点击量。

做习题是掌握教材内容的最可靠和最有效的方法。我上大学时为考研究生，就曾自学了许多翻译过来的苏联的数学教材，像菲赫金哥尔茨的《微积分学教程》（共三卷分八册）和复旦大学“文化大革命”前出版的《数学分析》，我就至少看了 10 遍以上，吉米多维奇的《数学分析习题集》中 5，000 多道数学题全部做过几遍。这段学习经历，为我的数学基础、逻辑分析能力以及随后的现代经济学学习和研究打下了扎实的功底。即使 30 多年后的今天，我仍能记得《数学分析》中几乎所有定理的基本证明。本书在每一章的最后也都附有一定量的习题。这些习题有些是我自己编写的，有些改编自国外经典教材的习题库，有些改编自世界一流大学经济系的博士生资格考试题库，有些是原创的学术论文的例子或基本结论，只要有可能，我都标明其来源。对本书很多习题的无名氏作者，在此表示感谢。

研究提示

本书也可用作研究的重要参考书，在某种意义上可视作为了解现代微观经济学直至它的最新发展的全书，涉及了微观经济学直至当前几乎所有分领域，包括如此宽度、广度及深度综合平衡的微观经济学书籍在中国基本没有。无论是做原创性研究，还是做中国经济问题研究，都需要学好现代经济学，掌握其基本分析框架和研究方法，打好理论和方法论基础。学完全书，基本就掌握了最前沿的微观经济理论，可以从事原创性研究了。一般而言，经济学研究与创新大致可分为两类：第一类是基础性的、原创性的、具有共性的理论和工具方法的研究和创新，这些研究和创新没有国界，具有一般性，本书介绍的理论基本都属于此类。在这方面，中国的研究水平和国际相比差距很大，这些差距体现在论文原创性和发表数量的差别、研究方法以及文章中体现的经济思想的差距，因此急需迎头赶上，需要有一批人瞄准国际前沿，做纯理论和量化方法的研究，而不单单是做中国经济问题研究。中国要成为强国，各方面都必须崛起，包括拥有国际学术话语权。第二类是现实问题的研究，是指运用现代经济学的基本原理、分析框架、研究方法和分析工具来研究某个国家或地区的现实问题，特别是中国经济问题的研究。此二者是辩证统一的，不要以前者否定后者，或以后者否定前者，两者应是并行、并重的。就如同自然科学中的基础研究创新和企业界的技术创新研究一样，是相辅相成的，都非常重要，缺一不可。

此外，需要指出的是，现代经济学，特别是微观经济理论研究主要提供两类理论，都具有严格的先决条件：一类是提供基准点或参照系的经济理论，本书前面部分所介绍的大多数理论是第一类理论；而另外一类则更为接近现实，主要是旨在解决具体和相对现实问题的理论，本书后面部分所介绍的大多数理论是第二类理论。第一类理论主要是以成熟市场经济国家的经济环境为理论前提的，提供的是在理想状态下的基础理论，尽管有指引改进或改革取向的明道作用，异常重要，但偏离现实，不一定完全适用于尚处于转型加转轨过程中的中国实际情境和经济环境，不能直接套用，从而不能照搬用来指导当前具体政策的制定。因此，需要对基准理论进行修正，考虑有摩擦、更为接近现实的情形，以此发展出解决具体现实问题的第二类经济理论，并进而得出具有内在逻辑的结论和进行预测，因而这两类理论是一种学科发展的相辅相成递进关系，第二类理论就是通过不断纳入对第一类理论远离现实的批评而发展出来的，从而使得现代经济理论体系更加完善和贴近现实。本书所介绍的现代经济学的基本分析框架、思想和研究方法不仅对研究这两类理论是共通的，而且可以为更好地运用经济理论研究中国经济问题，进而为发展适应中国经济问题的经济理论打下坚实的理论和方法论基础。这是需要广大教师和学生在使用本书时特别注意的。

致谢

本书在不同部分纳入了我过去 20 多年来在诸多国际顶级及一流经济学和数学学术期刊上陆续发表的一些原创性研究成果。这里，我首先要感谢诸多论文合作者给予我的研究启发，其中不少成果被放到了本书几乎每章的恰当位置。

其次，我要特别感谢在我指导下拿到上海财经大学经济学院博士学位、现任教于西南财经大学的孙楚仁教授，自发将我的《高级微观经济理论》英文讲义稿在 8 年前翻译成中文，如果没有他的早期翻译，可能到现在我也没有这么大的激励，随后花多年时间在这本高级微观经济学的教科书上。我也要感谢在我指导下拿到上海财经大学经济学院博士学位、随后的研究合作者和曾作为国家“千人计划”特聘专家助理、现任教于上海财经大学经济学院的孟大文副教授最早和孙楚仁一道有意将英文讲义稿翻译成中文，并对第 16~18 章的机制设计理论部分文字翻译和写作所提供的帮助，包括对全书重新制图。另外，我尤其要对上海财经大学高等研究院的同事、现任国家“千人计划”特聘专家助理楼国强副教授表示感谢，他在翻译初稿完成后的写作协助，许多章节增加内容的编写、编辑整理和组织协调等方面作出了很大的贡献并提供了极大的帮助，为我节省了大量时间，没有他，我想这本书的出版不会如此顺利，至今还不会完稿。同时，我还要感谢我在上海财经大学的博士生兼研究助理陈旭东助理研究员对本书在文字和写作上的帮助，以及秦广艳、李媛、程宁等人对全书完稿后文字的校对工作。

此外，我也从国内外许多同事那里得到了关于本书的意见和建议，特别是上海财经大学经济学院的同事在本书基本成型之后分别审读了相关章节，他们包括杜宁华（第 1、13 章）、杨哲（第 2、10、11 章）、范翠红（第 3、4 章）、郑兵勇（第 5、6、7 章）、唐前锋（第 8 章）、伍山林（第 9、14 章）、荣康（第 12、18、19、20 章），感谢他们提出了许多非常具体的修改意见。在我指导下获得美国得州 A&M 大学经济系博士学位、现任教于对外经贸大学的曹小勇副教授（第 3~5、9、21 章）、厦门大学的薛绍杰助理教授（第 6~8、12~13、16~17、21 章）、上海金融学院的龙兴华助理教授（第 1~2、10~11、14~15、18~20、22 章）和东华大学旭日工商管理学院的宫汝凯副教授（第 10~12 章）在书稿基本定稿后对全书进行了通读和校对，在此表示感谢。

我还要感谢在各个大学学习过我讲授的高级微观经济学课程的学生和助教以及世界各地许多博士生和读者，他们对课程内容给予了许多有益的建议。上海财经大学经济学院和美国得州 A&M 大学经济系的许多已毕业或在校的博士生（其中不少是我的博士生）也参与了习题编写、文献格式统一和术语表工作，包括王国静（第 3~4 章）、胡军（第 5~7 章）、龙兴华（第 10~11 章）、荣健欣（第 15~17 章）、王大中（第 12、14 、18 章）、鞠岩（第 7、8、21 章）、方观富（第 2、6 章）、郝亮（第 2、3、4、7、9、15、18、19 章）、郎有泽（第 13、14、16、17、20 章）、田有功（第 2、5、13、20 章）、刘泉林（第 12、13、14、15 章）、戴大荣（第 15~18 章）、黄超（第 13、14、15、22 章）、焦振华（第 22 章）等，郝亮和郎有泽分别参与了对上、下册术语表的整理以及文献的检查和格式统一等。

高级微观经济学被列入上海财经大学的精品课程（理论经济学）建设的一部分，教材是其中一个重要的环节。感谢学校为精品课程提供物质支持，同时也感谢经济学院负责教学的副院长常进雄教授在协调教材编写过程中所花费的时间和精力。中国国家自然科学基金委员会对我的许多研究给予了资助，上海市教委及上海财经大学研究生院和经济学院为本书的编著、编辑提供了资助，在此也一并表示感谢。

这里，当然也要感谢中国人民大学出版社的编辑高晓斐、周华娟、潘蔚琳等人对本书出版所给予的帮助和耐心。

最后，此书也是我给上海财经大学 2017 年建校 100 周年校庆的献礼，以此感谢上海财经大学及其历届领导，特别是前任校长谈敏教授对我的充分信任：自 2004 年起，授命我担任上财经济学院院长，使我得以深度参与了中国经济学教育教学改革发展的实践，包括大规模、成建制地引进海外高层次人才和进行具有国际先进水平的课程体系改革，并且自此每年从未间断地给上财博士生讲授“高级微观经济学 II”这门课程。没有这个契机，也不可能有这本教材。

总之，本书从某种意义上讲是凝聚了很多人智慧的一个结晶。当然，本书的不足和错误之处在所难免，都由我本人负责。由于教学、研究及在上海财经大学经济学院的行政工作十分繁忙，加上水平有限，对许多章节所讨论的理论及其背后的经济思想都没有吃透，更谈不上作出了什么学术贡献，因此所编写的内容仍然显得粗糙，连我自己都不太满意。但无论如何，之所以愿意花费这么多时间和精力去做这样也许吃亏却不见得讨好的事情，就是希望为中国经济学教育改革，为社会培养更多的高质量经济学人才尽点力。好的是，出版并不意味着终结。未来，我还会对这本书进行持续的动态更新和修订。

田国强

于居所行空书斋

2016 年 1 月 18 日

简 要 目 录

第零部分　预备知识与方法

第一部分　个体决策制定

第二部分　博弈论与市场理论

第三部分　一般均衡理论与社会福利

第四部分　外部性和公共品

第五部分　机制设计理论

第六部分　市场设计

目　　录

第零部分　预备知识与方法

第一部分　个体决策制定

第二部分　博弈论与市场理论

插　　图

表　　格

第零部分

预备知识与方法

为了使读者更有效地掌握本书的内容，学好现代经济学，领会其深邃的经济学思想，以及理解严谨分析经济问题的理论模型及其证明，本部分介绍经济学和数学的预备知识与方法。

第 1 章概要介绍现代经济学科的本质、范畴、思想和方法，以及经济学思想与中国博大精深的国学智慧的相通性。我们将给出现代经济学，特别是本书所涉及的关于经济学的思想和方法。20 世纪 80 年代的经济学界，基本上有思想没学术，而现在基本只注重学术，而忽视了经济学背后所蕴含的深刻的经济学思想。本书结合两者，希望做到有思想的学术及有学术的思想的有机结合。学习经济学，不仅要优经济学的术，更要明其道，掌握其深邃思想，成为智者。

第 2 章介绍高级微观经济学所需的基本数学知识和结果，这些基础知识和结果用来严谨地分析各类经济问题，特别是为微观经济理论的模型化、公理化及科学化提供必要的数学知识和工具，用来推导和证明微观经济学中的许多理论结果及其成立的边界。

第 1 章　现代经济学的本质

本章概要地介绍现代经济学这一学科的本质及其方法论，特别是本书所涉及的范畴、预备知识、思想和方法。我们将介绍现代经济学的基本术语和所研究的市场制度以及与中国古代经济思想的相通性，以及现代经济学的核心假设、若干要点、基本分析框架、研究方法与技巧及注意要点。这些研究方法与技巧和注意要点包括：提供基准点 (benchmark)，确定参照系 (reference)，建立研究平台 (studying platform)，发展分析工具，进行实证分析与规范分析，学好经济理论的基本要求，了解经济理论的作用及其注意事项，弄清一个论断的充分和必要条件，明白数学与统计在经济学中的地位和作用，以及掌握经济和数学语言之间的转化等内容。

1.1　经济学与现代经济学

1.1.1　什么是经济学？

学好经济学，首先要知道经济学的定义，理解其内涵、范畴及它所关注的问题。

经济学是一门研究在资源稀缺和/或个体信息不对称的情况下如何决策的社会科学。具体说来，它是一门研究人类经济行为和经济现象及追求自身利益的个体（含个人、家庭、企事业单位、团体、政府、国家）如何对有限的资源进行最佳权衡取舍的学科。

正是由于资源的稀缺性与人们欲望（即需要，wants）的无止境性这一对基本矛盾和冲突才产生了经济学。贯穿经济学的整个核心思想就是在资源有限 (信息有限、资金有限、时间有限、能力有限、自由有限等）和人们欲望无限这一对基本约束条件下，迫使人们对资源的配置作出权衡取舍的最佳选择，尽可能有效地利用资源，用有限的资源最大限度地满足人们的需求。

经济学在社会科学中占首要地位。作为一门社会科学，它通过内在逻辑分析方法及科学的观点来研究社会选择问题，是建立在对选择问题的系统探索上。这种系统探索既涉及理论的形式，也为经济数据的考察提供了分析的工具。

1.1.2　任何经济制度都必须回答的四个基本问题

任何经济制度，在资源配置中，无论是政府发挥决定性作用的指令性计划经济，市场发挥决定性作用的自由经济，还是国有经济发挥主导作用的半市场、半统制的混合经济，都离不开以下四个基本问题:

(1) 生产什么及生产多少？

(2) 产品如何生产？

(3) 产品为谁生产、如何分配？

(4) 谁来作出生产决策？

这四个基本问题是一切经济制度都需要回答的问题，但不同的经济体制却以不同的方式来解决这些问题。判断一个制度体制是否能够较好地解决这些问题，其根本因素就看是否能够较好地解决信息和激励问题。

迄今为止，现实世界中有两种基本的经济制度安排：

(1) 指令性计划经济制度安排：所有四个问题基本上都是由政府来回答，政府决定大多数经济活动，垄断经济决策和行业：决定行业准入、产品目录、基本建设投资分配、人员工作分配、产品价格和职工工资等，风险由政府承担。

(2) 市场经济制度安排：经济活动大多通过自由交换体系组织起来，生产什么、如何生产和为谁生产的决策是由企业和消费者分散作出的，风险由个人承担。

在现实世界中，几乎每一个经济制度都介于这两者之间，关键是以谁为主。由于个体的逐利性，指令性计划经济制度安排的根本弊病就在于不能解决好信息和激励问题，而市场经济制度安排则可以很好地解决信息和激励的问题。这就是为什么采用指令性计划经济制度安排的国家无不以失败告终，中国要搞市场化改革，要让市场在资源的配置中发挥决定性作用的根本原因。

1.1.3　什么是现代经济学?

现代经济学主要是在 20 世纪 40 年代后蓬勃发展起来的，它以个体通常逐利为基本出发点，通过引入和采用严谨推理和论证的科学方法并运用数学分析工具——对现实进行历史和实证的观察，将严谨的内在逻辑分析上升到理论，然后再回到现实进行观察、检验——来系统地探究人类经济行为和社会经济现象，从而它是一门科学，代表了科学的分析框架和研究方法。这种系统探究，既涉及理论的形式，也为经济数据的考察提供了分析工具。

由于研究经济社会问题不能轻易拿现实社会做实验，不仅需要有内在逻辑推断的理论分析，往往也需要有历史的大视野、大视角来进行纵横向比较分析，从中汲取经验教训，还需要运用统计和计量经济学等工具手段进行实证量化分析或检验，三者缺一不可，现代经济学在作经济分析或给出政策建议时，往往同时从理论、历史和统计三位一体进行学理性分析，既有内在逻辑的理论分析，也有历史视角的比较分析，还有数据统计的实证计量分析加以检验和考察。的确，在最终的分析中，所有知识皆为历史，所有科学皆为逻辑，所有判断皆为统计。这就是为什么约瑟夫 • 熊彼特（Joseph Schumpeter，其人物小传见 2.12.2 节）认为，一个经济“科学”家与一般的经济学家的差别在于作经济分析时是否采用了三要素：第一，理论，要有内在逻辑分析；第二，历史，要有历史视野的分析；第三，统计，要有数据，有实证的分析。①

正确理解、学好、掌握及深刻领悟现代经济学，特别是本书的基本内容，对现代经济学的理论创新和实际应用都十分重要，不仅可用于研究和分析经济问题，解释经济现象和人的经济行为，确立目标，指明改进方向，更重要的是以历史视角的比较分析和有数据统计的实证计量分析作为辅助，根据成因进行严谨的演绎推理和内在逻辑的理论分析，从而得出内在

① 熊彼特在其 1949 年出任美国经济学会会长所作题为《科学与意识形态》的就职演说中曾指出，“科学是指经过专门技术加工过的知识。经济分析，亦即科学的经济学，包括了历史、统计和经济理论等技术”。参见 Schumpeter, Joseph A. (1984). “Science and Ideology” in Daniel M. Hausman, eds., *The Philosophy of Economics*, Cambridge: Cambridge University Press, 260-275。

逻辑结论和作出更为准确的预测。

现代经济学之所以在社会科学中占首要地位，被称为社会科学的“皇冠”，就是由于它有非常一般性的分析框架和研究方法及分析工具，其基本思想、分析框架及研究方法威力巨大，可以用来研究不同国家和地区、不同风俗和文化的人类行为下的经济问题和现象，并被应用到几乎所有的社会科学门类及日常生活当中，甚至也有助于当好领导、搞好管理、做好工作，以至被加里 • S • 贝克尔 (Gary S. Becker，1930—2014，其人物小传参见 13.7.2 节) 称为“经济学帝国主义”或无所不能的学科。

1.1.4 现代经济学与自然科学的差异

社会科学，特别是现代经济学与自然科学有三大重大差别：(1) 经济学往往需要研究人的行为，需要对人的行为进行假设，而自然科学一般不涉及人的行为（当然，这种划分不是绝对的，比如生物学和医学有时候也涉及人的行为。不过，这些学科基本上不是从功利的角度来考虑问题，而经济学考虑人的行为时则主要从功利的角度来考虑问题）。一旦涉及人，由于人心隔肚皮，信息极度不对称，容易伪装，从而处理起来就会变得异常困难和复杂。(2) 在讨论和研究经济问题时，不仅要作描述性的实证分析，也要作价值判断的规范分析，由于人们价值观不同和涉及利益，往往容易引起很大争议，而自然科学一般只做描述性的实证分析，结论可以通过实践来检验。(3) 一个经济结论或理论作为政策一旦实施，影响面会很大、很宽，具有巨大的外部性，因而不能轻易地拿社会做实验检验，而自然科学的绝大多数领域没有这个问题。这三大差异使得经济学的研究更为复杂和困难，后面还会进行较为详细的讨论。

1.2 现代经济学的两类理论

现代经济理论是一种公理化的研究经济问题的方法，与数学类似，是一种从给定前提假设下演绎结果的逻辑推理。它由假设或条件、分析框架和模型以及若干结论（解释和/或预测）组成，这些结论从假设和分析框架及模型中严格导出，因而是一种具有内在逻辑的分析方法。这种逻辑分析方法对清晰地阐述问题非常有帮助，可避免许多不必要的复杂性。现代经济学就是基于经济理论对观察到的经济现象作出解释、进行评估并作出推测。

1.2.1 基准理论与相对实用理论

如前言所述，现代经济学理论按照功能可以分为两类：一类是提供基准点或参照系①、远离现实、相对理想情形下的基准经济理论，本书的上册主要讨论这样的基准理论；而另外一类则是旨在解决现实问题的经济理论，其前提假设更为接近现实，是对基准理论的修正，本书的下册讨论这样的相对实用和现实的理论。从而这两类理论都异常重要，都可用来得出具有内在逻辑的结论和进行预测，并且它们是一种递进的相辅相成的发展和延拓关系，相对现实的第二类理论就是通过不断对第一类基准理论的修正而发展出来的，从而使得现代经济理论体系更加完善和贴近现实。

①我们下面关于现代经济学研究方法一节中还会回过头来更详细地讨论基准点和参照系的作用。

第一类理论主要是以成熟市场经济国家的经济环境作为理论背景，提供的是在相对理想状态下的基础理论。不要小看甚至误解或否认这种基准理论的极端重要性，它们是不可忽视、不可或缺的，至少有两个方面的重要性。一是尽管这些理论结果在现实中无法实现，但是它提供了改进的方向和目标，可以促进现实向理想状态不断逼近，也就是所谓的在现实中做任何事情，没有最好，只有更好。因此，基准理论为判断是否更好、方向是否正确提供不可或缺的必要标准，否则弄不好会南辕北辙，从而谁能说基准理论不重要，以致否定它的至关重要性呢？二是它也为发展出更为接近现实的另外一类理论奠定了必要基础，否则无从发展出来。

这是由于，任何一个理论、任何一个结论、任何一个论断都是相对而言的，否则无从进行分析和评价。自然科学中的物理学科如此，社会科学中的经济学科也是如此，因而需要提供基准理论。比如，有摩擦的世界是相对无摩擦世界而言的，信息不对称是相对信息对称而言的，垄断是相对竞争而言的，技术进步、制度变迁是相对技术、制度固化而言的，因而我们必须首先发展出相对理想情形下的基准理论。就像物理学里的一些基本定律、原理是在无摩擦的理想状态下成立的，现实中有吗？没有，但是这些定律、原理的重要作用谁能否认？它们为提供解决现实的物理学问题提供了不可或缺的基准定律。同理，为了更好地研究更为现实、有摩擦的经济行为和经济现象，我们也先要研究清楚无摩擦的理想情况，以此作为基准点和参照系。现代经济学之所以一日千里，发展迅速，没有这些理想状态下的经济理论作为基准点和参照系是不可想象的。

新古典经济学理论作为现代经济学的一个重要组成部分，它假定经济信息完全、交易成本为零、消费偏好和生产集都是凸的（后面章节会正式定义）等正则性条件，就是第一类基准经济理论，提供基准点和参照系。新古典经济学以理想状态的经济作为基准点，尽管没有人为设置的目标，论证了只要个体逐利，自由竞争市场就自然地导致资源的有效配置（也即亚当·斯密 (Adam Smith，1723—1790，其人物小传见 1.17.1 节)“看不见的手”的严谨表述），从而应该以自由竞争市场为参照系，为我们提供了改革方向和改革目标，以此改善经济政治社会环境，建立竞争市场制度，让市场在资源配置中发挥决定性作用。有人认为理想参照系离现实经济太远而否定新古典经济学对中国经济改革的指导作用，这是一个经常听到的特大误解。这些人没有意识到，就是由于现实距基准点和参照系太远，这正说明了中国需要进行市场化的改革，不断提高资源的配置效率。

中国要改革、转型，就一定要有目标，有目标就一定要有改革取向的基准点和参照系。的确如此，对于一个国家的社会经济发展，理论探讨、理性思考和理论创新的重要性自不待言，但是改革的走向及其所要实现的目标是首先要明确的，由此决定国家大政方针的基本制度才是根本、关键和决定性的。如果关系到国家的走向和长治久安方面的政治、经济、社会、文化等方面的基本制度没有确定，再好的经济理论也发挥不了多大的作用，说不定还适得其反。所以，不要在改革的走向和目标都不明确的情况下，将经济理论的作用想象得无限大，期望经济理论能解决关键性和根本性的问题。经济学没有放之四海皆准、适合所有发展阶段的最好的经济理论，只有最适合某种制度环境前提的经济理论。

既然中国要进行市场化的改革，将新古典，特别是一般均衡理论等第一类经济理论所论证市场最优经济环境作为基准点，将竞争市场作为参照系，进行这样取向的改革就非常自然和必要了，从而就会不断地得到更好，再更好的不断改进的结果。

根据这些基准点界定的经济环境，我们需要进行松绑放权的自由化、民营化、市场化的改革，反对政府垄断资源和控制行业准入。同时，我们知道市场在许多情形下会失灵，一般均衡理论正好严格地界定了市场机制的适用范围，给出了在什么情形下市场可能会失灵，知道在哪些方面由政府制定规则、制度或提供公共服务能发挥大的作用，从而起到了界定市场有效边界的巨大作用。所以，研究经济问题，推进改革，特别是改革的大方向问题，都要从经济学的基准点说起，违反这些经济学常识，改革只有失败。这些基准点和参照系严格地给出了市场导致有效配置，从而成其为好的市场经济的前提条件，而这些前提条件正好指明了改革方向。本书第三部分着重介绍的阿罗（Kenneth Joseph Arrow，1921— ，其人物小传见10.8.2 节)–德布鲁（Gerard Debreu，1921—2004，其人物小传见 11.9.2 节）一般均衡理论和宏观经济学中的卢卡斯的理性预期宏观经济理论（称之为新古典宏观经济学）就是新古典经济学的标准理论，都严格论证了自由竞争市场导致了资源的有效配置。

当然，**由于许多基准理论提供的是在理想状态下的基础理论，尽管有指引改进或改革取向的明道作用，但和现实相差较远，不能简单地照搬用来解决具体现实问题**。也就是说，目标不等于过程，一个真正训练有素的经济学家从来不会简单地将第一类经济理论套用到中国情境中。尽管现实中不乏这样的庸俗经济学家，不会分析过渡动态，只看发达国家不看发展中国家，忽视了特定发展阶段的客观规律，但如果一味回避目标体制，特别是达成目标体制的路线图与时间表，用发展取消改革，就会破坏知识界推动市场化改革的理论合力，有将过渡状态永久化的可能。

需要指出的是，既然称之为基准经济环境，就是某种相对理想状态，同时，它一定是作为固定因素给定的，否则什么都是变动的，就无法讨论任何问题，在新古典理论中以及其他许多经济理论中，经济环境包括基本制度、生产技术，因此必定是外生给定的。当然，现代经济学也有许多理论就是专门研究制度演化、技术进步的，从而也就不作为给定了。但不管怎样，即使为了研究制度变迁、技术进步，我们也需要先研究清楚制度固定、技术不进步这些给定的情况。既然在理想状态下的市场制度是人类追求的目标，不妨先将其作为外生制度安排给定，先研究清楚它具有什么好的性质。但由此认为现代经济学只是研究制度给定的情形，那就是对现代经济学理论的范畴理解得过于狭隘了，许多关于现代经济学的争论由此而起，以为提供的只是第一类基准经济理论，从而将主要提供基准经济理论的新古典经济学等价于现代经济学，认为新古典考虑的理想状态与现实世界不符合，就将现代经济学看作是固化的从而否定现代经济学，这是极大的误区。

第二类理论则主要是旨在解决现实问题相对实用的经济理论，其前提假设更为接近现实，是对基准理论的修正，从具体功能看它又可以划分为两种：一是提供解决现实问题的分析框架、方法和工具，如本书要介绍的博弈论、机制设计理论、委托—代理理论、拍卖理论、匹配理论等；二是针对现实问题给出具体政策建议，如宏观经济学中的凯恩斯理论、理性预期理论等。

这样，**由这两类理论组成的现代经济学是一个具有极大包容性和开放性的处于动态发展中的学科，已远远超越新古典经济学的阶段**。它通过对各种基准理论前提假设的放松以及对于描述性理论的规范化、公理化的严格表述，不断发展出新的更加贴近现实的第二类经济理论，从而使得现代经济理论作为一个整体的洞察力、解释力、预测力变得越来越强大，而中国的经济实践更为经济理论的创新发展提供丰富的现实土壤。在笔者看来，**只要采用严谨内在逻辑分析（不见得是数学模型），并且采用理性假设（包括有限理性假设），这样的研究就属于现代经济学的范畴。**

它起源于由托马斯 · 马尔萨斯 (Thomas Robert Malthus，1766—1834，其人物小传参见 4.6.1 节) 和大卫 · 李嘉图 (David Ricardo, 1772—1823，其人物小传参见 1.17.2 节) 将斯密的理论整合而成的古典经济学，不仅包括如阿尔弗雷德 · 马歇尔（Alfred Marshall，1842—1924，其人物小传参见 3.11.1 节) 创立的新古典边际分析经济学和阿罗–德布鲁一般均衡理论这样的基准理论，也包括许多更为现实的经济学理论。比如，诺思（Douglass C. North, 1920—2015，其人物小传参见 15.5.1 节}）的新制度经济学和赫维茨 (Leonid Hurwicz, 1917—2008，其人物小传参见 16.10.2 节) 所开创的机制设计理论都对新古典理论进行了革命性的发展，新古典理论是将制度作为给定，而诺思和赫维茨却将制度内生化，视为可变化、可塑造、可设计的，制定出符合客观环境的各种制度安排，从而它们都成为现代经济学中极其重要的组成部分。又比如，现代政治经济学的发展和创新其实在很大程度上也是借鉴了第二类经济学理论的分析方法和工具，但是同样也存在着需要避免泛用的警示。

需要提醒读者注意的是，由于第二类理论旨在为解决现实问题提供分析框架、方法和工具，以及给出具体政策建议，且大多是基于一个成熟的现代市场制度而提出来的，应用起来需要特别小心，简单套用大有问题。事实上，现代经济学中每个严谨的经济理论，无论是原创性理论，还是分析工具的提供；无论是提供基准点或参照系的第一类基准理论，还是想解决现实经济问题的第二类理论，都有其自洽的内在逻辑体系，从而都必须给出或了解适用的边界条件和范畴。这样，通常需要借助大量的数学分析工具，由此招致一个常见的批评就是现代经济学太注重细节，越来越数学化、统计化、模型化，使问题更加晦涩难懂，由此导致现代经济学的严谨性和数学性受到批评。

其实，现代经济学之所以要用到这么多数学和统计，就是因为研究经济社会问题，给出经济政策不能轻易拿现实社会做实验，否则代价太大，也就是理论一旦采用就具有很大的外部性，不认识和理解边界条件而盲目应用，会带来很大负外部性。尽管决策者和一般民众不需要了解理论严谨分析的细节或前提条件，但提出政策建议的经济学家必须要了解。如不考虑前提条件就盲目建议，盲目应用，会带来很大问题甚至灾难性的后果，因而为了严谨性需要借用数学来严格地界定其边界条件和适用范围。同时，一个理论的应用或政策的制定也往往需要运用统计和计量经济学等工具手段进行实证量化分析或检验。再加上，在大多数情况下不能轻易拿社会做实验，因而需要有历史的大视野、大视角来进行纵横向比较。此外，从讨论问题的角度来看，也可以避免大量不必要的争论，早期国外和当前国内许多学术论战就是由于辩论双方对于关键性的经济术语缺乏精确的内涵和外延界定，定义不明或不一致，再加上缺乏科学、规范的定量分析工具来给出形式化的具有严格数理逻辑支撑的明确结论，从而无法形成针锋相对的辩论，其结果就像是鸡和鸭对谈，谁也说服不了谁。赫维茨就认为，许多传统经济理论的一个最大问题就在于表述概念时的随意性，而公理化方法的最大意义正是在于表达理论时的确定性和清晰化，使得讨论和批评有一个可通约的研究范式及分析框架。

这样，现代经济学作为市场经济制度的基本理论基础，非常注重引入自然科学的研究方法和分析框架来研究社会经济、行为和现象，强调从假设到推理到结论的内在逻辑，强调用数学和数理模型作为基本逻辑分析工具，强调以数理统计和计量经济学为基础的实证研究，具有很强的实用性、实证性和自然科学性。现代经济学与其他具有很强意识形态和价值观念的人文社会科学有很大不同。这也许是经济学能够在改革开放中发挥重要作用，且其作用得到各界公认的主要原因之一。但许多人由于对现代经济学存在误解和偏见，想当然地认为现代经济学只是为资本主义服务的，具有很大的意识形态性，从以上说明可看出这是一个极大的误区。正如邓小平指出的"计划和市场都是经济手段"、"社会主义也有市场"①的论断那样，现代经济学主要是为研究现代市场经济制度提供理论支撑和方法，是研究市场制度的工具，从而不是区分社会性质的关键。

1.2.2　经济理论的三个作用

这样，经济理论至少有三个功能或作用。

第一个作用是，提供基准点和参照系，以此给出追赶或打造目标，从而起到明道的作用。通过理论指导改革、变革及创新来促使现实经济运行不断向理想状态逼近。

第二个作用是，用来认识和理解现实经济世界，解释现实中的经济现象和经济行为，以此解决具体现实客观问题，这是现代经济学的主要内容。

第三个作用是，作出内在逻辑的推断与预测。实践是检验真理的唯一标准，但不是预测真理的唯一标准，许多时候如果仅用历史检验和已有的数据进行经济预测也可能会出问题，因而需要进行具有内在逻辑的理论分析。通过经济理论的内在逻辑分析，对给定的现实经济环境、经济人行为方式及经济制度安排下所可能导致的结果作出内在逻辑的推断和预测，以此指导解决现实经济问题。只要理论模型中的前提假设条件基本满足，就能得出科学的逻辑结论并据此作出基本正确的预测和推断，而不一定需要用实验，就能知道最终结果。例如，弗里德里希·奥古斯特·哈耶克（Friedrich August Hayek，1899—1992，其人物小传参见 2.12.1 节）早在 20 世纪 20 年代给出的关于指令性计划经济不可行的理论推断，就有这样的洞察力。一个好的理论不用实验也能推断出最终结果，这在很大程度上解决了经济学一般不能拿社会做实验的问题。人们需要做的只是检验经济环境和行为方式等方面的假设是否合理（近些年来非常热门的实验经济学主要就是从事检验经济人的行为方式假设等理论基础性方面的研究）。例如，社会不允许为了研究通货膨胀和失业率的关系而乱发货币。像天文学家和生物学家一样，经济学家大多时候只能利用现有的数据和现象来进行理论创新和检验理论。

当然，我们也不要将经济理论的作用想象得无限大，期望经济理论能解决关键性和根本性的问题。对于一个国家的社会经济发展，理论探讨、理性思考和理论创新的重要性自不待言，但是决定国家大政方针的基本制度才是根本、关键和决定性的。如果关系到国家的走向和长治久安的政治、经济、社会、文化等方面的基本制度没有确定，再好的经济理论也发挥不了多大的作用，说不定还适得其反。经济学没有放之四海皆准、适合所有发展阶段的最好的经济理论，只有最适合某种制度环境前提的经济理论。

①邓小平：《邓小平文选》，第 3 卷，373 页，北京，人民出版社，1993。

1.2.3 微观经济理论

微观经济理论的一个显著特征是，对逐利个体的经济活动（特别是在市场经济中）建立理论假说或模型化，并在此基础上进行严谨的分析，并考察市场是如何运作的。

整个微观经济学有一条主线贯穿其中——价格或定价：哪些因素影响定价，企业是否有定价能力，如何才能具有定价优势，以及如何最优定价。为此，人们需要研究市场的需求、供给、特点、功能，以及如何在各类市场和各种经济环境下定价，使之利润或效用最大化。因而，微观经济学也称为价格理论。

微观经济学是经济学的核心，是所有现代经济学分支的理论基础，它能使人们使用简化的假设深入分析复杂的问题，从而从纷繁中理出头绪，让复杂的问题变得相对简单，能够帮助人们从不相关的事物中抽取出最有用的信息，运用经济学方法思考各类问题，继而作出符合现实的解释和预测。无论是宏观经济、金融还是应用计量等分支，都要以微观经济理论作为支撑。

1.3 现代经济学与市场制度

现代经济学的最主要目的就是研究市场的客观规律及个体（如消费者、厂商）在市场中的行为。具体地讲，就是研究追求自身利益的个体在市场中如何达到和谐；市场通过什么途径配置社会资源；以及如何取得经济稳定、可持续性增长等问题。中国 30 多年来的经济改革主要就是进行市场化的改革，近年来又提出要让市场在资源配置中发挥决定性作用和让政府发挥更好 (不是更多) 的作用。从而，无论是为了学好本书的内容，还是为了研究解决中国经济改革发展中的现实问题，都需要对现代市场机制的功能及优越性有一个大致了解。

1.3.1 市场与市场制度

这里简要介绍市场是如何运转的，市场的基本功能是什么，是如何协调芸芸众生的经济活动而不需要政府过多的参与或干预的。

市场：市场是买卖双方进行自愿交换的一种交易方式，它不仅指买者和卖者进行交换活动的聚集地，如现场交易和网络线上交易，也包括任何其他形式的交易活动，如拍卖、讨价还价等机制。

在学习微观经济学时，需要牢记市场中的任何交易都有买卖双方是重要的。对任何货物的买者而言，都有相应的卖者。市场过程的最终结果则取决于市场中卖者和买者相对力量的较量。这种力量的较量有三种竞争形式：消费者—生产者竞争、消费者—消费者竞争、生产者—生产者竞争。在本书的讨论中，读者将发现，在市场中消费者和生产者讨价还价的地位在经济交易中都受到这三种竞争来源的限制。任何形式的竞争都像一个惩戒机制在引导市场过程，对不同市场的影响也不相同。

市场机制/市场制度：市场机制或价格机制是以价格作为引导，个体作出分散决策的一种经济制度，它通常是市场制度的一个较为狭隘的定义。市场制度或市场体系则是所有与市场紧密相关的体制、机制（包括市场法规体系）的集合。市场制度是一种分散决策、自愿合作、自愿交换产品和服务的经济组织形式，是人类历史上最伟大的发明之一，是迄今为止人类解决自己的经济问题最成功的手段。市场制度的建立并没有经过人类自觉的、有目的的设计，而是一个自然的发展演化过程。在哈耶克看来，市场秩序是一种自生自发的经济扩展秩序，是经过长期的选择和试错之后进化而来的。现代经济学主要是研究市场制度而产生、发展，从而不断扩展延拓的。乍看起来，市场的运作是一个令人费解而惊叹的事实。在市场体系中，资源配置的决策是由追求各自利益的生产者和消费者在市场价格的引导下独立作出的，没人指挥和发号施令。市场体系在不知不觉中解决了任何经济体系都逃不掉的四大基本问题：怎么生产、生产什么、为谁生产、谁作决策。

在市场体系下，由企业和个人作出自愿交换与合作的决策。消费者追求最大需求满足，企业追逐利润。为使利润最大化，企业必须精打细算，最有效地利用资源。也就是说，对于效用相近、质量相当的资源，尽量拣便宜的用。企业的物尽其用和社会的物尽其用本不相干，但价格把二者联系起来了，其结果是协调了企业利益和全社会的利益，导致了资源的有效配置。**价格的高低反映了社会资源的供求状况，反映了资源的稀缺情况。**比如，市场缺木料不缺钢材，木料就贵钢材就便宜。企业为了减少开支多赚钱，就得尽量多用钢材少用木料。逐利的企业这样做时没有想到社会的利益，但结果却完全符合社会的利益，这中间悄悄发挥作用的正是资源价格。资源价格协调了企业利益和全社会的利益，解决了怎么生产的问题。价格体系还引导企业作出符合社会利益的产出决策。生产什么，谁说了算？消费者说了算！企业只有一个考虑：什么价钱高就生产什么。在市场体系下，价格高低恰恰反映了社会需求，收成不好，粮价上涨，就会激励农民多生产粮食。追逐利润的生产者就这样被引上了“救死扶伤”的正轨，生产什么的问题就解决了。最后，市场体系还解决了哪位消费者得到哪件产品的问题。消费者如果真需要这件衬衫，就会出比别人高的价。只想赚钱的生产者就会只把衬衫卖给出价高的消费者。这样，为谁生产的问题也解决了。所有这些决策都是由生产者和消费者分散地作出的。这样，谁作决策的问题也解决了。

市场机制就这样轻松潇洒地把看似水火不容的个人利益和社会利益协调起来了。早在二百多年前，现代经济学之父亚当·斯密在其宏著《国富论》（1776）中就看到了市场机制的和谐与美妙。他把竞争的市场机制比作一只“看不见的手”，在这只手的暗暗指引下，追逐私利的芸芸众生不由自主地走向一个（不是人为设定的）共同目标，实现了社会福利的最大化：

> 由于每个个人都努力把他的资本尽可能用来支持国内产业，都努力管理国内产业，使其生产物的价值能达到最高程度，他就必然竭力使社会的年收入尽量增大起来。确实，他通常既不打算促进公共的利益，也不知道他自己是在什么程度上促进那种利益。他受着一只看不见的手的指导，去尽力达到一个并非他本意想要达到的目的。也并不因为事非出于本意，就对社会有害。他追求自己的利益，往往使他能比在真正出于本意的情况下更有效地促进社会的利益。①

斯密仔细研究了市场体系是如何把个人利己心和社会利益、分工协作结合起来的。斯密思想的核心是，如果分工和交换是完全自愿的，只有认识到交换的结果会对交换双方彼此互利，交换才有可能发生，否则，就没有人来交换。只要有好处，人们就会在利己心的驱动下自觉地合作。外力的压迫并不是合作的必要条件。即使语言不通，只要互利，交换照样进

① 亚当·斯密：《国民财富的性质和原因的研究》（下卷），郭大力、王亚南译，27 页，北京，商务印书馆，1974。

行。平时市场机制工作得如此之好，使大家都感觉不到它的存在。斯密以“看不见的手”为喻，指出了自愿合作和自愿交换在市场经济活动中的重要性。然而，市场体系为大家造福的思想，无论在斯密的时代还是今天，并未被所有人充分认识到。阿罗–德布鲁的一般均衡理论则对斯密“看不见的手”作了正式表述，严格论证了自由竞争的市场可以导致社会福利的最大化，证明了市场在资源配置方面的最优性。

1.3.2　价格的三大功能

如上所述，市场体系的正常运转是通过价格机制实现的。价格在组织涉及亿万人的瞬息万变的经济活动时，正如诺贝尔经济学奖获得者米尔顿 • 弗里德曼 (Milton Friedman，1912—2006，其人物小传见 4.6.2 节) 所分析的那样，履行了三种功能：

(1) 传递信息：以最有效的方式传递生产和消费的信息；

(2) 提供激励：激励人们以最佳方式进行消费和生产；

(3) 决定收入分配：资源禀赋、价格及经济活动成效决定收入分配。

其实，早在汉代的司马迁就开始注意并总结了在市场中商品价格起伏的规律，所谓一切商品皆是 “贵上极则反贱，贱下极则反贵”，要想致富就要抓住这个规律 “与时逐利”。

1. 价格的功能之一：传递信息

价格指导着参与者的决策，传递供求变化的信息。需求增加，销售者就会发现其销量增加了，从而向批发商订购更多的商品，向厂商增加订货，价格就会上升，于是厂商就会投入更多生产要素来生产这种商品，使得有关方面都获得了商品需求增加的信息。

价格体系传递信息时很讲效率，它只向那些需要了解有关信息的人传递信息。价格体系不但能传递信息，而且能产生某种激励机制以保证信息传递的畅通，使信息不会滞留在不需要信息的人手中。传递信息的人有内在的动力去寻找需要信息的人；需要信息的人有内在的动力去获得信息。例如，成衣制造商总是希望能够用更低的价格取得更好的布，它们就不停地寻找新的供应者。同时，生产棉布的企业也总是与顾客保持接触，以各种方式宣传产品的物美价廉以吸引更多的顾客。那些与上述活动无关的人当然对棉布的价格和供求毫无兴趣，漠不关心。本书在第 18 章所介绍的一般机制设计理论将论证竞争的市场机制在信息利用方面是最有效率的，它所需要的信息量最少，交易成本最低。赫维茨等人在 20 世纪 70 年代就证明了在纯交换的新古典经济环境中，没有什么其他经济机制既能够实现资源的有效使用，又比竞争性市场机制使用更少的信息。

2. 价格的功能之二：提供激励

价格还能提供激励，使人们对需求和供给的变动作出反应。当某种商品的供给减少时，一个经济社会应当提供某种激励，使生产这种商品的企业愿意增加生产。市场价格体系的优点之一就在于价格在传递信息的同时，也给人们以激励，使人们基于自己的利益自愿地对信息作出反应，激励消费者以最优的方式进行消费，使生产者以最有效的方式进行生产。价格的激励功能与价格决定收入分配的第三个功能密切相关。如果提高产量所增加的所得大于所增加的成本，生产者就会继续提高产量，直到两者相等，达到利润最大化。

3. 价格的功能之三: 决定收入分配

在市场经济中，个体收入取决于所拥有的资源禀赋 (如资产、劳动力等) 及其经济活动的成效。在收入分配上，人们往往想把价格的收入分配功能与传递信息、提供激励的功能分割开来，在保留传递信息和提供激励功能的同时，使人们的收入更加平等。然而，这三个功能是紧密关联、缺一不可的。价格对收入的影响一经消失，价格传递信息、提供激励的功能也就不复存在。如果一个人的收入并不取决于他为别人提供劳务或商品的价格，那么他何必费劲去取得关于价格和市场供求的信息，并对这些信息作出反应呢? 如果干好干坏收入都一样，有谁愿意好好干? 如果发明创造而得不到好处，又何必费时费力去发明创造呢? 如果价格不再影响收入分配，价格就失去了其他两项功能。

1.3.3 市场制度的优越性

现代市场经济制度是在人类社会的长期演进中产生、逐渐成形并不断完善的复杂而精巧的制度。市场机制在资源配置中发挥基础性和决定性的作用，是市场经济之所以能够最优配置资源的关键。这种最优是本书第 11 章要详细讨论的维弗雷多 • 帕累托（Vilfredo Pareto，1848—1923，其人物小传见 11.9.1 节）最优（有效）意义下的最优，即在现有资源约束条件下，不存在不让任何参与人受损的情况下让一部分人的福利有所改进的资源配置方案，尽管帕累托最优标准没有考虑到社会公平正义问题，但它却从社会效益的角度对一个经济制度给出了资源是否被浪费的一个基本判断标准，从可行性的角度评价了社会经济效果。它意味着如果一个社会资源配置不是有效的，就存在着改进效益的余地。

本书中的一般均衡理论部分要着重介绍的两个福利经济学基本定理对亚当 • 斯密论断给出了严谨正式表述，它是亚当 • 斯密“看不见的手”的正式表述，论证了自由竞争的市场可以导致社会福利的最大化，证明了市场在资源配置方面的最优性。福利经济学第一基本定理证明了：当人们追求个人利益时，如果每个经济人对商品需求的欲望是无止境的，局部非饱和的，则在一般的经济环境（私人商品、完全信息、非外部效应、商品可分）下，竞争的市场制度导致资源的帕累托有效配置。福利经济学第二基本定理则证明，在新古典经济环境（即利己、连续的凸偏好关系和闭凸生产集）下，任何一个帕累托有效的资源配置都可以通过初始禀赋的再分配和竞争性市场均衡来实现，从而没有必要采用其他经济制度安排来取代市场。本书将在第 11 章对这两个定理的结论给出严谨的描述和数学证明。

第 12 章要讨论的经济核定理和经济核极限定理从另外的角度论证了市场制度有利于社会的稳定性及在资源配置方面的最优性和唯一性，是人类经济活动中自然选择的客观内在逻辑结果。竞争的市场机制导致了资源的有效配置，因而现代市场经济制度能较好地解决社会安定有序的问题。经济核的基本含义是，当一个社会的资源配置处于经济核状态时，就不存在任何小集团对该资源配置不满，从而想控制和利用自己的资源来提高他们自身的福利。这样就不存在什么势力或小集团对社会造成威胁，这个社会就比较安定。经济核定理告诉我们，当市场达到竞争均衡后，在一些规范性的条件下，如在偏好的单调性、连续性及凸性（效用的边际替代率递减）假设下，市场均衡所导致的均衡配置就处于经济核状态。而经济核极限定理告诉我们，在个体逐利的最大客观现实下，只要给人们经济自由（即允许个人自愿合作、自愿交换）和充分竞争，不事先给定任何制度安排，所达到的结果与竞争市场均衡的结果就是一样的。所以，市场机制不是谁发明的，它是一种内在的经济规律和自发秩序，与自然规律一样具有客观性。这个结果的政策含义就是，在竞争市场机制能够解决资源最优配置的情况下，应该让市场来解决。只有在竞争市场无能为力的情况下，才设计其他一些机制来弥补市场机制的失灵。

尽管市场机制不能很好地解决贫富差距过大的社会公平问题，但本书第 12 章所介绍的公正定理启示我们，只要政府尽可能给个体提供机会公平和资源平等，让市场正常发挥作用，而不是取代它，就能够导致既有效率也相对公平的资源配置结果。

上面所述的关于现代竞争自由的市场制度在资源配置方面的最优性、唯一性、公正性，以及有利于社会的稳定性严谨描述和证明都是一般均衡理论部分要着重讨论的内容。约瑟夫·熊彼特从竞争和垄断的动态博弈过程所导致的创新驱动角度论述了市场机制的最优性。熊彼特的“创新理论”告诉我们，有价值的竞争不是价格竞争，而是新商品、新技术、新市场、新供应来源、新组合形式的竞争，从而市场经济保持长期活力的根本就在于创新和创造，这源于企业家精神，源于企业家不断地、富于创造性地破坏市场的均衡，也就是他所说的“创造性破坏”。要形成创新的土壤，鼓励和保护创新，基本要靠逐利的企业家和民营经济。

竞争和垄断就像供给和需求，通过市场的力量，它们可以形成令人惊叹不止的对立统一，从而显示了市场制度的优美和巨大威力。没有竞争，就像政府垄断的国有企业，它不可能有动力去创新。由于企业利润会随着竞争程度的增加而减少，私有、民营企业由于逐利的动机，往往会有很大激励不断进行创新，研发新产品，将新产品的价格定在竞争均衡价格之上而获得高利润。但是，同行业的其他企业很快会开发类似产品来分享利润。这种市场竞争导致企业利润下降，从而迫使企业不得不创新，而企业创新带来垄断利润，可观的利润会吸引其他企业涌进来参与竞争。这样，市场竞争导致利润下降，由此企业不得不通过创新获取新的垄断利润，从而形成了竞争—创新—垄断—竞争这样一种反复动态循环，即市场竞争趋向均衡，而创新却打破均衡，市场不断地进行这样的博弈就会激励企业不断追求创新，通过这种博弈过程，市场经济保持长期活力，使社会福利增加和经济发展，从而显示了市场制度的优美和巨大威力。这样，为了鼓励创新，就需要政府制定知识产权保护法，同时为了鼓励竞争及形成技术创新的外部性，就需要制定反垄断法。对知识产权的保护不是永远的，而需要有一定的年限，不能形成固化或永远的寡头和垄断。

创新就意味着打破循规蹈矩，这就必然蕴含高风险，尤其是高科技创新更具有高风险特征，创投成功的比例非常低，但一旦成功，就会有相当可观的盈利回报，从而能吸引更多的资金前赴后继地往里投。不过，对国企而言，由于先天缺乏承担风险的激励机制，是不可能去冒这样的高风险的。而对于民营经济，由于追求自身利益的强烈动机，是最敢于冒风险的，从而最具有创新意识和创新力。因此，从各国经济发展的社会实践来看，企业创新（非基础性科学研究）的主体都是民营企业。实际上，中国思想史上的司马迁也十分肯定竞争、优胜劣汰是自然趋势。他认为，“富无经业，则货无常主，能者辐凑，不肖者瓦解。”即，致富并不靠固定的行业，而财货也没有一定的主人，有本领的人能够聚敛财货，没有本领的人则会破败家财。

更进一步，竞争的市场机制不仅有利于社会稳定性及在资源配置方面的最优性和唯一性，资源的有效配置，而且在传递信息时很讲效率。赫维茨等人在 20 世纪 70 年代证明：对纯交换的新古典经济环境类，没有什么其他经济机制既能导致资源有效配置而又比竞争市场机制用到了更少的信息。乔丹 (Jordan) 在 1982 年更进一步证明了对纯交换经济，市场机制是唯一的利用最少的信息实现了资源的有效配置的机制。田国强（2006）证明了这一结论不仅在纯交换经济中成立，而且在有生产的经济中也成立，同时是唯一的。由此可以得出一个重要推论：无论是指令性计划经济、国有经济，还是混合制经济，实现资源有效配置所需要的信息一定比竞争市场机制需要的多，不是信息有效率的，即需要花费更多的成本来实现资源的最优配置。这个结论对中国为什么要搞市场化的经济改革和国有经济民营化，提供了一个重要的理论基础。我们将会在第 18 章对信息有效唯一性结果进行详细介绍。

需要特别指出的是，随着互联网金融创新的出现，现实经济偏离理想状态的程度将会不断减弱，会促进现实市场经济越来越趋向于亚当 · 斯密、哈耶克、肯尼思 · 约瑟夫 · 阿罗和吉拉德 · 德布鲁及罗纳德 · H · 科斯 (Ronald H. Coase，1910—2013, 其人物小传见 14.6.2 节) 等人所描述的市场经济的理想状态。这是由于，无论是按照亚当 · 斯密所描述的竞争市场“看不见的手”的作用——本书着重讨论的阿罗–德布鲁关于完全竞争市场的一般均衡理论和科斯关于完全竞争市场交易成本为零的理论，还是熊彼特关于市场竞争有利于创新的理论，都是论证市场是最优的。其基本的结论是，完全竞争的市场导致了帕累托所说的资源有效配置和社会福利最大化。不过，完全竞争市场理论主要提供了一个参照系或终极目标，就是市场越竞争越好，信息越对称越好，但完全竞争的市场经济在现实中是不存在的，因为信息沟通成本、交易成本不等于零，这其中包括最主要的金融融资的成本。

但互联网金融作为媒介功能的交易成本将会越来越小。当前，由于互联网金融的创新和发展，从某种意义上说，这就不仅仅是停留在理想状态，而是随着互联网金融颠覆性的创新越来越逼近趋同了，第一类理论将更接近现实。互联网金融将会使得现实中信息沟通的成本大大降低，使得市场经济活动更加接近理想中的完全竞争状态，变得越来越有效。中国实在是幸运，其改革开放、市场化的改革让中国及时地搭上了信息时代的列车。

1.4 政府与市场和社会的边界

上面关于市场最优性的这些理论结果事实上还依赖于一个关键性隐含假设：制度的重要性和决定性作用，即存在着一个完善的治理结构来规范政府与市场、政府与社会作为前提假设条件，使之所考虑的市场经济是一个统一开放、竞争有序的自由市场经济。

1.4.1 国家治理三维度：政府、市场与社会

市场机制也许给人一种错觉：在市场社会中为追求个人利益似乎可以为所欲为。其实不是这样，世界上没有纯粹地独立于政府之外的完全放任自由的市场经济。市场良好运行需要政府、市场与社会各归其位，这样一个国家治理三维结构得以有效地耦合和整合。完全独立于政府之外的放任自由市场不是万能的，如本书在第四和第五部分所详细讨论的那样，市场在许多情景下往往会失灵，如垄断、收入分配不公、贫富两极分化、外部性、失业、公共品供给不足、信息不对称等，从而导致资源无效率配置和各种社会问题。

这样，转型发展和深化改革需要同时兼顾发展和治理两大逻辑，正确理解它们之间的内在辩证关系。发展的逻辑主要是提升一个国家的硬实力，而治理的逻辑则注重软实力方面的建设，当然是多方面的治理，包括政府和市场的治理制度、社会公平公正、文化、价值观等方面的建设。政府与市场和社会的关系处理得如何，往往决定了国家治理效果的好坏。如果不能很好地平衡二者，而偏颇任何一方，就可能会带来包括贫富差距过大、机会不公等一系列严重问题和危机，不能形成包容性的市场经济与包容和谐的社会。从而，从治理的逻辑来说，治理有好的治理和坏的治理之分，由此导致好的市场经济或坏的市场经济，好的社会规范或坏的社会规范。因此，不能简单将其等同于统制、管制或管理，将发展和治理简单地对立起来，顾此失彼。中国当前之所以出现改革成就巨大，同时问题也十分严峻的“两头冒尖”状况，让改革大业面临着极其复杂的局面，就是由于在过去 30 多年主要注重经济发展的逻辑，而在很大程度上忽视了治理的逻辑所造成的。

市场有效和社会规范的必要条件是需要一个有限而定位恰当的有效政府，这样政府的合理定位至关重要。在目前半市场、半统制的双重体制下，政府不应有的权力过多，而本应肩负起的维护和服务的职责又做得很不够，政府角色过位、缺位和错位现象大量存在，没有合理界定和理顺政府与市场、政府与社会的治理边界，导致“重政府轻市场、重国富轻民富、重发展轻服务”。

1.4.2　好的国家治理导致好的市场经济

由此，市场经济分为 “好的市场经济” 和 “坏的市场经济”，关键取决于国家治理制度，决定政府、市场和社会之间的治理边界是否得到了合理界定和厘清。在好的市场经济中，政府能让市场充分发挥作用，而当市场无效或失灵时，政府又能发挥很好的弥补作用，但这样的弥补作用不是要政府直接干预经济活动，而是制定恰当规则或制度使市场有效或解决市场失灵的问题，以此形成个体和社会利益一致的激励相容结果（这类制度设计最成功的例子之一是美国建国初期基本宪法的制定，使得美国在短短 100 年多些的时间成为世界上最强盛的国家）。一个好的、包容的及有效的现代市场经济应该是通过制度或法律对个人的私利进行极力保护，而对政府及其公权力则尽可能地限制和制衡，从而它是一种契约经济，是法治经济，受到商品交换契约的约束，受到市场运行规律的约束，受到信誉的约束。一个经济社会由于受到个体逐利的约束、资源的约束、信息非对称的约束，要实现富民强国，首先要赋予个体私权，最核心的是基本生存权、追求幸福的自由选择权及私有产权这三个私权，让他们通过充分竞争、自愿合作和自愿交换的市场机制的作用及对自身利益的追求，最终达到资源的有效配置和社会福利最大化。因此，现代市场经济是建立在法治基础上的。法治的作用有二：首要的是约束政府对市场经济活动的任意干预，这是最基本的；其次是更进一步对市场起到支持和增进作用，包括产权的界定和保护、合同和法律的执行、维护市场的公平竞争等等，使得市场在资源配置中起到基础和决定性的作用，从而使得价格传递信息、提供激励和决定收入分配的三大基本功能得到充分发挥。此外，好的市场中需要有一个好的社会规范，个体对个人利益的追求是以尊重别人对个人利益的追求为前提的，追求个人利益与参与公平竞争并行不悖。妥协精神，尊重别人的价值判断标准，是交易正常进行的前提。

而在坏的市场经济中，政府缺乏对于经济社会转型的驾驭和治理能力，不仅不能提供必要的、足够的公共产品和服务以弥补市场失灵，反而由于政府在经济活动中的过位导致公权力没有得到有效制衡，国有企业的产权没有得到明晰界定，出现了大量的寻租和腐败现象，使得社会经济的公平正义受到极大减损，出现所谓的“政府俘获”（state capture）现象，即经济主体通过向政府官员进行私人利益输送来影响法律、法规和规章制度的选择和制定，使得该主体能够不通过公平竞争而将自身的偏好转化成整个市场经济博弈规则的基础，形成大量的能够为特定个体产生高度垄断利益的政策安排，而这是以巨大的社会成本和政府的公信力下降作为代价的，使得公共选择中的无效率均衡得以长期延续。这种不通过公平竞争的自身努力，而靠非公平的寻租手段和方式来争夺社会、政府资源的行为，不仅会造成市场失灵，更严重的是，长此以往，将会逐渐形成坏的社会规范，造成社会资源配置和价值观扭曲、伦理道德滑坡、诚信缺失、说话做事“假大空”、社会浮躁、不稳定因素增多，结果导致市场活动的显性和隐性交易成本巨大。一些社会学家则将这种社会状态称为“社会溃败”，喻作社会肌体的细胞坏死，机能失效。

这样，在以上提及的三种个体私权中，产权的明晰和保障至关重要。当前贪腐猖獗，一个重要的原因就是由于公有产权没有明晰界定及公权力的大量过位，使得通过公权力进行寻租成为可能，这是造成腐败的根本原因。在防贪、反贪方面，采用《孙子兵法》中的“不战而屈人之兵”才是上策，有贪官才去反贪至多是中策，说不定是下策，这是由于即使贪官是少数，也破坏了政府的形象，造成了很坏的社会影响。历史经验早已告诉我们这一点。反腐的根本出路在于进一步推进市场化的改革和民营化，通过制度来合理界定政府治理边界让官员没有机会贪，通过法治让官员不能贪，通过问责和社会监督让官员不敢贪。

因此，在政府、市场和社会这样一个三维框架中，政府作为一种制度安排，有极强的正负外部性，起着最基本的关键性作用。它既可以让市场有效，成为促进经济发展的动力，让社会和谐，实现科学发展，也可以让市场无效，导致社会矛盾重重，成为经济社会和谐发展的巨大阻力，形成坏的社会影响。尽管世界上几乎所有的国家都实行市场经济，但大多数市场经济国家都没有实现又好又快的发展。有许多其他原因，但最根本的原因就是没有合理地界定和厘清政府与市场、政府与社会的治理边界，政府的角色出现了过位、缺位或错位。只有政府无所不在的“有形之手”放开了，政府的职能及其治理边界得到了科学合理的界定，合理界定政府、市场和社会之间的治理边界才是可期的。

1.4.3 界定政府与市场和社会治理边界的原则

那么，如何合理界定政府、市场和社会的治理边界？那就是，只要市场能做好的就应该让市场去做，政府不直接参与经济活动（但需要政府维护市场秩序，保证合同及各种法规得到严格执行）；市场不能做的，或者说从国家安全等其他因素考虑，市场不适合做的时候政府才直接参与经济活动。也就是，在考虑和谐社会的构建和经济的和谐发展的时候，在政府职能的转变和管理模式的创新的时候，就应该根据市场、政府和社会各自界定的边界来考虑，比如说，至少在竞争性的行业，政府应该退出，当然，即使政府不退出也不可能长久生存下去。只有在市场失灵的时候，政府才发挥作用，单独或者与市场一起解决市场失灵的问题。然而，其基本准则是政府不应直接干预经济活动，而是制定恰当规则或制度来解决市场无效或失灵的问题。这是由于受到个体逐利和信息不完全的限制，直接干预经济活动（如大量的国有企业和任意限制市场准入及干扰商品价格）往往效果不佳。在这方面，专门研究如何设计规则和制度激励机制设计理论让市场有效和解决市场失灵问题能发挥极大作用。[①] 在赫维茨看来，“美国的国会或其他立法机构的立法就相当于设计新机制”。

这样，在现代市场经济条件下，政府最基本和仅应有的职能、角色和作用可以用两个词来概括，就是“维护”和“服务”，也就是制定基本的规则及保障国家的安定、社会的稳定及经济的秩序，以及供给公共产品和服务。这正如哈耶克所指出的那样，政府的基本职能有二：一是必须承担实施法律和抵御外敌的职能，二是必须提供市场无法提供或无法充分提供的服务。与此同时，必须将这两方面的职能和任务明确地界分开来，当政府承担服务性职能的时候，不能把赋予政府实施法律和抵御外敌时的权威性也同样赋予它。[②] 这就要求政府除了承担必要的职能外，还要向市场和社会分权。美国历史上最伟大的总统之一林肯对政府职能的界定概括得非常精辟：**政府存在的合法目的，是为人民去做他们所需要做的事，去做人民根本做不到或者以其各自能力不能做好的事；而对于人民自己能够做得很好的事，政府不应当干涉。**[③]

同时，一个好的、包容的和有效的现代市场经济和国家治理模式还需要一个具备较强的利益协调能力的独立、自治公民社会作为辅助的非制度安排，否则一个严重后果就是市场经济活动的各类显性和隐性交易成本都非常大，社会最基本的信任关系难以构筑。

总之，只有合理界定和厘清了政府与市场、政府与社会的治理边界，才能建立好的、有效的市场经济制度，实现效率、公平与和谐的科学发展。当然，转型到有效的现代市场制度往往要有一个过程，由于各种约束条件，不能一步到位地厘清政府、市场与社会的治理边界，往往需要制定一系列过渡性的制度安排。但是，随着转型的深入，原有的那些过渡性制度安排的效率就会出现衰减，甚至完全退化为无效制度安排或负效制度安排。如果不能适时适度地不断厘清政府、市场与社会的治理边界，反而将一些临时性、过渡性的制度安排（如政府主导经济发展）定型化和终极化，就不可能造就有效市场和构建和谐社会。由于现代经济学的发展，它的分析框架和研究方法对如何合理地界定和厘清政府、市场与社会治理边界，如何进行综合治理等方面的研究，起到了不可替代的作用。

1.5　综合治理的三个制度安排

以上说明了，为了让市场运行良好，建立有效的现代市场制度，就需要耦合和整合好政府、市场与社会这三个基本协调机制之间的关系，以此规制和引导个体经济行为，实行综合治理。政府、市场和社会这三者正好对应的是一个经济体中的治理（governance）、激励（incentive）和社会规范（social norms）等三大基本要素，强制性的公共治理和激励性的市场机制等正式制度安排相互交叠、综合治理、长期积淀，会对规范性的非正式制度安排形成一种导向和型塑，增强社会经济活动的可预见性和确定性，大大节约交易成本。所谓非正式制度安排，其实就是文化。比如，对企业来说，一流的企业做品牌，二流的企业做技术，三流

①参见利奥尼德 · 赫维茨、斯坦利 · 瑞特：《经济机制设计》，田国强等译，2 页，上海，格致出版社、上海三联书店、上海人民出版社，2014。

② 参见弗里德利希 · 冯 · 哈耶克（又译为弗里德里希 · 冯 · 哈耶克）：《法律、立法与自由》（第二、三卷），邓正来等译，333 页，北京，中国大百科全书出版社，2000。

③ 参见林肯：《论政府的片断》，引自《政治的智慧》，56 页，北京，警官教育出版社，1992。

的企业做产品。其中起关键作用的正是企业文化。有没有好的社会规范，有没有好的市场经济，最关键的是政府角色的定位问题。

这三种基本制度安排也就是通常所说的“晓之以理，临之以利，动之以情”，从国家治理层面看分别主要由政府、市场和社会来实现和实施。“晓之以理”就是法理、道理激励；“临之以利”就是通过奖惩制度激励，将经济活动和收益挂钩起来，以此形成激励机制；“动之以情”就是情感激励，信仰一致，比如通过关系、友情、感情有时会解决很大的问题，是一种社会文化，特别是信仰和理念一致，将会极大地减少交易成本。

1.5.1 法规治理

法规治理是强制性的，是基本的制度安排和管理规则。是否制定这样的法则和规制基本标准就看是否容易界定或判断清楚（信息透明和对称与否），了解信息及监督和执法成本是否太大。如果一个法规的监督成本太大，这样的法规就不具有可行性。产权的保护、合同的实施、适当的监管都需要制定规制，从而需要一个监督执行规则的第三者。这个第三者便是政府。为了维持市场秩序，引入政府是必然的。由于政府也是经济人，既当裁判又当运动员，影响巨大，这就要求对政府的行为应有明确的程序和规则，并且这些程序和规则的制定应该是宜细不宜粗，越明确越好。对经济人和市场的规制则相反，由于信息不对称，应该是宜粗不宜细，弄得不好，就会过多地干预经济人的选择自由，成本大，代价高。

“晓之以理”的大棒式制度安排类似于中国古代法家的思想。然而，法家思想最大的问题是只治理经济人而不对政府施加约束。此外，这一制度安排看到了人在争权夺利时的残酷，而忽略了血缘关系对人的情感和行为的影响。如果一味地用法家的高压桎梏，不考虑其他制度安排，往往导致高压和强权，不能形成现代市场经济。

1.5.2 激励机制

激励机制，如市场机制，是诱导性的，这是适用范围最大的一块，也是本书主要关心的一块。由于信息不对称且了解信息的成本又比较大，因而具体的运行规则应该是通过市场等诱导性的激励机制来调动经济人的积极性，实现激励相容，使人们主观为自己为个人、客观为他人为社会努力工作。声誉和诚信在市场经济机制下也是一种惩罚激励机制。做生意要靠诚信，并不是说企业主本身很愿意讲诚信，而是不得不讲诚信，否则就会受到被市场淘汰的惩罚。此外，诚信能节省经济成本，降低交易成本。

“临之以利”这一制度安排类似于中国古代道家的思想。个体都有自利倾向且思想境界有限，因而要时刻充分认识到这一客观现实，不能什么都不管。口头不“讲”利不难，但实际不“重”利却很难。道家主张“天之道，利而不害”，强调顺其自然、无为而治。然而，道家忽视了无为而治的两个必要条件，也就是基本的制度和政府的作用。

1.5.3 社会规范

社会规范是一种既不需强制，也不需激励的无欲无求的制度安排。长期坚持按强制性的法规和诱导性的激励机制来解决问题，慢慢就形成了一种既不需要强制也不需要激励的社会规范、信仰和文化，比如企业文化、民风、宗教信仰、意识形态、理念追求，这是最节省交易成本的方式。特别是当理念一致时，会大大地减少办事的难度，极大地提高工作效率。当理念不一致时，即使采用“大棒式”的强迫命令这一刚性方式、“胡萝卜”式的诱导性激励机制或友情关系，解决了一件事，但遇到新的事情和问题，又需要重新再来，造成很大的实施成本。在本书第 7 章就讨论了社会规范约束在激励陌生人之间的自愿合作方面会起到重要作用。

尽管如此，“动之以情”这一道德说教的社会规范在当前人们思想境界不高的现实下仍然有很大的局限性，它依靠对人性的改善，缺乏约束力，它的治理边界有限。这一制度安排类似于中国古代儒家的思想。儒家的“德治”思想过分强调了人与人之间的伦理关系而刻意忽视了经济利益关系，它在治理家庭方面比较成功，但是在治理国家的时候就会有失偏颇。在家庭或者小团体内部，仁慈道德可能是主导性的，即便不是主导，至少也是相当重要的。但在面对陌生人的时候，这种作用会非常小。仁慈是高度私人化的，随着团体的扩大，其强度是越来越弱的。对那些不得不依靠人们的仁慈以获得他们必需品的人来说，大多数情况下是难以满足的，乞丐和普通人总是有一段差距，人类几乎随时随地都需要同胞的帮助，但是如果仅仅依靠仁慈，那将是徒劳的。所以，如果把一个家庭治理得好，就简单地把治理经验推衍到整个经济社会活动，可能会出问题，甚至是灾难性的。特别是在现代市场经济环境下，在人们的思想觉悟还有限的情景下，单纯地依靠内在的伦理规范，而外部的法律规章和激励机制付之阙如，市场经济将会滑向坏的市场经济。

1.5.4 三种制度安排的互补与层次结构

总之，三种基本制度安排各有所长，也各有所短，既有各自不同的作用，也有各自的适用范围和局限性，如果独尊一家会带来非常严重的不良后果，需要各就其位及互动互补的联动。其实，古人已经总结得非常深刻和经典：以利相交，利尽则散；以势相交，势败则倾；以权相交，权失则弃；以情相交，情断则伤；唯以心相交，方能成其久远。做到“以心相交”是最佳的了，但要真正做到很难，即使夫妻关系，不少人也往往是同床异梦。

需要着重指出的是，尽管本书主要讨论的是经济激励方面的问题，但三者中法规治理（也就是制度）还是最基本和最根本的，它奠定了最基本的制度环境，具有极强的正负外部性，决定了政府定位是否适度，从而决定了激励机制设计的效果和社会规范形成的好坏。此外，无论是法规治理的制度安排的制定，还是激励机制的制度安排的制定，其宗旨均不应也基本不能改变人利己的本性，而是要利用人这种无法改变的利己心去引导他在客观上做有利于社会的事。制度的设计要顺从人的利己本性，而不是力图改变它。人的利己无所谓好坏善恶之说，关键在于用什么制度向什么方向引导。不同的制度安排将导致人们不同的激励反应和不同的权衡取舍，从而可能导致非常不同的结果。这正如邓小平深刻指出的那样：“制度好可以使坏人无法任意横行，制度不好可以使好人无法充分做好事，甚至会走向反面。”① 说得更通俗和接地气一点就是：制度不好可以让人变成鬼，制度好甚至可以让鬼变成人。

好的法规治理，不是管制、统制，更容易导致好的激励机制的产生和好的社会规范的形成，从而说明了制度和国家治理体系的至关重要性和要具有长远性。只着眼几年，乃至 30 年、50 年制度方面的建设是远远不够的。中国历朝历代很少有强过 200 年的（或亡或弱或西东汉、北南宋式的断裂）这一史实已经充分说明了长治久安制度的关键重要性，因而起码

①《邓小平文选》，2 版，第 2 卷，333 页，北京，人民出版社，1994。

需要着眼于 200 年，甚至更长。要知道，这些历朝历代的更迭对中华民族无论是在财产积累还是人口增长方面都带来了极大的损害，中国需要的是政体稳定、社会和谐、人民富裕的长治久安。此外，也不能忽视文化的重要性。文化是一个具有价值牵引、人文塑造功能，且具有基础性和战略性的关键环节，对于人与人、人与社会、人与自然、人与自我间关系的和谐具有重要作用。由此，中国下一步改革的核心是国家治理体系和治理能力现代化。

因此，“情、理、利” 需要综合应用，并且要因人、因事、因地、因时而异，具体情况具体分析解决。采用何种方式的标准是由法规的重要性、信息对称的程度、监督和执法等交易成本的多少决定的。总之，这三种制度都有其边界条件，“晓之以理” 主要看信息容不容易对称，法律容不容易监督。如果制定出来的法律，其监督、执行成本很大，或者大家都不去执行，这样的法律就没有存在的意义。

总结上节和这一节的讨论，其结论是市场运行良好需要政府、市场与社会各归其位，这样一个国家治理三维结构得以有效地耦合和整合。这样，要界定和厘清政府与市场、政府与社会的边界涉及两个层次的问题：第一个层次是边界的界定。我们首先要知道它们之间的合理边界在哪里。市场有效和社会规范的必要条件是需要一个有限而定位恰当的有效政府，因而政府的合理定位至关重要。其原则就是，市场能做的让市场去做，市场不能做或做不好的政府才去做，归纳起来政府的作用就是：维护和服务。第二个层次是主次之分。谁是关键？答案是制度。我们一旦知道它们之间的边界后，还需要厘清。那么谁去厘清呢？政府！政府、市场和社会这三者正好对应的是一个经济体的治理、激励和社会规范三个基本安排。那么，谁能规范政府的定位呢？法治！这样，法规治理（也就是制度）是最关键、最根本的，它奠定了最基本的制度环境，具有极强的正负外部性，决定了政府定位是否适度，从而决定了激励机制设计的效果和社会规范形成的好坏。那么，政府愿意去限制自己的权力吗？一般来说，当然不会。因此，政府或国家作为一个整体需要对权力进行进一步的划分，行政部门、制定法律的部门和司法部门之间的责权要分开。

因此，最基本的治理制度是决定性的，只有从规范、制约和监督政府权力的制度、法治和公民社会这三个维度的综合治理着手，合理界定好政府与市场、政府与社会治理边界，才能同时解决好效率和社会公平正义的问题，才能根除腐败和行贿受贿现象，建立起健康的政府、市场、社会、企业及个人关系。这样，它们之间应当是良性互动的关系，实现良性互动，政府方就不断通过法律法规的制定及执行，强化市场方的效率、效能，真正推动中华民族的伟大复兴和长治久安。

1.6 中国古代关于市场的思想

许多人认为，市场经济的理念，商品价格由市场决定的理念，是从西方灌输过来的。其实不然，早在上古时期，中国就有许多思想家崇尚朴素的自由市场经济和信奉价格由市场决定，包含了许多市场经济的理念，给出了许多激励相容的辩证治国方略，总结得异常深刻。现代经济学的几乎所有重要的基本思想、核心假设及基本结论，如个体自利性假设、经济自由、看不见的手的无为而治、社会分工、国富与民富及发展与稳定的内在关系，政府与市场的关系，中国古代先哲们差不多都论及了。下面列出一些这方面的例子。

早在三千多年前，姜太公姜尚就认为“**避祸趋利**”乃是人之天生本性，“**凡人恶死而乐生，好德而归利**”，从而说出了“**天下非一人之天下，乃天下人之天下也，同天下之利者，则得天下**”（《六韬·文韬·文师》）的以民为本的民富国定、民富国强的辩证统一思想和治国的根本规律，给出了政府要以天下之利为利、以天下之害为害、以天下之乐为乐、以天下之生为务的根本治国方略，达到使天下人与之共利害的激励相容的结果。姜尚对国富和民富的顺序关系也给出了精辟的答案：“**王者之国，使民富；霸者之国，使士富；仅存之国，使大夫富；无道之国，使国家富。**”周文王在其建议下开仓济穷，减税富民，西周日益强盛。

两千六百多年前，管仲洞察到许多深邃的经济学思想。其经济思想的核心是“自利论”。《管子·禁藏篇》对个体逐利的社会经济活动给出了形象而深刻的解释：“**夫凡人之情，见利莫能勿就，见害莫能勿避。其商人通贾，倍道兼行，夜以续日，千里而不远者，利在前也。渔人之入海，海深万仞，就波逆流，乘危百里，宿夜不出者，利在水也。故利之所在，虽千仞之山，无所不上；深源之下，无所不入焉。故善者势利之在，而民自美安。不推而往，不引而来，不烦不扰，而民自富。如鸟之覆卵，无形无声，而唯见其成。**”这基本上是对亚当·斯密“看不见的手”的一个非常形象的表述，但早了二千多年。管仲在《管子》一书中给出了需求法则：“**夫物多则贱，寡则贵**”，也给出了**民富则国定、国安、国治、国富、国强**的基本结论：“**仓廪实而知礼节，衣食足而知荣辱**”，所以指出：“**凡治国之道，必先富民。民富则易治也，民贫则难治也。……故治国常富，而乱国常贫。是以善为国者，必先富民，然后治之。**”此外，综合治理也是管仲管理思想的核心要点。比如，对于诸侯，管仲主张采取“**拘之以利，结之以信，示之以武**”的综合治理战略，使诸侯“**莫之敢背，就其利而信其仁、畏其武**”(《国语·齐语》)。不难发现，这里的“拘之以利，结之以信，示之以武”，与我们所提的三个制度安排有着一定的对应关系。

两千四百多年前，孙武的《孙子兵法·始计篇》虽说谈论的是兵法，但与现代经济学基本分析框架高度吻合，完全可将其放在做事业的情境下。这也是治理好大到一个国家、小到一个企业或单位，做大事，办成事，决策正确和在竞争中能胜出的法则。他同时也给出了信息经济学基本结论：只有在信息完全的情况下，才有可能达到最优（the best is first best）；在信息不对称的时候，至多只能达到次优结果（the best is second best），也就是“**知彼知己，百战不殆；不知彼而知己，一胜一负；不知彼，不知己，每战必殆**”（《孙子兵法》）。

同时代的老子更是在《道德经》中给出了成大事者应明白的综合治理最高法则：“**以正治国，以奇用兵，以无事取天下**”（《道德经》第五十七章）。这是治理大到一个国家、小到一个单位的根本之道，通俗地说，就是要：行得正、用得活、管得少，政府要少干预，无为而治。老子将“道”看作无形的自然规律，而“德”则是“道”的具体体现。他认为，治国御人应采用天道、地德、无为的管理理念：“**人法地，地法天，天法道，道法自然**”（《道德经》第二十五章）。老子还认为，“**天下难事必作于易，天下大事必作于细**”（《道德经》第六十三章），也就是，做任何事情，细节决定成败。这些论述都说明了，老子的无为思想并不是人们通常所以为的要人们无所作为，那是消极的，不是老子的本意，是对老子天大的冤枉。老子谈论的无为是相对的，大的方面要无为，细节方面要有为，要细心。也就是，要大处着眼，小处着手，要有为。

两千三百多年前，秦国商鞅就曾以野兔为例阐述了建立私有产权的极端重要性，产权的明晰界定可以起到“定分止争”的至关重要的作用，有助于市场秩序的建立。这个结论比科斯关于产权的重要性的结论早了两千三百多年。商鞅在《商君书》中讲道：“**一兔走，百人逐之，非以兔为可分以为百，由名之未定也。夫卖兔者满市，而盗不敢取，由名分已定也。故名分未定，尧、舜、禹、汤且皆如鹜焉而逐之；名分已定，贪盗不取。**”其大意是，众人之所以追逐野外奔跑的野兔，并非因为可以对野兔分而得之，而是因为无主的野兔给大家提供了积极争取所有权的动力，即便尧、舜、禹、汤在世也会如此。被捕获的野兔在市场上出售，因为其所有权既定，他人就不能随意盗取。

两千一百多年前，《史记·货殖列传》更是写下了石破天惊的“**天下熙熙，皆为利来，天下攘攘，皆为利往**”的千古名句，这和管仲的自利论的思想一脉相承，并且提出了与斯密非常类似的、建立于自利基础的社会分工实现社会福利的经济思想。司马迁考察了社会经济生活的发展，意识到了社会分工的重要性。他写道：“**皆中国人民所喜好，谣俗被服饮食奉生送死之具也**”，因此就有必要“**待农而食之，虞而出之，工而成之，商而通之**”。人们依赖农民耕种来供给他们食物，虞人开出木材来（供他们使用），工匠做成器皿来（供他们的所需），商人输通这些财物（供他们选购）。并且，他认为由农、虞、工、商所组成的整个社会经济，应该合乎自然地发展，而不须行政命令来加以约束。

司马迁在《史记·货殖列传》中继续写道：“**此宁有政教发征期会哉？人各任其能，竭其力，以得所欲。故物贱之征贵，贵之征贱，各劝其业，乐其事，若水之趋下，日夜无休时，不召而自来，不求而民出之，岂非道之所符，而自然之验邪？**”用现代语言阐释就是：“这难道还需要政令教导、征发人民如期集会来完成吗？人们各自以自己的才能来行事，竭尽自己的力量，以此来满足自己的欲望。因此，物价低廉，他们就寻求买货的门路，物价昂贵，他们就寻求销售的途径，各自勤勉而致力于他们的本业，乐于从事自己的工作，如同水向低处流，日日夜夜而永无休止，他们不待召唤自己就赶来，物产不须征求而百姓们自己就生产出来。这难道不是合乎规律的而自然就是如此的证明吗？”

孔子肯定了在遵守社会伦理道德规范的前提下追求自身物质利益的正当性。他说：“**邦有道，贫且贱焉，耻也。邦无道，富且贵焉，耻也**”（《论语·泰伯》）。就是说，国家政治清明而自己贫贱，这是耻辱；国家政治黑暗而自己富贵，也是耻辱。孔子在此鼓励人们追求正当的物质财富。《论语》中记载了孔子对身为商人的弟子子贡的赞赏。《论语·先进》篇记载：“**子曰：回也其庶乎！屡空。赐不受命，而货殖焉，亿则屡中。**”在此，孔子把其最欣赏的学生颜回和子贡做了比较，前者虽然在道德上近乎完善，却常常在生活上陷入贫困，似不可取；而后者不信命运安排去做买卖，预测市场行情每每猜中。

中国古代思想中也不乏至今仍闪烁着智慧光芒的政府治理哲学，以及对经济自由的重要性和几种基本的制度安排的排序。司马迁在《史记·货殖列传》中作出了非常精辟的总结：“**故善者因之，其次利道之，其次教诲之，其次整齐之，最下者与之争。**”其喻意就是，最好的办法是顺其自然，无为而治，其次导之以利，再其次加以道德教化，再次用规定加以约束，最坏的做法就是与民争利。

这些古代经济学思想异常深邃，亚当·斯密所论及的，我们先哲们早已论述到，但遗憾的是，由于这些只是经验总结，没有形成严格的科学体系，没有给出结论成立的范围或边界条件，没有建立严格内在逻辑分析，因而很少被外人所知。

在本章剩下部分，我们大致讨论一下关于现代经济学的核心假设、要点、分析框架及研究方法，这有助于理解现代经济学及书中所严格分析的内容。

1.7　现代经济学的基石性假设

任何一门社会学科都需对个体的行为作出假设，将个体的行为作为理论体系的逻辑起点，因此我们在这里做较为详细的解释。如前所述，社会科学和自然科学最本质的差别就在于：社会科学往往需要研究人的行为，需要对人的行为进行假设，而自然科学不研究人，而是研究自然世界和事物。经济学是一门非常特殊的学科，它不仅要研究和解释经济现象，进行实证分析，同时还要研究人的行为，以便更好地作出预测，并给出价值判断。

1.7.1　自私、自爱与自利

在谈论人的行为时，一般有三个词语来表达：自爱（self-love）、自私（selfish）及自利（self-interest），这三者之间既有联系，也有较大差异。自爱意味着自己看重自己、喜爱自己，从而它既有好的一面，让自己洁身自爱，也可能有负的一面，对自己估计过高，使之有时会导致自我伤害（self-harm），或形成自我欺骗（self-deceit）的空思妄想。自爱还可衍生自利甚至自私。

自私则是以损他为前提来利己，从而自私使人贪婪，贪婪使人野心勃勃，野心使人虚荣狂妄，虚荣使人忘乎所以，狂妄使人伤天害理。

自利则以利他为代价来利己，从而自利让人理性、理智，而自私孕育恶欲。也就是：为自利而利他，为了逐利、获利，人不得不理性利他，经济学主要采用自利性假设。自爱与自利相辅，人有自知之明；自爱与自私粘连，人会道德沦丧。这样，人受自爱主宰，但并非一定是不顾及别人，也可能是自爱和自利的结合。

1.7.2　自利行为的现实合理性

在整本书的讨论中，特别是证明竞争市场经济机制导致最优资源配置的一个关键的根基性假设就是个体行为的自利（利己）性假设。这是经济学中一个最基本、最关键、最核心的假设。这不仅是假设，更是目前社会经济发展阶段中最大的客观现实，是整个现代经济学的基石。

这个假设在处理国家、单位、家庭及个人之间关系的时候也是如此，因而是研究和解决政治社会经济问题时必须考虑的客观现实或约束条件。比如在考虑和处理国与国之间关系的时候，作为一个公民，需要维护本国的利益，站在本国的立场上说话和行事，如果泄露国家机密，就可能受惩罚；在处理企业与企业的关系时，作为本企业的员工，必须维护本单位的利益，如果把企业机密泄露给竞争对手，视后果的严重程度也会被判刑。经常看到或听到有人对利己性假设提出质疑，既然人是理性自利的，追求个人利益，那为什么要有家庭？其实，从家庭层面来分析问题，每个人都是站在本家庭的利益上行事的。也就是在常规情况下，人们关注的是自己的家庭，而不是别人的家庭。在研究个人与个人问题时也是如此。在现实中，不少人对这个假设产生了误区，将它简单狭义地理解为：无论考虑哪个层次的问题，都是针对个人的假设。

对人类的利己行为进行假设十分必要，因为它符合基本现实，更重要的是：即使这一自利行为假设有误，将无私的人看成是自私自利的人，也不会造成严重后果；相反，如果采用利他行为假设，一旦假设有误，将实际上追求自身利益的人视作大公无私的人，所造成的后果要比前者严重得多。事实上，在利己行为假设下所采用的游戏规则多半同时也适用于利他的人，在利他行为假设下的制度安排或游戏规则以及个人的权衡取舍选择问题要简单得多。但是，一旦利他行为假设有误，所造成的后果比利己行为假设有误所造成的后果要严重得多，甚至可能是灾难性的。其实，对人的行为作出正确判断在日常生活中也是非常重要的。想一想，在现实中将一个行事自私、狡猾的人看作是一个行事简单、一心为公的"老实人"来与之行事处世，甚至提拔重用，赋予重责，将会对社会和他人造成什么样的后果，就会明白这种错误假设的严重性。

现实中，许多人（比如那些贪官）往往唱着高调、口头上总是说一心为公但实际上却非常自私，一旦有机可乘，相对于不具有欺骗性的自利人，他们给国家和他人往往会带来更加灾难性的后果。如果把人基本上都假定为"雷锋式"的一心为公的大好人，来决定制度安排或游戏规则，给出经济政策建议或制定经济政策，多半不会成功。原有的计划经济体制搞不好，国营企业效益低下，很大的一个原因就是大多数厂长、经理和他们的上级并不是"雷锋式"的人物，他们有着自己的个人利益，他们自利的行为方式往往与这些制度安排激励不相容，即使能做到激励相容，所付出的代价也太大。

这样，承认个体的自利性，是解决人类社会问题的一种现实的、负责的态度。这也正是为什么需要党纪国法，以避免机会主义者钻人们都是大公无私假设下的制度空子的原因。相反，如果把利他性当作前提来解决社会经济问题，例如生产的组织问题，像改革前那样否认个体的自利性，只要强调为国家、为集体就能够调动人们的积极性，其后果可能是灾难性的。其结果就是大家都想钻制度的空子，吃大锅饭，憧憬着别人为自己创造美好的共产主义社会。

1.7.3　利己与利他的适用边界

需要着重指出的是，个体逐利尽管在绝大部分情况下都基本成立，但也有其适用边界。在非常规、异常情况下，比如天灾人祸、战争、地震、他人遇到危机时，人们往往表现出利他、无私性，甘愿抛头颅、洒热血为国战斗，勇于帮助处于危机中的人。这是另外一种理性，即大公无私的一面，甚至愿意付出生命（动物都有的本能，况且人），否则将会走向极端个人主义或利己主义。比如，当日本帝国主义侵略中国，中华民族面临亡国亡族威胁的时候，人们起来抗击日本侵略，抛头颅、洒热血，为民族利益不惜献身。在 2008 年汶川发生大地震后，全国人民出钱出力帮助灾区人民。而在安定、正常的和平环境下，在从事经济活动时，个体往往追求自身的利益。这些都说明，利己或大公，都是在不同情境、不同环境下的自然反应，完全不矛盾。

由此可以看出利己性和利他性都是相对的。其实，动物也有这种二重性。比如，野山羊被猎人追到悬崖边，老山羊自愿献身先跳，让年轻或小山羊后跳，踏着它们的身子逃生。亚当·斯密不仅写了奠基性的《国富论》，也写了《道德情操论》，论述人们应具有同情心和正义感。这两部著作形成了斯密学术思想体系的两个互为补充的有机组成部分。的确如此，在人的自爱和自利这样的客观现实下，道德应该是通过社会分工与合作所达到的一种平衡，是一种均衡判定，约定俗成。在恰当制度的牵引下，让人们自愿分工、自愿合作，从而可形成和谐、文明、安定有序的社会。把自利和道德对立起来是违反人性的，或者说把自利和自私等同起来是片面的，错误的。相反，通过对道德和自利的有机结合，可以促进社会文明与个人尊严。现代市场的最大好处就在于它能够运用自利的力量来抵消仁慈的弱点，这使得那些默默无闻的人也能得到满足。所以，我们不应忽视仁慈和道德在市场制度形成中的作用。社会的进步不能维系于那些总是想损害和伤害他人的人。

总之，自利的人可以是仁慈、利他和道德的。“自利” 并不等于 “损人”。自利与利他是有限度和边界条件的，而损人利己的自私心理是万恶之源，贪得无厌。理性的自利行为把遵守社会规范作为必要的约束条件。我们赞成通过思想、伦理教育使个体在追求个人利益时不违反公共秩序，赞成维护建立在个人理性基础上的公众利益。但是，我们不赞成把政策建立在无视个人利益基础上的经济理想主义，不赞成以维护集体利益为名侵犯合理的个人利益。总之，我们要把在法律法规约束下的自利行为与违反法律法规的损害他人的自私自利行为区分开来，保护前者，反对后者。

即使同样是利己性，程度也不同。在理想情形下，利己性当然越少越好，但完全不存在也是不可能的。可以说，利己性是经济学的逻辑起点。如果人都是非自利的，总是为他人着想，也就根本不需要涉及人类行为的经济学了，工业工程学或投入产出分析也许就够了。中国之所以进行改革开放，从计划经济体制转向市场经济体制，从根本上就是考虑到个体自利性这一客观现实，在参与经济活动时往往考虑个人利益。事实上，短短三十多年，中国的改革开放就取得了举世无双的巨大成就，这与承认个人利益这一客观现实，从而实行市场制度是分不开的。

1.8　现代经济学的关键性要点

经济学家在讨论经济问题时通常基于一些关键性的要点、限制约束条件、基本原理或原则：

(1) 资源的稀缺性；

(2) 信息不对称与分散决策：个体偏好于分散决策；

(3) 经济自由：自愿合作和自愿交换；

(4) 在约束条件下作决策；

(5) 激励相容：体制或经济制度需要解决个体或经济组织间的利益冲突问题；

(6) 产权清晰界定；

(7) 机会公平；

(8) 资源有效配置。

放松上述的任何一条都将导致不同结论。注意和运用好这些要点、条件、原理或原则，对人们处理日常事务也非常有帮助。这些要点说起来简单，但真正能领会贯通，进而得心应手地应用到现实中，却不太容易。下面对这些关键性要点、条件、原理或原则分别给予说明。

1.8.1　资源的稀缺性与有限性

之所以有经济学这门学问，从根源上来说就是由于世界上的资源是有限的 (至少地球的质量是有限的)。只要有一个人是自利的，并且他的物欲是无穷的 (他所拥有的物品越多越好)，就不可能实现按需分配，就需要解决如何用有限的资源满足需要的问题，也就需要经济学。

1.8.2 不完全信息与分散决策

经济问题之所以难以解决，除了个体的自利性这一最基本的客观现实外，另外一个最大的客观现实就是，在绝大多数情形下，经济人之间的信息往往是不对称的，从而弄不好就抵消了所采用的制度安排的作用。比如，一个人说了一番话，虽然说得非常好听，冠冕堂皇，但不知道说的是真话还是假话；即使听众两眼盯着看，好像在聚精会神地听，但也不知道是否真正听进去了。"口是心非"、"人心隔肚皮"、"人心叵测"、"人是最难对付的" 就是说的这个现象和道理。之所以出现这些情形，其根本原因，是信息不完全、不对称造成的。由于信息不对称，再加上个体的自利性，往往容易产生经济人之间的利益冲突。如果没有恰当的治理制度来调和，为了获得各种有限的资源，就造成了当今社会说话做事 "假、大、空" 的空洞化盛行，口号与现实往往脱节，基本成为常态。这样的现象，可以用一个字来概括和刻画，就是 "装"，大家或多或少都在 "装"。这也是为什么在现代社会，由于人心叵测，欺诈事情太多，许多人不愿意和人打交道，更愿意跟动物打交道，养宠物，认为动物不会欺骗或伤害他们。这是使得社会科学，特别是经济学，比自然科学要复杂得多和难研究得多的主要原因。由于信息不对称，集中决策方法往往无效，需要采用分散决策，比如采用市场机制的方式来解决经济问题。

只有完全掌握和了解信息后，才能将事情做得更好，其结果才可能是最优的。即信息经济学中所讲到的：只有在信息完全情况下，才有可能达到最优。不过，信息往往很难对称，由此需要通过激励机制的方法来诱导真实信息，但获得信息需要付出代价，这样至多只能达到次佳结果，这是本书第五部分将要介绍的委托—代理理论、最优契约理论和最优机制设计理论所得到的基本结果。由于在许多情况下信息是不对称的，所以市场会失灵，会出现委托—代理问题，但不管采取哪种方法，都是次佳，根本原因在于信息不对称。如果没有合理的制度安排，人们会出现激励扭曲，要诱导信息，必须付出成本和代价，所以不能得到最优 (first best)。信息对称特别重要，许多误会误解都是信息不对称的结果。通过与人沟通，让别人了解你 (signaling)，你了解别人 (screening)，做到信息对称，消除误会误解，尽可能达成理念一致，这是做好一件事情的基本前提。

政府过多干预经济活动，作用过位，由此导致低效率，其根本原因就是信息不对称，政府在收集信息、鉴别信息等方面存在着很大问题。如果决策者能够掌握全部有关信息，直接控制的集中决策就不会有问题，那就只是一个简单的最优决策问题了。正是由于信息不可能完全被掌握，人们才希望分散决策。这也是为什么经济学家强调用激励机制这种间接控制的分散决策方法来促使 (激发) 人们做决策者想做的事, 或实现决策者想达到的目标。我们将在第五部分着重讨论信息和激励方面的问题。

当然，集中决策在某些情形下也有其优点。在作重大改变的决策时，比如在一个国家、单位或企业在制定愿景、方向、战略或作重大决定时，集中决策比分散决策来得有效。不过，这种重大改变可能带来很大成功，也可能带来重大失误。例如，改革开放的决策，使得中国经济得到高速发展，取得了前所未有的巨大成就，而"文化大革命"的决策，使中国经济几乎走向了崩溃的边缘。解决此问题的一个办法就是充分尊重民意，选出优秀的领导人。

1.8.3　自由选择与自愿交换

由于经济人追求自身利益，再加上信息不对称，晓之以理的“大棒”式制度安排，往往不是有效的制度安排，因此，就需要给人们更多的经济上的选择自由，这是前面提到的个体三种私权（生存权、追求个人幸福的自由选择权及私有产权）中最重要的一种权利。从而，应该通过建立在自愿合作和交换基础上的经济自由选择方式，用市场等诱导性的激励机制来调动经济人的积极性。因而，经济上的选择自由（即“松绑”）在分散决策（即“放权”）的市场机制中起着至关重要的作用，是市场机制正常运行的先决条件，也是保证竞争市场经济机制导致资源最优配置的一个最基本的前提条件。

事实上，在第 12 章要介绍的经济核定理（economic core theorem）深刻揭示了：只要给人们充分的自由选择权，并且容许或能够自由竞争，自愿合作和交换，即使不事先考虑任何制度安排，在个体自利行为的驱动下，所导致的资源配置结果也会与完全竞争市场的均衡结果一致。经济核定理的核心思想可以概括为：在理性假设下，即在思想水平不高的假设下，只要给人们两样东西——自由和竞争，而不考虑任何制度安排，所导致的经济核就是市场竞争均衡。

中国过去 30 多年的改革开放从实践上证明了这一定理。分析中国经济之所以取得举世瞩目成就的成功经验，千重要，万重要，给老百姓更多经济上的选择自由最重要。从早期的农村改革实践到后来的城市改革实践都已表明，哪里的政策一松动，哪里的自由度更大一些，哪里给生产者和消费者更多的选择自由，哪里的经济效率就更高。中国过去 30 多年的经济增长奇迹的创造恰恰是源于政府向市场的放权，而当前现实中的市场不健全，则是源于政府过多的干预以及政府监管、制度供给的不到位。

1.8.4　约束条件与可行选择

在约束条件下做事是经济学中一个最基本的原理，“人在屋檐下不得不低头”说的也就是这个道理。做每一件事情都有其客观约束条件，即所有的个体都在既定约束条件下进行权衡取舍的选择，这是经济学的一个最基本原理。人们的选择由客观约束条件和主观偏好决定。约束条件，包括物质约束、信息约束、激励约束，使得经济人达到主观的既定目标变得困难。在经济学中，约束条件基本思想的一个体现就是本书第 3 章要介绍的消费者理论中的预算约束线，人的预算由商品的价格及其自身的收入所限。对企业而言，约束条件包括可以利用的技术和用于生产的投入品价格，利润最大化的目标要求管理者对产品定出最优价格、决定生产多少数量、采用什么技术、每种投入品使用多少、对竞争对手的决策如何反应等。任何一个人乃至一个国家的发展都面临着各种限制和约束条件，包括政治、社会、文化、环境、资源等等，如果不把约束条件弄清楚，事情很难做成。

引进一个改革措施或制度安排必须考虑到可行性、可实施性，满足客观约束条件，同时也希望将风险控制到尽可能小，不致引起社会政治和经济的大动荡。可行性也就是做好事情必须考虑所面临的各种约束条件，否则就没有可实施性。所以，可行性是判断一个改革措施或制度安排是否有利于经济发展和经济体制平稳转型的一个必要条件。在一国经济转型中，一个制度安排之所以具有可行性，是因为它符合了该国特定发展阶段的制度环境。具体到中国，就是改革必须适应中国的国情，要充分考虑到所面临的各种约束条件，包括人们的思想境界有限、参与约束条件等。

参与约束条件在考虑激励机制设计时是一个非常重要的约束条件，它意味着经济人能在经济活动中获利，至少不受损，否则不会参加，甚至会反对所实施的规则或政策。追求自身利益最大化的个体不会自动接受某一制度安排，而是会在接受与不接受之间作出选择。只有当一个制度安排下个体的收益不小于其保留收益（不接受该制度）时，个体才愿意进行工作、生产、交易、分配和消费。如果一个改革或制度安排不满足参与约束条件，个人可能放弃、大家都不愿接受这个改革措施或制度安排，就不可能成功推行。强制改革反而导致反对，造成社会的不稳定，也就谈不上发展。这样，参与约束条件和社会稳定密切相关，是发展中社会是否稳定的一个基本判断。

1.8.5 激励及其激励相容性

激励是经济学中最核心的概念之一。个体都有其自身利益，想从所要做的事中获得利益，同时也必须付出代价或成本。通过对好处和代价的比较，个体可能愿意（有激励）做或做好这件事或不愿意做或不愿意做好这件事，由此会对游戏规则作出合理的激励反应。这样往往就会造成个体间或个体与社会间的利益不一致，发生激励不相容的利益冲突，导致混乱。这种激励相容的思想早在亚当 · 斯密的《道德情操论》中就论述到了。斯密指出，“在人类社会这个巨大的棋盘上，每一颗棋子都有它自己的移动原则，完全不同于立法机关或许会选择强迫它接受的那个原则。如果那两个原则的运动方向刚好一致，人类社会这盘棋，将会进行得既顺畅又和谐，并且很可能会是一盘快乐与成功的棋。但是，如果那两个原则的运动方向恰好相反或不同，那么，人类社会这盘棋将会进行得很凄惨，而那个社会也就必定时时刻刻处在极度混乱中。”① 其原因是，个体在给定制度安排或游戏规则下会根据自身利益作出最优选择，但是该选择不会自动满足他人及社会的利益或目标，而信息的不完全性使得社会最优很难通过指令方式来执行。一个好的制度安排或规则是能够引导自利的个体主观为自己、客观为别人，争取做到使人们的社会经济行为于国、于民、于己、于公、于私都有利，这是现代经济学的核心内容。

一个人做的每一件事都涉及利益与代价 (收益与成本)，激励问题在日常工作及生活中无处不在。只要利益和代价不相等，就会有不同的激励反应。企业为了追求利润，有激励最有效地使用资源，以及构造激励来引导员工尽最大努力工作。在企业外部，利润的变化为资源的持有者提供了改变他们对资源使用方式的激励；在企业内部，激励则影响如何使用资源和员工在多大程度上努力工作。为了使管理有效，你必须清楚地掌握在像企业这样的组织内部激励所起到的作用，以及如何构造激励来引导你所管理的人员尽最大努力工作。

既然个人、社会和经济组织的利益不可能完全一致, 怎样将自利、互利和社会利益有机地结合起来呢？那就需要激励相容，要求所采用的改革措施或制度安排能极大地调动人们的生产和工作的积极性。因而，要实施自己或社会的某个目标，就需要给出恰当的游戏规则，使得当事人在追求自身利益的同时，能达到所要实施的目标，这就是所谓的激励相容。也就是使个人的自利和人们之间的互利统一起来，使得每个人在追求其个人利益的同时

①亚当 · 斯密:《道德情操论》，谢宗林译，295 页，北京，中央编译出版社，2008。

也达到社会或他人所要达到的目标。我们将在本书第五部分着重讨论如何达到激励相容的问题。

1.8.6　产权明晰与产权激励

产权 (property rights) 是市场经济中的一个重要范畴。前面我们介绍国学智慧时讨论到，早在两千三百多年前，秦国商鞅就曾以野兔为例阐述了建立私有产权的极端重要性，产权的明晰界定可以起到"定分止争" 的至关重要的作用，有助于市场秩序的建立。

产权包括财产的拥有权、使用权及决策权。产权的明确界定，因而利润归属的明确界定，有激励让产权所有者以最有效的方式进行消费和生产，有激励提供优质的产品和良好的服务, 有激励去建立名声和信誉，有激励尽力维护和保养自己的商品、房舍、设备。如果产权界定不清，则会伤害企业的积极性，产生激励扭曲和道德风险。比如，国有企业由于产权不清必定会导致效率低下、寻租或利益输送的贪腐猖獗、挤压民营经济、不利创新及造成不公平竞争的五大弊端。在市场机制中，激励主要是通过拥有财产和获得利润的方式给予人们的。本书第 14 章要讨论的科斯定理是产权理论的一个基准定理，它论断，当交易成本为零且没有收入效应时，只要产权明晰界定，通过自愿协调和合作就可以导致资源的有效配置。

1.8.7　结果平等与机会公平

"结果平等" 是一个理想的社会想要达到的目标。但这种 "结果平等" 对具有自利行为的人类社会来说，往往带来的是低效率。那么，在什么意义下公平能与经济效率一致呢? 回答是，当人们持有 "机会公平" 这一价值判断标准时，公平与效率是可以一致的。" 机会公平" 意味着不能有任何障碍来阻止每个人运用自己的能力追求自己的目标，并且对所有个人都有一个尽可能公平竞争的起点。本书第 12 章所介绍的公正定理 (fairness theorem) 告诉我们: 只要每个人的初始禀赋的价值相等，通过竞争市场的运作，即使个体追求自身利益，也可以导致既有效率也是公平的资源配置结果。与 "机会公平" 相似的一个公平概念是 "个人平等"(也就是所谓 "上帝面前人人平等")，它意味着，尽管人们生下来不尽相同，有不同价值观、不同性别、不同身体条件、不同文化背景、不同的能力、不同的生活方式，但 " 个人平等" 要求大家尊重个体的这种差异。

由于各人的爱好不一样，把牛奶和面包平等地分给每一个人虽然看起来公平，但不见得大家都满意。因此，除了用平等配置这个绝对平均主义的概念来定义公平外，在经济问题的讨论中，还用到其他意义下的公平概念。本书第 12 章所介绍的公平配置（equitable allocation）就既考虑到客观因素，也考虑到主观因素，它意味着每个人都满意自己所得的一份。

1.8.8　资源有效配置的准则

一个社会的资源是否得到有效配置是评价一个经济制度优劣的基本标准。在经济学中，资源配置有效通常指的是帕累托有效或最优，它意味着在给定现有资源的条件下，不存在另外的资源配置方案使得至少某人得利，而又不损害他人的利益。这样，不仅指要有效地消费和生产，也要使得生产出来的产品能最好地满足消费者的需要。

这样，在谈到经济效率时，要区分企业经济效率、行业经济效率及社会资源配置效率这三种不同的效率概念。企业生产是有效的，是指给定生产投入，使产出最大，并且反过来，给定产出，使投入最小。行业是所有生产某种商品的企业的总和，它的有效性可类似地定义。注意，每个企业生产有效并不意味着整个行业生产的有效性，因为如果把那些技术落后的企业的生产资料用到技术先进的企业，会导致全行业更多的产出。同时，即使整个行业的生产是有效的，对社会资源配置也可能不是（帕累托）有效的。

帕累托资源有效配置这个概念对任何经济制度都是适用的。它只是从社会效益的角度对一个经济制度给出了一个基本的价值判断标准，从可行性的角度来评价经济效果。这无论对计划经济、市场经济，还是混合经济都适用。本书第 11 章所介绍的福利经济学第一基本定理证明了，在个体追求自身利益时，完全竞争的市场导致了资源有效配置。

1.9 正确看待和理解现代经济学

正确、准确看待和理解、深刻领悟现代经济学，能帮助人们很好地运用经济学的基本原理和分析方法来研究不同经济情景、不同经济人行为及不同制度安排下的各类经济问题。现代经济学中的不同学派、不同理论本身就说明了现代经济学的分析框架和研究方法的针对性、普适性和一般性。当经济环境不同，当然就需要采用不同的假设和不同的具体模型设定，只有这样，所发展出来的理论才可用来解释不同的经济现象和个体的经济行为，更重要的是能够在接近理论假设的各类经济环境下进行内在逻辑分析，给出合乎内在逻辑的结论或进行科学的预测与推断。但由于经济环境的错综复杂，为了语义和逻辑清楚，现代经济学又用到了各种严谨的数学工具来建立经济模型，从而发展经济理论。严谨的数学工具一般较难掌握，由此对现代经济学往往容易产生误区。除了前面谈到的许多人对基准经济理论的误区外，还包括下面如何看待现代经济学的几个方面误区。

1.9.1 如何看待现代经济学的科学性？

其中一个主要误区是认为经济学不是一门科学，看起来像有许多相冲突或矛盾的理论。不时有人批评现代经济学存在着太多不同的经济理论，觉得经济学流派观点各异，不知道孰对孰错。其实，万变不离其宗，是这些人没有弄清楚，这诸多经济理论并没有脱离前面提到的两大基本类别理论。正是由于客观现实错综复杂，各个国家和地区有不同的经济、政治、社会、文化环境，人们的想法和偏好各式各样，再加上追求的经济目标也可能不同，所以才需要有针对性地发展出不同的经济理论模型和经济制度安排。

不同的经济、社会、政治环境应该发展出不同的经济理论或经济模型，这让人比较好理解，但让许多人感到非常费解的是：为什么同样的经济环境要发展出不同的经济理论？于是，就有讽刺经济学的通常说法——100 个经济学家会有 101 个不同的观点和说法，从而否认现代经济学及其科学性。其实，是这些人自己没有意识到，就像地球只有一个，但由于不同用途或目的，因而我们需要交通地图、旅游地图、军事地图等不同的地图一样，尽管只有一个给定的经济环境，但目标不同，我们需要发展不同的经济理论，提供不同的经济制度安排。

经济学家之所以面对一个问题会有不同的观点，恰恰说明现代经济学的严谨和完善，因为前提变了，目标变了，环境变了，针对的人群变了，国情不同，解决的角度不同，或采用的评判标准不同，由此结论自然就要相应地发生变化，特别是旨在解决现实问题的第二类经济理论是如此。即便如此，不同的人有不同的主观价值判断，从而很少有人人都满意而又可行的放之四海而皆准的一般性的 "好" 结论，否则就不需要因时、因地制宜，具体情况具体分析，随机应变了。这一点和用兵打仗、用药治病的哲学思想相通，和良将用兵、良医治病的道理一样：病万变，药亦万变，在考虑和解决经济问题时，需要因时因地因人因事而异，具体情况具体分析。不同之处在于，正如前面所提到的，经济学有巨大的外部性，庸医用药不对，治死的只是个别人，而经济政策的药方用错，影响到的却是一大群人，甚至是一个国家。

尽管我们有不同的经济理论或经济模型，但无论是提供基准点或参照系的基准经济理论，还是旨在解决现实问题的第二类经济理论，它们绝不是不同的 "经济学"。经常听人说，由于中国的国情不一样，需要发展中国的经济学。那么，世界上千千万万的楼房，即使由同一个人设计出来，也都不尽相同，难道需要不同的建筑学吗？当然不是，修建楼房所采用的基本原理和方法基本一样。对研究经济问题而言，也是同样的道理。无论是中国的还是国外的经济问题，都采用基本相同的分析框架与研究方法，但由于中国的经济、政治、社会环境和其他国家有差异，所以只有中国问题、中国路径、中国特色，只有关于中国经济的经济学，但不存在所谓的 "中国的经济学" 和 " 西方的经济学" 的不同。

现代经济学的基本分析框架和研究方法，就像数学、物理学、化学、工程学等自然科学及它们的分析框架和研究方法，是无地域和国家界限的，并不存在独立于他国的经济分析框架和研究方法，现代经济学的基本原理、研究方法和分析框架可以用来研究任何经济环境和经济制度安排下的各种经济问题，研究特定地区在特定时间内的经济行为和现象。几乎所有的经济现象和问题都可以通过下面要介绍的基本分析框架和研究方法来进行研究及比较，从而中国现实经济环境下的各种经济问题也可通过现代经济学的分析框架来研究。事实上，这正是现代经济学分析框架的威力和魅力所在：它的精髓及其核心思想是要人们在做研究时必须考虑到并界定清楚某时某地具体的经济、政治和社会环境条件。现代经济学不仅可以用来研究不同国家和地区、不同风俗和文化的人类行为下的经济问题及现象，它的基本分析框架和研究方法甚至也可用于研究其他社会现象和人类行为决策。事实证明：由于现代经济学分析框架和研究方法的一般性和规范性，在过去几十年中，现代经济学的许多分析方法和理论已被延伸到政治学、社会学、人文学科等学科。

1.9.2　如何看待现代经济学的数学性？

除了对于经济理论假设不符实际和不是科学的批评，另一个常见的批评就是现代经济学太注重细节，越来越数学化、统计化、模型化，使问题更加晦涩难懂。现代经济学之所以要用这么多数学和统计，就是为了严谨性和实证的可量化性。尽管领导决策层和一般民众不需要了解理论严谨分析的细节或前提条件，但提出政策建议的经济学家必须要了解。这是由于，经济学理论一旦采用就具有很大的外部性，如不考虑前提条件就盲目应用，会带来很大问题甚至灾难性的后果，因而需要借用数学来严格地界定其边界条件。同时，一个理论的应用或政策的制定也往往需要运用统计和计量经济学等工具手段进行实证量化分析或检验。

此外，由于现实经济社会错综复杂，经济理论所以要借助数学模型来抽象、刻画现实经济世界，以使人们能更深刻地认识、理解现实中要解决的问题。我们将在本章后面进一步讨论数学在现代经济学中的作用。

1.9.3 如何正确看待经济理论?

经济学中每一个理论或模型，无论是基准经济理论，还是旨在解决现实问题的第二类经济理论，都是由一组关于经济环境、行为方式、制度安排的前提假设以及由此导出的结论组成的。由于现实经济环境的复杂性以及个体偏好的多样性，因而一个理论的前提假设越一般化，理论指导意义就越大，发挥的作用也就越大。如果一个理论的前提假设条件太强，它就没有一般性，这样的理论也就没有什么大的现实作用。特别是经济学要为社会和政府提供咨询服务，因此理论要有一定宽度。这样，一个好的经济理论的必要条件是要具有一般性，越具有普遍性、一般性，解释能力就会越强，就越有用。研究竞争市场的一般均衡理论就具有这样的特点，它在非常一般的偏好关系及生产技术条件下，证明了竞争市场均衡存在并且导致了资源的最优配置。

尽管如此，社会科学特别是现代经济学理论，像数学里面的所有定理一样，都有其边界条件。如前所述，在讨论问题和运用某些经济学理论时，由于巨大的外部性，一定要注意到经济理论的前提假设条件和它的适用范围，从而任何一个经济理论的结论都不是绝对的，只是基于前提假设而相对成立。讨论问题时是否认识到此点是辨别一个经济学家是否训练有素的基本方法。由于经济问题和日常生活密切相关，即使一般老百姓对经济问题也能谈出一些看法，比如通货膨胀、经济是否景气、供需是否平衡、失业、股票、房产市场等，由此很多人说经济学不是科学。那些不考虑约束条件、不以准确数据为依据和不依严谨理论进行内在逻辑分析的"经济学"，当然不是科学，这种人也不是真正的经济学家。而一个训练有素的经济学家在讨论问题时，会以某些经济理论作为背后支撑来讨论问题，会意识到经济变量间关系的成立有其边界条件，由此得出的结论亦有其内在逻辑。充分理解经济理论的边界条件非常重要，否则，就分不清楚理论和现实的差别在什么地方，就会出现两种极端看法：或不顾客观现实约束条件，将理论简单地泛用到现实中去，或笼统地一概否认现代经济学理论的价值。

第一种极端看法就是高估理论的作用，泛用一个理论。比如，不顾中国的客观现实约束条件，盲目地应用或直接套用现有的现代经济学的两类理论解决中国问题，照搬模型来研究中国问题，以为把数学模型加进去就是好文章、好理论。不充分考虑中国实际情况与经济制度环境不同所产生的不同约束条件和边界条件，将一个经济理论或模型，无论是基准经济理论，还是更接近现实的第二类经济理论泛用到中国现实当中去，如此简单套用而得出的结论和建议，一旦被采纳，往往会出大问题。实际上，一个理论和行为假设无论多么一般化，都有其适用范围、边界以及局限性，不能泛用，特别是基于理想状态，离现实较远，主要是为了建立参照系、基准点及努力目标和方向而发展出来的那些基准理论更应是如此，不能直接套用，否则就会得出错误的结论。对第二类理论的简单套用的危害性也是如此，前面已经论及。如果没有社会责任感或本身没有良好的经济学训练，过高估计理论的作用，无限扩大和盲目运用经济理论，简单地将书本上的一些理论套用到现实经济中去，不考虑其前提条件而误用，后果不堪设想，弄不好会严重影响社会经济发展，造成严重的后果和巨大的社会负外部性。比如本书要讨论的福利经济学第一基本定理所论断的竞争市场导致了资源有效配置这一结论是基于一系列先决条件的，泛用就会导致重大的政策失误和危害到现实经济。

另外一个极端看法是全盘否定现代经济学的作用，低估甚至是否认现代经济学理论的指导意义，包括行为假设、分析框架、基本原理和研究方法，认为现代经济学及其分析框架和研究方法是国外的东西，不合乎中国的国情，是全盘西化，解决中国的问题需要通过创新一套中国的分析框架和中国的经济学来解决。事实上，像现代经济学的基准理论一样，世界上没有一门学科的所有假设或原理完全合乎现实（如没有空气阻力的自由落体、没有摩擦的流体运动等物理概念）。我们不应根据此点来否定一门学科的科学性和有用性。对现代经济学也是如此。我们学习现代经济学，不仅仅是了解它的基本原理、它的有用性，更重要的是学习它思考问题、提出问题和解决问题的方法。如前所述，基准经济理论本身的价值并非直接解释现实，而是为解释现实发展更新的理论提供研究平台和参照系。借鉴这些方法，人们可以对如何解决现实中的问题得到启发。此外，如上节所述，由于环境的不同，一个理论对一个国家或地区适用，不见得对另外一个国家或地区也适用，不能机械地生搬硬套，而需要修改或创新原有理论，根据当地的经济环境和人们的行为方式发展新的理论。

当然，当前还有一种极端的看法是一些有影响力的经济学家否定市场在任何情况下会失灵，存在外部性，从而否定现代经济学理论的指导作用，认为现代经济学理论的假设太强，不需要这些假设，不承认市场有边界。

经常听到有人宣称他们推翻了某个理论或经济结论。由于理论中的某些条件不符合现实，他们就认为这个理论错了，然后认为他们将这个理论推翻了。一般来说，这种说法不科学，甚至是错误的说法。即使是旨在解决现实问题的第二类理论，所作出的假设条件也不会完全符合现实或覆盖了所有的情况，一个理论可能符合一个地方的经济环境，但不符合另外一个国家或区域的经济环境。但是，只要没有内在的逻辑错误，我们就不能说这个理论是错的，需要推翻，而只能说这样的理论在这个地方或者在这个时期不适用。

经济学在中国的创新，不是靠推倒重来，全盘否定，而是应该靠建基于经济学的理论基石之上的边际创新或组合创新，技术和应用创新往往就是在基础研究的基石上对现有技术的重新组合和推广，如同不同的中药组合形成新的药方一样。有生命力的经济学理论一定和自然科学一样，是基于前人的理论成果经过比较、拓展而发展起来的。人们当然可以批评一个理论的局限性或非现实性，但需要做的是放宽或修改理论的前提假设条件，修改模型，从而改进或推广原有的理论；而不能说新的理论推翻了原有理论。其实更恰当的说法应当是新的理论改进或推广了旧的理论，它可以运用到更一般的经济环境，或不同的经济环境。

此外，还有一个容易犯的错误就是通过一些具体的实例企图得出一个普遍性理论结论，这是犯了方法论上的错误。当然，这里并不否认各国历史、文化、思想等在各自国家经济学话语体系建立过程中的独特作用。

1.9.4　如何看待经济学难以做实验的批评？

许多人批评经济学不是一门实验科学，从而否定经济学的科学性。这个观点是一种误区。首先，随着实验经济学近些年的迅速发展，经济学越来越成为一门实验科学学科，实验经济学通过实验的手段来检验人的行为，检验人的行为假设是否理性，从而实验经济学成为检验经济理论是否合乎客观现实的重要手段，理论家也从实验中获取了重要信息从而推动了理论向前发展（Al Roth 的网页上有众多经济学家关于如何认识经济学实验的讨论），而且经济学实验已经从实验室走向了社会（见 John List 的有关讨论）。

的确如此，从实证的角度出发，在经济活动的实践中，特别是针对体制转轨的需求，经济实验对政策和制度的验证具有不可替代的优势。经过早期学者的不断探索以及 2002 年诺贝尔经济学奖得主弗农・史密斯 (Vernon Smith) 对经济实验的方法和工具所进行的系统性归纳，当代的实验经济学作为重要的实证手段在市场机制设计过程中日益受到关注。当外部环境迅速变化、新技术大量涌现时，改革一方面成为必然的选择，但另一方面人们又不得不谨慎考虑各种政策建议和新提案的战略风险及社会成本。因此，能否寻找出一种办法，针对新的体制提案可能出现的问题事前进行相对完整、周密的考察，自然就成了体制改革进程中的难点和关键。我国在改革开放中采用了“特区政策”、“试点先行”、“典型引路”等各种措施。经济实验与这些措施在力求降低改革的风险和成本这一指导思想上是完全一致的。但经济实验与“摸着石头过河”、通过原型试点积累经验的各种做法在方法论上又有着重大的区别：与原型方法相比，首先，经济实验所回答的研究问题更单一，每个经济实验只考察一种政策的效果、一种机制的特征。其次，经济实验所采用的技术工具更规范。在现实生活的经济实践中有多种因素发挥作用的情形下，经济实验方法要求而且能够将与研究人员的问题无关的因素控制起来，集中考察某一特定因素对具体的经济现象的作用。最后，与原型方法相比，经济实验的成本更低廉。

此外，由新加坡国立大学教授及上海财经大学特聘教授周恕弘博士领衔的行为和生物经济学研究团队，正在和复旦大学生命科学院及上海财经大学实验经济学研究团队合作，研究人的基因与其经济行为之间的关系。这样的研究非常有意义，一旦弄清楚了它们之间的关系，就会为经济学成为一门像自然科学一样的科学学科奠定基础。

不过，我们当然也必须承认，不少经济理论，如可作综合分析的一般均衡理论，不能或很难拿社会做实验，弄不好会造成政策失误，导致巨大的经济社会风险，这是与自然科学的一个重大不同之处。自然科学能够对自然现象进行实验研究，拿物体做实验，通过实验室可以检验和发展理论。自然科学大致只有天文学不能做实验，但天文学不涉及个体的行为，一涉及个体的行为，问题就显得更为复杂。此外，自然科学理论的应用可以做到非常精确，比如盖楼、修桥、造导弹和核武器，可以精确到任意程度，其参数都是可控的，变量之间的关系是可做实验的。但经济学中影响经济现象的许多因素都是不可控的。

经济学家经常因经济预测不准确而受到批评。可用两种原因来解释：一种原因是主观方面的，即有些经济学家由于本身的水平问题，没有经过系统和严格的现代经济学理论训练，在讨论和解决经济问题时，弄不清问题的主要成因，作不出内在逻辑分析和推断，从而开错治理经济问题的药方（如果这样的药方存在的话）；另一种原因是客观方面的，即使经济学家受过很好的经济学训练，具有经济学的直觉和洞察力，但影响经济结果的一些经济因素发生了不可控的突变，使其预测变得不确切。一个经济问题除了牵涉到人的行为，使得问题变得复杂之外，还有许多不可控的因素。尽管一个经济学家非常高明，但许多影响经济结果的因素是无法控制的，一旦发生变化就会使预测出现偏差。就像一个国家的领导人，尽管很有威望，能管好本国的事情，但无法控制他国的事情一样。从而，即使一个好的经济学家有准确的判断能力，一旦经济环境、政治环境、社会环境发生突变，就有可能使得经济预测变得很不准确。有人可能会诘问，不管经济学如何发展，无论什么理由，预测不准是规律，预测准则是运气。从原则上来说，这没有错。由于经济波动是一个随机变量，预测不可能精准，但是，事件发生的概率有大小，并且经济学家的水平有高低，高水平的经济学家能更好地判断其概率，从而预测准确的概率会提高。这就是上面所说的预测不准有主观因素的原因。

如何弥补经济理论在许多情形下难以拿社会做实验的问题呢？其答案是，靠的是内在逻辑分析，并由此得出内在逻辑结论和推断，然后通过历史的大视角和长视角进行比较与数据实证的检验。这样，在作经济分析或给出政策建议时，根据前面所述的经济分析三要素，首先要有内在逻辑的理论分析，给出适用的边界条件和范畴。同时，也需要运用统计和计量经济学或实验经济学等工具手段进行实证分析或检验，再加以历史的大视野、大视角来进行纵横向比较的分析。所以，在作经济分析或给出政策建议时，既要有内在逻辑的理论分析，也要有大视野的历史比较分析，还要有数据统计的实证计量分析，三者缺一不可。这样的三位一体的研究方法，在很大程度上弥补了许多经济理论不能或很难拿社会做实验的问题。

所谓经济学的内在逻辑分析方法，就是首先对想要解决问题的有关情景（经济环境、形势和现状）作充分了解和刻画，弄清问题所在和成因，然后有针对性地正确运用恰当的经济理论，得出科学的内在逻辑结论，并据此作出科学、准确的预测和正确的推断。只要现状符合经济理论模型所预设的因（经济环境、行为假设），就能根据经济理论得出具有内在逻辑结论的果，从而对所处的不同情景（因时因地因人因事会不同），给出解决之道（给出某种制度安排加以解决）。经济学的内在逻辑分析方法，可以对给定的现实经济社会环境、经济人行为方式及经济制度安排下所可能导致的结果，根据经济理论，作出符合内在逻辑的科学推断，并指导解决现实经济问题。换言之，只要弄清楚了问题和成因，有针对性地正确运用经济理论（相当于药方），如果这样的理论存在的话，就可对症下药，综合治理，就能得出内在逻辑结论，从而作出准确的预测和正确的推断，否则，则可能会造成严重的后果。

这样，尽管在许多情况下检验一个经济理论的结果不能拿社会做实验，也不能单靠数据说话，实践是检验真理的唯一标准，但不是预测真理的标准，需要靠的就是内在逻辑分析。就像医生给病人看病（或修汽车）一样，最难的是找出病因（或故障），医生医术高低的主要区别就在于能不能准确地找到病因，一旦把病因找到，并且存在着治疗的药方，那么开药方就相对简单多了，除非他是一个十足的庸医。解决经济问题，药方就是经济学理论。只要将经济环境的特征诊断明白，将情况调查清楚，将人的行为定位准确，做起事来就会事半功倍。

1.10 现代经济学的基本分析框架

做任何事情都有其基本规律。现代经济学所研究的问题和解决问题的方式类似于人们处理个人、家庭、经济、政治、社会各类事务时所采用的基本方式。大家知道，要做好一件事情，与人打交道，首先要了解国情和民风，也就是要知道现实环境及其所要打交道的人的品行和性格；在此基础上，决定相应的待人处事规则，从而在权衡利弊后作出激励反应，争取达到尽可能最佳的结果；最后对所选择的结果及所采用的规则进行价值判断和评估比较。现代经济学的基本分析框架和研究方法完全是按照这种方式来研究经济现象、人类行为，以及人们是如何作出权衡取舍选择的。当然，其重大差别就是论证严谨，通过正式规范的模型来严格界定前提假设与结论的内在逻辑关系。这种分析框架具有高度的规范性和一致性。

写一篇规范的文章，首先给出想要研究和解决的问题，或想要解释的某种经济现象，即经济学家首先需要确定研究目标，要阐明所研究问题的重要性，进行文献回顾，让读者知道所研究问题的概况和进展，并且要说明文章在技术分析及理论结论上有什么创新。然后，正式讨论如何解决所提出的问题和得出有关结论。

尽管所研究的各类经济问题非常不一样，但研究这些问题的基本分析框架却是相同的。现代经济学的任何一个规范经济理论的分析框架，基本上由以下五个部分或分析步骤组成：(1) **界定经济环境**；(2) **设定行为假设**，(3) **给出制度安排**；(4) **选择均衡结果**；(5)**进行评估比较**。可以这样认为，任何一篇逻辑清楚、层次分明、论证合理的经济学论文，无论结论如何或是否作者意识到，都基本上由这五部分组成①，特别是前四部分。可以说，写经济学方面的论文，就是按照这些分析步骤进行具有内在逻辑结构和分析的创新写作。掌握了这些组成部分，就掌握了现代经济学论文写作方式的基本规律，更容易学习和研究现代经济学。这五个步骤对于理解经济理论及其论证、选择研究主题以及撰写标准的经济论文极有帮助。

在对这五个部分逐一进行讨论之前，先对制度 (institution) 这一术语进行界定。制度通常被定义为一组行事规则的集合，这些规则与社会、政治和经济活动有关，支配和约束社会各阶层的行为 (Schultz，1968；Ruttan，1980；North，1990)。由于人们在考虑问题时，总是把一部分因素作为外生变量或参数给定，另外一部分则作为内生变量或因变量，这些内生变量是由外生变量导致的，从而是这些外生变量的函数。于是，按照 Davis-North(1971，pp.6-7) 的划分方法，根据所要研究的问题，又可以将制度划分成两个范畴：制度环境 (institutional environment) 和制度安排 (institutional arrangement)。制度环境是一系列基本的经济、政治、社会及法律规则的集合，它是制定生产、交换以及分配规则的基础。在这些规则中，支配经济活动、产权和合约权利的基本法则和政策构成了经济制度环境。制度安排是支配经济单位之间可能合作和竞争的规则的集合。制度安排可以理解为人们通常所说的游戏规则，不同的游戏规则导致人们不同的激励反应。尽管从长远看，制度环境和制度安排会互相影响和发生变化，但如 Davis-North 明确指出的那样，在大多数情况下，人们通常将经济制度环境作为外生变量给定，而经济制度安排 (如市场制度安排) 则根据所要研究或讨论的问题，既可以看成外生给定也可以看成内生决定。

1.10.1 界定经济环境

这是现代经济学分析框架中的首要组成部分，是对所要研究的问题或对象所处的经济环境 (economic environment) 作出界定。经济环境通常由经济人、经济人的特征、经济社会制度环境以及信息结构等组成，短期不能改变 (尽管长期可能会发生演变)，因而在讨论解决问题时，视作外生变量，作为参数给定，不能改变，是约束条件这一基本思想在这里的具体体现。

怎样界定经济环境呢？主要分为两个层次：一是**客观描述经济环境，尽可能逼真**；二是**精炼刻画最本质的特征，尽可能简明深刻**。前者是科学，后者是艺术，但需要综合平衡。即

① 对本节内容的详细讨论见拙作《现代经济学的基本分析框架与研究方法》，其中列举和具体分析了许多著名的理论或模型都具有这五个组成部分。该文缩减版发表在《经济研究》2005 年的第 2 期。

描述经济环境首先要客观，然后要根据目的抓住主要特征，将其有机地结合起来。对经济环境的描述越清楚、准确，理论结论就会越正确。其次，刻画经济环境要精炼和深刻，对经济环境的刻画越精炼和深刻，论证起来就会越简单，理论结论也越能让人理解和接受。只有既清楚准确地描述经济环境，又精炼深刻地刻画经济环境的特征，才能抓住所要研究问题的本质，具体论述如下：

描述经济环境：现代经济学中任何一个经济理论，首先需要做的就是，对所要研究的对象或问题所处的经济环境作近似的客观描述。一个合理、有用的经济理论应客观、恰当地描述其研究对象所处的具体经济环境。尽管不同国家和不同地区的经济环境往往存在着差异，从而所得到的理论结论多半会不同，但是所采用的基本分析框架和研究方法却是一样的。经济问题研究的一个基本共同点就是要对经济环境进行描述。对经济环境的描述越清楚、准确，理论结论就会越正确。

刻画经济环境：在描述经济环境时，一个同等重要的问题是如何做到既清楚、准确地描述了经济环境，又精炼、深刻地刻画了经济环境的特征，使之能抓住所要研究问题的本质。由于现实中大多数事实和现象与要分析和解决的经济问题不相干或不是至关重要，这样完全客观地描述现实环境不仅没有什么用，反而会被这些旁枝末节弄糊涂。如果把所有这些情况都统统描述出来，当然可以说是非常准确而真实地描述了现状或经济环境，但这种简单罗列抓不住重点，无法看清问题的本质，让大量繁杂的事实弄晕了头脑。为了避开细枝末节，把注意力引向最关键、核心的问题，我们需要根据所考虑的问题，对经济环境进行特征化的刻画。比如，在第 3 章研究消费者行为的时候，不分男女老少、贫富贵贱，我们将消费者简单地刻画为由偏好关系、消费空间、初始禀赋所组成。而在第 4 章研究生产者理论时，简单地刻画成生产可能性集。在研究转型经济问题时，如中国经济转型问题时，我们就不能简单地照搬在规范经济环境下所得出的理论结果，而是需要刻画出转型经济的基本特征，但仍然采用现代经济学的基本分析框架和研究方法来研究转型经济问题。

经常听人批评现代经济学没有用，就是用几个简单的假设来概括复杂的现状，对此很不理解。其实，这也是物理学的基本研究方法。在研究两个物理变量之间的关系时，无论是理论研究还是实验操作，都是把影响所研究对象的其余变量固定。为了做一件事情，把每一个方面（即使无关）都搞清楚，在很多时候，不仅没有必要，反而会让人抓不住重点。这和前面提到的根据不同的目的和用途绘制地图一样：如果要旅游，需要的是旅游地图；如果开车，需要的是交通地图；如果打仗，需要的是军事地图。尽管这些地图都描述了一个地区的一些特征，但不是真实世界的全貌。为什么需要旅游地图、交通地图、军事地图呢？因为目的不一样。如果将整个现实世界当作地图，尽管这完全地描述了客观现实，但这样的地图又有什么用呢？

所以，经济学既是科学，也是如何抽象、刻画现实经济环境的艺术。经济学完全是通过对经济环境进行简练刻画来描述问题的成因，进行内在逻辑分析，从而得出逻辑结论和推断。一个高明的经济学家，关键就看他在研究问题的时候，能不能准确把握经济现状中最本质的特征。只有真正把成因和现状搞清楚，才能对症下药，其对策和药方（所采用的经济理论）就会信手拈来，当然这需要有基本的经济学理论训练。

1.10.2 设定行为假设

现代经济学分析框架中的第二个基本组成部分是对经济人的行为方式作出假设。这是经济学不同于自然科学的关键性差别。这个假设至关重要，是经济学的根基。一个经济理论有没有说服力和实用价值，一个经济制度安排或经济政策能不能让经济持续快速地发展，关键看所假定的个人行为是不是真实地反映了大多数人的行为方式，看制度安排和人们的行为方式是不是能激励相容，即人们对激励是不是作出了对他人或社会也有利的反应。

一般来说，在给定现实环境和游戏规则下，人们将会根据自己的行为方式作出权衡取舍。这样，在决定游戏规则、政策、规章或制度安排时，要考虑到参与者的行为方式并给出正确的判断，就像日常和人打交道一样，看他们是自私自利还是无私利他，是忠厚老实还是老奸巨猾，是讲究诚信还是谎话连篇。面对不同行为方式的参与者，所采用的游戏规则往往也是不同的。如果你所面对的是一个做事讲诚信的人，和他处事的方式或者针对他的游戏规则多半会相对简单。如果你所面对的是一个雷锋式的“傻子”，和他打交道的规则也许会更加简单，不需要什么防备心，和他处事不需费什么精力 (设计游戏规则)，游戏规则也许不是那么重要。但如果要打交道的是一个难缠、狡猾、无诚信可言的人，和他打交道的方式可能会非常不同，与他相处的游戏规则可能会复杂得多，需要小心对付，需要花费很大的精力。这样，为了研究人们是如何作出激励反应和权衡取舍的选择，对涉及人的行为作出正确判断和界定就显得异常重要。在研究经济问题例如经济选择、经济变量间的相互作用和它们的变化规律时，确定经济人的行为方式也非常重要。

如前面所提及的那样，在常规情况下，一个比较合理和现实而又通常被经济学家所采用的人类行为假设是自利性假设，或更强的经济人理性假设，即个体追求个人利益最大化。有限理性是根据掌握和了解的情况作出最佳的选择。不过，有限理性仍然属于理性假设的范畴。在后面讨论的消费者理论中，我们会具体假定消费者的行为是追求效用最大化；在生产者理论中，我们假定生产者追求利润最大化；而在博弈论中，描述经济人行为的均衡解概念有很多种，这些概念是基于不同参与人的行为假定给出的。任何经济人在与其他人进行交往时，都对其他人的行为有一个判断（假设）。

这种假定是有其合理性的。从现实来看，如前所述，存在三种基本制度安排：强制性的法规制度安排（适用于操作成本小、信息较易对称的情景）、激励机制（适用于信息不对称的情景）、社会规范（social norms）（由理念、理想、道德、风俗组成，给予人们对行为自我约束的规范）。如果所有人思想境界非常高，都是大公无私的，那么刚性的大棒式“晓之以理”法规体系，或柔性的“待之以利”的市场制度，就没有存在的必要了。大家都无欲无求了，那么共产主义的实现就指日可待了，但这往往是非常不现实的。

中国之所以搞市场经济，其本质原因就在于在常规情况下，人是自利的，市场经济是符合人的自利性假设的。这也是我们下面要讨论的制度安排的基础。

1.10.3 给出制度安排

现代经济学分析框架中的第三个基本组成部分是给出经济制度安排，也即人们通常所说的制度或游戏规则。对不同情况、不同环境，面对有着不同目标和不同行为方式的人们，往往需要采取不同的因应对策或游戏规则。当情况及环境发生变化时，所采用的对策或游戏规则也应发生变化。这对经济学的研究同样成立，当经济环境确定后，人们需要决定经济上的游戏规则，在经济学中称之为经济制度安排。制度安排的决定对做任何事情都非常重要。现代经济学根据不同的经济环境和行为假设，研究并给出各式各样的经济制度安排，也即经济机制。依赖于所讨论的问题，一个经济的制度安排既可以是外生给定的（这时退化为制度环境），也可以是由模型内生决定的。

如前面所提到的，引导人的行为有三种基本的制度安排：强制性的法规治理或政府干预、激励机制的制度规范、道德说教的社会规范。这三种方法都有各自不同的作用，但也有各自的适用范围和局限性。道德说教的社会规范依靠对人性的改善，缺乏约束力；强制性的法规治理或政府干预信息成本大，代价高，干预过多会有损个人自由；与其他两种方法相比，激励机制的制度规范是最有效的。这正是经济学家重视制度的原因。

所以，无论是法规治理的制度安排的制定，还是激励机制的制度安排的制定，其宗旨并不是要改变人利己的本性，而是要利用人这种无法改变的利己心去引导他从客观上做有利于社会的事。制度的设计要顺从人的本性，而不是力图改变这种本性。人的利己无所谓好坏善恶之说，关键在于用什么制度向什么方向引导。不同的制度安排将导致人们不同的激励反应和不同的权衡取舍结果，从而可能导致非常不同的结果。

现代经济学的任何一个理论都要涉及经济制度安排。标准的现代经济学主要是研究市场制度的，研究在市场制度下人们的权衡取舍选择问题 (如消费者理论、生产者理论及一般均衡理论）以及研究在什么样的经济环境下市场均衡存在，并对各种市场结构下的配置结果作出价值判断 (判断的标准基于资源配置是否最优、公平等等)。在这些研究中，市场制度通常假定是外生给定的。将制度安排作为外生给定的好处是将问题单一化，以便将注意力集中于研究人们的经济行为及人们是如何作出权衡取舍选择的。

当然，对制度安排的外生性假设在许多情况下不尽合理，应依赖于经济环境和人的行为方式，不同的经济环境和不同的行为方式应给出不同的制度安排。如在本书第四、五部分所论及的那样，市场制度在许多情况下会失灵 (即不能导致资源的有效配置和市场均衡不存在)，于是人们需要寻找替代机制或其他更佳的经济机制，从而我们需要将制度安排看作内生变量，是由经济环境和人的行为方式决定的。这样，经济学家需要给出各种可供选择的经济制度安排。

当研究具体经济组织或单位的经济行为和选择问题时，经济制度安排更应是内生决定的。新制度经济学、转轨经济学、现代企业理论，特别是最近四十多年发展起来的经济机制设计理论、信息经济学、最优合同理论和拍卖理论等，根据不同的经济环境和行为假设，研究并给出大到整个国家、小到二人经济世界的各式各样的经济制度安排。第五部分将对经济制度安排的激励设计问题进行详细的讨论。

1.10.4　选择均衡结果

现代经济学分析框架中的第四个基本组成部分是作出权衡取舍的选择，找出最优结果。一旦给定经济环境和经济制度安排 (游戏规则) 及其他必须遵守的约束条件之后，人们将会根据自己的行为方式作出激励反应，在众多的可行结果中通过权衡取舍来选定结果，称之为均衡结果。其实均衡概念不难理解，它表示在有多种可供选择方式的情况下，人们需要选定一个结果，这个最终选定的结果就是均衡结果。对利己的人来说，他将选择一个自认为是最有利的结果；对利他的人来说，他可能选定一个有利于他人的结果。这样，所谓均衡，指的是一种状态，即所有经济个体无激励偏离的一种状态，因而是一种静态概念。

以上所定义的均衡应是经济学中最一般化的均衡定义。它包括了教科书中在自利动机的驱动以及各种技术或预算约束条件下独立决策所达到的均衡。例如，在市场制度下，作为企业所有者，在生产技术约束条件下的利润最大化生产计划被称为均衡生产计划；作为消费者，在预算约束条件下的效用最大化消费组合被称为消费均衡。当生产者和消费者以及彼此之间相互作用达到一种大家都无动力偏离的状态时，又可得出每种商品的市场竞争均衡。

需要指出的是，均衡是一个相对的概念。均衡选择结果依赖于经济环境、参与人的行为方式（无论是相对于理性假设、有限理性假设，还是其他行为假设），以及让参与人作出激励反应的游戏规则，它是相对这些因素的"最优"选择结果。注意，由于有限理性的原因，它也许不是真正客观上的最优，而是根据自己的偏好及掌握的信息和知识所作出的最优结果。

1.10.5 进行评估比较

现代经济学分析框架中的第五个基本组成部分，是对经济制度安排和权衡取舍后所导致的均衡结果进行价值判断与作出评估比较。当经济人作出选择后，人们希望对所导致的均衡结果进行评价，与理想的"最优"状态结果（如资源有效配置、资源公平配置、激励相容、信息有效等）进行比较，从而进一步对经济制度安排给出评价和作出优劣的价值判断——判断所采用的经济制度安排是否导致了某些"最优"结果；还要检验理论结果是否与经验现实一致，能否给出正确预测，或是否具有现实指导意义。最后，对所采用的经济制度和规则给出评价，从而判断是否能给出改进办法。简而言之，就是为了把事情做得更好，在做完一件事情之后，评估这件事情的成效到底如何，值不值得继续做，有没有可改进的空间，就像我们写工作总结报告一样。所以，我们需要对经济制度安排和权衡取舍后所导致的均衡结果进行价值判断与作出评估比较，找出到底哪些制度最适合本国的发展。

在评估一个经济机制或制度安排时，现代经济学的一个最重要的评估标志就是看这个制度安排是否符合效率原则。当然，在现实中，由于经济环境和人的行为方式不断发生变化，科学与生产技术不断改进，精确的帕累托最优也许永远不可能实现，就像牛顿的三大物理定律、自由落体运动、无阻力的流体运动一样，它只是一种理想的状态，但提供了经济效率改进的方向。只要想提高经济效率，人们就应不断地追求，尽量接近这一目标。有了帕累托最优这一理想标准，我们去比较、衡量和评价现实世界中各式各样经济制度安排的好坏就有了依据，看它们离这一理想目标还有多远，从而得知改进经济效益的余地，使资源的配置尽可能接近帕累托最优标准。

不过，帕累托最优只是一个标准，还有 种价值判断是平等或公平。市场制度虽然达到了资源的有效配置，但也出现了很多问题，例如贫富差距大造成社会不公。平等和公平有许多种定义，本书第 12 章介绍的公平配置就既考虑到了客观公平，也考虑了主观因素，并且更重要的是可以同时解决公平和效率问题，这是第 12 章所介绍的公正定理的基本结论。评估一个经济制度安排的好坏还有一个重要的标准就是看它是否激励相容 (incentive compatibility)。

总的来说，以上所讨论的五个组成部分可以说基本上是所有规范经济理论通用的分析框架，无论使用的数学是多还是少，无论制度安排是外生给定的还是内生决定的。在研究经济问题时，我们应该首先界定经济环境，然后考察个体自利行为在外生给定的或者内生决定的机制下是如何相互影响的。经济学家通常将“均衡”、“效率”、“信息”和“激励相容”作为着重考虑的方面，考察不同的机制对个体行为和经济组织的影响，说明个体行为是如何达到均衡的，并对均衡状态进行评估比较。利用这样的基本分析框架分析经济问题不仅在方法论上是相容的，而且可能得出令人惊讶（但逻辑一致）的结论。

1.11　现代经济学的基本研究方法

以上讨论了现代经济学分析框架的五个基本组成部分：界定经济环境、设定行为假设、给出制度安排、选择均衡结果以及进行评估比较。任何一个经济理论基本上都是由这五个部分组成的。对这五个部分的讨论自然会引申到如何按科学的研究方法将它们有机地结合起来，并且可以逐步深入地研究各种经济现象，发展出新的经济理论。这就是本节要讨论的现代经济学中通常采用的一些基本研究方法和注意要点。它包括确定基准点、建立参照系、搭建研究平台、发展分析工具、构建严谨模型、作出实证分析与规范分析。

现代经济学的研究方法是，首先提供各种层次和方面的基本研究平台、确定基准点和建立参照系，从而给出度量均衡结果和制定安排的优劣度量标尺。搭建研究平台和建立参照系对任何学科的建立和发展都极为重要，经济学也不例外。

1.11.1　确定基准点

评价任何一件事情或给出任何一个论断，都不是绝对的，而是相对的，因而应有一个坐标点或基准点，讨论经济问题也不例外。经济学中的**基准点**（**benchmark**）**指的是相对理想状态或相对简单的经济环境**。如在本章第一节中所述，为了研究和比较现实经济问题和发展新理论，往往需要先考虑无摩擦的理想经济环境，发展出相对简单的结果或理论，然后讨论更接近现实的有摩擦的非理想经济环境下的结果和发展出更为一般的理论，并与原有在基准情形下发展出来的理论进行比较。

因而基准点是相对于非理性经济环境或所要发展的更为接近现实的新理论而言的。比如，完全信息假设是研究不完全信息情形下的基准点。在研究信息不对称情况下的经济问题时，我们需要首先弄清楚完全信息的情况（尽管它非常不现实）。只有将完全信息研究清楚之后，才能将信息不完全情况下的经济问题研究清楚。做经济理论研究的一般技巧也是这样的，先考虑理想状态或较为简单的情景，然后考虑更为现实或一般的情景，或者先学习好别人的研究成果，然后才能进行理论创新。有生命力的经济学理论和自然科学一样，首先考虑无摩擦的理想状态或简单情景，然后考虑更接近现实的有摩擦的非理想状态或一般情景。新的理论总是基于前人的理论成果而发展起来的。正因为有了牛顿力学，才会有爱因斯坦的相对论，有了相对论，才会有杨振宁、李政道的宇称不守恒理论。

1.11.2　建立参照系

参照系指的是在理想状态下所导致的经济模型和理论，如完全竞争市场能导致资源有效配置的一般均衡理论。建立参照系对任何学科的建立和发展都极为重要，经济学也不例外。尽管作为参照系的经济理论可能有许多假定与现实不符，但是它至少有三个方面的作用: (1) 有利于简化问题，抓住问题的特征；(2) 有利于建立评估理论模型和理解现实的标尺，确立改进方向；(3) 有利于在此基础上进一步进行理论创新，可作为进一步分析的参照系。

尽管作为参照系的经济理论可能有许多假定与现实不符，但是它们却非常有用，是用来进行进一步分析的参照系。这跟在生活中树立榜样，榜样的力量无穷的道理一样，这些参照系本身的重要性并不在于它们是否准确无误地描述了现实，而在于建立了一些让人们更好地理解现实的标尺，它像一面镜子，让你看到各种理论模型或现实经济制度与理想状态之间的距离，它的根本重要性在于给出努力和修正的方向，以及修正的程度。试想，一个人如果不知道努力的目标是什么，不知道差距，大致努力的方向都没有，如何改进？能有激励做事吗？遑论要把事情做成了。

本书中要讨论的一般均衡理论就提供了这样一种参照系。我们知道完全竞争市场会导致资源的有效配置，尽管现实生活中没有这种市场，但如果朝着这方面努力，就会增加效率，因而才有了反垄断法这样的保护市场竞争等方面的制度安排。通过将完全竞争和完全信息经济环境作为基准点所导致的参照系，人们可以研究一般均衡理论中假设不成立（信息不完全，不完全竞争，具有外部性）但更合乎实际的经济制度安排（比如具有垄断性质或转型过程中的经济制度安排），能得出什么样的结果，然后将所得的结果与理想状态下的一般均衡理论进行比较。通过与完全竞争市场这一理想制度安排相比较，人们就可以知道一个（无论是理论还是现实采用的）经济制度安排在资源配置和信息利用的效率方面的好坏，以及现实当中所采用的经济制度安排与理想的状态相差多远，并且提供相应的经济政策。这样，一般均衡理论也为衡量现实中所采用的制度安排和给出的经济政策的好坏建立了一个标尺。

这就像一个人无论怎么聪明，假如没有努力的目标和方向（好比一把刀无论怎样锋利，如不知道砍的方向，就不能发挥作用一样），就可能一事无成。比如将雷锋做人的参照系，作为做人的理想样板。尽管当今的现实中没有活着的雷锋，但学雷锋仍然很重要，需要提倡，即使只能做到 1%，也比什么都不做强。因此做人要有远大的理想，它让你知道努力的方向和奋斗的目标，也许永远也达不到，但是能激励你不断地接近理想。

1.11.3 搭建研究平台

现代经济学中的研究平台是由一些基本的经济理论或方法组成，它们为更深入的分析提供了方便。现代经济学的研究方法类似于物理学的研究方法，即先将问题简化，再抓住问题的核心部分。当有众多因素形成某种经济现象时，我们需要弄清每个因素的影响程度。这可以通过假定其他因素不变，研究其中某个因素对经济现象的影响来做到。现代经济学的理论基础是现代微观经济学，而微观经济学中最基础的理论是本书随后要讨论的个人选择理论——消费者理论和生产者理论，它们是现代经济学中最基本的研究平台或奠基石，这就是为什么所有的现代经济学教科书基本上都是从讨论消费者理论和生产者理论入手的。它们为个人作为消费者和生产者如何作出选择，给出了基本的理论，并且为更深入地研究个人选择问题提供了最基本的研究平台。

一般来说，个人的均衡选择不仅依赖于自己的选择，而且依赖于其他人的选择。为了研究清楚个人的选择问题，首先要弄清楚个人在不受他人影响时是如何作出决策的。在本书中要讨论的消费者理论与生产者理论就是按照这样的研究方法得到的。经济人被假定处于完全竞争的市场制度安排中，由此每人都把价格作为参数给定，个人选择不受他人选择影响，最优选择由主观因素（如追求效用或利润最大）和客观因素（如预算线或生产约束）来决定。

不少人对这种研究方法感到不解，认为这种简单情况离现实太远，理论中的假设和现实太不吻合，从而认为它没有什么用处。其实，这样的批评表明这些人对科学的研究方法还没有正确理解。这种将问题简化或理想化的研究方法为更深入的研究建立了一个最基本的研究平台。这就像物理学科一样，为了研究一个问题，先抓住最本质的东西，从最简单的无摩擦情况研究着手，然后再逐步深入，考虑更一般和更复杂的情况。微观经济学中关于垄断、寡头、垄断竞争等市场结构的理论就是在更一般情况下——厂商间相互影响下——所给出的理论。为了研究经济人相互影响决策这一更一般情况下的选择问题，经济学家同时也发展出博弈论这一有力的分析工具。

一般均衡分析是基于消费者理论和生产者理论之上，属于更高一层次的研究平台。如果说消费者理论和生产者理论为研究个人选择问题提供了基本的研究平台，一般均衡理论则为研究在各种情况下所有商品的市场互动，如何达到市场均衡提供了一个基本的研究平台。最近 40 多年发展起来的机制设计理论则又是更高一层次的研究平台，它为研究、设计、比较各种经济制度安排和经济机制（无论是公有制、私有制，还是混合所有制）提供了一个研究平台，它不仅可以用来研究和证明完全竞争市场机制在配置资源和利用信息方面的最优性及唯一性，更重要的是，在市场无效或失灵时，给出了如何设计替补机制的方法。在一些规范性条件下，没有外部性的完全自由竞争的市场制度安排不仅导致了资源的有效配置，并且从利用信息量（机制运行成本、交易成本）的角度看，它利用的信息量最小，从而它是信息利用最有效的。在其他情况下，市场会失灵，我们就需要设计出不同经济环境下的各种不同的替补机制。研究平台也为评估各类经济制度安排提供各种参照系创造了条件，为衡量现实与理想状态的差距制定了标尺。

1.11.4　发展分析工具

对经济现象和经济行为的研究，仅有分析框架、基准点、参照系和研究平台还不够，还需要有分析工具。现代经济学不仅需要定性分析，也需要定量分析，需要界定每个理论成立的边界条件，使得理论不会被泛用或滥用。这样，需要提供一系列强有力的“分析工具”，它们多是数学模型，但也有的是由图解给出。这种工具的力量在于用较为简明的图象和数学结构帮助我们深入分析纷繁错综的经济行为和现象，比如，需求供给模型、博弈论、研究信息不对称的委托—代理理论、保罗 · 萨缪尔森 (Paul A. Samuelson, 1915—2009，其人物小传见 3.11.2 节) 的迭代模型、动态最优理论等。当然，也有不用“分析工具”的，如科斯定理，只用语言和基本逻辑推理来建立和论证所给出的经济理论。

1.11.5　构建严谨模型

在解释经济现象或经济行为，并给出结论或作出经济推断时，往往要求具有逻辑严谨的理论分析。如前所述，任何一个理论的成立都是有一定条件的，现代经济学不仅需要定性分析，也需要定量分析，需要界定各种理论结果成立的边界条件，使得理论不会被泛用或滥用，就像药物学和药理学需要弄清药品的适用范围和功能一样。为此，我们需要建立严谨的分析模型，将其理论成立的条件界定得非常清楚。不了解相关的数学知识，就很难准确理解概念的内涵，也就无法对相关的问题进行讨论，更给不出做研究时所需要的边界条件或约束条件。因此，以数学和数理统计作为基本的分析工具就毫不奇怪了，而它们也成为现代经济学研究中最重要的研究方法之一。

1.11.6 作出实证分析与规范分析

从研究方法的角度看，经济分析可分为两类：一类称为实证或描述性分析；另一类称为规范或价值判断分析。经济学与自然科学的另外一个重大差别就是，自然科学基本只作实证分析，而经济学对问题的讨论往往不仅要作实证分析，也要作规范分析。

实证分析只解释经济是如何运行的，它只给出客观事实并加以解释（因而是可验证的），而不对经济现象作出价值评价或给出修正办法。例如，现代经济学的重要任务是对生产、消费、失业、价格等现象加以描述、比较、分析，并预测各种不同政策的可能结果。消费者理论、生产者理论及博弈论都是实证分析的典型例子。

规范分析则要对经济现象作出评价。经济学不仅要解释经济是如何运行的，而且要找出修正办法。因此，它往往涉及经济学家个人主观的价值标准和偏好（从而是不能由事实来验证的）。例如，有的经济学家更强调经济效益，而有的经济学家更强调收入的平等或社会公平。在讨论经济学问题时，注意到这两种方法的差异能避免许多不必要的争论。经济机制设计理论就是规范分析的典型例子。

实证分析是规范分析的基础，规范分析是实证分析的延拓。因而经济学的首要任务是进行实证分析，然后再进行规范分析，本书要讨论的一般均衡理论就既包括实证分析（如竞争均衡的存在性、稳定性及唯一性），也包括规范分析（福利经济学基本第一、第二定理）。

1.12 分析方法及框架的现实作用

以上介绍了现代经济学的最基本分析框架和研究方法，它们具有分析框架及研究方法的现实作用。尽管这些分析框架和研究方法看起来似乎简单，但实际上如果要真正领悟并融会贯通于自己的生活、学习、研究中却并不是一件容易的事。不过，一旦你掌握了现代经济学的基本分析框架和研究方法，你就会一生受益无穷。因为它会使你聪明、睿智、深刻、思维科学；它会帮助你学习、研究那些“阳春白雪”的纯经济理论；它也有助于指导你在生活、工作中所面临的实际问题。

首先，从学习现代经济学的方面来看，一旦掌握了现代经济学的基本分析框架和研究方法，你就不会被那些抽象的模型和高深的数学所迷惑，不会被弄得头昏脑胀。无论一个经济理论用到多深的数学、多少的公式、多么复杂的经济模型，它基本上都采用了以上所介绍的基本分析框架和研究方法来进行研究。只要你紧紧抓住了这些基本的分析框架和研究方法，将它们作为一条核心主线印在你的脑海中，你就不会迷失方向、失去重点，就会基本上知道它在讲什么。你可以暂时将那些技术性的、一时无法理解的具体细节搁置一旁，先弄清理论框架和具体结论，再弄懂那些具体细节。也就是，要先抓文章的主线、大致思路，了解它想做什么，得到什么论断，然后再抓具体细节。另外，一旦掌握了这些基本分析框架和研究方法，你就会对现代经济学有一个正确的看法，不太可能被误导，从而不会影响自己对现代经济学的学习。经常有人对现代经济学及其研究方法进行批判，其实这些人的大多数议论都没有建立在科学的分析问题的方法上，有的甚至完全凭自己的主观臆断。没有弄清现代经济学的基本分析框架和研究方法，这些言论就有可能会误导你，使你迷失学习现代经济学的正确方向，甚至可能使你对现代经济学的学习产生一种忽视乃至抵触的态度。

其次，从研究现代经济学的方面来看，一旦理解和掌握了现代经济学的基本分析框架和研究方法，你将会更胜任现代经济学的研究。许多想做经济学研究的人，尽管他们对现代经济学已经有了相当的了解，读了许多经济学的论文，但仍然感到自己做起研究来很难，不知道怎么做研究，或做不出让别人认可和有意义的研究工作。其实只要你掌握了这些基本的分析框架和研究方法，同时具有一定的数理基础和逻辑分析能力，那么做起经济学研究来就不会感觉那样难了。从某种意义上说，做研究就是对基本分析框架的五个组成部分进行内在逻辑式的分层次递进的写作。这些基本框架和研究方法可能会有助于提高你的研究和创新能力。

例如，如果你想研究某个经济问题或现象，或希望给出一个新的理论，让它具有较强的解释经济行为和经济现象的能力，能够指导现实经济问题，那么你就要比较合理、准确地描述、刻画经济环境和经济人的行为方式，采用已有的分析工具或自己发展新的分析工具，建立一个尽可能简单的模型，然后进行推导论证。如果你只是想推广和改进原有的理论结果，你就需要分析原有的关于经济环境、行为的假设及模型结构是否符合现实，是否能够放宽那些前提假设条件，得出新的或者更一般的结果。对于初做研究的人来说，这一类推广、修正改进的工作也许会相对简单一些，并且你的结果也许会更容易被人接受和出版发表。当然，你也可以对经济环境界定或其他组成部分进行改动，也可能得到非常不同，甚至是重大的结果。比如，宏观经济学派和信息不对称下所得到的众多理论就是这样得出来的。如果你想批判某个现代经济学理论，你应该批判这个理论分析框架的哪些组成部分在哪些方面存在不合理、逻辑不正确或不现实的地方，而不是批判整个现代经济学及其研究方法。因此，针对那些批判现代经济学，否定现代经济学，将现代经济学说得一无是处，宣称要抛弃现代经济学，要建立自己的经济学的人，笔者希望他们能够对现代经济学的基本框架及方法论真正有所了解，在了解的基础上再去考虑如何对现代经济学的某些理论进行批判或冲击，这样便会出言谨慎，不致误导大众。

最后，了解现代经济学及其研究方法和分析问题的框架也会帮助你更好地思考问题、更好地处理日常事务，更好地学会待人接物，会使得你思想更加深刻、更加有见识、工作更加有能力。经常听到对现代经济学这样的议论：经济学看起来就是一些“阳春白雪”、形而上的东西，用到这么多数学，学起来这么难，离现实感觉有十万八千里，学了对今后有什么用呀？其实，在日常生活中待人处事的方式基本上类同于经济学分析问题的基本框架。比如，你到了一个新的地方，准备做一件事情，或者需要与人打交道，首先要做的事就是了解当地情况、周围环境及国情 (对应着框架中的“界定经济环境”)；然后，也要了解当地的民风民俗，尽可能弄清与之打交道的人的行为处事方式，他的品行、性格等 (对应“设定行为假设”)；根据这些信息，决定自己与人打交道的规则及自己待人处事的方式 (对应“给出制度安排”)；然后在具有可行性的、可供选择的方案中，通过权衡取舍选定一个最佳方案 (对应“选择均衡结果”)；最后，对自己所作的决定、所做的事情及所采用的处事方式进行总结反省，看是否为最有效的方法，是否达到了最好的结果，是否公平合理，是否调动了大家的积极性，是否让人们作出激励反应，是否达到了你想要达到的目标，即所谓的激励相容等等(对应"进行评估比较")。并且，当环境、情况发生变化，工作的对象变了，要做好一件事情，游戏规则当然也应相应发生变化。只要按照这五个方面去做，并根据情况的变化随时调整游戏规则，就一定会把事情做得更好，这可能是解决和处理日常生活和工作事务的最佳方式之一。并且，经济理论的许多结果也有助你思考问题和解决问题。

1.13 学好现代经济学的基本要求

学好和掌握经济理论有三个基本要求：

（1）基本的概念和定义要清楚和掌握，这既是最基本的要求，也是逻辑思维清晰、头脑清楚的具体体现。这不仅是讨论和分析问题、进行内在逻辑分析的前提，也是学好经济学的前提，否则，由于术语的定义不同，会产生很大歧义，引起不必要的争论。

（2）所有定理或命题的陈述要明确，基本结论及其条件要清楚，否则在应用经济理论分析问题时会失之毫厘、谬以千里。就像药物有其适用范围一样，任何一个理论、任何一个制度也有其适用的边界和范围，不能够泛用，弄不好会出大问题，导致巨大的负外部性。经济社会出现大问题，很多时候就是经济学家误用了某种理论，没弄清楚理论的边界和适用条件。所以，一个合格的经济学家，就像一个合格的医生给病人开处方治病一样，需要首先弄清各种药物的药性和药理。

（3）基本定理或命题的证明（思路和过程）要掌握。一个优秀的经济学家，就像一个优秀的医生一样，不仅要知其然，也要知其所以然，不仅要知道药物的药性，也要知道病理，才能更深刻地理解和掌握所学的理论。

如果达到了上述要求，即使一些命题结论的证明忘记了，将来要重新掌握也很容易。经济学基本上不能进行实验，主要靠内在逻辑分析，这也是现代经济学理论的威力。因此，精确地掌握理论及其边界是非常重要的。

1.14 必要条件和充分条件的差别

在讨论经济问题时，区分必要条件与充分条件也是非常重要的，它能帮助人们清楚地思考问题和避免不必要的争论。必要条件是一个命题成立所必不可少的条件，充分条件是能保证命题一定成立的条件。例如，经常听到有人用印度的例子来否认市场经济，认为印度采用的是市场经济，但还是很贫穷，所以中国不应该走市场经济之路。说这些话的人，就是没有区分出必要条件和充分条件的差别。市场经济是导致一个国家富强的必要条件而不是充分条件。这就是说，要想国家富强，一定要走市场经济的道路。这是由于在世界上找不到任何富裕但不是市场经济的国家。走市场经济之路，只是必要条件，不是充分条件，我们也必须承认市场机制不一定导致繁荣昌盛。如前所述，市场经济分为好的市场经济和坏的市场经济，其原因是，尽管（根据目前观察到的事实）市场机制是使一个国家繁荣昌盛必不可少的，但还有许多因素也能影响一个国家的繁荣富强，比如，政府干预经济的程度、政治制度、法律、宗教、文化、社会结构等，使得有好的市场机制和坏的市场机制之分。

1.15　数学和统计对经济学的作用

数学和统计，在人类掌握自然知识和日常事务管理中具有极端重要性。如当代著名统计学家劳氏（C. Radhakrishna Rao）所指出的那样：数学是一种从给定前提下演绎结果的逻辑，而统计学则是一种从经验中学习的理性方法以及从给定的结果来验证前提的逻辑。劳氏相信："在终极的分析中，一切知识都是历史；在抽象的意义下，一切科学都是数学；在理性的基础上，所有判断都是统计学。"①这一段话，深刻地刻画了数学及统计的重要性，及其各自的内涵。

数学和统计对现代经济学的重要性也是如此。现代经济学中几乎每个领域都用到大量数学、统计及计量经济学方面的知识。所用到的数学之多、之深，甚至超过了物理科学。之所以如此，这与现代经济学越来越成为一门科学，采用数理分析工具，以及社会系统更为复杂、影响巨大等原因都分不开。因而，在考虑和研究经济问题时，要求具有逻辑严谨的理论分析模型进行内在逻辑分析和通过计量分析方法进行实证检验，并弄清楚和确定一个理论结论成立的边界条件，即需要什么具体条件才有这样的理论结果。这样以数学和数理统计作为基本的分析工具就毫不奇怪了，而它们也成为现代经济学研究中最重要的分析工具。每个学习现代经济学和从事现代经济学研究的人都必须掌握必要的数学和数理统计知识。

现代经济学主要用数学语言来表达关于经济环境和个人行为方式的假设，用数学表达式来表示每个经济变量和经济规则间的逻辑关系，通过建立数学模型来研究经济问题，并且按照数学的语言逻辑地推导结论。不了解相关的数学知识，就很难准确理解概念的内涵，也就无法对相关的问题进行讨论，更谈不上做研究，给出结论时弄清所需要的边界条件或约束条件。因而你如果想要学好现代经济学，从事现代经济学的研究，成为一个好的经济学家，就需要掌握必要的数学。

许多人不懂数学，掌握不了现代经济学的基本理论和分析工具，看不懂较为高深的经济学教科书或文章，因而就否定数学在经济学研究中的作用，用产生经济思想的重要性或用数学就是远离现实经济问题等由头来作为遮掩。谁也不否认经济思想的重要性，它是研究的产出。但为什么不能兼顾有学术的思想和有思想的学术呢？正如爱迪生所说，一个天才只需要百分之一的灵感，然后必须再加上百分之九十九的汗水才能成功。没有数学作为工具，怎么会知道经济思想或结论成立的那些边界条件和适用范围呢？如不知道这些条件和范围，又怎么能保证其经济思想或结论没有滥用或误用呢？世界上又有几个人能像亚当・斯密和科斯那样，不用数学模型就能发展出那么深刻的经济思想呢？即便如此，经济学家直到现在还在研究在什么条件下他们的结论成立。况且我们所处的时代不同，现代经济学已经成为社会科学中一门非常严谨的学科。没有严谨的论证，其思想或结果就不会被别人承认。的确如此，如前所述，在过去三千多年中，姜尚、老子、孙武、管仲、司马迁等先哲们所给出的经济学思想异常深邃，亚当・斯密所论及的，我们先哲们早已论述到，但为什么不被外人所知，其基本原因就是这些只是经验总结，没有形成科学体系，没有用严格的科学方法进行内在逻辑分析。

① C.R. 劳：《统计与真理：怎样运用偶然性》，北京，科学出版社，2004。

还有一种看法，就是认为用数学来研究经济问题就是远离现实，这是一个误区。大多数的数学都是基于现实的需要而产生的。学过基本的物理学，读过物理科学发展史或数学思想史的人都知道无论是初等数学还是高等数学，都来源于科学发展和现实的需要。既然如此，为什么经济学就不能用数学来研究现实经济问题呢？作为一个哲学家和经济学家，马克思用过当时最先进的数学，写过《数学手稿》这一著作，其《资本论》就用到了许多统计方法和数学方法。尽管本书将用到许多数学，但所讨论的问题都来源于现实世界，非常具有实用性和指导性。所以，要想成为一个合格的经济学家，就应打好数理基础和现代经济学基础。学好了数学，掌握了现代经济学的基本分析框架和研究方法，学起现代经济学来就会感到相对容易，可以大大提高学习现代经济学的效率。

数学在现代经济学理论分析中的作用是：(1) 使得所用语言更加精确和精炼，假设前提条件的陈述更加清楚，这样可以减少许多由于定义不清所造成的争议。(2) 使得分析的逻辑更加严谨，并且可以清楚地阐明经济结论成立的边界和适用范围，给出理论结论成立的确切条件，否则的话，往往导致理论的泛用。例如，在谈到产权问题时，许多人都喜欢引用科斯定理，认为只要交易费用为零，就可导致资源的有效配置。直到现在，仍有许多人不知道（包括科斯本人在给出他的论断时也不知道），这个结论一般不成立，还要加上效用（支付）函数是准线性的 (quasi-linear) 这一条件才能保证结论成立。(3) 利用数学可帮助得到不是那么直观的结果。比如，从直观上来看，根据供给和需求法则，只要供给和需求量不相等，竞争的市场就会由“看不见的手”通过市场价格的调整，达到市场均衡。但这个结论不总是成立。Scarf(1960) 给出了具体的市场不稳定的反例，证明这个结果在某些情况下并不成立。(4) 它可改进或推广已有的经济理论。这方面的例子在经济理论的研究中太多了。比如，经济机制设计理论是一般均衡理论的改进和推广。

对经济问题，不仅要作定性的理论分析，还需要有经验性的定量分析。经济统计和计量经济学在这些方面发挥着重要作用。经济统计侧重于数据的收集、描述、整理及给出统计的方法，而计量经济学则侧重于经济理论的检验、经济政策的评价、进行经济预测，及检验各个经济变量之间的因果关系。为了更好地估计经济模型和作出更精确的预测，理论计量经济学家不断地研究出更为有力的计量分析工具。

应该注意的是，经济学不是数学，数学在经济学中只是作为一种工具被用来考虑或研究经济行为和经济现象。经济学家只是用数学来更严格地阐述、更精炼地表达他们的观点和理论，用数学模型来分析各个经济变量之间的相互依存关系。由于经济学的度量化、将各种前提假设条件精确化，经济学已成为一门体系严谨的社会科学。

当然，光懂数学还不能成为一个很好的经济学家，还要深刻理解现代经济学的分析框架和研究方法，对现实经济环境、经济问题有很好的直觉和洞察力。学经济学时不仅要从数学（包括几何）的角度去了解一些术语、概念和结果，更重要的是，即使它们是用数学的语言或几何的图形给出的，也要尽可能弄清它们的经济学含义及其背后深邃的经济思想。因而在学习经济学时不要被文中的数学公式、数学符号等迷惑住。所以，要成为一个真正优秀的经济学家，需要做到**有思想的学术和有学术的思想的有机结合**。

1.16　经济和数学语言之间的转换

经济学研究的产品是经济论断和结论。任何一篇规范的经济学论文的写作都由下面三个部分组成：(1) 提出问题，给出重要性，确定研究目标；(2) 建立经济模型，严格表达并验证论断；(3) 通俗表达论断并给出政策含义。这就是说，一个经济结论的产生一般需要经过三个阶段：非数学语言阶段—数学语言阶段—非数学语言阶段。第一阶段提出经济观念、想法或猜想，这些观念、想法或猜想可能由经济直觉产生或根据历史经验或外地经验而来。由于还没有经过理论论证，人们可将它们类比为一般生产中的初等品。这一阶段是非常重要的，它是理论研究和创新的来源。

第二阶段需要验证所提出的经济想法或论断是否成立。这种验证需要经济学家通过经济模型和分析工具给出严格的证明，只要可能，还需要得到实际经验数据的检验。所得出的结论和论断往往都是由数学语言或专业术语来表达的，非专业人士不见得能理解，从而不能为社会大众、政府官员、政策制定者所采用。所以将这些由技术性较强的语言所表达的结论和论断类比为一般生产中的中间产品。

学经济学是要为现实经济社会服务，所以第三阶段就是将由技术语言所表达的结论和论断用通俗的语言来表达，使得一般人也能够理解，用通俗语言的形式给出这些结论的政策含义、深远意义及具有洞察力的论断，这些才是经济学的最终产品。注意第一和第三阶段都是用通俗、非技术、非数学的语言来给出经济想法和结论，但第三阶段是第一阶段的一种飞跃、升华。这种三阶段式——由通俗语言阶段到技术语言阶段然后再回到通俗语言阶段——其实也是大多数学科所采用的研究方式。

1.17　【人物小传】

1.17.1　亚当・斯密

亚当・斯密 (Adam Smith，1723—1790)，经济学的主要创立者，被称为现代经济学之父。亚当・斯密在英国格拉斯哥大学完成拉丁语、希腊语、数学和伦理学等课程的学习，后在格拉斯哥大学不仅担任过逻辑学和道德哲学教授，还曾担任过荣誉校长。1776 年出版的《国富论》(*The Wealth of Nations*) 一书是斯密最具影响力的著作，对经济学作为一门独立学科的创立有极大贡献。在西方世界，这本书甚至可以说是经济学领域内所发行过的最具影响力的著作。其学术思想主要受哲学家伯纳德・曼德维尔（Bernard de Mandeville, 1670—1731）、弗朗西斯・哈奇森（Francis Hutcheson, 1694—1746）、大卫・休谟（David Hume, 1711—1776）及经济学家范德林特（J. Vanderlint，生年不明，死于 1740 年）、乔治・贝克莱（George Berkeley, 1685—1753）等人的影响。

斯密认为，人类社会经济的发展是千百万人自发行动的结果，是所有人遵照某种本能力量的驱动，由利益心的趋引、策划的无数行为创造出来的。他把这种力量称为“看不见的手”，实际上也就是他所推崇的应让市场规律在组织经济社会中起作用。《国富论》一书否定了重农主义学派对于土地的重视，认为劳动才是最重要的，而劳动分工能大大提升生产效率，而经济学家如托马斯·罗伯特·马尔萨斯和大卫·李嘉图则专注于将斯密的理论整合为 21 世纪所称的古典经济学（现代经济学由此衍生）。马尔萨斯将斯密的理论进一步延伸至人口过剩上，而李嘉图则提出了工资铁律（iron law of wages），认为人口过剩将导致工人连勉强糊口的层次都无法达成。斯密假设工资的增长会伴随着生产的增长，这个观点在今天看来则更为准确。该书涉及的理论学说除开创了劳动分工理论外，还成为货币理论、价值理论、分配理论、资本积累理论、赋税理论等领域的鼻祖。此外，马克思的劳动价值论也是建立在李嘉图的政治经济学基础之上，从而间接地受到了斯密学说的影响。

斯密不仅写了本奠基性的《国富论》，在此之前还写了本《道德情操论》（*The Theory of Moral Sentiments*, 1759 年首版），论述人们应具有同情心和正义感。这种同情心和正义感在非常规情形下往往会出现（如人们处于困境和国家受到侵犯）。他竭力要论证的是：具有利己主义本性的个人是如何控制自己的感情和行为，尤其是自私的感情和行为，从而形成社会利益和个体利益的激励相容。斯密在《国富论》中所建立的经济理论体系，就是以他在《道德情操论》中的这些论述为前提的。斯密交替创作，反复修改直至去世的《道德情操论》和《国富论》这两部著作，形成了他的学术思想体系的两个互为补充的有机组成部分。《道德情操论》所阐述的主要是伦理道德问题，《国富论》所阐述的主要是经济发展问题。斯密把《国富论》看作自己在《道德情操论》论述的思想的继续发挥。《道德情操论》和《国富论》这两部著作，在论述的语气、论及范围的宽窄、细目的制定和着重点上虽有不同，如对利己主义行为的控制上，《道德情操论》寄重托于同情心和正义感，而在《国富论》中则寄希望于竞争机制，但对自利行为的动机的论述，在本质上却是一致的。笔者认为，个体的同情心、正义感及逐利只是人们在不同（异常和常规）情形下的不同反应。在《道德情操论》中，亚当·斯密把“同情”作为判断核心，而其作为行为的动机则完全是另一回事。

1.17.2 大卫·李嘉图

大卫·李嘉图（David Ricardo, 1772—1823）与托马斯·罗伯特·马尔萨斯（Thomas Robert Malthus，1766—1834）一道，将斯密的理论整合成古典经济学，是古典政治经济学的代表人物。李嘉图生于犹太人家庭，父亲为证券交易所经纪人，12 岁到荷兰商业学校学习，14 岁随父从事证券交易。1793 年独立开展证券交易活动，25 岁时拥有 200 万英镑财产，随后钻研数学、物理学。1799 年他读亚当·斯密的《国富论》后开始研究经济问题，37 岁发表他的第一篇经济学论文，随后便一发不可收，在他 14 年短暂的学术生涯中，为后人留下了大量的著作、文章、笔记、书信、演说。其中，1817 年出版的《政治经济学及赋税原理》（*Principles of Political Economy and Taxation*）最具盛名。李嘉图相当自负，他说，自己的观点和人权威斯密及马尔萨斯不同，在英国，能读懂他的书的人，不会超过 25 个人。1819 年李嘉图当选为上议院议员。

李嘉图以边沁功利主义为出发点，建立了以劳动价值论为基础、以分配论为中心的理论体系。他继承了斯密理论中的科学因素，坚持商品价值由生产中所耗费的劳动决定的原理，并批评了斯密价值论中的错误之处。他提出，决定价值的劳动是社会必要劳动，决定商品价值的不仅有活劳动，还有投在生产资料中的劳动。他认为，全部价值由劳动产生，并在三个阶级间分配：工资由工人的必要生活资料的价值决定，利润是工资以上的余额，地租是工资和利润以上的余额。

基于劳动价值理论，李嘉图建立了比较优势理论。在《政治经济学及赋税原理》中，他就开宗明义地指出，“一件商品的价值，或曰用以与之交换的任何其他商品的数量，取决于生产此件商品所必需的相对劳动量。”进而，他认为“商品的交换价值以及决定商品交换价值的法则，即决定为了交换他种商品必须付出多少此种商品的规律，全然取决于在这些商品上所付出的相对劳动量”。国际贸易中各方的利益也全然系于国际市场上各类商品的交换价值，即相对价格水平。在李嘉图看来，一国国内各地区、各产业间资本、劳动等各类生产要素的自由流动是利润率均等化的根本原因。但国与国之间的要素流动则势必因各种原因而被强制性地打断，甚至完全不流动。由此，李嘉图断定，正是国家间的这种生产要素的不流动性，决定了“支配一个国家中商品相对价值的法则不能支配两个或更多国家间相互交换的商品的相对价值”。既然诸多原因决定了同一种商品在不同国家的相对价值各异，那就给各国参与国际贸易获取贸易利益留下了可利用的空间。然而，此处的前提必须是各国都能找准自己同他国比较的有利之处，即确定它们各自的比较优势。

1.18 习　　题

习题 1.1 (经济学与“科学”经济分析的三要素) 回答下列问题:

1. 经济学的定义是什么？

2. 研究经济问题所面临的最大两个客观现实是什么？

3. 什么是现代经济学？

4. 为什么说“科学”的经济分析应该包括经济理论、统计和历史三要素？

习题 1.2 (经济学与自然科学的差异) 回答下列问题:

1. 现代经济学与自然科学的主要差异在哪里？

2. 为什么说这些差异使得经济学的研究更为复杂和困难？

习题 1.3 (经济理论的两个基本分类) 回答下列问题:

1. 现代经济学基本理论按照功能可以分为哪两类理论？

2. 请描述每类理论的内涵和功能及其关系。

3. 如何正确看待和处理这两类经济理论的互动关系？

习题 1.4 (经济理论的基本作用) 回答下列问题:

1. 试述现代经济理论的三大作用。

2. 为什么说没有放之四海皆准、适合所有发展阶段的最好的经济理论，只有最适合某种制度环境前提的经济理论？

3. 人们通常对经济理论的两个误解是什么？

习题 1.5 (市场与市场机制) 回答下列问题:

1. 从信息和激励的角度看，与计划经济制度相比，市场经济制度的优越性主要体现在哪里？

2. 在市场经济条件下，价格的三大基本功能是什么？

3. 市场制度的优越性是什么？

4. 一个经济体的发展过程要经过哪三个发展阶段？怎样才能实现效率驱动乃至创新驱动发展？其背后的基本经济制度是什么？

习题 1.6 (竞争与垄断的辩证关系) 回答下列问题：

1. 为什么从社会资源配置的角度人们往往希望引入竞争机制？而企业希望的却是垄断？描述竞争和垄断的辩证关系。
2. 熊彼特的基本"创新理论"告诉我们什么？陈述创新驱动发展的重要性。

习题 1.7 (政府与市场和社会的治理边界) 回答下列问题：

1. 为什么要合理界定和厘清政府与市场、政府与社会的治理边界？
2. 政府与市场和社会的边界应如何大致划分？
3. 为什么说一个良好的国家治理除了合理界定政府与市场的边界，还要合理界定政府与社会的边界？

习题 1.8 (国家治理的三个基本制度安排) 回答下列问题：

1. 国家治理的三大基本制度安排是什么？
2. 描述三大基本制度的各自适用范围和局限性。哪个最为基础和关键？

习题 1.9 (发展与治理的双逻辑) 回答下列问题：

1. 如何正确理解发展的逻辑与治理的逻辑，以及二者之间的内在辩证关系？
2. 基于此框架解释中国经济改革的成绩与不足之处。

习题 1.10 (中国古代经济学思想) 回答下列问题：

1. 试举5个例子来说明中国古代关于市场经济的朴素思想。
2. 为什么中国古代有那么多深刻的经济思想却没有形成严格的科学的经济学体系？

习题 1.11 (现代经济学的基石性假设) 回答下列问题：

1. 试述自爱、自私、自利的联系与区别。
2. 为什么经济学采用个体自利性假设作为一个最基本、最关键、最核心的假设？
3. 如何看待利己性与利他性？

习题 1.12 (经济学关键性要点) 回答下列问题：

1. 现代经济学的关键性要点有哪些？对各个要点作出大致描述。
2. 请简单描述集中决策和分散决策的内涵和它们的利弊。
3. 为什么经济自由和竞争对经济发展异常重要？
4. 为什么说在约束条件下做事是经济学中一个最基本的原理？
5. 激励和信息的关系是什么？
6. 为什么明晰产权对资源的有效配置是重要的？
7. 讨论结果平等和机会平等的差异。哪一个和效率不形成冲突？

习题 1.13 (正确看待和理解现代经济学) 回答下列问题：

1. 如何看待现代经济学的科学性？
2. 如何看待现代经济学的数学性？
3. 如何正确看待经济理论？
4. 如何看待经济学难以做实验的批评？

习题 1.14 (现代经济学的基本分析框架) 回答下列问题:

1. 一个规范的现代经济理论的基本分析框架有哪些组成部分?
2. 为什么不同的经济环境需要有不同的经济理论?
3. 为什么在许多情形下即使同样的经济现实或环境也需要有不同的经济理论?
4. 为什么分析框架中要包括评估比较这一重要组成部分?
5. 以科斯定理为例, 对其经济学的分析框架进行具体阐释。
6. 现代经济学基本分析框架和研究方法有哪些实际作用?

习题 1.15 (基准点与参照系) 回答下列问题:

1. 基准点和参照系的定义分别是什么?
2. 为什么建立基准点和参照系是讨论经济问题的前提?
3. 典型的参照系有哪些?

习题 1.16 (研究方法) 回答下列问题:

1. 在考虑经济改革问题时, 为什么区分必要条件和充分条件的差异是重要的?
2. 为什么在讨论经济问题时往往既需要实证分析, 也需要规范分析?
3. 如何看待数学和统计在现代经济学中的作用?
4. 如何完成经济和数学语言之间的转换?

1.19 参考文献

教材和专著:

安德烈 • 施莱弗, 罗伯特 • 维什尼 (2004). 掠夺之手——政府病及其治疗. 中译本，赵红军译. 北京：中信出版社.

弗里德利希 • 冯 • 哈耶克 (2000). 法律、立法与自由（第二、三卷）. 中译本，邓正来等译. 北京：中国大百科全书出版社.

雅诺什 • 科尔奈 (2007). 社会主义体制——共产主义政治经济学. 中译本，张安译. 北京：中央编译出版社.

田国强 (2010). 序：从国富到民富——从发展型政府转向公共服务型政府. 见王一江. 民富论. 北京：中信出版社.

田国强 (2014). 中国改革：历史、逻辑和未来. 北京：中信出版社.

田国强, 张凡 (1993). 大众市场经济学. 上海：上海人民出版社.

王一江 (2010). 民富论. 北京：中信出版社.

Debreu, G. (1959). *Theory of Value*, Wiley.

Friedman, M. and R. Friedman (1980). *Free to Choose*, HBJ.

Kreps, D. M. (2013). *Microeconomic Foundation I: Choice and Competitive Markets*, Princeton University Press.

Luenberger, D. (1995). *Microeconomic Theory*, McGraw-Hill.

Mas-Colell, A., M. D. Whinston, and J. Green (1995). *Microeconomic Theory*, Oxford University Press.

Jehle, G. A., and P. Reny (2011). *Advanced Microeconomic Theory*, Addison-Wesley.

Olson, M. (1965). *The Logic of Collective Action*, Cambridge: Harvard University Press. (中译本：曼瑟尔·奥尔森. 集体行动的逻辑. 陈郁等译. 上海：上海三联书店.)

Olson, M. (1982). *The Rise and Decline of Nations*, Yale University Press. (中译本：曼瑟尔·奥尔森. 国家兴盛探源. 吕应中译. 北京：商务印书馆.)

Olson, M. (2000). *The Power and Prosperity, Outgrowing Communist and Capitalist Dictatorships*, Basic Books.

Rawls, J. (1971). *A Theory of Justice*, Cambridge: Harvard University Press. (中译本：约翰·罗尔斯. 正义论. 何怀宏等译. 北京：中国社会科学出版社.)

Rubinstein, Ariel (2005). *Lecture Notes in Microeconomics (modeling the economic agent)*, Princeton Univeristy Press.

Smith, Adam (1759). *The Theory of Moral Sentiments.* (中译本：亚当·斯密道德情操论. 谢宗林译. 北京：中央编译出版社.)

Smith, Adam(1776). *(An Inquiry into the Nature and Causes of the Wealth of Nations) The Wealth of Nations.* W. Strahan and T. Cadell. Reprinted, Oxford: Clarendon Press. (中译本：亚当·斯密. 国民财富的性质和原因的研究. 郭大力、王亚南译. 北京：商务印书馆.)

Varian, H. R. (1992). *Microeconomic Analysis (Third Edition)*, W. W. Norton and Company.

论文：

乔尔·S·赫尔曼. 转型经济中对抗政府俘获和行政腐败的战略. 见：叶谦，宾建成编译. 经济社会体制比较，2009 年第 2 期.

热若尔·罗兰. 理解制度变迁：迅捷变革的制度与缓慢演进的制度. 南大商学评论. 2005 年第 5 辑.

钱颖一. 理解现代经济学. 经济社会体制比较，2002 年第 2 期.

钱颖一. 市场与法治. 经济社会体制比较，2000 年第 3 期.

田国强. 内生产权所有制理论与经济体制的平稳转型. 经济研究，1996 年第 11 期.

田国强. 现代经济学的基本分析框架与研究方法. 经济研究，2005 年第 2 期.

田国强. 和谐社会的构建与现代市场体系的完善——效率、公平与法治. 经济研究，2007 年第 3 期.

田国强. 从拨乱反正、市场经济到和谐社会构建——效率、公平与和谐发展的关键是合理界定政府与市场的边界. 《文汇报》、《解放日报》及上海管理科学研究院“中国改革开放与发展 30 年”征文优秀论文稿，2008 年 7 月.

田国强. 经济学的思想与方法. 论文稿，2009 年 10 月.

田国强. 中国经济发展中的深层次问题. 学术月刊，2011 年第 3 期.

田国强. 中国下一步的改革与政府职能转变. 人民论坛·学术前沿, 2012 年第 3 期.

田国强. 中国经济转型的内涵特征与现实瓶颈解读. 人民论坛，2012 年第 35 期.

田国强. 世界变局下的中国改革与政府职能转变. 学术月刊，2012 年第 6 期.

田国强. 中国改革的未来之路及其突破口. 比较，2013 年第 1 期.

田国强. “中等收入陷阱” 与国家公共治理模式重构. 人民论坛，2013 年第 8 期.

田国强. 法治：现代治理体系的重要基石. 人民论坛 • 学术前沿，2013 年第 23 期.

田国强. 现代国家治理视野下的中国政治体制改革. 学术月刊，2014 年第 3 期.

田国强. 近现代中国的四次社会经济大变革——国企改革的镜鉴与反思. 探索与争鸣，2014 年第 6 期.

田国强. 当前中国经济增速的合理区间探讨——发展和治理两大逻辑如何统筹兼顾. 人民论坛 • 学术前沿，2015 年第 6 期.

田国强. 重构新时期政商关系的抓手. 人民论坛 • 学术前沿，2015 年第 5 期.

田国强，夏纪军，陈旭东. 破除中国模式迷思　坚持市场导向改革. 比较，2010 年第 50 辑.

田国强，杨立岩. 对 “幸福—收入之谜” 的一种解释：理论与实证. 经济研究，2006 年第 11 期.

王一江. 国家与经济. 比较，2005 年第 18 辑。

Arrow, K. and G. Debreu (1954). “Existence of Equilibrium for a Competitive Economy”, *Econometrica*, Vol. 22, No. 3, 265-290.

Coase, R. (1960). “The Problem of Social Cost”, *Journal of Law and Economics*, No. 3, 1-44.

Modigliani, F. and M. Miller (1958). “The Cost of Capital, Corporation Finance and the Theory of Investment”, *American Economic Review*, Vol. 48, No. 3, 261-297.

Rothschild, M. and J. E. Stiglitz (1971). “Increasing Risk II: Its Economic Consequences”, *Journal of Economic Theory*, Vol. 3, No. 1, 66-84.

Scarf, H. (1960). “Some Examples of Global Instability of the Competitive Equilibrium”, *International Economic Review*, Vol. 1, No. 3, 157-172.

第2章　数学预备知识及其方法

本章简单介绍高级微观学所需的基本数学知识和结果，包括拓扑学、线性代数、数学分析、不动点理论、静态优化、动态优化以及概率论等方面的基本知识和常用结果。在后面的讨论中，我们将会用到相关的结论。

2.1　集合论基础

本节介绍集合论的一些最基本的概念和结果。

2.1.1　集合

集合 (set) 由一些元素组成。根据元素的个数，集合既可以是有限**集合**，比如 $S=\{1,3,5,7,9\}$，也可以是无限可数集合，比如 $S=\mathcal{N}$，其中 $\mathcal{N}$ 是全体自然数的集合，也可以是无限不可数集合，比如 $S=\mathcal{R}$，其中 $\mathcal{R}$ 是全体实数集合。一个可数集合既可能是有限集合，也可能是无限可数集合。集合也可以用一些条件来刻画，比如 $S=\{1,3,5,7,9\}=\{x:x<10,x\in\mathcal{N},\frac{x}{2}\notin\mathcal{N}\}$。空集 $\varnothing$ 是不包含任何元素的集合。

集合 S 的一个子集 T 是一个集合，T 中的任意元素都属于 S，记为 $T\subseteq S$。若 T 是集合 S 的一个子集，同时 S 至少有一个元素不属于 T，则称 T 是 S 的**真子集**。若 T 和 S 互为对方的子集，则两个集合相等，即 $T=S$。

两个集合 T 和 S 的并集，记为 $T\bigcup S=\{x:x\in T或x\in S\}$；两个集合 T 和 S 的交集，记为 $T\bigcap S=\{x:x\in T 和 x\in S\}$。

集合 S 在全集（universal set）U 上的补集（complement set）记为 $S^c=\{x:x\in U,x\notin S\}$。全集 U 的补集是空集，空集的补集是全集。集合 S 减去另一个集合 T，记为 $S\backslash T$ 或者 $S-T$，定义为 $S\backslash T=S-T=\{x:x\in S,x\notin T\}$。

对任意个集合的交和并的补集，有德 • 摩根定律 (De Morgan's law)：

$$\left(\bigcup_{i\in I}A_i\right)^c=\bigcap_{i\in I}A_i^c;$$

$$\left(\bigcap_{i\in I}A_i\right)^c=\bigcup_{i\in I}A_i^c.$$

集合 T 和 S 的乘积，记为 $S\times T=\{(s,t)|s\in S,t\in T\}$。$n$ 维实数空间定义为，$\mathcal{R}^n=\underbrace{R\times R\times R\times\cdots\times R}_{n个乘积}$。

2.1.2 映射

为了讨论集合元素的数量，我们先引入函数或者对应的概念。

定义 2.1.1 (映射) 对两个集合 A 和 B，若 A 中的任意一个元素 x，通过某种方式，在集合 B 中总可以找到一个元素 y 与之相联系，这种联系方式称为**映射**或者**函数**，记为 $f: A \to B$。对于 f，集合 A 称为**定义域**，集合 B 称为**值域**。

下面的定义给出了映射的类型。

定义 2.1.2 对集合 A, B 和映射 $f: A \to B$，若 $\{y \in B : f(x) = y, x \in A\} \equiv f(A) = B$，我们称 f 为一个**满射**（**surjection**）；若 $f(x) \neq f(x')$ 对所有 $x \neq x'$ 都成立，则称 f 为一个**单射**（**injection**）；若 f 既是满射也是单射，我们称其为**一一映射**（**bijection**）。

若集合 A 和 B 之间存在一个一一映射 f，我们称集合 A 和 B 为**等价**的，记为 $A \sim B$。下面我们讨论集合元素的数量。

定义 2.1.3 $J_n = \{1, 2, \cdots, n\}$ 是正整数的前 n 个数字，J 是正整数集合。

(1) 集合 A 是有限集合，若存在一个 n，使得 $A \sim J_n$；

(2) 集合 A 是可数集合，若 $A \sim J$；

(3) 集合 A 是至多可数集合，若它是有限集合，或者是可数集合；

(4) 集合 A 是不可数集合，若它既不是有限集合，也不是可数集合。

自然数和有理数都是可数集合，但实数不是。下面的结论显示二进制的所有数字不是可数的。

定理 2.1.1 集合 A 是所有由 0 和 1 构成的序列的集合，则它是不可数的。

见 Rudin(1976) 的经典教材《数学分析原理》(*Principles of Mathematical Analysis*) 的定理 2.14 的证明。

由于实数可以通过二进制表示，实数与上面的集合 A 是等价的，因此实数是不可数的。由于任意一个区间 (a, b) 与实数空间是等价的（因为在 $f = \dfrac{y}{1-|y|}, y \equiv \dfrac{x - \dfrac{(a+b)}{2}}{\dfrac{(b-a)}{2}}$ 是它们的一一映射），因此实数上的任一区间都是不可数的。

2.2 线性代数基础

2.2.1 矩阵与向量

我们用 $\mathcal{R}^n$ 表示所有实数 n 元组的集合。这些集合的元素称为点(points)或向量（vectors）。$\mathbf{x} = \begin{pmatrix} x_1 \\ \cdots \\ x_n \end{pmatrix}$ 表示一个（列）向量，x_i 表示向量 x 的第 i 个分量。$\mathbf{x}' = (x_1, \cdots, x_n)$ 称为向量 $\mathbf{x}$ 的转置或行向量。若不特别指明，通常向量指列向量。

向量不等号 $\geqq$、$\geqslant$ 和 $>$ 定义如下。令 $\mathbf{a}, \mathbf{b} \in \mathcal{R}^n$，则 $\mathbf{a} \geqq \mathbf{b}$ 表示对所有的 $s = 1, \cdots, n$，有 $a_s \geqq b_s$；$\mathbf{a} \geqslant \mathbf{b}$ 表示 $\mathbf{a} \geqq \mathbf{b}$ 但 $\mathbf{a} \neq \mathbf{b}$；$\mathbf{a} > \mathbf{b}$ 表示对所有的 $s = 1, \cdots, n$，有 $a_s > b_s$。

在经济学中，通常需要求解线性方程组，此时用线性代数可以方便地表述和求解。

考虑一个具有 n 个变量 $(x_1, x_2, \cdots, x_n)$，由 m 个线性方程构成的线性方程组：

$$\begin{aligned}
&a_{11}x_1 + a_{12}x_2 + \cdots + a_{1n}x_n = d_1 \\
&a_{21}x_1 + a_{22}x_2 + \cdots + a_{2n}x_n = d_2 \\
&\cdots \\
&a_{m1}x_1 + a_{m2}x_2 + \cdots + a_{mn}x_n = d_m
\end{aligned}$$

这里双下标的字母 a_{ij} 表示在第 i 个方程对第 j 个变量 x_j 赋予的系数，d_j 表示第 j 个方程的右端的常数项。

我们可用下面的矩阵方式更简洁地表述：

$$A\mathbf{x} = \mathbf{d},$$

其中 $A, \mathbf{x}, \mathbf{d}$ 分别为：

$$A = \begin{bmatrix} a_{11} & a_{12} & \cdots & a_{1n} \\ a_{21} & a_{22} & \cdots & a_{2n} \\ \cdots & \cdots & \cdots & \cdots \\ a_{m1} & a_{m2} & \cdots & a_{mn} \end{bmatrix}$$

$$\mathbf{x} = \begin{pmatrix} x_1 \\ x_2 \\ \cdots \\ x_n \end{pmatrix}$$

$$\mathbf{d} = \begin{pmatrix} d_1 \\ d_2 \\ \cdots \\ d_m \end{pmatrix}$$

A 称为 $m \times n$ 方程组的**系数矩阵 (matrix)**，它是由 m 行 n 列构成的；$\mathbf{x}$ 称为方程组的**变量向量**，$\mathbf{d}$ 称为方程组的**常数向量**。n 维向量可以看成是某个特别的 $n \times 1$ 的矩阵。

2.2.2 矩阵运算

下面我们简单介绍一些常见的矩阵运算。

两个矩阵等价： $A = B$ 当且仅当对所有的 $i = 1, 2, \cdots, m$, $j = 1, 2, \cdots, n$，都有 $a_{ij} = b_{ij}$。

两个矩阵的加减： $A \pm B = [a_{ij}] \pm [b_{ij}] = [a_{ij} \pm b_{ij}]$。注意，只有矩阵的维度相同，加减才有意义。

矩阵的数乘： $\lambda A = \lambda[a_{ij}] = [\lambda a_{ij}]$。

矩阵的乘积： 给定两个矩阵 $A_{m\times n}$，$B_{p\times q}$，首先矩阵乘积 AB 要求相容条件：矩阵 A 的列维度与矩阵 B 的行维度相同，即 $n = p$。若满足相容条件，矩阵的乘积 AB 的维度为 $m \times q$。AB 被定义为：

$$AB = C$$

其中，$c_{ij} = a_{i1}b_{1j} + a_{i2}b_{2j} + \cdots + a_{in}b_{nj} = \sum_{l=1}^{n} a_{il}b_{lj}$。显然，矩阵乘积 AB 不一定等于 BA。

1. 单位矩阵

下面讨论的单位矩阵是行数与列数相同的方阵，行数和列数假设为 n。定义 n 阶单位矩阵记为 I_n。单位矩阵是主对角线上为 1，其他为 0 的方阵。

它有如下的特性：

特性 1：

$$I_m A_{m\times n} = A_{m\times n} I_n = A_{m\times n}$$

特性 2：

$$A_{m\times n} I_n B_{n\times p} = (A_{m\times n} I_n) B_{n\times p} = A_{m\times n} B_{n\times p}$$

特性 3：

$$(I_n)^k = I_n$$

这个矩阵类似于实数空间中的 1，下面讨论的零矩阵（不一定是方阵）则类似于实数空间中的 0。

2. 零矩阵

零的 $m \times n$ 矩阵是所有元素都是 0 的矩阵。

它有下面的一些运算：

$$A_{m\times n} + 0_{m\times n} = A_{m\times n};$$

$$A_{m\times n} 0_{n\times p} = 0_{m\times p};$$

$$0_{q\times m} A_{m\times n} = 0_{q\times n}.$$

注

(1) $CD = CE, C \neq 0$ 并不意味着 $D = E$。比如，

$$C = \begin{bmatrix} 2 & 3 \\ 6 & 9 \end{bmatrix} \ D = \begin{bmatrix} 1 & 1 \\ 1 & 2 \end{bmatrix} \ E = \begin{bmatrix} -2 & 1 \\ 3 & 2 \end{bmatrix}.$$

(2) 即使 A 和 $B \neq 0$, 我们仍然有 $AB = 0$。比如，

$$A = \begin{bmatrix} 2 & 4 \\ 1 & 2 \end{bmatrix}, B = \begin{bmatrix} -2 & 4 \\ 1 & -2 \end{bmatrix}.$$

2.2.3　向量的线性相关

向量之间的一个重要特性是线性相关性。

定义 2.2.1 (线性相关)　一组向量 $\mathbf{v}^1, \cdots, \mathbf{v}^n$ 是**线性相关**的，当且仅当存在某个向量 $\mathbf{v}^i$，它是其他向量的线性组合，即 $\mathbf{v}^i = \sum_{j\neq i} \alpha_j \mathbf{v}^j$。

例 2.2.1 有三个向量

$$\mathbf{v}^1 = \begin{bmatrix} 2 \\ 7 \end{bmatrix},\ \mathbf{v}^2 = \begin{bmatrix} 1 \\ 8 \end{bmatrix},\ \mathbf{v}^3 = \begin{bmatrix} 4 \\ 5 \end{bmatrix}$$

是线性相关的，因为

$$3\mathbf{v}^1 - 2\mathbf{v}^2 = \begin{bmatrix} 6 \\ 21 \end{bmatrix} - \begin{bmatrix} 1 \\ 8 \end{bmatrix} = \begin{bmatrix} 4 \\ 5 \end{bmatrix} = \mathbf{v}^3.$$

或者

$$3\mathbf{v}^1 - 2\mathbf{v}^2 - \mathbf{v}^3 = \mathbf{0}$$

这里 $\mathbf{0} = \begin{bmatrix} 0 \\ 0 \end{bmatrix}$ 是零向量。

2.2.4 矩阵的转置与逆

我们首先讨论矩阵的转置。

定义 2.2.2 (矩阵转置) $m \times n$ 矩阵 A 的转置是把行和列相互对换。若对所有的 $i = 1, \cdots, n$ 和 $j = 1, \cdots, m$，都有 $a_{ji} = b_{ij}$，那么称 $B = [b_{ij}]_{n\times m}$ 是矩阵 $A = [a_{ij}]_{m\times n}$ 的**转置**，记为 A' 或者 A^T。

矩阵转置有以下特征。

若 $A' = A$，矩阵 A 是**对称**的。

若 $A' = -A$，矩阵 A 是**反对称**的。

若 $A'A = I$，矩阵 A 是 **正交 (orthogonal)**的。

转置有下列运算：

a) $(A')' = A$;

b) $(A + B)' = A' + B'$;

c) $(\alpha A)' = \alpha A'$，这里 α 是一个实数；

d) $(AB)' = B'A'$。

下面讨论方阵的逆。矩阵 A 的逆，记为 A^{-1}，满足

$$AA^{-1} = A^{-1}A = I.$$

矩阵的转置始终存在，但是逆却不一定存在。

注

(1) 不是所有的方阵都存在逆。若一个方程不存在逆，称该矩阵是**奇异 (singular)**的。

(2) 若 A 是非奇异的，那么 A 和 A^{-1} 互为对方的逆矩阵，即

$$(A^{-1})^{-1} = A.$$

(3) 若 A 是 $n \times n$，那么 A^{-1} 也是 $n \times n$。

(4) A 的逆是唯一的。

(5) 假设 A 和 B 都是 $n \times n$ 的可逆阵，那么

(a) $(AB)^{-1} = B^{-1}A^{-1}$；

(b) $(A')^{-1} = (A^{-1})'$。

2.2.5 求解线性方程组

下面我们讨论逆矩阵与线性方程组的求解。考虑 n 个方程，n 个未知数的方程组

$$A\mathbf{x} = \mathbf{d}.$$

若 A 是非奇异的，那么方程两边同乘以矩阵 A^{-1}，得到：

$$A^{-1}A\mathbf{x} = A^{-1}\mathbf{d}.$$

因此，$\mathbf{x} = A^{-1}\mathbf{d}$ 是方程组 $A\mathbf{x} = \mathbf{d}$ 的唯一解，因为 A^{-1} 是唯一的。

为了应用逆矩阵的方法来求解线性方程，我们首先需要判断什么样的矩阵 A 是非奇异的。其次，我们需要一个简便的方法来求解，这就是克莱姆法则（Cramer's rule）。

判断方阵 A 的奇异性有两种方式，一种是看矩阵的行或者列构成的向量组是否线性相关；另一种是看方阵的行列式是否等于零。

一个 $n \times n$ 方阵 A 可以写成由行构成向量的组：

$$A = \begin{bmatrix} a_{11} & a_{12} & \cdots & a_{1n} \\ a_{21} & a_{22} & \cdots & a_{2n} \\ \cdots & \cdots & \cdots & \cdots \\ a_{n1} & a_{n2} & \cdots & a_{nn} \end{bmatrix} = \begin{bmatrix} \mathbf{v}^{1'} \\ \mathbf{v}^{2'} \\ \cdots \\ \mathbf{v}^{n'} \end{bmatrix}$$

这里 $\mathbf{v}^{i'} = [a_{i1}, a_{i2}, \cdots, a_{in}]$，$i = 1, 2, \cdots, n$。判断方阵 A 是非奇异的，就是判断向量组 $\mathbf{v}^{i'}, i = 1, 2, \cdots, n$ 线性不相关。

1. 矩阵的行列式

一个 n 阶方阵 $A = (a_{ij})$ 的行列式 (determinant)，记为 $|A|$ 或者 $det(A)$，定义为：

$$|A| = \sum_{(\alpha_1, \cdots, \alpha_n)} (-1)^{I(\alpha_1, \cdots, \alpha_n)} a_{1\alpha_1} \cdot a_{n\alpha_n},$$

其中 $(\alpha_1, \cdots, \alpha_n)$ 是 $(1, \cdots, n)$ 的一个排序 (permutation)，$I(\alpha_1, \cdots, \alpha_n)$ 是对 $(1, \cdots, n)$ 排序中数字间的对调 (inversion) 次数。

比如 $(2, 1, 3)$ 是 $(1, 2, 3)$ 的 1 次对调，$(2, 3, 1)$ 是 $(1, 2, 3)$ 的两次对调。

矩阵的行列式有一个简便的求解公式，即拉普拉斯展开式（Laplace expansion):

$$|A| = \sum_{k=1}^{n} (-1)^{l+k} a_{lk} \times det(M_{lk}), \text{对任意一个} l \in \{1, \cdots, n\},$$

其中方阵 M_{lk} 是方阵 A 剔除第 l 行和第 k 列剩余的 $n-1$ 阶方阵，称为 a_{lk} 的共因子（cofactor）。

对于行列式，我们有如下的运算：

$$det(AB) = det(A)det(B);$$

$$det(A^{-1}) = \frac{1}{det(A)}.$$

因此，A^{-1} 存在的一个必要条件是 $det(A) \neq 0$。

下面是求解非奇异方阵逆的一个公式。令 $A^{-1} = (d_{ij})$，则

$$d_{ij} = \frac{1}{det(A)}(-1)^{i+j}det(M_{ij}).$$

下面的克莱姆法则总结了求解线性方程组的解。对线性方程组：

$$A\mathbf{x} = \mathbf{d},$$

其中

$$A = \begin{bmatrix} a_{11} & a_{12} & \cdots & a_{1n} \\ a_{21} & a_{22} & \cdots & a_{2n} \\ \cdots & \cdots & \cdots & \cdots \\ a_{n1} & a_{n2} & \cdots & a_{nn} \end{bmatrix},$$

$$\mathbf{d}' = (d_1, \cdots, d_n),$$

$$\mathbf{x} = (x_1, \cdots, x_n).$$

方阵组的解为：

$$x_j = \frac{det(A_j)}{det(A)},$$

其中：

$$A_j = \begin{bmatrix} a_{11} & \cdots & a_{1j-1} & b_1 & a_{1j+1} & \cdots & a_{1n} \\ a_{21} & \cdots & a_{2j-1} & b_2 & a_{2j+1} & \cdots & a_{2n} \\ \cdots & \cdots & \cdots & \cdots & \cdots & \cdots & \cdots \\ a_{n1} & \cdots & a_{nj-1} & b_n & a_{nj+1} & \cdots & a_{nn} \end{bmatrix}$$

2.2.6 二次型函数与矩阵

一个 n 变量的函数 q 被称为**二次型函数**，若这个函数有如下表达式：

$$\begin{aligned} q(x_1, x_2, \cdots, x_n) = & a_{11}x_1^2 + 2a_{12}x_1x_2 + \cdots + 2a_{1n}x_1x_n \\ & + a_{22}x_2^2 + 2a_{23}x_2x_3 + \cdots + 2a_{2n}x_2x_n \\ & \cdots \\ & + a_{nn}x_n^2. \end{aligned}$$

令 $a_{ji}=a_{ij}, i<j$，则 $q(x_1,x_2,\cdots,x_n)$ 可写为

$$\begin{aligned}q(x_1,x_2,\cdots,x_n)=&a_{11}x_1^2+a_{12}x_1x_2+\cdots+a_{1n}x_1x_n\\&+a_{12}x_2x_1+a_{22}x_2^2+\cdots+a_{2n}x_2x_n\\&\cdots\\&+a_{n1}x_nx_1+a_{n2}x_nx_2+\cdots+a_{nn}x_n^2\\=&\sum_{i=1}^{n}\sum_{j=1}^{n}a_{ij}x_ix_j\\=&\mathbf{x}'A\mathbf{x}.\end{aligned}$$

这里

$$A=\begin{bmatrix}a_{11}&a_{12}&\cdots&a_{1n}\\a_{21}&a_{22}&\cdots&a_{2n}\\\cdots&\cdots&\cdots&\cdots\\a_{n1}&a_{n2}&\cdots&a_{nn}\end{bmatrix}$$

被称为**二次型矩阵**。由于 $a_{ij}=a_{ji}$，A 是一个对称 n 阶方阵。

定义 2.2.3 对二次型矩阵 A，

若对任意 n 维向量 $\mathbf{x}$，都有 $\mathbf{x}'A\mathbf{x}\geqq 0$，称函数 $q(x_1,x_2,\cdots,x_n)=\mathbf{x}'A\mathbf{x}$ 或 A 为**半正定的**；

若对任意 n 维向量 $\mathbf{x}\neq 0$，都有 $\mathbf{x}'A\mathbf{x}>0$，称函数 $q(x_1,x_2,\cdots,x_n)=\mathbf{x}'A\mathbf{x}$ 或 A **为正定**的;

若对任意 n 维向量 $\mathbf{x}$，都有 $\mathbf{x}'A\mathbf{x}\leqq 0$，称函数 $q(x_1,x_2,\cdots,x_n)=\mathbf{x}'A\mathbf{x}$ 或 A 为**半负定的**；

若对任意 n 维向量 $\mathbf{x}\neq 0$，都有 $\mathbf{x}'A\mathbf{x}<0$，称函数 $q(x_1,x_2,\cdots,x_n)=\mathbf{x}'A\mathbf{x}$ 或 A 为**负定**的。

下面的定理刻画了矩阵特征值与正定（负定）的联系。

定理 2.2.1 二次型矩阵 A 是

正定的，当且仅当特征值 $\lambda_i>0$ 对所有的 $i=1,2,\cdots,n$；

负定的，当且仅当特征值 $\lambda_i<0$ 对所有的 $i=1,2,\cdots,n$；

半正定的，当且仅当特征值 $\lambda_i\geqq 0$ 对所有的 $i=1,2,\cdots,n$；

半负定的，当且仅当特征值 $\lambda_i\leqq 0$ 对所有的 $i=1,2,\cdots,n$；

是非定的，若至少有一个特征值是正的，至少有一个特征值是负的。

正负定行列式判断法

二次型矩阵 A 是正定的充分必要条件是它的主子式都是正的，即

$$|A_1|=A_{11}>0;$$

$$|A_2|=\begin{vmatrix}a_{11}&a_{12}\\a_{21}&a_{22}\end{vmatrix}>0;$$

$$\cdots$$

$$|A_n| = \begin{vmatrix} a_{11} & a_{12} & \cdots & a_{1n} \\ a_{21} & a_{22} & \cdots & a_{2n} \\ \cdots & \cdots & \cdots & \cdots \\ a_{n1} & a_{n2} & \cdots & a_{nn} \end{vmatrix} > 0.$$

二次型矩阵 A 是负定的充分必要条件是它的主子式是交叉负正的，即

$$|A_1| < 0,\ |A_2| > 0,\ |A_3| < 0, \cdots, (-1)^n|A_n| > 0.$$

2.2.7 特征值、特征向量与迹

对于方阵 A 和实数 λ，若满足等式 $A\mathbf{x} = \lambda\mathbf{x}$，那么称 λ 为方阵 A 的特征值，对应于某个特征值 λ，满足 $A\mathbf{x} = \lambda\mathbf{x}$ 的向量 $\mathbf{x}$ 称为方阵 A 的特征向量。

特征值与矩阵的一些特性，比如正定或者负定，有紧密的联系。

对对称矩阵 A，矩阵有一个便利的分解公式。

若满足 $U'U = I_n$，或者 $U' = U^{-1}$，称 n 阶方阵 U 为**标准正交矩阵**（**normed orthogonal matrix**），其中 U' 是 U 的转置。若 A 是对称矩阵，$\lambda_i, i = 1, \cdots, n$ 是它的特征值，那么存在一个标准正交矩阵 U，使得:

$$U'AU = \begin{bmatrix} \lambda_1 & & 0 \\ & \ddots & \\ 0 & & \lambda_n \end{bmatrix},$$

或者

$$A = U \begin{bmatrix} \lambda_1 & & 0 \\ & \ddots & \\ 0 & & \lambda_n \end{bmatrix} U'.$$

对称方阵的多次幂运算，有很方便的表述:

$$A^k = U \begin{bmatrix} \lambda_1^k & & 0 \\ & \ddots & \\ 0 & & \lambda_n^k \end{bmatrix} U'.$$

若 A 的特征值是非零的实数，那么 A 的逆有如下表述:

$$A^{-1} = U \begin{bmatrix} \lambda_1^{-1} & & 0 \\ & \ddots & \\ 0 & & \lambda_n^{-1} \end{bmatrix} U'.$$

另一个常用的方阵概念是方阵的迹 (trace)。n 阶 A 的迹 $tr(A)=\sum_i^n a_{ii}$。它也有如下一些特性：

(1) $tr(A)=\lambda_1+\cdots+\lambda_n$；

(2) 若 A 和 B 有相同的维度，那么 $tr(A+B)=tr(A)+tr(B)$；

(3) 若 a 是一个实数，$tr(aA)=atr(A)$；

(4) $tr(AB)=tr(BA)$, 若 AB 为一个方阵；

(5) $tr(A')=tr(A)$；

(6) $tr(A'A)=\sum_{i=1}^n\sum_{j=1}^n a_{ij}^2$。

2.3 拓扑学基础

拓扑学是数学的一个分支，它研究拓扑空间以及定义在其上的各种数学结构的基本性质。这一分支最初起源于对实数轴上点集的细致研究，流形、度量空间以及早期的泛函分析。

拓扑学现有两个分支。一个分支偏重于用分析方法，称为点集拓扑学，或者叫做分析拓扑学。如再细分，点集拓扑学中还可分成一支：微分拓扑。另一个分支偏重于用代数方法，称为代数拓扑。不过，这些分支有统一的趋势。拓扑学在泛函分析、李群论、微分几何、微分方程和其他许多数学分支中都有广泛的应用。

这里我们简要介绍点集拓扑学的基本知识，并利用它们建立一些有关集合，以及集合之间连续映射性质的重要结论。

2.3.1 拓扑空间

定义 2.3.1 设 X 是一个非空集合，τ 为 X 的一个子集族，若：

（1）X 和空集都属于 τ；

（2）τ 中任意多个成员的并集仍在 τ 中；

（3）τ 中有限多个成员的交集仍在 τ 中。

称 τ 为 X 的一个拓扑，并且集合 X 连同它的拓扑 τ 被称为一个拓扑空间，记作 (X,τ)；称 τ 中的成员为这个拓扑空间的开集。

例 拓扑空间的例子：

（1）（离散拓扑）设 X 是非空集合，拓扑 $\tau=2^X$。

（2）（平凡拓扑）设 X 是非空集合，拓扑 $\tau=\{X,\varnothing\}$。

（3）（欧氏拓扑）设 R 是全体实数的集合，拓扑 τ 是通常意义下开集组成的集合（见下面的定义）。

（4）（商拓扑）设 X 是非空集合，根据某种给定等价关系 R 将 X 划分为两两不相交的子集, 所有这样的子集组成一个新的集合，记为 X/R。规定 X/R 的子集 U 是开集，当且仅当 U 的一切元的并是 X 的开集，称 X/R 为商拓扑。

虽然拓扑学的研究对象可以是任意类型的集合，但是为理解和应用方便，下面主要介绍一些常用的拓扑空间：特别是有限维实数空间上的度量空间。

2.3.2 度量空间

我们描述度量 (metric) 和度量空间 (metric space) 的定义。度量是对距离的一种测量。度量空间 (X,d) 是由集合 X 和定义在集合元素之间的度量 d 构成。度量空间可能是有限维，也可能是无穷维，依赖于定义在 X 及其拓扑结构。与此同时，度量通常要满足三个基本假设。对任意的 $\mathbf{p},\mathbf{q},\mathbf{r}\in X$，有：

(1) $d(\mathbf{p},\mathbf{q})>0$当且仅当$\mathbf{p}\neq\mathbf{q}$；

(2) $d(\mathbf{p},\mathbf{q})=d(\mathbf{q},\mathbf{p})$；

(3) $d(\mathbf{p},\mathbf{q})\leqslant d(\mathbf{p},\mathbf{r})+d(\mathbf{r},\mathbf{q})$。

注 相同的集合，若集合上的度量不同，那么度量空间就不同，比如：

(1) 度量空间 1：$(X=\mathcal{R}^n,d_1),\forall\mathbf{x}^1,\mathbf{x}^2\in X,d_1(\mathbf{x}^1,\mathbf{x}^2)=\sqrt{\sum_i(x_i^1-x_i^2)^2}$，度量空间 1 称为 n 维实数欧几里得空间。

(2) 度量空间 2：$(X=\mathcal{R}^n,d_2),\forall\mathbf{x}^1,\mathbf{x}^2\in X,d_2(\mathbf{x}^1,\mathbf{x}^2)=\sum_i|x_i^1-x_i^2|$。

(3) 度量空间 3：$(X=\mathcal{R}^n,d_3),\forall\mathbf{x}^1,\mathbf{x}^2\in X,d_3(\mathbf{x}^1,\mathbf{x}^2)=\max\{|x_1^1-x_1^2|,\cdots,|x_n^1-x_n^2|\}$。

尽管本节余下的讨论对一般度量空间也成立，为了陈述方便，下面我们主要围绕着欧几里得空间来陈述。

2.3.3 开集、闭集与紧集

有了度量的概念，那么就可以清晰界定点之间彼此的相近程度。在 n 维实数欧几里得空间中，给定 $\mathbf{x}^0\in\mathcal{R}^n$，所有与点 $\mathbf{x}^0$ 的距离小于 ϵ 的集合，称为以点 $\mathbf{x}^0$ 为中心，以 ϵ 为半径的开球，记为 $B_\epsilon(\mathbf{x}^0)$。与此相关的一个概念是闭球，即把上面的距离度量“小于”改为“小于及等于”，记为 $B_\epsilon^*(\mathbf{x}^0)$。

下面，我们定义开集和闭集。

定义 2.3.2 集合 $S\subseteq\mathcal{R}^n$ 是一个**开集**，若对于任意 $\mathbf{x}\in S$，都存在一个 $\epsilon>0$，使得 $B_\epsilon(\mathbf{x})\subseteq S$。

从开集的定义出发，下面的定理给出了关于开集的一些基本性质：

定理 2.3.1 ($\mathcal{R}^n$ 上的开集) *对开集，有下列结论：*

(1) 空集 $\varnothing$ 是一个开集。

(2) 整个空间 $\mathcal{R}^n$ 是一个开集。

(3) 开集的并集是一个开集。

(4) 任何有限个开集的交集是一个开集。

证明 (1) 若 $\varnothing$ 内没有元素，那么“对于 $\varnothing$ 内的每个点，存在 ϵ，$\cdots$”，这样的命题满足空集的定义。

(2) 对 $\mathcal{R}^n$ 中的任何点及任意的 $\epsilon>0$，依据开球的定义，集合 $B_\epsilon(\mathbf{x})$ 由整个 $\mathcal{R}^n$ 中的点组成。因而，$B_\epsilon(\mathbf{x})\subseteq\mathcal{R}^n$，故 $\mathcal{R}^n$ 是开的。

(3) 对所有 $i\in I$，设 S_i 是开集，我们需要证明 $\cup_{i\in I}S_i$ 是一个开集。设 $\mathbf{x}\in\cup_{i\in I}S_i$，则对某个 $i'\in I$，有 $\mathbf{x}\in S_{i'}$。由于 $S_{i'}$ 是开的，对某个 $\epsilon>0$，有 $B_\epsilon(\mathbf{x})\subseteq S_{i'}$。因此，$B_\epsilon(\mathbf{x})\subseteq\cup_{i\in I}S_i$，这样 $\cup_{i\in I}S_i$ 是开的。

(4) 设 $B=\bigcap_{k=1}^{n}B_k$。若 $B=\varnothing$，显然 B 是开集。若 $B\neq\varnothing$，对任意 $\mathbf{x}\in B$，显然有：对任意 $k\in\{1,\cdots,n\}$，$x\in B_k$。由于 B_k 是开集，必然存在 $\epsilon_k>0$，使得 $B_{\epsilon_k}(\mathbf{x})\subseteq B_k$。令 $\epsilon=\min\{\epsilon_1,\cdots,\epsilon_n\}$。那么对任意的 $k\in\{1,\cdots,n\}$，$B_\epsilon(\mathbf{x})\subseteq B_k$，所以 $B_\epsilon(\mathbf{x})\subseteq B$。因此，$B$ 是开集。 □

下面的定理讨论开集和开球的关系。

定理 2.3.2 (每个开集是开球的并集) 设 S 是一个开集，对于每个 $\mathbf{x}\in S$，选择 $\epsilon_{\mathbf{x}}>0$，使得 $B_{\epsilon_{\mathbf{x}}}(\mathbf{x})\subseteq S$，那么：

$$S=\bigcup_{\mathbf{x}\in S}B_{\epsilon_{\mathbf{x}}}(\mathbf{x}).$$

证明 设 $S\subseteq\mathcal{R}^n$ 是开集，则由开集的定义可知，对任意 $\mathbf{x}\in S$，存在 $\epsilon_{\mathbf{x}}>0$，使得 $B_{\epsilon_{\mathbf{x}}}(\mathbf{x})\subseteq S$。我们需要证明，由 $\mathbf{x}'\in S$ 能推出 $\mathbf{x}'\in\cup_{\mathbf{x}\in S}B_{\epsilon_{\mathbf{x}}}(\mathbf{x})$，且由 $\mathbf{x}'\in\cup_{\mathbf{x}\in S}B_{\epsilon_{\mathbf{x}}}(\mathbf{x})$ 能推出 $\mathbf{x}'\in S$。

若 $\mathbf{x}'\in S$，则根据以 $\mathbf{x}'$ 为中心的开球的定义，$\mathbf{x}'\in B_{\epsilon_{\mathbf{x}'}}(\mathbf{x})$。但 $\mathbf{x}'$ 处在任何包含这种开球的并集内。因此，必有 $\mathbf{x}'\in\cup_{\mathbf{x}\in S}B_{\epsilon_{\mathbf{x}}}(\mathbf{x})$。

若 $\mathbf{x}'\in\cup_{\mathbf{x}\in S}B_{\epsilon_{\mathbf{x}}}(\mathbf{x})$，则有 $\mathbf{x}'\in B_{\epsilon_{\mathbf{x}'}}(s)$。由于 $B_{\epsilon_{\mathbf{x}'}}(s)\subseteq S$，所以有 $\mathbf{x}\in S$。 □

下面我们讨论闭集，闭集的定义，可以从开集定义出发。

定义 2.3.3 ($\mathcal{R}^n$ 上的闭集) 若 S 的补集 S^c 是个开集，那么 S 是一个**闭集**。

对于闭集，我们也同样有关于闭集基本性质的结论。

定理 2.3.3 ($\mathcal{R}^n$ 上的闭集) 对闭集，有如下结论：

(1) 空集 $\varnothing$ 是一个闭集。

(2) $\mathcal{R}^n$ 的整个空间是闭集。

(3) 任何闭集的交集是一个闭集。

(4) 任何有限闭集的并集是一个闭集。

证明 (1) 由于 $\varnothing=\{\mathcal{R}^n\}^c$，且 $\mathcal{R}^n$ 是开集，则由闭集的定义可知，$\varnothing$ 是闭集。

(2) 由于 $\{\mathcal{R}^n\}^c=\varnothing$，且 $\varnothing$ 是开集，则由闭集的定义可知 $\mathcal{R}^n$ 是闭集。

(3) 设对所有 $i\in I$，S_i 是 $\mathcal{R}^n$ 的一个闭集，我们要证明 $\cup_{i\in I}S_i$ 是一个闭集。由于 S_i 是闭的，则其补集 S_i^c 是开集。交集 $\cap_{i\in I}S_i^c$ 也是开集——因为有限个开集的交集是开集。德 · 摩根 (De Morgan) 定律告诉我们：对于有限个集合 $i\in I$，总有 $(\cap_{i\in I}S_i^c)^c=\cup_{i\in I}S_i$ 成立。由于 $(\cap_{i\in I}S_i^c)$ 是开集，则其补集 $\cup_{i\in I}S_i$ 是闭集。

(4) 令 C_1,C_2 是闭集，记 $C=C_1\bigcap C_2$。由于 C_1,C_2 是闭集，$C_k^c=B_k,k=1,2$ 是开集。根据前面开集的性质，$B_1\bigcup B_2$ 是开集，从而 $C=(B_1\bigcup B_2)^c$ 是闭集。 □

下面我们讨论，与开集和闭集相关的点集概念。

定义 2.3.4 对于集合 S，点 $\mathbf{x}\in S$ 称为**极限点** (**limit point**)，若对任意 $\epsilon>0$，使得 $B_\epsilon(\mathbf{x})\bigcap S\neq\varnothing,B_\epsilon(\mathbf{x})\bigcap S^c\neq\varnothing$，其中 $S^c=X\backslash S$，即 S 的补集，集合 S 所有极限点的集合记为 ∂S；对于集合 S，点 $\mathbf{x}\in S$ 称为**内点** (**interior point**)，若存在 $\epsilon>0$，使得 $B_\epsilon^*(\mathbf{x})\subseteq S$。

为此，我们对开集可以重新定义为：若集合中的每一个元素都是内点，这样的集合称为开集。闭集同样可以定义为：若一个集合的所有极限点都属于集合本身，这样的集合称为闭集。此外，对任意一个在度量空间的集合 S，包括 S 的最小闭集，称为集合的**闭包**，记为

$\bar{S} = S \bigcup \partial S$，或记为 cl$S$ 。显然，若 S 是闭集，那么 $\bar{S} = S$。

下面，讨论一种应用广泛的特殊闭集，即紧集。我们先引入有界集的概念。

定义 2.3.5 (有界集) 若 $\mathcal{R}^n$ 上的一个集合 S 完全包含在半径为 ϵ 的球内（为开球或为闭球），则称 S 是**有界的**。也就是说，若对某个 $\mathbf{x} \in \mathcal{R}^n$，存在 $\epsilon > 0$，使得 $S \subseteq B_\epsilon(\mathbf{x})$，则称 S 是**有界**的。

定义 2.3.6 (紧集) 若一个集合 $S \subseteq \mathcal{R}^n$ 是闭且有界的，则被称为**紧**的。

紧集是数学分析中一个非常重要的概念，下面讨论紧集的一个重要特征，先引入集合开覆盖的概念。

定义 2.3.7 (开覆盖) 在度量空间 X 上一个集合 S 以及一组开集合 $\{G_\alpha\}$，若 $S \subseteq \bigcup_\alpha G_\alpha$，则称 $\{G_\alpha\}$ 为 S 的一个**开覆盖**；若指标集 $\{\alpha\}$ 是有限的，那么称为有限开覆盖。

以上紧集的定义只对有限维空间成立，对无限维空间中紧集的定义需要用开覆盖的概念。也就是，无论是对有限维还是无限维中的集合，有另一种定义方式作为紧集的定义，即集合中的每个开覆盖中都有一个有限的子开覆盖。下面的 Heine-Borel 定理，也被称为有限覆盖定理，证明了以上两种定义方式对有限维空间中的紧集是一致的。

定理 2.3.4 (Heine-Borel 定理或称有限覆盖定理) *对集合 $S \subseteq \mathcal{R}^n$，下面两个论断是一致的：*

(1) *S 是有界的闭集；*

(2) *S 的任何一个开覆盖 $\{G_\alpha\}$ 都存在着一个有限的子开覆盖，即对 $\{G_\alpha\}$，存在有限集合 $\{1, \cdots, n\} \subseteq \{\alpha\}$，使得 $S \subseteq \bigcup_{i=1}^n G_i$。*

定理的证明可以参考 Rudin 的教材*Principles of Mathematical Analysis*的定理 2.41 的证明。

2.3.4 集合的连通性

下面介绍连通集（connected sets）的概念和性质。

定义 2.3.8 (连通集) 对度量空间上的集合 S，若不存在两个集合 A, B，使得 $A \bigcap \bar{B} = B \bigcap \bar{A} = \varnothing$，并且 $S \subseteq A \bigcup B$，则称 S 为**连通集**。

下面的定理刻画连通集的特征。

定理 2.3.5 *集合 $S \subseteq \mathcal{R}^1$ 是连通的，当且仅当它满足如下性质：对任意 $x, y \in S$，若 $x < z < y$，则 $z \in S$。*

定理的证明见教材*Principles of Mathematical Analysis*的定理 2.47 的证明。显然，整个实数空间是连通的，实数空间上的区间，比如 $(a, b), [a, b]$ 都是连通集。

2.3.5 序列与收敛

我们先讨论序列和一些收敛的概念。

定义 2.3.9 ($\mathcal{R}^n$ 中数列) $\mathcal{R}^n$ 的**数列**是一个函数——它将正整数的有限子集 I 映射进 $\mathcal{R}^n$，用 $\{\mathbf{x}^k\}_{k \in I}$ 表示该数列，这里对每个 $k \in I$，$\mathbf{x}^k \in \mathcal{R}^n$。

对所有充分大的 k，若数列 $\{\mathbf{x}^k\}$ 的每一项可任意地接近于 $\mathcal{R}^n$ 的一个点，那么我们称数列收敛于该点。正式地，我们有如下定义：

定义 2.3.10 (收敛的数列) 若对每个 $\epsilon > 0$，存在某个 $\bar{k}$，使得对所有大于 $\bar{k}$ 的 $k \in I$，总有 $\mathbf{x}^k \in B_\epsilon(\mathbf{x})$，则称数列 $\{\mathbf{x}^k\}_{k \in I}$**收敛于**$\mathbf{x} \in \mathcal{R}^n$。

类似集合的子集，有数列的子列的概念。

定义 2.3.11 (子数列) 若 J 是 I 的一个无限的子集，则 $\{\mathbf{x}^k\}_{k\in J}$ 被称为 $\mathcal{R}^n$ 中数列 $\{\mathbf{x}^k\}_{k\in I}$ 的一个**子数列**。

定义 2.3.12 (有界的数列) 若对 $M \in R$ 和任意 $k \in I$，都有 $\|\mathbf{x}^k\| \leqq M$，则称数列 $\{\mathbf{x}^k\}_{k\in I}$ 在 $\mathcal{R}^n$ 内是**有界的**。

下面是有界数列的子列的一个性质。

定理 2.3.6 (有界数列) $\mathcal{R}^n$ 中的每个有界数列都有一个收敛的子数列。

2.3.6 凸集与凸化

凸集是集合中非常重要的一类集合，在微观经济学中有非常普遍的应用，比如通常的预算约束集合是凸集，并且有很强的经济含义。先对凸集进行定义。

定义 2.3.13 若对任意两个元素 $\mathbf{x}^1, \mathbf{x}^2 \in S$ 及任意 $t \in [0,1]$，都有 $t\mathbf{x}^1 + (1-t)\mathbf{x}^2 \in S$，则称集合 $S \subseteq \mathcal{R}^n$ 是一个**凸集**。

若有 $\mathbf{z} = t\mathbf{x}^1 + (1-t)\mathbf{x}^2, t \in (0,1)$，称点 $\mathbf{z}$ 为 $\mathbf{x}^1, \mathbf{x}^2$ 的加权平均或凸组合。若 $\mathbf{z} = \sum_{l=1}^k \alpha^l \mathbf{x}^l, \mathbf{x}^l \in S, \alpha^l \in [0,1], l \in \{1,\cdots,k\}, \sum_l \alpha^l = 1$，则也称 $\mathbf{z}$ 是 $\{\mathbf{x}^l\}$ 的凸组合。

对于凸集合，我们有如下结论：

定理 2.3.7 若两个集合 S, T 都是凸集，那么它们的交集 $T\bigcap S$ 也是凸集。

对任何一个集合，我们都可以进行凸化，即凸包 (*convex hull*)，记为 $co\,S$。

定义 2.3.14 集合 $S \subseteq \mathcal{R}^n$ 的**凸包**是包含 S 的最小凸集，记为 $co\,S$。

下面的定理刻画如何对一个集合进行凸化。

定理 2.3.8 对于集合 $S \subseteq \mathcal{R}^n$，其凸包

$$coS = \left\{\mathbf{y} \in \mathcal{R}^n \mathbf{y} = \sum_{l=1}^k \alpha^l \mathbf{x}^l, \mathbf{x}^l \in S, \alpha^l \in [0,1], \forall l \in \{1,\cdots,k\}, \sum_l \alpha^l = 1\right\},$$

即集合 S 的凸包是由所有在集合 S 中点的有限个点的凸组合构成。

凸包中的点由有限个点的凸组合构成，下面的 Caratheodory 定理简化了在有限维实数空间中凸化的方法。

定理 2.3.9 (Caratheodory 定理) 若集合属于有限维实数空间，$S \subseteq \mathcal{R}^n$，其凸包 $co\,S$ 的点为最多可由 $n+1$ 的 S 中点的凸组合表示。

对于紧集，下面的定理刻画其凸包会保持紧集的特性。

定理 2.3.10 若 $S \subseteq \mathcal{R}^n$ 是紧集，那么其凸包 $co\,S$ 也是紧集。

以上三个定理的证明可以参考 Kreps(2013) 教材的 A3.1。

凸包中的每一个点都是集合中有限个凸组合，但是并不意味着，它必然是其他点形成的凸组合。若一个点不是由其他点形成的凸组合，我们把这样的点定义为极点（extreme point）。对于紧集而言，其凸包的结构会更简化，下面的 Krein-Milman 定理刻画了紧集的凸包。

定理 2.3.11 (Krein-Milman 定理) 若集合 S 是有限维实数空间的紧集，$EX(S)$ 是集合 S 极点的集合，那么 $coS = co\,EX(S)$，即紧集的凸包由所有极点的有限凸组合构成。

2.4 单值函数及其性质

2.4.1 函数的连续性

函数的连续性可以定义在任意拓扑空间。不过，为了陈述方便和介绍常用的结果，在这里不妨设 $X \subseteq \mathcal{R}^n$。

定义 2.4.1 (连续) 对函数 $f: X \to \mathcal{R}$ 和 $\mathbf{x}_0 \in X$，若

$$\lim_{\mathbf{x} \to \mathbf{x}_0} f(\mathbf{x}) = f(\mathbf{x}_0),$$

我们称 f 在 x_0 处**连续**；或者等价地，任给 $\epsilon > 0$，存在 $\delta > 0$，使得对任意满足 $|\mathbf{x} - \mathbf{x}_0| < \delta$ 的 $\mathbf{x} \in X$，有

$$|f(\mathbf{x}) - f(\mathbf{x}_0)| < \epsilon,$$

或者等价地，f 在 $\mathbf{x}_0$ 的**上优集**(upper contour set，或称之为**上等高集**)

$$U(\mathbf{x}_0) \equiv \{\mathbf{x}' \in X : f(\mathbf{x}') \geqq f(\mathbf{x}_0)\}$$

和其**下优集**(lower contour set，或称之为**下等高集**)

$$L(\mathbf{x}_0) \equiv \{\mathbf{x}' \in X : f(\mathbf{x}') \leqq f(\mathbf{x}_0)\}$$

是 X 的闭子集。

若 f 在任意的 $\mathbf{x} \in X$ 处都连续，则称函数 $f: X \to \mathcal{R}$ 在 X 上连续。

虽然连续性的三个定义都是等价的，但第三个定义更容易验证一些。连续性的想法十分直观。若对函数作出其曲线，则曲线不存在间断点。函数是连续的，当对 x 的微小变化，$f(x)$ 的变化也极小。

下面的定理刻画了函数的连续性与集合的开集之间的关联。

定理 2.4.1 (连续性与其逆像) 设 D 是 $\mathcal{R}^m$ 的一个子集，如下条件是等价的。

(1) $f: D \to \mathcal{R}^n$ 是连续的。

(2)对于 $\mathcal{R}^n$ 内的每个开球 B，$f^{-1}(B)$ 在 D 内也是开的。

(3) 对于 $\mathcal{R}^n$ 内的每一个开集 S，$f^{-1}(S)$ 在 D 内也是开的。

证明 我们将证明 (1) $\Rightarrow$ (2) $\Rightarrow$ (3) $\Rightarrow$ (1)。

(1) $\Rightarrow$ (2)。设（1）成立并设 B 是 $\mathcal{R}^n$ 中的一个开球。任何选择 $\mathbf{x} \in f^{-1}(B)$，则有 $f(\mathbf{x}) \in B$。由于 B 在 $\mathcal{R}^n$ 中是开的，那么，存在一个 $\varepsilon > 0$，使得 $B_\varepsilon(f(\mathbf{x})) \subseteq B$，并且依据 f 的连续性，存在一个 δ 使得 $f(B_\delta(\mathbf{x}) \cap D) \subseteq B_\varepsilon(f(\mathbf{x})) \subseteq B$。因此，$B_\delta(\mathbf{x}) \cap D \subseteq f^{-1}(B)$。由于 $\mathbf{x} \in f^{-1}(B)$ 是任意的，则可知 $f^{-1}(B)$ 在 D 内是开的，故（2）成立。

(2) $\Rightarrow$ (3)。设（2）成立，S 在 $\mathcal{R}^n$ 中是开的，则 S 可被写成开球 $B_i (i \in I)$ 的并集，使得 $S = \cup_{i \in I} B_i$。因此，$f^{-1}(S) = f^{-1}(\cup_{i \in I} B_i) = \cup_{i \in I} f^{-1}(B_i)$。由于依据（2），每个集合 $f^{-1}(B_i)$ 在 D 内是开的，$f^{-1}(S)$ 是 D 内的开集的并集。因此，$f^{-1}(S)$ 在 D 内也是开的。由于 S 是 $\mathcal{R}^n$ 中的任意一个开集，这便证明了（3）。

(3) ⇒ (1)。设（3）成立并选择 $\mathbf{x} \in D$ 与 $\varepsilon > 0$。那么，由于 $B_\varepsilon(f(\mathbf{x}))$ 在 $\mathcal{R}^n$ 中是开的，(3) 意味着 $f^{-1}(B_\varepsilon(f(\mathbf{x})))$ 在 D 内是开的。由于 $\mathbf{x} \in f^{-1}(B_\varepsilon(f(\mathbf{x})))$，这意味着存在一个 $\delta > 0$，使得 $B_\delta(\mathbf{x}) \cap D \subseteq f^{-1}(B_\varepsilon(f(\mathbf{x})))$。这意味着 $f(B_\delta(\mathbf{x}) \cap D) \subseteq B_\varepsilon(f(\mathbf{x}))$。因此，在 $\mathbf{x}$ 点处，f 是连续的。由于 $\mathbf{x}$ 是任意的，则（1）成立。 □

对于定义域是紧集的连续函数，我们有如下结论。

定理 2.4.2(紧集的连续的像是一个紧集) *设 $f: D \subseteq \mathcal{R}^m \to \mathcal{R}^n$ 是一个连续函数。若 $S \subseteq D$ 是 D 内的一个紧集 (例如，在 D 内 S 是闭的，并且是有界的)，那么，其像 $f(S) \subseteq \mathcal{R}^n$ 在 $\mathcal{R}^n$ 内是紧的。*

2.4.2 上半连续与下半连续

上半连续性和**下半连续性**是比连续性更弱的连续性。设 X 为任一拓扑空间。

定义 2.4.2 函数 $f: X \to \mathcal{R}$ 称为**上半连续的 (upper semi-continuous)**，若在点 $\mathbf{x}_0 \in X$ 处我们有

$$\limsup_{\mathbf{x} \to \mathbf{x}_0} f(\mathbf{x}) \leqq f(\mathbf{x}_0),$$

或等价地，任给 $\epsilon > 0$, 找到 $\delta > 0$，使得对任意满足 $|\mathbf{x} - \mathbf{x}_0| < \delta$ 的 $\mathbf{x} \in X$，我们有

$$f(\mathbf{x}) < f(\mathbf{x}_0) + \epsilon,$$

或者等价地，f 的上优集 $U(x_0)$ 是 X 的闭子集。

若 f 对任意的 $\mathbf{x} \in X$ 都是上半连续的，函数 $f: X \to \mathcal{R}$ 称为在 X 上**上半连续的**。

定义 2.4.3 函数 $f: X \to \mathcal{R}$ 称为在 X 上**下半连续的 (lower semi-continuous)**，若 $-f$ 是上半连续的。

很显然，函数 $f: X \to \mathcal{R}$ 在 X 上连续当且仅当它是上半连续又是下半连续的。

2.4.3 转移上连续与转移下连续

更弱的连续性的概念是**转移连续性 (transfer continuity)**，它被用来完全刻画函数或偏好的极值问题 (参见著者的一系列论文：Tian (1992, 1993, 1994)，Tian 和 Zhou (1995) 以及 Zhou 和 Tian (1992))。

定义 2.4.4 函数 $f: X \to \mathcal{R}$ 称在 X 上**转移 (弱) 上连续的**（**transfer (weakly) continuous**)，若对任意的点 $\mathbf{x}, \mathbf{y} \in X$，$f(\mathbf{y}) < f(\mathbf{x})$ 意味着存在点 $\mathbf{x}' \in X$ 及 $\mathbf{y}$ 的一个邻域 $\mathcal{N}(\mathbf{y})$，使得 $f(\mathbf{z}) < f(\mathbf{x}')$（$f(\mathbf{z}) \leqslant f(\mathbf{x}')$）对任意的 $\mathbf{z} \in \mathcal{N}(y)$ 都成立。

定义 2.4.5 函数 $f: X \to \mathcal{R}$ 称为在 X 上是**转移（弱）下连续的**（**transfer weakly lower continuous**)，若 $-f$ 在 X 上是转移（弱）上连续的。

注 显然，上（下）半连续意味着转移上（下）连续（取 $\mathbf{x}' = \mathbf{x}$）；而转移上（下）连续意味着转移弱上（下）连续，反之也许不成立。我们随后将证明一个函数 f 在紧集 X 上有最大（小）值当且仅当 f 在 X 上是转移弱上连续的，而 f 的最大（小）值集合是紧集当且仅当 f 在 X 上是转移上（下）连续的。

2.4.4 函数的微分与偏微分

一维实数空间上的微分，刻画了函数对自变量的变化程度。令 X 是 $\mathcal{R}$ 的子集。

定义 2.4.6 (导数) $f: X \to \mathcal{R}$ 在点 $x_0 \in X$ 上的**导数**定义为

$$f'(x_0) = \lim_{\Delta x \to 0} \frac{f(x_0 + \Delta x) - f(x_0)}{\Delta x},$$

这里，$\Delta x = x - x_0$。

显然，若一个函数在某个点上存在导数，那么它必然是连续的，反之不一定成立。

通过函数的导数，我们可以求解分子分母都趋于零（无穷大）的连续函数的极限值，即下面的 L'Hopital 法则：

定理 2.4.3 (L'Hopital 法则) 设 $f(x)$ 和 $g(x)$ 是连续函数，且 $f(0) = g(0) = 0$，则

(1) $\lim_{x \to 0} \dfrac{f(x)}{g(x)} = \lim\limits_{x \to 0} \dfrac{f'(x)}{g'(x)}$；

(2) $\lim_{x \to \infty} \dfrac{f(x)}{g(x)} = \lim\limits_{x \to \infty} \dfrac{f'(x)}{g'(x)}$。

高阶导数和偏导数在经济学中有很广泛的应用，下面我们定义 n 阶导数。

定义 2.4.7 (多阶导数) $f: X \to \mathcal{R}$ 在点 $x_0 \in X$ 上的n **阶导数**定义为

$$f^{[n]}(x_0) = \lim_{\Delta x \to 0} \frac{f^{[n-1]}(x_0 + \Delta x) - f^{[n-1]}(x_0)}{\Delta x}.$$

在多维的实数空间 $X \subseteq \mathcal{R}^n$ 中，对函数 $f: X \to \mathcal{R}$，$f(x_1, \cdots, x_n)$，引入偏微分的概念，刻画在保持其他变量不变的情形下，函数值对某个变量的变化程度。

定义 2.4.8 (偏导数) $f: X \to \mathcal{R}, X \subseteq \mathcal{R}^n$ 在点 $\mathbf{x}^0 = (x_1^0, \cdots, x_n^0) \in X$ 上关于变量 x_i 的**偏导数**定义为

$$\frac{\partial f(\mathbf{x}^0)}{\partial x_i} = \lim_{\Delta x_i \to 0} \frac{f(x_1^0, \cdots, x_i^0 + \Delta x_i, \cdots, x_n^0) - f(\mathbf{x}_0)}{\Delta x_i}.$$

我们用矩阵的方式来刻画一个多维函数在不同方向上的变化程度，称为梯度向量。

定义 2.4.9 (梯度向量) 设 f 是定义在 $\mathcal{R}^n$ 上具有偏导数的函数。我们定义 f 的**梯度**为向量

$$Df(\mathbf{x}) = \left[\frac{\partial f(\mathbf{x})}{\partial x_1}, \frac{\partial f(\mathbf{x})}{\partial x_2}, \cdots, \frac{\partial f(\mathbf{x})}{\partial x_n}\right].$$

假设 f 具有二阶偏导数。我们定义 f 在 $\mathbf{x}$ 处的海森 (Hessian) 矩阵为 $n \times n$ 阶矩阵 $D^2 f(\mathbf{x})$，其中：

$$D^2 f(\mathbf{x}) = \left[\frac{\partial^2 f(\mathbf{x})}{\partial x_i \partial x_j}\right],$$

若所有二阶偏导数都是连续的，则

$$\frac{\partial^2 f(\mathbf{x})}{\partial x_i \partial x_j} = \frac{\partial^2 f(\mathbf{x})}{\partial x_j \partial x_i},$$

从而上述矩阵是对称矩阵。

2.4.5 中值定理与泰勒展开

定理 2.4.4 (费尔马 (Férmat) 定理) 令 X 是 $\mathcal{R}$ 空间中的一个子集。若

(i) 函数 $f: X \to \mathcal{R}$ 在 x_0 的某个邻域 $N(x_0)$ 内有定义，并且在此邻域恒有 $f(x) \leqq f(x_0)$ 或者 $f(x) \geqq f(x_0)$;

(ii) 函数 $f(x)$ 在点 x_0 可导，

则有

$$f'(x_0) = 0.$$

下面的中值定理或称之为拉格朗日公式刻画了在一个区间中，区间两头的函数值与导数之间的关系。

定理 2.4.5 (中值定理或拉格朗日公式) 若 $f: [a,b] \to \mathcal{R}$ 满足: (i) 在 $[a,b]$ 上连续; (ii) 在 (a,b) 上可导，则必然存在 $c \in (a,b)$，使

$$f'(c) = \frac{f(b) - f(a)}{(b-a)}.$$

以上中值定理对多变量 x 的情况也成立，设函数 $f: \mathcal{R}^n \to \mathcal{R}$ 可微，则存在 $z \in \mathcal{R}^n$ 使得

$$f(y) = f(x) + Df(z)(\mathbf{y} - \mathbf{x}).$$

中值定理的一个变化是积分中值定理:

定理 2.4.6 (积分中值定理) 若 $f: [a,b] \to \mathcal{R}$ 在 $[a,b]$ 上连续，则存在 $c \in (a,b)$，使得

$$\int_a^b f(x)dx = f(c)(b-a).$$

中值定理的另外一个变化是广义中值定理或称之为柯西定理:

定理 2.4.7 (广义中值定理或柯西定理) 若 $f: [a,b] \to \mathcal{R}$ 和 $g: [a,b] \to \mathcal{R}$ 满足: (i) 在 $[a,b]$ 上连续; (ii) 在 (a,b) 上可导，则必然存在 $c \in (a,b)$，使得

$$(f(b) - f(a))g'(c) = (g(b) - g(a))f'(c).$$

在求解近似逼近时，泰勒展开是非常有用的方法。

考虑一个连续可微函数 $f: \mathcal{R}^n \to \mathcal{R}$，$x, y \in \mathcal{R}^n$，利用中值定理，存在 $z, w \in (\mathbf{x}, \mathbf{y})$，使得下面两个等式成立:

$$f(y) = f(x) + Df(z)(\mathbf{y} - \mathbf{x}),$$

$$f(y) = f(x) + Df(x)(\mathbf{y} - \mathbf{x}) + \frac{1}{2}(\mathbf{y} - \mathbf{x})' D^2 f(w)(\mathbf{y} - \mathbf{x}),$$

其中 $(\mathbf{y} - \mathbf{x})'$ 是向量 $(\mathbf{y} - \mathbf{x})$ 的转置。

一般地，我们有下面的结果:

命题 2.4.1 (泰勒定理) 给定任意函数 $f(x)$，若 $(n+1)$ 阶导数在 x_0 存在，则函数能在点 x_0 展开:

$$\begin{aligned} f(x) &= f(x_0) + f'(x_0)(x - x_0) + \frac{1}{2!}f''(x_0)(x - x_0)^2 + \cdots + \frac{1}{n!}f^{(n)}(x_0)(x - x_0)^n + R_n \\ &\equiv P_n + R_n, \end{aligned}$$

其中，P_n 表示 n 阶多项式，R_n 表示拉格朗日剩余项：

$$R_n = \frac{f^{(n+1)}(P)}{(n+1)!}(x - x_0)^{n+1},$$

其中，P 是 x 和 x_0 间的某点，$n!$ 是 n 的阶乘

$$n! \equiv n(n-1)(n-2)\cdots(3)(2)(1).$$

若用泰勒展开，我们有如下的函数逼近，若 y 逼近 x，

$$f(y) \approx f(x) + Df(x)(y - x),$$

$$f(y) \approx f(x) + Df(x)(\mathbf{y} - \mathbf{x}) + \frac{1}{2}(\mathbf{y} - \mathbf{x})' D^2 f(x)(\mathbf{y} - \mathbf{x}).$$

2.4.6 齐次函数与欧拉定理

定义 2.4.10 令 $X = \mathcal{R}^n$。对函数 $f\colon X \to \mathcal{R}$ 和任意的 t，若有 $f(t\mathbf{x}) = t^k f(\mathbf{x})$，则称 f 为k 次齐次的。

与齐次函数相关的一个重要结果是欧拉定理。

定理 2.4.8 (欧拉定理) 函数 $f\colon \mathcal{R}^n \to \mathcal{R}$ 是 k 次齐次的当且仅当

$$kf(\mathbf{x}) = \sum_{i=1}^{n} \frac{\partial f(\mathbf{x})}{\partial x_i} x_i.$$

2.4.7 隐函数存在定理

当变量 y 明确地表示为 $\mathbf{x}$ 的函数，$y = f(x_1, x_2, \cdots, x_n)$ 被称为**显函数**。在许多情况下，y 并不是显函数，而 y 和 $x_1, \cdots, x_n$ 的关系由以下方程表示：

$$F(y, x_1, x_2, \cdots, x_n) = 0.$$

若对某一范围内，每个向量 $\mathbf{x}$，都有唯一确定的值 y 满足以上方程，那么 y 就是 $\mathbf{x}$ 的**隐函数**，记为 $y = f(x_1, x_2, \cdots, x_n)$。由此，问题是：对应方程 $F(y, x_1, x_2, \cdots, x_n) = 0$，如何断定对某一范围内，每一个 $\mathbf{x}$ 是否存在一个唯一的值 y 满足这个方程呢？下面隐函数存在定理断定，在一定条件下，由方程 $F(y, x_1, x_2, \cdots, x_n) = 0$ 所确定的隐函数 $y = f(x_1, x_2, \cdots, x_n)$ 不仅存在，而且还可导。

定理 2.4.9 (隐函数存在定理) 令 $X = \mathcal{R}^n$。设 $F(y, x_1, x_2, \cdots, x_n) = 0$ 满足下面四个条件：

(a) $F_y, F_{x_1}, F_{x_2}, \cdots, F_{x_n}$ 在包含 $(y^0, x_1^0, x_2^0, \cdots, x_n^0)$ 的区域 X 上连续；

(b) 在区域 X 上 $F(y, x_1, x_2, \cdots, x_n)$ 有对 $\mathbf{x}$ 和 y 的连续偏导数；

(c) $F(y^0, x_1^0, x_2^0, \cdots, x_n^0) = 0$；

(d) $F(y, x_1, x_2, \cdots, x_n)$ 对 y 的偏导数 F_y 在点 $(y^0, x_1^0, x_2^0, \cdots, x_n^0)$ 不等于零。

则：

(1) 在点 $(x_1^0, x_2^0, \cdots, x_n^0)$ 的某个邻域 $N(\mathbf{x}^0)$，能隐含地定义 $(x_1, x_2, \cdots, x_n)$ 的函数 $y = f(x_1, x_2, \cdots, x_n)$，满足 $F(y(x_1, \cdots, x_n), x_1, x_2, \cdots, x_n) = 0$ 且 $y^0 = f(x_1^0, x_2^0, \cdots, x_n^0)$。

(2) $y = f(x_1, x_2, \cdots, x_n)$ 在 $N(\mathbf{x}^0)$ 内连续。

(3) $y = f(x_1, x_2, \cdots, x_n)$ 在 $N(\mathbf{x}^0)$ 内有连续的偏导数，其偏导数由下式给出:

$$\frac{\partial y}{\partial x_i} = -\frac{F_i}{F_y}, \quad i = 1, \cdots, n.$$

2.4.8 凹函数与凸函数

下面我们讨论函数的凹凸性。凹函数、凸函数和拟凹函数在微观经济学中经常出现，它们有很强的经济意义。在最优化问题中，它们占据着特殊的地位。

定义 2.4.11 设 X 为凸集，对函数 $f: X \to \mathcal{R}$，若对任意 $\mathbf{x}, \mathbf{x}' \in X$ 和任意的 $t \in [0,1]$，我们有

$$f(t\mathbf{x} + (1-t)\mathbf{x}') \geqq tf(\mathbf{x}) + (1-t)f(\mathbf{x}'),$$

则称 f 在 X 上是**凹的**。

若对所有的 $\mathbf{x} \neq \mathbf{x}' \in X$ 和 $0 < t < 1$，有

$$f(t\mathbf{x} + (1-t)\mathbf{x}') > tf(\mathbf{x}) + (1-t)f(\mathbf{x}'),$$

则称函数 f 在 X 上是**严格凹的**。

定义 2.4.12 若 $-f$ 在 X 上是 (严格) 凹的，称函数 $f: X \to \mathcal{R}$ 在 X 上是**(严格) 凸的**。

注 （1）线性函数既是凸函数也是凹函数。（2）两个凹 (凸) 函数之和仍然是凹 (凸) 函数。（3）一个凹 (凸) 函数与严格凹 (凸) 函数之和是严格凹 (凸) 函数。

注 函数 $f: X \to \mathcal{R}$ 在 X 上凹等价于: 对任意的 $\mathbf{x}_1, \cdots, \mathbf{x}_m \in X$ 和任意的 $t_i \in [0,1]$，有

$$f(t_1\mathbf{x}_1 + t_2\mathbf{x}_2 + \cdots + t_m\mathbf{x}_m) \geqq t_1 f(\mathbf{x}_1) + \cdots + t_m f(\mathbf{x}_m),$$

这个式子也称为**詹森不等式 (Jensen's inequality)**。如将 t_i 视作为 $\mathbf{x}_i$ 发生的概率，当 $f: X \to \mathcal{R}$ 在 X 上是凹时，詹森不等式意味着随机变量函数的期望不小于随机变量的期望，记为:

$$f(E(X)) \leqq E(f(X)).$$

对于可微函数而言，我们可以通过二阶导数或者二阶偏导矩阵的正（负）定来判断。

注 定义在 X 上的函数 f 具有连续二阶偏导数，它是凹 (凸) 函数当且仅当其**海森矩阵** $D^2 f(\mathbf{x})$ 在 X 上是半负 (正) 定的。它是严格凹 (凸) 的当且仅当其海森矩阵 $D^2 f(\mathbf{x})$ 在 X 上是负 (正) 定的。

注 函数 $f(\mathbf{x})$ 的严格凹性可以通过检验海森矩阵的顺序主子式是否依次改变符号来确定，

即

$$\begin{vmatrix} f_{11} & f_{12} \\ f_{21} & f_{22} \end{vmatrix} > 0,$$

$$\begin{vmatrix} f_{11} & f_{12} & f_{13} \\ f_{21} & f_{22} & f_{23} \\ f_{31} & f_{32} & f_{33} \end{vmatrix} < 0,$$

如此等等，其中 $f_{ij} = \dfrac{\partial^2 f}{\partial x_i \partial x_j}$。这种代数条件对于检验二阶最优性条件十分有用。

2.4.9 拟凹与拟凸函数

在经济理论中，拟凹函数被经常使用，特别是在效用函数的表示中。相对来说，拟凹性的概念是比凹性更弱的一类函数。

定义 2.4.13 设 X 为凸集，对函数 $f: X \to \mathcal{R}$，若集合

$$\{x \in X : f(\mathbf{x}) \geqq c\}$$

对所有的实数 c 都是凸集，那么称 f 在 X 上是**拟凹的**。若集合

$$\{\mathbf{x} \in X : f(\mathbf{x}) > c\}$$

对所有实数 c 都是凸集，那么称 f 在 X 上是**严格拟凹的**。

若 $-f$ 在 X 上是 (严格) 拟凹的，则称函数 $f: X \to \mathcal{R}$ 在 X 上是**(严格) 拟凸的**。

注 下面的事实是显然的：

(1) 若函数 f 是（严格）凹（凸）的，则它是（严格）拟凹（凸）的；

(2) 函数 f 是（严格）拟凹的当且仅当 $-f$ 是（严格）拟凸的；

(3) 任意定义在一维实数空间子集上的 (严格) 单调函数既是 (严格) 拟凹的，也是 (严格) 拟凸的；

(4) 两个拟凹（凸）函数的和一般来说不是拟凹（凸）函数。

下面的定理把函数的拟凹性与上优集(upper contour set 或称之为上等高集) 的凸性联系在一起。

定理 2.4.10 (拟凹性与上优集) *$f: X \to \mathcal{R}$ 是拟凹函数当且仅当对任意 $y \in \mathcal{R}$, $S(y) \equiv \{\mathbf{x} \in X : f(\mathbf{x}) \geqq y\}$ 是凸集。*

证明 充分性：首先证明：若 f 是拟凹的，那么，对所有 $y \in \mathcal{R}$，$S(y)$ 是一个凸集。假设 $\mathbf{x}^1$ 与 $\mathbf{x}^2$ 是 $S(y)$ 内的任意两点（若 $S(y)$ 是空集，则我们可以立即完成证明，因为空集是凸的）。我们需要证明，若 f 是拟凹的，所有 $\mathbf{x}^t \equiv t\mathbf{x}^1 + (1-t)\mathbf{x}^2, t \in [0,1]$ 形式的点也处在 $S(y)$ 内。

由于 $\mathbf{x}^1 \in S(y)$ 且 $\mathbf{x}^2 \in S(y)$，上优集的定义告诉我们 $\mathbf{x}^1$ 与 $\mathbf{x}^2$ 均处在 X 内并且满足：

$$f(\mathbf{x}^1) \geqq y, f(\mathbf{x}^2) \geqq y.$$

现在，我们考虑任何 $\mathbf{x}^t$。由于我们假设 X 是凸集，则 $\mathbf{x}^t \in X$。若 f 是拟凹的，那么：

$$f(\mathbf{x}^t) \geqq \min[f(\mathbf{x}^1), f(\mathbf{x}^2)] \geqq y.$$

因此，$\mathbf{x}^t \in X$ 并且 $f(\mathbf{x}^t) \geqq y$，那么，$\mathbf{x}^t$ 满足其在 $S(y)$ 内的要求。因此，$S(y)$ 必定是一个凸集。充分性证毕。

必要性：我们要证明：若对于所有 $y \in \mathcal{R}$，$S(y)$ 是一个凸集，那么，$f(\mathbf{x})$ 是一个拟凹函数。令 $\mathbf{x}^1$ 与 $\mathbf{x}^2$ 是 X 内的任意两点。不失一般性，假设 $f(\mathbf{x}^1) \geqq f(\mathbf{x}^2)$。由于对于所有 $y \in \mathcal{R}$，$S(y)$ 是一个凸集，则显然 $S(f(\mathbf{x}^2))$ 必定是凸的。显然 $\mathbf{x}^2 \in S(f(\mathbf{x}^2))$，并且由于 $f(\mathbf{x}^1) \geqq f(\mathbf{x}^2)$，则有 $\mathbf{x}^1 \in S(f(\mathbf{x}^2))$。那么，对于 $\mathbf{x}^1$ 与 $\mathbf{x}^2$ 的任何凸组合，必有 $\mathbf{x}^t \in S(f(\mathbf{x}^2))$。由 $S(f(\mathbf{x}^2))$ 的定义可知 $f(\mathbf{x}^t) \geqq f(\mathbf{x}^2)$。由此可得：

$$f(\mathbf{x}^t) \geqq \min[f(\mathbf{x}^1), f(\mathbf{x}^2)].$$

因此，$f(\mathbf{x})$ 是拟凹的。必要性证毕。 □

下面的定理刻画了拟凹函数的特性，即在单调函数下保持拟凹特性，注意凹函数并没有这个性质。

定理 2.4.11　*设函数 $f: X \to \mathcal{R}$ 在 X 上是拟凹的，且函数 $h: \mathcal{R} \to \mathcal{R}$ 是单调非递减函数，则复合函数 $h(f(\mathbf{x}))$ 也是拟凹的。若 f 是严格拟凹的，且 h 是严格递增的，那么复合函数是严格拟凹的。*

当定义在凸集 X 上的函数 f 具有连续二阶偏导数时，定义加边海森行列式如下：

$$|B| = \begin{vmatrix} 0 & f_1 & f_2 & \cdots & f_n \\ f_1 & f_{11} & f_{12} & \cdots & f_{1n} \\ f_2 & f_{21} & f_{22} & \cdots & f_{2n} \\ \cdots & \cdots & \cdots & \cdots & \cdots \\ f_n & f_{n1} & f_{n2} & \cdots & f_{nn} \end{vmatrix}$$

定义加边海森行列式 B 的顺序主子式如下：

$$|B_1| = \begin{vmatrix} 0 & f_1 \\ f_1 & f_{11} \end{vmatrix}, \quad |B_2| = \begin{vmatrix} 0 & f_1 & f_2 \\ f_1 & f_{11} & f_{12} \\ f_2 & f_{21} & f_{22} \end{vmatrix}, \quad \cdots, \quad |B_n| = |B|.$$

那么一个函数 $f: X \to \mathcal{R}$ 是拟凹函数的必要条件为：

$$|B_1| \leqq 0, \ |B_2| \geqq 0, \ |B_3| \leqq 0, \ \cdots, \ (-1)^n |B_n| \geqq 0.$$

一个函数 $f: X \to \mathcal{R}$ 是严格拟凹函数的充分条件为：

$$|B_1| < 0, \ |B_2| > 0, \ |B_3| < 0, \ \cdots, \ (-1)^n |B_n| > 0.$$

一个函数 $f: X \to \mathcal{R}$ 是拟凸函数的必要条件为：

$$|B_1| \leqq 0, \ |B_2| \leqq 0, \ \cdots, \ |B_n| \leqq 0.$$

一个函数 $f: X \to \mathcal{R}$ 是严格拟凸函数的充分条件为：

$$|B_1| < 0, \ |B_2| < 0, \ \cdots, \ |B_n| < 0.$$

2.4.10 分离超平面定理

分离超平面定理在经济学中也有很重要的应用。首先回忆，若 $X \subseteq \mathcal{R}^n$ 是**紧集** (compact set)，那么它是有界闭的。X 是**凸集** (convex set)，对任意的 $\mathbf{x}, \mathbf{x}' \in X$ 和任意的 $0 \leqq t \leqq 1$，有 $t\mathbf{x} + (1-t)\mathbf{x}' \in X$。几何上，凸集表示该集合中的任意两点之间的连线在该集合内。

定理 2.4.12 (分离超平面定理) *设 $A, B \subseteq \mathcal{R}^m$ 为凸集，且 $A \cap B = \varnothing$。则存在向量 $\mathbf{p} \in \mathcal{R}^m, \mathbf{p} \neq 0$ 以及 $c \in \mathcal{R}$，使得*

$$\mathbf{px} \leqq c \leqq \mathbf{py} \quad \forall \mathbf{x} \in A, \forall \mathbf{y} \in B.$$

进一步地，设 $B \subseteq \mathcal{R}^m$ 是闭凸集，$A \subseteq \mathcal{R}^m$ 是紧凸集，且 $A \cap B = \varnothing$。则存在向量 $\mathbf{p} \in \mathcal{R}^m, \mathbf{p} \neq 0$ 以及 $c \in \mathcal{R}$，使得 A, B 两个集合被严格分离，即

$$\mathbf{px} < c < \mathbf{py} \quad \forall \mathbf{x} \in A, \forall \mathbf{y} \in B.$$

定义 2.4.14 令 $C \subseteq \mathcal{R}^m$。若对任意的 $\mathbf{x} \in C$ 和 $\lambda \in \mathcal{R}$，都有 $\lambda\mathbf{x} \in C$，称 C 是一个**锥**。

命题 2.4.2 *一个锥 C 是凸的当且仅当 $\mathbf{x}, \mathbf{y} \in C$ 就意味着 $\mathbf{x} + \mathbf{y} \in C$。*

命题 2.4.3 *令 $C \subseteq \mathcal{R}^m$ 是一个闭凸锥，$K \subseteq \mathcal{R}^m$ 是一个紧凸集，则 $C \cap K \neq \varnothing$ 当且仅当对任意的 $\mathbf{p} \in C$，存在着 $\mathbf{z} \in K$，使得*

$$\mathbf{p} \cdot \mathbf{z} \leqq 0.$$

2.5 多值函数及其性质

集值映射是指映射的像不是点而是集合的情形。下面先介绍一些基本概念。

2.5.1 点到集合的多值映射

设 X 和 Y 为拓扑向量空间（如欧几里得空间）中的两个子集。

集值映射 (point-to-set mapping)，也称为**对应** (correspondence)或者**多值** (multi-valued) **函数**。对应 F 将域 X 中的点 $\mathbf{x}$ 映射到域 Y 中的集合（如将 $X \subseteq \mathcal{R}^n$ 中的点 $\mathbf{x}$ 映射到域 $Y \subseteq \mathcal{R}^m$），记为 $F: X \to 2^Y$。我们有时也用 $F: X \rightrightarrows Y$ 或 $F: X \to\to Y$ 来表示多值映射 $F: X \to 2^Y$。

定义 2.5.1 令 $F: X \to 2^Y$ 是一个对应。

(1) 若 $F(\mathbf{x})$ 对所有 $\mathbf{x} \in X$ 都非空，则称对应 F 是**非空值的** (non-empty valued)；

(2) 若 $F(\mathbf{x})$ 对所有 $\mathbf{x} \in X$ 都是凸的，则称对应 F 是**凸值的** (convex valued)；

(3) 若 $F(\mathbf{x})$ 对所有的 $\mathbf{x} \in X$ 都是闭的，则称对应 F 是**闭值的** (closed valued)；

(4) 若 $F(\mathbf{x})$ 对所有的 $\mathbf{x} \in X$ 都是紧的，则称对应 F 是**紧值的** (compact valued)；

(5) 若 $F(\mathbf{x})$ 对所有的 $\mathbf{x} \in X$ 都是开的，则称对应 F 具有**上开截面** (upper open sections)；

(6) 其原像 $F^{-1}(y) = \{\mathbf{x} \in X : y \in F(\mathbf{x})\}$ 是开的，则称对应 F 具有**下开截面** (upper open sections)。

定义 2.5.2 令 $F: X \to 2^X$ 是从 X 到自身 X 的一个对应。

(1) 若对任意 $\mathbf{x}_1, \cdots, \mathbf{x}_m \in X$ 及其凸组合 $\mathbf{x}_\lambda = \sum_{i=1}^m \lambda_i \mathbf{x}_i$，有

$$\mathbf{x}_\lambda \in \bigcup_{i=1}^m F(\mathbf{x}_i),$$

则称对应 F 是**FS-凸的**。①

(2) 若对任意 $\mathbf{x} \in X$，有 $\mathbf{x} \notin co\, F(\mathbf{x})$，则称对应 F 是**SS-凸的**。②

注　不难验证，对应 $P : X \to 2^X$ 是 SS-凸的当且仅当由 $G^{-1}(\mathbf{x}) = X \setminus P(\mathbf{x})$ 所定义的对应 $G : X \to 2^X$ 是 FS-凸的。

特别地，对函数 $f : X \to \mathcal{R}$ 可定义：上优集

$$U(\mathbf{x}) = \{\mathbf{y} \in X : f(\mathbf{y}) \geqq f(\mathbf{x})\}, \ \forall\, \mathbf{x} \in X,$$

严格上优集

$$U_s(\mathbf{x}) = \{\mathbf{y} \in X : f(\mathbf{y}) > f(\mathbf{x})\}, \ \forall\, \mathbf{x} \in X,$$

下优集

$$L(\mathbf{x}) = \{\mathbf{y} \in X : f(\mathbf{y}) \leqq f(\mathbf{x})\}, \ \forall\, \mathbf{x} \in X,$$

及严格下优集

$$L_s(\mathbf{x}) = \{\mathbf{y} \in X : f(\mathbf{y}) < f(\mathbf{x})\}, \ \forall\, \mathbf{x} \in X.$$

下面的等价性结果值得注意，在书中后面要用到。

命题 2.5.1　*以下论断是等价的：*

(1) *函数* $f : X \to \mathcal{R}$ *是拟凹的；*

(2) $U : X \to 2^X$ *是凸值对应；*

(3) $U_s : X \to 2^X$ *是凸值对应；*

(4) $U_s : X \to 2^X$ *是SS-凸；*

(5) $U : X \to 2^X$ *是FS-凸。*

证明　显然 (1) 意味着 (2)，(2) 意味着 (3)，(3) 意味着 (4)，及 (5) 意味着 (1)。我们只需要证明 (4) 意味着 (5)。如不成立，存在有限集 $\{\mathbf{x}_1, \mathbf{x}_2, \cdots, \mathbf{x}_m\} \subset X$ 和它的某个凸组合 $x\mathbf{x}_\lambda = \sum_{j=1}^m \lambda_j \mathbf{x}_j$ 使得 $\mathbf{x}_\lambda \notin \cup_{j=1}^m U(\mathbf{x}_j)$。于是，对所有的 j，有 $\mathbf{x}_\lambda \in L_s(\mathbf{x}_j)$，即 $\mathbf{x}_j \in U_s(\mathbf{x}_\lambda)$，从而有 $\mathbf{x}_\lambda \in co\, U_s(\mathbf{x}\lambda)$，矛盾。□

2.5.2　上半与下半连续对应

直观地，若 $\mathbf{x}$ 的微小变化只带来 $F(\mathbf{x})$ 的微小变化，则对应是连续的。但遗憾的是，对应的连续性的严格定义并不那么简单。图 2.1 给出了一个连续对应。

半连续 (hemi-continuity)的概念一般用**序列 (sequences)**来定义 (参见 Debreu (1959) 和 Mas-Colell et al. (1995))，虽然它们相对来说容易验证，但直观上来看，它们似乎依赖于对应是紧值的这一假定。更正式的定义如下所示 (参见 (Border(1985))。

① FS-凸的概念是由 Fan (1984) 和 Sonnenschein (1971) 引入的，所以称之为 FS-凸。

② SS-凸的概念是由 Shafer 和 Sonnenschein (1975) 引入的，所以称之为 SS-凸。

定义 2.5.3 对集值映射 $F: X \to 2^Y$ 和点 $\mathbf{x}$，若对每个包含 $F(\mathbf{x})$ 的开集 U，都存在包含 $\mathbf{x}$ 的开集 $N(\mathbf{x})$，使得对所有的 $\mathbf{x}' \in N(\mathbf{x})$，有 $F(\mathbf{x}') \subseteq U$，则称 F 在 $\mathbf{x}$ 处是**上半连续的** **(upper hemi-continuous)** 。

若 F 在每个 $\mathbf{x} \in X$ 处都是上半连续的，则称对应 $F: X \to 2^Y$ 在 X 上是**上半连续的**；或者等价地，对 Y 中的每个开子集 V，$\{\mathbf{x} \in X : F(\mathbf{x}) \subset V\}$ 都是 X 中的开集。

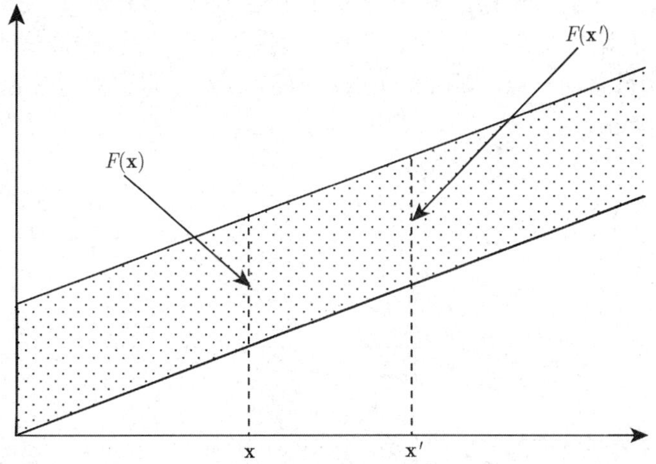

图 2.1 连续对应

注 上半连续性的概念刻画了经过点 $\mathbf{x}$ 时，$F(\mathbf{x})$ 不会“突然包含新的点”的思想，换句话说，当缓慢地改变 $\mathbf{x}$，$F(\mathbf{x})$ 不会有跳跃。这即是，若 $\mathbf{x}'$ 离 $\mathbf{x}$ 足够近，F 在点 $\mathbf{x}$ 处的上半连续性意味着 $F(\mathbf{x}')$ 离集合 $F(\mathbf{x})$ 也足够近。

定义 2.5.4 对集值映射 $F: X \to 2^Y$ 和点 x，若对每个开集 V, $F(\mathbf{x}) \cap V \neq \varnothing$，都存在 $\mathbf{x}$ 的一个邻域 $N(\mathbf{x})$，使得对所有的 $\mathbf{x}' \in N(\mathbf{x})$，有 $F(\mathbf{x}') \cap V \neq \varnothing$，则称 F 在 $\mathbf{x}$ 处是**下半连续的** **(lower hemi-continuous)**。

若 F 在 X 中的每个点 $\mathbf{x}$ 处都是下半连续的，则称 F 在 X 上是**下半连续的 (lower hemi-continuous)**；或者等价地，对 Y 中的每个开集 V，集合 $\{\mathbf{x} \in X : F(\mathbf{x}) \cap V \neq \varnothing\}$ 在 X 中都是开的。

注 下半连续性刻画了 $F(\mathbf{x})$ 中的任意元素都可从任意方向逼近。换句话说，当我们轻微地改变 $\mathbf{x}$，$F(\mathbf{x})$ 不会突然变得很小。这即是，若从某点 $\mathbf{x}$ 和 $y \in F(\mathbf{x})$ 出发，F 在 $\mathbf{x}$ 处的下半连续性意味着若我们从 $\mathbf{x}$ 向 $\mathbf{x}'$ 移动一点点，那么存在 $y' \in F(\mathbf{x}')$，它充分接近 y。

将上半连续性和下半连续性的概念相结合，我们可得到对应的连续性。

定义 2.5.5 若对应 $F: X \to 2^Y$ 在 $\mathbf{x} \in X$ 处既是上半连续的，也是下半连续的，则称对应 F 在 $\mathbf{x} \in X$ 处连续。若它既是上半连续的，也是下半连续的，则称对应 $F: X \to 2^Y$ 在 X 上**连续**。

图 2.2 给出了是上半连续但不是下半连续的对应的一个例子。首先指出它是上半连续的。考虑包含 $F(\mathbf{x})$ 的区间 U。在 $\mathbf{x}$ 的左边向点 $\mathbf{x}'$ 移动一点，$F(\mathbf{x}') = \{\hat{y}\}$ 显然在该区间内。类似地，若在 $\mathbf{x}$ 的右边向点 $\mathbf{x}'$ 移动一点，则只要 $\mathbf{x}'$ 充分接近 $\mathbf{x}$，$F(\mathbf{x})$ 总在该区间内。因此，对应是上半连续的，但却不是下半连续的。为了说明此点，考虑点 $y \in F(\mathbf{x})$。设 U 是包

含 y 但不包含 $\hat{y}$ 的充分小的区间。若任意取包含 $\mathbf{x}$ 的开集 $N(\mathbf{x})$，则 $N(\mathbf{x})$ 将包含在 $\mathbf{x}$ 左边的某点 $\mathbf{x}'$。但 $F(\mathbf{x}') = \{\hat{y}\}$ 却不包含靠近 y 的任意点，即它与 U 不相交。因此对应不是下半连续的。

图 2.3 表明对应是下半连续的，但不是上半连续的。为了说明它的下半连续性，对任意 $0 \leqq \mathbf{x}' \leqq \mathbf{x}$，首先有 $F(\mathbf{x}') = \{\hat{y}\}$。令 $\mathbf{x}_n = \mathbf{x}' - 1/ne$，$y_n = \hat{y}$，则对充分大的 n，$\mathbf{x}_n > 0$，$\mathbf{x}_n \to \mathbf{x}'$，$y_n \to \hat{y}$，且 $y_n \in F(\mathbf{x}_n) = \{\hat{y}\}$。因此它是下半连续的。显然对 $\mathbf{x}_i > \mathbf{x}$ 它不是上半连续的。因此，它在 X 上是下半连续的。另一方面，对应不是上半连续的。若我们从 $\mathbf{x}$ 出发，向 $\mathbf{x}$ 右边的某点 $\mathbf{x}'$ 稍微移动一点，则由于 $F(\mathbf{x}) = \{\hat{y}\}$，$F(\mathbf{x}')$ 将突然包含距离 $\hat{y}$ 充分远的点。因此它不是上半连续的。

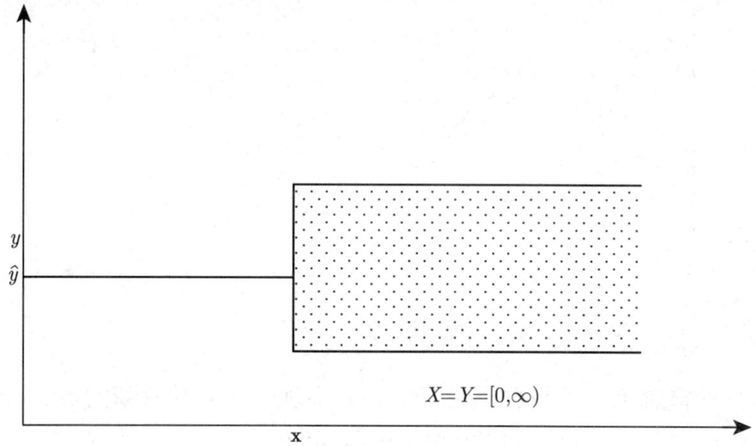

图 2.2　对应是上半连续的，但不是下半连续的

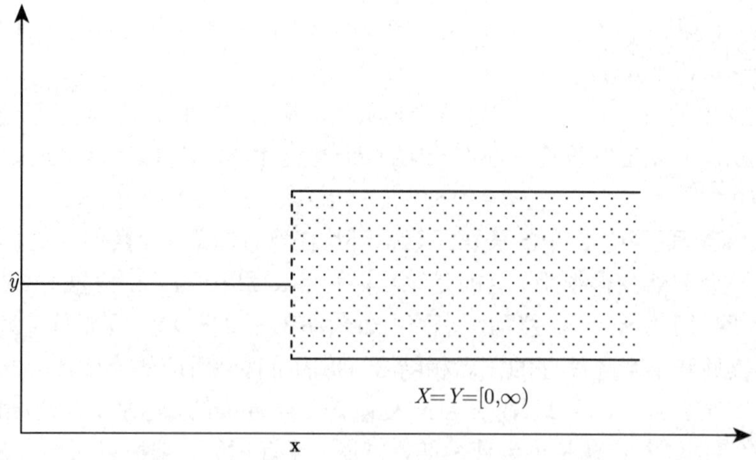

图 2.3　对应是下半连续的，但不是上半连续的

注　若 $F(\cdot)$ 是单值对应（即函数），则按照函数的概念来理解，上半连续和下半连续对应都是连续函数。这即是说，$F(\cdot)$ 是单值上半 (或者下半) 连续对应当且仅当它是连续函数。

注　基于下面两个事实，下半连续性和上半连续性两个概念都可用序列的语言来等价表达。

(a) 若对应 $F: X \to 2^Y$ 是紧值的，则它是上半连续的当且仅当对任意的 $\{\mathbf{x}_k\}$ 和 $\{y_k\}$，其中 $\mathbf{x}_k \to \mathbf{x}$，$y_k \in F(\mathbf{x}_k)$，都存在收敛子列 $\{y_{k_m}\}$，$y_{k_m} \to y$，使得 $y \in F(\mathbf{x})$。

(b) 对应 $F: X \to 2^Y$ 在 $\mathbf{x}$ 处是下半连续的当且仅当对任意的 $\{\mathbf{x}_k\}$ 以及 $y \in F(\mathbf{x})$，其中 $\mathbf{x}_k \to \mathbf{x}$，存在序列 $\{y_k\}$，使 $y_k \to y$ 且 $y_k \in F(\mathbf{x}_k)$。

2.5.3 对应的开图与闭图

定义 2.5.6 若对任意的 $\{\mathbf{x}_k\}$ 和 $\{y_k\}$，其中 $\mathbf{x}_k \to \mathbf{x}$，$y_k \to y$，$y_k \in F(\mathbf{x}_k)$，有 $y \in F(\mathbf{x})$，则称对应 $F: X \to 2^Y$ 在 $\mathbf{x}$ 处是**闭的 (closed)**。若 F 在所有的 $\mathbf{x} \in X$ 处都是闭的，则称 F 在 X 上是**闭的**；或者等价地，

$$Gr(F) = \{(\mathbf{x}, y) \in X \times Y : y \in F(\mathbf{x})\} \text{ 是闭的.}$$

关于上半连续性和闭图的关系，我们有如下结果：

命题 2.5.2 令 $F: X \to 2^Y$ 是一个对应。则

(i) 设 Y 是紧的，且 $F: X \to 2^Y$ 是闭值的。若 F 存在闭图，则它是上半连续的。

(ii) 设 X 和 Y 是闭的，且 $F: X \to 2^Y$ 是闭值的。若 F 是上半连续的，则它存在闭图。

由于结论 (i)，存在闭图的对应在文献中有时作为上半连续对应的定义，但一般来说，这两个概念并不总是相同。一个反例是下面的对应 $F: \mathcal{R}_+ \to 2^{\mathcal{R}}$，它定义为

$$F(x) = \begin{cases} \left\{\dfrac{1}{x}\right\}, & \text{若 } x > 0, \\ \{0\}, & \text{若 } x = 0. \end{cases}$$

这个对应存在闭图，但不是上半连续对应。

另外，由 $F(x) = (0, 1)$ 定义对应 $F: \mathcal{R}_+ \to 2^{\mathcal{R}}$。$F$ 显然是上半连续对应，但不存在闭图。

定义 2.5.7 $F: X \to 2^Y$ 称为**开对应**，若它的图

$$Gr(F) = \{(\mathbf{x}, y) \in X \times Y : y \in F(\mathbf{x})\} \text{ 是开的.}$$

命题 2.5.3 令 $F: X \to 2^Y$ 是一个对应。则

(1) 若对应 $F: X \to 2^Y$ 具有开图，则它既有上开截面也有下开截面。

(2) 若对应 $F: X \to 2^Y$ 具有下开截面，则它是下半连续的。

2.5.4 转移闭值对应

田国强和合作者在 Tian (1992, 1993) 及 Zhou 和 Tian (1992) 中对多值映射（对应）引入了转移闭、转移开、转移凸等概念，弱化了非线性分析中一些基本数学定理成立及优化问题均衡解存在的条件，得到了许多特征化的结果，如偏好关系最大元存在性、博弈中 Nash 均衡的存在性。这些结论在书中的相应章节出现。

记 $\operatorname{int} D$ 和 $cl\, D$ 分别表示集合 D 的内点集合和闭包。

定义 2.5.8　若对任意 $\mathbf{x} \in X$，$y \notin G(\mathbf{x})$ 意味着存在某个 $\mathbf{x}' \in X$ 使得 $y \notin cl\, G(\mathbf{x}')$，则称对应 $G: X \to 2^Y$ 在 X 内是**转移闭值**的。

定义 2.5.9　若对任意 $\mathbf{x} \in X$ 和 $y \in Y$，$\mathbf{x} \in P(y)$ 意味着存在某个点 $\mathbf{x}' \in X$ 使得 $y \in \text{int}\, P(\mathbf{x}')$，则称对应 $P: X \to 2^Y$ 在 X 内具有**转移上开截面**。

注　若一个对应是闭值的，则它是转移闭值的 (令 $\mathbf{x}' = \mathbf{x}$ 可知)；若一个对应有上开截面，则它有转移上开截面 (令 $\mathbf{x}' = \mathbf{x}$)。同时，对应 $P: X \to 2^Y$ 在 X 内具有转移上开截面当且仅当由 $G(\mathbf{x}) = Y \setminus P(\mathbf{x})$ 所定义的对应 $G: X \to 2^Y$ 在 X 内是转移闭值的。

注　对任意函数 $f: X \to \mathcal{R}$，由

$$G(\mathbf{x}) = \{\mathbf{y} \in X : f(\mathbf{y}) \geqq f(\mathbf{x})\}, \forall\, \mathbf{x} \in X$$

所定义的对应 $G: X \to 2^Y$ 是转移闭值对应当且仅当 f 在 X 上是转移上连续的。

下面的命题在证明许多优化问题时，能有力地减弱连续性条件。

命题 2.5.4 (Tian (1992))　*令 X 和 Y 是两个拓扑空间，$G: X \to 2^Y$ 是一个点到集合的对应。那么*

$$\bigcap_{\mathbf{x} \in X} cl G(\mathbf{x}) = \bigcap_{\mathbf{x} \in X} G(\mathrm{x})$$

当且仅当 G 在 X 上是转移闭值对应。

证明　充分性：我们要证明

$$\bigcap_{\mathbf{x} \in X} cl\, G(\mathbf{x}) = \bigcap_{\mathbf{x} \in X} G(\mathbf{x}).$$

显然

$$\bigcap_{\mathbf{x} \in X} G(\mathbf{x}) \subseteq \bigcap_{\mathbf{x} \in X} cl\, G(\mathbf{x}),$$

这样我们只需证明

$$\bigcap_{\mathbf{x} \in X} cl\, G(\mathbf{x}) \subseteq \bigcap_{\mathbf{x} \in X} G(\mathbf{x}).$$

假设不成立，则存在某个 y，有 $y \in \bigcap_{\mathbf{x} \in X} cl\, G(\mathbf{x})$，但 $y \notin \bigcap_{\mathbf{x} \in X} G(\mathbf{x})$。于是，对某个 $\mathbf{z} \in X$，有 $y \notin G(\mathbf{z})$。既然 G 在 X 上是转移闭值对应，那么存在某个 $\mathbf{z}' \in X$，使得 $y \notin cl\, G(\mathbf{z}')$，从而 $y \notin cl\, G(\mathbf{z}')$，矛盾。

必要性：假定

$$\bigcap_{\mathbf{x} \in X} cl\, G(\mathbf{x}) = \bigcap_{\mathbf{x} \in X} G(\mathbf{x}).$$

若 $y \notin G(\mathbf{x})$，则

$$y \notin \bigcap_{\mathbf{x} \in X} cl\, G(\mathbf{x}) = \bigcap_{\mathbf{x} \in X} G(\mathbf{x}),$$

从而对 $\mathbf{x}' \in X$，有 $y \notin cl\, G(\mathbf{x}')$。这样，$G$ 在 X 上是转移闭值对应。

类似地，我们可以定义转移凸性的概念。

定义 2.5.10 (转移 FS-凸) 令 X 是一个拓扑空间，Z 是拓扑向量空间的一个凸子集。对集值映射 $G : X \to 2^Z$，若对任意有限集 $\{\mathbf{x}_1, \mathbf{x}_2, \cdots, \mathbf{x}_n\} \subseteq X$，存在着一个对应的有限集 $\{\mathbf{y}_1, \mathbf{y}_2, \cdots, \mathbf{y}_n\} \subseteq Z$，使得对它的任意子集 $\{\mathbf{y}_{i1}, \mathbf{y}_{i2}, \cdots, \mathbf{y}_{is}\}(1 \leqq s \leqslant n)$，有

$$co\{\mathbf{y}_{i1}, \mathbf{y}_{i2}, \cdots, \mathbf{y}_{is}\} \subseteq \bigcup_{r=1}^{s} G(\mathbf{y}_{ir}),$$

则称 G 在 X 上是**转移 FS-凸**的。

定义 2.5.11 (转移 SS-凸) 令 X 是一个拓扑空间，Z 是拓扑向量空间的一个凸子集。对集值映射 $P : Z \to 2^X$，若对任意有限集 $\{\mathbf{y}_1, \mathbf{y}_2, \cdots, \mathbf{y}_n\} \subseteq X$，总存在一个对应的有限集 $\{\mathbf{y}_1, \mathbf{y}_2, \cdots, \mathbf{y}_n\} \subseteq Z$，使得对它的任意子集 $\{\mathbf{y}_{i1}, \mathbf{y}_{i2}, \cdots, \mathbf{y}_{is}\}(1 \leqq s \leqslant n)$ 和任意 $\mathbf{y}_{i0} \in co\{\mathbf{y}_{i1}, \mathbf{y}_{i2}, \cdots, \mathbf{y}_{is}\}$，我们有 $\mathbf{x}_{ir} \notin P(\mathbf{y}_{i0})$，则称 P 在 X 上是**转移 SS-凸**的。

注 在定义转移 FS-凸和转移 SS-凸时，并没有同定义 FS-凸及 SS-凸一样，假定对应是从自身到自身的映射。显然，当 $X = Z$，且取 $\mathbf{y}_i = \mathbf{x}_i$，则 FS-凸意味着转移 FS-凸及 SS-凸意味着转移 SS-凸。同样地不难验证，对应 $P : X \to 2^Z$ 是转移 SS-凸当且仅当由 $G^{-1}(\mathbf{x}) = Z \setminus P(\mathbf{x})$ 所定义的对应 $G : X \to 2^X$ 是转移 FS-凸的。

2.6 静态优化

优化问题是经济学中最核心的问题。理性是经济学中对个体决策者最基本的假设。个体追求自身利益最大化，其分析的基础是求解最优化问题。本节介绍静态优化的求解问题，其基本结果在整本书中都会用到，最后讨论动态最优的求解问题。

2.6.1 无约束优化

最优化问题是讨论一个函数在某个给定集合上能否取得最大值或者最小值。设 X 是任意拓扑空间。我们先给出以下概念:

定义 2.6.1 (局部最优) 若对 $\mathbf{x}^*$ 的某些邻域内所有的 $\mathbf{x}$，都有 $f(\mathbf{x}^*) \geqq f(\mathbf{x})$，则称函数在点 $\mathbf{x}^*$ 处有**局部极大值**。

若在 $\tilde{\mathbf{x}}$ 的一些邻域内，对所有的 $\mathbf{x} \neq \tilde{\mathbf{x}}$，总有 $f(\tilde{\mathbf{x}}) \leqq f(\mathbf{x})(f(\tilde{\mathbf{x}}) < f(\mathbf{x}))$，则称函数在 $\tilde{\mathbf{x}}$ 处有**局部极小值**（**唯一局部极小值**）。

定义 2.6.2 (整体最优) 若对函数定义域内的一切 $\mathbf{x}$，都有 $f(\mathbf{x}^*) \geqq f(\mathbf{x})$ （$f(\mathbf{x}^*) > f(\mathbf{x})$），则称函数在 $\mathbf{x}^*$ 有**全局 (唯一) 最大值**；若对函数定义域内的一切 $\mathbf{x}$，都有 $f(\mathbf{x}^*) \leqq f(\mathbf{x})$ （$f(\mathbf{x}^*) < f(\mathbf{x})$），则称函数在 $\mathbf{x}^*$ 有**全局 (唯一) 最小值**。

关于全局最优的一个经典结果是所谓的**魏尔斯特拉斯 (Weierstrass) 定理**。

定理 2.6.1 (魏尔斯特拉斯定理) 任意上半(下半)连续函数在紧集上都有最大值(最小值)，并且其极值的集合是紧集。

田国强和合作者在 Tian (1992, 1993, 1994)，Tian 和 Zhou (1995) 以及 Zhou 和 Tian (1992) 引进了一些非常弱的连续性——转移连续性，推广了魏尔斯特拉斯定理，给出了一个函数 f 在紧集 X 上有全局最大（小）值的充分必要条件，全局极大（小）值是紧集的充分必要条件，以及一个函数是否有全局最大（小）值的特征。

定理 2.6.2 (田-周定理 I)　*设 X 是任意拓扑空间的一个紧集。则函数 $f: X \to \mathcal{R}$ 在 X 上有极大（小）值当且仅当 f 在 X 是转移弱上连续的。*

证明　由于 f 在 X 是转移弱上连续的当且仅当它是转移弱下连续的，我们仅需对函数有最大值的情况进行证明。 □

充分性：用反证法。假定函数 f 在 X 不能达到最大值，则对每个 $\mathbf{y} \in X$，都有某个 $\mathbf{x} \in X$，使得 $f(\mathbf{x}) > f(\mathbf{y})$。由 f 的转移上弱半连续性，存在某点 $\mathbf{x}' \in X$ 以及 $\mathbf{y}$ 的某个邻域 $\mathcal{N}(y)$，使得 $f\mathbf{x}') \geqq f(\mathbf{y}')$ 对所有的 $\mathbf{y}' \in \mathcal{N}(\mathbf{y})$ 成立。于是，有 $X = \cup_{\mathbf{y} \in X} \mathcal{N}(\mathbf{y})$。既然 X 是紧的，则存在有限个点 $\{\mathbf{y}_1, \mathbf{y}_2, \cdots, \mathbf{y}_n\}$，使得 $X = \cup_{i=1}^{n} \mathcal{N}(\mathbf{y}_i)$。令 $\mathbf{x}'_i$ 是使得 $f(\mathbf{x}'_i) \geqq f(\mathbf{y}')$ 对所有 $\mathbf{y}' \in \mathcal{N}(\mathbf{y}_i)$ 成立相对应的点。对有限子集 $\{\mathbf{x}'_1, \mathbf{x}'_2, \cdots, \mathbf{x}'_n\}$，$f$ 必定有最大元，不妨设 $\mathbf{x}'_1$，满足 $f(\mathbf{x}'_1) \geqq f(\mathbf{x}'_i)$ 对 $i = 1, 2, \cdots, n$ 成立。由假定，f 在 X 不能最大化，则 $\mathbf{x}'_1$ 不是 f 在 X 上的最大元，这样存在 $\mathbf{x} \in X$，使得 $f(\mathbf{x}) > f(\mathbf{x}'_1)$。然而，由于 $X = \cup_{i=1}^{n} \mathcal{N}(\mathbf{y}_i)$，则存在 j 使得 $\mathbf{x} \in \mathcal{N}(\mathbf{y}_j)$，使得 $f(\mathbf{x}'_j) \geqq f(\mathbf{x})$。这样，$f(\mathbf{x}) > f(\mathbf{x}'_1) \geqq f(\mathbf{x}'_j) \geqq f(\mathbf{x})$，矛盾。因此，$f$ 在 X 一定能达到最大值。

必要性：显然。令 $\mathbf{x}'$ 是 f 的任意一个最大元，则 $f(\mathbf{x}') \geqq f(\mathbf{y}')$ 对所有的 $\mathbf{y}' \in X$ 成立。 □

在许多情况下，在证明竞争市场均衡存在性及博弈均衡存在性时，人们不仅需证明最优结果存在，也需证明其最优结果的集合是紧的。

定理 2.6.3 (田-周定理 II)　*设 X 是任一拓扑空间的一个紧集，$f: X \to \mathcal{R}$ 上的一个函数。则 f 在 X 上极大(小)元的集合是非空紧的，当且仅当 f 在 X 上是转移上（下）连续的。*

证明　我们只需对极大点的集合进行证明。

必要性：设 f 在 X 上极大点的集合是非空和闭的。对任意的 $\mathbf{x}, \mathbf{y} \in X$，若 $f(\mathbf{y}) < f(\mathbf{x})$，则 $\mathbf{y}$ 一定不是 f 在 X 上的极大点。由极大点的集合的紧性假设，存在 $\mathbf{y}$ 的某个邻域 $\mathcal{N}(\mathbf{y})$，不包含 f 在 X 上的任何极大点。令 $\mathbf{x}'$ 是 f 在 X 上的一个极大点，则 $f(\mathbf{z}) < f(\mathbf{x}')$ 对所有的 $\mathbf{z} \in \mathcal{N}(\mathbf{y})$ 成立。这样，f 在 X 上是转移上连续的。

充分性：首先注意到，由

$$G(\mathbf{x}) = \{\mathbf{y} \in X : f(\mathbf{y}) \geqq f(\mathbf{x})\}, \ \forall\, \mathbf{x} \in X$$

所定义的对应 $G: X \to 2^Y$ 是转移闭值对应当且仅当 f 在 X 上是转移上连续的。既然 f 在 X 上是转移上连续的，根据命题 2.5.4，我们有 $\bigcap_{\mathbf{x} \in X} cl\ G(\mathbf{x}) = \bigcap_{\mathbf{x} \in X} G(\mathbf{x})$，从而得知极大点的集合是闭集。

由于 f 在任意有限子集 $\{\mathbf{x}_1, \mathbf{x}_2, \cdots, \mathbf{x}_m\} \subseteq X$ 上有最大元，比如 $\mathbf{x}_1$，即 $f(\mathbf{x}_1) \geqq f(\mathbf{x}_i)$ 对 $i = 1, \cdots, m$ 成立。于是有 $\mathbf{x}_1 \in G(\mathbf{x}_i)$ 对 $i = 1, \cdots, m$ 成立，从而有

$$\varnothing \neq \bigcap_{i=1}^{m} G(\mathbf{x}_i) \subseteq \bigcap_{i=1}^{m} cl\, G(\mathbf{x}_i),$$

即集合束 $\{cl\, G(\mathbf{x}) : \mathbf{x} \in X\}$ 在 X 上有限交性质。同时，由于 $\{cl\, G(\mathbf{x}) : \mathbf{x} \in X\}$ 是紧集 X 中闭子集的集合，则 $\varnothing \neq \bigcap_{\mathbf{x} \in X} cl\, G(\mathbf{x}) = \bigcap_{\mathbf{x} \in X} G(\mathbf{x})$。这就意味着存在 $\mathbf{x}^* \in X$，使得 $f(\mathbf{x}^*) \geqq f(\mathbf{x})$ 对所有的 $\mathbf{x} \in X$ 成立。既然极大点的集合 $\bigcap_{\mathbf{x} \in X} cl\, G(\mathbf{x})$ 是紧集 X 的闭子集，所以它是紧的。证毕。 □

为了较容易判断一个函数是否有极值，下面给出通过微分方法求极值的结果。我们先给出无限制条件内点极值的必要条件，然后再给出充分条件。

通常内点极值有两个必要条件，即一阶和二阶必要条件。

定理 2.6.4 (内点极值的一阶必要条件) 设 $X \subseteq \mathcal{R}^n$。若可微函数 $f(\mathbf{x})$ 是在内点 $\mathbf{x}^* \in X$ 处达到了一个局部极大值或极小值，则 $\mathbf{x}^*$ 为如下联立方程组的解：

$$\frac{\partial f(\mathbf{x}^*)}{\partial x_1} = 0$$

$$\frac{\partial f(\mathbf{x}^*)}{\partial x_2} = 0$$

$$\vdots$$

$$\frac{\partial f(\mathbf{x}^*)}{\partial x_n} = 0$$

证明 设 $f(\mathbf{x})$ 在内点 $\mathbf{x}^*$ 处获得了局部极值，我们需证明 $Df(\mathbf{x}^*) = 0$。这个证明虽不是最简单的，但当考虑二阶条件时，它将非常有用。

选择任意向量 $\mathbf{z} \in \mathcal{R}^n$，则对于任意标量 t，构建一个熟悉的单变量函数：

$$g(t) = f(\mathbf{x}^* + t\mathbf{z})$$

首先，对于 $t \neq 0$，$\mathbf{x}^* + t\mathbf{z}$ 给出了不同于 $\mathbf{x}^*$ 的向量。对于 $t = 0$，$\mathbf{x}^* + t\mathbf{z}$ 等于 $\mathbf{x}^*$，从而 $g(0)$ 正好是 f 在 $\mathbf{x}^*$ 处的值。由假设在 $\mathbf{x}^*$ 处 f 取得一个极值，则 $g(t)$ 必在 $t = 0$ 处获得一个局部极值。于是，由命题 2.4.4 所给出的费尔马定理，必有 $g'(0) = 0$。利用链式法则对 $g(t)$ 求导得：

$$g'(t) = \sum_{i=1}^{n} \frac{\partial f(\mathbf{x}^* + t\mathbf{z})}{\partial x_i} z_i.$$

当 $t = 0$，并应用 $g'(0) = 0$，则有：

$$g'(0) = \sum_{i=1}^{n} \frac{\partial f(\mathbf{x}^*)}{\partial x_i} z_i = Df(\mathbf{x}^*)\mathbf{z} = 0.$$

由于上式对任意向量 $\mathbf{z}$ 都成立，包括对 n 个单位向量都成立，这意味着 f 的每个偏导数必定等于零，即

$$Df(\mathbf{x}^*) = 0.$$ □

定理 2.6.5 (内点极值的二阶必要条件) 设 $f(\mathbf{x})$ 在 $X \subseteq \mathcal{R}^n$ 上是连续二次可微的。

(1) 若在内点 $\mathbf{x}^*$ 处 $f(\mathbf{x})$ 达到了一个局部极大值，则 $\mathbf{H}(\mathbf{x}^*)$ 是负半定的。

(2) 若 $f(\mathbf{x})$ 在内点 $\tilde{\mathbf{x}}$ 处达到了一个局部极小值，则 $\mathbf{H}(\tilde{\mathbf{x}})$ 是正半定的。

证明 令 $g(t) = f(\mathbf{x} + t\mathbf{z})$，$\mathbf{z} \in \mathcal{R}^n$，且 $\mathbf{x}$ 是 f 的一个驻点 (stationary point)。若 f 在点 $\mathbf{x}$ 处获得一个驻点，则 g 在 $t = 0$ 处获得一个驻点。进一步地，对任何 t，有：

$$g'(t) = \sum_{i=1}^{n} \frac{\partial f(\mathbf{x} + t\mathbf{z})}{\partial x_i} z_i.$$

有二阶导数：

$$g''(t)=\sum_{i=1}^{n}\sum_{j=1}^{n}\frac{\partial^2 f(\mathbf{x}+t\mathbf{z})}{\partial x_i\partial x_j}z_iz_j.$$

现设 f 在点 $\mathbf{x}=\mathbf{x}^*$ 处获得最大值。由于 $g''(0)\leqq 0$，则在点 $\mathbf{x}^*$ 与 $t=0$ 处给 $g''(t)$ 取值可得：

$$g''(0)=\sum_{i=1}^{n}\sum_{j=1}^{n}\frac{\partial^2 f(\mathbf{x}^*)}{\partial x_i\partial x_j}z_iz_j\leqq 0$$

或者 $\mathbf{z}^T\mathbf{H}(\mathbf{x})\mathbf{z}\leqq 0$。由于 $\mathbf{z}$ 是任取的，这意味着 $\mathbf{H}(\mathbf{x}^*)$ 是负半定的。同理，若在点 $\mathbf{x}=\tilde{\mathbf{x}}$ 处 f 被最小化，那么，$g''(0)\geqq 0$，使得 $\mathbf{H}(\tilde{\mathbf{x}})$ 是正半定的。 □

接着讨论最优化的充分条件。

定理 2.6.6 (内点极值的充分条件)　*若 $f(\mathbf{x})$ 在 $X\subseteq\mathcal{R}^n$ 上二次连续可微，则有*

(1) *若 $f_i(\mathbf{x}^*)=0$，并且 $(-1)^iD_i(\mathbf{x}^*)>0, i=1,\cdots,n$，那么 $f(\mathbf{x})$ 在点 $\mathbf{x}^*$ 处有局部极大值。*

(2) *若 $f_i(\tilde{\mathbf{x}})=0$，并且 $D_i(\tilde{\mathbf{x}})>0, i=1,\cdots,n$，那么 $f(\mathbf{x})$ 在点 $\tilde{\mathbf{x}}$ 处有局部极小值。*

通常局部最优并不等于全局最优，但在某些条件下，两者是一致的。

定理 2.6.7 (局部与全局最优)　*设 f 是在 $X\subseteq\mathcal{R}^n$ 上的二次连续可微实值凹函数，这里点 $\mathbf{x}^*$ 是 X 的一个内部点，则如下三个命题等价：*

(1) $Df(\mathbf{x}^*)=0$。

(2) *在 $\mathbf{x}^*$ 处 f 有局部极大值。*

(3) *在 $\mathbf{x}^*$ 处 f 有全局极大值。*

证明　显然 (3) ⇒ (2)，并且根据之前的定理，(2) ⇒ (1)，因此，我们只需证明 (1) ⇒ (3)。

假设 $Df(\mathbf{x}^*)=0$，由于 f 是凹的，这意味着，对于定义域内的所有 $\mathbf{x}$，有：

$$f(\mathbf{x})\leqq f(\mathbf{x}^*)+Df(\mathbf{x}^*)(\mathbf{x}-\mathbf{x}^*).$$

将它们结合在一起，这两个关系式意味着，对于所有 $\mathbf{x}$，必有：

$$f(\mathbf{x})\leqq f(\mathbf{x}^*).$$

因此，f 在点 $\mathbf{x}^*$ 处达到全局最大值。 □

定理 2.6.8 (严格凹性/凸性与全局最优化的唯一性)　*令 X 为拓扑向量空间。则有*

(1) *若定义在 X 上的严格凹函数 f 在 $\mathbf{x}^*$ 取局部最大值，则 $\mathbf{x}^*$ 是唯一全局最大值点。*

(2) *若严格凸函数 f 在 $\tilde{\mathbf{x}}$ 取局部最小值，则 $\tilde{\mathbf{x}}$ 是唯一全局最小值点。*

证明　反证法。若 $\mathbf{x}^*$ 是函数 f 的全局最大值点，但 $\mathbf{x}^*$ 并不是唯一的。则必定存在另外一个点 $\mathbf{x}'\neq\mathbf{x}^*$，使得 $f(\mathbf{x}')=f(\mathbf{x}^*)$。设 $\mathbf{x}^t=t\mathbf{x}'+(1-t)\mathbf{x}^*$，则严格凹性要求，对所有的 $t\in(0,1)$，有：

$$f(\mathbf{x}^t)>tf(\mathbf{x}')+(1-t)f(\mathbf{x}^*).$$

由于 $f(\mathbf{x}')=f(\mathbf{x}^*)$，则

$$f(\mathbf{x}^t)>tf(\mathbf{x}')+(1-t)f(\mathbf{x}')=f(\mathbf{x}').$$

这和假设 $\mathbf{x}'$ 是 f 的全局最大值点相矛盾。因此，一个严格凹函数的任何全局最大值点必是唯一的。命题 (2) 的证明是类似的。 □

定理 2.6.9 (唯一全局最优的充分条件) 设 $f(\mathbf{x})$ 在 $X \subseteq \mathcal{R}^n$ 上是二次连续可微的，则有：

(1) 若 $f(\mathbf{x})$ 严格凹，且 $f_i(\mathbf{x}^*) = 0, i = 1, \cdots, n$，那么 $\mathbf{x}^*$ 是 $f(\mathbf{x})$ 的唯一全局最大值点。

(2) 若 $f(\mathbf{x})$ 严格凸，且 $f_i(\tilde{\mathbf{x}}) = 0, i = 1, \cdots, n$，那么 $\tilde{\mathbf{x}}$ 是 $f(\mathbf{x})$ 的唯一全局最小值点。

2.6.2 等式约束优化

1. 等式条件极值

等式约束优化问题具有如下形式：设有定义在 $X \subseteq \mathcal{R}^n$ 上的 n 元函数 f，并且有 m 个约束条件。这里的 $m < n$，其优化问题是：

$$\max_{x_1, \cdots, x_n} f(x_1, \cdots, x_n)$$

$$\text{s.t. } g^1(x_1, \cdots, x_n) = 0,$$

$$g^2(x_1, \cdots, x_n) = 0,$$

$$\vdots$$

$$g^n(x_1, \cdots, x_n) = 0.$$

等式约束优化问题最重要的结果是**拉格朗日定理**，它给出了一个点是优化问题解的必要条件。

定义上述等式约束问题的拉格朗日函数为：

$$\mathcal{L}(\mathbf{x}, \lambda) = f(\mathbf{x}) + \sum_{j=1}^{m} \lambda_j g^j(\mathbf{x}). \tag{2.6.1}$$

其中，$\lambda_1, \cdots, \lambda_m$ 称为**拉格朗日乘子 (Lagrange multipliers)**。

下面的拉格朗日定理刻画了在等式约束条件下最优化问题的求解。

定理 2.6.10 (等式约束内点极值的一阶必要条件) 设 $f(\mathbf{x})$ 与 $g^j(\mathbf{x}), j = 1, \cdots, m$, 是定义域 $X \subseteq \mathcal{R}^n$ 上的连续可微实值函数。设 $\mathbf{x}^*$ 是 X 的一个内点，且 $\mathbf{x}^*$ 是 f 的一个极值点 (最大值或最小值) ——在这里 f 受到 $g^j(\mathbf{x}^*) = 0$ 的约束，其中 $j = 1, \cdots, m$。若梯度向量 $Dg^j(\mathbf{x}^*) = 0, j = 1, \cdots, m$ 是线性独立的，那么总会存在唯一一个数 $\lambda_j^*, j = 1, \cdots, m$，使得：

$$\frac{\partial \mathcal{L}(\mathbf{x}^*, \Lambda^*)}{\partial x_i} = \frac{\partial f(\mathbf{x}^*)}{\partial x_i} + \sum_{i=1}^{m} \lambda_j^* \frac{\partial g^j(\mathbf{x}^*)}{\partial x_i} = 0, \quad i = 1, \cdots, n.$$

下面的命题给出了等式约束条件下内点极值的充分条件。

命题 2.6.1 (等式约束内点极值的二阶充分条件) 设 f 和 $g^1, \cdots, g^m$ 是二阶连续可微函数，$\mathbf{x}^*$ 满足定理 (2.6.10) 中的必要条件。令加边海森行列式

$$|\bar{H}_r| = det\begin{pmatrix} 0 & \cdots & 0 & \dfrac{\partial g^1}{\partial x_1} & \cdots & \dfrac{\partial g^1}{\partial x_r} \\ \vdots & \ddots & \vdots & \vdots & \ddots & \vdots \\ 0 & \cdots & 0 & \dfrac{\partial g^m}{\partial x_1} & \cdots & \dfrac{\partial g^m}{\partial x_r} \\ \dfrac{\partial g^1}{\partial x_1} & \cdots & \dfrac{\partial g^m}{\partial x_1} & \dfrac{\partial^2 \mathcal{L}}{\partial x_1 \partial x_1} & \cdots & \dfrac{\partial^2 \mathcal{L}}{\partial x_1 \partial x_r} \\ \vdots & \ddots & \vdots & \vdots & \ddots & \vdots \\ \dfrac{\partial g^1}{\partial x_r} & \cdots & \dfrac{\partial g^m}{\partial x_r} & \dfrac{\partial^2 \mathcal{L}}{\partial x_r \partial x_1} & \cdots & \dfrac{\partial^2 \mathcal{L}}{\partial x_r \partial x_r} \end{pmatrix}, \quad r = m+1, 2, \cdots, n$$

在 $\mathbf{x}^*$ 取值。则

(1) 若 $(-1)^{r-m+1}|\bar{H}_r(\mathbf{x}^*)| > 0, r = m+1, \cdots, n$，则 $\mathbf{x}^*$ 是优化问题的局部极大值;

(2) 若 $|\bar{H}_r(\mathbf{x}^*)| < 0, r = m+1, \cdots, n$，则 $\mathbf{x}^*$ 是优化问题的局部极小值。

作为一特例，当只有一个等式约束时，即 $m = 1$，加边海森行列式 $|\bar{H}|$ 成为:

$$|\bar{H}| = \begin{vmatrix} 0 & g_1 & g_2 & \cdots & g_n \\ g_1 & \mathcal{L}_{11} & \mathcal{L}_{12} & \cdots & \mathcal{L}_{1n} \\ g_2 & \mathcal{L}_{21} & \mathcal{L}_{22} & \cdots & \mathcal{L}_{2n} \\ \cdots & \cdots & \cdots & \cdots & \cdots \\ g_n & \mathcal{L}_{n1} & \mathcal{L}_{n2} & \cdots & \mathcal{L}_{nn} \end{vmatrix}.$$

其中，$\mathcal{L}_{ij} = f_{ij} - \lambda g_{ij}$。注意一阶条件是

$$\lambda = \frac{f_1}{g_1} = \frac{f_2}{g_2} = \cdots = \frac{f_n}{g_n}.$$

加边海森主子式是

$$|\bar{H}_2| = \begin{vmatrix} 0 & g_1 & g_2 \\ g_1 & \mathcal{L}_{11} & \mathcal{L}_{12} \\ g_2 & \mathcal{L}_{21} & \mathcal{L}_{22} \end{vmatrix}, \quad |\bar{H}_3| = \begin{vmatrix} 0 & g_1 & g_2 & g_3 \\ g_1 & \mathcal{L}_{11} & \mathcal{L}_{12} & \mathcal{L}_{13} \\ g_2 & \mathcal{L}_{21} & \mathcal{L}_{22} & \mathcal{L}_{23} \\ g_3 & \mathcal{L}_{31} & \mathcal{L}_{32} & \mathcal{L}_{33} \end{vmatrix}, \cdots.$$

于是，有下面两个结论。

2. 等式约束极小值的条件

(1) $\mathcal{L}_\lambda = \mathcal{L}_1 = \mathcal{L}_2 = \cdots = \mathcal{L}_n = 0$ [一阶必要条件];

(2) $|\bar{H}_2| > 0$, $|\bar{H}_3| < 0$, $|\bar{H}_4| > 0$, $\cdots$, $(-1)^n|\bar{H}_n| > 0$.

3. 等式约束极大值的条件

(1) $\mathcal{L}_\lambda = \mathcal{L}_1 = \mathcal{L}_2 = \cdots = \mathcal{L}_n = 0$ [一阶必要条件];

(2) $|\bar{H}_2| < 0$, $|\bar{H}_3| < 0$, $|\bar{H}_4| < 0$, $\cdots$, $|\bar{H}_n| < 0$.

注意，当约束函数 g 是线性的时，$g(\mathbf{x}) = a_1x_1 + \cdots + a_nx_n = c$，$g$ 所有的二阶偏导数都等于零，这样加边行列式 $|B|$ 和加边海森行列式有下列关系:

$$|B| = \lambda^2|\bar{H}|$$

从而，这两个加边行列式的顺序主子式有同样的符号。因此，只要目标函数是严格拟凹的，一阶必要条件也是取最大值的充分条件。

2.6.3 不等式约束优化

考虑如下不等式约束最优化问题:

$$\begin{aligned} &\max f(\mathbf{x}) \\ \text{s.t.} \quad &g_i(\mathbf{x}) \leqq d_i, \quad i = 1, 2, \cdots, k. \end{aligned}$$

若对所有使得约束按等式成立的 $\mathbf{x}$，梯度向量 $Dg_1(\mathbf{x}), Dg_2(\mathbf{x}), \cdots, Dg_k(\mathbf{x})$ 是线性无关的，则称 $\mathbf{x}$ 满足**约束规格性 (constrained qualification) 条件**，这里，符号 “D” 表示偏微分算子。

定理 2.6.11 (库恩 (Kuhn)–塔克 (Tucker) 定理) *设 $\mathbf{x}$ 为不等式约束最优化问题的解，且它满足约束规格性条件，则存在由库恩–塔克(K-T) 乘子($\lambda_i \geqq 0$, $i = 1, \cdots, k$) 组成的集合，使得*

$$Df(\mathbf{x}) = \sum_{i=1}^{k} \lambda_i Dg_i(\mathbf{x}).$$

进一步，下面的互补松弛条件成立:

$$\begin{aligned} &\lambda_i \geqq 0, \quad \text{对所有的 } i = 1, 2, \cdots, k. \\ &\lambda_i = 0, \quad \text{若 } g_i(\mathbf{x}) < d_i. \end{aligned}$$

将库恩–塔克定理同等式约束最优化问题的拉格朗日乘子相比较，我们可以看出两者最主要的差别在于库恩–塔克乘子的符号是非负的，而拉格朗日乘子的符号则是不确定的。这一更为丰富的信息使得库恩–塔克定理在多种场合都十分有用。

库恩–塔克定理只给出了达到最大值的必要条件。下面的定理给出了库恩–塔克充分条件。

定理 2.6.12 (库恩–塔克充分条件) *设 f 是凹函数，$g_i, i = 1, \cdots, k$ 是凸函数。若 $\mathbf{x}$ 满足上述定理给出的库恩–塔克一阶条件，则 $\mathbf{x}$ 是该约束最优化问题的全局解。*

当存在一个约束时，我们可将上述定理所需的条件减弱。令 $C = \{\mathbf{x} \in \mathcal{R}^n : g(\mathbf{x}) \leqq d\}$。我们有如下命题。

命题 2.6.2 *设 f 为拟凹函数，C 为凸集(若 g 是拟凸的，则该结果成立)。若 $\mathbf{x}$ 满足库恩–塔克一阶条件，则 $\mathbf{x}$ 是约束优化问题的全局解。*

有时我们需要 $\mathbf{x}$ 是非负的。考虑如下最优化问题:

$$\begin{aligned} \max \quad & f(\mathbf{x}) \\ \text{s.t.} \quad & g_i(\mathbf{x}) \leqq d_i, \quad i = 1, 2, \cdots, k, \\ & \mathbf{x} \geqq 0. \end{aligned}$$

则该问题的拉格朗日函数为

$$L(\mathbf{x},\lambda)=f(\mathbf{x})+\sum_{l=1}^{k}\lambda_l[d_l-g_l(\mathbf{x})]+\sum_{j=1}^{n}\mu_j x_j,$$

其中 $\mu_1,\cdots,\mu_k$ 为约束 $x_j \geqq 0$ 的拉格朗日乘子。其一阶条件为

$$\frac{L(\mathbf{x},\lambda)}{\partial x_i}=\frac{\partial f(\mathbf{x})}{\partial x_i}-\sum_{l=1}^{k}\lambda_l\frac{\partial g_l(\mathbf{x})}{\partial x_i}+\mu_i=0,\quad i=1,2,\cdots,n.$$

$$\lambda_l \geqq 0,\quad l=1,2,\cdots,k.$$

$$\lambda_l=0,\quad 若\ g_l(\mathbf{x})<d_l.$$

$$\mu_i \geqq 0,\quad i=1,2,\cdots,n.$$

$$\mu_i=0,\quad 若\ x_i>0.$$

在上述条件中消除 μ_i，我们可以将带有非负选择变量最优化问题的上述一阶条件写为

$$\frac{L(\mathbf{x},\lambda)}{\partial x_i}=\frac{\partial f(\mathbf{x})}{\partial x_i}-\sum_{l=1}^{k}\lambda_l\frac{\partial g_l(\mathbf{x})}{\partial x_i}\leqq 0,\quad 等式成立当\ x_i>0,\quad i=1,2,\cdots,n,$$

其矩阵形式表示为

$$Df-\lambda Dg \leqq 0,$$

$$\mathbf{x}[Df-\lambda Dg]=0,$$

这里我们将两个向量 $\mathbf{x}$ 和 $\mathbf{y}$ 的乘积写为内积的形式，即 $\mathbf{xy}=\sum_{i=1}^{n}x_i y_i$。因此，若问题在内点处达到最优 (即对所有的 i 有 $x_i>0$)，则有

$$Df(\mathbf{x})=\lambda Dg.$$

2.6.4 包络定理

考虑如下最大化问题：

$$M(\mathbf{a})=\max_{\mathbf{x}} f(\mathbf{x},\mathbf{a}).$$

这里函数 $M(\mathbf{a})$ 称为最大值函数，它是参数 $\mathbf{a}$ 的函数。

设 $\mathbf{x}(a)$ 为上述最大化问题的解，则我们有 $M(\mathbf{a})=f(\mathbf{x}(\mathbf{a}),\mathbf{a})$。我们感兴趣的是：$M(\mathbf{a})$ 是如何随着 $\mathbf{a}$ 的变化而变化的。根据**包络定理** (envelope theorem)，我们可得

$$\frac{dM(\mathbf{a})}{d\mathbf{a}}=\left.\frac{\partial f(\mathbf{x},\mathbf{a})}{\partial \mathbf{a}}\right|_{\mathbf{x}=\mathbf{x}(\mathbf{a})}.$$

该结论特别有用。上式说明，若 $\mathbf{x}$ 为最优选择且保持不变，那么 M 关于 $\mathbf{a}$ 的导数就简单地归结于对 f 求关于 $\mathbf{a}$ 的偏导数，即上式中 $|_{\mathbf{x}=\mathbf{x}(\mathbf{a})}$ 的含义。包络定理的证明比较简单，我们只要通过直接的计算即可得到。

考虑如下形式的一般约束参数最优化问题：

$$
\begin{aligned}
&M(\mathbf{a}) = \max_{x_1,x_2} g(x_1,x_2,\mathbf{a}) \\
\text{s.t.}\quad &h(x_1,x_2,\mathbf{a}) = 0.
\end{aligned}
$$

该问题的拉格朗日函数为

$$\mathcal{L} = g(x_1,x_2,\mathbf{a}) - \lambda h(x_1,x_2,\mathbf{a}),$$

其一阶最优性条件为

$$
\begin{aligned}
\frac{\partial g}{\partial x_1} - \lambda\frac{\partial h}{\partial x_1} &= 0, \\
\frac{\partial g}{\partial x_2} - \lambda\frac{\partial h}{\partial x_2} &= 0, \\
h(x_1,x_2,\mathbf{a}) &= 0.
\end{aligned}
\tag{2.6.2}
$$

上述条件即确定了最优选择函数 $(x_1(\mathbf{a}),x_2(\mathbf{a}),\mathbf{a})$，它进一步确定了最大值函数

$$M(\mathbf{a}) \equiv g(x_1(\mathbf{a}),x_2(\mathbf{a})). \tag{2.6.3}$$

包络定理给出了参数最优化问题中最大值函数关于参数导数的计算公式，具体有

$$
\begin{aligned}
\frac{dM(\mathbf{a})}{d\mathbf{a}} &= \left.\frac{\partial \mathcal{L}(\mathbf{x},\mathbf{a})}{\partial \mathbf{a}}\right|_{\mathbf{x}=\mathbf{x}(\mathbf{a})} \\
&= \left.\frac{\partial g(x_1,x_2,\mathbf{a})}{\partial \mathbf{a}}\right|_{x_i=x_i(\mathbf{a})} - \lambda\left.\frac{\partial h(x_1,x_2,\mathbf{a})}{\partial \mathbf{a}}\right|_{x_i=x_i(\mathbf{a})}
\end{aligned}
$$

同前面一样，对偏导数进行解释要格外小心：它们是给定最优解 x_1 和 x_2 处，g 和 h 关于 $\mathbf{a}$ 的偏导数。

2.6.5 最大值定理

我们现在讨论极值映射的连续性问题。在很多最优化问题中，需要讨论最优决策变量的比较静态结果，即检验最优解关于参数是否连续，如检验需求函数的连续性。对此，我们将用到所谓的**最大值定理 (maximum theorem)**。

1. Berge 最大值定理

定理 2.6.13 (Berge 最大值定理) *令 A 和 X 是两个拓扑空间。设 $f(\mathbf{x},\mathbf{a}): A\times X\to\mathcal{R}$ 为连续函数，且约束对应 $F: A\to 2^X$ 是具有非空紧值的连续对应，则极值函数 (也称之为边际函数)*

$$M(\mathbf{a}) = \max_{\mathbf{x}\in F(\mathbf{a})} f(\mathbf{x},\mathbf{a})$$

是连续的，且极值对应

$$\mu(\mathbf{a}) = \arg\max_{\mathbf{x}\in F(\mathbf{a})} f(\mathbf{x},\mathbf{a})$$

是上半连续的。

2. Walker 最大值定理

在许多求最优解的情形下，经济人的偏好也许不能用效用函数表示。Walker（1979）将 Berge 最大值定理推广到开偏好关系下最大元的情景。Walker 最大值定理允许偏好关系及约束集随着参数变化。

定理 2.6.14 (Walker 最大值定理) *令 A 和 Y 是两个拓扑空间。设 $U: Y \times A \to 2^Y$ 是具有开图的对应。约束对应 $F: A \to 2^Y$ 是连续的，并且具有非空紧值。定义极值对应 $\mu: A \to 2^Y$:*

$$\mu(\mathbf{a}) := \{y \in F(\mathbf{a}) : U(y, \mathbf{a}) \cap F(\mathbf{a}) = \varnothing\},$$

则 μ 是具有紧值的上半连续对应。

3. 田–周最大值定理

Berge 和 Walker 最大值定理都依赖于约束对应和目标函数（偏好对应）的连续性（有开图）。田国强和周建新在 Tian 和 Zhou (1995) 放宽了这些假设，推广和特征化了 Berge 和 Walker 最大值定理。这里只描述推广的 Berge 最大值定理。首先给出下面关于转移连续的定义。

定义 2.6.3 令 A 和 Y 是两个拓扑空间，$F: A \to 2^Y$ 是一个对应。若对每个满足 $y \in F(\mathbf{a})$ 的 $(\mathbf{a}, y) \in A \times Y$ 及 $z \in F(a)$，$u(\mathbf{a}, z) > u(\mathbf{a}, y)$ 意味着存在 $(\mathbf{a}, y)$ 的某个邻域 $\mathcal{N}(\mathbf{a}, y)$，使得对任意 $(\mathbf{a}', y') \in \mathcal{N}(\mathbf{a}, y)$，$y' \in F(\mathbf{a}')$，存在某个 $z' \in F(\mathbf{a}')$，它满足

$$u(a', z') > u(a', y'),$$

则称函数 $u: A \times Y \to \mathcal{R} \cup \{\infty\}$ 是**关于 F 拟转移上连续的**。

下面的定义是转移上连续的自然推广:

定义 2.6.4 令 A 和 Y 为两个拓扑空间，$F: A \to 2^Y$ 是一个对应。若对每个满足 $y \in F(\mathbf{a})$ 的 $(\mathbf{a}, y) \in A \times Y$ 及 $z \in F(\mathbf{a})$，$u(\mathbf{a}, z) > u(\mathbf{a}, y)$ 意味着存在点 $z' \in Y$ 及 y 的某个邻域 $\mathcal{N}(y)$，使得对任意满足 $y' \in F(\mathbf{a})$ 的 $y' \in \mathcal{N}(y)$，都有 $u(\mathbf{a}, z') > u(\mathbf{a}, y')$ 和 $z' \in F(\mathbf{a})$。则称函数 $u: A \times Y \to \mathcal{R} \cup \{\infty\}$**在 F 上对 y 是转移上连续的**。

定理 2.6.15 (田–周最大值定理) *令 A 和 Y 为两个拓扑空间，$u: A \times Y \to \mathcal{R} \cup \{\infty\}$ 是定义在 A 和 Y 上的实值函数。设 $F: A \to 2^Y$ 是具有非常紧值的闭对应。则极值对应 $\mu: A \to 2^Y$ 是具有非空紧值的闭对应，当且仅当 u 在 F 上对 y 是转移上连续的，关于 F 是拟转移上连续的。更进一步，若 F 是上半连续的，则极值对应 μ 也是上半连续的。*

这个定理放宽了 Berge 最大值定理中目标函数和约束对应上半连续性。

2.6.6 连续选择定理

连续选择定理是证明均衡存在的有力工具，和下面要介绍的不动点定理有紧密关系。连续选择定理的基本结论是，若对应是凸值下半连续或具有闭凸值和下开截面，则存在着一个连续函数使得对所有在区域的点，函数值是对应的一个子集。

定义 2.6.5 令 $X \subseteq \mathcal{R}^n$，$Y \subseteq \mathcal{R}^m$ 及 $F: X \to 2^Y$ 是从 X 到 Y 的一个对应。若对任意的 $\mathbf{x} \in X$，都有 $f(\mathbf{x}) \in F(\mathbf{x})$，称单值函数 $f: X \to Y$ 是对应 F 的一个**选择**。

定理 2.6.16 (Browder (1968)) 令 $X \subseteq \mathcal{R}^n$。设对应 $F : X \to 2^{\mathcal{R}^m}$ 是一个具有下开截面的凸值对应，则 F 存在一个连续选择，即存在单值函数 $f : X \to \mathcal{R}^m$，使得对任意的 $\mathbf{x} \in X$，都有 $f(\mathbf{x}) \in F(\mathbf{x})$。

定理 2.6.17 (Michael (1956)) 令 $X \subseteq \mathcal{R}^n$ 是紧集。设 $F : X \to 2^{\mathcal{R}^m}$ 是具有闭凸值的下半连续对应，则 F 存在一个连续选择，即存在单值函数 $f : X \to \mathcal{R}^m$，使得对任意的 $\mathbf{x} \in X$，都有 $f(\mathbf{x}) \in F(\mathbf{x})$。

2.6.7 不动点定理

不动点定理在证明均衡的存在性时发挥了至关重要的作用，是均衡方程组是否有解的最常用方法。不动点的最先给出应归功于约翰·冯·诺依曼（John von Neumann，1903—1957，其人物小传见 5.8.1 节）分别在 1928 年和 1937 年发表的两篇论文，首先给出了可用来证明非线性方程组存在解的不动点定理。

定义 2.6.6 令 X 是一个拓扑空间，$f : X \to X$ 是从 X 到自身的单值函数。若存在点 $\mathbf{x}^* \in X$，使得 $f(\mathbf{x}^*) = \mathbf{x}^*$，则称 $\mathbf{x}^*$ 是函数 f 的一个**不动点**。

定义 2.6.7 令 X 是一个拓扑空间，$F : X \to 2^X$ 是从 X 到自身的对应。若存在点 $\mathbf{x}^* \in X$，使得 $\mathbf{x}^* \in F(\mathbf{x}^*)$，则称 $\mathbf{x}^*$ 是对应 F 的一个**不动点**。

下面介绍在经济学中有广泛应用的一些重要不动点定理。

1. 布劳威尔不动点定理

下面的布劳威尔 (Brouwer) 不动点定理是一个最基本也是最重要的不动点定理。

定理 2.6.18 (布劳威尔不动点定理) 设 X 为 $\mathcal{R}^m$ 中的非空紧凸子集。若函数 $f : X \to X$ 在 X 上连续，则 f 至少存在一个不动点，即存在点 $\mathbf{x}^* \in X$，使得 $f(\mathbf{x}^*) = \mathbf{x}^*$ (见图 2.4)。

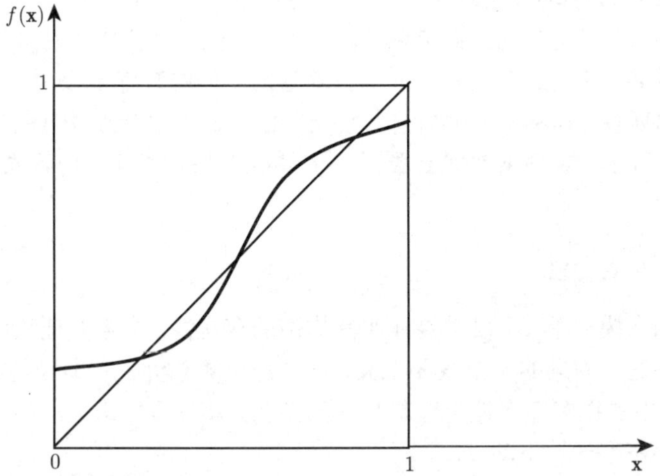

图 2.4 45° 线和函数的曲线的交点即为不动点。本例存在三个不动点

例 2.6.1 $f : [0,1] \to [0,1]$ 连续，则 f 存在不动点$\mathbf{x}$。为理解这一点，令 $g(\mathbf{x}) = f(\mathbf{x}) - \mathbf{x}$。则我们有

$$g(0) = f(0) \geqq 0$$

$$g(1)=f(1)-1\leqq 0.$$

根据中值定理，存在点 $\mathbf{x}^*\in[0,1]$，使得 $g(\mathbf{x}^*)=f(\mathbf{x}^*)-\mathbf{x}^*=0$。

2. 角谷不动点定理

在应用中，映射往往是对应，从而布劳威尔不动点定理不能直接用，而常用的是角谷 (Kakutani) 不动点定理。

定理 2.6.19 (角谷 (Kakutani，1941) 不动点定理)　设 $X\subseteq\mathcal{R}^m$ 为非空紧凸子集。若 $F: X\to 2^X$ 为 X 上的非空紧凸值上半连续对应，则 F 存在不动点，即存在点 $\mathbf{x}^*\in X$，使得 $\mathbf{x}^*\in F(\mathbf{x}^*)$ 成立。

3. Browder 不动点定理

由定理 2.6.16，我们立即有下面的 Browder 不动点定理：

定理 2.6.20 (Browder (1968))　令 $X\subseteq\mathcal{R}^n$ 是紧凸子集。设对应 $F:X\to 2^{\mathcal{R}^m}$ 是一个具有下开截面的凸值对应，则 F 存在不动点，即存在点 $\mathbf{x}^*\in X$，使得 $\mathbf{x}^*\in F(\mathbf{x}^*)$ 成立。

4. Michael 不动点定理

由定理 2.6.17，我们立即有下面的 Michael 不动点定理：

定理 2.6.21 (Michael (1956))　令 $X\subseteq\mathcal{R}^n$ 是紧凸子集。设对应 $F:X\to 2^{\mathcal{R}^m}$ 是一个具有闭凸值的下半连续对应，则 F 存在不动点，即存在点 $\mathbf{x}^*\in X$，使得 $\mathbf{x}^*\in F(\mathbf{x}^*)$ 成立。

5. 塔尔斯基不动点定理

塔尔斯基 (Tarsky) 不动点定理是一个非常与众不同的不动点定理，它不要求函数具有任何类型的连续性，而只是要求函数单调非减，且定义在区间构成的定义域上，它在经济学的应用中越来越重要，特别是在具有单调支付函数的博弈中有许多应用。

定理 2.6.22 (塔尔斯基 (Tarsky，1955) 不动点定理)　记 $[0,1]^n$ 为 $[0,1]$ 区间的 n 次积。若函数 $f:[0,1]^n\to[0,1]^n$ 是一个非减函数，则 f 存在一个不动点，即存在点 $\mathbf{x}^*\in X$，使得 $f(\mathbf{x}^*)=\mathbf{x}^*$。

6. 压缩映像不动点定理

在许多经济动态模型中，不仅需要证明其均衡的存在性，也需要证明均衡的唯一性。压缩映像原理是解决这一问题的一个重要工具，它也是泛函分析中一个最基本、最简单的存在性定理，数学分析中的很多存在性定理都是它的特例。其基本结论是，完备的度量空间上到自身的压缩映射存在唯一的不动点。

定义 2.6.8　令 (X,d) 是一个完备度量空间，$f:X\to X$ 是从 X 到自身的单值函数。若对任意的点 $\mathbf{x},\mathbf{x}'\in X$，存在 $\alpha\in(0,1)$，使得 $d(f(\mathbf{x}),f(\mathbf{x}'))<\alpha d(\mathbf{x},\mathbf{x}')$，则称函数 f 是一个**压缩映射**。

定理 2.6.23 (巴拿赫 (Banach) 压缩映像原理)　设 $f:X\to X$ 是完备度量空间 X 到它自身的一个压缩映射，则 f 在 X 上存在唯一的不动点。

7. 函数不动点存在的特征化

以上所有不动点定理只是给出不动点存在的充分条件，最近田国强 (Tian (2016)) 通过引入一类递归转移连续的概念，对不动点的存在性给出了充分必要条件。

我们先介绍由 Baye-Tian-Zhou （1993）引入的对角转移连续性的概念。

定义 2.6.9 若 $\varphi(\mathbf{x},\mathbf{y}) > \varphi(\mathbf{y},\mathbf{y})$ 对 $\mathbf{x},\mathbf{y} \in X$ 成立，就存在点 $\mathbf{z}^0 \in X$ 和 $\mathbf{y}$ 的某个邻域 $\mathcal{V}_\mathbf{y}$，使得 $\varphi(\mathbf{z},\mathcal{V}_\mathbf{y}) > \varphi(\mathcal{V}_\mathbf{y},\mathcal{V}_\mathbf{y})$ 对所有的 $\mathbf{y}' \in \mathcal{V}_\mathbf{y}$ 都成立，则称函数 φ: $X \times X \to \mathcal{R}\}$**关于 y 是对角转移连续的 (diagonally transfer continuous)**。

现在定义递归对角转移连续性的概念。

定义 2.6.10 若 $\varphi(\mathbf{x},\mathbf{y}) > \varphi(\mathbf{y},\mathbf{y})$ 对 $\mathbf{x},\mathbf{y} \in X$ 成立，就存在点 $\mathbf{z}^0 \in X$ (也许 $\mathbf{z}^0 = \mathbf{y}$) 和 $\mathbf{y}$ 的某个邻域 $\mathcal{V}_\mathbf{y}$，使得 $\varphi(\mathbf{z},\mathcal{V}_\mathbf{y}) > \varphi(\mathcal{V}_\mathbf{y},\mathcal{V}_\mathbf{y})$ 对任意有限集 $\{\mathbf{z}^0,\mathbf{z}^1,\cdots,\mathbf{z}^m\} \subseteq X$ 成立，其中 $\mathbf{z}^m = \mathbf{z}$ 及 $\varphi(\mathbf{z},\mathbf{z}^{m-1}) > \gamma$, $\varphi(\mathbf{z}^{m-1},\mathbf{z}^{m-2}) > \gamma,\cdots,\varphi(z^1,z^0) > \gamma$, $m \geqq 1$，则称函数 φ: $X \times X \to \mathcal{R}\}$ **关于 y 是递归对角转移连续的 (recursively diagonally transfer continuous)**。这里 $\varphi(\mathbf{z},\mathcal{V}_\mathbf{y}) > 0$ 表示 $\varphi(\mathbf{z},\mathbf{y}') > 0$ 对所有的 $\mathbf{y}' \in \mathcal{V}_\mathbf{y}$ 成立。

定理 2.6.24 (田氏不动点定理 (2016)) 令 X 为度量空间 (E,d) 中的一个非空紧集，$f: X \to X$ 是一个函数。定义函数 φ: $X \times X \to R \cup \{\pm\infty\}$:

$$\varphi(\mathbf{x},\mathbf{y}) = -d(\mathbf{x},f(\mathbf{y})),$$

则 f 有不动点的充分必要条件是 φ 是关于 y 递归对角转移连续的。

2.6.8 变分不等式

Ky-Fan 极小极大不等式是非线性分析中最重要的结果之一。它在某种意义上和许多重要数学定理，如 KKM 引理、Sperner 引理、布劳威尔不动点定理、角谷不动点定理等价（可以相互推导）。在许多学科领域，如变分不等式、数学规划、偏微分方程、经济模型等方面，它可被用来证明均衡解的存在性。

定理 2.6.25 (Ky-Fan 极小极大不等式) 令 $X \subseteq \mathcal{R}^m$ 是一个非空凸紧集，ϕ: $X \times X \to R$ 满足下列条件:

(1) 对所有的 $\mathbf{x} \in X$，$\phi(\mathbf{x},\mathbf{x}) \leqq 0$;

(2) ϕ 关于 $\mathbf{y}$ 下半连续;

(3) ϕ 关于 $\mathbf{x}$ 拟凹。

则存在点 $\mathbf{y}^* \in X$，使得 $\phi(\mathbf{x},\mathbf{y}^*) \leqq 0$ 对所有的 $x \in X$ 成立。

Ky-Fan 极小极大不等式在数学文献中以各种形式被推广。田国强在 Tian (2014) 中完全地特征化了 Ky-Fan 极小极大不等式解的存在性，给出了 Ky-Fan 极小极大不等式解存在性的充分必要条件。

定义 2.6.11 令 X 是一个拓扑空间，$\gamma \in \mathcal{R}$。若对$\mathbf{x}$, $\mathbf{y} \in X$，$\phi(\mathbf{x},\mathbf{y}) > \gamma$，总存在点 $\mathbf{z}^0 \in X$ (也许 $\mathbf{z}^0 = \mathbf{y}$) 和 $\mathbf{y}$ 的某个邻域 $\mathcal{V}_\mathbf{y}$，使得 $\phi(\mathbf{z},\mathcal{V}_\mathbf{y}) > \gamma$ 对任意有限点 $\{\mathbf{z}^0,\mathbf{z}^1,\cdots,\mathbf{z}^{m-1},\mathbf{z}\}$ 并且 $\phi(\mathbf{z},\mathbf{z}^{m-1}) > \gamma$, $\phi(\mathbf{z}^{m-1},\mathbf{z}^{m-2}) > \gamma$, $\cdots$, $\phi(\mathbf{z}^1,\mathbf{z}^0) > \gamma$，$m \geqq 1$，则称函数 ϕ: $X \times X \to R \cup \{\pm\infty\}$**关于 y 是 γ-递归转移下半连续的**。

定理 2.6.26 (Tian (2016)) 令 X 是拓扑空间 T 的紧子集，$\gamma \in \mathcal{R}$，及 $\phi: X \times X \to R \cup \{\pm\infty\}$

是一个满足 $\phi(\mathbf{x},\mathbf{x}) \leqq \gamma, \forall \mathbf{x} \in X$ 的函数，则存在点 $\mathbf{y}^* \in X$，使得 $\phi(\mathbf{x},\mathbf{y}^*) \leqq \gamma$ 对所有的 $\mathbf{x} \in X$ 都成立的充分必要条件是 ϕ 关于 $\mathbf{y}$ 是 γ- 递归转移下半连续的。

2.6.9 FKKM 定理

那斯特–库拉托斯基–马祖尔克维奇 (Knaster-Kuratowski-Mazurkiewicz) (KKM) 引理是比布劳威尔不动点定理更为基本的结果，在某些情形下它也更为有用。

定理 2.6.27 (KKM 引理) 令 $X \subseteq \mathcal{R}^m$ 为紧凸集。设 $F: X \to 2^X$ 满足如下条件:

(1) 对所有的 $\mathbf{x} \in X$，$F(\mathbf{x})$ 是闭的;

(2) F 是FS-凸的，即对任意 $\mathbf{x}_1, \cdots, \mathbf{x}_m \in X$ 及其凸组合 $\mathbf{x}_\lambda = \sum_{i=1}^m \lambda_i \mathbf{x}_i$，我们有

$$\mathbf{x}_\lambda \in \bigcup_{i=1}^m F(\mathbf{x}_i).$$

则

$$\bigcap_{\mathbf{x}\in X} F(\mathbf{x}) \neq \varnothing.$$

Ky Fan (1984) 给出了 KKM 引理的一个推广形式。

定理 2.6.28 (FKKM 定理) 设 $X \subseteq \mathcal{R}^m$ 为凸集，且 $\varnothing \neq X \subseteq Y$。另设 $F: X \to 2^Y$ 为满足如下条件的对应:

(1) 对所有的 $\mathbf{x} \in X$，$F(\mathbf{x})$ 是闭的;

(2) 对某个 $\mathbf{x}_0 \in X$，$F(\mathbf{x}_0)$ 是紧的;

(3) F 是FS-凸的，即对任意 $\mathbf{x}_1, \cdots, \mathbf{x}_m \in X$ 及其凸组合 $\mathbf{x}_\lambda = \sum_{i=1}^m \lambda_i \mathbf{x}_i$，有

$$\mathbf{x}_\lambda \in \bigcup_{i=1}^m F(\mathbf{x}_i).$$

则

$$\bigcap_{\mathbf{x}\in X} F(\mathbf{x}) \neq \varnothing.$$

这个定理还有许多推广，在 Tian (2016) 中，著者也对 FKKM 定理的成立给出了充分必要条件:

定理 2.6.29 (Tian (2016)) 令 X 为拓扑空间 T 的一个非空紧集，$F: X \to 2^X$ 是一个满足 $\mathbf{x} \in F(\mathbf{x}), \mathbf{x} \in X$ 的对应。则 $\bigcap_{\mathbf{x}\in X} F(\mathbf{x}) \neq \varnothing$ 当且仅当由

$$\phi(\mathbf{x},\mathbf{y}) = \begin{cases} \gamma, & \text{如果 } (\mathbf{x},\mathbf{y}) \in G, \\ +\infty, & \text{其他} \end{cases}$$

所定义的对函数 ϕ: $X \times X \to R \cup \{\pm\infty\}$ 关于 y 是 γ-递归转移下半连续的。这里，$\gamma \in R$ 和 $G = \{(\mathbf{x},\mathbf{y}) \in X \times Y : \mathbf{y} \in F(\mathbf{x})\}$。

2.7 动 态 优 化

在最优化决策中，通常会面临各种约束，以上给出的带约束优化问题都是发生在同一时期的不同变量之间。然而在现实中，人们往往需要在动态环境下做决策，前期决策变量会影响到后面时期的变量。动态优化，或者动态规划，或者最优控制提供了解决动态环境下最优问题的分析框架和工具。在这一节中，我们给出变分法、汉密尔顿方程（Hamilton equation）和动态规划的基本结果。我们主要集中于定义在 $X \subseteq \mathcal{R}$ 上的连续情形的动态优化问题。

2.7.1 变分法

一般的动态优化问题具有如下形式：

$$\max \int_{t_0}^{t_1} F[t, \mathbf{x}(t), \mathbf{x}'(t)]dt \tag{2.7.4}$$

$$\text{s.t.} \quad \mathbf{x}(t_0) = \mathbf{x}_0, \mathbf{x}(t_1) = \mathbf{x}_1. \tag{2.7.5}$$

以上最优化问题是在约束条件 (2.7.5) 下，选择函数 $\mathbf{x}(t)$，最大化了目标函数 (2.7.4)。变分法是求解这类问题的一个常用方法。令 $\mathbf{x}^*(t)$ 是以上最优化问题的解，其必要条件是解必须满足欧拉方程（Euler equation）：

$$F_{\mathbf{x}}[t, \mathbf{x}^*(t), \mathbf{x}'^*(t)] = \frac{dF_{\mathbf{x}'}[t, \mathbf{x}^*(t), \mathbf{x}'^*(t)]}{dt}, \ t \in [t_0, t_1]. \tag{2.7.6}$$

下面推导动态优化的欧拉方程。

我们把满足约束条件 (2.7.5) 的函数称为可行的（admissible）。假设 $\mathbf{x}(t)$ 是可行的，$\mathbf{h}(t) = \mathbf{x}(t) - \mathbf{x}^*(t)$ 表示 $\mathbf{x}(t)$ 与最优选择的差异。我们有 $\mathbf{h}(t_0) = \mathbf{h}(t_1) = 0$。

对任意常数 a，$\mathbf{y}(t) = \mathbf{x}^*(t) + a\mathbf{h}(t)$ 也是可行的。通过这样的方式，求解动态优化问题可以转化为求解在什么条件下，$a = 0$ 是动态优化下的最优选择。

$$\begin{aligned} g(a) &= \int_{t_0}^{t_1} F[t, \mathbf{y}(t), \mathbf{y}'(t)]dt \\ &= \int_{t_0}^{t_1} F[t, \mathbf{x}^*(t) + ah(t), \mathbf{x}'^*(t) + a\mathbf{h}'(t)]dt. \end{aligned} \tag{2.7.7}$$

最优化的一阶条件是通过对式（2.7.7）关于 a 求导：

$$\begin{aligned} g'(0) &= \int_{t_0}^{t_1} F_{\mathbf{x}}[t, \mathbf{x}^*, \mathbf{x}'^*(t)]\mathbf{h}(t) + F_{\mathbf{x}'}[t, \mathbf{x}^*, \mathbf{x}'^*(t)]\mathbf{h}'(t)dt \\ &= 0. \end{aligned} \tag{2.7.8}$$

对式（2.7.8）右边第二部分进行分部积分，得到：

$$\int_{t_0}^{t_1} \left\{ F_{\mathbf{x}}[t, \mathbf{x}^*, \mathbf{x}'^*(t)] - \frac{dF_{\mathbf{x}'}[t, \mathbf{x}^*(t), \mathbf{x}'^*(t)]}{dt} \right\} \mathbf{h}(t)dt = 0. \tag{2.7.9}$$

若对任何满足约束 $\mathbf{h}(t_0) = \mathbf{h}(t_1) = 0$ 的连续函数 $h(t)$，式 (2.7.9) 都成立，可证明 (参见 Kamiem 和 Schwartz(1991)) 欧拉方程 (2.7.6) 也必然成立。

例 2.7.1 (Kamien 和 Schwartz (1991))　假设某个企业接到一个订单，规定在时点 T 交付 B 单位产品。假设企业的生产能力是有限的，单位的生产成本与产量成正比。此外，企业在生产完后放入库存，每个单位的库存成本是一个常数。企业经理需要考虑从现在（时点 0）到交付期（时点 T）的生产问题。假设在时点 $t \in [0,T]$，企业的库存量为 $x(t)$，库存的变化依赖于企业的生产，即 $\dot{x}(t) \equiv x'(t) = y(t)$，其中 $y(t)$ 是时点 t 的生产率。在时点 t，企业的成本为 $c_1x'(t)x'(t) + c_2x(t)$ 或 $c_1u(t)u(t) + c_2x(t)$，其中 $c_1u(t)$ 是产量为 $u(t)$ 时的单位生产成本，c_2 是单位库存成本。企业的目标是最小化成本（包括生产成本和库存成本），这样其动态最优化问题是

$$\min \int_0^T [c_1{x'}^2(t) + c_2x(t)]dt \tag{2.7.10}$$
$$\text{s.t.} \quad x(0) = 0, x(T) = B, x'(t) \geqq 0.$$

在表达式 (2.7.10) 中，$u(t)$ 称为**控制变量**，$x(t)$ 称为**状态变量**。利用变分法求解最优化问题，此时有

$$F[t, x(t), x'(t)] = c_1{x'}^2(t) + c_2x(t).$$

欧拉方程为：

$$c_2 = 2c_1{x''}^*(t).$$

根据约束条件：$x^*(0) = 0, x^*(T) = B$，对以上欧拉方程求解得到：

$$x^*(t) = \frac{c_2}{4c_1}t(t-T) + Bt/T, \quad t \in [0,T].$$

对欧拉方程 (2.7.6) 进行积分运算，得到下式：

$$F_{\mathbf{x}} = F_{\mathbf{x}'t} + F_{\mathbf{x}'\mathbf{x}}\mathbf{x}' + F_{\mathbf{x}'\mathbf{x}'}\mathbf{x}''. \tag{2.7.11}$$

为了避免二次求导，现引入汉密尔顿方程。令 $\mathbf{p}(t) = F_{\mathbf{x}'}[t, \mathbf{x}(t), \mathbf{x}'(t)]$，汉密尔顿方程为：

$$H(t, \mathbf{x}, \mathbf{p}) = -F(t, \mathbf{x}, \mathbf{x}') + \mathbf{p}\mathbf{x}'. \tag{2.7.12}$$

在上面的方程 (2.7.12) 中，$\mathbf{p}(t)$ 可解释为影子价格（shadow price）。对方程 (2.7.12) 进行全微分，得到：

$$dH = -F_tdt - F_{\mathbf{x}}d\mathbf{x} - F_{\mathbf{x}'}d\mathbf{x}' + \mathbf{p}d\mathbf{x}' + \mathbf{x}'d\mathbf{p} = -F_tdt - F_{\mathbf{x}}d\mathbf{x} + \mathbf{x}'d\mathbf{p}$$

在方程 (2.7.12) 中分别对 $\mathbf{x}, \mathbf{p}$ 求一阶偏导：

$$\partial H/\partial \mathbf{x} = -F_{\mathbf{x}};$$
$$\partial H/\partial \mathbf{p} = \ \mathbf{x}'.$$

由于 $-F_{\mathbf{x}} = -(dF_{\mathbf{x}'}/dt) = -\mathbf{p}'$，于是得到两个一阶条件的欧拉方程：

$$\partial H/\partial \mathbf{x} = -\mathbf{p}';$$
$$\partial H/\partial \mathbf{p} = \ \mathbf{x}'.$$

上面的欧拉方程只是求解动态优化的必要条件，充分条件涉及二阶条件。在上面的变分法推导一阶条件的过程中，容易知道其二阶条件为:

$$g''(0) = \int_{t_0}^{t_1} [F_{\mathbf{xx}}h^2 + 2F_{\mathbf{xx'}}\mathbf{hh'} + F_{\mathbf{x'x'}}(\mathbf{h'})^2]dt \leqq 0.$$

容易验证，若目标函数 F 对 $\mathbf{x}, \mathbf{x}'$ 是凹的，那么二阶条件自动满足。

记 $F = F(t, \mathbf{x}, \mathbf{x}')$, $F^* = F(t, \mathbf{x}^*, \mathbf{x}'^*)$，且令 $\mathbf{h}(t) = \mathbf{x}(t) - \mathbf{x}^*(t)$，则有 $\mathbf{h}'(t) = \mathbf{x}'(t) - \mathbf{x}'^*(t)$，此时:

$$\begin{aligned}
\int_{t_0}^{t_1} (F - F^*)dt &\leqq \int_{t_0}^{t_1} [(\mathbf{x} - \mathbf{x}^*)F_{\mathbf{x}}^* + (\mathbf{x}' - \mathbf{x}^{*\prime})F_{\mathbf{x}'}^*]dt \\
&= \int_{t_0}^{t_1} (\mathbf{h}F_{\mathbf{x}}^* + \mathbf{h}'F_{\mathbf{x}'}^*)dt \\
&= \int_{t_0}^{t_1} h(F_{\mathbf{x}}^* - dF_{\mathbf{x}'}^*/dt)dt = 0.
\end{aligned}$$

可以证明 (参见 Kamiem 和 Schwartz(1991，p.43))，只要满足 $F_{\mathbf{x'x'}} \leqq 0$，则一阶条件即欧拉方程成立，从而是动态最大化的解。对于动态最小化，二阶条件只要满足 $F_{\mathbf{x'x'}} \geqq 0$，此时一阶条件就变为充分条件。

2.7.2 最优控制

我们在前面的例子中有两类变量: 状态变量和控制变量，从而也可用最优控制的分析框架来讨论动态优化问题。

一般最优控制问题可以表述如下:

$$\max \int_{t_0}^{t_1} f[t, \mathbf{x}(t), \mathbf{u}(t)]dt \tag{2.7.13}$$

$$\text{s.t.} \quad \mathbf{x}'(t) = g(t, \mathbf{x}(t), \mathbf{u}(t)), \tag{2.7.14}$$

$$\mathbf{x}(t_0) = \mathbf{x}_0. \tag{2.7.15}$$

在上面的表述中，$\mathbf{x}(t)$ 是状态变量，$\mathbf{u}(t)$ 是控制变量，它影响状态变量的变化，目标 (2.7.13) 是状态变量和控制变量共同的函数。

下面给出最优控制的必要条件和充分条件。类似于静态约束下的最优化问题，建立动态拉格朗日方程:

$$L = \int_{t_0}^{t_1} \{f[t, \mathbf{x}(t), \mathbf{u}(t)] + \lambda_t[g(t, \mathbf{x}(t), \mathbf{u}(t)) - \mathbf{x}'(t)]\} dt, \tag{2.7.16}$$

这里，λ_t 是在时刻 t 对状态变化约束方程的乘子，通常被称为**共状态变量**（**costate variable**）。通过分部积分，上面的方程可以写为:

$$L = \int_{t_0}^{t_1} \{f[t, \mathbf{x}(t), \mathbf{u}(t)] + \lambda_t g(t, \mathbf{x}(t), \mathbf{u}(t)) + \mathbf{x}(t)\lambda_t'\} dt - \lambda_{t_1}\mathbf{x}(t_1) + \lambda_{t_0}\mathbf{x}(t_0).$$

应用类似于变分法的推导过程，可推导最优控制方法的必要条件。假设 $\mathbf{u}^*(t)$ 是最优控制（函数），引入另外一个控制函数 $\mathbf{u}^*(t) + a\mathbf{h}(t)$，使之当 $a = 0$ 时就是最优控制函数。由最

优控制函数 $\mathbf{u}^*(t)$ 和初始状态 $\mathbf{x}(t_0)=\mathbf{x}_0$ 就可以决定最优状态函数 $\mathbf{x}^*(t)$。我们把控制函数 $\mathbf{u}^*(t)+a\mathbf{h}(t)$ 和初始状态 $\mathbf{x}_0$ 生成的状态记为 $\mathbf{y}(t,a)$，它满足：$\mathbf{y}(t,a)=\mathbf{x}^*(t),\mathbf{y}(t,0)=\mathbf{x}_0$，以及 $d\mathbf{y}(t,a)/dt=g(t,\mathbf{y}(t,a)$，$\mathbf{u}^*(t)+a\mathbf{h}(t))$。建立函数:

$$\begin{aligned}J(a)=&\int_{t_0}^{t_1}f[t,\mathbf{y}(t,a),\mathbf{u}^*(t)+a\mathbf{h}(t)]dt\\=&\int_{t_0}^{t_1}\{f[t,\mathbf{y}(t,a),\mathbf{u}^*(t)+a\mathbf{h}(t)]\\&+\lambda_t[g(t,\mathbf{y}(t,a),\mathbf{u}^*(t)+a\mathbf{h}(t))+\mathbf{y}'(t,a)\lambda_t']\}dt\\&-\lambda_{t_1}\mathbf{y}(t_1,a)+\lambda_{t_0}\mathbf{y}(t_0,a).\end{aligned}\tag{2.7.17}$$

在 $a=0$ 处对式 (2.7.17) 求一阶导数，得到:

$$J'(a)=\int_{t_0}^{t_1}[(f_{\mathbf{x}}+\lambda g_{\mathbf{x}}+\lambda')\mathbf{y}_a+(f_{\mathbf{u}}+\lambda g_{\mathbf{u}})h]dt-\lambda_{t_1}\mathbf{y}'(t_1,0).$$

这样，$\lambda(t)$ 需要可微，同时最优化还需要满足下面三个条件:

一是控制变量的一阶条件:

$$f_{\mathbf{u}}[t,\mathbf{x}(t),\mathbf{u}(t)]+\lambda g_{\mathbf{u}}(t,\mathbf{x}(t),\mathbf{u}(t))=0.\tag{2.7.18}$$

二是共状态变量的一阶条件:

$$\lambda'(t)=-[f_{\mathbf{x}}[t,\mathbf{x}(t),\mathbf{u}(t)]+\lambda(t)g_{\mathbf{x}}([t,\mathbf{x}(t),\mathbf{u}(t)])],\ \lambda(t_1)=0.\tag{2.7.19}$$

状态函数为:

$$\mathbf{x}'(t)=g(t,\mathbf{x}(t),\mathbf{u}(t)),\ \mathbf{x}(t_0)=\mathbf{x}_0.\tag{2.7.20}$$

类似于约束最优化的拉格朗日方程，在最优控制中，有一个汉密尔顿方程，定义如下:

$$H(t,\mathbf{x}(t),\mathbf{u}(t))\equiv f(t,\mathbf{x}(t),\mathbf{u}(t))+\lambda(t)g(t,\mathbf{x}(t),\mathbf{u}(t)).\tag{2.7.21}$$

三是动态优化的一阶条件，就是根据汉密尔顿方程对 $t,\mathbf{x}(t),\mathbf{u}(t)$ 求解所得到的一阶条件:

$$\partial H/\partial\mathbf{u}=0:\quad \partial H/\partial\mathbf{u}=f_{\mathbf{u}}+\lambda g_{\mathbf{u}}=0,\tag{2.7.22}$$

即方程 (2.7.18);

$$-\partial H/\partial\mathbf{x}=\lambda':\quad \lambda'(t)=-\partial H/\partial\mathbf{x}=-(f_{\mathbf{x}}+\lambda g_{\mathbf{x}}),\tag{2.7.23}$$

即方程 (2.7.19);

$$\partial H/\partial\lambda=\mathbf{x}':\quad \mathbf{x}'(t)=\partial H/\partial\lambda=g,\tag{2.7.24}$$

即方程 (2.7.20)。

例 2.7.2 回到例 2.7.1，该问题是：

$$\min \int_0^T [c_1 u^2(t) + c_2 x(t)]dt$$
$$\text{s.t.} \quad x'(t) = u(t), x(0) = 0, x(T) = B, x'(t) \geqq 0.$$

由上面最优化的三个条件可得：

$$2c_1 u(t) = -\lambda(t); \lambda'(t) = -x(t); x'(t) = u(t), x(0) = 0, x(T) = B.$$

从而有：

$$x^{*\prime\prime}(t) = \frac{c_2}{4c_1}, \quad t \in [0, T],$$

$$x^*(t) = \frac{c_2}{4c_1} t(t - T) + Bt/T, \quad t \in [0, T],$$

$$u^*(t) = \frac{c_2}{2c_1} t + k, t \in [0, T]; \quad k = \frac{-c_2}{4c_1} T + B/T.$$

类似地可推导出最优控制的二阶条件：对最大化问题来说，若目标函数和状态变化函数 f, g 对于 $\mathbf{x}, \mathbf{u}$ 是凹函数，则一阶必要条件成为充分条件，其证明可参见 Kamien 和 Schwartz(1991)。

2.7.3 动态规划

处理动态优化的第三种方法就是理查德·贝尔曼（Richard Bellman）提出的动态规划的方法，其基本逻辑可以归纳为最优化准则。一个最优路径满足如下特征：不管某个时期之前的条件和控制变量是什么，在给定当前的状态下，决策函数的选择总是会使得从现在开始到最终得到最优解。

一般形式的动态规划问题是：

$$\max \int_0^T f(t, \mathbf{x}(t), \mathbf{u}(t))dt + \phi(\mathbf{x}(T), T) \tag{2.7.25}$$
$$\text{s.t.} \quad \mathbf{x}'(t) = g(t, \mathbf{x}(t), \mathbf{u}(t)), \mathbf{x}(0) = a, \quad t \in [0, T]. \tag{2.7.26}$$

定义从时间 t_0，状态 $\mathbf{x}_0$ 开始的最优值函数 $J(t_0, \mathbf{x}_0)$:

$$J(t_0, \mathbf{x}_0) = \max_{\mathbf{u}} \int_{t_0}^T f(t, \mathbf{x}(t), \mathbf{u}(t))dt + \phi(\mathbf{x}(T), T) \tag{2.7.27}$$
$$\text{s.t.} \quad \mathbf{x}'(t) = g(t, \mathbf{x}(t), \mathbf{u}(t)), \mathbf{x}(t_0) = \mathbf{x}_0, t \in [t_0, T], \quad \forall t_0 \in [0, T].$$

当 $t = T$，其价值函数为：$J(T, \mathbf{x}(T)) = \phi(\mathbf{x}(T), T)$ 。

我们可以把式 (2.7.27) 进一步分拆：

$$J(t_0, \mathbf{x}_0) = \max_{\mathbf{u}} \left\{ \int_{t_0}^{t_0+\Delta t} f dt + \int_{t_0+\Delta t}^T f dt + \phi(\mathbf{x}(T), T) \right\}. \tag{2.7.28}$$

在时间 $t_0+\Delta t$，状态变为 $\mathbf{x}_0+\Delta\mathbf{x}$，根据最优化准则，式 (2.7.28) 等价于：

$$\begin{aligned}J(t_0,\mathbf{x}_0)&=\max_{\mathbf{u}}\int_{t_0}^{t_0+\Delta t}fdt+\max_{\mathbf{u}}\left(\int_{t_0+\Delta t}^{T}fdt+\phi(\mathbf{x}(T),T)\right)\\&=\max_{\mathbf{u}}\int_{t_0}^{t_0+\Delta t}fdt+J(t_0+\Delta t,\mathbf{x}_0+\Delta\mathbf{x}),\\&\mathbf{x}'=g,\mathbf{x}(t_0+\Delta t)=\mathbf{x}_0+\Delta\mathbf{x}.\end{aligned}\tag{2.7.29}$$

式 (2.7.29) 刻画了最优化法则。对式 (2.7.29) 右边进行泰勒展开，得到：

$$\begin{aligned}J(t_0,\mathbf{x}_0)=&\max_{\mathbf{u}}[f(t_0,\mathbf{x}_0,\mathbf{u})\Delta t+J(t_0,\mathbf{x}_0)+J_t(t_0,\mathbf{x}_0)\Delta t\\&+J_{\mathbf{x}}(t_0,\mathbf{x}_0)\Delta\mathbf{x}+h.o.t].\end{aligned}\tag{2.7.30}$$

令 $\Delta t\to 0$，式 (2.7.30) 成为：

$$0=\max_{\mathbf{u}}[f(t,\mathbf{x},\mathbf{u})+J_t(t,\mathbf{x})+J_{\mathbf{x}}(t,\mathbf{x})\mathbf{x}'],$$

从而有

$$-J_t(t,\mathbf{x})=\max_{\mathbf{u}}[f(t,\mathbf{x},\mathbf{u})+J_{\mathbf{x}}(t,\mathbf{x})g(t,\mathbf{x},\mathbf{u})].\tag{2.7.31}$$

对比最优控制的分析框架，式 (2.7.31) 右边的 $J_{\mathbf{x}}(t,\mathbf{x})$ 起着共状态变量 λ 的作用。不妨定义 $\lambda(t)=J_{\mathbf{x}}(t,\mathbf{x})$。为此，共状态变量背后的经济含义是状态对价值函数的边际贡献。

对式 (2.7.31) 关于 $\mathbf{x}$ 求导，可得：

$$-J_{t\mathbf{x}}(t,\mathbf{x}^*)=f_{\mathbf{x}}(t,\mathbf{x}^*,\mathbf{u}^*)+J_{\mathbf{x}}(t,\mathbf{x}^*)g_{\mathbf{x}}.\tag{2.7.32}$$

由于

$$\lambda'(t)=\frac{dJ_{\mathbf{x}}(t,\mathbf{x})}{dt}=-J_{t\mathbf{x}}+J_{\mathbf{xx}}g,$$

结合式 (2.7.32)，得到：

$$-\lambda'(t)=f_{\mathbf{x}}+\lambda g_{\mathbf{x}}.\tag{2.7.33}$$

式 (2.7.33) 就是在最优控制框架中关于状态的一阶条件：

$$-\partial H/\partial\mathbf{x}=\lambda'.$$

在式 (2.7.31) 右边，对 $\mathbf{u}$ 求一阶偏导，得到：

$$f_{\mathbf{u}}+J_{\mathbf{x}}g_{\mathbf{u}}=0,$$

而这就是在最优控制框架中关于控制变量的一阶条件：

$$\frac{\partial H}{\partial\mathbf{u}}=f_{\mathbf{u}}+\lambda g_{\mathbf{u}}=0.$$

为此，最优控制和动态规划在本质上是一致的。

在离散情形下，动态规划的方法处理起来也许更方便。下面只针对无界的情形给出结果。

假设状态集合 $S \subseteq \mathbb{R}^n$ 是非空紧集，$U: S \times S \to \mathbb{R}$ 是一个连续函数，通常刻画为当期的收益函数。给定初始状态 $\mathbf{s}_0 = z$，通常动态优化问题是：

$$\max_{\{\mathbf{s}_t\}} \sum_{t=0}^{\infty} \delta^t U(\mathbf{s}_t, \mathbf{s}_{t+1}) \tag{2.7.34}$$

$$\text{s.t.} \quad \mathbf{s}_t \in S, \quad \forall t,$$

$$\mathbf{s}_0 = \mathbf{z}. \tag{2.7.35}$$

采用压缩映像原理可证明，问题（2.7.34）存在最大值点的序列，从而存在最大值 $V(z)$。函数 $V: S \to \mathcal{R}$ 称为问题（2.7.34）的价值函数。与函数 $U(\cdot,\cdot)$ 一样，价值函数也是连续的。另外，若 S 是凸集且 $U(\cdot,\cdot)$ 是凹的，则 $V(\cdot)$ 也是凹的，并且等价于贝尔曼最优原则，即是以下贝尔曼方程的解：

$$V(\mathbf{s}) = \max_{\hat{\mathbf{s}} \in S} U(\mathbf{s}, \hat{\mathbf{s}}) + \delta V(\hat{\mathbf{s}}).$$

等价性结果为我们利用求解贝尔曼方法来求解动态优化问题提供了基础。下面的定理揭示，价值函数是唯一满足贝尔曼方程的函数。

定理 2.7.1

$$f(\mathbf{s}) = \max_{\hat{\mathbf{s}} \in S} U(\mathbf{s}, \hat{\mathbf{s}}) + \delta V(\hat{\mathbf{s}}) \tag{2.7.36}$$

即函数 $f(\cdot) = V(\cdot)$。

证明 连续应用式（2.7.36），可得：对于每个 T，

$$f(\mathbf{z}) = \max_{\{\mathbf{s}_t\}_{t=0}^{T}} \sum_{t=0}^{T-1} \delta^t U(\mathbf{s}_t, \mathbf{s}_{t+1}) + \delta^T f(\mathbf{x}_T)$$

$$\text{s.t.} \quad \mathbf{s}_t \in S, \quad \forall t,$$

$$\mathbf{s}_0 = \mathbf{z}.$$

当 $T \to \infty$，$\delta^T f(\mathbf{x}_T)$ 对于上面的求和的贡献越来越可以忽略不计，从而有 $f(\cdot) = V(\cdot)$。 □

上面的定理提供了计算价值函数的一种方法，可从任意一个连续函数 $f_0(\cdot): S \to \mathcal{R}$ 开始，把 $f_0(\hat{\mathbf{s}})$ 想象成一个实验“估值”函数，该函数给出了从时刻 0 开始估算的值。然后令

$$f_1(\mathbf{s}) = \max_{\hat{\mathbf{s}} \in S} U(s, \hat{\mathbf{s}}) + \delta f_0(\hat{\mathbf{s}})$$

对于任意 $\mathbf{s} \in S$ 都成立，于是就得到了一个新的估值函数 $f_1(\hat{\mathbf{s}})$。

也可以用迭代的方法来寻找价值函数 $v(\cdot)$。若 $f_1(t) = f_0(t)$，则 $f_0(t)$ 满足贝尔曼方程。由上面的定理有 $f_0(t) = V(t)$。若 $f_1(t) \neq f_0(t)$，我们尝试从 $f_1(t)$ 出发，得到一个新的估值函数，依此类推，就有了整个函数序列 $\{f_r(\cdot)\}_{r=0}^{\infty}$。动态规划理论证明了，对于每个 $\mathbf{s} \in S$，有

$$\lim_{r \to \infty} f_r(\mathbf{s}) = V(\mathbf{s}),$$

也就是说，随着 r 增加，我们会最终逼近价值函数。

若函数可微，也有类似的一阶条件，称为动态优化的欧拉方程：

$$0 = F_y(s_t^*, s_{t+1}^*) + \beta F_{\mathbf{x}}(s_{t+1}^*, s_{t+2}^*), \quad t = 0, 1, 2, \cdots. \tag{2.7.37}$$

对于最优选择的一阶条件有：

$$0 = F_y[\mathbf{x}, g(\mathbf{x})] + \beta v'[g(\mathbf{x})], \tag{2.7.38}$$

其中，$g(\mathbf{x})$ 是状态 $\mathbf{x}$ 由最优原则决定的下一期状态。通过包络定理，可以得到

$$v'(\mathbf{x}) = F_{\mathbf{x}}[\mathbf{x}, g(\mathbf{x})]. \tag{2.7.39}$$

由以上两个方程，得到了欧拉方程。

2.8 微 分 方 程

我们先引入定义在欧几里得空间上的一般常微分方程的定义。

定义 2.8.1　由自变量 x 和该自变量的未知函数 $y = y(x)$, 以及它的一阶导数 $y' = y'(x)$，直到 n 阶导数 $y^{(n)} = y^{(n)}(x)$ 组成的方程，

$$F(x, y, y', \cdots, y^{(n)}) = 0, \tag{2.8.40}$$

称为**常微分方程**，若方程中出现的最高导数阶数是 n，方程又称为**n 阶常微分方程**。

若一个函数 $y = \psi(x)$ 对所有的 $x \in I$，满足

$$F(x, \psi(x), \psi'(x), \cdots, \psi^{(n)}(x)) = 0,$$

则称 $y = \psi(x)$ 为**常微分方程 (2.8.40) 的一个解**。

有时常微分方程的解并不是唯一的，甚至有可能有无穷多个解。比如 $y = \dfrac{C}{x} + \dfrac{1}{5}x^4$ 是常微分方程 $\dfrac{dy}{dx} + \dfrac{y}{x} = x^3$ 的解，其中 C 是任意常数。下面我们引入常微分方程通解和特解的概念。

定义 2.8.2　令 n 阶常微分方程 (2.8.40) 的解

$$y = \psi(x, C_1, \cdots, C_n) \tag{2.8.41}$$

包含 n 个独立的任意常数 $C_1, \cdots, C_n$，则称其为常微分方程 (2.8.40) 的**通解**。这里独立性的含义定义为：雅可比 (Jacobi) 行列式

$$\frac{D[\psi, \psi^{(1)}, \cdots, \psi^{(n-1)}]}{D[C_1, \cdots, C_n]} \stackrel{\text{def}}{=} \begin{vmatrix} \dfrac{\partial \psi}{\partial C_1} & \dfrac{\partial \psi}{\partial C_2} & \cdots & \dfrac{\partial \psi}{\partial C_n} \\ \dfrac{\partial \psi^{(1)}}{\partial C_1} & \dfrac{\partial \psi^{(1)}}{\partial C_2} & \cdots & \dfrac{\partial \psi^{(1)}}{\partial C_n} \\ \vdots & \vdots & \vdots & \vdots \\ \dfrac{\partial \psi^{(n-1)}}{\partial C_1} & \dfrac{\partial \psi^{(n-1)}}{\partial C_2} & \cdots & \dfrac{\partial \psi^{(n-1)}}{\partial C_n} \end{vmatrix}$$

不等于 0。

若常微分方程的解 $y=\psi(x)$ 不包含任意常数，则称其为特解。显然，当任意常数确定后，则通解变成了特解。通常一些初值条件的限定决定了任意常数的取值。比如，对于常微分方程 (2.8.40) 若已知一些初值条件：

$$y(x_0)=y_0, y^{(1)}(x_0)=y_0^{(1)}, \cdots, y^{(n-1)}(x_0)=y_0^{(n-1)}, \tag{2.8.42}$$

常微分方程 (2.8.40) 以及初值条件 (2.8.42) 称为 n 阶常微分方程的柯西问题或者初值问题。一个自然的问题是函数 F 满足什么条件，可以使上面常微分方程的解存在且唯一。此问题就是常微分方程解的存在性和唯一性。

2.8.1 常微分方程解的存在性和唯一性定理

先考虑一阶常微分方程，$y'=f(x,y)$，满足初值条件 (x_0,y_0)，即 $y(x_0)=y_0$。令 $y(x)$ 是该微分方程的解。

首先引入一个利普希茨条件 (Lipschitz condition) 概念。

定义 2.8.3 函数 $f(x,y)$ 定义在 $D\subseteq\mathcal{R}^2$，若存在 (x_0,y_0) 的一个邻域 $U\subseteq D$，以及一个正数 L，使得：

$$f(x,y)-f(x,\hat{y})\leqq L|y-z|, \forall(x,y),(x,z)\in U,$$

则称 f 在点 $(x_0,y_0)\in D$ 对于 y 满足**局部利普希茨条件**。

若存在一个正数 L，使得：

$$f(x,y)-f(x,\hat{y})\leqq L|y-z|, \forall(x,y),(x,z)\in D,$$

则称 $f(x,y)$ 在 $D\subseteq\mathcal{R}^2$ 满足**整体利普希茨条件**。

下面的引理刻画了满足利普希茨条件的特性。

引理 2.8.1 *$f(x,y)$ 定义在 $y\in D\subseteq\mathcal{R}^2$ 是连续可微的。若存在 $\epsilon>0$，使得 $f_y(x,y)$ 在 $U=\{(x,y):|x-x_0|<\epsilon,|y-y_0|<\epsilon\}$ 上是有界的，那么 $f(x,y)$ 满足局部利普希茨条件。若在 D 上 $f_y(x,y)$ 是有界的，那么 $f(x,y)$ 满足整体利普希茨条件。*

定理 2.8.1 *若 f 在一个开区域 D 上是连续的，那么对任意的 $(x_0,y_0)\in D$，总存在微分方程的解 $y(x)$，满足 $y'=f(x,y)$ 以及 $y(x_0)=y_0$。*

下面是微分方程解唯一性的定理。

定理 2.8.2 *若 f 在一个开区域 D 上是连续的，同时 f 对 y 满足利普希茨条件，那么对任意的 $(x_0,y_0)\in D$，总存在唯一的微分方程解 $y(x)$，满足 $y'=f(x,y)$ 以及 $y(x_0)=y_0$。*

对于 n 阶常微分方程 $y^{(n)}=f(x,y,y',\cdots,y^{(n-1)})$，若把对 y 满足利普希茨条件改为对 $y,y',\cdots,y^{(n-1)}$ 满足利普希茨条件，对存在性和唯一性也有类似的结论。对于存在性和唯一性的具体证明细节可以进一步参见 Ahmad 和 Ambrosetti（2014）的常微分教材。

2.8.2 一些常见的有显式解的常微分方程

通常我们希望得到微分方程解的具体形式，即显式解。然而在很多情形下并不存在显式解，在这里我们给出一些常见的能得到显式解的微分方程情形。

1. 可分离的情形

考虑可分离情形的微分方程 $y' = f(x)g(y)$，同时 $y(x_0) = y_0$。可转化为：

$$\frac{dy}{g(y)} = f(x)dx.$$

对方程两边求积分，就可以得到微分方程的解。

比如，对于 $(x^2+1)y' + 2xy^2 = 0$，$y(0) = 1$，利用以上求解程序，可得微分方程的解为

$$y(x) = \frac{1}{ln(x^2+1)+1}.$$

此外，我们把 $y' = f(y)$ 形式的微分方程称为是自治的 (autonomous)，这是因为 y' 只由 y 决定。

2. 齐次函数的微分方程

在一些常系数的微分方程中，有存在显式解的情形。我们先给齐次函数下一个定义。

定义 2.8.4　若对任意的 λ，都有 $f(\lambda x, \lambda y) = \lambda^n f(x, y)$，称函数 $f(x, y)$ 为 **n 阶齐次函数**。

若微分方程具有齐次函数的形式，即 $M(x,y)dx + N(x,y)dy = 0$，其中 $M(x,y), N(x,y)$ 是具有相同阶数的齐次函数。通过变量转换 $z = \frac{y}{x}$，就可以把上面的微分方程转变为可分解的微分方程的形式。假设 $M(x,y), N(x,y)$ 是 n 阶齐次的，$M(x,y)dx + N(x,y)dy = 0$ 变换为 $z + x\frac{dz}{dx} = -\frac{M(1,z)}{N(1,z)}$，最后的形式为 $\frac{dz}{dx} = -\frac{z + \frac{M(1,z)}{N(1,z)}}{x}$，其中 $z + \frac{M(1,z)}{N(1,z)}$ 是 z 的函数。

3. 恰当方程

若微分方程的形式为 $M(x,y)dx + N(x,y)dy = 0$，满足 $\frac{\partial M(x,y)}{\partial y} \equiv \frac{\partial N(x,y)}{\partial x}$，那么微分方程的解是 $F(x,y) = C$，常数 C 由初值条件决定，这里的 $F(x,y)$ 具有 $\frac{\partial F}{\partial x} = M(x,y)$ 或者 $\frac{\partial F}{\partial y} = N(x,y)$。

显然，对于可分解情形的微分方程，它们是恰当方程的一种特殊情形。$y' = f(x)g(y)$ 或 $\frac{1}{g(y)}dy - f(x)dx = 0$，此时有 $M(x,y) = -f(x)$，$N(x,y) = \frac{1}{g(y)}$，$\frac{\partial M(x,y)}{\partial y} = \frac{\partial N(x,y)}{\partial x} = 0$。

比如，$2xy^3dx + 3x^2y^2dy = 0$ 是恰当方程，其通解为 $x^2y^3 = C$，C 为常数。

在求解存在显式解的微分方程时，我们通常把微分方程转换为恰当方程的形式。

4. 一阶线性方程

考虑下面形式的一阶线性方程：

$$\frac{dy}{dx} + p(x)y = q(x). \tag{2.8.43}$$

对以上微分方程（2.8.43），当 $q(x) = 0$ 时，为可分解形式的微分方程，称为**齐次微分方程**，假设其解为 $y = \psi(x)$。设 $\psi_1(x)$ 是微分方程（2.8.43）的一个特解，那么 $y = \psi(x) + \psi_1(x)$ 显然就是微分方程（2.8.43）的解。

容易求解 $\dfrac{dy}{dx}+p(x)y=0$ 的解为 $y=Ce^{-\int p(x)dx}$。下面求解微分方程（2.8.43）的一个特解。

设

$$y=c(x)e^{-\int p(x)dx},$$

求微分可得

$$y'=c'(x)e^{-\int p(x)dx}+c(x)p(x)e^{-\int p(x)dx},$$

代回原微分方程，有

$$c'(x)e^{-\int p(x)dx}+c(x)p(x)e^{-\int p(x)dx}=p(x)c(x)e^{-\int p(x)dx}+q(x),$$

可得

$$c'(x)=q(x)e^{\int p(x)dx}.$$

我们有

$$c(x)=\int q(x)e^{\int p(x)dx}dx+C.$$

所以微分方程解为

$$y(x)=e^{-\int p(x)dx}\left(\int q(x)e^{\int p(x)dx}dx+C\right).$$

5. 伯努利方程

下面的微分方程称为**伯努利方程**：

$$\frac{dy}{dx}+p(x)y=q(x)y^n \tag{2.8.44}$$

其中 $n\neq 0,1$ 是自然数。

把 $(1-n)y^{(-n)}$ 同乘以方程的两边，得到：

$$(1-n)y^{(-n)}\frac{dy}{dx}+(1-n)y^{(1-n)}p(x)=(1-n)q(x).$$

令 $z=y^{(1-n)}$，得到：

$$\frac{dz}{dx}+(1-n)zp(x)=(1-n)q(x),$$

变成了上面可得到的显式解的一阶线性方程。

可求显式解的微分方程还有其他一些形式，比如一些特殊形式的里卡蒂 (Ricatti) 方程，以及类似 $M(x,y)dx+N(x,y)dy=0$，但不满足

$$\frac{\partial M(x,y)}{\partial y}\equiv\frac{\partial N(x,y)}{\partial x}$$

形式的方程。对这些问题的详细讨论可以参见丁同仁和李承治 (2004)。

2.8.3　常系数的高阶线性微分方程

考虑下面 n 阶常系数的微分方程，

$$y^{(n)}+a_1y^{(n-1)}+\cdots+a_{n-1}y'+a_ny=f(x). \tag{2.8.45}$$

若 $f(x)\equiv 0$，则微分方程 (2.8.45) 称为**n 阶齐次微分方程**，否则称为**非齐次微分方程**。

对 n 阶齐次微分方程，有一个求通解 $y_g(x)$ 的方法。通解是有 n 个基本解 $y_1,\cdots,y_n$ 的加总函数。即 $y_g(x)=C_1y_1(x)+\cdots+C_ny_n(x)$，其中 $C_1,\cdots,C_n$ 是任意常数。

这些任意常数由初值条件唯一决定。寻找一个函数 $y(x)$ 使得：

$$y(x)=y_{0_0},y'(x)=y_{0_1},\cdots,y^{(n-1)}(x)=y_{0_{n-1}},\text{当}x=x_0,$$

其中，$x_0,y_0,y_0',\cdots,y_0^{(n-1)}$ 是给定的初值。

下面是求解齐次微分方程基本解的程序：

(1) 对 λ 求解特征方程：

$$\lambda^n+a_1\lambda^{n-1}+\cdots+a_{n-1}\lambda+a_n=0.$$

设特征方程的根分别为：$\lambda_1,\cdots,\lambda_n$。某些根可能是复数，某些根是重复的。

(2) 若 λ_i 是非重复的实数特征根，那么对应该特征根的基本解为：$y_i(x)=e^{\lambda_i x}$。

(3) 若 λ_i 是重复 k 的实数特征根，那么生成 k 个基本解：

$$y_{i_1}(x)=e^{\lambda_i x},y_{i_2}(x)=xe^{\lambda_i x},\cdots,y_{i_k}(x)=x^{k-1}e^{\lambda_i x}.$$

(4) 若 λ_j 是非重复复数根 $\lambda_j=\alpha_j+i\beta_j,i=\sqrt{-1}$，那么其共轭复数，记为 $\lambda_{j+1}=\alpha_j-i\beta_j$，也必然是特征根，为此，特征复数根对 λ_j,λ_{j+1} 产生了两个基本解：

$$y_{j_1}=e^{\alpha_j x}\cos\beta_j x,\quad y_{j_2}=e^{\alpha_j x}\sin\beta_j x.$$

(5) 若 λ_j 是重复 l 的复数特征根 $\lambda_j=\alpha_j+i\beta_j$，那么其共轭复数也是重复 l 的复数特征根，为此这 $2l$ 个复数根生成 $2l$ 个基本解：

$$y_{j_1}=e^{\alpha_j x}\cos\beta_j x,y_{j_2}=xe^{\alpha_j x}\cos\beta_j x,\cdots,y_{j_l}=x^{l-1}e^{\alpha_j x}\cos\beta_j x;$$

$$y_{j_{l+1}}=e^{\alpha_j x}\sin\beta_j x,y_{j_{l+2}}=xe^{\alpha_j x}\sin\beta_j x,\cdots,y_{j_{2l}}=x^{l-1}e^{\alpha_j x}\sin\beta_j x.$$

下面是关于求解非齐次微分方程解的总体方法。

非齐次微分方程的通解是 $y_{nh}(x)=y_g(x)+y_p(x)$，其中 $y_g(x)$ 是对应齐次方程的通解，$y_p(x)$ 是非齐次方程的特解。

接下来是一些求解非齐次方程特解的程序。

(1) 若 $f(x)=P_k(x)e^{bx},P_k(x)$ 是 k 次多项式，那么一个特解的形式为：

$$y_p(x)=x^sQ_k(x)e^{bx},$$

其中 $Q_k(x)$ 也是一个 k 次的多项式。若 b 不是对应特征方程的特征根，则 $s=0$；若 b 是一个 m 次重复的特征根，则 $s=m$。

(2) 若 $f(x)=P_k(x)e^{px}\cos qx+Q_k(x)e^{px}\sin qx, P_k(x), Q_k(x)$ 都是 k 次多项式，那么一个特解的形式为：

$$y_p(x)=x^sR_k(x)e^{px}\cos qx+x^sT_k(x)e^{px}\sin qx,$$

其中 $R_k(x), T_k(x)$ 也是 k 次多项式。若 $p+iq$ 不是特征方程的根，那么 $s=0$；若 $p+iq$ 是 m 次重复的特征根，则 $s=m$。

(3) 寻找非齐次方程特解的方法通常称为**变系数法 (variation of parameters)** 或**待定系数法 (method of undetermined coefficients)**。

设已知齐次方程的通解为：

$$y_g=C_1y_1(x)+\cdots+C_ny_n(x),$$

其中 $y_i(x)$ 是基本解。把常数 $C_1,\cdots,C_n$ 看成是 x 的函数，比如 $u_1(x),\cdots,u_n(x)$，于是一个非齐次方程的特解的形式可以表达为

$$y_p(x)=u_1(x)y_1(x)+\cdots+u_n(x)y_n(x),$$

其中 $u_1(x),\cdots,u_n(x)$ 是下面方程组的解

$$\begin{gathered}
u_1'(x)y_1(x)+\cdots+u_n'(x)y_n(x)=0,\\
u_1'(x)y_1'(x)+\cdots+u_n'(x)y_n'(x)=0,\\
\vdots\\
u_1'(x)y_1^{(n-2)}(x)+\cdots+u_n'(x)y_n^{(n-2)}(x)=0,\\
u_1'(x)y_1^{(n-1)}(x)+\cdots+u_n'(x)y_n^{(n-1)}(x)=f(x).
\end{gathered}$$

(4) 若 $f(x)=f_1(x)+f_2(x)+\cdots+f_r(x)$，且 $y_{p1}(x),\cdots,y_{pr}(x)$ 是对应于 $f_1(x),\cdots,f_r(x)$ 的特解，那么

$$y_p(x)=y_{p1}(x)+\cdots+y_{pr}(x).$$

下面通过一个例子来熟悉这一方法的应用。

例 2.8.1 求解 $y''-5y'+6y=t^2+e^t-5$。

此时特征根为 $\lambda_1=2, \lambda_2=3$，为此，齐次方程的通解为：

$$y(t)=C_1e^{2t}+C_2e^{3t}.$$

下面寻找一个非齐次方程的特解，它的形式为：

$$y_p(t)=at^2+bt+c+de^t.$$

要界定系数 a, b, c, d，先把这一特解代入到初始方程中：

$$2a + de^t - 5(2at + b + de^t) + 6(at^2 + bt + c + de^t) = t^2 - 5 + e^t.$$

对方程两边各项的系数保持一致，得到：

$$6a = 1, \quad -5 \times 2a + 6b = 0, \quad 2a - 5b + 6c = -5, \quad d - 5d + 6d = 1,$$

因此，$d = 1/2, \quad a = 1/6, \quad b = 5/18, \quad c = -71/108$。

最后这一非齐次微分方程的通解为：

$$y(t) = C_1e^{2t} + C_2e^{3t} + \frac{t^2}{6} + \frac{5t}{18} - \frac{71}{108} + \frac{e^t}{2}.$$

2.8.4　常微分方程组

其通常的形式为：

$$\dot{\mathbf{x}}(t) = A(t)\mathbf{x}(t) + \mathbf{b}(t), \quad \mathbf{x}(0) = \mathbf{x}_0,$$

其中 t 是一个自变量（时间），$\mathbf{x}(t) = (x_1(t), \cdots, x_n(t))'$ 是因变向量，$A(t) = (a_{ij}(t))_{[n\times n]}$ 是一个实可变系数 $n \times n$ 矩阵，$\mathbf{b}(t) = (b_1(t), \cdots, b_n(t))'$ 是一个 n 阶的可变向量。

考虑 A 是常系数矩阵以及 $\mathbf{b}$ 常数向量的情形，又称为**常系数微分方程组**：

$$\dot{\mathbf{x}}(t) = A(t)\mathbf{x}(t) + \mathbf{b}, \quad \mathbf{x}(0) = \mathbf{x}_0. \tag{2.8.46}$$

假设 A 是非奇异的。

微分方程组 (2.8.46) 可以由下面两步求解。

第一步，我们先考虑齐次方程组（即对应 $\mathbf{b} = 0$）：

$$\dot{\mathbf{x}}(t) = A(t)\mathbf{x}(t), \quad \mathbf{x}(0) = \mathbf{x}_0. \tag{2.8.47}$$

其解记为 $\mathbf{x}_c(t)$ 。

第二步，寻找非齐次方程 (2.8.46) 的一个特解 $\mathbf{x}_p$ 。常数向量 $\mathbf{x}_p$ 是一个特解：$A\mathbf{x}_p = -\mathbf{b}$，即 $\mathbf{x}_p = -A^{-1}\mathbf{b}$。

给定齐次方程的通解和非齐次方程的特解，微分方程组 (2.8.47) 的通解为：

$$\mathbf{x}(t) = \mathbf{x}_c(t) + \mathbf{x}_p.$$

有两种方法来求解齐次微分方程组 (2.8.47)。

第一种，我们可以消去 $n-1$ 个因变量，使得微分方程组变为 n 阶的微分方程，比如下面的例子。

例 2.8.2　微分方程组为：

$$\begin{cases} \dot{x} = 2x + y, \\ \dot{y} = 3x + 4y. \end{cases}$$

对第一个方程求导数从而消除 y 和 $\dot{y}$。由于 $\dot{y}=3x+4y=3x+4\dot{x}-4\cdot 2x$，于是得到一个相应的 2 次齐次微分方程：

$$\ddot{x}-6\dot{x}+5x=0,$$

从而该方程的通解为 $x(t)=C_1e^t+C_2e^{5t}$。由于 $y(t)=\dot{x}-2x$，从而有 $y(t)=-C_1e^t+3C_2e^{5t}$。

第二种方法是把微分方程组 (2.8.47) 的解写为：

$$\mathbf{x}(t)=e^{At}\mathbf{x}_0,$$

其中

$$e^{At}=I+At+\frac{A^2t^2}{2!}+\cdots.$$

我们分三种情形来求解 e^{At}。

1. 情形 1: A 有不同的实数特征根

矩阵 A 有相异的实数特征根意味着其特征向量是线性独立的。此时 A 可以对角化，即

$$A=P\Lambda P^{-1},$$

其中 $P=[v_1,v_2,\cdots,v_n]$ 由 A 的特征向量组成，同时 Λ 是一个对角矩阵，其对角元素是 A 的特征根，从而有

$$e^A=Pe^{\Lambda}P^{-1}.$$

因此，微分方程组 (2.8.47) 的解为：

$$\begin{aligned}\mathbf{x}(t)&=Pe^{\Lambda t}P^{-1}\mathbf{x}_0\\&=Pe^{\Lambda t}\mathrm{c}\\&=c_1v_1e^{\lambda_1 t}+\cdots+c_nv_ne^{\lambda_n t},\end{aligned}$$

其中 $\mathbf{c}=(c_1,c_2,\cdots,c_n)$ 是一个任意常数的向量，它由初值条件决定，即 $(\mathbf{c}=P^{-1}\mathbf{x}_0)$。

2. 情形 2: A 有重复的实数特征根，没有复数根

首先考虑一个简单的情形，即 A 只有一个重复 m 次的特征根 λ。在这种情形下，通常有最多不超过 m 个线性独立的特征向量，意味着此时矩阵 P 不能构造为线性独立的特征向量，从而 A 不能被对数化。

在这种情形下，解有下面的形式：

$$\mathbf{x}(t)=\sum_{i=1}^{m}c_ih_i(t),$$

其中 $h_i(t)$ 是拟多项式 (quasipolinomials)，且 c_i 由初值条件决定。比如当 $m=3$ 时，有：

$$\begin{aligned}h_1(t)&=e^{\lambda t}v_1,\\h_2(t)&=e^{\lambda t}(tv_1+v_2),\\h_3(t)&=e^{\lambda t}(t^2v_1+2tv_2+3v_3),\end{aligned}$$

其中 v_1, v_2, v_3 由下面的条件决定：

$$(A - \lambda I)v_i = v_{i-1}, v_0 = 0.$$

若 A 有多个重复的实数特征根，则微分方程组 (2.8.47) 的解可以通过对每个特征根对应的解进行加总得到。

3. 情形 3: A 有复数特征根

由于 A 是一个实数矩阵，复数特征根会以共轭特征对的形式出现，若 A 的一个特征根为 $\alpha + \beta i$，那么其共轭复数 $\alpha - \beta i$ 也是特征根。

现在考虑简单的情形：A 只有一对复数特征根，$\lambda_1 = \alpha + \beta i$ 和 $\lambda_2 = \alpha - \beta i$。令 $\mathbf{v}_1$ 和 $\mathbf{v}_2$ 是 λ_1 和 λ_2 对应的特征向量；此时有 $\mathbf{v}_2 = \bar{v}_1$，其中 $\bar{v}_1$ 指的是 $\mathbf{v}_1$ 的共轭。此时微分方程 (2.8.47) 的解可以表示为：

$$\begin{aligned}
\mathbf{x}(t) &= e^{At}\mathbf{x}_0 \\
&= Pe^{\Lambda t}P^{-1}\mathbf{x}_0 \\
&= Pe^{\Lambda t}c \\
&= c_1 v_1 e^{(\alpha+\beta i)t} + c_2 v_2 e^{(\alpha-\beta i)t} \\
&= c_1 v_1 e^{\alpha t}(\cos\beta t + i\sin\beta t) + c_2 v_2 e^{\alpha t}(\cos\beta t - i\sin\beta t) \\
&= (c_1 v_1 + c_2 v_2)e^{\alpha t}\cos\beta t + i(c_1 v_1 - c_2 v_2)e^{\alpha t}\sin\beta t \\
&= h_1 e^{\alpha t}\cos\beta t + h_2 e^{\alpha t}\sin\beta t,
\end{aligned}$$

其中 $h_1 = c_1 v_1 + c_2 v_2, h_2 = i(c_1 v_1 - c_2 v_2)$ 是实数向量。

若 A 有多对共轭复数特征根，此时微分方程 (2.8.47) 的解由所有的特征根对所对应的解相加得到。

2.8.5 联立微分方程组以及均衡稳定性的类型

考虑两个变量 $x = x(t), y = y(t)$ 的联立微分方程的情形，其中 t 是 (时间) 自变量，二维的自治微分方程组具有形式：

$$\begin{cases}
\dfrac{dx}{dt} = f(x, y), \\
\dfrac{dy}{dt} = g(x, y).
\end{cases}$$

我们把上面的联立微分方程称为**平面动力系统**，对于多维的动力系统也可以类似地定义。

若 $f(x^*, y^*) = g(x^*, y^*) = 0$ 成立，则点 (x^*, y^*) 被称为是这一动力系统的**均衡**。

令 $\mathcal{J}$ 是雅可比行列式

$$\mathcal{J} = \begin{pmatrix} \dfrac{\partial f}{\partial x} & \dfrac{\partial f}{\partial y} \\ \dfrac{\partial g}{\partial x} & \dfrac{\partial g}{\partial y} \end{pmatrix}$$

在点 (x^*, y^*) 取值，令 λ_1 和 λ_2 是这一雅可比行列式的特征向量。

那么均衡的稳定性特性为：

(1) 是**稳定的**（**或不稳定的**）结点，若 λ_1 和 λ_2 都是不同的实数，同时是负的（或正的）；

(2) 是**鞍点稳定的**，若特征向量是实数，但是正负符号相反，即 $\lambda_1\lambda_2<0$；

(3) 是**稳定的**（**或不稳定的**）**焦点 (focus)**，若 λ_1 和 λ_2 是复数，且 $Re(\lambda_1)<0$(或 $Re(\lambda_1)>0$)；

(4) 是**中心点 (center)**，若 λ_1 和 λ_2 是复数，且 $Re(\lambda_1)=0$；

(5) 是一个**稳定的**（**或不稳定的**）**奇异点**（**improper node**），若 λ_1 和 λ_2 是实数，$\lambda_1=\lambda_2<0$ (或 $\lambda_1=\lambda_2>0$)，且雅可比行列式不是一个对角矩阵；

(6) 是一个**稳定的**（**或不稳定的**）**星点 (star node)**，若 λ_1 和 λ_2 是实数，$\lambda_1=\lambda_2<0$ (或 $\lambda_1=\lambda_2>0$)，且雅可比行列式是一个对角矩阵。

下面的图 2.5 刻画了上面的 6 个均衡点的类型。

2.8.6 动力系统的稳定性

在动力系统中，李雅普诺夫的方法研究了均衡点的全局稳定性。

对于下面的动力系统：

$$\dot{\mathbf{x}}=f(t,\mathbf{x}), \tag{2.8.48}$$

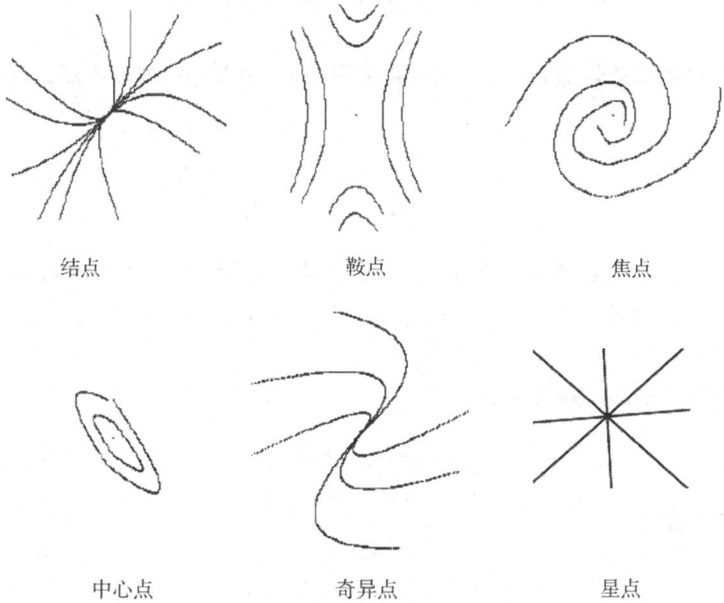

图 2.5 均衡点的类型

其中 $\mathbf{x}=(x_1,\cdots,x_n)$，$f(t,\mathbf{x})$ 对 $\mathbf{x}\in\mathcal{R}^n$ 是连续可微的，同时满足初值条件 $\mathbf{x}(0)=\mathbf{x}_0$。$\mathbf{x}^*$ 是动力系统的均衡点，即 $f(t,\mathbf{x}^*)=0$。

令 $\bar{\mathbf{x}}(t,\mathbf{x}_0)$ 是满足动力系统 (2.8.48) 以及初值条件的唯一解。$B_r(\mathbf{x})=\{\mathbf{x}'\in D:|\mathbf{x}'-\mathbf{x}|<r\}$，即以 $\mathbf{x}$ 为中心、半径为 r 的开球。

下面是关于均衡点稳定性的定义。

定义 2.8.5　我们称动力系统 (2.8.48) 的均衡点 $\mathbf{x}^*$

(1) 是**全局稳定的**，若对于任意的 $r>0$，存在 $\mathbf{x}^*$ 的一个邻域 U，使得：

$$\bar{\mathbf{x}}(t,\mathbf{x}_0)\in B_r(\mathbf{x}^*),\forall\mathbf{x}_0\in U.$$

(2) 是**渐近全局稳定的**，若对于任意的 $r>0$，存在 $\mathbf{x}^*$ 的一个邻域 U'，使得：

$$\lim_{t\to\infty}\bar{\mathbf{x}}(t,\mathbf{x}_0)=\mathbf{x}^*,\forall\mathbf{x}_0\in U.$$

(3) 是**全局不稳定的**，若它既不是全局稳定的，也不是渐近全局稳定的。

定义 2.8.6　令 $\mathbf{x}^*$ 是动力系统 (2.8.48) 的均衡点，$Q\subseteq\mathbf{R}^n$ 是包含 $\mathbf{x}^*$ 的开集，$V(\mathbf{x}):Q\to\mathcal{R}$ 是连续可微函数。若它满足：

(1) $V(\mathbf{x})>V(\mathbf{x}^*),\forall\mathbf{x}\in Q,\mathbf{x}\neq\mathbf{x}^*$；

(2) $\dot{V}(\mathbf{x})$ 定义为：

$$\dot{V}(\mathbf{x})\overset{\text{def}}{=}\bigtriangledown V(\mathbf{x})f(t,\mathbf{x})\leqslant 0,\forall\mathbf{x}\in Q,\tag{2.8.49}$$

其中 $\bigtriangledown V(\mathbf{x})$ 是 V 对 $\mathbf{x}$ 的梯度，

则称其为**李雅普诺夫函数**。

下面是关于动力系统均衡点的李雅普诺夫定理。

定理 2.8.3　*若动力系统(2.8.48)存在一个李雅普诺夫函数 V，那么均衡点 $\mathbf{x}^*$ 是全局稳定的。*

若动力系统的李雅普诺夫函数(2.8.49)满足 $\dot{V}(\mathbf{x})<0,\forall\mathbf{x}\in Q,\mathbf{x}\neq\mathbf{x}^*$，则称均衡点 $\mathbf{x}^*$ 是渐近全局稳定的。

2.9　差分方程

差分方程可以看成是离散化了的微分方程，它的很多性质与微分方程相似。

令 y 是定义在自然数的实值函数，y_t 表示 $y(t)$，即 y 在 t 上的取值，这里 $t=0,1,2,\cdots$，可以理解为时间点。

定义 2.9.1　y 在 t 点的**一阶差分**为：

$$\Delta y(t)=y(t+1)-y(t).$$

y 在 t 点的**二阶差分**为：

$$\Delta^2y(t)=\Delta(\Delta y(t))=y(t+2)-2y(t+1)+y(t).$$

一般来说，y 在 t 点的 **n阶差分**为：

$$\Delta^ny(t)=\Delta(\Delta^{n-1}y(t)),\ n>1.$$

定义 2.9.2　差分方程是关于 y 以及它的差分 $\Delta y,\Delta^2y,\cdots,\Delta^{n-1}y$ 的函数，

$$F(y,\Delta y,\Delta^2y,\cdots,\Delta^ny,t)=0,t=0,1,2,\cdots.\tag{2.9.50}$$

在式 (2.9.50) 出现非零系数的最高 n 阶差分，则上面的方程称为**n 阶差分方程**。

若 $F(\psi(t),\Delta\psi(t),\Delta^2\psi(t),\cdots,\Delta^n\psi(t),t)=0,\forall t$ 都成立，则称$y=\psi(k)$ **为差分方程的解**。类似于微分方程，差分方程的解也有通解和特解的区分。在通解中通常存在一些待定的任意常数，这些任意常数通常由初值条件决定。

通过变量转换，差分方程通常也可以表达为下面的形式：

$$F(y(t),y(t+1),\cdots,y(t+n),t)=0,t=0,1,2,\cdots. \tag{2.9.51}$$

若 $y_0(k),y_n(k)$ 的系数不为零，对应最高的 n，该方程称为$\boldsymbol{n}$ **阶差分方程**。

下面主要集中于常系数的差分方程。一个通常的表达式写为：

$$f_0y(t+n)+f_1y(t+n-1)+\cdots+f_{n-1}y(t+1)+f_ny(t)=g(t),t=0,1,2,\cdots, \tag{2.9.52}$$

其中 $f_0,f_1,\cdots,f_n$ 是实数，同时 $f_0\neq 0,f_n\neq 0$。

通过对方程两边同除以 f_0 ，同时令 $a_i=\dfrac{f_i}{f_0}$ 对 $i=0,\cdots,n,\quad r(t)=\dfrac{g(t)}{f_0}$，则 n 阶差分方程可写为更简便的形式：

$$y(t+n)+a_1y(t+n-1)+\cdots+a_{n-1}y(t+1)+a_ny(t)=r(t),t=0,1,2\cdots. \tag{2.9.53}$$

下面是求解 n 阶线性差分方程所通常包括的三个程序：

第一步：

先求齐次差分方程的通解

$$y(t+n)+a_1y(t+n-1)+\cdots+a_{n-1}y(t+1)+a_ny(t)=0,$$

令其通解为 $y(t)$。

第二步：

找到一个差分方程 (2.9.53) 的特解 y^*。

第三步：

差分方程 (2.9.53) 的解

$$y(t)=Y+y^*.$$

下面分别对一阶、二阶及 n 阶情形给出差分方程的解。

2.9.1 一阶差分方程

一阶差分方程定义为：

$$y(t+1)+ay(t)=r(t),t=0,1,2,\cdots. \tag{2.9.54}$$

对应的齐次差分方程为：

$$y(t+1)+ay(t)=0,$$

其通解为 $y(t)=c(-a)^t$，其中 c 是一个任意常数。

接着讨论如何得到一次非齐次差分方程 (2.9.54) 的特解：

首先考虑 $r(t)=r$ ，即不随时间变化的情形。

显然，一个特解为：

$$y^* = \frac{r}{1+a}, a \neq -1,$$

$$y^* = rt, a = -1.$$

因此，非齐次差分方程 (2.9.54) 的解为：

$$y(t) = \begin{cases} c(-a)^t + \dfrac{r}{1+a}, & \text{若} \quad a \neq -1, \\ c + rt, & \text{若} \quad a = -1. \end{cases} \tag{2.9.55}$$

若已知初值条件 $y(0) = y_0$，则差分方程 (2.9.54) 的解为：

$$y(t) = \begin{cases} \left(y_0 - \dfrac{r}{1+a}\right) \times (-a)^t + \dfrac{r}{1+a}, & \text{若} \quad a \neq -1, \\ y_0 + rt, & \text{若} \quad a = -1. \end{cases} \tag{2.9.56}$$

若 r 依赖于 k，一个特解为：

$$y^* = \sum_{i=0}^{t-1} (-a)^{t-1-i} r(i),$$

此时差分方程 (2.9.54) 的解为：

$$y(t) = (-a)^t y_0 + \sum_{i=0}^{t-1} (-a)^{t-1-i} r(i), \quad t = 1, 2, \cdots.$$

对一般函数的 $r(t) = f(t)$，可通过待定系数法，$y^* = f(A_0, A_1, \cdots, A_m; t)$ 来确定 $A_0, \cdots, A_m$ 的系数。下面在 $r(t)$ 是多项式的情形下求特解。

例 2.9.1　求解下面的差分方程：

$$y(t+1) - 3y(t) = t^2 + t + 2.$$

齐次方程为：

$$y(t+1) - 3y(t) = 0,$$

其通解为：

$$Y = C \cdot 3^t.$$

用待定系数法求解非齐次方程的特解，设特解具有形式：

$$y^* = At^2 + Bt + D.$$

将 y^* 代入到非齐次差分方程，得到：

$$A(t+1)^2 + B(t+1) + D - 3At^2 - 3Bt - 3D = t^2 + k + 2,$$

或

$$-2At^2 + 2(A-B)t + A + B - 2D = t^2 + t + 2.$$

由于对每个 k 都要相等，必须有：

$$\begin{cases} -2A = 1 \\ 2(A-B) = 1 \\ A+B-2D = 2, \end{cases}$$

得到：$A = -\frac{1}{2}, B = -1, D = -\frac{3}{4}$，从而得到一个特解为：$y^* = -\frac{1}{2}t^2 - t - \frac{3}{4}$。因此，非齐次方程的特解为：$y(t) = Y + y^* = C3^t - \frac{1}{2}t^2 - t - \frac{3}{4}$。

对于指数函数，我们也可以通过待定系数法求解。

例 2.9.2 考虑下面的一阶差分方程：

$$y(t+1) - 3y(t) = 4e^k.$$

考虑下面的特解形式：$y^* = Ae^t$。把它代入到非齐次差分方程，得到：$A = \frac{4}{e-3}$。因此，上面的一阶差分方程的通解为: $y(t) = Y + y^* = C3^t + \frac{4e^t}{e-3}$。

下面是一些寻找特解的常见形式：

(1) 当 $r(t) = r$，一个通常的特解形式为：$y^* = A$;

(2) 当 $r(t) = r + ct$，一个通常的特解形式为：$y^* = A_1t + A_2$;

(3) 当 $r(t) = t^n$，一个通常的特解形式为：$y^* = A_0 + A_1t + \cdots + A_nt^n$;

(4) 当 $r(t) = c^t$，一个通常的特解形式为：$y^* = Ac^t$;

(5) 当 $r(t) = \alpha\sin(ct) + \beta\cos(ct)$，一个通常的特解形式为：$y^* = A_1\sin(ct) + A_2\cos(ct)$。

2.9.2 二阶差分方程

二阶差分方程定义为：

$$y(t+2) + a_1y(t+1) + a_2y(t) = r(t).$$

对应的齐次差分方程为：

$$y(t+2) + a_1y(t+1) + a_2y(t) = 0.$$

此时其通解依赖于下面的二元一次方程的根：

$$m^2 + a_1m + a_2 = 0,$$

称为二阶差分方程的**辅助方程或特征方程**。令 m_1, m_2 是该方程的根。因为 $a_2 \neq 0$，m_1 和 m_2 都不为 0。

情形 1: :m_1 和 m_2 是相异实数根。

此时齐次方程的通解为：$Y = C_1m_1^t + C_2m_2^t$，其中 C_1, C_2 是任意常数。

情形 2：m_1, m_2 是两个相同的实数根。

此时齐次方程的通解为：$Y=(C_1+C_2t)m_1^k$。

情形 3：m_1,m_2 是两个复数根，其形式为：$r(\cos\theta\pm i\sin\theta),r>0,\theta\in(-\pi,\pi]$。此时齐次方程的通解为：$Y=C_1r^t\cos(t\theta+C_2)$。

对于通常一般函数的 $r(t)$，也同样可以通过待定系数法来求得。

2.9.3　n 阶差分方程

一般 n 阶差分方程定义为：

$$y(t+n)+a_1y(t+n-1)+\cdots+a_{n-1}y(t+1)+a_ny(t)=r(t),t=0,1,2,\cdots. \tag{2.9.57}$$

对应的齐次方程为：

$$y(t+n)+a_1y(t+n-1)+\cdots+a_{n-1}y(t+1)+a_ny(t)=0,$$

其特征方程为：

$$m^n+a_1m^{n-1}+\cdots+a_{n-1}m+a_n=0.$$

令其 n 特征根为 $m_1,\cdots,m_n$。

齐次方程的通解为这些特征根生成算式的加总，具体形式如下：

情形 1：单一的实数根 m 生成的算式为 C_1m^k。

情形 2：重复 p 次的实数根 m 生成的算式为：

$$(C_1+C_2t+C_3t^2+\cdots+C_pt^{p-1})m^t.$$

情形 3：一对不重复的共轭复数根 $r(\cos\theta\pm i\sin\theta)$ 生成的算式为：

$$C_1r^t\cos(t\theta+C_2).$$

情形 4：一对重复 p 次的共轭复数根 $r(\cos\theta\pm i\sin\theta)$ 生成的算式为：

$$r^t[C_{1,1}\cos(t\theta+C_{1,2})+C_{2,1}t\cos(t\theta+C_{2,2})+\cdots+C_{p,1}t^{p-1}\cos(t\theta+C_{p,2})].$$

对所有由特征根生成的算式加总就得到齐次差分方程的通解。

一个非齐次差分方程的特解 y^* 可以通过类似的待定系数法生成。

或者一个特解是：

$$y^*=\sum_{s=1}^{n}\theta_s\sum_{i=0}^{\infty}m_s^ir(t-i),$$

其中

$$\theta_s=\frac{m_s}{\Pi_{j\neq s}(m_s-m_j)}.$$

2.9.4 n 阶差分方程的稳定性

考虑 n 阶差分方程

$$y(t+n)+a_1y(t+n-1)+\cdots+a_{n-1}y(t+1)+a_ny(t)=r(t),\ t=0,1,2,\cdots. \tag{2.9.58}$$

对应的齐次方程为:

$$y(t+n)+a_1y(t+n-1)+\cdots+a_{n-1}y(t+1)+a_ny(t)=0,\ t=0,1,2,\cdots. \tag{2.9.59}$$

定义 2.9.3 若其齐次方程 (2.9.59) 的任意解 $Y(k)$ 满足：$Y(k)|_{k\to\infty}=0$，则称差分方程 (2.9.58) **是渐近稳定的**。

令 $m_1,\cdots,m_n$ 是其特征方程 (2.9.60) 的解:

$$m^n+a_1m^{n-1}+\cdots+a_{n-1}m+a_n=0. \tag{2.9.60}$$

定理 2.9.1 *若其特征方程的所有特征根的模数都小于1，差分方程(2.9.58)是渐近稳定的。*

当下面的不等式条件满足时，特征方程的所有特征根的模数都会小于 1。

$$\begin{vmatrix} 1 & a_n \\ a_n & 1 \end{vmatrix} > 0,$$

$$\begin{vmatrix} 1 & 0 & a_n & a_{n-1} \\ a_1 & 1 & 0 & a_n \\ a_n & 0 & 1 & a_1 \\ a_{n-1} & a_n & 0 & 1 \end{vmatrix} > 0,$$

$$\begin{vmatrix} 1 & 0 & \cdots & 0 & a_n & a_{n-1} & \cdots & a_1 \\ a_1 & 1 & \cdots & 0 & 0 & a_n & a_{n-1}\cdots & a_2 \\ \vdots & \vdots & \ddots & \vdots & \vdots & \vdots & \ddots & \vdots \\ a_{n-1} & a_{n-2} & \cdots & 1 & 0 & 0 & \cdots & a_n \\ a_n & 0 & \cdots & 0 & 1 & a_1 & \cdots & a_{n-1} \\ a_{n-1} & a_n & \cdots & 0 & 0 & 1 & \cdots & a_{n-2} \\ \vdots & \vdots & \ddots & \vdots & \vdots & \vdots & \ddots & \vdots \\ a_1 & a_2 & \cdots & a_n & 0 & 0 & \cdots & 1 \end{vmatrix} > 0.$$

2.9.5 常系数差分方程组

常系数差分方程组定义为:

$$\mathbf{x}(t)=A\mathbf{x}(t-1)+\mathbf{b}, \tag{2.9.61}$$

其中 $\mathbf{x} = (x_1, \cdots, x_n)', \mathbf{b} = (b_1, \cdots, b_n)'$。假设矩阵 A 是可对数化的，此时存在对应的 $\lambda_1, \cdots, \lambda_n$ 个特征根，以及对应的线性独立的特征向量组成的矩阵 P，满足：

$$A = P^{-1} \begin{pmatrix} \lambda_1 & 0 & \cdots & 0 \\ 0 & \lambda_2 & \cdots & 0 \\ \vdots & \vdots & \ddots & \vdots \\ 0 & 0 & \cdots & \lambda_n \end{pmatrix} P.$$

差分方程组 (2.9.61)（渐近）稳定的充分必要条件是所有特征根 λ_i 的模数小于 1。当所有特征根 λ_i 的模数小于 1 时，此时均衡点 $\mathbf{x}^* = \lim_{t\longrightarrow\infty} \mathbf{x}(t) = (I-A)^{-1}\mathbf{b}$。

2.10　概率论基础

风险和不确定性以及它们的一些基本运算在经济学中有着广泛的应用，这一节简单介绍教材涉及的一些概念。

2.10.1　概率与条件概率

与数学的其他领域相比，概率论的发展较晚。但公理化后，概率论便快速地有了深远的发展，并成为数学中一个非常重要的领域。这都要归功于 20 世纪最伟大的概率学家、俄国的科莫果洛夫（Andrey Nikolaevich Kolmogorov，1903—1987）。他于 1933 年出版的一本不到 100 页的小书，如书名《概率论的基础》（*Foundations of the Theory of Probability*）所指出的那样，奠定了概率论的基础。在该书中，他认为概率论作为数学学科，可以而且应该从公理开始发展，就如同几何、代数一样。

在处理概率问题时，情境要定义清楚，也就是要明确给出概率空间。古典概率（即以“相同的可能性”来解释概率）常与排列组合连在一起。由于统计需取样来得到数据，从而使概率论中“随机性”的特质显现出来。

随机变量 $\tilde{R_a}$ 取值 $\tilde{R_{as}}$ 的概率为 π_s，$s \in S$。根据 S 的不同情形，可以分为离散和连续。当 $S = \{1, \cdots, n\}$，其中 n 可以是有限的，也可以是无穷的，此情形为离散的随机变量；若 S 是实数空间的一个区间，那么称为连续随机变量。

若两个随机变量之间具有相关关系，那么一个随机变量的取值会给另一个随机变量的取值提供信息，这就是条件概率的概念。

当两个随机变量 $\tilde{R_a}, \tilde{R_b}$ 取值的共同概率分布为 $\pi_{ss'}$ 时，在已知 $\tilde{R_a} = \tilde{R_{as}}$ 的信息基础上，$\tilde{R_b} = \tilde{R_{bs'}}$ 的概率称为条件概率：

$$P(\tilde{R_b} = \tilde{R_{bs'}} | \tilde{R_a} = \tilde{R_{as}}) = \frac{\pi_{ss'}}{\sum_{t' \in S'} \pi_{st'}}.$$

这个公式又称为贝叶斯法则。

2.10.2　期望与方差

随机变量 $\tilde{R_a}$ 的**期望值**，为它所有可能取值的加权平均值，定义为 $E(\tilde{R_a}) \equiv \bar{R_a} = \sum_{s \in S} \pi_s \tilde{R_{as}}$，在连续情形下是求解一个积分。

期望效用的运算规则是，若 $\tilde{R}_a, \tilde{R}_b$ 是两个随机变量，则有

$$E(a\tilde{R}_a + b\tilde{R}_b) = a\bar{R}_a + b\bar{R}_b.$$

随机变量 $\tilde{R}_a$ 的方差刻画它取值的变化程度，定义为

$$\text{Var}(\tilde{R}_a) \equiv \sigma^2_{\tilde{R}_a} = \sum_{s\in S} \pi_s(\tilde{R_{as}} - \bar{R}_a)^2.$$

这样，方差越大，差异越大。

两个随机变量 $\tilde{R}_a, \tilde{R}_b$ 之间也许存在一定关联。设 $\tilde{R}_a$ 的取值空间是 $\{\tilde{R_{as}}\}_{s\in S}$，$\tilde{R}_b$ 的取值空间是 $\{\tilde{R_{bs'}}\}_{s'\in S'}$，它们的协方差概念刻画了它们取值之间的关联关系。

令 $\pi_{ss'}$ 是 $\tilde{R}_a = \tilde{R_{as}}, \tilde{R}_b = \tilde{R_{bs'}}$ 的概率。**协方差**记为 $\text{Cov}(\tilde{R}_a, \tilde{R}_b)$，其定义为：

$$\text{Cov}(\tilde{R}_a, \tilde{R}_b) = \sum_{s\in S, s'\in S'} \pi_{ss'}(\tilde{R_{as}} - \bar{R}_a)(\tilde{R_{bs'}} - \bar{R}_b)$$

或

$$\text{Cov}(\tilde{R}_a, \tilde{R}_b) = E(\tilde{R}_a - \bar{R}_a)(\tilde{R}_b - \bar{R}_b) = E(\tilde{R}_a\tilde{R}_b) - E(\tilde{R}_a)E(\tilde{R}_b).$$

若随机变量 $\tilde{R}_a, \tilde{R}_b$ 是独立的，则 $\pi_{ss'} = \pi_s\pi_{s'}$，从而有 $\text{Cov}(\tilde{R}_a, \tilde{R}_b) = 0$。

对于线性组合的方差，有如下计算公式：

$$\text{Var}\left(\sum_{a\in A} \alpha_a \tilde{R}_a\right) = \sum_{a\in A, b\in A} \alpha_a\alpha_b \text{Cov}(\tilde{R}_a, \tilde{R}_b).$$

2.10.3 连续分布

给定随机变量 X，其取值范围为 $[0, \omega]$，**累积分布函数**（cumulative distribution function）定义为 $F: [0, \omega] \to [0, 1]$，其中

$$F(x) = prob[X \leqq x],$$

即 X 的取值不超过 x 的概率。根据定义，函数 F 是非减的，且满足 $F(0) = 0$ 和 $F(\omega) = 1$ (若 $\omega = \infty$，那么 $\lim_{x\to\infty} F(x) = 1$)。通常假设分布函数 F 是递增且连续可微的。

F 的导数称为**概率密度函数 (probability density function)**，通常用对应的小写符号表示，$f \equiv F'$。通常假设 f 是连续的，同时假设对所有 $x \in (0, \omega)$, $f(x) > 0$。区间 $[0, \omega]$ 称为该分布函数的**支撑**（**support**）。

若 X 的分布由 F 刻画，那么 X 的**期望值**为

$$E(X) = \int_0^\omega xf(x)dx.$$

若 $\gamma: [0, \omega] \to \mathcal{R}$ 是任一函数，那么 $\gamma(X)$ 的期望值定义为：

$$E[\gamma(X)] = \int_0^\omega \gamma(x)f(x)dx.$$

有时，$\gamma(X)$ 的期望值也可以写为

$$E[\gamma(X)] = \int_0^\omega \gamma(x)dF(x).$$

给定 $X < x$，X 的**条件期望**定义为：

$$E[X|X < x] = \frac{1}{F(x)}\int_0^x tf(t)dt,$$

从而

$$F(x)E[X|X < x] = \int_0^x tf(t)dt = xF(x) - \int_0^x F(t)dt,$$

该式的第二个等式来自分部积分。

2.10.4　常见概率分布

下面回顾一些常见随机变量的分布、期望值和方差。

1. *二项式分布*

考虑在一个装有很多球的箱子里，有两种颜色的球，红球在其中的比重为 p，黑球在其中的比重为 $1-p$。若取得红球，随机变量 $\tilde{X}$ 的取值为 1，否则取值为 0。若只取一次，随机变量的分布概率为 $p(\tilde{X}=1)=p$，$p(\tilde{X}=0)=1-p$。

期望值和方差分布为：

$$E(\tilde{X}) = p; \quad \mathrm{Var}(\tilde{X}) = p(1-p).$$

若做 n 次实验（每次取完后将球放回箱子），随机变量定义为取到红球的次数，则随机变量的分布概率为

$$p(\tilde{X}=k) = \frac{n!}{k!(n-k)!}p^k(1-p)^{n-k},$$

其期望值和方差分布是：

$$E(\tilde{X}) = np; \quad \mathrm{Var}(\tilde{X}) = np(1-p).$$

2. *泊松分布*

若随机变量 $\tilde{X}$ 的概率为

$$P(\tilde{X}=k) = e^{-\lambda}\frac{\lambda^k}{k!},$$

则称它为具有参与 (λ) 的**泊松分布**，其期望值和方差分布是：

$$E(\tilde{X}) = \lambda; \quad \mathrm{Var}(\tilde{X}) = \lambda.$$

3. 均匀分布

若随机变量 $\tilde{X}$ 的密度分布函数为

$$f(x)=\frac{1}{b-a},\ x\in[a,b],$$

则称它为具有取值范围 $[a,b]$ 的**均匀分布**，其期望值和方差分布是:

$$E(\tilde{X})=\frac{b+a}{2};\quad \mathrm{Var}(\tilde{X})=\frac{(b-a)^2}{12}.$$

4. 正态分布

若随机变量 $\tilde{X}$ 的密度分布函数为

$$f(x)=\frac{1}{\sqrt{2\pi}\sigma}e^{-\frac{(x-\mu)^2}{2\sigma^2}},\ x\in(-\infty,\infty),$$

则称它为具有参数 (μ,σ^2) 的**正态分布**，其期望值和方差分布是:

$$E(\tilde{X})=\mu;\quad \mathrm{Var}(\tilde{X})=\sigma^2.$$

5. 指数分布

若随机变量 $\tilde{X}$ 的密度分布函数为

$$f(x)=\lambda e^{-\lambda x},x\in[0,\infty),$$

则称它为具有参数 (λ) 的**指数分布**，其期望值和方差分布是:

$$E(\tilde{X})=\frac{1}{\lambda};\quad \mathrm{Var}(\tilde{X})=\frac{1}{\lambda^2}.$$

2.11 随机占优与关联

2.11.1 风险率

令 F 是支撑区间 $[0,\omega]$ 上的分布函数。F 的**风险率** (hazard rates) 是一个函数 $\lambda:[0,\omega)\to\mathcal{R}_+$，定义为

$$\lambda(x)\equiv\frac{f(x)}{1-F(x)}.$$

其解释是，若 $F(x)$ 表示在时间 x 之前某个事件发生的概率，那么在时间 x 上的风险率 λ 表示了，在给定时间 x 事件没发生，但在时间 x 上瞬间发生的概率。事件可以想象为机器的某个部件，比如灯泡，发生故障，所以它通常也被称作“故障率”。

对上式求解 F，可知分布函数 F 可写为

$$F(x)=1-\exp\left(-\int_0^x\lambda(t)dt\right).$$

这就意味着，对任意函数 $\lambda:[0,\omega)\to\mathcal{R}_+$ 及所有的 $x<\omega$，我们有

$$\int_0^x \lambda(t)dt<\infty,\quad \lim_{x\to\omega}\int_0^x \lambda(t)dt=\infty,$$

使得它是**某个**分布函数的风险率。

与风险率紧密联系的是函数 $\sigma:(0,\omega]\to\mathcal{R}_+$，定义为

$$\sigma(x)\equiv\frac{f(x)}{F(x)},$$

通常称之为**逆风险率 (reverse hazard rate)** 或者称为**逆 Mills 率**。同样地，求解 F 得：

$$F(x)=\exp\left(-\int_x^\omega \sigma(t)dt\right),$$

这就意味着，对于任意函数 $\sigma:(0,\omega]\to\mathcal{R}_+$ 满足：对所有的 $x>0$,

$$\int_x^\omega \sigma(t)dt<\infty\text{同时}\lim_{x\to 0}\int_x^\omega \sigma(t)dt=\infty.$$

它是某个分布函数的“逆风险率”。

2.11.2　随机占优

1. 一阶随机占优

定义 2.11.1 (一阶随机占优 (first-order stochastic dominance))　若 $F(z)\leqq G(z)$ 对所有的 $z\in[0,\omega]$ 成立，则称分布 $F(\cdot)$**一阶随机占优**于 $G(\cdot)$。

上面的定义意味着在 $F(\cdot)$ 下至少获得 x 的概率比在 $G(\cdot)$ 下大，也就是 $F(\cdot)\leqslant G(\cdot)$ 意味着在 $F(\cdot)$ 分布中低值的概率比 $G(\cdot)$ 要小，或者说在 $F(\cdot)$ 分布中高值的概率比 $G(\cdot)$ 要大。这类似于确定性情形下的单调概念。

另外还有一个检验标准：每个认为多比少好的期望最大化者，是否均认为 $F(\cdot)$ 优于 $G(\cdot)$。

下面的定理证明了这两种标准是等价的。

定理 2.11.1　分布 $F(\cdot)$ 一阶随机占优于 $G(\cdot)$ 当且仅当对任意（弱）单调递增的可微函数 $u:\mathcal{R}\to\mathcal{R}$, 有

$$\int u(z)dF(z)\geqslant\int u(z)dG(z).$$

证明　定义 $H(z)=F(z)-G(z)$。我们需要证明 $H(z)\leqq 0$ 当且仅当对任意（弱）单调递增的可微函数 $u(\cdot)$，满足 $\int u(z)dH(z)\geqslant 0$。

充分性：假设存在某个 $\hat{z}$ 使得 $H(\hat{z})>0$。我们选择一个弱单调增函数 $u(z)$

$$u(z)=\begin{cases}0, & z\leqq\hat{z},\\ 1, & z>\hat{z},\end{cases}$$

得到 $\int u(z)dH(z)=-H(\hat{z})<0$，矛盾。

必要性:

$$\int u(z)dH(z) = [u(z)H(z)]_{-\infty}^{\infty} - \int u'(z)H(z)dz = 0 - \int u'(z)H(z)dz \geqq 0.$$

上式第一个等号是分部积分的公式，第二个等号来自

$$F(-\infty) = G(-\infty) = 0,\ F(\infty) = G(\infty) = 1,$$

而不等号来自 $u(\cdot)$ 是弱单调递增假设（$u'(\cdot) \geqq 0$）以及 $H(z) \leqq 0$。 □

事实上，上面命题中函数的可微条件可以不要。这是因为任意一个单调函数都可以被一单调可微函数序列无限逼近。上面的命题揭示了，只要人们对收益的评价是单调递增的，那么他们更偏好于一阶随机占优的不确定支付。

2. 二阶随机占优

定义 2.11.2 (二阶随机占优) 对任意两个具有相同期望值的分布 $F(\cdot)$ 和 $G(\cdot)$，若

$$\int_{-\infty}^{z} F(r)dr \leqq \int_{-\infty}^{z} G(r)dr$$

对所有的 z 都成立，则称分布 $F(\cdot)$**二阶随机占优** (second-order stochastic dominance) 于 $G(\cdot)$。

显然，一阶随机占优意味着二阶随机占优。二阶随机占优不仅包含单调性的概念，而且还隐含着风险更低的概念。为此，引入“均值保持扩散”（mean-preserving spreads）的概念。

假设随机变量 X 的分布函数为 F。令 Z 是一个建立在条件 $X = x$ 上的随机变量，其分布函数为 $H(\cdot|X = x)$，满足对所有的 x 都有 $E[Z|X = x] = 0$。假设随机变量 $Y = X + Z$ 是通过如下方式生成的：首先是以分布函数 F 的方式抽取 X，接着对于每一个结果 $X = x$ 按照条件分布函数 $H(\cdot|X = x)$ 的方式抽取一个 Z，并加到 X 上。令 G 是上面随机变量 Y 的分布函数，我们称它为 F 的**均值保持扩散**。

尽管随机变量 X 和 Y 有相同的均值，即 $E[X] = E[Y]$，然而随机变量 Y 比 X 在分布上更“分散”，这是因为它是在 X 的基础上引入一个噪音变量 Z 而形成的。假设 $u : [0, \omega] \to \mathcal{R}$ 是一个凹函数，从而根据詹森不等式 (Jensen's inequality)

$$E(u(X)) \leqq E(u(Y)),$$

我们有

$$\begin{aligned} E_Y[u(Y)] &= E_X[E_Z[u(X + Z)]|X = x] \\ &\leqq E_X[u(E_Z[X + Z|X = x])] \\ &= E_X[u(X)]. \end{aligned}$$

这样，对二阶随机占优，也有与一阶随机占优相似的结论。为论述方便，假设取值区间为 $[0, 1]$。

定理 2.11.2 假定两个分布 $F(\cdot)$, $G(\cdot)$ 的两个均值相同，那么下面三个结论是等价的。

(1) $F(\cdot)$ 二阶随机占优于 $G(\cdot)$;

(2) 对任意非减凹函数 $u:\mathcal{R}\to\mathcal{R}$, 有 $\int u(z)dF(z)\geqq\int u(z)dG(z)$;

(3) $G(\cdot)$ 是 $F(\cdot)$ 的均值保持扩散。

证明 从 **(3)** 到 **(2)**: 由下列关系式得到：

$$\begin{aligned}\int u(z)dF(z)&=\int u\left(\int(x+z)dH_z(x)\right)dF(z)\\&\geqq\int\left(\int u(x+z)dH_z(x)\right)dF(z)\\&=\int u(z)dG(z).\end{aligned}$$

上面的第二个不等号利用了 $u(\cdot)$ 是凹函数的性质。

从 (2) 到 (1):

$$\begin{aligned}&\int u(z)dF(z)-\int u(z)dG(z)\\&=-u'(1)\int_0^1(F(z)-G(z))dz+\int\left(\int_0^z(F(x)-G(x))dx\right)u''(z)dz\\&=\int(\int_0^z(F(x)-G(x))dx)u''(z)dz\\&\geqq 0.\end{aligned}$$

最后不等式是根据：由二阶随机占优的定义，

$$\int_{-\infty}^z F(r)dr\leqq\int_{\infty}^z G(r)dr$$

对任意的 z 成立，以及 $u''(\cdot)\leqq 0$。从而有

$$\int u(z)dF(z)-\int u(z)dG(z)\geqq 0.$$

从 (1) 到 (3): 我们只证明离散的情形。

定义

$$\begin{aligned}S(z)&=G(z)-F(z),\\T(x)&=\int_0^x S(z)dz.\end{aligned}$$

根据二阶随机占优的定义，有 $T(x)\geqq 0$，同时 $T(1)\geqq 0$，这意味着存在某个 $\hat{z}$ 使得 $S(z)\geqq 0$ 对 $z\leqq\hat{z}$ 成立，及 $S(z)\leqq 0$ 对 $z\geqq\hat{z}$ 成立。

由于随机变量是离散分布，那么 $S(z)$ 是一个阶梯函数。令 $I_1=(a_1,a_2)$ 是第一个 $S(z)$ 为正的区间，$I_2=(a_3,a_4)$ 是第一个 $S(z)$ 为负的区间。如果 $I_1=(a_1,a_2)$ 不存在，那么 $S(z)\equiv 0$，命题自然成立。假设 $I_1=(a_1,a_2)$ 存在，那么 $I_2=(a_3,a_4)$ 也一定存在。

这样有 $S(z) \equiv \gamma_1 > 0$ 对 $z \in I_1$ 成立，及 $S(z) \equiv -\gamma_2 < 0$ 对 $z \in I_2$ 成立。由 $T(x) \geqq 0$，那么 $a_2 < a_3$。若 $\gamma_1(a_2 - a_1) \geqq \gamma_2(a_4 - a_3)$，存在 $a_1 < \hat{a}_2 \leqq a_2$ 及 $\hat{a}_4 = a_4$ 使得 $\gamma_1(\hat{a}_2 - a_1) = \gamma_2(\hat{a}_4 - a_3)$。当 $\gamma_1(a_2 - a_1) < \gamma_2(a_4 - a_3)$，存在 $a_3 < \hat{a}_4 \leqq a_4$，使得 $\gamma_1(\hat{a}_2 - a_1) = \gamma_2(\hat{a}_4 - a_3)$。

令

$$S_1(z) = \begin{cases} \gamma_1, & 若 a_1 < z < \hat{a}_2, \\ -\gamma_2, & 若 a_3 < z < \hat{a}_4, \\ 0, & 其他. \end{cases}$$

若 $F_1 = F + S_1$，则 F_1 是 F 的一个均值保持扩散。定义 $S^1 = G - F_1$，使用上面类似的方法，我们可以构造出 $S_2(z)$ 和 F_2。由于 $S(z)$ 是一个阶梯函数，在有限轮后，就一定会中止，也就是说，存在一个 n，$F_0 = F, F_n = G$，F_{i+1} 是 F_i 的一个均值保持扩散，显然，有限个叠加的均值保持扩散仍然是一个均值保持扩散。 □

在实际分析中，我们知道连续的函数总可以被阶梯函数无限逼近，不过具体证明过程比较复杂，Rothschild 和 Stiglitz(1971) 的原始文献对连续分布情形给出了完整证明。

2.11.3 风险占优

定义 2.11.3 (风险占优) 设分布函数 F 和 G 的风险率分别为 λ_F 和 λ_G。若对所有的 x，都有 $\lambda_F(x) \leqq \lambda_G(x)$，那么我们说 F **在风险率的意义上占优于** G，简称**风险占优** (hazard rate dominance)。

若 F 风险占优于 G，那么

$$F(x) = 1 - \exp\left(-\int_0^x \lambda_F(t)dt\right) \leqq 1 - \exp\left(-\int_0^x \lambda_G(t)dt\right) = G(x),$$

从而 F 随机占优于 G。这样，风险占优意味着（一阶）随机占优。

2.11.4 逆风险占优

定义 2.11.4 (逆风险占优) 设分布函数 F 和 G 对应的逆风险率为 σ_F 和 σ_G。若对于所有的 x，都有 $\sigma_F(x) \geqq \sigma_G(x)$，则称$F$ **在逆风险率的意义上占优于** G，简称**逆风险占优** (reverse hazard rate dominance)。

若 F "逆风险占优"于 G，那么

$$F(x) = \exp\left(-\int_x^\omega \sigma_F(t)dt\right) \leqq \exp\left(-\int_x^\omega \sigma_G(t)dt\right) = G(x),$$

同样有 F 随机占优于 G。这样，逆风险占优意味着（一阶）随机占优。

2.11.5 序统计量

假定 $X_1, X_2, \cdots, X_n$ 是 n 个独立随机抽取的随机变量，抽取的方式服从分布函数 F，其对应的密度函数为 f。令 $Y_1^{(n)}, Y_2^{(n)}, \cdots, Y_n^{(n)}$ 是一个重新（按顺序）排列，使得

$$Y_1^{(n)} \geqq Y_2^{(n)} \geqq \cdots \geqq Y_n^{(n)}.$$

排序后的随机变量 $Y_k^{(n)}$, $k = 1, 2, \cdots, n$ 被称为**序统计量** (**order statistics**)。

令 $F_k^{(n)}$ 是随机变量 $Y_k^{(n)}$ 的分布函数，对应的密度函数为 $f_k^{(n)}$。若“取样规模”(sample size)n 是固定的，用 Y_k 替代 $Y_k^{(n)}$，对应地用 F_k 替代 $F_k^{(n)}$，以及用 f_k 替代 $f_k^{(n)}$。如在拍卖理论中，人们通常关心的是最高和次高序统计量 Y_1 和 Y_2 的特性。

1. 最高序统计量

最高序统计量 (highest order statistics) Y_1 的分布容易求解。事件 $Y_1 \leqq y$ 与下面的事件相同：对所有的 k，都有 $X_k \leqq y$。由于每个 X_k 都是按照分布函数 F 的一个独立抽取，

$$F_1(y) = F(y)^n.$$

相应的密度概率函数为：

$$f_1(y) = nF(y)^{n-1}f(y).$$

观察到，若 F 随机占优于 G，F_1 和 G_1 分别是对应的按 F 和 G 抽取的最高序统计量的分布函数，那么 F_1 随机占优于 G_1。

2. 次高序统计量

次高序统计量 (second-highest order statistic)Y_2 的分布也同样容易求解。事件 $Y_2 \leqslant y$ 是下面两个不相容事件的联合：(1) 所有的 X_k 都不大于 y；(2) 在所有 X_k 的时间中有 $n-1$ 个取值不超过 y，同时另一个取值大于 y。由于事件 (2) 有 n 种不同的发生方式，从而有

$$\begin{aligned} F_2(y) &= \underbrace{F(y)^n}_{\text{(i)}} + \underbrace{nF(y)^{n-1}(1-F(y))}_{\text{(ii)}} \\ &= nF(y)^{n-1} - (n-1)F(y)^n. \end{aligned}$$

对应的概率密度函数为：

$$f_2(y) = n(n-1)(1-F(y))F(y)^{n-2}f(y).$$

同样可以验证：若 F 随机占优于 G，F_2 和 G_2 分别是从 F 和 G 分布函数中 n 次独立随机抽取出的次高序统计量，则 F_2 随机占优于 G_2。

2.11.6　关联

定义 2.11.5　设 $X_1, X_2, \cdots, X_n$ 是在区间乘积 $\mathcal{X} \subseteq \mathcal{R}^n$ 中具有共同密度函数 f 的随机变量。变量 $\mathbf{X} = (X_1, X_2, \cdots, X_n)$ 被称为**关联的 (affiliated)**，若对于所有的 $\mathbf{x}', \mathbf{x}'' \in \mathcal{X}$，满足：

$$f(\mathbf{x}' \vee \mathbf{x}'')f(\mathbf{x}' \wedge \mathbf{x}'') \geqq f(\mathbf{x}')f(\mathbf{x}''), \tag{2.11.62}$$

其中

$$\mathbf{x}' \vee \mathbf{x}'' = (\max(x_1', x_1''), \cdots, \max(x_n', x_n''))$$

表示对 $\mathbf{x}'$ 和 $\mathbf{x}''$ 按分量 (component-wise) **最大化**，

$$\mathbf{x}' \wedge \mathbf{x}'' = (\min(x_1', x_1''), \cdots, \min(x_n', x_n''))$$

表示对 $\mathbf{x}'$ 和 $\mathbf{x}''$ 按分量**最小化**。若式 (2.11.62) 满足，那么我们说 f 是关联的。

设密度函数 $f:\mathcal{X}\to\mathcal{R}_+$ 在 $\mathcal{X}$ 的内部是严格正的，且二次连续可微。则 f 是关联的，当且仅当对于所有的 $i\neq j$，

$$\frac{\partial^2}{\partial x_i\partial x_j}\ln f\geqq 0,$$

即 $\ln f$ 的海森矩阵中的非主对角元素是非负的。

命题 2.11.1 令 $X_1,X_2,\cdots,X_n$ 是随机变量，$Y_1,Y_2,\cdots,Y_{n-1}$ 是对 $X_2,X_3,\cdots,X_n$ 按照从大到小进行排序后的序统计量。若 $X_1,X_2,\cdots,X_n$ 是对称分布且关联的，则

(1) $X_1,X_2,\cdots,X_n$ 的子集中的变量之间也是关联的。

(2) $X_1,Y_1,Y_2,\cdots,Y_{n-1}$ 也是关联的。

1. 单调似然率特性

假设两个随机变量 X 和 Y 的共同密度函数为 $f:[0,\omega]^2\to\mathcal{R}$。若 X 和 Y 是关联的，则对所有的 $x'\geqq x$ 以及 $y'\geqq y$，都有

$$f(x',y)f(x,y')\leqq f(x,y)f(x',y')\Leftrightarrow\frac{f(x,y')}{f(x,y)}\leqq\frac{f(x',y')}{f(x',y)}\tag{2.11.63}$$

及

$$\frac{f(y'|x)}{f(y|x)}\leqq\frac{f(y'|x')}{f(y|x')},$$

从而**似然率 (likelihood ratio)**

$$\frac{f(\cdot|x')}{f(\cdot|x)}$$

是递增的，称之为**单调似然率特性 (monotone likelihood ratio property)**。

2. 似然率占优

定义 2.11.6 (似然率占优 (likelihood ratio dominance)) 若对所有的 $x<y$，都有

$$\frac{f(x)}{f(y)}\leqq\frac{g(x)}{g(y)},$$

则称分布函数 F 在**似然率**意义下占优于 G。

于是我们有下面的结论。

命题 2.11.2 若 X 和 Y 是关联的，则有下列性质:

(1) 对于所有的 $x'\geqq x$，$F(\cdot|x')$ 在**风险率 (hazard rate) 意义下**占优于 $F(\cdot|x)$，即

$$\lambda(y|x')\equiv\frac{f(y|x')}{1-F(y|x')}\leqq\frac{f(y|x)}{1-F(y|x)}\equiv\lambda(y|x).$$

也就是对于所有的 y，$\lambda(y|\cdot)$ 是非增的。

(2) 对于所有的 $x'\geqq x$，$F(\cdot|x')$ 在**逆风险率 (reverse hazard rate) 意义下**占优于 $F(\cdot|x)$，即

$$\sigma(y|x')\equiv\frac{f(y|x')}{F(y|x')}\leqq\frac{f(y|x)}{F(y|x)}\equiv\sigma(y|x),$$

也就是对所有的 y，$\sigma(y|\cdot)$ 是非减的。

(3) 对于所有的 $x' \geqq x$, $F(\cdot|x')$ **随机占优 (stochastically dominate)** 于$F(\cdot|x)$, 即

$$F(y|x') \leqq F(y|x),$$

也就是对所有的 y, $F(y|\cdot)$ 是非增的。

以上所有结果都可推广到条件变量 (conditioning variables) 数目超过 1 的情形。设 $Y, X_1, X_2, \cdots, X_n$ 是关联的，令 $F_Y(\cdot|\mathbf{x})$ 表示给定条件 $X = \mathbf{x}$ 下 Y 的条件分布函数。可类似证明，对于所有的 $\mathbf{x}' \geqq \mathbf{x}$，$F_Y(\cdot|\mathbf{x}')$ 在似然率的意义下占优于 $F_Y(\cdot|\mathbf{x})$ 。同样也可得到其他意义下的占优关系。

2.12 【人物小传】

2.12.1 弗里德里希·哈耶克

弗里德里希·哈耶克 (Friedrich August Hayek，1899—1992)，20 世纪最伟大的经济学思想家，奥地利学派的代表人物，1974 年因其在货币和经济周期理论方面，以及对经济、政治与制度现象之间相互关系的透彻分析等贡献而获得诺贝尔经济学奖。诺贝尔奖委员会认为，哈耶克对经济周期的深入分析，使得他是在 1929 年之前对可能发生经济大萧条提出警告的极少数经济学家之一。其实，20 世纪无论是从学术还是现实来看，都是市场经济制度和计划经济制度的竞争和它们的优劣之争。哈耶克对于不同经济制度的透彻分析，使得他很早就指出计划经济无论是从信息效率、激励相容还是资源配置效率的角度来讲，都是不可行的，实践的结果证明了哈耶克的非同常人的判断力和洞察力，最后以计划经济制度基本消失作为结局，使之成为 20 世纪最有影响力的经济学家之一。

哈耶克出生在维也纳一个知识分子家庭，获维也纳大学博士学位（1921—1923）。哈耶克在维也纳大学就读时，曾听过米塞斯（Ludwig von Mises，1881—1973，其人物小传见 16.10.1 节）的课。正是米塞斯于 1922 年出版的彻底批判社会主义的著作最终把哈耶克从费边社会主义思潮中拉了出来。理解哈耶克对经济学和古典自由主义巨大贡献的最好办法是从米塞斯的社会协作研究范式的角度来分析。哈耶克主要任教于英国伦敦政治经济学院（1931—1950）、美国芝加哥大学（1950—1962）、德国弗赖堡大学（1962—1968）等。哈耶克在芝加哥大学时是社会与道德学教授，隶属于“社会思想委员会”，并没能在经济系取得教职，而他在经济系的朋友弗里德曼教授也对哈耶克的经济书籍持有批判性看法。刚到芝加哥大学时，哈耶克进行政治学研究而并没有从事经济学研究，并且对芝加哥大学经济系的一些研究方法持敌对态度。即便如此，哈耶克常与芝加哥经济学派的一些人物有频繁来往，而他的政治观点也与芝加哥学派的许多人契合。哈耶克对芝加哥大学作出了可圈可点的贡献，他强力支持芝加哥学派经济学家、法律经济学创始人亚伦·戴雷科特（Aaron Director）在芝加哥法学院开展“法律与社会”项目，而后者则说服芝加哥大学出版社出版了哈耶克后来风靡世界的《通往奴役之路》。哈耶克与弗里德曼等人合作建立了国际自由主义经济学家论坛等。

哈耶克的一生中有两次影响深远的论战：一是 20 世纪二三十年代的社会主义大论战。他从信息和激励的角度对计划经济的弊端进行了较为彻底的批判，认为计划经济在理论上是行不通的，强调以自由、竞争和规则为基本要素的自生自发社会秩序的重要性，他的这种

超前的内在逻辑判断在他去世之前得以验证。二是 20 世纪 30 年代与凯恩斯的理论论战。他对凯恩斯在《货币论》中提出的理论主张和学术观点提出了尖锐批评，认为凯恩斯提出的通过降低利率和增加货币供给来实现充分就业的经济学主张从根本上是错误的。1947 年，哈耶克倡导成立了自由主义者的重要学术组织——朝圣山学会，他主张彻底的经济自由，反对任何形式的国家干预，以致对货币发行也要“非国家化”。

哈耶克揭示制度重要性的深邃思想毫无疑问将继续影响和指导世界，特别是中国的下一步改革。

2.12.2 约瑟夫·熊彼特

约瑟夫·阿洛伊斯·熊彼特（Joseph Alois Schumpeter，1883—1950），一位有深远影响的奥地利裔美国政治经济学家（但并非是“奥地利学派”的成员），被誉为“创新理论”的鼻祖，被称为有史以来最伟大的经济学家之一，至今有关市场经济和创新的多数观念和知识几乎都与他的名字有关。他提出了四个最具代表性的著名经济学术语——创新、企业家精神、企业战略和创造性毁灭。他认为“创造性毁灭”是一把双刃剑，既孕育着经济增长，同时也削弱了人类历来珍视的某些价值观。“贫穷带来的是悲惨的生活，繁荣难以保持思想的平静。”

1883 年，熊彼特出生于奥匈帝国摩拉维亚省（今捷克境内，故有人又把熊彼特看作美籍捷克人）特利希镇的一个织布厂主的家庭。他幼年就读于维也纳的一个贵族中学；1901—1906 年在维也纳大学攻读法学和社会学，1906 年获法学博士学位。1908 年，还在熊彼特的经济学家之路刚刚起步的时候，通过导师的推荐，他来到库切诺维奇大学担任副教授。库切诺维奇是个偏远的城市，但有着置身于现代工业文明之外的宁静，是个做学问的好地方。在这里，熊彼特写出了他的第一部惊世之作——《经济发展理论》，于 1912 年出版，书中提出了“创新”及其在经济发展中的作用，轰动了当时的西方经济学界。据统计，熊彼特提出的“创造性毁灭”概念，在西方世界的被引用率仅次于亚当·斯密的“看不见的手”。《经济发展理论》成为 20 世纪的经典经济学文献之一。其后移居美国，一直任教于哈佛大学。

他在著名的《经济分析史》一书中提出，一个经济“科学”家与一般的经济学家的差别在于进行经济分析时是否采用了三要素：一是经济理论，要有内在逻辑分析；二是历史，要有历史视野的分析；三是统计，要有数据、有实证的分析。近年来，熊彼特在中国大陆声名日隆，特别是在谈到“创新”时，熊彼特的“五种创新”理念时常被人们引用和提及，几乎到了“言创新必称熊彼特”的程度。不仅仅是中国，作为“创新理论”和“商业史研究”的奠基人，熊彼特在西方世界的影响也正在被“重新发现”。

“创新”是指将原始生产要素重新排列组合为新的生产方式，以求提高效率、降低成本的一个经济过程。在熊彼特的经济模型中，能够成功“创新”的人便能够摆脱利润递减的困境而生存下来，那些不能够成功地重新组合生产要素的人会最先被市场淘汰。“资本主义的创造性毁灭”——当景气循环到谷底的同时，也是某些企业家不得不考虑退出市场或是另一些企业家必须要“创新”以求生存的时候。只要将多余的竞争者筛除或是有一些成功的“创新”产生，便会使景气提升、生产效率提高，但是当某一产业又重新变得有利可图的时候，它又会吸引新的竞争者投入，然后又是一次利润递减的过程，回到之前的状态。所以说每一次萧条都隐含着又一次技术革新的可能，这句话也可以反过来陈述为：技术革新的结果便是可预期的下一次萧条。在熊彼特看来，资本主义的创造性与毁灭性因此是同源的。但熊彼特并不认为资本主义的优越性便是由于其自己产生的动力将会不停地推动自身发展，他相信资本主义经济最终将因为无法承受其快速膨胀带来的能量而崩溃于其自身的规模。“景气循环”，也称“经济周期”，这是熊彼特最常为后人引用的经济学主张。熊彼特的创造性毁灭概念对现代经济学的发展有很大的影响。动态市场机制与研发经济学相结合，给经济学家提供了技术内生化的视角，熊彼特式的技术创新成为宏观经济学中内生增长理论的一个核心要素。

熊彼特在《资本主义、社会主义与民主》中给出关于民主的现代定义：“民主方法就是那种为作出政治决定而实行的制度安排，在这种安排中，某些人通过争取人民的选票取得做决定的权力。”他认为，民主就是政治精英竞争获取权力和人民选择政治领袖的过程。民主的实质在于一种竞争的选举过程。政治精英掌握政治权力，实施统治，但其合法性来自人民的选择。熊彼特还将政治市场与经济市场相提并论。他认为，在民主政治市场中，政治家根据选民的偏好提供政治纲领和政策在大选中自由竞争，争夺选民的选票。熊彼特的民主定义标志着民主理论由人民直接统治的古典民主向现代的选举民主的重大转变。

熊彼特虽身为一名资深学者，却不是一个乏味的人。他的个人生活有过很多波折和困难，但总是衣冠楚楚，风度翩翩，颇有绅士风度，且长着一双灵动的眼睛，令无数女子为之倾倒，而熊彼特对她们也总是含情脉脉。他曾颇为自得地说：“我天生就很有女人缘。”

任何一个国家的经济发展都需要经历从要素驱动到效率驱动乃至创新驱动三个阶段。中国也是如此，中国要顺利从要素驱动转向效率驱动，从而转向创新驱动，哈耶克和熊彼特的思想和理论正好分别对这两个驱动阶段起到理论指导和明道的重大作用。

2.13 习　　题

习题 2.1　考虑一个由两个部门组成的经济：实物部门和货币部门，由如下等式刻画：

$$Y = C + I + G,$$

$$C = a + b(1-t)Y,$$

$$I = d - ei,$$

$$G = G_0,$$

这里，Y, C, I 和 i (i 是利率) 是内生变量，G_0 是外生变量，a, b, d, e 和 t 都是结构参数。

在新引入的货币市场中，我们有：

均衡条件：　$M_d = M_s$,

货币需求：　$M_d = kY - li$,

货币供给：　$M_s = M_0$,

其中 M_0 是外生的货币存量，k 和 l 是参数。对于设定的这个经济，分别求解以下问题 (运用克莱姆法则求解)：

1. 均衡收入 Y^*；
2. 货币供给乘数；

3. 政府支出乘数。

习题 2.2 Q 表示有理数的集合，作为测度空间，它的距离定义为 $d(p,q)=|p-q|$。其中的集合 $E=\{p\in Q:2<p<40\}$。

1. 证明 E 在 Q 中是闭的，并且是有界的。

2. 证明 E 是非紧的。

3. E 在 Q 中是开集吗？为什么？

习题 2.3 给定某个测度空间 X，考虑 X 中的一系列开集 $\{E_n\}_{n\in N}$。

1. 证明 $\bigcup_{n\in N}E_n$ 是开集。

2. 证明一系列开集的交集不一定是开集（给出一个例子即可）。

习题 2.4 证明以下定理：

1. 开集减闭集后的差集仍是开集；闭集减开集后的差集仍是闭集。

2. 每个闭集必是可数个开集的交集；每个开集必是可数个闭集的和集。

习题 2.5 令 $S\in\subseteq\mathcal{R}^L$。证明下列命题是等价的：

1. S 是紧的。

2. S 是闭且有界的。

3. S 的每个序列有一个收敛的子序列，使得它的极限点属于 S。

4. S 的每个无限子集都有一个在 S 的聚点。

5. 具有有限交性质（即任何有限个子集合的交集非空）的 S 的每个闭子集的集合是非空的。

习题 2.6 证明下列命题：

1. 紧集的每个闭子集是紧的。

2. 若 $f:X\to Y$ 是连续的且 K 在 X 中是紧的，则 $f(K)$ 在 Y 中是紧的。

3. S_i 是紧的，$i\in I$，当且仅当 $\prod_{i\in I}S_i$ 是紧的。

4. S_i 是紧的，$i=1,2,\cdots,m$，当且仅当 $\sum_i^m S_i$ 是紧的。

习题 2.7 (Shapley-Folkman 定理) 证明以下定理：令 S_i 是 $\mathcal{R}^l$ 的非空子集，$i=1,2,\cdots,m$。对每一个 $x\in co(\sum_{i=1}^m S_i)$，存在 $x_i\in coS_i$，$i=1,2,\cdots,m$，可使得 $x=\sum_{i=1}^m x_i$，并且 $\#\{i:x_i\notin S_i\}$。

习题 2.8 证明以下定理：

1. 若 f 是定义在 $\mathcal{R}^1$ 上的可导函数，则 f 是凹的充要条件是它的一阶条件 $f'(x)$ 是非增的。

2. 若 f 是定义在 $\mathcal{R}^1$ 上的二阶可导函数，则 f 是凹的充要条件是它的一阶条件 $f''(x)$ 是非正的。

3. 若 f 是定义在 $\mathcal{R}^1$ 上的可导函数，则 f 是凹的充要条件是对于任何 $x,y\in\mathcal{R}^1$，$f(y)\leqq f(x)+f'(x)(y-x)$。

习题 2.9 设函数 $f(\mathbf{x})=\dfrac{1}{2}\mathbf{x}^TA\mathbf{x}+b^T\mathbf{x}+c$，其中 $\mathbf{x}\in\mathcal{R}^n$，$\mathbf{x}^T$ 是向量 $\mathbf{x}$ 的转置，A 为 $n\times n$ 的对称矩阵，$\mathbf{b}$ 为 n 维向量，c 为常数。

1. 证明：若 A 为半正定矩阵，则 $f(\mathbf{x})$ 为凸函数。

2. 证明：若 A 为正定矩阵，则 $f(\mathbf{x})$ 为严格凸函数。

习题 2.10 考虑如下最优化问题，判断库恩–塔克条件是否适用并且求解。

$$\begin{aligned} &\max\ x_1 \\ \text{s.t.}\quad & x_1^3 - x_2 \leqq 0, \\ & x_2 \leqq 0. \end{aligned}$$

习题 2.11 试运用库恩–塔克条件求解如下最优化问题。

$$\begin{aligned} &\max\ xyz \\ \text{s.t.}\quad & x^2 + y^2 + z^2 \leqq 6, \\ & x \geqslant 0, y \geqslant 0, z \geqslant 0. \end{aligned}$$

习题 2.12 最大化问题如下：

$$\begin{aligned} &\max f(\mathbf{x}) \\ \text{s.t.}\qquad & g^1(\mathbf{x}) = 0, \cdots, g^m(\mathbf{x}) = 0, \end{aligned}$$

其中 $f: \mathcal{R}^n \longrightarrow \mathcal{R}$ 和 $g: \mathcal{R}^n \longrightarrow \mathcal{R}$ 为 $\mathbf{x}$ 的增函数，$m < n$。试证明：若 f 拟凹且 g^j 都是拟凸的，则任何局部最优解都是整体最优解。

习题 2.13 令 $u: \mathcal{R}^n \longrightarrow \mathcal{R}$ 是一个函数，$\mathbf{p}, \mathbf{x} \in \mathcal{R}^n$，及 $y \in \mathcal{R}$。考虑如下最优化问题：

$$\begin{aligned} &\max_{\mathbf{x}} u(\mathbf{x}) \\ \text{s.t.}\quad & \mathbf{px} = y. \end{aligned}$$

假定该问题存在最优解 $x^*(\mathbf{p}, y) > 0$，函数 $v(\mathbf{x}, y) = u(\mathbf{x}^*(\mathbf{p}, y))$。

1. 试证明 $v(\mathbf{p}, y)$ 是零阶齐次函数。
2. 试证明 $v(\mathbf{p}, y)$ 是拟凸函数。

习题 2.14 假设柯布–道格拉斯效用函数 $u: \mathcal{R}^2 \longrightarrow \mathcal{R}$ 被定义为：

$$u(x_1, x_2) = x_1^{\alpha} x_2^{\beta},\ \alpha,\ \beta > 0.$$

证明：

1. 若 $\alpha + \beta \leqq 1$，则 u 是凹函数。
2. 若 $\alpha + \beta \geqq 1$，则 u 是拟凹函数，但不是凹函数。
3. 对任何 $\alpha > 0$ 和 $\beta > 0$，$h(x_1, x_2) = \ln(u(x_1, x_2))$ 是凹函数。

习题 2.15 设 $\overline{X}$ 是 $\mathcal{R}^n$ 上的非空闭凸集，$x_0 \notin \overline{X}$。证明下面的命题是正确的。

1. 存在点 $a \in \overline{X}$，使得 $d(x_0, a) < d(x_0, x)$ 对所有的 $x \in \overline{X}$ 均成立，并且 $d(x_0, a) > 0$。
2. 存在点 $p \in \mathcal{R}^n$，$p \neq 0$，$||p|| \equiv (\sum_{i=1}^n p_i^2)^{1/2} < \infty$，以及 $\alpha \in \mathcal{R}$，使得

$$p \cdot x \geqq \alpha,\ \text{对所有的}\ x \in \overline{X}\ \text{和}\ p \cdot x_0 < \alpha.$$

即 $\overline{X}$ 和 x_0 被一个超平面 $H = \{x : p \cdot x = \alpha, x \in \mathcal{R}^n\}$ 所分离。

习题 2.16 考虑以下几个函数：

(1) $3x^5y + 2x^2y^4 - 3x^3y^3$。

(2) $3x^5y + 2x^2y^4 - 3x^3y^4$。

(3) $x^{3/4}y^{1/4} + 6x + 4$。

(4) $\dfrac{x^2-y^2}{x^2+y^2}+3$。

(5) $x^{1/2}y^{-1/2}+3xy^{-1}+7$。

(6) $x^{3/4}y^{1/4}+6x$。

1. 找出其中的齐次函数，并且判断它们的阶数。
2. 检验对上述函数，欧拉定理是否成立。

习题 2.17 上(下)半连续对应的简单应用。设 $f: X\times Y\longrightarrow \mathcal{R}$,

$$G(x)=\{y\in\Gamma(x): f(x,y)=\max_{y\in\Gamma(x)} f(x,y)\}.$$

1. 设 $X=\mathcal{R}$, $\Gamma(x)=Y=[-1,1]$。对所有的 $x\in X$，定义 $f(x,y)=xy^2$。
   画 $G(x)$ 的图形并且证明: $G(x)$ 在 $x=0$ 处是上半连续的，但不是下半连续的。
2. 设 $x=\mathcal{R}$, $\Gamma(x)=Y=[0,4]$, 对所有的 $x\in X$。定义

$$f(x,y)=\max\{2-(y-1)^2, x+1-(y-2)^2\}.$$

   画 $G(x)$ 的图形并且证明: $G(x)$ 是上半连续的，但不是下半连续的，并具体地给出在哪些点处不是下半连续的。
3. 设 $X=\mathcal{R}_+$, $\Gamma(x)=Y=\{y\in\mathcal{R}: -x\leqq y\leqq x\}$。对所有的 $x\in X$，定义 $f(x,y)=\cos(y)$，画 $G(x)$ 的图形并且证明: $G(x)$ 是上半连续的，但不是下半连续的，并具体地给出在哪些点处不是下半连续的。

习题 2.18 令集合 $S=\{x\in\mathcal{R}^2:\parallel x\parallel=4\}$ 是半径为 2 的圆的边界。映射 $\psi:\mathcal{R}^2\to S$ 定义为:

$$\psi(x)=\arg\min_{x'\in S} d(x,x'),$$

即 $\psi(x)$ 包含了 S 中和 x 最接近的点。试讨论 $\psi(x)$ 的上半连续性和下半连续性。

习题 2.19 假设 $\Gamma: D\subset\mathcal{R}^l\longrightarrow\mathcal{R}^k$ 是一个对应，对应 Γ 的图像定义为

$$G(\Gamma)=\{(x,y)\in D\times\mathcal{R}^k: y\in\Gamma(x)\}.$$

若 $G(\Gamma)$ 是闭集，则称 Γ 具有闭图像；若 $G(\Gamma)$ 是有界闭集，则称 Γ 是紧致的(compact-valued). 假设 Γ 是紧致的，证明:

1. 若 Γ 是上半连续的，则其有闭图像。
2. 若 Γ 是局部有界的，并且其有闭图像，则 Γ 是上半连续的。(提示: 对应 Γ 局部有界的定义: 称对应 $G(\Gamma)=\{(x,y)\in D\times\mathcal{R}^k: y\in\Gamma(x)\}$ 是局部有界的，若对每一个 $x\in D$, 存在 $\epsilon>0$ 和一个有界集 $Y(x)\subset\mathcal{R}^k$, 使得对所有的 $x'\in N_\epsilon(x)\bigcap D, \Gamma(x')\subset Y(x)$。)

习题 2.20 假设 $X\subseteq\mathcal{R}_+$ 是一个非空紧集。证明:

1. 若 $f: X\longrightarrow X$ 是一个连续的递增函数，则 f 有一个不动点。
2. 特别地，假定 $X=[0,1]$。若 $f: X\longrightarrow X$ 是一个递增函数 (不一定连续), f 还会有一个不动点吗?

习题 2.21 设 X 为完备度量空间, T 是 X 到 X 上的映射。记

$$a_n=\sup_{x\neq x'}\frac{d(T^nx,T^nx')}{d(x,x')}, n=1,2,\cdots.$$

证明: 若 $\sum_{n=1}^{\infty} a_n < \infty$, 则映射 T 有唯一的不动点。

习题 2.22 设 $n \in N$, n 阶方阵 $A = (a_{ij})_{n\times n}$。对任意的 $x \in \mathcal{R}^n$, 有

$$Ax = (\sum_{j=1}^{n} a_{1j}x_j, \sum_{j=1}^{n} a_{2j}x_j, \cdots, \sum_{j=1}^{n} a_{nj}x_j)^T.$$

设 f 是一个从 $\mathcal{R}$ 到 $\mathcal{R}$ 上的可微映射, 使得

$$s = \sup\{|f'(t)| : t \in \mathcal{R}\} < \infty.$$

定义从 $\mathcal{R}^n$ 到 $\mathcal{R}^n$ 上的映射 F, 即

$$F(x) = (f(x_1), \cdots, f(x_n))^T.$$

对于固定的 n 维向量 w, 我们可以求解下面的非线性方程组:

$$z = AF(z) + w. \tag{*}$$

1. 证明: 若 $\max\{\sum_{j=1}^{n} |a_{ij}| : i = 1, \cdots, n\} < \frac{1}{s}$, 则存在唯一的 $z \in \mathcal{R}^n$ 满足上面的方程组 (*)。
2. 证明: 若 $\sum_{i=1}^{n}\sum_{j=1}^{n} |a_{ij}| < \frac{1}{s^2}$, 则存在唯一的 $z \in \mathcal{R}^n$ 满足上面的方程组 (*)。

习题 2.23 设 h 是一个从 $\mathcal{R}_+$ 到 $\mathcal{R}_+$ 上的映射, 并且 $H : \mathcal{R}_+ \times \mathcal{R} \longrightarrow \mathcal{R}$ 是一个有界的函数, 使得存在一个数 $K \in (0, 1)$ 满足

$$|H(x, y) - H(x, z)| < K|y - z|, \text{对任意的} x \geqq 0,\ y,\ z \in \mathcal{R}.$$

证明: 存在唯一的有界函数 $f : \mathcal{R}_+ \longrightarrow \mathcal{R}$, 使得

$$f(x) = H(x, f(h(x))), \text{对任意的 } x \geqq 0.$$

习题 2.24 试求下列泛函的极值曲线:

1. $V(y) = \int_0^1 (t^2 + y'^2)dt, y(0) = 0, y(1) = 2;$
2. $V(y) = \int_0^1 (y + yy' + y' + 0.5y'^2)dt, y(0) = 2, y(1) = 5;$
3. $V(y) = \int_0^T (1 + y'^2)^{0.5} dt, y(0) = A, y(T) = Z.$

习题 2.25 试求解如下优化问题:

$$\begin{aligned} &\max \int_0^3 (x-2)^2(x'(t)-1)^2 dt \\ &\text{s.t.}\quad x(0) = 0, x(3) = 2. \end{aligned}$$

习题 2.26 考虑如下最优控制问题, 写出汉密尔顿方程, 并求解最优函数。

$$\begin{aligned} &\max \int_0^1 (x+u)dt \\ &\text{s.t.}\quad x'(t) = 1 - u^2, x(0) = 1. \end{aligned}$$

习题 2.27 考虑如下最优化问题:

$$v(q) = \max_{x\in\mathcal{R}^+} \ln(2x + q) - 6x + 2q,$$

其中 $q \in (0, 2)$。

1. 求解 $v(q)$ 及其导数 $v'(q)$。

2. 试验证包络定理成立。

习题 2.28 试求下列泛函极值曲线的通解:

$$V(y,z)=\int_a^b ({y'}^2+{z'}^2+3y'z')dt.$$

习题 2.29 在具有泛函 $\int_0^T F(t,y,z,y',z')dt$ 的问题中，假设 $y(0)=A$，$z(0)=B$，$y_T=C$，$z_T=D$，T 自由，A，B，C 及 D 均为常数。

1. 该问题需要多少横截条件？为什么？

2. 写出这些横截条件。

习题 2.30 已知目标泛函的被积函数是 $F(t,y,y')=4y^2+4yy'+y'^2$。

1. 写出欧拉方程。

2. 上述欧拉方程对于最大化或最小化问题充分吗？为什么？

习题 2.31 试求 $V(y,z)=\int_0^T ({y'}^2+{z'}^2)dt$ 满足 $y-z'=0$ 的极值曲线的 $y(t)$ 和 $z(t)$ 路径。

习题 2.32 试求如下问题的控制变量、状态变量和共状态变量的最优路径:

1. $\max\int_0^T -(t^2+2u^2)dt$，满足 $y'=u,y(0)=2,y(T)=3$，T 自由。

2. $\max\int_0^T -(u^2+y^2+3uy)dt$，满足 $y'=u,y(0)=y_0$，$y(t)$ 自由。

3. $\max\int_0^4 2ydt$，满足 $y'=y+u,y(0)=3,y(4)\geqslant 200$。

习题 2.33 试求如下可耗尽资源问题的最优消耗路径:

$$\begin{aligned}&\max\int_0^T \ln qe^{-\delta t}dt\\ \text{s.t.}\quad & s'=-q,s(0)=s_0,s(t)\geqq 0.\end{aligned}$$

习题 2.34 用现值汉密尔顿函数表述的修正横截条件，试求下列问题:

1. 具有终结曲线 $y_T=\phi(t)$ 的问题。

2. 具有截断垂直终结线的问题。

3. 具有截断水平终结线的问题。

习题 2.35 在一个最大化问题中，已知有两个状态变量 (y_1,y_2)、两个控制变量 (u_1,u_2)、一个不等式约束和一个不等式积分约束，初始状态是固定的，但终结状态在固定的 T 处是自由的。

1. 描述该最大化问题。

2. 定义汉密尔顿函数和拉格朗日函数。

3. 假设有内部解，写出最大值原理条件。

习题 2.36 考虑如下“吃蛋糕”问题。经济人在第 0 期有 $A_0>0$ 单位商品可供消费且可以无成本地把它保存到下一期，其效用函数为 $\sum_{t=0}^{\infty}\beta^t\ln c_t$。

1. 写出该问题的贝尔曼方程。

2. 定义该问题的状态变量和控制变量。

3. 试求该问题的价值函数。

习题 2.37 考虑如下“伐树”问题: 一棵树的增长可用函数 h 来描述，即 $k_{t+1}=h(k_t)$，其中 k_t 为树在第 t 期的规模。伐树无任何成本，且木材价格 $p=1$，利率 r 保持不变，$\beta=1/(1+r)$。

1. 假设树不能重植，现值最大化问题可写为 $v(k)=\max\{k,\beta v[h(k)]\}$。$h$ 在什么假定下，存在一个简单规则可用以描述何时伐树？
2. 假设当树被砍倒时，可以在原地种植另一棵。假定重植成本 $c\geqslant 0$ 长期不变，h 和 c 在什么假定下，存在一个简单规则可用以描述何时伐树？

习题 2.38 分别采用价值函数迭代、猜测价值函数、猜测政策函数三种方法求解下述动态规划问题：

$$\max_{\{c_t,k_{t+1}\}_{t=0}^{\infty}}\sum_{t=0}^{\infty}\beta^t\ln c_t$$
$$\text{s.t.}\qquad c_t+k_{t+1}=Ak_t^{\alpha},$$

其中 k_0 给定。

习题 2.39 求解如下微分方程：

1. $y'=t^2y$。
2. $y''-4y'+5y=0$。
3. $y''-2y'-3y=9t^2$。

习题 2.40 考虑如下两维自治微分方程组：

$$\frac{dx}{dt}=x(4-x-y),$$
$$\frac{dy}{dt}=y(6-y-3x)。$$

1. 求解该动力系统的均衡。
2. 判断各个均衡的稳定性。

习题 2.41 求解如下差分方程：

1. $y(t+1)-2y(t)=4^t$。
2. $y(t+2)+3y(t+1)+2y(t)=0$。
3. $y(t+2)-y(t+1)-6y(t)=t+2$。

习题 2.42 假定 $X_1,X_2,\cdots,X_n$ 是 n 个独立同分布的随机变量，其分布函数为 F，概率密度函数为 f。令 $Y_1^{(n)},Y_2^{(n)},\cdots,Y_n^{(n)}$ 为相应的顺序统计量，它们满足 $Y_1^{(n)}\geqq Y_2^{(n)}\geqq\cdots\geqq Y_n^{(n)}$。

1. 求 $Y_n^{(n)}$ 的分布函数和概率密度函数。
2. 求 $E(Y_n^{(n)})$ 和 $\mathrm{Var}(Y_n^{(n)})$。
3. 求 $\mathrm{Cov}(Y_1^{(n)},Y_n^{(n)})$。

习题 2.43 设 X 是一个非负随机变量，其分布函数和密度函数分别为 F 和 f。随机变量 X 的风险率定义为

$$\lambda_X:\mathcal{R}_+\longrightarrow\mathcal{R}_+,\quad \lambda_X(t)=\frac{f(t)}{1-F(t)}.$$

若 $\lambda_X(\cdot)\leqq\lambda_Y(\cdot)$，则我们称在风险率意义下，随机变量 X 大于等于（或不小于）随机变量 Y。假设 G 和 g 分别是随机变量 Y 的分布函数和密度函数。若 $f(\cdot)/g(\cdot)$ 是非减的函数，则我们称(在似然比意义下)随机变量 X 大于等于(或不小于) 随机变量 Y。证明下面的论断：

1. $\lambda_X(\cdot)\leqq\lambda_Y(\cdot)$ 当且仅当 $1-G(t)/[1-F(t)]$ 是非增的函数。
2. 似然比序比风险率序更强，即，若在似然比意义下，随机变量 X 大于等于 (或不小于) 随机变量 Y，那么在风险率意义下，随机变量 X 必然大于等于 (或不小于) 随机变

量 Y 。

习题 2.44 证明：若 $X_1, X_2, \cdots, X_N$ 是关联的，并且 $\gamma(\cdot)$ 是一个递增的函数，则对任何 $x_1' > x_1$，有

$$E[\gamma(Y_1)|X_1 = x_1'] \geqq E[\gamma(Y_1)|X_1 = x_1].$$

2.14 参考文献

教材和专著：

丁同仁, 李承治 (2004). 常微分方程教程. 第二版. 北京：高等教育出版社.

蒋中一 (1999). 动态最优化基础. 北京：商务印书馆.

Ahmad, Shair and Antonio Ambrosetti (2004). *A Textbook on Ordinary Differential Equations*, Springer.

Bellman, R. (1957). *Dynamic Programming*, Princeton University Press.

Border, K. C. (1985). *Fixed Point Theorems* with Appplications to Economics and Game Theory, Cambridge University Press.

Debreu, G. (1959). *Theory of Value*, Wiley.

Hildenbrand, W. and A. P. Kirman (1988). *Equilibrium Analysis: Variations on Themes by Edgeworth and Walras*, North-Holland.

Jehle, G. A. and P. Reny (1998). *Advanced Microeconomic Theory*, Addison-Wesley.

Krishna, K. (2002). *Auction Theory*, Academic Press.

Kamien, M. and N. L. Schwartz (1991). *Dynamic Optimization: The Calculus of Variations and Optimal Control in Economics and Management*, North-Holland.

Kreps, D. M. (2013). *Microeconomic Foundation I: Choice and Competitive Markets*, Princeton University Press.

Luenberger, D. (1995). *Microeconomic Theory*, McGraw-Hill.

Mas-Colell, A. , M. D. Whinston, and J. Green (1995). *Microeconomic Theory*, Oxford University Press.

Royden, H. L. (1989). *Real Analysis*, Prentice Hall.

Rubinstein, Ariel (2009). *Lecture Notes in Microeconomics (modeling the economic agent)*, Princeton Univeristy Press.

Rudin, Walter (1976). *Principles of Mathematical Analysis*, McGraw-Hill.

Stockey, N. , and R. Lucas (1989). *Recursive Methods in Economic Dynamics*, Harvard University Press.

Sydsaeter, Knut, Arne Strom and Peter Berck (2010). *Economist's Mathematical Manual (4th Edition)*, Springer.

Takayama, A. (1985). *Mathematical Economics(Second Edition)*, Cambridge University Press.

Tian, G. (2015). *Mathematical Economics(Lecture Notes)*.

Varian, H. R. (1992). *Microeconomic Analysis(Third Edition)*, W. W. Norton and Company.

Vinnogradov, V. (1999). *A Cook-Book of Mathematics*, CERGE-EI Lecture Notes.

论文:

Arrow, K and G. Debreu (1954). "Existence of an Equilibrium for a Competitive Economy", *Econometrica*, Vol. 22, No. 3, 265-290.

Browder, F. E. (1968). "The Fixed Point Theory of Multi-valued Mappings in Topological Vector Spaces" , *Mathematische Annale*, Vol. 177, 283-301.

Fan, K. (1984). "Some Properties of Convex Sets Related to Fixed Point Theorem", *Mathematics Annuls*, Vol. 266, No. 4, 519-537.

Kakutani, S. (1941). "A Generalization of Brouwer's Fixed Point Theorem", *Duke Mathematical Journal*, No. 8, 457-459.

Michael, E. (1956). "Continuous Selections I", *Annals of Mathematics*, Vol. 63, No. 2, 361-382.

Modigliani, F. and M. Miller (1958). "The Cost of Capital, Corporation Finance and the Theory of Investment", *American Economic Review*, Vol. 48, No. 3, 261-297.

Nessah, R. and G. Tian (2013). "Existence of Solution of Minimax Inequalities, Equilibria in Games and Fixed Points without Convexity and Compactness Assumptions", *Journal of Optimization Theory and Applications*, Vol. 157, No. 1, 75-95.

Samuelson, P. (1958). "An Exact Consumption-Loan Model of Interest with or without the Social Contrivance of Money", *Journal of Political Economy*, Vol. 66, No. 6, 467-482.

Sonnenschein, H. (1971). "Demand Theory Without Transitive Preferences, with Application to the Theory of Competitive Equilibrium", in *Preferences, Utility, and Demand*, (ed.) by J. S. Chipman, L. Hurwicz, M. K. Richter, and H. Sonnenschein, New York: Harcourt Brace Jovanovich.

Shafer, W. and H. Sonnenschein (1975). "Equilibrium in Abstract Economies without Ordered Preferences", *Journal of Mathematical Economics*, Vol. 2, Iss. 3, 345-348.

Tarski, A. (1955). "A Lattice-theoretical Fixpoint Theorem and Its Applications", *Pacific Journal of Mathematics*, Vol. 5, No. 2, 285-309.

Tian, G. (1991). "Fixed Points Theorems for Mappings with Non-Compact and Non-Convex Domains", *Journal of Mathematical Analysis and Applications*, Vol. 158, No. 1, 161-167.

Tian, G. (1992). "Generalizations of the FKKM Theorem and Ky-Fan Minimax Inequality, with Applications to Maximal Elements, Price Equilibrium, and Complementarity", *Journal of Mathematical Analysis and Applications*, Vol. 170, No. 2, 457-471.

Tian, G. (1993). "Necessary and Sufficient Conditions for Maximization of a Class of Preference Relations", *Review of Economic Studies*, Vol. 60, No. 4, 949-958

Tian, G. (1994). "Generalized KKM Theorem and Minimax Inequalities and Their Applications", *Journal of Optimization Theory and Applications*, Vol. 83, 375-389.

Tian, G. (2016). "Characterizations of Minimax-Inequality, Fixed-Point Theorem, Saddle

Point, and KKM Theorem in-Arbitrary Topological Spaces", *Journal of Fixed Point Theory and Applications*, forthcoming.

Tian, G. and R. Nessah(2013). "Existence of Solution of Minimax Inequalities, Equilibria in Games and Fixed Points without Convexity and Compactness Assumptions", *Journal of Optimization Theory and Applications*, Vol. 157, No. 1, 75-95.

Tian, G. and R. Nessah(2014). "On the Existence of Strong Nash Equilibria", *Journal of Mathematical Analysis and Applications*, Vol. 414, 871-885.

Tian, G. and J. Zhou(1992). "The Maximum Theorem and the Existence of Nash Equilibrium of (Generalized) Games without Lower Semicontinuities", *Journal of Mathematical Analysis and Applications*, Vol. 166, No. 2, 351-364.

Tian, G. and J. Zhou (1995). "Transfer Continuities, Generalizations of the Weierstrass Theorem and Maximum Theorem–A Full Characterization", *Journal of Mathematical Economics*, Vol. 24, No. 3, 281-303.

Zhou and Tian (1992). "Transfer Method for Characterizing the Existence of Maximal Elements of Binary Relations on Compact or Noncompact Sets", *SIAM Journal on Optimization*, Vol. 2, No. 3, 360-375.

第一部分

个体决策制定

个体决策理论是整个经济学，特别是微观经济理论的基石，有必要从此开始学习。

本部分个体决策理论由三章内容组成：消费者理论、生产者理论和不确定性下的选择，主要考察消费者和生产者如何选择最优行动或作出最优决策。自利性假设是现代经济学最核心的假设，也是最大的客观现实性，其合理性已在第 1 章进行了详细讨论。这一部分的内容主要是为了弄清楚个人是如何在理性假设下作出最优选择的。为此，我们需要首先弄清楚不受他人影响的决策是如何作出的这一基准情况，然后才好考虑相互影响决策情形下的个体决策问题。当决策人处于完全竞争的市场环境下，就典型地属于这种情况。这是由于，所有个体在竞争市场中都无法影响价格，任一经济人的决策都将独立于其他人的选择，个体选择不直接受他人选择的影响，他们仅仅通过价格间接地相互影响。这样，个体的最优选择将由主观因素（如追求效用或利润最大）和客观因素（如预算线或生产约束）来决定。

我们首先讨论消费者理论，这一部分内容比较多，一方面是因为它最为基础，另一方面是因为其方法和结果对其他问题和领域提供了研究范式和参考。我们接下来在第 4 章考察生产者理论。我们将着重考察这两种理论的许多相似之处。它们共同构成了微观经济理论的基石。然后我们在第 5 章讨论个体在不确定情形下的个人选择问题。

在本部分，和第 2 章一样，向量不等号 $\geqq$、$\geqslant$ 和 $>$ 定义如下。令 $\mathbf{a},\mathbf{b}\in\mathcal{R}^n$。则 $\mathbf{a}\geqq\mathbf{b}$ 表示对所有的 $s=1,\cdots,n$，有 $a_s\geqq b_s$；$\mathbf{a}\geqslant\mathbf{b}$ 表示 $\mathbf{a}\geqq\mathbf{b}$ 但 $\mathbf{a}\neq\mathbf{b}$；$\mathbf{a}>\mathbf{b}$ 表示对所有的 $s=1,\cdots,n$，有 $a_s>b_s$。

第 3 章　消费者理论

3.1　导　　言

在本章中，我们讨论消费者理论，可视作个人决策的典型情况，基本上体现了一般情形下个人如何作决策的基本特征。它是经济学中许多理论模型的基础，在经济学家思考问题的方式中占据核心地位。

研究消费者的选择问题可以用第 1 章所介绍的现代经济学的基本分析框架来进行。一个消费者尽管可由欲望因素和特点刻画，如喜好、性别、美丑、年龄、生活方式、财富、父母、能力，等等，但在现代经济理论中，在研究消费者的选择行为时，需要刻画其最重要的特征。那么，上述哪些才是最重要的特征呢？一般来说，消费者的选择是由消费的主观偏好和客观约束条件共同决定的。由此，我们假定消费者在进行选择时会受到三个因素的影响：消费集、初始禀赋和偏好关系。消费者的特征以及消费者的行为假设在任何消费者理论模型中都是最基本的要素。

消费集是所有个体可行的选择和消费的集合，有时它也被称为选择集。初始禀赋是消费者最初拥有的能够消费或者用来同他人交易的商品数量。偏好关系确定了消费者对不同消费选择的品味或者从中获得的满足感。行为假设给出了消费者在做选择或确定选择目标时的指导原则。一般来说，消费者通常寻找并选择最有利于其自身趣味或利益的选项。

此外，为了弄清楚个人在不受他人影响时是如何决策的问题，在本章我们假设消费者面临的是完全竞争市场，即价格作为参数是给定的。

3.2　消费集和预算约束

3.2.1　消费集

考虑有 L 种商品的经济以及定义在其上的消费集。**消费集**是消费者能想到的所有可能的消费组合，用 $X \subseteq \mathcal{R}_+^L$ 表示，消费集中的元素非负的 L 维向量，被称为一个**消费组合**或**消费束**。消费组合常用小写字母 $\mathbf{x} = (x_1, \cdots, x_L)$ 表示，每个消费组合包括 L 种商品，其中 x_i 是第 i 种商品的数量。我们通常假定 X 是 $\mathcal{R}^L$ 中的非负象限中的集合，如图 3.1 中的图 (b) 所示。但有时我们也使用更为具体的消费集。例如，我们可能假定休闲的消费集为实数区间，如图 3.1 中的图 (a) 所示，或者我们假定消费集由消费者的最低生活保障组成，或者消费者可行的消费数量为整数单位，如图 3.2 所示。

若不加以特别说明，我们假定 X 为闭凸集。消费集的凸性意味着每种商品都是完全可分的，且能消费非整数单位数量的商品。

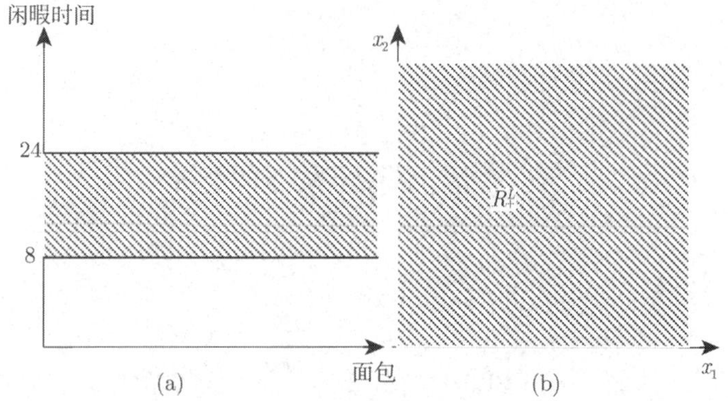

图 3.1 图 (a)：反映了法定工作时数的消费集。图 (b)：消费集 $\mathcal{R}^2_+$

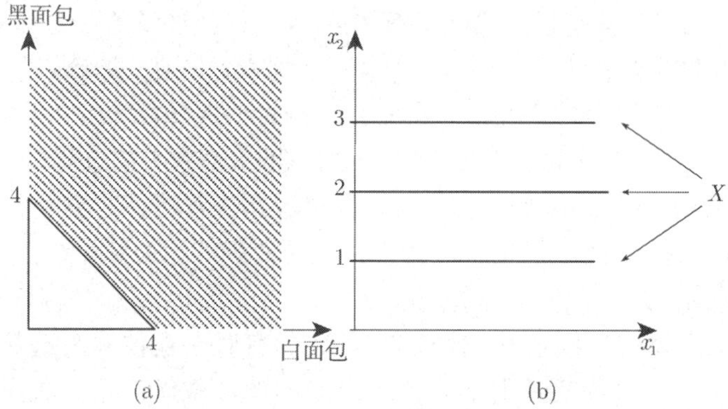

图 3.2 图 (a): 反映了生存需要的消费集。图 (b)：商品 2 的消费必须是整数单位的消费集

3.2.2 预算集

在消费者的基本选择问题中，由于资源的有限性，消费者并非都能支付得起所有的消费束，因此消费者的选择受其财富约束。在市场制度下，财富可能由其初始禀赋、个人所得和持有企业股票等收入所决定。在讨论消费者的选择时，我们一般假设消费者的收入或者财富是固定的，且商品的价格不受消费者消费的影响，使得个人的决策独立于他人的决策。

令 I 为消费者所持有的货币数量，$\mathbf{p} = (p_1, \cdots, p_L)$ 为商品价格向量。预算集指在消费者的收入和价格给定时，消费者能够买得起的所有可能的消费组合构成的集合，由下式给出：

$$B(\mathbf{p}, I) = \{\mathbf{x} \in X : \mathbf{px} \leqq I\},$$

其中，$\mathbf{px}$ 为价格向量和消费束的内积，即 $\mathbf{px} = \sum_{l=1}^{L} p_l x_l$，它是消费者在价格为 $\mathbf{p}$，选择 $\mathbf{x}$ 时花费在这些商品上的总支出。考虑一个二维情形的预算集，其图形见图 3.3 的图 (a)。预算集的边界为消费者的预算线，$\{\mathbf{x} : p_1x_1 + p_2x_2 = I\}$。把预算线重写为下列形式：$x_2 = I/p_2 - (p_l/p_k)x_1$。因此，预算线的斜率为 $-p_l/p_k$，其截距为 I/p_2。预算线斜率的绝对值，即价格比 p_1/p_2 被称为商品 1 和 2 的**经济替代率 (economic rate of substitution)**。由于价格给定，对每个消费者来说，是客观替代率。当某种商品的价格发生变化时，预算集会发生变化，见图 3.3 的图 (b)。注意，所有商品的价格和收入同时乘以任一正数都不会改变预算集。

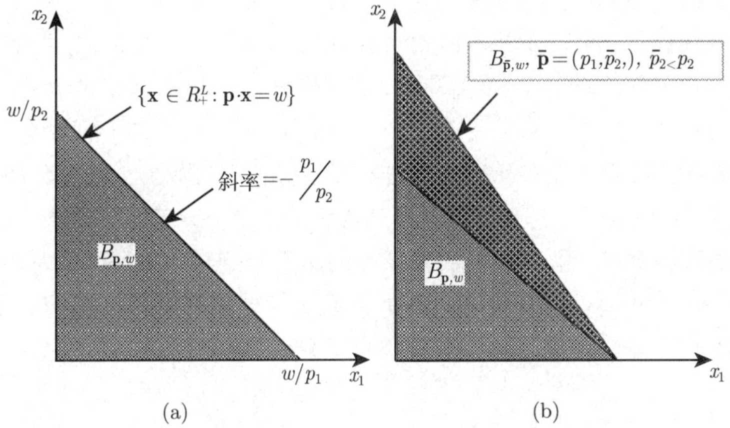

图 3.3 图 (a): 预算集。图 (b): 价格变化对预算集的影响

因此，预算集反映了消费者对商品的**客观** (**objective**) 购买能力和资源的**稀缺性** (**scarcity**)。它对消费者的选择有着重要影响。为了确定最优消费束，我们需要将消费者购买不同商品的客观购买力同其主观愿望结合起来。消费者的主观愿望可用偏好关系或效用的概念来刻画。

下面的定理刻画了预算集的特征。

命题 3.2.1 (预算集) 当所有商品价格大于零，即对任意的 $i\in\{1,\cdots,L\}$ 都有 $p_i>0$，此时预算集是有界的闭集或者紧集；同时预算集是一个凸集。

证明 首先，$B(\mathbf{p},I)=\{\mathbf{x}\in X:\mathbf{px}\leqq I\}$ 是有界的，这是因为若 $\mathbf{x}\in B(\mathbf{p},I)$，显然对 $i\in\{1,\cdots,L\}$，都有 $x_i\leqq\frac{I}{p_i}$。其次，$B(\mathbf{p},I)$ 是闭集，这是因为，对于任何一个满足 $x^i\in B(\mathbf{p},I)$ 和 $\mathbf{x}=\lim_{i\to\infty}\mathbf{x}^i$ 的收敛序列 $(\mathbf{x}^i)_{i=1}^{\infty}$，由于对任意的 $\mathbf{x}_i$，都有 $\mathbf{px}^i\leqq I$，于是有 $\mathbf{px}\leqq I$，因此 $B(\mathbf{p},I)$ 是闭集。最后，验证 $B(\mathbf{p},I)$ 是凸集，假设 $\mathbf{x}^1,\mathbf{x}^2\in B(\mathbf{p},I)$，意味着 $\mathbf{px}^1\leqq I,\mathbf{px}^2\leqq I$。对于任意的 $t\in[0,1]$，$\mathbf{p}(t\mathbf{x}^1+(1-t)\mathbf{x}^2)\leqq I$，为此，$B(\mathbf{p},I)$ 是凸集。 □

3.3 偏好和效用

3.3.1 偏好

假设消费者对 X 上消费束的喜爱程度可用**偏好关系**表示，从而消费者能够在不同消费束之间根据偏好程度进行比较。偏好关系有三种：**“弱偏好”**、**“严格偏好”**和**“无差异”**，其中弱偏好关系为基础，其余两种关系可以定义在弱关系基础上，分别用 $\succcurlyeq$、$\succ$ 及 $\sim$ 表示这三种关系。$\mathbf{x}\succcurlyeq\mathbf{y}$ 表示“消费者认为消费束 $\mathbf{x}$ 至少和 $\mathbf{y}$ 一样好”；$\mathbf{x}\succ\mathbf{y}$ 表示“消费者认为消费束 $\mathbf{x}$ 至少和 $\mathbf{y}$ 一样好”，但反过来不成立；而 $\mathbf{x}\sim\mathbf{y}$ 表示“消费者认为消费束 $\mathbf{x}$ 至少和 $\mathbf{y}$ 一样好”，同时“消费束 $\mathbf{y}$ 至少和 $\mathbf{x}$ 一样好”。

我们将在本章 3.4.5 节对一般偏好关系的情况讨论消费者最优选择，为了直观和简单起见，在本书大部分地方考虑的是偏好关系序的情况，即对所有消费束排序。

定义 3.3.1 (偏好序) 若偏好关系 $\succcurlyeq$ 满足以下条件，则称 $\succcurlyeq$ 是一个偏好序：

自反性 (reflexivity)：对所有的 $\mathbf{x} \in X$，有 $\mathbf{x} \succcurlyeq \mathbf{x}$；

传递性 (transitivity)：对所有的 $\mathbf{x}, \mathbf{y}, \mathbf{z} \in X$，若 $\mathbf{x} \succcurlyeq \mathbf{y}$ 且 $\mathbf{y} \succcurlyeq \mathbf{z}$，则有 $\mathbf{x} \succcurlyeq \mathbf{z}$；

完备性 (completeness)：对所有的 $\mathbf{x}, \mathbf{y} \in X$，$\mathbf{x} \succcurlyeq \mathbf{y}$ 和 $\mathbf{y} \succcurlyeq \mathbf{x}$ 至少有一个成立。

自反性非常直观，它说明每个消费束 (consumption bundle)都至少和它自身一样好；传递性要求消费者选择的偏好是一致的；而完备性意味着任意两个消费组合都可相互比较。

给定偏好序，我们通常可以用如图 3.4 的方式表示。所有无差异消费组合的集合称为**无差异曲线**。对两商品情形，无差异曲线在某点的斜率的绝对值被称为商品 x_1 和 x_2 的**边际替代率 (marginal rate of substitution)**，测度了消费者对两种商品的主观替代率。对 L 维情形，两种商品的边际替代率为无差异曲面的斜率的绝对值，其斜率测度了某个特定的方向。

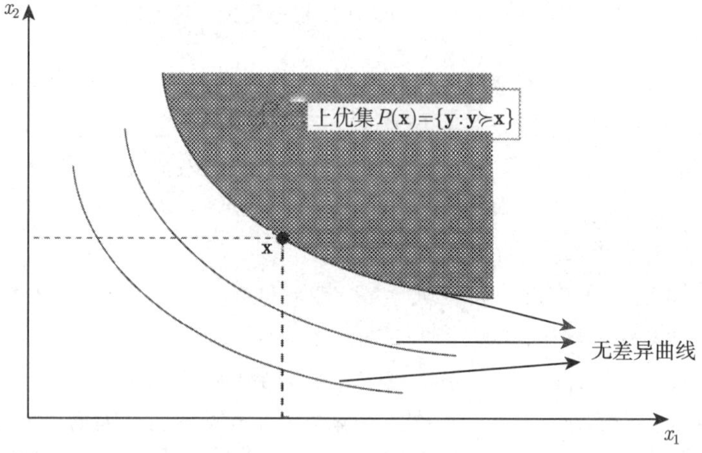

图 3.4　两维情形的偏好

对给定的消费组合 $\mathbf{x}$, 令 $U_w(\mathbf{x}) = \{\mathbf{y} \in X : \mathbf{y} \succcurlyeq \mathbf{x}\}$ 为所有在通过点 $\mathbf{x}$ 的无差异曲线上或者之上的消费组合的集合，我们称 $U_w(\mathbf{x})$ 是在 $\mathbf{x}$ 处的**上优集 (upper contour set)**；令 $U_s(\mathbf{x}) = \{\mathbf{y} \in X : \mathbf{y} \succ \mathbf{x}\}$ 为所有在通过点 $\mathbf{x}$ 的无差异曲线之上的消费组合的集合，我们称 $U_s(\mathbf{x})$ 是在 $\mathbf{x}$ 处的**严格上优集**，令 $L(\mathbf{x}) = \{\mathbf{y} \in X : \mathbf{y} \preccurlyeq \mathbf{x}\}$ 为所有在通过点 $\mathbf{x}$ 的无差异曲线上或者之下的消费组合的集合，我们称 $L(\mathbf{x})$ 是在 $\mathbf{x}$ 处的**下优集 (lower contour set)**；令 $L_s(\mathbf{x}) = \{\mathbf{y} \in X : \mathbf{y} \prec \mathbf{x}\}$ 为所有在通过点 $\mathbf{x}$ 的无差异曲线之下的消费组合的集合，我们称 $L_s(\mathbf{x})$ 是在 $\mathbf{x}$ 处的**严格下优集**。

我们经常需要对消费者的偏好施加其他约束。

定义 3.3.2 (连续性)　若对所有的 $\mathbf{x} \in X$，上优集 $U_w(\mathbf{x})$ 和下优集 $L(\mathbf{x})$ 都是闭集，从而严格上优集 $U_s(\mathbf{x})$ 和严格下优集 $L_s(\mathbf{x})$ 都是开集，则称 $\succcurlyeq$ 是**连续的**。若对所有的 $\mathbf{x} \in X$，上优集 $U_w(\mathbf{x})$ 或下优集 $L(\mathbf{x})$ 是闭集，从而严格上优集 $U_s(\mathbf{x})$ 或严格下优集 $L_s(\mathbf{x})$ 是开集，则称 $\succcurlyeq$ 是**上（或下）连续的**。

连续性假设说明，若 $\{\mathbf{x}^i\}$ 是一系列至少同 $\mathbf{y}$ 一样好的消费组合且该消费组合序列收敛

于 $\mathbf{x}^*$, 则 $\mathbf{x}^*$ 至少同 $\mathbf{y}$ 一样好。连续性假设最重要的一个性质是：若 $\mathbf{y}$ 严格偏好于 $\mathbf{z}$ 且若 $\mathbf{x}$ 充分接近 $\mathbf{y}$, 则 $\mathbf{x}$ 必然严格偏好于 $\mathbf{z}$。

并不是所有的偏好序都满足连续性假设，字典序就是这样一个反例。

例 3.3.1 (字典序) 一种有趣的偏好是定义在 $\mathcal{R}^L$ 上的字典序，它按照从前至后的字母顺序排列定义如下：$\mathbf{x} \succcurlyeq \mathbf{y}$ 当且仅当存在某个 l（$1 \leqq l \leqq L$）使得对 $i < l$，$x_i = y_i$ 及 $x_l > y_l$，或对所有的 $i = 1, \cdots, L$，$x_i = y_i$。实质上，字典序偏好，类似按照字母的顺序，从商品束的第一个商品开始，依次比较商品组合的一种偏好，若在某个商品开始存在差异，数值更大的商品束更为消费者所偏好。然而，这种字典序偏好并不是连续的，甚至不是上半连续的，即上优集不是闭集。从两维的商品空间中可以很容易看出来是如此。对消费束 $\mathbf{y} = (1,1)$，其上优集 $U_w(1,1) = \{\mathbf{x} \in X : \mathbf{x} \succcurlyeq (1,1)\}$ 在图 3.5 的阴影区域显示。很容易看出这个集合不是闭集，因为在 $(1,1)$ 下端的边界并不在其上优集当中。

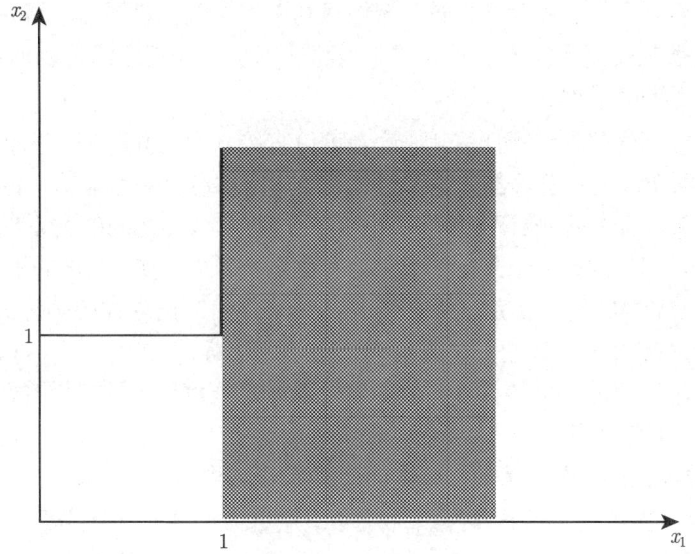

图 3.5 字典序偏好集

此外，我们通常对偏好还施加两类假设：单调性和凸性假设。它们通常被用来保证消费者的需求函数具有良好性质。

单调性假设是对个体利己性的一个典型刻画。我们在第 1 章详细地讨论了个体行为的利己性，经济人在常规情形下通常追求自身的利益。利己性假设是经济学的根基性假设，它不仅是一种行为假设，更是目前社会经济发展阶段中最大的客观现实，而偏好凸性假设刻画了人们消费多元化的基本特征。

我们先给出在消费理论中关于偏好所用到的单调性强弱的各种定义。

定义 3.3.3 (各类单调性) 对偏好序 $\succcurlyeq$，我们有：

(1) **强单调性 (strong monotonicity)**：若对任意的 $\mathbf{x} \geqslant \mathbf{y}$（即 $\mathbf{x} \geqq \mathbf{y}$ 和 $\mathbf{x} \neq \mathbf{y}$），有 $\mathbf{x} \succ \mathbf{y}$，则称偏好序 $\succcurlyeq$ 是**强单调的**。

(2) **单调性 (monotonicity)**：若对任意的 $\mathbf{x} > \mathbf{y}$，有 $\mathbf{x} \succ \mathbf{y}$，则称偏好序 $\succcurlyeq$ 是**单调的**。

(3) **弱单调性 (weak monotonicity)**: 若对任意的 $\mathbf{x} \geqq \mathbf{y}$，有 $\mathbf{x} \succcurlyeq \mathbf{y}$，则称偏好序 $\succcurlyeq$ **是弱单调的**。

(4) **局部非饱和性 (local non-satiation)**: 若对任意的 $\mathbf{x} \in X$ 和任意的 $\epsilon > 0$，存在满足 $|\mathbf{x} - \mathbf{y}| < \epsilon$ 的消费组合 $\mathbf{y} \in X$，使得 $\mathbf{y} \succ \mathbf{x}$，则称偏好序 $\succcurlyeq$ 是**局部非饱和 (local non-satiation) 的**。

(5) **非饱和性 (non-satiation)**: 若对任意的 $\mathbf{x} \in X$，存在消费组合 $\mathbf{y} \in X$ 使得 $\mathbf{y} \succ \mathbf{x}$，则称偏好序 $\succcurlyeq$ 是**非饱和 (non-satiation) 的**。

以上关于偏好的各种单调性给出了个体对商品欲望的强烈程度，除弱单调外，都意味着个体对商品的欲望是无穷的。强单调性意味着越多越好，即若有其中一种商品数量增加，其他商品至少不减少，新的组合就严格好于原来的组合；单调性意味着每个商品都是 " 好的" 商品而不是 "坏的" 商品，即对一个商品组合，若每个商品数量都严格增加形成的新商品组合对消费者来说要好于原来的组合。弱单调性意味着每个商品都不是 " 坏的" 商品。非饱和性意味着个体的欲望是无止境的，而局部非饱和性则是说人们总是可以通过消费组合的微小调整来提高自己的满足感。

这些单调性被不同的教科书所采用，读者可以直接从定义来验证：**强单调性意味着单调性和弱单调性；单调性意味着局部非饱和性；局部非饱和性意味着非饱和性**。所有这些假设都是个体追求自身利益的体现。不过，不是所有的这些单调性之间的关系都是那么明了。在什么条件下它们是等价的？在什么条件下它们有强弱关系？比如，局部非饱和性和非饱和性在什么条件下是等价的？我们在定义下面各类凸性条件后给出这样的等价关系。还有，单调性是不是就一定意味着弱单调性？答案是不一定，如对满足 $(2,2) \succ (1,1) \succ (1,2)$ 的偏好，它是单调的，但却不满足弱单调性。然而，如果偏好是连续的，则单调性意味着弱单调性。正式地，我们有下面的命题：

命题 3.3.1 *假定偏好 $\succcurlyeq$ 是连续的，则单调性意味着弱单调性。*

证明 对任意的 $\mathbf{x} \geqq \mathbf{y}$ 及 $\epsilon > 0$，令 $\mathbf{x}_\epsilon = \mathbf{x} + \epsilon\mathbf{e}$，这里 $\mathbf{e}$ 为 $\mathcal{R}^L_+$ 上的分量全为 1 的向量。于是，由偏好的单调性，有 $\mathbf{x}_\epsilon \succ \mathbf{y}$。因此，当 $\epsilon \to 0$ 时，由偏好 $\succcurlyeq$ 的连续性，我们有 $\mathbf{x} \succcurlyeq \mathbf{y}$。□

下面我们给出经济学中许多领域和理论，特别是消费者理论、一般均衡理论及机制设计理论经常要用到的各种凸性的定义。

定义 3.3.4 (各类凸性) 假定 X 是凸集，$\succcurlyeq$ 是定义在 X 上的偏好序，$\mathbf{x}$ 和 $\mathbf{x}'$ 是 X 中两个不同的消费组合，对所有的 $t \in (0,1)$，下面四种凸性在不同的教科书或专著被不同地采用：

(1) **严格凸性 (strict convexity)**: 若 $\mathbf{x}' \succcurlyeq \mathbf{x}$ 意味着 $t\mathbf{x} + (1-t)\mathbf{x}' \succ \mathbf{x}$，则称偏好序 $\succcurlyeq$ 是**严格凸（strictly convex）的**。

容易看出，严格凸性假设等价于：对任意 $\mathbf{x} \in X$，其严格上优集 $P_s(\mathbf{x}) = \{\mathbf{y} \in X : \mathbf{y} \succ \mathbf{x}\}$ 是凸的。

(2) **强凸性 (strong convexity)**: 若 $\mathbf{x}' \sim \mathbf{x}$ 意味着 $t\mathbf{x} + (1-t)\mathbf{x}' \succ \mathbf{x}$，则称偏好序 $\succcurlyeq$ 是**强凸（strongly convex）的**。

(3) **凸性 (convexity)**: 若 $\mathbf{x}' \succ \mathbf{x}$ 意味着 $t\mathbf{x} + (1-t)\mathbf{x}' \succ \mathbf{x}$，则称偏好序 $\succcurlyeq$ **是凸的**。

(4) **弱凸性 (weak convexity)**: 若 $\mathbf{x}' \succcurlyeq \mathbf{x}$ 意味着 $t\mathbf{x} + (1-t)\mathbf{x}' \succcurlyeq \mathbf{x}$，则称偏好序 $\succcurlyeq$ 是**弱凸（weakly convex）的**。容易看出，凸性假设等价于：对任意 $\mathbf{x} \in X$，其

上优集 $U_w(\mathbf{x}) = \{\mathbf{y} \in X : \mathbf{y} \succcurlyeq \mathbf{x}\}$ 是凸的。

从以上这些定义可以看出，当偏好关系满足凸性时，无差异曲线包含直线段，而严格凸性和强凸性不包含直线段（见图 3.6 和图 3.7）；当偏好关系满足弱凸性时，它包括有厚度的无差异曲线，而凸性不包含有厚度的无差异曲线（见图 3.8）。

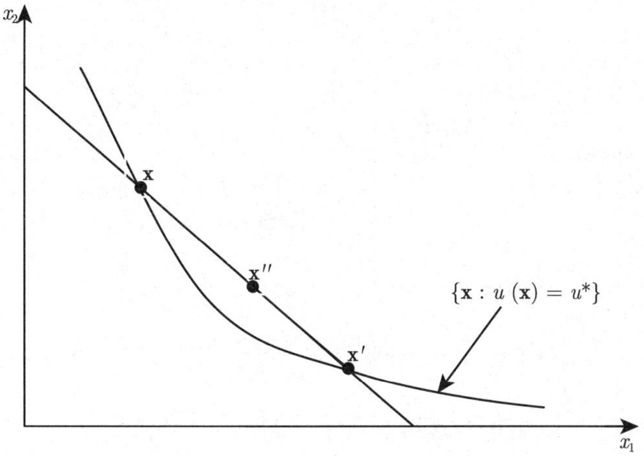

图 3.6 严格凸的无差异曲线

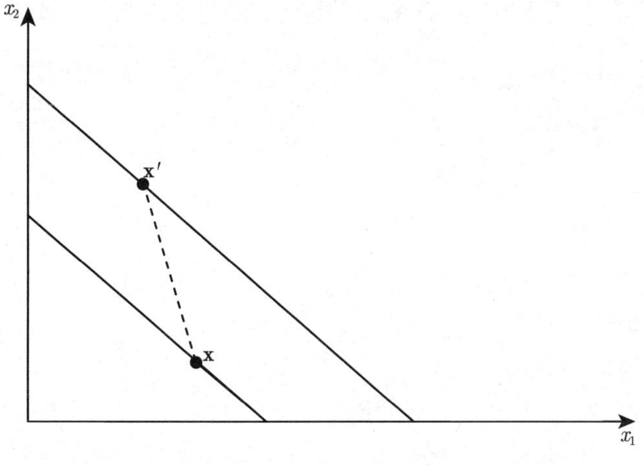

图 3.7 线性无差异曲线是凸的，但不是严格凸的

需要指出的是，这里所给出的弱凸性定义在许多经典教科书中被称为凸性，如 Varian（1992）以及 Mas-Colell, Whinston 和 Green (1995)，而我们称之为凸性的定义则来自 Debreu (1959)，即《价值论》。不同的教科书采用以上不同的凸性假设。比如，Varian （1992）以及 Mas-Colell, Whinston 和 Green (1995) 采用的是严格凸性假设和弱凸性假设，而德布鲁在 Debreu (1959) 中采用的是强凸性和凸性假设。

读者可以直接从定义来验证：**严格凸性意味着强凸性、凸性及弱凸性**。但其他凸性之间的关系就不是那么清楚了。在什么条件下它们中间的某些是等价的？在什么条件下它们有强弱关系？比如，严格凸性和强凸性在什么条件下是等价的？强凸性和凸性，以及凸性和弱凸性在什么条件下有蕴含关系？有关这些其他教科书都基本没有讨论到，我们在这里作出尝试。一般来说，**强凸性并不意味着凸性，凸性并不意味着弱凸性**。

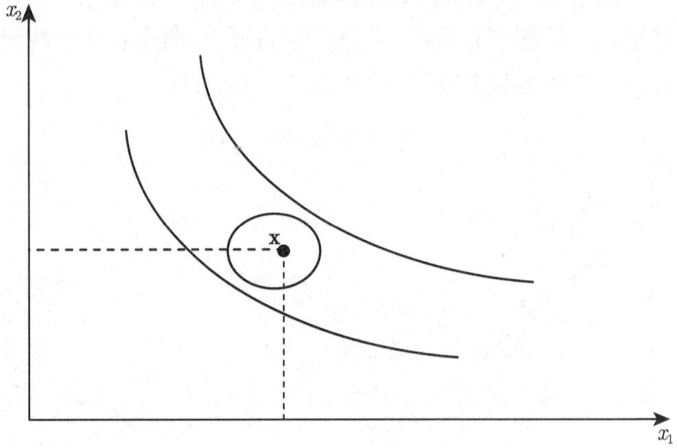

图 3.8　“厚”无差异曲线是弱凸的，但不是凸的

图 3.9 给出了偏好的凸性并不意味着弱凸性的反例，导致了这个偏好是凸的，但不是弱凸的效用函数见下节的例 3.5。从图 3.9 可看出，由无差异曲线 4-4（即直线 $x+y=4$）上所有点形成的集合不是凸集，在点 $(x,y)=(2,2)$（即点 M）上的效用为 5，而在其他点上的效用为 6。这样，上优集不是凸集，从而偏好不是弱凸的。读者自行构造出强凸性并不一定意味着凸性的反例。

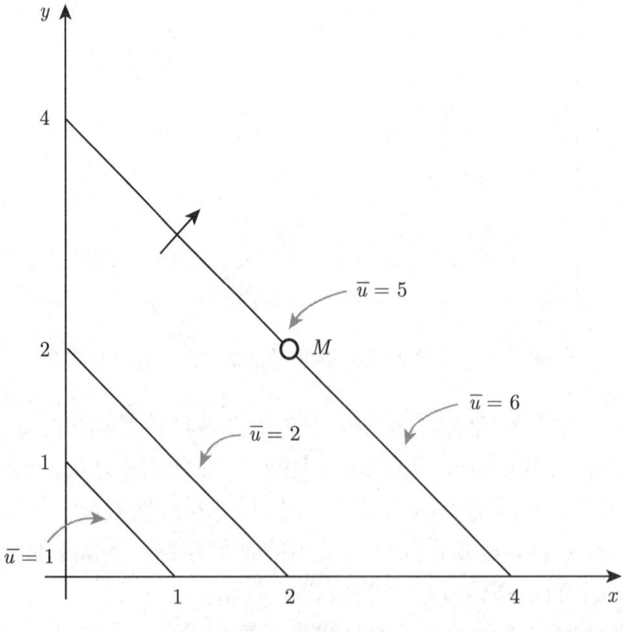

图 3.9　偏好关系是凸的，但不是弱凸的

然而，当偏好是连续的时，强凸性意味着凸性，而凸性意味着弱凸性，并且强凸性和严格凸性是等价的。并且，若偏好满足凸性，则由非饱和性可以推出局部非饱和性。正式地，

我们有以下命题。

命题 3.3.2 假定偏好 $\succcurlyeq$ 是连续的，则我们有

(1) 强凸性意味着凸性；

(2) 凸性意味着弱凸性；

(3) 强凸性和严格凸性是等价的。

证明 （1）强凸性意味着凸性：令 $\mathbf{x}, \mathbf{x}' \in X$，使得 $\mathbf{x}' \succ \mathbf{x}$。假定在 $\mathbf{x}$ 和 $\mathbf{x}'$ 存在一个 $\mathbf{x}_t$，使得 $\mathbf{x}_t \preccurlyeq \mathbf{x}$（见图 3.10.a）。由偏好的连续性，在 $\mathbf{x}$ 和 $\mathbf{x}_t$ 之间存在一个 $\mathbf{x}_1$，使得 $\mathbf{x}' \succ \mathbf{x_1} \succ \mathbf{x}_t$。这是由于，若 $\mathbf{x} \succ \mathbf{x}_t$，显然是如此；若 $\mathbf{x} \sim \mathbf{y}$，由强凸性，也是如此。这样，在 $\mathbf{x}_t$ 和 $\mathbf{x}'$ 之间存在一个 $\mathbf{x}_2$，使得 $\mathbf{x}_1 \sim \mathbf{x}_2$，从而由强凸性，我们有 $\mathbf{x}_t \succ \mathbf{x}_1$，与 $\mathbf{x}_1 \succ \mathbf{x}_t$ 矛盾。

(a) (b)

图 3.10 当偏好 $\succcurlyeq$ 是连续的时，图 (a)：强凸性意味着凸性；图 (b)：凸性意味着弱凸性

（2）凸性意味着弱凸性：令 $\mathbf{x}, \mathbf{x}' \in X$，使得 $\mathbf{x}' \succcurlyeq \mathbf{x}$。令 $A = \{\mathbf{x}_t \in X : \mathbf{x}_t = t\mathbf{x} + (1-t)\mathbf{x}', \forall t \in (0,1)\}$。我们需要证明集合 $\{\mathbf{x}_t \in A : \mathbf{x}_t \prec \mathbf{x}\} = \varnothing$。这个集合不能由单一点组成，否则，由偏好的连续性，与它在 A 中的补集 $\{\mathbf{x}_t \in A : \mathbf{x}_t \succcurlyeq \mathbf{x}\}$ 是闭集矛盾（由一个点组成的闭集的补集不可能也是闭集）。因此，若 $\{\mathbf{x}_t \in A : \mathbf{x}_t \prec \mathbf{x}\}$ 不是空集，它至少包含着两个不同的点 $\mathbf{x}_1$ 和 $\mathbf{x}_2$（见图 3.10.b），使得 $\mathbf{x} \succ \mathbf{x}_1$ 和 $\mathbf{x} \succ \mathbf{x}_2$。然而，由偏好的凸性假设，$\mathbf{x} \succ \mathbf{x}_2$ 意味着 $\mathbf{x}_1 \succ \mathbf{x}_2$ 以及 $\mathbf{x}' \succcurlyeq \mathbf{x} \succ \mathbf{x}_1$ 意味着 $\mathbf{x}_2 \succ \mathbf{x}_1$，矛盾。

（3）强凸性和严格凸性是等价的：严格凸性显然意味着强凸性。所以，我们只需要证明强凸性意味着严格凸性。令 $\mathbf{x}' \succcurlyeq \mathbf{x}$。于是有两种情形：(i) $\mathbf{x}' \sim \mathbf{x}$。由强凸性，对所有的 $t \in (0,1)$，我们有 $t\mathbf{x} + (1-t)\mathbf{x}' \succ \mathbf{x}$。(ii) $\mathbf{x}' \succ \mathbf{x}$。由于偏好满足强凸性和连续性，从（1），我们知道偏好是凸的，从而对所有的 $t \in (0,1)$，我们有 $t\mathbf{x} + (1-t)\mathbf{x}' \succ \mathbf{x}$。这样，只要 $\mathbf{x}' \succcurlyeq \mathbf{x}$，我们都有 $t\mathbf{x} + (1-t)\mathbf{x}' \succ \mathbf{x}$ 对所有的 $t \in (0,1)$ 成立。因此，强凸性意味着严格凸性。 □

命题 3.3.3 假定偏好 $\succcurlyeq$ 是凸的，则偏好满足局部非饱和性当且仅当它满足非饱和性。

证明简单，留给读者。

以上各类凸性都意味着人们有消费多样化的倾向：两个商品组合的加权平均不可能比单独任一商品组合的效用都要差。人们偏好于消费的多元化具有普遍性，一般情形下都成立。例如，在穿衣和饮食上人们就偏好于多元化。$\succ$ 的严格凸性意味着任意两种商品的"边际替代率递减"成立，如图 3.11 所示。

凸性假设也非常类似于心理学、幸福学中的两个极为重要的规律：反差 (contrast) 定律和适应 (adaptation) 定律。这两个效应，从本质上看，就是个体偏好的凸性效应在起作用。心理学中的适应定律表明，人们对一件新鲜事物之所以适应很快，或兴趣减少，或喜新厌旧，其实就是由于人们的偏好是凸性的。比如，当你买下一件漂亮衣服或一辆好车后，新鲜感会很快过去，所以快乐感不会维持很久，这实际上就是边际替代效用减少在起作用。若你的快乐都来自物质，你会很自然地想去买更好、更贵的东西，以此得到刺激感。这造成了人们往往一生都需要追着钱跑。其实，反差效应和适应效应是一对矛盾的两方面。可做这样一个实验：有两盆水，一盆的水温是 20 摄氏度，一盆的水温是 40 摄氏度。若你把左手放在 20 摄氏

度的水中，右手放在 40 摄氏度的水中，你会有什么样的感觉呢？开始时，你的感觉是：左手有些凉，右手有些热。但是几分钟后，你既不觉得左手有多冷，也不会觉得右手有多热，这就是你的适应效应在起作用了。但是，若这个时候，你把手拿出来，然后同时放进一盆 30 摄氏度的水中，那么感觉是什么呢？那就是你会感觉左手热而右手冷，会觉得 30 摄氏度的水更加热，这就是反差效应在起作用。因而偏好凸性假设可视为市场经济对多元化偏好基本性质的正式表示。

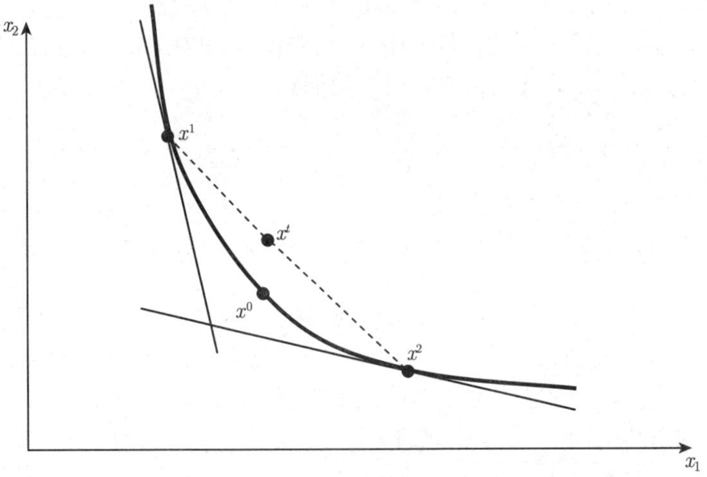

图 3.11　当商品 1 的消费增加时边际替代率递减

3.3.2　效用函数

直接处理偏好关系及其相关集合有时是方便的，但有时，特别是当我们想利用分析方法时，直接处理表示偏好关系的效用函数更为方便。我们称函数 u: $X \to \mathcal{R}$ 为**效用函数**，若 $\mathbf{x} \succcurlyeq \mathbf{y}$ 当且仅当 $u(\mathbf{x}) \geqq u(\mathbf{y})$，从而称效用函数 u: $X \to \mathcal{R}$**表示了偏好关系** $\succcurlyeq$。这样，若效用函数存在，偏好关系 $\succcurlyeq$ 一定是序关系。下面我们给出几个效用函数的例子。

例 3.3.2 (柯布–道格拉斯效用函数)　在理论解释和实证中经常用到的一类效用函数是柯布–道格拉斯 (Cobb-Douglas) 效用函数

$$u(x_1, x_2, \cdots, x_L) = x_1^{\alpha_1} x_2^{\alpha_2} \cdots x_L^{\alpha_L}$$

其中，$\alpha_l > 0, l = 1, \cdots, L$。该效用函数表示了一个在 $\mathcal{R}^L_{++}$ 上连续、强单调和严格凸的偏好序。

例 3.3.3 (线性效用函数)　表示商品间完全替代的偏好序的效用函数是线性效用函数：

$$u(x_1, x_2, \cdots, x_L) = a_1 x_1 + a_2 x_2 + \cdots + a_L x_L,$$

其中，对所有的 $l = 1, \cdots, L$, $a_l \geqq 0$，且至少存在一个 l，使得 $a_l > 0$。该效用函数表示了一个在 $\mathcal{R}^L_+$ 上连续、单调和凸的偏好序。

例 3.3.4 (里昂惕夫效用函数)　表示商品间完全互补偏好序的效用函数是里昂惕夫 (Wassily

Leontief, 1906—1999，其人物小传见 13.7.1 节) 效用函数:

$$u(x_1, x_2, \cdots, x_L) = \min\{a_1 x_1, a_2 x_2, \cdots, a_L x_L\},$$

其中，对所有的 $l = 1, \cdots, L$, $a_l \geqq 0$，且至少存在两个 l，使得 $a_l > 0$。该效用函数表示了这样的偏好: 为了提高消费者的效用，所有商品的消费必须同时按一定比例增加。该效用函数也表示了一个在 $\mathcal{R}_+^L$ 上连续、单调和凸的偏好序。

例 3.3.5 (导致了偏好是凸的但不是弱凸的效用函数) 偏好的凸性并不一定意味着弱凸性。考虑下面的效用函数:

$$u(x, y) = \begin{cases} x + y, & \text{如果 } x + y < 4, \\ x + y + 2, & \text{如果 } x + y \geqq 4, x \neq y, \\ x + y + 1, & \text{如果 } x + y \geqq 4, x = y. \end{cases}$$

可以直接验证，以上效用函数所定义的偏好显然是凸的，但偏好不是弱凸的。比如，从前面讨论过的图 3.9，由无差异曲线 $x+y+2=6$ 上所有点组成的集合不是凸集，在点 $(x, y) = (2, 2)$ 上的效用为 5，而在其他点上的效用为 6。这样，上优集不是凸集，从而偏好不是弱凸的。

不是所有的偏好序都可以用效用函数表示。但我们可以证明任意（上）连续偏好序都可以用一个（上半）连续效用函数表示。① 我们下面对一种特殊情形给出证明: 当偏好序连续时，表示它的效用函数存在。

定理 3.3.1 (效用函数的存在性) *若偏好序是连续的，则存在一个连续效用函数 $u: \mathcal{R}_+^L \to \mathcal{R}$ 表示了该偏好。*

证明 为了定理的证明简单和直观起见，像大多数教科书一样，这里我们只对强单调偏好关系的情形给出证明，施加强单调假设使得证明大大简化。想了解完整的证明，参见 Jaffray (1975)。

令 $\mathbf{e}$ 为 $\mathcal{R}_+^L$ 上的分量全为 1 的向量。给定任意向量 $\mathbf{x}$，令 $u(\mathbf{x})$ 为满足 $x \sim u(\mathbf{x})\mathbf{e}$ 的数。我们需要证明这样的数存在而且唯一。

令 $B = \{t \in \mathcal{R}\colon t\mathbf{e} \succcurlyeq \mathbf{x}\}$，$W = \{t \in \mathcal{R}\colon \mathbf{x} \succcurlyeq t\mathbf{e}\}$。则偏好的强单调性意味着 B 是非空的。W 当然也是非空的，因为 $0 \in W$。偏好的连续性意味着这两个集合都是闭的。由于实线是连通的，因此存在 t_x，使得 $t_x\mathbf{e} \sim \mathbf{x}$ 成立。我们要证明该效用函数的确表示了给定的偏好。令

$$u(\mathbf{x}) = t_x, \quad \text{其中 } t_x\mathbf{e} \sim \mathbf{x},$$
$$u(\mathbf{y}) = t_y, \quad \text{其中 } t_y\mathbf{e} \sim \mathbf{y}.$$

则若 $t_x < t_y$，则根据偏好的强单调性，我们有 $t_x\mathbf{e} \prec t_y\mathbf{e}$，而偏好的可传递性意味着有

$$\mathbf{x} \sim t_x\mathbf{e} \prec t_y\mathbf{e} \sim \mathbf{y}.$$

类似地，若 $\mathbf{x} \succ \mathbf{y}$, 则 $t_x\mathbf{e} \succ t_y\mathbf{e}$，从而 t_x 必然大于等于 t_y。

① 对连续效用函数存在性的证明最早由 Debreu (1954) 给出。对上半连续效用函数和连续效用函数的统一证明，参见 Bosi 和 Mehta (2002)。

最后我们证明上面所定义的函数 u 是连续的。设 $\{\mathbf{x}_k\}$ 是一个满足 $\mathbf{x}_k \to \mathbf{x}$ 的序列。我们需要证明 $u(\mathbf{x}_k) \to u(\mathbf{x})$。若不然，则存在 $\epsilon_1 > 0$ 和无穷多个正数 k，使得 $u(\mathbf{x}_k) > u(\mathbf{x}) + \epsilon_1$，或无穷多个正数 k，使得 $u(\mathbf{x}_k) < u(\mathbf{x}) - \epsilon$。不失一般性，我们假设第一种情形成立。这意味着存在一个 $\epsilon_2 > 0$，$\mathbf{x}_k \sim u(\mathbf{x}_k)\mathbf{e} \succ (u(\mathbf{x}) + \epsilon_1)\mathbf{e} \succ u(\mathbf{x} + \epsilon_2\mathbf{e}) \sim \mathbf{x} + \epsilon_2\mathbf{e}$。这里我们用到了 $\succ$ 的连续性，$\mathbf{x} \in L_s((u(\mathbf{x}) + \epsilon_1)\mathbf{e})$，以及严格下优集是开集，这样存在 $\mathbf{x}$ 的半径为 ϵ_2 的开球也属于开集，$L_s((u(\mathbf{x}) + \epsilon_1)\mathbf{e})$。因此，根据偏好的传递性，我们有 $\mathbf{x}_k \succ \mathbf{x} + \epsilon_2\mathbf{e}$。但对充分大的 k，由 $\mathbf{x}_k \to \mathbf{x}$，有 $\mathbf{x} + \epsilon_2\mathbf{e} > \mathbf{x}_k$，从而有 $\mathbf{x} + \epsilon_2\mathbf{e} \succ \mathbf{x}_k$，这就造成了矛盾。因此，$u$ 必然是连续的。 □

当偏好序不连续时，其效用函数不一定存在。下面是这样的一个例子。

例 3.3.6 (字典序不可以用效用函数表示)　给定上半连续效用函数 u，对每个 $\bar{u}$，其上优集 $\{\mathbf{x} \in X : u(\mathbf{x}) \geqq \bar{u}\}$ 必然是闭集。根据前面的讨论，定义在 $\mathcal{R}^L$ 上的字典序的上优集不是闭的，因而字典序不能用上半连续效用函数表示。进一步地，字典序不可能存在一个表示其偏好的效用函数。以两维的情形为例。如果存在一个效用函数，不妨记该效用函数为 $u(x_1, x_2)$。显然对于任意实数 x_1，根据字典序，有 $u(x_1, 2) > u(x_1, 1)$。由于有理数在实数上是稠密的，则存在着一个有理数 $r(x_1)$ 使得 $u(x_1, 2) > r(x_1) > u(x_1, 1)$。此外，对于不同的实数 x_1, y_1，按上面的方式找到的相对应的有理数也是不同的。这是因为，如果 $x_1 > y_1$（$x_1 < y_1$ 的情形也是类似的），那么根据字典序偏好，有 $r(x_1) > u(x_1, 1) > u(y_1, 2) > r(y_1)$。这就意味着，上面得到的 $r(\cdot)$ 是实数到有理数的一个单射，这意味着有理数的个数至少不少于实数的个数。然而，我们知道有理数是（无限）可数的，实数是（无限）不可数的，实数的基数大于有理数的基数，即实数的个数超过有理数的个数，矛盾。因此，字典序偏好不可能找到对应的效用函数。

效用函数的作用是它能有效地表示所对应的偏好序。用效用函数 u 的实际数值来刻画人们的选择，从本质上来说没有什么意义，只有 u 在任意两点的值的差是重要的。尽管用效用函数来表示偏好十分方便，但它并没有给出任何心理上的解释。效用函数最重要的特征是其序数性质。具体来说，我们可以证明，在任意严格递增变换意义下，效用函数是唯一的。

定理 3.3.2 (效用函数关于单调变换的不变性)　*若 $u(\mathbf{x})$ 表示偏好 $\succcurlyeq$，且 $f\colon \mathcal{R} \to \mathcal{R}$ 是强单调递增函数，则 $f(u(\mathbf{x}))$ 也表示同一偏好。*

证明　这是因为 $f(u(\mathbf{x})) \geqq f(u(\mathbf{y}))$ 成立，当且仅当 $u(\mathbf{x}) \geqq u(\mathbf{y})$ 成立。 □

上述不变性定理在很多问题上都十分有用。例如，它可以简化从效用最大化问题求解需求函数的计算。

我们也可以用效用函数来计算商品之间的边际替代率。设 $u(x_1, \cdots, x_k)$ 为效用函数。假设我们提高商品 i 的数量，消费者该如何调整商品 j 的消费以保持其效用不变呢？

令 dx_i 和 dx_j 分别为 x_i 和 x_j 的微分。根据假设，效用的变化必然为零。因此有：

$$\frac{\partial u(\mathbf{x})}{\partial x_i} dx_i + \frac{\partial (\mathbf{x})}{\partial x_j} dx_j = 0.$$

因此有

$$\frac{dx_j}{dx_i} = -\frac{\dfrac{\partial u(\mathbf{x})}{\partial x_i}}{\dfrac{\partial u(\mathbf{x})}{\partial x_j}} \equiv -\frac{MU_{x_i}}{MU_{x_j}}.$$

上式的绝对值给出了商品 i 和 j 的边际替代率，它刻画了 x_i 和 x_j 的边际效用 MU_i 和 MU_j 的比率。

注 边际替代率与效用函数的单调变换无关。为证明这个结论，令 $v(u)$ 为效用函数的单调变换。则该效用函数 $v(u)$ 的边际替代率为：

$$\frac{dx_j}{dx_i} = -\frac{v'(u)\dfrac{\partial u(\mathbf{x})}{\partial x_i}}{v'(u)\dfrac{\partial u(\mathbf{x})}{\partial x_j}} = -\frac{\dfrac{\partial v(\mathbf{x})}{\partial x_i}}{\dfrac{\partial v(\mathbf{x})}{\partial x_j}}.$$

我们可通过考察效用函数来验证偏好序的重要性质。下述命题给出了这些性质。

命题 3.3.4 设 $\succcurlyeq$ 可以由效用函数 $u: X \to \mathcal{R}$ 表示。则：

(1) 偏好序（严格）单调当且仅当 u 是（严格）单调的。

(2) 偏好序（上半）连续当且仅当 u 是（上半）连续的。

(3) 偏好序是弱凸的当且仅当 u 是拟凹的 。

(4) 偏好序是严格凸的当且仅当 u 是严格拟凹的。

应该指出的是，函数 u 是拟凹的，当对任意的 c，由 $u(\mathbf{x}) \geqq c$ 和 $u(\mathbf{y}) \geqq c$ 我们可推出 $u(t\mathbf{x}+(1-t)\mathbf{y}) \geqq c, \forall t \in (0,1)$。函数 u 是严格拟凹的，当对任意的 c，由 $u(\mathbf{x}) \geqq c$ 和 $u(\mathbf{y}) \geqq c$ 我们可推出 $u(t\mathbf{x}+(1-t)\mathbf{y}) > c, \forall t \in (0,1)$。

注 我们可以通过验证其加边海森 (bordered Hessian) 矩阵顺序主子式的符号来检验 $u(\mathbf{x})$ 的严格拟凹性，即

$$\begin{vmatrix} 0 & u_1 & u_2 \\ u_1 & u_{11} & u_{12} \\ u_2 & u_{21} & u_{22} \end{vmatrix} > 0,$$

$$\begin{vmatrix} 0 & u_1 & u_2 & u_3 \\ u_1 & u_{11} & u_{12} & u_{13} \\ u_2 & u_{21} & u_{22} & u_{23} \\ u_3 & u_{31} & u_{32} & u_{33} \end{vmatrix} < 0,$$

如此等等，其中 $u_i = \dfrac{\partial u}{\partial x_i}$，$u_{ij} = \dfrac{\partial^2 u}{\partial x_i \partial x_j}$。

例 3.3.7 假定偏好序可由柯布–道格拉斯效用函数表示：$u(x_1, x_2) = x_1^{\alpha} x_2^{\beta}$，其中 $\alpha > 0$，$\beta > 0$。则我们有

$$u_x = \alpha x^{\alpha-1} y^{\beta},$$
$$u_y = \beta x^{\alpha} y^{\beta-1},$$

$$
\begin{aligned}
u_{xx} &= \alpha(\alpha-1)x^{\alpha-2}y^{\beta},\\
u_{xy} &= \alpha\beta x^{\alpha-1}y^{\beta-1},\\
u_{yy} &= \beta(\beta-1)x^{\alpha}y^{\beta-2}.
\end{aligned}
$$

因此有

$$
\begin{aligned}
\begin{vmatrix} 0 & u_x & u_y \\ u_x & u_{xx} & u_{xy} \\ u_y & u_{xy} & u_{yy} \end{vmatrix}
&= \begin{vmatrix} 0 & \alpha x^{\alpha-1}y^{\beta} & \beta x^{\alpha}y^{\beta-1} \\ \alpha x^{\alpha-1}y^{\beta} & \alpha(\alpha-1)x^{\alpha-2}y^{\beta} & \alpha\beta x^{\alpha-1}y^{\beta-1} \\ \beta x^{\alpha}y^{\beta-1} & \alpha\beta x^{\alpha-1}y^{\beta-1} & \beta(\beta-1)x^{\alpha}y^{\beta-2} \end{vmatrix}\\
&= x^{3\alpha-2}y^{3\beta-2}[\alpha\beta(\alpha+\beta)] > 0, \quad \forall\,(x,y) > 0,
\end{aligned}
$$

这意味着 u 在 $\mathcal{R}^2_{++}$ 上是严格拟凹的。

3.4　效用最大化和最优选择

3.4.1　效用最大化

现代经济学和消费者理论对个体行为的一个最基本的假设是理性假设：追求自身利益最大化。具体到消费者来说，就是个体总是从预算集中选取其最佳的消费组合。我们将考虑效用最大化行为并导出需求函数。

3.4.2　消费者的最优选择

在效用最大化基本问题中，消费者选择在预算集中的一个消费组合使其效用最大化。换句话说，效用最大化问题可写为：

$$
\begin{aligned}
&\max u(\mathbf{x})\\
\text{s.t.}\quad &\mathbf{px} \leqq I,\\
&\mathbf{x} \in X.
\end{aligned}
$$

若效用函数（上半）连续，且约束集是有界闭集，则上述效用最大化问题必然存在解。约束集显然是闭的。若 $p_l > 0$，$l = 1, \cdots, L$，$I > 0$，则不难证明该约束集是有界的。若某种商品的价格为零，则消费者可消费无穷多的这种商品。

命题 3.4.1　*在局部非饱和性假设下，效用最大化消费组合 $\mathbf{x}^*$ 必然使预算约束以等式成立。*

证明　假设有 $\mathbf{px}^* < I$，则 $\mathbf{x}^*$ 是预算约束集的内点，从而对 X 中每个充分接近 $\mathbf{x}^*$ 的消费组合的支出也是预算约束集的内点。根据局部非饱和性假设，必然在预算约束集中存在某个充分接近 $\mathbf{x}^*$ 的消费组合 $\mathbf{x}$，使得 $\mathbf{x}$ 严格偏好于 $\mathbf{x}^*$。这意味着 $\mathbf{x}^*$ 没有在 $B(\mathbf{p}, I)$ 上最大化消费者的偏好，矛盾。 □

我们可以根据上述命题将消费者的问题重新写为：

$$
\begin{aligned}
&\max u(\mathbf{x})\\
\text{s.t.}\quad &\mathbf{px} = I.
\end{aligned}
$$

上述问题的解 $\mathbf{x}$ 称为消费者的**需求组合** (demand bundle) 或简称需求，它显示了给定价格和收入水平下每种商品的最优消费。一般来说，最优消费不是唯一的。记所有效用最大化消费组合的集合为 $\mathbf{x}(\mathbf{p}, I)$，称之为消费者的**需求对应** (demand correspondence)。对每个 $(\mathbf{p}, I)$，若需求组合是唯一的，则 $\mathbf{x}(\mathbf{p}, I)$ 为函数，称之为消费者的**需求函数**或称**马歇尔需求函数**。从下述命题中我们将看到，偏好的严格凸性保证了最优消费组合的唯一性。

命题 3.4.2 (需求组合的唯一性) *若偏好是严格凸的，则对任一 $\mathbf{p} > 0$，在消费者预算集 $B(\mathbf{p}, I)$ 上存在唯一消费组合 $\mathbf{x}$，使得消费者效用在该点处达到最大。*

证明 假设 $\mathbf{x}'$ 和 $\mathbf{x}''$ 都在 $B(\mathbf{p}, m)$ 上最大化了 u，则 $\frac{1}{2}\mathbf{x}' + \frac{1}{2}\mathbf{x}''$ 也在 $B(\mathbf{p}, I)$ 内，且严格偏好于 $\mathbf{x}'$ 和 $\mathbf{x}''$, 这就造成了矛盾。 □

由于对所有价格和收入同乘以相同的正数不改变预算集，也就不改变效用最大化问题的解，这样我们有下面的命题。

命题 3.4.3 (需求函数的齐次性) *消费者的需求函数 $\mathbf{x}(\mathbf{p}, I)$ 相对于 $(\mathbf{p}, I) > 0$ 是零次齐次的，即：$\mathbf{x}(t\mathbf{p}, tI) = \mathbf{x}(\mathbf{p}, I)$。*

回顾第 2 章，函数 $f(\mathbf{x})$ 称为 **k 次齐次的 (homogeneous of degree k)**，若对所有的 $t > 0$，有 $f(t\mathbf{x}) = t^k f(\mathbf{x})$。

3.4.3 效用最大化的一阶条件

只要效用函数是可微的，我们就可以用微积分方法来刻画消费者的最优消费行为。我们将用拉格朗日乘子 (Lagrange multipliers) 法来求解有约束条件的最大化问题。效用最大化问题的拉格朗日函数 (Lagrangian function)可写为：

$$\mathcal{L} = u(\mathbf{x}) - \lambda(\mathbf{p}\mathbf{x} - I),$$

其中 λ 为拉格朗日乘子。若偏好是局部非饱和的，对拉格朗日函数关于 x_i 和拉格朗日乘子分别求偏导并令其为零，得到了内点解的一阶条件：

$$\frac{\partial u(\mathbf{x})}{\partial x_l} - \lambda p^l = 0, \quad l = 1, \cdots, L. \tag{3.4.1}$$

$$\mathbf{p}\mathbf{x} = I. \tag{3.4.2}$$

可将方程 (3.4.1) 写为向量形式：

$$\mathbf{D}u(\mathbf{x}) = \lambda\mathbf{p}.$$

其中

$$\mathbf{D}u(x) = \left(\frac{\partial u(\mathbf{x})}{\partial x_1}, \cdots, \frac{\partial u(\mathbf{x})}{\partial x_L}\right)$$

为 u 的**梯度向量**（gradient vector），即 u 关于每个变量的偏导数向量。

为了解释这些条件，我们将第 i 个商品的一阶条件除以第 j 个商品的一阶条件，由此可得：

$$\frac{\frac{\partial u(\mathbf{x}^*)}{\partial x_i}}{\frac{\partial u(\mathbf{x}^*)}{\partial x_j}} = \frac{p_i}{p_j}, \ i, j, = 1, \cdots, L. \tag{3.4.3}$$

上式左边是商品 i 和 j 的边际替代率，右边是商品 i 和 j 的**经济替代率 (economic rate of substitution)**。效用最大化意味着这两个替代率相等。若不然，设

$$\frac{\dfrac{\partial u(\mathbf{x}^*)}{\partial x_i}}{\dfrac{\partial u(\mathbf{x}^*)}{\partial x_j}} = \frac{1}{1} \neq \frac{2}{1} = \frac{p_i}{p_j}, \tag{3.4.4}$$

则若消费者放弃一单位的商品 i，购买一单位的商品 j，他或她的效用将保持不变，但会节省一元。因此，总效用可以得到提高。这就与效用最大化的结果相矛盾。

图 3.12 从几何上说明了上述论证过程。回顾消费者的预算线定义：$\{\mathbf{x}\colon\ p_1x_1+p_2x_2=I\}$，或者是 $x_2 = I/p_2 - (p_1/p_2)x_1$ 的曲线。消费者希望找到预算线上的一点，使得其效用在该点达到最大。显然，在该点处消费者的无差异曲线必然与预算线相切，从而商品 x_1 和 x_2 的边际替代率等于其经济替代率。

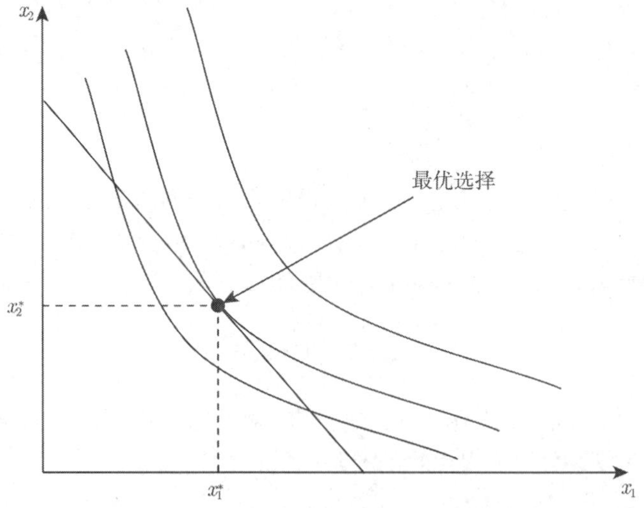

图 3.12 偏好最大化。最优消费组合为无差异曲线和预算线的切点

注 上面所导出的分析条件只有在选择变量可以在最优选择是内点解时才有意义。在许多经济问题中，这些变量是非负的。若某个变量在最优选择处为零，则上面所给出的分析条件就不适用了，需要用到第 2 章所介绍的库恩–塔克 (Kuhn-Tucker) 定理中的一阶条件来刻画。对此**边界解 (boundary solution)**最优性条件的修改是容易的。相关的一阶条件称为库恩–塔克条件：

$$\frac{\partial u(\mathbf{x})}{\partial x_i} - \lambda p_i \leqq 0, \quad \text{等式成立当 } x_i > 0 \ \ i = 1, \cdots, L. \tag{3.4.5}$$

$$\mathbf{px} \leqq I, \quad \text{等式成立当 } \lambda > 0. \tag{3.4.6}$$

因此，x_i 增加的边际效用必然小于或等于 λp_i，否则消费者将增加消费 x_i。若 $x_i = 0$，则 x_i 增加的边际效用将小于等于 λp_i，这即是说，消费者将减少消费 x_i。但由于 x_i 已经为零，继续减少已经不可能了。最后，若 $x_i > 0$ 从而非负约束非紧，则可得到通常的内点解条件。

3.4.4 效用最大化的充分性

上述一阶条件只是局部最优的必要条件，但对某些问题，当效用函数拟凹时，这些必要条件实际上也是全局最优的充分条件。我们有下述命题。

命题 3.4.4 假定 $u(\mathbf{x})$ 可微，在 $\mathcal{R}_+^L$ 上拟凹，以及 $(\mathbf{p}, I) > 0$。若 $(\mathbf{x}, \lambda)$ 满足式(3.4.5)和式(3.4.6)给出的一阶条件，则 $\mathbf{x}$ 为在价格为 $\mathbf{p}$、收入为 I 时的消费者效用最大化问题的解。

证明 由于预算集 $B(\mathbf{p}, I)$ 是凸的，$u(\mathbf{x})$ 在 $\mathcal{R}_+^L$ 上连续且拟凹，由第 2 章中的命题 2.6.2，我们知道 $\mathbf{x}$ 为价格为 $\mathbf{p}$、收入为 I 时的消费者效用最大化问题的解。 □

有了上述充分性条件，我们就可以求出满足一阶条件 (3.4.5) 和 (3.4.6) 的解 $(\mathbf{x}, \lambda)$。这些条件可以用来求解需求函数 $x_i(\mathbf{p}, I)$。下面我们给出若干例子。

例 3.4.1 假设偏好序由柯布–道格拉斯效用函数表示：

$$u(x_1, x_2) = x_1^a x_2^{1-a}, \quad 0 < a < 1,$$

则该函数在 $\mathcal{R}_{++}^2$ 上凹。由于对该函数的任意单调变换表示相同的偏好，因此我们可以将其写为

$$u(x_1, x_2) = a \ln x_1 + (1-a) \ln x_2.$$

需求函数可通过求解下述问题求得：

$$\begin{aligned} &\max a \ln x_1 + (1-a) \ln x_2 \\ &\text{s.t.} \quad p_1 x_1 + p_2 x_2 = I. \end{aligned}$$

其一阶条件为

$$\frac{a}{x_1} - \lambda p_1 = 0$$

或

$$\frac{a}{p_1 x_1} = \frac{1-a}{p_2 x_2}.$$

将上述两式交叉相乘并利用预算约束，可得：

$$\begin{aligned} a p_2 x_2 &= p_1 x_1 - a p_1 x_1, \\ aI &= p_1 x_1, \\ x_1(p_1, p_2, I) &= \frac{aI}{p_1}. \end{aligned}$$

将上式代入预算约束，得到第二种商品的需求函数：

$$x_2(p_1, p_2, I) = \frac{(1-a)I}{p_2}.$$

对有 L 个商品的柯布–道格拉斯效用函数：

$$u(x_1, x_2, \cdots, x_L) = \prod_{l=1}^{L} x_l^{a_l}, \quad a_l > 0, \quad \sum_{l=1}^{L} a_l = 1,$$

可验证，其需求函数为：

$$x_l(p, I) = \frac{a_l I}{p_l}.$$

例 3.4.2 假设偏好序可由里昂惕夫效用函数表示：

$$u(x_1, x_2) = \min\{ax_1, bx_2\}.$$

由于里昂惕夫效用函数不可微，其对应的效用最大化问题不能由一阶条件求得。不过，可能用直接方法求出。设 $p > 0$。

最优解必然在无差异曲线的拐点 (kink point) 上，满足

$$ax_1 = bx_2.$$

将 $x_1 = \frac{b}{a}x_2$ 代入预算约束 $px = I$，有

$$p_1\frac{b}{a}x_2 + p_2x_2 = I.$$

因此需求函数为

$$x_2(p_1, p_2, I) = \frac{am}{bp_1 + ap_2},$$

以及

$$x_1(p_1, p_2, I) = \frac{bm}{bp_1 + ap_2}.$$

对有 L 种商品的里昂惕夫效用函数

$$u(x_1, x_2, \cdots, x_L) = \min\{a_1x_1, a_2x_2, \cdots, a_Lx_L\}, \quad a_l > 0,$$

可验证，其需求函数为：

$$x_l(p, I) = \frac{\frac{I}{a_l}}{\sum_{i=1}^{L}\frac{p_i}{a_i}}.$$

例 3.4.3 假设偏好序可由线性效用函数表示：

$$u(x, y) = ax + by.$$

由于边际替代率 a/b 和经济替代率 p_x/p_y 都是常数，一般来说不相等。从而，只要 $a/b \neq p_x/p_y$，具有等式的一阶条件一般不成立。在这种情形下，效用最大化问题的最优解在边界达到：只有其中一种商品的消费为正，另外一种商品的消费为零。由于该例子很好地说明了库恩–塔克定理在实际中的应用，对该例子的解给出更为正式的表示是有意义的。由于没有内点解，可采用库恩–塔克定理求解。

效用最大化问题的拉格朗日函数为：

$$L(x, y, \lambda) = ax + by + \lambda(I - p_xx - p_yy).$$

于是我们有：

$$\frac{\partial L}{\partial x} = a - \lambda p_x; \tag{3.4.7}$$

$$\frac{\partial L}{\partial y} = b - \lambda p_t; \tag{3.4.8}$$

$$\frac{\partial L}{\partial \lambda} = I - p_x - p_y. \tag{3.4.9}$$

有四种情形需要考虑：

情形 1：$x>0$，$y>0$。则我们有 $\frac{\partial L}{\partial x}=0$，$\frac{\partial L}{\partial y}=0$，从而有 $\frac{a}{b}=\frac{p_x}{p_y}$。由于 $\lambda=\frac{a}{p_x}>0$, 我们有 $p_x x+p_y y=I$，从而所有满足 $p_x x+p_y y=I$ 的 x 和 y 都是最优消费。

情形 2：$x>0$，$y=0$。则我们有 $\frac{\partial L}{\partial x}=0$，$\frac{\partial L}{\partial y}\leqq 0$，从而有 $\frac{a}{b}\geqq\frac{p_x}{p_y}$。由于 $\lambda=\frac{a}{p_x}>0$, 我们有 $p_x x+p_y y=I$，从而 $x=\frac{I}{p_x}$ 为最优消费。

情形 3：$x=0$，$y>0$。则我们有 $\frac{\partial L}{\partial x}\leqq 0$，$\frac{\partial L}{\partial y}=0$。因此有 $\frac{a}{b}\leqq\frac{p_x}{p_y}$。由于 $\lambda=\frac{b}{p_y}>0$, 我们有 $p_x x+p_y y=I$，从而 $y=\frac{I}{p_y}$ 为最优消费。

情形 4: $x=0$, $y=0$。则我们有 $\frac{\partial L}{\partial x}\leqq 0$, $\frac{\partial L}{\partial y}\leqq 0$。由于 $\lambda\geqq\frac{b}{p_y}>0$, 我们有 $p_x x+p_y y=I$。由于 $x=0,y=0$，因此 $I=0$。

总结以上结论，需求函数可表示为：

$$(x(p_x,p_y,I),y(p_x,p_y,I))=\begin{cases}(I/p_x,0), & \text{若 } a/b>p_x/p_y.\\ (0,I/p_y), & \text{若 } a/b<p_x/p_y, \quad \forall x\in[0,I/p_x].\\ (x,I/p_y-xp_x/p_y), & \text{若 } a/b=p_x/p_y.\end{cases}$$

注 事实上，我们可以很容易通过比较无差异曲线和预算线的相对斜率来求得最优消费。例如，如图 3.13 所示，当 $a/b>p_x/p_y$ 时，无差异曲线更为陡峭一些。因此，最优的消费是消费者将所有收入都花在商品 x 上。当 $a/b<p_x/p_y$ 时，无差异曲线更为平坦一些，最优消费是消费者将所有收入都花在商品 y 上。当 $a/b=p_x/p_y$ 时，无差异曲线和预算线平行，且在最优解处重合，因此最优消费是预算线上的任意点。

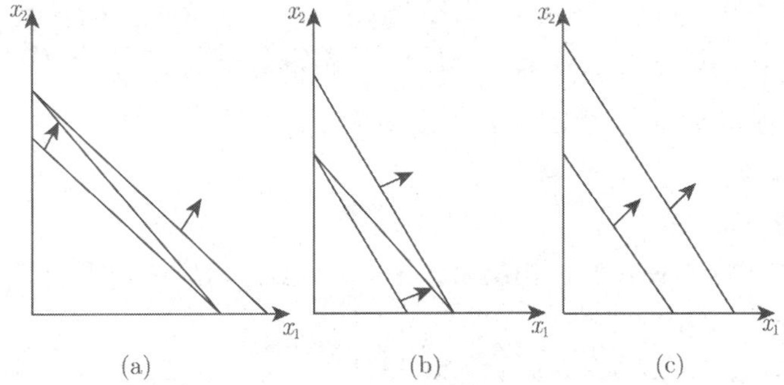

图 3.13 线性效用函数的最大化图解

3.4.5 非序偏好及其最大化

初学者或数学知识不多的读者可以跳过本节，而不影响学习书中内容的连贯性。

由于个体的偏好各式各样，甚至是非理性的，特别是由多个个体组成一个群体时其偏好往往是如此，使得消费组合的排序往往不满足传递性，甚至不能比较，也就是不满足完备性，因而偏好序假设在许多情况下是一个较强的假设，有必要放宽，我们仍然可以考察消费者的最优选择问题，这就是本节要介绍的内容。

正式地，我们称二元关系是**非序**，若它不具有传递性或完备性，或甚至不满足非对称性。有两种方式可以处理非偏好序情形下消费者的最优选择问题：弱二元关系或严格二元关系（也被称为非自反偏好），分别记为 $\succcurlyeq$ 和 $\succ$。记 X 为消费空间。由于价格给定，记

$B = B(p)$。本节考虑更一般情形下的选择问题，因此可以将 B 视为 X 的任何一个可行的子集。在经济学文献中，若 $\succ$ 是非对称的，一个二元关系 $\succcurlyeq$ 被称为**偏好关系**。

对任意给定的 $\mathbf{x} \in X$，$\succcurlyeq$ 在 $\mathbf{x}$ 处的弱上优集、弱下优集、严格上优集、严格下优集分别记为：$U_w(\mathbf{x}) = \{\mathbf{y} \in Z : \mathbf{y} \succcurlyeq \mathbf{x}\}$，$L_w(\mathbf{x}) = \{\mathbf{y} \in Z : \mathbf{x} \succcurlyeq \mathbf{y}\}$，$U_s(\mathbf{x}) = \{\mathbf{y} \in Z : \mathbf{y} \succ \mathbf{x}\}$，以及 $L_s(\mathbf{x}) = \{\mathbf{y} \in Z : \mathbf{x} \succ \mathbf{y}\}$。

对弱二元关系 $\succcurlyeq$，若存在 $\mathbf{x}^* \in B$ 使得 $\mathbf{x}^* \succcurlyeq \mathbf{x}$ 对所有的 $\mathbf{x} \in B$ 成立，或等价地有 $B \cap [\bigcap_{\mathbf{x} \in B} U_w(\mathbf{x})] \neq \varnothing$，则称弱二元关系 $\succcurlyeq$ 在 B 上有**最大元 (greatest element)**。对严格二元关系 $\succ$，若存在 $\mathbf{x}^* \in B$ 使得 $\neg \mathbf{x} \succ \mathbf{x}^*$ 对所有的 $\mathbf{x} \in B$ 成立，或等价地有 $B \cap U_s(\mathbf{x}^*) = \varnothing$，这里 "$\neg$" 表示没有或不存在，则称严格二元关系 $\succ$ 在 B 上有**极大元 (maximal element)**。

其实，弱二元关系和严格二元关系这两种处理方式是同等有效力的，定义和定理都可相互推导出来。前面已经说明了如何从弱二元关系 $\succcurlyeq$ 定义非自反的严格二元关系 $\succ$。对严格二元关系 $\succ$，也可以定义弱二元关系 $\succcurlyeq$（称之为 $\succ$ 的完备化）：$\mathbf{x} \succcurlyeq \mathbf{y}$ 当且仅当 $\mathbf{y} \succ \mathbf{x}$ 不成立，这样 $\succcurlyeq$ 是一个自反和完备的弱二元关系。这样，不失一般性，下面主要考虑弱二元关系 $\succcurlyeq$ 下的最优选择问题，并且不妨假设 $B = X$。

著者及其合作者在 Tian (1992, 1993) 及 Zhou 和 Tian (1992) 中系统发展了研究最优问题的转移方法，即转移传递性、转移连续、转移凸性。这些概念的引入大大地弱化了通常所用的条件，并且可以用来完全地刻画消费者的最优选择是否存在的问题。下面先介绍这些转移性条件。

1. 各类转移传递性

下面比较系统地给出了各类关于二元关系 $\succcurlyeq$ 的转移传递性假设。

定义 3.4.1 我们称定义在 X 上的二元关系 $\succcurlyeq$ 为：

(1) **转移 n 极大**，若对每个有限子集 $\{\mathbf{x}_1, \mathbf{x}_2, \cdots, \mathbf{x}_n\} \subseteq X$，存在 $\mathbf{x}' \in X$ 使得 $\mathbf{x}' \succcurlyeq \{\mathbf{x}_1, \mathbf{x}_2, \cdots, \mathbf{x}_n\}$；

(2) **转移有限极大 (transfer finitely maximal)**，若它有转移 n 极大元，$n = 1, 2, \cdots$；

(3) **n 循环**，若 $\mathbf{x}_1 \succ \mathbf{x}_2 \succ \cdots \succ \mathbf{x}_k$ 意味着 $\mathbf{x}_1 \succcurlyeq \mathbf{x}_k$，$k = 1, 2, \cdots, n$，(1 循环，即 $\mathbf{x} \succcurlyeq \mathbf{x}$，意味着它的完备化 $\succcurlyeq$ 是自反的)；

(4) **循环**，若它是 n 循环的，$n = 1, 2, \cdots$；

(5) **转移 n 严格极大**，若对所有使得 $\mathbf{y}_i \succ \mathbf{x}_i$ 的 $\mathbf{y}_i, \mathbf{x}_i \in X$，$i = 1, 2, \cdots, n$，存在 $\mathbf{x}' \in X$，使得 $\mathbf{x}' \succ \{\mathbf{x}_1, \mathbf{x}_2, \cdots, \mathbf{x}_n\}$；

(6) **转移有限严格最大**，若它是转移 n 严格极大，$n = 1, 2, \cdots$；

(7) **n 链接（link）传递**，若 $\mathbf{y} \succ \mathbf{x}_0 \succcurlyeq \mathbf{x}_1 \succcurlyeq \cdots \succcurlyeq \mathbf{x}_n \succ \mathbf{z}$ 意味着 $\mathbf{y} \succ \mathbf{z}$；

(8) **链接的**，若它是 n 连续传递的，$n = 0, 1, 2, \cdots$；

(9) **完全传递的**，若它的完备化 $\succcurlyeq$ 是传递的，即：$\mathbf{x} \succcurlyeq \mathbf{y} \succcurlyeq \mathbf{z}$ 意味着 $\mathbf{x} \succcurlyeq \mathbf{z}$。

注 这些定义和术语统一并包括经济学文献中许多通常采用的二元关系。比如，对以上定义 (1)、(3)、(5) 和 (7)，我们有

(1) 1 循环意味着 $\succcurlyeq$ 是自反的：$\mathbf{x} \succcurlyeq \mathbf{x}$，或 $\succ$ 是非自反的：没有 $\mathbf{x} \succ \mathbf{x}$。

(2) 2 循环意味着 $\succ$ 是非对称的，即：若 $\mathbf{x} \succ \mathbf{y}$，则没有 $\mathbf{y} \succ \mathbf{x}$。这意味着 $\succcurlyeq$ 是一个偏好关系。

(3) 0 链接意味着 $\succ$ 是弱传递的（由 Campbell 和 Walker (1990) 给出），即：$\mathbf{y} \succ \mathbf{x}_0 \succ \mathbf{z}$ 意味着 $\mathbf{y} \succ \mathbf{z}$。从而 0 链接传递意味着 “$\succ$” 是半序的（partial ordering）。

(4) 1 链接传递意味着 $\succ$ 是超传递的（extratransitive）（由 Campbell 和 Walker (1990) 给出）。■

不难证明 (参见 Zhou 和 Tian (1992))，以上所列出的各种传递性有以下隐含关系，而反之不成立 ($\oplus$ 表示 $\succ$ 是非对称的)：

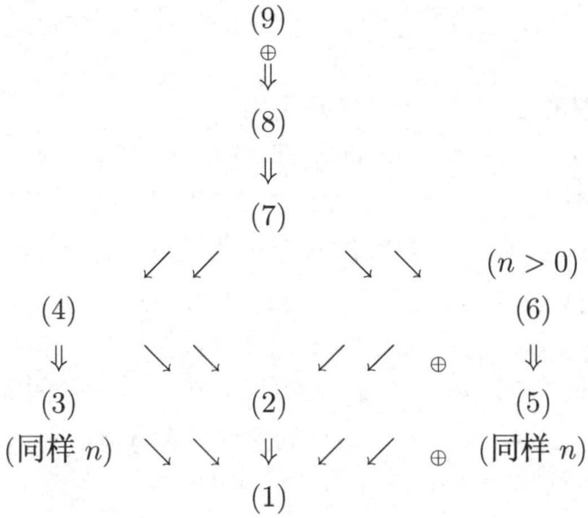

2. 转移连续性

定义 3.4.2 令 $\mathbf{z}$ 是 X 中的任意点，$\mathcal{N}(\mathbf{z})$ 是 $\mathbf{z}$ 的一个邻域。我们称定义在 X 上的二元关系 $\succcurlyeq$ 是

(1) **上连续的**，若对任意的 $\mathbf{x} \in X$ 和 $\mathbf{y} \in Y$，$\mathbf{x} \succ \mathbf{y}$ 意味着存在 $\mathcal{N}(\mathbf{y})$ 使得 $\mathbf{x} \succ \mathcal{N}(\mathbf{y})$；

(2) **弱上连续的**，若对任意的 $\mathbf{x} \in X$ 和 $\mathbf{y} \in Y$，$\mathbf{x} \succ \mathbf{y}$ 意味着存在 $\mathcal{N}(\mathbf{y})$ 使得 $\mathbf{x} \succcurlyeq \mathcal{N}(\mathbf{y})$；

(3) **转移上连续的**，若对任意的 $\mathbf{x} \in X$ 和 $\mathbf{y} \in Y$，$\mathbf{x} \succ \mathbf{y}$ 意味着存在 $\mathbf{x}' \in X$ 和 $\mathcal{N}(\mathbf{y})$ 使得 $\mathbf{x}' \succ \mathcal{N}(\mathbf{y})$；

(4) **转移准上连续的**（**transfer pseudo upper continuous**），若对任意的 $\mathbf{x} \in X$ 和 $\mathbf{y} \in Y$，$\mathbf{x} \succ \mathbf{y}$ 意味着存在 $\mathbf{x}' \in X$ 和 $\mathcal{N}(\mathbf{y})$ 使得 $\mathbf{x}' \succ \mathbf{y}$ 和 $\mathbf{x}' \succcurlyeq \mathcal{N}(\mathbf{y})$；

(5) **弱转移上连续的**，若对任意的 $\mathbf{x} \in X$ 和 $\mathbf{y} \in Y$，$\mathbf{x} \succ \mathbf{y}$ 意味着存在 $\mathbf{x}' \in X$ 和 $\mathcal{N}(\mathbf{y})$ 使得 $\mathbf{x}' \succcurlyeq \mathcal{N}(\mathbf{y})$。

注 显然，$\succcurlyeq$ 是上连续的当且仅当对所有的 $\mathbf{x} \in X$，$U_s^{-1}(\mathbf{x}) = L_s(\mathbf{x})$ 是开的；$\succcurlyeq$ 是弱转移上连续的当且仅当 U_w 是转移闭值对应。回顾第 2 章的内容，可知一个对应 $G : X \to 2^Y$ 是**转移闭值的**，若对任意的 $\mathbf{x} \in X$，$\mathbf{y} \notin G(\mathbf{x})$ 意味着存在 $\mathbf{x}' \in X$ 使得 $\mathbf{y} \notin cl\, G(\mathbf{x}')$，即 $\mathbf{y}$ 不是 $G(\mathbf{x}')$ 的闭包的一个元素。

显然，以上所列出的各种连续性是从强到弱，而反之则不见得不成立。

3. 转移凸性

定义 3.4.3　我们称定义在 X 上的弱二元关系 $\succcurlyeq$ 是

(1) **FS-凸**，若 $U_w : X \to 2^X$ 是 FS-凸的，即：对 X 的任意有限子集 $\{\mathbf{x}_1, \mathbf{x}_2, \cdots, \mathbf{x}_m\}$，有 $co\{\mathbf{x}_1, \mathbf{x}_2, \cdots, \mathbf{x}_m\} \subseteq \bigcup_{j=1}^m U_w(\mathbf{x}_j)$。

(2) **转移 FS-凸**，若 $U_w : X \to 2^X$ 是转移 FS-凸的，即：对任意 X 的有限子集 $\{\mathbf{x}_1, \mathbf{x}_2, \cdots, \mathbf{x}_m\}$，存在一个对应的有限子集 $\{\mathbf{y}_1, \mathbf{y}_2, \cdots, \mathbf{y}_n\} \subseteq Z$，使得对任意 $\{\mathbf{y}_{i1}, \mathbf{y}_{i2}, \cdots, \mathbf{y}_{is}\}(1 \leqq s \leqq n) \subseteq \{\mathbf{y}_1, \mathbf{y}_2, \cdots, \mathbf{y}_n\}$，我们有

$$co\{\mathbf{y}_{i1}, \mathbf{y}_{i2}, \cdots, \mathbf{y}_{is}\} \subseteq \bigcup_{r=1}^{s} G(\mathbf{x}_{ir}).$$

定义 3.4.4　我们称定义在 X 上的严格二元关系 $\succ$ 是

(1) **SS-凸**，若 $U_s : X \to 2^X$ 是 SS-凸的，即：对所有的 $\mathbf{x} \in X$，$\mathbf{x} \notin co\, U_s(\mathbf{x})$。

(2) **转移 SS-凸**，若 $U_s : X \to 2^X$ 是转移 SS-凸的，即：对任意 X 的有限子集 $\{\mathbf{x}_1, \mathbf{x}_2, \cdots, \mathbf{x}_m\}$，存在一个对应的有限子集 $\{\mathbf{y}_1, \mathbf{y}_2, \cdots, \mathbf{y}_m\} \subseteq X$，使得对任意 $\{\mathbf{y}_{i1}, \mathbf{y}_{i2}, \cdots, \mathbf{y}_{ik}\}(1 \leqq k \leqq m) \subseteq \{\mathbf{y}_1, \mathbf{y}_2, \cdots, \mathbf{y}_n\}$，$1 \leqslant k \leqq m$，以及任意的 $\mathbf{y}_{i0} \in co\{\mathbf{y}_{i_1}, \mathbf{y}_{i_2}, \cdots, \mathbf{y}_{i_k}\}$，我们有 $\mathbf{x}_{i_j} \notin U_s(\mathbf{y}_{i0})$。

注　FS-凸和 SS-凸给出了有限集 $\{\mathbf{x}_1, \mathbf{x}_2, \cdots, \mathbf{x}_n\}$ 和它的闭包的关系，而转移 FS-凸和转移 SS-凸给出了有限集 $\{\mathbf{x}_1, \mathbf{x}_2, \cdots, \mathbf{x}_n\}$ 和它的对应有限子集 $\{\mathbf{y}_1, \mathbf{y}_2, \cdots, \mathbf{y}_n\}$ 的闭包关系。由于 $\{\mathbf{y}_1, \mathbf{y}_2, \cdots, \mathbf{y}_n\}$ 不见得和 $\{\mathbf{x}_1, \mathbf{x}_2, \cdots, \mathbf{x}_n\}$ 相同，二元关系 $\succcurlyeq$ 是 FS-凸意味着它是转移 FS-凸，是 SS-凸意味着转移 SS-凸。转移 FS-凸和转移 SS-凸是非常弱的凸条件。例如，若 $\succ$ 是非循环的，或是反对称 (antisymmetric)、非自反（irreflexive）和负传递（negatively transitive）的，则它是 SS-凸的。①

有了上面这些关于各类转移传递、转移连续、转移凸性的概念，我们能够在这些弱的条件下，证明消费者最优选择存在。事实上，根据定义，我们立即有下面的结论：

引理 3.4.1　*给定 $\succcurlyeq$ 在 X 上的二元关系。*

(1) *若 $\succcurlyeq$ 在 X 上有最大元，则 $\succcurlyeq$ 在 X 上有转移最大元。*

(2) *若 $\succcurlyeq$ 在 X 上有最大元，则 $\succcurlyeq$ 在 X 上是转移弱上连续的。*

(3) *若 $\succcurlyeq$ 在 X 上是上连续的，则 $\succcurlyeq$ 的最大元的集合是闭的 (可能空)；若 $\succcurlyeq$ 是完全传递的，且最大元的集合是非空闭的，则 $\succcurlyeq$ 是上连续的。*

下面这些结果特征化了最优选择的存在性。

定理 3.4.1 (Zhou 和 Tian（1992））　*令 X 是拓扑空间的一个非空子集。设二元关系 $\succcurlyeq$ 在 X 上是转移有限严格最大的。则 $\succcurlyeq$ 在 X 上有极大元当且仅当它是转移弱上连续的。*

证明　充分性 ($\Leftarrow$)。用反证法，若 $\succcurlyeq$ 在 X 上没有最大元，则对每个 $\mathbf{y} \in X$，存在 $\mathbf{x} \in X$ 使得 $\mathbf{x} \succ \mathbf{y}$。由 $\succcurlyeq$ 在 X 上的转移弱上连续性，存在 $\mathbf{x}' \in X$ 及邻域 $\mathcal{N}(\mathbf{y})$，使得对所有的 $\mathbf{y}' \in \mathcal{N}(\mathbf{y})$，都有 $\mathbf{x}' \succcurlyeq \mathbf{y}'$，这样有 $X = \bigcup_{\mathbf{y} \in X} \mathcal{N}(\mathbf{y})$。既然 X 是紧的，存在有限个点

① 一个二元关系 $\succ$ 是**反对称的**，若对任意的 $\mathbf{x}, \mathbf{y} \in Z$，$\mathbf{x} \neq \mathbf{y}$ 意味着 $\neg \mathbf{x} \succ \mathbf{y}$ 或 $\neg \mathbf{y} \succ \mathbf{x}$；它是**负传递的**，若对任意的 $\mathbf{x}, \mathbf{y}, \mathbf{z} \in Z$，$\neg \mathbf{x} \succ \mathbf{y}$ 和 $\neg \mathbf{y} \succ \mathbf{z}$ 意味着 $\neg \mathbf{x} \succ \mathbf{z}$。Kim 和 Richter (JET，1986，p. 349) 证明 $\succ$ 的完备化 $\succcurlyeq$ 是一个序。

$\{\mathbf{y}_1, \mathbf{y}_2, \cdots, \mathbf{y}_n\}$ 使得 $X = \bigcup_{i=1}^n \mathcal{N}(\mathbf{y}_i)$。令 $\mathbf{x}'_i$ 是使得 $\mathbf{x}'_i \succcurlyeq \mathbf{y}'$ 对所有 $\mathbf{y}' \in \mathcal{N}(\mathbf{y}_i)$ 都成立的点。由于没有最大元，对 X 的有限子集 $\{\mathbf{x}'_1, \mathbf{x}'_2, \cdots, \mathbf{x}'_n\}$，根据 $\succcurlyeq$ 的转移有限严格最大性质，存在 $\mathbf{x}' \in X$，使得 $\mathbf{x}' \succ \mathbf{x}'_i$, $\forall i = 1, 2, \cdots, n$。然而，由于 $\mathbf{x}' \in \mathcal{N}(\mathbf{y}_j)$, $\quad j = 1, 2, \cdots, n$，我们有 $\mathbf{x}'_j \succcurlyeq \mathbf{x}'$，矛盾。因此，$\succcurlyeq$ 在 X 上有最大元。

必要性 ($\Rightarrow$)。从引理 3.4.1(1) 可知。 □

引理 3.4.2 (Tian (1993)) *令 X 是拓扑空间，Z 是拓扑向量空间 E 的一个非空紧凸集。假定对应 $G: X \to 2^Z$ 在 X 上是转移闭值、转移FS-凸的，则 $\bigcap_{\mathbf{x} \in X} G(\mathbf{x})$ 是非空紧的。*

证明 首先，由命题 2.5.4，我们知道 $\bigcap_{\mathbf{x} \in X} clG(\mathbf{x}) = \bigcap_{\mathbf{x} \in X} G(\mathbf{x})$。对任意 $\mathbf{x} \in X$，令 $\bar{G}(\mathbf{x}) = clG(\mathbf{x})$。这样，要证明 $\bigcap_{\mathbf{x} \in X} G(\mathbf{x})$ 是非空紧的等价于证明 $\bigcap_{\mathbf{x} \in X} \bar{G}(\mathbf{x})$ 是非空紧的。由于 Z 是紧的，且 $\bar{G}$ 在 Z 中是闭值的，$\bigcap_{\mathbf{x} \in X} \bar{G}(\mathbf{x})$ 显然是紧的。这样，我们只需证明它非空。我们先证明集合族 $\{\bar{G}(\mathbf{x}) : \mathbf{x} \in X\}$ 满足有限交性质。

采用反证法，假定 $\{\bar{G}(\mathbf{x}) : \mathbf{x} \in X\}$ 不满足有限交性质，则存在某个有限子集 $\{\mathbf{x}_1, \mathbf{x}_2, \cdots, \mathbf{x}_m\} \subseteq X$，使得 $\bigcap_{i=1}^m \bar{G}(\mathbf{x}_i) = \varnothing$。于是，由 $\bar{G}$ 的转移 FS-凸性，对给定有限子集 $\{\mathbf{x}_1, \mathbf{x}_2, \cdots, \mathbf{x}_m\}$，存在着一个对应的有限子集 $\{\mathbf{y}_1, \mathbf{y}_2, \cdots, \mathbf{y}_m\} \subseteq Z$，使得对任意 $\{\mathbf{y}_{i_1}, \mathbf{y}_{i_2}, \cdots, \mathbf{y}_{i_k}\} \subseteq \{\mathbf{y}_1, \mathbf{y}_2, \cdots, \mathbf{y}_m\}$，有 $co\{\mathbf{y}_{i_1}, \mathbf{y}_{i_2}, \cdots, \mathbf{y}_{i_k}\} \subseteq \bigcup_{j=1}^k \bar{G}(\mathbf{x}_{i_j})$，特别地有 $co\{\mathbf{y}_1, \mathbf{y}_2, \cdots, \mathbf{y}_m\} \subseteq \bigcup_{i=1}^m \bar{G}(\mathbf{x}_i)$。令 $S = co\{\mathbf{y}_1, \mathbf{y}_2, \cdots, \mathbf{y}_m\}$ 和 $L = span\{\mathbf{y}_1, \mathbf{y}_2, \cdots, \mathbf{y}_m\}$，则 $S \subseteq L$。既然 $\bar{G}(\mathbf{x})$ 是闭的，$\bar{G}(\mathbf{x}_i) \cap L$ 也是闭的。令 d 是在 L 上的欧氏度量。显然 $d(\mathbf{y}, L \cap \bar{G}(\mathbf{x}_i)) > 0$ 当且仅当 $\mathbf{y} \notin L \cap \bar{G}(\mathbf{x}_i)$。现定义连续函数 $f: S \to [0, \infty)$ 如下:

$$f(\mathbf{y}) = \sum_{i=1}^m d(\mathbf{y}, L \cap \bar{G}(\mathbf{x}_i)), \quad \forall \mathbf{y} \in S. \tag{3.4.10}$$

由于 $\bigcap_{i=1}^m \bar{G}(\mathbf{x}_i) = \varnothing$，可知对每个 $\mathbf{y} \in S$, $f(\mathbf{y}) > 0$。再定义连续函数 $g: S \to S$：对每个 $\mathbf{y} \in S$，

$$g(\mathbf{y}) = \sum_{i=1}^m \frac{1}{f(\mathbf{y})} d(\mathbf{y}, L \cap \bar{G}(\mathbf{x}_i)) \mathbf{y}_i. \tag{3.4.11}$$

则由布劳威尔不动点定理，存在点 $\mathbf{y}^* \in S$，使得

$$\mathbf{y}^* = g(\mathbf{y}^*) = \sum_{i=1}^m \frac{1}{f(\mathbf{y}^*)} d(\mathbf{y}^*, L \cap \bar{G}(\mathbf{x}_i)) \mathbf{y}_i^*. \tag{3.4.12}$$

记 $I = \{i \in \{1, \cdots, m\} : d(\mathbf{y}^*, L \cap \bar{G}(\mathbf{x}_i)) > 0\}$。则对每个 $i \in I$，有 $\mathbf{y}^* \notin L \cap \bar{G}(\mathbf{x}_i)$。由于 $\mathbf{y}^* \in L$，则对所有的 $i \in I$，有 $\mathbf{y}^* \notin \bar{G}(\mathbf{x}_i)$，从而有

$$\mathbf{y}^* \notin \bigcup_{i \in I} \bar{G}(\mathbf{x}_i). \tag{3.4.13}$$

从式 (3.4.12)，有 $\mathbf{y}^* = \sum_{i \in I} \dfrac{1}{f(\mathbf{y}^*)} d(\mathbf{y}^*, L \cap \bar{G}(\mathbf{x}_i)) \mathbf{y}_i^* \in co\{\mathbf{y}_i^* : i \in I\}$。然而，由于 $\bar{G}: X \to 2^Z$ 是转移 FS-凸的，我们有 $\mathbf{y}^* \in co\{\mathbf{y}_i^* : i \in I\} \subseteq \bigcup_{i \in I} \bar{G}(\mathbf{x}_i)$，但这与式 (3.4.13) 矛盾。因此，$\{\bar{G}(\mathbf{x}) : \mathbf{x} \in X\}$ 有有限交性质。既然 Z 是紧的，根据有限覆盖定理，有 $\bigcap_{\mathbf{x} \in X} G(\mathbf{x}) \neq \varnothing$。□

定理 3.4.2 *令 X 是拓扑向量空间的一个非空子集。假设二元关系 $\succcurlyeq$ 弱上连续。则 $\succcurlyeq$ 最大元的集合是非空紧的，当且仅当 $\succcurlyeq$ 是转移FS-凸的。*

证明 必要性 (⇒)。假定由 $\bigcap_{\mathbf{x}\in X} U_w(\mathbf{x})$ 给出的 $\succcurlyeq$ 最大元的集合是非空紧的，则对任意有限集 $\{\mathbf{x}_1,\mathbf{x}_2,\cdots,\mathbf{x}_m\}\subseteq X$，$\bigcap_{i=1}^m U_w(\mathbf{x}_i)\neq\varnothing$。取 $\mathbf{y}^*\in\bigcap_{i=1}^m U_w(\mathbf{x}_i)$，并令 $\mathbf{y}_i=\mathbf{y}^*, i=1,\cdots,m$，则 $co\{\mathbf{y}_{i_1},\mathbf{y}_{i_2},\cdots,\mathbf{y}_{i_k}\}=\{\mathbf{y}^*\}\subseteq\bigcap_{i=1}^m U_w(\mathbf{x}_i)\subseteq\bigcup_{j=1}^k U_w(\mathbf{x}_{i_j})$ 对任意有限子集 $\{\mathbf{y}_{i_1},\mathbf{y}_{i_2},\cdots,\mathbf{y}_{i_k}\}\subseteq\{\mathbf{y}_1,\mathbf{y}_2,\cdots,\mathbf{y}_m\}$ 都成立。这样，$\succcurlyeq$ 在 X 上是转移 FS-凸的。

充分性 (⇐)。由于 $\succcurlyeq$ 是弱上连续和转移 FS-凸的，由引理 3.4.2，$\bigcap_{\mathbf{x}\in X} G(\mathbf{x})$ 是非空紧的。因此，$\succcurlyeq$ 最大元的集合是非空紧的。 □

注 从定理的必要性可以看出，要 U_w 满足有限交性质并且是闭值对应，$\succcurlyeq$ 必须是 FS-凸和弱上连续的，FS-凸和弱上连续性是最优选择存在的最弱 (必要) 条件。

由于弱二元关系和严格二元关系具有同等效力，定义和定理可以相互推导，于是有下面的推论。

定义 3.4.5 **(转移开)** X 和 Y 是两个拓扑空间。一个对应 $P: X\to 2^Y$ 被称为**在 X 上转移开值的**，若对任意的 $\mathbf{x}\in X, \mathbf{y}\in P(\mathbf{x})$ 意味着存在某点 $\mathbf{x}'\in X$，使得 $\mathbf{y}\in \mathrm{int}P(\mathbf{x}')$。

注 对应 $P: X\to 2^Y$ 是转移闭值的当且仅当由 $G(\mathbf{x})=Y\backslash P(\mathbf{x})$ 定义的 $G: X\to 2^Y$ 在 X 上是转移闭值的。

推论 3.4.1 令 X 是拓扑向量空间的一个非空子集。假设定义在 X 上的二元关系 $\succ$ 使得 L_s 是转移开值的，则 $\succ$ 极大元的集合是非空紧的，当且仅当 $\succ$ 是转移SS-凸的。

定理 3.4.2 需要假定 X 是拓扑向量空间的一个子集，这个假设可以进一步放宽到任意拓扑空间。

定理 3.4.3 令 $\succcurlyeq$ 是定义在 X 上的弱二元关系。

(1) 假定 $\succcurlyeq$ 在 X 上是转移上连续的，则 $\succcurlyeq$ 最大元的集合是非空紧的，当且仅当 $\succcurlyeq$ 在 X 上是转移有限最大的。

(2) 假定 $\succcurlyeq$ 在 X 上是非对称的(即2 循环)，则 $\succcurlyeq$ 最大元的集合是非空紧的，当且仅当 $\succcurlyeq$ 在 X 上是转移上连续的。

证明 (1) 必要性 (⇒)。从引理 3.4.1(1) 得出。现证明充分性 (⇐)。由于 $\succcurlyeq$ 在 X 上是转移有限最大的，则对每个有限子集 $\{\mathbf{x}_1,\cdots,\mathbf{x}_n\}$，存在 $\mathbf{x}'\in X$ 使得对每个 $i=1,2,\cdots,n$，有 $\mathbf{x}'\succ\mathbf{x}_i$ 或 $\mathbf{x}'\succcurlyeq\mathbf{x}_i$。于是，由命题 2.5.4 和命题 3.4.2，$\bigcap_{\mathbf{x}\in X} U_w(\mathbf{x})=\bigcap_{\mathbf{x}\in X} cl\,U_w(\mathbf{x})\neq\varnothing$。这样，$\succcurlyeq$ 最大元的集合是非空紧的。

(2) 充分性由 (1) 可知。我们只需证明必要性。注意，由完全传递性，对任何非最大元 $\mathbf{y}$ 和任意最大元 $\mathbf{x}$，我们有 $\mathbf{x}\succcurlyeq\mathbf{y}$。由于最大元的集合 M 是闭的，任何非最大元 $\mathbf{y}$ 都有邻域 $\mathcal{N}(\mathbf{y})$，它不包含最大元。因此，对任意最大元 $\mathbf{x}$，我们有 $\mathbf{x}\succcurlyeq\mathbf{y}'$，$\forall\mathbf{y}'\in\mathcal{N}(\mathbf{y})$。即，$\succcurlyeq$ 在 X 上是转移上连续的。 □

3.5 间接效用、支出和货币度量的效用函数

3.5.1 间接效用函数

通常的效用函数 $u(\mathbf{x})$ 定义在消费集 X 上，因此有时也称为**直接效用函数**。给定价格 $\mathbf{p}$ 和收入水平 I，消费者将选择效用最大化的消费组合 $\mathbf{x}(\mathbf{p},I)$。消费者在 $\mathbf{x}(\mathbf{p},I)$ 处所达到的

效用水平为其在预算约束下所能达到的最大可能的效用值，可记为：

$$\begin{aligned} v(\mathbf{p}, I) &= \max u(\mathbf{x}) \\ \text{s.t.} \quad \mathbf{px} &= I. \end{aligned}$$

函数 $v(\mathbf{p}, I)$ 表示了所有价格和收入水平下消费者所能达到的最大效用值，称之为**间接效用函数**，它是 $u(\cdot)$ 和 $\mathbf{x}(\mathbf{p}, I)$ 的复合函数，即

$$v(\mathbf{p}, I) = u(\mathbf{x}(p, I)). \tag{3.5.14}$$

下面的命题给出了间接效用函数的一些性质。

命题 3.5.1 (间接效用函数的性质) 若 $u(\mathbf{x})$ 在 $\mathcal{R}^L_+$ 上连续、单调及 $(\mathbf{p}, I) > 0$，则间接效用函数具有如下性质：

(1) $v(\mathbf{p}, I)$ 关于 $\mathbf{p}$ 非增，即若 $\mathbf{p}' \geqq \mathbf{p}$ 意味着 $v(\mathbf{p}', I) \leqq v(\mathbf{p}, I)$，类似地有 $v(\mathbf{p}, I)$ 关于 I 非减；

(2) $v(\mathbf{p}, I)$ 关于 $(\mathbf{p}, I)$ 零阶齐次；

(3) $v(\mathbf{p}, I)$ 关于 $\mathbf{p}$ 拟凸，即对所有的 a，$\{\mathbf{p}\colon v(\mathbf{p}, I) \leqq a\}$ 是凸集；

(4) $v(\mathbf{p}, I)$ 在 $\mathbf{p} \gg 0, I > 0$ 上连续；

(5) 罗伊恒等式：若 $\mathbf{x}(\mathbf{p}, I)$ 是需求函数，则有

$$x_i(\mathbf{p}, I) = -\frac{\frac{\partial v(\mathbf{p}, I)}{\partial p_i}}{\frac{\partial v(\mathbf{p}, I)}{\partial I}}, \forall i = 1, \cdots, L.$$

证明

(1) 对任意 $\mathbf{p}' \geqq \mathbf{p}$，令 $B(\mathbf{p}) = \{\mathbf{x} : \mathbf{px} \leqq I\}$，$B(\mathbf{p}') = \{\mathbf{x}' : \mathbf{p}'\mathbf{x} \leqq I\}$，则 $B' \subseteq B$。因此，$v(\mathbf{p}, I)$ 关于 $\mathbf{p}$ 非增。类似地，对 I 来说也成立。

(2) 若价格和收入同乘以相同的正数，则预算集并不改变。因此，对任意的 $t > 0$，有 $v(t\mathbf{p}, tI) = v(\mathbf{p}, I)$。

(3) 假设 $\mathbf{p}$ 和 $\mathbf{p}'$ 满足 $v(\mathbf{p}, I) \leqq a$ 和 $v(\mathbf{p}', I) \leqq a$。令 $\mathbf{p}'' = t\mathbf{p} + (1-t)\mathbf{p}'$。我们需要证明 $v(\mathbf{p}'', I) \leqq a$。我们现证明 $B(\mathbf{p}'') \subseteq B(\mathbf{p}) \cup B(\mathbf{p}')$。若不然，则必有 $\mathbf{px} > I$ 和 $\mathbf{p}'\mathbf{x} > I$，从而有 $t\mathbf{px} + (1-t)\mathbf{p}'\mathbf{x} > I$，矛盾。因此，必定有 $B(\mathbf{p}'') \subseteq B(\mathbf{p}) \cup B(\mathbf{p}')$。这样，$u(\mathbf{x})$ 在 $B(\mathbf{p}'')$ 上的最大值至多等于 $u(\mathbf{x})$ 在 $B \cup B'$ 上的最大值，从而有 $v(\mathbf{p}'', I) \leqq a$。

(4) 该结论由第 2 章中的最大值定理可得。

(5) 依据包络定理，有 $\lambda x_i(\mathbf{p}, I) = -\frac{\partial v(\mathbf{p}, I)}{\partial p_i}$ 及 $\lambda = \frac{\partial v(\mathbf{p}, I)}{\partial I}$，其中预算约束的 λ 是拉格朗日乘子，从而得到罗伊恒等式。 □

例 3.5.1 (一般的柯布–道格拉斯效用函数) 假设偏好序由柯布–道格拉斯效用函数表示：

$$u(\mathbf{x}) = \prod_{l=1}^{L} (x_l)^{\alpha_l}, \quad \alpha_l > 0, l = 1, 2, \cdots, L.$$

由于该函数的任何单调变换都表示同一偏好序，因此可写为：

$$u(\mathbf{x}) = \prod_{l=1}^{L} (x_l)^{\frac{\alpha_l}{\alpha}}, \quad \alpha_l > 0, l = 1, 2, \cdots, L.$$

其中 $\alpha=\sum_{l=1}^{L}\alpha_l$。令 $a_l=\alpha_i/\alpha$。则上述效用函数同我们前面所考察的柯布–道格拉斯效用函数形式相同，因而其需求函数为：

$$x_l(\mathbf{p},I)=\frac{a_lI}{p_l}=\frac{\alpha_lI}{\alpha p_l}\quad,l=1,2,\cdots,L.$$

将其代入目标函数并消去常数，我们可得间接效用函数：

$$v(\mathbf{p},I)=\prod_{l=1}^{L}(\frac{\alpha_lI}{\alpha p_l})^{\alpha_l}.$$

上述例子同时也表明了有时单调变换在简化求解时非常有用。

3.5.2　支出函数和希克斯需求

若偏好满足局部非饱和性假设，则 $v(\mathbf{p},I)$ 关于 I 严格递增。因此我们可对该函数求反函数的解 I，它是效用水平的函数，即给定任一效用水平 u 和价格水平 $\mathbf{p}$，我们可以求得达到效用 u 的最小收入 I。该函数将收入和效用建立起函数关系，我们称间接效用函数的反函数为**支出函数**，记为 $e(\mathbf{p},u)$。正式地，支出函数由下述问题定义：

$$\begin{aligned}e(\mathbf{p},u)&=\min\ \mathbf{px}\\ \text{s.t.}\qquad u(\mathbf{x})&\geqq u.\end{aligned}$$

支出函数给出了达到既定效用水平所需的最小成本。上述问题的解是 $(\mathbf{p},u)$ 的函数，记为 $\mathbf{h}(\mathbf{p},u)$，称之为**希克斯 (Hicksian) 需求函数**，它说明了何种消费组合能够在达到给定效用水平的同时，也最小化了总支出。

希克斯（John Richard Hicks，1904—1989，其人物小传见 7.8.1 节）需求函数有时也称为**补偿 (compensated) 需求函数**。该术语来自将该需求函数视为消费者效用水平固定时价格和收入变动的轨迹。因此，给定效用水平，当价格变动时，收入变动以“补偿”价格变动所带来的效用变化。由于希克斯需求函数依赖于效用，而效用是不可观测的，因此它在现实中并不能直接观测到。而前面我们所给出的需求函数则是可直接观测到的。当我们想强调希克斯需求函数与通常的需求函数 $\mathbf{x}(\mathbf{p},I)$ 的差别时，称后者为**马歇尔 (Marshall) 需求函数**，我们知道，它依赖于价格和收入。

命题 3.5.2 (支出函数的性质)　*若 $u(\mathbf{x})$ 连续且在 $\mathcal{R}_+^L$ 上局部非饱和，且 $(\mathbf{p},I)>0$，则支出函数具有如下性质：*

(1) $e(\mathbf{p},u)$ *关于* $\mathbf{p}$ *非递减；*

(2) $e(\mathbf{p},u)$ *关于* $\mathbf{p}$ *一次齐次；*

(3) $e(\mathbf{p},u)$ *是* $\mathbf{p}$ *的凹函数；*

(4) *对所有* $\mathbf{p}>0$，$e(\mathbf{p},u)$ *关于* $\mathbf{p}$ *连续；*

(5) *对所有* $\mathbf{p}>0$，$e(\mathbf{p},\mathbf{u})$ *关于* $\mathbf{u}$ *严格递增；*

(6) **谢泼德 (Shephard) 引理**：*若 $\mathbf{h}(\mathbf{p},u)$ 是价格 $\mathbf{p}$ 和效用水平 u 下的最小支出消费组合，h 的导数存在，$p_i>0$，则 $h_i(\mathbf{p},u)=\frac{\partial e(\mathbf{p},u)}{\partial p_i}$，$i=1,\cdots,k$。*

证明　由于支出函数是间接效用函数的反函数，性质 (1)、(4) 和 (5) 可由命题 3.5.1 有关间接效用函数的性质 (1) 和 (4) 推出。我们只需证明性质 (2)、(3) 和 (6) 即可。

(2) 的证明：我们证明，若 $\mathbf{x}$ 是价格 $\mathbf{p}$ 下的最小支出消费组合，则 $\mathbf{x}$ 也是价格 $t\mathbf{p}$ 下的最小支出消费组合。若不然，令 $\mathbf{x}'$ 为价格 $t\mathbf{p}$ 处的最小支出消费组合，从而有 $t\mathbf{p}x' < t\mathbf{px}$。但该不等式意味着 $\mathbf{px}' < \mathbf{px}$，而这与 $\mathbf{x}$ 的定义相矛盾。因此，将价格乘上正标量 t 不改变最小支出消费组合的性质，且支出增加 t 倍，即 $e(\mathbf{p}, u) = t\mathbf{px} = te(\mathbf{p}, u)$。

(3) 的证明：令 $(\mathbf{p}, \mathbf{x})$ 和 $(\mathbf{p}', \mathbf{x}')$ 为两个最小支出价格消费组合，再令 $\mathbf{p}'' = t\mathbf{p} + (1-t)\mathbf{p}', 0 \leqq t \leqq 1$。则有

$$e(\mathbf{p}'', u) = \mathbf{p}''\mathbf{x}'' = t\mathbf{px}'' + (1-t)\mathbf{p}'\mathbf{x}''.$$

由于 $\mathbf{x}''$ 不一定是价格 $\mathbf{p}'$ 或 $\mathbf{p}$ 处达到效用 u 的最小支出消费组合，我们有 $\mathbf{px}'' \geqq e(\mathbf{p}, u)$，$\mathbf{p}' \cdot \mathbf{x}'' \geqq e(\mathbf{p}', u)$。从而有

$$e(\mathbf{p}'', u) \geqq te(\mathbf{p}, u) + (1-t)e(\mathbf{p}', u).$$

(6) 的证明：令 $\mathbf{x}^*$ 为价格 $\mathbf{p}^*$ 处达到效用 u 的最小支出消费组合。定义函数

$$g(\mathbf{p}) = e(\mathbf{p}, u) - \mathbf{px}^*.$$

由于 $e(\mathbf{p}, u)$ 是达到 u 的最小支出，因此该函数总是非正的。在 $\mathbf{p} = \mathbf{p}^*$ 处，有 $g(\mathbf{p}^*) = 0$。由于这是 $g(\mathbf{p})$ 的最大值，其导数在该点处为零：

$$\frac{\partial g(\mathbf{p}^*)}{\partial p_i} = \frac{\partial e(\mathbf{p}^*, u)}{\partial p_i} - x_i^* = 0, \qquad i = 1, \cdots, L.$$

因此，支出最小的消费组合等于支出函数对价格的导数。 □

注 我们也可以用第 2 章所介绍的包络定理 (envelope theorem)证明上述定理的性质 (6)。在该问题中，参数 a 为其中一种商品的价格 p_i。定义拉格朗日函数为 $L(x, \lambda) = \mathbf{px} - \lambda(u - u(\mathbf{x}))$，则最优值函数为支出函数 $e(\mathbf{p}, u)$。根据包络定理，我们有：

$$\frac{\partial e(\mathbf{p}, u)}{\partial p_i} = \frac{\partial L}{\partial p_i} = x_i \Bigg|_{x_i = h_i(\mathbf{p}, u)} = h_i(\mathbf{p}, u),$$

而这恰是谢泼德引理的结论。

下面我们给出希克斯需求函数的若干基本性质。

命题 3.5.3 (希克斯需求函数的性质) 对希克斯需求函数 $\mathbf{h}(\mathbf{p}, u)$，我们有

(1) **负半定替代矩阵**：替代矩阵 $[(\partial h_j(\mathbf{p}, u)/\partial p_i)]$ 是负半定的(negative semi-definite)；

(2) **对称替代项**：替代矩阵是对称的，即

$$\frac{\partial h_j(\mathbf{p}, u)}{\partial p_i} = \frac{\partial^2 e(\mathbf{p}, u)}{\partial p_j \partial p_i} = \frac{\partial^2 e(\mathbf{p}, u)}{\partial p_i \partial p_j} = \frac{\partial h_i(\mathbf{p}, u)}{\partial p_j}.$$

(3) **负的自身替代项**：补偿自身价格效应(own-price effect) 是非正的，即希克斯需求曲线是向下倾斜的：

$$\frac{\partial h_i(\mathbf{p}, u)}{\partial p_i} = \frac{\partial^2 e(\mathbf{p}, u)}{\partial p_i^2} \leqq 0.$$

证明

(1) 这是因为

$$\partial h_j(\mathbf{p},u)/\partial p_i=\partial^2 e(\mathbf{p},u)/\partial p_i\partial p_j,$$

由于支出函数是凹的，因此它是负半定的。

(2) 由于替代矩阵是负半定的，且对角项小于等于零。

$$\partial h_j(\mathbf{p},u)/\partial p_i=\partial^2 e(\mathbf{p},u)/\partial p_i\partial p_j=\partial^2 e(\mathbf{p},u)/\partial p_i\partial p_j=\partial h_i(\mathbf{p},u)/\partial p_j,$$

因此替代矩阵是对称的。

(3) 支出函数是凹的，有：

$$\partial h_i(\mathbf{p},u)/\partial p_i=\partial^2 e(\mathbf{p},u)/\partial p_i\partial p_i<0,$$

即对角项小于等于零，为此补偿自身价格效应是非正的。

□

3.5.3 货币度量效用函数

在福利经济学中的许多地方，我们需要构造出具有良好性质的支出函数。给定价格 $\mathbf{p}$ 和商品组合 $\mathbf{x}$，想要回答的问题是：消费者需要支付多少货币才能达到其消费商品组合 $\mathbf{x}$ 的效用水平？若知道消费者的偏好，则问题可表示为：

$$\begin{aligned} I(\mathbf{p},\mathbf{x})\equiv &\min_{z}\ \mathbf{pz} \\ \text{s.t.}\qquad & u(\mathbf{z})\geqq u(\mathbf{x}). \end{aligned}$$

即

$$I(\mathbf{p},\mathbf{x})\equiv e(\mathbf{p},u(\mathbf{x})).$$

这种函数被称为**货币度量效用函数** (money metric utility function)，也被称为**最小收入函数** (minimum income function)或**直接补偿函数** (direct compensation function)等。由于对给定的 $\mathbf{p}$，$I(\mathbf{p},\mathbf{x})$ 为效用函数的单调变换，它也是一个效用函数。

对间接效用函数，我们也可以进行类似的构造，称之为**货币度量间接效用函数**，其形式为：

$$\mu(\mathbf{p};\mathbf{q},I)\equiv e(\mathbf{p},\nu(q,I)).$$

即，$\mu(\mathbf{p};\mathbf{q},I)$ 度量了在给定价格 $\mathbf{p}$ 下，消费者需要支付多少货币才能达到在价格 $\mathbf{q}$ 和收入 I 下所能达到的最大效用。同直接效用函数情形一样，$\mu(\mathbf{p};\mathbf{q},I)$ 也是间接效用函数的单调变换。

例 3.5.2 (常替代弹性效用函数)　常替代弹性 (CES) 效用函数的形式为

$$u(x_1,x_2)=(x_1^\rho+x_2^\rho)^{1/\rho},\quad 0\neq\rho<1.$$

容易验证该效用函数是强单调递增和严格凹的。由于偏好在单调变换下保持不变，因此我们可以选择如下形式的效用函数：

$$u(x_1,x_2)=\frac{1}{\rho}\ln(x_1^\rho+x_2^\rho).$$

一阶条件为：

$$\begin{aligned}\frac{x_1^{\rho-1}}{x_1^\rho + x_2^\rho} - \lambda p_1 &= 0;\\ \frac{x_2^{\rho-1}}{x_1^\rho + x_2^\rho} - \lambda p_2 &= 0;\\ p_1x_1 + p_2x_2 &= I.\end{aligned}$$

将第一个方程除以第二个方程并解出 x_2，我们有：

$$x_2 = x_1(\frac{p_2}{p_1})^{\frac{1}{\rho-1}}.$$

将上述结果代入预算线，求解 x_1 可得：

$$x_1(p, I) = \frac{p_1^{\frac{1}{\rho-1}} I}{p_1^{\frac{\rho}{\rho-1}} + p_2^{\frac{\rho}{\rho-1}}},$$

从而有

$$x_2(p, I) = \frac{p_2^{\frac{1}{\rho-1}} I}{p_1^{\frac{\rho}{\rho-1}} + p_2^{\frac{\rho}{\rho-1}}}.$$

将需求函数代入效用函数，可得间接常替代弹性效用函数：

$$v(\mathbf{p}, I) = (p_1^{\rho/(\rho-1)} + p_2^{\rho/(\rho-1)})^{1-\rho/\rho} I$$

或

$$v(\mathbf{p}, I) = (p_1^r + p_2^r)^{-1/r} I,$$

其中 $r = \rho/(\rho-1)$。对上述方程求反函数，我们可得常替代弹性效用函数的支出函数，其形式为：

$$e(\mathbf{p}, u) = (p_1^r + p_2^r)^{1/r} u.$$

因此，货币度量的直接和间接效用函数分别为：

$$I(\mathbf{p}, x) = (p_1^r + p_2^r)^{1/r} (x_1^\rho + x_2^\rho)^{1/\rho}$$

和

$$\mu(\mathbf{p}; \mathbf{q}, I) = (p_1^r + p_2^r)^{1/r} (q_1^r + q_2^r)^{-1/r} I.$$

注 常替代弹性效用函数包含了若干常见的效用函数作为其特例，其结果取决于参数 ρ 的值。

(1) 线性效用函数 ($\rho = 1$)。将 ρ 代入函数中，我们立刻可得：

$$y = x_1 + x_2.$$

(2) 柯布–道格拉斯效用函数 ($\rho = 0$)。在 $\rho = 0$ 处，常替代弹性效用函数无定义。但可证明当 ρ 趋于零时常替代弹性效用函数的无差异曲线趋于柯布–道格拉斯的无差异曲线。从其边际替代率容易看出这一点。我们有：

$$MRS = |\frac{dx_2}{dx_1}| = \left(\frac{x_1}{x_2}\right)^{\rho-1}. \tag{3.5.15}$$

当 ρ 趋于零时，上式趋于极限

$$MRS = \frac{x_2}{x_1},$$

而这与柯布–道格拉斯的边际替代率相等。

(3) 里昂惕夫效用函数 ($\rho = -\infty$)。我们已经知道常替代弹性效用函数的边际替代率为式 (3.5.15)。当 ρ 趋于 $-\infty$ 时, 该表达式趋于

$$MRS = \left(\frac{x_1}{x_2}\right)^{-\infty} = \left(\frac{x_2}{x_1}\right)^{\infty}.$$

若 $x_2 > x_1$，则其边际替代率为（负）无穷；若 $x_2 < x_1$，则其边际替代率为零。这意味着当 ρ 趋于 $-\infty$ 时，常替代效用函数趋于里昂惕夫效用函数。

3.5.4　一些重要的恒等式

下面我们介绍一些重要的恒等式，这些恒等式将支出函数、间接效用函数、马歇尔需求函数和希克斯需求函数等相互联系在一起。

考虑如下效用最大化问题：

$$\begin{aligned} v(\mathbf{p}, I^*) &= \max u(\mathbf{x}) \\ \text{s.t.} \quad \mathbf{px} &\leqq I^*. \end{aligned} \tag{3.5.16}$$

令 $\mathbf{x}^*$ 为上述问题的解，$u^* = u(\mathbf{x}^*)$。再考虑如下支出最小化问题：

$$\begin{aligned} &e(\mathbf{p}, u^*) = \min \mathbf{px} \\ &\text{s.t.} u(\mathbf{x}) \geqq u^*. \end{aligned} \tag{3.5.17}$$

观察图 3.14，我们可知上述两个问题具有相同的解 $\mathbf{x}^*$。正式地，我们有如下命题。

命题 3.5.4 (效用最大化和支出最小化的等价性)　*假设效用函数 u 是连续且局部非饱和的，且 $I > 0$。若上述两个问题的解存在，则它必然是相同的，记为 $\mathbf{x}^*$。即有*

(1) **效用最大化推出支出最小化**：令 $\mathbf{x}^*$ 为式 (3.5.16) 的解，$u = u(\mathbf{x}^*)$，则 $\mathbf{x}^*$ 为式 (3.5.17) 的解。

(2) **支出最小化推出效用最大化**：假设上述假设满足且 $\mathbf{x}^*$ 为式 (3.5.17) 的解，令 $I = \mathbf{px}^*$，则 $\mathbf{x}^*$ 为式 (3.5.16) 的解。

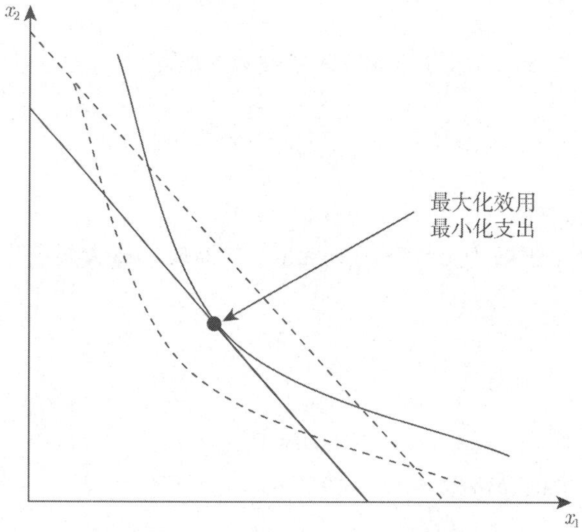

图 3.14 最大化效用和最小化支出通常是等价的

证明

(1) 若不然，令 $\mathbf{x}'$ 为式 (3.5.17) 的解，则有 $\mathbf{px}' < \mathbf{px}^*$，$u(\mathbf{x}') \geqq u(\mathbf{x}^*)$。根据局部非饱和性，存在充分接近 $\mathbf{x}'$ 的消费组合 $\mathbf{x}''$，使得 $\mathbf{px}'' < \mathbf{px}^* = I$，$u(\mathbf{x}'') > u(\mathbf{x}^*)$。但如此则 $\mathbf{x}^*$ 不是式 (3.5.16) 的解。

(2) 若不然，令 $\mathbf{x}'$ 为式 (3.5.16) 的解，则有 $u(\mathbf{x}') > u(\mathbf{x}^*)$，$\mathbf{px}' = \mathbf{px}^* = I$。由于 $\mathbf{px}^* > 0$ 且效用函数连续，可找到 $0 < t < 1$，使得 $\mathbf{p}t\mathbf{x}' < \mathbf{px}^* = I$，$u(t\mathbf{x}') > u(\mathbf{x}^*)$。因此，$\mathbf{x}$ 不是式 (3.5.17) 的解。 □

这个命题非常深刻，且具有现实性。人们往往以为，在支出给定的条件下追求效用最大化与在给定效用的条件下追求代价最小化不是一回事，因为前者追求的是效用最大化，而后者追求的是风险最小化，后者往往更容易被人接受。但这个命题的深刻性在于，当偏好是连续的时，在支出给定条件下追求效用最大化与在给定效用条件下追求代价最小化是一回事，它们是等价的，只是换了一种说法，但后者更容易被人们接受，这是由于决策者往往更担心的是做事风险的大小。

根据上述命题，我们可得下面四个重要的恒等式。

命题 3.5.5 假设效用函数 u 是连续和局部非饱和的，且 $I > 0$，则我们有

(1) $e(\mathbf{p}, v(\mathbf{p}, I)) \equiv I$，即达到效用 $v(\mathbf{p}, I)$ 的最小支出为 I；

(2) $v(\mathbf{p}, e(\mathbf{p}, u)) \equiv u$，即收入 $e(\mathbf{p}, u)$ 所能达到的最大效用为 u；

(3) $x_i(\mathbf{p}, I) \equiv h_i(\mathbf{p}, v(\mathbf{p}, I))$，即收入 I 处的马歇尔需求等于效用等于 $v(\mathbf{p}, I)$ 时的希克斯需求；

(4) $h_i(\mathbf{p}, u) \equiv x_i(\mathbf{p}, e(\mathbf{p}, u))$，即效用 u 下的希克斯需求等于收入 $e(\mathbf{p}, u)$ 处的马歇尔需求。

最后一个恒等式尤其重要，因为它将可观察到的马歇尔需求函数和不可观察到的希克斯需求函数联系起来了。因此，每个需求组合都可表示为效用最大化问题或者支出最小化问题的解。

下面的命题给出了这些恒等式的一个应用，利用上面的四个恒等式可以推出以下罗伊

恒等式。

罗伊 (Roy) 恒等式：若 $\mathbf{x}(\mathbf{p}, I)$ 为马歇尔需求函数，则有

$$x_i(\mathbf{p}, I) = -\frac{\frac{\partial v(\mathbf{p},I)}{\partial p_i}}{\frac{\partial v(\mathbf{p},I)}{\partial I}}, \quad \forall i = 1, \cdots, k,$$

这里我们假设上式右端有良好定义且 $p_i > 0$，$I > 0$。

证明 设 $\mathbf{x}^*$ 为 $(\mathbf{p}^*, I^*)$ 下效用最大化问题的解，其对应的最大效用为 u^*。则由恒等式，我们有

$$\mathbf{x}(\mathbf{p}^*, I^*) \equiv \mathbf{h}(\mathbf{p}^*, u^*). \tag{3.5.18}$$

根据另一恒等式，我们有

$$u^* \equiv v(\mathbf{p}, e(\mathbf{p}, u^*)).$$

对上述恒等式关于 p_i 求偏导可得

$$0 = \frac{\partial v(\mathbf{p}^*, I^*)}{\partial p_i} + \frac{\partial v(\mathbf{p}^*, I^*)}{\partial I}\frac{\partial e(\mathbf{p}^*, u^*)}{\partial p_i}.$$

整理上式并结合恒等式 (3.5.18)，我们有

$$x_i(\mathbf{p}^*, I^*) \equiv h_i(\mathbf{p}^*, u^*) \equiv \frac{\partial e(\mathbf{p}^*, u^*)}{\partial p_i} \equiv -\frac{\partial v(\mathbf{p}^*, I^*)/\partial p_i}{\partial v(\mathbf{p}^*, I^*)/\partial I}.$$

由于上述恒等式对所有的 $(\mathbf{p}^*, I^*)$ 成立，且 $\mathbf{x}^* = \mathbf{x}(\mathbf{p}^*, I^*)$，因此结论成立。 □

例 3.5.3 (一般柯布–道格拉斯效用函数) 考虑间接柯布–道格拉斯效用函数：

$$v(\mathbf{p}, I) = \prod_{l=1}^{L}(\frac{\alpha_l I}{\alpha p_l})^{\alpha_l},$$

其中 $\alpha = \sum_{l=1}^{L} \alpha_l$。则我们有

$$v_{p_l} \equiv \frac{\partial v(\mathbf{p}, I)}{\partial p_l} = -\frac{\alpha_l}{p_j} v(\mathbf{p}, I),$$

$$v_I \equiv \frac{\partial v(\mathbf{p}, I)}{\partial I} = \frac{\alpha}{I} v(\mathbf{p}, I).$$

因此，根据罗伊恒等式，可知需求函数为

$$x_l(\mathbf{p}, I) = \frac{\alpha_l I}{\alpha p_l}, \quad l = 1, 2, \cdots, L.$$

例 3.5.4 (一般里昂惕夫效用函数) 假设偏好序由里昂惕夫效用函数表示：

$$u(\mathbf{x}) = \min\{\frac{x_1}{a_1}, \frac{x_2}{a_2}, \cdots, \frac{x_L}{a_L}\},$$

该函数不可微，但其间接效用函数

$$v(\mathbf{p}, I) = \frac{I}{ap} \tag{3.5.19}$$

可微，其中 $\mathbf{a} = (a_1, a_2, \cdots, a_L)$，$\mathbf{ap}$ 为内积。根据罗伊恒等式，我们有

$$x_l(\mathbf{p}, I) = -\frac{v_{p_l}(\mathbf{p}, I)}{v_I(\mathbf{p}, I)} = \frac{a_l I}{(\mathbf{ap})^2} / \frac{1}{\mathbf{ap}} = \frac{a_l I}{\mathbf{ap}}.$$

这样，即使效用函数不可微时我们也可以用罗伊恒等式来导出需求函数。

例 3.5.5(常替代弹性效用函数) 假设常替代弹性效用函数的形式为 $u(x_1,x_2)=(x_1^\rho+x_2^\rho)^{1/\rho}$。我们前面已经导出了其间接效用函数

$$v(\mathbf{p},I)=(p_1^r+p_2^r)^{-1/r}I.$$

根据罗伊恒等式，我们可求得其需求函数为

$$\begin{aligned} x_l(\mathbf{p},I)=\frac{-\partial v(\mathbf{p},I)/\partial p_l}{\partial v(\mathbf{p},I)/\partial I}&=\frac{\frac{1}{r}(p_1^r+p_2^r)^{-(1+\frac{1}{r})}mrp_l^{r-1}}{(p_1^r+p_2^r)^{-1/r}}\\ &=\frac{p_l^{r-1}I}{(p_1^r+p_2^r)},\quad l=1,2. \end{aligned}$$

例 3.5.6 (位似效用函数) 更一般地，假设效用函数 $u(\mathbf{x})$ 由下面的函数给出：

$$u(\mathbf{x})=\psi(h(\mathbf{x})),$$

其中 ψ 是一个严格递增函数，h 是一次齐次函数，则称函数 $u(\mathbf{x})$ 为**位似的 (homothetic)**。若消费者的偏好可由位似效用函数表示，则其偏好称为**位似偏好**。

容易证明，若效用函数是一次齐次的，则其支出函数可写为 $e(\mathbf{p},u)=e(\mathbf{p})u$。这反过来又意味着其间接效用函数可写为 $v(\mathbf{p},I)=v(\mathbf{p})I$。根据罗伊恒等式，这意味着其需求函数形式为 $x_i(\mathbf{p},I)=x_i(\mathbf{p})I$，即为收入的线性函数。收入效应的这种特殊形式在需求分析中很有用，我们在下面讨论总和问题时将会看到这一点。

3.6 直接和间接效用的对偶性

现在考察如何从间接效用函数推导出直接效用函数。其求解方法用到了直接和间接效用函数的对偶性质。在下面的分析中，对标准化 (normalized) 的间接效用函数进行分析是非常方便的，其中将价格除以收入，因而间接效用函数中收入标准化为 1。这样标准化的间接效用函数为

$$\begin{aligned} v(\mathbf{p})&=\max_{\mathbf{x}} u(\mathbf{x})\\ \text{s.t.}\qquad \mathbf{px}&=1. \end{aligned}$$

我们有如下命题。

命题 3.6.1 给定间接效用函数 $v(\mathbf{p})$，其对应的直接效用函数可以由求解下述问题得到：

$$\begin{aligned} u(\mathbf{x})&=\min_{\mathbf{p}} v(\mathbf{p})\\ \text{s.t.}\qquad \mathbf{px}&=1. \end{aligned}$$

证明 令 $\mathbf{x}$ 为价格 $\mathbf{p}$ 下的需求组合。根据定义，我们有 $v(\mathbf{p})=u(\mathbf{x})$。令 $\mathbf{p}'$ 为满足预算约束的任一价格向量，即 $\mathbf{p}'\mathbf{x}=1$。由于 $\mathbf{x}$ 是价格 $\mathbf{p}'$ 下的可行选择，效用最大化选择所带来的

效用必然至少等于 $\mathbf{x}$ 所带来的效用，即 $v(\mathbf{p}') \geqq u(\mathbf{x}) = v(\mathbf{p})$。因此，间接效用函数在所有预算约束价格 $\mathbf{p}$ 下的最小值等于 $\mathbf{x}$ 所带来的效用。 □

上述论证如图 3.15 所示。任意满足预算约束 $\mathbf{px} = 1$ 的价格向量 $\mathbf{p}$ 带来的效用值必然不低于 $u(\mathbf{x})$。换句话说，$u(\mathbf{x})$ 为上述最小化问题的解。

例 3.6.1 (求解直接效用函数)　设间接效用函数为 $v(p_1, p_2) = -a\ln p_1 - b\ln p_2$。我们想推导出直接效用函数。为此，考虑最小化问题：

$$\begin{aligned} &\min_{p_1,p_2} -a\ln p_1 - b\ln p_2 \\ \text{s.t.}\quad & p_1x_1 + p_2x_2 = 1. \end{aligned}$$

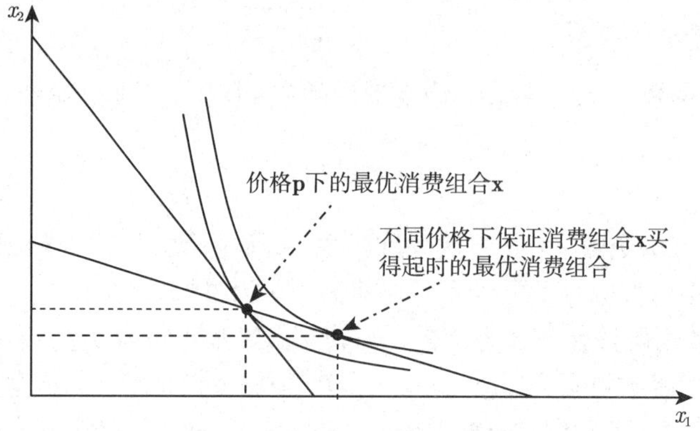

图 3.15　求解直接效用函数

其一阶条件为

$$\begin{aligned} -a/p_1 &= \lambda x_1, \\ -b/p_2 &= \lambda x_2. \end{aligned}$$

应用预算约束，从而得到解：

$$\begin{aligned} p_1 &= \frac{a}{(a+b)x_1}, \\ p_2 &= \frac{b}{(a+b)x_2}. \end{aligned}$$

上述价格即为最小化间接效用函数的价格选择 (p_1, p_2)。将这些价格代回间接效用函数，我们有

$$u(x_1x_2) = a\ln x_1 + b\ln x_2 + 常数.$$

此即我们熟知的柯布–道格拉斯效用函数。

表示同一经济行为的不同方式的对偶性在研究消费者理论、福利经济学和经济学的其他许多领域的问题时十分有用。许多直接看上去难以理解的问题在对偶框架下进行分析就变得非常简单、直接和易于理解了。

3.7 消费者需求的性质

在本节中，我们对消费者的需求行为进行比较静态分析，即讨论消费者的需求是如何随着价格和收入的变化而变化的。

3.7.1 收入变动与消费选择

在价格给定的情况下，分析消费者的需求随着收入的变动而变动是非常有意义的。其对应的轨迹被称为**收入扩展路径 (income expansion path)**或者收入扩展线。根据收入扩展路径，我们可以对每种商品导出将收入和需求联系在一起的函数（价格固定），我们称之为**恩格尔曲线 (Engel curve)**。它有两种可能：(1) 随着收入的上升，商品的需求增加。这样的商品称为**正常商品 (normal good)**。(2) 随着收入的上升，某种商品的需求减少。这样的商品称为**劣等商品 (inferior good)**。

对两商品的消费者效用最大化问题，当收入扩展路径（从而每条恩格尔曲线）向上倾斜 (upper-ward sloping) 时，两种商品都是正常商品。当收入扩展路径向下弯曲 (bend backwards) 且效用函数是局部非饱和的时，有且只有一种商品是劣等商品，即收入的增加将带来其消费的减少（见图 3.16）。从图中同时可以看出，当收入充分小时，所有的商品都是正常商品。

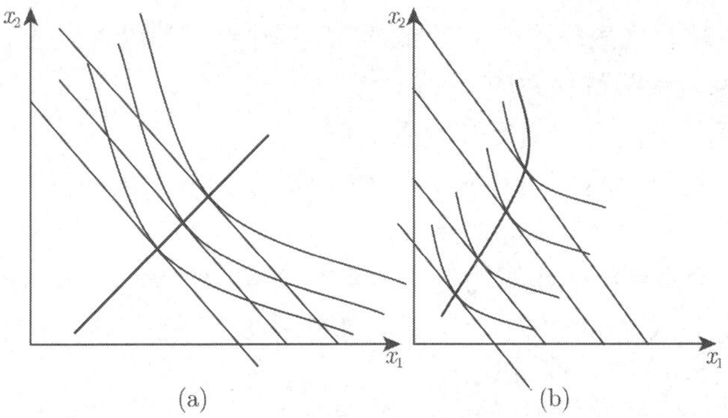

图 3.16 劣等商品的收入扩展路径

3.7.2 价格变化与消费选择

我们也可以让一种商品的价格变动而固定收入和其他商品的价格。比如，固定 p_2 和 I 而让 p_1 变动，则对应的需求也将随 p_1 的变动而变动，其对应的轨迹（即预算线同无差异曲线切点的轨迹）称为**价格提供曲线 (price offer curve)**。在图 3.17 的第一种情形下，商品 1 的价格越低，其需求越大，即通常的需求规律成立。满足需求规律的商品被称为普通商品。在第二种情形下，商品 1 的价格越低，其需求越小。这样的商品被称为**吉芬商品 (Giffen good)**。尽管现实中的吉芬商品的具体例子基本上很难找到，但无论从实验还是理论来看，它都存在。Battallio, Kagel Kogut (1991) 给出了实验的例子。Haagsma (2012) 给出了产生吉芬行为的一个具体效用函数的例子，其效用函数是严格增、严格拟凹及连续的。在这些良好性质（如单调性、凸性及连续性）下，基于其效用函数下所得到的需求函数，某种商品却是吉芬商品。

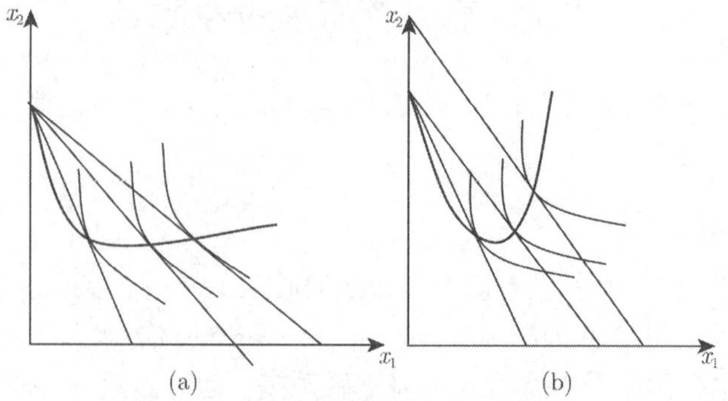

图 3.17 提供曲线。在图 (a) 中，商品 1 的需求随着其价格的下降而增加。在图 (b) 中，商品 1 的需求随着其价格的下降而减少，因此它是吉芬商品

3.7.3 收入效应、替代效应与斯勒茨基分解、希克斯分解

在上面的讨论中，我们看到商品价格的下降有两种效应：**替代效应**——一种商品相对于另一种商品来说变得更便宜，以及**收入效应**——总购买力 (purchasing power) 增加。消费者理论的一个基本结果就是将两种效应联系在一起的**斯勒茨基方程 (Slutsky equation)**。

替代效应的价格变化引起的需求变化，有两种分解形式：一种是购买不变下价格变化引起的需求变化。另一种是维持效用不变下价格变化引起的需求变化，前者称为斯勒茨基替代效应，后者称为希克斯替代效应。与此同时，也有两种对应的收入效应。下面分别来讨论两种分解形式下的收入效应和替代效应。

首先讨论斯勒茨基下的替代效应和收入效应。

此时替代效应是在给定购买力不变下，价格变化引起需求的改变，这里不变的购买力指的是在新价格下购买初始需求所需的收入，这个收入被称为购买力等价收入。而收入效应是在新的价格下，由于价格引起的购买力变化导致的需求的变化，这里的购买力变化指的是购买力等价收入与实际收入之间的差异。下面的斯勒茨基方程，分解由价格变化引起需求变化的替代效应和收入效应。

下面我们先来推导离散情形的斯勒茨基方程。

当价格从 $\mathbf{p}$ 变化到 $\mathbf{p}+\Delta\mathbf{p}$，收入保持 I，需求从 $\mathbf{x}(\mathbf{p},I)$ 变化到 $\mathbf{x}(\mathbf{p}+\Delta\mathbf{p},I)$，购买力等价收入为 $I+\Delta I=(\mathbf{p}+\Delta\mathbf{p})\mathbf{x}(\mathbf{p},I)$，或者 $\Delta I=\Delta\mathbf{p}\mathbf{x}(\mathbf{p},I)$，它被称为斯勒茨基补偿。假设 $\Delta\mathbf{p}=(0,\cdot,\Delta p_j,\cdots,0)$，即只有商品 j 的价格发生变化，此时价格变化引起的需求变化可以分解为：

$$x_i(\mathbf{p}+\Delta\mathbf{p},I)-x_i(\mathbf{p},I)=[x_i(\mathbf{p}+\Delta\mathbf{p},I+\Delta I)-x_i(\mathbf{p},I)]-[x_i(\mathbf{p}+\Delta\mathbf{p},I+\Delta I)-x_i(\mathbf{p}+\Delta\mathbf{p},I)].$$

方程两边同时除以 Δp_j，得到：

$$\begin{aligned}\frac{x_i(\mathbf{p}+\Delta\mathbf{p},I)-x_i(\mathbf{p},I)}{\Delta p_j}&=[\frac{x_i(\mathbf{p}+\Delta\mathbf{p},I+\Delta I)-x_i(\mathbf{p},I)}{\Delta p_j}]\\&\quad-[\frac{x_i(\mathbf{p}+\Delta\mathbf{p},I+\Delta I)-x_i(\mathbf{p}+\Delta\mathbf{p},I)}{\Delta p_j}].\end{aligned}$$

利用 $\Delta I = \Delta p_j x_j(\mathbf{p}, I)$，我们有

$$\frac{x_i(\mathbf{p}+\Delta\mathbf{p}, I) - x_i(\mathbf{p}, I)}{\Delta p_j} = [\frac{x_i(\mathbf{p}+\Delta\mathbf{p}, I+\Delta I) - x_i(\mathbf{p}, I)}{\Delta p_j}] - x_j(\mathbf{p}, I)[\frac{x_i(\mathbf{p}+\Delta\mathbf{p}, I+\Delta I) - x_i(\mathbf{p}+\Delta\mathbf{p}, I)}{\Delta I}]. \quad (3.7.20)$$

方程 (3.7.20) 就是离散形式的斯勒茨基方程，其中 $\frac{x_i(\mathbf{p}+\Delta\mathbf{p}, I+\Delta I)-x_i(\mathbf{p}, I)}{\Delta p_j}$ 是替代效应；$-x_j(\mathbf{p}, I)$ $[\frac{x_i(\mathbf{p}+\Delta\mathbf{p}, I+\Delta I)-x_i(\mathbf{p}+\Delta\mathbf{p}, I)}{\Delta I}]$ 是收入效应。

从方程 (3.7.20) 很容易得到连续可微情形下的斯勒茨基方程，即

$$\frac{\partial x_i(\mathbf{p}, I)}{\partial p_j} = \frac{\partial x_i(\mathbf{p}, I)}{\partial p_j}|_{Slutsky} - x_j(\mathbf{p}, I)\frac{\partial x_i(\mathbf{p}, I)}{\partial I}, \quad (3.7.21)$$

其中 $\frac{\partial x_i(\mathbf{p}, I)}{\partial p_j}|_{Slutsky}$ 表示给定购买不变 (或者斯勒茨基补偿) 下需求的价格导数，即连续情形时的替代效应。

如图 3.18 所示，斯勒茨基分解方程说明了价格变动 Δp_i 所导致的需求变动可分解为两种独立的效应：替代效应和收入效应。

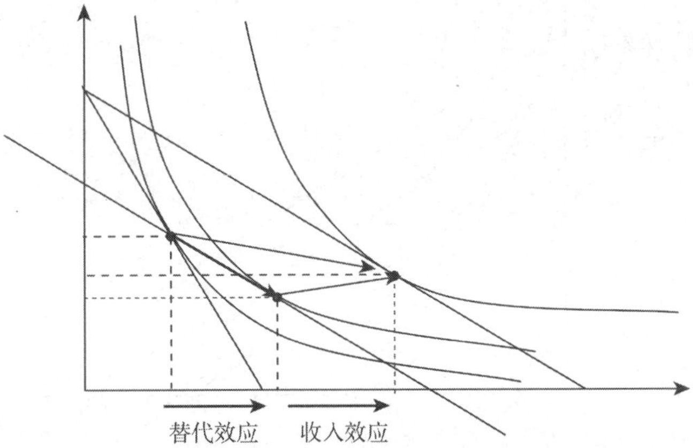

图 3.18 需求变动的斯勒茨基分解：替代效应和收入效应

接着，我们讨论希克斯分解下的替代效应和收入效应。此时替代效应是在给定效用不变下，价格变化引起需求的改变。我们把在价格变化下要实现原先的效用水平所需的最优支出称为效用等价收入。由于效用等价收入与实际收入通常是不同的，为此在新价格下，从效用等价收入到实际收入引起的需求变化，就是希克斯分解下的收入效应。

同样，我们先考虑离散情形的希克斯分解。当价格从 $\mathbf{p}$ 变化到 $\mathbf{p}+\Delta\mathbf{p}$，收入保持为 I，需求从 $\mathbf{x}(\mathbf{p}, I)$ 变化到 $\mathbf{x}(\mathbf{p}+\Delta\mathbf{p}, I)$，效用等价收入为 $I+\Delta I = (\mathbf{p}+\Delta\mathbf{p})h(\mathbf{p}+\Delta\mathbf{p}, u)$，或者 $\Delta I = e(\mathbf{p}+\Delta\mathbf{p}, u) - e(\mathbf{p}, u)$，称为希克斯补偿。假设 $\Delta\mathbf{p} = (0, \cdot, \Delta p_j, \cdots, 0)$，即只有商品 j 的价格发生变化，此时价格变化引起的需求变化可以分解为：

$$\mathbf{x}_i(\mathbf{p}+\Delta\mathbf{p}, I) - \mathbf{x}_i(\mathbf{p}, I) = [h_i(\mathbf{p}+\Delta\mathbf{p}, u) - h_i(\mathbf{p}, u)] - [\mathbf{x}_i(\mathbf{p}+\Delta\mathbf{p}, I+\Delta I) - \mathbf{x}_i(\mathbf{p}+\Delta\mathbf{p}, I)].$$

之所以成立，是因为 $\mathbf{x}_i(\mathbf{p}, I) = h_i(\mathbf{p}, u), \mathbf{x}_i(\mathbf{p}+\Delta\mathbf{p}, I+\Delta I) = h_i(\mathbf{p}+\Delta\mathbf{p}, u)$ 方程两边同时除

以 Δp_j，同时 $\Delta I = e(\mathbf{p}+\Delta\mathbf{p},u)-e(\mathbf{p},u)$，得到：

$$\frac{x_i(\mathbf{p}+\Delta\mathbf{p},I)-x_i(\mathbf{p},I)}{\Delta p_j} = [\frac{h_i(\mathbf{p}+\Delta\mathbf{p},u)-h_i(\mathbf{p},u)}{\Delta p_j}]$$
$$-\frac{e(\mathbf{p}+\Delta\mathbf{p},u)-e(\mathbf{p},u)}{\Delta p_j}[\frac{x_i(\mathbf{p}+\Delta\mathbf{p},I+\Delta I)-x_i(\mathbf{p}+\Delta\mathbf{p},I)}{\Delta I}]. \qquad (3.7.22)$$

方程 (3.7.22) 就是离散形式的希克斯分解方程，其中 $[\frac{h_i(\mathbf{p}+\Delta\mathbf{p},u)-h_i(\mathbf{p},u)}{\Delta p_j}]$ 是替代效应；$-\frac{e(\mathbf{p}+\Delta\mathbf{p},u)-e(\mathbf{p},u)}{\Delta p_j}[\frac{x_i(\mathbf{p}+\Delta\mathbf{p},I+\Delta I)-x_i(\mathbf{p}+\Delta\mathbf{p},I)}{\Delta I}]$ 是收入效应。

此时，连续可微情形有一个更简洁的方程：

$$\frac{\partial x_i(\mathbf{p},I)}{\partial p_j} = \frac{\partial h_i(\mathbf{p},I)}{\partial p_j} - x_j(\mathbf{p},I)\frac{\partial x_i(\mathbf{p},I)}{\partial I}. \qquad (3.7.23)$$

这是因为：$\frac{\partial e(\mathbf{p},u)}{\partial p_j} = h_j(\mathbf{p},u) = x_j(\mathbf{p},I)$。

希克斯分解与斯勒茨基分解存在差异，图 3.19 刻画了它们在替代效用中的差别。

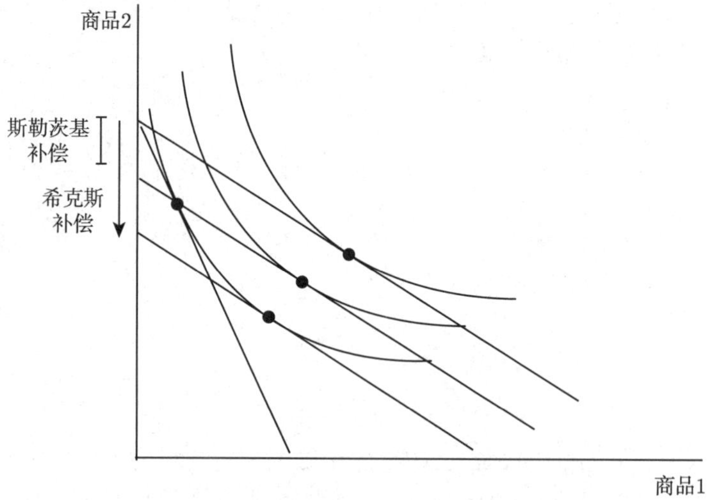

图 3.19 价格变化的斯勒茨基补偿与希克斯补偿

补偿需求函数一般不可直接观测，然而导数可以很容易通过可观测到的马歇尔需求（关于价格和收入的导数）计算出来，这种关系被称为希克斯分解方程。我们也可以通过上面得到的一些恒等式来推导出希克斯分解。

希克斯分解方程：

$$\frac{\partial x_j(\mathbf{p},I)}{\partial p_i} = \frac{\partial h_j(\mathbf{p},v(\mathbf{p},I))}{\partial p_i} - \frac{\partial x_j(\mathbf{p},I)}{\partial I}x_i(\mathbf{p},I).$$

证明 设 $\mathbf{x}^*$ 为价格 $(\mathbf{p}^*,I)$ 下效用最大化问题的解。令 $u^*=u(\mathbf{x}^*)$，则有

$$h_j(\mathbf{p}^*,u^*) \equiv x_j(\mathbf{p},e(\mathbf{p},u^*)).$$

对上式两端关于 p_i 求偏导，并令价格等于 $\mathbf{p}^*$，则有

$$\frac{\partial h_j(\mathbf{p}^*,u^*)}{\partial p_i} = \frac{\partial x_j(\mathbf{p}^*,I^*)}{\partial p_i} + \frac{\partial x_j(\mathbf{p}^*,I^*)}{\partial I}\frac{\partial e(\mathbf{p}^*,u^*)}{\partial p_i}.$$

现在考察上式的经济含义。上式左端表示**价格 p_i 变动所带来的补偿需求变动**，右端表示这一变动等于**支出水平固定为 I^* 时的需求变动加上收入变动时的需求变动乘以为保持效用不变所需调整的收入量的积**。但最后一项 $\partial e(\mathbf{p}^*, u^*)/\partial p_i$，等于 x_i^*。整理上式，我们得到

$$\frac{\partial x_j(\mathbf{p}^*, I^*)}{\partial p_i} = \frac{\partial h_j(\mathbf{p}^*, u^*)}{\partial p_i} - \frac{\partial x_j(\mathbf{p}^*, I^*)}{\partial I} x_i^*,$$

此即希克斯分解方程。 □

正如我们前面所提到的，希克斯需求函数的缺点是它不可直接观测。但如希克斯分解方程所示，我们可以将 $\mathbf{h}$ 关于 $\mathbf{p}$ 的导数表示为 $\mathbf{x}$ 关于 $\mathbf{p}$ 和 I 的导数，而后者是可直接观测的。

根据希克斯分解方程和命题 3.5.3 所断言的希克斯需求函数导数的负半定性，我们可得出有关马歇尔需求函数的下述结果。

命题 3.7.1 替代矩阵 $\left(\frac{\partial x_j(\mathbf{p},m)}{\partial p_i} + \frac{\partial x_j(\mathbf{p},u)}{\partial I} x_i\right)$ 是对称负半定矩阵。

上述结果并不直观：需求的价格和收入导数组合为负半定矩阵，下面我们举一个具体例子加以验证。

例 3.7.1 (柯布–道格拉斯–希克斯分解方程) 我们考察柯布–道格拉斯效用函数情形的希克斯分解方程。首先我们有

$$\begin{aligned}
v(p_1, p_2, I) &= m p_1^{-\alpha} p_2^{\alpha-1},\\
e(p_1, p_2, u) &= u p_1^{\alpha} p_2^{1-\alpha},\\
x_1(p_1, p_2, I) &= \frac{\alpha I}{p_1},\\
h_1(p_1, p_2, u) &= \alpha p_1^{\alpha-1} p_2^{1-\alpha} u.
\end{aligned}$$

从而有

$$\begin{aligned}
\frac{\partial x_1(\mathbf{p}, I)}{\partial p_1} &= -\frac{\alpha I}{p_1^2},\\
\frac{\partial x_1(\mathbf{p}, I)}{\partial I} &= -\frac{\alpha}{p_1},\\
\frac{\partial h_1(\mathbf{p}, u)}{\partial p_1} &= \alpha(\alpha-1) p_1^{\alpha-2} p_2^{1-\alpha} u,\\
\frac{\partial h_1(\mathbf{p}, v(\mathbf{p}, I))}{\partial p_1} &= \alpha(\alpha-1) p_1^{\alpha-2} p_2^{1-\alpha} I p_1^{-\alpha} p_2^{\alpha-1}\\
&= \alpha(\alpha-1) p_1^{-2} I.
\end{aligned}$$

将上述结果代入希克斯分解方程，我们得到

$$\begin{aligned}
\frac{\partial h_1}{\partial p_1} - \frac{\partial x_1}{\partial I} x_1 &= \frac{\alpha(\alpha-1) I}{p_1^2} - \frac{\alpha}{p_1} \frac{\alpha I}{p_1}\\
&= \frac{[\alpha(\alpha-1) - \alpha^2] I}{p_1^2}\\
&= \frac{-\alpha I}{p_1^2} = \frac{\partial x_1}{\partial p_1}.
\end{aligned}$$

可以验证，对任意的 $i,j\in\{1,2\}$，下面的希克斯分解方程都成立

$$\frac{\partial x_j(\mathbf{p}^*,I^*)}{\partial p_i}=\frac{\partial h_j(\mathbf{p}^*,u^*)}{\partial p_i}-\frac{\partial x_j(\mathbf{p}^*,I^*)}{\partial I}x_i^*.$$

因此，

$$\frac{\partial h_j(\mathbf{p}^*,u^*)}{\partial p_i}=\frac{\partial x_j(\mathbf{p}^*,I^*)}{\partial p_i}+\frac{\partial x_j(\mathbf{p}^*,I^*)}{\partial I}x_i^*.$$

根据前面得出的结论：希克斯需求对价格一阶导数矩阵式是对称负半定矩阵，因此我们就得到替代矩阵 $\left(\frac{\partial x_j(\mathbf{p},I)}{\partial p_i}+\frac{\partial x_j(\mathbf{p},u)}{\partial I}x_i\right)$ 是对称负半定矩阵。

在现实中，收入不是固定的，而往往依赖于消费者所具有的某些商品**禀赋 (endowment)** $\omega=(\omega_1,\cdots,\omega_L)$，消费者可以在市场上以价格 $\mathbf{p}$ 出售这些禀赋，获得收入 $I=\mathbf{p}\omega$，消费者可以用这些收入购买其他商品。

消费者的效用最大化问题于是为

$$\begin{aligned}&\max\nolimits_{\mathbf{x}}u(\mathbf{x})\\ \text{s.t.}\quad &\mathbf{px}=\mathbf{p}\omega.\end{aligned}$$

对上述问题求解，可得到需求函数 $\mathbf{x}(\mathbf{p},\mathbf{p}\omega)$。商品 i 的净需求 (net demand) 为 $x_i-\omega_i$。消费者的净需求为正或是为负取决于他对商品的需求是超过还是少于其持有的对应商品的禀赋。

这样，价格不仅影响消费者出售禀赋的价值，也影响其购买商品的价值。这从斯勒茨基方程中容易看出来。对需求函数关于价格求偏导，用斯勒茨基方程展开，我们有

$$\frac{dx_i(\mathbf{p},\mathbf{p}\omega)}{dp_j}=\frac{\partial h_i(\mathbf{p},u)}{\partial p_j}+\frac{\partial x_i(\mathbf{p},\mathbf{p}\omega)}{\partial I}(\omega_j-x_j).$$

在上式中，收入效应取决于与商品 j 的净需求而非总需求。

3.7.4　需求函数的连续性与可微性

到目前为止，我们假设需求函数具有很好的性质，即它们是连续甚至是可微函数。那么，在什么条件下，这些条件成立呢？

命题 3.7.2 (需求函数的连续性)　*假设 $\succcurlyeq$ 是定义在 $\mathcal{R}_+^L$ 上的连续、弱凸、局部非饱和的偏好序，则 $\mathbf{x}(\mathbf{p},I)$ 是在 $\mathcal{R}_{++}^L\times\mathcal{R}_{++}$ 上的上半连续凸值对应。此外，若 $\succcurlyeq$ 是严格凸的，则 $\mathbf{x}(\mathbf{p},I)$ 是在 $\mathcal{R}_{++}^L\times\mathcal{R}_{++}$ 上的连续单值函数。*

证明　首先，由 $(\mathbf{p},I)>0$，得知预算集 $B(\mathbf{p},I)$ 是非空紧凸的。现证明预算对应 B 是连续的。B 显然是上半连续的。这样，我们只需要证明它也是下半连续的。令 $\mathbf{x}\in B(\mathbf{p},I)$，并令 $\{(\mathbf{p}_t,I_t)\}$ 是任意序列使之有 $\mathbf{p}_t\to\mathbf{p}$ 及 $I_t\to I$。我们需要证明存在序列 $\{\mathbf{x}_t\}$，使得 $\mathbf{x}_t\to\mathbf{x}$，并且对所有的 t，都有 $\mathbf{x}_t\in B(\mathbf{p}_t,I_t)$，即 $\mathbf{p}_t\mathbf{x}_t\leqq I_t$。考虑两种情形：

情形 1：$\mathbf{px}<I$。于是，对任意使得 $\mathbf{x}_t\to\mathbf{x}$ 的序列 $\{\mathbf{x}_t\}$，当 t 大于某个充分大的整数 t' 时，我们有 $\mathbf{p}_t\mathbf{x}_t<I_t$。这样，$\mathbf{x}_t\in B(\mathbf{p}_t,I_t)$。

情形 2：$\mathbf{px}=I$。令 $\mathbf{x}_t=\frac{I_t}{\mathbf{p_t x}}\mathbf{x}$。由 $\frac{I_t}{\mathbf{p_t x}}\to\frac{I}{\mathbf{px}}=1$，我们有 $x_t\to x$。此外，$\mathbf{p}_t\mathbf{x}_t=\frac{I_t}{\mathbf{p_t x}}\mathbf{p_i x}=I_t$，从而 $\mathbf{x}_t\in B(\mathbf{p}_t,I_t)$。因此，$B$ 是一个下半连续的对应。这样，我们证明了 B 是连续的。

另外，由于 $\succcurlyeq$ 是连续的，根据最大值定理，可知需求对应 $\mathbf{x}(\mathbf{p}, I)$ 是上半连续的。现证明 $\mathbf{x}(\mathbf{p}, I)$ 也是凸的。

设 $\mathbf{x}$ 和 $\mathbf{x}'$ 为两个最优消费组合。令 $\mathbf{x}_t = t\mathbf{x} + (1-t)\mathbf{x}', t \in [0,1]$，则 $\mathbf{x}_t$ 也满足预算集，且根据 $\succcurlyeq$ 的弱凸性，我们有 $\mathbf{x}_t = t\mathbf{x} + (1-t)\mathbf{x}' \succcurlyeq \mathbf{x}$。由于 $\mathbf{x}$ 是最优消费组合，我们必然有 $\mathbf{x}_t \sim \mathbf{x}$，从而 $\mathbf{x}_t$ 也是最优消费组合。

当 $\succ$ 连续及严格凸时，根据命题 3.4.2，$\mathbf{x}(\mathbf{p}, I)$ 是单值函数。由于上半连续对应是单值的时它必然是连续函数，因此它是连续函数。 □

非凸偏好序的需求对应可能不连续，如图 3.20 所示。在图 3.20 所示的情形中，价格的微小变动将带来需求组合的重大变化：需求对应不是连续的。

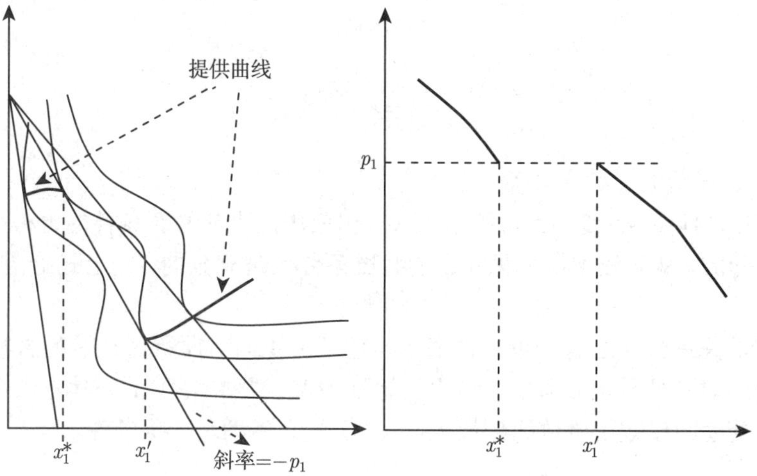

(a) 提供曲线 (b) 需求曲线

图 3.20 不连续需求。需求的不连续性源于偏好的非凸性

有时我们需要考察需求曲线的斜率，因而我们希望需求函数是可微的。何种条件能够保证需求函数是可微的呢？我们不加证明地给出下述命题。

命题 3.7.3 *假设 $\mathbf{x} > 0$ 为 $(\mathbf{p}, I) > 0$ 下消费者效用最大化问题的解，则在如下情形下，$\mathbf{x}(\mathbf{p}, I)$ 在 $(\mathbf{p}, I)$ 处可微：*

(1) *u 在 $\mathcal{R}^L_{++}$ 上二阶连续可微；*

(2) *对某个 $l = 1, \cdots, L$，有 $\frac{\partial u(\mathbf{x})}{\partial x_l} > 0$；*

(3) *u 的加边海森矩阵在 $\mathbf{x}$ 处的行列式不等于零。*

3.7.5 反需求函数

在许多应用中，需要通过将价格表示为需求量的函数来描述需求行为。换句话说，给定商品向量 $\mathbf{x}$，我们希望找到价格向量 $\mathbf{p}$ 和收入 I，使得 $\mathbf{x}$ 是在 $(\mathbf{p}, I)$ 下的需求组合。

由于需求函数是零次齐次的，我们可以将收入固定在某个水平，而将价格表示为相对于收入水平的相对值。最方便的选择是 $I = 1$。在这种情形下，效用最大化问题的一阶条件简化为：

$$\frac{\partial u(\mathbf{x})}{\partial x_i} - \lambda p_i = 0, \quad i = 1, \cdots, L,$$

$$\sum_{i=1}^{L} p_i x_i = 1.$$

将上式第一个方程组的每个乘以 x_i 然后将所有方程加和，得

$$\sum_{i=1}^{L} \frac{\partial u(\mathbf{x})}{\partial x_i} x_i = \lambda \sum_{i=1}^{L} p_i x_i = \lambda.$$

将上式 λ 的值代回第一个方程组，由此得

$$p_i(\mathbf{x}) = \frac{\dfrac{\partial u(\mathbf{x})}{\partial x_i}}{\sum_{i=1}^{L} \dfrac{\partial u(\mathbf{x})}{\partial x_i} x_i}. \tag{3.7.24}$$

这样我们就将 $\mathbf{p}$ 表示成了 $\mathbf{x}$ 的函数。

给定任何需求向量 $\mathbf{x}$，我们都可以用上式求出效用最大化必要条件的价格向量 $\mathbf{p}(\mathbf{x})$。若效用函数是拟凹的，从而效用最大化问题的必要条件也是充分的，则上式给出了反（逆）需求关系。

上述反需求关系公式还有一个对偶表示，它可由我们前面所讨论过的直接效用函数和间接效用函数的对偶性导出。那里所给出的论证表明，需求组合 $\mathbf{x}$ 必然在所有满足预算约束的某个价格处使间接效用函数达到最大。因此，$\mathbf{x}$ 必然满足一阶条件

$$\frac{\partial v(\mathbf{p})}{\partial p_l} - \mu x_l = 0, \quad l = 1, \cdots, L,$$

$$\sum_{i=1}^{L} p_l x_l = 1.$$

将上述表达式中的每个方程都乘以 p_l 并对所得的所有方程加总，我们得 $\mu = \sum_{l=1}^{L} \frac{\partial v(\mathbf{p})}{\partial p_l} p_l$。将该结果代回一阶条件，我们可将需求组合表示为标准化的间接效用函数的函数：

$$x_i(\mathbf{p}) = \frac{\dfrac{\partial v(\mathbf{p})}{\partial p_i}}{\sum_{j=1}^{k} \frac{\partial v(\mathbf{p})}{\partial p_j} p_j}. \tag{3.7.25}$$

很容易看出两种表达具有良好的对偶性质：直接需求函数的表达式 (3.7.25) 和反需求函数的表达式 (3.7.24) 具有同样的形式。这一表达也可以根据标准化间接效用函数的定义和罗伊恒等式推导出来。

3.8 消费者福利变化及其度量

经济环境的变化，比如政府税收政策、产业政策以及对外贸易政策等政策的变化，都可能会改变消费者面临的市场环境，即收入或者商品价格。我们知道这些因素会改变消费者面

临的预算集，即改变消费者在市场上可供选择的集合，并最终影响消费者的福利。当然，这些因素也可能会影响生产者的福利，我们会在后面的章节加以讨论。

消费者的福利变化，在我们前面的讨论中，其实就是效用水平的变化。由于效用水平是心理满足感，而且效用是序数的，因此直接用效用水平来度量消费者的福利并不合适。若政府需要考察政策对消费者的影响，就需要有一个客观的度量工具。前面所建立的货币表示效用函数，为我们提供了对消费者福利变化的一个度量。

在这一节，我们主要考察市场上价格变化引起的消费者福利变化。假定消费者的收入 $I>0$ 是固定的，政策的变化使得市场的价格从 $\mathbf{p}^0$ 变化到 $\mathbf{p}^1$。消费者的效用水平就从 $v(\mathbf{p}^0,I)$ 变化到 $v(\mathbf{p}^1,I)$。为了考虑货币度量的效用变化，我们采用支出函数 $e(\cdot,\cdot)$。对任意选择的一个价格向量 $\bar{\mathbf{p}}$，在这一价格水平下，初始效用的货币度量为 $e(\bar{\mathbf{p}},v(\mathbf{p}^0,I))$ 或者 $\mu(\bar{\mathbf{p}};\mathbf{p}^0,I)$，变化后效用的货币度量为 $e(\bar{\mathbf{p}},v(\mathbf{p}^1,I))$ 或者 $\mu(\bar{\mathbf{p}};\mathbf{p}^1,I)$。这样，在价格向量 $\bar{\mathbf{p}}$ 处，经济环境变化引起的消费者福利变化为：

$$e(\bar{\mathbf{p}},v(\mathbf{p}^1,I))-e(\bar{\mathbf{p}},v(\mathbf{p}^0,I)).$$

对价格向量 $\bar{\mathbf{p}}$ 有两个重要的选择，$\bar{\mathbf{p}}=\mathbf{p}^0$ 和 $\bar{\mathbf{p}}=\mathbf{p}^1$，分别对应于希克斯关于福利变化的两个度量，即**等价变化 ($\boldsymbol{EV}$)**和**补偿变化 ($\boldsymbol{CV}$)**。令 $u^0=v(\mathbf{p}^0,I)$ 和 $u^1=v(\mathbf{p}^1,I)$，注意到 $I=e(\mathbf{p}^0,u^0)=e(\mathbf{p}^1,u^1)$，我们正式定义等价变化和补偿变化：

$$EV(\mathbf{p}^0,\mathbf{p}^1,I)=e(\mathbf{p}^0,u^1)-e(\mathbf{p}^0,u^0)=e(\mathbf{p}^0,u^1)-I;$$

$$CV(\mathbf{p}^0,\mathbf{p}^1,I)=e(\mathbf{p}^1,u^1)-e(\mathbf{p}^1,u^0)=I-e(\mathbf{p}^1,u^0).$$

等价变化可以理解为：假设消费者面临环境变化，比如价格下降（或者价格上升），对于消费者而言，接受（或者付出）一定数额的资金同时价格不再变化获得的效用水平与价格下降（或者价格上升）之后获得的效用水平是一致的。或者说，在价格变化前通过调整收入产生的效用水平与环境变化后形成的效用水平是无差异的。这个数额就是等价变化。用数学表达为：$v(\mathbf{p}^0,I+EV)=v(\mathbf{p}^1,I)$。

同样，补偿变化可理解为：假设消费者面临环境变化，比如价格下降（或者价格上升），对消费者而言，付出（或者接受）一定数额的资金同时价格变化之后所获得的效用水平与价格下降（或者价格上升）之前所获得的效用水平是一致的。或者说，在价格变化后通过调整收入产生的效用水平与环境变化前形成的效用水平是无差异的。这个数额就是补偿变化，是为了达到变化前的效用水平，而在变化后给予消费者的补偿。用数学表达为：$v(\mathbf{p}^0,I)=v(\mathbf{p}^1,I-CV)$。

等价变化和补偿变化在计算过程中与希克斯需求函数关系紧密。为方便起见，我们假设只有商品 1 的价格发生变化，其他商品价格不变，即 $p_1^0\neq p_1^1$，对其他 $k\neq 1$，有 $p_k^0\neq p_k^1=\bar{p}_k$。令 $\bar{\mathbf{p}}_{-1}=(p_2,\cdots,\bar{p}_L)$，则有

$$EV(\mathbf{p}^0,\mathbf{p}^1,I)=e(\mathbf{p}^0,u^1)-e(\mathbf{p}^0,u^0)=e(\mathbf{p}^0,u^1)-e(\mathbf{p}^1,u^1)=\int_{p_1^1}^{p_1^0}h_1(p_1,\bar{\mathbf{p}}_{-1},u^1)dp_1;$$

$$CV(\mathbf{p}^0,\mathbf{p}^1,I)=e(\mathbf{p}^1,u^1)-e(\mathbf{p}^1,u^0)=e(\mathbf{p}^0,u^0)-e(\mathbf{p}^1,u^0)=\int_{p_1^1}^{p_1^0}h_1(p_1,\bar{\mathbf{p}}_{-1},u^0)dp_1.$$

图 3.21 分别描述了当商品 1 价格下降之后等价变化和补偿变化的度量。

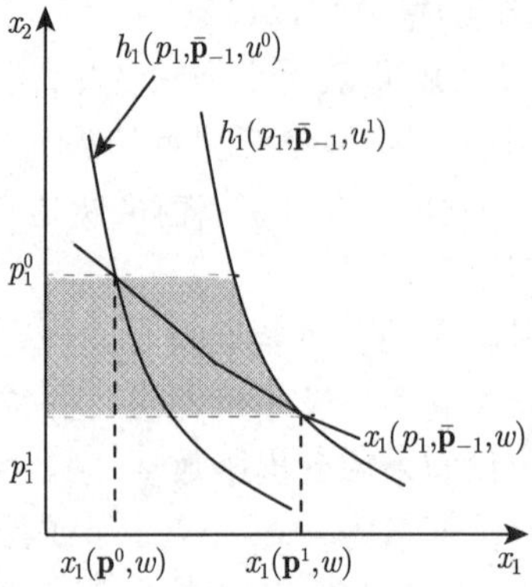

(a) 等价变化

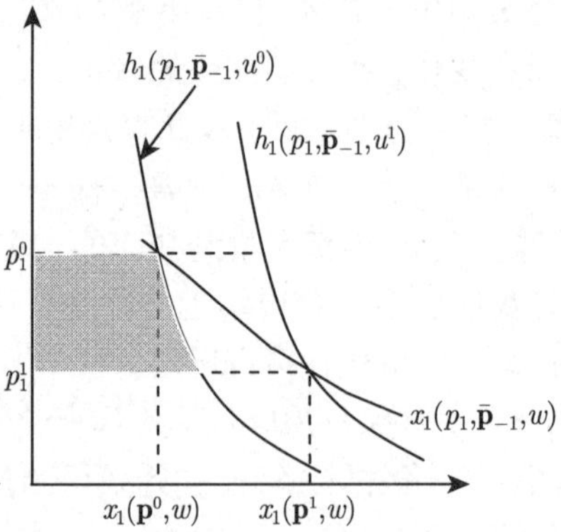

(b) 补偿变化

图 3.21　等价变化和补偿变化

由于 $h_1(p_1,\bar{\mathbf{p}}_{-1},u^1) \neq h_1(p_1,\bar{\mathbf{p}}_{-1},u^0)$，等价变化通常不等于补偿变化，从图 3.21 我们发现等价变化通常大于补偿变化。为什么呢？当 $p_1^0 > p_1^1$（$p_1^0 < p_1^1$ 的结果也是相同的）时，$u^1 > u^0$，由恒等式 $h(\mathbf{p},u) = \mathbf{x}(\mathbf{p},e(\mathbf{p},u))$，我们有 $\frac{\partial h_i}{\partial u} = \frac{\partial x_i}{\partial I}\frac{\partial e}{\partial u}$。

对正常商品而言，$\frac{\partial x_i}{\partial I} > 0$，从而 $\frac{\partial e}{\partial u} > 0$。这样，$\frac{\partial h_i}{\partial u} > 0$，从而等价变化通常大于补偿变化。当然，若商品是低档品，则结果刚好相反。

下面我们举一个例子来计算和比较等价变化和补偿变化。

例 3.8.1 (补偿变化与等价变化)　假设有一个消费者效用函数为 $u(x,y) = \min\{x,y\}$，该消费者的收入 $I = 150$，初始价格 $p_x = 2, p_y = 1$。假设 y 的价格下降到 1，而 x 的价格保持不变。该消费者的间接效用函数为：$v(p_x,p_y,I) = \frac{I}{p_x+p_y}$，所以 $u^0 = 50$ 及 $u^1 = 75$。消费者的支出函数为 $e(p_x,p_y,u) = (p_x+p_y)u$，商品 y 的希克斯需求函数为 $h_y(p_x,p_y,u) = u$，显然 $\frac{\partial h_y}{\partial u} = 1 > 0$。补偿变化：$EV = e(\mathbf{p}^0,u^1) - e(\mathbf{p}^0,u^0) = 75$，或者 $EV = \int_1^2 75dp_1 = 75$。等价变化：$CV = e(\mathbf{p}^1,u^1) - e(\mathbf{p}^1,u^0) = 50$，或者 $CV = \int_1^2 50dp_1 = 50$。

那么，在什么情形下等价变化等于补偿变化呢？很简单，当 $h_1(p_1,\bar{\mathbf{p}}_{-1},u^1) = h_1(p_1,\bar{\mathbf{p}}_{-1},u^0)$ 成立时，或者当 $\frac{\partial h_i}{\partial u} = 0$ 成立时，等价变化等于补偿变化。

我们在前面的论证过程中知道，$\frac{\partial h_i}{\partial u} = 0$ 意味着 $\frac{\partial x_i}{\partial I} = 0$，其经济学含义就是说商品的需求不依赖于收入，商品的收入效应为 0。回顾之前的希克斯分解方程：

$$\frac{\partial x_j(\mathbf{p},I)}{\partial p_i} = \frac{\partial h_j(\mathbf{p},v(\mathbf{p},I))}{\partial p_i} - \frac{\partial x_j(\mathbf{p},I)}{\partial I}x_i(\mathbf{p},I).$$

当 $\frac{\partial x_j(\mathbf{p},I)}{\partial I} = 0$ 时，我们有 $\frac{\partial x_j(\mathbf{p},I)}{\partial p_i} = \frac{\partial h_j(\mathbf{p},v(\mathbf{p},I))}{\partial p_i}$。利用前面对补偿变化与等价变化的推导，我们得到：

$$EV(\mathbf{p}^0,\mathbf{p}^1,I) = CV(\mathbf{p}^0,\mathbf{p}^1,I),$$

$$\int_{p_1^1}^{p_1^0} h_1(p_1,\bar{\mathbf{p}}_{-1},u^1)dp_1 = \int_{p_1^1}^{p_1^0} h_1(p_1,\bar{\mathbf{p}}_{-1},u^0)dp_1 = \int_{p_1^1}^{p_1^0} x_1(p_1,\bar{\mathbf{p}}_{-1},I)dp_1.$$

最后的表达式 $\int_{p_1^1}^{p_1^0} x_1(p_1,\bar{\mathbf{p}}_{-1},I)dp_1$ 又称为在价格变化下消费者剩余 (consumer surplus) 的变化。消费者剩余变化的正式表达为：$\Delta CS(\mathbf{p}^1,\mathbf{p}^0) = \int_{\mathbf{p}^1}^{\mathbf{p}^0} x(\mathbf{p})d\mathbf{p}$，当价格从 $\mathbf{p}_0$ 变化

到 $\mathbf{p}_1$。

下面我们讨论存在收入效应情形下等价变化、补偿变化以及消费者剩余之间的关系及其大小比较。考虑只有商品 1 的价格发生变化（变小）的情形，在前面的定义中，我们得知：

$$EV(\mathbf{p}^0,\mathbf{p}^1,I)=\int_{p_1^1}^{p_1^0}h_1(p_1,\bar{\mathbf{p}}_{-1},u^1)dp_1; \tag{3.8.26}$$

$$CV(\mathbf{p}^0,\mathbf{p}^1,I)=e(\mathbf{p}^1,u^1)-e(\mathbf{p}^1,u^0)=\int_{p_1^1}^{p_1^0}h_1(p_1,\bar{\mathbf{p}}_{-1},u^0)dp_1; \tag{3.8.27}$$

$$\Delta CS(\mathbf{p}^1,\mathbf{p}^0)=\int_{\mathbf{p}^1}^{\mathbf{p}^0}x(\mathbf{p})d\mathbf{p}. \tag{3.8.28}$$

根据希克斯需求与马歇尔需求的恒等式，得到：

$$h_1(p_1^0,\bar{\mathbf{p}}_{-1},u^0)=x_1(p_1^0,\bar{\mathbf{p}}_{-1},I);$$
$$h_1(p_1^1,\bar{\mathbf{p}}_{-1},u^1)=x_1(p_1^1,\bar{\mathbf{p}}_{-1},I).$$

因此，当价格 $p_1\in(p_1^1,p_1^0)$ 时，对于普通商品而言，

$$\begin{aligned}h_1(p_1,\bar{\mathbf{p}}_{-1},u^0)&=x_1(p_1,\bar{\mathbf{p}}_{-1},e(p_1,\bar{\mathbf{p}}_{-1},u^0))\\&<x_1(p_1,\bar{\mathbf{p}}_{-1},e(p_1^0,\bar{\mathbf{p}}_{-1},u^0))\\&=x_1(p_1,\bar{\mathbf{p}}_{-1},I).\end{aligned}$$

同理，可以得到，

$$h_1(p_1,\bar{\mathbf{p}}_{-1},u^1)>x_1(p_1,\bar{\mathbf{p}}_{-1},I).$$

比较等式 (3.8.1)、(3.8.2) 及 (3.8.3)，可以得到：$EV(\mathbf{p}^0,\mathbf{p}^1,I)>\Delta CV(\mathbf{p}^0,\mathbf{p}^1,I)>CV(\mathbf{p}^0,\mathbf{p}^1,I)$。图 3.21 反映了三者之间的关系及其大小的比较。

消费者剩余还有其他一些经济学含义，下面我们接着讨论无收入效应情形下的消费者剩余的含义。拟线性效用函数刻画了无收入效应的情形。$u(x,y)=v(x)+y$ 是两个商品的拟线性效用函数，其中 $v(x)$ 又称为商品 x 的子效用函数。商品 y 是其他商品，或者称为等价物商品，其价格标准化为 1。商品 x 的价格记为 p，收入记为 I。此时消费者的最优消费选择为：

$$\begin{aligned}&\max v(x)+y\\ \text{s.t.}\quad &px+y=I.\end{aligned}$$

在约束条件中，我们得到 $y=I-px$，代入目标函数得到：

$$\max v(x)+I-px,$$

得到：$p=v'(x)$，而这就得到了反需求函数，即 $p(x)=v'(x)$，对应的需求函数为 $x(p)=v'^{-1}(p)$，其中 $v'^{-1}(\cdot)$ 是 $v'(\cdot)$ 的逆函数。消费者剩余的经济学含义是在价格 p 下，消费者在其最优消费处所获得的 (用货币表示的) 效用水平净增加，其数学表达式可以写为：

$$CS(p)=v(x(p))-px=u(x(p),y(p,I))-I,$$

或者

$$CS(p) = \int_0^{x(p)} v'(x)dx - x(p)p.$$

当我们变换积分变量时，我们可以得到：

$$CS(p) = \int_p^{\bar{p}} x(p)dx,$$

其中 $\bar{p} = \lim_{x\to 0} v'(x)$，即 x 消费趋于 0 时的边际效用水平，在有些效用函数下，它会趋于无穷大。当商品 x 的价格从 p^0 变到 p^1，此时消费者净剩余的变化为：

$$CS(p^0, p^1) = \int_{p^1}^{p^0} x(p)dx.$$

这样，当需求没有收入效应时，消费者剩余的变化刚好等于补偿变化和等价变化。此时这三个度量的经济学含义是，消费者福利的变化是消费者在不同经济环境下最优消费所带来（货币度量的）净效用的变化。

3.9 可 积 性

3.9.1 从需求复原效用

“效用”的概念是现代微观经济学的一个基本概念，是整个现代经济学的基础。不过，其缺陷是，个体的效用通常不可观测，传统政治经济学由此认为效用是唯心的概念，它不存在，在以往的国内政治经济学教科书中，效用这一概念一直受到批判。那么，如何看待这个问题？尽管效用不可观测，它是否存在呢？赫维茨等人在这方面作出了开创性工作，可通过市场需求的存在反推效用函数的存在性。他们所提出的问题是：给定需求函数，是否存在某个效用函数，使得需求函数是该效用函数下不同价格的最优消费组合，即为该效用函数所对应的需求函数呢？这一问题称为**可积性问题 (integrability problem)**。我们将说明如何通过求解微分方程并对所得结果积分得到所对应的效用函数。斯勒茨基方程在这一过程中起着关键作用。

前面的分析表明，效用最大化假设对消费者行为施加了一些可观测的约束。在一些规则性条件下，需求函数 $\mathbf{x}(\mathbf{p}, I)$ 满足如下五个条件：

(1) 非负性：$\mathbf{x}(\mathbf{p}, I) \geqq 0$；

(2) 齐次性：$\mathbf{x}(t\mathbf{p}, tI) = \mathbf{x}(\mathbf{p}, I)$；

(3) 预算平衡：$\mathbf{p}\mathbf{x}(\mathbf{p}, I) = I$；

(4) 对称性：斯勒茨基矩阵 $S \equiv \left(\frac{\partial x_i(\mathbf{p},I)}{\partial p_j} + \frac{\partial x_i(\mathbf{p},I)}{\partial I} x_j(\mathbf{p}, I)\right)$ 是对称的；

(5) 负半定：矩阵 S 是负半定的。

可积性的主要结果由赫维茨 (Hurwicz) 和宇泽宏文 (Hirofumi Uzawa，1971) 给出：在一些技术性假定下，以上条件实际上也是可积性过程的必要条件。从政治经济学的角度来看，这一结果十分重要。因为人们认为效用是一种心理测度、不能被观测，因而他们认为从效用最大化问题所导出的需求函数是无意义的。因此研究消费者行为的效用最大化方法受到许多批评。但可积性结果表明，尽管效用函数不可直接观测，但市场上的商品需求及其价格这些数据却是可观测的，从而可积性定理为人们效用的存在提供了理论支撑。这一令人吃惊的结果为以前的争论画上了句号。

定理 3.9.1 连续可微函数 $\mathbf{x}:\mathcal{R}^{L+1}_{++}\to R^L_+$ 是某个递增、拟凹效用函数 u 的需求函数，当且仅当 u 是连续、严格递增和严格拟凹函数时，它满足齐次性、预算平衡、对称性和负半定性。

该定理的证明较长且复杂，略去其证明，有兴趣的读者可参考赫维茨和宇泽宏文 (1971)。

为了从一组需求函数中求得效用函数，我们必须找到一个方程积分。用支出函数来处理可积性问题通常比用间接效用函数来处理要简单一些。

根据谢泼德引理即命题 3.5.2，我们有

$$\frac{\partial e(\mathbf{p},u)}{\partial p_i}=x_i(\mathbf{p},I)=x_i(\mathbf{p},e(\mathbf{p},u)),\quad i=1,\cdots,L. \tag{3.9.29}$$

我们需要设定形式为 $e(\mathbf{p}^*,u))=c$ 的边界条件，其中 $\mathbf{p}^*$ 和 c 给定。式 (3.9.1) 中所给出的方程组是**偏微 (partial differential)** 方程组。可以证明，形为

$$\frac{\partial f(\mathbf{p})}{\partial p_i}=g_i(\mathbf{p}),\qquad i=1,\cdots,L$$

的偏微方程组有解，当且仅当

$$\frac{\partial g_i(\mathbf{p})}{\partial p_j}=\frac{\partial g_j(\mathbf{p})}{\partial p_i},\quad \forall i,j.$$

将上述条件应用于可积性问题，我们可以将可积性问题归结成下述矩阵

$$\left(\frac{\partial x_i(\mathbf{p},I)}{\partial p_j}+\frac{\partial x_i(\mathbf{p},I)}{\partial I}\frac{\partial e(\mathbf{p},u)}{\partial p_j}\right).$$

这一矩阵是对称的，这正是斯勒茨基方程所蕴含的结果。因此斯勒茨基方程意味着我们可以通过对需求函数积分来求得与所观测选择行为一致的支出函数。

若以上五条性质成立，解函数 e 为支出函数，对该支出函数求逆，可求得间接效用函数，然后根据直接效用函数和间接效用函数的对偶性，最后求得直接效用函数。

例 3.9.1 (一般柯布–道格拉斯效用函数) 考虑需求函数

$$x_i(\mathbf{p},I)=\frac{\alpha_i I}{\alpha p_i},$$

其中 $\alpha=\sum_{l=1}^{L}\alpha_l$。方程组 (3.9.29) 成为

$$\frac{\partial e(\mathbf{p},u)}{\partial p_i}=\frac{\alpha_l I}{\alpha p_i},\quad i=1,\cdots,L. \tag{3.9.30}$$

对第 i 个方程关于 p_i 积分，可得

$$\ln e(\mathbf{p},u)=\frac{\alpha_i}{\alpha}\ln p_i+c_i,$$

其中 c_i 与 p_i 无关，但它可能与 $p_j, j \neq i$ 有关。结合这些方程，我们可得

$$\ln e(\mathbf{p}, u) = \sum_{i=1}^{L} \frac{\alpha_i}{\alpha} \ln p_i + c,$$

其中 c 与所有的 p_i 无关。常数 c 设定边界条件的自由度。对每个 u，取 $\mathbf{p}^* = (1, \cdots, 1)$ 并利用边界条件 $e(\mathbf{p}^*, u) = u$，则有

$$\ln e(\mathbf{p}, u) = \sum_{i=1}^{L} \frac{\alpha_i}{\alpha} \ln p_i + \ln u.$$

对上述方程求逆，最后得到

$$\ln v(\mathbf{p}, I) = -\sum_{i=1}^{L} \frac{\alpha_i}{\alpha} \ln p_i + \ln I.$$

这正是柯布–道格拉斯间接效用函数的一个单调变换。

3.9.2 显示偏好理论

1. 显示偏好公理

显示偏好公理是另外一种形式的偏好显示的可积性结果，其基本思想相同。由于基于偏好公理的限制太多，实际中的个体不可能有意识地据此作出选择，因而受到不少批评。避免这些批评的一种方法是基于较弱的假设发展出一种不同的理论，所谓的显示偏好就是这样的一种理论。这是本节要考察的内容。

显示偏好理论的基本原理是偏好公理只能根据消费者作出实际选择的可观测决策进行构造。即使个体的偏好关系存在，它也不能在市场上直接观测到。在实际中，所能期盼的最好情形是我们能观测到消费者在不同环境下所作出的选择。例如，我们可能有若干个关于消费者行为的观测：一组价格 $\mathbf{p}^t$ 和消费者在这组价格下所选择的消费组合 $\mathbf{x}^t$, $t = 1, \cdots, T$。我们怎样才能确定这些数据是由效用最大化的消费者生成的呢？显示偏好理论通过考察消费者的这些可观测选择，而不是不可观测的偏好关系，回答了这个问题。

我们称效用函数**合理化 (rationalize)** 了观测行为 $(\mathbf{p}^t, \mathbf{x}^t)$，$t = 1, \cdots, T$，若对任意满足 $\mathbf{p}^t\mathbf{x}^t \geqq \mathbf{p}^t\mathbf{x}$ 的 $\mathbf{x}$，有 $u(\mathbf{x}^t) \geqq u(\mathbf{x})$。换句话说，若在所选择的消费组合处达到了在预算集上所能达到的最大值，$u(\mathbf{x})$ 合理化了观测行为。假如数据由效用最大化过程生成，可观测选择应该满足何种可观测限制呢？

若不对 $u(\mathbf{x})$ 施加任何限制，则上述问题的答案也是“无限制的”。例如，假设 $u(\mathbf{x})$ 是常数函数，则消费者认为所有观测到的消费组合都是无差异的，因此若不对观测到的选择结构施加限制，则任何结果都是可能的。

为了让问题有意思些，我们需要排除这种极端情形。一个简便的方法是要求所对应的效用函数是局部非饱和的。于是问题变为：局部非饱和效用函数最大化对可观测选择的限制是什么？

定义 3.9.1 (直接显示偏好) 若 $\mathbf{p}^t\mathbf{x}^t \geqq \mathbf{p}^t\mathbf{x}$，就有 $u(\mathbf{x}^t) \geqq u(\mathbf{x})$，则称 $\mathbf{x}^t$ **直接显示偏好于** $\mathbf{x}$，记为 $\mathbf{x}^t R^D \mathbf{x}$。

上述条件意味着，若 $\mathbf{x}$ 可以被选择时 $\mathbf{x}^t$ 也被选择，则 $\mathbf{x}^t$ 的效用必然至少同 $\mathbf{x}$ 的效用一样大。作为该定义以及数据由效用最大化生成假设的结果，我们可以推出 $\mathbf{x}^t R^D \mathbf{x}$ 蕴含了 $u(\mathbf{x}^t) \geqq u(\mathbf{x})$。

定义 3.9.2 (严格直接显示偏好) 若 $\mathbf{p}^t\mathbf{x}^t > p^t\mathbf{x}$，就有 $u(\mathbf{x}^t) > u(\mathbf{x})$，则称$\mathbf{x}^t$ **严格显示偏好于** $\mathbf{x}$，记为 $\mathbf{x}^t P^D \mathbf{x}$。

不难证明该结论可由局部非饱和性推出。事实上，根据效用最大化假设，我们有 $u(\mathbf{x}^t) \geqq u(\mathbf{x})$；若 $u(\mathbf{x}^t) = u(\mathbf{x})$, 则根据局部非饱和性，存在另一个充分接近 $\mathbf{x}$ 的 $\mathbf{x}'$，使得 $\mathbf{p}^t\mathbf{x}^t > \mathbf{p}^t\mathbf{x}'$，$u(\mathbf{x}') > u(\mathbf{x}) = u(\mathbf{x}^t)$，这就同效用最大化假设相矛盾。

定义 3.9.3 (显示偏好) 若存在有限个消费组合 $x_1, x_2, \cdots, x_n$，使得

$$\mathbf{x}^t R^D \mathbf{x}^1, \mathbf{x}^1 R^D \mathbf{x}^2, \cdots, \mathbf{x}^n R^D \mathbf{x},$$

则称 $\mathbf{x}^t$ 显示偏好于 $\mathbf{x}$，记为 $\mathbf{x}^t R\mathbf{x}$。

根据 R^D 所构造的以上关系 R 有时也被称为关系 R^D 的**可传递闭包** (**transitive closure**)。若假定数据由效用最大化行为生成，则由 $\mathbf{x}^t R\mathbf{x}$，我们可推出 $u(\mathbf{x}^t) \geqq u(\mathbf{x})$。

考虑到两个观测 $\mathbf{x}^t$ 和 $\mathbf{x}^s$。我们现在有一种方法来判断是否有 $u(\mathbf{x}^t) \geqq u(\mathbf{x}^s)$ 以及有一个可观测条件来判断是否有 $u(\mathbf{x}^s) > u(\mathbf{x}^t)$。显然，这两个条件不可能同时满足，于是我们定义如下公理。

定义 3.9.4 广义显示偏好公理（**generalized axiom of revealed preference**）(**GARP**)：若 $\mathbf{x}^t R\, \mathbf{x}^s$，则 $\mathbf{x}^s P^D \mathbf{x}^t$ 不成立。换句话说，若 $\mathbf{x}^t R\mathbf{x}^s$ 成立，则有 $\mathbf{p}^s\mathbf{x}^s \leqq \mathbf{p}^s\mathbf{x}^t$。

广义显示偏好公理意味着，若 $\mathbf{x}^t$ 显示偏好于 $\mathbf{x}^s$，则 $\mathbf{x}^s$ 不可能严格显示偏好于 $\mathbf{x}^t$。如同其名字所显示的，GARP 是各种其他显示偏好检验的推广。下面是两个标准公理。

定义 3.9.5 显示偏好弱公理 (**weak axiom of revealed preference** (**WARP**): 若 $\mathbf{x}^t R^D \mathbf{x}^s$，且 $\mathbf{x}^t$ 不等于 $\mathbf{x}^s$，则 $\mathbf{x}^s R^D \mathbf{x}^t$ 不成立，即：若 $\mathbf{p}_t\mathbf{x}_t \geqq \mathbf{p}_t\mathbf{x}_s$，则有 $\mathbf{p}_s\mathbf{x}_t > \mathbf{p}_s\mathbf{x}_s$。

定义 3.9.6 显示偏好强公理 (**strong axiom of revealed preference**) (**SARP**): 若 $\mathbf{x}^t R\, \mathbf{x}^s$，且 $\mathbf{x}^t$ 不等于 $\mathbf{x}^s$，则 $\mathbf{x}^s R\mathbf{x}^t$ 不成立。

上述这两个公理都要求在每个预算集上存在唯一的需求组合，而 GARP 则允许多个需求组合。因此，GARP 允许产生这些观测选择的无差异曲线存在无偏差灵敏点 (flat spot)。

2. 显示偏好最大化的刻画

若数据 $(\mathbf{p}^t, \mathbf{x}^t)$ 由局部非饱和偏好消费者的效用最大化行为生成，则该数据必然满足 GARP。因此，GARP 是效用最大化行为的可观测结果。但这是否就已经显示了该模型蕴含的所有结果呢？若数据满足这一公理，它是否一定是由效用最大化行为生成的，或者至少可以看作是以这种方式生成的呢？GARP 是否为效用最大化的充分条件呢？

可以证明，上述问题的答案是肯定的。若有限个数据的集合满足 GARP，则合理化这些观测行为的效用函数存在，即存在一个能生成这些行为的效用函数。因此，GARP 包含了效用最大化模型对观测行为的所有限制。

定理 3.9.2 (Afriat 定理) *令 $(\mathbf{p}^t, \mathbf{x}^t)$，$t = 1, \cdots, T$ 为有限个价格向量和消费组合的观测数据，则下述条件等价。*

(1) *合理化这些数据的局部非饱和效用函数存在。*

(2) 数据满足GARP。

(3) 满足下述Afriat不等式

$$u^s \leqq u^t + \lambda^t \mathbf{p}^t(\mathbf{x}^s - \mathbf{x}^t), \qquad \forall\, t, s$$

的正数 (u^t, λ^t)，$t = 1, \cdots, T$ 存在。

(4) 存在局部非饱和、连续、凹和单调效用函数，它合理化了这些数据。

这样，Afriat 定理说明了有限个价格和消费组合的观测数据满足 GARP，当且仅当存在一个合理化这些数据的局部非饱和、连续、递增和凹效用函数。下面的证明参考了 Varian(1982) 的文章。

证明　(1) ⇒ (2)：假定 $u(\mathbf{x})$ 合理化了这些选择。若 $\mathbf{p}^i\mathbf{x}^i \geqq \mathbf{p}^i\mathbf{x}^j$，根据定义，这意味着 $u(\mathbf{x}^i) \geqq u(\mathbf{x}^j)$ 或 $\mathbf{x}^i R^D \mathbf{x}^j$。我们要证明 $\mathbf{p}^i\mathbf{x}^i > \mathbf{p}^i\mathbf{x}^j$ 意味着 $u(\mathbf{x}^i) > u(\mathbf{x}^j)$。若不成立，必有 $u(\mathbf{x}^i) = u(\mathbf{x}^j)$。然而根据局部非饱和性，存在某个 $\hat{\mathbf{x}}$，满足 $\mathbf{p}^i\mathbf{x}^i > \mathbf{p}^i\hat{\mathbf{x}}$，使得 $u(\hat{\mathbf{x}}) > u(\mathbf{x}^j) = u(\mathbf{x}^i)$。这与 $u(\mathbf{x})$ 在价格 $\mathbf{p}^i$ 合理化选择 $\mathbf{x}^i$ 相矛盾。

(2) ⇒ (3)：证明相对复杂些，分以下几步来证明：

第一步，对任意有限集合 $S = \{\mathbf{x}^1, \cdots, \mathbf{x}^n\}$(其指标集为 $I = \{1, \cdots, n\}$)，以及任意的弱偏好关系（满足自反的、传递的）R，寻找 R 的一个最大值元素 $\max(R, S)$。下面的程序可以为 R 找到其中一个最大值元素:

(1) 设置初始值：令 $m = 1, b^1 = \mathbf{x}^1$;

(2) 递归搜索：对每个 $i = 2, \cdots, n$，若 $\mathbf{x}^i R b^{i-1}$，取值 $b^i = \mathbf{x}^i, m = i$，否则取值 $b^i = b^{i-1}$。

程序的输出结果为：$\mathbf{x}^m = \max(R, S)$，其指标值为 $m = \max_R(I)$。

第二步，我们设定 Afriat 数，即 $u^i, \lambda^i, i \in I = \{1, \cdots, n\}$。给定一组需求观测值 $(\mathbf{p}^i, \mathbf{x}^i)_{i\in I}$，以及满足 GARP 性质的偏好 R，下面的程序产生 Afriat 数：

(1) 初始值：$I = \{1, \cdots, n\}, B = \varnothing$。

(2) 寻找最大指标值：$m = \max_R(I)$。

(3) 找出最大值的等价集：设 $E = \{i \in I : \mathbf{x}^i R \mathbf{x}^m\}$。若 $B = \varnothing$，设：$u^m = \lambda^m = 1$，直接跳到第 (6) 步，否则到达第 (4) 步。

(4) 为 u^m 赋值：$U^m = \min_{i\in E} \min_{j\in B} \min\{u^j + \lambda^j \mathbf{p}^j(\mathbf{x}^i - \mathbf{x}^j), u^j\}$。

(5) 为 λ^m 赋值：$\lambda^m = \max_{i\in E} \max_{j\in B} \max\{\frac{(u^j - u^m)}{\mathbf{p}^i(\mathbf{x}^j - \mathbf{x}^i)}, 1\}$。

(6) 为等价集赋值：$u^i = u^m, \lambda^i = \lambda^m, \forall i \in E$。

(7) 迭代：设 $I = I/E, B = B \bigcup E$；如果 $I = \varnothing$，停止；否则回到第二步。

上面程序的目的，是把观测值按照偏好 R，从高到低划分等价类，并为等价类赋予对应的 Afriat 值。

第三步：我们证明第二步构造的 Afriat 数，会使得定理 3.9.2 中 (3) 的 Afriat 不等式成立。

在上面的每一步，我们把剩余最大值的等价类 E 从 I 中分离出来，并合并到 B(相对于 E 更好的选择集) 中。下面我们将验证，每一次第 (6) 步执行后，生成的 Afriat 值，u^i, λ^i 都满足 Afriat 不等式，这等价于验证下面三种论断：

(a) 对所有的 $j \in B$ 及 $i \in E$，$u^i \leqq u^j + \lambda^j \mathbf{p}^j(\mathbf{x}^i - \mathbf{x}^j)$。这一结论来自第 (4) 步。

(b) 对所有的 $j \in B$ 及 $i \in E$，$u^j \leqq u^i + \lambda^i \mathbf{p}^i(\mathbf{x}^j - \mathbf{x}^i)$。首先在执行到第 (5) 步时，对任意 $j \in B$，必然有 $\mathbf{p}^i(\mathbf{x}^j - \mathbf{x}^i) > 0$，否则 $\mathbf{x}^i R^D \mathbf{x}^j$ 意味着 $\mathbf{x}^i$ 会先比 $\mathbf{x}^j$ 进入到 B 集合中，导致矛盾。根据第 (5) 步的赋值，对于任意的 $j \in B, i \in I$，有 $\lambda^i = \lambda^m \geqq \frac{(u^j - u^m)}{\mathbf{p}^i(\mathbf{x}^j - \mathbf{x}^i)}$。不等式两边同乘以 $\mathbf{p}^i(\mathbf{x}^j - \mathbf{x}^i)$，得到：$\lambda^i \mathbf{p}^i(\mathbf{x}^j - \mathbf{x}^i) \geqq u^j - u^i$，即 $U^j \leqq u^i + \lambda^i \mathbf{p}^i(\mathbf{x}^j - \mathbf{x}^i)$。

(c) 对所有的 $i, j \in E$，$u^i \leqq U^j + \lambda^j \mathbf{p}^j(\mathbf{x}^i - \mathbf{x}^j)$。首先注意到，对所有的 $i, j \in E$，$\mathbf{p}^j(\mathbf{x}^i - \mathbf{x}^j) \geqq 0$，否则 $\mathbf{x}^j P^D \mathbf{x}^i$，矛盾。第 (5) 步的赋值为 $u^i = u^j, \forall i, j \in E$，同时 $\lambda^i = \lambda^j > 0$，因此 $u^i \leqq u^j + \lambda^j \mathbf{p}^j(\mathbf{x}^i - \mathbf{x}^j)$。

这样，我们证明了 (2) ⇒ (3)。

(3) ⇒ (4)：定义以下效用函数：

$$u(\mathbf{x}) = \min_i u^i + \lambda^i \mathbf{p}^i(\mathbf{x} - \mathbf{x}^i).$$

当 $\mathbf{p}^i > 0$ 时，容易验证，上面定义的效用函数是连续、局部非饱和、单调上升及凹的。从几何上看，所定义的函数是对有限个超平面的下包络。首先注意到 $u(\mathbf{x}^i) = u^i$，若不是，存在一个 $j \neq i$，$u(\mathbf{x}^i) = u^j + \lambda^j \mathbf{p}^j(\mathbf{x}^i - \mathbf{x}^j) < u^i$，即 $u^i > u^j + \lambda^j \mathbf{p}^j(\mathbf{x}^i - \mathbf{x}^j)$，则不满足 Afriat 不等式，矛盾。

若 $\mathbf{p}^j(\mathbf{x}^j - \mathbf{x}) \geqq 0$，$u(\mathbf{x}) = \min_i u^i + \lambda^i \mathbf{p}^i(\mathbf{x} - \mathbf{x}^i) \leqq u^j + \lambda^j \mathbf{p}^j(\mathbf{x} - \mathbf{x}^j) \leqq u^j$，为此构建的效用函数 $u(\mathbf{x})$ 可以合理化观察到的需求选择。

最后，(4) ⇒ (1)，显然成立。 □

在 Afriat 定理中，条件 (3) 有一自然解释。若 $u(\mathbf{x})$ 是合理化观测选择的可微凹效用函数，由于 $u(\mathbf{x})$ 可微，则它必然满足 T 个一阶条件

$$\mathbf{D}u(\mathbf{x}^t) = \lambda^t \mathbf{p}^t. \tag{3.9.31}$$

由于 $u(\mathbf{x})$ 是凹的，我们有

$$u(\mathbf{x}^t) \leqq u(\mathbf{x}^s) + \mathbf{D}u(\mathbf{x}^s)(\mathbf{x}^t - \mathbf{x}^s). \tag{3.9.32}$$

将式 (3.9.31) 代入式 (3.9.32)，我们有

$$u(\mathbf{x}^t) \leqq u(\mathbf{x}^s) + \lambda^s \mathbf{p}^s(\mathbf{x}^t - \mathbf{x}^s).$$

因此，Afriat 数 u^t 和 λ^t 可以解释为与观测行为相一致的效用水平和边际效用。

在上面的分析中，凹函数不等式成立的原因是因为，由图 3.22，我们有

$$\frac{u(\mathbf{x}^t) - u(\mathbf{x}^s)}{\mathbf{x}^t - \mathbf{x}^s} \leqq u'(\mathbf{x}^s). \tag{3.9.33}$$

因此，我们有 $u(\mathbf{x}^t) \leqq u(\mathbf{x}^s) + u'(\mathbf{x}^s)(\mathbf{x}^t - \mathbf{x}^s)$。

Afriat 定理最重要的含义在于由 (1) 可推出 (4)：若某个局部非饱和效用函数合理化了观测数据，则它必然是连续、单调和凹的。根据观测到的市场数据，不能拒绝偏好的凸性和单调性假设。这样，凸性和单调性假设对这些市场数据来说是自动满足的，从而是局部非饱

和效用函数的内生结果，这从另外一个方面证明了凸性和单调性在个体逐利下的合理性和普适性。

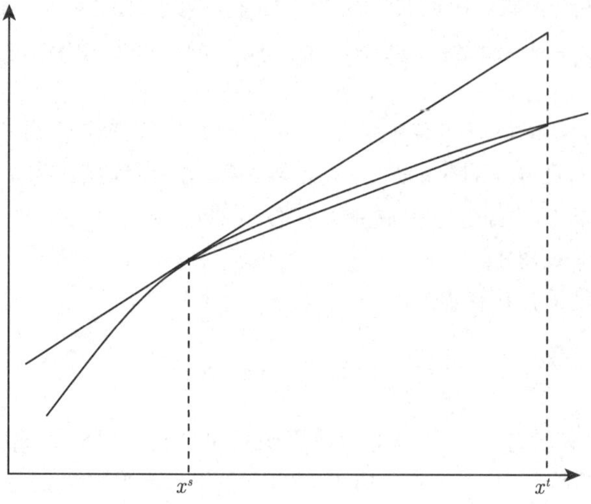

图 3.22 凹函数

3.10 需求行为专题

在本节中，我们将考察需求行为的若干专题。在大多数专题中，我们将处理特定预算约束和偏好下的特定需求行为。理解如何进行这些分析是非常有用的。

3.10.1 收入—休闲选择模型

在现实中，人们经常需要在“工作”和“闲暇”间进行取舍。收入—休闲选择模型可以用来研究这个问题。

令 $\overline{L}$ 为消费者总的时间。h 为消费者工作时间，l 为休闲时间，从而有 $L=\overline{L}-\ell$。该消费者还有一非劳动收入 I。令 $u(c,L)$ 为消费和闲暇的总效用，则消费者的效用最大化问题可写为：

$$\begin{aligned} & \max_{c,L} u(c,L) \\ \text{s.t.} \quad & pc+wL=w\overline{L}+I. \end{aligned}$$

这种效用最大化问题本质上和前面讨论的效用最大化问题是一样的。这里消费者以价格 w“出售”其劳动禀赋、并以相同的价格购买其闲暇。

我们可以用斯勒茨基方程计算工资变动时消费者对闲暇需求的变动，我们有

$$\frac{dL(p,w,I)}{dw}=\frac{\partial L(p,w,u)}{\partial w}+\frac{\partial L(p,w,I)}{\partial I}[\overline{L}-L].$$

根据定义，上式中括号内的项非负，在实际中几乎总是大于零。这意味着闲暇需求的导数是一组负数和正数的和，从而其符号是不确定的。换句话说，工资率的上升可能会导致劳动供给的上升，也可能导致劳动供给的下降，关键看收入效应和替代效应哪一个占优。

由于替代效应意味着较高的工资愿意有较少的休闲或更长的工作时间，而收入效应意味着较高的工资愿意有更多的休闲时间或较少的工作时间，这样只要替代效应大于收入效应，劳动供给就会上升，而当收入效应大于替代效应，劳动供给就会下降。一般来说，当工资水平（也意味着收入水平）较低时，替代效应大于收入效应，人们需要花更多的时间在工作上。的确如此，100 年前，生产力低下导致工资水平低下，这时替代效应大于收入效应，人们通常需要一周工作 6 天，每天工作多于 8 小时。然而，随着生产力的逐步提高，人们的工资（收入）水平也相应地逐步提高，收入效应最终占优替代效应，人们开始逐步减少工作时间，而由原来需要一周工作 6 天减为 5 天或更少，由每天工作多于 8 小时变成现在少于 8 小时或更少。这样，劳动的供给曲线会呈现出向回弯曲的形状。

3.10.2 商品间加总

在许多情形中，用某种“部分”效用最大化问题来描述消费者的选择是合理的。例如，在现实中，我们经常需对产品及其价格进行分类和加总，而不是分开考虑每种商品。特别是在考虑宏观经济走势时，希望考虑某类商品的总需求及其加总价格（称之为消费者价格指数）的波动情况，从而我们需要有构造这些价格和数量指数的方法。

为了得到与这种消费决策可分性 (separability) 相关的有用结果，我们需要引入一些新的记号。我们将消费组合分成两类“子组合”(subbundle)，并将消费组合写为 $(\mathbf{x},\mathbf{z})$ 的形式。例如，$\mathbf{x}$ 可能为不同种类的肉的消费向量，而 $\mathbf{z}$ 为所有其他商品的消费向量。

对应地，我们将价格向量写为 $(\mathbf{p},\mathbf{q})$，这里 $\mathbf{p}$ 为不同种类的肉的价格向量，$\mathbf{q}$ 为其他商品的价格向量。在这样的记号下，标准的效用最大化问题可重新写为：

$$\begin{aligned} &\max_{\mathbf{x},\mathbf{z}} u(\mathbf{x},\mathbf{z}) \\ \text{s.t.}\quad &\mathbf{px}+\mathbf{qz}=I. \end{aligned} \tag{3.10.34}$$

我们感兴趣的问题是，在何种条件下可以考察 x 类商品的需求问题，或者说，在何种条件下，对 x 中所包含的商品可以作为一个整体加以考虑，而不用考虑其中各种商品的数量和品种是如何构成的。

解决这个问题的一种方法如下所示。我们希望能构造某个标量**数量指数 (quantity index)** X 和某个标量价格指数 P，这两个指数是数量向量和价格向量的函数：

$$\begin{aligned} P &= f(\mathbf{p}), \\ X &= g(\mathbf{x}). \end{aligned} \tag{3.10.35}$$

在上面的表达式中，P 假设为某种“价格指数”，它给出了商品的“加权平均价格”，而 X 假设为某种数量指数，它衡量了商品（肉类）的“加权平均消费数量”。我们希望能够找到构造这些价格和数量指数的方法，使得它们具有与通常的价格和数量类似的性质。

换句话说，我们希望找到一个新的效用函数 $U(X,\mathbf{z})$，它仅为 x 类商品数量指数和其他商品消费数量的函数，而其所构造的效用最大化问题的最优解与式 (3.10.6) 给出的效用最大化问题的解相同。更正式地，考虑如下问题：

$$\max_{X,\mathbf{z}} U(X,\mathbf{z})$$
$$\text{s.t.} \quad PX+\mathbf{qz}=I.$$

在上述问题中，数量指数 X 的需求函数为 $X(P,\mathbf{q},I)$。我们想知道是否有

$$X(P,\mathbf{q},I)\equiv X(f(\mathbf{p}),\mathbf{q},I)=g(\mathrm{x}(\mathbf{p},\mathbf{q},I)).$$

这意味着根据如下两种方式所得到的 X 值是一样的：

(1) 首先根据 $P=f(\mathbf{p})$ 进行价格加总，然后在预算约束 $PX+\mathbf{qz}=I$ 下求使 $U(X,\mathbf{z})$ 达到最大值的解。

(2) 首先在预算约束 $PX+\mathbf{qz}=I$ 下求使 $u(\mathbf{x},\mathbf{z})$ 达到最大值的解，然后根据 $X=g(\mathbf{x})$ 进行数量加总。

在两种情形下，上述加总是可行的。一种是对价格变动施加限制，称为**希克斯可分性 (Hicksian separability)**。另一种是对偏好结构施加限制，称为**泛函可分性 (functional separability)**。

1. 希克斯可分性

假设价格向量 $\mathbf{p}$ 总是与某个固定基准 (base) 价格向量 $\mathbf{p}^0$ 成比例，即 $\mathbf{p}=t\mathbf{p}^0$，其中 t 为某个标量。若 x 类商品为不同种类的肉类食品，则该条件要求不同种类肉的相对价格保持不变，即所有肉类的价格同比例上升或下降。

在前面所描述的一般框架下，我们采用下式定义 x 类商品的价格和数量指数：

$$P=t,$$
$$X=\mathbf{p}^0\mathbf{x}.$$

定义同这些指数相关的间接效用函数如下：

$$V(P,\mathbf{q},I)=\max_{\mathbf{x},\mathbf{z}} u(\mathbf{x},\ \mathbf{z})$$
$$\text{s.t.} \quad \mathbf{p}^0\mathbf{x}+\mathbf{qz}=I.$$

容易验证上述间接效用函数具有普通间接效用函数的一般性质：它是拟凸的，关于价格和收入一次齐次，等等。特别地，根据包络定理和罗伊恒等式，我们可求得 x 类商品的需求函数：

$$X(P,\mathbf{q},I)=-\frac{\partial V(P,\mathbf{q},I)/\partial P}{\partial V(P,\mathbf{q},I)/\partial I}=\mathbf{p}^0\mathbf{x}(\mathbf{p},\mathbf{q},I).$$

上述结果说明 $X(P,\mathbf{q},I)$ 是恰当地衡量 x 类商品消费的数量指数：我们先进行价格加总，然后最大化 $U(X,\mathbf{z})$ 所得到的结果，这一结果同我们先最大化 $u(\mathbf{x},\mathbf{z})$ 然后进行数量加总所得的结果相同。

我们可以求解直接效用函数。根据计算，它与 $V(P,\mathbf{q},I)$ 互为对偶：

$$U(X,\mathbf{z})=\min_{P,\mathbf{q}} V(P,\mathbf{q},I)$$
$$\text{s.t.} \qquad PX+\mathbf{qz}=I.$$

根据构造，该直接效用函数具有如下性质：

$$V(P,\mathbf{q},I)=\max_{\mathbf{X},\mathbf{z}} U(X,\mathbf{z})$$
$$\text{s.t.} \qquad PX+\mathbf{qz}=I.$$

因此，上面所构造的价格和数量指数与普通的价格和数量具有类似的性质。

2. 泛函可分性

第二种情形称为“泛函可分性”。我们假设消费者的偏好序具有如下性质：对所有消费组合 $\mathbf{x}$ 和 $\mathbf{x}'$ 以及 $\mathbf{z}$ 和 $\mathbf{z}'$，

$$(\mathbf{x},\mathbf{z})\succ(\mathbf{x}',\mathbf{z}) \text{ 当且仅当 } (\mathbf{x},\mathbf{z}')\succ(\mathbf{x}',\mathbf{z}').$$

该条件是说，若对其他商品的某个选择 z，$\mathbf{x}$ 严格偏好于 $\mathbf{x}'$，则对所有其他商品的任意选择 z'，$\mathbf{x}$ 严格偏好于 $\mathbf{x}'$。或者更精确地，对 x 类商品的偏好与对 z 类商品的偏好无关。

若这种“独立性”(independence) 性质满足且偏好是局部非饱和的，则可以证明，$\mathbf{x}$ 和 $\mathbf{z}$ 的效用函数可写为 $u(\mathbf{x},\mathbf{z})=U(v(\mathbf{x}),\mathbf{z})$，其中 $U(v,\mathbf{z})$ 为 v 的递增函数。换句话说，$\mathbf{x}$ 和 $\mathbf{z}$ 的总效用可写为消费 $\mathbf{x}$ 的子效用 (subutility) $v(\mathbf{x})$ 和 z 类商品的消费水平的函数。

若效用函数可写成这种形式，则我们称该效用函数是**弱可分的 (weakly separable)**。可分性对效用最大化问题的结构会产生什么影响呢？通常，我们将商品的需求函数写为 $\mathbf{x}(\mathbf{p},\mathbf{q},I)$，$\mathbf{z}(\mathbf{p},\mathbf{q},I)$。设 $I_x=\mathbf{px}(\mathbf{p},\mathbf{q},I)$ 为 x 类商品的最优支出。

可以证明，若整个效用函数是弱可分的，则 x 类商品的最优选择可以通过求解下述子效用最大化问题得到：

$$\max v(\mathbf{x})$$
$$\text{s.t.} \qquad \mathbf{px}=I_x. \tag{3.10.36}$$

这意味着若我们知道 x 类商品的支出 $I_x=\mathbf{px}(\mathbf{p},\mathbf{q},I)$，则我们可以通过求解子效用最大化问题确定 x 类商品的最优选择。换句话说，x 类商品的需求仅为 x 类商品价格和 x 类商品支出 I_x 的函数。其他商品的价格仅仅影响 x 类商品的相对支出。

由于在给定 x 类商品支出水平的情况下 $\mathbf{x}(\mathbf{p},I_x)$ 给出了 x 类商品的需求，因此需求函数 $\mathbf{x}(\mathbf{p},I_x)$ 有时也被称为**条件需求函数**。设 $e(\mathbf{p},v)$ 为子效用最大化问题 (3.10.36) 的支出函数，则它给出了在 $\mathbf{p}$ 下为了达到子效用 v 而必须花在 x 类商品上的必要支出。不难看出，可以将消费者的总效用最大化问题写为：

$$\max_{v,\mathbf{z}} U(v,\mathbf{z})$$
$$\text{s.t} \quad e(\mathbf{p},v)+\mathbf{qz}=I.$$

这同我们想要的形式几乎一样：v 是 x 类商品的恰当数量指数，但 x 类商品的价格指数则不是那么恰当，我们希望它是 P 乘以 X，而不是 $\mathbf{p}$ 和 $X=v$ 的非线性函数。

为了保证预算约束为数量指数的线性函数，我们需要假设子效用函数具有某种特殊的结构。例如，假设子效用函数是位似的，采用位似效用函数意味着其需求函数关于收入是线性的。则可以将 $e(\mathbf{p},v)$ 写为 $e(\mathbf{p})v$。因此，我们可以选择数量指数为 $X=v(\mathbf{x})$，价格指数为 $P=e(\mathbf{p})$，效用函数为 $U(X,\mathbf{z})$，然后通过求解

$$\begin{aligned}&\max_{X,\mathbf{z}} U(X,\mathbf{z})\\ \text{s.t.}\quad & PX+\mathbf{qz}=I\end{aligned}$$

得到 X，该结果同我们先求解

$$\begin{aligned}&\max_{\mathbf{x},\mathbf{z}} u(v(\mathbf{x}),\mathbf{z})\\ \text{s.t.}\quad & \mathbf{px}+\mathbf{qz}=I,\end{aligned}$$

然后再用 $X=v(\mathbf{x})$ 进行加总所得到的结果是相同的。

在这种情形下，我们可以将消费决策看作一个两阶段决策：在第一阶段，消费者考虑在给定某类（食品）的价格指数下消费多少复合商品，这可通过求解总效用最大化问题得到；在第二阶段，在给定某类商品的价格和总支出时，消费者考虑怎么选择食品类的消费组合，这可通过求解子效用最大化问题得到。这样的两阶段预算过程在需求分析中应用起来十分方便。

3.10.3 消费者需求加总

前面已经考察了一个消费者需求函数 $\mathbf{x}(\mathbf{p},m)$ 的性质。现在我们考虑一组消费者 $i=1,\cdots,n$，每个消费者都有 L 种商品的需求函数，消费者 i 的需求函数为向量 $\mathbf{x}_i(\mathbf{p},I_i)=(x_i^1(\mathbf{p},I_i),\cdots,x_i^L(\mathbf{p},I_i))$，$i=1,\cdots,n$。这里，商品用上标表示，而消费者用下标表示。加总需求函数定义为 $\mathbf{X}(\mathbf{p},I_1,\cdots,I_n)=\sum_{i=1}^n \mathbf{x}_i(\mathbf{p},I)$。商品 l 的加总需求函数记为 $X^l(\mathbf{p},\mathbf{I})$，其中 $\mathbf{I}$ 表示收入向量 $(I_1,\cdots,I_n)$。

加总需求函数保持了个体需求函数的某些性质。例如，若个体需求函数是连续的，则加总需求函数肯定是连续的。个体需求函数的连续性是加总需求函数连续性的充分但非必要条件。

加总需求函数是否会保持个体需求函数的其他性质呢？是否存在着加总的斯勒茨基方程或者显示偏好强公理？遗憾的是，这些问题的答案都是否定的。事实上，加总需求函数除了能保持连续性和齐次性之外一般不能保持其他有趣的性质。因此，一般来说，消费者理论对加总行为没有施加任何限制。但在某些特定的情形，加总需求行为看起来同单个“代表性”消费者的行为类似。下面我们考虑这样的一个例子。

假设所有个体消费者的间接效用函数取**戈曼形式** (**Gorman form**):

$$v_i(\mathbf{p},I_i)=a_i(\mathbf{p})+b(\mathbf{p})I_i.$$

其中 $a_i(\mathbf{p})$ 项可能随着消费者的不同而不同，而 $b(\mathbf{p})$ 项则对所有消费者都是相同的。根据罗伊恒等式，消费者 i 对商品 l 的需求形式为：

$$x_i^l(\mathbf{p}, I_i) = a_i^l(\mathbf{p}) + \beta^l(\mathbf{p})I_i. \tag{3.10.37}$$

其中

$$a_i^l(\mathbf{p}) = -\frac{\frac{\partial a_i(\mathbf{p})}{\partial p_l}}{b(\mathbf{p})},$$

$$\beta^l(\mathbf{p}) = -\frac{\frac{\partial b(\mathbf{p})}{\partial p_l}}{b(\mathbf{p})}.$$

商品 l 的边际消费倾向 (marginal propensity to consume) $\partial x_i^l(\mathbf{p}, m_i)/\partial I_i$ 与任何消费者的收入水平无关，且由于 $b(\mathbf{p})$ 对所有消费者都相同，因此商品 l 的边际消费倾向对所有消费者都相同。因此，商品 l 的加总需求有如下形式

$$X^l(\mathbf{p}, I^1, \cdots, I^n) = -\left[\sum_{i=1}^n \frac{\frac{\partial a_i}{\partial p_l}}{b(\mathbf{p})} + \frac{\frac{\partial b(p)}{\partial p_l}}{b(\mathbf{p})} \sum_{i=1}^n I_i\right].$$

事实上，该需求函数可由代表性消费者的效用最大化行为导出。其代表性间接效用函数为

$$V(\mathbf{p}, M) = \sum_{i=1}^n a_i(\mathbf{p}) + b(\mathbf{p})M = A(\mathbf{p}) + B(\mathbf{p})M,$$

其中 $M = \sum_{i=1}^n I_i$。

上述论断的证明很简单，我们只需对上述间接效用函数应用罗伊恒等式，即可得到式 (3.10.9) 中的需求函数。可以证明，戈曼形式的效用函数是能够产生与代表性消费者相同的需求函数的最一般间接效用函数。因此，戈曼形式不仅是代表性消费者模型成立的充分条件，也是其成立的必要条件。

尽管这一结果的完整证明较为复杂，下面的论证仍能让我们了解其证明的基本思想。为简单起见，假设只有两个消费者。则根据假设，商品 l 的加总需求可写为

$$X^l(\mathbf{p}, I_1 + I_2) \equiv x_1^l(\mathbf{p}, I_1) + x_2^l(\mathbf{p}, I_2).$$

对上式先关于 I_1 求偏导，然后再对 I_2 求偏导，则可得如下恒等式：

$$\frac{\partial^2 X^l(\mathbf{p}, M)}{\partial M} \equiv \frac{\partial x_1^l(\mathbf{p}, I_1)}{\partial I_1} \equiv \frac{\partial x_2^l(\mathbf{p}, I_2)}{\partial I_2}.$$

因此，对所有消费者来说，商品 l 的边际消费倾向都是相同的。若再次对上式关于 I_1 求偏导，则有

$$\frac{\partial^2 X^l(\mathbf{p}, M)}{\partial M^2} \equiv \frac{\partial^2 x_1^l(\mathbf{p}, I_1)}{\partial I_1^2} \equiv 0.$$

这即是说，消费者 1 和消费者 2 对商品 l 的需求都是收入的线性函数。因此，商品 l 的需求函数形式为 $x_i^l(\mathbf{p}, I_i) = a_i^l(\mathbf{p}) + \beta^l(\mathbf{p})I_i$。若这一结果对所有商品都成立，则每个消费者的间接效用函数必然具有戈曼形式。

戈曼形式效用函数的一个特例是位似效用函数。在这种情形下，间接效用函数的形式为 $v(\mathbf{p}, I) = v(\mathbf{p})I$，它显然为戈曼形式。另外一个特例是拟线性效用函数。效用函数 U 称为是拟线性的 (quasi-linear)，若它具有如下形式：

$$U(x_0, x_1, \cdots, x_L) = x_0 + u(x_1, \cdots, x_L).$$

在这种情形下，$v(\mathbf{p}, I) = v(\mathbf{p}) + I$，它显然为戈曼形式。位似和拟线性效用函数所具有的许多性质在戈曼形式的效用函数中也成立。

拟线性效用函数是效用函数中非常重要的一类。由于该类函数具有无收入效应的重要性质，从后面章节的讨论中可知，它在许多经济领域如信息经济学、机制设计理论、产权理论等方面都扮演着重要的角色。

3.11 【人物小传】

3.11.1 阿尔弗雷德・马歇尔

阿尔弗雷德・马歇尔（Alfred Marshall，1842—1924），新古典学派的创始人和英国剑桥学派的代表人物，19 世纪末和 20 世纪初英国经济学界最重要的经济学家。在马歇尔的努力下，经济学从仅仅是人文科学和历史学科的一门必修课发展成为一门独立的学科，具有与物理学相似的科学性。剑桥大学在他的影响下建立了世界上第一个经济学系。1880 年，他担任英国协会第六小组的主席，正式领导了创建英国（后改为皇家）经济学会的运动。

马歇尔 1842 年出生于伦敦郊区的一个工人家庭，虽然家境一般，父母却努力让他受到很好的教育。青年马歇尔进入剑桥大学学习数学、哲学和政治经济学，尽管他对哲学饶有兴趣，但最后还是选定经济学为专业。作出这个决定的重要原因是马歇尔曾走访英国的贫民区，无法忘却他所见到的贫穷和饥饿。毕业后，马歇尔在剑桥大学任教 9 年，后又到牛津大学任教，1885 年他回到剑桥大学任教直到 1905 年退休。

马歇尔最主要的著作是 1890 年出版的《经济学原理》。该书在西方经济学界被公认为划时代的著作，也是继《国富论》之后最伟大的经济学著作。该书所阐述的经济学说被看作英国古典政治经济学的继续和发展。以马歇尔为核心而形成的新古典学派在长达近半个世纪的时间里在现代经济学中一直占据着基准点和参照系的支配地位。马歇尔经济学说的核心是均衡价格论，而《经济学原理》正是对均衡价格论的论证和引申。他认为，市场价格决定于供、需双方的力量均衡，犹如剪刀的两翼，是同时起作用的。在马歇尔的《经济学原理》中，他认为，政治经济学和经济学是通用的。因此，不能把“政治经济学”理解为既研究政治又研究经济的学科，“政治经济学”也可简称为“经济学”。

马歇尔的主要著述还有：《对杰文斯的评论》、《对外贸易的纯理论与国内价值的纯理论》、《工业经济学》、《政治经济学的现状：1885 年 2 月在剑桥大学的就职演说》、《统计学会杂志》、《马歇尔官方文献集》、《关于穆劳动力先生的价值论》、《伦敦贫民何所归》、《一般物价波动的补救措施》、《经济学精义》、《关于租金》、《老一代的经济学家和新一代的经济学家》、《分配与交换》、《创建经济学和有关政治学分支课程的请求》、《经济骑士道精神的社会可能性》、《战后的国家税收》、《工业与贸易》、《阿尔弗雷德·马歇尔纪念集》等。马歇尔的经济学说集是 19 世纪上半叶至 19 世纪末经济学之大成，并形成自己独特的理论体系和方法，对现代经济学的发展有着深远的影响。

3.11.2 保罗·萨缪尔森

保罗·萨缪尔森（Paul A. Samuelson，1915—2009），现代经济学巨匠之一，所研究的内容十分广泛，涉及经济学的各个领域，是世界上罕见的多能学者。萨缪尔森首次将数学分析方法引入经济学，帮助经济困境中上台的肯尼迪政府制定了著名的“肯尼迪减税方案”，并写出了一部影响了几代人、在近半个世纪被奉为经典的教科书。他于 1947 年成为约翰·贝茨·克拉克奖的首位获得者，并于 1970 年获得 (第 2 届) 诺贝尔经济学奖，获奖理由是“发展了数理和动态经济理论并提升了经济科学的分析水平”。

保罗·萨缪尔森 1915 年 5 月 15 日出生于美国印第安纳州加里（Gary）城的一个波兰犹太移民家庭，其父亲法兰克·萨缪尔森是一名药剂师，1923 年其搬家到芝加哥居住。1935 年获芝加哥大学文学学士学位，1936 年获芝加哥大学文学硕士学位，1941 年获哈佛大学理学博士学位。在哈佛就读期间，师从约瑟夫·熊彼特、华西里·里昂惕夫、戈特弗里德·哈伯勒和有“美国凯恩斯”之称的阿尔文·汉森研究经济学。萨缪尔森出身于经济学世家，其兄弟罗伯特·萨缪尔森、妹妹安妮塔·萨缪尔森、侄子拉里·萨缪尔森均为经济学家，另一个侄子则是大名鼎鼎的美国财政部长劳伦斯·萨默斯。

萨缪尔森是当代凯恩斯主义的集大成者，被称为经济学的最后一个通才。在几乎所有的经济学领域，诸如微观经济学、宏观经济学、国际经济学、数理经济学, 人们总是能从萨缪尔森的有关著作中获得启示和教益。萨缪尔森作为新古典经济学和凯恩斯经济学综合的代表人物, 其理论观点体现了西方经济学整整一代的正统的理论观点, 并且成了西方国家政府制定经济政策的理论基础。

萨缪尔森在攻读博士学位时，重新阅读了从威廉·配第到亚当·斯密，从李嘉图到马歇尔、瓦尔拉斯以及帕累托、庇古、凯恩斯等人的著作，得以纵观整个经济思想史，并以新的眼光看待凯恩斯主义。他把凯恩斯主义和传统的微观经济学结合起来，形成“新古典综合学派”的理论体系；他一直热衷于把数学工具运用于静态均衡和动态过程的分析，以物理学和数学论证推理方式研究经济，为数理经济学的现代化作出了贡献；他还通过对乘数和加速数联合作用的分析，把两者巧妙地合二为一，揭示出了乘数与加速数的内在联系；他与索洛和多夫曼 1958 年合作出版的《线性规划与经济分析》一书，为新诞生的计量经济学发展作出了贡献。

萨缪尔森的研究范围横跨经济学、统计学和数学多个领域，他对经济学的三大组成部分——政治经济学、部门经济学和技术经济学，都有独到的见解；他把凯恩斯主义和传统的微观经济学结合起来，形成“新古典综合学派”的理论体系；他还一直热衷于把数学工具运用于静态均衡和动态过程的分析，以物理学和数学论证推理方式研究经济，为数理经济学的现代化作出了贡献。此外，他还通过对乘数和加速数联合作用的分析，把两者巧妙地合二为一，揭示出了乘数与加速数的内在联系；在关于经济增长论的论述、关于“社会福利函数”的论述和对比较成本说中的“赫克歇尔–俄林原理”的补充等方面，都为经济理论贡献了珍贵的思想财产。因为其理论维护和传播了传统西方经济学说，促进了经济理论数学化的发展，萨缪尔森成为西方世界久负盛名的经济学巨子。他的著作也一版再版，在世界各国享有很高的声誉。

3.12 习　　题

习题 3.1 证明若 $\succcurlyeq$ 是偏好序，则严格关系 $\succ$ 是传递的，并且无差异关系 $\sim$ 也是传递的。同时证明：若 $\mathbf{x}\sim\mathbf{y}\succcurlyeq\mathbf{z}$，那么 $\mathbf{x}\succcurlyeq\mathbf{z}$。

习题 3.2 试证明字典序偏好满足完备性、传递性、强单调性和严格凸性。

习题 3.3 有两种条件经常用来定义消费集 $X=\mathcal{R}_+^L$ 上偏好 $\succeq$ 的连续性。

(a) 对于 X 中所有使得 $\lim_n \mathbf{x}^n=\mathbf{x}$，$\lim_n \mathbf{y}^n=\mathbf{y}$ 和 $\mathbf{x}^n\succeq\mathbf{y}^n$ 的序列 $\{\mathbf{x}^n\}$ 和 $\{\mathbf{y}^n\}$，$\mathbf{x}\succeq\mathbf{y}$ 成立。

(b) 对于所有 $\mathbf{x}\in X$，偏好于 $\mathbf{x}$ 的集合 $\{\mathbf{y}\in X:\mathbf{y}\succeq\mathbf{x}\}$ 和下优集 $\{\mathbf{y}\in X:\mathbf{x}\succeq\mathbf{y}\}$ 是闭的。

1. 假设 $\succeq$ 是传递和完备的，证明条件(a)和(b)是等价的。
2. 给出一个在 $\mathcal{R}_+^2$ 上满足传递和完备性的偏好的例子，使得偏好于 $\mathbf{x}$ 的集合对于所有 $\mathbf{x}$ 是闭的，但下优集对于一些 $\mathbf{x}$ 不是闭的。

习题 3.4 设 X 是一个可分的度量空间，而 $\succeq$ 是 X 上的一个完备的偏好关系。证明：若 $\succeq$ 是上连续的（即：对所有的 $x\in X$，$U_w(x)\equiv\{y\in X:y\succeq x\}$ 是闭集，则偏好关系 $\succeq$ 可以用某个效用函数 $u:X\longrightarrow[0,1]$ 来表示。

习题 3.5 假定 $\succeq$ 是完备和传递的。证明：

1. 证明：若 $\succeq$ 是弱凸、连续和强单调的，则它是凸的。
2. 若 $\succeq$ 是非饱和及凸的，则 $\succeq$ 是局部非饱和的。

习题 3.6 假设偏好关系是不连续的，能否找到某个效用函数表示它？若是，举例说明；若否，给出反例。若是上连续的呢？

习题 3.7 设 $u(\mathbf{x})$ 代表对定义在 $\mathbf{x}\in\mathcal{R}_+^n$ 上的单调偏好。对如下每个函数 $f(\mathbf{x})$，阐明是否 f 也代表了这个消费者的偏好。在每种情形下，讨论或用反例证明你的答案的合理性。

1. $f(\mathbf{x})=u(\mathbf{x})+(u(\mathbf{x}))^3$。
2. $f(\mathbf{x})=u(\mathbf{x})-(u(\mathbf{x}))^2$。
3. $f(\mathbf{x})=u(\mathbf{x})+\sum_{i=1}^n x_i$。

习题 3.8 判断下列说法是否正确。若是，给出证明；若否，试举出反例。

1. 若某消费者对两种商品的边际效用均递减，则该消费者的偏好是凸的。
2. 若某消费者的偏好是凸的，则该消费者对两种商品的边际效用均递减。

习题 3.9 设 $u(x_1,x_2)$ 与 $v(x_1,x_2)$ 是效用函数。证明：

1. 若 $u(x_1,x_2)$ 与 $v(x_1,x_2)$ 均为 r 次齐次的，那么 $s(x_1,x_2)\equiv u(x_1,x_2)+v(x_1,x_2)$ 也是 r 次齐次的。
2. 若 $u(x_1,x_2)$ 与 $v(x_1,x_2)$ 是拟凹的，那么 $g(x_1,x_2)\equiv\min\{u(x_1,x_2),v(x_1,x_2)\}$ 也是拟

凹的。

习题 3.10 考虑 $\mathcal{R}_+^L$ 上的效用函数 u: 对每个 $\mathbf{x}\in\mathcal{R}_+^L$，定义为

$$u(\mathbf{x})=\inf_{q\in Q} q\mathbf{x}.$$

集合 Q 是定义在 $\mathcal{R}^L$ 上的单纯形 Δ 的闭的、凸的子集，而且 $Q\subseteq\mathcal{R}_{++}^L$。

1. 证明效用函数 u 是局部非饱和的和凹的。
2. 描述效用函数 u 在点 $\mathbf{x}$ 处的可微性。在点 $\mathbf{x}$ 处效用函数的梯度向量 $Du(\mathbf{x})$ 是什么？你可能需要一些简明的数学例证来说明你在(2)的结果，这里不需要证明。

习题 3.11 某经济人共消费三种商品，他总是倾向于消费其中最便宜的两种并使得这两种商品的消费量相同。若三种商品价格相同，他选择消费其中两种且这两种商品的消费量相同；若两种商品价格相同，另一种商品较便宜，则他选择消费最便宜的那种商品和价格相同的两种商品中的一种，且这两种商品的消费量相同。该消费者的行为与理性选择相一致吗？为什么？

习题 3.12 令 $X=\mathcal{R}_+^L$。假设 $u:X\longrightarrow\mathcal{R}$ 是一个连续的函数。对应 $P:X\longrightarrow 2^X$ 被定义成

$$P(\mathbf{x})=\{\mathbf{x}'\in X:u(\mathbf{x}')>u(\mathbf{x})\}.$$

1. 证明：$P^{-1}(\mathbf{y})=\{\mathbf{x}\in X:\mathbf{y}\in P(\mathbf{x})\}$ 是开集。
2. 使用（1）的结果，证明：P 是下半连续的。

习题 3.13 已知某消费者的效用函数为 $u(x,y)=\min\{3x+y,x+3y\}$。

1. 画出其无差异曲线。该消费者的偏好是凸的吗？
2. 求马歇尔需求函数。
3. 若将其效用函数改为 $u(x,y)=\max\{3x+y,x+3y\}$，重新求解(1)和(2)。

习题 3.14 某消费者的效用函数为：

$$u(x_1,x_2)=\max[ax_1,ax_2]+\min[x_1,x_2],$$

这里 $0<a<1$，求马歇尔需求函数。

习题 3.15 在某些实验经济拍卖中，参与人被要求消费他们获得的产品。现在考虑这种要求可能会如何影响经典的消费者问题。假设个体具有理性的、局部非饱和的、严格凸的连续偏好。偏好可由如下效用函数表示：

$$u(x,y)=(x^{\frac{1}{3}}+y^{\frac{1}{3}})^3,$$

其中 $x\geqq 0$, $y\geqq 0$。令 $I>0$ 表示可用来消费的收入，竞争市场价格是 $p_x>0$ 和 $p_y>0$。同时假设个体具有禀赋 $w>0$，并且被要求消费 $x\geqq w$。

1. 假设在最优选择处 $x\geqq w$，请推导消费者对 x 和 y 的马歇尔需求。假设在最优选择处 $x=w$，请推导消费者对 x 和 y 的马歇尔需求。综合上述结论，给出一般情况下消费者的马歇尔需求。
2. 这些马歇尔需求函数在 I,p_x 和 p_y 上是零次齐次的吗？请解释。
3. 这些马歇尔需求对所有的 I，p_x 和 p_y 都是唯一的吗？请解释。

习题 3.16 已知消费集为 $X=\{a,b,c,d\}$，且消费者的选择满足完备性和唯一性，那么存在多少种选择规则？

习题 3.17 假设一个消费者的偏好满足理性、连续、局部非饱和且严格凸，其效用函数为 $u(x,y)=(x^{1/2}+y^{1/2})^2$，$I>0$ 为消费者可以用于购买商品 x 和 y 的收入，$p_x>0$ 和 $p_y>0$ 为商品 x 和 y 的竞争性市场价格。此外，若消费者购买商品 x 超过了 $\overline{x}>0$，这时每单位商品 x 需要贴现为 d，这里 $p_x>d>0$。

1. 假定对于商品 x 的需求不超过 $\overline{x}>0$，建立消费者的最优化问题，并且推导他对商品 x 和商品 y 的马歇尔需求。
2. 假定对于商品 x 的需求超过了 $\overline{x}>0$，建立消费者的最优化问题，并且推导他对商品 x 和商品 y 的马歇尔需求。
3. 结合上面两问的结果，请问马歇尔需求函数是否关于 I，p_x，p_y 及 d 是零次齐次的？证明你的结果。
4. 需求函数是否是唯一的？

习题 3.18 一个消费者的偏好满足理性、连续、局部非饱和并且严格凸，其效用函数为 $u(x,y)=x^2y$，$x\geqq 0$ 为消费者第一期的消费，$y\geqq 0$ 为消费者第二期的消费，$p_x=1$ 和 $p_y=1$ 为 x 和 y 的竞争性价格。$I>0$ 为消费者每一期的收入，即消费者两期的总收入为 $2I$。假设消费者第一期的收入可以拿出一部分用作储蓄，利率为 r_s，即若第一期储蓄 1 单位，那么第二期他可以获得 $1+r_s$ 单位。此外，消费者也可以从第二期的收入中借入一部分预先在第一期消费，借款利率是 r_b，即借入 1 单位第二期的收入，那么在第二期要归还 $1+r_b$ 单位。假定 $r_s\geqq r_b$。

1. 假定存在储蓄时最优，推导满足效用最大化的 x 和 y（最优时，$x<I$，$y>I$）。
2. 假定存在借贷时最优，推导满足效用最大化的 x 和 y（最优时，$x>I$，$y<I$）。
3. 结合上面两问的结果，需求函数是否关于 I，p_x，p_y 及 d 是零次齐次的？请证明。
4. 需求函数是否关于 I，p_x，p_y 及 d 是唯一的？请证明。

习题 3.19 考虑一个消费者，他在两期中消费单一商品，第 0 期的收入为 $I_0>0$，第 1 期的收入为 $I_1>0$。$x_0\geqq 0$ 为消费者第 0 期的消费，$x_1\geqq 0$ 为消费者第 1 期的消费。效用函数为 $u=\ln x_0+\beta\ln x_1$，贴现因子 $0<\beta<1$，消费者在第 0 期可以以一个无风险总收益率 $\overline{r}\geqq 1$ 进行储蓄 $s\geqq 0$。

1. 利用库恩–塔克条件，找到最优的消费储蓄计划 (x_0^*,x_1^*,s^*)，表示成 $I_0,I_1,\beta,\overline{r}$ 的函数。在什么条件下，储蓄 s^* 严格为正？
2. 最优的消费储蓄计划 (x_0^*,x_1^*,s^*) 是否关于收入 (I_0,I_1) 是一次齐次的？

习题 3.20 一个永久生存的消费者拥有 1 单位的商品——她终生消费此商品。该商品可完美地贮存并且她将消费的该商品数量不会超过她目前所拥有的这种商品的禀赋。在 t 时期里商品消费量由 x_t 表示，并且其终生效用由下列式子给出：

$$u(x_0,x_1,x_2,\cdots)=\sum_{t=0}^{\infty}\beta^t\ln x_t,$$

这里 $0<\beta<1$，计算各期她的最优消费水平。

习题 3.21 一个关系 R 可视为是一个从 X 到 2^X 的对应，对关系 R，有如下各种类型：我们称 R 是

自反的 (reflexive)，若对每一个 $\mathbf{x} \in X, \mathbf{x} \in R(\mathbf{x})$;

非自反的 (irreflexive)，若对每一个 $\mathbf{x} \in X, \mathbf{x} \notin R(\mathbf{x})$;

完备的 (complete)，若对每一个 $\mathbf{x}, \mathbf{x}' \in X$，$\mathbf{x}' \in R(\mathbf{x})$，或者 $\mathbf{x} \in R(\mathbf{x}')$;

传递的 (transitive)，若 $\mathbf{x}'' \in R(\mathbf{x}')$，且 $\mathbf{x}' \in R(\mathbf{x})$，则 $\mathbf{x}'' \in R(\mathbf{x})$;

负传递的 (negatively transitive)，若 $\mathbf{x}'' \notin R(\mathbf{x}')$，且 $\mathbf{x}' \notin R(\mathbf{x})$，则 $\mathbf{x}'' \notin R(\mathbf{x})$;

对称的 (symmetric)，若 $\mathbf{x}' \in R(\mathbf{x})$，则 $\mathbf{x} \in R(\mathbf{x}')$;

非对称的 (asymmetric)，若 $\mathbf{x}' \in R(\mathbf{x})$，则 $\mathbf{x} \notin R(\mathbf{x}')$;

反对称的 (antisymmetric)，若 $\mathbf{x}' \in R(\mathbf{x})$，且 $\mathbf{x} \notin R(\mathbf{x}')$，则 $\mathbf{x} = \mathbf{x}'$。

1. 设 $R: X \longrightarrow 2^X$ 是 X 上的一个关系，若 R 是完备的，那么 R 也是自反的吗？
2. 设 $P: X \longrightarrow 2^X$ 是 X 上的一个关系，证明：
   (a) 若 P 是非对称的，那么 P 是非自反的。
   (b) 若 P 是非对称的和负传递的，那么 P 是传递的。
3. 定义 $R(\mathbf{x}) := \{\mathbf{x}' \in X : \mathbf{x} \notin P(\mathbf{x})\}$ 和 $I(\mathbf{x}) = \{\mathbf{x}' \in X : \mathbf{x}' \in R(\mathbf{x})$ 且 $\mathbf{x} \in R(\mathbf{x}')\}$，证明：
   (a) P 是非对称的当且仅当 R 是完备的。
   (b) P 是负传递的当且仅当 R 是传递的。
   (c) P 是非对称的和负传递的，则 I 是自反的、对称的、传递的。

习题 3.22 设 $\succeq$ 是一个 $X = \mathcal{R}^L_+$ 上的偏好并且定义 $\succ$，使得 $\mathbf{x}' \succ \mathbf{x}$ 当且仅当 $\mathbf{x} \not\succeq \mathbf{x}'$。对应 $R: X \longrightarrow 2^X$ 和 $P: X \longrightarrow 2^X$ 分别被定义成 $R(\mathbf{x}) = \{\mathbf{x}' \in X : \mathbf{x}' \succeq \mathbf{x}\}$ 和 $P(\mathbf{x}) = \{\mathbf{x}' \in X : \mathbf{x}' \succ \mathbf{x}\}$。无差异对应 $I: X \longrightarrow 2^X$ 被定义成 $I(\mathbf{x}) = \{\mathbf{x}' \in X : \mathbf{x} \sim \mathbf{x}'\}$。证明：

1. $\succeq$ 是自反的 (完备的，传递的)，当且仅当 R 是自反的 (完备的，传递的)。
2. $\succeq$ 是连续的，当且仅当 R 有闭截面(closed sections)，即 $R(\mathbf{x})$ 和 $R^{-1}(\mathbf{x})$ 是 X 中的闭集，对每一个 $\mathbf{x} \in X$。
3. $\succeq$ 是弱单调的，当且仅当 $\mathbf{x}, \mathbf{x}' \in X, \mathbf{x}' \geqq \mathbf{x}$，则 $\mathbf{x}' \in R(\mathbf{x})$。
4. $\succeq$ 是单调的，当且仅当 $\mathbf{x}, \mathbf{x}' \in X$，$\mathbf{x}' > \mathbf{x}$，则 $\mathbf{x}' \in P(\mathbf{x})$。
5. $\succeq$ 是强单调的，当且仅当 $\mathbf{x}, \mathbf{x}' \in X$，$\mathbf{x}' \geqslant \mathbf{x}$，则 $\mathbf{x}' \in P(\mathbf{x})$。
6. $\succeq$ 是非饱和的，当且仅当对每一个 $\mathbf{x} \in X$，$P(\mathbf{x})$ 是非空的。
7. $\succeq$ 是局部非饱和的，当且仅当对每一个 $\mathbf{x} \in X$ 和 $\epsilon > 0$，$B_\epsilon(\mathbf{x}) \cap P(\mathbf{x}) \neq \varnothing$。
8. $\succeq$ 是弱凸的，当且仅当 R 是凸的。
9. $\succeq$ 是凸的，当且仅当：对每一个 $\mathbf{x} \in X$，$\mathbf{x}' \in P(\mathbf{x})$ 意味着对每一个 $\alpha \in (0,1)$，有 $\alpha\mathbf{x} + (1-\alpha)\mathbf{x}' \in P(\mathbf{x})$。
10. $\succeq$ 是严格凸的，当且仅当：对每一个 $\mathbf{x} \in X$，$\mathbf{x}', \mathbf{x}'' \in R(\mathbf{x})$，且 $\mathbf{x}' \neq \mathbf{x}''$，$\alpha\mathbf{x} + (1-\alpha)\mathbf{x}'' \in P(\mathbf{x})$ 对每一个 $\alpha \in (0,1)$ 成立。
11. $\succeq$ 是强凸的，当且仅当：对每一个 $\mathbf{x} \in X$，$\mathbf{x}' \in I(\mathbf{x})$，且 $\mathbf{x}' \neq \mathbf{x}''$，$\alpha\mathbf{x} + (1-\alpha)\mathbf{x}' \in P(\mathbf{x})$ 对每一个 $\alpha \in (0,1)$ 成立。

习题 3.23 证明下列命题：

1. 若 $\succeq$ 在 X 上是完备的、传递的，则两个不同的无差异集不可能相交。

2. 若 $\succeq$ 在 X 上是完备的、传递的，则 $\mathbf{x}'' \in P(\mathbf{x}')$ 和 $\mathbf{x}' \in R(\mathbf{x})$ 意味着 $\mathbf{x}'' \in P(\mathbf{x})$。

习题 3.24　证明下列命题：

1. 若 $\succeq$ 是强单调的，则 $\succeq$ 是单调的。
2. 若 $\succeq$ 是单调的，则 $\succeq$ 是局部非饱和的。
3. 若 $\succeq$ 是强单调且连续的，则 $\succeq$ 是弱单调的。
4. 若 $\succeq$ 是传递的、局部非饱和的和弱单调的，则 $\succeq$ 是单调的。
5. 若 $\succeq$ 是局部非饱和的，则 $\succeq$ 是非饱和的。
6. 若 $\succeq$ 是传递的和完备的，则 $\succeq$ 是凸的当且仅当 $\succ$ 是凸的，即对应 P 是凸的。
7. 若 $\succeq$ 是连续且强凸的，则 $\succeq$ 是凸的。
8. 若 $\succeq$ 是连续且凸的，则 $\succeq$ 是弱凸的。
9. 若 $\succeq$ 是连续的，则 $\succeq$ 是强凸的当且仅当它是严格凸的。
10. 一个凸偏好是局部非饱和的，但不是单调的。
11. $\succeq$ 是连续的当且仅当对应 P 有开的截面，即 $P(\mathbf{x})$ 和 $P^{-1}(\mathbf{x})$ 是 X 中的开集，对每一个 $\mathbf{x} \in X$ 。
12. $\succeq$ 是连续的当且仅当对应 R 有闭图像(closed graph)，即 $\mathbf{x}_n \longrightarrow \mathbf{x}, \mathbf{y}_n \longrightarrow \mathbf{y}$ 并且对每一个 n, $\mathbf{y}_n \in R(\mathbf{x}_n)$，则 $\mathbf{y} \in R(\mathbf{x})$。

习题 3.25　令 $X = \mathcal{R}^L_+$ 是某个消费者的消费集，$\mathbf{w} \in X$ 是消费者的禀赋，$\succ$ 是消费者的偏好关系。假设 $\succ$ 是自反的、连续的和凸的。请证明，对于所有的 $\mathbf{p} \in \mathcal{R}^L_{++}$，消费者的约束集 $\mathbf{x} \in B(\mathbf{p})$ 中都总是存在一个最好的元素。也即，总是存在一个 $\mathbf{x} \in B(\mathbf{p})$ 使得没有 $\mathbf{x}' \in B(\mathbf{p})$ 且 $\mathbf{x}' \succ \mathbf{x}$。(提示：使用迈克尔选择定理(Michael selection theorem)。)

习题 3.26　某消费者的效用函数为：

$$u(x_1, x_2) = x_1,$$

试求其马歇尔需求函数和间接效用函数。

习题 3.27　某消费者的间接效用函数具有 $v(\mathbf{p}, y) = y p_1^{\alpha} p_2^{\beta}$ 的形式 $(\alpha < 0, \beta < 0)$，试导出其直接效用函数。

习题 3.28　某消费者具有支出函数 $e(p_1, p_2, u) = \frac{u p_1 p_2}{(p_1 + p_2)}$。找出一个直接效用函数 $u(x_1, x_2)$，它合理化了该消费者的需求行为。

习题 3.29　一个消费者的连续的偏好关系可以由下面的效用函数表示，

$$u(\mathbf{x}) = \min\{x_1^{1/2}, x_2\}.$$

1. 验证消费者的偏好关系是否单调。
2. 验证消费者的偏好关系是否是凸的。
3. 给定 x_1 的价格 p_1，x_2 的价格 p_2 和收入 I，推导马歇尔需求函数和间接效用函数。
4. 利用对偶性推导消费者的支出函数。
5. 利用支出函数推导消费者的希克斯需求函数，当价格 p_1 增加时，消费者的希克斯需求会受到怎样的影响？通过偏好关系来解释你所得到的结果背后的直觉。

习题 3.30　考虑一个消费者，他在有 L 个物品的消费集 $\mathcal{R}^L_+$ 上具有效用函数 $u : \mathcal{R}^L_+ \to \mathcal{R}$。假设效用函数是连续的并且严格递增。

1. 陈述消费者的瓦尔拉斯(马歇尔)需求和希克斯(补偿)需求的定义。
2. 陈述并证明一个定理：若消费束 $\mathbf{x}^*$ 在严格正的价格向量 $\mathbf{p}$ 和收入 $I>0$ 时位于瓦尔拉斯需求上，那么 $\mathbf{x}^*$ 在同样的价格向量 $\mathbf{p}$ 和合适地挑选的效用水平下也位于希克斯需求上。
3. 通过例子证明：若效用函数 u 连续但不严格递增，上面的结论可能不成立。

习题 3.31　某经济人消费三种商品且具有柯布–道格拉斯效用函数形式 $u(x,y,z)=x^{\alpha}y^{\beta}z^{\gamma}$，这里 $\alpha>0$，$\beta>0$，$\gamma>0$。试导出马歇尔需求函数、间接效用函数、希克斯需求函数、支出函数。

习题 3.32　证明：希克斯需求关于价格是零次齐次的。

习题 3.33　某消费者仅消费两种商品且局部非饱和性满足，已知一种商品为劣等品，试证明：另一种商品必为正常品。

习题 3.34　证明：若消费者在商品 i 上的支出 $p_ix_i(p,m)$ 相对其收入很小，则收入效应可以忽略。

习题 3.35　定义 $u:\mathcal{R}_+^L\to\mathcal{R}$ 为连续和严格单调增的效用函数。定义 $V(\mathbf{p},M)$ 为在价格 $\mathbf{p}\in\mathcal{R}_{++}^L$ 和收入 M 的预算约束下的最大化效用 u 的间接效用函数。

1. 证明若 u 是凹函数，则 V 是关于收入 I 的凹函数。
2. 假设对于所有的 $\mathbf{x}\in\mathcal{R}_+^L$，$u$ 是以下拟线性形式:

$$u(\mathbf{x})=x_1+v(x_2,\cdots,x_L),$$

假设函数 $F:\mathcal{R}_+^{L-1}\to\mathcal{R}$ 是连续、严格单调增和严格凹的。

(a) 证明当马歇尔需求是内解时，在价格—收入对 $(\mathbf{p},I)$ 的定义域上，间接效用函数 F 对于 I 是线性的。

(b) 其收入效应为零。

习题 3.36　某消费者对商品 x 的需求函数为 $q_x=I-2p_x$，且有 $p_x=2$ 和 $I=8\,000$。若商品 x 的价格上升从而有 $p_x=4$，

1. 计算商品 x 价格变化的总效应。
2. 若使用斯勒茨基分解，试计算替代效应和收入效应。
3. 若使用希克斯分解，能否计算替代效应和收入效应？若能，给出计算结果；若不能，说明理由。

习题 3.37　某消费者的效用函数为 $u(x,y)=\ln x+\ln y$，且有 $p_x=1$，$p_y=2$，$I=10$。若商品 y 的价格下降到 $p_y=1$，试计算斯勒茨基分解和希克斯分解下的替代效应和收入效应。

习题 3.38　已知马歇尔需求函数 $x(p,I)$ 是可微且零次齐次的，且预算约束是紧的。令 $s(p,I)$ 为斯勒茨基矩阵。证明：对所有的 $p>0$ 和 $I>0$，$ps(p,I)=0$ 及 $s(p,I)p=0$。

习题 3.39　考虑效用函数 $u(x_1,x_2)=(x_1)^{\frac{1}{2}}+(x_2)^{\frac{1}{2}}$。

1. 计算需求函数 $x_i(p_1,p_2,y)$，$i=1,2$。
2. 计算斯勒茨基方程中的替代项。

习题 3.40　设 $u(\mathbf{x})$ 是线性齐次效用函数，证明:

1. 支出函数关于 $\mathbf{p}$ 与 u 是乘法可分的，并且可被写成 $e(\mathbf{p},u)=e(\mathbf{p},1)u$ 的形式。

2. 收入的边际效用依存于 $\mathbf{p}$，但独立于 y。

习题 3.41 设 $X = \mathcal{R}^L_+$ 是消费集。假定收入由初始禀赋 $0 \neq \mathbf{w}_i \in X_i$ 和价格向量 $\mathbf{p} \in \mathcal{R}^L_+$ 决定，即 $I = \mathbf{p} \cdot \mathbf{w}$，预算约束被定义为

$$B(\mathbf{p}) = \{\mathbf{x} \in X : \mathbf{p} \cdot \mathbf{x} \leqq \mathbf{p} \cdot \mathbf{w}\}.$$

我们称 $B_i : \mathcal{R}^L_+ \longrightarrow 2^{X_i}$ 为预算约束对应。证明下面的结论：

1. $B(\mathbf{p})$ 关于 $\mathbf{p} \in \mathcal{R}^L_+$ 是零次齐次的函数。
2. $B(\mathbf{p})$ 是非空集。
3. $B(\mathbf{p})$ 是凸集。
4. 若 $\mathbf{p} \in \mathcal{R}^L_{++}$，$B(\mathbf{p})$ 是紧集。
5. $B(\mathbf{p})$ 是上半连续的。
6. 在3.7.4节中，我们对特殊情形证明了 $B(\mathbf{p})$ 是下半连续的。现证明：若存在 $\hat{\mathbf{x}} \in X$，使得对每一个 $\mathbf{p} \in \Delta$，$\mathbf{p} \cdot \hat{\mathbf{x}} < \mathbf{p} \cdot \mathbf{w}$，则 $B(\mathbf{p})$ 是下半连续的。

习题 3.42 假设偏好 $\succeq$ 是完备的、传递的以及局部非饱和的。令 $B(\mathbf{p}) = \{\mathbf{x} \in \mathcal{R}^L_+ : \mathbf{p} \cdot \mathbf{x} \leqq \mathbf{p} \cdot \mathbf{w}\}$。并令 $\varphi : \Delta \to 2^{\mathcal{R}^L_+}$ 是消费者以 $\mathbf{w} \in X = \mathcal{R}^L_+$ 为禀赋的需求映射，也即 $\mathbf{x}^* \in \varphi(\mathbf{p})$ 意味着对于所有的 $\mathbf{x} \in B(\mathbf{p})$ 都有 $\mathbf{x}^* \in \varphi(\mathbf{p})$ 以及 $\mathbf{x} \in B(\mathbf{p})$。证明：

1. 对于每一个 $\mathbf{x} \in \varphi(\mathbf{p})$，都有 $\mathbf{p} \cdot \mathbf{x} = \mathbf{p} \cdot \mathbf{w}$。
2. 令 $\mathbf{x}^* \in \varphi(\mathbf{p})$。若 $\mathbf{x} \succ \mathbf{x}^*$，则 $\mathbf{p} \cdot \mathbf{x} \leqq \mathbf{p} \cdot \mathbf{x}^*$。
3. 若偏好 $\succeq$ 是凸的，则 $\varphi(\mathbf{p})$ 是凸的。
4. 若偏好 $\succeq$ 是严格凸的，那么 $\varphi(\mathbf{p})$ 是一个需求函数。

习题 3.43 消费者在价格为 $\mathbf{p}^i, i = 0, 1$ 时购买商品束 $\mathbf{x}^i$，它们各自分为（1）至（4）部分。检验其选择是否满足WARP。

1. $\mathbf{p}^0 = (1, 3)$，$\mathbf{x}^0 = (4, 2)$。$\mathbf{p}^1 = (3, 5)$，$\mathbf{x}^1 = (3, 1)$。
2. $\mathbf{p}^0 = (1, 6)$，$\mathbf{x}^0 = (10, 5)$；$\mathbf{p}^1 = (3, 5)$，$\mathbf{x}^1 = (8, 4)$。
3. $\mathbf{p}^0 = (1, 2)$，$\mathbf{x}^0 = (3, 1)$；$\mathbf{p}^1 = (2, 2)$，$\mathbf{x}^1 = (1, 2)$。
4. $\mathbf{p}^0 = (2, 6)$，$\mathbf{x}^0 = (20, 10)$；$\mathbf{p}^1 = (3, 5)$，$\mathbf{x}^1 = (18, 4)$。

习题 3.44 考虑一个需求函数 $D : \mathcal{R}^L_{++} \times \mathcal{R}_+ \to \mathcal{R}^L_+$，对于所有价格 $\mathbf{p}$ 和收入 I 满足预算约束 $\mathbf{p}D(\mathbf{p}, I) = I$。

1. 若 D 是一个具有局部非饱和效用函数的消费者的马歇尔需求函数，对于所有价格—数量对 $\{\mathbf{p}^t, \mathbf{x}^t\}_{t=1}^T$ 的 T 元组，其中 $\mathbf{x}^t = D(\mathbf{p}^t, I^t)$，$\mathbf{p}^t \in \mathcal{R}^L_{++}$，并且对所有 $t = 1, \cdots, T.$，$I^t \in \mathcal{R}_+$，证明广义显示偏好弱公理（GWARP）成立。描述GWARP。
2. 考虑如下 $L = 2$ 的需求函数的例子：

$$\widehat{D}(\mathbf{p}, I) = \begin{cases} (\frac{I}{p_1}, 0), & \text{如果} \quad p_1 \geqq p_2; \\ (0, \frac{I}{p_2}), & \text{否则} \quad p_2 \geqq p_1. \end{cases}$$

证明对于 $\widehat{D}$，GWARP不成立。

3. 假设对于 L 商品，GWARP对于需求函数 D 成立，但不假设 D 是马歇尔需求函数。证

明 D 满足如下补偿需求法则：对于所有使得 $I' = \mathbf{p}'D(\mathbf{p}, I)$ 的 $\mathbf{p}, \mathbf{p}'$，I，I'，有

$$[D(\mathbf{p}', I') - D(\mathbf{p}, I)][\mathbf{p}' - \mathbf{p}] \leqq 0.$$

习题 3.45 某消费者仅消费两种商品 x 和 y。他在第 1 年的预算约束为 $x + y = 1$，在第 2 年的预算约束为 $4x + 2y = 3$。假设每年他都随机选择一个恰好用完其收入的消费束，则他违背显示偏好弱公理的概率有多大？

习题 3.46 判断下列消费者的选择是否满足显示偏好弱公理。若是，给出证明；若否，举出反例。

1. 将所有收入花费在价格最低的商品上。
2. 将所有收入花费在价格第二低的商品上。

习题 3.47 希克斯（1956）提供了如下例子来揭示当存在两种以上物品时，WARP可能不会导致传递性显示偏好。消费者在 $\mathbf{p}^i, i = 0, 1, 2$ 的价格水平上选择商品束 $\mathbf{x}^i$，这里：

$$\mathbf{p}^0 = (1, 1, 2), \mathbf{x}^0 = (5, 19, 9),$$

$$\mathbf{p}^1 = (1, 1, 1), \mathbf{x}^1 = (12, 12, 12),$$

$$\mathbf{p}^2 = (1, 2, 1), \mathbf{x}^2 = (27, 11, 1).$$

1. 证明这些数据满足WARP。
2. 找出显示偏好中的不可传递性。

习题 3.48 行为者 A 与 B 具有如下支出函数。在每种情形下，两个行为者可观察的市场行为是否相同？请给出证明。

1. $e^A(\mathbf{p}, u)$ 与 $e^B(\mathbf{p}, u) = e^B(\mathbf{p}, 2u)$。
2. $e^A(\mathbf{p}, u) = k(u)g(\mathbf{p})$，这里 $k'(u) > 0$，并且 $e^B(\mathbf{p}, u) = 2e^A(\mathbf{p}, u)$。

习题 3.49 某理性消费者在给定的价格和收入下作出如下选择：若 $p_x = 1$，则 $x(p, I) = 6$；若 $p_x = 2$，则 $x(p, I) = 4$；若 $p_x = 3$，则 $x(p, I) = 1$。

1. 假设商品 x 是正常品，确保价格由 1 上涨到 3 时，该消费者效用不会降低的最小收入补偿是多少？为什么？
2. 假设商品 x 是劣等品，确保价格由 1 上涨到 3 时，该消费者效用不会降低的最小收入补偿是多少？为什么？

习题 3.50 某消费者的效用函数为 $u(x, y) = x + 10y - 0.5y^2$，且有 $p_x = p_y = 1$ 及 $I = 100$。

1. 该消费者的偏好是凸的吗？为什么？
2. 若 p_x 保持不变，p_y 由 1 上升到 2，试求补偿变化和等价变化。它们是相等的吗？为什么？
3. 若 p_y 保持不变，p_x 由 1 上升到 2，试求补偿变化和等价变化。它们是相等的吗？为什么？

习题 3.51 某人消费单一商品 x，其间接效用函数为：

$$v(p, y) = G(A(p) + \frac{\bar{y}^\eta y^{1-\eta}}{1-\eta}),$$

这里 $A(p) = \int_p^{p^0} x(\xi, \bar{y})\, d\xi$ 并且 $G(\cdot)$ 是单变量函数的一些正的单调函数。

1. 推出消费者对 x 的需求，并证明其有不变的收入弹性，且等于 η。
2. 设消费者的收入等于 $\bar{y}$，并且 x 的价格由 p 上升为 $p' > p$。讨论由这种价格变动引致的消费者效用的变动可由 $-\int_p^{p'} x(\xi, \bar{y})\, d\xi < 0$ 来测度，解释这种测度。

习题 3.52 已知某消费者的效用函数为 $u(x,y) = \sqrt{x} + y$，商品 x 和商品 y 的价格分别为 p_x 和 p_y，收入为 I。

1. 试求该消费者的马歇尔需求函数。
2. 令 $p_x = p_y = 1$，$I = 10$，求最优消费束。
3. 若商品 y 的价格提高从而有 $p_y = 2$，试求补偿变化、等价变化和消费者剩余的变化。
4. 若将效用函数改为 $u(x,y) = x^2 + y$，重新求解 (1) $\sim$ (3)。

习题 3.53 设有一个收入为 y^0 的消费者面临的价格为 $\mathbf{p}^0$，并享有效用 $u^0 = v(\mathbf{p}^0, y^0)$。当价格变为 $\mathbf{p}^1$ 时，生活成本受到影响。为测度这些价格变动的影响，把生活成本指数定义为:

$$I(\mathbf{p}^0, \mathbf{p}^1, u^0) \equiv \frac{e(\mathbf{p}^1, u^0)}{e(\mathbf{p}^0, u^0)}.$$

1. 证明：随着为维持基期效用水平 u^0 所必需的支出上升（下降），$I(\mathbf{p}^0, \mathbf{p}^1, u^0)$ 大于（小于）1。
2. 设消费者收入也由 y^0 变为 y^1。证明：当 $\frac{y^1}{y^0}$ 大于（小于）$I(\mathbf{p}^0, \mathbf{p}^1, u^0)$ 时，在收入变化之后，消费者福利将会改善（恶化）。

习题 3.54 设消费者的支出函数具有戈曼形式:

$$e(\mathbf{p}, u) = a(\mathbf{p}) + ub(\mathbf{p}),$$

其中 $a(\mathbf{p})$ 与 $b(\mathbf{p})$ 均为线性齐次且凹的。证明：该消费者对每种物品的需求的收入弹性随 $y \to 0$ 而趋于零，并随 $y \to \infty$ 而趋于 1。

习题 3.55 证明：当且仅当所有需求函数关于价格与收入是乘法可分的，并且其形式为 $\mathbf{x}(\mathbf{p}, y) = \phi(y)\mathbf{x}(\mathbf{p}, 1)$，则效用函数为位似的。

3.13 参考文献

教材和专著：

黄有光，张定胜（2008）. 高级微观经济学. 上海：格致出版社.

平新乔 (2001). 微观经济学十八讲. 北京：北京大学出版社.

Debreu, G. (1959). *Theory of Value*, Wiley.

Jehle, G. A. and P. Reny (1998). *Advanced Microeconomic Theory*, Addison-Wesley.

Luenberger, D. (1995). *Microeconomic Theory*, McGraw-Hill.

Mas-Colell, A. , M. D. Whinston, and J. Green (1995). *Microeconomic Theory*, Oxford University Press.

Roy, R. (1942). *De l'utilité* (Paris: Hermann).

Rubinstein, Ariel (2005). *Lecture Notes in Microeconomics (modeling the economic agent)*, Princeton Univeristy Press.

Takayama, A. (1985). *Mathematical Economics(Second Edition)*, Cambridge University Press.

Varian, H. R. (1992). *Microeconomic Analysis(Third Edition)*, W. W. Norton and Company.

论文:

Afriat, S. (1967). "The Construction of a Utility Function from Expenditure Data", *International Economic Review*, Vol. 8, No. 1, 67-77.

Battallio, R. C. , J. H. Kagel, and C. A. Kogut (1991). "Experimental Confirmation of the Existence of a Giffen Good", *American Economic Review*, Vol. 81, No. 4, 961-970.

Bosi, G. and G. B. Mehta (2002). "Existence of a Semicontinuous or Continuous Utility Function: A Unified Approach and an Elementary Proof", *Journal of Mathematical Economics*, Vol. 38, No. 3, 311-328.

Debreu, G. (1954). "Representation of a Preference Ordering by a Numerical Function". In Thrall, R., C. C. Coombs, and R. Davis (Eds.), *Decision Processes*, New York: Wiley.

Debreu, G. (1964). "Continuity Properties of Paretian Utility", *International Economic Review*, Vol. 5, No. 3, 285-293.

Gorman, T. (1953). "Community Preference Fields", *Econometrica*, Vol. 21, No. 1, 63-80.

Haagsma, R. (2012). "A Convenient Utility Function with Giffen Behaviour", *ISRN Economics*, Volume 2012, Article ID 608645.

Hurwicz, L. and H. Uzawa (1971). "On the Integrability of Demand Functions". In Chipman, J. , L. Hurwicz, M. Richter and H. Sonnenschein (Eds.), *Preferences, Utility, and Demand* (New York: Harcourt, Brace, Jovanovich).

Jaffray, J. Y. (1975). "Existence of a Continuous Utility Function: An Elementary Proof". *Econometrica*, Vol. 43, No. 5/6, 981-983.

Roy, R. (1947). "La Distribution de Revenu Entre Les Divers Biens", *Econometrica*, Vol. 15, No. 3, 205-225.

Samuelson, P. (1948). "Consumption Theory in Terms of Revealed Preference", *Econometrica*, Vol. 15, No. 60, 243-253.

Sonnenschein, H. (1971). "Demand Theory without Transitive Preferences, with Application to the Theory of Competitive Equilibrium". In Chipman, J. S. , L. Hurwicz, M. K. Richter, and H. Sonnensche, *Preferences, Utility, and Demand* (New York: Harcourt Brace Jovanovich).

Tian, G. (1992). "Generalizations of the FKKM Theorem and Ky-Fan Minimax Inequality, with Applications to Maximal Elements, Price Equilibrium, and Complementarity", *Journal of Mathematical Analysis and Applications*, Vol. 170, No. 2, 457-471.

Tian, G. (1993). "Necessary and Sufficient Conditions for Maximization of a Class of Preference Relations", *Review of Economic Studies* Vol. 60, No. 4, 949-958.

Tian, G. (1994). "Generalized KKM Theorem and Minimax Inequalities and Their Applications", *Journal of Optimization Theory and Applications*, Vol. 83, 375-389.

Tian, G. (2016). "Characterizations of Minimax Inequality, Fixed-Point Theorem, Saddle

Point, and KKM Theorem in Arbitrary Topological Spaces", *Journal of Fixed Point Theory and Applications*, forthcoming.

Tian, G. and Fan Zhang (1993). "Market Economics for Masses". In Tian G., *A Series of Market Economics*, Vol. 1. (Shanghai People's Publishing House and Hong Kong's Intelligent Book Ltd. (in Chinese)).

Tian, G. and J. Zhou (1992). "Transfer Method for Characterizing the Existence of Maximal Elements of Binary Relations on Compact or Noncompact Sets", *SIAM Journal on Optimization*, Vol. 2, No. 3, 360-375.

Tian, G. and J. Zhou (1995). "Transfer Continuities, Generalizations of the Weierstrass Theorem and Maximum Theorem—A Full Characterization", *Journal of Mathematical Economics*, Vol. 24, No. 3, 281-303.

Varian, H. R. (1982). "The Nonparametric Approach to Demand Analysis", *Econometrica*, Vol. 50, No. 4, 945-973.

Wold, H. (1944). "A Synthesis of Pure Demand Analysis", *Skandinavian Actuarial Journal*, Vol. 1944, No. 1-2.

Zhou and Tian (1992). "Transfer Method for Characterizing the Existence of Maximal Elements of Binary Relations on Compact or Noncompact Sets", *SIAM Journal on Optimization*, Vol. 2, No. 3, 360-375.

第 4 章　生产者理论

4.1　导　　言

经济活动不仅包含了消费，也包含了生产和交换。本章考虑市场的另一边 —— 供给方，讨论商品的生产过程及其生产者的选择问题。生产的含义非常广泛，既包括实物商品 (physical goods) 如大米和汽车的生产，也包括提供如医疗和金融等服务。供给方由一系列被称为企业或厂商的生产单位组成，企业可以是公司，也可以是个体户或其他合法生产组织。

一个厂商的描述涉及许多方面，如：谁是所有者？谁是管理者？是如何运作、如何组织的？它能做什么？在所有这些问题中，本章只讨论最后一个问题。这并不是说其他问题不重要，而是做什么都要从最基本的理想状态开始，从最基本特征中找到基准点和基本分析工具来研究市场供给方的其他行为。这样，为了把握厂商行为的最重要特征，我们通常假设厂商最基本的特征由生产可能性集给出，这样的模型当然是非常简化的，不考虑内部组织管理因素，不考虑交易成本，市场和企业的运行都是无摩擦的，因而我们简单地将厂商或企业视为一个能够将投入转化为产出的黑箱，也就是只考虑协调零交易成本的生产活动这一最简单的理想状态，这种分析问题的方法和物理学从无摩擦开始考虑类似。

生产者的特征及其行为假设构成了生产者理论模型的基础。生产集表示了生产者所有技术可行的生产计划的集合。生产者的行为假设给出了生产者作出生产选择的指导性原则。我们假定生产者行动的指导性原则是鉴别和选择一个最有利可图的生产计划。

为此，我们先介绍生产技术的一般框架。该框架只是刻画了厂商做选择的最基本特征，它并没有指定厂商做何种选择。我们将讨论在厂商行为假设的基础上，厂商将做何种选择。对于生产者的一个基本行为假设是利润最大化假设，这是关于厂商行为的一个最基本的假设，该假设在通常情况下都是成立的，特别是在完全竞争的环境下，否则企业将无法生存。

一个普遍的误解是认为企业利润最大化的目标对社会必然是不好的。但是，回想一下亚当·斯密在《国富论》中的经典论述："我们得到我们期待的餐，并不是出自屠夫、酿酒者、面包烤制师的仁慈，而是出自他们自身利益的考虑。" 可以理解，利润向资源所有者发出这样的信号，在哪里资源被社会认可的价值最高，通过将稀缺资源转移到社会认可价值最大的产品生产中，社会的总福利得到了改进，这种现象的出现不是由于企业家和管理人员的慈善心，而是源自企业逐利，从而来自最大化企业利润的自利目标。

我们首先介绍生产可能性，该术语来自实际生产，这里我们用成本函数将其转化成经济学术语。

4.2 生 产 技 术

和前一章一样，考虑有 L 种商品的经济，其生产是将投入转化成产出的过程。一般来说，投入由劳动、资本设备、原材料、从其他厂商处购买的中间产品等构成。产出则由最终产品或服务及用来出售给其他厂商的中间产品等构成。同量产出的生产可用不同的投入组合和不同的方法进行。厂商用不同的投入组合生产产品。为了研究厂商的选择，我们需要一种恰当的方式来概括厂商的生产可能性，即何种投入和产出的组合是**技术可行的 (technologically feasible)**。

4.2.1 技术设定

在现实中厂商必须考虑生产的技术可行性。技术状态决定和限制了将投入变成产出的可能性。有多种方式可以表示这些限制。通常可将投入和产出视为某种流量：在每一期，一定量的投入在某地生产出一定量的产品。尽管这种包含时间和地点维度的考虑更合乎现实，且投入和产出细节的设定是任意的，但这种细节的考虑取决于我们所研究的问题。当讨论抽象的技术选择时 (如本章所要做的)，最简单的方式是将厂商看作一个生产可能性集 (production possibility set)，且略掉时间和地点维度。

假设厂商的生产涉及 L 种可能的物品或服务，它们既可能是投入，也可能是产出。若厂商使用 $\mathbf{y}_j^i$ 单位的产品 j 作为投入来生产 $\mathbf{y}_j^o$ 单位的同样产品，则产品 j 的净产出为 $\mathbf{y}_j = \mathbf{y}_j^o - \mathbf{y}_j^i$。

生产计划 (production plan)是不同产品的一组净产出。我们可以将生产计划表示为 $\mathcal{R}^L$ 中的向量 $\mathbf{y}$，其中，若 $\mathbf{y}_j$ 小于零，则第 j 种产品的投入为正，若 $\mathbf{y}_j$ 大于零，则第 j 种产品的产出为正。所有技术可行生产计划的集合称为厂商的**生产可能性集 (production possibilities set)**，记之为 Y，它是 $\mathcal{R}^L$ 中的一个子集。假设集合 Y 描述了所有技术可行的投入和产出结构。它给出了厂商所有技术可行性的描述。

注意本章的符号：$\mathbf{y}$ 指的是生产计划向量，y 指的是产出水平。

生产可能性集会面临一些约束，比如在不同的运营期间，有些生产计划是短期内无法达成的。

短期生产可能性集：若生产活动中至少有些要素不能发生变化，则称为**短期**。比如，设厂商利用劳动和某种机器（我们称之为“资本”）生产某种产出。生产计划记为 $(y, -l, -k)$，其中 y 为产出水平，l 为劳动投入量，k 为资本投入量。在短期，劳动可即时调整，而资本固定在某个水平 $\bar{k}$。则

$$Y(\bar{k}) = \{(y, -l, -k) \in Y : k = \bar{k}\}$$

为短期 (short-run) 生产可能性集。

另外，当考察厂商在特定环境的行为时，我们希望区分“即时可行”(immediately feasible) 的生产计划和“最终可行”(eventually feasible) 的生产计划。我们一般假设这样的限制可用 $\mathcal{R}^l$ 中的某个向量 $\mathbf{z}$ 描述。带约束的长期生产可能性集记为 $\mathbf{Y}(\mathbf{z})$，它由所有可行的与约束水平 $\mathbf{z}$ 一致的净产出组合组成。

一个特别的约束生产可能性集的情况，是所谓的**投入要素集**：由所有能生产产量 y 的投入组成 (见图 4.1)。我们定义一个特别的约束生产可能性集：

$$V(y) = \{\mathbf{x} \in \mathcal{R}_+^L\colon \mathbf{y} \equiv (y, -\mathbf{x}) \in Y\}$$

投入要素集是所有产出至少为 y 的投入组合所构成的集合。

短期投入要素集: 假设在短期内不能调整的要素向量集为 $\mathbf{x_2}$，短期内固定在 $\bar{\mathbf{x}}_2$ 的水平上，$\mathbf{x_1}$ 是可以任意调整的要素向量集，此时产出为 y 的短期投入要素集记为

$$V_s(y) = \{(\mathbf{x_1}, \bar{\mathbf{x}}_2) \in \mathcal{R}_+^L\colon \mathbf{y} \equiv (y, -\mathbf{x_1}, -\bar{\mathbf{x}}_2) \in Y\}.$$

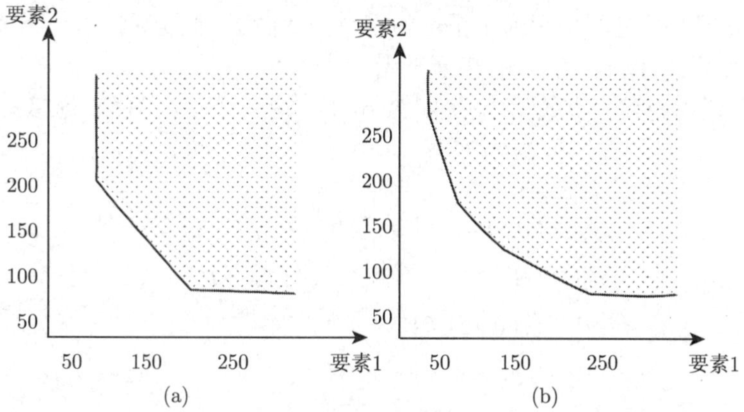

图 4.1 凸投入要素集

上面定义的投入要素集将所有投入记为正数，而生产可能性集则将投入记为负数。我们也可以类似地刻画短期内的投入要素集。

从投入要素集，可以定义**等产量曲线 (isoquant)**:

$$Q(y) = \{\mathbf{x} \in \mathcal{R}_+^n\colon \mathbf{x} \in V(y), \mathbf{x} \notin V(y'), y' > y\}.$$

等产量曲线给出了所有产出为 y 的投入组合 (见图 4.2)。

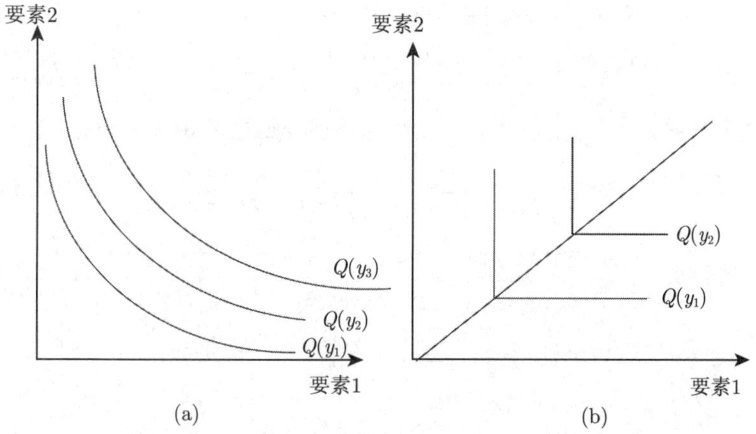

图 4.2 图 (a): 等产量曲线的一般形状; 图 (b): 完全互补 (里昂惕夫) 生产技术的一般形状

定义 4.2.1 (生产函数)　若厂商只生产一种产出，定义**生产函数**: $f(\mathbf{x}) = \{y \in \mathcal{R}\text{: } y$ 是投入为 $\mathbf{x}$ 的最大产出$\}$。

若在短期内有些要素固定在 $\bar{\mathbf{x}}_2$ 的水平上，此时的短期生产函数为 $f_s(\mathbf{x}) = f(\mathbf{x}_1, \bar{\mathbf{x}}_2)$。

定义 4.2.2 (有效生产)　若不存在 $\mathbf{y}' \in Y$，使得 $\mathbf{y}' \geqq \mathbf{y}$，$\mathbf{y}' \neq \mathbf{y}$，则称生产计划 $\mathbf{y} \in Y$ 是**技术有效率的 (technologically efficient)**，或说生产计划是有效率的。这意味着，不存在使用同一投入生产更多产出或者使用更少的投入生产相同产出的方法。

定义 4.2.3 (转换函数)　若函数 $T\text{: } Y \to \mathcal{R}$ 描述技术有效的生产计划，即 $T(\mathbf{y}) = 0$ 当且仅当 $\mathbf{y}$ 是有效的，则称函数为**转换函数 (transformation function)**。如同生产函数将最大可能的产出表示为投入的函数一样，转换函数给出了最大净产出向量。

下面是无论是理论还是应用通常采用的三个典型例子。假定生产过程需要两种投入：劳动和资本，分别用 x_1 和 x_2 表示，y 表示产量。

例 4.2.1 (柯布–道格拉斯生产技术)　令 α 为 $(0,1)$ 内的参数，则**柯布–道格拉斯生产技术**定义如下：

$$
\begin{aligned}
Y &= \{(y, -x_1, -x_2) \in \mathcal{R}^3\text{: } y \leqq x_1^{\alpha} x_2^{1-\alpha}\},\\
V(y) &= \{(x_1, x_2) \in \mathcal{R}_+^2\text{: } y \leqq x_1^{\alpha} x_2^{1-\alpha}\},\\
Q(y) &= \{(x_1, x_2) \in \mathcal{R}_+^2\text{: } y = x_1^{\alpha} x_2^{1-\alpha}\},\\
Y(z) &= \{(y, -x_1, -x_2) \in \mathcal{R}^3\text{: } y \leqq x_1^{\alpha} x_2^{1-\alpha}, x_2 = z\},\\
T(y, x_1 x_2) &= y - x_1^{\alpha} x_2^{1-\alpha},\\
f(x_1, x_2) &= x_1^{\alpha} x_2^{1-\alpha}.
\end{aligned}
$$

例 4.2.2 (里昂惕夫生产技术)　令 $a > 0$ 和 $b > 0$ 为参数，则**里昂惕夫生产技术**定义如下：

$$
\begin{aligned}
Y &= \{(y, -x_1, -x_2) \in \mathcal{R}^3\text{: } y \leqq \min(ax_1, bx_2)\},\\
V(y) &= \{(x_1, x_2) \in \mathcal{R}_+^2\text{: } y \leqq \min(ax_1, bx_2)\},\\
Q(y) &= \{(x_1, x_2) \in \mathcal{R}_+^2\text{: } y = \min(ax_1, bx_2)\},\\
T(y, x_1, x_2) &= y - \min(ax_1, bx_2),\\
f(x_1, x_2) &= \min(ax_1, bx_2).
\end{aligned}
$$

例 4.2.3 (线性生产技术)　令 $a > 0$ 和 $b > 0$ 为参数，则**生产**定义如下：

$$
\begin{aligned}
Y &= \{(y, -x_1, -x_2) \in \mathcal{R}^3\text{: } y \leqq ax_1 + bx_2\},\\
V(y) &= \{(x_1, x_2) \in \mathcal{R}_+^2\text{: } y \leqq ax_1 + bx_2\},\\
Q(y) &= \{(x_1, x_2) \in \mathcal{R}_+^2\text{: } y = ax_1 + bx_2\},\\
Y(z) &= \{(y, -x_1, -x_2) \in \mathcal{R}^3\text{: } y \leqq ax_1 + bx_2, x_2 = z\},\\
T(y, x_1 x_2) &= y - ax_1 - bx_2,\\
f(x_1, x_2) &= ax_1 + bx_2.
\end{aligned}
$$

4.2.2 生产集的常用性质

尽管生产可能性集在结构上差别很大，但大多数生产技术仍具有某些共同性质。若满足这些性质，我们可以推导出某些理论结果。这些重要性质定义如下:

不活动的可能性 (possibility of inaction): $0 \in Y$.

不活动的可能性意味着不生产是一个可行的生产计划。

无中生有的不可能性: 对 $\mathbf{y} \in Y$，$\mathbf{y} \geqq 0$ 意味着 $y = 0$，没投入，就没有产出，也就是没有免费的午餐。

闭集: Y 是闭集。

生产可能性集 Y 是闭集意味着若一系列生产计划 $\mathbf{y}_i, i = 1, 2, \cdots$, 在 Y 中，且 $\mathbf{y}_i \to \mathbf{y}$，则该极限生产计划 $\mathbf{y}$ 也在 Y 内。该性质保证了 Y 的边界点也是可行生产计划，使得优化对生产活动成为可能。必须提到的是，Y 是闭集意味着对所有的 $y \geqq 0$，投入要素集 $V(y)$ 也是闭集。

不可逆性: $Y \cap \{-Y\} = \{0\}$。

不可逆性 (irreversibility) 意味着生产计划不可逆，除非 $0 \in Y$。也就是说，在一个生产计划中，投入要素转换为产出，但是不存在一个相对应的逆向生产计划，使得这些产出可以转换回原先的投入。比如，在玩具工厂，材料和劳动力可以生产出玩具，但显然玩具却不能转换回原来的这些投入要素。更简单的例子是活猪变成香肠，但香肠不可能还原成活猪。

自由处置或单调性: 若 $\mathbf{y} \in Y$ 意味着对任意的 $\mathbf{y}'$, $\forall \mathbf{y}' \leqq \mathbf{y}$，有 $\mathbf{y}' \in Y$，则称 Y 满足**自由处置 (free disposal) 或单调性质**。

自由处置意味着商品（投入或产出）可以有浪费（丢弃）。该性质意味着，若 $\mathbf{y} \in Y$，则 Y 包含了所有小于或等于 $\mathbf{y}$ 的向量，即只有投入，没有产出，这种只有投入没有产出（如投资失败）的现象在现实中大量存在。

稍弱的假设是我们只假设投入需要量是单调的: 若 $\mathbf{x} \in V(y)$，$\mathbf{x}' \geqq \mathbf{x}$，则 $\mathbf{x}' \in V(y)$。$V(y)$ 的单调性意味着，若 $\mathbf{x}$ 是生产 y 单位产出的可行投入，$\mathbf{x}'$ 是投入不少于 $\mathbf{x}$ 的投入向量，则 $\mathbf{x}'$ 也是生产 y 单位产出的可行投入。

凸性: 若 $\mathbf{y}$ 和 $\mathbf{y}'$ 都属于 Y，则对任意的 $t \in [0, 1]$，其加权平均 $t\mathbf{y} + (1-t)\mathbf{y}'$ 也属于 Y。

Y 的凸性意味着，若所有的产品都是可分的，则任何两个生产计划 $\mathbf{y}$ 和 $\mathbf{y}'$ 的任意线性组合也是生产可行的。要注意的是，生产集的凸性假设是个较强的假设，它意味着我们将讨论的规模报酬递减 (decreasing returns to scale) 或不变。例如，生产集的凸性排除了“启动成本” (start-up costs) 和其他类型的非凸生产集。

严格凸性: 若 $\mathbf{y}, \mathbf{y}' \in Y$ 和任意的 $t \in (0, 1)$，有 $t\mathbf{y} + (1-t)\mathbf{y}' \in \operatorname{int} Y$，则 Y 是严格凸的，其中 $\operatorname{int} Y$ 表示 Y 的内点。

我们将证明，若利润最大化生产计划存在，则 Y 的严格凸性保证了它是唯一的。

一个稍弱但更合理的假设是对任意的 y，$V(y)$ 是凸集。

投入要素集的凸性: 若 $\mathbf{x}$ 和 $\mathbf{x}'$ 都属于 $V(y)$，则对任意的 $0 \leqq t \leqq 1$，$t\mathbf{x} + (1-t)\mathbf{x}'$ 也属于 $V(y)$，即 $V(y)$ 是凸集。

$V(y)$ 的凸性意味着，若 $\mathbf{x}$ 和 $\mathbf{x}'$ 都可以生产 y 单位的产出，则其任意加权平均 $t\mathbf{x}+(1-t)\mathbf{x}'$ 也能生产 y 单位的产出。我们将给出 $V(y)$ 的凸性、生产函数的曲率 (curvature) 和 Y 的凸

性的若干关系。首先有下述结果。

命题 4.2.1 (凸生产集蕴含凸投入要素集) 若生产集 Y 是凸集，则其对应的投入要素集 $V(y)$ 也是凸集。

证明 若 Y 是凸集，则对任意满足 $(y, -\mathbf{x}) \in Y$ 和 $(y, -\mathbf{x}') \in Y$ 的 $\mathbf{x}$ 和 $\mathbf{x}'$ 以及任意的 $0 \leqq t \leqq 1$，我们有 $(ty + (1-t)y, -t\mathbf{x} - (1-t)\mathbf{x}') \in Y$。这意味着 $(y, (t\mathbf{x} + (1-t)\mathbf{x}'))$ 也属于 Y。因此，若 $\mathbf{x}$ 和 $\mathbf{x}'$ 属于 $V(y)$，则 $t\mathbf{x} + (1-t)\mathbf{x}'$ 属于 $V(y)$，即 $V(y)$ 是凸的。 □

命题 4.2.2 $V(y)$ 是凸集当且仅当生产函数 $f(\mathbf{x})$ 是拟凹函数。

证明 $V(y) = \{\mathbf{x}\colon f(\mathbf{x}) \geqq y\}$ 恰好是 $f(\mathbf{x})$ 的上优集，但 f 是拟凹的当且仅当其上优集是凸的。 □

生产函数 f 的拟凹性是一个较弱的概念，并不能保证利润最大化，比如定义在一维非负空间的函数 $f(x) = x^2$ 是一个拟凹函数，若在竞争性市场中，其最高利润会趋于无穷大。

现在讨论生产的规模报酬特性。当我们用某投入向量 $\mathbf{x}$ 生产某产出 y，且我们决定将投入放大或缩小某个比例 $t \geqq 0$ 时，产出水平将如何变动呢？为回答此问题，我们需要**规模报酬 (returns to scale)**的概念。规模报酬指的是当所有投入以相同比例变动时产出的变动情况，因此，规模报酬考虑的是长期生产过程。有三种可能的规模报酬：技术呈现 (1)**规模报酬不变 (constant returns to scale)**; (2) **规模报酬非递减 (nondecreasing returns to scale)**和 (3) **规模报酬非递增 (nonincreasing returns to scale)**。正式地，我们有如下定义。

规模报酬不变: 对任给 $\alpha \geqq 0$，若 $\mathbf{y}_j \in Y_j$，则 $\alpha\mathbf{y}_j \in Y_j$。换句话说，任何的投入产出向量都可以按同比例放大或缩小，也就是规模报酬不变意味着生产可能性集是报酬非递增和报酬非递减的结合，其几何图像为空间上的一个锥。

规模报酬非递减: 对任给 $\alpha \geqq 1$，若 $\mathbf{y}_j \in Y_j$，则 $\alpha\mathbf{y}_j \in Y_j$。换句话说，任何的投入产出向量都可以按比例放大。

规模报酬非递增: 对任意的 $\alpha \in [0, 1]$，若 $\mathbf{y} \in Y$，则有 $\alpha\mathbf{y} \in Y$。换句话说，任何的投入产出向量都可以按比例缩减。这样，规模报酬非递增意味着生产可能性集是凸集。

上面关于规模报酬的定义是弱概念，通常采用的是严格规模报酬的概念。

定义 4.2.4 对生产函数 $f(\mathbf{x})$ 所决定的生产技术，我们称它呈现

(1) **规模报酬不变**，若 $f(t\mathbf{x}) = tf(\mathbf{x}), \forall t \geqq 0$;

(2) **规模报酬递减**，若 $f(t\mathbf{x}) < tf(\mathbf{x}), \forall t > 1$;

(3) **规模报酬递增**，若 $f(t\mathbf{x}) > tf(\mathbf{x}), \forall t > 1$。

规模报酬不变意味着投入增加一倍则产出也增加一倍。通常对生产技术作此假设是合理的。规模报酬递减意味着投入增加一倍而产出增加少于一倍。规模报酬递增则意味着投入增加一倍而产出增加多于一倍。

技术呈现规模报酬不变当且仅当生产函数是一次齐次的。规模报酬不变也等价于: $\mathbf{y} \in Y$ 蕴含了对所有的 $t \geqq 0$，$t\mathbf{y} \in Y$；或等价于 $\mathbf{x} \in V(y)$ 蕴含了 $t\mathbf{x} \in V(t\mathbf{y}), \forall t > 1$。

值得说明的是，上面给出的规模报酬定义是对整体生产集来说的。有时技术对某些 $\mathbf{x}$ 呈现规模报酬递增而对其他一些 $\mathbf{x}$ 呈现规模报酬递减。因此，在许多情形下，测量局部规模报酬是必要也是有用的。为了定义局部规模报酬，我们首先定义规模弹性 (elasticity of scale)。

规模弹性指的是所有投入变动百分之一所带来的产出变动百分比，即产出规模的变动比例。

令 $y = f(x)$ 为生产函数，t 为正数。考虑函数 $y(t) = f(tx)$。若 $t = 1$, 则生产保持现在的规模；若 $t > 1$，则所有投入增加至 t 倍；若 $t < 1$，则所有投入减少到 t 比例。规模弹性定义为

$$e(\mathbf{x}) = \frac{\frac{dy(t)}{y(t)}}{\frac{dt}{t}}$$

在 $t = 1$ 处的值。整理上述式子，我们有

$$e(\mathbf{x}) = \frac{dy(t)}{dt}\frac{t}{y}\bigg|_{t=1} = \frac{df(t\mathbf{x})}{dt}\frac{t}{f(t\mathbf{x})}\bigg|_{t=1}.$$

要注意的是，这里为计算 $\mathbf{x}$ 处的规模弹性，我们需计算上式在 $t = 1$ 处的值。

因此，我们有如下局部规模报酬的概念。

定义 4.2.5 (局部规模报酬) 若 $e(\mathbf{x})$ 大于、等于或小于 1，则称生产函数 $f(x)$ 呈现**局部递增、不变或递减规模报酬**。

在短期内，由于有些要素不能调整，从而只有某些要素可以变化，此时一个重要的概念就是要素的边际产出。假设只有两种要素，厂商的生产函数为 $y = f(x_1, \bar{x}_2)$，要素 2 固定在 $\bar{x}_2$，此时要素 1 的改变引起的产出的变化就是要素的边际产出的概念。MP_1 记为要素 1 的边际产出，定义为 $MP_1 = \frac{\partial f(x_1, \bar{x}_2)}{\partial x_1}$。在通常情况下，给定其他要素不变，一种要素增加引起的边际产出会逐渐减少，这就是通常所说的边际产出（收益）递减。比如，现实中在一个生产车间给定机器数量不变，单纯增加劳动力，至少在某个界限以后，增加劳动力带来的产出增加会越来越少。

4.2.3 边际技术替代率

设生产技术由光滑生产函数表示，且生产在某点进行：$y^* = f(x_1^*, x_2^*)$。若希望提高一定数量的投入 1 而减少一定数量的投入 2 但又保持产出水平不变，如何才能确定这两种投入的**边际技术替代率 (marginal rate of technical substitution, *MRTS*)**呢？其方法同我们导出无差异曲线边际替代率的方法是一样的。令生产函数等于常数。对方程两边求微分，则有

$$0 = \frac{\partial f}{\partial x_1}dx_1 + \frac{\partial f}{\partial x_2}dx_2,$$

由此可得

$$\frac{dx_2}{dx_1} = -\frac{\partial f/\partial x_1}{\partial f/\partial x_2} \equiv -\frac{MP_{x_1}}{MP_{x_2}}.$$

类似消费者的边际替代率，我们定义生产的边际技术替代率为：

$$MRTS_{xy} = |\frac{dx_2}{dx_1}| = \frac{MP_{x_1}}{MP_{x_2}}.$$

上式给出了 x_1 对 x_2 的边际技术替代率的表达式，它等于 x_1 的边际产出与 x_2 的边际产出的比值。

例 4.2.4 (柯布–道格拉斯技术的边际技术替代率)　给定 $f(x_1,x_2)=x_1^{\alpha}x_2^{1-\alpha}$, 对其两端求导，得

$$\frac{\partial f(\mathbf{x})}{\partial x_1}=ax_1^{\alpha-1}x_2^{1-\alpha}=a\left[\frac{x_2}{x_1}\right]^{1-a},$$
$$\frac{\partial f(\mathbf{x})}{\partial x_2}=(1-a)x_1^{\alpha}x_2^{-\alpha}=(1-a)\left[\frac{x_1}{x_2}\right]^{a}.$$

由此可得

$$\frac{\partial x_2(x_1)}{\partial x_1}=-\frac{\partial f/\partial x_1}{\partial f/\partial x_2}=-\frac{a}{1-a}\frac{x_2}{x_1}.$$

4.2.4　替代弹性

边际技术替代率衡量了等产量曲线的斜率。**替代弹性**则衡量了等产量曲线的曲率。具体说来，替代弹性衡量了在既定产出水平下要素比例百分比变动同边际技术替代率百分比变动的比值。若设 $\Delta(x_2/x_1)$ 为要素比例的变动，$\Delta MRTS$ 为边际技术替代率的变动，则可将替代弹性表示为

$$\sigma=\frac{\dfrac{\Delta(x_2/x_1)}{x_2/x_1}}{\dfrac{\Delta MRTS_{xy}}{MRTS_{xy}}}.$$

它是曲率的相对自然测度: 它给出了等产量曲线斜率变动时的要素投入比率变动。若斜率的微小变动导致了要素投入比率的较大变动，则等产量曲线是相对扁平的 (flat)，即替代弹性很大。

在实践中，百分比变动应很小。当 Δ 趋于零对上述表达式取极限，则 σ 变为

$$\sigma=\frac{MRTS_{xy}}{(x_2/x_1)}\frac{d(x_2/x_1)}{dMRTS_{xy}}=\frac{d\ln(x_2/x_1)}{d\ln MRTS_{xy}}.$$

在等产量曲线形状正常时，$\sigma\geqq 0$，而且 σ 越大，投入要素的替代性越强。例如，当 $\sigma\to\infty$ 时，投入要素完全替代，此时 $MRTS$ 是常数，其变化量为零；当 $\sigma=0$ 时，投入要素之间是完全互补的。

例 4.2.5 (柯布–道格拉斯生产函数)　根据前面的讨论，我们知道

$$MRTS=\frac{a}{1-a}\frac{x_2}{x_1},$$

或者

$$\frac{x_2}{x_1}=\frac{1-a}{a}MRTS_{xy}.$$

因而有

$$\ln\frac{x_2}{x_1}=\ln\frac{1-a}{a}+\ln MRTS_{xy}.$$

从而有

$$\sigma=\frac{d\ln(x_2/x_1)}{d\ln MRTS_{xy}}=1.$$

例 4.2.6 (常替代弹性生产函数) **常替代弹性生产函数**(CES) 具有如下形式

$$y = [a_1 x_1^{\rho} + a_2 x_2^{\rho}]^{\frac{1}{\rho}}.$$

容易验证 CES 生产函数是规模报酬不变的。同样容易验证 CES 生产函数的替代弹性为常数。事实上，其边际技术替代率为

$$MRTS = \left(\frac{x_1}{x_2}\right)^{\rho-1},$$

从而有

$$\frac{x_2}{x_1} = MRTS_{xy}^{\frac{1}{1-\rho}}.$$

对其取对数，可得

$$\ln\frac{x_2}{x_1} = \frac{1}{1-\rho}\ln MRTS_{xy}.$$

利用对数导数的定义，我们有

$$\sigma = \frac{d\ln x_2/x_1}{d\ln MRTS_{xy}} = \frac{1}{1-\rho}.$$

4.3 利润最大化

4.3.1 厂商行为

在厂商理论中，对个体厂商行为的一个基本假设是厂商总是在生产集中选择最有利可图的生产计划，这个假设是个体逐利性在市场供给方面的一个具体体现。我们将从具有生产约束的利润最大化行为模型中导出投入需求和产出供给函数。

多数人听到利润二字，会首先想到会计利润。会计利润是从总收益中减去显性的生产产品或服务的成本，体现在企业会计账户上。而定义利润的更一般方式是经济利润。经济利润是总收益与企业生产产品或服务的总机会成本之间的差额。利用资源的机会成本包括资源的显性成本和使用这一资源而放弃次优选择的隐性成本。

正式地，经济**利润**定义为厂商收益和生产成本之差。在计算利润时，所有显性和隐性成本都应包含在生产成本中。厂商的收益和成本取决于厂商的生产活动，记为 $\mathbf{a} = (a_1, a_2, \cdots, a_n)$。依赖所考虑的问题，这些活动可以用许多形式来表达，比如在分析要素市场时，生产活动主要由要素的投入来表达，而在分析产品市场时，生产活动主要由产出的水平来表达，也可以同时考虑投入和产出的最优选择，如下节的一般利润最大化问题。我们将厂商的收益和成本分别写为函数 $TR(\mathbf{a})$ 和 $C(\mathbf{a})$。

大多数有关厂商行为的经济分析的一个基本假设是厂商选择利润最大化的行动，即厂商选择 $\mathbf{a}$ 以最大化 $TR(\mathbf{a}) - C(\mathbf{a})$。厂商的利润最大化问题可写为

$$\max_{\mathbf{a}} TR(\mathbf{a}) - C(\mathbf{a}).$$

上述问题内点最优投入 $\mathbf{a}^* = (a_1^*, \cdots, a_n^*)$ 的一阶条件为

$$\frac{\partial TR(\mathbf{a}^*)}{\partial a_l} = \frac{\partial C(\mathbf{a}^*)}{\partial a_l}, \qquad i = 1, \cdots, n.$$

这些条件背后的经济直觉是清晰的：若边际收益大于边际成本，则厂商将提高生产水平；若边际收益小于边际成本，则厂商将降低生产水平。

厂商的利润最大化问题因此可归结为确定其产品价格或投入价格以及产出水平和投入水平。在确定其最优决策时，厂商面临两种约束：由生产集所确定的技术约束和市场约束，市场约束与其他个体或厂商对其所产生的影响有关。在本章剩余部分，我们假设所考察的厂商采取最简单的市场行为，即**价格接受**行为，在完全竞争市场条件下是如此。每个厂商将价格视为给定。因此厂商只需决定其利润最大化产出水平和投入水平。这样的价格接受厂商通常被称为**竞争厂商**。我们将在关于市场理论的第 9 章中考察一般的厂商行为。

4.3.2 厂商的最优选择

令 $\mathbf{p}$ 为厂商投入和产出的价格向量。厂商的利润最大化问题可写为

$$\pi(\mathbf{p}) = \max_{\mathbf{y} \in Y} \mathbf{p}\mathbf{y}. \tag{4.3.1}$$

由于产出为正数，投入为负数，因此上述问题的目标函数为利润，即收益减去成本。函数 $\pi(\mathbf{p})$ 给出的最大利润是价格的函数，我们称之为厂商的**利润函数**。

注意这一章关于价格的符号：$\mathbf{p}$ 是生产计划的价格向量，p 是产出的 (标量) 价格。

利润函数有几种有用的变形：

情形 1. 短期利润最大化问题。在这种情形下，我们可以定义**短期利润函数**，或者称为**约束利润函数**:

$$\begin{aligned} \pi(\mathbf{p}, \mathbf{z}) = \max \quad & \mathbf{p}\mathbf{y} \\ \text{s.t.} \quad & \mathbf{y} \in Y(\mathbf{z}). \end{aligned}$$

情形 2. 若厂商只生产一种产出，则利润函数可写为

$$\pi(p, \mathbf{w}) = \max \quad pf(\mathbf{x}) - \mathbf{w}\mathbf{x},$$

其中 p 为产出的（标量）价格，$\mathbf{w}$ 为要素价格向量，$\mathbf{x} = (x_1, \cdots, x_n)$ 为（非负）投入向量。

利润最大化问题 (4.3.1) 的解 $\mathbf{y}$ 一般来说不是唯一的。当解是唯一的时，相对应的利润最大化生产计划被称为**供给函数**，所对应的投入被称为生产者的**投入需求函数**，对应的产出向量被称为生产者的**产出供给函数**。从下述命题中我们将看到，生产集的严格凸性保证了最优生产计划的唯一性。

命题 4.3.1 *设 Y 是严格凸的，则对任意给定的 $\mathbf{p} \in \mathcal{R}_+^L$，若利润最大化问题的解存在，则解是唯一的。*

证明 若不然。设 $\mathbf{y}$ 和 $\mathbf{y}'$ 为价格 $\mathbf{p} \in \mathcal{R}_+^L$ 下的两个利润最大化生产计划，则我们有 $\mathbf{p}\mathbf{y} = \mathbf{p}\mathbf{y}'$。于是，根据 Y 的严格凸性，有 $t\mathbf{y} + (1-t)\mathbf{y}' \in \operatorname{int} Y, \forall 0 < t < 1$。因此存在某个 $k > 1$，使得

$$k[t\mathbf{y} + (1-t)\mathbf{y}'] \in \operatorname{int} Y. \tag{4.3.2}$$

从而有 $k[t\mathbf{p}\mathbf{y} + (1-t)\mathbf{y}'] = k\mathbf{p}\mathbf{y} > \mathbf{p}\mathbf{y}$，而这与 $\mathbf{y}$ 是利润最大化生产计划的事实相矛盾。 □

4.3.3 利润最大化的一阶条件

当技术可由可微生产函数表示时，利润最大化生产计划可用微积分来刻画。例如，在一种产出情形，利润最大化问题内点解的一阶条件为：

$$p\frac{\partial f(\mathbf{x}^*)}{\partial x_i}=w_i, \qquad i=1,\cdots,n. \tag{4.3.3}$$

使用向量记号，可将上述条件写为：

$$p\mathbf{D}f(\mathbf{x}^*)=\mathbf{w}.$$

一阶条件说明了，在最优生产计划处，“每种要素边际产量的价值等于其要素价格”，这体现了要素投入的边际收益等于其边际成本。该一阶条件也可用图表示。考虑图 4.3 所给出的生产可能性集。对这两维情形，利润为 $\Pi=py-wx$。在给定 p 和 w 下，该函数为一直线，其解析形式为 $y=\Pi/p+(w/p)x$。因此，等利润曲线的斜率等于以产出价格衡量的工资，其截距等于以产出价格衡量的利润。生产函数的最大利润点必然在 x^* 处的切线之下，即它必然是“局部凹的”。

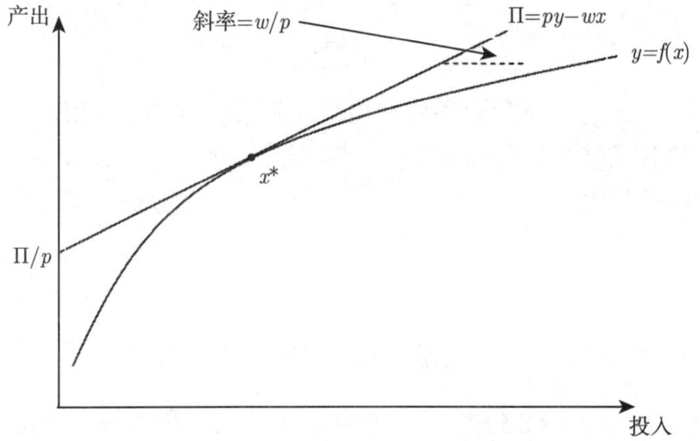

图 4.3 当等利润曲线的斜率等于生产函数的斜率时的利润最大化

类似消费者理论中的论证，上面导出的微分条件只有选择变量在最优选择的一个开邻域内变动时才有意义。包含**边界解**相关的一阶条件称为库恩–塔克条件，它可写为

$$p\frac{\partial f(\mathbf{x})}{\partial x_i}-w_i\leqq 0, \quad \text{等式成立当 } x_i>0 \tag{4.3.4}$$

注 当生产技术呈现规模报酬不变或规模报酬递增时，利润最大化生产计划一般来说不存在。例如，考虑生产函数为 $f(x)=x^2$ 的情形。则对 $p>w$，利润最大化生产计划不存在。如对规模报酬不变的生产过程，唯一存在的非平凡 (nontrivial) 利润最大化可能的情形是当价格 $p=w$ 时，其利润总是为零。在这种情形下，所有的生产计划都是利润最大化生产计划。的确如此，若 $(y,\mathbf{x})$ 对某种规模报酬不变技术产生的最大利润为零，则 $(ty,t\mathbf{x})$ 的利润也为零，因而也是利润最大化的生产计划。

4.3.4 利润最大化的充分条件

利润最大化的二阶条件是生产函数在最优点处的二阶导数矩阵必须是负半定的，即二阶条件要求海森矩阵

$$\mathbf{D}^2 f(\mathbf{x}^*) = \left(\frac{\partial^2 f(\mathbf{x}^*)}{\partial x_i \partial x_j}\right)$$

必然对所有 $\mathbf{h}$ 都满足 $\mathbf{h}'\mathbf{D}^2 f(\mathbf{x}^*)\mathbf{h} \leqq 0$，这里 $\mathbf{h}'$ 表示 $\mathbf{h}$ 转置运算。从几何上来看，上述条件意味着生产函数在最优选择的一个邻域内必然是局部凹的。正式地，我们有如下命题。

命题 4.3.2 设 $f(\mathbf{x})$ 是 $\mathcal{R}_+^L$ 上的可微凹函数，$(p, \mathbf{w}) > 0$，若 $\mathbf{x} > 0$ 满足式 (4.3.4) 所给出的一阶条件，则 $\mathbf{x}$ 是价格 $(p, \mathbf{w})$ 处的（整体）利润最大化生产计划。

注 $f(\mathbf{x})$ 的严格凹性可通过海森矩阵的顺序主子式 (leading principal minors) 是否变号来检验，即

$$\begin{vmatrix} f_{11} & f_{12} \\ f_{21} & f_{22} \end{vmatrix} > 0,$$

$$\begin{vmatrix} f_{11} & f_{12} & f_{13} \\ f_{21} & f_{22} & f_{23} \\ f_{31} & f_{32} & f_{33} \end{vmatrix} < 0,$$

如此等等，其中 $f_{ij} = \frac{\partial^2 f}{\partial x_i \partial x_j}$。该代数条件在检验二阶条件时非常有用。

例 4.3.1 (柯布–道格拉斯技术的利润函数) 考虑形为 $f(x) = x^a, a > 0$ 的生产函数的利润最大化问题。其一阶条件为

$$pax^{a-1} = w,$$

二阶条件为

$$pa(a-1)x^{a-2} \leqq 0.$$

上述二阶条件当且仅当 $a \leqq 1$ 时才成立，这意味着为了保证竞争利润最大化有意义，生产函数必然是规模报酬不变或者规模报酬递减的。

若 $a = 1$，则一阶条件为 $p = w$。因此，当 $w = p$ 时，任意 x 都是利润最大化选择。若 $a < 1$，则我们可以从一阶条件中求得要素需求函数

$$x(p, w) = \left(\frac{w}{ap}\right)^{\frac{1}{a-1}}.$$

而供给函数为

$$y(p, w) = f(x(p, w)) = \left(\frac{w}{ap}\right)^{\frac{a}{a-1}},$$

从而利润函数为

$$\pi(p, w) = py(p, w) - wx(p, w) = w\left(\frac{1-a}{a}\right)\left(\frac{w}{ap}\right)^{\frac{1}{a-1}}.$$

4.3.5 供给函数的性质

在本节中我们给出供给函数的一些性质。

命题 4.3.3 供给函数 $\mathbf{y}(\mathbf{p})$ 是零次齐次的，即对所有的 $t>0$，有 $\mathbf{y}(t\mathbf{p})=\mathbf{y}(\mathbf{p})$。

证明 容易看出，若我们将所有价格都乘以正数 t，则利润最大化生产计划仍保持不变。因此对所有的 $t>0$，我们必然有相同的产出计划。 □

命题 4.3.4 (替代矩阵的负定性) 令 $y=f(\mathbf{x})$ 为二阶连续可微、严格凹的单一产出函数，$\mathbf{x}(p,\mathbf{w})$ 为投入需求函数，则替代矩阵

$$D\mathbf{x}(p,\mathbf{w})=\left[\frac{\partial x_i(p,\mathbf{w})}{\partial w_j}\right]$$

是对称负定矩阵。

证明 不失一般性，我们将价格 p 标准化为 1，则利润最大化的一阶条件为

$$\mathbf{D}f(\mathbf{x}(\mathbf{w}))-\mathbf{w}\equiv\mathbf{0}.$$

对上述关于 $\mathbf{w}$ 求偏导，则有

$$\mathbf{D}^2f(\mathbf{x}(\mathbf{w}))\mathbf{D}\mathbf{x}(\mathbf{w})-\mathbf{I}\equiv\mathbf{0}.$$

对替代矩阵求解上述方程，有

$$\mathbf{D}\mathbf{x}(\mathbf{w})\equiv[\mathbf{D}^2f(\mathbf{x}(\mathbf{w}))]^{-1}.$$

由于（严格）利润最大化的二阶条件是：海森矩阵是对称负定矩阵，因此利用线性代数中的标准结果即负定矩阵的逆也是负定矩阵，我们可知 $\mathbf{D}^2f(\mathbf{x}(\mathbf{w}))$ 也是负定矩阵，从而替代矩阵 $\mathbf{D}\mathbf{x}(\mathbf{w})$ 也是对称负定矩阵，这意味着替代矩阵本身必然是对称负定矩阵。 □

注 由于 $D\mathbf{x}(p,\mathbf{w})$ 是对称负定矩阵，因此我们有

(1) 由于负定矩阵的对角元素必然小于零，因此有 $\partial x_i/\partial w_i<0$，$i=1,2,\cdots,n$，从而投入需求函数满足需求法则。

(2) 根据矩阵的对称性，我们有 $\partial x_i/\partial w_j=\partial x_j/\partial w_i$。

4.3.6 利润最大化弱公理

在本小节中，我们考察利润最大化行为的结果。假设我们观察到一组价格向量 $\mathbf{p}^t$ 及其对应的净产出向量 $\mathbf{y}^t$，$t=1,\cdots,T$。我们称之为**数据**。利用前面引进的供给函数的术语，对观测 $t=1,\cdots,T$，数据可写为 $(\mathbf{p}^t,\mathbf{y}(\mathbf{p}^t))$。若厂商最大化其利润，则观测到的生产计划，在价格 $\mathbf{p}^t$ 上必然具有不少于在其他生产计划所能获得的利润。因此，厂商利润最大化的必要条件为

$$\mathbf{p}^t\mathbf{y}^t\geqq\mathbf{p}^t\mathbf{y}^s,\quad\forall\,t,\quad s=1,\cdots,T.$$

我们称上述条件为**利润最大化弱公理 (weak axiom of profit maximization, WAPM)**。

图 4.4(a) 给出了违背 WAPM 的两个观测，而图 4.4(b) 给出了两个满足 WAPM 的观测。

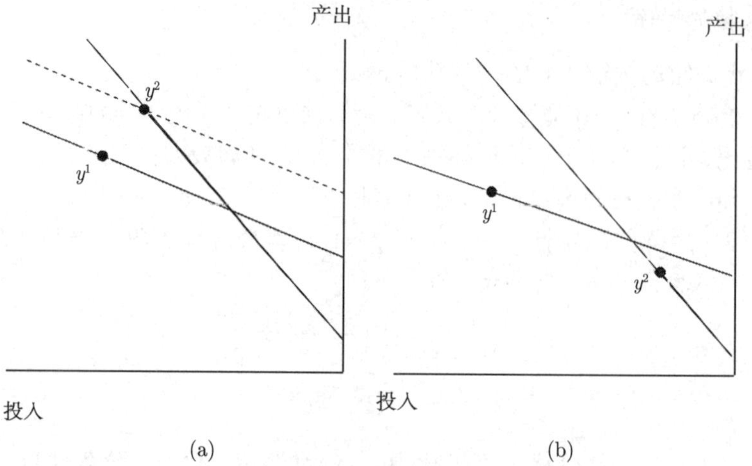

图 4.4　利润最大化弱公理。由于 $\mathbf{p}^1\mathbf{y}^2 > \mathbf{p}^1\mathbf{y}^1$，图 (a) 给出的两个观测违背了 WAPM。图 (b) 给出了两个满足 WAPM 的观测

WAPM 很简单但很有用。这里我们给出该公理的若干推论。固定两个观测 t 和 s，我们对每个观测写出其 WAPM，则有

$$\mathbf{p}^t(\mathbf{y}^t - \mathbf{y}^s) \geqq 0,$$
$$-\mathbf{p}^s(\mathbf{y}^t - \mathbf{y}^s) \geqq 0.$$

将上述两个不等式相加，我们得

$$(\mathbf{p}^t - \mathbf{p}^s)(\mathbf{y}^t - \mathbf{y}^s) \geqq 0.$$

令 $\Delta\mathbf{p} = (\mathbf{p}^t - \mathbf{p}^s)$，$\Delta\mathbf{y} = (\mathbf{y}^t - \mathbf{y}^s)$，则我们可将上述表达式写为：

$$\Delta\mathbf{p}\Delta\mathbf{y} \geqq 0.$$

换句话说，**价格变动和对应最优生产计划变动的内积必然是非负的。**

4.3.7　利润函数

给定任一生产集 Y，我们已经知道如何计算其在价格 $\mathbf{p}$ 处的利润函数 $\pi(\mathbf{p})$。根据其定义，利润函数具有一些重要性质。这些性质在分析利润最大化行为时非常有用。

1. 利润函数的性质

下面所给出的性质可直接从利润最大化假定中得出，而不必基于凸性、单调性或者其他正则性假设。

命题 4.3.5 (利润函数的性质)　*利润函数具有如下性质：*

(1) *关于产出价格非递减，关于投入价格非递增。若对所有产出有 $p'_i \geqq p_i$，对所有投入有 $p'_j \leqq p_j$，则 $\pi(\mathbf{p}') \geqq \pi(\mathbf{p})$。*

(2) *关于 $\mathbf{p}$ 一次齐次。对所有的 $t \geqq 0$，$\pi(t\mathbf{p}) = t\pi(\mathbf{p})$。*

(3) *是 $\mathbf{p}$ 的凸函数。令 $\mathbf{p}'' = t\mathbf{p} + (1-t)\mathbf{p}'$，$0 \leqq t \leqq 1$，则 $\pi(\mathbf{p}'') \leqq t\pi(\mathbf{p}) + (1-t)\pi(\mathbf{p}')$。*

(4) 关于 $\mathbf{p}$ 连续。当 $\pi(\mathbf{p})$ 定义良好且 $p_i > 0, i = 1, \cdots, n$ 时，函数 $\pi(\mathbf{p})$ 是连续的。

证明

(1) 令 $\mathbf{y}$ 为价格 $\mathbf{p}$ 处的利润最大化净产出向量，则 $\pi(\mathbf{p}) = \mathbf{py}$。令 $\mathbf{y}'$ 为价格 $\mathbf{p}'$ 处的利润最大化净产出向量，则 $\pi(\mathbf{p}') = \mathbf{p}'\mathbf{y}'$。于是，根据利润最大化的定义，有 $\mathbf{p}'\mathbf{y}' \geqq \mathbf{p}'\mathbf{y}$。由于对所有满足 $y_i \geqq 0$ 的 i，有 $p_i' \geqq p_i$，则对所有满足 $y_i \leqq 0$ 的 i，有 $p_i' \leqq p_i$，从而有 $\mathbf{p}'\mathbf{y} \geqq \mathbf{py}$。结合上述两个不等式，我们有 $\pi(\mathbf{p}') = \mathbf{p}'\mathbf{y}' \geqq \mathbf{py} = \pi(\mathbf{p})$。

(2) 令 $\mathbf{y}$ 为价格 $\mathbf{p}$ 处的利润最大化净产出向量，则对所有的 $\mathbf{y}' \in Y$，有 $\mathbf{py} \geqq \mathbf{py}'$。因此对 $t \geqq 0$ 和所有的 $\mathbf{y}' \in Y$，有 $t\mathbf{py} \geqq t\mathbf{py}'$。这样，$\mathbf{y}$ 也是价格 $t\mathbf{p}$ 处的最优产出，从而有 $\pi(t\mathbf{p}) = t\mathbf{py} = t\pi(\mathbf{p})$。

(3) 令 $\mathbf{y}$ 为价格 $\mathbf{p}$ 处的最优产出，$\mathbf{y}'$ 为价格 $\mathbf{p}'$ 处的最优产出，$\mathbf{y}''$ 为价格 $\mathbf{p}''$ 处的最优产出。则有

$$\pi(\mathbf{p}'') = \mathbf{p}''\mathbf{y}'' = (t\mathbf{p} + (1-t)\mathbf{p}')\mathbf{y}'' = t\mathbf{py}'' + (1-t)\mathbf{p}'\mathbf{y}''.$$

根据利润最大化的定义，可知

$$t\mathbf{py}'' \leqq t\mathbf{py} = t\pi(\mathbf{p}),$$
$$(1-t)\mathbf{p}'\mathbf{y}'' \leqq (1-t)\mathbf{p}'\mathbf{y}' = (1-t)\pi(\mathbf{p}').$$

将上述两个不等式相加并利用 $\pi(\mathbf{p}'')$ 的定义，有

$$\pi(\mathbf{p}'') \leqq t\pi(\mathbf{p}) + (1-t)\pi(\mathbf{p}').$$

(4) $\pi(\mathbf{p})$ 的连续性可由最大值定理推出。

□

2. 从利润函数导出供给函数

给定供给函数 $\mathbf{y}(\mathbf{p})$，很容易得到利润函数。我们只需将供给函数代入利润的定义中，即可得 $\pi(\mathbf{p}) = \mathbf{py}(\mathbf{p})$。若给定利润函数，我们怎样才能求出供给函数呢？求解这一问题有一个较为简单的方法：只需对利润函数求微分即可。这个结果由霍特林（Harold Hotelling，1895—1973，其人物小传参见 9.6.1 节）给出。

命题 4.3.6 (霍特林 (Hotelling) 引理) 令 $y_i(\mathbf{p})$ 为厂商在产品 i 上的供给函数。设利润函数的导数存在且 $p_i > 0$，则有

$$y_i(\mathbf{p}) = \frac{\partial \pi(\mathbf{p})}{\partial p_i}, \forall i = 1, \cdots, n.$$

证明 假设 $\mathbf{y}^*$ 是价格 $\mathbf{p}^*$ 处的利润最大化净产出向量。定义函数

$$g(\mathbf{p}) = \pi(\mathbf{p}) - \mathbf{py}^*.$$

显然，价格 $\mathbf{p}$ 处的利润最大化生产计划的利润至少同生产计划 $\mathbf{y}^*$ 的一样大。但生产计划 $\mathbf{y}^*$ 为价格 $\mathbf{p}^*$ 处的利润最大化生产计划，因而函数 g 在 $\mathbf{p}^*$ 处达到最小值 0。关于价格的假设意味着它是内点解最小值。

根据内点最小的一阶条件，我们有

$$\frac{\partial g(\mathbf{p}^*)}{\partial p_i} = \frac{\partial \pi(\mathbf{p}^*)}{\partial p_i} - y_i^* = 0, \quad i = 1, \cdots, n.$$

由于上式对所有 $\mathbf{p}^*$ 下的选择都成立，因此命题成立。 □

注　我们也可以利用包络定理证明这一利润函数的导数性质:

$$\frac{d\pi(\mathbf{p})}{dp_i} = \left.\frac{\partial p\mathbf{y}(\mathbf{p})}{\partial p_i}\right|_{\mathbf{y}=\mathbf{y}(\mathbf{p})} = \mathbf{y}_i(\mathbf{p}).$$

上式说明，固定 $\mathbf{y}$ 为最优选择，π 关于 p_i 的导数等于 π 关于 p_i 的偏导数, 这正是导数右下角的竖线的含义。

4.4　成本最小化

厂商选择利润最大化生产计划的一个重要观察是没有其他生产计划能以更低的成本生产出同样的产出。因此，成本最小化是利润最大化的必要条件。这一观察结果使我们有必要单独考察厂商的成本最小化问题。从这样的问题中，可得出一些技术上十分有用的结果和构造技巧。其次，只要厂商在要素市场上是价格接受者，则不管产出市场竞争与否，厂商是否为价格接受者，成本最小化的结果仍然是成立的。此外，当生产集呈现规模报酬非递增时，在给定产出水平时，成本函数和成本最小化问题的最优解比利润函数具有更好的性质。所有这些方面的讨论都有利于人们研究垄断、寡头及垄断竞争等其他市场结构下厂商的最优选择问题。

为了简单起见，我们主要对单产出的情形进行分析。在接下来的内容中，假设厂商在要素市场上是完全竞争的，从而要素价格是固定的。令 $\mathbf{w} = (w_1, w_2, \cdots, w_n) \geqq 0$ 为厂商购买要素 $\mathbf{x} = (x_1, x_2, \cdots, x_n)$ 时的要素市场价格向量。

4.4.1　成本最小化的一阶条件

给定产出水平 y，考虑如下成本最小化问题

$$\begin{aligned} &\min_{x} \mathbf{wx} \\ &\text{s.t.} \quad f(\mathbf{x}) \geqq y. \end{aligned}$$

其拉格朗日函数为:

$$\mathcal{L}(\lambda, \mathbf{x}) = \mathbf{wx} - \lambda(f(\mathbf{x}) - y),$$

其中生产函数 f 是可微的，λ 为拉格朗日乘子。在内点解$\mathbf{x}^*$ 处的一阶条件为

$$w_i - \lambda\frac{\partial f(\mathbf{x}^*)}{\partial x_i} = 0, \quad i = 1, \cdots, n, \tag{4.4.5}$$

$$f(\mathbf{x}^*) = y. \tag{4.4.6}$$

用向量符号表示上式，我们有

$$\mathbf{w} = \lambda \mathbf{D} f(\mathbf{x}^*).$$

将第 j 个条件除以第 i 个条件，我们得到

$$\frac{w_i}{w_j}=\frac{\dfrac{\partial f(\mathbf{x}^*)}{\partial x_i}}{\dfrac{\partial f(\mathbf{x}^*)}{\partial x_j}},\quad i,j=1,\cdots,n, \tag{4.4.7}$$

使成本最小化的要素组合满足：要素 i 和 j 的边际技术替代率等于要素 i 和 j 的经济替代率。

上述一阶条件也可用图形来表示。在图 4.5 中，曲线表示等产量曲线，直线表示等成本曲线。当 y 固定时，厂商的问题是在给定等产量曲线上寻找成本最小化的点。显然这样的点为等成本曲线同等产量曲线相切的切点，在该点处，等成本曲线和等产量曲线的斜率相等。

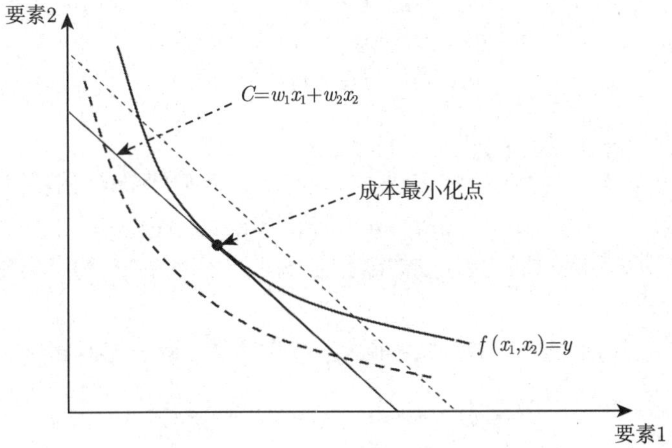

图 4.5 成本最小化。在成本最小化的要素组合点，等产量曲线必然同等成本曲线相切

上述条件仅在最优生产要素组合为内点解时才成立，若成本最小点在边界达到，则这些条件必须修改。对应的条件为

$$\lambda\frac{\partial f(\mathbf{x}^*)}{\partial x_i}-w_i\leqq 0,\qquad \text{等式成立当 } x_i>0,\quad i=1,2,\cdots,n. \tag{4.4.8}$$

注 我们知道，连续函数在 (有限维) 闭有界集（即紧集）上能达到最小值和最大值。根据假设，目标函数 $\mathbf{wx}$ 是连续函数，集合 $V(y)$ 为闭集。我们只需在 $V(y)$ 的有界子集 (bounded subset) 上考虑问题即可。对任意 $\mathbf{x}'$，最小成本要素组合的成本必然小于 $\mathbf{wx}'$。这样，可限制在 $\{\mathbf{x}\in V(y)\colon \mathbf{wx}\leqq\mathbf{wx}'\}$ 中讨论。只要 $\mathbf{w}>0$，则它必然为有界子集。因此成本最小化要素组合总是存在的。

4.4.2 成本最小化一阶条件的充分性

类似消费者的约束最优化问题，上述一阶条件一般来说只是局部最优的必要条件。但若生产函数是拟凹的（不需要假定凸，从而允许某种类型的规模报酬递增生产技术），则这些条件也是全局最优的充分条件。下述命题给出了这一结果。

命题 4.4.1 假设 $f(\mathbf{x}):\mathcal{R}^n_+\to\mathcal{R}$ 是 $\mathcal{R}^n_+$ 上的拟凹可微函数，$\mathbf{w}>0$。若 $(\mathbf{x},\lambda)>0$ 满足式 (4.4.5) 和式 (4.4.6) 给出的一阶条件，则 $\mathbf{x}$ 是价格 $\mathbf{w}$ 处厂商成本最小化问题的最优解。

证明　由于 $f(\mathbf{x}) :\to \mathcal{R}^n_+$ 是拟凹可微函数，因而要素投入量集 $V(y) = \{\mathbf{x} : f(\mathbf{x}) \geqq y\}$ 是闭凸集。又由于函数 $\mathbf{wx}$ 连续且凸，因此根据库恩–塔克定理，一阶条件也是约束最小化问题的充分条件。 □

类似地，f 的严格拟凹性可以通过其加边 (bordered) 海森矩阵的顺序主子式是否变号进行检验：

$$\begin{vmatrix} 0 & f_1 & f_2 \\ f_1 & f_{11} & f_{12} \\ f_2 & f_{21} & f_{22} \end{vmatrix} > 0,$$

$$\begin{vmatrix} 0 & f_1 & f_2 & f_3 \\ f_1 & f_{11} & f_{12} & f_{13} \\ f_2 & f_{21} & f_{22} & f_{23} \\ f_3 & f_{31} & f_{32} & f_{33} \end{vmatrix} < 0,$$

如此等等，其中 $f_i = \frac{\partial f}{\partial x_i}$，$f_{ij} = \frac{\partial^2 f}{\partial x_i \partial x_j}$。

对每个给定的 $\mathbf{w}$ 和 y，存在某个最小成本选择 $\mathbf{x}^*$。我们称给出这种最优选择的函数为**条件投入需求函数 (conditional input demand function)**，并记之为 $\mathbf{x}(\mathbf{w}, y)$。该条件要素需求由产出水平和要素价格决定。**成本函数**是既定要素价格 $\mathbf{w}$ 和产出水平 y 下的最小成本，即 $c(\mathbf{w}, y) = \mathbf{wx}(\mathbf{w}, y)$。

例 4.4.1 (柯布–道格拉斯生产技术的成本函数)　考虑成本最小化问题

$$\begin{aligned} c(\mathbf{w}, y) &= \min_{x_1, x_2} w_1 x_1 + w_2 x_2 \\ \text{s.t.} &\qquad A x_1^a x_2^b = y. \end{aligned}$$

从约束中求出 x_2 并将其代入目标函数，可知上述问题等价于

$$\min_{x_1} w_1 x_1 + w_2 A^{-\frac{1}{b}} y^{\frac{1}{b}} x_1^{-\frac{a}{b}}.$$

其一阶条件为

$$w_1 - \frac{a}{b} w_2 A^{-\frac{1}{b}} y^{\frac{1}{b}} x_1^{-\frac{a+b}{b}} = 0,$$

由此求得条件要素需求函数为：

$$x_1(w_1, w_2, y) = A^{-\frac{1}{a+b}} \left[\frac{a w_2}{b w_1}\right]^{\frac{b}{a+b}} y^{\frac{1}{a+b}},$$

和

$$x_2(w_1, w_2, y) = A^{-\frac{1}{a+b}} \left[\frac{a w_2}{b w_1}\right]^{\frac{a}{a+b}} y^{\frac{1}{a+b}}.$$

从而成本函数为

$$\begin{aligned} c(w_1, w_2, y) &= w_1, x_1(w_1, w_2, y) + w_2, x_2(w_1, w_2, y) \\ &= A^{\frac{-1}{a+b}} \left[\left(\frac{a}{b}\right)^{\frac{b}{a+b}} + \left(\frac{a}{b}\right)^{\frac{-a}{a+b}}\right] w_1^{\frac{a}{a+b}} w_2^{\frac{b}{a+b}} y^{\frac{1}{a+b}}. \end{aligned}$$

当 $A=1$，$a+b=1$ (规模报酬不变) 时，我们有

$$c(w_1, w_2 y) = \alpha w_1^a w_2^{1-a} y,$$

其中 $\alpha = a^{-a}(1-a)^{a-1}$。

例 4.4.2 (常替代弹性技术的成本函数) 设

$$f(\mathbf{x}) = \left(\sum_{l=1}^{L} x_l^\rho\right)^{\frac{1}{\rho}}.$$

成本最小化问题为

$$\begin{aligned} \min \sum_{l=1}^{L} w_l x_l \\ \text{s.t.} \quad \sum_{l=1}^{L} x_l^\rho = y^\rho. \end{aligned}$$

其一阶条件为

$$\begin{aligned} w_l - \lambda\rho x_l^{\rho-1} &= 0, \quad l = 1, \cdots, L, \\ \sum_{l=1}^{L} x_l^\rho &= y^\rho, \end{aligned}$$

从而有

$$x_l^\rho = w_l^{\frac{\rho}{\rho-1}} (\lambda\rho)^{\frac{-\rho}{\rho-1}}. \tag{4.4.9}$$

将其代入生产函数，得

$$(\lambda\rho)^{\frac{-\rho}{\rho-1}} \left(\sum_{l=1}^{L} w_l^{\frac{\rho}{\rho-1}}\right) = y^\rho.$$

由此可求得 $(\lambda\rho)^{\frac{-\rho}{\rho-1}} = y^\rho \left(\sum_{l=1}^{L} w_l^{\frac{\rho}{\rho-1}}\right)^{-1}$。将其代回方程 (4.4.9)，可得条件要素需求函数

$$x_1(\mathbf{w}, y) = w_l^{\frac{1}{\rho-1}} \left[\sum_{l=1}^{L} w_l^{\frac{\rho}{\rho-1}}\right]^{-\frac{1}{\rho}} y.$$

将上述函数代入成本函数的定义，有

$$\begin{aligned} c(\mathbf{w}, y) &= \sum_{l=1}^{L} w_l x_l(\mathbf{w}, y) \\ &= y \left[\sum_{l=1}^{L} w_l^{\frac{\rho}{\rho-1}}\right] \left[\sum_{l=1}^{L} w_l^{\frac{\rho}{\rho-1}}\right]^{-\frac{1}{\rho}} \\ &= y \left[\sum_{l=1}^{L} w_l^{\frac{\rho}{\rho-1}}\right]^{\frac{\rho-1}{\rho}}. \end{aligned}$$

记 $r=\rho/(\rho-1)$，则上式可简化为

$$c(\mathbf{w},y)=y\left[\sum_{l=1}^{L}w_l^r\right]^{\frac{1}{r}}.$$

我们看到，若将 r 替换为 ρ，则上述成本函数同原来的 CES 生产函数具有相同的形式。一般来说，若生产函数为

$$f(\mathbf{x})=\left[\sum_{l=1}^{L}(a_lx_l)^\rho\right]^{\frac{1}{\rho}},$$

则成本函数形式为

$$c(\mathbf{w},y)=[\sum_{l=1}^{L}(w_l/a_l)^r y.$$

例 4.4.3 (里昂惕夫生产技术的成本函数)　设

$$f(\mathbf{x})=\min\{a_1x_1,a_2x_2,\cdots,a_Lx_L\}.$$

我们知道厂商在正价格处对投入不会有任何浪费，因而厂商必然在 $y=a_1x_1=a_2x_2=\cdots=a_Lx_L$ 的某点生产。因此，若厂商生产 y 单位产出，则无论投入价格是什么，它必然使用 y/a_l 单位产品 l。这意味着其成本函数为

$$c(\mathbf{w},y)=\sum_{l=1}^{L}\frac{w_ly}{a_l}=y\left(\sum_{l=1}^{L}\frac{w_l}{a_l}\right).$$

例 4.4.4 (线性生产技术的成本函数)　设 $f(x_1,x_2)=ax_1+bx_2$，即要素 1 和 2 是完全替代的。由于两投入完全替代，因而厂商将使用最便宜的要素。因此其成本函数形式为 $c(w_1,w_2,y)=\min\{w_1/a,w_2/b\}y$。

在这一情形，成本最小化问题的解在边界达到：其中一种要素的使用量为零。容易看出，该问题的解可以通过比较等成本曲线和等产量曲线的相对陡峭程度得到。若 $\frac{a_1}{a_2}<\frac{w_1}{w_2}$，则厂商只使用 x_2 进行生产，从而其成本函数为 $c(w_1,w_2,y)=w_2x_2=w_2\frac{y}{a_2}$。若 $\frac{a_1}{a_2}>\frac{w_1}{w_2}$，则厂商只使用 x_1 进行生产，从而其成本函数为 $c(w_1,w_2,y)=w_1x_1=w_1\frac{y}{a_1}$。

4.4.3　各类成本函数及其性质

成本函数给出了既定要素价格及给定产出水平下的最小成本，它包含了对厂商来说所有技术可行选择的信息。从成本函数的性质中我们可以得到有关厂商技术特征的许多信息。在下面的内容中，我们将首先考察成本函数关于其价格和数量的性质，然后考察若干相关的成本函数，如平均和边际成本函数。

1. 成本函数的性质

读者可能注意到了生产者理论和消费者理论的某些相似性。当将成本函数同支出函数进行比较时，两者的行为是完全相同的。事实上，考虑其定义：

(1) 支出函数: $e(\mathbf{p},u)\equiv\min_{\mathbf{x}\in\mathcal{R}_+^n}\mathbf{px}$, s.t. $u(\mathbf{x})\geqq u$。

(2) 成本函数: $c(\mathbf{w},y)\equiv\min_{\mathbf{x}\in\mathcal{R}_+^n}\mathbf{wx}$, s.t. $f(\mathbf{x})\geqq y$。

从数学上来说，上述两个最优化问题是完全相同的。因此，有关支出函数的每条定理对成本函数来说也成立。下面我们不加证明地给出这些结果。其证明可仿照支出函数结果的证明得到。

命题 4.4.2 (成本函数的性质) 设生产函数 f 连续且严格递增，则成本函数具有如下性质：

(1) $c(\mathbf{w}, y)$ 关于 $\mathbf{w}$ 非递减。

(2) $c(\mathbf{w}, y)$ 关于 $\mathbf{w}$ 一次齐次。

(3) $c(\mathbf{w}, y)$ 是 $\mathbf{w}$ 的凹函数。

(4) $c(\mathbf{w}, y)$ 在 $\mathbf{w} > 0$ 上是 $\mathbf{w}$ 的连续函数。

(5) 对所有的 $\mathbf{w} > 0$，$c(\mathbf{x}, y)$ 关于 y 严格递增。

(6) 谢泼德引理：设 $\mathbf{x}(\mathbf{w}, y)$ 为价格为 $\mathbf{w}$，产出水平为 y 时的成本最小生产计划，若成本函数的导数存在且 $x_i > 0$，则 $x_i(\mathbf{w}, y) = \frac{\partial c(\mathbf{w}, y)}{\partial w_i}$，$i = 1, \cdots, n$。

2. 条件要素需求函数的性质

作为厂商成本最小化问题的解，条件要素需求函数具有某些良好性质。这些性质同希克斯补偿需求函数所具有的性质类似。因此我们不必重复其证明。

命题 4.4.3 (替代矩阵的负半定性) 替代矩阵 $[(\partial x_j(\mathbf{w}, y)/\partial w_i)]$ 是负半定的。

由于替代矩阵是负半定的，因此它必然是对称的，且对角元素是非正的。因此我们有：

命题 4.4.4 (对称替代项) 替代矩阵是对称的，即

$$\frac{\partial x_j(\mathbf{w}, y)}{\partial w_i} = \frac{\partial^2 c(\mathbf{w}, y)}{\partial w_j \partial w_i} = \frac{\partial^2 c(\mathbf{w}, y)}{\partial w_i \partial w_j} = \frac{\partial x_i(\mathbf{w}, y)}{\partial w_j}.$$

命题 4.4.5 (负自身替代 (own-substitituion) 项) 补偿自身价格效应 (compensated own-price effect) 是非正的，即投入需求曲线向下倾斜：

$$\frac{\partial x_i(\mathbf{w}, y)}{\partial w_i} = \frac{\partial^2 c(\mathbf{w}, y)}{\partial w_i^2} \leqq 0.$$

注 利用成本函数，我们可以将厂商的利润最大化问题重写为：

$$\max_{y \geqq 0} py - c(\mathbf{w}, y). \tag{4.4.10}$$

y^* 为利润最大化产出水平的一阶必要条件为

$$p - \frac{\partial c(\mathbf{w}, y^*)}{\partial y} \leqq 0, \quad \text{等式成立当 } y^* > 0. \tag{4.4.11}$$

换句话说，在内点最优解处 (即 $y^* > 0$)，价格等于边际成本。若 $c(\mathbf{w}, y)$ 是 y 的凸函数，则一阶条件 (4.4.11) 也是 y^* 为最优产出水平的充分条件。

3. 平均和边际成本

首先注意成本函数总是能够表示为条件要素需求价值的函数：

$$c(\mathbf{w}, y) \equiv \mathbf{w}\mathbf{x}(\mathbf{w}, y).$$

在短期生产中，一些生产要素固定在某个事先确定的水平。令 $\mathbf{x}_f$ 为固定要素向量，$\mathbf{x}_v$ 为可变要素向量。我们将 $\mathbf{w}$ 划分为可变和固定要素价格向量，即 $\mathbf{w}=(\mathbf{w}_v,\mathbf{w}_f)$。短期条件要素需求函数一般来说与 $\mathbf{x}_f$ 有关，因此我们将其写为 $\mathbf{x}_v(\mathbf{w},y,\mathbf{x}_f)$。则短期成本函数可写为

$$c(\mathbf{w},y,\mathbf{x}_f)=\mathbf{w}_v\mathbf{x}_v(\mathbf{w},y,\mathbf{x}_f)+\mathbf{w}_f\mathbf{x}_f.$$

其中 $\mathbf{w}_v\mathbf{x}_v(\mathbf{w},y,\mathbf{x}_f)$ 为**短期可变成本**，称 $\mathbf{w}_f\mathbf{x}_f$ 为**固定成本**。我们可以将这些基本的成本概念细分为：

$$\begin{aligned}
\text{短期成本函数}=STC&=\mathbf{w}_v\mathbf{x}_v(\mathbf{w},y,\mathbf{x}_f)+\mathbf{w}_f\mathbf{x}_f,\\
\text{短期平均成本函数}=SAC&=\frac{c(\mathbf{w},y,\mathbf{x}_f)}{y},\\
\text{短期平均可变成本函数}=SAVC&=\frac{\mathbf{w}_v\mathbf{x}_v(\mathbf{w},y,\mathbf{x}_f)}{y},\\
\text{短期平均固定成本函数}=SAFC&=\frac{\mathbf{w}_f\mathbf{x}_f}{y},\\
\text{短期边际成本函数}=SMC&=\frac{\partial c(\mathbf{w},y,\mathbf{x}_f)}{\partial y}.
\end{aligned}$$

当所有的要素都可变时，厂商将选择最优的 $\mathbf{x}_f$。因此，长期成本函数只与要素价格和事前确定的产出水平有关。我们可以用短期成本函数来表示长期成本函数。方式如下，令 $\mathbf{x}_f(\mathbf{w},y)$ 为固定要素的最优选择，$\mathbf{x}_v(\mathbf{w},y)=\mathbf{x}_v(\mathbf{w},y,\mathbf{x}_f(\mathbf{w},y))$ 为可变要素的长期最优选择，则长期成本函数可写为

$$c(\mathbf{w},y)=\mathbf{w}_v\mathbf{x}_v(\mathbf{w},y)+\mathbf{w}_f\mathbf{x}_f(\mathbf{w},y)=c(\mathbf{w},y,\mathbf{x}_f(\mathbf{w},y)).$$

类似地，我们可以定义长期平均和边际成本函数：

$$\begin{aligned}
\text{长期平均成本函数}=LAC&=\frac{c(\mathbf{w},y)}{y},\\
\text{长期边际成本函数}=LMC&=\frac{\partial c(\mathbf{w},y)}{\partial y}.
\end{aligned}$$

其中，由于在长期所有的成本都是可变的，因而“长期平均成本”等价于“长期平均可变成本”，而“长期固定成本”则为零。

例 4.4.5 (短期柯布–道格拉斯成本函数)　设柯布–道格拉斯技术的第二种要素固定在某个水平 k，则厂商的成本最小化问题为

$$\begin{aligned}
&\min w_1x_1+w_2k\\
&\text{s.t. } y=x_1^a k^{1-a}.
\end{aligned}$$

从上述问题的约束中解出 x_1，它是 y 和 k 的函数：

$$x_1=(yk^{a-1})^{\frac{1}{a}}.$$

将其代入目标函数，我们即可得短期成本函数

$$c(w_1,w_2,y,k)=w_1(yk^{a-1})^{\frac{1}{a}}+w_2k.$$

很容易基于上述成本函数推出下述其他各类成本函数：

$$\text{短期平均成本函数} = w_1\left(\frac{y}{k}\right)^{\frac{1-a}{a}} + \frac{w_2 k}{y},$$

$$\text{短期平均可变成本函数} = w_1\left(\frac{y}{k}\right)^{\frac{1-a}{a}},$$

$$\text{短期平均固定成本函数} = \frac{w_2 k}{y},$$

$$\text{短期边际成本函数} = \frac{w_1}{a}\left(\frac{y}{k}\right)^{\frac{1-a}{a}}.$$

若生产函数是规模报酬不变的，由于产出提高一倍，成本相应提高一倍，则从直觉上来说成本函数应该是产出水平的线性函数。下述命题证明了此点。

命题 4.4.6(规模报酬不变) *若生产是规模报酬不变的，则成本函数可写为* $c(\mathbf{w}, y) = yc(\mathbf{w}, 1)$。

证明 令 $\mathbf{x}^*$ 为在价格 $\mathbf{w}$ 处生产一单位产出的最小成本投入，则有 $c(\mathbf{w}, 1) = \mathbf{w}\mathbf{x}^*$。我们希望证明 $c(\mathbf{w}, y) = \mathbf{w}y\mathbf{x}^* = yc(\mathbf{w}, 1)$。首先注意到，由于技术是规模不变的，因此 $y\mathbf{x}^*$ 是生产 y 的可行方案。假设该方案没有最小化生产成本，则令 $\mathbf{x}'$ 为给定价格 $\mathbf{w}$ 生产 y 单位的最小成本组合。则我们有 $\mathbf{w}\mathbf{x}' < \mathbf{w}y\mathbf{x}^*$，从而有 $\mathbf{w}\mathbf{x}'/y < \mathbf{w}\mathbf{x}^*$。由于技术是规模报酬不变的，这样 $\mathbf{x}'/y$ 能生产 1 单位的产出，这就与 $\mathbf{x}^*$ 的定义相矛盾。 □

因此，若技术是规模报酬不变的，则平均成本、平均可变成本和边际成本函数都是相同的。

4. 成本的几何图形

我们首先考察短期成本曲线。在这种情形中，我们将成本函数简写为 $c(y)$，它包括固定成本和可变成本。我们因此可将短期平均成本写为

$$SAC = \frac{c(\mathbf{w}, y, \mathbf{x}_f)}{y} = \frac{\mathbf{w}_f \mathbf{x}_f}{y} + \frac{\mathbf{w}_v \mathbf{x}_v(\mathbf{w}, y, \mathbf{x}_f)}{y} = SAFC + SAVC.$$

当产出增加时，若在某些初始产出所在的区域内存在规模报酬，则平均可变成本可能会先递减。但根据边际收益递减原则，生产所需的可变要素最终将是递增的，从而平均可变成本必将随着产出的增加而递减，如图 4.6 所示。将平均可变成本曲线和平均固定成本曲线相加，则我们可得图 4.6 所示的 U 形平均成本曲线。由于平均固定成本随着产出的增加而递减，平均成本先随着产出的增加而递减。由于平均可变成本随着产出的增加而递增，最终平均成本随着产出的增加而递增。平均成本函数在该点达到最小值的产出水平有时被称为**最小有效规模 (minimal efficient scale)**。

在长期中，所有成本都是可变成本，因此根据可变成本在产出水平较低时呈现规模报酬递增而在产出水平较高时呈现规模报酬递减的事实，长期成本曲线也应该是 U 形的。

我们现在考察边际成本曲线。它同平均成本曲线的关系是什么呢？由于要素价格是固定的，我们略去要素价格，将成本函数简写为 $c(y)$。既然

$$\frac{d}{dy}\left(\frac{c(y)}{y}\right) = \frac{yc'(y) - c(y)}{y^2} = \frac{1}{y}\left[c'(y) - \frac{c(y)}{y}\right],$$

因此有 $\frac{d}{dy}\left(\frac{c(y)}{y}\right) \leqq 0 (\geqq 0)$ 当且仅当 $c'(y) - \frac{c(y)}{y} \leqq 0 (\geqq 0)$。

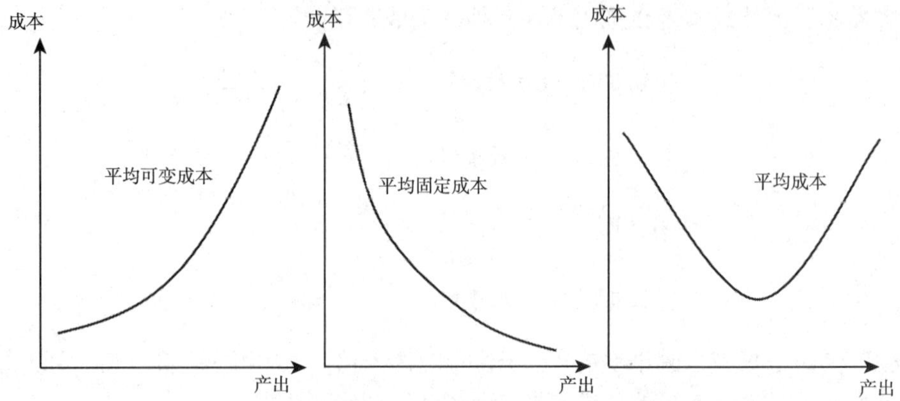

图 4.6　平均可变成本、平均固定成本和平均成本曲线

这样，当边际成本曲线在平均可变成本曲线之下时，平均可变成本曲线是递减的；而当边际成本曲线在平均可变成本曲线之上时，平均可变成本曲线是递增的。因此，平均成本在 y^* 处达到最小值，在该点处边际成本曲线与平均可变成本曲线相交，即

$$c'(y^*) = \frac{c(y^*)}{y^*}.$$

注　所有上述分析对长期生产和短期生产都成立。但若生产在长期也是规模报酬不变的从而成本函数是产出水平的线性函数，则平均成本、平均可变成本和边际成本三者就相同，这就意味着上面所给出的许多关系变得非常简单了。

5. **长期和短期成本曲线**

现在我们考察长期成本曲线和短期成本曲线的关系。显然，由于短期成本最小化问题为长期成本在某种约束情形的最小化问题，因此长期成本曲线不可能在短期成本曲线之上。

我们将长期成本函数写为 $c(y) = c(y, z(y))$。令 $z(y)$ 为单一要素的成本最小需求，y^* 为某个给定的产出水平，$z^* = z(y^*)$ 为短期需求。对所有产出水平，短期成本 $c(y, z^*)$ 必然至少同长期成本 $c(y, z(y))$ 一样大。在产出水平 y^* 处，短期成本等于长期成本，从而有 $c(y^*, z^*) = c(y^*, z(y^*))$。因此，长期和短期成本曲线必然在 y^* 点相切。

上述结果即为包络定理的几何形式。长期成本曲线在 y^* 处的斜率为

$$\frac{dc(y^*, z(y^*))}{dy} = \frac{\partial c(y^*, z^*)}{\partial y} + \frac{\partial c(y^*, z^*)}{\partial z}\frac{\partial z(y^*)}{\partial y}.$$

但由于 z^* 是给定要素价格和产出水平 y^* 下的最优选择，因此我们有

$$\frac{\partial c(y^*, z^*)}{\partial z} = 0.$$

因此，长期边际成本在 y^* 处的值等于短期边际成本在 (y^*, z^*) 处的值。

最后，若长期和短期成本曲线在某点相切，则长期和短期平均成本曲线也在该点相切。图 4.7 给出了该结果的一种典型情形。

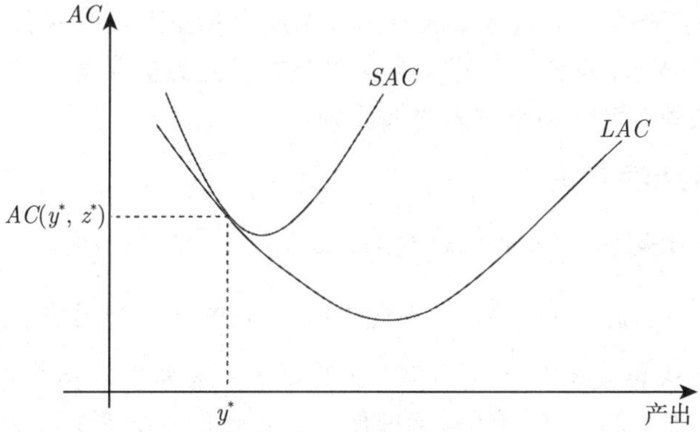

图 4.7 长期和短期平均成本曲线。长期和短期平均成本曲线在某点相切意味着长期和短期边际成本在该点相等

4.4.4 生产者剩余

在消费者理论中，我们讨论了消费者剩余的变化，下面讨论与生产者理论相对应的生产者剩余 (producer's surplus) 及其变化。由于短期和长期有不同技术和成本特征，为此，我们分别简单地加以讨论。假设在短期生产中，我们已知企业的成本函数为 $c(y) = c_v(y) + F$，其中 y 是产量，$c_v(y)$ 是可变成本，F 是固定成本，$c'(y)$ 是边际成本。假设产出品的价格为 p，我们在前面的分析得到最优的产出或者供给函数，$p = c'(y)$，记为 $y(p)$。

我们知道消费者剩余的概念是指，在某个市场价格，消费者在最优消费选择下得到的净效用水平。同样，生产者剩余也有类似的经济学含义。它指的是，在某个市场价格下，生产者在最优生产选择下带来的净收益。这个概念与利润水平是有差异的，利润水平是扣除所有成本的净收益；而生产者剩余则是扣除可变成本的净收益，这是因为在短期内，不管产量为多少，固定成本都已经发生了。

生产者剩余的数学表达式如下：

$$PS(p) = \int_0^{y(p)} (p - c'(y))dy = py(p) - c_v(y(p)) = \pi(p) + F.$$

当产出品价格从 p^0 变化到 p^1 时，生产者剩余的变化为：

$$PS(p^0, p^1) = \int_{y(p^0)}^{y(p^1)} (p - c'(y))dy = \pi(p^1) - \pi(p^0).$$

从上面的讨论我们知道，生产者剩余的变化与利润变化是一致的，这是因为同时去掉了固定成本。

而在长期，由于固定成本为零，此时生产者剩余与利润是一致的。

4.5 生产中的对偶性

前面已探讨了如何从生产技术导出其成本函数，我们只需求解成本最小化问题即可。在本节中，我们将证明上述过程反过来也是成立的。给定成本函数，我们可以“求出”或“生成”该成本函数的生产技术。这意味着成本函数本质上和生产函数包含了相同的信息，都刻画了投入产出的生产技术，从而它们在包含生产技术信息方面是等价的。生产函数与成本函数具有一一对应的关系。这一结果称为**对偶**原则。

4.5.1　从成本函数导出生产集

给定成本函数，让要素价格 $\mathbf{w}$ 任意变动，由此定义下面的集合：

$$V^*(y)=\{\mathbf{x}\text{: } \mathbf{wx}\geqq \mathbf{wx}(\mathbf{w},y)\ =c(\mathbf{w},y)\ \forall\ \mathbf{w}\geqq \mathbf{0}\}.$$

$V^*(y)$ 和实际要素投入量集 $V(y)$ 是什么关系呢？显然，$V^*(y)$ 包含了 $V(y)$。一般来说，$V^*(y)$ 严格包含了 $V(y)$。下面的命题证明了，若假设实际要素投入量集是凸和单调的，则 $V^*(y)$ 将等于 $V(y)$，也就是说，$V^*(y)$ 是 $V(y)$ 的凸包。

命题 4.5.1 ($V(y)$ 和 $V^*(y)$ 的对偶性)　设 $V(y)$ 是闭、凸和单调生产技术。则 $V^*(y)=V(y)$。

证明　既然 $V(y)\subseteq V^*(y)$，我们只需证明，若 $\mathbf{x}\in V^*(y)$，则 $\mathbf{x}\in V(y)$。若不然，由于 $V(y)$ 是满足单调性假设的闭凸集，则根据分离超平面定理，存在 $\mathbf{w}^*$，使得 $\mathbf{w}^*\mathbf{x}<\mathbf{w}^*\mathbf{z},\forall\mathbf{z}\in V(y)$。下面我们证明 $\mathbf{w}^*\geqq\mathbf{0}$：如若不然，不妨假设存在某个 i，使得 $w_i<0$。令 $\hat{\mathbf{x}}\in V(y)$，由于技术是单调的，为此 $\hat{\mathbf{x}}+m\mathbf{e}^i\in V(y)$，如果 $m>0$，其中 $\mathbf{e}^i=(0,\cdots,0,1,0,\cdots,0)$，如果 $m>0$ 足够大，那么总可以使得 $\mathbf{w}^*(\mathbf{x}-(\hat{\mathbf{x}}+m\mathbf{e}^i))>0$，矛盾。令 $\mathbf{z}^*$ 为 $V(y)$ 中在价格 $\mathbf{w}^*$ 处使成本达到最小的点，则有 $\mathbf{w}^*\mathbf{x}<\mathbf{w}^*\mathbf{z}^*=c(\mathbf{w}^*,y)$。但根据 $V^*(y)$ 的定义，我们有 $\mathbf{x}\notin V^*(y)$，矛盾。 □

上述命题说明，若实际要素投入量集是凸的和单调的，则对应于该技术的成本函数可用来完整地还原生产技术。

例 4.5.1　设成本函数为 $c(\mathbf{w},y)=yw_1^aw_2^{1-a}$。我们该如何求解其对应的生产技术呢？

根据导数的性质，我们有

$$x_1(\mathbf{w},y)=ayw_1^{a-1}w_2^{1-a}=ay\left(\frac{w_2}{w_1}\right)^{1-a},$$
$$x_2(\mathbf{w},y)=(1-a)yw_1^aw_2^{-a}=(1-a)y\left(\frac{w_2}{w_1}\right)^{-a}.$$

我们希望根据上述两个方程消去 w_2/w_1 从而得到一个只包含 y、x_1 和 x_2 的方程。将上述每个方程重写为

$$\frac{w_2}{w_1}=\left(\frac{x_1}{ay}\right)^{\frac{1}{1-a}},$$
$$\frac{w_2}{w_1}=\left(\frac{x_2}{(1-a)y}\right)^{-\frac{1}{a}}.$$

令上述两个方程的右边相等并对所得的方程两端取 $-a(1-a)$ 次幂，我们有

$$\frac{x_1^{-a}}{a^{-a}y^{-a}}=\frac{x_2^{1-a}}{(1-a)^{(1-a)}y^{1-a}},$$

或者

$$[a^a(1-a)^{1-a}]y=x_1^ax_2^{1-a}.$$

这正是柯布–道格拉斯生产技术。

我们早已知道，若生产技术是规模报酬不变的，则成本函数具有 $c(\mathbf{w})y$ 的形式。这里我们证明这一结果反过来也成立。

命题 4.5.2 (规模报酬不变) 设 $V(y)$ 是凸和单调的。若 $c(\mathbf{w}, y)$ 可写为 $yc(\mathbf{w})$, 则 $V(y)$ 必然是规模报酬不变的。

证明 根据 $V(y)$ 的凸性和单调性以及所假定的成本函数形式，可知

$$V(y) = V^*(y) = \{\mathbf{x}\colon \mathbf{w} \cdot \mathbf{x} \geqq yc(\mathbf{w}) \forall \ \mathbf{w} \geqq \mathbf{0}\}.$$

我们需证明，若 $\mathbf{x} \in V^*(y)$, 则 $t\mathbf{x} \in V^*(ty)$。对任意 $\mathbf{x} \in V^*(y)$，有 $\mathbf{wx} \geqq yc(\mathbf{w}), \forall \mathbf{w} \geqq \mathbf{0}$。将该方程两端同乘以 t，得 $\mathbf{w}t\mathbf{x} \geqq tyc(\mathbf{w}), \forall \mathbf{w} \geqq \mathbf{0}$。这意味着 $t\mathbf{x} \in V^*(ty)$。命题得证。 □

4.5.2 成本函数的刻画

在上节中我们已经知道，所有成本函数都是价格的非递减、齐次、连续和凹的函数。一个自然的问题是：关于价格非递减、齐次、连续和凹的函数是否一定是某个技术的成本函数呢？回答是肯定的。下述命题给出了构造这种技术的方法。

命题 4.5.3 令 $\phi(\mathbf{w}, y)$ 为可微函数，且满足：

(1) $\phi(t\mathbf{w}, y) = t\phi(\mathbf{w}, y), \forall \ t \geqq 0$;

(2) $\phi(\mathbf{w}, y) \geqq 0, \forall \ \mathbf{w} \geqq 0, \forall \ y \geqq 0$;

(3) $\phi(\mathbf{w}', y) \geqq \phi(\mathbf{w}, y), \forall \ \mathbf{w}' \geqq \mathbf{w}$;

(4) $\phi(\mathbf{w}, y)$ 是 $\mathbf{w}$ 的凹函数。

则 $\phi(\mathbf{w}, y)$ 是技术 $V^*(y) = \{\mathbf{x} \geqq \mathbf{0}\colon \mathbf{wx} \geqq \phi(\mathbf{w}, y), \ \forall \ \mathbf{w} \geqq \mathbf{0}\}$的成本函数。

证明 对任意 $\mathbf{w} \geqq 0$，定义

$$\mathbf{x}(\mathbf{w}, y) = \left(\frac{\partial \phi(\mathbf{w}, y)}{\partial w_1}, \cdots, \frac{\partial \phi(\mathbf{w}, y)}{\partial w_n}\right).$$

由于 $\phi(\mathbf{w}, y)$ 关于 w 是一次齐次的，根据欧拉定理，$\phi(\mathbf{w}, y)$ 可写为

$$\phi(\mathbf{w}, y) = \sum_{i=1}^{n} w_i \frac{\partial \phi(\mathbf{w}, y)}{\partial w_i} = \mathbf{wx}(\mathbf{w}, y).$$

根据 $\phi(\mathbf{w}, y)$ 的单调性，我们有 $\mathbf{x}(\mathbf{w}, y) \geqq 0$。

现在只需证明，对任意给定的 $\mathbf{w}' \geqq 0$, $\mathbf{x}(\mathbf{w}', y)$ 是 $\mathbf{w}'\mathbf{x}$ 在 $V^*(y)$ 的最小解:

$$\phi(\mathbf{w}', y) = \mathbf{w}'\mathbf{x}(\mathbf{w}', y) \leqq \mathbf{w}'\mathbf{x} \ \forall \ \mathbf{x} \in V^*(y).$$

首先，$\mathbf{x}(\mathbf{w}', y)$ 是可行的，即 $\mathbf{x}(\mathbf{w}', y) \in V^*(y)$。由于 $\phi(\mathbf{w}, y)$ 是 $\mathbf{w}$ 的凹函数，我们有

$$\phi(\mathbf{w}', y) \leqq \phi(\mathbf{w}, y) + \mathbf{D}\phi(\mathbf{w}, y)(\mathbf{w}' - \mathbf{w}), \mathbf{w} \geqq 0.$$

利用上面的欧拉定理，上式可重写为

$$\phi(\mathbf{w}', y) \leqq \mathbf{w}'\mathbf{x}(\mathbf{w}, y), \ \ \forall \ \mathbf{w} \geqq 0.$$

这样，根据 $V^*(y)$ 的定义，我们可知 $\mathbf{x}(\mathbf{w}', y) \in V^*(y)$。

下面证明 $\mathbf{x}(\mathbf{w}, y)$ 是 $\mathbf{wx}$ 在 $V^*(y)$ 上的最小解。若 $\mathbf{x} \in V^*(y)$，则根据定义，它必然满足

$$\mathbf{wx} \geqq \phi(\mathbf{w}, y).$$

但根据欧拉定理，我们有

$$\phi(\mathbf{w}, y) = \mathbf{wx}(\mathbf{w}, y).$$

结合上述两个式子，我们有

$$\mathbf{wx} \geqq \mathbf{wx}(\mathbf{w},y), \forall \mathbf{x} \in V^*(y).$$

这正是我们需要证明的结果。 □

4.5.3 成本函数的可积性

上面所证明的命题引出了一个有趣的问题。给定一组函数 $(g_i(\mathbf{w}, y))$ 的集合，假定这些函数满足前面各节所介绍的要素需求函数的性质，即它们关于价格零次齐次，且

$$\left(\frac{\partial g_i(\mathbf{w}, y)}{\partial w_j}\right)$$

是对称负半定矩阵。那么，这些函数是否一定是某个生产技术的要素需求函数呢？

为回答上述问题，构造以下函数

$$\phi(\mathbf{w}, y) = \sum_{i=1}^{n} w_i g_i(\mathbf{w}, y).$$

不难验证，上述函数满足命题 4.5.3 所要求的各种性质。因此，由命题 4.5.3，存在某个技术 $V^*(y)$，使得 $(g_i(\mathbf{w}, y))$ 为该技术的条件要素需求。这意味着齐次性和负半定性是成本最小化行为对要素需求所施加的所有限制。

4.6 【人物小传】

4.6.1 托马斯・马尔萨斯

托马斯・罗伯特・马尔萨斯（Thomas Robert Malthus，1766—1834），英国人口学家和政治经济学家，与大卫・李嘉图（David Ricardo, 1772—1823）一道，将斯密的理论整合成古典经济学，是古典政治经济学的代表人物，提出了著名的边际收益递减律。著有《人口原理》、《地租的性质和增长及其调节原则的研究》、《政治经济学原理的实际应用》、《价值尺度、说明和例证》、《政治经济学定义》等专著。

马尔萨斯出生于英格兰一个土地贵族家庭。1784 年入剑桥大学耶稣学院学习，主修数学。他在那里学习了许多课程，并在辩论、拉丁文和希腊文课程中获奖。1791 年他获得硕士学位，并且在两年后当选为耶稣学院院士。1798 年加入英国教会的僧籍，任牧师。1799 年到欧洲一些国家调查人口问题。1804 年结婚，并养育了三个孩子。1805 年他成为英国第一位（或许是世界上第一位）政治经济学教授，执教于东印度公司学院。在东印度公司学院，马尔

萨斯发展出一套需求供应失衡理论，他称之为过剩。在当时这被看作荒唐的理论，却是后来有关大萧条的一系列经济理论的先驱，其崇拜者、经济学家约翰·梅纳德·凯恩斯将这个思想引入了著作。1819 年马尔萨斯当选为英国皇家学会会员。

1798 年，马尔萨斯出版了一本颇具影响的小书，题目是《人口原理》(*Principle of Population*)，其基本论题是人口增长有超过食物供应增长趋势的思想。马尔萨斯在他最初发表的这本论著中，用相当严格的形式表述了这种思想，认为人口有几何增长的趋势（即按指数增长的趋势，如 1，2，4，8，16，···），而食物供应只有算术增长的趋势（即按直线线性增长的趋势，如 1，2，3，4，5，···）。马尔萨斯在他后来的几种版本的书中，用不那么严格的形式重述了他的主题，只指出人口会有无限增长的趋势，直至食物供应的极限为止。马尔萨斯从他这部论著的两种形式中得出结论：大多数人注定要在贫困中和在饥饿的边缘上生活。从长远的观点来看，任何技术进步都不能改变这种趋势，因为食品供应增加必然要受到限制，而“人口指数无限地大于地球为人类生产物质的指数”。

但是，可以用某种其他方法来抑制人口的增长吗？当然可以。战争、瘟疫和其他灾难经常可以减少人口，这些祸患显然是以痛苦的代价来减少人口过剩所造成的威胁。马尔萨斯认为，避免人口过剩的较好的办法是“道德限制”，看来他这句话的意思是把实行晚婚、婚前守洁和自愿限制同房的频率等方法结合起来。但是，马尔萨斯是个现实主义者，他认识到大多数人不会实行这种限制的方法。他断定人口过剩实际上的确无法避免，因而贫困几乎是大多数人不可摆脱的厄运。当然，他这种观点的局限性在于没有预料到工业革命的发生及科学技术的进步，如节育手段的科学革命。

4.6.2 米尔顿·弗里德曼

米尔顿·弗里德曼（Milton Friedman，1912—2006），芝加哥经济学派代表人物之一，货币学派的代表人物。芝加哥经济学派崇尚经济自由主义思想和社会达尔文主义，信奉自由市场经济中竞争机制的作用，相信市场力量的自我调节能力，认为市场竞争是市场力量自由发挥作用的过程，企业自身的效率才是决定市场结构和市场绩效的基本因素。弗里德曼以研究宏观经济学、微观经济学、经济史、统计学及主张自由放任资本主义而闻名。弗里德曼出生在纽约城一个工人阶级的犹太人家庭。1932 年，他从美国罗格斯大学毕业，在完成了自己为多个科研机构所做的经济学研究之后，于 1946 年获得了哥伦比亚大学博士学位。同年晚些时候，他开始在芝加哥大学任教，他在那里的教学生涯一直持续到 1976 年。1977 年，他出任斯坦福大学胡佛研究所“战争、革命与和平”项目的高级研究员。弗里德曼在谈到 1941—1943 年为罗斯福新政工作的那段时间时曾这样说，“当时我是一个彻底的凯恩斯主义者”。随着时间的过去，弗里德曼对于经济政策的看法也逐渐转变，他在芝加哥大学成立货币及银行研究小组，借着经济史论家安娜·施瓦茨的协助，出版了影响深刻的《美国货币史》。他在书中挑战凯恩斯学派的观点，抨击他们忽略货币供应、金融政策对经济周期及通胀的重要性。有趣的是，弗里德曼是另一位芝加哥经济学派代表人物、法律经济学奠基人亚伦·戴雷科特（Aaron Director，1901—2004）的妹夫。

弗里德曼曾提出许多新颖而引起争议的经济理论。他认为，一个经济体中流动货币的总量是该经济体中商业活动和物价水平的关键决定因素，而现代经济学中的货币主义理论便是以这一论点为基础的。1976 年，弗里德曼因为在消费分析、货币供应理论及历史和稳定政策复杂性等领域作出的突出贡献获得了诺贝尔经济学奖。弗里德曼的许多著述贯穿着一个共同的主题，即美国政府过多地参与了经济活动。他强烈反对政府对国家经济的干预，认为自由竞争的市场可以不借助外力就能轻易地找到绝大多数经济问题的解决方案。与提倡短时间内改变政府开支以控制经济的凯恩斯（1883—1946）及其拥护者不同，弗里德曼认为货币发行量的变化才是导致通胀和商业周期的根本原因，他提倡将政府的角色最小化以让自由市场运作，还呼吁政府应该缓慢而持续地增加货币供应量，以推动经济增长。弗里德曼和支持他的理论的经济学家被称为货币主义者。他的理论对自 20 世纪 80 年代开始的美国里根政府、英国撒切尔政府以及许多其他国家的经济政策都产生了相当大的影响。

弗里德曼对于消费层面的分析也相当知名，亦即他在 1957 年提出的持久收入假说。这个理论被一些经济学者视为他在经济学方法论上最重要的贡献。他的重要贡献还包括对菲利普斯曲线的批评，以及他提出的失业率的自然比率的概念（1968）。这些学说都与货币和金融政策对经济的长期及短期影响有关。在经济政策的分析中，他率先提出 “观察时滞”(observation-lag)、“决策时滞”(decision-lag)、“影响时滞”(effect-lag) 等概念来讨论在经济周期中采取稳定政策的时机。在统计学上，他则创造出了知名的弗里德曼测试。

弗里德曼的论文《实证经济学方法论》(The Methodology of Positive Economics，1953) 则替他稍后几十年的研究方法论架构了模型，也成为芝加哥经济学派的主要框架之一。他主张经济学作为一种学科，应该免于客观的价值衡量。除此之外，一个经济理论有用与否，不应该以它对现实的描述（例如头发颜色）作为衡量标准，而应该以它能否有效作为对未来情况的预测为基准。

弗里德曼也是一位公众人物，是媒体经济学家的鼻祖。他在电台、电视上的关于自由市场经济威力的公共讲座让经济学走向大众，众所皆知，随后于 1980 年编辑成书《自由选择》（*Free to Choose*）。

4.7 习　　题

习题 4.1　令 $f(\cdot)$ 是刻画某种生产技术的生产函数，Y 为此技术的生产集。证明：当且仅当 $f(\cdot)$ 是一次齐次的时，Y 满足规模报酬不变。

习题 4.2　证明：对单一产出的生产技术，

1. Y 是凸的当且仅当 $f(\mathbf{z})$ 是凹的。
2. 投入要素集 $V(Y)$ 是凸的当且仅当 $f(\mathbf{z})$ 是拟凹的。

习题 4.3　证明：若 Y 是闭的、凸的，且 $-\mathcal{R}_+^L \subseteq Y$，那么自由处置性成立。

习题 4.4　设 $y = f(x_1, x_2)$ 是一个规模报酬不变的生产函数。证明：若 x_1 的平均产出随着 x_1 的增加而增加，那么 x_2 的边际产出为负。

习题 4.5　设生产函数 $F(\mathbf{x})$ 是位似的，使得对某个严格递增的函数 f 与某个线性齐次函数 g，必有 $F(\mathbf{x}) = f(g(\mathbf{x}))$。在单位等产量曲线上取任意点 $\mathbf{x}^0$，以使得 $F(\mathbf{x}^0) = 1$。设 $\mathbf{x}^1$ 是通过 $\mathbf{x}^0$ 的射线上的任何一点，并设 $F(\mathbf{x}^1) = y$，使得 $\mathbf{x}^1$ 处在 y 水平的等产量曲线上。证明：$\mathbf{x}^1 = t^*\mathbf{x}^0$，其中 $t^* = f^{-1}(y)/f^{-1}(1)$。

习题 4.6　证明具有里昂惕夫生产技术的替代弹性 $\sigma = 0$。

习题 4.7 考虑下面的线性活动模型:

$$a_1 = (1, -1, 0, 0);$$

$$a_2 = (0, -1, 1, 0);$$

$$a_3 = (0, 0, -1, 1);$$

$$a_4 = (2, 0, 0, -1).$$

1. 对下面的每个投入—产出向量, 检验它们是否属于总生产集, 说明你的理由。

$$\mathbf{y}_1 = (6, 0, 0, -2);$$

$$\mathbf{y}_2 = (5, -3, 0, -1);$$

$$\mathbf{y}_3 = (6, -3, 0, 0);$$

$$\mathbf{y}_4 = (0, -4, 0, 4);$$

$$\mathbf{y}_5 = (0, -3, 4, 0).$$

2. 投入—产出向量 $\mathbf{y} = (0, -5, 5, 0)$ 是有效率的。找出一个使 $\mathbf{y}$ 是最大化利润的价格 $\mathbf{p} \in \mathcal{R}^3_{++}$, 来证明这个结论。
3. 投入—产出向量 $\mathbf{y} = (1, -1, 0, 0)$ 是可行的, 但它不是有效率的。为什么?

习题 4.8 是否存在这样的生产函数, 在短期边际报酬递减, 在长期规模报酬递增? 若是, 举一例; 若否, 给出证明。

习题 4.9 在通常情况下, 边际报酬和规模报酬是两个截然不同的概念。但考虑这样一种情形: 厂商仅选择一种要素进行生产。判断如下说法是否正确。若是, 给出证明; 若否, 举出反例。

1. 边际报酬不变意味着规模报酬不变。
2. 规模报酬不变意味着边际报酬不变。

习题 4.10 假设每个 $\pi_j(\cdot)$ 都是可微的, 且 $\pi^*(\mathbf{p}) = \sum_{j=1}^J \pi_j(\mathbf{p})$。利用微分技术, 给出 $y^*(\mathbf{p}) = \sum_{j=1}^J y_j(\mathbf{p})$ 的证明。

习题 4.11 证明如下命题: 若生产集 Y 是规模报酬非递减的, 则或 $\pi(\mathbf{p}) \leqq 0$, 或 $\pi(\mathbf{p}) = +\infty$。

习题 4.12 正文中已给出单要素柯布-道格拉斯技术的利润函数, 将其推广到更为一般的多要素柯布-道格拉斯技术, 并求其供给函数和要素需求函数。

习题 4.13 x_i 的投入需求的产出弹性可被定义为:

$$\varepsilon_{iy}(w, y) \equiv (\partial x_i(\mathbf{w}, y)/\partial y)(y/x_i(\mathbf{w}, y)).$$

1. 证明: 当生产函数满足位似性时, 有 $\varepsilon_{iy}(w, y) = \phi(y)\varepsilon_{iy}(w, 1)$。
2. 证明: 对 $i = 1, \cdots, n$, 当生产函数具有不变的规模报酬时, $\varepsilon_{iy} = 1$。

习题 4.14 设生产函数是加法可分的, 即 $f(x_1, x_2) = g(x_1) + h(x_2)$。找出对函数 g 与 h 的条件限制, 使得投入需求 $x_1(p, \mathbf{w})$ 与 $x_2(p, \mathbf{w})$ 关于 $\mathbf{w}$ 是 1/2 次齐次的。

习题 4.15　给定如下生产函数形式，试求其利润函数和要素需求函数。

1. $f(x_1,x_2)=(x_1^\rho+x_2^\rho)^{1/\rho}$, $0<\rho<1$。
2. $f(x_1,x_2)=\sqrt{x_1+x_2}$。
3. $f(x_1,x_2)=\min\{2x_1+x_2,x_1+2x_2\}$。

习题 4.16　证明下列命题:

1. 供给函数是关于价格向量的零次齐次函数。
2. 条件要素需求函数是关于要素价格向量的零次齐次函数。
3. 若生产函数是一次齐次的，则它是凹函数。
4. 若生产函数是位似函数，则成本函数和条件要素需求函数关于要素价格和产出是乘法可分的。

习题 4.17　对竞争性厂商，是否存在如下所述的生产函数?

1. 产品价格上升会导致产出水平下降。若是，举一例；若否，给出证明。
2. 产品价格上升会导致某一要素的需求下降。若是，举出一例；若否，给出证明。

习题 4.18　令 $Y\subset\mathcal{R}^L$ 是一个有限的生产函数集，即集合中包含了有限数量的生产计划，$Y=\{y^1,y^2,\cdots,y^n\}$。令 $\hat{Y}$ 是 Y 的凸包，即所有生产计划 $\{y^1,y^2,\cdots,y^n\}$ 的凸组合。更进一步，令 π_Y^*，s_Y^*，$\pi_{\hat{Y}}^*$，$s_{\hat{Y}}^*$ 分别是 Y 和 $\hat{Y}$ 利润最大化的函数和供给映射。

1. 证明对于所有的 $\mathbf{p}\subset\mathcal{R}^L$ 都有 $\pi_Y^*=\pi_{\hat{Y}}^*$。
2. 证明对于所有的 $\mathbf{p}\subset\mathcal{R}^L$ 都有 $s_Y^*\subset s_{\hat{Y}}^*$，并证明这种包含关系对于某些价格向量在 $n\geqq 2$ 时是严格的。

习题 4.19　考虑一个厂商的利润最大化问题。其生产函数是 $f:\mathcal{R}_+^n\to\mathcal{R}_+$，投入品的价格是 $\mathbf{w}\in\mathcal{R}_{++}^n$，产出品的价格是 $\mathcal{R}_{++}$，其利润最大化问题如下:

$$\max_{\mathbf{x}\geqq 0} qf(\mathbf{x})-\mathbf{wx}.$$

令 $\mathbf{x}^*(q,\mathbf{w})$ 表示这个最大化问题的解 (对投入品的需求)，并假设 X^* 是 q 和 $\mathbf{w}$ 的单值函数。我们称生产函数是**超模函数** (**supermodular**)，若对所有的 $\mathbf{x}',\mathbf{x}''\in\mathcal{R}_+^n$，有

$$f(\max\{\mathbf{x}',\mathbf{x}''\})+f(\min\{\mathbf{x}',\mathbf{x}''\})\geqq f(\mathbf{x}')+f(\mathbf{x}'').$$

1. 给出超模函数的经济学含义。证明: 若 f 是二阶可微的，则它是超模函数等价于条件: 对所有的 $x^i,x^j\in\mathcal{R}_+$，有
$$\frac{\partial^2 f}{\partial x^i\partial x^j}\geqq 0.$$
2. 对具有两种投入品的生产函数，$f(x_1,x_2)=x_1^\alpha x_2^\beta$，$0<\alpha$，$\beta<1$，$\alpha+\beta=1$，这一函数是超模函数吗? 证明你的结论。
3. 证明若一个包含 n 种投入品的生产函数是超模函数，那么厂商对投入品 $\mathbf{x}^*$ 的需求对价格 q 是单调非递减的。你可以根据你的需要做一些假设，不过要对这些假设作出清晰的说明。你可能需要一些简明的数学例证来说明你的结果，并且这些例证满足你的假设。

习题 4.20　考虑一个 K 个投入、一个产出的生产函数 $f:\mathcal{R}_+^K\to\mathcal{R}_+$。假设 $f(0)=0$。

1. 给出一个规模效益递增的生产函数 f。
2. 证明若 f 规模效益递增，那么对任何严格正的投入价格 $\mathbf{w}_i, i=1,\cdots,K$ 和严格正的产出价格 $\mathbf{p}$，要么企业利润最大化时产出为零，要么利润最大化产出计划不存在。
3. 考虑如下的两投入生产函数例子：

$$f(x_1,x_2)=(\min\{x_1,x_2\})^{\alpha},\ \alpha>0.$$

这个 f 是规模报酬递增的吗？

4. 上一问中生产函数 f 的成本最小化问题对于任意价格 $w_1>0$、$w_2>0$ 和产出 $y>0$ 都有解吗？请解释。

习题 4.21 某厂商的技术具有所有通常的性质，它用三种投入生产某种产出，具有条件投入需求 $x_i(w_1,w_2,w_3;y)$，$i=1,2,3$。如下的观察有些同成本最小化一致，而有些则不一致。若与成本最小化不一致，解释原因；若一致，给出产生这种行为的成本函数或生产函数的例子。

1. $\partial x_2/\partial w_1>0$，并且 $\partial x_3/\partial w_1>0$。
2. $\partial x_2/\partial w_1>0$，并且 $\partial x_3/\partial w_1<0$。
3. $\partial x_1/\partial y<0$，并且 $\partial x_2/\partial y<0$ 以及 $\partial x_3/\partial y<0$。
4. $\partial x_1/\partial y=0$。
5. $\partial(x_1/x_2)/\partial w_3=0$。

习题 4.22 给定如下生产函数形式，试求其成本函数和条件要素需求函数。

1. $f(x_1,x_2)=\min\{3x_1+x_2,x_1+3x_2\}$。
2. $f(x_1,x_2)=x_1^{0.5}+x_2^{0.5}$。
3. $f(x_1,x_2)=\max\{x_1,2x_2\}$。

习题 4.23 厂商 1 有成本函数 $c^1(\mathbf{w},y)$，厂商 2 有如下的成本函数。那么，两个厂商的投入需求与产出供给行为是否将会是相同的？

1. $c^2(\mathbf{w},y)=\frac{1}{3}c^1(3\mathbf{w},y)$。
2. $c^2(\mathbf{w},y)=c^1(\mathbf{w},3y)$。

习题 4.24 令 $c(\mathbf{w},\mathbf{z})$ 是成本最小化厂商的成本，其中 $\mathbf{w}\in\mathcal{R}^m_{++}$ 是投入的价格向量而 $\mathbf{z}\in\mathcal{R}_+$ 是产出水平。该厂商有严格递增的连续生产函数 $f:\mathcal{R}^m_+\to\mathcal{R}_+$。

1. 证明 c 是投入价格的凹函数。
2. 假设给定要素价格 $\mathbf{w}$ 和产出价格 $\mathbf{p}$，企业选择产出水平 $\mathbf{z}$ 以使产出的价格 $\mathbf{p}$ 等于生产 $\mathbf{z}$ 的边际成本。同时，假定成本函数 c 可微。在生产函数满足什么条件下企业是在追求利润最大化？找出尽可能一般的条件，并证明你的结论。
3. 假设生产函数规模报酬不变。证明成本函数 c 关于 $\mathbf{z}$ 一次齐次。

习题 4.25 证明：当平均成本递减时，边际成本必定会小于平均成本；当平均成本不变时，边际成本必定等于平均成本；并且当平均成本递增时，边际成本必定大于平均成本。

习题 4.26 设 s_i 是投入 i 的投入份额。证明：对任何成本函数，有

$$s_i=\partial\ln[c(\mathbf{w},y)]/\partial\ln(w_i).$$

根据柯布–道格拉斯成本函数来检验它。

习题 4.27　超对数成本函数由如下线性对数形式给出：

$$\ln(c) = \alpha_0 + \sum_{i=1}^{n} \alpha_i \ln(w_i) + \frac{1}{2}\sum_{i=1}^{n}\sum_{j=1}^{n} \gamma_{ij} \ln(w_i)\ln(w_j) + \ln(y).$$

对 $i = 1, \cdots, n$，若 $\gamma_{ij} = \gamma_{ji}$ 且 $\sum_i \gamma_{ij} = 0$，则此替代矩阵是对称的。

1. 为确保齐次性要求，应对参数 α_i 施加什么限制？
2. 当参数取什么值时，对数函数将会简化为柯布–道格拉斯形式？
3. 证明：超对数成本函数中的投入份额关于投入品价格与产出的对数是线性的。

习题 4.28　某物品的生产函数由下式给出：

$$y = x_2[\sin(\frac{x_1}{x_2} - \frac{\pi}{2} + 1)],$$

其中 $0 \leqq x_1 \leqq 2\pi$，$0 < x_2 \leqq 2\pi$，并且当 $x_2 = 0$ 时，$y = 0$。

1. 这种技术的规模性质是什么？
2. 在同样的坐标轴上，画出当 $x_2 = 1$ 时 x_1 的边际与平均产出。
3. 若 $w_1 = 1$，$w_2 = 1$，$x_2 = 1$，推导出短期成本与利润函数。

习题 4.29　考虑具备如下成本函数的厂商：

$$c(w_1, w_2, y) = y^2(w_1 + w_2).$$

1. 在相同的图中画出厂商的边际成本曲线与平均成本曲线及其产品供给函数。
2. 在不同的图中画出与其价格 w_1 相对应的投入 x_1 的需求曲线。
3. 在两个图中说明投入 x_2 的价格增加时的效应。

习题 4.30　假设有 J 个单一产出的工厂。工厂 j 的平均成本为 $AC_j(q_j) = \alpha + \beta_j q_j$，其中 $q_j \geqq 0$。注意，对所有的工厂，系数 α 是相同的，而不同的工厂可能有不同的系数 β_j。考虑生产总产量为 q 时成本最小化的加总的生产计划问题，其中 $q < (\alpha/\max_j |\beta_j|)$。

1. 若对所有的 j，$\beta_j > 0$，那么产量在 J 个工厂之间应如何分配？
2. 若对所有的 j，$\beta_j < 0$，那么产量在 J 个工厂之间应如何分配？
3. 若有的工厂 $\beta_j > 0$ 而有的工厂 $\beta_j < 0$，那么又该如何呢？

习题 4.31　令 $(g_i(\mathbf{w}, y))$，　$i = 1, \cdots, n$，是关于价格的零次齐次函数，且

$$\left(\frac{\partial g_i(\mathbf{w}, y)}{\partial w_j}\right)$$

是对称负半定矩阵。定义函数

$$\phi(\mathbf{w}, y) = \sum_{i=1}^{n} w_i g_i(\mathbf{w}, y).$$

证明以下结论：

1. $\phi(\mathbf{w}, y)$ 是 $\mathbf{w}$ 的一次齐次函数。
2. $\phi(\mathbf{w}, y) \geqq 0, \forall \mathbf{w} \geqq \mathbf{0}$。
3. $\phi(\mathbf{w}, y)$ 关于 w_i 非递减。

4. $\phi(\mathbf{w}, y)$ 是 $\mathbf{w}$ 的凹函数。

习题 4.32 生产者理论与消费者理论有诸多相似之处。生产者理论下给定生产函数求解利润最大化问题和成本最小化问题，对应着消费者理论下给定效用函数求解效用最大化和支出最小化问题。因此，同效用函数相仿，对生产函数的单调变换不影响利润最大化问题和成本最小化问题的求解。上述说法是否正确？给出解释。

习题 4.33 正文中已给出常替代弹性技术的成本函数，试根据谢泼德引理，求常替代弹性技术的条件要素需求函数。

习题 4.34 正文中已给出成本函数的若干性质，仿照支出函数的相关结论，证明这些性质。

4.8 参考文献

教材和专著：

黄有光，张定胜 (2008). 高级微观经济学. 上海：格致出版社.

平新乔 (2001). 微观经济学十八讲. 北京：北京大学出版社.

Debreu, G. (1959). *Theory of Value*, Wiley.

Hicks, J. (1946). *Value and Capital*, Clarendon Press.

Jehle, G. A. and P. Reny (1998). *Advanced Microeconomic Theory*, Addison-Wesley.

Luenberger, D. (1995). *Microeconomic Theory*, McGraw-Hill.

Mas-Colell, A., M. D. Whinston, and J. Green (1995). *Microeconomic Theory*, Oxford University Press.

Rubinstein, Ariel (2005). *Lecture Notes in Microeconomics (modeling the economic agent)*, Princeton Univeristy Press.

Samuelson, P. (1947). *Foundations of Economic Analysis*, Harvard University Press.

Shephard, R. (1953). *Cost and Production Functions*, Princeton University Press.

Varian, H. R. (1992). *Microeconomic Analysis(Third Edition)*, W. W. Norton and Company.

论文：

Diewert, E. (1974). "Applications of Duality Theory". In Intriligator, M. and D. Kendrick(Eds.), *Frontiers of Quantitative Economics*(Amsterdam: North-Holland).

Hotelling, H. (1932). "Edgeworth's Taxation Paradox and the Nature of Demand and Supply Function", *Political Economy*, Vol. 40, No. 5, 577-616.

McFadden, D. (1978). "Cost, Revenue, and Profit Functions". In Fuss, M. and D. McFadden(Eds.), *Production Economics: A Dual Approach to Theory and Applications*(Amsterdam: North-Holland).

Tian, G. and Fan Zhang (1993). "Market Economics for Masses". In Tian, G. *A Series of Market Economics,* Vol. 1. (Shanghai People's Publishing House and Hong Kong's Intelligent Book Ltd. (in Chinese)).

第 5 章　不确定性下的选择

5.1　导　　言

到目前为止，我们讨论的都是完全确定情形下的选择。然而，在现实生活中处处充满不确定性，涉及风险因素。许多选择是在不确定情形下作出的，如人们的投资结果往往是不确定的。人们通常需要规避一些不确定性，比如通过购买保险。这样，不确定情形下的选择问题是经济学的一个极其重要的内容。在本章中，我们将考察如何将前面所讨论的个人选择理论推广到不确定情形下的个人选择理论。

本章的思路同确定情形下标准的消费者理论大体一样，我们主要考察不确定环境下个体的最优选择问题。我们将说明如何将偏好结构推广到不确定情景并描述个体作出选择的特征，并着重介绍不确定选择的几个经典理论，包括著名的冯·诺依曼（其生平见本章末的介绍）和摩根斯坦（von Neumann-Mogenstern）期望效用理论，安斯康姆–奥曼（Anscombe-Aumann）状态依赖（或称为赛马彩票 — 轮盘）期望效用理论以及萨维奇（Savage）主观概率理论。主观概率理论为不确定情形下个人选择的建模提供了一种方法，其中决策者不知道各种风险状态出现的客观概率。在冯·诺依曼和摩根斯坦期望效用理论的概念框架基础上，我们将讨论风险规避的概念，并将本章的基本理论推广到允许效用和货币收益依赖于不确定自然状态的情形，最后介绍不确定情形下选择理论的一些最近扩展。

5.2　不确定性的三个基本理论模型

5.2.1　不确定性选择的基本表述

在第 3 章中，我们讨论了确定情形下个体理性选择的问题。给定选择集 X，若 $\mathbf{x}$，$\mathbf{y} \in X$，$\mathbf{x} \succ \mathbf{y}$，在 X 集合上的效用函数 u 定义为：$u(\mathbf{x}) > u(\mathbf{y})$ 当且仅当满足 $\mathbf{x} \succ \mathbf{y}$。那么，在不确定结果的情形下，其偏好或效用函数该如何定义呢？

在文献中存在着三类关于不确定条件下的选择理论，它们的差异主要集中在对“不确定”概念的理解。其中两类具有截然不同的类别，一端是把不确定性刻画为客观的不确定，即认为不确定性可以看作是客观存在的对可能结果的概率分布，这一理论的代表就是著名的冯·诺依曼和摩根斯坦期望效用理论；而另一端的理论则认为不确定是基于个人对可能结果的主观判断，这一理论的代表是萨维奇基于个人信念的主观概率理论。在这两大类的中间，存在一些折中的理论，其代表是安斯康姆–奥曼状态依赖期望效用理论。下面我们逐一对这三种理论的基本内容做一大致介绍。

5.2.2　冯·诺依曼和摩根斯坦期望效用模型

对客观不确定性选择理论，这里的“客观”意味着存在一个对可能结果的外在不确定的测度，它不依赖于决策者的自身判断。用概率论的术语来说，这一不确定性测度是对可供选择的结果存在着一个概率分布。

假设可供选择结果的集合为 Z，其结果的数目可能是有限、可数无限或不可数，我们都可以通过定义在 Z 上的一个概率分布来刻画其不确定性。这种概率分布在不同的集合类型中有不同的表达方式，比如对可数个结果的集合，$\{z_1, z_2, \cdots\}$ 或写为 $\{z_i, i \in N\}$，其中 N 为可数的指标集。此时，对不确定结果的偏好表现为对概率分布的偏好。假设 $\mathbf{p} = (p_i)_{i\in N}$ $\Big($其中 $p_i \equiv prob(z = z_i)$）和 $\mathbf{p}' = (p'_i)_{i\in N}$（其中 $p'_i \equiv prob(z = z_i)$$\Big)$。在冯 • 诺依曼和摩根斯坦期望效用理论中，存在一个效用函数 $u(\cdot)$ 满足：$\mathbf{p} \succ \mathbf{p}'$ 当且仅当 $\sum\limits_{i\in N} p_i u(z_i) > \sum\limits_{i\in N} p'_i u(z_i)$。对连续区间或混合类型的不确定结果，用分布函数或密度函数，同样可以把不同概率分布的偏好定义为在不同概率分布下期望效用的大小。若 $\mathbf{p}(x)$ 是 x 的概率密度函数，则消费者的期望效用为 $\int u(x)\mathbf{p}(x)dx$，其相应的效用函数存在性结果是：$\mathbf{p} \succ \mathbf{p}'$ 当且仅当 $\int u(x)\mathbf{p}(x)dx > \int u(x)\mathbf{p}'(x)dx$。

尽管它在经济学中被广泛应用，但人们还是发现理论与现实之间存在冲突，为此，经济学家对其进行了修正和改进，在 5.7 节将讨论它所存在的问题及其理论修正。

5.2.3 萨维奇主观概率模型

在“主观”不确定性的选择理论中，“主观”的意思就意味着对不确定性的判断是因人而异的，其主观性也进入到决策过程之中去。在萨维奇（Savage）不确定选择理论模型中，有两个基本的要素：(1) 可能结果的集合，用 Z 表示；(2) 自然状态的集合（set of states of the nature），用 S 表示。每个状态 $s \in S$ 表示理性决策者不确定的、行动与其结果之间相关联的所有可能的特征或因素。同时状态集是对所有互斥（mutually exclusive）状态的集合。

在结果集 Z 和状态集 S 之间建立一个选择空间，用 F 表示，它是从 S 到 Z 的所有函数集合，表示行动的集合。决策者对行动的选择，意味着建立了一个从状态集到结果集的映射。由于决策者无法事先观察到状态，因而他也无法从选择的行动中确切地了解到行动的后果。

在萨维奇对不确定选择的表述中，存在基于个体对状态的一个主观判断，又称为主观信念 $p(\cdot)$ 和基于个体对结果的效用函数 $u(\cdot)$，其中 $p(\cdot)$ 满足 $\sum\limits_{s\in S} p(s) = 1$。以上个体对状态的判断和对结果的主观偏好是相互独立的，同时它们都独立于选择的行动。

决策者的偏好是定义在行动集上的。对任意两个行动 f 及 f'，$f \succ f'$ 当且仅当

$$\sum_{s\in S} p(s)u(f(s)) > \sum_{s\in S} p(s)u(f'(s)).$$

这里，我们假设了状态集是可数的。

为理解上面的概念，我们举一个商业决策的例子。有一个企业开发了一种新产品，企业经理考虑是否做广告，假设做广告的投入是固定的，为 10 万元。经理不知道新产品是否好卖。我们把产品可能的类型分为畅销品和滞销品，选择结果由企业的利润表示。若企业不做广告，产品是畅销品，利润为 100 万元；若企业做广告，同时产品是畅销品，利润为 90 万元；若企业不做广告，产品是滞销品，利润为 0 元；若企业做广告，产品是滞销品，利润为 −10

万元。结果集为 $Z=\{100,90;0,-10\}$。考虑状态集，它是行动与其所引发结果相互关系之间的一个相关特征或因素。由于做广告可能会改变产品的类型，把一个滞销品变为畅销品，为此，我们考虑下面的状态集。状态集 $S=\{s_1,s_2,s_3\}$，其中 s_1 表示无论是否做广告，产品都是畅销品；s_2 表示无论是否做广告，产品都是滞销品；s_3 表示若做广告，产品是畅销品，若不做广告，产品是滞销品。考虑两个可能的行动：做广告和不做广告，所导致的结果如下：

做广告：$f_1(s_1)=90$，$f_1(s_2)=-10$，$f_1(s_3)=90$；

不做广告：$f_2(s_1)=100$，$f_1(s_2)=0$，$f_1(s_3)=0$。

在这个例子中，企业经理对状态的判断与对结果的主观偏好是相互独立的，并且这两者都独立于选择的行动。

5.2.4 安斯康姆–奥曼状态依赖期望效用模型

安斯康姆–奥曼 (Anscombe-Aumann) 状态依赖期望效用理论通过客观的不确定性为主观的信念建立了一个理论基础。其基本决策方式是用客观的不确定性来度量主观的不确定性。我们通常都会承认世界上存在一些对不确定性的客观描述，比如很规则的硬币、骰子、轮盘等等。比如抛一次硬币，它各有 1/2 的概率会出现正面和背面；掷一次骰子，各有 1/6 的概率出现 1 到 6 的数字，等等。在此基础上，我们可以建构个人的主观信念。比如下面的例子，你有两个选择：选择一，若杰克这匹马赢得冠军，得到 100 元，否则为零；选择二，若连续抛四次硬币都出现正面，那么得到 100 元，否则为零。若你选择一，那么可以推断你对赌马赢的主观概率判断超过 1/16；若你选择二，可以推断你对杰克这匹马赢的主观概率判断低于 1/16。

安斯康姆–奥曼理论的表述与萨维奇理论相似，它存在两个基本要素：结果集 Z 和状态集 S（用来刻画主观不确定性）。与萨维奇理论不同的是，这里不仅关注行动（即，从状态到结果的主观概率分布），也关注结果的客观概率分布。

假设 P 是定义在结果集 Z 上的（客观）概率分布的集合，对选择空间，定义为 $H=P^S$，它是从状态集到结果集上所有（主观）概率分布的集合，其代表元素记为 h，在状态 s 和结果 z 下的分量为 $(h_s(z))$，表示在状态 s 下结果 z 出现的概率。

我们想要证明的是，在什么条件下：存在着满足 $\sum_{s\in S}\pi(s)=1$ 的概率函数 π: $S\to[0,1]$ 以及效用函数 $u:Z\to\mathcal{R}$, 使得：$h\succ h'$ 当且仅当

$$\sum_{s\in S}\pi(s)\left[\sum_{z\in Z}h_s(z)u(z)\right]>\sum_{s\in S}\pi(s)\left[\sum_{z\in Z}h'_s(z)u(z)\right].$$

在很多不确定情形下，主观概率更加符合现实，然而引入主观概率也有代价，Kreps（1988）在其专著的第 8 章讨论了主观概率存在的问题，特别是当状态的主观信念与行动之间的独立性假设不满足的情形。

5.3 冯·诺依曼和摩根斯坦期望效用理论

客观不确定下的理性选择行为是传统微观经济学中相当成熟的理论。在冯·诺依曼和摩根斯坦 1944 年的名著《博弈论和经济行为》中有非常翔实的讨论，正因为此，它被称为

冯・诺依曼和摩根斯坦期望效用理论。本节讨论该理论的基本内容。

5.3.1 模型及基本公理

前面章节提到的偏好是定义在结果集合之上，比如商品束或者货币数量等等。我们用 Z 表示所有结果的集合。假定决策者在 Z 上有一个理性偏好 $\succcurlyeq$。在不确定选择下，偏好是定义在 Z 上的概率分布，我们用 P 表示。为论述方便起见，我们假定 Z 只包括有限个元素。①P 中的元素，$\mathbf{p}: Z \to [0,1]$ 是从结果集合到实数子集 $[0,1]$ 的映射，同时满足 $\sum\limits_{z\in Z} \mathbf{p}(z) = 1$。

显然，P 是一个凸集，即若 $\mathbf{p}, \mathbf{q} \in P$，则 $a\mathbf{p}+(1-a)\mathbf{q} \in P$ 对任意的 $a \in [0,1]$ 都成立。这是因为 $a\mathbf{p}(z)+(1-a)\mathbf{q}(z) \geqq 0$，且 $\sum\limits_{z\in Z} a\mathbf{p}(z)+(1-a)\mathbf{q}(z) = a\sum\limits_{z\in Z} \mathbf{p}(z)+(1-a)\sum\limits_{z\in Z} \mathbf{q}(z) = 1$。

首先介绍冯・诺依曼和摩根斯坦期望效用理论定义在概率空间所需要的一些关于偏好的公理。

公理 VM1（**序公理**）：$\succcurlyeq$ **是一个偏好序关系。**

公理 VM1 说明，$\succcurlyeq$ 满足自反性、传递性及完备性。

公理 VM2（**独立性公理**）：**对所有** $\mathbf{p}, \mathbf{q}, \mathbf{r} \in P$ **以及** $a \in (0,1]$，**若** $\mathbf{p} \succ \mathbf{q}$，**则** $a\mathbf{p}+(1-a)\mathbf{r} \succ a\mathbf{q}+(1-a)\mathbf{r}$。

公理 VM2 又称为替代性或独立性公理。引入这一假设的动机是：设想一些复合的彩票，$a\mathbf{p}+(1-a)\mathbf{r}$ 彩票与 $a\mathbf{q}+(1-a)\mathbf{r}$ 彩票的比较，在去掉相同比例的彩票 $\mathbf{r}$ 之后，$\mathbf{p}$ 彩票与 $\mathbf{q}$ 彩票的比较仍然是一致的。尽管看上去这一假设与人们的感受很相近，然而，现实中各种彩票之间可能并不独立，这一假设本身存在着一定的局限性，后来的期望效用理论的发展逐渐放松了这一假设。

公理 VM3（**连续性公理**）：**对所有** $\mathbf{p}, \mathbf{q}, \mathbf{r} \in P$，**若** $\mathbf{p} \succ \mathbf{q} \succ \mathbf{r}$，**则存在** $a, b \in (0,1)$，**使得** $a\mathbf{p}+(1-a)\mathbf{r} \succ \mathbf{q} \succ b\mathbf{p}+(1-b)\mathbf{r}$，**或等价地，集合** $\{a \in [0,1] : a\mathbf{p}+(1-a)\mathbf{r} \succcurlyeq \mathbf{q}\}$ **和** $\{b \in [0,1] : a\mathbf{p}+(1-a)\mathbf{r} \succcurlyeq \mathbf{q}\}$**为闭集。**

公理 VM3 又称为连续性假设或阿基米德假设。这一假设可以这么来理解：若彩票 $\mathbf{q}$ 严格偏好于彩票 $\mathbf{r}$，则对任意的彩票 $\mathbf{p}$，总存在一个很小比例 a 的彩票 $\mathbf{p}$ 和很大比例 $(1-a)$ 的彩票 $\mathbf{r}$ 所组成的复合彩票，相对彩票 $\mathbf{q}$ 更不被偏爱。同时，若彩票 $\mathbf{p}$ 严格偏好于彩票 $\mathbf{q}$，则对任意的彩票 $\mathbf{r}$，总存在一个很大比例 b 的彩票 $\mathbf{p}$ 和很小比例 $(1-b)$ 的彩票 $\mathbf{r}$ 所组成的复合彩票，相对彩票 $\mathbf{q}$ 更被偏爱。这样的表述与阿基米德原理很相似：不管 $x > 0$ 多么小，$y > 0$ 多么大，总存在着自然数 n，使得 $nx > y$。

5.3.2 期望效用表示定理

第 3 章讨论了确定情形下效用函数的存在性。若偏好满足自反性、传递性、完备性以及连续性条件，那么存在一个效用函数来刻画其偏好。下面我们讨论，对满足上面三条公理的偏好，同样存在着一个效用函数，它刻画了不确定情形下选择的偏好。

下面的命题刻画了不确定情形下个体偏好所对应效用函数的特性。

①当 Z 是无穷集时，讨论要复杂许多，需要用到混合空间及混合空间定理，对这种情形下效用表示存在性定理的讨论参见 Kreps (1988)。

定理 5.3.1(期望效用定理)　假定在结果集 Z 上概率空间 P 的偏好 $\succcurlyeq$ 满足公理 VM1~VM3，则存在定义 Z 上的效用函数 $u: Z \to \mathcal{R}$ 使得对任意的 $\mathbf{p}$，$\mathbf{q} \in P$，$\mathbf{p} \succ \mathbf{q}$ 当且仅当 $\sum_{z\in Z} u(z)\mathbf{p}(z) > \sum_{z\in Z} u(z)\mathbf{q}(z)$。更进一步，函数 v 同样地表示了偏好 $\succ$ 当且仅当存在常数 $a>0$ 和 $b\in\mathcal{R}$ 使得 $v(\cdot)=au(\cdot)+b$ 成立。

具有以上形式的线性变换 v 被称为仿射变换（affinc transformation）。

在正式证明定理前，我们比较一下不确定情形下效用函数与确定情形下效用函数之间的差别。对确定的情形，若一个函数表示了偏好，那么这个函数任意正的单调变换都表示了相同的偏好。然而，在不确定情形下，表示相同偏好的效用函数之间只存在仿射变换。

证明　为了简单起见，我们先假设在结果集中存在着最好和最差的结果 b 和 w。这意味着对结果集上的任何元素 $z \neq b, \neq w$，都有 $\delta_b \succ \delta_z \succ \delta_w$，且 $\delta_b \succ \mathbf{p} \succ \delta_w$ 对 $\forall \mathbf{p} \neq \delta_b, \delta_w$ 成立，其中 δ_x 定义为以 1 的概率得到 x，以 0 的概率得到其他结果的这一概率分布。

我们通过下面几个引理来证明这个定理。

引理 5.3.1　对任意两个实数 α，$\beta\in[0,1]$，$\alpha\delta_b+(1-\alpha)\delta_w \succ \beta\delta_b+(1-\beta)\delta_w$，当且仅当 $\alpha>\beta$ 成立。

证明　引理 1 的证明直接来自公理 VM2（独立性公理）。由于 $\beta\delta_b+(1-\beta)\delta_w=\alpha(\frac{\beta}{\alpha}\delta_b+(1-\frac{\beta}{\alpha})\delta_w)+(1-\alpha)\delta_w$。此时利用公理 VM2，这里我们只需要用 δ_b 来替代 $\mathbf{p}$，用 $\frac{\beta}{\alpha}\delta_b+(1-\frac{\beta}{\alpha})\delta_w$ 来替代 $\mathbf{q}$，用 δ_w 来替代公理 VM2 的 $\mathbf{r}$，就可以得到上面的结论。　□

引理 5.3.2　对任意 $\mathbf{p}\in P$，存在着唯一的 $\alpha\in[0,1]$ 使得 $\alpha\delta_b+(1-\alpha)\delta_w \sim \mathbf{p}$。

证明　引理 5.3.2 的证明基于引理 5.3.1 和序公理（公理 VM1）以及连续性公理（公理 VM3）。我们用 δ_b 来替代公理 VM3 中的 $\mathbf{p}$，用 δ_w 来替代公理 VM3 中的 $\mathbf{r}$，用 $\mathbf{p}$ 来替代公理 VM3 中的 $\mathbf{q}$。由引理 5.3.1，若 $\alpha\delta_b+(1-\alpha)\delta_w\succ\mathbf{p}$，则对任意的 $\alpha'\geqq\alpha$，都有 $\alpha'\delta_b+(1-\alpha')\delta_w\succ\mathbf{p}$。同样，若 $\mathbf{p}\succ\beta\delta_b+(1-\beta)\delta_w$，则对任意的 $\beta\geqq\beta'$，都有 $\mathbf{p}\succ\beta'\delta_b+(1-\beta')\delta_w$。此外，对任意的 $\gamma\in[0,1]$，由公理 VM1，或有 $\gamma\delta_b+(1-\gamma)\delta_w\succ\mathbf{p}$，或有 $\mathbf{p}\succcurlyeq\gamma\delta_b+(1-\gamma)\delta_w$。根据实数的特性，存在唯一的 $\alpha\in[0,1]$ 使得 $\alpha\delta_b+(1-\alpha)\delta_w\sim\mathbf{p}$，并且若 $\gamma>\alpha$，则有 $\gamma\delta_b+(1-\gamma)\delta_w\succ\mathbf{p}$；若 $\gamma<\alpha$，则有 $\mathbf{p}\succ\gamma\delta_b+(1-\gamma)\delta_w$。　□

引理 5.3.3　若 $\mathbf{p}\sim\mathbf{q}$，则 $\alpha\mathbf{p}+(1-\alpha)\mathbf{r}\sim\alpha\mathbf{q}+(1-\alpha)\mathbf{r}$ 对任意的 $\mathbf{r}\in P$ 和 $\alpha\in[0,1]$ 成立。

证明　显然，对 $\forall r$ 如果 $\mathbf{p}\sim\mathbf{q}\sim\mathbf{r}$，那么有 $\alpha\mathbf{p}+(1-\alpha)\mathbf{r}\sim\alpha\mathbf{q}+(1-\alpha)\mathbf{r}$。假设存在某个 $\mathbf{s}\in P$，使得 $\mathbf{s}\succ\mathbf{p}\sim\mathbf{q}$，同时有 $\alpha\mathbf{p}+(1-\alpha)\mathbf{s}\succ\alpha\mathbf{q}+(1-\alpha)\mathbf{s}$，我们将推出矛盾。根据公理 VM2，对任意 $b\in(0,1)$，都有 $b\mathbf{s}+(1-b)\mathbf{q}\succ b\mathbf{q}+(1-b)\mathbf{q}=\mathbf{q}\sim\mathbf{p}$，从而有 $\alpha((b\mathbf{s}+(1-b)\mathbf{q}))+(1-\alpha)\mathbf{r}\succ\alpha\mathbf{p}+(1-\alpha)\mathbf{r}$。由公理 VM3，存在 $a^*(b)\in(0,1)$，使得 $\alpha\mathbf{p}+(1-\alpha)\mathbf{r}\succ a^*(b)[\alpha((b\mathbf{s}+(1-b)\mathbf{q}))+(1-\alpha)\mathbf{r}]+(1-a^*(b))(\alpha\mathbf{q}+(1-\alpha)\mathbf{r})$。

令 $b=1/2$，$a^*\equiv a^*(1/2)$，则上式可写为：$\alpha\mathbf{p}+(1-\alpha)\mathbf{r}\succ\alpha[\frac{a^*}{2}\mathbf{s}+(1-\frac{a^*}{2})\mathbf{q}]+(1-\alpha)\mathbf{r}$，而 $\alpha[\frac{a^*}{2}\mathbf{s}+(1-\frac{a^*}{2})v]+(1-\alpha)\mathbf{r}\succ\alpha\mathbf{p}+(1-\alpha)\mathbf{r}$，矛盾。其他情形的证明与此相似，这样我们证明了引理 5.3.3。　□

在有些教材中，比如 Varian(1992)，独立性公理直接表述为：对所有 $\mathbf{p}$, $\mathbf{q}$, $\mathbf{r}\in P$ 以及 $a\in(0,1]$，若 $\mathbf{p}\sim\mathbf{q}$，则 $a\mathbf{p}+(1-a)\mathbf{r}\sim a\mathbf{q}+(1-a)\mathbf{r}$。我们这里的表述参考自 Kreps(1988)。

在下面的讨论中，对任意的结果 $z\in Z$，定义 $u(z)$ 满足 $\delta_z\sim u(z)\delta_b+(1-u(z))\delta_w$。这里的 $u(z)$ 可以理解为结果 z 的效用。从上面的引理 5.3.1 和 5.3.2，$u(z)$ 存在且是唯一的。

引理 5.3.4 对任意 $\mathbf{p}\in P$，有 $\mathbf{p}\sim\sum_{z\in Z}\mathbf{p}(z)u(z)\delta_b+(1-\sum_{z\in Z}\mathbf{p}(z)u(z))\delta_w$。

证明 首先，对任意 $\mathbf{p}\in P$，定义 $f(\mathbf{p})=a$ 使得 $a\delta_b+(1-a)\delta_w\sim\mathbf{p}$。由引理 5.3.2，$a\in[0,1]$，且是唯一的。我们要证明函数 f 表示了不确定情形下的偏好 $\succcurlyeq$，即 $\mathbf{p}\succ\mathbf{q}$ 当且仅当 $f(\mathbf{p})\delta_b+(1-f(\mathbf{p}))\delta_w>f(\mathbf{q})\delta_b+(1-f(\mathbf{q}))\delta_w$。

应用前面的引理 5.3.3，我们得到：

$$
\begin{aligned}
a\mathbf{p}+(1-a)\mathbf{q}&\sim a[f(\mathbf{p})\delta_b+(1-f(\mathbf{p}))\delta_w]+(1-a)[f(\mathbf{q})\delta_b+(1-f(\mathbf{q}))\delta_w]\\
&=[af(\mathbf{p})+(1-a)f(\mathbf{q})]\delta_b+\{1-[af(\mathbf{p})+(1-a)f(\mathbf{q})]\}\delta_w.
\end{aligned}
$$

根据 f 的定义，有

$$
f(a\mathbf{p}+(1-a)\mathbf{q})=af(\mathbf{p})+(1-a)f(\mathbf{q}).
$$

对 $z\in Z$，定义 $u(z)=f(\delta_z)$。为得到定理的表述，我们需证明：对任意的 $\mathbf{p}\in P$，有

$$
f(\mathbf{p})=\sum_z u(z)\mathbf{p}(z).
$$

用数学归纳法，假设对有 n 个（正概率发生）结果的选择集成立，下面要证明对有 $n+1$ 个（正概率发生）结果的选择集也同样成立。$\mathbf{p}$ 是定义在有 $n+1$ 个（正概率发生）结果的选择集上的概率分布，令 z' 是其中某个结果。定义 $\mathbf{q}$ 为：

$$
\mathbf{q}(z)=\begin{cases}0, & 若\ z=z';\\ \mathbf{p}(z)/(1-\mathbf{p}(z')), & 若\ z\neq z'.\end{cases}
$$

显然，$\mathbf{q}$ 是定义在有 n 个（正概率发生）结果的选择集的概率分布，于是有 $\mathbf{p}=\mathbf{p}(z')\delta_{z'}+(1-\mathbf{p}(z'))\mathbf{q}$。利用前面的 $f(a\mathbf{p}+(1-a)\mathbf{q})=af(\mathbf{p})+(1-a)f(\mathbf{q})$，有

$$
\begin{aligned}
f(\mathbf{p})&=\mathbf{p}(z')f(\delta_{z'})+(1-\mathbf{p}(z'))f(\mathbf{q})\\
&=\mathbf{p}(z')u(z')+(1-\mathbf{p}(z'))\sum_{z\neq z'}\mathbf{q}(z)u(z)\\
&=\sum_z\mathbf{p}(z)u(z).
\end{aligned}
$$

由于选择集 Z 是有限的，我们证明了，对所有的 $\mathbf{p}\in P$，有 $f(\mathbf{p})=\sum_z u(z)\mathbf{p}(z)$。 □

下面我们放松在结果集上存在最好和最差结果的假设。此时，令存在两个结果 b，w，满足 $\delta_b\succ\delta_w$，设 $u(b)=1$，$u(w)=0$。若 $\delta_b\succ\delta_z\succ\delta_w$，定义 $u(z)$ 使得 $\delta_z\sim u(z)\delta_b+(1-u(z))\delta_w$；若 $\delta_z\succ\delta_b$，定义 $u(z)=\frac{1}{\alpha}$ 使得 $\delta_b\sim\alpha\delta_z+(1-\alpha)\delta_w$；若 $\delta_w\succ\delta_z$，定义 $u(z)=-\frac{\beta}{1-\beta}$ 使得 $\delta_w\sim\beta\delta_b+(1-\beta)\delta_z$。容易验证，$u(\cdot)$ 同样表示了不确定情形的偏好 $\succ$。其他的证明与前面相同。

以上引理 5.3.1~5.3.3 证明了存在性。下面证明在仿射变换（affine transformation）意义下期望效用函数的唯一性。若 $u(\cdot)$ 表示了 $\succ$，$v(\cdot)=au(\cdot)+b$，$a>0$，也表示同样的 $\succ$，这容易验证。下面，要证明的是若效用函数 $u(\cdot)$ 和 $v(\cdot)$ 同时表示了 $\succ$，则一定存在 $a>0$ 及 $b\in\mathcal{R}$ 使得 $v(\cdot)=au(\cdot)+b$ 成立。

用反证法，若效用函数 $u(\cdot)$ 和 $v(\cdot)$ 同时表示了 $\succ$，那么对任意的 $a>0, b\in\mathcal{R}$，至少存在一个 $\tilde{z}$，使得 $v(\tilde{z})\neq au(\tilde{z})+b$。我们知道至少存在两个结果 $b\succ w$（$\tilde{z}$ 可能是其中之一），使得 $\tilde{z}\sim\alpha\delta_b+(1-\alpha)\delta_w$，且 $\alpha\in[0,1]$ 是唯一存在的。

根据前面的引理，我们得到 $u(\tilde{z})=\alpha u(b)+(1-\alpha)u(w)$ 和 $v(\tilde{z})=\alpha v(b)+(1-\alpha)v(w)$。于是有 $v(\tilde{z})=\frac{u(b)-u(w)}{v(b)-v(w)}u(\tilde{z})+(1-\frac{u(b)-u(w)}{v(b)-v(w)})u(w)$，显然 $\frac{u(b)-u(w)}{v(b)-v(w)}>0$，矛盾。 □

在唯一性的证明中，其实我们得到了如下结果。若 $u(\cdot)$，$v(\cdot)$ 同时刻画 $\succ$，由于至少存在两个结果 $b\succ w$，那么它们之间的关系满足 $v(\tilde{z})=\frac{u(b)-u(w)}{v(b)-v(w)}u(\tilde{z})+(1-\frac{u(b)-u(w)}{v(b)-v(w)})u(w)$。

尽管证明冯·诺依曼和摩根斯坦期望效用定理的存在性和唯一性显得较为复杂，但在应用中，它有两个优点。其一，其数学表示非常简单；其二，冯·诺依曼和摩根斯坦期望效用定理可以帮助人们决定不确定情形下的决策。人们经常感觉到对风险情形的系统分析很难，然而只要相信基于冯·诺依曼和摩根斯坦期望效用定理的那些公理是合理的，那么这个定理可以帮助人们在具有风险的情形不进行决策。

期望效用的其他记号

我们对有限种奖励情形的彩票证明了期望效用定理。正如前面的分析中所提及的，期望效用定理对可数无穷集的连续概率分布也成立，其证明同前面的证明类似，只需增加若干技术细节即可。若 $p(x)$ 是 x 的概率密度函数，则消费者的期望效用为：

$$\int u(x)p(x)dx. \tag{5.3.1}$$

我们可以用期望算子将上述结果统一表示出来。令 X 为取值为 x 的随机变量，则 X 的效用函数 $u(X)$ 也是随机变量。该随机变量的期望 $Eu(X)$ 是对应于彩票 X 的期望效用。在离散随机变量情形下，$Eu(X)$ 由 $\sum\limits_{z\in Z}u(z)p(z)$ 表示；在连续随机变量情形下，$Eu(X)$ 则由式 (5.3.1) 给出。

5.4 风险规避

这一节讨论基于客观不确定情形的风险规避 (或者风险厌恶，risk aversion）的度量及其比较问题。这是由于，在主观不确定情形下，若每个人对概率本身判断不同，就无法从他们各自的行为中区分风险厌恶是来自客观差异还是来自对概率判断的主观差异。此外，我们主要考察的是彩票结果为货币结果的情形。

在传统微观经济学中，对风险的考察，通常是把不确定结果基于货币方面，这是因为货币是一个很好的计量单位。我们前面已证明：若个体的选择行为满足公理 VM1~VM3，则我们可以用期望效用函数表示个体关于彩票的偏好。这意味着我们可以用期望效用函数描述个体在结果为货币的彩票上的行为。例如，为了计算个体在彩票 $px+(1-p)y$ 上的期望效用，我们只需计算 $pu(x)+(1-p)u(y)$ 即可。

在不确定选择理论的发展中，概率论的发展占据重要的地位。之前的数学家，比如在 17 世纪，数学家 Blaise Pascal 和 Pierre de Fermat 认为一个赌博的吸引力取决于奖金的期望值，18 世纪的数学家 Nicholas Bernoulli 提出了一个圣彼得堡（St. Petersburg）悖论，以此揭示有其他因素影响到赌博的吸引力。

圣彼得堡悖论

假设有这样一个游戏：反复投掷一枚正规的硬币，直到出现正面为止。若第一次就出现正面，支付为 1 元；若第 k 次才出现正面，支付为 2^{k-1}。问：你愿意花多少钱来参加这个游戏？

按照该游戏的期望支付，它的数字是无穷大，以期望支付来判断游戏的吸引力，人们会愿意参加这样一个游戏，不管花多少钱。但在现实中，很少人会愿意拿很大数目的资金来参与这个游戏。

对这个悖论的答案，首先由 Nicholas 的侄子，Daniel Bernoulli 和 Gabriel Cramer 给出，他们认为得到 200 元收益的价值并不等同于得到 100 元收益价值的两倍。对收益的价值，用冯・诺依曼和摩根斯坦效用函数 $u(z)$ 来刻画，他们认为游戏的价值不取决于收益的期望值，而是取决于收益价值的期望值。假设一个人对收益价值的描述是自然对数函数 $u(z)=\ln(z)$，这里的 z 表示他拥有的财富。假如一个人目前拥有财富 50,000 元，那么上面的游戏给予他价值的期望值为：

$$0.5\ln(50,000+1)+0.5^2\ln(50,000+2)+0.5^3\ln(50,000+4)+\cdots+(0.5)^k\ln(50,000+2^{k-1})+\cdots.$$

尽管该游戏的收益期望值为无穷大，但是对收益的价值函数为 $u(z)=\ln(z)$ 的人来说，这个游戏带给他的好处与直接给他 9 元钱是差不多的。

对不同的人，收益的价值函数（或效用函数）不同，对上面游戏的评价也不同。对上述游戏价值的不同判断体现了决策者对风险的评价，下面我们对人们的风险态度进行理论上的讨论。

5.4.1 风险规避的类型

首先，需要界定人们对风险的态度，即人们对不确定结果和确定结果的偏好。假设 $p: Z\to[0,1]$ 描述不确定奖金数额的彩票，彩票 X 的期望值为 $EX=\sum_{x\in Z}xp(x)$ $\Big($若彩票是一个连续分布的不确定奖金数额，那么 $EX=\int xp(x)dx\Big)$。

定义 5.4.1 (风险态度) 若一个决策者对彩票的期望效用小于等于彩票期望值的效用，则称决策者是**风险厌恶者**；若决策者对上面两个选择无差异，则称决策者是**风险中性者**；若决策者对彩票的期望效用胜过对彩票期望值的效用，则称决策者是**风险偏好者**。

也就是说，决策者分别是风险厌恶者、风险中性者和风险喜好者当且仅当

$$\sum_{x\in Z}u(x)p(x)\begin{cases}\leqq\\ =u(\sum_{x\in Z}xp(x)),\\ \geqq\end{cases}$$

或简写成：

$$Eu(X)\begin{cases}\leqq\\ =u(EX),\\ \geqq\end{cases}$$

其中 X 是取值为 x 的随机变量。

利用詹森（Jensen）不等式，我们知道若 $u(\cdot)$ 是一个凹函数、线性函数或凸函数，则“$\leqq$”、“$=$”或“$\geqq$”就必然分别成立。詹森不等式在处理期望效用函数时极有用处。

引理 5.4.1 (詹森不等式)　令 X 为非退化 (nondegenerate) 随机变量，$f(X)$ 为变量为该随机变量的严格凹函数，则 $Ef(X) < f(EX)$。

证明　该结论对一般凹函数总是成立。但对可微凹函数情形其证明尤为简单。这样的函数具有如下性质：对任意的 $\overline{x}$, 都有 $f(x) < f(\overline{x}) + f'(\overline{x})(x - \overline{x})$。令 $\overline{X}$ 为 X 的期望值。对该表达式的两端取期望，我们有：

$$Ef(X) < f(\overline{X}) + f'(\overline{X})E(X - \overline{X}) = f(\overline{X}),$$

由此我们可得：

$$Ef(X) < f(\overline{X}) = f(EX).$$

□

从图形上来看，詹森不等式的性质一目了然。比如，若个体在某个区域上是风险厌恶的，则在该区域上其效用函数曲线上任意两点的连线必然在效用函数曲线之下，如图 5.1 所示。在数学上这等价于凹函数的定义（参见第 2 章）。因此，**期望效用函数的凹性等价于风险厌恶行为**。

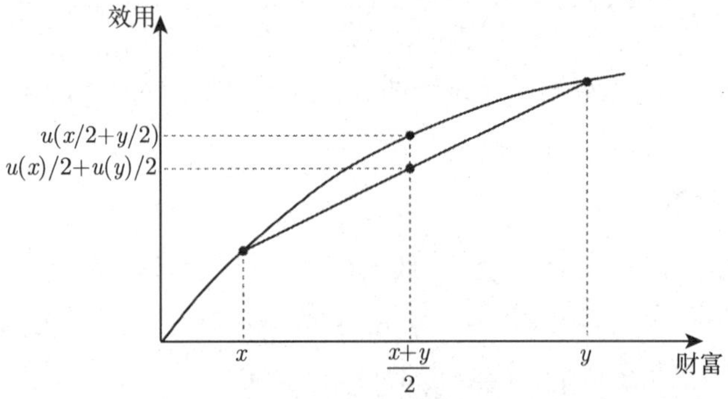

图 5.1　彩票的期望效用

定义 5.4.2 (对彩票的评价)　给定效用函数为 $u(\cdot)$，我们定义下述概念：

(1) 用 $c(\mathbf{p}, u)$ 表示的彩票 $p(\cdot)$ 的**确定性等价**（**certainty equivalent**）是一笔确定性的奖励额，它与彩票所获得的收益对决策者来说是无差异的，也就是说，

$$u(c(\mathbf{p}, u)) = Eu(X)$$

(2) 对固定的奖励额 z 和正数 ε，用 $\pi(z, \varepsilon, \mu)$ 表示的**概率溢价**（**probability premium**）是获胜概率超出公平概率的那部分差额（公平概率指的是某个确定结果 z 和等概率获得 $z + \varepsilon$ 及 $z - \varepsilon$ 彩票的期望值相等，此时的彩票结果的概率分布）。对风险厌恶的决策者来说，当彩票的获胜概率是公平概率加上概率溢价时，彩票与获得固定的奖励额是无差异的。用数学表达式表述为：

$$u(z) = \left(\frac{1}{2} + \pi(z, \varepsilon, u)\right) u(z + \varepsilon) + \left(\frac{1}{2} - \pi(z, \varepsilon, u)\right) u(z - \varepsilon). \qquad (5.4.2)$$

从以上定义可知，决策者的风险厌恶程度越大，那么确定性等价 $c(\mathbf{p}, u)$ 越小，或者概率溢价 $\pi(z, \varepsilon, u)$ 越大。这两个对风险厌恶的表述是相通的，下面的命题刻画了两个定义之间的联系。

命题 5.4.1 假定一个决策者追求期望效用最大，并对奖金的评价（或者效用函数）为 $u(\cdot)$。那么下面四个论述是等价的：

(1) 决策者风险厌恶；

(2) $u(\cdot)$ 是凹函数；

(3) $c(\mathbf{p}, u) \leqq EX = \int xp(x)dx$；

(4) $\pi(z, \varepsilon, u) \geqq 0$。

证明 我们已知决策者是风险厌恶等价于 $u(\cdot)$ 是凹函数。因此我们只需要证明论断 (2) 等价于 (3) 以及 (2) 等价于 (4) 即可。

(2) 等价于 (3)：由于 $u(\cdot)$ 是非递减的，所以我们有：

$$
\begin{aligned}
c(\mathbf{p}, u) \leqq \int xp(x)dx \quad &\Leftrightarrow \quad u(c(\mathbf{p}, u) \leqq u(\int xp(x)dx) \\
&\Leftrightarrow \quad \int u(x)p(x)dx \leqq u(\int xp(x)dx)
\end{aligned}
$$

后面的一个 $\Leftrightarrow$ 源于 $c(\mathbf{p}, u)$ 的定义及效用函数的凹性假设。

(2) 等价于 (4)：重新安排式 (5.4.2) 有：

$$
\pi(z, \varepsilon, u)[u(z+\varepsilon) - u(z-\varepsilon)] = u(z) - \frac{1}{2}[u(z+\varepsilon]) + u(z-\varepsilon)].
$$

由于 $u(\cdot)$ 是非递减的，我们有 $u(z+\varepsilon) - u(z-\varepsilon) \geqq 0$。这样，$\pi(z, \varepsilon, u) \geqq 0$ 当且仅当 $u(z) - \frac{1}{2}[u(z+\varepsilon) + u(z-\varepsilon) \geqq 0$。从而，这意味着当且仅当 $u(\cdot)$ 是凹的。 □

5.4.2 风险规避的几种度量

下面我们考察风险规避的程度。在经济学文献中，有三个应用广泛的指标来度量决策者风险厌恶的程度。它们分别是绝对风险厌恶（absolute risk aversion）、整体风险厌恶（global risk aversion）和相对风险厌恶（relative risk aversion）。

1. 绝对风险厌恶

衡量风险规避程度的测度在很多时候是有用的。直观上，期望效用函数越凹，个体的风险厌恶程度越大。因此，我们可以用期望效用函数的二阶导数来衡量风险厌恶程度。但是，这种定义随着期望效用函数形式的变化而变化：若我们将期望效用函数乘以 2，则个体的行为并不改变，而其风险厌恶程度却增加了一倍。但若我们用二阶导数除以一阶导数的结果来衡量风险厌恶程度，则这种定义不会随着期望效用函数形式的变化而变化。这种测度称为**阿罗–普拉特 (Arrow-Pratt) 绝对风险厌恶测度**，这一概念是由阿罗（Arrow,1970）和普拉特（Pratt,1966）提出来的，其定义为：

$$
r(w) = -\frac{u''(w)}{u'(w)}.
$$

考虑一个决策者拥有的初始财富为 w，他面临一个赌局，以 p 的概率获得收益 z_1，以 $1-p$ 的概率获得收益 z_2。固定 z_1，z_2 越大，该决策者越会接受这个赌博。定义其接受集是所有能让决策者接受的这种类型的赌局，记为 $A(w)$。同时定义 $z_2(z_1)$ 是使得该决策者刚好能接受这个赌局的临界值，也就是，定义 $z_2(z_1)$ 使得下面的等式成立

$$pu(w+z_1)+(1-p)u(w+z_2(z_1))\equiv u(w).$$

这样，$(z_1,z_2(z_1);p,1-p)$ 是决策者刚好愿意接受的彩票。接受集的边界在 $(0,0)$ 处，有 $pu'(w)+(1-p)u'(w)z_2'(0)=0$，即 $z_2'(0)=-\frac{p}{1-p}$。

我们说决策者 i 比决策者 j 更加厌恶风险，则有 $A_i(w)\subset A_j(w)$，也就是说，决策者 j 愿意接受的彩票比决策者 i 更多，或者说决策者 i 刚好接受彩票的边界线在 $(0,0)$ 处的弯曲度大于等于决策者 j。我们通常用 $z_2(z_1)$ 的二阶导数来刻画弯曲度。

对上面的等式进行微分，

$$pu''(w)+(1-p)u''(w)z_2'(0)z_2'(0)+(1-p)u'(w)z_2''(0)=0.$$

利用 $z_2'(0)=-\frac{p}{1-p}$，有

$$z_2''(0)=\frac{p}{(1-p)^2}[-\frac{u''(w)}{u'(w)}].$$

这样，给定 p，$-\frac{u''(w)}{u'(w)}$ 越大，弯曲度越大，决策者的风险厌恶程度因而也就越高。

例 5.4.1 (常风险厌恶) 假设个体的风险厌恶程度为常数 r，则其效用函数满足：

$$u''(x)=-ru'(x).$$

容易验证满足上述方程的解为：

$$u(x)=-ae^{-rx}+b$$

其中 a 和 b 为任意常数。若 $u(x)$ 关于 x 递增，则有 $a>0$。

例 5.4.2 一个财富为 X 的妇女有机会对以概率 p 出现的事件打赌，其打赌金额可以为任意数额。若她的押注为 w，则事件出现时她可以获得 $2w$，事件不出现时她的收益为 0。她的风险厌恶程度为常数，其效用函数为：$u(x)=-e^{-rx}$，$r>0$。她下注多少才是最优的？

该妇女的财富或者为 $X+w$，或者为 $X-w$。因此她希望确定 w 以最大化其期望效用

$$\max_w\{pu(X+w)+(1-p)u(X-w)\}=\max_w\{-pe^{-r(X+w)}-(1-p)e^{-r(X-w)}\}.$$

令上述目标函数的导数为零，可得：

$$(1-p)e^{rw}=pe^{-rw},$$

从而有：

$$w=\frac{1}{2r}\ln\frac{p}{1-p}.$$

根据上述结果，当 $p>\frac{1}{2}$ 时，该妇女的下注大于零。其下注随着风险厌恶程度 r 的上升而递减。在这个例子中，该妇女的下注与其初始财富无关, 这是这种效用函数的一个特点。

例 5.4.3 (保险需求) 假设某个体的初始财富为 w。该个体损失 L 的概率为 p（例如，其房子可能会着火）。该个体可以购买一份保险，当其损失发生时，该保险赔偿他 q 美元。为此，该个体必须支付 πq，这里 π 为个体为每美元赔偿所需支付的价格。

该个体应购买多少保险？我们考察如下效用最大化问题：

$$\max pu(w - L - \pi q + q) + (1-p)u(w - \pi q).$$

对上述问题的目标函数关于 q 求导并令导数为零，我们有：

$$pu'(w - L + q^*(1-\pi))(1-\pi) - (1-p)u'(w - \pi q^*)\pi = 0$$
$$\frac{u'(w - L + (1-\pi)q^*)}{u'(w - \pi q^*)} = \frac{(1-p)}{p}\frac{\pi}{1-\pi}.$$

若个体的损失发生，则保险公司的收益为 $\pi q - q$ 美元，否则保险公司的收益为 πq。因此，保险公司的期望收益为：

$$(1-p)\pi q - p(1-\pi)q.$$

假设市场竞争使保险公司的期望利润为零，则有：

$$-p(1-\pi)q + (1-p)\pi q = 0,$$

从而有 $\pi = p$.

在零利润假设下，保险公司对个体每美元的赔偿恰好等于保险的价格：保险的成本等于其期望价值，即 $p = \pi$。将该结果代入个体效用最大化的一阶条件，我们有：

$$u'(w - L + (1-\pi)q^*) = u'(w - \pi q^*).$$

若个体是严格风险厌恶的，即 $u''(w) < 0$，则由上述方程我们可得：

$$w - L + (1-\pi)q^* = w - \pi q^*,$$

从而我们有 $L = q^*$。因此，个体将为其损失 L 购买完全保险。

该结果成立的关键在于个体不能影响损失发生的概率。若个体的行为会影响其损失发生的概率，则保险公司将只提供部分保险，从而个体将有激励降低损失发生的概率。

2. 整体风险厌恶

阿罗–普拉特风险厌恶测度是一个局部的概念，即决策者愿意接受比较小的赌局。一种有意义的解释是：某个体比另一个体更为厌恶风险，若他愿意接受更少的小彩票。然而，在许多情况下，决策者对风险的态度，希望有一种整体风险厌恶的测度，换句话说，我们希望有一种衡量一个经济人比另外一个经济人在所有财富水平上都更为风险厌恶的风险测度。该如何表示这一条件呢？

有几种方法来度量。

一种方法是，对两个决策者 1 和 2，个体 1 的效用函数 $u_1(w)$ 比个体 2 的效用函数 $u_2(w)$ 更为风险厌恶的条件是：对任意的财富水平 w，下述条件成立：

$$-\frac{u_1''(w)}{u_1'(w)} > -\frac{u_2''(w)}{u_2'(w)}, \forall w.$$

这意味着个体 1 比个体 2 在每个财富水平 w 上都具有更大的风险厌恶程度。

第二种方法是通过效用函数的凹形程度来刻画风险厌恶程度。个体 1 比个体 2 更为风险厌恶的条件是：个体 1 的效用函数比个体 2 的更凹。更精确地，我们称个体 1 的效用函数为个体 2 效用函数的凹变换，即存在某个严格递增、严格凹的函数 $\psi(\cdot)$，使得下式成立：

$$u_1(w) = \psi(u_2(w)).$$

第三种方法是通过决策者对赌博的接受程度来定义，或者说决策者为避免风险愿意支付的货币数量，称风险规避的支付意愿。为预防既定的风险水平，个体 1 愿意比个体 2 支付更多。为了描述这一思想，令 ϵ 为一个期望值为零的随机变量：$E\epsilon = 0$。令 $\pi(\epsilon)$ 是风险规避的支付意愿，即

$$u(w - \pi(\epsilon)) = Eu(w + \epsilon).$$

上式的左端为决策者财富减少数量 $\pi(\epsilon)$ 后的效用，其右端为个体面临风险 ϵ 时的期望效用。令 $\pi_1(\varepsilon)$ 和 $\pi_2(\varepsilon)$ 分别是决策者 1 和 2 的风险规避的支付意愿，我们说决策者 1 比 2 风险厌恶强度更高，那么在任意财富水平下，当且仅当

$$\pi_1(\epsilon) > \pi_2(\epsilon)$$

成立。

在上述三个条件中选择一个“整体风险厌恶”的条件是困难的。幸运的是，我们不必这样做：普拉特 (Pratt，1964) 证明了，其实这三种方法在界定整体风险厌恶程度方面是等价的。

定理 5.4.1 (普拉特定理)　令 $u_1(w)$ 和 $u_2(w)$ 是变量为财富的两个可微、严格递增的凹期望效用函数，则这些函数的下述性质等价。

(1) $-u_1''(w)/u_1'(w) > -u_2''(w)/u_2'(w), \forall w$。

(2) 对任意严格递增的严格凹函数，有 $u_1(w) = \psi(u_2(w))$。

(3) 对所有期望值为 $E\epsilon = 0$ 的随机变量 ϵ，有 $\pi_1(\epsilon) > \pi_2(\epsilon)$。

证明

(1) 成立，则 (2) 成立。我们用方程 $u_1(w) = \psi(u_2(w))$ 定义 $\psi(u_2)$。由于 u_1 和 u_2 是强单调函数，因此对每个 u_2，存在唯一的函数 $\psi(u_2)$。对该方程两端连续求导两次，我们得：

$$\begin{aligned} u_1'(w) &= \psi'(u_2)u_2'(w), \\ u_1''(w) &= \psi''(u_2)u_2'(w)^2 + \psi'(u_2)u_2''(w). \end{aligned}$$

由于 $u_1'(w) > 0$，$u_2'(w) > 0$，上述第一个方程意味着 $\psi'(u_2) > 0$。将上述第二个方程除以第一个方程，我们得：

$$\frac{u_1''(w)}{u_1'(w)} = \frac{\psi''(u_2)}{\psi'(u_2)}u_2'(w) + \frac{u_2''(w)}{u_2'(w)}.$$

整理得：

$$\frac{\psi''(u_2)}{\psi'(u_2)}u_2'(w) = \frac{u_1''(w)}{u_1'(w)} - \frac{u_2''(w)}{u_2'(w)} < 0,$$

其中不等式由 (1) 推得。这意味着我们有 $\psi''(u_2)<0$。

(2) 成立，则 (3) 成立。这一结果可由下述式子推出：

$$\begin{aligned}u_1(w-\pi_1)&=Eu_1(w+\epsilon)=E\psi(u_2(w+\epsilon))\\&<\psi(Eu_2(w+\epsilon))=\psi(u_2(w-\pi_2))\\&=u_2(w-\pi_2).\end{aligned}$$

在上式中，除不等式之外，其他所有这些关系都由风险溢价 (risk premium) 的定义推出。上述式子中的不等式可由詹森不等式推出。比较上式的第一项和最后一项，我们可知 $\pi_1>\pi_2$。

(3) 成立，则 (1) 成立。由于对所有均值为零的随机变量 ϵ，(3) 都成立，因此它必然对所有任意小的随机变量都成立。固定 ϵ，我们考虑由 $t\epsilon, t\in[0,1]$ 定义的随机变量族。令 $\pi(t)$ 为变量为 t 的风险溢价函数，则 $\pi(t)$ 在 $t=0$ 附近的二阶泰勒展开式为：

$$\pi(t)\approx\pi(0)+\pi(0)t+\pi+\frac{1}{2}\pi''(0)t^2. \tag{5.4.3}$$

为了说明 $\pi(t)$ 在 t 很小时的性质，我们来计算二阶泰勒展开式。$\pi(t)$ 的定义为：

$$u_1(w-\pi(t))\equiv Eu_1(w+\epsilon t).$$

根据 $\pi(t)$ 的定义，我们有 $\pi(0)=0$。在其定义式两端对 t 连续求导两次，我们得：

$$\begin{aligned}-u_1'(w-\pi(t))\pi'(t)&=E[u_1'(w+t\widetilde{\epsilon})\widetilde{\epsilon}],\\u_1''(w-\pi(t))\pi'(t)^2-u_1'(w-\pi(t))\pi''(t)&=E[u_1''(w+t\widetilde{\epsilon})\widetilde{\epsilon}].\end{aligned}$$

对上式第一个方程在 $t=0$ 处取值，我们得 $\pi'(0)=0$。对上式第二个方程在 $t=0$ 处取值，我们得：

$$\pi''(0)=-\frac{Eu_1''(w)\widetilde{\epsilon}^2}{u_1'(w)}=-\frac{u_1''(w)}{u_1'(w)}\sigma^2,$$

其中 σ^2 为 $\widetilde{\epsilon}$ 的方差。将该导数代入方程 (5.4.3)，我们有：

$$\pi(t)\approx 0+0-\frac{u_1''(w)}{u_1'(w)}\frac{\sigma^2}{2}t^2.$$

这意味着对任意小的 t 值，风险溢价为风险厌恶程度的单调函数。这正是我们需要证明的。 □

3. 相对风险厌恶

在前面对风险规避的度量中，其程度依赖于财富水平，下面我们考察一个独立于财富变化的风险态度。假设有一个决策者，其财富水平为 w，他面临的赌局或彩票形式如下：个体获得 xw 的概率为 p，获得 yw 的概率为 $1-p$ 。若个体用期望效用评价该彩票，则个体关于该彩票的效用为：

$$pu(xw)+(1-p)u(yw).$$

要注意的是，这里的赌局的收益是财富的倍数（与个体的财富有关），而前面所分析的赌局的收益独立于个体的财富。但是，这种类型的赌局在经济问题中经常出现。例如，个体的投资回报通常都是相对其投资水平来说的。

同前面一样，要问的问题是个体何时会接受更多的收益相对小的赌局而不接受给定财富水平的赌局。类似前面的分析，我们可以求出合适的风险测度为阿罗–普拉特相对风险厌恶测度：

$$\rho = -\frac{u''(w)w}{u'(w)}.$$

一个自然的问题是绝对和相对风险厌恶程度是如何随财富水平的变动而变化的。设绝对风险厌恶程度随财富水平的上升而下降是非常合理的：当个体越来越有钱时，他将愿意接受越来越多的以绝对货币价值表示的赌局。相对风险厌恶行为则存在诸多问题。当一个人的财富越来越多时，他会越来越愿意还是越来越不愿意承担损失一定比例财富的风险呢？设相对风险厌恶程度为常数在很多时候是一个不坏的假设，至少对财富的微小变动来说是如此。

例 5.4.4 (均值—方差效用)　一般来说，赌局的期望效用取决于所有可能结果的概率分布。但是，在某些情形下，赌局的期望效用只依赖于这一分布的某种统计特征。最常见的例子是均值—方差 (mean-variance) 效用函数。

例如，假设期望效用函数是二次的，即 $u(w) = w - bw^2$，则其期望效用函数为：

$$Eu(w) = Ew - bEw^2 = \bar{w} - b\bar{w}^2 - b\sigma_w^2.$$

这样，独具的期望效用仅为财富均值和方差的函数。

不过，二次效用函数有它的缺陷：它在某个区域内是财富的递减函数，且它的绝对风险厌恶测度是递增的。

一个较好的例子是财富服从正态分布而效用函数为二次函数的情形。众所周知，均值和方差完全刻画了一个正态分布随机变量。因此，在正态分布随机变量上的选择就简化成其均值和方差的比较。尤为有意思的一个例子是个体的效用函数形式为 $u(w) = -e^{-rw}$，即为常绝对风险厌恶效用函数，而财富服从正态分布。此时有：

$$Eu(w) = -\int e^{-rw} fz(w)dw = -e^{-r\left[\bar{w} - r\sigma_w^2/2\right]}.$$

由于期望效用关于 $\bar{w} - r\sigma_w^2/2$ 递增，因此我们可对期望效用作一单调的自然对数 ln 变换，从而我们可以用效用函数 $u(\bar{w}, \sigma_w^2) = \bar{w} - \frac{r}{2}\sigma_w^2$ 来评估财富的分配。该效用函数具有良好的性质：它是财富均值和方差的线性函数。

对风险厌恶程度的测度和进一步比较的研究参见著者和合作者最近的论文，Tian 和 Tian (2016a, 2016b)。

5.4.3　分布比较与随机占优

在上一节中，我们度量并比较了人们对风险的态度。与上一节不同，本节的目标在于比较彩票的分布函数。Rothschild 和 Stiglitz(1970) 首先系统地研究了这个问题。在这里对不确定性的刻画可以是客观的，也可以是主观的，这是由于我们只是比较同一决策者对不同彩票的偏好。

在确定性的结果中，人们的偏好通常满足单调性，即越多越好。在不确定情形下，我们有对应的类似概念，即随机占优，它的主要思想是数量多的收益的概率是否更大。要比较随机性的结果，有两种很自然的方式：根据收益水平和根据收益的分散度。因此，我们将给出两种陈述的含义：分布 $F(\cdot)$ 毫无疑问地给出了比 $G(\cdot)$ 更高的收益，而且分布 $F(\cdot)$ 毫无疑问地比 $G(\cdot)$ 的风险更小。用两个术语来表述，那就分别是第 2 章给出的一阶随机占优和二阶随机占优的概念。这样，根据不同比较标准，引入了不同阶数的随机占优。下面，我们讨论一阶随机占优和二阶随机占优。随机占优条件应用广泛，机制设计理论、委托—代理理论，特别是拍卖理论中都会用到，在证明信息不对称情形下的均衡解的存在性时往往需要施加这个条件。

1. 一阶随机占优与收益水平

我们希望给出“分布 $F(\cdot)$ 毫无疑问地给出了比 $G(\cdot)$ 更高的收益”的含义。对此，人们至少会有两种合理的检验标准。一是我们检验是否每个认为多比少好的期望最大化者均认为 $F(\cdot)$ 优于 $G(\cdot)$。另外一种是，是否对每一货币数量 x，在 $F(\cdot)$ 下至少获得 x 的概率比在 $G(\cdot)$ 下大。幸运的是，这两种检验标准均导出相同的概念。先回顾下列定义。

定义 5.4.3 (一阶随机占优) 若 $F(z) \leqq G(z)$ 对所有的 z 成立，则称分布 $F(\cdot)$**一阶随机占优**于 $G(\cdot)$。

从上面的定义我们知道 $F(\cdot) \leqq G(\cdot)$ 意味着在 $F(\cdot)$ 分布中低收益的概率比 $G(\cdot)$ 要小，或者说，在 $F(\cdot)$ 分布中高收益的概率比 $G(\cdot)$ 要大。这类似于确定情形下的单调概念。

定理 2.11.1 事实上证明了这两种标准是等价的。

命题 5.4.2 分布 $F(\cdot)$ 一阶随机占优于 $G(\cdot)$ 当且仅当对任意（弱）单调递增的可微函数 $u:\mathcal{R}\to\mathcal{R}$，有

$$\int u(z)dF(z) \geqq \int u(z)dG(z).$$

2. 二阶随机占优与收益分散度

一阶最优所涉及的思想是基于“更高/更好”同“更低/更差”的比较。为了避免这一问题和收益与风险的权衡问题相混淆，这里我们仅限于比较具有相同期望值的分布。

定义 5.4.4 (二阶随机占优) 对两个具有相同期望的分布 $F(\cdot)$ 和 $G(\cdot)$，若 $\int_{-\infty}^{z} F(r)dr \leqq \int_{-\infty}^{z} G(r)dr$ 对所有的 z 都成立，则称分布 $F(\cdot)$**二阶随机占优**于 $G(\cdot)$。

显然，一阶随机占优意味着二阶随机占优。二阶随机占优不仅包含单调性的概念，而且还隐含着风险更低的概念。

我们引入“均值保持扩散”（mean-preserving spreads）的概念。

定义 5.4.5 (均值保持扩散) 假设原有彩票的分布函数为 $F(z)$，在每个可能 z 的结果下再进行随机化，最终结果为 $z+x$，其 x 的分布函数为 H_x，且均值为 0，即 $\int xH_x = 0$。这样形成的复合彩票所服从的分布函数为 $G(\cdot)$，我们称 $G(\cdot)$ 是 $F(\cdot)$ 的**均值保持扩散**。

注意，如此定义的复合彩票的数学期望值与之前的彩票数学期望值相同，但其方差更大。

对二阶随机占优，定理 2.11.2 也证明了一个与一阶随机占优相似的结论。

命题 5.4.3 假定两个分布 $F(\cdot)$ 和 $G(\cdot)$ 的均值相同，那么下面三个结论是等价的。

(1) $F(\cdot)$ 二阶随机占优于 $G(\cdot)$；

(2) 对任意弱单调递增的凹函数 $u:\mathcal{R}\to\mathcal{R}$，有 $\int u(z)dF(z) \geqq \int u(z)dG(z)$；

(3) $G(\cdot)$ 是 $F(\cdot)$ 的均值保持扩散。

5.4.4　高阶风险规避

传统意义上的风险厌恶理论已经不足以用来分析最优的经济决策结果，常常也不能解释一些真实的经济、金融现象。随着风险厌恶理论的不断发展，在期望效用框架下，越来越多的研究把更加高阶的风险态度纳入到相应的分析框架中，从而在一定程度上解释了经济、金融异象，并在分析中运用效用函数的相关性质传递了个体风险承担行为的有关信息。与此同时，在非期望效用框架下的最新研究表明：一方面，高阶风险态度的理论急需实验证据的支撑；另一方面，实验证据也为高阶风险态度提供了更加直观的解释。在这一节，我们将简要地介绍高阶风险规避理论的发展历程以及最新的研究前沿，旨在引起感兴趣的读者对这个领域的关注。

自 Bernoulli (1738/1954) 引入风险厌恶的思想以来, 风险厌恶理论便奠定了研究不确定性下经济决策问题的理论基石。在期望效用框架下, 常常用光滑的效用函数 (即个体的效用函数都是关于财富的连续的 (高阶) 可微的函数) 的凹性 (凸性) 来刻画个体的风险厌恶 (风险偏好) 行为，即 $u''<0(u''>0)$。

然而，对个体风险厌恶行为的刻画不应只局限在期望效用框架下，在更加一般的经济环境中，风险厌恶被描述为一种对均值保持扩散的厌恶行为 (Rothschild 和 Stiglitz, 1970)。即使刻画个体风险厌恶的方式不尽相同, 但个体对风险厌恶的本质却出奇地一致: 相比于任何均值相同的风险回报，一个风险厌恶的个体总是偏好于确定的回报。长期以来，我们经常使用的风险厌恶的概念 (二阶风险态度)，在不确定下的经济决策问题中占据统治地位。大约 50 年前, 研究者们逐渐认识到高阶风险态度在经济决策中变得越来越重要。在预防性储蓄模型中，早期的文献就曾论证了个体的预防性储蓄动机 (Leland，1968；Sandmo，1970；Dreze 和 Modigliani，1972)，即未来劳动收入的不确定性导致个体减少 (增加) 现期的消费从而增加 (减少) 储蓄。Kimball (1990) 最先引入了刻画三阶风险态度的术语 —— 风险谨慎 (prudence), 并且证明了：未来劳动收入的不确定性并不能保证个体降低消费从而增加储蓄，除非该消费者是风险谨慎的。在期望效用框架下，如果个体具有凸的边际效用函数，则称该个体是风险谨慎的, 即 $u'''>0$；反之，则称该个体是风险不谨慎的 (imprudent)。风险谨慎又等价于下行风险厌恶的概念 (Menezes et al.，1980), 即对下行风险增加的厌恶。所谓的下行风险增加是指并不改变风险预期的均值和方差, 仅仅降低了风险预期的偏度 (三阶矩)。进一步的研究结果表明: 风险谨慎行为在风险和不确定性下的经济决策之间的权衡起了关键性的作用, 而对实证经济学家而言，为了度量这种权衡, 风险谨慎行为就显得至关重要 (Chiu，2005)。

类似于风险谨慎，风险节制的概念同样是在具体的经济决策问题中被引入，并且与效用函数的四阶导数的符号联系起来。同样，在期望效用的框架下，在投资组合选择模型中，当个体面对不可避免的风险时 (例如，利率风险、失业风险等)，负的效用函数的四阶导数使得个体降低了暴露在其他独立风险中的最优的投资水平 (Kimball，1993)，这是因为背景风险 (不可避免的零均值风险) 的存在，将使个体变得更加厌恶风险。为此，Kimball (1993) 引入了刻画四阶风险态度的术语 —— 风险节制 (temperance)，个体是风险节制的当且仅当其效用函数的四阶导数为负，即 $u^{(4)}<0$ ，反之，称个体是风险不节制的 (intemperance)。风险节制的概念又等价于对外部风险增加的厌恶 (Menezes 和 Wang, 2005)。所谓的外部风险增加是指并不

改变一个风险预期的期望、方差和偏度，但增加了风险预期的峰度(四阶矩)。在背景风险存在的经济决策中，风险节制行为在其中起了决定性的作用 (Pratt 和 Zeckhauser，1987)。特别地，在期望效用框架下，风险节制行为正是个体因未来劳动收入恶化从而增加储蓄水平的必要及充分条件 (Gollier 和 Pratt，1996；Eeckhoudt et al.，1996；Eeckhoudt 和 Schlesinger，2008)。

更进一步地，Lajeri-Chaherli (2004) 考虑了在背景风险存在的情形下，个体风险谨慎行为是否会保持的问题，从而引入了五阶的风险态度 —— 风险急躁 (edginess)。个体是风险急躁的当且仅当效用函数的五阶导数满足: $u^{(5)} < 0$ ，反之，则称个体是风险不急躁的 (non-edgy)。对于更加高阶的风险态度，在期望效用框架下，Eeckhoudt 和 Schlesinger (2006) 提供了一套系统地刻画高阶风险态度的术语，称之为 n 阶风险分摊。个体是 n 阶风险分摊的当且仅当效用函数的 n 阶导数满足 $(-1)^{n+1}u^{(n)} > 0$，其中 n 是正整数。特别地，风险厌恶、风险谨慎、风险节制、风险急躁分别对应二阶、三阶、四阶、五阶风险分摊。

通过以上的介绍，我们不难发现，在期望效用框架下，越来越多的研究把更加高阶的风险态度纳入到相应的分析框架中。为什么更加高阶的风险态度在经济分析、管理决策、金融研究及其应用中变得越来越重要呢？通过对大量文献进行梳理和归纳，我们认为主要有以下三个方面的原因:

首先，我们经常使用的用来量化风险厌恶、风险谨慎和风险节制的绝对程度的指标都是相应效用函数的高阶导数的比率。当外生的冲击发生时 (例如，收入的变化、利率的变动等)，比率的行为比各阶导数的行为往往更难解释。一个不争的事实是，对高阶风险态度的研究有助于我们理解绝对和相对风险厌恶指标的含义，以及更好地解释在选择模型和市场均衡模型中由于高阶风险态度所导致的一些比较静态结果及其性质。

其次，高阶风险态度与一个风险的 (分布) 高阶矩之间有着紧密联系。现有的有关对金融、经济以及管理科学的研究表明：我们不仅要关注个体所面对的风险的期望、方差，更应关注风险的更加高阶的矩，诸如偏度、峰度等。这是因为决策者的期望效用的近似表达式为

$$E[u(w+\varepsilon)] \approx u(w) + \frac{\sigma^2}{2!}u''(w) + \frac{Sk_\varepsilon}{3!}u'''(w) + \frac{K_\varepsilon}{4!}u^{(4)}(w) + \cdots,$$

其中，$u(w)$ 表示个体关于财富 w 的效用函数；ε 是零均值的风险；σ^2，Sk_ε 和 K_ε 分别代表风险 ε 的方差、偏度和峰度。上式说明，个体的期望效用依赖于风险的高阶数字特征的大小以及各阶导数的符号。为此，在对风险的刻画中，对效用函数的各阶导数的符号的合理解释是对风险的各阶矩作用的一种自然的补充。

最后，或许最重要的一个原因是，最近涉及不同研究领域的大量文献都一致性地提到了效用函数的三阶导数的符号。在期望效用框架下，自 Leland (1968) 和 Sandmo (1970) 首次将效用函数的三阶导数引入风险决策模型以来，在过去的很长一段时间，效用函数的三阶导数的符号也只是仅仅应用在预防性储蓄模型中，然而时至今日，在经济研究的各个领域，效用函数的三阶导数的符号都扮演了举足轻重的角色。例如，Eso 和 White(2004) 证明了：当竞拍标的的价值是不确定的和竞拍者是风险谨慎的时，在拍卖中存在预防性竞拍行为；Eeckhoudt 和 Gollier(2005) 分析了风险谨慎行为对预防性活动的影响，即个体通过实施行动从而降低了不利后果发生的概率；而 White(2008) 分析了在策略环境中讨价还价的风险谨慎行为；Treich (2010) 表明了在一个对称的竞赛模型中，风险谨慎行为可以降低寻租的努

力。在标准的消费和储蓄的宏观经济模型中，Eeckhoudt 和 Schlesinger (2008) 分析了风险谨慎和风险节制对经济政策决策 (例如，利率的变化) 的作用，等等。大量的研究表明：高阶的风险态度在现代经济分析、管理决策中变得越来越重要。

相应地，在期望效用框架之外，Eeckhoudt 和 Schlesinger (2006)(以下简记为 E-S) 凭借个体对一种所谓的能够分解损失的彩票对的偏好行为，对相应的高阶风险态度提供了一个全新的解释。更重要的是，这种非期望效用框架下的刻画与借助效用函数的各阶导数的符号对高阶风险态度的刻画是等价的。E-S 将风险厌恶、风险谨慎、风险节制以及高阶的风险偏好行为描述为一种对简易的机会均等的彩票对的偏好行为。以这样的方式刻画个体风险态度的优点在于它的简单明了、可操作性强，以及更直接地、更客观地描述了个体对风险的真实态度，而无须再借助效用函数等个体的行为特征间接地、主观地刻画个体风险行为。值得一提的是，对彩票对 (可能结果的概率分布) 的偏好本身最能反映个体的风险行为，而无须依赖于期望效用的研究范式。因而, E-S 构造的对彩票对的偏好行为，最大的魅力在于它并不依赖于任何模型: 既不需要期望效用框架也不需要特殊的非期望效用框架下的任何假设，而且还可以用它来定义高阶风险态度。为了将低阶风险态度扩展到高阶风险态度，E-S 将这种对能够分解损失的彩票对的偏好行为称为风险分摊，并且证明了不同阶的风险态度与对特定彩票对的偏好之间的紧密联系。正如 Schlesinger (2015) 在对 E-S 的贡献的评价中所感叹的: 用彩票对刻画个体的偏好行为的方法由来已久，在过去的大量文献中就已使用，但如此简易的彩票对竟然可以解释期望效用模型中效用函数的高阶导数的符号，尽管其思想是如此简单，但早期的研究为什么没有发现它，直到现在仍然是一个谜，或许，这正是对 E-S 所做的研究工作的最高评价。基于 E-S 的分析框架，Eeckhoudt et al. (2009) 使用了一套更加通俗的说法解释了这种偏好行为。具体地，与 E-S 不同的是，这样的方法不是基于损失，而是考虑了不同的结果 (或状态)，在某种刻画风险变化的意义下 (例如，风险增加或者随机占优)，在每一个彩票的两种结果中，总有一个相对好的结果，另一个就是相对坏的结果。通过对彩票对中两种不同结果的不同结合方式的偏好，Eeckhoudt et al. (2009) 分别刻画了不同阶的风险态度。

理论上，个体的风险厌恶行为并不局限在期望效用框架下，从而并不依赖于效用函数的刻画方法就显得尤为重要。E-S 的研究方法不受特定模型的约束, 没有任何其他的假设，而且他们的研究方法完全独立于效用函数。由于他们所构造的彩票对简单而且在实验室更容易操作，从而便于在实验室中寻找支撑理论的实验证据。尤其是，E-S 通过个体对特殊的一类彩票对的偏好行为刻画风险谨慎、风险节制甚至高阶风险态度的分析框架，开启了在非期望效用框架下新的研究方法，从而为高阶风险态度的研究注入了新的活力。最近，Deck 和 Schlesinger (2014) 基于 E-S 和 Eeckhoudt et al. (2009) 的分析框架，在实验室中设计了相应的实验检验并验证了个体的高阶风险态度。Deck 和 Schlesinger (2010) 的实验结果为风险谨慎行为找到了有力的证据, 但却不支持风险节制行为, 反而对风险不节制的行为有所支持。进一步地，Deck 和 Schlesinger(2014) 的实验结果为风险谨慎和风险节制提供了大量的证据。

此外，风险厌恶者甚至风险中性者的行为都被大量的书籍和文献所阐释和研究，但对于有关风险偏好行为的研究却凤毛麟角，或许最根本的原因在于，在许多比较静态分析中，风险偏好者相应的优化问题往往会导致角点解。幸运的是，Crainich et al. (2013) 发现了在以往研究中的疏忽并且及时做了相应的补救。他们应用 Eeckhoudt et al. (2009) 分析框架，即风险偏好者总是偏好于相对好与好和相对坏与坏的结果相结合的彩票，通过对三阶和四阶风险态度的分析，Crainich et al. (2013) 惊奇地发现，风险偏好者也是风险谨慎的，从而风险厌恶者和风险偏好者共同分享风险谨慎行为，并且首次提出了风险偏好者可以既是风险谨慎的又是风险不节制的的重大发现。最近，这些理论上的最新发现已经被实验研究所证实。正如 Ebert 和 Wiesen (2014)，Deck 和 Schelsinger (2014) 以及 Noussair et al. (2014) 找到的最新的实验证据所表明的: 风险偏好者占据研究总体的 15%～20%。对于所研究的某些特定类型的经济活动，这个比例甚至更大。尤其是，Boussemart et al. (2015) 的实证研究结果表明: 超过 30%的法国的养猪场主管都是风险偏好者。需要说明的是，著者和其合作者也曾在以下两个方面做了初步的研究：一是在期望效用框架下，将 Denuit 和 Eeckhoudt (2013) 的结果推广到高阶风险变化的情形，同时也补充和完善了 Liu (2014) 对预防性储蓄动机强度的刻画方法 (Tian 和 Tian, 2016a); 二是在非期望效用框架下，考虑了风险偏好者的风险谨慎行为，从而补充了 Crainich 和 Eeckhoudt (2008) 的结果，尤其在实证研究中，对量化个体风险谨慎程度的实验方案的设计具有理论上的指导意义 (Tian 和 Tian, 2016b)。

总而言之，高阶风险规避行为仍然是一个相对新生的研究领域。尽管风险厌恶的思想早在 270 多年前就已见雏形，但对高阶风险态度的研究却在近 10 年来才得到较快的发展。确切地说，正是 Eeckhoudt 和 Schlesinger (2006) 的研究工作，为这个研究领域注入了新的活力，重新激发了研究者的热情，相信越来越多的有关高阶风险态度的成果将不断呈现出来。对这一领域的有关问题感兴趣的读者，可以关注田有功和田国强 (2016) 的综述性论文中的研究展望。

5.5 安斯康姆–奥曼状态依赖期望效用理论

在前面的不确定情形的讨论中，结果发生的概率是客观的，现实生活中确实也存在着这种不确定性，比如投掷一个标准的骰子或者转动一个标准的轮盘，结果尽管不可知，但是其发生概率却不依人的意志为转移。然而，现实中更多的不确定性来自发生某些结果的概率是未知的，比如，未来某个时刻的天气，一场势均力敌的篮球比赛结果。对这些情形，前面的期望效用理论不能适用，因为我们不知道概率分布，即偏好对应的对象，因而也无从知晓其偏好。

安斯康姆–奥曼 (Anscombe-Aumann) 的理论用客观的不确定性来度量和比较主观的不确定性，从而作出理性决策。下面的例子揭示了这个理论的基本思想和原理。客观的不确定性可以选择抛硬币，一枚标准的硬币，出现正面和背面的概率相等。主观的不确定性，比如有三匹马，分别为 A、B、C，参与比赛，存在对名次的多种可能比赛结果。假设一个理性决策者想对 A 第一、B 第二和 C 第三这种结果的概率进行判断。我们可以设想让决策者比较两种博彩，彩票一：A 第一、B 第二和 C 第三发生时获得 1，否则为 0; 彩票二：抛硬币，正面出现时得到 k，否则为 0。当 k 足够小时，决策者会偏好于彩票一，当 k 足够大时，决策者会偏好于彩票二。只要决策者的不确定性偏好满足某种连续性假设，那么总会存在唯一的 $\hat{k}$，使得决策者对这两种彩票无差异。这样，通过 $\hat{k}$ 就度量了对上面赛马结果的主观概率，从而实现了从客观不确定性到主观不确定性的过渡。

5.5.1　模型及基本公理

下面我们用严格的公理化方法来表述安斯康姆–奥曼理论。假设存在一个状态集 S，有 n 个元素，s 为代表性元素。在赛马的例子中，s 是其中一种比赛结果。Z 为奖金的集合，有限或无限。P 是定义在 Z 上的概率分布。简单行动（simple act）被定义为一个从 S 到 Z 的函数，记为 $f: S \to Z$。在赛马的例子中可以理解为赌马彩票，所有简单行动集合记为 F。为了使表述更清楚，我们还引入类似赌马复合彩票的概念，使得函数 $h: S \to P$ 有形式 $h = (h_1, \cdots, h_n)$。所有函数 h 构成的集合记为 H，它类似于客观概率中的复合彩票。下面建构理性决策者在 H 上的偏好 $\succcurlyeq$。

与前面相同，我们需要引入一些公理。

公理 AA1：定义在 H 上的 $\succcurlyeq$ 是一个偏好序关系，即满足自反性、传递性及完备性。

公理 AA2：若 $h \succ h'$，则对任意 $a \in (0,1]$ 和 $g \in H$，有 $ah + (1-a)g \succ ah' + (1-a)g$ 成立。

公理 AA3：$h \succ h' \succ h''$ 意味着存在 $a, b \in (0,1)$ 使得 $ah + (1-a)h'' \succ h' \succ bh + (1-b)h''$。

公理 AA4：在 H 中存在 h, g 使得 $h \succ g$。

公理 AA5：对 $h \in H$ 及 $\mathbf{p}, \mathbf{q} \in P$，若

$$(h_1, \cdots, h_{s-1}, \mathbf{p}, h_{s+1}, \cdots, h_n) \succ (h_1, \cdots, h_{s-1}, \mathbf{q}, h_{s+1}, \cdots, h_n),$$

则对任意的 $s' \in \{1, \ldots, n\}$，有

$$(h_1, \cdots, h_{s'-1}, \mathbf{p}, h_{s'+1}, \cdots, h_n) \succ (h_1, \cdots, h_{s'-1}, \mathbf{q}, h_{s'+1}, \cdots, h_n).$$

公理 AA5 表示：当在状态 s 时，彩票 $\mathbf{p}$ 比彩票 $\mathbf{q}$ 好，那么在其他非空的状态 s'，彩票 $\mathbf{p}$ 仍然比彩票 $\mathbf{q}$ 好。公理 AA5 是一个比较强的偏好假设，它意味着对彩票的偏好不依赖于状态。

5.5.2　状态依赖效用表示定理

本节主要证明，若偏好满足公理 AA1~AA3，则存在一个期望效用函数，其效用依赖于状态 s 和结果 z。由于结果集合可能是无穷的，我们需要运用混合空间和混合空间定理（mixture space theorem）。由此，先介绍它们。

对 $h, g \in H$ 及 $a \in [0,1]$，定义 $ah + (1-a)g \equiv (ah + (1-a)g)(s) = ah(s) + (1-a)g(s), \quad \forall s \in S$。上面意味着把两个复合彩票混合在一起形成一个新的复合彩票。定义 $h_a(h, g) = ah + (1-a)g$，从而构建混合空间。

定义 5.5.1 (混合空间)　混合空间是一个集合 Π 使得对任意元素 $\pi, \rho, \mu, \nu \in \Pi$ 及函数束 $h_\alpha: \Pi \times \Pi \to \Pi, \alpha \in [0,1]$，它满足：

（1）$h_1(\pi, \rho) = \pi$；

（2）$h_\alpha(\pi, \rho) = h_{1-\alpha}(\rho, \pi)$；

（3）$h_\beta(h_\alpha(\pi, \rho), \rho) = h_{\alpha\beta}(\pi, \rho)$。

定理 5.5.1 (混合空间定理)　令 Π 是混合空间，$\succcurlyeq$ 是定义其上的二元关系。则

(1) $\succcurlyeq$ 是偏好序关系。

(2) $\pi \succ \rho$ 和 $\alpha \in (0,1]$ 意味着对所有的 $\mu \in \Pi$，有 $h_\alpha(\pi,\mu) \succ h_\alpha(\rho,\mu)$。

(3) $\pi \succ \rho \succ \mu$ 意味着存在 $\alpha, \beta \in (0,1)$ 使得 $h_\alpha(\pi,\mu) \succ \rho \succ h_\beta(\pi,\mu)$ 与下面的条件 (4) 是等价的。

(4) 存在一个函数 $\psi: \Pi \to \mathcal{R}$ 满足:

(i) $\pi \succ \rho$ 当且仅当 $\psi(\pi) > \psi(\rho)$,

(ii) $\psi(\alpha\pi + (1-\alpha)\rho) = \alpha\psi(\pi) + (1-\alpha)\psi(\rho)$,

并且在仿射变换意义下是唯一的。

证明 若 Π 中所有的元素是无差异的，则我们只需选择一个常数函数即可。下面我们考察非常数函数的情况。假定在 Π 中存在两个元素 π 和 ρ 使得 $\pi \succ \rho$。对任何这样的一组元素，把较好（或更偏爱）称为 $\bar{\pi}$，另一个称为 $\underline{\pi}$，定义函数 ψ 使得这两个元素的取值为 $\psi(\bar{\pi}) = 1$ 和 $\psi(\underline{\pi}) = 0$。

若 $\bar{\pi} \succ \pi \succ \underline{\pi}$，由条件（2）和（3），存在着唯一的 α 使得 $\pi \sim h_\alpha(\bar{\pi}, \underline{\pi})$，令 $\psi(\pi) = \alpha$。若 $\pi \succ \bar{\pi} \succ \underline{\pi}$，选择 α 使得 $\bar{\pi} \sim h_\alpha(\pi, \underline{\pi})$，令 $\psi(\pi) = \frac{1}{\alpha}$。若 $\bar{\pi} \succ \underline{\pi} \succ \pi$，选择 α 使得 $\underline{\pi} \sim h_\alpha(\bar{\pi}, \pi)$，令 $\psi(\pi) = \frac{\alpha}{\alpha-1}$。与前面证明期望效用理论的过程相似，$\psi$ 表示了偏好 $\succ$，同时满足 $\psi(\alpha\pi + (1-\alpha)\rho) = \alpha\psi(\pi) + (1-\alpha)\psi(\rho)$，且 ψ 在仿射变换意义下是唯一的。定理的剩余部分验证从条件 (4) 到条件 (1) 至条件 (3)，这容易验证。 □

类似地，我们有下面的效用函数存在性定理。

定理 5.5.2 假定偏好满足公理 AA1~AA3，则存在依赖于状态 $s \in S$ 的函数 $u_s: Z \to \mathcal{R}$，使得 $h \succ g$ 当且仅当 $\sum_{s=1}^n \sum_z u_s(z) h_s(z) > \sum_{s=1}^n \sum_z u_s(z) g_s(z)$，并且 u_s 在仿射变换下是唯一的。

证明 由公理 AA1~AA3 及应用混合空间定理，存在一个函数 $\psi: H \to$ 使得 $h \succ g$ 当且仅当 $\psi(h) > \psi(g)$，且 $\psi(ah + (1-a)g) = a\psi(h) + (1-a)\psi(g)$ 及 ψ 在仿射变换下是唯一的。

下面我们要证明对任何这样的函数 ψ，存在 $u_1, u_2, \cdots, u_n$ 使得 ψ 有如下的形式:

$$\psi(h) = \sum_{s=1}^n \sum_z u_s(z) h_s(z).$$

为此，固定 $h^* \in H$。对任意 $h \in H$，令 $h^s = (h_1^*, \cdots, h_{s-1}^*, h_s, h_{s+1}^*, \cdots, h_n^*), s \in \{1, \cdots, n\}$。注意到，$\frac{1}{n}h + \frac{n-1}{n}h^* = \sum_{s=1}^n \frac{1}{n}h^s$。根据 $\psi(ah + (1-a)g) = a\psi(h) + (1-a)\psi(g)$ 及运用归纳法，我们有

$$\frac{1}{n}\psi(h) + \frac{n-1}{n}\psi(h^*) = \sum_{s=1}^n \frac{1}{n}\psi(h^s).$$

定义 $\psi_s: P \to \mathcal{R}$, $s \in S$, $\psi_s(p) = \psi(h_1^*, \cdots, h_{s-1}^*, p, h_{s+1}^*, \cdots, h_n^*) - \frac{n-1}{n}\psi(h^*)$。这意味着 $\psi_s(h^s) = \psi(h^s) - \frac{n-1}{n}\psi(h^*)$，从而有 $\frac{1}{n}\sum_{s=1}^n \psi_s(h^s) = \frac{1}{n}\sum_{s=1}^n \psi(h^s) - \frac{n-1}{n}\psi(h^*)$，于是 $\psi(h) = \sum_{s=1}^n \psi_s(h^s)$。定义 $u_s(z) = \psi_s(\delta_s)$，这里 δ_s 表示了在 s 处退化的概率分布，即:

$$\delta_s(s') = \begin{cases} 1, & \text{若 } s' = s \\ 0, & \text{若 } s' \neq s. \end{cases}$$

运用归纳法及注意到概率分布的支撑是有限的，我们有 $\psi_s(p)=\sum_z p(z)u_s(z)$，从而有 $\psi(h)=\sum_{s=1}^{n}\sum_z u_s(z)h_s(z)$。 □

在公理 AA1~AA5 下，有一个不依赖于状态的安斯康姆–奥曼期望效用理论。

定理 5.5.3 假定偏好满足公理 AA1~AA5，则存在着一个不依赖状态的函数 $u: Z\to\mathcal{R}$ 及一个定义在 S 上的概率分布 μ 使得 $h\succ g$ 当且仅当 $\sum_{s=1}^{n}\mu(s)[\sum_z u(z)h_s(z)]>\sum_{s=1}^{n}\mu(s)[\sum_z u(z)g_s(z)]$，并且 μ 及效用函数 u 在仿射变换下都是唯一的。

证明 假设公理 AA1~AA3 成立。我们知道存在着依赖状态的函数 $u_1,\cdots,u_n$ 使得 $h\succ g$ 当且仅当 $\sum_{s=1}^{n}\sum_z u_s(z)h_s(z)>\sum_{s=1}^{n}\sum_z u_s(z)g_s(z)$。

根据公理 AA4，至少存在一个状态 s^0 及选择 $p,q\in P$ 使得

$$(h_1,\cdots,h_{s^0-1},p,h_{s^0+1},\cdots,h_n)\succ(h_1,\cdots,h_{s^0-1},q,h_{s^0+1},\cdots,h_n).$$

由公理 AA5，

$$(h_1,\cdots,h_{s^0-1},p,h_{s^0+1},\cdots,h_n)\succ(h_1,\cdots,h_{s^0-1},q,h_{s^0+1},\cdots,h_n),$$

当且仅当

$$(h_1,\cdots,h_{s-1},p,h_{s+1},\cdots,h_n)\succ(h_1,\cdots,h_{s-1},q,h_{s+1},\cdots,h_n).$$

这意味着

$$\sum_z u_{s^0}(z)p(z)>\sum_z u_{s^0}(z)q(z),$$

当且仅当

$$\sum_z u_s(z)p(z)>\sum_z u_s(z)q(z).$$

根据上节介绍的期望效用定理，我们知道当 $u_{s^0}(\cdot),u_s(\cdot)$ 同时表示了偏好，它们之间存在仿射变换，即存在 $a_s>0,b_s$，使得 $a_su_{s^0}(\cdot)+b_s=u_s(\cdot)$，并且 $h\succ g$ 当且仅当

$$\sum_{s=1}^{n}\sum_z u_s(z)h_s(z)>\sum_{s=1}^{n}\sum_z u_s(z)g_s(z).$$

这意味着

$$\sum_{s=1}^{n}\sum_z(a_su_{s^0}(z)+b_s)h_s(z)>\sum_{s=1}^{n}\sum_z(a_su_{s^0}(z)+b_s)g_s(z).$$

令 $\mu(s)=\frac{a_s}{\sum_{s'}a_{s'}}$ 及 $u_{s^0}(z)=u(z),a_{\underset{s}{0}}=1,b_{\underset{s}{0}}=1,$，最后得到 $h\succ g$ 当且仅当 $\sum_{s=1}^{n}\mu(s)[\sum_z u(z)h_s(z)]>\sum_{s=1}^{n}\mu(s)[\sum_z u(z)g_s(z)]$。 □

5.6 萨维奇主观概率理论

直到现在，我们所考察的理论假定决策者所面临的风险都是客观的，但在许多现实情况下不是这样的。人们常常要对那些不一定可以用数量形式表示的不确定事件进行判断。即使谈到概率的时候，也常常被认为是不太准确的主观估计，比如医生在讨论各种治疗后果的可能性时就是如此。若我们断言，选择是基于某种概率推断下作出的，无论是从理论来看还是

从实践来看都是非常有意义的。这就是主观概率理论所要讨论的问题。这一理论最初是由萨维奇 (Savage) 在 1954 年提出来的。这个理论不需要假定存在客观不确定性概率。本节简要考察这一理论。我们先介绍主观概率，然后讨论在主观不确定性下的选择。

5.6.1 模型及基本公理

所考虑的不确定性由状态刻画。令 S 是所有可能的状态集合，A 是所有 S 子集的集合，即若 $a \subset S$，则 $a \in A$，A 中元素表示了一个事件。在状态集合上概率没有设定，我们的目标是推导出它们的概率，也就是要推导出定义在 A 上的一个概率测度，以此刻画个人对事件的主观判断。也就是推导出函数 $p: A \to [0,1]$ 使得 $p(S) = 1$ 及对 $a \cap b = \varnothing$，有 $p(a \cup b) = p(a) + p(b)$。

令 $\dot{\succcurlyeq}$ 表示定义在事件集 A 上的偏好关系，刻画了主观概率，即 $a \dot{\succ} b$ 意味着事件 a 比事件 b 更有可能会发生。也就是，在 $\dot{\succcurlyeq}$ 下，有 $a \dot{\succ} b$ 当且仅当 $p(a) > p(b)$。

我们先对 $\dot{\succcurlyeq}$ 施加一些假设，使得它们是测度概率 p 存在的充分必要条件。下面的讨论没有假定状态集 S 是有限集，从而需要定义一般集合下的概率测度。

1. 概率测度

首先引入一些概念。

定义 5.6.1 由集合 S 的子集所构成的集合 A 被称为**波尔代数**（**Boolean Algebra**），若满足以下条件：

(1) $S \in A$;

(2) 若 $a \in A$，则 $a^C \in A$，这里 $a^C = S \setminus a$ 为 a 的补集；

(3) 若 $a, b \in A$，则 $a \cup b \in A$。

若再施加下列条件，则 A 称为σ **代数**。

(4) 若 $a_i \in A, i = 1, 2, \cdots, \infty$，那么 $\bigcup_{i=1}^{\infty} a_i \in A$。

2. 定性概率

定义 5.6.2 (定性概率 (qualitative probability)) 定义在 σ 代数 A 上的一个二元关系 $\dot{\succcurlyeq}$ 被称为**定性概率**，若满足下列条件：

(1) $\dot{\succcurlyeq}$ 是偏好序关系；

(2) $a \dot{\succcurlyeq} \varnothing, \forall a \in A$;

(3) $S \dot{\succ} \varnothing$;

(4) $a \cap c = b \cap c = \varnothing$ 意味着 $a \dot{\succ} b$ 当且仅当 $a \cup c \dot{\succ} b \cup c$。

容易证明，若 $\dot{\succcurlyeq}$ 可由一个概率测度来刻画，则 $\dot{\succcurlyeq}$ 必然是一个定性概率，反之却不一定成立。

例 5.6.1 假定 $S = \{a, b, c, d, e\}$，$\dot{\succcurlyeq}$ 满足：

$\{a,c,d\} \dot{\succ} \{b,e\} \dot{\succ} \{a,b,d\} \dot{\succ} \{a,e\} \dot{\succ} \{c,d\} \dot{\succ} \{b,d\} \dot{\succ} \{a,b,c\} \dot{\succ} \{e\}$
$\dot{\succ} \{b,c\} \dot{\succ} \{a,d\} \dot{\succ} \{d\} \dot{\succ} \{a,c\} \dot{\succ} \{a,b\} \dot{\succ} \{c\} \dot{\succ} \{b\} \dot{\succ} \{a\} \dot{\succ} \varnothing$,

显然它是一个定性概率，但并不存在一个概率测度表示了 $\dot{\succcurlyeq}$。

3. 主观概率的构造

我们现在介绍萨维奇对主观概率的构造。在萨维奇的理论中，状态集合 S 为无穷集。$n=1,2,\cdots,S$ 可以被分割为 2^n 个等可能性事件，即对 $a_1^n,a_2^n,\cdots,a_{2^n}^n$ 有：$a_i^n\cap a_j^n=\varnothing$ 和 $a_i^n \overset{\bullet}{\sim} a_j^n$ 对所有 $i\neq j$ 成立，且 $\bigcup_{i=1}^{2^n}a_i^n=S$。对上面的构造，我们可以设想一个标准的硬币，$a_1^n,a_2^n,\cdots,a_{2^n}^n$，可以看成是连续投掷 n 次出现各种结果的事件。若这样的 a_i^n 存在，显然 S 的数目很大，至少是无限个。若 p 刻画了 $\overset{\bullet}{\succcurlyeq}$，则意味着 $p(a_i^n)=\frac{1}{2^n}$。

给定 a_i^n 存在，对任意事件 b，我们可以找到最小的 k，使得 $\bigcup_{i=1}^{k}a_i^n \overset{\bullet}{\succ} b$。也就是，存在 $k(n)$ 使得 $(k(n)-1)/2^n\leqq p(b)<k(n)/2^n$。在此基础上，定义事件 b 的概率为 $p(b)=\lim_{n\to\infty}k(n)/2^n$。

假定有下面的公理：

公理（S0）：对所有 $a\overset{\bullet}{\succ} b$，存在一个对 S 的有限分割 $\{c_1,c_2,\cdots,c_n\}$，使得对任意的 k，都有 $a\overset{\bullet}{\succ} b\cup c_k$。

于是我们有如下定理：

定理 5.6.1　假定 $\overset{\bullet}{\succ}$ 是一个定性概率，且满足公理 (S0)，则存在一个定义在空间 (S,A) 上的概率测度使得：

(1) $a\overset{\bullet}{\succ} b$ 当且仅当 $p(a)>p(b)$；

(2) 对所有的 $a\in A$ 及 $r\in[0,1]$，存在着 $b\subset a$ 使得 $p(b)=rp(a)$ 成立。

更进一步地，这样的概率测度 p 是唯一的。

下面介绍萨维奇主观概率理论，我们先引入一些符号。

给定结果集、状态集 S 及定义在 S 上的代数 A，行动 $f:S\to Z$ 是一个从状态到结果的函数。所有这样的行动的集合记为 F。$\succcurlyeq$ 为定义在 F 上的一个偏好关系。

4. 萨维奇公理

公理 S1：$\succ$ 是一个偏好关系。

公理 S2：存在 $x,y\in Z$ 使得 $x\succ y$。

公理 S3：假定 $f,g,f',g'\in F$ 及 $a\subset S$ 使得

(1) 对 $\forall s\in a$，有 $f(s)=f'(s)$ 和 $g(s)=g'(s)$；

(2) 对 $\forall s\in a^C$，有 $f(s)=g(s)$ 和 $f'(s)=g'(s)$。

则 $f\succ g$ 当且仅当 $f'\succ g'$。

公理 S3 被称为确定性原则，它意味着在 f,g 及 f',g' 所进行的偏好排序中，若 f 和 f' 及 g 和 g' 在事件 a 发生时相同，且在事件 a^C 发生时对它们进行互换比较（即对 f 和 g 及 f' 和 g' 比较），它们也是相同的，则 f,g 及 f',g' 的偏好序关系保持不变。也就是，同时两组偏好关系的比较只依赖于在补集对应的事件中它们是如何比较的。这一公理表达了行动不影响概率。

由公理 S3，可引出条件偏好的概念。

定义 5.6.3 (条件偏好)　给定事件 a，若 $f(s)=f'(s),g(s)=g'(s)$ 对 $s\in a$ 成立，$f'(s)=g'(s)$ 对 $s\in a^C$ 成立，则 $f'\succ g'$ 意味着 $f\succ g$，具有这样性质的关系被称为**条件偏好关系**。

在事件 a 上的条件偏好关系意味着，f 和 g 的排序关系与 a 以外的其他事件无关，只与事件 a 有关。

定义 5.6.4 (无价值事件) $a \subset S$ 为无价值的（null），若给定 a，对所有的 $f,g \in F$，都有 $f \sim g$。

公理 S4: 若 a 不是无价值的，且 $f(s)=x, g(s)=y$ 对所有的 $s \in a$ 成立，则 $f \succ g$ 对给定 a 成立当且仅当 $x \succ y$。

这是一个偏好不依赖状态公理，类似于安斯康姆–奥曼状态依赖期望效用理论中的公理 AA5。

公理 S5: 假设 $f,g,f',g' \in F, a,b \in A, x,y,x',y' \in Z$ 时使得

(1) $x \succ y$ 和 $x' \succ y'$;

(2) $f(s)=x$ 和 $f'(s)=x'$ 对所有的 $s \in a$ 成立，$f(s)=y$ 和 $f'(s)=y'$ 对所有的 $s \in a^C$ 成立;

(3) $g(s)=x, g'(s)=x'$ 对所有的 $s \in b$ 成立，$g(s)=y, g'(s)=y'$ 对所有的 $s \in b^C$ 成立。

则 $f \succ g$ 当且仅当 $f' \succ g'$。

简言之，这个公理意味着行动不影响有利于它的概率。

公理 S6: 对所有 $a \subset S$，有

(1) 给定 a，$f \succ g(s)$ 对所有的 $s \in a$ 成立意味着对给定 a，有 $f \succ g$;

(2) 给定 a，$g(s) \succ f$ 对所有的 $s \in a$ 成立意味着对给定 a，有 $g \succ f$。

公理 S7: 对所有的 $f,g \in F$，$f \succ g$，并且对所有的 $x \in X$，存在着对 S 的一个有限分割使得对分割中的任何一个集合 a，有:

(1)$[f'(s)=x, s \in a, f'(s)=f(s), s \in a^C]$ 意味着 $f' \succ g$;

(2)$[g'(s)=x, s \in a, g'(s)=g(s), s \in a^C]$ 意味着 $f \succ g'$。

5.6.2 主观概率表示定理

萨维奇理论的第一步是从偏好中构建主观概率。

定义 5.6.5 给定事件 $a,b \in A$，我们说 a 发生的概率超过 b，记为 $a \dot{\succ} b$，若对所有满足 $x \succ y$ 的 $x,y \in Z$，有 $f \succ g$，这里 f,g 定义为

$$f(s)=\begin{cases} x, & s \in a, \\ y, & s \notin a'. \end{cases}$$

和

$$g(s)=\begin{cases} x, & s \in b, \\ y, & s \notin b'. \end{cases}$$

由于定理的证明比较冗长，这里我们省略了。若对证明过程有兴趣，可以参考 Kreps(1988) 第八章和第九章中的相关内容。

命题 5.6.1　若公理 S1~S5 成立，则以上所定义的 $\dot{\succcurlyeq}$ 是一个定性概率。若再施加公理 S7，则公理 S0 满足，从而根据定理 5.6.1，存在着一个定义在 (S, A) 上的概率测度 p 表示了 $\dot{\succcurlyeq}$，即有：

(1) $a \dot{\succ} b$，当且仅当 $p(a) > p(b)$；

(2) 对所有的 $a \subset S$，$r \in [0, 1]$，存在 $b \subset a$，使得 $p(b) = rp(a)$。

且 p 是唯一的。

对 $f \in F$，定义一个在 Z 上的概率测度 p_f，对 $Y \subseteq Z$，

$$p_f(Y) = p(\{s \in S : f(s) \in Y\}).$$

若 p_f 是一个简单概率分布，我们称行动 f 为简单行动。令 F_s 是所有的简单行动集合。期望效用理论的第一步是在简单行动中赋予效用。

命题 5.6.2　若 f, g 是两个简单行动且使得 $p_f = p_g$，则 $f \sim g$。

以上命题说明了我们可以通过偏好关系 $\succcurlyeq$ 来定义在 Z 上的所有简单概率分布，记为 Q_s。的确，若 $q \in Q_s$，根据命题 5.6.1 的部分 (2)，可以构造行动 $f \in F_s$ 使得 $q = p_f$。因而，对 $q, q' \in Q_s$，令 f 和 f' 使得 $q = p_f$ 和 $q' = p_{f'}$，定义 $q \succ^s q'$ 当且仅当 $f \succ f'$。

命题 5.6.3　上面的定义 $\succ^s$ 满足混合空间的三个公理。从而存在着函数 $u : Z \to \mathcal{R}$ 使得对所有 $q, q' \in Q_S$，$q \succ^S q'$ 当且仅当

$$\sum_z q(z)u(z) > \sum_z q'(z)u(z),$$

或等价地，对所有的 $f, f' \in F_S$，$f \succ f'$ 当且仅当

$$\sum_{z \in supp(p_f)} p_f(z)u(z) > \sum_{z \in supp(p_{f'})} p_{f'}(z)u(z).$$

同时，上面的函数 u 在仿射意义下是唯一的，这里 $supp(\cdot)$ 表示概率测度大于零的集合，我们称之为支持集。

我们定义 $E[u(f(s)); p] \equiv \sum_{z \in supp(p_f)} p_f(z)u(z) = \sum_{z \in supp(p_f)} p\{s : f(s) = z\}u(z)$。

综合上面的结论，我们得到萨维奇主观概率效用表示定理。

定理 5.6.2 (萨维奇主观概率效用表示定理)　假定公理 S1~S7 满足，则：

(1) 以上所定义的偏好关系 $\dot{\succcurlyeq}$ 是一个定性概率，并且存在着定义在 (S, A) 上的唯一概率测度 p，它表示了 $\dot{\succcurlyeq}$，即 $a \dot{\succ} b$，当且仅当 $p(a) > p(b)$；

(2) 对所有的 $a \subset S$，$r \in [0, 1]$，存在一个子集 $b \in A$ 使得 $p(b) = rp(a)$；

(3) 存在着一个有界函数 $u : Z \to \mathcal{R}$ 使得 $f \succ f'$ 当且仅当 $E[u(f(s)); p] > E[u(f'(s)); p]$。

更进一步地，u 在仿射意义下是唯一的。

5.7　不确定性下选择理论的进一步扩展

对不确定性下的选择，我们有了以上被广泛接受并应用的理论，特别是冯·诺依曼和摩根斯坦期望效用理论。这些理论说明，只要观察到的选择行为服从某些直观上合理的公理，

就会有相应的选择理论。然而，尽管这些公理从直观上看是合理的，它们并没有精确地描述个体在实际中的所有行为。在实际中，许多经验证据揭示这些经典的理论都有一定的局限性。以这些经典理论为参照系，会发现许多背离现实的现象，通常人们把这些现象称为悖论。这一节的目的是介绍一些经典悖论，同时介绍为协调这些“反常”现象经济学家所提出的一些新的理论。

5.7.1 两个经典的不确定性选择悖论

期望效用理论和主观概率理论都是基于人的理性考虑提出的。从我们对期望效用函数和主观概率的构造来看，期望效用理论和主观概率理论赖以成立的公理看起来都是合理的。但遗憾的是，实际的个体行为似乎总体上来说同这些公理不符。这里给出两个著名的例子。

1. 阿莱斯悖论

第一个悖论尽管是针对冯·诺依曼和摩根斯坦期望效用理论而提出的，但对上面讨论的其他理论同样有效。莫里斯·阿莱斯 (Maurice Allais，1911—2010，其人物小传见本章 5.8.2 节) 在 Allais (1953) 提出了一个人们在确定性下 “反常” 的决策，通常被称为阿莱斯 (Allais) 悖论。

阿莱斯悖论其实是一系列实验。让实验对象分别做两组实验，然后比较这两组实验中人们的反应差异。下面的两组实验，来自 Kahneman 和 Tversky(1979)，可以看成是阿莱斯实验的变体。

实验 1：依据自身偏好选择下面两个选项。

选项 A：以 33%的概率获得 2,500 美元；以 66%的概率获得 2,400 美元；以 1%的概率获得 0 美元。

选项 B：确定得到 2,400 美元。

实验结果发现大部分人 (82%) 选择选项 B。

实验 2：依据自身偏好选择下面两个选项。

选项 C：以 33%的概率获得 2,500 美元；以 67%的概率获得 0 美元。

选项 D：以 34%的概率获得 2,400 美元；以 66%的概率获得 0 美元。

实验结果发现大部分人 (83%) 选择选项 C。

在两组实验中，大部分人在实验 1 选择 B，而在实验 2 选择 C。但是，这些选择都违背了期望效用理论。下面我们讨论为什么在实验 1 选择 B、在实验 2 选择 C 违背了期望效用理论。在期望效用理论中，存在一个对货币的效用 $u(z)$，人们对不确定结果的偏好，依赖于他们的期望效用。

在实验 1 选择 B，意味着

$$0.33u(2,500) + 0.66u(2,400) + 0.01u(0) < u(2,400),$$

即

$$0.33u(2,500) + 0.01u(0) < 0.34u(2,400).$$

在实验 2 选择 C，意味着

$$0.33u(2,500) + 0.67u(0) > 0.34u(2,400) + 0.66u(0),$$

即

$$0.33u(2,500) + 0.01u(0) > 0.34u(2,400),$$

矛盾。

2. 埃尔斯伯格悖论

第二个经典的悖论是埃尔斯伯格 (Ellsberg) 悖论，由 Ellsberg(1961) 提出，主要针对的是萨维奇的主观概率理论。这个悖论也是一个实验。假设一个缸里装有 300 个球，其中 100 个为红球，另外 200 个为绿球或黑球。需要从缸里随机取出一个球，可以从下面的赌局中选择其一。

赌局 A：若球是红的，获得 1,000 美元。

赌局 B：若球是绿的，获得 1,000 美元。

写下你对两个赌局的选择。现在考虑下面的两个赌局。

赌局 C：若球不是红的，获得 1,000 美元。

赌局 D：若球不是绿的，获得 1,000 美元。

一般来说，大部分人会认为赌局 A 比 B 好，赌局 C 比 D 好。但这两个偏好关系违背了主观概率理论。为了说明这一点，令 R 为球为红球的事件，$\neg R$ 为球不是红球的事件。类似地，我们令 B 和 $\neg B$ 分别是球为绿球及球不是绿球的事件。则根据概率论的结果，我们有：

$$p(R) = 1 - p(\neg R), \tag{5.7.4}$$

$$p(B) = 1 - p(\neg B).$$

为方便起见，令 $u(0) = 0$。若 A 比 B 好，则我们有 $p(R)u(1,000) > p(B)u(1,000)$, 从而我们可得

$$p(R) > p(B). \tag{5.7.5}$$

若 C 比 D 好，则根据萨维奇主观概率效用表示定理中的结论 (1)，我们有

$$p(\neg R)u(1,000) > p(\neg B)u(1,000),$$

从而可得

$$p(\neg R) > p(\neg B). \tag{5.7.6}$$

但显然式 (5.7.4)、(5.7.5) 和 (5.7.6) 是不相容的。

埃尔斯伯格悖论可能源于人们认为对 R 或者 $\neg R$ 打赌比对 B 或者 $\neg B$ 打赌更为“安全”。在埃尔斯伯格的解释中，他认为从盒子中挑红球，可以看作是风险，出现不同事件的概率是确定的；而从盒子中挑绿球，按照 Knight 的术语，是不确定性，出现不同事件的概率是模糊的，不确定与风险之间存在本质差别。

人们对阿莱斯悖论和埃尔斯伯格悖论的重要性的观点不一。一些经济学家认为这些反常现象意味着我们需要新的模型来描述人们的行为。另外一些经济学家则认为这些悖论类似“视觉幻觉”。尽管人们在某些环境中难以判断距离的远近，但这并不意味着我们需要发明一种新的距离概念。

不管同意怎样的解释，这些问题存在。下面我们介绍其他不确定选择理论，来消除上面提到的悖论与选择理论的冲突。

5.7.2 前景理论

Kahneman 和 Tversky(1979) 系统地建构了一个新的不确定性理论，可以避免阿莱斯所提出的悖论问题。这一理论应用广泛，特别是在当前流行的行为金融学有广泛应用。他们的理论，被称为 “前景理论”（prospect theory），与传统的不确定选择理论有两个重要的差别。

第一个差别是，在对结果不确定性的评价中，前景理论采用的是结果的决策权重 $v(\mathbf{p})$，而传统理论采用的是结果发生的概率 $\mathbf{p}$，决策权重与概率并不相同。假如 $(x, y; p, 1-p)$ 是一个不确定后果的彩票，在前景理论中所对应的不确定结果的评价是：$v(p)u(x) + v(1-p)u(y)$，而对权重而言，不总需要假定它们是线性的。由此，可以对人们的决策权重有不同的倾向。一般来说，人们的决策权重存在着两个倾向，即对高的概率是凸函数，而对低的概率则是凹函数。也就是说，存在 “确定性效应”，$v(1) - v(0.99) > v(0.99) - v(0.98)$。在阿莱斯悖论的实验 1 的选项 A 中，在 0.01 的概率下，有获得 0 美元的风险。相对选项 B，这个微小风险容易被决策者夸大。而在实验 2 中，选择选项 C 时获得 2,500 美元的概率为 0.33，选择选项 D 时获得 2,400 美元的概率为 0.34。0.33 与 0.34 的概率的差异容易被决策者忽视。

为简化，我们假设 $u(0) = 0$。当 $v(1) - v(0.66) > v(0.34)$ 成立时，$v(0.33)u(2,500) + v(0.66)u(2,400) < v(1)u(2,400)$ 与 $v(0.33)u(2,500) > v(0.34)u(2,400)$ 会同时成立。

第二个差别是，在对不确定结果的评价中（即效用函数），存在着一个参照系。在前景理论中，待评价的是结果与参照系之间的差距，而在传统理论中，待评价的是最后的结果。比如有下面两组实验。

实验 1：不管结果如何，都会额外得到 1,000 美元。有下面两个选项。

选项 A：以 0.5 的概率得到 1,000 美元，以 0.5 的概率得到 0 美元；

选项 B：确定性地得到 500 美元。

发现实验参与者大多数（84%）选择 B。

实验 2：不管结果如何，都会额外得到 2,000 美元。有下面两个选项。

选项 C：以 0.5 的概率得到 −1,000 美元（需支付 1,000 美元），以 0.5 的概率支付 0 美元；

选项 D：确定性地得到 −500 美元（需支付 500 美元）。

发现实验参与者大多数（69%）选择 C。

根据期望效用理论，A 和 C 是等价的，B 和 D 也是等价的。

然而，根据前景理论，A 和 C 是不同的，在 A 中，参照系是得到 1,000 美元之后，以 0.5 的概率得到 1,000 美元；在 C 中，参照系是得到 2,000 美元之后，以 0.5 的概率失去 1,000 元美。类似地，B 和 D 也是不同的。

为此，选项 A 和 B 的比较是：以 0.5 的概率得到 1,000 美元和以 1 的概率得到 500 美元；选项 C 和 D 的比较是：以 0.5 的概率失去 1,000 美元和以 1 的概率失去 500 美元。

同时，Kahneman 和 Tversky 认为，人们对得到正回报的评价函数是凹的，而对得到负回报的评价函数是凸的。假设 $u(0) = 0$，当 $\frac{u(1,000)}{u(500)} < \frac{v(1)}{v(0.5)} < \frac{u(-1,000)}{u(-500)}$ 成立时，

$$v(0.5)u(1,000) > v(1)u(500) \text{ 与 } v(0.5)u(-1,000) > v(1)u(-5,000)$$

会同时成立，在这里人们同时表现出了风险规避和风险偏好两种特性。

5.7.3 最大最小期望效用理论

文献中还有其他新的不确定选择理论来解决埃尔斯伯格的悖论，其中 Gilboa 和 Schmeidler(1989) 的最大最小（Maxmin）期望效用理论是这些中有较大影响力的一种。与之前的不确定选择理论类似，它也是建立在一些公理的基础之上。

令 Z 为结果集合，P 是在 Z 上的概率分布的集合，S 为状态集合，映射 $f: S \to P$ 表示一个行动。所有的行动组成的集合为 F，弱偏好 $\succcurlyeq$ 是定义在行动集合 F 上。不变行动，记为 f_c，意味着对任意的 $s \neq s'$，都有 $f_c(s) = f_c(s')$。所有不变行动的集合记为 F_c，显然 $F_c \subset F$。

Gilboa-Schmeidler 最大最小期望效用理论基于以下公理。

公理 GS1: $\succcurlyeq$ 是一个偏好序。

对 $\mathbf{p}, \mathbf{q} \in P$，我们定义 $\mathbf{p} \succ \mathbf{q}$ 当且仅当 $\mathbf{p}^* \succ \mathbf{q}^*$，其中 $\mathbf{p}^*(s) = \mathbf{p}$ 对任意的 $s \in S$ 成立，即 $\mathbf{p}^*(s) \in F_c$。

公理 GS2: 对任意的 $f, g \in F$ 及 $h \in F_c$，$f \succ g$ 当且仅当 $\alpha f + (1-\alpha)h \succ \alpha g + (1-\alpha)h$ 对任意的 $\alpha \in (0,1)$ 成立。

这个公理又称不变—独立公理，显然若冯 • 诺依曼和摩根斯坦的独立公理成立，则不变—独立公理一定成立。

公理 GS3: 对任意的 $f, g, h \in F$ 及 $f \succ g \succ h$，存在 $\alpha, \beta \in (0,1)$ 使得 $\alpha f + (1-\alpha)h \succ g$ 和 $g \succ \beta f + (1-\beta)h$ 成立。

这个公理与之前的冯 • 诺依曼和摩根斯坦连续性公理一致。

公理 GS4: 对任意的 $f, g \in F$，若 $f(s) \succcurlyeq g(s)$，则 $f \succcurlyeq g$。

这个公理与萨维奇的确定性公理是一致的。

公理 GS5: 对任意的 $f, g \in F$，若 $f \sim g$，则 $\alpha f + (1-\alpha)g \succcurlyeq g$ 对任意 $\alpha \in (0,1)$ 成立。

这一公理，被称为不确定厌恶公理。在埃尔斯伯格悖论中，行动 f（g）可以设想为在 B 盒子中抽到红球或黑球都得到 1,000 美元，于是 $f \sim g$，但 $\frac{1}{2}f + \frac{1}{2}g \succcurlyeq f \sim g$。

公理 GS6: 存在 $f, g \in F$ 使得 $f \succ g$。

基于以上六个公理，Gilboa 和 Schmeidler(1989) 证明了下面的最大最小期望效用定理。

定理 5.7.1 (最大最小期望效用定理)　*假定 $\succcurlyeq$ 是定义在 F 上的偏好，则下面两个条件是等价的。*

(1) *$\succcurlyeq$ 满足上面的公理 GS1~GS5。*

(2) *存在着效用函数 $u: Z \to \mathcal{R}$，以及非空的闭凸集 C，该集合的元素是定义在状态集 S 上的（有界可加性）概率测度，使得 $f \succcurlyeq g$ 当且仅当*

$$\min_{p \in C} \int u(f(s))dp(s) \geqq \min_{p \in C} \int u(g(s))dp(s).$$

并且，效用函数在仿射变换意义下是唯一的。若公理 GS6 满足，则上述闭凸集 C 也是唯一的。

该定理比较符合现实。在存在不确定性时，人们无法确切知道真实事件的概率，这时存在多种可能的概率，与此同时，信息越多，闭凸集 C 会越来越小。在极限时，该集合只包含一个元素。

比如，在上面的埃尔斯伯格悖论中，若概率分布的闭凸集为 $[0.3, 0.7]$，则可用来回答埃尔斯伯格悖论。

5.7.4 基于个案的选择理论

在不确定选择问题中，决策者通常很难建构状态集合及其每个状态下各种选择的后果。Gilboa 和 Schmeidler(1995) 给出了这样一个关于雇用保姆的例子。在这个例子中，一对夫妇为照顾幼儿，需要在一些可供选择的保姆中挑选一个。这对夫妇不清楚雇用后保姆的表现。比如说雇用后发现保姆偷懒，或者不诚实。此外，他们还会意识到许多潜在的其他问题。比如，有些保姆对孩子好，但会把房子弄得一塌糊涂。另一些保姆能胜任，但待的时间不长，随时可能会走人，等等。把所有这些可能的状态都考虑到很难。这个例子在现实生活中具有典型性。与此同时，人们还面临这样的问题，它们并不是萨维奇 (Savage) 主观不确定性理论所能揭示的决策过程。在雇用保姆的决策过程中，决策者通常会考察每个候选人之前工作经历与目前工作的相似性，以及之前工作的绩效，从而前雇主的推荐信可能会影响雇主对该保姆的主观判断。这种决策模式，被称为基于个案的选择模式，比较符合人们对不确定状态的认知过程。

Gilboa 和 Schmeidler(1995) 对基于个案的选择模式建立了一个分析框架，在这里作一简要介绍。假定 (q, a, r) 代表一个个案，其中 q 为个案中的问题，a 为个案中的行动，r 是个案的结果。所有的个案集合记为 $C = P \times A \times \mathcal{R}$，$P, A, R$ 分别是问题的集合、选择的集合以及结果的集合。$M \subset C$ 表示记忆，H 为记忆到问题集合的映射，即

$$H = H(M) = \{q \in P : \exists a \in A, r \in R, \text{使得}(q, a, r) \in M\}.$$

对记忆中的每个问题 $q \in H(M)$ 和行动 $a \in A$，存在唯一的结果 $r = r_M(q, a)$，使得 $(q, a, r) \in M$。此外，对记忆中的每个问题 $q \in H(M)$，存在着唯一的 $a \in A$ 使得 $r_M(q, a) \neq r_0$，这里的 r_0 表示在对应问题中那些没有被选择的行动的结果，也就是说，在记忆中每个问题都只有一个对应的行动。

当决策者考虑一个不确定性的选择问题 $p \notin H(M)$ 时，在基于个案的决策模式中，其对行动的选择是：$\text{argmax}_{a \in A} \sum\limits_{(q,a,r) \in M} s(p, q)u(r)$，其中 $s(p, q)$ 是待决策问题与记忆中之前个案问题的相似度，$u(r)$ 是对此前个案结果的评价。在 Gilboa 和 Schmeidler 的论文中，他们用 4 个公理刻画了存在这类问题之间相似度的配比函数，即 $s(p, q)$。

Gilboa 和 Schmeidler(1995) 用公理化的方法，证明了只要决策者满足五个行为公理，那么在决策者的理性选择过程中，存在着相似函数 $s(p, q)$ 和对结果的评价函数 $u(r)$，从而选择一个获得最大的相似权重期望价值的行动。更详细的讨论可以参阅他们的论文。

5.8 【人物小传】

5.8.1 约翰·冯·诺依曼

约翰·冯·诺依曼（John von Neumann，1903—1957），是一个和牛顿比肩的不世出的天才级人物，20 世纪最重要的数学家之一，在计算机、博弈论、氢弹、核武器和生化武器等

诸多领域内有杰出建树的最伟大的科学全才之一，被后人称为“计算机之父”和“博弈论之父”。

冯·诺依曼是美籍匈牙利犹太人，1903 年 12 月 28 日生于匈牙利的布达佩斯，父亲是一个银行家，家境富裕，十分注重对孩子的教育。冯·诺依曼从小聪颖过人，兴趣广泛，读书过目不忘。据说他 6 岁时就能用古希腊语同父亲闲谈，一生掌握了七种语言，最擅德语，可在他用德语思考种种设想时，又能以阅读的速度译成英语。他对读过的书籍和论文，能很快一句不差地将内容复述出来，而且若干年之后，仍可如此。1911—1921 年，冯·诺依曼在布达佩斯的卢瑟伦中学读书期间，就崭露头角而深受老师的器重。在费克特老师的个别指导下，他合作发表了第一篇数学论文，此时冯·诺依曼还不到 18 岁。1921—1923 年他在苏黎世大学学习，很快又在 1926 年以优异的成绩获得了布达佩斯大学数学博士学位，此时冯·诺依曼年仅 22 岁。1927—1929 年冯·诺依曼相继在柏林大学和汉堡大学担任数学讲师。1930 年他接受了普林斯顿大学客座教授的职位，西渡美国。1931 年他成为美国普林斯顿大学的第一批终身教授，那时，他还不到 30 岁。1933 年他转到该校的高级研究所，成为最初六位教授之一，其中就包括爱因斯坦，而年仅 30 岁的冯·诺依曼是他们当中最年轻的一位，并在那里工作了一生。冯·诺依曼是普林斯顿大学、宾夕法尼亚大学、哈佛大学、伊斯坦堡大学、马里兰大学、哥伦比亚大学和慕尼黑高等技术学院等校的荣誉博士。他是美国国家科学院、秘鲁国立自然科学院和意大利国立林且学院等院的院士。1954 年他任美国原子能委员会委员；1951—1953 年任美国数学学会主席。

冯·诺依曼早期以算子理论、共振论、量子理论、集合论等方面的研究闻名，开创了冯·诺依曼代数。第二次世界大战期间为第一颗原子弹的研制作出了贡献。为研制电子数字计算机提供了基础性的方案。1944 年与摩根斯坦（Oskar Morgenstern）合著《博弈论与经济行为》，是博弈论学科的奠基性著作。晚年，研究自动机理论，著有对人脑和计算机系统进行精确分析的著作《计算机与人脑》。

冯·诺依曼对人类的最大贡献是对计算机科学、计算机技术、数值分析和经济学中的博弈论的开拓性工作。冯·诺依曼的主要著作收集在《冯·诺依曼全集》(6 卷，1961) 中。无论是在纯粹数学还是在应用数学研究方面，冯·诺依曼都显示了卓越的才能，取得了众多影响深远的重大成果。不断变换研究主题，常常在几种学科交叉渗透中获得成就是他的特色。简单来说，他的精髓贡献有两点：二进制思想与程序内存思想。众所周知，1946 年发明的电子计算机，大大促进了科学技术的进步，大大促进了社会生活的进步。鉴于冯·诺依曼在发明电子计算机中所起到的关键作用，他被西方人誉为“计算机之父”。而在经济学方面，他也有突破性成就，被誉为“博弈论之父”。1944 年发表了奠基性的重要论文《博弈论与经济行为》，论文中包含博弈论的纯粹数学形式的阐述以及对于实际博弈应用的详细说明，还包含了诸如统计理论等教学思想。在物理学领域，冯·诺依曼在 20 世纪 30 年代撰写的《量子力学的数学基础》已经被证明对原子物理学的发展有极其重要的价值。他在化学方面也有相当的造诣，曾获苏黎世高等技术学院化学系大学学位。

对竞争均衡存在的一般性证明的突破也归功于约翰·冯·诺依曼分别在 1928 年和 1937 年发表的两篇纯数学论文，他的论文首先给出了可用来证明非线性方程组存在解的不动点定理。

5.8.2 莫里斯·阿莱斯

莫里斯·阿莱斯 (Maurice Allais，1911—2010)，生于法国巴黎，主要研究领域为市场理论与资源的效率分配，曾经提出阿莱斯悖论，1988 年诺贝尔经济学奖得主。在学生时代，莫里斯·阿莱斯经历了 1929—1933 年的世界经济危机和接踵而来的大萧条时期。出于对 1929 年大危机造成社会大灾难的愤怒和解决社会经济问题的热情，他立志为市场经济中出现的若干问题找到解决办法，并为此贡献自己毕生的精力。由于具有工程学的背景，阿莱斯自学了经济学，并把数学的严密性引进到当时几乎没有定量分析的法国经济学派中。阿莱斯毕生致力于市场经济的潜心研究和经济学的教学工作。他在巴黎第十大学金融分析中心从事研究工作直至 1980 年退休。退休后，他仍一直坚持经济学的教学工作。1988 年获得诺贝尔经济学奖时，他虽已 77 岁，但身体健康，精力充沛，仍在巴黎国家高级矿业学院讲授金融行情分析基础理论。

阿莱斯在市场理论和最大效率理论方面对经济学作出了很大的贡献。他提出了许多市场经济模型，重新系统地阐述了一般均衡理论和最大效益理论。阿莱斯认为，从瓦尔拉斯的一般均衡模型到德布鲁的一般均衡模型均假定一个所有物品都集中在一起进行交换的市场，而且市场价格对所有市场参加者都是共同的、给定的，然后通过唯一的一轮交易作一次性移动，经济从不均衡状态过渡到均衡状态。这些假定都是不现实的，他称之为“单市场经济模型”。针对这些缺陷，他提出“多市场经济模型”，它假定导向均衡的交换以不同的价格连续发生，并且在任何给定时点上，不同经营者作用的价格不必是同一的，在“可分配剩余”的驱动下，每一次交易都趋近均衡。阿莱斯的“多市场经济模型”较之于“单市场经济模型”更接近现实，更一般化，即涵蕴了存在竞争和不存在竞争的各种可能的市场形态，并能如同描述西方国家经济那样，描述东方国家经济和发展中国家的经济，且其描述是动态的。由于阿莱斯把私人分散的、自由寻求和实现剩余看作是实现最大效率状态的基本途径，因此在政策主张上极力反对凯恩斯主义的政府干预。早在 20 世纪 50 年代，阿莱斯就通过一系列可控实验提出了著名的“阿莱斯悖论”，对期望效用理论构成了挑战。

5.9 习　题

习题 5.1 假设有三个人，他们的效用函数分别为 $u_1 = d$ (d 为正的常数)，$u_2 = x^{1/3}$ 及 $u_3 = x^3$。有三种可供选择的彩票：$\mathbf{p}_1$：以 1 的概率得到 360 元；$\mathbf{p}_2$：分别以 0.5 的概率得到 650 元和 100 元；$\mathbf{p}_3$：分别以 0.5 的概率得到 2,000 元和 0 元。若要上面的三个人分别在上述彩票中挑选一种，他们的选择分别是什么？

习题 5.2 某个体拥有冯·诺依曼效用函数 u 和初始财富 w。用 Γ 代表这样一个赌局：以 2/3 的概率支付 x，以 1/3 的概率支付 $-y$。x 和 y 都为正，并且有 $x > y$。用图表分别描述当该个体不拥有这个赌局时为了得到这个赌局他愿意支付的最大数额以及当该个体拥有这个赌局时为了放弃这个赌局他愿意接受的最小数额。买和卖的价格一样吗？

习题 5.3 某个体具有预期效用函数 $u(x) = -e^{-x}$。他有一个对抛硬币进行打赌的机会，硬币正面向上的概率为 π。若他赌 y 美元，若硬币正面向上，他将有 $x + y$ 美元，若硬币正面向下，则有 $x - y$ 美元。求解最优 y 为 π 的函数，当 $\pi = \frac{1}{3}$ 时，最优选择是多少？

习题 5.4　假定迈克被迫玩下面的俄式轮盘赌局：一把装有两颗子弹的六轮手枪指着迈克的头。他恰好对支付 1 万美元将手枪里面的两颗子弹移走以及什么都不做而是让歹徒扣动扳机这两种情况无差异。

1. 证明：一把装有四颗子弹的手枪对准他并扣下扳机，以及支付 1 万美元将一颗子弹移除，这两种情况对他来说并没有差异。
2. 假设他用冯 · 诺依曼效用函数来评估这个赌局，并且假设死亡带来的效用与财富水平无关。假设他的初始财富水平 $w_0 > \$10,000$。

　　那么当只装有一颗子弹的六轮手枪对准他时，他是否愿意花 1 万美元将这颗子弹移除？

习题 5.5　对赌局 L，令 $E(L) \equiv \sum_{i=1}^{n} p_i x_i$ 代表 L 的期望值。定义 $u(L) = \sum_{i=1}^{n} p_i v(x_i, L)$，其中，当 $x_i \leqq E(L)$ 时，$u(x_i, L) = x_i$；当 $x_i > E(L)$ 时，$u(x_i, L) = E(L) + 0.5(x_i - E(L))$。证明：若当且仅当 $u(L) \geqq u(L')$ 时，相比较于 L'，汤姆更喜欢 L，则他的偏好违背独立性公理。

习题 5.6　某人对两期消费的冯 · 诺依曼效用函数为：$u(x_1) + u(x_2)$，其中 $u' > 0, u'' < 0, u'(0) = \infty$，$x_1$ 和 x_2 分别表示这个人在第一期和第二期的消费。这个人第一期的收入为 1，第二期的收入 I_2 在他选择 x_1 时并不确定。我们只知道以 $(1-p)$ 的概率 $I_2 = 1$，以 αp 的概率 $I_2 = 0$，以及以 $(1-\alpha)p$ 的概率 $I_2 = 2$。这个人可以储蓄第一期收入的一部分用于第二期的消费。假设利率为零，他不能从第二期借款。那么当 p 增加时，这个人第一期的消费是增加还是减少呢？

习题 5.7 (阿莱斯悖论)　假设 $Y = \{250, 50, 0\}$。现在从彩票空间 $\Delta(Y)$ 中选取这样 4 个简单的彩票：

$$\mathbf{p}_1 = (0, 1, 0), \quad \mathbf{p}_2 = \left(\frac{10}{11}, 0, \frac{1}{11}\right),$$

$$\mathbf{p}_3 = (0, 0.11, 0.89), \quad \mathbf{p}_4 = (0.10, 0, 0.90),$$

对这 4 个彩票的偏好如下：$\mathbf{p}_1 \succ \mathbf{p}_2$，$\mathbf{p}_4 \succ \mathbf{p}_3$。试分析决策者的偏好是否可以通过VNM期望效用理论来解释。为什么？若决策者的偏好是 $\mathbf{p}_2 \succ \mathbf{p}_1, \mathbf{p}_3 \succ \mathbf{p}_4$，情况又是怎样的呢？

习题 5.8　某人的期望效用函数的形式为 $u(w) = -\frac{1}{w^2}$，他面对如下的赌局：以概率 p 得到 w_1，以概率 $1-p$ 得到 w_2。他需要拥有多少财富才使得他接受这个赌局和保持现有财富是无差异的？

习题 5.9　考虑以货币进行支付的赌局 Γ：以 0.5 的概率支付 $x+\epsilon$，以 0.5 的概率支付 $x-\epsilon$。计算这个赌局的确定性等价（确定性等价是指一定数量的确定性财富，参与者在接受赌局 Γ 以及接受一定数额的确定性财富这两种情况之间无差异）关于 ϵ 的二阶导数，并证明当 $\epsilon \to 0$ 时此二阶导数的极限是 $-R_A(x)$。

习题 5.10　假设 $u : \mathcal{R}_+ \to \mathcal{R}$ 是一个严格递增的冯 · 诺依曼效用函数，证明：

1. 当且仅当 $u(y) = \alpha y^{1-\rho} + \beta$ 时，$v(y)$ 具有 ρ 的固定相对风险规避系数（其中，$\alpha > 0, \rho \neq 1, \rho > 0, \beta \in \mathcal{R}$）。
2. 当且仅当 $u(y) = \alpha \ln(y) + \rho$ 时，$u(y)$ 具有等于 1 的固定相对风险规避系数（其中，$\alpha > 0, \rho \in \mathcal{R}$）。

习题 5.11 假设某人的期望效用函数是单调增和凹的: $u'(\cdot) > 0, u''(\cdot) < 0$, 且有 10 万元的初始财富。假设他有机会参股一项净收益为 $\tilde{r}$ 的风险投资。若他选择参股份额为 $\alpha, 0 \leqq \alpha \leqq 1$, 他的随机收益是 $1 + \alpha\tilde{r}$。证明:

1. 只要 $E[\tilde{r}] > 0$, 这个人的参股份额总是正值: $\alpha > 0$。
2. 若 $E[\tilde{r}] \leqq 0$, 他的最优参股份额为 0。
3. 若这个人起初拥有的不是 10 万元确定的财富, 而是另一期望收益为 10 万元的风险投资, 这项风险投资与他要参股的项目间的收益是独立的。则问题 (1) 和 (2) 的结论有无变化?

习题 5.12 记 R_1 和 R_2 是两种资产的随机回报, 假设它们是相互独立同分布的。证明: 若投资者是风险厌恶的, 则期望效用最大化的结果是将他的财富分别投资在两种资产上; 若他是风险偏好的, 则期望效用最大化的结果是将他的财富投资在一种资产上。

习题 5.13 假设开车超速时会收到罚款通知单的可能性是 p, 且罚款金额是 f。假设个人都是风险厌恶型的 (即, $u''(w) < 0$, 其中 w 是个人的财富)。被抓到的可能性按比例增加或是罚金的按比例增加, 在防止非法超车方面会是更有效的吗? (提示: 运用泰勒级数展开式 $u(w-f) = u(w) - fu'(w) + \frac{f^2}{2}u''(w)$。)

习题 5.14 某个体关注在下一期可能发生的自然状态, $s = 1, \cdots, S$ 条件下的货币报酬。以 x_s 表示在 s 状态下的报酬, 以 p_s 表示状态 s 发生的概率。假设个体选择 $x = (x_1, \cdots, x_S)$ 以最大化其报酬的贴现预期价值。贴现因子以 α 表示, 即 $\alpha = \frac{1}{1+r}$, 其中 r 为贴现率。可行报酬集以 X 表示, 假设 X 为非空的。

1. 写出该个体的最大化问题的目标函数与约束条件。
2. 若概率为 $\mathbf{p} = (p_1, p_2, \cdots, p_S)$, 贴现因子为 α, 定义 $V(\mathbf{p}, \alpha)$ 为该个体可以达到的最大贴现预期值。证明 $V(\mathbf{p}, \alpha)$ 对 α 是一次齐次的。
3. 证明 $V(\mathbf{p}, \alpha)$ 是 $\mathbf{p}$ 的凸函数。

习题 5.15 考虑某人的冯 · 诺依曼效用函数为: $u(x) = ax^2 + bx + c$。

1. 当系数 a 和 b 满足什么关系时该效用函数代表了某个人的风险厌恶型偏好, 并且对所有在 $[0, \bar{x}]$ 之间的财富水平而言这个人偏好于更多的财富?
2. 给定问题(1)所施加的限制条件, 证明 u 具有绝对风险厌恶递增的性质。
3. 给定问题 (1) 所施加的限制条件, 证明这个人的风险偏好所表示的冯 · 诺依曼效用函数仅仅由一个赌局的均值和方差就可以决定。
4. 证明反命题也成立: 若一个人对具有相同均值和方差的赌局有相同的偏好, 那么这个人的冯 · 诺依曼效用函数一定是二次型的。

习题 5.16 考虑一个具有严格风险厌恶的消费者, 他的偏好满足独立性弱公理。假设他的初始财富为 w, 并且当他面临以 π 的概率损失 x 与支付 y 来进行全额保险时无差异。对这个消费者而言, 相当于 $(\pi(w-x), (1-\pi)w) \sim (w-y)$。

1. 证明对这个消费者来说, 以 r 的概率买全额保险与以 1 的概率买全额保险并没有什么差异。
2. 考虑下面可能性的安排: 这个消费者支付给保险公司 ry。若发生损失, 保险公司以概率 r 支付给这个消费者 $x-(1-r)y$, 以概率 $1-r$ 支付给这个消费者 ry。若没有发生损失，保险公司不支付给这个消费者任何费用。证明相对于支付 y 来买全额保险这个安排来说，消费者会严格偏好于上述安排。

习题 5.17　用文中关于风险厌恶的定义来证明个人在任何非负的财富水平上对赌局都是风险厌恶的，当且仅当他的冯 · 诺依曼效用函数在 $\mathcal{R}_+$ 上是严格凹函数。

习题 5.18　在一个两期经济中，某个个体在第一期拥有初始财富 w。这个个体的效用函数给定如下：

$$u(c_1, c_2) = u(c_1) + v(c_2),$$

其中，$u(\cdot)$ 和 $v(\cdot)$ 都是凹函数，c_1 和 c_2 表示第一期与第二期该个体分别消费的数量。用 x 表示个体在第一期储蓄的数量（这样 $c_1 = w - x$ ，$c_2 = x$），用 x_0 表示这个问题 x 的最优解。下面我们将在这个经济中加入不确定性。若个体在第一期储蓄 x，那么他在第二期的财富将是 $x+y$，其中 y 服从累积密度函数为 $F(\cdot)$ 的分布。下面我们用 $E(\cdot)$ 表示 $F(\cdot)$ 所对应的期望值。因此，个体现在解最优化问题

$$\max_x \{u(w-x) + E[v(x+y)]\},$$

用 x^* 表示此问题的解。

1. 证明若 $E[v'(x_0+y)] > v'(x_0)$ ，则 $x^* > x_0$。
2. 定义效用函数 $v(\cdot)$ 在财富水平 x 下的绝对谨慎系数（coefficient of absolute prudence）为 $-v'''(x)/v''(x)$ 。证明，若在任意的财富水平下，效用函数 $v_1(\cdot)$ 的严格谨慎系数都不比 $v_2(\cdot)$ 大，则由 $E[v_1'(x_0+y)] > v_1'(x_0)$ 可推出 $E[v_2'(x_0+y)] > v_2'(x_0)$。
3. 证明若 $v'''(\cdot) > 0$，并且 $E[y]$，则对任意的 x，$E[v'(x+y) > v'(x)]$ 都成立。
4. 证明若 $v(\cdot)$ 的绝对风险厌恶系数随着财富的增加而下降，则对任意的 x，$-v'''(x)/v''(x) > -v''(x)/v'(x)$ 成立，且 $v'''(\cdot) > 0$。

习题 5.19　某个体拥有函数形式为 $u(x) = -1/x$（对 $x > 0$）的贝努利效用函数。假设他面临一个赌局：以 p 的概率得到 x_1 的收益，以 $(1-p)$ 的概率遭受 x_2 的损失。

1. 那么在什么样的初始财富水平 w_0 下，他才愿意接受这个赌局？
2. 假设 $x_1 = x_2 < w_0$。对每一种初始财富水平，在什么样的概率下他才会接受这个赌局？基于这个事实，你能猜到这个个体的绝对风险厌恶系数是递增的还是递减的？
3. 确认你在问题 (2) 中关于绝对风险厌恶系数性质的猜想。

习题 5.20　国栋在一个保险公司工作，正对具有随机结果 R 的一份资产进行评估；结果 R 是具有均值 μ 和方差 σ^2 的正态分布。因此，此密度函数为

$$f(r) = \frac{1}{\sigma\sqrt{2\pi}} \exp\left\{-\frac{1}{2}(\frac{r-\mu}{\sigma})^2\right\}.$$

1. 证明国栋对 R 的预期效用仅是 μ 和 σ^2 的函数，进而证明 $E[u(R)] = \Phi(\mu, \sigma^2)$。
2. 证明 $\Phi(\cdot)$ 对 μ 是递增的。
3. 证明 $\Phi(\cdot)$ 对 σ^2 是递减的。

习题 5.21　假设某人面临一个两时期资产组合问题。在时期 $t = 0, 1$，他的财富 w_t 分配在收益为 R 的安全资产和收益为 x 的风险资产上。初始财富为 w_0。在 $t = 1, 2$ 时的财富取决

于他在 $t-1$ 期选择的资产组合（风险资产比例为 α_{t-1}）和到 t 期时实现的收益 x_t，其表达式为:

$$w_t = ((1-\alpha_{t-1})R + \alpha_{t-1}x_t)w_{t-1}.$$

设个体的目标是实现最后一期财富 w_2 的期望效用最大化。假设不同时期的收益 x_1 和 x_2 是独立同分布的。证明若该个体的效用函数具有不变的相对风险规避系数，则他的最优选择是 $\alpha_0 = \alpha_1$。同时证明，若他的效用函数具有不变的绝对风险规避系数，则上述关系不成立。

习题 5.22 证明: $F(\cdot) \leqq G(\cdot)$ 当且仅当 $VaR_X(\alpha) \leqq VaR_Y(\alpha)$，对所有的 $\alpha \in (0,1)$ 均成立，其中，$VaR_X(\alpha)$ 被定义成:

$$VaR_X(\alpha) = \sup\{x \in \mathcal{R} : P(W_0 - X \geqq x) \geqq \alpha\},$$

其中，W_0 可认为是初始投资，X 可看作是将来的回报。$VaR_X(\alpha)$ 是一个临界值，使得损失超过这个临界值的最大概率小于事先给定的 $\alpha \in (0,1)$。

(提示: 先证明 $VaR_X(\alpha) = W_0 - F_X^{-1}(\alpha)$。)

习题 5.23 设 X 和 Y 是两个在区间 $[a,b]$ 上取值的随机变量。证明:

1. 若 X 一阶随机占优于 Y，则 X 必然二阶随机占优于 Y。
2. 若 X 二阶随机占优于 Y，则 $EX \geqq EY$。
3. 若 X 二阶随机占优于 Y 并且 $EX = EY$，则 $Eu(X) \geqq Eu(Y)$，对所有凹的并且二次可微的函数 (不管是否递增) 均成立。
4. 若 X 二阶随机占优于 Y 并且 $EX = EY$，则 $Var(X) \leqq Var(Y)$。

习题 5.24 假设 F (G) 和 f (g) 分别是随机变量 X (Y) 的分布函数和密度函数。证明: X 二阶随机占优于 Y 当且仅当 $\int_0^p (F^{-1}(y) - G^{-1}(y))dy \geqq 0$ 对所有的 $p \in (0,1)$（注意 $\int_0^1 F^{-1}(y)dy = EX$）。

习题 5.25 设 $u_1(x)$ 和 $u_2(x)$ 是以财富 x 为自变量的两个可微、严格递增且凹的效用函数。证明: 这两个效用函数的下列性质等价:

1. $-u_1''(x)/u_1'(x) \geqq -u_2''(x)/u_2'(x)$，对所有的 $x > 0$ 均成立。
2. $u_1(u_2^{-1}(x))$ 是一个关于 x 的凹函数。
3. $\frac{u_1(y)-u_1(x)}{u_1(w)-u_1(v)} \leqq \frac{u_2(y)-u_2(x)}{u_2(w)-u_2(v)}$，对所有的 x,y,w,v 且 $v < w \leqq x < y$ 均成立。

习题 5.26 我们称决策者 u_1 是比 u_2 更加风险厌恶的当且仅当

$$\inf_x \frac{u_1''(x)}{u_2''(x)} \geqq \sup_x \frac{u_1'(x)}{u_2'(x)},$$

当且仅当存在 $\lambda > 0, \forall x, y > 0$，使得

$$\frac{u_1''(x)}{u_2''(x)} \geqq \lambda \geqq \frac{u_1'(y)}{u_2'(y)}.$$

证明*:* 若 u_1 是比 u_2 更加风险厌恶的，则

$$-u_1''(x)/u_1'(x) \geqq -u_2''(x)/u_2'(x)$$

对所有的 $x > 0$ 均成立。反之，结论不成立。

习题 5.27 设 $\mathcal{F}$ 表示所有定义在实轴上的右连续分布函数的集合，并且当 $x < 0$ 时，$F(x) = 0, \forall F \in \mathcal{F}$。对每一个 $F \in \mathcal{F}$，令 $F^1 = F$，递推地定义

$$F^{n+1}(x) = \int_0^x F^n(y)dy, \quad \text{对所有的 } x \geqq 0,\ n \in \{1, 2, \cdots\}.$$

在 $\mathcal{F}$ 上的 n 阶随机占优 $(\succcurlyeq_n)$ 和严格 n 阶随机占优 $(\succ_n)$ 定义如下：

$$F \succcurlyeq_n G \quad \text{当且仅当 } F^n(x) \leqq G^n(x), \text{对所有的} x \in [0, \infty);$$

$$F \succ_n G \quad \text{当且仅当 } F \neq G, \text{并且 } F \succcurlyeq_n G.$$

记

$$\mu_F^0 = \int dF(x) = 1, \quad \mu_F^n = \int x^n dF(x), n \geqq 1.$$

类似地，我们可以定义 μ_G^0 和 $\mu_G^n, n \geqq 1$ 。证明：设 $F, G \in \mathcal{F}$，若 $F \succ_n G$，F 和 G 的前 n 阶矩是有限的且前 $n{-}1$ 阶矩相等，即 $\mu_F^k = \mu_G^k, k = 0, 1, 2, \cdots, n{-}1$，则 $(-1)^{n-1}\mu_F > (-1)^{n-1}\mu_G$。

习题 5.28 简述冯·诺依曼和摩根斯坦期望效用模型、安斯康姆–奥曼状态依赖期望效用模型和萨维奇主观概率模型，说明在处理不确定选择问题时，这三个模型的联系和区别。

习题 5.29 证明萨维奇主观概率效用表示定理，即定理 5.6.2 。

习题 5.30 德 · 菲尼蒂(de Finetti, 1930) 猜想每一个定性概率都有一个定性的概率测度代表它。当 $|S| \leqq 4$ 时，这个结论被证明是正确的。问当 $|S| = 5$ 时，这个结论成立吗？若成立，证明之；若不成立，给出反例。(提示：查阅文献Kraft, C. H.，J. W. Pratt, and T. Seidenberg，1959。)

5.10 参考文献

教材和专著：

黄有光, 张定胜 (2008). 高级微观经济学. 上海：格致出版社.

平新乔 (2001). 微观经济学十八讲. 北京：北京大学出版社.

Arrow, K. (1970). *Essays in the Theory of Risk Bearing*, Chicago: Markham.

Debreu, G. (1959). *Theory of Value*, Wiley.

Diamond, P. and M. Rothschild (1989). *Uncertainty in Economics: Readings and Exercises*, Academic Press.

Fishburn, Peter C. (1970). *Utility Theory for Decision Making*, John Wiley and Sons, Inc.

Gilboa, I. (2009). *Theory of Decision under Uncertainty*, Cambridge University Press.

Hirshleifer, J. and John Riley (1992). *The Analytics of Uncertainty and Information*, Cambridge University Press.

Jehle, G. A. and P. Reny (1998). *Advanced Microeconomic Theory*, Addison-Wesley.

Kreps, D. (1988). *Notes on the Theory of Choice*, West Press.

Kreps, D. (1990). *A Course in Microeconomic Theory*, Princeton University Press.

Laffont, J. J. (1989). *The Economics of Uncertainty and Information*, MIT.

Luenberger, D. (1995). *Microeconomic Theory*, McGraw-Hill.

Mas-Colell, A., M. D. Whinston, and J. Green (1995). *Microeconomic Theory*, Oxford University Press.

Rubinstein, Ariel (2005). *Lecture Notes in Microeconomics (modeling the economic agent)*, Princeton Univeristy Press.

Savage, L. (1954). *The Foundations of Statistics*, Dover Publications, Inc.

Varian, H. R. (1992). *Microeconomic Analysis (Third Edition)*, W. W. Norton and Company.

Von Neumann, J. and O. Morgenstein (1944). *Theory of Games and Economic Behavior*, John Wiley and Sons.

论文:

田有功, 田国强（2016）. 高阶风险态度研究进展及其实验证据. 工作论文.

Allais, Maurice (1953). "Le comportement de l'homme rationnel devant le risque: critique des postulats et axiomes de l' é cole am é ricaine", *Econometrica: Journal of the Econometric Society*, Vol. 21, No. 4, 503-546.

Anscombe, F. and R. Aumann (1963). "A Definition of Subjective Probability", *Annals of Mathematical Statistics*, Vol. 34, No. 1, 199-205.

Boussemart, J. -P., D. Crainich, and H. Leleu (2015). "A Decomposition of Profit Loss Under Output Price Uncertainty", *European Journal of Operational Research*, Vol. 243, No. 3, 1016-1027.

Chiu, H. (2005). "Skewness Preference, Risk Aversion, and the Precedence Relations on Stochastic Changes", Management Science, Vol. 51, No. 12, 1816-1828.

Crainich, D. and L. Eeckhoudt (2008). "On the Intensity of Downside Risk Aversion", *Journal of Risk and Uncertainty*, Vol. 36, No. 3, 267-276.

Crainich, D., L. Eeckhoudt, and A. Trannoy (2013). "Even (Mixed) Risk Lovers Are Prudent", *American Economic Review*, Vol. 103, No.4, 1529-1535.

Deck, C. and H. Schlesinger (2010). "Exploring Hgher Order Risk Effects", *Review of Economic Studies*, Vol. 77, No. 4, 1403-1420.

Deck, C. and H. Schlesinger (2014). "Consistency of Higher Order Risk Presences", *Econometrica*, Vol. 82, No. 5, 1913-1943.

Denuit, M. and L. Eeckhoudt (2013). "Risk Attitudes and the Value of Risk Transformations", *International Journal of Economic Theory*, Vol. 9, No. 3, 245-254.

Dréze, J. and F. Modigliani (1972). "Consumption Decisions under Uncertainty", *Journal of Economic Theory*, Vol. 5, No. 3, 308-335.

Ebert, S. and D. Wiesen (2014). "Joint Measurement of Risk Aversion, Prudence, and Temperance", *Journal of Risk and Uncertainty*, Vol. 48, No. 3, 231-252.

Eeckhoudt, L. and C. Gollier (2005). "The Impact of Prudence on Optimal Prevention", *Economic Theory*, Vol. 26, No.4, 989-994.

Eeckhoudt, L., C. Gollier and H. Schlesinger (1996). "Changes in Background Risk and Risk-taking Behavior", *Econometrica*, Vol. 64, No.3, 683-689.

Eeckhoudt, L. and H. Schlesinger (2006). "Putting Risk in Its Proper Place", *American Economic Review*, Vol. 96, No. 1, 280-289.

Eeckhoudt, L. and H. Schlesinger (2008). "Changes in Risk and the Demand for Saving", *Journal of Monetary Economics*, Vol. 55, No. 7, 1329-1336.

Eeckhoudt, L., H. Schlesinger and I. Tsetlin (2009). "Apportioning of Risks via Stochastic Dominance", *Journal of Economic Theory*, Vol. 144, No. 3, 994-1003.

Ellsberg, D. (1961). "Risk, Ambiguity, and the Savage Axioms", *Quarterly Journal of Economics*, Vol. 75, No. 4, 643-669.

Eso, P. and L. White (2004). "Precautionary Bidding in Auctions", *Econometrica*, Vol. 72, No. 1, 77-92.

Gilboa, I. and D. Schmeider (1989). "Maximin Expected Utility with Non-Unique Prior", *Journal of Mathematical Economics*, Vol. 18, No. 2, 414-153.

Gilboa, I. and D. Schmeider (1995). "Case-Based Decision Theory", *Quarterly Journal of Economics*, Vol. 110, No. 3, 605-639.

Kahneman, D. and A. Tversky (1979). "Prospective Theory: An Analysis of Decision Under Risk", *Econometrica*, Vol. 47, No. 2, 263-291.

Kimball, M. S. (1990). "Precautionary Savings in the Small and in the Large", *Econometrica*, Vol. 58, No. 1, 53-73.

Kimball, M. S. (1993). "Standard Risk Aversion", *Econometrica*, Vol. 61, No. 3, 589-611.

Lajeri-Chaherli, F. (2004). "Proper Prudence, Standard Prudence and Precautionary Vulnerability", *Economics Letters*, Vol. 82, No. 1, 29-34.

Leland, H. E. (1968). "Saving and Uncertainty: The Precautionary Demand for Saving", *Quarterly Journal of Economics*, Vol. 82, No. 3, 465-473.

Liu, L. (2014). "Precautionary Saving in the Large: nth Degree Deteriorations in Future Income", *Journal of Mathematical Economics*, Vol. 52, No. May, 169-172.

Machina, Mark J. (1987). "Choice Under Uncertainty: Problems Solved and Unsolved", *Journal of Economic Perspectives*, Vol. 1, No. 1, 121-154.

Menezes, C. and H. Wang (2005). "Increasing Outer Risk", *Journal of Mathematical Economics*, Vol. 41, No. 4, 875-886.

Noussair, C., S. Trautmann, and G. Van de Kuilen (2014). "Higher Order Risk Attitudes, Demographics, and Financial Decisions", *Review of Economic Studies*, Vol. 81, No. 1, 325-355.

Pratt, J. (1964). "Risk Aversion in the Small and in the Large", *Econometrica*, Vol. 32, No. 1/2, 122-136.

Rothschild, M. and J. E. Stiglitz (1970). "Increasing Risk: A Definition", *Journal of Economic Theory*, Vol. 2, No. 3, 225-243.

Rothschild, M. and J. E. Stiglitz (1971). "Increasing Risk II: Its Economic Consequences",

Journal of Economic Theory, Vol. 3, No. 1, 66-84.

Schlesinger, H. (2015). "Lattices and Lotteries in Apportioning Risk", *The Geneva Risk and Insurance Review*, Vol. 40, No. 1, 1-14.

Sandmo, A. (1970). "The Effect of Uncertainty on Saving Decisions", *Review of Economic Studies*, Vol. 37, No. 3, 353-360.

Tian, G. and Tian, Y. (2016a). "A Note on Monetary Compensation for Prudent Decision Maker", Working Paper.

Tian, G. and Tian, Y. (2016b). "Comparative Characterization of Higher-Order Ross More Risk Aversion Based on Risk Compensation", Working Paper.

Treich, N. (2010). "Risk-aversion and Prudence in Rent-seeking Games", *Public Choice*, Vol. 145, No. 3-4, 339-349.

White, L. (2008). "Prudence in Bargaining: The Effect of Uncertainty on Bargaining Outcomes", *Games and Economic Behavior*, Vol. 62, No. 1, 211-231.

Yaari, M. (1969). "Some Remarks on Measures of Risk Aversion and Their Uses", *Journal of Economic Theory*, Vol. 1, No. 3, 315-329.

第二部分

博弈论与市场理论

本部分讨论两个方面的内容，博弈论和市场理论。博弈论已成为主流经济学中一个非常重要的子学科，是微观经济学中一个核心领域，也是研究经济学中许多问题的最基本分析工具之一。读者将会看到，本部分所介绍的市场理论将用到大量博弈论知识和结果，所以将其作为应用放在一起进行讨论。

博弈论研究决策者的互动行为。在前面的章节中，我们考察的是单个个体（厂商或消费者）这一最简单情形下的最优选择问题，假定个人选择不受其他个体决策影响时是如何作出最优决策的。在许多情形下，这当然很不符合现实。现实中人们的决策往往更为复杂，其中之一就是其决策和结果往往会相互影响。本部分所介绍的博弈论就是研究这种相互作用情景下人们是如何作出最优决策的。当然，研究个体决策的相互影响可以从许多方面入手。可以从政治学、社会学、心理学、生物学等角度考察个体的交互行为。在一定的背景下，这些角度都是适用的。然而，博弈论主要研究个体的理性决策，对大多数经济行为来说，它可能是最适用的模型。

博弈论能帮助我们理解人们相互作用的现象和背后机理。在前面的章节，我们讨论个体的最优决策时，假设决策者是理性的。在博弈中，对决策者的理性要求更高，它不仅要求决策者是理性的，而且要求决策者认为其他决策者也是理性的，还要求决策者认为其他决策者认为该决策者也是理性的，等等，用专业的术语来说，即尽人皆知所有决策者是理性的，是共同知识（common knowledge），博弈论就是在这种背景下讨论人们之间的互动的。

博弈论根据其研究假设和方法的不同，又分为两个子领域，非合作博弈和合作博弈（有时又称联盟博弈）。这两个分支并不仅仅是从字面上来划分，前者研究个体与个体之间的非合作关系，后者研究合作关系。更多的情形，我们会发现非合作博弈经常会研究人们之间合作的机制，而合作博弈则经常研究人们之间的非合作行为，比如成本分摊，参与成员都希望对方承担更多。因此，合作博弈和非合作博弈并不体现在研究对象上，而是体现在假设上。

合作博弈假设，个体之间在决策之前先进行沟通，决策体现在合约的选择上，合约一旦被选择，就会被合约选择方（或联盟）所遵循。这样，分析是以集体为单位，从而有时又称为联盟博弈。而与此对应的是，在非合作博弈中，人们的沟通、合约如何选择、是否遵守合约都是从个体理性决策出发。两个理论之间不存在优劣的比较，而是在不同的分析层面上、在不同的情境下分析不同的问题，它们对我们理解现实问题具有互补性。在博弈论的发展历史中，约翰·冯·诺依曼（John von Neumann，1903—1957，其人物小传见第 5 章 5.8.1 节）被公认为是博弈论的创始人，他和 Morgenstern(1944) 的著作标志着博弈论正式成为分支学科。在博弈论发展的早期，博弈论更多地被认为是数学的一个分支，特别是运筹学的一个分支。对博弈论具有突出贡献的许多著名学者，既是经济学家，同时也是数学家。

博弈论的应用十分广泛，其模型是对现实生活中个体如何作出理性决策的一个抽象刻画，可以用来研究经济、社会及政治的方方面面，凡是涉及相互作用的现象，比如市场中企业之间的竞争，政治系统中的投票选举、利益集团游说，战争和裁军，甚至生态系统中物种的演化，等等，都可以用博弈论来研究。正是因为它的影响力和重要性，纳什（John Nash）、海萨尼（John Harsanyi）、泽尔腾（Reinhard Selten）在 1994 年，奥曼（Robert J. Aumann）和谢林（Thomas C. Schelling）在 2006 年，劳埃德·沙普利（Lloyd S. Shapley）在 2012 年分别被授予诺贝尔经济学奖，他们的人物小传分别见 6.8.1 节、6.8.2 节、8.5.2 节、8.5.1 节、20.6.2

节和 22.5.1 节。

尽管本部分要介绍的博弈论技术性很强，比较抽象，要用到大量数学，学习起来有一定难度，但各种博弈模型及其理论结果在现代经济学的几乎所有领域都有着广泛的应用，包括本部分将要介绍的关于市场理论的讨论。市场理论的核心问题就是如何定价，从而如何决定市场均衡价格和均衡数量。我们将讨论完全竞争、垄断、垄断竞争及寡头这四大市场基本结构，考察当消费者和厂商在市场上互动时，他们共同行动是如何影响市场效率的，其中在研究寡头行为时，就要用到大量的博弈论知识。

本部分由四章内容组成：第 6 章讨论非合作博弈，第 7 章讨论重复博弈和声誉机制，第 8 章讨论合作博弈，以及第 9 章讨论市场理论。

第6章 博 弈 论

6.1 导 言

本章安排如下：6.2 节介绍非合作博弈的一些基本概念，包括博弈的构成要素、博弈的两种表述以及混合战略和行为战略；6.3 节讨论完全信息静态博弈及其解的概念，包括占优均衡、纳什均衡以及纳什均衡的精炼；6.4 节讨论完全信息动态博弈及其解的概念，包括子博弈精炼均衡和逆向递推求均衡；6.5 节讨论不完全信息静态博弈及其相应解的概念，包括贝叶斯博弈和贝叶斯纳什均衡；6.6 节讨论不完全信息动态博弈及其各种解的概念，包括弱精炼贝叶斯均衡、序贯均衡等；6.7 节讨论纳什均衡的存在性问题。

6.2 基 本 概 念

这一节介绍如何用博弈的术语来刻画现实中相互作用的现象，同时讨论博弈论背后的假设。博弈论通常有两种方式来表述人们之间的相互作用，即标准形式（有时又称战略形式）和扩展形式。这两种形式在表述不同的博弈时有不同的优势，同时两种方式通常可以相互转换。一个博弈包括以下四个基本要素：(1) 博弈参与人：有哪些人参与博弈？(2) 博弈规则：谁在什么时候选择行动？在行动时，行动者知道什么信息？可以选择什么行动？(3) 结果：所有参与人选择的每个行动组合构成一个博弈结果。(4) 支付：每个参与人对所有可能结果有各自的好处或者效用，一个支付是在某个结果下所有参与人效用水平的组合。

6.2.1 博弈的战略形式表述

战略（也称为策略）形式通常是用来描述参与人进行选择时的相互作用。假设每个决策者都只选择一次行动计划，则战略形式博弈模型中有如下一些要素：参与人的集合 N；对每个参与人 $i \in N$，对应一个战略集合S_i，所有参与人的战略选择 $s=(s_i)_{i\in N}$ 构成一个战略组合，或者是博弈的一个结果。每个参与人对结果的偏好 $\succcurlyeq_i$，或者效用评价 $u_i(s)$，或者参与人的支付，通常用支付矩阵（若是两个参与人，多个参与人可能用到更复杂的嵌套的支付矩阵形式）来表述。下面，我们通过例子来描述博弈的战略形式表述。

例 6.2.1 (石头—剪刀—布游戏)　有兄弟 A 和 B 两人采用通常的石头—剪刀—布猜拳游戏方式来决定父母给的 10 元钱的归属。

博弈规则：每人只出一次手势来决定胜负，且只能出石头、剪刀和布的其中一种。石头胜剪刀，剪刀胜布，布胜石头。若其中一人胜出，那么他就得到 10 元，输的人得到 0 元。若没有输赢，即他们出相同的手势，此时每人平分得 5 元。

从这个游戏我们来看博弈的要素。参与人集合 $N=\{A,B\}$，参与人 A 和 B 的战略集合均为 { 石头、剪刀、布 }，在该博弈中有 9 种可能结果 (见表 6.1)。每个结果所对应的支付用表中的支付矩阵描述。比如在组合 (石头，剪刀) 下，对应的支付为 $(0,10)$，其中 0 表示在这个结果下参与人 A 所获得的支付，10 为在这个结果下参与人 B 所获得的支付。

注意：这里其实我们假设了 A，B 的效用函数为 $u_i(x) = x$，$i = A, B$。若效用函数为 $u_i(x) = x^{\frac{1}{2}}$，对 $i = A, B$，则在组合 (剪刀，石头) 结果下，支付为 $(0, 10^{\frac{1}{2}})$。

表 6.1　石头 — 剪刀 — 布游戏的战略形式表述

		参与人 B		
		石头	布	剪刀
参与人 A	石头	5, 5	10, 0	0, 10
	布	0, 10	5, 5	10, 0
	剪刀	10, 0	0, 10	5, 5

在这个例子中，博弈是一个**常和博弈**，即：游戏参与者间的支付之和为常数，一个参与人获得的支付越多，意味着其他参与人获得的支付就越少，两个参与人在游戏中是一种对抗关系。实际上，(非合作) 博弈可以刻画许多合作关系，比如下面的例子。

例 6.2.2 (餐馆的碰面)　有两个人，汤姆斯 (T) 先生和谢林 (S) 先生，他们决定在中午碰面会餐。他们都忘记了碰面的确切地点，只知道地点有两个可能，即餐馆 1 和餐馆 2。他们走得匆忙，都没有带电话，因此他们只能选择一个地点。若他们碰巧走到同一个餐馆，那么他们能一起吃饭，给他们每个人带来 10 的效用水平；否则，只能单独吃饭，带来的效用各是 0(见表 6.2)。

该博弈的要素为：参与人集合 $N = \{T, S\}$，汤姆斯 (T) 和谢林 (S) 的战略集合都是 (餐馆 1，餐馆 2)，有 4 种可能结果。比如，在结果 (餐馆 1，餐馆 1) 时，给双方带来的支付都是 10。

表 6.2　餐馆碰面的战略形式表述

		谢林	
		餐馆 1	餐馆 2
汤姆斯	餐馆 1	10, 10	0, 0
	餐馆 2	0, 0	10, 10

在这个例子中，两个参与人之间的互动其实是一个寻求合作的情形。

在上面的两个例子中，参与人的行动就是参与人的战略。然而在现实中的很多情形下，在一次博弈中，一个参与者可能做多次决策，而战略是参与者在所有可能情况下的一个完整行动计划。这样，若存在参与者的多次决策，以及刻画不同参与人在不同时间结构的决策，一个更有效的表述形式就是树状扩展形式。

6.2.2　博弈的扩展形式表述

博弈的扩展形式，详细说明了参与人、规则、结果与支付：谁在什么时候行动，每个参与人可以采用什么行动，参与人在行动时知道什么，结果是什么，从而参与人从每个可能结果所得支付 (或效用水平) 是什么。

扩展式博弈，记为 $\Gamma_E = (N, \bar{N}, W, X, Z, p, H, \iota(\cdot).(u_i(\cdot))_{i\in N})$，具有树状形态，有如下要素：

(1) 参与人集合 $N=\{1,2,\cdots,n\}$，除了这些参与互动的实际参与人外，有时存在一些不确定的外部事件，我们通常赋予一个额外的参与人 ——“自然”（$\bar{N}$）来决定外部事件的概率分布，可以理解为他通过掷骰子来决定（不确定的）哪个事件会发生。

(2) 行动顺序，博弈树有一个有限的节点集合 Γ_E 和在此集合上的二元关系 $\precsim$。集合上的元素 $y\in\Gamma_E$ 称为节点，二元关系 $\precsim$ 描述节点的先后次序，它满足非对称性和传递性。$y\in\Gamma_E$，$P(y)=\{y'\in\Gamma_E: y'\precsim y\}$ 记为在 y 之前的所有节点的集合，我们称之为前列节；$S(y)=\{y'\in T: y\precsim y'\}$ 记为在 y 之后的所有节点的集合，我们称之为后续节；$W=\{y\in\Gamma_E: P(y)=\varnothing\}$ （$\varnothing$ 表示空集）是博弈树的初始节点；$Z=\{y\in\Gamma_E: S(y)=\varnothing\}$ 是博弈树的终端节点；$X=\{x; x\notin Z\}$ 表示非终端节，我们称之为决策节。对每个节点 x，存在唯一的直接先前节点 $p(x)$，$p(x)\in P(x)$。

(3) 在每个决策节点做决策的参与人，被称为决策节的参与人对应，$\iota: X\to\{\bar{N},1,2,\cdots,n\}$。

(4) 参与人在决策节点 x 上的选择集合被称为在决策节点 x 上的行动集合，即对任意 $x\in X$，存在一个有限的集合 $A(x)$（在有些博弈中，参与者的行动集合可能是无限的，甚至是一个连续统）。

(5) 参与人在决策时所知道的信息被称为信息集，即对 $x\in X$，对应一个非空集合 $h(x)$ 使得若 $x'\in h(x)$，则一定有 $x\in h(x')$。用数学术语表示，$h(x)$ 是对 x 上的决策者在那个时点的所有决策节集合的一个分割。在信息集中，决策者不能区分在哪个决策节中，信息集包含独特的决策相关信息，但不同的信息集包含不同的信息，在同一个信息集的决策节用虚线连在一起，表示决策者不知道具体是在哪一个决策节上行动。所有信息集的集合，记为 H，整个决策集 X，可以分割为信息集合，即 $h,h'\in H$，要么 $h=h'$，要么 $h\cap h'=\varnothing$。若博弈树中所有信息集都是单元素集合，此时博弈称为完美信息博弈（perfect information game）。

(6) 所有参与人在每个信息集上选择行动之后决定了博弈的一个结果，即一个终端节 $z\in Z$，在每个结果上，赋予每个参与人（除“自然”外）一个支付，$u_i(\cdot): Z\to R$，$i\in N$。

(7) 外生事件，即在初始节点 W 上，存在一个概率分布 $\rho: W\to[0,1]$，这可以理解为“自然”的一个选择。

在扩展式博弈中参与人的一个战略是，他在每个可能的信息集上进行决策的完整计划，即 $S_i=\Pi_{h\in H:\iota(h)=i}A(h)$。下面我们用例子来说明，扩展形式可以更细致地描述互动情形。

例 6.2.3 上面的博弈 1 和博弈 2 描述了两种不同情形的相互作用 (见图 6.1)。

博弈 1：参与人集合是两个参与人 1 和 2，他们有两个行动阶段。第一阶段，参与人 1 先做决策，其行动集合是 L 和 R。由于参与 1 只有一次行动，他的战略集就是行动集。接着是参与人 2 决策，参与人 2 在做决策时可以观察到参与人 1 之前的不同行动，这样参与人 2 有两个信息集。参与人 2 的战略就是在他的每个信息集上进行决策计划。在博弈 1 中，参与人 2 在每个信息集上，其行动集合都是 $\{l, r\}$，从而有 4 种可能的战略，即 $\{(l,l),(l,r),(r,l),(r,r)\}$，比如战略 (l,l) 表示参与人 2 在左边的信息集上选择 l，在右边的信息集上选择 l。一旦参与人 1 和 2 选择了他们的战略，就会有一个结果。在每个结果上，对应着参与人 1 和 2 的支付，就是上面图 (a) 末端的四个节点对应的数字（通常上面的数字是参与人 1 的支付，下面的数字是参与人 2 的支付）。

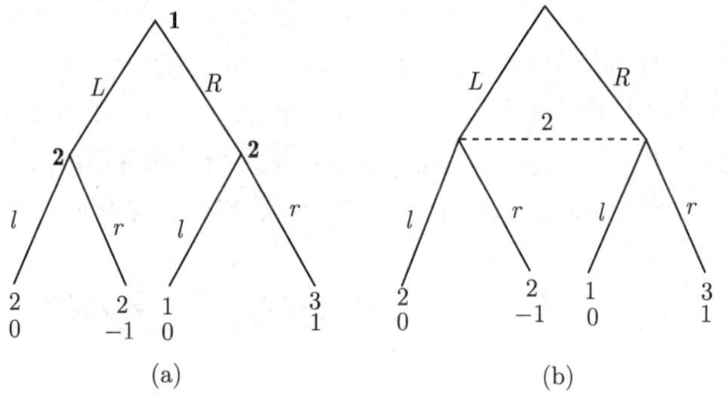

图 6.1　图 (a): 博弈 1，决策者 2 知道决策者 1 的选择；图 (b): 博弈 2，决策者 2 不知道决策者 1 的选择

博弈 2：参与人集合与博弈 1 相同，他们有两个行动阶段；第一阶段与博弈 1 是相同的。然而第二阶段与博弈 1 有差异。我们把参与人 2 的两个决策点用虚线连在一起，说明参与人 2 在决策时，不知道参与人 1 在第一阶段的行动，因此参与人 2 在这两个决策点包括的信息是相同的，即参与人 2 只有 1 个信息集，或者说当参与人 2 进行决策时，他不清楚是处于左边还是右边的决策点。为此，在博弈 2 中，参与人 2 的战略是在唯一信息集上的行动选择，这样参与人 2 只有两种可能的战略。一旦参与人 1 和 2 选择了他们各自的战略，就会形成一个结果，以及参与人 1 和 2 对应的支付，就是上面图 (b) 末端的四个节点对应的数字。

在扩展式博弈中，博弈树是每个参与人的共同知识，即所有参与人都知道，所有参与人都知道所有参与人都知道，等等。在扩展式描述的博弈中，通常还需要满足“完全记忆”的要求，即博弈的参与人在决策时知道在之前做决策时掌握的信息以及之前自己所做的决策。

图 6.2 描述了一个非完全记忆的情形。

在图 6.2 中，参与人 2 在第二次做决策时，不能区分两个决策点，这意味着参与人 2 不能回忆他在第一次所做的决策是 R 还是 L，若参与人 2 有完全记忆的话，他是能区分的。此外，在扩展式博弈中，还可能存在外部的不确定性，通常，我们引入“自然”作为决策者来选择外部不确定性事件。

例 6.2.4 (随机次序的硬币匹配)　设有两个参与人 1 和 2，他们进行硬币匹配游戏，即选择正面或者背面。若两个人的选择是相同的，那么参与人 1 向参与人 2 支付一元钱，否则，参与人 2 向参与人 1 支付一元钱。假设游戏是如下进行的：首先通过抛硬币，若正面朝上，那么参与人 1 先选择，之后参与人 2 选择；若正面朝下，那么他们的选择次序调换，同时后选择的参与人了解前面参与人的行动。在这个游戏中，存在外部的不确定性，即谁先选择。我们引入新的参与人“自然”，让他来充当对外部性事件的决策。图 6.3 描述了这个游戏。

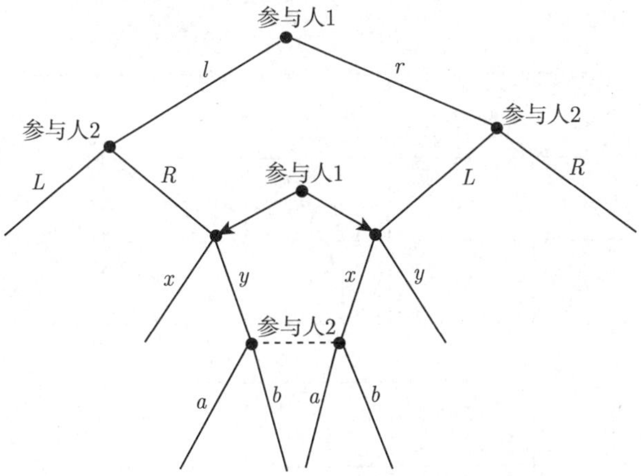

图 6.2 非完全记忆的博弈

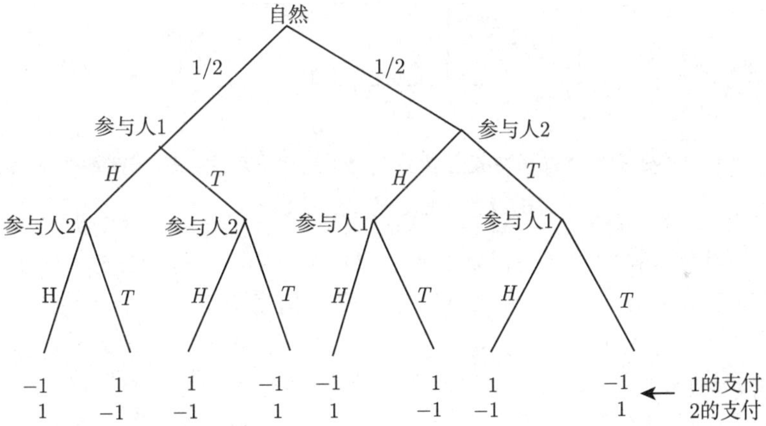

图 6.3 “自然”选择游戏的先后次序

上面我们介绍了描述相互作用的两种方式，通常两种博弈形式是可以相互转换的。图 6.4 中的图 (a) 和图 (b) 刻画了对应于图 6.1 中博弈 1 和博弈 2 的标准形式。

例 6.2.5 从图 6.4 的对比中我们知道博弈 1 和博弈 2 存在差别，其中关键的差别来自参与人 2 的战略，而这来自参与人 2 在决策时对应的信息状况。

6.2.3 混合战略和行为战略

在上面，对参与人的战略界定为参与人在博弈中的一个完备计划。在博弈 1 的石头—剪刀—布的游戏中，参与人 A 和 B 都各有 3 个战略，显然参与人不愿意让对方知道他们的选择。在很多相互作用的情形下，参与人为了不让对方知道自己确切的选择而引入一些随机因素，这些随机因素与战略相结合，就生成混合战略。

考虑一个标准形式博弈 $\Gamma_N = [N, \{S_i\}, \{u_i(\cdot)\}]$，其参与人 i 的战略集合为 $S_i = \{s_i^{(1)}, \cdots, s_i^{(n_i)}\}$，即有 n_i 个战略，而他的一个混合战略 σ_i 是在 $S_i = \{s_i^{(1)}, \cdots, s_i^{(n_i)}\}$ 上的一个概率分

布，即 $\sigma_i : S_i \to [0,1]$，$\sigma_i(s_i^{(k)}) \geqq 0$ 表示参与人 i 选择战略 $s_i^{(k)}$ 的概率，满足 $\sum_{k=1}^{n_i} \sigma_i(s_i^{(k)}) = 1$。因此，纯战略可以被看成一个极端情形下的混合战略，即选择某个战略的概率为 1 的混合战略。

参与人1 \ 参与人2	$a_2^1=(l,\ l)$	$a_2^2=(r,\ r)$	$a_2^3=(l,\ r)$	$a_2^4=(r,\ l)$
$a_1^1=L$	2,0	2,−1	2,0	2,−1
$a_1^2=R$	1,0	3,1	3,1	1,0

(a) 博弈1

参与人1 \ 参与人2	$a_2^1=l$	$a_2^2=r$
$a_1^1=L$	2,0	2,−1
$a_1^2=R$	1,0	3,1

(b) 博弈2

图 6.4　图 (a): 博弈 1（决策者 2 知道决策者 1 的选择）的战略形式；图 (b): 博弈 2（决策者 2 不知道决策者 1 的选择）的战略形式

在扩展式博弈中，我们同样可以定义混合战略和（混合）行为战略（(mixed) behavioral strategy）。对每个信息集 $h \in H$，定义 $\Lambda(A(h))$ 是在信息集 h 上的行动集合 $A(h)$ 上的概率分布空间。对每个参与人 $i \in N$，在每个信息集中的选择构成行为战略，所有人的行为战略构成战略组合 $\sigma = (\sigma_h)_{h\in H}$，其中 σ_h 表示在信息集 h 上 $\iota(h)$ 的行为战略。从行为战略出发，可以定义参与人 i 的混合战略，即 $\sigma_i = \Pi_{h\in H:\iota(h)=i}\sigma_h$，所有属于参与人 i 的信息集上的行动计划构成了参与人 i 的混合战略。

若所有参与人 i 都选择混合战略，依据主观期望效用理论，那么参与人 i 的期望支付（效用）为 $\sum\limits_{s_{-i}}\sum\limits_{s_i}\sigma_i(s_i)\pi_i(s_{-i})u_i(s)$，其中 s_{-i} 是参与人 i 的所有对手的战略选择，$\pi_i(s_{-i})$ 是参与人 i 对其他参与人选择 s_{-i} 的主观概率。在博弈论中，我们假设参与人是理性的，且参与人的理性是一个共同知识，从而参与人会选择（期望）效用最大化的战略。在这个期望效用中，我们引入了参与人对对手战略选择的主观概率。对于这个主观概率是怎么形成的、有什么样的特性这些问题，我们在后面会逐步加以讨论。

由于不同互动情形有不同的特征，下面在介绍非合作博弈时，将以完全信息或不完全信息下的静态博弈和动态博弈为标准把非合作博弈划分为四个基本类型。重复博弈属于一类比较特殊的动态博弈，由于这一类型的博弈有特殊的结构，我们在下一章单独列出来讨论。

6.3　完全信息静态博弈

完全信息静态博弈是最简单的一类相互作用博弈，即每个参与人对其他参与人的特征拥有完全信息，同时每个参与人只做一次决策。在这类博弈中，行动集合就是参与人的战略集合。

6.3.1　占优均衡

在博弈中人们是理性的，这就意味着人们会尽量避免对自身不利的选择。于是，在讨论参与者的相互作用时，我们先引入参与人如何避免不利后果的两个概念 —— 占优（dominant）和占劣（dominated）。

例 6.3.1 (囚徒困境)　警察在一起小的事件中抓住了两个罪犯，警方怀疑他们之前可能犯过更大的罪行。警方决定对他们隔离审问，并对他们采取“坦白从宽、抗拒从严”的政策。若两个罪犯都选择抵赖，那么警方在缺乏证据的情形下不得不以较轻的罪名起诉他们，在这种情形下他们都被判处 2 年的刑期。若只有其中一个人坦白，那么坦白的人会从轻发落，而另外的人则会从重处罚。在这种情形下，从轻发落的人被判处 1 年刑期，而从重处罚的人被判处 10 年刑期。若两个人对之前所犯的罪行都坦白，犯罪行为坐实了，那么两个罪犯会被以较重的罪名起诉。在这种情形下，最终两人都会被判处 5 年刑期。设参与人对 t 年刑期的效用评价是 $-t$。按照标准形式的博弈表述，表 6.3 描述了两个罪犯的互动。

表 6.3　囚徒困境

		囚徒 2	
		坦白	抵赖
囚徒 1	坦白	$-5, -5$	$-1, -10$
	抵赖	$-10, -1$	$-2, -2$

粗略看上去，双方都应该选择抵赖，此时对双方都是更好的选择。然而理性假设意味着，参与者只追求自己的效用最大化，不难看出，选择“坦白”总是相对于“抵赖”更好，这是因为若对方选择“抵赖”，自己选择“坦白”的支付是 -1，大于选择“抵赖”时的支付 -2；若对方选择“坦白”，自己选择“坦白”的支付是 -5，大于选择“抵赖”时的支付 -10。这样，不管对手怎么选择，选择“ 坦白”总是最有利于参与人，这种类型的战略被称为**占优战略**，尽管对两个囚徒来说，共同选择抵赖对他们来说是更好的。这种由个体理性导致集体非理性的结果，在经济学中被称为**囚徒困境**，在文献上有时又被称为**囚徒悖论**。

定义 6.3.1　　一个战略 $s_i \in S_i$ 被称为是在博弈 $\Gamma_N = [N, \{S_i\}, \{u_i(\cdot)\}]$ 下参与人 i 的**严格占优战略**：若对参与人 i 的其他纯战略 ${s_i}' \neq s_i$，对任意的 $s_{-i} \in S_{-i} \triangleq S_1 \times \cdots \times S_{i-1} \times S_{i+1} \times \cdots \times S_n$，都满足 $u_i(s_i, s_{-i}) > u_i({s_i}', s_{-i})$。若上面的严格大于号改成大于等于号，那么这种战略称为**弱占优战略**。

与这个概念相关的另一个概念，我们称为**占劣战略（或者直接称为劣战略）**。

定义 6.3.2　　一个战略 $s_i \in S_i$ 称为是博弈 $\Gamma_N = [N, \{S_i\}, \{u_i(.)\}]$ 中参与人 i 的**严格劣战略**：若存在参与人 i 的另一个纯战略 ${s_i}' \neq s_i$，对任意的 $s_{-i} \in S_{-i}$，都满足 $u_i(s_i, s_{-i}) < u_i({s_i}', s_{-i})$。若上面的严格小于号改成小于等于号，那么这种战略称为**弱劣战略**。

由于参与人是理性的，当一个博弈中存在参与人 i 的严格占优战略，该参与人一定会选择占优战略。在上面囚徒困境的例子中，由于选择“坦白”都是两个参与人的占优战略，在参与人的理性互动中，两个囚犯都会选择坦白战略。

一个参与人如在博弈中存在严格占优战略，严格占优战略则只可能有一个，而且该参与人的其他战略都是严格劣战略。只要参与人是理性的，他不会选择严格劣战略。这样，在博弈的参与人决策中，我们可以通过重复剔除严格劣战略来缩小参与人选择的行动空间。若在接连剔除严格劣战略情形下只剩一个战略组合，那么该战略组合就应当是该博弈的最终（均衡）结果。

例 6.3.2　考虑由表 6.4 最上方的表所描述的博弈，参与人 1 有 3 个战略 $\{T, M, B\}$，参与人 2 也有 3 个战略 $\{L, C, R\}$。

表 6.4　剔除劣战略

参与人 1 \ 参与人 2	L	C	R
T	1, 1	2, 0	1, 1
M	0, 0	0, 1	0, 0
B	2, 1	1, 0	2, 2

(a)

参与人 1 \ 参与人 2	L	C	R
T	1, 1	2, 0	1, 1
B	2, 1	1, 0	2, 2

(b)

参与人 1 \ 参与人 2	L	R
T	1, 1	1, 1
B	2, 1	2, 2

(c)

参与人 1 \ 参与人 2	L	R
B	2, 1	2, 2

(d)

参与人 1 \ 参与人 2	R
B	2, 2

(e)

在初始博弈中，由于 M 是参与人 1 的严格劣战略，所以参与人 1 不可能选择 M 战略，删除严格劣战略后的博弈由表 6.4(b) 描述。在这个博弈中，C 是参与人 2 的严格劣战略，删除严格劣战略后的博弈由表 6.4(c) 描述。在这个博弈中，T 是参与人 1 的严格劣战略，删除严格劣战略后的博弈由表 6.4(d) 描述。在这个博弈中，L 是参与人 2 的严格劣战略，在删除严格劣战略后的博弈中，由表 6.4(e) 描述，就只剩下唯一的战略组合，这个战略组合就是该博弈的最终（均衡）结果。

例 6.3.3 (父亲反对女儿婚姻博弈) 设想富家女儿爱上了穷家小子。父亲觉得不门当户对而坚决反对，从而对女儿威胁说："你要嫁，就和你断绝父女关系。" 可以用标准形式博弈来描述父女之间的这个博弈。可以看出，女儿有两个战略："屈服" 和 "不屈服"；父亲也有两个战略："妥协" 和 " 不妥协"。若女儿 "屈服"，父亲 " 妥协" 的结果是父亲得到两全其美（既没有失去女儿，又让女儿和小子断绝了关系）的结果而女儿则失去情人，父亲不妥协的结果是父亲失去女儿而女儿失去一切。若女儿 "不屈服"，父亲妥协的结果是父亲讨厌小子而女儿得到了既拥有情人也没有失去父亲这样两全其美的结果；父亲不妥协的结果则是父亲失去女儿而女儿也失去父亲。

这样，可以得到如表 6.5 所示的博弈矩阵。那么最终的均衡结果是什么呢？首先，可以看出，对女儿来说，"屈服" 是严格劣战略，无论父亲采用 " 妥协" 还是 " 不妥协" 战略，对女儿来说 "不屈服" 是严格占优战略。在女儿 "不屈服" 的情况下，父亲采用 " 妥协" 是最优战略，这是由于 "讨厌小子" 总比失去女儿要好!

这个例子解释了为什么在现实中父亲反对女儿婚恋大多都以失败告终，其原因是父亲断绝父女关系的威胁不可信。作为女儿来说，不屈服是占优战略：她失去父亲比失去一切（既失去父亲，也失去情人）要好，同时拥有父亲和得到情人比失去情人要好。现实中的大量实际现象说明了，即使从事后看，一旦女儿和小子成婚后带着外孙回家，父亲往往就原谅了女儿，这更说明女儿对父亲反对婚姻坚决不妥协是一个最优战略。这个例子所显示的思想可以用来研究价格战威胁是否可信的问题，我们后面将会回到对可信性问题的讨论。

表 6.5　父亲反对女儿婚姻博弈

		女儿	
		屈服	不屈服
父亲	妥协	两全其美, 失去情人	讨厌小子, 两全其美
	不妥协	失去女儿, 失去一切	失去女儿, 失去父亲

例 6.3.4 (智猪博弈) 设想有两头一大一小聪明的猪共同生活在一个猪圈里。猪圈的一端有一个踏板，踏板连着开放饲料的机关。只要踩一下，在猪圈的另一端就会出现 10 个单位食物。任何一头猪去踩这个踏板都会付出相当于 2 个单位食物的体力成本，不过大猪进食快而小猪进食慢。每只猪都可以选择"踩"或"不踩"踏板。有四种可能的结果：

(1) 两只猪都不去踩。没有吃的，获利为 0。

(2) 大猪去踩，小猪不踩。大猪尽管因时间耽搁但进食快，食得 6 个单位食物，小猪没有耽误时间，但进食慢，只食得 4 个单位食物。大猪扣除体力成本后获利 4 单位食物，小猪没有付出任何体力因而获利也为 4 单位食物。

(3) 小猪去踩，大猪不踩。小猪赶到槽边时大猪已经吃了 9 个单位食物，小猪只能吃到 1 个，但却付出了 2 个单位成本，获利为 -1。

(4) 同时去踩和回来同时进食。大猪进食快吃到 7 个单位食物，小猪进食慢只能吃到 3 个单位食物，扣除各自的成本，大猪和小猪分别获利 5 和 1 个单位食物。

于是有如表 6.6 所示的智猪博弈的支付矩阵。

在这个例子中，对小猪而言，不去踩是严格占优战略，踩是严格劣战略，即无论大猪是否踩动踏板，小猪不去踩踏板总比踩踏板好。反观大猪，已知小猪不会去踩踏板，于是踩踏板比不踩强，所以只好亲力亲为了。智猪博弈存在的基础，就是双方都无法摆脱共存局面，而且必有一方要付出代价换取双方的利益。而一旦有一方的力量足够打破这种平衡，共存的局面便不复存在，期望将重新被设定，智猪博弈的局面也随之被破解。

表 6.6　智猪博弈

		小猪	
		踩	不踩
大猪	踩	5，1	4，4
	不踩	9，−1	0，0

智猪博弈有许多应用。比如，在某种新产品刚上市，其性能和功用还不为人所熟识的情况下，如果还有其他生产能力和销售能力更强的企业，那么，小企业没有必要投入大量广告做产品宣传，只要采用跟随战略即可。又比如，如果企业内部的这种激励机制设置得不合理，企业中就会出现这种小猪不跑、大猪跑得欢的情况。这样的情况在现实中比比皆是，如大多数事情，都是少数人来完成，多数人坐享其成。社会中大猪和小猪现象何其多，例如：百姓为大猪，政府为小猪；民企为大猪，国企为小猪；改革者为大猪，守旧者为小猪；创新者为大猪，跟随者为小猪。

“智猪博弈”的故事给了竞争中的弱者（小猪）以等待为最佳战略的启发。但是对于社会而言，因为小猪未能参与竞争，小猪搭便车时的社会资源配置并不处于最佳状态。出现以上结果事实上是依赖于环境和游戏规则的设定。“搭便车”问题可能出现，也可能不出现，这取决于投食方案的改变，我们将在第 18 章关于激励机制设计理论的一章中再回到这个例子。

更一般（以及更严格）地表示严格劣战略，还需要考虑混合战略空间。

定义 6.3.3　一个战略 σ_i 被称为是在博弈 $\Gamma_N=[N,\{\Delta S_i\},\{u_i(.)\}]$ 下（这里 ΔS_i 是参与人 i 的混合战略空间，即在纯战略空间 S_i 所有可能的概率分布）参与人 i 的**严格劣战略**，若存在参与人 i 的另一个混合战略 $\sigma_i{}'\neq\sigma_i$，以及任意的 $\sigma_{-i}\in\Delta S_{-i}\triangleq\Delta S_1\times\cdots\times\Delta S_{i-1}\times\Delta S_{i+1}\times\cdots\times\Delta S_n$，都满足 $u_i(\sigma_i,\sigma_{-i})<u_i(\sigma_i{}',\sigma_{-i})$。

例 6.3.5　考虑由表 6.7 所描述的两个博弈。在这两个博弈中，参与人 1 有 3 个战略 $\{T,M,B\}$，参与人 2 有 2 个战略 $\{L,R\}$。根据之前的定义，在表 (a) 中，两个参与人都没有严格劣战略，然而考虑混合战略，比如 σ_1，它选择 T 和 B 的概率各为 0.5，此时 M 就是参

表 6.7　混合劣战略

		参与人 2	
		L	R
	T	2,0	−1,0
参与人 1	M	0,0	0,0
	B	−1,0	2,0

(a)

参与人 2

		L	R
	T	1, 3	−2, 0
参与人 1	M	−2, 0	1, 3
	B	0, 1	0, 1

(b)

与人 1 的严格劣战略。在表 (b) 中，根据之前的定义，此时参与人 1 和 2 都没有严格劣战略，但考虑混合战略 $\sigma_1{}'$，它选择 T 和 B 的概率各为 0.5，不管参与人 2 如何选择，$\sigma_1{}'$ 给参与人 1 的效用总比纯战略 B 更低，这样混合战略 $\sigma_1{}'$ 是严格劣（混合）战略。

6.3.2 战略的理性化与剔除劣战略

剔除严格劣战略实际上是参与人的理性选择逻辑，参与人的理性选择是建立在他对于其他参与人行为选择的信念基础上。在互动博弈中，参与人的战略选择的理性化与剔除劣战略之间存在逻辑的一致性。

首先，引入最佳反应的概念。

定义 6.3.4 对博弈 $\Gamma_N = [N, \{\Delta S_i\}, \{u_i(\cdot)\}]$，战略 σ_i 是参与人 i 对其他参与人战略 σ_{-i} 的**最佳反应**，若对所有的 $\sigma_i{}' \in \Delta(S_i)$，都满足 $u_i(\sigma_i, \sigma_{-i}) \geqq u_i(\sigma_i{}', \sigma_{-i})$。

这样，若一个战略 σ_i 是 σ_{-i} 的最佳反应，那么该战略是参与人 i 猜测其他参与人会采取 σ_{-i} 时的最佳选择。若战略 σ_i 不是一个最佳反应，指的是不存在其他参与人的战略 σ_{-i}，使得 σ_i 是参与人 i 对 σ_{-i} 的最佳反应，也就是说，σ_i 不能被认为是一个理性的选择。

显然，若一个战略是严格劣战略，那么该战略不可能是参与人的最佳反应。同时可以证明，在一个有限战略的博弈中，若一个战略在任何情形下都不是参与人 i 的最佳反应，那么这个战略一定也是严格劣战略，具体证明见 Osborne 和 Rubinstein (1994)。

下面我们引入战略的可理性化。

定义 6.3.5 对博弈 $\Gamma_N = [N, \{\Delta S_i\}, \{u_i(\cdot)\}]$，一个 (纯) 战略 $s_i \in S_i$ 是**可理性化的**，若对于每个 $j \in N$，有一个集合 $Z_j \subset S_j$ 满足：

(1) $s_i \in Z_i$；

(2) $\forall s_j \in Z_j$ 是对参与人 j 的信念 $\mu_j(s_j)$ 的最佳反应，其中信念 $\mu_j(s_j)$ 是定义在 S_{-j} 上的概率测度，其支撑集 (support) 是取值不为零的元素的集合，是 S_{-j} 上的一个子集。

显然，如果参与人 i 的一个战略 a_i 是严格劣战略，那么显然它不是可理性化的。这是由于此时没有一个信念 $\mu_i(a_i)$ 使得 a_i 在这个信念下是一个最佳选择；如果参与人 i 的一个战略 a_i 尽管不是最佳战略，但它是参与人 i 在信念 $\mu_i(a_i)$ 下的最佳选择，所有这样的信念的支撑集都包含其他参与人的严格劣战略，即存在一个 $j \in N\backslash\{i\}$，a_j 是参与人 j 的严格劣战略，$\mu_i(a_i)(a_j) > 0$，则 a_i 也不能被合理化；进一步，如果战略 a_i 是参与人 i 在信念 $\mu_i(a_i)$ 下的最优选择，但所有这样的信念的支撑集包含了其他参与人不能被理性化的战略，这样的战略 a_i 也不能被理性化。

Osborne 和 Rubinstein (1994) 证明了对于一个有限战略的博弈来说，如果战略 $X = \times_{j\in N} X_j$ 是重复剔除严格劣战略后剩下的，此时对于每个参与人 $i \in N$，X_i 是参与人 i 的可理性化的战略集合。

6.3.3　纳什均衡

理性化可以帮助我们进一步约束互动中人们的选择，在很多博弈中，有很多战略都是可理性化的。然而在互动均衡中，参与人不会再调整他的战略，此时需要对参与人的信念施加一个额外约束，即理性预期约束。

首先，我们给出通行的纳什均衡概念。

定义 6.3.6　对博弈 $\Gamma_N=[N,\{\Delta S_i\},\{u_i(.)\}]$，战略组合 $(\sigma_i^*,\sigma_{-i}^*)_{i\in N}$ 是一个**纳什均衡**，若对任意的 $i\in N$，以及任意的 $\sigma_i'\in\Delta S_i$，都满足 $u_i(\sigma_i^*,\sigma_{-i}^*)\geqq u_i(\sigma_i',\sigma_{-i}^*)$。

若战略选择被界定在纯战略上，则有相应的纯战略纳什均衡。

定义 6.3.7　对博弈 $\Gamma_N=[N,\{S_i\},\{u_i(\cdot)\}]$，战略组合 $(s_i^*,\mathbf{s}_{-i}^*)_{i\in N}$ 是**纯战略纳什均衡**，若对任意的 $i\in N$ 和 $s_i'\in S_i$，都满足 $u_i(s_i^*,\mathbf{s}_{-i}^*)\geqq u_i(s_i',\mathbf{s}_{-i}^*)$。

接着我们讨论最佳反应和纳什均衡的关系。显然对博弈 $\Gamma_N=[N,\{\Delta S_i\},\{u_i(\cdot)\}]$，战略组合 $(\sigma_i^*,\sigma_{-i}^*)_{i\in N}$ 是纳什均衡，这等价于对任意的 $i\in N$，σ_i^* 是参与人 i 对其他参与人战略 σ_{-i}^* 的最佳反应。纳什均衡概念意味着给定对手的战略选择，没有任何一个参与人会选择单方面的偏离，也就是说，当某个组合是纳什均衡时，每个参与人在给定对手选择的情形下，总是选择一个对自己最有利的战略，那么这个战略组合就是纳什均衡。

下面的纳什均衡概念是建立在主观信念的最优决策意义下:

定义 6.3.8　对博弈 $\Gamma_N=[N=\{1,2\},\{\Delta S_i\},\{u_i(\cdot)\}]$，一个**纳什均衡**是包括建立在战略上的主观信念 μ_i^*(定义在 S_j 上，$j\neq i$)，以及战略组合 $(\sigma_i^*,\sigma_{-i}^*)_{i\in N}$ ，使得对任意 $\sigma_i'\in\Delta(S_i)$ 满足:

$$Eu_i(\sigma_i^*|\mu_i^*)\geqq Eu_i(\sigma_i'|\mu_i^*);$$

$$\sigma_j^*=\mu_i^*|_{s_j},$$

其中 $Eu_i(\sigma_i^*|\mu_i^*)=\int_{s_i\in S_i,s_{-i}\S_{-i}}u(s_i,\mathbf{s}_{-i})d(\sigma_i(s_i))d(\mu_i(\mathbf{s}_{-i}))$ 表示参与人 i 在信念 μ_i 下选择 σ_i 的期望效用；$\mu_i^*|_{s_j}$ 表示信念 μ_i^* 在 S_j 上的边际分布。如果每个人的战略是独立的，此时 $\mu_i^*=\times_{j\in N\setminus\{i\}}$。

若每个参与人都有严格占优战略，那么我们把每个参与人的严格占优战略组合称为严格占优均衡，显然严格占优均衡是纳什均衡。例如，在前面的囚徒困境博弈中，选择坦白是每个参与人的严格占优战略，这样每个人都选择坦白构成了占优均衡，也是纳什均衡。下面我们通过举例来应用纳什均衡。

例 6.3.6　设有两个参与人 1 和 2，他们的博弈结构见表 6.8。

表 6.8　纳什均衡的例子

		参与人 2		
		L	C	R
参与人 1	T	5, 3	0, 4	3, 5
	M	4, 0	5, 5	4, 0
	B	3, 5	0, 4	5, 3

对这个博弈，战略组合（M,C）是纳什均衡。这是因为，给定参与人 2 的选择 C，参与人 1 的最佳反应是 M，同时给定参与人 1 的选择 M，参与人 2 的最佳反应是 C。

例 6.3.7 (斗鸡博弈或夫妻吵架博弈) 考虑斗鸡博弈，有两只实力均等的鸡相斗（或一对夫妻间吵架）。每只鸡都有两个战略：继续前进和退下阵。若两只鸡都选择继续斗下去，其结果是两败俱伤，其支付都为 −1；若两只鸡都选择退下阵，没有胜负，其支付都为 0；若一只鸡继续前进而另外一只鸡选择退下阵来，则赢的那只鸡的支付为 1 而退下阵的鸡的支付为 0。这样，其支付矩阵为：

表 6.9 斗鸡博弈

		鸡 B 进	鸡 B 退
鸡 A	进	−1, −1	1, 0
	退	0, 1	0, 0

可以看出，“鸡 A 退 — 鸡 B 进”、“鸡 A 进 — 鸡 B 退”为纳什均衡结果（如视为夫妻间吵架：丈夫或妻子退让都是纳什均衡）。

两只鸡在决斗的时候，无论选择进或退都是一个难题，因为纳什均衡已经给出了一胜一败的最优战略。在很多较量下，死拼将是得不偿失的，这也是毛泽东的“敌进我退、敌退我追”的著名游击战术，有它的科学性。

这个例子对两个势力均等的企业如何相处和竞争有一定的借鉴意义。两个已经身处商场的强势企业很可能自觉地遵循纳什均衡，当一方攻击时，另一方暂退。虽然可能某方暂时受损，但较之于两败俱伤是好得多的。不过，要维持这一状况，必须保证下一次先期受损的一方发动攻势的时候，另一方同样后退（比如夫妻间吵架，丈夫和妻子互换着退让）。

对有些博弈，比如石头—剪刀—布不存在纯战略的纳什均衡，但是存在混合战略均衡。参与人 1 和参与人 2 都选择 1/3 的概率各选择石头、剪刀或布就是一个混合的纳什均衡。有一些博弈既存在纯纳什均衡，也存在混合纳什均衡。表 6.10 中的博弈例子既存在纯战略纳什均衡，也存在混合战略纳什均衡。

例 6.3.8 (性别战) 在这个博弈中，存在两个纯战略的纳什均衡：(歌剧，歌剧) 和（篮球，篮球）。同时也存在着两个混合纳什均衡，即（{2/3 的概率选择歌剧，1/3 的概率选择篮球}和{1/3 的概率选择歌剧，2/3 的概率选择篮球}）。

表 6.10 性别战

		男 歌剧	男 篮球
女	歌剧	2, 1	0, 0
	篮球	0, 0	1, 2

下面的命题揭示了求解混合战略纳什均衡的方法。

命题 6.3.1 令 $S_i^+ \subseteq S_i$ 是参与人 i 在混合战略组合 $\sigma = (\sigma_1, \sigma_2, \cdots, \sigma_n)$ 下以严格正的概率所选择的纯战略的集合。若战略组合 $\sigma = (\sigma_1, \sigma_2, \cdots, \sigma_n)$ 是博弈 $\Gamma_N = [N, \{\Delta S_i\}, \{u_i(\cdot)\}]$ 的一个混合战略纳什均衡，那么，当且仅当，对任意的 $i \in N$，满足：

(1) $u_i(s_i, \sigma_{-i}) = u_i(s_i', \sigma_{-i})$ 对所有的 $s_i, s_i' \in S_i^+$ 成立；

(2) $u_i(s_i, \sigma_{-i}) \geqq u_i(s_i', \sigma_{-i})$ 对所有的 $s_i \in S_i^+, s_i' \notin S_i^+$ 成立。

证明　必要性：若上面 (1) 或者 (2) 至少有一个条件没有满足，则存在 $s_i \in S_i^+, s_i' \in S_i$，使得 $u_i(s_i', \sigma_{-i}) > u_i(s_i, \sigma_{-i})$。参与人 i 若将原来选择的战略 s_i 改选为 s_i'，则可以严格增加参与人 i 的期望支付，这意味着 σ_i 不是 σ_{-i} 的最佳反应。

充分性：假设上面的条件 (1) 和 (2) 都满足，但 $\sigma = (\sigma_1, \sigma_2, \cdots, \sigma_n)$ 不是纳什均衡。则至少存在一个参与人 i 和另一个战略 σ_i'，使得 $u_i(\sigma_i', \sigma_{-i}) > u_i(\sigma_i, \sigma_{-i})$。这意味着，在 σ_i' 处，至少存在一个参与人以正的概率选择纯战略 $\hat{s}_i$，使得 $u_i(\hat{s}_i, \sigma_{-i}) > u_i(\sigma_i, \sigma_{-i})$。由于 $u_i(\sigma_i, \sigma_{-i}) = u_i(s_i, \sigma_{-i})$，若 $s_i \in S_i^+$，我们有 $u_i(\hat{s}_i, \sigma_{-i}) > u_i(s_i, \sigma_{-i})$，但这与条件 (1) 和 (2) 中的至少一个矛盾。 □

在前面的性别战博弈中，若男方所选择的混合战略是 {1/3 的概率选择歌剧，2/3 的概率选择篮球}，则对女方来说，她选择歌剧或者选择篮球的期望支付都是 2/3。同样，若女方选择的混合战略是 {2/3 的概率选择歌剧，1/3 的概率选择篮球}，对男方来说，他选择歌剧或者选择篮球的期望支付也都是 2/3。在这个例子中，对混合均衡战略而言，$S_i^+ = S_i$ 对所有的参与人成立。这样，对他们来说，给定对方的混合战略，选择任何战略带来的期望效用都是相同的，从而他们没有动机改变这些战略的概率比重，也就是说，任何参与人都没有动机单方面改变他的混合战略。

6.3.4　纳什均衡的精炼

在许多博弈中，存在多个纳什均衡，这种纳什均衡的非唯一性，使得人们不能准确预测相互作用的结果。有不少方法讨论如何对纳什均衡进行精炼。2006 年诺贝尔经济学奖得主之一托马斯 • 谢林（Thomas Schelling）提出了焦点（focal points）的概念。相互作用的参与人所处的背景，如文化、传统、惯例等因素会约束人们在相互作用过程中的战略选择。比如，对性别战博弈，在男女相处过程中，男方为了追到女方，通常会更重视女方的感受，此时他们的战略组合选择更可能是选择（歌剧，歌剧）这一纳什均衡。若他们决策的背景是，上一次他们观看了歌剧，他们相处注重平等，那么这次他们会选择共同看篮球赛这个纳什均衡。此外，在现实生活中，人们可能还会进行事前沟通。在性别战的例子中，混合战略均衡就很难理解成是双方互动下的战略选择，因为混合战略均衡的结果给双方的期望支付是 2/3，小于选择纯战略均衡的支付。若参与人在参与互动过程中可以事前协商，有一个战略组合是协商后双方的共识，同时这个战略组合是纳什均衡，那么人们不会单方面偏离这个结果。若之前协商后的战略组合不是纳什均衡，那么这个事前的协议就很可能得不到遵守。除上面的讨论外，在博弈论的发展过程中，还有通过一些技术性标准来剔除一些纳什均衡的。

1994 年诺贝尔经济学奖得主之一泽尔腾，提出了颤抖手精炼纳什均衡的概念。其主要的思想是：若一个纳什均衡是稳定的，那么它可以经受一些细微的扰动，这种扰动可能来源于人们在行动中可能存在的微小错误。颤抖手精炼纳什均衡指的是，若这种出现错误概率的序列趋于零，那么颤抖手精炼纳什均衡是在这一过程中均衡序列（收敛）的极限。如果我们用主观信念的决策来理解，当参与人对其他参与人的行动判断的主观信念存在一个微小错误，当这个错误趋于无穷小时，参与人的战略仍然是对理性预期的（正确的）信念的最佳反应（决策）。

给定博弈 $\Gamma_N=[N,\{\Delta S_i\},\{u_i(\cdot)\}]$，一个**扰动博弈**$\Gamma_\varepsilon=[N,\{\Delta_\varepsilon(S_i)\},\{u_i(\cdot)\}]$ 是：对每个参与人 i 及其他的每个战略选择，都存在着某个扰动项 $\varepsilon_i(s_i)\in(0,1)$，使得 $\sum\limits_{s_i\in S_i}\varepsilon_i(s_i)<1$，在此基础上参与人 i 扰动之后的（混合）战略空间定义为 $\Delta_\varepsilon(S_i)=\{\sigma_i:\sigma_i(s_i)\geqq\varepsilon_i(s_i),\sum\limits_{s_i\in S_i}\sigma_i(s_i)=1\}$。

定义 6.3.9 博弈 $\Gamma_N=[N,\{\Delta S_i\},\{u_i(\cdot)\}]$ 的纳什均衡 $\sigma=(\sigma_1,\sigma_2,\cdots,\sigma_n)$ 是**颤抖手精炼纳什均衡**，若存在一个收敛到原来博弈 $\Gamma_N=[N,\{\Delta S_i\},\{u_i(\cdot)\}]$ 的扰动博弈序列 $\{\Gamma_{\varepsilon^k}\}_{k=1}^{\infty}$，且对每个扰动博弈 Γ_{ε^k} 所对应的纳什均衡 σ^k，该纳什均衡序列 $\{\sigma^k\}_{k=1}^{\infty}$ 收敛到原来博弈的颤抖手精炼纳什均衡 $\sigma=(\sigma_1,\sigma_2,\cdots,\sigma_n)$。这里，收敛的含义是指对每个参与人 i 和他的战略 $s_i\in S_i$，都有 $\lim_{k\to\infty}\varepsilon_i^k(s_i)=0$。

下面的例子说明了如何应用颤抖手精炼纳什均衡来剔除博弈的一些纳什均衡。

例 6.3.9 设两个参与人 1 和 2 的博弈形式由表 6.11 来刻画。

在这个博弈中，存在两个纯战略的纳什均衡 (U,L) 和 (D,R)。战略 D 是参与人 1 的弱劣战略，战略 R 是参与人 2 的弱劣战略。在之前的纳什均衡的定义中，(D,R) 仍然是纳什均衡，然而这一纳什均衡不是颤抖手精炼纳什均衡。这是由于，若每个人都有可能出现选择偏差，则不管这个偏差概率有多小，只要这个概率为正，选择弱劣战略就不会是参与人的最佳反应。这样，在扰动博弈中，纳什均衡只有一个，即 (U,L)。这样 (D,R) 就不是扰动博弈纳什均衡序列的极限。通过颤抖手精炼的思想，我们就可以剔除某些参与人的一些战略选择，比如弱劣战略就不可能是颤抖手精炼纳什均衡的战略选择。

表 6.11 颤抖手精炼纳什均衡

		参与 2	
		L	R
参与人 1	U	1, 1	0, −3
	D	−3, 0	0, 0

对颤抖手精炼纳什均衡的刻画，泽尔腾 (Selten，1975) 证明了下面的命题。

命题 6.3.2 博弈 $\Gamma_N=[N,\{\Delta S_i\},\{u_i(\cdot)\}]$ 的一个纳什均衡 $\sigma=(\sigma_1,\sigma_2,\cdots,\sigma_n)$ 是颤抖手精炼纳什均衡当且仅当存在一个全混合战略（即每个纯战略都被以正的概率选择）组合序列 $\{\sigma^k\}_{k=1}^{\infty}$，使得 $\lim_{k\to\infty}\sigma^k=\sigma$，同时对每个参与人 $i\in N$，σ_i 是对其对手战略组合 $\{\sigma_{-i}{}^k\}_{k=1}^{\infty}$ 的最佳反应。

定理的证明可以参见泽尔腾 (Selten，1975) 的原始文献。

6.4 完全信息动态博弈

完全信息动态博弈通常具有序贯结构。当然，我们可以把扩展形式转换为标准形式，然后再用静态博弈的均衡概念来求解序贯博弈的均衡。然而，采用这种方法会出现一些不合理的均衡。在动态博弈中，由于存在先后决策时机，从而会存在一个“承诺”的可信度问题，一个合理的动态均衡需要满足“可信承诺”（“可信威胁”），以此可以对均衡进行精炼。“可信承诺”对行为人的理性有新的要求，它规定，参与人在战略制定过程中，要求在每种可能的决策环境下（更精确地，每个信息集下）都是理性的，这种理性又被称为序贯理性。在研究动态博弈时，在许多情形下需要采取一定的方式来求解，通常是采用逆向递推（backward induction）方式。下面我们先从一个例子来考虑承诺的问题。

例 6.4.1 (市场进入博弈)　假设在市场中有两家企业，在位者和潜在进入者。潜在进入者先行动，选择是否进入市场，之后在位者决定是否发动价格战。他们行动的收益见图 6.5。表 6.12 是该博弈的标准形式。按照纳什均衡的概念，此时该博弈有两个纳什均衡，即 (进入，进入后选择容纳) 和 (不进入，进入后斗争)。

在均衡 (不进入，进入后斗争) 中，不难看出在位者存在一个不可置信的威胁。这是由于，在位者在做决策时已经观察到潜在进入者进入了市场，此时选择斗争比选择容纳收益更低，从而在位者在这个均衡点违背了序贯理性，即在任何可能的环境下决策者都应该会进行理性决策。

为了剔除这些违背序贯理性的纳什均衡，通常使用逆向递推的方式来求解完美信息动态博弈的均衡，通过这个方法得到的均衡，又称为子博弈精炼均衡。

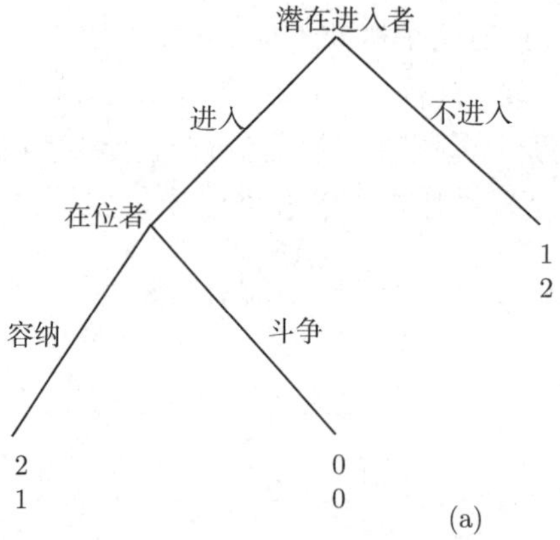

(a)

在位者		进入后容纳	进入后斗争
潜在进入者	进入	2, 1	0, 0
	不进入	1, 2	1, 2

(b)

图 6.5　市场进入博弈

表 6.12　市场进入博弈的战略形式

		在位者 容纳	在位者 斗争
潜在进入者	进入	2, 1	0, 0
	不进入	1, 2	1, 2

6.4.1 子博弈精炼均衡

子博弈是整个博弈的一个子集，但不是任意的一个子集都可以是子博弈。如果整个博弈是从单元素的信息开始，那么此时整个博弈也是一个子博弈。下面先对子博弈进行定义。

定义 6.4.1 (子博弈) 扩展式博弈 Γ_E 的一个**子博弈**是该博弈的一个子集，它满足以下性质：

(1) 从包括单元素的信息集开始，令 x_0 是子博弈的起始决策节，子博弈包括并只包括从该决策节开始的所有后续的节点。x 属于 x_0 的子博弈，且 $x \neq x_0$，则 $x \notin h(x_0)$，并且存在一个序列 $y_1, \cdots, y_n$，使得 $y_1 = x, y_2 = p(y_1), \cdots, y_n = x_0 = p(y_{n-1})$，也就是说，存在一系列直接先后相连节点序列，连接从 x_0 到 x。

(2) 若某个决策节 x 在子博弈中，那么对所有的决策节 $x' \in h(x)$ 也属于该子博弈，也就是说，子博弈不会切割信息集。

例 6.4.2 在上面的市场进入博弈中，存在两个子博弈，原来的博弈是一个子博弈，此外，图 6.6 所描述的博弈也是该博弈的一个子博弈。

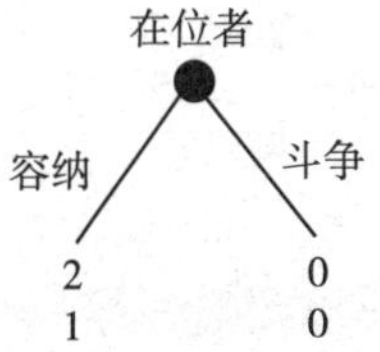

图 6.6 市场进入博弈的一个子博弈

图 6.7 所描述的博弈的子集都不是子博弈。

例 6.4.3 (博弈和子博弈) 在图 6.7 所描述的博弈中，虚线所包含的博弈的子集都不是子博

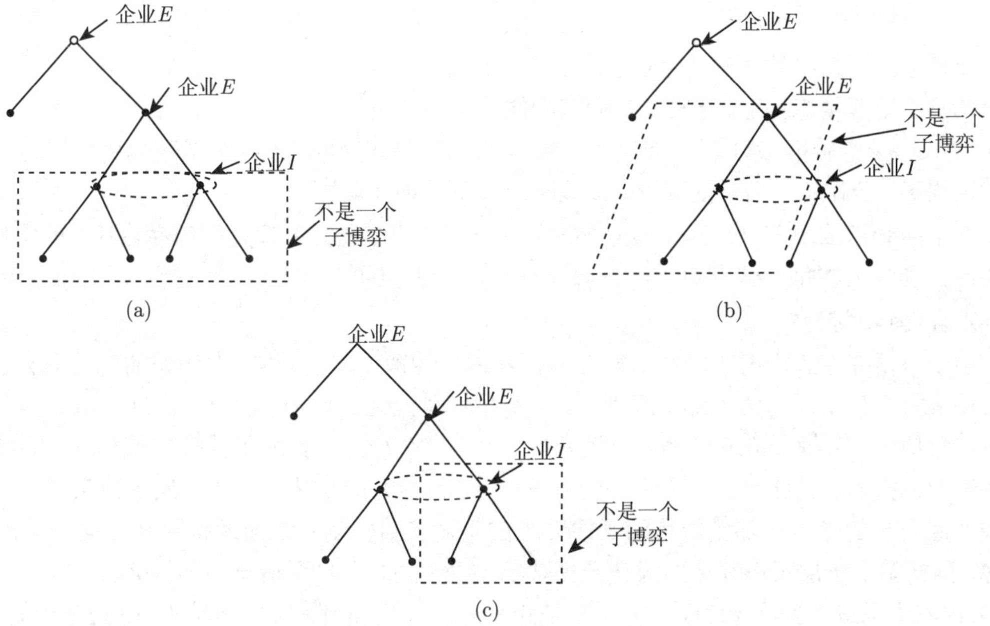

图 6.7 非子博弈的情形

弈。在图 (a)，虚线包含的子集，初始节点不是单元素的信息集；而在图 (b)，虚线包含的子集切割了企业 I 的信息集；在图 (c)，虚线包含的子集，初始节点既不是从单元素的信息集开始，同时也切割了信息集。

6.4.2　逆向递推求均衡

在扩展式的动态博弈中，由于不同参与人的决策有先后次序，此时他们在互动过程中会存在一个威胁的可信度问题。

例 6.4.4 (市场进入博弈)　假如有两个企业 I 和 E，企业 I 是在位者，企业 E 是潜在进入者。企业 E 先选择是否进入，若企业 I 观察到企业 E 选择进入，那么企业 I 选择反击或者容纳。它们的支付见图 6.8。（不进入，当企业 E 进入时选择斗争）是一个纳什均衡，然而这个均衡存在一个问题，即一旦企业 E 选择了进入市场, 企业 I 选择斗争是不理性的，或者说企业 I 的“若企业 E 进入，我就会选择‘斗争’”的威胁是不可置信的。

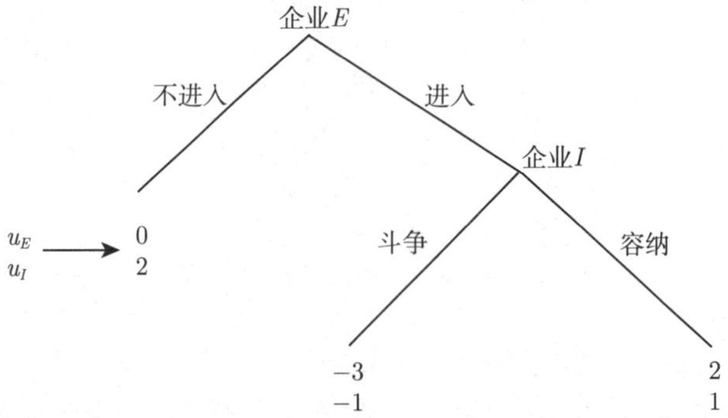

图 6.8　在位企业的不可置信承诺

在扩展式博弈中的合理均衡概念，比单纯的纳什均衡要求更高。与扩展式博弈相关的均衡概念是子博弈精炼均衡。于是，我们有下面的正式定义。

定义 6.4.2 (子博弈精炼均衡)　在有 n 个参与人的扩展式博弈中，一个战略组合被称为**子博弈精炼均衡**，若在每一个子博弈中，该战略组合都是纳什均衡。

在子博弈精炼均衡中，参与人的战略在每个可能的信息集上都是可理性化的。子博弈精炼均衡是参与人在每个信息集上的选择都建立在该信息集上的主观信念上，同时该主观信念满足理性预期假设。

由于子博弈精炼均衡在每个子博弈中都是纳什均衡，这意味着，对动态的完美博弈，参与人的决策在每个信息集上都是理性的，即满足序贯理性的要求。若一个扩展式博弈是一个完美信息博弈，即每个信息集都是单元素集，此时求解动态博弈的子博弈精炼均衡，就可以采用逆向递推（backward induction）的方法。逆向递推，就是从最下面一层的决策节开始，把最下面一层的子博弈都化约为该子博弈下的均衡支付，然后逆向递推到其上面一层的子博弈，同样把上一层子博弈化约为该子博弈的均衡支付，一直到最开始的博弈。

例 6.4.5 (市场进入博弈 (续))　考虑之前的市场进入博弈。图 6.9 中的图 (a) 是整个博弈。在整个市场进入的博弈中，有两个子博弈，即原来的子博弈 (图 (a)) 和在位者决策的子博弈 (图 (b))。逆向递推从最下面的一层子博弈出发，即从图 (b) 的博弈出发，纳什均衡是在位者选择默许，从而这个子博弈的均衡支付是 (2,1)，之后整个博弈化约为由 (c) 所描述的博弈，此时我们已经把博弈递推到最上面一层，即用子博弈的均衡支付来代替子博弈。在图 (c) 的博弈中，纳什均衡是潜在进入者选择进入。因此（进入, 默许）是整个市场进入博弈的子博弈精炼均衡。

下面我们考虑参与人交替决策动态博弈的子博弈精炼均衡。由于其扩展式描述的形状类似于蜈蚣，人们称之为蜈蚣博弈。

例 6.4.6 (蜈蚣博弈) 参与人 1 和 2 轮流交替进行决策，其互动情形由图 6.10 描述。我们用逆向递推的方法来求解该博弈的子博弈精炼均衡。对最下面一层的子博弈，即参与人 2 第三次做决策，该子博弈的纳什均衡是参与人 2 选择战略 S。然后逆向递推到上一层的子博弈，该子博弈的纳什均衡是参与人 1 选择 S, 参与人 2 选择 S。之后，再往更上层子博弈递推，最后该博弈的子博弈精炼均衡是 $(S,S,S;S,S,S)$，即参与人 1 和 2 在每期都选择 S。上面的扩展式博弈都是完美信息博弈，在完全信息但非完美信息博弈中，我们可以用更一般的逆向递推方法来求解子博弈精炼均衡。

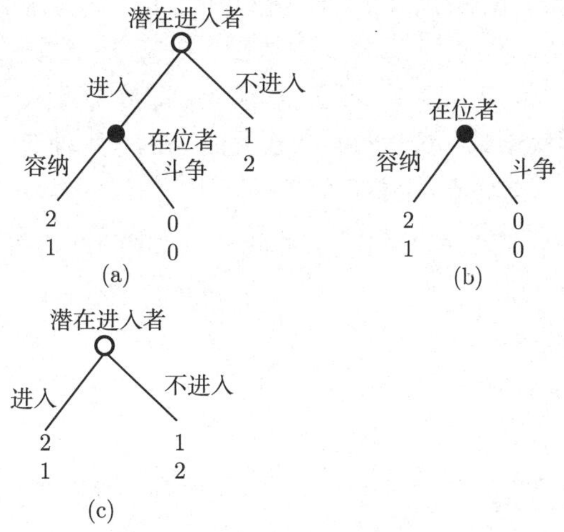

图 6.9 市场进入博弈 (续)

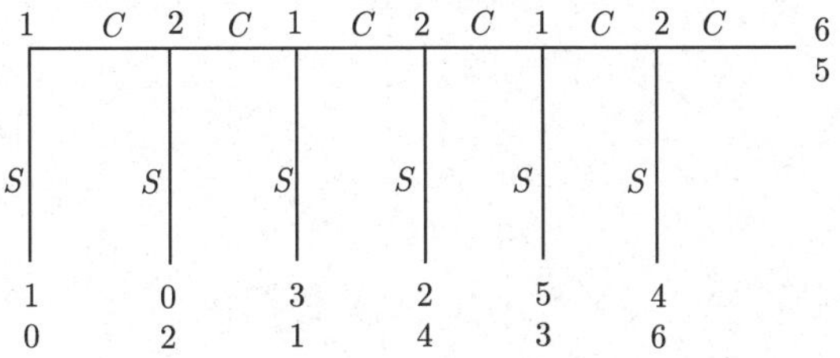

图 6.10 蜈蚣博弈

下面我们举例讨论，如何利用逆向递推方法来求解完全信息但非完美信息的动态博弈。

例 6.4.7 (市场进入 —— 位置选择) 有两个企业 E 和 I，企业 E 首先选择是否进入市场，若不进入, 则博弈结束；若进入，在第二阶段，企业 E 和企业 I 同时选择位置。在这个博弈中，存在非单元素的信息集，从而它不是完美博弈。该博弈有两个子博弈，除了原来的博弈外，企业 E 选择进入后，两个企业同时博弈也是一个子博弈。

两个企业同时博弈的子博弈可以用图 6.11 中的图 (a) 来刻画，这个子博弈有两个纳什均衡，即（大位置，小位置）和（小位置，大位置），这两个纳什均衡给企业 E 和 I 的均衡支付分别为（1,−1）, (−1,1)。从而，逆向递推就有两种可能性，图 (b) 和图 (c) 描述的逆向递推就是，第二阶段子博弈的纳什均衡支付分别是（1,−1）, (−1,1) 对上一层的化约。在图 (b) 的博弈中，纳什均衡是企业 E 选择进入；在图 (c) 的博弈中，纳什均衡是企业 E 选择不进入。这样，整个博弈有两个子博弈纯战略精炼均衡（（进入，进入后选择大位置），选择小位置）和（（不进入，进入后选择小位置），选择大位置）。

下面我们利用子博弈精炼均衡的概念来讨论经济学中的一个经典例子（也是现实生活中常见的情形），即讨价还价博弈。讨价还价博弈有很多版本，有无限期讨价还价博弈和有限期讨价还价博弈。由于有限期讨价还价博弈更适合用逆向递推的方式，因此，这里我们讨论有限期讨价还价博弈。

例 6.4.8 (有限期讨价还价博弈)　假如有两个参与人对总额为 1 单位（无限可分的）财产的分割进行 T 期的讨价还价。在第 $2k+1$ 期，由参与人 1 提出分配方案（分配中不允许其中一方获得的支付是负数），参与人 2 选择是否接受；在第 $2k$ 时期，由参与人 2 提出分配方案，参与人 1 选择是否接受。一旦在某一期达成协议，即参与人 1（或参与人 2）选择接受对手提出的分配方案，博弈就结束，双方的财产分配由分配方案确定。在第 T 期，若双方仍没有达成协议，财产充公，双方分得的财产为零。设双方的时间贴现率都为 δ。令 $(x_t, 1-x_t)$ 是由第 t 期拥有提案权的参与人提出的分配方案，x_t 为参与人 1 分配到的财产数目，$1-x_t$ 是参与人 2 分配到的财产数目。

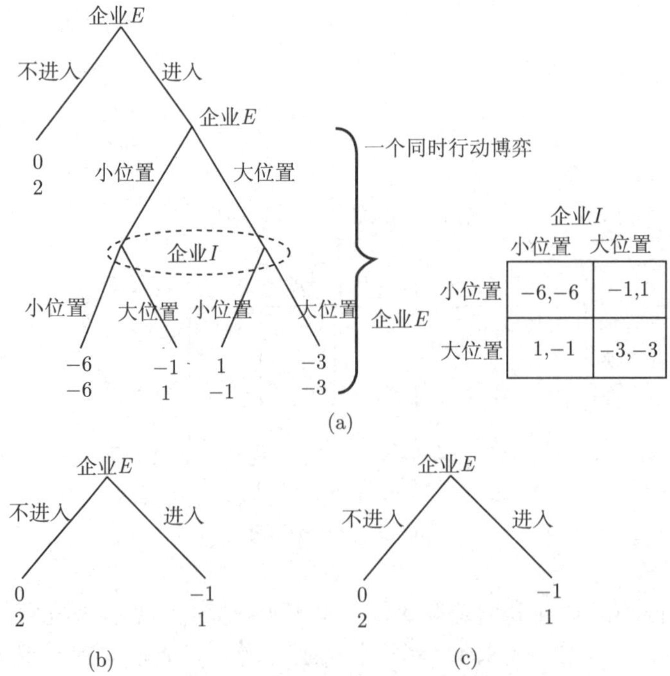

图 6.11　市场进入——位置选择

当 $T=1$ 时，参与人 1 拥有提案权，参与人 2 选择是否接受，显然只要 $1-x_1 \geqq 0$，参与人 2 都不会选择拒绝方案，由此该博弈的纳什均衡是参与人 1 提出分配方案为 (1,0)，参与人 2 接受。

当 $T=2$ 时，在最后一期，参与人 2 拥有提案权，类似于前面的逻辑分析，此时他提出的方案为 (0,1)，参与人 1 也会选择接受，在这个方案中，两个参与人（按照讨价还价前的贴现值计算）的支付为 $(0,\delta)$。回到第 1 期，参与人 1 拥有提案权，只要 $1-x_1 \geqq \delta$，参与人 2 就会接受，因为若参与人 2 不接受，在最后一期的子博弈中，最终的支付也只有 δ。这样，在这个博弈的均衡路径中，第 1 期参与人 1 提出分配方案 $(1-\delta,\delta)$，参与人 2 接受，博弈结束。

当 $T=3$ 时，在最后一期，参与人 1 拥有提案权，类似于前面的逻辑分析，此时他提出的方案为 (1,0)，参与人 2 也会选择接受。回到第 2 期，参与人 2 拥有提案权，只要 $x_2 \geqq \delta$，参与人 1 就会接受；回到第 1 期，参与人 1 拥有提案权，此时只要 $1-x_1 \geqq \delta(1-\delta)$，参与人 2 就会接受。这样，在这个博弈的均衡路径中，第 1 期参与人 1 提出分配方案，$(1-\delta+(\delta)^2,\delta-(\delta)^2)$，参与人 2 接受，博弈结束。

我们发现在 $T=1,2,3$，第 1 期参与人 1 提出分配方案，$(\frac{1-(-\delta)^T}{1+\delta},1-\frac{1-(-\delta)^T}{1+\delta})$，参与人 2 接受，博弈结束。于是，我们猜测，对于所有的 T，都会有：第 1 期参与人 1 提出分配方案，$(\frac{1-(-\delta)^T}{1+\delta},1-\frac{1-(-\delta)^T}{1+\delta})$，参与人 2 接受，博弈结束。可以用数学归纳法证明。

设 $(x_t(T),y_t(T))$ 是期限为 T 在 t 期的分配方案，满足 $x_t(T)+y_t(T)=1$。首先，当 $T=1$ 时，上面的结论成立。设当 $T \leqq K$ 时，上面的结论也成立，即第 1 期的分配方案 $(x_1(K)=\frac{1-(-\delta)^K}{1+\delta},y_1(K)=1-x_1(K))$，参与人 2 会接受。

现假定 $T=K+1$。考虑第 2 期的分配方案 $(x_2(K+1),y_2(K+1))$。从第 2 期开始的子博弈与期限为 K、由参与人 2 先提案的轮流讨价还价博弈相同，从而有 $y_2(K+1)=x_1(K)=\frac{1-(-\delta)^K}{1+\delta}$ 和 $(x_2(K+1)=1-x_1(K)$，$y_2(K+1)=x_1(K))$ 会被参与人 1 接受。回到第 1 期，$(x_1(K+1)=1-\delta y_2(K+1)$，$y_1(K+1)=\delta y_2(K+1))$ 会被参与人 2 接受。因此，第 1 期由参与人 1 提出的分配方案：

$$(x_1(K+1)=1-\delta\left(\frac{1-(-\delta)^K}{1+\delta}\right)=\frac{1-(-\delta)^{K+1}}{1+\delta},y_1(K+1)=1-x_1(K+1))$$

会被参与人 2 接受。

这样，在 T 期讨价还价的均衡路径中，在第 1 期，参与人 1 会提出分配方案 $(\frac{1-(-\delta)^T}{1+\delta},1-\frac{1-(-\delta)^T}{1+\delta})$，参与人 2 会接受，博弈结束。

6.5 不完全信息静态博弈

在许多互动情形中，参与人并不知道其他参与人的信息。比如在拍卖中，一个投标人不知道其他投标人对拍卖品的评价。企业在市场竞争中通常并不知道竞争对手有哪些，竞争对手的竞争手段和战略，竞争对手的实力等信息，这些信息会影响互动过程和结果。此外，即使参与人 1 知道参与人 2 的信息，但参与人 2 并不知道参与人 1 知道参与人 2 的信息，等等，当一些决策者相关的信息不是公共知识时，纳什均衡概念就无法被运用到不完全信息的战略互动的分析之中。

于是，博弈论的另外一个发展里程碑是 Harsanyi（1967，1968）提出了一个解决不完全信息博弈的分析框架。海萨尼 (Harsanyi) 把不完全信息博弈转换为完全信息博弈，其关键是把参与人对其他参与人的所有与互动相关的未知信息的主观判断转换为随机变量，这个变量刻画了其他参与人的类型。而关于参与人的类型变量是外生给定的随机变量，可以通过“自然”的行动来刻画，而“自然”的行动则依据类型变量的先验概率分布，并且这一分布是整个博弈中所有参与人的公共知识。当然，不同的参与人对这些类型变量有不同的信号，这些信号可以修正后验的信念判断。这样，通过类型变量刻画所有未知信息及其信念，可以把不完全信息转换成完全但不完美信息。这里定义的完全信息指的是可以通过信息集来界定参与人的信息状态，同时这种信息状态是公共知识。

在博弈初始，由“自然”参与人来决定参与人类型随机变量的取值，每个参与人知道自己的类型，但不知道其他参与人的类型，不过知道其先验分布。从不完全信息向完全但不完美信息转换后的博弈被称为贝叶斯博弈（Bayesian game）。在贝叶斯博弈中，信念是一个非常重要的概念，它是参与人对其他参与人类型分布的主观判断。若参与人获得新的信息，那么他就会利用贝叶斯法则来更新他对其他参与人类型的主观信念。对这种类型的博弈，我们用贝叶斯纳什均衡来分析博弈的互动均衡。

6.5.1 贝叶斯博弈

现正式定义不完全信息下的贝叶斯博弈。

定义 6.5.1 (贝叶斯博弈) 一个**贝叶斯博弈**$\langle\tilde{N},(A_i)_{i\in N},(T_i)_{i\in N},p,(u_i(\cdot))_{i\in N}\}$ 由下列要素刻画：

（1）参与人集合：$\tilde{N}=\{N,N_0\}$ 是参与人的集合，其中 N_0 是自然参与人。

（2）参与人 i 的类型：T_i 是参与人 i 的类型，$T\equiv\prod\limits_i T_i$ 是所有参与人类型的组合。自然参与人随机选择所有参与人的类型，每个参与人知道自己的类型。自然参与人随机选择参与人类型的概率是外生给定的，这个概率分布为 p，是所有参与人共同的先验分布，记为 $p(\mathbf{t})$，其中 $\mathbf{t}=(t_i)_{i\in N}$ 是所有参与人的类型，所有类型的集合为 $T=\prod_{i\in N}T_i$，参与人 i 的类型集合为 T_i。自然参与人以 $p(\mathbf{t})$ 的概率随机选择所有参与人的类型 $\mathbf{t}$。给定参与人 i 知道自己的类型 t_i 后，他对其他参与人的类型分布的后验信念为 $p(\mathbf{t}_{-i}|t_i)=\frac{p(t_i,\mathbf{t}_{-i})}{p_{t_i}(t_i)}$，其中 $p_{t_i}(t_i)\equiv\sum\limits_{\mathbf{t}_{-i}}p(t_i,\mathbf{t}_{-i})$ 是参与人 i 类型的概率，$\mathbf{t}_{-i}\equiv(t_1,\cdots,t_{i-1},t_{i+1},\cdots,t_n)$。在贝叶斯博弈中，参与人 i 的类型是他的私人信息，即除了他自己之外其他参与人都不了解的信息。

（3）参与人的行动集合：A_i 是参与人 i 的行动集合，参与人行动组合的集合 $A\equiv\prod\limits_{i\in N}A_i$。

（4）支付：在 $A\times T$ 上，参与人 i 的效用函数 $u_i(\cdot)$。

（5）参与人 i 的战略：$s_i(\cdot):T_i\to A_i$ 是参与人 i 对可能类型制定一个完备计划，即 $s_i(\cdot)\equiv\prod\limits_{t_i\in T_i}s_i(t_i)$，其中 $s_i(t_i)$ 是类型 t_i 的一个行动计划，其纯战略集合记为

$S_i(\cdot) \equiv \prod_{t_i \in T_i} S_i(t_i)$，对应的混合战略空间 $\Delta S_i(\cdot) \equiv \prod_{t_i \in T_i} \Delta S_i(t_i)$。

下面，我们通过两个例子来描述贝叶斯博弈。

例 6.5.1 考虑囚徒困境的一个变体，参与人的集合为 $N = \{1,2\}$。假设囚徒 2 有两种类型，即类型 I 和类型 II，两种类型的概率各是 1/2。囚徒 2 的类型只有囚徒 2 本人知道。在不同类型下，两个囚徒互动及其支付见表 6.13。

表 6.13 不完全信息的囚徒困境

(a) 囚徒 2: 类型I

		抵赖	坦白
囚徒 1	抵赖	$-2,-2$	$-10,-1$
	坦白	$-1,-10$	$-5,-5$

(b) 囚徒 2: 类型II

		抵赖	坦白
囚徒 1	抵赖	$-2,-2$	$-10,-7$
	坦白	$-1,-10$	$-5,-11$

在这个博弈中，参与人的集合为 $N = \{1,2\}$，参与人 1 只有一个类型，参与人 2 有两个类型，其类型集合为 $T_2 = \{I, II\}$，两个参与人对参与人 2 类型分布的共同先验概率为 $p(I) = p(II) = 0.5$。每个参与人的行动集合都是 (抵赖，坦白)。若囚徒 2 的类型是 I，囚徒 1 和囚徒 2 互动的支付是表 (a) 的矩阵；若囚徒 2 的类型是 II，囚徒 1 和囚徒 2 互动的支付是表 (b) 的矩阵。

下面讨论一个拍卖的例子，在拍卖中，每个投标人对其他投标人都存在一些不完全信息。拍卖有很多形式，现假定所采用的拍卖方式是二级价格拍卖机制。

例 6.5.2 (二级密封价格拍卖) 假如有 n 个参与人 $\{1,2,\cdots,n\}$ 参加一个古董的拍卖，参与人 i 对古董的估价为 v_i，每个人只知道自己对古董的估价，但不知道别人对古董的估价。每个人的估价是独立的，这里对古董的估价成为参与人的类型，且服从相同的概率分布 $q_i(\cdot): V \to (0,1)$。在这里 V 是所有可能的估价的集合。这样，每个投标人的类型集合都是 V。令 b_i 是参与人 i 选择的投标价, 出价最高的参与人获得古董，但支付的是第二高投标价。若最高价有多个投标人，此时他们以相同的概率获得古董，一旦获胜则支付他们的投标价。

在这个博弈中，个体的集合为 $\tilde{N} = \{N, N_0\}$；其中 N_0 是自然参与人，它根据其他参与人类型的先验分布概率决定他们的类型。参与人 i 的行动集合为 $A_i = \mathcal{R}_+$；参与人 i 收到的信号集合是 $T_i = V$，即所有参与人都知道自己的类型。所有参与人有共同的先验概率 $p(t) = \prod_{i \in N} q(t_i)$, 其中 $t = (t_i)_{i \in N}$。

参与人的投标组合为 $(b_1,\cdots,b_n)$。若对任意的 $j \in N \backslash i$ 都有 $b_i > b_j$，参与人 i 的支付为：$v_i - \max_{j \in N \backslash i} b_j$；若对任意的 $j \in N \backslash i$ 都有 $b_i \geqq b_j$, 同时 $|\{j \in N \backslash i : b_j = b_i\}| = k$，其中 $|\cdot|$ 函数是计数函数，即有 k 个参与人的投标价与参与人 i 是相同的，参与人 i 的支付为：$\frac{v_i - \max_{j \in N \backslash i} b_j}{k+1}$。若 $b_i < \max_{j \in N \backslash i} b_j$，那么参与人 i 的支付为 0。

6.5.2 贝叶斯纳什均衡

对不完全信息博弈，与之对应的一个均衡概念是贝叶斯纳什均衡。

定义 6.5.2 (纯战略贝叶斯纳什均衡) 贝叶斯博弈 $(\tilde{N}, (A_i)_{i \in N}, (T_i)_{i \in N}, p, (u_i(.))_{i \in N}\}$ 的**纯战略贝叶斯纳什均衡**（**pure Bayesian Nash equilibrium**）是参与人的战略组合 $(s_i(t_i)_{t_i \in T_i})_{i \in N}$，

满足：对任意 $i \in N$，$t_i \in T_i$，$s_i{}'(t_i) \in S(t_i)$，都有

$$E_t(s_1(\cdot), \cdots, s_i(t_i), \cdots, s_n(\cdot)|t_i) \geqq E_t(s_1(\cdot), \cdots, s_i{}'(t_i), \cdots, s_n(\cdot)|t_i),$$

或等价地有

$$\sum_{t_{-i}} p(\mathbf{t}_{-i}|t_i)u_i(s_i(t_i), \mathbf{s}_{-i}(\mathbf{t}_{-i})) \geqq \sum_{t_{-i}} p(\mathbf{t}_{-i}|t_i)u_i(s_i{}'(t_i), \mathbf{s}_{-i}(\mathbf{t}_{-i})).$$

对混合战略的贝叶斯纳什均衡的概念有相类似的定义。

定义 6.5.3 (混合贝叶斯纳什均衡) 贝叶斯博弈 $(\tilde{N}, (A_i)_{i\in N}, (T_i)_{i\in N}, p, (u_i(.))_{i\in N}\}$ 的**混合贝叶斯纳什均衡**（**mixed Bayesian Nash equilibrium**）是参与人的战略组合 $(\sigma_i(t_i)_{t_i\in T_i})_{i\in N}$，满足：对任意的 $i \in N$，$t_i \in T_i$，$\sigma_i{}'(t_i) \in \Delta S(t_i)$

$$E_t(\sigma_1(\cdot), \cdots, \sigma_i(t_i), \cdots, \sigma_n(\cdot)|t_i) \geqq E_t(\sigma_1(\cdot), \cdots, \sigma_i{}'(t_i), \cdots, \sigma_n(\cdot)|t_i)$$

或

$$\sum_{t_{-i}} p(\mathbf{t}_{-i}|t_i)u_i(\sigma_i(t_i), \sigma_{-i}(\mathbf{t}_{-i})) \geqq \sum_{t_{-i}} p(\mathbf{t}_{-i}|t_i)u_i(\sigma_i{}'(t_i), \boldsymbol{\sigma}_{-i}(\mathbf{t}_{-i})).$$

对前面不完全信息囚徒困境的例子而言，它的（纯）贝叶斯纳什均衡为：对参与人 1 来说，不管面临的对手是何种类型，选择抵赖都是他的占优战略；对参与人 2 来说，若其类型是 I，选择坦白是他的占优战略；若类型是 II，选择抵赖是他的占优战略。这样，这个博弈的贝叶斯均衡为 $(s_1 = \mathrm{s}_2(I) = \text{坦白}, \mathrm{s}_2(II) = \text{抵赖})$。

对前面的二级价格拍卖例子，对任何参与人的任何类型，选择 $\mathrm{b}_i(v_i) = v_i$ 是他的弱占优均衡。这样，这个博弈的贝叶斯纳什均衡为 $(b_i(t_i = v_i) = v_i)_{i\in N, t_i\in T_i}$。在上面的例子中，对每一个类型的参与人都有一个（弱）占优战略。在更多的互动情形下，参与人并不存在占优均衡。下面的例子说明了占优战略的贝叶斯均衡也许不存在。

例 6.5.3 (一级价格密封拍卖) 假如有两个参与人进行投标，两个参与人对拍卖品的估价是独立的，其估价服从 $[0,1]$ 的均匀分布。出价高的参与人按照投标价购买该拍卖品，若两个参与人投标价相同，他们各以相同的比例，以投标价购买到该拍卖品。在这个博弈中，令 v_1 和 v_2 是投标人 1 和 2 的类型，他们的战略分别是 $b_1(v_1)$ 和 $b_2(v_2)$。利用对称性，我们求解一个对称的贝叶斯均衡，即 $b_1(v_1) = b(v_1), b_2(v_2) = b(v_2)$，我们会验证 $b(v)$ 是严格递增的函数。类型为 v_i 的投标人 i 投标 b_i 时的期望效用为 $EU_i(b_i, v_i) = (v_i - b_i)prob(b(v_j) < b_i) + \frac{1}{2}(v_i - b(v_i))prob(b(v_j) = b_i)$。由于参与人 j 的类型是连续分布，并且投标是类型的一个严格增函数，则 $prob(b(v_j) = b) = 0$，且 $prob(b(v_j) < b_i) = prob(v_j < b^{-1}(b_i) \equiv \Phi(b_i)) = \Phi(b_i)$，从而 $EU_i(b_i, v_i) = (v_i - b_i)\Phi(b_i)$。由最优化的一阶条件，得到：$-\Phi(b(v_i)) + (v_i - b(v_i))\Phi'(b(v_i)) = 0$，$v_i = \Phi(b(v_i))$，从而 $b(v_i) = \frac{v_i}{2}$。显然，$b_i(v_i) = b(v_i)$ 是一个严格增函数。这样，一级价格密封拍卖的贝叶斯纳什均衡为 $b_i(v_i) = \frac{v_i}{2}$。

人们有时很难理解一些混合战略，比如前面的性别战博弈，人们会随机地选择他们的行动。贝叶斯博弈可以为混合战略提供一个合理化解释，这种对混合战略均衡的解释最早是由 Harsanyi(1974) 提出的。

例 6.5.4 (混合战略与贝叶斯均衡解释) 回到前面性别战的例子，此时存在着一个混合战略，即女方会以 2/3 的概率选择歌剧，而男方则以 2/3 的概率选择篮球。然而在现实中，参与人知道其他参与人的所有信息是一种极端的情形。对更一般和实际的互动情形，总是会或多或少地存在一些不完全信息。在这个博弈中引入一些微小的不完全信息的情形，当这些不完全信息的微小程度趋于某个极限，即完全信息情形，会出现什么呢？如表 6.14 所示。

令 x_1 和 x_2 分别是女方和男方的类型，它们都服从 $[0,x]$ 的均匀分布。当 $x \to 0$ 时，回到前面性别战的例子，这个不完全信息博弈的极限就成了完全信息博弈。对 $x_1 = x_2 = 0$ 的混合战略，我们可以构建一个不完全信息博弈的纯战略贝叶斯均衡来解释这一混合战略。假设这个不完全信息的贝叶斯纳什均衡有如下的特性：对女方来说，只要 x_1 不超过某个阈值 $c < x$，就会选择歌剧，否则就选择篮球，这是由于 x_1 的大小刻画了女方对篮球的喜欢程度。同样，对男方来说，只要 x_2 不超过某个阈值 $d < x$，就会选择篮球，否则就选择歌剧。

表 6.14 性别战混合战略的贝叶斯解释

		男	
		歌剧	篮球
女	歌剧	$2, 1 + x_2$	$0, 0$
	篮球	$0, 0$	$1 + x_1, 2$

这样，女方预期有 $\frac{d}{x}$ 大的程度男方会选择篮球，有 $1 - \frac{d}{x}$ 大的程度男方会选择歌剧。同样，男方预期有 $\frac{c}{x}$ 大的程度女方会选择歌剧，有 $1 - \frac{c}{x}$ 大的程度女方会选择篮球。对 x_1 类型的女方来说，选择歌剧的期望效用为 $2\frac{x-d}{x}$，选择篮球的期望效用为 $(1 + x_1)\frac{d}{x}$。当 $x_1 = c$，女方选择歌剧或者篮球无差异，均衡要求 $(1 + c)\frac{d}{x} = 2\frac{x-d}{x}$，即 $(1 + c)d = 2(x - d)$。用同样的方式，我们可以得到 $(1 + d)c = 2(x - c)$。联立上面的两个等式，得到 $c = d$，并且女方喜爱歌剧的程度为 $\frac{c}{x} = \frac{4}{\sqrt{9+8x}+3}$，$\lim_{x\to 0} \frac{4}{\sqrt{9+8x}+3} = \frac{2}{3}$，喜爱篮球的程度为 1/3。同样，也可以得到：当 $x \to 0$ 时，男方有 2/3 的可能性选择篮球，而有 1/3 的可能性选择歌剧。

从上面的例子我们可以看出，完全信息混合战略均衡可以通过不完全信息的纯战略贝叶斯均衡极限序列来构造。这样，可以通过引入一些不完全信息来解释人们为什么会选择混合战略，或者说对对手混合战略的判断可能源于对对手缺乏了解。

6.6 不完全信息动态博弈

上面讨论了不完全信息静态博弈，现在讨论不完全信息动态博弈。这种类型的博弈情形相对更合乎现实。由于这类博弈既有动态因素，也有不完全信息因素，它有更多影响人们互动的微妙因素，其中一个重要的因素就是信念。在不完全信息的动态博弈中，参与人可以通过对手的行动来获取对手类型的信息，也就是说，对手的行动有可能包含有关对手信息的某种信号，在获得了信号后，人们通过贝叶斯法则来更新对其他参与人类型的主观判断。在结合动态的精炼均衡和不完全信息的贝叶斯均衡下，一个自然而然的均衡概念就是精炼贝叶斯均衡。由于精炼贝叶斯均衡通常存在着多个均衡，需要对均衡进行进一步精炼。针对信念，特别是非均衡路径上的信念施加一些约束，将会产生一些新的均衡概念。

下面我们先引入信念系统的概念。

定义 6.6.1 (信念系统)　**信念系统**μ 是决策者基于信息集对决策集的一个主观判断，是定义在扩展式博弈 Γ_E 决策节集合上的一个函数 $\mu : X \to [0,1]$，以及对任意信息集 h，都有 $\sum_{y\in h(x)} \mu(y) = 1$。

这样，信息集上的信念系统，其实是对对手类型以及对手之前行动的一个主观判断。由于一个人的行动依赖于其类型，信息集上的信念系统归根到底是对对手类型的主观判断。对手之前的行动可能会透露出对手的类型，信息集上的信念系统通常是对对手类型后验信念的修正。

在动态不完全信息博弈下，与之前的动态博弈一样，我们对参与人的理性要求是序贯理性。序贯理性指的是在任何信息集上，给定参与人的信念，参与人会选择在所有可能行为战略集中能带来最高期望支付的行为战略。

定义 6.6.2 (序贯理性)　一个行为战略组合 $\sigma = (\sigma_h)_{h\in H}$，$\sigma_h \in \Delta A(h)$ 以及某个相应的信念系统 μ，是**扩展式博弈序贯理性**的，若它满足：对任意的 $h \in H$，以及任意的 ${\sigma'}_h \in \Delta A(h)$，都有

$$E_{\iota(h)}[u_{\iota(h)}(\sigma_h, \sigma_{-h})|h,\mu] \geqq E_{\iota(h)}[u_{\iota(h)}({\sigma'}_h, \sigma_{-h})|h,\mu],$$

其中 $\sigma_{-h} = (\sigma_{h'})_{h'\in H/h}$。

下面我们先来讨论非序贯理性的一个例子。

例 6.6.1 (非序贯理性的行为战略)　图 6.12 描述了两个企业的市场进入博弈。尽管不存在对参与人类型的不确定信息，但在企业 I 的信息集上存在多个决策节，由此可以在不完全信息博弈的框架下讨论企业的行为战略。

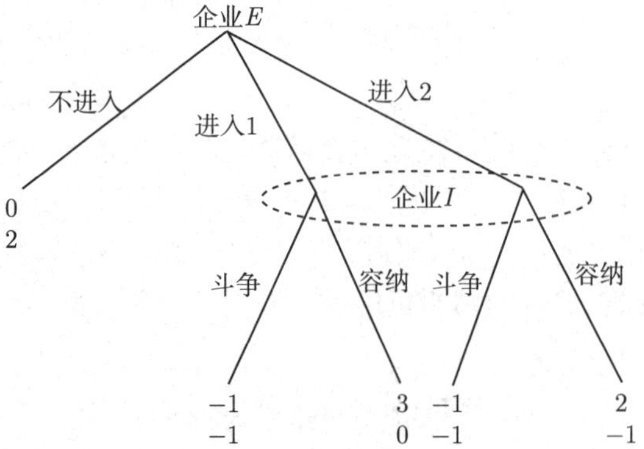

图 6.12　市场进入博弈

下面讨论企业 I 的行为战略。在行为战略组合（不进入，斗争），即在企业 E 的信息集上选择“不进入”战略，在企业 I 的信息集上选择“斗争”战略。由于在这个博弈中每个参与人只有一个信息集，该行为战略组合同时也是博弈的战略组合。由于该博弈只有一个子博弈，即原始的博弈，这样（不进入，斗争）是子博弈精炼均衡。然而（不进入，斗争）不满足序贯理性，这是因为在企业 I 的信息集上，不管他的信念系统如何，选择“容纳”总比“斗争”更有利。

在上面的序贯理性的定义中，理性依赖于信念，从而在均衡概念中，要求行为战略的序贯理性与信念一致。这与之前的均衡概念不同，不完全信息动态博弈均衡是关于战略和信念

的二元组合。由于参与人的战略选择会影响决策者不同的信息集，及其对信息集的信念系统，参与人的信念系统依赖于参与人的战略。通常参与人信念的修正遵守贝叶斯法则，当某个信息集 h 在参与人行为战略选择 σ 下会以正的概率到达，那么应用贝叶斯法则，则信息集 h 的信念系统为：

$$prob(x|h,\sigma) = \frac{prob(x|\sigma)}{\sum\limits_{x' \in h} prob(x'|\sigma)}. \tag{6.6.1}$$

然而，在某个行为战略组合下，由于并不是所有可能的信息集都会以正的概率到达，上面公式中的分母可能为零，从而贝叶斯法则不适用，我们通常把零概率到达的信息集称为均衡路径之外的信息集。在不完全信息动态博弈中，针对均衡路径之外的信息集的不同要求，有不同的均衡概念。若一个信息集是单决策节，显然在该信息集上的信念是以 1 的概率赋予给该决策节。下面给出的弱精炼贝叶斯均衡，不对均衡路径之外的信息集的信念有任何约束，而只对均衡路径上的信息集施加限制，要求信念与均衡战略的序贯理性一致。

6.6.1 弱精炼贝叶斯均衡

下面讨论动态不完全信息博弈的一个均衡概念，即弱精炼贝叶斯均衡。

定义 6.6.3 (弱精炼贝叶斯均衡) 一个行为战略和信念系统 (σ,μ) 是扩展式博弈 Γ_E 的**弱精炼贝叶斯均衡**，若满足下面的条件：

(1) 给定信念 μ，行为战略 σ 是序贯理性的；

(2) 信念 μ 都是由行为战略 σ 和初始信念分布 (若有) 通过贝叶斯法则形成的。只要信息集 h 是在战略行为 σ 下以正的概率到达的，即 $prob(h|\sigma) > 0$，那么对所有的 $x \in h$，在信息集 h 上的信念为 $\mu(x) = \frac{prob(x|\sigma)}{prob(h|\sigma)}$。

若 $prob(h|\sigma) = 0$，对在信息集 h 上的信念没有约束。

下面我们来求解之前博弈的弱精炼贝叶斯均衡。

例 6.6.2 在企业 E 和企业 I 的进入博弈中，该博弈存在唯一的弱精炼贝叶斯均衡，即行为战略（“进入”,“容纳”）。同时，信念满足：由于是单决策节，在 E 的决策节信念概率为 1，在 I 的信息集的左边决策节的信念概率为 0，右边决策节的信念概率为 1。这是由于在企业 I 的信息集中，“容纳”是占优战略，即不管在企业 I 的信息集中信念如何，序贯理性要求企业 I 选择“容纳”，而若企业 I 选择“容纳”，企业 E 的最优选择为“进入”，这是序贯理性要求下的均衡战略选择。在这个战略选择下，在 I 的信息集的左边决策节的信念概率为 0，右边决策节的信念概率为 1。

然而，弱精炼贝叶斯均衡由于不考虑均衡路径之外的信念约束，会包括一些不尽合理的均衡。在有些情况下，弱精炼贝叶斯均衡甚至可能不是子博弈精炼均衡。考虑下面的市场进入博弈。

例 6.6.3 (弱精炼贝叶斯均衡不是子博弈精炼均衡的例子) 在这个例子中，如图 6.13 所示，企业 E 是潜在市场进入者，而企业 I 是在位者。企业 E 选择是否进入，一旦企业 E 进入，企业 E 和企业 I 同时选择是否容纳或者斗争。该博弈的一个弱精炼贝叶斯均衡是，企业 E 选择不进入。若企业 E 进入，此时企业 E 选择容纳，企业 I 选择斗争。由于企业 I 的信息集位于均衡路径以外，该信息集上的信念不存在约束。同时，对企业 I 的信念是：在企业 I 的信息集中，左端决策节的信念概率是 1，右端决策节的信念概率是 0。

同时在给定这个信念的基础上，企业 I 选择“斗争”战略满足序贯理性。给定企业 I 的战略，企业 E 的战略也是序贯理性的。图 6.13 的箭头描述了参与人 E 和 I 的均衡战略，企业 I 信息集的两个决策节上的数字描述了参与人 I 的信念。然而这个弱精炼贝叶斯博弈不是子博弈精炼均衡，因为在企业 E 进入的子博弈中，该子博弈的唯一纳什均衡是企业 E 和企业 I 都选择“容纳”，该博弈的子博弈唯一的精炼均衡是企业 E 选择“不进入，一旦进入则选择容纳”，企业 I 选择“一旦企业 E 进入则选择容纳”。

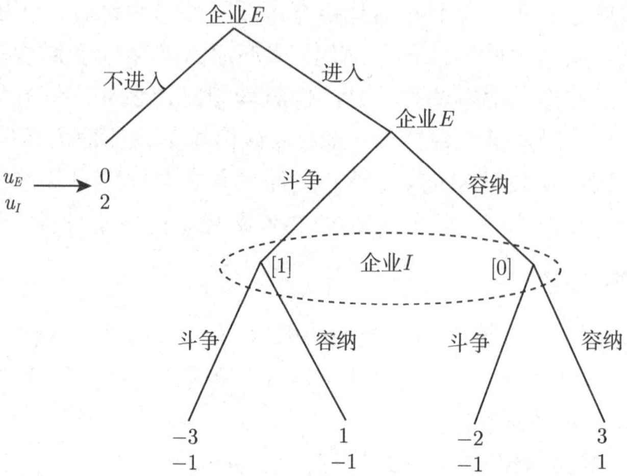

图 6.13　弱精炼贝叶斯均衡不是子博弈精炼均衡

这个例子说明，由于对均衡路径之外的信念没有任何约束，造成弱精炼贝叶斯均衡不是子博弈精炼均衡，均衡路径之外的企业 I 的信念与企业 E 在子博弈中的战略不匹配，弱精炼贝叶斯均衡不约束均衡路径之外的信念。

下面的例子更进一步说明了由于对均衡路径之外的信念缺乏约束，使得这些信念变得不合理。

例 6.6.4　在图 6.14 刻画的博弈中，自然随机选择参与人 1 的信息集上的决策节，在该信息集上的两个决策节的概率各是 0.5，参与人 1 不知道自然的选择；参与人 2 在其信息集上，也不知道自然的选择，但是知道参与人 1 的选择是“y”。该博弈的一个弱精炼贝叶斯博弈是

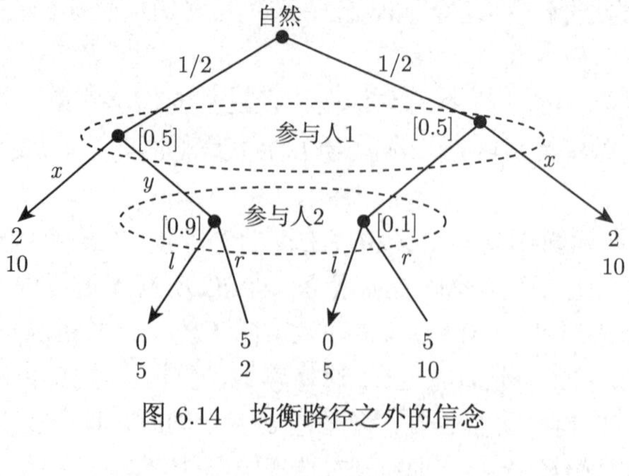

图 6.14　均衡路径之外的信念

参与人 1 选择“x”，参与人 2 选择“l”，同时参与人 1 对其信息集上的信念是左边决策节和右边决策节的信念各为 0.5。由于参与人 2 的信息集是在均衡路径之外，参与人 2 对其信息集上的信念是左边决策节的概率是 0.9，右边决策节的概率是 0.1。

显然，给定参与人 1 和参与人 2 的信念，参与人 1 和参与人 2 的战略满足序贯理性，同时参与人 1 的信念与自然选择概率吻合。参与人 2 的信息集在均衡路径之外，从而没有约束。然而，参与人 2 的信念与参与人 1 的战略和自然的选择不一致，由于参与人 1 在两个决策节的概率相同，一旦选择“y”，参与人 2 的信念应该是在其信息集上的两个决策节的概率都为 0.5，而不是左端决策节的概率是 0.9，右端是 0.1。

上面的这个例子说明我们需要对均衡路径之外的信念施加约束，否则，弱精炼贝叶斯均衡会产生一些不合理的信念和战略组合。下面我们讨论的其他一些均衡概念，对均衡路径之外的信念施加一些合理的约束。

6.6.2 序贯均衡

基于弱精炼贝叶斯均衡存在的问题，一个合理的均衡概念需要对均衡路径之外的信息集进行约束。Kreps 和 Wilson（1982a）提出了序贯均衡的概念来约束均衡路径之外的信念。在弱精炼贝叶斯博弈中，由于信息集在均衡路径上到达的概率是 0，无法应用贝叶斯法则来界定信念。序贯均衡的概念使用了一个全混合战略的方法，使得任何信息集到达的概率都大于 0，这样任何信息集的信念都可以进行贝叶斯法则的约束。

定义 6.6.4 (序贯均衡) 一个战略组合和信念系统（σ,μ）构成扩展式博弈 Γ_E 的**序贯均衡**，若满足下列条件：

(1) 该战略组合 σ 与相应的信念系统 μ 满足序贯理性。

(2) 存在一个全混合战略序列 $\{\sigma^k\}_{k=1}^{\infty}$，使得 $\lim_{k\to\infty}\sigma^k=\sigma$，同时 μ^k 是从战略 σ^k 利用贝叶斯法则得到的信念，此外满足 $\lim_{k\to\infty}\mu^k=\mu$。

在验证某个战略组合和信念系统是否为序贯均衡时，我们只需要找到一个全混合的扰动序列，趋近该战略组合，同时看基于该全混合战略序列的信念系统的序列是否收敛到该信念系统。

下面的例子，如图 6.15 所示，讨论全混合战略及其信念的运算。

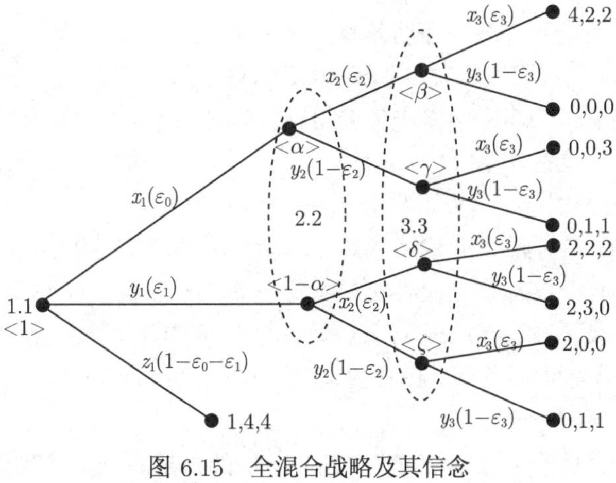

图 6.15 全混合战略及其信念

例 6.6.5 (战略扰动下全混合战略序列的信念) 设战略组合 (z_1, y_2, y_3) 扰动变成一个全混合战略。参与人 1 选择 z_1 战略为 $1-\varepsilon_0-\varepsilon_1$，选择 y_1 战略为 ε_1，选择 x_1 战略为 ε_0，当 $\varepsilon_0 \to 0, \varepsilon_1 \to 0$，参与人 1 的战略收敛到纯战略 z_1；同样，参与人 2 选择 y_2 战略为 $1-\varepsilon_2$，选择 x_2 战略为 ε_2；参与人 3 选择 y_3 战略为 $1-\varepsilon_3$，选择 x_3 战略为 ε_3。

在这个全混合战略组合下，参与人的系统信念如下：由于参与人 1 的信息集只有一个决策节，该决策节的信念概率为 1；参与人 2 的信息集有两个决策节，那么根据参与人 1 的全混合战略，参与人 2 的上面那个决策节的信念概率为 $\alpha = \frac{\varepsilon_0}{\varepsilon_0+\varepsilon_1}$，下面那个决策节的信念概率为 $1-\alpha = \frac{\varepsilon_1}{\varepsilon_0+\varepsilon_1}$；参与人 3 的信息集最上面的决策节的信念概率为 $\beta = \frac{\varepsilon_0\varepsilon_2}{\varepsilon_0+\varepsilon_1} = \alpha\varepsilon_2$，上面第二个决策节的信念概率为 $\gamma = \frac{\varepsilon_0(1-\varepsilon_2)}{\varepsilon_0+\varepsilon_1} = \alpha(1-\varepsilon_2)$，上面第三个决策节的信念概率为 $\delta = \frac{\varepsilon_1\varepsilon_2}{\varepsilon_0+\varepsilon_1} = (1-\alpha)\varepsilon_2$，最下面的决策节的信念概率为 $\zeta = \frac{\varepsilon_1(1-\varepsilon_2)}{\varepsilon_0+\varepsilon_1} = (1-\alpha)(1-\varepsilon_2)$。当 ε_0，ε_1，ε_2，ε_3 都趋于 0 时，β, δ 也都趋于 0，$\gamma \to \alpha$，$\zeta \to 1-\alpha$。

战略组合 (z_1, y_2, y_3) 和参与人 2 的信念概率为 $\alpha \in (0,1)$，参与人 3 的信念 $\gamma = \alpha, \zeta = 1-\alpha, \beta = 0, \delta = 0$ 是弱精炼贝叶斯均衡，但不是序贯均衡。

这是因为当 $\varepsilon_0, \varepsilon_1, \varepsilon_2, \varepsilon_3$ 都趋于 0 时，参与人的全混合战略收敛到 (z_1, y_2, y_3)，参与人 3 选择 y_3 为序贯理性的，要求信念系统满足 $3\alpha < 1$，参与人 2 选择 y_2，要求信念系统满足 $3(1-\alpha) < 1$，显然上面两个不等式不可能同时满足。

现求解这个例子的序贯均衡，在图 6.15 中，我们把 ε_0，ε_1，ε_2，ε_3 看成是属于 [0,1] 的实数，且满足 $\varepsilon_0 + \varepsilon_1 \leqq 1$。在上面刻画的信念系统中，序贯均衡要求参与人 3 满足序贯理性。

参与人 3 满足序贯理性意味着：

若 $\varepsilon_3 = 0$，即参与人 3 选择战略 x_3 的期望收益低于选择战略 y_3 的期望收益，这要求 $\varsigma > 2(\beta+\gamma+\delta) = (1-\zeta)$，即 $(1-\alpha)(1-\varepsilon_2) > \frac{2}{3}$；

若 $\varepsilon_3 = 1$，要求 $(1-\alpha)(1-\varepsilon_2) < \frac{2}{3}$；

若 $\varepsilon_3 \in (0,1)$，要求 $(1-\alpha)(1-\varepsilon_2) = \frac{2}{3}$。

参与人 2 满足序贯理性意味着：

若 $\varepsilon_2 = 0$，要求 $2\varepsilon_3 + 3(1-\alpha)(1-\varepsilon_3) < 1-\varepsilon_3$；

若 $\varepsilon_2 = 1$，要求 $2\varepsilon_3 + 3(1-\alpha)(1-\varepsilon_3) > 1-\varepsilon_3$；

若 $\varepsilon_2 \in (0,1)$，要求 $2\varepsilon_3 + 3(1-\alpha)(1-\varepsilon_3) = 1-\varepsilon_3$。

由于信念需要前后一致，若是序贯均衡，$\varepsilon_3 = 0$ 要求 $(1-\alpha)(1-\varepsilon_2) > \frac{2}{3}$。然而 $2\varepsilon_3 + 3(1-\alpha)(1-\varepsilon_3) = 3(1-\alpha) > 2 > 1-\varepsilon_3 = 1$ 意味着 $\varepsilon_2 = 1$，与 $(1-\alpha)(1-\varepsilon_2) > \frac{2}{3}$ 矛盾。因此，$\varepsilon_3 = 0$ 不可能是序贯均衡中参与人 3 的战略。当 $\varepsilon_3 \in (0,1)$，即序贯均衡中参与人 3 选择严格的混合战略，这意味着 $(1-\alpha)(1-\varepsilon_2) = \frac{2}{3}$，从而要求 $(1-\alpha) \geqq \frac{2}{3}$，这又意味着 $2\varepsilon_3 + 3(1-\alpha)(1-\varepsilon_3) > 1-\varepsilon_3$，从而要求 $\varepsilon_2 = 1$，与 $(1-\alpha)(1-\varepsilon_2) = \frac{2}{3}$ 矛盾。因此，序贯均衡若存在，必然要求参与人 3 的战略满足 $\varepsilon_3 = 1$，从而需满足 $(1-\alpha)(1-\varepsilon_2) < \frac{2}{3}$。$\varepsilon_3 = 1$ 意味着 $2\varepsilon_3 + 3(1-\alpha)(1-\varepsilon_3) > 1-\varepsilon_3$，从而 $\varepsilon_2 = 1$，这与 $(1-\alpha)(1-\varepsilon_2) < \frac{2}{3}$ 相容。上面的讨论意味着序贯均衡要求 $\varepsilon_3 = 1$，$\varepsilon_2 = 1$，参与人 1 的序贯理性要求参与人 1 选择战略 x_1，即 $\varepsilon_0 = 1$。因此该博弈存在唯一的序贯均衡，即战略组合 (x_1, x_2, x_3)，同时信念系统满足 $\alpha = 1$，$\beta = 1$，$\gamma = \delta = \zeta = 0$。

下面我们求解一个例子，这里带有“自然”行动的扩展式博弈。我们求该博弈的序贯均衡，博弈表述见图 6.16。

例 6.6.6 (求解序贯均衡) 在这个博弈中，“自然”以 0.95 的概率选择参与人 1 信息集上的上端决策节，图中决策节的带尖括号的数字表示该决策节的信念概率，分支下的圆括号内数字表示参与人选择该纯战略的概率。该博弈的序贯均衡要求参与人 1 信息集上的信念满足 $\alpha = 0.95$。信息集 2.4 是参与人 2 的第二个信息集，根据序贯理性，参与人 2 选择 f_4，或者 $\zeta = 0$。信息集 1.3 的两个决策节是参与人 1 的信息集，它是参与人 1 选择 g_1 之后的结果。若参与人 1 不能区分该信息集上的两个决策节，设参与人 2 选择行动 g_2 的概率是 γ，根据贝叶斯法则，信息集 1.3 的信念满足 $\delta = \frac{0.95\beta\gamma}{0.95\beta\gamma+0.05\beta} = \frac{19\gamma}{19\gamma+1}$。

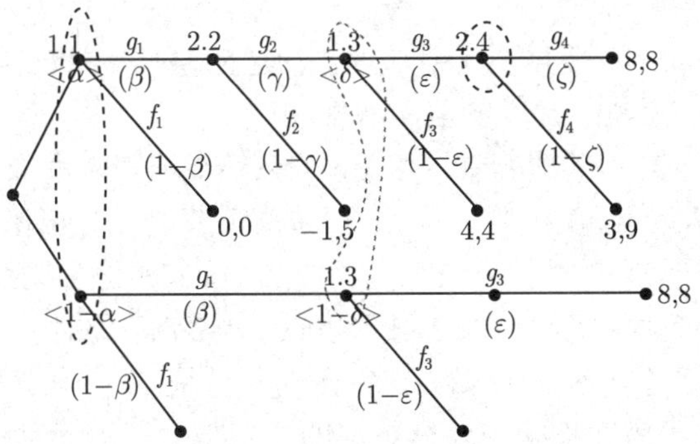

图 6.16 序贯均衡的求解

在这个信念下，参与人 1 的序贯理性要求：

当 $4 > 3\delta + 8(1-\delta)$，参与人 1 在信息集 1.3 上的行为战略为 $\varepsilon = 0$；

当 $4 < 3\delta + 8(1-\delta)$，参与人 1 在信息集 1.3 上的行为战略为 $\varepsilon = 1$；

当 $4 = 3\delta + 8(1-\delta)$，参与人 1 在信息集 1.3 上的行为战略为 $\varepsilon \in (0,1)$。

在信息集 2.2 上，参与人 2 的序贯理性要求：

当 $9\varepsilon + 4(1-\varepsilon) > 5$，参与人 2 在信息集 2.2 上的行为战略为 $\gamma = 1$；

当 $9\varepsilon + 4(1-\varepsilon) < 5$，$\gamma = 0$；

当 $9\varepsilon + 4(1-\varepsilon) = 5$，$\gamma \in [0,1]$。

在信息集 1.1 上，序贯理性要求：

当 $0.95[3\gamma\varepsilon + 4\gamma(1-\varepsilon) - (1-\gamma)] + 0.05[8\varepsilon + 4(1-\varepsilon)] > 0$，参与人 1 在信息集 1.1 上的行为战略为 $\beta = 1$；

当 $0.95[3\gamma\varepsilon + 4\gamma(1-\varepsilon) - (1-\gamma)] + 0.05[8\varepsilon + 4(1-\varepsilon)] < 0$，$\beta = 0$；

当 $0.95[3\gamma\varepsilon + 4\gamma(1-\varepsilon) - (1-\gamma)] + 0.05[8\varepsilon + 4(1-\varepsilon)] = 0$，$\beta \in [0,1]$。

下面我们描述序贯均衡求解过程。

当 $\varepsilon = 1$，意味着 $4 < 3\delta + 8(1-\delta)$，即 $\delta < 0.8$，或 $\frac{19\gamma}{19\gamma+1} < 0.8$，或 $\gamma < 4/19$。然而，当 $\varepsilon = 1$，意味着 $9\varepsilon + 4(1-\varepsilon) = 9 > 5$，从而 $\gamma = 1$，矛盾。

当 $\varepsilon = 0$，意味着 $4 > 3\delta + 8(1-\delta)$，从而 $\gamma > 4/19$，因此 $9\varepsilon + 4(1-\varepsilon) = 4 < 5$，这意味着 $\gamma = 0$，矛盾。

这样，在序贯均衡中，必然有 $\varepsilon \in (0,1)$，而这要求 $4 = 3\delta + 8(1-\delta)$，即 $\gamma = 4/19$。

当 $\gamma = 4/19$，意味着 $9\varepsilon + 4(1-\varepsilon) = 5$，得到 $\varepsilon = 0.2$。

当 $\varepsilon = 0.2, \gamma = 4/19$ 时，$0.95[3\gamma\varepsilon + 4\gamma(1-\varepsilon) - (1-\gamma)] + 0.05[8\varepsilon + 4(1-\varepsilon)] = 0.25 > 0$，意味着 $\beta = 1$。

因此，整个博弈的唯一序贯均衡为：行为战略组合为 $\beta = 1, \gamma = 4/19, \varepsilon = 0.2, \zeta = 0$；以及信念系统为 $\alpha = 0.95, \delta = 0.8$。

在有限扩展式博弈中，序贯均衡通常是存在的，对定理的证明过程有兴趣的读者可以参考 Kreps 和 Wilson(1982) 的经典文献。

6.6.3　前向递推

在有些博弈中，信念的合理化不仅要求理性的逆向递推，同时也要求理性的前向递推。下面的例子（见图 6.17）反映了理性的前向递推。

例 6.6.7　在图 6.17 所刻画的博弈中，存在两个（纯战略）序贯均衡：一个是行为战略组合 (a_1, y_1, y_2)，在参与人 2 的信息集 2.2 上，下端决策节的信念概率为 1；另外一个是行为战略 (b_1, x_1, x_2)，在参与人 2 的信息集 2.2 上，上端决策节的信念概率为 1。然而，第一个序贯均衡不满足前向归纳准则，当参与人 2 进入信息集 2.2 时，此时参与人 1 没有选择在信息集 1.0 的行为战略 a_1，若参与人 1 选择 a_1，得到的支付是 4，参与人 1 若是理性的，他这样做的目的使得在后续的子博弈均衡中获得更高即 5 的支付，因此从信息集 1.1 开始的子博弈纳什均衡是 (x_1, x_2)。若该子博弈的纳什均衡是 (y_1, y_2)，参与人 1 只得到 3 的支付，那么参与人 1 还不如从一开始就在信息集 1.0 上选择行为战略 a_1，也就是说，参与人 1 的战略 (b_1, y_1) 是参与人 1（相对于战略 a_1）的严格劣战略。参与人 1 若知道参与人 2 按照这个方式推理，那么一旦进入从信息集 1.1 开始的子博弈，参与人 1 和 2 的纳什均衡会是 (x_1, x_2)。这个推理过程就是前向递推。在这个例子所示的博弈中，只有序贯均衡 (b_1, x_1, x_2) 才满足前向递推的标准，此时在参与人 2 的信息集 2.2 中，上端决策节的信念概率为 1。

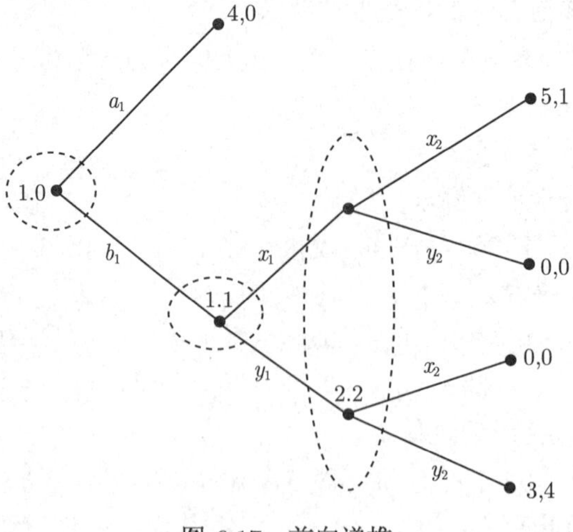

图 6.17　前向递推

然而，前向递推原则有时会与逆向递推原则发生冲突，下面的例子（见图 6.18）表明了存在这样的冲突。

例 6.6.8 在这个例子中，通过逆向递推，在信息集 1.3 开始的子博弈有两个纳什均衡 (x_1, x_2) 和 (y_1, y_2)，它们的均衡支付分别是 (9,0) 和 (1,8)。当到达信息集 1.3，在信息集 2.2 上，若参与人 2 选择了行动 a_2，其收益只有 7，而当参与人 2 选择行动 b_2，他在信息集 1.3 开始的子博弈要获得 8 的均衡收益（否则的话，之前就选择行动 a_2），即纳什均衡是 (y_1, y_2)。

然而到达信息集 1.3，参与人 1 在信息集 1.1 上将选择 b_1（如参与人 1 选择 a_1，其收益只有 2）。因此，对参与人 1 来说，选择 b_1 的目的是为了最终获得不小于 2 的支付，然而将逆向递推结合之前的前向递推，参与人 1 选择 b_1，最终的均衡支付是 1，从而与前向递推发生矛盾。

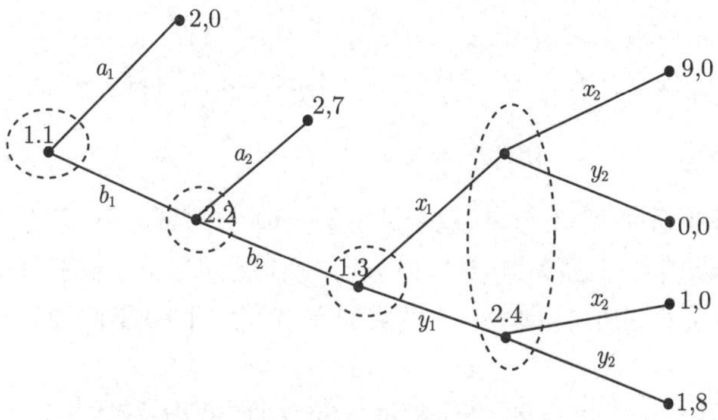

图 6.18 前向递推与逆向递推的冲突

对前向递推的另一个反对的理由是参与人的一些非理性的战略扰动可能会被误解为有目的的理性行为。如在之前的例子中，参与人 1 原来打算选择行动 a_1，却可能不小心选择了 b_1，由此参与人 2 可能就不会认为在之后的子博弈中，参与人 1 一定会选择行动 x_1。

以上扩展式的动态博弈没有考虑到参与人的不完全信息。在动态不完全信息博弈中，一类重要的博弈被称为信号博弈，通过参与人的行动来推测参与人的类型。在这类博弈中，序贯均衡有很多，因此需要进一步的精炼。

6.6.4 信号博弈

Spence(1973) 在讨论教育的价值时，提出了一个新的看法，他认为教育 —— 特别是文凭 —— 的一个很重要的功能是传递信号。在劳动力市场中，不同劳动力有不同的生产率，然而个人的生产率是私人信息，雇主不了解，或要花费很大成本才能了解到，从而雇主不愿意这样去做。判断个人生产率的一个简单、方便的好办法就是教育年限和文凭。不同教育水平可能反映了不同人的内在劳动生产率，从教育年限、文凭等信号，雇主可以推测潜在雇员的类型。

一般信号博弈可以用两阶段扩展式博弈来描述。假定有两个参与人 1 和 2，参与人 1 的类型 θ 是私人信息，即只有他自己知道，所有的类型集合记为Θ，类型的先验分布为 $p(\cdot): \Theta \to [0,1]$，同时它是一个共同知识。参与人 1 在第一阶段的行动由 a_1 表示，其所有行动集合记为 A_1。在第二阶段，参与人 2 观察到参与人 1 的行动 a_1 后选择行动 a_2，其所有可能的行动集合记为 A_2。当参与人 1 的类型 θ 成为公共信息后，两个参与人的支付为 $u^1(a_1, a_2, \theta)$ 和 $u^2(a_1, a_2, \theta)$。令 $\alpha_1 \in \Delta A_1$，$\alpha_2 \in \Delta A_2$ 分别是参与人 1 和 2 的混合行动。

参与人 1 的战略 $\sigma_1(\cdot|\theta)$ 描述了当类型为 θ 时行动集合 A_1 上的概率分布；战略 $\sigma_2{}^*(\cdot|a_1)$ 描述了在参与人 2 观察到参与人 1 的行动 a_1 后，在行动集合 A_2 上的概率分布。同时参与人 2 在行动之前推测参与人 1 的类型为 $\mu(\theta|a_1)$，这个后验信念的形成依赖于参与人 1 的战略 $a_1(t)$ 和贝叶斯法则。

这类博弈，我们通常应用精炼贝叶斯均衡的概念来分析。

定义 6.6.5 (信号博弈的精炼贝叶斯均衡)　信号博弈的**精炼贝叶斯均衡**由战略组合 $(\sigma_1{}^*(\cdot|\theta), \sigma_2{}^*(\cdot|a_1))$ 和后验信念 $\mu(\cdot|a_1)$ 构成，满足：

(1) 给定 a_1，$\sigma_2{}^*(\cdot|a_1) \in \arg\max_{\alpha_2} \sum\limits_{\theta\in\Theta} \mu(\theta|a_1)u^2(a_1, \alpha_2, \theta)$；

(2) 给定 $\theta \in \Theta$，$\sigma_1{}^*(\cdot|\theta) \in \arg\max_{\alpha_1} u^1(\alpha_1, \sigma_2{}^*(\cdot|a_1), t)$；

(3) $\mu(t|a_1) = \frac{p(\theta)\sigma_1{}^*(a_1|\theta)}{\sum\limits_{\theta'} p(\theta')\sigma_1{}^*(a_1|\theta')}$，若 $\sum\limits_{\theta'} p(\theta')\sigma_1{}^*(a_1|\theta') > 0$；否则 $\mu(\cdot|a_1)$ 是任意在 Θ 的概率分布，若 $\sum\limits_{\theta'} p(\theta')\sigma_1{}^*(a_1|\theta') = 0$。

尽管这里的精炼贝叶斯博弈与之前的弱精炼贝叶斯博弈在定义上是一致的，但是在信号博弈中，精炼贝叶斯均衡和序贯均衡有很大的关联性。Fudenberg 和 Tirole(1991) 证明了，在两阶段或只有两种类型的信号博弈中，两者是等价的。下面我们通过一个例子来讨论信号博弈的均衡概念。

例 6.6.9 (教育信号博弈)　假设有两类不同的个体，他们的内在生产率分别为 $\theta_h, \theta_l, \theta_h > \theta_l$。可以把生产率看成是单位的产出价值（先验分布），高生产率个体的比率是 λ。

不同类型的个体受教育的成本为 $C(e,\theta)$，满足 $C(0,\theta) = 0$，$C_e(e,\theta) > 0, C_{ee}(e,\theta) > 0, C(e,\theta_h) < C(e,\theta_l), C_e(e,\theta_h) < C_e(e,\theta_l)$。

假设在劳动力市场中，由于竞争的原因，雇主支付的工资等于雇用工人的期望劳动生产率。第一阶段求职者选择教育水平 e；第二阶段在观察到求职者的某个教育水平 e 后，雇主的后验信念 —— 判断求职者类型 θ_h 的概率是 $\mu(\theta_h|e)$，由此支付工资 $w = \mu(\theta_h|e)\theta_h + (1 - \mu(\theta_h|e))\theta_l$。雇主选择提供工资为 w 的劳动合同，求职者选择是否接受。若接受劳动合同，类型 θ 的支付为 $u(w, e|\theta) = w - C(e,\theta)$；若不接受劳动合同，假设所有类型求职者的支付为零。

这类信号博弈通常分两种类型的均衡来分析。第一种是分离均衡，即在第一阶段，不同类型的个体选择不同的行动；第二种是混同均衡，即所有类型的个体在第一阶段都选择相同的行动。

分离均衡：令 e_h 和 e_l 分别是类型 θ_h 和 θ_l 在第一阶段选择的教育水平，$e_h \neq e_l$。观察到教育水平 e 后，雇主提供的劳动合同为 $w(e)$，其分离均衡为 $w_h = w(e_h)$ 和 $w_l = w(e_l)$。由于 $e_h \neq e_l$，对分离均衡中雇主的信念来说，$\mu(e_h) = 1, \mu(e_l) = 0$，从而在观察到不同的教育水平后雇主提供的合同的工资满足 $w_h = \theta_h, w_l = \theta_l$。同时，对 θ_l 的求职者来说，由于在分离均衡中他的类型被雇主知道，他的理性选择满足 $e_l = 0$。由于是分离均衡，$e_h \neq 0$。然而，任意 $e_h > 0$ 不一定构成分离均衡。首先，在 e_h 和工资 $w(e_h) = \theta_h$ 下，θ_l 的求职者没有动机去模仿 θ_h 的行动，否则，$\mu(e_h) \neq 1$，与分离均衡矛盾。这样，分离均衡要求 $u(\theta_h, e_h|\theta_l) < u(\theta_l, e_l|\theta_l)$，即 $\theta_h - C(e_h, \theta_l) < \theta_l$。令 $\tilde{e}$ 满足 $\theta_h - C(\tilde{e}, \theta_l) = \theta_l$，即 $e_h \geqq \tilde{e}$。其次，在 $e_l = 0$ 和工资 $w(e_l) = \theta_l$ 下，θ_h 的求职者没有动机去模仿 θ_l 的行动，否则 $\mu(e_l) \neq 0$，

与分离均衡矛盾。这样，分离均衡要求 $u(\theta_l, e_l|\theta_h) < u(\theta_h, e_h|\theta_h)$，即 $\theta_l < \theta_h - C(e_h, \theta_h)$。令 $\bar{e}$ 满足 $\theta_l = \theta_h - C(\bar{e}, \theta_h)$。显然，$\bar{e} > \tilde{e}$。这样，当 $\bar{e} \geqq e_h \geqq \tilde{e}$ 时，两个类型的求职者都没有动机去模仿其他类型的行动。因此，我们得到这个博弈分离均衡为：$e_l = 0, e_h \in [\tilde{e}, \bar{e}]$，同时雇主的信念 $\mu(e_h) = 1, \mu(0) = 0$，以及雇主的战略 $w(e_h) = \theta_h, w(0) = \theta_l$。在上面的所有分离均衡中，$e_l = 0, e_h = \tilde{e}$，$\mu(\tilde{e}) = 1, \mu(0) = 0$，$w(e_h) = \theta_h, w(0) = \theta_l$ 是一个帕累托最优的均衡。

混同均衡：在这类均衡中，不同类型的求职者选择相同的教育水平，即 $e(\theta_h) = e(\theta_l) = e^*$。由于雇主在均衡中只观察到一种教育水平，雇主的信念与初始的信念相同，即 $\mu(\theta_h|e^*) = \lambda$。非均衡路径上的信念 $\mu(\theta_h|e \neq e^*) = 0$。此时，雇主愿意支付的工资为 $w_p = \lambda\theta_h + (1-\lambda)\theta_l$。以上构成混同均衡，$e^*$ 同样也有约束，即没有类型的个体愿意去偏离这个选择。若不是，θ_l 愿意接受雇主的劳动合同意味着 $u(w_p, e^*|\theta_l) = w_p - C(e^*, \theta_l) \geqq 0$。令 $\hat{e}$ 满足 $w_p - C(e, \theta_l) = 0$，当 $e^* > \hat{e}$，θ_l 会拒绝雇主的合同，从而有 $\mu(\theta_h|e^*) \neq \lambda$，这与混同均衡矛盾。因此，该博弈的混同均衡要求 $e^* \leqq \hat{e}$

在上面的信号博弈中，我们得到非常多（连续统）的均衡。这些均衡都是序贯均衡或是精炼贝叶斯均衡，因此需要对这些均衡概念作进一步精炼。Cho 和 Kreps(1987) 提出的“直观标准”(intuitive criterion)的精炼原则，可以使得上面的信号博弈均衡精炼后只剩下一个均衡。直观标准涉及对信念的进一步约束，这一约束类似于剔除劣战略的思想。下面我们先引入一些相关概念。

考虑更一般的信号博弈。有 N 个参与人和 1 个“自然”参与人。首先，“自然”选择参与人 1 的类型，$\theta \in \Theta$，且只有参与人 1 知道类型，其他参与人只知道关于类型的一个先验的概率分布 $p(\theta)$，它是参与人之间的共同知识。接着，参与人 1 选择行动 $a_1 \in A_1$。在观察到参与人 1 的行动后，其他参与人 $i \in \{2, \cdots, N\}$ 同时选择战略 $s_i \in S_i$。定义 $\mathbf{S}_{-1} = S_2 \times \cdots \times S_N$，观察到 a_1 后，其他参与人 $i \neq 1$ 的后验信念为 $\mu(\theta|a_1)$。若参与人 1 选择行动 a_1，其他参与人选择战略 $\mathbf{s}_{-1} = (s_2, \cdots, s_N)$，参与人 1 的效用为 $u_1(a_1, \mathbf{s}_{-1}, \theta)$，第 $i \neq 1$ 个参与人的效用为 $u_i(a_1, \mathbf{s}_{-1}, \theta)$。

下面我们进一步讨论对信念的精炼。若一个战略对某个类型的参与人来说是严格劣战略，在观察到这个战略后，赋予该类型正的概率显然不是一个合理的信念。更严格的定义数学表达式可以表述如下。

定义 6.6.6 (类型严格劣战略) 我们称行动 a_1 为对类型 θ 的一个**类型严格劣战略**，若存在一个行动 $a_1{}' \in A_1$，使得:

$$\min_{\mathbf{s}'_{-1} \in \mathbf{S}_{-1}} u_1(a'_1, \mathbf{s}'_{-1}, \theta) > \max_{\mathbf{s}_{-1} \in \mathbf{S}_{-1}} u_1(a_1, \mathbf{s}_{-1}, \theta), \tag{6.6.2}$$

此时对信念的修正为：$\mu(\theta|a_1) = 0$。

定义

$$\Theta(a_1) = \{\theta : \nexists a'_1 \in A_1 \text{ 使得上面的严格不等式 (6.6.2) 成立}\},$$

即 $\Theta(a_1)$ 表示在类型 $\theta \in \Theta(a_1)$ 下，a_1 都不会是严格劣战略。

在精炼贝叶斯博弈中，合理的信念需要满足：若 $\mu(\theta|a_1) > 0$，则 $\theta \in \Theta(a_1)$。

由于在均衡中还要考虑到所有参与人的战略，我们需要一个与均衡相关的剔除劣战略的信念系统。令 $\mathbf{S}_{-1}{}^*(\Theta, a_1) \equiv S_2{}^*(\Theta, a_1) \times \cdots \times S_N{}^*(\Theta, a_1) \subseteq \mathbf{S}_{-1}$ 是观察到参与人 1 的行动 a_1

后，其他参与人 $i \neq 1$ 对某个给定信念 $\mu(\theta|a_1)$ 的所有可能的均衡反应，若 $s_i{}^* \in S_i{}^*(\Theta, a_1)$，则 $s_i{}^* \in \arg\max_{s_i} u_i{}^*(a_1, s_i, \theta)$。

应用上面的标准，有下面的定义。

定义 6.6.7 (剔除劣战略的信念系统) 令 $a_1{}' \in A_1$ 是在 $S_{-1}{}^*(\Theta, a_1)$ 下对类型 θ 的一个严格劣战略，即

$$\min_{\mathbf{s}'_{-1} \in \mathbf{S}^*_{-1}(\Theta, a'_1)} u_1(a'_1, \mathbf{s}'_{-1}, \theta) > \max_{\mathbf{s}_{-1} \in \mathbf{S}^*_{-1}(\Theta, a_1)} u_1(a_1, \mathbf{s}_{-1}, \theta). \tag{6.6.3}$$

定义**剔除劣战略的信念系统**为：对任意的 $a_1 \in A_1$，

$$\Theta^*(a_1) = \{\theta : \nexists a'_1 \in A_1 \text{使得上面的严格不等式 (6.6.3) 成立}\}.$$

利用上面对信念施加的约束，我们可对教育信号的分离均衡进行进一步的精炼。由于当 $e > \tilde{e}$，$\theta_h - C(\tilde{e}, \theta_l) < \theta_l$。不等式的左边 $\theta_h - C(\tilde{e}, \theta_l) \geqq w(\tilde{e}) - C(\tilde{e}, \theta_l)$，其中 $w(\tilde{e}) = \mu(\tilde{e})\theta_h + (1-\mu(\tilde{e}))\theta_l$ 是雇主在给定 $\mu(\tilde{e})$ 下的均衡反应。不等式的右边 $\theta_l \leqq w(e_l = 0) - C(0, \theta_l)$，其中 $w(0) = \mu(0)\theta_h + (1-\mu(0))\theta_l$ 是雇主在给定 $\mu(0)$ 下的均衡反应。于是，当 $e > \tilde{e}$，$\mu(e) = 1$。在这种信念的基础上，$e_l = 0$ 和 $e_h > \tilde{e}$ 的分离均衡就可以被精炼掉。这样，在所有的分离均衡中只有 $e_l = 0$，$e_h = \tilde{e}$，$\mu(\tilde{e}) = 1$，$\mu(0) = 0$，$w(e_h) = \theta_h, w(0) = \theta_l$ 满足上面的信念约束。

此外，在混同均衡中，若 $u(w_p, e^*|\theta_h) = w_p - C(e^*, \theta_h) < \theta_h - C(\tilde{e}, \theta_h)$ 成立，这类混同均衡也可以被类似地精炼掉。

下面我们再引入两个标准以对信念约束进行进一步的强化。

6.6.5 均衡劣战略

假如对某个精炼贝叶斯均衡 $((a_1{}^*(\theta))_{\theta \in \Theta}, \mathbf{s}_{-1}{}^*(a_1), \mu(\theta|a_1))$，类型为 θ 的参与人在这个均衡中的效用为 $u_1{}^*(\theta) \equiv u_1(a_1{}^*(\theta), \mathbf{s}_{-1}{}^*(a_1{}^*), \theta)$。

定义 6.6.8 (均衡劣战略) 行动 a_1 称为类型 θ 的参与人的**均衡劣战略**，若:

$$u_1{}^*(\theta) > \max_{\mathbf{s}_{-1} \in \mathbf{S}^*_{-1}(\Theta, a_1)} u_1(a_1, \mathbf{s}_{-1}, \theta); \tag{6.6.4}$$

若上面的不等式成立，那么 $\mu(\theta|a_1) = 0$。

定义

$$\Theta^{**}(a_1) = \{\theta : \nexists a_1 \in A_1 \text{使得上面的严格不等式 (6.6.4) 成立}\}.$$

一个精炼贝叶斯均衡具有合理信念，那么当 $\mu(\theta|a_1) > 0$，一定有 $\theta \in \Theta^{**}(a_1)$。由于 $u_1(\theta) \equiv u_1(a_1{}^*(\theta), \mathbf{s}_{-1}{}^*(a_1{}^*), \theta) > \min_{\mathbf{s}'_{-1} \in \mathbf{S}^*_{-1}(\Theta, a'_1)} u_1(a_1^*(\theta), \mathbf{s}'_{-1}, \theta)$，s 均衡劣战略对信念的约束比之前基于剔除劣战略的信念约束更强。

应用均衡劣战略剔除不合理信念，我们可以剔除教育信号博弈所有的混同均衡。

$$(e(\theta_h) = e(\theta_l) = e^* < \hat{e}, w(e^*) = w_p = \lambda\theta_h + (1-\lambda)\theta_l, \mu(\theta_h|e^*) = \lambda, \mu(\theta_h|e^*) = 0)$$

是混同均衡。

令 e' 满足 $\theta_h - C(e', \theta_l) = w_p - C(e^*, \theta_l)$，及 e'' 满足 $\theta_h - C(e'', \theta_h) = w_p - C(e^*, \theta_h)$，则显然有 $e'' > e'$。当 $e \in (e', e'')$ 时，$\theta_h - C(e, \theta_l) < w_p - C(e^*, \theta_l)$，且 $\theta_h - C(e, \theta_h) > w_p - C(e^*, \theta_h)$。也就是说，当雇主观察到 $e \in (e', e'')$，类型 θ_l 的雇员更喜欢混同均衡的效用而不是选择 e 后

获得最大可能支付，而 θ_h 则刚好相反。这样，根据均衡劣战略对信念的约束，当 $e \in (e', e'')$ 时，雇主的后验信念为 $\mu(e) = 1$，从而类型 θ_h 有动机去选择 e，混同均衡不满足均衡劣战略的信念约束。

6.6.6 直观标准

在上面对信念约束的基础上，Cho 和 Kreps(1987) 对均衡提出了另一个精炼标准：直观标准。

定义 6.6.9 (直观标准) 对一个贝叶斯精炼均衡 $((a_1{}^*(\theta))_{\theta\in\Theta}, \mathbf{s}_{-1}{}^*(a_1), \mu(\theta|a_1))$，若存在一个类型 $\theta \in \Theta$ 和行动 $a_1 \in A_1$，满足：

$$u_1{}^*(\theta) < \min_{\mathbf{s}_{-1}\in\mathbf{S}^*_{-1}(\Theta^{**}(a_1),a_1)} u_1(a_1, \mathbf{s}_{-1}, \theta)$$

那么称该均衡不满足**直观标准**。

根据上面对教育信号博弈的讨论，在所有的精炼贝叶斯均衡中，只有帕累托最优的分离均衡才通过直观标准。下面我们引用 Cho 和 Kreps(1987) 的例子 (见图 6.19)，讨论直观标准对精炼贝叶斯均衡的精炼。

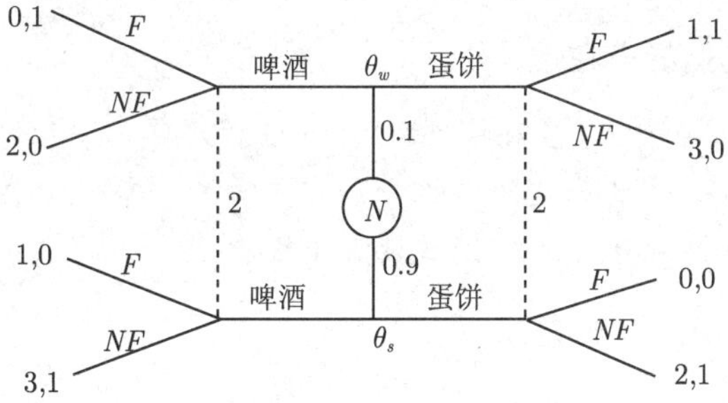

图 6.19 直观标准的例子

例 6.6.10 在图 6.19 所刻画的博弈中，“自然”选择参与人 1 的类型，θ_w 表示“软弱”的类型，θ_s 表示“强硬”的类型，“软弱”类型的初始概率为 0.1。参与人 1 选择早餐，或者“啤酒”或者“蛋饼”。参与人 2 观察到参与人 1 的选择后，选择“打架”(F) 或者“不打架”(NF)。若遇到“软弱”的类型，参与人 2 选择“打架”的效用比“不打架”大；若遇到“强硬”的类型，参与人 2 选择“不打架”的效用比“打架”大。不管什么类型，参与人 1 都不希望参与人 2 选择“打架”。

这个博弈的精炼贝叶斯均衡中，首先可以验证不存在“分离均衡”。在精炼贝叶斯均衡中有下面两类精炼贝叶斯均衡或者序贯均衡。

第一类：参与人 1 的两个类型都选择”啤酒”，参与人 2 若看到参与人 1 选择“啤酒”就选择“不打架”，若看到参与人 1 选择“蛋饼”就选择“打架”，同时 $\mu(\theta_w|\text{啤酒}) = 0.9$。

第二类，参与人 1 的两个类型都选择”蛋饼”，参与人 2 若看到参与人 1 选择“蛋饼”就选择“不打架”，若看到参与人 1 选择“啤酒”就选择“打架”，同时 $\mu(\theta_w|\text{蛋饼}) = 0.9$。

我们发现第二类精炼贝叶斯均衡不满足“直观准则”。若参与人 2 观察到参与人 1 选择“啤酒”，他应该可以推断参与人 1 是“强硬”的。这是由于，若参与人 1 是“软弱”的，在贝叶斯均衡中，他得到的效用是 3，是该博弈中所有可能结果中最高的效用，从而“软弱”没有动机选择“啤酒”；然而对“强硬”类型，若选择“啤酒”可以让参与人 2 认为啤酒显示参与人 1 是“强硬”类型而选择不打架，此时“强硬”类型的效用水平更高。

用更严格的方式表述，由于 $u_1{}^*(\theta_w) > \max_{s_2} u_1(\text{啤酒}, s_2, \theta_w)$，$\mu(\theta_w|\text{啤酒}) = 0$，则 $\Theta^{**} = \theta_s$。当 $\theta = \theta_s$，$u_1{}^*(\theta_s) = 2 < 3 = \min_{s_2 \in S_2^*(\Theta^{**}(\text{啤酒},\text{啤酒}))} u_1(\text{啤酒}, \text{不打架}, \theta_s)$。

可以验证上面第一类的精炼贝叶斯均衡并不违反“直观标准”。

对动态不完全信息博弈均衡的精炼，还有其他一些标准，如 Banks 和 Sobel(1987) 提出的“神圣性”(divinity) 和“绝对神圣性”（universal divinity），以及 Kohlberg 和 Mertens(1986) 提出的“稳定均衡”的概念。

上面我们讨论了很多均衡的概念，下面我们讨论均衡的存在性问题。

6.7　纳什均衡的存在性

用博弈论来讨论互动过程，一个重要的前提是博弈存在均衡解，在非合作博弈中，纳什均衡是一个重要的概念。纳什 (1951) 论证了纳什均衡存在性定理。

下面我们简单讨论均衡存在性的一些定理。

6.7.1　连续博弈纳什均衡的存在性

定理 6.7.1 (纯战略纳什均衡的存在性定理)　对标准式博弈 $\Gamma = (N, (A_i)_{i\in N}, (u_i)_{i\in N})$，若对所有参与人 $i \in N$，其 A_i 是欧氏空间中的一个非空紧凸子集，u_i 在 $A = \prod_{i\in N} A_i$ 上连续，且关于 A_i 是拟凹的 (quasi-concave)，则该博弈至少存在一个纯战略纳什均衡。

证明　对任意的 $\mathbf{x}_{-i} = (x_1, \cdots, x_{i-1}, x_{i+1}, \cdots, x_N)$，定义

$$BR_i(\mathbf{x}_{-i}) = \{x_i \in X_i : u_i(x_i, \mathbf{x}_{-i}) \geqq u_i(x_i', \mathbf{x}_{-i}), \quad \forall x_i' \in X_i\},$$

即 $BR_i(\mathbf{x}_{-i})$ 是对其他参与人战略 $\mathbf{x}_{-i}$ 最佳反应的集合。定义 $BR(x) = \times_{i\in N} BR_i(\mathbf{x}_{-i})$，于是 $BR : A \to 2^A$ 是一个多值映射。由于对任意 $i \in N$，u_i 是连续的，且在 A_i 是拟凹的，则 $BR_i(\cdot)$ 是凸的，且具有闭图（对应 $f : X \to X$ 具有闭图，若对所有序列 $\{x_n\}$ 和 $\{y_n\}$，$x_n \in X$，$y_n \in f(x_n)$，$x_n \to \mathbf{x}$，$y_n \to \mathbf{y}$，那么有 $\mathbf{y} \in f(\mathbf{x})$）。应用角谷不动点定理 (参见定理 2.6.19)，存在一个 $\mathbf{x}^*$，使得 $\mathbf{x}^* \in BR(\mathbf{x}^*)$，$\mathbf{x}^*$ 就是该博弈的纯战略纳什均衡。 □

由于效用函数在混合战略空间 ΔA_i 是线性的，因而是拟凹的（quasi-concave），于是立刻有下面的推论。

推论 6.7.1 (混合战略纳什均衡的存在性定理)　对标准式博弈 $\Gamma = (N, (A_i)_{i\in N}, (u_i)_{i\in N})$，若对所有参与人 $i \in N$，其混合战略空间 ΔA_i 是欧氏空间中的一个非空紧凸子集，且效用函数 u_i 是连续的，则该博弈至少存在一个混合战略纳什均衡。

然而在现实中，许多博弈并不满足上面的一些假设。比如，在一级价格拍卖中，若一个投标者刚好与另一个投标者同时是最高投标者，则两个投标人以相同的比例（或可能性）来获得该拍卖品。这时，若前一个投标人的投标稍微提高一点点，那么他的效用水平会有一个较大的跳跃，于是效用函数在此点是不连续的。古典的 Bertrand (1883) 价格战博弈也导致了非连续的支付函数。类似于这种类型的互动决策还有许多。

若上面的条件不满足，是否意味着均衡就不存在？在文献中，对连续型及拟凹适当放松得到纳什均衡的存在性有许多讨论，如 Dasgupta 和 Maskin (1986) 以及 Baye, Tian 和 Zhou (1993)。下面介绍 Baye, Tian 和 Zhou (1993) 关于纳什均衡存在的一个特征化结果。

6.7.2 非连续博弈纳什均衡的存在性

考虑一个标准式博弈（$\Gamma = (N, (X_i)_{i\in N}, (u_i)_{i\in N})$），$X = \prod_i X_i$。我们首先定义“推翻”(upsetting) 这样的二元关系 $\succ$。

定义 6.7.1 对任意的 $\mathbf{x}, \mathbf{y} \in X$，定义**推翻**二元关系 $\succ$ 如下：$\mathbf{y} \succ \mathbf{x}$ 当且仅当存在 $i \in N$ 使得 $u_i(y_i, \mathbf{x}_{-i}) > u_i(x_i, \mathbf{x}_{-i})$。

显然，若一个战略组合是纳什均衡，则没有一个参与人会推翻他的战略。

定义 $U(\mathbf{y}, \mathbf{x}) = \sum_{i\in N} u_i(y_i, \mathbf{x}_{-i})$，它表示相对于初始的战略组合 $\mathbf{x}$，每个人都用战略 y_i 去推翻 $\mathbf{x}$ 后所得到的效用之和。对任意 $(\mathbf{x}, \mathbf{y}) \in X \times X$，在所有个体效用加总的基础上，我们定义类似的“推翻”二元关系 $\succ$，即 $\mathbf{y} \succ \mathbf{x}$ 当且仅当 $U(\mathbf{y}, \mathbf{x}) > U(\mathbf{x}, \mathbf{x})$。显然，若 $\mathbf{x}$ 是纳什均衡，那么不存在 $\mathbf{y} \in X$，$\mathbf{y} \succ \mathbf{x}$。

我们在第 2 章介绍了函数 $U : X \times X \to \mathcal{R}$ 关于 $\mathbf{y}$ 的对角转移连续性，现定义关于 $\Gamma = (N, (X_i)_{i\in N}, (u_i)_{i\in N})$ 的对角转移连续性。

定义 6.7.2 一个博弈 $\Gamma = (N, (X_i)_{i\in N}, (u_i)_{i\in N})$ 被称为**对角转移连续的**（**diagonally transfer continuous**），若函数 $U : X \times X \to \mathcal{R}$ 是关于 $\mathbf{y}$ 的递归对角转移连续，即：对任意 $\mathbf{x}, \mathbf{y} \in X$，一旦 $U(\mathbf{y}, \mathbf{x}) > U(\mathbf{x}, \mathbf{x})$，那么存在另一个战略组合 $\mathbf{z} \in X$ 和 $\mathbf{x}$ 上的一个邻域 $V_x \subset X$，有 $U(\mathbf{y}, V_x) > U(V_x, V_x)$（即对任意 $x' \in V_x$，都有 $U(\mathbf{y}, \mathbf{x}') > U(\mathbf{x}', \mathbf{x}')$）。

定义 6.7.3 (对角转移拟凹性) 一个函数 $U(\mathbf{x}, \mathbf{y}) : X \times X \to \mathcal{R}$ 被称为**关于 x 是对角转移拟凹的**（**diagonally transfer quasiconcave**），若对任意有限子集 $X^m = \{\mathbf{x}^1, \cdots, \mathbf{x}^m\} \subseteq A$，存在一个对应的有限子集 $Y^m = \{\mathbf{y}^1, \cdots, \mathbf{y}^m\} \subseteq C$，使得对任意子集 $\{\mathbf{y}^{k^1}, \mathbf{y}^{k^2}, \cdots, \mathbf{y}^{k^s}\} \subseteq Y^m$，$1 \leqq s \leqq m$，以及任意 $y^{k0} \in co\{\mathbf{y}^{k^1}, \mathbf{y}^{k^2}, \cdots, \mathbf{y}^{k^s}\}$，我们有

$$\min_{1\leqq l\leqq s} U(\mathbf{x}^{k^l}, \mathbf{y}^{k0}) \leqq U(\mathbf{y}^{k0}, \mathbf{y}^{k0}). \tag{6.7.5}$$

类似地，一个博弈 $\Gamma = (N, (X_i)_{i\in N}, (u_i)_{i\in N})$ 被称为**对角转移拟凹的**，若函数 $U : X \times X \to \mathcal{R}$ 关于 $\mathbf{x}$ 是递归对角转移拟凹的。

注 U 的对角转移拟凹性是一个非常弱的拟凹性。比如，若 U 关于 $\mathbf{x}$ 是拟凹的或对角拟凹的，则它关于 $\mathbf{x}$ 是对角转移拟凹的 (令 $\mathbf{y}^k = \mathbf{x}^k$)。①

注 令 $G(\mathbf{x}) = \{y \in C : U(\mathbf{x}, \mathbf{y}) \leqq U(\mathbf{y}, \mathbf{y})\}$。则容易验证 U 关于 $\mathbf{x}$ 是对角转移拟凹的当且仅当对应 $G : A \to 2^C$ 是转移 FS-凸的 (参见定义 3.4.4)。

事实上，下面的定理证明了，对角转移拟凹性是纳什均衡存在的必要条件，并且在递归对角转移连续的条件下，它也是充分条件。

定理 6.7.2 假定博弈 $\Gamma = (N, (X_i)_{i\in N}, (u_i)_{i\in N})$ 满足对角转移连续性。则 Γ 有纯战略纳什均衡当且仅当它是递归对角转移拟凹的。

---

①一个函数 $U : Z \times Z \to \mathcal{R}$ 关于 $\mathbf{x}$ 是对角拟凹的，若对任意 Z 的有限子集 X^m 和 $x^0 \in co X^m$，我们有 $\min_k U(\mathbf{x}^k, \mathbf{x}^0) \leqq U(\mathbf{x}^0, \mathbf{x}^0)$。

证明 必要性：假定博弈 Γ 有一个纯战略纳什均衡 $\mathbf{y}^* \in X$。我们要证明 U 关于 $\mathbf{x}$ 是对角转移拟凹的。对任意有限子集 $X^m = \{\mathbf{x}^1, \cdots, \mathbf{x}^m\} \subseteq X$，令对应的有限子集为 $Y^m = \{\mathbf{y}^1, \cdots, \mathbf{y}^m\} = \{\mathbf{y}^*\}$。于是，对任意的 $\{\mathbf{y}^{k^1}, \mathbf{y}^{k^2}, \cdots, \mathbf{y}^{k^s}\} \subseteq Y^m = \{\mathbf{y}^*\}$，$1 \leqq s \leqq m$ 和任意的 $\mathbf{y}^{k0} \in co\{\mathbf{y}^{k^1}, \mathbf{y}^{k^2}, \cdots, \mathbf{y}^{k^s}\} = \{\mathbf{y}^*\}$，我们有

$$\min_{1 \leqq l \leqq s}[U(\mathbf{x}^{k^l}, \mathbf{y}^{k0})U(\mathbf{y}^{k0}, \mathbf{y}^{k0})] \leqq [U(\mathbf{x}^{k^l}, \mathbf{y}^*)U(\mathbf{y}^*, \mathbf{y}^*)] = \sum_{i \in I}[u_i(\mathbf{x}_i^{k^l}, \mathbf{y}_i^*)u_i(\mathbf{y}^*)] \leqq 0.$$

因此，U 关于 $\mathbf{x}$ 是对角转移拟凹的。

充分性：对每个 $\mathbf{x} \in Z$，令 $G(\mathbf{x}) = \{\mathbf{y} \in X : U(\mathbf{x}, \mathbf{y}) \leqq U(\mathbf{y}, \mathbf{y})\}$。则容易验证，$U$ 关于 $\mathbf{x}$ 是对角转移拟凹的当且仅当 $G : X \to 2^X$ 是转移闭值的（其定义参见第 2 章）。于是，由引理 3.4.2，我们知道 $\bigcap_{\mathbf{x} \in Z} G(\mathbf{x}) = \bigcap_{\mathbf{x} \in Z} cl_Z\, G(\mathbf{x}) \neq \varnothing$。因此，存在 $\mathbf{y}^* \in X$，使得 $U(\mathbf{x}, \mathbf{y}^*) \leqq U(\mathbf{y}^*, \mathbf{y}^*)$ 对所有的 $\mathbf{x} \in X$ 成立。令 $\mathbf{x} = (\mathbf{x}_i, \mathbf{y}_{-i}^*)$，则有

$$U(\mathbf{x}, \mathbf{y}^*) - U(\mathbf{y}^*, \mathbf{y}^*) = [u_i(\mathbf{x}_i, \mathbf{y}_{-i}^*) - u_i(\mathbf{y}^*)] \leqq 0, \tag{6.7.6}$$

对所有的 $\mathbf{x}_i \in X_i$ 成立。这样，$\mathbf{y}^*$ 是 Γ 的一个纯战略纳什均衡。 □

著者在 Tian（2015）中更进一步地给出了任意标准博弈纯战略纳什均衡存在的充分和必要的拓扑条件。在一个非常一般化的博弈中，参与人可以有限或者无限，战略空间也是任意的，可以是离散的或连续的，可以是非紧的或者非凸的，参与人的效用函数可以是非连续的，或者在战略空间上是非拟凹的，而且所用的证明方法并没有像通常一样采用不动点定理，而是基于一个更基础的数学结果 —— 有限覆盖定理来证明的。下面只针对效用函数存在的情况进行讨论，对一般的情况充分必要的存在性证明，见 Tian (2015)。

定义 6.7.4 **一个博弈 $\Gamma = (N, (X_i)_{i \in N}, (u_i)_{i \in N})$ 是递归对角转移连续的，若对任意的 $\mathbf{x}, \mathbf{y} \in X$ 有 $\mathbf{y} \succ \mathbf{x}$，都存在一个战略组合 $\mathbf{y}^0 \in X$（可能 $\mathbf{y}^0 = \mathbf{x}$）以及 $\mathbf{x}$ 上的一个邻域 $V_{\mathbf{x}} \subset X$，使得对任意一个递归推翻了 $\mathbf{y}^0$ 的战略组合 $\mathbf{z} \in X$，都有 $U(\mathbf{z}, V_{\mathbf{x}}) > U(V_{\mathbf{x}}, V_{\mathbf{x}})$。**

我们还可以类似地定义 m 阶递归对角转移连续的概念。一个博弈 $G = (X_i, u_i)_{i \in I}$ 被说成是 **m 阶递归对角转移连续的**当且仅当以上定义中的 "递归推翻 $\mathbf{y}^0$" 由 "m 阶递归推翻 $\mathbf{y}^0$" 取代。

在引入这些概念的基础上，著者在 Tian（2015）中给出了纯战略纳什均衡存在的必要条件和充分条件。

定理 6.7.3 (纯战略均衡存在的必要条件) *若一个博弈 $\Gamma = (N, (X_i)_{i \in N}, (u_i)_{i \in N})$ 存在纯纳什均衡，那么在战略空间上，该博弈必然具有递归的对角转移连续性。*

证明 若 $\mathbf{x}^0 \in X$ 是博弈 $\Gamma = (N, (X_i)_{i \in N}, (u_i)_{i \in N})$ 的一个纯战略纳什均衡，那么对任意 $\mathbf{y} \in X$ 和任意参与人 $i \in N$ 都有 $u_i(\mathbf{y}_i, \mathbf{x}_{-i}^*) \leqq u_i(\mathbf{x}^*)$，即有 $U(\mathbf{y}, \mathbf{x}^*) \leqq U(\mathbf{x}^*, \mathbf{x}^*)$。

若 $\mathbf{x}, \mathbf{y} \in X$，有 $U(\mathbf{y}, \mathbf{x}) > U(\mathbf{x}, \mathbf{x})$。令 $\mathbf{y}^0 = \mathbf{x}^*$，$V_{\mathbf{x}}$ 是战略组合 $\mathbf{x}$ 的邻域。由于 $U(\mathbf{y}, \mathbf{x}^*) \leqq U(\mathbf{x}^*, \mathbf{x}^*)$，从而不可能找到一个战略组合 $\mathbf{y}^1$，使得 $U(\mathbf{y}^1, \mathbf{y}^0) > U(\mathbf{y}^0, \mathbf{y}^0)$，当然也就不可能找到一个有限的战略组合链，$\{\mathbf{y}^1, \mathbf{y}^2, \cdots, \mathbf{y}^m\}$，使得 $U(\mathbf{y}^{i+1}, \mathbf{y}^i) > U(\mathbf{y}^i, \mathbf{y}^i)$，$i = 1, \cdots, m-1$。而这意味着博弈满足递归对角转移连续性。 □

定理 6.7.4 (纯战略均衡存在的充分条件) *假定博弈 $\Gamma = (N, (X_i)_{i \in N}, (u_i)_{i \in N})$ 的战略组合空间 X 是紧的。则，若博弈在 X 上具有递归对角转移连续性，那么必然存在着纯战略纳什*

均衡。

证明 首先，注意到若对所有的 $\mathbf{y}\in X$，都有 $U(\mathbf{y},\mathbf{x}^*)\leqq U(\mathbf{x}^*,\mathbf{x}^*)$，那么 $\mathbf{x}^*\in X$ 必然是博弈的一个纳什均衡。可以令 $\mathbf{y}\in(\mathbf{y}_i,\mathbf{x}^*_{-i})$，$U(\mathbf{y},\mathbf{x}^*)\leqq U(\mathbf{x}^*,\mathbf{x}^*)$，意味着 $u_i(\mathbf{y}_i,\mathbf{x}^*_{-i})\leqq u_i(\mathbf{x}^*)$。

用反证法，假设不存在一个纯战略纳什均衡，那么对任意 $\mathbf{x}\in X$，都存在一个 $\mathbf{y}\in X$，使得 $U(\mathbf{y},\mathbf{x})>U(\mathbf{x},\mathbf{x})$。递归对角转移连续性意味着，对每个 $\mathbf{x}\in X$，都存在 $\mathbf{y}^0$ 和 $\mathbf{x}$ 的邻域 $V_{\mathbf{x}}$，使得对任意递归推翻了 $\mathbf{y}^0$ 的 $\mathbf{z}$，都有 $U(\mathbf{z},V_{\mathbf{x}})>U(V_{\mathbf{x}},V_{\mathbf{x}})$。由于 $\mathbf{y}^0$ 不是纳什均衡，那么存在 $\mathbf{z}\in X$，同时根据递归对角转移连续性的定义，存在有限的战略组合链 $\{\mathbf{y}^0,\cdots,\mathbf{y}^{m-1},\mathbf{y}^m=\mathbf{z}\}$，使得 $U(\mathbf{y}^{i+1},\mathbf{y}^i)>U(\mathbf{y}^i,\mathbf{y}^i),i=0,\cdots,m-1$。

由于 X 是紧的，意味着存在着有限个战略 $\{\mathbf{x}^1,\cdots,\mathbf{x}^L\}$，使得 $X\subseteq\bigcup_{i=1}^L V_{\mathbf{x}^i}$。对每个 $\mathbf{x}^i$，存在一个相应的 $\mathbf{y}^{0i}$，一旦 $\mathbf{z}^i\in X$ 递归推翻 $\mathbf{y}^{0i}$，那么 $U(\mathbf{z}^i,V_{\mathbf{x}^i})>u(\mathbf{x}^i,V_{\mathbf{x}^i})$。

由于没有均衡，那么对每个这样的 $\mathbf{y}^{0i}$，必然存在 $\mathbf{z}^i\in X$，使得 $U(\mathbf{z}^i,\mathbf{y}^{0i})>u(\mathbf{y}^{0i},\mathbf{y}^{0i})$ 成立，那么利用一阶递归对角连续性，得到 $U(\mathbf{z}^i,V_{\mathbf{x}^i})>u(\mathbf{x}^i,V_{\mathbf{x}^i})$。现在考虑一个战略组合序列 $\{\mathbf{z}^1,\cdots,\mathbf{z}^m\}$。$\mathbf{z}^i\notin V_{\mathbf{x}^i}$，否则，$U(\mathbf{z}^i,\mathbf{z}^i)>u(\mathbf{z}^i,\mathbf{z}^i)$，矛盾，所以，$\mathbf{z}^1\notin V_{\mathbf{x}^1}$。我们假设 $\mathbf{z}^1\in V_{\mathbf{x}^2}$，这并不丧失一般性。

由于 $U(\mathbf{z}^2,\mathbf{z}^1)>u(\mathbf{z}^1,\mathbf{z}^1)$ 和 $U(\mathbf{z}^1,\mathbf{y}^{01})>u(\mathbf{y}^{01},\mathbf{y}^{01})$，利用二阶递归对角连续性，得到 $U(\mathbf{z}^2,V_{\mathbf{x}^1})>U(V_{\mathbf{x}^1},V_{\mathbf{x}^1})$，同样 $U(\mathbf{z}^2,V_{\mathbf{x}^2})>U(V_{\mathbf{x}^2},V_{\mathbf{x}^2})$，所以 $U(\mathbf{z}^2,V_{\mathbf{x}^1}\bigcup V_{\mathbf{x}^2})>U(V_{\mathbf{x}^1}\bigcup V_{\mathbf{x}^2})$，因此得到 $\mathbf{z}^2\notin(V_{\mathbf{x}^1}\bigcup V_{\mathbf{x}^2})$。利用类似的推理，我们可以发现 $\mathbf{z}^k\notin V_{\mathbf{x}^1}\bigcup V_{\mathbf{x}^2}\bigcup\cdots\bigcup V_{\mathbf{x}^k}$，当 $k=L$，得到 $\mathbf{z}^L\notin V_{\mathbf{x}^1}\bigcup V_{\mathbf{x}^2}\cdots\bigcup V_{\mathbf{x}^L}$，但是这与 $X\subseteq\bigcup_{i=1}^L V_{\mathbf{x}^i}$ 以及 $\mathbf{z}^L\in X$ 矛盾。因此，该博弈必然存在纯战略纳什均衡。

下面我们在递归对角转移连续性的基础上定义一个相对强的概念，就可以找到对任何一个博弈的（纯战略）纳什均衡存在性的充分必要条件。

定义 6.7.5 令 $B\subseteq X$，一个博弈 $\Gamma=(N,(X_i)_{i\in N},(u_i)_{i\in N})$ 在 X **相对于** B **满足递归对角转移连续性**，若 $\mathbf{x}\in B$ 不是博弈的纳什均衡，则存在一个战略组合 $\mathbf{y}^0\in B$（有可能 $\mathbf{y}^0=\mathbf{x}$）和战略组合 $\mathbf{x}$ 的邻域 $V_{\mathbf{x}}$，使得：(1) $\mathbf{y}^0$ 被 B 上的一个战略推翻。(2) 若对任意有限的战略组合链 $\{\mathbf{y}^1,\cdots,\mathbf{y}^m=\mathbf{z}\}$，都有 $U(\mathbf{y}^{i+1},\mathbf{y}^i)>U(\mathbf{y}^i,\mathbf{y}^i)$，$i=0,\cdots,m-1$，那么 $U(\mathbf{z},V_{\mathbf{x}})>U(V_{\mathbf{x}},V_{\mathbf{x}})$。

定理 6.7.5（纳什均衡存在性的充分必要条件） *一个博弈 $\Gamma=(N,(X_i)_{i\in N},(u_i)_{i\in N})$ 拥有一个纯战略纳什均衡，当且仅当存在一个紧集 $B\subseteq X$，使得博弈在 X 上对 B 满足递归对角转移连续性。*

证明 定理充分性的证明与上面类似，这里大致给出。我们首先证明博弈在战略空间 B 上存在纳什均衡 $\mathbf{x}^*$。假定不存在。由于博弈 G 在 X 上对 B 满足递归对角转移连续性，则对每个 $\mathbf{x}\in B$ 存在 $\mathbf{y}^0\in B$ 及邻域 $\mathcal{V}_{\mathbf{x}}$，使得对任意满足 $\mathbf{y}^m=\mathbf{z}$ 和 $U(\mathbf{z},\mathbf{y}^{m-1})>U(\mathbf{y}^{m-1},\mathbf{y}^{m-1})$，$U(\mathbf{y}^{m-1},\mathbf{y}^{m-2})>U(\mathbf{y}^{m-2},\mathbf{y}^{m-2})$，$\cdots$，$U(\mathbf{y}^1,\mathbf{y}^0)>U(\mathbf{y}^0,\mathbf{y}^0)$ 的有限子序列 $\{\mathbf{y}^1,\cdots,\mathbf{y}^m\}\subseteq B$，都有 $U(\mathbf{z},\mathcal{V}_{\mathbf{x}})>U(\mathcal{V}_{\mathbf{x}},\mathcal{V}_{\mathbf{x}})$。根据假定，由于在 B 上没有均衡，$\mathbf{y}^0$ 不是在 B 上的均衡，于是，根据 G 在 X 上对 B 满足递归对角转移连续性，对某个 $m\geqq 1$，存在着这样的递归序列 $\{\mathbf{y}^1,\cdots,\mathbf{y}^{m-1},\mathbf{z}\}$。

既然 B 是紧的且 $B\subseteq\bigcup_{\mathbf{x}\in X}\mathcal{V}_{\mathbf{x}}$，存在着有限集 $\{\mathbf{x}^1,\cdots,\mathbf{x}^L\}\subseteq B$，使得 $B\subseteq\bigcup_{i=1}^L\mathcal{V}_{\mathbf{x}^i}$。对每个这样的 $\mathbf{x}^i$，对应着一个初始偏离 $\mathbf{y}^{0i}$ 使之只要通过有限战略 $\{\mathbf{y}^{1i},\cdots,\mathbf{y}^{mi}\}\subseteq B$ 同

时 $\mathbf{y}^{mi}=\mathbf{z}^i$，$\mathbf{y}^{0i}$ 被 $\mathbf{z}^i$ 递归推翻，就有 $U(\mathbf{z}^i,\mathcal{V}_{\mathbf{x}^i})>U(\mathcal{V}_{\mathbf{x}^i},\mathcal{V}_{\mathbf{x}^i})$。于是，根据前面定理证明中的同样理由，我们得到，对所有的 $k=1,2,\cdots,L$，z^k 不在 $\mathcal{V}_{\mathbf{x}^1},\mathcal{V}_{\mathbf{x}^2},\cdots,\mathcal{V}_{\mathbf{x}^k}$ 的并集中。这样，特别对 $k=L$，我们有 $\mathbf{z}^L\notin\mathcal{V}_{\mathbf{x}^1}\cup\mathcal{V}_{\mathbf{x}^2}\cdots\cup\mathcal{V}_{\mathbf{x}^L}$，从而 $\mathbf{z}^L\notin B\subseteq\bigcup_{i=1}^L\mathcal{V}_{\mathbf{x}^i}$，矛盾。因此，博弈在 B 上存在纯纳什均衡 $\mathbf{x}^*$。

我们现在证明 $\mathbf{x}^*$ 一定也是在 X 上的一个纯战略纳什均衡。假定不是，则 $\mathbf{x}^*$ 将被 $X\setminus B$ 中的一个战略推翻，从而它被 B 的战略推翻，这意味着 $\mathbf{x}^*$ 不是在 B 上的纳什均衡，矛盾。

必要性的证明与前面的类似，不再重复。 □

在论文 Tian（2015）中，还讨论了混合战略均衡的存在性的充分必要条件，讨论了不能用效用函数刻画的偏好下的均衡存在性的充分必要条件。

6.8 【人物小传】

6.8.1 约翰·福布斯·纳什

约翰·福布斯·纳什（John Forbes Nash，Jr.，1928—2015），著名经济学家、博弈论创始人，曾任麻省理工学院助教，后任普林斯顿大学数学系教授，主要研究博弈论、微分几何学和偏微分方程。他由于在非合作博弈的均衡分析理论方面作出了开创性的贡献，以及在 22 岁提出的纳什均衡概念对博弈论和经济学产生了重大影响，而获得 1994 年诺贝尔经济学奖。

1950 年他获得普林斯顿大学博士学位，博士论文题为《非合作博弈论》，仅有 27 页。1950 年和 1951 年他的两篇关于非合作博弈论的重要论文，彻底改变了人们对竞争和市场的看法。他证明了非合作博弈及其均衡解，并证明了均衡解的存在性，即著名的纳什均衡。他的研究表明，个人按照自身利益最大化去做决策，达到的效果并不一定是集体利益最大化的。也就是说，个人利益最大化和集体利益最大化并不总是一致的，可能会有冲突，从而揭示了博弈均衡与经济均衡的内在联系。纳什的研究奠定了现代非合作博弈论的基石，后来的博弈论研究基本上都是沿着这条主线展开的。然而，纳什天才的发现却遭到冯·诺依曼的断然否定，之前他还受到爱因斯坦的冷遇。但是骨子里挑战权威、藐视权威的本性，使纳什坚持了自己的观点，终成一代大师。要不是 30 多年的严重精神病折磨，恐怕他早已站在诺贝尔经济学奖的领奖台上了，而且绝不会与其他人分享这一殊荣。2002 年改编自同名传记的奥斯卡获奖电影《美丽心灵》讲的就是纳什富有传奇色彩的人生经历。

冯·诺依曼在 1928 年提出的极小极大定理和纳什 1950 年提出的均衡定理奠定了博弈论的整个大厦，前者主要考虑的是零和博弈，而后者则考虑的是更一般形式的非零和博弈。通过将这一理论扩展到牵涉各种合作与竞争的博弈，纳什成功地打开了将博弈论应用到经济学、政治学、社会学乃至进化生物学的大门。1958 年，纳什因其在数学领域的优异工作被美国《财富》杂志评为新一代天才数学家中最杰出的人物。1994 年，他和其他两位博弈论学家约翰· C ·海萨尼和莱因哈德·泽尔腾共同获得了诺贝尔经济学奖。1999 年，美国数学协会授予他勒鲁瓦·斯梯尔奖 (Leroy Steele Prize)。

虽然经济学的最高奖项 —— 诺贝尔经济学奖给纳什带来了焕然一新的好运，自获奖后的 21 年时间中，其身体和精神面貌似乎越来越好，但数学最高奖项的获得似乎并没有给纳什带来好的结局。纳什于 2015 年荣获了阿贝尔奖 (Abel Prize)，该奖由挪威皇室颁发，奖励在数学界有突出贡献的科学家。在参加完挪威皇室颁奖仪式返回美国时，纳什同夫人乘坐的出租车在新泽西收费公路上超车时失控，被弹出窗外当场遇难，而出租车司机却幸免于难。

6.8.2 约翰·海萨尼

约翰·海萨尼 (John C. Harsanyi，1920—2000) 是将博弈论发展成为经济分析工具的先驱之一，主要是对不完全信息的博弈，即贝叶斯博弈（Bayesian games）作出了开创性的贡献。其他重要贡献还包括博弈论与经济推理在政治学和道德哲学（特别是功利主义伦理学）的应用。他的贡献令他于 1994 年和约翰·纳什及莱因哈德·泽尔腾共同获得诺贝尔经济学奖。

海萨尼出生于匈牙利布达佩斯的一个犹太人家庭。他尊重父母的意愿，选择了布达佩斯大学的药学专业。1944 年初，他获得了药学硕士学位。1944 年 3 月，德国军队占领了匈牙利。海萨尼从 5 月到 11 月被强迫到苦力营中劳动。同年 11 月，纳粹当局决定将海萨尼所在的苦力营从布达佩斯放逐到奥地利的一个集中营去，海萨尼很幸运地就在列车开往奥地利之前，从布达佩斯火车站逃脱。战后的 1946 年，海萨尼重新到布达佩斯大学注册入学，攻读博士学位，专业是哲学，兼修社会学和心理学。由于他在先前学习药学时已有学分，在学习了一年多的课程以及写了一篇哲学的博士论文之后，海萨尼于 1947 年 6 月获得布达佩斯大学哲学博士学位。从 1947 年 9 月至 1948 年 6 月，海萨尼在布达佩斯大学的社会学研究所做助教。在这里他遇到了后来成为他夫人的安妮·克劳伯。1948 年 6 月，由于海萨尼与当局政见不同，他被迫从研究所辞职。1950 年 4 月，海萨尼和安妮决定离开匈牙利。他们从一片边防警卫较薄弱的沼泽地带越过匈牙利国境线，逃到了奥地利。

在悉尼的工厂当劳工的同时，海萨尼在悉尼大学修读经济学夜间课程，并于 1953 年取得文学硕士学位。在悉尼读书时，他就开始在经济期刊（包括*Journal of Political Economy* 和 *Review of Economic Studies*）发表论文。由于拥有学位，他得以于 1956 年在布里斯班昆士兰大学取得教席。在 1958 年，在斯坦福大学，海萨尼在肯尼思·约瑟夫·阿罗 (Kenneth J. Arrow, 1921—) 的指导下写了一篇关于博弈论的论文，并于 1959 年取得了第二个博士学位 —— 经济学博士学位。1961—1963 年他在底特律韦恩州立大学担任经济学教授。1964 年，他转到美国加州大学伯克利分校任教，并一直留在那里直至 1990 年退休。

20 世纪 60 年代下半期是海萨尼学术生涯中最重要的时期，在 1967 年和 1968 年，海萨尼发表了一篇分成 3 个部分的论文 “Games with Incomplete Information Played by Bayesian Players”。该论文对当时博弈论还无法有效讨论的不完全信息博弈进行了研究，提出了一种如何将一个具有不完全信息的博弈转换成一个具有完全（但不完美）信息的博弈的方法。通过这种转换方法，不完全信息博弈被转换成一个等价的完全信息博弈，从而可对原来的不完全信息博弈进行研究。目前这一转换方法被称为 “海萨尼转换”，是处理不完全信息博弈的标准方法。这样，由于海萨尼的这篇论文，博弈论在分析不完全信息博弈时的困难得到了解决，将不完全信息博弈纳入到博弈论的分析框架之中，极大地拓展了博弈论的分析范围和应用范围，从而完成了博弈论发展中的一个里程碑式的成就。正是因为这一贡献，海萨尼获得了诺贝尔经济学奖的殊荣。海萨尼除了在博弈论的研究中取得卓越的成就外，他还在福利经济学和经济哲学方面获得了重要的研究成果，从 20 世纪 50 年代初一直到 90 年代，海萨尼在这两方面发表了一系列文章，进一步确立了他在经济学界的地位。

6.9 习　　题

习题 6.1　考虑一个战略式博弈, 试证明: 若该博弈通过重复剔除非最佳反应战略得到唯一的战略, 则该战略也是唯一的纳什均衡。

习题 6.2　考虑以下博弈: 全班共有 20 个同学, 他们每个人在 1 到 100 之间选择一个整数。选择数字最接近全班平均数的 1/2 的同学将平分 100 元奖金。

1. 试找出每个同学的严格占劣战略。
2. 试用重复剔除劣战略的方法找出该博弈的纳什均衡。
3. 若胜利规则改为选择数字最接近全班平均数的 2 倍的同学平分奖金, 试找出该博弈所有的纳什均衡。

习题 6.3　在内蒙古某地有 n 个牧民和 1 个公共草场。牧民 i 可以选择在公地放 g_i 头羊。每头羊的成本为 $c>0$。一年以后, 每个牧民可以在市场上以 $v(G)$ 的价格卖出他的羊, 其中 $G=\sum_{i=1}^n g_i$。假定 $v(G)$ 二阶连续可导, 并且二阶导数小于零。

1. 求社会最优的放羊量。
2. 求纳什均衡中每个农民的放羊量。

习题 6.4　考虑一个战略式博弈 $(N,(S_i)_{i\in N}),(u_i)_{i\in N})$, 其中 $N=\{1,2,\cdots,n\}$。我们说该博弈是对称的, 若它满足以下条件: (1) 对于任何参与人 i 和 j, $S_i=S_j$; (2) 若 $s_{-i}=s_{-j}$, $s_i=s_j$, 那么 $u(s_i,s_{-i})=u(s_j,s_{-j})$。若对于任何参与人 i 和 j, $\sigma_i=\sigma_j$, 那么战略 $\sigma=(\sigma_1,\cdots,\sigma_n)$ 是对称的。而对称纳什均衡则是指战略对称的纳什均衡。

1. 试判断任何有限的对称博弈是否有对称的纳什均衡。
2. 证明对称博弈中并不是所有的纳什均衡战略都是对称的。

习题 6.5　找出如下博弈的所有纳什均衡 (包括纯战略纳什均衡和混合战略纳什均衡):

参与人 2

		L	R
参与人 1	T	0, 0	0, −2
	M	3, 0	−1, 0
	B	1, 0	−1, 1

习题 6.6　两个人要决定如何分配 10 万元钱。他们使用如下分配规则: 每个决策者分别给出一个小于 10 万的正整数。若两个人给出的数的总和不超过 10 万, 那么每个决策者拿到的钱数是他们各自出的数字 (多出来的钱被撕毁)。若两个人的数字之和大于 10 万并且他们出的数字不一样, 那么报数小的决策者得到他所报的钱数, 而另一个决策者得到 10 万元钱剩余的部分。若两个人的数字之和大于 10 万并且他们出的数字一样, 那么他们各自得到 5 万元。

1. 找出该博弈的所有纯战略纳什均衡。
2. 找出该博弈的所有混合战略纳什均衡。

习题 6.7　考虑以下战略式博弈:

参与人 2

		L	C	R
参与人 1	T	1, −3	− 3, 1	0, 0
	M	− 3, 1	1, −3	0, 0
	B	0, 0	0, 0	2, 2

1. 试找出以下博弈中的纯战略纳什均衡。
2. 证明该博弈不存在额外的混合战略纳什均衡。

习题 6.8 考虑如下同时行动博弈:

参与人 2

		L	R
参与人 1	T	a_1, a_2	b_1, b_2
	B	c_1, c_2	d_1, d_2

1. 在什么条件下, 存在一个纳什均衡, 使得两个参与人均选择严格的混合战略?
2. 在什么条件下, 问题 (1) 中的纳什均衡是该博弈唯一的纳什均衡?
3. 求问题 (2) 中的纳什均衡 (其中所有参与人的支付均为常数)。

习题 6.9 两个参与人要竞争一件物品, 每个参与人同时选择一个放弃的时间节点。若其中一个参与人先放弃, 则另一个参与人将获得该物品; 若两个参与人同时放弃, 则两个参与人各有一半概率获得该物品。令时间是从 0 开始并趋于无穷的连续变量, 设参与人 i 获得物品的收益为 v_i, 每多经过一单位的时间, 每个参与人均需付出一单位的成本。令 t_1 和 t_2 表示两个参与人各自同时选择的放弃时间。

1. 写出上述博弈的标准式。
2. 写出参与人 i 的最佳反应函数 (或对应)。
3. 假设 $v_1 > v_2$, 画出两个参与人的最佳反应曲线。
4. 求该博弈的纳什均衡。

习题 6.10 证明: 在博弈 $G = (I; \{S_i, u_i\}_{i=1}^n)$ 中, 若 $s^* = (s_1^*, \cdots, s_n^*)$ 是反复剔除严格劣战略后留下的唯一战略向量, 则 s^* 是该博弈唯一的纳什均衡。

习题 6.11 在具有完全信息的第二价格拍卖机制中 (即: 每个参与人都知道其他参与人的真实估价, 出价最高的人获得物品, 但按照第二高投标价支付) 中, 参与人 $i = 1, 2, \cdots, n$, 对拍卖物品的最高估价分别为 $v_1 > v_2 > \cdots > v_n$。找出一个纳什均衡, 在该均衡中估价最高的参与者并没有获得该商品。

习题 6.12 两个参与人的收益之和为零的博弈称为零和博弈。当参与人 1 选择战略 $a_1 \in A_1$, 参与人 2 选择战略 $a_2 \in A_2$ 时, 参与人 1 的收益为 $u(a_1, a_2)$。在零和博弈中, 参与人 2 的收益就是 $-u(a_1, a_2)$, 其中 A_1 和 A_2 为相应的战略空间。

1. 证明极小极大定理, 即证明如下式子成立:
$$\max_x \min_y u(x, y) = u(x^*, y^*) = \min_y \max_x u(x, y)。$$
2. 证明: 若 (m_1, m_2) 和 (m_1^*, m_2^*) 是纳什均衡, 则 (m_1, m_2^*) 和 (m_1^*, m_2) 也将是纳什均衡。

3. 证明参与者 1 的收益在纳什均衡中的收益始终为零。

习题 6.13　考虑如下同时行动博弈:

		参与人 B	
		L	R
参与人 A	T	x, x	$0, 0$
	B	$0, 0$	x, x

记 A 为行参与人, B 为列参与人。A 确切知道 x 的数值; B 仅知道 x 各有一半的概率取值 5 或 10。

1. 描述上述不完全信息博弈。
2. 求上述博弈的所有纯战略和混合战略均衡。
3. 现在假设, A 在观察到 x 的数值后, 可以选择和 B 进行同时行动的博弈, 或者付出 2 的成本进行序贯行动的博弈并首先行动。
4. 对于 x 的某些取值, A 将支付 2 的成本并先行动。试求该动态博弈的一个纳什均衡。该纳什均衡是序贯均衡吗? 为什么?

习题 6.14　考虑以下两个玩家参加的游戏。桌上共有 21 枚硬币, 玩家 1 与玩家 2 依次轮流挪走 1 到 3 枚硬币, 最后一个拿走桌子上硬币的玩家输掉游戏。具体来说, 玩家 1 可以先选择拿走 1 枚、2 枚或者 3 枚硬币, 然后玩家 2 再选择拿走的硬币数, 依次轮流, 直至最后一个拿走桌上硬币的玩家输掉。

1. 用逆向递推法求解该博弈。
2. 当桌上硬币数为多少时, 玩家 2 在均衡中总会输?

习题 6.15　两个参与人进行如下博弈: 第一阶段, 参与人 1 在行动 A 和 B 之间做选择; 第二阶段, 参与人 2 在观察到参与人 1 的选择后, 在行动 C 和 D 之间做选择。第三阶段, 参与人 1 在未观察到参与人 2 的选择后, 在行动 a 和 b 之间做选择。

1. 写出该博弈的扩展形式。
2. 该博弈是完美信息的还是不完美信息的? 为什么?
3. 写出每个参与人的战略集。

习题 6.16　荒野草原上有 n 头长时间没有进食的饥饿狮子, 其中有一头狮子由于某种疾病已经完全陷入昏迷并且毫无抵抗能力。这些狮子有严格的等级地位, 只有等级排在最前面的狮子才能吃生病的狮子。但是等级最高的狮子一旦吃了生病的狮子就可能生病并且陷入昏迷, 此时它有可能被等级次高的狮子吃掉。这些狮子的偏好如下: 吃掉一头生病的狮子并且不被吃掉 $\succ$ 不被吃掉 $\succ$ 被其他狮子吃掉 (它们不在乎自己是否生病或者清醒)。用逆向递推的方法找出该博弈的子博弈完美精炼均衡。

习题 6.17　三个火枪手之间要进行一场生死决斗, 每一轮他们同时瞄准目标并进行射击, 整个过程持续到至多有一人存活结束。已知甲的命中率为 1, 乙的命中率为 0.8, 丙的命中率为 0.6。

1. 在第一轮决斗中, 甲、乙、丙三人各应瞄准谁进行射击?
2. 甲、乙、丙三人的存活率各为多少?
3. 现在决斗规则修改为: 每一轮由丙先射击, 乙再射击, 甲最后射击。则在第一轮决斗中,甲、乙、丙三人各应瞄准谁进行射击？三人最后的存活率各为多少？

习题 6.18 考虑如下的海盗分宝石博弈：10 个海盗考虑如何分配 100 颗宝石，他们经过抽签按照编号由 1 到 10 的顺序依次提出分配方案。博弈规则如下：宝石只能按整数进行分配。海盗 1 首先提出一个分配方案，若有半数及以上的海盗投票表示通过该方案即实施该方案，博弈结束；否则海盗 1 将被其他海盗杀死，其他 9 个海盗继续该博弈。接下来由海盗 2 提出分配方案，规则与前面相同，依此类推。假设所有海盗在对接受和拒绝分配方案无差异时一定选择拒绝。求该博弈的子博弈精炼纳什均衡。

习题 6.19 两个参与人 A 和 B 考虑如何分配两块蛋糕 X 和 Y。每块蛋糕的大小均为 1 个单位。参与人 A 的效用函数为 $u(x,y)=x+\lambda y$，其中 (x,y) 为他得到的份额，即从蛋糕 X 得到 x，从蛋糕 Y 得到 y；参与人 B 的效用函数为 $v(x,y)=x+\delta y$，其中 (x,y) 为他得到的份额。假设 $\delta>\lambda>0$，分配蛋糕的机制如下：首先由 A 将每块蛋糕切分成两份，即将 X 分为 x 和 $1-x$，将 Y 分为 y 和 $1-y$，并把分好的蛋糕合并为两组：(x,y) 和 $(1-x,1-y)$。然后由 B 选择其中一组，A 得到另外一组。

1. 用逆向递推法求解该博弈的子博弈完美纳什均衡。
2. 若调换 A 和 B 两人的角色，即由 B 切蛋糕并分组，由 A 首先选择其中一组，结果如何？
3. 这种“先分后选”的分配机制能否得到公平的分配结果？
4. 现将分配机制改为：首先由 A 将蛋糕 X 切分成两块，由 B 选择其中一块，A 得到另一块；然后由 B 将蛋糕 Y 切分成两块，由 A 选择其中一块，B 得到另一块。求该机制下的子博弈完美纳什均衡。与原机制相比，何者更加有效？

习题 6.20 考虑以下两个参与者（相互对抗的国家）的动态博弈（军备竞赛）。在每个时期 $t=0,1,2,\cdots$，每个参与者都可以选择参与或者退出竞争。每期参加竞争的成本为 1。若在某期两个参与者都选择参与竞争，那么两个参与者的当期收益均为 0，并且进入下一期的博弈；若在某期一个参与者选择参与竞争，另一个参与者选择退出，那么选择竞争的参与者当期得到的收益为 v，选择退出的参与者的当期收益为 0，并且博弈结束（即没有下一期的博弈）。

1. 证明（始终进入，始终退出）是一个子博弈精炼纳什均衡。
2. 试找到一个 p 使得（始终以 p 的概率进入，始终以 p 的概率进入）为一个子博弈精炼纳什均衡。

习题 6.21 考虑有三个参与者的讨价还价博弈。在 $t=1,4,7,\cdots$ 时期，第一个参与者可以提出分配方案 (x_1,x_2,x_3)，其中 $x_i\geqslant 0$，$x_1+x_2+x_3\leqslant 1$，其他参与者可以选择是否接受该分配方案。在 $t=2,5,8,\cdots$ 时期，第二个参与者可以提出分配方案。在 $t=3,6,9,\cdots$ 时期，第三个参与者可以提出分配方案。若在某期所有参与者都接受分配方案，那么该分配方案将实施；若有参与者拒绝，则参与者将进行下一轮分配。每个参与者每期的贴现率是 δ。

1. 证明 $(1/(1+\delta+\delta^2),\delta/(1+\delta+\delta^2),\delta^2/(1+\delta+\delta^2))$ 是子博弈精炼纳什均衡。
2. 证明上述均衡是唯一的。

习题 6.22 试证明如下关于颤抖手精炼纳什均衡的定理。

1. 在一个满足完美记忆的有限扩展式博弈中，任何一个混合战略都存在结果上等价的行为战略。

2. 试举例说明在不满足完美记忆的条件下，混合战略和行为战略在结果上不一定等价。

习题 6.23　假定有两个投资者要决定是否选择投资某个厂商，他们的投资回报可以用如下支付矩阵表示。其中 θ 是厂商的运营成本。

		参与人 2	
		投资	不投资
参与人 1	投资	θ,θ	$\theta-1,0$
	不投资	$0,\theta-1$	$0,0$

1. 若投资者知道厂商的运营成本 θ，试找出所有的纳什均衡。
2. 若投资者不知道厂商的运营成本 θ，投资者 i 各自能观察到一个关于厂商运营成本的信号 $x_i=\theta+\varepsilon_i$，其中 $\varepsilon_i\sim(0,\sigma^2)$。假定投资者 i 在观察到信号前的信念 θ 在实数域内服从均匀分布，这样投资者 i 在观察到成本信号后的信念变为 $\theta|x\sim N(x,\sigma^2)$。试找到该博弈的唯一贝叶斯纳什均衡。

习题 6.24　两户居民同时决定是否维护某一共用设施。若只要一户人家维护，两户人家都能得到 1 单位的好处；若没有人维护，则两户人家均没有好处。设两户人家维护的成本不同，分别为 c_1 和 c_2。

1. 假设 c_1 和 c_2 分别是 0.1 和 0.5，该博弈的纳什均衡是什么？博弈结果会如何？
2. 若 c_1 和 c_2 都是独立均匀分布在 $[0,1]$ 上的随机变量，真实水平只有每户人家自己知道，该博弈的贝叶斯纳什均衡是什么？

习题 6.25　两个敌对的军队想攻占某个小岛。每个军队都可以决定是否进攻。每个军队实力有一半的可能性是强的，一半的可能性是弱的（两个军队实力强弱的状态相互独立）；并且每个军队知道自己的实力。这个小岛若被某军队攻占，那么该军队获得的收益为 M。若一个军队攻占小岛而另一个军队没有攻占小岛，那么进攻的军队将占领小岛。若两个军队同时选择进攻，那么实力强的军队将攻占小岛；若两个军队的实力一样，那么没有军队将攻占小岛。每个选择进攻的军队都需要付出一定的成本：实力强的军队成本为 s，实力弱的军队成本为 w。而不进攻的军队则不会付出任何成本。假定 $M>w>s$，$w>M/2>s$。试找出该博弈的纯战略贝叶斯纳什均衡。

习题 6.26　考虑以下双边拍卖。买卖双方同时报出一个价格。若卖方价格 p_s 大于或者等于买方价格 p_b，那么双方按照 $p=(p_s+p_b)/2$ 的价格进行交易；但若 p_s 小于 p_b，那么没有交易发生。对买方来说商品的价值是 v_b，对卖方来说其价值为 v_s。商品价值对双方来说都是私人信息，并且独立地服从 $[0,1]$ 上的均匀分布。若买方以 p 的价格得到商品，那么买方的收益就为 v_b-p；若没有交易发生，那么买方的效用为零。若卖方以 p 的价格卖出商品，那么卖方的收益就为 $p-v_s$；如果没有交易发生，则其效用为零。

1. 找出买卖双方的目标函数。
2. 若买卖双方的均衡战略均为商品价值的线性函数，试求解买卖双方的均衡战略。

习题 6.27　某个博弈有两个参与人，其中参与人 1 在 U、V、W 三种战略间进行选择，参与人 2 在 L、R 两种战略间进行选择。参与人 2 在做决策的时候只知道参与人 1 是否选择 U 战略，不知道其他任何额外信息。在参与人 1 选择 U 的情况下，参与人 2 接下来选择 L，他们得到的收益分别为 $(0,2)$，其中，0 为参与人 1 的收益，2 为参与人 2 的收益。在参与人 1 选择 U 的情况下，参与人 2 接下来选择 R，他们得到的收益分别为 $(2,0)$。类似地，若两个参与人先后选择 V 与 L，则他们的收益为 $(-1,-1)$；先后选择 V 与 R 时收益为 $(3,0)$。若两个参与人先后选择 W 与 L，则他们的收益为 $(-1,-1)$；先后选择 W 与 R 时收益为 $(2,1)$。

1. 用扩展式表示该博弈。
2. 找出该博弈所有的纯战略精炼贝叶斯均衡。
3. 找出该博弈所有的纯战略序贯均衡，并与问题 (1) 的结果进行比较。

习题 6.28 试证明如下关于颤抖手精炼纳什均衡的定理：

1. 在二人有限战略博弈中，某个战略组是颤抖手精炼纳什均衡当且仅当该战略组是纳什均衡，且没有任何一个战略是被弱占优的。
2. 任何一个有限战略博弈都存在颤抖手精炼纳什均衡。
3. 对于一个满足完美记忆的有限扩展式博弈，它的任何一个颤抖手精炼纳什均衡 σ 都存在一个信念系统 μ 使得 (σ,μ) 为该博弈的序贯均衡。

习题 6.29 某厂商要招聘工人，招到能力高的工人的概率是 0.8，而招到能力低的工人的概率是 0.2。工人可以选择是否进行培训。厂商不知道工人的能力高低，但是却可以观察到工人是否进行了培训。厂商可以选择任命招聘的工人为经理或者职工。若受过培训的能力高的工人被聘为经理，工人和厂商得到的收益分别为 $(4,2)$；若他被聘为职工，那么相应的收益为 $(2,1)$。若没有受过培训的能力高的工人被聘为经理，工人和厂商得到的收益分别为 $(3,2)$；若他被聘为职工，那么相应的收益为 $(1,1)$。若受过培训的能力低的工人被聘为经理，工人和厂商得到的收益分别为 $(3,1)$；若他被聘为职工，那么相应的收益为 $(1,2)$。若没有受过培训的能力低的工人被聘为经理，工人和厂商得到的收益分别为 $(4,1)$；若他被聘为职工，那么相应的收益为 $(2,2)$。

1. 用扩展式表示该博弈。
2. 找出该博弈所有的纯战略序贯均衡。
3. 在该博弈中，是不是所有的纯战略序贯均衡都是合理的？解释相应的原因。

习题 6.30 某投资者要决定投资多少钱到某电子厂商，但又不知道该厂商的真实盈利能力 θ。此时投资者就可以向审计公司进行咨询。假定审计公司知道电子厂商的盈利能力 θ，审计公司可以向投资者发送一个关于盈利能力 θ 的报告 m。但是审计公司与投资者的目标并不一致，审计公司并不一定会真实地报告评估结果。假定投资者事先知道厂商的真实盈利能力 $\theta\in[0,1]$，并且知道其概率密度函数为 f；投资者决定的投资额为 $a\in[0,1]$。审计公司和投资者的收益函数分别为 $u^S(a,\theta,b)$，$u^R(a,\theta)$，其中 b 表示审计公司和投资者偏好的差异。假定各个参与者的收益函数连续且二阶可导，且 $\frac{\partial^2 u^i}{\partial a^2}<0$，$\frac{\partial^2 u^i}{\partial a\partial\theta}>0$，其中 $i=R,S$。因此，存在唯一的最优投资额 $y^R(\theta)$ 和 $y^S(\theta)$ 使得投资者和审计公司的收益最大化。

1. 试证明存在一个混同均衡，此时不管审计公司给出什么样的报告 m，投资者的投资额始终保持不变。
2. 试证明：若对任意的 θ，$y^R(\theta)\neq y^S(\theta,b)$，则均衡行动的数量是有限的。提示：可以证明对于任何两个不同均衡中的行动 $a^1<a^2$，存在 $\varepsilon>0$，使得 $a^1-a^2\geqq\varepsilon$。
3. 试证明每个均衡中状态空间被分割成有限的区间，在相同区间的不同类型的审计公司会使用同样的战略并且引起相同的投资额。

4. 试证明：若对任意的 θ，$y^R(\theta) \neq y^S(\theta,b)$，存在一个正整数 $N(\mathrm{b})$ 使得对于任何在 1 到 $N(\mathrm{b})$ 之间的正整数 k，存在相应的均衡把状态空间分割成 k 个区间。

习题 6.31 考虑如下不完全信息动态博弈：自然首先选择博弈 1 或者博弈 2，且选择博弈 1 的概率为 0.6，选择博弈 2 的概率为 0.4。

博弈 1 如下：

参与人 2

参与人 1		C	D
	C	1,2	2,1
	D	2,0	0,2

博弈 2 如下：

参与人 2

参与人 1		C	D
	C	2,1	1,2
	D	0,2	4,0

参与人 1 在观察到自然选择哪个博弈后，选择行动 C 或者 D；参与人 2 没有观察到自然的选择，并在观察到参与人 1 的行动后，选择行动 C 或者 D。

1. 试证明这个博弈不存在分离均衡。
2. 求这个博弈的一个混同均衡。
3. 若行参与人没有观察到自然的选择，他是否能得到更高的收益？

习题 6.32 考虑以下炫耀性消费模型：参与人 A 的财富水平或者为 H，或者为 L，且满足 $H > L > 0$。假设 A 确切知道他的财富水平是高还是低，而其他人都不知道；但是 A 希望其他人认为他的财富水平为高，因为这样会使他更有满足感。若其他人认为 A 的财富水平为 H 的概率为 q，那么 A 的收益为 q。

假设在期初其他人认为 A 的财富为 H 的先验概率为 p。现在 A 可以选择购买一些华而不实的商品作为他更加富有的信号，令 c 为华而不实商品的炫耀性消费，且这种消费本身并不能给 A 带来任何好处。假设 c 单位炫耀性消费的成本为 c/w，这里 w 是 A 的实际财富水平，即 w 等于 H 或者 L。

假设其他人能够观察到 c 并且根据 c 更新其对 A 的后验概率，A 的总收益函数为 $q - c/w$，这里 q 是 A 财富的后验概率，w 是 A 的实际财富水平。

1. 在什么条件下，该博弈存在分离均衡？
2. 在什么条件下，该博弈存在混同均衡？
3. 上面哪些均衡满足直观标准？

习题 6.33 考虑以下教育投资信号传递模型：每个员工有两种可能类型：$\theta \in \{\theta_H, \theta_L\}$，满足 $\theta_H > \theta_L$。给定 $i \in \{H, L\}$，该员工为类型 θ_i 的事前概率为 β_i。所有员工的保留效用为 $\overline{u} = 0$。每个类型 θ 的员工可为企业生产的产出为 θ。企业愿意以工资水平 w 雇用一个员工当且仅当该员工的期望生产率至少可以抵消工资。类型为 θ 的员工可以以成本 $c(e,\theta) = \frac{e}{\theta}$

获得 e 年的教育。教育投资成本函数 $c(e,\theta)$ 关于 (e,θ) 满足单交性质，即若 $e > e'$，则 $c(e,\theta_L)-c(e',\theta_L) > c(e,\theta_H)-c(e',\theta_H)$。给定工资水平 w 和教育水平 e，一个类型为 θ 的员工有报酬函数为 $u(w,e|\theta)=w-c(e,\theta)$。考虑如下序贯行动:

- 员工观察到自己的类型，此为其私有信息;
- 员工选择教育投资水平;
- 企业观察到员工的教育水平，但是无法观察到其类型;
- 该员工向公司提出工资开价;
- 该企业要么拒绝此开价，要么接受此开价，并以此工资水平雇用该员工。

假定教育投资可以将低类型员工提升为高类型员工。具体地，假设一个 θ_L 类型员工投资 e 年教育后变成类型 θ_H 的概率是 $p(e)$，其满足如下性质: $p(0)=0$, $\lim_{e\to\infty} p(e)=1$, $p'>0$, $p'(0)=\infty$, $\lim_{e\to\infty} p'(e)=0$ 以及 $p''<0$。一旦类型 θ_L 进行了教育投资并且转换为类型 θ_H，他自己在进入劳动力市场之前可以观察到自己的类型变化。首先，假定企业与员工之间没有非对称信息。回答以下问题:

1. 写出可求最佳 (first best，即信息是完全的) 工资和最佳教育投资水平的最优化问题。
2. 求解此问题。特别地，证明类型 θ_H 员工的教育投资水平为 0，而低类型员工的教育投资水平严格为正。
3. 假定教育投资现在变得更加有效，即一个类型 θ_L 的员工投资 e 年教育后变为类型 θ_H 的概率为 $q(e)$，其满足 $q(e)>p(e)$ 对于任意 $e>0$。此时的最佳教育投资水平为多少? 此时类型 θ_L 员工的报酬为多少? 并给出直觉解释。

习题 6.34　在上题的基础上，假设企业与员工之间有非对称信息，并采用精炼贝叶斯纯战略均衡解概念。考虑分离均衡满足 $e_H \neq e_L$。回答如下问题:

1. 在任何分离均衡中，类型 θ_L 员工选择教育水平 $e_L=e_{FB}$，其中 FB 表示最佳。
2. 刻画类型 θ_H 员工的教育投资水平，其满足 $e_H \neq e_{FB}$。
3. 说明分离均衡是否总是存在。
4. 假定教育投资现在变得更加有效，即类型 θ_L 的员工投资 e 年教育后变为类型 θ_H 的概率为 $q(e)$，对于任意 $e>0$，满足 $q(e)>p(e)$。类型 θ_H 员工在如上分离均衡中的教育投资水平是否会因此而改变? 解释其结论。

接下来考虑混同均衡，即满足 $e_H=e_L=e^*$。回答如下问题:

1. 给定混同均衡下的教育投资水平为 e^*，此时员工的工资为多少?
2. 刻画混同均衡 e^*。
3. 混同均衡 $e^*=0$ 是否总是存在? 令 $e^*=e_{FB}$，此混同均衡是否总是存在?
4. 假定教育投资现在变得更加有效，即类型 θ_L 的员工投资 e 年教育后变为类型 θ_H 的概率为 $q(e)$，其满足 $q(e)>p(e)$ 对于任意 $e>0$。刻画此改变对于混同均衡 e^* 的影响，并给出解释说明。
5. 给定此处考虑的有效教育投资假设，是否存在混同均衡满足直觉标准?

6.10 参考文献

教材和专著：

黄有光，张定胜 (2008). 高级微观经济学. 上海：格致出版社.

平新乔 (2001). 微观经济学十八讲. 北京：北京大学出版社.

张维迎 (1996). 博弈论与信息经济学. 上海：上海人民出版社.

Fudenberg, D. and J. Tirole (1991). *Game Theory*, MIT Press.

Gibbons, R. (1992). *Game Theory for Applied Economists*, Princeton University Press.

Kreps, D. (1990). *A Course in Microeconomic Theory*, Princeton University Press.

Kreps, D. (1990). *Game Theory and Economic Modeling*, Oxford: Clarendon Press.

Mas-colell, A., M. D. Whinston, and J. Green (1995). *Microeconomic Theory*, Oxford University Press.

Myerson, R. (1991). *Game Theory*, Harvard University Press.

Osborne, M. J. and A. Rubinstein (1994). *A Course in Game Theory*, MIT Press.

Osborne, M. J. (2004). *An Introduction to Game Theory*, Oxford University Press.

Rubinstein, A. (1990). *Game Theory in Economics*, Edward Elgar Publishing Company.

Tirole, J. (1988). *Theory of Industrial Organization*, MIT Press.

Varian (1992). *Microeconomic Analysis*, New York: Norton.

Von Neumann, J. and O. Morgenstein (1944). *Theory of Games and Economic Behavior*, John Wiley and Sons.

论文：

Banks, J., and J. Sobel (1987). "Equilibrium Selection in Signaling Games", *Econometrica*, Vol. 55, No. 3, 647-661.

Cho, I., and D. Kreps (1987). "Signaling Games and Stable Equilibria", *Quarterly Journal of Economics*, Vol. 102, No. 2, 179-221.

Baye, M. R., G. Tian and J. Zhou (1993). "Characterizations of the Existence of Equilibria in Games with Discontinuous and Non-Quasiconcave Payoffs", *The Review of Economic Studies*, Vol. 60, No. 4, 935-948.

Dasgupta, P. and E. Maskin (1986). "The Existence of Equilibrium in Discontinuous Economic Games, I: Theory", *The Review of Economic Studies*, Vol. 53, No. 1, 1-26.

Harsanyi, J. C. (1967). "Games with Incomplete Information Played by Bayesian Players, Part I", *Management Science*, Vol. 14, No. 3, 159-182.

Harsanyi, J. C. (1973). "Games with Ramdomly Disturbed Payoffs: A New Rationale for Mixed-Strategy Equilibrium Points", *International Journal of Game Theory*, Vol. 2, No. 1, 1-23.

Kreps, D. and R. Wilson (1982). "Sequential Equilibrium", *Econometrica*, Vol. 50, No. 4, 863-894.

Kohlberg, E. and J. F. Mertens (1986). "On the Strategic Stability of Equilibria", *Economet-*

rica, Vol. 54, No. 5, 1003-1037.

Milgrom, P. and J. Roberts (1982). "Predation, Reputation and Entry Deterrence", *Journal of Economic Theory*, Vol. 27, No. 2, 280-312.

Nash, J. F. (1951). "Non-cooperative Games", *Annals of Mathematics*, Vol. 54, No. 2, 286-295.

Nessah, R. and G. Tian (2013). "Existence of Solution of Minimax Inequalities, Equilibria in Games and Fixed Points without Convexity and Compactness Assumptions", *Journal of Optimization Theory and Applications,* Vol. 157, No. 1, 75-95.

Nessah, R. and G. Tian (2014). "On the Existence of Strong Nash Equilibria", *Journal of Mathematical Analysis and Applications,* Vol. 414, 871-885.

Nessah, R. and G. Tian (2016). "Existence of Nash Equilibrium in Discontinuous Games" (with Rabia Nessah), *Economic Theory*, Vol. 61, 515-540.

Selten, R. (1975). "Reexamination of the Perfectness Concept for Equilibrium Points in Extensive Games", *International Journal of Game Theory*, Vol. 4, No. 1, 25-55.

Selten, R. (1978). "The Chain Store Paradox", *Theory and Decision*, Vol. 9, No. 2, 127-159.

Spence, A. M. (1973). "Job Market Signaling", *Quarterly Journal of Economics*, Vol. 87, No. 3, 355-374.

Tian, G. (2015). "Existence of Equilibria in Games with Arbitrary Strategy Spaces and Payoffs: A Full Characterization", *Journal of Mathematical Economics*, Vol. 60, 9-16.

第7章　重复博弈和声誉机制

7.1　导　　言

尽管重复博弈具有动态结构，但其博弈结构与上一章讨论的动态博弈有很大的差异，且应用范围广泛。因此，我们单列一章介绍重复博弈。

所谓重复博弈，就是部分（或全部）参与人之间在某种情形下进行重复的互动。这样的例子有很多，比如在农村，邻里之间在粮食作物的播种、收购，红白喜事，借贷等日常活动中通常会相互帮忙，重复着相似的互动情景。在政府制定政策时，包括财政政策、货币政策等，也经常面临着与之前后相似的政策环境，这些未来可能的互动会约束政府的政策选择。在同行业的企业之间，也会重复着一些竞争与合作的互动游戏。这些重复性的互动，相对于一次性的互动，会对人们的行为和激励产生很大的不同影响。在讨论开放后城市犯罪率的变化时，一个通常的原因会归结到人口的流动。一些人，在一个长期相对固定的环境中，可能会安分守己；然而到一个只是偶尔停留的地方，可能会变得行事乖张。这不是由于他们的行为偏好发生了变化，而是由于他们面临的约束和环境发生了变化。在一个相对固定的环境中，由于信息的充分性，惩罚或鼓励相对较为直接和有效。而在流动的环境中，惩罚或鼓励变得相对困难。这些现象背后的逻辑就是重复博弈理论所要揭示的。

重复博弈的思想在现实中有很多应用，声誉机制是其中一种非常重要的应用。人们通常在消费一些商品之前对其质量不太了解，那么如何作出理性决策呢？由于不同企业有不同声誉（比如其产品的品牌），其声誉会影响到这些企业在产品质量上的行为决策。比如，人们可能遇到两类餐厅，一类是在火车站附近的餐厅，一类是在居民区附近的餐厅。火车站附近的餐厅人们通常只是临时、偶尔地光顾，而居民区附近的餐厅人们经常光顾，通常人们会发现前者菜肴的质量比后者低。用重复博弈的思想 (无名氏定理)，有助于我们理解多次互动会促进声誉机制更有效地发挥作用，如对以上现象就不难理解了。

我们在这一章着重讨论多次互动是如何改变人们的激励的，其理论结果给我们的启迪是，现代市场经济制度之所以能较好地解决诚信为本的问题，就是因为诚信是一种传统美德和良好的社会风气，也是一种激励机制，是法治和激励机制长期作用，使之形成了个体说谎会受损的社会规范。根据本章要介绍的无名氏定理，任何成形的社会风气实质上都是一种均衡。这种社会风气或习俗一旦建立，任何个人都不会有单方面偏离这种规范的激励。本章所要介绍的重复博弈模型告诉我们：如果需要作出选择的进程可以分为前后相继的步骤，则理性行为将考虑所有人的初始行为对后续选择及最终结果的影响，其中心问题是可信性，即当背离行为发生后，惩罚措施是否确实被执行，而这正是现实社会建立诚信的关键所在。在一个人人都尔虞我诈的社会中（其贴现因子接近零），如果有谁选择诚实守信则他的利益必然受损，所以相互欺骗是一个纳什均衡。而在一个人人讲求诚信的社会中，骗人是会受到法律制裁和舆论指责的，所以诚信也是一个纳什均衡。这就是无名氏定理（folk theorem）的深刻思想，它告诉我们：如果经济个体（市场经济中主要是企业）的生存期足够长，他们之间进行的不是静态博弈而是无限期的重复博弈，而他们大多数又有足够的远见讲诚信（其贴现因子接近 1），则信守诺言将成为纳什均衡。这样，人人尔虞我诈和人人讲求诚信都可以是纳什均衡，关键看谁占大多数。只要适当设计规则，使对背离行为的惩罚是可信的，并且惩罚的力度足以抵消背离行为带来的额外收益，人们就不会有激励去背离规则的约束。

重复博弈是多次重复的阶段博弈的组合，按照期限可以划分为有限期重复博弈和无限期重复博弈，后者通常又被称为超级博弈（super game）。此外，根据信息分布结构，可以划分为完美监督下的重复博弈、不完美公共监督下的重复博弈和私人监督下的重复博弈。我们重点讨论前两类重复博弈。

7.2 重复博弈的例子

我们先通过几个例子来理解重复博弈背后的基本思想。

例 7.2.1 表 7.1 描述的是一个团队工作中的激励问题。考虑两个成员组成的团队。若他们都努力工作，则每个人可以获得的支付为 3；若其中一个人偷懒，另外一个人努力工作，则偷懒的人获得的支付是 4，而努力工作的人获得的支付是 -1；若两个人都偷懒，则他们每人获得的支付为 1。从团队理性的角度而言，每个人都应该选择努力工作；然而从个人理性的角度而言，每个人都会选择偷懒。在这里偷懒是每个人的占优战略。

现在假定两个人组成的团队并不只是一期互动，而是无限期互动。假设每一期互动放入期末的支付如表 7.1 所示，同时每一期开始，参与人都观察到之前参与人做的所有选择。令每个参与人一期的时间贴现率为 $0 < \delta < 1$。一个参与人在这样的重复互动中，不是只关心一期的效用，而是关心整个互动期中的效用。为标准化，我们把整个互动期参与人 i 的效用函数记为

$$U_i = (1-\delta)\sum_{t=0}^{\infty}\delta^t u_{it},$$

其中 u_{it} 是在第 t 期获得的支付。注意，若 $u_{it} = u_i$，则 $U_i = u_i$。

表 7.1 工作激励的困境

		参与人 2 努力	参与人 2 偷懒
参与人 1	努力	$3, 3$	$-1, 4$
	偷懒	$4, -1$	$1, 1$

下面要考察的团队理性支付会是无限期重复博弈的均衡支付吗？考虑一个“冷酷战略组合”：每个人刚开始都选择“努力工作”，一旦在之前的互动历史中有成员选择过“偷懒”，则未来各期都选择偷懒。若我们把“努力工作”理解为一种“合作”，把“偷懒”当作“惩罚”，那么“冷酷战略”意味着，一旦有成员背离过“合作”，未来各期所有成员都选择“惩罚对方”，也就是说，不原谅对方的“背叛”行为，这一战略被称为**冷酷战略**。

我们发现当贴现率满足 $\delta \geqq \frac{1}{3}$，冷酷战略会是一个子博弈精炼均衡。子博弈精炼均衡是指在任何一个子博弈中都满足序贯理性。显然，若之前出现过“偷懒”，对方在之后每一期

都选择“偷懒”，则参与人的最优选择也是“偷懒”。若在之前的 $t-1$（$t \geqq 1$）期，所有参与人都选择“努力工作”，给定对手选择“冷酷战略”，参与人 i 仍然选择“冷酷战略”，那么参与人 i 所获得的支付为

$$(1-\delta)\left[\sum_{s=1}^{t-1}\delta^s 3+\delta^t 3+\sum_{s\geqq t+1}\delta^s 3\right]=3;$$

若参与人 i 不选择“冷酷战略”，即选择“偷懒”，则他的支付为

$$(1-\delta)\left[\sum_{s=1}^{t-1}\delta^s 3+\delta^t 4+\sum_{s\geqq t+1}\delta^s 1\right]=3(1-\delta^t)+4(1-\delta)\delta^t+\delta^{t+1}.$$

当 $\delta \geqq \frac{1}{3}$ 时，

$$3(1-\delta^t)+4(1-\delta)\delta^t+\delta^{t+1}\leqq 3=3(1-\delta^t)+3(1-\delta)\delta^t+3\delta^{t+1}.$$

这样，给定对方选择冷酷战略，在任何子博弈中参与人 i 也都会选择冷酷战略。

在这个无限期的互动情形中，为什么参与人愿意放弃短期的最优选择，即“偷懒”，而选择“努力工作”呢？从上面的“冷酷战略”推理过程我们发现，由于存在未来的合作收益，每个参与人都在权衡短期收益和长期收益。当每个参与人在合作中所带来的额外收益 2δ 大于非合作过程中的额外短期收益 $(1-\delta)$ 时，每个参与人都会约束自己的机会主义行为，即“偷懒”。随着贴现率 δ 增大，在短期收益与长期收益的权衡中，对参与人来说，后者的权重会变得更大。

当然，在这个无限期互动中不只有上面的均衡支付。由于每个参与人在每期都选择“偷懒”也是一个子博弈精炼均衡，因此 $(1,1)$ 也是无限期互动中的均衡支付。实际上，$(t+3(1-t),t+3(1-t))$，$t\in[0,1]$，都是这个无限期互动中某个均衡战略的支付，这个结论被称为“无名氏定理”或者“俗定理”。若上面的互动期限从无限期变为有限 T 期，$T<\infty$，则对任意的 $\delta\leqq 1$，该博弈的唯一子博弈精炼均衡是：对于参与人 $i\in 1,2$，每一期都选择“偷懒”。出现这个现象的原因是，由于存在明确的截止时期，在最后一期，参与人不存在未来收益，这样每个参与人都选择“偷懒”；在倒数第二期，由于这一期的行为不能影响下一期，即最后一期的行为，这一期参与人也会选择“偷懒”。通过逆向递推，由于每一期都不能影响以后各期参与人的行为，每一期都会选择短期最优行为，即“偷懒”。

然而期限本身并不完全决定重复互动中参与人的行为模式，一个决定因素来自当期的行为如何影响到未来参与人之间的互动。下面我们通过一个两期互动博弈来理解重复博弈的思想。

例 7.2.2 假设有两个参与人1 和 2，参与人 1 有三个选择，即 $\{L_1,M_1,R_1\}$，参与人 2 也有三个选择，即 $\{L_2,M_2,R_2\}$，其结果支付见表 7.2。两个参与人重复两次这样的博弈。为方便起见，假设时间贴现率为 1（一般的情形 $\delta\leqq 1$ 也是类似的）。

表 7.2 两阶段重复博弈

		参与人 2		
		L_2	M_2	R_2
参与人 1	L_1	1, 1	5, 0	0, 0
	M_1	0, 5	4, 4	0, 0
	R_1	0, 0	0, 0	3, 3

在单阶段博弈中，该博弈有两个纳什均衡，即 (L_1, L_2) 和 (R_1, R_2)，其均衡支付分别为 $(1,1)$ 和 $(3,3)$，然而对团队理性而言，相对于纳什均衡，战略组合 (M_1, M_2) 对每个参与人来说都更好。当参与人之间进行两阶段博弈时，博弈会有多个子博弈精炼均衡，比如每个时期选择上面任一个纳什均衡战略都构成子博弈精炼均衡。此外，我们还发现以下战略组合也会构成一个子博弈精炼均衡：第一阶段两个参与人选择 (M_1, M_2)；若第一阶段的选择是 (M_1, M_2)，在第二阶段两个参与人选择 (R_1, R_2)，否则两个参与人选择 (L_1, L_2)。

我们先验证这个两阶段战略组合是子博弈均衡。首先在第二阶段，在任何一个子博弈中，这个子博弈的战略组合都构成纳什均衡。接着，我们来考虑第一阶段，给定对方选择 M_j，参与人 i 选择 M_i 的两阶段支付为 $4+3=7$。若参与人 i 选择 L_i，此时两阶段支付为 $5+1=6$；若选择 R_i，此时两阶段支付为 $0+1=1$。这样，给定对手选择这一战略，参与人 i 在第一阶段选择 M_i 是一个最优战略，因此上面两阶段的战略组合构成子博弈精炼均衡。

为什么参与人在第一阶段选择（相对单阶段博弈而言）个人非理性但是集体理性的行为呢？关键的原因是，第一阶段的选择会影响之后参与人的支付。也就是说，参与人在做选择时，面临短期利益和长期利益的权衡比较，当长期利益超过短期利益时，参与人会选择一个长期最优的合作行为。而这就是重复博弈的逻辑。

对上面的重复博弈情形，“合作”机制在于惩罚背离行为。然而，惩罚机制或其他鼓励合作行为的机制，在不同环境中有不同的效率。在上面的例子中，参与人能观察到之前参与人的行动，若参与人不能观察到之前的行动，那么他们能观察到什么？观察结果是否能准确地推测出之前参与人的行动？若不能，则惩罚机制也许不能有效制约背离合作的行为。此外，惩罚机制本身也需要满足一些条件，那些特别严厉的惩罚措施可能违背执行者的理性，从而惩罚机制如何建构也是一个重要的问题。惩罚机制也需要涉及参与人的合作，在惩罚过程中可能需要对执行惩罚的参与人进行某种激励。这种惩罚过程的合作可能涉及信息问题。

另外，惩罚度，即什么时候选择谅解也是一个重要问题。对不同的互动背景，有不同的解决方案。下面我们从最简单的完美监督（imperfect monitoring）下的重复博弈（即参与人可以观察到之前的行为）开始，随后讨论不完美公共监督下的重复博弈（参与人不能观察到之前的行为但能观察到一个公共的行为结果），再讨论私人监督下的重复博弈（参与人观察到的结果是不同的）。之后，讨论与重复博弈相关的声誉机制的经济学逻辑。重复博弈是博弈论发展中一个重要的分支，而且这一文献还在不断提出和解释一些新的问题，到目前为止对这一文献的一个最全面的总结是 Mailath 和 Samuelson(2006) 的专著，本章的讨论在很多地方都参考了这一专著。

7.3　完美监督下的重复博弈

重复博弈的构成要素是阶段博弈（stage game）或者成分博弈（constituent game）。通常在重复博弈中，阶段博弈是一个同时行动的静态博弈（在有些重复博弈中，阶段博弈也有可能是扩展形式的动态博弈）。令 Γ^t 是第 t 期的阶段博弈，它包括第 t 期的参与人集合 N^t，每个参与人的行动集合 $(A_i^t)_{i\in N_t}$，在第 t 期参与人 i 的混合战略集合 ΔA_i^t，即行动集合上的概率分布，以及每个参与人阶段博弈的效用函数 $(u_i(a^t))_{i\in N_t}$，其中 $a^t \in A^t \equiv A_1^t \times \cdots \times A_{N_t}^t$ 是第 t 期的行动组合。

令 $h^t = (a^0, a^1, \cdots, a^{t-1})$ 为在 t 期的行动历史，其中 $a^0 \in H^0$ 是初始历史，t 期所有历史的集合为 H^t，所有可能的历史集合记为 $H \equiv \bigcup_{t=0}^{\infty} H^t$。在完美信息下，参与人可以观察到之前所有参与人的行动。参与人 i 在 t 期的一个行为战略记为 $\sigma_i^t : H^t \to \Delta A_i^t$。参与人 i 在整个重复博弈的（混合）战略记为 $\sigma_i = (\sigma_i^t)_{t\in\{1,2,\cdots,\infty\}}$。

对任意一个历史 h^t，定义一个（无限期）重复博弈的的后续博弈 (continuation game)。从时间 t 的历史 h^t 开始，对于任意一个战略组合 σ，参与人 i 的由历史 h^t 引导的后续战略，记为 $\sigma_{i|h^t}$，满足：

$$\sigma_{i|h^t}(h^\tau) = \sigma_i(h^t h^\tau), \forall h^\tau \in H,$$

其中 $h^t h^\tau$ 是从历史 h^t 出发后形成的历史 h^τ 的组合。由某个特定历史产生的后续博弈是整个重复博弈的一个子博弈。

若重复期限 T 是有限的，此时重复博弈 $\Gamma_R = (\Gamma_t)_{t\in T}$ 被称为**有限期重复博弈**，否则被称为**无限期重复博弈**。

最简单的无限期重复博弈是，每个阶段的博弈都是相同的，即有 $N^t = N, A_i^t = A_i$。下面主要讨论这种类型的重复博弈。

由于博弈有多期，在文献中，通常参与人的效用定义为跨期贴现效用之和，同时参与人具有共同的贴现率 δ。当然，在一些情形下，比如讨价还价问题，不同参与人可能有不同的贴现率。

假定参与人的战略组合为 $\sigma = (\sigma_i)_{i\in N} = (\sigma^t)_{t=1}^{\infty}$，$\sigma_i = (\sigma_i^t)_{t=1}^{\infty}$ 是参与人 i 的战略，$\sigma^t = (\sigma_i^t)_{i\in N}$ 是第 t 期参与人的行为战略组合。

在战略组合 $\sigma = (\sigma_i)_{i\in N}$ 处，参与人 i 的收益为 $U_i(\sigma) = (1-\delta)\sum_{t=0}^{\infty}\delta^t u_i(\sigma^t)$。这样所定义的重复博弈效用，可以使得它与单阶段博弈的效用函数的值域在同一个集合。注意，U_i 是参与人 i 整个重复博弈的支付，u_i 为参与人 i 的阶段支付。令 $V = \{v \mid \exists \mathbf{a} \in A, u_i(\mathbf{a}) = v_i\}$，即参与人所有纯战略支付组合的集合。

7.3.1　可行支付

先引入阶段博弈的一些基本概念。

定义 7.3.1 (可行支付)　参与人 i 在阶段博弈 Γ^t（纯战略）的**最小最大支付**（**minmax payoff**）$\underline{v}_i^p$ 是参与人无论如何都可以获得的最低支付，即

$$\underline{v}_i^p \equiv \min_{\mathbf{a}_{-i}\in A_{-i}} \max_{a_i\in A_i} u_i(a_i, \mathbf{a}_{-i}).$$

若阶段的战略是混合战略，最小最大支付则定义为

$$\underline{v}_i \equiv \min_{\mathbf{a}_{-i}\in\times_{j\neq i}\Delta A_j} \max_{a_i\in A_i} u_i(a_i,\mathbf{a}_{-i}).$$

在阶段博弈中，参与人 i 在互动中不可能获得比最小最大支付更低的支付结果。定义 $F\equiv\{v\in\mathcal{R}^n:\exists\mathbf{a}\in A,\ \text{s.t.}\ \mathbf{v}=u(\mathbf{a})\}$，即阶段博弈中纯行动组合支付的集合。定义 $F^+\equiv coF$，即支付集合 F 的凸包。定义 $F^p\equiv\{\mathbf{v}:v_i\geqq\underline{v}_i^p\mid\mathbf{v}\in F^+\}$ 为个体理性支付的集合，其中 $\mathbf{v}=(v_i)_{i\in N}$ 是阶段博弈的支付；相应的混合战略的个体理性支付记为 $F^*\equiv\{v:v_i\geqq\underline{v}_i\mid\mathbf{v}\in F^+\}$。

下面是计算参与人最小最大支付的一些例子。

例 7.3.1 考虑下面的硬币匹配博弈。

可以验证，在表 7.3 的硬币匹配博弈中，参与人 1（或者参与人 2）的纯战略最小最大支付 $\underline{v}_1^p=\underline{v}_2^p=1$，当参与人 1（或者参与人 2）分别以 0.5 的概率选择正面或背面，就可以得到 $\underline{v}_1=\underline{v}_2=0$。

表 7.3 硬币匹配博弈的最小最大支付

		参与人 2	
		正面	背面
参与人 1	正面	1, −1	−1, 1
	背面	−1, 1	1, −1

参与人在互动中，有时可能使用一些公共关联工具（public correlating device）。这些工具可以协调参与人之间的行为。比如，在 20 世纪 50 年代，在电气设备的投标合谋中，投标人利用月亮的相位来协调他们的投标。令 W 是公共关联工具集合，$w\in W$ 是其中的一个状态，它被所有参与人观察到，p 是 W 上的一个概率分布。每个参与人的行为战略可能会基于公共关联工具的状态，即 $\sigma_i(\cdot):W\to\Delta A_i$。在公共关联工具下，参与人的支付集合会扩大。

例 7.3.2 考虑由表 7.4 所刻画的博弈。若 $W=\{w_1,w_2\}$，每个状态出现的概率都为 0.5，当 w_1 出现时，参与人 1 和 2 选择（上，右）；当 w_2 出现时，参与人 1 和 2 选择（下，左）。此时在公共关联工具下双方协调后得到的期望收益为（3，3），而在没有公共关联工具下两个参与人无法达到这个期望收益。

表 7.4 公共关联工具的例子

		参与人 2	
		左	右
参与人 1	上	2, 2	1, 5
	下	5, 1	0, 0

在公共关联工具的基础上，我们定义博弈的可行支付集合为

$$V^*=co(V)=\left\{\sum_{a\in A}\lambda(\mathbf{a})u(\mathbf{a})\mid\exists\lambda(\cdot),\lambda(\mathbf{a})\in[0,1],\sum_{a\in A}\lambda(\mathbf{a})=1\right\},$$

其中 co 表示集合的凸包。

在引入公共关联工具时，可行个人理性支付集合定义为 $FV^* = \{v \mid v \in V^*, v_i \geqq \underline{v}_i\}$，若在定义中，弱不等号被替换为严格不等号，那么就是严格可行个人理性收益集合。

下面通过一个例子来求解博弈的可行个人理性支付集合。

例 7.3.3 考虑下面的博弈。

可以验证，（支付矩阵见表 7.5）参与人 1 和参与人 2 的最小最大支付都是 0，因此该博弈的可行个人理性支付集合就是图 7.1 中的阴影区域。

表 7.5　可行支付的例子

		参与人 2 左	参与人 2 右
参与人 1	上	−2, 2	1, −2
	中	1, −2	−2, 2
	下	0, 1	0, 1

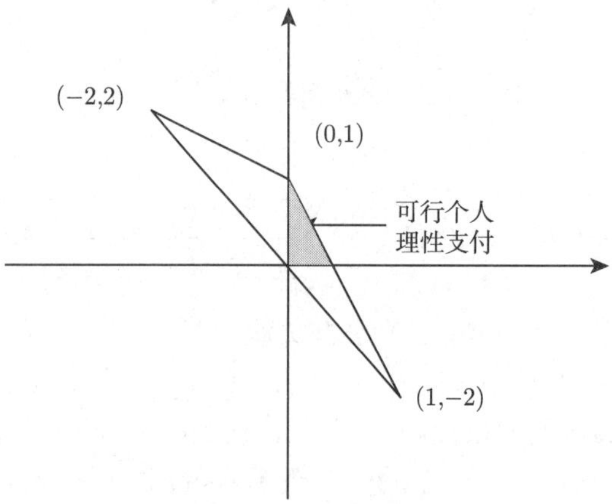

图 7.1　可行个人理性支付

下面讨论重复博弈的均衡概念，首先是重复博弈下的纳什均衡概念。

定义 7.3.2 (重复博弈的纳什均衡)　战略组合 σ 是**重复博弈的纳什均衡**，若对任意 $i \in N$ 以及任意 σ_i'，都有 $U_i(\sigma) \geqq U_i(\sigma_i', \sigma_{-i})$。

由于完美监督下的重复博弈是一个完全信息动态博弈，一个自然的精炼解是子博弈精炼均衡。

定义 7.3.3 (重复博弈的子博弈精炼纳什均衡)　战略组合 σ 是**重复博弈的子博弈精炼纳什均衡**，若对于任意的历史 $h^t \in H$，$\sigma|_{h^t}$ 是从 h^t 开始的重复博弈的纳什均衡。

由于无限期重复博弈有无穷多个历史，因此子博弈也有无限多个，从而要验证某个战略组合是否为子博弈精炼均衡将变得非常困难。下面介绍一个判断标准，可用来界定战略组合是否为子博弈精炼均衡，这个标准被称为一次偏离（one-shot deviation）原则，它的思想来自动态规划。

7.3.2　一次偏离原则

参与人 i 战略 σ_i 的**一次偏离**指的是，参与人 i 的一个其他战略 $\hat{\sigma}_i \neq \sigma_i$，同时满足：存在

一个唯一的历史 $\tilde{h}^t \in H$，$\hat{\sigma}_i(\tilde{h}^t) \neq \sigma_i(\tilde{h}^t)$，对于其他所有历史 $h^s \neq \tilde{h}^t$，都有 $\hat{\sigma}_i(h^s) = \sigma_i(h^s)$。

定义 7.3.4 (有利一次偏离) 给定其他参与人的战略组合 σ_{-i}，战略 σ_i 的一次偏离 $\hat{\sigma}_i$ **是有利的**，若存在且只存在一个历史 $\tilde{h}^t \in H$，$\hat{\sigma}_i(\tilde{h}^t) \neq \sigma_i(\tilde{h}^t)$，满足 $U_i(\hat{\sigma}_i\,|_{\tilde{h}^t}, \sigma_{-i}\,|_{\tilde{h}^t}) > U_i(\sigma\,|_{\tilde{h}^t})$。

下面我们讨论一次偏离原则与子博弈精炼均衡的关系。

命题 7.3.1 (一次偏离原则) *一个战略组合是重复博弈的子博弈精炼纳什均衡，当且仅当不存在有利一次偏离。*

这个原则的重要性在于在求解重复博弈的子博弈精炼纳什均衡时，我们不需要考虑所有可能的偏离。比如，对战略组合 σ，我们不需要验证对某个参与人 i 的另外一个更有利的战略，它在第 t 期偏离，在 $t' > t$ 期又偏离，等等。

证明 这里我们只对无公共关联工具下的纯战略一次偏离原则进行证明，在混合战略以及带公共关联工具下一次偏离原则的证明思路相似，对后者的证明需要引入更多技术性细节。显然，若战略组合是子博弈精炼均衡，那么不存在对参与人更好的其他战略，其中就可能包含有利一次偏离战略，所以必要性条件很显然。

现证明充分性。用反证法。若战略组合不是子博弈精炼均衡，那么一定存在有利一次偏离战略。

假设战略组合 σ 不是重复博弈的子博弈精炼纳什均衡，那么至少存在一个历史，比如 $\tilde{h}^t$，对于某个参与人 i，存在一个战略 $\tilde{\sigma}_i \neq \sigma_i$，使得

$$U_i(\tilde{\sigma}_i\,|_{\tilde{h}^t}, \sigma_{-i}\,|_{\tilde{h}^t}) > U_i(\sigma\,|_{\tilde{h}^t}).$$

定义 $\varepsilon = U_i(\tilde{\sigma}_i\,|_{\tilde{h}^t}, \sigma_{-i}\,|_{\tilde{h}^t}) - U_i(\sigma\,|_{\tilde{h}^t}) > 0$。令 $M = \max_{\mathbf{a},i} u_i(\mathbf{a})$ 和 $m = \min_{a,i} u_i(\mathbf{a})$ 分别是在阶段博弈中，参与人 i 可获得的最高和最低的支付。由于 $\delta < 1$，则存在 $T > t$，使得 $\delta^T(M - m) < \frac{\varepsilon}{2}$。

现考虑这样一个战略 $\hat{\sigma}_i$，满足：若 $\tau < T$，对任意的 $h^\tau \in H$，都有 $\hat{\sigma}_i(h^\tau) = \tilde{\sigma}_i(h^\tau)$；若 $\tau \geqq T$，对任意的 $h^\tau \in H$，都有 $\hat{\sigma}_i(h^\tau) = \sigma_i\,|_{\tilde{h}^t}(h^\tau)$，其中 $\sigma_i\,|_{\tilde{h}^t}(h^\tau)$ 是指在包含 $\tilde{h}^t$ 之后的历史为 h^τ 下参与人的行为战略。

显然，$U_i(\tilde{\sigma}_i|_{\tilde{h}^t}, \sigma_{-i}|_{\tilde{h}^t}) - U_i(\hat{\sigma}_i|_{\tilde{h}^t}, \sigma_{-i}|_{\tilde{h}^t}) < \varepsilon/2$，这样 $U_i(\hat{\sigma}_i|_{\tilde{h}^t}, \sigma_{-i}|_{\tilde{h}^t}) - U_i(\sigma|_{\tilde{h}^t}) > \varepsilon/2$。这意味着对参与人 i 来说，若存在原来战略 σ_i 的一个有利偏离 $\tilde{\sigma}_i$，则必存在着一个有利可图的对原来战略 σ_i 最多只在 T 期内的偏离战略 $\hat{\sigma}_i$。令 $\hat{h}^{T-1} = (\hat{\mathbf{a}}^0, \cdots, \hat{\mathbf{a}}^{T-2})$ 是由 $(\hat{\sigma}_i, \sigma_{-i}|_{\tilde{h}^t})$ 生成的一个 $T-1$ 期的历史。

若 $U_i(\hat{\sigma}_i|_{\tilde{h}^t\hat{h}^{T-1}}, \sigma_{-i}|_{\tilde{h}^t\hat{h}^{T-1}}) > U_i(\sigma|_{\tilde{h}^t\hat{h}^{T-1}})$，在 $\tilde{h}^t\hat{h}^{T-1}$ 历史处，就得到了一个有利一次偏离战略 (注意，$\hat{\sigma}_i|_{\hat{h}^{T-1}}$ 在第 T 阶段及其之后的阶段与 σ_i 是一致的)。若 $U_i(\hat{\sigma}_i|_{\hat{h}^{T-1}}, \sigma_{-i}|_{\tilde{h}^t\hat{h}^{T-1}}) \leqq U_i(\sigma_i|_{\tilde{h}^t\hat{h}^{T-1}}, \sigma_{-i}|\hat{h}^t\hat{h}^{T-1})$，重新构造一个新战略 $\bar{\sigma}_i$，定义为：

$$\bar{\sigma}_i(h^\tau) = \begin{cases} \hat{\sigma}_i(h^\tau), & \text{当 } \tau < T-1; \\ \sigma_i|_{\tilde{h}^t}(h^\tau), & \text{当 } \tau \geqq T-1. \end{cases}$$

可以得出：

$$\begin{aligned}U_i(\hat{\sigma}_i\,|_{\hat{h}^{T-2}},\sigma_{-i}\,|_{\tilde{h}^t\hat{h}^{T-2}})&=(1-\delta)u_i(\hat{\mathbf{a}}^{T-1})+\delta U_i(\hat{\sigma}_i\,|_{\hat{h}^{T-1}},\sigma_{-i}\,|_{\tilde{h}^t\hat{h}^{T-1}})\\&\leqq(1-\delta)u_i(\hat{\mathbf{a}}^{T-1})+\delta U_i(\sigma_i\,|_{\tilde{h}^t\hat{h}^{T-1}},\sigma_{-i}\,|_{\tilde{h}^t\tilde{h}^{T-1}})\\&=U_i(\bar{\sigma}_i\,|_{\hat{h}^{T-1}},\sigma_{-i}\,|_{\tilde{h}^t\hat{h}^{T-2}}).\end{aligned}$$

这样，$U_i(\bar{\sigma}_i\,|_{\tilde{h}^t},\sigma_{-i}\,|_{\tilde{h}^t})\geqq U_i(\hat{\sigma}_i\,|_{\tilde{h}^t},\sigma_{-i}\,|_{\tilde{h}^t})$，从而我们得到了一个对 $\sigma_i|_{\tilde{h}^t}$ 在路径 $\tilde{h}^t$ 最多前 $T-1$ 期内的有利偏离战略 $\bar{\sigma}_i$ 。按照相似的方法逆向递推，我们必然能得到一个有利一次偏离战略。 □

以上讨论了一次偏离原则与子博弈精炼均衡的关系，然而这并不意味着一次偏离原则与纳什均衡的关系。在纳什均衡中，参与人不会在均衡路径上偏离，一个自然而然的问题是在均衡路径上的一次偏离原则是否与纳什均衡是等价的。显然，若一个战略组合是纳什均衡，那么显然不存在在均衡路径上的一次有利偏离。然而在某个战略组合路径上不存在一次有利偏离是否意味着这个战略组合是纳什均衡呢？下面的例子提供了一个否定的回答。

例 7.3.4 (激励的囚徒困境)　考虑下面一个关于工作中的合作问题，在这里每个人都希望搭便车。两个参与人之间的互动的阶段支付矩阵如表 7.6 所示。

表 7.6　激励中的囚徒困境

		参与人 2	
		E	S
参与人 1	E	$3,3$	$-1,4$
	S	$4,-1$	$1,1$

考虑两个参与人选择 “针锋相对” 的战略组合，即初始阶段选择工作，然后选择对方在上一期的行为。为确保参与人没有有利一次偏离战略，我们只需要检验参与人 1 在第 1 期是否有动机选择 “偷懒”，随后都会回归到 “针锋相对” 战略带来的期望支付，是否比在第 1 期选择“工作”的期望支付更高，在 t 开始的偏离与上述是相似的。

若每个参与人都选择“针锋相对”战略，那么均衡的期望支付为 3; 若参与人 2 选择 “针锋相对” 战略，参与人 1 选择只在第 1 期偏离，他们的行为引发的各期的结果分别是（“偷懒”，“工作”)，(“工作”，“偷懒”)，(“偷懒”，“工作”)，(“工作”，“偷懒”)，$\cdots$。参与人 1 的期望收益为 $\frac{4-\delta}{1+\delta}$，并且当 $\delta\geqq\frac{1}{4}$ 时，参与人 1 没有有利一次偏离战略。

然而，当 $\delta=\frac{1}{4}$ 时，对于 “针锋相对” 战略的最有利偏离不是一次偏离，而是每一期都选择 “偷懒”。在这种情形下，若对手选择 “针锋相对” 战略，参与人每期都选择偷懒的期望收益为 $4(1-\delta)+\delta>3$，当 $\delta\geqq\frac{1}{3}$ 时，$4(1-\delta)+\delta\leqq3$。这样，当 $\delta\in[1/4,1/3)$ 时，“针锋相对” 组合不存在有利一次偏离，但存在有利多次偏离，此时 “针锋相对” 的战略并不是纳什均衡。

7.3.3　战略组合的自动机制表述

一次偏离原则，尽管大大简化了子博弈精炼均衡的检验，仍然还有很多历史需要检验是否存在有利一次偏离。有个进一步简化的方法，就是把历史分成不同的等价类，同一等价类中的历史产生相同的延续战略。若我们用状态来刻画等价类，可以通过类似于自动 (automaton)

机制的机制来实现对不同等价类战略的构造。Rubinstein (1986)，Abreu 和 Rubinstein (1988)，以及 Osborne 和 Rubinstein (1994) 等通过自动机制方式来刻画重复博弈中的战略选择问题。

一个自动机制由 $(\Omega, \omega^0, f(\cdot), \tau(\cdot))$ 组成，其中 Ω 是所有可能的状态，$\omega^0 \in \Omega$ 为初始状态，输出函数 $f: \Omega \to \prod_i \Delta(A_i)$ 刻画从状态到行为战略组合的构造，$f^w(\mathbf{a})$ 记为在状态 w 下选择组合 $\mathbf{a}$ 的概率，并满足 $\sum_{a\in A} f^w(\mathbf{a}) = 1$，$\tau: \Omega \times A \to \Omega$ 成为状态转移函数，刻画从当前的状态和当前的行动下转变到下一期状态的函数。

若 $f(\cdot)$ 输出的是纯战略组合，那么通过自动机制 $(\Omega, \omega^0, f(\cdot), \tau(\cdot))$ 可以生成一个历史 $(a^0, \mathbf{a}^1, \cdots)$，$\mathbf{a}^0 = f(\omega^0), \mathbf{a}^1 = f(\tau(\omega^0, \mathbf{a}^0)), \mathbf{a}^2 = f(\tau(\tau(\omega^0, \mathbf{a}^0), \mathbf{a}^1)), \cdots$。由此，可重新定义转移函数 $\tau: \Omega \times H/\{\varnothing\} \to \Omega$，即 $\tau(w, h^t) = \tau(\tau(w, h^{t-1}), a^{t-1})$。在此基础上，可以形成战略组合与自动机制的一一对应：$\sigma(h^t) = f(\tau(\omega^0, h^t))$，同时，$f(h^t) = \sigma(h^t)$，$h^{t+1} \equiv (h^t, \mathbf{a}^t) = \tau(h^t, \mathbf{a}^t)$。

自动机制可以把整个历史 H 划分为等价类的状态集合，同等价类状态产生相同的战略，而且自动机制下的状态集合通常是有限集合。在历史 h^t 后的战略 $\sigma|_{h^t}$ 在自动机制表述下，每个状态形成一个特定的后续战略。

我们通常研究个体的行为，可以定义个体的自动机制为 $(\Omega_i, w_i^0, f_i, \tau_i)$，它可以与个体战略 Ω_i 互相转换。

例 7.3.5 (冷酷战略的自动机制表述) 考虑之前冷酷战略的例子。冷酷战略指的是，参与人首先选择努力工作 (E)，在 t 期，若之前参与人都是选择努力工作 (E)，那么选择努力工作，若之前有参与人选择过偷懒（S），那么从此选择偷懒。

对于冷酷战略，我们可以用自动机制表述。$\Omega = \{w_{EE}, w_{SS}\}, f(w_{EE}) = EE, f(w_{SS}) = SS$，

$$\tau(w,a) = \begin{cases} w_{EE}, & \text{若 } w = w_{EE}, a = EE, \\ w_{SS}, & \text{其他}. \end{cases}$$

图 7.2 描述了状态转移函数。

结合一次偏离原则和自动机制表述，在验证一个纳什均衡是否为子博弈精炼均衡时，只需确保在每个状态 $w \in \Omega$，由自动机制 $(\Omega, \omega^0, f(\cdot), \tau(\cdot))$ 生成的战略组合是纳什均衡即可。

在激励囚徒困境例子中，可以容易验证：当 $\delta \geqslant 1/3$ 时，冷酷战略是一个子博弈精炼均衡。

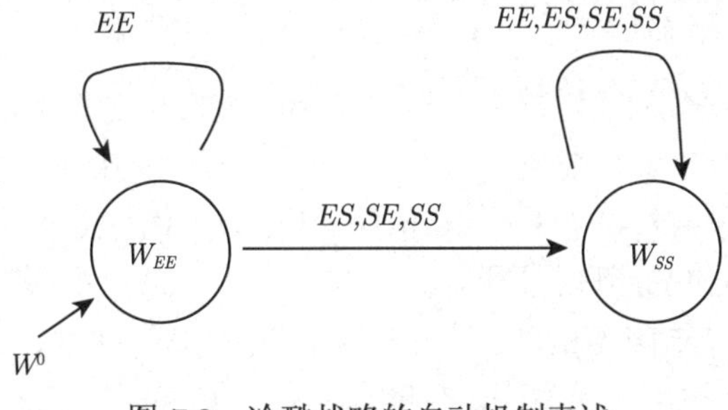

图 7.2 冷酷战略的自动机制表述

7.3.4　可信的后续承诺

自动机制方式分析重复博弈，需要首先刻画状态集合的等价类。在阶段博弈中，参与人在决策中不仅需要考虑当期的收益，而且要考虑决策对未来状态的影响。Abreu，Pearce 和 Stacchetti (1986, 1990) 提出了处理刻画状态的方法，用后续的（期望）贴现支付值来刻画状态，这个状态不仅决定参与人在阶段博弈的行为激励，而且决定他在后续博弈中获得的收益。这个方法的思路来源于动态规划，并且它成为研究重复博弈的一个标准的处理方法。下面着重讨论这一方法背后的一些逻辑关系。

给定自动机制 $(\Omega,\omega^0,f(\cdot),\tau(\cdot))$，设从 ω^0 出发，记所有可能到达的状态为 Ω，一个典型的元素记为 $w\in\Omega$，赋予 $V_i(w)$ 是从状态 w 开始参与人 i 获得的后续贴现期望收益。也就是说，若参与人按照自动机制 $(\Omega,\omega^0,f(\cdot),\tau(\cdot))$ 规定的战略选择，那么从 w 出发，$(\Omega,\omega^0,f(\cdot),\tau(\cdot))$ 会生成一个战略序列，$V_i(w)$ 就是在状态 w 下自动机制生成的战略序列下参与人 i 的贴现期望收益。

$(\Omega,\omega^0,f(\cdot),\tau(\cdot))$ 生成的战略是子博弈精炼均衡意味着：给定其他参与人遵守自动机制，从任何状态出发，子博弈精炼均衡战略的自动机制输出的战略获得的当期收益与由状态产生的后续贴现期望收益之和，对参与人而言是最高的，也就是说，没有人会单方面偏离。

状态 w 首先输出战略 $f^w(\cdot)$，该战略描述选择行动组合 $\mathbf{a}$ 的概率为 $f^w(\mathbf{a})$，同时在行动组合 $\mathbf{a}$ 和初始状态 w 下，转移函数会形成一个新的状态 $\tau(w,\mathbf{a})$，在子博弈精炼均衡中，由状态 $\tau(w,\mathbf{a})$ 对参与人 i 产生了一个新的贴现期望收益 $V_i(\tau(w,\mathbf{a}))$。这样，$V_i(w)$ 可以表述为

$$V_i(w)=(1-\delta)\sum_{a\in A}u_i(\mathbf{a})f^w(\mathbf{a})+\delta\sum_{a\in A}V_i(\tau(w,\mathbf{a}))f^w(\mathbf{a}).$$

我们把 $V_i(w)$ 称为从状态 w 出发的一个后续承诺支付，在子博弈精炼均衡下这个支付是可信的。可以得到：给定任意 $a_i'\in supp(f_i(\omega))\equiv\{a_i\mid f^w(a)>0\}$，对任意 $\hat{a}_i\in A_i$，都满足

$$\begin{aligned}V_i(\omega)=&(1-\delta)\sum_{a_{-i}\in A_{-i}}u_i(a_i',\mathbf{a}_{-i})f^w(a_i',\mathbf{a}_{-i})+\delta\sum_{a_{-i}\in A_{-i}}V_i(\tau(w,(a_i',\mathbf{a}_{-i})))f^w(a_i',\mathbf{a}_{-i})\\ \geqq&(1-\delta)\sum_{a_{-i}\in A_{-i}}u_i(\hat{a}_i,\mathbf{a}_{-i})f^w(\hat{a}_i,\mathbf{a}_{-i})+\delta\sum_{a_{-i}\in A_{-i}}V_i(\tau(w,(\hat{a}_i,\mathbf{a}_{-i})))f^w(\hat{a}_i,\mathbf{a}_{-i}).\end{aligned}$$

我们把满足上面不等式的 $V_i(w)$ 称为对于参与人 i 的可信延续承诺（credible continuation promises）。在可信延续承诺基础上，可以重新刻画（在自动机制表述下）重复博弈的子博弈精炼纳什均衡。

命题 7.3.2　由自动机制 $(\Omega,w^0,f(\cdot),\tau(\cdot))$ 描述的战略 Ω 是子博弈精炼均衡，当且仅当对任意一个可从 w^0 出发后达到的状态 $w\in\Omega$，$f(w)$ 是一个博弈 $G=(N,A_i,U_i(\cdot)=g_i^w(\cdot))_{i\in N}$ 中的一个纳什均衡，其中 $g_i^w(\cdot)=(1-\delta)u_i(\mathbf{a})+\delta V_i(\tau(w,\mathbf{a}))$。

证明　我们仅对纯战略的情形进行证明。

充分性：令 σ 是由自动机制 $(\Omega,w^0,f(\cdot),\tau(\cdot))$ 所生成的战略。若不存在有利一次偏离，那么 σ 就是子博弈精炼均衡。反证法，假设存在一个有利一次偏离 $\hat{\sigma}$，也就是说存在历史 $\hat{h}^t$，参与人 i, $\hat{\sigma}_i$ 是参与人 i 的一个有利一次偏离。令 $\hat{w}=\tau(w^0,\hat{h}^t)$，$\hat{a}_i=\hat{\sigma}_i(\hat{h}^t)\neq\sigma_i(\hat{h}^t)=$

$f(\hat{w}) = a_i$。由于 $\hat{\sigma}_i$ 是参与人 i 的有利一次偏离，则

$$\begin{aligned} V_i(\hat{w}) &= U_i(\sigma_i|_{\hat{h}^t}, \sigma_{-i}|_{\hat{h}^t}) < U_i(\hat{\sigma}_i|_{\hat{h}^t}, \sigma_{-i}|_{\hat{h}^t}), \\ U_i(\hat{\sigma}_i|_{\hat{h}^t}, \sigma_{-i}|_{\hat{h}^t}) &= g_i^{\hat{w}}(\hat{a}_i, \mathbf{a}_{-i}) = (1-\delta)u_i(\hat{a}_i, \mathbf{a}_{-i}) + \delta V(\tau(\hat{w}, (a_i, \mathbf{a}_{-i}))) \\ &> (1-\delta)u_i(a_i, \mathbf{a}_{-i}) + \delta V(\hat{w}, (a_i, \mathbf{a}_{-i})) \\ &= g_i^{\hat{w}}(a_i, \mathbf{a}_{-i}) = U_i(\sigma_i|_{\hat{h}^t}, \sigma_{-i}|_{\hat{h}^t}), \end{aligned}$$

与 $f(w)$ 是纳什均衡相矛盾。这样，不存在一个有利一次偏离，从而 σ 是子博弈精炼均衡。

必要性：σ 是子博弈精炼均衡，那么不存在任何参与人的一次有利偏离，由此不存在 $\hat{h}^t$，参与人 i 及 $\hat{\sigma}_i$，使得 $V_i(\hat{w}) = U_i(\sigma_i|_{\hat{h}^t}, \sigma_{-i}|_{\hat{h}^t}) < U_i(\hat{\sigma}_i|_{\hat{h}^t}, \sigma_{-i}|_{\hat{h}^t})$，这意味着对任意 $\hat{\sigma}_i$ 及 $\hat{a}_i = \hat{\sigma}_i(\hat{h}^t) = f(\hat{w}) = a_i$ 都有

$$(1-\delta)u_i(\hat{a}_i, \mathbf{a}_{-i}) + \delta V(\tau(\hat{w}, (\hat{a}_i, \mathbf{a}_{-i}))) \leqq (1-\delta)u_i(a_i, \mathbf{a}_{-i}) + V(\tau(\hat{w}, (a_i, \mathbf{a}_{-i}))),$$

因此，对于 $g_i^w = (1-\delta)u_i(a) + \delta V_i(\tau(w, a))$，$f(w)$ 是一个纳什均衡。 □

例 7.3.6 (激励的囚徒困境 (续)) 考虑之前例子中的重复博弈（如表 7.6 所示）的两个自动机制表述，第一个是"针锋相对"战略，第二个是冷酷战略。"针锋相对" 战略组合的自动机制表述是：$\Omega = \{w_{EE}, w_{SE}, w_{ES}, w_{SS}\}$，$w^0 = w_{EE}$，$f(w_{a_1a_2}) = a_1a_2$，$\tau(w_{a_1a_2}, a_1'a_2') = w_{a_2'a_1'}$。

若 "针锋相对" 战略组合是一个子博弈精炼均衡，那么有：

$$V_1(w_{EE}) = (1-\delta)3 + \delta V_1(w_{EE}) \geqq (1-\delta)4 + \delta V_1(w_{ES}) \tag{7.3.1}$$

$$V_1(w_{SE}) = (1-\delta)4 + \delta V_1(w_{ES}) \geqq (1-\delta)3 + \delta V_1(w_{EE}) \tag{7.3.2}$$

$$V_1(w_{ES}) = (1-\delta)(-1) + \delta V_1(w_{SE}) \geqq (1-\delta)1 + \delta V_1(w_{SS}) \tag{7.3.3}$$

$$V_1(w_{SS}) = (1-\delta)1 + \delta V_1(w_{SS}) \geqq (1-\delta)(-1) + \delta V_1(w_{SE}) \tag{7.3.4}$$

于是得到：

$$V_1(w_{EE}) = 3, V_1(w_{SS}) = 1, V_1(w_{SE}) = \frac{4-\delta}{1+\delta}, V_1(w_{ES}) = \frac{4\delta-1}{1+\delta}.$$

不等式 (7.3.1) 意味着 $\delta \geqq 1/4$；不等式 (7.3.2) 意味着 $\delta \leqq 1/4$；不等式 (7.3.3) 意味着 $\delta \geqq 2/3$；显然不可能存在 $\delta \in (0,1)$ 同时满足不等式 (7.3.1)、(7.3.2) 和 (7.3.3)。这样，"针锋相对" 战略组合不是一个子博弈精炼均衡。

对于冷酷战略而言，其自动机制的表述在前面描述过。我们现在考察这个战略在什么时候是子博弈精炼均衡。由于

$$V_1(w_{EE}) = (1-\delta)3 + \delta V_1(w_{EE}) \geqq (1-\delta)4 + \delta V_1(w_{SS}), \tag{7.3.5}$$

$$V_1(w_{SS}) = (1-\delta)1 + \delta V_1(w_{SS}) \geqq (1-\delta)(-1) + \delta V_1(w_{SS}), \tag{7.3.6}$$

我们于是得到 $V_1(w_{EE}) = 3$，$V_1(w_{SS}) = 1$，于是不等式（7.3.6）自然成立。不等式（7.3.5）成立意味着 $\delta \geqq 1/3$，也就是说，当 $\delta \geqq 1/3$ 时，冷酷战略是一个子博弈精炼均衡。这一结果与之前的结果是一致的。

在求解重复博弈均衡的过程中，Abreu, Pearce 和 Stacchetti (1986，1990) 还提出了均衡支付战略自生成集概念。为了论述方便，下面我们也只讨论纯战略的情形。

7.3.5 重复博弈的战略自生成

首先记 E^p 为所有子博弈精炼均衡的支付。对每个 $\mathbf{v} \in E^p \subset \Re^n$，令 $\sigma^{\mathbf{v}}$ 是一个子博弈精炼均衡战略组合能达到 $\mathbf{v}$ 的均衡支付。$\sigma^{\mathbf{v}}$ 可以生成一个战略组合 a^* 和一个后续支付贴现值函数 $\gamma: A \to E^p$，$v_i = (1-\delta)u_i(\mathbf{a}^*) + \delta\gamma_i(\mathbf{a}^*)$。由于 $\sigma^{\mathbf{v}}$ 是子博弈精炼均衡，则它满足：

$$v_i = (1-\delta)u_i(\mathbf{a}^*) + \delta\gamma_i(\mathbf{a}^*) \geqq (1-\delta)u_i(a_i, \mathbf{a}^*_{-i}) + \delta\gamma_i(a_i, \mathbf{a}^*_{-i}).$$

由于 $\gamma(\cdot) \in E^p$，即 $\gamma(\cdot)$ 也是一个子博弈精炼均衡的支付，则 $\boldsymbol{\sigma}^{\mathbf{v}}$ 生成行为战略 $\mathbf{a}^*$ 后又形成一个后续的子博弈精炼战略 $\sigma^{\gamma(\mathbf{a}^*)} \equiv \sigma^{\mathbf{v}}|_{h^0,a^*}$。$\sigma^{\gamma(\mathbf{a}^*)}$ 所产生的均衡支付为 $\gamma(\mathbf{a}^*)$，之后依次递归。这个方法的巧妙性在于把一个无穷期的最优化问题变成一系列单阶段的最优化问题，而联系这一系列问题的是一系列子博弈精炼均衡支付。每个后续的子博弈均衡支付的贴现值称为一个状态，由状态产生的均衡战略又把前一个状态传递到后一个状态。这一方法涉及一些基本概念。

定义 7.3.5 (可强制执行的（enforceable）行动组合)　一个行动组合 a^* 在可行支付集合的 $W \subseteq F^*$ 子集上是**可强制执行的**，若存在一个可信的后续贴现支付函数 $\gamma: A \to E^p$，使得对于任意的参与人 $i \in N$，任意的 $a_i \in A_i$，都有

$$(1-\delta)u_i(\mathbf{a}^*) + \delta\gamma_i(\mathbf{a}^*) \geqq (1-\delta)u_i(a_i, \mathbf{a}^*_{-i}) + \delta\gamma_i(a_i, \mathbf{a}^*_{-i}).$$

这个定义给出了后续的均衡贴现支付（或者状态）对于参与人选择（均衡）战略的激励。下面给出几个与之相关的均衡支付概念。

定义 7.3.6 (行动可分解（decomposable）的支付)　一个支付 $\mathbf{v} \in F^*$ 使之在 $W \subseteq F^*$ 上是**行动可分解的**，若存在一个行动组合 $\mathbf{a}^*$ 在 $W \subseteq F^*$ 上是可强制执行的，即满足：

$$v_i = (1-\delta)u_i(\mathbf{a}^*) + \delta\gamma_i(\mathbf{a}^*) \geqq (1-\delta)u_i(a_i, \mathbf{a}^*_{-i}) + \delta\gamma_i(a_i, \mathbf{a}^*_{-i}),$$

其中 $\gamma(\mathbf{a}^*)$ 是 $\mathbf{a}^*$ 可强制执行的一个可信的后续贴现支付函数。

定义 7.3.7 (自生成（self-generation）支付集合)　一个集合 $W \subseteq F^*$ 是**纯战略自生成的**，若对于每个 $\mathbf{v} \in W$ 都是行动可分解的。

自生成支付集合与子博弈精炼均衡的支付集合密切相关。下面的命题刻画了两者的关系。

命题 7.3.3　一个自生成支付集合 $W \subseteq F^*$ 是一个纯战略子博弈精炼均衡的支付集合。

证明　令支付集合 $\Omega = W \subseteq F^*$ 是自动机制的状态集合。W 是自生成支付集合意味着：对任意 $\mathbf{v} \in W$，都存在着一个对应的行动组合 $\mathbf{a}(V)$ 和后续的承诺 $\gamma^{\mathbf{v}}: A \to W$。考虑下面的自动机制集合 $\{(W, \mathbf{v}, f, \tau): \mathbf{v} \in W\}$，满足：对所有的 $\mathbf{v} \in W$，都有 $f(\mathbf{v}') = \mathbf{a}(\mathbf{v}')$；同时对所有的 $\mathbf{v} \in W, \mathbf{a} \in A$，都有 $\tau(\mathbf{v}', \mathbf{a}) = \gamma^{\mathbf{v}'}(\mathbf{a})$。

我们要证明对任意的 $\mathbf{v} \in W$，自动机制 $\{W, \omega^0 = \mathbf{v}, f, \tau\}$ 描述了一个支付为 $\mathbf{v}$ 的子博弈精炼均衡。对于每个状态 $\mathbf{v}_i = V_i(\mathbf{v})$，$V_i(\mathbf{v})$ 是在该状态 $\mathbf{v}$ 下参与人 i 的均衡支付。由于每个 $\mathbf{v} \in W$ 都是可分解的，令 $\mathbf{v}^0 = \mathbf{v}$ 可以由此生成一个支付 — 行动组合的序列

$$\mathbf{v}^0 = \mathbf{v}, \mathbf{a}^0 = f(\mathbf{v}^0), \mathbf{v}^k = \tau(\mathbf{v}^{k-1}, \mathbf{a}^{k-1}) = \gamma^{\mathbf{v}^{k-1}}(\mathbf{a}^{k-1}), \mathbf{a}^k = f(\mathbf{v}^k).$$

这样，

$$v_i = (1-\delta)u_i(\mathbf{a}^0) + \delta v_i^1 = (1-\delta)u_i(\mathbf{a}^0) + \delta((1-\delta)u_i(\mathbf{a}^1) + \delta v_i^2)$$
$$= \cdots = (1-\delta)\sum_{s=0}^{t-1}\delta^s u_i(\mathbf{a}^s) + \delta^t v_i^t.$$

由于 v_i^t 是有界的，则当 $t \to \infty$ 时，$v_i = (1-\delta)\sum_{s=0}^{\infty}\delta^s u_i(\mathbf{a}^s)$，从而有 $v_i = V_i(\mathbf{v})$。 □

上面的命题可以引申出一个推论：纯战略的子博弈精炼均衡支付集合 E^p 是最大的纯行动自生成集合。与此同时，Abreu, Pearce 和 Stacchetti (1990) 还进一步证明了 E^p 是紧集。

例 7.3.7 (激励的囚徒困境：续) 回到之前讨论的囚徒困境例子，现在分析在什么条件下，双方每期都维持工作的激励是一个子博弈精炼均衡。因此，问题为在什么条件下自生成的支付集合 W 包括支付 (3,3)。若这样的 $W \subseteq F^*$ 存在，那么行动组合 (E,E) 在 W 是可强制实施的，此时意味着：

$$(1-\delta)3 + \delta\gamma_1(E,E) \geqq (1-\delta)4 + \delta\gamma_1(S,E),$$
$$(1-\delta)3 + \delta\gamma_2(E,E) \geqq (1-\delta)4 + \delta\gamma_2(E,S).$$

同时，$\gamma(E,E) \geqq \underline{v}_i = 1, \gamma_1(S,E) \geqq \underline{v}_i = 1, \gamma_2(E,S) \geqq \underline{v}_i = 1$。此外，$(S,S)$ 是阶段博弈的纳什均衡，从而 $\gamma(S,S) = 1$ 必然也属于 E^p。当 $\gamma_1(S,E) = \gamma_2(E,S) = 1$ 及 $\gamma_1(E,E) = \gamma_2(E,E) = 3$ 时，上面两个不等式约束是最弱的。这样，上面两个不等式成立的条件为 $\delta \geqq 1/3$，$W = \{(1,1),(3,3)\}$ 是自生成的支付集合，此时双方每期都维持工作的激励是一个子博弈精炼均衡。

利用上面的方法可以求解出重复博弈中的均衡支付。而对于应用而言，分析重复博弈中的互动行为则更是研究所关注的。政策的动态不一致通常是政府在政策制定过程中面临的一个困难。这方面的研究有很多，比如 Kydland 和 Prescott (1977) 讨论了货币政策动态不一致性。对于这样的问题，人们会想到政府的信誉可信度，比如政府可以把这种决策固定成某个不能随意改变的规则，或者把相关的决策权授予某些特定偏好的人和群体。重复博弈的思想也可以方便地处理这样的问题。考虑下面的关于公共品供给的例子（来自 Samuelson, 2006）。

例 7.3.8 考虑有两类参与人的无限期重复博弈，政府是第一类参与人（1 个），消费者是第二类参与人（数量是一个连续统，假设测度为 1）。为简化起见，假设消费者是同质的。每个消费者相对于社会来说可忽略不计，他的行为对于社会几乎没有影响，因此他会选择一个短期利益最大化的决策。假设每一期，消费者获得 1 单位的禀赋，他可以选择消费，也可以选择投资。假设投资的回报为 $R > 1$，消费的数量为 c，那么投资后的收益为 $R(1-c)$。政府对投资的税率是 t，则财政收入为 $tR(1-c)$。假设政府的收入都用于公共品的供给。每单位财政收入产生 γ 单位的公共品，设 $R-1 \leqq \gamma \leqq R$。为简化起见，假设各期之间不存在储蓄，动态不一致的问题发生在每期内部。

假设消费者的效用为：

$$c + (1-t)R(1-c) + 2\sqrt{G},$$

其中 G 是政府提供的公共品。

由于每个人对于社会来说可忽略不计，每个人对财政的贡献也是微不足道的。给定政府提供的公共品为 G，消费者的最优决策是：若 $t < \frac{R-1}{R}$，则 c=0，否则 c=1。

假设政府的目标是最大化社会福利，在这个例子中就是社会中消费者的效用。因此，政府的决策是选择税率 t 以最大化社会福利：

$$c + (1-t)R(1-c) + 2\sqrt{\gamma t R(1-c)}.$$

结合消费者的决策，政府对税率的选择为：$t(c) = \frac{\gamma}{R(1-c)}$。

图 7.3 是消费者和政府的最佳反应。由于 $R > 1$，最有效的消费安排是 $c = 0$，即把所有的禀赋都用于投资。在这种情形下，政府的税收为 $t = \frac{\gamma}{R}$，即图 7.3 中的 B 点。从图 7.3 中我们看到这个（阶段）博弈有唯一均衡 $c = 1, t = 1$，即图中的 A 点。这一均衡没有最优化消费者和政府的目标。这一结论令人吃惊，在模型中，消费者和政府的目标是相同的，然而在均衡中他们选择了一个对他们都更不利的决策。

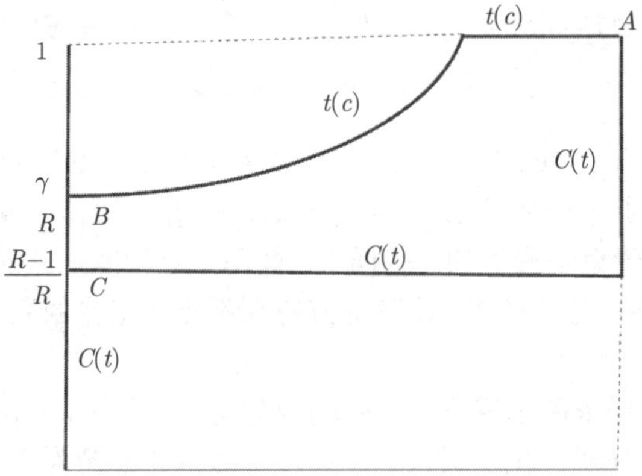

图 7.3　政府和消费者的最佳反应

由于每个个体对社会的影响微乎其微，他们不会考虑其行为所产生的后果，每个消费者会选择短期利益最大化的决策。考虑到消费者的行为约束（即消费者总是会对政府的决策采取最佳反应），在这个经济体中，最佳的决策组合是在图 7.3 中的 C 点，与最佳的消费决策兼容的最高税率为 $\frac{R-1}{R}$。

令 $\underline{v_1}$ 是在这个组合下政府的效用（也是消费者的效用）。若政府可以对税率选择事先承诺，政府可以获得的支付为 $\underline{v_1}$。若政府不能事先承诺，则政府面临政策的承诺问题。然而在重复博弈中，即使政府不能事先对税率作出承诺，政府也可以解决承诺问题。若政府足够关心它的未来收益，那么类似于冷酷战略，比如一旦政府选择的税率不是 $\frac{R-1}{R}$，都会使得未来的互动永久转向单阶段的纳什均衡，即 $c = 1$，$t = 1$，此时就能约束政府选择一个对社会有效的税率。这样，用重复博弈的思想，可以得到如下结论：

存在一个时间贴现率下界 $\underline{\delta}$，当政府的时间贴现率满足 $\delta \in [\underline{\delta}, 1]$，那么总存在一个子博弈精炼均衡，在该均衡中，政府和消费者的选择是 $t = \frac{R-1}{R}$，$c = 1$，即图 7.3 中的 C 点。

7.4 完美监督下的无名氏定理

在上面的重复博弈例子中，均衡往往是多个的。在重复博弈发展的历史中，有一个非常重要的定理，即无名氏定理（folk theorem），论证了重复博弈有无穷多个（个人理性的）支付，且都是子博弈精炼均衡的支付。无名氏定理最早由 Fudenberg 和 Maskin（1986）进行了系统研究。埃里克・马斯金的人物小传见 7.8.2 节。

先介绍最简单的无名氏定理。

定理 7.4.1 (纳什威胁下的无名氏定理) *令 $\mathbf{a}^*$ 是阶段博弈的纳什均衡，它的均衡支付是 $\mathbf{e}$。则，对任意 $v' \in \{v|v_i > e_i, v \in F^p\}$，存在 $\underline{\delta}$ 使得对任意 $\delta \in [\underline{\delta}, 1)$，都有一个重复博弈的子博弈精炼均衡，使得其均衡支付为 v。*

证明 假设存在纯行动组合 $\mathbf{a}$，使得 $u_i(\mathbf{a}) = v_i'$。考虑下面的战略组合：在阶段 0，对于任意参与人 $i \in N$，选择 a_i。若之前所有阶段参与人的行动组合都是 $\mathbf{a}$，那么对于任意参与人 $i \in N$ 仍然选择 a_i，否则参与人 $i \in N$ 选择 a_i^*。

当 $\delta \to 1$，这个战略组合首先是纳什均衡，因为 $(1-\delta)\max_{a_i'} u_i(a_i', \mathbf{a}_{-i}) + \delta e_i < v_i'$，因此存在 $\underline{\delta}$，使得 $\delta \in [\underline{\delta}, 1)$，这个战略组合是纳什均衡。由于在均衡路径外的任何一个子博弈，$\mathbf{a}^*$ 都是纳什均衡，这个均衡自然是子博弈精炼均衡。

若不存在这样的纯战略组合 $\mathbf{a}$，使得 $u_i(\mathbf{a}) = v_i'$，那么可以引入一个公共关联工具。令 W 是公共状态集合，它被所有参与人观察到，$\mathbf{p}$ 是 W 上的一个概率分布，使得 $\sum_{w\in W} u_i(a_i(w))$ $p(w) = v_i'$。这样，可以把上面的纯行动组合 $\mathbf{a}$ 替换成带有公共关联工具的战略 $a(W)_{w\in W}$，此时的战略组合是：在阶段 0，对于任意参与人 $i \in N$，选择 $a_i(w)$。若之前所有阶段参与人的行动组合都是 $a(w)$，对任意参与人 $i \in N$，仍然选择 $a_i(w)$，否则参与人 $i \in N$ 选择 a_i^*。

当 $\delta \to 1$ 时，这个战略组合是纳什均衡。这是由于，$(1-\delta)\max_{a_i' \in A_i} u_i(a_i', \mathbf{a}_{-i}(w)) + \delta e_i < v_i'$。同时，在每个非均衡路径的子博弈，$\mathbf{a}^*$ 都是纳什均衡，因此这个均衡自然是子博弈精炼均衡。 □

对更一般的无名氏定理，只要求每个参与人的支付大于最小最大支付，不一定要求大于阶段博弈的均衡支付。下面先证明两个参与人情形下的无名氏定理，然后证明更一般情形下的无名氏定理。

定理 7.4.2 (完美监督下的无名氏定理) *假定 $n = 2$。对任意 $v \in F^p$，都存在 $\underline{\delta}$，使得对任意 $\delta \in [\underline{\delta}, 1)$，存在着一个重复博弈的子博弈精炼均衡，其均衡支付为 v。*

证明 假设存在纯行动组合 $\tilde{\mathbf{a}}$，使得 $u_i(\tilde{\mathbf{a}}) = v$。定义 $M = \max_{i,\mathbf{a}\in A} u_i(\mathbf{a}) < \infty$。定义一个互相惩罚的战略，$\hat{\mathbf{a}} = (a_i^j, a_j^i), i \neq j$，满足：

$$u_i(\hat{a}_i^i, \hat{\mathbf{a}}_{-i}^i) = \min_{\mathbf{a}_{-i}} \max_{a_i} u_i(a_i, \mathbf{a}_{-i}) = \underline{v}_i^p.$$

$\hat{\mathbf{a}}$ 则是双方相互最大最小战略，注意到 $u_i(\hat{\mathbf{a}}) \leqq \underline{v}_i^p$。考虑下面的战略：参与人选择 $\mathbf{a}(0) = \tilde{\mathbf{a}}$，若之前参与人都选择 $\mathbf{a}(0)$，这一阶段也选择 $\mathbf{a}(0)$；若在上一阶段某个参与人偏离 $\mathbf{a}(0)$，那么从这一阶段开始进入一个长度为 L 的惩罚阶段，在惩罚阶段参与人选择 $\hat{\mathbf{a}}$，同时在惩罚阶段若参与人偏离不选择 $\hat{\mathbf{a}}$，则从下一阶段开始，重新进入长度为 L 的惩罚阶段；若在惩罚阶段所有参与人都遵从选择 $\hat{\mathbf{a}}$，那么下一阶段开始进入初始选择 $\mathbf{a}(0)$。这一战略可以表述为下面的自动机制。

自动机制的状态集合 $\Omega=\{w(l):l=0,\cdots,L\}$，初始状态 $w^0=w(0)$，战略输出函数

$$f(w(l))=\begin{cases}\tilde{\mathbf{a}}, & 若 l=0,\\ \hat{\mathbf{a}}, & 若 l=1,2,\cdots,L,\end{cases}$$

状态转移函数

$$\tau(w(l),\mathbf{a})=\begin{cases}w(0), & 若 l=0,\mathbf{a}=\tilde{\mathbf{a}} 或 l=L,\mathbf{a}=\hat{\mathbf{a}},\\ w(l+1), & 若 0<l<L,\mathbf{a}=\hat{\mathbf{a}},\\ \omega(1), & 其他,\end{cases}$$

其中 $\hat{\mathbf{a}}=(\hat{a_1}^2,\hat{a_2}^1)$，存在一个 L, 使得

$$L\min_i(u_i(\tilde{\mathbf{a}})-u_i(\hat{\mathbf{a}}))>M-\min_i u_i(\tilde{\mathbf{a}}). \tag{7.4.7}$$

当 δ 足够大（即 $\delta\to 1$）时，则有

$$u_i(\tilde{\mathbf{a}})\geqq(1-\delta)M+\delta v_i^*, \tag{7.4.8}$$

其中 $v_i^*=(1-\delta^L)u_i(\hat{\mathbf{a}})+\delta^L u_i(\tilde{\mathbf{a}})$。把 v_i^* 代入不等式 (7.4.8)，得到：

$$(1-\delta^{L+1})u_i(\tilde{\mathbf{a}})\geqq(1-\delta)M+\delta(1-\delta^L)u_i(\hat{\mathbf{a}}).$$

不等式两边同除以 $1-\delta$，得到

$$\sum_{t=0}^{L}\delta^t u_i(\tilde{\mathbf{a}})\geqq M+\sum_{t=0}^{L-1}\delta^t u_i(\hat{\mathbf{a}}). \tag{7.4.9}$$

显然，若不等式 (7.4.8) 成立，那么不等式 (7.4.9) 也成立。也就是说，存在一个 $\underline{\delta}$，当 $\delta\in[\underline{\delta},1)$，不等式 (7.4.9) 成立，这样自动机制刻画的战略是纳什均衡。在非均衡路径上，若偏离在惩罚阶段是有利的，则它必然在 $w(1)$ 下也是有利的。这是因为在惩罚阶段，从第一期开始偏离相对于以后偏离更有利可图。若在 $w(1)$ 下不偏离，那么其收益为 v_i^*；若偏离，则当期获得一个不超过 $\underline{v}_i^p<v_i^*$ 的收益（因为对方选择最小最大战略），同时获得一个后续收益 v_i^*，从而偏离不能使得收益增加。这样，上面的战略是子博弈精炼均衡。

若不存在一个纯行动组合 $\tilde{\mathbf{a}}$，使得 $u_i(\tilde{\mathbf{a}})=v$，那么根据支付的构造，存在一个公共关联工具，用自动机制描述公共关联下的战略为 (Ω,u^0,f,τ)，其中 $\Omega=\{w^{\mathbf{a}}\}_{\mathbf{a}\in A}\cup\{wl,l=1,\cdots,L\}$，$\mu^0\in\triangle(\{w^{\mathbf{a}}\}_{\mathbf{a}\in A})$，

$$f(w(l))=\begin{cases}\mathbf{a}, & 若 l=0,w=w^{\mathbf{a}},\\ \hat{\mathbf{a}}, & 如果 l=1,\cdots,L,\end{cases}$$

$$\tau(w(l),\mathbf{a}')=\begin{cases}\alpha, & 若\ l=0,w(0)=w^{\mathbf{a}},\mathbf{a}'=\mathbf{a}\ 或\ l=L,w(L)=w^{\mathbf{a}},\mathbf{a}'=\hat{\mathbf{a}},\\ w(l+1), & 若\ 0<l<L,\mathbf{a}'=\hat{\mathbf{a}}\\ w(1), & 其他,\end{cases}$$

其中 α 满足：$\sum_{a\in A}u_i(\mathbf{a})\alpha(w^{\mathbf{a}})=v_i$。用 $w^{\mathbf{a}}{}_{\mathbf{a}\in A}$ 来代替之前的 $w(0)$，最初状态 w^0 被 μ^0 代替，而 μ^0 则是在 $\{w^{\mathbf{a}}:\mathbf{a}\in A\}$ 的概率分布 α。在这样的替代下，余下的证明与前面相似，在此不再重复。 □

无名氏定理的直观含义是，若参与人足够有耐心，那么任何阶段的一次偏离获得的收益增加总会被未来随之而来的惩罚阶段的收益下降所抵消，也就是说，未来收益下降的惩罚超过了之前偏离所得到的好处，此时参与人的行动会遵从均衡支付所设定的战略。

在前面的论证过程中，为了支持战略不被偏离而施加的均衡路径上的惩罚机制是一个对于全体的惩罚，然而在三人以上的重复博弈中，惩罚机制会更精准地针对最近一次违背设定战略的参与人。对于这个思想的论述，下面我们给出一个更一般的无名氏定理，证明过程参照 Fudenberg 和 Maskin (1986) 的经典论文。

定理 7.4.3(无名氏定理)　假设可行支付集合 FV^* 的维度等于参与人的数目（又称可行支付集合的全维度），那么给定 $v\in FV^*$，存在 $\underline{\delta}$，使得对任意的 $\delta\in[\underline{\delta},1)$，都有一个子博弈精炼均衡，其均衡支付等于 v。

在 Fudenberg 和 Maskin (1986) 的证明中，他们引入了三个阶段。第一阶段是均衡路径；第二阶段是对最近一次偏离均衡战略的参与人的惩罚阶段；第三阶段是对按均衡要求实施惩罚的参与人给予奖励。

证明　这里只证明纯战略形式下的结果，即存在 $\mathbf{a}$ 使得支付 $u(\mathbf{a})=v$ 的情形。混合战略的情形或者通过公共关联工具下产生的支付与前面的证明过程类似，更详细的说明可以参见 Fudengerg 和 Maskin (1986) 的论文。

在他们的证明中，有一个关于个人理性支付的条件，即可行支付集合全维度，这意味着，对任意的 $v\in FV^*$，当 $\underline{v}_i<v_i'<v_i$ 时，对任意的 $i\in N$，都存在一个正数 $\varepsilon>0$ 及支付 $v'(i)=(v_1'+\varepsilon,\cdots,v_{i-1}'+\varepsilon,v_i',v_{i+1}'+\varepsilon,\cdots,v_n'+\varepsilon)\in FV^*$。

为避免引入公共关联工具，假设对于任意的 $i\in N$，存在一个纯战略 $\mathbf{a}(i)$，使得 $u(\mathbf{a}(i))=v'$。令 $w_i^j=u_i(m^j)$，其中 m^j 是对参与人 j 的最小最大战略组合，即 $u_j(m^j)=\underline{v}_j$。

考虑下面的战略组合。互动从阶段 I 开始：在阶段 I，参与人的行动组合为 $\mathbf{a}$，使得 $u(\mathbf{a})=v$。若只有参与人 j 选择偏离行动组合，那么互动进入阶段 II_j，其他情形 (若存在两个以上参与人偏离行动组合，或者没有参与人偏离行动组合) 下互动仍然处于阶段 I。

阶段 II_j：参与人选择 m^j。若没有人或者两个参与人以上偏离战略 m^j，那么在 II_j 中持续 k 期，然后进入阶段 III_j。若在阶段 II_j 只有某个参与人 $i\in N$ 偏离战略 m^j，那么从下一期开始，互动进入 II_i。(注意到在上面在 II_j，只有当 m^j 是纯战略时，构造才有意义，对于混合战略情形，我们下面再做论述)。阶段 II_j 可以看成是对参与人 j 进行惩罚的阶段。

阶段 III_j：参与人一直选择战略组合 $\mathbf{a}(j)$，直到没有参与人单方面地偏离战略 $\mathbf{a}(j)$。若存在某个参与人 $i\in N$ 单方面地偏离该战略，那么从下期开始进入 II_i。

下面验证这个战略构造是子博弈精炼均衡，我们只需验证在每个子博弈下，没有参与人会选择单方面偏离。

在阶段 I，若参与人 i 偏离，那么他获得的支付不超过

$$(1-\delta)\max_{\mathbf{a}\in A}u_i(\mathbf{a})+\delta(1-\delta^k)\underline{v}_i+\delta^{k+1}v_i'.$$

显然，当 $\delta \to 1$ 时，它严格小于遵循均衡时的支付 v_i。

在阶段 III_j，参与人 $i \neq j$ 遵从上面构造的战略，其支付为 $v_i' + \varepsilon$，若单方面偏离，其支付最多为 $(1-\delta)\max_{a\in A} u_i(\mathbf{a}) + \delta(1-\delta^k)\underline{v}_i + \delta^{k+1}v_i'$。显然，当 $\delta \to 1$ 时，它严格小于遵循均衡时的支付 $v_i' + \varepsilon$。参与人 j 偏离最多得到

$$(1-\delta)\max_{\mathbf{a}\in A} u_j(a) + \delta(1-\delta^k)\underline{v}_j + \delta^{k+1}v_j'.$$

显然，当 $\delta \to 1$ 时，它严格小于遵循均衡时的支付 v_j'。

在阶段 II_j，参与人 $i \neq j$ 遵循构造的战略，当在阶段 II_j 仍有 $k^t \leqq k$ 期，其支付为 $(1-\delta^k)w_i^j + \delta^k(v_i^t + \varepsilon)$，若单方面偏离，他在未来 k 期选择最小最大化战略 m^i，然后进入阶段 III_i，其支付为不超过 $(1-\delta)\max_{\mathbf{a}\in A} u_i(\mathbf{a}) + \delta(1-\delta^k)\underline{v}_i + \delta^{k+1}v_i^t$，当 $\delta \to 1$ 时，其支付严格小于 $(1-\delta^k)w_i^j + \delta^k(v_i^t + \varepsilon)$。对于参与人 j，当在阶段 II_j 仍有 $k^t \leqq k$ 期，若遵循构造的战略，其支付为 $q_j(k^t) = (1-\delta^{k^t})\underline{v}_j + \delta^{k^t}v_j^t$，若偏离，其支付为 $q_j(k) = (1-\delta^k)\underline{v}_j + \delta^k v_j^t$，显然 $q_j(k^t) \geqq q_j(K)$。 □

上面假设 m^j 是纯战略，对混合战略的讨论会相对更复杂一些，具体的细节见 Fudenberg 和 Maskin (1986)。

对无名氏定理，一个通俗的解释是只要人们有充分耐心，任意的结果 (只要每个参与人的效用不低于个体理性水平这一限制) 都可能是均衡的。这一（无穷多均衡）结果，被很多人认为是重复博弈理论的一个负面结果，因为一个理论如果包容所有的结果，这一理论就是空洞的。其实这是一个误解，无名氏定理并不像人们理解的那样没有意义，而是非常深刻地说明了长期形成的制度环境如文化、社会习俗的异常重要性。第一，对于长期关系的研究能帮助我们理解人们互动中可能出现的机会主义行为以及制度对其的反应。在不同的制度环境下，包括不同的文化、习惯、社会习俗等因素（其程度由贴现因子决定），不同长期关系中人们的行为是不同的。如果一个理论可以忽略制度环境从而只得到某个明确单一的结果，并不一定是好的理论。不同的制度细节会决定与人们的长期互动对应的均衡的结果。第二，以无名氏定理为参照系，很多理论学家关注这一定律失效的条件。如果人们没有那么多的耐心，对于机会主义的识别没有那么准确，有些参与人只是短期参与，等等，那么这些条件的改变如何影响人们的长期行为？在下面，我们将会讨论到这些因素。

7.5　重复博弈模型的一些变形

在上面重复博弈的讨论中都假设每一期所有参与人以及行动集合都是相同的，下面通过三个例子讨论存在短期参与人的情形，参与人交替进入与退出，以及社会规范而不是个人之见对于参与人行为的约束。

7.5.1　长期参与人与短期参与人

在一些多期互动中，不同阶段博弈的参与人会发生变化。比如，一个商家在不同时期遇到的顾客是不同的。在这样的博弈环境中，可以把参与人分为两类，长期参与人和短期参与人。短期参与人只参加一期，由此他的目标是短期利益最大化，而长期参与人的目标是不同时期加总的收益，因此她追求一个长期的利益最大化。

令 $i \in \{1,2,\cdots,L\}$ 是长期参与人，$j \in \{L+1, L+2,\cdots,n\}$ 是短期参与人。

令 $B: \prod_{i=1}^{L} \Delta A_i \to \prod_{j=L+1}^{n} \Delta A_j$ 是短期参与人对于长期参与人（混合）战略的最佳反应。在此基础上，长期参与人的最小最大效用 $\underline{v_i}$ 需重新定义为：

$$\underline{v_i} = \min_{\alpha \in graph(B)} \max_{a_i} u_i(a_i, \alpha_{-i}),$$

其中 $graph(B) \subseteq \prod_{i=1}^{n} \Delta A_i$，$graph(B)$ 是 B 对应的像集，满足对于 $j > L$，$a_j(a_{-j}) = \operatorname{argmax}_{a_j^i} u_j(a_j^i, \mathbf{a}_{-j})$。然而，在有短期参与人的情形下，在重复博弈中长期参与人的个体可行理性的支付还存在一个支付上界的约束。定义

$$\bar{v_i} = \max_{a \in graph(B)} \min_{a_i \in support(\alpha_i)} u_i(a_i, \alpha_{-i}),$$

其中 $support(a_i)$ 指的是参与人 i 的混合行动中行动 a_i 的概率为正。

例 7.5.1 (短期参与人与长期参与人)　考虑下面一个存在短期参与人的重复互动。参与人 1（行）是长期参与人，参与人 2（列）是短期参与人。假设参与人 2 是一系列短期参与人，每个短期参与人只与长期参与人互动 1 期，或者说参与人 2 的时间贴现率为 0。两个参与人的阶段博弈如表 7.7 所示。

$$graph(B) = \{(\alpha_1^T, L) : \alpha_1^T \geqq 2/3\} \cup \{(\alpha_1^T, R) : 1/3 \leqq \alpha_1^T \leqq 2/3\} \cup \{(\alpha_1^T, C) : \alpha_1^T \leqq 1/3\},$$

其中 α_1^T 是长期参与人 1 选择 T 的概率。我们得到 $\underline{v_1} = 1, \bar{v_1} = 6$。

在这个博弈中，由于长期参与人的最小最大效用为 1，是阶段纳什均衡 (T, L) 的参与人 1 的支付；同时支付上界 6 也是阶段纳什均衡 (B, R) 下参与人 1 的均衡支付。这样，在这个例子中，参与人 1 的支付 $v_1 \in (1, 6)$，我们可以搭建一个公共关联工具。比如，$\{w_1, w_2\}$，令 $p = prob(w = w_1), 1-p = prob(w = w_2)$，同时使得 $p + 6(1-p) = v_1$。构建一个战略组合：在 w_1 下，选择行动组合 (T, L)；在 w_2 下，选择行动组合 (B, R)。若参与人 2 观察参与人 1 之前偏离过上述战略，那么长期参与人 1 和参与人 2 的战略组合为 (T, L)。可以看出，存在一个参与人 1 的时间贴现率下界 $\underline{\delta}$，使得当 $\delta \in (\underline{\delta}, 1)$，上面的战略是一个子博弈精炼均衡，同时参与人 1 获得的支付为 v_1。

表 7.7　长期参与人与短期参与人的互动

		参与人 2		
		L	C	R
参与人 1	T	1, 3	0, 0	6, 2
	B	0, 0	2, 3	6, 2

在更一般的情形下，Fudenberg，Kreps 和 Maskin (1990), 以及 Fudenberg 和 Levine (1994) 证明了一个存在短期参与人的无名氏定理：长期参与人支付空间的维度等于其人数，即 L。对于长期参与人的支付，若满足 $\underline{v_i} < v_i < \bar{v_i}$，$i \in \{1,2,\cdots,L\}$，则存在一个时间贴现率下界 $\underline{\delta}$，使得任意 $\delta \in [\underline{\delta}, \cdot)$，存在一个子博弈精炼均衡，使得长期参与人的支付为 $v = \{v_1, \cdots, v_L\}$。

7.5.2 迭代的参与人

在某些情形的互动中，参与人群中存在进入和退出，同时每个人与其他人互动有一定的时间限定。在这种情形下，没有某个参与人会永远与其他人互动，同时不同类型的参与人面临不同的互动期限。这样的例子在现实中，特别是在组织中，很常见。在现实中，绝大部分组织中的成员都会面临退休，而且在这些组织中，经常会有新成员加入。不同成员在组织中待的时间也不同，他们在组织中也有不同的职业生涯预期。这种情形被称为迭代参与重复博弈。下面通过一个例子（Cremer，1986）来讨论人们的互动及其激励。

考虑一个组织，每个人在组织中的时间是 T 年（可以把它理解为退休年龄）。为简单起见，假设在组织中，每一期不同年龄的个体数目都为 1，每一期都各有 1 个成员 (工龄为 T 的人) 退出，也有新成员进入（工龄为 1），每过一期，仍然待在组织中的成员，其工龄增加 1。考虑成员之间的合作互动。假设每个成员都可以选择努力或偷懒，选择努力的个人成本为 1。假设组织的产出取决于选择努力的总人数，同时每个成员获得相同比例的产出，或者说存在搭便车的可能。

假设除参与人 i 外，其他选择努力的人数为 k。若参与人 i 选择努力，则他的效用（或支付）为 $\frac{s(k+1)}{T}-1$，否则为 $\frac{sk}{T}$，其中 s 是努力的产出效率，假设 $1<s<T$。显然，若只有一期的互动，那么所有理性参与人都选择偷懒。而在重复博弈中，结果会完全不同。为方便讨论，假设贴现率 $\delta=1$。下面考虑组织成员的激励。

显然，工龄为 T 的参与人在组织中只待最后一期，因此他没有动机去选择努力。考虑下面的组织（成员）战略组合：工龄为 T 的参与人会选择偷懒；若之前没有其他工龄的参与人选择偷懒，那么工龄不是 T 的参与人选择努力；若之前存在工龄不是 T 的参与人选择偷懒，那么所有人都选择偷懒。下面来验证这个战略是一个子博弈精炼均衡。

首先对于工龄为 T 的参与人，选择偷懒是一个占优战略。下面来考察工龄为 $T-1$ 的参与人的激励。假设其他参与人都遵循上面的战略组合。若他选择偷懒，那么他在这一期的收益为 $\frac{s(T-2)}{T}$，在下一期的收益为 0，总的收益为 $\frac{s(T-2)}{T}$；若他选择努力，那么他在这一期的收益为 $\frac{s(T-1)}{T}-1$，在下一期的收益为 $\frac{s(T-1)}{T}$，总的收益为 $2\frac{s(T-1)}{T}-1>\frac{s(T-2)}{T}$，因为 $s>1$。因此，对于工龄为 $T-1$ 的参与人没有激励单独偏离。

我们考察工龄为 $T-k$ 的参与人，其中 $k\in 1,2,\cdots,T-1$。若该参与人偏离该战略，其当期收益为 $\frac{s(T-2)}{T}$，之后每期的收益都为 0，总的收益为 $\frac{s(T-2)}{T}$。若该参与人遵循该战略，其收益为 $k\frac{s(T-1)}{T}-(k-1)>\frac{s(T-2)}{T}$，这样工龄为 $T-k$ 的参与人也不会单方面偏离该战略。此外，在均衡路径之外，即之前有工龄不等于 T 的组织成员选择偷懒，此时该战略组合是之后每个人都选择偷懒，而这刚好是阶段博弈的纳什均衡，没有参与人愿意单方面偏离。因此上面的战略组合是子博弈精炼均衡。

当然，不必局限于 $\delta=1$。在上面的推理中，可以发现存在一个时间贴现率下界 $\underline{\delta}$，当 $\delta\in(\underline{\delta},1)$ 时，上面的战略组合仍然是子博弈精炼均衡。

7.5.3 社区约束与社会规范

在许多重复博弈中，互动的对象是随机的，也就是说，互动中的对手是随机的。比如，人们在购买商品时，不同时期遇到的对手是不同的。此时惩罚无法由某个特定的参与人来实施，而是需要别的参与人。通常来说，实施惩罚对于实施者来说也是有成本的，因此需要别的机制来约束惩罚过程，这里主要讨论社会规范（social norm）的约束机制。

假设这个社会由 M(偶数) 个参与人组成，在每期，每个参与人随机地与其他某个参与人进行互动，比如选择“合作”或“非合作”，互动的阶段支付由下面的表 7.8 刻画。若 M 足够大，那么每个人遇到之前对手的概率就非常低。至于在这种情形下如何激励人们之间的合作，一个通常的方式是通过社会规范来约束。社会规范由下面两个要素构成：个体社会标签的更新函数以及依赖于标签的战略。个体社会标签的更新函数是关于标签的转移函数。$\tau_i(x,z,a_i)$ 表示参与人 i 和对手的当期社会标签分别为 x,z，同时参与人 i 选择 a_i 时，下一期的（更新）社会标签。社会标签依赖战略 $\sigma_i(x,z)$ 指的是参与人 i 和对手的社会标签分别为 x,z 时，参与人 i 的选择战略。

表 7.8 社会规范

		参与人 2: C	参与人 2: D
参与人 1	C	$4,4$	$0,5$
	D	$5,0$	$1,1$

考虑下面的社会规范：社会标签集合为 G,B，

$$\tau_i(x,z,a_i)=\begin{cases} G, & 若\ (x,z,a_i)=(G,G,C)\ 或\ (G,B,D)\ , \\ B, & 其他. \end{cases}$$

$$\sigma_i(x,z)=\begin{cases} C, & 若\ x=z=G\ , \\ D, & 其他. \end{cases}$$

上面对社会标签和标签依赖战略的定义很直观：可以把那些社会标签为 G 的个人理解为“好人”，把那些社会标签为 B 的人理解为“坏人”。若初始标签是“好人”的参与人面临的对手也是“好人”，选择合作（即 C）会使得该参与人的社会标签仍然是“好人”，或者若初始标签是“好人”的参与人面临的对手是“坏人”，选择不合作（即 D）会使得该参与人的社会标签仍然是“好人”，否则社会标签就变成“坏人”。或者说社会规范要求遇到好人要合作，遇到坏人要不合作；否则在社会规范下，其个人的社会标签会被认为是“坏人”。对于坏人而言，社会规范将永远把他列入坏人，类似于冷酷战略，不存在谅解。可以证明下面的结论：当 $\delta\to 1$ 时，不管 M 有多大，上面描述的社会规范是一个子博弈精炼均衡。

假设社会的初始状态为每个人的社会标签都是 G。下面先论证，在均衡路径中，没有参与人会单方面偏离。若偏离，其贴现支付为 $5(1-\delta)+\delta$；若遵守，其贴现支付为 4。只要 $\delta>1/4$，没有参与人会单方面偏离。

其次，在均衡路径之外，假设社会标签为 G 的个体的比例为 $\alpha>0$，社会标签为 B 的个体的比例为 $1-\alpha$。对于社会标签为 B 的个体，由于选择 (D,D) 是阶段纳什均衡，这样给定其他人都遵循上面的社会规范，社会标签为 B 的个人的最优选择也会是 D。

对于社会标签为 G 的个体，若他面临的对手的标签是 B，若遵守社会规范，其期望收益为 $(1-\delta)+\delta V(G)$，若不遵守，其期望收益为 $0+\delta V(B)$；若他面临的对手的标签是 G，若遵

守社会规范，其期望收益为 $4(1-\delta)+\delta V(G)$，若不遵守，其期望收益为 $5(1-\delta)+\delta V(B)$。由于 $V(B)=1$，则 $V(G)=(1-\delta)[\alpha 4+(1-\alpha)]+\delta V(G)$，于是得到：$V(G)=1+3\alpha>V(B)$。

于是，在均衡路径之外，对于 G 标签的个体，若遇到 B 标签的对手，由于 $(1-\delta)+\delta V(G)>0+\delta V(B)$，他会遵从社会规范，若遇到 G 标签的对手，当且仅当 $\delta>\underline{\delta}=\frac{1}{1+3\alpha}$ 时，才会有

$$4(1-\delta)+\delta V(G)=4(1-\delta)+\delta(1+3\alpha)>5(1-\delta)+\delta V(B)=5-4\delta.$$

这样，只要 $\alpha>0$，不管社会初始的好人和坏人的分布是什么，当 $\delta\to 1$ 时，上面的规范会是一个子博弈精炼均衡。

在上面的论证过程中我们发现，若给定社会中参与人的时间贴现率 δ 并不是特别大，那么社会上“坏人”的比例越大，社会规范的效力越低，这是因为，此时维系社会规范要求时间贴现率下界为 $\underline{\delta}\equiv\frac{1}{1+3\alpha}$，随着 α 的减小而增大。当 $\alpha<\frac{1-\delta}{3\delta}$ 时，上面的社会规范将不会是一个纳什均衡，也就是说，此时社会规范会瓦解。在社会发展过程中，存在各种各样的陷阱，除了资源禀赋外，以信任为要素的社会文化等也通常是一个重要的制约因素。

这一节讨论的参与人的长期互动都是建立在一个极端的假设基础上，即参与人之前的行为会被他们及其对手精确地识别。而与此相对应，为了使参与人之间维持合作，一个重要的机制是惩罚机制，且通常会有这样一个结论：对偏离合作行为的惩罚越严厉，参与人之间越容易维持合作。一些极端的惩罚方式，比如冷酷战略，在这一类重复博弈中发挥重要作用。然而，一旦放松对参与人行为历史的精确观察，很多结论都可能需要修正。比如在参与人存在观察误差的情况下，极端的惩罚方式往往会破坏合作，而且一旦出现微小的扰动，参与人之间长期合作的关系会荡然无存。在下面要讨论的不完美公共监督，在维持长期合作关系时，除了对可能的机会主义行为进行惩罚外，选择（某种程度的）谅解也是非常重要的机制。在很多实验中，研究者发现，针锋相对通常是一种更有效的维持合作的方式。

7.6 不完美公共监督下的重复博弈

上面讨论的重复博弈假设了参与人观察到人们之前的所有行动，这个假设在现实生活中是非常强的。对许多重复互动，人们都无法知道参与人之前的行为，而只能观察到一些结果，这些结果的分布依赖于人们的行为。这样，为支持某些合作的结果，尽管参与人不能直接对偏离行为的参与人施加惩罚，但可以对与这些行为高度相关的结果采取惩罚，也可以间接对机会主义行为进行惩罚。

对于不能精确地观察到参与人行为的重复互动，按照参与人观察的结果，可以进一步分为两类：一类是参与人观察到的行为结果是共同的，比如企业不能直接观察到之前对手的实际价格行为，但是可以观察到市场上的总需求（比如行业协会发布的行业报告），总需求的大小依赖于企业的价格行为；另一类是参与人观察到的行为结果不同，比如企业不能观察到总的市场需求，但是可以观察到自己的需求。这一节重点讨论共同行为结果的情形。

7.6.1 不完美监督下的重复博弈的基本结构

与前面讨论的完美公共监督情形相比，不完美公共监督（imperfect public monitoring）的重复博弈结构的变化主要体现在参与人掌握的历史上的差异。

先来描述具有公共观察结果的不完美公共监督下的重复博弈的结构。

在阶段博弈中，每个参与人 $i \in N \equiv \{1,2,\cdots,n\}$ 同时从各自的行动集合 A_i 选择行动 a_i。每个行动组合 $a \in A \equiv \prod_i A_i$ 产生了一个在（参与人）共同观察到的结果集 Y 上的概率分布，$\pi_y(a), y \in Y$，它表示行动组合 a 下结果 y 的概率。参与人 i 实现的支付为 $r_i(a_i, y)$，即其支付不直接依赖于其他参与人的行动。在行动组合 a 下，参与人 i 的阶段博弈的期望效用为 $u_i(a) = \sum_y \pi_y(a) r_i(a_i, y)$。

在重复博弈中，在阶段 t 开始的共同信息为 $h^t = (y^0, y^1, \cdots, y^{t-1})$，由于每个参与人的行动不被别人所知，每个参与人掌握的信息不同，$z_i^t = (a_i^0, a_i^1, \cdots, a_i^{t-1})$ 为参与人 i 在阶段 t 之前所有的行动。在阶段 t，参与人 i 的信息为 $h_i^t = (h^t, z_i^t)$，所有可能的信息集合记为 H_i^t，参与人在阶段 t 的行为战略为 $\sigma_i^t(\cdot) : H_i^t \to \Delta A_i$。

完美公共监督下的重复博弈可以看成是不完美公共监督下的重复博弈的一个特例，此时共同信息集为 $h^t = (a^0, a^1, \cdots, a^{t-1})$，即所有参与人之前的行动是共同观察到的结果。

在完美监督的重复博弈中，利用动态规划的思想，把整个动态博弈转化为一系列（彼此相关联的）静态决策问题，也就是说，建立某种递归结构来分析参与人之间的重复互动。在不完美监督的重复博弈中，也可以建立类似的递归结构。然而对于递归结构，其中一个重要的因素是存在某种能协调参与人互动的要素。因此，在不完美公共监督下的重复博弈的均衡解集中在公共战略（public strategy）均衡结果，即参与人的战略只依赖于公共结果。通过公共结果，可以把整个博弈转化为一系列（相关联的）静态决策。而对于私人战略，我们在后面也会通过一些例子来说明它们之间的差异。

定义 7.6.1 (公共战略)　战略 σ_i 是一个**公共战略**，若在任意的阶段 t，对任意公共历史 h^t 和两个不同私人历史 z_i^t 和 $\tilde{z}_i{}^t$，都有 $\sigma_i(h^t, z_i^t) = \sigma_i(h^t, \tilde{z}_i{}^t)$。

对于公共战略，我们有下面的结论：若除了参与人 i，其他参与人都选择公共战略，那么参与人 i 的一个公共战略是他的最佳反应战略。这个结论背后的逻辑很简单：由于参与人 i 的理性行为依赖于他对其他参与人行为的信念，而其他参与人的行为只依赖于公共结果，因此，参与人 i 对其他参与人行为的信念独立于其他参与人观察到的私人信息（即他们之前的行为），从而参与人 i 在公共结果基础上有一个最佳反应。

尽管不是所有纯战略都是公共战略，但选择公共战略具有一定程度的普遍性。因为任何一个纯战略均衡，都可以找到一个等价的公共战略均衡。两个战略 σ_i 和 $\hat{\sigma}_i$ 对于参与人 i 来说（结果）等价的意思是：对于其他参与人的战略 σ_{-i}，由行动组合 (σ_i, σ_{-i}) 和 $(\hat{\sigma}_i, \sigma_{-i})$ 所导致的公共结果分布是相同的。下面的引理揭示了这一思想。

引理 7.6.1　*在不完美公共监督博弈中，每一个纯战略都有一个（结果）等价的公共纯战略。*

证明　令 σ_i 是参与人 i 的一个纯战略。令 $a_i^0 = \sigma_i(\varnothing)$ 是第一阶段的行动，其中 $\varnothing$ 表示空集。在第二阶段，给定公共结果 y^0，参与人 i 选择 $a_i^1(y^0) = \sigma_i(y^0, a_i^0) = \sigma_i(y^0, \sigma_i(\varnothing))$。以此递推，在阶段 t，设其公共历史为 $h^t = (y^0, y^1, \cdots, y^{t-1})$，参与人 i 的行动历史 $a_i^t(h^t) \equiv \sigma_i(h^t, a_i^0, a_i^1(y^0), \cdots, a_i^{t-1}(h^{t-1}))$。因此，对于任何一个公共结果 $h \in Y^\infty$，纯战略对行动路径 $(a^0, a^1(y^0), \cdots, a^t(h^t), \cdots)$ 赋予 1 的概率。这样，纯战略 σ_i 与参与人 i 的一个公共战略（在阶段 t 选择 $a_i^t(h^t)$）是结果等价的。 □

这个引理的背后逻辑是这样的：在一个纯战略均衡中，每个参与人都准确地预期到对手在每一期的行为。参与人 i 在第一阶段选择 a_i^0，在第二阶段选择 $\sigma_i^1(a_i^0, y^0)$。由于第一阶段的行动 a_i^0 之前已定，在第二阶段的行为战略依赖于 a_i^0 将变成多余的。我们可以把参与人 i 的行为战略 σ_i^1 替换成公共战略 $\hat{\sigma_i}^1(y^0) = \sigma_i^1(a_i^0, y^0)$，之后各期的公共战略的构造思路类似。

在公共结果基础上，可以给出与完美监督的重复博弈中类似的概念和工具。首先在不完美公共监督下，自动机制由下面一些要素构成：状态集 Ω，初始状态 w^0，输出函数 $f: \Omega \to \prod_i \Delta(A_i)$ 和状态转移函数 $\tau: \Omega \times Y \to \Omega$。

其次是均衡概念。当所有人都采用公共战略时，给定公共历史 h^t，他们对未来行动和结果的分布达成共识（共同知识）。与完美监督下的重复博弈类似，也可以相应地定义给定公共历史的后续支付，以及与这个后续支付相关的公共战略，并探讨什么样的公共战略组合在阶段 t 之后仍然是纳什均衡。由于在每个可能的阶段，都有这样的构造，这里讨论的均衡是精炼公共均衡。

定义 7.6.2 (精炼公共均衡) 一个战略组合 $\sigma = (\sigma_i)_{i \in N}$ 被称为**精炼公共均衡**，若满足如下两个条件：

(1) 每个 σ_i 都是公共战略。

(2) 在每个阶段 t 和公共历史 h^t，这个战略都构成自阶段 t 后的纳什均衡。

在不完美公共监督下，子博弈精炼均衡不产生任何约束。由于从第二阶段博弈开始，信息集都不是单点集，整个重复博弈中子博弈只有一个。在参与人都只采用公共战略后，参与人自身之前行动的私人信息不会对战略产生直接影响，这样精炼公共战略是子博弈精炼均衡在不完美公共监督下的重复博弈中的一个拓展。

对精炼公共均衡特征的刻画，也存在类似的一次有利偏离原则。一次偏离战略是指，对于参与人 i 来说，对其公共战略 σ_i 和另外一个战略 $\hat{\sigma}_i \neq \sigma_i$，存在一个唯一的公共历史 $\tilde{h^t} \in Y^t$ 使得 $\hat{\sigma}_i(\tilde{h^t}) \neq \sigma_i(\tilde{h^t})$，而对于其他的历史 $\tilde{h^\tau} \neq \tilde{h^t}$，都有 $\hat{\sigma}_i(\tilde{h^\tau}) = \sigma_i(\tilde{h^\tau})$。一次有利偏离指的是，对于这样的一次偏离，对于参与人 i 的贴现支付更高。下面的命题刻画了不完美监督下的精炼公共均衡与一次有利偏离原则的关系。

命题 7.6.1 一个公共战略 σ 是一个精炼公共均衡，当且仅当不存在任何的一次有利偏离，即对于所有的公共历史 $h^t \in Y^t$，$\sigma(h^t)$ 是下面标准形式博弈的一个纳什均衡，这个博弈的支付是：

$$g_i(\mathbf{a}) = (1-\delta)u_i(\mathbf{a}) + \delta \sum_{y \in Y} U_i(\sigma|_{h^t,y})\pi_y(\mathbf{a}),$$

其中 $U_i(\sigma|_{h^t,y})$ 是参与人 i 在公共历史 h^t 和其实现的结果 y 下公共战略 σ 带来的后续（期望）贴现支付。

定理的证明与之前类似，这里不再赘述。通过对重复博弈采用自动机制的方式，可以得到如下结果（证明过程与之前类似，在此省略）。

命题 7.6.2 对自动机制 (Ω, w^0, f, τ) 及 $V_i(w)$ 是从状态 w 开始的参与人 i 的总贴现支付，一个公共战略 σ 是精炼公共均衡，当且仅当对于任意可以由初始状态 w^0 到达的状态 $w \in \Omega$，$f(w)$ 是下面标准形式博弈的一个均衡，其博弈的支付为：

$$g_i(\mathbf{a}) = (1-\delta)u_i(\mathbf{a}) + \delta \sum_{y \in Y} V_i(\tau(w,y))\pi_y(\mathbf{a}).$$

7.6.2 不完美监督下的重复博弈的递推方法

对公共战略的讨论可以借鉴在完美公共监督下发展起来的动态规划技术，即用“强制实施”及“自生成”的概念来构造不完美监督下的重复博弈的递归结构。

首先引入在不完美监督下可强制实施的行动和支付。

定义 7.6.3 (公共结果下可强制执行) 一对（混合）行动和贴现支付组合 $(\alpha^*, \mathbf{v})$ 在贴现率为 δ 和支付集 $W \in \mathcal{R}^n$ 上是**可强制执行的**，这里 $\alpha^* \in \prod_i \Delta(A_i)$，若存在一个建立在公共结果上的后续承诺（期望的后续贴现支付）$\gamma : Y \to W$，使得对于任意的参与人 $i \in N$ 及任意的 $\alpha_i \in \Delta(A_i)$，都有

$$v_i = (1-\delta)u^i(\alpha^*) + \delta \sum_y \pi_y(\alpha^*)\gamma_i(y),$$

$$(1-\delta)u^i(\alpha^*) + \delta \sum_y \pi_y(\alpha^*)\gamma_i(y) \geqq (1-\delta)u^i(\alpha_i, \alpha^*_{-i}) + \delta \sum_y \pi_y(\alpha_i, \alpha^*_{-i})\gamma_i(y).$$

我们把满足上面条件的 α^* 称为在支付 W 是可以强制实施的，把 v 称为由 (δ, W) 生成的；把所有可由 (δ, W) 生成的支付记为 $B(\delta, W)$。

下面定义自生成的支付集合。

定义 7.6.4 (自生成的支付集合) 一个集合 $W \subset \mathcal{R}^n$ 是**纯战略自生成的**，若在时间贴现率 δ 下，有 $W \subseteq B(\delta, W)$。

令 $E^{PPE}(\delta)$ 是在贴现率 δ 下所有精炼公共均衡支付的集合。Abreu, Pearce 和 Stachetti (1986，1990) 证明了，若 W 是纯战略自生成的，则 $W \subseteq E^{PPE}(\delta)$。这一结果与完美监督下的结果是类似的。更一般情形下，即混合战略情形下的证明也是类似的，可以参考 Mailath 和 Samuelson(2006) 命题 7.3.1 的证明。

证明 W 是自生成的，固定 $v \in W$，可以找到一个战略组合 α 和一个映射 $\gamma : Y \to W$，使得产生的支付为 v 。设某个战略在时期 0 的行动为 $\sigma^0 = \alpha^0(v)$，对每个在时期 0 的结果 y^0，设 $v^1 = \gamma^0(y^0) \in W$，使得 $v = (1-\delta)u(\alpha^0) + \delta \sum_{y\in Y} \pi_y(\alpha^0)\gamma^0(y)$。同时，由于 v^1 可分解，存在一个战略 $\alpha(v^1)$ 和一个后续支付对应 $\gamma^1(y^1) : Y \to W$，它们产生的 (期望) 支付为 $\mathbf{v}^1$。令此时对应的战略在时期 1 的行动 $\sigma^1(y^0) = \mathbf{a}^1(\gamma^0(y^0))$；以及对任意序列 y^0, y^1，设 $\mathbf{v}^2 = \gamma^1(\gamma^0(y^0))(y^1)$，继续上面的构造，可以得到一个公共战略组合，这个构造的公共战略组合在每个时期都不存在单方面偏离的激励，这就意味着它是一个精炼公共均衡。 □

Abreu，Pearce 和 Stacchetti (1990) 还证明了 $E^{PPE,\delta} = B(E^{PPE}, \delta)$，即所有精炼公共均衡的支付集合就是自生成的支付集。现通过一些例子来讨论不完美公共监督下重复博弈中的激励和惩罚。

例 7.6.1 有两个参与人，他们选择努力（或者又称合作，E）或偷懒 (S)，他们的行动不被对方观察到，但是他们的行动会影响到观察到的公共结果的分布。假设有两个公共结果 $\bar{y}$ 和 $\underline{y}$，分别代表高产出或低产出的情形，设行动与公共结果之间的关系如下：

$$\pi_{\bar{y}}(a) = \begin{cases} p, & \text{若 } a = EE, \\ q, & \text{若 } a = SE \text{ 或 } a = ES, \\ r, & \text{若 } a = SS, \end{cases}$$

其中 $1>p>q>0, 1>p>r>0$。显然高产出 $\bar{y}$ 意味着更可能来自双方都选择合作的结果，而低产出 $\underline{y}$ 意味着更可能来自某一方或双方偷懒的结果。

若参与人选择努力，可以为组织中的每个成员提供 3 单位的收益，但是他要承担 4 单位的成本。阶段博弈的支付由表 7.9 刻画。

表 7.9　囚徒困境的阶段博弈

		囚徒 2	
		C	D
囚徒 1	C	4, 4	0, 5
	D	5, 0	1, 1

下面我们考察不同的惩罚模式：一种是冷酷的惩罚模式，即一旦之前出现过低产出 $\underline{y}$，未来都进入惩罚阶段；另一种是相对宽容的惩罚模式，即若出现上一期的结果是高产出，双方回到合作状态。

首先考虑冷酷的惩罚模式，即开始时选择合作（即 E），一旦出现过低产出状态，之后所有参与人都选择不合作（即 S）。此时双方参与人的战略可以通过两个状态的自动机制来描述（见图 7.4）。

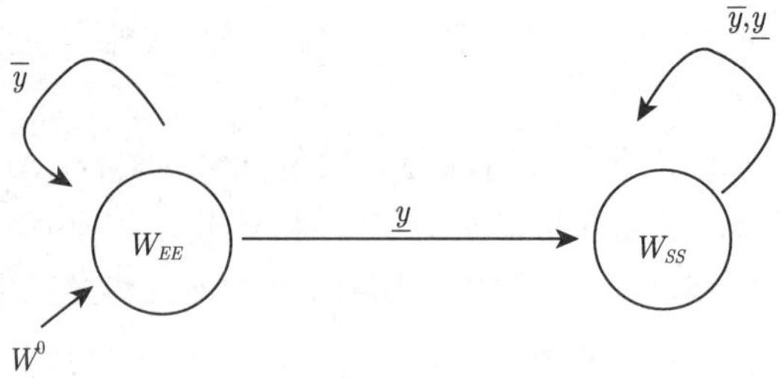

图 7.4　冷酷战略的自动机制表述

状态空间为 $\Omega=\{w_{EE}, w_{SS}\}$，初始状态为 w_{EE}，自动机制产出函数为 $f(w_{EE})=EE, f(w_{SS})=SS$，状态转移函数为

$$\tau(w,y)=\begin{cases} w_{EE}, & 若 w=w_{EE}, y=\bar{y}, \\ w_{SS}, & 其他. \end{cases}$$

对不同状态下参与人的期望贴现支付之和分别赋予一个值函数：

$$\begin{aligned} V_i(w_{EE}) &= (1-\delta)2+\delta pV_i(w_{EE})+(1-p)V_i(w_{SS}), \\ V_i(w_{SS}) &= (1-\delta)0+\delta V_i(w_{SS}). \end{aligned}$$

从上面两个等式可以得到 $V_i(w_{EE})=\frac{2(1-\delta)}{1-\delta p}, V_i(w_{SS})=0$。若上面的冷酷战略是纳什均衡，则需要满足激励相容条件：

$$\begin{aligned} V_i(w_{EE}) &\geqq (1-\delta)3+\delta qV_i(w_{EE})+(1-q)V_i(w_{SS}), \\ V_i(w_{SS}) &\geqq (1-\delta)(-1)+\delta V_i(w_{SS}). \end{aligned}$$

要使上面两个不等式成立，需要满足条件 $3p-2q \geqq \frac{1}{\delta}$。通过自生成的概念，当 $3p-2q \geqq \frac{1}{\delta}$ 成立时，$\{(\frac{2(1-\delta)}{1-\delta p}, \frac{2(1-\delta)}{1-\delta p}), (0,0)\}$ 是自生成支付集。由于状态 w_{SS} 是吸引子（attractor）（即一旦进入该状态，就会固定住），状态 w_{EE} 最终会被吸引到 w_{SS}，在冷酷的惩罚模式下，最终所有人都会选择偷懒。这样，我们会发现当参与人有足够耐心时，即 $\delta \to 1$，$V_i(w_{EE}) = \frac{2(1-\delta)}{1-\delta p} \to V_i(w_{SS}) = 0$。也就是说，在冷酷战略下，参与人每期都合作的支付 (2,2) 不能成为这个重复博弈的支付。

下面考虑另外一种互动模式，即相对宽容的惩罚模式（又称为一期记忆下的惩罚模式），即若之前的状态是高产出，那么这一期回到合作状态，否则，这一期进入惩罚状态。

用自动机制刻画上面的战略（见图 7.5）。

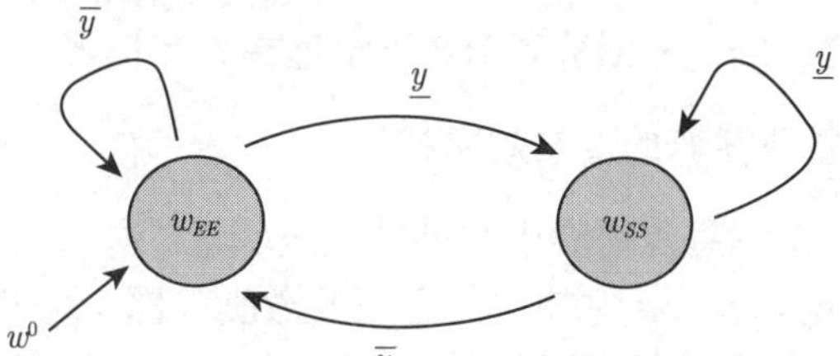

图 7.5 一期记忆下惩罚模式的自动机制表述

状态空间 $\Omega = w_{EE}, w_{SS}$，初始状态为 w_{EE}，产出函数为：

$$f(w_{EE}) = EE, f(w_{SS}) = SS.$$

状态转移函数为:

$$\tau(w,y) = \begin{cases} w_{EE}, & 若 y = \bar{y}, \\ w_{SS}, & 若 y = \underline{y}. \end{cases}$$

同样，若 $\{(V_1(w_{EE}), V_2(w_{EE})), (V_1(w_{SS}), V_2(w_{SS}))\}$ 是上面宽容惩罚模式下的自生成支付集，那么需满足：

$$\begin{aligned} V_i(w_{EE}) &= (1-\delta)2 + \delta[pV_i(w_{EE}) + (1-p)V_i(w_{SS})] \qquad (7.6.10) \\ &\geqslant (1-\delta)3 + \delta[qV_i(w_{EE}) + (1-q)V_i(w_{SS})], \\ V_i(w_{SS}) &= (1-\delta)0 + \delta[rV_i(w_{EE}) + (1-r)V_i(w_{SS})] \qquad (7.6.11) \\ &\geqslant (1-\delta)(-1) + \delta[qV_i(w_{EE}) + (1-q)V_i(w_{SS})]. \end{aligned}$$

我们得到：

$$V_i(w_{EE}) = \frac{2(1-\delta(1-r))}{1-\delta(p-r)}, V_i(w_{SS}) = \frac{2\delta r}{1-\delta(p-r)},$$

同时不等式 (7.6.10) 意味着 $\delta \geqslant \frac{1}{3p-2q-r}$，不等式 (7.6.11) 意味着 $\delta \leqq \frac{1}{p+2q-3r}$。若上面两个不等式同时满足，则还要求 $p-q \geqq q-r$。此外，上面两个不等式存在着某种相互制约，满足

状态 w_{EE} 的激励相容，需要参与人有足够耐心（高的时间贴现率）；然而状态 w_{SS} 的激励相容需要参与人耐心程度不能超过某个限度。此外，$p-q \geqq q-r$ 意味着信号（产出）在反映努力程度的精度方面要求比较高。

在宽容的惩罚模式下，与冷酷的惩罚模式不同，参与人不会最终进入相互惩罚状态，它在维持合作的价值上要超过冷酷模式，即

$$\frac{2(1-\delta(1-r))}{1-\delta(p-r)} > \frac{2(1-\delta)}{1-\delta p}.$$

通过上面的讨论，我们发现在以上两种惩罚模式下，精炼公共均衡下最高可能的事前期望支付都小于双方合作的事前期望支付，在一期记忆的惩罚模式下即 $\frac{2(1-\delta(1-r))}{1-\delta(p-r)} < 2$，这就意味着在不完美公共监督下的重复博弈，无名氏定理在许多情形下可能都不成立。

7.6.3 不完美监督下的重复博弈的潜在效率损失

下面通过一个例子来揭示重复博弈中可能的无效率性。

例 7.6.2 下面接着讨论例 7.6.1 中参与人之间的激励问题。这里关注强对称纯战略均衡（即在每个可能的历史，参与人选择相同的行动），讨论在对称情形下参与人的互动能够支持的最高可能（贴现）支付是多少（或者说最有效的对称纯战略均衡的支付）。我们假设参与人之间可以使用公共关联工具，为了尽可能降低观察结果与执行战略之间的差异，考虑下面的自动机制（见图 7.6）。

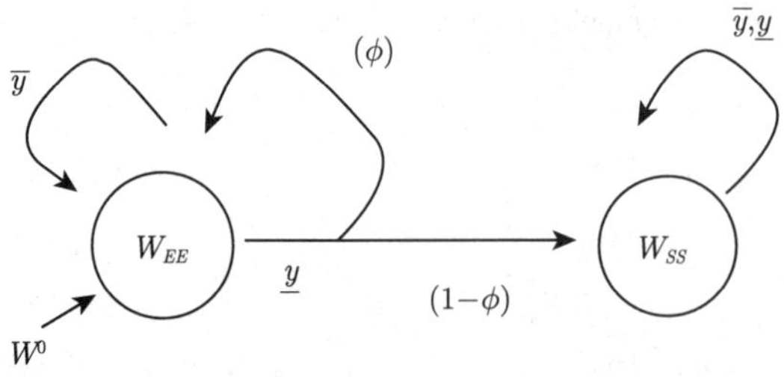

图 7.6 对称战略下的自动机制表述

$\Omega=\{w_{EE},w_{ss}\}$，$f(w_{EE})=EE, f(w_{SS})=SS$，状态转移函数 $\tau:\Omega\times Y\to\Omega$:

$$\tau_{w_{EE}}(w,y)=\begin{cases}1, & 若\ w=w_{EE}, y=\bar{y},\\ \phi, & 若\ w=w_{EE}, y=\underline{y},\\ 0, & 若\ w=w_{SS},\end{cases}$$

其中 $\tau_{w_{EE}}(w,y)$ 表示下期状态为 w_{EE} 的概率。在以上状态转移函数中，ϕ 旨在降低观察信号与之前输出函数之间可能的差异，但是 ϕ 过高会破坏参与人选择努力的激励。下面讨论在最大可能支付下自动机制应该如何作出安排。当 $\phi=0$ 时，就是对应之前的冷酷战略。

下面重点考察参与人合作时的支付值 $V(w_{EE})$。由

$$\begin{aligned}V(w_{EE}) &= (1-\delta)2+\delta[pV(w_{EE})+(1-p)(\phi V(w_{EE})+(1-\phi)V(w_{SS}))]\\ &\geqslant (1-\delta)3+\delta[qV(w_{EE})+(1-q)(\phi V(w_{EE})+(1-\phi)V(w_{SS}))],\end{aligned}$$

$$V(w_{SS}) = (1-\delta)0 + \delta V(w_{SS})$$
$$\geqslant (1-\delta)(-1) + \delta V(w_{SS}),$$

得到：$V(w_{SS}) = 0, V(w_{EE}) = \frac{2(1-\delta)}{1-\delta(p+(1-p)\phi)}$，以及满足激励相容条件，并且 ϕ 越大，$V(w_{EE})$ 也越大。为了实现上面的自动机制，需要满足：

$$\delta(1-\phi)(p-q)V(w_{EE}) \geqq 1-\delta.$$

满足上面不等式的最大可能的 ϕ 为 $\phi = \frac{\delta(3p-2q)-1}{\delta(3p-2q-1)}$。把上面的解代入到 $V(w_{EE})$，得到最大可能的支付：$V(w_{EE}) = 2 - \frac{1-p}{p-q} < 2$，此时最大可能的对称均衡支付与时间贴现率 δ 无关，并且它严格小于完美监督时的最有效对称均衡支付，即 $(2,2)$。

在重复博弈中之所以出现一些效率损失，其原因是，若要支持某些战略，需要在某些状态（观测的公共结果）下通过相互惩罚来实施，而这种惩罚降低了参与人的期望贴现支付。为避免由于惩罚导致对所有参与人的支付下降，需要有更准确的信号来推测人们的行为，使得状态（观测的公共结果）与人们的行为具有更直接的联系。用通俗的语言说，需要足够的信息来精确地定点打击（惩罚）机会主义的参与人，而同时避免误伤其他“无辜”的参与人。

Fudenberg，Levine 和 Maskin (1994) 系统地讨论了不完美监督下的重复博弈下无名氏定理成立的条件，即（在概率意义上）从结果中识别参与人的行动。对不同的结果，对不同参与人实施相应的惩罚或者奖励，从而在更大程度上支持某些互动模式。由于这个定理的证明相对复杂，这里不作讨论，有兴趣的读者建议直接阅读他们的原始文献。

7.6.4 私人战略

上面讨论的情形都是基于参与人的公共战略，这是由于任何纯战略都可以找到（结果）等价的公共战略。那么这是否意味着私人战略（即参与人的战略选择不仅基于公共结果的历史，而且还基于个人行动的历史）没有意义呢？答案是否定的。下面通过一个例子（来自 Mailath 和 Samuelson，2006）来讨论私人战略与公共战略的差异。

例 7.6.3 考虑一个两阶段的重复博弈。基于重复博弈的支付分解，无限期重复博弈其实可以被化约为两阶段博弈，其中第二阶段的支付可以被看成是在公共结果基础下的后续贴现支付（见表 7.10）。

表 7.10 表 (a)：第一阶段博弈支付；表 (b)：第二阶段博弈支付

(a)

参与人 1 \ 参与人 2	E	S
E	$2, 2$	$-1, 3$
S	$3, -1$	$0, 0$

(b)

参与人 1 \ 参与人 2	R	P
R	$\frac{5}{8}, \frac{5}{8}$	$0, \frac{5}{8}$
P	$\frac{5}{8}, 0$	$0, 0$

可以把第二阶段的 R 理解为奖励行为，把 P 理解为惩罚行为。假设两个参与人的时间贴现率 $\delta = \frac{25}{27}$，第一阶段的行为会影响公共结果的分布。公共结果的集合为 $\{\underline{y}, \bar{y}\}$。行动与公共结果的关系为：

$$\pi_{\bar{y}}(a)=\begin{cases} p=\dfrac{9}{10}, & \text{若 } a=EE\ ;\\ q=\dfrac{4}{5}, & \text{若 } a=SE \text{ 或 } a=ES\ ;\\ r=\dfrac{1}{5}, & \text{若 } a=SS. \end{cases}$$

下面考虑参与人不同战略类型的选择。

首先，考虑纯战略但没有公共关联工具的情形。由于在纯战略下考虑公共战略并不失一般性，我们重点考察公共的纯战略均衡。对称均衡支付为：在第一和第二阶段，两个参与人获得的阶段支付分别为 $(2,2)$ 和 $(\frac{8}{5},\frac{8}{5})$。若两个参与人在第一阶段选择战略 (E,E)，在第二阶段若公共结果是 $\bar{y}$，则选择战略 (R,R)，否则选择 (P,P)。由于在第二阶段，在所有可能的公共结果下上面的战略选择都是阶段纳什均衡，只需要考虑第一阶段。给定对方的战略，参与人 i 若选择上面的战略其支付为：

$$2(1-\delta)+\delta p\frac{8}{5}=\frac{40}{27},$$

若改变战略，其支付为:

$$3(1-\delta)+\delta q\frac{8}{5}=\frac{38}{27}.$$

显然，上面的战略选择是一个均衡。

其次，考虑允许公共关联工具存在的纯战略。与前面讨论的例子相似，一个最好的对称均衡为：第一阶段选择 (E,E)；若第一阶段的公共结果是 $\bar{y}$，第二阶段选择战略 (R,R)；若第一阶段的公共结果是 $\underline{y}$，第二阶段以 ϕ 的概率选择战略 (R,R)，以 $1-\phi$ 的概率选择战略 (P,P)。同时在满足激励相容（即激励参与人在第一阶段选择 E）情形下，最大可能地提高 ϕ。第一阶段激励相容的条件是：

$$2(1-\delta)+\delta\frac{8}{5}[p+(1-p)\phi]\geqq 3(1-\delta)+\delta\frac{8}{5}[q+(1-q)\phi],$$

得到满足上面不等式的最高 $\phi=\frac{1}{2}$。因此，在公共关联工具存在的情形下最好的对称均衡支付为

$$2(1-\delta)+\delta\frac{8}{5}\left[p+(1-p)\frac{1}{2}\right]=\frac{42}{27}.$$

再次，考虑一个混合公共战略（允许公共关联工具）。在这个例子中，相对于参与人 i 选择“努力”的情形，当参与人 i 选择“偷懒”（S）时，公共行动结果更能反映参与人 j 的行动。这是因为，当参与人 i“偷懒”时，若参与人 j 也“偷懒”，则公共结果分布中有 $r=\frac{1}{5}$ 的概率是 $\bar{y}$，而若参与人 j“努力”，有 $q=\frac{4}{5}$ 的概率是 $\bar{y}$，两者相差 $q-r=\frac{3}{5}$；而当参与人 i“努力”，若参与人 j“偷懒”，有 $q=\frac{4}{5}$ 的概率是 $\bar{y}$，若参与人 j“努力”，有 $p=\frac{9}{10}$ 的概率是 $\bar{y}$, 两者只相差 $p-q=\frac{1}{10}$。此时在第一阶段选择一个混合战略，会更容易解决激励相容问题。

考虑一个对称的混合战略：在第一阶段参与人选择 E 的概率为 α；若第一阶段的公共结果是 $\bar{y}$，第二阶段选择战略 (R,R)；若第一阶段的公共结果是 $\underline{y}$，第二阶段以 ϕ 的概率选

择战略 (R,R)，以 $1-\phi$ 的概率选择战略 (P,P)。上面的战略是均衡的条件为：

$$\alpha\{2(1-\delta)+\delta\frac{8}{5}[p+(1-p)\phi]\}+(1-\alpha)\{(-1)(1-\delta)+\delta\frac{8}{5}[q+(1-q)\phi]\}$$
$$\geqq \alpha\{3(1-\delta)+\delta\frac{8}{5}[q+(1-q)\phi]\}+(1-\alpha)\{(0)(1-\delta)+\delta\frac{8}{5}[r+(1-r)\phi]\},$$

从而得到最高的 $\phi(\alpha)=\frac{11-10\alpha}{12-10\alpha}>\frac{1}{2}$。当 $\alpha\in(0,1)$ 时，它将随着 α 的增加而减小。代入上式得到期望支付为 $\frac{224-152\alpha-30\alpha^2}{27(6-5\alpha)}$，从而有：$\alpha\approx 0.969$，上面的期望支付最高，约等于 $1.5566>\frac{42}{27}$。

最后，考虑私人（混合）战略。由于当参与人 i 选择“偷懒”（S）时，公共行动结果更能反映参与人 j 的行动，因此，一个自然的考虑是当参与人 i 选择“偷懒”，若在结果 $\underline{y}$（此时该结果更多地反映了参与人 j 采取了“偷懒”）对参与人 j 实施惩罚，更有利于解决激励问题。而这种战略显然是利用了参与人 i 的私人战略。由于对称性，对于参与人 j 也可以进行类似的考虑。

考虑下面的对称私人战略。假设参与人 i 在第一阶段选择混合战略。当第一阶段观察到的结果为 $\bar{y}$ 时，第二阶段选择 R；当观察到的结果为 $\underline{y}$ 且只有他在第一阶段选择“偷懒”时，在第二阶段才会严格以正的概率选择 P，也就是说，当参与人 i 在第一阶段选择“努力”时，在第二阶段都会选择 R。

令 α 是参与人 i 在第一阶段选择 E 的概率，ξ 是参与人 i 在第一阶段选择“偷懒”并且观察到结果 $\underline{y}$ 在第二阶段选择 R 的概率。图 7.7 用自动机制描述了参与人的私人战略。

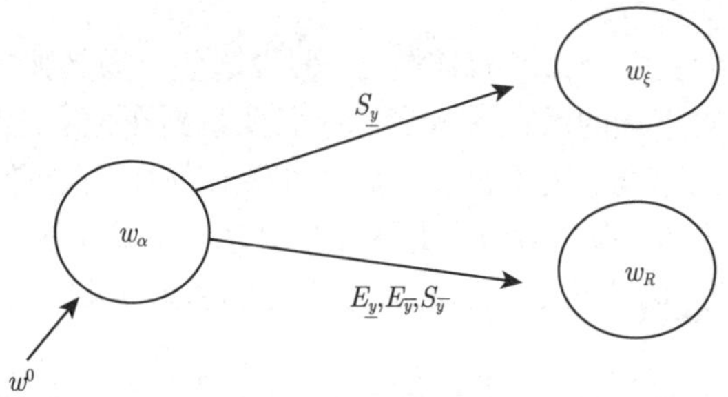

图 7.7 私人战略的自动机制表述

参与人 i 在第一阶段选择混合战略 $(\alpha>0)$ 的条件为：

$$\alpha\left\{2(1-\delta)+\delta\frac{8}{5}\right\}+(1-\alpha)\{(-1)(1-\delta)+\delta\frac{8}{5}[q+(1-q)\xi]\}$$
$$\geqq \alpha\left\{3(1-\delta)+\delta\frac{8}{5}\right\}+(1-\alpha)\{(0)(1-\delta)+\delta\frac{8}{5}[r+(1-r)\xi]\}.$$

把 $\delta=\frac{25}{27},q=\frac{4}{5},r=\frac{1}{5}$ 代入上面的不等式，得到满足上述不等式的 ξ：$\xi(\alpha)=\frac{11-12\alpha}{12-12\alpha}$，从而得到参与人的期望支付为 $\frac{2}{9}(\alpha+\frac{56}{9})$，而 $\xi(\alpha)\in[0,1)$，并且当 $\alpha=\frac{11}{12},\xi=0$ 时，期望效用达到最大，约等于 1.5864。

由于 $1.5864>1.15566>\frac{42}{27}>\frac{40}{27}$，在上面四种对称均衡情形中，相对于（公共关联工具下的）混合战略，私人战略可以支持更高程度的合作模式；而（公共关联工具下的）混合战略又相对于（公共关联工具下的）纯战略，而后者又相对于纯战略，可以支持更高程度的合作模式。

重复博弈还有其他的一些类型，比如私人监督下的重复博弈，即参与人只能观察到自己的信号，不存在公共信号。在这种类型下的重复博弈下建立前面的递推结构相对更困难。不过，针对私人观察结果的重复博弈，Ely，Horner 和 Olszewski (2005) 提出了一个新的均衡概念 ——“无需信念的均衡”（belief-free equilibrium），重新构建一个更强约束的递归结构。Mailath 和 Samuelson (2006) 的专著也系统地讨论了这种类型的重复博弈，他们的专著被认为是关于重复博弈和（下面要讨论的）声誉机制问题的百科全书。

7.7 声誉机制

下面是与重复博弈相关的一个现实应用，即在一个多期的互动中参与人如何发展出某种特定行为模式的声誉机制。与之前的重复博弈不同，在声誉机制中，对于长期互动的参与人，存在私人信息，这些私人信息决定着参与人的行为模式。而在长期互动中，一些参与人会通过特定的行动影响对手对某一类型的信念判断。背后的直觉是若某个参与人在前面一直采取某个相同的行动，那么他的对手会预期他未来也会采取相似的行动。一个重要的问题是在什么条件下，参与人可以发展并保持他想要达到的声誉机制，比如企业想努力构建一个产品高质量的声誉，政策制定者希望构建一个政策可信的声誉等。在这部分，主要通过一个例子来讨论声誉机制的基本原理。

7.7.1 连锁店悖论

一个长期生存的企业在多个市场有连锁店，假设这些市场是独立的。在每期，有一系列短期参与者，他们是不同市场的潜在进入者。他们观察到在位者之前的所有行为。在每期潜在进入者决定是否进入市场，若不进入，此时在该市场中在位者就是垄断者，其收益为 $a > 0$。一旦潜在进入者进入，在位者决定是否采取斗争。如果斗争，在位者的收益为 -1；若不斗争，在位者的收益为 0。在位者的目标是最大化加总期望贴现收益之和，令 $\delta < 1$ 为贴现率。

假设潜在进入者有两种类型：一类是强硬的，这类企业无论如何都会进入，这类企业的比例为 q；另一类是软弱的，若不进入其收益为 0，若进入后遇到在位者采取斗争，那么进入者的收益为 -1；若进入后在位者采取容纳，那么进入者的收益为 $b > 0$。进入者的类型是私人信息，同时不同潜在进入者的类型是独立的。假如这个博弈是有限期的重复博弈，重复的次数等于市场的数目。在每个阶段博弈有唯一的序贯均衡，即潜在进入者都会进入，同时在位者会选择容纳。

Selten (1978) 注意到从理论上看，利用逆向递推，在这个有限期重复博弈下存在唯一的序贯均衡，即每个时期潜在进入者都进入，而在位者会选择容纳。然而，这个均衡看起来反直觉，人们怀疑由于有多个市场，在位者会通过某些市场对进入者进行斗争，通过打击进入者来塑造强硬的形象，从而遏制更多的市场进入。Selten 把这个结果称为连锁店悖论。

市场进入是产业组织中一个非常重要的问题，因为它关系到市场的竞争态势和效率，因此，有不少经济学家都尝试解答连锁店悖论。Kreps 和 Wilson (1982b)，Milgrom 和 Roberts (1982)，Kreps, Wilson, Milgrom 和 Roberts (1982) 通过引入不完全信息来解决这一悖论。

假如在位者也有私人信息，长期在位者有 p^0 的概率是疯狂或强硬类型的，他总是会对进入者采取斗争行为；有 $1-p^0$ 的概率是理性的，他的支付是上面对在位者的描述。下面论证即使 p^0 很小，只要重复的期限足够长，在位者总是会对进入表达强硬态度，或者说树立对进入的斗争有着疯狂态度的声誉。

先从最简单的一期互动开始论述声誉的形成机制。若只有一期，只要潜在进入者进入，那么理性的在位者都会选择容纳，而强硬的在位者会选择斗争；若 $(1-p^0)b-p^0<0$，或者 $p^0>\bar{p}\equiv\frac{b}{b+1}$，软弱的潜在进入者不会选择进入，否则选择进入。

下面考虑两期互动的情形：有两个时期，有潜在进入的参与人 1 和 2 分别针对市场 1 和 2 做决策。参与人 1 先面临进入决策，之后参与人 2 在观察到市场 1 的结果后才选择进入决策。下面关注的重点是理性类型的在位者和软弱类型的潜在进入者的行为。

在时期 1，若在位者在面临市场 1 的进入者时选择容纳，那么在位者的类型就被披露出来，即一定是理性类型，于是在时期 2，市场 2 的潜在进入者一定会选择进入。下面重点考察对理性在位者的考量。若在第 1 期面临进入，选择斗争或者说塑造强硬者的成本是 1，然而其收益在于可以借此塑造强硬者声誉以遏制市场 2 的软弱的潜在进入者，此时它的收益最多是 $\delta(1-q)a$。这样，当 $q>\bar{q}\equiv\frac{a\delta-1}{a\delta}$ 时，理性在位者一定不会选择斗争。

当 $q\leqq\bar{q}$ 时，若在市场 1 斗争能够使得软弱的潜在进入者 2 不选择进入，那么声誉的塑造就能产生价值。然而参与人 2 的决策依赖于其对在位者类型的信念判断。

考虑 $p^0>\bar{p}$ 的情形。由于强硬类型的在位者总是选择斗争，理性类型的在位者对于斗争战略的选择概率不会高于强硬类型，从而在观察到在市场 1 的斗争后，市场 2 的潜在进入者对于强硬类型的概率判断不会低于 p^0，此时软弱类型的参与人 2 不会选择进入；这反过来意味着，理性类型的在位者会通过在市场 1 的斗争来建立强硬的声誉。这样，市场 1 的软弱类型的潜在进入者就不会选择进入市场。

考虑 $p^0\leqslant\bar{p}$ 的情形。首先可以验证混同均衡和分离均衡都不存在，即理性类型的在位者不会选择纯战略。考虑混合战略，理性类型的在位者在市场 1 面临进入后会确定性地选择斗争，若市场 1 发生了斗争，市场 2 的潜在进入者的后验信念与初始信念相同，此时软弱类型的进入者 2 也会选择进入，这样，理性类型的在位者就不会确定性地选择在市场 1 进行斗争。考虑分离均衡，理性类型在位者在市场 1 会确定性地选择容纳，观察到市场 1 发生斗争，市场 2 的潜在进入者会认为所面临的在位者是强硬的，而不选择进入，这样理性类型的在位者有动机在市场 1 选择斗争。因此，唯一可能的均衡是准分离均衡，从而理性类型的在位者在市场 1 的斗争选择混合战略。令 $\beta<1$ 是理性在位者选择斗争的概率。由于理性在位者采取严格的混合战略，在面临进入者后，选择斗争和选择容纳带来相同的收益，而这意味着软弱的进入者也必然是选择混合战略。而这反过来使得，在观察到市场的斗争后，市场 2 的潜在进入者的后验信念满足

$$prob(\text{强硬}|\text{斗争})=\frac{p^0}{p^0+(1-p^0)\beta}=\bar{p}=\frac{b}{b+1},$$

得到 $\beta=\frac{p^0}{(1-p^0)b}$。在市场 1，潜在进入者面临在位者采取斗争的概率为

$$p^0+(1-p^0)\frac{p^0}{(1-p^0)b}=\frac{p^0(1+b)}{b},$$

当 $p^0 > (\frac{b}{b+1})^2 = \bar{p}^2$，市场 1 的软弱的潜在进入者就不会选择进入，此时理性在位者的事前期望收益大于零；然而当 $p^0 < \bar{p}^2$ 时，市场 1 的转弱的潜在进入者必然会进入。

下面继续讨论有 3 个市场的连锁店在位者。当 $p^0 > \bar{p}^2$ 时，理性在位者面临在市场 1 的进入者会确定性地选择斗争，同时市场 1 的软弱的潜在进入者不会选择进入。当 $p^0 \in (\bar{p}^3, \bar{p}^2)$ 时，理性在位者面临在市场 1 的进入时会选择混合战略，同时市场 1 的软弱的潜在进入者不会选择进入；当 $p^0 < \bar{p}^3$ 时，市场 1 的软弱的潜在进入者一定会进入。

更一般地，假如有 N 个连锁店的在位者，若 $p^0 > \bar{p}^k, k < N$，那么市场 1 到市场 $N-k$ 的软弱潜在进入者一定不会进入，理性在位者在这些市场中一定会通过选择斗争来建立强硬的声誉，而理性在位者的声誉价值体现在前 $N-k$ 时期，每个时期的期望收益都为 $a(1-q^0)-q^0$。此外，我们发现当 $N \to \infty$ 时，只要 $p^0 > \bar{p}^N \to 0$，理性在位者就有动机通过对市场 1 的进入者采取斗争来建立强硬的声誉。

这样，只要存在不完全信息，哪怕信息不完全的程度很小，都可以使得长期参与人通过某些特定行为来建立声誉。

在不同背景下，声誉机制有不同的运作和表现，这一领域的文献也非常广。Fudenberg 和 Tirole(1991）及 Mailath 和 Samuelson(2006) 对声誉机制都做了系统的介绍；另外，Mailath 和 Samuelson(2013) 也对声誉机制问题的一些最新研究成果做了系统的综述。

7.8 【人物小传】

7.8.1 约翰 · 希克斯

约翰 · 希克斯（John Richard Hicks，1904—1989），一般均衡理论的创始人，在微观经济学、宏观经济学、经济学方法论以及经济史学方面卓有成就，1972 年获诺贝尔经济学奖。

17 岁时，希克斯获取奖学金进入牛津大学克利夫顿学院和巴里奥学院学习数学。1923 年，他以优异的成绩通过了数学学位考试后，转入对 “哲学、政治学和经济学” 的学习，1925 年获硕士学位。1925—1926 年，他曾在科尔的指导下研究劳动经济学。1926—1935 年，希克斯到伦敦经济学院任助教，后来又任讲师，其间于 1932 年获取伦敦大学博士学位。同年，他出版了《工资理论》一书。在伦敦经济学院期间，希克斯大量吸取经济学方面的知识，逐渐从一个经济学知识贫乏的初学者，成长为一名颇有理论建树的经济学家，并发表了一系列学术成果，其中包括他与罗伊 · 艾伦合写的文章《价值理论的重新审视》（1934）。后来他又写了《对于简化货币理论的建议》（1935）。1935 年夏天，希克斯离开伦敦经济学院来到剑桥大学冈维尔和凯厄斯学院任研究员和讲师，直到 1938 年。这一时期，他在剑桥大学的主要成果是写了《价值与资本》一书。此外，他还为凯恩斯的《通论》写了两篇颇具影响的书评，其中《凯恩斯先生与古典学派》一文产生了深远的影响。

希克斯是微观经济学中一般均衡理论的创建者。一般均衡理论原本具有规范分析的特性，但在其最著名的著作、1939 年出版的专著《价值与资本》一书中，希克斯抛弃这一传统而赋予这一理论一种强大的经济实证性。他就商品、生产要素、信任和货币的整体性提出了一个完整的均衡模型。该模型的编制中有多项创新，包括进一步完善了原有消费和生产理论，阐明了多市场的稳定性的条件，把静态分析方法的适用范围扩大而把多时期分析包括在内，采用了基于利润最大化的假设条件的资本理论。在微观经济学中有著名的希克斯需求，该概念刻画在给定实现某个效用水平下最低的消费支出，与传统的需求是对偶问题的两个最优解。由于深深根植于消费者行为理论和企业家行为理论，与该领域以前的模型相比，希克斯的模型也就为研究外生变量变化的结果提供了大得多的可能性，而且希克斯也就得以提出了很多与经济有关的定理。他的模型还成了沟通一般均衡理论与通行的经济周期理论的极重要的一个环节。

希克斯对于福利经济理论最著名的贡献在于：他对不同的经济状况进行比较时所使用标准的分析及对消费者剩余这个概念的修正。他提出了卡尔多–希克斯改进，为福利经济学提供了帕累托改进之外的又一个比较不同公共政策和经济状态的著名准则。他完善了以序数效用论和无差异曲线来解释的边际效用价值论，发展了一般均衡理论。他在瓦尔拉斯、帕累托等人关于经济均衡学说的基础上系统地研究和阐明了一般均衡理论。在他的理论体系中，一般均衡分为静态一般均衡和动态一般均衡，其贡献主要是在吸收前人的一般均衡理论的基础上，建立了动态一般均衡理论。他提出了 IS-LM 模型，并利用它分析产品市场和货币市场达到同时均衡时，国民收入与利息率的同时决定，以及它们之间的相互关系。这一模型把新古典经济学的一般均衡分析与凯恩斯的国民收入决定理论结合在一起，成为现代凯恩斯主义宏观经济学的理论核心。

他还提出了著名的乘数—加速原理，用于解释经济周期。该理论认为，由于加速数的作用，产量和收入的增长会引起投资的加速度增加；又由于乘数的作用，投资的增长又引起产量和收入量按某一倍数增长，从而使生产能力迅速扩张。当扩张达到周期上限时，就会转向经济收缩。收缩时，由于加速数的作用，投资的下降又会引起产量和收入量按照某一比例下降，其下降幅度受周期下限的限制，达到周期下限时，经济又开始回升。希克斯根据对过去一个半世纪的经济发展史的研究，认为在这一长时期内显现出一种有规则的 7~10 年的周期性波动。

7.8.2 埃里克·马斯金

埃里克·马斯金 (Eric S. Maskin，1950—)，现任美国哈佛大学经济系教授，在现代经济学最为基础的领域里作出了卓越的贡献，其中包括公共选择理论、博弈论、激励与信息理论以及机制设计，培养了一大批活跃在世界各地的一流经济学精英。以其深邃的理论贡献、严谨的治学态度以及对经济学高级研究人才培养的突出贡献，马斯金被誉为当今经济学界最受尊敬的经济学大师。马斯金研究的课题对经济学、政治学和法律等领域有深刻影响。因发展出机制设计中的“纳什执行理论”，在 2007 年获诺贝尔经济学奖。

马斯金在哈佛大学攻读研究生时，一次偶然机会上了肯尼思·阿罗的信息经济学课程，萌发了对信息经济学的研究兴趣，并在阿罗的指导下完成了博士论文。从 20 世纪 70 年代开始，马斯金早期的许多研究工作专注于“执行”理论的研究。该理论强调怎样设计一个激励机制，使得个人理性和集体理性相一致。马斯金最突出的贡献是将博弈论引入机制设计。在他之前，机制设计最重要的学者是利奥·赫维茨 (Leo Hurwicz)，机制设计研究者此前主要是从信息效率的视角来考虑中央计划者的机制设计问题。而马斯金在这方面有重大的推动，所考虑的是任何一个社会目标的激励机制设计问题，即使个体是为了追求自身利益，也会在这个机制的引导下行动，达到社会预定的目标。1977 年，马斯金完成论文《纳什均衡和福利最优化》，但该文由于证明有误时隔 22 年后于 1999 年才正式发表。尽管如此，这篇文章仍成为机制设计理论的一个里程碑。在该文中，马斯金提出并证明了纳什均衡实施的充分和必要条件，他在证明充分条件时所构造的对策被称为 "马斯金单调性"，广为流传。马斯金对于产业经济学领域的贡献有：他与梯若尔等共同开创了产业经济学的对策论分析框架，充分显示出对策论这个理论工具的强大力量。

他对实施理论的研究成为机制设计理论的重要基石之一，他与其他几位学者同时提出的 "显示原理" 也是机制设计理论的一个重要基石。另外，马斯金在重复博弈、政治经济学、比较经济制度等方面也作出了重要贡献。他对软预算约束的研究将这一计划经济中的重要问题带入西方主流经济学的研究，对比较经济制度的研究产生了重大的影响。马斯金在国际经济学期刊上发表了 100 多篇文章，其中近 40 篇发表在经济学最顶尖期刊上。

此外，马斯金培养了很多著名的学生，2014 年获得诺贝尔奖的梯若尔就是其中之一。不少中国的哈佛留学生，如 "五哈佛"—— 钱颖一、王一江、许成钢、白重恩、李稻葵，都是马斯金的弟子。

7.9 习　　题

习题 7.1 考虑三人对称无限期重复博弈：参与人的贴现因子均为 δ，阶段博弈为 $(1,2,3,A_i.u_i)$，其中 $A_i=[0,1]$，且对任意 $(a_1,a_2,a_3)\in A_1\times A_2\times A_3$，有

$$u_i(a_1,a_2,a_3)=a_1a_2a_3+(1-a_1)(1-a_2)(1-a_3).$$

1. 找出阶段博弈的可行支付集。
2. 证明：对任一贴现因子 $\delta\in(0,1)$，在重复博弈的任一子博弈精炼均衡中任一参与人的支付至少为 1/4。

习题 7.2 考虑如下博弈：

买方

卖方		B	D
	H	$1,1$	$-1,2$
	L	$2,-1$	$0,0$

其中，卖方可以选择努力 (H) 或不努力 (L)，买方可以选择购买 (B) 或不购买 (D)。

1. 写出可行支付和个人理性支付的集合。
2. 假设该博弈无限期重复进行，且双方的贴现因子均为 δ。试找出一个子博弈完美纳什均衡，使得对于 δ 的某个区间范围，该重复博弈的路径为 $(H,B)^\infty$。求 δ 的取值范围。
3. 现在假设，就阶段博弈，买方在购买决策前能够观察到卖方的努力程度。重新求解问题 (2)。

习题 7.3 参与人 1 和参与人 2 进行完全信息静态博弈，他们的战略空间均为 $\{A,B\}$。若两人均选择 A，则均得到 α；若两人均选择 B，则均得到 β；若两人分别选择 A 和 B，则选择 A 的参与人得到 γ，选择 B 的参与人得到 λ。

1. 写出上述博弈的标准式。

2. 若两人进行囚徒困境博弈，试给出参数区间。
3. 在问题 (2) 的参数区间下，现在假设两人进行无限期重复博弈，且贴现因子为 δ。试证明：若 $\delta \geqq \bar{\delta}$，则通过触发战略可以解决囚徒困境。解出 $\bar{\delta}$。

习题 7.4 考虑两人进行重复博弈两期，其博弈矩阵如下：

参与人 2

		d	e	f
	a	3,1	0,0	5,0
参与人 1	b	2,1	1,2	3,1
	c	1,2	0,1	4,4

第二阶段开始前参与双方可以观察到第一阶段的结果，不考虑贴现。是否存在一个子博弈完美纳什均衡，在第一阶段达到 (4,4) 的收益？若存在，给出相应的战略；若不存在，说明理由。

习题 7.5 考虑如下二人博弈：

参与人 2

		L	C	R
	T	1,1	−1,−8	6,−8
参与人 1	M	−8,1	−4,−4	1,−4
	B	−8,6	−4,1	3,3

考虑上述无限期重复博弈，试求贴现因子 δ 的取值范围，使得如下战略组合成为一个子博弈完美纳什均衡。

状态 1：首先选择 (B,R)，若无人偏离，继续选择 (B,R)，否则切换到状态 2；

状态 2：选择 (T,L)，若无人偏离，继续选择 (T,L)，否则切换到状态 1。

习题 7.6 考虑如下无限期重复的囚徒困境博弈：

参与人 2

		坦白 (C)	抵赖 (D)
参与人 1	坦白 (C)	1,1	−1, 2
	抵赖 (D)	2, −1	0,0

令贴现因子为 δ。

1. 试证明：若 $\delta \geqq 0.5$，存在一个子博弈完美纳什均衡，使得两个参与人在每期均选择战略组合 (C,C)。写出该均衡下两个参与人的完整战略。
2. 试验证无名氏定理：若 δ 足够接近 1，任意可行且满足个人理性的支付都可以是子博弈完美纳什均衡支付。

习题 7.7 考虑如下无限期重复的囚徒困境博弈，令贴现因子为 δ。

		参与人 2	
		坦白 (C)	抵赖 (D)
参与人 1	坦白 (C)	3, 2	−1, 4
	抵赖 (D)	6, −1	0, 0

1. 试求对参与人而言可能实现的最差的子博弈完美纳什均衡支付，并证明不可能实现更低的均衡支付。
2. 试求在子博弈完美纳什均衡中实现双方合作的最小的贴现因子值 δ^*。
3. 若贴现因子小于 δ^*，是否存在子博弈完美纳什均衡使得均衡支付大于 $(0,0)$？

习题 7.8　考虑如下无限期重复的囚徒困境博弈:

		参与人 2	
		坦白 (C)	抵赖 (D)
参与人 1	坦白 (C)	1, 2	−1, 3
	抵赖 (D)	2, −4	0,0

令贴现因子为 δ。

1. 证明: 当 $\delta < 0.5$ 时，在纯战略子博弈完美纳什均衡中，行参与人的最大贴现平均支付为 0；但当 $\delta = 0.5$ 时，存在纯战略子博弈完美纳什均衡，使得行参与人的贴现平均支付为 1。
2. 假设现在行参与人是与 N 个人分别进行上述博弈，且他在每一期的支付为所有 N 个博弈的支付之和，那么问题 (1) 中的结果是否会改变？为什么？

习题 7.9　考虑如下无限期重复的囚徒困境博弈，其中 $2\alpha > \beta + \gamma$，贴现因子为 δ:

		参与人 2	
		坦白 (C)	抵赖 (D)
参与人 1	坦白 (C)	a, a	b, c
	抵赖 (D)	c, b	$0, 0$

1. 若冷酷战略是子博弈完美纳什均衡，那么贴现率最大不能超过多少？
2. 试证明: 若 $\delta = 1$，则针锋相对战略不是子博弈完美纳什均衡。

习题 7.10　在 n 个厂商的古诺寡头模型中，反需求函数为 $p = 1 - 2q$，所有厂商的边际成本和固定成本均为零。考虑基于该阶段博弈的无限期重复博弈。

1. 求最小的 δ，使得在子博弈精炼纳什均衡下，厂商能够通过触发战略维持垄断产出水平。
2. 若 δ 太小以致厂商无法通过触发战略维持垄断产出水平，求能够通过触发战略维持的利润最大化的相应的子博弈精炼纳什均衡。

习题 7.11　考虑企业和工会组织间的博弈。工会决定工资水平，企业决定就业人数。工会的效用函数为 $u(w,l)$，其中 w 为工资，l 为就业人数，设 $u(w,l)$ 为 w 和 l 的增函数。企业的利润函数为 $\pi(w,l) = R(l) - wl$，其中 $R(l)$ 为企业的收益，设其为增函数和凹函数。博弈的时序为: 工会首先给出工资水平；企业观测到并接受工资水平，随后选择雇用人数。分别用

u^* 和 π^* 表示一次性博弈逆向递推解中的工会效用和企业利润。考虑另外一个工资 —— 就业组合 (w,l) 及相应的效用—利润组合 (u,π)，设双方的贴现因子均为 δ。试推导 (w,l) 应满足的条件，使得：(u,π) 帕累托优于 (u^*,π^*)；并且 (u,π) 为无限期重复博弈的一个子博弈完美纳什均衡的结果，其中只要发生任何偏离就永久性转向 (u^*,π^*)。

习题 7.12 (Shapiro 和 Stiglitz，1984) 考虑如下阶段博弈：第一阶段，企业对工人开出工资水平 w；第二阶段，工人选择接受或拒绝该工资。如拒绝，则工人选择自我雇用工资水平为 w_0；若接受，则工人选择努力工作或偷懒，其中努力工作会带来 f 的负效用，偷懒则没有任何负效用。企业无法观测工人的努力程度，但企业和工人都可以观察到工人的产出水平，其中低产出为 0，高产出为 $y>0$。工人努力工作必然能获得高产出，偷懒则以 p 的概率获得高产出，以 $1-p$ 的概率获得低产出。假定 $y-f>w_0>py$。考虑无限期重复博弈中的如下战略组合：企业的战略为第一阶段开出工资水平 w^*，且若在其后的每一阶段，博弈的结果都是 (w^*,y)，则继续开出工资水平 w^*，否则开出工资水平 $w=0$；工人的战略为若 $w \geqq 0$，则接受企业的工资 (否则选择自我雇用)，且若每一阶段的博弈结果都是 (w^*,y)，则努力工作 (否则偷懒)。试导出上述战略组合为子博弈精炼纳什均衡的条件。

习题 7.13 考虑两个参与人进行无限期重复博弈，他们的贴现因子均为 δ，阶段博弈如下所示：

		参与人 2	
		坦白 (C)	抵赖 (D)
参与人 1	坦白 (C)	2, 3	1, 6
	抵赖 (D)	0, 1	0, 1

试证明：若 δ 满足一定的取值范围，则 $(C,C),(C,C),\cdots$ 必将不是子博弈精炼均衡结果的路径，并求此时 δ 的取值范围。

习题 7.14 证明：在一个重复博弈中，若对每个参与人都存在一个子博弈完美均衡，其中参与人的收益是他的最小最大值，则任何纳什均衡的收益也是子博弈完美均衡的收益。

习题 7.15 证明：若 $(w^k)_{k=1}^{\infty}$ 是一个用 δ 贴现的无限期重复博弈的子博弈精炼均衡支付组合的序列，且收敛到 w^*，则 w^* 是这个重复博弈的一个子博弈精炼均衡支付组合。

习题 7.16 在对称的有限期重复博弈中，假设存在一个对称的相互最小最大纯战略组合 m^*，即一个纯战略组合 m 使得 $\max_{a_i} g(a_i,m_{-i}^*) \leqq \underline{v}$。试证明：若公共随机化是可能的，则对充分大的贴现因子，最差的强对称均衡收益 e 能通过如下战略获得：在状态 A，参与人选择 m^*。若参与人在状态 A 下不偏离，博弈以均衡战略指定的概率转向概率 B；若参与人有任何偏离，博弈以概率 1 保持状态 A。在状态 B，博弈按照得到最高均衡收益的战略进行。

习题 7.17 考虑一个长期参与人 1 和其他参与人在无限序列间进行的重复博弈，序列中的每个参与人仅存在一期且被告知参与人 1 在以往各期中所采取的行动。参与人 1 通过均值极限评价支付序列，其他参与人仅考虑他存在的那一期的支付。

1. 若每期两个参与人进行的是如下的囚徒困境博弈，找出该博弈的子博弈精炼均衡集合。

参与人 2

		坦白 (C)	抵赖 (D)
参与人 1	坦白 (C)	3, 3	0, 4
	抵赖 (D)	4, 0	1, 1

2. 若将每期其他参与人在 (C, D) 下的支付改为 0，试证明：对每个 $x \in [1, 3]$，存在一个子博弈精炼均衡，其中参与人 1 的平均支付是 x。

习题 7.18 考虑如下博弈：

参与人 2

		a	b	c
参与人 1	a	4, 4	0, 5	0, 0
	b	5, 0	2, 2	0, 0
	c	0, 0	0, 0	3, 3

1. 假设该博弈进行两期，贴现因子为 δ。试找出一个子博弈完美纳什均衡，使得对于 δ 的某个区间范围，第一阶段能够实现 (a, a) 的收益组合。求 δ 的取值范围。
2. 假设该博弈重复 $T > 2$ 期，贴现因子为 δ。试找出一个子博弈完美纳什均衡，使得对于 δ 的某个区间范围，前 $T-1$ 阶段均能实现 (a, a) 的支付组合。求 δ 的取值范围和每个参与者的均衡支付。
3. 假设该博弈重复无数期，贴现因子为 δ。是否存在一个子博弈完美纳什均衡，使得对于 δ 的某个区间范围，每 $T-1$ 阶段均能实现 (a, a) 的支付组合？若存在，求出 δ 的取值范围和每个参与者的均衡支付；若不存在，给出证明。

习题 7.19 劳动者每年会面临淡季和旺季，淡季时可获得工资收入 w_*，旺季时可获得工资收入 w^*，且有 $w^* > w_*$。劳动者不能进行储蓄，其效用函数 u 是一个定义在每一期消费上的严格凹函数，不同期之间的贴现因子均为 δ。每一季为一期。

1. 假设工资不能用于储蓄和借贷，写出劳动者的终生效用表达式。
2. 现假设有一个雇主提供一份合同 (x_*, x^*) 给劳动者，其中 x_* 和 x^* 分别为劳动者在淡季和旺季的工资水平。设雇主的效用为线性函数，且雇主承诺履行合同，但劳动者可以选择违约。一旦劳动者违约，雇主可以选择继续提供合同，也可选择不提供合同从而劳动者的工资仍由 w_* 和 w^* 决定。
   (a) 将劳动者和雇主之间的关系用重复博弈模型表述。每一期的收益函数是连续的吗？为什么？
   (b) 假设雇主在淡季提供合同，为使劳动者接受并履行该合同需要满足的两个约束条件是什么？
   (c) 试证明：一个双方都可以获利的激励相容合同存在的充要条件是 $\delta^2 u'(w_*) > u'(w^*)$。

习题 7.20 考虑如下阶段博弈：

参与人 2

		C	D
参与人 1	C	5, 5	3, 6
	D	6, 3	4, 4

该阶段博弈无限期重复进行，同时每个阶段两个参与人都完全了解以前阶段的博弈历史。双方贴现因子均为 $0<\delta<1$，回答下列问题：

1. 考虑如下触发战略：双方在第 0 阶段博弈中都选择 C。在之后任何一期阶段博弈中，若之前的每个阶段博弈结果都是 (C,C)，那么双方都继续选择 C；否则，都选择 D。求使该触发战略为子博弈完美纳什均衡的 δ 范围。
2. 考虑另一触发战略：在第 0 阶段博弈中，参与人 1 选择 C，参与人 2 选择 D。在之后任何一期的博弈中，若博弈历史结果是沿着如下序列走的，$(C,D),(D,C),(C,D),(D,C),(C,D),(D,C),\cdots$，那么就继续沿着该序列走（即参与人 1 在偶数期选 C，在奇数期选 D；参与人 2 在奇数期选 C，在偶数期选 D）；否则，都选择 D。求使该触发战略为子博弈完美纳什均衡的 δ 范围。
3. 根据无名氏定理，给出只要 δ 充分接近 1，该无限期重复博弈通过合理选择触发战略可以实现的支付组合范围，画图展示。

习题 7.21　考虑如下双人博弈：

参与人 2

		L	R
参与人 1	T	2, 3	1, 5
	B	0, 1	0, 1

其中，a 表示（行）参与人 1 的支付矩阵，b 表示（列）参与人 2 的支付矩阵。

1. 确定该博弈的纳什均衡。通过 $\min\max$ 方法找出 $v(a)$ 和 $v(b)$。
2. 令该博弈无限期重复进行。根据无名氏定理，哪些极限平均支付可以在子博弈完美均衡下实现？具体的某一个能否实现跟 δ 有关吗？
3. 令该博弈无限期重复进行。根据无名氏定理，哪些极限的平均支付可以在纳什均衡下实现？

习题 7.22　考虑如下双人博弈：

参与人 2

		L	R
参与人 1	T	2, 1	0, 0
	B	0, 0	1, 2

其中，a 表示（行）参与人 1 的支付矩阵，b 表示（列）参与人 2 的支付矩阵。

1. 令该博弈无限期重复进行。根据无名氏定理，哪些极限平均支付可以在子博弈完美均衡下实现？
2. 给出可以实现极限平均支付 $(\frac{3}{2},\frac{3}{2})$ 的子博弈完美纳什均衡，同时给出对 δ 的要求。
3. 令该博弈无限期重复进行。根据无名氏定理，哪些极限平均支付可以在纳什均衡下实现？

习题 7.23　考虑如下双人博弈：

参与人 2

		C	D
参与人 1	C	$3,3$	$k,1$
	D	$1,k$	$2,2$

假设阶段博弈继续进行的新一轮的概率为 p，并且这一概率独立于阶段博弈的重复次数。

1. 若 $k=4$，在什么条件下以牙还牙的战略构成一个纳什均衡？
2. 考虑以牙还牙战略的定义：首轮合作。此后，采用对方上一轮的做法（背叛或者合作）。证明只要 k 足够大，用下面定义的交替战略对抗以牙还牙战略就比用以牙还牙战略更好。这时，交替战略构成纳什均衡吗？若否，那么什么战略是纳什均衡？

    交替战略的定义：首轮合作。此后，

    若上一次是相互合作，那么你本次背叛；

    若上一次你背叛了但是对方选择了合作，那么你本次合作；

    若上一次你合作了但是对方选择了背叛，那么你本次背叛；

    若上一次是双方背叛，那么你本次合作。

习题 7.24 考虑如下双人博弈：

参与人 2

		C	D
参与人 1	C	$3,3$	$1,4$
	D	$4,1$	$2,2$

1. 假设两个参与人事先知道该阶段博弈只会进行 3 轮，那么该重复博弈的 $SPNE$ 是什么？
2. 令该博弈无限期重复进行。根据无名氏定理，哪些极限平均支付可以在子博弈完美纳什均衡下实现？

习题 7.25 考虑如下双人博弈：

参与人 2

		C	D
参与人 1	C	$3,3$	$1,4$
	D	$4,1$	$2,2$

使用战略的自动机制表述来描述下列双方战略，并利用命题 7.3.2 验证其是否为子博弈完美纳什均衡。

1. 触发战略：双方首先选择合作 (C)。在 t 期，若之前参与人都是选择努力工作 (C)，那么选择努力工作；若之前有参与人选择过不合作 (D)，那么从此选择不合作。
2. 以牙还牙战略：首轮双方选择合作 (C)。在 t 期，采用对方上一轮的做法（背叛或者合作）。
3. 交替战略（定义见习题 7.23）。

习题 7.26 (产品选择博弈)：参与人 1 是生产商，参与人 2 是消费者。生产商可以选择高努

力 (H) 和低努力 (L)。消费者可以选择两种产品，高档产品 (h) 和低档产品 (l)。博弈的支付矩阵如下图所示:

		参与人 2 h	参与人 2 l
参与人 1	H	2, 3	0, 3
	L	4, 0	1, 1

1. 若该博弈进行有限期，该博弈的子博弈完美纳什均衡是什么?
2. 若该博弈进行 3 期，除了问题 (1) 中的子博弈完美纳什均衡外还有别的纳什均衡吗? 若有，给出一个。
3. 令该博弈无限期重复进行。根据无名氏定理，哪些极限平均支付可以在子博弈完美均衡下实现?
4. 令该博弈无限期重复进行。根据无名氏定理，哪些极限平均支付可以在纳什均衡下实现?

习题 7.27 (产品选择博弈): 有两种类型的厂商，具有概率 p 是努力类型，该类型只有 H 的战略；而支付矩阵如上题的厂商为普通类型的厂商，概率为 $1-p$。进行多期博弈时的贴现率为 δ。两者的支付矩阵如下所示:

普通类型:

		参与人 2 h	参与人 2 l
参与人 1	H	2, 3	0, 2
	L	3, 0	1, 1

努力类型:

		参与人 2 h	参与人 2 l
参与人 1	H	2, 3	0, 2

1. 对于普通类型的厂商，若类型事先是公共知识，那么他在有限期博弈中的子博弈完美纳什均衡战略是什么?
2. 厂商类型是私人信息，并假设博弈进行 2 期。在什么条件下，普通类型的厂商可以通过利用努力类型厂商的存在而获益? 具体博弈的战略是怎样的? (提示: 普通类型可以通过在第一期采用 H 的战略而保持自己类型的保密性。)
3. 厂商类型是私人信息，并假设博弈进行 n 期 ($n \geqq 3$)，这时均衡战略是什么?
4. 若博弈无限期重复进行，情况会是怎样?

习题 7.28 (声誉机制)　考虑本章正文中给出的连锁店模型，现在假设在位者有 3 个市场的连锁店，回答如下问题:

1. 对于市场 2，假设在市场 1 理性在位者没有显示出自己的类型 (在遇到进入时都进行了斗争)，讨论对 q 和 p_0 的不同区间，理性在位者的战略。(提示: 与有 2 个市场连锁店的情形相同。)

2. 对于市场 2, 假设在市场 1 理性在位者已经显示出自己的类型 (在遇到进入时选择了不斗争), 那么显然接下来的战略就是对任何的进入都不斗争, 而无论强硬的还是软弱的潜在进入者都会选择进入。根据这一点以及问题 (1) 中的结论, 结合逆推归纳法讨论市场 1 中, q 和 p_0 处于不同区间时, 理性在位者的战略。给出推理过程。
3. 给出本问题的均衡战略 (即: 给出理性在位者在各个市场的战略和软弱的潜在进入者在各个市场的战略)。

习题 7.29 (声誉机制) 考虑本章正文中给出的连锁店模型的一般情形。假设在位者有 N 个市场的连锁店, 而各个市场的潜在进入者是强硬的概率分别为 $q_i, q_2, \cdots, q_N$, 在位者若不斗争, 那么进入的获益分别是 $b_1, b_2, \cdots, b_N$, 在位者是理性的概率为 $1-p_0$。

1. 首先假设对任意 $i \in 1, 2, \cdots, N$, $q_i = q$ 和 $b_i = b$。采用逆推归纳法求市场的均衡战略。
2. 是否对无论多么小的 p_0, 只要 N 充分大, 那么理性在位者总会在他的头几个市场连锁店选择斗争以树立其强硬的形象? 对于各 q_i 和 b_i 不完全相等的情况, 是否也有这个结论呢?

7.10 参考文献

教材和专著:

黄有光, 张定胜 (2008). 高级微观经济学. 上海: 格致出版社.

平新乔 (2001). 微观经济学十八讲. 北京: 北京大学出版社.

张维迎 (1996). 博弈论与信息经济学. 上海: 上海人民出版社.

Chan, Jimmy (2012). *Lecture Notes*, SHUFE.

Fudenberg, D. and J. Tirole (1991). *Game Theory*, MIT Press.

Gibbons, R. (1992). *Game Theory for Applied Economists*, Princeton University Press.

Hargreaves-Heap, Shaun P. and Yanis Varoufakis (2004). *Game Theory: A Critical Introduction* (2nd Edition), Routledge.

Kreps, D. (1990). *A Course in Microeconomic Theory*, Princeton University Press.

Kreps, D. (1990). *Game Theory and Economic Modeling*, Oxford: Clarendon Press.

Mas-Colell, A., M. D. Whinston, and J. Green (1995). *Microeconomic Theory*, Oxford University Press.

Mailath, J. M. and L. Samuelson (2006). *Repeated Games and Reputations*, Oxford University Press.

Mailath, J. M. and L. Samuelson (2013). *Reputations in Repeated Games*, in *The Handbook of Game Theory*, V. 4.

Myerson, R. (1991). *Game Theory*, Harvard University Press.

Osborne, M. J. and A. Rubinstein (1994). *A Course in Game Theory*, MIT Press.

Osborne, M. J. (2004). *An Introduction to Game Theory*, Oxford University Press.

Ray, Debraj (2006). *Lecture Notes*, New York University.

Rubinstein, A. (1990). *Game Theory in Economics*, Edward Elgar Publishing Company.

Samuelson, Larry (2008). *Lecture Notes*, Yale University.

Vega-Redondo, Fernando (2003). *Economics and Theory of Games*, University of Cambridge.

论文：

Abreu, D., D. Pearce, and E. Stacchetti (1986). "Optimal Cartel Equilibria with Imperfect Monitoring", *Journal of Economic Theory*, Vol. 39, No. 1, 251-569.

Abreu, D., D. Pearce, and E. Stacchetti (1990). "Toward a Theory of Discounted Repeated Games with Imperfect Monitoring", *Econometrica*, Vol. 58, No. 5, 1041-1063.

Abreu, D. and A. Rubinstein (1988). "The Structure of Nash Equilibrium in Repeated Games with Finite Automata" *Econometrica*, Vol. 55, No. 6, 1259-1281.

Baye, M. R., G. Tian and J. Zhou (1993). "Characterizations of the Existence of Equilibria in Games with Discontinuous and Non-Quasiconcave Payoffs", *The Review of Economic Studies*, Vol. 60, No. 4, 935-948.

Cremer, J. (1986). "Cooperation in Ongoing Organizations", *Quarterly Journal of Economics*, Vol. 101, No. 1, 33-49.

Ely, J. C., J. Horner, and W. Olszewski (2005). "Belief-Free Equilibria in Repeated Games", *Econometrica*, Vol. 73, No. 2, 377-416.

Fudenberg, D., D. Kreps, and E. Maskin (1990). "Repeated Games with Long-run and Short-run Players", *Review of Economic Studies*, Vol. 57, No. 4, 555-574.

Fudenberg, D., and D. Levine (1994). "Efficiency and Observability with Long-run and Short-run Players", *Journal of Economic Theory*, Vol. 62, No. 1, 103-135.

Fudenberg, D., D. Levine, and E. Maskin (1994). "The Folk Theorem with Imperfect Public Information", *Econometrica*, Vol. 62, No. 5, 997-1039.

Fuderberg, D., and E. Maskin (1986). "The Folk Theorem in Repeated Games with Discounting or with Imperfect Information", *Econometrica*, Vol. 54, No. 3, 533-554.

Green, E. J., and R. H. Porter (1984). "Noncooperative Collusion under Imperfect Price Formation", *Econometrica*, Vol. 52, No. 1, 87-100.

Kandori, M. (1992). "Social Norms and Community Enforcement", *Review of Economic Studies*, Vol. 59, No. 1, 63-80.

Kandori, M. (1992). "Repeated Games Played by Overlapping Generations of Players", *Review of Economic Studies*, Vol. 59, No. 1, 81-92.

Kreps, D. and R. Wilson (1982a). "Sequential Equilibrium", *Econometrica*, Vol. 50, No. 4, 863-894.

Kreps, D. and R. Wilson (1982b). "Reputation and Imperfect Information", *Journal of Economic Theory*, Vol. 27, No. 2, 253-279.

Kreps, D., P. Milgrom, J. Roberts, and R. Wilson (1982). "Rational Cooperation in the Finitely Repeated Prisoners' Dilemma", *Journal of Economic Theory*, Vol. 27, No. 2, 245-252.

Milgrom, P., and J. Roberts (1982). "Predation, Reputation and Entry Deterrence", *Journal of Economic Theory*, Vol. 27, No. 2, 280-312.

Nessah, R. and G. Tian (2013). "Existence of Solution of Minimax Inequalities, Equilibria in Games and Fixed Points without Convexity and Compactness Assumptions", *Journal of Optimization Theory and Applications*, Vol. 157, No. 1, 75-95.

Nessah, R. and G. Tian (2014). "On the Existence of Strong Nash Equilibria", *Journal of Mathematical Analysis and Applications*, Vol. 414, 871-885.

Nessah, R. and G. Tian (2016). "Existence of Nash Equilibrium in Discontinuous Games" (with Rabia Nessah), *Economic Theory*, Vol. 61, 515-540.

Rubinstein, A. (1986). "Finite Automata Play the Repeated Prisoner's Dilemma", *Journal of Economic Theory*, Vol. 39, No. 1, 83-96.

Samuelson, L. (2006). "The Economics of Relationship". In Blundell, R., W. K. Newey, and T. Persson, *Advances in Economics and Econometrics: Theory and Applications, Ninth World Congress* (Cambridge University Press).

Selten, R. (1978). "The Chain-store Paradox", *Theory and Decision*, Vol. 9, No. 2, 127-159.

Shapiro, C. and J. Stiglize (1984). "Equilibrium Unemployment as a Work Discipline Device", *American Economic Review*, Vol. 74, No. 3, 433-444.

Tian, G. (1992). "Generalizations of the FKKM Theorem and Ky-Fan Minimax Inequality, with Applications to Maximal Elements, Price Equilibrium, and Complementarity", *Journal of Mathematical Analysis and Applications*, Vol. 170, No. 2, 457-471.

Tian, G. (1993). "Necessary and Sufficient Conditions for Maximization of a Class of Preference Relations", *Review of Economic Studies*, Vol. 60, No. 4, 949-958.

Tian, G. (1994). "Generalized KKM Theorem and Minimax Inequalities and Their Applications", *Journal of Optimization Theory and Applications*, Vol. 83, 375-389.

Tian, G. (2015). "Existence of Equilibria in Games with Arbitrary Strategy Spaces and Payoffs: A Full Characterization", *Journal of Mathematical Economics*, Vol. 60, 9-16.

Tian, G. (2016). "Characterizations of Minimax Inequality, Fixed-Point Theorem, Saddle Point, and KKM Theorem in Arbitrary Topological Spaces", *Journal of Fixed Point Theory and Applications*, forthcoming.

Tian, G. and J. Zhou (1992). "The Maximum Theorem and the Existence of Nash Equilibrium of (Generalized) Games without Lower Semicontinuities", *Journal of Mathematical Analysis and Applications*, Vol. 166, No. 2, 351-364.

Tian, G. and J. Zhou, (1995). "Transfer Continuities, Generalizations of the Weierstrass Theorem and Maximum Theorem—A Full Characterization", *Journal of Mathematical Economics*, Vol. 24, No. 3, 281-303.

Zhou, J. and G. Tian (1992). "Transfer Method for Characterizing the Existence of Maximal Elements of Binary Relations on Compact or Noncompact Sets", *SIAM Journal on Optimization*, Vol. 2, No. 3, 360-375.

第8章　合作博弈

8.1　导　　言

本章介绍合作博弈，又称联盟博弈。所谓联盟，是参与人非空子集所组成的一个联合体。前面讨论的非合作博弈，其基本要素是基于每个参与人的行动和参与人对可能结果的偏好。而在合作博弈中，其基本要素是参与人群体形成的联盟，以及采取的联盟行动。尽管行动是由联盟来选择的，但同样是基于个体偏好。与非合作博弈的均衡解类似，合作博弈的均衡同样要满足稳定性，即稳定的联盟和结果。与非合作博弈相比，合作博弈更关注群体而不是个体的选择，同时忽略群体内部相互作用的细节。两类不同互动反映了不同类型的战略考虑，博弈论前沿研究越来越多地考察这两者之间的联系，比如对一些合作博弈的解寻求非合作博弈的实施机制。

8.2　核

核是一个关于联盟博弈的非常重要的解，它反映不存在任何新联盟可以给参与人带来更好的结果，从而这样的配置结果是稳定的。按照联盟之间是否可以进行转移支付，联盟博弈又可以分为转移支付联盟博弈和不可转移支付联盟博弈。我们的讨论侧重于前者。

8.2.1　转移支付联盟博弈

转移支付联盟博弈关注参与人群体获得的支付，而这个支付在成员间不受限制地进行分配。

定义 8.2.1 (转移支付联盟博弈)　一个**转移支付联盟博弈**或简称为**联盟博弈**由下面两个要素构成：参与人集合 N，以及对每个联盟（即 N 的一个非空子集 $S \subseteq N$）赋予某个值 $v(S)$。$v(S)$（我们称之为特征函数）可以被看成 S 联盟获得的总的支付，用于分配给其成员。

转移支付联盟博弈记为 $\langle N, v\rangle$。一个联盟能获得的支付通常依赖于其他参与人的行动，从而 $v(S)$ 可以解释为联盟 S 独立于其他联盟 $N \setminus S$ 所获得的最高支付。我们可用非合作博弈的战略形式 $\Gamma = (N, (C_i)_{i\in N}, (u_i)_{i\in N})$ 来讨论联盟博弈中一个联盟的支付，其中 C_i 是参与人 i 的选择空间，u_i 是参与人 i 的效用函数，von Neumann 和 Morgenstern(1944) 把特征函数定义为

$$v(S) = \min_{\sigma_{N\setminus S}\in\Delta(C_{N\setminus S})} \max_{\sigma_S\in\Delta_{C_S}} \sum_{i\in S} u_i(\sigma_S, \sigma_{N\setminus S}).$$

通常假定 $v(\varnothing) = 0$，其中 $\varnothing$ 是空集。在上面的定义中，联盟支付的定义是基于对联盟外的参与人行动的悲观判断，即联盟外的参与人会选择对联盟成员最不利的行动。有其他一些方式来定义联盟的支付，对于联盟外参与人的行动的不同判断标准会对应着不同的定义。

Myerson (1991) 提出了用防御性的均衡支付来定义联盟博弈中群体的支付，此时整个群体分为联盟和联盟外，它们各自的价值相当于纳什均衡的支付，正式的定义如下：

$$\bar{\sigma}_S = \text{argmax}_{\sigma_S \in \Delta(C_S)} \sum_{i \in S} u_i(\sigma_S, \bar{\sigma}_{C_{N\setminus S}});$$

$$\bar{\sigma}_{N\setminus S} = \text{argmax}_{\sigma_{N\setminus S} \in \Delta(C_{N\setminus S})} \sum_{j \in N\setminus S} u_j(\bar{\sigma}_S, \sigma_{N\setminus S});$$

$$v(S) = \sum_{i \in S} u_i(\bar{\sigma}_S, \bar{\sigma}_{N\setminus S});$$

$$v(N\setminus S) = \sum_{j \in N\setminus S} u_j(\bar{\sigma}_S, \bar{\sigma}_{N\setminus S}).$$

此外，Harsanyi (1963) 提出用理性威胁的方式来定义特征函数，此时对联盟群体的支付类似于 Myerson (1991) 的团队之间的均衡思想，不过每个群体的目标是自身的收益与对方收益差距达到最大，正式的定义如下：

$$\bar{\sigma}_S = \text{argmax}_{\sigma_S \in \Delta(C_S)} \left(\sum_{i \in S} u_i(\sigma_S, \bar{\sigma}_{N\setminus S}) - \sum_{j \in N\setminus S} u_j(\sigma_S, \bar{\sigma}_{N\setminus S}) \right);$$

$$\bar{\sigma}_{N\setminus S} = \text{argmax}_{\sigma_{N\setminus S} \in \Delta(C_{N\setminus S})} \left(\sum_{j \in N\setminus S} u_j(\bar{\sigma}_S, \sigma_{N\setminus S}) - \sum_{i \in S} u_i(\bar{\sigma}_S, \sigma_{N\setminus S}) \right);$$

$$v(S) = \sum_{i \in S} u_i(\bar{\sigma}_S, \bar{\sigma}_{N\setminus S});$$

$$v(N\setminus S) = \sum_{j \in N\setminus S} u_j(\bar{\sigma}_S, \bar{\sigma}_{N\setminus S}).$$

下面我们通过一个例子来讨论不同意义下的特征函数。

例 8.2.1 (特征函数)　考虑由三人组成的一个转移支付联盟博弈。假定每个参与人都有两个行动，$C_i = \{a_i, b_i\}, i \in \{1, 2, 3\}$，分别表示“慷慨”和“自私”。他们行动的支付矩阵见图 8.1。

C_1	$C_2 \times C_3$			
	a_2, a_3	b_2, a_3	a_2, b_3	b_2, b_3
a_1	(4,4,4)	(2,5,2)	(2,2,5)	(0,3,3)
b_1	(5,2,2)	(3,3,0)	(3,0,3)	(1,1,1)

图 8.1　特征函数

在 von Neumann 和 Morgenstern (1944) 对特征函数的定义下，我们会有

$$v(\{1,2,3\}) = 12, v(\{1,2\}) = v(\{1,3\}) = v(\{2,3\}) = 4, v(\{1\}) = v(\{2\}) = v(\{3\}) = 1.$$

在 Myerson (1991) 防御性均衡的定义下，特征函数为：

$$v(\{1,2,3\}) = 12, v(\{1,2\}) = v(\{1,3\}) = v(\{2,3\}) = 4, v(\{1\}) = v(\{2\}) = v(\{3\}) = 5.$$

在 Harsanyi (1963) 理性威胁的含义下，特征函数为:

$$v(\{1,2,3\}) = 12, v(\{1,2\}) = v(\{1,3\}) = v(\{2,3\}) = 2, v(\{1\}) = v(\{2\}) = v(\{3\}) = 1.$$

Thrall 和 Lucas (1963) 扩展了特征函数，并提出了分割函数的概念，能在更一般的框架下处理联盟与联盟之间存在外部性的情形。下面所讨论的联盟博弈都是基于每个联盟有一个对应的特征函数，从而把关注点放在参与人会选择什么样的联盟上。我们假设联盟博弈满足凝聚性（cohensive）条件。

定义 8.2.2 (凝聚性) 我们称一个转移支付博弈满足**凝聚性条件**，若对参与人集合 N 的每一个分割 $S_1, \cdots, S_K$，都有 $v(N) \geqq \sum_{k=1}^{K} v(S_k)$。

凝聚性条件意味着所有人参与的联盟是最优的。

一个更强的条件是超可加性（superadditive）条件。

定义 8.2.3 若对参与人集合 N 的任意两个不相交的子集 S 和 T，$S \cap T = \varnothing$，都有 $v(S \cup T) \geqq v(S) + v(T)$，我们称特征函数具有**超可加性**（**superadditive**）。

超可加性意味着联盟 S 和 T 一起行动至少做得与分开行动一样好。

下面我们讨论转移支付联盟解的概念，它的想法与非合作博弈中的纳什均衡类似：相对于某个结果，若没有任何一个改进偏离，那么该结果是稳定的。核（core）是合作博弈中的一个基础性的均衡概念。核（所有参与人的支付向量）意味着，没有联盟可以增加其联盟成员的支付。在转移支付联盟中，由于在成员之间可以进行自由转移支付，因而一个稳定性的条件是，任何联盟的成员在联盟中获得的支付总和都不能超过核所对应的支付之和。我们于是有下面可行支付的概念。

定义 8.2.4 (可行支付向量) $\langle N, \mathbf{v} \rangle$ 为一个转移支付联盟博弈，对任一实数组合 $(x_i)_{i \in N}$ 和任一联盟 S，定义 $x(S) = \sum_{i \in S} x_i$。若 $x(S) = v(S)$，我们称 $(x_i)_{i \in S}$ 为一个**S-可行支付向量**。当 $S = N$ 时，则称 $(x_i)_{i \in N}$ 是一个**可行支付组合**。

定义 8.2.5 (核) 我们称可行支付组合 $(x_i)_{i \in N}$ 是转移支付联盟博弈 $\langle N, v \rangle$ 的**核**，若不存在 N 的任何子集 S 和一个 S-可行支付向量 $(y_i)_{i \in S}$，使得对任意的 $i \in S$，有 $y_i > x_i$。

注 严格来说，上面定义的核，应该是弱核（weak core），**强核**意味着不存在 N 的任何子集 S 和一个 S-可行支付向量 $(y_i)_{i \in S}$，使得对任意的 $i \in S$，$y_i \geqq x_i$，同时至少存在一个 $j \in S$，使得 $y_i > x_i$。这类似于强帕累托与弱帕累托的差异 (参见第 11 章)。显然，强核意味着弱核，反之不成立。不过，在连续的转移支付下，弱核与强核的概念是一致的。这一章讨论的绝大多数可转移支付都是可连续转移支付的情形，因而弱核意味着强核。

从以上定义可以推论出，若 $(x_i)_{i \in N}$ 在 $\langle N, v \rangle$ 核中，则必然：对所有的 $S \subseteq N$，都有 $x(S) \geqq v(S)$。换句话说，对联盟 S，若其中的参与人可以通过联盟获得一个 S-可行支付 $(y_i)_{i \in S}$，满足 $y_i > x_i, i \in S$，我们称 **S 是相对于 $\boldsymbol{x}$ 结果的一个改进**。若 x 是一个核，那么不存在任何这样的改进。下面的例子讨论不同规则下联盟博弈的核。

例 8.2.2 (集体分配的联盟博弈) 有 3 个参与人，共有 300 个单位的资源可用于分配。假如有三个不同的分配规则。规则 1：分配方案必须征得三人同意，否则每个人得不到任何资源。规则 2：分配方案由多数人同意即可。规则 3：若全体同意分配方案，那么三个人可以分配全部的资源；若只有两个人同意分配方案，那么可供分配的资源是总资源的 2/3；若只有一个人同意分配方案，那么可供分配的资源为零。

在规则 1 下，联盟博弈 $\langle N, v\rangle_1$ 可以刻画为，$N = 1, 2, 3$，$v(N) = 300$，若 $S \neq N$，$v(S) = 0$。根据核的概念，我们知道任何一个可行支付组合都在核里。这是因为对任意一个可行支付集合 $(x_i)_{i\in N}$，都有 $x_1+x_2+x_3 = 0$，并且不存在另一个可行支付集合 $(y_i)_{i\in N}$，使得 $\forall i, y_i > x_i$。

在规则 2 下，联盟博弈 $\langle N, v\rangle_2$ 可以刻画为，$N = 1, 2, 3$，当 $S \subseteq N, |S| \geqq 2$，有 $v(N) = 300$（这里函数 $|\cdot|$ 表示人数计数函数）；当 $S \subseteq N, |S| = 1$ 时，有 $v(S) = 0$。若一个可行支付集合 $(x_i)_{i\in N}$ 是核的元素，那么必然存在 i, 使得$x_i > 0$，但此时存在一个联盟 $S = N/i$，$|S| = 2$，$x(S) < 300 = v(S)$，因此 $(x_i)_{i\in N}$ 不可能是核的元素。所以，在这个联盟博弈中，核是空集。

在规则 3 下，联盟博弈 $\langle N, v\rangle_3$ 可以刻画为，$N = 1, 2, 3$，$v(N) = 300$，当 $S \subseteq N$，$|S| = 2$ 时，$v(N) = 200$；当 $S \subseteq N, |S| = 1$ 时，$v(S) = 0$。在这个博弈中存在着唯一的核的元素，$(x_i)_{i\in N} = (100, 100, 100)$。这是因为若存在 i, 使得$x_i > 100$，那么存在一个联盟 $S = N/i$，$|S| = 2$，$x(S) < 200 = v(S)$。

例 8.2.3 (不可分商品市场的交易) 在一个不可分商品的市场中。消费者的集合记为 B，销售者的集合记为 L。每个销售者拥有一单位的不可分商品。消费者最多只购买一单位商品。消费者和销售者对商品的保留价格分别为 1 和 0。对一个联盟 $S \subseteq B \cup L$，其特征函数为 $v(S) = \min\{|S\cap B|, |S\cap L|\}$。在这个博弈中，消费者和销售者的支付分别记为 x_b 和 x_l。可以验证：当 $|B| > |L|$ 时，唯一的核是 $(x_i)_{i\in N}$，其中 $N = B \cup L$，满足：$x_i = x_b = 0, i \in B; x_i = x_l = 1, i \in B$。当 $|B| = |L|$，核的集合为 $x_i = x_b = \alpha, i \in B; x_i = x_l = 1-\alpha, i \in B, \alpha \in [0, 1]$。

在前面的例子中，并不是所有的联盟博弈都存在非空的核，下面我们讨论非空核的存在条件。

8.2.2 非空核存在性定理

根据核的定义，一个可行配置若是核的话，需要满足一系列不等式。下面先介绍一些相关的概念。

所有联盟的集合记为 $C = \{S|S \neq \varnothing, S \subseteq N\}$。$1_S \in R^N$ 称为联盟 S 的特征向量，满足

$$(1_S)_i = \begin{cases} 1, & i \in S, \\ 0, & \text{其他}. \end{cases}$$

定义 8.2.6 (平衡权重族) $(\lambda_S)_{S\in C}$，$\lambda_S \in [0, 1]$，称为一个**平衡权重族**（**balanced collection of weights**），若 $\sum_{S\in C} \lambda_S 1_S = 1$。

例 8.2.4 参与人集合是 $1, 2, 3, 4$，对 $\sum_{i\in S} \lambda_S 1_S = 1$，若 $|S| = 3$，$\lambda_S = 1/3$；若 $|S| \neq 3$，$\lambda_S = 0$。则 $(\lambda_S)_{S\in C}$ 是一个平衡权重族。另外，若 $|S| = 1$，$\lambda_S = 1$；若 $|S| \neq 1, \lambda_S = 0$。则 $(\lambda_S)_{S\in C}$ 也是一个平衡权重族。

对平衡权重族的解释，可以考虑参与人的时间分配。设参与人 i 总的时间为 1 个单位，他在所有包括他在内的联盟 S 中进行分配，其总量则是可行的：$\sum_{S\in C}(1_S)_i\lambda_S = 1$。

下面定义平衡博弈。

定义 8.2.7 (平衡博弈) 我们称博弈 $\langle N, v\rangle$ 是**平衡的**，若对每个平衡权重族 $(\lambda_S)_{S\in C}$，都有

$$\sum_{S\in C} \lambda_S v(S) \leqq v(N).$$

对平衡博弈，我们可以理解为对参与人的所有可行时间配置，以时间配置为权重，参与人在所有联盟中获得的支付之和都不如包括所有参与人的大联盟。Bondereva (1963) 和 Shapley[①] (1967) 基于线性规划和对偶定理刻画了平衡博弈与非空核之间的关系。

定理 8.2.1 (Bondereva-Shapley 定理) *一个转移支付的联盟博弈存在非空核的充分必要条件是博弈是平衡的。*

证明 必要性：令 $(x_i)_{i\in N}$ 是核中的一个支付组合，$(\lambda_S)_{S\in C}$ 是它的一个平衡权重族。则 $\sum_{S\in C}\lambda_S v(S)\leqq\sum_{S\in C}\lambda_S x(S)=\sum_{i\in N}x_i\sum_{i\in S}\lambda_S=\sum_{i\in N}x_i=v(N)$。

不等号归因于核的定义；第一个等号归因于等价的不同加总次序；第二个等号来自平衡权重的定义；最后的等号来自可行支付组合的定义。

充分性：$\langle N,v\rangle$ 是平衡的，那么不存在一个平衡权重 $(\lambda_S)_{S\in C}$，满足 $\sum_{S\in C}\lambda_S v(S)>v(N)$。因而凸集 $\{(1_N,v(N)+\varepsilon):\varepsilon>0\}$ 与凸锥 $\{y\in R^{N+1}:y=\sum_{S\in C}\lambda_S(v(S)+1_s),\forall S\in C,\lambda_S\geqq 0\}$ 没有交集。利用分离超平面定理，存在一个非零向量 $(\alpha_N,\alpha)\in R^{N+1}$，使得对任意的 $y,\varepsilon>0$，都有 $(a_N,a)y\geqq 0>(a_N,a)(1_N,v_N+\varepsilon)$。由于 $(1_N,v_N)$ 在凸锥中，这个不等式意味着 $\alpha<0$。构造 $x=\frac{\alpha_N}{-\alpha}$。另外，由于对任意 $S\in C$，$(1_S,v(S))$ 都属于上面的凸锥体，则由上面的不等式有 $(a_N,a)(1_S,v(S))=a(-x1_S+v(S))=a(-x(S)+v(S))\geqq 0$，从而 $x(S)\geqq v(S)$。由于对任意的 $\varepsilon>0$，都有 $(a_N,a)(1_N,v(N)+\varepsilon)<0$，且 $(a_N,a)(1_N,v(N))=a(-x1_N+v(N))=a(-x(N)+v(N))\geqq 0$，于是有 $x(N)=v(N)$。因此，上面构造的 x 就是核中的一个支付组合。 □

下面讨论为什么在前面的集体分配的联盟博弈中，有些核存在，而有些核则为空。

例 8.2.5 (集体分配的联盟博弈) 显然在规则 1 下，$v(S)_{S\in C}$ 刻画的联盟博弈是一个平衡博弈，因为 $S=N$，$v(S)=300$；$S\neq N$，$v(S)=0$，从而对满足 $i\in N$，$\sum_{i\in S}\lambda_S 1_S=1$，都会有 $\sum_{S\in C}\lambda_S v(S)\leqq v(N)$。在规则 2 下，考虑下面一个平衡权重族，若 $|S|=2$，有 $\lambda_S=\frac{1}{2}$；否则 $\lambda_S=0$，但是 $\sum_{S\in C}\lambda_S v(S)=450>300=v(N)$，因此规则 2 下的联盟博弈不是平衡博弈。在规则 3 下，$|S|=2$，$v(S)=200$，$v(N)=300$，$|S|=1$，$v(S)=0$。此时对任意一个平衡权重族 $(\lambda_S)_{S\in C}$，由于它是平衡权重族，则满足：

$$\lambda_{\{1,2\}}+\lambda_{\{1,3\}}+\lambda_{\{1,2,3\}}\leqq 1,$$
$$\lambda_{\{1,2\}}+\lambda_{\{2,3\}}+\lambda_{\{1,2,3\}}\leqq 1,$$
$$\lambda_{\{1,3\}}+\lambda_{\{2,3\}}+\lambda_{\{1,2,3\}}\leqq 1,$$

从而有 $\lambda_{\{1,2\}}+\lambda_{\{2,3\}}+\lambda_{\{1,3\}}\leqq 3\frac{1-\lambda_{\{1,2,3\}}}{2}$。$\sum_{S\in C}\lambda_S v(S)=\lambda_{\{1,2,3\}}300+(\lambda_{\{1,2\}}+\lambda_{\{2,3\}}+\lambda_{\{1,3\}})200\leqq 300=v(N)$。

为了进一步理解核存在性定理，我们现在从 Bondereva (1963) 和 Shapley (1967) 线性规划和对偶定理来讨论。

考虑这样一个问题：在一个没有任何联盟能改进成员支付的约束下，所需要的最少效用转移是什么？这一问题可以表述为下述线性规划：

$$\min_{x\in R^N}\sum_{i\in N}x_i$$
$$\text{s.t.}\quad \sum_{i\in S}x_i\geqq v(S),\forall S\subseteq N.$$

① 劳埃德·沙普利（Lloyd S. Shapley，1923—2016）的人物小传见 22.5.1 节。

上面这个线性规划的对偶问题为：

$$\max_{\lambda \in R_+^C} \sum_{S \in C} \lambda_S v_S$$
$$\text{s.t.} \quad \sum_{S \ni i} \lambda_S = 1, \forall i \in N.$$

根据线性规划的对偶定理，若这两个问题存在最优解，那么最优解是相同的。

8.2.3　不可转移支付联盟博弈

对不可转移支付联盟博弈，此时成员之间的分配并不是任意的。也就是说，在每个联盟内部，给定它的支付总量，并不是所有可能的分配都可以在该联盟中实施。因此对于联盟的特征函数，不是赋予一个确定的实数 $v(S)$，而是赋予一个结果集合 $v(S)$。我们可以把转移支付的联盟博弈看成是其中的一个特例，此时 $v(S) \equiv \{x \in R^N | \sum_{i \in S} x_i = v(S), x_j = 0, \forall j \in N \backslash S\}$。

一个不可转移支付联盟博弈，通常包括如下一些要素：参与人集合 N；结果集 X；对于 N 的每个非空子集 S，赋予一个集合 $v(S) \subseteq X$，可以理解为在联盟 S 下的可能分配；以及每个参与人在结果集 X 上的偏好关系 $\succ_i$。

不可转移支付联盟博弈 $\langle N, X, v(\cdot), \succ_i \rangle$ 的核，可以相应地定义为：对所有 $x \in V(N)$，不存在联盟 $S \subseteq N$ 和其可行支付 y，使得 $\forall i \in S$，都有 $y_i \succ_i x_i$。Scarf (1967) 给出了不可转移支付非空核存在的条件。

在后面的一般均衡理论中，我们讨论的市场交换在一定程度上可以被看成是在一个不可转移支付的联盟环境下，参与人之间的联盟形成，也就是他们之间的交易。这部分内容在教材第三部分有更深入的介绍。

8.3　核的应用：市场设计

下面通过几个例子来讨论核概念的应用及其重要性，特别是在本书最后一部分要着重介绍的匹配理论的应用。首先是关于物品（或资源）的交换，包括同质商品的交换和异质商品的交换。在这里主要讨论不可分单一商品的交易，多种不同类型的（可分）商品交易在第三部分的一般均衡理论中有更详细的讨论。接着是关于匹配问题的基本介绍。匹配理论有很多应用，包括婚姻市场、劳动力市场等方面的匹配，主要讨论教育机会公平和效率问题，特别是在入学录取方式的改革讨论中有很多现实的应用。这些例子改编自 Osborne (2004) 和 Peter (2008)。匹配理论的基本结果及其应用的详细讨论将在本书最后一章展开。

8.3.1　同质物品的交易

假设有某种物品，是同质不可分的，比如相同类型的马匹。不同人对马匹的价值（value）或称保留价格、支付意愿，是不同的。此外，在这个经济中，有些人拥有马匹，而另一些人没有。我们把有马的人群（所有者）的集合记为 L，$|L| = L$，把没有马的人群（非所有者）记为 B，$|B| = M$。为简化讨论，每个人最多拥有一匹马。同时经济人 $i \in N \equiv L \cup B$ 对拥有第一匹马的价值为 v_i，对第二匹马的价值为 0，即需求最多是单位需求。我们把非所有者对马的价值按从大到小排序，$\beta_1, \cdots, \beta_L$，把所有者对马的价值从小到大排序，$\sigma_1, \cdots, \sigma_m$。同时记

$k^* = \max\{k|\beta_k > \sigma_k\}$。当 $k \leqq k^*$时，$\beta_k > \sigma_k$，价值前 k^* 个高的非所有者对马的价值要高于价值前 k^* 个低的所有者。在交易过程中，马匹由所有者转移到非所有者。这样，当交易发生在高价值的非所有者和低价值的所有者之间时，双方都能够获益。

我们把卖掉马的人群（卖主群体）记为 $L^* \subseteq L$，把起初没有马而买了马的人群记为 $B^* \subseteq B$。假设在整个交易过程中，$r_i, i \in L$ 是卖马者 i 的所得，$p_j, j \in B$ 为买马者的支付。与这个交易结果对应的参与人的支付向量为 $\mathbf{x} = (\beta_i + r_i, \sigma_j - p_j)_{i \in L, j \in B}$。我们下面来讨论 $\mathbf{x}$ 应满足什么条件才会成为这个交易的核。

首先，对 $\mathbf{x}$ 必然有 $p_j = 0, j \in B \backslash B^*$，也就是说，对没有参与买卖的经济人，他的支付或所得为零。显然，对 $j \in L \backslash L^*$，若 $p_j > 0$，意味着经济人 i 没有参与买卖，也需要额外付出 p_j，显然这个结果会被经济人 j 自己独自的联盟所改进，因为他不需要额外付出。

若 $p_j < 0$，意味着其他经济人需给经济人 j 一个额外的正支付 $-p_j > 0$，显然这种结果也会被排除 j 的其他参与人的联盟所改进，这是由于排除 j 的其他参与人所组成的联盟相对于这个结果拥有相同数量的马和 $-p_j > 0$ 的正支付，他们可以把这部分钱平均配置给联盟的每个参与人，从而使得这个联盟每个成员的利益得到改进。这样，唯一可能的结果是 $p_j = 0$，类似地，我们也可以得到不参与交易的所有者（即 $i \in L \backslash L^*$）的所得为 $r_i = 0$。

其次，对参与交易的所有者或者非所有者，每个卖主和买主得到和付出的钱必然相同，即 $r_i = p_j$,对任意的$i \in L^*, j \in B^*$ 都成立。的确如此。若存在一组 (i, j) 使得 $r_i < p_j$，则参与人 i, j 组成一个联盟 $\{i, j\}$，相对于结果 $\mathbf{x}$ 拥有相同的马匹，然而却增加了 $p_j - r_i > 0$ 的好处，这部分额外的增加可以在他们之间平均分配，从而联盟改进了结果 $\mathbf{x}$。因此，必然有 $r_i \geqq p_j$。

由于买马与卖马的人数相同，所有买马的付出总量与卖马的收益总量必然相同（这是因为马匹的买卖过程是一个封闭的系统），也就是说，$\sum_{i \in L^*} r_i = \sum_{j \in B^*} p_j$，从而必然有 $r_i = p_j = p^*$。

下面我们进一步讨论 p^* 的取值范围。我们将验证 $k^* = |L^*| = |B^*|$, $p^* \in [\max\{\beta_{k^*+1}, \sigma_{k^*}\}, \min\{\beta_{k^*}, \sigma_{k^*+1}\}]$ 的 $\mathbf{x}$ 是一个核（见图 8.2）。

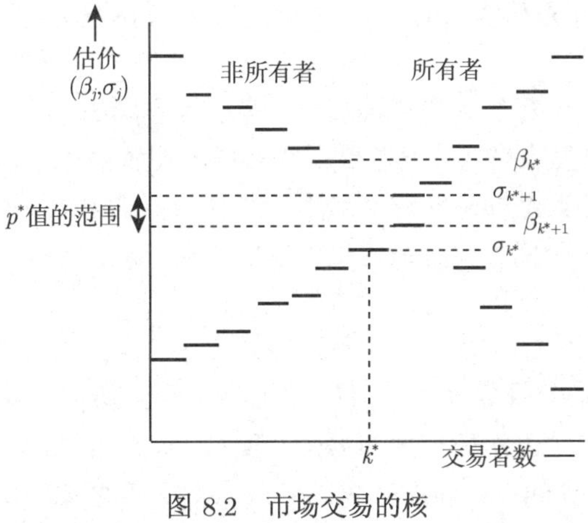

图 8.2 市场交易的核

在市场交易中，对非所有者而言，若其价值 $\beta_k \geqq p^*$，他会参与市场交易；而对所有者而言，若其价值 $\sigma_k \leqq p^*$，他也会参与交易。总体利益最大化的交易，都会使得所有有利可图的交易达成。在前面的设定中，有 k^* 个非所有者的价值高于所有者的价值。因此在整个利益最大化的交易中，会存在 k^* 个买主和卖主。即价值前 k^* 个高的非所有者构成买主群体，价值前 k^* 个低的所有者构成卖主群体。为了避免价值第 k^*+1 高及以下的非有者加入买主群体，我们有 $p^* \geqq \beta_{k^*+1}$，同时避免价值第 k^*+1 低及以上的所有者加入卖主群体，我们有 $p^* \leqq \sigma_{k^*+1}$。这样，总体利益最大化的贸易价格必然满足：在这个价格区间中，$p^* \in [\max\{\beta_{k^*+1}, \sigma_{k^*}\}, \min\{\beta_{k^*}, \sigma_{k^*+1}\}]$。这个交易对应的结果为：

$$
\begin{aligned}
x_i &= \max\{v_i, p^*\},\ i \in L,\\
x_j &= \max\{v_i, p^*\} - p^* \geqq 0,\ j \in B.
\end{aligned}
$$

要验证满足上面条件的结果 $\mathbf{x}$ 是一个核，需验证对任何一个可能的联盟都不存在对联盟成员利益的改进。对任何联盟而言，对成员最好的安排是，把马配置给价值最高的成员，同时在相应成员之间进行转移支付，使得每个成员的收益都得以改进。对联盟 S，记 l 是 S 中所有者的个数，b 是 S 中非所有者的个数。令 S^* 是 S 中对马匹价值最高的 l 个成员，因此 $|S^*| = l, |S \backslash S^*| = b$。当联盟最优配置马匹时，联盟 S 的总盈利为 $v(S) = \sum_{i \in S^*} v_i$。

而对原有的 $\mathbf{x}$ 而言，

$$
\begin{aligned}
\mathbf{x}(S) &= \sum_{i \in S} \max\{v_i, p^*\} - bp^*\\
&= \sum_{i \in S^*} \max\{v_i, p^*\} + \sum_{i \in S \backslash S^*} \max\{v_i, p^*\} - bp^*\\
&\geqq \sum_{i \in S^*} v_i = v(S).
\end{aligned}
$$

由于上面的联盟 S 是任选的，因此 $\mathbf{x}$ 是一个核。

8.3.2　异质物品的匹配

下面我们讨论不可分异质物品的交换，如房子、办公室分配等问题，这种问题在匹配理论中被称为房屋市场问题 (housing market problem)，更正式严谨的讨论参见 22.3.1 节。

现考虑有一群人，他们都拥有自己的房子，房子是不同的，房子对不同人的价值也是不同的，若不考虑货币，即没有转移支付，那么什么样的配置是一个稳定配置，同时又尽可能最大化人们的福利呢？配置是稳定的意味着不存在任何联盟，使得联盟内部通过交换让联盟成员境况变得更好。若一个配置没有最大化人们的福利，就有可能会通过形成联盟得到新的配置来改进他们的福利，而核的概念则恰好有这样的特性。

在前面我们已有了核的存在性定理，然而在现实中，我们更需要的是如何去找到一个具体的核配置。在货币不是交易媒介的不可分异质物品的交换中，有一个算法可以在有限步内达到一个核的配置，这个方法被称为顶端交易循环（top trading cycles），它最初出现在劳埃德・沙普利（Lloyd S. Shapley，1923—2016，其人物小传见 22.5.1 节）和赫伯特・斯卡夫（Herbert Scarf，1930—2015，其人物小传见 12.5.2 节）的论文（Shapley and Scarf（1974））中，不过他们把这个机制归功于戴维・盖尔（David Gale)。

顶端交易循环机制可概括如下：第 1 步，所有人对所有物品进行排序；每个人最偏好的物品都由这群人中某个人所拥有，每个人最喜欢的物品都是不同的（也就是对物品构成严格序）。于是，这些人对物品的需求就构成了一个循环（被称为顶端循环），在他们之间进行交易会使得每个人都得到他们最喜欢的物品。而在有限个人和有限个物品的情形下，这种循环总是存在的。注意，若某个人最喜欢他自己的物品，则他自身就构成一个联盟，在这个联盟中他得到了最喜欢的物品。第 2 步，除去在之前顶端交易循环的人和物品，对剩余的人和物品，按照他们的偏好进行排序，重新寻找顶端循环。之后，每一步都剔除之前循环中的参与人和物品，直到所有的人和物都进入了（不同阶段）顶端交易循环。

现论证有限个参与人和物品的交换都存在顶端交易循环。在讨论之前，我们需要引入一些概念。令 $N=\{1,\cdots,n\}$ 表示参与人的集合，对参与人 i，其初始拥有的物品记为 h_i，所有初始物品的集合为 H，参与人 i 的偏好记为 $\succcurlyeq_i$。为简化讨论，假定参与人 i 对物品集合的偏好是严格的，即没有两件物品对 i 是无差异的，这样我们排除了存在平局（tie）的情形。在无差异存在的情形下，需要更为复杂的技术来处理，近些年已有了这方面的结果。参与人 i 可以对物品集合 h 上的偏好进行从高到低的排序。若 $|\{h'\in H|h'\succcurlyeq_i h\}|=k-1$，即对参与人 i 在物品集合中只有 $k-1$ 个物品比 h 好，则参与人 i 在 h 中排第 k 位，记为 $h=R_i(k)$。

定义 8.3.1 (顶端循环) 我们称 $\{i_1,\cdots,i_K\}$ 构成一个 K 环的**顶端循环**，若对任意的 $k<K$，有 $h_{i_{k+1}}=R_{i_k}(1)$，同时有 $h_{i_1}=R_{i_K}(1)$。

下面证明，在每个经济人都只有一个物品的情形下，必然存在顶端循环。

首先考虑 $N=2$ 的情形。若存在一个 $i\in\{1,2\}$，$h_i=R_i(1)$，显然 $\{i\}$ 就是一个顶端循环。若上述情形不存在，则必然有 $h_1=R_2(1)$，$h_2=R_1(1)$，从而 $\{1,2\}$ 就构成了一个顶端循环。

接着考虑 $N=3$。若存在 $i\in\{1,2\}$，$h_i=R_i(1)$，则 $\{i\}$ 显然就是一个顶端循环。若上述情形不存在，对参与人 1，或 $h_2=R_1(1)$，或 $h_3=R_1(1)$。若是前种情形，考虑参与人 2 的物品排序，若 $h_1=R_2(1)$，则 $\{1,2\}$ 就构成了一个顶端循环；若 $h_3=R_2(1)$，考虑参与人 3 的物品排序，当 $h_2=R_3(1)$ 时，$\{2,3\}$ 就构成了一个顶端循环；若 $h_1=R_3(1)$，$\{1,2,3\}$ 则构成了一个顶端循环。对后一种情形也是类似的。这样，$N=3$ 也必然存在一个顶端循环。

用数学归纳法可以证明对任意有限个个体，每个个体只有一个物品，必然存在一个顶端循环。当然，我们可以放松每个人只有一个物品的情形，参与人拥有的物品数量是不同的。

顶端交易循环是一个集中分配机制，每个参与人报告自己的（严格）偏好。第 1 步：每个参与人指向自己最喜欢的物品。由于人和物是有限的，总会存在至少一个顶端循环（包括自我循环），同时顶端循环不存在交叉。让这些顶端循环的个体得到自己最喜欢的物品，同时消除在顶端循环中的人和物。

第 2（以及 k）步：重复上面的步骤，直到所有的人和物都消除完。

在这个算法中，在每一步，在消除之前的顶端循环之后，在剩余的参与人和物品之间寻找顶端循环，并在他们之间按照偏好进行物品的交换转移。由于每一阶段都存在顶端循环，因此，只要经济人的个数是有限的，这个算法总能在有限步结束。

下面我们来讨论，为什么通过这样的顶端交易循环所导致的结果是一个核配置。我们知道，一个结果如果是核配置，则不存在任何改进的联盟。在顶端交易循环机制的运行过程中，对第一阶段的顶端循环中的参与人而言，任何其他配置都不可能改进他的福利。这样，有可能改进福利的联盟，一定不可能包含第一阶段的顶端循环中的参与人。其次，对第二阶段的顶端循环的参与人而言，不可能有一种配置，可以在没有第一阶段的顶端循环参与人参加的联盟中通过重新分配来提高他们的福利。因此，若所有第一阶段中的顶端循环都不参与某个联盟，第二阶段的顶端循环的参与人也不会参与这种联盟。依此类推，若之前阶段的顶端循环参与人都不参加联盟，这个联盟也不会改进现阶段中顶端循环参与人的福利。因此，不存在任何联盟，它能增加联盟中成员的福利。

下面我们通过一个例子来讨论顶端交易循环机制。

例 8.3.1 (房子的交换)　考虑由四个成员构成的群体，参与人 i 拥有的房子记为 h_i。每个参与人对房子的价值如图 8.3 所示。

参与人1	参与人2	参与人3	参与人4
h_2	h_1	h_1	h_3
—	—	h_2	h_2
—	—	h_4	h_4
—	—	h_3	—

图 8.3　第一阶段的顶端交易循环

每个参与人对物品的排序是从上面到下面，里面出现的横线 — 表示这些排序可以是任意的，不是我们所关心的部分。

在第一阶段 $\{1,2\}$ 就构成了一个顶端循环，同时参与人 1 和 2 进行交换；第二阶段去除参与人 1 和 2，剩下参与人 3 和 4，他们的偏好见图 8.4。

参与人3	参与人4
h_4	h_3
h_3	h_4

图 8.4　第二阶段的顶端交易循环

在第二阶段 $\{3,4\}$ 就构成了一个顶端循环，参与人 3 和 4 为此进行交换。整个交换的结果是参与人 1 拥有参与人 2 的房子，参与人 2 拥有参与人 1 的房子，参与人 3 拥有参与人 4 的房子，参与人 4 拥有参与人 3 的房子，这个配置结果不存在任何改进的联盟。

对顶端交易循环更详细的讨论见第 22 章中的单边匹配。在那里，我们系统讨论了参与人和不可分物品的匹配机制，并讨论了不同机制的效率和激励性特征。此外，单边匹配机制在入学录取（Abdulkadiroglu 和 Sonmez, 2003）、器官移植（Roth，Sonmez 和 Unver，2004）方面都有着广泛的应用。这些问题在第 22 章都有深入的讨论。

8.3.3　双边匹配：婚姻市场

Gale 和 Shapley (1962) 发表在美国数学月刊的一篇论文讨论了婚姻市场上的匹配问题，开启了一个全新的研究领域，即不同群体之间的匹配，这一机制有着非常广泛的应用，如劳动力市场中企业与劳动者的匹配，比如医院与实习医生的匹配，教育领域中大学与入学者的匹配，器官捐献领域中受捐者与捐献者的匹配等。Roth 和 Sotomayor (1992)，Abdulkadiroglu 和 Sonmez (2013) 在两个不同的时期分别对这类文献做了比较全面的综述。

这里，我们介绍一种最简单的匹配问题，即一对一的匹配，比如婚姻市场的男女匹配（比如我们经常在电视中看到的相亲节目）。

我们先引入一些概念，假设有两类群体，分别对应两类参与人的集合，$M=\{m_1,\cdots,m_n\}$，$W=\{w_1,\cdots,w_k\}$，可以想象为男人集合和女人集合。成员 i 的偏好记为 $\succcurlyeq_i$，他的偏好是定义在对立的参与人集合和自身上。为简化讨论，假设偏好是严格的，即不存在无差异的对象。

$\mu: M\cup W\rightarrow M\cup W$ 被称为一个匹配，若对 $i\in M$，有 $\mu(i)\in W$，或对 $j\in W$，有 $\mu(i)=i$，或对 $\mu(j)=j$，有 $\mu(j)\in M$。我们可以理解为，在婚姻的匹配下，男人的匹配或是某个女人，或是他自己（我们可以理解为单身），对女人的匹配也是类似的。我们说对某个男人 $m\in M$，某个女人 w 是不可接受的，若满足条件：$m\succ_m w$。我们下面讨论什么样的匹配 μ 是稳定的。

定义 8.3.2 (稳定匹配) 匹配 μ 是**稳定**的，若满足下列条件：

(1) 对 $m\in M,\mu(m)\subseteq W\bigcup\{m\}$，对 $w\in W,\mu(w)\subseteq M\bigcup\{w\}$；

(2) 不存在任何组对 $(m,w),m\in M,w\in W$，使得 $w\succ_m\mu(m),m\succ_w\mu(w)$；

(3) 对 $i\in M\bigcup W$，若 $\mu(i)\neq i$，那么 $\mu(i)\succ_i i$。

稳定匹配意味着，若匹配的对象不是自身，那么其匹配对象必然是可接受的；同时不存在任何两个对立群体的个体，他们喜欢对方胜过自己匹配的对象。匹配的稳定性与核的概念是一致的。首先，若匹配对象是不可接受的，那么根据核的定义，单个个体构成的联盟可以改进自己的收益。其次，对匹配问题而言，有意义的联盟只有两类：一类是单个个体构成的联盟，另一类则是一男一女构成的联盟。由于在匹配中，我们排除了一夫多妻或者一妻多夫的现象，也排除了混杂婚姻 (共妻共夫) 的现象，即多个男人与多个女人组成的联盟，因此，在一男一女构成的联盟中，在匹配问题上，稳定匹配与核是一致的。然而，问题是，如何来寻找稳定的匹配呢？Gale 和 Shapley (1962) 提出了一个延迟接受算法（deferred acceptance algorithms），在这里介绍的延迟接受算法来自 Roth（2010）。

每个阶段分两步，我们先从第一阶段开始。

第一步，某类群体（邀约群体），比如男性参与人，向对方群体（选择群体，即女性参与人群体）中自己最喜欢的对象邀约（若有可接受对象，否则不邀约）。

第二步，对方群体，先剔除那些不可接受的对象的邀约，若还有剩余的话，选择一个自己最喜欢的对象的邀约，而拒绝其他对象。

在 k 阶段：邀约群体的参与人，若在前面第 $k-1$ 阶段被拒绝，向那些不曾拒绝过同时可以接受中最喜欢的对象邀约，若不曾拒绝过的对象都是他不能接受的，就不邀约；选择群体的参与人，对之前保留的邀约和这一阶段得到的新邀约（若有）进行比较，选择自己最喜欢的对象的邀约，而拒绝其他对象的邀约。

停止阶段：若不再有新的邀约出现。在停止阶段，选择群体的参与人与她保留的对象匹配，若邀约群体的参与人没有邀约被接受，或者选择群体的参与人没有得到邀约，那么他们与自己匹配。

Gale 和 Shapley (1962) 证明了，在婚姻市场中，必定存在一个稳定的匹配。我们在第 22 章将详细讨论其背后的逻辑。下面我们先通过一个例子来了解延迟接受算法的运行。

例 8.3.2 (延迟接受算法的例子) 考虑三男和三女之间的婚姻匹配。每个参与人在对方参与人集合的偏好排序中，将那些不可接受的对象从他（或她）的偏好序中去除，所导致的 (严格) 偏好表示如下：

$$p(m_1) = w_2, w_1, w_3; \qquad p(w_1) = m_1, m_2, m_3;$$
$$p(m_2) = w_1, w_2, w_3; \qquad p(w_2) = m_3, m_1, m_2;$$
$$p(m_3) = w_1, w_2, w_3; \qquad p(w_3) = m_1, m_2, m_3.$$

延迟接受算法的程序见下面的表格，其中有底线的是暂时接受的邀约。

阶段	w_1	w_2	w_3
1	$\underline{m_2}, m_3$	$\underline{m_1}$	
2		$m_1, \underline{m_3}$	
3	$\underline{m_1}, m_2$		
4		$m_2, \underline{m_3}$	
5			$\underline{m_2}$

男女之间的婚姻匹配结果为：

$$\mu_M^{DA} = \begin{pmatrix} w_1 & w_2 & w_3 \\ m_1 & m_3 & m_2 \end{pmatrix}.$$

容易验证这一匹配结果满足稳定性条件。

当然，以不同群体作为邀约方，其延迟接受算法的匹配结果可能是不同的。比如，由男方（或者女方）作为邀约方的匹配结果，在所有可能的稳定匹配中，对男方（或者女方）群体来说是最好的匹配结果。与此同时，所有稳定匹配的集合与核的集合是重合的。此外，没有一个稳定的匹配是可以避免（通过虚假报告偏好信息）操纵的（Roth, 1982）。这些结论在第 22 章有更深入的讨论。

由于环境的变化，或者信息不对称，一些初始稳定的匹配会被打破，匹配会有很多动态的特性。若把就业看成是企业与劳动者的匹配，把失业看成是匹配的破裂，我们可以通过匹配的方法来研究就业和失业问题。

在很多匹配问题中，存在着交易媒介，比如货币。此外，匹配过程中可能伴随一些合约，如劳动者与企业匹配过程中的劳动合约，规定工资、职责等等条款。Kelso 和 Crawford (1982) 在匹配中引入合约的分析框架，它的分析框架与拍卖机制相结合（Hatfield 和 Milgrom，2005）。对这些问题的更深入的讨论参见第 22 章。

下面我们讨论合作博弈中其他稳定配置的概念。

8.4 稳定集合、讨价还价集合和沙普利值

核的概念的稳定性来自抵制任意可能的偏离。然而，偏离本身可能是不稳定的，偏离会引发新的偏离，初始的偏离最终可能给偏离者带来更差的结果，因此稳定性概念还需要一个

合理基础。下面我们通过对偏离本身进行约束来进一步探讨合作博弈中的稳定性。我们根据不同的约束，引入一些相关联的概念，其中包括稳定集合、讨价还价集合和沙普利值等，在这里集中于转移支付的联盟博弈类型，这部分内容在 Osborne 和 Rubinstein (1994，第 14 章) 有更为严格和深入的分析。此外，讨价还价机制在联盟形成过程中起着非常重要的作用，Ray (2006) 用（合作以及非合作）博弈论方法深入讨论了联盟的形成机制。

8.4.1 稳定集合

von Neumann 和 Morgenstein (1944) 提出了稳定集合的概念。这个概念与谈判过程相关。假设有一个可行配置让某些参与人不满意，他们可能会提出一个对他们来说更好的异议。若他们提出的异议本身是不稳定的，将会有后续连锁反应，若最后的稳定结果还不如之前的配置，那么这种异议本身对联盟来说不是一个有意义的偏离。换句话说，一个联盟 S 提出的应是一个可置信的异议。所谓可置信意味着这个异议本身是稳定的（即不存在触发别的联盟提出新的异议，及其可能的异议链条，在这个过程的最后，有些联盟成员的境况相对于之前变得更差），并且这个异议可以给联盟成员带来更大利益。

这样，一个稳定（配置）结果的集合需要满足两个条件：其一，对每一个非稳定的结果，都存在一个联盟可以提出一个可置信的异议；其二，对任一稳定结果，没有其他可置信的异议。因而我们讨论解的概念是建立在集合意义上的。通过稳定集合，我们可以把可行的配置结果分为稳定集合和不稳定集合。

定义 8.4.1 (联盟的异议) 一个配置 $\mathbf{x}$ 被称为联盟 S 对配置 $\mathbf{y}$ 的一个**异议**，若对所有的 $i \in S$，有 $x_i > y_i$，且 $\mathbf{x}(S) \leqq v(S)$，记为 $\mathbf{x} \succ_S \mathbf{y}$。

下面我们先界定稳定集合的概念，然后讨论它与核的联系。

定义 8.4.2 (稳定集合) 我们称转移支付联盟博弈 $\langle N, \mathbf{v}\rangle$ 的可行配置集合 X 的一个子集 Y 为**稳定集合**，若满足下面两个条件：

(1) (内部稳定) 对任意 $\mathbf{y} \in Y$，不存在联盟 $S \in N$ 和配置 $\mathbf{z} \in Y$，使得 $\mathbf{z} \succ_S \mathbf{y}$。

(2) (外部不稳定) 对任意 $\mathbf{z} \in X/Y$，存在联盟 $S \in N$ 和配置 $\mathbf{y} \in Y$，使得 $\mathbf{y} \succ_S \mathbf{z}$。

von Neumann 和 Morgenstein 把每个稳定集合解释为一种行为模式，不同稳定集合的配置对应不同的行为模式。

显然，核是一个稳定集合，因为在核内，不存在任何别的可行支付是某个联盟对核的一个异议。并且，若核存在，核是唯一的稳定集合。然而，若核不存在，仍然可能存在稳定集合，而且稳定集合并不是唯一的。下面的命题概括了核与稳定集合的关系，以及稳定集合的性质。

命题 8.4.1 核是每个稳定集合的一个子集；任一个稳定集合都不会是另一个稳定集合的真子集；如果核构成一稳定集合，则它是唯一的稳定集合。

下面我们通过一个例子来讨论存在空核，但存在多个稳定集合的情形。

例 8.4.1 (例 8.2.2 续) 有 3 个参与人，共有 300 个单位的资源可用于分配。规则是：分配方案由多数人同意即可。其联盟的表达为：联盟博弈 $\langle N, v\rangle$，$N = 1, 2, 3$，当 $S \in N$，$|S| \geqq 2$，有 $v(S) = 300$（这里函数表示人数计数函数）；当 $S \in N$，$|S| = 1$，有 $v(S) = 0$。

$Y_1 = \{(150, 150, 0), (150, 0, 150), (0, 150, 150)\}$ 是一个稳定集合，对这个稳定集合，其行为模式表现为联盟成员平均分配联盟收益。首先，对 Y_1 中每个元素，不存在 Y_1 内的偏离。

对任意 $\mathbf{z} \in X/Y_1$，其中 $X = \{(x_1, x_2, x_3)|x_i \geqq 0, x_1 + x_2 + x_3 = 300\}$，显然存在 $i \neq j$, $z_i < 150, z_j < 150$，以及一个联盟 $S = i, j$，在 Y_1 中 $(y_i = y_j = 150, y_k = 0)$ 是对 z 的一个异议。

$Y_{k,c} = \{(y_i)_{i\in N}|y_k = c \in [0, 300], \forall i \neq k, y_i \geqq 0, \sum_{i\in N} y_i = 300\}$ 也是一个稳定集合，它表现的行为模式是参与人 k 获得一个固定的数量 c。因此，在这个联盟博弈中存在无穷多个稳定集合。

下面我们来验证 $Y_{k,c}$ 是一个稳定战略。首先，结果 $z_k > c$ 会被其他参与人构成的联盟 $\{i, j\}, i \neq k, j \neq k$ 在 $Y_{k,c}$ 的一个结果 y 所改进，比如 $y = (y_k = c, y_i = z_i + \frac{z_k - c}{2}, y_j = z_j + \frac{z_k - c}{2})$。若 $z_k < c$，则总存在一个 $i \neq k$, 使得$z_i > 0$，$\{k, j\}, j \neq k, j \neq i$ 可以被 $Y_{k,c}$ 的一个结果 y 所改进，比如 $y = (y_k = c, y_i = 0, y_j = 300 - c)$。此外，对 $Y_{k,c}$ 集合中的任一结果，不可能存在一个联盟使得在 $Y_{k,c}$ 集合内选择其他结果能够使联盟成员的境况得以改进。

8.4.2　讨价还价集合、内核和核仁

也可以通过讨价还价的方法对谈判过程的异议提出约束。在这种方法下，每个异议产生的偏离链条被两步截断，稳定条件指的是对每一个异议，都有一个反异议来制约。这里的思想是，若某个集合是稳定的，那么不存在稳定的异议。这里的稳定性体现在：若某个参与人针对其他人提出异议，这个异议提高了异议人的收益，那么因这个异议而受损的人总可以提出对之前异议人不利的反异议，之前的异议于是就不是稳定的异议，因为异议人的利益最终会变得更差。

下面我们讨论三种类型的异议与反异议的两阶段，不同的类型对应于不同稳定结果的解概念。

第一类异议和反异议：

异议：称一个二元组 $(\mathbf{y}, S)$ 是参与人 i 针对 j 提出对 $\mathbf{x}$ 的一个**异议**，若：$i \in S, j \notin S$，$\mathbf{y}$ 是对 S 的一个可行支付，并且使得每个联盟成员的利益变得更好，即 $\forall k \in S$，$y_k > x_k$。

反异议：称一个二元组 $(\mathbf{z}, T)$ 是 j 针对 i 提出 $(\mathbf{y}, S)$ 的一个**反异议**，若 $j \in T$, $i \notin S$，$\mathbf{z}$是对 T 的一个可行支付，使得 $\forall k \in T\backslash S$, $z_k \geqq x_k$, $\forall l \in T \cap S$，$z_l \geqq y_l$，即对在反异议的联盟 T 但不在异议联盟 S 中的成员，在反异议下相对于初始的结果不会变得更差，对同时是异议和反异议的联盟成员，其利益不会比在异议下的配置结果差，这些都是联盟 T 成员愿意加入联盟的必要条件。

第二类异议和反异议：令 $e(S, \mathbf{x}) = v(S) - \mathbf{x}(S)$，我们称之为联盟 S 相对配置结果 $\mathbf{x}$ 的剩余。当 $e(S, \mathbf{x}) < 0$，反映了为了支持 $\mathbf{x}$ 的配置结果，联盟 S 所做的牺牲或贡献。当 $e(S, \mathbf{x}) > 0$，反映了联盟在配置结果中获得的剩余。

异议：称联盟 S 是参与人 i 针对参与人 j 对 $\mathbf{x}$ 的一个异议，若 $i \in S$, $j \notin S$，并且 $x_j > v(j)$。这个条件反映了对参与人 j 在 $\mathbf{x}$ 配置中获得比自身联盟更多的资源 $x_j > v(j)$，联盟排除 S 排除 j 以减少其获得的好处。

反异议：称联盟 T 是参与人 j 针对参与人 i 异议 S 的一个反异议，若 $i \notin T$, $j \in T$，并且 $e(T, \mathbf{x}) > e(S, \mathbf{x})$。这个条件反映了，参与人 j 可以找到一个包括自己但不包括参与人 i 的反异议联盟 T，使得这个反异议的联盟在支持 $\mathbf{x}$ 配置下获得更

少或者贡献更大。

第三类异议和反异议：

异议：称一个二元组 $(\mathbf{y}, S)$ 是针对可行配置 $\mathbf{x}$ 的一个异议，若 $e(S, \mathbf{x}) > e(S, \mathbf{y})$，即 $\mathbf{y}(S) > \mathbf{x}(S)$，意味着异议联盟 S 在异议结果 $\mathbf{y}$ 比初始的结果 $\mathbf{x}$ 获得更多。

反异议：称联盟 T 是对异议 $(\mathbf{y}, S)$ 的一个反异议，若 $e(T, \mathbf{y}) > e(T, \mathbf{x})$，即 $x(T) > \mathbf{y}(T)$，$e(T, \mathbf{y}) > e(S, \mathbf{x})$，这意味着，反异议联盟 T 在结果 $\mathbf{x}$ 比初始的结果 $\mathbf{y}$ 可以获得更多，同时反异议联盟 T 支持异议配置 $\mathbf{y}$ 比异议联盟 S 在初始结果 $\mathbf{x}$ 下牺牲更多。

上面的两个条件是针对偏离稳定配置的异议联盟而言的，而不是针对其中的某个成员。

这三种不同的异议和反异议，可以形成相关联的三个稳定解概念。

定义 8.4.3 (讨价还价集合 (bargaining set)) 我们称一个转移支付联盟博弈的集合为**讨价还价集合**，若：(1) 其元素 $\mathbf{x}$ 是一可行配置；(2) 在第一种异议和反异议下，对任一参与人 i 针对任一别的参与人 j 对 $\mathbf{x}$ 的异议 $(\mathbf{y}, S)$，总存在一个参与人 j 对 i 的异议的反异议。

定义 8.4.4 (内核 (kernel)) 我们称一个转移支付联盟博弈为**内核**，若：(1) 其元素 $\mathbf{x}$ 是一可行配置；(2) 在第二种异议和反异议下，对任一参与人 i 针对任一别的参与人 j 对 $\mathbf{x}$ 的异议 S，总存在一个参与人 j 对 i 的异议的反异议。

对任何两个参与人 i, j 和任何配置 $\mathbf{x}$，定义 $s_{i,j}(\mathbf{x}) = \max_{S \in C}\{e(S, \mathbf{x}) : i \in S, j \notin S\}$，其中 $C = \{S : S \neq \phi, S \subseteq N\}$，它是一个包括 i 但不包括 j 的联盟 S 的最大剩余。内核的下面的定义与上面的是一致的。若 $\mathbf{x}$ 是 N 可行的内核元素，那么对任何一对参与人 i 和 j，要么 $s_{j,i}(\mathbf{x}) \geqq s_{i,j}(\mathbf{x})$，要么对所有的 $j \in N$ 满足 $x_j = v(\{j\})$。

内核模型化了群体的一种稳定安排，使得每个成员对其中的配置 $\mathbf{x}$ 有下面的集体逻辑：若有参与人 i 针对结果 $\mathbf{x}$ 提出异议，建立一个包括自己的联盟 S，这个联盟排除那些在初始结果下获得超过其独自收益的参与人 j。之所以提出异议，是因为参与人 i 不满意从之前的配置 $\mathbf{x}$ 中所获得的收益，参与人 j 可以提出一个反异议，建立一个包括自己（参与人 j），但不包括异议提出者（参与人 i）的联盟 T，该联盟比异议联盟 S 在支持 $\mathbf{x}$ 配置中贡献更多或得到更少，也就是说，若不支持初始的配置结果 $\mathbf{x}$，通过组建反异议联盟 T，联盟成员比之前的异议联盟可以获得更多。

定义 8.4.5 (核仁 (nucleolus)) 一个转移支付联盟博弈的**核仁**被定义为：(1) 其元素 $\mathbf{x}$ 是一可行配置；(2) 在第三种异议和反异议下，对 $\mathbf{x}$ 的异议 $(S, \mathbf{y})$，总存在对 $(S, \mathbf{y})$ 异议的反异议。

核仁的思想与内核的思想是相关的。若联盟 S 不满意配置 $\mathbf{x}$，用 $e(S, \mathbf{x})$ 来度量，认为它的贡献过多。在内核中，异议是由其中的一个参与人提出的，而在核仁中，则是由联盟提出的。一个异议 $(S, \mathbf{y})$ 可以解释为联盟提出这样的意见："在配置 $\mathbf{x}$ 我们的贡献太大了，我们提出一个贡献相对较少的配置 $\mathbf{y}$。"核仁刻画了其他某个联盟 T 可以提出这样的一个反异议："你们的意见是不正当的，因为我们在配置 $\mathbf{y}$ 中的贡献大于在配置 $\mathbf{x}$ 中的，而且我们在配置 $\mathbf{y}$ 中的贡献超过你们（即联盟 S）在配置 $\mathbf{x}$ 中所做的贡献。"因此，核仁的思想反映了公平的概念，即参与人在团体中应该作出多少贡献。

下面我们通过一些具体例子来讨论与这三个概念对应的配置（集合）。

例 8.4.2 (例 8.2.2: 续（2）) 有 3 个参与人，共有 300 个单位的资源可用于分配。联盟博弈 $\langle N,v\rangle$，$N=1,2,3$，当 $S\in N$，$|S|\geqq 2$，有 $v(S)=300$（这里函数 $|\cdot|$ 表示人数计数函数）；当 $S\in N$，$|S|=1$，$v(S)=0$。

首先，我们求解该联盟博弈的讨价还价集合。在这个例子中该集合是单点集，其配置是 $(x_i=100,i\in N)$。令可行配置 $\mathbf{x}$ 在讨价还价集合中，$(\mathbf{y},S)$ 是参与人 i 针对 j 提出的对 $\mathbf{x}$ 配置的一个异议，那么他会提出 $S=\{i,h\},i\neq h\neq j$，满足：$y_h>x_h$，$y_i>x_i$，$y_h\leqq 300-y_i$，得到 $y_h\leqq 300-x_i$，参与人 i,h 在异议联盟中利益更好。由于 $\mathbf{x}$ 在讨价还价集合中，参与人 j 一定可以提出一个反异议 $(\mathbf{z},T)$。令 $T=\{j,h\}$，$\mathbf{z}$ 满足：$z_h\geqq y_h$，$z_j\geqq x_j$，$z_h\leqq 300-z_j$。于是有：$z_h\leqq 300-x_j$。这样，若 $\mathbf{x}$ 是讨价还价集合，则一旦 $y_h<300-x_i$，就有 $y_h\leqq 300-x_j$，否则 $z_h\geqq y_h>300-x_j$。因此，$300-x_i\leqq 300-x_j$，即 $x_j\leqq x_i$。由于 i，j 是任意的，我们有 $x_i=x_j=x_h$，且 $x_i+x_j+x_h=300$，从而唯一的讨价还价集合是单点集，即配置 $(x_i=100,i\in N)$。

假设可行配置 $\mathbf{x}$ 是内核，总是可以排列为 $x_i\geqq x_j\geqq x_h,i\geqq j\geqq h$。下面我们验证，若上面不等式中有一个是严格不等式，则配置都不可能在内核中。若上面至少有一个是严格不等式，那么 $x_i>x_j$，且 $x_i>100>0=v(i)$。对参与人 j 针对 i 提出的对 $\mathbf{x}$ 的异议，联盟 $S=j,h$，$h\neq i$，有 $s_{ji}(\mathbf{x})=e(S,\mathbf{x})=300-x_j-x_h$，从而不存在 i 对 j 的异议的反异议 $T=i,h$，$h\neq j$，这是由于 $s_{ij}(\mathbf{x})=e(T,\mathbf{x})=300-x_i-x_h\leqq s_{ji}(\mathbf{x})$。因此，内核中的配置必然满足 $x_i=100,i\in N$。

对核仁：可行配置 $x_i\geqq x_h\geqq x_j$，若至少有一个是严格不等式，那么 $x_i>x_j$，$x_i>100$。考虑对 $\mathbf{x}$ 的一个异议，$S=j,h$，$\mathbf{y}=(100,100,100)$。由于 $e(S,\mathbf{y})=300-200=100<300-x_j-x_h=x_i=e(S,\mathbf{x})$，不存在一个反异议，联盟 T，使得 $e(T,\mathbf{y})>e(T,\mathbf{x})$ 同时 $e(T,\mathbf{y})>e(S,\mathbf{x})$。

$|T|\neq 3$，否则 $e(T,\mathbf{y})=e(T,\mathbf{x})=0$。同时，$|T|\neq 1$，否则 $e(T,\mathbf{y})\leqq 0$。当 $|T|=2$，则 $e(T,\mathbf{y})=300-200<e(S,\mathbf{x})$。所以 $x_i>x_h$，不可能在核仁中。容易验证，$\mathbf{y}=(100,100,100)$ 在核仁中。

注意，这三个概念解的集合并不一定相同，下面的例子说明了内核是讨价还价集合的一个真子集。

例 8.4.3 (简单博弈) 简单博弈是指联盟的特征值或 1 或 0 的转移支付的联盟博弈。考虑下面四个参与人构成的简单博弈，$N=\{1,2,3,4\}$，当且仅当 $S=\{2,3,4\}$,或者,$\{1,i\}\subseteq S$，对任意的$i\in\{2,3,4\}$。在这个博弈中，我们可以验证不存在核。参与人 1 相对于其他参与人处于更强势的地位；而除此之外，每个参与人在地位上是一致的。在上面讨论到的三个解概念（即讨价还价集合、内核和核仁）下的配置是否也反映它们的地位呢？

首先讨论讨价还价集合。若 $\mathbf{x}$ 是其中的元素，我们会发现必然会有 $x_2=x_3=x_4$。若不是的话，那么对 $i,j\in\{2,3,4\}$，有 $x_i<x_j$，此时参与人 i 可以针对 j 的异议，$(T=\{1,i\},y)$，满足 $y_1=1-y_i,y_i=x_i+\frac{x_j-x_i}{2}$，且参与人 j 并没有一个对应的反异议，从而必然会有 $x_2=x_3=x_4=\alpha$。此外，α 也会有上下界，若 α 很高，1 会有一个可置信的异议，比如针对参与人 2 提出一个异议 $(\mathrm{y},S=\{1,3\})$，且 $y_1>1-3\alpha$，$y_3=1-y_1<3\alpha$，$y_j>\alpha$。参与人 2

若提不出一个反异议 $(\mathbf{z}, T=\{2,3,4\})$, $z_2 \geqq \alpha$，$z_3 \geqq y_3$，$z_4 \geqq \alpha$，一定满足: $\alpha+3\alpha+\alpha>1$，即 $\alpha>\frac{1}{5}$。同时，α 也不能太低，否则，参与人 2 可以针对参与人 1 提出一个异议，$(\mathbf{y}, S=\{2,3,4\})$，$y_2>\alpha$，这样 $j,k \in\{3,4\}$，$y_j \leqq y_k$，则必然有 $y_j \frac{1-\alpha}{2}$，若参与人 1 提不出一个反异议 $(\mathbf{z}, T=\{1, j\})$, 则满足 $z_1 \geqq 1-3\alpha$，$z_j \geqq y_j$，一定会有 $1-3\alpha+\frac{1-\alpha}{2}>1$，即 $\alpha<\frac{1}{7}$。因此，讨价还价集合为 $\{(1-3\alpha, \alpha, \alpha, \alpha): \frac{1}{7} \leqq \alpha \leqq \frac{1}{5}\}$。

现讨论内核集合。首先，若配置 $\mathbf{x}$ 属于内核，必然有 $x_2=x_3=x_4$。若不然，不失一般性，不妨假设 $x_2 \geqq x_3 \geqq x_4$，且 $x_2>x_4$，则 $x_2>0=v(\{2\})$，参与人 4 可以针对参与人 2 提出一个异议，$s_{4,2}(\mathbf{x})=e(\{1,4\}, \mathbf{x})=1-x_4$，从而参与人 2 不能提出一个可置信的反异议。这是因为，$s_{2,4}(\mathbf{x})=e(\{1,2\}, \mathbf{x})=1-x_2<s_{4,2}(\mathbf{x})$，必然有 $x_2=x_3=x_4=\alpha$，$x_1=1-3\alpha$。其次，若配置 $\mathbf{x}$ 属于内核，则有 $x_1=\frac{2}{5}$，$x_2=x_3=x_4=\frac{1}{5}$。这是因为，配置 $\mathbf{x}$ 属于内核，若 $x_2>v(\{2\})=0$，即 $\alpha>0$，对 $s_{1,2}(\mathbf{x})=e(\{1,3\}, \mathbf{x})=2\alpha$，$s_{2,1}(\mathbf{x})=e(\{2,3,4\}, \mathbf{x})=1-3\alpha$，则有 $s_{2,1}(\mathbf{x}) \geqq s_{1,2}(\mathbf{x})$，即 $\alpha \leqq \frac{1}{5}$；若 $x_1>v(\{2\})=0$，即 $\alpha<\frac{1}{3}$，则有 $s_{2,1}(\mathbf{x}) \leqq s_{1,2}(\mathbf{x})$，即 $\alpha \geqq \frac{1}{5}$，因此 $\alpha=\frac{1}{5}$。

Osborne 和 Rubinstein (1994) 刻画了上面三个概念的关系，内核是讨价还价集合的子集，而核仁是内核的子集，他们同时证明了在任一凝聚性的转移支付的联盟博弈中核仁总是非空的，且都是单点集。更详细的讨论见 Osborne 和 Rubinstein (1994)。

8.4.3 沙普利值

前面解的概念都是基于一个单独的博弈，下面要讨论的沙普利值则是基于一系列博弈。在所有博弈中，某个参与人对联盟的边际贡献及其平均值赋予参与者的支付都体现了某种公平，即一个人的所得与他的贡献是相关的。沙普利值获得广泛应用，而且有良好的特性。Osborne 和 Rubinstein (1994) 通过上面的异议与反异议的方式刻画了沙普利值背后的逻辑。

令 $\langle N, v\rangle$ 是整个转移支付的联盟博弈，称 $\langle S, \mathbf{v}^S\rangle$ 为联盟博弈的子博弈，其中 $S \subseteq N$，若: 对任意 $T \subseteq S$，都有 $v(T)=\mathbf{v}^S(T)$。令 ψ 是一个值，是对每个转移支付的联盟博弈赋予的一个可行支付。对 $i \in S$，$\psi_i(S, \mathbf{v}^S)$ 刻画了在子博弈 $\langle S, \mathbf{v}^S\rangle$ 参与人 i 获得的支付。

参与人 i 对 j 的一个异议是针对整个联盟博弈 $\langle N, \mathbf{v}\rangle$ 的一个可行支付 $\mathbf{x}$ 而言的。

有两类异议:

第一类异议: 参与人 i 要求得到更多，否则离开原来的博弈，使得参与人 j 的支付从 x_j 下降到 $\psi_j(N/\{i\}, v^{N\{i\}})$。

第二类异议: 参与人 i 要求得到更多，否则联合其他人排斥参与人 j，在这个过程中，参与人 i 的支付从 x_i 增加到 $\psi_i(N/\{j\}, v^{N/\{j\}})$。

针对参与人 i 的两类异议，参与人 j 有相应的两类反异议:

第一类反异议: 尽管在异议者 i 离开后，参与人 j 的收益下降，但是参与人 j 离开博弈会使得异议者 i 的收益下降得更多，即 $x_i-\psi_i(N/\{j\}, v^{N/\{j\}}) \geqq x_j-\psi_j(N/\{i\}, v^{N/\{i\}})$。

第二类反异议: 参与人 j 提出，若联合其他人排斥异议者 i，其收益增加相对于异议者 i 排斥参与人 j 收益增加的程度更大，即 $\psi_j(N/\{i\}, v^{N/\{i\}})-x_j \geqq \psi_i(N/\{j\}, v^{N/\{j\}})-x_i$。

在之前的联盟博弈的解概念下，稳定的解意味着每个异议都对应一个反异议，从而若对任意一组参与人，$i, j \in N, i \neq j$，都有 $\psi_j(N/\{i\}, v^{N/\{i\}}) - x_j = \psi_i(N/\{j\}, v^{N/\{j\}}) - x_i$，那么 $\mathbf{x}$ 就是稳定的。

注意到在沙普利值中，异议和反异议涉及整个联盟博弈的子博弈，而之前的异议与反异议都只是局限为整个博弈。下面我们定义一个解的特性。

定义 8.4.6 (平衡贡献)　称一个解 ψ 满足**平衡贡献特性**，若对 $i, j \in N, i \neq j$，都有 $\psi_j(N, v) - \psi_j(N/\{i\}, v^{N/\{i\}}) = \psi_i(N, v) - \psi_i(N/\{j\}, v^{N/\{j\}})$。

沙普利（Shapley，1953) 提出了沙普利值的概念，它是基于个人的边际贡献。参与人 i 对联盟 S 的边际贡献被定义为 $\Delta_i(S) = v(S \cup i) - v(S)$。

沙普利值被定义为 $\psi_j(N, v) = \frac{1}{|N|!} \sum_{R \in \Re} \Delta_i(S(R))$，$R$ 是参与人集合 N 的一个排列，所有可能的排列有 $|N|!$ 个，所有排列集合记为 $\Re$，$S(R)$ 是排列 R 中位于参与人 i 之前的所有参与人。

因此，沙普利值赋予每个参与人的支付等于对所有可能的联盟的边际贡献的平均值。Osborne 和 Rubinstein (1994) 证明了沙普利值是唯一满足平衡贡献特性的解。

此外，文献也以公理化的方法来构建沙普利值，沙普利值是唯一满足下面三个特性的解。

(1) 对称性（SYM)：对任意 $S \subseteq N, i \notin S, j \notin S$，若 $\Delta_i(S(R)) = \Delta_j(S(R))$，则 $\varphi_i(N, n) = \varphi_j(N, n)$；

(2) 虚拟参与人 (DUM)：若对任意 $S \subseteq N, i \notin S$，都有 $\Delta_i(S) = v(j)$，则 $\varphi_i(N, n) = v(i)$；

(3) 可加性 (ADD)：对任意两个博弈 $\langle N$ 和 $v\rangle, \langle N, w\rangle$，对任意的 $i \in N$，$\varphi_i(N, v + w) = \varphi_i(N, v) + \varphi_i(N, w)$，其中 $\langle N, v + w\rangle$ 被定义为对任意 $S \subseteq N$，$(v + w)(S) = v(S) + w(S)$。

下面通过几个例子来求解沙普利值。

例 8.4.4 (例 8.2.2：续（3）)　有 3 个参与人 1, 2, 3，共有 300 个单位的资源可用于分配。联盟博弈 $\langle N, v\rangle$，$N = \{1, 2, 3\}$，当 $S \subseteq N, |S| \geqq 2$，有 $v(S) = 300$（这里函数表示人数计数函数)；当 $S \subseteq N$，$|S| = 1$，有 $v(S) = 0$。

直接应用沙普利值的定义，参与人集合 N 有六种可能排列，即每个参与人 i 只有在两种可能的排列中存在正的边际贡献 300。因此，这个博弈的沙普利值为 $\varphi(N, n) = (100, 100, 100)$。用对称的思想也可以得到沙普利值，因为每个参与人在联盟中的贡献是对称的，从而他们所获得的支付也是相同的。

例 8.4.5 (加权多数博弈)　一个加权多数博弈是简单博弈的一种，其中参与人 i 的权重定义为 w_i，定额 q 表示成胜利联盟所需要的权重下界：

$$v(S) = \begin{cases} 1, & \sum_{i \in S} w(i) \geqq q, \\ 0, & \text{其他}. \end{cases}$$

假设参与人集合 $N = \{1, 2, 3, 4\}$，它们的权重

$$(w_i) = \begin{cases} 0.2, & i = 1, \\ 0.4, & \text{其他}. \end{cases}$$

在 24 个可能的排列中，对参与人边际贡献求解平均值得到，整个博弈的沙普利值 $\varphi\langle N,n\rangle = \{\frac{1}{2},\frac{1}{6},\frac{1}{6},\frac{1}{6}\}$。

例 8.4.6 考虑之前的简单博弈，$N=\{1,2,3,4\}$，当且仅当 $S=\{2,3,4\}$ 或 $\{1,i\}\subseteq S$，对任意的 $i\in\{2,3,4\}$，我们知道这个博弈的内核和核仁的配置结果为 $x_1=\frac{2}{5}$，$x_2=x_3=x_4=\frac{1}{5}$，下面我们计算这个博弈的沙普利值。在所有（24 种）可能的排列中，参与人 1 在其中的 12 种排列的边际贡献为 1，其余为 0；其他参与人在其中的 4 种排列的边际贡献为 1，其余为 0。这样，整个博弈的沙普利值为：$\varphi\langle N,n\rangle = \{\frac{1}{2},\frac{1}{6},\frac{1}{6},\frac{1}{6}\}$。

可以看出，沙普利值与之前讨论过的核仁的配置是不同的，它们基于不同环境下建立异议和反异议的机制，从而在不同环境中有不同的适用性。此外，上面讨论到的联盟博弈是基于转移支付。对非转移支付，也有相对应的这些解的概念，而这通常需要涉及更多数学技术背景，有兴趣的读者可以参考 Myerson (1991)，Peleg 和 Sudholter (2007) 等文献。

8.5 【人物小传】

8.5.1 罗伯特 · 奥曼

罗伯特 · 奥曼 (Robert J. Aumann，1930—)，美国和以色列经济学家，在决策制定理性观点方面有着杰出的贡献，对博弈论和其他许多经济理论的形成起到了重要乃至不可或缺的作用。1930 年 6 月罗伯特 · 奥曼出生于德国法兰克福一个传统的犹太人家庭，1938 年移居美国，在纽约城市学院获得本科学位，1955 年获得麻省理工学院的数学博士学位，经过在普林斯顿大学担任战略顾问和两年的博士后研究之后，他移居以色列。奥曼 1974 年入选美国人文与科学院外籍荣誉院士，1983 年获得以色列技术机构颁发的科学技术哈维奖，1985 年当选美国科学院院士，1989 年入选以色列科学与人文科学学院院士，1994 年获得以色列颁发的经济学奖。现任耶路撒冷希伯莱大学数学研究院教授。2005 年，因为“通过博弈论分析改进了我们对冲突和合作的理解”而与美国马里兰大学公共政策学院教授托马斯 · 谢林 (Thomas C. Schelling，其人物小传见 20.6.2 节) 一道获得诺贝尔经济学奖。

奥曼第一个定义了博弈论中的相关均衡概念，这是一种非合作博弈中的均衡，比经典纳什均衡更灵活。他还提出了交易者连续统市场经济模型、把交互环境中代理人之间的通识模型用人们熟悉的数学公式来表示并且提出了重复博弈的连续交互模型。在经济理论中，“连续统”观点的引入对经济学的学科发展有很大的影响。奥曼指出，连续统可以被看作接近于存在许多但是数量有限的粒子（或经济主体，或战略，或可能的价格）的真实情形。采用连续统的粗略估计的目的是使被称为“分析”的数学分支的强有力的、精确的方法得以应用，而使用有限的方法将会更困难甚至是无望的。

奥曼在值集函数（即值为点集而非单独一点的函数）领域也作出了许多重要的贡献，如“奥曼可衡量选择定理”、值集函数积分结果等。大部分问题产生于对不同博弈论和经济模型的研究，经济人连续统和数学理论是这些模型演化和分析的重要工具。奥曼所获得的诸如一般均衡、最优配置、非线性编制程式、控制理论、测量理论、定点理论等结果是基本的，它们被应用于经济学、数学、运筹学等许多领域。此外，奥曼把库恩 (Kuhn) 著名的完全检索有限博弈中的行为和混合战略的均衡结果扩展为无限的情形，克服了复杂的技术困难。

8.5.2　莱因哈德·泽尔腾

莱因哈德·泽尔腾 (Reinhard Selten，1930—2016) ，子博弈精炼纳什均衡的创立者，实验经济学的开山鼻祖，1994 年诺贝尔经济学奖获得者。泽尔腾出生于德国的不莱斯劳 (Breslau)。第二次世界大战后，不莱斯劳被划属波兰，改名为弗罗茨瓦夫（Wroclaw)。1951 年，泽尔腾高中毕业，尽管他曾考虑上大学学习经济学或心理学，但他最后还是决心选择学习数学。1951 年，泽尔腾考入了法兰克福大学数学系，1957 年毕业，获数学硕士学位，而后从事着博弈论及其应用、实验经济学等方面的学术研究。1961 年，泽尔腾获得法兰克福大学数学博士学位；20 世纪 60 年代早期，泽尔腾做了寡头博弈的实验；1967—1968 年，泽尔腾到加州大学伯克利分校做访问教授；1972 年转到德国比勒菲尔德大学（University of Bielefeld）工作，1984 年之后一直在德国波恩大学工作。1994 年泽尔腾因在“非合作博弈理论中开创性的均衡分析”方面的杰出贡献而荣获诺贝尔经济学奖。

1957 年泽尔腾获得了硕士学位后，被法兰克福大学经济学家海因茨·萨尔曼（Heinz Sauermann）教授聘为助手。萨尔曼是最早在德国倡导凯恩斯主义的经济学家。一开始泽尔腾被安排将决策理论应用于厂商理论研究，但不久，泽尔腾即迷上了经济学的实验。这项工作得到萨尔曼的支持。于是泽尔腾与几个同事一起开始从事经济学的实验室实验研究。尽管萨尔曼没有受过多少数学训练，但他对经济学的发展趋势有很好的直觉，鼓励助手们对经济问题展开模型研究，并对他们的研究提供了很好的指导。1959 年，泽尔腾与萨尔曼合作发表了他的第一篇学术论文 ——《一个有关寡头的实验》。在当时，实验经济学这门学科还不存在。

20 世纪 60 年代早期，泽尔腾做了寡头博弈的实验。他发现对实验模型的博弈理论分析太难了，只能得到比较简单的分析结果。泽尔腾在分析中发现了一个自然均衡（natural equilibrium)，但同时发现这个博弈有许多其他的均衡。为了描述他的发现，泽尔腾定义了子博弈精炼（subgame perfectness）的概念，并于 1965 年发表了他最著名的博弈论论文 ——《一个具有需求惯性的寡头博弈模型》。泽尔腾当时没有想到他的这篇文章后来会被广泛引用，并且他对子博弈精炼均衡所下的定义会成为子博弈精炼均衡（subgame perfect equilibrium）的正式定义，同时为后来获得诺贝尔经济学奖奠定了基础。1964 年，泽尔腾发表了论文《n 人博弈的评价》。这是一篇重要的博弈论论文，是泽尔腾博弈理论研究中的另一重大贡献。1975 年，泽尔腾发表了著名的论文《扩展式博弈精炼均衡概念的重新考察》。在该文中，泽尔腾提出了著名的 “颤抖手均衡”（trembling hand equilibrium）的概念。比勒菲尔德大学鼓励各学科之间的交叉研究，在与生物学家的交流中，泽尔腾意识到博弈论能被应用于生物学的研究。在一些年轻的数学家的帮助下，泽尔腾熟悉了演化稳定（evolutionary stability）的含义，对生物博弈论产生了极大的兴趣，并对扩展式博弈形式下的演化稳定进行了考察，写出了一系列论文。

实验经济学是现代经济学当前正在发展壮大的一个热门领域，将来肯定还会有人获得诺贝尔经济学奖。

8.6 习　　题

习题 8.1 在可转移支付的合作博弈中，利用线性规划和对偶定理，证明Bondereva-Shapley定理，即一个转移支付的联盟博弈存在非空核的充分必要条件是博弈是平衡的。

习题 8.2 假设两个参与人对 1 单位可分物品进行讨价还价博弈。参与人 1 和参与人 2 的效用函数分别为 $u_1(\alpha) = \alpha/2$ 和 $u_2(\beta) = 1-(1-\beta)^2$，其中 $\alpha, \beta \in [0,1]$。

1. 确定可行效用集合，并用图表示。
2. 确定纳什讨价还价结果，给出物品的配置方案和每人的效用。
3. 假设参与人的效用具有贴现因子 $\delta \in [0,1)$，计算鲁宾斯坦讨价还价结果，即无限期交替报价讨价还价博弈的子博弈完美纳什均衡解。
4. 通过分别使用问题 (2) 和 (3) 的结果，来确定本题的鲁宾斯坦讨价还价问题当 δ 趋近于 1 时的极限解。

习题 8.3 假设两个参与人对 1 单位可分物品进行讨价还价。参与人 1 和参与人 2 的效用函数是 $u_1(\alpha) = \alpha$ 和 $u_2(\beta) = \beta^{\frac{1}{2}}$，其中 $\alpha, \beta \in [0,2]$。假设参与人的效用具有贴现因子 $\delta \in (0,1)$。

1. 确定鲁宾斯坦讨价还价过程的配置结果。
2. 根据问题 (1) 的结果，确定纳什讨价还价配置结果。
3. 假设参与人 2 的效用函数没变，而参与人 1 的效用函数变成了

$$u_1(\alpha) = \begin{cases} \alpha, & \text{若 } \alpha \in [0,1], \\ 1, & \text{若 } \alpha \in [1,2]. \end{cases}$$

   确定此时的纳什讨价还价结果（同时给出物品的配置方案和每人的效用）。

习题 8.4 (加权多数博弈) 加权多数博弈（weighted majority game）是一个简单博弈 (N, v)，使得对某个 $q \in R$ 和权重 $w \in R_+^N$，有

$$v(S) = \begin{cases} 1, & \text{若 } w(S) \geqq q, \\ 0, & \text{若 } w(S) < q, \end{cases}$$

其中 $w(S) = \sum_{i \in S} w_i$。$w_i$ 可解释为参与人 i 拥有的票数，q 为获胜需要的票数。一个加权多数博弈是齐次的，若对任何最小胜利联盟有 $w(S) = q$；它是零和的，若对每个联盟要么 $v(S) = 1$，要么 $v(N) = 1$，但两者不能同时成立。

考虑一个零和齐次加权多数博弈 (N, v)，其中对每个不属于任何最小胜利联盟的参与人 i 满足 $w_i = 0$。证明 (N, v) 的核包括对所有 $i \in N$ 满足 $x_i = w_i / w(N)$ 的配置。

习题 8.5 给定如下男女（3 女 5 男）婚配市场偏好结构：

女性偏好如下：

	A	B	C	D	E
a	1	1	2	3	3
b	2	3	1	1	2
c	3	2	3	2	1

男性偏好如下:

	A	B	C	D	E
a	2	1	3	4	5
b	3	1	2	5	4
c	3	1	4	2	5

1. 运用女性主动追求的Gale-Shapley算法, 找出一个稳定的匹配。
2. 哪些女性在该稳定匹配中没有配偶? 这些女性在其他稳定匹配中会得到配偶吗? 请解释原因。

习题 8.6 在二人讨价还价博弈中, $x=(x_1,x_2)$ 表示分配方式, F 表示可行集, v 表示效用函数。纳什讨价还价解 (x_1,x_2) 被定义为使得纳什积 $(x_1-v_1)(x_2-v_2)$ 最大化的解。

1. 验证纳什讨价还价解是否满足个体理性, 是否满足帕累托有效性。
2. 设 (F,v) 是在两人间分配 100 美元。若两人无法达成协议, 那么都一无所得; 若能达成协议, 则参与人 1 得 x, 参与人 2 得 $100-x$。假设 $v_1(x)=x$, $v_2(100-x)=\sqrt{100-x}$。求解该问题的纳什讨价还价解。

习题 8.7 考虑主从博弈, 即领导者 — 跟随者博弈:

$$\langle I,J,X_i,Y_j,f_i,g_j\rangle,$$

其中 I 是领导者 i 的有限集合, J 是跟随者 j 的有限集合, X_i 是领导者 i 的行动集, Y_j 是跟随者 j 的行动集, $f_i:X\times Y\longrightarrow R$ 是领导者 i 的支付函数, 以及 $g_j:X\times Y\longrightarrow R$ 是跟随者 j 的支付函数。

在多主从博弈中, 领导者先做决定, 然后跟随者在获得领导者的行动信息后进行博弈。对于领导者们的行动 $x\in X$, 令 $C(x)$ 表示跟随者博弈的合作均衡核, 它成了一个对应关系 $C:X\rightrightarrows Y$, 即 $y\in C(x)$ 意味着对于任意的 $B\subseteq J$ 都不存在 $u^B\in Y^B$ 满足:

$$g_j(x,u^B,v^{-B})>g_j(x,y),\forall v^{-B}\in Y^{-B},\forall j\in B.$$

在多主从博弈中, 一个联盟 $B\subseteq I$ 被认为**抵制**了 $x\in X$, 若存在 $u^B\in X^B$, 可使得

$$f_i(u^B,z^{-B},y)>f_i(x,y),\forall y\in\mathcal{C}(x),\forall z^{-B}\in X^{-B},\forall i\in B.$$

称行动 $x\in X$ 为**多主从博弈合作均衡**, 若不存在联盟 $B\subseteq I$ 可以抵制 x。

证明如下定理:

对于多主从博弈

$$\langle I,J,X_i,Y_j,f_i,g_j\rangle,$$

满足下列条件:

(1) 对于每个 $i\in I$ 和每个 $j\in J$, X_i 和 Y_j 都是赋范线性空间的非空紧凸子集。

(2) 对于每个 $i\in I$, f_i 在 $X\times Y$ 上连续。

(3) 对于每个 $i\in I$ 和每个 $y\in Y$, $f_i(\cdot,y)$ 在 X 上是拟凹的。

(4) 对于每个 $j\in J$, g_j 在 $X\times Y$ 上连续。

(5) 对于每个 $j\in J$ 和每个 $x\in X$, $g_j(x,\cdot)$ 在 Y 上是拟凹的。

则这一多主从博弈的合作博弈均衡解集非空。

习题 8.8　判断下面三个命题的真伪并给出解释。

1. 核是每个稳定集合的子集。
2. 一个稳定集合有可能是另一个稳定集合的真子集。
3. 若核是稳定集合，那么就不存在其他稳定集合。

习题 8.9　一个三人博弈配置集合可以用几何表示为一个高度为 $v(N)$ 的等边三角形，每个边代表了一个人，而三角形中的每个点代表一个配置，点到每条边的距离表示配置中每个人的所得（例如，顶点对应了将 $v(N)$ 唯一分配给该顶点对边所代表的那个人的配置）。

1. 试用这一图形去寻找下列三人博弈稳定集合的一般形式：$v(1,2) = \beta < 1$，$v(1,3) = v(1,2,3) = 1$，而对于任何其他子集 S，$v(S) = 0$。
2. 我们可将问题 (1) 中的博弈解释为这样一个市场，参与人 1 是卖者，参与人 2 和 3 是分别具有保留价格 β 和 1 的买者。试按照这个市场的说法解释博弈的稳定集合。

习题 8.10　有三个城市可以和一个新的电力来源 P (power) 建立连接以增加供电。增加供电对三个城市 A, B, C 的效用分别为 $u_A = 100$, $u_B = 140$, $u_C = 130$。假设建立的任何一条连接都具有可满足三个城市同时供电的传输能力，而两点之间建立直接连接的成本如下所示：

传输连接	AB	BC	CA	AP	BP	CP
成本	50	20	30	100	140	130

各城市对于输电的净价值等于 $v_i = u_i - c_i, i = A, B, C$。

1. 用合作博弈来模型化该问题。
2. 求该问题的核，给出集合并画图表示。
3. 求该问题的沙普利值，它在核中吗？
4. 求该问题的核仁 (Nucleolus) 值，它在核中吗？

习题 8.11　有三个参与人，分别记为 Z, M 和 H，各有不同的本领：Z 很强壮，M 很迅捷，H 耐力好。他们计划共同出去打羚羊，需要决定如何分工合作以及如何分配战利品，以羚羊为度量单位。假设可以拿部分羚羊做转移支付，其合作及支付如下表所示。

联盟	支付
$\{ZMH\}$	(6)
$\{ZM\}\{H\}$	(4)(1)
$\{ZH\}\{M\}$	(3)(1)
$\{MH\}\{Z\}$	(3)(2)
$\{Z\}\{M\}\{H\}$	(2)(1)(1)

1. 写出联盟特征函数并验证它是超可加的。
2. 写出博弈的核配置。
3. 确定该博弈的沙普利值。考察沙普利值是否在核中。

习题 8.12　张、王、李三个人考虑成立一个公司，张擅长技术，王擅长设计，李擅长销售。他们这个联盟博弈的特征函数如下表所示。

张，王，李	50
张，王	25
王，李	20
张，李	30
张	15
王	10
李	5

使用合作博弈论的核概念回答如下问题：

1. 哪些联盟可能出现？为什么？
2. 有人建议联盟成员应该平分收益，这是稳定的安排吗？
3. 计算该问题的沙普利值，并确定它是否在核中。

习题 8.13　张、王、李分别预约在周一、周二和周三到一个诊所治疗，他们在各个时间治疗的效用分别由下表给出：

	周一	周二	周三
张	2	4	8
王	10	5	2
李	10	6	4

通过交换各自的看医生时间，大家都可获益。在这种情况下，考虑如下问题：

1. 用合作博弈来模型化该问题。
2. 求该问题的核，给出集合。
3. 求该问题的沙普利值，它在核中吗？
4. 求该问题的核仁值，它在核中吗？

习题 8.14　考虑三人转移支付联盟博弈。对每个实数 a 和 v_a 给定如下：

$$v_a(i)=0,\ i=1,2,3;$$
$$v_a(\{1,2\})=3,\ v_a(\{1,3\})=2,\ v_a(\{2,3\})=1;$$
$$v_a(\{1,2,3\})=a.$$

回答如下问题：

1. 使该合作博弈核非空的 a 值至少要多大？
2. 对于 $a=6$，计算沙普利值。
3. 使该合作博弈的沙普利值位于核中的 a 值至少要多大？

习题 8.15　考虑一个有多个股东的企业，其中的两个股东各拥有 $\frac{1}{3}$ 的股份，其他 $n-2$ 个股东平均拥有剩下的股份。先将这个情形模型化为一个加权多数博弈。然后回答下列问题：

1. 当 n 趋近于无穷大时，这两个大股东的沙普利值支付的极限是什么？
2. 根据沙普利值，对于 $n-2$ 个小股东来说形成唯一的联合体是否可取？

8.7 参考文献

教材和专著：

黄有光，张定胜（2008）. 高级微观经济学. 上海：格致出版社.

平新乔 (2001). 微观经济学十八讲. 北京：北京大学出版社.

施锡铨 (2012). 合作博弈引论. 北京：北京大学出版社.

张维迎 (1996). 博弈论与信息经济学. 上海：上海人民出版社.

Gura, Ein-Ya and Michael B. Maschler (2008). *Insights into Game Theory*, Cambridge University Press.

Hargreaves-Heap, Shaun P. and Yanis Varoufakis (2004). *Game Theory: A Critical Introduction (2nd Edition)*, Routledge.

Mas-Colell, A., M. D. Whinston, and J. Green (1995). *Microeconomic Theory*, Oxford University Press.

McCain, Roger A. (2010). *Game Theory: A Nontechnical Introduction to the Analysis of Strategy*, World Scientific Publishing Company.

Myerson, R. (1991). *Game Theory*, Harvard University Press.

Osborne, M. J. and A. Rubinstein (1994). *A Course in Game Theory*, MIT Press.

Osborne, M. J. (2004). *An Introduction to Game Theory*, Oxford University Press.

Peleg, B. and P. Sudholter (2007). *Introduction to the Theory of Cooperative Games, Second Edition*, Springer.

Peter, Hans (2008). *Game Theory: A Multi-leveled Approach*, Springer.

Ray, Debraj (2006). *A Game-Theoretic Perspective on Coalition Formation*, Oxford University Press.

Roth, A. E. and M. Sotomayor (1990). *Two-Sided Matching: A Study in Game-Theoretic Modeling and Analysis*, Econometric Society Monograph Series, Cambridge University Press.

von Neumann, J. and O. Morgenstein (1944). *Theory of Games and Economic Behavior*, John Wiley and Sons.

论文：

Abdulkadiroglu, A. and T. Sonmez (2013). "Matching Markets: Theory and Practice". In Acemoglu, Daron, et al., *Advances in Economics and Econometrics.*

Abdulkadiroglu, A. and T. Sonmez (2003). "School Choice: A Mechanism Design Approach", *American Economic Review*, Vol. 93, No. 3, 729-747.

Aumann, R. J. (1961). "The Core of a Cooperative Game without Side Payments", *Transactions of the American Mathematical Society*, Vol. 98, No. 3, 539-552.

Bondereva, O. N. (1963). "Some Applications of Linear Programming Methods to the Theory of Cooperative Games (in Russia)", *Problemy Kibernetiki*, Vol. 10, 119-139.

Gale, D. and L. S. Shapley (1962). "College Admissions and the Stability of Marriage",

American Mathematics Monthly, Vol. 69, No. 1, 9-15.

Harsanyi, J. C. (1963). "A Simplified Bargaining Model for the N-Person Cooperative Game", *International Economic Review*, Vol. 4, No. 2, 194-220.

Hatfield, John W., and Paul Milgrom (2005). "Auctions, Matching and the Law of Aggregate Demand", *American Economic Review*, forthcoming.

Kelso, A. S. Jr. and V. P. Crawford (1982). "Job Matching, Coalition Formation, and Gross Substitutes", *Econometrica*, Vol. 50, No. 6, 1483-1504.

Kojima, F. (2010). "Impossibility of Stable and Nonbossy Matching Mechanism", *Economic Letters*, Vol. 107, No. 1, 69-70.

Ma, J. (1994). "Strategy-Proofness and the Strict Core in a Market with Indivisibilities", *International Journal of Game Theory*, Vol. 23, No. 1, 75-83.

Matsubae, Taisuke (2010). "Impossibility of Stable and Non-damaging Bossy Matching Mechanism", *Economics Bulletin*, Vol. 30, No. 3, 2092-2096.

Nessah, R. and G. Tian (2013). "Existence of Solution of Minimax Inequalities, Equilibria in Games and Fixed Points without Convexity and Compactness Assumptions", *Journal of Optimization Theory and Applications,* Vol. 157, No.1, 75-95.

Nessah, R. and G. Tian (2014). "On the Existence of Strong Nash Equilibria", *Journal of Mathematical Analysis and Applications,* Vol. 414, 871-885.

Nessah, R. and G. Tian (2016). "Existence of Nash Equilibrium in Discontinuous Games" (with Rabia Nessah), *Economic Theory,* Vol. 61, 515-540.

Roth, A. E. (1982). "The Economics of Matching: Stability and Incentives", *Mathematics of Operations Research*, Vol. 7, No. 4, 617-628.

Roth, A. E. (2010). "Deferred-Acceptance Algorithms: History, Theory, Practice". In Siegfried, John J., *Better Living through Economics* (Harvard University Press).

Roth, A. E. , T. Sonmez, and M. U. Unver (2004). "Kidney Exchange", *Quarterly Journal of Economics*, Vol. 119, No. 2, 457-488.

Scarf, H. E. (1967). "The Core of an N-person Game", *Econometrica*, Vol. 35, No. 1, 50-69.

Shapley, L. S. (1953). "A Value for N-person Games". In Rubinstein, A. (eds.), *Game Theory in Economics.*

Shapley, L. S. (1967). "On Balanced Set and Cores", *Naval Research Logistics Quarterly*, Vol. 14, No. 4, 453-460.

Shapley, L. S. and H. E. Scarf (1974). "On Cores and Indivisibiltiy", *Journal of Mathematical Economics*, Vol. 1, No. 1, 23-37.

Shapley, L. S. and M. Shubik (1971). "The Assignment Game I: The Core", *International Journal of Game Theory*, Vol. 1, No. 1, 111-130.

Thrall, R. and W. Lucas (1963). "N-Person Games in Partition Function Form", *Naval Research Logistics Quarterly*, Vol. 10, No. 1, 281-298.

Tian, G. (1992). "Generalizations of the FKKM Theorem and Ky-Fan Minimax Inequality, with Applications to Maximal Elements, Price Equilibrium, and Complementarity", *Journal of Mathematical Analysis and Applications,* Vol. 170, No. 2, 457-471.

Tian, G. (1993). "Necessary and Sufficient Conditions for Maximization of a Class of Preference Relations", *Review of Economic Studies,* Vol. 60, 949-958.

Tian, G. (1994). "Generalized KKM Theorem and Minimax Inequalities and Their Applications", *Journal of Optimization Theory and Applications,* Vol. 83, 375-389.

Tian, G. (2015). "Existence of Equilibria in Games with Arbitrary Strategy Spaces and Payoffs: A Full Characterization", *Journal of Mathematical Economics,* Vol. 60, 9-16.

Tian, G. (2016). "Characterizations of Minimax Inequality, Fixed-Point Theorem, Saddle Point, and KKM Theorem in Arbitrary Topological Spaces", *Journal of Fixed Point Theory and Applications,* forthcoming.

Tian, G. and J. Zhou (1992). "The Maximum Theorem and the Existence of Nash Equilibrium of (Generalized) Games without Lower Semicontinuities", *Journal of Mathematical Analysis and Applications,* Vol. 166, No. 2, 351-364.

Tian, G. and J. Zhou (1995). "Transfer Continuities, Generalizations of the Weierstrass Theorem and Maximum Theorem—A Full Characterization", *Journal of Mathematical Economics,* Vol. 24, No. 3, 281-303.

Yu, J. and H. L. Wang (2008). "An Existence Theorem of Equilibrium Points for Multi-leader-follower Games", *Nonlinear Analysis,* Vol. 69, No. 5-6, 1775-1777.

Zhou and Tian (1992). "Transfer Method for Characterizing the Existence of Maximal Elements of Binary Relations on Compact or Noncompact Sets", *SIAM Journal on Optimization,* Vol. 2, No. 3, 360-375.

第9章　市场理论

9.1　导　　言

在前面第一部分的章节中，我们研究了作为个体的消费者和厂商的行为，描述了当市场价格给定，不受个体影响时的最优行为。本章考察当消费者和厂商同时在市场上做理性决策时，他们共同行动所导致的结果。我们将在不同的市场结构下对这些个体行为所导致的单一市场或者一组封闭的内在相关市场的均衡价格和均衡数量进行考察。

亚当·斯密的《国富论》关于市场的核心洞见（key insight）十分直观：若双方的交换是自愿的，那么交换只有在双方都认为能从中获利时才会发生。即使没有中央指导，价格系统也能有效地完成生产与消费的协调。在第 1 章中我们已经指出，在自由市场经济中，价格在组织经济活动中执行三种功能：(1) 有效传递生产和消费信息。(2) 提供恰当的激励。自由价格系统的巧妙之处在于：它在传递信息的同时，也对接收到信息的个体，在根据信息调整需求和供给方面提供了激励。(3) 决定收入分配。当利用价格来传递信息并对信息作出反应时，就不可避免地会影响收入分配。若一个人的所得不依赖其价格，他还有什么理由去搜寻价格信息或者对价格信息作出反应呢？

本章的分析集中于单一市场或者一组封闭的内在相关市场，且隐含地假定所考虑市场的变动不会改变其他商品的市场运行和均衡结果。因此，这种市场均衡分析是一种局部均衡分析。在下一部分将要研究的一般均衡理论中，我们将同时考虑所有市场的均衡问题。在本章中，我们主要对厂商市场行为进行讨论，重点考察厂商在出售产品或者购买要素时是如何定价的。实际上，这是微观经济学的聚焦点。的确，微观经济学的基本内容可以用两个字高度概括——定价。我们将看到，在某些情形中，价格接受行为可能是某种最优行为的合理近似；但在许多其他情形下，我们必须探究价格设定过程。

一个企业，只有当市场竞争不完全时，才有自由定价的意义。在一个不完全竞争的市场中，企业可以（通过价格、产品差异、广告及其他促销方式）影响需求，也就有决定价格—产量的市场能力。这种市场能力被称为定价能力（也被称为市场支配力或影响市场的能力），或被称为竞争优势。定价能力可能来自独特的资源、知识产权、政府、产品的差异化，或来自规模经济与范围经济的成本优势。

不完全竞争市场的主要特征是，单个企业面临的需求曲线向下倾斜，其弹性大小与市场结构（竞争程度）有关。不完全竞争包括垄断（卖方及买方）、寡头（卖方及买方）及垄断竞争。我们将首先考虑完全竞争这一理想情形，将此作为基准模型，然后考察个体具有市场力量的情形，这些情形包含了纯粹垄断、买方垄断 (monopsony)、垄断竞争、寡头垄断等几类市场结构。

9.2 完全竞争市场

我们首先考察完全竞争市场，它是一种理想状态，是一种极端市场结构，就像物理学中的自由落体运动一样，在现实中基本上不存在，但对它的理解和研究却异常重要，起着基准的作用，它有许多良好性质，从而为研究更现实的市场经济提供了重要参照系，阐明了提供什么样的市场经济是好的市场经济，从而为我们指明了改善市场的方向。

完全竞争市场的基本特征是在市场中有众多厂商出售同质产品，每个消费者或生产者无论消费多少或生产多少都不会对市场价格产生可观察的影响，从而是一种最简单的市场结构。从社会福利最大化角度来看，它是最有效率的市场。在更一般的情况下，我们将所有市场放在一起考虑。下一章要讨论的一般均衡理论将严谨证明，完全竞争市场在非常一般的条件下能实现资源的帕累托有效配置。

对完全竞争市场，我们有如下假定：

(1) 买家和卖家数量相当大，从而可视为价格接受者。

(2) 资源在产业间可自由流动：进入和退出市场时，没有任何人为壁垒或障碍。

(3) 同质产品 (homogeneous product)：对消费者来说，同一产业中所有厂商生产的产品是完全相同的。

(4) 所有相关信息都是公共知识，厂商和消费者具有经济决策所需的所有相关信息。

9.2.1 竞争性厂商

上面的四个假定刻画了完全竞争市场上企业的基本特征，企业对市场的影响力为零。下面讨论完全竞争行业中厂商的特性。

竞争性厂商尽管可以任意地设定价格和选择产量，然而在完全竞争市场中，由于所有产品都是同质的，因此每个厂商必然以同一价格出售其产品，因而反需求函数是与消费轴平行的水平线。这是因为：若任一厂商试图将产品价格设为高于市场价格，则它将立即失去所有顾客；若任意厂商将其产品价格设为低于市场价格，则所有消费者都将购买它的产品，而如果它的定价是市场价格，它同样可以销售它的产量。为此，作为一个逐利的个体，竞争性企业必然以市场价格作为自己产品的最优定价。在确定其供给决策时，每个厂商必然将市场价格作为给定的外生变量。

下面我们分析完全竞争厂商的行为。在分析企业市场行为时，根据企业决策的范围和程度，通常分为短期和长期。短期是指企业的某些要素受到了限制，比如制造企业的厂房、生产线等，从而其决策范围也相应地受到限制。在短期内，市场上企业的构成是不变的。在长期，所有市场要素都是可以改变的，比如企业可以扩建厂房，设立新的生产线、新的营业网点，同时企业还决定是否进入或者退出某个市场。在长期内，市场上企业的构成是可变的。

9.2.2 竞争性厂商的短期供给函数

假定厂商只生产一种产品，我们想了解它的供给函数及市场均衡价格是如何确定的。由于完全竞争厂商是价格接受者，其利润最大化问题变得简单，唯一的决策变量是产出水平 y，使其利润最大化：

$$\max_y py - c(y),$$

其中，y 是厂商的产出水平，p 是市场价格，$c(y)$ 是企业成本。

上述最优问题的内点解的一阶条件 (简称为 FOC) 为：

$$p = MC(y),$$

即价格（此时等于产品边际收益）等于产品边际成本。

在利润最大化一阶条件中，其边际收益等于边际成本。在竞争性市场中，收益 $R = py$，边际收益 $MR = \frac{dR}{dy} = p$。因此，$MR = MC$ 意味着 $p = MC(y)$。

上面的最优化问题的二阶条件为：$c''(y) > 0$。

上述两个条件决定了竞争性厂商的供给决策。在任意价格 p 处，厂商供给决策为 $y(p)$。根据一阶条件，有 $p = c'(y(p))$。进一步求导得到 $1 = c''(y)y'(p)$，由二阶条件可知 $y'(p) > 0$。这意味着供给定律（law of supply）成立。

注意 $p = c'(y^*)$ 作为内点解的一阶条件，$y^* > 0$。若价格 p 很低，厂商可能选择不生产。厂商的短期成本函数 $c(y) = c_v(y) + F$，这里 F 表示固定成本。若 $py(p) - c_v(y) - F \geqq -F$，此时厂商应选择正的产量。这意味着 $p \geqq \dfrac{c_v(y(p))}{y(p)} \equiv AVC$。这就是说，短期内厂商进行生产的必要条件是产品的市场价格不小于其（最小的）平均可变成本 (average variable cost)（见图 9.1）。

总的来说，竞争性厂商的供给曲线为：

$$y = \begin{cases} (c')^{-1}(p), & 若 p \geqq \dfrac{c_v(y(p))}{y(p)}, \\ 0, & 其他, \end{cases}$$

其中 $(c')^{-1}$ 是 c' 的反函数。

只要价格超过平均可变成本，此时厂商的供给曲线与向右上方倾斜的边际成本曲线（marginal cost curve）重合。若价格低于（最小的）平均可变成本，厂商供给为零。

设市场上有 J 个厂商，行业供给曲线（industry supply curve）为所有厂商供给曲线之和，即 $\hat{y}(p) = \sum\limits_{j=1}^{J} y_j(p)$，其中 $y_j(p)$ 是厂商 j 的供给曲线，$j = 1, 2, \cdots, J$。由于每个（选择正产量的）厂商选择的产量水平都满足价格等于边际成本，每个进行生产的厂商必定具有相同的边际成本。行业供给曲线给出了行业产出和生产该产出的共同边际成本之间的关系。

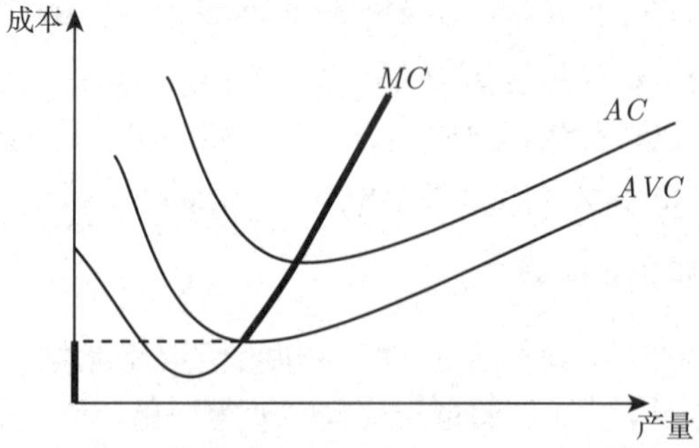

图 9.1　平均成本 (AC)、平均可变成本 (AVC) 和边际成本 (MC)

行业总需求函数（aggregate demand function）给出了任意价格下所有消费者的总需求，即 $\hat{x}(p)=\sum_{i=1}^{n}x_i(p)$，其中 $x_i(p)$ 为消费者 i 的需求函数，$i=1,2,\cdots,n$。这里 n 表示消费者数目。

9.2.3 单一商品市场均衡

市场的均衡价格是如何确定的呢？它是刚好使厂商愿意供应的产品数量等于消费者愿意消费的商品数量的价格水平。正式地，我们有如下定义。

定义 9.2.1 单一产品的**均衡价格** p^* 由总需求等于总供给决定，即它是如下方程的解：

$$\sum_{i=1}^{n}x_i(p)=\sum_{j=1}^{J}y_j(p).$$

一旦该均衡价格确定下来，我们就能反过来确定每个厂商的供给决策从而确定厂商的产出水平、回报和利润。在图 9.2 中，我们描述了三个厂商的成本曲线。第一个厂商的利润为正，第二个厂商的利润为零，第三个厂商的利润为负。即使第三个厂商的利润为负，然而只要回报大于可变成本，继续生产对它来说也是有意义的，否则亏损得更多（等于固定成本）。

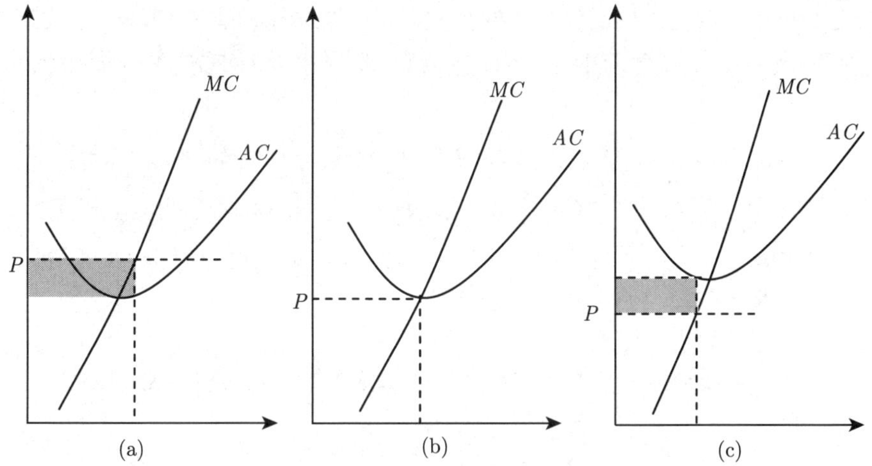

图 9.2 正利润、零利润和负利润情形

9.2.4 竞争市场与生产技术规模报酬

我们在生产者理论中提到了技术的规模报酬特性可以从成本函数来推断。若平均成本随着产量增加而减少（增加、不变），则技术具有规模报酬递增（递减、不变）特征。

下面的成本函数具有典型的规模报酬递增特性：

$$C(q)=\begin{cases}F+cq, & 若q>0,\\ 0, & 若q=0.\end{cases}$$

对应的平均成本函数为 $AC(q)=\dfrac{F}{q}+c$。图 9.3 描述了该技术的平均成本和边际成本，平均成本随产量增加而下降，当产量趋于无穷大时，平均成本趋近于边际成本。

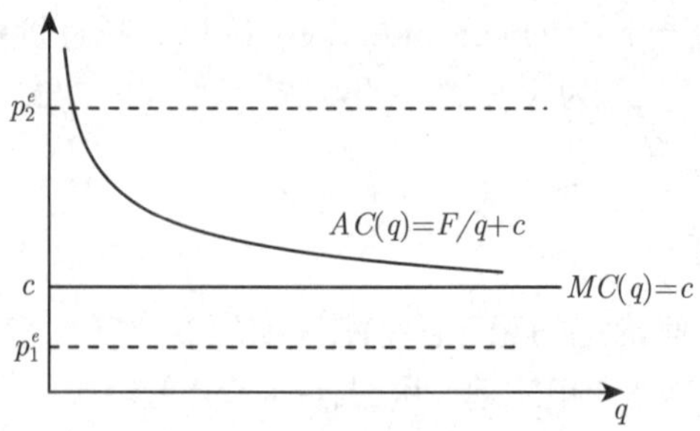

图 9.3　规模报酬递增生产技术

然而，规模报酬递增的技术与完全竞争市场并不兼容。下面我们用一个例子揭示这个论断。

设市场需求函数为 $P(Q)=a-bq$, 这里，$b>0, a>c$。

设竞争市场的均衡存在，令均衡价格为 p^e。均衡价格只有下面两种可能性，一种是 $p^e \leqq c$，另一种是 $p^e>c$。

当 $p^e=p_1^e \leqq c$ 时，对任意正的产量 q，$p^e=p_1^e \leqq c<\dfrac{F}{q}+c$，企业利润小于零而且生产者剩余也小于零，为此追求最优利润的企业，其产量选择只能为零。但是，若企业的产量为零，此时价格 p_1^e 就不可能是市场均衡，因为在 p_1^e 下市场需求大于零，而此时市场供给为零。

当 $p^e=p_2^e>c$ 时，产量 q 超过某个界限之后，会有 $p_2^e>\dfrac{F}{q}+c=AC(q)$，并且 $\dfrac{d(p_2^e-AC(q))}{dq}>0$。这样，在市场价格 p_2^e，追求最大利润的竞争企业会选择无穷大产量（这是因为在任意产量上，生产者剩余都大于零）。此时，市场供给为无穷大。而在 p_2^e 下，市场需求是有限的。因此，p_2^e 也不可能是市场均衡。

综上所述，若企业生产技术具有规模报酬递增特征，那么该市场结构不可能是完全竞争的。在下面关于一般均衡理论的章节中，我们还会从不同角度论述规模报酬递增与完全竞争市场是不兼容的。

9.2.5　长期均衡

竞争行业的长期行为由两种影响决定。考虑所有企业都可选择其他企业的生产技术，或者说生产技术是公共知识的情形。若生产技术不能复制，比如专利的情形，此时市场结构就不是典型意义上的完全竞争市场。第一种影响为厂商自由进入和退出造成所有厂商利润为零。若某个厂商利润为负，我们可以想象它将退出市场。反之，若行业中的某个厂商利润为正，我们可以想象其他企业将进入该行业。若某个行业允许自由进入和退出，那么从长期来说所有厂商的利润水平必将相同。其结果是在长期竞争均衡状态下，每个厂商的利润都为零。

对竞争行业的长期行为的第二种影响为技术调整。在长期里，厂商将调整固定要素，以便在均衡水平产出上成本最小。不妨假设有一竞争厂商，其长期生产技术规模报酬不变，且在图 9.4 所示的位置运营。则在长期运行中，它将改变固定要素以便在最小平均成本点运营。然而，若每个厂商都这样做，则均衡价格必将变化。

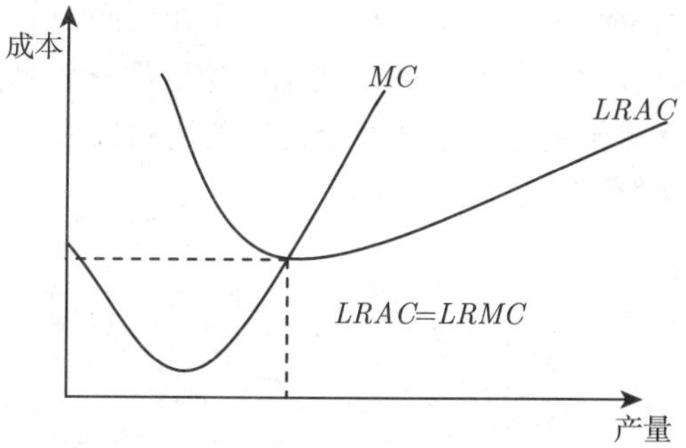

图 9.4 固定成本下的长期调整

在自由进入或退出情况下，厂商均衡数目由以下原则决定：在此均衡下，再增加一个企业，会使得所有企业的利润都小于零。或者说，当自由进入和退出使均衡价格下企业利润趋于零，厂商数目就确定了。

例 9.2.1 $c(y) = y^2 + 1$，均衡产出水平是下面方程的解：

$$AC(y) = MC(y),$$

从而有 $y = 1$，成本达到最小，平均成本为 2，当价格高于 2 时，企业会得到正利润；而当价格低于 2 时，企业利润小于零。企业供给函数满足 $p = MC(y) = 2$，即有 $y = \frac{p}{2}$。

假设需求函数是线性的：$D(p) = a - bp$。均衡价格是满足下述条件最小的 p^*：$p^* = \frac{a}{b + \frac{J}{2}} \geqq 2$，最后的结果为 $J^* = [a - 2b]$，其中 $[\cdot]$ 是数学上的取整函数。因为当 $j > J^*$，企业进入会使得市场价格小于 2，此时利润小于零；若 $j < J^*$，进入的企业会获得一个正的利润。

9.2.6 完全竞争市场下的社会福利

在一个单一商品市场中，参与者是消费者和生产者。在经济学中，只有一部分市场的社会福利是由这些参与人的净所得之和构成。在前面的消费者理论中，描述消费者在市场交易中的净所得的概念是消费者剩余；在生产者理论中，描述生产者在市场交易中的净所得的概念是净利润（等于生产者剩余扣除固定成本）。给定某一市场中有 J 家企业，在市场价格为 p 下，我们定义社会福利为 $W(p) = CS(p) + \sum_{j=1}^{J} PS(p)$。在长期中，由于固定成本为零，生产者剩余等于企业利润，此时 $W(p) = CS(p) + \sum_{j=1}^{J} \pi_j(p)$。

在完全竞争市场下，我们会发现，其均衡恰好是社会福利最大的市场交易结果。为此，往往将它作为一个参照系来分析其他市场结构下社会福利的损失或变化。

下面我们用一个简单的例子来说明上面的论断。

设生产的单位成本 (或者边际成本) 为 c，市场需求为 $P(Q) = a - bq$，这里 $b > 0, a > c$。图 9.5 刻画了该市场的需求曲线和生产边际成本曲线。在市场价格 $p = p_0$，市场交易量为 Q_0 时，消费者剩余为 α，企业的生产者剩余或企业利润为 β，社会福利为 $\alpha + \beta$。我们发现，在价格从 p_0 下降到边际成本 c 的过程中，消费者剩余增加，企业利润下降，但社会福利在增加。当价格刚好等于 c，消费者剩余为 $\alpha+\beta+\gamma$，企业利润为零，社会福利为 $\alpha+\beta+\gamma$。当价格进一步下降，我们会发现企业利润减少的幅度超过消费者剩余增加的幅度，整个社会福利会下降。因此，当价格等于边际成本时，社会福利达到最大。需要注意的是，在完全竞争均衡中，市场价格等于边际成本。

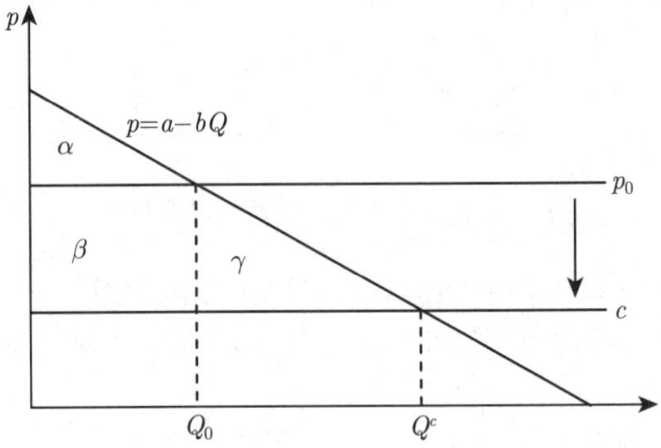

图 9.5　完全竞争市场下的社会福利

市场价格刻画的是消费者多消费一单位产品的支付意愿，而边际成本则是企业多生产一单位产品所花费的成本。只要生产额外一单位产品所产生的社会效用（以消费者的支付意愿刻画）超过社会成本（若没有外部性，用边际成本来刻画），那么交易这额外一单位产品就会使得社会福利上升。当消费者的支付意愿低于边际成本时，市场中交易这额外一单位产品会使得社会福利下降。当消费者的支付意愿等于边际成本时，市场交易达到了最优。在完全竞争市场下，刚好使得上面两项相等。在其他市场结构中，由于企业有能力使市场价格高于边际成本，此时企业拥有市场势力，使消费者的支付意愿高于企业的边际生产成本，从而社会福利比完全竞争情形下的低，这就产生了社会福利损失。在下面几节讨论的非完全竞争市场结构中，我们会进一步讨论它们的社会福利结果。

9.3　垄断市场

与完全竞争相对的另一个极端情形是完全垄断，简称垄断。垄断市场中只有一个卖方或买方（后面会讨论）。垄断厂商出现的原因可归纳为三项：(1) 规模经济；(2) 进入市场的障碍；(3) 独家拥有稀有生产要素。这一节，我们根据市场类别，将其分为垄断产品市场和垄断要素市场。两类市场的垄断有不同的特性。我们先讨论垄断产品市场，然后讨论垄断要素市场。

9.3.1　垄断产品市场

对单个产品的垄断厂商来说，它要面临两项决策，即生产多少和如何定价。当然，垄断者 (monopolist) 的这两项决策是相互关联的。与竞争性企业视价格外生给定并在此基础上决定产量不同，垄断厂商需要选择出售的产量与价格，其定价关系由需求函数 $q(p)$ 决定，市场需求函数给出了垄断者定价下需求的数量。有时考虑反需求函数更为方便，它表示消费者购买垄断者产量时愿意接受的价格 $p(q)$。我们已经在第 3 章给出了反需求函数存在的条件。

厂商获得的收益可以表达为产出的函数，即 $R(q) = p(q)q$。

厂商的成本函数也取决于产出的数量。我们已经在生产者理论中深入研究了成本函数的特性。这里，我们不妨假定要素市场是完全竞争的，从而要素价格可设为常数（下面我们将讨论在要素垄断市场下，要素价格是由垄断购买者决定的），从而条件成本函数可表示为厂商产出水平的函数。

厂商利润最大化问题可写为：

$$\max_q R(q) - C(q) = \max p(q)q - c(q).$$

利润最大化的一阶条件为边际收益等于边际成本：$p(q^*) + p'(q^*)q^* = C'(q^*)$，方程左边是边际收益。该条件的经济含义是：若垄断者考虑多生产一单位产出，那么一方面，销售更多的商品（当价格大于边际成本时）其收益会增加，另一方面，根据需求法则，需求的增加必然导致价格下降，从而降低垄断者的收益。以上两个相反方向的效应之和给出了边际收益。当产量很小时，前一种效应占据主导，此时收益随产出而增加；当产量很大时，后一种效应占据主导，收益随产出而下降。若边际收益超过生产的边际成本，垄断者将扩大生产。否则，将减少生产，直到边际收益等于边际成本时才停止。

利润最大化的一阶条件可以通过需求价格弹性的方式重新表述。

需求价格弹性定义为 $\varepsilon(q) = \dfrac{p}{q(p)}\dfrac{dq(p)}{dp}$。由于 $\dfrac{dq(p)}{dp} < 0$，这个弹性值总是小于零。

通过简单运算，边际成本等于边际收益可以表述为：

$$p(q^*)\left[1 + \frac{q^*}{p(q^*)}\frac{dp(q^*)}{dq}\right] = p(q^*)\left[1 + \frac{1}{\varepsilon(q^*)}\right] = C'(q^*),$$

或

$$p(q^*) = \frac{C'(q^*)}{1 + \dfrac{1}{\varepsilon(q^*)}}.$$

由于 $\varepsilon(q^*) < 0$，为了保证价格非负，企业需要在富有弹性的需求范围内进行生产，即 $\varepsilon(q^*) < -1$。这样，我们有 $[1 + (1/\varepsilon(q^*))] < 1$。这意味着价格必须大于边际成本。

这个公式看起来不起眼，却是一个非常有用的结果，是一个基本的定价公式。实际上，对任何市场的定价都适用。它表明产品的最优价格取决于它的边际成本和它的需求价格弹性。这里应该注意的是最优价格高度依赖于需求价格弹性。当边际成本保持不变时，产品的最优价格与需求价格弹性成反比，弹性越小，定价越高，越具有定价优势。当市场是完全竞争的时，需求价格弹性为无穷大，从而价格等于边际成本。对垄断市场，垄断者制定的价格等于边际成本加上一个溢价 (markup)。该溢价为需求价格弹性的减函数。同时，弹性的绝对值越小，意味着企业的垄断能力越强，溢价会越高。弹性可以理解为产品的可替代性，弹性的绝对值越小，意味着消费者对商品的价格敏感度越低，比如食盐。这种商品若按垄断定价（在中国封建社会，盐就是被政府垄断的），价格会很高。这是由于没有别的替代品，厂商不担心价格提升会带来销售的下降。这里谈论弹性高低，指的是绝对值。

利润最大化条件可以用图 9.6 来很好地描述。为简便起见，假设反需求函数为线性的，即 $p(q) = a - bq$。于是收益函数为 $R(q) = qp(p)$，边际收益函数为 $R'(q) = a - 2bq$。边际收益曲线的截距和需求函数的截距相同，但斜率为后者的两倍。图 9.6 刻画了弹性与垄断价格的关系，图 (a) 是低弹性需求的情形，垄断价格与边际成本的差异较大；图 (b) 是高弹性需求的情形，垄断价格与边际成本的差异较小。

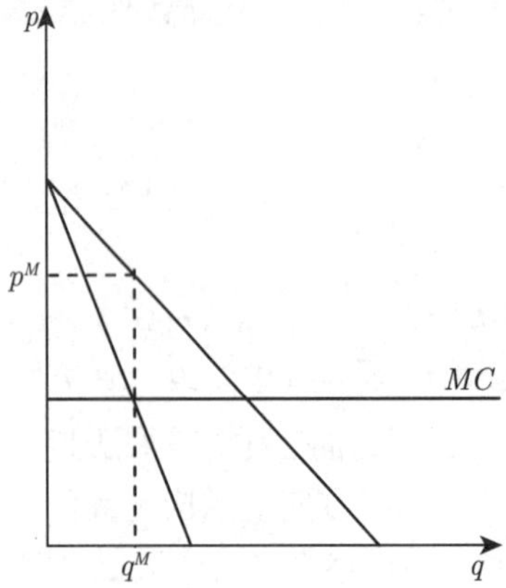

(a) 低弹性需求

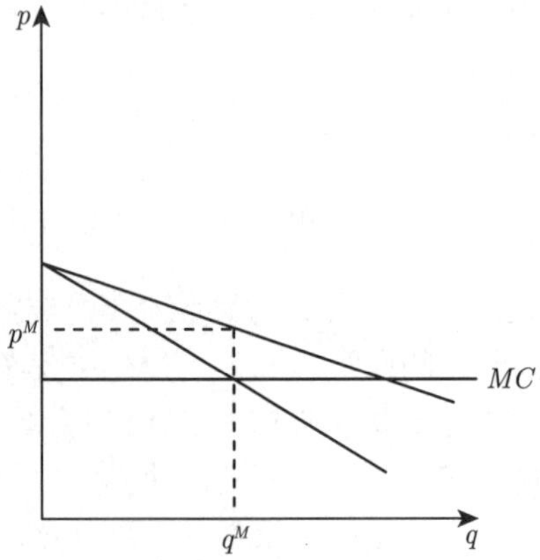

(b) 高弹性需求

图 9.6　低弹性需求和高弹性需求

1. 长期垄断

我们已经看到，由于技术和进入变动，竞争行业的长期和短期行为可能并不相同。垄断行业也有类似结果。技术变动造成的结果最简单：垄断者将选择固定要素水平以最大化长期利润。因此，它将在边际收益等于长期边际成本处经营。进入变动造成的结果有一点复杂。一般来说，若垄断者的利润为正，其他厂商将会进入该行业。若垄断者的垄断地位不变，则一定存在某种行业进入壁垒（如中国的电信、金融、铁路等行业），使垄断者在长期经营中仍获得正的利润。

这些进入壁垒可能是法律上的，但经常是由于垄断者拥有唯一的生产要素。例如，厂商可能拥有某种产品的专利，或者可能拥有他人未知的生产流程或某种要素，如南非拥有世界上最多的钻石矿产。若厂商的垄断力量是由于拥有唯一的生产要素造成的，我们在度量垄断利润时就要特别小心。因为这个要素本身存在机会成本，我们在计算利润的时候需要扣除所有显性或隐性成本。

2. 垄断弊端：社会福利损失

我们称一种状态为**帕累托有效**，若不存在一种方式可以让某一个体的福利状况得到改善而不降低其他个体的福利。在福利经济学中，帕累托有效是一个核心概念。这里，我们只对该概念进行简单的说明。在局部市场中，前面定义的社会福利函数，其社会福利最大化与帕累托效率尽管不同，但彼此之间存在联系。若一个配置实现了社会福利最大化，那么它必然是帕累托最优的。这意味着竞争市场的配置是帕累托最优配置，但反过来不一定成立。

由于厂商的垄断定价超过了边际成本，所以根据之前在竞争市场的福利讨论可知，垄断市场存在社会福利损失。就帕累托标准而言，垄断配置也是一种帕累托无效 (inefficiency) 配置，即意味着存在某种方式使该垄断者的状况得到改善而其消费者的状况不会恶化。

为了说明这一点，我们考虑垄断企业的选择。在垄断价格 p^m 下，其销售量为 q^m。假设垄断者打算多生产数量 Δq，并将其出售给消费者。消费者会为此额外的产出支付多少呢？显然，他们将支付 $p(q^m+\Delta q)$。生产该额外产出的成本是多少呢？答案是边际成本 $MC(q)$。在这样的产量变化下，消费者的状况不会恶化。由于垄断者以大于生产成本的价格卖出了额外的产出，它的状况将得到改善。这里，我们允许垄断者进行歧视定价（我们在下面会进一步讨论价格歧视）。它先以某个价格出售 q^m 数量的产出，然后以（更低的）另一价格出售更多数量的产出。上述过程会持续多久呢？一旦产出达到竞争水平，厂商将不能进一步改善其状况。此时对该行业来说，价格和产出的竞争水平是帕累托有效的。垄断者相对竞争市场的福利损失可以通过图 9.7 来揭示。在垄断价格 p^m 下，消费者剩余为三角形 DEC 的面积，垄断利润为梯形 $CEFA$ 的面积，总的社会福利为梯形 $DEFA$ 的面积。而在竞争市场上，总的社会福利为三角形 DGA 的面积。因此，垄断带来的社会福利损失为三角形 EGF 的面积。

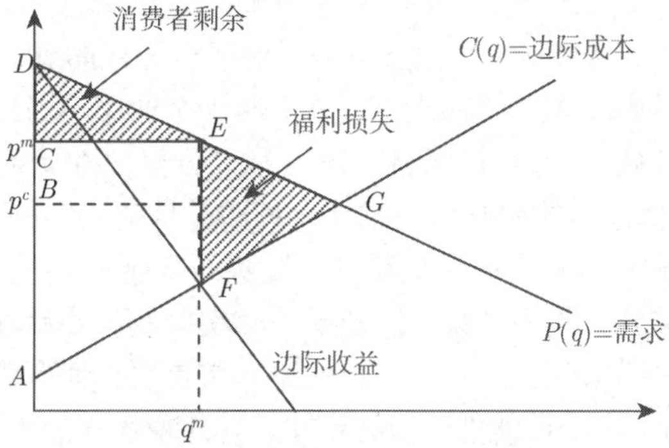

图 9.7 垄断的社会福利损失

3. 垄断的好处：企业创新

从以上讨论可知，垄断指厂商拥有定价能力，它可利用其垄断力量将产品价格定在竞争均衡价格之上，使其产量低于完全竞争市场的产量。这样，就不能按照帕累托最优原则配置经济资源，从而降低了资源配置的经济效率，带来社会福利损失。于是，需要政府规制，比如出台反垄断法，来维护和促进市场竞争。不过，某些行业因自然、技术、市场等方面的原因而天然具有垄断的特性，即使让私有企业来生产，也存在垄断定价的问题。为了获得规模经济效益，一些市场主体往往通过联合、合并、兼并的手段，形成对市场的垄断，从而扭曲市场竞争机制，使其不能发挥自发而有效的资源配置功能。尽管如此，仍然可以通过政府规制加以解决，实现企业利益与社会福利的兼容。

然而，任何事情都有两面，垄断并不是一无是处的。从整个社会的资源配置效率角度来说，由于垄断的确产生效率损失，固然是竞争性越强越好；但从企业的角度来说却正好相反，希望垄断性越强越好。由于企业利润会随着竞争程度的增加而减少，私有、民营企业由于逐利的动机，往往会有很大激励不断进行创新（比如苹果公司），研发新产品，将新产品的价格定在竞争均衡价格之上而获得高利润。但是，同行业的其他企业很快会开发类似产品来分享利润。这种市场竞争导致企业利润下降，从而逼迫企业创新，而企业创新导致垄断利润，可观的利润会吸引其他企业涌进来参与竞争。这样，市场竞争导致利润下降和企业通过创新形成垄断利润，形成了竞争—创新—垄断—竞争这种反复循环，即市场竞争趋向均衡，而创新却打破均衡，市场不断地进行这样的博弈就会激励企业不断追求创新，通过这种博弈过程，市场经济保持长期活力，使社会福利增加和经济发展，从而显示了市场制度的优美和巨大威力。这样，为了鼓励创新，就需要政府制定知识产权保护法，同时为了鼓励竞争及形成技术创新的外部性，反垄断法和知识产权的保护不是永远的，而是需要有一定的年限，不能形成固化或永远的寡头和垄断。

所以，竞争和垄断就像供给和需求，通过市场的力量，它们可以形成令人惊叹不止的辩证对立统一，从而显示了市场制度的优美和巨大威力。没有竞争，就像政府垄断的国有企业，它不可能有动力去创新。企业家对合理利润的追求是市场进步的力量源泉。产品的定价能力从哪里来？产品的垄断就是最大定价能力。产品垄断能力靠什么？除了政府保护导致垄断外（经济学理论早已证明，这往往导致低效率及激励扭曲），就要靠创新和独特性，抢占市场先机。熊彼特（其人物小传见 2.12.2 节）的“创新理论”告诉我们，有价值的竞争不是价格竞争，而是新商品、新技术、新市场、新供应来源、新组合形式的竞争。市场经济保持长期活力的根本就在于创新和创造，这源于企业家精神，源于企业家不断地、富于创造性地破坏市场的均衡，也即“创造性破坏”。今日风光无限的苹果公司，20 世纪末曾陷于破产边缘。当时重返苹果公司任首席执行官的乔布斯是靠什么扭转乾坤的呢？靠的就是创新，满足和激发民众需求的创新。它的一系列产品把人文和科学技术结合起来，甚至影响了人们的消费偏好和生活方式。创新，是灵光一闪的结果，但又不是一次头脑风暴就能想出来的。实质上，创新是由很多已经存在的想法组成的。所以，企业家非常重要，他的职能“并不包括去‘寻找’或者‘创造’新的可能性。这些可能性一直在那里，被各种各样的人大量地积累起来”。企业家的职能是在这些可能性消失之前，通过构思和制定新的要素组合，将可能性付诸实施，使之变为现实。

需要顺便指出，创新主要靠民企。由于创新意味着打破循规蹈矩，就必然蕴含高风险，尤其是高科技创新更具有高风险特征，创投成功的比例非常低，但一旦成功，就会有相当可观的盈利回报，从而能吸引更多的资金前赴后继地往里投。不过，对国企而言，由于先天缺乏承担风险的激励机制，国企领导怕担责，也担不了这样的责，加上无论盈利多大，自身不可能从中获利，因而是不可能去冒这样的高风险的，从而指望国企创新是不可能的。而民营经济由于追求自身利益的强烈动机，是最敢于冒风险的，从而最具有创新意识和创新力。因此，从各国来看，企业创新（非基础性科学研究）的主体都是民营企业。国内公认的最具有创新力的阿里巴巴、腾讯、华为等企业，也都是民企。余额宝等互联网金融的出现是不让民营经济进入金融行业倒逼的结果，是被置之死地而后生导致的结果。

4. 垄断者差别定价

上面讨论的企业定价都是单一价格（uniform price），然而现实中企业经常采取**差别定价**，又称**价格歧视**，即不同单位的产品价格是不同的。差别定价是企业在生产成本相同的情况下，对不同顾客或不同购买数量给出不同定价。差别定价的前提是，需求者采购时会产生消费者剩余。在垄断价格定价分析中，厂商通过设定统一价格来获得垄断利润，同时不同消费者也在一定程度上获得了消费者剩余。垄断厂商为了进一步扩大利润，会通过差别定价来获得消费者的部分甚至全部剩余。

差别定价有许多现实的例子。许多杂志向学生提供折扣订阅价；铁路向学生提供优惠的学生票；公共汽车向老人收取非常低（甚至免费）的票价；一些协会（比如美国经济学会）视会员的收入来收取会员费；许多商场在节假日开展降价或者返券的优惠活动；在某些产品的包装上附有赠券，凭着赠券，下一次购买该产品时，消费者只需支付一个较低的价格，利用赠券，厂商向初次购买的顾客收取了比回头客更高的价格。在电信资费上，许多种类的套餐服务，不同时间有着不同的收费标准。这些都是不同形式的价格歧视或差别定价。

然而，正如丹尼斯·卡尔顿和杰弗里·佩罗夫 (1998) 所指出的那样①：**电影和电视剧中，经常把只收取穷病人较低费用的医生塑造成伟大的英雄。在很老的电影中可以看到，乡村医生收取一只鸡而不是现金作为酬劳，实现价格歧视的医生是无私之辈还是追逐利润最大化之流？当然，有些医生免费医治穷人或者只收取菲薄的酬金只是一种慈善行为，但是，其他医生可能在玩价格歧视的把戏。**

价格歧视有许多被广泛采用的形式。

第一种：两阶段收费。厂商先向消费者收取一笔费用（首段收费），消费者支付了这笔费用后，才有权按某一指定价格购买商品。比如上海移动的畅听包服务，每个月交纳 16 元月租费就可以免费接听，同时拨打外地电话每分钟 0.2 元。又例如一些游乐园，首先要收取入场费，然后再在每一个游玩项目上收取附加费。

第二种：数量折扣。根据不同数量收取不同的单价。比如许多商品在销售中有团购和单个购买。

第三种：搭配销售。只有当顾客一并购买另外一种产品时厂商才向他出售他想购买的某种产品。比如顾客购买某种耐用机器时，必须一并购买卖方的所有维修服务或者维修部件，如销售复印机时，厂商可能会提出条件，要求顾客同时购买油墨、复印纸等。顾客在购买手机时，需要从卖主那里购买充电器。有时通过兼容性的技术，消费者别无选择，比如苹果只能用苹果充电器。

第四种：质量歧视。当厂家提供不同价格—质量的商品组合时，就可能在进行质量歧视。比如厂商向极其重视质量的顾客提供高质高价产品和向其他顾客提供低质低价产品，这样就把顾客分割成两个市场。再比如机票分为头等舱、商务舱和经济舱，类似的还有火车票、演出票等等。下面是一个现实例子，即杜皮特 (Dupuit) 对铁路客运价格的讨论：

某个公司之所以要有敞篷的木凳车厢，并不是因为三等车厢装上顶篷或者给三等座位装上垫子要花去它几千个法郎……它这样做的目的只是为了阻止能支付二等车费的人去坐三等车厢；它伤害了穷人，但并不是因为它想伤害他们，而只是为了吓走富人……出于同样的理由，那些被证明对待三等乘客几近于残酷、对待二等乘客几近于吝啬的公司，在对待一等乘客时却变得慷慨起来。他们拒绝给予穷人他们所必需的东西，同时却给予富人许多多余的东西。②

另外，我们需要注意并非每个非统一价格的行为都是价格歧视。厂商向不同消费者收取不同的价格有许多其他原因。比如厂商向消费者提供数量折扣时，可能是因为大宗订单带来成本的节省，而厂商把节省的成本返还给大宗购买者。有时即使是对商品采用同样的价格，也可能在进行价格歧视，比如厂商对不同位置的消费者送货上门，同时收取同样的商品价

① 摘录自丹尼斯·卡尔顿和杰弗里·佩罗夫 (1998)，第 11 章第 640 页。
② 摘录自梯若尔 (1988)，第三章第 150 页。

格，此时价格不能完全反映出成本差异，成本包括生产成本和运输成本。

5. 价格歧视原理

前面提到，垄断厂商增加一单位销量所带来的收益增量是两种效果的加总。第一种效果是它以价格 p 多销售一个单位产品所带来的收益增量，其金额为 p。第二种效果是由于价格降低带来的全部销量的收益减少，其金额为 $Q\Delta p$。这样，当总收益为 $p(Q)Q$ 时，其边际收益为 $p(Q)+Q\dfrac{dp(Q)}{dQ}$。

若垄断厂商只需要对最后增加的商品降低价格，那么只要最后一单位销量的价格超过边际成本，厂商就会继续扩大产量，直至最后一单位的价格等于边际成本，这样垄断厂商就通过差别定价赚取额外利润。所有差别定价方式都可被看作厂商通过某种营销设计来减少上面提到的销量扩大后的第二种效果对边际收益带来的负面影响。

6. 价格歧视实行条件

企业在进行价格歧视时，并不是无条件的，因为消费者在不同价格之间进行套利，从而破坏企业的意图。下面是实行价格歧视的重要条件。

第一，厂商拥有一定的左右市场的实力（将价格定于超过边际成本之上而获利的能力），否则，厂商无法向消费者索取高于竞争性市场的价格。

第二，厂商需要知道或推断消费者对每单位产品的支付意愿，这个支付意愿必定依消费者或者销量而变化。也就是说，厂商能确定向谁索取高价。

第三，厂商要有能力阻止或限制转卖的发生。转卖是指支付低价的顾客将商品卖给愿意支付高价的顾客。若转卖容易，那么厂商向一个消费群体索取比另一个消费群体更高价格的企图就不会成功；或者在数量折扣中，要防止大宗买主把商品转售给小买主。

以下几个方面可以防止或减少转卖。

（1）服务。绝大多数消费性服务不能转卖。

（2）担保。比如售后服务，厂商可以宣布只对产品初次购买者提供担保或者免费售后服务。电子市场上有一些“水货”产品。

（3）掺杂。厂商可以在某种产品中掺杂他物使得该产品不能转作他用。比如药用酒精不能转换为用做饮料的酒精。

（4）交易费用。转卖中需要承担一笔大的交易费用。比如商场上的赠券（允许它们以较低的价格购买某种产品），搜索没有赠券的购买者的费用太高。

（5）合约补救。厂家在购买合约中把禁止转售作为销售条件之一。比如购买学生火车票，需要出示学生证。在一些大学中，学生和老师以低于市场价格购买计算机，但规定不能转卖。

（6）纵向一体化。上游企业可以对某些下游企业进行一体化，以索取比其他下游企业更高的价格。

7. 价格歧视的分类

价格歧视，也叫差别定价，分为三类。

（1）一级价格歧视，又称完全价格歧视。对每一件商品索取不同的价格。生产者可获取全部消费者剩余。这种价格歧视一般需要生产者了解每个消费者的保留价格，同时能够阻止消费者之间的转卖或套利。

（2）二级价格歧视按消费者购买的数量来进行差别定价。在现实中，以上两个条件很少能完全满足。此时，生产者可以设计不同的数量和价格组合，由消费者自行选择。生产者仍可以攫取消费者剩余（超过统一定价）。

（3）三级价格歧视将市场分成两个或多个群体，分别进行定价。生产者能够观察到某些与消费者偏好相关的信号（例如年龄、职业、所在地等），并且利用这些信号把消费者分为多个市场而进行价格歧视。

二级和三级价格歧视的区别在于三级价格歧视可以利用关于消费类型的信号，将市场划分成多个独立的市场，同时在不同市场上实行差别定价；而二级价格歧视由于观察不到消费者类型的信号，而市场只有一个，只有通过设定不同的购买合约，让消费者自我选择来进行价格歧视。

8. 一级（完全）差别定价

一级差别定价：对每一件商品索取不同的价格。我们先考虑一个最简单的情形。市场上只有一类消费者，他们有单位需求（或者不购买，或者购买 1 单位产品）。令他们对商品的价值是 V，垄断者索取价格 $p=V$，就获得了所有消费者剩余。

下面考虑一个扩展情形。市场上有 n 类消费者，每类消费者有单位需求，对商品的价值为 $V_i,\quad i=1,\cdots,n$。此时，垄断者对 n 类消费者分别定价。对第 i 类消费者，定价为 V_i。同样，垄断厂商可以获得所有消费者剩余。

接着我们来讨论非单位需求的情形。假设市场上有 n 个消费者。市场需求函数为 $D(p)$，每个消费者的需求函数为 $\dfrac{D(p)}{n}$。若只能使用统一价格，此时垄断厂商获得的最大利润为 $p^mD(p^m)-C(D(p^m))$。其中，p^m 是垄断价格。如果可以采取更灵活的定价战略，垄断厂商将可获得更多利润。

假设垄断厂商采取两部定价 (它也是一种特殊类型的二级差别定价 (价格歧视))，即收取一个固定费用和一个相同的单价，即 $T(q)=A+pq$。若垄断厂商采取竞争性价格，则 $T(q)=p^eq$。此时，所有消费者的净剩余为 $S_c=\int_0^{q^c}p(q)-p^cdq$，每个消费者的净剩余为 $\dfrac{S^c}{n}$。若 $A=\dfrac{S^c}{n}$，$p=p^c$，两部定价 $T(q)=A+pq$ 会被消费者接受，此时留给消费者的净剩余为 0，垄断者利润等于最优时的社会福利。若不考虑分配和公平问题，只考虑效率，完全差别定价提高了社会福利，消费者剩余的减少被生产者的利润增加所弥补。图 9.8 刻画了完全价格歧视下消费者剩余和企业利润的变化。

我们可以把上面的分析扩展到 n 类消费者的情形。每一类消费者的需求函数为 $Q^i(p)$。这样，可以把每一类消费者划分成一个市场。按照前面类似的分析，比如对每一类消费者采取不同的两部定价，单位价格对应于每个市场的竞争价格，固定费用为竞争性价格所对应的不同类型的消费者剩余。

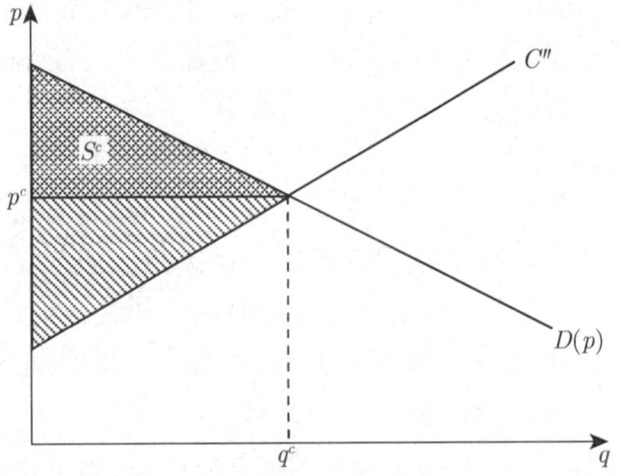

图 9.8　完全价格歧视

完全价格歧视会存在很大的信息问题。厂商不知道顾客是哪一类消费者，消费者在大部分情形下也不愿披露自己的类型。要是这样的话，完全价格歧视就不可能，厂商不能完全获取消费者剩余。

9. 三级（多市场）差别定价

三级差别定价：将市场分成两个或多个群体分别进行定价。垄断厂商可以根据消费者的信息把总需求分成 m 个市场。垄断者知道这些市场的需求曲线。如果这些市场是独立的，市场之间不存在套利，垄断者就可针对不同市场制定不同价格，然而在每个市场内部只能进行统一定价。此时垄断者参与一个多市场垄断定价。

令 $\{p_1, \cdots, p_i, \cdots, p_m\}$ 为 m 个市场的价格，相对应的 m 个市场的需求为：

$$\{D_1(p_1), \cdots, D_i(p_i), \cdots, D_m(p_m)\}.$$

垄断厂商对 m 个市场选择 m 个垄断价格。

垄断者的目标函数为：

$$\max \sum_i p_i D_i(p_i) - C\left(\sum_i D_i(p_i)\right).$$

由此可得一阶条件：

$$\frac{p_i - C'(q)}{p_i} = \frac{1}{\varepsilon_i},$$

其中 $\varepsilon_i = -\frac{p_i D_i'(p_i)}{D_i(p_i)}$ 为第 i 个市场的需求弹性。

从上面的条件可知，与统一定价相比，在价格歧视下，高弹性需求的消费者面临的价格更低。因此，这类消费者更偏好于差别定价。低弹性的消费者则会由于价格歧视而被索取更高的价格，从而福利状况下降。对垄断者来说，差别定价当然会带来更高的利润，否则就没有必要进行差别定价了。由于存在相反方向的影响，三级差别定价下社会福利变化的方向并不确定。

下面讨论一个更一般的情形。设有 m 个市场，假设边际成本不变，为常数 c，第 i 个市场的需求为 $q_i = D_i(p_i)$，对应的消费者剩余为 $S_i(p_i)$，企业的利润为 $(p_i - c)q_i$。若不允许差别定价，垄断者对所有市场制定统一价格 $\bar{p}$。那么，第 i 个市场对应的需求为 $\bar{q}_i = D_i(\bar{p})$，消费者剩余为 $S_i(\bar{p})$，利润为 $(\bar{p}-c)\bar{q}_i$。实行差别定价之后，第 i 个市场的需求变化为 $\Delta q_i \equiv q_i - \bar{q}_i$。

实行价格歧视后的社会福利变化为：

$$\Delta W = \left\{\sum_i (S_i(p_i) - \bar{S}_i(\bar{p}))\right\} + \left\{\sum_i (p_i - c)q_i - \sum_i (\bar{p}-c)\bar{q}_i\right\}. \tag{9.3.1}$$

由于消费者（净）剩余 $S(p) = \int_p^{\hat{p}} D(\xi)d\xi$，其中 $\hat{p}$ 为阻断价格，即 $D(\hat{p}) = 0$。$S'(p) = -D(p) < 0$，$S''(p) = -D'(p) > 0$。这样，$S(p)$ 是凸函数。于是有：

$$S_i(p_i) - S_i(\bar{p}) \geqq S_i'(\bar{p})(p_i - \bar{p}), \tag{9.3.2}$$

$$S_i(p_i) - S_i(\bar{p}) \leqq S_i'(p_i)(p_i - \bar{p}). \tag{9.3.3}$$

把式 (9.3.2)、式 (9.3.3) 代入式 (9.3.1) 得到：

$$\Delta W \geqq \sum_i (p_i - c)\Delta q_i$$

和

$$\Delta W \leqq (\bar{p} - c)\sum_i \Delta q_i,$$

其中 $\Delta q_i = q_i(p_i) - q_i(\bar{p})$。这样，若 $\Delta q_i \geqq 0, \forall i$，则 $\Delta W \geqq 0$。换句话说，实行差别定价后，每一类消费者的需求量都增加了，此时差别定价提升了社会福利。

若 $\sum\limits_i \Delta q_i \leqq 0$，则 $\Delta W \leqq 0$，即消费者需求总量变得更少，此时价格歧视提升降低了社会福利。

因此，差别定价对社会福利的影响，依赖于差别定价对销量的影响方向。

例 9.3.1 (线性需求) 假设有两个市场，需求曲线分别为 $q_1 = a_1 - b_1 p$ 及 $q_2 = a_2 - b_2 p$，边际生产成本为 0。此外，假设 $a_1 \geqq a_2$ 和 $b_1 \leqq b_2$，这意味着市场 1 比市场 2 更大。

假设垄断者能进行价格歧视。在市场 i，垄断者的目标为：

$$\max p_i(a_i - b_i p_i).$$

利润最大化一阶条件为

$$p_i = \frac{a_i}{2b_i},$$

$$q_i = \frac{a_i}{2}.$$

假设垄断者不能差别定价，只能制定一个价格。若垄断者在所有市场上都制定一个统一价格 $\bar{p}$，同时所有市场都有正需求（当然也有可能出现在某个价格水平下有些市场需求为零的情形，下面会讨论到），此时市场的总需求为

$$Q = \bar{q}_1 + \bar{q}_2 = (a_1 + a_2) - (b_1 + b_2)\bar{p}.$$

垄断者的目标函数于是为：

$$\max \bar{p}[(a_1 + a_2) - (b_1 + b_2)\bar{p}].$$

最大化的一阶条件为：

$$\bar{p} = \frac{(a_1 + a_2)}{2(b_1 + b_2)}.$$

这样，总需求为

$$Q = \bar{q}_1 + \bar{q}_2 = \frac{(a_1 + a_2)}{2} = q_1 + q_2,$$

利润为

$$\bar{\pi} = \frac{(a_1 + a_2)^2}{4(b_1 + b_2)^2}.$$

由于 $\bar{q}_1 + \bar{q}_2 = q_1 + q_2$，即 $\Delta q_1 + \Delta q_2 = 0$。根据前面的讨论，价格歧视会降低社会福利。

统一定价时，若有些市场不再有正需求，这相当于，比如说，只开放市场 1，而关闭市场 2。垄断者的垄断价格、产量及利润分别为$\tilde{p} = \frac{a_1}{2b_1}$，$\tilde{q} = \frac{a_1}{2}$ 及 $\tilde{\pi} = \frac{a_1^2}{4b_1}$，从而有 $\tilde{\pi} = \frac{a_1^2}{4b_1} > \frac{(a_1 + a_2)^2}{4(b_1 + b_2)} = \bar{\pi}$。比如，当 $a_1 = 2$，$a_2 = 1$，$b_1 = 1$，$b_2 = 2$ 时，$\tilde{\pi} = 1 > \frac{3}{4} = \bar{\pi}$。于是有 $\Delta q_1 = 0, \Delta q_2 = q_2 > 0$，根据前面的讨论，此时价格歧视会增加社会福利。

这样，三级价格歧视的福利影响取决于具体的需求和技术特征，福利效果是不确定的。

10. 二级（自选择）差别定价

二级差别定价：按消费者购买数量进行差别定价。若不能观察到消费者的类型信息，垄断厂商也可通过设计各种消费组合，使消费者选择各自不同的消费组合。

假设市场上有两类消费者，它们对商品的价值分别为 $\theta_i V(q)$，$i = 1, 2$。图 9.9 描述了两类消费者的需求和他们的消费者剩余。

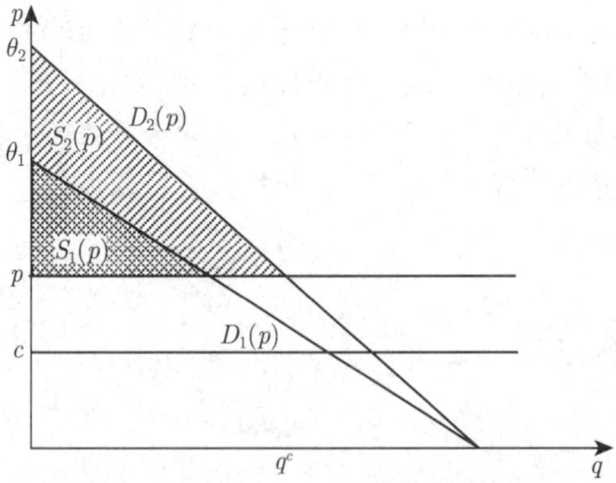

图 9.9　两类消费者的需求和消费者剩余

θ_i 可以刻画第 i 类消费者对商品某种嗜好的偏好参数。假设在市场中，具有 θ_1 类型的消费者占 λ 比例，其余都是 θ_2 类型的消费者。设 $\theta_2 > \theta_1$，$V(q) = \frac{1 - (1 - q)^2}{2}$。同时厂商不能辨别消费者类型，厂商的边际成本为 c。

我们先来看不同类型消费者的需求。

首先对第 i 类消费者，面对市场价格 p，他们的决策是求解下面的最大化问题:

$$\max \theta_i V(q) - pq.$$

其最大化一阶条件为：

$$\theta_i V'(q) = p,$$

即

$$\theta_i(1-q) = p.$$

从而，第 i 类消费者的需求函数为：

$$D_i(p) = 1 - \frac{p}{\theta_i}.$$

第 i 类消费者的剩余为：

$$S_i(p) = \theta_i(\frac{1-(1-D_i(p))^2}{2}) - pD_i(p) = \frac{(\theta_i - p)^2}{2\theta_i}.$$

市场需求函数为：

$$D(p) = \lambda D_1(p) + (1-\lambda)D_2(p) = 1 - \frac{p}{\theta},$$

其中，$\frac{1}{\theta} \equiv \frac{\lambda}{\theta_1} + \frac{1-\lambda}{\theta_2}$。

现在讨论厂商如何对消费者进行二级差别定价。假设以两部定价方式进行差别定价。为了理解二级差别定价与其他类型差别定价的区别，我们以完全差别定价和统一的垄断价格作为参照系。

在前面的完全差别定价中，我们得知厂商对每个消费者通过不同类型的两部定价来获得完全差别定价的收益。在完全差别定价中，面对消费者类型 i，垄断者制定的相应两部定价为 $T_i(q) = A_i + cq$，满足：$p^{fd} = c$，$A_i = S_i(c)$。垄断者获得所有消费者剩余，垄断者利润为：

$$\pi^{fd} = \lambda\frac{(\theta_1 - p)^2}{2\theta_1} + (1-\lambda)\frac{(\theta_2 - p)^2}{2\theta_2}.$$

若垄断者采取统一的垄断定价，此时垄断只能采取线性价格形式，即 $T(q) = pq$。垄断者对价格的最优选择是求解下面的最大化问题：

$$\max(p-c)(1-\frac{p}{\theta}).$$

得到的垄断价格及利润分别为 $p^m = \frac{c+\theta}{2}$ 及 $\pi^m = \frac{(\theta - c)^2}{4\theta}$。

当垄断者不知道消费者的类型时，垄断者应该如何进行二级价格歧视呢？我们先讨论一种简单的方式，即采用单一的两部定价的方式来进行二级价格歧视，即 $T(q) = A + pq$。由于企业不能区分消费者，这个定价是针对所有类型的消费者。

当单价为 p，能使 θ_1 类型的消费者仍然购买，他们愿意支付的最高固定费用为 $A = S_1(p)$，此时 θ_1 类型的消费者剩余被完全剥夺，然而 θ_2 类型的消费者却仍然有正的消费者剩余。由于 $S_1(p) > S_1(p)$，这样给定价格 p，最优的固定费用 $A = S_1(p)$。接下来的问题是应该选择什么样的单价 p 呢？

对垄断者而言，最有利可图的两部定价其实是求解下面的最优化问题：

$$\max_p S_1(p)+(p-c)D(p)=\frac{(\theta_1-p)^2}{2\theta_1}+(p-c)\left(1-\frac{p}{\theta}\right).$$

一阶条件为：

$$-\frac{\theta_1-p}{\theta_1}+(1-\frac{p}{\theta})-\frac{p-c}{\theta}=0,$$

由此得到二级价格歧视下的最优单价是：

$$p^{sd}=\frac{c}{2-\theta/\theta_1},$$

其利润记为 π^{sd}。

显然，$c<p^{sd}<p^m$，同时有 $\pi^{sd}\geqq\pi^{sd}\geqq\pi^m$，即完全差别定价的利润高于二级差别定价的利润，而后者又高于统一定价下的垄断利润。对社会福利来说，完全差别定价是最高的。而二级差别定价与统一垄断定价相比，由于 $\lambda S_1^g(p)+(1-\lambda)S_2^g(p)-c(\lambda D_1(p)+(1-\lambda)D_2(p))$，当 $p\geqq c$，随着 p 的增加而减少消费，消费减少意味着有利可图的交易不能实现，所以与**垄断的统一定价相比，二级差别定价提高了社会福利。**

在二级价格歧视下，垄断者其实可以有更多的选择空间，即采取更复杂的非线性定价方式来获得更高的利润。下面，我们讨论垄断者最大利润的非线性定价，这是标准的委托—代理问题，在第五部分将对委托—代理理论进行详细讨论。

假设厂商针对 θ_i 类型的消费者设计消费组合 (q_i,T_i)，它表示，购买量为 q_i，需要总支付 T_i，并且 $(q_i,T_i)\neq(q_j,T_j),\quad i\neq j$。这种设计需要满足两类条件：首先，$\theta_i$ 类型的消费者选择 (q_i,T_i) 比 (q_j,T_j) 带来更大的效用，称为激励相容约束；其次，θ_i 类型的消费者选择 (q_i,T_i)，其净剩余不会低于零，称为参与约束。

垄断者的目标为

$$\max_{(q_i,T_i)}\lambda(T_1-cq_1)+(1-\lambda)(T_2-cq_2).\tag{9.3.4}$$

满足约束：

$$\theta_1V(q_1)-T_1\geqq0\qquad(\text{类型 }\theta_1\text{ 的参与约束}),\tag{9.3.5}$$

$$\theta_2V(q_2)-T_2\geqq0\qquad(\text{类型 }\theta_2\text{ 的参与约束}),\tag{9.3.6}$$

$$\theta_1V(q_1)-T_1\geqq\theta_1V(q_2)-T_2\quad(\text{类型 }\theta_1\text{ 的激励相容约束}),\tag{9.3.7}$$

$$\theta_2V(q_2)-T_2\geqq\theta_2V(q_1)-T_1\quad(\text{类型 }\theta_2\text{ 的激励相容约束}).\tag{9.3.8}$$

达到最优时，不等式（9.3.5）和（9.3.7）至少有一个不等式取等号，否则我们可以增加 T_1 的取值来增加目标值；同样的道理，不等式（9.3.6）和（9.3.8）至少有一个不等式取等号。

对不等式（9.3.8），由于 $\theta_2V(q_2)-T_2\geqq\theta_2V(q_1)-T_1>\theta_1V(q_1)-T_1\geqq0$，对不等式（9.3.6）取严格不等号，从而有 $\theta_2V(q_2)-T_2>0$，这意味着 $\theta_2V(q_2)-T_2=\theta_2V(q_1)-T_1$，即不等式（9.3.8）取等号。若不等式（9.3.7）取等号，与不等式（9.3.8）相加得到：$V(q_1)=V(q_2)$，即 $q_1=q_2$，则必然也意味着 $T_1=T_2$，与之前的假设矛盾。因此，不等式（9.3.7）取严格不等号，这就意味着，不等式（9.3.5）取等号。

综合上面的讨论，只有，不等式（9.3.5）和（9.3.8）满足等式约束。这意味着，

$$T_1 = \theta_1 V(q_1)$$

和

$$\theta_2 V(q_2) - T_2 = \theta_2 V(q_1) - T_1 = (\theta_2 - \theta_1)V(q_1).$$

把它们代入目标函数：

$$\max\{\lambda(\theta_1 V(q_1) - cq_1) + (1-\lambda)(\theta_2 V(q_2) - cq_2 - (\theta_2 - \theta_1)V(q_1))\}.$$

得到关于 q_1 和 q_2 的一阶条件：

$$\theta_1 V'(q_1) = \frac{c}{1 - \dfrac{1-\lambda}{\lambda}\dfrac{\theta_2 - \theta_1}{\theta_1}},$$

$$\theta_2 V'(q_2) = c.$$

利用 $V(q) = \frac{1-(1-q)^2}{2}$，有

$$q_1 = 1 - \frac{c}{\theta_1 - \dfrac{1-\lambda}{\lambda}(\theta_2 - \theta_1)},$$

$$q_2 = 1 - \frac{c}{\theta_2}.$$

这样，高需求类型的消费者的购买数量是社会最优的（商品的边际效用等于边际成本），低需求类型的消费者的购买数量低于社会最优水平；同时高需求者获得正的消费者剩余。

图 9.10 描述了上面的最优非线性定价。图中的 B_1 对应于 θ_1 类型的消费者购买组合 (q_1, T_1)，此时消费者剩余为零；而 C_2 对应于 θ_2 类型的消费者购买组合 (q_2, T_2)，其消费者剩余大于零。在之前的两部定价的二级价格歧视中，θ_1 类型的消费者的购买组合是 B_1，θ_2 类型的消费者的购买组合是 B_2。对比上面单一的两部定价，θ_2 类型的消费者在非线性二级价格歧视中购买了更多的商品，而垄断者的利润也更高。这样由于两部定价的二级价格歧视是非线性定价的一种形式，垄断者选择了不同于两部定价的歧视，说明其利润一定更高。

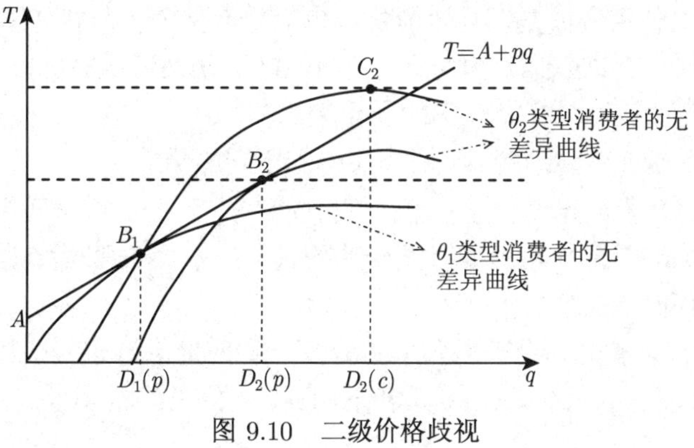

图 9.10 二级价格歧视

当商品具有不同特性，比如耐用品与非耐用品时，也会影响垄断者的选择。下面我们讨论耐用品市场的垄断者选择。

11. 耐用品的垄断者

当垄断企业提供耐用品时，跨期需求改变垄断者和消费者之间的互动，因为跨期需求会产生一个动态的博弈结构，我们在前面博弈论的讨论中了解到，动态博弈中参与人的承诺能力往往是一个重要的影响因素。耐用品被部分消费者购买后，这些消费者在未来可能就不会购买，垄断者面临着与之前不同的消费者，我们称之为剩余消费者。这些消费者的购买意愿比前面的购买者要低，只要垄断者的边际成本足够低，那么为了获得更高的收益，垄断厂商在未来将有降价的动机。理性的消费者在预期到垄断厂商的跨期价格歧视时，会改变他们的购买决策。事实上，在耐用品问题上，垄断者定价的灵活性会损害自身的利润。当垄断者价格调整非常频繁时，垄断利润会趋于零，这一结论又称科斯猜想。所以我们在商业中会看到这样一些限制调价灵活性的手段，比如差价补偿的最惠消费者条款；有时企业会选择出租而不是出售的方式，以增强价格调整的可信度，有时企业会选择成本不经济的耐用性，又称计划废弃，比如许多教科书每隔一段时间推出新的版本，内容与之前的大同小异。为了说明这个问题：我们举一个简单例子：假设有 7 个消费者，他们对耐用品的购买意愿分别是 1，2，⋯，7，生产成本为 0，设时间是离散的，时间贴现率为 δ。若只有一期，垄断者索取的垄断价格为 4，向购买意愿不小于 4 的消费者出售。此时垄断利润为 16。考虑多期情形。若垄断厂商第一期索取价格 4，同时购买意愿不小于 4 的消费者接受了这一价格，那么在第二期，面对还有购买意愿 1，2，3 的消费者，垄断厂商会选择下一期的垄断价格 2，购买意愿不小于 2 的消费者接受了这一价格。但是以上不可能是稳定的均衡，因为若预期垄断厂商在第二期降价，至少购买意愿为 4 的消费者不会选择在第一期购买，因此第一期的需求会萎缩。

这种类型的现实例子很多，很多电子产品都是耐用品，如平板电脑 iPad。产品刚推出的时候，只有支付意愿很高的消费者会购买。人们预期到未来企业为了吸引中低端消费者，不可避免地会降价，因此支付意愿稍低的消费者会等待未来降价后购买。

12. 耐用品的销售和出租

下面我们用一个例子来讨论垄断者的定价承诺如何影响企业的利润水平。

假设某种商品的使用寿命是两期，消费者也只生活两期，消费者最多只购买一单位商品。消费者对商品每一期的价值 v 均匀分布于 $[0,100]$。消费者的时间贴现率为 1，生产的边际成本为 0。下面我们定义耐用品销售的博弈结构：

（1）参与人：垄断厂商和消费者（对商品有着不同的价值 v）。

（2）战略集：生产者选择第一期和第二期的价格 p_1 和 p_2，这样间接决定了两期的需求为 q_1 和 q_2；分别表示有 q_1 个消费者在第一期购买，有 q_2 个消费者在第二期购买。消费者选择是否购买以及何时购买。

（3）参与人的收益：首先，对消费者（对商品每一期的价值为 v）：若第一期购买，$u(v,1) = 2v - p_1$；若第二期购买，$u(v,2) = v - p_2$；若不购买，$u(v,\phi) = 0$。其次，对垄断厂商，其支付由两期的利润组成：$\pi = p_1q_1 + p_2q_2$。

下面我们用逆向递推方法求解上面的博弈。

假设 $\hat{v}$ 是在第一期或者第二期购买无差异的边际购买者，那么 $\hat{v} = p_1 - p_2$。类型为 $v > \hat{v}$

的消费者会选择在第一期购买，类型为 $v > \hat{v}$ 同时 $v \geqq p_2$ 的消费者会选择在第二期购买。

在第二期，反需求函数为 $p_2 = 100 - q_1 - q_2$，其中 $q_1 = 100 - \hat{v}$，$q_2 = \hat{v} - p_2$。第二期的最优化条件意味着边际收入等于边际成本 $MR = MC$，得到 $100 - q_1 - 2q_2 = 0$，即 $p_2 = q_2 = \dfrac{100 - q_1}{2}$。

下面考虑第一期 q_1 或者 p_1 的博弈。边际购买者是 $\hat{v}$，满足 $\hat{v} = p_1 - p_2$，同时 $q_1 = 100 - \hat{v}$，可以得到 $p_1 = \dfrac{300 - 3q_1}{2}$。

因此垄断企业的两个时期的总利润为：$\pi = \dfrac{300 - 3q_1}{2}q_1 + \left(\dfrac{100 - q_1}{2}\right)^2$，最大化利润的选择为：$q_1 = 40, p_1 = 90; q_2 = 30, p_2 = 30$，$\pi = 4,500$。

若垄断者不选择出售而是选择出租，由于出租不涉及商品耐用性问题，每一期的需求都是相同的。从上面的模型设定中我们知道每一期的反需求为 $p_t = 100 - q_t$，$t = 1, 2$。垄断者两期的利润为 $\pi = p_1q_1 + p_2q_2$，通过一阶条件得到：$q_1 = 50, p_1 = 50; q_2 = 50, p_2 = 50$，$\pi = 5,000$。

我们发现在这个例子中耐用品出租的利润高于销售利润，而出现这个现象的原因是在出售过程中，由于垄断者存在动态承诺问题，从而影响垄断者从第一期消费者那里可能获得的收益，而出租则避免了耐用品的定价承诺问题。

9.3.2 垄断要素市场

对要素市场，我们也可以对市场结构作类似区分。若厂商将要素价格视为给定，则我们考察的是竞争的要素市场。否则，若只有一个厂商购买生产要素，则是**垄断要素市场**，这样的市场结构被称为**买方垄断**（monopsony）。垄断要素市场中垄断者的行为决定要素购买的价格。下面我们讨论垄断者的理性决策。我们考虑一个简单的模型，其中一个厂商在产品市场上是一个竞争者，而在投入品购买上是一个垄断者。令 $w(x)$ 为该生产要素的（反）供给函数，则该厂商的利润最大化问题为：

$$\max_x pf(x) - w(x)x,$$

其中 $f(x)$ 是生产函数，p 为竞争性产品的价格。其一阶条件为：$pf'(x^*) - w(x^*) - w'(x^*)x^* = 0$。

$pf'(x^*)$ 指的是该厂商多投入一单位投入品的边际产品价值，或者说产品边际收入（marginal revenue of product），$w(x^*) - w'(x^*)x^*$ 是要素的边际购买成本。我们可以把上述条件写成 $pf'(x^*) = w(x^*)\left(1 + \dfrac{1}{\varepsilon(x)}\right)$，其中 $\varepsilon(x) = \dfrac{dx}{dw(x)}\dfrac{w(x)}{x}$ 为供给价格弹性。当该弹性趋于无穷大时，该投入品市场的垄断行为趋于完全竞争者的行为。

在第 4 章中，我们定义了厂商的成本函数，但只考虑竞争要素市场中厂商的行为，类似地也可以对垄断要素的厂商定义成本函数。例如，设 $x_i(w)$ 是要素 i 的供给函数，则可以定义 $C(y) = \min \sum w_i x_i(w)$，满足约束 $f(x(w)) = y$。此时，$C(y)$ 就是在垄断要素市场上产出 y 下的最小成本。

9.4　垄断竞争市场

我们在前面的分析中假定了产品需求曲线只依赖垄断者对其设定的价格，但这种假定只在极端情形下才成立。大多数商品都有某些替代品，其替代品的价格也会产生影响。垄断者在设定价格时假定所有其他商品生产者都保持价格不变，但这一假设并不成立。在本节中，我们将考察当若干垄断者的价格和产出水平相互影响时所产生的结果，这样的市场被称为**垄断竞争市场**。

假设 n 个垄断者销售类似但并非完全相同的产品。消费者愿意对厂商 i 的产品支付的价格，不仅取决于该厂商的产出水平，也取决于其他厂商的产出水平。我们将其反需求函数写为 $P_i(q_i, \mathbf{q}_{-i})$，其中 $\mathbf{q}_{-i} = (q_1, \cdots, q_{i-1}, q_{i+1}, \cdots, q_n)$。

每个厂商 i 都选择产出水平 q_i，最大化其利润

$$\max\ p_i(q_i, \mathbf{q}_{-i})q_i - C_i(q_i).$$

然而，厂商 i 的需求与其他厂商的行为有关。厂商 i 将如何预测其他厂商的行为呢？我们将采用非常简单的行为假设，即厂商 i 假设其他厂商的行为不变。因此，每个厂商 i 将选择满足下述条件的产出水平 q_i^*：

$$p_i(q_i^*, \mathbf{q}_{-i}) + \frac{\partial p_i(q_i^*, \mathbf{q}_{-i})}{\partial q_i} q_i^* - C_i'(q_i^*) \leqq 0, \quad \text{当 } q_i^* > 0 \text{ 时取等号}.$$

所有厂商的最优产出水平记为 $\mathbf{q} = (q_1, \cdots, q_n)$，对厂商 i 来说，存在某个最优产出水平，记为 $Q_i(\mathbf{q}_{-i})$。

为了保证市场处于均衡状态，每个厂商对其他厂商行为的预测必须与其他厂商实际的行为相容。因此，若 $\mathbf{q}^* = (q_1^*, \cdots, q_n^*)$ 为均衡产出向量，则它必然满足下述方程：

$$q_i^* = Q_i(\mathbf{q}_{-i}^*), i \in \{1, 2, \cdots, n\},$$

也就是说，若假定其他厂商的产出数量为 $q_2^*, \cdots, q_n^*$，则 q_i^* 为厂商 1 的最优选择。

对每个厂商来说，给定其他厂商的行为，其边际收益等于边际成本。这一结果在图 9.11 中得到了说明。在图 9.11 给出的垄断竞争均衡处，厂商 i 获得正的利润。在垄断竞争行业中，如果不存在壁垒，企业可以自由进出，就变成了长期均衡。

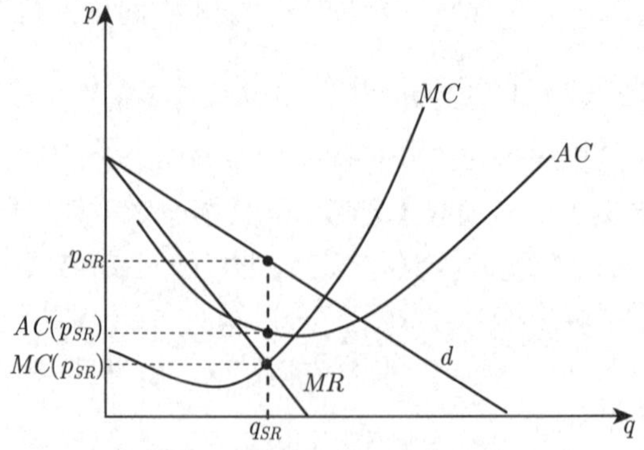

图 9.11　短期垄断竞争均衡

9.4.1 长期垄断竞争均衡

由于企业可以自由进出，在长期垄断竞争行业的利润必然为零。这意味着厂商 i 将制定 p_i^* 的价格并生产 q_i^* 数量的产出，使得：

$$p_i^* q_i^* - C_i(q_i^*) \leqq 0, \quad 当 q_i^* > 0时取等号,$$

或者

$$p_i \leqq \frac{C_i(q_i^*)}{q_i^*}, \quad 当 q_i^* > 0时取等号.$$

这样，在长期均衡中企业的平均成本等于价格，但价格高于边际成本。这就意味着，在垄断竞争行业中，存在过多的生产能力积累，企业产量并不是选择在最有效生产规模上（即最低平均成本处）。图 9.12 描述了垄断竞争行业的长期均衡。

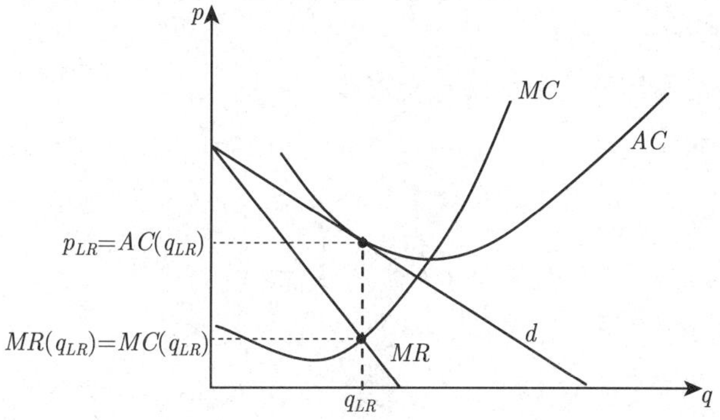

图 9.12 长期垄断竞争均衡

9.4.2 垄断竞争市场的社会福利

由于价格大于边际成本，与完全竞争市场相比，垄断竞争市场存在着社会福利损失。另外，由于每家垄断竞争企业的产品是不同的，产品种类也可能导致效率问题。由于每家垄断竞争企业并不能获得消费者的全部剩余，正外部性显示存在进入不足的可能性。还有，垄断竞争企业的进入会降低其他企业的利润，负外部性显示存在进入过度的可能性。这样，垄断竞争行业就有可能存在产品种类过多或过少的情形。下面我们讨论一个经典的垄断竞争模型。

9.4.3 垄断竞争经典模型：迪克西特–斯蒂格利茨模型

假设存在一个代表性消费者，消费者偏好多样化的产品。设有 L 种差异化产品，其中产品种类 L 是内生决定的。假设每一家企业只能有一种产品，那么在长期，会有多少家企业或者说多少种产品呢？下面我们根据迪克西特-斯蒂格利茨 (Dixit-Stiglitz) 的经典模型对这个问题展开分析。我们假设消费者偏好是常替代弹性 (CES) 效用函数：

$$U(q_1, \cdots, q_L) = \left(\sum_{l=1}^{L} q_l^\rho\right)^{1/\rho}, \quad \rho \leqq 1,$$

其中 q_l 表示差异化产品，消费者倾向于产品的多样化，这主要体现在：当 $q_l \to 0$ 时，$\dfrac{\partial U(q_1,\cdots,q_L)}{\partial q_l} \to \infty$。

消费者的预算约束为：$\sum\limits_{l=1}^{L} p_l q_l \leqq I$。其中 p_l 是差异化产品 i 的价格，I 是代表性消费者的收入（外生给定）。企业生产差异化产品有两部分成本，一是固定成本 F，二是边际成本 c。假设这些成本都是劳动力的耗费。生产差异化产品 q_l 时的成本函数为

$$TC_l(q_l) = \begin{cases} F + cq_l, & 若 q_l > 0, \\ 0, & 若 q_l = 0. \end{cases}$$

一个垄断竞争均衡要满足以下几个条件：

（1）给定收入和市场价格，消费者选择效用最大化的消费选择；

（2）给定消费者的选择，差异化产品的厂商（在其产品上是垄断者）选择垄断价格或者产量以最大化其利润；

（3）自由进出：市场利润为零，决定有多少企业进入。

首先，对消费者来说：

$$\max_{q_0,q_l,\cdots,q_L} \left(\sum_{l=1}^{L} q_l^\rho\right)^{1/\rho}$$

$$\text{s.t.} \quad \sum_{l=1}^{L} p_l q_l = I. \tag{9.4.9}$$

上面的最优化问题的拉格朗日函数为：

$$L(q_0, q_l, \lambda) = \left(\sum_{l=1}^{L} q_l^\rho\right)^{1/\rho} - \lambda\left(\sum_{l=1}^{L} p_l q_l - I\right).$$

一阶条件为：

$$\left(\sum_{l=1}^{L} q_l^\rho\right)^{\frac{1-\rho}{\rho}} q_l^{\rho-1} = \lambda p_l, \quad l = 1,\cdots,L;$$

$$\sum_{i=1}^{n} p_l q_l = I,$$

从而得到：$\lambda = \dfrac{\left(\sum\limits_{i=1}^{n} q_l^\rho\right)^{\frac{1}{\rho}}}{I}$ 和 $q_l = \left(\dfrac{p_l}{I}\right)^{\frac{1}{\rho-1}} \left(\sum\limits_{i=1}^{n} q_l^\rho\right)^{\frac{1}{\rho-1}}$。

从上面的需求函数我们可以求解出垄断竞争产品的需求弹性为 $\eta \equiv -\dfrac{\partial \ln q_l}{\partial \ln p_l} = \dfrac{1}{1-\rho}$。

其次，对厂商来说，其决策是求解下面的最优化问题：

$$\max_{p_l} D_l(p_l)p_l - cD_l(p_l) - F.$$

得到 $p_l = \dfrac{c}{1-\dfrac{1}{\eta}} = \dfrac{c}{\rho}$。利用对称性可得 $q_l = q = \dfrac{I}{np_l} = \dfrac{I\rho}{nc}$。

由于在均衡时，每个垄断竞争企业的利润为 0，这样我们得到了均衡的企业数目：$\dfrac{I}{n}(1-\rho) = F$。于是 $n^* = \dfrac{I(1-\rho)}{F}$，从而得到 $q_l^* = \dfrac{F\rho}{(1-\rho)c}$。

从上面的分析我们得到结论：替代弹性 ρ 越大，价格越低，企业数目越少，差异化产品产量越大；固定成本越大，企业数目越小，或者产品种类越少，产量越大；收入提高会增加企业的数目，但对产品的价格和数量没有影响。

9.5 寡头市场

由于每个厂商的行为会影响市场价格和其他厂商的行为，寡头垄断行业一般来说不具有完全竞争行业的特征。在上面的市场结构下，企业之间的互动是通过市场价格与利润的关系来间接影响的。下面我们研究少数厂商在市场上直接的交互作用，这样的市场被称为**寡头市场**。这一问题的研究几乎完全以前面几章所介绍的博弈理论为基础。市场交互作用的许多设定都用博弈论概念加以阐明。这一节的目的，是考察在不同环境下，企业的市场势力是如何决定的。所谓市场势力，指的是企业的定价可以偏离成本的程度。这也会影响到市场的福利水平。我们先讨论静态寡头竞争，随后讨论动态寡头竞争，最后针对不对称信息下的寡头竞争情形进行讨论。

9.5.1 价格竞争——伯特兰模型

在寡头市场中，最简单同时也是最基本的静态价格竞争模型是由法国经济学家约瑟夫 • 伯特兰 (Joseph Bertrand) 于 1883 年提出的，所以我们称之为**伯特兰模型**。当垄断市场结构被打破之后，企业之间会发生竞争。若它们的战略工具是价格竞争，那么它们之间的互动会是怎样的？市场均衡又是什么呢？为便于讨论，假设市场上只存在两家企业，它们生产同样的商品，企业是对称的，边际成本都为 c，市场需求函数为 $q = D(p)$。我们会发现，在这样一种对称的价格竞争、互动均衡中，两家企业的均衡定价都是边际成本，与完全竞争的结果是相同的，此时意味着增加一个对手，就使得原来的垄断者的市场势力彻底降低到零。这个模型给我们的启迪是，两家旗鼓相当的企业在竞争时，不要轻易打价格战，价格战是最直接的竞争，其结果往往是两败俱伤。

企业 1 和 2 进行价格竞争，企业 i 的利润为 $\pi^i(p_i, p_j) = (p_i - c)D_i(p_i, p_j)$，其中 $D_i(p_i, p_j)$ 是给定自己和对手的定价分别是 p_i 和 p_j 时，企业 i 面临的需求。由于两家企业的产品是同质的，企业 i 面临的需求由下面的方程刻画：

$$D_i(p_i, p_j) = \begin{cases} D(p_i), & \text{若} p_i < p_j, \\ \dfrac{1}{2}D(p_i), & \text{若} p_i = p_j, \\ 0, & \text{若} p_i > p_j. \end{cases}$$

企业 i 的目标是选择 p_i，使 $\max \pi^i(p_i, p_j) = (p_i - c)D_i(p_i, p_j)$。

伯特兰均衡 (p_i^*, p_j^*) 是一个纳什均衡，即当对手选择 p_j^*，企业 i 的最佳反应函数为：

$$p_i^* = \text{argmax}\ \pi^{\rm i}({\rm p_i}, {\rm p_j^*}) = ({\rm p_i} - {\rm c}){\rm D_i}({\rm p_i}, {\rm p_j^*}).$$

正式地，伯特兰价格竞争均衡定义为：

定义 9.5.1 (p_1^b, p_2^b) **是伯特兰均衡**，若下面的条件满足：

(i) 给定 $p_2 = p_2^b$，$p_1^b = \text{argmax}_{\rm p_1}\pi_1({\rm p_1}, {\rm p_2^b})$；

(ii) 给定 $p_1 = p_1^b$，$p_2^b = \text{argmax}_{\rm p_2}\pi_2({\rm p_1^b}, {\rm p_2})$。

我们将会发现，企业的伯特兰均衡结果是唯一的，$(p_1^*, p_2^*) = (c, c)$。除了 $(p_1^*, p_2^*) = (c, c)$，剩余情形可以分为下面三种情况进行讨论。

（1）$p_i^* > p_j^* > c$，此时战略组合不是纳什均衡：这是因为，此时 i 的利润为零，这时至少企业 i 会有激励去偏离选择。若企业 j 的战略不变，$p_i = p_j^* - \varepsilon > c$，企业 i 的利润为 $(p_j^* - \varepsilon - c)D(p_j^* - \varepsilon) > 0$。

（2）$p_i^* = p_j^* > c$，此时战略组合不是纳什均衡：若企业 j 的选择不变，企业 i 若不改变战略，其利润是 $\dfrac{1}{2}(p_j^* - c)D(p_j^*)$；若企业 i 选择价格 $p_i^* = p_j^* - \varepsilon > c$，则企业 i 的利润变为 $(p_j^* - \varepsilon - c)D(p_j^* - \varepsilon) > 0$。只要正的 ε 足够小，那么就会有 $(p_j^* - \varepsilon - c)D(p_j^* - \varepsilon) > \dfrac{1}{2}(p_j^* - c)D(p_j^*)$。

（3）$p_i^* > p_j^* = c$，此时战略组合也不是纳什均衡：这是因为，此时企业 j 的利润为零，若企业 i 的战略不变，当企业 j 的价格变成 $p_j = c + \varepsilon < p_i^*$，$\varepsilon > 0$，其利润变为 $\varepsilon D(c + \varepsilon) > 0$。

这样，唯一可能的均衡是 $p_1^* = p_2^* = c$，并且这确实是一个纳什均衡，因为没有一家企业可以通过单方面改变价格战略而获得更高的利润。

伯特兰竞争的均衡结果是所有对称企业都按照边际成本定价。此时，企业利润为零，与完全竞争时相同。然而，很难理解在现实中只有少数企业的行业中，企业没有任何市场势力，不能获得正的利润。因此，有人称之为“伯特兰悖论”。这种理论与现实的反差是什么原因引起的？我们发现，伯特兰价格竞争模型的假设通常与现实存在许多出入。

首先，当两家企业不是旗鼓相当或生产技术不对称时，也会影响市场的竞争格局。现考虑非对称的伯特兰竞争：$c_1 < c_2$，当企业 1 的边际成本比企业 2 低很多，使得 $c_2 \geqq p^m(c_1)$ 成立，即企业 2 的边际成本超过企业 1（作为垄断企业）的垄断价格 $(p^m(c_1))$。此时，企业 1 显然会选择垄断价格，企业 2 没有任何竞争力，对企业 1 不会造成任何约束，最终它会退出市场，市场最终演变为垄断结构。而当 $c_2 < p^m(c_1)$，利用上面相似的推理，此时存在唯一的均衡：$p_1^* = p_2^* = c_2$，企业 1 的利润为 $(c_2 - c_1)D(c_2) > 0$，企业 2 的利润为 0，市场价格定在高成本类型的边际成本上。这个结果也可以被视为对称结果的一种变形。

其次，除了上面的生产技术的对称性假设外，还有其他一些假设影响到伯特兰均衡结果。

假设 1：寡头企业可以以相同的边际成本供给它所面对的所有需求，即当价格是边际成本 c 时，寡头企业可以供应 $D(c)$。然而在现实中，企业往往会受到生产能力的限制。比如企业 1 的生产能力小于 $D(c)$，此时 $p_1^* = p_2^* = c$ 就不是一个均衡。这是因为如果所有企业的价格决策不变，它们的利润都为 0。若企业 2 稍提高价格，由于企业 1 的生产能力小于 $D(c)$，

从而在价格 c 上，有一部分消费者没能实现消费，他们会转而向企业 2 购买。由于企业 2 的价格高于边际成本，这样企业 2 就有动机偏离边际成本的价格。在现实中，生产能力是需要事前通过投资积累的。同时，在许多产业中，当产量达到某个水平后，会出现边际成本上升。在现实中，我们经常可以看到，由于生产能力限制，导致竞争的弱化。比如，每年春节、五一、十一假期中交通行业的竞争程度降低。在旅游城市，在平时旅馆住宿通常会有打折，但到了旅游旺季，打折（价格竞争的手段）变得越来越小。当旅馆客满时，更加不会进行价格竞争了。

假设 2：企业只做一次价格决策。在现实中，我们看到企业可以经常调整价格。我们在前面的重复博弈中了解到，若企业之间的互动是多次的，两家企业可能会选择合作。比如说进行价格合谋，对彼此来说可获得一个更高的收益。

假设 3：企业销售的产品是无差异的。在现实中，不同企业生产的产品会存在差异。有些产品拥有自己的粉丝，即使价格比别的相似产品的高，这些消费者也不会改变购买对象。比如在不同地点销售的两家商店，一家商店稍微降低价格，也不能占据所有的市场；或者一家商店稍微提高价格，也不会失去所有的顾客。因此，$p_1^* = p_2^* = c$ 就不可能是差异化产品的价格竞争均衡了。在极端情形下，企业的产品差别很大，以至每一家企业都是垄断者，每一家企业都会选择垄断价格，而这就类似于前面讨论到的垄断市场结构。

这样，寡头竞争的结果依赖于竞争的激烈程度，而竞争的激烈程度则依赖于各种环境因素。下面我们分别来讨论以上三个假设被放松时的企业战略选择及其均衡。同时，保持对称假设，以方便讨论。

9.5.2 生产规模制约价格竞争

假设成本函数 $C(q)$ 满足：$C'(q) > 0$，$C''(q) > 0$。这样，企业的生产成本呈现规模报酬递减的特性，规模报酬递减的极端情形是生产能力受到约束。生产能力 $\bar{q}$ 是指，当产量超过 $\bar{q}$ 时边际成本无穷大。下面我们讨论在生产规模约束下企业间价格竞争的一个例子。

在受到生产能力约束时，考察企业的剩余需求函数。若企业 i 索取低价格 p_i，在这个价格下企业 i 的供给小于市场需求，即 $S_i(p) < D(p)$，就有消费者不能直接从企业 i 购买，其他企业就会面临正的剩余需求。

令 $p_1 < p_2$，$\bar{q}_1 \equiv S_1(p_1)$ 表示企业 1 的供应量，或者说是企业 1 自定的生产能力约束条件。当 $\bar{q}_1 \equiv S_1(p_1) < D(p_1)$，企业 2 的剩余需求函数为：

$$\tilde{D}_2(p_2) = \begin{cases} D(p_2) - \bar{q}_1, & 若 D(p_2) > \bar{q}_1, \\ 0, & 若 D(p_2) \leqq \bar{q}_1. \end{cases}$$

这种剩余需求的配给规则，被称为**有效配给规则**，即消费者先从低价的生产者那里购买产品。Tirole (1988) 关于产业组织的经典教科书中还讨论到了其他一些配给规则。

设市场的需求函数为 $D(p) = 1 - p$，反需求函数为 $p = P(q_1 + q_2)$。假设两家企业都受生产能力的约束，即企业 i 的产出满足 $q_i \leqq \bar{q}_i$。生产能力 $\bar{q}_i$ 是企业 i 在价格竞争前以单位成本 $c_0 \in [3/4, 1]$ 获得的。一旦生产能力装备完成后，在产量低于 $\bar{q}_i$ 时边际生产成本为 0，当超过 $\bar{q}_i$ 后，边际生产成本变为无穷大。由于垄断利润 $\max_p p(1-p) = \dfrac{1}{4}$，企业 i 的事前利润

不超过 $\frac{1}{4}$，同时 $c_0 \in [3/4, 1]$，所以 $\bar{q}_i \leqq \frac{1}{3}$。

可以证明，两家企业的价格竞争所导致的纳什均衡是两家企业都索取 $p^* = 1 - (\bar{q}_1 + \bar{q}_2)$，也就是说：在价格竞争中，两家企业在市场上都尽最大能力进行生产，消费者都能购买到商品。这是因为，若某家企业降低价格，它不能销售更多的产品，从而降价只会带来更少的销售收入，因此没有企业会选择降价。下面讨论企业是否有动机去提高价格。提高价格有两个效应：一个效应是从边际内消费者（即有正净消费者剩余的购买者）那里获得更多的收益；另外一个效应是降低产品的销量，或者说赶跑了边际消费者（即零净消费者剩余的购买者）和部分边际内消费者。若企业 i 的价格 $p \geqq p^*$，它的剩余需求为（这里我们采用有效配给规则）$q = 1 - \bar{q}_j - p$，从而利润为 $p(1 - \bar{q}_j - p) = (1 - q - \bar{q}_j)q$，若 $p \geqq p^*$，且 $q \leqq \bar{q}_i$。这样，利润 $(1 - q - \bar{q}_j)q$ 对 q 的一阶条件是：$1 - 2q - \bar{q}_j \geqq 0$，这是由于 $q \leqq \bar{q}_1 \leqq \frac{1}{3}$ 和 $\bar{q}_2 \leqq \frac{1}{3}$。

这就意味着增加销售量会增加企业的利润，或者说提高价格对利润会有负面影响，于是得到结论：$p^* = 1 - (\bar{q}_1 + \bar{q}_2)$ 是两家企业价格竞争的纳什均衡。我们发现在生产能力约束下，企业的价格竞争会使价格刚好使市场出清，此时价格高于边际成本，企业获得一定程度的市场势力。这与下面讨论的古诺（Cournot）竞争模型的结果是相同的。在更一般的假设下，Kreps 和 Scheinkman (1983) 证明了：寡头企业的两阶段生产能力积累——价格竞争的均衡结果与古诺竞争的均衡结果是一致的。下面我们讨论古诺竞争，它是关于产量竞争战略选择的寡头互动模型。

9.5.3　产量竞争——古诺模型

现在讨论产量竞争模型，该模型是法国经济学家古诺（Cournot）1838 年引入的一个简单的双寡头模型，因此称为**古诺模型**。为简化起见，假设有两家企业 i, j 进行产量竞争，其战略是选择产量，使得价格刚好让市场出清。之所以这样，是因为我们可以把企业的产量竞争看成是两阶段的竞争。在第一阶段，两家企业选择它们的利润最大化生产水平 q_i, q_j。第二阶段，两家企业进行价格竞争，根据上面讨论的具有生产限制的价格竞争，可知此时均衡价格刚好出清市场。这个两阶段的解释是由 Kreps 和 Scheinkman（1983）提出的。

第 i 家企业的利润可以写为：

$$\pi^i(q_i, q_j) = q_i P(q_i + q_j) - C_i(q_i).$$

设利润函数 π^i 对 q_i 严格凹且二次可微。通过对利润函数对产量的一阶条件，就可以求出第 i 个企业的反应函数，$q_i = q_i^*(q_j)$，使 $\pi_i^i(q_i^*(q_j), q_j) = 0$。

将上面的利润函数对 q_i 求一阶条件为：

$$P(q_i + q_j) - C_i'(q_i) + q_i P'(q_i + q_j) = 0.$$

于是可得到企业 i 的勒纳指数（刻画企业市场力的指标）：

$$L_i \equiv \frac{P - C_i'}{P} = -\frac{q_i P'}{P} = -\frac{P'Q}{P}\frac{q_i}{Q} = \frac{d_i}{\varepsilon},$$

其中 d_i 是企业 i 的市场份额，ε 是需求弹性的绝对值。在给定线性需求和成本的情况下，均衡结果很容易推导出来。

为讨论方便，设一个具体形式的市场需求函数，$P(Q)=1-Q$，每家企业的成本函数为 $C_i(q_i)=c_iq_i$，此时的一阶条件为 $1-(q_i+q_j)-c_i-q_i=0$，得到 $q_i=q_i^*(q_j)=\dfrac{1-q_j-c_i}{2}$。

联立反应函数进行求解可得 $q_i=\dfrac{1-2c_i+c_j}{3}$。在产量竞争均衡中，每家企业的均衡利润为 $\pi_i=\dfrac{(1-2c_i+c_j)^2}{9}$。

从上面的均衡中我们发现 $\dfrac{\partial q_i}{\partial c_j}>0$ 和 $\dfrac{\partial \pi_i}{\partial c_j}>0$，即企业 i 的产量和利润随着对手成本的增加而增加。此时，也反映出对手变得更弱（即企业 j 的边际成本增加）时，其产出减少，企业 i 面临更高的剩余需求，从而鼓励多生产。

我们可以把两家企业的竞争推广到 n 家企业的数量竞争。为了方便起见，假设企业是对称的，$P(Q)=1-Q$，$C_i(q_i)=cq_i$，$Q=\sum\limits_{i=1}^{n}q_i$，此时一阶条件变为：$1-Q-c-q_i=0$。利用对称性，可得均衡产出 $q_i^c=q=\dfrac{1-c}{n+1}$，均衡利润 $\pi_i^c=\dfrac{(1-c)^2}{(n+1)^2}$，消费者剩余 $CS=\dfrac{n^2(1-c^2)}{2(n+1)^2}$，市场价格 $p=1-nq=c+\dfrac{1-c}{n+1}$。值得注意的是，当 $n\to\infty$，$p=c$，即完全竞争的情形。

还可以研究企业数目与社会福利的关系。$W(N)\equiv CS(N)+N\pi(N)=\dfrac{(1-c)^2}{2}\left(1-\dfrac{1}{(N+1^2)}\right)$，从而有 $\dfrac{d}{dN}W(N)>0$，即寡头企业数量越多，社会福利越高。

9.5.4 古诺均衡的“动态”解释

古诺均衡是一个稳态解。一旦达到均衡状态，没有企业会单方面选择偏离。然而，古诺均衡能解释现实中竞争下的企业产量选择吗？或者说，若企业产量选择不是古诺均衡，两家企业会调整它们的战略吗？我们下面用动态调整的思路来理解静态产量竞争均衡。在时期 1，企业 1 选择某个产量；在时期 2，企业 2 根据企业 1 的选择调整到一个最优产量；在时期 3，企业 1 根据企业 2 的选择调整到一个新的产量；这样，无限延续。我们会发现，不管初始企业怎么选择产量，动态调整的最后结果都是古诺均衡的产量。图 9.13 显示了这个动态调整过程，我们会发现收敛结果不依赖于初始的产量选择。

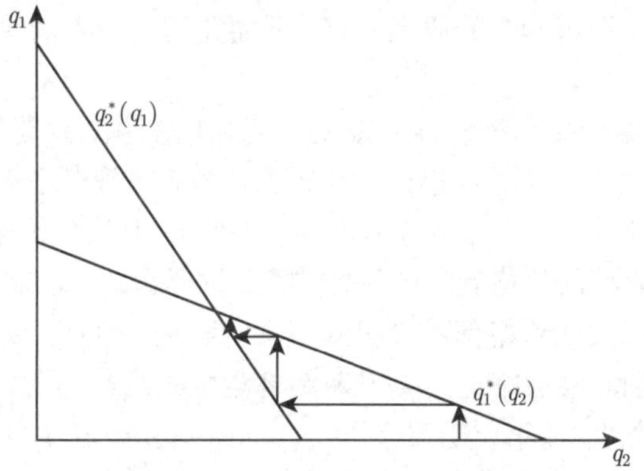

图 9.13 古诺均衡的收敛

若两家企业不是同时进行产量选择，而是序贯选择产量，其竞争均衡依然是古诺均衡吗？下面分析序贯选择下的产量竞争均衡。

9.5.5　序贯产量竞争均衡——斯塔克伯格模型

斯塔克伯格（Stackelberg）讨论了序贯产量竞争。在行业中，领头企业 1 率先选择产量；在观察到企业 1 的产量后，企业 2 选择自身的产量，之后市场出清。

为方便起见，我们假设市场的需求为 $Q(p)=1-p$，每家企业的平均成本都是 c。这是标准的动态博弈，我们采取逆向递推方式。

首先我们分析企业 2 的行动。在观察到企业 1 的产量后，企业 2 选择自己的最优产量决策：

$$\max_{q_2}(1-q_1-q_2-c)q_2,$$

由此，可以得到企业 2 对企业 1 的最佳反应 $q_2=q_2^*(q_1)=\frac{1-c-q_1}{2}$。

给定企业 2 的反应函数，企业 1 的最优产量选择为

$$\max_{q_1}(1-q_1-q_2^*(q_1)-c)q_1,$$

由此得到$q_1^s=\dfrac{1-c}{2}>q_1^c$，$q_2^s=\dfrac{1-c}{4}<q_2^c$，$p^s<p^c$，及 $\pi_1^s>\pi_1^c$，$\pi_2^s>\pi_2^c$。从上面的市场均衡比较中我们发现在产量竞争中存在先动优势。

上面我们讨论了企业一次性的互动，接下来讨论企业多时期的互动对市场竞争的影响。

9.5.6　动态价格竞争和企业合谋

当企业可以进行多次定价时，前面的定价可能会影响到后面的定价。比如，若某个企业降低价格，可能会引发降价的连锁反应，从而产生制约企业降价的激励。张伯伦（Chamberlin）提出，在同类产品的寡头垄断中，企业认识到它们之间战略的依存性，企业间可以通过默契而不必采用明确的手段就能达到勾结而维持垄断价格，从而每家企业获得更高的利润。它们之间的默契合谋来源于因单方面偏离而产生的报复行为，比如残酷的价格战。

企业之间默契合谋的有效性依赖于（对偏离合谋的）惩罚机制的有效性。所谓有效性是指对偏离合谋参与人的惩罚强度，使得没有企业愿意偏离合谋价格。这依赖于很多因素，比如信息的可观察程度、惩罚过程中的协调等等。下面我们用一个简单的无限期重复博弈来刻画企业间的合谋机制。

当互动是无限期重复时，与静态互动发生了明显的变化，这是因为此时不存在明确的最后一期。每家企业在任何时期做决策，都需要考虑之前决策对之后的价格竞争的影响。当然，此时的均衡战略远不止一个。比如企业在每一期都索取边际价格，即 $p_{1t}=p_{2t}=\cdots=c$，$t=1,2,\cdots$，就是无限期的价格竞争的纳什均衡。这是因为，若对手在每一期都按边际成本定价，此时企业单方面改变价格都不会得到更高的利润。但是，以上均衡却不是唯一的均衡。在 $\delta\geqq\dfrac{1}{2}$ 时，下面的冷酷战略也是无限期价格竞争的纳什均衡。

冷酷战略：对每家企业，在第一期都选择 $p_{11}=p_{21}=p^m$，其中 p^m 是垄断价格；在 $t\geqq 2$，对企业 i 来说，若之前对手选择的价格都为垄断价格 (又称合谋价格)，即 $p_{js}=p^m,\forall s<t$，企业 i 选择 $p_{it}=p^m$；若之前对手选择的价格曾经偏离垄断价格，即存在 $s<t$ 使得 $p_{js}\neq p^m$，企业在 t 期选择 $p_{it}=c$。

这种价格战略之所以被称为“冷酷战略”，是因为只要对手曾经背离过合谋价格，企业永远都不会原谅，即在之后的每一期都选择边际成本定价来惩罚对手。

我们先来看冷酷战略能否构成纳什均衡：若企业选择遵守合谋安排，即在每一期都选择垄断价格，此时对于企业 i 来说，它的总贴现利润为$\frac{\pi^m}{2}(1+\delta+\delta^2+\cdots)=\frac{\pi^m}{2(1-\delta)}$。若企业 i 在 t 期偏离合谋安排，那么它在这一期可以得到的最大可能利润是 π^m，之后由于它的竞争对手选择边际成本定价，所以之后它的利润为零。此时企业 i 的总贴现利润为 $\frac{\pi^m}{2}(1+\delta+\delta^2+\cdots+\delta^{t-1})+\delta^t\pi^m \leqq \frac{\pi^m}{2}(1+\delta+\delta^2+\cdots+\delta^{t-1})+\delta^t\left[\frac{\pi^m}{2}(1+\delta+\delta^2+\cdots)\right]=\frac{\pi^m}{2}(1+\delta+\delta^2+\cdots)$。

若 $\delta \geqq \frac{1}{2}$，$\frac{\pi^m}{2}(1+\delta+\delta^2+\cdots)=\frac{\pi^m}{2(1-\delta)} \geqq \pi^m$，此时冷酷战略构成了纳什均衡。

从上面的分析中我们可以看出，寡头之间存在价格合谋的可能性，使得市场价格与垄断价格相同。在寡头之间的合谋机制中存在一些严厉的惩罚机制来约束企业的合谋偏离。

无限期的假设看上去好像不太现实，但是只要市场竞争中没有明确的截止时间，比如企业 i 下一期还会与对手在市场共存的概率为 $\hat{p}$，此时我们就可以把贴现率写作 $\hat{\delta}=\delta\hat{p}$。企业 i 的总的贴现利润为 $\sum\limits_t \delta\hat{p}^t\pi_t^i(p_{it},p_{ut})=\sum\limits_t \hat{\delta}^t\pi_t^i(p_{it},p_{ut})$。此时，只要 $\hat{\delta}=\delta\hat{p} \geqq \frac{1}{2}$，就同样存在上面的垄断价格作为合谋的均衡情形。

在博弈论中，我们知道重复博弈往往存在多个均衡。在上面的背景下，我们发现每一期企业都选择价格 $p_{1t}=p_{2t}=p\in[c,p^m]$ 也是纳什均衡结果。由于同样存在类似的冷酷战略，即开始每个企业都选择价格 p，若之前有竞争对手偏离过，那么在此之后的每一期都选择边际成本定价来惩罚对手。

从上面的多期价格竞争模型中我们发现，在重复市场情形下，企业有选择合谋的动机和能力，而这也进一步解释了为什么现实中我们观察的价格竞争并不都会像伯特兰均衡那样激烈。接下来放松企业产品同质的假设，我们也会发现在异质产品下，价格竞争仍然会给企业带来市场势力。

9.5.7 横向产品差异化的价格竞争——霍特林模型

产品差异的刻画通常来自消费者价值的差异。价值差异主要有两种：一种是**横向差异**，即不同消费者对商品特性的价值是不同的；另外一种则是**纵向差异**，即所有消费者对商品特性的价值是相同的。对差异化产品的价格竞争主要采取空间选址模型的方法。先讨论横向差异化模型。

对现实生活中很多商品比如衣服的颜色、款式，不同人有不同的偏好，正如位于不同地点的消费者，对不同位置的商店有不同的偏好。哈罗德 • 霍特林 (Harold Hotelling, 1895—1973，其人物小传参见 9.6.1 节) 在 1929 年发表于《政治经济学杂志》(*Journal of Political Economy*) 上的文章采用选址模型来刻画差异化产品的价格竞争。

假设城市是一个长度为 1 的线段，消费者以密度 1 均匀分布于城市中。两个商店位于城市的两头，商店 1 位于 $x=0$，商店 2 位于 $x=1$。每个商店的单位商品成本为 c。假设交通成本是距离的二次函数，位于 x 的消费者，去商店 1 的交通成本为 tx^2，去商店 2 的交通

成本为 $t(1-x)^2$。两个商店的产品价格分别为 p_1 和 p_2，假设价格差不至于大到使其中一家企业没有需求，或者说 $|p_1-p_2|<t$。这个假设可在均衡点验证，一家企业若没有需求，只要价格不低于单位成本，它总有动机去降价。消费者对产品是单位需求，对产品的价值 $\bar{s}$ 足够大。这个假设确保在均衡点，所有消费者都会购买。此外，在霍特林（Hotelling）模型中，除了位置之外，两个商店的产品是同质的。

根据这些设定，在城市中总存在一个消费者，从两个商店中购买无差异，这个消费者（被称为临界消费者）的位置取决于两个商店的价格。令临界消费者的位置为 $x(p_1,p_2)$，满足：

$$p_1+tx^2(p_1,p_2)=p_2+t(1-x(p_1,p_2))^2.$$

商店 1 的需求为：

$$D_1(p_1,p_2)=x(p_1,p_2)=\frac{p_2-p_1+t}{2t};$$

商店 2 的需求为：

$$D_2(p_1,p_2)=1-x(p_1,p_2)=\frac{p_1-p_2+t}{2t}.$$

商店 i 的利润为：

$$\pi^i(p_i,p_j)=(p_i-c)\frac{p_j-p_i+t}{2t}.$$

对 p_i 求一阶条件得到：$p_j+c+t-2p_i=0$，从而得到商店 i 的反应函数

$$R_i(p_j)=\frac{p_j+c+t}{2}.$$

由对称性我们可以得到均衡价格为 $p_1^c=p_2^c=c+t$，利润为 $\pi^1=\pi^2=\dfrac{t}{2}$。

在这里 t 的数值刻画了产品差异化的程度。当 $t=0$ 时，两个商店提供的产品是同质的，均衡价格与伯特兰均衡结果相同。当 $t>0$ 时，在价格竞争下，两家企业都获得正的利润，而且产品差异越大，企业的市场势力越大。

9.5.8 纵向产品差异化模型

消费者通常对产品特性有一个偏好序，比较典型的例子是质量。同时，现实中消费者通常都喜欢高质量产品，但对产品质量的价值强度是不同的。用 x 来刻画不同消费者的类型。为讨论方便，假设消费者类型 x 服从 $[0,1]$ 区间的均匀分布。同时我们假设企业的单位生产成本为 0。在下面的纵向产品差异化模型中，我们不仅讨论产品差异化下的价格竞争，还进一步讨论产品定位。

在纵向产品差异化价格竞争中，设企业 A 和 B 的产品质量分别为 a 和 b，且 $a<b$，两家企业的定价分别为 p_A 和 p_B。设 x 类型的消费者对两种产品的效用为：

$$U_x(i)\equiv\begin{cases}ax-p_A, & i=A,\\ bx-p_B, & i=B.\end{cases}$$

我们考虑两家企业都有正的市场份额时的竞争均衡。令 $\hat{x}$ 是临界消费者，满足：

$$\hat{x}=\frac{p_B-p_A}{b-a}.$$

$\hat{x}$ 是企业 A 的市场份额，$1-\hat{x}$ 是企业 B 的市场份额。

两家企业的价格竞争均衡为：

$$p_A^* = \mathrm{argmax}_{p_A} p_A \hat{x}; \quad p_B^* = \mathrm{argmax}_{p_B} p_B (1-\hat{x}).$$

它们的反应函数为：

$$p_A = R_A(p_B) = \frac{p_B}{2}; \quad p_B = R_B(p_A) = \frac{b-a+p_A}{2}.$$

从而得到：

$$p_A^* = \frac{b-a}{3}; \quad p_B^* = \frac{2(b-a)}{3}.$$

这样，$\hat{x} = \dfrac{p_B^* - p_A^*}{b-a} = \dfrac{1}{3}$。在均衡处，两家企业的利润为

$$\pi_A(a,b) = \frac{b-a}{9}; \quad \pi_B(a,b) = \frac{4(b-a)}{9}.$$

我们进一步讨论企业定位选择。可以考虑下面两阶段的博弈，第一阶段两家企业选择产品质量，第二阶段两家企业选择价格竞争。

若两家企业在第一阶段对产品质量的选择分别为 a 和 b 使得 $a \leqq b$，那么上面的价格竞争的均衡就是这个博弈第二阶段的子博弈均衡。

在第一阶段，企业 A 和 B 的利润为

$$\pi_A(a,b) = \frac{b-a}{9}; \quad \pi_B(a,b) = \frac{4(b-a)}{9}.$$

由于

$$\frac{\partial \pi_A(a,b)}{\partial a} = -\frac{1}{9}, \quad \frac{\partial \pi_B(a,b)}{\partial b} = \frac{4}{9},$$

于是，$a^* = 0$ 和 $b^* = 1$。这意味着，在纵向产品差异化价格竞争中，企业会使得它们的产品差异最大。

在第二阶段，两家企业的价格分别为 $p_A^* = \dfrac{1}{3}$ 和 $p_B^* = \dfrac{2}{3}$，它们都大于边际成本。这意味着，在纵向差异化下，企业会弱化价格竞争强度。

上面这些寡头竞争模型都假设市场结构（即市场上企业的构成）是外生的。然而，在现实中，企业进入或退出是一个重要的战略维度，下面我们考虑动态市场结构下的企业竞争。

9.5.9 市场进入遏制

贝恩（Bain，1956）总结了影响市场结构的四种要素，它们影响在位企业获得超正常利润的能力，或者说保持市场势力的能力。

第一是规模经济。企业的最小有效规模（平均成本最低时的产量）是行业需求的重要部分。比如，在一个规模报酬递增的生产单位，其最小的规模可能是无穷大。如 $C(q) = f + cq$，$AC(q) = \dfrac{f}{q} + c$ 是产量的递减函数，此时市场只能维持少数企业生存，在规模报酬递增的行业中，由一家企业生产所有产出时，成本最经济。

第二是绝对成本优势。在位企业可能拥有更先进的技术。比如说，通过经验（边干边学）或者研发（取得专利或创新）得到。在位企业可能会积累资本而使得自己的生产成本降低；或者通过与供应商签订契约，阻止进入者获得重要的投入品，或者抬高对手的成本。

第三是产品差别优势。在位者获得产品的专利，可以阻止其他企业使用或者模仿其技术，或者利用先动优势获得消费者对其产品的品牌忠诚。

第四是资本投入要求。一个企业在进入市场之前，需要为投资进行融资。若融资困难，比如银行由于风险考虑不愿意贷款，或者在位厂商提高在产品市场上的潜在竞争强度，减少潜在进入企业的利润预期，从而降低资本市场对潜在进入企业的盈利预期，最终减少了潜在进入企业进入市场的意愿。

有些进入壁垒是外在的，比如法律赋予的，不是由在位企业控制的。有些是内生的，由在位企业战略性的选择造成。当在位者面临进入威胁时，他可能会采取以下三种行为：

（1）**进入封锁**：进入厂商很难获得建立企业所需要的资源，在位企业没有受到进入威胁；

（2）**进入遏制**：在位者通过调整战略，降低进入者对盈利的预期，从而成功挫败进入；

（3）**进入容纳**：在位者发现（个别地）让进入者进入市场，要比建立进入壁垒更有利。下面我们考察内生壁垒的一个例子。

考虑由两家企业构成的一个行业。企业 1（在位企业）选择一个资本水平（或者说之前的“生产能力”）k_1，尔后就固定了。企业 2（潜在进入者）观察到 k_1 并选择资本水平 k_2，若 $k_2=0$，意味着企业 2 没有进入市场。在动态市场结构下，两家企业的竞争就是先后选择它们各自的资本水平。设企业的产量是企业之前的生产能力。两家企业进行的博弈是一个两阶段博弈：

第一阶段：企业 1 选择资本水平 k_1。

第二阶段：观察到 k_1，企业 2 选择资本水平 k_2，若选择进入，即 $k_2>0$，此时要承担一个固定的进入成本 f。

除了考虑企业是否进入外，这个模型就是上面提到过的斯塔克伯格模型。

设市场需求是线性的，$p=1-k_1-k_2$。此时企业 1 的利润为：$\pi^1(k_1,k_2)=k_1(1-k_1-k_2)$；企业 2 的利润为：若进入，则 $\pi^2(k_1,k_2)=k_2(1-k_1-k_2)-f$，否则为零。

在第二阶段，若企业 2 进入，即 $k_2>0$，它的选择是对企业 1 行动的最佳反应，$k_2=R_2(k_1)=\dfrac{1-k_1}{2}$。

在第一阶段，预期到企业 2 的反应，企业 1 选择最优资本水平：$\max_{k_1} k_1(1-k_1-R_2(k_1))=k_1\left(1-k_1-\dfrac{1-k_1}{2}\right)$，我们利用斯塔克伯格模型，得到子博弈精炼纳什均衡：$k_1^*=\dfrac{1}{2},k_2^*=\dfrac{1}{4},\pi^1=\dfrac{1}{8},\pi^2=\dfrac{1}{16}-f$。当 $f>\dfrac{1}{16}$，我们知道企业 2 不会进入，或者说市场存在进入封锁。当 $f<\dfrac{1}{16}$，若企业 1 允许企业 2 进入，那么它们会选择斯塔克伯格均衡结果，即 $k_1^*=\dfrac{1}{2}$，企业 2 同样会选择 $k_1^*=\dfrac{1}{4}$。此时，企业 1 的利润为 $\pi^1=\dfrac{1}{8}$，企业 2 的利润为 $\dfrac{1}{16}-f>0$。

若企业 1 遏制企业 2 进入，它就要选择某个资本水平 k_1^b，使得企业 2 的最佳选择

$k_2^*=0$。k_1^b 使得 $\max_{k_2} k_2(1-k_1^b-k_2)-f=0$，得到 $k_1^b=1-2\sqrt{f}>1/2$。企业 1 的利润为 $\pi^1=(1-2\sqrt{f})[1-(1-2\sqrt{f})]$。当 $f\to\frac{1}{16}$ 时，$\pi^t\to\dfrac{1}{4}=\pi^m$，企业 1 选择遏制战略对自己更有利。若 $f\to 0$，此时企业 1 选择容纳战略对自己更有利。

我们可以验证：当 $f\leqq\left(\dfrac{1}{4}-\dfrac{\sqrt{2}}{8}\right)^2$，企业 1 会选择容纳战略；否则，企业 1 会选择遏制战略。

以上对寡头竞争的讨论，假设了竞争博弈是完全信息的。然而在实际中，企业在做决策时通常有一些无法准确观察到的状态变量，比如对手的成本、市场需求状况或市场潜力，这是因为某些信息是由私人所有的，比如企业比对手更了解自己的生产技术。施蒂格勒 (George J. Stigler，1911—1991，其人物小传见 9.6.2 节) 是信息经济学的创始人之一，他认为消费者在获得有关商品质量、价格和购买时机的信息方面成本过大，使得购买者既不能也不想得到充分的信息，从而造成了同一种商品存在着不同价格。施蒂格勒认为，这是不可避免的，不需要人为的干预。下面讨论非对称信息下寡头竞争及动态的市场进入，不完全信息下这样的委托—代理问题的详细讨论见后面第五部分关于激励机制设计理论的章节。

9.5.10 非对称信息下的价格竞争

在现实的市场竞争中，企业有很多信息是对手不知道的。在前面的博弈论中，我们可以把这些不被竞争对手知道的信息刻画为企业的类型。下面我们讨论一个简单的非对称信息价格竞争模型。假设市场上有两家企业，企业 1 和企业 2 生产差异化产品。它们之间进行价格竞争。企业的需求函数是对称的，也是公开信息，具有线性函数形式，即 $D_i(p_i,p_j)=a-bp_i+dp_j, 0<d<b$。企业 2 的成本信息是公开的，企业 1 的成本信息是私人的，又称为它的类型。设企业 1 的边际成本有两种可能性，$c_1^l<c_1^h$，其先验分布为 $prob(c_1=c_1^l)=x$ 和 $prob(c_1=c_1^h)=1-x$，从而企业 2 对企业 1 的成本期望值为 $c_1^e\equiv xc_1^l+(1-x)c_1^h$。企业 2 的边际成本为 c_2。

企业 i 的事后利润为：$\pi^i(p_i,p_j)=(p_i-c_i)(a-bp_i+dp_j)$。两家企业同时选择价格，为了找出不对称信息下的伯特兰价格均衡，令 p_2^* 是均衡时企业 2 的价格战略，p_1^l 和 p_1^h 是均衡时企业 1 在成本为 c_1^l 和 c_1^h 下的价格战略。

下面我们求解企业的反应函数：

对企业 1 来说，给定边际成本 c_1 及对手的定价 p_2^*，从最大化利润求得：$a-2bp_1+dp_2^*+bc_1$=0，从而有

$$p_1=R_1(p_2;c_1)=\frac{a+dp_2^*+bc_1}{2b}.$$

于是得到

$$p_1^l=\frac{a+dp_2^*+bc_1^l}{2b};\quad p_1^h=\frac{a+dp_2^*+bc_1^h}{2b}.$$

企业 2 对企业 1 价格的预期为：

$$p_1^e=xp_1^l+(1-x)p_1^h=\frac{a+dp_2^*+bc_1^e}{2b}.$$

对企业 2 来说，给定企业 1 的选择，其目标是选择价格 p_2 使得期望利润最大：

$$\max_{p_2} E\pi^2=x(p_2-c_2)(a-bp_2+dp_1^l)+(1-x)(p_2-c_2)(a-bp_2+dp_1^h)=(p_2-c_2)(a-bp_2+dp_1^e).$$

由最优化一阶条件得到企业 2 的反应函数：

$$p_2^* = R_2(p_1) = \frac{a + bp_1^e + bc_2}{2b},$$

从而得到了纳什均衡：

$$p_2^* = \frac{2ab + ad + 2b^2c_2 + bdc_1^e}{4b^2 - d^2}; \quad p_1^l = \frac{a + dp_2^* + bc_1^l}{2b}; \quad p_1^h = \frac{a + dp_2^* + bc_1^h}{2b}.$$

我们把以上情形与信息对称情形做一个对比：当信息对称时，也就是企业 1 的成本信息被企业 2 观察到时，根据上面的分析，我们可以得到：

$$p_2^*(c_1 = c_1^l) = \frac{2ab + ad + 2b^2c_2 + bdc_1^l}{4b^2 - d^2} < p_2^*;$$

$$p_2^*(c_1 = c_1^h) = \frac{2ab + ad + 2b^2c_2 + bdc_1^h}{4b^2 - d^2} > p_2^*.$$

我们可以验证，在对称信息情形下，企业 2 的利润会更高，原因是企业 2 的均衡利润函数对企业 1 的成本是一个凸函数。

而对企业 1 来说有 $\frac{d\pi_1}{dp_2} = \frac{\partial \pi^1}{\partial p_2} = d(p_1 - c_i) > 0$。所以当企业 1 的成本为 c_1^h 时，若有机会披露类型信息，它会有动机去披露；当企业 1 的成本为 c_1^l 时，它会刻意隐瞒其成本信息。这是因为，高成本的企业通过披露信息，可以避免对手选择更激进的低价战略（企业的反应函数关于对手的成本是单调递增函数）。若企业在制定价格之前存在信息披露的阶段，公布（可验证）信息的行为就传递了企业是高成本类型的信息。

9.5.11　非对称信息下的限制性定价——动态市场结构

传统观点认为，一家现有的企业可以通过低价来阻碍进入。贝恩提出了限制性定价的概念。若进入之前的价格和进入的速度或程度存在正向的关系，现有企业就会有削减价格的激励。一个经常的疑问是：为什么低价可以阻止企业进入呢？贝恩认为，低价向潜在进入者传递的信息是市场盈利性差，或竞争强度高，或在位企业具有低成本优势。

下面讨论价格作为信号机制的情形。假设为了反映在位者的竞争能力或者成本水平是一个私人信息，他刻意通过选择价格来显示其类型信息，从而形成某种进入壁垒。这个博弈是一个典型的信号传递类型的博弈。

假定有两个时期。第一期，存在一个垄断的在位企业 1，它选择价格。第二期，企业 2 决定是否进入。若进入，在第二期就是一个双寡头的市场结构；若不进入，企业 1 仍然是垄断者。在位者的成本是私人信息，它有两种可能取值。假设是低成本的概率为 x，是高成本的概率为 $1 - x$。若企业 2 没有进入市场，它不会有企业 1 的私人信息。而若进入后，它会得到企业 1 的成本信息。同时，进入是不可逆的。这里引入私人成本信息的意义在于：考察私人信息是如何影响进入决策的，而进入之后，不再产生影响。令 $M_1^t(p_1)$, $t \in \{l, h\}$ 是在位者类型，价格为 p_1。令 p_m^l 和 p_m^h 分别是在位者是低成本和高成本时的垄断价格，从垄断定价中我们知道 $p_m^l < p_m^h$。令 M_1^l 和 M_1^h 是低成本和高成本的垄断利润，即 $M_1^t \equiv M_1^t(p_m^t), t \in \{l, h\}$。

若企业 2 进入，企业 1 的成本信息可以被企业 2 观察到，此时两家企业在第二期进行价格竞争。令 D_1^t 和 D_2^t 表示进入之后两家企业的利润，$t \in \{l, h\}$。为了使讨论有意义，设

$M_1^t > D_1^t, \quad \forall t; D_2^h > 0 > D_2^l$。也就是说，对在位企业来说，垄断总比寡头竞争好；对进入者来说，若在位者是高成本的，进入者有优势，可以赚得正利润；若在位者是低成本的，进入者则不希望进入。两家企业的贴现率都为 δ。

由于在位者希望得到垄断利润，所以他希望第一期的价格选择能让进入者相信他是低成本的。这里的问题是他有没有能力做到这一点。考虑下面的信号机制，企业 1 选择一个低价 p_1^l，用来传递这种信号。这样，在第一期在位者可能会因此减少了收益，但是这种收益降低为他在第二阶段带来收益，即潜在进入者相信在位者是低成本的而放弃进入，此时在位者可以在第二期获得垄断利润。问题是，潜在进入者会不会没有观察到 p_1^l 就相信在位者是低成本的呢？不一定，这是因为即使高成本的在位企业也有可能去模仿这种低价战略，导致价格信号也许不能反映类型信息。为分析这个问题，我们通常需要用到不完全动态博弈的均衡概念，比如“精炼贝叶斯均衡”。

在前面的博弈论章节中，我们把信号传递博弈均衡分为三类：一类是分离均衡；一类是混同均衡；另一类是拟分离均衡（即某类信号发送者会采取混合战略）。我们重点来考察前两类。

首先分析分离战略。分离战略意味着，不同类型的在位企业会发送不同的信号，并且满足激励相容条件。由于是精炼贝叶斯均衡，我们需要界定信号接受者在非均衡路径上的信念。在分离均衡中，高成本类型没有必要通过低价来模仿低成本类型。这样，在第一期他会选择高成本的垄断价格，即 p_m^h，其利润为 M_1^H。在第二期他获得的利润是寡头利润 D_1^H。总的贴现利润为 $M_1^H + \delta D_1^H$。令 p_1^l 代表低成本类型在第一期的价格。由于是分离均衡，要确保高成本企业不会去选择 p_1^l，即模仿低成本的价格战略。

因此，高成本类型选择的激励相容约束为：

$$M_1^H + \delta D_1^H \geqq M_1^H(p_1^l) + \delta M_1^H,$$

或

$$M_1^H - M_1^H(p_1^l) \geqq \delta(M_1^H - D_1^H), \tag{9.5.10}$$

其中，$M_1^H(p_1^l)$ 是垄断的高成本企业选择价格 p_1^l 而在第一期得到的利润。

下面我们来考虑低成本企业的战略选择。由于他至少可以在第一期制定垄断价格 p_m^l，第二期最差的情形是有企业进入，他得到保底利润 $M_1^L + \delta D_1^L$。在选择 p_1^l 时，低成本的总贴现利润为：$M_1^L(p_1^l) + \delta M_1^L$。所以低成本企业选择 p_1^l 的必要条件为：

$$M_1^L(p_1^l) + \delta M_1^L \geqq M_1^L + \delta D_1^L,$$

或

$$M_1^L - M_1^L(p_1^l) \leqq \delta(M_1^L - D_1^L). \tag{9.5.11}$$

假设在不对称信息下的分离均衡与对称信息下不同类型在位者的定价（高成本和低成本下分别会选择 p_m^h、p_m^l）不同，即在不对称信息条件下低成本的在位者选择 p_m^l，此时高成本企业有动机去混同，从而有：

$$M_1^H - M_1^H(p_m^l) < \delta(M_1^H - D_1^H). \tag{9.5.12}$$

在式 (9.5.10) 和式 (9.5.11) 中，p_1^l 位于某个区间 $[\tilde{\tilde{p}}_1, \tilde{p}_1]$，其中 $\tilde{p}_1 < p_m^l$。因此要达到分离均衡，低成本企业的定价必须足够低于它的垄断价格，这是防止高成本混同信号的成本，以达到在第二期阻止市场进入。

对低成本企业制定的低价，高成本企业不去模仿的原因在于，模仿导致第一期利润的降低超过模仿带来的收益，即在第二期企业 2 不进入，从而获得一个垄断利润。

当 $M_1^L - D_1^L > M_1^H - D_1^H$，即低成本企业通过低价来阻止进入带来的收益（从寡头变为垄断的利润增加幅度）超过高成本企业，或者说，

$$\frac{d}{dc_1}[M_1(c_1) - D_1(c_1)] < 0,$$

其中，

$$M_1(c_1) = \max_{p_1}[(p_1 - c_1)D_1^m(p_1)],$$

$$D_1(c_1) = \max_{p_1}(p_1 - c_1)D_1(p_1, p_2^d).$$

根据包络定理，我们有

$$\frac{dM(c_1)}{dc_1} = -D_1^m(p_1^m);$$

$$\frac{dD_1(c_1)}{dc_1} = -D_1(p_1^d, p_2^d) + (p_1^d - c_1)\frac{\partial D_1(p_1^d, p_2^d)}{\partial p_2}\frac{\partial p_2^d}{\partial c_1}.$$

这样，

$$\frac{d}{dc_1}[M_1(c_1) - D_1(c_1)] = -D_1^m(p_1^m) + D_1(p_1^d, p_2^d) - (p_1^d - c_1)\frac{\partial D_1(p_1^d, p_2^d)}{\partial p_2}\frac{\partial p_2^d}{\partial c_1}.$$

若在位企业的垄断需求大于双寡头垄断需求，同时 $\frac{\partial p_2^d}{c_1} > 0$（意味着某个企业的成本增加会使得对手提高价格），那么就会有 $\frac{d}{dc_1}[M_1(c_1) - D_1(c_1)] < 0$。

图 9.14 描述了分离均衡。在这个分离区间中，低成本企业最希望选择 $\tilde{p}_1$，因为这是区间中离低成本的垄断价格最近的分离价格，也就是成本最低的（可信的）信号显示成本。同时高成本企业不会去模仿。由于高成本企业的价格选择总会显示自己的类型，所以在第一期，它会选择垄断价格。因此，这个均衡系列（分离均衡的连续统）中一个最合理的分离均衡是，在第一期，低成本企业选择 $\tilde{p}_1$，高成本企业选择 p_m^h。

下面讨论混同均衡是否存在。混同均衡存在的一个条件是 $xD_2^L + (1-x)D_2^H < 0$，或者说$x > \frac{D_2^H}{D_2^H - D_2^L}$，即低成本企业的概率足够大，也就是说，如果没有任何信息，企业 2 不会选择进入市场。如果两类企业都选择相同的价格，潜在进入者就不能从在位者的价格中分辨出他的类型，此时第二期潜在进入者对在位者的类型的信念与初始信念相同。混同均衡存在的另外一个条件是两类企业都有动机选择相同的价格。对高成本企业，它选择混同价格 p_1 的条件是：$M_1^H - M_1^H(p_1) \geqq \delta(M_1^H - D_1^H)$。而对低成本企业，它也没有动机去显示与高成本企业的区别，因为企业 2 在不能区分时，也不会进入。

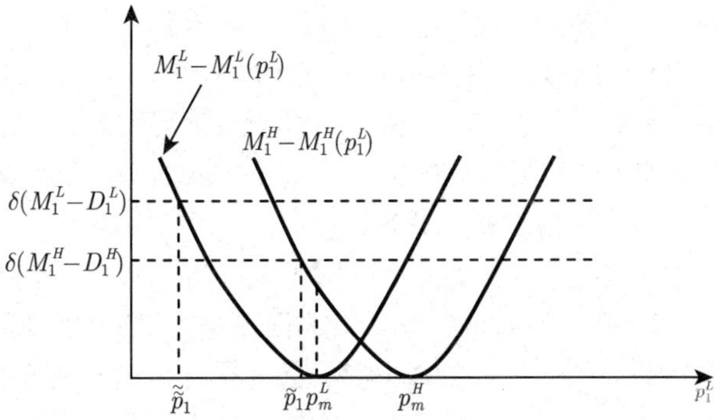

图 9.14 分离均衡

我们在博弈论章节中得到的一个结论是：在信号传递博弈中只有分离均衡满足直观标准。

下面我们用一个简单的例子来求解上面的价格信号传递成本信息的博弈。假设市场需求反函数为 $p=10-Q$，在位者企业 1 的边际成本 c_1 是私人信息。假设企业 1 的类型的先验分布为：$prob(c_1=0)=prob(c_1=4)=0.5$。潜在进入者企业 2 的成本是 $c_2=1$，为公共知识，市场的进入成本为 9，时间贴现率为 $\delta=1$。寡头市场竞争假设为产量竞争。博弈的时间结构为：在第一期，企业 1 是市场的垄断者，它选择在第一期的价格 p_1；在第二期，企业 2 选择是否进入市场。若进入，它需要支付固定成本 9，两个寡头企业进行产量竞争；若不进入，企业 1 仍然是垄断者，它选择在第二期的价格 p_2。

我们利用线性需求下产量竞争均衡利润的简单公式

$$\pi_1(c_1,c_2)=\frac{(a-2c_1+c_2)^2}{9},$$

$$\pi_2(c_1,c_2)=\frac{(a-2c_2+c_1)^2}{9}-f.$$

在这个例子中，$a=10$。表 9.1 刻画了两家企业的利润。

表 9.1 限制性定价中的企业利润

在位者的成本类型	潜在进入者	
	进入	不进入
低成本 $c_1=0$	$\pi_1^c(0)\approx 13,\pi_2^c(0)\approx -1.9$	$\pi_1^m(0)=25,\pi_2(0)=0$
高成本 $c_1=4$	$\pi_1^c(4)=1,\pi_2^c(4)=7$	$\pi_1^m(4)=9,\pi_2(4)=0$

若在第一期价格 p_1 下，企业 2 不能区分企业 1 的类型（即混同均衡），此时企业 2 进入市场的期望收益为 $0.5\times(-1.9)+0.5\times 7>0$，从而企业 2 会选择进入。

下面讨论满足直观标准的第一阶段的 $p_1(c_1)$，也就是说当价格 $p_1=p_1(c_1=0)$ 时，企业 2 会认为企业 1 是低成本类型，或者高成本类型刚好不会去模仿，同时价格 $p_1(c_1=0)$ 是所有分离均衡中给低成本企业带来最高利润的价格。我们可以验证 $p_1(c_1=0)=4.17$。这是因为 $9.99=\pi_1^m(p_1=4.17,c_1=4)+\pi_1^m(4)=(10-4.17)(4.17-4)+9<\pi_1^m(4)+\pi_1^c(4)=10$。

从上面这些寡头市场上企业的互动模型中，我们发现不同的市场环境，包括信息分布（对称或者非对称）、一次或者多次博弈、产品的特质（同质或者异质）、行动的顺序、不同的战略空间（价格决策、产量决策、产品决策）等，都会影响到企业的最终战略选择，并影响到市场的最终价格以及企业的利润。由于企业存在市场势力，即价格偏离边际成本的能力，通常来说市场交易越多，社会福利会越大。因此，对寡头市场的深入分析，有助于给政府的政策提供一些好的建议。比如，为竞争政策的设计提供逻辑基础，控制和约束在位企业过高的市场势力，控制企业之间的价格合谋，等等。

我们对市场结构做了简单化分类，然而在现实生活中，一个产业在不同时期可能会经历不同的市场结构。比如一个新产品问世初期，市场很可能是垄断的。随着其他企业的模仿，市场结构慢慢变成寡头市场。到了行业的成熟期，会出现越来越多的企业，此时市场可能转换为垄断竞争市场，甚至接近于完全竞争市场。而在此产业演化过程中，消费者的福利、生产者的福利都会随之发生变化。

上面讨论的这些模型，只是描述了企业在市场上互动行为的一小部分现象。还有很多有意思的问题，比如企业的研发和创新激励、与之相关的专利制度设计、在网络经济中技术标准的兼容性、网络外部性、上下游企业之间的关系以及平台经济等，构成了一个内容广泛的微观经济学分支，即产业组织理论。对这些问题有兴趣的读者，可以参考一些经典教科书，其中不得不提的一本（至少到目前为止无法逾越的）经典教科书是梯若尔（Tirole）在 1988 年出版的《产业组织理论》，我们讨论中的一些例子即取材于此。

9.6 【人物小传】

9.6.1 哈罗德 · 霍特林

哈罗德 · 霍特林 (Harold Hotelling, 1895—1973)，统计学界、经济学界、数学界公认的大师。他在经济学方面的论文尽管很少，但其贡献却足够深刻和有重大分量，被认为是帕累托学派的领袖之一。

霍特林在华盛顿大学读书时原本主修新闻学，但后来转向数学做拓扑领域的相关研究，并于 1924 年获得博士学位。他起初服务于斯坦福大学，他对统计理论最重要的贡献是多变量分析及或然率，最重要的论文则是 The Generalization of Student's Ratio，即目前著称的霍特林 T 方 (Hotelling's T^2)。他在主成分分析 (principal components analysis) 和典型相关 (canonical correlations) 的发展上也扮演重要的角色。1972 年他被选为美国国家科学院院士，1973 年被选为罗马 Accademia Nazionale dei Lincei。

埃奇沃思模型的说明描述了只有两个卖者的市场中的不稳定因素。霍特林在 1929 年对这一观点提出挑战，提出霍特林模型，他认为价格或产出的不稳定并非是寡头垄断的基本特征。霍特林模型显然是对埃奇沃思和伯特兰的批评。霍特林不同意消费者由一个卖者突然转向另一个卖者是市场的特征这一观点。他预期价格的下降实际上吸引不了多少消费者。因而他认为，只要消费者逐渐转向竞争者，市场就仍将保持稳定。同时，他还提出了空间竞争理论，把产品差异划分为空间中直线段上的不同点，从而使产品差异具有可检验的经验含意。其中有名的例子是本章前面讨论的 1929 年发表在《政治经济学杂志》上的霍特林模型。1931 年他发表了《可耗尽资源的经济学》，被认为是资源经济学产生的标志。

霍特林担任过弗里德曼的统计学课老师和阿罗的数理经济学课老师，他帮助阿罗从数学系转到经济学系，对于后者从数理统计研究转向经济理论研究起到了重要作用。霍特林对本书著者在国内的硕士生导师林少宫教授也很欣赏，曾邀请后者在 20 世纪 50 年代刚拿到博士学位后去他那里工作，但林少宫教授毅然选择了回国。

9.6.2 乔治・施蒂格勒

乔治・施蒂格勒 (George J. Stigler，1911—1991)，美国著名经济学家、经济史学家、芝加哥大学教授，与米尔顿・弗里德曼一道被并称为芝加哥经济学派的领袖人物，为 1982 年诺贝尔经济学奖得主。他生长于美国西雅图，一直在那里接受教育到大学毕业，取得了华盛顿大学的企业管理学士学位，之后获得芝加哥西北大学企业管理硕士学位。为了避免失业，他在华盛顿大学待了一年多，然后再到芝加哥大学攻读博士学位。1936—1938 年担任艾奥瓦州立大学助理教授，1938—1946 年任教于明尼苏达大学，于 1941 年升为正教授。1946 年，施蒂格勒得知母校芝加哥大学希望他参加教授征选的面试，跟他同一天前来应征的另一位教授候选人是弗里德曼。结果，弗里德曼获得了这一仅有的教授缺额。落选的施蒂格勒来到布朗大学短暂地任教一年至 1947 年。1947—1958 年任教于哥伦比亚大学，这段时间施蒂格勒的经济思想趋于成熟。1958 年芝加哥大学再度有一个教授缺额，施蒂格勒终于得偿所愿被聘为芝加哥大学的正教授，其后在芝加哥大学度过了芝加哥经济学派引领风骚的二十多个年头。

施蒂格勒认为专心地做一个知识分子，投身于“枯燥”的经济学研究是一种惬意并具独特刺激性的生活，他有意避开能使他离开学术的一切非学术的职业和活动。他从教学研究和学术交流中获得了无穷的乐趣，也留下许多有价值的著作，如《生产和分配理论》(1941)、《竞争价格理论》(1942)、《价格理论》(1946，1952，1964)、《美国的家庭仆人》(1947)、《产出和就业的趋势》(1947)、《教育事业的就业和报酬》(1950)、《联邦政府的价格统计》(1961)、《知识分子和市场》(1962)、《关于国家的正当经济作用的对话》(合著，1963)、《制造业的资本和报酬率》(1963)、《经济学史论文集》(1965)、《产业的组织》(合著，1968)、《工业价格的行为》(合著，1970)、《现代人和他的公司》(1971)、《公民和国家》(1975) 等。

施蒂格勒是芝加哥学派在微观经济学方面的代表人物，他是信息经济学的创始人之一，他认为消费者在获得有关商品质量、价格和购买时机的信息方面成本过大，使得购买者既不能也不想得到充分的信息，从而造成了同一种商品存在着不同价格。施蒂格勒认为，这是不可避免的、正常的市场和市场现象，并不需要人为的干预。施蒂格勒的观点更新了微观经济学的市场理论中关于一种商品只存在一种价格的假定。在研究过程中，施蒂格勒还把这种分析延伸到劳动力市场。这些研究建立了一个被称为“信息经济学”的新的研究领域。自其论文《信息经济学》于 1961 年发表至今，该研究已成为今日经济学科中的显学，产生过很多位诺贝尔经济学奖得主。施蒂格勒的另一贡献是对社会管制政策的精辟批评，他经常对公共政策发表意见因而被政治人物所引用。其最为人所知悉的贡献便是证明“自由的市场机制”至今仍是最有效的模式，并且使用计量经济学最新的研究成果，举出很多政府为了提高效率而进行的管制的结果要不是毫无帮助就是产生反效果。他主张实行自由市场制度，反对垄断和国家干预。他是被称为“管制经济学”的新的重要研究领域的主要创始人。弗里德曼赞誉施蒂格勒是“以经济分析方法来研究法律与政治问题的开山祖师”。

9.7 习　题

习题 9.1 在一个生产技术不变行业中，完全竞争厂商的长期成本函数为 $LTC = q^3 - 10q^2 + 175$，市场需求函数为 $Q = 1,000 - 2P$。

1. 求该行业的长期供给函数。
2. 求该行业长期均衡时的厂商数目。
3. 若征收每单位 50 元的消费税，求新的长期均衡下的厂商数目。
4. 若用产品价格 50%的营业税代替以上消费税，求新的长期均衡下的厂商数目。

习题 9.2 已知完全竞争市场的需求函数为 $q = a - bp$，供给函数为 $q = c + dq$，其中 $a, b, c, d > 0$.

1. 若对消费者征收从量税 (specific duty) t，社会福利将如何变化？为什么？
2. 若改为对生产者征收从量税 t，社会福利将如何变化？为什么？
3. 若改为对消费者进行从量补贴 s，社会福利将如何变化？为什么？

习题 9.3 已知完全竞争市场的需求函数为 $q^d(p)$，供给函数为 $q^s(p)$，其中 $q^d(p)$ 为 p 的减函数，$q^s(p)$ 为 p 的增函数。

1. 考虑征收从量税的情形。对消费者征税或对生产者征税，均衡数量和生产者实际得到的价格是否相同？给出证明。
2. 考虑进行从量补贴的情形。补贴消费者或补贴生产者，均衡数量和生产者实际得到的价格是否相同？给出证明。
3. 考虑征收从价税的情形。对消费者征税或对生产者征税，均衡数量和生产者实际得到的价格是否相同？给出证明。

习题 9.4 市场上有唯一的垄断厂商，它可以实施一级价格歧视。

1. 此时厂商会按照 $MR = MC$ 的决策原则选择产量水平吗？为什么？
2. 厂商会选择在需求缺乏弹性处生产吗？如可能，举例说明；如不可能，给出证明。

习题 9.5 某垄断厂商拥有两个在地理上分离的市场，其需求函数分别为 $q_1 = 30 - 2p_1$ 和 $q_2 = 25 - p_2$，厂商的边际成本为 3，固定成本为零。

1. 若厂商可以实施三级价格歧视，其价格、产量和利润为多少？
2. 若法律禁止厂商实施价格歧视，其价格、产量和利润为多少？
3. 若市场 2 的需求高涨，其需求函数变为 $q_2 = a - p_2, a > 25$，重新求解问题 (1) 和 (2)。

习题 9.6 市场上有唯一的厂商，其需求函数为 $q = a - bp$，边际成本为 c 且满足 $c < a/b$。厂商通过唯一的零售商进行销售。厂商首先制定批发价格 w，零售商在观察到批发价格后制定零售价格 p。零售商的成本为零。证明：上述市场的零售价格高于纵向一体化的垄断厂商制定的价格。

习题 9.7 市场上存在唯一的垄断厂商，其 (每一期的) 反需求函数均为 $p = a - bq$。第 1 期的边际成本是 c_1，垄断厂商是“干中学”的，故其第 2 期的边际成本为 $c_2 = c_1 - mq_1$。假定 $a > c$，$b > m$。

1. 垄断者在每一期的产量是多少？

2. 若由中央计划者选择每期的产量水平，他会在第 1 期按“价格等于边际成本”的原则选择产量吗？为什么？
3. 若由垄断者决定第 2 期的产量，中央计划者会在第 1 期选择高于问题 (1) 中所求的产量水平吗？为什么？

习题 9.8 假设垄断者和消费者均存活无限期。消费者的估价 v 均匀地分布在 $[0, 1/(1-\delta)]$ 上（这相当于每阶段估价服从 $[0,1]$ 上的均匀分布）。若估价为 v 的消费者在时间 t 以价格 p_t 购买，则其效用为 $\delta^t(v-p_t)$。垄断者的跨期利润为 $\sum\limits_{t=1}^{\infty}\delta^t p_t q_t$。找出线性稳态均衡：在某一期，价格为 p 时，任何估价超过 $w(p)=\lambda p$ 的消费者将购买，估价较低的消费者不会购买，其中 $\lambda>1$。反过来，若在某一期，估价超过 v 的消费者购买了，而其他消费者没有购买，垄断者要价 $p(v)=\mu v$，其中 $\mu<1$。

1. 当只有估价低于 v 的消费者在购买，且垄断者要价 $p_t, p_{t+1}, \cdots$，消费者遵循上述线性规则时，求垄断者从 t 期开始的跨期利润。
2. 证明：垄断者对 p_t 的最优化导致一个线性规则，其中 λ 由 $1-2\lambda\mu+\delta\lambda^2\mu^2=0$ 给出。
3. 写出消费者 $w(p)$ 的无差异方程。
4. 证明：当 δ 趋近于 1 时，垄断者的利润趋近于 0。

习题 9.9 考虑由两个消费者和两种商品组成的经济。A 类型消费者的效用函数为 $u(x,y)=6x-x^2+y$，B 类型消费者的效用函数为 $v(x,y)=8x-x^2+2y$。商品 y 的价格为 1，每一消费者的收入为 5,000，两种类型消费者的数量均为 n。

1. 假定垄断者生产商品 x 的边际成本为 c，且不能从事任何价格歧视，试求其最优价格和产量。当 c 位于什么区间时，垄断者将向两类消费者出售商品？
2. 假定垄断者采取“两部收费制”，消费者必须先进行总量支付 k 方可以以单位价格 p 购买商品。对于 $p<4$，A 类型消费者最高的总量支付 k 是多少？若 A 类型消费者支付了 k 并以单价 p 进行购买，他将购买多少单位？
3. 若经济中只有 n 个 A 类型消费者，没有 B 类型消费者，利润最大化时的 p 和 K 将是多少？
4. 若 $c<1$，当两类消费者均购买时，试求利润最大化的 p 和 K。

习题 9.10 一零售商从批发商手中购买产品，并将该产品销售给消费者。该零售商掌握着所有的销售渠道，是零售市场的垄断厂商。市场需求为 $p=20-q$。假设零售商无法进行价格歧视。批发商是批发市场的垄断厂商，其生产成本为 $c(Q)=3Q^2+10$。批发商向零售商收取两部分费用：除每单位产品的批发价 w 外，还有固定的准入费用 F（需要注意的是，当零售商不向批发商购买产品，即零售商选择退出市场时，无须支付准入费用 F）。由于批发商不掌握零售渠道，故无法直接向消费者销售其产品。零售商的目标是在给定 (w,F) 的前提下，通过选择 q 最大化其利润 $p(q)=wq-F$。为了便于求解，我们假设当且仅当零售商的利润为负时零售商才会退出市场，且批发商所选择的批发价格 $w<20$。

1. 将零售商的利润表达成关于 w，q 及 F 的函数。
2. 在零售商选择进入市场的前提下，求零售商利润最大化产量 q^*，其中 q^* 为 w 的函数。
3. 在求得 q^* 的前提下，将零售商的定价 p 及其利润写作 w 的函数。
4. 当 F 和 w 满足什么关系时，零售商不会退出市场？

习题 9.11 假设产品市场是完全竞争的，且生产该产品需要劳动力和资本两种生产要素。某厂商是劳动力市场上的价格接受者，但却是资本市场上的唯一购买者从而能够决定资本价格。

1. 写出该厂商的利润最大化问题并给出一阶条件。
2. 若该厂商同时成为劳动力和资本两种要素市场的价格决定者，则其利润最大化的一阶条件有何变化？
3. 若该厂商成为产品市场的垄断者和资本要素市场的价格决定者，则其利润最大化的一阶条件有何变化？

习题 9.12 市场上存在两个寡头厂商，它们进行伯特兰竞争。市场需求函数 $x(p)$ 在 p 上连续且严格递减，且存在一个 $\bar{p}<\infty$，使得对于所有 $p \geqq \bar{p}$ 有 $x(p)=0$。两厂商的边际成本均为 $c>0$。

1. 证明：存在唯一的纯战略纳什均衡 $p_1^*=p_2^*=c$。
2. 证明：上述纯战略纳什均衡也是唯一的纳什均衡。
3. 若市场需求函数变为 $x(p)=p^{-1}$，证明：存在一个混合战略纳什均衡，使得均衡下两厂商均有正的利润。

习题 9.13 考虑如下产品差异化模型，其中：$p_1=a-bq_1-dq_2$ 和 $p_2=a-dq_1-bq_2$，且满足 $a,d>0,b \geqq d$。假设两厂商的边际成本分别为 c_1 和 c_2。

1. 若两厂商进行产量竞争，试求均衡产量。
2. 写出两厂商的需求函数。
3. 若两厂商进行价格竞争，试求均衡价格。

习题 9.14 考虑如下产品差异化模型，其中：$p_1=a-b(q_1+\lambda q_2)$ 和 $p_2=a-b(\lambda q_1+q_2)$，且满足 $a,b>0$，及 $0 \leqq \lambda \leqslant 1$。假设两厂商的边际成本均为 c，且它们同时进行决策，其中厂商 1 设定价格，厂商 2 设定产量，试求两厂商的均衡产量和价格。

习题 9.15 市场上存在两个寡头垄断厂商，其成本函数分别为 $c_1=2q_1^2$ 和 $c_2=q_2^2$，需求函数为 $q=10-2p$。

1. 若两厂商未结成卡特尔，求解古诺竞争的最优产量和利润。
2. 若两厂商结成卡特尔，求解利润最大化的产量水平。两厂商将如何分配利润？
3. 若两厂商的成本函数改为 $c_1=2q_1$，$c_2=q_2$，重新求解问题 (1) 和 (2)。

习题 9.16 市场上存在两个寡头厂商，它们进行古诺竞争且边际成本均为 2。需求函数为 $q=14-3q$。在它们决定产量前，厂商 1 可以选择是否采用一项固定成本为 10 的新技术以使自己的边际成本降低为 0，厂商 2 可以观测到厂商 1 是否采用了该技术。

1. 写出该博弈中两厂商的战略集。
2. 厂商 1 会采用该技术吗？均衡时两厂商的产量各为多少？

习题 9.17 市场上存在 J 个寡头厂商，它们进行古诺竞争，市场需求函数为 $q=a-2p$，厂商 $i(i=1,2,\cdots,n)$ 的边际成本为 c_i。

1. 试求 J 个厂商的均衡产量。
2. 假定一项即将出台的政策会使得所有厂商的边际成本均增加一个常数 c_0，它们会支持该政策吗？为什么？

3. 假定一项即将出台的政策会使得所有厂商的边际成本均增加一个固定的比例 t，它们会支持该政策吗？为什么？

习题 9.18 市场上存在两个寡头厂商，它们的边际成本均为 c，反需求函数为 $p = a - bq$。两厂商进行斯塔克伯格博弈，且厂商 1 为领导厂商，厂商 2 为跟随厂商。

1. 求解子博弈完美均衡下的产量水平 (q_1^*, q_2^*)。
2. (q_1^*, q_2^*) 是该博弈的纳什均衡吗？为什么？
3. 现两厂商改为进行古诺博弈，试证明：古诺博弈的纳什均衡也是斯塔克伯格博弈的纳什均衡。

习题 9.19 市场上存在三个寡头厂商，其需求函数为 $q = a - bp$，厂商的边际成本均为 c，固定成本均为零。若三厂商分别按照如下顺序进行产量决策，求解各自的最优产量水平。

1. 三个厂商同时选择产量水平。
2. 厂商 1 先选择产量水平，厂商 2 观测到厂商 1 的产量水平后选择产量水平，厂商 3 观测到厂商 1 和厂商 2 的产量水平后选择产量水平。
3. 厂商 1 先选择产量水平，厂商 2 和厂商 3 观测到厂商 1 的产量水平后同时选择产量水平。
4. 厂商 1 和厂商 2 先选择产量水平，厂商 3 观测到厂商 1 和厂商 2 的产量水平后选择产量水平。

习题 9.20 市场上存在两个寡头厂商，市场需求函数为 $q = 500 - 4p$，厂商 1 和厂商 2 分别具有不变的边际成本 6 和 10。

1. 若厂商 1 先决定产品的市场价格，厂商 2 接受该价格，试求两厂商的均衡产量和利润。
2. 若厂商 2 先决定产品的市场价格，厂商 1 接受该价格，试求两厂商的均衡产量和利润。
3. 厂商 1 或厂商 2 愿意成为价格领导者吗？为什么？
4. 若两厂商进行古诺竞争，试求此时的均衡产量和利润，并将其与问题 (1) 和 (2) 中所求结果做对比，你会有什么发现？

习题 9.21 市场上存在一个领导厂商和一个跟随厂商，市场需求函数为 $q = 10 - 2p$。领导厂商 1 先决定产品的市场价格，跟随厂商 2 接受该价格，我们称之为“价格领导模型”。两厂商的成本函数分别为 $TC_1 = 0$ 和 $TC_2 = 2q_2^2$。

1. 试述该价格领导模型与斯塔克伯格模型的区别。
2. 试求领导厂商和跟随厂商的产量和利润。
3. 若跟随厂商的成本函数变为 $TC_2 = aq_2$，其中 a 为常数，求此时领导厂商的产量和利润。

习题 9.22 假设每个厂商进入市场的成本为 $c > 0$，且满足：(1) 单个厂商的均衡产量随企业数量的增加而降低；(2) 总产量随企业数量的增加而增加；(3) 均衡价格始终在边际成本之上。证明：从社会福利的角度来看，自由进入的对称古诺模型导致过度进入。

习题 9.23 消费者均匀分布于长度为 1 的轴线上，每个消费者购买一单位商品。第一阶段，两企业选择位置，其中企业 1 位于距轴左端 $a > 0$ 处，企业 2 位于距轴右端 $b > 0$ 处，且满足 $a + b \leqq 1$。第二阶段，两企业选择价格 p_1 和 p_2。交通成本是二次的，即距离企业 1 所在地 x 处的某消费者去企业 1 购买的交通成本为 cx^2，距离企业 2 所在地 y 处的某消费者去企业 2 购买的交通成本为 cy^2。两企业的固定成本和边际成本均为零。证明: $a=b=0$。

习题 9.24 (Rotemburg and Saloner，1986) 市场上存在两个寡头厂商，它们生产同质产品且均具有不变的边际成本 c。两厂商进行无限期重复的伯特兰竞争，贴现因子为 δ。市场需求函数为 $q=a-p$，且需求函数的截距 a 会随机波动：在每一期，$a=a_h$ 的概率为 λ，$a=a_l$ 的概率为 $1-\lambda$。$a_l<a_h$ 且不同时期的需求相互独立。两种需求水平下的垄断价格记作 p_h 和 p_l。

1. 求解 δ^*，使得对于 $\delta \geqq \delta^*$，在子博弈精炼纳什均衡中，两厂商能够采用触发战略维持上述垄断价格水平。
2. 对 $1/2<\delta<\delta^*$，求最高价格 $p(\delta)$，使得在子博弈精炼纳什均衡中，两厂商可通过触发战略，在高需求时维持价格 $p(\delta)$，在低需求时维持 p_l。

习题 9.25 市场存在两个寡头厂商，它们生产同质产品并进行古诺竞争。市场需求函数为 $q=a-bp$。厂商 1 的边际成本以 λ 的概率为 c_h，以 $1-\lambda$ 的概率为 c_l；厂商 2 的边际成本以 η 的概率为 c_h，以 $1-\eta$ 的概率为 c_l。

1. 两厂商均确切地知道自己的边际成本，但仅知道对方边际成本的概率分布，求此时两厂商的产量水平。
2. 两厂商仅知道自己和对方边际成本的概率分布，求此时两厂商的产量水平。

习题 9.26 已知消费者和厂商都均匀分布在单位圆上，消费者选择一个厂商购买一单位商品，且其交通成本为 tx，这里的 x 表示消费者到达其选定商店的距离。市场是自由进入的，且每个厂商进入市场的固定成本均为 f。

1. 求均衡下的厂商数量 J。
2. 求社会最优的厂商数量 m。m 和 J 的大小关系如何？给出解释。
3. 若消费者的交通成本改为 tx^2，重新回答问题 (1) 和 (2)。

习题 9.27 (Selten, 1973) 市场上存在 J 个企业，它们的边际成本均为零。市场需求函数为 $q=1-p$。企业将决定是否加入卡特尔，其中卡特尔成员确定产量分配标准且严格执行，并与其他企业进行古诺竞争。证明：若 $J \leqq 4$，则所有企业都将加入卡特尔；但若 $J \geqq 6$，则卡特尔将只包括部分企业。

习题 9.28 市场上存在 J 个企业，它们的边际成本均为 c，且市场需求函数为 $q=a-p$。

1. 考虑两个企业间的兼并。证明：若 $J=2$，则它们可以从中获利；但若 $J \geqq 3$，则它们将是无利可图的。
2. 现在考察 k 个企业间的兼并，若它们可以从中获利，试导出需要满足的条件。

习题 9.29 在正文中的限制性定价模型中，潜在进入者的边际成本为公共知识，现考虑如下模型，其中潜在进入者的边际成本也为私人信息。具体地，令需求函数为 $p=10-2q$，在位企业 1 类型的先验分布为 $p(c_1=0)=\alpha$，$p(c_1=4)=1-\alpha$，潜在进入者 2 类型的先验分布为 $p(c_2=1)=\beta$，$p(c_2=2)=1-\beta$。市场进入成本为 F，时间贴现率 $\delta=1$。试找出可能的混同均衡和分离均衡，并验证它们是否符合直观标准。

9.8 参考文献

教材和专著:

丹尼斯·卡尔顿，杰弗里·佩罗夫 (1998). 现代产业组织. 上海: 上海三联书店.

黄有光，张定胜（2008）. 高级微观经济学. 上海：格致出版社.

平新乔（2001）. 微观经济学十八讲. 北京：北京大学出版社.

Bain, J. (1956). *Barriers to New Competition*, Harvard University Press.

Belleflamme,Paul and Martin Peitz(2010). *Industrial Organization: Markets and Strategies*, Cambridge University Press.

Cabral, Luis M. B. (2000). *Introduction to Industrial Organization*, MIT Press.

Debreu, G. (1959). *Theory of Value*, Wiley.

Jehle, G. A. and P. Reny (1998). *Advanced Microeconomic Theory*, Addison-Wesley.

Kreps, D. (1990). *A Course in Microeconomic Theory*, Princeton University Press.

Luenberger,D.(1995). *Microeconomic Theory*，McGraw-Hill.

Mas-Colell, A., M. D. Whinston, and J. Green (1995). *Microeconomic Theory*, Oxford University Press.

Shy, Oz (1995). *Industrial Organization: Theory and Applications*, MIT Press.

Tirole, J. (1988). *The Theory of Industrial Organization*, MIT Press.

Varian, H. R. (1992). *Microeconomic Analysis(Third Edition)*, W. W. Norton and Company.

论文:

Dixit, A. and J. Stiglitz (1977). "Monopolistic Competition and Optimum Product Diversity", *American Economic Review*, Vol. 67, No. 3, 297-308.

Hotelling, H. (1929). "Stability in Competition", *Economic Journal*, Vol. 39, No. 153, 41-57.

Kreps, D. and J. Scheinkman (1983). "Quantity Precommitment and Bertrand Competition Yield Cournot Outcomes", *Bell Journal of Economics*, Vol. 14, No. 2, 326-337.

Milgrom, P. and J. Roberts (1982). "Information Asymmetries, Strategic Behavior and Industrial Organization", *American Economic Review*, Vol. 77, No. 2, 184-193.

Rotemberg, J. J. and G. Saloner (1986). "A Supergame-theoretic Model of Price Wars During Booms", *American Economic Review*, Vol. 76, No. 3, 390-407.

Selten, R. (1973). "A Simple Model of Imperfect Competition Where Four Are Few and Six Are Many", *International Journal of Game Theory*, Vol. 2, No. 1, 141-201.

Shakes, A. and J. Sutton (1982). "Relaxing Price Competition Through Product Differentiation", *Review of Economic Studies*, Vol. 49, No. 1, 3-13.

Shapiro, C. (1989). "Theories of Oligopoly Behavior". In Schmalensee, R. and R. Willig (Eds.), *Handbook of Industrial Organization*, Volume 1 (Amsterdam: North-Holland).

Singh, N. and X. Vives (1984). "Price and Quantity Competition in a Differentiated Duopoly", *Rand Journal of Economics*, Vol.15, No. 4, 546-554.

Sonnenschein, H., (1968). "The Dual of Duopoly Is Complementary Monopoly: Or, Two of Cournot's Theories Are One", *Journal of Political Economy*, Vol. 76, No. 2, 316-318.

Spence, M. (1976). "Product Selection, Fixed Costs and Monopolistic Competition", *Review of Economic Studies*, Vol. 43, No. 2, 217-235.

第三部分

一般均衡理论与社会福利

一般均衡或称全局均衡 (general equilibrium) 理论是近百年来发展出来的一个最重要的经济理论，也是人类经济思想宝库中最耀眼的成就之一，它显示了综合治理这一思想的重要性，并且为更好地研究和解决现实市场经济所面临的各种问题提供了极为重要的参照系和标杆，对现代经济学的发展起到了很大的推动作用。

我们在第 9 章中讨论了市场理论的基本内容。市场理论主要研究单一行业或单一市场如何运行，因而也被称为局部均衡理论。在完全竞争市场中，任何个体都不能左右市场，也就是每个经济人都不能影响商品的价格；在垄断、垄断竞争或者寡头市场内，价格受企业产量的影响。在寡头或垄断竞争市场中，企业可通过产量或者价格进行竞争。但是，只考虑一个市场的均衡在现实中往往是不够的。在实际中，一个市场发生波动，比如劳动力市场，将会影响到其他市场，因而需要将所有市场放在一起进行考察。

一般均衡理论作为新古典经济学的一个重要分支，它通过数学公理化方法，从个体的偏好、技术和禀赋等基本经济环境出发，并对其只是施加非常一般条件的情形下，严格证明了完全竞争市场经济均衡的存在性和资源配置的帕累托有效性，这些结果通常被认为是经济理论中最重要的结论之一。不同于局部均衡理论只考察一个市场的均衡问题，一般均衡理论通过同时考察多个市场的均衡来解释整个经济中供给、需求和价格的互动情况。考察多个竞争市场的相互影响所得到的结论完全超越了局部均衡理论框架。

一般均衡理论为研究市场经济提供了一个基准理论，它假定完全竞争、零交易成本及完全信息这样理想状态的市场经济环境，因而是对现实竞争市场的一个抽象表述。尽管一般均衡理论看来非常抽象化及数学化，但相当有用，可用来指导现实经济。无论将均衡价格视作长期价格，还是从均衡推导出实际价格，这个模型都非常有用。除了促成一般均衡理论在特定经济问题上的应用，一般均衡理论也让人们对“一般均衡思想”有了更深刻的理解，认识到某一项特定的经济变动将会造成比最初变动更为深远的影响。赫伯特 • 斯卡夫（Herbert Scarf，1930—2015，其人物小传见 12.5.2 节）进一步指出，如果把证明的方法做适当的修正，可以找出如何实地求出一般均衡系统的解，随后发展成可计算一般均衡模型。这一方法已经被应用到许多不同的政策问题上：关税、公司所得税、社会福利措施的改变以及一些发展中国家的经济发展等。

当然，一般均衡假说，就像经济学里的许多其他假说或自然科学的基准理论假说一样，是一种无摩擦的世界，并不是真实地描述了客观现实，但却是非常有用的近似描述。如果和那些过分夸大均衡存在的人比起来，把这种近似描述完全弃置不顾反倒更背离真实。尽管这种理想的全局均衡理论离现实较远，在现实中基本不存在，但它为研究现实市场提供了基准情形和参照系，对如何改进和提高市场效率提供了启示和方向。这样的研究方法实际上借鉴了物理学的基本研究方法，为了研究有摩擦的自然世界，人们需要首先考虑无摩擦的理想情形，以此为研究现实世界提供了必要的基准和参照系。同理，一般均衡理论就是为了研究现实市场经济而发展出来的一个经济理论。由于一般均衡理论的基本思想及核心结构由里昂 • 瓦尔拉斯（Léon Walras，1834—1910，其人物小传见 10.8.1 节）在 1874 年最早给出，因而一般均衡理论通常又被称为瓦尔拉斯 (Walras) 市场理论。一般均衡理论在国际经济学、宏观经济学等许多经济学领域都有广泛的应用。由于一般均衡理论的重要性及其对现代经济学的深远影响，诺贝尔经济学奖在 1972 年和 1983 年先后被授予在这一领域作出重大贡献的肯尼思·阿罗（Kenneth J. Arrow，1921— ，其人物小传见 10.8.2 节）和法裔美国经济学家吉拉德·德布鲁（Gerard Debreu，1921—2004，其人物小传见 11.9.2 节）。

本部分将从全局均衡的角度考察完全竞争市场经济。在全局均衡的框架下，所有市场会相互影响，相互作用，且在均衡状态下，所有市场会出清。本部分由 4 章内容构成。第 10 章和第 11 章构成了一般（全局）均衡理论的核心内容。第 10 章介绍一般均衡模型的正式结构并且引入**竞争均衡**（或被称为**一般均衡**或**瓦尔拉斯 (Walrasian) 均衡**）。其讨论的重点为完全竞争市场的实证分析，即讨论竞争均衡的存在性、唯一性和稳定性。我们还将讨论更一般的结构——**抽象经济**，一般均衡模型可被视作它的一个特殊情况。第 11 章通过引入**帕累托 (Pareto) 有效性**对竞争市场进行规范分析。该章将考察竞争均衡和帕累托有效性之间的关系，其核心内容是两个**福利经济学基本定理**。

第 12 章对第 10 章和第 11 章的分析作进一步拓展，包含了规范一般均衡理论的一些专题，从不同的角度进一步地论证竞争市场的合理性、最优性、唯一性和一般性。我们将介绍重要的**经济核等价定理**、**配置公正定理**和**社会选择理论**。其中经济核等价定理表明，当经济人数目增大时，瓦尔拉斯均衡趋同于合作博弈的极限。该定理的深刻之处在于，在个体逐利的客观现实下，即使不考虑任何制度安排方面的顶层设计，只要允许充分竞争和经济上的自由选择，所导致的资源配置和完全竞争市场均衡配置一致，就能达到资源的有效配置。这意味着市场经济制度实际上是一种自然选择，是经济实践所演化出来的一种制度安排，而非人为设计。

第 12 章还将考察阿罗不可能性定理。该定理认为从个体理性偏好出发所形成的集体或社会选择不可能是理性的。阿罗不可能性定理假定了个体的偏好序满足自反性、传递性和完备性。尽管偏好的传递性对个体基本成立，是一个较为合理的假设，但对整个社会来说不一定成立。如人大代表应该代表了当地社区的民意，但不同的个体有不同的看法和意见，他需要对所有的个体偏好进行总合，但总合所导致的偏好序往往是非传递的。阿罗不可能性定理的基本结论是，在一些公认合理的假设下，不存在总合的偏好序，除非某一个体的偏好代表了整个社会的偏好，这显然是不可能的。这一结果无论是对经济学、社会学还是政治学的研究与发展都产生了深远影响。

第 13 章将第 10 章和第 11 章所讨论的一般均衡框架应用到存在不确定性的经济情形。

一如以往，在本部分，向量不等号 $\geqq$、$\geqslant$ 和 $>$ 定义如下。令 $\mathbf{a},\mathbf{b} \in \mathcal{R}^n$。则 $\mathbf{a} \geqq \mathbf{b}$ 表示对所有的 $s = 1,\cdots,n$，有 $a_s \geqq b_s$；$\mathbf{a} \geqslant \mathbf{b}$ 表示 $\mathbf{a} \geqq \mathbf{b}$ 但 $\mathbf{a} \neq \mathbf{b}$；$\mathbf{a} > \mathbf{b}$ 表示对所有的 $s = 1,\cdots,n$，有 $a_s > b_s$。

第 10 章　竞争均衡的实证理论

10.1　导　　言

一般均衡理论所演绎的思想看似简单，却不易理解。在经济体系内，任何一件事情都会有牵一发而动全身的后果。我们可以用阿罗在关于他的学术贡献的一个演讲中所给出的例子来说明。20 世纪 30 年代，由于得克萨斯州及波斯湾地区发现了石油，油价变得非常低廉。许多家庭在热能或能源的消费上从煤改成石油，因此减少了对煤的需求，连带也降低了煤矿工人的就业水平。炼油厂迅速扩张，雇用了更多的劳工。同样地，由于炼油涉及复杂的化学程序，产生对炼油机器设备的需求，从而又导致对专业化学工程师以及钢铁的需求。油价下降了，汽车的购买与使用也更为普遍。没有铁路经过但公路可达的观光地区，开始涌入大量旅客，铁路运输开始衰退。这里每一项变动，都会引发其他行业的变化，而这些后续的变化又回过头来影响石油的需求与供给。从经济的角度来看，上面的例子有其特殊的意义，也就是任何一项产品的需求总是受到所有产品价格的影响——包括劳动力与资本服务的价格，也就是工资与利润。同样地，任何一项产品的供给，包括劳动力或资本的供给，也受到所有商品价格的影响。到底是什么因素决定了各种产品与劳务目前的价格水平呢？在经济学上常用的假说就是一般均衡的概念。商品的一般均衡价格是使市场上每一种商品的供给量等于需求量的价格。

这样，从实证的角度来看，经济上的一般均衡理论研究了在完全竞争市场体系下商品的均衡价格和均衡数量的决定。一般均衡理论存在性的证明通常被认为是一个最重要、最扎实的经济理论结果，是由法裔瑞士经济学家、洛桑学派的开创者、一般均衡理论的缔造者里昂・瓦尔拉斯在 1874 年率先提出较完整的架构，用关于竞争经济的数学模型试图解释众多的微小经济个体如何通过市场相互作用达到均衡状态。[①]

尽管瓦尔拉斯当时提出了这个理论的一个雏形，列出了市场供给等于市场需求这一市场出清的条件，使它具备了一般均衡理论的基本要素，但由于数学工具的限制，瓦尔拉斯本

---

① “洛桑学派”指的是，以法国人瓦尔拉斯和意大利人帕累托为中心的新古典思想流派的一支，当时处于非主流，但却成为当今现代经济学的主流，对其影响深远。洛桑学派的主要特点在于它对一般均衡理论的推进，从而在广度上和深度上都扩大了新古典研究方法在经济学上的适用性。洛桑学派由于强调数理的解释说明也被称为“数理学派”。作为 19 世纪 80 年代边际革命的领导人之一，瓦尔拉斯在 1870—1893 年间，一直在位于瑞士沃州 (Vaud) 的洛桑学院任教，所以以他为首的这一学派被称为洛桑学派。后来意大利经济学家维弗雷多・帕累托（Vilfredo Pareto，1848—1923，其人物小传见 11.9.1 节）继承了他的位置，帕累托是 19 世纪 80 年代新古典一代人中的领军人物之一。虽然他们二人的核心理论是相同的，不过他们的侧重点和分析方式却迥然不同。从而，我们可以辨别出同属洛桑学派的早期“瓦尔拉斯”和后期“帕累托”阶段——专注于均衡的效率和社会最优状态，即分析需求和消费者偏好之间的关系，以及厂商产出计划和利润最大化的关系。在这个过程中，洛桑学者们开始使用现代经济学者们广泛使用的微分学和拉格朗日乘数。

奥地利学派和洛桑学派是经济学界如雷贯耳的两大经济学流派。前者发轫于卡尔・门格尔，经庞巴维克、维塞尔、米塞斯、哈耶克流变至今。后者以瓦尔拉斯为鼻祖，后继者中著名的有帕累托、巴罗尼、兰格、里昂惕夫。现在这两大学派汇合成具有极大包容性的现代经济学。

人并没能证明一般均衡的存在性。当时要运用这一理论作为分析工具仍有困难，而且数学训练不足的经济学家也很难理解。瓦尔拉斯的核心问题是满足这一方程组的市场均衡是否存在，即是否存在价格向量使得供需平衡。但由于不动点定理之类的数学工具那时还没有被发展出来，当时的数学还不足以证明全局均衡的存在，瓦尔拉斯只能大致断言，只要价格变量的个数同方程的个数相等，则均衡存在。显然，很容易找出反例，这个论断一般并不成立。并且，由于供给和需求函数不一定是线性的，方程个数和变量个数即使相等也并不一定有解。瓦尔拉斯也意识到，如果不能从数学上严格证明，该理论是没有多大意义的。尽管瓦尔拉斯认为其模型中方程数和未知数相等基本能保证竞争均衡的存在性，但在他提出该理论之后的半个多世纪中，由于证明所需的数学工具还没有被发明出来，这一断言并未被证明。

直到 20 世纪 30 年代，经济学界才重拾对竞争均衡存在性这项研究的兴趣，其中以希克斯所作的精辟阐释与推展居功至伟。从技术性方面来看，Neisser(1932)，Stackelberg (1933)，Zeuthen (1933) 和 Schlesinger (1935) 最先证明了均衡的若干基本性质，而 Wald (1935, 1936a, 1936b) 则得到了第一个均衡解。虽然 Wald 首先在特殊的经济环境中证明了竞争均衡的存在性，但没有一般性。对竞争均衡存在的一般性证明的突破归功于约翰 • 冯 • 诺依曼（John von Neumann，1903—1957）分别在 1928 年和 1937 年发表的两篇论文，首先给出了可用来证明非线性方程组存在解的不动点定理，此数学结果比 Wald 的结论更为重要。[①] 该结果后由 Kakutani (1941) 发展为一般集值映射（correspondence mapping）的不动点定理，成为证明均衡存在性的最有力的数学工具。由于有了角谷 (Kakutani) 不动点定理，Wald 的工作 20 年之后，特别是有了数学家纳什（John Nash，1928—2015，其人物小传见 6.8.1 节）关于证明纳什均衡存在所发展的数学工具，对一般经济环境的一般均衡的存在性才由 Arrow 和 Debreu (1954)，McKenzie (1954, 1955), Gale (1955) 以及其他一些作者重新提出，并给出了证明。

竞争均衡或称瓦尔拉斯均衡或称一般均衡是指消费者效用最大化和生产者利润最大化时，所有商品的市场**总需求 (aggregate demand)** 不超过市场**总供给 (aggregate supply)**（即市场出清）的状态。它的基本特征是在封闭或者开放的经济中所有市场不是独立的而是相互关联的，其均衡价格是由市场供给和需求内生决定的。这样，从实证的角度来说，一般均衡理论着眼于完全竞争市场系统中商品的均衡价格和均衡数量，它也可用来预测市场机制所决定的最终消费和最终生产。

如第 1 章所述，现代经济学的基本分析框架可分为五个组成部分：描述经济环境、设定行为假设、确定制度安排、决定均衡结果及进行评估比较。一般均衡理论也不例外。为了研究一般均衡问题，首先要确定经济制度环境的最主要特征：包括经济人个数及其偏好、生产集、初始禀赋、信息结构等，同时要对经济人的行为进行设定，并对制度安排进行选择，然后决定竞争均衡价格和资源配置及其他性质的实证分析。我们需要了解，在什么样的经济环境下存在竞争均衡，而且竞争均衡是否稳定和唯一的。最后还要搞清楚竞争均衡的福利性质，即什么样的均衡结果能导致资源的有效配置，它是否也是平等或公平配置。从而知道在什么样的条件下，市场制度能有效运作，而在何种情形下市场会失灵（如存在消费和生产的外部

① 冯 • 诺依曼是一个可以和牛顿比肩、几百年才出一个的真正天才，他不仅是数学家和物理学家，是氢弹和现代计算机理论的发明者，并且是博弈论的开创者之一，其人物小传见 5.8.1 节。

性、商品不可分等)。不弄清楚一个经济理论的基本分析框架及它的适用范围，就如医生开药方而不知道药性和适用范围，弄不好会出大问题。将理论应用于实践而不知道它的适用边界弄不好也可能出大错。所以，弄清它的适用范围和边界条件是一个合格的经济学家必须具有的基本素质。

一般均衡理论由如下五部分内容构成:

(1) **经济制度环境**(基本经济特征): 由经济人个数、消费空间、消费偏好、消费者初始禀赋、生产者生产可能性集、信息结构等构成。

(2) **经济制度安排**: 决定商品价格的完全竞争市场机制。

(3) **行为假定**: 所有消费者和企业都没有左右市场的力量，都将价格视为给定，消费者最大化其效用和企业最大化其利润。

(4) **结果预测**: 竞争均衡分析——竞争均衡的存在性、唯一性和稳定性的实证分析。

(5) **结果评价**: 规范分析，对竞争均衡配置进行价值判断，如是否具有有效性。

一般均衡理论要回答的基本问题包括:

(1) 竞争均衡的存在性及其确定: 在何种经济环境下，也就是对个体的经济特征(消费集、禀赋、偏好、生产集)及信息集作何种限定，能保证竞争均衡解存在?

(2) 竞争均衡的唯一性: 对经济环境作何种限制能保证竞争均衡是唯一的?

(3) 竞争均衡的稳定性: 当经济发生波动后，何种经济情形能保证市场价格能收敛到竞争均衡价格?

(4) 竞争均衡的福利性质: 对何种消费集、禀赋、偏好和生产集，能保证竞争均衡是社会最优或者帕累托有效的?

10.2 一般均衡模型的结构

下面介绍一般均衡模型的结构。这一章只考虑存在私人品(即竞争、排他性消费的商品)而不包含公共品的经济，另外假设关于经济环境的信息是完全的。

10.2.1 经济环境

经济的基础是作为参数给定的经济制度环境，其基本要素描述如下。

n: 经济中消费者的数目。

$N=\{1,\cdots,n\}$: 所有消费者构成的集合。

J: 经济中生产者(厂商)的数目。

L: 经济中(私有)商品的数目。

$X_i \subseteq \mathcal{R}^L$: 消费者 i 的消费空间 (consumption space)，$i=1,\cdots,n$，它界定了消费者 i 的消费边界，即每个消费者可行 (individually feasible) 消费的集合。消费集合的某些元素可能是负的，从而导致负效用，如时间被用来工作。

$\succcurlyeq_i$: 消费者 i 定义在消费空间 X_i 上的偏好关系(若效用函数存在，可用效用函数 u_i 来替代)，$i=1,\cdots,n$。

$\mathbf{w}_i \in X_i \subseteq \mathcal{R}^L_+$: 消费者 i 的初始禀赋向量。

$e_i = (X_i, \succcurlyeq_i, w_i)$: 消费者 i 的经济特征。对消费者来说，他们的经济特征完全由消费空间、偏好关系和初始禀赋来刻画。

$Y_j \subseteq \mathcal{R}^L$: 企业 j 的生产可能性集，$j = 1, 2, \cdots, J$。对厂商来说，对任意生产技术，都可用一个生产可能性集来刻画。生产函数即为生产可能性集的边界。

$\mathbf{y}_j \in Y_j$: 生产计划向量，$y_j^l > 0$ 表示 y_j^l 为产出，$y_j^l < 0$ 表示 y_j^l 为投入。$\mathbf{y}_j$ 的大部分元素为 0，表示绝大部分商品企业既不作为生产要素，也不生产此类产品。

$e = (\{X_i, \succcurlyeq_i, w_i\}, \{Y_j\})$: 被称为经济环境或简称为经济。

$X = X_1 \times X_2 \times \cdots \times X_n$: 所有消费者消费空间乘积构成的消费空间。

$Y = Y_1 \times Y_2 \times \cdots \times Y_J$: 所有企业生产集所构成的生产空间。

注 本章主要考虑在偏好关系 $\succcurlyeq_i$ 是偏好序关系的设定下，证明竞争均衡的存在性。偏好序反映了人们对商品组合进行理性的排序。我们知道，$\succcurlyeq_i$ 是偏好序，若它满足自反性 (即 $\mathbf{x}_i \succcurlyeq_i \mathbf{x}_i$)、传递性 (即 $\mathbf{x}_i \succcurlyeq_i \mathbf{x}_i'$ 和 $\mathbf{x}_i' \succcurlyeq_i \mathbf{x}_i''$ 意味着 $\mathbf{x}_i \succcurlyeq_i \mathbf{x}_i''$) 及完备性 (即对任意的 $\mathbf{x}_i$ 和 $\mathbf{x}_i'$，或 $\mathbf{x}_i \succcurlyeq_i \mathbf{x}_i'$，或 $\mathbf{x}_i' \succcurlyeq_i \mathbf{x}_i$)。在关于消费者理论的第 3 章中，我们证明了，若 $\succcurlyeq_i$ 是连续的，则表示 $\succcurlyeq_i$ 的连续效用函数存在。①即使所有消费者的偏好不满足完备性或者传递性，我们也可讨论一般均衡的存在性。我们将在 10.4.7 节简要讨论非序偏好关系下的竞争均衡的存在性。

注 在本书第 4 章讨论了三种类型的生产规模报酬：规模报酬递减 (即投入加倍导致产出小于加倍)；规模报酬递增（即投入加倍导致产出大于加倍)；规模报酬不变（即投入加倍导致产出刚好加倍)，从而几何图像为空间上的一个锥。

需要指出的是，竞争均衡只在规模报酬不变或递减的情形下才可能存在和有意义。从一般均衡存在的技术性要求来说，若企业生产处于规模报酬递增，则厂商可以不断地加大生产规模，使得企业利润趋近于无穷，导致一般均衡不存在，从而竞争均衡需事前假定生产集是凸集，即生产函数需要假定为凹函数（而不能简单地假定为单调的拟凹函数)。这样，在一般均衡理论分析框架下考虑竞争均衡时，需将规模报酬递增的经济环境排除在外作为一个前提条件，不少经济学家将此视作一般均衡理论的一个局限性。

然而，更深刻的是，从厂商的经济特征与市场关系视角来看，非凸生产集从本质上来说与竞争市场是不兼容的，一般均衡理论排除规模报酬递增有它的内在逻辑合理性。有两类情形会导致非凸生产集的经济环境。一是创新活动。对许多行业尤其是高科技行业来说，研发成本属于固定成本，而固定成本导致了非凸的生产集，对这种行业来说，研发成本往往巨大，但边际成本却很小，因而产品研发出来后，必须发挥规模报酬递增优势进行生产才能获利，从而对这些行业中的企业，允许它们垄断是非常重要的。若没有政府保护其知识产权，由于边际成本很小，一旦产品的生产技术创新完成，则其他企业将会很容易地从模仿中受益。为了提供研发的激励，就需要对知识产权进行保护，在一定的时期内（在美国知识产权的保护期是 20 年，而著作权的保护期是直到作者死后 70 年）就形成了垄断和非凸的生产集。

① 根据赫维茨和宇泽宏文 (Hurwicz and Uzawa，1971，参见第 3 章) 的可积性定理，只要观测价格和个体的消费量成反比关系，在一些技术性条件下，可以证明效用函数必定存在，尽管我们无法直接度量它。另外，如前面的章节所指出的，人们的偏好序并非总可用效用函数来表示，但满足上半连续性的偏好序可用上半连续的效用函数来表示。

二是发挥规模经济优势。对有规模报酬递增（如电信、石油、铁路等自然垄断行业）而导致非凸的经济环境，竞争将会使得企业达不到有效生产规模，从而为了发挥规模经济的优势，需要对这些有规模经济的行业限制竞争，一个行业只允许一个或者少数几个企业进行生产（不仅在中国是如此，外国市场经济国家也大多如此），从而价格被视作给定是不合理的。因此，规模经济产生了非凸的生产集，进而出现了垄断，由此导致了垄断价格和垄断利润，进而导致了资源的无效率配置。

这两种情形都导致了非凸的生产可能性集，导致了垄断，从而企业为价格的被动接受者这一假定就显得极其不合理。11.6 节关于非凸生产技术和边际成本定价的讨论也说明了，即使允许充分竞争，资源的有效配置也不能通过竞争市场来达到，由此利润最大化原则就不再可行，从而需要其他定价方式，如通过边际成本定价来达到。上述讨论的情形都说明了，非凸生产集本质上与竞争市场是不兼容的，对竞争市场的一般均衡理论从一开始就排除规模报酬递增就显得非常合理。

10.2.2 市场机制

一般均衡理论着眼于私有竞争市场的经济制度，下面是它的一些基本特征和记号。

$\mathbf{p}=(p^1,p^2,\cdots,p^l)\in\mathcal{R}^L$：价格向量，这里 p^l 是第 l 种商品的价格。一般来说，商品价格非负，若商品是有害品，则价格为负。不过除非特别说明，我们主要关注的是非有害品的情景。

$\mathbf{p}\mathbf{x}_i$: 消费者 i 购买商品组合 $\mathbf{x}_i$ 的开支，$i=1,\cdots,n$。

$\mathbf{p}\mathbf{y}_j$: 企业 j 在生产计划 $\mathbf{x}_j$ 下的利润，$j=1,\cdots,J$。

$\mathbf{p}\mathbf{w}_i$: 消费者 i 禀赋的价值，$i=1,\cdots,n$。

$\theta_{ij}\in\mathcal{R}_+$: 消费者 i 拥有企业 j 的份额，该向量确定了所有权结构，其中

$$\sum_{i=1}^n\theta_{ij}=1,\quad j=1,2,\cdots,J.$$

$\sum_{j=1}^J\theta_{ij}\mathbf{p}\mathbf{y}_j$：消费者 i 的投资企业所得总额，$i=1,\cdots,n$。

$\mathbf{p}\mathbf{w}_i+\sum_{j=1}^J\theta_{ij}\mathbf{p}\mathbf{y}_j$: 消费者 i 的收入，由禀赋收入和投资收入两部分组成。这样，消费者 i 的预算约束由下式给定:

$$\mathbf{p}\mathbf{x}_i\leqq\mathbf{p}\mathbf{w}_i+\sum_{j=1}^J\theta_{ij}\mathbf{p}\mathbf{y}_j,\quad i=1,2,\cdots,n,\tag{10.2.1}$$

其预算集于是为:

$$B_i(\mathbf{p})=\left\{\mathbf{x}_i\in X_i:\mathbf{p}\mathbf{x}_i\leqq\mathbf{p}\mathbf{w}_i+\sum_{j=1}^J\theta_{ij}\mathbf{p}\mathbf{y}_j\right\}.\tag{10.2.2}$$

私人所有权或私有 (private ownership) 经济记为:

$$\mathbf{e}=\left(e_1,e_2,\cdots,e_n,\{Y_j\}_{j=1}^J,\{\theta_{ij}\}\right).\tag{10.2.3}$$

所有私有经济的集合记为 E。

10.2.3 行为假定

假设消费者和厂商都是理性的，即在预算约束条件下，消费者追求效用最大化，而在自身生产技术约束条件下，厂商追求利润最大化。在一般均衡理论中，我们还假设市场是完全竞争的，即每个人都视市场价格为给定，无人能影响或控制市场价格：

(1) **完全竞争市场**：每个经济人都是价格的接受者。

(2) **效用最大化**：每个消费者在消费集 $B_i(\mathbf{p})$ 中最大化其效用，即：

$$\max_{\mathbf{x}_i} u_i(\mathbf{x}_i)$$

$$\text{s.t.} \qquad \mathbf{p}\mathbf{x}_i \leqq \mathbf{p}\mathbf{w}_i + \sum_{j=1}^{J} \theta_{ij}\mathbf{p}\mathbf{y}_j. \tag{10.2.4}$$

(3) **利润最大化**：每个企业在 Y_j 中最大化其利润，即对 $j = 1, \cdots, J$，有：

$$\max_{\mathbf{y}_j \in Y_j} \mathbf{p}\mathbf{y}_j. \tag{10.2.5}$$

10.2.4 竞争均衡

模型的第四个部分是竞争均衡的决定。设在竞争均衡状态下，消费者的总需求受到资源的约束，消费者的消费束和生产决策都在可行集中。也就是，对整个经济来说，当处于竞争均衡时，所有商品的总需求不大于总供给。若不存在资源的浪费，则总需求等于总供给。

在定义竞争均衡之前，我们先给出配置的若干概念，这些概念界定了经济 e 中各种可能结果的集合。为了记号上的方便，在本章中，我们用 “$\hat{a}$” 表示向量中所有分量 $a_i, i = 1, \cdots, n$ 之和，即 $\hat{a} := \sum a_l$.

1. 配置

定义 10.2.1 (配置 (allocation)) 令 $(\mathbf{x}, \mathbf{y})$ 由所有消费者的消费组合 $\mathbf{x} = (\mathbf{x}_1, \cdots, \mathbf{x}_n)$ 和所有厂商的生产计划 $\mathbf{y} = (\mathbf{y}_1, \cdots, \mathbf{y}_J)$ 构成，则称 $(\mathbf{x}, \mathbf{y})$ 是经济 e 中的一个**配置**。

定义 10.2.2 (个体可行配置) 我们称配置 $(\mathbf{x}, \mathbf{y})$ 是**个体可行的 (individually feasible)**，若对任意的 $i \in N$ 和 $j = 1, \cdots, J$，有 $\mathbf{x}_i \in X_i$ 和 $\mathbf{y}_j \in Y_j$。

定义 10.2.3 (平衡配置) 我们称配置 $(\mathbf{x}, \mathbf{y})$ 是**弱平衡的 (weakly balanced)**，若

$$\hat{\mathbf{x}} \leqq \hat{\mathbf{y}} + \hat{\mathbf{w}}, \tag{10.2.6}$$

或者

$$\sum_{i=1}^{n} \mathbf{x}_i \leqq \sum_{j=1}^{J} \mathbf{y}_j + \sum_{i=1}^{n} \mathbf{w}_i. \tag{10.2.7}$$

当上述不等式在等号处成立时，则配置被称为**平衡的 (balanced)**或被称为**可达的 (attainable)**。

定义 10.2.4 (可行配置) 若配置 $(\mathbf{x}, \mathbf{y})$ 既是个体可行的也是 (弱) 平衡的，我们称它是**可行的**。

因此，若每种商品的消费总量不超过所有商品的初始禀赋与产出之和，则配置是可行的。我们将所有可行配置的集合记为

$$A = \{(\mathbf{x}, \mathbf{y}) \in X \times Y : \hat{\mathbf{x}} \leqq \hat{\mathbf{y}} + \hat{\mathbf{w}}\}.$$

2. 加总

$\hat{\mathbf{x}} = \sum_{i=1}^{n} \mathbf{x}_i$: 总消费。
$\hat{\mathbf{y}} = \sum_{j=1}^{J} \mathbf{y}_j$: 总产出。
$\hat{\mathbf{w}} = \sum_{i=1}^{n} \mathbf{w}_i$: 总禀赋。

3. 竞争均衡

下面我们定义竞争均衡的概念。竞争均衡（也被称为**一般均衡或瓦尔拉斯均衡**）是一般均衡理论中最重要的概念。给定私有经济 e，竞争均衡的存在需要满足三个条件：(1) 消费者效用最大化；(2) 生产者利润最大化；(3) 市场出清，总需求不大于总供给。正式地，我们有：

定义 10.2.5 (竞争均衡)　对私有经济 $e = (e_1, \cdots, e_n, \{Y_j\}, \{\theta_{ij}\})$，我们称配置 $(\mathbf{x}, \mathbf{y}) \in X \times Y$ 和非零价格向量 $\mathbf{p} \in \mathcal{R}^L$ 构成了一个**竞争均衡或瓦尔拉斯均衡**，若下述条件满足：

(1) **效用最大化**：$\forall i = 1, \cdots, n$，$\mathbf{x}_i \in B_i(\mathbf{p})$，并且对任意的 $\mathbf{x}_i' \in B_i(\mathbf{p})$，有 $\mathbf{x}_i \succcurlyeq_i \mathbf{x}_i'$；

(2) **利润最大化**：对任意的 $\mathbf{y}_j' \in Y_j$，有 $\mathbf{p}\mathbf{y}_j \geqq \mathbf{p}\mathbf{y}_j'$，　$j = 1, \cdots, J$；

(3) **市场出清 (market clear) 条件**：$\hat{\mathbf{x}} \leqq \hat{\mathbf{w}} + \hat{\mathbf{y}}$。

由此，我们称 $(\mathbf{x}, \mathbf{y})$ 为**竞争均衡配置**，而称 $\mathbf{p}$ 为**竞争均衡价格向量**。一般来说，我们并不要求也不能保证竞争均衡价格非负，除非偏好关系满足单调性假设。

用下面的记号表示：

$$\mathbf{x}_i(\mathbf{p}) = \{\mathbf{x}_i \in B_i(\mathbf{p}) : \mathbf{x}_i \succcurlyeq_i \mathbf{x}_i', \ \forall \mathbf{x}_i' \in B_i(\mathbf{p})\}$$

为消费者 i 在效用最大化行为下的**消费对应**。当它为单值函数时，它又被称为消费者 i 的**需求函数**。

$$\mathbf{y}_j(\mathbf{p}) = \{\mathbf{y}_j \in Y_j : \mathbf{p}\mathbf{y}_j \geqq \mathbf{p}\mathbf{y}_j', \ \forall \mathbf{y}_j' \in Y_j\}$$

为企业 j 的**供给对应**。当它为单值函数时，它又被称为企业 j 的**供给函数**。

总需求对应：$\hat{\mathbf{x}}(\mathbf{p}) = \sum_{i=1}^{n} \mathbf{x}_i(\mathbf{p})$。

总供给对应：$\hat{\mathbf{y}}(\mathbf{p}) = \sum_{j=1}^{J} \mathbf{y}_j(\mathbf{p})$。

总超额需求对应：$\hat{\mathbf{z}}(\mathbf{p}) = \hat{\mathbf{x}}(\mathbf{p}) - \hat{\mathbf{w}} - \hat{\mathbf{y}}(\mathbf{p})$。

在上述记号下，若 $\hat{\mathbf{z}}^l(\mathbf{p}) > 0$，则表示经济中商品 l 存在短缺；若 $\hat{\mathbf{z}}^l(\mathbf{p}) < 0$，则表示商品 l 存在剩余。于是竞争均衡的一个等价定义可表示如下。

定义 10.2.6　价格向量 $\mathbf{p}^* \in \mathcal{R}^L$ 是竞争均衡价格，若存在 $\hat{\mathbf{z}} \in \hat{\mathbf{z}}(\mathbf{p}^*)$，使得 $\hat{\mathbf{z}} \leqq 0$ 成立，从而 $(\mathbf{p}^*, \mathbf{z})$ 组成了一个竞争均衡。特别地，若 $\hat{\mathbf{z}}(\mathbf{p})$ 是单值的，则 $\hat{\mathbf{z}}(\mathbf{p}^*) \leqq 0$ 为竞争均衡。

4. 约束瓦尔拉斯均衡

在定义竞争均衡时，效用最大化问题是消费者只是受自己的预算约束。若消费者的效用最大化不仅受自身预算约束，也受经济中总的初始禀赋的约束，当其他条件不变时，所得到的均衡被称为**约束瓦尔拉斯均衡**。

令

$$C_i = \left\{ \mathbf{x}_i \in X_i : \mathbf{x}_i \leqq \sum_{j=1}^{J} \mathbf{y}_j + \sum_{i=1}^{n} \mathbf{w}_i \right\}.$$

定义 10.2.7 (约束瓦尔拉斯均衡)　对私有经济 $e = (e_1, \cdots, e_n, \{Y_j\}, \{\theta_{ij}\})$，我们称配置 $(\mathbf{x}, \mathbf{y}) \in X \times Y$ 和价格向量 $\mathbf{p} \in \mathcal{R}^L$ 构成了一个**约束竞争均衡或约束瓦尔拉斯均衡**，若下述条件满足：

(1) **效用最大化**：$\forall i = 1, \cdots, n$，$\mathbf{x}_i \in B_i(\mathbf{p}) \cap C_i$ 并且对任意的 $\mathbf{x}'_i \in B_i(\mathbf{p}) \cap C_i$，有 $\mathbf{x}_i \succcurlyeq_i \mathbf{x}'_i$；

(2) **利润最大化**：对任意的 $\mathbf{y}'_j \in Y_j$，有 $\mathbf{p}\mathbf{y}_j \geqq \mathbf{p}\mathbf{y}'_j$，　$j = 1, \cdots, J$；

(3) **市场出清 (market clear) 条件**：$\hat{\mathbf{x}} \leqq \hat{\mathbf{w}} + \hat{\mathbf{y}}$。

由于每个消费者 i 是在预算集 $B_i(\mathbf{p})$ 和总的初始禀赋约束集 C_i 的交集 $B_i(\mathbf{p}) \cap C_i$ 上求效用最大化，且其他条件都一样，**则每个瓦尔拉斯均衡显然是约束瓦尔拉斯均衡**，反之一般不成立。然而，当偏好是凸的时，即 $\mathbf{x}'_i \succ_i \mathbf{x}_i$ 意味着 $\lambda\mathbf{x}'_i + (1-\lambda)\mathbf{x}_i \succ_i \mathbf{x}_i$，　$\forall \lambda \in (0, 1)$，具有内点消费 $\mathbf{x} \in \operatorname{int} X$ 的约束瓦尔拉斯均衡 $(\mathbf{x}, \mathbf{y}, \mathbf{p})$ 是瓦尔拉斯均衡。

命题 10.2.1　设对所有的 $i \in N$，$\succcurlyeq_i$ 是凸的。令 $(\mathbf{x}, \mathbf{y}, \mathbf{p})$ 是约束瓦尔拉斯均衡。若 $\mathbf{x} \in \mathcal{R}^{nL}_{++}$，则 $(\mathbf{x}, \mathbf{y}, \mathbf{p})$ 是瓦尔拉斯均衡。

证明　反证法。假设约束瓦尔拉斯均衡 $(\mathbf{x}, \mathbf{y}, \mathbf{p})$ 不是瓦尔拉斯均衡。由于 $(\mathbf{x}, \mathbf{y}, \mathbf{p})$ 是约束瓦尔拉斯均衡，则 $(\mathbf{x}, \mathbf{y}, \mathbf{p})$ 是可行的且 $\mathbf{y}$ 是利润最大化生产计划序偶。这样，若 $(\mathbf{x}, \mathbf{y}, \mathbf{p})$ 不是瓦尔拉斯均衡，则必定有某个消费者 i 没有最大化其效用，即存在 $\mathbf{x}'_i \in X_i$ 使得 $\mathbf{x}'_i \succ \mathbf{x}_i$ 及 $\mathbf{x}'_i \in B_i(\mathbf{p})$。于是，由偏好的凸性假设，我们有 $\lambda\mathbf{x}'_i + (1-\lambda)\mathbf{x}_i \succ_i \mathbf{x}_i$ 及 $\lambda\mathbf{x}'_i + (1-\lambda)\mathbf{x}_i \in B_i(\mathbf{p})$。既然 $\mathbf{x} > 0$，我们有 $\mathbf{x}_i < \sum_{j=1}^{J} \mathbf{y}_j + \sum_{i=1}^{n} \mathbf{w}_i$。这样，当 λ 充分接近 0 时有 $\lambda\mathbf{x}'_i + (1-\lambda)\mathbf{x}_i < \sum_{j=1}^{J} \mathbf{y}_j + \sum_{i=1}^{n} \mathbf{w}_i$，即 $\lambda\mathbf{x}'_i + (1-\lambda)\mathbf{x}_i \in C_i$，这和 $(\mathbf{x}, \mathbf{y}, \mathbf{p})$ 是约束瓦尔拉斯均衡矛盾。　□

约束瓦尔拉斯均衡配置在激励机制设计理论中有重要应用，重要的一点是它满足著名的马斯金单调性，是能被纳什均衡执行的必要条件，而瓦尔拉斯配置却不满足。约束瓦尔拉斯均衡的其他重要性质参见 Tian（1988）。

10.3　一般均衡模型的两个特例

前面介绍了一般均衡模型的基本分析框架。大多数经济存在着三种类型的经济活动：生产、消费和交换。在正式给出竞争均衡存在性结果之前，我们先给出两个特殊经济环境下的一般均衡模型。一个是不包含生产的纯交换经济，另一个是只包含一个生产者和消费者，两者可能重合的经济，称为鲁滨逊 • 克鲁索经济。对第一个特例，若交易双方可以自由公平地进行贸易，则贸易可以达到双方境况都得到改善的结果。通过这两个特例，我们将引入贯穿本部分所有章节的问题、概念和常用的技巧。除非特别说明，本章余下的内容都假定所有商品都是非有害品，从而价格是非负的。

10.3.1　纯交换经济

纯交换经济 (pure exchange economy)就是没有生产活动的经济，是一般经济环境的一个特例。在这样的经济中，经济活动只有交换和消费而没有生产。

1. 埃奇沃思盒

在纯交换经济中，总超额需求对应退化为$\hat{\mathbf{z}}(\mathbf{p}) = \hat{\mathbf{x}}(\mathbf{p}) - \hat{\mathbf{w}}$，从而可以定义个体超额需求

函数：$\mathbf{z}_i(\mathbf{p}) = \mathbf{x}_i(\mathbf{p}) - \mathbf{w}_i$。

最简单的例子是两种商品、两个消费者的经济。该经济比较容易处理和分析。正如读者将看到的，它可以通过所谓的埃奇沃思盒 (Edgeworth box) 工具非常方便地分析两者的初始禀赋、预算线、预算集、无差异曲线、可行配置、自愿交换集以及竞争均衡等信息。比如，埃奇沃思盒的一个特征是在盒中的任何一点都表示总消费等于总禀赋，即经济在资源上是可行和平衡的。通过埃奇沃思盒，我们立刻可以看出什么样的配置对双方来说是福利改善的，何种配置对某一方或者双方来说是受损的，什么时候达到竞争均衡。

考虑两种商品、两个消费者的交换经济。经济中总的禀赋为 $\hat{\mathbf{w}} = \mathbf{w}_A + \mathbf{w}_B$。例如，$\mathbf{w}_A = (1, 2), \mathbf{w}_B = (3, 1)$，则总禀赋为 $\hat{\mathbf{w}} = (4, 3)$。在图 10.1 的埃奇沃思盒中，点 $\mathbf{w}$ 可以同时用来表示两个消费者的初始禀赋。

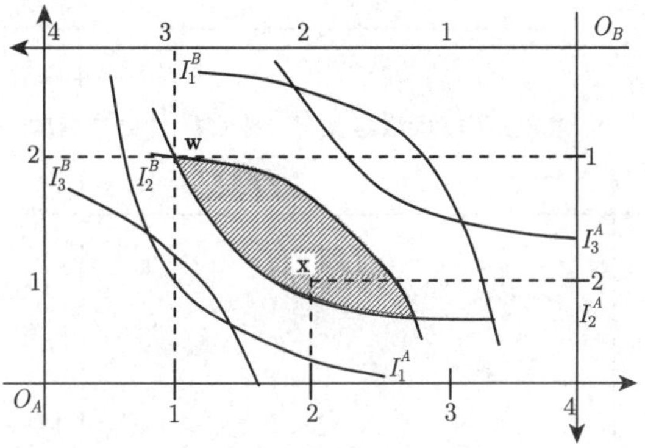

图 10.1 $\mathbf{w}_A = (1, 2)$ 和 $\mathbf{w}_B = (3, 1)$ 时的埃奇沃思盒

使用埃奇沃思盒的好处在于它给出了所有可行 (平衡) 交易点，即盒中的任意点 $\mathbf{x}$，都有

$$\mathbf{x}_A + \mathbf{x}_B = \mathbf{w}_A + \mathbf{w}_B, \tag{10.3.8}$$

其中，$\mathbf{x}_A = (x_A^1, x_A^2)$ 和 $\mathbf{x}_B = (x_B^1, x_B^2)$。因此，埃奇沃思盒中的每个点都表示了一个可达配置，即 $\mathbf{x}_A + \mathbf{x}_B = \mathbf{w}_A + \mathbf{w}_B$。

可以看出，经过 $\mathbf{w}$ 的由个体 A 和 B 的无差异曲线围成的区域，对双方来说都是效用可改进的，或者说至少有一方效用得到改进而另一方效用不会恶化的区域。即图 10.1 中的阴影部分 (shaded lens)。在埃奇沃思盒之外，任何点都是不可行的，至少有一种商品的总需求超出了总的初始禀赋。

埃奇沃思盒中的哪个点才是竞争均衡的呢？

在埃奇沃思盒中，一个人的预算线同时也是另外一个人的预算线。若两人的最优消费组合都相切于预算线的同一个点，那么这个点一定是一个竞争均衡配置，比如图 10.2 中的点 CE 是竞争均衡。

图 10.3 给出了市场调整到竞争均衡的过程。在初始价格 p 处，两个人都想得到更多的商品 2。这意味着商品 1 的价格 p^1 相对来说过高，以致该商品的总需求小于总的初始禀赋，从而导致了商品 1 的需求不足，而商品 2 存在短缺，以致有 $x_1^1 + x_2^1 < w_1^1 + w_2^1$ 以及 $x_1^2 + x_2^2 > w_1^2 + w_2^2$ 。因此，商品 1 的价格 p^1 将会调整下降到 $p^{1\prime}$。这导致预算线的斜率减小

(在几何上表现为更平坦)，直至达到均衡状态，使得总需求等于总供给。若均衡在内点处达到，两个消费者的无差异曲线将相切于预算线上的一点，此时两个消费者对两种商品的边际替代率相等，且等于两种商品的价格比。

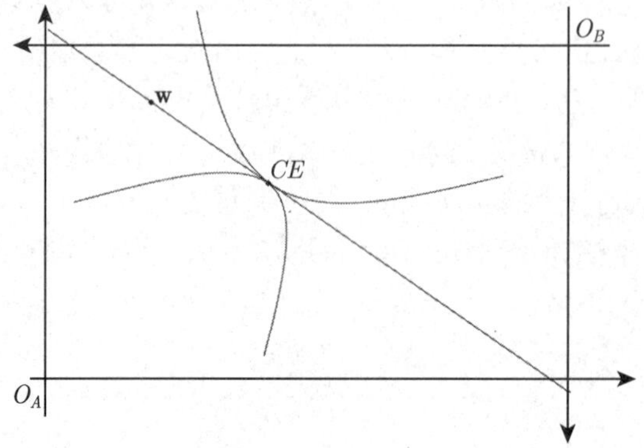

图 10.2　在埃奇沃思盒中，点 CE 是竞争均衡

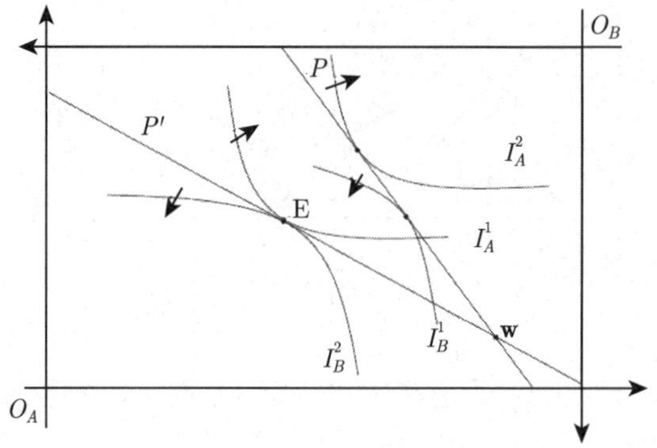

图 10.3　市场调整过程

这样，若是均衡内点解，则两个消费者的无差异曲线必定在均衡点处相切。是否所有的竞争均衡都是内点解呢？不一定。若不是内点，则两者在无差异曲线的任何地方都不相切。比如，当消费者的无差异曲线是线性函数时，竞争均衡可能在埃奇沃思盒的边界上 (见图 10.4)。

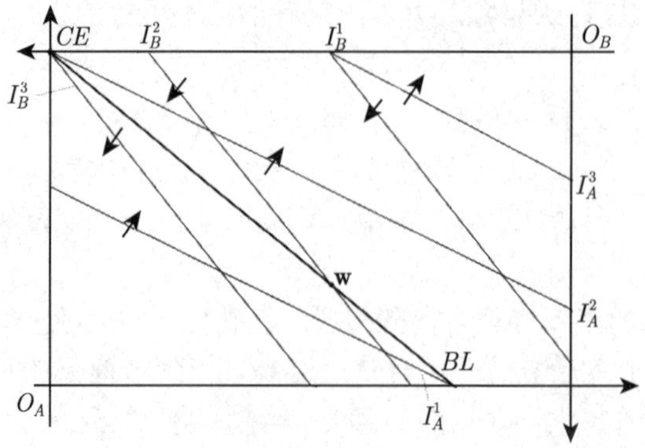

图 10.4　即使两个经济人的无差异曲线不相交，竞争均衡仍然存在

也就是，只要两个经济人的无差异曲线的斜率不相等，则它们在任何点都不可能相切。即便如此，竞争均衡仍然可能存在，我们可以参见图 10.5。其基本思想仍然是在预算约束下消费者使自身效用最大化。在角点处，均衡存在，但均衡价格并不唯一。

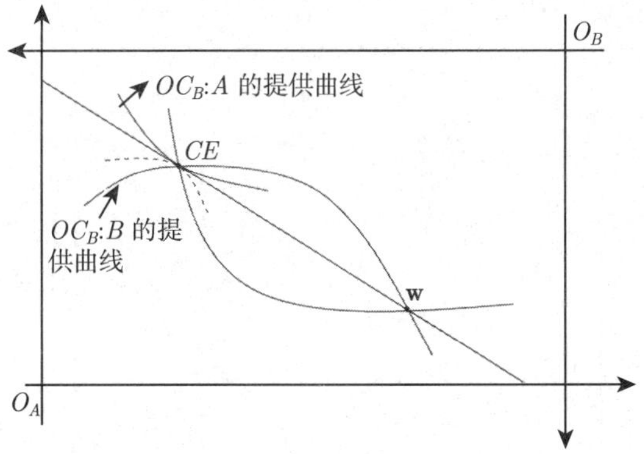

图 10.5 CE 为两个经济人的提供曲线的交点

另一种表示竞争均衡的方法是通过两者 "提供曲线"（offer curve）的交点来决定。如第 3 章所定义的那样，所谓**提供曲线**是价格变化时所有最优消费组别形成的轨迹（亦即无差异曲线与预算线的切点的集合）所产生的曲线，也被称为**供应条件曲线**或**需求曲线**。对每个消费者来说都有一条提供曲线。

两个消费者提供曲线的交点可用于检查竞争均衡是否存在。在图 10.5 中，我们可以看到消费者提供曲线的交点总是初始禀赋点。若除此之外还有另外一个提供曲线的交点，则该点必然是竞争均衡。

为了对竞争均衡加深理解，读者可以尝试用图给出以下几种情形下的竞争均衡：

（1）存在多个竞争均衡价格。

（2）一个消费者的偏好满足完全可替代性（即无差异曲线为线性函数）。

（3）一个消费者的偏好为**里昂惕夫型**(即完全互补的 (perfect complement))。

（4）一个消费者的偏好是非凸的。

（5）一个消费者的偏好为**"厚的" (thick)**。

（6）一个消费者的偏好是凸的，但有一个**饱和点 (satiation point)**。

注意，偏好关系 $\succcurlyeq_i$ 是凸的当且仅当对任意的 $t \in (0,1)$ 和任意的 $\mathbf{x}, \mathbf{x}' \in X_i$，若 $\mathbf{x} \succ_i \mathbf{x}'$，则有 $t\mathbf{x} + (1-t)\mathbf{x}' \succ_i \mathbf{x}'$。如果存在 $\mathbf{x} \succcurlyeq_i \mathbf{x}', \quad \forall \mathbf{x}' \in X_i$，则称 $\mathbf{x}$ 为偏好关系 $\succcurlyeq_i$ 的一个饱和点。

2. 瓦尔拉斯均衡可能不存在的情形

当偏好序不是连续的，或者偏好序不是强单调且初始禀赋不是消费集的内点，则竞争均衡可能不存在。为了保证均衡的存在性。在给出一般均衡存在性定理时，往往要增加避免这些情况出现的假设。下面给出两个反例。

例 10.3.1 (消费偏好非凸) 如果两个消费者的提供曲线除了禀赋点之外都不相交，则竞争均衡可能不存在。消费者偏好非凸可能导致消费者的提供曲线不连续，因而消费者的两条无差异曲线不相切，从而竞争均衡不存在，见图 10.6。当然，这只是一个极端的例子。也有可能消费者的偏好虽然非凸，竞争均衡仍可能存在。但为了证明竞争均衡的存在，我们不能放松消费者偏好为凸 的假定。这个例子也说明，在给出一个结果或者要证明一个结果之前，图解能帮助我们从直觉上理解问题，能启示我们找到正确答案的方向。

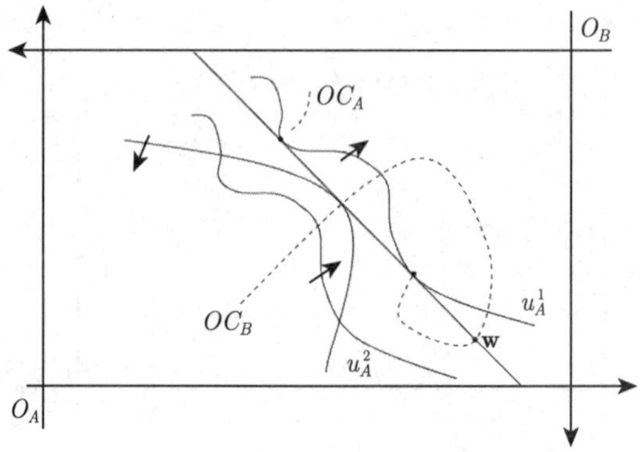

图 10.6 若无差异曲线非凸，竞争均衡可能不存在。在此情形下，两个经济人的提供曲线不相交

例 10.3.2 (非内点初始禀赋且偏好非强单调) 当初始禀赋不是消费空间的内点且偏好不是强单调时，即使消费者的偏好满足其他良好性质，竞争均衡也有可能不存在 (见图 10.7)。考虑以下交换经济，其中一个消费者的无差异曲线与某种商品的消费无关。不妨设 $u_B(x_B^1, x_B^2) = x_B^1$，即消费者 B 的无差异曲线是垂直线，此时偏好不是强单调的，尽管是单调的。消费者 A 有一个拟线性（quasi-linear）效用函数，比如，$u_A = \sqrt{x_A^1} + x_A^2$。初始禀赋为 $\mathbf{w}_A = (0, 1), \mathbf{w}_B = (1, 0)$。在这样的经济中，竞争均衡可能不存在 (见图 10.7)。为了论证这一点，分别考虑两种情形：

若 $p^1/p^2 > 0$，则

$$\begin{cases} x_B^1 = 1, \\ x_A^1 > 0, \end{cases} \tag{10.3.9}$$

从而有 $x_A^1(p) + x_B^1(p) > 1 = \hat{\mathbf{w}}^1$，导致总需求大于总的禀赋，因而竞争均衡不存在。

若 $p^1/p^2 = 0$，则 $x_B^1 = \infty$，超出了总的初始禀赋，因而竞争均衡不存在。

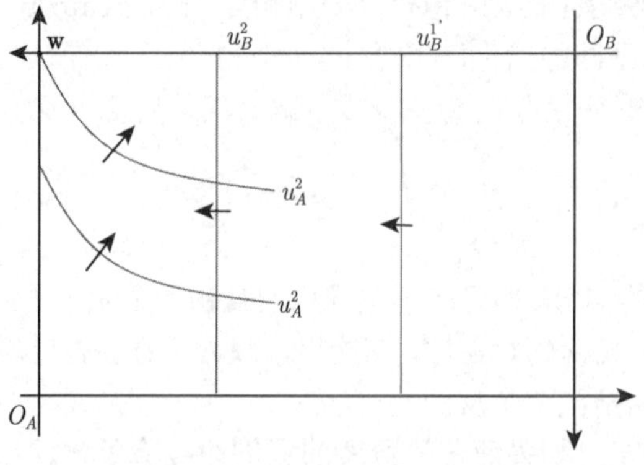

图 10.7 若其中一种商品的禀赋在埃奇沃思盒的边界上，竞争均衡可能不存在

这个例子说明，当禀赋不是内点且偏好不是强单调的时，可能导致竞争均衡不存在。因此，在证明竞争均衡时，人们需要加入内点禀赋或强单调这些条件。

10.3.2 单一消费者和生产者的鲁滨逊·克鲁索经济

另一种特殊情形是只有一个生产者和一个消费者，生产者同时也可能是消费者的经济，这样的经济在文献中被称为**鲁滨逊·克鲁索经济**。在该经济中，生产者投入劳动，生产出一种产品。消费者消费两种产品：闲暇时间和生产出来的产品。消费者的收入来自两部分：生产利润和初始禀赋。为了求解竞争均衡，我们首先解生产者利润最大化问题，由此可得最优生产计划及其最大利润，而且它们都是产品价格的函数。然后求解消费者效用最大化问题，得到产品的需求函数，其一阶条件是边际替代率等于产品价格之比。当产品的供给等于产品的需求而劳动投入等于劳动供给时，就确定了产品均衡价格和劳动均衡价格（工资）。这一例子也清楚地说明了竞争均衡的求解步骤。

下面我们正式介绍该模型。

两个经济人：一个生产者（即 $J=1$）和一个消费者（即 $n=1$）。

两种产品：闲暇和生产的产品。

$\omega=(\bar{L},0)$：初始禀赋。

$\bar{L}$：闲暇时间总量。

$f(z)$：严格递增、凹和可微的生产函数，其中，z 为劳动投入。为保证有内点解，假定 f 满足**稻田条件(Inada condition)**，即 $f'(0)=+\infty$，且 $\lim_{z\to 0}f'(z)z=0$。

(p,w)：消费品和劳动的价格。

$\theta=1$：单一个体经济，即经济中只存在一个消费者，且拥有企业。

$u(x^1,x^2)$：严格拟凹、递增和可微的效用函数。为保证有内点解，假定 u 满足**稻田条件**，即 $\dfrac{\partial u}{\partial x_i}(0)=+\infty$，且 $\lim_{x_i\to 0}\dfrac{\partial u}{\partial x_i}x_i=0$。

生产者的问题为确定劳动投入 z 使利润最大化，即求解如下问题：

$$\max_{z\geqq 0}(pf(z)-wz).$$

其（内点的）一阶最优性条件为：

$$pf'(z)=w,$$

或

$$\begin{aligned} f'(z)&=w/p,\\ (MRTS_{z,q}&=\text{价格比率}), \end{aligned} \tag{10.3.10}$$

即劳动对消费品 q 的边际技术替代率等于劳动投入和消费品产出的价格比率。

设

$q(p,w)=$ 企业利润最大化时的消费品产出。

$z(p,w)=$ 企业利润最大化时的劳动投入。

$\pi(p,w)=$ 企业利润最大化时的利润函数。

消费者的问题为确定闲暇时间和消费品的数量使自身效用最大化，即求解如下问题：

$$\max_{x^1,x^2} u(x^1,x^2)$$
$$\text{s.t.}\qquad px^2 \leqq w(\overline{L}-x^1)+\pi(p,w),$$

其中，x^1 为闲暇时间，x^2 为商品的消费量。上述问题的一阶最优性条件为：

$$\frac{\frac{\partial u}{\partial x^1}}{\frac{\partial u}{\partial x^2}}=\frac{w}{p}, \tag{10.3.11}$$

即闲暇对消费品 q 的边际替代率等于闲暇和消费品的价格比率，即 $MRS_{x^1x^2}=w/p$。

根据式 (10.3.10) 和式 (10.3.11)，我们有：

$$MRS_{x^1x^2}=\frac{w}{p}=MRTS_{z,q}. \tag{10.3.12}$$

该经济的竞争均衡包含了消费品和劳动的价格 (p^*,w^*)，它满足

$$\begin{aligned} x^2(p^*,w^*) &= q(p^*,w^*),\\ x^1(p^*,w^*) &+ z(p^*,w^*)=\overline{L}. \end{aligned}$$

这意味着两种商品的总需求等于总供给。图 10.8 分别给出了企业和消费者的最优化问题以及竞争均衡。

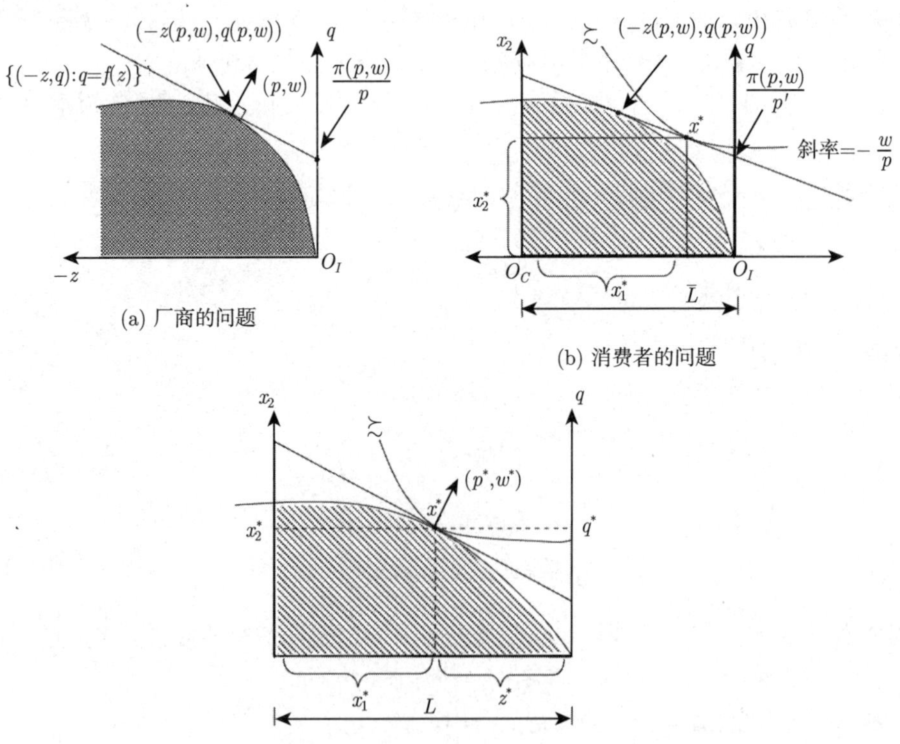

(a) 厂商的问题

(b) 消费者的问题

(c) 瓦尔拉斯均衡

图 10.8　生产者问题、消费者问题和竞争均衡图

10.4 竞争均衡的存在性

本节将对四种情形给出 10 个关于竞争均衡的存在性定理：(1) 单值超额需求函数；(2) 超额需求对应；(3) 一般的私有生产经济；(4) 非完备、非传递偏好交换经济竞争。前两种情形以超额需求为基础，该方法通过证明存在某个价格使得超额需求非正来证明均衡的存在性，然后再对经济人特征施加约束，使之满足这些存在性定理的条件。而后两种情形是对更一般的经济环境直接施加约束条件，来证明竞争均衡的存在性。

对上述四种情形，存在着多种证明竞争均衡存在的方法。我们可以用第 2 章介绍的不动点定理，如布劳威尔不动点 (Brouwer fixed point) 定理、角谷不动点定理、KKM 引理、变分不等式、迈克尔不动点定理、抽象经济均衡存在性等不同方法来证明竞争均衡的存在性。不过，所有这些数学工具的本质都还是不动点的思想。虽然瓦尔拉斯在 1874 年已经写出确定一般均衡价格的方程（总供给等于总需求的方程），但由于不动点定理当时还没有被发明出来，直到 20 世纪 50 年代初由于有了不动点定理，一般均衡的存在性才能够被严格地证明。

10.4.1 超额需求函数下竞争均衡的存在性

当总超额需求对应为单值函数时，竞争均衡的存在性结果较为容易证明。当偏好序和生产可能集都是严格凸的时，总超额需求对应为单值函数。总超额需求对应 $\hat{\mathbf{z}}(\mathbf{p})$ 的一个非常重要的性质是瓦尔拉斯律 (Walras' law)，通常以下面三种形式出现：

(1) 强瓦尔拉斯律（the strong Walras' law）

$$\mathbf{p} \cdot \hat{\mathbf{z}}(\mathbf{p}) = 0, \quad \forall \mathbf{p} \in \mathcal{R}^L_+;$$

(2) 弱瓦尔拉斯律（the weak Walras' law）

$$\mathbf{p} \cdot \hat{\mathbf{z}}(\mathbf{p}) \leqq 0, \quad \forall \mathbf{p} \in \mathcal{R}^L_+;$$

(3) 内点瓦尔拉斯律（the interior Walras' law）

$$\mathbf{p} \cdot \hat{\mathbf{z}}(\mathbf{p}) = 0, \quad \forall \mathbf{p} \in \mathcal{R}^L_{++}.$$

显然，强瓦尔拉斯律意味着弱瓦尔拉斯律，反之不成立。除非有混淆，**我们在随后的讨论中将强瓦尔拉斯律和内点瓦尔拉斯律一律简称为瓦尔拉斯律。**

总超额需求对应 $\hat{\mathbf{z}}(\mathbf{p})$ 的另外一个重要性质是关于价格向量 $\mathbf{p}$ 的零阶齐次性，即对任意 $\lambda > 0$，有 $\hat{\mathbf{z}}(\lambda\mathbf{p}) = \hat{\mathbf{z}}(\mathbf{p})$。由于零阶齐次性，我们可以根据需要对价格向量 $\mathbf{p}$ 按下述方式进行**标准化 (normalize)**：

(1) $p'^l = p^l/p^1, \quad l = 1, 2, \cdots, L$;

(2) $p'^l = p^l/\sum_{l=1}^L p^l$。

采用何种价格标准化方式，应根据问题来决定，当求解具体一般均衡解时，用第一种价格标准化方式；而当证明均衡的存在时，为了运用某个不动点定理，通常采用第二种标准化方式。

这样，不失一般性，我们只需将价格限制在如下**单纯形 (simplex)** 上，来考察竞争均衡的存在性：

$$S = \left\{ \mathbf{p} \in \mathcal{R}^L_+ : \sum_{l=1}^{L} p^l = 1 \right\}. \tag{10.4.13}$$

首先给出下面简单的竞争均衡存在性定理。

定理 10.4.1 (存在性定理 I)　对私有经济 $e = (\{X_i, \mathbf{w}_i, \succcurlyeq_i\}, \{Y_j\}, \{\theta_{ij};\})$，若 $\hat{\mathbf{z}}(\mathbf{p}) : S \to \mathcal{R}^L$ 是零阶齐次连续函数，且满足**弱瓦尔拉斯律**，则竞争均衡存在，即存在 $\mathbf{p}^* \in \mathcal{R}^L_+$，使得

$$\hat{\mathbf{z}}(\mathbf{p}^*) \leqq 0. \tag{10.4.14}$$

证明　为证明该定理，我们需要构造一个从某个紧凸集到该紧凸集的连续对应，然后根据布劳威尔不动点定理得到相关结论。①

定义从紧凸集 S 到自身的函数 $g : S \to S$：

$$g^l(\mathbf{p}) = \frac{p^l + \max\{0, \hat{z}^l(\mathbf{p})\}}{1 + \sum_{k=1}^{L} \max\{0, \hat{z}^k(\mathbf{p})\}}, \quad l = 1, 2, \cdots, L. \tag{10.4.15}$$

注意到，若 $f(\mathbf{x})$ 和 $h(\mathbf{x})$ 都是连续的，则 $\max\{f(\mathbf{x}), h(\mathbf{x})\}$ 连续。这样，上面所定义的函数 g 是连续的。

由于 g 连续及 S 是紧凸集，则根据布劳威尔不动点定理，存在价格向量 $\mathbf{p}^*$，使得 $g(\mathbf{p}^*) = \mathbf{p}^*$，即

$$p^{*l} = \frac{p^{*l} + \max\{0, \hat{z}^l(\mathbf{p}^*)\}}{1 + \sum_{k=1}^{L} \max\{0, \hat{z}^k(\mathbf{p}^*)\}}, \quad l = 1, 2, \cdots, L. \tag{10.4.16}$$

下面我们证明不动点 $\mathbf{p}^*$ 就是我们要证明的竞争均衡价格向量。

在式 (10.4.16) 同乘以 $1 + \sum_{k=1}^{L} \max\{0, \hat{z}^k(\mathbf{p}^*)\}$，有：

$$p^{*l} \sum_{k=1}^{L} \max\{0, \hat{z}^k(\mathbf{p}^*)\} = \max\{0, \hat{z}^l(\mathbf{p}^*)\}. \tag{10.4.17}$$

在上述方程两端同乘以 $\hat{z}^l(\mathbf{p}^*)$ 并关于 l 累加，得：

$$\left[\sum_{l=1}^{L} p^{*l} \hat{z}^l(\mathbf{p}^*) \right] \left[\sum_{l=1}^{L} \max\{0, \hat{z}^l(\mathbf{p}^*)\} \right] = \sum_{l=1}^{L} \hat{z}^l(\mathbf{p}^*) \max\{0, \hat{z}^l(\mathbf{p}^*)\}. \tag{10.4.18}$$

由弱瓦尔拉斯律，$\sum_{l=1}^{L} p^{*l} \hat{z}^l(\mathbf{p}^*) \leqq 0$，且 $\sum_{l=1}^{L} \max\{0, \hat{z}^l(\mathbf{p}^*)\} \geqq 0$，我们有：

$$\sum_{l=1}^{L} \hat{z}^l(\mathbf{p}^*) \max\{0, \hat{z}^l(\mathbf{p}^*)\} \leqq 0. \tag{10.4.19}$$

由于上述和式中的每一项或者为 0，或者为 $(\hat{z}^l(\mathbf{p}^*))^2 \geqq 0$，因此，为了保证上述和式小于或等于零，其每一项都必须为 0，即有 $\hat{z}^l(\mathbf{p}^*) \leqq 0$，$l = 1, \cdots, L$。证毕。 □

① 布劳威尔不动点定理：若 X 是紧凸集，$f : X \to X$ 是 X 到 X 上的连续对应映射，则 f 在 X 上必然有一个不动点 $\mathbf{x}$。

注 不要将总超额需求函数同瓦尔拉斯律混淆。即使瓦尔拉斯律成立，我们也不能保证有 $\hat{\mathbf{z}}(\mathbf{p}) \leqq 0, \forall p$。反之，若存在 $\mathbf{p}^*$ 使得 $\hat{\mathbf{z}}(\mathbf{p}^*) \leqq 0$，即 $\mathbf{p}^*$ 为竞争均衡价格向量，瓦尔拉斯律也可能不成立，除非某些类型的单调性条件（如局部非饱和性条件）成立。

事实 10.4.1 (免费商品) 若瓦尔拉斯律成立，且 $\mathbf{p}^*$ 是使得 $\hat{z}^l(\mathbf{p}^*) < 0$ 的竞争均衡价格向量，则 $p^{*l} = 0$。

证明 若不然，则 $p^{*l} > 0$。因此有 $p^{*l}\hat{z}^l(\mathbf{p}^*) < 0$，从而有 $\mathbf{p}^*\hat{\mathbf{z}}(\mathbf{p}^*) < 0$，这与瓦尔拉斯律相矛盾。 □

定义 10.4.1 (可欲商品 (desirable goods)) 若 $p^l = 0$，则 $\hat{z}^l(\mathbf{p}) > 0$，我们称这种商品为**可欲商品**。

事实 10.4.2 (可达均衡配置) 设 $\mathbf{p}^*$ 是竞争均衡价格向量。若所有商品都是可欲的，且强瓦尔拉斯律成立，则 $\mathbf{p}^* > 0$，且 $\hat{\mathbf{z}}(\mathbf{p}^*) = 0$。

证明 既然是可欲商品，必定有 $\mathbf{p}^* > 0$。现证明 $\hat{\mathbf{z}}(\mathbf{p}^*) = 0$。若不然，存在 l，使得 $\hat{z}^l(\mathbf{p}^*) < 0$。于是，由事实 10.4.1，有 $p^{*l} = 0$，与 $p^{*l} > 0$ 矛盾。 □

事实 10.4.3 设瓦尔拉斯律成立，若对 $\mathbf{p} > 0$, $(L-1)$ 个市场出清，则另外的第 L 个市场也必定出清，从而 $\mathbf{p} > 0$ 是竞争均衡价格。于是，根据瓦尔拉斯律，为了验证价格向量 $\mathbf{p} > 0$ 是竞争均衡价格，我们只需验证其中 $L-1$ 个市场是否出清即可。这样，通过令某种商品价格为 1 的规格化后，可简化竞争均衡的计算，特别是对两种商品的情况。

上述存在性定理假定超额需求函数在闭单纯形 S 上有定义且连续，即使在价格为零处也是如此，显然在许多情况下并不成立。比如，对强单调增的标准效用函数，当某种商品的价格为 0 时，其需求量将会无限大，使得总超额需求没定义，从而不能采用上述定理来论断竞争均衡的存在性。因此我们需要在偏好强单调下也能证明均衡的存在性。下面介绍这样的一个结果。其证明较复杂。读者应该至少了解该定理的五个基本条件以及定理证明的大致思路，尤其需要注意该定理条件同上述定理条件的区别。

定理 10.4.2 (存在性定理 II) 对私有经济 $e = (\{X_i, \mathbf{w}_i, \succcurlyeq_i\}, \{Y_j\}, \{\theta_{ij}\})$，设定义在正价格系统上的总超额需求函数 $\hat{\mathbf{z}}(\mathbf{p}) : \mathcal{R}^L_{++} \to \mathcal{R}^L$ 满足如下条件：

(1) $\hat{\mathbf{z}}(\cdot)$ 连续；

(2) $\hat{\mathbf{z}}(\cdot)$ 零阶齐次；

(3) $\mathbf{p} \cdot \hat{\mathbf{z}}(\mathbf{p}) = 0, \quad \forall \mathbf{p} \in \mathcal{R}^L_{++}$ (内点瓦尔拉斯律)；

(4) 存在 $s > 0$，使得 $\hat{z}^l(\mathbf{p}) > -s, \forall l, \forall \mathbf{p} \in \mathcal{R}^L_{++}$ (总超额需求下有界)；

(5) 若 $\mathbf{p}_k \to \mathbf{p}$，其中，$\mathbf{p} \neq 0$，且对某个 l，$p^l = 0$，则

$$\max\{\hat{z}^1(\mathbf{p}_k^*), \cdots, \hat{z}^L(\mathbf{p}_k^*)\} \to \infty.$$

则存在 $\mathbf{p}^* \in \mathcal{R}^L_{++}$，使得

$$\hat{z}(\mathbf{p}^*) = 0, \tag{10.4.20}$$

从而 $\mathbf{p}^*$ 是竞争均衡。

证明 由于 $\hat{z}(\cdot)$ 是零阶齐次的，我们只需在单纯形 S 上考察均衡的存在性。记 S 内点的集合为 $\operatorname{int} S$。我们希望构造一个从 S 到 S 的对应 F，其任意的不动点 $\mathbf{p}^*$ 都是竞争均衡，即若 $\mathbf{p}^* \in F(\mathbf{p}^*)$ 成立，则 $\hat{\mathbf{z}}(\mathbf{p}^*) = 0$。

定义对应 $F: S \to 2^S$ 如下

$$F(\mathbf{p}) = \begin{cases} \{\mathbf{q} \in S : \hat{\mathbf{z}}(\mathbf{p}) \cdot \mathbf{q} \geqq \hat{\mathbf{z}}(\mathbf{p}) \cdot \mathbf{q}', \forall \mathbf{q}' \in S\}, & 若\mathbf{p} \in \mathrm{int}S, \\ \{\mathbf{q} \in S : \mathbf{p} \cdot \mathbf{q} = 0\}, & 若\mathbf{p}在边界上. \end{cases}$$

根据以上 $F(\cdot)$ 的定义，给定 $\mathbf{p} \in \mathrm{int}\ S$，$\forall q \in F(\mathbf{p})$，$q$ 在 S 上最大化了总超额需求 $\hat{\mathbf{z}}(\mathbf{p})$（也就是在单纯形 S 上，对以 $\hat{\mathbf{z}}(\mathbf{p})$ 为系数向量，q' 为变量的线性函数求最大值，从而对具有最大系数的变量赋予尽可能大的值，也就是对超额需求 $\hat{\mathbf{z}}(\mathbf{p})$ 超出最多的商品，赋予最大的价格（权重）而得到）。这样，$F(\cdot)$ 可被视为一种调整价格规则，其调整方向为消除任意的超额需求，对超额需求最多的商品制定最高的价格，使其超额需求量下降。特别地，我们有

$$F(\mathbf{p}) = \{\mathbf{q} \in S : q^l = 0, 若\ \hat{z}^l(\mathbf{p}_k) < \max\{\hat{z}^1(\mathbf{p}_k), \cdots, \hat{z}^L(\mathbf{p}_k)\}\}.$$

注意到，对 $\mathbf{p} \in \mathrm{int}\,S$，若 $\mathbf{z}(\mathbf{p}) \neq 0$，则根据内点瓦尔拉斯律，存在 l 和 $l' \neq l$，使得 $z^l(\mathbf{p}) < 0$ 和 $z^{l'}(\mathbf{p}) > 0$。从而，对这样的 $\mathbf{p}$，若 $\mathbf{q} \in F(\mathbf{p})$，则存在 l，使得 $q^l = 0$（为了使超额需求向量的值最大）。因此，若 $\mathbf{z}(\mathbf{p}) \neq 0$，则 $F(\mathbf{p}) \subseteq S \setminus \mathrm{int}S$，即 $F(\mathbf{p})$ 为 S 边界的子集。相应地，若 $\mathbf{z}(\mathbf{p}) = 0$，则 $F(\mathbf{p}) = S$（这是由于所有系数为零的线性函数的最大值集合就是整个区域 S）。

下面证明对应 F 是非空紧凸值的上半连续对应。首先，根据上述构造，对应 F 显然是紧凸值的。当 $\mathbf{p} \in \mathrm{int}\,S$ 时，使 $\hat{\mathbf{z}}(\mathbf{p}) \cdot \mathbf{q}$ 取最大值的价格向量 $\mathbf{q}$ 组成的集合 $F(\mathbf{p})$ 非空。当 $\mathbf{p}$ 属于 S 的边界时，至少存在一种商品 l，其价格为 $p^l = 0$。因而存在 $\mathbf{q} \in S$，使得 $\mathrm{p} \cdot \mathbf{q} = 0$，这意味着 $F(\mathbf{p})$ 也是非空的。

现证明对应 F 是上半连续的，或等价地证明它具有闭图（由于空间 S 是紧的，对应 F 的上半连续性和它具有闭图是等价的），即对任意 $\mathbf{q}_t \in F(\mathbf{p}_t)$，$\mathbf{p}_t \to \mathbf{p}$ 和 $\mathbf{q}_t \to \mathbf{q}$，我们有 $\mathbf{q} \in F(\mathbf{p})$。分两种情形进行考虑：

情形 1: $\mathbf{p} \in \mathrm{int}\,S$。当 k 充分大时，有 $\mathbf{p}_k \in \mathrm{int}\,S$。由 $\mathbf{q}_k \cdot \hat{\mathbf{z}}(\mathbf{p}_k) \geqq \mathbf{q}' \cdot \hat{\mathbf{z}}(\mathbf{p}_k), \forall \mathbf{q}' \in S$ 和 $\hat{\mathbf{z}}(\cdot)$ 的连续性，可得 $\mathbf{q} \cdot \hat{\mathbf{z}}(\mathbf{p}) \geqq \mathbf{q}' \cdot \hat{\mathbf{z}}(\mathbf{p}), \forall \mathbf{q}' \in S$，即 $\mathbf{q} \in F(\mathbf{p})$。

情形 2: $\mathbf{p}$ 是 S 的边界上的点。对任意满足 $p^l > 0$ 的 l，我们希望证明对充分大的 k，都有 $q_k^l = 0$，从而 $q^l = 0$，于是有 $\mathbf{q} \in F(\mathbf{p})$。由于 $p^l > 0$，存在 $\epsilon > 0$，使得当 k 充分大时，有 $p_k^l > \epsilon$。若 $\mathbf{p}_k$ 也在 S 的边界上，则根据 $F(\mathbf{p}_k)$ 的定义，$q_k^l = 0$。若 $\mathbf{p}_k \in \mathrm{int}\ S$，则根据条件 (4) 和 (5)，对充分大的 k，我们必然有：

$$\hat{z}^l(\mathbf{p}_k) < \max\{\hat{z}^1(\mathbf{p}_k), \cdots, \hat{z}^L(\mathbf{p}_k)\},$$

从而也有 $q_k^l = 0$。为证明上述不等式，根据条件 (5)，当 $k \to +\infty$ 时，上述不等式的右边趋于 $+\infty$ (由于 $\mathbf{p}$ 是 S 边界上的点，当 $k \to \infty$ 时，某些商品的价格趋于 0)。但上述不等式的左边有上界。的确如此，若上式左边为正，则

$$\hat{z}^l(\mathbf{p}_k) \leqq \frac{1}{\epsilon} p_k^l \hat{z}^l(\mathbf{p}_k) = -\frac{1}{\epsilon} \sum_{l' \neq l} p_k^{l'} \hat{z}^{l'}(\mathbf{p}_k) < \frac{s}{\epsilon} \sum_{l' \neq l} p_k^{l'} < \frac{s}{\epsilon},$$

其中 s 是由条件 (4) 给出的超额供给的界。这样，我们证明了对任意满足 $p^l > 0$ 的 l，当 k 充分大时，都有 $q_k^l = 0$，从而有 $q^l = 0$。这就意味着 $\mathbf{p} \cdot \mathbf{q} = 0$，从而 $\mathbf{q} \in F(\mathbf{p})$。这样，$F$ 必然是上半连续的。

因此，对应 F 是取非空紧凸值的上半连续对应。根据角谷不动点定理，存在 $\mathbf{p}^* \in S$，$\mathbf{p}^* \in F(\mathbf{p}^*)$。

最后我们证明任意 F 的不动点 $\mathbf{p}^*$ 都是竞争均衡。设 $\mathbf{p}^* \in F(\mathbf{p}^*)$。首先，$\mathbf{p}^*$ 不可能是 S 边界上的点。不然的话，根据 $F(\cdot)$ 在 S 边界上的定义，就有 $\mathbf{p}^* \cdot \mathbf{p}^* = 0$，矛盾。因此，必然有 $\mathbf{p}^* \in \operatorname{int} S$。若 $\hat{\mathbf{z}}(\mathbf{p}^*) \neq 0$，则前面已证 $F(\mathbf{p}^*)$ 必为 S 的边界的子集，与 $\mathbf{p}^*$ 不可能是 S 边界上的点矛盾。因此，若 $\mathbf{p}^* \in F(\mathbf{p}^*)$，就有 $\hat{\mathbf{z}}(\mathbf{p}^*) = 0$。定理得证。 □

可以看到，上述两个存在性定理都有其适用条件。对什么样的经济环境适用哪个定理是很重要的。特别地，若偏好是严格递增的，则我们需要使用存在性定理 II，而不能使用存在性定理 I。

10.4.2 个体经济特征下竞争均衡的存在性

上述竞争均衡存在性定理都是对总超额需求函数施加约束得到的，而不是直接针对个体经济特征施加约束而得到。我们更希望的是不需求出总超额需求而直接根据个人经济特征就能判断竞争均衡是否存在。比如，经济人的经济特征应满足何种条件才能使得预算约束在等式处成立，且总超额需求对应为单值和连续的呢？本节给出这样的结果，使之能用以上存在性定理来推断竞争均衡的存在性。

我们将应用下面所述偏好的不同单调性和凸性来回答上述问题。这些概念以从强到弱的顺序排列。

从上述定理中我们可以看到瓦尔拉斯律对证明竞争均衡存在非常关键。那么，在何种条件下瓦尔拉斯律成立呢？

1. 瓦尔拉斯律成立的充分条件

首先，若所有消费者的预算线在等式处成立：

$$\mathbf{p}\mathbf{x}_i = \mathbf{p}\mathbf{w}_i + \sum_{j=1}^{J} \theta_{ij}\mathbf{p}\mathbf{y}_j, \forall i,$$

我们有

$$\begin{aligned}\sum_{i=1}^{n} \mathbf{p}\mathbf{x}_i(\mathbf{p}) &= \sum_{i=1}^{n} \mathbf{p}\mathbf{w}_i + \sum_{i=1}^{n}\sum_{j=1}^{J} \theta_{ij}\mathbf{p}\mathbf{y}_j \\ &= \sum_{i=1}^{n} \mathbf{p}\mathbf{w}_i + \sum_{j=1}^{J} \mathbf{p}\mathbf{y}_j,\end{aligned}$$

这意味着

$$\mathbf{p}\left[\sum_{i=1}^{n} \mathbf{x}_i(\mathbf{p}) - \sum_{i=1}^{n} \mathbf{w}_i - \sum_{j=1}^{J} \mathbf{y}_j\right] = 0, \tag{10.4.21}$$

从而有

$$\mathbf{p} \cdot \hat{\mathbf{z}} = 0. \tag{10.4.22}$$

因此，只要总超额需求在所定义的价格区域有定义，且预算约束对所有的价格按等式成立，瓦尔拉斯律 (Walras' law) 在此区域必然成立。那么，什么样的条件能保证 (强或内点) 瓦尔拉斯律成立呢？

2. 单调性偏好的类型

回顾以下各种关于偏好的单调性：

(1) **强单调性(strong monotonicity)**：对任意两个消费束 $\mathbf{x}_i, \mathbf{x}'_i \in X_i$，若 $\mathbf{x}_i \geqslant \mathbf{x}'_i$（即 $\mathbf{x}_i \geqq \mathbf{x}'_i$，且 $\mathbf{x}_i \neq \mathbf{x}'_i$），则 $\mathbf{x}_i \succ_i \mathbf{x}'_i$。

即，若其中一种商品数量增加，其他商品至少不减少，新的组合就严格好于原来的组合。这样，强单调性意味着通常所说的越多越好的假设。

(2) **单调性(monotonicity)**：对任意两个消费束 $\mathbf{x}_i, \mathbf{x}'_i \in X_i$，若 $\mathbf{x}_i > \mathbf{x}'_i$，则 $\mathbf{x}_i \succ_i \mathbf{x}'_i$。

即，若偏好满足单调性，则意味着对任意两个消费组合，只要一个消费组合中每种商品的消费量大于另外一个消费组合中每种商品的消费量，则消费者在前者中的效用比在后者大。这样，单调性意味着每个商品都是“好的”商品而不是“坏的”商品。

(3) **弱单调性 (weak monotonicity)**：若对任意的 $\mathbf{x} \geqq \mathbf{y}$，有 $\mathbf{x} \succcurlyeq \mathbf{y}$，则称偏好序 $\succcurlyeq$ **是弱单调的**。

弱单调性意味着每个商品都不是“坏的”商品。

(4) **局部非饱和性(local non-satiation)**：对任意的 $\mathbf{x}_i \in X_i$ 和其任意邻域 $N(\mathbf{x}_i)$，都存在 $\mathbf{x}'_i \in N(\mathbf{x}_i)$，使得 $\mathbf{x}'_i \succ_i \mathbf{x}_i$。

即，若偏好满足局部非饱和性，则意味着在任一消费组合的任何一个邻域内，总有一个新的消费组合给消费者带来的效用更大。这样，局部非饱和性假设意味着人们总是可以通过消费组合的微小调整来提高自己的满足感。

(5) **非饱和性(non-satiation)**：对任意的 $\mathbf{x}_i \in X_i$，存在 $\mathbf{x}'_i$，使得 $\mathbf{x}'_i \succ_i \mathbf{x}_i$。

即，若偏好满足非饱和性，则意味着对任一消费组合，总存在另外一个消费组合给消费者带来的效用更大，即局部非饱和性是说人们总是可以通过消费组合的微小调整来提高自己的满足感。非饱和性意味着个体的欲望是无止境的。

注　以上偏好的各种单调性都是个体追求自身利益的体现，给出了个体对商品欲望的强烈程度，除弱单调性外，都意味着个体对商品的欲望是无穷的。如第 3 章中所指出的那样，这些单调性被不同的教科书采用，它们有如此关系：**强单调性意味着单调性和弱单调性；单调性意味着局部非饱和性；局部非饱和性意味着非饱和性**。然而，**单调性一般不一定意味着弱单调性，除非偏好是连续的**（参见命题 3.3.1）。

3. 凸偏好的类型

回顾以下各种关于偏好的凸性：

假定 X_i 是凸集，$\succcurlyeq_i$ 是定义在 X_i 上的偏好序，$\mathbf{x}_i$ 和 $\mathbf{x}'_i$ 是 X 中两个不同的消费组合，对所有的 $\lambda \in (0,1)$，我们有：

(1) **严格凸性(strict convexity)**：若 $\mathbf{x}_i \succcurlyeq_i \mathbf{x}'_i$，则 $x_{i\lambda} \equiv \lambda\mathbf{x}_i + (1-\lambda)\mathbf{x}'_i \succ_i \mathbf{x}'_i$。

(2) **强凸性(strong convexity)**：若 $\mathbf{x}'_i \sim \mathbf{x}_i$，则 $x_{i\lambda} = \lambda\mathbf{x}_i + (1-\lambda)\mathbf{x}'_i \succ_i \mathbf{x}_i$。

(3) **凸性(convexity)**：若 $\mathbf{x}_i \succ_i \mathbf{x}'_i$，则 $x_{i\lambda} = \lambda\mathbf{x}_i + (1-\lambda)\mathbf{x}'_i \succ_i \mathbf{x}'_i$。

(4) **弱凸性(weak convexity)**：若 $\mathbf{x}_i \succcurlyeq_i \mathbf{x}'_i$，则 $x_{i\lambda} = \lambda\mathbf{x}_i + (1-\lambda)\mathbf{x}'_i \succcurlyeq_i \mathbf{x}'_i$。

如第 3 章所指出的那样，本书所给出的弱凸性定义在大多数经典教科书中被称为凸性，而我们称之为凸性的定义则来自德布鲁《价值论》（1959）中所给出的定义。强凸性 (见图 10.9) 也是来自德布鲁《价值论》（1959）。当偏好关系满足凸性时，无差异曲线包含直线段，而强凸性不包含直线段（见图 10.10）；当偏好关系满足弱凸性时，它包括有厚度的无差异曲线（见图 10.11），而凸性不包含有厚度的无差异曲线。显然，偏好的严格凸性意味着凸性和弱凸性，而凸性却不一定推出弱凸性。然而，当偏好是连续的时，强凸性意味着凸性，凸性意味着弱凸性，并且强凸性和严格凸性是等价的（参见命题 3.3.2）。

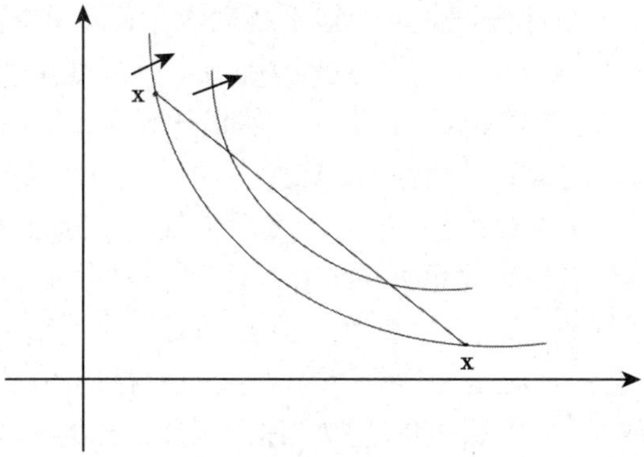

图 10.9　强凸无差异曲线

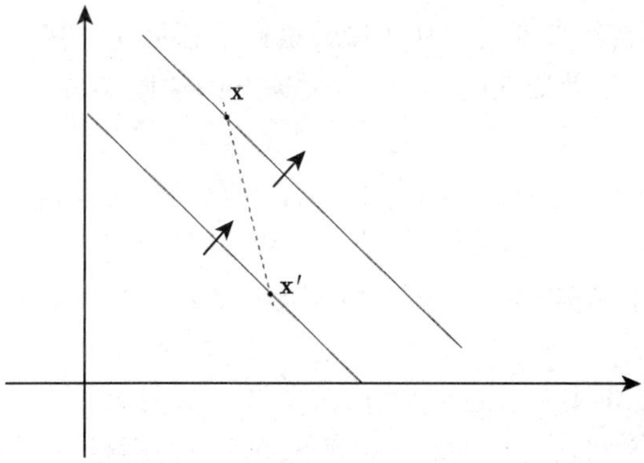

图 10.10　线性无差异曲线是凸的，但不是严格凸的

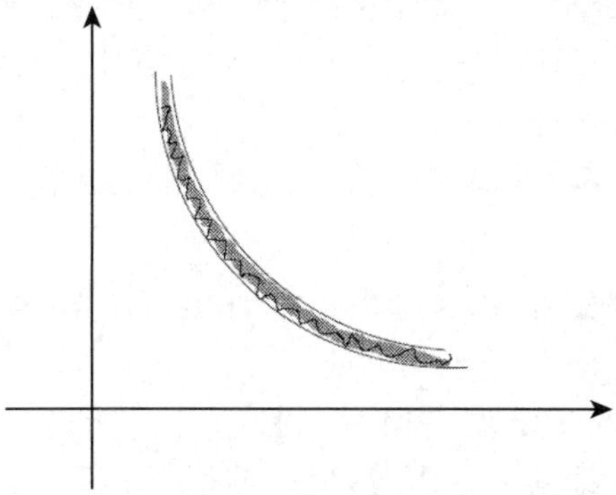

图 10.11　“厚”无差异曲线是弱凸的，但不是凸的

注　若偏好 $\succcurlyeq_i$ 满足凸性，则由非饱和性可以推出局部非饱和性。读者可自行证明该结论。

注　$\succcurlyeq_i$ 的严格凸性等价于偏好的无差异曲线的边际替代率严格递减。当偏好能被效用函数表示时，$\succcurlyeq_i$ 的严格凸性和弱凸性分别等价于其效用函数是严格凹函数和拟凹函数。同时注意到 $\succcurlyeq_i$ 的连续性保证了连续效用函数 $u_i(\cdot)$ 的存在性。

注　如第 3 章所述，以上各类凸性都意味着人们有消费多样化的倾向：两个商品组合的加权平均不可能比单独任一商品组合的效用都要差。人们偏好于消费的多元化具有普遍性，一般情形下都成立。例如，在穿衣和饮食上人们就偏好于多元化。

并且，如第 3 章所述，凸性假设非常类似于心理学、幸福学中的两个极为重要的规律：反差 (contrast) 律和适应 (adaptation) 律。这两个效应，从本质上看，就是个体偏好的凸性效应在起作用。心理学中的适应律表明，人们对一件新鲜事物之所以适应很快，或兴趣减少，或喜新厌旧，其实就是人们的偏好是凸性的。比如当你买下一件漂亮衣服或一辆好车后，新鲜感会很快过去，所以快乐感不会维持很久，这实际上就是边际替代效用减少在起作用。若你的快乐都来自物质，你会很自然地想去买更好、更贵的东西，以此得到刺激感。这造成了人们往往一生都需要追着钱跑。其实，反差效应和适应效应是一对矛盾的两方面。可做这样一个实验：有两盆水，一盆的水温是 20 摄氏度，一盆的水温是 40 摄氏度。若你把左手放在 20 摄氏度的水中，右手放在 40 摄氏度的水中，你会有什么样的感觉呢？开始时，你的感觉是：左手有些凉，右手有些热。但是几分钟后，你既不觉得左手有多冷，也不会觉得右手有多热，这就是你的适应效应在起作用了。但是，若这个时候你把手拿出来，然后同时放进一盆 30 摄氏度的水中，那么感觉是什么呢？那就是你会感觉左手热而右手冷，会觉得 30 摄氏度的水更加热，这就是反差效应在起作用。因而偏好凸性假设可视为市场经济对多元化偏好基本性质的正式表示。

现在我们回答在何种条件下瓦尔拉斯律成立以及在何种条件下需求对应为凸值对应或单值函数。下述命题回答了这些问题，证明较简单，留给读者。

命题 10.4.1　*若偏好满足局部非饱和性，则最优消费组合在约束线上，从而瓦尔拉斯律成立。*

命题 10.4.2　*若偏好 $\succcurlyeq_i$ 满足严格凸性，则 $\mathbf{x}_i(\mathbf{p})$ 为单值函数。*

命题 10.4.3　*若偏好满足弱凸性，则需求对应 $\mathbf{x}_i(\mathbf{p})$ 为凸值对应。*

现考察产品供给对应是单值的条件。

定义 10.4.2 (生产集的严格凸性)　我们称生产集 Y_j 是**严格凸的**，若对任意的 $\mathbf{y}_j^1 \in Y_j$ 和 $\mathbf{y}_j^2 \in Y_j$，凸组合 $\lambda\mathbf{y}_j^1 + (1-\lambda)\mathbf{y}_j^2 \in \operatorname{int} Y_j$, $\forall 0 < \lambda < 1$，其中 $\operatorname{int} Y_j$ 表示 Y_j 的内部。

于是，我们有下述命题。

命题 10.4.4　*若 Y_j 是紧集(即有界闭集)，且严格凸，则供给对应 $\mathbf{y}_j(\mathbf{p})$ 有定义，且是连续单值函数。*

证明　根据最大值定理（见定理 3.7.4），由于对 $\forall \mathbf{p} \in R_+^L$，$Y_j$ 紧且 $0 \in Y_j$，我们可知 $\mathbf{y}_j(\mathbf{p})$ 为非空的上半连续对应。

下面我们证明 $\mathbf{y}_i(\mathbf{p})$ 是单值函数。若不然，设 $\mathbf{y}_j^1$ 和 $\mathbf{y}_j^2$ 为当 $\mathbf{p} \in \mathcal{R}_+^L$ 时的两个利润最大化生产计划，则有 $\mathbf{p}\mathbf{y}_j^1 = \mathbf{p}\mathbf{y}_j^2$。根据 Y_j 的严格凸性，我们有 $\lambda\mathbf{y}_j^1 + (1-\lambda)\mathbf{y}_j^2 \in \operatorname{int}Y_j, \forall 0 < \lambda < 1$。因此，存在 $t > 1$，使得

$$t[\lambda\mathbf{y}_j^1 + (1-\lambda)\mathbf{y}_j^2] \in \operatorname{int} Y_j. \tag{10.4.23}$$

从而有 $t[\lambda\mathbf{p}\mathbf{y}_j^1 + (1-\lambda)\mathbf{p}\mathbf{y}_j^2] = t\mathbf{p}\mathbf{y}_j^1 > \mathbf{p}\mathbf{y}_j^1$，这与 $\mathbf{y}_j^1$ 为利润最大化生产计划的假定相矛盾。因此 $\mathbf{y}_j(\mathbf{p})$ 为单值函数。由于单值的上半连续性对应是连续的，$\mathbf{y}_j(\mathbf{p})$ 为连续单值函数。 □

现在我们回答在什么样的情形下瓦尔拉斯律成立，总超额对应是单值连续函数。

命题 10.4.5 对所有的消费者，设下面的条件成立:

(1) $X_i = \mathcal{R}_+^L$；

(2) $\mathbf{w}_i \geqslant 0$，$\sum_{i\in N}\mathbf{w}_i > 0$；

(3) $\succcurlyeq_i$ 连续、严格凸、局部非饱和；

(4) Y_j 紧、严格凸，且 $0 \in Y_j$，$j = 1, 2, \cdots, J$。

则对所有的 $\mathbf{p} \in \mathcal{R}_{++}^L$，我们有

(1) 个人需求对应 $\mathbf{x}_i(\mathbf{p})$ 是单值连续函数，从而总超额需求对应是单值连续函数；

(2) 内点瓦尔拉斯律成立。

下面的图 10.12 刻画了当个体偏好连续时，其上优集和下优集都是闭集。

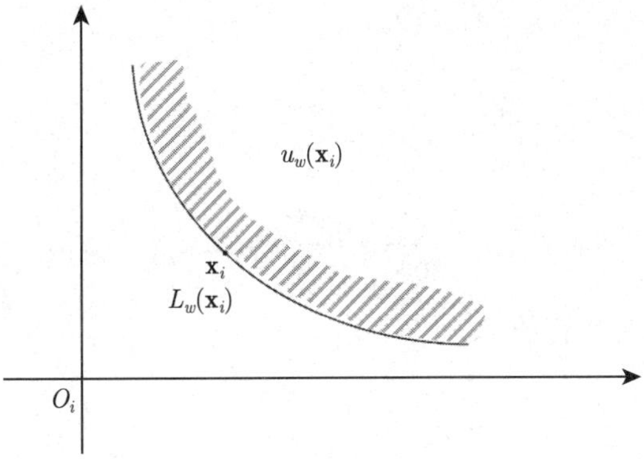

图 10.12 上优集 $U_w(\mathbf{x}_i)$ 为无差异曲线之上的所有点组成的集合，下优集 $L_w(\mathbf{x}_i)$ 为无差异曲线之下的所有点组成的集合。回顾：$\succcurlyeq_i$ 连续当且仅当上优集 $U_w(\mathbf{x}_i) \equiv \{\mathbf{x}_i' \in X_i | \mathbf{x}_i' \succcurlyeq_i \mathbf{x}_i\}$ 和下优集 $L_w(\mathbf{x}_i) \equiv \{\mathbf{x}_i' \in X_i | \mathbf{x}_i' \preccurlyeq_i \mathbf{x}_i\}$ 对所有的 $\mathbf{x}_i$ 是闭集

证明 为了证明总超额需求对应是单值连续函数，我们应用最大值定理先证明总超额需求对应是上半连续的。为此，我们需证明，对所有的 $\mathbf{w}_i \geqslant 0$ 和 $\mathbf{p} > 0$，由预算约束集

$$B_i(\mathbf{p}) = \left\{\mathbf{x}_i \in X_i : \mathbf{p}\mathbf{x}_i \leqq \mathbf{p}\mathbf{w}_i + \sum_{j=1}^{J}\theta_{ij}\mathbf{p}\mathbf{y}_i(\mathbf{p})\right\}$$

所定义的对应 B_i 是一个非空紧值的连续对应。由 $\mathbf{w}_i \geqslant 0$ 和 $\mathbf{p} > 0$，预算约束对应 B_i 显然是非空紧的。我们现证明，对所有的 $\mathbf{w}_i \geqslant 0$ 和 $\mathbf{p} > 0$，它也是一个连续对应。

B_i 显然是上半连续的，所以我们只需证明它也是下半连续的。令 $\mathbf{p} \in \mathcal{R}_{++}^L$，$\mathbf{x}_i \in B_i(\mathbf{p})$，$\{\mathbf{p}_t\}$ 是任一序列，使得 $\mathbf{p}_t \to \mathbf{p}$。我们需要证明存在序列 $\{\mathbf{x}_i^t\}$，使得 $\mathbf{x}_i^t \to \mathbf{x}_i$，并且对所有的 t，都有 $\mathbf{x}_i^t \in B_i(\mathbf{p}_t)$，即：

$$\mathbf{x}_i^t \in X_i,\ \mathbf{p}_t\mathbf{x}_i^t \leqq \mathbf{p}_t\mathbf{w}_i + \sum_{j=1}^{J}\theta_{ij}\mathbf{p}_t\mathbf{y}_i(\mathbf{p}_t).$$

记

$$I_i^t = \mathbf{p}_t \mathbf{w}_i + \sum_{j=1}^{J} \theta_{ij} \mathbf{p} \mathbf{y}_i(\mathbf{p}_t).$$

由于 $\mathbf{y}_i(\mathbf{p}_t)$ 是利润最大化生产计划，且是连续的，则有 $\mathbf{y}_i(\mathbf{p}_t) \geqq 0$，及 I_i^t 关于 $\mathbf{p}_t$ 是连续的。并且，由于 $\mathbf{w}_i \geqslant 0$ 和 $\mathbf{p} > 0$，当 t 大于某个充分大的整数 t'，我们有 $\mathbf{p}_t \mathbf{w}_i > 0$，从而有 $I_i^t > 0$。现考虑两种情形：

情形 1：$\mathbf{p}\mathbf{x}_i < \mathbf{p}\mathbf{w}_i + \sum_{j=1}^{J} \theta_{ij} \mathbf{p} \mathbf{y}_i(\mathbf{p})$。于是，对任意使得 $\mathbf{x}_i^t \to \mathbf{x}_i$ 的序列 $\{\mathbf{x}_i^t\}$，由于 I_i^t 的连续性，当 t 大于某个充分大的整数 t'，我们有

$$\mathbf{p}_t \mathbf{x}_i^t < I_i^t = \mathbf{p}_t \mathbf{w}_i + \sum_{j=1}^{J} \theta_{ij} \mathbf{p}_t \mathbf{y}_i(\mathbf{p}_t).$$

这样，$\mathbf{x}_i^t \in B_i(\mathbf{p}_t)$。

情形 2：$\mathbf{p}\mathbf{x}_i = \mathbf{p}\mathbf{w}_i + \sum_{j=1}^{J} \theta_{ij} \mathbf{p} \mathbf{y}_i(\mathbf{p})$。令

$$\mathbf{x}_i^t = \frac{I_i^t}{\mathbf{p}_t \mathbf{x}_i} \mathbf{x}_i.$$

由

$$\frac{I_i^t}{\mathbf{p}_t \mathbf{x}_i^t} \to \frac{I_i}{\mathbf{p}\mathbf{x}_i} = 1,$$

我们有 $\mathbf{x}_i^t \to \mathbf{x}_i$。同时，对所有的 t，

$$\mathbf{p}_t \mathbf{x}_i^t = \frac{I_i^t}{\mathbf{p}_t \mathbf{x}_i} \mathbf{p}_t \mathbf{x}_i = I_i^t,$$

从而有 $\mathbf{x}_i^t \in B_i(\mathbf{p}_t)$。这样，对所有的 $\mathbf{w}_i \geqslant 0$ 和 $\mathbf{p} > 0$，B_i 是一个下半连续的对应，从而它是连续的。

既然偏好序 $\succcurlyeq_i$ 是连续的，且预算约束集对应 B_i 是一个非空紧值的连续对应，根据最大值定理（第 2 章定理 2.6.13），需求对应 $\mathbf{x}_i(\mathbf{p})$ 是上半连续的。根据偏好的严格凸性，$\mathbf{x}_i(\mathbf{p})$ 是单值映射。由于单值的上半连续对应是连续的，因此 $\mathbf{x}_i(\mathbf{p})$ 是单值连续函数，从而总超额需求对应是单值连续函数。

最后，由局部非饱和性，可知预算约束在等式处成立，从而瓦尔拉斯律成立。 □

从以上证明的过程中可以看出，当 $\mathbf{w}_i > 0$，正价格假设 $\mathbf{p} > 0$ 可以放宽为非零价格向量，即 $\mathbf{p} \geqslant 0$。此时，消费者的收入对所有非零价格向量都为正，从而预算约束 B_i 在所有非零价格向量集上仍然是一个非空紧值的连续对应，由此可证总超额需求对应是单值连续函数。

由上述命题，对满足上述假定的经济环境运用存在性定理Ⅱ，直接针对经济环境可得如下存在性定理，它给出了竞争均衡存在的充分性条件。

定理 10.4.3 (存在性定理Ⅲ) 对私有经济 $e = (\{X_i, \mathbf{w}_i, \succcurlyeq_i\}, \{Y_j\}, \{\theta_{ij}\})$，竞争均衡存在，若下列条件成立：

(1) $X_i = \mathcal{R}^L_+$;

(2) $\mathbf{w}_i \geqslant 0$, $\sum_{i\in N} \mathbf{w}_i > 0$;

(3) $\succcurlyeq_i$ 连续、严格凸，且强单调;

(4) Y_j 紧、严格凸，且 $0 \in Y_j$, $j = 1, 2, \cdots, J$。

证明 由定理的这些假定，可知对所有的 $\mathbf{p} \in \mathcal{R}^L_{++}$，$\mathbf{x}_i(\mathbf{p})$ 和 $\mathbf{y}_i(\mathbf{p})$ 是单值连续映射。这样，根据偏好的单调性，总超额需求函数为满足内点瓦尔拉斯律的连续单值函数。因此，我们只需证明存在性定理 II 的条件 (4) 和 (5) 也满足即可。条件 (4) 中的下确界可从需求的非负性和生产集的有界性得到 (即 $X_i = \mathcal{R}^L_+$)，这意味着消费者对任意商品 l 的市场总净供给不超过其初始禀赋和生产集上界之和。现证明条件 (5) 也满足。当某些商品的价格趋于 0 时，具有强单调性偏好且其财富趋于正极限的消费者 (由于 $\mathbf{p}\hat{\mathbf{w}} > 0$，必然存在至少一个这样的消费者) 对这些商品的需求将会越来越大。因此根据存在性定理 II（定理 10.4.2)，得知竞争均衡存在。定理得证。 □

由于上述结果是针对个体的经济特征给出了竞争均衡存在的条件，因而相对容易验证和理解。

尽管在命题 10.4.5 中，只需偏好满足局部非饱和性，就可证明总超额需求函数对所有正价格系统都是连续的，但在存在性定理III（定理 10.4.3）中，偏好强单调性假设不能放宽为单调或局部非饱和假设，后者不能保证存在性定理 II 中的条件 (5) 成立。前面的例 10.3.2 给出了这样的反例。然而，**如果每个消费者的初始禀赋都是消费空间中的内点（从而仍然有 $\mathbf{p}\hat{\mathbf{w}} > \mathbf{0}$)，则可以将强单调性假设减弱为单调性假设**。在这种情况下，对每种商品，存在某个消费者，对其需求将会越来越大，从而使得条件 (5) 满足。于是有以下稍微变化的结果。

命题 10.4.6 (存在性定理III ′) 对私有经济 $e = (\{X_i, \mathbf{w}_i, \succcurlyeq_i\}, \{Y_j\}, \{\theta_{ij};\})$，竞争均衡存在，若下列条件成立:

(1) $X_i = \mathcal{R}^L_+$;

(2) $\mathbf{w}_i > 0$;

(3) $\succcurlyeq_i$ 连续、严格凸，且单调;

(4) Y_j 紧、严格凸，且 $0 \in Y_j$，$j = 1, 2, \cdots, J$。

后面在一般经济环境下的存在性定理IX（定理 10.4.9）将告诉我们，可将单调性进一步放宽到局部非饱和性。

10.4.3 求解竞争均衡是否存在的简单例子

下面我们给出计算竞争均衡的一些例子。需要提到的是，一般均衡理论是关于完全竞争的市场经济理论，即使对数目很少的消费者和生产者，它也假定经济人将价格视为给定，这显然不合乎现实。因为在经济个体有限时双方都有讨价还价能力，因而每个个体都有激励改变价格。因此，一般均衡理论被应用于现实时，现实经济条件并不严格满足理论假设，因而只是在一定程度上近似地描述了竞争市场经济。

在下面的例子中，效用函数假定是柯布–道格拉斯 (Cobb-Douglas) 类型，初始禀赋在边界上。由于只有两种商品，根据瓦尔拉斯律，我们只需考察一个市场出清即可。我们不妨将其中一种商品（如商品 1）的价格设为 1。对该例子，我们很容易写出其需求函数。我们只需求出每个人关于第一种商品的需求函数，用第一种商品求解其市场出清方程即可。这个例子说明，即使初始禀赋在边界上，竞争均衡也可能存在。

例 10.4.1 考虑具有两个消费者和两种商品的交换经济：

$$\begin{aligned}
&\mathbf{w}_1=(1,0),\quad \mathbf{w}_2=(0,1);\\
&u_1(\mathbf{x}_1)=(x_1^1)^a(x_1^2)^{1-a},\qquad 0<a<1,\\
&u_2(\mathbf{x}_2)=(x_2^1)^b(x_2^2)^{1-b},\qquad 0<b<1.
\end{aligned}\tag{10.4.24}$$

设 $p=\dfrac{p^2}{p^1}$，则消费者 1 的效用最大化问题为：

$$\begin{aligned}
&\max_{\mathbf{x}_1} u_1(\mathbf{x}_1)\\
\text{s.t.}\quad & x_1^1+px_1^2=1.
\end{aligned}$$

解效用最大化问题，可知消费者 1 对两种商品的需求函数为：

$$x_1^1(p)=\frac{a}{1}=a,\tag{10.4.25}$$

$$x_1^2(p)=\frac{1-a}{p}.\tag{10.4.26}$$

消费者 2 的效用最大化问题为：

$$\begin{aligned}
&\max_{x_2} u_2(x_2)\\
\text{s.t.}\quad & x_2^1+px_2^2=p.
\end{aligned}$$

类似地，可求得消费者 2 对两种商品的需求函数为：

$$x_2^1(p)=\frac{b\cdot p}{1}=b\cdot p,\tag{10.4.27}$$

$$x_2^2(p)=\frac{(1-b)p}{p}=(1-b).\tag{10.4.28}$$

根据市场出清条件

$$x_1^1(p)+x_2^1(p)=1\Rightarrow a+bp=1,\tag{10.4.29}$$

可得市场竞争均衡为：

$$p=\frac{p^2}{p^1}=\frac{1-a}{b}.\tag{10.4.30}$$

上述价格之所以是均衡价格，是因为根据瓦尔拉斯律，当 $L=2$ 时，一种商品的市场出清，则另外一种商品的市场也出清。

柯布–道格拉斯效用函数在 $\mathcal{R}_{++}^L$ 上满足强单调性、连续性和严格拟凹性等良好性质，该效用函数经常作为典型效用函数被采用。

注意，对一般形式的柯布–道格拉斯效用函数

$$u_i(\mathbf{x}_i)=(x_i^1)^\alpha(x_i^2)^\beta,\ \alpha>0,\beta>0,$$

通过合适的单调变换，我们很容易导出其需求函数。事实上，对上述效用函数作单调变换，效用函数所表示的偏好仍然不变，此时效用函数可重写为：

$$\left[(x_1^1)^\alpha (x_1^2)^\beta\right]^{\frac{1}{\alpha+\beta}} = (x_1^1)^{\frac{\alpha}{\alpha+\beta}}(x_1^2)^{\frac{\beta}{\alpha+\beta}}, \tag{10.4.31}$$

由此可得：

$$x_1^1(p) = \frac{\dfrac{\alpha}{\alpha+\beta}I}{p^1}, \tag{10.4.32}$$

$$x_1^2(p) = \frac{\dfrac{\beta}{\alpha+\beta}I}{p^2}. \tag{10.4.33}$$

此时预算线为：

$$p^1x_1^1 + p^2x_1^2 = I. \tag{10.4.34}$$

我们已经给出过初始禀赋在边界时，竞争均衡不存在的例子，而且前面所给出的定理也是在初始禀赋为内点的假设下得到的。这个例子说明了，初始禀赋在边界上不一定不存在竞争均衡，而要看经济人的具体经济特征。

在下面的例子中，我们只是改变了第二个消费者的效用函数，变为了完全互补。尽管它们是单调和凸的，在参数的一定范围内，竞争均衡也许不存在。

例 10.4.2

$$\begin{aligned}
&n = 2, \quad L = 2; \\
&\mathbf{w}_1 = (1,0), \quad \mathbf{w}_2 = (0,1); \\
&u_1(\mathbf{x}_1) = (x_1^1)^a (x_1^2)^{1-a}, \qquad 0 < a < 1; \\
&u_2(\mathbf{x}_2) = \min\{x_2^1, bx_2^2\}, \qquad b > 0.
\end{aligned} \tag{10.4.35}$$

对消费者 1，已知

$$x_1^1(p) = a, \qquad x_1^2 = \frac{(1-a)}{p}. \tag{10.4.36}$$

对消费者 2，其效用最大化问题为：

$$\begin{aligned}
&\max_{\mathbf{x}_2} u_2(\mathbf{x}_2) \\
\text{s.t.} \quad & x_2^1 + px_2^2 = p.
\end{aligned}$$

在最优消费处，我们有：

$$x_2^1 = bx_2^2. \tag{10.4.37}$$

将上述结果代入预算方程，有

$$bx_2^2 + px_2^2 = p,$$

从而需求函数为：

$$x_2^2(p) = \frac{p}{b+p}$$

以及

$$x_2^1(p) = \frac{bp}{b+p}.$$

这样，根据

$$x_1^1(p)+x_2^1(p)=1,$$

我们有：

$$a+\frac{bp}{b+p}=1, \tag{10.4.38}$$

或者

$$(1-a)(b+p)=bp, \tag{10.4.39}$$

从而有：

$$(a+b-1)p=b(1-a). \tag{10.4.40}$$

因此有：

$$p^*=\frac{b(1-a)}{a+b-1}.$$

为保证 p^* 为竞争均衡价格，我们需要假定 $a+b>1$ 成立。

这里，由于偏好的单调性，价格必须非负。若只是考虑到商品 1 的市场出清条件，由上式决定的均衡价格可能为负。为了保证均衡价格非负，需要假定两种产品的消费弹性之和大于 1 。这说明，对一定范围的经济参数，竞争均衡也许不存在。其原因在于初始禀赋不是内点及消费者 2 的效用函数不是强单调增函数。此例子再次说明了，在给出竞争均衡的一般存在性定理时，需要假定初始禀赋是消费空间的内点或偏好是强单调的。这个经济违背了存在性定理 II 的哪个条件呢？显然，存在性定理 II 的前四个条件都满足，而条件 (5) 不满足。可验证，当第一种商品的价格 $p^1\to 0$（也就是 $p=\frac{p^2}{p^1}\to\infty$），我们有

$$\lim_{p^1\to 0}\hat{z}^1(p)=a+b-1,$$

和

$$\lim_{p^1\to 0}\hat{z}^2(p)=0,$$

它们都没有趋向无穷，违背了存在性定理的条件 (5)。

10.4.4　非连续需求函数下竞争均衡的存在性

存在性定理 I 和 II 都要求总超额需求函数是连续的，且满足瓦尔拉斯律。但在许多情况下，如偏好不是凸的，则可能导致需求函数不连续。那么，在什么样的约束下，对非连续的总超额需求函数能保证竞争均衡的存在性呢？这一节回答这个问题。

利用 KKM 引理（见定理 2.6.27），下面的定理证明了，若总超额需求函数下半连续，且满足弱瓦尔拉斯律，则竞争均衡存在。

定理 10.4.4 (存在性定理Ⅳ)　对私有经济 $e=(\{X_i,\mathbf{w}_i,\succcurlyeq_i\},\{Y_j\},\{\theta_{ij}\})$，若总超额需求函数 $\hat{\mathbf{z}}(\mathbf{p})$ 下半连续且满足弱瓦尔拉斯律，则竞争均衡存在，即存在价格向量 $\mathbf{p}^*\in S$，使得

$$\hat{\mathbf{z}}(\mathbf{p}^*)\leqq 0. \tag{10.4.41}$$

证明 定义对应 $F: S \to 2^S$ 如下：

$$F(\mathbf{q}) = \{\mathbf{p} \in S : \mathbf{q}\hat{\mathbf{z}}(\mathbf{p}) \leqq 0\}, \ \forall \mathbf{q} \in S.$$

首先，根据弱瓦尔拉斯律，$\mathbf{q} \in F(\mathbf{q})$，这样 $F(\mathbf{q})$ 对于每个 $\mathbf{q} \in S$ 都是非空的。由于 $\mathbf{p} \geqslant 0$ 且 $\hat{\mathbf{z}}(\cdot)$ 下半连续，函数

$$\phi(\mathbf{q}, \mathbf{p}) \equiv \mathbf{q}\hat{\mathbf{z}}(\mathbf{p}) = \sum_{l=1}^{L} \mathbf{q}^l \hat{\mathbf{z}}^l(\mathbf{p})$$

关于 $\mathbf{p}$ 也是下半连续的。因此，$F(\mathbf{q})$ 对所有的 $\mathbf{q} \in S$ 都是闭的。

现证明 F 是 FS-凸的。若不然，假设存在 $\mathbf{q}_1, \cdots, \mathbf{q}_m \in S$ 和某个凸组合

$$\mathbf{q}_\lambda = \sum_{t=1}^{m} \lambda_t \mathbf{q}_t,$$

使得

$$\mathbf{q}_\lambda \notin \bigcup_{t=1}^{m} F(\mathbf{q}_t),$$

则 $\mathbf{q}_\lambda \notin F(\mathbf{q}_t)$，即 $\mathbf{q}_t\hat{\mathbf{z}}(\mathbf{q}_\lambda) > 0$，$\forall t = 1, \cdots, m$。于是，

$$\sum_{t=1}^{m} \lambda_t \mathbf{q}_t \hat{\mathbf{z}}(\mathbf{q}_\lambda) = \mathbf{q}_\lambda \hat{\mathbf{z}}(\mathbf{q}_\lambda) > 0,$$

这就与 $\hat{\mathbf{z}}$ 满足弱瓦尔拉斯律的假定相矛盾。因此，F 是 FS-凸的。从而根据 KKM 引理，我们有

$$\bigcap_{\mathbf{q} \in S} F(\mathbf{q}) \neq \varnothing.$$

这意味着存在 $\mathbf{p}^* \in S$，使得

$$\mathbf{p}^* \in \bigcap_{\mathbf{q} \in S} F(\mathbf{q}),$$

即，$\mathbf{p}^* \in F(\mathbf{q}), \forall \mathbf{q} \in S$。这样，$\mathbf{q}\hat{\mathbf{z}}(\mathbf{p}^*) \leqq 0, \quad \forall \mathbf{q} \in S$。设 $\mathbf{q}_1 = (1, 0, \cdots, 0), \mathbf{q}_2 = (0, 1, 0, \cdots, 0)$, $\mathbf{q}_L = (0, \cdots, 0, 1)$。则 $\mathbf{q}_t \in S$，因此有

$$\mathbf{q}_t \hat{\mathbf{z}}(\mathbf{p}^*) = \hat{\mathbf{z}}^t(\mathbf{p}^*) \leqq 0, \forall t = 1, \cdots, L.$$

从而有 $\hat{\mathbf{z}}(\mathbf{p}^*) \leqq 0$，这意味着 $\mathbf{p}^*$ 是竞争均衡价格。定理得证。 □

上述所有存在性定理都只给出了充分性条件。最近，著者（Tian，2016) 对一般形式的总超额需求函数给出了竞争均衡存在性的完整解答，其中商品可能是不可分的，总超额需求函数也许是不连续的，或者除了（弱）瓦尔拉斯律外不具有任何其他特殊结构。

著者引进了一个非常弱的条件，**递归转移下半连续性(recursive transfer lower semi-continuity)**。在弱瓦尔拉斯律下，该条件是竞争均衡存在性的充分必要条件，从而这个结果严格推广了所有在总超额需求函数下所得到的均衡存在性结果。

若在价格 $\mathbf{q}$ 下所对应的总超额需求在价格 $\mathbf{p}$ 下不足以买到（not affordable)，即 $\mathbf{p} \cdot \hat{\mathbf{z}}(\mathbf{q}) > 0$，我们称价格 $\mathbf{p}$ **推翻了 (upsetting)** 价格 $\mathbf{q}$。

定义 10.4.3　一个总超额需求函数 $\hat{\mathbf{z}}(\cdot) : S \to \mathcal{R}^L$ 是**转移下半连续的**，若对所有的价格 $\mathbf{q}, \mathbf{p} \in S$, $\mathbf{p} \cdot \hat{\mathbf{z}}(\mathbf{q}) > 0$ 意味着存在某个价格向量 $\mathbf{p}' \in X$ 以及 $\mathbf{q}$ 的某个邻域 $\mathcal{N}(\mathbf{q})$，使得 $\mathbf{p}' \cdot \hat{\mathbf{z}}(\mathbf{q}') > 0$，$\forall\, \mathbf{q}' \in \mathcal{N}(\mathbf{q})$。

$\hat{\mathbf{z}}(\cdot)$ 的转移下半连续性意味着，若总超额需求 $\hat{\mathbf{z}}(\mathbf{q})$ 在价格 $\mathbf{p}$ 下不足以购买到，则存在着价格向量 $\mathbf{p}'$ 使得对所有充分接近 $\mathbf{q}$ 的价格 $\mathbf{q}'$，它的总超额需求 $\hat{\mathbf{z}}(\mathbf{q}')$ 在 $\mathbf{p}'$ 下同样也不足以购买到。注意，由于 $\mathbf{p} \geqslant \mathbf{q}^0$，如果 $\hat{\mathbf{z}}(\cdot)$ 是下半连续的，这个条件被满足（令 $\mathbf{p}' = \mathbf{p}$）。

定义 10.4.4 (递归推翻 (recursive upsetting))　令 $\hat{\mathbf{z}}(\cdot) : S \to \mathcal{R}^L$ 为总超额需求函数。我们称非均衡价格向量 $\mathbf{p}^0 \in S$ 被 $\mathbf{p} \in S$**递归推翻**，若存在一个有限价格向量集 $\{\mathbf{p}^1, \mathbf{p}^2, \cdots, \mathbf{p}\}$，使得

$$\mathbf{p}^1 \cdot \hat{\mathbf{z}}(\mathbf{p}^0) > 0,\ \mathbf{p}^2 \cdot \hat{\mathbf{z}}(\mathbf{p}^1) > 0,\ \cdots,\ \mathbf{p} \cdot \hat{\mathbf{z}}(\mathbf{p}^{m-1}) > 0.$$

换句话说，非均衡价格向量 $\mathbf{p}^0$ 被 $\mathbf{p}$ 递归推翻意味着存在有限个推翻价格向量 $\mathbf{p}^1$, $\mathbf{p}^2, \cdots, \mathbf{p}^m$，$\mathbf{p}^m = \mathbf{p}$，使得在价格 $\mathbf{p}^1$ 下不足以买到 $\mathbf{p}^0$ 所对应的总超额需求, 在 $\mathbf{p}^2$ 下不足以买到 $\mathbf{p}^1$ 所对应的总超额需求，$\cdots$，在 $\mathbf{p}^m$ 下不足以买到 $\mathbf{p}^{m-1}$ 所对应的总超额需求。当瓦尔拉斯律成立时，这意味着 $\mathbf{p}^0$ 被 $\mathbf{p}^1$ 推翻，$\mathbf{p}^1$ 被 $\mathbf{p}^2$ 推翻，$\cdots$，$\mathbf{p}^{m-1}$ 被 $\mathbf{p}$ 推翻。

为讨论方便起见作出如下定义：当 $m = 1$ 时，我们称$\mathbf{p}^0$ **被 $\mathbf{p}$ 直接推翻**，而当 $m > 1$ 时，称$\mathbf{p}^0$ **被 $\mathbf{p}$ 间接推翻**。

定义 10.4.5 (递归转移下半连续性)　总超额需求函数 $\hat{\mathbf{z}}(\cdot) : S \to \mathcal{R}^L$ 在 S 上是**递归转移下半连续的**，若 $\mathbf{q} \in S$ 不是竞争均衡价格向量，则存在某个价格 $\mathbf{p}^0 \in S$ (可能为 $\mathbf{p}^0 = \mathbf{q}$) 和一个邻域 $\mathcal{V}_{\mathbf{q}}$，使得对任意递归推翻了 $\mathbf{p}^0$ 的价格 $\mathbf{p}$，有 $\mathbf{p} \cdot \hat{\mathbf{z}}(\mathcal{V}_{\mathbf{q}}) > 0$。这里 $\mathbf{p} \cdot \hat{\mathbf{z}}(\mathcal{V}_{\mathbf{q}}) > 0$ 意味着 $\mathbf{p} \cdot \hat{\mathbf{z}}(\mathbf{q}') > 0$，$\forall \mathbf{q}' \in \mathcal{V}_{\mathbf{q}}$。

简单地说，$\hat{\mathbf{z}}(\cdot)$ 的递归转移下半连续性意味着，当 $\mathbf{q}$ 不是竞争均衡价格向量时，存在另一个非竞争均衡价格向量 $\mathbf{p}^0$，使得在 $\mathbf{q}$ 的某个邻域内任一价格所对应的总超额需求在任何递归推翻了 $\mathbf{p}^0$ 的价格 $\mathbf{p}$ 下都不足以买到。这意味着，若 $\hat{\mathbf{z}}(\cdot) : \Delta \to \mathcal{R}^L$ 不是递归转移下半连续的，则存在某个非均衡价格向量 $\mathbf{q}$，使得对任何其他价格向量 $\mathbf{p}^0$ 和 $\mathbf{q}$ 的每个邻域，该邻域内任一价格向量 $\mathbf{q}'$ 所对应的总超额需求在递归推翻了 $\mathbf{p}^0$ 的价格 $\mathbf{p}$ 处都不足以买到。

下面的定理在总超额需求函数下给出了竞争均衡存在的充分必要条件，所采用的证明方法和第 6 章中对纳什均衡的证明方法本质上是相同的。

定理 10.4.5 (存在性定理 V)　*假设总超额需求函数 $\hat{\mathbf{z}}(\cdot) : S \to \mathcal{R}^L$ 满足弱瓦尔拉斯律。则竞争均衡价格向量 $\mathbf{p}^* \in S$ 存在当且仅当 $\hat{\mathbf{z}}(\cdot)$ 在 S 上递归转移下半连续。*

证明　**充分性** ($\Leftarrow$): 用反证法，假定竞争均衡不存在。根据 $\hat{\mathbf{z}}(\cdot)$ 的递归转移下半连续性，对每一个 $\mathbf{q}$，都存在着 $\mathbf{p}^0$ 和 $\mathbf{q}$ 的某个邻域 $\mathcal{V}_{\mathbf{q}}$，使得只要 $\mathbf{p}$ 递归推翻 $\mathbf{p}^0 \in S$，就有 $\mathbf{p} \cdot \hat{\mathbf{z}}(\mathcal{V}_{\mathbf{q}}) > 0$，即对任意的递归价格向量序列 $\{\mathbf{p}^1, \cdots, \mathbf{p}^{m-1}, \mathbf{p}^m\}$，有

$$\mathbf{p} \cdot \hat{\mathbf{z}}(\mathbf{p}^{m-1}) > 0,\ \mathbf{p}^{m-1} \cdot \hat{\mathbf{z}}(\mathbf{p}^{m-2}) > 0,\ \cdots, \mathbf{p}^1 \cdot \hat{\mathbf{z}}(\mathbf{p}^0) > 0,\ m \geqslant \mathbf{q}^1,$$

这意味着 $\mathbf{p} \cdot \hat{\mathbf{z}}(\mathcal{V}_{\mathbf{q}}) > 0$。既然不存在竞争均衡，$\mathbf{p}^0$ 不是竞争均衡价格，则根据递归转移下半连续性，对某个 $m \geqslant \mathbf{q}^1$，存在着这样的递归价格向量序列 $\{\mathbf{p}^1, \cdots, \mathbf{p}^{m-1}, \mathbf{p}\}$。

由于 S 是紧集，且

$$S \subseteq \bigcup_{\mathbf{q} \in S} \mathcal{V}_{\mathbf{q}},$$

则存在有限个集 $\{\mathbf{q}^1,\cdots,\mathbf{q}^T\}$，使得 $S\subseteq\bigcup_{i=1}^T\mathcal{V}_{\mathbf{q}^i}$。对每个这样的 $\mathbf{q}^i$，记其对应的初始价格为 $\mathbf{p}^{0i}$，则当 $\mathbf{p}^{0i}$ 被 $\mathbf{p}^i$ 递归推翻时，有 $\mathbf{p}^i\cdot\hat{\mathbf{z}}(\mathcal{V}_{\mathbf{q}^i})>0$。

由于均衡不存在，则对每个这样的 $\mathbf{p}^{0i}$，存在 $\mathbf{p}^i$，使得 $\mathbf{p}^i\cdot\hat{\mathbf{z}}(\mathbf{p}^{0i})>0$，从而根据 1- 递归转移下半连续性，我们有 $\mathbf{p}^i\cdot\hat{\mathbf{z}}(\mathcal{V}_{\mathbf{q}^i})>0$。现在考虑价格向量集 $\{\mathbf{p}^1,\cdots,\mathbf{p}^T\}$，则我们有 $\mathbf{p}^i\notin\mathcal{V}_{\mathbf{q}^i}$。不然，根据 $\mathbf{p}^i\cdot\hat{\mathbf{z}}(\mathcal{V}_{\mathbf{q}^i})>0$，我们将有 $\mathbf{p}^i\cdot\hat{\mathbf{z}}(\mathbf{p}^i)>0$，但这与弱瓦尔拉斯律矛盾。因此必然有 $\mathbf{p}^1\notin\mathcal{V}_{\mathbf{p}^1}$。

不失一般性，我们不妨设 $\mathbf{p}^1\in\mathcal{V}_{\mathbf{p}^2}$。由于 $\mathbf{p}^1\in\mathcal{V}_{\mathbf{q}^2}$ 和 $\mathbf{p}^1\cdot\hat{\mathbf{z}}(\mathbf{p}^{01})>0$，则 $\mathbf{p}^2\cdot\hat{\mathbf{z}}(\mathbf{p}^1)>0$，从而根据 2- 递归转移下半连续性，有 $\mathbf{p}^2\cdot\hat{\mathbf{z}}(\mathcal{V}_{\mathbf{q}^1})>0$。类似地，我们也有 $\mathbf{q}^2\cdot\hat{\mathbf{z}}(\mathcal{V}_{\mathbf{q}^2})>0$。因此，$\mathbf{p}^2\cdot\hat{\mathbf{z}}(\mathcal{V}_{\mathbf{q}^1}\cup\mathcal{V}_{\mathbf{q}^2})>0$，从而有 $\mathbf{p}^2\notin\mathcal{V}_{\mathbf{q}^1}\cup\mathcal{V}_{\mathbf{q}^2}$。

类似地，不失一般性，设 $\mathbf{p}^2\in\mathcal{V}_{\mathbf{q}^3}$。由于 $\mathbf{p}^2\in\mathcal{V}_{\mathbf{p}^3}$，$\mathbf{p}^2\cdot\hat{\mathbf{z}}(\mathbf{p}^1)>0$，及 $\mathbf{p}^1\cdot\hat{\mathbf{z}}(\mathbf{p}^{01})>0$，我们有 $\mathbf{p}^3\cdot\hat{\mathbf{z}}(\mathbf{p}^2)>0$。根据 3- 递归转移下半连续性，有 $\mathbf{p}^3\cdot\hat{\mathbf{z}}(\mathcal{V}_{\mathbf{q}^1})>0$。同样，由于 $\mathbf{p}^3\cdot\hat{\mathbf{z}}(\mathbf{p}^2)>0$ 和 $\mathbf{p}^2\cdot\hat{\mathbf{z}}(\mathbf{p}^{02})>0$，有 $\mathbf{p}^3\cdot\hat{\mathbf{z}}(\mathcal{V}_{\mathbf{q}^2})>0$。于是，根据 2- 递归转移下半连续性，有 $\mathbf{p}^3\cdot\hat{\mathbf{z}}(\mathcal{V}_{\mathbf{q}^1}\cup\mathcal{V}_{\mathbf{q}^2}\cup\mathcal{V}_{\mathbf{q}^3})>0$，从而有 $\mathbf{p}^3\notin\mathcal{V}_{\mathbf{q}^1}\cup\mathcal{V}_{\mathbf{q}^2}\cup\mathcal{V}_{\mathbf{q}^3}$。

重复进行上述论证过程，可以证明

$$\mathbf{p}^k\notin\mathcal{V}_{\mathbf{q}^1}\cup\mathcal{V}_{\mathbf{q}^2}\cup\cdots\cup\mathcal{V}_{\mathbf{q}^k},$$

即 $\mathbf{p}^k$ 不属于 $\mathcal{V}_{\mathbf{q}^1},\mathcal{V}_{\mathbf{q}^2},\cdots,\mathcal{V}_{\mathbf{q}^k}$, $k=1,2,\cdots,L$ 的并集。特别地，对 $k=T$，我们有

$$\mathbf{p}^L\notin\mathcal{V}_{\mathbf{q}^1}\cup\mathcal{V}_{\mathbf{q}^2}\cdots\cup\mathcal{V}_{\mathbf{q}^T},$$

从而有

$$\mathbf{p}^T\notin S\subseteq\mathcal{V}_{\mathbf{q}^1}\cup\mathcal{V}_{\mathbf{q}^2}\cdots\cup\mathcal{V}_{\mathbf{q}^T}.$$

这就造成了矛盾。

因此，必然存在某个 $\mathbf{p}^*\in S$，使得 $\mathbf{p}\cdot\hat{\mathbf{z}}(\mathbf{p}^*)\leqq 0$, $\forall\mathbf{p}\in S$。令 $\mathbf{p}^1=(1,0,\cdots,0)$, $\mathbf{p}^2=(0,1,0,\cdots,0)$, $\cdots$，$\mathbf{p}^L=(0,0,\cdots,0,1)$, 有 $\hat{\mathbf{z}}^l(\mathbf{p}^*)\leqq 0$，$l=1,\cdots,L$，因此 $\mathbf{p}^*$ 是竞争均衡价格。

必要性 $(\Rightarrow)$: 设 $\mathbf{p}^*$ 是竞争均衡价格，且 $\mathbf{p}\cdot\hat{\mathbf{z}}(\mathbf{q})>0$, $\mathbf{q},\mathbf{p}\in S$。令 $\mathbf{p}^0=\mathbf{p}^*$，$N(\mathbf{q})$ 为 $\mathbf{q}$ 的某个邻域。由于 $\mathbf{p}\cdot\hat{\mathbf{z}}(\mathbf{p}^*)\leqq 0,\forall\mathbf{p}\in S$，从而不可能找到有限个价格向量序列 $\{\mathbf{p}^1,\mathbf{p}^2,\cdots,\mathbf{p}^m\}$，使得

$$\mathbf{p}^1\cdot\hat{\mathbf{z}}(\mathbf{p}^0)>0,\ \mathbf{p}^2\cdot\hat{\mathbf{z}}(\mathbf{p}^1)>0,\ \cdots,\ \mathbf{p}^m\cdot\hat{\mathbf{z}}(\mathbf{p}^{m-1})>0.$$

因此，递归转移下半连续性自然成立。 □

我们证明定理 10.4.5 所用到的方法是有限覆盖定理，而不是用传统的不动点定理。当然，也有其他数学工具可被用来证明竞争均衡的存在性，但所有其他数学工具的证明都用到了与不动点定理相关的数学结果。上述证明方法的优点是较为简单，仅用到了基本数学分析——有限覆盖基本定理，没有用到更为高深的数学定理。

如前所述，总超额需求函数连续在边界点上也许没有定义，下面的定理证明了定理 10.4.5 也可被推广到任意集合的情形，特别是在正价格开集上证明竞争均衡的存在性，只要在该集合上总超额需求有定义即可。为此，我们需要引入如下形式的递归转移下半连续性概念。

定义 10.4.6 设 D 为 $\text{int}\, S$ 的子集。我们称总超额需求函数 $\hat{\mathbf{z}}(\cdot) : \text{int}\, S \to \mathcal{R}^L$ 在 $\text{int}\, S$ 上是关于D **递归转移下半连续的**，若对任意非竞争均衡价格向量 $\mathbf{q} \in D$，都存在着某个价格 $\mathbf{p}^0 \in D$ (可能为 $\mathbf{p}^0 = \mathbf{q}$) 及其某个邻域 $\mathcal{V}_\mathbf{q}$，使得：(1) 若 $\mathbf{p}^0$ 被 $\text{int}\, S \setminus D$ 上的某个价格向量推翻，则它也被 D 上的价格向量推翻；(2) 对递归推翻 $\mathbf{p}^0$ 的任意价格向量 $\mathbf{p} \in D$，有 $\mathbf{p} \cdot \hat{\mathbf{z}}(\mathcal{V}_\mathbf{q}) > 0$。

下述定理完全刻画了存在总超额需求函数的经济环境下竞争均衡的存在性，其经济的商品空间可能是不可分的，总超额需求函数可能是不连续的。

定理 10.4.6 (存在性定理Ⅵ) *设总超额需求函数 $\hat{\mathbf{z}}(\cdot) : \text{int}\, S \to \mathcal{R}^L$ 满足内点瓦尔拉斯律：$\mathbf{p} \cdot \hat{\mathbf{z}}(\mathbf{p}) = 0,\ \forall \mathbf{p} \in \text{int}\, S$。则竞争价格均衡 $\mathbf{p}^* \in \text{int}\, S$ 存在，当且仅当存在某个紧子集 $D \subseteq \text{int}\, S$，使得 $\hat{\mathbf{z}}(\cdot)$ 在 $\text{int}\, S$ 上关于 D 递归转移下半连续。*

证明 **充分性** ($\Leftarrow$)：充分性的证明与定理 10.4.5 的证明实质相同，现给出大致证明思路。为证明经济在 S 上竞争均衡的存在性，根据条件 (1)：若 $\mathbf{p}^0$ 被 $\text{int}\, S \setminus D$ 上的某个价格向量推翻，则它也被 D 上的价格向量推翻，我们只需证明，若总超额需求函数在 S 上关于 D 递归转移下半连续，则在 D 上存在竞争均衡 $\mathbf{p}^*$。反证法。设在 D 上不存在竞争均衡。则由于 $\hat{\mathbf{z}}$ 在 S 上关于 D 递归转移下半连续，对每个 $\mathbf{q} \in D$，存在 $\mathbf{p}^0$ 及其某个邻域 $\mathcal{V}_\mathbf{q}$，使得：(1) 若 $\mathbf{p}^0$ 被 $S \setminus D$ 上的某个价格向量推翻，则它将被 D 上的某个价格向量推翻；(2) 对任意的有限价格向量子集 $\{\mathbf{p}^1, \cdots, \mathbf{p}^m\} \subset B$，$\mathbf{p}^m = \mathbf{p}$ 和

$$\mathbf{p} \cdot \hat{\mathbf{z}}(\mathbf{p}^{m-1}) > 0,\ \mathbf{p}^{m-1} \cdot \hat{\mathbf{z}}(\mathbf{p}^{m-2}) > 0,\ \cdots,\ \mathbf{p}^1 \cdot \hat{\mathbf{z}}(\mathbf{p}^0) > 0,\ m \geqq \mathbf{q}^1,$$

都有 $\mathbf{p} \cdot \hat{\mathbf{z}}(\mathcal{V}_\mathbf{q}) > 0$。既然竞争均衡价格不存在，$\mathbf{p}^0$ 不是竞争均衡价格，于是根据总超额需求函数在 S 上关于 D 递归转移下半连续的假设，对某个 $m \geqq \mathbf{q}^1$，这样的递归序列 $\{\mathbf{p}^1, \cdots, \mathbf{p}^{m-1}, \mathbf{p}\}$ 存在。

由于 D 是紧集，且

$$D \subseteq \bigcup_{\mathbf{q} \in S} \mathcal{V}_\mathbf{q},$$

因此，存在有限集 $\{\mathbf{q}^1, \cdots, \mathbf{q}^T\} \subseteq D$，使得

$$D \subseteq \bigcup_{i=1}^{T} \mathcal{V}_{\mathbf{q}^i}.$$

对每个这样的 $\mathbf{q}^i$，其对应的初始偏差价格向量记为 $\mathbf{p}^{0i}$，从而当 $\mathbf{p}^{0i}$ 被 $\mathbf{p}^i$ 在 $\{\mathbf{p}^{1i}, \cdots, \mathbf{p}^{mi}\} \subset D$ 上推翻时，有 $\mathbf{p}^i \cdot \hat{\mathbf{z}}(\mathcal{V}_{\mathbf{q}^i}) > 0$，其中 $\mathbf{p}^{mi} = \mathbf{p}^i$。采用与定理 10.4.5 同样的论证，最终可推得 $\mathbf{z}^k$ 不在 $\mathcal{V}_{\mathbf{q}^1}, \mathcal{V}_{\mathbf{q}^2}, \cdots, \mathcal{V}_{\mathbf{q}^k}$，$k = 1, 2, \cdots, T$ 的并集内。特别地，对 $k = L$，有

$$\mathbf{p}^T \notin \mathcal{V}_{\mathbf{q}^1} \cup \mathcal{V}_{\mathbf{q}^2} \cdots \cup \mathcal{V}_{\mathbf{q}^T},$$

这就与 $\mathbf{p}^T$ 是 D 上的推翻价格相矛盾。

因此，存在价格向量 $\mathbf{p}^* \in S$，使得对所有的 $\mathbf{p} \in \text{int}\, S$，有 $\mathbf{p} \cdot \hat{\mathbf{z}}(\mathbf{p}^*) \leqq 0$。现证明 $\mathbf{p}^*$ 事实上就是竞争均衡价格。由于 $\text{int}\, S$ 是开集，D 是 $\text{int}\, S$ 上的紧子集，因此存在价格向量序列 $\{\mathbf{q}_n^l\} \subseteq \text{int}\, S \setminus D$，使得当 $n \to \infty$ 时有 $\mathbf{q}_n^l \to \mathbf{p}^l$，其中 $\mathbf{p}^l = (0, \cdots, 0, 1, 0, \cdots, 0)$

是第 l 个元素为 1、其他元素为零的单位价格向量。由于 $\mathbf{p}\cdot\hat{\mathbf{z}}(\mathbf{q})$ 关于 $\mathbf{p}$ 连续，因而有 $\hat{\mathbf{z}}^l(\mathbf{p}^*)\leqq 0$，$l=1,\cdots,L$，因此，$\mathbf{p}^*$ 是竞争均衡价格。

必要性 $(\Rightarrow)$：设 $\mathbf{p}^*$ 是竞争均衡。令 $D=\{\mathbf{p}^*\}$，则集合 D 显然是紧的。对任意的非竞争均衡 $\mathbf{q}\in S$，令 $\mathbf{p}^0=\mathbf{p}^*$，$\mathcal{V}_{\mathbf{q}}$ 为 $\mathbf{q}$ 的某个邻域。由于 $\mathbf{p}\cdot\hat{\mathbf{z}}(\mathbf{p}^*)\leqq 0$，$\forall\mathbf{p}\in S$，且 $\mathbf{p}^0=\mathbf{p}^*$ 为 B 上的唯一元素，因此不存在其他推翻价格 $\mathbf{p}^1$，使得 $\mathbf{p}^1\cdot\hat{\mathbf{z}}(\mathbf{p}^0)>0$ 或使得 $\mathbf{p}'\cdot\hat{\mathbf{z}}(\mathbf{p}^*)>0$ 对某个 $\mathbf{p}'\in D$ 成立。因此，总超额需求函数在 int$S$ 上关于 D 递归对角转移连续。 □

对单值超额需求函数经济，定理 10.4.6 严格推广了目前所有其他竞争均衡存在性结果。

10.4.5 超额需求对应下竞争均衡的存在性

当偏好或生产集不是严格凸的时，需求对应或供给对应也许不是单值的，从而总超额需求对应可能不是单值的。这样，不能直接应用上面的这些存在性定理来证明竞争均衡的存在性。现在，当总超额需求对应不是单值函数时，我们讨论竞争均衡的存在性问题。

定理 10.4.7 (存在性定理Ⅶ) 对私有经济 $e=(\{X_i,\mathbf{w}_i,\succcurlyeq_i\},\{Y_j\},\{\theta_{ij}\})$，若 $\hat{\mathbf{z}}(\mathbf{p})$ 为满足弱瓦尔拉斯律的非空凸紧值上半连续对应，则竞争均衡存在，即存在价格向量 $\mathbf{p}^*\in S$，使得

$$\hat{\mathbf{z}}(\mathbf{p}^*)\cap\{-\mathcal{R}^L_+\}\neq\varnothing. \tag{10.4.42}$$

证明 定理的证明同定理Ⅲ类似。

定义对应 $F:S\to 2^S$ 如下：

$$F(\mathbf{q})=\{\mathbf{p}\in S:\mathbf{q}\hat{\mathbf{z}}\leqq 0,\ \exists\,\hat{\mathbf{z}}\in\hat{\mathbf{z}}(\mathbf{p})\}.$$

由于 $\hat{\mathbf{z}}(\cdot)$ 是上半连续对应，于是对每个 $\mathbf{q}\in S$，$F(\mathbf{q})$ 为闭集。现在证明 F 为 FS-凸的 (FS-convex)。若不然，存在 $\mathbf{q}_1,\cdots,\mathbf{q}_m\in S$ 及其某个凸组合 $\mathbf{q}_\lambda=\sum_{t=1}^m\lambda_t\mathbf{q}_t$，使得 $\mathbf{q}_\lambda\notin\cup_{t=1}^m F(\mathbf{q}_t)$，则 $\mathbf{q}_\lambda\notin F(\mathbf{q}_t)$，$\forall t=1,\cdots,m$。从而，对所有的 $\hat{\mathbf{z}}\in\hat{\mathbf{z}}(\mathbf{p})$，有 $\mathbf{q}_t\hat{\mathbf{z}}>0$，$\forall t=1,\cdots,m$。这样，$\sum_{t=1}^m\lambda_t\mathbf{q}_t\hat{\mathbf{z}}=\mathbf{q}_\lambda\hat{\mathbf{z}}>0$，这与 $\hat{\mathbf{z}}$ 满足弱瓦尔拉斯律的假定相矛盾。因此，F 是 FS-凸的。根据 KKM 引理，有

$$\bigcap_{\mathbf{q}\in S}F(\mathbf{q})\neq\varnothing,$$

即存在 $\mathbf{p}^*\in S$，使得

$$\mathbf{p}^*\in\cap_{\mathbf{q}\in S}F(\mathbf{q}),$$

即 $\mathbf{p}^*\in F(\mathbf{q}),\forall\mathbf{q}\in S$。这样，对任意的 $\mathbf{q}\in S$，存在 $\hat{\mathbf{z}}_{\mathbf{q}}\in\hat{\mathbf{z}}(\mathbf{p}^*)$，使得

$$\mathbf{q}\hat{\mathbf{z}}_{\mathbf{q}}\leqq 0.$$

现在证明 $\hat{\mathbf{z}}(\mathbf{p}^*)\cap\{-\mathcal{R}^L_+\}\neq\varnothing$(注意：对不同的 $\mathbf{q}$，$\hat{\mathbf{z}}_{\mathbf{q}}$ 也许不同，因而不能直接采用定理Ⅵ后半部分的方法来证明)。若不然，由于 $\hat{\mathbf{z}}(\mathbf{p}^*)$ 紧且凸，且 $-\mathcal{R}^L_+$ 为凸闭集，根据分离超平面定理，存在 $c\in\mathcal{R}^L$，使得

$$\mathbf{q}\cdot(-\mathcal{R}^L_+)<c<\mathbf{q}\hat{\mathbf{z}}(\mathbf{p}^*).$$

由于 $(-\mathcal{R}^L_+)$ 是锥，必然有 $c>0$ 和 $\mathbf{q}\cdot(-\mathcal{R}^L_+)\leqq 0$，从而有 $\mathbf{q}\in\mathcal{R}^L_+$，$\mathbf{q}\hat{\mathbf{z}}(\mathbf{p}^*)>0,\forall\mathbf{q}$。这就造成了矛盾。因此定理成立。 □

注　上述证明的最后部分也可应用命题 2.4.3 中的结果得到: 设 K 为紧凸集, 则 $K\cap\{-\mathcal{R}^L_+\}\neq\varnothing$ 当且仅当对任意的 $\mathbf{p}\in\mathcal{R}^L_+$, 存在 $\mathbf{z}\in K$, 使得 $\mathbf{pz}\leqq 0$。

类似地, 应用上述存在性定理Ⅶ, 我们可以直接得到下面关于经济环境的竞争均衡存在性定理。该定理给出了均衡存在的充分条件。

定理 10.4.8 (存在性定理Ⅷ)　对私有经济 $e=(\{X_i,\mathbf{w}_i,\succcurlyeq_i\}),\{Y_j\},\{\theta_{ij}\}$, 若下述条件成立, 则竞争均衡存在:

(1) $X_i=\mathcal{R}^L_+$;

(2) $\mathbf{w}_i\geqslant 0$, $\sum_{i\in N}\mathbf{w}_i>0$;

(3) $\succcurlyeq_i$ 连续、弱凸且强单调;

(4) Y_j 闭、凸, 且 $0\in Y_j$, $j=1,2,\cdots,J$。

同样, 如果初始禀赋是内点, 则可以将强单调性假设减弱为单调性假设, 于是有下列稍微变化的结果。

命题 10.4.7 (存在性定理Ⅷ$'$)　对私有经济 $e=(\{X_i,\mathbf{w}_i,\succcurlyeq_i\}),\{Y_j\},\{\theta_{ij}\}$, 若下述条件成立, 则竞争均衡存在:

(1) $X_i=\mathcal{R}^L_+$;

(2) $\mathbf{w}_i>0$;

(3) $\succcurlyeq_i$ 连续、弱凸且单调;

(4) Y_j 闭、凸, 且 $0\in Y_j$, $j=1,2,\cdots,J$。

10.4.6　一般生产经济下竞争均衡的存在性

前面几节都是对加总需求函数给出存在性定理。是否对一般的经济环境也有类似结果呢? 1954 年阿罗和德布鲁给出了肯定回答, 随后德布鲁将该结果纳入其经济学经典著作《价值论》(*The Theory of Value*) 中, 该书非常经典, 自 1959 年后再未修改过, 从而让著者为德布鲁考虑、分析问题的严谨性感到惊叹。

对一般私有生产经济

$$e=(\{X_i,\succcurlyeq_i,\mathbf{w}_i\},\{Y_j\},\{\theta_{ij}\}),\tag{10.4.43}$$

我们现在不加证明地叙述下面竞争均衡的存在性定理。由于该定理的证明十分复杂, 有兴趣的读者可以参考 Debreu (1959) 对该定理的证明, 其证明用到了 10.7 节中的抽象经济均衡存在性定理。在这个定理中允许价格为负。

定理 10.4.9 (存在性定理Ⅸ, Debreu, 1959)　对私有经济 $e=(\{X_i,\mathbf{w}_i,\succcurlyeq_i\}),\{Y_j\},\{\theta_{ij}\}$, 竞争均衡存在, 若下述条件满足:

(1) X_i 为下有界的闭凸集;

(2) $\succcurlyeq_i$ 为非饱和的;

(3) $\succcurlyeq_i$ 连续;

(4) $\succcurlyeq_i$ 凸;

(5) $\mathbf{w}_i\in\operatorname{int}X_i$;

(6) $0\in Y_j$ (不生产的可能性);

(7) Y_j 是闭凸集 (连续且非规模报酬递增);

(8) $Y_j \cap \{-Y_j\} = \{0\}$ (**不可逆性**(irreversibility));

(9) $\{-\mathcal{R}_+^L\} \subseteq Y_j$ (**自由处置**(free disposal))。

尽管这些条件看起来都是数学条件，但都有很强的经济含义，并且对大多数经济人来说基本成立。前五个条件是对消费者的经济特征给予界定，后四个条件是对生产者的经济特征给予界定，现给予大致讨论。

假设（1）中消费空间为下有界的假设意味着消费者承受有害品或具有负效用的商品的能力是有下界的，消费空间的凸性假设表示商品的消费完全可分，闭集是为了使最佳消费选择位于消费集中。

假设（2）中偏好的非饱和性假设意味着经济人的思想境界的有限性和逐利性。在通常情况下，追求物欲，且无止境，与资源的稀缺性形成了现实中最基本的一对经济矛盾，由此产生了市场制度和专门研究市场的现代经济学。尽管市场制度有许多问题，但这是目前为止解决这一基本矛盾的最佳制度（后面将从多个角度来论证市场的最优性）。由于人们思想境界有限这一客观现实，我们不得不从社会主义阶段退到社会主义初级阶段。尽管社会主义和共产主义是美好的伟大理想，是人们努力的方向，但人们的思想境界在短期内无法一下子改变，不可能在很短期内实现。只有物质极大丰富和人们不是那么追求物质享受，才有可能实现。

假设（3）中的连续性假设是一个保证了最优消费解存在的假设，表示在任何预算约束集上都存在最佳选择。

假设（4）中的凸性假设表示人们的消费行为是多样化的，前面已有讨论，就不论及了。

假设（5）中的初始禀赋内点假设是一个技术性假设，否则预算约束对应可能不连续，从而导致最优需求选择不存在。

假设（6）中不生产的假设是再自然不过的假设，允许企业有不生产的可能性。

假设（7）中生产集的闭性假设意味着最优的生产计划存在且在生产集中，而凸生产可能性集意味着不存在规模报酬递增的可能，它是对竞争市场的一种刻画。如有规模经济，竞争的市场要么不现实，要么不经济，发挥不了规模经济的优势。也就是说，市场经济一旦出现规模经济，就会产生垄断，利润最大化原则就不再可行，由此价格给定的假设不合理，从而可能会导致市场配置资源的无效率，从而需要规制。当然，还有其他方式来理解这一点。在局部范围内生产可能会出现按规模报酬递增，但每个企业都是有边界的，没有任何企业能垄断整个市场。例如，新制度经济学中科斯的企业理论就证明了这一点。另一方面，罗默的内生增长理论专门研究了规模递增经济的存在，创新导致整个行业生产力提升，从而导致了在行业中出现长期规模递增，也就是，知识、科学技术的创新具有外部性，因而从经济总体上来说呈现出规模报酬递增。但对企业内部，投入产出的关系仍然是规模报酬递减或规模报酬不变。在阿罗和德布鲁的一般均衡理论的假设中，厂商水平和社会总体水平都不存在规模报酬递增。

假设（8）中生产不可逆的假设是一个再自然不过的假设（没有这个假设竞争市场均衡有可能不存在）。这个假设很容易理解，投入产出不完全可逆，要素已被用于生产，怎么可能又变成产出呢？比如劳动所费的时间不可逆，因而投入和产出是不可逆的。

假设 (9) 中自由处置的假设意味着经济生产浪费的可能性是存在的，也就是生产只有投入而没有产出在生产上也是可能的，比如生产失败就是如此。

上述定理的九个假设尽管有一定的局限性，但相对来说还是比较合理、一般都成立的假设。

尽管上述定理是一个非常一般性的结果，但受限于一些隐含假设。这些隐含假设包括价格给定、信息完备（但在现实中信息往往是不完备的）、所有商品为私人品（无公共品）、个人的偏好是相互独立的（不依赖他人的偏好）等等。一旦这些假设放开，则竞争均衡可能不存在，即使均衡存在，我们在下一章将看到，竞争均衡也许是无效率的。

10.4.7　非序偏好关系下竞争均衡的存在性

上述所有竞争均衡存在性定理都假定了偏好关系是序，甚至可用效用函数表示，这些假设在许多情形下仍然过强。由于现实中经济环境各式各样，人们总希望能够在尽可能弱的条件下证明竞争均衡的存在性，推广已得到的一般均衡结论。在本小节中，我们考察个人偏好 $\succcurlyeq$ 可能不完备或不可传递情形下，抽象经济均衡的存在性。定义个体 i 的严格上优偏好对应 $U_{si}: X_i \to 2^{X_i}$ 如下：

$$U_{si}(\mathbf{x}_i) = \{\mathbf{x}_i' \in X_i : \mathbf{x}_i' \succ_i \mathbf{x}_i\}.$$

为了讨论简单起见，只考虑纯交换经济下的竞争均衡存在性问题。

定义 10.4.7 (非序偏好下的竞争均衡)　给定纯交换经济 $e = (e_1, \cdots, e_n)$，配置 $\mathbf{x} \in X$ 和价格向量 $\mathbf{p} \in \mathcal{R}_+^L$ 构成一个竞争均衡，若下述条件满足：

(1) **偏好最大化**：$\mathbf{x}_i \in B_i(\mathbf{p})$，且 $U_{si}(\mathbf{x}) \cap B_i(\mathbf{p}) = \varnothing, \forall i \in N$；

(2) **市场出清 (market clear) 条件**：$\hat{\mathbf{x}} \leqq \hat{\mathbf{w}} + \hat{\mathbf{y}}$。

应用著者在 10.7 节中给出的抽象经济均衡存在性定理 10.7.3，我们在非序偏好下证明竞争均衡的存在性定理。

定理 10.4.10 (存在性定理Ⅹ，Tian (1992))　*对私人经济 $e = (\{X_i, \mathbf{w}_i, \succcurlyeq_i\})$，如果下面的条件成立，那么竞争均衡存在：*

(1) X_i 是 $\mathcal{R}_+^L$ 的紧子集；

(2) $\mathbf{w}_i \geqslant 0$，$\sum_{i \in N} \mathbf{w}_i > 0$；

(3) U_{si} 下半连续，且上优偏好对应是开的；

(4) $\mathbf{x}_i \notin co\, U_{si}(\mathbf{x}), \forall \mathbf{x} \in Z$。

证明　由于 $\mathbf{w}_i \geqslant 0$，我们从命题 10.4.5 的证明中知道预算对应 B_i 是连续对应。从 10.7 节的讨论中可看到，纯交换经济可被视作一个抽象经济，并且后面的定理 10.7.3 所有的条件都满足。应用此定理，可得竞争均衡存在性。□

注意，P_i 是下半连续且是开的一个充分条件是 P_i 具有开图。

10.5　竞争均衡的唯一性

从前面讨论的竞争均衡存在性已经知道，在某些正则性 (regularity) 条件下，如在偏好和/或生产可能性集的连续性、单调性和凸性下，瓦尔拉斯均衡存在。随之需要关心的问题是瓦尔拉斯均衡是否唯一。也就是，是否有这样的可能出现：经济中存在多个均衡，我们不知道哪一个是市场调整过程的结果。特别是经济发生波动后，有可能收敛到不希望达到的均衡，所以在讨论均衡的稳定性和收敛性时，希望竞争均衡是唯一的。

我们很容易给出存在多重均衡价格向量的例子。在何种条件下才存在唯一的，使所有市场出清的正规化 (normalized) 价格向量呢？

由于免费商品显然导致了许多均衡，这种情况不必考虑，因而我们假定商品都是可欲 (desirable) 商品，即每种商品的均衡价格都必须严格为正。同时假定总超额需求函数是连续可微的，否则若无差异曲线存在扭结点 (kink)，我们可以找到一个价格区间使得在这个区域中的所有价格向量都是市场均衡。这样均衡不仅不是唯一的，甚至不是局部唯一的。因此，我们也需把这种情况排除在外。这样，我们只对 $\mathbf{p}^* > 0$ 和 $\hat{\mathbf{z}}(\mathbf{p})$ 可微的情形回答均衡的唯一性问题。

阿罗、德布鲁、布洛克、赫维茨等人在 20 世纪 50 年代末期、60 年代初考虑了均衡的唯一性和稳定性问题，他们给出了均衡唯一性和稳定性的两类条件，现分别给予讨论。我们先讨论唯一性。所谓唯一性，指的是没有两个或以上线性无关的价格向量，否则由于零阶齐次性，会有无数多个成比例的价格都是均衡价格向量。

定理 10.5.1 *假定所有商品满足可欲性*(desirablity) *和总替代性*(gross substitutability) (*即对所有价格和任意的* $l \neq h$，*有* $\dfrac{\partial z^h(\mathbf{p})}{\partial p^l} > 0$)。*若* $\mathbf{p}^*$ *是竞争均衡价格向量且瓦尔拉斯律成立，则竞争均衡价格向量是唯一的。*

证明 由可欲性，$\mathbf{p}^* > 0$。设 $\mathbf{p}$ 为另一不与 $\mathbf{p}^*$ 成比例的竞争均衡价格向量。设对某个 k，

$$m = \max_l \frac{p^l}{p^{*l}} = \frac{p^k}{p^{*k}}.$$

根据零阶齐次性和竞争均衡的定义，我们有 $\hat{\mathbf{z}}(\mathbf{p}^*) = \hat{\mathbf{z}}(m\mathbf{p}^*) = 0$。由于

$$m = \frac{p^k}{p^{*k}} \geqq \frac{p^l}{p^{*l}}, \quad \forall l = 1, \cdots, L,$$

以及存在 h 使得 $m > \dfrac{p^h}{p^{*h}}$ 成立，我们有 $mp^{*l} \geqq p^l, \quad \forall l$ 以及 $mp^{*h} > p^h$。因此，当商品 k 的价格固定，商品 h 的价格相对下降时，根据总替代性，商品 k 的需求也将下降。这意味着 $\hat{z}^k(\mathbf{p}) < 0$，矛盾。 □

当总超额需求函数满足**显示偏好弱公理 (the weak axiom of revealed preference, WARP)** 和瓦尔拉斯律时，竞争均衡是唯一的 (见图 10.13~ 图 10.15)。

定义 10.5.1 (总超额需求函数的显示偏好弱公理) 我们称总超额需求函数满足**显示偏好弱公理**，若 $\mathbf{p}\hat{\mathbf{z}}(\mathbf{p}) \geqq \mathbf{p}\hat{\mathbf{z}}(\mathbf{p}')$，则 $\mathbf{p}'\hat{\mathbf{z}}(\mathbf{p}) > \mathbf{p}'\hat{\mathbf{z}}(\mathbf{p}')$，$\forall \mathbf{p}, \mathbf{p}' \in \mathcal{R}^L_+$。

显示偏好弱公理意味着可根据人们的行动（如消费行为）所提供的信号来推测其偏好（参见第 3 章中的可积性）。我们假定加总需求也具有类似特征。

显示偏好弱公理意味着如果消费者可以在价格 $\mathbf{p}$ 处消费 $\hat{\mathbf{z}}(\mathbf{p}')$ 和 $\hat{\mathbf{z}}(\mathbf{p})$，但由于 $\hat{\mathbf{z}}(\mathbf{p})$ 是在价格 $\mathbf{p}$ 下的最优需求，若它唯一，则 $\hat{\mathbf{z}}(\mathbf{p}) \succ \hat{\mathbf{z}}(\mathbf{p}')$，因而在价格 $\mathbf{p}'$ 下，消费 $\hat{\mathbf{z}}(\mathbf{p})$ 将超出预算线。

即使个体需求函数满足显示偏好弱公理，总超额需求函数也不一定满足显示偏好弱公理。

显示偏好弱公理对个人需求函数的限制比连续拟凹效用函数更弱，几乎没有施加任何正则性条件。确实如此，Debreu (1974) 证明了任意满足瓦尔拉斯律的连续函数都是某个经

济的总需求函数。这意味着效用最大化假定对总体行为没有任何限定。但对总超额需求函数的限制并不是想象的那么弱。即使个体需求函数满足显示偏好弱公理，总超额需求函数也不一定满足显示偏好弱公理，图 10.13 ~ 图 10.15 揭示了加点后性质的变化。因此，为了得到唯一性和稳定性结果，我们必须对总超额需求函数做更多其他假定，如**总替代性**和**显示偏好弱公理**。

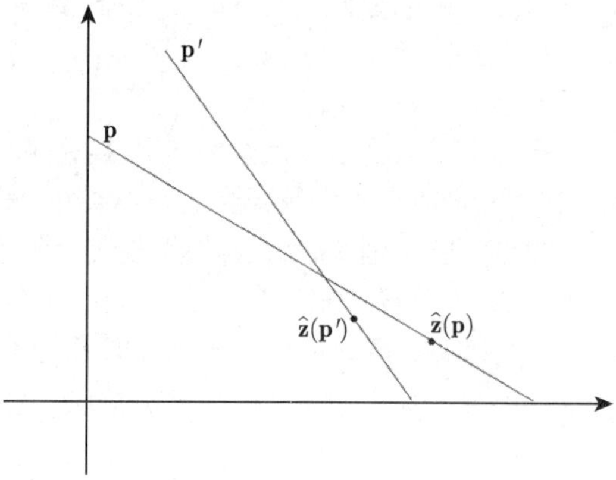

图 10.13　满足 WARP 的总超额需求函数

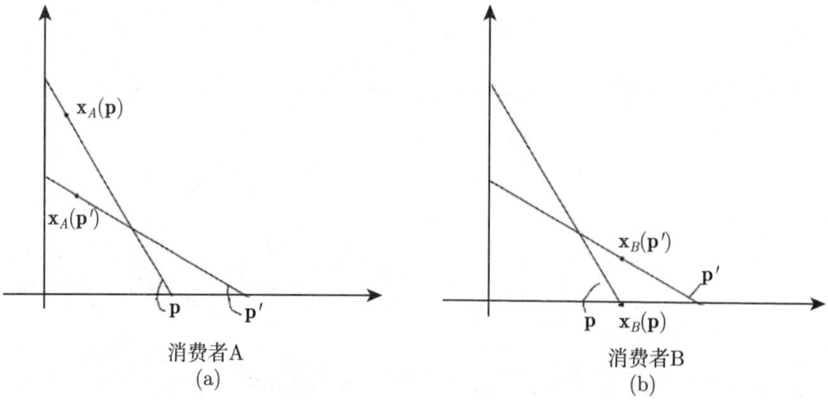

图 10.14　消费者 A 和 B 的需求函数都满足 WARP

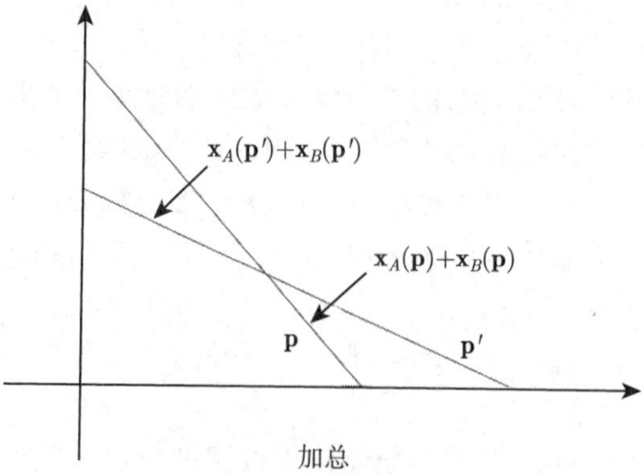

图 10.15　总超额需求函数不满足 WARP

引理 10.5.1 若瓦尔拉斯律和显示偏好弱公理成立，则对任意的 $\mathbf{p} \neq k\mathbf{p}^*$，有 $\mathbf{p}^*\hat{\mathbf{z}}(\mathbf{p}) > 0$，其中 $\mathbf{p}^*$ 是竞争均衡。

证明 假设 $\mathbf{p}^*$ 是竞争均衡使得 $\hat{\mathbf{z}}(\mathbf{p}^*) \leqq 0$。根据瓦尔拉斯律，有 $\mathbf{p}\hat{\mathbf{z}}(\mathbf{p}) = 0$，从而有 $\mathbf{p}\hat{\mathbf{z}}(\mathbf{p}) \geqq \mathbf{p}\hat{\mathbf{z}}(\mathbf{p}^*)$。于是，根据显示偏好弱公理，我们有 $\mathbf{p}^*\hat{\mathbf{z}}(\mathbf{p}) > \mathbf{p}^*\hat{\mathbf{z}}(\mathbf{p}^*) = 0 \Rightarrow \mathbf{p}^*\hat{\mathbf{z}}(\mathbf{p}) > 0, \forall \mathbf{p} \neq k\mathbf{p}^*$。 □

定理 10.5.2 若瓦尔拉斯律和总超额需求函数显示偏好弱公理成立，则竞争均衡是唯一的。

证明 根据引理 10.5.1，对任意的 $\mathbf{p} \neq k\mathbf{p}^*$，$\mathbf{p}^*\hat{\mathbf{z}}(\mathbf{p}) > 0$ 意味着至少存在 l 使得 $\hat{\mathbf{z}}^l > 0$ 成立。因而，竞争均衡必定是唯一的。 □

以上这些结果只是竞争均衡唯一的充分条件。现在给出竞争均衡是唯一的充分必要条件。从数学上来说，竞争均衡的唯一性等价于总超额需求函数是全局可逆的，而连续总超额需求函数是全局可逆的当且仅当它是全局同态（global homomorphism）(即是一对一的连续函数)。

定义 10.5.2 $\hat{\mathbf{z}}(\cdot): S \to \mathcal{R}^L$ 是一个**恰当映射 (proper map)**，若对任意紧集K，它的逆映射 $\hat{\mathbf{z}}^{-1}(K)$ 是紧集。

引理 10.5.2 (Browder 全局唯一性定理) 函数 $F: \mathcal{R}^m \to \mathcal{R}^m$ 是全局同态当且仅当它是恰当的及局部同态的。

当 F 可微时，局部同态性等价于雅可比矩阵的行列式非零，于是有下面关于竞争均衡唯一性的结果。

定理 10.5.3 设总超额需求函数 $\hat{\mathbf{z}}(\cdot): S \to \mathcal{R}^L$ 可微，则竞争均衡是唯一的当且仅当 $\hat{\mathbf{z}}(\cdot)$ 的雅可比矩阵的行列式非零，且是恰当的。

这个结果包括文献中的许多结果（如 Gale 和 Nikaido (1965)，Dierker (1972)，Varian (1975)，Mas-Colell (1979) 以及 Mukherji (1997)) 作为特例，包括下面比较容易用来验证的结果。

推论 10.5.1 (Varian, 1975) 假定当某个商品的价格趋向零时，总超额需求函数在所有竞争均衡解的值是正的，则竞争均衡是唯一的。

10.6 竞争均衡的稳定性

在前面，我们讨论了竞争均衡的存在性和唯一性，这一节讨论竞争均衡的稳定性。竞争均衡是一个静态的概念，它并不能保证经济确实会在均衡点处运行。什么力量会使价格趋向于市场出清价格呢？当价格偏离均衡价格时，需要政府干预吗？这个问题涉及竞争均衡价格调整机制的稳定性研究。

我们关心均衡稳定性的原因在于经济经常会发生波动，当经济发生波动时，比如因为战争、政治、经济、社会危机等原因使得经济发生波动时，经济是否会自动回复到原来的均衡？这是一个非常重要的现实问题。例如，当出现经济或金融危机时，人们都想知道经济能否好转，就像 2008 年发生世界经济、金融危机后，整个世界都在关注经济什么时候才能好转一样。但经济也可能往坏的均衡收敛，不稳定，越来越恶化。发展经济学关心的一个重要问题就是，为什么有些国家越来越穷而另外一些国家越来越富裕，前者的例子有刚果（金）等，后者有中国等。

根据经济学直觉，市场均衡的稳定性好像不是问题。比如，根据需求供给法则，当商品短缺时会导致价格上升，而过剩时会导致价格下降，于是价格会自动收敛到市场均衡价格，因而均衡似乎总是稳定的。尽管这个直觉基本正确，但并非总是如此。后面要讨论的赫伯特 • 斯卡夫 (Herbert Scarf) 给出的竞争均衡非稳定的著名反例说明了此点。因而，在判断问题的答案时，经济直觉虽然重要，但直觉也不一定总是正确的，需要严格证明，弄清命题的成立条件和结论的适用范围，否则会得到错误的结论。

一般竞争均衡概念和价格调整过程好像存在着悖论关系：在一般均衡理论中，模型设定每个经济人都视价格为给定，如是这样，价格又如何能发生变动呢？

经济学家为了避免这个悖论，在研究竞争均衡稳定性时，特别引入了**瓦尔拉斯拍卖者 (Walrasian auctioneer)** 的概念，他不消费也不生产，唯一的功能就是寻求使市场出清的价格。瓦尔拉斯拍卖者对商品报价，且根据总超额需求的变化来调整价格，直到市场出清。这样的过程被称为**摸索（tâtonnement）调整过程**。[①]

根据供需法则，**摸索调整过程**被定义为

$$\frac{dp^l}{dt} = G^l(\hat{z}^l(\mathbf{p})), \quad l = 1, \cdots, L, \tag{10.6.44}$$

其中，G^l 为 $\hat{\mathbf{z}}(\mathbf{p})$ 的**保号函数(sign-preserving function)**，即若 $\mathbf{x} > 0$，则 $G^l(\mathbf{x}) > 0$，若 $\mathbf{x} = 0$，则 $G^l(\mathbf{x}) = 0$，若 $\mathbf{x} < 0$，则 $G^l(\mathbf{x}) < 0$。上述方程意味着，当总超额需求函数为正时，商品存在短缺，因此根据供需法则，价格将上升。这样，价格是时间的单调函数，从而对时间的导数为正。

作为 G^l 的一个特殊形式，G^l 是**恒等映射 (identical mapping)**，于是有

$$\dot{p}^l = \hat{z}^l(\mathbf{p}), \tag{10.6.45}$$

或按照向量的形式，有

$$\dot{\mathbf{p}} = \hat{\mathbf{z}}(\mathbf{p}). \tag{10.6.46}$$

若瓦尔拉斯律成立，则

$$\begin{aligned}\frac{d}{dt}(\mathbf{p}'\mathbf{p}) &= \frac{d}{dt}\left[\sum_{l=1}^{L}(p^l)^2\right] = 2\sum_{l=1}^{L}(p^l)\cdot\frac{dp^l}{dt}\\ &= 2\mathbf{p}'\dot{\mathbf{p}} = 2\mathbf{p}\hat{\mathbf{z}}(\mathbf{p}) = 0,\end{aligned}$$

这意味着当价格调整时，价格的平方之和保持不变。这是另外一种价格标准化的方法，于是我们总共得到了三种价格标准化的方法。在证明均衡存在性时我们令价格之和为 1，而在计算时令其中一个价格为 1，而在这个最新的价格标准化下，价格变动被限制在 k- 维球的球面上。

现在考察在何种意义下竞争均衡价格是全局稳定的，为此给出下面的定义。

定义 10.6.1 均衡价格 $\mathbf{p}^*$ 被称作**全局稳定的**，若

① tâtonnement 来源于法语，意为：尝试错误法；不断摸索；反复试验。

(1) $\mathbf{p}^*$ 是唯一的竞争均衡；

(2) 对所有的 $\mathbf{p}_0$，存在唯一的初始价格依赖路径 $\mathbf{p} = \phi(t, \mathbf{p}_0), 0 \leqq t < \infty$，使得 $\lim_{t\to\infty} \phi(t, \mathbf{p}_0) = \mathbf{p}^*$。

市场均衡的全局稳定性意味着，对任何偏离了均衡价格的初始状态价格，无论偏离多远，只要存在路径依赖的（即唯一的）轨迹，它都会收敛到市场均衡价格。

关于竞争均衡价格的局部稳定性是类似的，只是价格变动的范围不能过大。正式定义如下：

定义 10.6.2 均衡价格 $\mathbf{p}^*$ 被说成是**局部稳定的**，若存在 $\delta > 0$ 和唯一的初始价格依赖路径 $\mathbf{p} = \phi(t, \mathbf{p}_0)$，使得当 $|\mathbf{p}^* - \mathbf{p}_0| < \delta$ 时，$\lim_{t\to\infty} \phi(t, \mathbf{p}_0) = \mathbf{p}^*$。

价格动态的若干图例：图 10.16 的图 (a) 和图 (b) 给出了稳定均衡，图 (c) 和图 (d) 给出了唯一不稳定均衡。

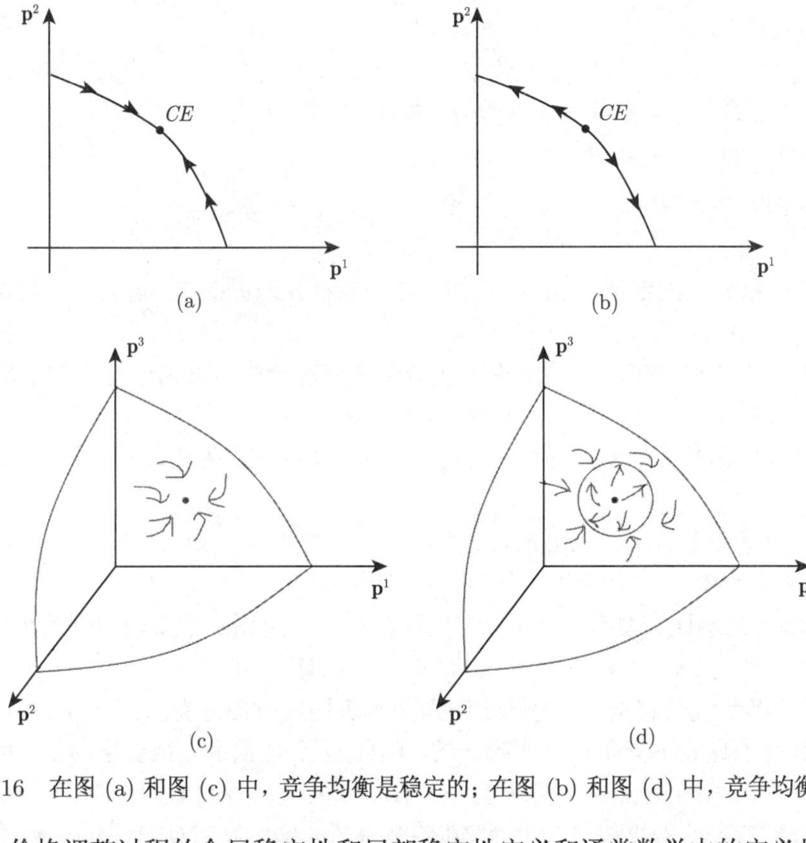

图 10.16 在图 (a) 和图 (c) 中，竞争均衡是稳定的；在图 (b) 和图 (d) 中，竞争均衡不稳定

这样，价格调整过程的全局稳定性和局部稳定性定义和通常数学中的定义是一样的，可以比较形象地说明。比如，球在碗中振动，有了三种可能性：当球在碗中振动不大时，球总能回复原位，而当球振动太大，就可能跳出碗外，球永远都回不到碗中，而当球在碗的边缘振动时，球可能回到碗中，也可能跳出碗外，这样球的振动只是局部稳定的。另一个例子是弹簧秤，只能承受一定负载量，拉力过大，弹簧就不能回复原状，所以它只是局部稳定的，而不是全局稳定的。稳定性虽然是一个数学概念，但是有其实际意义，在物理学或工程学中，对稳定性的研究非常重要，它有许多实际应用，比如需要研究建筑物防震的稳定性。

竞争均衡的局部稳定性不需要专门研究，可直接从微分方程局部稳定性理论的标准结果中得到。

定理 10.6.1 竞争均衡价格 $\mathbf{p}^*$ 是局部稳定的，若雅可比矩阵(Jacobean matrix)

$$A = \left[\frac{\partial \hat{z}^l(\mathbf{p}^*)}{\partial p_k}\right]$$

所有特征根为负。

这样，对局部稳定性，需要对超额需求函数求出其雅可比矩阵，即求偏导之后，得到系数矩阵，算出其特征根。若所有特征根都是负的，那么竞争均衡是局部稳定的。当然，人们想要了解的是，对什么样的经济环境，其雅可比矩阵特征根是负的。

本节主要讨论和给出价格均衡全局稳定性的条件。

在微分方程理论中有一个很重要的定理：李雅普诺夫定理。① 全局稳定性结果可由李雅普诺夫 (Liaponov) 定理得到。

定义 10.6.3 (李雅普诺夫函数)　对微分方程系统 $\dot{\mathbf{x}} = f(\mathbf{x})$，令 $\mathbf{x}^*$ 是使得 $f(\mathbf{x}^*) = 0$ 的点。我们称函数 V 为该微分方程系统的**李雅普诺夫函数**，若

(1) 存在唯一的 $\mathbf{x}^*$，使得 $V(\mathbf{x}^*) = 0$；

(2) $V(\mathbf{x}) > 0, \forall \mathbf{x} \neq \mathbf{x}^*$；

(3) $\frac{dV(\mathbf{x})}{dt} < 0$。

定理 10.6.2 (李雅普诺夫定理)　若 $\dot{\mathbf{x}} = f(\mathbf{x})$ 存在李雅普诺夫函数，则其唯一均衡点是全局稳定的。

阿罗、布洛克和赫维茨等人利用李雅普诺夫定理对价格摸索调整过程的全局稳定性给出了证明，即总超额需求函数满足显示偏好弱公理的情形。如上节所指出的那样，显示偏好弱公理对个体需求函数几乎没有施加任何限制，对总超额需求函数，显示偏好弱公理还是施加了条件。

引理 10.6.1 设总超额需求函数满足瓦尔拉斯律和总替代性，则 $\mathbf{p}^*\hat{\mathbf{z}}(\mathbf{p}) > 0, \forall \mathbf{p} \neq k\mathbf{p}^*$，这里 $\mathbf{p}^* > 0$ 是竞争均衡。

证明　该引理的证明比较复杂。这里只对两商品经济采用图示法说明引理的证明过程。该引理的一般性证明可参见 Arrow 和 Hahn (1971, p. 224)。

设 $\mathbf{p}^*$ 为竞争均衡价格向量，$\hat{\mathbf{x}}^* = \hat{\mathbf{x}}(\mathbf{p}^*)$ 为竞争均衡时的总需求。令 $\mathbf{p} \neq \alpha\mathbf{p}^*, \forall \alpha > 0$。由于在总替代性的假定下竞争均衡是唯一的，因此 $\mathbf{p}$ 不是竞争均衡价格向量。由于在瓦尔拉斯律的假定下，$\hat{\mathbf{x}}(\mathbf{p}^*)$ 是竞争均衡配置，$\mathbf{p}\hat{\mathbf{x}}(\mathbf{p}) = \mathbf{p}\hat{w} = \mathbf{p}\hat{\mathbf{x}}(\mathbf{p}^*)$ (注意 $\hat{w} = \hat{\mathbf{x}}(\mathbf{p}^*)$)，因此总需求 $\hat{\mathbf{x}}(\mathbf{p})$ 在通过点 $\hat{\mathbf{x}}^*$ 的直线 AB 上，且其斜率为 $-p^1/p^2$。令 CD 是通过点 $\hat{\mathbf{x}}^*$ 的直线，且其斜率为 $-p^{*1}/p^{*2}$。不失一般性，假设 $p^{*1}/p^{*2} > p^1/p^2$。这样，我们需要证明 $\hat{\mathbf{x}}^1(\mathbf{p}) > \hat{\mathbf{x}}^{*1}$ 及 $\hat{\mathbf{x}}^2(\mathbf{p}) < \hat{\mathbf{x}}^{*2}$，从而点 $\hat{\mathbf{x}}(\mathbf{p})$ 在图 10.17 中必然在点 $\hat{\mathbf{x}}^*$ 的右边。

由假定，$p^{*1}/p^1 > p^{*2}/p^2 \equiv \mu$，从而有 $p^{*1} > \mu p^1$ 和 $p^{*2} = \mu p^2$。这样，根据总替代性，有 $\hat{\mathbf{x}}^2(\mathbf{p}^*) > \hat{\mathbf{x}}^2(\mu\mathbf{p}) = \hat{\mathbf{x}}^2(\mathbf{p})$ （根据零阶齐次性）。从而，由 $\mathbf{p}\hat{\mathbf{x}}(\mathbf{p}) = \mathbf{p}\hat{\mathbf{x}}(\mathbf{p}^*)$，我们有 $\hat{\mathbf{x}}^1(\mathbf{p}) > \hat{\mathbf{x}}^1(\mathbf{p}^*)$。因此，在图上，点 $\hat{\mathbf{x}}(\mathbf{p})$ 必然在点 $\hat{\mathbf{x}}^*$ 的右边。作一条通过点 $\hat{\mathbf{x}}(\mathbf{p})$ 且平行于

① 李雅普诺夫是 19 世纪伟大的俄国数学家，他对微分方程的稳定性作出了开创性的贡献。

CD 的直线，则有 $\mathbf{p}^*\hat{\mathbf{x}}(\mathbf{p}) > \mathbf{p}^*\hat{\mathbf{x}}^*$。在不等式两边加上 $\mathbf{p}^*\hat{\mathbf{w}}$，我们有 $p^*\hat{\mathbf{z}}(\mathbf{p}) > 0$。这样，定理的结论成立。 □

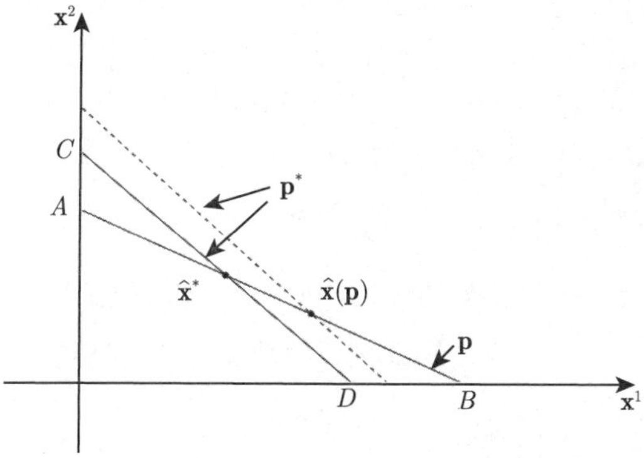

图 10.17 引理 10.6.1 证明的说明

阿罗、布洛克和赫维茨在 1959 年发表于*Econometrica*的文章中证明了下述竞争均衡全局稳定性定理：在瓦尔拉斯律下，只要加总超额需求函数满足总替代性或者显示弱公理，则竞争均衡必定是全局稳定的。该结果的证明很简单，利用到了李雅普诺夫定理。其思想是构造一个距离函数 V。根据假设和距离函数的性质，均衡点是唯一的，因此 V 在均衡下的值等于零，而在其他价格处大于零。我们只需证明 $\frac{dV}{dt} < 0$。由瓦尔拉斯律，我们可证明 $\frac{dV}{dt} < 0$。根据李雅普诺夫定理，竞争均衡价格是全局稳定的。下面是定理的正式陈述和证明。

定理 10.6.3 (Arrow-Block-Hurwicz) 假定瓦尔拉斯律成立，若 $\hat{\mathbf{z}}(\mathbf{p})$ 满足总替代性，或者满足显示偏好弱公理，则经济均衡价格是全局稳定的。

证明 由于总超额需求函数满足总替代性或显示偏好弱公理，竞争均衡价格 $\mathbf{p}^*$ 是唯一的。我们现在证明它是全局稳定的。定义李雅普诺夫函数如下：

$$V(\mathbf{p}) = \sum_{l=1}^{L}(p^l(t) - p^{*l})^2 = (\mathbf{p} - \mathbf{p}^*)\cdot(\mathbf{p} - \mathbf{p}^*). \tag{10.6.47}$$

根据总替代性或显示偏好弱公理假定，竞争均衡价格 $\mathbf{p}^*$ 是唯一的。此外，由于

$$\begin{aligned}\frac{dV}{dt} &= 2\sum_{l=1}^{L}(p^l(t) - p^{*l})\frac{dp^l(t)}{dt}\\ &= 2\sum_{l=1}^{L}(p^l(t) - p^{*l})\hat{z}^l(\mathbf{p})\\ &= 2[\mathbf{p}\hat{\mathbf{z}}(\mathbf{p}) - \mathbf{p}^*\hat{\mathbf{z}}(\mathbf{p})]\\ &= -2\mathbf{p}^*\hat{\mathbf{z}}(\mathbf{p}) < 0,\end{aligned}$$

最后一个等式是根据瓦尔拉斯律得到的，而不等式是根据引理 10.5.1 和引理 10.6.1 得到的。这样，由李雅普诺夫定理，$\dot{\mathbf{p}} = \hat{\mathbf{z}}(\mathbf{p})$ 关于 $\mathbf{p} \neq k\mathbf{p}^*$ 全局稳定。 □

上述定理给出了在瓦尔拉斯律、齐次性和总替代性/显示偏好弱公理的假定下，竞争均衡的全局稳定性结果。一个自然而然的问题是，哪些假设可以放松、它们可以放松到何种程

度，特别是总替代性？由于现实中的很多商品都是互补品而不是替代品，竞争均衡的全局稳定性对互补品是否也成立呢？赫伯特 • 斯卡夫在他的论文 Scarf (1961) 中给出了一些反例，这些反例表明在互补品的经济中，竞争均衡可能不是全局稳定的。下面是斯卡夫最著名的全局稳定性反例。

例 10.6.1 (斯卡夫的全局稳定性反例)　考虑三个消费者和三种商品 ($n = 3, L = 3$) 的纯交换商品经济。设消费者的禀赋分别为 $\mathbf{w}_1 = (1,0,0)$, $\mathbf{w}_2 = (0,1,0)$ 和 $\mathbf{w}_3 = (0,0,1)$，其效用函数分别为：

$$u_1(\mathbf{x}_1) = \min\{x_1^1, x_1^2\},$$
$$u_2(\mathbf{x}_2) = \min\{x_2^2, x_2^3\},$$
$$u_3(\mathbf{x}_3) = \min\{x_3^1, x_3^3\},$$

从而他们的无差异曲线是 L 形状的。其总超额需求函数为：

$$\hat{z}^1(\mathbf{p}) = -\frac{p^2}{p^1+p^2} + \frac{p^3}{p^1+p^3}, \tag{10.6.48}$$

$$\hat{z}^2(\mathbf{p}) = -\frac{p^3}{p^2+p^3} + \frac{p^1}{p^1+p^2}, \tag{10.6.49}$$

$$\hat{z}^3(\mathbf{p}) = -\frac{p^1}{p^1+p^3} + \frac{p^2}{p^2+p^3}. \tag{10.6.50}$$

可以验证，唯一的均衡价格为 $p^{*1} = p^{*2} = p^{*3} = 1$。

动态调整方程为：

$$\dot{\mathbf{p}} = \hat{\mathbf{z}}(\mathbf{p}).$$

根据瓦尔拉斯律，$\|\mathbf{p}(t)\| = C, \forall t$，其中 C 为常数。下面证明 $\prod_{l=1}^3 p^l(t)$ 对所有 t 都为常数。实际上，我们有：

$$\begin{aligned}\frac{d}{dt}\left(\prod_{l=1}^3 \mathbf{p}(t)\right) &= \dot{p}^1p^2p^3 + \dot{p}^2p^1p^3 + \dot{p}^3p^1p^2 \\ &= \hat{z}^1p^2p^3 + \hat{z}^2p^1p^3 + \hat{z}^3p^1p^2 = 0.\end{aligned}$$

下面我们证明上述动态过程不是全局稳定的。首先我们取初始价格 $p^l(0)$，使之满足

$$\sum_{l=1}^3 [p^l(0)]^2 = 3,\ \prod_{l=1}^3 p^l(0) \neq 1.$$

从而对所有 t，有

$$\sum_{l=1}^3 [p^l(t)]^2 = 3,\ \prod_{l=1}^3 p^l(t) \neq 1.$$

由于

$$\sum_{l=1}^3 [p^l(t)]^2 = 3,$$

这样，摸索价格调整过程并不收敛到均衡价格 $\mathbf{p}^* = (1,1,1)$。

在上述例子中，我们发现：(1) 不存在替代效应，(2) 无差异曲线不是严格凸的，(3) 无差异曲线有一个断点，因而不可微。赫伯特·斯卡夫在 Scarf (1961) 中也给出了其他一些**非稳定性 (instability)**的例子。在这些例子中，具有替代效应的吉芬 (Giffen) 经济环境下的价格调整过程也是非稳定的。因此，斯卡夫的例子意味着在较大的范围内竞争市场是非稳定的。

10.7 抽象经济

抽象经济的概念最早由 Debreu (*Econometrica*, 1952) 给出，它推广了标准的非合作博弈的概念，在一般条件下证明了竞争均衡的存在性。在这种广义的非合作博弈中，局中人的战略集不再独立于其他参与人的战略，而依赖其他参与人的战略选择，正如 Arrow 和 Debreu (*Econometrica*，1954) 所证明的那样，由于市场机制可被看作一个抽象经济的一个特例，消费者偏好不仅受自身消费的影响，也可能受其他消费者消费的影响。Debreu (1952) 在个体有限及战略空间是紧和凸的，效用函数连续且拟凹的条件下，证明了抽象经济均衡的存在性。自 Debreu 在抽象经济方面的开创性贡献后，许多学者给出抽象经济的存在性结果。Shafer 和 Sonnenschein(《数理经济学杂志》(*Journal of Mathematical Economics*), 1975) 以及著者（Tian, 1992）将 Debreu 的结果推广到了非序偏好情形。

10.7.1 抽象经济中的均衡

设 N 为所有参与人的集合，它可能有限、可数或不可数。每个参与人 i 在 $X_i \subset \mathcal{R}^L$ 中选择战略 $\mathbf{x}_i$。记笛卡儿 (Cartesian) 集 $\prod_{j\in N} X_j$ 和 $\prod_{j\in N\setminus\{i\}} X_j$ 分别为 X 和 X_{-i}。另记 X 和 X_{-i} 中的元素分别为 $\mathbf{x}$ 和 $\mathbf{x}_{-i}$。每个参与人 i 的支付函数设为 u_i：$X \to \mathcal{R}$，该效用函数不仅依赖于参与人 i 自身的战略选择，同时也依赖于其他参与人的战略选择。给定其他参与人的战略 $\mathbf{x}_{-i}$，参与人 i 的战略选择限制在非空集 $F_i(\mathbf{x}_{-i}) \subseteq X_i$ 上，该集合被称为 i 的**可行战略集 (feasible strategy set)**；参与人 i 选择 $\mathbf{x}_i \in F_i(\mathbf{x}_{-i})$ 以使自身在 $F_i(\mathbf{x}_{-i})$ 上效用最大化。

将抽象经济 (或称广义博弈)$\Gamma = (X_i, F_i, u_i)_{i\in N}$ 定义为一族有序三元组 (X_i, F_i, P_i)。

定义 10.7.1 我们称向量 $\mathbf{x}^* \in X$ 为**抽象经济的均衡**，若 $\forall i \in N$

(1) $\mathbf{x}_i^* \in F_i(\mathbf{x}_{-i}^*)$，

(2) $\mathbf{x}_i^*$ 使 $u_i(\mathbf{x}_{-i}^*, \mathbf{x}_i)$ 在 $F_i(\mathbf{x}_{-i}^*)$ 上达到最大值。

注意：若 $F_i(\mathbf{x}_{-i}) \equiv X_i$, $\forall i \in N$，抽象经济退化为通常的标准博弈 $\Gamma = (X_i, u_i)$，且均衡被称为**纳什均衡 (Nash equilibrium)**。

定理 10.7.1 (Arrow-Debreu) 令 X 为 $\mathcal{R}^{nL}$ 的非空紧凸子集。设

(1) 对应 F: $X_{-i} \to 2^{X_i}$ 为取非空紧凸值的连续映射，

(2) $u_i : X \to \mathcal{R}$ 连续，

(3) $u_i : X \to \mathcal{R}$ 是关于 $\mathbf{x}_i$ 的拟凹函数，

则抽象经济 Γ 存在均衡。

证明 对每个 $i \in N$，定义最大化对应映射如下：

$$M_i(\mathbf{x}_{-i}) = \{\mathbf{x}_i \in F_i(\mathbf{x}_{-i}) : u_i(\mathbf{x}_{-i}, \mathbf{x}_i) \geqq u_i(\mathbf{x}_{-i}, \mathbf{z}_i),\ \forall \mathbf{z}_i \in F_i(\mathbf{x}_{-i})\}.$$

因为 u_i 是连续的，关于 $\mathbf{x}_i$ 拟凹，且 $F_i(\mathbf{x}_{-i})$ 是取非空紧凸值的连续对应，那么最大化对应 $M_i:\ X_{-i} \to 2^{X_i}$ 也是取非空凸值的对应。此外，根据最大值定理（参见定理 2.6.13），M_i 是具有非空紧凸值的上半连续对应。因此最大化对应

$$M(\mathbf{x}) = \prod_{i \in N} M_i(\mathbf{x}_{-i})$$

也是取非空紧凸值的上半连续对应。于是根据角谷不动点定理 (参见定理 2.6.19)，存在 $\mathbf{x}^* \in X$，使得 $\mathbf{x}^* \in M(\mathbf{x}^*)$，$\mathbf{x}^*$ 即是广义博弈的均衡。 □

前面几节已经提及存在性定理IX及存在性定理X的证明是将竞争市场机制视为抽象经济的一个特殊情况。现给出具体说明，考虑简单的交换经济 $e = (X_i, u_i, \mathbf{w}_i)_{i \in N}$。定义抽象经济 $\Gamma = (Z, F_i, u_i)_{i \in N+1}$ 如下。令

$$\begin{aligned}
Z_i &= X_i \quad i = 1, \cdots, n, \\
Z_{n+1} &= \Delta^{L-1}, \\
F_i(\mathbf{p}) &= \{\mathbf{x}_i \in X_i : \mathbf{p}\mathbf{x}_i \leqq \mathbf{p}\mathbf{w}_i\} \quad i = 1, \cdots, n, \\
F_{n+1} &= \Delta^{L-1}, \\
u_{n+1}(\mathbf{p}, \mathbf{x}) &= \sum_{i=1}^{n} \mathbf{p}(\mathbf{x}_i - \mathbf{w}_i).
\end{aligned} \tag{10.7.51}$$

我们所加的第 $n+1$ 个经济人是瓦尔拉斯拍卖者，他的唯一功能就是变动价格。可以验证，由于在均衡点有 $\sum_{i=1}^{n} \mathbf{x}_i \leqq \sum_{i=1}^{n} \mathbf{w}_i$，若上述定义的抽象经济具有均衡，此均衡就是竞争市场经济 e 的竞争均衡。

10.7.2 均衡的存在性：一般偏好情形

本小节考察个人偏好 $\succcurlyeq$ 可能不完备或不可传递情形下，抽象经济均衡的存在性。定义参与人 i 的严格上优 (strong upper contour) 偏好对应 $P_i : X \to 2^{X_i}$ 如下：

$$P_i(\mathbf{x}) = \{\mathbf{y}_i \in X_i : (\mathbf{y}_i, \mathbf{x}_{-i}) \succ_i (\mathbf{x}_i, \mathbf{x}_{-i})\}.$$

我们称 $\Gamma = (X_i, F_i, P_i)_{i \in N}$ 为**抽象经济**。

将**广义博弈 (generalized game) (或称抽象经济 (abstract economy))** $\Gamma = (X_i, F_i, P_i)_{i \in N}$ 定义为一族**有序三元组 (triple)**(X_i, F_i, P_i)。如果对任意 $i \in N$，有

$$\mathbf{x}_i^* \in F_i(\mathbf{x}^*),\ P_i(\mathbf{x}^*) \cap F_i(\mathbf{x}^*) = \varnothing,$$

则称 $\mathbf{x}^* \in X$ 为 Γ 上的均衡。

Shafer 和 Sonnenschein (1975) 证明了下述定理，该定理是定理 10.7.1 的推广，其中偏好也许是不完备和不可传递的。

定理 10.7.2 (Shafer-Sonnenschein) 设抽象经济 $\Gamma = (X_i, F_i, P_i)_{i \in N}, i \in N$ 满足如下条件：

(1) X_i 为 $\mathcal{R}^{l_i}$ 的非空紧凸子集，

(2) $F_i : X \to 2^{X_i}$ 为取非空紧凸值的连续对应，

(3) P_i 具有开图，

(4) $\mathbf{x}_i \notin co\, P_i(\mathbf{x}), \forall \mathbf{x} \in Z$，

那么，Γ 存在均衡。

该定理要求偏好具有开图。著者 (Tian，1992) 推广了上述定理，得到更一般的结论，它放松了像图或偏好对应的下截面（lower section）为开集的要求，推广了 Debreu (1952)，Shafer 和 Sonnenschein (1975) 的结果。在详细分析该定理之前，我们先给出若干技术引理，这些引理首先由 Micheal (1956, 命题 2.5 及 2.6 和定理 3.1‴) 给出。

引理 10.7.1 令 $X \subseteq \mathcal{R}^M$ 和 $Y \subseteq \mathcal{R}^K$ 为子集，$\phi : X \to 2^Y$ 和 $\psi : X \to 2^Y$ 为满足如下性质的对应：

(1) ϕ 为取凸值的下半连续对应，且其上截面 (upper section) 是开集，

(2) ψ 为下半连续对应，

(3) $\forall \mathbf{x} \in X$, $\phi(\mathbf{x}) \cap \psi(\mathbf{x}) \neq \varnothing$,

则对应 $\theta : X \to 2^Y : \theta(\mathbf{x}) = \phi(\mathbf{x}) \cap \psi(\mathbf{x})$ 是下半连续的。

引理 10.7.2 令 $X \subseteq \mathcal{R}^M$ 和 $Y \subseteq \mathcal{R}^K$ 为子集，$\phi : X \to 2^Y$ 下半连续，那么 $\psi : X \to 2^Y : \psi(\mathbf{x}) = co\,\phi(\mathbf{x})$ 也是下半连续的。

引理 10.7.3 令 $X \subseteq \mathcal{R}^M$ 和 $Y \subseteq \mathcal{R}^K$ 为凸子集。设 $F : X \to 2^Y$ 为取非空凸值的下半连续对应，则存在连续函数 $f : X \to Y$，使得 $f(\mathbf{x}) \in F(\mathbf{x}), \forall \mathbf{x} \in X$。

定理 10.7.3 (田氏定理) 设 $\Gamma = (X_i, F_i, P_i)_{i \in N}, i \in N$ 为广义博弈，它满足：

(1) X_i 为 $\mathcal{R}^{l_i}$ 的非空紧凸子集，

(2) F_i 为连续对应，且对每个 $\mathbf{x} \in X$，$F_i(\mathbf{x})$ 为非空紧凸集，

(3) P_i 下半连续，且上截面是开的，

(4) $\mathbf{x}_i \notin co\,P_i(\mathbf{x}), \forall \mathbf{x} \in F$,

则 Γ 存在均衡。

证明 对任意 $i \in N$，定义对应 $A_i : X \to 2^{X_i}$ 为

$$A_i(\mathbf{x}) = F_i(\mathbf{x}) \cap co\,P_i(\mathbf{x}).$$

令

$$U_i = \{\mathbf{x} \in X : A_i(\mathbf{x}) \neq \varnothing\}.$$

由于 F_i 和 P_i 在 X 上下半连续，它们在 U_i 上也下半连续。根据引理 10.7.2，$co\,P_i$ 在 U_i 上也下半连续。由于 P_i 的上截面是 X 中的开集，coP_i 的上截面也是 X 中的开集，从而 $co\,P_i$ 的上截面是 U_i 中的开集，且

$$F_i(\mathbf{x}) \cap co\,P_i(\mathbf{x}) \neq \varnothing, \forall \mathbf{x} \in U_i.$$

因此，根据引理 10.7.1，对应 $A_i|_{U_i} : U_i \to 2^{X_i}$ 在 U_i 上下半连续，且对所有的 $\mathbf{x} \in U_i$，$F(\mathbf{x})$ 是非空凸集。由于 X_i 是有限维的，根据引理 10.7.3，存在连续函数 $f_i : U_i \to X_i$，使得

$$f_i(\mathbf{x}) \in A_i(\mathbf{x}), \forall \mathbf{x} \in U_i.$$

由于 U_i 是开集且 A_i 下半连续，定义对应 $G_i : X \to 2^{X_i}$ 如下：

$$G_i(\mathbf{x}) = \begin{cases} \{f_i(\mathbf{x})\}, & 若\ \mathbf{x} \in U_i, \\ F_i(\mathbf{x}), & 若\ \mathbf{x} \notin U_i, \end{cases} \tag{10.7.52}$$

则 G_i 是上半连续的。因此对应 $G : X \to 2^X : G(\mathbf{x}) = \prod_{i\in N} G_i(\mathbf{x})$ 是上半连续的，且对所有的 $\mathbf{x} \in X$, $G(\mathbf{x})$ 都为非空闭凸集。于是，根据角谷不动点定理，存在点 $\mathbf{x}^* \in X$，使得 $\mathbf{x}^* \in G(\mathbf{x}^*)$。由于对每个 $i \in N$，若 $\mathbf{x}^* \in U_i$，则

$$\mathbf{x}_i^* = f_i(\mathbf{x}^*) \in A(\mathbf{x}^*) \subset co\, P_i(\mathbf{x}^*),$$

这与 (4) 矛盾。因而，$\mathbf{x}^* \notin U_i$，对所有的 $i \in N$,

$$\mathbf{x}_i^* \in F_i(\mathbf{x}^*),\ F_i(\mathbf{x}^*) \cap co\, P_i(\mathbf{x}^*) = \varnothing,$$

这意味着 $F_i(\mathbf{x}^*) \cap P_i(\mathbf{x}^*) = \varnothing$。因此 Γ 存在均衡。 □

对应 P 具有开图意味着上截面和下截面都是开的，对应 P 的下截面是开的意味着 P 是下半连续的。因此，上述定理实际上比定理 10.7.2 更弱。

10.8 【人物小传】

10.8.1 里昂·瓦尔拉斯

里昂·瓦尔拉斯（Léon Walras，1834—1910），数理经济学的开创人，边际革命的领导人，洛桑学派的创始人，被约瑟夫·熊彼特认为是“所有经济学家当中最伟大的一位”。1834 年，瓦尔拉斯出生在法国。他的父亲奥古斯特·瓦尔拉斯是法国颇有名气的学者，曾在法国卡因皇家学院任哲学教授，1831 年出版《财富本质和价值起源》后，又成为著名的经济学家，对瓦尔拉斯有一定的影响。瓦尔拉斯青年时期喜欢文学，1851 年获文学士学位。1858 年他出版了小说《弗兰昔司·沙维尔》(*Francis Xavier*)。1859 年在《法兰西评论》上发表短篇小说《信》。瓦尔拉斯很快发现，自己在文学上不会有所成就，转而从事经济学研究。

1865 年瓦尔拉斯和里昂·赛伊共同开办了一家生产合作银行，开始对法国合作运动进行研究，他们还主办经济杂志《劳动》月刊。他在 1868 年出版了《社会理想的研究》，主张社会各阶级利益调和，反对暴力。他主张国家应收购与达到社会最大福利不相容的、违背自由竞争的私有财产，如土地、铁路等。这样，国家有了提供经济收入的财产，就可以不再征税。瓦尔拉斯认为征税影响自由竞争。

1871 年，他受聘为瑞士洛桑学院教授，并开始自学微积分，发展了边际效用的数学理论。1874 年，他出版《纯粹政治经济学纲要》，这是最早用数学方法对一般经济均衡进行全面分析的著作之一。瓦尔拉斯把经济学分成纯粹经济学、实用经济学和社会经济学三大部分，纯粹经济学是实用经济学和社会经济学的基础。在他看来，“纯粹经济学本质上是在假定的绝对竞争制度下有关价格规定的理论”，是“有关社会财富的理论”。纯粹经济学虽然可用一般的语言表述，但必须用数学方法论证。它“是一门如同力学和水力学一样的物理—数学的科学”。在这本书中，瓦尔拉斯用代数公式和几何图形对“纯粹经济学”理论作了详细的说明和论证。瓦尔拉斯的这一理论主要包括边际效用分析和一般均衡分析两部分。瓦尔拉斯同杰文斯及门格尔是边际效用论的首创者。瓦尔拉斯分析价值问题时使用了他父亲在《财富本质和价值起源》一书中提出的“稀少性”一词。他认为价值取决于物品的“稀少性”，即取决于“一个单位商品的消费所满足的最后欲望的强度”。他把交换价值当成价值，而交换价值

不过是价格的代表。这样，瓦尔拉斯实际上用价格论代替了价值论，从根本上反对科学的劳动价值论。

瓦尔拉斯不仅提出了边际效用论，而且将数学和这一理论结合起来。在瓦尔拉斯之后，数理经济分析开始被广泛地采用。意大利经济学家帕累托等继承并发展了他的理论，逐渐形成了洛桑学派。瓦尔拉斯被认为是洛桑学派的实际创始人，这一学派因他长期任教于洛桑大学而得名。1892 年，瓦尔拉斯自洛桑学院退休，由他的学生帕累托继任，在洛桑学院讲授政治经济学。退休后，瓦尔拉斯继续从事经济学研究。1896 年和 1898 年，他又先后出版了《社会经济研究》和《应用经济学研究》。1909 年洛桑学院为他从事经济学研究五十年举行了纪念活动。1910 年 1 月 5 日，瓦尔拉斯病逝。

10.8.2 肯尼思・阿罗

肯尼思・约瑟夫・阿罗（Kenneth Joseph Arrow，1921— ），现在仍健在的最后一位经济学通才，在一般均衡、信息经济学、社会选择理论等很多领域都有开创性贡献，被认为是战后新古典经济学的开创者之一。1972 年与英国牛津大学的希克斯一起分享了该年的诺贝尔经济学奖，两人在一般均衡理论和福利经济学方面作出了“开创性的工作”。阿罗的父母双方皆是外国移民，在 1900 年左右来到美国，并在纽约安居下来。阿罗在年幼的时候就被认为资赋优异，几乎无书不读，渴望将自己的理解加以系统化，并且相信自修远比上课听讲有效。由于家境的关系，阿罗选择在学费较低的纽约城市学院就读，经过 4 年的学习，1940 年获得了学士学位。紧接着他又考进了哥伦比亚大学继续深造，仅用一年的时间就获得了哥伦比亚大学的数学硕士学位。在哈罗德・霍特林的影响下，他转入经济系攻读博士学位，在此期间他放弃了一系列中途告吹的研究构想，当时在他看来全都是浪费时间而一无所获，但这些研究最后却终于累积成社会选择理论（theory of social choice），也是他最重要的学术成就。1942—1946 年，由于第二次世界大战的原因，阿罗在美国陆军航空兵司令部服役。1946—1949 年重新在哥伦比亚大学继续完成学业，同时在芝加哥大学的考尔斯委员会 (Cowles Commission) 中担任研究助理。1949 年，在哥伦比亚大学获得数学博士学位。1962 年，他在美国总统经济顾问委员会工作。1953—1956 年和 1962—1963 年，任斯坦福大学经济系主任。1968—1975 年，被聘为哈佛大学经济学教授。1975 年，阿罗又回到加州，任斯坦福大学经济学教授，而且仍担任哈佛大学特聘教授。1980 年，阿罗从大学退休，但仍从事研究工作。1957 年，阿罗获得美国经济学会的克拉克奖，并被推选为美国国家科学院院士和哲学学会会员。同时，他也担任美国人文与科学院院士，以及世界计量经济学会、数理统计学会和美国统计学会会士（fellow）。

阿罗于 1951 年出版了《社会选择与个人价值》，它是阿罗最主要、最著名的成就，是一个全新的理论，迅速引起各方的注意。在此书中，阿罗运用当时经济学家们尚未熟悉的符号逻辑记号体系，对政治学中一个从未被经济学家和很少被政治学家提出的问题求解，独立地创造了社会选择的规范理论，即“不可能性定理”。他用数学推理得出这样的论断：在一些看起来非常合理的假设下，如果由两个以上偏好不同的个体来进行选择，而被选择的政策也超过两个，那么就不可能作出大多数人都感到满意的决定。因此，在每个社会成员对一切可能的社会经济结构各有其特定的偏好“序列”的情况下，要找出一个在逻辑上不与个人偏好序列相矛盾的全社会的偏好序列是不可能的。他提出的“不可能性定理”是对福利经济学的革新，是新福利经济学的一个重要组成部分。阿罗的“不可能性定理”在西方经济学界引起了长期的辩论，而且逐渐建立了独树一帜的地位。

在其代表作《一般竞争分析》（1971）中，阿罗进一步研究了现实经济生活中如何处理市场不稳定和风险问题，使之达到“一般均衡”。他提出的关于“风险”和“不稳定”的新理论被西方经济学界认为是对企业决策理论作出的重要贡献。阿罗还把一般均衡理论应用于经济增长方面。现在，一般均衡理论的分析方法在西方经济学中已被广泛应用，福利经济学的最适宜的资源配置问题、经济计量学的投入产出分析、经济增长模式等都以一般均衡理论作为分析方法。

除了在一般均衡领域的成就之外，阿罗还在风险决策、组织经济学、信息经济学、福利经济学、社会选择理论、政治民主理论方面作出了大量创造性的贡献。阿罗至今身体健康，继续在做研究和参加各种学术活动，2014 年以 93 岁高龄参加了中国留美经济学会在重庆大学举办的学术会议。他认为，为了学术上的荣誉与成就，或是为了事业上的成功，我们无时无刻不在相互竞争；但追根究底，让社会不断前进的动力，乃是我们由以往成功甚至是失败的无数先例中所学习到的知识。

10.9 习 题

习题 10.1 (埃奇沃思盒) *两消费者两商品的纯交换经济可以用埃奇沃思盒来处理和分析。回答以下关于埃奇沃思盒的问题：*

1. *在确定埃奇沃思盒的大小时，需要知道每一位消费者的禀赋吗？*
2. *埃奇沃思盒内任意一点所表示的配置，是否允许有商品的浪费（自由处置）？*
3. *无差异曲线可以画到埃奇沃思盒之外吗？提供曲线呢？*
4. *真正的盒子是一个三维的立方体而非二维的矩形。何种经济环境下的埃奇沃思盒是一个真正的盒子？*

习题 10.2 (提供曲线) *思考以下问题：*

1. *提供曲线的交点一定是竞争均衡的配置吗？*
2. *提供曲线一定会过禀赋点吗？*
3. *提供曲线的交点若不是禀赋点，它一定是竞争均衡的配置吗？*
4. *竞争均衡的配置一定在提供曲线的交点上吗？*

习题 10.3 (字典序偏好) *考虑两消费者两商品的纯交换经济。消费空间为 $X_1 = X_2 = \mathcal{R}^2_+$。消费者 1 的效用函数为 $u_1(x_1, y_1) = x_1 + 2y_1$。消费者 2 的偏好为字典序，其中 x 是先比较的商品。每位消费者的初始禀赋为 $\mathbf{w}_1 = \mathbf{w}_2 = (1, \frac{1}{2})$。*

1. *画这个经济的埃奇沃思盒，并标注消费者的禀赋、偏好和偏好增加的方向。*
2. *求每位消费者的需求函数。*
3. *在埃奇沃思盒中画每位消费者的提供曲线。*
4. *求竞争均衡，若均衡不存在，说明理由。*
5. *若两位消费者都是先比较商品 x 的字典序偏好，此时的竞争均衡又是什么？*

习题 10.4 *考虑两消费者两企业的经济。消费者 1 所拥有的企业 1 利用劳动生产食品，生产*

函数为 $f(x)=2x$。消费者 2 所拥有的企业 2 利用劳动生产衣物，生产函数为 $g(x)=2x$。每位消费者拥有 10 单位的劳动。两位消费者的效用函数分别为 $u_1(f,g)=f^{0.4}g^{0.6}$，$u_2(f,g)=10+0.7\ln f+0.3\ln g$。求这个经济的竞争均衡。

习题 10.5 考虑如下两消费者两商品的纯交换经济。消费者 1 只在乎商品 1，消费者 2 只在乎商品 2。消费者 1 的禀赋 $(w_1^1,w_1^2)>0$，消费者 2 的禀赋 $(w_2^1,w_2^2)>0$。

1. 计算这个经济的竞争均衡。均衡唯一吗？
2. 商品 2 的相对价格是商品 2 总禀赋的减函数吗？

习题 10.6 考虑三消费者两商品的纯交换经济。消费者 1，2 和 3 的效用函数为

$$u_i(x_i^1,x_i^2)=x_i^1x_i^2,\ \forall i=1,2,3,$$

初始禀赋为 $\mathbf{w}_1=(6,1)$，$\mathbf{w}_2=(1,6)$，$\mathbf{w}_3=(1,1)$。

1. 考虑配置 $\mathbf{x}_1=(3,3)=\mathbf{x}_2$，$\mathbf{x}_3=(2,2)$。验证该配置不是一个竞争均衡配置。
2. 找出所有的竞争均衡。

习题 10.7 考虑两消费者两商品的纯交换经济。消费者 1 和 2 的效用函数为

$$u_i(x_i^1,x_i^2)=\min\{x_i^1,x_i^2\},\ \forall i=1,2,$$

初始禀赋为 $(w_1^1,w_1^2)=(1,3)$，$(w_2^1,w_2^2)=(3,1)$。

1. 找出所有的竞争均衡。
2. 若 $\mathbf{w}_2$ 从 $(3,1)$ 变为 $(4,1)$，此时的竞争均衡是什么？

习题 10.8 考虑两消费者两商品的纯交换经济。消费空间为 $X_1=X_2=\mathcal{R}_+^2$。初始禀赋为 $\mathbf{w}_1=(30,0)$，$\mathbf{w}_2=(0,20)$。效用函数分别为：

$$\begin{aligned}u_1(x_1^1,x_1^2)&=\min\{x_1^1,x_1^2\};\\ u_2(x_2^1,x_2^2)&=\min\{x_2^1,\sqrt{x_2^2}\}.\end{aligned}$$

1. 这个经济是否存在价格严格为正的竞争均衡？
2. 这个经济是否存在某种商品价格为零的竞争均衡？

习题 10.9 考虑两消费者两商品的纯交换经济。消费空间为 $X_1=X_2=\mathcal{R}_+^2$。初始禀赋为 $\mathbf{w}_1=\mathbf{w}_2=(2,2)$。效用函数分别为：

$$\begin{aligned}u_1(x_1^1,x_1^2)&=\min\{2x_1^1,3(x_1^2-3)\};\\ u_2(x_2^1,x_2^2)&=\min\{3(x_2^1-3),2x_2^2\}.\end{aligned}$$

1. 求每位消费者的需求函数。
2. 画埃奇沃思盒和每位消费者的提供曲线。
3. 求竞争均衡。
4. 求约束竞争均衡。
5. 若效用函数变为：

$$\begin{aligned}u_1(x_1^1,x_1^2)&=\min\{x_1^1,3(x_1^2-3)\},\\ u_2(x_2^1,x_2^2)&=\min\{3(x_2^1-3),x_2^2\},\end{aligned}$$

其他条件保持不变，此时的竞争均衡和约束竞争均衡是什么？

习题 10.10 (非严格递增偏好) 考虑两消费者两商品的纯交换经济。消费者 1 和 2 的效用函数分别为:

$$u_1(x_1^1, x_1^2) = x_1^1 x_1^2;$$
$$u_2(x_2^1, x_2^2) = \min\{x_2^1 x_2^2, 4\}.$$

初始禀赋为 $\mathbf{w}_1 = (1,4)$，$\mathbf{w}_2 = (4,1)$。

1. 证明 $\{(p^1,p^2) = (1,1), \mathbf{x}_1 = \mathbf{x}_2 = (2.5, 2.5)\}$ 是一个竞争均衡。
2. 求所有的竞争均衡。
3. 求所有的约束竞争均衡。

习题 10.11 (非严格递增偏好) 考虑两消费者两商品的纯交换经济。消费者 A 和 B 的消费组合满足 (x_A, y_A), $(x_B, y_B) \in \mathcal{R}_+^2$，效用函数分别为:

$$u_A(x_A, y_A) = x_A \cdot y_A;$$
$$u_B(x_B, y_B) = x_B + 5.$$

初始禀赋为 $(w_A^x, w_A^y) = (0, 10)$，$(w_B^x, w_B^y) = (5, 10)$。

1. 求每位消费者的需求函数。
2. 在埃奇沃思盒中画两位消费者的提供曲线。
3. 求竞争均衡。
4. 求约束竞争均衡。它们和竞争均衡相同吗?

习题 10.12 (拐折偏好) 考虑两消费者两商品的纯交换经济。消费者 i $(i = 1, 2)$ 的效用函数为:

$$若\ x_i^1 \leqq x_i^2,\ 则\ u_i(x_i^1, x_i^2) = \sqrt{x_i^1} + \frac{1}{2}\sqrt{x_i^2}\ ;$$
$$若\ x_i^1 > x_i^2,\ 则\ u_i(x_i^1, x_i^2) = \frac{1}{2}\sqrt{x_i^1} + \sqrt{x_i^2}\ .$$

1. 假设初始禀赋是 $\mathbf{w}_i = (4,4)$, $\forall i = 1, 2$。证明初始禀赋是一个竞争均衡配置，并找出此时的竞争均衡价格。
2. 假设初始禀赋是 $\mathbf{w}_1 = (5,3)$，$\mathbf{w}_2 = (3,5)$。求所有的竞争均衡。

习题 10.13 (存在有害品的竞争均衡) 考虑两消费者的纯交换经济。消费者 i $(i = 1, 2)$ 的效用函数为:

$$u_i(x_i^1, x_i^2) = x_i^1(4 - x_i^2).$$

注意 x^2 是"有害品"，其价格应为负。消费集为 $[0,5] \times [0,3] \subset \mathcal{R}_+^2$。禀赋为 $\mathbf{w}_1 = (1,3)$，$\mathbf{w}_2 = (3,1)$。

1. 求竞争均衡。
2. 若初始禀赋变为 $\mathbf{w}_1 = (1,0)$，$\mathbf{w}_2 = (3,4)$，找出此时的竞争均衡。

习题 10.14 (偏好的单调性与凸性) 证明以下命题:

1. 若偏好满足凸性，则由非饱和性可以推出局部非饱和性。
2. 若偏好的局部非饱和性成立，则预算约束取等号，从而瓦尔拉斯律成立。
3. 若偏好满足严格凸性，则 $\mathbf{x}_i(\mathbf{p})$ 为单值函数。
4. 若偏好满足弱凸性，则需求对应 $\mathbf{x}_i(\mathbf{p})$ 为凸值的。

习题 10.15 (平衡配置) 若消费者偏好的局部非饱和性成立，由命题 7.4.1 可知瓦尔拉斯律成立，即

$$\mathbf{p}\cdot\left[\sum_{i=1}^{n}\mathbf{x}_i-\left(\sum_{j=1}^{J}\mathbf{y}_j+\sum_{i=1}^{n}\mathbf{w}_i\right)\right]=0.$$

假设竞争均衡存在，回答以下问题：

1. 若偏好的局部非饱和性成立，竞争均衡的资源配置是否平衡？即：

$$\sum_{i=1}^{n}\mathbf{x}_i=\sum_{j=1}^{J}\mathbf{y}_j+\sum_{i=1}^{n}\mathbf{w}_i$$

   是否总是成立？
2. 若偏好满足单调性，竞争均衡的资源配置是否平衡？
3. 若偏好满足强单调性，竞争均衡的资源配置是否平衡？

习题 10.16 考虑一个消费集为 $X=\mathcal{R}_+^L$、偏好为 $\succeq$ 的消费者。

1. 对偏好作假设，从而保证存在价格向量 $\mathbf{p}\in\mathcal{R}^L\setminus\{0\}$ 使得若有 $\mathbf{x}'\succ\mathbf{x}$ 则有 $\mathbf{p}\cdot\mathbf{x}'\geqq\mathbf{p}\cdot\mathbf{x}$。证明你的论断。
2. 对偏好施加什么样的假设能够保证 $\mathbf{p}\in\mathcal{R}_+^L$？证明你的论断。

习题 10.17 设整数 $L\geqq 2$，Δ 表示 $\mathcal{R}_+^L$ 上的单纯形，即：

$$\Delta=\left\{\mathbf{p}\in\mathcal{R}_+^L:\sum_{t=1}^{L}p^t=1\right\}.$$

一个连续的函数 $f:\Delta\to\mathcal{R}^L$ 可被视为总超额需求函数。

1. 是否必定存在一个价格向量 $\mathbf{p}^*\in\Delta$ 使得 $f(\mathbf{p}^*)\leqq 0$？若不存在，说明在何种假定条件下可以存在这样的价格向量，并说明该条件的经济含义。
2. 描述布劳威尔不动点定理。
3. 运用布劳威尔不动点定理证明存在 $\mathbf{p}^*\in\Delta$ 使得 $f(\mathbf{p}^*)\leqq 0$，若需要其他假设条件予以补充说明。
4. 现在假定总超额需求函数的定义域变为

$$\Delta_{++}=\left\{\mathbf{p}\in\mathcal{R}_{++}^L:\sum_{t=1}^{L}p^t=1\right\}.$$

   描述在何种条件下一定存在竞争均衡。

习题 10.18 (存在性定理) 证明下面的存在性定理：对纯交换经济 $e=(\{X_i,\mathbf{w}_i,\succcurlyeq_i\})$，竞争均衡存在，若对每个 $i\in N$，有

1. X_i 是 $\mathcal{R}_+^L$ 的一个非空紧凸集；
2. $\mathbf{w}_i\in\mathrm{int}X_i$；
3. u_i 是连续、准凸的。

习题 10.19 考虑 L 种商品 n 个消费者 $(i=1,\cdots,n)$ 的纯交换经济。每位消费者的初始禀赋向量 $\mathbf{w}_i \in \mathcal{R}_+^L$，偏好序 $\succcurlyeq_i$ 定义在消费集 $X_i=\mathcal{R}_+^L$ 上且满足严格凸性和强单调性。

1. 这个经济的总超额需求函数 $\hat{\mathbf{z}}(\mathbf{p})$ 满足哪些性质？注明 $\hat{\mathbf{z}}(\mathbf{p})$ 的定义域和值域。
2. 证明以上性质并注明在证明中需要用到哪个关于偏好的假设。
3. 描述一个保证这个经济中竞争均衡存在的定理并给出证明的步骤。若需要的话，你可以添加其他的假设。

习题 10.20 证明定理 10.4.8（存在性定理Ⅷ）。

习题 10.21 对本章所考虑的私人所有经济，

1. 竞争均衡可能不存在的主要原因有哪些？
2. 在只有一个消费者的纯交换经济中，若竞争均衡存在，一定是唯一的吗？
3. 考虑如下一个鲁滨逊 · 克鲁索经济：消费者的效用函数为 x^1x^2，其中 x^1 表示休闲，x^2 表示消费。生产函数为 $q=z^{\frac{1}{2}}$，其中 z 是劳动投入，q 是产出。消费者的禀赋为劳动量（即休闲），值为 2。计算竞争均衡的价格、利润和消费。

习题 10.22 (无自由处置配置) 考虑两消费者（1 和 2）两商品（x 和 y）的纯交换经济。

1. 定义无自由处置配置 (without free disposal) 的竞争均衡。
2. 假设消费者 1 和消费者 2 的效用函数分别为：

$$u_1(x_1,y_1)=10-[(x_1)^2+(y_1)^2],\ x_1,y_1\in\mathcal{R}_+;$$
$$u_2(x_2,y_2)=8-5[(x_2)^2+(y_2)^2],\ x_2,y_2\in\mathcal{R}_+.$$

消费者的禀赋分别为 $\mathbf{w}_1=(10,0)$，$\mathbf{w}_2=(0,10)$。证明这个经济中至少存在一个竞争均衡，求均衡。

习题 10.23 考虑两消费者两商品的纯交换经济。消费者的效用函数 $u_1(x_1^1,x_1^2)$ 和 $u_2(x_2^1,x_2^2)$ 都是严格递增的。在这样的经济中：

1. 是否可能不存在竞争均衡？为什么？
2. 是否可能存在无穷多个竞争均衡？若是，给出例子，否则说明理由。

习题 10.24 考虑两消费者两商品的纯交换经济。消费者 1 的效用函数为 $u_1(x_1^1,x_1^2)=x_1^1$，消费者 2 的效用函数为 $u_2(x_2^1,x_2^2)=\ln x_2^1+x_2^2$，每位消费者的初始禀赋为 $\mathbf{w}_1=(2,0)$，$\mathbf{w}_2=(0,2)$。

1. 在埃奇沃思盒中画出每位消费者的提供曲线。
2. 竞争均衡是否存在？若均衡不存在，说明理由。

习题 10.25 (不可分商品) 考虑存在不可分商品的纯交换经济。假设存在 n 个消费者，任意消费者 i $(i=1,2,\cdots,n)$ 的消费集为：

$$X_i=\left\{\mathbf{x}_i=(x_i^1,x_i^2,\cdots,x_i^L)\in\mathcal{R}_+^L\ \middle|\ x_i^l\in\mathcal{Z},\ \forall\ l=1,2,\cdots,L\right\},$$

其中 $\mathcal{Z}$ 表示整数集。消费者 i 的初始禀赋向量 $\mathbf{w}_i\in X_i$ 满足 $\mathbf{w}_i>0$，偏好序为 $\succcurlyeq_i$。

1. 给出消费品必须为整数的一些例子。
2. 该经济中偏好的连续性假设是无关紧要的吗？
3. 给出该经济中偏好的单调性和强单调性的定义。

4. 该经济中可以定义偏好的凸性吗？若可以，给出定义，否则说明理由。

5. 该经济中偏好的局部非饱和性成立吗？

6. 该经济中是否必定存在竞争均衡？为什么？

习题 10.26 (有约束的消费空间) 考虑两消费者两商品的纯交换经济。对于消费者 $i=1,2$，消费空间均为：

$$X_i = \left\{\mathbf{x}_i \in \mathcal{R}_+^2 : x_i^1 + x_i^2 \geqq 1\right\},$$

消费者的禀赋分别为 $\mathbf{w}_1=(1,0)$，$\mathbf{w}_2=(1,2)$。效用函数分别为：

$$u_1 = x_1^1 + 2x_1^2;$$
$$u_2 = \ln x_2^1 + \ln x_2^2.$$

1. 画这个经济的埃奇沃思盒，注明消费集、无差异曲线和初始禀赋。

2. 求需求函数。

3. 求竞争均衡。若竞争均衡不存在，说明该经济违背了哪个存在性定理的哪个条件。

4. 若对于消费者 $i=1,2$，消费集变为 $X_i=\mathcal{R}_+^2$，以上结果有何变化？

5. 求约束竞争均衡，是竞争均衡吗？

习题 10.27 (有生产的竞争均衡) 考虑如下两消费者三商品的纯交换经济。消费者 A 和 B 的效用函数分别为：

$$u_A(x_A^1, x_A^2, x_A^3) = (x_A^1)(x_A^3)^2,$$
$$u_B(x_B^1, x_B^2, x_B^3) = 3(x_B^1)^{\frac{1}{2}} + 2x_B^3.$$

消费者 A 的禀赋为 $\mathbf{x}_A=(3,0,0)$，消费者 B 的禀赋为 $\mathbf{x}_B=(3,0,0)$。

1. 求竞争均衡 (若存在的话)。

2. 假设这个经济中还存在两个生产者 (企业)，消费者 A 拥有企业 F_1，消费者 B 拥有企业 F_2。企业 F_1 和企业 F_2 的生产函数分别为：

$$y^2 = f_1(y^1) = (y^1)^{\frac{1}{2}};$$
$$y^3 = f_2(y^1, y^2) = 2y^1 + 3y^2.$$

在这样一个生产经济中，是否有可能某个企业不生产或两个企业都不生产？这个经济是否存在竞争均衡？若有，求出；若没有，说明理由。

习题 10.28 考虑下面两个纯交换经济。

1. 两消费者两商品，禀赋为 $\mathbf{w}_1=(0,1)$，$\mathbf{w}_2=(1,0)$。效用函数为：

$$u_1(\mathbf{x}_1) = x_1^1;$$
$$u_2(\mathbf{x}_2) = \ln(x_2^1) + \ln(x_2^2).$$

2. 三消费者两商品，禀赋为 $\mathbf{w}_1=(1,0)$，$\mathbf{w}_2=(2,1)$，$\mathbf{w}_3=(1,1)$。效用函数为：

$$u_1(\mathbf{x}_1) = x_1^1;$$
$$u_2(\mathbf{x}_2) = \min\{x_2^1, x_2^2\};$$
$$u_3(\mathbf{x}_3) = \min\{2x_3^1, x_3^2\}.$$

对于以上两种情形，确定瓦尔拉斯均衡是否存在。若存在，计算出竞争均衡和讨论其稳定性。若不存在，说明为什么违背了存在性定理。

习题 10.29 (可分离效用函数) 考虑三消费者三商品的纯交换经济。假设对于消费者 $i=1,2,3$，效用函数为：

$$U_i(\mathbf{x}_i)=v_i(x_i^1)+v_i(x_i^2)+v_i(x_i^3),$$

其中 $v_i(\cdot)$ 是可微、严格凹、强单调的。

1. 假设消费者个人的禀赋 $\mathbf{w}_i\in\mathcal{R}_+^3$，竞争均衡是否总是存在？为什么？
2. 假设消费者的禀赋满足

$$\textstyle\sum_{i=1}^3 w_i^1>\sum_{i=1}^3 w_i^2>\sum_{i=1}^3 w_i^3.$$

证明：对于任意一个竞争均衡都有

$$p^1<p^2<p^3.$$

3. 假设对于 $i=1,2,3$, $v_i(x)=\ln x$。若两个经济的总禀赋相同，证明两个经济的价格相同。若消费者的偏好相同（但不是 $v_i(x)=\ln x$ 的形式），这一结论还成立吗？

习题 10.30 考虑一个消费集为 $X=\mathcal{R}_+^L$，禀赋为 $\mathbf{w}\in\operatorname{int}X$，偏好为 $\succ$ 的个人。假设偏好序 $\succcurlyeq$ 是连续、强单调和严格凸的。需求对应为 $D:X\to 2^X$，即

$$D(\mathbf{p}):=\{\mathbf{x}\in X:\mathbf{p}\cdot\mathbf{x}\leqq\mathbf{p}\cdot\mathbf{w}\text{且}\mathbf{x}'\succ\mathbf{x}\text{意味着}\mathbf{p}\cdot\mathbf{x}'>\mathbf{p}\cdot\mathbf{w}\}.$$

1. 证明 D 是单值的。
2. 证明 $P(\mathbf{w}):=\{\mathbf{x}\in X:\mathbf{x}\succ\mathbf{w}\}$ 的内部是非空的，且 $\mathbf{w}\notin P(\mathbf{w})$。
3. 证明存在 $\mathbf{p}^*\in\Delta$, $\mathbf{x}\succ\mathbf{w}$ 意味着 $\mathbf{p}^*\cdot\mathbf{x}\geqq\mathbf{p}^*\cdot\mathbf{w}$。
4. 证明存在 $\hat{\mathbf{x}}\in X$ 使得 $\hat{\mathbf{x}}<\mathbf{w}$；并证明对于满足问题 (3) 中条件的 $\mathbf{p}^*\in\Delta$，即可得出结论，对于 $\mathbf{p}^*\in\Delta$，有 $D(\mathbf{p}^*)=\mathbf{w}$。

习题 10.31 考虑如下私人产权完全竞争的经济。该经济中两个消费者的效用函数分别为：

$$u_1=(x_1^1)^\alpha(x_1^2)^{1-\alpha},$$
$$u_2=(x_2^1)^\beta(x_2^2)^{1-\beta}.$$

对于 $i=1,2$, x_i^1 表示消费者 i 的休闲，x_i^2 表示消费者 i 的消费；$\alpha,\beta\in(0,1)$。经济中存在一个企业，其生产函数为 $q=z^{\frac{1}{2}}$，其中 z 是劳动投入，q 是商品 2 的产出。休闲的总禀赋为 $\bar{L}>0$。每一个消费者对企业都有一定的份额，消费者 1 的份额为 θ，消费者 2 的份额为 $1-\theta$，其中 $0<\theta<1$。经济中商品 2 的初始禀赋为 0，它可以被生产出来。

1. 证明该经济中消费者的需求等价于存在一个有“加总偏好”的消费者的情形，并写出加总的偏好。
2. 利用以上事实或其他方法，计算这个经济的竞争均衡。

习题 10.32 考虑两消费者 L 商品的纯交换经济。消费者 i $(i=1,2)$ 的效用函数为：

$$u_i(\mathbf{x}_i)=\textstyle\sum_{l=1}^L\ln(x_i^l+1).$$

1. 定义这个经济的竞争均衡。
2. 假设初始禀赋为 $\mathbf{w}_1 = \mathbf{w}_2 = (1, \cdots, 1) \in \mathcal{R}^L_+$，计算竞争均衡。
3. 证明对任意的非零初始禀赋 $(\mathbf{w}_1, \mathbf{w}_2) \in \mathcal{R}^{2L}_+$，竞争均衡总是存在。
4. 定义摸索调整过程，证明均衡是唯一且全局稳定的。

习题 10.33 考虑两消费者两商品的纯交换经济。消费者 1 和 2 的效用函数为

$$u_i(x_i^1, x_i^2) = x_i^1 x_i^2, \ \forall i = 1, 2,$$

初始禀赋为 $(w_1^1, w_1^2) = (1, 3)$，$(w_2^1, w_2^2) = (3, 1)$。

1. 证明价格向量 $\mathbf{p} = \{(p^1, p^2) : p^1 = p^2\}$ 和配置 $\mathbf{x}_1 = \mathbf{x}_2 = (2, 2)$ 是一个竞争均衡。
2. 是否存在其他的竞争均衡？若存在，求出所有的竞争均衡。
3. 定义摸索调整过程，讨论所求竞争均衡的稳定性。

习题 10.34 (完全替代的偏好) 考虑两消费者两商品的纯交换经济。消费空间为 $X_A = X_B = \mathcal{R}^2_+$，禀赋 $\mathbf{w}_A = (4, 0)$，$\mathbf{w}_B = (2, 8)$，消费者 A 和消费者 B 的效用函数分别为：

$$\begin{aligned} u_A(x_A^1, x_A^2) &= x_A^1 + 2x_A^2, \\ u_B(x_B^1, x_B^2) &= x_B^1 + x_B^2. \end{aligned}$$

1. 画埃奇沃思盒并注明无差异曲线和初始禀赋。
2. 求需求函数。
3. 在埃奇沃思盒里画提供曲线。
4. 找出竞争均衡，均衡是唯一的吗？
5. 定义摸索调整过程，所求的竞争均衡是全局稳定的吗？

习题 10.35 (有生产的竞争均衡) 考虑两消费者两商品和一个生产者的经济。消费空间为 $X_1 = X_2 = \mathcal{R}^2_+$，效用函数为：

$$\begin{aligned} u_1(x_1^1, x_1^2) &= (x_1^1)^{\frac{1}{3}} (x_1^2)^{\frac{2}{3}}; \\ u_2(x_2^1, x_2^2) &= x_2^1 x_2^2. \end{aligned}$$

生产集为：

$$\mathbf{y} = \left\{(-y^1, y^2) : y^2 \leqq (y^1)^{\frac{1}{2}}, \ y^1 \geqq 0, y^2 \geqq 0\right\}.$$

假设企业由消费者 1 所有，每位消费者的禀赋 $\mathbf{w}_1 \geqq 0$，$\mathbf{w}_2 \geqq 0$。

1. 求竞争均衡。
2. 定义摸索调整过程，竞争均衡是全局稳定的吗？
3. 算出当 $\mathbf{w}_1 = (10, 5)$，$\mathbf{w}_2 = (3, 2)$ 时的竞争均衡。

习题 10.36 考虑两消费者两商品的纯交换经济。消费者的禀赋分别为 $\mathbf{w}_1 = (1, 0)$，$\mathbf{w}_2 = (0, 1)$。计算在以下效用函数情形下的竞争均衡，并讨论其稳定性。若均衡不存在，说明理由。

1. $u_1 = \min\{2x_1^1, x_1^2\}$，$u_2 = \min\{x_2^1, 2x_2^2\}$。
2. $u_1 = \sqrt{x_1^1} + \frac{1}{2}(x_1^2)^2$，$u_2 = x_2^1 + x_2^2$。

3. $u_1 = \sqrt{x_1^1} + \sqrt{x_1^2}$, $u_2 = x_2^2$。

习题 10.37 考虑一个线性生产集的经济。假定经济中有两位经济人、四种商品。商品 1 和商品 2 是消费品，商品 3 和商品 4 是熟练和不熟练的劳动力。经济人的效用函数为：

$$u_1(x_1^1, x_1^2, x_1^3, x_1^4) = \ln x_1^1 + \ln x_1^2;$$
$$u_2(x_2^1, x_2^2, x_2^3, x_2^4) = \ln x_2^1 + \ln x_2^2.$$

经济人的禀赋为 $\mathbf{w}_1 = (0,0,1,0)$，$\mathbf{w}_2 = (0,0,0,2)$。假设有如下四种将劳动转化为商品 1 和 2 的方式：$a_1 = (1,0,-3,0)$，$a_2 = (0.1,1,-1,0)$，$a_3 = (1,0,0,-4)$，$a_4 = (0,1,0,-2)$；以及存在唯一的企业，其生产集 Y 是以上四种方式的凸包：

$$Y = \left\{\mathbf{y} \in \mathcal{R}^L \middle| \mathbf{y} = \sum_{m=1}^4 \alpha_m a_m \text{ 对某个 } \alpha \in \mathcal{R}_+^4 \right\}.$$

定义这个经济的竞争均衡，并求出其竞争均衡及讨论其稳定性。

习题 10.38 考虑具有两消费者两商品的几种纯交换经济。$X = \mathcal{R}_+^2$，每人的效用函数和禀赋如下。

$$(1) u_1(x,y) = x + y(x+2),\ w_1 = (1,0);$$
$$u_2(x,y) = xy,\quad w_2 = (0,1).$$
$$(2) u_1(x,y) = \min\{2x, y\},\quad w_1 = (2,6);$$
$$u_2(x,y) = \min\{x, 4y\},\quad w_2 = (8,0).$$
$$(3) u_1(x,y) = 2\ln x + y,\quad w_1 = (1,0);$$
$$u_2(x,y) = \ln x + 2y,\quad w_2 = (0,1).$$

1. 求每个经济的竞争均衡。
2. 验证每个经济的均衡是否是唯一的。
3. 验证每个均衡是否是全局稳定的。

习题 10.39 考虑三消费者三商品的纯交换经济。消费者 i 的消费向量为 (x_i, y_i, z_i)，每位消费者都只有一种商品的禀赋：$\mathbf{w}_1 = (1,0,0)$，$\mathbf{w}_2 = (0,2,0)$，$\mathbf{w}_3 = (0,0,3)$。消费者的偏好可用效用函数表示如下：

$$u_1 = x_1(y_1 + z_1);$$
$$u_2 = x_2 y_2;$$
$$u_3 = x_3 y_3.$$

计算竞争均衡。均衡是唯一的吗？是全局稳定的吗？

习题 10.40 对以下生产经济，回答下述问题：

1. 考虑一个生产函数 $y = f(x_1, \cdots, x_n)$，其中 n 可以是任意正整数，$x_i \geqq 0$。给出生产函数 f 满足规模报酬递增的定义。
2. 当 $n = 1$ 时，验证如下生产函数满足规模报酬递增（其中 x 是一个正实数）：

$$\text{若}\quad 0 \leqq x \leqq 3,\ \text{则}\ f(x) = 0;$$
$$\text{若}\quad x > 3,\ \text{则}\ f(x) = x - 3.$$

3. 假设存在价格严格为正的竞争均衡，求前一问提到的企业在均衡时的 x^* 和 y^*。

习题 10.41 考虑 n 消费者 L 商品的纯交换经济。消费者 $i=1,2,\cdots,n$ 在消费集 $\mathcal{R}_+^L$ 上有连续的效用函数 u_i，初始禀赋向量 $\mathbf{w}_i \in \mathcal{R}_+^L$。设 $\mathbf{p} \in \mathcal{R}_{++}^L$ 是价格向量。消费者 i 的超额需求为：

$$\mathbf{z}(\cdot; u_i, \mathbf{w}_i) : \mathcal{R}_{++}^L \to \mathcal{R}^L.$$

超额总需求为：

$$Z(\mathbf{p}; u_1, \mathbf{w}_1, \cdots, u_n, \mathbf{w}_n) = \sum_{i=1}^n \mathbf{z}(\cdot; u_i, \mathbf{w}_i).$$

1. 简要地说明为什么对任意正数 $\lambda > 0$ 都有：

$$Z(\mathbf{p}; u_1, \mathbf{w}_1, \cdots, u_n, \mathbf{w}_n) = Z(\lambda\mathbf{p}; u_1, \mathbf{w}_1, \cdots, u_n, \mathbf{w}_n).$$

2. 简要地解释为什么对任意正数 $\lambda > 0$ 都有：

$$Z(\mathbf{p}; u_1, \mathbf{w}_1, \cdots, u_n, \mathbf{w}_n) = Z(\mathbf{p}; \lambda u_1, \mathbf{w}_1, \cdots, \lambda u_n, \mathbf{w}_n).$$

3. 对任意正数 $\lambda > 0$，是否下式都成立？为什么？

$$Z(\mathbf{p}; u_1, \mathbf{w}_1, \cdots, u_n, \mathbf{w}_n) = Z(\mathbf{p}; u_1, \lambda\mathbf{w}_1, \cdots, u_n, \lambda\mathbf{w}_n).$$

4. 找到特定的 $\mathbf{w}_1$ 和 $\mathbf{w}_2$，使得对所有的 u_1 和 u_2 以及所有的 $\mathbf{p} \in \mathcal{R}_{++}^L$，都有：

$$\mathbf{z}(\mathbf{p}; u_1, \mathbf{w}_1) + \mathbf{z}(\mathbf{p}; u_1, \mathbf{w}_1) = \mathbf{z}(\mathbf{p}; u_1 + u_2, \mathbf{w}_1 + \mathbf{w}_2).$$

5. 找到特定的 u_1 和 u_2，使得对所有的 $\mathbf{p} \in \mathcal{R}_{++}^L$ 和所有的 $\mathbf{w}_1, \mathbf{w}_2 \in \mathcal{R}_+^L$ 都有：

$$\mathbf{z}(\mathbf{p}; u_1, \mathbf{w}_1) + \mathbf{z}(\mathbf{p}; u_1, \mathbf{w}_1) = \mathbf{z}(\mathbf{p}; u_1 + u_2, \mathbf{w}_1 + \mathbf{w}_2).$$

6. 找到价格向量 $\mathbf{p}_1, \mathbf{p}_2 \in \mathcal{R}_{++}^L$，使得对所有的 u_i 和所有的 $e_i \in \mathcal{R}_+^L$ 都有：

$$2\mathbf{z}\left(\frac{\mathbf{p}_1 + \mathbf{p}_2}{2}; u_i, \mathbf{w}_i\right) = \mathbf{z}(\mathbf{p}_1; u_i, \mathbf{w}_i) + \mathbf{z}(\mathbf{p}_2; u_i, \mathbf{w}_i).$$

习题 10.42 考虑两消费者两商品的生产经济。消费者 A 的效用函数为 $u_A(x,y) = e^{xy}$。消费者 B 的效用函数为 $u_B(x,y) = xy^2 + \ln(xy^2)$。企业 X 的生产函数为 $x = \sqrt{L}$，企业 Y 的生产函数为 $y = 2\sqrt{L}$，其中 L 为企业雇用的劳动力。消费者 A 和 B 分别有 2 单位和 3 单位的劳动。假设消费者 A 对企业 X 和企业 Y 的利润分别有 $\theta_X \in (0,1)$ 和 $\theta_Y \in (0,1)$ 的份额；其他的份额属于消费者 B。

1. 找出这个经济的生产可能性集 (X, Y)。
2. 求这个经济的竞争均衡。
3. 定义摸索调整过程，讨论所求竞争均衡的稳定性。

习题 10.43 (竞争均衡存在性定理) 证明: 对纯交换经济 $e=(\{X_i,\mathbf{w}_i,\succcurlyeq_i\})$, 如果下面的条件成立, 那么竞争均衡存在:

(1) X_i 是 $\mathcal{R}_+^L$ 的非空紧凸子集;

(2) $\mathbf{w}_i \in \text{int}X_i$;

(3) U_{si} 在 $X_i \times X_i$ 有开图;

(4) $\mathbf{x}_i \notin co\,U_{si}(\mathbf{x}), \forall \mathbf{x} \in Z$。

习题 10.44 对每一个 $i \in N$ (N 是有限集), 设 X_i 是 $\mathcal{R}^L$ 上的一个非空紧凸子集。考虑如下的效用最大化问题: 对每一个 $i \in N$,

$$\max\{u_i(\mathbf{x}) : \mathbf{x} \in B_i(\mathbf{p})\},$$

其中, $B_i : \Delta \longrightarrow 2^{X_i}$ 是预算约束。假设 u_i 是连续的、拟凹的函数, 并且 $\mathbf{w}_i \in X_i \cap \mathcal{R}_{++}^L$。假设这个规划的解可以用对应 $\phi_i : \Delta \longrightarrow 2^{X_i}$ 来表示。回答以下问题:

1. 若 $\hat{X}=\sum_{i\in N} X_i$, 则 $\hat{X}$ 是非空紧凸集吗?

2. 对应 ϕ_i 有什么性质?

3. 设 $K=\hat{X}-\{\sum_{i\in N}\mathbf{w}_i\}$, 则 K 是非空紧凸集吗?

定义 $\varphi : \Delta \longrightarrow 2^{X_i}$ 为:

$$\varphi(\mathbf{p})=\sum_{i\in N}[\phi_i(\mathbf{p})-\{\mathbf{w}_i\}].$$

对应 φ 又有什么性质?

4. 证明: 对每一个 $\mathbf{p}\in\Delta$, $\mathbf{z}\in\varphi(\mathbf{p})$, $\mathbf{p}\cdot\mathbf{z}\leqq 0$。

5. 设对应 $\mu : K \longrightarrow 2^{\Delta}$ 被定义为

$$\mu(\mathbf{z})=\{\mathbf{p}\in\Delta : \mathbf{p}\cdot\mathbf{z}=\max_{\mathbf{p}'\in\Delta}\mathbf{p}'\cdot\mathbf{z}\}$$

证明: μ 是非空的、紧的、凸的和上半连续的。

6. 设对应 $\mu\times\varphi : \Delta\times K \longrightarrow 2^{\Delta\times K}$ 定义为:

$$(\mu\times\varphi)(\mathbf{p},\mathbf{z})=\mu(\mathbf{z})\times\varphi(\mathbf{p}),$$

应用角谷不动点定理证明: 存在 $\mathbf{p}^*\in\Delta$, 使得 $\varphi(\mathbf{p}^*)\cap\mathcal{R}_-^L\neq\varnothing$。

习题 10.45 陈述一个博弈论中关于纯纳什均衡存在的一般性定理, 并利用关于抽象经济的存在性定理 10.7.1 证明这个定理。

习题 10.46 设 X 是 $\mathcal{R}^L$ 的一个非空紧凸子集, Y 是 $\mathcal{R}^M$ 的一个非空紧凸子集并且 V 是 X 的一个开子集。设 $\varphi : X \longrightarrow 2^Y$ 是一个上半连续的对应, $f : V \longrightarrow Y$ 是一个来自 $\varphi|V$ 连续的挑选 (selection)。证明如下定义的对应 $\psi : X \longrightarrow 2^Y$,

$$\psi(\mathbf{x})=\begin{cases}\{f(\mathbf{x})\}, & \mathbf{x}\in V,\\ \varphi(\mathbf{x}), & \mathbf{x}\notin V.\end{cases}$$

证明: $\psi(\mathbf{x})$ 是上半连续的。

习题 10.47 设 X 是 $\mathcal{R}^L$ 的一个子集，Y 是 $\mathcal{R}^m$ 的一个子集。

1. 设对应 $P: X \longrightarrow 2^Y$ 有开图像(open graph)，并且 Y 是凸集。证明：$coP: X \longrightarrow 2^Y$ 有开图像（这里，coP 是指对应 P 的凸包(convex hull)，即对应 P 的凸组合）。
2. 设对应 $coP: X \longrightarrow 2^Y$ 有开图像并且 $A: X \longrightarrow 2^Y$ 是下半连续的，对应 $\mu: X \longrightarrow 2^Y$ 被定义成 $\mu(\mathbf{x}) := coP(\mathbf{x}) \cap A(\mathbf{x})$。证明：$\mu$ 是下半连续的。

10.10 参考文献

教材和专著：

黄有光，张定胜（2008）. 高级微观经济学. 上海：格致出版社.

Arrow, K. J. and F. H. Hahn (1971). *General Competitive Analysis* (San Francisco, Holden Day).

Border, K. C. (1985). *Fixed Point Theorems with Applications to Economics and Game Theory*, Cambridge: Cambridge University Press.

Debreu, G. (1959). *Theory of Value* (Wiley, New York).

Hildenbrand, W., and A. P. Kirman (1988). *Equilibrium Analysis: Variations on Themes by Edgeworth and Walras*, North-Holland: New York.

Jehle, G. A. and P. Reny (1998). *Advanced Microeconomic Theory*, Addison-Wesley, Chapter 7.

Luenberger, D.(1995). *Microeconomic Theory*, McGraw-Hill, Inc., Chapter 7.

Mas-Colell, A., M. D. Whinston, and G. Green (1995). *Microeconomic Theory*, Oxford University Press, Chapters 15, 17.

Sonnenschein, H.(1971). "Demand Theory without Transitive Preferences, with Application to the Theory of Competitive Equilibrium". Edited by Chipman, J. S., L. Hurwicz, M. K. Richter, and H. Sonnenschein, *Preferences, Utility, and Demand*, Harcourt Brace Jovanovich, New York.

Takayama, A. (1985). *Mathematical Economics, Second Edition*, Cambridge: Cambridge University Press, Chapters 1-3.

Varian, H. R. (1992). *Microeconomic Analysis, Third Edition*, W.W. Norton and Company, Chapters 17-18, 21.

Walras, L. (1874). *Eléments of d'Économie Politique Pure. Lausanne: Gorbaz.* (Translated as *Elements of Pure Economics*. Homewood, Ill: Irwin, 1954.)

论文：

Arrow, K., H. D. Block, and L. Hurwicz (1995). "On the Stability of the Competitve Equilibrium, II", *Econometrica*, Vol. 27, 82-109.

Arrow, K. and G. Debreu(1954). "Existence of Equilibrium for a Competitive Economy", *Econometrica*, Vol. 22.

Arrow, K., and L. Hurwicz (1958). "On the Stability of the Competitve Equilibrium, I",

Econometrica, Vol. 26, 522-552.

Baye, Zhou M. J., and G. Tian (1993). "Characterizations of the Existence of Equilibria in Games with Discontinuous and Nonquasiconcave Payoffs", *Review of Economic Studies*, Vol. 60, 935-948.

Debreu, G. (1952). "A Social Equilibrium Existence Theorem," *Proceedings of the National Academy of Sciences of the U. S. A.*, Vol. 38, 386-393.

Debreu, G. (1974). "Excess Demand Functions", *Journal of Mathematical Economics*, Vol. 1, 15-22.

Dierker, E. (1972). "Two Remarks on the Number of Equilibria of an Economy", *Econometrica*, Vol. 40, 951-953

Fan, K. (1984). "Some Properties of Convex Sets Related to Fixed Point Theorem", *Mathematics Annuls*, Vol. 266, 519-537.

Gale, David (1955). "The Law of Supply and Demand", *Mathematica Scandinavica*, Vol. 3, 155-169.

Gale, D. and Nikaido, H. (1965). "The Jacobian Matrix and Global Univalence of Mappings", *Mathematische Annalen*, Vol. 159, No. 2, 81-93.

Hurwicz, L. and H. Uzawa (1971). "On the Integrability of Demand Functions". In Chipman J., L. Hurwicz, M. Richter and H. Sonnenschein(eds.), *Preferences, Utility, and Demand.* New York: Harcourt, Brace, Jovanovich.

Mas-Colell, A. (1979). "Homoeomorphism of Compact, Convex Sets and the Jacobian Matrix", *SIAM Journal of Mathematical Analysis*, Vol. 10, No. 6, 1105-1109.

McKenzie, L. W. (1954). "On Equilibrium in Graham's Model of World Trade and Other Competitive Systems", *Econometrica*, Vol. 22, 147-161.

McKenzie, L. W. (1955). "Competitive Equilibrium with Dependent Consumer Preferences". In H. A.Antosiewicz(ed.), *Proceedings of the Second Symposium in Linear Programming*, 277-294.

Michael, E. (1956). "Continuous Selections Ⅰ", *Annals of Mathematics*, Vol. 63, 361-382.

Mukherji, Anjan (1997). "On the Uniqueness of Competitive Equilibrium," *Economic Theory*, Vol. 10，No. 3, 509-520.

Neisser, H. (1932). "LohnhOhe und Beschaftigungsgrad im Marktgleichgewicht", *Weltwirtschaftliches Archiv*, Vol. 36, 415-455.

Scarf, H. (1960). "Some Examples of Global Instability of the Competitive Equilibrium", *International Economic Review*, Vol. 1, 157-172.

Schlesinger, K. (1935). "Fober die Produktionsgleichungen der Okonomischen Wertlehre", *Ergebnisseeines Mathematischen Kolloquiums*, No. 6，10-11.

Shafer, W. and H. Sonnenschein (1975). "Equilibrium in Abstract Economies without Ordered Preferences", *Journal of Mathematical Economics*, Vol. 2, 345-348.

Stackelberg, H. von (1933). "Zwei kritische Bemerkungen zur Preisthorie Gustav Cassels",

Zeitschrift fiir NationalOkonomie, No. 4, 456-472.

Tian, G. (1988). "On the Constrained Walrasian and Lindahl Correspondences", *Economics Letters*, Vol. 26, No. 4, 299-303.

Tian, G. (1992). "On the Existence of Equilibria in Generalized Games", *International Journal of Games Theory*, Vol.20, No. 3, 247-254.

Tian, G. (1992). "Existence of Equilibrium in Abstract Economies with Discontinuous Payoffs and Non-Compact Choice Spaces", *Journal of Mathematical Economics*, Vol. 21, No. 4, 379-388.

Tian, G. (2009). "Existence of Equilibria in Games with Arbitrary Strategy Spaces and Payoffs: A Full Characterization", mimeo.

Tian, G. (2016). "On the Existence of Price Equilibrium in Economies with Excess Demand Functions", *Economic Theory Bulletin*, 1-12.

Varian, H.R. (1975). "A Third Remark on the Number of Equilibria of an Economy", *Econometrica*, Vol. 43, 985-986.

Wald, A. (1935). "(3bet die eindeutige positive L/Ssbarkeit der neuen Produktionsgleichungen", *Ergebnisse eines mathematischen Kolloquiums*, No. 6,12-20.

Wald, A. (1936a). "Uber die Produktionsgleichungen der 6konomischen Wertlehre", *Ergebnisse eines mathematischen Kolloquiums*, No. 7, 1-6.

Wald, A. (1936b). "Uber einige Gleichungssysteme der mathematischen C) konomie", *Zeitschrift ftir NationalOkonomie*, No. 7, 637-670. Translated as: "On Some Systems of Equations of Mathematical Economics", *Econometrica*, No. 19 (1951), 368-403.

Zeuthen, F. (1933). "Das Prinzip der Knappheit, technische Kombination, und okonomishe Qualitat", *Zeitschrift for Nationali3konomie*, No. 4, 1-24.

第11章　竞争均衡的规范理论

11.1　导　　言

在前一章中，我们讨论了市场一般均衡的实证理论，它主要是从个体逐利的视角来考察了竞争市场均衡的存在性、唯一性和稳定性。在本章中，我们将从整个社会配置资源的视角来讨论市场一般均衡的规范理论，主要考察竞争均衡的社会福利性质，即个体逐利和社会福利最大化之间的关系。因为经济学家不仅对描述市场经济感兴趣，对如何评价市场经济也同样感兴趣。规范分析能为我们指明改革的大方向和经济制度的选择。

那么市场经济在配置资源方面有什么优势呢？亚当·斯密 (Adam Smith) 的《国富论》认为市场经济在配置资源方面是最有效的。他把竞争的市场机制比作一只"看不见的手"，在这只手的暗暗指引下，追逐私利的芸芸众生不由自主地走向一个共同的目标，实现了社会福利的最大化，那么亚当·斯密的看不见的手的严格表述是什么？在哪些情形下，市场经济是最优或最有效的呢？

资源的有效配置与经济个体的福利 (well-being) 问题密切相关。规范分析不仅有助于我们理解市场机制具有何种优势，也有助于我们评估现实世界所采用的经济体系孰优孰劣，从而有助于我们理解为什么中国、越南、俄罗斯及东欧的许多国家进行经济改革和经济体制转型，为什么中国进行市场化的改革，要让市场在资源配置中发挥基础性和决定性的作用。

经济有效性由三个要求构成：

(1) 交换的有效性：商品有效交易，没有其他交易能带来更多的收益。

(2) 生产的有效性：生产商品时资源没有浪费。

(3) 生产与消费的混合有效性 (mix efficiency)：经济中厂商的商品生产组合反映了消费者的消费偏好。

11.2　配置的帕累托有效性

经济资源配置的有效性是指帕累托有效性或称帕累托最优性，它是由意大利经济学家维弗雷多·帕累托（Vilfredo Pareto，1848—1923，其人物小传见 11.9.1 节））给出的。它从整体经济或社会的角度提供了一个资源使用的价值判断，给出了一个经济制度优劣的基本评判标准。

在市场制度下，市场均衡同帕累托有效性之间的关系是什么？这包含了两个基本问题：(1) 若市场 (不必是竞争的) 均衡存在，它是帕累托有效的吗？(2) 人们所希望达到的某个（如较平等或公平的）帕累托有效配置是否能在市场和政府的共同作用下，在重新分配禀赋后通过市场机制达到？

帕累托有效性的概念不仅可用于研究市场经济的有效性，而且可用于研究任何经济系统的有效性。首先让我们定义**帕累托改进** (**Pareto improvement**)的概念。

定义 11.2.1 (帕累托改进) 一个配置被称为**可帕累托改进的**，若它是可行的，且存在另一个可行配置，使得至少某个经济人的效用得到改进，而其他经济人的效用没有恶化。

定义 11.2.2 (帕累托有效，也被称为帕累托最优) 一个配置被称为**帕累托有效或帕累托最优** (简记为 PO)，若它不能被帕累托改进，即它是可行的且不存在其他任何行配置使得至少一个经济人的效用得到改进，而其他经济人的效用没有恶化。

这样，资源一旦达到帕累托有效配置，就不可能再改进任何一个经济人的福利而不损害其他经济人的福利。

帕累托配置可用数学表达式更精确地表述：对交换经济，一个可行配置 $\mathbf{x}$ 是帕累托有效或帕累托最优 (PO)，若不存在其他配置 $\mathbf{x}'$，使得

(1) $\sum_{i=1}^n \mathbf{x}'_i \leqq \sum_{i=1}^n \mathbf{w}_i$；

(2) $\mathbf{x}'_i \succcurlyeq_i \mathbf{x}_i, \forall i$，而对某个经济人 $k \in \{1,\cdots,n\}$，有 $\mathbf{x}'_k \succ_k \mathbf{x}_k$。

对生产经济，$(\mathbf{x},\mathbf{y})$ 被称为帕累托最优的，当且仅当：

(1) $\hat{\mathbf{x}} \leqq \hat{\mathbf{y}} + \hat{\mathbf{w}}$；

(2) 不存在可行配置 $(\mathbf{x}',\mathbf{y}')$，使得

$$\mathbf{x}'_i \succcurlyeq \mathbf{x}_i, \forall i,$$
$$\mathbf{x}'_k \succ_k \mathbf{x}_k, \exists k.$$

资源配置有效性的一个较弱的概念是**弱帕累托有效性** (**weak Pareto efficiency**)或**弱帕累托最优性** (**weak Pareto optimality**)。

定义 11.2.3 (弱帕累托有效性) 一个配置被称为**弱帕累托有效的**，若它是可行的，且不存在任何其他可行配置使所有经济人的效用都得到改进。

注 一些教科书，如 Varian (1992)，将弱帕累托有效的定义作为帕累托有效的定义。这有它的合理性吗？在何种条件下它们是等价的呢？显然，若一个配置是帕累托有效的，则它必定是弱帕累托有效的（这是由于不能让一个人的境况得到改善，当然更加不可能让所有人的境况得到改善），但反之并不成立。不过，对纯私人商品的经济在偏好的连续性和强单调性假设下，两者是等价的。

命题 11.2.1 *在偏好连续性和强单调性假设下，弱帕累托有效性意味着帕累托有效性。*

证明 设 $\mathbf{x}$ 是弱帕累托有效但非帕累托有效的，则存在可行配置 $\mathbf{x}'$，使得

$$\mathbf{x}'_i \succcurlyeq_i \mathbf{x}_i, \forall i,\ \exists k, \mathbf{x}'_k \succ_k \mathbf{x}_k.$$

定义一个新的配置 $\overline{\mathbf{x}}$ 如下：

$$\overline{\mathbf{x}}_k = (1-\theta)\mathbf{x}'_k,$$
$$\overline{\mathbf{x}}_i = \mathbf{x}'_i + \frac{\theta}{n-1}\mathbf{x}'_k,\ \forall i \neq k,$$

则有

$$\overline{\mathbf{x}}_k + \sum_{i\neq k}\overline{\mathbf{x}}_i = (1-\theta)\mathbf{x}'_k + \sum_{i\neq k}\left(\mathbf{x}'_i + \frac{\theta}{n-1}\mathbf{x}'_k\right) = \sum_{i=1}^n \mathbf{x}'_i, \tag{11.2.1}$$

这意味着 $\overline{\mathbf{x}}$ 是可行的。此外，根据偏好的连续性，当 θ 充分接近零时，有

$$\overline{\mathbf{x}}_k = (1-\theta)\mathbf{x}'_k \succ \mathbf{x}_k,$$

且根据偏好的强单调性，对所有的 $i \neq k$，有 $\overline{\mathbf{x}}_i \succ_i \mathbf{x}_i$。这与 $\mathbf{x}$ 是弱帕累托最优的事实相矛盾。因此，当偏好是连续和强单调的时，每个弱帕累托有效配置也是帕累托有效的。 □

注 在上述命题的证明中，从某个经济人中拿出一点资源，并均等地分配给其他人，从而使所有经济人的效用都得到改善的技巧，将会出现在福利经济学第二基本定理的证明中。注意，上述命题中的强单调性不能放宽为单调性，为什么？请读者自己检查哪里用到了严格单调性。

注 上述命题隐含经济中所有的商品都是私人品。著者 (Tian, 1988) 通过一个例子说明，若商品为公共品，即使偏好是连续和强单调的，帕累托有效性和弱帕累托有效性的等价可能不成立。我们将在公共品一章中讨论这方面的例子。

帕累托有效配置集可用埃奇沃思盒表示。注意埃奇沃思盒中的每个点都是可达的（即总需求正好等于总的初始禀赋）。假定 A 为起始点。A 是帕累托最优的吗？答案是否定的。例如，图 11.1 的阴影部分中的点 C 所表示的配置能使双方的境况都得到改善。点 B 是帕累托最优的吗？答案是肯定的。实际上，所有的切点都是帕累托有效的，在所有切点上，至少有某人没有激励再进行交易。所有帕累托有效点的轨迹被称为**契约曲线 (contract curve)**。

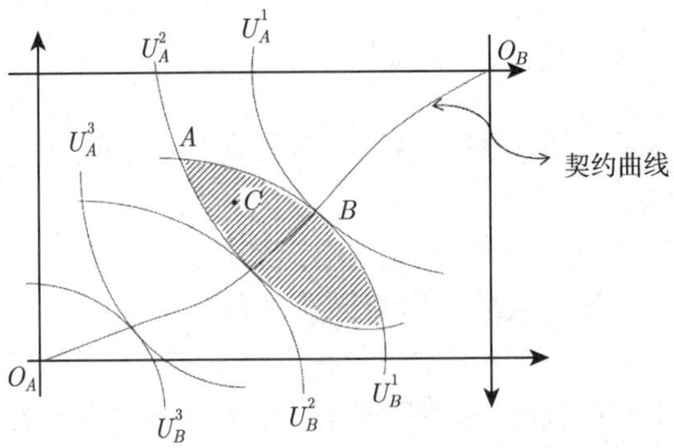

图 11.1 帕累托有效配置集由契约曲线给出

注 **平等 (equity)**和**帕累托有效性**是两个不同的概念。点 O_A 或 O_B 是帕累托有效的（即一人拥有所有的资源，而另外一人一无所有。在自利的情况下，拥有所有资源的人不愿放弃任何资源），但这些点是极端不平等的。为了使一个配置相对平等同时又是帕累托有效的，政府应实施一些制度安排，如税收、补贴等来实现更为平等的帕累托有效配置，使之达到埃奇沃思盒中契约曲线中部的某个点。

当帕累托有效点为内点时，两人的无差异曲线必定相切，它将满足如下条件：

$$MRS^A_{x^1x^2} = MRS^B_{x^1x^2},$$

$$\mathbf{x}_A + \mathbf{x}_B = \hat{\mathbf{w}}.$$

后面我们会严格证明，对多人的情况也是如此。当两人的无差异曲线不相切时，我们有如下几种情形。

情形 1：对线性无差异曲线，个体的无差异曲线可能不相切。我们如何求得这种情形的帕累托有效配置集呢？我们可通过比较无差异曲线的倾斜度来决定帕累托有效集。

$$MRS^A_{x^1x^2} < MRS^B_{x^1x^2}. \tag{11.2.2}$$

如图 11.2 所示，当经济人 B 的无差异曲线给定时，比如在直线 DD，经济人 A 在 DD 线上达到最大效用的点为帕累托有效配置，于是点 K 是帕累托有效点。当经济人 A 的无差异曲线给定时，比如直线 CC，则 P 是帕累托有效点。契约曲线因此由埃奇沃思盒的上边界和左边界上的所有点给出。无论无差异曲线是否相切，给定一个人的无差异曲线，找出另外一个人在此曲线上的效用最大化点，此点必定就是帕累托最优点。这个判断的正式表述将在有关帕累托最优配置计算那一节给出。

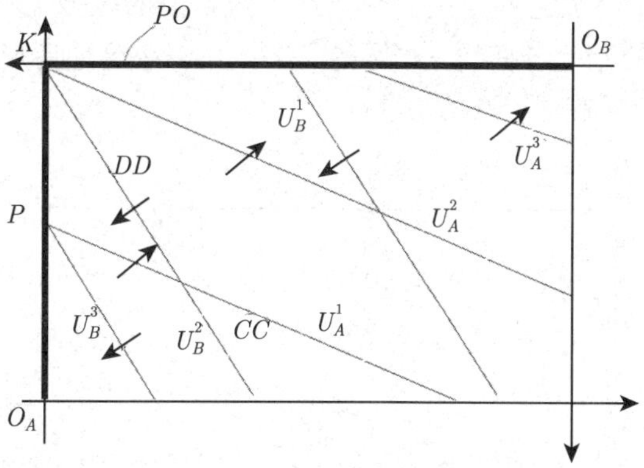

图 11.2 当无差异曲线呈线性形式且经济人 B 的无差异曲线更陡时，帕累托有效配置集由盒子的上边界和左边界给出

情形 2： 设无差异曲线为

$$u_A(\mathbf{x}_A) = x_A^2$$

和

$$u_B(\mathbf{x}_B) = x_B^1,$$

则唯一的帕累托有效点为埃奇沃思盒的左上角点（见图 11.3）。但弱帕累托有效点集由埃奇沃思盒的上边界和左边界所有的点组成。注意到，尽管效用函数是连续且单调的，但弱帕累托有效配置可能不是帕累托有效的。这个例子再次说明了，为保证弱帕累托有效性和帕累托有效性的等价，偏好的强单调性不能被单调性取代。

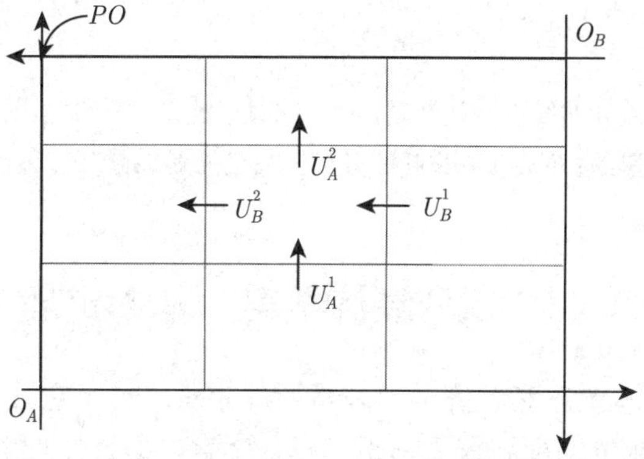

图 11.3 当每个经济人只消费一种商品时，唯一的帕累托有效配置点由盒子的左上角给出

情形 3：假设无差异曲线是完全互补的，则效用函数为

$$u_A(\mathbf{x}_A) = \min\{ax_A^1, bx_A^2\}$$

和

$$u_B(\mathbf{x}_B) = \min\{cx_B^1, dx_B^2\}.$$

一个特例是 $a = b = c = d = 1$ 所代表的情形。

在此情形下，帕累托最优配置点集为介于 45° 线之间的区域 (见图 11.4(a))。

情形 4：其中一人的无差异曲线是**"厚的" (thick)**。在这种情形下，弱帕累托有效配置可能不是帕累托有效的 (见图 11.4(b))。

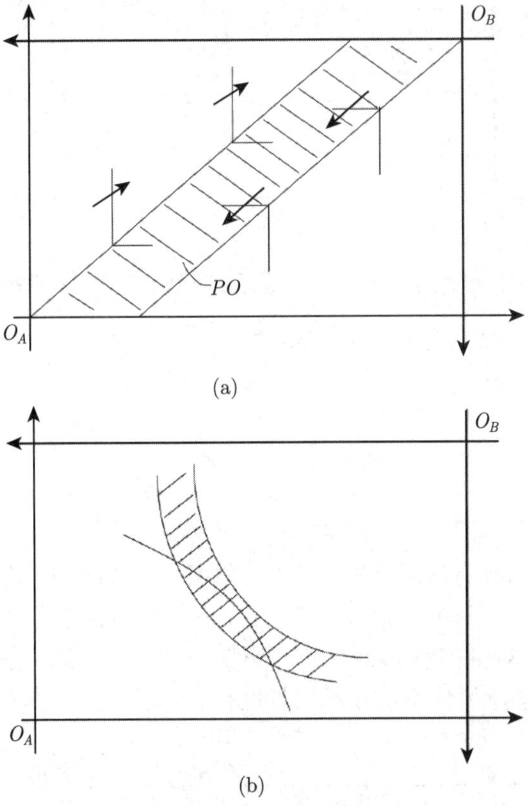

图 11.4　图 (a) 表明当无差异曲线完全互补时，契约曲线可能是"厚的"。图 (b) 表明当无差异曲线是"厚的"时，弱帕累托有效配置可能不是帕累托有效的

11.3　福利经济学第一基本定理

福利经济学第一基本定理是经济学中最重要的定理之一，它证明了竞争市场制度在配置资源方面的最优性：竞争均衡导致了帕累托有效配置，使个人理性或个体逐利的决策和社会资源最优配置完美统一相容。并且，该结论在非常一般的条件下都成立，比竞争均衡存在

性所需要的条件还要弱许多。当然，像上一章一般均衡的实证理论一样，这个结论需要几个隐含假设，如个体偏好有序、完全信息、商品可分及不存在公共品或外部性。下面我们介绍三个福利经济学第一定理，首先有下面的福利经济学第一基本定理。

定理 11.3.1 (福利经济学第一基本定理) 若 $(\mathbf{x},\mathbf{y},\mathbf{p})$ 为竞争均衡，则 $(\mathbf{x},\mathbf{y})$ 是弱帕累托有效的。若偏好还满足局部非饱和性，则它也是帕累托有效的。

证明 设 $(\mathbf{x},\mathbf{y})$ 不是弱帕累托最优的，则存在另外一个可行配置 $(\mathbf{x}',\mathbf{y}')$，使得 $\mathbf{x}_i' \succ_i \mathbf{x}_i, \forall i$。因此，我们必然有

$$\mathbf{p}\mathbf{x}_i' > \mathbf{p}\mathbf{w}_i + \sum_{j=1}^{J}\theta_{ij}\mathbf{p}\mathbf{y}_j,\ \forall i.$$

于是，将上述式子两端关于 i 累加，我们有

$$\sum_{i=1}^{n}\mathbf{p}\mathbf{x}_i' > \sum_{i=1}^{n}\mathbf{p}\mathbf{w}_i + \sum_{j=1}^{J}\mathbf{p}\mathbf{y}_j.$$

根据竞争均衡导致了利润最大化，有 $\mathbf{p}\mathbf{y}_j \geqq \mathbf{p}\mathbf{y}_j', \forall \mathbf{y}_j' \in Y_j$，从而有

$$\sum_{i=1}^{n}\mathbf{p}\mathbf{x}_i' > \sum_{i=1}^{n}\mathbf{p}\mathbf{w}_i + \sum_{j=1}^{J}\mathbf{p}\mathbf{y}_j', \tag{11.3.3}$$

或

$$\mathbf{p}\left[\sum_{i=1}^{n}\mathbf{x}_i' - \sum_{i=1}^{n}\mathbf{w}_i - \sum_{j=1}^{J}\mathbf{y}_j'\right] > 0, \tag{11.3.4}$$

这与 $(\mathbf{x}',\mathbf{y}')$ 是可行配置相矛盾，因而 $(\mathbf{x},\mathbf{y})$ 必是弱帕累托最优的。

以下用反证法证明在偏好的局部非饱和性假定下，竞争均衡是帕累托有效的。假设 $(\mathbf{x},\mathbf{y})$ 不是帕累托最优的，则存在另外一个可行配置 $(\mathbf{x}',\mathbf{y}')$，使得对任意的 $i \in N$，有 $\mathbf{x}_i' \succcurlyeq_i \mathbf{x}_i$，且对某个 k，有 $\mathbf{x}_k' \succ_k \mathbf{x}_k$。我们要证明，根据偏好的局部非饱和性，一定有

$$\mathbf{p}\mathbf{x}_i' \geqq \mathbf{p}\mathbf{w}_i + \sum_{j=1}^{J}\theta_{ij}\mathbf{p}\mathbf{y}_j, \quad \forall i.$$

如果上述不等式不成立，则对某个经济人 k，有

$$\mathbf{p}\mathbf{x}_k' < \mathbf{p}\mathbf{w}_k + \sum_{j=1}^{J}\theta_{kj}\mathbf{p}\mathbf{y}_j,$$

从而由局部非饱和性，存在某个 $\mathbf{x}_k''$ 使得 $\mathbf{x}_k'' \succ \mathbf{x}_k' \succcurlyeq_k \mathbf{x}_k$，且 $\mathbf{p}\mathbf{x}_k'' < \mathbf{p}\mathbf{w}_k + \sum_{j=1}^{J}\theta_{kj}\mathbf{p}\mathbf{y}_j$，这与 $\mathbf{x}_k$ 是竞争均衡下的效用最大化消费组合矛盾。对经济人 i，由 $\mathbf{x}_i' \succ_i \mathbf{x}_i$，我们有

$$\mathbf{p}\mathbf{x}_i' > \mathbf{p}\mathbf{w}_i + \sum_{j=1}^{J}\theta_{ij}\mathbf{p}\mathbf{y}_j,$$

从而有

$$\sum_{i=1}^{n}\mathbf{p}\mathbf{x}_i' > \sum_{i=1}^{n}\mathbf{p}\mathbf{w}_i + \sum_{j=1}^{J}\mathbf{p}\mathbf{y}_j \geqq \sum_{i=1}^{n}\mathbf{p}\mathbf{w}_i + \sum_{j=1}^{J}\mathbf{p}\mathbf{y}_j'. \tag{11.3.5}$$

这与 $(\mathbf{x}', \mathbf{y}')$ 是可行配置的事实相矛盾。 □

福利经济学第一基本定理说明了，在个体逐利（由局部非饱和性所表述）的客观现实下，竞争市场经济导致了帕累托有效配置。若没有这个假设，市场可能会导致不是帕累托有效的配置。尽管这只是一个理论结果，在现实中不少情形大致接近这些假设。当然，无论是理论还是实践，我们都知道市场不是万能的，有其适用边界。在许多情景下，市场也会失灵，会导致许多其他问题，但它是人类至今相对最有效的经济制度，还没有找到更好的替代制度，这也是为什么中国要进行改革开放，走市场经济之路的根本原因。当然，我们需要研究市场的边界，了解它何时有效，何时无效。比如，在信息不完备、市场不完全竞争、存在外部效应等情况下，市场也许会导致无效率配置。在本书的后三部分，我们将会讨论市场失灵和如何修正的问题。

注　若偏好不满足局部非饱和性，则竞争均衡 $\mathbf{x}$ 可能不是帕累托最优的，如无差异曲线是“厚的”情形即如此，见图 11.5。

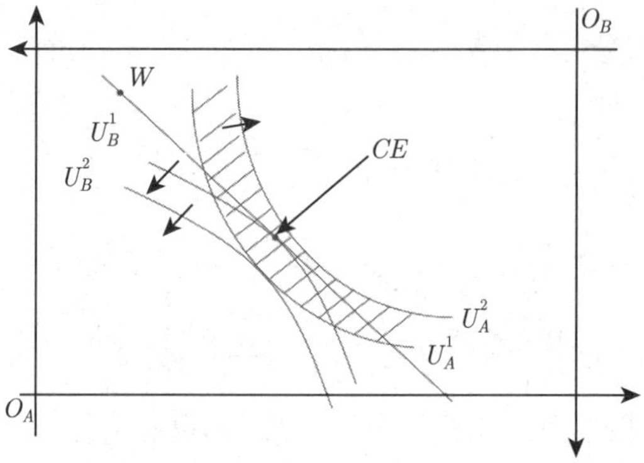

图 11.5　当局部非饱和性条件不满足时，竞争均衡可能不是帕累托有效的

注　注意到上述定理并不需要假定偏好和生产集是凸的。保证竞争均衡的帕累托有效性所需要的条件比保证竞争均衡存在性所需要的条件要弱许多。

注　若商品是不可分的，那么竞争均衡配置 $\mathbf{x}$ 也可能不是帕累托最优的。从图 11.6 中可以看出，由于消费 1 严格偏好 $\mathbf{x}'$，虽然点 $\mathbf{x}$ 是竞争均衡配置，但它不是帕累托最优的。因此，为了保证福利经济学第一基本定理成立，商品消费的可分性条件是不可舍弃的。

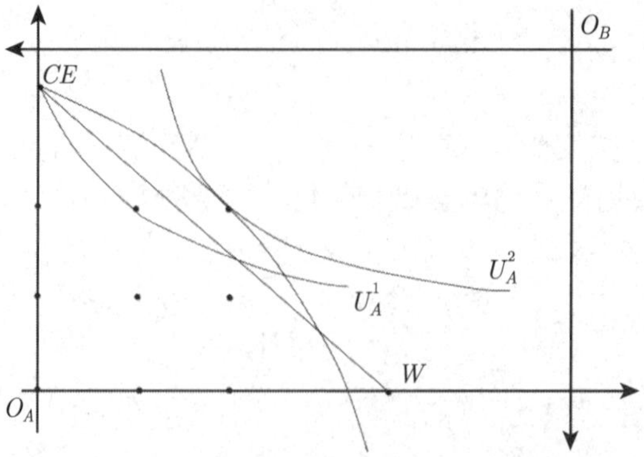

图 11.6　当产品不可分时，竞争均衡配置可能不是帕累托有效的

对约束瓦尔拉斯均衡我们也有类似的福利经济学第一基本定理。不过，我们需要将局部非饱和性加强到强单调性。

定理 11.3.2 (约束瓦尔拉斯均衡下的福利经济学第一定理) *若 $(\mathbf{x}, \mathbf{y}, \mathbf{p})$ 为约束瓦尔拉斯均衡，则 $(\mathbf{x}, \mathbf{y})$ 是弱帕累托有效的。若偏好还满足强单调性，则它也是帕累托有效的。*

证明 约束瓦尔拉斯均衡配置是弱帕累托最优的证明与瓦尔拉斯均衡配置是弱帕累托最优的证明完全相同。

我们用反证法证明在强单调性假定下，约束瓦尔拉斯均衡也是帕累托有效的。若 $(\mathbf{x}, \mathbf{y})$ 不是帕累托最优，则存在另外一个可行配置 $(\mathbf{x}', \mathbf{y}')$，使得对所有的 $i \in N$，都有

$$\mathbf{x}_i' \succcurlyeq_i \mathbf{x}_i,\ \exists k,\ \mathbf{x}_k' \succ_k \mathbf{x}_k.$$

我们现在证明，在偏好强单调的假设下，若 $\mathbf{x}_i' \succcurlyeq_i \mathbf{x}_i$，则必有

$$\mathbf{p}\mathbf{x}_i' \geqq \mathbf{p}\mathbf{w}_i + \sum_{j=1}^{J} \theta_{ij}\mathbf{p}\mathbf{y}_j.$$

若不成立，我们有 $\mathbf{p}\mathbf{x}_i' < \mathbf{p}\mathbf{w}_i + \sum_{j=1}^{J} \theta_{ij}\mathbf{p}\mathbf{y}_j$。于是，存在某个商品 l，有

$$x_i'^l < wi^l + \sum_{j=1}^{J} \theta_{ij} y_j^l.$$

这样，存在 $\hat{\mathbf{x}}_i \in X_i$，使得

$$\hat{\mathbf{x}}_i \geqslant \mathbf{x}_i',\ \mathbf{p}\hat{\mathbf{x}}_i < \mathbf{p}\mathbf{w}_i + \sum_{j=1}^{J} \theta_{ij}\mathbf{p}\mathbf{y}_j,\ \hat{\mathbf{x}}_i \leqq \mathbf{w}_i + \sum_{j=1}^{J} \theta_{ij}\mathbf{y}_j.$$

于是，由偏好的强单调性，我们有

$$\hat{\mathbf{x}}_i \succ \mathbf{x}_i' \succcurlyeq_i \mathbf{x}_i,$$

这与 $(\mathbf{x}, \mathbf{y}, \mathbf{p})$ 是约束瓦尔拉斯均衡矛盾。因此，对任意 $i \in N$，都有

$$\mathbf{p}\mathbf{x}_i' \geqq \mathbf{p}\mathbf{w}_i + \sum_{j=1}^{J} \theta_{ij}\mathbf{p}\mathbf{y}_j.$$

对经济人 k，由 $\mathbf{x}_k' \succ_k \mathbf{x}_k$，我们有

$$\mathbf{p}\mathbf{x}_k' > \mathbf{p}\mathbf{w}_k + \sum_{j=1}^{J} \theta_{kj}\mathbf{p}\mathbf{y}_j,$$

从而有

$$\sum_{i=1}^{n} \mathbf{p}\mathbf{x}_i' > \sum_{i=1}^{n} \mathbf{p}\mathbf{w}_i + \sum_{j=1}^{J} \mathbf{p}\mathbf{y}_j \geqq \sum_{i=1}^{n} \mathbf{p}\mathbf{w}_i + \sum_{j=1}^{J} \mathbf{p}\mathbf{y}_j'. \tag{11.3.6}$$

这与 $(\mathbf{x}', \mathbf{y}')$ 是可行配置的事实相矛盾。 □

以上定理中的偏好强单调性不能放宽为局部非饱和性，否则结论不成立。

转移支付竞争均衡 (competitive equilibrium with transfers) 是指以某种拟定（如通过转移支付）的方式，对个体的财富进行重新分配，在这样的转移支付后所达到的竞争均衡。我们也有类似的福利经济学第一基本定理。结合福利经济学第一基本定理与后面的福利经济学第二基本定理，我们知道，在一些常规化的条件下，转移支付竞争均衡完全地刻画了帕累托最优配置。

定义 11.3.1 (转移支付竞争均衡) 给定经济 $e=(e_1,\cdots,e_n,\{Y_j\})$，我们称配置 $(\mathbf{x},\mathbf{y})\in X\times Y$ 和价格系统 $\mathbf{p}\in\mathcal{R}_+^L$ 组成了一个**转移支付竞争均衡**，若存在着满足 $\sum_i I_i=\mathbf{p}\cdot\sum_i\mathbf{w}_i+\sum_j\mathbf{p}\cdot\mathbf{y}_j$ 的转移支付后的财富水平 $(I_1,\cdots,I_n)$，可使得

(i) 对所有 $i=1,\cdots,n$，$\mathbf{x}_i'\succ_i\mathbf{x}_i$ 意味着 $\mathbf{p}\mathbf{x}_i'>I_i$；

(ii) 对所有 $\mathbf{y}_j'\in Y_j$，有 $\mathbf{p}\mathbf{y}_j\geqq\mathbf{p}\mathbf{y}_j'$；

(iii) $\sum_i\mathbf{x}_i\leqq\sum_i\mathbf{w}_i+\sum_j\mathbf{y}_j$(可行性条件)。

条件 (i) 意味着效用最大化，即 $\mathbf{x}_i$ 是 $\succcurlyeq_i$ 在预算集 $\{\mathbf{x}_i'\in X_i:\mathbf{p}\mathbf{x}_i'\leqq I_i\}$ 上的最大解。条件 (ii) 意味着利润最大化。

转移支付竞争均衡的概念，比给定个人初始禀赋在预算约束下求解效用最大化问题所得到的瓦尔拉斯均衡（竞争均衡）更一般。它显然包括了瓦尔拉斯均衡作为特殊情况。转移支付竞争均衡在求效用最大化时，不依赖个人的初始禀赋（但依赖初始禀赋总量），它只要求有某种财富分配方式使得配置 $(\mathbf{x},\mathbf{y})$ 和价格系统 $\mathbf{p}$ 组成了一个竞争均衡，它刻画了竞争市场均衡，而没有对消费者的福利水平作任何假定。这样，政府可以通过收入的调节来解决贫富差距过大的问题，与此同时没有影响到竞争市场配置资源的效率。

比转移支付竞争均衡更弱的概念是拟转移支付竞争均衡。

定义 11.3.2 (拟转移支付竞争均衡) 给定经济 $e=(e_1,\cdots,e_n,\{Y_j\})$，我们称配置 $(\mathbf{x},\mathbf{y})\in X\times Y$ 和价格系统 $\mathbf{p}\in\mathcal{R}_+^L$ 组成了一个**拟转移支付竞争均衡**，若转移支付竞争均衡定义中所有其他条件都一样，只是 (i) 由下列条件取代:

(i′) $\mathbf{x}_i'\succ_i\mathbf{x}_i$ 意味着 $\mathbf{p}\mathbf{x}_i'\geqq I_i$，$\forall i=1,\cdots,n$。

注 对拟转移支付竞争均衡，有以下注释:

(1) 条件 (i) 显然意味着条件 (i′)，从而转移支付竞争均衡意味着拟转移支付竞争均衡，反之不见得成立。

(2) 从条件 (i′) 可以看出，若 $\mathbf{x}_i$ 是在预算集 $\{\mathbf{x}_i'\in X_i:\mathbf{p}\mathbf{x}_i'\leqq I_i\}$ 中达到偏好最大的消费组合，则 $\mathbf{x}_i'\succ_i\mathbf{x}_i$ 和 $\mathbf{p}\mathbf{x}_i'\leqq I_i$ 不可能同时成立。

(3) 若偏好关系满足局部非饱和性，则有 $\mathbf{p}\mathbf{x}_i\geqq I_i$。的确如此，若不然，$\mathbf{p}\mathbf{x}_i<I_i$，则存在 $\mathbf{x}_i'$ 使得 $\mathbf{x}_i'\succ\mathbf{x}_i$，且 $\mathbf{p}\mathbf{x}_i'<I_i$，与条件 (i′) 矛盾。另外，由可行性条件 (iii)，有 $\sum_i\mathbf{p}\mathbf{x}_i\leqq\sum_i I_i$。因而，在偏好关系满足局部非饱和性假设下，我们必定有 $\mathbf{p}\mathbf{x}_i=I_i$。这样，拟转移支付竞争均衡的条件 (i′) 可由下列条件取代:

(i″) $\mathbf{x}_i'\succ_i\mathbf{x}_i$ 意味着 $\mathbf{p}\mathbf{x}_i'\geqq\mathbf{p}\mathbf{x}_i$，$\forall i=1,\cdots,n$。

更进一步地，在局部非饱和偏好下，(i″) 等价于 $\mathbf{x}_i$ 是在集合 $\{\mathbf{x}_i\in X_i:\mathbf{x}_i'\succcurlyeq\mathbf{x}_i\}$ 上的最小支出。

(4) 同样的情况也适用于转移支付竞争均衡。在偏好关系满足局部非饱和性假设下，条件 (i) 可由下列条件取代:

(i‴) $\mathbf{x}_i' \succ_i \mathbf{x}_i$ 意味着 $\mathbf{p}\mathbf{x}_i' > \mathbf{p}\mathbf{x}_i$，$\forall i = 1, \cdots, n$。

那么，在什么样的条件下，一个拟转移支付竞争均衡是转移支付竞争均衡呢？也就是，在什么条件下，$\mathbf{x}_i' \succ_i \mathbf{x}_i$ 意味着 $\mathbf{p}\mathbf{x}_i' > I_i$。下面的命题回答了这个问题。

命题 11.3.1 假定 X_i 是凸集，偏好关系是连续的。若 $(\mathbf{x}, \mathbf{y}, \mathbf{p})$ 是任一拟转移支付竞争均衡，且若存在 $\bar{\mathbf{x}}_i \in X_i$，使得 $\mathbf{p}\bar{\mathbf{x}}_i < I_i$，则 $\mathbf{x}_i' \succ_i \mathbf{x}_i$ 意味着 $\mathbf{p}\mathbf{x}_i' > I_i$，从而 $(\mathbf{x}, \mathbf{y}, \mathbf{p})$ 是一个转移支付竞争均衡。

证明 假设结论不成立，则对 $\mathbf{x}_i' \succ_i \mathbf{x}_i$，有 $\mathbf{p}\mathbf{x}_i' = I_i$。这样，对任意的 $\alpha \in [0, 1)$，有 $\alpha\mathbf{x}_i' + (1-\alpha)\bar{\mathbf{x}}_i \in X_i$ 及 $\mathbf{p}[\alpha\mathbf{x}_i' + (1-\alpha)\bar{\mathbf{x}}_i] < I_i$。由偏好的连续性，当 α 充分接近 1 时，我们有 $\alpha\mathbf{x}_i' + (1-\alpha)\bar{\mathbf{x}}_i \succ_i \mathbf{x}_i$，矛盾。因此，我们必定有 $\mathbf{x}_i' \succ_i \mathbf{x}_i$ 意味着 $\mathbf{p}\mathbf{x}_i' \geqq I_i$。 □

从以上命题，我们立即有以下结果。

命题 11.3.2 设对所有的 i，X_i 是凸集，$0 \in X_i$，及 $\succcurlyeq_i$ 是连续的，则任意具有正财富水平 $(I_1, \cdots, I_n) > 0$ 的拟转移支付竞争均衡都是转移支付竞争均衡。

类似于上节瓦尔拉斯竞争均衡下的福利经济学第一定理，我们可证明关于转移支付竞争均衡的福利经济学第一定理。

定理 11.3.3 (转移支付竞争均衡下的福利经济学第一定理) 设 $(\mathbf{x}, \mathbf{y}, \mathbf{p})$ 为转移支付竞争均衡，则 $\mathbf{x}$ 是弱帕累托有效的。若偏好还满足局部非饱和性，则它也是帕累托有效的。

11.4 帕累托最优配置的计算

现在讨论如何求解帕累托有效配置的问题，其基本方法是将其转化为求解有约束的优化问题。在前面所讨论的两人、两个商品纯交换经济中，在求帕累托有效点时，无论无差异曲线是否相切，都是给定任一人的无差异曲线，求另外一个人在此无差异曲线上的效用最大化点，此点必定就是帕累托最优点。下面证明，此技巧可以推广到任意多的经济人数，并且更重要的是，将求解帕累托最优点的问题转化为个体在约束集下求最优解的问题，从而当效用函数可微时，从个体的最优解的一阶条件得到帕累托最优解的一阶条件。

11.4.1 交换经济

命题 11.4.1 可行配置 $\mathbf{x}^*$ 是帕累托有效的，当且仅当对所有的 $i = 1, 2, \cdots, n$，$\mathbf{x}^*$ 是如下问题的解：

$$\begin{aligned} & \max_{\mathbf{x}_i} u_i(\mathbf{x}_i), \\ \text{s.t.} \quad & \sum \mathbf{x}_k \leqq \sum \mathbf{w}_k \\ & u_k(\mathbf{x}_k) \geqq u_k(\mathbf{x}_k^*), \forall k \neq i. \end{aligned}$$

证明 充分性：假设 $\mathbf{x}^*$ 是所有消费者效用最大化问题的解，但 $\mathbf{x}^*$ 不是帕累托有效的。这意味着存在某个配置 $\mathbf{x}'$，使至少某个消费者的境况得到改善，而其他所有消费者的境况没有恶化。这意味着 $\mathbf{x}^*$ 不是所有消费者效用最大化问题的解。此为矛盾。

必要性：假设 $\mathbf{x}^*$ 是帕累托有效的，但它不是某个消费者效用最大化问题的解。不妨设 $\mathbf{x}'$ 为该消费者效用最大化问题的解。则 $\mathbf{x}'$ 必然使该消费者的境况得到改善，但并没有使其

他消费者的境况恶化，这与 $\mathbf{x}^*$ 是帕累托有效的假定相矛盾。命题得证。 □

这个命题意味着，其他经济人的效用水平交换后不会比原有效用水平低，此时每一个人的最优消费组合使自身效用最大化，其导致的资源配置正好就是帕累托最优配置。

若效用函数 $u_i(\mathbf{x}_i)$ 是可微的，则可以通过定义拉格朗日函数：

$$L = u_i(\mathbf{x}_i) + q(\hat{\mathbf{w}} - \hat{\mathbf{x}}) + \sum_{k \neq i} t_k \left[u_k(\mathbf{x}_k) - u_k(\mathbf{x}_k^*)\right],$$

由此得到上述问题的一阶条件：

$$\frac{\partial L}{\partial x_i^l} = \frac{\partial u_i(\mathbf{x}_i)}{\partial x_i^l} - q^l \leqq 0, \quad \text{等式成立当} x_i^l > 0, \quad \forall l \ \& \ \forall i, \tag{11.4.7}$$

$$\frac{\partial L}{\partial x_k^l} = t_k \frac{\partial u_k(\mathbf{x}_k)}{\partial x_k^l} - q^l \leqq 0, \quad \text{等式成立当} x_k^l > 0, \quad \forall l; \forall k \neq l. \tag{11.4.8}$$

由式 (11.4.7)，当 $\mathbf{x}^*$ 是内点解时，则有

$$\frac{\dfrac{\partial u_i(\mathbf{x}_i)}{\partial x_i^l}}{\dfrac{\partial u_i(\mathbf{x}_i)}{\partial x_i^h}} = \frac{q^l}{q^h} = MRS_{x_i^l, x_i^h}. \tag{11.4.9}$$

由式 (11.4.8)，有

$$\frac{\dfrac{\partial u_k(\mathbf{x}_k)}{\partial x_k^l}}{\dfrac{\partial u_k(\mathbf{x}_k)}{\partial x_k^h}} = \frac{q^l}{q^h}. \tag{11.4.10}$$

因此，我们有

$$MRS_{x_1^l, x_1^h} = \cdots = MRS_{x_n^l, x_n^h}, \quad l = 1, 2, \cdots, L; h = 1, 2, \cdots, L, \tag{11.4.11}$$

此为内点解是帕累托有效配置的必要条件 (即任意两种商品的 MRS 对所有个体都相等)。当效用函数 $u_i(\mathbf{x}_i)$ 可微且拟凹时，一阶条件也是充分条件。

11.4.2　生产经济

为简单起见，假定经济中只有一家企业。设 $T(\mathbf{y}) \leqq 0$ 为生产 (变换) 边界。类似地，我们可以证明下述命题。

命题 11.4.2　可行配置 $(\mathbf{x}^*, \mathbf{y}^*)$ 是帕累托有效的当且仅当对所有的 $i = 1, 2, \cdots, n$，$(\mathbf{x}^*, \mathbf{y}^*)$ 都是下述问题的解：

$$\begin{aligned}
& \max_{\mathbf{x}_i} u_i(\mathbf{x}_i) \\
\text{s.t.} \quad & \sum_{k \in N} \mathbf{x}_k = \sum_{k \in N} \mathbf{w}_k + \mathbf{y}; \\
& u_k(\mathbf{x}_k) \geqq u_k(\mathbf{x}_k^*) \ \text{对} \ k \neq i; \\
& T(\mathbf{y}) \leqq 0.
\end{aligned}$$

若效用函数 $u_i(\mathbf{x}_i)$ 是可微的，定义拉格朗日函数如下：

$$L = u_i(\mathbf{x}_i) - \lambda T(\hat{\mathbf{x}} - \hat{\mathbf{w}}) + \sum_{k\neq i} t_k[u_k(\mathbf{x}_k) - u_k(\mathbf{x}_k^*)],$$

其一阶最优性条件为：

$$\frac{\partial L}{\partial x_i^l} = \frac{\partial u_i(\mathbf{x}_i)}{\partial x_i^l} - \lambda^l \frac{\partial T(\mathbf{y})}{\partial x_i^l} \leqq 0, \quad \text{等式成立当} x_i^l > 0, \forall l \;\&\; \forall i, \tag{11.4.12}$$

$$\frac{\partial L}{\partial x_k^l} = t_k \frac{\partial u_k(\mathbf{x}_k)}{\partial x_k^l} - \lambda^l \frac{\partial T(\mathbf{y})}{\partial x_k^l} \leqq 0, \quad \text{等式成立当 } x_k^l > 0,\ \forall l \;\&\; k \neq l. \tag{11.4.13}$$

当 $\mathbf{x}^*$ 是内点解时，由式 (11.4.12)，我们有

$$\frac{\dfrac{\partial u_i(\mathbf{x}_i)}{\partial x_i^l}}{\dfrac{\partial u_i(\mathbf{x}_i)}{\partial x_i^h}} = \frac{\dfrac{\partial T(\mathbf{y})}{\partial \mathbf{y}^l}}{\dfrac{\partial T(\mathbf{y})}{\partial \mathbf{y}^h}}, \tag{11.4.14}$$

且由式 (11.4.13)，有

$$\frac{\dfrac{\partial u_k(\mathbf{x}_k)}{\partial x_k^l}}{\dfrac{\partial u_k(\mathbf{x}_k)}{\partial x_k^h}} = \frac{\dfrac{\partial T(\mathbf{y})}{\partial \mathbf{y}^l}}{\dfrac{\partial T(\mathbf{y})}{\partial \mathbf{y}^h}}. \tag{11.4.15}$$

从而有

$$MRS_{x_1^l, x_1^h} = \cdots = MRS_{x_n^l, x_n^h} = MRTS_{\mathbf{y}^l, \mathbf{y}^h}, \quad \forall l \;\&\; h, \tag{11.4.16}$$

此即内点解是帕累托有效的必要条件。这意味着对所有个体，任意两商品的 MRS 都相等，且等于 $MRTS$。当效用函数 $u_i(\mathbf{x}_i)$ 为可微拟凹函数且生产函数是凹函数时，上述条件也是内点解为帕累托有效配置的充分条件。

11.5 福利经济学第二基本定理

现在讨论福利经济学第一基本定理的逆定理：福利经济学第二基本定理。福利经济学第二基本定理告诉我们，在一些正则性假定 (如偏好关系和生产集的凸性假设) 下，任何一个 (包括那些相对平等的) 帕累托最优配置都可以通过对个体财富适当的重新分配后的竞争市场的运作来达到。这个定理的重要性不言而喻，它意味着尽管市场制度存在着许多问题，在许多情景下会失灵，但我们没有必要放弃市场制度，改用其他经济制度，比如没有必要改为计划经济体制。为了解决资源配置的公平、贫富差距过大的问题，我们可以通过税收转移支付手段 (这一点可由政府做到) 得到一个既有效率，也相对公平的配置。在本节中，我们将严格地证明这个结论，也就是，帕累托有效配置能完全地被转移支付竞争均衡来刻画。

下面的福利经济学第二基本定理表明，每个帕累托有效配置都可以由通过重新分配禀赋所得到的竞争均衡来达到，从而我们不必为了达到帕累托有效配置而推翻市场经济，寻找另外的经济制度。这是现代经济学最重要的定理之一，且该定理也是微观经济学中证明较为复杂的定理之一。结合第一和第二福利经济学基本定理，在满足常规性经济环境和非零的消费组合时，可以看出帕累托有效的集合和转移支付竞争均衡的集合吻合。

定理 11.5.1 (福利经济学第二基本定理 I)　给定经济 $e = (e_1, \cdots, e_n, \{Y_j\})$，假设 $\succcurlyeq_i$ 连续、凸且强单调，以及 Y_j 为闭凸集，则对任何具有内点消费的帕累托最优配置 $(\mathbf{x}^*, \mathbf{y}^*)$，即 $\mathbf{x}_i^* \in \mathcal{R}_{++}^L$，存在着非零价格向量 $\mathbf{p} \in \mathcal{R}_+^L$，使得 $(\mathbf{x}^*, \mathbf{y}^*, \mathbf{p})$ 是转移支付竞争均衡，即存在满足 $\sum_i I_i = \mathbf{p} \cdot \sum_i \mathbf{w}_i + \sum_j \mathbf{p} \cdot \mathbf{y}_j^*$ 的转移支付后的财富水平 $(I_1, \cdots, I_n)$，使得

(1) 若 $\mathbf{x}_i' \succ_i \mathbf{x}_i^*$，则 $\mathbf{p}\mathbf{x}_i' > I_i \equiv \mathbf{p}\mathbf{x}_i^*$，$i = 1, \cdots, n$；

(2) 对任意的 $\mathbf{y}_j' \in Y_j, j = 1, \cdots, J$，有 $\mathbf{p}\mathbf{y}_j^* \geqq \mathbf{p}\mathbf{y}_j'$。

证明　定义严格上优集：

$$P(\mathbf{x}_i^*) = \{\mathbf{x}_i \in X_i : \mathbf{x}_i \succ_i \mathbf{x}_i^*\}. \tag{11.5.17}$$

令

$$P(\mathbf{x}^*) = \sum_{i=1}^{n} P(\mathbf{x}_i^*). \tag{11.5.18}$$

由 $\succcurlyeq_i$ 的凸性，$P(\mathbf{x}_i^*)$ 是凸的，从而这些凸集之和 $P(\mathbf{x}^*)$ 也是凸的（见图 11.7）。

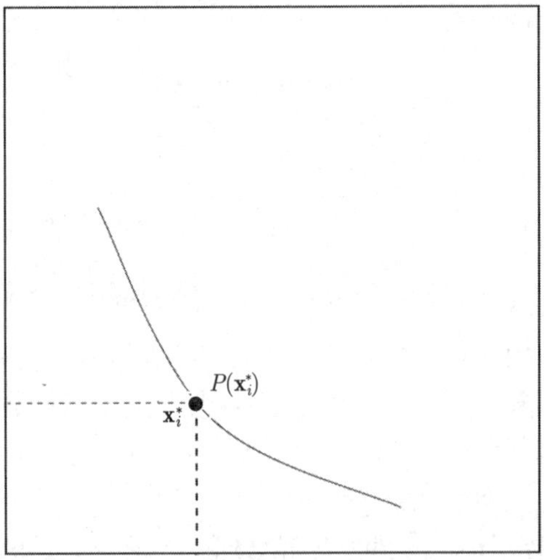

图 11.7　$P(\mathbf{x}_i^*)$：通过 $\mathbf{x}_i^*$ 的无差异曲线之上的所有点的集合

令

$$W = \{\hat{\mathbf{w}}\} + \sum_{j=1}^{J} Y_j,$$

则 W 为所有可行配置的集合，闭且凸。由于 $(\mathbf{x}^*, \mathbf{y}^*)$ 是帕累托最优配置，必定有 $W \cap P(\mathbf{x}^*) = \varnothing$，否则存在着帕累托改进。从而，根据第 2 章中介绍的分离超平面定理，存在 $\mathbf{p} \neq 0$，使得

$$\mathbf{p}\hat{\mathbf{z}} \geqq \mathbf{p}\hat{\sigma}, \quad \forall \hat{\mathbf{z}} \in P(\mathbf{x}^*), \quad \forall \hat{\sigma} \in W. \tag{11.5.19}$$

下面我们分四步证明 $\mathbf{p}$ 是竞争均衡价格向量。

第 1 步：$\mathbf{p} \geqq 0$。

为证明该结论，令 $\mathbf{e}^l = (0, \cdots, 1, 0, \cdots, 0)$，其中 $\mathbf{e}^l$ 为第 l 个分量为 1 而其他所有分量都为 0 的向量。令

$$\hat{\mathbf{z}} = \hat{\sigma} + \mathbf{e}^l, \ \hat{\sigma} \in W.$$

则根据偏好的强单调性，若将 e^l 均分给所有经济人，有

$$\hat{\mathbf{z}} = \hat{\sigma} + \mathbf{e}^l \in P(\mathbf{x}^*).$$

这样，由式 (11.5.19)，我们有

$$\mathbf{p}(\hat{\sigma} + \mathbf{e}^l) \geqq \mathbf{p}\hat{\sigma}, \tag{11.5.20}$$

从而有

$$\mathbf{p}\mathbf{e}^l \geqq 0, \tag{11.5.21}$$

这意味着

$$\mathbf{p}^l \geqq 0, \quad l = 1, 2, \cdots, L. \tag{11.5.22}$$

第 2 步：对所有的 $\mathbf{y}_j \in Y_j, j = 1, \cdots, J$，有 $\mathbf{p}\mathbf{y}_j^* \geqq \mathbf{p}\mathbf{y}_j$。

注意到 $(\mathbf{x}^*, \mathbf{y}^*)$ 是帕累托有效配置且偏好序是强单调的，可推得 $\hat{\mathbf{x}}^* = \hat{\mathbf{y}}^* + \hat{\mathbf{w}}$，从而有 $\mathbf{p}\hat{\mathbf{x}}^* = \mathbf{p}(\hat{\mathbf{w}} + \hat{\mathbf{y}}^*)$。这样，由式 (11.5.19) 中的 $\mathbf{p}\hat{\mathbf{z}} \geqq \mathbf{p}(\hat{\mathbf{w}} + \hat{\mathbf{y}})$ 和 $\mathbf{p}\hat{\mathbf{w}} = \mathbf{p}\hat{\mathbf{x}}^* - \mathbf{p}\hat{\mathbf{y}}^*$，我们有

$$\mathbf{p}(\hat{\mathbf{z}} - \hat{\mathbf{x}}^*) \geqq \mathbf{p}(\hat{\mathbf{y}} - \hat{\mathbf{y}}^*).$$

由偏好关系的强单调性（或凸性），对任意 $\hat{\mathbf{x}}^*$ 的邻域，都存在 $\hat{\mathbf{z}} \in P(\mathbf{x}^*)$。从而当 $\hat{\mathbf{z}} \to \hat{\mathbf{x}}^*$，有

$$\mathbf{p}(\hat{\mathbf{y}} - \hat{\mathbf{y}}^*) \leqq 0.$$

对 $k \neq j$，令 $\mathbf{y}_k = \mathbf{y}_k^*$，由上述方程可得

$$\mathbf{p}\mathbf{y}_j^* \geqq \mathbf{p}\mathbf{y}_j \quad \forall \mathbf{y}_j \in Y_j.$$

第 3 步：若 $\mathbf{x}_i \succ_i \mathbf{x}_i^*$，则

$$\mathbf{p}\mathbf{x}_i \geqq \mathbf{p}\mathbf{x}_i^*. \tag{11.5.23}$$

为证明该结论成立，令

$$\begin{aligned} \mathbf{x}_i' &= (1-\theta)\mathbf{x}_i, \quad 0 < \theta < 1, \\ \mathbf{x}_k' &= \mathbf{x}_k^* + \frac{\theta}{n-1}\mathbf{x}_i, \quad k \neq i. \end{aligned}$$

则根据 $\succcurlyeq_i$ 的连续性和强单调性，我们有 $\mathbf{x}_i' \succ_i \mathbf{x}_i^*, \forall i \in N$，从而当 θ 充分小时，有

$$\mathbf{x}' \in P(\mathbf{x}^*). \tag{11.5.24}$$

由式 (11.5.19)，我们得

$$\mathbf{p}\left(\mathbf{x}_i' + \sum_{k \neq i} \mathbf{x}_k'\right) = \mathbf{p}\left[(1-\theta)\mathbf{x}_i + \sum_{k \neq i}\left(\mathbf{x}_k^* + \frac{\theta}{n-1}\mathbf{x}_i\right)\right] \geqq \mathbf{p}\sum_{k=1}^{n} \mathbf{x}_k^*, \tag{11.5.25}$$

从而有

$$\mathbf{p}\mathbf{x}_i \geqq \mathbf{p}\mathbf{x}_i^*. \tag{11.5.26}$$

第 4 步：若 $\mathbf{x}_i \succ_i \mathbf{x}_i^*$，必然有 $\mathbf{p}\mathbf{x}_i > \mathbf{p}\mathbf{x}_i^*$。

若该结论不成立，则

$$\mathbf{p}\mathbf{x}_i = \mathbf{p}\mathbf{x}_i^* \equiv I_i. \tag{11.5.27}$$

由于 $\mathbf{x}_i \succ_i \mathbf{x}_i^*$，当 $0 < \lambda < 1$ 充分接近 1 时，根据偏好的连续性，有 $\lambda\mathbf{x}_i \succ_i \mathbf{x}_i^*$。由第 3 步证明的结论，我们有 $\lambda\mathbf{p}\mathbf{x}_i \geqq \mathbf{p}\mathbf{x}_i^* = \mathbf{p}\mathbf{x}_i$，从而由 $\mathbf{p}\mathbf{x}_i = \mathbf{p}\mathbf{x}_i^* > 0$，我们得 $\lambda \geqq 1$，这与 $\lambda < 1$ 的事实相矛盾。

这样，转移支付瓦尔拉斯均衡所应具备的所有条件都满足，$(\mathbf{x}^*, \mathbf{y}^*, \mathbf{p})$ 是拟转移支付瓦尔拉斯均衡，定理得证。 □

实际上，福利经济学第二基本定理在更一般的情景下仍然成立。单调性假设可被放宽为局部非饱和性。不过代价是，不能保证商品价格为负（负价格情况适用于那些导致了负效用的商品，如劳动、有害品等）且只能被应用到可达的帕累托最优配置，即那些满足条件 $\sum_i \mathbf{x}_i = \sum_i \mathbf{w}_i + \sum_j \mathbf{y}_j$ 的帕累托配置。

定理 11.5.2 (福利经济学第二基本定理 II)　*给定经济 $e = (e_1, \cdots, e_n, \{Y_j\})$，假设 $\succcurlyeq_i$ 连续、凸且满足局部非饱和性，以及 Y_j 为闭凸集，则对任何可达的帕累托最优配置 $(\mathbf{x}^*, \mathbf{y}^*)$，存在着价格向量 $\mathbf{p} \neq 0$，使得 $(\mathbf{x}^*, \mathbf{y}^*, \mathbf{p})$ 是拟转移支付竞争均衡，即存在满足 $\sum_i I_i = \mathbf{p} \cdot \sum_i \mathbf{w}_i + \sum_j \mathbf{p} \cdot \mathbf{y}_j^*$ 的转移支付后的财富水平 $(I_1, \cdots, I_n)$，使得*

(1) 若 $\mathbf{x}_i' \succ_i \mathbf{x}_i^*$，则 $\mathbf{p}\mathbf{x}_i' \geqq \mathbf{p}\mathbf{x}_i^*$，$i = 1, \cdots, n$；

(2) 对任意 $\mathbf{y}_j' \in Y_j, j = 1, \cdots, J$，有 $\mathbf{p}\mathbf{y}_j^* \geqq \mathbf{p}\mathbf{y}_j'$。

更进一步地，若对所有的 i，$0 \in X_i$ 且 $\mathbf{p}\mathbf{x}_i^* > 0$，$(\mathbf{x}^*, \mathbf{y}^*, \mathbf{p})$ 是转移支付竞争均衡。

证明　和上面定理的证明一样，定义严格上优集 $P(\mathbf{x}^*)$ 和可行配置集 W，然后应用分离超平面定理，得知存在 $\mathbf{p} \neq 0$，使得

$$\mathbf{p}\hat{\mathbf{z}} \geqq \mathbf{p}\hat{\sigma}, \quad \forall \hat{\mathbf{z}} \in P(\mathbf{x}^*), \quad \forall \hat{\sigma} \in W. \tag{11.5.28}$$

下面我们分三步证明 $\mathbf{p}$ 是拟转移竞争均衡价格向量。

第 1 步：对所有的 i，若 $\mathbf{x}_i \succcurlyeq \mathbf{x}_i^*$，则 $\sum_i \mathbf{p}\mathbf{x}_i \geqq \sum_j \mathbf{p}\mathbf{x}_j^*$。

对每个 i 及 $\mathbf{x}_i \succcurlyeq \mathbf{x}_i^*$，由局部非饱和性，存在着一个任意接近 $\mathbf{x}_i$ 的 $\mathbf{x}_i'$，使得

$$\mathbf{x}_i' \succ_i \mathbf{x}_i \succcurlyeq_i \mathbf{x}_i^*,$$

从而有 $\sum_i \mathbf{x}_i' \in P(\mathbf{x}^*)$。同时注意到，

$$\sum_i \mathbf{x}_i^* = \sum_i \mathbf{w}_i + \sum_j \mathbf{y}_j^* \in W.$$

这样，由式 (11.5.28)，有 $\sum_i \mathbf{p}\mathbf{x}_i' \geqq \sum_j \mathbf{p}\mathbf{x}_j^*$。令 $\mathbf{x}_i' \to \mathbf{x}_i$，我们有 $\sum_i \mathbf{p}\mathbf{x}_i \geqq \sum_j \mathbf{p}\mathbf{x}_j^*$。

第 2 步：对所有的 $\mathbf{y}_j \in Y_j, j = 1, \cdots, J$，有 $\mathbf{p}\mathbf{y}_j^* \geqq \mathbf{p}\mathbf{y}_j$。

只需要注意到，帕累托有效配置是可达的，即 $\hat{\mathbf{x}}^* = \hat{\mathbf{y}}^* + \hat{\mathbf{w}}$，于是有 $\sum_i \mathbf{p}\mathbf{x}_i^* = \sum_i \mathbf{p}\mathbf{w}_i + \sum_j \mathbf{p}\mathbf{y}_j^*$。其余部分的证明与上面定理的证明一样。

第 3 步：对每个 i，若 $\mathbf{x}_i \succ_i \mathbf{x}_i^*$，则 $\mathbf{p}\mathbf{x}_i \geqq \mathbf{p}\mathbf{x}_i^*$。令

$$\mathbf{x}_i' = \mathbf{x}_i,$$
$$\mathbf{x}_k' = \mathbf{x}_k^*, \quad k \neq i.$$

则根据第 1 步，我们有 $\mathbf{p}\mathbf{x}_i + \sum_{k\neq i}\mathbf{p}\mathbf{x}_k^* \geqq \sum_j \mathbf{p}\mathbf{x}_j^*$，从而有

$$\mathbf{p}\mathbf{x}_i \geqq \mathbf{p}\mathbf{x}_i^*.$$

这样，拟转移支付瓦尔拉斯均衡所应具备的所有条件都满足，$(\mathbf{x}^*, \mathbf{y}^*, \mathbf{p})$ 是拟转移支付瓦尔拉斯均衡。

最后，从命题 11.3.2 我们知道，若对所有的 i，$0 \in X_i$ 且 $\mathbf{p}\mathbf{x}_i^* > 0$，则拟转移支付竞争均衡 $(\mathbf{x}^*, \mathbf{y}^*, \mathbf{p})$ 是转移支付竞争均衡。定理得证。 □

福利经济学第二基本定理说明了，在一些正则条件下，任何一个帕累托有效配置都可以通过初始禀赋的再分配后的竞争市场达到。给定初始禀赋，完全竞争市场均衡虽然导致有效的配置，但却可能是非常不平等的配置，有人会消费很多商品，而另外一些人由于贫穷而消费很少商品，从而造成社会不公平，甚至由于这样的贫富差矩过大，造成社会不稳定。福利经济学第二基本定理告诉我们，可通过市场竞争和政府的共同作用来解决问题，即通过初始禀赋的再配置和竞争市场共同运作，而不用通过取消市场竞争或用其他方式来解决问题。因此，在现代经济理论中，政府并非完全不发挥作用，而是在市场失灵的时候要起到重要作用。政府不是直接参与经济活动，而是通过政策手段如税收来影响经济活动。因此，完全的市场经济并不是绝对的。政府在经济活动的市场运作之前，先进行初始禀赋的再分配是非常重要的。

对交换经济，转移支付竞争均衡与 $\mathbf{w}_i = \mathbf{x}_i^*$ 时的竞争均衡相同。作为推论，我们有：

推论 11.5.1 *假设 $\mathbf{x}^* > 0$ 是帕累托最优配置，且 $\succcurlyeq_i$ 是连续、凸和严格单调偏好序，则 $\mathbf{x}^*$ 是初始禀赋 $\mathbf{w}_i = \mathbf{x}_i^*$ 时的竞争均衡。*

注 若 $\succcurlyeq_i$ 可由凹且可微的效用函数表示，则福利经济学第二基本定理的证明将大大简化。效用函数为凹函数的一个充分条件是其海森 (Hessian) 矩阵是负定的。同时注意到单调变换不会改变偏好关系，在许多情况下，可以将拟凹效用函数变换为凹效用函数。比如对柯布-道格拉斯效用函数，我们总可以通过如下变化达到：

$$\begin{aligned} u(x,y) &= x^{\alpha}y^{\beta}, \quad \alpha > 0, \beta > 0 \\ &\Leftrightarrow u^{\frac{1}{\alpha+\beta}}(x,y) = x^{\frac{\alpha}{\alpha+\beta}}y^{\frac{\beta}{\alpha+\beta}}, \end{aligned}$$

显然，当 $\alpha + \beta > 1$ 时，原效用函数只是拟凹的，但经单调变换之后的效用函数是凹的。

交换经济福利经济学第二基本定理的微分形式

证明 若 $\mathbf{x}^* > 0$ 是帕累托最优的，则有

$$Du_i(\mathbf{x}_i) = \mathbf{q}/t_i \quad i = 1, 2, \cdots, n. \tag{11.5.29}$$

我们要证明 $\mathbf{q}$ 是竞争均衡价格向量。为此，我们只需证明每个消费者都在约束集

$$B(\mathbf{q}) = \{\mathbf{x}_i \in X_i : \mathbf{q}\mathbf{x}_i \leqq \mathbf{q}\mathbf{x}_i^*\}$$

中最大化其效用即可。实际上，根据 u_i 的凹性，我们有

$$\begin{aligned} u_i(\mathbf{x}_i) &\leqq u(\mathbf{x}_i^*) + Du_i(\mathbf{x}_i^*)(\mathbf{x}_i - \mathbf{x}_i^*) \\ &= u(\mathbf{x}_i^*) + \mathbf{q}(\mathbf{x}_i - \mathbf{x}_i^*)/t_i \\ &\leqq u(\mathbf{x}_i^*). \end{aligned}$$

上述不等式对凹函数成立的几何表达可以从图 11.8 看出

$$\frac{u(\mathbf{x})-u(\mathbf{x}^*)}{\mathbf{x}-\mathbf{x}^*} \leqq u'(\mathbf{x}^*). \tag{11.5.30}$$

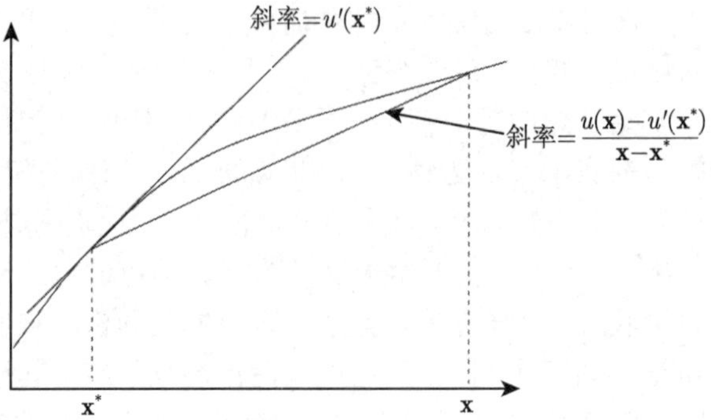

图 11.8　凹函数

因此，有 $u_i(\mathbf{x}_i) \leqq u(\mathbf{x}_i^*) + Du_i(\mathbf{x}_i^*)(\mathbf{x}_i - \mathbf{x}_i^*)$。 □

11.6　非凸生产集和边际成本定价下的福利经济学第二基本定理

对福利经济学第二基本定理来说，凸性假定的不可缺失性可以从图 11.9(a) 中观察到。在该图中，配置 $\mathbf{x}^*$ 使消费者的福利最大，但在导致 $\mathbf{x}^*$ 为效用最大化消费束的相对价格下，企业甚至不能使其利润最大化 (即使局部利润最大化都不可能)。相对而言，即使凸性假设不满足，福利经济学第一基本定理也可能成立。如图 11.9(b) 所示，任意瓦尔拉斯均衡在可行生产集上都最大化了消费者的福利。

当生产可能性集非凸时，福利经济学第二基本定理不再成立 (这里我们不讨论消费的凸性假设，在大多数情况下都满足)。如上一章在讨论非凸生产可能性集时所指出的那样，对研发创新的企业和有规模报酬递增的（如电信、石油、铁路等）自然垄断行业来说，都导致了非凸生产集，从而导致了垄断，进而与竞争市场不兼容，所以企业是价格的被动接受者这一假定就显得不再合理。一旦这些企业采用垄断价格并降低产量来增加垄断利润，就会导致资源的无效率配置。此外，即使企业是价格接受者的假定在某种程度上可接受，但它仍然不能支撑所给定的帕累托最优配置，即帕累托最优不能通过竞争市场达到，如图 11.9(a) 和图 11.10 所示。在图 11.10 中，在局部支撑生产计划 $\mathbf{y}^*$ 的相对价格处，企业将会处于亏损状态，企业为了避免损失，宁愿不生产。另一方面，在图 11.9(a) 中，即使局部利润最大化也不能得到保证。

那么，对那些具有规模经济和需要不断创新的行业，怎样才能做到既保护垄断，又发挥规模经济的优势，使企业有激励进行创新，从社会的角度又能导致资源的有效配置呢？完全的竞争市场机制不能解决这个问题，这需要由政府或第三方对其产品进行定价。但问题是如何定价才能导致资源的有效配置或最优呢？当非凸或有规模经济时，利润最大化原则不再可行，人们需要采用其他的定价方式。在理论和现实中不少定价方法被提出，如平均成本定价、边际成本定价、无亏损定价等定价方法。

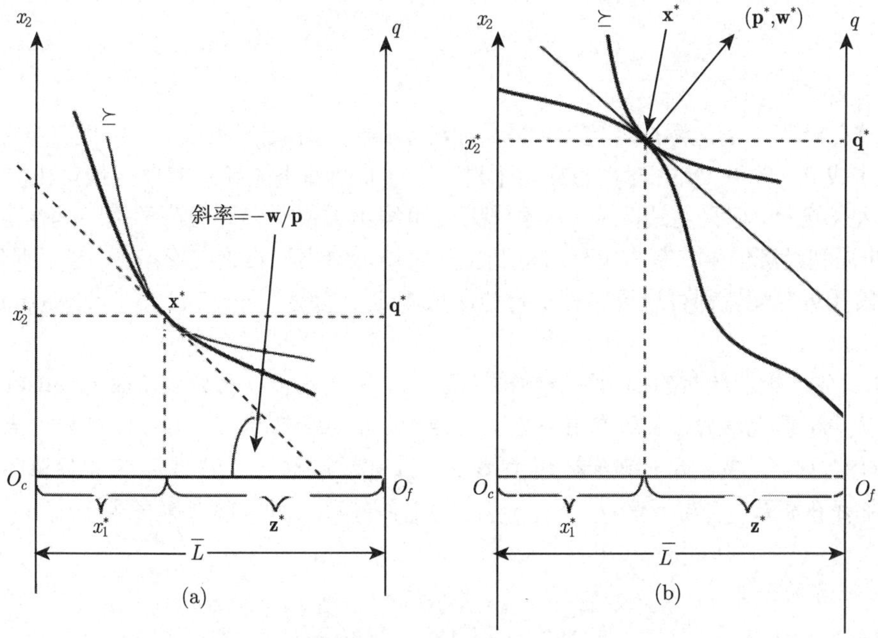

图 11.9　图 (a) 表明福利经济学第二基本定理在非凸技术下不成立。图 (b) 表明福利经济学第一基本定理即使在非凸技术下也成立

类似于竞争均衡和转移支付竞争均衡，我们现在引入边际成本定价均衡 (marginal cost pricing equilibrium) 和转移支付边际成本定价均衡 (marginal cost pricing equilibrium with transfers) 的概念。

定义 11.6.1 (边际成本定价均衡)　对私有经济 $e = (e_1, \cdots, e_n, \{Y_j\}, \{\theta_{ij}\})$，我们称配置 $(\mathbf{x}, \mathbf{y}) \in X \times Y$ 和价格向量 $\mathbf{p} \in \mathcal{R}^L_+$ 构成了一个**边际成本定价均衡**，若

(1) 对任意的企业 j，有

$$\mathbf{p} = \gamma_j \nabla T_j(\mathbf{y}), \text{ 对某个 } \gamma_j > 0;$$

(2) 对任意的 i，$\mathbf{x}_i$ 是 $\succcurlyeq_i$ 在下述预算集上的最大解：

$$\{\mathbf{x}'_i \in X_i : \mathbf{p} \cdot \mathbf{x}'_i \leqq \mathbf{p} \cdot \mathbf{w}_i\};$$

(3) $\sum_i \mathbf{x}_i \leqq \sum_i \mathbf{w}_i + \sum_j \mathbf{y}_j$。

边际成本定价均衡这一术语来自单一投入和单一产出情形下的均衡概念。可以看出，这时价格等于边际成本。

定义 11.6.2 (转移支付边际成本定价均衡)　给定经济 $e = (e_1, \cdots, e_n, \{Y_j\})$，我们称配置 $(\mathbf{x}, \mathbf{y}) \in X \times Y$ 和价格系统 $\mathbf{p} \in \mathcal{R}^L_+$ 组成了一个**转移支付边际成本定价均衡**，若存在满足 $\sum_i I_i = \mathbf{p} \cdot \sum_i \mathbf{w}_i + \sum_j \mathbf{p} \cdot \mathbf{y}^*_j$ 的转移支付后的财富水平 $(I_1, \cdots, I_n)$，使得

(1) 对任意的企业 j，有

$$\mathbf{p} = \gamma_j \nabla T_j(\mathbf{y}), \exists\ \gamma_j > 0;$$

(2) 对任意的 i，$\mathbf{x}_i$ 是 $\succcurlyeq_i$ 在下述预算集上的最大解：

$$\{\mathbf{x}_i' \in X_i : \mathbf{p} \cdot \mathbf{x}_i' \leqq I_i\};$$

(3) $\sum_i \mathbf{x}_i \leqq \sum_i \mathbf{w}_i + \sum_j \mathbf{y}_j$。

对在非凸情形下的边际成本定价，福利经济学第一基本定理不成立，只有在非常小的经济环境下才成立 (参见 Quinzii (1992))。不过，尽管非凸性不能导致帕累托最优生产配置成为利润最大化选择，但采用边际成本定价规则，可得出类似于福利经济学第二基本定理的结果。下面的福利经济学第二基本定理对非凸生产集情形给出了相关结论：在一些正则条件下，每一个帕累托最优配置都可通过转移支付边际成本定价均衡 (marginal cost price equilibrium with transfers) 实现。

定理 11.6.1(生产集非凸时的福利经济学第二定理)　假设企业 j 的转换函数 (transformation function) $T_j(\mathbf{y})$ 是光滑的，且所有消费者具有连续、单调和凸偏好，则对任何的内点帕累托最优配置 $(\mathbf{x}^*, \mathbf{y}^*)$，存在着非零价格向量 $\mathbf{p} \in \mathcal{R}_+^L$，使得 $(\mathbf{x}^*, \mathbf{y}^*, \mathbf{p})$ 是转移支付边际成本定价均衡，即存在满足 $\sum_i I_i = \mathbf{p} \cdot \sum_i \mathbf{w}_i + \sum_j \mathbf{p} \cdot \mathbf{y}_j^*$ 的转移支付后的财富水平 $(I_1, \cdots, I_n)$，使得

(1) 对任意的企业 j，有

$$\mathbf{p} = \gamma_j \nabla T_j(\mathbf{y}^*), \exists\ \gamma_j > 0;$$

(2) 对任意的 i，$\mathbf{x}_i^*$ 是 $\succcurlyeq_i$ 在下述预算集上的最大解：

$$\{\mathbf{x}_i \in X_i' : \mathbf{p} \cdot \mathbf{x}_i \leqq I_i\};$$

(3) $\sum_i \mathbf{x}_i^* = \sum_i \mathbf{w}_i + \sum_j \mathbf{y}_j^*$.

如前所述，条件 (1) 成立并不意味着 $(\mathbf{y}_1^*, \cdots, \mathbf{y}_J^*)$ 是价格接受者企业的利润最大化生产计划。该条件意味着只有微小变动的生产计划，才对利润没有一阶影响 (对图 11.9(a) 中给出的情形，如根据边际成本定价，在均衡处，企业实际上选择的是利润最小化的生产计划)，且生产计划的较大变动会提高利润 (如图 11.10 所示)。这样，当这些具有自然垄断性质的行业由少数企业构成时，企业有激励提高产品价格，而不遵守由政府给出的定价。因此，这些定价方法最大的问题是激励不相容。由于政府或者社会的目标同企业的目标并不一致，企业有动机改变其行为，如边际成本定价或者平均成本定价可能会导致企业亏损，而这同企业的利润最大化驱动相悖。为了获得配置 $(\mathbf{x}^*, \mathbf{y}^*)$，规制者必须防止具有非凸生产技术的企业管理者试图在价格 $\mathbf{p}$ 处最大化其利润。这就需要用到机制设计理论。[①] 事实上，著者（Tian, 2010）已给出这样的激励机制，它执行了转移支付边际成本定价均衡配置。著者（Tian, 2009）针对其他定价方式和非凸的经济环境，也给出了类似的激励机制。

应该指出，上述定理的逆向表达，即每个边际成本定价均衡都是帕累托最优的，并不成立。在图 11.11 中，我们给出的是单一消费者和非凸生产集经济。$\mathbf{x}^*$ 是价格系统为 $\mathbf{p} = (1, 1)$ 的边际成本定价均衡。然而，配置 $\mathbf{x}$ 给消费者带来了更高的效用。上述结果出现的原因是边际成本定价忽略了二阶条件，从而在配置 $\mathbf{x}^*$ 处社会效用最大化问题的二阶条件可能不成

① 机制设计理论源于 20 世纪 30 年代社会主义大论战，导致了信息经济理论、合约理论、机制设计理论等成果。一般来说，大的学术争论和经济及金融危机往往容易导致经济理论的重大创新。详细讨论见本书第五部分。

立。边际成本定价均衡不一定是帕累托最优配置。因此，一阶边际最优性条件 (在图 11.11 中由无差异曲线的切线和生产曲面表示) 成立并不能保证配置是帕累托最优的。

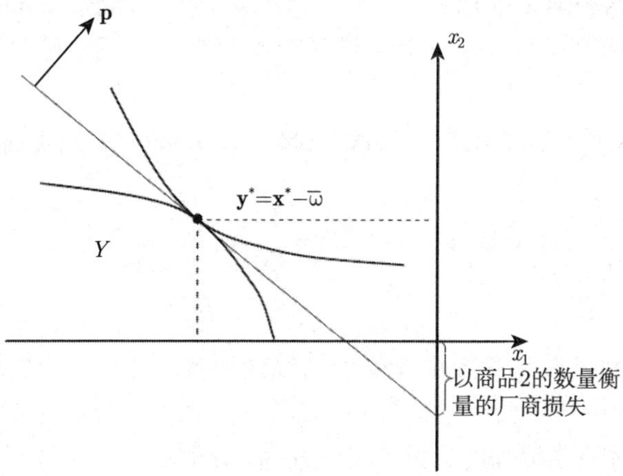

图 11.10 在帕累托最优配置的价格下企业受到一定的损失

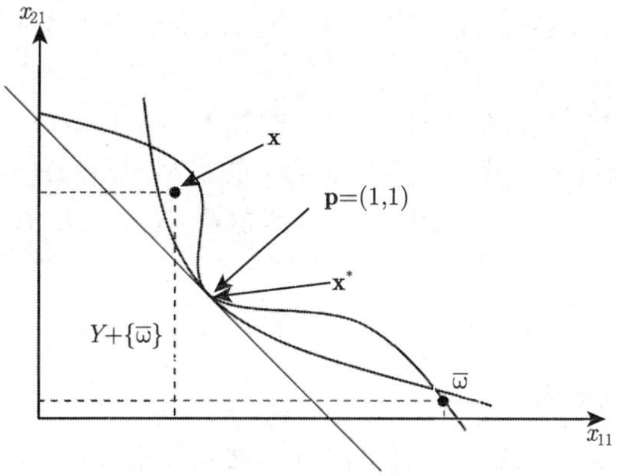

图 11.11 非凸生产集下的配置

有兴趣了解非凸生产集下各种定价方式的读者，可参考 Quinzii (1992) 以获得更多的细节。

11.7 帕累托最优和社会福利最大化

市场竞争均衡、福利经济学基本定理和社会福利最大化之间存在着什么关系呢？另一方面，由于帕累托有效配置一般来说有无穷多个，选择哪一个就成为我们现在要讨论的问题。

解决问题的一种途径是假定社会福利函数存在。每个社会和政府都有其社会福利目标，因而在选择具体的帕累托有效配置时，必然依赖社会和政府福利目标是更多地侧重于穷人还是富人。这里涉及社会福利的概念，即根据个体的福利（效用水平）来决定社会的福利，也就是形成了从个体的福利到社会福利的一个映射，我们称它为社会福利函数。社会福利函数一般假定个人效用或福利是单调的，且是拟凹或者凹的。

定义 11.7.1 社会福利函数 $W: X \to \mathcal{R}$ 被定义为 $W(u_1(\mathbf{x}_1), \cdots, u_n(\mathbf{x}_n))$，这里 $W(\cdot)$ 是单调递增函数。

社会福利函数有两个典型的形式。一个是功利主义效用函数，即将所有个体的效用进行加权平均所得的社会福利函数，是目前经济学理论和实证分析中最普遍和最常见的社会福利函数。

定义 11.7.2 (功利主义社会福利函数) **功利主义 (utilitarian) 社会福利函数**被定义为所有个体效用的加权平均：

$$W(u_1, \cdots, u_n) = \sum_{i=1}^{n} a_i u_i(\mathbf{x}_i),$$

其中 $\sum a_i = 1, a_i \geqq 0$。

功利主义社会福利函数是关于个体效用的线性函数，每个人的效用在社会福利中的权重即为自身在社会中的权重，没有任何互补关系，只有替代关系。这样，在功利主义规则下，富人由于消费更多，对社会福利的贡献（或说占有）相对要大，而穷人由于消费少从而对整个社会福利的贡献（或说占有）相对要小，从而强调的重点是效率，将效率放在最重要的地位上。由此，功利主义社会福利规则常被批评的一个地方就是只追求效率，而没有考虑到资源配置的平等问题。例如，城乡二元结构导致一般城市居民在社会福利函数中的贡献比一般农民要大很多。

另一个是罗尔斯社会福利函数。①他提出了两种社会福利函数，其中一种意味着没有任何替代关系，只有当所有人的效用都提高时，社会的福利才能增加。

定义 11.7.3 (罗尔斯绝对平等社会福利函数) **罗尔斯 (Rawlsian) 绝对平等社会福利函数**定义为

$$W(\cdot) = \min\{u_1(\mathbf{x}_1), u_2(\mathbf{x}_2), \cdots, u_n(\mathbf{x}_n)\}.$$

罗尔斯社会福利函数形式

Rawls(1971) 首先将这个绝对平等社会福利函数用于伦理体系中，它决定的是一种完全互补关系，将处境最糟糕的个体利益放在应最先改进的地位，强调的是平等，而不是效率，将平等放在绝对重要的地位上。罗尔斯绝对平等社会福利函数形式表明，只有提高穷人的福利或效用才能提高整个社会的福利。在均衡时，所有个体效用相等，从而罗尔斯社会福利函数体现了绝对平等。由此，罗尔斯绝对平等社会福利规则常被批评的一个地方就是只追求平等，而没有考虑资源配置的效率问题。注意，该效用函数不是强单调递增的。

11.7.1 纯交换经济中的社会福利最大化

对资源的配置，我们往往要考虑的是社会福利的最大化。这样，需要选择配置 $\mathbf{x}^*$，使得 $\mathbf{x}^*$ 为下述问题的解：

$$\begin{aligned} &\max W(u_1(\mathbf{x}_1), \cdots, u_n(\mathbf{x}_n)) \\ \text{s.t.} \quad &\sum_{i=1}^{n} \mathbf{x}_i \leqq \sum_{i=1}^{n} \mathbf{w}_i. \end{aligned}$$

① 罗尔斯为哈佛大学哲学教授，1971 年出版名著《正义论》。

社会福利最大化的配置与帕累托有效配置的关系是什么呢？下面的命题证明，若单调性假定成立，社会福利最大化配置必定是帕累托配置。

命题 11.7.1 假设社会福利函数 $W(\cdot)$ 是强单调的。若 $\mathbf{x}^*$ 使社会福利函数达到最大，则 $\mathbf{x}^*$ 必然是帕累托最优的。

证明 反证法。如果 $\mathbf{x}^*$ 不是帕累托最优的，则存在另一个可行配置 $\mathbf{x}'$，对所有经济人 i，有 $u_i(\mathbf{x}'_i) \geqq u_i(\mathbf{x}_i)$，且存在某个经济人 k 使得 $u_k(\mathbf{x}'_k) > u_k(\mathbf{x}_k)$。则根据 $W(\cdot)$ 的强单调性，我们有

$$W(u_1(\mathbf{x}'_1), \cdots, u_n(\mathbf{x}'_n)) > W(u_1(\mathbf{x}_i), \cdots, u_n(\mathbf{x}_n)),$$

因而 $\mathbf{x}^*$ 不是社会福利函数的最大解。 □

因此，每个使社会福利达到最大的配置都是帕累托有效的。反过来该结论还成立吗？答案是肯定的。此关系同福利经济学第一和第二基本定理之间的关系类似，都是逆命题关系。

根据福利经济学第二基本定理，我们知道每个帕累托有效配置是恰当地重新分配初始禀赋后的竞争均衡配置。这告诉我们，竞争价格有其他经济含义。由于它是福利最大化问题的拉格朗日乘子，竞争价格实际上衡量了产品的 (边际) 社会价值，或称为影子价格。

我们可以用功利主义社会福利最大化问题来证明这一点：只要对一组 u_i，选择恰当的 $a_1, \cdots, a_n$，我们就可以证明：(1) 竞争均衡的价格事实上是社会福利最大化问题的影子价格，即拉格朗日乘子；(2) 我们可以由此定理找出市场均衡、福利经济学基本定理和社会福利最大化之间的关系。

下面的命题表明，每个帕累托有效配置也是在某个特定权重下使功利主义社会福利函数最大化的配置。

命题 11.7.2 设 $\mathbf{x}^* > 0$ 为任一帕累托最优配置。若 u_i 是可微、强单调凹函数，则存在权重 a_i^*，使得 $\mathbf{x}^*$ 是如下社会福利函数的最大解

$$W(u_1, \cdots, u_n) = \sum_{i=1}^{n} a_i u_i(\mathbf{x}_i), \tag{11.7.31}$$

且

$$a_i^* = \frac{1}{\lambda_i}, \ \lambda_i = \frac{\partial V_i(\mathbf{p}, I_i)}{\partial I_i},$$

其中，$V_i(\cdot)$ 是消费者 i 的间接效用函数。

证明 由于 $\mathbf{x}^*$ 是帕累托有效配置，根据福利经济学第二基本定理，它也是禀赋 $\mathbf{w}_i = \mathbf{x}_i^*$ 时的竞争均衡配置。这样，根据一阶条件，我们有

$$D_i u_i(\mathbf{x}_i^*) = \lambda \mathbf{p}, \tag{11.7.32}$$

其中 $\mathbf{p}$ 是竞争均衡价格向量。

对福利最大化问题

$$\max \sum_{i=1}^{n} a_i u_i(\mathbf{x}_i)$$
$$\text{s.t.} \quad \sum \mathbf{x}_i \leqq \sum \mathbf{x}_i^*,$$

由于 u_i 为凹函数，其一阶条件

$$a_i \frac{\partial u_i(\mathbf{x}_i)}{\partial \mathbf{x}_i} = q \quad i = 1, \cdots, n \tag{11.7.33}$$

对某个 q 成立。若选择恰当权重，$\mathbf{x}^*$ 将是上述问题的解。的确如此，如果令

$$a_i^* = \frac{1}{\lambda_i},\ \mathbf{p} = q,$$

则两个问题的一阶条件完全恒等。因此，$\mathbf{x}^*$ 同时也使福利函数 $\sum_{i=1}^n a_i^* u_i(\mathbf{x}_i')$ 达到最大。□

由于市场均衡价格向量是福利最大化问题的拉格朗日乘子，它衡量了商品的边际社会价值。此命题表明竞争均衡的价格事实上是社会福利最大化问题的影子价格。

在命题 11.4.1 中，我们给出了如何将帕累托最优问题转化为约束最优化问题，即在保证其他人效用不变低和资源约束条件下，每个个体求其最优解。命题 11.7.1 实际上给出了另外一种将帕累托最优问题转化为约束最优化问题的方法。为求得帕累托有效配置，可以转而求解社会福利最大化配置，都得到相同的一阶条件。对不同的 $a_1, \cdots, a_n$ 选择，可以得到不同的帕累托最优配置。

11.7.2 生产经济中的社会福利最大化

我们也可以类似地讨论生产经济环境下的社会福利最大化问题。若存在生产，则可通过可行性约束来考虑生产，即 $\hat{\mathbf{x}} = \hat{\mathbf{y}} + \hat{\mathbf{w}}$，这样可减少约束方程的个数。因此，在这种情形下，为求帕累托有效配置，我们也可以通过社会福利最大化问题来求解（见图 11.12）。

首先，我们有下述转换函数所定义的选择集：

$$T(\hat{\mathbf{x}}) = 0, \quad 其中 \quad \hat{\mathbf{x}} = \sum_{i=1}^n \mathbf{x}_i. \tag{11.7.34}$$

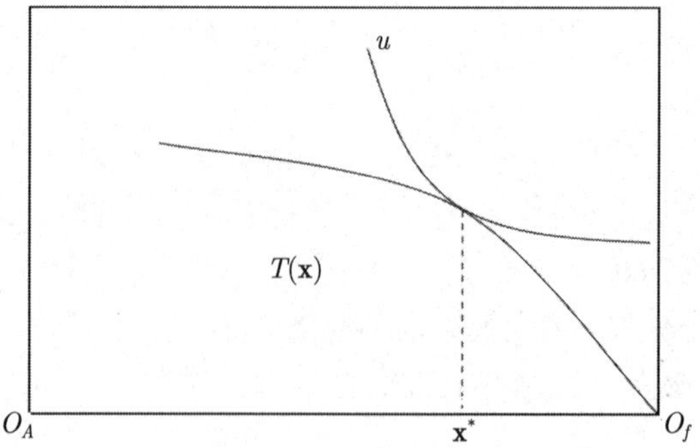

图 11.12 福利最大化

生产经济的社会福利最大化问题为

$$\max W(u_1(\mathbf{x}_1), u_2(\mathbf{x}_2), \cdots, u_n(\mathbf{x}_n)) \quad \text{s.t.} \quad T(\hat{\mathbf{x}}) = 0. \tag{11.7.35}$$

定义拉格朗日函数为

$$L = W(u_1(\mathbf{x}_1), \cdots, u_n(\mathbf{x}_n)) - \lambda T(\hat{\mathbf{x}}). \tag{11.7.36}$$

上述问题的一阶条件为

$$W'(\cdot)\frac{\partial u_i(\mathbf{x}_i)}{\partial x_i^l} - \lambda\frac{\partial T(\hat{\mathbf{x}})}{\partial x_i^l} \leqq 0, \quad \text{等式成立当}\mathbf{x}_i^l > 0, \tag{11.7.37}$$

因此，当 $\mathbf{x}$ 为内点解时，有

$$\frac{\dfrac{\partial u_i(\mathbf{x}_i)}{\partial x_i^l}}{\dfrac{\partial u_i(\mathbf{x}_i)}{\partial x_i^k}} = \frac{\dfrac{\partial T(\hat{\mathbf{x}})}{\partial x_i^l}}{\dfrac{\partial T(\hat{\mathbf{x}})}{\partial x_i^k}}. \tag{11.7.38}$$

即

$$MRS_{x_i^l,x_i^k} = MRTS_{x^l,x^k},\ \forall i \in N. \tag{11.7.39}$$

社会福利最大的条件要求对所有个体，任意两种商品的边际替代率相等，且等于边际技术替代率，这和帕累托有效配置的一阶条件完全一样。

11.8 政策含义

在这一章中，我们介绍了如下内容：

其一，福利经济学第一基本定理给我们的启迪是：竞争市场形成了最优资源配置，这样，只要市场没有失灵，政府不应该干预竞争市场，而应给予人们充分经济自由。这样，从效率的角度考虑，政府应该尽量减少各类补贴 (subsiding)，对竞争行业放开价格，尽可能减少政府干预和规制 (regulation)，消除行业和进出口壁垒 (import-export barriers)，等等。当然，市场有效性的前提是要有一个规范的市场，因而应该合理界定和理清市场、政府与社会的治理边界。福利经济学第一基本定理对市场的边界给出了基本界定，论证了产权明晰、私有的自由竞争市场在配置资源方面的有效性。不过，这样的结果成立还有许多隐含条件。其中一个隐含条件就是，有效的市场需要有一个有限和有效的政府。有限和有效政府的基本作用简单来说就是两个：维护和服务，否则就会出现政府角色的过位、缺位和错位。在维护方面，政府所应做的事情是维护国家安全和社会稳定，保证经济有一个良好的竞争环境，人们有完全的经济自由，确保市场有效，让百姓、国家的资产得到保护和避免其流失。由于市场在许多情境下会失灵，特别是在公共服务（如公共卫生、公共教育、生态环境保护、解决收入差距过大等公共事务方面)，希望政府提供辅助支持和服务。

其二，福利经济学第二基本定理给我们的启迪是：如果我们想要达到某个所希望的帕累托最优配置，该配置也许不同于现有禀赋下的竞争均衡配置，我们可以通过调整初始禀赋做到，而不是干扰价格，甚至是取消市场。这就是说，若达到的帕累托最优配置不是那么公平或平等，政府应做的是，采用转移支付的方式来解决平等的问题，但仍要保证竞争环境不受影响。我们能通过调整初始禀赋来获得所希望的配置结果。这样，即使政府对资源的配置有某种价值取向，也不应该取消市场，更不应该采用暴力或革命来推翻市场制度。中国每次的朝代更迭给中华民族带来了巨大灾难，财产损失和人口大幅度的减少（中国历史上曾发生过十次以上人口大幅度的减少，近达 90%以上的人口被减少)。计划经济本质上就是取消市场。即使竞争产生垄断和贫富差距，人们并不需要取消市场。对于垄断，可以通过拆分垄断企业

来保持竞争或对有规模经济的自然垄断由政府或第三方定价来解决。对于贫富差距问题，可以通过税收来进行调节，通过公共服务给予解决。

其三，当然，市场不是万能的，而是有边界和局限性的。在许多情形下，市场可能失灵，可能竞争均衡不存在，或竞争均衡存在但不是帕累托最优的。因而福利经济学第一或者第二基本定理不能在这些情形中应用。因此，当我们应用这两个定理时，必须注意其结果成立的前提。在给出这些约束条件时，其实也是在给出政策建议。在应用这些结论时，应该检验让这些结果成立的前提条件是否满足。当这些前提条件不具备时，市场可能会失灵，在这样的情景下，我们才需要政府发挥作用，需要寻找新的制度安排，但并非完全取消市场，而是通过一些辅助的制度安排来解决市场失灵的问题。例如，由于规模经济的存在，政府应该对企业进行恰当的价格干预。但由于企业生产方面的信息是私人信息，因而可能要用到机制设计理论来解决定价问题。福利经济学第一基本定理也是有前提条件的（比如，没有公共品和外部性、市场完全竞争、规模报酬不变、商品可分、偏好局部非饱和等）。如果不加辨别地一味运用斯密的 "看不见的手" 理论，就是原教旨市场主义者。经济和金融危机产生的原因，可能是因为存在外部性。因此，分析和解决问题时要因人、因事、因时、因地而异，具体情况具体分析，看是否满足一个理论结论成立所需要的前提条件。现实经济系统同工程物理系统不一样，其很多参数并不可观测和控制，因而在分析问题时，尤其要注意先决前提条件是否满足，要注意内在因果关系，注意条件和结论的内在逻辑关系。

竞争均衡存在所需要的前提条件是:

(1) 凸性 (商品的可分性和消费多元化，即生产不存在规模报酬递增)，

(2) 偏好的单调性 (个体逐利，自利行为)，

(3) 偏好的连续性和生产集的闭性，

(4) 商品的可分性，

(5) 完全竞争市场，

(6) 完全信息，等等。

若这些条件不满足，竞争均衡就可能不存在。

福利经济学第一基本定理成立所需要的条件是:

(1) 偏好的局部非饱和性 (欲望无限),

(2) 商品的可分性，

(3) 经济无外部性，

(4) 完全竞争，

(5) 完全信息，等等。

若这些条件不满足，就不能保证每个竞争均衡配置都是帕累托有效的。

福利经济学第二基本定理成立所需要的前提条件是:

(1) 偏好和生产集的凸性，

(2) 偏好的单调性 (自利行为),

(3) 偏好的连续性和生产集的闭性，

(4) 商品的可分性，

(5) 完全竞争，

(6) 完全信息，等等。

若这些条件不满足，就不能保证每个帕累托有效配置都能通过转移支付竞争均衡来实现。

总之，需要特别注意的是，在给出结论，特别是作政策建议时，我们应该注意经济理论成立所需的前提条件。对一般均衡理论来说，我们应该注意该理论成立所需要的可分性、无外部性、无规模报酬递增、完全竞争和完全信息等条件是否满足。若这些条件没有满足，竞争均衡可能不存在，或者即使存在也不是帕累托有效的，或者帕累托有效配置不能由转移支付竞争均衡来达到。只有当市场失灵时，我们才能采取其他经济制度安排。我们将在第四、五部分讨论市场失灵的情形，并且提出解决市场失灵问题的方法和制度安排。

11.9 【人物小传】

11.9.1 维弗雷多·帕累托

维弗雷多·帕累托（Vilfredo Pareto，1848—1923），意大利经济学家、社会学家。帕累托生于巴黎。原籍利古里亚，18 世纪初进入贵族阶层，属热那亚的贵族阶层。1811 年，祖父帕累托爵士被拿破仑封为帝国男爵。1850 年前后，帕累托一家返回意大利。学完传统的中等教育课程后，在都灵的综合技术大学攻读理科。1869 年帕累托写了一篇论文，题为《固体平衡的基本原则》，并作答辩。1891 年帕累托读了马费奥·潘塔莱奥尼的《纯粹经济学原理》，开始对经济学产生兴趣。因为受到瓦尔拉斯赏识，他于 1893 年继瓦尔拉斯之后任瑞士洛桑学院教授，为洛桑学派的建立作出了很大贡献。其代表作有《政治经济学讲义》(1896—1897)、《政治经济学提要》(1906)。

帕累托是洛桑学派的主要代表之一，对经济学、社会学和伦理学作出了很多重要的贡献，特别是在收入分配的研究和个人选择的分析中。他发展了瓦尔拉斯的一般均衡的代数体系，他运用立体几何研究经济变量间的相互关系；提出在收入分配为既定的条件下，为了达到最大的社会福利，生产资料的配置所必须达到的状态，这种状态被称为“帕累托最适度”。当然，他最大的贡献是提出了帕累托最优的概念，并用无差异曲线来帮助发展了个体经济学领域。在社会学上他属于“机械学派”。他认为阶级在任何社会制度中都是永恒存在的，因而反对平等、自由和自治。意大利法西斯主义多来自他的学说。帕累托对经济学、社会学和伦理学作出了很多重要的贡献，特别是在收入分配的研究和个人选择的分析中。

帕累托也因对意大利 20%的人口拥有 80%的财产的观察而著名，后来被约瑟夫·朱兰和其他人概括为帕累托法则（20/80 法则)，后来进一步概括为帕累托分布的概念。帕累托指数是指对收入分布不均衡的程度的度量，参见基尼系数。帕雷托还提出了精英理论。他认为，社会分层结构的存在是普遍和永恒的。但这并不意味着，社会上层成员和下层成员的社会地位是凝固不变的。帕累托晚年的思想已经超出经济学领域，经济学已经不能完全表达他的思想，于是他创作了《普通社会学纲要》一书，该书着重论述了他的三大理论：行为理论——主要涉及人的非逻辑行为；精英理论——主要探讨社会分层和统治阶级循环问题；社会系统理论——主要研究社会动态平衡问题。

帕累托习惯于在辩论当中给予对手强有力的抨击，可能在这一派或那一派人中得到赞同，但很难有机会受到普遍欢迎。当人们翻开帕累托的《政治经济学讲义》时，就会认识到下面这句话的含义：“现代社会主义信仰和口号的天真爱好者，一定会感到自己被棍棒赶出了帕累托的家门；爱好者所阅读的是自己永远不肯承认其真实性的东西，他同时也阅读了大量令人为难的实例。”因此，问题似乎不在于解释为什么帕累托没有产生更广泛的影响，而在于解释帕累托是如何产生这么大影响的。

11.9.2　吉拉德・德布鲁

吉拉德・德布鲁 (Gerard Debreu，1921—2004)，在数学方面造诣很深，是数理经济学研究领域的顶尖人物，享有盛誉，其突出贡献在于运用数学方法，完善和发展了“一般均衡理论”。一般均衡理论是现代经济学最重要的理论之一，为研究更现实的市场经济提供了极其重要的基准点和参照系。20 世纪 50 年代初，他与阿罗运用拓扑学这一当时最新的数学工具，在非常一般的经济情形下，严格地证明了完全竞争市场均衡的存在性及其在配置资源方面的有效性，从而对亚当・斯密的“看不见的手”进行了科学严谨的表述，德布鲁在通过公理化分析方法来研究经济问题方面作出了开创性的贡献，使得现代经济学的研究方法发生了颠覆性、革命性的变化，于 1983 年荣获诺贝尔经济学奖。

德布鲁 1921 年 7 月 4 日出生于法国加莱，1939 年获数学学士学位。德布鲁在 1943 年读莫里斯・阿莱斯的《个体经济学说研究》所陈述的瓦尔拉斯在 1874—1877 年始创的一般均衡数学模型时，对一般均衡理论产生了浓厚的兴趣。第二次世界大战后的欧洲面临重建的繁重任务，使德布鲁认识到经济学在其中扮演重要角色，这进一步激发了他对经济学的热情，结果兴趣变成终生事业。得到数学助教资格后的两年半，德布鲁在国家科学研究中心做研究助理。这一时期，他完成了从数学领域向经济学领域的过渡。1949 年，他开始与肯尼思・阿罗合作，联名发表了具有划时代意义的文章《竞争性经济中均衡的存在》(1954)。在这篇文章中，他们运用了经济学中尚鲜为人知的拓扑学方法，对一般均衡的存在性提供了权威的数学证明。1955 年，德布鲁与考尔斯委员会的其他成员到耶鲁大学任职，直到 1960 年为止，他一直在那里任副教授。1956 年，德布鲁获得巴黎大学经济学博士学位。德布鲁从 1962 年 1 月开始成为加州大学伯克利分校的经济学教授，并于 1975 年 7 月获得数学教授职务。

德布鲁的主要学术成就是对一般经济均衡理论所作的贡献。这集中反映在他 1959 年出版的仅 114 页的代表作《价值理论：对经济均衡的公理化分析》中。他的学术贡献不仅仅在于理论本身，而更在于分析方法上的改进。德布鲁以集合论和凸性分析作为主要的公理化分析手段，彻底摆脱了早期一般均衡理论主要运用代数和方程的传统，以集合理论和凸性分析构造了他全新的一般均衡理论大厦，从而与自亚当・斯密、瓦尔拉斯以来的一般均衡理论相区别，实现了一般均衡理论的整体时代飞跃。《价值理论：对经济均衡的公理化分析》的理论成就表明：建立在代数和方程理论基础上的一般均衡理论是不完全的，它无法在一般经济情形下解决市场竞争均衡的存在性这一基本问题。而德布鲁将一般均衡理论建立在集合论和凸性分析技术基础上，就可以在一般均衡的框架下圆满地证明竞争均衡的存在性和有效性问题，从而为一般均衡理论以及竞争市场制度奠定了坚实的理论基础，也为进一步研究和改进现实经济世界提供了基准点和参照系。这种在当时是全新的分析方法目前在经济学理论研究中已成为非常普遍的分析方法，成为了经济学家工具箱中的一件有力武器。

德布鲁的其他主要理论贡献还包括：用效用函数表示偏好序关系、总量超额需求函数（效用需求理论）、经济核算的收敛定理等。此外，德布鲁首倡的一般均衡分析领域，已成为现代微观经济理论的统一构架。他使用的公理化分析方法已成为现代经济学分析的标准形式。20 世纪 70 年代以来的资本理论、区位理论、金融理论、国际贸易和宏观经济理论等，均从他的一般均衡理论概念、思想和新加入的工具中获益匪浅。

11.10 习 题

习题 11.1 考虑两消费者两商品的纯交换经济。消费者 1 和 2 的效用函数为

$$u_i(x_i^1, x_i^2) = x_i^1 x_i^2, \ \forall i = 1, 2.$$

初始禀赋为 $(w_1^1, w_1^2) = (1, 3)$，$(w_2^1, w_2^2) = (3, 1)$。

1. 画这个经济的埃奇沃思盒，并标明无差异曲线和初始禀赋。
2. 求出所有帕累托有效配置并在埃奇沃思盒中标明。

习题 11.2 考虑命题 11.2.1：在连续性和强单调性的偏好下，弱帕累托有效性意味着帕累托有效性。

1. 在证明该命题时，哪里用到了强单调性假设？
2. 除了连续性和强单调性，还有其他隐含的条件吗？
3. 若偏好满足连续性，并且弱帕累托有效集与帕累托有效集相同，那么偏好是否一定满足强单调性？

习题 11.3 考虑两消费者两商品的纯交换经济，经济中允许自由处置 (free disposal)。消费集均为 $\mathcal{R}_+^2$。消费者 1 的效用函数为：

$$u_1(x_1, y_1) = 200 - (10 - x_1)^2 - (10 - y_1)^2.$$

消费者 2 的偏好为字典序，且先比较 x_2 再比较 y_2。两位消费者的禀赋相同，均为：

$$\mathbf{w}_i = (10, 10), \ i = 1, 2.$$

1. 画这个经济的埃奇沃思盒。
2. 求这个经济中的帕累托最优配置。若不存在，说明理由。
3. 若这个经济中存在竞争均衡，求出来。若没有均衡，说明理由。

习题 11.4 (非强递增的偏好) 考虑两消费者两商品的纯交换经济。消费者 1 和 2 的效用函数分别为：

$$u_1(x_1^1, x_1^2) = x_1^1 x_1^2;$$
$$u_2(x_2^1, x_2^2) = \min\{x_2^1 \cdot x_2^2, 4\}.$$

初始禀赋为 $\mathbf{w}_1 = (1, 4)$，$\mathbf{w}_2 = (4, 1)$。

1. 求出所有帕累托有效配置。
2. 求竞争均衡。

习题 11.5 (有害品) 考虑两消费者的纯交换经济。消费者 i $(i=1,2)$ 的效用函数为:

$$u_i(x_i^1, x_i^2) = x_i^1(4 - x_i^2).$$

注意 x^2 是"有害品", 其价格应为负。消费集为 $[0,5]\times[0,3]\subset\mathcal{R}_+^2$。禀赋为 $\mathbf{w}_1=(1,3)$, $\mathbf{w}_2=(3,1)$。证明配置 $\mathbf{x}$ 是帕累托有效的当且仅当 $x_1^1+x_1^2=4$。

习题 11.6 考虑两消费者两商品的纯交换经济: 每种商品的总禀赋都是 1, 消费者的效用函数分别为:

$$u_1 = (x_1^1)^{\frac{1}{2}} + (x_1^2)^{\frac{1}{2}};$$
$$u_2 = x_2^1.$$

1. 这个经济的帕累托有效集是什么?
2. 若总禀赋在消费者间平均分配, 此时的竞争均衡是什么?

习题 11.7 考虑纯交换经济 $e=\{(X_i,\succcurlyeq_i,\mathbf{w}_i): i=1,\cdots,n\}$。对于所有的 i 都有 $\mathbf{w}_i\in X_i=\mathcal{R}_+^L$。假定偏好序 $\succcurlyeq_i$ 都是连续的、单调的。证明帕累托有效配置的集合是 $\mathcal{R}^{nL}$ 的一个紧的子集。

习题 11.8 考虑两消费者两商品的纯交换经济。消费集 $X_1=X_2=\mathcal{R}_{++}^2$; 禀赋 $\mathbf{w}_1=(2,1)$, $\mathbf{w}_2=(1,2)$; 效用函数为:

$$u_1(x_1, y_1) = \ln x_1 + \ln y_1;$$
$$u_2(x_2, y_2) = \ln x_2 + \alpha \ln y_2.$$

1. 对于任意的正实数 α, 用公式 $y_1=f(x_1,\alpha)$ 描述帕累托最优配置。
2. 对于 $\alpha=2$, 在埃奇沃斯盒中画帕累托最优集。
3. α 取何值时, 初始禀赋是竞争均衡?

习题 11.9 考虑两消费者两商品的纯交换经济: 消费者的消费集为 $\mathcal{R}_+^2$, 每位消费者的效用函数都是

$$u_i(\mathbf{x}_i) = \max\{x_i^1, x_i^2\}.$$

1. 若经济中仅有两位消费者 1 和 2, 消费者的禀赋分别为 $\mathbf{w}_1=(1,1)$, $\mathbf{w}_2=(1,1)$, 那么瓦尔拉斯均衡是什么?
2. 前一问的经济中满足帕累托有效配置的集合是什么? 满足弱帕累托有效配置的集合又是什么?
3. 若经济中有三位消费者, 禀赋分别为 $\mathbf{w}_1=(1,1)$, $\mathbf{w}_2=(1,1)$, $\mathbf{w}_3=(1,1)$, 满足帕累托有效配置的集合是什么?

习题 11.10 考虑两消费者两商品的纯交换经济。总禀赋 $(\hat{w}^1,\hat{w}^2)$ 严格为正。两位消费者的偏好可分别用效用函数表示:

$$u_1(\mathbf{x}_1) = \min\{x_1^1, x_1^2\};$$
$$u_2(\mathbf{x}_2) = \min\{x_2^1, x_2^2\}.$$

1. 求当 $\hat{w}^1 = \hat{w}^2 = \bar{w} > 0$ 时的帕累托最优集。

2. 求消费者的禀赋为 (3,5) 和 (5,3) 时的竞争均衡。均衡价格是唯一的吗?

3. 求 $\hat{w}^1 = \bar{w} > 0$, $\hat{w}^2 = 2\bar{w}$ 时的帕累托最优集。

习题 11.11 考虑两消费者 (1 和 2) 两商品 (a 和 b) 的纯交换经济。假定每种商品的总禀赋均大于 0。假定消费者 1 和 2 的偏好可分别用效用函数 u_1 和 u_2 表示。对于所有可行的配置 $\mathbf{x} = (a_1, b_1, a_2, b_2)$, 效用函数满足如下性质:

$$u_1(\mathbf{x}) > u_2(\mathbf{x}).$$

1. 是否有某种偏好使消费者 1 和 2 都得到严格正数量商品的帕累托最优配置?

2. 是否有某种偏好使消费者 2 比消费者 1 获得更多商品的帕累托最优配置?

3. 是否有某种偏好使消费者 1 和 2 都得到相同数量商品的帕累托最优配置?

习题 11.12 (转移支付竞争均衡下的福利经济学第一定理) 证明定理 11.3.3: 设 $(\mathbf{x}, \mathbf{y}, \mathbf{p})$ 为转移支付竞争均衡, 则 $\mathbf{x}$ 是弱帕累托有效的。若偏好还满足局部非饱和性, 则它也是帕累托有效的。

习题 11.13 (偏好具有严格凸性的福利经济学第一定理) 考虑纯交换经济。假定 $\succcurlyeq_i$ 是严格凸的, 且配置 $(\mathbf{x}, \mathbf{p}) \in \mathcal{R}^{nL}_+ \times \mathcal{R}^L_+$ 构成了一个**瓦尔拉斯均衡**, 则瓦尔拉斯均衡配置 $\mathbf{x}$ 是帕累托最优的。

习题 11.14 考虑有 L 种商品和 n 个消费者 $(i = 1, \cdots, n)$ 的纯交换经济。每位消费者的初始禀赋为 $\mathbf{w}_i \in \mathcal{R}^L$。假定偏好序 $\succcurlyeq_i$ 定义在消费集 $X_i \subseteq \mathcal{R}^L$ 上。福利经济学第一定理的结论在以下情形中是否成立? 并给出加粗术语的定义。

1. 偏好是**凸**的, 但不是**严格凸**的。

2. 偏好是**弱凸**但不是凸的。

3. 偏好是**非饱和**的, 但不是**局部非饱和**的。

4. 偏好是**强单调**的但消费集 X_i 未必是**凸集**。

习题 11.15 假设 e 是一个两商品和 n 个消费者的纯交换经济。每位消费者的消费集均为 $\mathcal{R}^2_+$, 初始禀赋 $\mathbf{w}_i \in \mathcal{R}^2_{++}$ $(i = 1, \cdots, n)$, 连续的偏好序 $\succcurlyeq_i$ 是定义在 $\mathcal{R}^2_+$ 上的。

1. 给出偏好序 $\succcurlyeq_i$ 连续性的定义。

2. 定义经济 e 的竞争均衡。

3. 定义经济 e 的弱帕累托有效和帕累托有效。

4. 在经济 e 中, 是否每一个竞争均衡都是弱帕累托有效的?

5. 若你前一问的回答是“是”, 予以证明; 若回答是“否”, 给出反例。

6. 对于定义在 $\mathcal{R}^2_+$ 上的连续偏好序 $\succcurlyeq_i$, 定义弱凸性、凸性和严格凸性。

7. 若偏好序 $\succcurlyeq_i$ 是弱凸的, 你在上一问中的回答是否会有变化? 为什么?

8. 若偏好序 $\succcurlyeq_i$ 是严格凸的, 你在上一问中的回答是否会有变化? 为什么?

习题 11.16 考虑两消费者两商品的纯交换经济。消费空间为 $X_A = X_B = \mathcal{R}^2_+$, 禀赋 $\mathbf{w}_A = (4,0)$, $\mathbf{w}_B = (2,8)$。效用函数为

$$u_A(x_A^1, x_A^2) = x_A^1 + 2x_A^2;$$
$$u_B(x_B^1, x_B^2) = x_B^1 + x_B^2.$$

1. 求竞争均衡，它是帕累托有效的吗？
2. 找出所有帕累托有效的配置。

习题 11.17 (有约束的消费空间) 考虑两消费者两商品的纯交换经济。对于消费者 $i=1,2$，消费空间均为：

$$X_i=\{\mathbf{x}_i\in\mathcal{R}_+^2 : x_i^1+x_i^2\geqq 1\},$$

消费者的禀赋分别为 $\mathbf{w}_1=(1,0)$，$\mathbf{w}_2=(1,2)$，效用函数分别为：

$$\begin{aligned}u_1&=x_1^1+2x_1^2;\\u_2&=\ln x_2^1+\ln x_2^2.\end{aligned}$$

1. 找出所有帕累托有效的配置。
2. 若对于消费者 $i=1,2$，消费集变为 $X_i=\mathcal{R}_+^2$，在第 10 章的习题中，你已经找出竞争均衡，它是帕累托有效的吗？
3. 在前一问的基础上，找出消费集为 $X_i=\mathcal{R}_+^2$ 时的契约曲线。

习题 11.18 (非严格递增的偏好) 考虑两消费者两商品的纯交换经济。消费者 A 和 B 的消费组合满足 $(x_A,y_A),(x_B,y_B)\in\mathcal{R}_+^2$，效用函数分别为：

$$\begin{aligned}u_A(x_A,y_A)&=x_A\cdot y_A;\\u_B(x_B,y_B)&=x_B+5.\end{aligned}$$

初始禀赋为 $(w_A^x,w_A^y)=(0,10)$，$(w_B^x,w_B^y)=(5,10)$。

1. 在埃奇沃思盒内画所有帕累托有效的配置。
2. 求竞争均衡，竞争均衡是帕累托有效的吗？所有帕累托有效的配置应该是什么？

习题 11.19 考虑如下两消费者两商品的交换经济：消费者的消费集均为 $\mathcal{R}_+^2$，消费者的效用函数分别为：

$$\begin{aligned}u_1(\mathbf{x}_1)&=\min\{x_1^1,2x_1^2\};\\u_2(\mathbf{x}_2)&=\max\{2x_2^1,x_2^2\}.\end{aligned}$$

1. 若禀赋为 $\mathbf{w}_1=(1,0)$，$\mathbf{w}_2=(0,1)$，这个经济中的弱帕累托有效配置是什么？
2. 若两位消费者的禀赋变为 $\mathbf{w}_1=(1,0)$，$\mathbf{w}_2=(\frac{3}{2},\frac{1}{2})$，此时的弱帕累托有效配置又是什么？
3. 求在问题 (1) 和 (2) 下的瓦尔拉斯均衡，它们是帕累托有效的吗？

习题 11.20 (不可分商品) 考虑两消费者 (A 和 B) 两商品 (x_1 和 x_2) 的纯交换经济。消费者的效用函数分别为：

$$\begin{aligned}u_A&=\min[x_A^1,x_A^2],\quad w_A=(3,0);\\u_B&=\min[x_B^1,x_B^2],\quad w_B=(0,3).\end{aligned}$$

他们的消费集 X_A 和 X_B 由 R_+^2 正整数点给出。

1. 证明 $p=(p^1,p^2)$ 使得 $p^1=p^2$ 是竞争均衡价格。给出所有与此相连的竞争均衡配置。
2. 验证每个竞争均衡配置是否是帕累托最优的。
3. 陈述福利经济学第一定理，讨论问题 (2) 中的结果是否满足或违背了福利经济学第一定理。

习题 11.21 (不可分商品) 考虑两商品 (x 和 y) n 消费者的经济。假设偏好严格递增，满足以下两种情形：

1. x 是可分的，但 y 只能消费整数单位。
2. x 和 y 都只能消费整数单位。

若竞争均衡存在，那么竞争均衡在问题 (1) 和 (2) 中是否为帕累托最优？若不是帕累托最优，给出例子；若是帕累托最优，说明理由。

习题 11.22 对以下情形，分别给出纯交换经济的例子。你可以使用任意数目的商品种类，但必须包括至少两位消费者和无穷多种可行的配置。

1. 不存在帕累托有效配置。
2. 每一个配置都是帕累托有效的。
3. 恰好有一个帕累托有效配置。
4. 恰好有两个帕累托有效配置。
5. 恰好有三个帕累托有效配置。
6. 存在一个不是帕累托有效配置的瓦尔拉斯均衡配置。

习题 11.23 (非凸生产集) 相对于消费而言，非凸对于生产是一个更严重的问题。

1. 当经济中消费者的数目远多于生产者时，能否有助于证实助推以上论断？为什么众多的消费者可以减轻非凸给竞争均衡存在性带来的问题？
2. 以上论断和福利经济学第一定理相关吗？
3. 给出在非凸的偏好下，存在竞争均衡的纯交换经济例子。
4. 给出在非凸的偏好下，不存在竞争均衡的纯交换经济例子。
5. 在偏好非凸下，保证竞争均衡存在的定理中哪个条件不成立？

习题 11.24 考虑三消费者两商品的纯交换经济。消费者 1、2 和 3 的效用函数为

$$u_i(x_i^1,x_i^2)=x_i^1\cdot x_i^2,\ \forall i=1,2,3.$$

初始禀赋为 $\mathbf{w}_1=(6,1)$，$\mathbf{w}_2=(1,6)$，$\mathbf{w}_3=(1,1)$。

1. 求出所有帕累托有效配置。
2. 考虑配置 $\mathbf{x}_1=(3,3)$，$\mathbf{x}_2=(3,3)$，$\mathbf{x}_3=(2,2)$。验证该配置是帕累托有效配置。
3. 求竞争均衡。
4. 对于所有的消费者 $i(i=1,2,3)$，$\mathbf{x}_i$ 都严格偏好于 $\mathbf{w}_i$，尽管如此，解释为什么 $(\mathbf{x}_1,\mathbf{x}_2,\mathbf{x}_3)$ 不是一个竞争均衡配置。

习题 11.25 (瓦尔拉斯均衡、约束瓦尔拉斯均衡、准瓦尔拉斯均衡与帕累托最优) 考虑纯交换经济 $e=\{(X_i,\succcurlyeq_i,\mathbf{w}_i):i=1,2,\cdots,n\}$。假定对所有的 i，均有 $0\neq\mathbf{w}_i\in X_i=\mathcal{R}^L_+$，且 $\succcurlyeq_i$ 满足完备性和传递性。

注意：我们称配置 $\mathbf{x}\in X\times Y$ 和价格向量 $\mathbf{p}\in\mathcal{R}^L$ 构成了一个约束竞争均衡或约束瓦

尔拉斯均衡, 若瓦尔拉斯均衡定义中的其他条件都相同, 只是效用最大化条件由下面的条件取代:

$\forall i = 1, \cdots, n$, $\mathbf{x}_i \in B_i(\mathbf{p}) \cap C_i$ 并且对任意的 $\mathbf{x}'_i \in B_i(\mathbf{p}) \cap C_i$, 有 $\mathbf{x}_i \succcurlyeq_i \mathbf{x}'_i$, 这里

$$C_i = \left\{ \mathbf{x}'_i \in X_i : \mathbf{x}'_i \leqq \sum_{i=1}^{n} \mathbf{w}_i \right\}.$$

我们称配置 $\mathbf{x} \in X \times Y$ 和价格向量 $\mathbf{p} \in \mathcal{R}^L$ 构成了一个**准均衡** (**quasi-equilibrium**), 若瓦尔拉斯均衡定义中的其他条件都相同, 只是效用最大化条件由下面的条件取代:

(i′) $\mathbf{x}'_i \succcurlyeq_i \mathbf{x}_i$ 意味着 $\mathbf{p}\mathbf{x}'_i \geqq \mathbf{p} \cdot \mathbf{w}_i$, $\forall i = 1, \cdots, n$。

1. 我们已经知道: 若 $\succcurlyeq_i$ 满足局部非饱和性, 则瓦尔拉斯均衡配置是帕累托最优的。若局部非饱和性不满足, 则又会如何?
2. 证明: 若 $\succcurlyeq_i$ 满足凸性, 则内点约束瓦尔拉斯均衡是瓦尔拉斯均衡。凸性能被放宽到局部非饱和性吗?
3. 证明: 若 $\succcurlyeq_i$ 满足强单调性, 则瓦尔拉斯均衡是准均衡。强单调性能被放宽到单调性吗?
4. 证明: 若瓦尔拉斯均衡配置是准瓦尔拉斯均衡配置, 则它是帕累托有效的。
5. 由上题可知, 若 $\succcurlyeq_i$ 是严格凸的, 则瓦尔拉斯均衡配置是帕累托最优的。那么, 若 $\succcurlyeq_i$ 是严格凸的, 瓦尔拉斯均衡一定是拟瓦尔拉斯均衡吗?
6. 假设对任一个体 i, $\succcurlyeq_i$ 都满足连续性。证明: 若 $\mathbf{p} \in \mathcal{R}^L_{++}$, 则准均衡是瓦尔拉斯均衡。
7. 假设对任一个体 i, $\succcurlyeq_i$ 都满足连续性和强单调性。证明: 若 $(\mathbf{p}, \mathbf{x})$ 是一个准均衡且对某些 i 有 $\mathbf{x}_i \in \text{int}\mathcal{R}^{\ell}_{+}$, 则 $\mathbf{p} \in \mathcal{R}^L_{++}$。

习题 11.26　判断以下论断是否正确并说明理由:

1. 所有消费者都有相同的凸偏好, 也可能不存在使每位消费者得到相同消费束的帕累托有效配置。
2. 设 $(\mathbf{x}^*, \mathbf{p}^*)$ 是一个交换经济的竞争均衡, 消费者偏好的局部非饱和性都成立。现在改变这个经济, 增加一个包括原点的生产可能性集 Y, 该生产可能性集满足

$$\max_{\mathbf{y} \in Y} \mathbf{p}^* \cdot \mathbf{y} = 0$$

即新增加的技术, 保证在价格 $\mathbf{p}^*$ 时最大利润为 0。那么新的经济相对于原来经济的配置 $\mathbf{x}^*$ 有可能实现帕累托改进吗? 论证你的结论。

习题 11.27　考虑两消费者两商品的纯交换经济。消费者的效用函数连续可导且边际效用为正。

1. 解释通过解有约束的最大化问题, 为什么可以寻找帕累托最优配置。
2. 推导内点解的帕累托最优配置的一阶条件。

习题 11.28　考虑有生产的经济, 该经济可用劳动力 (L) 和资本 (K) 生产食物 (商品 1) 和电 (商品 2)。两种商品的生产函数分别为

$$y_1 = \sqrt{L_1 K_1}, \quad y_2 = (\min\{L_2, K_2\})^2.$$

该经济有一位代表性经济人, 其禀赋为 1 单位劳动和 1 单位资本, 效用函数为 $u(x_1, x_2) = \sqrt{x_1 x_2}$。找出该经济的帕累托有效配置。

习题 11.29 考虑三消费者两商品的纯交换经济：每种商品的总禀赋都是 1，消费者的效用函数为：

$$u_i = (x_i^1)^2 + (x_i^2)^2, i = 1, 2,$$
$$u_3 = x_3^1 x_3^2.$$

1. 对于给定消费者 1 和 2 的效用水平 $\bar{U}$，消费者 3 实现效用最大化的配置是什么？
2. 给定消费者 1 和 2 的初始禀赋 $(\frac{1}{4}, \frac{1}{4})$ 和消费者 3 的初始禀赋 $(\frac{1}{2}, \frac{1}{2})$，计算竞争均衡。

习题 11.30 (拐折的偏好) 考虑两消费者两商品的纯交换经济。消费者 i $(i = 1, 2)$ 的效用函数为：

$$\text{若 } x_i^1 \leqq x_i^2,\text{ 则 } u_i(x_i^1, x_i^2) = \sqrt{x_i^1} + \frac{1}{2}\sqrt{x_i^2}\ ;$$
$$\text{若 } x_i^1 > x_i^2,\text{ 则 } u_i(x_i^1, x_i^2) = \frac{1}{2}\sqrt{x_i^1} + \sqrt{x_i^2}\ .$$

初始禀赋是 $\mathbf{w}_i = (4, 4)$，$\forall i = 1, 2$。

1. 找出所有帕累托有效配置。
2. 求竞争均衡。
3. 在这个经济中，福利经济学第一基本定理成立吗？福利经济学第二基本定理成立吗？

习题 11.31 在书中证明福利经济学第二基本定理时，我们知道，若偏好序 $\succcurlyeq_i$ 满足连续性和单调性，且 $\mathbf{x}_i' \succ_i \mathbf{x}_i \Rightarrow \mathbf{p} \cdot \mathbf{x}_i' \geqq \mathbf{p} \cdot \mathbf{x}_i$，则 $\mathbf{x}_i' \succ_i \mathbf{x}_i \Rightarrow \mathbf{p} \cdot \mathbf{x}_i' > \mathbf{p} \cdot \mathbf{x}_i$。

1. 若 X_i 非凸，是否影响结论成立？
2. 若 $\succcurlyeq_i$ 非连续，是否影响结论成立？
3. 若 $\mathbf{p} \cdot \mathbf{x}_i = 0$，是否影响结论成立？

习题 11.32 考虑有 n 个消费者、L 种商品和 J 个生产者的经济。假设消费空间 $X_i = \mathcal{R}_{++}^L$，$i = 1, \cdots, n$；消费者的禀赋为 $\mathbf{w}_i$，消费者的偏好序 $\succcurlyeq_i$ 满足连续性和强单调性。生产者 j 的生产计划向量 $\mathbf{y}_j \in Y_j$，$j = 1, \cdots, J$。

1. 给出偏好序 $\succcurlyeq_i$ 的连续性和强单调性的定义。
2. 定义有转移支付的竞争均衡。
3. 在这个经济中，福利经济学第一基本定理成立吗？若成立，说明理由；若不成立，补充条件使其成立。
4. 在这个经济中，福利经济学第二基本定理成立吗？若成立，表述该定理；若不成立，补充条件后表述该定理。
5. 描述福利经济学第二基本定理证明的基本步骤。
6. 假设偏好序 $\succcurlyeq_i$ 可以用强单调的可微函数 u_i 表示。若 $\mathbf{x}^* > 0$ 是帕累托有效配置，证明存在权重 a_i 使得

   $$\mathbf{x}^* = \arg\max_{\mathbf{x} \in X_i} \sum_{i=1}^n a_i u_i(\mathbf{x}_i)$$

   若需要其他条件，予以补充。
7. 拟凹的效用函数意味着偏好是凸的。若 u_i 是拟凹的，可以证明福利经济学第二基本定理的微分形式吗？若可以，予以证明；若不可以，补充条件后予以证明。

习题 11.33　用两消费者两商品的纯交换经济的例子来说明，若偏好不满足凸性，即使定理 11.5.1 (福利经济学第二基本定理 I) 中的其他条件都满足，一个帕累托有效配置也无法成为一个转移支付竞争均衡配置。

习题 11.34　用一个两消费者两商品的纯交换经济的例子来说明，若初始总禀赋不满足严格为正，即使定理 11.5.1 中的其他条件都满足，一个帕累托有效配置也无法成为一个转移支付竞争均衡配置。

习题 11.35　(生产集非凸时的福利经济学第二定理)　证明定理 11.6.1: 设企业 j 的转换函数 $T_j(\mathbf{y})$ 是光滑的，且所有消费者具有连续、单调和凸偏好。则对任何的内点帕累托最优配置 $(\mathbf{x}^*, \mathbf{y}^*)$，存在着非零价格向量 $\mathbf{p} \in \mathcal{R}^L_+$，使得 $(\mathbf{x}^*, \mathbf{y}^*, \mathbf{p})$ 是转移支付边际成本定价均衡，即存在满足 $\sum_i I_i = \mathbf{p} \cdot \sum_i \mathbf{w}_i + \sum_j \mathbf{p} \cdot \mathbf{y}^*_j$ 的转移支付后的财富水平 $(I_1, \cdots, I_n)$，使得

1. 对任意的企业 j，有
$$\mathbf{p} = \gamma_j \nabla T_j(\mathbf{y}^*), \exists\ \gamma_j > 0;$$
2. 对任意的 i，$\mathbf{x}^*_i$ 是 $\succcurlyeq_i$ 在下述预算集上的最大解：
$$\{\mathbf{x}_i \in X'_i : \mathbf{p} \cdot \mathbf{x}_i \leqq I_i\};$$
3. $\sum_i \mathbf{x}^*_i = \sum_i \mathbf{w}_i + \sum_j \mathbf{y}^*_j$。

习题 11.36　考虑单个体交换经济 $e = \{(X, \succcurlyeq, \mathbf{w})$，其中 $\mathbf{w} \in X = \mathcal{R}^L_+$。

1. 若要确保：任意一个帕累托最优配置 $\mathbf{x}^*$ 都能通过一个价格 $\mathbf{p}^* \in \mathcal{R}^L \backslash \{0\}$ 来实现，至少需要添加哪些条件？
2. 对上述结论，请给出证明。
3. 证明 $(\mathbf{p}^*, \mathbf{x}^*)$ 是准瓦尔拉斯均衡。
4. $(\mathbf{p}^*, \mathbf{x}^*)$ 是瓦尔拉斯均衡吗？如不是，需要添加什么条件？

习题 11.37　考虑一个自由处置的纯交换经济。经济中有两种商品 x 和 y，两位消费者 1 和 2，每位消费者的消费集均为 $\mathcal{R}^2_+$。禀赋向量分别为 $\mathbf{w}_1 = (\frac{1}{4}, \frac{1}{4})$，$\mathbf{w}_2 = (\frac{3}{4}, \frac{3}{4})$。偏好可分别用效用函数表示为：

$$u_1 = (x_1)^2 + (y_1)^2;$$
$$u_2 = \min\{x_2, y_2\}.$$

考虑一个配置 $A = (x_1, y_1, x_2, y_2) = (\frac{1}{2}, \frac{1}{2}, \frac{1}{2}, \frac{1}{2})$。

1. 画一个埃奇沃思盒表示以上经济。
2. 给出所有帕累托有效配置。
3. 是否存在某种对初始禀赋进行再分配的方式，使得竞争均衡的配置结果为A? (提示：考虑价格 $p^x = p^y$ 以及 $p^x \neq p^y$ 的情形。)

习题 11.38　考虑两消费者两商品的纯交换经济。消费者 1 和 2 的效用函数为：

$$u_i(x^1_i, x^2_i) = x^1_i x^2_i,\ \forall i = 1, 2.$$

初始禀赋为 $(w^1_1, w^2_1) = (1, 3)$，$(w^1_2, w^2_2) = (3, 1)$。对于任何内点帕累托有效配置，找出相应的转移支付和价格，使得该帕累托有效配置为转移支付竞争均衡配置。

习题 11.39 考虑只有一个消费者、一个生产者及两商品的经济。消费集为 $X_i = \mathcal{R}^2_+$，其禀赋为 $(\mathbf{w}, 0)$，其中 $\mathbf{w}$ 是正整数，效用函数满足严格递增、严格拟凹、连续性。企业使用商品 1 生产商品 2 的技术为：对于整数 k，需要 $k+1$ 单位商品 1 生产 $k+z$ 单位商品 2，$z \in (0,1]$。产出可以自由处置 (free disposal)。

1. 画出这个经济的生产集。
2. 在该经济中福利经济学第一基本定理是否成立？若成立予以证明，否则给出反例。
3. 给出例子说明尽管竞争均衡是帕累托最优，但福利经济学第二基本定理不成立。
4. 这个经济中竞争均衡是否必定存在？为什么？
5. 若这个经济中有多个企业和多个消费者，竞争均衡是否必定存在？为什么？

习题 11.40 考虑两消费者两商品的经济：消费者的偏好分别为：

$$u_1(x_1, y_1) = \min\{2x_1, y_1\};$$
$$u_2(x_2, y_2) = x_2 y_2.$$

经济中总的资源有 1 个单位的 x 和 3 个单位的 y。

1. 找出这个经济的帕累托最优配置，并在埃奇沃思盒中画契约曲线。
2. 找出两位消费者效用水平相同的帕累托最优配置，并在埃奇沃思盒中标出。
3. 假定经济中的初始禀赋为 $\mathbf{w}_1 = (1, 0)$，$\mathbf{w}_2 = (0, 3)$，计算竞争均衡。
4. 假设平均主义的规划者能通过税收和补贴再分配财富，计算如何征税和补贴可使两位消费者得到相同的效用。
5. 假定规划者知道每位消费者的偏好，效用平均化在本题中是平均主义规划者的合理目标吗？对于一般的情形呢？

习题 11.41 考虑没有自由处置的纯交换经济。经济中有两种商品 x 和 y，两位消费者 1 和 2，每位消费者的消费集均为 $\mathcal{R}^2_+$。禀赋向量分别为 $\mathbf{w}_1 = \left(\frac{1}{4}, \frac{1}{4}\right)$，$\mathbf{w}_2 = \left(\frac{3}{4}, \frac{3}{4}\right)$。偏好可分别用效用函数表示：

$$u_1 = (x_1)^2 + (y_1)^2;$$
$$u_2 = \min\{x_2, y_2\}.$$

考虑配置 $A = (x_1, y_1, x_2, y_2) = \left(\frac{1}{2}, \frac{1}{2}, \frac{1}{2}, \frac{1}{2}\right)$。

1. 配置 A 满足帕累托有效吗？为什么？
2. 在前一章的习题中，你已经尝试了寻找某种再分配的方式，使 A 成为竞争均衡。你的结果是否违背了福利经济学第二基本定理？

习题 11.42 考虑两消费者两商品并且没有自由处置的纯交换经济。每位消费者的消费集均为 $\mathcal{R}^2_+$，初始禀赋均为 $(1, 1)$。假定每位消费者的偏好是任意的，并且两位消费者的偏好可以不同，只要求偏好可以分别用效用函数表示：

$$u_1 : \mathcal{R}^2_+ \to \mathcal{R},$$
$$u_2 : \mathcal{R}^2_+ \to \mathcal{R}.$$

1. 定义这个经济的竞争均衡。

2. 定义这个经济的弱帕累托有效配置和帕累托有效配置。
3. 是否有可能存在这样的效用函数：使得帕累托有效配置让每位消费者的效用恰好为 1，而其他可行的配置使得每位消费者的效用为 0？给出例子或解释为什么不存在这样的例子。
4. 是否可能存在这样的经济：任何帕累托有效配置都使消费者 1 的效用严格大于消费者 2 的效用？为什么？
5. 现在假设初始禀赋向量 $\mathbf{w}_1 \in \mathcal{R}^2_+$，$\mathbf{w}_2 \in \mathcal{R}^2_+$，$\mathbf{w}_1 + \mathbf{w}_2 = (2, 2)$。是否可能存在这样的经济：该经济的任意竞争均衡配置 (x_1^*, y_1^*) 和其他任何非均衡的可行配置 (x_1, y_1) 都有 $u_1(x_1^*, y_1^*) > u_1(x_1, y_1)$？为什么？
6. 关于偏好需要什么假定才能保证福利经济学第二基本定理成立？

习题 11.43　考虑有 n 个消费者和 L 种商品的纯交换经济 $e = (u_i, \mathbf{w}_i)_{i=1}^n$。消费者的效用函数 u_i 都是连续且严格递增的。禀赋 $\mathbf{w}_i$ 满足 $\sum_{i=1}^n \mathbf{w}_i > 0$。取商品束 $g \in \mathcal{R}^L_+$，$g \neq 0$，定义每个消费者的利益函数

$$b_i(\mathbf{x}_i, v_i) = \max\{\beta \in \mathcal{R} | u_i(\mathbf{x}_i - \beta g) \geqq v_i\},$$

其中 $\mathbf{x}_i \in \mathcal{R}^L_+$ 是消费者 i 的消费向量，$v_i \geqq u_i(0)$ 是效用水平。
1. 解释 $b_i(\mathbf{x}_i, v_i)$，并给出其在两商品经济中的几何表示。
2. 证明 $u_i(\mathbf{x}_i) \geqq v_i$ 意味着 $b_i(\mathbf{x}_i, v_i) \geqq 0$，并且 $u_i(\mathbf{x}_i) > v_i$ 时，也有严格不等号成立。
3. 考虑可行配置 $\mathbf{x} = (\mathbf{x}_1, \cdots, \mathbf{x}_n) \in \mathcal{R}^{Ln}_+$（即 $\sum_i \mathbf{x}_i \leqq \sum_i \mathbf{w}_i$），取 $v_i = u_i(\mathbf{x}_i)$。假定存在可行配置 $\tilde{\mathbf{x}}$ 使得 $\sum_{i=1}^n b_i(\tilde{\mathbf{x}}_i, v_i) > 0$。证明配置 $\mathbf{x}$ 不是帕累托有效的。
4. 在埃奇沃思盒中画前一问的结果，考虑 $b_1(\tilde{\mathbf{x}_i}, v_1) > 0$，$b_2(\tilde{\mathbf{x}_2}, v_2) < 0$。
5. 运用上面的结果证明如下通常被称为“zero-maximum principle”的结果：若 $\mathbf{x}^*$ 是帕累托最优配置，并且 $v_{i*} = u_i(\mathbf{x}_{i*})$，则 $\mathbf{x}^*$ 是最大化问题

$$\max\left\{\sum_{i=1}^n b_i(\mathbf{x}_i, v_{i*}) \middle| \mathbf{x} \in \mathcal{R}^L_+, \sum_{i=1}^n \mathbf{x}_i \leqq \sum_{i=1}^n \mathbf{w}_i\right\} \tag{ZMP}$$

的解；证明 (ZMP) 的最大值为 0，并解释这一结果。
6. 证明逆命题：若 $\mathbf{x}^*$ 是 (ZMP) 的解，则 $\mathbf{x}^*$ 是帕累托最优配置。
7. 除了以上提及的假设，还假设效用函数 u_i 是拟凹的，证明利益函数 $b_i(\mathbf{x}_i, v_i)$ 是 $\mathbf{x}_i$ 的凹函数。

习题 11.44　A 女士的偏好 $\succcurlyeq_A$ 定义在实数区间 $[0, 1]$ 上，越靠近 0 的元素越被 A 女士偏好。B 女士的偏好 $\succcurlyeq_B$ 也定义在实数区间 $[0, 1]$ 上，越靠近 1 的元素越被 B 女士偏好。
1. 区间 $[0, 1]$ 上的哪些元素是帕累托有效的？
2. 是否存在代表 A 女士偏好的效用函数 $U_A(x)$ 和代表 B 女士偏好的效用函数 $U_B(x)$，能通过最大化 $U_A(x) + U_B(x)$ 得到所有帕累托有效的元素 x？

习题 11.45　考虑纯交换经济 $\{(\succcurlyeq_i)_{i\in N}, (\mathbf{w}_i)_{i\in N}\}$。定义在非负空间上的偏好是位似、连续且局部非饱和的。令 $\hat{w} = \sum_{i\in N} \mathbf{w}_i$。令严格为正的价格向量 $\mathbf{p}$ 为给定的价格向量。假设在价格向量 $\mathbf{p}$，每位消费者的需求与总禀赋成比例，并且所有消费者的需求加总等于总禀赋（即 $\hat{w}$）。

1. 令 $(I_i)_{i\in N}\in\mathcal{R}_+^N$ 是一个在价格为 $\mathbf{p}$ 时的收入再分配向量，即 $\sum_{i\in N}I_i=\sum_{i\in N}\mathbf{p}\cdot\mathbf{w}_i$。转移支付竞争市场能否执行 $(I_i)_{i\in N}\in\mathcal{R}_+^N$?（即是否存在价格向量 $\mathbf{p}'$，使得每一位消费者 i 在收入为 I_i、价格为 $\mathbf{p}'$ 时的需求加总等于总禀赋?）
2. 是否存在帕累托有效配置，使得每位消费者对于该配置都弱偏好于其初始禀赋?
3. 假定偏好 $(\succcurlyeq_i)_{i\in N}$ 可由连续函数 $(u_i)_{i\in N}$ 表示。给定消费者 $i\in N$，令 $\bar{u}$ 为一个对消费者 i 可行的 u_i- 效用值，即 $\bar{u}\in[u_i(0),u_i(\Omega)]$。证明存在一个可行的帕累托有效配置，使得消费者 i 的 u_i- 效用值为 $\bar{u}$，并且所有消费者的消费都和总禀赋成比例。

11.11 参考文献

教材和专著：

黄有光，张定胜（2008）. 高级微观经济学. 上海：格致出版社.

Arrow, K. J. and F. H. Hahn (1971), *General Competitive Analysis* (San Francisco, Holden Day).

Debreu, G. (1959). *Theory of Value* (Wiley, New York).

Jehle, G. A., and P. Reny (1998). *Advanced Microeconomic Theory*, Addison-Wesley, Chapter 7.

Luenberger, D. (1995). *Microeconomic Theory*, McGraw-Hill, Inc., Chapters 6, 10.

Mas-Colell, A., M. D. Whinston, and J. Green (1995). *Microeconomic Theory*, Oxford University Press, Chapters 10, 16.

Quinzii, M. (1992). *Increasing Returns and Efficiency*, Oxford University Press, New York.

Rawls, J. (1971). *A Theory of Justice*, Cambridge: Harvard University Press.

Takayama, A. (1985). *Mathematical Economics*, *Second Edition*, Cambridge: Cambridge University Press.

Varian, H. R. (1992). *Microeconomic Analysis*, *Third Edition*, W. W. Norton and Company, Chapters 17-18.

论文：

Arrow, K. and G. Debreu (1954). "Existence of Equilibrium for a Competitive Economy", *Econometrica*, Vol. 22.

Tian, G. (1988). "On the Constrained Walrasian and Lindahl Correspondences", *Economics Letters*, Vol. 26, No. 4, 299-303.

Tian, G. (2009). "Implementation in Economies with Non-Convex Production Technologies Unknown to the Designer", *Games and Economic Behavior*, Vol. 66, 526-545.

Tian, G. (2010). "Implementation of Marginal Cost Pricing Equilibrium Allocations with Transfers in Economies with Increasing Returns to Scale", *Review of Economic Design*, Vol. 14, 163-184.

第 12 章　经济核、公正配置及社会选择理论

12.1　导　　言

在本章中，我们将进一步讨论竞争市场在资源配置方面的合理性和最优性，从而对一般均衡理论进行延伸和拓展。这些主题包括经济核、公正配置和社会选择理论。前两个主题是对竞争均衡的本质进行刻画，并讨论如何做到资源公正配置，从而进一步论证了市场经济制度的普适性、最优性和合理性。这说明了，在政府发挥恰当而不是更多的作用下，竞争市场是能够同时解决好效率、公平及稳定等问题的。而社会选择理论是福利经济学的核心内容和基础理论，可被视作一般均衡理论的进一步延拓。

我们首先对经济核方面的结果进行讨论。经济核是第 8 章合作博弈所定义的核在经济环境下的具体表现形式，是定义在经济环境上的核。当读者接触到德布鲁、斯卡夫等人给出的这些“经济核”定理时，可能的印象就是，这些都是一些像数学游戏的知识，看到的都是一些数学术语和证明，如凸性、连续性、单调性、定理等数学语言。其实不然，经济核定理有着极其深刻的经济思想、深邃的洞察力及很强的现实意义。它揭示了市场制度的合理基础和普遍性，刻画了市场制度的本质。首先，竞争均衡不仅导致资源有效配置，还形成了经济核：没有任何群体能通过形成联盟来获取更大的利益，从而论证了成熟市场制度是一种能让经济又好又快地发展、国家政体稳定、社会安定有序的最根本性的经济政治社会制度。其次，下面要介绍的经济核极限定理可被视作福利经济学第一基本定理的逆定理，其政策含义则是，在个体追求自身最大利益的客观现实条件（即理性人假设）下，即在思想水平不高的客观现实下，只要给予人们充分的经济自由和竞争，即允许自愿合作与交换，同时允许充分的竞争，即使不考虑任何经济制度安排作为前提条件，所形成的配置结果（称之为经济核）和完全市场所形成的竞争均衡一样，它形成了帕累托最优配置和安定有序的稳定社会。

若将经济核定理运用到当前中国市场化改革和国家治理现代化的情景下，它为中国市场化改革与开放的合理性和必要性提供了理论支撑：在个体思想觉悟有限的现阶段，中国不得不走市场经济之路，其他模式和发展道路不可能导致更好的结果。经济核极限定理这一结果也说明了市场制度不是人为的发明或创造，有其内在逻辑性和自然演化性。同时，经济核理论之所以重要，是因为它也给我们关于竞争均衡是如何由个人战略行为而不是基于**瓦尔拉斯摸索机制 (Walrasian tâtonnement mechanism)** 所导致的结果。

具体来说，经济核定理包含两大核心命题。一是每个市场竞争均衡必然是一个经济核配置，即无任何联盟抵制它，因而成熟的现代市场的经济社会是相对安定有序、稳定的，不太容易形成经济壁垒和反对联盟。它同帕累托有效配置的区别在于，后者是对所有个体来说的，而前者是对经济中任意数量的个体来说的。当经济充分发展以及自愿合作和交换之后，区域之间的限制将会越来越小，没有任何个体愿意形成独立团体或联盟，而愿意形成更大、更自由的经济体。如各国愿意参加各种世界经济、贸易合作组织；一些国家和地区愿意形成

更大的经济体，如欧盟形成了统一货币欧元区；更自由的经济活动，如美国的州与州之间没有收费关卡，而在中国地方与地方之间的公路收费关卡林立。一个经济理论，一方面被用来指导现实，另一方面也树立了参照系，与现实形成对照，找出两者的差异。二是经济核极限定理：对任何非竞争均衡，当经济充分大时，它必然不是经济核配置，若存在，必定是和竞争均衡配置相同。这就意味着，竞争均衡是稳健的，独立于任何制度安排，只依赖于充分的经济自由和竞争。当然，经济核极限定理的结论成立是有条件的。我们将在后面的内容中说明其成立的边界条件。

其次是对资源的公正 (fair) 配置方面的结果进行讨论。我们已经看到，帕累托最优性是一个较弱的资源配置准则，只是强调了资源配置的有效性，而忽视其他标准，没有涉及收入分配和配置的平等性方面的问题。公正配置是为克服这种缺陷而提出的具体解决办法，它是精炼帕累托最优配置集的一种方法，并说明了机会公平在同时解决效率和公平方面的异常重要性。公正配置结果说明，只要所有经济人的初始禀赋的价值相同，然后通过竞争市场运作，则市场制度既可以解决公平问题，也可以解决有效配置问题，从而导致公正结果。这个结果有很强的经济政策意义，它说明了遗产税、义务教育的必要性和极端重要性，以此尽可能地给所有公民一个较为平等的竞争起点，然后通过市场制度运行来达到公平公正。它说明了政府发挥维护和服务作用的重要性，但同时又不否定市场的作用和必要性。

再次，在本章中，我们还将一般均衡分析的思想和框架进行拓展，考虑更一般性的从个体行为和个体选择到社会选择和社会福利问题。我们假定社会根据个体偏好要在有限个备选方案、项目或结果（不一定是资源的配置）中确定社会偏好或排序，以此决定备选方案的优劣并进行排序。即考虑这样一个问题：确定一种“规则”，该规则使我们从个体对不同备选方案的排序中确定社会对这些配置的排序 (社会福利函数)，这是社会选择理论所要研究的核心问题。也就是如何从个体选择形成加总选择的问题。由于所有个体的偏好和选择不一样，如何从那些看似非常合理的个体偏好来形成社会偏好排序就成了一个问题。我们可能构造这样的规则并使其满足若干性质吗？阿罗不可能性定理的回答是否定的，它认为唯一的可能情形就是一个人的偏好能代表社会中所有个体的偏好，但我们都知道，由于个体具有逐利性，这种可能性在现实中是不存在的，所以称之为不可能性定理。

“公正”和“社会福利函数”的概念提出了社会公正问题。有人以为阿罗不可能性定理否定了民主的作用，这是一个极大的误解，没有正确理解这个定理的真正含义。其实，该定理恰好说明了任何一个经济制度或经济理论的作用都有其局限性，都有其前提条件，都有其适用边界，没有单一的经济理论和经济制度安排能解决所有地区和国家的经济问题，而是需要充分考虑国家、地区的初始条件的差异，根据具体情形来决定是否给出不同的经济制度安排。

下面进行正式的讨论，首先讨论关于经济核的一些结果。

12.2 经济核资源配置

大家都知道，市场制度只是配置资源的一种方式。若我们使用其他经济制度配置资源会出现什么结果呢？仍然会获得和竞争均衡配置差不多的结果吗？本节针对这个问题进行回答，其基本结论是：若给予个体充分经济自由，允许他们自愿合作和自愿交换，则当经济体充分大时（也就是人数充分多和充分竞争时），最终得到的配置只能和竞争均衡配置的结果一样。这就是我们要介绍的**经济核（极限）定理**。

12.2.1 经济核

经济核的概念最先由埃奇沃思 (1881) 提出和研究。它是这样一种概念，如处于经济核状态，任何个体和组织都愿意接受此配置，没有任何经济人或联盟愿意偏离它。这样，有理由认为经济核也是一个政治概念。若一群人发现他们能利用他们自己的资源、形成联盟来改善自身的状况，那么没理由不认为他们会将此付诸实践。若社会中的其他人强制他们不能这样做，他们会十分沮丧，就可能会聚集起来形成抵制联盟，造成社会不稳定，甚至要求独立，对国家统一造成危机，甚至是分裂。但一旦达到了经济核配置，这种情况就不会出现，社会将会比较稳定，不太可能造成分裂。即使已造成分裂局面，当各分裂体的经济状况大大改善和接近一致后，也会有利于国家的统一，或形成一个新的共同体，比如欧盟以及民主德国和联邦德国的统一。这就是为什么成熟的现代市场经济国家一般来说国体都比较稳定，社会比较安定有序的重要原因。

不同于其他经济理论，经济核理论异常精炼，没有设定任何制度安排，只是简单地假定每个经济人都了解其他经济人的特征，且任何群体中的经济人都可以重新组合以形成互利的协议。

为简单起见，只考虑纯交换经济，具有生产的情形要复杂得多。我们称两个经济人属于同一种**类型**，若他们具有相同的经济特征，在当前所考虑的情形下，也就是他们具有相同的偏好和禀赋。

若一个经济中每种类型的经济人数量为某初始经济人的 r 倍，则称该经济为该初始经济的**r-复制 (r-replication)** (或称为**r-复制经济**)。

设由 n 个经济人组成的集合为 N，一个**联盟 (coalition)** 是 N 的一个子集。

定义 12.2.1 (抵制联盟) 我们称一群经济人 $S \subseteq N$ 形成一个对配置 $\mathbf{x}$ 的**抵制联盟**，若该联盟能通过他们自身的禀赋得到帕累托改进，即存在另一个配置 $\mathbf{x}'$，使得

(1) 该配置 $\mathbf{x}'$ 相对于 S 来说是可行的，即有 $\sum_{i\in S}\mathbf{x}'_i \leqq \sum_{i\in S}\mathbf{w}_i$；

(2) 对所有的 $i \in S$，都有 $\mathbf{x}'_i \succcurlyeq_i \mathbf{x}_i$，且对某个 $k \in S$，有 $\mathbf{x}'_k \succ_k \mathbf{x}_k$。

定义 12.2.2 (经济核) 称可行配置 $\mathbf{x}$ 具有**核性质或是一个核配置**，若不存在对配置 $\mathbf{x}$ 的任何抵制联盟。所有核配置的集合被称为**经济核**或被简称为**核**。

注 从以上定义可知，经济核是合作博弈中的核在经济环境下的具体表现形式，即是定义在经济环境上的核。

注 显然，经济核中的每个配置都是帕累托最优的 (抵制联盟由所有人组成)。

定义 12.2.3 (个体理性) 我们称配置 $\mathbf{x}$ 为**个体理性的**(individually rational)，若 $\mathbf{x}_i \succcurlyeq_i \mathbf{w}_i, \forall i = 1, 2, \cdots, n$。

个体理性也被称为参与约束，它意味着若一个经济人参与经济活动后福利会亏损，即若所得到的收益比不参与这个经济活动（即消费自身的初始禀赋）所得到的收益还要差，则他不会参与该经济活动。个体理性是一个非常重要的概念，也是信息经济学和机制设计中一个基本的约束条件。若不满足该条件，就意味着参与了活动就会受损，从而就会反对参与此活

动，或反对所涉及的制度安排或改革。

注 显然，核中的每个配置必定是个体理性的。

注 当 $n=2$ 且偏好关系是弱单调时，则一个配置是核配置当且仅当它既是帕累托最优的也是个体理性的 (见图 12.1)。

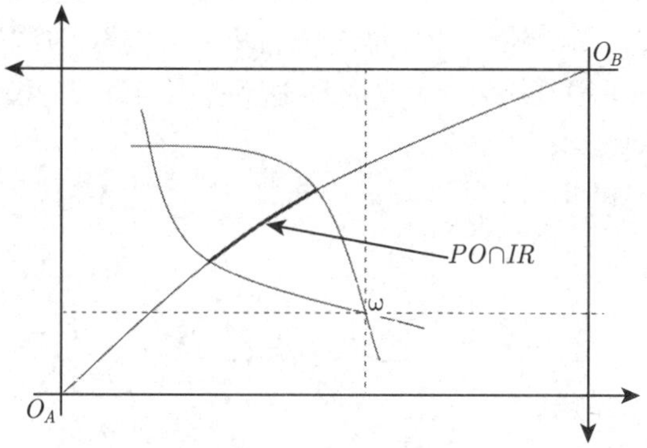

图 12.1 当 $n=2$ 时，核中的配置集即帕累托有效和个人理性配置集

注 虽然帕累托最优配置独立于个人禀赋，但核配置却与个体禀赋有关。

12.2.2 经济核定理

经济核与竞争均衡有什么关系呢？下面的定理证明了，在个体自利性假设下，每个竞争均衡必定为核配置。由于经济核不存在任何抵制联盟，因而可被视作经济社会稳定的一个标准，可用来解释为什么一个完善成熟的市场经济相对安定有序和相对稳定。证明的方法和福利经济学第一基本定理非常类似。

定理 12.2.1 *假设偏好满足局部非饱和性。若 $(\mathbf{x}, \mathbf{p})$ 是竞争均衡，则 $\mathbf{x}$ 具有核性质。*

证明 反证法。若 $\mathbf{x}$ 不是核中的配置，则存在联盟 S 和可行配置 $\mathbf{x}'$，使得

$$\sum_{i \in S} \mathbf{x}'_i \leqq \sum_{i \in S} \mathbf{w}_i, \tag{12.2.1}$$

且 $\mathbf{x}'_i \succcurlyeq_i \mathbf{x}_i, \forall i \in S$，并对某个经济人 $k \in S$，有 $\mathbf{x}'_k \succ_k \mathbf{x}_k$。于是，根据偏好的局部非饱和性，我们有

$$\mathbf{p}\mathbf{x}'_i \geqq \mathbf{p}\mathbf{x}_i \ \forall i \in S,$$
$$\mathbf{p}\mathbf{x}'_k > \mathbf{p}\mathbf{x}_k \ \exists\, k.$$

于是有

$$\sum_{i \in S} \mathbf{p}\mathbf{x}'_i > \sum_{i \in S} \mathbf{p}\mathbf{x}_i = \sum_{i \in S} \mathbf{p}\mathbf{w}_i, \tag{12.2.2}$$

和 $\mathbf{x}'$ 是可行配置矛盾。因此竞争均衡配置必然在核中。 □

定义 12.2.4 (平等对待配置) 若在一个配置中同种类型的消费者都获得相同的消费束，则称该配置为**平等对待配置 (equal-treatment allocation)**。可证明，核中的每个配置都是平等对待配置。

命题 12.2.1 (核平等对待配置) 在二人经济 e 中，设每个经济人都具有严格凸偏好。若 $\mathbf{x}$ 是经济 e 的一个 r-复制，则对核中的任何配置，所有相同类型 (偏好、禀赋) 的个体都获得相同的消费束。

证明 设 $\mathbf{x}$ 是核中的一个配置，并记经济中 $2r$ 个经济人的排序分别为 $A_1, \cdots, A_r$ 和 $B_1, \cdots, B_r$。若同种类型的所有经济人没有获得相同的配置，则每种类型都存在一个经济人，其境遇在所有该种类型的经济人中最糟糕。我们称这样的两个个体为"类型 A"的被压迫者和"类型 B"的被压迫者 (underdog)。若某种类型存在多个被压迫者，则我们在该种类型中选择任意一个这样的被压迫者即可。

设 $\bar{\mathbf{x}}_A = \frac{1}{r}\sum_{j=1}^r \mathbf{x}_{A_j}$ 和 $\bar{\mathbf{x}}_B = \frac{1}{r}\sum_{j=1}^r \mathbf{x}_{B_j}$ 分别为"类型 A"和"类型 B"的平均消费束。由于核中的任何配置 $\mathbf{x}$ 都是可行的，我们有

$$\frac{1}{r}\sum_{j=1}^r \mathbf{x}_{A_j} + \frac{1}{r}\sum_{j=1}^r \mathbf{x}_{B_j} = \frac{1}{r}\sum_{j=1}^r \mathbf{w}_{A_j} + \frac{1}{r}\sum_{j=1}^r \mathbf{w}_{B_j} = \frac{1}{r}r\mathbf{w}_A + \frac{1}{r}r\mathbf{w}_B.$$

从而有

$$\bar{\mathbf{x}}_A + \bar{\mathbf{x}}_B = \mathbf{w}_A + \mathbf{w}_B,$$

因此，$(\bar{\mathbf{x}}_A, \bar{\mathbf{x}}_B)$ 对两种类型的被压迫者形成的联盟来说是可行的。由于我们已假定至少有一种类型 (不妨设为类型 A) 存在被压迫者，该种类型 (类型 A) 至少有两个消费者的消费束不相同。于是，根据偏好的严格凸性，类型 A 的被压迫者将严格偏好于 $\bar{\mathbf{x}}_A$ 而非其现在的配置 (由于消费束的加权平均要好于类型 A 的被压迫者的原消费束)，且类型 B 的被压迫者将认为 $\bar{\mathbf{x}}_B$ 至少和其现在的消费束一样好。这样，这两种类型的被压迫者就形成了一个抵制联盟，与它是一个核配置矛盾。命题得证。 □

由于对核中的任意配置，同类型的个体都必定有相同的消费束，我们可以用埃奇沃思盒来考察二人 r-复制经济的核。经济核中的点 $\mathbf{x}$ 不是表示类型 A 和类型 B 获得了多少配置，而是告诉我们每种类型的每个个体获得了多少。上述命题告诉我们，一个 r-复制经济的核中所有的配置都可以用这种方式表示。

下述定理是上述命题 12.2.1 的逆命题，它表明，当经济（即 r）充分大时，任意非竞争均衡配置都不在该 r- 复制经济的核中。这意味着当经济越来越大时，其经济核收缩到瓦尔拉斯均衡。

定理 12.2.2 (经济核收缩定理，简称经济核定理) 假设 $\succcurlyeq_i$ 连续且严格凸，且 $\mathbf{x}^*$ 为唯一的竞争均衡配置。若 $\mathbf{y}$ 不是竞争均衡，则存在该经济的 V-复制，使得 $\mathbf{y}$ 不在该复制经济的核中。

证明 参考图 12.2 进行证明。我们希望证明存在 V-复制经济及其中的某个联盟，使得 $\mathbf{y}$ 被该联盟抵制。由于 $\mathbf{y}$ 不是竞争均衡，因而通过 $\mathbf{y}$ 和 w 的线段必然与至少某个经济人的无差异曲线相交而不相切，不妨设在 $\mathbf{y}$ 点与经济人 A 的无差异曲线相交。于是，根据偏好 $\succcurlyeq_i$ 的严格凸性和连续性，存在整数 V 和 T，$0 < T < V$，使得

$$\mathbf{g}_A \equiv \frac{T}{V}\mathbf{w}_A + \left(1 - \frac{T}{V}\right)\mathbf{y}_A \succ_A \mathbf{y}_A.$$

由于任何实数都可以通过有理数逼近，这样的整数比 $\frac{T}{V}$ 是存在的。设 V 个类型 A 的消

费者和 $V-T$ 个类型 B 的消费者组成了一个联盟。考虑其配置 $\mathbf{x}=(\mathbf{g}_A,\cdots,\mathbf{g}_A,\mathbf{y}_B,\cdots,\mathbf{y}_B)$。现证明 $\mathbf{x}$ 对该联盟是可行的。

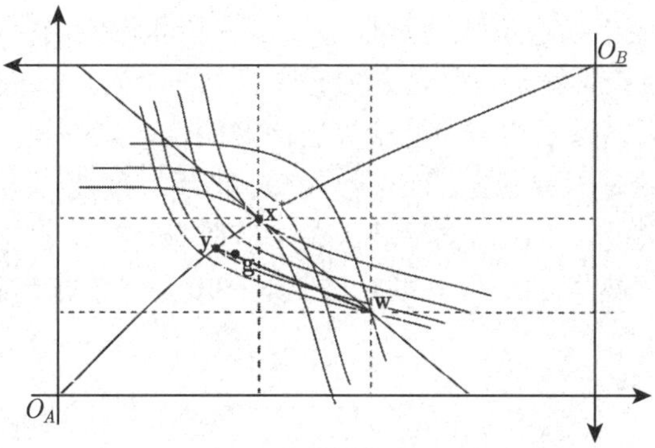

图 12.2 收缩的核：点 $\mathbf{y}$ 最终将不在核内

注意到 $\mathbf{y}_A+\mathbf{y}_B=\mathbf{w}_A+\mathbf{w}_B$，我们有

$$\begin{aligned}V\mathbf{g}_A+(V-T)\mathbf{y}_B&=V\left[\frac{T}{V}\mathbf{w}_A+\left(1-\frac{T}{V}\mathbf{y}_A\right)\right]+(V-T)\mathbf{y}_B\\&=T\mathbf{w}_A+(V-T)\mathbf{y}_A+(V-T)\mathbf{y}_B\\&=T\mathbf{w}_A+(V-T)(\mathbf{y}_A+\mathbf{y}_B)\\&=T\mathbf{w}_A+(V-T)(\mathbf{w}_A+\mathbf{w}_B)\\&=V\mathbf{w}_A+(V-T)\mathbf{w}_B.\end{aligned}$$

因此，$\mathbf{x}$ 对该联盟来说是可行的，且对类型 A 的消费者，有 $\mathbf{g}_A\succ_A\ \mathbf{y}_A$，对类型 B 的消费者，有 $\mathbf{y}_B\sim_B\ \mathbf{y}_B$，这意味着 $\mathbf{y}$ 不在该 V-复制经济的核中。定理得证。 □

注 经济核收缩定理表明，当经济充分大时 (也就是人数充分多和充分竞争时)，核中的任何配置都是市场均衡配置，因此瓦尔拉斯均衡是一个稳健均衡，独立于任何制度安排：当经济充分大时，即使从非常弱的均衡概念如经济核所导出的配置也接近瓦尔拉斯均衡。因此，该定理表明竞争和完全经济自由至关重要。我们可以通过市场制度来实现资源的有效配置和社会的稳定。

注 上述命题的许多限制性假定如偏好的强单调性、凸性、竞争均衡的唯一性和经济中只有两个经济人等都可以被放松。

综上所述，我们有如下经济核极限定理。

定理 12.2.3 (经济核极限定理) *在偏好严格凸性和连续性假定下，当每种类型的个体数增加时，二人复制经济的核是收缩的。当每种类型的个体数趋于无穷时，该经济核收敛到竞争均衡配置集。*

该结果意味着，存在 $R>0$，当 $r>R$ 时，任意不是竞争均衡的配置都不在 r-复制经济的核中。

虽然竞争均衡存在性结果没有说明导致资源有效配置制度的唯一性问题，但后面要讨论的机制设计理论告诉我们，市场制度是唯一需要的信息最少的有效配置资源的方式（即信息效率)。若我们允许个人充分的经济自由、自愿合作、自愿交换及充分竞争 (经济个体的数目越来越大时),即使不考虑任何经济制度安排,其所导致的资源配置也会收敛于竞争市场均衡,此即经济核定理。这一结果说明了市场制度的合理性和必要性。这一节的结果还说明了完全竞争自由经济的市场经济社会是较为安定有序和稳定的,较难形成反对联盟。事实上,中国几千年的历史告诉我们,社会不稳定往往由两个阶层造成:赤贫和顶层精英。赤贫由于无法生存可能会反对现社会,顶层精英想问鼎而追求最高权力。只有有产、有房、有安稳生活的中产阶级最希望保持稳定,而不作他想。市场制度能够培养大量的中产阶级。这个定理的一个政策含义就是,中国需要涌现大量中产阶级,社会才能更加稳定。因此,当前国家治理就是要建立一个成熟的现代市场经济。这些就是经济核定理所蕴含的深刻经济学思想。

12.3 资源公正配置

这一节我们讨论资源配置的公平和公正问题。这个问题异常重要,若经济社会的资源配置不公平,贫富差距过大,财产不能得到保护,市场不畅通,社会不稳定,这些都会影响资源的有效配置和经济发展。

帕累托最优性给出了评判资源配置的一个标准。尽管它是一个很少有争议的可被用来判断经济制度优劣的最低标准,适用于任何经济制度,但这个标准有它的局限性,没有涉及收入分配的问题,也没有讨论资源公平配置问题。不过,这并不意味着现代经济学及其分析框架没有或不能被用来研究资源公平配置问题。资源的有效配置与平等或公平配置其实是两类非常不同的概念,它们代表了不同的价值取向和标准。尽管一个资源配置是帕累托有效的 (例如,一人占有社会上所有资源而其他人不占有任何资源的配置是帕累托有效配置),但从社会公平的角度看,却是极端不公平的。"结果平等" (equality of outcome),即所有人对资源的配置同等,也是一个社会想要达到的理想目标。完全市场制度尽管能很好地解决效率的问题,但单靠它不能很好地解决公平配置问题。只要人们追求个人利益,在经济活动中存在着风险和机遇,经济效率与结果平等一般来说都会发生冲突,处于一种权衡取舍的状态。由于一个人的能力有大小,主观努力不同,机遇不同或所面临的风险也可能不同,为了激励人们努力工作从而增进效益,必然会造成某种程度的收入结果不平等。若无论干多干少或贡献是大是小,收入都一样多,那又会有多少人去努力工作呢?因此,单靠市场不能解决涉及收入和财富分配的公平公正问题,一个有效的资源配置也许是非常不平等的,这意味着市场在解决结果公平方面也许会失灵,政府因而需要发挥作用。

需要指出的是,结果平等是一种绝对平均的概念,只是考虑了客观因素,完全没有考虑个人主观偏好。每个人的爱好会不一样,把所有的商品平等地分给每一个人虽然是平等了,但不见得大家都满意。因而更合理的平等标准应该是将主观愿望和客观因素结合起来综合考虑。例如,按照每个人都满意自己的那份消费束,而不会羡慕或嫉妒他人的消费束或其他人的平均消费束来定义公平结果 (equitable outcome),则这样定义的公平结果也许更加合理,因为它不仅考虑到了个人偏好,也考虑到了所得消费量,其结果也就相对平等,否则商品消费束较少的人会羡慕商品消费束较多的人。更重要的是,正如本节要讨论的,按这样定义的公平配置和公正配置不仅合理，而且更加具有政策指导意义和可操作性。下面所介绍的资源公正配置不仅是帕累托有效配置，也是公平的。

12.3.1 公正配置

先引进**公平配置 (equitable allocation)** 的概念。这个定义不仅考虑到公平的客观因素，也考虑到了公平的主观偏好。为此，先定义嫉妒的概念。

定义 12.3.1 (嫉妒) 我们称经济人 i **嫉妒**（**envy**）经济人 k，若经济人 i 更偏好于经济人 k 的消费，即 $\mathbf{x}_k \succ_i \mathbf{x}_i$。

定义 12.3.2 (公平配置) 我们称配置 $\mathbf{x}$ 是**公平的**（**equitable**），若没有任何人嫉妒其他人，即对任意的 $i \in N$，有 $\mathbf{x}_i \succcurlyeq_i \mathbf{x}_k$, $\forall k \in N$。

帕累托有效仅是按一个社会资源配置是否有效作为衡量标准的，没有涉及资源的平等配置问题，一个帕累托有效的资源配置也可能是非常不平等的。而平等或公平配置仅考虑平等，而没有考虑资源配置的效率问题，也许是无效的。一个社会的资源配置只有同时满足有效和公平配置标准，该社会才算是资源公正配置的社会。于是我们有下列关于资源公正配置的概念。

定义 12.3.3 (公正配置) 我们称配置 $\mathbf{x}$ 是**公正的 (fair)**，若它既是帕累托最优的，也是公平的（见图 12.3）。

这样，即使在定义公正配置时，我们也必须注重资源配置的效率。经济若没有效率，则很难说是公正的，所以公正配置既要注重效率，也要兼顾公平。

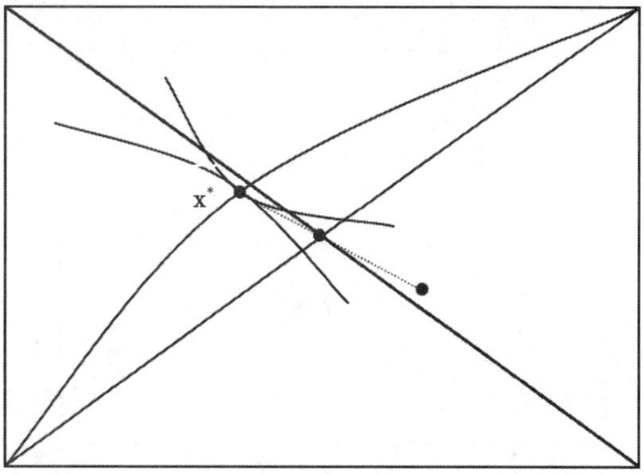

图 12.3 公正配置

注 根据定义，公正配置组成的集合是帕累托有效配置的一个子集。因此，公正性限制了帕累托最优配置的集合。以上公正配置的概念比较合理，它既考虑到了资源配置的效率，同时也考虑到了资源配置的公平。

下面的更为严格的公正配置的概念来自周林 (Zhou, 1992)。

定义 12.3.4 给定配置 $\mathbf{x}$，我们称个体 i **嫉妒联盟** S $(i \notin S)$，若 $\bar{\mathbf{x}}_S \succ_i \mathbf{x}_i$，其中 $\bar{\mathbf{x}}_S = \frac{1}{|S|}\sum_{j \in S} \mathbf{x}_j$。

定义 12.3.5 我们称配置 $\mathbf{x}$ 是**严格公平的 (strictly equitable)** 或者**严格非嫉妒的 (strictly envy-free)**，若没有人嫉妒任何其他联盟。

定义 12.3.6 (严格公正性) 配置 $\mathbf{x}$ 被称为是**严格公正的** (**strictly fair**)，若它既是帕累托最优的，也是严格公平的。

注 所有严格公正配置组成的集合为帕累托最优配置集的一个子集。

注 对二人交换经济，若 $\mathbf{x}$ 是帕累托最优的，则两个人不会同时嫉妒对方。

注 显然，每个严格公正配置同时也是公正配置，但反之不成立。然而，当 $n = 2$ 时，公正配置也是严格公正的。

一个资源公平配置未必是帕累托有效的，反之亦然。具备上述两个特征的配置就是资源公正配置。图 12.4 中的配置表明，配置 $\mathbf{x}^*$ 是帕累托有效的，但不是公平的。

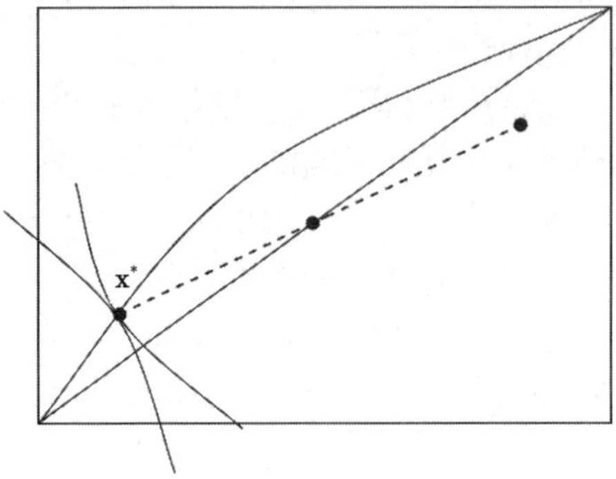

图 12.4 $\mathbf{x}^*$是帕累托有效的，但不是公平的

图 12.5 中的配置表明，$\mathbf{x}^*$ 是公平的，但它不是帕累托有效的。

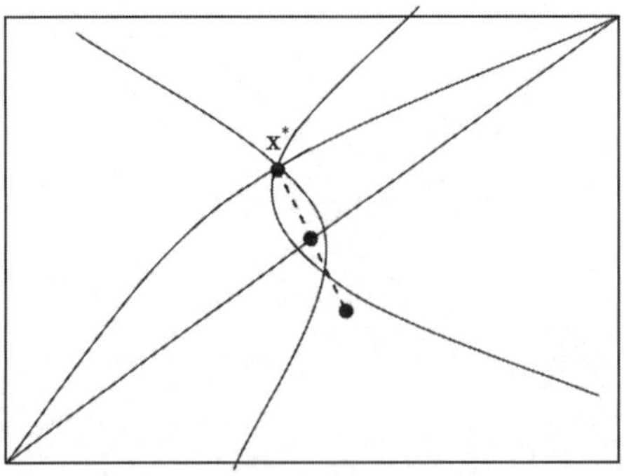

图 12.5 $\mathbf{x}^*$是公平的，但不是帕累托有效的

从图形来看，公正配置一般来说都是比较平等的。这个概念的合理之处是既照顾到了平等，也照顾到了个人偏好取向。

如何决定一个配置是否为公正配置呢？在这里，有一个决定公正配置的方法，该方法分为三步。首先检查这个配置是否为帕累托最优的；其次对配置做镜面反射；最后进行比较。

检验配置公正性的图示步骤

考虑二人经济的埃奇沃思盒，以及盒中任意点 $\mathbf{x} = (\mathbf{x}_A, \mathbf{x}_B)$，消费者 A 将其消费组合 $\mathbf{x}_A$ 与消费者 B 的组合 $\mathbf{x}_B$ 比较的一种简单方法是求出 $\mathbf{x}_A$ 关于盒子中心点的对称点，即连接 $\mathbf{x}$ 与盒子中心线段的延长线上的某点 $\mathbf{x}'$，该点同中心点的距离与 $\mathbf{x}_A$ 同中心点的距离相等，即 $\mathbf{x}' = (\mathbf{x}_B, \mathbf{x}_A)$，然后作比较即可。若通过 $\mathbf{x}$ 的无差异曲线在 $\mathbf{x}'$ 的下方，则 A 嫉妒 B。由此我们可得下述检验给定配置是否为公正配置的方法 (见图 12.6)。

第 1 步：该配置是帕累托最优的吗？若是，转第二步，否则停止检验，配置不是公正的。

第 2 步：构造对称点 $\mathbf{x}' = (\mathbf{x}_B, \mathbf{x}_A)$ (注意 $\frac{\mathbf{x}+\mathbf{x}'}{2}$ 为埃奇沃思盒的中心点)。

第 3 步：对经济人 A 比较 $\mathbf{x}_B$ 和 $\mathbf{x}_A$，看是否有 $\mathbf{x}_B \succ_A \mathbf{x}_A$，并对经济人 B 比较 $\mathbf{x}_A$ 和 $\mathbf{x}_B$，看是否有 $\mathbf{x}_A \succ_B \mathbf{x}_B$。若上述答案都是否定的，则配置是公正的。

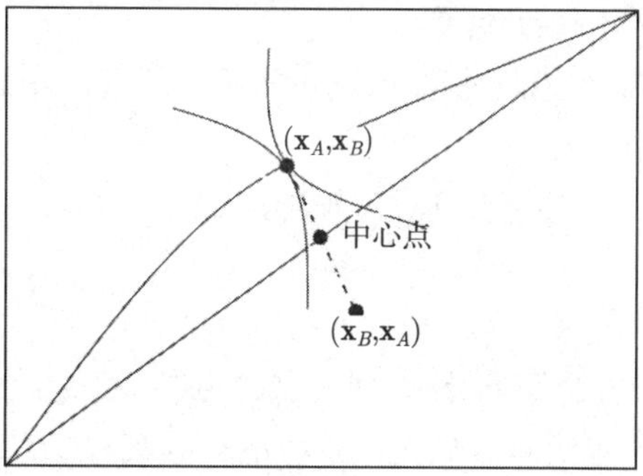

图 12.6 如何检验公正配置

12.3.2 公正定理

我们已经给出了公正配置的若干性质，它既注重效率，也兼顾了公平。那么，一个自然而然的问题是，公正配置是否存在？如何达到公平配置？一般来说，它并不存在，然而通过转移支付，使得个体新的财富分配水平相等，就可能存在。下述定理给出了公正配置存在的充分条件。其关键是，首先要有一个初始禀赋价值相等的机会公平的起点，然后通过市场制度的运作，就可以达到既有效率又公平的资源配置，这就是下面的公正配置定理。这个定理在国外教科书中基本不讨论。Varian 的早期教科书曾讨论过这个结果，但在再版中去掉了。中国当前在转型过程中之所以出现了经济高速发展，但同时收入差距过大这种两头冒尖的状况，就是忽视了资源的效率和公平配置都重要的基本原则。从而，公正定理为解决效率与公平兼顾问题向我们提供了启迪。

定理 12.3.1 (公正定理) *设 $(\mathbf{x}^*, \mathbf{p}^*)$ 为竞争均衡。在局部非饱和性假定下，若所有个体初始禀赋的价值相等，即 $\mathbf{p}^*\mathbf{w}_1 = \mathbf{p}^*\mathbf{w}_2 = \cdots = \mathbf{p}^*\mathbf{w}_n$，则 $\mathbf{x}^*$ 是一个严格公正配置。*

上述结果十分重要。它说明了，在政府的帮助下，市场制度也可以导致公正配置。证明方法类似福利经济学第一基本定理。这个命题也是针对自利性个体（思想境界不高的个体）来说的。

证明 根据局部非饱和性和福利经济学第一基本定理，$\mathbf{x}^*$ 为帕累托最优配置。这样，我们只需证明 $\mathbf{x}^*$ 是严格公正配置即可。若不然，存在 i 和联盟 S，$i \notin S$，使得

$$\overline{\mathbf{x}}_S^* \equiv \frac{1}{|S|}\sum_{k\in S}\mathbf{x}_k^* \succ_i \mathbf{x}_i^*. \tag{12.3.3}$$

因此，我们有 $\mathbf{p}^*\overline{\mathbf{x}}_S^* > \mathbf{p}^*\mathbf{x}_i^* = \mathbf{p}^*\mathbf{w}_i$。由于 $\mathbf{p}^*\mathbf{w}_1 = \mathbf{p}^*\mathbf{w}_2 = \cdots = \mathbf{p}^*\mathbf{w}_n$，前述结论同下

列事实相矛盾：

$$\mathbf{p}^*\overline{\mathbf{x}}_S^* = \frac{1}{|S|}\sum_{k\in S}\mathbf{p}^*\mathbf{x}_k^* = \frac{1}{|S|}\sum_{k\in S}\mathbf{p}^*\mathbf{w}_k = \mathbf{p}^*\mathbf{w}_i. \tag{12.3.4}$$

因此，$\mathbf{x}^*$ 必然是严格公正配置。 □

以上公正定理表明，通过政府的作用使所有人初始禀赋的价值相等，然后让市场发挥作用，至少在理论上就能解决好效率和公平兼顾的问题。

下面给出公正定理成立的一个充分条件：通过政府手段，使所有人的初始禀赋相等，从而导致了下面的均等收入瓦尔拉斯配置。

定义 12.3.7 我们称 $\mathbf{x} \in \mathcal{R}_+^{nL}$ 为**均等收入瓦尔拉斯配置** (equal income Walrasian allocation)，若存在价格向量 $\mathbf{p}$，使得

(1) $\mathbf{p}\mathbf{x}_i \leqq \mathbf{p}\overline{\mathbf{w}}$，其中 $\overline{\mathbf{w}} = \frac{1}{n}\sum_{k=1}^{n}\mathbf{w}_k$ 为平均禀赋。

(2) 若 $\mathbf{x}_i' \succ_i \mathbf{x}_i$，则 $\mathbf{p}\mathbf{x}_i' > \mathbf{p}\bar{\mathbf{w}}$。

(3) $\sum \mathbf{x}_i \leqq \sum \mathbf{w}_i$。

注意，每个均等收入瓦尔拉斯配置 $\mathbf{x}$ 是禀赋为 $\mathbf{w}_i = \overline{\mathbf{w}}, i \in N$ 的竞争均衡配置。

推论 12.3.1 *在偏好的局部非饱和性假定下，每个均等收入瓦尔拉斯配置是严格公正的。*

注 当把个体的偏好考虑进去时，资源的平均分配本身不一定导致公正配置，但如果有一个同等初始禀赋价值的起点，然后通过市场运作就可导致资源既有效率也是公平的配置结果。这种**分配加选择** (divide-and-choose)的方法意味着若埃奇沃思盒的中心为初始禀赋点，则竞争均衡配置是公正的。本结论的政策含义是显然的。由于个体的偏好基本上是不同的，平均分配不是帕累托最优的。但是，禀赋的平均分配再加上竞争市场能保证配置的公正性。也就是说，在第一步，政府将资源尽可能平均地分配给个体，第二步，政府让市场自行运作而不是一味干预，在一些技术性约束条件下，如局部非饱和性和完全信息等条件下，则市场竞争就会导致既有效率也是公平的资源配置结果。

因而，公正定理的政策含义是，一个和谐理想的社会要保证社会成员的基本权利，保证他们享有大致相同的基本发展机会，保证所有公民都能够接受教育，享受同等的基础教育，使之都能够公平地参与市场竞争，都能够依靠法律和制度来维护自己的合法权益。政府应通过真正的义务教育，通过调节税制、遗产税、房产税等方式，为大众创造一个尽可能公平竞争的起点，然后让市场去运作，我们就可以达到既公平也有效率的资源配置。

公正定理对解决当今社会越来越大的贫富差距和社会不公问题具有重大的现实指导意义。尽管当前市场化改革暴露出来的不少问题是由于体制转型处于非均衡状态，在改革过程中不可能完全避免，但也有许多是人为因素造成的。比如，许多社会不公和结果不平等 (inequality of outcome) 的严重现象在很大程度上是由于机会不均造成的。采取恰当的措施和政府政策可以大大减轻社会不公的程度。机会均等是社会公平与正义的重要前提，是实现社会和谐至关重要的必要条件，因为个人的发展不应当因为他无法控制的环境（例如出身、性别）的不同而受到影响。现代市场体系的一个基本前提条件就是要尽量地创造机会均等的条件。其实，许多人所反对的不是结果的不公平，而是对机会不公，对政府官员寻租行为泛滥、贪腐猖獗的不满。机会不均从根本上违背了市场体系运行良好的要求，市场经济体系的发展恰恰要求机会均等。在这种情况下，机会均等和经济效率是完全一致和兼容的。

近年来，国家为解决三农问题实施的一些具体措施，如增加农业基础设施投入、免征农业税、减免中西部地区的贫困家庭学生的学杂费以及课本费，都是有利于建立平等起点的强有力措施，是改进公正和公平的具体体现，但还远远不够。需进一步加大义务教育的推行力度，世界上大多数国家从小学到高中都实行免费教育。在这些发达国家中，不但学杂费免费，对低收入的家庭，连午餐费也减免。还需尽快消除城乡二元结构，城乡二元结构造成了极大的起点不公平，中国的城乡差距问题的解决也依赖于此。总之，政府应该对所有民众给予同样的机会，让他们具有相同的竞争起点。老百姓最痛恨的不是竞争所带来的不公平，而是机会不均，一开始就处于不公平的竞争地位上。腐败、官二代、富二代都会造成起点不公，使社会缺乏流动性，造成阶层、阶级的分化，都会导致很大的社会问题，最终影响是经济效率降低、社会非和谐和不稳定。总之，市场制度本身不能解决资源公正配置的问题，因此必须与政府一道共同解决问题，政府需要发挥好的作用，创造一个公正的竞争环境，健全民主和法制环境，而不是直接参与到经济活动中去，只有这样才能保证市场的有效运作和资源的有效配置。

注 以公平配置 (不是平均社会禀赋) 作为初始禀赋所得出的竞争均衡不一定是公正的。

注 公正配置的定义没有涉及个体的初始禀赋。由于我们考虑的是资源的最优配置，在社会中，初始禀赋可以在个体之间重新分配，这是只有政府才能做到的事情。

一般来说，经济核配置与公正配置之间没有必然的联系。但是，在二人 r-复制经济中，当社会禀赋在所有人之间平均分配时，我们有如下结果。

定理 12.3.2 对二人 r-复制经济，若 $\succcurlyeq_i$ 是凸的，且总禀赋被平均地分配给所有个人，则核配置组成的集合是 (严格) 公正配置组成的集合的子集。

证明 我们已知经济核中的每个配置 $\mathbf{x}$ 都是帕累托最优的。我们只需证明 $\mathbf{x}$ 也是公平的即可。由于 $\mathbf{x}$ 在核中，$\mathbf{x}$ 是个人理性的 (每个人都偏好初始禀赋)。若 $\mathbf{x}$ 不是公平的，则由于 $w_A = w_B$ 和 $\mathbf{x}$ 是可行的，不妨设在 A 类存在个体 i，他嫉妒 B 类的经济人（根据核同等对待，同类的经济人得到同样的消费组合，不可能嫉妒同类经济人），于是有

$$\begin{aligned}\mathbf{x}_B \succ_A \mathbf{x}_A \succcurlyeq_A w_A &= \frac{1}{2}(w_A + w_B)\\ &= \frac{1}{2}(\mathbf{x}_A + \mathbf{x}_B).\end{aligned}$$

因此，$\mathbf{x}_A \succcurlyeq_A \frac{1}{2}(\mathbf{x}_A + \mathbf{x}_B)$。但另一方面，由于 $\succcurlyeq_A$ 是凸的，由 $\mathbf{x}_B \succ_A \mathbf{x}_A$ 我们可推得 $\frac{1}{2}(\mathbf{x}_A + \mathbf{x}_B) \succ_A \mathbf{x}_A$，这就造成了矛盾。命题得证。 □

12.4 社会选择理论

12.4.1 概述

本节对社会选择理论进行简要介绍。我们分析在何种条件下个体偏好能以一种满意的方式 (以满足一些合理条件的相容方式) 被加总成社会偏好，或者更直接地，被加总成社会决策。其基本结果是阿罗不可能性定理，它是社会选择理论中一个最重要的结果，由当时不到 30 岁（还由于第二次世界大战服役了 4 年）的阿罗在 20 世纪 50 年代初给出，该结果已经成为政治经济学、集体选择理论中最为经典的结果。社会选择理论是当时经济学中的全新

课题，几乎所有的问题都是由阿罗提出的，并作了部分解答。即使现在来看，能将这个结果想出来并加以证明也是天才。①

从前面章节关于各种架构的经济行为的理论讨论中我们知道，个体的经济行为都是在可供选择方案中从事本质上理性的抉择。例如，消费者从不同种类的商品组合中作选择，这些组合乃是他们在当前的物价水平以及可支配所得下能够负担得起的范围。而在厂商方面，除了在固定的产出水平下就各种不同的生产方式作出选择外，也要在不同的生产水平间作出选择。认为选择行为是理性的经济学者都认为，对各种不同的选择方案，选择者可以排列先后顺序。在一组可供选择的可能方案中，不论是技术上可行的各种生产方式，还是消费者在预算限制下可以购买的商品组合，从事选择的人都会从中选出顺位最高的方案。当我们说这些选择方案是按照偏好排序的时，其含义相当明确，就是其偏好构成一个偏好序：任何两组选择方案都可以相互比较，且方案的排列顺序有一贯性及满足传递性。虽然个人选择理论最初被用于经济分析，但显然在许多其他领域也适用。霍特林、冯 • 诺依曼以及熊彼特等人都曾主张将这套理论应用到政治选择方面，比如对候选人的选择以及对法案的选择等。投票可被视为将个别选民对候选人或其政见的偏好加总，从而汇集为所谓的社会选择。然而，社会的理性选择往往很难。诚如我们在“公正性”的讨论中所展现的，我们很难提出一种确定社会选择的准则或法规 (constitution)。

一个社会的选择应该反映出众多个体的意志。假设一个社会必须从不同的备选方案中作选择，每一位个体都会根据各自对结果的预期排列各项备选方案的优先顺序。比如，一个大公司的不同股东可能会有不同的预期，因此他们排列出来的备选方案顺序自然可能大异其趣。一种解决方式是采用由公司制定的正式投票规则。假如只有 A 与 B 两种投资政策，情况很简单，被选上的必定是大多数股权所支持的一种。然而，在现实世界里，大多数时候都会碰到两种以上的选择方案，为简单起见，比如说，有 A、B、C 三种方案。最自然的做法，就是从三者当中选出一种大多数股东认为优于其他两者的方案。由法国哲学家、数学家孔多塞（Condorcet, 1743—1794）所发现、下面会正式讨论的投票悖论给出了一种令人困扰的现象。A 受到的支持度高于 B，而 B 又高于 C，但 A 和 C 相比较时，反而是 C 的支持度比 A 略胜一筹。换句话说，多数投票决定规则（majority voting rule）并不一定具备偏好的传递性。

当然，这种无法传递的特性不一定会产生，而要看投票人的偏好而定，在某些特殊但非完全不自然的条件下，投票的矛盾也可能不会发生。但不管怎样，其重点是，两两相比的多数投票决定规则（pairwise majority voting）并不能保证整个社会能产生出一个排列顺序。特别是，在考虑军事和外交的战略或政策制定的选择时，国家被视为理性的行为者。既然国家是由偏好顺序不同的个人集结而成，如果采用两两相比的多数投票决定规则，那么根据人民的偏好顺序，不一定能导出整个国家的优先顺序。这样，社会是否能作出理性选择就成为极其重要的问题，也就是，是否可能找出其他方法来加总个人的偏好顺序，以形成社会的偏好顺序？也就是说，使在不同方案间所做的选择具有传递性。

社会选择理论旨在构建这样的规则，该规则不但可以与帕累托有效配置结合起来，还可

① 在著者看来，阿罗是近一个世纪以来极少数最有天赋的经济学家之一。除了开创社会选择理论，他还对一般均衡理论及对经济理论差不多重新界定的信息经济学作出了奠基性工作。

以同社会面对的任何其他选择结合起来。我们将给出有关社会选择理论的最基本的结果：无论采用什么方法来加总个人偏好顺序而产生社会选择，而且社会选择也符合某些非常自然的条件，总会存在一些个人偏好顺序，让社会选择不具传递性，就像孔多塞投票悖论一样，这样结果的严谨描述由阿罗不可能性定理 (Arrow impossibility theorem) 和吉伯德–萨特思韦特 (Gibbard-Satterthwaite) 定理给出。前者说明满足一些合理假定的社会福利函数不存在，唯一存在的是 "独裁" (某个人的偏好等同于整个社会的偏好)，而后者说明唯一存在的是被一个人控制的 " 独裁" 社会选择机制，但这样的机制在现实中是基本不可能存在的。

随后，赫维茨基于此思想开创了经济机制设计理论。阿罗不可能性定理背后隐藏的思想非常深刻，其洞察力异常深邃。它告诉我们，在应用一个理论时，从个体偏好到社会偏好的加总可能会出现很大的问题。即使个体偏好是理性的，但从整个社会来说，也许并不存在一个理性的选择。作为一个推论，我们也许永远也找不到一个理论或一个制度来解决一个国家所有的问题。我们只能对具体问题或某一类人、某个国家、某个区域给出解决问题的方式或制度，针对各种具体情境制定出各种制度安排。我们只能因时、因地、因人、因事而异地分析和解决问题，普适性的理论无论是在自然科学还是在社会科学都是不存在的。这就是阿罗不可能性定理的深邃哲学和经济思想所在，是我们设计社会制度时所必须考虑的基本约束条件，为我们提供了重要启迪。

下面我们介绍社会选择理论的基本分析框架及其基本结果的严谨描述。

12.4.2 基本设定

$N=\{1,2,\cdots,n\}$: 所有个体的集合。

$X=\{\mathbf{x}_1,\mathbf{x}_2,\cdots,\mathbf{x}_m\}:(m\geqq 3)$: 备选事项 (项目、结果、方案) 的集合。

$\succcurlyeq_i$(或 R_i): 个体 i 的弱偏好序。

$\Re$: 所有可能的弱偏好序的集合。

$R=(R_1,R_2,\cdots,R_n)$: 偏好序偶。

$\Re^n$: 所有可能的个人弱偏好序偶组成的集合。

$\mathcal{S}(X)$: 所有可能的社会偏好序的集合。

此外，经常为了简化讨论，假定所有个体的偏好都是严格的，记为 $\succ_i$(或 P_i)，即任何两个备选事项对每个经济人来说都是有差异的。这样，对任意的个体 i 及备选事项 $\mathbf{a}$ 和 $\mathbf{b}$，要么 $\mathbf{a}\succ_i\mathbf{b}$，要么 $\mathbf{b}\succ_i\mathbf{a}$ (若 X 是有限的，则该假定基本上都能满足)。记 $\mathcal{P}$ 为所有可能的严格偏好序的集合。显然有 $\mathcal{P}\subseteq\Re$。

如第 3 章所指出的，对任意给定严格偏好关系 $\succ$，可以定义一个弱偏好关系 $\succcurlyeq$: $\mathbf{a}\succcurlyeq\mathbf{b}$ 当且仅当 $\mathbf{b}\succ\mathbf{a}$ 不成立，如此定义的 $\succcurlyeq$ 是一个自反和完备的弱偏好关系。

阿罗社会福利函数：

$$F:\Re^n\to\mathcal{S}(X) \tag{12.4.5}$$

是将个人偏好序偶映射到社会偏好序的映射。读者要注意到它与萨缪尔森的社会福利函数的区别。后者没有涉及社会加总偏好的问题，而只考虑了社会效用最大化。与这一函数对应的是社会选择函数，即如何从个体偏好来选择一个社会结果。这两种处理方式其实是等价的。

吉伯德–萨特思韦特社会选择函数 (SCF) 是从个人偏好序映射到结果选择的映射

$$f : \Re^n \to X. \tag{12.4.6}$$

注意，即使个人偏好序满足传递性，社会偏好序也可能不满足传递性。为理解这一点，考虑下述著名的孔多塞悖论。

例 12.4.1 (孔多塞悖论)　假设社会选择由多数投票决定规则 (majority voting rule) 确定。这种规则是一个社会福利函数吗？由著名的孔多塞悖论 (Condorcet paradox)，答案是否定的。考虑有三个个体和三种备选事项 x、y、z 的社会，比如假设 x、y、z 是三位候选人，同时由三位选民投票决定哪个当选。假设这些选民对候选人的偏好分别为：

$x \succ_1 y \succ_1 z$　(选民 1)；

$y \succ_2 z \succ_2 x$　(选民 2)；

$z \succ_3 x \succ_3 y$　(选民 3)。

这样，第一位选民对候选人的偏好顺序是 x 优于 y，y 又优于 z。假设选民对候选人的顺序排列存在传递性。则第一位选民偏好 x 优于 z。第二位选民的偏好顺序是 y 优于 z，z 又优于 x，因此他对 y 的喜好应胜于 x。而第三位选民的偏好顺序是 z 优于 x，x 又优于 y。

那么，根据多数投票决定规则，我们有：

x 和 y 意味着 xFy (根据社会偏好)；

y 和 z 意味着 yFz (根据社会偏好)；

x 和 z 意味着 zFx (根据社会偏好)。

如果传递性存在，则 x 应该会胜过 z。但实际的状况是：对社会偏好来说，由多数投票决定规则，有 x 严格优于 y，y 严格优于 z，但由于第二位及第三位选民都较偏好 z 而不是 x，z 严格优于 x，从而产生无传递性。社会偏好的这种循环结构意味着它不满足传递性。

偏好序偶的数目会随着备选事项数的增加而迅速增加。

例 12.4.2　对 $X = \{x, y, z\}$, $n = 3$，有六种可能的偏好关系：

$x \succ y \succ z$;

$x \succ z \succ y$;

$y \succ x \succ z$;

$y \succ z \succ x$;

$z \succ x \succ y$;

$z \succ y \succ x$。

因此，共有六种可能的个体偏好序，即 $|\mathcal{P}| = 6$。由于有三个个体和每个个体有六种偏好序，于是总共有 $|\mathcal{P}|^3 = 6^3 = 216$ 种可能的组合选择。社会福利函数需要将这 216 种组合映射到某个社会选择偏好 (从六种偏好选择中决定一个)。我们要考察的一个问题是我们对这样的社会福利或选择函数应该施加何种限制？

当个体数和备选事项数增加时，偏好序的数目随着备选事项数目的增加呈几何级数增加，从而政府难以知道个体众多的可能偏好。这也是为什么在美国，选举时议员要公开竞选，通过与选民交流来沟通信息，因而美国的参议员和众议员需要代表选民的利益，这也是美国国会议员要争来争去的原因，因为作出社会选择是非常困难的。

读者可以考虑如下假想的例子：你要写一封信给你的人大代表，对国民项目 (选择) 列出你的偏好序 P_i，如提高教育经费、增拨社会救济金、削减政府开支、扩张医疗计划、加大社会保障、提高国防预算等。人大代表基于所收到大量建议关于选项进行排序 P 后，综合提出针对这些选项的社会偏好序 $F(P)$。你希望人大代表会确定某种规则 (法规) 以便从个人偏好序形成社会偏好序。上述假想的问题即说明了社会选择理论要研究的主要问题。

12.4.3 阿罗不可能性定理

这一节介绍阿罗不可能性定理。阿罗想要回答的基本问题是，在何种条件下个体偏好能以一种使我们满意的方式被加总成社会偏好。既然要考虑尊重个体偏好的社会偏好问题，我们希望社会选择偏好能在一些合理的条件下被加总，但阿罗不可能性定理给出的结论令人吃惊：在那些看起来非常合理的假定下，却不存在能代表多数人意见的社会偏好，唯一可能的社会福利函数是 "独裁" 的，也就是某个人的偏好就是整个社会的偏好，但这几乎是不可能的。

定义 12.4.1 (无约束域 (UD)) 个人偏好序的集合由定义在 X 上的所有可能的严格偏好序 $\mathcal{P}$ 组成。

由于社会福利函数代表了整个社会偏好，需要充分考虑各种可能的个人偏好，而个体数目巨大，其偏好也是各式各样，各种可能性都有，因此希望个体偏好序的各种可能都是被允许的，因而无约束域是一个期待能满足的假设。

同时，人们也希望社会偏好要充分考虑到民意，若有两个事项供选择，当所有人都认为某个事项优于另外一个时，那么这个事项也应该是社会最优的，因而希望满足下面的帕累托原则。

定义 12.4.2 (帕累托原则 (P)) 若对任意的 $i \in N$ 和任意的 $\mathbf{x}, \mathbf{y} \in X$，有 $\mathbf{x} P_i \mathbf{y}$，则 $\mathbf{x} F(P) \mathbf{y}$ (社会偏好)。

另外，我们还希望能就事论事，对任意两种事项选择的排序不受其他事项选择的影响，社会偏好只取决于个体对这两种选择的偏好，即若所有个体在不同的个人偏好下对两个事项有相同排序，则社会福利函数在相对应的偏好下对这两个事项的排序也应该一样，由此有以下不相关选择的独立性假设。

定义 12.4.3 (不相关选择的独立性 (independence of irrelevant alternatives (IIA)) 对任意两个事项，社会偏好只取决于个体对这两个事项的偏好。正式地，对任意满足

$$\mathbf{x} P_i \mathbf{y} \Leftrightarrow \mathbf{x} P_i' \mathbf{y}, \forall i \in N$$

的 $\mathbf{x}, \mathbf{y}, \in X$ 和 $P, P' \in \mathcal{P}^n$，我们有

$$\mathbf{x} F(P) \mathbf{y} \Leftrightarrow \mathbf{x} F(P') \mathbf{y}.$$

注 IIA 意味着，若个体 P 和 P' 对 $\mathbf{x}$ 和 $\mathbf{y}$ 的排序相同，则 $F(P)$ 和 $F(P')$ 对 $\mathbf{x}$ 和 $\mathbf{y}$ 的排序也相同。换句话说，若不同的偏好序偶对 $\mathbf{x}$ 和 $\mathbf{y}$ 的排序是一样的，则这两个偏好序偶的社会序对 $\mathbf{x}$ 和 $\mathbf{y}$ 的排序也是一样的。

注 根据 IIA，不影响 $\mathbf{x}$ 和 $\mathbf{y}$ 排序的偏好序的任何变化都不会影响 $\mathbf{x}$ 和 $\mathbf{y}$ 的社会排序。

例 12.4.3 设 $\mathbf{x}\ P_i\ \mathbf{y}\ P_i\ \mathbf{z}$，$\mathbf{x}\ P_i'\ \mathbf{z}\ P_i'\ \mathbf{y}$。则根据 IIA，若 $\mathbf{x} F(P) \mathbf{y}$，则有 $\mathbf{x} F(P') \mathbf{y}$。

定义 12.4.4 (独裁者) 存在个体 $i \in N$，使得 $F(P) = P_i, \forall P \in \mathcal{P}^n$。这样的个体 i 被称为**独裁者 (dictator)**。

这个假设意味着，在社会中，对要选择的事项高度统一，某个人的偏好代表整个社会的偏好。

以下阿罗不可能性定理证明了，在备选事项的数目大于 2、个体偏好满足无约束域、帕累托原则及不相关选择的独立性这些看似合理的假设下，唯一可能的社会选择偏好就是某个人的偏好代表所有人的偏好的“独裁”社会，这样的社会在现实中基本上是不可能的。

定理 12.4.1 (阿罗不可能性定理) 任意满足 $m \geqq 3$, UD, P, IIA 条件的社会福利函数 $F : \mathcal{P}^n \to \mathcal{S}(X)$ 必定是独裁的。

证明 这个定理的证明比较复杂，有多种不同的证明方法。下述证明的思想可追溯到 Vickrey (1960)，它由三个引理组成。 □

引理 12.4.1 (中性) 给定满足

$$\forall i \in M, \mathbf{x} P_i \mathbf{y} \quad 和 \quad \mathbf{a} P_i' \mathbf{b},$$
$$\forall i \in I, \mathbf{y} P_i \mathbf{x} \quad 和 \quad \mathbf{b} P_i' \mathbf{a}$$

的划分 $N = M \cup I$ 和 $(\mathbf{a}, \mathbf{b}, \mathbf{x}, \mathbf{y}) \in A^4$，我们有

$$\mathbf{x} \hat{P} \mathbf{y} \Leftrightarrow \mathbf{a} \hat{P}' \mathbf{b} \tag{12.4.7}$$

和

$$\mathbf{x} \hat{I} \mathbf{y} \Leftrightarrow \mathbf{a} \hat{I}' \mathbf{b}. \tag{12.4.8}$$

证明 引理 12.4.1 的解释很简单：若对每个个体来说，$\mathbf{x}$ 和 $\mathbf{y}$ 用 P 排序的结果和 a 和 b 用 P' 排序的结果是一样的，则对社会序来说结果也必然如此，即 $\hat{P}$ 对 $\mathbf{x}$ 和 $\mathbf{y}$ 的排序同 $\hat{P}'$ 对 a 和 b 的排序是一样的。若不然，则偏好序的加总步骤处理 (a, b) 和 $(\mathbf{x}, \mathbf{y})$ 的方式是非中性的，如该引理的名字所示。

首先证明 $\mathbf{x} \hat{P}' \mathbf{y}$，且 $(\mathbf{a}, \mathbf{b}, \mathbf{x}, \mathbf{y})$ 两两不相同。另设偏好 P'' 满足

$$\forall i \in M, \mathbf{a} P_i'' \mathbf{x} P_i'' \mathbf{y} P_i'' \mathbf{b},$$
$$\forall i \in I, \mathbf{y} P_i'' \mathbf{b} P_i'' \mathbf{a} P_i'' \mathbf{x},$$

由于无约束域 (UD) 满足，这样的偏好存在。

由于个人以 P'' 对 $\mathbf{x}$ 和 $\mathbf{y}$ 排序的结果和以 P 对 $\mathbf{x}$ 和 $\mathbf{y}$ 排序的结果是一样的，根据 IIA，我们有 $\mathbf{x} \hat{P}'' \mathbf{y}$。根据帕累托准则 (P)，有 $\mathbf{a} \hat{P}'' \mathbf{x}$ 及 $\mathbf{y} \hat{P}'' \mathbf{b}$。根据传递性，我们可得 $\mathbf{a} \hat{P}'' \mathbf{b}$。最后，再次根据 IIA，我们可得 $\mathbf{a} \hat{P}' \mathbf{b}$。$\mathbf{a}$ 或 $\mathbf{b}$ 与 $\mathbf{x}$ 或 $\mathbf{y}$ 重合时的情形证明类似。

式 (12.4.8) 的证明可直接得到。不失一般性，设 $\mathbf{x} \hat{I} \mathbf{y}$ 但 $\mathbf{a} \hat{P}' \mathbf{b}$，则由式 (12.4.7) 我们可得 $\mathbf{x} \hat{P} \mathbf{y}$，矛盾。 □

在叙述引理 12.4.2 之前，先定义两个术语。我们称代理人集合 M 对 $(\mathbf{x}, \mathbf{y})$ 几乎是**决定性的 (decisive)**，若对每个 $\hat{P}$，有

$$(\forall i \in M, \mathbf{x} P_i \mathbf{y} \quad 和 \quad \forall i \notin M, \mathbf{y} P_i \mathbf{x}) \Rightarrow \mathbf{x} \hat{P} \mathbf{y}.$$

我们称 M 对 $(\mathbf{x},\mathbf{y})$ 是决定性的，若对每个 $\hat{P}$，有

$$(\forall i\in M,\mathbf{x}P_i\mathbf{y})\Rightarrow \mathbf{x}\hat{P}\mathbf{y}.$$

引理 12.4.2 *若 M 对 $(\mathbf{x},\mathbf{y})$ 几乎是决定性的，则它对 $(\mathbf{x},\mathbf{y})$ 是决定性的。*

证明 假设 $\forall i\in M,\mathbf{x}P_i\mathbf{y}$。由 IIA，只有个体偏好依赖于 $(\mathbf{x},\mathbf{y})$；其他的能被改变。不失一般性，设存在 $\mathbf{z}$，使得 $\mathbf{x}P_i\mathbf{z}P_i\mathbf{y},i\in M$，而对其他个体，$\mathbf{z}$ 优于 $\mathbf{x}$ 和 $\mathbf{y}$。由于个体偏好决定了 $(\mathbf{x},\mathbf{y})$，M 对 $(\mathbf{x},\mathbf{y})$ 几乎是决定性的，因此有 $\mathbf{x}\hat{P}\mathbf{z}$。最后，由帕累托准则，得 $\mathbf{z}\hat{P}\mathbf{y}$，由传递性，我们推得 $\mathbf{x}\hat{P}\mathbf{y}$。 □

注意到中性意味着若 M 对 $(\mathbf{x},\mathbf{y})$ 是决定性的，则它对每个其他的选择对也是决定性的。我们因此说 M 是决定性的。

引理 12.4.3 *若 M 是决定性的且其中至少有两个个体，则 M 存在一个决定性的子集。*

证明 作划分 $M=M_1\cup M_2$，并选择 $\hat{P}$，使得

$$\begin{aligned}&\text{在 } M_1 \text{ 上，} \mathbf{x}P_i\mathbf{y}P_i\mathbf{z};\\&\text{在 } M_2 \text{ 上，} \mathbf{y}P_i\mathbf{z}P_i\mathbf{x};\\&\text{在 } M \text{ 外，} \mathbf{z}P_i\mathbf{x}P_i\mathbf{y}.\end{aligned}$$

由于 M 是决定性的，我们有 $\mathbf{y}\hat{P}\mathrm{z}$。

如下两种情形成立：

- $\mathbf{y}\hat{P}\mathbf{x}$，且 (由于根据 IIA，$\mathbf{z}$ 没有影响)M_2 对 $(\mathbf{x},\mathbf{y})$ 几乎是决定性的，因而根据引理 12.4.2，它是决定性的。
- $\mathbf{x}\hat{R}\mathbf{y}$，由传递性，有 $\mathbf{x}\hat{P}\mathbf{z}$; 因而 (由于根据 IIA，$\mathbf{y}$ 没有影响) M_1 对 $(\mathbf{x},\mathbf{y})$ 几乎是决定性的，因此由引理 12.4.2，它是决定性的。

注意到根据帕累托准则，I 是决定性的。根据引理 12.4.3，存在决定性的个体 i，因而 i 是一个广受欢迎的（sought-after）独裁者。仔细的读者可发现在只存在两个选择的情形下引理 12.4.1 成立而引理 12.4.2 和 12.4.3 不成立，因而定理得证。 □

阿罗不可能性定理的影响十分深远，已成为政治经济学、集体选择理论中最为重要的一个经典结果。这一定理说明了，从个体偏好到社会偏好的加总可能会出现很大的问题。该定理结果的成立依赖于四个看起来合理或希望具备的假设，但结论没有像人们所希望的那样。即使个体偏好是理性的，但整个社会可能并不存在一个理性的选择。一个推论是，我们可能永远也找不到一个理论或一个制度来解决一个国家所有的问题。

显然，阿罗不可能性定理在一定的程度上是一个令人沮丧、失望的结果，一种极端的悲观看法是不存在加总个人偏好的方法，因而认为处理社会选择的问题就失去了理论基础。这种观点似乎太悲观，若我们逐一考察定理的每个假定，则我们会发现定理中所施加的假定可能过于严格。例如，UD 可能是其中最不合理的。一个制度不必对所有偏好都成立，只需对部分选择成立即可。大量文献从各个角度对其进行了放松，得到了许多正面的结果。实际上，当其中的某些条件如 UD 被放松时，我们可能会得到积极的而非悲观的结果。若我们只对某些具体问题、某一类人、某个国家或某个区域给出解决问题的方式或制度，这样的社会选择

制度是完全可能的。我们只能因时、因地、因人、因事而异地分析和解决问题，事实上，无论是在自然科学还是社会科学中，这样的理论都是有前提假设条件的。

12.4.4　受限域下的可能性结果

当阿罗不可能性定理中的某些假定被放宽或移除时，结果可能会是肯定的，阿马蒂亚·森 (Amartya Sen，1933—　，其人物小传见 12.5.1 节) 在这方面作出了大量开创性工作。例如，若备选事项具有某种特征，且限于一定范围，则偏好将表现为某种结构，从而去掉了无约束域 (UD) 假设。在下面的讨论中，我们考察受限域情形。一个著名的例子是**"单峰" (single-peaked) 偏好**（见图 12.7）。我们将证明，在单峰偏好的假定下，非独裁的加总是可能的。

由于备选事物（alternatives）是抽象的或多维的，需要对其排序，为此有下列定义。

定义 12.4.5　定义在 X 上的二元关系 $\geqslant$ 被称为**线性序**，若 $\geqslant$ 是自反的 ($\mathbf{x} \geqslant \mathbf{x}$)、传递的 (若 $\mathbf{x} \geqslant \mathbf{y} \geqslant \mathrm{z}$，则 $\mathbf{x} \geqslant \mathrm{z}$) 和完备的 (对不同的 $\mathbf{x}, \mathbf{y} \in X$，要么 $\mathbf{x} \geqslant \mathbf{y}$，要么 $\mathbf{y} \geqslant \mathbf{x}$, 但两者不能同时成立)。

例 12.4.4　当备选事物的集合是一维实数空间时，线性序就是通常的序 $\geqq$，即 $X = \mathcal{R}$，且 $\mathbf{x} \geqq \mathbf{y}$。

定义 12.4.6　$\succcurlyeq_i$ 被称为在 X 上关于线性序 $\geqslant$ 是**单峰的 (single-peaked)**，若存在 $\mathbf{x} \in X$，使得 $\succcurlyeq_i$ 在下优集 $L(\mathbf{x}) = \{\mathbf{y} \in X : \mathbf{y} \leqq \mathbf{x}\}$ 上关于 $\geqslant$ 递增，而在上优集 $U(\mathbf{x}) = \{\mathbf{y} \in X : \mathbf{y} \geqslant \mathbf{x}\}$ 上关于 $\geqslant$ 递减。即

(1) 若 $\mathbf{x} \geqslant \mathbf{z} > \mathbf{y}$，则有 $\mathbf{z} \succ_i \mathbf{y}$；

(2) 若 $\mathbf{y} > \mathbf{z} \geqslant \mathbf{x}$，则有 $\mathbf{z} \succ_i \mathbf{y}$。

换句话说，存在表示满足性最大水平的选择，当我们接近此水平时，满足性将增大，特别地，不存在其他最大的满足性水平。

给定偏好序偶 $(\succcurlyeq_1, \cdots, \succcurlyeq_n)$，令 $\mathbf{x}_i$ 为 $\succcurlyeq_i$ 的最大选择 (我们称 $\mathbf{x}_i$ 为个体 i 的**最大水平 (peak)**)。

定义 12.4.7　个体 $h \in N$ 被称为 $(\succcurlyeq_1, \cdots, \succcurlyeq_n)$ 的**中间个体 (median agent)**，若 $\#\{i \in N : \mathbf{x}_i \geqslant \mathbf{x}_h\} \geqslant \dfrac{n}{2}$，且 $\#\{i \in N : \mathbf{x}_h \geqslant \mathbf{x}_i\} \geqslant \dfrac{n}{2}$。

命题 12.4.1　设 $\geqslant$ 为 X 上的线性序，$\succcurlyeq_i$ 为单峰偏好。令 $h \in N$ 为中间个体，则依多数投票决定规则 $\tilde{F}(\succcurlyeq)$ 是可加总的 (aggregatable):

$$\mathbf{x}_h \tilde{F}(\succcurlyeq) \mathbf{y} \quad \forall \mathbf{y} \in X.$$

上述命题即是说，根据多数投票决定规则，中间个体的最大水平 $\mathbf{x}_h$ 是社会最优的 (没有其他选择比其更好)。任何具有这种性质的选择被称为**孔多塞赢者 (Condorect winner)**。因此，当所有个体的偏好关于同一线性序为单峰偏好时，孔多塞赢者存在。

证明　任取 $\mathbf{y} \in X$，并设 $\mathbf{x}_h > \mathbf{y}$ (对 $\mathbf{y} > \mathbf{x}_h$，论证是相同的)。我们需要证明

$$\#\{i \in N : \mathbf{x}_h \succ_i \mathbf{y}\} \geqslant \#\{i \in N : \mathbf{y} \succ_i \mathbf{x}_h\}.$$

考虑最大水平大于或者等于 $\mathbf{x}_h$ 的个体集合 $S \subset N$，即 $S = \{i \in N : \mathbf{x}_i \geqslant \mathbf{x}_h\}$。则对每个 $i \in S$，有 $\mathbf{x}_i \geqslant \mathbf{x}_h > \mathbf{y}$。因此，根据 $\succcurlyeq_i$ 关于 $\geqslant$ 的单峰性，我们有 $\mathbf{x}_h \succ_i \mathbf{y}, \forall i \in S$，

于是有 $\#S \leqq \#\{i \in N : \mathbf{x}_h \succ_i \mathbf{y}\}$。这样，$\{i \in N : \mathbf{y} \succ_i \mathbf{x}_h\} \subset (N \setminus S)$，从而 $\#\{i \in N : \mathbf{y} \succ_i \mathbf{x}_h\} \leqq \#(N \setminus S)$。另一方面，由于 h 是中间个体，我们有 $\#S \geqslant n/2$。因此，我们有 $\#\{i \in N : \mathbf{y} \succ_i \mathbf{x}_h\} \leqq \#(N \setminus S) \leqq n/2 \leqq \#S \leqq \#\{i \in N : \mathbf{x}_h \succ_i \mathbf{y}\}$。 □

上述结论意味着，所有个体都偏好的中间选择（中间人的峰值）是整个社会的最佳选择(见图 12.8)。

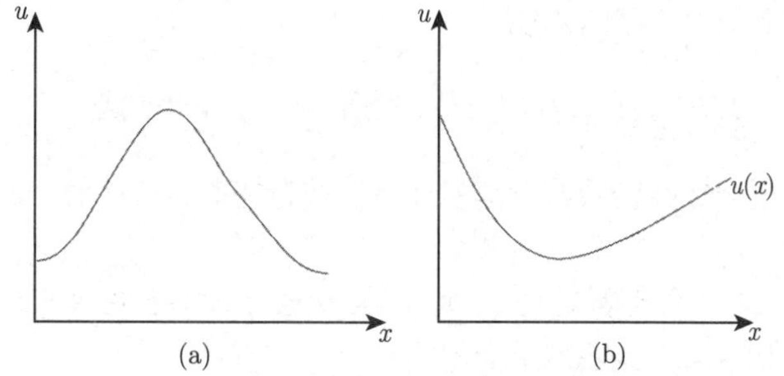

图 12.7 图 (a) 中的 u 是单峰的，图 (b) 中的 u 不是单峰的

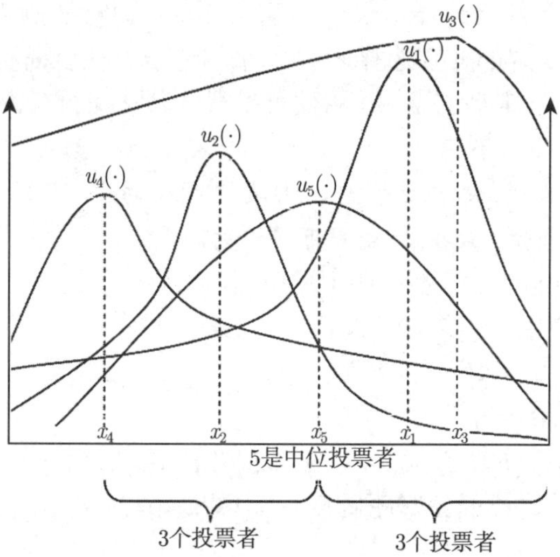

图 12.8 具有单峰偏好的五个个体

12.4.5 吉伯德–萨特思韦特不可能性定理

在前一节，我们考察了如何将表示个人偏好关系的偏好加总成理性社会偏好序，从而可用来进行决策。在本节中，我们直接考察社会决策，并将加总问题归结为如何将个人偏好转化为社会决策的问题。

由本节得到的主要结果，我们仍然可推出社会选择函数是独裁的推论。从某种意义上来说，本节的结论是阿罗不可能性定理用选择函数的语言所作的重新表述。不过，它的一个优点是和在第五部分所讨论的机制设计中的激励分析建立了一种直接联系。

定义 12.4.8 称一个社会选择函数 (SCF) 在 $P \in \mathcal{P}^n$ 处是**可操纵的 (manipulable)**，若存

在 $P_i' \in \mathcal{P}$，使得

$$f(P_{-i}, P_i')\, P_i\, f(P_{-i}, P_i), \tag{12.4.9}$$

其中，$P_{-i} = (P_1, \cdots, P_{i-1}, P_{i+1}, \cdots, P_n)$。

定义 12.4.9 一个社会选择函数被称为**强个人激励相容 (strongly individually incentive compatible)(SIIC)**，若不存在偏好序偶，使得该社会选择函数在该偏好序偶处是可操纵的。换句话说，讲真话是占优战略均衡：

$$f(P'_{-i}, P_i) P_i f(P'_{-i}, P'_i) \text{ 对所有的 } P' \in \mathcal{P}^n \text{ 成立}. \tag{12.4.10}$$

定义 12.4.10 一个社会选择函数被称为**独裁的**，若存在着某一个体，其最优选择为社会选择。

定理 12.4.2 (吉伯德–萨特思韦特定理)　*若 X 至少包含三个备选事项，则满足 SIIC 和 UD 的社会选择函数 $f: \mathcal{P}^n \to X$ 是独裁的。*

证明　吉伯德–萨特思韦特不可能性定理的证明也有好几种。这里采用的证明来自 Schmeidler-Sonnenschein (1978)，其优点在于与阿罗不可能性定理建立了紧密联系。

我们希望证明若一个社会选择函数 f 是可操纵的，则它是独裁的。该证明由两个引理组成。它首先从一个可实现的社会选择函数 f 来构造一个社会福利函数 F，然后再证明该函数 F 满足阿罗不可能性定理的条件，由此可推得 F 是独裁的，从而 f 也是独裁的。

引理 12.4.4 *设 $f(P) = \mathbf{a}_1$，$f(P_i', P_{-i}) = \mathbf{a}_2$，其中 $\mathbf{a}_2 \neq \mathbf{a}_1$，则*

(1) 若 $\mathbf{a}_1 P_i' \mathbf{a}_2$，则对 i 来说，f 在 (P_i', P_{-i}) 处是可操纵的。

(2) 若 $\mathbf{a}_2 P_i \mathbf{a}_1$，则对 i 来说，f 在 P 处是可操纵的。

证明　根据可操纵性的定义很容易证明上述引理。 □

对 P 和 $i < j$，我们用 P_i^j 表示序偶 $(P_i, \cdots, P_j)$。

引理 12.4.5 *设 B 为 f 的像的一个子集，P 为满足 $\forall \mathbf{a}_1 \in B, \forall \mathbf{a}_2 \notin B, \forall i = 1, \cdots, n, \mathbf{a}_1 P_i, \mathbf{a}_2$ 的偏好序偶，则 $f(P) \in B$。*

证明　反证法。令 $\mathbf{a}_2 = f(P)$，并设 $\mathbf{a}_2 \notin B$。设 P' 满足 $f(P') = \mathbf{a}_1 \in B$ (由于 B 在 f 的像中，在无限制域假设下，这样的偏好序偶存在)。现在构造序列 $(\mathbf{a}_3^i)_{i=0,\cdots,n}$ 如下：

(1) $\mathbf{a}_3^0 = \mathbf{a}_2 \notin B$;

(2) 对 $i = 1, \cdots, n-1$, $\mathbf{a}_3^i = f(P_1'^i, P_{i+1}^n)$;

(3) $\mathbf{a}_3^n = \mathbf{a}_1 \in B$。

令 j 为满足 $\mathbf{a}_3^j \in B$ 的第一个整数，则有

(1) $f(P_1'^j, P_{j+1}^n) = \mathbf{a}_3^j \in B$;

(2) $f(P_1'^{j-1}, P_j^n) = \mathbf{a}_3^{j-1} \notin B$。

根据引理的假设，有 $\mathbf{a}_3^j P_j \mathbf{a}_3^{j-1}$。因此，由引理 12.4.4，我们可得 f 是可操纵的。 □

现在我们构造社会福利函数 F。令 P 为偏好序偶，$\mathbf{a}_1$ 和 $\mathbf{a}_2$ 为 A 中的两个选择。对每个 i，定义 (根据 UD) $\tilde{P}$ 如下：

(1) $\tilde{P}_i$，在 $\{\mathbf{a}_1, \mathbf{a}_2\}$ 上与 P_i 相同；

(2) $\tilde{P}_i$，在 $A - \{\mathbf{a}_1, \mathbf{a}_2\}$ 上与 P_i 相同；

(3) $\{\mathbf{a}_1, \mathbf{a}_2\}$ 被所有 $\tilde{P}_i$ 偏好，即它们放在偏好符号 $\tilde{P}_i$ 之前。

(严格来说，$\tilde{P}$ 当然依赖 $\mathbf{a}_1$ 和 $\mathbf{a}_2$，其记号即反映了这一点。)

由引理 12.4.5，有 $f(\tilde{P}) \in \{\mathbf{a}_1, \mathbf{a}_2\}$ (在引理中取 $B = \{\mathbf{a}_1, \mathbf{a}_2\}$ 并将 P 换成 $\tilde{P}$ 即得)。F 因此可定义为：

(1) $\mathbf{a}_1 F(P)\mathbf{a}_2 \Leftrightarrow f(\tilde{P}) = \mathbf{a}_1$。

下面我们验证 F 满足阿罗不可能性定理的所有条件。F 有三种可能的选择：

- 根据构造，F 的定义域为一般域。
- F 满足帕累托准则：若对每个 i，$\mathbf{a}_1 P_i \mathbf{a}_2$，则 $\mathbf{a}_1$ 在所有偏好 $\tilde{P}_i$ 之前。事实上，在引理 12.4.5 中取 $B = \{\mathbf{a}_1, \mathbf{a}_2\}$，我们有 $f(\tilde{P}) = \mathbf{a}_1$。
- F 满足 IIA：若不然，存在 $P, P', \mathbf{a}_1$ 和 $\mathbf{a}_2$，使得对每个 i，$\mathbf{a}_1 P_i \mathbf{a}_2 \Leftrightarrow \mathbf{a}_1 P'_i \mathbf{a}_2$。

(2) $\mathbf{a}_1 F(P)\mathbf{a}_2$，且 $\mathbf{a}_2 F(P)\mathbf{a}_1$。

现在我们定义序列 $(\mathbf{a}_3^i)_{i=0,\cdots,n}$ 如下：

$$\mathbf{a}_3^0 = \mathbf{a}_1,$$
$$\text{对 } i = 1, \cdots, n-1, \mathbf{a}_3^i = f(\tilde{P}_1'^i, \tilde{P}_{i+1}^n),$$
$$\mathbf{a}_3^n = \mathbf{a}_2.$$

由引理 12.4.5，对每个 i，有 $\mathbf{a}_3^i \in \{\mathbf{a}_1, \mathbf{a}_2\}$。因此，令 j 为使 $\mathbf{a}_3^j = \mathbf{a}_2$ 的第一个整数，则有 $f(\tilde{P}_1'^j, \tilde{P}_{j+1}^n) = \mathbf{a}_2$，$f(\tilde{P}_1'^{j-1}, \tilde{P}_j^n) = \mathbf{a}_1$。现在，如下两种情形之一可能成立：

(1) $\mathbf{a}_1 P_j \mathbf{a}_2$。

这意味着 $\mathbf{a}_1 P'_j \mathbf{a}_2$，从而有 $\mathbf{a}_1 \tilde{P}'_j \mathbf{a}_2$，从而再次由引理 12.4.4，$f$ 是可操纵的。

(2) $\mathbf{a}_2 P_j \mathbf{a}_1$。

这意味着 $\mathbf{a}_2 \tilde{P}_j \mathbf{a}_1$，因而由引理 12.4.4，$f$ 是可操纵的。

但上述两种情形都导致了矛盾：对每个 $P, F(P)$ 显然是完备和非对称的二元关系。我们只需证明它还是传递的即可。

若不然，则我们设对 $\{\mathbf{a}_1, \mathbf{a}_2, \mathbf{a}_3\}$ 有 $\mathbf{a}_1$ 优于 $\mathbf{a}_2$，$\mathbf{a}_2$ 优于 $\mathbf{a}_3$，而 $\mathbf{a}_3$ 优于 $\mathbf{a}_1$。对每个 i，令 P'_i 在 $\{\mathbf{a}_1, \mathbf{a}_2, \mathbf{a}_3\}$ 上同 P_i 一致，而在 $A - \{\mathbf{a}_1, \mathbf{a}_2, \mathbf{a}_3\}$ 上使 $\{\mathbf{a}_1, \mathbf{a}_2, \mathbf{a}_3\}$ 在 P'_i 的前面 (根据 UD)。由引理 12.4.5，有 $f(P') \in \{\mathbf{a}_1, \mathbf{a}_2, \mathbf{a}_3\}$；不失一般性，我们设 $f(P') = \mathbf{a}_1$。由于 $F(P)$ 在 $\{\mathbf{a}_1, \mathbf{a}_2, \mathbf{a}_3\}$ 出现循环，我们必然有 $\mathbf{a}_2 F(P)\mathbf{a}_1$ 或 $\mathbf{a}_3 F(P)\mathbf{a}_1$。这里不失一般性我们可假定 $\mathbf{a}_3 F(P)\mathbf{a}_1$。现在在每个个体偏好中将 $\mathbf{a}_2$ 移到第三个位置，将 P' 修改为 P'' (由 UD，P'' 是存在的)。注意到根据 IIA，$\mathbf{a}_3 P_i \mathbf{a}_1$ 当且仅当 $\mathbf{a}_3 P''_i \mathbf{a}_1$ (刚才已证明条件满足)，我们得 $\mathbf{a}_3 F(P'')\mathbf{a}_1$，从而有 $\mathbf{a}_3 = f(P'')$。

为了避免表达的繁复，我们定义序列 $(\mathbf{a}_4^i)_{i=0,\cdots,n}$ 如下：

$$\mathbf{a}_4^0 = \mathbf{a}_1,$$
$$\text{对 } i = 1, \cdots, n-1, \mathbf{a}_3^i = f(\tilde{P}_1''^i, \tilde{P}_{i+1}'^n),$$
$$\mathbf{a}_4^n = \mathbf{a}_3.$$

由引理 12.4.5，对每个 i，有 $\mathbf{a}_4^i \in \{\mathbf{a}_1, \mathbf{a}_2, \mathbf{a}_3\}$。因此，令 j 为使 $\mathbf{a}_4^j \neq \mathbf{a}_1$ 成立的第一个整数，则我们有如下两种可能的情形：

(1) $\mathbf{a}_4^j = \mathbf{a}_2$。

但由于 $\mathbf{a}_2$ 仅在 P''_j 的第三个位置，我们有 $\mathbf{a}_1 P''_j a$。因此，$f(\tilde{P}_1''^{j-1}, \tilde{P}_j'^n) P''_j f(\tilde{P}_1''^j, \tilde{P}_{j+1}'^n)$，从而 f 是可操纵的。

(2) $\mathbf{a}_4^j = \mathbf{a}_3$。

在此情形下，若 $\mathbf{a}_1 P'_j \mathbf{a}_3$，我们仍然有 $\mathbf{a}_1 P''_j \mathbf{a}_3$。因此 $f(\tilde{P}_1''^{j-1}, \tilde{P}_j'^n) P''_j f(\tilde{P}_1''^j, \tilde{P}_{j+1}'^n)$，从而 f 是可操纵的。若 $\mathbf{a}_3 P'_j \mathbf{a}_1$，我们可直接得 $f(\tilde{P}_1''^j, \tilde{P}_{j+1}'^n) P'_j f(\tilde{P}_1''^{j-1}, \tilde{P}_j'^n)$，因而 f 也是可操纵的。

在上述两种情形下，我们都导出了矛盾，因此 $F(P)$ 是传递的。

由于 F 满足阿罗不可能性定理的所有条件，因此 F 是独裁的；令 i 为独裁者，P 为偏好序偶，且 P 满足 $\mathbf{a}_1 P_i \mathbf{a}_2 P_i \cdots$。由于 i 是独裁者，我们有 $\mathbf{a}_1 F(P) \mathbf{a}_2$，因而有 $f(\tilde{P}) = \mathbf{a}_1$。但根据构造过程，$\tilde{P}$ 与 P 一致，因此 $f(P)$ 为 $\mathbf{a}_1$，即 i 所偏好的选择。这就说明 i 对 f 也是独裁者。 □

从本质上来说，阿罗不可能性定理与吉伯德–萨特思韦特不可能性定理的结果是等价的。对其他证明方式感兴趣的读者可参考 Mas-Colell, Whinston 和 Green (1995)。

12.5 【人物小传】

12.5.1 阿马蒂亚·森

阿马蒂亚·森 (Amartya Sen) (1933—)，印度人，对社会选择理论、福利和贫穷标准的定义等作出了精辟论述，他常常从社会伦理和哲学角度深入探索不平等和贫困与饥荒的原因，他把经济学拉到社会生活真实层面上，让经济学具有了伦理学、哲学意义上的关怀精神，被称为“经济学界的良心”，关注最底层人的经济学家，1998 年荣获诺贝尔经济学奖。

1933 年 3 月，森出生在印度孟加拉圣蒂尼克坦，位于罗宾德罗纳特·泰戈尔创立的国际大学校园内。他的外祖父是研究中世纪印度文学的著名学者，也是一位印度教哲学权威，与泰戈尔过从甚密。阿马蒂亚这个名字就是诗翁泰戈尔为他取的，意为“永生”。森幼承家学，发蒙很早，而后来的初等和中等教育，则主要完成于泰戈尔建立的学校，其课程设置丰富，且教育理念先进，着重启发和培养学生的好奇心和求知欲。森在青少年时期爱好广泛，17 岁以前志趣几变，曾游移在梵语、数学、物理等不同专业之间，最后终于被经济学所吸引，不再旁骛。不过，毕生从事教学和研究的意愿，则从未改变。

1951 年，森进入加尔各答管区学院，在大学期间，他开始学的是自然科学，后转向经济学。促使他选择学习经济学的原因之一，是在他 9 岁多的时候即 1943 年，他的家乡印度孟加拉邦发生了大饥荒，死亡人数高达数百万。这件事对他以后的生活道路选择和学术生涯有重要影响。不过他一接触经济学即表现出对经济学的强烈兴趣。他对福利经济学的几个重大问题作出了贡献，包括对社会选择理论、福利和贫穷标准的定义等作出精辟论述。1953 年离印赴英，进入剑桥大学三一学院继续深造，并于 1959 年获得博士学位。此后，他相继在印度德里大学经济学院、伦敦经济学院、牛津大学万灵学院、哈佛大学等高等学府任教，教授经济学和哲学等。1998 年，他被三一学院选为院长，复回剑桥，主持学政。2003 年以后，他又返回哈佛工作。他担任过一些重要的学术组织如美国经济学会、世界计量经济学会和国际经济学会的主席，也曾在国际事务中起过重要作用，如担任联合国秘书长的经济顾问，以及帮助联合国开发计划署编制《人类发展报告》等。

森研究经济学的重要动机之一，是帮助他的祖国印度摆脱经济贫困，走向繁荣。为此，他曾经选择经济发展问题作为他的主攻方向之一。他在 1971 年离开印度，辗转于欧美各著名学府，但始终和国内的大学保持着紧密的联系，尤其是他曾经工作过的德里大学。他一直是该大学的荣誉教授。森研究范围广泛，除经济发展外，在福利经济学、社会选择理论等方面着力尤多，成就斐然。他已经出版了《贫困与饥荒：论权利与剥夺》、《理性与自由》、《以自由看待发展》、《身份与暴力》、《经济发展与自由》、《集体选择和社会福利》、《论经济不平等：不平等之再考察》、《伦理学和经济学》、《自由、合理性与社会抉择》等十几部专著，其中前 8 种已出版汉译本。

福利经济学试图解决的问题，是如何根据社会公众的生活状况来评估政府的经济政策是否得当。森穷其一生致力于这一研究，并因此而被称作“经济学界的良心”。他在 1970 年出版的专著《集体选择和社会福利》影响深远。该书就个人权利、多数投票决定规则、有关个体状况资料的有效性等做了着重论述，意在促使研究者将注意力集中在社会基本福利问题上。他设计了若干方法，用以测算贫穷的程度，测算后所得的数据，可以为改进穷人的经济状况提供有效的帮助。他关于饥荒原因的著作尤富盛名。他的研究成果具有很大的现实意义，为有效地防止或减轻食物短缺带来的后果提供了实际的解决方法。

为了表彰他在福利经济学和社会选择理论研究上的突出贡献，以及他对于社会最贫穷成员所面临问题的关心，瑞典皇家科学院将 1998 年的诺贝尔经济学奖授予他。

12.5.2 赫伯特 · 斯卡夫

赫伯特 · 斯卡夫（Herbert Scarf，1930—2015），美国国家科学院院士和美国经济学联合会的杰出会员，在经济理论方面作出了一系列划时代的贡献。早年毕业于坦普尔大学，后来在普林斯顿大学获得数学博士学位，在大学与研究生阶段接受的都是数学训练。毕业后进入兰德公司（Rand Corporation）进行对策论方面的研究，在此他遇到了当时正在研究存储论的阿罗（K. Arrow）与卡林（S. Karlin），他们邀请斯卡夫加入他们的行列。这一研究工作产生了一系列著名的论文集，如 1958 年由斯坦福大学出版的《存贷与生产的数学理论研究》，其中斯卡夫的有关存储战略方面的论文后来被广泛引用。在斯坦福大学与阿罗等人进行存储论方面研究的同时，斯卡夫开始接触一般均衡分析，考虑了计算均衡价格的搜索算法的适用性问题并研究一般均衡与核的关系，后者开创了相应的经济研究领域。斯卡夫从 1963 年开始任教于耶鲁大学，曾担任耶鲁大学社会科学部的主任，1983 年担任世界计量经济学会主席，同年获得美国运筹学会颁发的冯 · 诺依曼奖。

斯卡夫的主要研究领域是数理经济学、合作博弈理论、可计算一般均衡分析和产品的不可分性。早年他以 (S, s) 库存战略的研究与非线性互余问题的斯卡夫算法等闻名于世。他与 Shapley（1974）讨论了对不可分商品的匹配规则，并系统分析了一个著名算法的特征，即顶端交易循环，成为单边匹配的理论基础。他对经济学最主要的贡献是，在 1967 年发表的文章中给出了计算不动点的算法并将其用于一般经济均衡。他所开创的不动点算法是不动点存在的构造性证明，即通过把不动点计算出来的方式，证明不动点存在。他在均衡的稳定性方面的贡献、在竞争均衡与核的关系上进行的开创性研究、计算均衡价格的斯卡夫算法、产出模型中的不可分性研究等诸多方面的成就也享誉世界。斯卡夫均衡计算方面的突破导致应用一般均衡研究这一经济学分支的诞生，他的学生与其他很多研究工作者已将一般均衡模型应用于税制改革、贸易政策、经济一体化与经济发展等经济分析。斯卡夫催生了这一分支的建立，也使得纯理论的一般经济均衡模型转化成一种有用的政策分析工具。

12.6 习 题

习题 12.1 考虑如下两个纯交换经济，每个经济都由两个消费者和两种商品组成。

$$(\text{a}): u_1(x,y)=x+y,\ \mathbf{w}_1=(2,1);\ u_2(x,y)=\min\{x,y\},\mathbf{w}_2=(1,2).$$

$$(\text{b}): u_1(x,y)=\min\{2x,y\},\ \mathbf{w}_1=(2,1); u_2(x,y)=\min\{x,2y\},\ \mathbf{w}_2=(1,2).$$

1. 求个体理性配置的集合。
2. 求帕累托有效配置的集合。
3. 求核配置的集合。
4. 求瓦尔拉斯均衡。

习题 12.2 考虑纯交换经济。

1. 详细定义一个具有有限个经济人的可交换经济的核。
2. 陈述在什么样的假设下，一个瓦尔拉斯均衡配置被包含在经济核里，并且证明这个结果。
3. 给出一个具体的例子：在一个经济中，一个瓦尔拉斯均衡配置不在经济核里。

习题 12.3 考虑纯交换经济 $e=\{(X_i,u_i,\mathbf{w}_i):i=1,2,3\}$，其中 $X_i=\mathcal{R}^2_+$ 且有：

$$u_1(x,y)=\min\{x,2y\},\ \mathbf{w}_1=(3,0);$$

$$u_2(x,y)=\min\{2x,y\},\ \mathbf{w}_2=(0,3);$$

$$u_3(x,y)=x+2y,\ \mathbf{w}_3=(0,0).$$

1. 求核配置的集合。
2. 试求瓦尔拉斯均衡。

习题 12.4 (个体理性、帕累托最优、经济核与公正配置) 简要回答以下问题：

1. 什么是个体理性？什么是帕累托最优？什么是经济核？什么是公正配置？
2. 个体理性、帕累托最优、经济核及公正配置四者之间有何关系？
3. 当个体的个数 $n=2$ 且偏好关系是弱单调时，个体理性、帕累托最优和经济核三者之间又有何关系？
4. 帕累托最优、核配置与个体禀赋有关系吗？
5. 在什么条件下，经济核配置是公正配置？

习题 12.5 考虑有 n 个经济人和 L 种商品的纯交换的经济。回答下列问题：

1. 定义这个经济的核。
2. 假设每一个经济人的偏好是严格递增的。证明任何一个约束竞争均衡的配置是核配置。
3. 陈述核收敛定理。

4. 具体地，考虑有 4 个经济人和 2 种商品的纯交换经济。假定经济人 1 和 3 具有同样的效用函数和初始禀赋，而经济人 2 和 4 具有同样的效用函数和禀赋。证明：在任何核配置中，代理人 1 和代理人 3 的配置相同，而代理人 2 和代理人 4 的配置相同。

习题 12.6 考虑两物品的可交换经济。假定物品不是可分物品，从而消费集 $\{(x,y)|x$和y是非负整数$\}$。假设每个代理人具有里昂惕夫偏好，其效用函数为 $u_i(x_i,y_i)=\min\{x_i,y_i\}$。

1. 若在这个经济中有两个代理人且禀赋为 $w_1=(1,0)$ 和 $w_2=(0,1)$，求瓦尔拉斯均衡。
2. 要求一个抵制联盟使得它的所有成员都严格变好，在这样的弱核定义下，对问题 1 中的经济，弱核配置是什么？
3. 要求一个抵制联盟使得它的至少一个成员严格变好而其余的都不变坏，在这样的核定义下，对问题 1 中的经济，核配置是什么？
4. 考虑具有 $2m+1$ 个参与人的经济，偏好如上述所定义，m 是正整数。假设 $m+1$ 个参与人具有禀赋 $w=(1,0)$，而剩余的 m 个参与人具有禀赋 $w=(0,1)$，求瓦尔拉斯均衡。
5. 要求一个抵制联盟使得它的所有成员都严格变好，在这样的核定义下，对上一问中的经济，核配置是什么？
6. 要求一个抵制联盟使得它的至少一个成员严格变好而其余的都不变坏，在这样的核定义下，对问题 (4) 中的经济，核配置是什么？

习题 12.7 在一个交换经济中，有 3 个消费者，其中 1 个消费者有一只右鞋，2 个消费者每人有一只左鞋，鞋子不可分，每个消费者的效用函数相同，$u=RL$，其中 R 和 L 分别为右鞋和左鞋的消费数量。

1. 证明鞋子配对时的任何配置（每个人消费的左鞋和右鞋的数量是相同的，但可能有一个人消费的左鞋比右鞋多一只）都是帕累托有效的，并且这个命题的逆命题也成立。
2. 哪个帕累托有效配置位于经济核中？
3. 假设价格分别是 p^R 和 p^L，计算瓦尔拉斯均衡。
4. 瓦尔拉斯均衡是否位于经济核中？

习题 12.8 两位国际知名的华人计量经济学家（小艾和小白）在竞争市场中消费两种商品（x 和 y）。小艾 (A) 的效用函数是

$$u_A=4x_A+2y_A,$$

小白 (B) 的效用函数是

$$u_B=\min\{3x_B,3y_B\}.$$

两人都有一个非负的消费可能性集。初始的禀赋是，小艾有 1 单位的 x 和 3 单位的 y，小白有 5 单位的 x 和 10 单位的 y。问题如下：

1. 定义这个经济的核。
2. 描述这个经济的竞争均衡的解。
3. 现在假设这个经济还包含第三位国际知名的华人计量经济学家，小蔡 (C)。他同样具有非负的消费可能性集，并且他的效用函数是

$$U_C=2x_C+y_C$$

那么现在重新假设这三人的初始禀赋是，小艾: 2 单位 x 和 4 单位 y; 小白: 10 单位 x 和 18 单位 y; 小蔡: 1 单位 x 和 3 单位 y。请描述这个三人经济的竞争均衡。另外，对于这个经济是否有其他更多的竞争均衡的价格比率? 给出解释。

习题 12.9 考虑下面一系列纯交换经济。每一个经济中都有相同数量的以下两种状态的交易者。

	类型 1	类型 2
效用函数	$u_1(x,y)=x^{1/2}y^{1/2}$	$u_2(x,y)=x^{1/2}y^{1/2}$
禀赋	$\mathbf{w}_1=(0,5)$	$\mathbf{w}_2=(5,0)$

经济 E_1 包括上述类型的交易者各一个，经济 E_2 包括上述类型的交易者各两个，经济 E_K 包括上述类型的交易者各 K 个。

1. 描述 E_1 的核。
2. 证明配置 $a^1=(1,1)$, $a^2=(4,4)$ 在经济 E_1 的核中。
3. 证明: 所有类型 1 的交易者都获得 a^1，所有类型 2 的交易者都获得 a^2 的配置不在经济 E_2 的核中。
4. 找到一个属于经济 E_K(对于任意 K) 的核配置，并解释。

习题 12.10 考虑这样一个纯交换经济，另外这个经济还可以通过复制 Q 倍来放大。

1. 假设 $\mathbf{p}^0$ 是原来经济中的均衡价格向量。证明 $\mathbf{p}^0$ 仍然是原来的经济复制 Q 倍之后的经济的均衡价格向量。

　　现在考虑这种含有 2 种商品 x 和 y 的情况。另外，经济中还有两种类型的交易者，类型 1 的交易者的效用函数为 $u_1(x,y)=xy$，禀赋为 $\mathbf{w}_1=(10,0)$。类型 2 的交易者的效用函数为 $u_2(x,y)=x^{1/2}y^{1/2}$，禀赋为 $\mathbf{w}_2=(0,10)$。

2. 证明: 若类型 1 的禀赋为 a^1，类型 2 的禀赋为 a^2，则下面的配置也在任意 Q 倍复制的经济的核中。
$$a^1=a^2=(5,5).$$
3. 证明: 若类型 1 的禀赋为 a^1，类型 2 的禀赋为 a^2，则下面的配置不在 $Q\leqq 2$ 倍复制的经济的核中，并讨论。
$$a^1=(9,9);a^2=(1,1).$$

习题 12.11 考虑如下两消费者两商品的纯交换经济。消费者的消费集均为 $\mathcal{R}_+^2$，消费者的效用函数分别为:

$$u_1(x_1)=\min\{x_1^1,x_1^2\};$$
$$u_2(x_2)=x_2^1+x_2^2.$$

1. 若禀赋为 $\mathbf{w}_1=(1,0)$, $\mathbf{w}_2=(0,1)$，求价格 p^1 和 p^2 严格为正时的消费者需求。
2. 竞争均衡存在吗? 约束竞争均衡存在吗?
3. 将经济复制，即复制后的经济中，有两位与问题 (1) 中的消费者 1 相同 (我们称之为第 1 种类型的消费者)，有两位与消费者 2 相同，找出第 1 种类型的消费者消费严格正数量商品的竞争均衡。

4. 若经济中仍然只有两位消费者，但是禀赋变为 $\mathbf{w}_1 = (1, 0)$，$\mathbf{w}_2 = (1, 1)$，找出此时的竞争均衡。

习题 12.12 在一个具有两类消费者的经济中，每一类消费者的效用函数和禀赋分别为：

$$u_1(x_1, y_1) = x_1 y_1, \qquad \mathbf{w}_1 = (8, 2);$$

$$u_2(x_2, y_2) = x_2 y_2, \qquad \mathbf{w}_2 = (2, 8).$$

1. 当每一类只有一个消费者时，为这个经济画一个具有无差异曲线的埃奇沃思盒，标注禀赋。
2. 尽可能精确地刻画落在核中的配置。
3. 证明给定的配置 $(x_1, y_1) = (4, 4)$，$(x_2, y_2) = (6, 6)$ 落在核中。
4. 现在，复制这个经济一次，每一类有两个消费者，从而在这个经济中共有四个消费者。证明以前配置的 2 倍复制不会落入复制经济的核中。

习题 12.13 在一个由两类消费者组成的经济中，每种类型消费者效用函数和初始禀赋如下：

$$u_1(x_1, y_1) = x_1 y_1, \quad \mathbf{w}_1 = (8, 2);$$

$$u_2(x_2, y_2) = x_2 y_2, \quad \mathbf{w}_2 = (2, 8).$$

1. 假设每种类型只有一个消费者，画这个经济的埃奇沃思盒。
2. 证明配置 $(x_1, y_1) = (4, 4)$ 和 $(x_2, y_2) = (6, 6)$ 位于经济核中。
3. 若对经济进行一次复制，也就是说，现在每种类型有两个消费者，整个经济中存在四个消费者。证明问题 (2) 中的配置此时不在复制经济的核中。

习题 12.14 考虑纯交换经济 $e = \{(X_i, \succcurlyeq_i, \mathbf{w}_i) : i = 1, 2, \cdots, n\}$。已知对所有的 i，均有 $\mathbf{w}_i \in X_i = \mathcal{R}^L_+$，且 $\succcurlyeq_i$ 满足完备性和传递性。令 $\mathcal{W}(e)$ 是瓦尔拉斯均衡配置的集合，$C(e)$ 是核配置的集合，$WP(e)$ 是弱帕累托最优配置的集合，$IR(e)$ 是个人理性配置的集合。

1. 证明：若对每一个体 i，$\succcurlyeq_i$ 都满足连续性，则核配置的集合是紧的。
2. 证明：若 $n = 2$，$C(e) = WP(e) \cap IR(e)$。
3. 证明：$\mathcal{W}(e) \subseteq C(e)$。

习题 12.15 考虑经济 e 的 n 复制，并用 ij 表示类型 i 个体的第 j 次复制。已知对每一个体 i，$\succcurlyeq_i$ 都满足连续性、严格单调性和严格凸性。令 $C(e)$ 是核配置的集合。

1. 证明：若 $x^* \in C(e^n)$，则对任意的 i, j, j'，必有 $x^*_{ij} = x^*_{ij'}$。
2. 定义 $C^n(e) = \{x \in \Pi_{i=1}^n X_i : x_i = x^*_{ij}, \forall i\}$，其中 $x^* \in C(e^n)$。证明：对每个 n，必有 $C^{n+1}(e) \subset C^n(e)$。
3. 令 $E(e) = \cap_{n=1}^{\infty} C^n(e)$。假设对每个 n，都满足 $C(e^n) \neq \varnothing$。证明：$E(e) \neq \varnothing$。
4. 证明：$\mathcal{W}(e) \subset E(e)$。
5. 证明：若对每个 $i \in n$ 都有 $e_i \in \mathrm{int} X_i$，则有 $E(e) \subset \mathcal{W}(e)$。

习题 12.16 考虑两消费者两商品所组成的交换经济，效用函数和初始禀赋如下：

$$u_1(x_1, y_1) = x_1 + \ln y_1, \quad \mathbf{w}_1 = (1, 1);$$

$$u_2(x_2, y_2) = x_2 + 2 \ln y_2, \quad \mathbf{w}_2 = (2, 2).$$

1. 求解契约曲线方程，并且在埃奇沃思盒中画契约曲线。

2. 找到一个公正配置。

3. 假设经济复制了 4 次，在这个新的 4-复制经济中找出一个公正配置。

习题 12.17 *(公平配置、公正配置和帕累托最优)* 简要回答以下问题:

1. 给出公平配置与公正配置的定义。

2. 给出公平配置、公正配置和帕累托最优三者之间的联系与区别。

3. 给出判断一个配置是否是公平配置的重要步骤，以二人经济为例具体说明。

习题 12.18 *(经济核定理、核平等对待配置、核极限定理、公正定理)* 以下命题成立吗？若成立，给出证明；若不成立，给出合适条件，使其成立。

1. 若 $(\mathbf{x}, \mathbf{p})$ 是竞争均衡，则 $\mathbf{x}$ 具有核性质。

2. 在二人经济中，若 $\mathbf{x}$ 是经济 e 的一个 r-复制，则对核中的任何配置，所有个体都获得相同的消费束。

3. 设 $\mathbf{x}^*$ 为经济中唯一的竞争均衡配置。若 $\mathbf{y}$ 不是竞争均衡，则存在该经济的 V-复制，使得 $\mathbf{y}$ 不在该复制经济的核中。

4. 设 $(\mathbf{x}^*, \mathbf{p}^*)$ 为竞争均衡。若所有个体初始禀赋的价值相等，即 $\mathbf{p}^*\mathbf{w}_1 = \mathbf{p}^*\mathbf{w}_2 = \cdots = \mathbf{p}^*\mathbf{w}_n$，则 $\mathbf{x}^*$ 是一个严格公正配置。

5. 每个均等收入瓦尔拉斯配置都是严格公正的。

习题 12.19 考虑具有 2 个代理人和 3 种物品的经济。个体禀赋向量为

$$\mathbf{w}_1 = (w_1^1, w_1^2, w_1^3) = (1, 1, 1), \qquad \mathbf{w}_2 = (w_2^1, w_2^2, w_2^3) = (0, 2, 0).$$

考虑下面 4 种不同形式的效用函数:

(a) $u_1(x^1, x^2, x^3) = \min\{x^1, x^2, x^3\}, u_2(x^1, x^2, x^3) = \min\{2x^1, x^2, x^3\}$;

(b) $u_1(x^1, x^2, x^3) = \sqrt{x^1} + x^3, u_2(x^1, x^2, x^3) = x^1 + x^2$;

(c) $u_1(x^1, x^2, x^3) = x^1 + x^2, u_2(x^1, x^2, x^3) = x^1 + x^2 + x^3$;

(d) $u_1(x^1, x^2, x^3) = \min\{x^1, x^2, x^3\}, u_2(x^1, x^2, x^3) = x^1 + x^2 + x^3$。

1. 对每一种形式的效用函数，确定帕累托配置的集合，并用埃奇沃思盒表示。

2. 对每一种形式的效用函数，确定公正配置的集合，并用埃奇沃思盒表示。

3. 对每一种形式的效用函数，确定是否存在瓦尔拉斯均衡。若存在，解出均衡；若不存在，详细解释为什么不存在。

4. 若均衡不存在，要么找到一个核配置，要么解释为什么核配置不存在。

习题 12.20 考虑纯交换的经济，$n = 2$，$X_i = \mathcal{R}_+^2$，$w_1 = (4, 0), w_2 = (2, 4)$。假设消费者具有下面的效用函数:

$$u_1(x_1^1, x_1^2) = \frac{1}{2}x_1^1 + x_1^2;$$
$$u_2(x_2^1, x_2^2) = x_2^1 + x_2^2.$$

1. 画具有无差异曲线、清楚标记初始禀赋的埃奇沃思盒。

2. 在埃奇沃思盒中找出帕累托有效配置集。

3. 求瓦尔拉斯均衡是唯一的吗？

4. 在埃奇沃思盒中找出核配置集。

5. 在埃奇沃思盒中找出公正配置集。

习题 12.21 考虑两消费者两商品的交换经济，效用函数和初始禀赋如下：

$$u_A(x_A^1, x_A^2) = (x_A^1 x_A^2)^2, \quad \mathbf{w}_A = (10, 4);$$

$$u_B(x_B^1, x_B^2) = 2\ln x_B^1 + \ln x_B^2, \quad \mathbf{w}_B = (1, 2).$$

1. 画埃奇沃思盒并标出无差异曲线和初始禀赋。
2. 找出帕累托有效配置。
3. 计算瓦尔拉斯均衡，并且验证均衡是否唯一。
4. 找出核配置的集合，并且验证瓦尔拉斯均衡是否在核配置集合中。
5. 找出公正配置的集合。

习题 12.22 考虑纯交换经济：$n = 2$，$X_A = X_B = \mathcal{R}_+^2$，$\mathbf{w}_A = (2, 4)$，$\mathbf{w}_B = (3, 2)$。假定消费者的效用函数如下：

$$u_A(x_A^1, x_A^2) = 3x_A^1 + x_A^2;$$
$$u_B(x_B^1, x_B^2) = x_B^1 + x_B^2.$$

1. 画埃奇沃思盒、无差异曲线和初始禀赋。
2. 求所有帕累托有效配置。
3. 求两个消费者的需求函数。
4. 在图中画两个消费者的提供曲线。
5. 找出所有的瓦尔拉斯均衡。均衡是唯一的吗？
6. 找出核配置的集合。
7. 找出公正配置的集合。

习题 12.23 对于任意的 i 和 j，若 $x_i \succeq_i x_j$，那么我们称这个配置为没有嫉妒的配置。在一个纯交换经济中，假设有 n 种商品，所有商品的消费量非负。

1. 证明这种没有嫉妒的配置总是存在。
2. 证明在 $n = 2$ 的埃奇沃思盒中，这种没有嫉妒的配置并不一定是公正的。
3. 假设效用函数是连续、严格递增、严格拟凹的。证明：对于任意一个交换经济，若初始禀赋向量严格为正，则至少存在一个公正配置。

习题 12.24 考虑纯交换经济 $e = \{(X_i, \succcurlyeq_i, \mathbf{w}_i) : i = 1, 2, \cdots, n\}$。已知对所有的 i，均有 $\mathbf{w}_i \in X_i = \mathcal{R}_+^L$，且 $\succcurlyeq_i$ 满足完备性和传递性。令 $\mathcal{W}(e)$ 是瓦尔拉斯均衡配置的集合，$C(e)$ 是核配置的集合，$WP(e)$ 是弱帕累托最优配置的集合，$IR(e)$ 是个人理性配置的集合，$F(e)$ 是公正配置的集合，$SF(e)$ 是严格公正配置的集合。

1. 对于 $(\mathbf{p}^*, \mathbf{x}^*) \in W(e)$，证明若对于所有 i 和 j，$\mathbf{p}^* \cdot \mathbf{x}_i^* = \mathbf{p}^* \cdot \mathbf{x}_j^*$，则 $\mathbf{x}^*$ 是无嫉妒的。
2. 证明 $W(e) \subseteq SF(e)$。
3. 证明 $SF(e) \subseteq C(e)$。

习题 12.25 考虑纯交换经济 $e = \{(X_i, u_i, e_i) : i = 1, 2, 3\}$，其中对于所有 i，$X_i = \mathcal{R}_+^2$，并且

$$u_1(x, y) = \min\{x, y\}, \ \mathbf{w}_1 = (4, 0),$$
$$u_2(x, y) = \min\{x, y\}, \ \mathbf{w}_2 = (0, 4),$$

$$u_3(x,y) = x + y,\ \mathbf{w}_3 = (0,0),$$
$$u_4(x,y) = (x+y)/2,\ \mathbf{w}_4 = (0,0).$$

1. 求核配置的集合。
2. 求瓦尔拉斯配置的集合。
3. 求公正配置的集合。

习题 12.26 (孔多塞悖论和孔多塞赢者) 对三人经济,

1. 简述孔多塞悖论、孔多塞赢者。
2. 孔多塞赢者一般存在吗? 需要满足什么样的条件?
3. 给出孔多塞赢者一般存在所需要的条件的严格定义。

习题 12.27 (阿罗不可能性定理) 在本章经济情形下,

1. 简述无约束域、帕累托原则以及不相关选择的独立性的概念。
2. 谁是独裁者?
3. 简述阿罗不可能性定理。
4. 你对阿罗不可能性定理是如何理解的?

习题 12.28 考虑一个具有 $N = \{1,2,\cdots,n\}$ 个参与人和有限个备选方案的集合 X。假设 $n \geqq 2$, $\#(X) \geqq 3$。设 $\mathcal{R}$ 是定义在 X 上的满足完备性和传递性的二元关系的集合。一个备选方案 $s \in X$ 是一种现状。对每一种组合 $\vec{R} \in \mathcal{R}^n$, 设 G (“好”) 是 X 中所有弱帕累托偏好于 s 的选择的集合:

$$G = \{x \in X : x\mathcal{R}_i s, \forall i \in N\}.$$

设 B (“坏”) 是 G 的补集, 即 $B = X \backslash G$。对每一种组合 $\vec{R} \in \mathcal{R}^n$, 定义在 X 上的二元关系 $F(\vec{R})$ 为

$$\forall x \in G, y \in B : xF(\vec{R})y \text{ 且 } yF(\vec{R})x\text{不成立},$$

$$\forall x, y \in G : xF(\vec{R})y \Longleftrightarrow xR_n y,$$

$$\forall x, y \in B : xF(\vec{R})y \Longleftrightarrow xR_n y,$$

回答下面的问题并且证明你的结论:

1. F 是独裁者吗?
2. F 满足全体一致性吗?
3. F 满足不相关选择的独立性(independence of irrelevant alternatives)吗?
4. F 是一个阿罗(Arrow)社会福利函数吗?

习题 12.29 假设社会选择集合 X 是区间 $[a,b]$, 而且每一个个体的偏好是单峰的。

1. 陈述什么是单峰偏好。
2. 证明: 对任何奇数 n, 若我们约束偏好的范围为单峰偏好, 则多数投票决定规则是一个社会福利函数。

习题 12.30 假设每个参与人从集合 X 中选择一个单一目标, 其中目标可被解释成对社会行动的建议 (不是偏好, 仅仅是建议)。我们感兴趣的是将所有个体的建议加总成一个社会决策的函数 $F : X^N \longrightarrow X$。讨论下面的公理:

(a) 若所有参与人都建议选择 x^*，则社会选择为 x^*。

(b) 若同一个参与人在建议的两个组合中支持选择 $x \in X$，则在一个建议的组合中，x 被选择当且仅当在另一个组合中它也被选择。

1. 证明若 X 包含至少 3 个元素，则满足帕累托原则P和IIA的唯一的加总方式是一个独裁者。

2. 证明这三个条件：公理P、IIA 和 $|X| \geqq 3$ 是一个独裁者的必要性。

习题 12.31 Borda法则经常用来做集体决策。假设有 N 个个体，X 包含了有限个数目的选择。个体 i 对每一个选择 x 指定了一个Borda数 $B^i(x)$，其中，$B^i(x)$ 表示个体 i 在 X 中被 x 所偏好的选择的个数。根据加总的Borda数，选择可以被排序。

$$xRy \Longleftrightarrow \sum_{i=1}^{N} B^i(x) \geqq \sum_{i=1}^{N} B^i(y).$$

1. 证明Borda法则满足无约束域(UD)、帕累托原则(P)和非独裁者的性质。

2. 证明Borda 原则不满足不相关选择的独立性的性质。

习题 12.32 考虑一个由 25 个人组成的社会，社会中有四个政党 A、B、C 和 D，个人偏好(由好到差)为：

(a) 有 9 个人的排序是：A，B，C，D;

(b) 有 5 个人的排序是：B，A，C，D;

(c) 有 1 个人的排序是：C，B，D，A;

(d) 有 10 个人的排序是：D，C，B，A。

1. 这些偏好是单峰偏好吗？

2. 社会中是否存在孔多塞赢者？若存在，找出孔多塞赢者；若不存在，给出证明。

习题 12.33 假定集合 X 是闭区间 $[0,1]$，每个人都是单峰偏好，即对于每一个 n，存在一个 a_n^*，使得若 $a_n^* \geqq b > c$ 或 $c > b \geqq a_n^*$，那么 $b \succ_n c$。证明：多数投票决定规则可以引致一个理性的社会福利函数。

习题 12.34 我们定义：若选择函数 C 与“多数否决程序”(majority vetoes a dictator procedure) 一致，需要满足以下条件，即对于三种偏好关系 $\succ_1, \succ_2, \succ_3$，若不是 $\succ_2$ 和 $\succ_3$ 共同最大偏好于 A 中的某个元素，则对于这个社会选择函数 $c(A)$ 的结果就是 $\succ_1$ 的最大严格偏好。

1. 证明这样的选择函数不是理性的。

2. 证明这样的选择函数满足以下性质：若 $c(A) = a, c(A-b) = c$，其中 b 和 c 不同于 a，那么对于任意一个包含 c 且是 $A-b$ 的集合 B，都有 $c(B) = c$。

3. 证明不是所有的选择函数都可以被“多数否决程序”解释。

习题 12.35 假设 F 是一个社会选择规则，社会中有三个人 $1, 2, 3$ 以及三种选择 x, y, z。P_i 和 I_i 分别表示个人 i 的严格偏好和无差异偏好。这里 F 满足无约束域(UD)条件，并有如下设定：

(a) 若多数投票决定规则的结果满足传递性，并且只有唯一的最好选择，那就把这个最好的选择作为社会选择。

(b) 若多数投票决定规则的结果满足传递性，但有不止一个最优选择，也即类似于 “x 好过 y 好过 z” 的关系不再成立。

(c) 若多数投票决定规则的结果不满足传递性，令 x 作为最优选择。

那么考虑以下情况：

(a) 个体 $1 : xP_1yP_1z$;

(b) 个体 $2 : yP_2zP_2x$;

(c) 个体 $3 : zP_3xP_3y$。

1. 哪种选择是 R 下的社会最优？
2. R 满足帕累托原则吗？证明之。
3. 证明 R 不是独裁的。

习题 12.36 五个人共用一间办公室，每人都有一个自己偏好的工作温度 $\tau_i(i = 1,\cdots,5)$，且 $\tau_1 < \tau_2 < \tau_3 < \tau_4 < \tau_5$，每个人对不同室温的偏好程度是根据这一室温与自己最适室温的差异来决定的。即对于室温 t 与 t'，$i = 1,\cdots,5$，

$$t \succ_i t' \text{当且仅当} |t - \tau_i| < |t' - \tau_i|.$$

若室温是可以连续调节的，他们最终决定室温是 τ_3，证明他们的选择符合简单多数规则。

12.7 参考文献

教材和专著：

Arrow, K. J. and F. H. Hahn (1971). *General Competitive Analysis*, San Francisco, Holden Day.

Debreu, G. (1959). *Theory of Value* (New York, Wiley).

Jehle, G. A. and P. Reny (1998). *Advanced Microeconomic Theory*, Addison-Wesley, Chapters 7-8.

Luenberger, D. (1995). *Microeconomic Theory*, McGraw-Hill, Inc., Chapter 10.

Mas-Colell, A., M. D. Whinston, and J. Green (1995). *Microeconomic Theory*, Oxford University Press, Chapter 18.

Rawls, J. (1971). *A Theory of Justice*, Cambridge: Harvard University Press.

Rubinstein, Ariel (2005). *Lecture Notes in Microeconomics (modeling the economic agent)*, Princeton Univeristy Press.

Varian, H. R. (1992). *Microeconomic Analysis*, *Third Edition*, W.W. Norton and Company, Chapter 21.

论文：

Arrow, K. and G. Debreu (1954). “Existence of Equilibrium for a Competitive Economy”, *Econometrica*, Vol. 22, No. 3, 265-290.

Debreu, G. and H. Scarf (1963). “A Limit Theorem on the Core of an Economy”, *International Economic Review*, Vol. 4, No. 3, 235-246.

Gibbard, A. (1973). "Manipulation of Voting Schemes", *Econometrica*, Vol. 41, 587-601.

Satterthwaite, M. A. (1975). "Strategy-Proofness and Arrow's Conditions: Existence and Correspondence Theorems for Voting Procedures and Social Welfare Functions", *Journal of Economic Theory*, Vol. 10, No. 2, 187-217.

Tian, G. (1988). "On the Constrained Walrasian and Lindahl Correspondences", *Economics Letters*, Vol. 26, No. 4, 299-303.

Zhou, L. (1992). "Strictly Fair Allocations in Large Exchange Economies", *Journal of Economic Theory*, Vol. 57, No. 1, 158-175.

第13章 不确定性下的一般均衡理论

13.1 导 言

本章讨论不确定性下的一般均衡理论。在第 10~12 章中，我们在确定性的环境下讨论了竞争市场经济均衡的存在性、稳定性、有效性及合理性。然而，确定性假设与现实在许多情形下相差过大，经济环境在许多情形下，比如金融市场，往往是不确定的。本章将前面几章所采用的一般均衡框架扩展到不确定情形下的资源配置问题。对本章前面部分一些内容的更详细的讨论，可参见 Mas-Colell,Whinston 和 Green（1995）的相关章节。

在 13.2 节，我们首先对不确定性经济环境下的商品、禀赋和偏好等概念进行刻画，采用**自然状态 (states of nature)** 来描述不确定性，并引入**状态依存商品 (state-contingent commodity)**（或简称依存商品）这一关键概念: 其商品的交易量依赖于状态的实现。接着在 13.3 节中我们讨论不确定性下的一般均衡理论的基本构造，即**阿罗-德布鲁均衡 (Arrow-Debreu equilibrium)**，它是在状态依存商品交易情形下对瓦尔拉斯均衡的一种推广。根据第 11 章中的福利经济学第一基本定理，阿罗-德布鲁均衡是有风险时的帕累托最优配置。

13.4 节讨论动态不确定性下的拉德纳均衡（Radner equilibrium）概念。尽管阿罗-德布鲁均衡很好地显示了一般均衡框架的扩展性，把不确定性纳入一般均衡理论之中，但它对现实的市场运作过程的很多现象缺乏解释力。我们将对阿罗-德布鲁均衡给予新的解释。本节证明，在一些正则性假定下，阿罗-德布鲁均衡可以通过将某些特定限制下的依存商品交易与**现期交易 (spot trade)** 相结合来实现，这些现期交易在不确定性被确定之后发生。该结果大大减少了必须操作的**事前市场 (ex ante market)**(即在不确定性被确定之前的市场) 数目。我们称由这样的序贯市场交易所得到的均衡为拉德纳均衡。

13.5 节讨论不确定性下金融市场中一般均衡的存在性及其特性等问题，讨论各类金融工具在一般均衡中的作用，特别是讨论金融证券在转移和分担风险中的作用。所有的交易不是在一开始就完成，而是随着时间的推移，一些市场会逐渐展开，其中各种金融工具在跨状态转移购买力和分担风险中起到重要的作用。

13.6 节介绍**不完全市场 (incomplete markets)**情形下所导致的福利难题，即市场的资产可能过少以至无法保证一个完整的帕累托最优风险配置，同时我们还将讨论由于违约引发的内生资产对于一般均衡和福利的影响。

13.2 不确定性下的市场经济

在现实经济中，消费者和生产者通常在很多时间点都需要作出理性决策，而且在不同的时间点决策者掌握着不同的信息，这些信息反映了现实和未来环境中的一些不确定性。在前面的第 5 章，我们讨论了个体决策中的不确定性。现在我们讨论在市场经济环境下的不确定性。我们首先需要建立一个一般性的分析框架。

为了简单起见，假设时间是离散和有限的，连续时间的不确定性市场理论需要更为复杂的数学概念和工具，Merton(1990) 的专著较为系统地讨论了在连续时间下金融体系的运作，Geanakoplos 和 Polemarchakis (1991)，Geanakoplos (2008) 讨论了在跨期迭代下的一般均衡框架。不过在离散和有限时间框架下讨论不确定性下的一般均衡却相对简单，而且可以揭示基本的特性。

考虑有 L 种**实物商品 (physical commodities)**、n 个消费者和 J 个企业 (厂商) 的经济环境。不同的是，在该经济环境中，技术、禀赋和偏好都是**不确定的**，我们假设不确定性是通过技术、禀赋和偏好依赖于**状态**来表示的。一个状态可理解为对不确定性结果的一个完整描述。为简单起见，假定状态集 S 为具有 S 个元素的有限集，这里我们用同样的记号来表示集合及其元素的个数，可通过上下文来确定记号 S 的具体含义。S 中的一个典型元素记为 s，$s = 1, \cdots, S$。

下面叙述**状态依存商品**和**状态依存商品向量**的概念。利用这些概念，我们可表示技术、禀赋和偏好对状态的依赖性。

定义 13.2.1 对每种实物商品 $l = 1, \cdots, L$ 和自然状态 $s = 1, \cdots, S$，**状态依存商品量** x^{ls} 是当状态 s 出现时获得实物商品 l 的数量。相应地，**状态依存商品向量**记为

$$\mathbf{x} = (x^{11}, \cdots, x^{L1}, \cdots, x^{1S}, \cdots, x^{LS}) \in \mathcal{R}^{LS},$$

即当状态 s 出现时获得商品向量 $(x^{1s}, \cdots, x^{Ls})$ 的权益。

我们也可将状态依存商品向量视作由 L 个**随机变量**组成的向量，其中，第 l 个随机变量为 $(x^{l1}, \cdots, x^{ls})$。

有了状态依存商品向量的概念，我们现在可以描述消费者的经济特征是如何依赖于状态的。令消费者 $i = 1, \cdots, n$ 的初始禀赋为状态依存商品向量

$$\mathbf{w}_i = (w_i^{11}, \cdots, w_i^{L1}, \cdots, w_i^{1s}, \cdots, w_i^{Ls}) \in \mathcal{R}^{LS}.$$

其含义为，当状态 s 出现时，消费者 i 的初始禀赋向量为 $(w_i^{ls}, \cdots, w_i^{Ls}) \in \mathcal{R}^{L}$。

消费者 i 的偏好也可能依赖于状态 (例如，消费者对酒的喜爱可能依赖于他的健康状况)。正式地，我们通过定义消费者对状态依存商品向量的偏好来表示这种依赖，即令消费者 i 的偏好为定义在消费集 $X_i \subset \mathcal{R}^{LS}$ 上的偏好关系 $\succsim_i$。

为了评价状态依存商品向量，消费者首先需要确定状态 s 的概率 π_{si}(可能是客观的，也可能是主观的)，然后根据伯努利 (Bernoulli) 状态依存效用函数 $u_i^s(x_i^{ls}, \cdots, x_i^{Ls})$ 在状态 s 下评价实物商品向量，然后计算期望效用。这就是说，消费者 i 对任意两个状态依存商品向量 $\mathbf{x}_i, \mathbf{x}_i' \in X_i \subset \mathcal{R}^{LS}$ 的偏好满足

$$\mathbf{x}_i \succcurlyeq_i \mathbf{x}_i', \quad \text{当且仅当} \quad \sum_s \pi_{si} u_i^s(x_i^{ls}, \cdots, x_i^{Ls}) \geqq \sum_s \pi_{si} u_i^s(x_i'^{ls}, \cdots, x_i'^{Ls}).$$

应该强调的是，偏好 $\succcurlyeq_i$ 具有事前偏好的特征：描述可能消费的随机变量在不确定性被状态确定之前得以评估。

类似地，企业 j 的技术可能性由生产集 $Y_j \subset \mathcal{R}^{LS}$ 表示。我们称**状态依存生产计划 (contingent production plan)** $y_j \in \mathcal{R}^{LS}$ 为 Y_j 中的一个元素，若在每个状态 s 出现时，实物商品的投入—产出向量 $(y_j^{1s}, \cdots, y_j^{Ls})$ 对企业 j 来说是可行的。

下面我们通过一个例子来刻画不确定性下的经济描述。

例 13.2.1 设 s_1 和 s_2 表示好天气和坏天气两种状态。存在两种实物商品：种子 $(l=1)$ 和庄稼 $(l=2)$。在此情形下，Y_j 中的元素为四维向量。假设种子必须在天气被确定之前进行播种，只有在好天气状态下且一单位的种子才产出一单位的庄稼，否则产出为零。则

$$\mathbf{y}_j = (y_j^{11}, y_j^{21}, y_j^{12}, y_j^{22}) = (-1, 2, -1, 0)$$

为可行生产计划。由于在播种时天气是不确定的，因此计划 $(-1, 2, 0, 0)$ 是不可行的：种子一旦播种即在两种天气状态下都无法改变已播种的事实。因此，通过这种方式，我们可以在 Y_j 的结构中嵌入与不确定性相关的生产约束。

对消费方也可作类似处理。若对某种商品 l，每一个向量 $\mathbf{x}_i \in X_i$ 的元素 $x_i^{ls}, s = 1, \cdots, S$ 都相等，则我们可将其解释为对商品 l 的消费发生在状态确定之前。

为了完成对私有市场经济的描述，我们只需对每个消费者 i 和每个企业 j 指定所有权结构。原则上，这些所有权结构也是状态依存的 (状态依赖的)。令 $\theta_{ij} \geqq 0$ 为与状态无关的消费者 i 持有企业 j 的所有权份额会简化分析。当然，对每个 i，都有 $\sum_j \theta_{ij} = 1$。

这样，不确定情形的私有市场经济仍然可写为：

$$e = \left(S, \{X_i, \mathbf{w}_i, \succcurlyeq_i\}_{i=1}^n, \{Y_j\}_{j=1}^j, \{\theta_{ij}\}_{i,j=1}^{n,J}\right).$$

上面的框架有很强的延展性，我们可以把时间维度纳入进来。假设初始时间记为 $t=0$，之后的时间记为 $t = 1, 2, \cdots, T$，其中 T 是最后的截止时间。自然状态集合为 S，是一个包括所有从最初到最后过程中刻画不确定性的所有特征，不同状态表示不同的特征，从而状态集合是一个互斥状态的集合。在这个定义中，时间和不确定性是相互交织的，一个自然而然的问题是在截止期限之前的时间 t，对市场参与人所知道的信息如何刻画。与动态博弈中的信息集概念相似，在时间 $t \leqq T$，对状态集合的一个信息分割 (information partition)$\mathcal{F}_{it}$，其中要素 f_{it} 刻画了参与人 i 在时间 t 掌握的信息，我们称之为在时间 t 上的一个依存状态。不同参与人可能有不同的信息，比如 $\mathcal{F}_{it} \neq \mathcal{F}_{jt}$ 意味着参与人 i, j 在时间 t 掌握的信息是不同的，我们把 t 上的依存状态集合记为 $\mathcal{F}_t$。在本章，若没有特别注明，假设所有参与人掌握的信息是相同的，即对所有的 $i, j \in N$，都有 $\mathcal{F}_{it} = \mathcal{F}_{jt}$。我们着重讨论在不确定环境下市场在资源配置方面的角色。

此外，对不同时间的依存状态作一些基本设定：(1) 在最初阶段，由于没有任何信息，不确定性没有任何减弱，$\mathcal{F}_0 = \{S\}$。(2) 在最后阶段，所有的不确定性都被消除，为此对于任意的 $s \in S$，都有 $\{s\} \in \mathcal{F}_T$。同时，对任意 $f_T \in \mathcal{F}_T$，$|f_T \cap S| = 1$ 意味着在 T 上的所有依存状态 f_T 都是单元素集，即所有的自然状态都是可以识别的，不确定性完全消失。(3) 随着时间的流逝，信息分割会越来越细，即对于任意的 $f_{t+1} \in \mathcal{F}_{t+1}$，存在 $f_t \in \mathcal{F}_t$，使得 $f_{t+1} \subseteq f_t$。

若市场参与人拥有不同的信息，比如在 t 期，参与人 i 比参与人 j 拥有更多的信息，或者其不确定性更少，那么对任意的 $f_{it} \in \mathcal{F}_{it}$，存在 $f_{jt} \in \mathcal{F}_{jt}$，都有 $f_{it} \subseteq f_{jt}$。若在某个时期

f_{it} 是单元素集，那么意味着参与人 i 在 t 期就知道自然状态，也就是说，此时参与人 i 面临的不确定性都消除了。上面的假设 (3) 意味着，参与人不会忘记之前掌握的信息，这与动态博弈中完全记忆的假设是一致的。

我们通常用树状图来刻画随时间变化不确定性程度的变化，图 13.1 刻画了 5 个时间点下的不确定性。

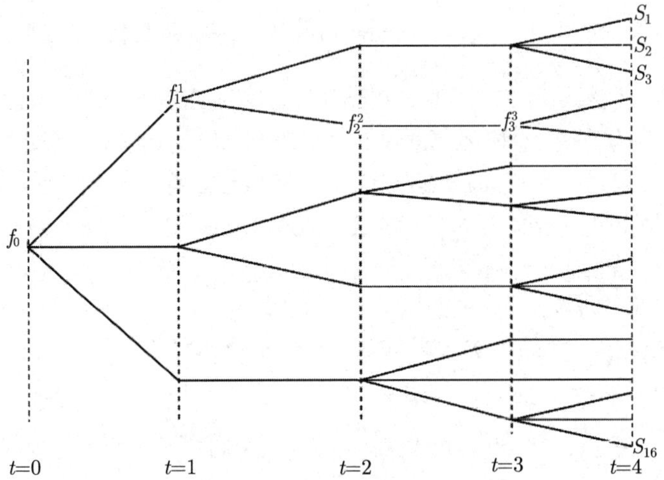

图 13.1 时间与不确定性

例 13.2.2 在这个例子中所有参与人掌握相同信息，从最初到最后时期总共有 16 种自然状态。在时期 0，只有一种依存状态 $\mathcal{F}_0 = \{f_0\}$，即 $f_0 = \{s_1, \cdots, s_{16}\}$，也就是说在期初，参与人不知道状态是 $s_1, \cdots, s_{16}$ 中的哪一个。在时期 1 有三个依存状态，即 $\mathcal{F}_1 = \{f_1^1, f_1^2, f_1^3\}$，即有三种可能的信息。这里我们用下标刻画时间，用上标刻画可能的信息状态。$f_1^1 = \{s_1, \cdots, s_5\}$，此时参与人知道状态是位于 $s_1, \cdots, s_5$ 之间，但不知道是其中的哪一个，类似地，$f_1^2 = \{s_6, \cdots, s_{11}\}$，$f_1^3 = \{s_{12}, \cdots, s_{16}\}$。在时期 2 有 5 个依存状态，即 $\mathcal{F}_2 = \{f_2^1, f_2^2, f_2^3, f_2^4, f_2^5\}$。其中，$f_2^1 = \{s_1, s_2, s_3\}$，此时相对于时期 1，参与人知道更多的信息，即状态是 s_1, s_2, s_3 中的某一个，尽管不知道是哪一个，类似地，$f_2^2 = \{s_4, s_5\}$，$f_2^3 = \{s_6, s_7, s_8\}$，$f_2^4 = \{s_9, s_{10}, s_{11}\}$，$f_2^5 = \{s_{12}, \cdots, s_{16}\}$。在时期 3 有 8 个依存状态，即 $\mathcal{F}_3 = \{f_3^1, f_3^2, f_3^3, f_3^4, f_3^5, f_3^6, f_3^7, f_3^8\}$。其中 $f_3^1 = \{s_1, s_2, s_3\}$，反映相对于时期 2 参与人的信息并没有增加；$f_3^2 = \{s_4, s_5\}$，$f_3^3 = \{s_6\}$，此时其不确定性完全消除，$f_3^4 = \{s_7, s_8\}$，$f_3^5 = \{s_9, s_{10}, s_{11}\}$，$f_3^6 = \{s_{12}\}$，$f_3^7 = \{s_{13}\}$，$f_3^8 = \{s_{14}, s_{15}, s_{16}\}$。在最后时期，所有不确定性都消除，此时有 16 个依存状态，并且 $\mathcal{F}_4 = S$。

为了着重刻画不确定性下的市场交易以及简化术语的表达，下面的讨论都是基于 $T = 1$，同时我们假设消费和禀赋都发生在时期 1，此时着重关注不确定情形下的市场交易和配置。当然，许多不确定性市场交易的文献也考虑在 $t = 0$ 的消费，这通常不会增加更多的复杂性，只是多引入一些符号。

事实上，多期模型可简化为前面所介绍的无时间模型。为了说明这一点，我们定义 $L = H(T+1)$ 种实物商品的新集合，每种这样的实物商品都用双指标 ht 来标示。我们称向量 $\mathbf{z} \in \mathcal{R}^{LS}$ 关于一族信息分割 $(\mathcal{L}_0, \cdots, \mathcal{L}_T)$ 是**可测的**，若对每个 hts 和 hts'，我们有 $z^{hts} =$

$z^{hts'}$，其中，s, s' 属于同一分割 $\mathcal{L}_t$。即，当 s 和 s' 在时刻 t 不可区分时，对这两种状态依存的商品量是相同的。最后，我们对禀赋 $\mathbf{w}_i \in \mathcal{R}^{LS}$、消费集 $X_i \subset \mathcal{R}^{LS}$ 和生产集 $Y_j \subset \mathcal{R}^{LS}$ 作如下限制：对所有元素关于上述信息分割族都是可测的。有了上述设定，我们可将多期模型简化为单期模型。同时结合不确定和动态时间的更一般形式的讨论，参见 Kreps(2013) 的教材。

13.3　阿罗-德布鲁均衡

对于不确定性市场经济而言，阿罗（1953，1964）和德布鲁（1959）通过引入依存商品把不确定性的市场交换直接纳入之前的一般均衡分析框架，也就是说，一般均衡分析框架有很大的扩容性，只要重新定义商品空间，不确定性就很自然地融入到一般均衡的分析框架中。具体而言，把原来的商品空间 $\mathcal{R}^L_+$ 变为 $\mathcal{R}^{LS}_+$，通过引入对未来所有依存商品的价格 $\mathbf{p}^s, s \in S$，$\mathbf{p}^s \in \mathcal{R}^L_+$，消费者的预算集变为：$B_i(\mathbf{p}, \mathbf{w}_i) \equiv \{\mathbf{x} \in \mathcal{R}^{LS}_+ : \sum_{s\in S} \mathbf{x}^s_i \mathbf{p}^s = \sum_{s\in S} \mathbf{w}^s_i \mathbf{p}^s\}$，其中 $\mathbf{p}^s$ 是状态 s 下商品的价格 (向量)，$\mathbf{w}_i$ 是消费者 i 的禀赋。

下面我们定义在依存商品下的一般均衡，文献中通常称之为阿罗–德布鲁均衡：

定义 13.3.1　一个配置

$$(\mathbf{x}^*_1, \cdots, \mathbf{x}^*_n; \mathbf{y}^*_1, \cdots, \mathbf{y}^*_J) \in X_1 \times \cdots \times X_n \times Y_1 \times \cdots \times Y_J \subset \mathcal{R}^{LS(n+J)}$$

和依存商品的价格 $\mathbf{p} = (p^{11}, \cdots, p^{LS}) \in \mathcal{R}^{LS}$ 构成了一个**阿罗－德布鲁均衡 (Arrow-Debreu equilibrium)**，若

(1) 对每个 j，$\mathbf{y}^*_j$ 是利润最大化生产计划，即满足 $\mathbf{p} \cdot \mathbf{y}^*_j \geqq \mathbf{p} \cdot \mathbf{y}_j, \forall \mathbf{y}_j \in Y_j$。

(2) 对每个 i，$\mathbf{x}^*_i$ 是 $\succcurlyeq_i$ 在预算集 $\{\mathbf{x}_i \in X_i$: $\mathbf{p} \cdot \mathbf{x}_i \leqq \mathbf{p} \cdot \mathbf{w}_i + \sum_j \theta_{ij} \mathbf{p} \cdot \mathbf{y}^*_j\}$ 上的效用最大化消费组合。

(3) $\sum_i \mathbf{x}^*_i \leqq \sum_j \mathbf{y}^*_j + \sum_i \mathbf{w}_i$。

第 10 和 11 章的存在性、唯一性、稳定性和福利定理可以直接被应用到以上阿罗–德布鲁均衡。根据第 5 章的讨论，凸性假设可被解释为风险厌恶 (risk-aversion)。在偏好效用函数的设定中，若伯努利效用函数 $u^s_i(\mathbf{x}^s_i)$ 是凹的，偏好关系 $\succcurlyeq_i$ 是凸的。

阿罗–德布鲁均衡的帕累托最优性质意味着依存商品交易的市场均衡配置可以达到有效风险配置。然而，若经济总体上存在风险，那么市场均衡配置结果也不会是完全保险，此时参与人还是要承担一些整体风险。

此外，任意生产计划的企业利润 $\mathbf{p} \cdot \mathbf{y}_j$ 都是用货币表示的，是非随机的。这是因为，在均衡中交易开始时所有商品的价格就已经确定了。尽管产品的生产和交换依赖于状态，但在给定的生产计划下，在所有的依存状态下都已经明确了投入和产出，从某种意义上说，这种计划已经提供了完全保险，完全地规避了（个体的）风险，这意味着企业的利润最大化目标具有合理性。

通过下面的例子，我们来讨论在阿罗–德布鲁均衡中如何规避个体风险，而对于整体风险，参与人还需有所承担。

例 13.3.1　考虑如下交换经济，其中 $n = 2, L = 1$，$S = 2$，$T = 1$。设参与人 i 对 $s = 1, 2$ 的主观概率分布为 π_{1i}, π_{2i}。参与人 i 的效用函数为 $\pi_{1i} u_i(x^1_i) + (1 - \pi_{1i}) u_i(x^2_i)$，同时假设效用函数

是凹函数，即具有风险规避的偏好。假设参与人 1 和 2 的禀赋分别为 $\mathbf{w}_1=(w_1^1,w_1^2)=(1,0)$ 和 $\mathbf{w}_2=(w_2^1,w_2^2)=(0,1)$，加总后的禀赋为 $\sum_{i\in\{1,2\}}\mathrm{w}_i=(1,1+\epsilon)$。若 $\sum_{i\in\{1,2\}}\mathbf{w}_i=(1,1)$，或者 $\epsilon=0$，即在两种状态下，禀赋总量相同，但不同消费者在不同状态下可能拥有不同的禀赋，我们把这种状态称为个体风险；把 $\sum_{i\in\{1,2\}}\mathbf{w}_i\neq(1,1)$ 或者 $\epsilon\neq 0$ 称为整体风险，比如发生一些自然灾害，经济的总资源会减少。

根据上面的阿罗-德布鲁均衡的定义，我们来求解一般均衡配置。在均衡时，必然满足：

$$\frac{\pi_{11}u_1'(x_1^1)}{\pi_{21}u_1'(x_1^2)}=\frac{\pi_{12}u_2'(x_2^1)}{\pi_{22}u_2'(x_2^2)}=\frac{p_1}{p_2}. \tag{13.3.1}$$

下面我们分以下几种情形来讨论：

(1) $\sum_{i\in\{1,2\}}\mathbf{w}_i=(1,1)$，$\pi_{11}=\pi_{12}$，此时两个消费者的主观概率相同，或者此时有客观概率，并且经济中只有个体风险，没有总体风险的情形。于是上面的等式 (13.3.1) 变为

$$\frac{u_1'(x_1^1)}{u_1'(x_1^2)}=\frac{u_2'(x_2^1)}{u_2'(x_2^2)}.$$

由于 $\sum_{i\in\{1,2\}}\mathbf{w}_i=(1,1)$，以及效用函数是凹函数，$x_{1i}=x_{2i}$ 对任意的 $i\in\{1,2\}$ 成立，此时消费者被完全保险。

(2) $\sum_{i\in\{1,2\}}\mathbf{w}_i=(1,1)$，$\pi_{11}\neq\pi_{12}$，此时经济没有整体风险，但消费者对状态的主观评价不同。不妨假设 $\pi_{11}<\pi_{12}$，即相对于消费者 2，消费者 1 对第二种状态赋予更高的主观概率。上面的等式 (13.3.1) 变为：

$$\frac{u_1'(x_1^1)}{u_1'(x_1^2)}>\frac{u_2'(x_2^1)}{u_2'(x_2^2)}.$$

在均衡配置中，消费者 1 会在状态 2 下相对消费更多的商品，而消费者 2 会在状态 1 下相对消费更多的商品。

(3) $\sum_{i\in\{1,2\}}\mathbf{w}_i\neq(1,1)$，$\pi_{11}=\pi_{12}$，此时两个消费者拥有相同的主观概率，但是经济体有整体风险，不妨假设在状态 1 的禀赋总量更多。上面的等式 (13.3.1) 变为：

$$\frac{u_1'(x_1^1)}{u_1'(x_1^2)}=\frac{u_2'(x_2^1)}{u_2'(x_2^2)}.$$

由于经济体在状态 1 下的禀赋总量更大，在均衡时，两个消费者都会在状态 1 下比在状态 2 下消费更多。同时，相对于 (1) 的情形，此时在状态 2 下的价格变得更高，这与资产定价中的结论相一致：一个资产与市场收益（在这个例子中就是禀赋的经济总量）的负相关性越大，其定价越高。

图 13.2(a) 和图 13.2(b) 分别描述了没有整体风险下消费者在相同和不同主观概率下的均衡结果，图 13.2(c) 描述了存在整体风险时的均衡结果。

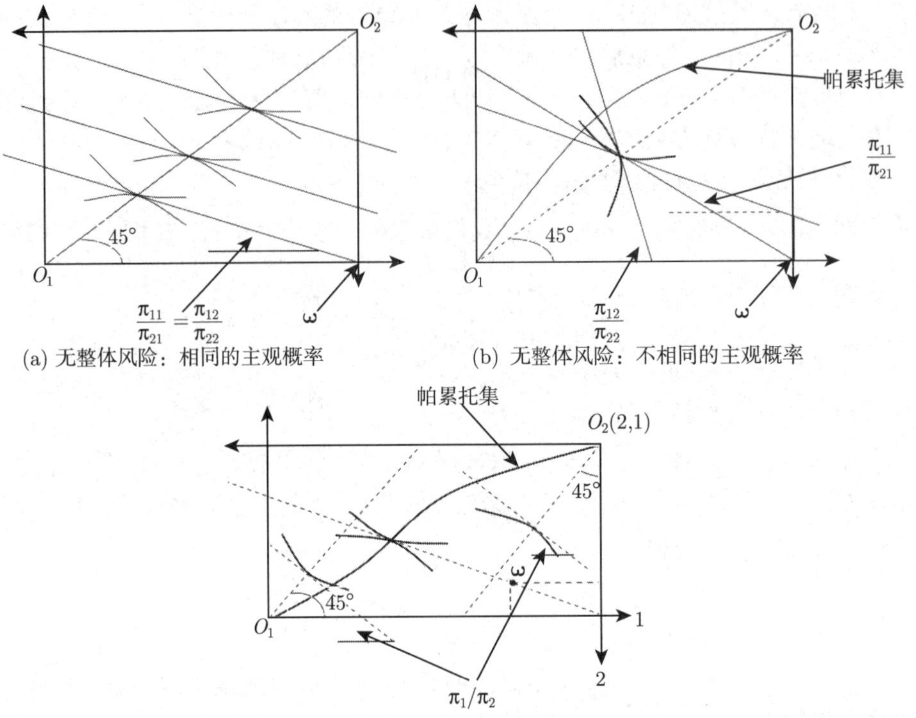

(a) 无整体风险：相同的主观概率　　(b) 无整体风险：不相同的主观概率

(c) 有整体风险：相同的主观概率

图 13.2　不确定性下的交换经济

13.4　序贯交易与拉德纳均衡

阿罗–德布鲁均衡很好地显示了一般均衡框架的扩展性，通过依存状态商品概念的引入，就可以把不确定性纳入到前面几章所讨论的一般均衡分析框架之中。然而，这样处理有一定的局限性。拉德纳 (Radner，1982) 总结了阿罗–德布鲁框架隐含的四个主要假设：(1) 消费者和生产者都是价格接受者；(2) 给定状态依存商品的价格，对未来的生产计划的现值、未来的资源禀赋和消费成本的现值都不存在不确定性；(3) 给定价格和生产计划，对于消费者的财富现值也不存在不确定性；(4) 消费者的状态依存消费体现了消费者的偏好，不仅反映了消费者的风险态度，还反映了他们的状态依存主观概率。

然而这种对不确定性的处理，对现实市场运作过程中的许多现象缺乏解释力。在阿罗–德布鲁均衡中，对未来所有的依存商品在刚开始就一次性交易完毕，而在现实中，市场交易却是按序贯方式进行的，随着新的信息的获取，市场交易不断发生。此外，市场中存在各式各样的金融资产，如债券、股票、衍生证券等，它们在市场交易中起到什么样的作用，在阿罗–德布鲁框架中并没有得到很好的解释。此外，尽管在阿罗–德布鲁框架中，参与人对未来有不确定性，但是他们掌握的信息是相同的。这一假设显然在很多情况下是不现实的。在现实中，人们不仅掌握的信息不同，而且经济人的信息结构也不是固定的，参与人会有动机收集和处理信息。这种内生性的信息结构与现实更相符，这部分的内容涉及市场的信息功能，我们不展开讨论，一个好的入门讨论可以查看 Mas-Colell, Whinston 和 Green（1995）的 19.H 节以及 Bikhchandani, Hirshleifer 和 Riley(2013) 的教材。另外，在现实中，时间是延展的，从而事件的集合可能会很大，对所有可能的事件都存在着相应的市场，在现实生活中很难满足。这一节以及下面的章节我们将从多个角度来放松阿罗–德布鲁的不确定市场的假设。

为了尽可能简化问题，我们考虑具有 L 个商品的交换经济。假定经济只持续两个交易期：$t=0$ 和 $t=1$。在 $t=0$ 期，没有任何信息披露；在 $t=1$ 期，不确定性完全消失。为了进一步简化问题，我们假定在 $t=0$ 期没有任何消费发生。在之前的阿罗–德布鲁框架中，消费者在 S 个可能状态下购买 $\mathbf{x}_s \in \mathcal{R}_+^L$。

阿罗 (1953) 首先发现，即使不是所有的依存商品市场在 $t=0$ 期同时开市，在某些条件下，在 $t=1$ 期重新交易也可能达到帕累托最优配置，这即是说，事后交易的可能性能弥补事前市场的缺失，并且这样的序贯交易可以大大节约市场的个数。若参与人都能准确预期未来各个状态依存市场价格，那么在第 0 期只需要 S 个远期市场，通过这些远期市场把总的收入现值和购买分配到各个依存状态，若这些状态依存购买刚好等于阿罗–德布鲁均衡下所对应的状态依存预算，那么消费者在这些状态依存购买力下，到了即期（$t=1$）市场上，可以实现阿罗–德布鲁均衡下的均衡消费。这样，实现阿罗–德布鲁均衡的配置只需要 $L+S$ 个市场，其中 S 是 $t=0$ 期的远期市场数量，L 是 $t=1$ 期的即期市场的数量，并且序贯交易下的均衡与阿罗–德布鲁的均衡一致。由于拉德纳 (1968, 1972) 系统地讨论了序贯的市场交易和相应的均衡特性，文献中通常把这一均衡称为拉德纳均衡。

显然在 $t=0$ 期，若存在 $S\times L$ 个依存商品市场，那么在 $t=1$ 期，在任何状态 s 下即期市场开放，消费者都不会重新交易。这是因为在 $t=0$ 期，$S\times L$ 个依存商品的均衡交易已经达到帕累托有效。若在任何状态 s 下即期市场开放，消费者重新交易，那么这个交易后的配置必定是对 $t=0$ 期配置的一个帕累托改进，与 $t=0$ 期的配置是帕累托有效的结论相矛盾。

下面具体讨论序贯交易的市场均衡。假设在交换经济中所有消费者的禀赋都是在 $t=1$ 期，$\mathbf{w}_i \in \mathcal{R}_+^L$，同时消费者只关心在 $t=1$ 期的消费。在 $t=0$ 期，消费者有关于在 $t=1$ 期的每种状态 $s\in S$ 下即期价格的**预期**。记在状态 s 下即期市场的价格向量为 $\mathbf{p}^s \in \mathcal{R}^L$，整个预期向量为 $\mathbf{p}=(\mathbf{p}^1,\cdots,\mathbf{p}^S)\in\mathcal{R}^{LS}$。除此之外，在 $t=0$ 期，存在着对第 1 种商品的状态依存远期市场，消费者 i 在这些状态依存的远期市场进行交易，其价格向量为 $\mathbf{q}=(\mathbf{q}^1,\cdots,\mathbf{q}^S)$。

给定 $t=0$ 期商品 1 的远期价格 $\mathbf{q}\in\mathcal{R}^S$ 和预期的 $t=1$ 期的即期价格 $(\mathbf{p}^1,\cdots,\mathbf{p}^S)\in\mathcal{R}^{LS}$，每个消费者 i 将制定 $t=0$ 期远期合约的交易计划 $(z_i^1,\cdots,z_i^s)\in\mathcal{R}^S$ 和 $t=1$ 期的状态依存消费计划 $(\mathbf{x}_i^1,\cdots,\mathbf{x}_i^s)\in\mathcal{R}^{LS}$。若 $z_i^s<0$，意味着消费者 i 卖出 s 状态依存远期合约，需要在即期市场上购买 $-|z_i^s|$ 单位的商品 1 来交付；若 $z_i^s>0$，那么可以获得 z_i^s 单位的商品 1。注意，这些状态依存远期合约在 $t=0$ 期不管未来状态 s 是否实现，都需要花钱购买，但是否能在 $t=1$ 期获得商品，就需要看状态 s 是否实现。

在这些远期的依存合约市场中，人们每期都会有交易，在 $t=0$ 期发生远期合约交易，在 $t=1$ 期发生即期市场交易。此时消费者的预算约束从阿罗–德布鲁框架中的一个变为 $1+S$ 个。在 $t=0$ 期，预算约束为：

$$\sum_{s\in S}\mathbf{q}^s z_i^s \leqslant 0. \tag{13.4.2}$$

在 $t=1$ 期，状态依存预算约束为：

$$\sum_{l=1}^{L}p^{sl}x_i^{ls} \leqslant \sum_{l=1}^{L}p^{sl}w_i^{ls}+p^{s1}z_i^s, \tag{13.4.3}$$

其中 p^{sl} 是商品 ls 状态的依存价格，w_i^{sl} 是消费者在 $t=1$ 期商品 l 的 s 状态依存禀赋。注意到对每个状态 s，财富的价值由两部分组成：初始禀赋的市场价值 $\mathbf{p}^s\cdot\mathbf{w}_i^s$ 和在 $t=0$ 期远期交易的、在 $t=1$ 期中商品 1 的市场价值。

由于禀赋的预算约束不受价格同比例的影响，我们不妨把商品 1 标准化为 1，即 $p^{s1}=1$ 对任意的状态 s 都成立。消费者的偏好与先前一致，这里假设消费者只关心 $t=1$ 期的消费，消费者的效用函数为 $\sum_{s=1}^{S}\pi^s u_i(\mathbf{x}_i^s)$。在序贯交易下，若消费者对于未来价格的预期是理性的或可实现的（fulfilled expectations），我们可以定义相应的交换经济的一般均衡，称为拉德纳均衡。

定义 13.4.1 (拉德纳均衡)　在一个经济体中，$i\in\{1,\cdots,n\}$，禀赋 $\mathbf{w}_i\in\mathcal{R}_+^{LS}$，一个**拉德纳均衡**是一组在 $t=0$ 期的远期价格向量 $\mathbf{q}=(q^1,\cdots,q^S)\in\mathcal{R}_+^S$，在 $t=1$ 期的状态依存即期价格向量 $\mathbf{p}=(p^{11},\cdots,p^{LS})\in\mathcal{R}_+^{LS}$，以及在 $t=0$ 期对每个消费者 i 的合约交易 $\mathbf{z}_i^*=(z_i^{*1},\cdots,z_i^{*S})$，以及在 $t=1$ 期的即期商品交易 $\mathbf{x}_i^*=(x_i^{*11},\cdots,x_i^{*LS})$，使得每个消费者在预算约束（13.4.2）和（13.4.3）下最大化其效用，同时满足下面两个市场出清条件（13.4.4）和（13.4.5）：对每一个状态 s，都有

$$\sum_{i=1}^{n}\mathbf{z}_i^{*s}=0, \tag{13.4.4}$$

$$\sum_{i=1}^{n}\mathbf{x}_i^{*s}=\sum_{i=1}^{n}\mathbf{w}_i^s. \tag{13.4.5}$$

于是我们有下述命题，该命题揭示了：对上述模型，由 LS 种依存商品的一次性交易所得到的阿罗–德布鲁均衡配置的集合和由仅一种商品的依存序贯一次性交易所得到的拉德纳均衡配置的集合是等价的。

命题 13.4.1　我们有：

(1) 若配置 $\mathbf{x}^*\in\mathcal{R}^{LSn}$ 和即期依存价格向量 $(\mathbf{p}^1,\cdots,\mathbf{p}^S)\in\mathcal{R}_{++}^{LS}$ 组成了一个阿罗–德布鲁均衡，则存在第一种商品的远期依存价格 $\mathbf{q}\in\mathcal{R}_{++}^S$ 和商品 $\mathbf{z}^*=(\mathbf{z}_1^*,\cdots,\mathbf{z}_n^*)\in\mathcal{R}^{Sn}$ 的消费计划，使得消费计划 $\mathbf{x}^*$ 及 $\mathbf{z}^*$，远期依存价格 $\mathbf{q}$，以及即期价格 $(\mathbf{p}^1,\cdots,\mathbf{p}^S)$ 形成了一个 **拉德纳 (Radner) 均衡**。

(2) 反之，若消费计划 $\mathbf{x}^*\in\mathcal{R}^{LSn},\mathbf{z}^*\in\mathcal{R}^{Sn}$ 和价格 $\mathbf{q}\in\mathcal{R}_{++}^S$，$(\mathbf{p}^1,\cdots,\mathbf{p}^S)\in\mathcal{R}_{++}^{LS}$ 组成了一个拉德纳均衡，则存在乘子 $(\mu^1,\cdots,\mu^S)\in\mathcal{R}_{++}^S$，使得配置 $\mathbf{x}^*$ 和即期依存商品价格向量 $(\mu^1\mathbf{p}^1,\cdots,\mu^S\mathbf{p}^S)\in\mathcal{R}_{++}^{LS}$ 组成了一个阿罗–德布鲁均衡 (乘子 μ^s 可被解释为 $t=1$ 期和状态为 s 时的一美元在 $t=0$ 期的价值)。

证明

(1) 对每个 s，令 $\mathbf{q}^s=p^{1s}$。我们需证明，对每个消费者 i，阿罗–德布鲁问题的预算集

$$B_i^{AD} = \{(\mathbf{x}_i^1, \cdots, \mathbf{x}_i^s) \in \mathcal{R}_+^{LS} : \sum_s \mathbf{p}^s \cdot (\mathbf{x}_i^s, \cdots, \mathbf{w}_i^s) \leqslant 0\},$$

等价于拉德纳问题的预算集

$$B_i^{AD} = \{(\mathbf{x}_i^1, \cdots, \mathbf{x}_i^s) \in \mathcal{R}_+^{LS} : \text{存在 } (\mathbf{z}_i^1, \cdots, \mathbf{z}_i^s) \\ \text{使得 } \sum_s \mathbf{p}^s \mathbf{z}_i^s \leqslant 0 \text{ 且 } \mathbf{p}^s \cdot (\mathbf{x}_i^s - \mathbf{w}_i^s) \leqslant p^{1s} \mathbf{z}_i^s, \forall s\}.$$

为此，假设 $\mathbf{x}_i = (\mathbf{x}_i^1, \cdots, \mathbf{x}_i^s) \in B_i^{AD}$。对每个 s，记 $\mathbf{z}_i^s = (1/\mathbf{p}^{1s})\mathbf{p}^s \cdot (\mathbf{x}_i^s - \mathbf{w}_i^s)$。则对每个 s，有 $\sum_s \mathbf{p}^s \mathbf{z}_i^s = \sum_s p^{1s} \mathbf{z}_i^s = \sum_s \mathbf{p}^s \cdot (\mathbf{x}_i^s - \mathbf{w}_i^s) \leqslant 0$ 以及 $\mathbf{p}^s \cdot (\mathbf{x}_i^s - \mathbf{w}_i^s) = \mathbf{p}^1 \mathbf{z}_i^s$。因此，$\mathbf{x}_1 \in B_i^R$。反之，假设 $\mathbf{x}_i = (\mathbf{x}_i^1, \cdots, \mathbf{x}_i^s) \in B_i^R$；即，对某个 $(\mathbf{z}_i^1, \cdots, \mathbf{z}_i^s)$ 和每个 s，我们有 $\sum_s \mathbf{q}^s \mathbf{z}_i^s \leqslant 0$ 以及 $\mathbf{p}^s \cdot (\mathbf{x}_i^s - \mathbf{w}_i^s) = p^{1s} \mathbf{z}_i^s$。对前面的式子关于 s 加总，得 $\sum_s \mathbf{p}^s \cdot (\mathbf{x}_i^s - \mathbf{w}_i^s) \leqslant \sum_s p^{1s} \mathbf{z}_i^s = \sum_s \mathbf{q}^s \mathbf{z}_i^s \leqslant 0$，从而有 $\mathbf{x}_i \in B_i^{AD}$。

由上述结论，我们可推出阿罗–德布鲁均衡配置同时也是由远期价格向量 $\mathbf{p} = (p^{11}, \cdots, p^{1S}) \in \mathcal{R}^S$，即期价格向量 $(\mathbf{p}^1, \cdots, \mathbf{p}^S)$ 和依存交易 $(\mathbf{z}_i^{*1}, \cdots, \mathbf{z}_i^{*s}) \in \mathcal{R}^S$ 支撑的拉德纳均衡配置，其中，$\mathbf{z}_i^{*s} = (1/p^{1s})\mathbf{p}^s \cdot (\mathbf{x}_i^{*s} - \mathbf{w}_i^s)$。由于对每个 s，$\sum_i \mathbf{z}_i^{*s} = (1/p_s^1)\mathbf{p}^s \cdot [\sum_i (\mathbf{x}_i^{*s} - \mathbf{w}_i^s)] \leqslant 0$，因此依存商品市场出清。

(2) 选择 μ^s，使得 $\mu_s p^{1s} = q^s$。则我们可将消费者 i 的拉德纳预算集 i 重写为 $B_i^R = \{(\mathbf{x}_i^1, \cdots, \mathbf{x}_i^s) \in \mathcal{R}^{LS}$：存在 $(\mathbf{z}_i^1, \cdots, \mathbf{z}_i^s)$,使得$\sum_s \mathbf{q}^s \mathbf{z}_i^s \leqslant 0$且 $\mu_s \mathbf{p}^s \cdot (\mathbf{x}_i^s - \mathbf{w}_i^s) \leqslant \mathbf{q}^s \mathbf{z}_i^s$, $\forall s\}$。由此，类似在第 (1) 部分所做的，可将约束从而预算集重写为阿罗–德布鲁形式：

$$B_i^r = B_i^{AD} = \{(\mathbf{x}_i^1, \cdots, \mathbf{x}_i^s) \in \mathcal{R}^{LS} : \sum_s \mu_s \mathbf{p}^s \cdot (\mathbf{x}_i^s - \mathbf{w}_i^s) \leqslant 0\}.$$

因此，消费计划 $\mathbf{x}_i^*$ 是预算集 $B^{AD}{}_i$ 中使偏好得到最大满足的解。由于该结果对每个消费者 i 都成立，因此可推出价格向量 $(\mu^s \mathbf{p}^1, \cdots, \mu^S \mathbf{p}^S) \in \mathcal{R}^{LS}$ 会使得 LS 个依存商品市场出清。 □

这个命题背后的逻辑是，要证明一个配置是拉德纳均衡，它需要满足两个基本条件：一是在预算约束条件下每个消费者最优化其消费选择；二是在这些消费选择下市场出清。由于消费者在两个框架中效用函数和禀赋都是一样的，显然若一个消费计划在阿罗–德布鲁框架中是市场出清的，那么它在拉德纳框架中也必然是出清的，反过来也是一样。这是由于在商品空间上，这两个均衡要求的条件是一致的，所有消费者的所有状态依存消费量刚好等于禀赋总量。这个命题的关键是要证明：在这两个框架中，通过远期状态依存合约市场，消费者面临的预算约束也是一致的，由于消费者的偏好是相同的，因此消费选择也必然是相同的。

下面我们通过一个具体的例子来看这两个均衡的一致性。

例 13.4.1 考虑有一个具有两期（$t = 0, 1$）、两种商品及两个状态（$s = 1, 2$ 的等概率）的交换经济。假设消费者都只关心 $t = 1$ 期的消费，他们的禀赋在 $t = 1$ 期分别为 $\mathbf{w}_1 = (1, 1, 0, 0)$ 和 $\mathbf{w}_2 = (0, 0, 1, 1)$，即在状态 1 消费者 1 拥有全部的商品，而在状态 2 消费者 2 拥有全部的商品。消费者的期望效用函数是相同的，$u_i(\mathbf{x}_i) = 0.5(\ln x_i^{11} + \ln x_i^{21}) + 0.5(\ln x_i^{12} + \ln x_i^{22})$。

对阿罗–德布鲁均衡，我们得到：$\mathbf{x}_1^* = \mathbf{x}_2^* = (0.5, 0.5, 0.5, 0.5)$，均衡即期市场价格为 $\mathbf{p}^* = (1, 1, 1, 1)$（我们把依存商品 $\mathbf{x}^{11}$ 的即期市场价格标准化为 1）。

对拉德纳均衡，我们同样可以得到 $\mathbf{x}_1^* = \mathbf{x}_2^* = (0.5, 0.5, 0.5, 0.5)$，$\mathbf{z}_1^* = (-1, 1)$，$\mathbf{z}_2^* = (1, -1)$，$\mathbf{p}^* = (1, 1, 1, 1)$，$\mathbf{q}^* = (1, 1)$ （我们把依存商品 $\mathbf{x}^{11}, \mathbf{x}^{12}$ 的即期市场价格标准化为

1)。在序贯交易中，消费者 1 卖出 1 单位的状态 1 的远期合约而买进 1 单位的状态 2 的远期合约，而消费者 2 则刚好相反。在 $t=1$ 期，若状态 1 发生，消费者 1 和 2 的两种商品的禀赋分别是 $(1,1)$ 和 $(0,0)$，同时消费者 1 履行卖出状态 1 的远期合约，给消费者 2 一个单位的商品 1，此时消费者 1 和 2 拥有的商品分别为 $(0,1)$ 和 $(1,0)$，他们最后的消费都是 $(0.5,0.5)$；若状态 2 发生，消费者 1 和 2 的两种商品的禀赋分别是 $(0,0)$ 和 $(1,1)$，同时消费者 2 履行卖出状态 2 的远期合约，给消费者 1 一个单位的商品 1，消费者 1 和 2 拥有的商品分别为 $(1,0)$ 和 $(0,1)$，他们最后的消费都是 $(0.5,0.5)$。这样，这种均衡的配置结果刚好与阿罗-德布鲁均衡是一致的。

注　值得指出的是，虽然拉德纳均衡的概念减少了为达到帕累托最优配置所需的市场数 (从原来的 LS 减少到 $L+S$)，这种减少并非无代价的。为了利用数量更少的远期合约来达到最优配置，需要对参与人的理性预期施加更强的限定，它要求对远期价格具有完全理性预期。

13.5　金融市场的一般均衡理论

现实中状态依存的远期（在 $t=0$ 期进行交易）或即期（在 $t=T$ 期进行交易）的市场合约并不多，保险合约是其中的一类。更多的是各种金融资产，如债券、股票、期货、期权等各类金融工具，它们在经济中的作用和价值，在很大程度上起着状态依存购买转移的作用，即替代这些状态依存商品。为此，这一节着重讨论金融市场中的一般均衡、金融资产定价中的均衡存在性和均衡的特性等问题。同时根据金融资产的集合大小，将金融市场进一步细分为完全市场和不完全市场。与此同时，由于金融资产的买卖和金融资产价值的实现（如债券的本息、股息的派发依据未来的状态）通常并不在同一时间点发生，所讨论的金融市场以及商品市场中的交易是按序贯进行的。

下面首先讨论金融资产对于消费者不同时间和状态依存预算约束的影响。只考虑最简单的情形，即未来时间只有 1 期，时间 $t=0,1$，消费者的禀赋和消费都集中在 $t=1$ 期。假设在 $t=1$ 期的状态集合是 S，商品空间是 $\mathcal{R}_+^{LS}$。假设消费者集合为 $N=\{1,\cdots,n\}$，对于消费者 i，其期望效用函数为 $U_i(.):\mathbf{x}\in\mathcal{R}_+^{LS}\to\mathcal{R}$，消费者 i 的禀赋为 $\mathbf{w}_i\in\mathcal{R}_+^{LS}$。所讨论的金融资产通常以货币作为计量单位，为简化起见，商品 1 是计价物，比如黄金，金融资产在 $t=1$ 期的回报是以商品 1 作为计价单位的。金融资产的特征是由在未来各个状态的回报或者收益来刻画的。

定义 13.5.1　**资产** j 被定义为在未来 $t=1$ 期的状态依存收益向量 $\mathbf{V}_j=(V_j^1,\cdots,V_j^S)^T\in\mathcal{R}^S$，其中符号 T 表示向量的转置。

假设经济中金融资产的集合是 J，注意，在这一章我们通常用下标刻画资产。由 J 个金融资产组成的收益矩阵为：

$$V=[V_1,\cdots,V_J]=\begin{pmatrix} V_1^1 & V_2^1 & \cdots & V_J^1 \\ V_1^2 & V_2^2 & \cdots & V_J^2 \\ \vdots & \vdots & & \vdots \\ V_1^S & V_2^S & \cdots & V_J^S \end{pmatrix}$$

V 可以生成一个购买转移的子空间 $\langle V\rangle\subset\mathcal{R}^S$，定义为：$\langle V\rangle=\{\tau\in\mathcal{R}^S|\tau=Vz,z\in\mathcal{R}^J\}$。这

里的 $\mathbf{z}=(z_1,\cdots,z_J)$ 是对 J 个金融资产的购买组合，$z_j<0$ 表示卖出金融资产 j，$\langle V\rangle$ 是以商品 1 作为计价单位，由未来 S 个状态依存金融资产的所有可能购买组合所产生的购买转移空间。下面定义完全市场和不完全市场。

定义 13.5.2 若所有金融资产组成的收益矩阵 V 的秩等于状态的数量 S，则称市场是**完全的**；否则是**不完全的**。

显然，完全市场的必要条件是金融资产的个数不小于 S 个，但并不是多于或者等于 S 个金融资产构成的市场就一定是完全市场，线性代数理论告诉我们，必须有 S 收益向量是线性独立的时，才构成一个完全市场。同时若市场是完全的，那么任意一个 S 维的向量，都在金融资产形成的购买转移的子空间中。

不同金融资产的状态依存购买转移的程度有差异，它们的价格（在 $t=0$ 期）也各不相同，令它们的价格向量为 $\mathbf{q}=(q^1,\cdots,q^J)$。

消费者的预算集为：

$$\begin{aligned}\mathcal{B}(\mathbf{q},\mathbf{w}_i,V)=\{\mathbf{x}_i\in\mathcal{R}_+^{L(S)}:\qquad & q^1z_i^1+\cdots+q^Jz_i^J=0,\mathbf{z}_i\in\mathcal{R}^J;\\ & \mathbf{x}_{si}=w_{si}+V_1^sz_i^1+\cdots+V_J^sz_i^J,\forall s\in S\}.\end{aligned}$$

用矩阵表示：

$$\mathcal{B}(\mathbf{q},\mathbf{w}_i,V)=\{\mathbf{x}_i\in\mathcal{R}_+^{LS}:(0,\mathbf{x}_i-\mathbf{w}_i)^T=W\mathbf{z}_i,\mathbf{z}_i\in\mathcal{R}^J\}.$$

$\mathcal{B}(\mathbf{q},\mathbf{w}_i,V)$ 被称为消费者 i 在金融市场中的预算约束，其中

$$W=W(\mathbf{q},V)=(-\mathbf{q},V)^T=\begin{pmatrix}-q^1 & -q^2 & \cdots & -q^J\\ V_1^1 & V_2^1 & \cdots & V_J^1\\ \vdots & \vdots & & \vdots\\ V_1^S & V_2^S & \cdots & V_J^S\end{pmatrix}.$$

下面通过一些例子讨论金融工具的基本特征。

例 13.5.1 (1) 实物资产。

实物资产 j 是对未来不同状态下承诺提供 L 种商品特定组合的一个远期合约，写为

$$A_j^s=(A_j^{1s},\cdots,A_j^{Ls}),s\in S,$$

其中 A_j^{ls} 是在 s 状态下提供 l 商品的数量。

假设在 $t=1$ 期的即期商品市场的价格为 $\mathbf{p}=(p^{11},\cdots,p^{LS})$。若实物资产有 J 种，则

$$A=[A_1,\cdots,A_J]=\begin{pmatrix}A_1^{11} & \cdots & A_J^{11}\\ \vdots & & \vdots\\ A_1^{LS} & \cdots & A_J^{LS}\end{pmatrix},$$

此时所有资产的收益矩阵为：

$$V = V(\mathbf{p}) = \begin{pmatrix} \mathbf{p}^1 A_1^1 & \cdots & \mathbf{p}^1 A_J^1 \\ \mathbf{p}^2 A_1^2 & \cdots & \mathbf{p}^2 A_J^2 \\ \vdots & & \vdots \\ \mathbf{p}^S A_1^S & \cdots & \mathbf{p}^S A_J^S \end{pmatrix} = \begin{pmatrix} \mathbf{p}^1 & 0 & \cdots & 0 \\ 0 & \mathbf{p}^2 & \cdots & 0 \\ \vdots & \vdots & & \vdots \\ 0 & 0 & \cdots & \mathbf{p}^S \end{pmatrix} \begin{pmatrix} A_1^1 & \cdots & A_J^1 \\ A_1^2 & \cdots & A_J^2 \\ \vdots & & \vdots \\ A_1^S & \cdots & A_J^S \end{pmatrix}.$$

(2) 依存商品。

阿罗–德布鲁的依存商品也可以被看成一类特殊的金融资产，它有 $J = LS$ 种依存商品。资产 $j = (s,l)$ 在状态 s 下承诺提供一个单位商品 l，而在其他状态 $s' \neq s$ 下不提供任何商品。为此 $A = I_{LS}$，即 LS 维的单位方阵，同时收益矩阵为：

$$V = \begin{pmatrix} \mathbf{p}^1 & 0 & \cdots & 0 \\ 0 & \mathbf{p}^2 & \cdots & 0 \\ \vdots & \vdots & & \vdots \\ 0 & 0 & \cdots & \mathbf{p}^S \end{pmatrix}.$$

(3) 计价物资产 (numeraire assets)。

假设第 1 种商品是计价物商品，资产 j 只承诺在时期 1 提供商品 1，在状态 s 下提供的商品组合为：$A^s = (A_j^{1s}, 0, \cdots, 0)^T$。此时收益矩阵为：

$$V = \begin{pmatrix} p^{11} & 0 & \cdots & 0 \\ 0 & p^{12} & \cdots & 0 \\ \vdots & \vdots & & \vdots \\ 0 & 0 & \cdots & p^{1S} \end{pmatrix} \begin{pmatrix} A_1^{11} & \cdots & A_J^{11} \\ A_1^{12} & \cdots & A_J^{12} \\ \vdots & & \vdots \\ A_1^{1S} & \cdots & A_J^{1S} \end{pmatrix}.$$

(4) 期货合约 (future contracts)。

假设期货合约 j 承诺在时期 1 的所有状态下提供一个单位商品 j，$J \leqq L$。这样，对于资产 j 来说，$A_j^{sj} = 1, A_j^{sj'} = 0, \forall s \in S, j' \neq j$。此时收益矩阵为：

$$V = \begin{pmatrix} p^{11} & \cdots & p^{J1} \\ p^{12} & \cdots & p^{J2} \\ \vdots & & \vdots \\ p^{1S} & \cdots & p^{JS} \end{pmatrix}.$$

(5) 股票。

在一个私有经济体中，有 J 家企业，被消费者所拥有，设（不在时期 0 生产的）企业 j 在状态 s 的生产计划为 $\mathbf{y}_j^s$，设企业的股权总数被标准化为 1。企业的股票资产为 $A_j^s = \mathbf{y}_j^s$，其资产价值为 $\mathbf{p}^s\mathbf{y}_j^s$。设消费者 i 初始拥有的股权禀赋为 $\zeta_i = (\zeta_i^1, \cdots, \zeta_i^J)$。若消费者 i 在时期 0 购买的股票组合为 θ_i，则在时期 1 拥有的股票为 $z_i = \theta_i + \zeta_i$。重新定义企业在时期 1

的禀赋：$\hat{\mathbf{w}}_i = \mathbf{w}_i + \mathbf{y}\zeta_i$，其中 $\mathbf{y} = (\mathbf{y}_1, \cdots, \mathbf{y}_J)$。此时收益矩阵为：

$$V = \begin{pmatrix} \mathbf{p}^1\mathbf{y}_1^1 & \cdots & \mathbf{p}^1\mathbf{y}_J^1 \\ \mathbf{p}^2\mathbf{y}_1^2 & \cdots & \mathbf{p}^2\mathbf{y}_J^2 \\ \vdots & & \vdots \\ \mathbf{p}^S\mathbf{y}_1^S & \cdots & \mathbf{p}^S\mathbf{y}_J^S \end{pmatrix}.$$

(6) 期权。

期权是一种衍生金融资产。设某个原始资产的收益向量为 $\mathbf{R} = (R^1, \cdots, R^S)$，(买入) 期权是约定在未来可以兑现的价格，即以履约价格 $C \in \mathcal{R}$ 购买该资产，价格是以计价物商品作为度量的。期权 j 的收益向量为 $\mathbf{V}_{C_j} = (\max\{0, R_1 - C_j\}, \cdots, \max\{0, R_S - C_j\})$。若原始资产的收益向量是非负的，那么原始资产可以被看成是履约价格 $C = 0$ 的一种期权。设市场上有 J 个不同的履约价格，$(C_1, \cdots, C_J)$，此时收益矩阵为：

$$V = \begin{pmatrix} p^{11}V_{C_1}^1 & \cdots & p^{11}V_{C_J}^1 \\ p^{12}V_{C_1}^2 & \cdots & p^{12}V_{C_J}^2 \\ \vdots & & \vdots \\ p^{1S}V_{C_1}^S & \cdots & p^{1S}V_{C_J}^S \end{pmatrix}.$$

下面我们讨论金融市场的均衡概念，由于 Radner(1968,1972) 讨论的序贯交易涵盖了金融资产作为不同状态下购买转移的市场均衡，下面的市场均衡在文献中通常被称为拉德纳均衡，有时又被称为方案—价格—价格预期均衡（Kreps，2013）。若市场是非完全的，均衡又被称为不完全市场均衡。

定义 13.5.3 (金融市场的拉德纳均衡)　在金融市场经济中 $\mathcal{E}(u, w, V)$ 的拉德纳均衡是一组消费、资产购买计划和价格向量，$(\mathbf{x}_i^*, \mathbf{z}_i^*)_{i \in I}$，$\mathbf{q} = (q^1, \cdots, q^J)$ 以及 $\mathbf{p} = (\mathbf{p}_s)_{s \in S}$。满足

$$(\mathbf{x}_i^*, \mathbf{z}_i^*) \in \mathrm{argmax}\{\mathrm{u_i}(\mathbf{x}_\mathrm{i}) | (\mathbf{x}_\mathrm{i}, \mathbf{z}_\mathrm{i}) \in \mathcal{B}(\mathbf{q}, \mathbf{w}_\mathrm{i}, \mathrm{V}), \forall \mathrm{i}\}$$

$$\text{s.t.} \quad \sum_{i=1}^n \mathbf{z}_i^* = 0; \sum_{i=1}^n \mathbf{x}_i^* = \sum_{i=1}^n \mathbf{w}_i.$$

在拉德纳均衡中，首先，每个消费者在金融预算约束中选择最优消费束（消费者最优的资产组合可以实现该消费束）；其次，所有的金融资产的净供给为 0，也就是说，对一个消费者购买的某个金融资产，总是会有其他消费者提供了该资产。在完全市场中，拉德纳均衡总是存在的，同时拉德纳均衡是帕累托有效的，而且它与阿罗–德布鲁均衡之间具有等价性。而在不完全市场上的结果通常并不成立。下面我们分步骤来讨论金融市场的拉德纳均衡。首先我们来讨论金融市场中金融资产的定价。

在金融经济学中，一个基础性的资产定价结论就是无套利原则。该原则可用一句话概括为“有得必有失”，或者俗话所说的“天上不会掉馅饼”。

我们首先定义无套利的资产定价。

定义 13.5.4　资产在时期 0 的定价 $\mathbf{q} \in \mathcal{R}^J$ 是**无套利的**，若不存在资产组合 $\mathbf{z} \in \mathcal{R}^J$，使得 $W(\mathbf{q}, V)\mathbf{z} \geqq 0$ 成立。

无套利的定价意味着 $\sum \mathbf{qz} \leqq 0$ 及 $V\mathbf{z} \neq 0$ 和 $V_s\mathbf{z} \geqq 0, \forall s \in S$ 不可能同时成立。也就是说，若在时期 1，某个资产组合所有状态下的依存购买转移不小于零，且某个状态下获得一个正的购买转移，那么在第一阶段这个购买转移组合在第 0 期一定需要付出正的代价。

从无套利原则出发，我们有下面的结论。

命题 13.5.1 假定所有资产的收益向量都非负且不为零，即 $\mathbf{V}_j \geqq 0, \forall j \in J$。则它在时期 0 的定价 $\mathbf{q} \in \mathcal{R}^J$ 是无套利的，当且仅当存在一个正的状态依存价格 $\mu \in \mathcal{R}_+^S$ 使得 $\mathbf{q} = V\mu$。

该命题的证明有两种方式：一是利用凸集分离定理，二是利用期望效用最大化的原理（效用需要满足单调性假设）。下面主要通过凸集分离定理的思路对上面的定理给予证明。

证明　充分性：若 $\mu \in \mathcal{R}_+^S$ 满足 $\mathbf{q} = V\mu$，只要 $V_s \geqq 0$，就有 $\mathbf{q} \geqq 0$。

必要性：$W = \{(-\mathbf{qz}, V\mathbf{z}) : \mathbf{z} \in \mathcal{R}^J\}$ 构成 $\mathcal{R}^{S+1}$ 的一个线性子空间。$K = \mathcal{R}_+^{S+1}$ 是一个锥，W, K 都是闭的、凸的。同时 $W \bigcap K = 0 \in \mathcal{R}^{S+1}$。根据分离超平面定理（见图 13.3），存在一个向量 $\nu \in \mathcal{R}^{S+1}$，使得 $\forall \mathbf{x} \in W, \mathbf{y} \in K, \mathbf{y} \notin W$，$\mathbf{x}\nu \leqq 0, \mathbf{y}\nu > 0$。由于 $\mathbf{e}_i = (0, \cdots, 1, 0, \cdots, 0) \in K$，即只在第 i 个取值为 1、其他取值为零的向量所在的锥 K 中，有 $\mathbf{e}_i\nu = \nu_i > 0$ 对任意的 $i \in \{0, 1, 2, \cdots, S\}$ 成立，由于有 $\nu \in \mathcal{R}_+^{S+1}$。显然，$\nu' \equiv (1, \mu^T)^T = (1, \frac{\nu_1}{\nu_0}, \cdots, \frac{\nu_S}{\nu_0})^T > 0$（即每个分量都严格大于零）也是一个分离超平面的矩阵。由于 W 是一个线性子空间，根据 W 的定义，$\forall \mathbf{x} \in W$，都有 $\forall -\mathbf{x} \in W$。既然 $(1, \mu^T))\mathbf{x} \leqq 0, (1, \mu^T)(-\mathbf{x}) \leqq 0$，必然有 $\forall \mathbf{z} \in \mathcal{R}^J$,$(\mathbf{q} - V\mu)\mathbf{z} = 0$。因此，$\mathbf{q} = V\mu$。 □

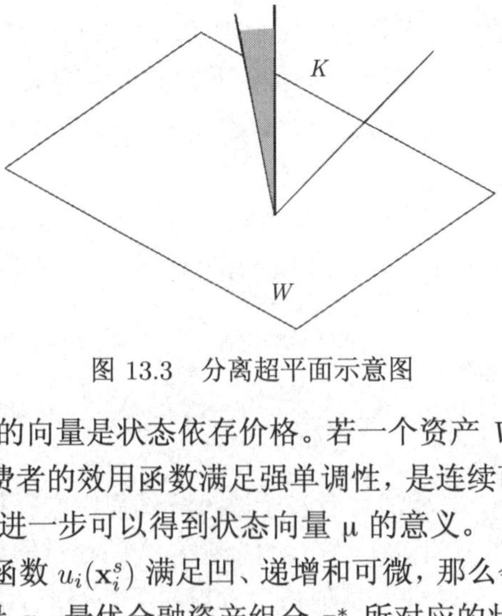

图 13.3　分离超平面示意图

上面由 μ 刻画所得到的向量是状态依存价格。若一个资产 $V_j > 0$，它在时期 0 的定价为 $q^j = \sum_{s=1}^S \mu_s V_j^s$。若消费者的效用函数满足强单调性，是连续可微的，且满足期望效用形式，即 $\sum_s \pi_s u_i(\mathbf{x}_{si})$，我们进一步可以得到状态向量 μ 的意义。

若消费者的期望效用函数 $u_i(\mathbf{x}_i^s)$ 满足凹、递增和可微，那么会有对应的间接效用 $v_i(\mathbf{p}^s, m_i^s)$。给定资产的价格向量 $\mathbf{q}$，最优金融资产组合 $\mathbf{z}_i^*$ 所对应的状态依存预算约束方程为：$m_i^{*s} = \mathbf{p}^s\mathbf{w}_i^s + \sum_j V_j^s z_i^{*sj} = \mathbf{p}^s\mathbf{x}_i^s$，此时最优的一阶条件为：

$$\sum_s \pi_s \frac{\partial v_i(\mathbf{p}^s, m_i^{*s})}{\partial m_i^s} V_j^s = \alpha_i q^j,$$

其中 α_i 是预算约束的拉格朗日乘子。定义 $\mu_i^s = \frac{\pi_s}{\alpha_i}\frac{\partial v_i(\mathbf{p}^s, m_i^{*s})}{\partial m_i^s}$，得到 $q^j = \sum_s \mu_i^s V_j^s$，从而由状态依存价格 μ_i^s 所刻画的是消费者 i 在状态 s 下财富的（货币表示）边际价值，它取决于预算乘子 α_i 的倒数、效用的货币价值（因为预算乘子刻画了收入的边际效用）、状态 s 的发生概率 π_s，以及财富的边际效用 $\frac{\partial v_i(\mathbf{p}^s, \partial m_i^{*s})}{m_i^s}$。不同消费者的状态依存财富边际价值 μ_i 并不

一定相同。只有在完全市场上，它们是相同的，而在不完全市场上它们通常并不相同。在讨论这一问题之前，我们先明确状态依存价格在金融定价中的作用。

下面的例子说明了如何用状态依存价格来求解期权的定价。

例 13.5.2 假设有两个状态 $S=1,2$，两种资产，一种是无风险资产 $V^1=(1,1)$，另一种是风险资产 $V^2=(3+\alpha,1-\alpha)$，这里 $\alpha\in[0,1]$ 刻画了风险的大小或者离差的大小。两种资产的价格分别为 $q^1=1$ 和 $q^2>0$。此时两个状态依存价格为：$\mu=(\frac{q^2-(1-\alpha)}{2+2\alpha},\frac{(3+\alpha)-q^2}{2+2\alpha})$。假如在风险资产上有一个买方期权，设履约的价格为 c。此时该期权的收益为：$V(c)=(\max\{3+\alpha-c,0\},\max\{1-\alpha-c,0\})$。当 $c\leqq 1-\alpha$，$V(c)=(3+\alpha-c,1-\alpha-c)$，则有 $q(c)=(3+\alpha-c)(\frac{q^2-(1-\alpha)}{2+2\alpha})+(1-\alpha-c)(\frac{(3+\alpha)-q^2}{2+2\alpha})$；当 $3+\alpha\geqq c\geqq 1-\alpha$，$V(c)=(3+\alpha-c,0)$，则有 $q(c)=(3+\alpha-c)(\frac{q^2-(1-\alpha)}{2+2\alpha})$；当 $c\geqq 3+\alpha$，$V(c)=(0,0)$，则有 $q(c)=0$。

我们发现当 $3+\alpha\geqq c\geqq 1-\alpha$ 时，若 $\alpha'>\alpha$，$V'(c)-V(c)=(\alpha'-\alpha,0)$，有 $q'(c)>q(c)$，从而资产风险（离差）越大，期权价值越高。

下面我们讨论状态依存价格的空间。购买转移空间是 $W=\{(-\mathbf{qz},V\mathbf{z}):\mathbf{z}\in\mathcal{R}^J\}$，它的对偶空间是 $W^{\perp}\equiv\{\mathbf{v}\in\mathcal{R}^{S+1}:\mathbf{v}^TW=0\}$。显然，我们有 $(W^{\perp})^{\perp}=W$。对偶空间 $W^{\perp}$ 是无套利下的状态依存价格对应的空间。购买转移空间与对偶空间是线性无关的，$\mathcal{R}^{S+1}=W\bigoplus W^{\perp}$。为此，若 $\dim(W)=S$，也就是说，线性空间张成的空间维度是 S 维，此时金融市场是完全的，那么 $W^{\perp}=1$，通过标准化，即 $(1,\mu^T)^T=(1,\frac{\mathrm{v}^1}{\mathrm{v}^0},\cdots,\frac{\mathrm{v}^S}{\mathrm{v}^0})^T$ 是唯一的。这意味着，若资产市场是完全的，则存在着唯一的状态依存价格。这样，在均衡处，所有消费者的状态依存财富边际价值相同，$\mu_i=\mu_j,\forall i,j$。这一特征会使得在完全市场中，只要均衡存在，它必定是帕累托有效的。我们稍后会证明一个更强的结论，即在完全市场中，金融市场的拉德纳均衡与阿罗–德布鲁均衡具有一定程度的等价性。若 $\dim(W)<S$，即不完全市场的情形，由于有（标准化过的）无穷个状态依存价格向量都可以满足无套利定价，为此不同消费者对于状态依存财富边际价值通常会是不同的。而且，市场的不完全程度越高，即 $\dim(W)$ 越小，其对偶空间的维度越大，消费者对状态依存边际价值的评价越不同。这种差异不仅会造成金融市场的拉德纳均衡可能不存在，即使存在，其均衡也很可能是帕累托无效的。

下面讨论完全市场下拉德纳均衡的一些结论，下一节讨论不完全市场的情形。

命题 13.5.2 假定消费者在时期 1 消费的期望效用强单调、连续可微。若在金融市场中资产是完全的，消费者的计划 $\mathbf{x}^*=(x^*_{lsi})_{l\in L,s\in S,i\in I}$ 和价格 $\mathbf{p}=(p_{ls})_{l\in L,s\in S}$ 构成了一个阿罗–德布鲁均衡，则存在资产价格 $\mathbf{q}=(q^j)_{j\in J}$，使得 $\mathbf{x}^*,\mathbf{p},\mathbf{z}^*=({z^j_i}^*)_{j\in J,i\in I},\mathbf{q}=(q^j)_{j\in J}$ 构成了一个拉德纳均衡。反之，若 $\mathbf{x}^*,\mathbf{p},\mathbf{z}^*,\mathbf{q}$ 是拉德纳均衡，则有状态依存价格 $\mu\in\mathcal{R}^S_+$，使得 $\mathbf{x}^*,(\mu^1\mathbf{p}^1,\cdots,\mu^S\mathbf{p}^S)$ 构成一个阿罗–德布鲁均衡。

证明 命题的证明关键在于：完全金融市场的预算约束与阿罗–德布鲁的预算约束具有一致性。我们首先证明阿罗–德布鲁均衡的消费在拉德纳的预算约束集内，接着我们证明拉德纳均衡的消费也在阿罗–德布鲁的预算约束集内。$\mathbf{x}^*=(x^{*ls}_i)_{l\in L,s\in S,i\in I}$ 是阿罗–德布鲁均衡的消费，意味着在禀赋 $\mathbf{w}=(w^{ls}_i)_{l\in L,s\in S,i\in I}$ 和价格 $\mathbf{p}$ 下是对每个消费者而言都是期望效用最大化的选择。这样，若 $\mathbf{x}^*$ 是拉德纳均衡下的消费，那么在时期 1 的购买力转移要满足：

$$\sum_j V_j^s \mathbf{z}_i^{*j} = \mathbf{p}^s(\mathbf{x}_i^{*s} - \mathbf{w}_i^s), \forall i \in I, s \in S,$$

用矩阵的形式可以写为：

$$V\mathbf{z}_i = (\mathbf{p}^1(\mathbf{x}_i^{*1} - \mathbf{e}_i^1), \cdots, \mathbf{p}^S(\mathbf{x}_i^{*S} - \mathbf{e}_i^S))^T \tag{13.5.6}$$

由于 $\dim(V) = S$，于是对于任意的 $\mathbf{x}_i^*$，必存在 $\mathbf{z}_i^*$，满足上面的方程（13.5.6）。

现在证明 $\mathbf{q}\mathbf{z}_i^* = 0$。由于消费者的效用函数是强单调的，资产定价一定是无套利的，否则消费者可以通过套利在时期 1 增加商品的消费。注意到金融资产是以（计价物商品）商品 1 计算的在不同状态下的支付承诺，从而有 $\mathbf{q} = \mathbf{p}^{1^T} V$，其中 $\mathbf{p}^1 \in \mathcal{R}^S$ 是商品 1 的状态依存价格。在每个可能状态 s 下的预算约束中，通过对商品 1 的标准化：$\mathbf{p}^1 = \mathbf{e}^S$，$\mathbf{e}^S$ 是 S 维取值为 1 的向量。由于 $\mathbf{x}^*, \mathbf{p}$ 是阿罗–德布鲁均衡，那么有 $e^{S^T} V\mathbf{z}_i^* = \sum_{s\in S} \mathbf{p}^s(\mathbf{x}_i^{*s} - \mathbf{w}_i^s) = 0$，从而有 $\mathbf{q}\mathbf{z}_i^* = e^{S^T} V\mathbf{z}_i^* = 0$。

由于 $\mathbf{x}^*$ 是阿罗–德布鲁均衡的消费，从而商品市场出清。下面我们验证在金融市场也是出清的，由于是完全市场，V 存在逆矩阵，即 V^{-1}，从而有 $\sum_{i\in I} \mathbf{q}_i^* = 0$。根据方程组（13.5.6），我们得到：

$$\sum_{i\in I} \mathbf{q}_i^* = V^{-1}(\mathbf{p}^1(\sum_{i\in I}(\mathbf{x}_i^{*1} - \mathbf{w}_i^1)), \cdots, \mathbf{p}^S(\sum_{i\in I}(\mathbf{x}_i^{*S} - \mathbf{w}_i^S)))^T.$$

商品市场出清意味着，对任意依存商品都满足：$\sum_{i\in I}(\mathbf{x}_i^{*s} - \mathbf{w}_i^s) = 0$。

上面证明了任何一个阿罗–德布鲁的均衡消费都可在金融市场预算集中（通过资产组合的购买转移）实现，同时实现均衡消费的资产市场也满足市场出清。下面我们验证在金融市场中的拉德纳均衡消费也在阿罗–德布鲁的预算约束集之中。

根据无套利定价原理，我们知道存在一个状态依存价格向量 $\mu \in \mathcal{R}_+^S$，使得 $\mathbf{q} = \mu^T V$。令拉德纳均衡的消费组合和资产交易组合为：$\mathbf{x}^*, \mathbf{z}^*$。对 $\forall i \in I$，

$$(\mu^1 V_j^1 \mathbf{z}_i^{*j}, \cdots, \mu^S V_j^S \mathbf{z}_i^{*j}) = (\mu^1 \mathbf{p}^1(\mathbf{x}_i^{*1} - \mathbf{w}_i^1), \cdots, \mu^S \mathbf{p}^S(\mathbf{x}_i^{*S} - \mathbf{w}_i^S))^T,$$

从而有

$$\sum_{s\in S} \mu^s \mathbf{p}^s(\mathbf{x}_i^{*s} - \mathbf{w}_i^s) = \sum_{j\in J}\sum_{s\in S} \mu^s V_j^s \mathbf{z}_i^{*j} = \sum_{j\in J} \mathbf{q}^j \mathbf{z}_i^{*j} = 0.$$

这样，$\mathbf{x}^*$ 在价格向量 $\mu\mathbf{V}$ 的预算约束集内，从而（完全）金融市场的预算约束与阿罗–德布鲁的预算约束具有一致性。

最后，我们证明阿罗–德布鲁均衡的消费 $\mathbf{x}_i^*$ 一定也是拉德纳均衡的消费。这是因为对于消费者而言，阿罗–德布鲁均衡的消费 $\mathbf{x}_i^*$ 是阿罗–德布鲁预算约束下效用最大化的决策，若它不是拉德纳均衡下的消费，这意味着，拉德纳均衡下的消费 $\hat{\mathbf{x}}_i$ 在金融的预算约束下比 $\mathbf{x}_i^*$ 带来更大的期望效用，而 $\hat{\mathbf{x}}_i$ 又是在阿罗–德布鲁预算约束下，与 $\mathbf{x}_i^*$ 是预算约束下效用最大化的消费选择相矛盾。同样的道理，拉德纳均衡的消费选择一定也是阿罗–德布鲁均衡的消费。 □

下一节讨论不完全市场下的拉德纳均衡的情形。

13.6 不完全市场理论

市场不完全的原因有很多，如存在交易成本，产品在交付中存在某些不可验证的条款，信息不对称导致交易成本过高，等等。此外，有些交易成本与未来交割过程中承诺的可靠性有关，若未来合约是不可执行的，如有限责任等因素，使得一些市场不能发挥作用。本节首先讨论外生资产不完全市场中的一般均衡存在性及其福利性质。接着讨论内生资产情形下不完全市场理论的一些最新进展，比如 Dubey，Geanakoplos 和 Shubik(2005) 把违约以及惩罚纳入到一般均衡中。这些问题非常重要，涉及金融市场的稳定。

不完全市场均衡的存在性问题最初由 Hart（1975）提出，下面的例子说明了不完全市场情形下的拉德纳均衡可能不存在。

例 13.6.1 (拉德纳均衡不存在的例子) 考虑两个参与人 $i\in\{1,2\}$，两种商品 $l\in\{1,2\}$，两种状态 $s\in\{1,2\}$ 以及两个时期 $t\in\{0,1\}$ 的纯交换经济。消费者只关心时期 1 的消费。假设两个消费者的禀赋分别为 $\mathbf{w}_1=(w_1^{ls})_{l\in L,s\in S}=(1-a+h,1-a;a,a)$ 和 $\mathbf{w}_2=(w_2^{ls})_{l\in L,s\in S}=(a,a;1-a,1-a)$，其中 $a\in(0,1)$。$1-a+h>0$，h 刻画总体风险，$h=0$ 意味着没有总体风险；a 刻画个体风险，$a=0.5$ 意味着没有个体风险。

消费者 i 的期望效用函数为：

$$U_i(\mathbf{x}_i)=\sum_{s=1}^{2}\rho_s[\alpha_i\log(x_i^{s1})+(1-\alpha_i)\log(x_i^{2s})],$$

其中 ρ_s 是状态 s 发生的概率，$\alpha_1\neq\alpha_2$，即消费者对商品有不同的偏好，这是交易发生的基础。

设有两个金融资产，它们是两个商品的远期合约。对于任意状态 $s\in\{1,2\}$，两个资产的远期支付矩阵为

$$A^s=\begin{bmatrix}1&0\\0&1\end{bmatrix},$$

设未来即期市场的价格为 $\mathbf{p}=(p^{ls})_{l\in L,s\in S}$，两个金融资产的转移支付矩阵为：

$$V=\begin{bmatrix}p^{11}&p^{21}\\p^{12}&p^{22}\end{bmatrix},$$

即 $V_1=(p^{11},p^{12})^T,V_2=(p^{21},p^{22})^T$。我们将验证当 $h=0,a\neq0.5$ 时，不存在拉德纳均衡。

若存在拉德纳均衡，那么均衡价格 $(\mathbf{p}^*,\mathbf{q}^*)$ 存在。我们分下面两种情形讨论。

情形 1：$\frac{p^{11}}{p^{21}}=\frac{p^{12}}{p^{22}}$。这意味着是不完全市场结构，两个资产购买转移线性相关，从而不存在状态依存的购买转移，此时即期市场在两个状态依存瓦尔拉斯均衡的价格分别为：$p^{11}=1$，$p^{21}=\frac{1}{\alpha_1(1-a)+\alpha_2a}$，$p^{12}=1$，$p^{22}=\frac{1}{\alpha_1a+\alpha_2(1-a)}$，把商品 1 的两个状态依存价格标准化为 1；然而，当 $\alpha_1\neq\alpha_2,a\neq0.5$，$\frac{p^{11}}{p^{21}}\neq\frac{p^{12}}{p^{22}}$。因此情形 1 是不成立的。

情形 2：$\frac{p^{11}}{p^{21}}\neq\frac{p^{12}}{p^{22}}$。这意味着是完全市场结构，在完全市场下，拉德纳均衡对应于阿罗–德布鲁均衡。而在阿罗–德布鲁均衡，依存商品的价格 $\mathbf{p}$ 满足：$\frac{p^{11}}{p^{12}}=\frac{p^{21}}{p^{22}}=\frac{\rho_1}{\rho_2}$，与 $\frac{p^{11}}{p^{21}}\neq\frac{p^{12}}{p^{22}}$ 矛盾。

这样，上面例子中的经济不可能存在拉德纳均衡。我们进一步发现，若 $h \neq 0$，这个经济存在阿罗–德布鲁均衡，不同状态依存价格向量是线性不相关的，但 $h \to 0$，该经济中的不同状态依存价格向量变得越来越相关，消费者资产的交易量 $||z_i||$ 越来越大。当 $h = 0$，状态依存价格向量完全相关，$||z_i|| \to \infty$，从而不存在拉德纳均衡。

然而，Radner（1972）证明了，若资产交易存在上界限制，其拉德纳均衡存在。对这一问题的讨论，参见 Geanakoplos (1990)，Magill 和 Shafer (1991)，以及 Magill 和 Quinzii (1996)。

下面我们考察不完全市场下均衡的福利性质。由于资产不完全，状态依存转移购买变得困难，从而均衡结果一般并不是帕累托有效的。我们先通过一个具体例子来讨论不完全市场下均衡的福利特性。

例 13.6.2　考察具有两个消费者（Alice 和 Bob）$i \in \{A, B\}$，两种商品 $l \in \{1, 2\}$，两种状态 $s \in \{1, 2\}$ 以及两期 $t \in \{0, 1\}$ 的纯交换经济。消费者只关心时期 1 的消费。设两个消费者的状态依存禀赋分别为 $\mathbf{w}_A = (2, 0; 2, 0), \mathbf{w}_B = (0, 2; 0; 2)$。他们的期望效用函数为 $U_i(\mathbf{x}_i) = \gamma_i u_i(x_i^{11}, x_i^{21}) + (1 - \gamma_i) u_i(x_i^{12}, x_i^{22})$，其中 $\gamma_A = 0.9, \gamma_B = 0.1$。

假设不存在任何资产，从而也就不存在状态依存购买转移。由于在状态 1 和 2，消费者的偏好和禀赋都相同，他们的消费由即期市场瓦尔拉斯均衡给出。设有两个瓦尔拉斯均衡，两个均衡下商品的相对价格分别为 $(1, 2), (2, 1)$。两个均衡配置和价格见图 13.4。

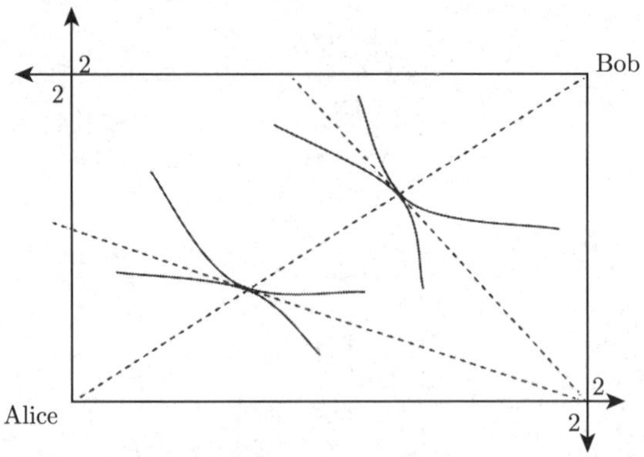

图 13.4　不完全市场上的均衡

设在均衡价格 $\mathbf{p}^{*1} = (1, 2)$ 下，Alice 和 Bob 的均衡消费束分别为 $\mathbf{x}_A^{*1} = (2/3, 2/3)$ 和 $\mathbf{x}_B^{*1} = (4/3, 4/3)$；在均衡价格 $\mathbf{p}^{*2} = (2, 1)$ 下，Alice 和 Bob 的均衡消费束分别为 $\mathbf{x}_A^{*2} = (4/3, 4/3)$ 和 $\mathbf{x}_B^{*2} = (2/3, 2/3)$。设 $u_i(4/3, 4/3) = 2, u_i(2/3, 2/3) = 1, i \in \{A, B\}$。

在这个经济中存在四种可能的拉德纳均衡，即 $e^1 = [\mathbf{p} = (p^{ls}) = (2, 1; 1, 2)$，$\mathbf{x}_A = (4/3, 4/3; 2/3, 2/3)$，$\mathbf{x}_B = (2/3, 2/3; 4/3, 4/3)]$，此时消费者的期望效用为 $U_A = 1.9$，$U_B = 1.9$；$e^2 = [\mathbf{p} = (p_{ls}) = (1, 2; 2, 1)$，$\mathbf{x}_A = (2/3, 2/3; 4/3, 4/3)$，$\mathbf{x}_B = (4/3, 4/3; 2/3, 2/3)]$，此时消费者的期望效用为 $U_A = 1.1$，$U_B = 1.1$；$e^3 = [\mathbf{p} = (p^{ls}) = (2, 1; 2, 1)$，$\mathbf{x}_A = (4/3, 4/3; 4/3, 4/3)$，$\mathbf{x}_B = (2/3, 2/3; 2/3, 2/3)]$，此时消费者的期望效用为 $U_A = 2, U_B = 1$，$e^4 = [\mathbf{p} = (p^{ls}) = (1, 2; 1, 2)$，$\mathbf{x}_A = (2/3, 2/3; 2/3, 2/3)$，$\mathbf{x}_B = (4/3, 4/3; 4/3, 4/3)]$，此时消费者的期望效用为 $U_A = 1, U_B = 2$。

我们发现均衡 2 会严格被均衡 1 帕累托改进。这样，在不完全市场中的拉德纳均衡并不总是帕累托有效的，这与完全市场的结论不同。

这样，在不完全市场情形下，拉德纳均衡配置不一定是帕累托最优的，从而原则上存在消费的再分配，使得每个消费者的境况都能得到改善，且至少有一个消费者的境况严格得到改善。也就是说，当不完全市场上跨状态购买转移存在困难时，均衡结果通常会达不到完全市场中的阿罗–德布鲁均衡的福利水平。然而，一个自然而然的问题是，若我们弱化帕累托的标准，即在现有的资本市场上，跨期状态转移局限在资产可以实现的范围内，那么拉德纳均衡在弱化的意义下是（约束）帕累托有效的吗？该问题是**次优 (second best)**福利主题中的典型问题。

为此，我们需要对约束可行集和约束帕累托最优性给出定义。若在每种状态下仅有一种商品，即 $L=1$，则这种精确描述很容易得到。这一假定的重要含义在于：任一消费者 i 在不同状态下获得的消费品的数量完全由组合 $\mathbf{z}_i$ 决定。实际上，$x_i^s=\sum_j z_i^j V_j^s+w_i^s$。令

$$U_i^*(\mathbf{z}_i)=U_i^*(z_i^1,\cdots,z_i^J)=U_i(\sum_k z_i^j V_j^1+w_i^1,\cdots,\sum_k z_i^j V_j^s+w_i^s)$$

为消费组合 $\mathbf{z}_i$ 所得的效用。于是我们有下面约束帕累托最优的定义。

定义 13.6.1 (约束帕累托最优) 一个资产配置 $(\mathbf{z}_i\in\mathcal{R}^J)_{i\in I}$ 是**约束帕累托最优**，若它是可行的，即 $\sum_{i\in I}\mathbf{z}_i=0$，且不存在其他可行资产配置 $(\mathbf{z}_i')_{i\in I}$，使得 $\forall i\in I$，有 $U_i(\mathbf{z}_i')\geqq U_i(\mathbf{z}_i)$，其中至少有一个不等式严格成立。

若 $L=1$，则消费者 i 的效用最大化问题变为：

$$\max_{\mathbf{z}_i\in\mathcal{R}^J} \quad U_i^*(z_i^1,\cdots,z_i^J)$$
$$\text{s.t.}\quad \mathbf{q}\cdot\mathbf{z}_i\leqq 0\ .$$

设 $\mathbf{z}_i\in\mathcal{R}^J, i=1,\cdots,n$ 为对应于资产价格向量为 $\mathbf{q}\in\mathcal{R}^J$ 时上述问题的一组解，则 $\mathbf{q}\in\mathcal{R}^J$ 是拉德纳均衡价格当且仅当 $\sum_i\mathbf{z}_i^*\leqq 0$。我们前面已经说明，给定 $\mathbf{z}_i$，在每种状态下的消费即已确定，且在每种状态下，消费品的价格固定为 1。注意，现在这已经变成了一个有 J 种商品的完全常规的均衡问题，由福利经济学第一基本定理，我们得到下述命题。

命题 13.6.1 假设经济只存续两期，且在第二期只有一种消费品，则任意的拉德纳均衡在下述意义上都是约束帕累托最优的，即在第一期中不可能通过资产再分配使每个消费者的福利不变差，且至少有一个消费者的福利得到严格改善。

命题 13.6.1 所考虑的情形非常特殊，事实上，一旦某消费者的初始资产组合确定了，其整个消费就完全确定了：只存在一种消费品，一旦状态确定，则没有交易的可能。特别地，第二期的相对价格是无关紧要的，事实上，这样的价格根本不存在。若第二期有两种或两种以上的消费品，或者经济不止持续两期，则情况可能不同。有兴趣的读者可在 Mas-Colell，Whinston 和 Green (1995, p. 711) 中找到这样的例子。

然而，若商品数量超过 1 个，Geanakoplos (1995) 证明了，当消费者数量小于 $(S-1)(L-1)$ 时，拉德纳均衡通常不是约束帕累托有效的，这意味着社会计划者有政策空间使消费者选择某些资产组合以达到帕累托改进。

以上的讨论都建立在外生的金融市场上，然而在现实中，一方面，金融工具不断地在创新，另一方面，由于一些交易成本的因素，一些现存的金融工具也并非都能起作用。Dubey，

Geanakoplos 和 Shubik (DGS，2005) 通过把违约以及惩罚纳入到一般均衡理论框架中，就可对金融工具进行内生化。注意这里的内生化指的是资产交易的内生性，有时有些资产是存在的，但是其交易量为零。

在市场上，人们购买金融资产，其目的是希望在将来能在某些状态下提高自己的购买力。若金融资产的持有者在未来不能得到承诺的收益，也就是说存在违约风险，那么人们就不会购买或者减少购买这些金融资产。要想金融资产的出售方在未来兑现其承诺，需要对销售方给予某种激励。这些激励既包括有形的惩罚，如罚金等，也包括无形的惩罚，如声誉受损。但这些惩罚的力度通常是有限的，比如破产。此外，有些金融资产在买卖过程中还会有一些限制。比如，在现实中，人们在买房时向银行借款，其借款也是有限制的，如抵押物的资产价值、首付比例等等。Dubey，Geanakoplos 和 Shubik 在金融市场交易的讨论中，加入了外生惩罚因素和内生违约选择，建立了一个更一般的分析框架。下面我们将简要介绍其理论框架。

考虑一个两期的经济 $\mathcal{E}=((U_i,\mathbf{w}_i)_{i\in I},(V_j,((\lambda_i^{sj})_{s\in S},Q_i^j)_{i\in I})_{j\in J})$。消费者集合是 I，$\mathbf{w}_i$ 和 U_i 是消费者 i 的禀赋和期望效用函数，时期 1 的状态集合为 S，商品的集合是 L，时期 1 的资产集合是 J, $V_j\in\mathcal{R}_+^{LS}$ 是资产 j 在时期 1 在状态 $s\in S$ 下对 $l\in L$ 商品的承诺支付；λ_i^{sj} 是对消费者 i 在状态 s 下资产 j 违约的惩罚力度；Q_i^j 是对消费者 i 销售资产 j 的限制（上限）。以上构成了理论框架中的外生变量。

框架的内生变量包括：$\mathbf{p}\in\mathcal{R}_+^{LS}$ 是依存商品的价格向量；$\mathbf{q}\in\mathcal{R}_+^J$ 是资产的价格向量；$K=(K_j^s\in[0,1])_{j\in J,s\in S}$ 是资产的状态依存兑现率，其中 K_j^s 是资产 j 在状态 s 的承诺兑现率（以下简称兑现率）。以上三个是宏观变量，消费者将其作为给定，且个体的行为不会直接影响到它们。$\theta_i,\psi_i\in\mathcal{R}_+^J$ 分别表示消费者 i 购买和出售资产组合，之所以分别引入资产的买和卖决策，是因为在违约选择下，两个决策具有非对称性。在卖资产决策下与违约选择联系在一起时，买资产则与状态依存变量资产兑现率 K 是相关的，D_i 是消费者 i 对出售资产的兑现，$\mathbf{x}_i\in\mathcal{R}_+^{LS}$ 是消费者 i 的消费选择。为此，资产 j 在状态 s 的兑现率为：

$$K_j^s=\frac{\sum_{i\in I}\mathbf{p}^sD_i^{sj}}{\sum_{i\in I}\mathbf{p}^sV_j^s\psi_i^{sj}}.$$

在这一框架下消费者 i 的福利函数可以写为：

$$W_i(\mathbf{x},\theta,\psi,D)=u_i(\mathbf{x})-\sum_{j\in J}\sum_{s\in S}\lambda_i^{sj}[\psi^j\mathbf{p}^sV_j^s-\mathbf{p}^sD_i^{sj}]^+,$$

其中 $[\psi^j\mathbf{p}^sV_j^s-\mathbf{p}^sD_i^{sj}]^+=\max\{\mathbf{x},0\}$ 是非负取值函数。

消费者的预算约束集合可以写为：

$$\begin{aligned}\mathcal{B}_i(\mathbf{p},\mathbf{q},K)=\{(\mathbf{x},\theta,\psi,D):\mathbf{q}(\theta-\psi)\leqq 0;\psi^j\leqq Q_i^j,\forall j\in J;\\ \mathbf{p}^s(\mathbf{x}^s-\mathbf{w}_i^s)+\sum_{j\in J}\mathbf{p}^sD_i^{sj}\leqq\sum_{j\in J}\theta^jK_j^s\mathbf{p}^sV_j^s,\forall s\in S\}.\end{aligned}$$

在状态 s 下，其预算约束的左边表示消费超过禀赋所需的支出加上履约所需的支出，即总支出不超过预算约束的右边，也就是在各资产的兑现率下时期 0 所购买的资产组合所得到的收入。

下面我们定义在内生违约下的均衡——DGS 一般均衡。

定义 13.6.2 (DGS 一般均衡) 经济 $\mathcal{E} = ((U_i, \mathbf{w}_i)_{i\in I}, (V^j, ((\lambda_i^{sj})_{s\in S}, Q_i^j)_{i\in I})_{j\in J})$ 的一个 DGS 一般均衡是下面的组合 $(\mathbf{p}, \mathbf{q}, K; \mathbf{x}^*, \theta^*, \psi^*, D^*)$，满足：

(1) 消费者的最优选择：

$$[(\mathbf{x}_i^*, \theta_i^*, \psi_i^*, D_i^*) \in \text{argmax}_{\mathcal{B}_\text{i}(\mathbf{p},\mathbf{q},\text{K})} \text{W}_\text{i}(\mathbf{x}, \theta, \psi, \text{D})],$$

(2) 商品市场出清：

$$\sum_{i\in I}(\mathbf{x}_i^* - \mathbf{w}_i) = 0,$$

(3) 资本市场出清：

$$\sum_{i\in I}(\theta_i^* - \psi_i^*) = 0,$$

其资产的兑现率为：

$$K_j^s = \begin{cases} \dfrac{\sum_{i\in I}\mathbf{p}^s D_i^{sj}}{\sum_{i\in I}\mathbf{p}^s V_j^s \psi_i^j}, & 若 \sum_{i\in I}\mathbf{p}^s V_j^s \psi_i^j > 0, \\ \text{任意}, & 若 \sum_{i\in I}\mathbf{p}_s V_s^j \psi_i^j = 0, \end{cases} \quad \forall j \in J, s \in S.$$

为了避免低兑现率的预期导致某些资产无法交易，而资产不交易又反过来影响兑现率的预期，Dubey，Geanakoplos 和 Shubik 采用 Selten (1975) 的扰动方式。设经济体外部（如政府）存在一个 ϵ 参与人买卖每个资产 $\epsilon = (\epsilon_j)_{j\in J} > 0$，同时必定会兑现其支付承诺，兑现率公式变为：

$$K_j^s(\epsilon) = \begin{cases} \dfrac{\mathbf{p}^s V_j^s \epsilon_j + \sum_{i\in I}\mathbf{p}^s D_i^{sj}}{\mathbf{p}^s V_j^s \epsilon_j + \sum_{i\in I}\mathbf{p}^s V_j^s \psi_i^j}, & 若 \sum_{i\in I}\mathbf{p}^s V_j^s \psi_i^j > 0, \\ 1, & 若 \sum_{i\in I}\mathbf{p}^s V_j^s \psi_i^j = 0, \end{cases} \quad \forall j \in J, s \in S.$$

注意，ϵ 参与人在 s 状态下向社会注入的净商品资源为 $\sum_{j\in J}\epsilon_j V_j^s(1 - K_j^s)$，他履行的承诺支付为 $\sum_{j\in J}\epsilon_j V_j^s$，他拿走的支付为 $\sum_{j\in J}\epsilon_j V_j^s K_j^s$。这样，当 $\epsilon \to 0$ 时，回到我们熟悉的商品市场出清的条件：

$$\sum_{i\in I}(\mathbf{x}_i^* - \mathbf{w}_i) = \sum_{j\in J}\epsilon_j V_j(1 - K_j).$$

因此，当 $\epsilon \to 0$，就是一个扰动均衡的概念。

这一概念框架可以用来讨论资产链中某一环的违约引发整个链条的崩溃。在时期 0，假设参与人 A 向参与人 B 出售资产 a，参与人 B 又向参与人 C 出售资产 b，参与人 C 又向参与人 D 出售资产 c，等等。假设在时期 1 参与人 B 需要参与人 A 向他兑现支付资产 a，他才能向参与人 C 兑现支付资产 b；而后者只有得到资产 b 的支付后才能向参与人 D 兑现支付资产 c；等等。若在时期 1，参与人 A 由于一些外部因素无法兑现支付，出现资产 a 的违约，就可能会引发参与人 B 对资产 b 的违约，接着违约链条会传递到资产 c，等等。若资产链条足够长，就会引发整个金融系统的危机。下面我们来讨论内生违约责任对于金融市场均衡的影响。

首先，在一个相对弱的假设下，Dubey，Geanakoplos 和 Shubik (DGS) 给出了一个存在性结论。其次，DGS 的框架包含了阿罗–德布鲁均衡。阿罗–德布鲁证券定义为 $AD=\{j_{sl}\}_{s\in S,l\in L}$，满足 $V_j^{sl}=1,V_j^{s'l'}=0,\forall s'\neq s,$或者$l'\neq l$，且对 $\forall s\in S,j\in AD,\lambda_j^s=\infty$。Dubey，Geanakoplos 和 Shubik（2005）证明了下面的结果。

命题 13.6.2 若 $AD\subseteq J$，那么对于任意一个 DGS 均衡 $\eta=(\mathbf{p},\mathbf{q},K;\mathbf{x}^*,\theta^*,\psi^*,D^*)$，总能找到一个价格向量 $\hat{\mathbf{p}}\in\mathcal{R}_{++}^{LS}$，使得 $(\mathbf{x}^*;\hat{\mathbf{p}})$ 是一个阿罗–德布鲁均衡；若对所有的资产在所有的状态下违约惩罚强度大于零，在均衡 η 中实际交易的资产中没有人会违约。同时存在另一个均衡 η'，与均衡 $\eta=(\mathbf{p},\mathbf{q},K;\mathbf{x}^*)$ 有相同均衡价格和消费，其中在均衡 η' 中只有阿罗–德布鲁证券会被交易。

证明 给定 DGS 均衡 η，先进行价格标准化。令 $\hat{p}^{sl}=\frac{p^{sl}}{p^{s1}}q^j,\forall s\in S$。定义间接效用

$$v_i(\hat{\mathbf{p}},\mathbf{w}_i)=\max\{u_i(\mathbf{x}):\hat{\mathbf{p}}\mathbf{x}\leqq\hat{\mathbf{p}}\mathbf{w}_i,\mathbf{x}\in\mathcal{R}_{++}^{LS}\}.$$

注意到，当 $\lambda_i^{sj}=\infty$，$K_j^s=1,\forall s$，即没有人会违约。这就意味着，若没有人违约，通过阿罗–德布鲁证券的交易，每个消费者 i 都可以达到 $v_i(\hat{\mathbf{p}},\mathbf{w}_i)$。根据 DGS 均衡的定义，有 $u_i(\mathbf{x}_i^*)\geqq u_i(\mathbf{x}_i^*)-$违约成本$\geqq v_i(\hat{\mathbf{p}})$，这意味着 $\hat{\mathbf{p}}\mathbf{x}_i^*\geqq\hat{\mathbf{p}}\mathbf{w}_i$ 对任意 $i\in I$ 成立。由于 η 是均衡，则有 $\sum_i\mathbf{x}_i^*=\sum_i\mathbf{w}_i$，从而必然有 $\hat{\mathbf{p}}\mathbf{x}_i^*=\hat{\mathbf{p}}\mathbf{w}_i$。这样，$(\mathbf{x}^*,\hat{\mathbf{p}})$ 构成了一个阿罗–德布鲁均衡。与此同时，每个消费者的违约成本都为零，这是因为，若有一个消费者在 DGS 均衡违约成本大于零，则意味着 $u_i(\mathbf{x}_i^*)>v_i(\hat{\mathbf{p}})$，从而意味着 $\hat{\mathbf{p}}\mathbf{x}_i^*>\hat{\mathbf{p}}\mathbf{w}_i$。 □

通过上面的论证过程得知：最终消费 $\mathbf{x}^*$ 通过均衡 η 还是通过阿罗–德布鲁证券来实现跨状态的购买转移，对所有的消费者而言都是无差异的。为此，消费者只依赖于阿罗–德布鲁证券，形成的新均衡 η'，使之与原来的均衡 η 有相同的配置结果。

这一命题背后的逻辑很简单，交易资产的目的是实现跨状态购买转移。由于（完全兑现的）阿罗–德布鲁证券是一个无成本的转移实现方式，对消费者而言（给定他的禀赋）也是最好的转移手段。这样，在 Dubey，Geanakoplos 和 Shubik 的框架中，资产包括阿罗–德布鲁证券，消费者至少（而且也只能）达到这样的状态依存购买转移结果。为此，任何存在违约成本即产生正的转移成本的资产，都不会有正的交易量。

当不存在阿罗–德布鲁证券时，即使存在与阿罗–德布鲁证券承诺支付相同的资产，若其违约惩罚力度并不足够大，那么市场均衡结果就会不同，这不仅影响到消费者的最终消费配置，而且会影响到经济中可交易资产的集合以及资产的兑现程度。现在通过下面几个例子来讨论有限惩罚力度下的内生交易资产集合以及内生资产价值兑现率或者内生违约率。

例 13.6.3 考虑一个具有两期（$t=0,1$），一种商品（$L=1$），两个状态 $S=\{1,2\}$，三种资产的经济。它们在未来的支付承诺为 $V_0=(1,1),V_1=(1,0),V_2=(0,1)$，后两种资产与阿罗–德布鲁证券支付相同，但违约惩罚力度不同。假设有两类人群 $I=\{1,2\}$，每类人群（考虑是连续统）数量被标准化为 1，也就是说，每个人的行动对于经济的影响可以忽略不计。两类人群 $i=1,2$ 在时期 1 的禀赋为 $\mathbf{w}_1=(1,0),\mathbf{w}_2=(0,1)$。消费者 i 对出售资产的兑现记为 D_i。消费者的效用只关心时期 1 的消费。消费者的福利函数为：

$$W_1(\mathbf{x},\theta,\psi,D)=2/3[\ln x^1-\sum_{j=0}^{2}\lambda[V_j^1-D_j^1]^+]+1/3[\ln x^2-\sum_{j=0}^{2}\lambda[V_j^2-D_j^2]^+,$$

$$W_2(\mathbf{x},\theta,\psi,D)=1/3[\ln x^1-\sum_{j=0}^{2}\lambda[V_j^1-D_j^1]^+]+2/3[\ln x_2-\sum_{j=0}^{2}\lambda[V_j^2-D_j^2]^+.$$

消费者 i 认为在好状态 $s=i$ 的概率为 2/3，在坏状态 $s\neq i$ 的概率为 1/3。三个资产的惩罚力度是 $\lambda>0$。下面论证，当惩罚力度 λ 很小的时候，只有资产 V^0 会被交易。

考虑对称均衡。首先，当 $\lambda\leqq 1$，惩罚成本太低（相对于消费的边际效用），没有消费者会选择兑现，从而没有资产会被交易。当 $\lambda>3$，设消费者在坏的状态消费为 $\mathbf{x}$，在好的状态消费为 $1-\mathbf{x}$。容易验证阿罗–德布鲁的均衡消费为：$\mathbf{x}_1=(2/3,1/3),\mathbf{x}_2=(1/3,2/3)$。这个配置是通过资产 V_1 和 V_2 来实现的，并且没有消费者会违约，这是因为在这样配置下的违约惩罚力度大于违约带来的边际消费的效用。然而，若 $\lambda\leqq 2$，资产 V_1 和 V_2 不会被交易。这是因为对于消费者 1，销售资产 V_2 的边际负效用或说购买资产 V_2 的边际效用（在均衡中两个效用一定相同，否则就不是无套利定价）是 $\frac{\lambda}{3}$，这是由于 $x_1^2=x\leqq 1/3$，$\frac{1}{x}\geqq 3>2>\lambda$，也就是说，消费者 1 在销售资产 V_2 时，其兑现率为 0；而对于消费者 2，销售资产 V_2 的边际负效用是 $\min\{\frac{2\lambda}{3},\frac{2}{3(1-x)}\}\geqq\min\{\frac{2\lambda}{3},\frac{2}{3}\}>\frac{\lambda}{3}$。这样，消费者 2 不能把 V_2 销售给消费者 1。同时，消费者 1 若销售 V_2，他会选择完全违约，从而在均衡时，V_2 不会被交易。同样的道理，V_1 也不会被交易。

上面的例子揭示了，在一个完全市场的资产集合中，若惩罚力度足够大，市场交易的均衡会达到阿罗–德布鲁均衡，也就是说，惩罚力度对于均衡的消费者的福利是正向的。然而，在一个非完全资本集合，上面的结论并不成立。下面的例子说明了一个有限的惩罚力度是最优的。

例 13.6.4 考虑由三类人群构成的经济，$I=\{1,2,3\}$，有三种状态 $S=\{1,2,3\}$，商品的种类 $L=1$。三类消费者都只关心在时期 1 的消费，同时禀赋也都是在时期 1，分别为 $\mathbf{w}_1=(0,1,1),\mathbf{w}_2=(1,0,1),\mathbf{w}_3=(1,1,0)$。假设经济中只有一个资产 $V_0=(1,1,1)$，在任何状态下的违约惩罚力度都为 λ。

显然，当 $\lambda<1$，没有消费者愿意兑现，此时不存在资产交易；当 $\lambda\to\infty$，由于每个消费者销售资产 V_0 在坏状态（即禀赋为 0）时总会出现违约，然而违约惩罚力度又是无限大的，从而也不可能存在资产交易。我们注意到消费者 i 的违约会出现在运气不好的状态下，比如消费者 $i=1$，在状态 1 时禀赋为 0，此时的违约并不是一种有意为之。在这样的情形下，太大的惩罚力度会阻止消费者跨状态购买转移。下面，我们将验证当惩罚力度 $\lambda=\lambda^*=6/5$ 时，社会的福利是最高的，每个消费者在（禀赋）好的状态下都会完全兑现其承诺，而在坏的状态下会完全不兑现承诺，这样的结果可以相对有效地进行跨状态购买转移。

首先，当 $\lambda=6/5$ 时，$(\mathbf{x}_1=(1/3,5/6,5/6)$，$\mathbf{x}_2=(5/6,1/3,5/6)$，$\mathbf{x}_3=(5/6,5/6,1/3)$；$\theta_i=\psi_i=1/2,\forall i\in I$；$K_0^s=2/3,\forall s\in S)$ 构成了一个 DGS 均衡。通过买和卖 1/2 单位的资产 V_0，消费者 i 在坏的状态下得到商品数量 $1/3=(2/3)1/2$，在好的状态下得到商品数量 $5/6=1-1/2+1/3$。消费者 i 在好状态下完全兑现，此时消费的边际效用刚好等于惩罚力度 $\lambda=6/5$。而在坏状态下，消费者 i 消费的边际效用是 3，大于惩罚力度 $\lambda=6/5$，从而不会选择兑现其承诺。由于每个消费者在好状态下都会完全兑现其承诺，则单位资产 V^0 在时期 1 的兑现数量为 $(2/3,2/3,2/3)$，消费者资产买和卖的数量为 1/2，此时买资产的边际效用为 $(2/3)(6/5)+(2/3)(6/5)+(2/3)(3)=18/5$，卖资产的边际负效用为 $(6/5)+(6/5)+(6/5)=18/5$，

这里前两个 6/5 是指好状态时兑现带来边际（消费）效用的降低，而最后一个 6/5 是指坏状态时由于不兑现产生的惩罚成本。

其次，当 $\lambda \in (1, 6/5)$，对于消费者而言，在坏状态下他仍然会完全不兑现。消费者购买和销售资产的数量是 $\theta(\lambda) = \psi(\lambda) = (4/3) - (1/\lambda)$，在好状态下兑换为 $D(\lambda) = 3 - (3/\lambda)$，$K(\lambda) = \frac{6\lambda-6}{4\lambda-3}$，消费者 1 的消费 $x_1 = (2(1-(1/\lambda)), 1/\lambda, 1/\lambda)$，消费者 2，3 是类似的，我们来验证这是一个 DGS 均衡。

在均衡时，好状态的消费边际效用与惩罚力度相同，从而好状态的消费为 $1/\lambda$, 同时商品出清。坏状态的消费为 $2-(2/\lambda)$，此时消费的边际效用超过惩罚力度，即 $\frac{\lambda}{2(1-\lambda)} > \lambda$。根据兑现率的定义：$K(\lambda) = \frac{2D(\lambda)}{3\theta(\lambda)}$ 在坏状态时的消费为 $K(\lambda)\theta(\lambda) = \frac{2D(\lambda)}{3} = 2-(2/\lambda)$，由此有 $D(\lambda) = 3-(3/\lambda)$，从而坏状态下不会兑现资产承诺。此外，均衡消费者购买和销售 V_0 的数量为 $\theta(\lambda) = \psi(\lambda)$，需要满足购买该资产的边际效用与销售该资产的边际负效用是相等的。由于在均衡时兑现率为 $K(\lambda)$，在均衡购买时，购买的边际效用为：$\lambda K(\lambda) + \lambda K(\lambda) + \frac{K(\lambda)\lambda}{2(1-\lambda)}$，销售该资产的边际负效用为 $\lambda + \lambda + \lambda = 3\lambda$，从而得到：$K = \frac{6\lambda-6}{4\lambda-3}$，$\theta(\lambda) = \frac{2D(\lambda)}{3K(\lambda)} = (4/3) - (1/\lambda)$。这样，上面的结果是一个 DGS 均衡。

再次，随着 $\lambda \to 6/5$，$\theta(\lambda)$，$D(\lambda)$，$K(\lambda)$ 会上升，特别是 $D(\lambda) \to \theta(\lambda)$，即好状态时消费者会选择完全兑现资产支付承诺。

最后，当 $\lambda > 6/5$，消费者在好状态下会完全兑现其支付承诺，在坏状态下完全不兑现。此时 $K_s^0 = 2/3$，资产交易会下降，这是因为在坏状态下不可避免的惩罚会使得销售资产变得更没有吸引力。随着 λ 增大，消费者对于资产的购买减少，跨状态购买力的转移能力下降，同时违约成本变得更大，从而降低消费者的福利。

综合上面的讨论，在上面的经济中，存在一个最优的有限程度的惩罚力度 $\lambda^* = 6/5$。

在一般均衡中引入违约和惩罚，我们有机会把更多现实因素放入到金融市场的一般均衡理论框架中，对于金融市场运作的认识也将会更深入。在另一篇文章中，Geanakoplos 和 Zame(2014) 把抵押品纳入金融市场的内生性违约分析，此时消费者的违约惩罚只限于抵押品的价值。这一新框架把抵押品的价值、金融杠杆和违约的内生性结合在一起，使得可以更深入讨论金融系统的稳定性，也为金融监管提供了建设性的一般性原则。

13.7　【人物小传】

13.7.1　华西里 • 里昂惕夫

华西里 • 里昂惕夫 (Wassily Leontief, 1906—1999)，美籍俄裔著名经济学家，是投入产出分析方法的创始人。投入产出分析为研究社会生产各部门之间的相互依赖关系，特别是系统地分析经济内部各产业之间错综复杂的交易提供了一种实用的经济分析方法。1973 年，里昂惕夫因发展了投入产出分析方法及这种方法在经济领域发挥的重大作用而备受西方经济学界的推崇，并因此获得诺贝尔经济学奖。在哈佛大学经济系任教期间，约瑟夫 • 熊彼特是他的同事并且对他的研究成果极为推崇，还有两位诺贝尔经济学奖得主保罗 • 萨缪尔森和罗伯特 • 索洛是他的学生。

20 世纪 30—40 年代期间，他的工作重点是编制美国的投入产出表，并建立投入产出分析法的理论体系。50—60 年代，里昂惕夫把投入产出分析看作经济分析的一个全能工具。他在解决了一国国民经济投入产出表的编制问题后，便进一步探索运用这一方法深入研究不同局部或个别环节的途径。1966 年，里昂惕夫将自己的理论系统整理后，出版了《投入产出经济学》，这本书是一个重要的总结。同年，他又发表了《经济学论文集：理论和理论形成》。1967 年，里昂惕夫被纽约大学授予终身教授职衔。70 年代以后，里昂惕夫的学说有了更大的发展。据 1979 年联合国统计，世界上已有 89 个国家和地区广泛采用他的理论。

1953 年里昂惕夫在费城的美国哲学协会上宣读了题为《国内生产与对外贸易：美国资本状况的重新检验》的论文。该论文将 1947 年美国 200 个行业的材料归纳为 50 个部门 (其中 38 个部门的产品是直接进入国际市场的), 制定了“投入产出表”并进行了一系列计算。他用投入产出法对战后美国对外贸易发展状况进行分析后发现，美国进口的是资本密集型产品，出口的是劳动密集型产品。这与 H-O 模型刚好相反。由于 H-O 模型已被西方经济学界广泛接受，因此里昂惕夫的结论被称为 “里昂惕夫之谜” 或 “里昂惕夫悖论”。里昂惕夫认为，矛盾的根源在于美国劳动者素质较高，单位时间的劳动是其他国家的若干倍，若经一定的折合计算，结论应与俄林的理论相符。

13.7.2 加里 · 贝克尔

加里 · 贝克尔 (Gary S. Becker，1930—2014)，美国著名经济学家、芝加哥经济学派代表人物之一、芝加哥大学教授，1992 年诺贝尔经济学奖得主，被认为在扩展经济学的疆界方面作出了重大贡献。他有一个非常重要的观点，即他认为经济学研究的是稀缺性的资源，但是对任何一个人来说，最稀缺的资源是时间，是他的生命。一旦进入到时间资源的配置问题，很多原来不可想象的在经济学传统研究范围之外的人类活动，都可被纳入到经济学的研究对象中来，由此称之为“经济学帝国主义”。

贝克尔出生于美国宾夕法尼亚州的波茨维尔。1951 年，贝克尔在普林斯顿大学获经济学学士学位，于 1953 年和 1955 年先后在芝加哥大学获经济学硕士学位和博士学位。他的博士论文《歧视经济学》在当时是一篇富有首创性也具有争议性的重要经济学论著，正是由于他的论题（对歧视的经济分析）和研究方法（试图计量“非货币”因素对市场运行的影响）争议较多，以至过了两年（1957 年）芝加哥大学出版社才出版了他的博士论文。

贝克尔是多产的经济学家和社会学家。他著述颇丰，主要论著有:《歧视经济学》（1957 年初版，1971 年再版），《生育率的经济分析》（1960 年出版），《人力资本》（1964 年初版，1975 年再版），《人类行为的经济分析》（1976 年出版），《家庭论》（1981 年出版）。在这些论著中，《生育率的经济分析》是现代人口经济学的创始之作;《人力资本》是现代人力资本理论的经典，是席卷 20 世纪 60 年代经济学界的“经济思想上的人力投资革命”的起点;《家庭论》于 1981 年在哈佛大学出版社出版时被该社称为是贝克尔有关家庭问题的一本划时代的著作，是微观人口经济学的代表作。因而，这三部著作被西方经济学者称为经典性论著，具有深远的影响。此外，现代经济学者把贝克尔的时间经济学和新的消费论称为“贝克尔革命”。贝克尔还在其名著《人类行为的经济分析》中将种族歧视、法律、犯罪、战争、婚姻、家庭、教育、子女抚养等问题全部纳入了经济分析的范畴，他在该书中给慈善从经济学角度下了如下定义：如果将时间与产品转移给没有利益关系的人和组织，那么这种行为就被称为“慈善”或者“博爱”。贝克尔因将经济理论扩展到对人类行为的研究并获得巨大成就而荣膺诺贝尔经济学奖。他是现代经济学方面最富有独创思维的人之一，他常常把平常观察到的明显不相关的现象同某些原理的作用相联系，从而开拓经济分析的新视野。贝克尔开辟了一个以前只是社会学家、人类学家和心理学家关心的研究领域，他在扩展经济学的疆界方面所做的一切是其他经济学家所不及的。

早在 20 世纪 70 年代，贝克尔就跻身于现代美国最著名的经济学家行列。贝克尔是美国新自由主义经济学家，是芝加哥学派的重要成员。他的学术思想与弗兰克·奈特一脉相承，信奉新自由主义经济理论，主张自由竞争的市场经济，反对国家干预经济生产，力主以微观经济理论作为科学的基础，建立经济科学体系。在这个体系中，他主张把宏观经济理论与微观经济理论结合起来，把整个经济学建立在自由放任主义和市场均衡的方法论的基础之上。他坚持资本概念的普遍性；他否定有效理论应是对现象的直观描述这样一种必要性，而认为理论只要能得出有用的“预测”就是可行的；他强调劳动力市场上信息和搜寻活动的作用；像大多数芝加哥经济学家一样，他对政府的智能持怀疑态度。贝克尔的学术思想和理论观点，不只是浓缩了“芝加哥传统”，与其同行相比，他不仅更多地汲取了这些观念，而且开拓了新的应用范围，从而使他获得了“理论创新者”的美名。

13.8　习　　题

习题 13.1　某经济只有一种消费品、两种状态和两个消费者，使用埃奇沃思盒进行分析。效用函数是期望效用类型。在不同状态上，伯努利效用函数是相同的，即：

$$U_1(x_{11}, x_{21}) = \pi_{11}u_1(x_{11}) + \pi_{21}u_1(x_{21}),$$

$$U_2(x_{12}, x_{22}) = \pi_{12}u_2(x_{12}) + \pi_{22}u_2(x_{22}),$$

其中 x_{si} 是消费者 i 消费 s 状态依存商品的数量，π_{si} 是消费者 i 对状态 s 持有的主观概率。假设每个 $u_i(\cdot)$ 都是凹的和可微的。两种状态依存商品的总初始禀赋为 $\bar{\mathbf{w}} = (\bar{\mathbf{w}}_1, \bar{\mathbf{w}}_2)$。假设每个消费者都得到了随机变量 $\bar{\mathbf{w}}$ 的一半，也就是说，$(\mathbf{w}_{11}, \mathbf{w}_{21}) = \frac{1}{2}\bar{\mathbf{w}}$ 和 $(\mathbf{w}_{12}, \mathbf{w}_{22}) = \frac{1}{2}\bar{\mathbf{w}}$。假设消费者 1 是风险中性的，消费者 2 是风险厌恶的。

1. 假设两个消费者有着相同的主观概率。证明在任何阿罗–德布鲁内点均衡上，消费者 2 将进行完全保险。
2. 假设两个消费者的主观概率不同。证明在任何阿罗–德布鲁内点均衡上，消费者 2 将不会进行完全保险。若以主观概率之差表示，消费者 2 将向哪个方向偏离？证明风险中性的消费者 1 将不会从交易中受益。

习题 13.2　消费者 1 和消费者 2 各自的效用函数为 $u_1(x_1)$ 和 $u_2(x_2)$，其中 u_1 和 u_2 都是递增、严格凹且二阶连续可微的。考虑下面的帕累托最优问题，约束条件是 $x_1 + x_2 = x$：

$$v_\theta(\mathbf{x}) = \max_{x_1, x_2}[\theta u_1(x_1) + (1-\theta)u_2(x_2)]$$

1. 证明 $v_\theta(\mathbf{x})$ 是关于 θ 的凹函数。
2. 证明 $v'_\theta(\mathbf{x}) = \theta u'_1(x_1) = (1-\theta)u'^2_2(x)$。

习题 13.3 (阿罗–德布鲁均衡) 考虑一个具有两种状态和单个物品，在每一种状态下这个物品都能够被消费的经济。假设有两个参与人，$i = 1, 2$，每个参与人具有常数绝对风险厌恶系数 $\alpha > 0$ 的冯 · 诺依曼–摩根斯坦(von Neumann-Morgenstern) 效用函数 (他们具有相同的风险厌恶程度)。他们的初始禀赋为 $\mathbf{w}_1 = (3, 0)$ 和 $\mathbf{w}_2 = (0, 2)$。

1. 假设每一个状态都是等可能出现的，求解这个经济的阿罗–德布鲁均衡。
2. 不需要求解新的阿罗–德布鲁均衡，随着 α 的增加，阿罗–德布鲁均衡可能怎样变化？其直觉是什么？
3. 不需要求解新的阿罗–德布鲁均衡，随着状态 1 出现的概率的增加，阿罗–德布鲁均衡可能怎样变化？其直觉是什么？
4. 不需要求解新的阿罗–德布鲁均衡，随着参与人 1 在状态 1 下的禀赋的增加，均衡可能怎样变化？其直觉是什么？
5. 当状态 1 出现的概率充分接近 1 时，参与人之间的交易会发生什么变化？

习题 13.4 考虑一个只有一期的完全竞争经济和一个完全状态依存商品市场。自然的状态有两种。有一种投入品 k，要在获知自然状态前进行分配。在两种自然状态下，分别有三种消费品 x, y 和 z。另外只有一个消费者认为状态 1 和状态 2 发生的概率分别是 1/4 和 3/4，要最大化主观概率下的期望效用函数，其效用函数为：

$$u_A = x_A + 2y_A + 4\ln z_A.$$

消费可能性集是六维空间，且消费均为非负，初始禀赋是 10 单位的初始投入，并且拥有五个企业，每个企业的生产情形如下：

对于企业 1，每投入 1 单位投入品，状态 1 发生时能生产出 4 单位 x，状态 2 发生时能生产出 2 单位 x。

对于企业 2，每投入 1 单位投入品，状态 1 发生时能生产出 2 单位 y，状态 2 发生时不能生产。

对于企业 3，每投入 1 单位投入品，状态 2 发生时能生产出 2 单位 y，状态 1 发生时不能生产。

对于企业 4，每投入 1 单位投入品，状态 1 发生时能生产出 1 单位 z，状态 2 发生时不能生产。

对于企业 5，每投入 k 单位投入品，$k \leqq 1/10$，状态 2 发生时能生产出 $(k - 1/10)^{1/2}$ 单位 z，状态 1 发生时不能生产。

那么是否存在一个完全市场下的竞争均衡？若存在，推导竞争均衡的价格和数量。若不存在，请证明 (提示：注意角点解)。

习题 13.5 (阿罗–德布鲁均衡、拉德纳均衡) 考虑三时期经济，$t = 0, 1, 2$。在 $t = 0$ 期，该经济分为两支，在 $t = 1$ 期每支又分为两支。实物商品有 H 种，在上述三个时期都可能发生消费。

1. 描述这个经济的阿罗–德布鲁均衡问题。
2. 描述拉德纳均衡问题。假设在 $t = 0$ 和 $t = 1$ 时存在状态依存市场，使得在下一期交付一单位实物商品 1。

习题 13.6　设有两个时期，在时期 1 有三种状态；在时期 0 存在资产交易。有两种基本资产，它们以现金表示的报酬向量分别为

$$\mathbf{r}_1 = (100, 50, 25) \quad 和 \quad \mathbf{r}_2 = (0, 0, 1).$$

这两种资产的市场价格分别为 $q = 20$ 和 $q = 1$。使用套利对下列各种衍生资产进行定价。

1. 假设一单位某衍生资产的描述为“拥有一单位此种资产者有权在时期 1(在状态发生之后) 以 50% 的该资产即期价值购买一单位商品 1”。写出这种资产的报酬向量并给它定价。
2. 基本情形同上，但对该衍生资产的描述修改为“拥有一单位此种资产者有权在时期 1(在状态发生之后) 以 50% 的该资产即期价值购买一单位商品 1，前提是即期价值不小于 10”。
3. 基本情形同上，但将上问中的“不小于 10”替换为“不小于 25”。写出报酬向量，证明这种资产不可能通过原始资产的套利定价。
4. 若我们还有一种无风险的资产，其价格为 1，那么上问中的分析将会发生什么样的变化？
5. 假设资产的描述进一步修改为“拥有一单位此种资产者，可以选择在时期 1 得到 1 元钱，也可以选择在时期 1(在状态发生之后) 以 50% 的该资产即期价值购买一单位商品 1”。写出这种资产的报酬向量，并给其定价。
6. 基本情形同上，但现在该资产的描述修改为“拥有一单位此种资产者，可以选择在时期 1 得到 1 元钱，也可以选择在时期 1 (在状态发生之后) 以 50% 的该资产即期价值购买一单位商品 1，前提是这个价值不小于 10”。

习题 13.7　假设有两个时期 ($t = 0$,1) 或两天。在 $t = 1$，三个猎人将要在恰好只有一只鹿的狩猎公园里搜寻鹿。假设这只鹿能够被逮到，从而就有 3 种可能的状态：状态 s 表示猎人 s 逮到了这只鹿，$s = 1, 2, 3$。于是，三个依状态而定的鹿肉的初始禀赋束为：

$$\mathbf{w}_1 = (1, 0, 0), \quad \mathbf{w}_2 = (0, 1, 0) \quad \mathbf{w}_3 = (0, 0, 1).$$

今天 ($t = 0$)，猎人们统筹安排了鹿肉在明天 ($t = 1$) 如何共享。猎人 i 的效用函数为：

$$U_i(x_i) = \sum_{s=1}^{3} \pi_{is} u_i(x_{is}),$$

其中 x_{is} 是猎人 i 在状态 s 的鹿肉消费数量，π_{is} 是猎人 i 认为状态 s 出现的个人主观概率。假设 u_i 是连续、严格凹且严格递增的函数。

1. 假设猎人们一致认为状态出现的概率为 $(1/2, 1/4, 1/4)$，猎人 1 相信自己能够逮到鹿的可能性是其他人的 2 倍。证明：在任何内部的帕累托有效配置处，不管哪个猎人逮到鹿，猎人 1 将消费相同数量的鹿肉。假设 u_i 是可微的。
2. 假设每个猎人都很自信，以至他们都相信他们自己能毫无疑问地逮到鹿，而其他人逮不到。证明：若 $\mathbf{x}^* = (x_1^*, x_2^*, x_3^*)$ 是帕累托有效的，则对每个 i，有 $x_i^* = 1$。
3. 若设 p_s 表示在 $t = 1$ 时状态 s 下鹿肉的价格，则竞争均衡价格的集合是什么？

习题 13.8 本题的目的是证明，在一个不完全市场情形下，资产种类增加后，每个人在新拉德纳均衡时的状况有可能反而变得更差了。按以下步骤证明。

1. 构造一个满足下列条件的两人经济：有两种状态，它们发生的概率相同。交易的分配效用非常不对称，从而使得两人在完全市场下均衡处的效用之和小于他们在不完全市场下均衡处的效用之和。
2. 现构造满足下列条件的经济：有四种状态，它们发生的概率相同。在前两种状态下，经济如上所述；在另外两种状态下，经济也如上所述，但两个消费者的角色互换了。
3. 证明：对于某种资产结构，若它只有一种资产允许财富从前两种状态转移到另外两种状态，那么在该资产结构产生的均衡中，每个消费者的状况都比他们在下列均衡中的状况要好：若我们再增加两种新资产，一种允许财富在状态 1 和 2 之间转移，另外一种允许财富在状态 3 和 4 之间转移，由此得到的均衡。

习题 13.9 在某个经济中，只有一期、一种消费品和一种生产要素（劳动）。所有工人在事前都是相同的。对于每个工人来说，他能工作的概率是 3/4（在这种情形下，产出为 k 单位消费品，而且工作不会引起痛苦），他不能工作（残疾）的概率是 1/4。对于能工作和不能工作的人来说，c 单位消费品的效用分别为 $U_a(c)$ 和 $U_d(c)$。假设各个工人不能工作的概率是独立分布的，而且工人数量很多因而足以保证社会在期望值生产可能集上运行。

1. 若在不能工作状况被知道之前，一组完全的阿罗-德布鲁市场已开放，资源的均衡配置是什么样的？（可能需要允许无限多状态的可能性。）
2. 现在假设其他人无法观测到一个人是真的无法工作还是装作无法工作。假设保险市场是个竞争性行业。再假设条件“$U'_a(c_a) = U'_d(c_d)$ 意味着 $c_a > c_d$”得以满足，而且每个人都从同一家保险公司购买保险。证明竞争均衡与上问中的均衡是相同的。
3. 仍然假设其他人无法观测到一个人是真的无法工作还是装作无法工作。但是现在假设 $U'_a(c_a) = U'_d(c_d)$ 意味着 $c_a < c_d$。证明我们无法达到上问中描述的均衡。继续假设每个人都从同一家保险公司购买保险，确定竞争均衡。这个均衡相对于政府能够实现的配置是最优的吗？假设政府也无法观测到一个人是否能工作。

习题 13.10 考虑两消费者两商品的经济。这两人的（伯努利）效用函数分别为：

$$u_1(x_{11}, x_{21}) = x_{11} + x_{21};$$

$$u_2(x_{12}, x_{22}) = (x_{12})^{1/2} + x_{22}.$$

消费者 1 拥有商品 2 的禀赋为 $\mathbf{w}_{21}$，他没有商品 1 的禀赋。消费者 2 没有商品 2 的禀赋，他拥有商品 1 禀赋的数量取决于三个状态中发生哪一个（假设发生概率相等），相应的禀赋分别为 $\mathbf{w}_{112}, \mathbf{w}_{122}$ 和 $\mathbf{w}_{132}$。

1. 确定这个经济的阿罗-德布鲁均衡，假设参数能使得均衡是内点均衡。
2. 假设唯一可能的市场是两商品非状态依存交付市场，写出均衡问题。均衡配置是帕累托最优吗？
3. 假设在任何交易发生之前以及在禀赋被显示之前，两人被告知状态 1 是否发生。在这个信息被披露之后（但在禀赋价值被披露之前），非状态依存交易才可以发生。写出取决于信息的均衡问题。

4. 基本情形同上，唯一的区别是现在允许状态依存交易（在状态 1 的信息被披露之后）。

5. 比较事前（即在任何通告被披露之前）两人在上述四种均衡中的期望效用，假设这些均衡都是内点均衡。

习题 13.11　假设有发生概率相等的两种状态。在每种状态下存在着一个即期市场，其中消费品（商品 1）和计价物（商品 2）交换。有两个消费者，他们的效用如下表所示。

	状态 1	状态 2
消费者 1	$2\ln x_{11}+x_{21}$	$\ln x_{11}+x_{21}$
消费者 2	$\ln x_{12}+x_{22}$	$2\ln x_{12}+x_{22}$

商品 1 在状态 1 下的总禀赋为 8，在状态 2 下的总禀赋为 $8+\epsilon$。消费者 2 拥有商品 1 的所有禀赋。假设两人拥有的计价物禀赋足以让我们忽略边界均衡问题。计价物的价格在两种状态下都固定为 1。商品 1 在两种状态下的价格为 (p_1,p_2)。

1. 假设当不确定性消失时，两个消费者知道哪种状态已发生。确定两种状态下的即期均衡价格 $(\hat{p}_1(\epsilon),\hat{p}_2(\epsilon))$，它们是参数 ϵ 的函数。

2. 现在假设当某种状态发生时，消费者 2 知道但消费者 1 仍不知道（即他必须仍然认为两种状态发生的概率相等）。在这种信息结构下（而且假设不能用价格作为信号），确定两种状态下的均衡价格 $(\bar{p}_1(\epsilon),\bar{p}_2(\epsilon))$ 。

3. 基本情形同上一小问，但是现在允许消费者 1 从价格推断状态，也就是说，如果 $p_1\neq p_2$，那么消费者 1 实际上是知情的；但若 $p_1=p_2$，他是不知情的。一个即期价格组合 $(p_1^*(\epsilon),p_2^*(\epsilon))$ 构成了理性预期均衡价格，若当消费者 1 以上面描述的方式从 $(p_1^*(\epsilon),p_2^*(\epsilon))$ 推断信息时，$(p_1^*(\epsilon),p_2^*(\epsilon))$ 出清了两个即期市场。假设 $\epsilon\neq 0$，推导出一个理性预期均衡价格组合。

4. 证明若 $\epsilon=0$，那么不存在任何理性预期均衡价格组合。

习题 13.12　考虑一个标准的两期经济，$t=0$ 和 $t=1$。代理人在两期都消费。在 $t=1$ 期有三种可能的自然状态。有一个用货币计价的消费品。在每个时期，一单位消费品的现期（当期）价格都是 1。在 $t=0$ 期，代理人可以买卖两种债券。债券 1 在 $t=1$ 期的报酬向量为 $\mathbf{r}_1=(1,0,0)$，债券 2 在 $t=1$ 期的报酬向量为 $\mathbf{r}_2=(1,2,3)$。这两种债券在 $t=0$ 期的价格分别为 $q_1=0.5$ 和 $q_2=1.5$。除此之外，还有两种衍生债券，债券 3 和债券 4。债券 3 是一个对债券 2 以执行价格 1 买卖的认购期权，债券 3 的价格为 $q_3=0.8$。债券 4 是一个对债券 2 以执行价格 2 买卖的认购期权，债券 4 的价格为 $q_4=0.2$。

1. 假设那些价格在一个具有指定的 4 种债券的不完全市场均衡中产生，证明这个经济系统是无套利的。

2. 一个在 $t=1$ 期状态 3 下得到 1 单位消费品的状态依存证券在时期 q 的价格是多少？

3. 执行价格为 1 的债券 4 的一个看跌期权的市场价格将是多少？

4. 在 $t=0$ 期的一笔贷款的无风险利率将是多少？

习题 13.13　考虑经济有一种物品和 4 种自然状态，记为 s_1,s_2,s_3,s_4，有 4 种资产，记为

a_1, a_2, a_3, a_4。其中资产的回报矩阵为：

$$\begin{array}{c} \\ s_1 \\ s_2 \\ s_3 \\ s_4 \end{array} \begin{array}{c} \begin{array}{cccc} a_1 & a_2 & a_3 & a_4 \end{array} \\ \begin{pmatrix} 1 & 0 & 1 & 0 \\ 1 & 3 & 0 & 1 \\ 1 & 2 & 0 & 1 \\ 1 & 1 & 0 & 1 \end{pmatrix} \end{array} .$$

第一种资产是无风险的，在每个状态上的回报都是 1；第二种资产是股票。把状态依存物品的现价表示为 $\mathbf{p} = (p_1, p_2, p_3, p_4)$，即 p_i 是物品在状态 s_i 的价格。假设资产价格向量为 $\mathbf{q} = (1, 1.4, 0.4, 0.6)$。

1. 这些资产可以实现完全市场吗？
2. 考虑一个看涨期权，它提供了一种权利，但不是义务，在某状态实现了以后，以一定的价格购买股票（资产 2）的权利。为了避免套利，以什么样的价格卖出这样的看涨期权？
3. 求解与给定的资产价格一致的当期价格（spot prices）。
4. 假设通过投资 k，在资本市场开放前，股票（资产 2）所对应的企业改变它的产出，从 $\mathbf{y} = (0, 3, 2, 1)$ 到 $\mathbf{y} = (0, 4, 2, 1)$，也就是说，在状态 2，企业能够增加 1 单位状态依存产出。假设这不会改变在时期 1 的现价。证明：若 $k < 0.2$，持有资产 2 的所有代理人偏好这样的变化。

习题 13.14 (周期禀赋过程) 经济由两个无限期生存的消费者组成，并且经济中只存在一种不可储存的商品，消费者 i 的一生效用函数为 $\sum_{t=0}^{\infty} \beta^t u(x_t^i)$，这里 $\beta \in (0, 1)$，并且 $u(\mathbf{x})$ 是递增、严格凹、二阶连续可微的。假设市场是在第 0 期交易的完全市场。

消费者 1 的禀赋过程为 $\mathbf{y}_t^1 = (1, 0, 1, 0, 1, \cdots)$；消费者 2 的禀赋过程为 $\mathbf{y}_t^2 = (0, 1, 0, 1, 0, \cdots)$。

1. 定义竞争均衡。
2. 计算竞争均衡。
3. 假设有一种衍生资产，保证每一期分红 0.05 单位的当期消费品，计算这种资产的价格。

习题 13.15 经济由两个消费者组成，假设商品可以在两个消费者之间进行交易，但是不能储存。消费者 1 的效用函数是 $\sum_{t=0}^{\infty} \beta^t x_{1t}$，禀赋过程为 $\mathbf{y}_{1t} = 1, \quad \forall t \geqq 0$；消费者 2 的效用函数是 $\sum_{t=0}^{\infty} \beta^t \ln x_{2t}$，禀赋过程为 $\mathbf{y}_{2t} = (\alpha, 0, \alpha, 0, \alpha, 0, \cdots)$，其中 $\alpha = 1 + \beta^{-1}$。

1. 定义阿罗–德布鲁均衡并求解。
2. 定义序贯拉德纳均衡并求解。

习题 13.16 考虑纯交换经济。对于消费者来说，可行配置满足 $x_t \leqq y_t$，禀赋过程为 $y_{t+1} = \lambda_{t+1} d_t$，其中 λ_{t+1} 服从一个两期马尔可夫过程，转移概率定义为：$P_{ij} = prob(\lambda_{t+1} = \lambda_j | \lambda_t = \lambda_i)$。假设 $\lambda_0 = 0.8$，$y_0 = 1$。消费者的效用函数为 $E_0 \sum_{t=0}^{\infty} \beta^t \frac{x_t^{1-\gamma}}{1-\gamma}$，$\gamma = 2, \beta = 0.9$，

$$\mathbf{p} = \begin{pmatrix} 0.5 & 0.4 \\ 0.3 & 0.6 \end{pmatrix},$$

$$\lambda = \begin{pmatrix} 0.8 \\ 1 \end{pmatrix}.$$

1. 定义阿罗–德布鲁均衡。
2. 当 $(\lambda_1, \lambda_2, \cdots, \lambda_5) = (1, 1, 0.9, 0.9, 1.1)$，计算均衡价格。
3. 在上问的状态下定义序贯拉德纳均衡并求解。
4. 比较两种均衡。

习题 13.17 在只有一种消费品的交换经济中，共有两期 $t = 0, 1$，以及决策者 $i = 1, \cdots, n$，这些决策者在 $t = 0$ 时并不拥有和消费任何物品。在 $t = 1$ 时，自然状态是 $s = 1, \cdots, S$；决策者 i 在状态 s 下的个人禀赋是 $\mathbf{w}_{is}$。自然状态在 $t = 0$ 时是未知的，不过所有的决策者都有相同的概率 $\pi_s > 0$ 达到状态 s。每个决策者的效用函数如下：$u_i(x_i) = \frac{1}{b-1}(a_i + bx_i)^{1-\frac{1}{b}}$，其中，$b > 0, \neq 1$，而且对于所有 i，$a_i > 0$。

1. 证明，事前的帕累托有效配置具有以下性质，即 $x_{is} = f_i w_s + k_i$，其中 f_i, k_i 与 s 是独立的，其中 $\mathbf{w}_s$ 为每个决策者在状态 s 下的平均禀赋。
2. 假设所有的阿罗–德布鲁证券都是在时期 $t = 0$ 交易的，推导出在每个状态 s 下这种阿罗–德布鲁证券的均衡价格（提示：可以用状态 s 的概率以及平均资产禀赋表示）。

习题 13.18 考虑具有一种商品两种“自然”状态的交换经济。假设存在一个阿罗–德布鲁市场，所有的消费者都是期望效用最大化的个体，并且对于每一种自然状态都具有相同的主观概率，即状态 1 出现的概率为 π。消费者 h 的效用函数是 u_h，且禀赋是 $\mathbf{w}_h$。证明，若在两种状态下，自然的总禀赋相同，则这两种状态下商品相对价格是 $\pi/(1-\pi)$。

习题 13.19 考虑一个竞争的债券市场，该经济中有 2 个消费者，2 个厂商，3 种自然状态。假设厂商 1 在 3 种自然状态下的产出都是 $\mathbf{y}^1 = (1, 1, 1)$，而厂商 2 的产出是 $\mathbf{y}^2 = (2, 0, 0)$。消费者在两个厂商中占有相同的份额。两人都在效用函数 $u = \ln x$ 下寻求期望效用最大化，但是这两人对于自然状态有着不一样的信念。假设消费者 1 的主观概率是 $(1/3, 1/3, 1/3)$，消费者 2 的主观概率是 $(1/2, 1/4, 1/4)$。推导在债券市场均衡时，两个厂商所生产产品的相对价格。

习题 13.20 考虑一个有两个时期两种自然状态的竞争性经济。状态 1 出现的概率为 1/3，状态 2 出现的概率为 2/3。经济中有三种商品，即第 1 期消费的商品 x，以及第 2 期在两种自然状态下消费的商品 y_1 和 y_2。消费者为同质的，并且为连续的测度 1。消费者是期望效用最大化的，且效用函数如下：

$$u = \frac{1}{2}\ln x + \frac{1}{2}\ln y,$$

其中 x 是第 1 期的消费，y 是第 2 期的消费。每个消费者在第 1 期的禀赋为 10，在第 2 期的两种自然状态下的禀赋为 0。

经济中有两种企业，每种企业的数量都足够大。所有企业都是规模报酬不变的。第 1 类企业在自然状态 1 下可以用 1 单位第 1 期的产品生产 1 单位第 2 期的产品，在自然状态 2 下可以用 1 单位第 1 期的产品生产 1.2 单位第 2 期的产品；第 2 类企业在两种状态下都可以用 1 单位第 1 期的产品生产 1.5 单位第 2 期的产品。另外，对于每个企业，消费者持有的股份都是相同的。

1. 假设这里存在一个完全的状态依存商品市场，确定阿罗–德布鲁均衡价格和均衡数量。
2. 现在假设经济中有两类消费者。一类和题中所描述的一样。一类也同样具有连续的测度

1，而且是期望效用最大化的，效用函数如下：

$$u_B = \frac{1}{2}x + \frac{1}{2}y$$

其中 x 是消费者 B 第 1 期的消费，y 是消费者 B 第 2 期的消费。每个消费者在第 1 期的禀赋为 12，在第 2 期的两种自然状态下的禀赋为 0。

假设这里存在一个完全的状态依存商品市场，确定阿罗-德布鲁均衡价格和均衡数量。(提示：注意角点解。)

习题 13.21 考虑一个处于一般均衡状态下的经济，该经济具有阿罗-德布鲁不确定性的经济。解释该经济是如何解决医疗保险问题的。解决的机制是什么？医疗保险仅仅是一种或有商品吗？该经济是否存在道德风险问题（因为不确定事件的结果得到充分保险而发生的过度支出）？每个家庭都会为每一种疾病或伤害投保吗？

习题 13.22 考虑一个具有完全期货合约集合的跨期确定性经济，该经济中的一个厂商正在计划开始生产经营活动。假定存在一个有利可图的生产机会——生产某装饰品并在 $t+2$ 期供应市场；该生产机会要求在 t 期完成生产投入。厂商在 t 期之前没有任何生产活动。厂商如何为这一生产计划融资？

习题 13.23 考虑一个具有阿罗-德布鲁不确定性的经济，该经济中的一个厂商正在进行有关生产和产品销售方面的决策。假设存在两期：0 和 1 期。0 期有一种状态，1 期有三种状态（分别表示为 1.1，1.2 和 1.3）。

1. 描述厂商所作的决策。
2. 描述厂商在 1.1，1.2 和 1.3 三种或有状态下选择某一状态进行生产的利益得失。
3. 若生产是跨期的（生产投入在一期进行，产出在随后一期得到），解释如何为生产计划融资。
4. 厂商或所有者对风险的态度是否影响生产决策？请解释。

习题 13.24 考虑将教育视为一个私人投资品。解释下列现象：

1. 对一个具有完备期货市场的阿罗-德布鲁-瓦尔拉斯模型，资源的有效配置并不要求政府提供教育。市场将帕累托有效地提供和分配教育资源。
2. 在实际经济中，市场的不完全性阻碍了私人市场有效地为教育融资。这要求存在一个机构来为教育提供非市场化的资助或补贴。

13.9 参考文献

教材和专著：

Bikhchandani, S., J. Hirshleifer and J.G. Riley (2013). *The Analytics of Uncertainty and Information (Second Edition)*, Cambridge University Press.

Debreu, G. (1959). *Theory of Value*, New York: Wiley.

Duffie, D. (2001), *Dynamic Asset Pricing Theory*, Princeton University Press.

Geanakoplos, J. D. (2008). “ Overlapping Generations Model of General Equilibrium”. From *The New Palgrave Dictionary of Economics, 2nd Edition*, edited by Durlauf, S.N. and L.E. Blume, Palgrave Macmillan.

Jehle, G. A., and P. Reny(1998). *Advanced Microeconomic Theory*, Addison-Wesley, Chapters 7-8.

Kreps, David M.(2013). *Microeconomic Foundations I: Choice and Competitive Markets*, Princeton University Press.

Luenberger, D. (1995). *Microeconomic Theory*, McGraw-Hill, Inc., Chapter 10.

Magill, M., and W. Shafer (1991). "Incomplete Markets". Chap. 30 in *Handbook of Mathematical Economics*, Volume IV, edited by Hildenbrand, W. and H. Sonnenschein, Amsterdam: North-Holland.

Magill, M. and M. Quinzii (1996). *Theory of Incomplete Markets*, Volume 1, MIT Press.

Majumdar, M. and R. Radner (2008). "*Uncertainty and General Equilibrium*". From *The New Palgrave Dictionary of Economics, 2nd Edition*, edited by Durlauf, S.N. and L.E. Blume, Palgrave Macmillan.

Mas-Colell, A., M. D. Whinston, and J. Green (1995). *Microeconomic Theory*, Oxford University Press, Chapter 18.

Merton, R. (1990). *Continuous-Time Finance*, Blackwell Publishing.

Radner, R. (1982). "Equilibrium under Uncertainty", Chap. 20 in *Handbook of Mathematical Economics*, Volume II, edited by Arrow K., and M. D. Intriligator. Amsterdam: North-Holland.

Rubinstein, A. (2005). *Lecture Notes in Microeconomics (modeling the economic agent)*, Princeton Univeristy Press.

Varian, H. R. (1992). *Microeconomic Analysis*, *Third Edition*, W.W. Norton and Company, Chapter 21.

论文：

Arrow, K. (1953). "Le role des valeurs boursieres pour la repartirion la meilleure des risques". *Econometrie*, Paris: Centre Naitonal de la Recherche Scientifique. [Translated as: Arrow, K. (1964). "The Role of Securities in the Optimal Allocation of Risk-bearing", *Review of Economic Studies*, Vol. 31, 91-96.]

Dubey, P., J. Geanakoplos and M. Shubik (2005), "Default and Punishment in General Equilibrium", *Econometrica*, Vol.73, No.1, 1-37.

Dybvig, P.H. and S.A. Ross (2003). "Arbitrage, State Prices and Portfolio Theory", *Handbook of the Economics of Finance*, Volume 1B, Elsevier B.V.

Geanakoplos, J. (1990). "An Introduction to General Equilibrium with Incomplete Asset Markets", *Journal of Mathematical Economics*, Vol. 19, No. 1, 1-38.

Geanakoplos, J., and H. Polemarchakis (1986). "Existence, Regularity and Constrained Suboptimality of Competitive Allocations When the Asset Market Is Incomplete". In *Essays in Honor of K. Arrow*, Vol. III, edited by Heller, W. and D. Starrett. Cambridge, U. K.: Cambridge University Press.

Geanakoplos, J. D. and H.M. Polemarchakis (1991). "Overlapping Generation". In *Handbook of Mathematical Economics*, Vol. 4., edited by Arrow, K. J. and Intriligator, Elsevier Science Publishers.

Geanakoplos, J. and W. R. Zame (2014). "Collateral Equilibrium, I: A Basic Framework", *Economic Theory*, Vol. 56, No. 3, 443-492.

Hart, O. (1975). "On the Optimality of Equilibrium When the Market Structure Is Incomplete", *Journal of Economic Theory*, Vol. 11, No. 3, 418-443.

Radner, R. (1968). "Competitive Equilibrium under Uncertainty", *Econometrica*, Vol. 36, No. 3, 31-58.

Radner, R. (1972). "Existence of Equilibrium of Plans, Prices, and Price Expectations in a Sequence of Markets", *Econometrica*, Vol. 40, No. 2, 289-303.

Selten, R. (1975). "Reexamination of the Perfectness Concept for Equilibrium Points in Extensive Games", *International Journal of Game Theory*, Vol. 4, No. 1, 25-55.

21世纪经济学系列教材

高级微观经济学

（下册）

田国强

Advanced Microeconomics

中国人民大学出版社
· 北京 ·

谨以本书缅怀

引领我进入经济学殿堂的两位导师

Leo Hurwicz 教授与林少宫教授！

——田国强

十位著名经济学家对本书的评价

目前愈来愈多的人感到需要补上理论经济学这一课，以免被似是而非的流行说法误导和对社会经济态势作出误判。在我看来，对于有一定基础的读者来说，田国强教授的《高级微观经济学》是一本最值得推荐的高级经济学教材。这本教材的最大优势在于：一方面，它避免了许多国内经济学教材忽视 20 世纪中期以来经济学重大发展的缺点，从现代经济学的基准理论到最前沿的观点都给出了准确的界定和严格的证明；另一方面，它又避免了绝大多数引进教材缺乏中国元素的缺点，能够结合中国经济改革、经济发展和国家治理的实际，阐明各种经济理论的内涵思想。即使对于理解书中高深的数理模型和复杂的数学推导有困难的读者，仅仅从作者对经济学理念和经济学方法的系统深刻阐述得到启示，也会感到受益匪浅。

——**吴敬琏**　国务院发展研究中心研究员、中欧国际工商管理学院宝钢经济学讲席教授

田国强教授在美国执教经济学近 30 年，在中国推动经济学教育改革 10 余年。本书是他在中美两国学习、研究、讲授微观经济理论的集成之作。它既严谨系统地介绍了现代微观经济学基础和前沿理论，又结合了中国经济改革开放发展的国情。这是一本专为中国学生写的高级经济学教科书，是对中国经济学教育改革的新贡献。

——**钱颖一**　清华大学经济管理学院院长，国家“千人计划”特聘专家，世界计量经济学会会士

田国强教授将他近 30 年来在微观经济学领域内研究与教学取得的成就和积累的心得倾注于这部力作，填补了国内高水平微观经济学教材的一个空白。其内容非常丰富，可以像 Mas-Colell-Whinston-Green 的教科书一样，成为微观经济学领域的标准教科书或参考书。尤其应该提到的是，田国强教授对于现代经济学的科学和客观的阐述，充分展示了一个经济学家严谨的治学精神，值得所有人一读。

——**周林**　上海交通大学安泰经济与管理学院院长，国家“千人计划”特聘专家，世界计量经济学会会士

中国经济学教育和研究取得了长足的进步，但还有很长的路要走。一方面仍然全面落后于国际前沿，一方面和中国经济的实践结合远远不够。田国强倾力写作的这本高级微观经济学教材，全面而系统，既覆盖了微观经济学前沿的重要主题，又结合中国经济的实践，努力

运用经济学理论分析中国现实问题。本书出得及时，值得大力推荐！

——**蔡洪滨**　北京大学光华管理学院院长，世界计量经济学会会士

这是一本讲授微观经济学的高级教程。它涵盖的内容非常系统和前沿，而且有对包括中国在内的真实经济世界的精彩解析，超越了之前同类的教科书。它是华人经济学家田国强教授几十年课堂生涯的倾心之作。

——**张军**　复旦大学经济学院院长，中国经济研究中心主任，长江学者特聘教授

微观经济学是现代经济学的基石与核心组成部分。著名华人经济学家田国强教授根据自己在中美高校近 30 年教学、研究及学术管理的经验与心得写成的《高级微观经济学》一书，涵盖了现代微观经济学的基本理论、分析框架、研究方法以及重要前沿研究。本书框架恢宏、体系完备、逻辑严谨、层次清晰。作者在介绍经济学基本思想、概念与理论时，总是通过一些富有启发性的实例加以解释说明，使教材在确保严谨科学的同时，又显得深入浅出，颇具可读性。尤其值得称道的是，作者经常结合中国经济的历史现实，从中国视角探讨现代微观经济学的适用性以及如何用于分析中国经济问题。我相信，这些鲜明特色与优点，将使本书成为最适合中国学生和青年学者使用的经典教材与必备参考书。

——**洪永淼**　厦门大学经济学院院长，美国康奈尔大学 Ernest S. Liu 经济学与国际研究讲席教授，国家“千人计划”特聘专家，发展中国家科学院院士

田国强教授的《高级微观经济学》乃集其多年教学与科研之大成。本书内容安排合理、既深又广。读者通过本书的学习，不仅有助于掌握现代微观经济理论，也能增进对其适用范围的认识。本书就如何修正这些理论以切合中国经济现实问题的研究具有独到见解，令人信服。研读本书，你将直达经济学研究的前沿。

——**谢丹阳**　武汉大学经济与管理学院院长，香港科技大学经济系教授，国家“千人计划”特聘专家

田国强教授的《高级微观经济学》是一本非常优秀的教科书与参考书。本书内容广泛，既覆盖了经典的微观经济理论，又引入了最前沿的主题。重要的定理（结果）既有直观的解释，又有严谨的证明。例子与习题有益于学生更深刻的理解。本书的特点是既与国际前沿的微观理论接轨，又与中国的实际相结合。这是一本中国学生与学者学习和应用微观经济理论不可缺少的读物。我强烈推荐此书。

——**白聚山**　南开大学金融学院院长，美国哥伦比亚大学经济系教授，国家“千人计划”特聘专家，世界计量经济学会会士

田国强教授是国内现代经济学教育的开拓者之一。田教授的《高级微观经济学》在现代经济学理论中融入了中国的经济思想，对中国学生而言是不可多得的一本微观经济学教材。掌握好微观经济学理论，是作出优秀实证经验研究 (empirical work) 的必要条件。这本书也是中国经济学者的重要参考资料。

——**张俊森** 香港中文大学经济系主任，国家“千人计划”特聘专家，世界计量经济学会会士

过去近 30 年，田国强教授一直致力于现代经济学在中国的教育和推广，取得了公认的成就，本教材又是一个很好的例证。全书渗透了他数十年来从事微观经济学研究和教学的心血，既有从基本概念到研究前沿的理论全面介绍，又做到了与中国现实、学术及思想相结合，是一本极具特色的高级微观经济学教材，也是从事中国经济问题研究尤其是微观实证研究学者的重要参考书。极力推荐!

——**甘犁** 西南财经大学经济与管理研究院院长，中国家庭金融调查与研究中心主任，美国得州 A&M 大学经济系终身教授，国家“千人计划”特聘专家

前　　言

《高级微观经济学》是基于我多年使用的《高级微观经济理论》英文讲义稿翻译，用了近 10 年时间反复修改，增补近一倍的内容而成。本书内容齐全、丰富，涵盖直至最前沿的微观经济理论，适合于作为研究生高级微观经济学系列课程、高级微观经济理论专题课程教材和作为研究人员的重要参考书。英文讲义曾用于我在美国得克萨斯农工大学 (简称 “得州 A&M 大学”)、上海财经大学、香港科技大学、清华大学、中国人民大学等国内外多所高校的课程讲授，受到听过该课的众多师生的欢迎，一些世界一流大学经济系同行和博士生也将此讲义作为教学、研究和学习的参考资料。本书的选题广泛，囊括了现代微观经济理论中最基本直至最前沿的几乎所有典型主题，也是我过去 30 多年学习、思考、研究和讲授微观经济理论的集成之作。

经济学是一门看似简单，其实难以学好、掌握、透彻理解和真正领悟的非常艰深的学问。经济问题之所以难以解决，除了个体（无论是在国家层面还是企业、家庭或个人层面）在通常情况下都会逐利这一最基本的客观现实外，另外一个最大的客观现实就是，在绝大多数情形下，经济人之间的信息往往是不对称的，很容易装：一个人说了一番话，也不知道说的是真话还是假话；而听讲的人即使两眼盯着看，好像在聚精会神地听，也不知道是否真正听进去了，从而增加了理解和解决问题的难度，弄不好就抵消了所采用的制度安排的作用。这样，如何应对这两个最大的客观现实，应采用什么样的经济制度、激励机制和政策就成了经济学各领域最核心的问题和主题。同时，经济学由于往往涉及主观价值判断，不同的个体有不同的价值观、不同的观点，如有人偏重资源配置效率，有人强调资源配置公平，个体间对经济改革和政策的看法往往也不同，很容易引起很大的争论，因而使得理解和掌握经济学及其逻辑思维难上加难。

再加上经济学又是一门外部性特别强的社会学科，具有很大的正负外部性（按当前时髦的语言来说，即所谓的正能量或负能量）。不像医生，医术不好，受损或医死只是个别人，经济学应用不好影响的却是经济社会的各个方面，影响到社会、群体和个人。从而严谨地训练，正确理解、学好和掌握现代经济学，特别是掌握本书所讨论的微观经济学的主要内容，不仅对现代经济学的理论创新非常重要，对实际应用更重要，一旦用错，制定出错误的经济政策和制度，影响和危及的不仅是个体，甚至是整个国家层面的经济发展。这样，除了要学好经济学，在提出政策建议时，还特别不能屁股决定脑袋，以致过多考虑自身利益，因而除了勇于担当，还要具有社会良心和责任感。

改革开放以降，现代经济学在中国的传播和教学经历了一个从无到有、从少到多的发展过程。尤其是 20 世纪 90 年代初邓小平南方谈话及中国确立现代市场经济体制建设目标后，进入一个蓬勃发展的时期。时至今日，现代经济学包括微观经济学的很多原理、概念、方法已成为学界、政府和社会大众耳熟能详的基本常识和共同语言。随着中国进入全面深化改革以推进国家治理体系和治理能力现代化的历史新阶段，市场在资源配置中的决定性作用已得到中国政府决策层的确认，较之早前基础性作用的提法又大大向前迈进了一步。同时为了让政府更好地发挥维护和服务的作用，需要界定和厘清政府与市场、政府与社会的治理边界，以此理解和解决好发展的逻辑和治理的逻辑，现代经济学毫无疑问将在这些方面发挥不可或缺的作用，这无疑为现代经济学在中国的发展、创新和应用提供了一个极其难得的机遇。

现代经济学是一门极具包容性和开放性的处于动态发展中的学科，已远远超越新古典经济学的阶段，而中国的经济实践更可为经济理论的创新发展提供丰富的现实土壤。在笔者看来，只要采用严谨内在逻辑分析的推理和论证（不见得是数学模型），并且采用理性假设（包括有限理性假设），这样的研究就属于现代经济学的范畴。在现代经济学的学科框架下来检视，微观经济学主要是关于个体如何决策的理论，其核心内容是关于价格如何决定的理论（因而可用“定价”两个字高度概括），是关于市场如何运行的理论，也是关于市场在一些情形下如失灵时应如何补救的理论。它着力于研究有限资源在不同用途之间如何配置以便更好满足人类不同的需要，也构成了包括宏观经济学和其他几乎所有经济学领域的微观基础，对于人们更好地理解如何充分和正确发挥市场在资源配置中的决定性作用及更好发挥政府在维护社会公平正义和提供公共服务方面的作用，可以起到“明道”和“优术”的双重作用。

知其然，更要知其所以然，要知道一个经济理论的适用范围，否则一旦泛用来指导经济政策的制定弄不好会造成很大的社会负效应。如果对现代经济学理论逻辑及其实证量化的训练有限，在讨论问题、表述概念或给出政策建议时就会有很大的随意性，就有可能不太会注重理论的前提条件而将其盲目照搬到中国问题的研究和应用中来，就会导致许多问题，而掌握了数理的公理化方法的最大好处就在于表达理论时的确定性和清晰化，使得讨论和批评有一个可通约的讨论范式和分析框架。否定严谨的讨论方法和现代经济学的作用，就会认为现有的主流经济学的基本理论假设太强，太过注重数学性和严谨性，与现实隔得太远，从而认为不能很好地解释和解决中国的现实问题。推到极致，就会否定现代经济学在中国经济发展和市场化改革中的基本作用，认为需要另起炉灶，发展出独有的中国经济学及其理论。

其实，在大多数情况下，有这种看法的人是自身没有弄清楚前提条件，从而不知道理论有其适用范围，就盲目地泛用，出错了，于是就怪理论不好，甚至认为理论是错的。其实，像任何学科的理论一样，每个严谨的经济理论都给出了前提条件，不是在所有情形下都有效，从而，除非理论自身有逻辑矛盾，它们之间没有对错之分，而只有哪个理论或模型最适合中国当前的经济制度环境。如果没有严谨性，又怎么总能得出具有内在逻辑的结果呢？正如哈佛大学的丹尼・罗德里克（Dani Rodrik）教授所指出的，这些指责通常来自外行或者某个非正统的边缘派。[①] 的确如此，持有这种论调的人往往都对经济学理论和方法了解有限，因而无论是做原创性研究还是实际应用研究，都非常有必要学好经济学，掌握其分析框架及方法，注重逻辑分析的严谨性，这正是本书的基本目的。

作为微观经济学的高阶课程，高级微观经济学的教学目的就是揭示一些常见的原理、概念背后的严谨内在逻辑，培养学生以严谨方式分析经济理论问题的能力和思维方式，以及如何抓住和刻画复杂经济行为和经济学现象的本质（即模型化）来进行严谨演绎推理的内在逻辑经济分析。本书全面系统地阐释了现代微观经济学从基础理论、基准理论、分析框架、研

① Rodrik, Dani. “Economists vs. Economics”, http://www.project-syndicate.org /commentary/economists-versus-economics-by-dani-rodrik-2015-09.

究方法到最新前沿专题的内容，从而可根据课程需要选取全部或部分章节来作为经济学、金融学、统计学、管理学、应用数学以及相关学科博士研究生、硕士研究生、高年级本科生的高级微观经济学课程教材，也可作为从事经济学教学和研究的教师与学者的重要参考书。

本书特色

目前，国内高级微观经济学课程的教学大多是采用英文原版教材或其中译本，好处是与国际接轨，及时解决国内高质量经济学教材匮乏的问题，但不足之处也很明显，就是缺乏中国元素，在现代经济理论与中国经济现实之间缺乏直接联系。本书最大的特色，就是填补了这方面的空白，它既严谨系统地介绍了现代经济学的许多基准理论和最前沿的微观理论，只要有可能，都给出了准确的定义和严格的证明，同时又结合中国国情和市场化改革及国家治理通俗易懂地介绍了各种经济理论的内涵思想，力争做到有思想的学术和有学术的思想的有机结合。

20 世纪 80 年代国内经济学界基本上是有思想没学术，现在则是基本上有学术而没思想，为什么不能做到有学术的思想和有思想的学术的辩证统一呢？中国思想界和学术界对如何看待经济学教育和研究的很多争论，其根源就在此。其实，即使对严谨的原创性研究也完全可以做到有学术的思想和有思想的学术的有机结合，很多技术性很强的理论也包含很多深邃的经济思想，模型背后体现的是深刻的经济学思想和极强的洞察力（如本书将详细讨论的一般均衡理论、机制设计理论等）。在成熟的现代市场制度下由于大众耳濡目染这些思想也许不是那么重要，再加上现实制度环境较为接近模型假设，即使直接套用也不会造成大的问题，但在中国经济社会如何转型的方向性问题都没明了的中国情景下，了解这些思想和洞察力就显得异常重要，一方面为如何转型指明了方向，同时也可避免由于理论模型假设与现实太远却直接套用所造成的严重问题。很多国外同行教材的译本，由于缺乏与中国情景的衔接，还是存在很大隔阂，使得很多人迷失在数学模型中，不知道这些经济理论背后隐含的假设及其深刻的思想和洞察力。

为了增加对本书所介绍的各种经济理论（包括用高深数学表达的经济理论）的来源背景和发展轨迹及其传承的了解，同时也是为了增加读者学习经济理论的兴趣和知识的全面性以及平衡好学术性和思想性，根据网络资源，加上自己的理解，综合整理了 44 位（每章两位）对现代微观经济学的发展作出了开创性贡献的经济学家人物小传。

本书还在对很多微观经济理论模型的介绍中尽可能地加入了中国情景，结合中国国情和市场化改革阐述理论背后的经济学内涵思想和政策启示，并且还将其与中国古代博大精深的哲学思想、国学智慧相对接，希望做到有思想的学术及有学术的思想的有机结合，实现思想与学术的有机融合。学习经济学，不仅要优经济学的术，更要明其道，掌握其深邃思想，成为智者。这样的写法，在国内外的经济学教科书中有一定独到的特色。

本书结构

微观经济学注重从个体经济行为分析入手研究经济问题，进而基于此发展成给定或设计各种制度安排，特别是在市场制度下经济运行的结果。本书也是按照这样的逻辑来安排专题篇章。不过，在此之前本书还安排了关于学习高级微观经济理论所需的预备知识和方法的介绍。

全书共分为上、下两册，七个部分。上册由第零及一至三部分组成，主要介绍在无摩擦理想情形下市场基本不会失灵的基准模型、基准理论，以及分析框架、方法和工具。由第四至六部分组成的下册则从探讨无摩擦自由竞争市场制度的着重点转为着重讨论市场经济制度在什么情况下会失灵的问题。主要考察在存在经济外部性、公共品，特别是信息不对称等市场失灵的情形下，如何对市场进行修正和弥补，以此解决资源有效配置的问题。本书内容大致介绍如下：

第零部分有 2 章，是书的总论和预备知识，主要介绍现代经济学的本质和方法、数学预备知识和方法，以起到明道和优术的双重作用。首先对现代经济学科，特别是现代微观经济学理论的本质、范畴、思想、分析框架和研究方法，以及经济学思想与中国博大精深的国学智慧的相通性，作概要介绍。这些内容希望能增加人们对经济学各学科的包容性，这种包容性不仅对经济学各学科的发展非常重要，如现代经济学与政治经济学，在学科内也是如此，如基准理论与旨在解决具体现实问题的理论。当前对现代经济学有许多争论，其争辩的焦点包括：数学性与通俗性、原创性研究与中国问题研究、理论与应用、基准理论与现实差距、学术性与思想性、国际化与本土化、教学与科研，其本质是在争辩经济学的包容性问题。其次介绍了我们在本书以及现代经济学中几乎所有常用的数学分析工具和方法，其篇幅和内容丰富，可用作学好高级宏微观经济学的经济数学这门课程的基本教材或重要参考书，也可作为学习和研究经济学所需数学的手册式参考资料。

第一部分有 3 章，主要探讨个体决策制定的内在经济逻辑，包括消费者理论、生产者理论和不确定下的选择。个体决策模型是经济学中许多理论模型得以建立的微观基础，在经济学家思考问题的方式中占据核心地位。同时，许多选择是在不确定情形下作出的，人们通常需要规避一些不确定性，比如通过购买保险，为此不确定情形下的选择问题，是经济学一个极其重要的内容。

第二部分有 4 章，主要探讨博弈论与市场理论，包括博弈论、重复博弈和声誉机制、合作博弈、各种市场结构类型的市场理论。博弈论已成为主流经济学中一个非常重要的子学科，是微观经济学中一个核心领域，也是研究经济学中许多互动决策问题的最基本分析工具，比如垄断竞争，特别是寡头市场理论的讨论就需要用到大量博弈论知识和结果，所以将其作为应用放在一起进行讨论。

第三部分有 4 章，主要探讨完全竞争理想状态下市场基准理论——一般均衡理论与社会福利，包括竞争均衡的实证理论，竞争均衡的规范理论，经济核、公正配置及社会选择理论，不确定性下的一般均衡理论。一般均衡理论是近百年来经济理论发展史上最重要的理论之一，也是人类经济思想宝库中最耀眼的成就之一，为更好地研究和解决现实问题提供了重要的参照系和基准点。该部分将对竞争均衡的本质进行刻画，并对如何公正配置资源进行讨论，从而进一步论证市场经济制度的普适性、最优性和合理性。

以上第一至三部分主要考量的是在理想情形下市场基本不会失灵的基准模型、基准理论，这些基准模型和基准理论也是本科生和研究生所应学的传统内容。然而，在许多情形下，市场不是万能的，往往会失灵，因而由第四至六部分组成的下册则主要讨论更接近现实的非理想情形下市场往往会失灵时应该如何应对的问题。

第四部分有 2 章，主要探讨具有外部性和公共品（包括公共服务）情形下的资源配置问题，包括外部性、公共品这些典型的市场失灵情形。从微观和信息角度来看，市场还面临着许多问题，导致了“市场失灵”。分析市场在什么地方失灵和政府应该如何去做十分重要。在该部分我们将看到，一般来说，这些非市场“物品”或者“有害品”将导致帕累托无效结果，从而导致市场失灵。由于存在外部性和公共品，私人品市场一般来说不是配置资源的好机制。

第五部分有 5 章，主要探讨激励、信息和经济机制设计理论，包括隐藏信息下的委托—代理理论、道德风险下的委托—代理理论、完全信息下的一般机制设计、不完全信息下的一般机制设计、动态机制设计等。经济机制理论主要研究在自由选择、自愿交换、信息不完全及决策分散化的条件下，能否及怎样设计一套机制（游戏规则或制度）来达到既定目标，并且能够比较和判断一个机制的优劣性，而信息是否对称、激励是否相容，则是导致不同机制出现不同绩效的根源所在。

第六部分有 2 章，主要介绍现代微观经济理论的两个热门前沿分领域：拍卖理论和匹配理论，统称之为市场设计。市场设计这一新兴领域可视为第五部分一般机制设计理论的具体拓展和延伸，在现实中特别是在公共服务的提供方面都有其广泛的应用。

教学提示

如前所述，本书主要是供研究生高级微观经济学系列课程、高级微观经济理论专题课程以及数理经济学课程使用。本书主题的多样化和内容的相对独立性及递进性，同时也为不同层次的微观经济学教学和教师认为最重要的方面提供了很大的选择余地和自由发挥的空间，其内容适用于不同层次的高级微观课程的教学，教师可以根据教学需要，机动地选择有关章节讲解。本书除了供经济学博士微观经济学系统教学和前沿专题教学外，也可作为本科生和硕士研究生的教材和重要参考书。关于数学知识的第 2 章可作为学好经济学所需上的经济数学或数理经济学这门课程的教材或重要教学参考书。上海财经大学经济学院在 2004 年开始对高年级本科生开设了高级微观经济学课程，对研究生开设了高级微观经济学Ⅰ、Ⅱ、Ⅲ，以及前沿微观理论专题。

下面对选用本教材的老师提供一些建议。(1) 对于高年级本科生以及研究生的高级微观经济学Ⅰ，考虑一个学期的教学，可以选择下面的章节：个体决策制定部分的第 3、4 和 5 章及博弈论的第 6、7 和 8 章；(2) 对研究生的高级微观经济学Ⅱ，考虑一个学期的教学可以选择下面的章节：第 9 章市场理论，一般均衡理论与社会福利部分的第 10、11、12 和 13 章，外部性和公共物品部分的第 14 和 15 章，以及机制设计理论部分的第 16 和 17 章；(3) 对于研究生的高级微观经济学Ⅲ或前沿微观理论专题，授课老师根据不同的侧重点，可以选择机制设计理论部分的第 18、19 和 20 章，或者选择市场设计部分的第 21 和 22 章。当然，在具体教学中对章节的选择还需要依据授课老师的偏好、研究兴趣以及课程时间的约束等等。此外，无论是讲授高级微观经济学Ⅰ、Ⅱ、Ⅲ还是前沿微观理论专题，首先让学生自己预习或教师大致讲授第 1 章的内容都是较可取的做法。

对让本科生大致了解现代经济学的范畴、思想、分析框架和研究方法而言，第 1 章和其他各章的引言部分内容就已基本足够。实际上，我每年在上海财经大学给经济学院本科生（必修）及其他学院本科生（选修）讲授的一个学分的全校大课——“经济学思想与方法”，基本对应的就是第 1 章的内容。该门课程已被列入国家精品视频公开课，相关视频也在《经济研究》网站首页列示，已有超过 8 万的点击量。

做习题是掌握教材内容的最可靠和最有效的方法。我上大学时为考研究生，就曾自学了许多翻译过来的苏联的数学教材，像菲赫金哥尔茨的《微积分学教程》（共三卷分八册）和复旦大学“文化大革命”前出版的《数学分析》，我就至少看了 10 遍以上，吉米多维奇的《数学分析习题集》中 5，000 多道数学题全部做过几遍。这段学习经历，为我的数学基础、逻辑分析能力以及随后的现代经济学学习和研究打下了扎实的功底。即使 30 多年后的今天，我仍能记得《数学分析》中几乎所有定理的基本证明。本书在每一章的最后也都附有一定量的习题。这些习题有些是我自己编写的，有些改编自国外经典教材的习题库，有些改编自世界一流大学经济系的博士生资格考试题库，有些是原创的学术论文的例子或基本结论，只要有可能，我都标明其来源。对本书很多习题的无名氏作者，在此表示感谢。

研究提示

本书也可用作研究的重要参考书，在某种意义上可视作为了解现代微观经济学直至它的最新发展的全书，涉及了微观经济学直至当前几乎所有分领域，包括如此宽度、广度及深度综合平衡的微观经济学书籍在中国基本没有。无论是做原创性研究，还是做中国经济问题研究，都需要学好现代经济学，掌握其基本分析框架和研究方法，打好理论和方法论基础。学完全书，基本就掌握了最前沿的微观经济理论，可以从事原创性研究了。一般而言，经济学研究与创新大致可分为两类：第一类是基础性的、原创性的、具有共性的理论和工具方法的研究和创新，这些研究和创新没有国界，具有一般性，本书介绍的理论基本都属于此类。在这方面，中国的研究水平和国际相比差距很大，这些差距体现在论文原创性和发表数量的差别、研究方法以及文章中体现的经济思想的差距，因此急需迎头赶上，需要有一批人瞄准国际前沿，做纯理论和量化方法的研究，而不单单是做中国经济问题研究。中国要成为强国，各方面都必须崛起，包括拥有国际学术话语权。第二类是现实问题的研究，是指运用现代经济学的基本原理、分析框架、研究方法和分析工具来研究某个国家或地区的现实问题，特别是中国经济问题的研究。此二者是辩证统一的，不要以前者否定后者，或以后者否定前者，两者应是并行、并重的。就如同自然科学中的基础研究创新和企业界的技术创新研究一样，是相辅相成的，都非常重要，缺一不可。

此外，需要指出的是，现代经济学，特别是微观经济理论研究主要提供两类理论，都具有严格的先决条件：一类是提供基准点或参照系的经济理论，本书前面部分所介绍的大多数理论是第一类理论；而另外一类则更为接近现实，主要是旨在解决具体和相对现实问题的理论，本书后面部分所介绍的大多数理论是第二类理论。第一类理论主要是以成熟市场经济国家的经济环境为理论前提的，提供的是在理想状态下的基础理论，尽管有指引改进或改革取向的明道作用，异常重要，但偏离现实，不一定完全适用于尚处于转型加转轨过程中的中国实际情境和经济环境，不能直接套用，从而不能照搬用来指导当前具体政策的制定。因此，需要对基准理论进行修正，考虑有摩擦、更为接近现实的情形，以此发展出解决具体现实问题的第二类经济理论，并进而得出具有内在逻辑的结论和进行预测，因而这两类理论是一种学科发展的相辅相成递进关系，第二类理论就是通过不断纳入对第一类理论远离现实的批评而发展出来的，从而使得现代经济理论体系更加完善和贴近现实。本书所介绍的现代经济学的基本分析框架、思想和研究方法不仅对研究这两类理论是共通的，而且可以为更好地运用经济理论研究中国经济问题，进而为发展适应中国经济问题的经济理论打下坚实的理论和方法论基础。这是需要广大教师和学生在使用本书时特别注意的。

致谢

本书在不同部分纳入了我过去 20 多年来在诸多国际顶级及一流经济学和数学学术期刊上陆续发表的一些原创性研究成果。这里，我首先要感谢诸多论文合作者给予我的研究启发，其中不少成果被放到了本书几乎每章的恰当位置。

其次，我要特别感谢在我指导下拿到上海财经大学经济学院博士学位、现任教于西南财经大学的孙楚仁教授，自发将我的《高级微观经济理论》英文讲义稿在 8 年前翻译成中文，如果没有他的早期翻译，可能到现在我也没有这么大的激励，随后花多年时间在这本高级微观经济学的教科书上。我也要感谢在我指导下拿到上海财经大学经济学院博士学位、随后的研究合作者和曾作为国家“千人计划”特聘专家助理、现任教于上海财经大学经济学院的孟大文副教授最早和孙楚仁一道有意将英文讲义稿翻译成中文，并对第 16~18 章的机制设计理论部分文字翻译和写作所提供的帮助，包括对全书重新制图。另外，我尤其要对上海财经大学高等研究院的同事、现任国家“千人计划”特聘专家助理楼国强副教授表示感谢，他在翻译初稿完成后的写作协助，许多章节增加内容的编写、编辑整理和组织协调等方面作出了很大的贡献并提供了极大的帮助，为我节省了大量时间，没有他，我想这本书的出版不会如此顺利，至今还不会完稿。同时，我还要感谢我在上海财经大学的博士生兼研究助理陈旭东助理研究员对本书在文字和写作上的帮助，以及秦广艳、李媛、程宁等人对全书完稿后文字的校对工作。

此外，我也从国内外许多同事那里得到了关于本书的意见和建议，特别是上海财经大学经济学院的同事在本书基本成型之后分别审读了相关章节，他们包括杜宁华（第 1、13 章）、杨哲（第 2、10、11 章）、范翠红（第 3、4 章）、郑兵勇（第 5、6、7 章）、唐前锋（第 8 章）、伍山林（第 9、14 章）、荣康（第 12、18、19、20 章），感谢他们提出了许多非常具体的修改意见。在我指导下拿到美国得州 A&M 大学经济系博士学位、现任教于对外经贸大学的曹小勇副教授（第 3~5、9、21 章）、厦门大学的薛绍杰助理教授（第 6~8、12~13、16~17、21 章）、上海金融学院的龙兴华助理教授（第 1~2、10~11、14~15、18~20、22 章）和东华大学旭日工商管理学院的宫汝凯副教授（第 10~12 章）在书稿基本定稿后对全书进行了通读和校对，在此表示感谢。

我还要感谢在各个大学学习过我讲授的高级微观经济学课程的学生和助教以及世界各地许多博士生和读者，他们对课程内容给予了许多有益的建议。上海财经大学经济学院和美国得州 A&M 大学经济系的许多已毕业或在校的博士生（其中不少是我的博士生）也参与了习题编写、文献格式统一和术语表工作，包括王国静（第 3~4 章）、胡军（第 5~7 章）、龙兴华（第 10~11 章）、荣健欣（第 15~17 章）、王大中（第 12、14 、18 章）、鞠岩（第 7、8、21 章）、方观富（第 2、6 章）、郝亮（第 2、3、4、7、9、15、18、19 章）、郎有泽（第 13、14、16、17、20 章）、田有功（第 2、5、13、20 章）、刘泉林（第 12、13、14、15 章）、戴大荣（第 15~18 章）、黄超（第 13、14、15、22 章）、焦振华（第 22 章）等，郝亮和郎有泽分别参与了对上、下册术语表的整理以及文献的检查和格式统一等。

高级微观经济学被列入上海财经大学的精品课程（理论经济学）建设的一部分，教材是其中一个重要的环节。感谢学校为精品课程提供物质支持，同时也感谢经济学院负责教学的副院长常进雄教授在协调教材编写过程中所花费的时间和精力。中国国家自然科学基金委员会对我的许多研究给予了资助，上海市教委及上海财经大学研究生院和经济学院为本书的编著、编辑提供了资助，在此也一并表示感谢。

这里，当然也要感谢中国人民大学出版社的编辑高晓斐、周华娟、潘蔚琳等人对本书出版所给予的帮助和耐心。

最后，此书也是我给上海财经大学 2017 年建校 100 周年校庆的献礼，以此感谢上海财经大学及其历届领导，特别是前任校长谈敏教授对我的充分信任：自 2004 年起，授命我担任上财经济学院院长，使我得以深度参与了中国经济学教育教学改革发展的实践，包括大规模、成建制地引进海外高层次人才和进行具有国际先进水平的课程体系改革，并且自此每年从未间断地给上财博士生讲授“高级微观经济学 II”这门课程。没有这个契机，也不可能有这本教材。

总之，本书从某种意义上讲是凝聚了很多人智慧的一个结晶。当然，本书的不足和错误之处在所难免，都由我本人负责。由于教学、研究及在上海财经大学经济学院的行政工作十分繁忙，加上水平有限，对许多章节所讨论的理论及其背后的经济思想都没有吃透，更谈不上作出了什么学术贡献，因此所编写的内容仍然显得粗糙，连我自己都不太满意。但无论如何，之所以愿意花费这么多时间和精力去做这样也许吃亏却不见得讨好的事情，就是希望为中国经济学教育改革，为社会培养更多的高质量经济学人才尽点力。好的是，出版并不意味着终结。未来，我还会对这本书进行持续的动态更新和修订。

田国强

于居所行空书斋

2016 年 1 月 18 日

简要目录

第零部分　预备知识与方法

第一部分　个体决策制定

第二部分　博弈论与市场理论

第三部分　一般均衡理论与社会福利

第四部分　外部性和公共品

第五部分　机制设计理论

第六部分　市场设计

目　录

第四部分　外部性和公共品

第五部分 机制设计理论

第六部分　市场设计

插　　图

表　　格

第四部分

外部性和公共品

本书的余下章节将考察更为接近现实市场环境下资源的配置问题，主要讨论的是当出现“市场失灵”(market failure) 时，如何进行修正，以此弥补市场的缺陷，这些将是本书下册要讨论的主题。

到目前为止，上册内容所讨论的市场基本都是无摩擦、理想的市场经济状态。且除了第 9 章涉及垄断竞争、寡头及完全垄断外，我们直接或隐性地假定所讨论的市场都是完全竞争市场。

第 3~10 章及第 13 章主要是对市场经济进行描述性的实证 (positive) 分析，讨论了逐利的消费者和厂商如何作选择的问题及市场在各种结构（完全竞争、垄断竞争、寡头及完全垄断）下是如何运转的，而第 11~12 章对完全竞争市场进行了价值取向的规范（normative）分析，从不同的角度讨论了市场的最优性、合理性、唯一性及普适性。

具体说来，在第 11~12 章中，我们讨论了市场竞争均衡 (瓦尔拉斯均衡) 和效率（帕累托最优）之间的内在关系。瓦尔拉斯均衡为我们研究竞争市场经济提供了一个恰当的市场均衡概念，而帕累托最优则给出了一个判断经济制度是否有效和优劣的最低、无可争议的标准。这一概念将经济效率问题与更富争议的平等配置问题撇开。

第 10~12 章所得到的重要结果和深刻洞见主要是福利经济学第一、第二基本定理及经济核定理和公正定理。这些结果分别从不同角度论证了完全竞争自由市场经济的最优性、合理性和唯一性。福利经济学第一定理给出了市场经济达到帕累托最优配置的条件，它说明了在充分竞争、个体逐利（局部非饱和偏好）、无外部性、无公共品、无规模报酬递增、信息完全等情形下，市场制度将形成资源的有效配置。当这些条件不满足时，市场往往会失灵，导致资源的无效率配置。第一福利经济学定理是对亚当 · 斯密关于市场中“看不见的手”断言的严格表述。福利经济学第二定理则说明了，在一些正则性条件（偏好的局部非饱和性、凸性和连续性，生产集的凸性和闭性）下，任何一个有效配置都可以通过市场机制达到，政府只需进行初始禀赋再分配即可，而不需要取消市场，引进其他资源配置机制，如政府主导的指令性计划经济之类的机制。这样，福利经济学第一、第二基本定理论证了帕累托最优配置和竞争市场均衡配置在一定意义下是等价的。

公正定理对如何同时解决资源配置的效率和公平问题给出了具体建议。若经济人都有一个平等的竞争起点，即使这个起点不是帕累托有效和公平的，但通过竞争市场的运作后就可以达到既是帕累托有效也是公平（equitable）的配置。而经济核定理更为深刻，它论证了在个体追求自身利益这一客观现实约束条件下，只要给人们自愿合作和自愿交换的经济选择自由和允许充分竞争，即使不事前设定任何经济制度安排，所导致的结果和竞争市场所导致的配置结果一样。所有这些结论都说明了，如果想要解决公平、公正等问题，我们同样不需要取消市场，不需要采用计划经济或政府大幅度地直接干预经济，而是要考虑怎样去解决市场失灵的问题，弥补市场的不足。我们可以通过政府、市场和社会的共同作用，实现既有效率也兼顾公平的资源配置。这些结果为遗产税、义务教育、环境保护、反垄断、金融监管和监督、规制等提供了理论支持，从而为解决贫富差距过大、市场失灵的问题提供了启迪。

如前所述，所有这些结论成立有其先决条件，且完全竞争的市场只是一种无摩擦的理想状态，在现实中基本不存在，所得到的基本属于基本模型，基准经济理论。但这种研究方法与自然科学一样，有其必要性，就像物理学中无摩擦的理想状态一样，在现实中根本不存在，但为研究有摩擦的现实问题提供了基准点和参照系。同理，一般均衡理论所分析的完全竞争情形对我们思考、研究和检验现实中的市场经济具有重要的理论和现实意义，有着重大指导作用，它为经济制度的选择和改革提供了方向和战略，为我们研究更现实的市场建立了基准点和参照系，是我们思考和检验市场经济结果的出发点。特别地，如果市场经济没有实现资源配置的有效性，则旨在达到帕累托改善而被施加干预的市场必然至少违背了保证福利经济学第一定理成立的其中某些条件。

当然，从微观和信息不完全的角度来说，市场还面临着许多问题，往往会导致**“市场失灵”(market failure)**的现象。分析市场在什么情形下会失灵和政府应该如何去做十分重要。只要弄清楚了市场机制的治理边界，就不会完全否定或无条件地完全肯定市场的作用，就不会从一个极端走到另一个极端，而是能够知道在何种情形下市场在资源的配置方面能发挥决定性的作用，及在市场失灵时政府如何发挥好的作用，对市场进行修正，以此弥补市场的缺陷。当然，基本的前提仍然是个人是理性的，但不是政府直接干预经济活动，而是制定规则或制度来解决市场失灵的问题。这是由于受到信息不完全的限制，直接干预经济活动（如大量的国营企业和任意限制市场准入及干扰商品价格）往往效果不佳。在这方面，本书最后两个部分要介绍的专门研究如何设计规则和制度的激励机制设计理论在让市场有效和解决市场失灵问题方面能发挥极大作用。

因而，本书余下（也就是当前下册）的内容可看作是这些主题的进一步拓展。从第 14 章起到全书结束，我们将从探讨无摩擦自由竞争市场制度如何优越的注重点转为着重讨论市场经济制度在什么情况下会出现问题，从而讨论如何修正和弥补的问题。为此，我们将考察实际市场偏离理想的完全竞争情形的各种情形及其所导致的市场均衡不再是帕累托最优的所谓“市场失灵”问题，并给出解决市场失灵问题的方法。

在本部分的第 14 章和第 15 章中，我们将分别考察外部性和公共品。在两种情形中，经济中个体的行为将直接影响到其他个体的效用或产出。我们将看到，一般来说，这些非市场(nonmarketed)“物品”或者“有害品”(bads) 将导致帕累托无效结果，从而导致市场失灵。由于存在外部性和公共品，单纯的市场不是好的配置资源机制，需要进行修正和弥补。我们将在第五和第六部分考察由不完全信息所导致的资源配置无效率的问题。

第14章 外 部 性

14.1 导 言

本章考察**外部性 (externalities)**问题。所谓**外部性**，指的是经济中某些个体的经济活动（生产活动或消费活动）会影响其他个体的效用或生产水平，进而影响到他们的经济活动。注意，在外部性的这个定义中，不涉及到价格，从而并不是用物品外部性价格是否为零来定义外部性的存在，这并不像一些人所误解的那样，由于某些物品的外部性价格为零而否定外部性存在（就像我们不能由于新鲜空气充分多使之价格为零而否定新鲜空气存在一样）。其基本结论是，外部性的存在一般会导致市场的帕累托无效配置，从而导致市场失灵。其基本原因是影响到经济活动的一些因素没有被恰当考虑，从而在市场经济中存在外部性，即使允许充分竞争和经济自由选择，所导致的配置也往往是无效的，从而需要通过某种其他制度安排或机制的设计来改进资源的配置。

外部性是一种客观现象，无处不在。具体来说，外部性包含两类：消费外部性和生产外部性，其本质是相同的。

14.1.1 消费外部性

在前面的分析中，自己的效用、满意度或福利只与自身的消费水平有关，而与他人的消费无关。但事实上，在很多情形下，他人的消费会影响到你的效用水平，而你却又无法控制他人的消费，从而被动地使自己的效用水平受到影响。外部性既包括让你受损的负面效应，也包括让你从中获利的正面效应，这样的例子比比皆是。

例 14.1.1 消费外部性的一些例子：

(i) 你睡觉或学习时安静的环境被他人的声响干扰。

(ii) A 女士痛恨 D 先生靠近她吸烟。

(iii) B 先生的满足程度随着 C 先生消费水平的上升而下降，因为 B 先生嫉妒 C 先生的富裕生活，导致仇富心理。

(iv) 自己爽不爽没关系，反正不能让别人爽，别人爽了你就不爽；或者看不得别人爽，看到别人爽导致你不爽，产生嫉妒心理。

(v) 你跟着观看同寝室的室友所买的电视。

(vi) 搭你同事的便车上班。

(vii) 你的着装时髦受其他人的着装时髦影响。

(viii) 你使用电话、微信及电邮的效用依赖于其他人是否有相应的装置。

(i) 和 (ii) 中环境受影响或污染是典型的外部性，污染环境的个体行为会造成其他人的健康受损的负面影响。还有，在我们身边，总有嫉妒别人的人。(iv) 损人利己也许能让人理解，损人损己（同归于尽）也能让人理解，但 (iii) 损人不利己（红眼病）经常发生，虽然一般来说难以让人理解，但却可以通过消费的负外部性来解释。(v) 和 (vi) 是正外部性的例子，

而 (vii) 和 (viii) 是消费网络外部性的例子。

这些例子说明了，外部性的存在是非常普遍的现象。有人经常拿看美女不花钱来否定外部性的存在，其实这个论断存在着两个误区。一是，如上所述，价格是否为零并不是外部性的定义。二是，要看真正的美女，比如看模特、看电影中的明星都是需要买票去看的。如果将其娶回家天天看，说不定要花费更多，甚至包括财产今后可能被分一半的代价，才能做到。

正式地，我们将存在或不存在消费外部性的情况分别表示为：

$$u_i(\mathbf{x}_i):\textbf{不存在消费的外部性},$$

$$u_i(\mathbf{x}_1,\cdots,\mathbf{x}_n):\textbf{存在消费的外部性},$$

在后一种情况下，经济人 i 的效用水平受到其他个体消费的影响。

14.1.2　生产外部性

在生产中，外部性是自己的产出水平受到其他经济人生产活动的影响，这一影响的外部效应既可以是负的，也可能是正的。

例 14.1.2　生产外部性的一些例子：

(i) 化工厂的污水排放会影响周围渔民的生产，特别地，在下游捕鱼会受到上游化工厂排放的污染的负面影响。

(ii) 工厂的机器噪声影响到你的安静环境。

(iii) 北京上空的雾霾让你每天相当于吸了一包烟。

(iv) 某个银行出现问题，引起恐慌，导致市场资金流动性大幅度下降；金融危机所导致的银行倒闭导致大家都不敢存款，从而影响实体经济。

(v) 养蜂和农场互为正生产外部性，农场的花会使养蜂人受益，反过来，蜜蜂采花又利于农作物授粉。

(vi) 学校的品牌即使对成绩差的学生也会带来好处，使他们相对容易找到工作。

(vii) 企业的 R&D 可能会提高其他企业的产出水平。在 IT 产业中，生产的固定成本很大，边际成本很小，但产品的正外部性很大。这样，知识具有典型的外部性，为了有利于创新，这时候就需要知识产权的保护，否则企业不会进行研发。垄断不是一无是处，它的一个好处在于可以刺激企业进行研发创新（从而获得垄断租）。

(viii) 企业的产出受到整个经济体中知识存量的影响（生产网络外部性）。保罗 • 罗默（Paul Romer）的内生增长理论着重考虑这种生产外部性。

此外，政府或领导人的决策会对一般经济人群体无论是在生产还是在消费方面都会产生巨大的正或负的外部性。这就是为什么对政府或领导人需要有监督或制衡的根本原因。

无论正或者负的外部性，都会导致市场失灵。外部性的存在使我们有必要重新考察如何让资源得到有效配置。为保证在存在外部性时仍能获得有效配置，我们需要保证个体对其行为承担恰当的价格。解决外部性问题的方法有税收、所有权界定、规制、合并等等。

14.2　消费外部性与市场无效配置

当消费不存在外部性时，个体 i 的效用仅是其自身消费的函数：

$$u_i(\mathbf{x}_i). \tag{14.2.1}$$

在这种情况下，内点竞争均衡的一阶条件为：

$$MRS_{xy}^A = \frac{p_x}{p_y} = MRS_{xy}^B,$$

内点帕累托有效性的一阶条件为：

$$MRS_{xy}^A = MRS_{xy}^B.$$

因此，若个体的效用函数是拟凹的，每个竞争均衡都是帕累托有效的。

本节主要的目的是说明当存在消费的外部性时，竞争均衡配置一般不是帕累托有效的。为此，我们只需考察存在消费外部性时竞争均衡的一阶条件一般不等同于帕累托有效配置的一阶最优性条件即可。以下内容主要采用著者和杨立岩在 Tian 和 Yang (2009) 中的结果。

考虑如下简单的二人二商品交换经济。设商品 x 存在消费外部性。每个消费者的效用函数为：

$$u_A(x_A, x_B, \mathbf{y}_A) \tag{14.2.2}$$

和

$$u_B(x_A, x_B, \mathbf{y}_B). \tag{14.2.3}$$

它们关于其自身消费严格递增、关于所有变量拟凹，并满足**稻田 (Inada) 条件**：

$$\frac{\partial u}{\partial x_i}(0) = +\infty, \quad \lim_{x_i \to +\infty} \frac{\partial u}{\partial x_i} x_i = 0,$$

该条件保证了内点解的存在。另设效用函数 $u_i(\cdot)$ 的梯度在帕累托有效配置处非零。

竞争均衡的一阶条件仍然为：

$$MRS_{xy}^A = \frac{p_x}{p_y} = MRS_{xy}^B. \tag{14.2.4}$$

然而，对纯交换经济中存在消费外部性时的帕累托有效配置 $\mathbf{x}^*$ 所应满足的一阶条件，却由下述问题的一阶条件刻画：

$$\begin{aligned}
&\max_{\mathbf{x} \in \mathcal{R}_{++}^4} u_B(x_A, x_B, y_B) \\
\text{s.t.} \quad & x_A + x_B \leqq w_x, \\
& y_A + y_B \leqq w_y, \\
& u_A(x_A, x_B, y_A) \geqq u_A(x_A^*, x_B^*, y_A^*).
\end{aligned} \tag{14.2.5}$$

上述问题的一阶条件为：

$$x_A \quad : \quad \frac{\partial u_B}{\partial x_A} - \lambda_x + \mu \frac{\partial u_A}{\partial x_A} = 0, \tag{14.2.6}$$

$$y_A \quad : \quad -\lambda_y + \mu \frac{\partial u_A}{\partial y_A} = 0, \tag{14.2.7}$$

$$x_B \quad : \quad \frac{\partial u_B}{\partial x_B} - \lambda_x + \mu \frac{\partial u_A}{\partial x_B} = 0, \tag{14.2.8}$$

$$y_B \quad : \quad \frac{\partial u_B}{\partial y_B} - \lambda_y = 0, \tag{14.2.9}$$

$$\lambda_x \quad : \quad w_x - x_A - x_B \geqq 0, \lambda_x \geqq 0, \lambda_x (w_x - x_A - x_B) = 0, \tag{14.2.10}$$

$$\lambda_y \quad : \quad w_y - y_A - y_B \geqq 0, \lambda_y \geqq 0, \lambda_y (w_y - y_A - y_B) = 0, \tag{14.2.11}$$

$$\mu \quad : \quad u_A - u_A^* \geqq 0, \mu \geqq 0, \mu (u_A - u_A^*) = 0. \tag{14.2.12}$$

由式 (14.2.9)，我们得到 $\lambda_y = \frac{\partial u_B}{\partial y_B} > 0$。因而根据式 (14.2.11)，有

$$y_A + y_B = w_y, \tag{14.2.13}$$

这意味着对没有消费负外部性的商品 y，在帕累托最优处，总消费等于总的初始禀赋，商品 y 不存在浪费的情况。另外，根据式 (14.2.7) 和式 (14.2.9)，我们有

$$\mu = \frac{\frac{\partial u_B}{\partial y_B}}{\frac{\partial u_A}{\partial y_A}}. \tag{14.2.14}$$

从而由式 (14.2.6) 和式 (14.2.7)，我们得到

$$\frac{\lambda_x}{\lambda_y} = \left[\frac{\frac{\partial u_A}{\partial x_A}}{\frac{\partial u_A}{\partial y_A}} + \frac{\frac{\partial u_B}{\partial x_A}}{\frac{\partial u_B}{\partial y_B}} \right], \tag{14.2.15}$$

而由式 (14.2.8) 和式 (14.2.9)，我们有

$$\frac{\lambda_x}{\lambda_y} = \left[\frac{\frac{\partial u_B}{\partial x_B}}{\frac{\partial u_B}{\partial y_B}} + \frac{\frac{\partial u_A}{\partial x_B}}{\frac{\partial u_A}{\partial y_A}} \right]. \tag{14.2.16}$$

因此，从式 (14.2.15) 和式 (14.2.16)，我们可推出

$$\frac{\frac{\partial u_A}{\partial x_A}}{\frac{\partial u_A}{\partial y_A}} + \frac{\frac{\partial u_B}{\partial x_A}}{\frac{\partial u_B}{\partial y_B}} = \frac{\frac{\partial u_B}{\partial x_B}}{\frac{\partial u_B}{\partial y_B}} + \frac{\frac{\partial u_A}{\partial x_B}}{\frac{\partial u_A}{\partial y_A}}, \tag{14.2.17}$$

这表明在帕累托有效配置处，两个消费者的社会边际替代率相等。之所以称之为**社会边际替代率**，是由于若将社会福利函数写成消费者效用函数之和，然后求边际替代率，就可得到上

式。通过这种方式，将消费外部性内生化了，从社会的角度看，就不存在外部性。这样，上式意味着，为了获得帕累托有效性，当一个消费者提高商品 x 的消费时，不仅该消费者要改变对商品 y 的消费，其他消费者也要改变对商品 y 的消费。这样，商品 x 和 y 的总和边际替代率，称为**社会边际替代率**，由 $\frac{\frac{\partial u_i}{\partial x_i}}{\frac{\partial u_i}{\partial y_i}}+\frac{\frac{\partial u_j}{\partial x_i}}{\frac{\partial u_j}{\partial y_j}}$ 给出。比较式（14.2.4）和式（14.2.17），由此得知竞争均衡和帕累托有效配置的一阶条件不相同，从而立即有如下结论：

命题 14.2.1 *当存在消费外部性时，竞争均衡配置一般不是帕累托最优的。*

从上述边际等式条件我们可知，为了在边际等式条件处计算相关的边际替代率，我们必须考虑在存在消费外部性时消费活动的直接和间接影响。

由式 (14.2.6) 和式 (14.2.8)，我们可以求得 μ 和 λ_x，它们分别为

$$\mu=\frac{\dfrac{\partial u_B}{\partial x_B}-\dfrac{\partial u_B}{\partial x_A}}{\dfrac{\partial u_A}{\partial x_A}-\dfrac{\partial u_A}{\partial x_B}}>0, \tag{14.2.18}$$

$$\lambda_x=\frac{\dfrac{\partial u_A}{\partial x_A}\dfrac{\partial u_B}{\partial x_B}-\dfrac{\partial u_A}{\partial x_B}\dfrac{\partial u_B}{\partial x_A}}{\dfrac{\partial u_A}{\partial x_A}-\dfrac{\partial u_A}{\partial x_B}}. \tag{14.2.19}$$

当消费外部性为正时，由式 (14.2.15) 或式 (14.2.16)，$\lambda_y=\frac{\partial u_B}{\partial y_B}>0$，我们易知 λ_x 总是为正。当不存在消费外部性或只存在单边的消费外部性时[①]，由式 (14.2.15) 或式 (14.2.16)，我们可知 λ_x 也为正。因此，对所有上述情形，边际等式条件 (14.2.17) 和预算平衡条件完全确定了所有帕累托有效配置。当存在消费负外部性时，由式 (14.2.19) 直接给出或由式 (14.2.15) 或式 (14.2.16) 间接给出的库恩–塔克 (Kuhn-Tucker) 乘子 λ_x 是一个正数和一个负数之和，从而 λ_x 的符号不确定。这样，边际等式条件 (14.2.17) 和预算平衡条件并不能保证正确地求得帕累托有效配置 (一些教科书如 Varian (1992, 438) 的结论不一定正确，有纰漏)。

为了保证在存在消费负外部性时配置是帕累托有效的，在帕累托有效配置处，需要保证 $\lambda_x\geqq 0$，而这要求社会边际替代率非负，即

$$\frac{\dfrac{\partial u_A}{\partial x_A}}{\dfrac{\partial u_A}{\partial y_A}}+\frac{\dfrac{\partial u_B}{\partial x_A}}{\dfrac{\partial u_B}{\partial y_B}}=\frac{\dfrac{\partial u_B}{\partial x_B}}{\dfrac{\partial u_B}{\partial y_B}}+\frac{\dfrac{\partial u_A}{\partial x_B}}{\dfrac{\partial u_A}{\partial y_A}}\geqq 0, \tag{14.2.20}$$

或者等价地，由式 (14.2.19)，需要式 (14.2.17) 与

$$\underset{\text{(联合边际收益)}}{\frac{\partial u_A}{\partial x_A}\frac{\partial u_B}{\partial x_B}}\geqq\underset{\text{(联合边际成本)}}{\frac{\partial u_A}{\partial x_B}\frac{\partial u_B}{\partial x_A}} \tag{14.2.21}$$

都成立。

我们可将式 (14.2.21) 左端两人对自己消费的边际效用的乘积 $\frac{\partial u_A}{\partial x_A}\frac{\partial u_B}{\partial x_B}$ 解释为消费商品 x 的联合边际收益，而将右端关于他人消费的边际效用的乘积 $\frac{\partial u_A}{\partial x_B}\frac{\partial u_B}{\partial x_A}$ 解释为消费 x 的联

① 只有一个消费者的消费对另外的消费者有外部性。

合边际成本，因为消费的负外部性损害了消费者的利益。消费者有效消费商品 x 的必要条件为其联合边际收益大于或等于其联合边际成本。

因此，求解如下系统 (PO)

$$(\mathrm{PO})\begin{cases}\dfrac{\dfrac{\partial u_A}{\partial x_A}}{\dfrac{\partial u_A}{\partial y_A}}+\dfrac{\dfrac{\partial u_B}{\partial x_A}}{\dfrac{\partial u_B}{\partial y_B}}=\dfrac{\dfrac{\partial u_B}{\partial x_B}}{\dfrac{\partial u_B}{\partial y_B}}+\dfrac{\dfrac{\partial u_A}{\partial x_B}}{\dfrac{\partial u_A}{\partial y_A}}\geqq 0,\\ y_A+y_B=w_y,\\ x_A+x_B\leqq w_x,\\ \left(\dfrac{\partial u_A}{\partial x_A}\dfrac{\partial u_B}{\partial x_B}-\dfrac{\partial u_A}{\partial x_B}\dfrac{\partial u_B}{\partial x_A}\right)(w_x-x_A-x_B)=0,\end{cases}$$

即可求得所有的帕累托有效配置。可分为三种情形求解：

情形 1：当 $\frac{\partial u_A}{\partial x_A}\frac{\partial u_B}{\partial x_B}>\frac{\partial u_A}{\partial x_B}\frac{\partial u_B}{\partial x_A}$ 或等价地，当

$$\frac{\dfrac{\partial u_A}{\partial x_A}}{\dfrac{\partial u_A}{\partial y_A}}+\frac{\dfrac{\partial u_B}{\partial x_A}}{\dfrac{\partial u_B}{\partial y_B}}=\frac{\dfrac{\partial u_B}{\partial x_B}}{\dfrac{\partial u_B}{\partial y_B}}+\frac{\dfrac{\partial u_A}{\partial x_B}}{\dfrac{\partial u_A}{\partial y_A}}>0$$

时，$\lambda_x>0$，从而上述系统 (PO) 的最后两个条件简化为 $x_A+x_B=w_x$。在这种情况下，帕累托有效配置的条件成立。将 $x_A+x_B=w_x$ 和 $y_A+y_B=w_y$ 代入边际等式条件 (14.2.17)，即可得到 x_A 和 y_A 的关系式，从而确定了帕累托有效配置。

情形 2：当消费 x 的联合边际收益等于联合边际成本时，即

$$\frac{\partial u_A}{\partial x_A}\frac{\partial u_B}{\partial x_B}=\frac{\partial u_A}{\partial x_B}\frac{\partial u_B}{\partial x_A},\tag{14.2.22}$$

则有

$$\frac{\dfrac{\partial u_A}{\partial x_A}}{\dfrac{\partial u_A}{\partial y_A}}+\frac{\dfrac{\partial u_B}{\partial x_A}}{\dfrac{\partial u_B}{\partial y_B}}=\frac{\dfrac{\partial u_B}{\partial x_B}}{\dfrac{\partial u_B}{\partial y_B}}+\frac{\dfrac{\partial u_A}{\partial x_B}}{\dfrac{\partial u_A}{\partial y_A}}=0,\tag{14.2.23}$$

从而有 $\lambda_x=0$。在这种情况下，当 $x_A+x_B\leqq w_x$ 时，x 是否存在浪费是不确定的。即使如此，仍能根据 $y_A+y_B=w_y$ 和零社会边际等式条件 (14.2.23) 确定帕累托有效配置集。实际上，将 $y_A+y_B=w_y$ 代入式 (14.2.23)，我们可将 x_A 表示为 y_A 的解。

情形 3：对所有 $y_A+y_B=w_y$ 和边际等式条件 (14.2.17) 的配置，当 $\frac{\partial u_A}{\partial x_A}\frac{\partial u_B}{\partial x_B}<\frac{\partial u_A}{\partial x_B}\frac{\partial u_B}{\partial x_A}$ 时，社会边际替代率必然为负。因此，配置不是帕累托有效的。在这种情况下，商品 x 必然存在浪费，其存在满足式 (14.2.23) 的帕累托有效配置。

综上所述，我们有如下命题，它刻画了在达到帕累托有效配置时商品 x 是否存在浪费的两类充分条件。

命题 14.2.2 对 2×2 纯交换经济，假设效用函数 $u_i(x_A,x_B,y_i)$ 连续可微、严格拟凹且满足 $\frac{\partial u_i(x_A,x_B,y_i)}{\partial x_i}>0, i=A,B$。

(1) 若社会边际替代率在帕累托有效配置 $\mathbf{x}^*$ 处严格为正[①]，则在帕累托有效配置 $\mathbf{x}^*$ 处，不存在用不足 (浪费) 初始禀赋 w_x 的情况。

(2) 若满足 $x_A+x_B=w_x$，$y_A+y_B=w_y$ 和边际等式条件 (14.2.17) 的配置 (x_A,x_B) 的边际替代率为负，则在帕累托有效配置 $\mathbf{x}^*$ 处，存在着资源 x 被浪费的情况，即 $x_A^*+x_B^*<w_x$，其中 x^* 由 $y_A+y_B=w_y$ 和式 (14.2.23) 决定。

命题 14.2.2 中第二个结论意味着，为了达到帕累托有效配置，其社会边际替代率为负时，对那些给消费者带来负外部性的商品，初始禀赋不应被用足 (全部消费)。

因此，根据上述命题，我们知道 (x_A,y_A,x_B,y_B) 不是帕累托有效配置的充分条件为:

$$\left.\begin{array}{c}\dfrac{\frac{\partial u_A}{\partial x_A}}{\frac{\partial u_A}{\partial y_A}}+\dfrac{\frac{\partial u_B}{\partial x_A}}{\frac{\partial u_B}{\partial y_B}}=\dfrac{\frac{\partial u_B}{\partial x_B}}{\frac{\partial u_B}{\partial y_B}}+\dfrac{\frac{\partial u_A}{\partial x_B}}{\frac{\partial u_A}{\partial y_A}}\\ x_A+x_B=w_x\\ y_A+y_B=w_y\end{array}\right\}\Rightarrow \frac{\partial u_A}{\partial x_A}\frac{\partial u_B}{\partial x_B}<\frac{\partial u_A}{\partial x_B}\frac{\partial u_B}{\partial x_A}, \tag{14.2.24}$$

(x_A,y_A,x_B,y_B) 是帕累托有效配置的充分条件为:

$$\left.\begin{array}{c}\dfrac{\frac{\partial u_A}{\partial x_A}}{\frac{\partial u_A}{\partial y_A}}+\dfrac{\frac{\partial u_B}{\partial x_A}}{\frac{\partial u_B}{\partial y_B}}=\dfrac{\frac{\partial u_B}{\partial x_B}}{\frac{\partial u_B}{\partial y_B}}+\dfrac{\frac{\partial u_A}{\partial x_B}}{\frac{\partial u_A}{\partial y_A}}\\ x_A+x_B\leqq w_x\\ y_A+y_B=w_y\end{array}\right\}\Rightarrow \frac{\partial u_A}{\partial x_A}\frac{\partial u_B}{\partial x_B}>\frac{\partial u_A}{\partial x_B}\frac{\partial u_B}{\partial x_A}. \tag{14.2.25}$$

例 14.2.1 设效用函数为:

$$u_i(x_A,x_B,y_i)=\sqrt{x_iy_i}-x_j,\quad i\in\{A,B\},j\in\{A,B\},j\neq i,$$

根据边际等式条件 (14.2.17)，我们有

$$\left(\sqrt{\frac{y_A}{x_A}}+1\right)^2=\left(\sqrt{\frac{y_B}{x_B}}+1\right)^2, \tag{14.2.26}$$

从而有

$$\frac{y_A}{x_A}=\frac{y_B}{x_B}. \tag{14.2.27}$$

令 $x_A+x_B\equiv\bar{x}$。将 $x_A+x_B=\bar{x}$ 和 $y_A+y_B=w_y$ 代入式 (14.2.27)，得

$$\frac{y_A}{x_A}=\frac{w_y}{\bar{x}}. \tag{14.2.28}$$

由式 (14.2.27) 和式 (14.2.28)，联合边际收益

$$\frac{\partial u_A}{\partial x_A}\frac{\partial u_B}{\partial x_B}=\frac{1}{4}\sqrt{\frac{y_A}{x_A}}\sqrt{\frac{y_B}{x_B}}=\frac{y_A}{4x_A}=\frac{w_y}{4\bar{x}}, \tag{14.2.29}$$

①如上所述，当存在正消费外部性、不存在消费外部性或者存在单边的消费外部性时，该结论都成立。

以及联合边际成本

$$\frac{\partial u_A}{\partial x_B}\frac{\partial u_B}{\partial x_A}=1. \tag{14.2.30}$$

因此，$\bar{x}=w_y/4$ 是使得 $\frac{\partial u_A}{\partial x_A}\frac{\partial u_B}{\partial x_B}-\frac{\partial u_A}{\partial x_B}\frac{\partial u_B}{\partial x_A}=0$ 的临界值，或者等价地，$\frac{\frac{\partial u_A}{\partial x_A}}{\frac{\partial u_A}{\partial y_A}}+\frac{\frac{\partial u_B}{\partial x_A}}{\frac{\partial u_B}{\partial y_B}}=\frac{\frac{\partial u_B}{\partial x_B}}{\frac{\partial u_B}{\partial y_B}}+\frac{\frac{\partial u_A}{\partial x_B}}{\frac{\partial u_A}{\partial y_A}}=0$。因此，若 $w_x>\frac{w_y}{4}$，则 $\frac{\partial u_A}{\partial x_A}\frac{\partial u_B}{\partial x_B}-\frac{\partial u_A}{\partial x_B}\frac{\partial u_B}{\partial x_A}<0$。于是，根据帕累托有效配置条件 (14.2.24)，为了达到帕累托最优配置，商品 x 的部分初始禀赋不应被消费，也就是，必须销毁一定量的商品 x。若 $w_x<\frac{w_y}{4}$，则 $\frac{\partial u_A}{\partial x_A}\frac{\partial u_B}{\partial x_B}-\frac{\partial u_A}{\partial x_B}\frac{\partial u_B}{\partial x_A}>0$，因而帕累托有效配置条件 (14.2.25) 满足，在这种情况下，所有的初始禀赋都完全被消费。若 $w_x=\frac{w_y}{4}$，则任何满足边际等式条件 (14.2.17) 及预算平衡条件 $x_A+x_B=w_x$ 和 $y_A+y_B=w_y$ 的配置都满足式 (14.2.21)，从而根据式 (14.2.25)，它的配置是帕累托有效的。

注意到，若商品不应该浪费的充分条件成立，则 $x_A+x_B=w_x$ 也应成立。因此，浪费和不浪费商品的充分条件描述为如下三个条件：

$$\begin{cases}\dfrac{\frac{\partial u_A}{\partial x_A}}{\frac{\partial u_A}{\partial y_A}}+\dfrac{\frac{\partial u_B}{\partial x_A}}{\frac{\partial u_B}{\partial y_B}}=\dfrac{\frac{\partial u_B}{\partial x_B}}{\frac{\partial u_B}{\partial y_B}}+\dfrac{\frac{\partial u_A}{\partial x_B}}{\frac{\partial u_A}{\partial y_A}};\\ x_A+x_B=w_x;\\ y_A+y_B=w_y.\end{cases}$$

若一个配置同时也满足条件 $\frac{\partial u_A}{\partial x_A}\frac{\partial u_B}{\partial x_B}\geqq\frac{\partial u_A}{\partial x_B}\frac{\partial u_B}{\partial x_A}$，则该配置也是帕累托有效的，因而商品不存在浪费。否则，该配置不是帕累托有效的。若该结论对所有的非帕累托有效配置都成立，则帕累托有效配置条件成立时必然存在商品浪费。

注意到由于 $\frac{\partial u_A}{\partial x_A}$ 和 $\frac{\partial u_B}{\partial x_B}$ 表示边际收益，它们关于商品 x 的消费递减。由于 $\frac{\partial u_A}{\partial x_B}$ 和 $\frac{\partial u_B}{\partial x_A}$ 表示消费的边际成本，其绝对值一般来说关于商品 x 的消费递增。因此，当 x 的禀赋 w_x 较小时，社会边际收益将超过社会边际成本，从而不存在商品浪费问题。随着 x 的禀赋 w_x 增加，社会边际成本最终将超过社会边际收益，从而带来禀赋 w_x 的浪费。

我们也可以采用社会边际替代率方法，得到相同的结果。当社会福利函数 $W(x,y)=u_A(x_A,x_B,y_A)+u_B(x_A,x_B,y_B)$ 严格拟凹时，以上所定义的社会边际替代率递减。因此，若存在消费负外部性，当商品 x 的消费越来越大时，社会边际替代率最终将变为负的。当这种情况发生时，为了达到帕累托最优，商品 x 不应被全部消费掉。随着商品 x 的消费下降，社会边际替代率将上升，最终它们将大于等于零。

当存在负外部性时，为了达到资源有效配置，有些商品需要浪费或销毁掉这一现象确实令人奇怪，但这种令人奇怪的现象在理论上不仅重要，也和现实有关。田国强和杨立岩在《对“幸福—收入之谜”的一个解答》（载《经济研究》，2006（11））一文中用以上理论结果解释了在经济学和心理学中著名的幸福—收入之谜：一国人们的幸福度起初随着收入的上升而上升，但超过某个收入水平，幸福度却随着收入水平的上升而下降。比如，在过去 30 年中，美国的平均生活满意度一直在下降，而英国的平均满意度在同时期接近水平状态。若我们将收入解释为一种商品，当人们相互嫉妒他人的收入水平时（比如低收入的人嫉妒高收入的人），则根据以上结果，当收入超过某个临界水平后，若所有的收入都被花费掉，人们的幸福度随着消费上升反而下降，从而导致帕累托无效配置。因此，当经济增长到一定的水平，若其他方面（如精神文明和政治文明）不能跟进，则收入增长不能增加人们的幸福水平，这就是所谓的幸福—收入之谜。

为了说明此点，回到例 14.2.1，如 Tian 和 Yang (2012) 中分析的那样，将 x 解释为物品或 GDP 品，y 解释为非物品或非 GDP 品。若不综合平衡地增加非物品的水平 w_y，只是一味地注重 GDP 的经济增长，最终就会有 $w_x > \frac{w_y}{4}$，从而就出现在现实中看到的随着人们收入水平上升，幸福度却持续下降的现象。

这样，上述结果有一个很强的政策含义，即政府一味地追求 GDP 的增长不见得总能增加人们的幸福度，可能反而会降低人们的幸福度，于是导致帕累托无效配置。这就是为什么在过去几十年中，许多国家人们的幸福度随着收入的不断上升先是上升然后开始下降的根本原因，中国也有类似的现象。但根据上述讨论，人们的幸福度来自物质和非物质（精神文明和政治文明）两个层面。实际上，人们的幸福指数由多重因素决定：(1) 物质因素，如收入水平及其差别；(2) 精神因素，如事业成就感、工作压力、失业、休闲时间、朋友情感、家庭和谐；(3) 社会政治因素，如社会公平、政治稳定、民主权利等；(4) 生态因素，如对环境污染、生态破坏的治理，这是关系个体健康乃至生存的。可以看出，(1) 所列因素为 GDP 品而 (2) ~ (4) 所列因素为非物品或非 GDP 品。

因此，幸福感源自物质文明、精神文明、政治文明、生态文明。在人们生活水平不高时，人们更多的是追求物质文明。而当生活水平达到一定程度时，人们会更趋于追求精神文明和政治文明及生态文明。也就是，首先要解决吃穿住行，然后是艺术、诗歌、哲学、生活安逸和质量、身体健康、民主政治、自己权利的保护等上层建筑。由于收入的负消费外部性，因而精神文明、政治文明及生态文明的建设也是十分重要的。关于幸福经济学，心理学、伦理学和经济学都在对其进行研究。很多人认为主流经济学无法解决人类幸福的问题。但以上结果说明，幸福经济学也可纳入主流经济学的框架进行研究，仍然可以假定个体是自利的，仍然需要采用帕累托最优或社会福利最大化作为判断资源配置是否有效的基本标准，只是加入了人们收入一般会出现负外部性的假定（这是一个合理假设，在现实中普遍存在，比如有些人认为他人的收入高于自己的收入会降低自己的效用）。对这一问题的详细讨论，参见田国强和杨立岩在 2006 年《经济研究》上的文章及在 Tian 和 Yang (2009, 2012) 中的讨论。

14.3 生产外部性与市场无效配置

我们现在讨论，当存在生产外部性时，竞争的市场也可能导致资源的无效率配置。为了说明这点，考虑存在两个企业的简单经济。企业 1 生产产品 x，该产品在竞争市场上销售，但 x 的生产将会给企业 2 带来外部成本 $e(x)$(也可以将其视为减少污染的成本)，假定 $e(x)$ 为严格递增的凸函数。

设 y 为企业 2 生产的产出，企业 2 的产品在竞争市场上销售。

设 $c_x(x)$ 和 $c_y(y)$ 分别为企业 1 和 2 的成本函数，它们为严格递增凸函数。

企业的利润分别为：

$$\pi_1 = p_x x - c_x(x), \tag{14.3.31}$$

$$\pi_2 = p_y y - c_y(y) - e(x), \tag{14.3.32}$$

其中，p_x 和 p_y 为商品 x 和 y 的价格。由最优化的一阶条件，x 和 y 的产出都为正时，我们有：

$$p_x = c_x'(x), \tag{14.3.33}$$

$$p_y = c_y'(y). \tag{14.3.34}$$

从社会的角度来看，由以上一阶条件求得的利润最大化产出 x_c 过大。企业 1 只考虑了自身的生产成本，而忽略了所导致的社会成本，即没有考虑给企业 2 所带来的成本，从而导致了资源的无效率配置。

那么，社会有效产出是多少呢？若这两个企业合并，则内生化了生产的外部性，对合并企业来说，不存在外部性了，所组成的社会福利函数为 $\pi_1 + \pi_2$，则最大化问题为：

$$\max_{x,y} \ p_x x + p_y y - c_x(x) - e(x) - c_y(y), \tag{14.3.35}$$

其一阶条件为：

$$p_x = c_x'(x^*) + e'(x^*),$$

$$p_y = c_y'(y^*),$$

其中，x^* 为 x 的有效产出数量，在该产出处，x 的价格等于社会成本。因此，由 $e(x)$ 和 $c_x(x)$ 的凸性，x^* 小于存在生产外部性时的竞争产出。

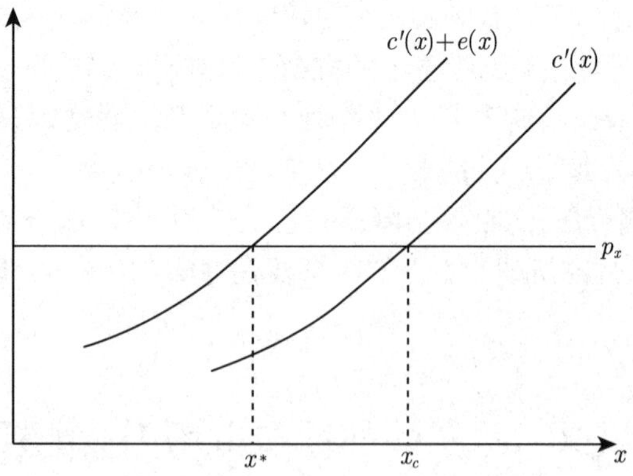

图 14.1 有效产出 x^* 小于竞争产出 x_c

14.4 外部性的解决方案

从上面的讨论我们知道，无论是存在消费的外部性，还是生产的外部性，竞争市场一般来说都不能导致帕累托有效配置，因而我们需要寻求其他不同的机制来解决市场失灵问题。在本节中，我们介绍一些弥补由外部性导致的市场失灵的方法，如：

（1）庇古税 (Pigovian taxes)；
（2）自愿谈判 (voluntary negotiation) (科斯 (Coase) 方法)；
（3）补偿税 (compensatory tax)/补贴 (subsidy)；
（4）引入缺失的产权的市场；
（5）直接干预 (intervention)；
（6）企业合并 (merges)；
（7）建立排污权交易市场；
（8）激励机制设计。

上述每一种解决方案都是为了得到帕累托有效配置而提出的，其不同的解决方案可能会影响到收入分配，导致不同的收入分配结果。大部分上述解决方案都需要作如下假设：

（1）外部性的来源和程度是可识别的；
（2）外部性的承受方是可识别的；
（3）外部性的前因后果是可清楚确定的；
（4）防范外部性 (用不同的方法) 的成本对每个人来说都是完全已知的；
（5）收税或进行补贴的成本是可忽略的；
（6）自愿谈判的成本是可忽略的。

我们在下面将讨论这些方案的优缺点，哪些可行，哪些不可行。此外，为执行上述每种解决方案，知道何种信息是十分重要的。以上大多方案的实施都需要信息对称，如庇古税、科斯定理等。当信息不对称时，这些方法的实施就存在着较大问题，因而需要采用激励机制设计方法，来执行实施这些方案，或给出新的解决方案。

14.4.1 庇古税

庇古税是由阿瑟·塞西尔·庇古（Arthur Cecil Pigou, 1877—1959，其人物小传见 14.6.1 节）提出的，指的是政府对那些具有外部性的企业，要根据外部性所导致的边际成本作为税率 $t = e'(x^*)$ 进行征税。在信息完全的情况下，外部性从而税率 t 可以确定，使得企业的一阶最优条件与社会最优的一阶条件相同，从而使资源达到有效配置。

设对企业 1 征收的税率 t 满足 $t = e'(x^*)$。该税率能使企业 1 内部化其外部性。企业 1 的净利润为：

$$\pi_1 = p_x \cdot x - c_x(x) - t \cdot x, \tag{14.4.36}$$

其利润最大化一阶条件为：

$$p_x = c'_x(x) + t = c'_x(x) + e'(x^*), \tag{14.4.37}$$

该条件同社会最优配置的条件相同。这意味着当企业面对其市场错误价格时，应对企业 1 征收能带来社会最优产出的**矫正税 (correction tax)**$t = e'(x^*)$，该产出小于竞争均衡产出。这样的矫正税称为**庇古税 (Pigovian taxes)**。

在现实中，通常采用庇古税来解决外部性的问题，但这有很大的局限性。在采用这个方法修正价格时，其前提是，监管部门要知道企业 1 生产 x 带给企业 2 的外部成本 $e(x)$。若监管部门不知道这一信息，那么就无法确定其税率，从而就不能准确地应用这一方法。因而它

只适用于 $e(x)$ 比较容易识别的情景，比如汽车的排气量能够比较容易地量化鉴定，从而消费每升汽油的排气税容易确定。此外，如黄有光（Ng, 2016）所指出的那样，如果 $e(x)$ 是污染危害评价函数，这往往涉及多人（甚至全球）与将来，很难估值，但如果 $e(x)$ 是减少污染的排污成本函数，则往往比较容易估计。黄的文章论证，在污染严重（因而有减排投资）的情形下，可以不必估值污染的危害，而是根据减少污染的边际成本课税。然而，当 $e(x)$ 是私人信息，难以识别时，征税者难以准确获得关于成本 $e(x)$ 的信息，从而这一方法不能简单直接采用。为了获得信息，就需要采用一些有效的方法，但这需要付出成本。若搜集信息的成本过高，则该方法在实践中就难以采用。同时还需假定，监管部门的人都是秉公执法的，不会受贿，这意味着法律和信息完备性的要求对采用庇古税这一制度安排是重要的。所有这些表明这一方法有较大的局限性。

14.4.2　科斯定理

解决外部性的另外一种方法是依靠相关各方协商解决外部性问题。

诺贝尔经济学奖获得者罗纳德·哈里·科斯（Ronald Harry Coase，1910—2013，其人物小传见 14.6.2 节）针对庇古税的两个缺陷提出了批评：一是政府干预干涉了经济自由；二是征税者在大多数情况下不可能知道关于成本 $e(x)$ 的信息。科斯最大的贡献是系统地研究了产权的交易问题。为了解决外部性问题，科斯在其于 1961 年发表的著名文章《社会成本问题》中指出，能否有效解决外部性取决于产权是否清晰界定。为此，科斯提出了产权明晰界定和自愿交换、自愿谈判的方法。所谓的**科斯定理**断言，只要产权清晰界定，交易双方谈判的结果将使外部性生产活动的生产水平达到最优。其政策含义是，政府只需明晰界定产权，市场就会解决外部性的问题，而无需政府干预。

具体说来，科斯定理由两个论断组成。第一，无论产权给谁，如何配置，外部性水平都是相同的，这个论断称为**科斯中性定理 (Coase Neutrality Theorem)**；第二，对外部性的自愿谈判将导致帕累托最优结果，这个论断称为**科斯有效性定理 (Coase Efficiency Theorem)**。

科斯是通过具有外部性二人经济的各种例子来说明其论断的。下面的简单例子刻画了科斯的核心思想和观点。

例 14.4.1　两个企业：一个是向河流排放化学废品的化工企业，另外一个是渔场。假设河流每年的鱼产值为 \$500,000。若化学品污染河流，鱼将不能食用。我们该如何解决该外部性问题呢？科斯认为，只要河流的所有权清晰界定，则外部性就能被有效解决。这意味着只要将河流的所有权给化工企业或者渔场，就可导致有效产出。为理解这一点，设过滤污染的成本为 c_f。我们考虑如下两种情形：

情形 1: 将河流的所有权分配给化工企业。

i) 若 $c_f < \$500,000$，则渔场将愿意为化工企业购买过滤系统从而使河流不受污染。

ii) 若 $c_f > \$500,000$，则渔场不愿意为化工企业安装过滤系统，化工企业将化学废品排放到河中。

情形 2: 将河流的所有权分配给渔场，且企业的净产值也是 \$500,000。

i) 若 $c_f < \$500,000$，则化工企业将购买过滤系统从而河流不会受到污染。

ii) 若 $c_f > \$500,000$，则化工企业将为化学废品排放到河中支付给渔场 \$500,000。

像上述例子一样，科斯给出了许多支持其论断的例子，都是讨论企业或者厂商之间而非消费者之间的谈判问题。由于企业是利润最大化而不是效用最大化，其经济行为好像为**受托人 (fiduciaries)**行为，这种差异是重要的。这是由于利润最大化没有收入效应，而效用最大化一般具有收入效应。

考察两个消费者和 L 种商品的经济。设消费者 i 的初始财富为 w_i，效用函数为

$$u_i(x_i^1, \cdots, x_i^L, h),$$

即每个消费者的效用同其消费的商品数量和消费者 1 进行的活动 h 有关。

活动 h 不会直接给消费者 1 带来货币成本。比如，h 是消费者 1 播放音乐的数量。为了播放音乐，消费者 1 购买了电子设备，但电子设备可由 x_i 的某一分量表示。对消费者 2 来说，h 表示消费者 1 的行为对他造成的外部效应。在该模型中，假设有

$$\frac{\partial u_2}{\partial h} \neq 0.$$

因此该模型的外部性表现在 h 会影响消费者 2 的效用，但该外部性没有由市场计价。设 $v_i(p, w_i, h)$ 为消费者 i 的间接效用函数：

$$\begin{aligned} v_i(w_i, h) &= \max_{\mathbf{x}_i} u_i(\mathbf{x}_i, h) \\ \text{s.t.} \qquad px_i &\leqq w_i. \end{aligned}$$

为了排除由于产权分配的差异所产生的收入效应，假定消费者的偏好关于某种计价商品是拟线性的，即消费者 i 的间接效用函数形为：

$$v_i(w_i, h) = \phi_i(h) + w_i.$$

我们进一步假定间接效用函数关于 h 是凹的: $\phi_i''(h) < 0$。为了最大化自身效用，消费者 1 将选择 h 使 v_1 达到最大，从而竞争市场的内点解满足

$$\phi_1'(h^*) = 0.$$

即使消费者 2 的效用依赖于 h 也不会影响 h 的选择。

另一方面，社会最优水平 h 将使消费者的效用之和达到最大：

$$\max_h \phi_1(h) + \phi_2(h).$$

在内点处达到最大值的一阶条件为：

$$\phi_1'(h^{**}) + \phi_2'(h^{**}) = 0,$$

其中，h^{**} 是 h 的帕累托最优数量。因此，当两个消费者的边际收益率之和等于零时社会达到最优状态。这样，由于外部性，对以上效用函数，我们仍然可得出市场竞争均衡结果一般来说不是帕累托最优的。

若对消费者 2 来说外部性为负 (嘈杂的音乐)，则 $h^* > h^{**}$，即社会生产了过多的 h。若对消费者 2 来说外部性为正 (优美的音乐、烤面包的香味或者美丽的庭院)，则 $h^* < h^{**}$，即社会生产了过少的 h。

下面的讨论表明，只要所有权配置 (即播放音乐的权利) 清晰界定，双方将进行谈判使得具有外部性的消费活动达到社会最优水平。首先考察消费者 2 有播放音乐的权利，即消费者 2 有权阻止消费者 1 进行活动 h。该权利是**可合约化的 (contractible)**，即消费者 2 可将进行 h_2 单位的活动权利 h 卖给消费者 1，并获得一定的转移支付 T_2。两个消费者将就转移支付的规模 T_2 和产生外部性的数量 h_2 进行讨价还价。

为了确定讨价还价的结果，先设定讨价还价的机制，如下所示：

（1）消费者 2 提供一份支付为 T_2 及活动水平为 h_2 的合约给消费者 1，消费者 1 要么接受，要么走人 (不再与消费者 2 进行谈判)。

（2）若消费者 1 接受该合约，活动 h_2 实现。若消费者 1 不接受该合约，消费者 1 将不能产生任何数量的外部性产品，即 $h_2 = 0$。

为了分析上述机制，首先考察消费者 1 会接受何种合约 (h_2, T)。若没有合同允许，消费者 1 产生外部性的数量为 $h_2 = 0$。消费者 1 接受合约 (h_2, T_2) 当且仅当该合约为他提供的效用没有降低，即消费者 1 接受合约当且仅当：

$$\phi_1(h_2) - T_2 \geqq \phi_1(0).$$

在上述约束下，消费者 2 将选择合约 (h_2, T_2)，它是下述问题的解：

$$\max_{h_2, T_2} \phi_2(h) + T_2$$
$$\text{s.t.} \quad \phi_1(h_2) - T_2 \geqq \phi_1(0).$$

由于消费者 2 倾向更大的 T_2，上述问题的约束在最优解处紧（即解按等式成立），因此上述问题变为：

$$\max_{h_2} \phi_1(h_2) + \phi_2(h_2) - \phi_1(0),$$

其一阶条件为：

$$\phi_1'(h_2) + \phi_2'(h_2) = 0.$$

上述条件与社会最优水平 h^{**} 的条件相同。因此，消费者 2 将选择 $h_2 = h^{**}$，从而根据约束条件，有 $T_2 = \phi_1(h^{**}) - \phi_1(0)$。且该合约 (h_2, T_2) 被消费者 1 接受。因此上述讨价还价过程实现了社会最优。

现假定消费者 1 有权产生任意水平的外部性。我们仍假定讨价还价机制如上所述。

消费者 2 提供给消费者 1 一份要么接受要么走人的合约 (h_1, T_1)，其中，下标表示在这种情形中消费者 1 具有播放音乐的所有权。若消费者 1 拒绝该合约，他能选择产生任意水平的外部性，因而他选择的生产水平将为 h^*。该情形同前面的情形的不同之处在于在前面的情形中两个消费者如没有达成合约，就不能播放，而这里由于播放权在消费者 1 这边，他可以播放。在这种情形下，消费者 2 的问题为：

$$\max_{h_1, T_1} \phi_2(h_1) - T_1$$
$$\text{s.t.} \quad \phi_1(h_1) + T_1 \geqq \phi_1(h^*).$$

类似地，该问题的约束条件在最优解处紧，从而消费者 2 选择 h_1 和 T_1 使

$$\max \phi_1(h_1) + \phi_2(h_1) - \phi_1(h^*)$$

达到最大。由于一阶条件与前述情形相同，该问题在 $h_1 = h^{**}$ 处达到最大值。唯一不同的是转移支付 T_1，其中，$T_1 = \phi_1(h^*) - \phi_1(h^{**})$。

上述两种所有权配置方案都可以实现 h^{**}，但其收入分配效应是不同的。消费者 2 拥有播放权时，得到补偿使之转移支付为正，究其原因，如果不进行讨价还价消费者 1 只能生产零单位的外部性，因而消费者 2 在讨价还价中处于优势地位。当消费者 1 拥有播放权时，情形正好相反。消费者 2 为了减少或阻止消费者 1 的播放而需补偿消费者 1，从而消费者 2 的转移支付为负。

这样，当消费者的效用函数为拟线性函数时，计价商品的重新分配对社会福利没有任何影响，也就是收入效应为零。不管所有权如何分配，讨价还价能导致帕累托最优结果，这一结论是对科斯定理的严谨证明：若外部性交易产生，当消费者的效用函数为拟线性函数时，则不管所有权如何配置 (只要配置清晰)，讨价还价都能导致有效结果。注意到界定清晰、可执行的产权是讨价还价发挥作用的前提条件。若对谁有权污染 (或不污染) 有争论，讨价还价也许不能导致配置的有效性。保证有效配置还要求讨价还价过程是无成本的。注意到在这里政府不需要了解个体消费者，它只需要界定产权即可。这样，所有权的清晰界定成为关键。因此，科斯定理论证了明晰的法律和良好的法庭的重要性和必要性。

我们知道，拟线性函数是限制性很强的效用函数，它意味着没有任何收入效应。若科斯定理只是对拟线性效用函数才成立，那么它对消费外部性成立的结论就具有很大的局限性。这样，一个自然而然的问题就是，科斯定理对其他类型的效用函数也成立吗？Hurwicz 给出的结论令人吃惊和遗憾。在经济学期刊《日本和世界经济》(*Japan and the World Economy*, 7, 1995, pp. 49-74) 关于科斯定理的专辑（诺贝尔经济学奖获得者萨缪尔森及威廉姆森等人也为专辑写了文章) 中，他证明：即使交易成本为零及产权清晰界定，无收入效应（即为拟线性效用函数）对科斯中性定理成立不仅是充分条件（已有结论)，也是必要条件。即当交易成本可以忽略不计时，当且仅当消费者关于计价商品的效用函数是拟线性的时，污染水平和产权分配无关，也就是无收入效应的效用函数是科斯定理成立的充分必要条件。因此，即使交易成本为零，科斯定理只是在特殊情况下才成立，何况交易成本在现实中并不为零。

不过，如 Chipman 和 Tian (*Economic Theory*, 2012) 所证明的那样，Hurwicz 的拟线性效用函数对科斯中性定理成立是必要条件的结论并不成立。为了说明此点，考虑以下效用函数 $U_i(x_i, h)$:

$$U_i(x_i, h) = x_i e^{-h} + \phi_i(h), \qquad i = 1, 2, \tag{14.4.38}$$

其中，

$$\phi_i(h) = \int e^{-h} b_i(h) dh. \tag{14.4.39}$$

显然，$U_i(x_i, h)$ 不是拟线性的。我们进一步假设对所有 $h \in (0, \eta]$，有 $b_1(h) > \xi$，$b_2(h) < 0$，$b_i'(h) < 0$ $(i = 1, 2)$，$b_1(0) + b_2(0) \geqq \xi$，以及 $b_1(\eta) + b_2(\eta) \leqq \xi$。

于是，对 $(x_i, h) \in (0, \xi) \times (0, \eta)$, $i = 1, 2$，我们有

$$\partial U_i/\partial x_i = e^{-h} > 0, \quad i = 1, 2, \tag{14.4.40}$$

$$\partial U_1/\partial h = -x_1 e^{-h} + b_1(h)e^{-h} > e^{-h}[\xi - x_1] \geqq 0, \tag{14.4.41}$$

$$\partial U_2/\partial h = -x_2 e^{-h} + b_2(h)e^{-h} < 0. \tag{14.4.42}$$

帕累托最优的一阶条件为

$$0 = \frac{\partial U_1}{\partial h}\bigg/\frac{\partial U_1}{\partial x_1} + \frac{\partial U_2}{\partial h}\bigg/\frac{\partial U_2}{\partial x_2} = -x_1 - x_2 + b_1(h) + b_2(h) = b_1(h) + b_2(h) - \xi, \tag{14.4.43}$$

它独立于 x_i。因此，当 (x_1, x_2, h) 是帕累托最优时，只要 $x_1 + x_2 = x_1' + x_2' = \xi$，则 (x_1', x_2', h) 也是帕累托最优。同时，注意到 $b_i'(h) < 0\ (i = 1, 2)$，$b_1(0) + b_2(0) \geqq \xi$，以及 $b_1(\eta) + b_2(\eta) \leqq \xi$。于是，$b_1(h) + b_2(h)$ 是强单调的，从而存在唯一的 $h \in [0, \eta]$，它满足式 (14.4.43)。这样，契约线（即由帕累托有效配置形成的曲线）是水平的（即与 x 轴平行），尽管个人偏好不必是水平的。水平的契约线意味着科斯定理的结论成立：污染均衡水平 h 独立于污染权的所属。

例 14.4.2　假定 $b_1(h) = (1 + h)^{\alpha}\eta^{\eta} + \xi$，$\alpha < 0$，及 $b_2(h) = -h^{\eta}$。则对所有的 $h \in (0, \eta]$，有 $b_1(h) > \xi$, $b_2(h) < 0$，$b_i'(h) < 0\ (i = 1, 2)$，$b_1(0) + b_2(0) > \xi$，以及 $b_1(\eta) + b_2(\eta) < \xi$。这样，$\phi_i(h) = \int e^{-h} b_i(h) dh$ 是凹的，$U_i(x_i, h) = x_i e^{-h} + \int e^{-h} b_i(h) dh$ 是准凹的，并对所有 $(x_i, h) \in (0, \xi) \times (0, \eta)$，$i = 1, 2$，我们有 $\partial U_i/\partial x_i > 0$，$\partial U_1/\partial h > 0$，及 $\partial U_2/\partial h < 0$，但它关于 x_i 不是拟线性的。

Chipman 和 Tian (2012) 进一步地研究污染水平独立于产权所属这一“科斯猜想”的充分必要条件。这归结于要找出保证契约线是水平的充分必要条件，使得从效用函数导出的帕累托最优配置集合是 h 常数，即高度为 h 的水平线，从而归结于寻找一类效用函数使得一阶必要条件独立于 x_i，并且它只是 h 的函数，可表示为 $g(h)$:

$$\frac{\partial U_1}{\partial h}\bigg/\frac{\partial U_1}{\partial x_1} + \frac{\partial U_2}{\partial h}\bigg/\frac{\partial U_2}{\partial x_2} = g(h) = 0. \tag{14.4.44}$$

令 $F_i(x_i, h) = \frac{\partial U_i}{\partial h}/\frac{\partial U_i}{\partial x_i}\ (i = 1, 2)$。它可以表示为以下一般形式:

$$F_i(x_i, h) = x_i \psi_i(h) + f_i(x_i, h) + b_i(h),$$

这里，$f_i(x_i, h)$ 是关于 x_i 不可分和非线性的。$\psi_i(h)$, $b_i(h)$ 和 $f_i(x_i, h)$ 在下面将进一步地被识别。

令 $F(x, h) = F_1(x, h) + F_2(\xi - x, h)$。一阶条件能被重新写为:

$$F(x, h) = 0. \tag{14.4.45}$$

这样，契约线也就是帕累托最优配置的轨迹，可表示为由式 (14.4.45) 定义的一个隐函数 $h = f(x)$。

于是，由在 (x, h) 空间中的帕累托最优集合为水平线 $h =$ 常数所刻画的科斯中性定理意味着,

$$h = f(x) = \bar{h},$$

其中 $\bar{h}$ 为常数，从而对所有的 $x \in [0, \xi]$ 和 $F_h \neq 0$, 有

$$\frac{dh}{dx} = -\frac{F_x}{F_h} = 0,$$

这就意味着函数 $F(x, h)$ 独立于 x。因而，对所有的 $x \in [0, \xi]$，应有

$$F(x,h) = x\psi_1(h) + (\xi - x)\psi_2(h) + f_1(x,h) + f_2(\xi - x, h) + b_1(h) + b_2(h) \equiv g(h). \quad (14.4.46)$$

既然效用函数 U_1 和 U_2 是函数无关的，并且 x 并不出现在式 (14.4.46) 中，我们必定有 $\psi_1(h) = \psi_2(h) \equiv \psi(h)$ 和 $f_1(x,h) = -f_2(\xi - x, h) = 0$，$\forall x \in [0, \xi]$。因此，

$$F(x,h) = \xi\psi(h) + b_1(h) + b_2(h) \equiv g(h), \quad (14.4.47)$$

及

$$\frac{\partial U_i}{\partial h} \bigg/ \frac{\partial U_i}{\partial x_i} = F_i(x_i, h) = x_i\psi(h) + b_i(h), \quad (14.4.48)$$

是一个一阶线性偏微分方程。于是，从 Polyanin，Zaitsev 和 Moussiaux (2002)①，我们知道式 (14.4.48) 的主积分 $U_i(x_i, h)$ 由下式给出：

$$U_i(x_i, h) = x_i e^{\int \psi(h)} + \phi_i(h), \qquad i = 1, 2, \quad (14.4.49)$$

其中，

$$\phi_i(h) = \int e^{\int \psi(h)} b_i(h) dh. \quad (14.4.50)$$

从而，式 (14.4.48) 的一般解由 $\bar{U}_i(x, y) = \psi(U_i)$ 给出，这里 ψ 是一个任意函数。由于单调变换保持偏好序不变，我们可以将解 $U_i(x_i, h)$ 看作为是由式 (14.4.48) 完全刻画一般效用函数形式。

注意，式 (14.4.49) 是包括了关于 x_i 为拟线性函数以及式 (14.4.38）是以上效用函数的一个特殊情况。的确如此，当 $\psi(h) \equiv 0$ 时，它表示了平行的偏好关系，并且当 $\psi(h) = -1$ 时，我们有式 (14.4.38)。

为了使得一阶条件 (14.4.44) 成为契约线是水平的充分条件，我们假定对所有的 $h \in (0, \eta]$，有 $x_1\psi(h) + b_1(h) > 0$，$x_2\psi(h) + b_2(h) < 0$，$\psi'(h) \leqq 0$，$b_i'(h) < 0$ $(i = 1, 2)$，$\xi\psi(0) + b_1(0) + b_2(0) \geqq 0$，以及 $\xi\psi(\eta) + b_1(\eta) + b_2(\eta) \leqq 0$。

这样，对所有的 $(x_i, h) \in (0, \xi) \times (0, \eta)$, $i = 1, 2$，我们有

$$\begin{aligned} \partial U_i/\partial x_i &= e^{\int \psi(h)} > 0, \quad i = 1, 2, \\ \partial U_1/\partial h &= e^{\int \psi(h)}[x_1\psi(h) + b_1(h)] > 0, \\ \partial U_2/\partial h &= e^{\int \psi(h)}[x_2\psi(h) + b_2(h)] < 0, \end{aligned}$$

从而有

$$\begin{aligned} 0 &= \frac{\partial U_1}{\partial h} \bigg/ \frac{\partial U_1}{\partial x_1} + \frac{\partial U_2}{\partial h} \bigg/ \frac{\partial U_2}{\partial x_2} \\ &= (x_1 + x_2)\psi(h) + b_1(h) + b_2(h) \\ &= \xi\psi(h) + b_1(h) + b_2(h), \end{aligned} \quad (14.4.51)$$

①可以从网站 http://eqworld.ipmnet.ru/en/solutions/fpde/fpde1104.pdf 获得。

它并不包含 x_i。因此，若 (x_1, x_2, h) 是帕累托最优，则只要 $x_1 + x_2 = x_1' + x_2' = \xi$，$(x_1', x_2', h)$ 也是帕累托最优。同时，注意到 $\psi'(h) \leqq 0$，$b_i'(h) < 0 (i = 1, 2)$，$\xi\psi(0) + b_1(0) + b_2(0) \geqq 0$，以及 $\xi\psi(\eta) + b_1(\eta) + b_2(\eta) \leqq 0$。则 $\xi\psi(h) + b_1(h) + b_2(h)$ 是强单调的，从而存在唯一的 $h \in [0, \eta]$，它满足式 (14.4.51)。因此，契约线是水平的。

这样，Chipman 和 Tian (2012) 得到的科斯定理的正式表述可由下面命题给出：

命题 14.4.1 (Coase Neutrality Theorem)　*对所考虑的外部性经济，假定交易成本为零，并且效用函数 $U_i(x_i, h)$ 是可微的，且满足 $\partial U_i/\partial x_i > 0$，$\partial U_1/\partial h > 0$，及 $\partial U_2/\partial h < 0$，$\forall (x_i, h) \in (0, \xi) \times (0, \eta)$，$i = 1, 2$。则污染的水平与污染权的所属无关，当且仅当效用函数 $U_i(x, y)$（相差一个单调变换）具有下列函数形式：*

$$U_i(x_i, h) = x_i e^{\int \psi(h)} + \int e^{\int \psi(h)} b_i(h) dh, \tag{14.4.52}$$

这里 h 和 b_i 是任意函数，使得 $U_i(x_i, h)$ 可微，$\partial U_i/\partial x_i > 0$，$\partial U_1/\partial h > 0$ 及 $\partial U_2/\partial h < 0$，$\forall (x_i, h) \in (0, \xi) \times (0, \eta)$，$i = 1, 2$。

尽管以上科斯中性定理包括拟线性效用函数作为特殊情况，由于这类函数的特殊形式，科斯中性定理仍然是一个特殊结论，对一般的效用函数不成立，不具有一般性。因此，Hurwicz 关于科斯定理局限性的洞见仍然成立，科斯定理更适用于生产外部性而不是消费外部性。

了解科斯定理的局限性是重要的。不少国内的经济学家将科斯定理的理解和应用过于简单化和泛用化。如在第 1 章所指出的那样，没有充分注意其成立的边界条件，弄得不好，会造成很大的负外部性（弄得不好，政策失误会对整个经济造成重大影响）。不少人以为，只要产权明晰、自由交换和自愿合作，市场就能有效运作，而没有考虑科斯定理成立的前提条件，特别是没有注意到最基本的两个先决条件：(1) 双方自愿讨价还价的交易成本为零；(2) 外部性产品的需求的收入效应为零。在现实中，谈判以及组织谈判的成本一般来说是不可忽略的，交易成本往往很大，且对外部性产品需求的收入效应一般非零。私有化只有在零交易成本、零收入效应和完全竞争的经济环境下才可能是最优的。但在现实中，这些条件往往不成立。例如，国有企业的私有化往往交易成本巨大，就如何私有化和谁应该得到份额或好处会争论不休，困难重重。父亲去世儿女们往往为分遗产争论纷纷，打得头破血流。在存在亲情的情况下都是如此，何况国家资产的划分呢？如果没有相应的制度作为根据，交易成本过大，则激进式的私有化运动不可取。

清晰界定的私有产权是否一定会导致资源的最优配置，而其他所有制不可能呢？著者 (Tian, 2000, 2001) 证明，国有、集体所有和私有其实都可能相对有效，它取决于经济制度环境规范的程度。若经济环境过于不规范，**公有制 (state ownership)** 和**集体所有制 (collective ownership)** 也可能是局部最优的。在 20 世纪 50 年代，新中国实行工商业改造运动和公私合营，由于政府控制了生产要素，如不能与政府合作，或不让你合作，就无法生存。在政府部门控制着相当大的经济权力时，权钱结合的行贿受贿这样的贪污腐败本质上可以看做是一种股份合作制，这也是为什么外资企业来到中国时要找一个国有企业作为合资方的原因——管理能力和与政府的关系也是一种生产力。只有在市场制度十分完善和规范的情况下，私有产权制度才是最优的，或者说私有产权制度是全局最优。三种产权制度都有可能是（相对）最优的，要看制度环境的规范程度。所以，与其讨论国有企业私有化，还不如不断改善制度环境，让民营企业蓬勃发展。中国过去 30 多年的改革开放充分说明了此点。

科斯有效性定理存在的问题更严重。首先，正如 Arrow (1979, p. 24) 所指出的，科斯定理的基本假设似乎是关于所有权的谈判过程可以描述为一个合作博弈 (cooperative game)，而这需要假定每个参与人知道其他所有人的经济特征，即需要知道偏好或者生产函数。当信息不完全或者非对称时，一般来说我们不能得到帕累托最优结果。例如，当存在一个污染排放者和多个受害者时会产生搭便车问题，受害者有激励谎报其偏好。无论污染排放者是否有责任赔偿受害者，受害者都可能夸大其需要的外部性补偿。因此，我们可能需要设计激励机制来解决搭便车问题。

其次，即使信息是完全的，不少学者仍就许多情形对科斯有效性定理的结论提出了质疑：

(1) 经济核的集合有可能是空集，因而帕累托最优配置可能不存在。这种情形的一个例子是 Aivazian 和 Callen (1981) 讨论过的三人模型。

(2) 从前面两章对非凸的生产集讨论可以看出，非凸的生产技术本质上是与竞争市场相冲突的。这样，即使允许资源的再分配，帕累托最优配置一般也不可能通过竞争市场来达到。而 Starrett(1972) 则证明，生产的外部性本质上意味着生产可能性集是非凸的，从而竞争均衡可能不存在。

(3) 当某个人拥有污染权时，他有勒索其他个体的内在激励。正如 Andel (1966) 所指出的，任何拥有污染权的人都有激励向潜在的受害者敲诈来榨取收益，比如威胁如不给好处，将半夜三更恶意播放音乐吵得你无法入睡。

(4) 阿罗在 1979 年的文章中则认为，科斯定理依赖于一个讨价还价过程，最后形成一个合作博弈，而这依赖于信息完全假设。显然在现实中信息并非完全的，因而可能会导致搭便车问题。

因此，正如科斯自己所承认的那样，外部性的谈判能替代竞争均衡交易的假设不是从其假定根据逻辑得出的结论，而应视为可能或者不可能被数据证实的经验猜想。正因为此点，经济学家不断地试图建立具有严格基础的科斯经济理论。然而，人们对科斯定理的真正理解至今仍然有限，还有许多有待进一步探讨。

14.4.3 外部性市场的缺失与建立

外部性问题也可视为由外部性的市场缺失所导致的问题。在**庇古税**一节中所讨论的例子中，缺失的市场为污染市场。若能建立一个污染交易市场，将污染水平市场化，从而能对污染计价，也许会导致资源的有效配置。比如，在该市场中，企业 2 存在对污染的需求 (或对污染的减少)，将该市场考虑进来将给出一种使资源达到有效配置的机制。在该机制中，企业 1 决定它要销售多少污染，而企业 2 决定购买多少污染。设

r 为污染的价格（由于污染是有害品，它的价格为负），

x_1 为企业 1 打算销售的污染量，

x_2 为企业 2 打算购买的污染量。

企业 1 的产出为 x_1。

则企业 1 和企业 2 的利润最大化问题分别为：

$$\pi_1 = p_x x_1 + r x_1 - c_1(x_1),$$
$$\pi_2 = p_y y - r x_2 - e_2(x_2) - c_y(y),$$

其最优的一阶条件为

$$p_x + r = c_1'(x_1) \quad \text{对企业 1},$$
$$p_y = c_y'(y) \quad \text{对企业 2},$$
$$-r = e'(x_2) \quad \text{对企业 2}.$$

当市场达到均衡 $x_1^* = x_2^* = x^*$ 时，我们有

$$p_x = c_1'(x^*) + e'(x^*), \tag{14.4.53}$$

这表明社会达到了最优产出。

在这个模型中，我们假定所有企业将污染的价格作为给定的，当企业的个数很少时，这个假设不见得成立，因而有可能仍然导致污染水平的无效率。所以，在现实中采用拍卖污染权的方式来大大增加竞争的程度。

这个模型的基本思路已被用来处理现实中大量的外部性问题，对许多具有外部性的商品的消费和生产建立了权证许可市场，除了建立污染权交易的许可市场，对配置无线电频率谱建立许可市场等都有很广的应用。

14.4.4　处理外部性的激励补偿机制

如前面所指出的那样，由于信息问题 (收税者并不知道外部性的成本)，庇古税一般来说并不足以解决外部性问题。那么，怎样才能解决这个信息不完全带来的问题呢？

瓦里安 (Varian, AER 1994) 提出了一种解决此问题的激励机制。简单地说，一个机制是由信息空间和结果函数 (博弈规则) 组成的。我们将在本书第五部分详细地介绍机制设计理论。瓦里安的激励机制使得企业通过博弈形成了帕累托有效税率。规制部门并不知道个体的信息，因而需要通过激励机制来诱导个体显示真实税率 t_1 和 t_2，以此实现资源的有效配置。

瓦里安所设计的机制是企业双方都给对方拟定税率。若双方所拟定的税率不同，则对双方都施加惩罚。瓦里安模型的博弈可分为两个阶段。在第一阶段，企业独立地给对方拟定税率，这就将竞争市场的思想引进来了，每个企业不能控制施加给自己的税率。若自己能够决定税率，则寻租会出现。这种思想使得个体彼此之间要相互权衡对方的决策从而调整自身的决策。在第二阶段，机制设计者以 "利而诱之" 的思想根据双方信息进行利益分配。最后个体根据机制作出生产和产出的决策，所导致的均衡结果是帕累托有效结果。对一般机制设计理论，我们将在本书的随后章节进行深入讨论。

战略空间 (信息空间)：$M = M_1 \times M_2$，这里 $M_1 = \{(t_1, x_1)\}$，其中，t_1 和 t_2 可解释为企业 1 和企业 2 分别提出的庇古税率，x_1 和 y_2 可解释为它们提出的产出水平。

该机制可分为两阶段：

第一阶段 (声明阶段)：企业 1 和企业 2 分别提出庇古税率 t_i，$i=1,2$，它们可能是也可能不是有效税率。

第二阶段(选择阶段)：给定第一阶段每个企业提出的庇古税率，若企业 1 生产 x 单位的污染，则企业 1 必须支付 t_2x 单位的费用给企业 2。企业 2 获得 t_1x 单位的补偿。若它们提出的税率不同，给予惩罚，每个企业必须支付 $(t_1-t_2)^2$ 单位的罚金。

因此，两个企业的收益分别为：

$$\begin{aligned}\pi_1^* &= \max_x \ p_x x - c_x(x) - t_2 x - (t_1-t_2)^2,\\ \pi_2^* &= \max_y \ p_y y - c_y(y) + t_1 x - e(x) - (t_1-t_2)^2.\end{aligned}$$

由于上述过程是一个两阶段博弈，我们将用到**子博弈完美均衡 (subgame perfect equilibrium)**解的概念，在这样的均衡中，每个企业将考虑第一阶段的选择对第二阶段产出的影响。我们一般先从第二阶段开始求解博弈两阶段问题。

第二阶段：企业 1 将选择满足下述一阶条件的 $x(t_2)$：

$$p_x - c_x'(x) - t_2 = 0. \tag{14.4.54}$$

注意到，根据 c_x 的凸性，即 $c_x''(x)>0$，我们有

$$x'(t_2) = -\frac{1}{c_x''(x)} < 0. \tag{14.4.55}$$

企业 2 将选择满足 $p_y = c_y'(y)$ 的 y。

第一阶段：每个企业将选择庇古税率 t_1 和 t_2 来最大化其收益。

对企业 1，有

$$\max_{t_1} p_x x - c_x(x) - t_2 x(t_2) - (t_1-t_2)^2, \tag{14.4.56}$$

其一阶条件为

$$2(t_1-t_2)=0,$$

从而有解

$$t_1^* = t_2. \tag{14.4.57}$$

对企业 2，有

$$\max_{t_2} p_y y - c_y(y) + t_1 x(t_2) - e(x(t_2)) - (t_1-t_2)^2, \tag{14.4.58}$$

其一阶最优性条件为

$$t_1 x'(t_2) - e'(x(t_2))x'(t_2) + 2(t_1-t_2) = 0,$$

从而有

$$[t_1 - e'(x(t_2))]x'(t_2) + 2(t_1-t_2) = 0. \tag{14.4.59}$$

由式 (14.4.55)、式 (14.4.57) 和式 (14.4.59)，我们有

$$t^* = e'(x(t^*)), t^* = t_1^* = t_2^*. \tag{14.4.60}$$

将均衡税率 $t^* = e'(x(t^*))$ 代入式 (14.4.54)，最后得

$$p_x = c'_x(x^*) + e'(x^*), \tag{14.4.61}$$

此即生产达到社会有效时的一阶条件。

注 该机制通过对两个企业设定相反的激励而达到有效配置。根据一阶条件，企业 1 总有激励提出与企业 2 相同的庇古税率 $t_1^* = t_2$。而根据企业 2 的一阶条件，企业 2 有激励选择 t_2 使其受损得到的纯补偿尽可能大，从而有 $e'(x(t_2)) = t_1$。这样，一方面，若企业 2 认为企业 1 为它提出一个大的补偿税率 t_1，即 $t_1 > e'(x(t_2))$，企业 2 希望对企业 1 所征收的税率尽可能小，从而企业 1 生产得尽可能多（这是由于投入需要函数 $x(t_2)$ 关于 t_2 单调递减，当 t_2 减少，则 $x(t_2)$ 增大，从而 $e'(x(t_2))$ 增大）。另一方面，若企业 2 认为企业 1 提出的庇古税率 t_1 过小，它希望对企业 1 所征收的税率尽可能大，从而激励企业 1 生产尽可能少的产品。因此，当企业 2 所承担的外部性成本恰好被补偿时，它对企业 1 的生产水平最满意。

一般来说，由于利益冲突，个人目标与他人目标或社会目标总有所差异，从而需要通过恰当的机制设计使个人优化目标与社会目标 (如使社会资源达到有效配置) 相一致。著者在 Tian (2003) 一文中给出了另外一种解决消费外部性、保证配置达到帕累托有效的激励机制，而在 Tian (2004) 一文中考察了解决消费外部性、保证配置达到帕累托有效的信息有效性问题。

14.5 排污权市场与污染权有效配置

本节讨论污染的治理，着重关注如何利用市场的方法来实施污染权的有效配置，从而达到有效控制污染。在 20 世纪 90 年代，一些欧美国家对污染物建立了排放许可市场，获得了一些成功的经验，其应用也被逐渐推广到世界其他国家。这一节重点关注排污权市场运行的逻辑、效率和可能的局限。本节的讨论参考了 Leach (2004) 以及 Newell 和 Stavins （2003）对排污权市场的分析。

排污收费、排放限额等方式，一个重要的问题在于信息问题。由于政府并不拥有企业的技术信息，对排污的收费通常并不能达到庇古税的水平，也不能让企业的污染减排达到最有效的水平。此外，在环境污染中，企业与居民的谈判面临过高的交易成本，比如搭便车，从而也不能实现有效污染控制。“限额加交易”(cap and trade) 污染权交易，通常能利用市场机制的作用，减少对信息的要求以及交易成本。

下面通过一个简单例子来讨论排污权市场的效率。

假设某个经济体有两个企业，它们之间不存在外部性，两个企业都可能排污，假设企业的产量是给定的。若企业 i 不控制，那么会产生 $\bar{e}$ 的污染，令 a_i 是企业减排的数量。假设减排的成本为：$C_i = c_i\frac{a_i^2}{2}$。两个企业的减排成本不同，不妨假设 $c_1 < c_2$。假设政府规定社会总的排放为 $2\hat{e}$，且设定每个企业的排放限额为 $\hat{e} < \bar{e}$。

14.5.1 无交易市场的减排成本

若两个企业的排污权不能交换，那么此时企业 i 的减排成本为 $C_i = c_i\frac{(\bar{e}-\hat{e})^2}{2}$，总的减排成本为 $(c_1+c_2)\frac{(\bar{e}-\hat{e})^2}{2}$。在 $\bar{e}-\hat{e}$，企业 1 的边际减排成本为 $c_1(\bar{e}-\hat{e})$，企业 2 的边际减排成

本为 $c_2(\bar{e}-\hat{e})$。由于两个企业的边际减排成本不同，此时社会总的减排成本并没有最小化。若企业 2 把 1 单位排污权转移给企业 1，社会的减排成本会减少 $(c_2-c_1)(\bar{e}-\hat{e})$。为此，建立排污权市场，在不影响总的污染排放的前提下，会降低总的减排成本。

14.5.2 排污权交易

下面我们讨论在排污权交易下的市场均衡。假设排污权市场是竞争性市场，我们可以把企业 i 的数目看成是连续统的，每一类企业的总数标准化为 1。

对于企业 1 来说，其最优化问题为：

$$\min a_1 c_1 \frac{a_1^2}{2} + p(\bar{e}-\hat{e}-a_1) \tag{14.5.62}$$

$$\text{s.t.} \quad a_1 \leqq \bar{e}, \tag{14.5.63}$$

其中在目标函数 (14.5.62) 中，p 是排污权的价格。若没有交易，企业 1 需要减排 $\bar{e}-\hat{e}$，若企业 1 实际减排为 $a_1<\bar{e}-\hat{e}$，它需要购买 $\bar{e}-\hat{e}-a_1$ 的排污权；若企业 1 实际减排为 $a_1>\bar{e}-\hat{e}$，此时它可以向市场供应 $-(\bar{e}-\hat{e}-a_1)$ 的排污权。因此，企业目标函数是在排污限额为 $\hat{e}$ 下，企业 1 的最小化污染成本。

条件 (14.5.63) 表示，企业 1 最高可能的减排不会超过其产生的污染。

容易得到，企业 1 的最优决策：

$$a_1 = \begin{cases} \dfrac{p}{c_1}, & \text{若} p < c_1\bar{e}, \\ \bar{e}, & \text{其他}. \end{cases} \tag{14.5.64}$$

定义企业 1 的排污权需求 $d_1(p)=\bar{e}-\hat{e}-a_1$，这里我们把供给看成是负需求。利用上面的一阶条件（14.5.64），得到：

$$d_1(p) = \begin{cases} \bar{e}-\hat{e}-\frac{p}{c_1}, & \text{若} p < c_1\bar{e}, \\ -\hat{e}, & \text{其他}. \end{cases} \tag{14.5.65}$$

类似地，我们可以得到企业 2 对排污权的需求 $d_2(p)$。

当 $d_1(p)+d_2(p)=0$ 时，排污权市场达到均衡，均衡有两种情形：

(1) 均衡 1：企业 1 保留部分的排污权，即 $a_1<\bar{e}$。

此时市场出清，满足：

$$2(\bar{e}-\hat{e}) - \left[\frac{p}{c_1}+\frac{p}{c_2}\right] = 0,$$

得到排污权市场的均衡价格为：

$$p = 2(\bar{e}-\hat{e})\left[\frac{1}{c_1}+\frac{1}{c_2}\right]^{-1}, \tag{14.5.66}$$

同时满足

$$p < c_1\bar{e}.$$

把方程 (14.5.66) 代入上式，得到：

$$\hat{e} > \bar{e}\frac{c_2-c_1}{2c_2},$$

也就是说，若企业的排污限额足够大，此时企业 1 会保留一部分排污权。在这一均衡下，排污权交易为：

$$-d_1 = d_2 = (\bar{e} - \hat{e})\frac{c_2 - c_1}{c_1 + c_2}. \tag{14.5.67}$$

从式 (14.5.67) 我们看到，两个企业的排污技术差异越大，此时排污权的交易规模越大。通过交易，可以最小化社会减排成本。在均衡时，社会的减排成本为：

$$C_1 + C_2 = 2(\bar{e} - \hat{e})^2\left[\frac{1}{c_1} + \frac{1}{c_2}\right]^{-1} < (\bar{e} - \hat{e})^2\frac{c_1 + c_2}{2}.$$

(2) 均衡 2：企业 1 销售所有的排污权。

此时市场出清，满足：

$$\bar{e} - 2\hat{e} - \frac{p}{c_2} = 0,$$

得到排污权市场的均衡价格为：

$$p = c_2(\bar{e} - 2\hat{e}),$$

同时满足

$$p > c_1\bar{e},$$

得到：

$$\hat{e} < \bar{e}\frac{c_2 - c_1}{2c_2}.$$

此时，排污权交易数量为：

$$-d_1 = d_2 = \hat{e}.$$

社会总的减排成本为：

$$\frac{c_1}{2}(\bar{e})^2 + \frac{c_1}{2}(\bar{e} - 2\hat{e})^2 < (\bar{e} - \hat{e})^2\frac{c_1 + c_2}{2}.$$

在排污权市场上，当企业在减排上存在不同技术时，交易会让它们在减排的边际成本上保持相同，从而有利于污染权的有效配置。此外，在存在排污权市场的情况下，企业在减排技术的创新上也会有更大的激励，这是因为，在市场交易下可以使得减排创新产生的收益变得更大，而不只是降低自身的减排成本。有许多研究发现通过市场交易，社会的减排成本可以有很大的节省。比如 Carlson 等（2000）对电力行业中二氧化硫排污权交易的研究表明，相对于直接控制（即要求所有企业保持相同的减排比率），交易可以使得美国电力行业的减排成本曲线（从 1985 年开始）下降超过 50%，同时交易可以使得每年的减排成本降低 7 亿 ~8 亿美元。

然而，排污权市场的运作也会有很多成本。比如排污权如何在企业内分配，如何对新进入的企业进行分配。当然，一种分配方式是通过拍卖的方式，然而，对不同污染物之间建立拍卖市场本身也是一个很大的挑战，因为在一些行业中，不同污染物之间可能存在内在联系。Joskow 等 (1998) 讨论了排污权市场运作中的交易成本，并以美国为背景讨论了二氧化硫排污权市场中的拍卖对排污权价格的影响。此外，对排污权的分配可能会带来寻租以及社会风险，不同企业可能有不同的金融借贷能力，在拍卖以及市场交易中可能会产生一些效率损失。此外，对于很多发展中国家，对排污的监管一直是一个难题，若不能有效监督企业的污染排放，那么排污权市场就势必缺乏清晰的产权。Stavins (1995) 讨论了排污权的交易成本对于污染控制效率的影响，此外，Tietenberg (1995) 讨论了排污权的空间配置。对于排污权市场更多的了解，可以参考 Gayer 和 Horowitz (2005) 的综述，他们详细地讨论了排污权市场一些重要的理论和实践上的问题。

14.6 【人物小传】

14.6.1 阿瑟·庇古

阿瑟·塞西尔·庇古（Arthur Cecil Pigou, 1877—1959），英国著名经济学家，剑桥学派的主要代表人物之一。庇古出生在英国一个军人家庭，青年时代进入剑桥大学学习，最初的专业是历史，后来受当时英国著名经济学家马歇尔的影响，并在其鼓励下转学经济学。1908 年，马歇尔从剑桥大学退休，接替他的就是年仅 30 岁的庇古，所以庇古在很大程度上延续了马歇尔的学术传统和分析框架。退休后，庇古仍留在剑桥大学从事著述研究工作。另外，他还曾担任英国皇家科学院院士、国际经济学会名誉会长、英国通货外汇委员会委员和所得税委员会委员等职。他在其代表作《福利经济学》、《产业变动论》、《财政学研究》中提出了“经济福利”的概念，主张国民收入均等化，且建立了基数效用论等。庇古首次用现代经济学的方法从福利经济学的角度系统地研究了外部性问题，在马歇尔提出的“外部经济”概念基础上扩充了“外部不经济”的概念和内容，将外部性问题的研究从外部因素对企业的影响效果转向企业或居民对其他企业或居民的影响效果。

1920 年出版的《福利经济学》是庇古最著名的代表作，该书将福利经济学系统化，标志着庇古完整理论体系的建立。它对福利经济学的解释一直被视为“经典”的，庇古也因此被称为“福利经济学之父”。庇古认为，《福利经济学》一书的目的，就是研究在现代实际生活中影响经济福利的重要因素。全书的中心就是研究如何增加社会福利。庇古提出了“庇古税方案”，提倡对有正外部性的活动给予补贴。庇古因“庇古税”享誉后世。

庇古是新古典学派思想的重要典范。事实上，凯恩斯就是将庇古作为新古典主义学派中持充分就业分析观点的代表人物来进行攻击的。庇古也进行了反击，称凯恩斯的《通论》是错误观点的混合物。对许多更年轻的经济学学生来说，庇古的名字总是不可避免地和“庇古效应”相联系，这是他回应凯恩斯的一个论据，他试图在古典主义有关工资和价格弹性的假设下通过逻辑完全性的演示，恢复新古典主义就业理论的地位。

14.6.2 罗纳德·科斯

罗纳德·哈里·科斯（Ronald Harry Coase，1910—2013），新制度经济学的鼻祖，产权理论的奠基人，芝加哥经济学派代表人物之一，因发现和分析在经济的制度结构和运行中交易成本和产权的作用获 1991 年诺贝尔经济学奖。科斯一生著作很少，其中最有名的是 1937 年发表的《企业的本质》和 1961 年发表的《社会成本问题》这两篇惊世之作，它们大概是全部现代经济学文献中被最广泛援引的两篇文章。他写的文章，尽管没有用到数学，但文章逻辑分析清晰，开创性地引入和采用交易费用的概念和明晰产权来研究企业的边界和外部性问题，把制度和企业引入了此前偏重诠释市场价格体系如何发挥作用的主流经济学，论证了企业、产权、契约和市场之间的关系，以及这些因素对经济发展的重要作用，其经济思想异常深刻，具有非凡的洞见力，对现代经济学的发展影响深远。许多经济学科，如产权经济学、信息经济学、机制设计理论、合约理论、转型经济学等都受到了科斯思想的影响，促进了这些领域的发展。近年来获得诺贝尔经济学奖的经济学家，很多都是对这些领域进行研究而获得此荣耀。

科斯 1910 年出生于英国伦敦郊外的一个名叫威尔斯登的小镇，在幼年时期，科斯由于腿疾而不得不穿戴上帮助支撑的铁制护腿，由于身体上的缺陷，年幼的科斯不得不在残疾学校入学。通过自身的不懈努力，科斯顺利进入了伦敦政治经济学院，并在 22 岁那一年获得了商科学士学位。在该校任教 6 年后，科斯在 1951 年获得伦敦大学博士学位，随后他前往美国，先后于布法罗大学和弗吉尼亚大学任教，之后一直担任芝加哥大学教授。早在学生时代读《马可・波罗游记》的时候，科斯教授就对中国产生了浓厚的兴趣。20 世纪 80 年代初期，科斯教授极力建议张五常先生去香港大学任教，因为他认为香港大学是当时对中国最新的经济改革进行研究的最好地方。

1937 年，年仅 26 岁的科斯便在一篇名为《公司的性质》的论文中，以独特的视角阐述了企业是如何形成的。这篇论文后来被广泛认为对于经济学界具有划时代的意义。科斯从“交易成本”的角度给出了他所认为的企业如何产生的原因。科斯认为，市场交易行为存在成本，这些成本包括讨价还价、订立和执行合同的费用以及时间成本等。科斯认为，当市场交易成本高于企业内部的管理协调成本时，企业便产生了，企业的存在正是为了节约市场交易费用，即用费用较低的企业内交易代替费用较高的市场交易。这一独特的研究视角直到今天仍为经济学界所惊叹。

科斯的研究几乎没有用到什么数学，如在 1960 年的著名论文《社会成本问题》中，他就完全用文字论述来研究如何解决经济外部性问题，以此论证产权的界定和产权的安排在经济交易中的重要性。1982 年诺贝尔经济学奖得主乔治・斯蒂格勒（George Joseph Stigler，1911—1991）将科斯的这一理论进一步归纳为“在完全竞争条件下，私人成本等于社会成本”，并最终形成“科斯定理”。科斯定理在经济学领域的重要之处在于，发现了除价格之外，产权安排与交易费用对于制度安排的影响。科斯定理其实分为两部分。他的论断是：只要交易费用为零且产权明确界定，则 (1) 外部效应的水平与产权的划分无关, 这个结论称为科斯中性定理；(2) 通过自愿交易与自愿谈判，明确界定的产权将会导致资源的有效配置，即利用市场机制，通过自愿交易与自愿谈判，可找寻到使得所有人利益之和最大的契约安排, 这个结论称为科斯有效性定理。科斯更进一步论断，即使市场交易是有费用的，在产权明确界定的情况下，相互作用的各方也会通过合约找寻到费用较低的制度安排。

科斯的经济理论发现和思想洞见在一直以来处于经济改革进程中的中国传播广泛，使得他本人也成为在中国经济学界被引用率最高的当代经济学家之一。科斯也长寿，活了 102 岁。

14.7 习 题

习题 14.1 某乡村有个果园挨着一个养蜂场，果园生产水果，养蜂场供应蜂蜜。果树的花朵为蜜蜂提供花蜜，蜜蜂也促进花粉传播。假设水果的价格为每单位 2 元，而蜂蜜的价格为每单位 8 元。令 H 表示蜂蜜的产量，A 表示水果的产量。假设果园的成本函数为 $C_A(A,H)=A^2/2-6H$，养蜂场的成本函数为 $C_H(A,H)=H^2/2-3A$。

1. 若果园和养蜂场独立决策，水果和蜂蜜的产量分别是多少？
2. 若果园和养蜂场合并，水果和蜂蜜的产量分别是多少？

习题 14.2 考虑一个两类商品两消费者的经济。两消费者的效用函数为:

$$u_1(x)=0.5\ln(x_1^1+x_2^1)+0.5\ln x_1^2,$$

$$u_2(x)=0.5\ln x_2^1+0.5\ln x_2^2,$$

初始禀赋为 $w_1=(1,2)$ 和 $w_2=(2,1)$。

1. 求解帕累托有效配置和竞争均衡。
2. 竞争均衡是帕累托有效的吗，为什么？

习题 14.3 考虑两类商品两消费者的纯交换经济，第一种商品是“音乐”，第二种商品是“面包”。消费空间为 $X_i=\mathcal{R}_+^2$，$i=1,2$，总的初始禀赋为 (w_m,w_b)，消费者的效用函数分别为:

$$u_1(m_1,b_1)=m_1^{3/5}b_1^{2/5}-k_1,$$

$$u_2(m_2,b_2)=m_2^{3/5}b_2^{2/5}-k_2,$$

其中，m_1 和 m_2 分别表示消费者 1 和 2 的音乐消费量，b_1 和 b_2 分别表示消费者 1 和 2 的面包消费量，k_1 和 k_2 是给定常数。

1. 帕累托最优的集合是什么？
2. 假设消费者 1 和 2 的初始禀赋分别是 $w_1=(3/2,1/2)$ 和 $w_2=(1/2,3/2)$。计算竞争均衡。
3. 验证问题 (2) 中的均衡是否是帕累托最优的。
4. 现假定消费者的效用函数改变为:

$$\widehat{u}_1(m_1,m_2,b_1)=m_1^{3/5}b_1^{2/5}-m_2,$$

$$\widehat{u}_2(m_1,m_2,b_2)=m_2^{3/5}b_2^{2/5}-m_1.$$

以上效用函数的一个解释是，一人音乐的消费在增加他自己效用的同时，也干扰了他人的安静环境，从而减少了他人的效用。

(a) 总初始禀赋的关键值 $\bar{w}^m$ 是什么，使得超出其关键值后，耗尽资源将导致帕累托无效率配置？

(b) 内点的帕累托有效配置的集合是什么？(对两种情况进行讨论: $w^m\leqq\bar{w}^m$ 和 $w^m>\bar{w}^m$)，将结果和问题 (1) 中的结果进行比较。

(c) 假定 $w_1=(3/2,1/2)$ 和 $w_2=(1/2,3/2)$。计算竞争均衡。它是帕累托最优的吗？

习题 14.4 考虑两类商品两消费者的纯交换经济: 总禀赋由 (w_x,w_y) 给出，其中 x 和 y 代表两种商品；两消费者的效用函数分别为:

$$u_1(x_1,y_1)=x_1^{0.3}y_1^{0.7}-x_2,$$

$$u_2(x_2,y_2)=x_2^{0.3}y_2^{0.7}-x_1.$$

1. 求解 $\bar{w}_x$，使得对于任意的 $w_x > \bar{w}_x$，任何耗尽所有总禀赋的配置必然不是帕累托有效的。
2. 求解内点的帕累托有效配置。
3. 设 $w_1 = (2,1), w_2 = (1,2)$，试求解竞争均衡。它是帕累托有效的吗，为什么？

习题 14.5　考虑一个两类商品两消费者的经济。商品 m 表征所有可以用金钱购买的商品，商品 n 表征所有非金钱商品，如健康、自由、家庭生活等。换言之，商品 m 表示一切可计入 GDP 的商品之和，商品 n 则包含所有不被计入 GDP 的内容。消费者 i 的效用函数如下所示：

$$u_i(m_i, n_i, m_j) = m_i^{\alpha} n_i^{1-\alpha} - \beta m_j, \quad 0 < \alpha < 1, \beta > 0.$$

1. 证明若 m 的总禀赋超过一定额度，则在帕累托最优的配置下 m 不会被全部耗尽。
2. 求解帕累托有效配置。
3. 你认为本题的结论能否解释如下悖论：个人的幸福指数可能并不会随着国家财富的增长而增加？

习题 14.6　考虑有 n 个消费者的经济，每个消费者 i 选择一个行动 $h_i \in R_+$。消费者的效用函数为 $\phi_i(h_i, \sum_i h_i) + w_i$，假定 $\phi_i(\cdot)$ 严格凹。w_i 是消费者 i 的初始禀赋。

1. 特征化帕累托最优水平 $h_1, \cdots, h_n$。
2. 特征化纳什均衡水平。
3. 对帕累托有效水平和纳什均衡水平进行比较。什么样的税率水平能导致帕累托最优结果？

习题 14.7　某山村有一块公用牧地，村民可以在这里放羊。饲养 1 头羊的成本为 4，在这块牧地上饲养羊的总收入为 $f(x) = 20x - 3x^2/2$，其中 x 表示所有羊的数量。

1. 证明允许村民自由放牧不能使该牧地的收益最大化。
2. 政府现在决定每饲养一头羊都必须持有一张放羊许可证，则为使收益最大化，政府应如何决定放羊许可证的价格？

习题 14.8　有两个人要分别决定应把车开得多快。个体 i 选择开车速度 x_i 可得到 $u_i(x_i)$ 的效用且有 $u_i'(x_i) > 0$。但若车开得越快则越有可能发生撞车事故，令 $P(x_1, x_2)$ 为事故发生的概率，且其是 x_1 和 x_2 的增函数。令 $c_i > 0$ 为发生事故时对个体 i 的成本。每个人的效用关于货币都是线性的。

1. 证明个体选择的开车速度比社会福利最大化所希望的要快。
2. 若发生事故时个体 i 被罚款的数量为 t_i，试求可将外部效应内部化的 t_i。
3. 现在假设一旦发生事故时个体 i 的效用将变为 0，试求此时外部效应内部化的罚金。

习题 14.9　某厂商的成本函数 $c(q, h)$ 可微且严格凸，$q \geqq 0$ 为其产出水平，h 是该厂商生产的负外部性水平。该外部性影响消费者，其间接效用函数为 $\phi(h) + w$，其中 $\phi(h)$ 可导且有 $\phi'(h) < 0$。

1. 推导厂商选择 q 和 h 的一阶条件。
2. 推导 q 和 h 帕累托最优的一阶条件。
3. 假定政府对厂商的产量征税，证明该做法不能实现帕累托最优。
4. 假定政府对外部性直接征税，证明该做法能够实现帕累托最优。

5. 若 $h=\gamma q$ 恒成立，这里 $\gamma>0$，证明对产量征税能够实现帕累托最优。

习题 14.10 (公地问题) 渔民可在湖中自由捕捞，一艘渔船的成本为 $c>0$。当湖上有 b 艘渔船时，共有 $f(b)$ 斤鱼被捕获，即每艘渔船捕鱼的斤数为 $f(b)/b$。对 $b\geqq 0$，恒有 $f'(b)>0, f''(b)<0$。每斤鱼的价格为 $p>0$。

1. 试求渔船的均衡数量。
2. 求解最优的渔船数量，证明渔船的最优数量小于均衡数量。
3. 对渔船征收怎样的捕捞税可实现最优的渔船数量？
4. 假定该湖属于某个人，他将如何选择渔船数量？

习题 14.11 某经济由两个消费者 A 和 B 以及两种商品 1 和 2 组成。y_i^j 表示个体 i 对商品 j 的消费量，I_i 表示个体收入水平，两种商品的价格分别为 p^1 和 p^2。消费者 A 的效用函数为 $u_A(y_A^1, y_A^2, y_B^2)$，消费者 B 的效用函数为 $u_B(y_B^1, y_B^2)$，这意味着消费者 B 对商品 2 的消费对消费者 A 具有外部性。

1. 写出消费者的效用最大化问题，并得到均衡配置下应满足的条件。
2. 若 $\partial u_A/\partial y_B<0$，均衡配置是帕累托有效的吗，为什么？
3. 现在假设对消费者 B 消费商品 2 征收从量税 t_B^2，此时消费者 B 的效用最大化问题将变为什么？
4. 上述征税方式能恢复帕累托有效配置吗，为什么？

习题 14.12 某地方政府建议实行一种带有最小排污标准的排污税制度。每个企业被允许排放一定数量 $\bar{h}$ 的污染物而不被征税。超出 $\bar{h}$ 的部分将被征税。

1. 写出企业的目标函数。
2. 解释为什么在一般情况下这个系统不是有效的，不会激励最小成本的减排，以及在什么情况下这个系统是有效的。

习题 14.13 考虑两家企业的不变边际减排成本函数：

$$-C_1'(h_1)=a,\ h_1<\hat{h_1};$$
$$-C_2'(h_2)=b,\ h_2<\hat{h_2}.$$

1. 当污染的破坏函数是凸的和线性时，分别找出两家企业的社会最优排放。
2. 在这些情况下，是否可能采用经济激励政策工具来达到社会的最优配置？

习题 14.14 (Macho-Stadler 和 Pérez-Castrillo，2006) 在线性排污税率和不完全监管下，一个企业决定其报告排放量 z 与实际排放量 h。线性税率为 τ，企业交纳的排污费为 $z\tau$。企业的收益是实际排污量的函数，由 $g(h)$ 表示。当企业未受到任何监管时，其排放量为 $\overline{h}$，并且 $g'(\overline{h})=0$；当 $h\in[0,\overline{h})$ 时，$g(h)$ 是单调递增的凹函数：$g'(h)>0$，$g''(h)<0$。企业的真实排污量被环保部门稽查出的概率为 ρ，$\rho\in[0,1]$。被查出虚报的企业须交纳的罚款为 $\theta(h-z)$，且罚款额是实际排放量与报告排放量之间差额的单调递增凸函数：对于 $x>0$ 有 $\theta'(x)>0$，$\theta''(x)>0$。由于单位虚报的罚款应高于税率，我们假设 $\theta'(0)>\tau$。

1. 企业的最优报告排放量和实际排放量如何随监管强度 ρ 的变化而变化？
2. 对一个报告排放量大于零的企业增大监管强度是否会降低其实际排放量？

习题 14.15 某河流的上游有一家化工厂，它的生产会对下游的两户渔民造成污染。化工厂可以花费 5,000 元购买设备以避免污染，污染会给两户渔民分别带来 2,500 元和 4,000 元的损失，渔民可单独或联合以 6,000 元的价格购买净化装置以消除污染。

1. 假设产权并不明晰且污染已经发生，假设两户渔民可以协商，结果如何？
2. 假设产权归化工厂所有，且化工厂和两户渔民可以协商，结果如何？
3. 假设产权归渔民所有，结果如何？
4. 上述三问中的结果何者是帕累托有效的？
5. 若引入"税收—补贴"机制，规制者应如何实现帕累托有效的结果？

习题 14.16 (科斯不变定理) 科斯不变定理断定，只要产权明晰界定，产权如何划分对外部性均衡水平没有影响。考虑两类商品两消费者的纯交换经济，一种商品是"金钱"，两人都喜爱；另外一种是"音乐"，其一人的音乐消费在增加他自己效用的同时，会减少他人的效用。

1. 关于消费者偏好的什么样的特别假设将导致科斯不变定理的论断？对两种关于产权界定的情形来论证你的论断：(a) 音乐家不需得到邻居的认可就有权放音乐。(b) 需得到邻居的认可才有权放音乐。(为了达成一致，可以由一人对另外一人进行补偿。) 并用图表说明你的回答。
2. 现假定两人都具有 Cobb-Douglas 效用函数。科斯不变定理的论断还成立吗？用图表说明你的回答。

习题 14.17 科斯有效性定理认为：若产权界定明确且交易成本为零，则对外部性的资源谈判将导致帕累托最优结果。

1. 证明拟线性效用函数是科斯定理成立的充分条件。
2. 拟线性效用函数是否为科斯定理成立的必要条件？若是，给出证明；若不是，给出反例。

习题 14.18 (Kolstad，2000) 假定存在两家有隐藏特征 θ 的污染企业。对两家企业来说，θ 不一定必须是相等的。假设 θ 可以取值 1 或 2。这两家企业的收益是 $S(h,\theta)=1-\frac{(1-\theta h)^2}{2\theta}$。污染带来的损失是 $D(h_1+h_2)=(h_1+h_2)^2/2$。

1. 假定管制者知道每家企业的 θ 值：θ_1 和 θ_2。对所有可能的 θ_1 和 θ_2 的组合来说，对每家企业什么是社会最优的污染数量：$h_1^*(\theta_1,\theta_2)$，$h_2^*(\theta_1,\theta_2)$？
2. 现在假设管制者不知道 θ，但是询问了每家企业的真实 θ。在收到了每家企业的那些报告后，每家企业 i 将被收取一定量的费用 $T_i(h_i,\theta_i)$，这个费用是基于报告的 θ_i、其他企业的报告 θ_j 以及真实的排放 h_i:

$$T_i(h_i,\theta_i)=D[h_i+h_j^*(\theta_1,\theta_2)]-S_j[h_j^*(\theta_1,\theta_2),\theta_j].$$

在企业报告它们的 θ 值之前，它们知道这个情况。说明讲出真实的 θ 和排放社会最优的污染数量 h^* 是每家企业的最佳利益所在。

14.8 参考文献

教材和专著：

黄有光, 张定胜 (2008). 高级微观经济学. 上海: 格致出版社.

平新乔 (2001). 微观经济学十八讲. 北京: 北京大学出版社.

Kolstad, C. (2000), *Environmental Economics*, Oxford University Press.

Laffont, J. J. (1988). *Fundamentals of Public Economics*, Cambridge, MIT Press.

Leach, J. (2004). *A Course in Public Economics*, Cambridge University Press.

Luenberger, D. (1995). *Microeconomic Theory*, McGraw-Hill, Inc. , Chapter 9.

Mas-Colell, A. , Whinston, M. D. and Green, J. (1995). *Microeconomic*, Oxford University Press, Chapter 11.

Pigou, A. (1928). *A Study of Public Finance*, New York: Macmillan.

Polyamin, A.D., Zaitsev, V.F., and Moussiaux, A. (2002). *Handbook of First Order Partial Differential Equations*, Taylor & Francis, London.

Salanie, B. (2000). *Microeconomics of Market Failures*, MIT Press, Chapter 6.

Varian, H. R. (1992). *Microeconomic Analysis*, Third Edition, W. W. Norton and Company, Chapter 24.

论文：

田国强, 杨立岩. 对"幸福—收入之谜"的一个解答：理论与实证. 经济研究, 2006 年 11 月，4-15.

Aivazian, V. A. , and Callen, J. L. (1981). "The Coase Theorem and the Empty Core", *Journal of Law and Economics*, Vol. 24, 175-181.

Andel, N. (1966). "Some Note on Equating Private and Social Cost: Comment", *Southern Economic Journal*, Vol. 3, 112.

Arrow, K. J. (1969). "The Organization of Economic Activity: Issues Pertinent to the Choice of Market versus Non-market Allocation", in: *The Analysis and Evaluation of Public Expenditure: The PPB System*, 3.

Arrow, K. J. (1977). "The Property Rights Doctrine and Demand Revelation under Incomplete Information", in Michael J. Boskin (ed.), *Economics and Human Welfare: Essays in Honor of Tibor Scitovsky*, New York: Academic Press, 23-39.

Carlson, Curtis, Dallas Burtraw, Maureen Cropper, and Karen L. Palmer (2000). "Sulfur Dioxide Control by Electric Utilities: What Are the Gains from Trade?", *Journal of Political Economy*, Vol. 108, No. 6, 1292-1326.

Chipman, J. S. (1998). "A Close Look to the Coase Theorem", in *The Economists' Vision: Essays in Modern Economic Perspectives*, eds. by James Buchanan and Bettina Monissen, Frankfur/Mmain: Campus Verlag, 131-162.

Chipman, J. S., and Tian, G. (2012). "Detrimental Externalities, Pollution Rights, and the 'Coase Theorem' ", *Economic Theory*, Vol. 49, 309-327.

Coase, R. (1960). "The Problem of Social Cost", *Journal of Law and Economics*, Vol. 3, 1-44.

Gayer, Ted and Horowitz, J. K. (2005). "Market-based Approaches to Environmental Regulation", *Foundations and Trends in Microeconomics*, Vol. 1, No. 4, 201-326.

Hurwicz, L. (1995). "What Is the Coase Theorem", *Japan and the World Economy*, Vol. 7,

49-74.

Joskow, P. L. , Schmalensee, R. and Bailey, E. M. (1998). "The Market for Sulfur Dioxide Emissions", *American Economic Review*, Vol. 88, No. 4, 669-685.

Macho-Stadler, Ines and David Perez-Castrillo (2006). "Optimal Enforcement Policy and Firms' Emissions and Compliance with Environmental Taxes", *Journal of Environmental Economics and Management*, Volume 51, Issue 1, 110-131.

Meng, D. and Tian, G. (2008). *Nonlinear Pricing with Network Externalities and Countervailing Incentives*, Texas A&M University, website: http://econ. tamu. edu/tian/paper. htm.

Newell, R. G. and Stavins, R. N. (2003). "Cost Heterogeneity and the Potential Savings from Market-Based Policies", *Journal of Regulatory Economics*, Vol. 23, No. 1, 43-59.

Ng, Y-K. (2016). "Optimal Environmental Charges/Taxes: Easy to Estimate and Surplus-Yielding" *Environmental and Resource Economics*, forthcoming.

Starrett, D. A. (1972). "Fundamental Non-convexities in the Theory of Externalities", *Journal of Economic Theory*, Vol. 4, 180-199.

Stavins, R. N. (1995). "Transaction Costs and Tradeable Permits", *Journal of Environmental Economics and Management*, Vol. 29, 133-148.

Tian, G. (2000). "Property Rights and the Nature of Chinese Collective Enterprises", *Journal of Comparative Economics*, Vol. 28, 247-268.

Tian, G. (2001). "A Theory of Ownership Arrangements and Smooth Transition to a Free Market Economy", *Journal of Institutional and Theoretical Economics*, Vol. 157, 380-412. (The Chinese version published in *China Economic Quarterly*, Vol. 1 (2001), 45-70.)

Tian, G. (2003). "A Solution to the Problem of Consumption Externalities", *Journal of Mathematical Economics*, Vol. 39, 831-847.

Tian, G. (2004). "A Unique Informationally Efficient Allocation Mechanism in Economies with Consumption Externalities", *International Economic Review*, Vol. 45, 79-111.

Tian, G. and Yang, L. (2009). "Theory of Negative Consumption Externalities with Applications to Economics of Happiness", *Economic Theory*, Vol. 39, 399-424.

Tian, G. and Yang, L. (2012). "Balanced Growth: A Potential Resolution to the Easterlin Paradox", Texas A&M University, website: http://econ. tamu. edu/tian/paper. htm.

Tietenberg, T. (1995). "Tradeable Permits for Pollution Control When Emission Location Matters: What Have We Learned?", *Environmental and Resource Economics*, Vol. 5, 95-113.

Varian, H. R. (1994). "A Solution to the Problem of Externalities When Agents Are Well Informed", *American Economic Review*, Vol. 84, 1278-1293.

第15章　公　共　品

15.1　导　　言

在前一章中，我们讨论了具有外部性的经济环境。注意到对于一个经济体，甚至做任何一件事，是否有外部性非常重要，这关系到市场是否会失灵的问题，关系到政府是否应该干预或社会是否应该监督。若外部性存在，即使是在充分竞争和有经济上的自由选择的情况下，一旦参与人的经济活动影响到其他人的行动，市场就可能会失灵，导致资源的无效配置，从而需要采取其他补救措施，如庇古税、科斯定理、为外部性建立污染权交易市场、激励机制设计等制度安排来解决因外部性而出现的市场失灵问题。

与外部性紧密相关的情景是公共品。一旦存在公共品，就会产生外部性，从而市场会失灵。我们都知道，让人们捐献来做一个公共项目往往会非常困难。为什么会这样呢？原因在于公共品和私人品存在着本质差异，其中一个重大差异是公共品的**非排他性**。一种商品是**排他的** (excludable)，若当一个人消费了某个商品，其他人就不能消费该商品，比如你吃了这个苹果，我就吃不到这个苹果。而一个商品是非排他性商品意味着，你在消费这个商品的同时，其他人也能消费同量的这个商品。另一个重大差别是非竞争性。一种商品是**非竞争的**，若一个人对该商品的消费不会减少其他消费者对该商品的消费量。

纯公共品 (pure public goods)是这样一种商品，某个体消费了一单位的这种商品不会妨碍其他个体消费同一单位这样的商品，因此纯公共品是**非排他** (non-excludable) 和**非竞争的** (non-rival)。

最纯的公共品是国防，它保护了所有国民免受外界侵犯。其他纯公共品的例子是免费的公共电视和公共广播电台。高速公路系统、公共图书馆、公共卫生、街灯、警察、消防系统、防洪项目、公园和其他公共项目等在很大程度上也非常接近纯公共品。

局部公共品 (local public goods)的例子：存在地域限制的公共品。

公共品的非排他性将会导致严重的搭便车问题。例如，公路修了以后大家都能使用，因而每个人都希望他人多捐献，而自己不愿意捐献。吃大锅饭的国有企业搞不好的根本原因也在于此，每个人都想从别人的劳动努力中获利，而自己却想偷懒。竞争市场对配置私人品一般来说是非常有效的，但对配置公共品来说，却往往会失灵，不是一个好的经济制度安排。

解决此问题的办法在理论上有三个：(1) 形成捐献习惯的社会规范和文化，但短期内很难做到，且效果有限；(2) 改造人的思想，将为他人或劳动变成一种快乐和幸福，但现实很残酷，效果不好，除非追求个人利益的基因得到改变；(3) 在捐献习惯这样的社会规范和文化一时难以形成，人的思想觉悟无法大幅度提高的情况下，就应采用激励机制设计方法，因人因事而异，将人的思想境界不高的现实作为约束条件引入机制设计中。通过激励机制与社会规范和法规相结合的综合治理方法能比较好地解决搭便车问题。

15.2　定义和基本设定

公共品经济环境的一般设定包括消费者、生产者、私人品和公共品。其模型是一般均衡理论模型的推广和延伸。令

n: 消费者数目。

L: 私人品数目。

K: 公共品数目。

$Z_i \subseteq \mathcal{R}_+^L \times \mathcal{R}_+^K$: 消费者 i 的消费空间。

$Z \subseteq \mathcal{R}_+^{nL} \times \mathcal{R}_+^K$: 消费空间。

$\mathbf{w}_i \in \mathcal{R}_+^L$: 消费者 i 的初始私人品禀赋；为简单起见，假设经济中无公共品禀赋，但它们可由企业通过投入私人品生产出来。

$\mathbf{x}_i \in \mathcal{R}_+^L$: 消费者 i 的私人品消费。

$\mathbf{y} \in \mathcal{R}_+^K$: 公共品的消费/生产。

$Y \subseteq \mathcal{R}^L$: 企业的生产可能性集合。为讨论简单起见，本章假设只有一个生产公共品的企业。

$\mathbf{y} \in Y$: 生产计划向量，其中，正元素表示公共品的产出，负元素表示私人品的投入。

f: $\mathcal{R}_+^L \to \mathcal{R}_+^K$: 生产公共品的生产函数，若生产技术可由生产函数 $\mathbf{y} = f(\mathbf{v})$ 表示，这里 $\mathbf{v} \in \mathcal{R}_+^L$ 是私人品投入。

θ_i: 消费者 i 从生产获得的利润份额。

$(\mathbf{x}_i, \mathbf{y}) \in Z_i$: 消费者 i 的私人品和公共品的消费。

$(\mathbf{x}, \mathbf{y}) = (\mathbf{x}_i, \cdots, \mathbf{x}_n, \mathbf{y}) \in Z$: 配置。

$\succcurlyeq_i$ (若存在，也可为 u_i)：消费者 i 的偏好序。

$e_i = (Z_i, \succcurlyeq_i, \mathbf{w}_i, \theta_i)$: 消费者 i 的经济特征。

$\mathbf{e} = (e_1, \cdots, e_n, f)$: 公共品经济。

以上是对具有公共品经济环境的一个相对简单的设定，我们可以将其类似于一般均衡理论模型，对一般经济环境进行讨论，如允许一般的生产可能性集合，厂商的个数可以是任意的，投入和产出可以既包括私人品也包括公共品等等。对这样的讨论，参见 Foley（1970）和 Milleron（1972）。

定义 15.2.1　称配置 $\mathbf{z} \equiv (\mathbf{x}, \mathbf{y}) = (\mathbf{x}_1, \cdots, \mathbf{x}_n, \mathbf{y}) \in Z$ 为**可行的**，若 $(\sum_{i=1}^n \mathbf{x}_i - \hat{\mathbf{w}}, \mathbf{y}) \in Y$，这里 $\hat{\mathbf{w}} = \sum_{i=1}^n \hat{\mathbf{w}}_i$。

当生产技术可由生产函数 $\mathbf{y} = f(\mathbf{v})$ 表示时，可行性条件成为：

$$\sum_{i=1}^n \mathbf{x}_i + \mathbf{v} \leqq \sum_{i=1}^n \mathbf{w}_i \tag{15.2.1}$$

且

$$\mathbf{y} = f(\mathbf{v}). \tag{15.2.2}$$

定义 15.2.2 在公共品经济 $\mathbf{e}$ 中，配置 $(\mathbf{x}, \mathbf{y})$ 称为**帕累托有效或帕累托最优**，若它是可行的，且不存在其他可行配置 $(\mathbf{x}', \mathbf{y}')$，使得对所有的 i，有 $(\mathbf{x}_i', \mathbf{y}') \succcurlyeq_i (\mathbf{x}_i, \mathbf{y})$，且对某个 k，有 $(\mathbf{x}_k', \mathbf{y}') \succ_k (\mathbf{x}_k, \mathbf{y})$。

定义 15.2.3 在公共品经济 $\mathbf{e}$ 中，配置 $(\mathbf{x}, \mathbf{y})$ 称为**弱帕累托有效的**，若它是可行的，且不存在其他可行配置 $(\mathbf{x}', \mathbf{y}')$，使得 $(\mathbf{x}_i', \mathbf{y}') \succ_i (\mathbf{x}_i, \mathbf{y}), \forall i$。

注 不像私人品经济，在公共品经济中，即使偏好满足连续性和强单调性假设，弱帕累托有效配置也可能不是帕累托有效的。著者 (Tian, *Economics Letters*, 1988) 给出了下述命题。

命题 15.2.1 *在公共品经济中，即使偏好满足强单调性和连续性假设，弱帕累托有效配置也可能不是帕累托有效的。*

证明 我们通过反例给出命题的证明。考虑一个公共品经济，其中，$(n, L, K) = (3, 1, 1)$，用私人品生产公共品 $\mathbf{y}$ 是规模不变的，不妨设投入—产出系数规格化为 1，使得 $y = x$，经济中的禀赋和效用函数分别为 $w_1 = w_2 = w_3 = 1$, $u_1(x_1, y) = x_1 + y$，$u_i(x_i, y) = x_i + 2y, i = 2, 3$。则 $\mathbf{z} = (x, y)$，$\mathbf{x} = (0.5, 0, 0)$，$y = 2.5$ 是弱帕累托有效的 (在禀赋给定情形下，消费者 1 的效用不可能再变大)，但不是帕累托有效的，因为对消费者 2 和消费者 3 来说，$\mathbf{z}' = (\mathbf{x}', y') = (0, 0, 0, 3)$ 帕累托占优于 z。 □

但是，若偏好还满足严格凸性假设，则帕累托有效和弱帕累托有效的概念是等价的。读者可自行证明该结论。

15.3 离散公共品

15.3.1 公共项目的有效提供

为简单起见，考虑存在 n 个消费者和两种商品 (一种私人品和一种公共品) 的公共品经济。离散的公共品是不可分的，称为公共项目。假定所提供的公共品的单位至多为 1 。这也可解释为 0 或 1 的逻辑变量，1 表示提供公共项目，而 0 表示不提供公共项目。

令 g_i 为消费者 i 为提供公共项目所作的私人品贡献，于是有：

$$x_i + g_i = w_i,$$
$$\sum_{i=1}^{n} g_i = v.$$

设 $u_i(x_i, y)$ 连续且强单调递增。

令 c 为公共项目的生产成本，且公共项目的生产技术为：

$$y = \begin{cases} 1 & \text{若 } \sum_{i=1}^{n} g_i \geqq c; \\ 0 & \text{其他.} \end{cases}$$

我们首先想知道在何种条件下提供公共品将**帕累托占优**于不提供公共品，即存在 $(g_1, \cdots, g_n)$，使得 $\sum_{i=1}^{n} g_i \geqq c$，且

$$u_i(w_i - g_i, 1) > u_i(w_i, 0) \quad \forall i.$$

令 r_i 为消费者 i 对公共品提供的最大**意愿支付 (willingness-to-pay)**(保留价格)，即 r_i 必须满足

$$u_i(w_i - r_i, 1) = u_i(w_i, 0). \tag{15.3.3}$$

这意味着提供公共项目会比不提供公共项目为每个消费者带来更高的效用，其中 u_i 为消费者 i 的效用函数，它是连续且单调的。在上述两个条件下，从社会最优的角度来说，公共品应该生产。因此，只要知道每个个体的效用函数，就可以知道每个人的意愿支付，从而就知道提供公共品是否为帕累托占优的。

若提供公共项目帕累托占优于不提供公共项目，我们有

$$u_i(w_i - g_i, 1) > u_i(w_i, 0) = u_i(w_i - r_i, 1) \ \forall\, i. \tag{15.3.4}$$

根据 u_i 的单调性，我们有

$$w_i - g_i > w_i - r_i \quad \forall i, \tag{15.3.5}$$

从而有

$$r_i > g_i, \tag{15.3.6}$$

这样，我们有

$$\sum_{i=1}^{n} r_i > \sum_{i=1}^{n} g_i \geqq c. \tag{15.3.7}$$

上述条件意味着所有消费者对公共项目的意愿支付之和必须超过它的提供成本。事实上，上述条件是充分必要的。综上所述，我们有如下命题。

命题 15.3.1　*提供公共品帕累托占优于不提供公共品，当且仅当* $\sum_{i=1}^{n} r_i > \sum_{i=1}^{n} g_i \geqq c$.

上述方法的问题在于，在现实中个体偏好从而效用函数的信息是私人信息，一般来说，他人难以知道这样的信息，因而有一个激励机制设计和优化信息租金的问题。

15.3.2　公共项目搭便车问题

我们首先想知道，自由竞争市场在提供公共品方面是否有效。下面的例子表明，由于搭便车的问题，我们一般不能期望独立的个人决策会导致公共品的有效提供。

为理解这一点，考虑只有两个参与人的简单经济，每个参与人的最大意愿支付为 $r_i = 100$, $i = 1, 2$。设公共品的生产成本为 $c = 150$，参与人自行决定为公共品支付多少费用。若两者都愿意支付 75，则提供公共品，每个参与人由此获得 25 单位的收益。若一个人支付 150，则公共品被生产出来，但其收益为 -50，而另外一个人收益为 100。正式地，我们有

$$\begin{aligned} r_i &= 100 \quad i = 1, 2; \\ c &= 150\ (\text{总成本}); \\ g_i &= \begin{cases} 150/2 = 75 & \text{若两个人平摊成本;} \\ 150 & \text{只有个人 } i \text{ 承担成本.} \end{cases} \end{aligned}$$

两个人相互独立地决定是否购买公共品。其结果是，每个人都有激励搭另外一个人的便车。双方的博弈可用表 15.1 所示的支付矩阵表示。

表 15.1 离散公共品的私人提供

		个人 2	
		购买	不购买
个人 1	购买	$(25,25)$	$(-50,100)$
	不购买	$(100,-50)$	$(0,0)$

注意到每个消费者 i 的净支付为 $r_i - g_i$。因此，当两个消费者都愿意提供公共品时，他们的净收益都是 $100-150/2=25$，而当一个消费者愿意而另外一个消费者不愿意提供公共品时，愿意提供公共品的消费者的净支付为 $100-150=-50$。在此博弈中，消费者的占优战略是(**不购买，不购买**)。因此，没有人愿意分担提供公共品项目的成本，却都想搭另外一个消费者的便车。其均衡结果将是，虽然公共品对每个消费者都有益，但在这种情况下，任何一方都不愿意支付，因而不会生产公共品，导致了两败俱伤的结果。一般来说，让每个人自愿为公共品付费的方法并不能保证公共品提供到有效水平。

上述问题是典型的囚徒困境问题。这种现象在现实中比比皆是，造成两败俱伤。例如，两个厂商合谋垄断价格可以获得更高利润，但一方稍微降低价格即可吸引更多顾客，因而每一方都有动机降价，最终价格达到边际成本水平。又例如，在“文化大革命”中，由于政治高压，每个人都可能会违心检举揭发他人，或说违心的话，因为说假话受益，否则会受到进一步的迫害，进牛棚。这些例子说明，通过自觉和自我奉献，往往导致无效率配置这一基本结论。现实中的很多例子都能帮助读者理解这一点。

15.3.3 公共项目的投票决定

公共项目的提供在现实中更多地是由投票来决定的。投票方法能解决公共项目的有效提供问题吗？答案也许是否定的。

投票方法并不能保证公共项目一定能有效提供。考虑下述例子。

例 15.3.1

$$c=99$$

$$r_1=90,\ r_2=30,\ r_3=30.$$

显然，$r_1+r_2+r_3>c$，$g_i=99/3=33$，由此公共项目应该上马。然而，在多数投票决定规则下，只有消费者 1 投票赞成上马该公共项目，因为他能从中获得正的净收益，而消费者 2 和消费者 3 却会投票反对公共项目的上马，因为他们从中获得的净收益为负。因此，该公共品不会被上马，因而对公共品不上马的决定不是有效的。多数投票决定规则仅衡量了消费者对从公共品提供中获得净收益的看法，而公共品有效提供的条件需要加总消费者的意愿支付。

这个例子也体现了民主和效率在具体决策中可能存在不相容关系由于投票者的个人利益驱动，屁股往往决定脑袋，通过民主表决的方式往往会带来公共品无效提供。为了解决民主和效率可能的不一致问题，对是否应该采用民主决策方式的判断应该是，越是高层，领导人的选举就越要尊重民意，越要采用民主决策方式选拔领导。因为领导人是决定方向和战略的，具有巨大的外部性，因而需要选对人，需要充分尊重民意，被选举者就要对选民负责，否则下次竞选公职，就选不上。一旦被选上了，既然要对选民负责，那么他的目标的实施和具体决策就应该有效率，否则他的决策总是被手下或班子成员否决，怎么能为选民负责呢？为了解决这个矛盾，在具体的事务决策过程中就不能一味地强调过多的民主决策。所以，在国外，一个单位的一把手一旦决定后，就由他组建班子，而不会在具体的行政决策中讲太多的民主决策。比如，在美国，校长上台，就自己决定副校长和各学院院长的任命，院长上台，自己任命副院长和各系系主任，系主任上台，也是自主决定副系主任和分管本科、研究生的主任和各种委员会主任的人选。当然，若一个单位没有起色，做得不好，一个任期完后，老百姓不满意，现有的领导就可能再选不上，无法连任，所以一把手有激励尽力完成对民众的承诺，美国的政府部门和企业基本也是如此结构。比如，美国大学的教授委员会的主要职责是考查同行的学术职位的提升，而不是在学科建设和行政决策方面有决策权。若让教授有学科建设的权利，每个教授可能仅从自己的利益和自己所在领域来考虑问题和投票，就会出现上面例子中无效提供公共品的情况，将有效配置资源的方案否决掉。

这样，无论是通过市场还是民主决策都无法解决离散公共品有效提供的问题。那么，如何才能解决搭便车问题呢？我们将在机制设计理论中回答这个问题，我们将介绍维克瑞–克拉克–格罗夫斯 (Vickrey–Clark–Groves) 需求显示机制，它能够解决公共品的有效提供问题。

15.4　连续公共品

15.4.1　连续公共品的有效提供

对连续公共品的情形，也有类似结果出现。为讨论简单起见，我们设公共品经济中只有一种公共品和一种私人品，公共品的生产函数为 $y = f(v)$，其中 y 为公共品生产的数量，v 为生产公共品而投入的私人品的数量。我们首先求出在公共品经济下的帕累托有效配置的一阶条件。

帕累托有效配置可由社会福利最大化问题刻画，即对任意给定的权数 a_i，$\forall i \in N$，求下面社会福利最大化问题：

$$\max_{(x,y)} \sum_{i=1}^{n} a_i u_i(x_i, y)$$

$$\text{s.t.} \quad \sum_{i=1}^{n} x_i + v \leqq \sum_{i=1}^{n} w_i;$$

$$y \leqq f(v).$$

拉格朗日函数为：

$$L = \sum_{i=1}^{n} a_i u_i(x_i, y) + \lambda \left(\sum_{i=1}^{n} w_i - \sum_{i=1}^{n} x_i - v \right) + \mu(f(v) - y). \tag{15.4.8}$$

当 u_i 可微、严格递增且 $f(v)$ 拟凹、可微时，所有帕累托最优配置可由如下一阶条件刻画：

$$a_i\frac{\partial u_i}{\partial x_i}-\lambda\leqq 0,\quad \text{等式成立当 } x_i>0; \tag{15.4.9}$$

$$\mu f'(v)-\lambda\leqq 0,\quad \text{等式成立当 } v>0; \tag{15.4.10}$$

$$\sum_{i=1}^{n}a_i\frac{\partial u_i}{\partial y}-\mu\leqq 0,\quad \text{等式成立当 } y>0. \tag{15.4.11}$$

于是，在内点解处，由式 (15.4.9) 和式 (15.4.10)，我们有

$$\frac{a_i}{\mu}=\frac{f'(v)}{\dfrac{\partial u_i}{\partial x_i}}. \tag{15.4.12}$$

将式 (15.4.12) 代入式 (15.4.11)，得

$$\sum_{i=1}^{n}\frac{\dfrac{\partial u_i}{\partial y}}{\dfrac{\partial u_i}{\partial x_i}}=\frac{1}{f'(v)}. \tag{15.4.13}$$

上述条件即是著名的**林达尔–萨缪尔森 (Lindahl-Samuelson) 条件**。这个条件与只具有私人品经济的帕累托最优不同，该条件表明，所有经济人的公共品和私人品边际替代率之和等于边际技术替代率，而对私人品经济而言，在帕累托最优点，每一个经济人的私人品之间的边际替代率都等于边际技术替代率。

由此，帕累托有效配置的条件为：

$$\begin{cases}\sum_{i=1}^{n}MRS^{i}_{yx_i}=MRTS_{yv},\\ \sum x_i+v\leqq\sum_{i=1}^{n}w_i,\\ y=f(v).\end{cases} \tag{15.4.14}$$

该结果说明，公共品的提供水平不是唯一确定的，而是与所有个体的私人品的消费水平一道共同决定的。

例 15.4.1 考虑具有一个公共品、一个私人品及 n 个消费者的经济。消费者 i 的效用函数为：

$$u_i=a_i\ln y+\ln x_i,$$

$$y=v.$$

林达尔–萨缪尔森条件为：

$$\sum_{i=1}^{n}\frac{\dfrac{\partial u_i}{\partial y}}{\dfrac{\partial u_i}{\partial x_i}}=1, \tag{15.4.15}$$

于是有

$$\sum_{i=1}^{n}\frac{\frac{a_i}{y}}{\frac{1}{x_i}}=\sum_{i=1}^{n}\frac{a_ix_i}{y}=1\Rightarrow\sum a_ix_i=y, \tag{15.4.16}$$

这表明公共品提供的水平不是唯一决定的。

这样，一般来说，消费者对公共品提供的边际意愿支付取决于私人品的消费数量，因而 y 的有效水平取决于 x_i。但对拟线性效用函数的情形：

$$u_i(x_i, y) = x_i + u_i(y), \tag{15.4.17}$$

林达尔–萨缪尔森条件变成

$$\sum_{i=1}^{n} u_i'(y) = \frac{1}{f'(v)} \equiv c'(y), \tag{15.4.18}$$

从而 y 是唯一决定的。

例 15.4.2　设

$$\begin{aligned} u_i &= a_i \ln y + x_i, \\ y &= v. \end{aligned}$$

林达尔–萨缪尔森条件则为：

$$\sum_{i=1}^{n} \frac{\dfrac{\partial u_i}{\partial y}}{\dfrac{\partial u_i}{\partial x_i}} = 1, \tag{15.4.19}$$

于是有

$$\sum_{i=1}^{n} \frac{a_i}{y} = \sum_{i=1}^{n} \frac{a_i}{y} = 1 \Rightarrow \sum a_i = y, \tag{15.4.20}$$

这表明公共品的水平是唯一决定的。

15.4.2　林达尔机制及其均衡

上面给出了公共品经济中的帕累托有效性的条件。接下来的问题是在个人分散决策的情况下，什么样的经济机制才能达到帕累托有效配置。我们知道，在只有私人品的经济中，只要局部非饱和性假设成立，任何竞争均衡都是帕累托有效的。但对公共品经济，竞争机制一般不能达到帕累托有效配置。我们之所以要引入林达尔机制是由于，若仍通过竞争市场来配置公共品，则立即可知其竞争市场均衡的解跟私人品的均衡解一样，即个体的边际替代率等于商品价格之比进而等于边际技术替代率，从而导致市场对公共品的无效率配置。

比如，若我们在一个具有一种公共品和两个消费者的经济中求竞争均衡，则效用最大化行为将使商品的边际替代率等于商品的相对价格，即

$$MRS_{yx}^{A} = MRS_{yx}^{B} = \frac{p_y}{p_x},$$

而这违反了林达尔–萨缪尔森最优性条件。这样，对公共品经济，市场机制是失灵的，不能有效解决公共品的有效提供问题。

那么，应通过什么样的经济机制，从而在公共品经济环境下实现资源的有效配置呢？我们知道在私人品经济中，瓦尔拉斯机制能导致资源的有效配置。在公共品情形下，一种可能的制度安排是林达尔机制。

20 世纪初，林达尔提出了一种制度安排，其想法基于林达尔–萨缪尔森条件。既然帕累托有效配置的一阶条件是所有人的边际替代率之和等于边际技术替代率，这样我们若将消费公共品的开支（即消费量乘上其市场价格）由所有经济人分担，使每个人为此支付的相应比例，正好使得所有经济人的公共品和私人品边际替代率之和等于公共品与私人品的边际技术替代率，则林达尔的解决方案就是一种仿照竞争机制对公共品进行有效提供的解决方案。其机制本质上是一种价格共担机制。在竞争市场中，商品的市场价格都是给定的，不受个人需求量和生产量的影响，但个人在承担公共品的价格共担机制中，对公共品消费所付的价格不一样。这样，对私人品和公共品的配置，存在着一种对偶关系：私人品的消费水平不一样，但所付价格一样，而公共品的消费一样，但所付价格却不一样。

林达尔所建议的方法实际上是采用税收的方法来提供公共品，只是对不同的人，可能有不同的税率，每个人都须为公共品给出特定的个性化价格，即对不同的消费者和同一种公共品赋予不同的价格。林达尔解决方案的思想是所有消费者对公共品的消费水平是相同的，但每个消费者由于偏好不同，对公共品的定价是个性化的，其定价准则是，在均衡时，对每个消费者来说，任何两种商品的价格比率都等于这两种商品的边际替代率。

下面进行详细讨论，考虑存在私人品 $\mathbf{x}_i \in \mathcal{R}_+^L$ 和公共品 $\mathbf{y} \in \mathcal{R}_+^K$ 的经济。为简单起见，我们设公共品的生产可能性集 Y 是闭的凸锥。这样，生产技术是按规模报酬不变 (CRS) 的。

令

$\mathbf{q}_i \in \mathcal{R}_+^K$ 为消费者 i 消费公共品的个性化价格向量；

$\hat{\mathbf{q}} = \sum_{i=1}^n \mathbf{q}_i$ 为 $\mathbf{y}$ 的市场价格向量；

$\mathbf{p} \in \mathcal{R}_+^L$ 为私人品的价格向量。

定义 15.4.1 (林达尔均衡) 我们称配置 $(\mathbf{x}^*, \mathbf{y}^*) \in Z$ 及私人品的价格向量 $\mathbf{p}^* \in \mathcal{R}_+^L$ 和公共品的个性化价格向量 $\mathbf{q}_i^* \in \mathcal{R}_+^K$，$i = 1, \cdots, n$，构成了一个**林达尔均衡**，若对所有的 i，下述条件满足：

(i) $\mathbf{p}^*\mathbf{x}_i^* + \mathbf{q}_i^*\mathbf{y}^* \leqq \mathbf{p}^*\mathbf{w}_i$；

(ii) 若 $(\mathbf{x}_i, \mathbf{y}) \succ_i (\mathbf{x}_i^*, \mathbf{y}^*)$，则 $\mathbf{p}^*\mathbf{x}_i + \mathbf{q}_i^*\mathbf{y} > \mathbf{p}^*\mathbf{w}_i$；

(iii) 对所有的 $(\mathbf{y}, -\mathbf{v}) \in Y$，有 $\hat{\mathbf{q}}^*\mathbf{y}^* - \mathbf{p}^*\mathbf{v}^* \geqq \hat{\mathbf{q}}^*\mathbf{y} - \mathbf{p}^*\mathbf{v}$；

(iv) $(\mathbf{y}^*, -\mathbf{v}^*) \in Y$，

其中，$\mathbf{v}^* = \sum_{t=1}^n \mathbf{w}_i - \sum_{i=1}^n \mathbf{x}_i^*$，$\sum_{t=1}^n \mathbf{q}_i^* = \hat{\mathbf{q}}^*$。

以上的第一个条件为预算约束，第二个为效用最大化条件，第三个为利润最大化条件，第四个为可行性条件。

注 由于生产函数是规模报酬不变的，当配置达到林达尔均衡时最大利润为 0，即 $\hat{\mathbf{q}}^*\mathbf{y}^* - \mathbf{p}^*\mathbf{v}^* = 0$，从而有

$$\sum_{i=1}^n \mathbf{p}^*\mathbf{x}_i^* = \sum_{i=1}^n \mathbf{p}^*\mathbf{w}_i + \hat{\mathbf{q}}^*\mathbf{y}^*.$$

这样，每个消费者在林达尔均衡处，预算 (i) 按等式成立。

可以看出，瓦尔拉斯均衡是不存在公共品时林达尔均衡的一个特例。由于在私人品和公共品之间价格和数量存在对偶关系，从而瓦尔拉斯配置和林达尔配置之间也存在对偶关系，因此公共品经济中的林达尔均衡是私人品经济中的瓦尔拉斯均衡的自然推广。在瓦尔拉斯

均衡情形下，消费者是价格接受者，但其消费的私人品数量是不同的，但在林达尔均衡情形下，消费者消费的公共品数量是相同的，但所付的价格是不同的。另外，瓦尔拉斯和林达尔均衡的概念都与私有经济有关，且都由消费者的纯粹价格接受行为刻画。林达尔公共品有效提供的解决方案本质上是信息分散化决策过程。

林达尔均衡具有许多像瓦尔拉斯配置一样的性质。事实上，通过重新解释和定义消费空间，具有公共品的经济可以看作为完全私人品的经济，从而林达尔均衡在新的消费空间下可视为瓦尔拉斯均衡。的确如此，在下面林达尔均衡的存在性证明中，就是通过采用这种变换方式来证明林达尔均衡的存在性的，并且福利经济学第一和第二定理仍然成立。其证明同瓦尔拉斯均衡情形的结果相似。

定理 15.4.1 (林达尔均衡存在性定理) 对经济 $\mathbf{e} = (\{X_i, \mathbf{w}_i, \succcurlyeq_i\}, \{Y_j\}, \{\theta_{ij};\})$，林达尔均衡存在，若下面条件成立:

(i) $X_i = \mathcal{R}^L_+$;

(ii) $\mathbf{w}_i > 0$;

(iii) $\succcurlyeq_i$ 连续、严格凸，且单调;

(iv) Y 闭、凸，$0 \in Y$，$(-\mathbb{R}^L_+, 0) \subseteq Y$ (自由处理)。

证明 证明的方法是构造一个私人品经济，使得关于瓦尔拉斯均衡存在性定理可以运用。将每个消费者关于公共品视作为不同的商品，这样消费者 i 的消费空间扩大为 $\bar{Z}_i = (Z_i, \{0\}) \subseteq \mathcal{R}^{L+K} \times \mathcal{R}^{(n-1)K}$，这里 $\mathbf{0}$ 是一个 $(n-1)K$ 维的零向量。它的一个具体的消费组合为 $\bar{\mathbf{z}}_i = (\mathbf{x}_i, \mathbf{y}_i, 0, \cdots, 0)$。这样所构造的消费空间及本定理所施加的假设满足命题 10.4.7 中所有的条件，从而所构造的私人经济存在竞争均衡。因此，对原有公共品经济，存在林达尔均衡。 □

类似地，将单调性假设加强到强单调性假设，内点初始禀赋假设可以放松。

对存在一种私人品和一种公共品 $y = \frac{1}{\hat{q}}v$ 的公共品经济，林达尔均衡的定义变得稍微简洁。

定义 15.4.2 $(\mathbf{x}^*, y^*)$ 为**林达尔均衡配置**，若存在 $q_i^*, i = 1, \cdots, n$，使得

(i) $x_i^* + q_i^* y^* \leqq w_i$;

(ii) 若 $(x_i, y) \succ_i (x_i^*, y^*)$，则 $x_i + q_i^* y > w_i$;

(iii) $\sum_{i=1}^n q_i^* = \hat{q}$。

注意，当预算约束 (i) 满足时，可行性条件自动满足。

若 $(\mathbf{x}^*, y^*)$ 是林达尔均衡配置的内点，则效用最大化问题的一阶条件为:

$$\frac{\dfrac{\partial u_i}{\partial y}}{\dfrac{\partial u_i}{\partial x_i}} = \frac{q_i}{1}, \tag{15.4.21}$$

这意味着林达尔–萨缪尔森条件成立，

$$\sum_{i=1}^n MRS_{yx_i} = \hat{q},$$

满足帕累托有效性的必要条件。

例 15.4.3 求下面公共品经济的林达尔均衡：

$$u_i(x_i, y) = x_i^{\alpha_i} y^{(1-\alpha_i)}, \quad 0 < \alpha_i < 1,$$
$$y = \frac{1}{\hat{q}} v.$$

预算约束为：

$$x_i + q_i y = w_i.$$

消费者 i 对私人品和公共品的需求函数 x_i 和 y_i 分别为：

$$x_i = \alpha_i w_i, \tag{15.4.22}$$
$$y_i = \frac{(1-\alpha_i)w_i}{q_i}. \tag{15.4.23}$$

由于在均衡处有 $y_1 = y_2 = \cdots = y_n = y^*$，于是由式 (15.4.23)，我们得：

$$q_i y^* = (1-\alpha_i)w_i. \tag{15.4.24}$$

对上式两端关于 i 累加，得：

$$\hat{q} y^* = \sum_{i=1}^{n} (1-\alpha_i)w_i.$$

从而有

$$y^* = \frac{\sum_{i=1}^{n}(1-\alpha_i)w_i}{\hat{q}}.$$

这样，由式 (15.4.24)，我们有：

$$q_i = \frac{(1-\alpha_i)w_i}{y^*} = \frac{\hat{q}(1-\alpha_i)w_i}{\sum_{i=1}^{n}(1-\alpha_i)w_i}. \tag{15.4.25}$$

从求上面的林达尔均衡可以看到，为求解，我们需要知道每个消费者的偏好或其边际替代率。但由于**搭便车 (free-rider) 问题**，为了少捐献，每个消费者都有激励假报自己的真实偏好。尤其是，每个人都有个人化价格，当消费者的偏好不是公共信息时，消费者的个人化价格很难被认为是给定的，因为他的报告将影响其价格。

15.4.3 福利经济学第一定理

对公共品经济，我们有如下的福利经济学第一定理。

定理 15.4.2 (公共品经济的福利经济学第一定理) *在价格系统 $(\mathbf{q}_i^*, \cdots, \mathbf{q}_n^*, \mathbf{p}^*)$ 下，每个林达尔均衡配置 $(\mathbf{x}^*, \mathbf{y}^*)$ 都是弱帕累托有效的。若消费者的偏好还满足局部非饱和性，则它是帕累托有效的。*

证明 定理第一部分的证明包含在第二部分的证明中，我们只证明定理的第二部分。若消费者的偏好满足局部非饱和性但林达尔均衡配置不是帕累托有效的，则存在另一个可行配置 $(\mathbf{x}_i, \mathbf{y})$，使得对所有的 i，有 $(\mathbf{x}_i, \mathbf{y}) \succcurlyeq_i (\mathbf{x}_i^*, \mathbf{y}^*)$，且对某个 j，有 $(\mathbf{x}_j, \mathbf{y}) \succ_j (\mathbf{x}_j^*, \mathbf{y}^*)$。根据 $\succcurlyeq_i$ 的局部非饱和性，我们有

$$\mathbf{p}^*\mathbf{x}_i + \mathbf{q}_i^*\mathbf{y} \geqq \mathbf{p}^*\mathbf{w}_i, \quad \text{对所有的 } i = 1, 2, \cdots, n,$$
$$\mathbf{p}^*\mathbf{x}_j + \mathbf{q}_j^*\mathbf{y} > \mathbf{p}^*\mathbf{w}_j, \quad \text{对某个 } j.$$

从而有

$$\sum_{i=1}^{n}\mathbf{p}^*\mathbf{x}_i+\sum_{i=1}^{n}\mathbf{q}_i\mathbf{y}>\sum_{i=1}^{n}\mathbf{p}^*\mathbf{w}_i, \tag{15.4.26}$$

即

$$\hat{\mathbf{q}}^*\mathbf{y}+\mathbf{p}^*\sum_{i=1}^{n}(\mathbf{x}_i-\mathbf{w}_i)=\hat{\mathbf{q}}^*\mathbf{y}+\mathbf{p}^*\mathbf{v}>0.$$

然而，根据利润最大化条件，对所有的 $(\mathbf{y},\mathbf{v})\in Y$，我们有

$$\hat{\mathbf{q}}^*\mathbf{y}+\mathbf{p}^*\mathbf{v}\leqq 0.$$

这个矛盾证明了定理。 □

我们可以类似地定义转移支付林达尔均衡。

定义 15.4.3 (转移支付林达尔均衡)　给定公共经济 $\mathbf{e}=(e_1,\cdots,e_n,Y)$，我们称配置$(\mathbf{x}^*,\mathbf{y}^*)\in Z$ 及私人品的价格向量 $\mathbf{p}^*\in\mathcal{R}^L_+$ 和公共品的个人化价格向量 $\mathbf{q}_i^*\in\mathcal{R}^K_+,i$ 构成了一个**转移支付林达尔均衡**，若存在着满足 $\sum_i I_i=\mathbf{p}\cdot\sum_i\mathbf{w}_i$ 的转移支付后的财富水平 $(I_1,\cdots,I_n)$，可使得

(i) $\mathbf{p}^*\mathbf{x}_i^*+\mathbf{q}_i^*\mathbf{y}^*\leqq I_i$；

(ii) 若 $(\mathbf{x}_i,\mathbf{y})\succ_i(\mathbf{x}_i^*,\mathbf{y}^*)$，则 $\mathbf{p}^*\mathbf{x}_i+\mathbf{q}_i^*\mathbf{y}>I_i$；

(iii) 对所有的 $(\mathbf{y},-\mathbf{v})\in Y$，有 $\hat{\mathbf{q}}^*\mathbf{y}^*-\mathbf{p}^*\mathbf{v}^*\geqq\hat{\mathbf{q}}^*\mathbf{y}-\mathbf{p}^*\mathbf{v}$；

(iv) $(\mathbf{y}^*,-\mathbf{v}^*)\in Y$。

其中，$\mathbf{v}^*=\sum_{t=1}^n\mathbf{w}_i-\sum_{i=1}^n\mathbf{x}_i^*$，$\sum_{t=1}^n\mathbf{q}_i^*=\hat{\mathbf{q}}^*$。

定理 15.4.3 (关于转移支付林达尔配置的福利经济学第一定理)　*在价格系统$(\mathbf{q}_i^*,\cdots,\mathbf{q}_n^*,\mathbf{p}^*)$下，每个转移支付林达尔均衡配置 $(\mathbf{x}^*,\mathbf{y}^*)$ 都是弱帕累托有效的。若消费者的偏好还满足局部非饱和性，则它是帕累托有效的。*

证明方法与定理 15.4.2 的完全一样，故不重复。

15.4.4　经济核与林达尔均衡

类似于私人品经济，我们可以定义经济核的概念。

定义 15.4.4 (抵制联盟)　我们称一群经济人 $S\subseteq N$ 形成了一个对配置 $\mathbf{x}$ 的**抵制联盟**，若该联盟能通过他们自身的禀赋得到帕累托改进，即存在另一个配置 $(\mathbf{x}',\mathbf{y})$，可使得

(1) 该配置 $(\mathbf{x}',\mathbf{y}')$ 对 S 来说是可行的，即 $(\mathbf{y},\sum_{i\in S}(\mathbf{x}_i'-\mathbf{w}_i)\in Y$，

(2) 对所有的 $i\in S$，有 $(\mathbf{x}_i',\mathbf{y}')\succcurlyeq_i(\mathbf{x}_i,\mathbf{y})$，且对某个 $j\in S$，有 $(\mathbf{x}_j',\mathbf{y}')\succ_j(\mathbf{x}_j,\mathbf{y})$。

定义 15.4.5 (经济核)　称可行配置 $\mathbf{x}$ 具有**核性质**或是一个**核配置**，若不存在对配置 $(\mathbf{x},\mathbf{y})$ 的任何抵制联盟。所有核配置的集合称为**经济核**或简称为**核**。

注　经济核中的每个配置都是帕累托最优的和个体理性的 (即 $(\mathbf{x}_i,\mathbf{y})\succcurlyeq_i(\mathbf{w}_i,\mathbf{y}),\forall i=1,2,\cdots,n,$)。

类似地可证明，在偏好的局部非饱和性下，每一个林达尔均衡均满足经济核性质。

定理 15.4.4　*在偏好的局部非饱和性下，若 $(\mathbf{x},\mathbf{y},\mathbf{p})$ 是林达尔均衡，则 $(\mathbf{x},\mathbf{y})$ 具有核性质。*

尽管每个林达尔均衡在偏好的局部非饱和性下具有经济核性质，林达尔配置和经济核配置的极限等价性定理一般来说却不再成立。Milleron（1972）给出了这样的反例。

15.4.5 福利经济学第二定理

对公共品经济，也有类似的福利经济学第二定理。

定理 15.4.5 (公共品经济的福利经济学第二定理) 给定经济 $\mathbf{e}=(e_1,\cdots,e_n,\{Y_j\})$，设 $\succcurlyeq_i$ 连续、凸且强单调，以及 Y 为闭凸集，且 $0\in Y$，则对任何的内点私人品消费的帕累托最优配置 $(\mathbf{x}^*,\mathbf{y}^*)$ (即 $\mathbf{x}^*\in\mathcal{R}^{nL}_{++}$)，存在着非零价格向量 $(\mathbf{q}_1,\cdots,\mathbf{q}_n,\mathbf{p})\in\mathcal{R}^{L+nK}_{+}$，使得 $((\mathbf{x},\mathbf{y}),(\mathbf{q}_1,\cdots,\mathbf{q}_n),\mathbf{p})$ 是转移支付林达尔均衡，即存在着满足 $\sum_i I_i=\mathbf{p}\cdot\sum_i\mathbf{w}_i$ 的转移支付后的财富水平 $(I_1,\cdots,I_n)$，使得

(1) 若 $(\mathbf{x}_i,\mathbf{y})\succ_i(\mathbf{x}_i^*,\mathbf{y}^*)$，则 $\mathbf{p}\mathbf{x}_i+\mathbf{q}_i\mathbf{y}>I_i\equiv\mathbf{p}\mathbf{x}_i^*$，$i=1,\cdots,n$，

(2) 对所有的 $(\mathbf{y},-\mathbf{v})\in Y$，有 $\hat{\mathbf{q}}\mathbf{y}^*-\mathbf{p}\mathbf{v}^*\geqq\hat{\mathbf{q}}\mathbf{y}-\mathbf{p}\mathbf{v}$，

其中，$\mathbf{v}^*=\sum_{t=1}^n\mathbf{w}_i-\sum_{i=1}^n\mathbf{x}_i^*$，$\sum_{t=1}^n\mathbf{q}_i=\hat{\mathbf{q}}$。

证明 定义 $\mathcal{R}^{nK+L}$ 空间的两个子集 W 和 $P(\mathbf{x}^*,\mathbf{y}^*)$ 如下：

$$W=\{(\mathbf{y},\cdots,\mathbf{y};-\mathbf{v})):(\mathbf{y},-\mathbf{v})\in Y\}.$$

由于 Y 为闭凸集，且 $0\in Y$，则 W 非空、闭和凸。

$$P(\mathbf{x}^*,\mathbf{y}^*)=\{(\mathbf{y}_1',\cdots,\mathbf{y}_n';-\mathbf{v}')):\mathbf{v}'=\sum_{i=1}^n(\mathbf{x}_i'-\mathbf{w}_i)\ \&\ (\mathbf{x}_i',\mathbf{y}_i')\succ_i(\mathbf{x}_i^*,\mathbf{y}^*)\}.$$

由 $\succcurlyeq_i$ 的凸性，$P(\mathbf{x}^*,\mathbf{y}^*)$ 是凸的。

由于 $(\mathbf{x}^*,\mathbf{y}^*)$ 是帕累托最优配置，我们必定有 $W\cap P(\mathbf{x}^*)=\varnothing$，否则存在着帕累托改进。从而，根据第 2 章中介绍的分离超平面定理，存在 $(\mathbf{q}_1,\cdots,\mathbf{q}_n,\mathbf{p})\neq 0$，使得对所有的 $(\mathbf{y},\cdots,\mathbf{y};-\mathbf{v})\in W$ 及对所有的 $(\mathbf{y}_1',\cdots,\mathbf{y}_n';-\mathbf{v}')\in P(\mathbf{x}^*,\mathbf{y}^*)$，我们有

$$\sum_{i=1}^n\mathbf{q}_i\mathbf{y}_i'-\mathbf{p}\mathbf{v}'\geqq\sum_{i=1}^n\mathbf{q}_i\mathbf{y}_i-\mathbf{p}\mathbf{v}.\tag{15.4.27}$$

下面我们分五步证明这个定理。

（1）利润最大化，即对所有的 $(\mathbf{y},-\mathbf{v})\in Y$，有 $\hat{\mathbf{q}}\mathbf{y}^*-\mathbf{p}\mathbf{v}^*\geqq\hat{\mathbf{q}}\mathbf{y}-\mathbf{p}\mathbf{v}$。

令 $\hat{z}=(\mathbf{y}^*,\cdots,\mathbf{y}^*;-\mathbf{v}')$，其中 $\mathbf{v}'=\sum_{i=1}^n(\mathbf{w}_i-\mathbf{x}_i')$ 及 $\mathbf{x}_i'\geqq\mathbf{x}_i^*$。则由强单调性，我们有 $(\mathbf{x}_i',\mathbf{y}^*)\succ_i(\mathbf{x}_i^*,\mathbf{y}^*)$，从而有 $(\mathbf{y}^*,\cdots,\mathbf{y}^*;-\mathbf{v}')\in P(\mathbf{x}^*,\mathbf{y}^*)$。这样，由式（15.4.27），对所有的 $(\mathbf{y},-\mathbf{v})\in Y$，有

$$\hat{\mathbf{q}}\mathbf{y}^*-\mathbf{p}\mathbf{v}'\geqq\hat{\mathbf{q}}\mathbf{y}-\mathbf{p}\mathbf{v}.$$

令 $\mathbf{v}'\to\mathbf{v}^*$，有 $\hat{\mathbf{q}}\mathbf{y}^*-\mathbf{p}\mathbf{v}^*\geqq\hat{\mathbf{q}}\cdot\mathbf{y}-\mathbf{p}\mathbf{v}$，$\forall(\mathbf{y},-\mathbf{v})\in Y$。

（2）$(\mathbf{q}_1,\cdots,\mathbf{q}_n,\mathbf{p})\geqq 0$，且 $\mathbf{p}\neq 0$

先证明 $\mathbf{q}_i\geqq 0$，$i=1,\cdots,n$。令

$$\hat{\mathbf{z}}=(\mathbf{y},\cdots,\mathbf{y};-\mathbf{v})+\mathbf{e}_{yi}^k,$$

其中，$(\mathbf{y},\cdots,\mathbf{y};-\mathbf{v})$ 是 W 中的一个元素，$\mathbf{e}_{yi}^k=(0,\cdots,1,0,\cdots,0)$ 是 $\mathcal{R}^{nK+L}$ 中的一个向量，使得对应着 $\mathbf{q}_i^k$ 的公共品 k 的分量为 1 而其他所有分量都为 0。则根据偏好的强单调性

和将 $\mathbf{e}_{\mathbf{y}}^k$ 均分给所有经济人，有 $\hat{\mathbf{z}} \in P(\mathbf{x}^*, \mathbf{y}^*)$。这样，由式 (15.4.27)，有

$$\hat{\mathbf{q}}\mathbf{y} - \mathbf{p}\mathbf{v} + \mathbf{q}_i^k \geqq \hat{\mathbf{q}}_i\mathbf{y}_i - \mathbf{p}\mathbf{v}. \tag{15.4.28}$$

从而有

$$\mathbf{q}_i^k \geqq 0, \quad k = 1, 2, \cdots, K; i = 1, 2, \cdots, n. \tag{15.4.29}$$

现证明 $\mathbf{p} \geqq 0$。令 $\mathbf{e}_{\mathbf{x}}^l = (0, \cdots, 1, 0, \cdots, 0)$ 是 $\mathcal{R}^{nK+L}$ 中的一个向量，使得对应着私人商品 l 的分量为 1 而其他所有分量都为 0。然后重复以上的证明，我们有

$$\mathbf{p}_i^l \geqq 0, \quad l = 1, 2, \cdots, L. \tag{15.4.30}$$

最后证明 $\mathbf{p} \neq 0$。用反证法。若 $\mathbf{p} = 0$，由于 $(\mathbf{q}_1, \cdots, \mathbf{q}_n, \mathbf{p}) \neq 0$，则必定对某个公共品 k，其价格 $\mathbf{q}^k = \sum_{i=1}^n \mathbf{q}_i^k > 0$。由于公共品的生产是按规模报酬不变，当 $\mathbf{p} = 0$，所有私人品作为投入的成本为零，于是利润可以任意大，这和 $\mathbf{y}$ 是利润最大化生产计划矛盾。

（3）对所有的 i，若 $(\mathbf{x}_i, \mathbf{y}) \succcurlyeq (\mathbf{x}_i^*, \mathbf{y}^*)$，则 $\sum_i \mathbf{p}\mathbf{x}_i + \hat{\mathbf{q}}\mathbf{y} \geqq \sum_i \mathbf{p}\mathbf{x}_i^* + \hat{\mathbf{q}}\mathbf{y}^*$。

对每个 i 及 $(\mathbf{x}_i, \mathbf{y}) \succcurlyeq (\mathbf{x}_i^*, \mathbf{y}^*)$，由偏好的强单调性，存在着一个任意接近 $(\mathbf{x}_i, \mathbf{y})$ 的 $(\mathbf{x}_i', \mathbf{y}')$，使得 $(\mathbf{x}_i', \mathbf{y}') \succ_i (\mathbf{x}_i, \mathbf{y}) \succcurlyeq_i (\mathbf{x}_i^*, \mathbf{y}^*)$，从而有 $(\mathbf{y}', \cdots, \mathbf{y}'; \sum_i(\mathbf{x}_i' - \mathbf{w}_i) \in P(\mathbf{x}^*, \mathbf{y}^*)$。同时注意到 $(\mathbf{y}^*, \cdots, \mathbf{y}^*; \sum_i(\mathbf{x}_i^* - \mathbf{w}_i) \in W$。这样，由式 (15.4.27)，有

$$\sum_i \mathbf{p}\mathbf{x}_i' + \hat{\mathbf{q}}\mathbf{y}' \geqq \sum_i \mathbf{p}\mathbf{x}_i^* + \hat{\mathbf{q}}\mathbf{y}^*.$$

令 $\mathbf{x}_i' \to \mathbf{x}_i$，我们有 $\sum_i \mathbf{p}\mathbf{x}_i + \hat{\mathbf{q}}\mathbf{y} \geqq \sum_i \mathbf{p}\mathbf{x}_i^* + \hat{\mathbf{q}}\mathbf{y}^*$。

（4）对所有的 i，若 $(\mathbf{x}_i, \mathbf{y}) \succcurlyeq (\mathbf{x}_i^*, \mathbf{y}^*)$，则 $\mathbf{p}\mathbf{x}_i + \mathbf{q}_i\mathbf{y} \geqq \mathbf{p}\mathbf{x}_i^* + \mathbf{q}_i\mathbf{y}^*$。令

$$\begin{aligned}(\mathbf{x}_i', \mathbf{y}') &= (\mathbf{x}_i, \mathbf{y}), \\ (\mathbf{x}_m', \mathbf{y}') &= (\mathbf{x}_m^*, \mathbf{y}^*), \quad m \neq i.\end{aligned}$$

则根据第（3）步，我们有

$$\mathbf{p}\mathbf{x}_i + \mathbf{q}_i\mathbf{y} + \sum_{m \neq i}(\mathbf{p}\mathbf{x}_m^* + \mathbf{q}_m\mathbf{y}^*) \geqq \sum_j \mathbf{p}\mathbf{x}_j^* + \sum_i \mathbf{q}_i\mathbf{y}^*,$$

从而有

$$\mathbf{p}\mathbf{x}_i + \mathbf{q}_i\mathbf{y} \geqq \mathbf{p}\mathbf{x}_i^* + \mathbf{q}_i\mathbf{y}^*.$$

（5）对所有的 i，若 $(\mathbf{x}_i, \mathbf{y}) \succ (\mathbf{x}_i^*, \mathbf{y}^*)$，则 $\mathbf{p}\mathbf{x}_i + \mathbf{q}_i\mathbf{y} > \mathbf{p}\mathbf{x}_i^* + \mathbf{q}_i\mathbf{y}^* \equiv I_i$。

若该结论不成立，则

$$\mathbf{p}\mathbf{x}_i + \mathbf{q}_i\mathbf{y} = \mathbf{p}\mathbf{x}_i^* + \mathbf{q}_i\mathbf{y}^*. \tag{15.4.31}$$

由于 $(\mathbf{x}_i, \mathbf{y}) \succ (\mathbf{x}_i^*, \mathbf{y}^*)$，当 $0 < \lambda < 1$ 充分接近 1 时，根据偏好的连续性，有 $(\lambda\mathbf{x}_i, \lambda\mathbf{y}) \succ (\mathbf{x}_i^*, \mathbf{y}^*)$。由第（4）步证明的结论，我们有 $\lambda(\mathbf{p}\mathbf{x}_i + \mathbf{q}_i\mathbf{y}) \geqq \mathbf{p}\mathbf{x}_i^* + \mathbf{q}_i\mathbf{y}^* = \mathbf{p}\mathbf{x}_i + \mathbf{q}_i\mathbf{y}$。

由于 $\mathbf{x}^* \in \mathcal{R}_{++}^{nL}$，且由第（2）步，$(\mathbf{q}_1, \cdots, \mathbf{q}_n, \mathbf{p}) \geqq 0$ 及 $\mathbf{p} \neq 0$，我们知道 $\mathbf{p}\mathbf{x}_i + \mathbf{q}_i\mathbf{y} = \mathbf{p}\mathbf{x}_i^* + \mathbf{q}_i\mathbf{y}^* > 0$，从而得 $\lambda \geqq 1$，这与 $\lambda < 1$ 的事实相矛盾。

这样，转移支付林达尔均衡的所有条件都满足，定理得证。 □

15.4.6 公共品的搭便车问题

当消费者的边际替代率已知时，帕累托有效配置 $(\mathbf{x}, y)$ 由林达尔– 萨缪尔森条件或者林达尔均衡解决定。除此之外，每个消费者的贡献为 $g_i = w_i - x_i$。但问题是个人偏好是私人信息，一般人们并不知道消费者边际替代率的信息。当然，一个天真的想法是，每个人都很诚实，不会扯谎，都会真实报告其偏好，然后让他们决定其意愿支付。但由于经济人都是逐利的，为了少做贡献，他们一般不会真实报告其边际替代率。若消费者意识到他们为公共品生产的水平承担的费用取决于其报告的边际替代率，则他们会有动力谎报其边际替代率。这样，当让消费者报告其偏好或者边际替代率时，他们会报告较小的边际替代率 MRS，从而在享受公共品的同时少付本应该承担的费用，这即是所谓的搭便车问题。所以，搭便车行为指由于个体逐利，都有动机想少为公共品支付费用，从而使公共品的有效提供水平不足，导致帕累托无效率配置。这是为什么很难通过自愿的方式筹集到足够资金来提供公共品。

为了进一步地理解这一点，注意到在公共品经济中，社会目标为达到帕累托有效配置，但从个人利益来说，每个人的效用最大化问题为

$$\begin{aligned} & \max u_i(x_i, y) \qquad (15.4.32) \\ \text{s.t.} \quad & g_i \in [0, w_i]; \\ & x_i + g_i = w_i; \\ & y = f\left(g_i + \sum_{j \neq i}^{n} g_j\right). \end{aligned}$$

即每个消费者 i 在其他人的战略 $\mathbf{g}_{-i}$ 给定时最大化其支付。对上述问题，我们可将其重新描述为一个非合作博弈：

$$\Gamma = (G_i, \phi_i)_{i=1}^n,$$

其中，$G_i = [0, w_i]$ 是消费者 i 的战略空间，$\phi_i : G_1 \times G_2 \times \cdots \times G_n \to R$ 为消费者 i 的支付函数，它定义为

$$\phi_i(g_i, \mathbf{g}_{-i}) = u_i[(w_i - g_i), f\left(g_i + \sum_{j \neq i}^{n} g_j\right)]. \qquad (15.4.33)$$

回忆第 5 章关于纳什均衡的定义，对博弈 $\Gamma = (G_i, \phi_i)_{i=1}^n$，其战略 $\mathbf{g}^* = (g_1^*, \cdots, g_n^*)$ 是**纳什均衡**，若

$$\phi_i(g_i^*, \mathbf{g}_{-i}^*) \geqq \phi_i(g_i, \mathbf{g}_{-i}^*) \quad \forall g_i \in G_i, \forall i = 1, 2, \cdots, n,$$

$\mathbf{g}^*$ 是**占优战略均衡**，若

$$\phi_i(g_i^*, \mathbf{g}_{-i}) \geqq \phi_i(g_i, \mathbf{g}_{-i}) \quad \forall g \in G, \forall i = 1, 2, \cdots.$$

我们知道纳什均衡 (NE) 和占优战略均衡的差别在于，对纳什均衡，给定其他人的最优战略，每个人选择自己的最优战略，这样自己的最优战略依赖于其他人的战略。而对占优战

略来说，每个人的最优战略独立于其他人的任何战略，也就是无论对方选择什么战略，我所选择的战略都是最优的。因此，占优战略均衡必然是纳什均衡，但反之不成立。只有支付函数取非常特殊的形式时，纳什均衡才是占优战略均衡。

若 u_i 和 f 可微，则纳什均衡的一阶条件为：

$$\frac{\partial \phi_i(\mathbf{g}^*)}{\partial g_i} \leqq 0, \quad \text{若 } g_i > 0\text{，则等式成立}, \quad \forall\, i = 1, \cdots, n. \tag{15.4.34}$$

从而我们有

$$\frac{\partial \phi_i}{\partial g_i} = \frac{\partial u_i}{\partial x_i}(-1) + \frac{\partial u_i}{\partial y} f'\left(g_i^* + \sum_{j \neq i}^{n} g_j\right) \leqq 0, \quad \text{若 } g_i > 0\text{，则等式成立}.$$

因此，在内点解 $\mathbf{g}^*$ 处，我们有

$$\frac{\dfrac{\partial u_i}{\partial y}}{\dfrac{\partial u_i}{\partial x_i}} = \frac{1}{f'(g_i^* + \sum_{j \neq i} g_j)},$$

从而有

$$MRS^i_{yx_i} = MRTS_{yv},$$

该式不满足林达尔–萨缪尔森条件。因此，纳什均衡一般不是帕累托有效配置。

上式表明，当效用函数拟凹时，由于边际替代率递减，公共品的提供低于帕累托有效时的公共品水平，见图 15.1。因此，一般来说，纳什均衡与帕累托有效性的概念不是一致的。如何解决搭便车问题呢？我们将在机制设计理论中回答这个问题，维克瑞–克拉克–格罗夫斯 (Vickrey–Clark–Groves) 需求显示机制能够解决公共品的有效提供问题。

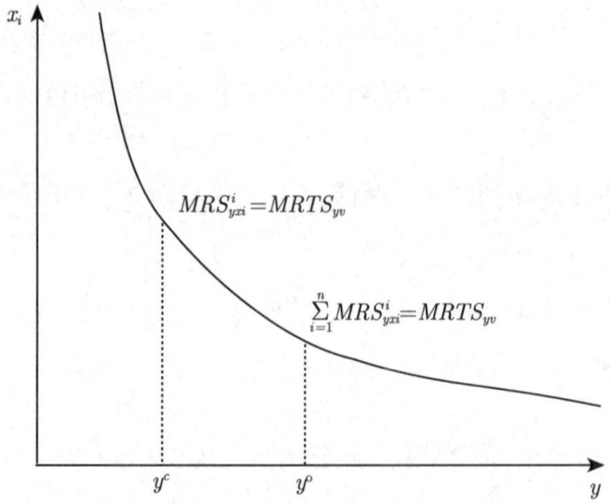

图 15.1 搭便车导致公共品的提供水平低于帕累托有效时的公共品提供水平

15.5 【人 物 小 传】

15.5.1 道格拉斯 · 诺思

道格拉斯 · C · 诺思 (Douglass C. North, 1920—2015)，作为新经济史学派（量化史学派）、新制度经济学派及新政治经济学派的先驱者、奠基人和开拓者，是 20 世纪后期最重要和最有影响力的经济学家之一。1942 年、1952 年先后获加州大学伯克利分校学士学位和博士学位。1946 年开始在伯克利分校任教；1950 年成为华盛顿大学的教授；1979 年任教于赖斯大学；1981—1982 年任教于剑桥大学；1982 年重新回到华盛顿大学。

诺思的主要贡献在于研究方法上的创新，即用古典经济学的方法研究新的对象。也就是说，运用新古典经济学和经济计量学来研究经济史问题。在其早期对远洋运输和美国国际收支所做的研究中，与福格尔（Robert W. Fogel，1926—2013）所代表的新经济史学派并驾齐驱，将新古典生产理论与经济史中所发现的数据结合起来。这种新的方法推动经济史的研究发生了革命性的变化。诺思并不满足于此，他又利用产权理论来解释美国历史中制度变革对经济绩效的影响。

诺思的早期著作，诸如《美国从 1790 年至 1860 年的经济增长》、《美国过去的增长与福利：新经济史》等等，对此作了充分的反映。从 20 世纪 80 年代开始，诺思又运用新制度经济学派的产权理论，分析西方世界最近两个世纪中工业化的更为一般的理论。其目的是探讨西方世界经济增长的原因、经济增长与制度变迁的内在联系、产权制度与经济发展的互动趋势、经济发展对制度的内在要求。诺思这一方面的著作主要有《西方世界的兴起》、《制度变革与美国经济绩效》等等。进入 20 世纪 90 年代以后，诺思开始总结他 30 多年研究经济史的经验，从中提炼出一些对经济学尤其是对新制度经济学有重要贡献的理论。在这一方面他的著作主要有《制度、制度变迁与经济绩效》。概括起来说，诺思对经济学的贡献主要包括三个方面：第一，用制度经济学的方法来解释历史上的经济增长；第二，作为新制度经济学的开创者之一，诺思重新论证了包括产权制度在内的制度的作用；第三，作为经济学家的诺思将新古典经济学中所没有涉及的内容 —— 制度，作为内生变量运用到经济研究中去，特别是将产权制度、意识形态、国家、伦理道德等作为经济演进和经济发展的变量，极大地发展了制度变迁理论。

产权理论、国家理论和意识形态理论是诺思的制度变迁理论的三大基石。诺思通过对西方市场经济演变史的审视与分析，升华出制度变迁理论的思想，并以三大理论基石来构建他的分析框架。如他所述，“我研究的重点放在制度理论上，这一理论的基石是：描述一个体制中激励个人和集团的产权理论；界定实施产权的国家理论；影响人们对‘客观’存在的变化不同反应的意识形态理论，这种理论解释为何人们对现实有不同的理解。”值得提出的是，诺思在阐明上述分析框架的过程中，始终以成本—收益为分析工具，论证产权结构选择的合理性、国家存在的必要性以及意识形态的重要性，而这种分析使得诺思的制度变迁理论具有巨大的说服力。1993 年，诺思由于建立了包括产权理论、国家理论和意识形态理论在内的“制度变迁理论”，而获诺贝尔经济学奖。诺思的经济理论发现和思想洞见在一直以来处于制度转型之中的中国传播广泛，使得他本人也成为在中国经济学界被引用率最高的当代经济学家之一。

15.5.2　乔治 · 阿克洛夫

乔治 · A · 阿克洛夫 (George A. Akerlof，1940—)，生于美国纽黑兰，1966 年获美国麻省理工学院博士学位，自 1980 年起在美国加州大学伯克利分校任经济学首席教授。2001 年与另外两名美国经济学家即迈克尔 · 斯宾塞和约瑟夫 · 斯蒂格利茨共同获得诺贝尔经济学奖，以表彰他们在“对充满不对称信息市场进行分析”领域所做的突出贡献。

阿克洛夫 1970 年的论文《柠檬市场：质量的不确定性和市场机制》是信息经济学文献中最为重要的研究，提出了简单而又深奥的一个普遍化思想，并因应用广泛而产生了巨大影响。在这篇文献中，他引入信息经济学研究中的一个著名模型 ——“柠檬市场”，主要用来描述当产品的卖方对产品质量比买方有更多的信息时，低质量产品将会驱逐高质量产品，从而使市场上的产品质量持续下降的情形。阿克洛夫的理论被广泛运用于一些完全不同的领域，如健康保险、金融市场和雇佣合同。

如今，有缺陷旧车的口语表达“柠檬”已成为经济学家理论词汇中的一个著名的隐喻。他认为信息不对称问题可能导致整个市场崩溃，或者市场萎缩，以至只有劣等产品充斥其中。阿克洛夫还指出，类似的信息不对称在发展中国家尤其普遍并产生了重要影响。他以印度 20 世纪 60 年代的信贷市场为例来说明逆向选择问题。印度小地方放贷者索取的利率是大城市利率的两倍。在城镇借款然后在农村放贷出去的一个贷款人并不了解借款人信誉，因此极易遭受惨重损失。“柠檬论文”中一个关键的见解是经济主体有强烈的激励去抵消信息问题对市场效率的不利影响。阿克洛夫认为许多市场机构可以被看成是为了解决不对称信息问题而出现的。

阿克洛夫认为，经济学对待理论就像法国厨师对待食物，要发展那些被不成文的规则所限制的因素而成为有独特风格的模型。传统的法国烹饪不使用生鱼和海藻，新古典经济学模型也不从心理学、人类学或社会学角度出发提出假说。他不同意任何限制经济学模型自然成分的规则。因此，除了对不对称信息所进行的研究外，阿克洛夫还从社会学和社会人类学的角度发展了经济学理论，在这方面最值得一提的贡献是他对劳动力市场效率的关注。

阿克洛夫的妻子是他在加州大学伯克利分校的同事、经济学家珍妮特 · L · 耶伦（Janet L. Yellen）。他们在很多研究领域进行了合作，耶伦评价说，“他对人类问题具有的敏锐洞察力，可以直指社会现象的原因。与他合作是精彩的，他如此具有原创性。”阿克洛夫的妻子自 2010 年起担任美联储副主席, 2014 年 2 月 3 日宣誓就职美联储主席，正式接替本 · 伯南克成为美联储历史上第一位女主席。

15.6　习　　题

习题 15.1　证明：对于公共品经济，在偏好满足强单调性、连续性和严格凸性时，弱帕累托有效配置是帕累托有效的。

习题 15.2　(林达尔均衡的帕累托有效性) 考虑一种私人品 x 和一种公共品 y 的公共经济，有 n 个消费者，每个消费者拥有 w_i 单位私人品的禀赋，但没有公共品的初始禀赋。公共品可以由私人品生产，生产技术为 $y=\frac{1}{q}v$。消费者 i 的效用函数由 $u_i(x_i,y)$ 表示，假设效用函数连续可微且满足对于任意 $i=1,2,\cdots,n$，$\frac{\partial u_i}{\partial x_i}>0$。

1. 定义这个经济中的林达尔均衡和帕累托有效性。
2. 判断满足帕累托有效的内点是否一定满足所有个人边际替代率相等，即：

$$\frac{\frac{\partial u_1}{\partial y}}{\frac{\partial u_1}{\partial x_1}}=\frac{\frac{\partial u_2}{\partial y}}{\frac{\partial u_2}{\partial x_2}}=\cdots=\frac{\frac{\partial u_n}{\partial y}}{\frac{\partial u_n}{\partial x_n}}.$$

若是，给出证明，若不是，给出反例。

习题 15.3 和上题同样的环境下，假设效用函数为拟线性形式 $u_i=x_i+v_i(y)$，其中 v_i 严格递增、严格凹且连续可微。

1. 在帕累托有效内点解 $(x_1^*,x_2^*,\cdots,x_n^*,y^*)$，公共品最优量 y^* 随 $(x_1^*,x_2^*,\cdots,x_n^*)$ 变动吗？为什么？
2. 若不假设效用函数的拟线性，问题 (1) 中答案是否变化？为什么？
3. 假设 $n=2,w_1=5,w_2=4$，生产函数由 $y=1/2v$ 给出，效用函数为：$u_1=x_1+3\ln y$ 和 $u_1=x_1+5\ln y$，找出这个经济中的林达尔均衡。

习题 15.4 考察两个参与人和两商品的公共经济。一种商品是具有竞争性的私人品 x（例如闲暇），另一种是非竞争性的公共品 y（例如无线电音乐广播）。两种商品的衡量单位都是小时/天。厂商以劳动 v 为投入生产 y。（劳动是消费者提供给厂商的闲暇时间，这样若消费者 i 提供给厂商 v_i 单位的劳动，消费者 i 剩余的闲暇量为 $x_i=w_i-v_i$，其中 w_i 是 i 的初始闲暇禀赋。）令厂商的生产函数为线性的（规模报酬不变），在任何水平的产出上生产一单位 y 需要 k 单位 $v(k>0)$。假设产出不能自由弃置，x 的初始禀赋 w_i 为正，但 y 的初始禀赋为零。假设消费者 i $(i=1,2)$ 的消费集包含所有满足 $x_i\geqq 0$ 以及 $y\geqq 0$ 的点 x_i,y。

此外，对于任意 $x_i\geqq 0$ 以及 $y\geqq 0$，消费者 i 的效用函数为：$u_i=x_i+\phi_i(y)$，其中价值函数 $\phi_i(y)$ 二阶可导，使得一阶导数 $\phi_i'(y)>0$，二阶导数 $\phi_i''(y)<0$（这里假设对于 $i=1,2$ 有 $w_i>0$）。假设每个消费者 i 自愿选择贡献一定量的劳动 $0\leqq v_i\leqq w_i$ 以生产公共品 y。

按定义，在一个纳什均衡配置 $(\overline{x}_1,\overline{x}_2,\overline{v}_1,\overline{v}_1,\overline{y})$，每个消费者 i 将 v_j $(j\neq i)$ 视为给定的，根据等式 $ky=v_1+v_2$ 选择 v_i 最大化 u_i。

1. 找出帕累托有效配置满足的条件（这些条件是关于 x_1,x_2,y,w_1,w_2 的等式）。
2. 假设对纳什均衡，消费者 2 贡献一个正的劳动量，但仍有量为正的闲暇即 $w_2>\overline{v}_2>0$，消费者 1 不贡献任何劳动，即 $\overline{v}_1=0$。这个纳什均衡是帕累托最优的吗？
3. 假设在一个纳什均衡中，两个消费者都贡献正的劳动量，但仍有量为正的闲暇，这样一个均衡是帕累托最优的吗？
4. 假设在一个纳什均衡中，两个消费者都不贡献任何劳动，这样一个均衡是帕累托最优的吗？
5. 定义这个经济中的林达尔均衡，证明在消费者偏好满足局部非饱和性时每个林达尔均衡都是帕累托有效的。

习题 15.5 考察有 n 个消费者、一种私人品 x 和一种公共品 y 的公共经济。假设每个消费者有私人品禀赋 $w_i=10$，消费者偏好由 $u_i(x_i,y)=x_i+\theta_i\ln y$ 表示，其中 x_i 表示消费者 i 消费的私人品，y 表示公共品总量。公共品的生产技术为 $f(q)=q$。其中 q 表示生产中投入的私人品。

1. 找出帕累托最优配置。这一答案如何随 n 的变动而变动？
2. 若每个人同时贡献部分禀赋以生产公共品，自愿贡献的纳什均衡是什么？这一答案如何随 n 的变动而变动？
3. 若政府选择对每个人征定额税 ϵ 以生产 $n\epsilon$ 单位的公共品，每个个人决定是否对公共品作出额外贡献（以及贡献多少），如此提供的公共品总额为多少（可以假设 ϵ 非常小）？
4. 若政府仅能征收税率为 τ 的收入税，所有税收用来生产公共品，能保证有效公共品提供的税率为多少（假设除税收外没有别的公共品来源）？若消费者投票决定税率（假设消费者知道税收与公共品数量之间的关系），多数投票决定规则下胜出的税率为多少？与所有消费者有相同偏好 θ 的情形比起来有何区别？

习题 15.6 (公共品与群体人数) 本题讨论不同筹资手段下群体人数对公共品供给的影响。假设有 n 个相同的经济人、一种私人品与一种公共品。假设效用函数为：$u_i(x_i, y) = x_i + h(y)$，其中 x_i 表示消费者 i 消费的私人品，y 表示公共品总量。假设 h 凹、可微、递增，并且满足 $\lim_{y\to 0} h'(y) > 1$，$\lim_{y\to\infty} h'(y) = 0$。每个经济人有 ω 禀赋的私人品，禀赋数量足够使私人品消费的非负性约束等号永远不成立。公共品的生产规模报酬不变，一单位私人品能生产一单位公共品，仅讨论对称配置。

1. 证明最优公共品提供水平是经济规模 n 的增函数。
2. 证明自愿贡献均衡下的公共品提供水平与人数 n 无关，并对此进行评论。

习题 15.7 经济学文献中提出的一种解决搭便车问题的方法是对公共品贡献抽彩：若个人 i 贡献 x_i，则有 $\frac{z_i}{\sum_{j=1}^n z_j}$ 的概率赢得价值 R 单位私人品的彩票，个人的贡献既用来为公共品筹资也用来提供彩票奖金，所以仅有 $\sum_{j=1}^n z_j - R$ 的贡献被投入公共品生产。假设彩票奖金 R 与人数 n 无关。证明，在每个经济人都贡献 z (z 是 n 与 R 的函数) 的对称纳什均衡下：

1. 若 $n > 1$，公共品提供水平 $y = nz - R$ 总大于上一题中的自愿提供水平。
2. 公共品提供水平 $y = nz - R$ 随 n 递增。
3. 当 $n \to \infty$ 时公共品提供水平趋向于一个有限值。

习题 15.8 继续上一题的内容，给定 n 趋向无穷时最优公共品的水平也应趋向无穷，上题问题 (3) 中的结论令人失望。假设奖金总额随 n 的提高而提高：$R = nr$。证明：

1. 公共品提供水平 $y = n(z - r)$ 随 n 递增。
2. 当 $n \to \infty$ 时公共品水平也趋向无穷，并评论这一结果。

习题 15.9 (公地悲剧) 假设某村庄有 n 个农户，每家农户都有权利在一个公共牧场放养奶牛，记农户 i 养的奶牛数量为 x_i；一头奶牛能够生产的牛奶数量取决于在牧场上吃草奶牛的数量 $\hat{x}$，假定农户 i 养 x_i 头奶牛的收入为 $x_i v(\hat{x})$。当 $\hat{x} < \hat{x}_0$ 时，$v(\hat{x}) > 0$；当 $\hat{x} > \hat{x}_0$ 时，$v(\hat{x}) = 0$，其中 $v(0) > 0$，$v' < 0$，$v'' < 0$。每头奶牛的成本为 c，并假设奶牛可以完美地分割，而且 $v(0) > c$，每个农户同时决定购买多少奶牛，所有买来的奶牛将在公共牧场上吃草。

1. 用战略式博弈表示农户之间的博弈。
2. 找出纳什均衡，并与社会最优结果进行比较。

习题 15.10 考虑有 n 人、一种私人品 x 和一种公共品 y 的公共经济。私人品的总禀赋是

w，而公共品是可以生产的。生产 1 单位公共品所消耗的成本为 $c(y)$。消费者 i 的效用函数是 $u_i(x_i, y) = x_i + v_i(y)$，其中 v_i 是定义在 $\mathcal{R}_+$ 上的任意函数，于是每个消费者的消费集是 $\mathcal{R} \times \mathcal{R}_+$，公共品的消费量是非负数。私人品不能用于公共消费。

1. 假设销毁无成本，那么写出能够描述可行配置 $(x_1, \cdots, x_n, y)$ 的所有不等式。
2. 称消费数量为 y 的公共品是“剩余最大化”(surplus maximizing)，若满足以下条件：

$$y \in \arg\max_{y' \leqq 0} \sum_i v_i(y') - c(y').$$

判断命题“若 y 是剩余最大化的公共品消费量，那么任何生产出 y 单位公共品的可行配置一定是帕累托最优的”是否正确，并证明。

3. 判断命题“若配置 $(x_1, \cdots, x_n, y)$ 是帕累托最优的，那么 y 单位的公共品消费量就是满足剩余最大化的”是否正确，并证明。

习题 15.11 假设某个渔村中有 n 个渔民，一些渔民在海中捕鱼，因为海足够大，所以不管多少渔民前去捕鱼，每个渔民都可以捕到 k 条鱼。还有一些渔民去某个湖里捕鱼(海里的鱼和湖里的鱼是完全替代的)，若有 x 个渔民前去捕鱼，那么每个渔民可以捕到 $x^{-1/2}$ 条鱼(即这些渔民一共可以捕到 $x^{1/2}$ 条鱼，且每个渔民都捕到相同数量的鱼)。

1. 若对于渔民来说，选择去湖里捕鱼还是去海里捕鱼是没有成本的，而且渔民都不愿意去他认为抓到鱼少的地方捕鱼，那么有多少渔民会去海里捕鱼，多少渔民会去湖里捕鱼，以及平均状态下他们会捕到多少鱼？
2. 若政府限制去湖里捕鱼，那么政府应该允许多少渔民去湖里捕鱼，从而能最大化这个社区的捕鱼量？
3. 若假设鱼的需求函数是

$$Q = A - BP$$

比较在没有限制和有效配置的情况下，市场上鱼的价格。

4. 现在假设河里的鱼和海里的鱼不是完全替代的，海鱼的售价是每条 20 元人民币，而湖里的鱼的需求是

$$Q_L = A' - B'P_L$$

那么若对渔民没有限制，在均衡状态下，有多少渔民会去湖里捕鱼？若政府对渔民去湖里捕鱼的行为征收一笔固定的许可费用，那么湖里的鱼的价格是上升还是下降？写出推导过程。

习题 15.12 考虑只有一种私人品 x、一种公共品 y 和 n 个消费者的公共经济。每个消费者的消费选择集在每个维度上都是非负的。每个消费者 i 都拥有 w_i 单位的私有品，而且他们一开始都不拥有公共品。公共品是可以生产的，生产函数是 $y = v$。每个消费者 i 的效用函数用 $u_i(x_i, y)$ 来表示，且效用函数不可微(注意，这样就不能用微分的方法来回答下边的问题 (1) 和 (2)。

1. 定义这个经济的林达尔均衡和帕累托有效配置。
2. 证明林达尔均衡是帕累托有效的。(提示：若需要额外的假设，在证明中说明清楚。)
3. 现在假设 u_i 是可微的。那么写出帕累托有效配置的林达尔–萨缪尔森一阶条件。

4. 当消费者的效用函数是 $u_i(x_i, y) = (x_i+1)^{\alpha_i} y^{(1-\alpha_i)}$，且 $0 < \alpha_i < 1$ 时，计算林达尔均衡，这个解是帕累托有效解吗？

习题 15.13 假设 n 个经济人都有同样的柯布-道格拉斯效用函数，$u_i(x_i, y) = x_i^{\alpha} y^{1-\alpha}$。总的财富量为 w，分给 $k \leqq n$ 个行为者。有多少公共品被提供？当 k 增加时，公共品的数量怎样变化？

习题 15.14 一个古老村庄将某种物品（如羊）用于两个目的：或者当食物吃，或者作为公共的宗教祭品。假定村民 i 拥有羊的初始禀赋为 $w_i > 0$。令 $x_i \geqq 0$ 为羊的消费量，$g_i \geqq 0$ 为其为公共祭献而拿出的数量。拿出用于祭献的羊的总量为 $y = \sum_{i=1}^{n} g_i$。村民 i 的效用函数由下式给出：

$$u_i(x_i, y) = x_i + a_i \ln y,$$

其中 $a_i > 1$。

1. 在决定其祭礼时，每个村民 i 都假定其他村民的祭礼保持固定，决定在此基础上他会给出多少祭礼。令

$$y_{-i} = \sum_{j \neq i} g_i$$

为除村民 i 之外的祭礼。写出确定村民 i 祭礼的效用最大化问题。

2. 回想一下对所有行为者 i，$y = g_i + y_{-i}$，公共品的均衡数量是多少？（提示：并非每个行为者都将贡献一正数的公共品。）
3. 在这个问题中，谁将搭便车？
4. 在此经济体中，要提供的公共品的帕累托有效数量是多少？

习题 15.15 某城镇有居民 1,000 人，而且每个市民的效用函数为 $u_i(x_i, y) = (x_i + k_i) y^{\alpha}$，其中 y 是该城镇溜冰场的面积，用平方米来衡量，x_i 是消费者每年消费面包的数量，假设面包的价格为每个 1 元，而且假设维持一平方米的溜冰场的价格也为 1 元。不同的人有不同的收入 w_i。计算这个城镇中的林达尔均衡。在林达尔均衡下，政府需要从居民 i 那里筹集多少钱？

习题 15.16 （关于转移支付林达尔配置的福利经济学第一定理） 证明定理 15.4.3：给定公共品经济 $\mathbf{e} = (e_1, \cdots, e_n, \{Y_j\})$，在价格系统 $(\mathbf{q}_i^*, \cdots, \mathbf{q}_n^*, \mathbf{p}^*)$ 下，每个转移支付林达尔均衡配置 $(\mathbf{x}^*, \mathbf{y}^*)$ 都是弱帕累托有效的。若消费者的偏好还满足局部非饱和性，则它是帕累托有效的。

习题 15.17 （具有严格凸性偏好的福利经济学第一定理） 假定 $\succcurlyeq_i$ 是严格凸的。令配置 $(\mathbf{x}, \mathbf{y}) \in X \times Y$ 和非零价格向量 $(\mathbf{q}_1, \cdots, \mathbf{q}_n, \mathbf{p}) \in \mathcal{R}_+^{L+nK}$ 构成一个**林达尔均衡**，使得 $\mathbf{v}^* = \sum_{t=1}^{n} \mathbf{w}_i - \sum_{i=1}^{n} \mathbf{x}_i^*$，则林达尔均衡配置是帕累托最优的。

习题 15.18 （林达尔均衡、约束林达尔均衡、准林达尔均衡与帕累托最优） 对公共品经济 $\mathbf{e} = (e_1, \cdots, e_n, \{Y_j\})$，假定对所有的 i，均有 $0 \neq \mathbf{w}_i \in X_i = \mathcal{R}_+^L$，且 $\succcurlyeq_i$ 是偏好序。我们称配置 $(\mathbf{x}, \mathbf{y}) \in X \times Y$ 和非零价格向量 $(\mathbf{q}_1, \cdots, \mathbf{q}_n, \mathbf{p}) \in \mathcal{R}_+^{L+nK}$ 构成了**一个约束林达尔均衡**，若林达尔均衡定义中其他条件都相同，只是条件 (ii) 由下面条件取代：

(ii′) $(\mathbf{x}_i, \mathbf{y}) \succ_i (\mathbf{x}_i^*, \mathbf{y}^*)$ 及 $\mathbf{x}_i + \mathbf{y} \leqq \sum_{t=1}^{n} \mathbf{w}_i$ 意味着 $\mathbf{p}^* \mathbf{x}_i + \mathbf{q}_i^* \mathbf{y} > \mathbf{p}^* \mathbf{w}_i$，$\forall i = 1, \cdots, n$。

我们称配置 $(\mathbf{x},\mathbf{y})\in X\times Y$ 和非零价格向量 $(\mathbf{q}_1,\cdots,\mathbf{q}_n,\mathbf{p})\in\mathcal{R}_+^{L+nK}$ 构成了一个**准林达尔均衡**，若林达尔均衡定义中其他条件都相同，只是条件 (ii) 由下面条件取代：

(ii$''$) $(\mathbf{x}_i,\mathbf{y})\succcurlyeq_i(\mathbf{x}_i^*,\mathbf{y}^*)$ 意味着 $\mathbf{p}^*\mathbf{x}_i+\mathbf{q}_i^*\mathbf{y}\geqq\mathbf{p}^*\mathbf{w}_i$，$\forall i=1,\cdots,n$。

1. 我们知道：若 $\succcurlyeq_i$ 满足局部非饱和性，则林达尔均衡配置是帕累托最优的。若局部非饱和性不满足，则又会如何？
2. 证明：若 $\succcurlyeq_i$ 满足凸性，则内点约束林达尔均衡是林达尔均衡。凸性能被放宽到局部非饱和性吗？
3. 证明：若 $\succcurlyeq_i$ 满足强单调性，则林达尔均衡是准林达尔均衡。强单调性能被放宽到单调性吗？
4. 证明：若林达尔均衡配置是准林达尔均衡配置，则它是帕累托有效的。
5. 从上题中知道：若 $\succcurlyeq_i$ 是严格凸的，则林达尔均衡配置是帕累托最优的。那么，若 $\succcurlyeq_i$ 是严格凸的，林达尔均衡一定是准林达尔均衡吗？
6. 假设对任一个体 i，$\succcurlyeq_i$ 都满足连续性。证明：若 $\mathbf{p}\in\mathcal{R}_{++}^L$，则准林达尔均衡是林达尔均衡。
7. 假设对任一个体 i，$\succcurlyeq_i$ 都满足连续性和强单调性。证明：若 $(\mathbf{p},\mathbf{x})$ 是一个准林达尔均衡且对某些 i 有 $\mathbf{x}_i\in int\mathcal{R}_+^{\ell}$，则 $\mathbf{p}\in\mathcal{R}_{++}^L$。

习题 15.19 (公共经济下的经济核定理) 证明定理 15.4.4：在偏好的局部非饱和性下，若 $(\mathbf{x},\mathbf{y},\mathbf{p})$ 是林达尔均衡，则 $(\mathbf{x},\mathbf{y})$ 具有核性质。

习题 15.20 (非饱和性偏好下的公共品经济的福利经济学第二定理) 证明以下定理：给定经济 $\mathbf{e}=(e_1,\cdots,e_n,\{Y_j\})$，设 $\succcurlyeq_i$ 连续、凸，且满足非饱和性，以及 Y 为闭凸集，且 $0\in Y$。则对任何的帕累托最优配置 $(\mathbf{x}^*,\mathbf{y}^*)$，存在着非零价格向量 $(\mathbf{q}_1,\cdots,\mathbf{q}_n,\mathbf{p})\in\mathcal{R}^{L+nK}$，使得 $((\mathbf{x},\mathbf{y}),(\mathbf{q}_1,\cdots,\mathbf{q}_n),\mathbf{p})$ 是拟转移支付林达尔均衡，即存在着满足 $\sum_i I_i=\mathbf{p}\sum_i\mathbf{w}_i$ 的转移支付后的财富水平 $(I_1,\cdots,I_n)$，使得

(1) 若 $(\mathbf{x}_i,\mathbf{y})\succ_i(\mathbf{x}_i^*,\mathbf{y}^*)$，则 $\mathbf{p}\mathbf{x}_i+\mathbf{q}_i\mathbf{y}\geqq I_i\equiv\mathbf{p}\mathbf{x}_i^*+\mathbf{q}_i\mathbf{y}^*$，$i=1,\cdots,n$；

(2) 对所有的 $(\mathbf{y},-\mathbf{v})\in Y$，有 $\hat{\mathbf{q}}\mathbf{y}^*-\mathbf{p}\mathbf{v}^*\geqq\hat{\mathbf{q}}\mathbf{y}-\mathbf{p}\mathbf{v}$。

其中，$\mathbf{v}^*=\sum_{t=1}^n\mathbf{w}_i-\sum_{i=1}^n\mathbf{x}_i^*$，$\sum_{t=1}^n\mathbf{q}_i=\hat{\mathbf{q}}$。

更进一步地，若对所有的 i，$0\in X_i$ 且 $\mathbf{p}\mathbf{x}_i^*+\mathbf{q}_i\mathbf{y}^*>0$，$(\mathbf{x}^*,\mathbf{y}^*,\mathbf{p})$ 是转移支付林达尔均衡。

15.7 参考文献

教材和专著：

黄有光，张定胜 (2008). 高级微观经济学. 上海: 格致出版社.

平新乔 (2001). 微观经济学十八讲. 北京: 北京大学出版社.

Laffont, J. J. (1988). *Fundamentals of Public Economics*, Cambridge, MIT Press, Chapter 2.

Lindahl, E. (1958). “Die Gerechitgleit der Besteuring. Lund: Gleerup” [English tranlastion: Just Taxation—a Positive Solution, in Classics in the Theory of Public Finance, edited by R. A. Musgrave and A. T. Peacock. London: Macmillan].

Luenberger, D. (1995). *Microeconomic Theory*, McGraw-Hill, Inc., Chapter 9.

Mas-Colell, A., Whinston, M. D. and Green, J. (1995). *Microeconomic*, Oxford University Press, Chapter 11.

Pigou, A. (1928). *A Study of Public Finance*, New York: Macmillan.

Salanie, B. (2000). *Microeconomics of Market Failures*, MIT Press, Chapters 5,6.

Varian, H.R. (1992). *Microeconomic Analysis*, Third Edition, W.W. Norton and Company, Chapter 23.

论文：

Foley, D. (1970). "Lindahl's Solution and the Core of an Economy with Public Goods", *Econometrica*, Vol. 38, 66-72.

Milleron, J. C. (1972). "Theory of Value with Public Goods: A Survey Article", *Journal of Economic Theory*, Vol. 5, 419-477.

Muench, T. (1972). "The Core and the Lindahl Equilibrium of an Economy with a Public Good", *Journal of Economic Theory*, Vol. 4, 241-255.

Roberts, D. J. (1974). "The Lindahl Solution for Economies with Public Goods", *Journal of Public Economics*, Vol. 3, 23-42.

Tian, G. (1988). "On the Constrained Walrasian and Lindahl Correspondences", *Economics Letters*, Vol. 26, 299-303.

Tian, G. (1989). "Implementation of the Lindahl Correspondence by a Single-Valued, Feasible, and Continuous Mechanism", *Review of Economic Studies*, Vol. 56, 613-621.

Tian, G. (1990). "Completely Feasible and Continuous Nash-Implementation of the Lindahl Correspondence with a Message Space of Minimal Dimension", *Journal of Economic Theory*, Vol. 51, 443-452.

Tian, G. (1991). "Implementation of Lindahl Allocations with Nontotal-Nontransitive Preferences", *Journal of Public Economics*, Vol. 46, 247-259.

Tian, G. (1993). "Implementing Lindahl Allocations by a Withholding Mechanism", *Journal of Mathematical Economics*, Vol. 22, 169-179.

Tian, G. (1994). "Implementation of Linear Cost Share Equilibrium Allocations", *Journal of Economic Theory*, Vol. 64, 568-584.

Tian G. (1994a). "On Informational Efficiency and Incentive Aspects of Generalized Ratio Equilibria", *Journal of Mathematical Economics*, Vol. 23, 323-337.

Tian, G. (1994b). "Implementation of Linear Cost Share Equilibrium Allocations", *Journal of Economic Theory*, Vol. 64, 568-584.

Tian, G. (1995). "Nash Implementation of the Lindahl Correspondence with Decreasing Returns to Scale Technology," (with Qi Li and S. Nakamura), *International Economic Review*, Vol. 36, 37-52.

Tian, G. (1996a). "On the Existence of Optimal Truth-Dominant Mechanisms", *Economics Letters*, Vol. 53, 17-24.

Tian, G. (1996b). "Continuous and Feasible Implementation of Rational Expectation Lindahl Allocations", *Games and Economic Behavior*, Vol. 16, 135-151.

Tian, G. (2000a). "Double Implementation of Lindahl Allocations by a Continuous and Feasible Mechanism", *Social Choice and Welfare*, Vol. 17, 125-141.

Tian, G. (2000b). "Implementation of Balanced Linear Cost Share Equilibrium Solution in Nash and Strong Nash Equilibria", *Journal of Public Economics*, Vol. 76, 239-261.

Tian, G. (2000c). "Double Implementation of Linear Cost Share Equilibrium Allocations", *Mathematical Social Sciences*, Vol. 40, 175-189.

Tian, G. (2000d). "A Unique Informationally Efficient Allocation Mechanism in Economies with Public Goods", Mimeo.

Tian, G. (2006). "The Unique Informational Efficiency of the Competitive Mechanism in Economies with Production", *Social Choice and Welfare*, Vol. 26, 155-182.

Tian, G. (2009a). "Implementation in Economies with Non-Convex Production Technologies Unknown to the Designer", *Games and Economic Behavior*, Vol. 66, 526-545.

Tian, G. (2009b). "Implementation of Pareto Efficient Allocations", *Journal of Mathematical Economics*, Vol. 45, 113-123.

Tian, G. (2010). "Implementation of Marginal Cost Pricing Equilibrium Allocations with Transfers in Economies with Increasing Returns to Scale", *Review of Economic Design*, Vol. 14 , 163-184.

Tian, G., and Li, Q. (1991). "Completely Feasible and Continuous Implementation of the Lindahl Correspondence with Any Number of Goods", *Mathematical Social Sciences*, Vol. 21, 67-79.

Tian, G., and Li, Q. (1994). "An Implementable and Informational Efficient State-Ownership System with General Variable Returns", *Journal of Economic Theory*, Vol. 64, 268-297.

Tian, G. and Li, Q. (1994) "Ratio-Lindahl and Ratio Equilibria with Many Goods", *Games and Economic Behavior*, Vol. 7, 441-460.

Tian, G., and Li, Q. (1995). "Ratio-Lindahl Equilibria and an Informationally Efficient and Implementable Mixed-Ownership System", *Journal of Economic Behavior and Organization*, Vol. 26, 391-411.

Varian, H.R. (1994). "A Solution to the Problem of Externalities When Agents Are Well Informed", *American Economic Review*, Vol. 84, 1278-1293.

第五部分

机制设计理论

以上大部分章节主要关注市场机制，讨论它是如何运转的，有什么样的优越性及局限性。在现实中，人们总是不断探索，想知道是否还存在着更好的经济制度。特别是在市场失灵时，人们的想法更是如此。尽管前面已有一些章节针对具体问题讨论了机制的设计问题，但我们需要一个更一般的理论模型来研究经济机制的设计问题，并可以在一定的标准下比较所有经济机制的好坏，这就是本部分要讨论的经济机制设计理论。

经济机制设计理论以及与此紧密相关的信息经济学、激励理论、委托—代理理论、合同理论、拍卖理论和市场设计理论在过去半个世纪以来已成为经济学中极为重要和活跃的研究领域，并在经济、金融、管理、公司法、政治等学科的各个领域中有着广泛的应用，对当今经济学的发展产生了深远影响。由此，20 多位经济学家由于机制设计及与此紧密相关的博弈论和信息经济学领域的开创性工作而获得诺贝尔经济学奖，他们是：Friedrich A. Hayek、Kenneth Arrow、George J. Stigler、Gerard Debreu、Ronald Coase、Herbert Simon、John Nash、Reinhard Selten、William Vickrey、James Mirrlees、George Akerlof、Joseph Stiglitz、Michael Spence、Robert Auman、Leo Hurwicz、Eric Maskin、Roger Myerson、Peter Diamond、Oliver Williamson、Alvin E. Roth、Lloyd S. Shapley、Jean Tirole、Oliver Hart 以及 Bengt Holmstrom 等经济学家。

我们在前面提到，个体逐利不仅是经济学的最基本假设，更不可忽视的是，它和信息不完全、不对称一起成为两个最大的客观现实。由于个体的逐利动机，当信息不对称时，一个人说了一番话，他人不知道这是否是真话，即使一双眼睛盯着看，也不知道是否在听，使得解决现实经济问题变得异常复杂和难以应对，研究经济现象和经济人行为的经济学从而成为一门难度很高的学科。那么，如何才能解决由于个体逐利和信息不对称所导致的激励扭曲和信息失真及个体伪装的问题呢？也就是，当信息不对称时，如何通过恰当的制度设计，诱导个体真实显示他们的经济特征及行动，使得他们即使主观上为了自己，而客观上达到了社会、集体、改革者、上级或设计者所想达到的目标呢？如能达到，个体利益和社会利益是否形成了激励相容？这正是经济机制设计理论所讨论的主要内容。激励或激励相容这一重要概念，已成为现代经济学中一个最基本的和核心的概念。对很多经济学家来说，激励占据了经济学中相当大一部分内容：如何激励人们努力工作，激励生产高质量的产品，激励投资，激励储蓄，等等。

直至 20 世纪 70 年代，在讨论激励相容问题时，传统的经济分析都把经济机制看作是给定的。如现代经济学的大多数研究是从市场的角度研究最优资源配置的，它讨论市场机制如何运转，有什么样的优越性及局限性，对计划经济机制的讨论也是如此。由此，经济学主要关心在大市场经济（即个体众多的市场经济，如完全竞争市场）环境下对价值理论的理解。一般均衡理论所探讨的一个中心问题就是，对某个给定的机制（如完全竞争机制），它是否能导致帕累托有效配置，以及在什么样的经济环境 (什么样的生产技术，消费者偏好，初始资源) 下存在这样的有效配置。在完全竞争市场中，由于经济人个数足够多，市场竞争压力能很好地解决消费者和生产者的激励问题，从而激励扭曲并不是什么问题，只需理解价格是如何形成的即可。

然而，半个世纪来，现代经济学发生了颠覆性的革命变化，经济学家从相反的方向对该问题进行研究：不是将一个制度安排（如市场机制）视为给定的，考察在什么样的经济环境类下该机制是适用的，而是进行情景分析（counter-factual analyses），即对于给定的经济环境类和某个社会目标 (如资源的有效配置，某种意义下的公平或公正配置，或某种其他社会目标)，是否存在某个机制 (配置规则)，使得每个人即使追求个人目标，其客观效果也正好能达到既定的社会目标。例如，我们知道在一般的情况下，完全竞争市场机制产生了资源的有效配置。那么是否还存在其他机制 (如社会主义计划经济机制) 同样地也能产生资源的有效配置呢？如果回答是肯定的，这个机制是否能用到比竞争机制还要少的信息或成本来实现资源的有效配置呢？这些问题的提出对机制的信息理论和激励理论的产生有着直接影响。以上的第一个问题实际上与激励理论有关；第二个问题则与信息理论有关。从这种意义上来说，理论家们又回到了信息和激励这样的最基本问题的研究。

之所以提出这样的反向问题，与经济学说史中的两条主线有关。一条与原教旨资本主义市场经济制度的失灵有关，另一条与社会主义计划经济的严重缺陷有关。在资本主义/私人所有权经济文献中，当经济人个数有限时，市场没达到充分竞争，个体的经济活动会影响到价格水平，从而导致市场失灵。此外，在许多其他情境下，如存在外部性、公共品、规模报酬递增、不可分商品，特别是信息不完全时，市场制度往往会失灵，不能导致帕累托有效配置。因此，我们既要看到市场机制的优越性，也要看到它的局限性。在讨论其局限性时，仅仅只指出市场不能良好地运行往往是不够的，还需寻找其他方法或机制替代或改进市场的作用，使之能导致资源的有效配置。在许多非经典环境中寻找实施有效配置的机制的研究都对这一问题起着推进作用。在 20 世纪 70 年代初，阿克洛夫 (Akerlof，1970，其人物小传见 15.5.2 节)、赫维茨 (Hurwicz，1972，其人物小传见 16.10.2 节)、斯宾塞 (Spence，1974，其人物小传见 18.12.1 节)、罗斯柴尔德和斯蒂格利茨 (Rothschild and Stiglitz, 1976，斯蒂格利茨的人物小传见 18.12.2 节) 从各个角度说明了不对称信息对经济学来说是更大的挑战，它很难令人满意地融合到阿罗 (Arrow)–德布鲁 (Debreu) 一般均衡理论及其推广的分析框架中。

这些问题的提出最初也是由 20 世纪 30 年代关于市场社会主义经济机制可行性的大论战引发的，争论的内容恰与当前中国改革所遇到的问题类似: 是让非国有经济，特别是民营经济发挥主导作用，让市场发挥基础和决定性的作用，还是让国有企业和政府起主导作用和决定性作用。20 世纪 20—30 年代有一场非常著名的论战，称为社会主义大论战。一批反对社会主义的经济学家试图证明社会主义在理论上是行不通的。他们的主要代表人物是（路德维希・冯・米塞斯 (Ludwig von Mises，1881—1973，其人物小传见 16.10.1 节) 和弗里德里希・奥古斯特・哈耶克 (Friedrich August Hayek，1899—1992，其人物小传见 2.12.1 节)。他们批评社会主义，不是针对社会主义理想是否合理，而是认为社会主义不可能获得维持经济有效运转的信息。他们把社会主义经济机制看作一个高度集中的中央计划，每一个基层单位或企业向中央机构传送有关技术、成本、消费需求方面的信息，再由中央计划机构制定出非常详细的计划并下达给企业。这样，中央计划机构需要知道消费者的偏好、企业的生产技术条件，并且要有解出数以百万计以上的供给和需求联立方程组的能力，即使在计算机非常发达的今天，这也是一件很困难的事。即使能知道这些信息并能解出这些方程式，由于收集信息和计算供求结果所需时间过长，人们的消费偏好、企业的技术条件也许早已发生了变化。所以他们认为经济社会不可能获得社会主义计划所需要的信息并合理地使用这些信息。

论战另一方面的主要代表人物是兰格 (Oskar Ryszard Lange，1904—1965，其人物小传见 17.11.1 节）和勒纳 (Lerner)。他们认为即使在社会主义条件下人们仍然可以利用市场机制。他们的主张是：虽然生产资料收归国有，但资源的流动还应由供求关系确定 (他们所说的资源不包括投资，仅对消费领域而言)。对于企业而言，每个企业应该根据边际成本等于中央计划委员会所制定的产品价格来确定生产水平。在一定的生产技术条件下，在数学上可以证明这种机制可导致资源的有效配置。兰格和勒纳所建议的其实是一种分散化的社会主义经济机制，或者说是市场的社会主义经济机制。这种机制旨在解决信息要求过大的问题。以米塞斯和哈耶克为首的一批人认为社会主义式的计划经济机制不可能获得维持经济正常运转的信息。而以兰格和勒纳为代表的另一批人认为可以通过边际成本定价的方式来解决信息成本巨大的问题。

兰格的这种分散化市场社会主义机制可能解决了信息量要求过大的问题，但它本身又产生了另外一个问题，那就是激励相容问题，也就是怎样激励基层单位完成上级计划部门下达的任务并且按照真实的边际成本定价来组织生产。由于边际成本是私人信息，上级部门不可能完全清楚。这样，企业为了更容易地完成上级下达的生产指标或利润，就会有激励高报生产成本，使得上级部门下达较低的生产指标，且能制定更高的产品价格。并且，当规模报酬递增的生产情况发生时，生产边际成本小于平均成本。如果按照边际成本定价，企业就会亏损，长久下去，企业就要破产。如果这种生产是必要的，即使在资本主义国家，也需实行补贴。但是对企业的补贴会引起许多其他的问题，其中之一就是财政问题，因为这些补贴要从其他企业上缴的利润 (或税) 中拿出来。另一个问题就是企业的激励 (积极性) 问题。如果企业亏损了，政府会给它们补贴，那么企业就缺乏提高效率的激励。这种情况说明：为了使整个社会提高效率而给予企业的补贴在客观上反而降低了企业内部的效率。分散化的社会主义经济或者是市场社会主义经济 (在理论上或许能导致有效的资源配置) 并没有解决激励问题，因此哈耶克等人认为兰格的设想仍然是不可行的。

这场论战澄清了很多问题，达成了很多共识，在很大程度上刺激了经济机制设计理论的产生。可以看出，他们争论的问题和今天中国改革的走向也有很大的关系。但由于论战的双方对于关键性的经济术语缺乏精确的内涵和外延界定，定义不明或不一致，再加上缺乏科学、规范的定量分析工具来给出形式化的具有严格数理逻辑支撑的明确结论，无法形成针尖对麦芒的辩论，其结果是谁也说服不了谁。利奥尼德 · 赫维茨（Leonid Hurwicz）是第一个将这场论战中最本质的问题规范抽象出来的，一个是经济制度中有关信息的问题，另外一个是经济制度中有关激励的问题，并建立了严谨的数学模型。激励相容（incentive compatibility）的正式概念也是由赫维茨最早提出来的，在 20 世纪 50 年代前很少有人论及，但现在已经变成经济学中的一个核心概念。① 机制设计理论能系统地比较各种经济制度的优劣及研究不同的经济制度是如何影响人们的相互行为和资源配置结果的，从而机制设计的研究是规范性研究，试图描述何种制度应当被设计出来，这种制度具有哪些信息和激励上的优势。经济

① 如第 1 章中所指出的那样，激励相容思想的重要性早在亚当 · 斯密的《道德情操论》中就论述到了。斯密指出，“在人类社会这个巨大的棋盘上，每一颗棋子都有它自己的移动原则，完全不同于立法机关或许会选择强迫它接受的那个原则。如果那两个原则的运动方向刚好一致，人类社会这盘棋，将会进行得既顺畅又和谐，并且很可能会是一盘快乐与成功的棋。但是，如果那两个原则的运动方向恰好相反或不同，那么，人类社会这盘棋将会进行得很凄惨，而那个社会也就必定时时刻刻处在极度混乱中。”（参见：亚当 · 斯密：《道德情操论》，谢宗林译，295 页，北京，中央编译出版社，2008。）

机制理论把所有的经济机制放在一起进行研究，这个理论的基本分析框架由赫维茨在 20 世纪六七十年代给出。

一般来说，经济机制理论主要研究在自由选择、自愿交换、信息不完全及决策分散化的条件下，能否及怎样设计一套机制 (游戏规则或制度) 来达到既定目标，并且能够比较和判断一个机制的优劣性。世界上有许多现实和理论上的经济制度安排，如市场经济机制、计划经济机制、公有制、私有制、集体合作制、混合所有制、边际成本定价机制等制度安排。那么，什么样的经济机制是好的呢？这是一个自 20 世纪二三十年代以来学术界一直在争论和想要得到解答的问题，并且是在当今转型经济国家中争论得更为激烈的一个基本问题。比如，中国自改革开放以来，成为全世界经济发展最快的国家，年平均增长率近 10%，其中国有经济、集体经济在中国经济增长中发挥了重要作用，于是不少人相信非民营经济可像民营经济表现得一样好，甚至是更好，而另外许多人不同意此看法。

在讨论和判断一个经济制度的优劣时，人们需要首先给出评价一个经济制度优劣的标准。在经济学文献中，经济学家认为一个好的经济制度应满足三个要求：它导致了资源的有效配置，能有效利用信息以及是激励相容的从而使个体理性和集体理性相一致。机制的有效资源配置要求资源得到有效利用，有效利用信息要求机制的运行具有尽可能低的信息成本，激励相容要求个人理性和集体理性一致。这些要求是评价一个经济机制优劣和选择经济机制的基本判断标准。如果资源配置不是有效的，则存在着资源的浪费和改进经济效率的余地；如果信息的利用不是有效的，机制运行的成本就比较大；如果一个机制不是激励相容的，个人在追求私利时就会影响社会目标的执行，从而导致个人理性与集体或社会理性不一致。由于不同的经济机制会导致不同的信息成本、不同的激励及不同的配置结果，因而人们需要知道什么样的经济制度能满足以上三个要求或对它们进行综合权衡。这样，仅仅把一个个机制分开考虑是不够的。当各种经济机制共存，可供选择时，一个国家需要对经济制度作出选择。

另外，在现实中，经济环境总是在不断地发生演变，特别在经济、社会制度转型时期更是如此，从而人们需要对制度进行选择或创新。这样我们需要更一般的理论来研究制度的选择问题。在这个理论模型下，经济机制不必看成是给定的，而是未知、可设计的，并且在一定的标准下 (如以上所提到的三个标准) 可以研究和比较各种 (已知和未知) 经济机制的优劣。此外，人们所面临的是一个信息不完全的社会。由于任何人特别是上级部门没有，也不可能掌握其他人的所有私人信息，从而直接指导社会经济活动时就会遇到很大的问题。(如果人们能够掌握全部有关信息的话，直接控制或强制命令的集中化决策 (比如像计划经济) 就不会有问题，只是一个简单的优化问题。) 正是由于所有个人信息不可能完全被一个人掌握，人们才希望分散化决策。用激励机制或规则这种间接控制的分散化决策方式来激发人们做设计者 (制度或规章制定者) 想做的事情，或执行设计者想达到的既定目标。这正是经济机制设计理论所要探讨的问题。比如，在赫维茨看来，“美国的国会或其他立法机构的立法就相当于设计新机制”。①

这个理论框架可用来研究和探讨各种经济问题，特别是在不完全信息情况下探讨和设

①参见：[美] 利奥尼德·赫维茨、斯坦利·瑞特：《经济机制设计》，田国强等译，2 页，上海，格致出版社、上海三联书店、上海人民出版社，2014。

计各种激励机制，以执行 (implement) 所要达到的社会或某个既定目标。概括地说，经济设计理论所讨论的问题是：对于任意一个想要达到的既定目标，在自由选择、自愿交换的分散化决策条件下，能否并且怎样设计一个经济机制 (即制定什么样的方式、法则、政策条令、资源配置等规则) 使得经济活动参与者的个人利益和设计者既定的目标一致，即每个人在追求个人利益时，同时也达到了机制设计者既定的目标？如可能的话，是否具有较小的信息运行成本？研究的对象大到对整个经济社会制度的一般均衡设计，其目标是社会目标，小到对某个部门的微观管理、契约设计，甚至是只有两个参与者的委托—代理等具体经济活动的激励机制设计。

的确，在微观水平上激励理论的发展是过去三十年经济学的主要进展。在此之前，经济理论，如前面所讨论的厂商理论，将企业视为黑箱，对企业所有者如何成功地将其目标分摊到不同的成员如工人、监督者、管理者身上并实现利润最大化理解甚少，忽略了企业内部管理、协调、层级等问题，导致了信息不对称、利益冲突，需要解决企业内部的委托—代理问题，从而可归结为激励机制的设计问题。这样，当经济学家更仔细地审视企业，无论是在农业经济学还是在管理经济学中，激励问题都成为他们分析的焦点问题。事实上，当委托人对代理人的信息了解不完全且双方的目标不同时，委托人将任务委托给代理人是成问题的。这本质上是激励问题。因此，**相互冲突的目标和分散的信息是激励理论的两个基本要素**。

本部分的基本结论是，一般来说，信息问题将阻碍社会达到最佳（first-best）资源配置，即不能达到信息完全时的最优结果。由于经济代理人具有私人信息，要真实显示出信息，其自利战略行为必将导致（额外的）信息成本，这种成本可视为某种类型的交易成本。虽然这种成本并没有包含所有可能的交易成本，但在过去的半个世纪中，经济学家相当成功地对这些成本进行了严谨科学的量化分析，并对其资源配置的局限性有了很好的理解。这一研究思路也为将代理人对制度激励的反应考虑进来提供了完整的洞见。

这样，合约、机制及制度在机制设计理论中是同义词，都是指“游戏规则”(rules of the game)，描述了什么样的行动个体能够被允许，这些行动所导致的结果是什么。在大多数情况下，游戏规则是由某个人或机构设计的。如同象棋、篮球等游戏规则的设计那样，其规则的设计是为了达到更好的结果。需要指出的是，这几个同义词也有一定的差别，有些时候机制设计理论主要是为了回答整个经济制度层面上（如社会主义、资本主义等）应该达到什么目标的宏观问题; 最优合约理论的发展则是为了回答管理层面上的微观问题，考虑的是具体的合同制定和实践，由于合同是自愿的，因此除了需要满足激励相容条件，**还要满足参与条件**。

这样，机制设计属于规范经济学的范畴，这和博弈论有重大差别。博弈论属于实证经济学的范畴，其重要性是它描述了给定游戏规则，游戏者将如何游戏。而机制设计却往前进了一步：给定设计者所面临的实际环境及约束，应设计什么样的规则，使得目标能够被实现或执行？在所有可行的机制中，什么样的机制在某种意义上是最优的？在机制设计中，人们要考虑激励约束。

这部分考虑一个或多个经济人的经济特征或隐藏行动是私人信息情景下的合同设计问题。设计合同的人称为委托人，而其他人称为代理人。在大部分讨论中，我们考虑委托人没有私人信息，而代理人了解这些他们自身的私人信息。这种信息框架称为甄别（screening），这是由于委托人一般将试图通过诱导代理人选择不同的结果，来甄别不同类型的代理人。相反的情况是，委托人有私人信息，而代理人没有，这类问题称为发信号（signaling)，这是由于委托人在他的合同设计中，能够通过发信号的方式来显示他的类型。

在本部分的五章内容中，我们将大致介绍激励理论及信息效率理论。第 16 章和第 17 章将介绍只具有一位经济人的委托—代理模型，这是激励机制设计在最简单经济环境下的理论。它不考虑代理人之间的博弈，从而将问题归结为在参与和激励相容这两个基本约束条件下求解委托人的优化问题，其中委托人将某项任务委托给一个具有私人信息的代理人。我们之所以将其分为两章，是因为代理人的私人信息有两种类型：代理人可以采取委托人无法观测的行动或者代理人具有委托人事先未知的有关自身成本或效用的信息，前者称为道德风险或者隐藏行动，后者称为逆向选择或者隐藏知识（信息）。激励理论考察当私人信息对委托人很重要时，委托人如何做才是最优的。**委托人最优合约的设计可看做一个简单的最优化问题。这使我们能够很好地考察在不完全信息下委托人在配置效率和信息租金抽取上的权衡取舍问题**。詹姆斯·莫里斯、斯蒂格利茨、罗思及迈克尔·斯宾塞等人共同开创了委托—代理理论的研究，他们的人物小传分别见 17.11.2 节、18.12.2 节、22.5.2 节、18.12.1 节。2016 年诺贝尔经济学奖获得者奥利弗·哈特和本特·霍尔姆斯特伦等人则共同开创了对各种环境和组织中，特别是企业内部，契约性质的研究。

第 18 章和第 19 章将考察具有多个代理人情形的激励机制设计及其机制设计的信息效率问题。前者讨论代理人相互知道他们的经济特征，而后者讨论每个参与人不知道他人的经济特征，只知道其概率分布。在这两种情形下，委托人和多个代理人之间的不对称信息不仅影响委托人与每个代理人的关系，还影响代理人之间的关系。此外，在代理人都能采取个人行动的假定下，为分析委托人和代理人之间的关系，我们需要博弈均衡解的概念。博弈均衡解刻画了代理人之间在完全或者不完全信息下的战略交互影响。第 18 章所采用解的概念是占优均衡和纳什均衡，考虑的是社会选择规则的占优执行和纳什执行问题。第 19 章所采用解的概念是贝叶斯-纳什均衡和事后均衡，考虑的是社会选择规则的贝叶斯执行和事后执行问题。事后均衡是更为稳健的均衡解的概念，和任意概念分布无关，对私人价值模型，事后均衡就是占优均衡。

第 20 章主要讨论在动态环境下的机制设计问题。我们先在一个简单的委托—代理框架下讨论在多期互动中的动态合约理论、激励约束和参与约束随时间的变化以及背后的权衡，即先讨论只有一个经济人和逆向选择动态情景下的长期激励合约设计的问题，我们分设计者能承诺合约永远有效和不能承诺不修改合约这两种情况进行讨论。最后，我们讨论一般的动态机制设计，特别是有效的动态机制的设计问题。

我们将在下一部分进一步讨论一般机制设计理论的拓展和延伸：拍卖理论和匹配理论，它们在现实中有着广泛的应用。

第 16 章　委托—代理理论：隐藏信息

16.1　导　　言

本章考虑只有一个代理人（agent）的最优合约设计问题。当委托人 (principal) 将任务委托或指派给具有私人信息的代理人时，代理人的效用、技术、成本、能力等都是其私人信息，他可以通过谎报这些信息或伪装获得超额补偿，这样激励问题就产生了。我们称这种具有隐匿信息的委托—代理情形为逆向选择 (adverse selection) 问题。

一些例子

委托—代理问题几乎无处不在，下面是一些具体例子。

(1) 乡政府将集体土地委托给农户耕种，而村民懂得种田的技能及能观察到当地的天气条件。

(2) 生态环境保护部门想减少雾霾的程度，但不知道企业减少污染的具体成本。

(3) 股东（或政府）将企业（或国企）的日常决策委托给职业经理人（管理者），而后者更加了解市场和生产技术。

(4) 教授向学生传授知识，但不知道学生的具体学习能力。

(5) 客户委托律师为其辩护，而只有律师知道繁多的法律条文及案件的困难程度。

(6) 风险投资公司将资金借贷给高科技企业创办人，而创办人掌握新技术。

(7) 中央政府将行政管理权委托给地方政府管理，地方政府更加了解当地的情况。

(8) 发改委将石油资源委托给中石油、中石化经营，而发改委不参与具体经营。

(9) 保险公司为顾客提供车险，而只有后者知道其驾驶水平。

(10) 规制者与公共能源企业签订服务代理合约，规制者不知道企业生产技术相关的信息。

所有上述问题都说明委托人和代理人之间的信息差异对他们之间的合约设计具有重要影响。为了最优地利用资源及让代理人有激励真实显示私人信息，代理人需要获取一些信息租金 (information rent) 才有激励这样做。为了诱导代理人真实显示私人信息，委托人在设计最优合约的时候需要在配置效率和租金抽取两种效应之间加以权衡。这里隐含假定合约关系是在一定的法律框架下进行的。由于合约能由法庭强制执行，因而代理人受到合约条款的约束。

本章的主要目标是刻画委托人在设计其提供给代理人的合约时所要考虑的效率—抽租权衡。由于合约应该是在自愿合作的基础上提供激励，因此委托人所面临的代理人的任何激励可行约束都需要满足激励相容约束和参与约束。如果激励约束在最优解处是紧致的，则意味着逆向选择限制了交易的效率。**本章的基本结论是：偏离最佳 (first best) 的次佳 (second best) 合约将导致交易量的扭曲，委托人需让渡一些信息租金给最有效率的代理人。**①

①最佳和帕累托有效这两个概念不完全相同。在完全竞争情形下，两者是等价的。但在非完全竞争情形下，两者并

16.2 基本模型

在这一节，我们引入最简单的模型来讨论逆向选择。这一问题最早由莫里斯 (Mirrlees，1971，其人物小传见 17.11.2 节) 正式引入到经济学文献中。在文献中，这一问题中通常假设有两类参与人，一类称为委托人，在交易中拥有某种垄断权力 (提出交易合约)；另一类称为代理人，在交易中拥有私人信息，根据其掌握的信息来选择交易合约。这类文献也会有一些变形，比如委托人也可能会有私人信息，委托人面临市场竞争，等等。与之前讨论的市场均衡不同，这类文献集中于讨论信息分布是如何影响市场交易效率的。

16.2.1 经济环境 (技术、偏好和信息)

为了便于理解，我们在一个垄断者的市场定价情景下来讨论逆向选择问题，该问题最早由 Mussa 和 Rosen (1978) 提出，并由 Maskin 和 Riley (1984) 进行了更深入的讨论。考虑一个垄断者提供商品给某个消费者 (也可以视作有连续统多个的消费者，如果是这样，消费者属于某种类型的比例可视作只有一个消费者而消费者属于这种类型的概率，根据概率论中的大数定理，这两种处理方式是等价的) 的情形。该消费者对商品的评价是私人信息，并不能被垄断者所观察到。垄断者的目的是从该消费者那里获得最大可能的剩余，而这依赖于他如何从消费者的行为中来甄别该消费者对商品的价值。如果把这个例子放进委托—代理的框架中，垄断生产者对应于委托人，消费者对应于代理人。判断参与人在委托—代理框架中的角色，主要依据是通常由委托人提供一系列可选择的合约，代理人选择这些合约。

假设消费者的效用函数定义为：

$$u(q, T, \theta) = \theta v(q) - T,$$

其中，q 是消费者购买的商品数量；T 是消费者的支付；θ 是消费者对商品评价的类型，假设它取值为 $\{\theta_H, \theta_L\}, \theta_H > \theta_L$，令 $\Delta\theta = \theta_H - \theta_L$。假设取值为 θ_L 的概率是 β，即效用函数为 $u(q, T, \theta_L) = \theta_L v(q) - T$ 的概率是 β，而为 $u(q, T, \theta_H) = \theta_H v(q) - T$ 的概率是 $1 - \beta$。上面的效用函数是拟线性效用函数，它通常满足以下假设：

$$v(0) = 0,\ v'(q) > 0,\ v''(q) < 0.$$

垄断者的目标函数为：

$$\pi = T - cq,$$

其中，c 是企业的单位生产成本。

16.2.2 结果空间与合约变量

合约变量为购买量 q 及购买所需的支付 T。令 $\mathcal{A}$ 为可行配置集：

$$\mathcal{A} = \{(q, T) : q \in \mathcal{R}_+, T \in \mathcal{R}\}. \tag{16.2.1}$$

这些变量可由第三方如法庭观察并验证。

不等价。前者比后者更具有一般性。最佳是相对于次佳而言的。次佳是一个或多个最优条件 (特别是完全信息) 不满足时的最优。加拿大经济学家 Richard Lipsey 和澳大利亚经济学家 Kelvin Lancaster 最早提到，如果一个经济模型中的一个最优条件不能满足，有可能下一个最佳解 (the next-best solution) 不再是原有的最佳，参见 Lipsey and Lancaster (1956), "The General Theory of Second Best", *Review of Economic Studies*, 24 (1): 11–32.

16.2.3 信息结构与行动时序

如果不特别说明，两个参与人将按下面的顺序进行。

- $t=0$: 消费者了解自身的类型 θ;
- $t=1$: 垄断生产者提供合约；
- $t=2$: 消费者接受或拒绝合约；
- $t=3$: 合约执行。

在委托–代理理论中，合约一般是在事中阶段（the interim stage）签订。信息结构可分为三类，以签约时委托人和代理人是否知道代理人类型的时点进行划分。双方都不了解代理人的类型称为事前（ex ante），代理人知道自身的类型而委托人不知道称为事中，双方都知道代理人的类型称为事后（ex post）。

16.2.4 完全信息最优合约 (基准情形)

为了更深入地分析逆向选择对决策的影响，我们通常以完全信息作为基准情形来比较信息分布是如何影响合约选择的。在完全信息情形下，最佳 (first-best) 结果（对只有委托人和代理人的二人经济，最佳即是帕累托最优）能够达到。

假如垄断生产者了解到消费者的类型，那么他会单独对每一类消费者提供一个合约，即合约 (T_i, q_i) 对应于 $\theta_i, i\in\{H, L\}$ 消费者类型。垄断者的目标是给定消费者在接受合约基础上，最大可能地获取剩余。假设消费者不接受垄断者合约的效用水平为 $\bar{u}$，这里为方便设 $\bar{u}=0$。于是，垄断者的目标是求解下面的最大化问题：

$$\max_{T_i,q_i} T_i - cq_i$$

满足参与约束：

$$\theta_i v(q_i) - T_i \geqq 0,$$

或者

$$T_i \leqq \theta_i v(q_i).$$

通过把约束代入目标函数得到：

$$\max_{T_i,q_i} \theta_i v(q_i) - cq_i.$$

对 q_i 求解一阶条件，得到：

$$\theta_i v'(q_i{}^*) = c,$$

以及生产者的最大利润

$$T_i{}^* = \theta_i v(q_i{}^*).$$

在这个结果中，消费者的选择是符合帕累托最优的，即消费一个单位的边际社会价值等于边际生产成本。同时，此时垄断者获得了最大可能的剩余，$\pi=\beta(T_L-cq_L)+(1-\beta)(T_H-cq_H)$，消费者的剩余为 0。

1. 对最佳 (first best) 合约的执行

垄断者为了获得上面的利润水平，可以设计如下的购买合约：首先这些购买合约要让消费者获得不低于不购买时的效用水平（称为保留效用），即 $\bar{u}$，这就是上面的约束 $\theta_i v(q_i)-T_i\geqq\bar{u}$，我们把该约束称为参与约束。其次，为了执行上面的最佳合约 $(T_i{}^*, q_i{}^*), i\in\{H, L\}$，垄断者可以对不同类型的消费者提供一个“要么接受，要么走人”的合约 $(T_i{}^*, q_i{}^*)$。由于在完全信息条件下，垄断者可以区分不同消费者的类型，这种合约形式会被消费者 θ_i 接受，因为接受获得的效用不低于其保留效用。

2. 图解：最优合约

图 16.1 刻画了两类消费者的无差异曲线，相对于 θ_L，θ_H 的无差异曲线有更大的斜率，同时两个类型的无差异曲线最多只相交一次，这一特性称为单交叉 (single-crossing) 性或者斯宾塞–莫里斯性质 (Spence-Mirrlees property)，这是信息经济学中一个非常重要的特性。

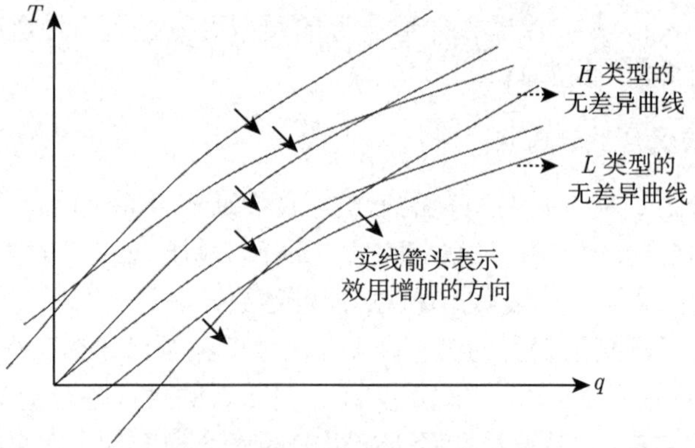

图 16.1　两类消费者的无差异曲线

在完全信息下的最优合约都是最佳合约，就是图 16.2 对应的 A^* 点和 B^* 点。在最佳合约中，每个消费者都只得到保留效用，同时在最优点的斜率都等于边际成本 c。

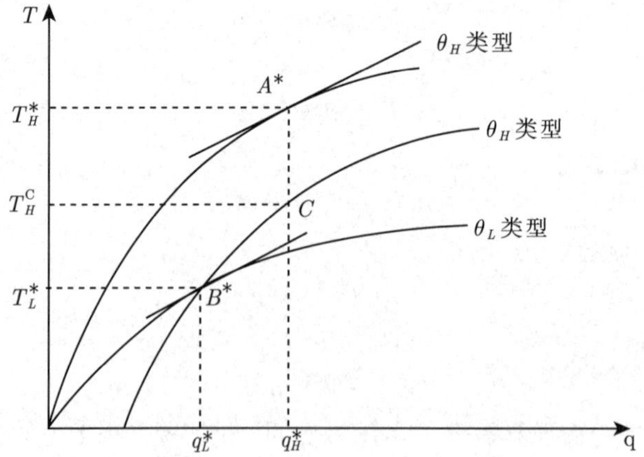

图 16.2　最优合约

16.2.5　激励可行合约

有了完全信息情形的结果作为基准点，我们可以分析不完全信息情形下的最优合约。我们将看到，在不完全信息下，完全信息下的最佳合约将导致激励不相容问题。

在通常情形下，垄断者不能观察到消费者的类型，上面的合约 $(T_i{}^*, q_i{}^*), i \in \{H, L\}$ 不能够完全被执行。在不完全信息下，低效用代理人将选择图 16.2 中的 B 点，而高效用代理人，即 θ_H 类型，也愿意选择 B 点而获利，而不会选择完全信息情形图 16.2 中的 A 点，这意味着高效用的代理人有动机伪装成低效用的代理人。这是由于，对于高效用 θ_H 类型消费者来说，选择 $({T_H}^*, {q_H}^*)$ 时，其效用为 0，而若选择 $({T_L}^*, {q_L}^*)$，其效用水平为：

$$u({T_L}^*, {q_L}^*, \theta_H) = \theta_H v({q_L}^*) - {T_L}^* > \theta_L v(q_L) - T_L = 0.$$

因此，在不对称信息条件下，$({T_i}^*, {q_i}^*), i \in \{H, L\}$ 不能在"要么接受，要么走人"的合约形式下被执行。高效用 θ_H 会模仿低效用 θ_L 类型的消费者。

垄断者要获得更高的剩余，必须设计恰当的合约，使得不同消费者有激励选择与他的类型相关的合约，而这就是激励相容的含义。

定义 16.2.1 一组以类型划分的合约，$A_i = (q_i, T_i), i \in \{H, L\}$ 称为是**激励相容的**，若满足：

$$u(q_i, T_i, \theta_i) \geqq u(q_j, T_j, \theta_i), \forall i, j \in \{H, L\}.$$

激励相容合约意味着，消费者选择自己类型的合约总是最优的。在不对称信息条件下，垄断者在设计合约时，要使合约满足下面两类约束:

$$U_H = \theta_H v(q_H) - T_H \geqq \theta_H v(q_L) - T_L = U_L + \Delta\theta v(q_L), \tag{16.2.2}$$

$$U_L = \theta_L v(q_L) - T_L \geqq \theta_L v(q_H) - T_H = U_H - \Delta\theta v(q_H), \tag{16.2.3}$$

$$U_H = \theta_H v(q_H) - T_H \geqq 0, \tag{16.2.4}$$

$$U_L = \theta_L v(q_L) - T_L \geqq 0. \tag{16.2.5}$$

我们称式（16.2.2）和式（16.2.3）为类型 θ_H 和 θ_L 的激励相容条件，而称式（16.2.4）和式（16.2.5）为类型 θ_H 和 θ_L 的参与约束条件。

求解不对称信息（针对垄断者的）最优合约，其实就是求解下面最大化问题：

$$\max_{(q_i, T_i)} \beta(T_L - cq_L) + (1-\beta)(T_H - cq_H),$$

同时满足激励相容约束式（16.2.2）和式（16.2.3）以及参与约束式（16.2.4）和式（16.2.5）。

在正式求解最优化问题之前，先来对垄断者的（合约）选择进行讨论。我们下面考虑两类特殊合约。

(1) **集束 (bunching) 合约或混同 (pooling) 合约:** 激励可行合约的第一个特例是对两种类型的代理人的激励目标相同，即给予相同的合约 $T_L = T_H = T, q_L = q_H = q$ 且两种类型的代理人都接受合约。此时，两类消费者都会选择这个相同的合约，从而激励相容约束自然成立，唯一约束的是参与约束条件。在这个例子中，若垄断者要供应两类参与者，$\theta_L v(q) - T \geqq 0$ 是唯一真正的约束。

(2) **关闭 (shutdown) 低端客户的排斥性合约:** 若针对 θ_H 消费者，提供的合约是 (T_H, q_H)，而对于 θ_L 消费者，提供的合约是 $(T_L, q_L) = (0, 0)$，同时满足：$\theta_L v(q_H) - T_H \leqq 0$。在这种合约中，低端消费者不会被服务。

和混同合约的情形一样，合约 (0,0) 使得激励和参与约束形式相同，因而减少了所需考虑的约束的个数。其缺点是需要对低效用类型加以额外甄别，对其采用了极端的形式。

16.2.6　单调性条件

激励相容条件通常需要对可行合约的集合施加一些限制条件，其中单调性是一个重要的条件，即 $q_H \geqq q_L$，在后面的机制设计理论中，这个条件又称为可执行性条件 (implementability condition)，这一条件来自“斯宾塞–莫里斯单交叉性条件”（Spence-Mirrlees single-crossing condition）：

$$\frac{\partial^2 u}{\partial\theta\partial q} > 0,$$

它意味着两类不同的无差异曲线最多相交一次。

当我们把不等式 (16.2.2) 和 (16.2.3) 相加，我们得到：

$$\Delta\theta(v(q_H) - v(q_L)) \geqq 0.$$

由于 $v'(\cdot) > 0$，当 $q_H \neq q_L$，一定有 $q_H > q_L$，即低效用类型消费者的消费水平不会高出高效用类型消费者的消费水平，它是可执行性的充分必要条件。

为了导出充分性，假定 $q_H \geqq q_L$，则存在转移支付 T_H 和 T_L，使得激励约束成立。的确如此，我们只需将转移支付设为满足如下条件即可：

$$\theta_L(v(q_H) - v(q_L)) \leqq T_H - T_L \leqq \theta_H(v(q_H) - v(q_L)). \tag{16.2.6}$$

16.2.7　信息租金

为了理解在不对称信息环境下的次佳合约安排，我们引入**信息租金**的概念，它是不对称情形下所得效用和完全信息所得效用之差。在前面的完全信息情形下，由于垄断者有完全的谈判能力，在面对所有的消费者时，他都能完全获取消费者剩余，或者说让消费者只得到保留效用水平，分别记为 ${U_H}^*$ 和 ${U_L}^*$：

$${U_H}^* = \theta_H v({q_H}^*) - {T_H}^* = 0,$$

$${U_L}^* = \theta_L v({q_L}^*) - {T_L}^* = 0.$$

然而，在不对称信息条件下，若垄断者同时给两类顾客提供产品，那么上面两个条件不可能都成立。

那么，对任意激励可行的合约 $(T_H, q_H; T_L, q_L)$，高效用代理人假扮低效用代理人时能获得多大好处（效用）呢？对高效用类型 θ_H 而言，若他模仿低效用类型 θ_L，他的期望效用为：

$$\theta_H v({q_L}^*) - {T_L}^* = \Delta\theta v({q_L}^*) + U_L,$$

即使类型 θ_L 获得的期望效用等于保留效用，即 $U_L = \theta_L v({q_L}^*) - {T_L}^* = 0$，此时高效用类型 θ_H 的消费者会获得 $\Delta\theta v({q_L}^*)$ 的信息租金。因此，只要委托人要求低效用类型代理人的产出 ${q_L}^* > 0$，则委托人必须让与一定的租金给高效用类型的代理人。这种信息租金源于代理人相对于委托人的信息优势。**信息租金是由于消费者（一般情形下的代理人）拥有比生产者（一般情形下的委托人）更多的信息而获得的额外收益**。垄断者的问题是选择一个最明智的方式，对某些类型的消费者让渡一些信息租金，而获得一个尽可能大的利润。

我们分别用记号 $U_H = \theta_H v(q_H) - T_H$ 和 $U_L = \theta_L v(q_L) - T_L$ 来表示高效用类型 θ_H 和低效用类型 θ_L 的信息租金。

16.2.8 激励相容条件下的次佳合约

根据上面合约过程的时间流程，垄断者在了解消费者类型之前必须给他们提供一系列合约，为此垄断者计算激励可行合约 $(T_H, q_H; T_L, q_L)$ 的期望收益。垄断者的最优选择为求解下面的约束最优化问题：

$$\begin{aligned}
&\max_{(T_H,q_H;T_L,q_L)} (1-\beta)(T_H - cq_H) + \beta(T_L - cq_L)\\
\text{s. t.}\quad & \theta_H v(q_H) - T_H \geqq \theta_H v(q_L) - T_L,\\
& \theta_L v(q_L) - T_L \geqq \theta_L v(q_H) - T_H,\\
& \theta_H v(q_H) - T_H \geqq 0,\\
& \theta_L v(q_L) - T_L \geqq 0.
\end{aligned}$$

利用前面定义的信息租金 $U_H = \theta_H v(q_H) - T_H$ 和 $U_L = \theta_L v(q_L) - T_L$，我们可以把支付 T_H 和 T_L 用信息租金和销售量的函数来代替，为此垄断者问题是对 $(U_H, q_H; U_L, q_L)$ 求解最优化。考察信息租金使我们能够评估不对称信息对收益分配的影响，而考察销售量则使我们能分析其对配置效率和交易总收益的影响。因此，一个配置对应于一组交易及垄断者（委托人）和消费者（代理人）之间的收益分配。

作变量代换，则委托人的目标函数可重写为：

$$\max(1-\beta)(\theta_H v(q_H) - cq_H) + \beta(\theta_L v(q_L) - cq_L) - ((1-\beta)U_H + \beta U_L) \tag{16.2.7}$$

$$\text{s.t.}\quad U_H \geqq U_L + \Delta\theta v(q_L), \tag{16.2.8}$$

$$U_L \geqq U_H - \Delta\theta v(q_H), \tag{16.2.9}$$

$$U_H \geqq 0, \tag{16.2.10}$$

$$U_L \geqq 0. \tag{16.2.11}$$

式 (16.2.7) 可以分解为两部分：

$$\underbrace{(1-\beta)(\theta_H v(q_H) - cq_H) + \beta(\theta_L v(q_L) - cq_L)}_{\text{期望配置效率}} - \underbrace{((1-\beta)U_H + \beta U_L)}_{\text{期望信息租金}}. \tag{16.2.12}$$

这个新的表达式清楚地揭示了垄断者希望最大化配置效率扣除消费者的信息租金，垄断者愿意接受一定程度的配置扭曲以便减少消费者的信息租金。我们把上面的 (16.2.7) 问题解称为次佳解 (second best solution)。

16.2.9 信息租金和配置效率的权衡

对以上优化问题 (16.2.7)，一个技术问题是如何处理这些约束条件。第一种方法是利用拉格朗日方法，通过拉格朗日乘子，把约束方程纳入拉格朗日方程，然后按照库恩–塔克定理来处理不等式约束的最优化问题。第二种方法就是分析这些不等式约束，识别哪些是等式约束，哪些是严格非等式约束，从而不需要考虑。下面我们先讨论非排斥性合约，即 $q_L > 0$ 的情形。

高端消费者的激励相容条件 (16.2.8) 和参与条件 (16.2.10) 必定至少有一个是等式约束，否则我们可以降低高端消费者的效用 U_H，从而增加垄断利润；同样道理，低端消费者的激励相容约束条件 (16.2.9) 和参与条件 (16.2.11) 必定至少有一个是等式约束。

由式 (16.2.8)，我们知道 $U_H \geqq U_L + \Delta\theta v(q_L) > 0$，从而高端消费者的参与条件 (16.2.10) 是严格不等式。这样，高端消费者的激励相容条件 (16.2.8) 必然是等式约束。

由单调性条件 $q_H > q_L$ 以及式 (16.2.8) 的等式约束，我们得到低端消费者的激励相容条件 (16.2.9) 是严格不等式约束，这样低端消费者的参与条件 (16.2.11) 必定是等式约束。为此，在上面的 (16.2.7) 问题中，实质上约束垄断者选择的是：对于低端消费者 θ_L 需要满足参与约束；对于高端消费者 θ_H 需要满足激励相容约束。因此，我们有

$$U_H = \Delta\theta v(q_L), \tag{16.2.13}$$

$$U_L = 0. \tag{16.2.14}$$

我们把这两个等式约束代入式 (16.2.7) 得到：

$$\max_{q_H, q_L} (1-\beta)(\theta_H v(q_H) - cq_H) + \beta(\theta_L v(q_L) - cq_L) - (1-\beta)(\Delta\theta v(q_L)). \tag{16.2.15}$$

对式 (16.2.15) 关于 q_L，q_H 求一阶条件，得：

$$\theta_H v'(q_H^{SB}) = c, \tag{16.2.16}$$

$$\theta_L v'(q_L^{SB}) = \frac{c}{1 - (\frac{1-\beta}{\beta}\frac{\Delta\theta}{\theta_L})} > c. \tag{16.2.17}$$

显然，在上面的两个一阶条件中，其内点解满足 $q_H^{SB} = q_H^*$，$q_L^{SB} < q_L^*$。

总结以上讨论，当垄断者对两个消费者提供正数量的产品时，在分离均衡中，对于顶端消费者类型 θ_H，不存在配置扭曲，但代价是必须支付信息租金，其信息租金来自其假扮低效用类型代理人所获得的收益；而对于低端消费者 θ_L，其消费量低于帕累托有效（最佳）消费量，存在配置扭曲，但不存在信息租金。正式地，我们有如下结论：

命题 16.2.1 在不对称信息情形下，最佳合约将导致如下结果。

(1) 相对于次佳结果来说，高效用类型的代理人不存在消费扭曲，即 $q_H^{SB} = q_H^*$；而低效用类型的代理人存在向下的消费扭曲，即 $q_L^{SB} < q_L^*$，其中

$$\left[\theta_L - \left(\frac{1-\beta}{\beta}\right)\Delta\theta\right] v'(q_L^{SB}) = c. \tag{16.2.18}$$

(2) 只有高效用类型的代理人获得正信息租金，其信息租金等于假扮低效用类型代理人所获得的收益：

$$U_H^{SB} = \Delta\theta v(q_L^{SB}). \tag{16.2.19}$$

(3) 次佳转移支付为：

$$T_H^{SB} = \theta_H v(q_H^*) - \Delta\theta v(q_L^{SB}), \tag{16.2.20}$$

$$T_L^{SB} = \theta_L v(q_L^{SB}). \tag{16.2.21}$$

上面两个结论是相互关联的，为了让高端消费者选择为其设计的消费，需要给他一定好处的信息租金，该租金取决于低端消费者的消费束 q_L^{SB}，以及两个消费者的评价差异 $\theta_H-\theta_L$。之所以减少低端消费者的购买，是为了尽可能减少他的信息租金，从而有一个最优的信息租金水平。另外，垄断者扭曲低端消费者的消费，即减少其消费量，依赖于两个消费者之间的评价差异。当 $\theta_H-\theta_L\to 0$ 时，高端消费者的信息租金趋于零，此时低端消费量会趋于有效水平。而当 $\theta_H-\theta_L\to\infty$ 时，高端消费者的信息租金会趋于无穷大。此时垄断者可能会采取关闭低端客户的排斥性合约，以避免支付高额的信息租金。在不对称信息分布下，垄断者在选择合约时面临一个基本的权衡：（高端消费者）信息租金和（低端消费者）消费扭曲。

图 16.3 中的点 A^{SB},B^{SB} 分别是 θ_H,θ_L 类型的次佳合约，在次佳合约中 A^{SB} 不存在配置扭曲，但是 θ_H 消费者获得的信息租金为 T^*-T^{SB}，在次佳合约中的 B^{SB}，θ_L 消费者的消费低于社会最优，同时该合约位于 θ_L 保留效用的无差异曲线上。

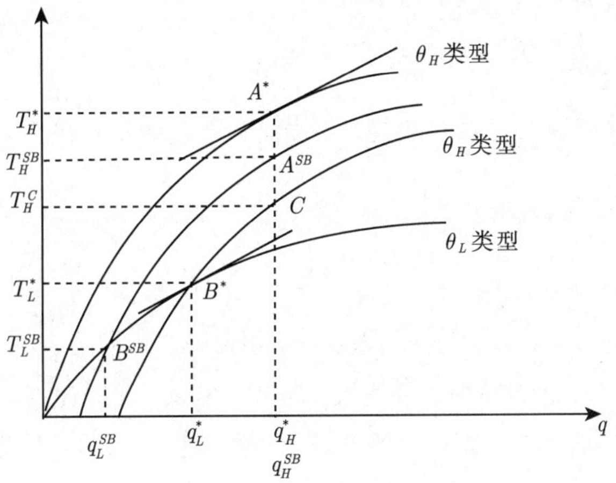

图 16.3　次佳合约

以上命题给出了逆向选择问题中一条最重要的结论：顶部无扭曲 (no distortion at the top)。即在非对称信息下，最有效类代理人的配置相对于最佳（完全信息）情形不发生扭曲，而其他类代理人的配置会发生向下的扭曲。这条规律普遍存在于几乎所有非对称信息环境。比如，资金拥有者（银行或其他）面对众多资金需求者，但不了解他们的经营效率，只能根据他们的“申报”来设定贷款门槛或者差异化利率。为了防止高效用类型伪装成低效用类型，必须扭曲低效用类型的贷款门槛或利率水平。这是导致现实中小企业通常无法如大企业一样得到足够信贷支持的原因，它们往往会面临更严格的审批和担保条件或需要支付更高昂的利率。这种现象被称为信贷配给(credit rationing)，详见 Stiglitz 和 Weiss （1981）的经典论文。

注　早在 2,600 多年前，孙子就已经洞察到了委托—代理理论的基本思想，并在《孙子兵法》中给出以上基本结论。《孙子兵法》是中国古代兵书宝典，是最早、最杰出、最完整的关于战争的理论，也是关于军事战略的最早理论，在国外称为军事科学的圣经。在那个时代，孙子就已经充分认识到信息及其对称的重要性，给出了信息经济学基本结论：在信息完全情况下，才有可能达到最佳 (“the best is first best”)；在信息不能对称的时候，至多只能达到

次佳 (“the best is second best”)。**“知彼知己，百战不殆；不知彼而知己，一胜一负；不知彼不知己，每战必殆。”**

16.2.10 关闭低端市场

当式 (16.2.17) 不存在正解时，即 $\beta < \frac{\Delta\theta}{\theta_L}$，此时有 $q_L^{SB} = 0$，垄断者会选择关闭低端客户。当低端消费者的分布概率低于某个界限 $\beta < \frac{\Delta\theta}{\theta_L}$ 时，若给低端消费者提供产品，或者说提高低端消费者的配置效率，对于垄断者而言则变得不划算。此外，若两个消费者差异很大，则存在低端消费，那么甄别需要给高端消费者过高的信息租金，垄断者也会选择关闭低端消费市场。当垄断者关闭低端消费市场时，约束条件为 $T = \theta_H v(q)$，垄断者的最优选择为：

$$\max_q \theta_H v(q) - cq.$$

为此，我们得到排斥性合约为 (q^c, T^c)，满足：

$$\theta_H v'(q^c) = c, \quad T^c = \theta_H v(q^c).$$

在这个均衡中，高端消费者的消费是有效的，同时其信息租金为零，而低端消费者则没有任何消费。

16.3 应 用

从以上讨论介绍中我们知道，在不对称信息情形下，一般来说，最好的结果只是次佳。当然也有一些方法可以提高资源配置的效率，如信号发送，或者代理人本身对自己也没有信息优势等等。这些内容即为隐藏信息情形下委托—代理模型的基本结果。这些理论有很多应用。

本节介绍最优合约理论的几个经典模型，以显示本章前面各节所介绍的基本模型的有用性。在这些模型的经济环境中引入逆向选择大大提高了标准微观经济分析的水平。

16.3.1 管制

在市场经济运行中，一些技术条件使得市场本身并不能有效地运作，比如在自然垄断行业，市场竞争的结果或者出现重复建设，或者出现行业垄断，此时政府的管制政策可能有助于改善市场的结果。与传统管制理论不同，从 20 世纪 80 年代以来，新的管制理论讨论在信息不对称环境下政府的最优管制政策。这一小节，我们利用本章的逆向选择理论来讨论最优管制。巴伦 (Baron) 和迈尔森 (Myerson) (1982) 是最早的激励管制理论贡献者之一。

下面我们讨论他们的一个简化模型：委托人是规制者（比如政府），其目标是最大化消费者剩余 $S(q) - t$ 及被规制垄断企业利润 $U = t - \theta q$ 的加权之和，这里 θ 是边际成本，因而 θ 越小表示企业越有效率。企业有两种类型 $\{\theta_H, \theta_L\}$，其中 θ_L 类型的概率是 ν，$\Delta\theta = \theta_H - \theta_L$。企业利润的权重为 $\alpha < 1$，代理人净收益的权重为 1。因此，委托人的目标函数可写为 $V = (S(q) - t) + \alpha U = S(q) - \theta q - (1 - \alpha)U$。由于 $\alpha < 1$，因此将租金让与企业会带来社会成本。垄断企业拥有关于其成本的私人信息，为激励垄断企业真实披露成本信息，委托人需要制定一个次佳的激励合约。令 $(t_H, q_H; t_L, q_L)$ 是激励合约，$U_i = t_i - \theta_i q_i$ 是 θ_i 类型的

效用。利用前面的方法，我们可以得到 $U_H = 0$，$U_L = \Delta\theta q_H$。在激励相容和参与约束下最大化期望社会福利，则高效用类型代理人的产出水平为最佳，即 $q_L^{SB} = q_L^*$，而低效用类型代理人的产出水平 $q_H^{SB} < q_H^*$ 存在向下扭曲，只是次佳，其中，q_H^{SB} 由如下方程确定：

$$S'(q_H^{SB}) = \theta_H + \frac{\nu}{1-\nu}(1-\alpha)\Delta\theta. \tag{16.3.22}$$

从上面的结果来看，α 越大，产出扭曲越小，原因是规制者更少关心信息租金在社会内部的分配。若 $\alpha = 1$，则企业的租金就不再会造成社会福利的损失，此时的规制者就可以执行有效的配置。

Laffont 和 Tirole（1986, 1993）讨论了一个与之相关但不同的激励管制问题。与 Baron 和 Myerson（1982）不同，Laffont 和 Tirole（1986, 1993）讨论的是在管制中，管制机构可以观察到企业的成本，但是不知道企业的类型以及降低成本过程中的努力投入。此时为激励企业降低成本，管制机构需设计一个最优的激励合约。

在一个公共项目中，社会的价值为 S，被管制企业完成项目的成本为 $C = \theta - e$，其中 e 是企业降低成本的努力投入，假设努力投入的成本函数为 $\psi(e)$ 满足 $\psi' > 0, \psi'' > 0$。θ 是企业的类型，假设有两种类型 $\{\theta_H, \theta_L\}$，其中 θ_L 类型的概率是 ν。令 t 是对企业的支付，此时企业的效用为 $U = t - \psi(e)$。λ 是公共资金的影子成本，意味着如果向企业支付 1 单位，社会的成本为 $1+\lambda$。管制者的目标是社会福利最大化，即最大化 $S-(1+\lambda)(t+\theta-e)+t-\psi(e) = S-(1+\lambda)(t+\theta-\psi(e))-\lambda U$。

管制机构设计一个激励相容合约，规定企业的成本以及对企业的补偿，$(t_H, C_H; t_L, C_L)$，满足 $U_i = t_i - \psi(\theta_i - C_i) \geqq t_j - \psi(\theta_i - C_j)$。利用前面的租金抽取与效率权衡原则，我们得到：

$$\psi'(\theta_L - C_L) = 1, \text{或者} e_L = e^*,$$
$$\psi'(\theta_H - C_H) = 1 - \frac{\lambda}{1+\lambda}\frac{\nu}{1-\nu}\Phi'(\theta_H - C_H) < 1,$$

其中 $\Phi(e) \equiv \psi(e) - \psi(e - \Delta\theta)$。也就是说，对于高效率的企业，在最优激励下其降低成本的努力水平是社会最优的，而对于低效率企业而言，其努力水平存在扭曲。

关于委托—代理模型在规制理论上的应用，有兴趣的读者可以参考拉丰 (Laffont) 和梯若尔 (Tirole) (1993) 的经典著作。

16.3.2 金融合约

不对称信息对金融市场也会有重大影响。中小型企业贷款难是个世界难题，在信息不对称的情况下，更是雪上加霜。Freixas 和 Laffont (1990) 讨论了信息不对称时最佳信贷决策的问题。在信贷问题中，委托人是银行，代理人是投资者，投资者拥有关于项目获利方面的私人信息。银行在信贷过程中也存在借贷成本，比如支付利息给存款人。假设每单位的利息成本为 R。假设投资人向银行借款 k 资金，其利润为 $U = \theta f(k) - t$，依赖于企业本身的生产率类型。假设企业生产率有两种类型：$\Theta = \{\theta_H, \theta_L\}$，其取 θ_L 和 θ_H 的概率分别为 $1-\nu$ 和 ν。银行的贷款出借给借款人。银行借出 k 资金的成本为 Rk。令 $t(k)$ 是投资人在约定时间内给银行的信贷回报。因此贷款人的效用函数为 $V = t(k) - Rk$。这里先不考虑信贷风险、违约等一些金融市场的现实因素，而只集中于讨论信贷激励问题。银行给投资者一个激励相容的信贷合约 $(t_L, k_L; t_H, k_H)$。

把 $U_i = \theta_i f(k_i) - t_i$ 记为 θ_i 类型投资者在激励合约下的效用。若 $(t_L, k_L; t_H, k_H)$ 是一个激励相容合约，则需要满足：$U_i = \theta_i f(k_i) - t_i \geqq \theta_i f(k_j) - t_j \geqq U_j + (\theta_i - \theta_j) f(k_j)$ 及 $U_i \geqq 0$。利用逆向选择中租金抽取与效率的权衡，我们容易得到：对于高生产率类型的投资者，其最优资金借贷规模为 $k_H^{SB} = k_H^*$ 使得 $\theta_H f'(k_H^*) = R$；而对于低生产率类型的投资者，最优资金借贷规模存在向下扭曲，

$$k_L^{SB} < k_L^*, \theta_L f'({}_L^{SB}) = \frac{R}{1 - \dfrac{v}{1-v}\dfrac{\Delta\theta}{\theta_L}} > R = \theta_L f'({}_L^{*}).$$

这样，信息不对称时生产率低的企业贷款水平更低。中小企业由于规模的原因，其生产率比大型企业低，再加上还贷风险大，贷款更难。委托—代理模型于是可以解释中小企业贷款难的问题。

16.4 显 示 原 理

在上述分析中，消费者 (代理人) 被要求报告其自身“类型”。一个自然而然的问题是，若信息空间不是类型空间 Θ，而是更一般的空间，所执行的结果是否会改善。答案是否定的。允许消费者 (代理人) 发出更一般的信息并不会使得结果得到改善，只能增加合约的复杂性。也就是说，任何一般机制所达到的配置效率均可以通过要求消费者 (代理人) 汇报其类型的直接机制实现。以下的显示原理保证了这一点。

定义 16.4.1 直接显示机制 (direct revelation mechanism) 是从类型空间 Θ 到结果空间 $\mathcal{A}$ 的一个映射 $g(\cdot)$.

在本章的委托—代理模型中，直接显示机制可写为 $g(\theta) = (q(\theta), T(\theta)), \forall \theta \in \Theta$。若消费者 (代理人) 报告自己的类型为 $\tilde{\theta} \in \Theta$，则消费者购买的商品数量为 $q(\tilde{\theta})$，支付为 $T(\tilde{\theta})$。

在直接显示机制中，一个重要的概念是“说真话”。

定义 16.4.2 直接显示机制 $g(\cdot)$ 称为**真实 (truthful) 显示**，若它能保证每个类型的代理人真实报告其类型，即满足如下激励相容条件：

$$\theta_H v(q(\theta_H)) - T(\theta_H) \geqq \theta_H v(q(\theta_L)) - T(\theta_L), \tag{16.4.23}$$

$$\theta_L v(q(\theta_L)) - T(\theta_L) \geqq \theta_L v(q(\theta_H)) - T(\theta_H). \tag{16.4.24}$$

若记 $q_H = q(\theta_H), q_L = q(\theta_L); T_H = T(\theta_H), T_L = T(\theta_L)$，则回到原来的形式。

当垄断者 (委托人) 和消费者（代理人）之间的交流更复杂（委托人不仅仅只是让代理人报告其类型）时，我们可以得到更一般的机制。令 M 为更一般机制下代理人的信息空间。

定义 16.4.3 一般机制 $\langle M, \tilde{g} \rangle$ 是由从信息空间 M 到 $\mathcal{A}$ 上的映射 $\tilde{g}(\cdot)$ 所构成：

$$\tilde{g}(m) = (\tilde{q}(m), \tilde{T}(m)), \forall m \in M. \tag{16.4.25}$$

在这样的机制下，类型为 θ 的代理人将报告由下式确定的最优信息 $m^*(\theta)$：

$$\theta v(\tilde{q}(m^*(\theta))) - \tilde{T}(m^*(\theta)) \geqq \theta v(\tilde{q}(\tilde{m})) - \tilde{T}(\tilde{m}), \quad \forall \tilde{m} \in M. \tag{16.4.26}$$

因此，机制 $\langle M, \tilde{g}(\cdot)\rangle$ 确定了将 Θ 映射到 $\mathcal{A}$ 上的配置规则 $a(\theta) = (\tilde{q}(m^*(\theta)), \tilde{T}(m^*(\theta)))$ 。

问题是，我们是否能设计更为复杂的机制使委托人得到更大的好处。答案是否定的。考虑一般性机制 $\langle M, \tilde{g}\rangle$。对这个一般的机制，作为理性人，他将寻求最优战略。通过选择一个最优战略，我们可以看出均衡结果就可以通过复合函数复合成一个直接显示机制。下面单代理人情形的“直接显示原理”即说明了这一点。①这个结果大大削减了寻找最优机制的复杂性。它说明，我们只需在直接显示机制中寻找即可。

命题 16.4.1　由机制 $\langle M, \tilde{g}\rangle$ 确定的任意配置规则 $a(\theta)$ 都可以由真实的直接显示机制执行。

证明　直接显示机制$\langle M, \tilde{g}\rangle$确定了一个从 M 映射到 $\mathcal{A}$ 的规则 $a(\theta)=(\tilde{q}(m^*(\theta)), \tilde{T}(m^*(\theta)))$。将 $\tilde{g}(\cdot)$ 和 $m^*(\cdot)$ 进行复合，我们得到了一个从 Θ 映射到 $\mathcal{A}$ 的直接显示机制 $g(\cdot)$，即 $g = \tilde{g}\circ m^*$，更精确地，我们有 $g(\theta) = (q(\theta), T(\theta)) \equiv \tilde{g}(m^*(\theta)) = (\tilde{q}(m^*(\theta)), \tilde{T}(m^*(\theta))), \forall\theta \in \Theta$。

下面证明直接显示机制 $g(\cdot)$ 是真实显示机制。事实上，由于式 (16.4.26) 对所有 $\tilde{m}$ 都成立，因而它对 $\tilde{m} = m^*(\theta'), \forall\theta' \in \Theta$ 也成立。因此我们有

$$\theta v(\tilde{q}(m^*(\theta))) - \tilde{T}(m^*(\theta)) \geqq \theta v(\tilde{q}(m^*(\theta'))) - \tilde{T}(m^*(\theta')), \quad \forall(\theta, \theta') \in \Theta^2. \tag{16.4.27}$$

最后，根据 $g(\cdot)$ 的定义，我们有：

$$\theta v(q(\theta)) - T(\theta) \geqq \theta v(q(\theta')) - T(\theta'), \quad \forall(\theta, \theta') \in \Theta^2. \tag{16.4.28}$$

因此，直接显示机制 $g(\cdot)$ 是真实显示的。 □

显示原理可以通过图 16.4 来直观说明。

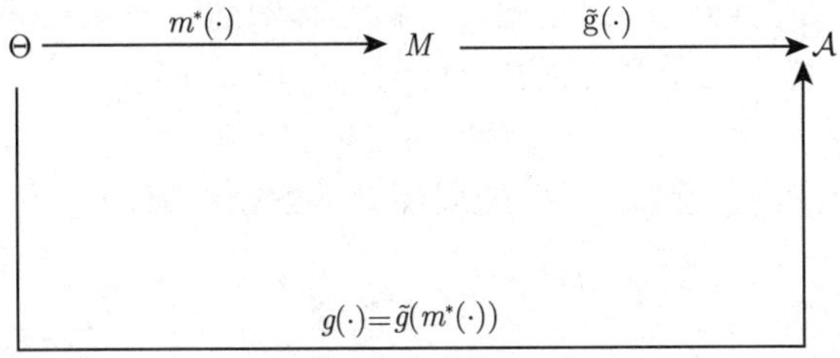

图 16.4　显示原理

显示原理大大简化了激励相容合约选择。它使我们可以在真实直接显示机制类中寻找合意的合约，而不需要寻找更一般、更复杂的合约。

16.5　对基本模型的扩展

在这一节中，我们扩展基本模型中参与人的类型，先讨论有限多个类型，然后讨论连续类型的情形。通过对多个类型的逆向选择的讨论，可以更进一步加深对逆向选择的理解。

①在多代理人情形下，代理人在报告信息时需考虑与他人的战略互动，其讨论见后面第 18 章和第 19 章。

16.5.1 有限个类型

我们回过头继续讨论垄断者的选择，消费者的目标函数与之前相同，即：

$$u(q,T,\theta_i)=\theta_i v(q)-T.$$

然而，在这里我们假设，消费者的类型至少有三个以上：

$$\theta_n>\theta_{n-1}>\cdots>\theta_1,\quad n\geqq 3.$$

假设取值 θ_i 的概率为 β_i。考虑垄断者为这些不同类型的消费者提供不同的消费选择合约 (q_i,T_i)，垄断者的最优选择由下面最大化问题给出：

$$\max_{\{(q_i,T_i)\}}\sum_{i=1}^{n}(T_i-cq_i)\beta_i \tag{16.5.29}$$

$$\text{s.t.}\qquad \theta_i v(q_i)-T_i\geqq\theta_i v(q_j)-T_j,\quad \forall i,j, \tag{16.5.30}$$

$$\theta_i v(q_i)-T_i\geqq 0,\qquad \forall i, \tag{16.5.31}$$

其中，式 (16.5.30) 是对类型 θ_i 的激励相容约束；式 (16.5.31) 是对类型 θ_i 的参与约束。下面我们重点讨论分离均衡的情形。

在“斯宾塞-莫里斯单交叉性条件”下，随着消费者对商品的效用增加，在合约中针对它的消费也会随之增加。

我们可以把 θ_i,θ_j 的激励相容条件式相加，得到：

$$(\theta_i-\theta_j)(v(q_i)-v(q_j))\geqq 0.$$

这样，一旦 $\theta_i>\theta_j$，就会有 $q_i\geqq q_j$。

下面我们要验证，在垄断者最大利润的合约选择中起着等式约束作用的是最低类型的参与约束和其他类型的局部向下激励约束（local downward incentive constraints, 或简记为 LDICs）。

定义 16.5.1 合约组合满足类型 $\theta_i>\theta_1$ 的**局部向下激励约束**，若

$$\theta_i v(q_i)-T_i\geqq\theta_i v(q_{i-1})-T_{i-1}. \tag{16.5.32}$$

令 $q_0=T_0=0$ 表示不提供商品的合约，则 θ_1 的参与约束可以写为局部向下激励约束的形式：

$$\theta_1 v(q_1)-T_1\geqq\theta_1 v(q_0)-T_0\equiv 0.$$

在给定 θ_1 的参与约束下，由于

$$\theta_i v(q_i)-T_i\geqq\theta_i v(q_1)-T_1\geqq\theta_1 v(q_1)-T_1\geqq 0,$$

其他类型 $\theta_i>\theta_1$ 的参与约束自然满足。如果 θ_1 的参与约束不是等式约束，则对所有的 T_i 增加相同的微小量，所有的参与约束和激励相容约束都成立，但是这会增加垄断者的利润，因此在最优时，θ_1 的参与约束一定是等式约束。

我们首先验证若所有类型（除了 θ_1 外）的局部向下激励约束成立，同时满足单调性条件，那么所有向下的激励约束都成立，即 $\theta_i v(q_i) - T_i \geqq \theta_i v(q_j) - T_j, \forall \theta_i > \theta_j$。

假如 $\theta_i, \cdots, \theta_j > \theta_1$ 的局部向下激励约束成立，那么对所有的 $\forall \theta_k \in \{\theta_i, \cdots, \theta_{j+1}\}$，都有

$$\theta_k v(q_k) - T_k \geqq \theta_k v(q_{k-1}) - T_{k-1}.$$

由于 $\theta_k \leqq \theta_i$，根据单调性 $q_k \leqq q_i$ 以及不等式 (16.5.32)，得到：

$$\theta_i v(q_k) - T_k \geqq \theta_i v(q_{k-1}) - T_{k-1}$$

对所有的 $k \in \{i, i-1, \cdots, j+1\}$ 成立。把上面的不等式 (16.5.32) 相加，得到：

$$\theta_i v(q_i) - T_i \geqq \theta_i v(q_j) - T_j.$$

其次，我们验证，在最大利润时，对于所有的 $\theta_i > \theta_1$ 类型，局部向下激励约束必然是等式约束，即有：

$$\theta_i v(q_i) - T_i = \theta_i v(q_{i-1}) - T_{i-1},$$

否则，对所有的 $j \geqq i$，我们可以同时微小地增加 T_j，所有的激励相容约束和参与约束仍然成立，但会增加垄断者的利润。

最后，我们验证，若所有的局部向下激励约束必然是等式约束，同时满足单调性条件，那么所有的向上激励约束也会满足。这是因为，由于 $\theta_i v(q_i) - T_i = \theta_i v(q_{i-1}) - T_{i-1}$，以及对所有的 $k \leqq i$，由 $q_k \leqq q_i$，我们有

$$\theta_k v(q_i) - T_i \leqq \theta_k v(q_k) - T_k.$$

因此，在有限多个类型中，垄断者对合约的选择实际上是求解下面的等式约束最优化问题：

$$\max_{\{(q_i, T_i)\}} \sum_{i=1}^{n} (T_i - c q_i) \beta_i \tag{16.5.33}$$

$$\text{s.t.} \quad \theta_i v(q_i) - T_i = \theta_i v(q_{i-1}) - T_{i-1}, q_0 = T_0 = 0, \quad \forall i, \tag{16.5.34}$$

$$q_i \geqq q_j, \text{若} i > j. \tag{16.5.35}$$

建立拉格朗日方程，得到

$$L = \sum_{i=1}^{n} [T_i - c q_i] \beta_i + \lambda_i [\theta_i v(q_i) - \theta_i v(q_{i-1}) - T_i + T_{i-1}].$$

我们于是有下面的一阶条件：

$$(\lambda_i \theta_i - \lambda_{i+1} \theta_{i+1}) v'(q_i) = c \beta_i, \quad i < n;$$

$$\lambda_n \theta_n v'(q_n) = c \beta_n;$$

$$\beta_i = \lambda_i - \lambda_{i+1}, \quad i < n;$$

$$\beta_n = \lambda_n.$$

因此，对于顶端的消费者类型，有 $\theta_n v'(q_n) = c$，从而不存在消费扭曲。

而对于其他类型 $\theta_i < \theta_n$，存在消费扭曲

$$\theta_i v'(q_n) = c\frac{\lambda_i - \lambda_{i+1}}{\lambda_i - \lambda_{i+1}\frac{\theta_{i+1}}{\theta_i}} > c.$$

与此同时，对于最低类型的消费者，不存在信息租金，而对于其他类型消费者都有信息租金，而且随着消费者类型由最低向最高变化，其信息租金也增加。通过计算得知，对于 $\theta_i > \theta_1$，其信息租金为 $\sum_2^i(\theta_i - \theta_{i-1})v(q_{i-1})$。

从两类型拓展到有限多个类型，我们发现垄断者的基础性权衡仍然是信息租金和配置效率的权衡。

16.5.2 连续类型

本节介绍连续类型情形的委托—代理问题。大多数委托—代理文献都在这一框架内进行分析。重新考虑标准模型，其中代理人类型在区间内分布，即：$\theta \in \Theta = [\underline{\theta}, \overline{\theta}]$，其累积分布函数 $F(\theta)$，分布密度函数为 $f(\theta) > 0$。由于在连续类型情形下显示原理仍然成立，因此我们仍然可以只考虑直接显示机制 $\{(q(\theta), T(\theta))\}$。

假设消费者（代理人）的类型服从密度函数 $f(\theta)$(分布函数为 $F(\theta)$)，取值范围为 $[\underline{\theta}, \bar{\theta}]$。此时垄断者（委托人）对合约的选择是求解下面的最大化问题：

$$\max_{\{(q(\theta),T(\theta))\}} \int_{\underline{\theta}}^{\bar{\theta}} (T(\theta) - cq(\theta))f(\theta)d\theta \tag{16.5.36}$$

$$\text{s.t.} \quad \theta v(q(\theta)) - T(\theta) \geqq \theta_i v(q(\hat{\theta})) - T(\hat{\theta}), \quad \forall(\theta, \hat{\theta}) \in \Theta^2, \tag{16.5.37}$$

$$\theta v(q(\theta)) - T(\theta) \geqq 0, \quad \forall \theta \in \Theta. \tag{16.5.38}$$

对于参与约束（16.5.38），与之前相同，实际上只需要对最低的类型满足参与约束即可，即

$$\underline{\theta} v(q(\underline{\theta})) - T(\underline{\theta}) \geqq 0.$$

下面我们来讨论激励相容约束，由不等式（16.5.37），我们可以得到：

$$(\theta - \hat{\theta})(v(q(\theta)) - v(q(\hat{\theta}))) \geqq 0.$$

因此，激励相容约束要求购买方案 $q(\cdot)$ 是非递减的。这意味着 $q(\cdot)$ 几乎处处可微。因此我们不妨假设它可微。这样，单调性条件意味着：$\frac{dq(\theta)}{d\theta} \geqq 0$。

激励相容条件等价于下面的最优化选择：

$$\theta = \mathsf{argmax}_{\hat{\theta}}[\theta v(q(\hat{\theta})) - T(\hat{\theta})],$$

其一阶条件为：

$$\theta v'(q(\theta))\frac{dq(\theta)}{d\theta} - T'(\theta) = 0. \tag{16.5.39}$$

式 (16.5.39) 又称为局部激励相容条件。

二阶必要条件为：

$$\theta v''(q(\theta))\left(\frac{dq(\theta)}{d\theta}\right)^2+\theta v'(q(\theta))\frac{d^2q(\theta)}{d\theta^2}-T''(\theta)\leqq 0. \tag{16.5.40}$$

我们对一阶条件 (16.5.39) 对 θ 求导得：

$$\theta v''(q(\theta))\left(\frac{dq(\theta)}{d\theta}\right)^2+v'(q(\theta))\frac{dq(\theta)}{d\theta}+\theta v'(q(\theta))\frac{d^2q(\theta)}{d\theta^2}-T''(\theta)=0. \tag{16.5.41}$$

通过对比式 (16.5.40) 和式 (16.5.41)，以及 $v'(q(\theta))>0$，我们得到二阶必要条件成立等价于单调性条件成立，即 $\frac{dq(\theta)}{d\theta}\geqq 0$。

我们需要证明对所有类型的代理人都必然真实显示其信息，即如下约束必须满足：

$$\theta v(q(\theta))-T(\theta)\geqq\theta_i v(q(\hat{\theta}))-T(\hat{\theta}),\quad\forall(\theta,\hat{\theta})\in\Theta^2. \tag{16.5.42}$$

由式 (16.5.39)，我们有：

$$T(\theta)-T(\hat{\theta})=\int_{\hat{\theta}}^{\theta}\tau v'(q(\tau))\frac{dq(\tau)}{d\tau}=\theta v(q(\theta))-\hat{\theta}v(q(\hat{\theta}))-\int_{\hat{\theta}}^{\theta}v(q(\tau))d\tau \tag{16.5.43}$$

或者

$$\theta v(q(\theta))-T(\theta)=\theta v(q(\hat{\theta}))-T(\hat{\theta})+\int_{\hat{\theta}}^{\theta}v(q(\tau))d\tau-(\theta-\hat{\theta})v(q(\hat{\theta})). \tag{16.5.44}$$

其中，由于 $q(\cdot)$ 非递减，因而有 $\int_{\hat{\theta}}^{\theta}v(q(\tau))d\tau-(\theta-\hat{\theta})v(q(\hat{\theta}))\geqq 0$。

因此，如果局部激励约束 (16.5.39) 成立，则全局激励约束（16.5.42）成立。

在上述设定下，无限多个激励约束 (16.5.42) 就简化成了一个微分方程和一个单调性约束，因此对激励进行局部分析就足够了。因此，条件 (16.5.39) 和单调性条件成立 $\frac{dq(\theta)}{d\theta}\geqq 0$ 刻画了真实显示机制。

通过对上面激励约束和参与约束的讨论，垄断者的最优化问题于是可以表述如下：

$$\max_{\{(q(\theta),T(\theta))\}}\int_{\underline{\theta}}^{\bar{\theta}}(T(\theta)-cq(\theta))f(\theta)d\theta \tag{16.5.45}$$

$$\text{s.t.}\quad v'(q(\theta))\frac{dq(\theta)}{d\theta}-T'(\theta)=0,\quad\forall(\theta,\hat{\theta})\in\Theta^2, \tag{16.5.46}$$

$$\frac{dq(\theta)}{d\theta}\geqq 0,\quad\forall\theta\in\Theta, \tag{16.5.47}$$

$$\underline{\theta}v(q(\underline{\theta}))-T(\underline{\theta})\geqq 0,\quad\forall\theta\in\Theta. \tag{16.5.48}$$

求解以上最优化问题，通常的程序是先忽略单调性约束，接着采用激励问题的标准方法求解，它首先由 Mirrlees (1971) 引入。定义函数：

$$U(\theta)=\theta v(q(\theta))-T(\theta)=\max_{\hat{\theta}}\theta v(q(\hat{\theta}))-T(\hat{\theta}),$$

和前面的解释一样，$U(\theta)$ 是 θ 类型的信息租金。

利用包络定理，得到：

$$\frac{dU(\theta)}{d\theta}=v(q(\theta)).$$

由单调性，最低类型参与约束是等式约束，意味着他的信息租金为 0，即 $U(\underline{\theta})=0$，从而得到：

$$U(\theta)=\int_{\underline{\theta}}^{\bar{\theta}}v(q(\theta)).$$

由于 $T(\theta)=\theta v(q(\theta))-U(\theta)$，我们可以把垄断者的目标函数写为：

$$\pi=\int_{\underline{\theta}}^{\bar{\theta}}[\theta v(q(\theta))-\left[\int_{\underline{\theta}}^{\bar{\theta}}v(q(\theta))\right]-cq(\theta)]f(\theta)d\theta.$$

通过分部积分，得到：

$$\pi=\int_{\underline{\theta}}^{\bar{\theta}}\{[\theta v(q(\theta))-cq(\theta)]f(\theta)-v(q(\theta))[1-F(\theta)]\}d\theta.$$

对 $q(\theta)$ 求一阶条件，得：

$$\left[\theta-\frac{1-F(\theta)}{f(\theta)}\right]v'(q(\theta))=c.$$

因此，我们得到一个基本结论：对最高效用类型 $\theta=\bar{\theta}$，合约中的消费不存在扭曲，而对其他类型 $\theta<\bar{\theta}$，合约中的消费会有向下的扭曲。

我们进一步考察最优合约的特征。$h(\theta)\equiv\frac{f(\theta)}{1-F(\theta)}$ 称为风险率。一个基本结论是：单调性约束的一个充分条件是 $\frac{dh(\theta)}{d\theta}\geqq 0$，及风险率是单调非减的。令 $g(\theta)=(\theta-(h(\theta)^{-1})$，一阶条件 (16.5.2) 可改写为：

$$g(\theta)v'(q(\theta))=c.$$

对 θ 求一阶导数，得到：

$$\frac{dq(\theta)}{d\theta}=-\frac{g'(\theta)v'(q(\theta))}{v''(q(\theta))g(\theta)}.$$

这样，若 $\frac{dh(\theta)}{d\theta}\geqq 0$，则 $g'(\theta)\geqq 0$。对于很多连续分布，比如均匀分布、正态分布、指数分布以及其他一些经常用的分布，风险率的单调性都会满足。

16.5.3 集束与熨平

下面讨论若单调性 $q(\theta)$ 不满足，如何处理最优选择问题。通常的一个方式是熨平（iron out）那些不满足单调性的区间。

在前面不考虑单调性的条件下，我们得到的合约 $q^*(\theta)$ 满足：

$$\left[\theta-\frac{1-F(\theta)}{f(\theta)}\right]v'(q^*(\theta))=c.$$

假设在 $\theta\in[\hat{\theta_1},\hat{\theta_2}]$ 的区间，$q^*(\theta)$ 并不满足单调性，见图 16.5。

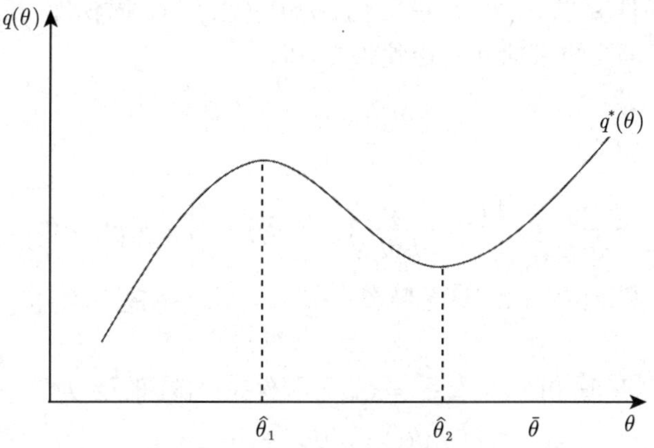

图 16.5 违背单调性的合约

出现这一段非单调性合约可能是由于风险率 $h(\theta)$ 不是单调的。此时垄断者最优的合约选择（用 $\bar{q}(\theta)$ 表示），是求解下面带不等式约束的最大化问题：

$$\max_{\{(q(\theta),T(\theta))\}} \int_{\underline{\theta}}^{\bar{\theta}} \left[\theta v(q(\theta)) - cq(\theta) - \frac{v(q(\theta))}{h(\theta)}\right] f(\theta)d\theta$$

$$\text{s.t.} \quad \frac{dq(\theta)}{d\theta} = \mu(\theta).$$

$$\mu(\theta) \geqq 0$$

建立汉密尔顿函数：

$$H(\theta, q(\theta), \mu, \lambda) = \left[\theta v(q(\theta)) - cq(\theta) - \frac{v(q(\theta))}{h(\theta)}\right] f(\theta) + \lambda(\theta)\mu(\theta).$$

利用庞特里亚金极大值原理（Pontryagin's maximum principle），最优解 $(\bar{q}(\theta), \bar{\mu}(\theta))$ 满足以下必要条件：

$$H(\theta, \bar{q}(\theta), \bar{\mu}(\theta), \lambda(\theta)) \geqq H(\theta, q(\theta), \mu(\theta), \lambda(\theta)); \tag{16.5.49}$$

$$\frac{d\lambda(\theta)}{d\theta} = -\left[\left(\theta - \frac{1}{h(\theta)}\right) v'(\bar{q}(\theta)) - c\right] f(\theta), \text{ 对所有连续点;} \tag{16.5.50}$$

$$\lambda(\underline{\theta}) = \lambda(\bar{\theta}) = 0 \quad \text{(横截性条件)}. \tag{16.5.51}$$

由 Kamien 和 Schwartz (1991, p.133)，当 $H(\theta, q(\theta), \mu, \lambda)$ 关于 $q(\theta)$ 是凹函数时，以上必要条件同时也是充分条件。

对式 (16.5.50) 求积分，得到：

$$\lambda(\theta) = -\int_{\underline{\theta}}^{\theta} \left[\left(\theta - \frac{1}{h(\theta)}\right) v'(\bar{q}(\theta)) - c\right] f(\theta)d\theta.$$

横截性条件为：

$$0 = \lambda(\underline{\theta}) = \lambda(\bar{\theta}) = -\int_{\underline{\theta}}^{\bar{\theta}} \left[\left(\theta - \frac{1}{h(\theta)}\right) v'(\bar{q}(\theta)) - c\right] f(\theta)d\theta.$$

此外，最优化一阶条件要求 $\mu(\theta)$ 在最大化 $H(\theta, q(\theta), \mu, \lambda)$ 时满足 $\mu(\theta) > 0$，这就意味着：$\lambda(\theta) \leqq 0$。根据不等式约束的互补松弛条件，即

$$\bar{\mu}(\theta)\lambda(\theta) = 0,$$

或

$$\frac{d\bar{q}(\theta)}{d\theta}\int_{\underline{\theta}}^{\theta}\left[\left(\theta - \frac{1}{h(\theta)}\right)v'(\bar{q}(\theta)) - c\right]f(\theta)d\theta = 0.$$

若 $\bar{\mu}(\theta) = \frac{d\bar{q}(\theta)}{d\theta} > 0$，则 $\lambda(\theta) = 0$，这意味着 $\frac{d\lambda(\theta)}{d\theta} = -[(\theta - \frac{1}{h(\theta)})v'(\bar{q}(\theta)) - c]f(\theta) = 0$，此时 $\bar{q}(\theta) = q^*(\theta)$。

若 $\lambda(\theta) < 0$，则意味着 $\bar{\mu}(\theta) = \frac{d\bar{q}(\theta)}{d\theta} = 0$。为了保持 $\lambda(\theta)$ 的连续性，在 $\hat{\theta}_1$ 的左边以及 $\hat{\theta}_2$ 的右边分别找到点 θ_1 和点 θ_2，使得 $\lambda(\theta_1) = \lambda(\theta_2) = 0$。

最优合约 $\bar{q}(\theta)$ 在区间 $[\theta_1, \theta_2]$ 内满足 $\frac{d\bar{q}(\theta)}{d\theta} = 0$。同时，为了保持 $\bar{q}(\theta)$ 的连续性，需选择 θ_1, θ_2，使得 $q^*(\theta_1) = q^*(\theta_2)$，新构建的最优合约 $\bar{q}(\theta)$ 见图 16.6。

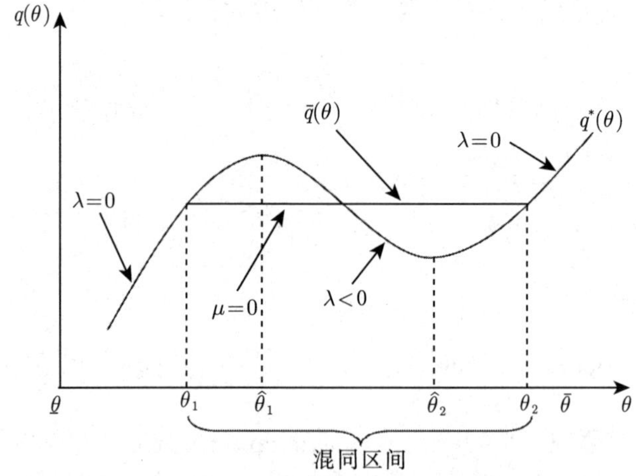

图 16.6 具有集束性质的最优合约

在加入单调性条件后，最优合约其实是对原先的 $q^*(\theta)$ 在区间 $[\theta_1, \theta_2]$ 内进行了某种“熨平”。Bolton 和 Dewatripont（2005, pp. 91-93）对契约熨平背后的经济学直觉进行了更深入的讨论。

另外对多类型的拓展是多维度逆向选择，其中的一个经典问题是多（种）产品的垄断定价，比如在现实购物中，经常会有商家把一些不同的商品进行捆绑销售，多维度类型的逆向选择为理解类似捆绑销售机制提供了一个分析框架。不过这部分的内容技术性较强，这方面的详细讨论可以参考 Bolton 和 Dewatripont（2005，第六章），以及 Rochet 和 Stole (2003) 的综述。

16.6 事前参与约束

到目前为止我们所考察的合约都是在事中阶段，也就是信息不对称阶段，即在执行合约之前代理人已经知道其自身类型。然而，在许多时候，合约执行时代理人也不知道其自身类

型。例如，刚毕业的学生，自己也不知道参加工作后自己的生产能力，是否能胜任这份工作，还有在以上垄断销售例子中，若垄断上游企业为下游企业提供一个新的生产工具，则下游企业在签订买卖合约之前也不知道这个新的生产工具的真实的效能，此时它们的互动将具有与之前不同的特征。与之前的模型不同，在签订合约之前，买方不知道他对于商品的价值类型，此时互动的时间流程为：

- $t=0$: 卖方提供合约；
- $t=1$: 买方了解自身的类型 θ;
- $t=2$: 买方接受或拒绝合约；
- $t=3$: 合约执行。

为简化讨论，我们仍假设垄断者（上游）提供新工具对于买方的价值是两种类型的情形，即 $\theta \in \{\theta_H, \theta_L\}$。此时代理人的风险态度会影响到合约的设计，为此下面我们分别讨论代理人为风险中性以及风险厌恶时最优的激励相容合约。

16.6.1 风险中性

假设卖方（委托人）和买方（代理人）在事前（代理人了解其自身类型之前）即达成了合约。若买方是风险中性的，则其事前 (ex ante) 参与约束可写为：

$$(1-\beta)U_H + \beta U_L \geqq 0. \tag{16.6.52}$$

这一事前参与约束替代了原有的两个事中参与约束。由于卖方的目标函数关于买方的期望信息租金是递减的，因而卖方希望买方所能获得的期望信息租金尽可能小，最小可为零（因为要满足参与约束），因此约束 (16.6.52) 是紧致的。此外，卖方必须设定恰当的租金方案 U_H 和 U_L 以保证两个激励约束仍然成立，即：

$$U_H \geqq U_L + \Delta\theta v(q_L), \tag{16.6.53}$$

$$U_L \geqq U_H - \Delta\theta v(q_H). \tag{16.6.54}$$

这样，保证激励相容约束和事前参与约束在等式处成立的一个销售方案可以使得：

$$\begin{aligned} U_H^* &= \beta\Delta\theta v(q_H^*) > 0; \\ U_L^* &= -(1-\beta)\Delta\theta v(q_H^*) < 0. \end{aligned} \tag{16.6.55}$$

在这样的租金方案下，只要最优产出满足单调（可执行）性条件 $q_H^* > q_L^*$，则可以无成本地执行最佳（first best）结果。在式 (16.6.55) 所定义的合约中，高效用类型的代理人得到回报，而低效用类型的代理人则受到惩罚。由于代理人为风险中性的，愿意承担风险，在乎的是期望收益，可以制定这样的合约。于是我们有如下命题。

命题 16.6.1 若代理人是风险中性的，且合约在事前达成，则最优激励合约能实现最佳结果。

注 委托人在设计租金方案 U_H 和 U_L 时其实有多种选择，只要激励相容约束 (16.6.53)、(16.6.54) 和事前参与约束 (16.6.52) 取等号即可。风险中性代理人的信息租金见图 16.7，可看出，最佳合约选择实际上有无数多个。

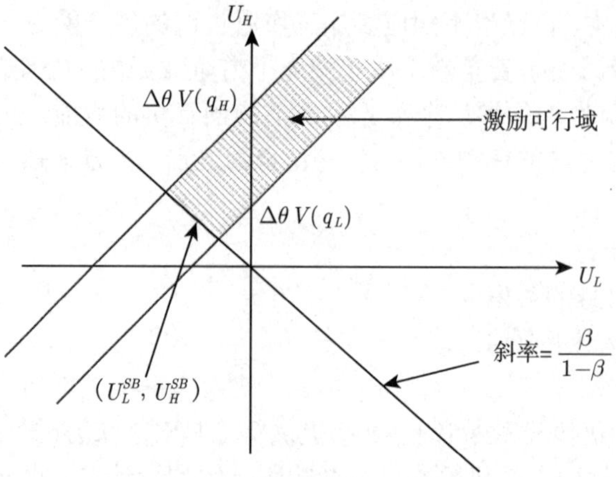

图 16.7　风险中性代理人的信息租金

现考虑如下合约 $\{(T_H^*, q_H^*); (T_L^*, q_L^*)\}$，其中 q_H^*, q_L^* 表示最优产量，$T_H^* = cq_H^* + T^*$，$T_L^* = cq_L^* + T^*$，T^* 表示一笔固定的一次性转移支付，我们对它稍后定义。根据 q_H^* 的定义，我们有

$$\theta_H v(q_H^*) - T_H^* = \theta_H v(q_H^*) - cq_H^* - T^* > \theta_H v(q_L^*) - cq_L^* - T^* = \theta_H v(q_H^*) - T_L^*. \quad (16.6.56)$$

又根据 q_L^* 的定义，我们有

$$\theta_L v(q_L^*) - T_L^* = \theta_L v(q_L^*) - cq_L^* - T^* > \theta_L v(q_H^*) - cq_H^* - T^* = \theta_L v(q_H^*) - T_H^*. \quad (16.6.57)$$

因此该合约是激励相容的。

注意到，此时激励相容约束为严格不等式。可以选择

$$T^* = \beta(\theta_L v(q_L^*) - cq_L^*) + (1-\beta)(\theta_H v(q_H^*) - cq_H^*),$$

从而使代理人的事前参与约束是紧致的。这个最佳结果的执行过程相当于卖方（委托人）以固定的预付价格 T^* 将企业转让给买方（代理人）。买方获得所有商品净剩余（消费剩余减去成本），好像他就是一个利润最大化者一样。在这种合约关系中风险中性的买方（代理人）成为卖方（垄断企业）利润的剩余索取者（residual claimant）。从后面的讨论知道，即使对风险厌恶的委托人也会得到同样的结果。在现实中，许多合约具有这样的性质，如：

(1) 改革开放后所实现的包田到户合约，生产队将农田承包给农民，农民需要每年向国家上交一定的粮食，剩下的归农民。随后的生产责任制也是如此。

(2) 房主将靠街道的铺面出租给做生意的，租借人缴纳一定的租金，剩下的利润或亏损都由租借人自己承担。

(3) 银行将资金以固定的贷款利率贷给企业，企业承担经营风险，利润或亏损都是企业自己的。

16.6.2　风险厌恶

前面已经证明，在风险中性代理人的假定下，最佳结果是可以实现的。若代理人是风险厌恶的，情况又将如何呢？

假设买方（代理人）为风险厌恶的，其效用函数为定义在货币度量的净收益 $v(q) - Tq$ 上的冯·诺依曼–摩根斯坦（Von Neumann-Morgenstern）期望效用函数 $u(\cdot)$，其中，$u' > 0$,

$u'' < 0$。仍然假定委托人和代理人的合约在事前即代理人知道其类型之前签订，则代理人的激励相容约束仍保持不变，但其参与约束则变为：

$$\beta u(U_L) + (1-\beta)u(U_H) \geqq 0. \tag{16.6.58}$$

与之前对哪些是紧致约束的讨论类似，容易验证低效用类型买方的激励相容约束 (16.6.54) 在最优解处不是紧致约束，因而卖方的最优化问题简化为：

$$\max_{\{(U_H,q_H);(U_L,q_L))\}} (1-\beta)(\theta_H v(q_H) - cq_H - U_H) + \beta(\theta_L v(q_L) - cq_L - U_L)$$

满足约束式 (16.6.53) 和式 (16.6.58)。

高效用类型的激励相容约束 (16.6.53) 和事前参与约束是紧致约束，为此我们得到：

$$\beta u(U_L) + (1-\beta)u(U_L + \Delta\theta v(q_L)) = 0. \tag{16.6.59}$$

从式 (16.6.59)，得到 $U_L = U_L(q_L)$。把式 (16.6.53) 和式 (16.6.59) 代入上面的目标函数，通过求解最优化问题，可以得到下面的命题。

命题 16.6.2 当买方（代理人）是风险厌恶的，且与卖方（委托人）事前达成合约时，则最优合约将导致如下结果。

(1) 高效用类型买方无消费扭曲 $q_H^{SB} = q_H^*$。低效用类型买方存在向下的消费扭曲 $q_L^{SB} < q_L^*$，其中

$$\theta_L v'(q_L^{SB}) = \frac{c}{1 - \dfrac{(1-\beta)[u'(U_L) - u'(U_H)]}{\beta u'(U_L) + (1-\beta)u'(U_H)}\dfrac{\Delta\theta}{\theta_L}}. \tag{16.6.60}$$

(2) 式 (16.6.53) 和式 (16.6.58) 是唯一的两个紧致约束。高效用类型（低效用类型）买方获得严格为正（负）的信息租金 $U_H^{SB} > 0 > U_L^{SB}$。

证明很简单，利用等式约束的拉格朗日方程，对 $\{(U_H,q_H);(U_L,q_L))\}$ 取一阶条件，经过一些化简运算。这里我们不再赘述。

风险规避代理人的信息租金见图 16.8。这样，当代理人是风险规避的时，我们没有最佳合约，而只有次佳合约。当买方是风险中性的时，式 (16.6.60) 中分母的第二项为零，得到了和命题 (16.6.55) 中同样的结论：最优激励合约能执行最佳结果。

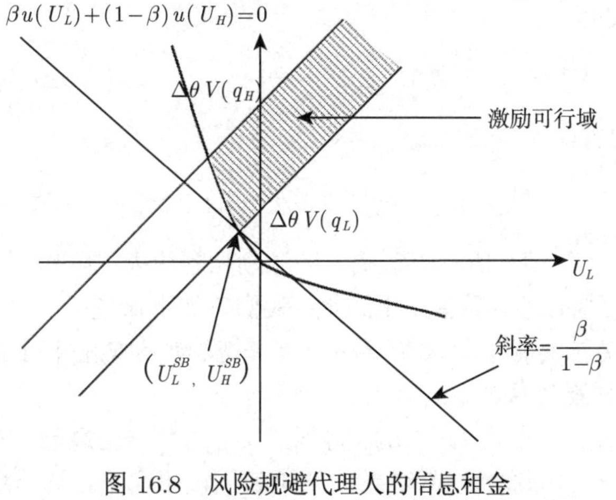

图 16.8 风险规避代理人的信息租金

因此，在风险厌恶假定下，为保证高效用类型买方的激励相容约束成立，卖方在设计租金方案时不再是无成本的了。卖方在设计租金方案时 U_H 和 U_L 之间将存在差异以使式 (16.6.53) 满足，而这将使风险厌恶的买方承担一定的风险。为了保证风险厌恶买方的参与，卖方必须支付一定的风险溢价 (risk premium)。减少风险溢价将导致低效用类型买方的产出减少，从而买方承担的风险更小。正如我们所期望的，买方的风险厌恶性导致了卖方对其激励的弱化。

当买方无限厌恶风险时，买方的个人理性约束和最坏情形的事后 (ex post) 个人理性约束一样，$U_L^{SB}=0$。在极限情形下，买方的产出 q_H^{SB} 和 q_L^{SB} 及其效用水平 U_H^{SB} 以及 U_L^{SB} 都收敛到前面讨论的事中次佳合约的情形。因此，前面介绍的事中次佳合约也可解释为在买方保留效用水平为零且事前无限厌恶风险情形下的次佳合约。

风险厌恶委托人

现设卖方 (委托人) 是风险厌恶的，其效用函数为定义在其货币收入 $T-cq$ 上的冯 • 诺依曼–摩根斯坦 (VNM) 效用函数 $\nu(\cdot)$，其中，$\nu'>0, \nu''<0$，$\nu(0)=0$。仍然假定卖方和买方的合约在事前（即买方知道其类型之前）签订。

在此设定下，最优合约将导致最佳产出与消费 q_H^* 和 q_L^*，卖方将保证自己在两种自然状态下都获得相同收益，且代理人的事前参与约束是紧致的。这意味着买方的信息租金 U_H^* 和 U_L^* 要满足下述两个条件：

$$\theta_H v(q_H)-U_H-cq_H=\theta_L v(q_L)-U_L-cq_L \tag{16.6.61}$$

和

$$\beta U_L^*+(1-\beta)U_H^*=0. \tag{16.6.62}$$

对未知数 (U_H^*, U_L^*) 求解上述方程组，有

$$U_H^*=\beta([\theta_H v(q_H^*)-cq_H^*]-[\theta_L v(q_L^*)-cq_L^*]), \tag{16.6.63}$$

$$U_L^*=-(1-\beta)([\theta_H v(q_H^*)-cq_H^*]-[\theta_L v(q_L^*)-cq_L^*]). \tag{16.6.64}$$

根据 q_H^* 的定义，我们有：

$$U_H^*-U_L^*=[\theta_H v(q_H^*)-cq_H^*]-[\theta_L v(q_L^*)-cq_L^*]>\Delta\theta v(q_L^*).$$

根据 q_L^* 的定义，我们有：

$$U_L^*-U_H^*=[\theta_L v(q_L^*)-cq_L^*]-[\theta_H v(q_H^*)-cq_H^*]>-\Delta\theta v(q_H^*).$$

因而最优信息租金 U_H^*, U_L^* 满足所有类型买方的激励相容约束。因此，信息租金向量 $(U_L^*, \overline{U}^*)$ 是激励相容的，从而可执行最佳配置。正式地，我们有如下命题:

命题 16.6.3 当卖方关于其货币收入 $T-cq$ 风险厌恶，买方风险中性且合约在事前签订时，则最优激励合约能执行最佳结果。

注 注意到由式 (16.6.63) 和式 (16.6.64) 得到的 U_H^*, U_L^* 与由风险中性代理人的事前合约（即由式 (16.6.56) 和式 (16.6.57)）所得到的结果相同。事实上，这是由于一次性转移支付 $T^*=\beta(\theta_L v(q_L^*)-cq_L^*)+(1-\beta)(\theta_H v(q_H^*)-cq_H^*)$ 使风险中性的买方成为企业剩余利润的索

取者，也使卖方获得了完全的保险。当风险中性的买方成为剩余索取者时，尽管存在信息不对称问题，事前合约仍可使风险厌恶的委托人获得完全保险并实现最优结果。

当然，在事中参与约束下上述结果将不再成立。在这种情形下，我们猜测在最优解处约束 (16.6.54) 仍是非紧致的，从而委托人的最优化问题变为：

$$\max(1-\beta)\nu(\theta_H v(q_H)-cq_H-U_H)+\beta\nu(\theta_L v(q_L)-cq_L-U_L),$$

满足高效用类型的激励约束 (16.6.53)，以及低效用类型的参与约束：

$$U_L \geqq 0. \tag{16.6.65}$$

将由式 (16.6.53) 和式 (16.6.65) 得到的 U_H, U_L 代入委托人的目标函数并对产出求最优化问题，我们得 $q_H^{SB}=q_H^*$，即如同风险中性买方情形的结果，高效用类型的买方无消费扭曲。但低效用类型的买方存在向下的产出扭曲 $q_L^{SB}<q_L^*$，其中 q_L^{SB} 满足

$$\theta_L v'(q_L^{SB})=\frac{c}{1-\dfrac{(1-\beta)\nu'(V_H)\Delta\theta}{\beta\nu'(V_L)\theta_L}}, \tag{16.6.66}$$

其中 $V_H^{SB}=\theta_H v(q_H^{SB})-cq_H^{SB}-\Delta\theta v(q_L^{SB})$ 和 $V_L^{SB}=\theta_L v(q_L^{SB})-cq_L^{SB}$ 为委托人在两种自然状态下的收益。根据 q_H^* 的定义，有

$$\theta_H v(q_L^{SB})-cq_L^{SB}<\theta_H v(q_H^{SB})-cq_H^{SB}=\theta_H v(q_H^*)-cq_H^*,$$

从而可以验证 $V_L^{SB}<V_H^{SB}$ 成立。特别地，容易看出式 (16.6.66) 右边的扭曲总是小于风险中性委托人情形下的 $\frac{c}{1-\frac{(1-\beta)\Delta\theta}{\beta\theta_L}}$。其经济含义是显然的，通过提高 q_L^{SB} 可以减少 V_H^{SB} 和 V_L^{SB} 之间的差距，这将为委托人提供一定的保险并提高其事前收益。

此外，现实的合约中大都会有时间的维度。未来可能的合约会依赖于之前的合约，这样就会产生动态上的相互作用。一个经典的例子是耐用品的跨期定价问题。在现实中，我们会看到，很多家用电器在新产品推出的几年后价格会下降。价格之所以下降是因为，之前购买的是对产品评价高的消费者，要使得剩下的潜在消费者购买产品需要降价，从而跨期销售面临着关于价格调整的承诺问题。这些不同时期的销售会相互影响，一旦预期未来可能降价，在新产品推出之际，评价高的消费者有可能会推迟购买以获得尽可能多的剩余。这就意味着，静态的激励相容合约在动态环境下会变得激励不相容。在动态环境下，也有一个新的约束，即“防止再协商原理”(renegotiation-proof principle)，此时显示原理会修订为弱显示原理 (Bester 和 Strausz, 2001)。

对于动态环境下的逆向选择问题，我们在 20 章关于动态机制设计的讨论中会有更深入的分析。

16.7 对经典模型的拓展

在经典逆向选择模型中，两条基本的规律是“顶部无扭曲”和“单向扭曲”，即在非对称信息下，对于最有效的代理人，其配置与完全信息下的最优情形无异，而其他类型代理人的

配置都会发生同方向的扭曲。从以上各节的分析我们发现，此规则为许多经典文献所支持。本节将给出两种情形：当存在外部性和保留效用依赖于类型时，这两条规律不再成立。对这两种情况的讨论主要取之于 Meng 和 Tian (2009)。

16.7.1　网络外部性

当不对称信息和网络外部性 (network externalities) 同时存在时，“无顶部扭曲”(no distortion on the top) 规则可能不再成立，从而最有效率的代理人不再有最佳产出。孟大文和田国强在 Tian 和 Meng (2009) 的工作论文中证明了委托人的最优合约可能存在双向 (two-way) 扭曲：当代理人的边际努力成本充分低时，其产出将超过最佳产出，而当其边际努力成本很高时，其产出将低于最佳产出。

如第 14 章所指出的那样，所谓外部性，指的是经济中个体的经济活动 (生产活动或消费活动）会影响到其他个体的生产水平或效用。外部性的一个特殊情况是所谓的网络外部性。网络外部性可能因为如下原因而产生：商品的有用性直接依赖于网络的规模（例如电话、电子邮件、微信群等）；羊群效应 (bandwagon effect)，即消费某产品缘于其他人都在消费这种产品（如追求时尚）；或者间接地缘于互补品或服务的可得性 (软硬件配套) 或售后服务 (例如汽车)。虽然网络外部性被认为对其他人的消费影响为正，但有时也呈现负的外部性。例如，人们有拥有排他或者唯一产品的欲望，以显示酷和独特性，这种现象常称为“炫耀效应”(snob effect)。拥有这些产品的人越少，对这些产品的需求数量越大（如服装设计师专门设计的式样特别的服装，或为数极少的手表款式、汽车样式或建筑物）。

考虑一个委托—代理模型，其中委托人为某垄断厂商。他以边际成本 c 提供某种具有网络外部性的产品给连续统多的消费者。其效用函数为 $V = T - cq$, T 代表消费者的支付，q 为消费者的消费量，同时也是厂商提供的产量。代理人为消费者，他们的偏好类型 θ 是私人信息，$\theta \in \Theta = \{\theta_1, \cdots, \theta_n\}$，$\theta_1 < \theta_2 < \cdots < \theta_n$，类型为 θ_i 的消费者所占的比例为 $f(\theta_i), i = 1, 2, \cdots, n$。以 $\Delta\theta \equiv \theta_i - \theta_{i-1} > 0$ 表示相邻类型参数之差，记 $F(\theta_i) = \sum_{j \leqq i} f(\theta_j)$。则依照大数定律，这相当于这样的情形：仅存在一个代理人，其类型 $\theta \in \Theta$ 为随机变量，θ 的分布函数和累积分布函数分别为 $f(\theta_i) = \Pr(\theta = \theta_i)$ 和 $F(\theta_i) = \Pr(\theta \leqq \theta_i)$。在此我们假定单调风险率条件成立，即 $\frac{1-F(\theta)}{f(\theta)}$ 单调递减。θ 类型消费者的效用 (也称信息租金) 为 $U = \theta V(q) + \Psi(Q) - T$，它不仅取决于私人消费 q，也取决于网络规模（network magnitute）$Q = \sum_i f(\theta_i) q_i$。$\theta V(q)$ 被称为消费的内在价值 (intrinsic value)，而 $\Psi(Q)$ 则被称为网络价值。注意到，我们假设对不同类型的消费者，网络效应是同质的，即网络价值与私人偏好 θ 和私人消费 q 都无关。①

假设 $V(q)$ 为递增的严格凹函数：$V'(q) > 0, V''(q) < 0$。在此假设下，不难证明，不同类型消费者的无差异曲线只相交一次，所以斯宾塞–莫里斯条件满足。关于网络拥挤性我们给出如下定义：

定义 16.7.1 若 $\Psi''(Q) < 0$，则称该网络为**拥挤性网络**（**congestible network**）；若 $\Psi''(Q) > 0$，则称其为**非拥挤性网络 (dis-congestible network)**；若 $\Psi''(Q) = 0$，则称其为**中性网络 (neutral network)**。

注　$\Psi''(Q) > 0$ 意味着一些消费者消费量的增加将增加其他消费者的边际效用，若网络容

①如将网络价值项设为更一般的形式如 $\Psi(\theta, q, Q)$，则网络效应为异质性的。

量足够大且网络维护技术足够先进，则会出现这种情形；反之，$\Psi''(Q)<0$ 表示一些消费者的消费量增加会导致其他消费者边际效用的降低，这对应于网络容量和维护技术水平有限的情况；$\Psi''(Q)=0$ 则表明消费者在网络中所获的边际效用不受他人消费量的影响。

垄断厂商的目标是设计一组激励相容并由消费者自愿选择的合约 $\{q(\hat{\theta}),T(\hat{\theta})\}$ 以最大化其自身收益，$\hat{\theta}\in\Theta$ 代表消费者向厂商申报的“类型”，在参与约束 $\theta V(q)+\Psi(Q)-T\geqq\hat{U}(\theta)$ 下，真实类型为 θ 的消费者选择“最优申报”①：

$$\hat{\theta}(\theta)=\arg\max_{\tau}\{\theta V(q(\tau))+\Psi(Q)-T(\tau)\}.$$

如同在经典逆向选择中一样，委托人在设计合约时必须考虑代理人的参与约束和激励相容约束，即合约 $\{q_i,T_i\}_{i=1}^n$ 应同时满足以下条件：

$$\begin{aligned}&IR_i:\theta_iV(q_i)+\Psi(Q)-T_i,\geqq 0\\&IC_{ij}:\theta_iV(q_i)+\Psi(Q)-T_i\geqq\theta_iV(q_j)+\Psi(Q)-T_j.\end{aligned}$$

或者等价地以代理人信息租金的形式表示为：

$$\begin{aligned}&IR_i:U_i\geqq 0,\\&IC_{ij}:U_i\geqq U_j+(\theta_i-\theta_j)V(q_j),\forall i,j.\end{aligned}$$

此处代理人的保留效用被标准化为零。

1. 两种类型情形

假设消费者只有两种类型，即 $\Theta=\{\theta_L,\theta_H\}$。$\Pr(\theta=\theta_L)=v,\Pr(\theta=\theta_H)=1-v$，网络规模为 $Q=vq_L+(1-v)q_H$。在完全信息下，垄断厂商的最优化问题为：

$$(\text{P2})\begin{cases}\max\limits_{\{(U_L,q_L);(U_H,q_H)\}} & v\left[\theta_LV(q_L)-cq_L\right]+(1-v)\left[\theta_HV(q_H)-cq_H\right]\\ & \quad+\Psi(Q)-[vU_L+(1-v)U_H]\\ \text{s.t.} & IR(\theta_L):U_L\geqq 0,\\ & IR(\theta_H):U_H\geqq 0.\end{cases}$$

由此可得的最佳消费量应满足：

$$\begin{cases}\theta_LV'(q_L^{FB})+\Psi'\left(vq_L^{FB}+(1-v)q_H^{FB}\right)=c,\\ \theta_HV'(q_H^{FB})+\Psi'\left(vq_L^{FB}+(1-v)q_H^{FB}\right)=c.\end{cases}\tag{16.7.67}$$

在非对称信息下，应在以上规划问题中添加代理人的激励相容约束，则可得：

$$(\text{P3})\begin{cases}\max\limits_{\{(U_L,q_L);(U_H,q_H)\}} & v\left[\theta_LV(q_L)-cq_L\right]+(1-v)\left[\theta_HV(q_H)-cq_H\right]\\ & \quad+\Psi(Q)-[vU_L+(1-v)U_H]\\ \text{s.t.} & IR(\theta_L):U_L\geqq 0,\\ & IR(\theta_H):U_H\geqq 0,\\ & IC(\theta_L):U_L\geqq U_H-\Delta\theta V(q_H),\\ & IC(\theta_H):U_H\geqq U_L+\Delta\theta V(q_L).\end{cases}$$

①注意到，由于消费者数量无限多，单个消费者谎报类型对网络规模 Q 的影响可以忽略。

同前面的分析一样，可证明约束条件 $IC(\theta_H)$ 和 $IR(\theta_L)$ 为紧致的，则次佳消费量应满足下式:

$$\begin{cases} \left(\theta_L - \dfrac{1-v}{v}\Delta\theta\right) V'(q_L^{SB}) + \Psi'\left(vq_L^{SB} + (1-v)q_H^{SB}\right) = c, \\ \theta_H V'(q_H^{SB}) + \Psi'\left(vq_L^{SB} + (1-v)q_H^{SB}\right) = c. \end{cases} \tag{16.7.68}$$

我们将最佳和次佳消费量综合在以下规划问题的最优解中。

$$\max_{\{q_L,q_H\}} \Pi(q_L, q_H, \alpha), \tag{16.7.69}$$

这里

$$\Pi(q_L, q_H, \alpha) = v\left[\alpha V(q_L) - cq_L\right] + (1-v)\left[\theta_H V(q_H) - cq_H\right] + \Psi(Q).$$

若 $\alpha = \theta_L$，则可得式 (16.7.67) 中给出的最优消费量；而对 $\alpha = \theta_L - \frac{1-v}{v}\Delta\theta$ 可得式 (16.7.68) 给出的次佳消费量。通过两者的比较，可得到以下命题。

命题 16.7.1　当网络外部性和非对称信息并存时，假定条件 $V'(q) > 0$, $V''(q) < 0$ 成立，则同最佳情形相比，次佳消费量的扭曲方式取决于网络的拥挤程度:

(1) 若网络轻度非拥挤(mildly dis-congestible)，即 $\Psi''(Q) > 0$ 且保证对 $\forall\alpha \in [\theta_L - \frac{1-v}{v}\Delta\theta, \theta_L]$ 矩阵 Π_{qq} 为负定①，则次佳消费量表现为单向扭曲(one-way distortion): $q_L^{SB} < q_L^{FB}$, $q_H^{SB} < q_H^{FB}$。

(2) 若网络拥挤 (congestible)，即 $\Psi''(Q) < 0$，则次佳消费量表现为双向扭曲 (two-way distortion): $q_L^{SB} < q_L^{FB}, q_H^{SB} > q_H^{FB}$。

(3) 如网络为中性的 (neutral)，即 $\Psi''(Q) = 0$，则仍然可得经典的"单向扭曲且顶部无扭曲"(one-way distortion and no distortion on the top) 次佳结果: $q_L^{SB} < q_L^{FB}, q_H^{SB} = q_H^{FB}$。

无论网络是否拥挤，网络规模都会缩减: $Q^{SB} < Q^{FB}$。

证明　问题 (16.7.69) 的一阶条件为:

$$\Pi_q(q, \alpha) = 0, \tag{16.7.70}$$

即

$$\begin{cases} \alpha V'(q_L) + \Psi'\left(vq_L + (1-v)q_H\right) = c, \\ \theta_H V'(q_H) + \Psi'\left(vq_L + (1-v)q_H\right) = c. \end{cases} \tag{16.7.71}$$

将上式对参数 α 求导可得:

$$\Pi_{qq}\frac{\mathrm{d}q}{\mathrm{d}\alpha} + \Pi_{q\alpha} = 0, \tag{16.7.72}$$

即

$$\begin{pmatrix} \alpha vV''(q_L) + v^2\Psi''(Q) & v(1-v)\Psi''(Q) \\ v(1-v)\Psi''(Q) & (1-v)\theta_H V''(q_H) + (1-v)^2\Psi''(Q) \end{pmatrix} \times \begin{pmatrix} \frac{\mathrm{d}q_L}{\mathrm{d}\alpha} \\ \frac{\mathrm{d}q_H}{\mathrm{d}\alpha} \end{pmatrix} = \begin{pmatrix} -vV'(q_L) \\ 0 \end{pmatrix}. \tag{16.7.73}$$

①若网络具有很强的非拥挤性，即 $\Psi''(Q) > 0$ 且其值很大，则不能保证 Π_{qq} 为负定矩阵，从而不能确保规划问题 (16.7.69) 具有唯一的全局最优解。

求解以上方程可得：

$$\begin{cases} \dfrac{\mathrm{d}q_L}{\mathrm{d}\alpha} = \dfrac{-V'(q_L)\Big[\theta_H V''(q_H)+(1-v)\Psi''(Q)\Big]}{\alpha V''(q_L)\left[\theta_H V''(q_H)+(1-v)\Psi''(Q)\right]+v\theta_H V''(q_H)\Psi''(Q)}, \\ \dfrac{\mathrm{d}q_H}{\mathrm{d}\alpha} = \dfrac{vV'(q_L)\Psi''(Q)}{\alpha V''(q_L)\left[\theta_H V''(q_H)+(1-v)\Psi''(Q)\right]+v\theta_H V''(q_H)\Psi''(Q)}, \\ \dfrac{\mathrm{d}Q}{\mathrm{d}\alpha} = v\dfrac{\mathrm{d}q_L}{\mathrm{d}\alpha}+(1-v)\dfrac{\mathrm{d}q_H}{\mathrm{d}\alpha} = \dfrac{-v\theta_H V'(q_L)V''(q_H)}{\alpha V''(q_L)\Big[\theta_H V''(q_H)+(1-v)\Psi''(Q)\Big]+v\theta_H V''(q_H)\Psi''(Q)}. \end{cases} \tag{16.7.74}$$

因为海森矩阵 Π_{qq} 为负定的，所以

$$\theta_H V''(q_H)+(1-v)\Psi''(Q)<0, \tag{16.7.75}$$

$$\det(\Pi_{qq}) = v(1-v)\Big\{\alpha V''(q_L)\big[\theta_H V''(q_H)+(1-v)\Psi''(Q)\big]+v\theta_H V''(q_H)\Psi''(Q)\Big\}>0, \tag{16.7.76}$$

从而可确定式 (16.7.74) 中各一阶导数的符号为：$\frac{\mathrm{d}q_L}{\mathrm{d}\alpha}>0$，$\frac{\mathrm{d}Q}{\mathrm{d}\alpha}>0$，这表明 $q_L^{SB}<q_L^{FB}$ 且 $Q^{SB}<Q^{FB}$。$\frac{\mathrm{d}q_H}{\mathrm{d}\alpha}$ 的符号取决于 $\Psi''(Q)$ 的符号: 若 $\Psi''(Q)>0$，则 $\frac{\mathrm{d}q_H}{\mathrm{d}\alpha}>0$，从而 $q_H^{SB}<q_H^{FB}$；若 $\Psi''(Q)<0$，则 $\frac{\mathrm{d}q_H}{\mathrm{d}\alpha}<0$，从而 $q_H^{SB}>q_H^{FB}$；若 $\Psi''(Q)=0$，则 $\frac{\mathrm{d}q_H}{\mathrm{d}\alpha}=0$，从而 $q_H^{SB}=q_H^{FB}$。 □

注 可对以上结果作如下解释。为了压缩高需求消费者所获的信息租金，委托人必须降低低需求消费者的消费量。这是租金抽取与效率权衡的结果。然而，不同于经典逆向选择模型的是，不同类型消费者的消费行为通过消费网络相互影响。若网络非拥挤，则消费者之间彼此互惠互补，所以高需求消费者的消费量也发生向下扭曲；若消费网络是拥挤的，则网络中的消费者互为竞争或替代关系，因此低需求者消费量减少所产生的“空间”可以通过增加高需求消费者的消费来“填充”，所以后者的消费量被向上扭曲；若消费网络为中性的，则各种类型消费者的消费量之间不存在相互影响，它们被各自独立决定，所以仍然得到与经典模型相同的结果。

2. 多类型情形

现在考虑多类型情形。在完全信息下，委托人仅需考虑消费者的参与约束 $U_i \geqq 0$。同两种类型的情形类似，最佳消费量满足：

$$\theta_i V'(q_i)+\Psi'(Q)=c, \forall i\in\{1,2,\cdots,n\}. \tag{16.7.77}$$

在非对称信息下，需同时考虑到代理人的参与约束和激励相容约束，则委托人所面临的最优化问题为：

$$(\text{P4})\begin{cases} \max\limits_{\{U_i,q_i\}} \left\{\sum\limits_{i=1}^n f(\theta_i)\left[\theta_i V(q_i)-cq_i\right]+\Psi\left(\sum\limits_{i=1}^n f(\theta_i)q_i\right)-\sum\limits_{i=1}^n f(\theta_i)U_i\right\} \\ \text{s.t.} \qquad IR_i: U_i \geqq 0, \\ \qquad\qquad IC_{ij}: U_i \geqq U_j+(\theta_i-\theta_j)V(q_j), \forall i,j. \end{cases}$$

通过类似的分析可得 $U_1=0; U_i=\Delta\theta\sum_{j=1}^{i-1}V(q_j), \forall i\geqq 2$。则 P(4) 中委托人的目标函数可重新表示为：

$$\sum_{i=1}^n\left[\theta_i-\frac{1-F(\theta_i)}{f(\theta_i)}\Delta\theta\right]f(\theta_i)V(q_i)+\Psi\left(\sum_{i=1}^n f(\theta_i)q_i\right)-c\sum_{i=1}^n f(\theta_i)q_i. \tag{16.7.78}$$

这样，最佳和次佳消费量可看作以下无约束最优化问题的解：

$$\max_{\mathbf{q}\in\mathcal{R}_+^n}\Pi(\mathbf{q},\epsilon), \tag{16.7.79}$$

其中，

$$\Pi(\mathbf{q},\epsilon)=\sum_{i=1}^{n}\Big[\theta_i+\epsilon H(\theta_i)\Big]f(\theta_i)V(q_i)+\Psi\left(\sum_{i=1}^{n}f(\theta_i)q_i\right)-c\sum_{i=1}^{n}f(\theta_i)q_i, \tag{16.7.80}$$

$\mathbf{q}=(q_1,q_2,\cdots,q_n)\in\mathcal{R}_+^n$，$\epsilon\in[-1,0]$。如 $\epsilon=0$，则可得最佳消费；如 $\epsilon=-1$ 可得次佳消费。以下命题给出了次佳合约的形式。

命题 16.7.2　若单调风险率条件 $\frac{\mathrm{d}}{\mathrm{d}\theta}\left[\frac{1-F(\theta)}{f(\theta)}\right]<0$ 满足，且在 $(\mathbf{q},\epsilon)=(\mathbf{q}^{SB},-1)$ 处，海森矩阵 Π_{qq} 为负定矩阵，则次佳消费量满足：

$$\Big[\theta_i-H(\theta_i)\Big]V'(q_i)+\Psi'\left(\sum_{i=1}^{n}f(\theta_i)q_i\right)=c,\forall i\in\{1,2,\cdots,n\}; \tag{16.7.81}$$

次佳的信息租金为：

$$U_1^{SB}=0,U_i^{SB}=\Delta\theta\sum_{j=1}^{i-1}V(q_j^{SB}),\forall i\in\{2,3,\cdots,n\}; \tag{16.7.82}$$

次佳收费为：

$$T_1^{SB}=\theta_1V(q_1^{SB})+\Psi(Q^{SB});T_i^{SB}=\theta_iV(q_i^{SB})-\Delta\theta\sum_{j=1}^{i-1}V(q_j^{SB})+\Psi(Q^{SB}),\forall i\in\{2,3,\cdots,n\}. \tag{16.7.83}$$

证明　式 (16.7.81) 可直接从式 (16.7.79) 的一阶条件得出。单调风险率条件 $H'(\theta)\leqq 0$ 保证了可执行性条件 $q_i^{SB}\leqq q_{i+1}^{SB},\forall i\in\{1,2,\cdots,n\}$ 满足。海森矩阵 Π_{qq} 为负定矩阵使最优化的二阶充分性条件得到满足。所以式 (16.7.81) 给出的是次佳消费量。次佳信息租金和收费可相应求出。□

在以下命题中，我们对最佳和次佳消费量加以比较，从而得出消费量的扭曲方式。

命题 16.7.3　设条件 $V'(\cdot)>0,V''(\cdot)<0$ 以及单调风险率条件 $\frac{\mathrm{d}}{\mathrm{d}\theta}\left[\frac{1-F(\theta)}{f(\theta)}\right]\leqq 0$ 成立，则次佳消费量扭曲方式取决于网络的拥挤程度。

(1) 若消费网络轻度非拥挤，即 $\Psi''(Q)>0$ 且保证对 $\forall\mathbf{q}\in\mathcal{R}_+^n$ 和 $\forall\epsilon\in[0,1]$，海森矩阵 Π_{qq} 为负定矩阵，则次佳消费量表现出单向扭曲：$q_i^{SB}<q_i^{FB},\forall i$。

(2) 如消费网络拥挤，即 $\Psi''(Q)<0$，则次佳消费量表现出双向扭曲，这意味着存在某个临界值 $i^*\in\{1,2,\cdots,n\}$，使当 $i>i^*$ 时，$q_i^{SB}>q_i^{FB}$；当 $i<i^*$ 时，$q_i^{SB}<q_i^{FB}$。

(3) 如网络为中性的，即 $\Psi''(Q)=0$，则次佳消费量表现出“单向扭曲”且“顶部无扭曲”：$q_i^{SB}<q_i^{FB},\forall i<n$ 且 $q_n^{SB}=q_n^{FB}$。

在以上几种情形下，消费网络规模都会缩减：$Q^{SB}<Q^{FB}$。

证明　为了表述方便，我们引入以下符号：

$$\Gamma\equiv\begin{pmatrix}[\theta_1+\epsilon H(\theta_1)]\,f(\theta_1)V''(q_1) & & & \\ & [\theta_2+\epsilon H(\theta_2)]\,f(\theta_2)V''(q_2) & & \\ & & \ddots & \\ & & & [\theta_n+\epsilon H(\theta_n)]\,f(\theta_n)V''(q_n)\end{pmatrix}.$$

令 $\gamma \equiv \big(f(\theta_1), f(\theta_2), \cdots, f(\theta_n)\big)^{\mathrm{T}}$，则

$$\Pi_{qq} \equiv \Gamma + \Psi''(Q)\gamma\gamma^{\mathrm{T}}, \tag{16.7.84}$$

$$\Pi_{q\epsilon} \equiv \Big(H(\theta_1)f(\theta_1)V'(q_1), H(\theta_2)f(\theta_2)V'(q_2), \cdots ., H(\theta_n)f(\theta_n)V'(q_n)\Big)^{\mathrm{T}}. \tag{16.7.85}$$

式 (16.7.79) 的一阶条件为 $\Pi_q = 0$。海森矩阵 Π_{qq} 为负定矩阵使最优化的二阶充分性条件得到满足，单调风险率使可执行性条件 $q_{i+1} \geqq q_i, \forall i$ 成立。

对以上的一阶条件两端关于参数 ϵ 求导可得：

$$\Pi_{qq}\frac{\mathrm{d}q}{\mathrm{d}\epsilon} + \Pi_{q\epsilon} = 0, \tag{16.7.86}$$

这表明

$$\frac{\mathrm{d}q}{\mathrm{d}\epsilon} = -(\Pi_{qq})^{-1}\Pi_{q\epsilon}.$$

将表达式 (16.7.84) 和 (16.7.85) 代入以上表达式可得：

$$\frac{\mathrm{d}q}{\mathrm{d}\epsilon} = -\Big[\Gamma + \Psi''(Q)\gamma\gamma'\Big]^{-1}\Pi_{q\epsilon} = -\left[\Gamma^{-1} - \Psi''(Q)\frac{\Gamma^{-1}\gamma\cdot\gamma'\Gamma^{-1}}{1+\Psi''(Q)\gamma'\Gamma^{-1}\gamma}\right]\Pi_{q\epsilon}. \tag{16.7.87}$$

第 i 个方程为：

$$\begin{aligned}\frac{\mathrm{d}q_i}{\mathrm{d}\epsilon} =& -\frac{H(\theta_i)V'(q_i)}{[\theta_i+\epsilon H(\theta_i)]V''(q_i)} \\ &+ \frac{1}{[\theta_i+\epsilon H(\theta_i)]V''(q_i)}\left\{\frac{\Psi''(Q)\sum_{j=1}^n \frac{H(\theta_j)f(\theta_j)V'(q_j)}{[\theta_j+\epsilon H(\theta_j)]V''(q_j)}}{1+\Psi''(Q)\sum_{j=1}^n \frac{f(\theta_j)}{[\theta_j+\epsilon H(\theta_j)]V''(q_j)}}\right\} \\ =&\frac{\rho - H(\theta_i)V'(q_i)}{[\theta_i+\epsilon H(\theta_i)]\,V''(q_i)},\end{aligned} \tag{16.7.88}$$

其中，

$$\rho \equiv \frac{\Psi''(Q)\sum_{j=1}^n \dfrac{f(\theta_j)H(\theta_j)V'(q_j)}{[\theta_j+\epsilon H(\theta_j)]V''(q_j)}}{1+\Psi''(Q)\sum_{j=1}^n \dfrac{f(\theta_j)}{[\theta_j+\epsilon H(\theta_j)]V''(q_j)}}.$$

注意到，海森矩阵 Π_{qq} 为负定矩阵，因此其逆阵 Π_{qq}^{-1} 同样为负定矩阵。所以对任何非零向量 γ 可得：

$$\begin{aligned}\gamma^T\Pi_{qq}^{-1}\gamma &= \gamma^T\left[\Gamma^{-1} - \Psi''(Q)\frac{\Gamma^{-1}\gamma\cdot\gamma^T\Gamma^{-1}}{1+\Psi''(Q)\gamma^T\Gamma^{-1}\gamma}\right]\gamma \\ &= \frac{\gamma^T\Gamma^{-1}\gamma}{1+\Psi''(Q)\gamma^T\Gamma^{-1}\gamma} < 0.\end{aligned}$$

因为 $V''(\cdot) < 0$，所以 $\gamma^T\Gamma^{-1}\gamma < 0$，因此 ρ 的分母为正，即

$$1+\Psi''(Q)\gamma^T\Gamma^{-1}\gamma = 1+\Psi''(Q)\sum_{j=1}^n \frac{f(\theta_j)}{[\theta_j+\alpha H(\theta_j)]V''(q_j)} > 0.$$

所以，参数 ρ 以及 $\frac{\mathrm{d}q_i}{\mathrm{d}\epsilon}$ 的符号由 $\Psi''(Q)$ 决定。

(1) 若 $\Psi''(Q) > 0$ 则 $\rho < 0$，$\frac{\mathrm{d}q_i}{\mathrm{d}\epsilon} > 0$，这表明 $q_i^{SB} < q_i^{FB}$；

(2) 若 $\Psi''(Q) < 0$ 则 $\rho > 0$，因为 $H(\theta_1)V'(q_1) > H(\theta_2)V'(q_2) > \cdots > H(\theta_n)V'(q_n)$，我们有

$$0 = H(\theta_n)V'(q_n) < \rho < \frac{\sum_{j=1}^n \frac{f(\theta_j)H(\theta_j)V'(q_j)}{[\theta_j + \alpha H(\theta_j)]V''(q_j)}}{\sum_{j=1}^n \frac{f(\theta_j)}{[\theta_j + \alpha H(\theta_j)]V''(q_j)}} < H(\theta_1)V'(q_1).$$

所以存在唯一的 $i^* \in \{1, 2, \cdots, n\}$，使得 $i > i^*$ 时，$\rho > H(\theta_i)V'(q_i)$，$\frac{\mathrm{d}q_i}{\mathrm{d}\epsilon} < 0$，从而 $q_i^{SB} > q_i^{FB}$；$i < i^*$ 时，$\rho < H(\theta_i)V'(q_i)$，$\frac{\mathrm{d}q_i}{\mathrm{d}\epsilon} > 0$。所以，$q_i^{SB} < q_i^{FB}$。

(3) 若 $\Psi''(Q) = 0$, 则 $\rho = 0$，从而 $\frac{\mathrm{d}q_n}{\mathrm{d}\epsilon} = 0$，$\frac{\mathrm{d}q_i}{\mathrm{d}\epsilon} > 0, \forall i < n$，这表明 $q_n^{SB} = q_n^{FB}$，$q_i^{SB} < q_i^{FB}, \forall i < n$。

Q 相对于 ϵ 的一阶导数为：

$$\begin{aligned}
\frac{\mathrm{d}Q}{\mathrm{d}\epsilon} &= \sum_{i=1}^n \left\{ \frac{[\rho - H(\theta_i)V'(q_i)]\, f(\theta_i)}{[\theta_i + \epsilon H(\theta_i)]\, V''(q_i)} \right\} \\
&= \frac{\Psi''(Q) \sum_{j=1}^n \frac{f(\theta_j)H(\theta_j)V'(q_j)}{[\theta_j + \epsilon H(\theta_j)]V''(q_j)}}{1 + \Psi''(Q) \sum_{j=1}^n \frac{f(\theta_j)}{[\theta_j + \epsilon H(\theta_j)]V''(q_j)}} \sum_{i=1}^n \frac{f(\theta_i)}{[\theta_i + \epsilon H(\theta_i)]\, V''(q_i)} - \sum_{i=1}^n \frac{f(\theta_i)H(\theta_i)V'(q_i)}{[\theta_i + \epsilon H(\theta_i)]\, V''(q_i)} \\
&= -\frac{\sum_{i=1}^n \frac{f(\theta_i)H(\theta_i)V'(q_i)}{[\theta_i + \epsilon H(\theta_i)]\, V''(q_i)}}{1 + \Psi''(Q) \sum_{i=1}^n \frac{f(\theta_i)}{[\theta_i + \epsilon H(\theta_i)]\, V''(q_i)}} > 0.
\end{aligned} \tag{16.7.89}$$

故而, 无论网络是否拥挤，都有 $Q^{SB} < Q^{FB}$。 □

注　在非拥挤性网络中，以上命题的结论与 Hahn (2003)，Segal (1999, 2003) 和 Csorba (2008) 的主要结论一致。条件 $\Psi''(\cdot) > 0$ 表明某个消费者增加消费量会提高其他消费者的边际效用：$\frac{\partial^2 \Pi}{\partial q_i \partial q_j} > 0, \forall i \neq j$。这与 Csorba (2008) 中的战略互补性假设是一致的。由此，可根据比较静态分析方法（见 Topkis (1998)，Milgrom 和 Shannon (1994) 等）来比较最佳和次佳合约。[①]对拥挤性消费网络，命题 16.7.3 得出的双向扭曲结论与现有文献不同。一方面，除最高偏好以外的任何类型 (θ_i), 委托人都会降低其消费量以抽取比其更有效的消费者 $(\theta > \theta_i)$ 所获得的信息租金，我们称其为租金抽取效应。另一方面，委托人也有激励增加所有类型消费者的消费量以增加网络价值，我们称其为网络增值效应。若网络不拥挤，则对任何类型，租金抽取效应占优，从而每种类型的消费量都会发生向下扭曲；若网络是拥挤的，则对于高需求类型消费者，网络增值效应占优，而对于低需求类型消费者，租金抽取效应占优，因此，次佳消费量表现出双向扭曲。当消费网络为中性的时，不同类型消费者的行为彼此独立，所以次佳消费量的扭曲方式与经典模型中相同。

---

①由 Topkis (1998)，Milgrom 和 Shannon (1994) 可知，定义在格 (lattice) Q 上的二阶连续可微函数 $\Pi = \Pi(q_1, q_2, \cdots s, q_n)$ 为超模（supermodular）函数，当且仅当对 $\forall i \neq j$，$\frac{\partial^2 \Pi}{\partial q_i \partial q_j} > 0$; 进一步地，若 $\frac{\partial^2 \Pi}{\partial q_i \partial \epsilon} > 0, \forall i$, 则称函数 Π 在 (q, ϵ) 上具有严格递增的差。令 $q(\epsilon) = \max\limits_{q \in Q} \Pi(q, \epsilon)$，对某个在 (q, ϵ) 上具有严格递增差的超模函数，$q_i(\epsilon)$ 是 ϵ 的严格增函数。

16.7.2 拥挤性网络的进入阻碍与补偿激励问题

在本节中，我们来讨论另一种修正“单向扭曲和顶部无扭曲”规律的因素，即补偿激励问题。假设消费者可以绕过现有网络进入由许多同质性厂商组成的竞争性外部市场。这些外部竞争性厂商都是现有网络的潜在进入者。令参数 ω 表示这些厂商的边际生产成本。假设潜在进入者所提供的产品或服务与在位厂商所提供的不相容①，并且他们还没有形成自己的消费网络。在外部竞争性市场中，厂商按照边际成本定价。如绕过现有网络，每个消费者所获的效用为 $G^*(\theta)=\max_q[\theta V(q)-\omega q]$。定义 $G_L=G^*(\theta_L)$，$G_H=G^*(\theta_H)$，$\Delta G=G_H-G_L$。在本节中我们假定网络是拥挤的，即 $\Psi''(\cdot)<0$。此外，命题 16.7.1 中导致双向扭曲的所有条件都成立。

绕过现有消费网络的可能性使消费者具有类型依赖的保留效用，因此，为了防止消费者绕过网络，在位网络提供商需考虑类型依赖的参与约束，他的最优化问题可表示为:

$$(\text{P5})\begin{cases}\max\limits_{\{(U_L,q_L);(U_H,q_H)\}} & v\Big[\theta_L V(q_L)-cq_L\Big]+(1-v)\Big[\theta_H V(q_H)-cq_H\Big]\\ & \quad +\Psi(Q)-[vU_L+(1-v)U_H]\\ \text{s.t.} & IR(\theta_L):U_L\geqq G_L,\\ & IR(\theta_H):U_H\geqq G_H,\\ & IC(\theta_L):U_L\geqq U_H-\Delta\theta V(q_H),\\ & IC(\theta_H):U_H\geqq U_L+\Delta\theta V(q_L).\end{cases}$$

求解以上的规划问题可得以下命题。

命题 16.7.4 在位厂商的最优进入阻碍定价合约 (entry-deterrence pricing contract) 取决于潜在进入者的边际成本，即存在正数 $\omega_1<\omega_2<\omega_3<\omega_4$，使得:

(1) 当 $\omega>\omega_4$ 时，$\Delta G<\Delta\theta V(q_L^{SB})$，非线性定价合约为: $q_L=q_L^{SB}$, $q_H=q_H^{SB}$，$U_L=G_L$ 及 $U_H=G_L+\Delta\theta V(q_L^{SB})$。

(2) 当 $\omega_3\leqslant\omega\leqslant\omega_4$ 时，$\Delta\theta V(q_L^{SB})\leqslant\Delta G\leqslant\Delta\theta V(q_L^{FB})$，消费量 q_L 和 q_H 由下式决定:

$$\begin{cases}q_L=V^{-1}\left(\dfrac{\Delta G}{\Delta\theta}\right),\\ \theta_H V'(q_H)+\Psi'(vq_L+(1-v)q_H)=c,\end{cases}\tag{16.7.90}$$

其中，$q_L\in[q_L^{SB},q_L^{FB}]$，$q_H\in[q_H^{FB},q_H^{SB}]$。消费者所获的信息租金为 $U_L=G_L$ 和 $U_H=G_H$。

(3) 当 $\omega_2<\omega<\omega_3$ 时，$\Delta\theta V(q_L^{FB})<\Delta G<\Delta\theta V(q_H^{FB})$，次佳合约为 $q_L=q_L^{FB}$, $q_H=q_H^{FB}$，$U_L=G_L$ 及 $U_H=G_H$。

(4) 当 $\omega_1\leqslant\omega\leqslant\omega_2$ 时，$\Delta\theta V(q_H^{FB})\leqslant\Delta G\leqslant\Delta\theta V(q_H^{CI})$，次佳消费量 q_L 和 q_H 由下式给出:

$$\begin{cases}q_H=V^{-1}\left(\dfrac{\Delta G}{\Delta\theta}\right),\\ \theta_L V'(q_L)+\Psi'(vq_L+(1-v)q_H)=c,\end{cases}\tag{16.7.91}$$

---

①否则，进入者就可以与在位者共享现有网络。

且满足 $q_L \in [q_L^{CI}, q_L^{FB}]$ ，$q_H \in [q_H^{FB}, q_H^{CI}]$。① 消费者所获得的信息租金为 $U_L = G_L$ 和 $U_H = G_H$。

(5) 当 $0 < \omega < \omega_1$ 时，$\Delta G > \Delta\theta V(q_H^{CI})$，次佳合约是：$q_L = q_L^{CI}$, $q_H = q_H^{CI}$，$U_L = G_H - \Delta\theta V(q_H^{CI})$ 及 $U_H = G_H$。其中 q_L^{CI} 和 q_H^{CI} 由下式给出：

$$\begin{cases} \theta_L V'(q_L^{CI}) + \Psi'\left(vq_L^{CI} + (1-v)q_H^{CI}\right) = c, \\ \left(\theta_H + \dfrac{v}{1-v}\Delta\theta\right) V'(q_H^{CI}) + \Psi'\left(vq_L^{CI} + (1-v)q_H^{CI}\right) = c. \end{cases} \tag{16.7.92}$$

证明 在规划问题 (P5) 中，可能出现的紧致约束为 $IR(\theta_L)$, $IR(\theta_H)$, $IC(\theta_L)$ 和 $IC(\theta_H)$ 的任意组合，为了减少需要讨论的情形数，我们先给出以下引理。

引理 16.7.1 $q_L = q_H$ ，$T_L = T_H$ 的混同合约 (pooling contract) 不是最佳的。

假设最优合约中具有相同的消费量和收费：$q_L = q_H = q$ ，$T_L = T_H = T$，则会出现两种情形：

(i) $\theta_H V'(q) > c$。将 q_H 增加 ε ，而将收费增加 $\theta_H V'(q)\varepsilon$，则 θ_H 类型消费者效用水平不变。θ_H 类型消费者在合约 (q,T) 中具有更高的边际替代率，所以这种新配置是激励相容的。然而，这个新配置会使厂商的收益增加 $(1-v)[\theta_H V'(q) - c]\varepsilon$。

(ii) $\theta_H V'(q) \leqslant c$ ，$\theta_L V'(q) < c$。则使 q_L 增加 ε，并且调整 θ_L 以使 θ_L 类型消费者处于相同的无差异曲线上，则企业的总收益将增加 $[c - \theta_L V'(q)]\varepsilon$。以上两种情形与 (q,T) 为次佳合约的事实相矛盾。因此混同合约非最优。 □

引理 16.7.2 如果为两类消费者所提供的合约不同，则两个激励相容约束不可能同时为紧致的。

证明 仍应用反证法。假设两种类型消费者的激励约束都为紧致的，则从 $\theta_L V(q_L) - T_L + \Psi(Q) = \theta_L V(q_H) - T_H + \Psi(Q)$ 和 $\theta_H V(q_H) - T_H + \Psi(Q) = \theta_H V(q_L) - T_L + \Psi(Q)$ 可得：$q_L = q_H$，$T_L = T_H$，从而出现混同合约，而这种情况已经被引理 16.7.2 所排除。 □

引理 16.7.3 同一种类型的激励相容约束和参与约束不可能同时松弛。

证明 如 $IR(\theta)$ 和 $IC(\theta)$ 同时为松弛的，则将 $T(\theta)$ 做微小增加不会破坏任何约束，但企业的收益将增加，从而得出矛盾。 □

应用以上三条引理，会出现以下五种可能情形，见表 16.1。

表 16.1 五种可能情形

约束	情形 1	情形 2	情形 3	情形 4	情形 5
$IR(\theta_L)$	B	B	B	B	S
$IR(\theta_H)$	S	B	B	B	B
$IC(\theta_L)$	S	S	S	B	B
$IC(\theta_H)$	B	B	S	S	S

注："B"代表"紧致约束"（binding constraint），"S"代表"松弛约束"(slack constraint)。

随着效用之差 ΔG 的增加，会依次出现情形 1 至 5，而 ΔG 本身随着潜在进入者边际成本 ω 的变化而变化。为了揭示参数 ω 对在位厂商非线性定价战略的影响，我们给出以下两

①"CI"表示"补偿激励"(countervailing incentives)。

条引理。引理 16.7.4 说明在五种可能情形下 ΔG 的不同取值。引理 16.7.5 则表明 ω 对 ΔG 的影响。

引理 16.7.4 在五种可能情形下，最优非线性定价合约以及效用之差 ΔG 分别为：

(1) 对情形 1, 问题 P5 的解为 $q_L = q_L^{SB}, q_H = q_H^{SB}; U_L = G_L, U_H = G_L + \Delta\theta V(q_L^{SB})$。效用之差满足：$\Delta G < \Delta\theta V(q_L^{SB})$。

(2) 对情形 2, 消费量 q_L 和 q_H 由下式决定：

$$\begin{cases} q_L = V^{-1}\left(\dfrac{\Delta G}{\Delta\theta}\right), \\ \theta_H V'(q_H) + \Psi'\left(vq_L + (1-v)q_H\right) = c, \end{cases} \tag{16.7.93}$$

其中，$q_L \in \left[q_L^{SB}, q_L^{FB}\right]$，$q_H \in [q_H^{FB}, q_H^{SB}]$。消费者所获得的信息租金为 $U_L = G_L$，$U_H = G_H$。效用之差满足：$\Delta\theta V(q_L^{SB}) \leqslant \Delta G \leqslant \Delta\theta V(q_L^{FB})$。

(3) 对情形 3, 次佳合约为 $q_L = q_L^{FB}, q_H = q_H^{FB}$; $U_L = G_L, U_H = G_H$。效用之差满足：$V(q_L^{FB}) < \Delta G < \theta V(q_H^{FB})$。

(4) 对情形 4, 次佳消费量 q_L 和 q_H 由下式给出：

$$\begin{cases} q_H = V^{-1}\left(\dfrac{\Delta G}{\Delta\theta}\right), \\ \theta_L V'(q_L) + \Psi'\left(vq_L + (1-v)q_H\right) = c, \end{cases} \tag{16.7.94}$$

且满足 $q_L \in [q_L^{CI}, q_L^{FB}]$，$q_H \in [q_H^{FB}, q_H^{CI}]$。消费者所获得的信息租金为 $U_L = G_L$ 和 $U_H = G_H$。效用之差满足：$\Delta\theta V(q_H^{FB}) \leqslant \Delta G \leqslant \Delta\theta V(q_H^{CI})$。

(5) 对情形 5, 最优合约是：$q_L = q_L^{CI}, q_H = q_H^{CI}, U_L = G_H - \Delta\theta V(q_H^{CI}), U_H = G_H$。效用之差满足：$\Delta G > \theta V(q_H^{CI})$。其中 q_L^{CI} 和 q_H^{CI} 由下式给出：

$$\begin{cases} \theta_L V'(q_L^{CI}) + \Psi'\left(vq_L^{CI} + (1-v)q_H^{CI}\right) = c, \\ \left(\theta_H + \dfrac{v}{1-v}\Delta\theta\right) V'(q_H^{CI}) + \Psi'\left(vq_L^{CI} + (1-v)q_H^{CI}\right) = c. \end{cases} \tag{16.7.95}$$

证明

(1) 在情形 1 中，$IR(\theta_L)$ 和 $IC(\theta_H)$ 为紧致的，求解 P5 可得次佳合约：

$$\left\{q_L = q_L^{SB}, q_H = q_H^{SB}; U_L = G_L, U_H = G_L + \Delta\theta V(q_L^{SB})\right\},$$

其中 $\Delta G < \Delta U = \Delta\theta V(q_L^{SB})$。

(2) 在情形 2 中，$IR(\theta_L)$、$IR(\theta_H)$ 和 $IC(\theta_H)$ 为紧致约束。则合约形式为

$$\left\{(q_L, q_H, U_L, U_H) : \Delta\theta V(q_L) = \Delta G, \theta_H V(q_H) + \Psi'(Q) = c; U_L = G_L, U_H = G_H\right\}$$

将 $IR(\theta_L)$ 和 $IR(\theta_H)$ 代入目标函数，则问题 P5 的拉格朗日函数为：

$$\begin{aligned} L(q_L, q_H) = & \, v\big[\theta_L V(q_L) - cq_L\big] + (1-v)\big[\theta_H V(q_H) - cq_H\big] \\ & + \Psi(Q) - \big[vG_L + (1-v)G_H\big] + \lambda\big[\Delta G - \Delta\theta V(q_L)\big], \end{aligned}$$

其中, $\lambda > 0$ 是紧致约束 $IC(\theta_H)$ 所对应的拉格朗日乘子。则消费量 q_L 和 q_H 由下式决定：

$$\begin{cases} \left(\theta_L - \dfrac{\lambda}{v}\Delta\theta\right) V'(q_L) + \Psi'\left(vq_L + (1-v)q_H\right) = c, \\ \theta_H V'(q_H) + \Psi'\left(vq_L + (1-v)q_H\right) = c. \end{cases} \tag{16.7.96}$$

因为 $\theta_L - \frac{\lambda}{v} < \theta_L$，从式 (16.7.74) 容易验证 $q_L < q_L^{FB}$，$q_H > q_H^{FB}$。将 $IR(\theta_L)$ 和 $IC(\theta_H)$ 代入 P5 的目标函数并且令 $\delta > 0$ 表示紧致约束 $IR(\theta_H)$ 所对应的拉格朗日乘子，可得拉格朗日函数如下：

$$\begin{aligned} L(q_L, q_H) = & v[\theta_L V(q_L) - cq_L] + (1-v)[\theta_H V(q_H) - cq_H] \\ & + \Psi(Q) - [vG_L + (1-v)(G_L + \Delta\theta V(q_L))] + \delta[\Delta\theta V(q_L) - \Delta G]. \end{aligned}$$

q_L 和 q_H 决定如下：

$$\begin{cases} \left(\theta_L - \dfrac{1-v-\delta}{v}\Delta\theta\right) V'(q_L) + \Psi'[vq_L + (1-v)q_H] = c, \\ \theta_H V'(q_H) + \Psi'[vq_L + (1-v)q_H] = c. \end{cases} \tag{16.7.97}$$

因为 $\theta_L - \frac{1-v-\delta}{v}\Delta\theta > \theta_L - \frac{1-v}{v}\Delta\theta$，从表达式 (16.7.74) 可得 $q_L > q_L^{SB}$，$q_H < q_H^{SB}$。以上推导足以证明 $\Delta\theta V(q_L^{SB}) \leqslant \Delta G \leqslant \Delta\theta V(q_L^{FB})$。

(3) 在情形 3 中，$IR(\theta_L)$ 和 $IR(\theta_H)$ 为紧致约束。则次佳合约为：

$$\left\{(q_L, q_H, U_L, U_H) : q_L = q_L^{FB}, q_H = q_H^{FB}; U_L = G_L, U_H = G_H\right\}.$$

因为两个激励相容约束都是松弛的，所以可以验证ΔG 满足$\Delta\theta V(q_L^{FB}) < \Delta G < \Delta\theta V(q_H^{FB})$。

(4) 在情形 4 中，$IR(\theta_L)$、$IR(\theta_H)$ 和 $IC(\theta_L)$ 为紧致的。最优合约为：

$$\left\{(q_L, q_H, U_L, U_H) : \Delta\theta V(q_H) = \Delta G, \theta_L V(q_L) + \Psi'(Q) = c; U_L = G_L, U_H = G_H\right\}.$$

将 $IR(\theta_L)$ 和 $IR(\theta_H)$ 代入目标函数，令 $\mu > 0$ 表示与紧致约束 $IC(\theta_L)$ 相对应的拉格朗日乘子，则可构造如下拉格朗日函数：

$$\begin{aligned} L(q_L, q_H) = & v\Big[\theta_L V(q_L) - cq_L\Big] + (1-v)\Big[\theta_H V(q_H) - cq_H\Big] \\ & + \Psi(Q) - [vG_L + (1-v)G_H] + \mu[\Delta\theta V(q_H) - \Delta G]. \end{aligned}$$

因此，q_L 和 q_H 由下式决定：

$$\begin{cases} \theta_L V'(q_L) + \Psi'\left(vq_L + (1-v)q_H\right) = c, \\ \left(\theta_H + \dfrac{\mu}{1-v}\Delta\theta\right) V'(q_H) + \Psi'\left(vq_L + (1-v)q_H\right) = c. \end{cases} \tag{16.7.98}$$

将 $IR(\theta_H)$ 和 $IC(\theta_L)$ 代入目标函数，以 $\eta > 0$ 表示与紧致约束 $IR(\theta_L)$ 相对应的拉氏乘子，则可构造如下函数：

$$\begin{aligned} L(q_L, q_H) = & v[\theta_L V(q_L) - cq_L] + (1-v)[\theta_H V(q_H) - cq_H] + \Psi(Q) \\ & - [v(G_H - \Delta\theta V(q_H)) + (1-v)G_H] + \eta\left[\Delta G - \Delta\theta V(q_H)\right]. \end{aligned}$$

则 q_L 和 q_H 可由下式决定:

$$\begin{cases} \theta_L V'(q_L) + \Psi'\left(vq_L + (1-v)q_H\right) = c, \\ \left(\theta_H + \dfrac{v-\eta}{1-v}\Delta\theta\right) V'(q_H) + \Psi'\left(vq_L + (1-v)q_H\right) = c. \end{cases} \tag{16.7.99}$$

为了比较不同的消费水平，我们进行如下的比较静态分析。令

$$\begin{cases} \theta_L V'(q_L) + \Psi'\left(vq_L + (1-v)q_H\right) = c, \\ \beta V'(q_H) + \Psi'\left(vq_L + (1-v)q_H\right) = c. \end{cases} \tag{16.7.100}$$

当 $\beta = \theta_H$ 时，可得 q_L^{FB} 和 q_H^{FB}；如 $\beta = \theta_H + \frac{v}{1-v}\Delta\theta$，则其与补偿激励消费水平 q_L^{CI}，q_H^{CI} 对应。

将式 (16.7.100) 两端对 β 求导得:

$$\begin{cases} \left[\theta_L V''(q_L) + v\Psi''(Q)\right]\dfrac{\mathrm{d}q_L}{\mathrm{d}\beta} + (1-v)\Psi''(Q)\dfrac{\mathrm{d}q_H}{\mathrm{d}\beta} = 0, \\ v\Psi''(Q)\dfrac{\mathrm{d}q_L}{\mathrm{d}\beta} + \left[\beta V''(q_H) + (1-v)\Psi''(Q)\right]\dfrac{\mathrm{d}q_H}{\mathrm{d}\beta} = -V'(q_L). \end{cases} \tag{16.7.101}$$

由此可得:

$$\begin{cases} \dfrac{\mathrm{d}q_L}{\mathrm{d}\beta} = \dfrac{(1-v)V'(q_L)\Psi''(Q)}{\beta V''(q_L)[\theta_L V''(q_L) + v\Psi''(Q)] + (1-v)\theta_L V''(q_L)\Psi''(Q)} < 0, \\ \dfrac{\mathrm{d}q_H}{\mathrm{d}\beta} = \dfrac{-V'(q_L)[\theta_L V''(q_L) + v\Psi''(Q)]}{\beta V''(q_L)[\theta_L V''(q_L) + v\Psi''(Q)] + (1-v)\theta_L V''(q_L)\Psi''(Q)} > 0. \end{cases} \tag{16.7.102}$$

因为 $\theta_H + \frac{\mu}{1-v}\Delta\theta > \theta_H$，$\theta_H + \frac{v-\eta}{1-v}\Delta\theta < \theta_H + \frac{v}{1-v}\Delta\theta$，所以容易验证: $q_H > q_H^{FB}$，$q_L < q_L^{FB}$，$q_H < q_H^{CI}$，$q_L > q_L^{CI}$。因此，$\Delta G = \Delta\theta V(q_H) \in [\Delta\theta V(q_H^{FB}), \Delta\theta V(q_H^{CI})]$。

(5) 对情形 5，$IR(\theta_H)$ 和 $IC(\theta_L)$ 为紧致约束，将 $U_H = G_H$ 和 $U_L = G_H - \Delta\theta V(q_H)$ 代入目标函数可得以下的一阶条件:

$$\begin{cases} \theta_L V'(q_L) + \Psi'\left(vq_L + (1-v)q_H\right) = c, \\ \left(\theta_H + \dfrac{v}{1-v}\Delta\theta\right) V'(q_H) + \Psi'\left(vq_L + (1-v)q_H\right) = c. \end{cases} \tag{16.7.103}$$

这是补偿激励消费水平。注意到，$\theta_H + \frac{v}{1-v}\Delta\theta > \theta_H$，因此由式 (16.7.102) 可得: $q_L^{FB} > q_L^{CI}$，$q_H^{FB} < q_H^{CI}$。保留效用之差满足: $\Delta G > \Delta U = \Delta\theta V(q_H^{CI})$。 □

引理 16.7.5 *设 $V(0) = 0$，$V'(\cdot) > 0$，$V''(\cdot) < 0$，且 $V(\cdot)$ 满足标准的稻田条件 (Inada conditions)：$\lim_{q\to+\infty} V'(q) = 0$，$\lim_{q\to 0} V'(q) = +\infty$。则效用之差 $\Delta G = G_H - G_L$ 随着边际成本 ω 的增加而递减，且 $\lim_{\omega\to 0}\Delta G = +\infty$，$\lim_{\omega\to+\infty}\Delta G = 0$。*

证明 问题 $G^*(\theta) = \max_q\left[\theta V(q) - \omega q\right]$ 的一阶条件为 $\theta V'(q^*) = \omega$。所以绕过现有消费网络给消费者带来的最大效用为: $G^*(\theta) = \theta[V(q^*(\theta)) - q^*(\theta)V'(q^*(\theta))]$。令 $\Phi(q) = V(q) - qV'(q)$，

则 $\Delta G = G^*(\theta_H) - G^*(\theta_L) = \theta_H \Phi(q_H^*) - \theta_L \Phi(q_L^*)$，其相对于参数 ω 的一阶导数为:

$$\begin{aligned}\frac{\mathrm{d}\Delta G}{\mathrm{d}\omega} &= \theta_H \Phi'(q_H^*)\frac{\mathrm{d}q_H^*}{\mathrm{d}\omega} - \theta_L \Phi'(q_L^*)\frac{\mathrm{d}q_L^*}{\mathrm{d}\omega} \\ &= -\theta_H q_H^* V''(q_H^*)\frac{\mathrm{d}q_H^*}{\mathrm{d}\omega} + \theta_L q_L^* V''(q_L^*)\frac{\mathrm{d}q_L^*}{\mathrm{d}\omega} \\ &= -\theta_H q_H^* V''(q_H^*)\frac{1}{\theta_H V''(q_H^*)} + \theta_L q_L^* V''(q_L^*)\frac{1}{\theta_L V''(q_L^*)} \\ &= -q_H^* + q_L^* < 0.\end{aligned}$$

容易验证，当条件 $V(0)=0$, $V'(\cdot)>0$, $V''(\cdot)<0$, $\lim_{q\to+\infty}V'(q)=0$ 和 $\lim_{q\to 0}V'(q)=+\infty$ 满足时，$\lim_{\omega\to 0}\Delta G=+\infty$, $\lim_{\omega\to+\infty}\Delta G=0$。 □

从以上引理可见，如果潜在进入者的竞争力增强，不同类型消费者之间的保留效用之差将从零增加到无穷。因而，存在正值 $\omega_i, i=1,2,3,4$，满足 $\omega_1<\omega_2<\omega_3<\omega_4$ 且分别与 $\Delta\theta V(q_H^{CI})$，$\Delta\theta V(q_H^{FB})$，$\Delta\theta V(q_L^{FB})$ 和 $\Delta\theta V(q_L^{SB})$ 对应。其中 q_H^{CI}，q_H^{FB}，q_L^{FB} 和 q_L^{SB} 由式 (16.7.95)、式 (16.7.67) 和式 (16.7.68) 给出。

图 16.9 描绘了 ω 和 ΔG 之间的函数关系。

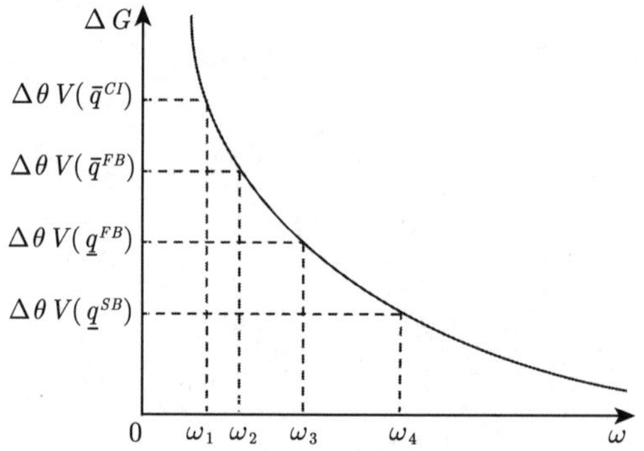

图 16.9 ω 对 ΔG 的影响

结合引理 16.7.4 和引理 16.7.5 我们可证明命题 16.7.4。 □

注 当 $\omega>\omega_4$ 时，消费量维持在次佳水平：$q_L=q_L^{SB}, q_H=q_H^{SB}$。当外部竞争者效率不高时，对高需求消费者来说，绕过网络所得不抵在现有网络中所获得的信息租金，所以外部市场不足以吸引高需求类型消费者，厂商仅需防止低需求者绕过网络和高需求者谎报类型，即 $IR(\theta_L)$ 和 $IC(\theta_H)$ 为紧致约束。厂商定价合约中的消费量维持在原来的次佳水平不变。

当 $\omega_3 \leqslant \omega \leqslant \omega_4$ 时，$q_L\in\left[q_L^{SB}, q_L^{FB}\right]$，$q_H\in\left[q_H^{FB}, q_H^{SB}\right]$。随着边际成本 ω 的降低，效用之差 ΔG 增加，高需求类型消费者会被外部机会吸引而产生绕过现有网络的激励。垄断者必须给予其更多的信息租金使其留在网络中，而其信息租金与低需求消费者的消费量同向变化，为此需要增加 q_L，由于在拥挤性网络中不同类型消费者的消费量之间的替代关系，所以相对于上一种情形，高需求者的次佳消费量 q_H 减少。潜在的进入威胁使 q_L 和 q_H 扭曲量减少，它们都更加接近于最优解。

当 $\omega_2<\omega<\omega_3$ 时，$q_L=q_L^{FB}, q_H=q_H^{FB}$。随着 ω 的进一步降低和 ΔG 的进一步增加，q_L 达到最优水平，则厂商不会再为了增加高需求者的信息租金而进一步提高低需求者

的消费量。在这种情形下，对垄断厂商来讲，将两类消费者留在网络中是比防止他们谎报类型更困难的任务，因此只有两个参与约束 $IR(\theta_L)$ 和 $IR(\theta_H)$ 为紧致的，实现最佳消费量。

当 $\omega_1 \leqslant \omega \leqslant \omega_2$ 时，$q_L \in [q_L^{CI}, q_L^{FB}]$，$q_H \in [q_H^{FB}, q_H^{CI}]$。外部厂商竞争力增强带来的较高的效用差额会使低需求类型消费者产生激励谎报自身类型，由此产生补偿激励问题。约束条件 $IC(\theta_L)$，$IR(\theta_H)$ 和 $IR(\theta_L)$ 为紧致的。两种类型的消费量将分别向相反方向扭曲。但这与第一、二两种情形中导致双向扭曲的原因不同。在情形一、二中，厂商会降低 q_L 以减少 θ_H 类型消费者所获得的信息租金，q_H 向上扭曲只是由于网络外部性引起的一种副效应。而在这种情形中，为了防止低需求厂商谎报类型，必须给予其信息租金，而这部分租金与 q_H 成反比。所以为了尽量压缩租金，必须提高 q_H。相应地，由于网络效应的存在，导致 q_L 的降低，这也是一种副效应。

当 $0 < \omega < \omega_1$ 时，$q_L = q_L^{CI}$，$q_H = q_H^{CI}$。边际成本 ω 的减少会使高需求类型的消费量被进一步向上扭曲（低需求者的消费量则被进一步向下扭曲）。较大的配置扭曲迫使厂商不得不放松低需求者的参与约束，向其让渡一部分信息租金 $G_H - \Delta\theta V\left(q_H^{CI}\right)$。这意味着只有 $IC(\theta_L)$ 和 $IR(\theta_H)$ 为紧致约束。在位厂商会通过不断降低收费（θ_L 和 T_H 的不断减少）来将消费者留在网络中，而消费量则始终维持在补偿激励水平 q_L^{CI} 和 q_H^{CI}。

图 16.10 描绘了 ω 与次佳消费量 q_L^{SB} 和 q_H^{SB} 间的关系。

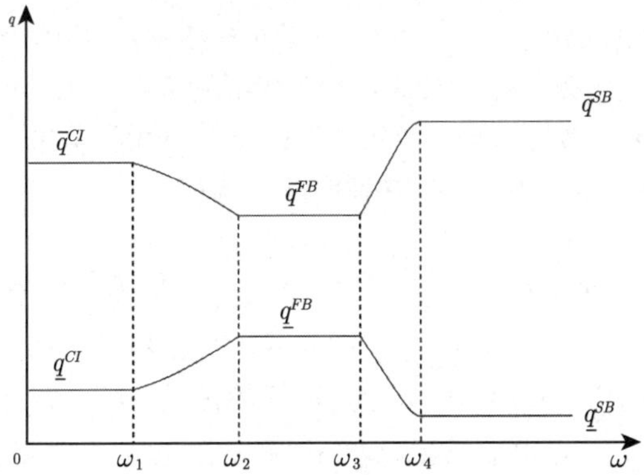

图 16.10　潜在进入者边际成本 ω 对次佳消费量的影响

16.8　竞争市场中的逆向选择

本节我们主要讨论在竞争市场中的逆向选择问题。与上面讨论的不同，在竞争市场中，有很多供应商给顾客提供商品，不过由于信息的不对称，此时的市场效率甚至市场的存在性都会出现问题。乔治 · 阿克洛夫 (George Akerlof，1940— ，其人物小传见 15.5.2 节) 于 1970 年率先在市场分析中引入信息不对称，在一个二手车市场中，卖方比买方了解更多车的性能，对每个可能的市场价格，质量好的旧车可能会退出市场，而质量差的旧车会进入市场，随着价格的下降，旧车市场中旧车质量会越来越差，最终可能导致市场崩溃。下面我们借鉴保险市场来讨论非对称信息对于市场均衡的影响。

在一个竞争的保险市场中，每个投保的客户都有关于自身类型的私人信息，不被保险公司所了解，比如在健康保险中，客户有关于自身健康的信息，在财产保险中，有关于与行为相关的事故发生可能性的信息。我们引入一个简单连续类型的情形。

假设事故发生的概率 $p \in [\underline{p}, \bar{p}] \subseteq [0,1]$ 是一个私人信息，密度函数为 $f(p)$。假设事故发生的损失为 L(对所有类型的客户来说都是相同的)，每个客户对财富的效用函数 $u(w)$ 都是相同的，假设是严格凹函数。

在完全信息条件下：类型 p 的客户，在竞争市场中，保费率也是 p。L 损失的保费为 $I = pL$，由于客户是风险厌恶的，那么有 $u(w - pL) > pu(w - L) + (1 - p)u(w)$。

在不完全信息下，在 Akerlof（1970）的模型中市场中只有一类合约。先考虑简化情景，假设合约是完全损失保险，保险公司没有客户的私人信息，保费率为 r，保险的成本为 $I = rL$。若市场均衡存在，它有如下结构：存在 $\hat{p}$，使得

$$
\begin{aligned}
u(w - I(\hat{p})) &< pu(w - L) + (1 - p)u(w), \quad \forall p < \hat{p},\\
u(w - I(\hat{p})) &> pu(w - L) + (1 - p)u(w), \quad \forall p > \hat{p},\\
u(w - I(\hat{p})) &= \hat{p}u(w - L) + (1 - \hat{p})u(w),\\
I(\hat{p}) &= \frac{\int_{\hat{p}}^{\bar{p}} pf(p)dp}{1 - F(\hat{p})}L.
\end{aligned}
$$

令 $\tilde{p} = \int_{\underline{p}}^{\bar{p}} pf(p)dp$，若 $u(w - \tilde{L})) < \underline{p}u(w - L) + (1 - \underline{p})u(w)$，意味着上面的 $\hat{p} > \underline{p}$，即 $p \in [\underline{p}, \hat{p})$ 类型不能在保险市场上被覆盖，从而导致市场失灵。在一些极端情形下，只有出事概率最高的一些客户才会被市场覆盖，导致“劣币驱逐良币”现象。下面的例子揭示了旧货市场崩溃的可能性，这在 Akerlof(1970) 中有更深入的讨论。

例 16.8.1　假设在一个二手车市场，卖车人知道车的质量，用 θ 刻画，它服从 $[0, \bar{\theta}]$ 的均匀分布。对于 θ 类型的车，卖车人的评价为 θ，买车人的评价为 $k\theta$，满足 $1 < k < 2$。显然在完全信息下，所有的二手车，除了 $\theta = 0$ 都会被交易，若交易的价格为 $p(\theta)$，交易后，双方的效用为 $p(\theta) - \theta$ 和 $k\theta - p(\theta)$，市场均衡会是帕累托最优的。然而若二手车质量的信息是非对称的，当市场价格为 p 时，$\theta \in [0, p]$ 的二手车会依旧在市场上，此时，平均质量为 $\frac{p}{2}$，若消费者购买，其期望效用为 $\frac{kp}{2} - p < 0$，从而二手车市场完全不存在。

16.8.1　非对称信息下竞争市场的甄别机制

若合约不止一种类型，那么不同的销售者可以选择不同的合约来迎合不同的消费者，在这种情形下，市场均衡会有新的特征，比如不存在混同均衡。Rothschild 和 Stiglitz（1976）首先在竞争市场中引入合约甄别机制。下面，我们简单讨论竞争市场中多类型合约均衡。

为简化起见，假设市场上有两类消费者，其事故的发生概率为 $p_L < p_H$，市场上有很多保险公司，可以给消费者提供不同的合约。假设低事故类型的分布概率为 λ，i 保险公司提供的合约形式为 (I_i, D_i)，这里的 I_i 是保险费，D_i 是免赔额。若类型 i 的消费者接受，那么其期望效用为：

$$
p_i u(w - D_i - I_i) + (1 - p_i)u(w - I_i).
$$

假设保险过程分为两步：首先是各个保险公司提供保险合约；其次是客户在其中选择一个最有利的保险合约。与此同时，我们假设，保险公司对其合约的履行是有承诺能力的，即使该

保险合约是亏本的，也会得到执行。此外，在竞争环境中，保险公司的期望利润为零，想象保险公司之间以类似 Bertrand 的方式竞争。

在均衡中，可能有以下两种纯战略的形式：一是混同均衡，即所有保险公司选择相同的合约，同时吸引所有的保险客户；二是分离均衡，市场上有两类不同的保险合约，不同类型的客户选择不同的合约。

我们先讨论混同均衡的可能性：假设 $\alpha=(I,D)$ 是混同均衡中的保险合约。此时，对两类消费者而言，它们的期望收益为：

$$U^i\equiv p_iu(w-D-I)+(1-p_i)u(w-I).$$

零利润条件意味着：

$$I=(p_L\lambda+p_H(1-\lambda))(L-D).$$

在混合合同中，低事故类型的消费者补贴了高事故类型的消费者。此时在保险市场上会有正的获利机会，新的保险公司可以通过设计一个新的合约 $(\beta=\hat{D},\hat{I})$，只吸引低事故类型的消费者，只要满足：

$$p_Hu(w-D-I)+(1-p_H)u(w-I)>p_Hu(w-\hat{D}-\hat{I})+(1-p_H)u(w-\hat{I}),$$
$$p_Lu(w-D-I)+(1-p_L)u(w-I)<p_Lu(w-\hat{D}-\hat{I})+(1-p_L)u(w-\hat{I}),$$
$$\hat{I}>p_L(L-\hat{D}).$$

令 $W_1=u(w-I),W_2=u(w-D-I)$，图 16.11 刻画了存在这样的新合约。

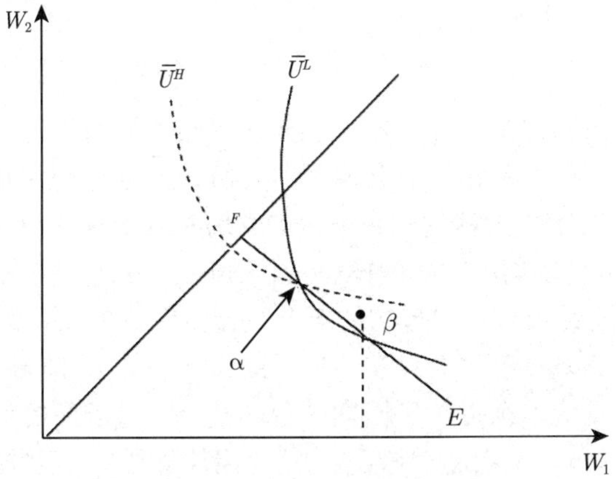

图 16.11 混同均衡不存在

这是因为，当 $\hat{D}<D,\hat{I}<I$ 时，低事故类型的消费者对于免赔额不太敏感，但是对保险成本很敏感；然而对于高事故类型的消费者，则刚好相反，那么新的保险公司可以迎合低类型的客户而获利。

对于分离均衡，即市场上存在两类保险合约，一类是迎合低事故类型的客户 $\alpha^L:(D_L,I_L=p_L(L-D_L))$，另一类则是迎合高事故类型的客户 $\alpha^H:(D_H,I_H=p_H(L-D_H))$，Rothschild 和 Stiglitz（1976）发现在一定的条件下，分离均衡也可能不存在。

我们知道高事故类型的消费者对于免赔额很敏感，那么不妨假设高事故的合约为 $\alpha^H = (0, I_H = p_H L)$，而低事故的合约 $\alpha^L = (D_L, I_L = p_L(L - D_L))$ 满足:

$$\begin{aligned} &U^L = p_L u(w - D_L - I_L) + (1 - p_L)u(w - I_L) \\ \text{s.t.}\quad &u(w - I_H) \geqq p_H u(w - D_L - I_L) + (1 - p_H)u(w - I_L). \end{aligned}$$

在分离均衡中，低事故的合约与市场上两类参与人的分布不相关，但却受 $p_H - p_L$ 的影响很大，这是因为，为了避免高事故类型选择低事故类型合约，需要免赔额较大，但这使得低事故的客户面临高的风险。若市场上低事故的类型概率很高，此时市场上会有一个正的获利机会，使得新的保险公司提供一个同时迎合两类客户的混同合约（图 16.12 中的合约 γ），图 16.12 刻画了存在着这样的新合约。

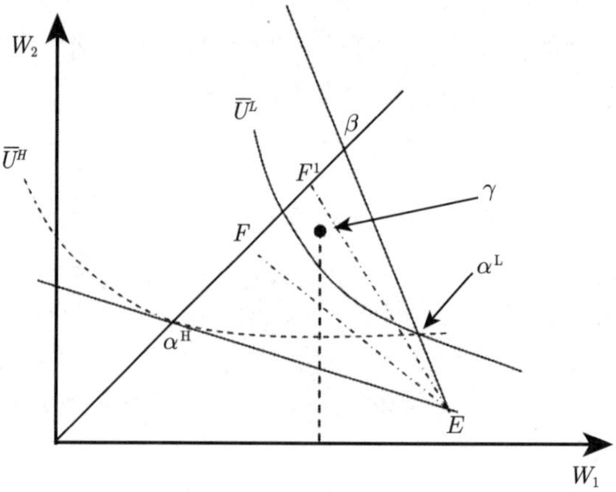

图 16.12　分离均衡不存在

对于均衡的存在性问题，Wilson (1977) 引入了“预期均衡”(anticipatory equilibrium)，在这个概念下，若在新合约引入并且旧合约退出后新合约会出现亏损，那么此时新合约就不会被引入。Wilson 证明了在这样的约束下，市场均衡会存在，而且混同均衡也可能会存在。Riley（1979）引入了 “反应均衡”(reactive equilibrium)，在这个概念下，若在新合约引入后会引发一系列新合约的连锁反应使得最初的新合约会出现亏损，那么新合约就不会被引入。同样，在这样的约束下，市场均衡也会存在。Hellwig（1987）以及 Engers 和 Fernandez（1987）分别对以上预期均衡和反应均衡提供了博弈理论的基础。对于新的均衡对现实问题的解释能力，Kreps（1990，p. 645）认为这与市场管制环境密切相关，若管制机构不允许初始合约（即使其亏本）退出，那么反应均衡更贴近现实，而若管制机构允许亏本的初始合约退出市场，那么预期均衡更贴近现实。

16.8.2　非对称信息下的信号传递

我们在前面有关博弈论的内容中讨论过教育的信号机制，不同能力类型的员工通过文凭来显示其能力信息。下面我们通过一个例子（Tirole, 1988）来讨论在商品质量存在非对称信息的情形下，生产者如何通过一些机制来显示其质量信息。令 s 是产品的质量，消费者在价格 p 下的效用水平为 $\theta s - p$。假设 $s \in \{0, 1\}$，企业单位生产成本为 c_s（$c_0 < c_1$）。我们讨

论垄断企业的情形。假设产品存在两期重复购买，产品的质量不能改变，消费者使用产品后会了解到产品的质量。令 δ 是时间贴现率。垄断者可以通过价格来显示质量信息，p_1 是显示高质量的价格信息。高质量企业的利润为：

$$\pi_1 = (p_1 - c_1) + \delta(\theta - c_1).$$

为了避免低质量企业模仿，需要求：

$$p_1 \leqq c_0,$$

这就意味着：

$$\pi_1 \leqq \delta(\theta - c_1) - (c_1 - c_0).$$

若 $\delta(\theta - c_1) > (c_1 - c_0)$，则存在高质量的显示均衡，垄断者索取 $p_1 = c_0$，通过在第二阶段获得垄断利润来弥补第一阶段的利润亏损，在总体上获利。若 $\delta(\theta - c_1) \leqq (c_1 - c_0)$，则不存在一个高质量商品的分离均衡。$\delta(\theta - c_1)$ 是高质量企业显示均衡中所获得的好处，而 $c_1 - c_0$ 则是显示高质量的成本，为此当且仅当高质量企业显示其类型的收益大于其成本时，分离均衡才能存在。在这个分离均衡中，我们发现企业通过初期的价格优惠来建立声誉，在现实生活中，一些商家在开业时选择低价格来吸引顾客，其背后的逻辑与此相关。不过企业显示信号的方式有很多，比如企业可以通过铺张性的广告开支来显示其类型，比如在中国，通过在央视新闻联播前的高投标来显示其企业的实力。

令 A 是铺张性的广告开支，假设其功能是显示质量的信号，当 $A = \theta - c_0$ 时，我们发现低质量企业没有动机去模仿，这是因为

$$\pi_0 \leqq (\theta - c_0) - (\theta - c_0) = 0,$$

高质量企业在该广告投入下的利润为：

$$\pi_1 = (\theta - c_1) + \delta(\theta - c_1) - (\theta - c_0) = \delta(\theta - c_1) - (c_1 - c_0).$$

因此，当 $\delta(\theta - c_1) > (c_1 - c_0)$ 时，广告就成为显示企业质量信息的一个信号。

此外，企业也可以通过一些有承诺能力的担保、售后服务等方式来显示企业质量的信息，其背后机制为高质量企业相对于低质量企业在显示信号下带来的收益更高，比如通过未来的重复购买来实现。

16.9　进一步的拓展

本章的主题主要是确定逆向选择问题中租金抽取与效率之间的最优权衡。在本章所讨论的模型中，由于只有一个激励约束和一个参与约束，因此这一冲突相对来说容易理解。这里我们介绍几个可能的拓展方向。我们可以考虑二维逆向选择模型，或者考虑包含随机参与约束、有限流动性约束的模型，或者考虑委托人对代理人进行监督的模型。关于这些主题及其应用的细致讨论，有兴趣的读者可参见 Laffont 和 Martimort (2002)。

16.10 【人物小传】

16.10.1 路德维希·米塞斯

路德维希·冯·米塞斯(Ludwig von Mises，1881—1973)，奥地利学派第三代掌门人，朝圣山学社成员。他于 1900 年入读维也纳大学，在那里他受到了卡尔·门格尔(Carl Menger，1840—1921)的很大影响，1906 年获法律和经济学博士学位。1909—1934 年，他是维也纳商会的经济学家。第一次世界大战后，他任职于奥地利工业委员会；1921 年还担任了一个政府机关的法律顾问之职，负责起草终战条约的条款 —— 以解决交战国间战前的私人债务问题。1927 年元旦，他创建的经济(商业周期)研究所正式成立，哈耶克出任第一任所长。1934—1940 年他移居日内瓦，任日内瓦国际问题研究院的教授。1940 年他移居美国纽约。此时美国学术界的“凯恩斯主义”盛行，米塞斯的自由主义显然不合主流，他也没有被任何学术组织所聘用。1945 年通过 Lawrence Fertig & William Volker 基金会的推荐，米塞斯进入纽约大学，但他只能担任访问教授这一虚职。1949 年，米塞斯出版了《人类行为》，即便如此，他仍然只能当他的访问教授(至 1969 年退休为止)。

长期以来，尽管米塞斯的思想一直不大为西方主流经济学家们所接受，但他对 20 世纪人类社会的思想影响以及知识贡献却是无人能忽视的。在某种程度上可以说，讲述 20 世纪人类社会的经济思想史，如果缺了米塞斯，就不可能讲出一个完整的故事。2000 年美国的《自由》杂志把米塞斯称为“自由至上主义的世纪人物”。米塞斯主要是在理解人类经济社会运作基本原理方面曾作出过诸多理论贡献。米塞斯之所以在人类社会的当代思想史上占据这样一个重要的地位，主要是因为在理解人类经济社会运作基本原理方面，米塞斯曾作出过诸多理论贡献。除了他在通货膨胀、经济周期、经济学认识论和方法论以及他自己独特的市场交易学(catallactics)和人类行动学(praxeology)等方面的理论贡献外，他最主要的理论贡献还在于在 20 世纪 20 年代初他就独具慧眼地提出了这样一个重大理论洞识：在缺乏市场价格机制的条件下，由于经济计算的不可能性，会导致中央计划经济的非可行性(infeasibility)。

16.10.2 利奥尼德·赫维茨

利奥尼德·赫维茨 (Leonid Hurwicz, 1917—2008)，机制设计理论之父，2007 年诺贝尔经济学奖得主，获奖理由是“奠定了机制设计的理论基础”。尽管赫维茨在经济学领域多个方面取得了开创性的成就，但他并未取得过任何经济学学位。利奥尼德·赫维茨教授是犹太人，1917 年出生于波兰，第二次世界大战期间来到美国，最高学位是在波兰时拿的相当于硕士学位的一个法学学位。二战爆发时，赫维茨身在瑞士，但没有返回波兰，而是前往美国。他说，“如果我待在波兰，我很可能成为奥斯维辛集中营的遇难者”。到美国后，他没有去拿博士学位，而是成为经济学家保罗·萨缪尔森的助理，直接从助理教授做到正教授。

早在 20 世纪中期，赫维茨已经开始思考将一般均衡理论、社会选择理论及博弈论衍生出来的研究项目。20 世纪 60 年代初他的一篇题为《资源配置中的最优化与信息效率》的文章拉开了机制设计理论的序幕。赫维茨的机制设计理论与市场管制、市场甄别、公共品提供等重大经济问题有着密切联系，随后很多经济学家都投入了这方面的研究，而当时正值青年的迈尔森和马斯金都是其中的活跃分子。后来，赫维茨又写了《无须需求连续性的显示性偏好》、《信息分散的系统》等著名论文，慢慢完善理论基础。1973 年，赫维茨在最著名的《美国经济评论》杂志上发表论文《资源配置的机制设计理论》，解决了机制设计理论框架中的两个核心问题 —— 激励相容原理和显示性原理，奠定了机制设计理论这门学问的框架，并且作为一般机制设计理论的拓展和延伸，也为当前现代微观经济理论的两个热门前沿分领域 —— 拍卖理论和匹配理论提供了基本分析框架。

机制设计理论可以说是过去半个世纪中经济学领域最重要的发展，它旨在系统分析资源配置制度和过程，揭示信息、沟通、控制、激励和经济人的处理能力在分散化资源配置中的重要作用，且使我们能够识别市场失灵的来源。实际上，现代经济学理论几乎所有领域都受到赫维茨所开创的机制设计理论的影响，而他所提出的“激励相容”现在已经成为现代经济学中的一个核心概念。现实经济世界两个最大的客观现实就是个体通常逐利及个体信息的私人性和非对称性。激励相容性简单说就是能将个人理性与集体理性相容，也就是政策能够达到主观为自己，客观为他人的效果。信息不对称会导致市场失灵，因此可以设计某种激励机制来诱导经济人显示真实信息。激励机制无处不在，科学、社会学甚至婚姻家庭学都用得到，显示性原理则可以使得参与者说真话，以此消除信息不对称，达到次佳结果。

赫维茨曾经与洛桑学派的代表人物兰格和奥地利学派的代表人物哈耶克均有密切接触，他的机制设计理论也受到这两方面的经济理论和方法论的影响，并且科学严谨地将这两个看起来非常不同的学派统一到机制设计理论中。后期，赫维茨还曾与新制度经济学派的一些代表人物如道格拉斯 · C · 诺思（Douglass C. North, 1920—2015，其人物小传见 15.5.1 节）有学术互动，试图建立两个理论之间的对话渠道和对接路径。

赫维茨还做了许多其他开创性工作：20 世纪 40 年代中后期他对动态计量模型的识别问题做出了奠基性的工作；早在 1947 年就首先提出并定义了宏观经济学中的理性预期概念，理性预期学派已成为当今宏观经济学的主流；赫维茨还对如何从需求函数的存在来证明效用函数的存在这一可积性结果也做出了重要工作，从政治经济学的角度看，这是一个相当重要的结果。效用是现代微观经济学消费理论中的一个基本概念，是整个现代经济学的基础。但传统的政治经济学认为效用是一个唯心的概念，它不存在，在以往的国内政治经济学教科书中，效用一直受批判。他和阿罗（Kenneth J. Arrow）等人还对竞争市场一般均衡的稳定性研究做出了开创性工作。

此外，赫维茨极度重视讨论表述问题的严谨性。赫维茨认为，许多传统经济理论的一个最大问题就在于表述概念时的随意性，而公理化方法的最大意义正是在于表达理论时的确定性和清晰化，使得讨论和批评有一个可通约的研究范式、分析框架。这也是他从上世纪 20 和 30 年代的社会主义经济计算大讨论中所得到的一个强烈感觉，因为他感觉讨论双方在一些理论表达上是不可通约的，这容易使得问题辩不清、道不明。赫维茨认为，对于经济体制的研究可以从实证科学也可以从规范科学的研究方法着手，无论何种方法，只要是分析性的，至关重要的第一步都是对一个经济体制的概念的规范化。从而，这也促使他创立了非常一般化、可以让不同机制在一个框架之下来进行比较分析的机制设计理论。

赫维茨教授知识渊博，也是数学和统计学方面的教授，对语言学也颇有研究，说话、讲课都非常风趣，能够根据每个人的经济学知识的多少和训练的不同，用非常通俗或严谨的语言把高深问题讲得异常透彻。他的课非常有趣，且通俗易懂，但他的考试却很难，他手下的学生一般要学六七年才能拿到博士学位，很多人最后往往拿不到学位，所以他的博士生不多，本书著者也有幸师从赫维茨教授。“严师出高徒”，他培养的学生一般都比较优秀，比如他的学生麦克法登 (Daniel L. McFadden) 在 2000 年获得诺贝尔经济学奖。

2007 年 4 月 14 日，美国明尼苏达大学为利奥尼德 • 赫维茨教授举行的 90 大寿生日会，显然成了经济学大师的聚会，包括后来获得 2007 年诺贝尔经济学奖的埃里克 • 马斯金、罗杰 • 迈尔森，还有 1972 年诺贝尔经济学奖获得者阿罗和 2000 年诺贝尔经济学奖获得者麦克法登等众多经济学大师，他们济济一堂，庆祝大师寿诞，著者也专程前往祝贺导师的 90 大寿。6 个月后，赫维茨与埃里克 • 马斯金和罗杰 • 迈尔森共同获得诺贝尔经济学奖，以表彰他们在创建和发展机制设计理论方面所作的贡献。尽管这个奖项对赫维茨姗姗来迟了 20 年，但却终于实至名归，同时也创造了一项纪录，赫维茨成为史上年纪最大的诺贝尔奖得主。赫维茨在得知自己获得诺贝尔经济学奖后，对于生活在晚年幽了自己一默，他在位于美国明尼阿波利斯的家里说:“我还以为我的时代已经过去，对于获诺贝尔奖来说，我实在太老了。不过这笔奖金对一个已退休的老人的确不无裨益。”

16.11　习　　题

习题 16.1　*考察代理人成本函数不可观察的委托—代理模型。不同的成本函数 $C(q,\theta)$ 代表不同类型的代理人, 假定 $C_q>0$, $C_\theta>0$, $C_{qq}>0$ 及 $C_{q\theta}>0$, 其中 q 是委托人可完美观察的产出。假设有两类代理人, $\theta\in\{\theta_L,\theta_H\}$, 各自出现的概率为 ν 和 $1-\nu$ 且 $\Delta\theta\equiv\theta_H-\theta_L>0$。产量 q 对于委托人的价值为 $S(q)$, 其中 $S'>0$, $S''<0$ 且 $S(0)=0$。令 T 表示委托人给代理人的转移支付, 由此代理人的收益函数为: $T-C(q,\theta)$。委托人与风险中性的代理人在事中阶段签订合同。*

1. *写出委托人满足激励相容的最优化问题。*
2. *对两种类型的代理人的最优支付 T_H 和 T_L 以及经济租金各是多少?*
3. *找出委托人激励相容问题的一阶条件, 这些条件的含义是什么?*
4. *设 $S(q)=q$, $C(q,\theta)=\theta q^2/2$, $\theta_L=1$, $\theta_H=2$, $\nu=2/3$。求最优合同。*

习题 16.2 (风险厌恶的委托人)　*在与上一题相同的设定下, 假设委托人是一个厌恶风险的个人, 定义在交易的货币收益 $S(q)-t$ 上的 VNM 效用函数 $v(\cdot)$, 满足 $v'>0$, $v''<0$ 以及 $v(0)=0$。*

1. *写出委托人满足激励相容的最优化问题。*
2. *对两种类型的代理人的最优支付 T_H 和 T_L 以及经济租金各是多少?*
3. *找出委托人激励相容问题的一阶条件, 比较风险厌恶委托人与风险中性委托人各自的产出扭曲, 哪种情况下的产出扭曲更大? 为什么?*
4. *假设 $v(x)=\frac{1-e^{-rx}}{r}$, 找出最优化问题的一阶条件, 当 $r\to 0$ 时会发生什么? 解是否会收敛到风险中性委托人—中间阶段代理人参与约束情形下的扭曲? 当 r 趋向于无穷大时又会如何? 最佳产出能被实施吗?*

习题 16.3 (关闭合约)　*在习题 16.1 的设定下, 假定成本函数为 $C(q,\theta)=\theta q$。求解具有关*

闭性质的合约 (shutdown contract)。

1. 在什么条件下，合约会关闭低效率的一方。
2. 假设保留效用为 U_0。证明发生关闭合约的条件为 $\frac{v}{1-v}\Delta\theta\overline{q}^{SB} + U_0 \geqq S(\overline{q}^{SB}) - \overline{\theta}\overline{q}^{SB}$。

习题 16.4 (状态依赖的固定成本) 在与习题 16.1 相同的设定下，假设成本函数由 $C(q,\theta) = \theta q + F(q)$ 给出，固定成本满足 $F(\theta_L) > F(\theta_H)$，即较高的边际成本伴随较低的固定成本，反之亦然。

1. 写出委托人满足激励相容的最优化问题。
2. 对两种类型的代理人的最优支付 T_H 和 T_L 以及经济租金各是多少？
3. 找出委托人激励相容问题的一阶条件。
4. 讨论问题解的不同区间，依据 $F(\theta_L) - F(\theta_H)$, $\Delta\theta q_H$ 以及 $\Delta\theta q_L$ 的不同位置。

习题 16.5 (三种类型代理人) 在习题 16.1 的设定下，假定代理人的类型 θ 存在三种可能 $\{\theta_1, \theta_2, \theta_3\}$，且 $\theta_3 - \theta_2 = \theta_2 - \theta_1 = \Delta\theta$，各自发生的概率为 v_1, v_2, v_3，这时直接显示机制为 $\{(t_1, q_1), (t_2, q_2), (t_3, q_3)\}$，其余设定与习题 16.1 中相同，成本函数为 $C(q,\theta) = \theta q$。

1. 写出三种类型代理人各自的经济租金参与约束和激励相容约束。
2. 尝试简化参与约束和激励相容约束。
3. 若 $v_2 > v_1 v_3$，证明单调性条件严格满足，并且求解最优解。
4. 若 $v_2 \leqq v_1 v_3$，求解最优合约。

习题 16.6 (多类型代理人) 上题中，代理人的类型为三种可能，现在更进一步，假定代理人的类型为 n 种可能，$\theta_n > \cdots > \theta_2 > \theta_1$，每种状态 θ_i 发生的概率为 β_i，参考教材 16.5 节中的多类型问题。

1. 写出此问题的斯宾塞-莫里斯单交叉性条件。
2. 写出此问题的局部向下激励相容约束。
3. 证明：单交叉性条件意味着单调性和局部激励约束的充分性。
4. 证明：在最优解处，所有的局部向下激励约束 (LDICs) 是紧的。
5. 证明：所有的 LDICs 是紧的，再加上单调性条件保证了所有的局部向上激励约束(LUICs)满足。
6. 求解简化的最优合约问题。

习题 16.7 (连续类型代理人) 上题中，代理人的类型为有限个，现假定代理人的类型是连续的，即 θ 不再取有限多个值，而是定义在区间 $[\underline{\theta}, \overline{\theta}]$ 上，密度函数为 $f(\theta)$，由于显示原理，我们只考虑直接显示机制 $\{q(\theta), T(\theta)\}$。

1. 写出此问题的斯宾塞-莫里斯单交叉性条件。
2. 写出此问题的局部向下激励相容约束。
3. 参考 16.5.2 节中的内容，写出单调性条件、局部激励相容约束，以及最优合约问题的汉密尔顿函数。
4. 求解最优化问题，并对结果作出解释，比较连续类型下的最优合约问题与习题 16.1 中的两类型问题。

习题 16.8 考虑一个甄别模型。卖家的成本函数为 $C(q) = q^{1/2}$，买家若消费 q 单位的商品，他的效用函数为 $\theta \ln q$，买家的类型 θ 为私人信息，并且服从 $[0,1]$ 上的均匀分布。

1. 建立垄断者的最优化问题。
2. 求解最优化问题 $(q(\theta), t(\theta))$。
3. 找出实施直接机制的最优非线性定价 $t(\theta)$。

习题 16.9 一个垄断者欲卖一单一物品给一消费者，后者对这一物品的支付意愿是 t_1 或 $t_2(> t_1)$。卖者知道买者受流动性所限，对该物品的最高支付是 $t \in \{t_1, t_2\}$。买者的支付意愿是私人信息，卖者只知道其类型为 t_i 的概率 $\mu(t_i)$。这件物品对卖者来说，价值是 $c < t$。假设买卖双方均是风险中性的。令 v 表示交易发生的概率，h 表示对卖者的支付，t_i 是买者的价值。买者的收益函数是：

$$vt_i - h,$$

卖者的收益函数是：

$$h - vc.$$

另外，无论哪种类型，买者的保留收益均为 0。

1. 给出直接机制所要求的参与约束、激励相容约束以及流动性约束。
2. 找出最大化卖者期望收益的直接机制。

习题 16.10 (集束与熨平) 在连续类型的代理人问题中，通常假定风险率条件，即风险率 (hazard rate) $h(\theta) = \frac{f(\theta)}{1-F(\theta)}$ 关于 θ 是递增的。

1. 证明：若风险率条件满足，则在连续类型最优合约的实施问题中，单调性条件满足。
2. 若单调性条件不满足，那么我们大多数情况下需要重新求解最优化问题。参考教材 16.5.3 节中的内容，重新定义汉密尔顿函数以及相应的约束条件。
3. 利用庞特里亚金极大值原理，重新求解最优合约。

习题 16.11 假设两个人正在考虑以价格 p 交易某种资产，这种资产只能用作财富储藏。个人 1 当前拥有这种资产。每个人对这种资产的评价只有他自己知道，而且每个人只关心该资产一年后的期望价值。假设只有双方都认为交易能使得自己的状况变好时，他们才愿意以价格 p 进行交易。证明交易的可能性为零。

习题 16.12 考虑下面的过程，首先自然行动确定工人类型，它在区间 $[\underline{\theta}, \overline{\theta}]$ 上连续分布。一旦工人知道自己的类型，他可以选择是否参加某个不需要花费成本的考试，该考试能准确反映他的能力。最后，在观察到工人是否参加考试和参加考试的工人成绩以后，两个企业对工人的服务展开竞价。证明：在这个模型的任何子博弈完美纳什均衡中，所有工人类型都参加考试，而且对于不参加考试的任何工人，企业提供的工资不会大于 $\underline{\theta}$。

习题 16.13 (逆向选择下的借贷) 假设有连续统的风险中性的借款者，借款者没有个人财富且承担有限责任。有 ν 比率的借款者 (称为类型 1) 拥有对 1 单位投资有确定回报 h 的投资项目，有 $1-\nu$ 比率的借款者 (称为类型 2) 拥有随机独立的投资项目，对于 1 单位投资有 θ 概率回报为 h $(\theta \in (0,1))$，有 $1-\theta$ 概率回报为 0。若借款人不申请贷款，他有效用水平为 u 的外部机会。在这个经济中只有一个风险中立的银行提供贷款，贷款的财务成本为 r。银行提供借贷合同以最大化自己的期望利润，为简化起见，假设投资任何项目都是社会有效的：$\theta h > r + u$。

1. 解释为什么只考察合同清单 (r_1, P_1) 和 (r_2, P_2)（其中，P 是获得贷款的概率，r_i 是自称类型为 i 的借款人在投资成功后给银行的支付）会不失一般性。
2. 写下银行选择清单 (r_1, P_1) 和 (r_2, P_2) 以在满足借款人参与约束和激励相容约束时最大化期望利润的优化问题（为简化，假设若一个借款人申请了贷款，他就失去外部机会效用 u）。
3. 证明最优合约中贷款分配是非随机的（即：P_i 非 0 即 1，对于 $i=1,2$），写出最优合约的特征。

习题 16.14 (贿赂博弈) 考察一个管理机构以固定的拖延期给公民提供一项服务，在管理机构正常工作下，公民获得 u_0 的效用（取决于他们对时间的估价）。官员付出额外的努力后可以缩短拖延期。官员可以以 $\frac{(q-Q)^2}{2}$ 的成本缩短 q 的拖延期，其中 Q 是一个常数。假设有 ν（或 $1-\nu$）的类型 1（类型 2）公民对 q 的评价分别为 $\theta_L q$（$\theta_H q$）。公民愿意贿赂官员获得拖延期的缩短。写出官员提供给公民的最优贿赂合同。

习题 16.15 垄断者可以在不同的质量水平上生产某种产品，生产一单位质量为 s 的产品需要的成本是 s^2。消费者最多购买一单位的产品，若其消费一单位质量为 s 的产品，其效用函数为 $u(s|\theta)=s\theta$。垄断者可以决定产品的价格和质量。消费者观察产品的质量和价格，并决定购买何种质量的产品。

1. 求最优解。
2. 假定卖方不能观察到 θ，并且假定 $prob(\theta=\theta_H)=1-\beta, prob(\theta=\theta_L)=\beta$，其中 $\theta_H>\theta_L>0$，求次佳解和消费者的信息租金。
3. 假定 θ 在区间 $[0,1]$ 上服从均匀分布，求次佳解。

习题 16.16 (劳动合同) 考察下列设定：一个厂商面对一个工人。工人的效用函数为 $U^A=u(c)-\theta l$，其中 c 是消费，l 是劳动供给。$\theta\in\{\theta_L,\theta_H\}$ 是只有工人知道的参数，$\theta_L<\theta_H$，$u(\cdot)$ 是一个递增的凹函数。工作带来的负效用较低的工人 $(\theta=\theta_L)$ 比例为 ν，代理人的最优选择必须满足预算约束 $c\leqslant T$，其中 t 是他从雇主收到的支付。雇主的效用函数为 $U^P=f(l)-T$，其中 $f(l)$ 是一个规模报酬递减的生产函数。

1. 假设雇主知道 θ，写出雇主在满足工人参与约束条件下最大化自己效用的解，称此解为最佳 (first best) 解。
2. 假设雇主可以观察并验证劳动供给，但不能观察 U 和 θ，证明最佳解是不可实施的。现在雇主可以提供合同菜单 (T_L,l_L) 和 (T_H,l_H)，其中，(T_H,l_H) 是类型为 θ_H 的工人选择的合同，(T_L,l_L) 是类型为 T_L 的工人选择的合同；找出最优合同，将这个次佳解与最佳解进行比较。
3. 假设努力的负效用较低的工人有一个外部机会能给他带来 V 的效用，比较这一情形下的最佳解与次佳（信息不对称）解，注意解将依赖于 V 的大小。分别考察 $l_H^{SB}\Delta\theta\geqq qV$（$SB$ 表示“次佳”），$l_H^{SB}\Delta\theta\leqslant V\leqslant l_H^{FB}\Delta\theta$　（$l_H^*\Delta\theta\leqq qV\leqq ql_L^*\Delta\theta*$，表示“最优”）以及 $V\geqq ql_L^*\Delta\theta$，每个情形下的紧致约束是哪些？需要什么类型的扭曲？

习题 16.17 (逆向选择下的劳动合同) 考虑一个委托—代理关系，其中委托人为雇主，代理人为工人。对于类型为 θ（$\theta\in\{\theta_L,\theta_H\}$）的工人，产量为 y 时的工作负效用为 $\psi(\theta y)$。换言之，类型为 θ 的工人必须工作 l 单位（$l=\theta y$），产生的负效用为 $\psi(l)$。若他从雇主那里得

到 t 的补偿，则其净效用为 $U = t - \psi(\theta y)$，雇主的效用函数为 $V = y - t$。

1. 应用显示原理，写出直接机制的特征。
2. 假设 ν $((1-\nu))$ 是工人为类型 θ_L (θ_H) 的概率，写出雇主最大化期望效用（同时满足工人的激励相容约束和参与约束）的合同。

习题 16.18 (信息与激励) 一个代理人(自然垄断的厂商)以可变成本 θq $(\theta \in \{\theta_L, \theta_H\}, \Delta\theta = \theta_H - \theta_L)$ 生产量为 q 的产品。委托人从生产中得到的效用为 $S(q)$ $(S' > 0,\ S'' < 0)$ 并给代理人转移支付 t。委托人的效用函数为 $V = S(q) - T$，代理人的效用函数为 $U = T - \theta q$，此外，代理人的现状效用标准化为 0。

1. 委托人对于 θ 有完全信息时，写出委托人的最佳合同。
2. 假设 θ 是代理人的私人信息，假设 $\nu = Pr(\theta = \theta_L)$，写出满足代理人中间阶段参与约束的委托人最优合同(自此假设工程价值足够大，委托人总愿意有正的产量)。
3. 假设委托人能通过信息技术获取信号 $\sigma \in \{\sigma_L, \sigma_H\}$。假设:

$$\nu = Pr(\sigma = \sigma_L | \theta = \theta_L) = Pr(\sigma = \sigma_H | \theta = \theta_H) \geqq \frac{1}{2} q.$$

写出委托人更新后对代理人效率的信念 $\nu = Pr(\theta = \theta_L | \sigma = \sigma_L)$; $\nu = Pr(\theta = \theta_H | \sigma = \sigma_H)$，写出对于每个 σ 的最优合同。

4. 证明 μ 的增加会导致委托人期望效用的增加。

习题 16.19 某政府机构与一家企业签订一份采购合约。企业生产 q 单位的物品，边际成本为 c，因此它的利润是 $P - cq$。企业的成本是私人信息，可能是高成本，也有可能是低成本 $(0 < c_L < c_H)$。政府对企业成本的先验信念为 $Prob(c = c_L) = \beta$，企业的保留效用为 0。

1. 设 $B(q)$ 表示政府在得到 q 单位物品时的收益函数，则政府的次佳合约是什么?
2. 将次佳合约和最佳合约两者进行比较。
3. 若 c 服从 $[0,1]$ 的均匀分布，求解最佳合约和次佳合约。

习题 16.20 (柠檬市场) 考虑一个二手车市场，市场中有许多卖家，每一个卖家都有一辆二手车准备出售，并且出售时会标明车的质量 $\theta \in [0,1]$，并且假定 θ 服从 $[0,1]$ 上的均匀分布。若一个类型是 θ 的卖家以价格 P 出售了自己的二手车，那么他获得的效用是 $u_s(p,\theta)$；若没有卖出，则获得的效用是 0。买家若买了二手车，则他的效用函数为 $\theta - p$；若没买，则是 0。二手车的质量属于卖家的私人信息，买家在事前并不知道。假定市场上没有足够的二手车供应给所有可能的买家。

1. 证明: 对不对称信息下的竞争性均衡，有 $E(\theta|p) = p$。
2. 证明: 若 $u_s(p,\theta) = p - \frac{\theta}{2}$，那么对于任意 $p \in (0, 1/2]$ 是一个均衡价格。
3. 若 $u_s(p,\theta) = p - \sqrt{\theta}$，找出均衡价格，并且说明哪些二手车在均衡时会被交易。
4. 若 $u_s(p,\theta) = p - \theta^3$，找出均衡价格，并且找出在这种情况下有多少个均衡。
5. 上面的这些结果都是帕累托有效的吗? 要是可能的话，提出帕累托改进的方案。

习题 16.21 (保险市场) 考虑下列保险市场模型。消费者有两类: 高风险和低风险。每个消费者的初始财富为 W，但有可能因火灾遭受损失 L。对于高风险和低风险的消费者来说，火灾发生概率分别为 p_H 和 p_L，其中 $p_H > p_L$。两类消费者都追求期望效用最大，效用函数为 $u(w)$，满足新古典性质 (如可微性、凸性及单调性等)。保险公司有两家，且都为风险中性的。任何一份保险合约都由保费 M 和出险后保险公司的赔款 R 组成。

1. 假设每个消费者至多购买一份保险合约。证明可将保险合约视为规定了被保险人在“无损失”状态的财富和“损失”状态的财富。
2. 假设各个保险公司同时提供合约，每个公司都可以提供任意有限多个保险合约。这个问题的子博弈完美均衡是什么？均衡必定存在吗？

习题 16.22 (污染规制) 考察一个收入为 R 的厂商，该厂商在生产中制造 x 水平的污染，该污染水平造成的损害为 $D(x)$，$D'(x)>0$，$D''(x)\geqq 0$。厂商的生产成本为 $C(x,\theta)$，$C_x<0$，$C_{xx}>0$。θ 是仅被厂商知道的参数，$\theta\in\{\theta_L,\theta_H\}$，$\nu=Pr(\theta=\theta_L)$ 是公共知识。

1. 完全信息下的最佳污染水平 $x^*(\theta)$ 由下式给出：

$$D'(x)+C_x(x,\theta)=0.$$

证明，若规制者不必满足厂商的参与约束，他可以通过给厂商一笔等于污染造成的损害或一个常数上限的转移支付来实施 $x^*(\theta)$。

2. 假设现在厂商可以拒绝接受规制 (在此情形下厂商效用为 0)，假设规制者目标函数如下：

$$W=-D(x)-(1+\lambda)T+T-C(x,\theta),$$

其中，T 是规制者给厂商的转移支付，$(1+\lambda)$ 是社会基金支出的机会成本，对于任意 θ，规制者必须满足厂商的参与约束：

$$T-C(x,\theta)\geqq q_0.$$

写出在完全信息下最大化 W 的决策规则 $\hat{x}(\theta)$ $(\theta\in\{\theta_L,\theta_H\})$，并与问题 (1) 作比较。

3. 另外假设 $C_\theta<0$ 且 $C_{x\theta}<0$，找出在满足厂商参与约束与激励相容约束下最大化 W 期望值的合同菜单 (T_L,x_L) 和 (T_H,x_H)。
4. 如果 θ 在区间 $[\theta_L,\theta_H]$ 依照分布函数 $F(\theta)$ 及密度函数 $f(\theta)$ 分布，满足：

$$\frac{d}{d\theta}(\frac{1-F(\theta)}{f(\theta)})<0,$$

且 $C_{\theta\theta x}\leqq q_0$，回答同上题一样的问题。

习题 16.23 (人寿保险需求与逆向选择) 一群消费者在第 1 期有收入 y_0，在第 2 期没有收入。每个消费者知道自己的死亡概率 π_i，保险公司既不能观察到消费者的死亡概率，也不能观察到消费者的行为。保险公司以价格 p 提供保险：若消费者购买 x 单位保险，保险公司当期获得 px 的收入并在消费者死亡时支付 x。消费者可以选择购买的保险量 x 和储蓄的金额 s，当期的储蓄当消费者在下一期存活时加进该期收入。假设有许多消费者，消费者的目标是最大化每一期的收入以提高家庭成员的消费。消费者的效用函数是伯努利形式的。

1. 如果消费者的效用函数为：

$$u(c_1,c_2a,c_2d)=\log c_1+(1-\pi_i)\log c_2a+\pi_i\log c_2d.$$

计算人寿保险的需求价格弹性。

2. 假设保险公司之间的竞争意味着对消费者的期望支付等于保险费，证明 p 大于 π_i 的平均值。
3. 另外假设 $C_\theta < 0$ 且 $C_{x\theta} < 0$，找出在满足厂商参与约束与激励相容约束下最大化 W 期望值的合同菜单 (T_L, x_L) 和 (T_H, x_H)。
4. 如果 θ 在区间 $[\theta_L, \theta_H]$ 依照分布函数 $F(\theta)$ 及密度函数 $f(\theta)$ 分布，且满足:
$$\frac{d}{d\theta}(\frac{1-F(\theta)}{f(\theta)}) < 0,$$
及 $C_{\theta\theta x} \leqq q_0$，回答同上题一样的问题。

习题 16.24 (控制自我管理厂商) 某个厂商的生产函数为 $y = \theta l^{1/2}$，其中 l 是工人数目(这里视为连续变量)，$\theta > 0$ 是一个仅由厂商知道的参数。生产的固定成本为 A，令 p 表示竞争市场中厂商产品的价格。

1. 假设厂商由工人管理，目标函数为:
$$U^{SM} = \frac{py - A}{l}.$$
计算这一工人自我管理厂商的最优工人数目。
2. 令 w 代表完全竞争的劳动力市场下的工资率，即 w 是在这一经济中劳动的机会成本。劳动的最优配置是什么? 若 w 太大会发生什么情况? 为什么自我管理的厂商规模一般来说不是最佳的?
3. 假设政府知道 θ，考察 w 足够小使自我管理的企业相对合理的情形，计算能恢复最佳劳动配置的单位产品税 τ。证明可以通过对厂商征收定额税 T 以达到同样的目标(假设这一厂商的规模相比整个经济可以忽略不计)。
4. 假设政府不知道 θ，只知道 θ 可能取值 θ_L 或 θ_H，$\Delta\theta = \theta_H - \theta_L > 0$。政府使用一个机制 $(l(\tilde{\theta}), t(\tilde{\theta}))$，对于厂商报告的类型 $\tilde{\theta}$ 规定一个劳动投入 $l(\tilde{\theta})$ 和转移支付 $t(\tilde{\theta})$。厂商的目标函数现在是:
$$U^{SM} = \frac{p\tilde{\theta}(l(\tilde{\theta}))^{1/2} + t(\tilde{\theta}) - A}{l(\tilde{\theta})}.$$
写出引致诚实报告类型的规制机制。
5. 假设 $\nu = Pr(\theta = \theta_L)$，政府最大化:
$$U^G = p\theta^{1/2} - wl.$$
证明这一问题的解不符合可实施性条件，因此即使转移支付对政府来说是无成本的，最佳结果仍是无法实施的。此时，假设厂商机会成本为 0，最优规制机制是什么?

习题 16.25 (保险合约) 在一个连续统经济中，经济个体的生产函数为 $q = \theta l$，其中 θ 为生产率参数，概率密度函数为 $f(\theta)$，$\theta \in [\underline{\theta}, \overline{\theta}]$，经济个体的效用函数为 $u = u(c) - l$，效用函数为凹函数。

1. 若为自给自足的经济环境，求该经济中的产出和消费的分布。
2. 假定事前阶段签订保险合约，即所有经济个体在知道自己的生产率参数 θ 前签订保险合约。若事后 θ 和 l 可以观察到，求解最优的保险合约。若事后仅仅能观察到 θ，求解最优的保险合约。

3. 在上一问中，若事后 θ 和 l 都不可以观察到，且 $f(\theta)/[1-F(\theta)]$ 单调递增，那么最优的保险合约是什么？

习题 16.26 考虑一个教育投资信号传递模型。每一个员工有两种可能类型：$\theta \in \{\theta_H, \theta_L\}$，满足 $\theta_H > \theta_L$。给定 $i \in \{H, L\}$，该员工为类型 θ_i 的事前概率为 β_i。所有员工的保留效用为 $\overline{u} = 0$。每个类型 θ 的员工可为企业生产的产出为 θ。企业愿意以工资水平 w 雇用一个员工当且仅当该员工的期望生产率至少可以抵消工资。类型为 θ 的员工可以以成本 $c(e,\theta) = \frac{e}{\theta}$ 获得 e 年的教育。教育投资成本函数 $c(e,\theta)$ 关于 (e,θ) 满足单交叉性，即若 $e > e'$，则 $c(e,\theta_L) - c(e',\theta_L) > c(e,\theta_H) - c(e',\theta_H)$。给定工资水平 w 和教育水平 e，一个类型为 θ 的员工的报酬函数为 $u(w,e|\theta) = w - c(e,\theta)$。考虑如下序贯行动：

- 员工观察到自己的类型，此为其私人信息；
- 员工选择教育投资水平；
- 企业观察到员工的教育水平，但是无法观察其类型；
- 该员工向公司提出一工资开价；
- 该企业要么拒绝此开价，要么接受此开价，并以此工资水平雇用该员工。

假定教育投资可以将低类型员工提升为高类型员工。具体地，假设一个 θ_L 类型员工投资 e 年教育后变成类型 θ_H 的概率是 $p(e)$，其满足如下性质：$p(0) = 0$，$\lim_{e\to\infty} p(e) = 1$，$p' > 0$，$p'(0) = \infty$，$\lim_{e\to\infty} p'(e) = 0$ 以及 $p'' < 0$。一旦类型 θ_L 进行了教育投资并且转换为类型 θ_H，他自己在进入劳动力市场之前可以观察到自己的类型变化。首先，假定企业与员工之间没有非对称信息。回答以下问题：

1. 写出可求最佳工资和最佳教育投资水平的最优化问题。
2. 求解此问题。特别地，证明类型 θ_H 员工的教育投资水平为 0，而低类型员工的教育投资水平严格为正。
3. 假定教育投资现在变得更加有效，即一个类型 θ_L 的员工投资 e 年教育后变为类型 θ_H 的概率为 $q(e)$，其满足 $q(e) > p(e)$ 对于任意 $e > 0$。此时最佳的教育投资水平为多少？此时类型 θ_L 员工的报酬为多少？并给出直觉解释。

习题 16.27 (教育投资信号模型 1) 假设企业与员工之间有非对称信息，并采用精炼贝叶斯纯战略均衡解概念。考虑分离均衡满足 $e_H \neq e_L$。回答如下问题：

1. 在任何分离均衡中，类型 θ_L 员工选择教育水平 $e_L = e_{FB}$，其中 FB 表示最佳。
2. 刻画类型 θ_H 员工的教育投资水平，其满足 $e_H \neq e_{FB}$。
3. 说明分离均衡是否总是存在。
4. 假定教育投资现在变得更加有效，即一个类型 θ_L 的员工投资 e 年教育后变为类型 θ_H 的概率为 $q(e)$，其满足 $q(e) > p(e)$ 对于任意 $e > 0$。类型 θ_H 的员工在如上分离均衡中的教育投资水平是否会因此而改变？并解释你的结论。

习题 16.28 (教育投资信号模型 2) 接下来考虑混同均衡，其满足 $e_H = e_L = e^*$。回答如下问题：

1. 给定混同均衡下的教育投资水平为 e^*，员工此时的工资为多少？
2. 刻画混同均衡 e^*。
3. 混同均衡 $e^* = 0$ 是否总是存在？若令 $e^* = e_{FB}$，此混同均衡是否总是存在？

4. 假定教育投资现在变得更加有效, 即一个类型 θ_L 的员工投资 e 年教育后变为类型 θ_H 的概率为 $q(e)$, 其满足 $q(e) > p(e)$ 对于任意 $e > 0$。刻画此改变对于混同均衡 e^* 的影响, 并给出解释说明。
5. 给定此处考虑的有效教育投资假设, 是否存在混同均衡满足直觉标准(intuitive criterion)?

习题 16.29 (监督成本) 经济中存在两类经济人, 分别是银行和企业, $i = 1, 2, 3, \cdots$。银行在每一期收到 1 单位的投资品禀赋, 可以选择投资或是贷给企业。若银行选择投资, 它可以获得确定性的 t_i 单位的收益。企业在每一期没有任何禀赋收入, 但是每个企业都拥有一个投资项目, 投入一单位投资品, 可以获得一个随机收益 $w_i \in [0, \overline{w}]$, 其中 w_i 是独立同分布的, 概率密度函数为 $f(w)$, 分布函数为 $F(w)$, f 连续可微并且是公共信息。对于每个企业 i, 可以无成本地观察到 w_i, 而银行若想要观察到企业投资收益, 需要额外付出 γ 单位的努力成本。企业与银行在事前签订贷款合约, 贷款利率为 x, 当企业观察到回报 w 后, 向银行发出信号 $w^s \in [0, \overline{w}]$。若 $w^s \in S \subset [0, \overline{w}]$, 那么银行监督发生; 若 $w^s \notin S$, 那么银行监督不发生; 合约规定, 企业从银行贷出 1 单位投资品, 若 $w^s \in S$, 企业需要归还 $R(w)$ 单位, 其中 $0 \leqq R(w) \leqq w$; 若 $w^s \notin S$, 企业需要归还 $K(w)$ 单位。为了保证所有的借贷需求都可以满足, 假定银行的比例为 $1/2 < \alpha < 1$。

1. 证明最优的支付计划为 $R(w) = w$ 和 $K(w) = x$。
2. 在最优支付计划下, 重新写出企业和银行的利润 (关于 x 的函数), 证明企业的利润函数关于 x 单调递减。
3. 写出企业的最优化问题, 包括银行的参与约束。
4. 假定银行的利润函数是凹的, 证明经济中存在信贷配给的纳什均衡。
5. 对比 Stiglitz 和 Weiss(1981), 这里在事前所有的企业都是同质的, 思考为什么会仍然存在信贷配给现象。

习题 16.30 (有成本状态验证) 假设有两类代理人, 他们的成本函数 $C(q, \theta)$ 不同。假定 $C_q > 0$, $C_\theta > 0$, $C_{qq} > 0$ 且 $C_{q\theta} > 0$, 其中 q 是委托人可完美观察的产出, $\theta \in \{\theta_L, \theta_H\}$, 各自出现的概率为 v 和 $1 - v$ 且 $\Delta\theta \equiv \theta_H - \theta_L > 0$。产量 q 对于委托人的价值为 $S(q)$, 其中 $S' > 0$, $S'' < 0$ 且 $S(0) = 0$。令 T 表示委托人给代理人的转移支付, 由此代理人的收益函数为 $t - C(q, \theta)$, 假定成本函数为 $C(q, \theta) = \theta q$。

委托人拥有一项审计技术, 委托人可以付出一定的成本 $c(p)$, 从而以一定的概率 p 观察到代理人的真实类型。关于审计成本, 假定 $c(0) = 0$, $c' > 0$, $c'' > 0$, 同时为了确保内点解存在, 假定成本函数满足稻田条件。这时激励机制包括了四个变量: 支付 $t(\tilde{\theta})$, 产出 $q(\tilde{\theta})$, 审计获得的真实类型概率 $p(\tilde{\theta})$, 以及若代理人报告的 $\tilde{\theta}$ 与所观察到的真实 θ 不同, 那么委托人对代理人则可以施加一个惩罚 $P(\theta, \tilde{\theta})$。在均衡时, 显示原理表明报告是真实的。

1. 写出这个问题的激励相容约束和参与约束。
2. 假设惩罚是外生的, 即 $P(\underline{\theta}, \overline{\theta}) \geqq l$, 及 $P(\overline{\theta}, \underline{\theta}) \geqq l$, 求解最优合约。
3. 假设惩罚是内生的, $P(\underline{\theta}, \overline{\theta}) \geqq \overline{t} - \underline{\theta}\overline{q}$, $P(\overline{\theta}, \underline{\theta}) \geqq \underline{t} - \overline{\theta}\underline{q}$, 求解最优问题。
4. 比较两种惩罚下的结果有什么不同。

习题 16.31 (金融合约) 假设有两类参与人, 银行作为委托人, 企业作为代理人, 企业所经营的投资项目利润为 θ, 其中以概率 v 获得高利润 $\overline{\theta}$, 以概率 $1 - v$ 获得低利润 $\underline{\theta}$, 委托人拥有一项随机的审查技术，概率为 $p(\theta)$，使用这项技术的成本为 $c(p)$。

1. 证明：若代理人报告的利润类型为高类型，则最优的审查概率为 0。
2. 写下这个问题的激励相容约束和参与约束，以及委托人的目标函数。
3. 求解最优合约。
4. 在最优合约安排下，经济中是否会存在信贷配给现象？

习题 16.32 (终止的威胁) 假设有两类参与人，银行作为委托人，企业作为代理人，企业所经营的投资项目利润为 θ，其中以概率 v 获得高利润 $\overline{\theta}$，以概率 $1-v$ 获得低利润 $\underline{\theta}$，代理人初始没有任何禀赋，若需要投资必须要 I 单位的投入，假定 $v\overline{\theta}+(1-v)\underline{\theta}>I$，并且 $\underline{\theta}>I$。假定合约的关系持续两期，并且两期中的利润类型 θ 是独立的，时间贴现为 1，委托人在第一期得知代理人报告的类型后，可以有一定的概率在第一期结束时终止与代理人的合约关系，设概率为 $\overline{p}$ 和 $\underline{p}$。

1. 写下这个两期问题的激励相容约束和参与约束。
2. 假设代理人具有有限责任，即 $\overline{t} \leqq \overline{\theta}$ 和 $\underline{t} \leqq \underline{\theta}$，求解最优合约。
3. 比较此时合约结果与随机审查技术下的合约结果有什么区别。

16.12 参考文献

教材和专著：

黄有光，张定胜 (2008). 高级微观经济学，上海: 格致出版社.

平新乔 (2001). 微观经济学十八讲，北京: 北京大学出版社.

Bolton, P., and Dewatripont, M. (2005). *Contract Theory*, MIT Press.

Freixas, X., and Laffont, J.J. (1990). “Optimal Banking Contracts”. *In Essays in Honor of Edmond Malinvaud, Vol. 2, Macroeconomics*, edited by. P. Champsaur et al. Cambridge: MIT Press.

Kamien, M., and Schwartz, N. (1991). *Dynamic Optimization: The Calculus of Variations and Optimal Control in Economics and Management*, Amsterdam: North-Holland.

Kreps, D. (1990). *A Course in Microeconomic Theory*, Princeton University Press.

Laffont, J. J. and Martimort, D. (2002). *The Theory of Incentives: The Principal-Agent Model*, Princeton and Oxford: Princeton University Press, Chapters 1-3.

Laffont, J. J., and Tirole, J. (1993). *The Theory of Incentives in Procurement and Regulation*, Cambridge: MIT Press.

Luenberger, D. (1995). *Microeconomic Theory*, McGraw-Hill, Inc., Chapter 12.

Mas-Colell, A., Whinston, M. D. and Green, J. (1995). *Microeconomic*, Oxford University Press, Chapters 13-14.

Rochet, J. C., and Stole, L. A. (2003). “The Economics of Multidimensional Screening，From Advances in Economics and Econometrics: Theory and Applications”, Eighth World Congress, Volume 1, edited by Dewatripont, M., Hansen, L. P. and Turnovsky, S. J. Cambridge Univeristy Press.

Salanie, B. (2005). *The Economics of Contracts: A Primer (2nd Edition)*, MIT Press.

Tirole, J. (1988). *The Theory of Industrial Organization*, MIT Press.

Topkis, D. (1998). *Supermodularity and Complementarity*, Princeton University Press.

Varian, H. R. (1992). *Microeconomic Analysis, Third Edition*, W.W. Norton and Company, Chapter 25.

Williamson, O. E. (1975). *Markets and Hierarchies: Analysis and Antitrust Implications*, the Free Press: New York.

Wolfstetter, E. (1999). *Topics in Microeconomics—Industrial Organization, Auctions, and Incentives*, Cambridge Press, Chapters 8-10.

论文：

Akerlof, G. (1970). "The Market for Lemons: Quality Uncertainty and the Market Mechanism", *Quarterly Journal of Economics*, Vol. 89, 488-500.

Baron, D., and Myerson, R. (1982). "Regulating a Monopolist with Unknown Cost", *Econometrica*, Vol. 50, 745-782.

Bernanke, B., Gertler, M. (1989). "Agency Costs, Net Worth, and Business Fluctuations", *The American Economic Review*, Vol. 79, 14-31.

Bester, H., and Strausz, R. (2001). "Contracting with Imperfect Commitment and the Revelation Principle: The Single-agent Case", *Econometrica*, Vol. 69, 1077-98.

Csorba, G. (2008). "Screening Contracts in the Presence of Positive Network Effects", *International Journal of Industrial Organization*, Vol. 26, 213-226.

Engers, M., and Fernandez, L. (1987). "Market Equilibrium with Hidden Knowledge and Self-Selection", *Econometrica*, Vol. 55, 425-39.

Green, J., and Kahn, C. (1983). "Wage-Employment Contracts", *Quarterly Journal of Economics*, Vol. 98, 173-188.

Grossman, S., and Hart, O. (1983). "An Analysis of the Principal Agent", *Econometrica*, Vol. 51, 7-45.

Hahn, J-H. (2003). "Nonlinear Pricing of Telecommunication with Call and Network Externalities", *International Journal of Industrial Organization*, Vol. 21, 949-967.

Hart, O. (1983). "Optimal Labor Contracts under Asymmetric Information: An Introduction", *Review of Economic Studies*, Vol. 50, 3-35.

Hellwig, M. (1987). "Some Recent Developments in the Theory of Competition in Markets with Adverse Selection", *European Economic Review*, Vol. 31, 319-325.

Hurwicz, L. (1972). "On Informational Decentralized Systems", in *Decision and Organization*, Radner, R. and McGuire, C. B. eds., in *Honor of J. Marschak* (North-Holland), 297-336.

Laffont, J. J., and Tirole, J. (1986). "Using Cost Observation to Regulate Firms", *Journal of Political Economy*, Vol. 94, 614-641.

Li, J. and Tian, G. (2003). "Optimal Contracts for Central Banks Revised", Working Paper, Texas A&M University.

Maskin, E., and Riley, J. (1984). "Monopoly with Incomplete Information", *Rand Journal of Economics*, Vol. 15, 171-196.

Meng, D. and Tian, G. (2008). "Nonlinear Pricing with Network Externalities and Countervailing Incentives", Texas A&M University. Website: http://econ.tamu.edu/tian/paper.htm.

Mussa, M., and Rosen, S. (1978). "Monopoly and Product Quality", *Journal of Economic Theory*, Vol. 18, 301-317.

Milgrom, P. and Shannon, C. (1994). "Monotone Comparative Statistics", *Econometrica*, Vol. 62, 157-180

Mirrlees, J. A. (1971). "An Exploraton in the Theory of Optimal Income Taxation", *Review of Economic Studies*, Vol. 38, 175-208.

Riley, J. G. (1979). "Information Equilibrium", *Econometrica*, Vol. 47, 331-60.

Rothschild, M., and Stiglitz, J. (1976). "Equilibrium in Competitive Insurance Markets", *Quarterly Journal of Economics*, Vol. 93, 541-562.

Segal, I. (1999). "Contracting with Externalities", *Quarterly Journal of Economics*, Vol. 114, 337-388.

Segal, I. (2003). "Coordination and Discrimination in Contracting with Externalities: Divide and Conquer", *Journal of Economic Theory*, Vol. 113, 147-181.

Spence, M. (1973). "Job Market Signaling", *Quarterly Journal of Economics*, Vol. 87, 355-374.

Stiglitz, J. E. (1977). "Monopoly Non-Linear Pricing and Imperfect Information: The Insurance Market", *Review of Economic Studies*, Vol. 44, 407-430.

Stiglitz, J. E., and Weiss, A. (1981). "Credit Rationing in Markets with Imperfect Information", *The American Economic Review*, Vol. 71, No. 3,393-410.

Stiglitz, J. E., Weiss, A. (1983). "Incentive Effects of Terminations: Applications to the Credit and Labor Markets", *The American Economic Review*, Vol. 73(5), 912-927.

Williamson, S.D. (1986). "Costly Monitoring, Financial Intermediation, and Equilibrium Credit Rationing", *Journal of Monetary Economics*, Vol. 18, 159-179.

Wilson, C. (1977). "A Model of Insurance Markets with Incomplete Information", *Journal of Economic Theory*, Vol. 16, 167-207.

第 17 章　委托—代理理论：道德风险

17.1　导　　言

前一章的逆向选择模型显示，当代理人拥有关于自身经济特征的一些私人信息，影响到有效交易时，任务的委托会造成委托人和代理人之间的信息差异，委托人由此需要设计恰当的激励合约来诱导代理人讲真话，但激励代理人真实显示其特征是有成本的，从而无法实现最佳（first best）结果，只能得到次佳（second best）结果。这样，信息不对称所得到的最佳合约和完全信息情形下的最佳合约不同。逆向选择中的基本问题是要在租金的抽取与配置效率之间进行权衡取舍。

逆向选择并不是唯一的信息不对称问题。在很多情况下，委托人通常无法控制代理人的行动，代理人的行为也是不可观测的或者观测成本很高。事实上，由于其行为的不可观测性，代理人在执行任务过程中总是难免作出对自己有利而对委托人不利的行为。我们称这类隐匿行动的现象为道德风险 (moral hazard)。① 下面是这方面的一些例子。

一些例子

(1) 银行不了解借款企业的信用等级，也不了解企业是否会在获得贷款之后滥用款项或尽到风险厌恶义务。

(2) 雇主不了解雇员的工作能力，也不了解其受雇之后是否会出现偷懒、不爱护机器设备、上班时间干私活等不利于雇主的行为。

(3) 购买汽车保险后开车不会特别小心。

(4) 公营单位对工作绩效和创新不是特别在意，反正盈利或亏损都是国家的，但风险是自己的，不会冒风险去创新。

(5) 口是心非，弄虚作假，说一套，做一套。

(6) 不像爱护自己的东西那样爱护公共财物，比如改革开放前，公家的自行车骑一两年就坏了，而个人的自行车骑许多年还像新的一样。

(7) 许多政府官员在位置上不作为，不愿承担风险，反正多干多错，少干少错，不干不错，为什么要去干呢？

(8) 改革开放前的大锅饭让工人、农民都没有工作积极性。

(9) 教师讲课，不知道学生是否在听，即使学生两眼盯着老师在看，也不知道听进去了没有，说不定在想其他事情。

(10) 对学生没有考核，没有压力，学生往往不是那么努力学习。

道德风险行为中最为典型的情形是努力变量。在这一章中，我们将道德风险用代理人的工作努力程度来表示。道德风险问题的基本分析思路如下。代理人的努力水平会影响委托人的收益，但努力水平是不可观测的，由于努力会给代理人带来一定的负效用 (努力成本)，从

①与“逆向选择”类似，这只是约定俗成的叫法，并不含有道德评判的意味。

而有可能导致代理人不努力工作。同时，努力所带来的结果是不确定的，努力可能会带来好的结果（如高的产出），也可能带来坏的结果（如低的产出），因而结果（如产出水平）是随机变量，但努力的程度会影响结果好坏（如产量高低）的概率。例如，土地的产出在一定的程度上（以一定的概率）取决于佃农的投入选择，比如种植庄稼的时间或者收割庄稼的质量。类似地，司机驾车发生事故的概率取决于其安全驾驶的程度，而后者又影响了其对保险的需求。又如，受规制的企业可能不得不进行成本高但无法观测的投资以降低其生产成本。

因而，委托人需要设计恰当合约，以激励代理人努力工作而不是偷懒。我们要考察的是，什么样的机制会让代理人努力工作。在完全信息情形下，让代理人努力容易实现，比如通过严格的奖惩制度。而在不完全信息情形下，则需要激励，委托人需要支付一定的信息租金来激励代理人努力工作。例如，企业为了使员工努力工作而提供的福利、奖金和其他福利就是一种信息租金。不过，这种激励合约显然不可能建立在不可观测的努力基础之上，而只能依赖于代理人的绩效 (performance)。[①] 这些绩效受代理人努力程度的影响，同时受到一些随机因素的干扰。[②] 委托人要做的是根据可观测的绩效设计出工资合约以诱导出代理人最佳的努力水平从而实现自身利益的最大化。在这个过程中委托人需要面临两种效应之间的权衡：激励与风险。一方面高强度的激励合约能够诱使代理人努力工作因而提高委托人的收益，此谓激励效应；另一方面，由于所采用的绩效指标中含有噪声因素，因此将绩效系以高能激励会放大噪声带来的不确定性，从而增加代理人所需承担的风险。[③]这样，风险中性的委托人必须通过向风险厌恶的代理人支付更多的风险溢价而为其提供保险，此为风险效应。委托人所要做的就是在**激励与风险之间作出最优权衡以确定最优的激励强度**。

需要强调的是，逆向选择和道德风险的一个差异是，对委托人来说，逆向选择情形下的不确定性是外生的，但在道德风险情形下则是内生的。因而在道德风险情形下的概率不同于自然状态出现的概率，其大小是由代理人的努力程度来决定的，比如小心开车会减少车祸发生的概率。这种不确定性对理解道德风险情形的合约问题十分关键。若代理人的努力和业绩之间的对应是完全确定的，委托人和法院根据所观察到的结果推断代理人的努力水平就不存在困难。即使代理人的努力无法直接观测，但由于结果自身可观测和可证实，它也可能用合约间接规定。

我们将考察能诱导代理人支付正的高成本努力的激励方案所具有的性质。这样，和上章的讨论一样，激励方案仍需满足代理人的两个基本约束：激励相容约束和参与约束。在众多的激励方案中，委托人选择激励成本最低的方案。由激励方案的成本最小化，可以导出实施正努力水平的次佳成本刻画结果。一般来说，次佳成本比努力水平可观测情形时的最佳成本大，从而委托人和代理人之间的利益冲突会导致配置的无效率。

17.2 基本模型

在这一节，我们通过建立道德风险问题的最简单形式，来讨论委托人与代理人之间的互

①比如科研人员的研究成果、生产线上工人生产的产品件数等。

②比如农业产出不仅取决于农民的努力程度，还受气候、水文等诸多人为不可控制的因素的影响。

③若一项绩效指标跟努力的关系很弱而随机性很强，在这样的绩效指标上系以高强度激励则无疑是引导代理人从事一种近乎赌博的活动。

动，互动的形式是一种合约，委托人不知道代理人的实际行动。在互动中，委托人有一项任务指派给代理人去做，后者需要投入精力，并由其承担努力的成本，任务完成后代理人的收益来自委托人付给代理人的报酬。委托人与代理人之间可能存在潜在利益冲突（委托人希望代理人多做事，而代理人希望少做事）。不过，委托人可以通过合约的设计来缓和他们之间的利益分歧，并激励代理人努力工作。激励代理人努力工作就是道德风险要解决的核心问题。

17.2.1 模型构建

考虑一个最简单的情形：假设某一项任务的完成有两个可能的结果 q，成功时 $q=1$，失败时 $q=0$，由此给委托人带来的（货币）收益分别为 $\bar{S}$ 和 $\underline{S}$，满足 $\bar{S}>\underline{S}$。代理人有两个可能的行动 e，努力或者偷懒，分别对应于 $e=1,0$。通常，任务的结果除了努力外，还依赖于其他一些外在因素。因此，我们假设代理人的行动不直接影响结果，只是影响结果发生的概率。记 π_e 是代理人选择行动 e 时任务成功的概率。通常代理人越努力，任务成功的可能性就越高，即 $\pi_1>\pi_0$，记 $\Delta\pi=\pi_1-\pi_0$ 表示代理人选择努力下任务成功概率的增加。用经济学的术语说，代理人的努力能在一阶随机占优 (first-order stochastic dominance) 的意义上提高产出水平，即对任意给定的产出水平 q^*，其产出水平小于或等于 q^* 的概率 $\Pr(\tilde{q}\leqq q^*|e)$ 关于 e 递减。事实上，我们有 $\Pr(\tilde{q}\leqq 0|e=1)=1-\pi_1<1-\pi_0=\Pr(\tilde{q}\leqq 0|e=0)$，$\Pr(\tilde{q}\leqq 1|e=1)=1=\Pr(\tilde{q}\leqq 1|e=0)$。

另外，代理人选择努力的成本记为 $\psi=c(1)$，$c(0)=0$，即不努力时成本为零。委托人不能直接观察代理人的行动，委托人给代理人的合约补偿只能依赖于结果 q，为此，补偿的合约形式为 $t(q)$，记 $\bar{t}=t(1)$ 和 $\underline{t}=t(0)$ 分别是成功和失败时的补偿。

假设委托人是风险中性的，其效用函数为 V 即 $V(y)=y$，代理人对补偿和努力的效用函数是可分的，即 $U(t,e)=u(t)-c(e)$，满足 $u'>0,u''\leqq 0$。$h=u^{-1}$，后面求解要用到其反函数 $h=u^{-1}$。显然，h 为严格递增的凸函数，即 $h'>0,h''\geqq 0$。在这样的效用函数设定下，代理人选择努力，其以货币表示的努力成本为 $h(\psi)$。

若代理人的努力水平为 $e=1$，则委托人的期望效用函数可写为：

$$\pi_1(\bar{S}-\bar{t})+(1-\pi_1)(\underline{S}-\underline{t}). \tag{17.2.1}$$

若代理人的努力水平为 $e=0$，则委托人的期望效用函数可写为：

$$\pi_0(\bar{S}-\bar{t})+(1-\pi_0)(\underline{S}-\underline{t}). \tag{17.2.2}$$

而对于代理人来说，若选择 $e=1$，其期望收益为：

$$\pi_1 u(\bar{t})+(1-\pi_1)u(\underline{t})-\psi. \tag{17.2.3}$$

我们假设代理人选择努力是社会占优的，即有 $\pi_1\bar{S}+(1-\pi_1)\underline{S}-h(\psi)>\pi_0\bar{S}+(1-\pi_0)\underline{S}$，或者

$$\Delta\pi(\bar{S}-\underline{S})>h(\psi). \tag{17.2.4}$$

式 (17.2.4) 表示努力带来的收益超过努力的成本，那么代理人选择努力是社会最优的。这样，我们所要回答的问题是，在道德风险情形下，委托人是否总是可以选择恰当合约，使得代理人的选择与社会利益一致呢？

上面的道德风险博弈时间顺序可由图 17.1 表示。

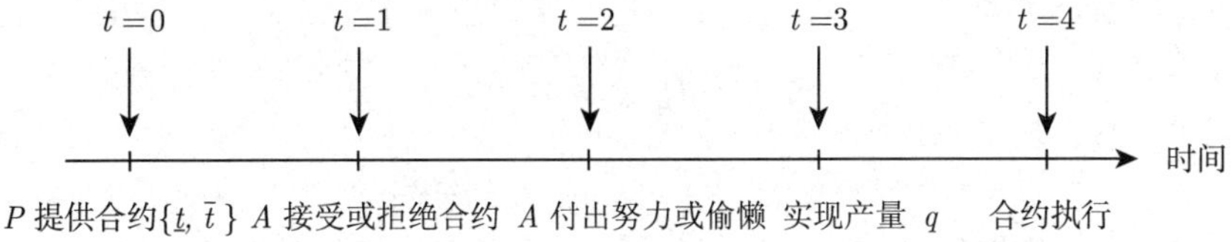

图 17.1 道德风险情形下的合约时序

17.2.2 基准情景

为了研究不完全信息下的最优合约选择，我们首先需要提供完全信息下最优合约这一基准情景。在这一情形下，代理人的行动可以放进合约中，同时可以由第三方，比如司法机构予以执行。委托人的问题是设计一个最优合约，合约设定代理人的行动，同时代理人在合约中获得的期望效用不低于保留效用。为简化起见，保留效用设为 0。在条件（17.2.4）下，我们想要让代理人选择 $e = 1$ 的行动是最优的，这样合约是下面问题的解：

$$\max_{\{(\bar{t},\underline{t})\}} \pi_1(\bar{S}-\bar{t})+(1-\pi_1)(\underline{S}-\underline{t})$$
$$\text{s.t.} \qquad \pi_1 u(\bar{t})+(1-\pi_1)u(\underline{t})-\psi \geqq 0.$$

由于行动可以由合约来约定，只要在合约中规定若不选择 $e = 1$，给予代理人严重的惩罚，此时代理人就会遵守该合约。上面的不等式约束称为参与约束，这是因为，若代理人接受这一合约，那么其期望效用不低于保留效用。显然在这个最优化问题中，这一约束一定是等式约束（有时又称为紧致约束）。令 λ 是参与约束的拉格朗日乘子，在紧致约束的优化问题中：

$$L(\lambda,\bar{t},\underline{t})=\pi_1(\bar{S}-\bar{t})+(1-\pi_1)(\underline{S}-\underline{t})+\lambda[\pi_1 u(\bar{t})+(1-\pi_1)u(\underline{t})-\psi].$$

关于 $\bar{t}$ 和 $\underline{t}$ 的一阶条件是：

$$-\pi_1+\lambda\pi_1 u'(\bar{t}^*)=0, \tag{17.2.5}$$

$$-(1-\pi_1)+\lambda(1-\pi_1)u'(\underline{t}^*)=0. \tag{17.2.6}$$

由式（17.2.5）和式（17.2.6），立即可推得：

$$\underline{t}^*=\bar{t}^*,$$

即在最优合约中代理人可以规避所有的风险。由于式（17.2.5）参与约束要满足，最优合约为 $\underline{t}^*=\bar{t}^*=h(\psi)$，即给代理人确定性的支付刚好等于劳动的货币成本。在此情况下，只要代理人努力了，不管结果好坏，委托人都应该给予代理人相同的报酬，因为其差异是自然造成的。对委托人来说，其期望收益为：

$$\pi_1\bar{S}+(1-\pi_1)\underline{S}-h(\psi).$$

为什么这个是最优合约呢？这是因为，若合约只要求参与人选择 $e=0$，那么此时的合约是下面优化问题的解：

$$\max_{\{(\bar{t},\underline{t})\}} \pi_0(\bar{S}-\bar{t})+(1-\pi_0)(\underline{S}-\underline{t})$$

$$\text{s.t.} \qquad \pi_0 u(\bar{t})+(1-\pi_0)u(\underline{t}) \geqq 0.$$

与上面的推理类似，我们得到合约为 $\underline{t}'=\bar{t}'=0$，委托人的期望收益为

$$\pi_0\bar{S}+(1-\pi_0)\underline{S}.$$

在条件 (17.2.4) 下，显然委托人在最优合约中规定代理人的行动为 $e=1$。因此，在完全信息情形下，合约是帕累托有效的。图 17.2 刻画了最优合约下的努力水平。

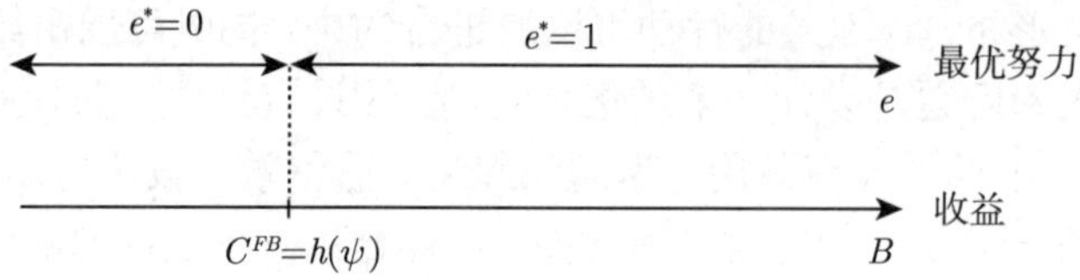

图 17.2 最佳努力水平

17.2.3 激励可行合约

若委托人不能直接观测到代理人的行动，此时委托人与代理人之间不可能在合约中约定代理人的行动。若委托人和代理人之间只有一次互动，那么即使委托人可以观察到代理人的行动，只要代理人的行动不能由第三方验证，那么合约中约定行动仍然是不可执行的。在这样的情形下，合约只能基于可验证的结果，即任务是否成功。此时，在完全信息情形下，代理人规避所有风险的合约形式是不可执行的。这是因为，若 $\underline{t}^*=\bar{t}^*$，代理人的补偿不依赖于结果，那么代理人就没有动机去选择 $e=1$ 的行动。其实，直觉也很简单，当行动不可观测时，结果的差异不知道是由有努力的差异造成的，还是由自然（不确定性）造成的，因此委托人不应该给予代理人相同的报酬，否则代理人由于这种非对称信息就没有动机去选择 $e=1$ 的行动。从而，可执行的合约需要引入一个新的约束条件，这一条件与逆向选择类似：

$$\pi_1 u(\bar{t})+(1-\pi_1)u(\underline{t})-\psi \geqq \pi_0 u(\bar{t})+(1-\pi_0)u(\underline{t}). \tag{17.2.7}$$

我们把式 (17.2.7) 称为激励相容约束，在这一条件下，即使合约中没有规定代理人的行动，代理人也会有激励选择委托人所希望的行动。注意，在上面的激励相容约束 (17.2.7) 中，完全信息合约 $\bar{t}=\underline{t}$ 不可能满足激励相容条件。

此外，在合约中，代理人在选择预期的行动中，要满足参与约束，即：

$$\pi_1 u(\bar{t})+(1-\pi_1)u(\underline{t})-\psi \geqq 0. \tag{17.2.8}$$

注意，代理人的参与约束需在事前阶段即在产出波动实现之前保证成立。

委托人希望代理人所支付的每种努力水平都对应着一组合约，这些合约保证了代理人的道德风险激励相容约束和参与约束成立。

定义 17.2.1 同时满足激励相容约束 (17.2.7) 和参与约束 (17.2.8) 的合约称为激励可行合约。

17.2.4 风险中性下的最优合约

在上面我们讨论到激励相容条件，不允许代理人完全规避其行动后果的风险，不完全信息通常会影响合约（对代理人行动）结果，但在代理人风险中性（同时不存在补偿限制）情况下会例外。若代理人是风险中性的，他的利益不会受到风险的影响，此时激励相容约束本身不会造成效率损失，从而会有像完全信息情形下的最佳结果。

若代理人是风险中性的，那么不妨假设 $u(t)=t$，其反函数 $h(u)=u$。委托人的最优合约问题为：

$$\max_{\{(\bar{t},\underline{t})\}} \pi_1(\bar{S}-\bar{t})+(1-\pi_1)(\underline{S}-\underline{t}) \tag{17.2.9}$$

$$\text{s. t.} \quad \pi_1\bar{t}+(1-\pi_1)\underline{t}-\psi \geqq \pi_0\bar{t}+(1-\pi_0)\underline{t}; \tag{17.2.10}$$

$$\pi_1\bar{t}+(1-\pi_1)\underline{t}-\psi \geqq 0. \tag{17.2.11}$$

激励相容约束（17.2.10）又可以写为：

$$\Delta\pi\bar{t} \geqq \Delta\pi\underline{t}+\psi. \tag{17.2.12}$$

首先，可以验证在上面的最优化问题中，式 (17.2.11) 必然是紧致约束。这是因为，式 (17.2.12) 和式（17.2.11) 必然至少有一个是紧致约束，否则可以通过降低 $\bar{t}$ 来增加委托人的期望效用。其次，若式 (17.2.11) 不是等式约束，那么可以通过微小地减少相同数量的 $\bar{t}$ 和 $\underline{t}$，在满足上面两个约束下，可以增加委托人的期望效用。当然，式 (17.2.12) 不一定是等式约束。图 17.3 中的阴影区域刻画了激励可行的区域，在紧致约束 (17.2.11) 上的任意一点都是风险中性下的次佳合约。这是因为：目标函数 (17.2.9) 可以写为：

$$\max_{\{(\bar{t},\underline{t})\}} \pi_1\bar{S}+(1-\pi_1)\underline{S}-[\pi_1\bar{t}+(1-\pi_1)\underline{t}].$$

这等价于：

$$\min_{\{(\bar{t},\underline{t})\}} \pi_1\bar{t}+(1-\pi_1)\underline{t}.$$

我们关注激励相容和参与约束（17.2.12）和（17.2.11) 都满足的均衡点，即图 17.3 中两条线的交叉点所对应的合约，通过简单的计算就可得到。

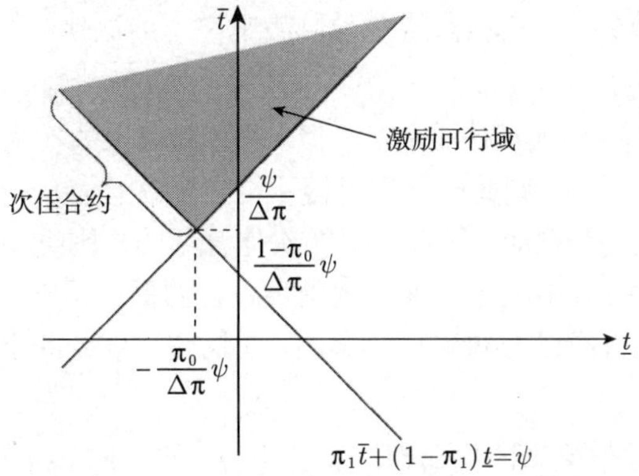

图 17.3 风险中性下的次佳合约

不过，在所有的次佳合约中，委托人的期望收益为 $\pi_1\bar{S}+(1-\pi_1)\underline{S}-\psi$，这一结果与完全信息情形下是一致的，而代理人的期望收益为 0（但不同结果下的报酬是不一样的，这一点和完全信息时是不一样的，尽管期望等于 0）。于是我们有如下命题。

命题 17.2.1 若代理人是风险中性的，则即使代理人的努力无法观测，委托人仍可通过恰当的合约，激励代理人付出最佳努力水平，即最佳努力水平仍是可实施的。

注 本节与 16.6 节的内容类似。在这两种情形下，如果合约是事前即在自然状态实现以前订立的，而且代理人是风险中性的，那么激励相容约束无论在逆向选择还是在道德风险下，都不会与事前参与约束相冲突，最佳的结果仍然可被实施。

注 在本章导言部分我们提到，道德风险问题中委托人（一般假定风险中性）通常要为风险厌恶的代理人提供保险，这使委托人不得不面临激励与风险的权衡。但当代理人是风险中性的时委托人不再需要为代理人提供保险，所以问题相对简单，委托人可以实现最佳结果。但这种最佳结果的实施不仅取决于代理人的风险中性，而且依赖一个隐含假设：代理人不能受到有限责任的保护。比如，要求代理人不能获得负支付，即不能受到惩罚，则 $\underline{t}^*$ 显然不能再使用。下面我们就讨论有限责任情形下的次佳合约。

17.3　有限责任和风险厌恶下的次佳合约

17.3.1　有限责任下的次佳合约

在上面，我们讨论了在代理人风险中性情形下，单纯引入激励相容条件并不会改变（相对于完全信息条件下）合约的结果或者代理人的行为。不过，激励相容条件要求在对代理人的补偿合约中，在任务成功和失败的不同结果中，代理人的补偿差异要满足：$\bar{t}-\underline{t}\geqq\frac{\psi}{\Delta\pi}$，这意味着在失败的结果下，代理人要受到惩罚，在图 17.3 所示的次佳合约中，这种惩罚至少有一个下界，即 $\underline{t}\leqq-\pi_0/\Delta\pi\psi$。然而，在现实中，由于一些法律或者文化等因素，使得惩罚还存在一个上界，比如在企业组织形式之一的有限责任公司中，投资人在失败情况下的损失界限只限于投资额，而不用承担无限责任。下面我们讨论在这种存在有限责任（或者对代理人存在有限度的惩罚）的情形下，代理人依然是风险中性下的次佳合约的安排。

令 l 是惩罚上界，即满足 $\underline{t},\bar{t}\in[-l,\infty)$，则次佳的合约安排可以用下面几个图来分析。与市场上的价格下界管制（比如最低工资）类似，若之前得出的在失败结果下的惩罚不超过惩罚上界，即 $-\pi_0/\Delta\pi\psi\geqq-l$，则此时惩罚界限不会影响次佳合约下（委托人和代理人期望效用）的结果和（代理人的）行动，尽管会使得次佳合约的范围缩小，这一情形可以通过图 17.4 来说明：我们看到由于存在惩罚上界，激励可行合约受到了限制，这也影响了次佳合约的空间，不过，由于代理人的参与约束仍然满足，在这些次佳合约下，委托人和代理人的期望效用结果不会改变。

若之前得出的在失败结果下的惩罚超过惩罚上界，即 $-\pi_0/\Delta\pi\psi\leqq-l$，我们同样用图示来讨论这种惩罚上界对次佳合约的影响。从图 17.5 我们发现随着惩罚上界的介入，激励可行合约区域受到限制，在这个新的区域中，代理人的参与约束 (17.2.11) 变为不等式约束，委

托人的最优决策是在这些激励可行区域中最小化执行成本

$$\min_{\{(\bar{t},\underline{t})\}} \pi_1\bar{t}+(1-\pi_1)\underline{t}.$$

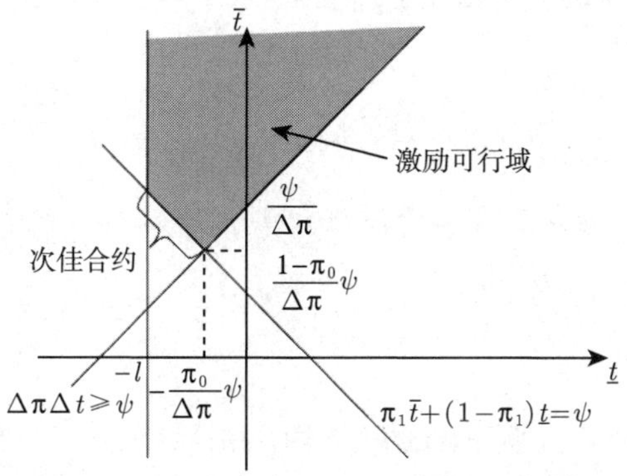

图 17.4 有限责任下的次佳合约 $l \geqq \pi_0\psi/\Delta\pi$

于是，次佳合约为：$\underline{t}^{SB}=-l$，此时有限责任影响到失败的惩罚，它刚好等于惩罚上界；$\bar{t}^{SB}=-l+\frac{\psi}{\Delta\pi}$，在这个合约下，委托人的期望效用为 $\pi_1\bar{S}+(1-\pi_1)\underline{S}-(\psi\frac{\pi_1}{\Delta\pi}-l)$，代理人的期望效用为 $\pi_0/\Delta\pi\psi-l>0$。同时我们进一步可以得到：当且仅当 $\Delta\pi\Delta S\geqq\psi+\pi_0/\Delta\pi\psi-l$，委托人才会激励代理人选择 $e=1$。

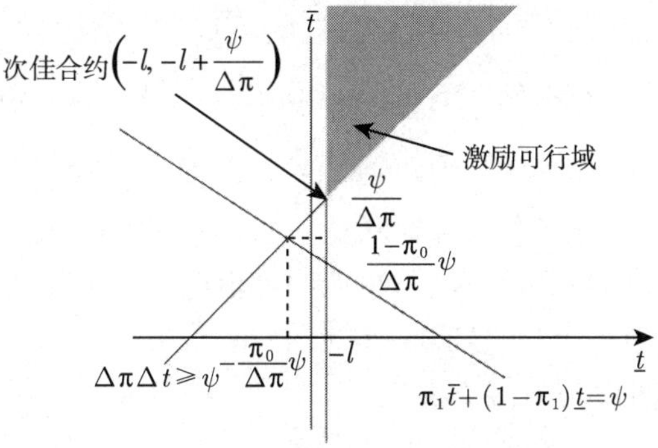

图 17.5 有限责任下的次佳合约 $0\leqslant l<\pi_0\psi/\Delta\pi$

我们注意到只有在失败状态出现时，有限责任 (惩罚上界) 约束才可能是紧致的。因为激励努力要求 $\bar{t}$ 和 $\underline{t}$ 之间存在差距，因此 $\underline{t}\geqq -l$ 时，必然有 $\bar{t}\geqq -l$。当有限责任很严格，即惩罚上界小于原先失败时的支付时，委托人对代理人的惩罚是有限的，此时代理人只能受到额度为 l 的惩罚；而当任务成功时，代理人获得 $-l+\psi/\Delta\pi$ 的奖励。因此，代理人获得一个非负期望租金 $EU^{SB}>0$，这个租金源于道德风险和有限责任的共同作用所导致的委托人对代理人的额外支付。随着 l 的不断增加，代理人受到有限责任的保护程度越来越小，则道德风险和有限责任约束之间的冲突越来越小，当 $l>\pi_0\psi/\Delta\pi$ 时，两者之间将不再发生冲突。

总结以上讨论，我们有下面命题。

命题 17.3.1 *在有限惩罚约束下，若合约是最优的，则有：*

(1) *若 $l>\frac{\pi_0}{\Delta\pi}\psi$ (即惩罚没有超过惩罚的上界)，则只有激励相容约束条件和参与*

约束条件是紧致的。最优转移支付合约为 $(\underline{t}^*, \bar{t}^*) = (-\pi_0/\Delta\pi\psi, (1-\pi_0)\psi/\Delta\pi)$。代理人的期望租金为零，即 $EU^{SB}=0$。

(2) 若 $0 \leqq l \leqq \frac{\pi_0}{\Delta\pi}\psi$，则只有激励相容约束条件和失败状态出现时有限责任约束条件是紧致的。最优转移支付由下式给出：

$$\underline{t}^{SB} = -l, \tag{17.3.13}$$

$$\bar{t}^{SB} = -l + \frac{\psi}{\Delta\pi}. \tag{17.3.14}$$

在上述情况下，代理人的期望有限责任租金 EU^{SB} 非负，为：

$$EU^{SB} = \pi_1\bar{t}^{SB} + (1-\pi_1)\underline{t}^{SB} - \psi = -l + \frac{\pi_0}{\Delta\pi}\psi \geqq 0. \tag{17.3.15}$$

17.3.2 风险厌恶下的次佳合约

下面我们讨论代理人风险厌恶下的次佳合约，在这种情形下，有一种基本的权衡：效率与风险。在前面我们看到，在不完全信息条件下，代理人如不承担风险，独立于结果的补偿合约将不满足激励相容条件。这样，要满足激励相容约束条件，代理人需要承担一定的风险。然而，对于风险厌恶的代理人来说，承担风险会降低其期望收益，由于代理人的补偿要满足参与约束，这种风险成本最终也会转移给委托人，由此委托人的问题是平衡激励产生的配置效率与激励带来的风险成本。

下面我们先讨论委托人的最优合约选择问题：

$$\max \pi_1(\bar{S}-\bar{t}) + (1-\pi_1)(\underline{S}-\underline{t}) \tag{17.3.16}$$

$$\text{s.t.} \quad \pi_1 u(\bar{t}) + (1-\pi_1)u(\underline{t}) - \psi \geqq \pi_0 u(\bar{t}) + (1-\pi_0)u(\underline{t}), \tag{17.3.17}$$

$$\pi_1 u(\bar{t}) + (1-\pi_1)u(\underline{t}) - \psi \geqq 0. \tag{17.3.18}$$

如果这是一个凹规划，一阶库恩－塔克（Kuhn-Tucker）条件是最优解的充分必要条件。但这并不一定是一个凹规划，因为式 (17.3.17) 的两边都出现了凹函数 $u(\cdot)$。然而，通过如下的变量代换可以保证变化后规划是一个凹规划。定义 $\bar{u}=u(\bar{t}), \underline{u}=u(\underline{t})$，为此 $\bar{t}=h(\bar{u}), \underline{t}=h(\underline{u})$。

这样，委托人的问题可以写为如下形式：

$$\max_{\{(\bar{u},\underline{u})\}} \pi_1(\bar{S}-h(\bar{u})) + (1-\pi_1)(\underline{S}-h(\underline{u})) \tag{17.3.19}$$

$$\text{s.t.} \quad \pi_1\bar{u} + (1-\pi_1)\underline{u} - \psi \geqq \pi_0\bar{u} + (1-\pi_0)\underline{u}, \tag{17.3.20}$$

$$\pi_1\bar{u} + (1-\pi_1)\underline{u} - \psi \geqq 0. \tag{17.3.21}$$

由于以上问题的目标函数是一个关于 $\bar{u}$ 和 $\underline{u}$ 的凹函数，约束 (17.3.20) 和 (17.3.21) 又是线性的，拉格朗日方程的一阶条件就是约束最优解的充分条件。

令 λ 和 μ 分别为对应于约束 (17.3.20) 和 (17.3.21) 的拉格朗日乘子，建立拉格朗日方程为：

$$\begin{aligned} L(\bar{u},\underline{u};\lambda,\mu) \;=\; & \pi_1(\bar{S}-h(\bar{u})) + (1-\pi_1)(\underline{S}-h(\underline{u})) \\ & +\lambda[\pi_1\bar{u} + (1-\pi_1)\underline{u} - \psi - \pi_0\bar{u} - (1-\pi_0)\underline{u}] \\ & +\mu[\pi_1\bar{u} + (1-\pi_1)\underline{u} - \psi]. \end{aligned}$$

于是，关于 $\bar{u}, \underline{u}$ 的一阶条件经过整理后为：

$$\frac{1}{u'(\bar{t}^{SB})} = \mu + \lambda \frac{\Delta\pi}{\pi_1}, \tag{17.3.22}$$

$$\frac{1}{u'(\underline{t}^{SB})} = \mu - \lambda \frac{\Delta\pi}{1-\pi_1}, \tag{17.3.23}$$

其中，$\bar{t}^{SB}$ 和 $\underline{t}^{SB}$ 为次佳转移支付。

由于在激励相容约束下，$\bar{t}^{SB} \neq \underline{t}^{SB}$，$\lambda \neq 0$，即激励相容约束 (17.3.20) 一定是紧致约束。此外，由于 $u'(\cdot) > 0$，意味着 $\mu \neq 0$，参与约束 (17.3.21) 也是紧致约束。与此同时，根据库恩–塔克定理，$\lambda > 0, \mu > 0$，由于 u 是凹函数，我们有 $\bar{t}^{SB} > \underline{t}^{SB}$，即任务成功时的补偿一定大于失败时的补偿。

由于激励相容约束 (17.3.20) 和参与约束 (17.3.21) 都是等式约束，我们通过求解二元一次方程组，得到：

$$\bar{u} = \psi + (1-\pi_1)\frac{\psi}{\Delta\pi}, \tag{17.3.24}$$

$$\underline{u} = \psi - \pi_1 \frac{\psi}{\Delta\pi}, \tag{17.3.25}$$

从而有

$$\bar{t}^{SB} = h(\psi + (1-\pi_1)\frac{\psi}{\Delta\pi}), \tag{17.3.26}$$

$$\underline{t}^{SB} = h(\psi - \pi_1 \frac{\psi}{\Delta\pi}). \tag{17.3.27}$$

于是，我们有如下命题。

命题 17.3.2 若代理人是风险厌恶的，则在诱导代理人付出正努力的最优合约中，代理人的参与和激励约束都是紧致的。该合约未提供完全保险，且次佳转移支付分别为：

$$\bar{t}^{SB} = h\left(\psi + (1-\pi_1)\frac{\psi}{\Delta\pi}\right) = h\left(\frac{1-\pi_0}{\Delta\pi}\psi\right) \tag{17.3.28}$$

和

$$\underline{t}^{SB} = h\left(\psi - \pi_1 \frac{\psi}{\Delta\pi}\right) = h\left(-\frac{\pi_0}{\Delta\pi}\psi\right). \tag{17.3.29}$$

图 17.6 表示了风险厌恶情形下的次佳解。

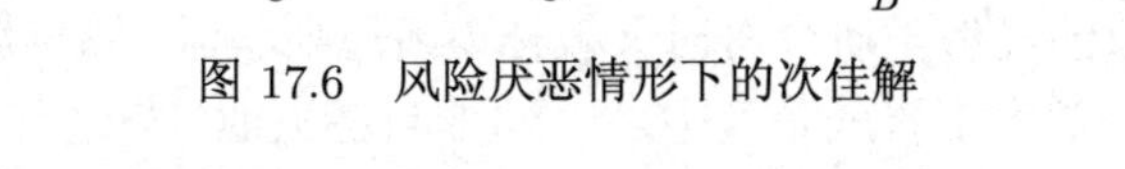

图 17.6 风险厌恶情形下的次佳解

17.3.3 基本权衡: 风险厌恶与激励

委托人激励代理人选择 $e=1$ 的成本为:

$$\begin{aligned} C^{SB} &= \pi_1 h\left(\psi+(1-\pi_1)\frac{\psi}{\Delta\pi}\right)+(1-\pi_1)h\left(\psi-\frac{\pi_1\psi}{\Delta\pi}\right) \\ &= \pi_1 h\left(\frac{1-\pi_0}{\Delta\pi}\psi\right)+(1-\pi_1)h\left(-\frac{\pi_0}{\Delta\pi}\psi\right). \end{aligned} \tag{17.3.30}$$

由于 $h(\cdot)$ 是严格凸的，根据詹森 (Jensen) 不等式，$C^{SB}>h(\psi)=C^{FB}$。

委托人激励代理人选择 $e=1$ 的收益仍然为

$$B=\Delta\pi\Delta S.$$

这样，在风险厌恶情形下，当且仅当 $B=\Delta\pi\Delta S\geqq C^{SB}>h(\psi)=C^{FB}$，委托人才会选择激励代理人选择 $e=1$。因此，在道德风险下，激励高水平的努力比完全信息下更为困难。下面的图 17.7 对比了在信息完全和不完全下委托人的最优契约和次佳契约。

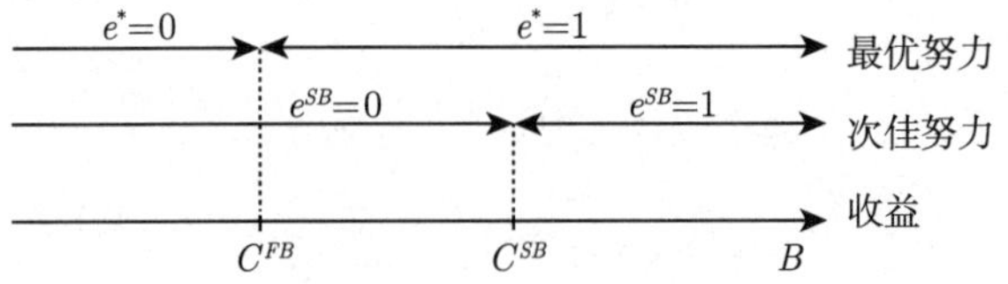

图 17.7 道德风险和风险厌恶情形下的次佳努力水平

当 B 属于区间 $[C^{FB},C^{SB}]$ 时，次佳努力水平为零，因而它严格小于最佳努力水平。由于道德风险和代理人的风险厌恶的共同作用，代理人的努力向下扭曲。

下面的命题总结了在道德风险下的基本权衡。

命题 17.3.3 *在道德风险和代理人风险厌恶情形下，委托人会在诱导代理人提供努力和为其提供保险之间进行权衡。若代理人的努力水平只取两种可能的值，则代理人的次佳努力水平小于努力可观测情形下的最佳努力水平。*

17.4 合约理论的应用

本节将前面所讨论的道德风险模型应用于各种问题中，这些问题在合约理论的相关文献中是重要的研究主题。

17.4.1 效率工资

在劳动力市场中，一个通常观察到的现象是在一些企业中，员工的工资往往高过劳动力市场的竞争工资，这种工资称为效率工资，这里所谓的“超过”是指扣除了可能的人力资本在内的因素。对此，一个宏观经济学的问题是什么阻碍了企业的工资不能调整到市场均衡工资，研究这些经济现象的经济学研究有时又被称为凯恩斯学派，该学派讨论一些非古典经济均衡现象的微观基础，效率工资就是其中之一，“非自愿失业”与之有密切联系。

Shapiro 和 Stiglitz (AER, 1984) 的论文首先讨论了效率工资背后的微观经济学逻辑。他们的研究框架是在一个动态的环境下考虑此问题。下面我们考虑一个简化的静态版，这里我们参考了 Laffont 和 Martimort (2002) 的模型设定：假设一个企业雇用一个劳动力来完成一个任务，企业主和员工都是风险中性的。我们把企业外的市场的均衡工资标准化为 0。企业主希望员工努力工作，假设努力水平是离散的，即 $e \in \{0,1\}$，努力的水平决定了任务结果（假设也只有两种情形 $y \in \{0,1\}$）。任务成功后即 $y=1$，企业的价值增加为 $\bar{V}$；失败时，企业的价值增加为 $\underline{V}, 0 \leqq \underline{V} < \bar{V}, \Delta V = \bar{V} - \underline{V}$。任务的成功概率依赖于员工的努力投入，令 π_e 是努力投入为 e 时任务成功的概率，$1 > \pi_1 > \pi_0 > 0, \Delta\pi = \pi_1 - \pi_0$。假设努力函数为 $\psi(1) = \psi, \psi(0) = 0$，员工的努力不能被企业主直接观察到。企业主希望员工努力工作，然而他对员工最大可能的惩罚是开除，此时员工的工资为保留工资，意味着员工的惩罚具有下界，即受到有限责任的保护。下面，我们讨论企业主是如何通过激励性合约来激发员工努力工作的。

假设 $\Delta\pi\Delta V > 0$，即员工努力工作是社会最优的。

由于企业主不能观察到员工的努力投入，为此一个可执行的工资合约只能建立在任务结果之上，即 $(\underline{t}, \bar{t})$，$\Delta t = \bar{t} - \underline{t}$，分别对应于 $y = 1, 0$ 结果下的报酬。对于企业主来说一个次佳的激励合约是求解下面最大化的问题：

$$\max_{\{(\underline{t},\bar{t})\}} \pi_1(\bar{V} - \bar{t}) + (1-\pi_1)(\underline{V} - \underline{t}) \tag{17.4.31}$$

$$\text{s.t.} \quad \pi_1\bar{t} + (1-\pi_1)\underline{t} - \psi \geqq \pi_0\bar{t} + (1-\pi_0)\underline{t}, \tag{17.4.32}$$

$$\pi_1\bar{t} + (1-\pi_1)\underline{t} - \psi \geqq 0, \tag{17.4.33}$$

$$\underline{t} \geqq 0. \tag{17.4.34}$$

其中式 (17.4.32) 对应于之前的激励相容约束；式 (17.4.33) 对应于之前的参与约束；式 (17.4.34) 对应于之前的有限责任约束。

从式 (17.4.32) 我们得到 $\Delta\pi\Delta t \geqq \psi$，意味着 $\bar{t} > \underline{t}$，为此式 (17.4.33) 自然成立，参与约束是一个松弛约束，而不是一个紧致约束。

对目标函数 (17.4.31) 在约束条件 (17.4.32) 及 (17.4.34) 下求解最优化，我们得到次佳合约为：$\underline{t} = 0$ 和 $\bar{t} = \frac{\psi}{\Delta\pi} > 0$，此时期望工资大于市场均衡工资，出现效率工资大于市场均衡工资的原因在于企业需要给员工一个提供努力工作的激励，员工的期望效用为 $\pi_1\bar{t} + (1 - \pi_1)\underline{t} - \psi = \frac{\pi_0\psi}{\Delta\pi} > 0$。企业的激励成本为 $\frac{\pi_1\psi}{\Delta\pi}$，只有当 $\Delta\pi\Delta V > \frac{\pi_1\psi}{\Delta\pi}$ 时，企业才会激励员工。

在效率工资水平下代理人付出高水平的努力。为了诱导代理人更好地生产，委托人必须将一定的企业利润让与代理人。

17.4.2 分佃制

道德风险理论框架也被广泛应用到发展经济学。农业经济中的分成佃租就是一种激励机制。假如地主雇用某人在农场上工作，该名农工在所得固定的情况下，缺乏诱因全力以赴。假如地主对该名农工的工作情况完全掌握，自然可以据此来指挥他。但是，要取得这样充分的信息，地主势必得花费相当多的精力亲自督导监控。假如做不到这一点，那么地主和农工双方将有不同的信息，生产将无法充分实现效率。另一种极端的做法，则是把土地以固定的金额出租，那么就可以给佃农非常大的诱因。但是，不要忘记农业也是一种高风险的事业，最贫穷的农民可能根本无法承受这种不确定性。因此，分成制（sharecropping）这种折中的形式才会兴起。这种方式削弱而非消灭工作的诱因，承担了部分而非全部的风险。类似的想法也可沿用到健康保险上，大部分的健康保险都有所谓的共同保险（coinsurance），将风险作部分分摊，但病人仍多少有节约的诱因。这些例子都说明，信息的差异性普遍存在于经济体系中，导致了无效率，也促使我们通过合约的安排或非正式的共识，对信息不足的一方施以保护。

分佃的思想在文献中最早源于张五常 (1969) 的博士论文。他得出了分成佃租是最优制度安排的结果，这个结果当时非常新颖，现在已经成为新制度经济学的重要开端之一。Stiglitz (RES, 1974) 直接引用了张五常的思想。在 Stiglitz (RES, 1974) 所考察的分佃制模型中，委托人为地主，代理人为佃农 (tenant)，佃农只负有限责任。Stiglitz 给出了次佳合约，通过下面的讨论，可知线性合约并非次佳合约，这一结果同张五常的结果有所不同。在现实中，分成制并非达到了最优合约。分成制对佃农来说更为有益，而对地主来说并不是最优的。

下面我们讨论一个简化版本的 Stiglitz(1974) 的模型：佃农的努力水平 $e \in \{0,1\}$，农业产出只取两个可能的值 $\bar{q}$ 和 $\underline{q}$，其中 $\bar{q} > \underline{q}$。佃农的努力水平 e 越高，农业产出为 $\bar{q}$ 的概率 $\pi(e)$ 越大，即 $\pi_1 > \pi_0$。我们把农产品的价格标准化为 1，则委托人的收益为 $\bar{q}$ 或者 $\underline{q}$，其对应的概率分别为 $\pi(e)$ 和 $1-\pi(e)$。

我们假定代理人（佃农）是风险中性的且受到有限债务约束的保护，则委托人的最优合约问题可写为：

$$\max_{\{(\underline{t},\bar{t})\}} \pi_1(\bar{q}-\bar{t}) + (1-\pi_1)(\underline{q}-\underline{t}) \tag{17.4.35}$$

其约束为

$$\pi_1\bar{t} + (1-\pi_1)\underline{t} - \psi \geqq \pi_0\bar{t} + (1-\pi_0)\underline{t}, \tag{17.4.36}$$

$$\pi_1\bar{t} + (1-\pi_1)\underline{t} - \psi \geqq 0, \tag{17.4.37}$$

$$\underline{t} \geqq 0. \tag{17.4.38}$$

其最优结果与上一小节中效率工资的结果类似。$\bar{t} = \frac{\psi}{\Delta\pi}, \underline{t} = 0$。

在现实的环境中，佃农的合约通常具有分成的形式，即 $t = \alpha q$，其中 α 是佃农收成分享比例。下面我们来讨论在分佃制安排下，一个最优的分成比例是多少。由于 $\underline{q} > 0, \underline{t} = \alpha\underline{q} > 0$，在下面的讨论中，有限责任约束自然满足。

一个最优的分佃合约为：

$$\max_{\alpha}(1-\alpha)(\pi_1\bar{q} + (1-\pi_1)\underline{q}) \tag{17.4.39}$$

其约束为

$$\alpha(\pi_1\bar{q} + (1-\pi_1)\underline{q}) - \psi \quad \geqq \quad \alpha(\pi_0\bar{q} + (1-\pi_0)\underline{q}), \tag{17.4.40}$$

$$\alpha(\pi_1\bar{q} + (1-\pi_1)\underline{q}) - \psi \quad \geqq \quad 0, \tag{17.4.41}$$

其中，式（17.4.40）和式（17.4.41）分别为激励佃农选择努力投入时的激励相容约束和参与约束。由于 $\pi_0 > 0$，$\bar{q} > 0$，$\underline{q} > 0$，这样若式 (17.4.40) 成立，式 (17.4.41) 也必然成立。因此，

只有激励相容约束 (17.4.40) 是紧致的。由此我们得到，次佳的分佃合约为 $\alpha^{SB}=\frac{\psi}{\Delta\pi\Delta q}$。由于选择激励相容合约的条件是 $\Delta q\Delta\pi>\psi$，最优分享比例需要满足 $\alpha^{SB}<1$。

由于不须满足有限约束，对委托人（地主）来说，次佳的分佃合约不同于次佳合约，因此，次佳合约相对于次佳的分佃合约给委托人带来更大的期望效用。

17.4.3 金融合约：信贷配给

信息不对称的金融市场有两个重要议题，一个是上一章讨论的逆向选择问题，另一个则是这一节讨论的借款人的道德风险问题。下面我们讨论金融市场的道德风险问题，这一节的讨论来自 Holmstrom 和 Tirole(1997) 的信贷配给分析，同时也参考了 Laffont 和 Martimort(2002) 在 4.8.4 节中的讨论。有一个风险规避企业打算启动一项初始投资为 I 的项目，假设企业的效用函数为 $u(\cdot)$，满足 $u'>0$ 和 $u''<0$。企业没有资金，只能从银行或者其他金融机构处融资，假设金融机构是风险中性的。该项目的回报是随机的，它为 $\bar{V}$ 和 $\underline{V}$ 的概率分别为 $\pi(e)$ 和 $1-\pi(e)$，其中 $e\in\{0,1\}$ 是企业在项目中付出的努力。记项目的利润变动范围为 $\Delta V=\bar{V}-\underline{V}>0$，银行或者其他金融中介向企业提供的金融合约由企业的还款额 $(\bar{z},\underline{z})$ 构成，具体金额取决于项目成功与否。

下面我们讨论激励企业家努力的次佳合约，它是下面最优化问题的解：

$$\max_{\{(\underline{z},\bar{z})\}} \pi_1\bar{z}+(1-\pi_1)\underline{z}-I \tag{17.4.42}$$

其约束为

$$\begin{aligned}&\pi_1u(\bar{V}-\bar{z})+(1-\pi_1)u(\underline{V}-\underline{z})-\psi\\ \geqq\ &\pi_0u(\bar{V}-\bar{z})+(1-\pi_0)u(\underline{V}-\underline{z}),\end{aligned} \tag{17.4.43}$$

$$\pi_1u(\bar{V}-\bar{z})+(1-\pi_1)u(\underline{V}-\underline{z})-\psi\geqq 0. \tag{17.4.44}$$

为求解上面的最优化问题，我们首先作变量代换 $\bar{t}=\bar{V}-\bar{z}$ 和 $\underline{t}=\underline{V}-\underline{z}$。这样，上面的最优合约问题转化为前面所讨论的标准形式。于是得到：可定义执行努力水平的次佳成本为 $C^{SB}=\pi_1h(\psi+(1-\pi_1)\frac{\psi}{\Delta\pi})+(1-\pi_1)h(\psi-\frac{\pi_1\psi}{\Delta\pi})$，其中 $h=u^{-1}$。同时有 $\Delta\pi\Delta V\geqq C^{SB}$，即在次佳环境中委托人仍然希望企业提供正的努力。委托人的期望利润为：

$$V_1=\pi_1\bar{V}+(1-\pi_1)\underline{V}-C^{SB}-I. \tag{17.4.45}$$

此时，初始投资额 I 对委托人是否向企业贷款起着重要影响，因为只有当项目所带来的期望利润为正，即 $V_1>0$ 时，委托人才会向该项目贷款。从式 (17.4.45) 得到：投资规模 I 满足：

$$I<I^{SB}=\pi_1\bar{V}+(1-\pi_1)\underline{V}-C^{SB}. \tag{17.4.46}$$

而在完全信息下，有效的信贷配给只要满足

$$I<I^{*}=\pi_1\bar{V}+(1-\pi_1)\underline{V}, \tag{17.4.47}$$

则委托人将对项目提供贷款。对比式 (17.4.46) 和式 (17.4.47)，得到 $I^{SB} < I^*$。这一结论意味着，在不对称的环境下，借贷人的道德风险意味着借款人的信贷规模要小于完全信息环境下的规模，这一结果可以看成是同信贷配给 (credit rationing) 的形式相似。

注意到上面风险规避的借款人没有自有资金，其激励合约为：$\underline{t}^{SB} = h\left(\psi - \frac{\pi_1\psi}{\Delta\pi}\right) < 0$。因此这一合约并不满足有限债务约束 $\underline{t} \geqq 0$。为了诱导企业付出努力，企业必须承担一定的风险，这意味着在糟糕的自然状态下其收益为负。如果我们引入有限债务约束，最优合约将变为 $\underline{t}^{LL} = 0$ 和 $\bar{t}^{LL} = h\left(\frac{\psi}{\Delta\pi}\right)$。有意思的是，该合约有时在企业金融的文献中被解释为债务合约，即借款人（企业）在糟糕的自然状态下收益为零，而在好的自然状态下贷款人将项目剩余利润据为己有。

最后，由于 $h(\cdot)$ 严格凸且 $h(0) = 0$，我们有

$$\begin{aligned}\bar{t}^{LL} - \underline{t}^{LL} = h\left(\frac{\psi}{\Delta\pi}\right) &\geqq \bar{t}^{SB} - \underline{t}^{SB} \\ &= h\left(\psi + (1-\pi_1)\frac{\psi}{\Delta\pi}\right) - h\left(\psi - \frac{\pi_1\psi}{\Delta\pi}\right).\end{aligned} \tag{17.4.48}$$

该不等式①表明，债务合约比最优激励合约的激励效果要差。在债务合约下，要激励代理人选择努力，需要对代理人在不同状态下的收入拉开更大差距，这提高了代理人面临的风险，但无疑会给委托人带来更大的代理成本。

上面我们讨论了一个投资人没有自有资金情形下的信贷配给，然而现实中，一个企业在信贷市场上如果没有一定的资产作为担保很难借到钱，为此在信贷市场上，信贷规模依赖于企业的自有资金的多少，这一现象也称为信贷配给。下面我们讨论 Holmstrom 和 Tirole (1997)，以及 Tirole (2006) 第三章对信贷配给的微观机理的分析。

假设一个投资者自有资金的数量为 A，有一个投资项目，需要资金量为 $I > A$，为此投资者只有在市场上借到 $I - A$ 的资金才能完成项目。假设项目成功，其回报为 R；而失败，其回报为 0。假设项目的执行结果依赖于投资者的行为。若项目投资者尽职，其成功的概率为 p_H；若项目投资者不尽职，则成功的概率为 $p_L < p_H$，但获得一个私人好处 B。令 $\Delta p = p_H - p_L$。为简化，假设投资者和银行都是风险中性的。投资者受到有限责任的保护，即他的收入不能低于 0。假设银行处在竞争环境中，其市场均衡利率为 0。在借贷合约中，借贷双方约定若项目成功，对项目的回报 R 进行分割，其中 R_I 归银行，$R_B = R - R_I$ 归投资者。

对于银行来说，竞争环境的零利润条件意味着 $p_H R_I = I - A$。我们进一步假设，项目只有在投资者表现尽职时才会有正的收益，即 $p_H R > I > p_L R + B$。

对于投资者而言，当且仅当 $p_H R_B \geqq p_L R_B + B$，或者 $R_B > \frac{B}{\Delta p}$ 时，投资者才会表现尽职，这意味着，在项目成功时，银行从项目中获得最高回报不会超过 $R - \frac{B}{\Delta p}$。因此，对于银行来说，投资项目的（期望）有保障的收入 (pledgable income) 为 $\mathbf{p} \equiv p_H(R - \frac{B}{\Delta p})$。

由于对银行来说，仅当 $\mathbf{p} \equiv p_H(R - \frac{B}{\Delta p}) \geqq I - A$ 时，才会借贷。这样，对项目借贷的一个必要条件为：$A \geqq \bar{A} = p_H\frac{B}{\Delta p} - (p_H R - I)$。当 $p_H R - I < p_H\frac{B}{\Delta p}$ 时，有 $\bar{A} > 0$。同时，随

① 容易证明，当 h 可微时，利用中值定理，$h(\frac{\psi}{\Delta\pi}) - h(\psi + (1-\pi_1)\frac{\psi}{\Delta\pi}) = h'(\delta_1)(\frac{\pi_1\psi}{\Delta\pi} - \psi) > h'(\delta_2)(\frac{\pi_1\psi}{\Delta\pi} - \psi) = h(0) - h(\psi - \frac{\pi_1\psi}{\Delta\pi})$，这里 $\delta_1 > \psi + (1-\pi_1)\frac{\psi}{\Delta\pi} > 0 > \delta_2$。

着 B 或者 I 的增加，投资者自有资金的下界 $\bar{A}$ 也会越来越高。这意味着，投资者在信贷市场上，如果自有资金不足就可能借不到钱，而且随着项目规模 (I) 需求越大，或者道德风险 (以 B 刻画) 越高，这种信贷配给将会变得越来越严重。

17.5 对基本模型的扩展

这一节，我们对基本模型进行扩展。在基本模型中，产出结果是两个，代理人的行动也是两个。若结果或者行动是有限多个，或者为连续情形，则具体的次佳合约会出现哪些新的特征呢？在这一部分，我们重点讨论代理人是风险厌恶的情形。

17.5.1 多个结果、两个行动

我们先把结果从两个拓展到多种绩效水平的情形。假设结果可能是 n 种绩效的过程，这些绩效按从小到大的顺序排列为 $q_1 < q_2 < \cdots < q_i < \cdots < q_n$。委托人在每种自然状态下的收益分别为 $S_i = S(q_i)$。由于行动不可观察，合约中的支付只能建立在绩效基础上。在这样的设定下，合约为 n 维转移支付向量 $\{(t_1, \cdots, t_n)\}$。我们仍假定代理人的努力水平只有两种，即 $e_j \in \{0, 1\}$。令 $\pi_{ij} = \Pr(\tilde{q} = q_i | e = e_j)$。我们假设 $\pi_{ij} > 0$, $\sum_{i=1}^{n} \pi_{ik} = 1, \forall (i, k)$。此外，记 $\Delta\pi_i = \pi_{i1} - \pi_{i0}$。

我们说，代理人作出努力 $e = 1$，相对于 $e = 0$，会使得（在随机意义下）绩效变得更好，用数学定义，可以用下面的绩效分布依行动具有单调似然率的特性，即代理人的努力投入会使得高绩效的结果更容易出现。

定义 17.5.1 若 $\frac{\pi_{i1} - \pi_{i0}}{\pi_{i1}}$ 是 i 的非递减函数，则称绩效的分布概率满足**单调似然率性质 (monotone likelihood ratio property，MLRP)** 。

假定代理人是严格风险厌恶的，委托人的最优合约问题为：

$$\max_{\{t_1, \cdots, t_n)\}} \sum_{i=1}^{n} \pi_{i1}(S_i - t_i), \tag{17.5.49}$$

其约束为

$$\sum_{i=1}^{n} \pi_{i1} u(t_i) - \psi \geqq \sum_{i=1}^{n} \pi_{i0} u(t_i), \tag{17.5.50}$$

以及

$$\sum_{i=1}^{n} \pi_{i1} u(t_i) - \psi \geqq 0, \tag{17.5.51}$$

其中第一个约束是代理人的激励相容约束，而后面的约束为代理人的参与约束。

利用前面类似的变量代换方法，我们可将上述问题转化为关于新变量 $u_i = u(t_i)$ 的凹规划问题。此时目标函数为：

$$\max_{\{u_1, \cdots, u_n)\}} \sum_{i=1}^{n} \pi_{i1}(S_i - h(u_i)), \tag{17.5.52}$$

其中 $h(\cdot) = u^{-1}$。约束为：

$$\sum_{i=1}^{n} \pi_{i1} u_i - \psi \geqq \sum_{i=1}^{n} \pi_{i0} u_i, \tag{17.5.53}$$

$$\sum_{i=1}^{n} \pi_{i1} u_i - \psi \geqq 0. \tag{17.5.54}$$

令 μ 和 λ 分别为参与约束 (17.5.54) 和激励相容约束 (17.5.53) 的拉格朗日乘子，求得最优化问题的一阶条件：

$$\frac{1}{u'(t_i^{SB})} = \mu + \lambda \left(\frac{\pi_{i1} - \pi_{i0}}{\pi_{i1}} \right) \quad \forall\, i \in \{1, \cdots, n\}. \tag{17.5.55}$$

对上述每个方程的两端同乘以 π_{i1} 并将其关于 i 累加，则有 $\mu = E_q\left(\frac{1}{u'(t_i^{SB})}\right) > 0$, 其中 E_q 表示努力水平为 $e = 1$ 时产出分布的期望算子。这样参与约束条件是紧致的。

对方程 (17.5.55) 两端同乘以 $\pi_{i1} u(t_i^{SB})$，将这些方程关于 i 累加并将上面得到的 μ 的表达式代入其中，我们得：

$$\lambda \left(\sum_{i=1}^{n} (\pi_{i1} - \pi_{i0}) u(t_i^{SB}) \right) = E_q \left(u(\tilde{t}_i^{SB}) \left(\frac{1}{u'(\tilde{t}_i^{SB})} - E\left(\frac{1}{u'(\tilde{t}_i^{SB})} \right) \right) \right). \tag{17.5.56}$$

根据松弛条件 $\lambda \left(\sum_{i=1}^{n} (\pi_{i1} - \pi_{i0}) u(t_i^{SB}) - \psi \right) = 0$，我们可将式 (17.5.56) 左端简化。最终我们可得：

$$\lambda \psi = cov \left(u(\tilde{t}_i^{SB}), \frac{1}{u'(\tilde{t}_i^{SB})} \right). \tag{17.5.57}$$

根据假设，可知 $u(\cdot)$ 和 $u'(\cdot)$ 变化方向相反。由于 $t_i^{SB} = t^{SB}, \forall i$ 不满足激励约束，t_i^{SB} 不可能对所有的 i 都是常数。这意味着式 (17.5.57) 的右端必然严格大于零。由此得 $\lambda > 0$，因此激励约束也是紧致的。

再来考察式 (17.5.55)。由于 $u(\cdot)$ 是凹函数，因此式 (17.5.55) 的左端关于 t_i^{SB} 递增。既然 t_i^{SB} 关于 i 非递减，最大似然率性质必然满足。这意味着产出越大，代理人支付高水平努力的可能性越大。因此，当产出增加时，代理人理应得到更多奖励。

17.5.2 两个结果、连续行动

下面我们讨论在一个连续行动和两个结果下的次佳合约。假设代理人的努力行动是在一个连续集合中，$a \in [0, \infty)$，有两个可能的结果，$q \in \{0, 1\}$。$q = 1$ 代表好的结果，否则为坏的结果。结果依赖于努力行动，$p(a) \equiv prob(q = 1|a) \in (0, 1)$ 表示努力行动为 a 下好结果发生的概率。假设有 $p'(a) > 0$，这表示若代理人选择更高的努力水平，其好结果的概率也越高。为简化讨论，假设代理人选择 a 的努力成本为 $\Psi(a) = a$。令 w 是委托人给代理人的补偿。在不完全信息下，委托人对代理人的支付只依赖于结果 q。

委托人的效用函数为 $V(q - w) = q - w$，即委托人是风险中性的。代理人的效用函数为 $u(w) - \Psi(a)$，满足特性 $u'(\cdot) > 0$ 和 $u''(\cdot) \leqq 0$，这样代理人具有风险厌恶特性。

下面我们讨论信息完全和不完全时委托人合约的选择。

若代理人的行动可以被委托人观察到，并且可以由第三方验证，那么委托人的最优合约选择是下面的最大化问题：

$$\max_{a,w_0,w_1} p(a)(1-w_1)+(1-p(a)(-w_0)) \tag{17.5.58}$$

$$\text{s.t.} \quad p(a)u(w_1)+(1-p(a))u(w_0)-a \geqq 0, \tag{17.5.59}$$

其中，式（17.5.62）是代理人的参与约束。令 λ 是参与约束的拉格朗日乘子，我们得到最优的一阶条件：

$$\frac{1}{u'(w_1)}=\lambda=\frac{1}{u'(w_0)}, \tag{17.5.60}$$

从而有 $w_1=w_0$，即代理人完全保险，委托人承担所有的风险。

下面讨论信息不完全时的次佳合约。由于代理人的行动不可以被委托人观察到，代理人的行动要满足激励相容条件。委托人的合约选择是下面的最大化问题：

$$\max_{a,w_0,w_1} p(a)(1-w_1)+(1-p(a)(-w_0)) \tag{17.5.61}$$

$$\text{s.t.} \quad p(a)u(w_1)+(1-p(a))u(w_0)-a \geqq 0, \tag{17.5.62}$$

$$a=\operatorname{argmax}_{a'} p(a')u(w_1)+(1-p(a'))u(w_0)-a', \tag{17.5.63}$$

其中，式 (17.5.63) 是连续情形下的激励相容条件。

从式 (17.5.63) 我们得到：

$$p'(a)(u(w_1)-u(w_0)=1. \tag{17.5.64}$$

令 λ 和 μ 分别是式 (17.5.62）和式（17.5.64) 的拉格朗日乘子，从 w_0 和 w_1 的一阶条件，得到：

$$\frac{1}{u'(w_1)}=\lambda+\mu\frac{1}{u'(w_0)}, \tag{17.5.65}$$

$$\frac{1}{u'(w_0)}=\lambda-\mu\frac{1}{u'(w_0)}. \tag{17.5.66}$$

当激励相容约束（17.5.64）是紧致约束时，我们得到 $w_1>w_0$，即代理人更大的努力将得到更高的补偿，代理人在次佳合约中承担一定的风险。

17.5.3 连续结果、连续行动

在这一小节中，我们讨论结果和行动都是连续的情形，在文献中，这种情形也被广泛地采用。在连续情形下，可以更好地看到次佳合约对效率与风险之间的权衡。

假设代理人的努力行动 $a\in[0,\infty)$（概率意义下）决定委托人的产出 $q=a+\epsilon$，其中 $\epsilon\in(-\infty,\infty)$ 服从正态分布，可以把它理解为影响产出的一些外在因素，假设其均值为 0，方差为 σ^2。委托人的偏好是风险厌恶的，代理人对收入的效用函数为 $u(w)=-e^{-rw}$，即常系数绝对风险厌恶效用函数。假设委托人对代理人的补偿合约是结果的线性函数：$w(q)=\alpha+\beta q$，我们考察次佳合约中的 α,β 是如何选择的。另外，假设代理人选择 a 的私人成本为 $c(a)$。

在线性合约下，代理人的补偿也是一个正态分布，其均值为 $\bar{w}=\alpha+\beta a$，方差为 $\sigma^2(w)=\beta^2\sigma^2$，在常系数绝对风险厌恶效用函数下，其期望效用为 $-e^{-(\bar{w}-\frac{r\sigma^2(w)}{2})}$。

这样，在线性补偿合约下，代理人对补偿的期望效用为：

$$-e^{-(\alpha+\beta a-\frac{r(a\beta)^2\sigma^2}{2})}. \tag{17.5.67}$$

代理人选择的激励相容约束为

$$a=\mathrm{argmax}_{a'}\,\alpha+\beta a'-\frac{r\beta^2\sigma^2}{2}-c(a'),$$

从而其一阶条件为：

$$c'(a)=\beta. \tag{17.5.68}$$

于是，委托人的次佳合约选择是求解如下最优化问题：

$$\max_{a,\alpha,\beta}(1-\beta)a-\alpha \tag{17.5.69}$$

$$\text{s.t.}\quad \alpha+\beta a-\frac{r\beta^2\sigma^2}{2}-c(a)\geqq\bar{u}, \tag{17.5.70}$$

$$c'(a)=\beta. \tag{17.5.71}$$

这里，$-\bar{u}$ 对应的效用函数 $-e^{(-\bar{u})}$ 是代理人的保留效用。显然，参与约束 (17.5.70) 必定是紧致约束，否则可以通过降低 α 获得更高的利润。把参与约束和激励相容约束代入目标函数中，上面的最优化问题成为：

$$\max_a a-\frac{rc'(a)^2\sigma^2}{2}-c(a),$$

从而一阶条件为：

$$1-rc'(a)c''(a)\sigma^2-c'(a)=0,$$

由此得到

$$\beta=c'(a)=\frac{1}{1+rc''(a)\sigma^2},$$

这里的 β 是次佳合约中代理人对努力结果的边际支付，由式 (17.5.71)，它直接影响到代理人对努力投入的激励，从而这个系数被称为激励强度，它依赖于风险度量 σ^2 以及代理人的风险厌恶程度（我们可以把 $r\to 0$ 理解为风险中性，从式（17.5.67)，若 $r=0$，消费者的效用只依赖于收入的期望值）。当代理人是风险中性的，或者结果没有风险时，激励强度为 1，随着代理人风险厌恶程度加大以及结果风险变大，激励强度就会变得越来越小，而这正是在道德风险下的一个基本权衡：激励的效率与风险之间的平衡。

对于一般的连续结果和连续行动的情形，次佳合约并不一定具有线性的特征。Holmstrom 和 Milgrom(1987) 推导出线性合约是次佳合约所需的条件，并且他们的研究拓宽到一个连续时间内有代理人选择行动的情形。Holmstrom 和 Milgrom 的结果为简单线性次佳合约提供了一个基础，有兴趣的读者可以参考他们的论文。

现实中，对经理人的激励合约通常包括更多的因素。我们利用上面连续情形的结果来讨论一个具有多重因素的激励合约。考虑下面情形：一个经理，其努力投入 a 会影响企业的当期利润，同时也会影响到企业的股价。现实中，这两个影响方式是不同的，因为股票价格的影响因素超出了企业会计报表，这些因素影响到企业未来的盈利情形。

令 $q = a + \epsilon_q$ 是企业的当期利润水平，其中 $\epsilon_q \sim N(0, \sigma_q^2)$，$p = a + \epsilon_p$ 是企业的股价，其中 $\epsilon_p \sim N(0, \sigma_p^2)$，$cov(\epsilon_q, \epsilon_p) = \sigma_{pq}$ 是股价与当期利润（外部）影响因素之间的协方差，若 $\sigma_{pq} = 0$，意味着这两个影响因素是独立的。

代理人关于收入的效用函数为 $u(w) = -e^{-rw}$，委托人是风险中性的。我们考虑一个对经理补偿的线性合约 $w = \alpha + p\beta_p + q\beta_q$，关注在不完全信息的次佳合约中，经理的补偿是如何依赖于当期利润和企业股价的。

为简化讨论，我们假设经理努力的私人成本为 $c(a) = \frac{ca^2}{2}$。股东是委托人，他（们）的问题是：

$$\begin{aligned} &\max_{a,\alpha,\beta_p,\beta_q} q - (\alpha + p\beta_p + q\beta_q) \\ \text{s. t.}\quad & E[-e^{-(\alpha+p\beta_p+q\beta_q-c(a))}] \geqq -e^{-\bar{u}}, \\ & a \in \operatorname{argmax}_{a'} E[-e^{-(\alpha+p(a')\beta_p+q(a')\beta_q-c(a'))}], \end{aligned}$$

其中，$E[\cdot]$ 是对 ϵ_p, ϵ_q 的分布取期望值。运用确定性等价收入原则，上面的最优化问题可重写为：

$$\max_{a,\alpha,\beta_p,\beta_q} (1 - \beta_p - \beta_q)a - \alpha \tag{17.5.72}$$

$$\text{s. t.}\quad (\beta_p + \beta_q)a - \frac{r[\beta_p^2\sigma_p^2 + \beta_q^2\sigma_q^2 + 2\beta_p\beta_q\sigma_{pq}]}{2} - \frac{ca^2}{2} \geqq \bar{u}; \tag{17.5.73}$$

$$a \in \operatorname{argmax}_{a'} (\beta_p + \beta_q)a' - \frac{r[\beta_p^2\sigma_p^2 + \beta_q^2\sigma_q^2 + 2\beta_p\beta_q\sigma_{pq}]}{2} - \frac{ca'^2}{2}. \tag{17.5.74}$$

对激励相容约束 (17.5.74) 求解得到：

$$a = \frac{\beta_p + \beta_q}{c},$$

将其代入目标函数（17.5.72）和参与约束（17.5.73），同时注意到参与约束是紧致约束，委托人的最优化问题可简化为：

$$\max_{a} (1 - \beta_p - \beta_q)\frac{\beta_p + \beta_q}{c} - \alpha \tag{17.5.75}$$

$$\text{s. t.}\quad (\beta_p + \beta_q)\frac{\beta_p + \beta_q}{c} - \frac{r[\beta_p^2\sigma_p^2 + \beta_q^2\sigma_q^2 + 2\beta_p\beta_q\sigma_{pq}]}{2} - (\frac{\beta_p + \beta_q}{c})^2\frac{c}{2} = \bar{u}. \tag{17.5.76}$$

从对 β_p, β_q 的一阶条件化简得到

$$\beta_p^* = \frac{\sigma_q^2 - \sigma_{pq}}{\sigma_q^2 + \sigma_p^2 - 2\sigma_{pq}} \frac{1}{1 + rc\Omega},$$

$$\beta_q^* = \frac{\sigma_p^2 - \sigma_{pq}}{\sigma_q^2 + \sigma_p^2 - 2\sigma_{pq}} \frac{1}{1 + rc\Omega},$$

其中，$\Omega = \frac{\sigma_q^2\sigma_p^2-\sigma_{pq}^2}{\sigma_q^2+\sigma_p^2+2\sigma_{pq}}$。上面求得的 β_p^* 和 β_q^* 就是在次佳合约中股价和当期利润对经理人的边际补偿。

当 $\sigma_{pq}=0$ 时，次佳合约中的 β_p^*,β_q^* 成为：

$$\beta_p^* = \frac{\sigma_q^2}{\sigma_q^2+\sigma_p^2+rc2\sigma_q^2\sigma_p^2},$$

$$\beta_q^* = \frac{\sigma_p^2}{\sigma_q^2+\sigma_p^2+rc2\sigma_q^2\sigma_p^2}.$$

当代理人是风险中性的时，即 $r=0$，次佳合约中的 β_p^*,β_q^* 成为：

$$\beta_p^* = \frac{\sigma_q^2-\sigma_{pq}}{\sigma_q^2+\sigma_p^2-2\sigma_{pq}},$$

$$\beta_q^* = \frac{\sigma_p^2-\sigma_{pq}}{\sigma_q^2+\sigma_p^2-2\sigma_{pq}},$$

此时有 $\beta_p^*+\beta_q^*=1$，同时随着 σ_q^2（σ_q^2）增加，β_q^* 变小（变大），而 β_p^* 变大（变小），也就是说，若利润风险更大，对经理的补偿减少了对利润的敏感性，而增加了对股票的敏感性；对股票的风险也是类似的。

当 $\epsilon_p=\epsilon_q+\zeta$ 时，其中 $\zeta\sim N(0,\sigma_\zeta^2)$，$\zeta,\epsilon_q$ 是独立的，此时有 $\sigma_{pq}=\sigma_q^2$，则 $\beta_p^*=0,\beta_q^*=\frac{1}{1+rc\sigma_q^2}$，从而股票不会进入经理的补偿合约，因为此时利润是股票的充分统计量，引入股票不会增加经理人的激励，却会带来更大的风险，Holmstrom (1979) 证明了类似的激励合约中有关充分统计量的结论。

17.6　多代理人下的相对绩效激励

在现实中，一个组织内部通常会有多个代理人，此时会带来一些新的激励问题。一个代理人的补偿不仅依赖于自身的绩效，而且依赖于别人的绩效，这在文献中又通常被称为相对绩效激励。有不少文献应用激励理论来分析政府层级体制的激励，除了财政分成激励外，地方官员也关心他们的职务晋升，而一个官员的晋升依赖于自身相对于其他同级官员的绩效，这也是许多层级组织中一个常见的激励方式。我们在这一节讨论晋升或者锦标赛在组织激励中的逻辑，并比较它与分成激励的差异。

17.6.1　锦标赛模型

我们先介绍 Lazear 和 Rosen (1981) 的锦标赛模型。他们先考虑了一个简单的情形：委托人让两个风险中性的代理人各自完成任务，任务的绩效依赖于他们各自的努力水平以及一些外部因素。Lazear 和 Rosen 揭示了，在风险中性情形下，锦标赛激励可以达成最佳补偿合约的结果。

假设两个代理人的产出函数为 $q_i=a_i+\epsilon_i, i=1,2$，这里 ϵ_i 是独立同分布的，分布函数为 $F(\cdot)$，均值为 0，方差为 σ^2。假设每个代理人的成本函数都是 $c(a_i)=\frac{ca_i^2}{2}$。

最优的努力投入 a^* 满足：

$$a^* = \frac{1}{c}.$$

考虑一个锦标赛：如果一个代理人的产出绩效高于另一个，那么他获得一个高的补偿，否则获得低补偿。令 $W_1, W_2, W_1 > W_2$ 分别对应高和低的补偿，令 $\Delta W = W_1 - W_2$。我们假设两个代理人是对称的，即有相同的成本以及相同的保留效用。他们的参与约束为：

$$W_1 P_i + W_2(1 - P_i) - \frac{ca_i^2}{2} \geqq \bar{u},$$

其中，P_i 是参与人（绩效）获胜的概率，定义为：

$$P_i = prob(q_i > q_j) = prob(\epsilon_j - \epsilon_i < a_i - a_j) = H(a_i - a_j),$$

这里 $H(\cdot)$ 是 $\epsilon_j - \epsilon_i$ 的分布函数，均值为 0，方差为 $2\sigma^2$，密度函数为 $h(\cdot)$。在这样的合约下，代理人 i 的最优选择为：

$$\Delta W \frac{\partial P_i}{\partial a_i} - ca_i = \Delta W h(a_i - a_j) = ca_i.$$

在对称均衡 $a_i^T = a^T$ 处有：

$$a^T = \frac{\Delta W h(0)}{c}.$$

当

$$\Delta W = \frac{1}{h(0)} \tag{17.6.77}$$

时，有 $a^T = a^*$。同时代理人的参与约束为：

$$W_1 \frac{1}{2} + W_2 \frac{1}{2} - \frac{1}{2c} \geqq \bar{u}. \tag{17.6.78}$$

于是得到，当 $W_1 = \frac{h(0)+c}{2ch(0)} + \bar{u}, W_2 = \frac{h(0)-c}{2ch(0)} + \bar{u}$ 时，锦标赛合约达到了最优合约的结果，尽管合约的形式有很大的差异。

17.6.2 风险厌恶情形下的锦标赛合约

下面我们讨论代理人是风险厌恶情形下的锦标赛合约，并与计件合约 (piece rate contract) 或者个人绩效合约做比较。下面的讨论来自 Green 和 Stockey (1983)，并参考了 Bolton 和 Dewatripont (2005) 的讨论。

现有两个代理人，需要承担两项任务，其结果只有两种，即 $q_i \in \{0,1\}$，分别对应"失败"和"成功"。假设两项任务是相似的，它们的结果依赖于一个共同的状态，状态有两种，一种没有外部冲击，任务成功的概率依赖于代理人的努力水平 a_i；另一种是存在外部冲击，一旦发生，不管代理人投入何种努力，任务都会失败。假设委托人知道是否有外部冲击。冲击发生的概率为 $1 - \xi$。在没有外部冲击时，代理人的努力 a_i 与任务成功的概率有下面的关系：

$$\Pr(q_i = 1 | a_i) = \xi a_i,$$

其代理人努力的成本函数为：

$$C(a_i) = \frac{ca_i^2}{2}.$$

代理人的效用函数是相同的：

$$u(w) - c(a),$$

其中，$u' > 0$ 和 $u'' < 0$，委托人是风险中性的。

我们先讨论锦标赛。由于任务的结果和共同的冲击是可观察的，那么可行合约包含五种可能的补偿 $w = (w_{11}, w_{10}, w_{01}, w_{00}, w_c)$，其中 w_{ij} 是当自己的产出是 q_i 而对手 j 的产出是 q_j 时，代理人 i 所获得的补偿，w_c 是外部冲击发生时代理人所获得的补偿。下面我们先讨论对代理人 i 的最优激励合约。

代理人 i 的激励约束为：

$$\begin{aligned} a_i &= \mathrm{argmax}_a \max\{\xi[a(1-a_j)u(w_{10}) + aa_j u(w_{11}) + (1-a)(1-a_j)u(w_{00}) \\ &\quad + (1-a)a_j u(w_{01})] + (1-\xi)u(w_c) - \frac{1}{2}ca^2\}. \end{aligned} \tag{17.6.79}$$

由最优化的一阶条件，上面的激励约束 (17.6.79) 可以写为：

$$\xi[(1-a_j)u(w_{10}) + a_j u(w_{11}) - (1-a_j)u(w_{00}) - a_j u(w_{01})] = ca_i. \tag{17.6.80}$$

若委托人希望代理人 i 选择行动 a_i，他的问题是最小化执行成本：

$$\min_w \xi[a_i(1-a_j)w_{10} + a_i a_j w_{11} + (1-a_i)(1-a_j)w_{00} + (1-a_i)a_j w_{01}] + (1-\xi)w_c$$

$$\text{s.t.} \quad \xi[a_i(1-a_j)u(w_{10}) + a_i a_j u(w_{11}) + (1-a_i)(1-a_j)u(w_{00})$$

$$+ (1-a_i)a_j u(w_{01})] + (1-\xi)u(w_c) - \frac{1}{2}ca_i^2 \geqq \bar{u}, \tag{17.6.81}$$

$$\xi[(1-a_j)u(w_{10}) + a_j u(w_{11}) - (1-a_j)u(w_{00}) - a_j u(w_{01})] = ca_i. \tag{17.6.82}$$

令 λ 和 μ 分别是参与约束 (17.6.81) 和激励相容约束 (17.6.82) 的拉格朗日乘子，分别对 w_{10} 和 w_{11} 求一阶条件得到：

$$\xi a_i(1-a_j) = \xi(1-a_j)[\lambda a_i + \mu]u'(w_{10}), \tag{17.6.83}$$

$$\xi a_i a_j = \xi a_j[\lambda a_i + \mu]u'(w_{11}). \tag{17.6.84}$$

对照式 (17.6.83）和式（17.6.84)，我们得到 $w_{10} = w_{11}$。

类似地，对 w_{00} 和 w_{01} 求一阶条件，我们有：

$$\xi(1-a_i)(1-a_j) = \xi(1-a_j)[\lambda(1-a_i) - \mu]u'(w_{00}), \tag{17.6.85}$$

$$\xi(1-a_i)a_j = \xi a_j[\lambda(1-a_i) - \mu]u'(w_{01}). \tag{17.6.86}$$

对照式 (17.6.85）和式（17.6.86)，我们得到 $w_{00} = w_{01}$。

对 w_c 求一阶条件，我们有：

$$(1-\xi) = (1-\xi)\lambda u'(w_c). \tag{17.6.87}$$

对照式 (17.6.87）和式（17.6.85)，由于 $\mu > 0$，则 $w_c \neq w_{00}$。

对照式 (17.6.85）与式（17.6.83)，以及式 (17.6.87）与式（17.6.83)，于是我们有：$w_{10} \neq w_{00}, w_c \neq w_{10}$。

17.6.3 锦标赛和个人绩效合约的比较

下面，我们来比较锦标赛和个人绩效合约，对于锦标赛而言，主要是对比代理人 i 和 j 的绩效，q_i 和 q_j。若 $q_i > q_j$，此时代理人 i 的报酬是 W；若 $q_i < q_j$，此时代理人 i 的报酬是 L；若 $q_i = q_j$，此时代理人 i 的报酬是 T。按照前面对最优合约的讨论，这意味着 $W = w_{10}, L = w_{01}, T = w_{00}, T = w_{11}, T = w_c$。

对于个人绩效合约，由于这种报酬方式只依赖于自身的绩效，那么按照之前的最优合约，有 $W_1 = w_{10} = w_{11}, W_0 = w_{01} = w_{00} = w_c$。

我们得到如下的结论：

结论 1：当共同冲击能被分离，即 $w_c \neq w_{ij}$，当没有公共冲击，即 $\xi = 1$ 时，对于任意的相对绩效激励，都会有 $w_{10} \neq w_{11}$ 或者 $w_{00} \neq w_{01}$，或者两者都会出现，此时对于委托人，相对绩效，包括锦标赛都是次佳的，此时个人绩效合约是最佳的。

结论 2：当 $\xi < 1$ 时，存在共同冲击，个人绩效合约对于委托人也是次佳的。这是因为个人绩效合约要求 $w_c = w_{00}$，但最佳合约要求 $w_c \neq w_{00}$。

上面的结论 1 和结论 2，可以从锦标赛和个人绩效合约的特性得出。

结论 3：当 $\xi < 1$ 时，对于委托人而言，锦标赛可能会比个人绩效合约更优。

下面我们讨论结论 3 的可能性。假设对委托人而言最好的情形是让两个代理人都选择 $a_1 = a_2 = 1$。在锦标赛下，给定代理人 j 选择 $a_j = 1$，委托人激励代理人 i 选择 $a_i = 1$ 的成本为：

$$
\begin{aligned}
&\min_w \xi[a_i T + (1 - a_i)L] + (1 - \xi)T \\
\text{s.t.} \quad &\xi[a_i u(T) + (1 - a_i)u(L)] + (1 - \xi)u(T) - \frac{1}{2}ca_i^2 \geqq \bar{u}, \\
&\xi[u(T) - (1 - a_j)u(L)] = ca_i.
\end{aligned}
$$

为激励代理人 i 选择 $a_i = 1$，委托人设定：

$$
u(T) = u(L) + \frac{c}{\xi}.
$$

当 $a_i = a_j = 1$ 时，代理人 i 和 j 都会获得确定性的支付 T，此时代理人完全避免风险，不存在保险成本。

然而，对于个人绩效合约，若要激励代理人都选择 $a_1 = a_2 = 1$，则代理人的补偿一定会有：$W_1 = w_{11} = w_{10} > W_0 = w_{01} = w_{00}$，否则代理人不会有激励选择 $a_i = 1$，也就是说，代理人的支付是有风险的，从而有风险承担成本。因此，在一个共同的冲击下，锦标赛相对于个人绩效合约，对于委托人会更好。

上面只是通过一个简单的情形比较两种合约形式的效用，对于更一般的情形，可以参见 Lazear 和 Rosen (1981) 及 Green 和 Stockey (1983)。

17.7 多任务下的绩效激励

在很多组织中，代理人通常同时承担多个任务，比如对教师而言，其职责可概括为“传道授业解惑”，不仅需要向学生传授知识，而且需要培养学生的想象力、创新力等等，然而这些不同方面的任务在度量上存在很大差异，传授知识可以通过学生成绩反映出来，但学生的想象力、创新力却不好识别，那么此时如何形成对教师这两方面任务的有效激励呢？在文献中，对这一问题的研究称为“多任务的委托—代理”，Holmstrom 和 Milgrom (1991) 对这一问题进行了深入的研究。下面我们通过一个简单的模型来讨论在多任务下的激励难题。

假定一个代理人从事两项任务，每项任务的产出依赖于各自的努力投入：

$$q_i = a_i + \epsilon_i, i = 1, 2.$$

为简化讨论，假设 $\epsilon_i \sim N(0, \sigma_i^2)$，$\mathrm{Cov}(\epsilon_1, \epsilon_2) = 0$，这里的 ϵ_i 理解为度量误差。

假设代理人投入的私人成本为：

$$\Psi(a_1, a_2) = \frac{1}{2}(c_1 a_1^2 + c_2 a_2^2) + \delta a_1 a_2,$$

其中 $0 \leqq \delta \leqq \sqrt{c_1 c_2}$。若 $\delta = 0$，这意味着两个努力投入之间完全独立；若 $\delta = \sqrt{c_1 c_2}$，则两个努力投入之间完全替代。

假设委托人是风险中性的，而代理人具有常系数绝对风险厌恶，其效用函数为：

$$u(w; a_1, a_2) = -e^{-r[w - \Psi(a_1, a_2)]},$$

其中 w 是委托人对代理人的货币补偿。

由于委托人只能观察到代理人的两个产出，委托人制定一个关于产出的线性激励合约：

$$w = \alpha + \beta_1 q_1 + \beta_2 q_2.$$

由代理人确定性等价原则，代理人确定性等价的净收入为：

$$\alpha + \beta_1 a_1 + \beta_2 a_2 - \frac{r}{2}(\beta_1^2 \sigma_1^2 + \beta_2^2 \sigma_2^2) - \frac{1}{2}(c_1 a_1^2 + c_2 a_2^2) - \delta a_1 a_2.$$

从以上代理人的激励相容条件，得到 a_i 的一阶条件：

$$\beta_i = c_i a_i + \delta a_j, i \neq j, i, j = 1, 2,$$

整理得到：

$$a_i = \frac{\beta_i c_j - \delta \beta_j}{c_1 c_2 - \delta^2}.$$

委托人的问题是选择 α, β_1, β_2，实现下面的优化问题：

$$\max a_1(1 - \beta_1) + a_2(1 - \beta_2) - \alpha \tag{17.7.88}$$

$$\text{s.t.} \quad a_i = \frac{\beta_i c_j - \delta \beta_j}{c_i c_j - \delta^2}, i \neq j, i, j = 1, 2, \tag{17.7.89}$$

$$\alpha + \beta_1 a_1 + \beta_2 a_2 - \frac{r}{2}(\beta_1^2 \sigma_1^2 + \beta_2^2 \sigma_2^2) - \frac{1}{2}(c_1 a_1^2 + c_2 a_2^2) - \delta a_1 a_2 \geqq \bar{w}, \tag{17.7.90}$$

其中, $\bar{w}$ 是代理人保留效用下的确定性等价收入。最优化意味着参与约束 (17.7.90) 一定是紧致约束，我们把激励相容约束 (17.7.89) 中的 a_1 和 a_2 以及参与约束 (17.7.90) 中的 α 代入目标函数 (17.7.88)，可得到一个无约束的最优化问题：

$$\max_{(\beta_1,\beta_2)}\left(\frac{\beta_1c_2-\delta\beta_2+\beta_2c_1-\delta\beta_1}{c_1c_2-\delta^2}\right)-\frac{r}{2}(\beta_1^2\sigma_1^2+\beta_2^2\sigma_2^2)$$
$$-\frac{1}{2}c_1\left(\frac{\beta_1c_2-\delta\beta_2}{c_1c_2-\delta^2}\right)^2-\frac{1}{2}c_2\left(\frac{\beta_2c_1-\delta\beta_1}{c_1c_2-\delta^2}\right)^2-\delta\left(\frac{\beta_1c_2-\delta\beta_2}{c_1c_2-\delta^2}\right)\left(\frac{\beta_2c_1-\delta\beta_1}{c_1c_2-\delta^2}\right),$$

从而得到关于 β_1 和 β_2 的一阶条件：

$$\beta_1=\frac{c_2-\delta+\delta\beta_2}{c_2+r\sigma_1^2(c_1c_2-\delta^2)}, \tag{17.7.91}$$

$$\beta_2=\frac{c_1-\delta+\delta\beta_1}{c_1+r\sigma_2^2(c_1c_2-\delta^2)}. \tag{17.7.92}$$

可得到次佳合约中的 β_1^* 和 β_2^*:

$$\beta_1^*=\frac{1+(c_2-\delta)r\sigma_2^2}{1+rc_2\sigma_2^2+rc_1\sigma_1^2+r^2\sigma_1^2\sigma_2^2(c_1c_2-\delta^2)}, \tag{17.7.93}$$

$$\beta_2^*=\frac{1+(c_1-\delta)r\sigma_1^2}{1+rc_2\sigma_2^2+rc_1\sigma_1^2+r^2\sigma_1^2\sigma_2^2(c_1c_2-\delta^2)}. \tag{17.7.94}$$

当两个任务独立，即 $\delta=0$ 时，根据代理人的激励条件 (17.7.89)，我们有 $a_i=\frac{\beta_i}{c_i}$。再根据次佳合约的条件 (17.7.93）和（17.7.94)，我们得到：$\beta_i^*=\frac{1}{1+rc_i\sigma_i^2}$，此时的结果是委托人对代理人的每个任务采取单独的次佳合约。

此外，随着 σ_2^2 的增加，第二个任务的激励强度会下降 $\frac{\partial\beta_2^*}{\partial\sigma_2^2}<0$，通过在式 (17.7.94) 中 β_2^* 对 σ_2 求导小于 0 得知：对第一个任务的激励强度也会下降，这是因为在一阶条件 (17.7.91) 中，β_1^* 与 σ_2 的联系是间接通过 β_2^*，同时 β_1^* 对 β_2^* 求导大于 0。在内点解的情形下，$\frac{\partial\beta_1^*}{\partial\sigma_2^2}<0$。因此，若努力投入存在替代性，则在多任务之间会存在互补性，对某个任务的激励强度下降意味着对其他任务的激励强度也会下降。Holmstrom 和 Milgrom (1991) 把这一逻辑推向极致，发现在一定条件下，若委托人都关心两个任务的绩效，则当某项任务的测量误差趋于无穷 ($\sigma_i^2\to\infty$) 或者无法测量时，委托人的次佳合约是对所有任务都不提供任何激励强度。

这再次说明了，委托人需要面临的激励强度是效率与风险的权衡。将绩效系以高能激励会放大噪声带来的不确定性，增加代理人所需承担的风险。若一项绩效指标跟努力的关系很弱而随机性很强，在这样的绩效指标上系以高强度激励则无疑意味着引导代理人从事无异于赌博的活动。

17.8 隐性激励和职业生涯的关注

在劳动力市场中，劳动者的工作激励，一方面来自对工作绩效的显性激励，比如绩效越好补偿越高；另一方面来自市场对劳动者的评价，特别是市场对其能力的估计，直接影响到未来他在劳动力市场上的价值，后者被称为隐性激励，或者又称职业生涯激励。Holmstrom

(1982, 1999) 分析了隐性激励的逻辑。下面我们通过一个简单的例子来讨论委托—代理问题中的隐性激励。

假设在委托人和代理人之间不存在激励合约。代理人关注当前收益和未来收益，不妨分为两个时期。每个时期代理人的产出依赖于努力投入、能力以及外部不可控因素：

$$q_t = \theta + a_t + \epsilon_t, t = 1, 2,$$

其中，θ 是代理人的内在能力，不随时间而改变。假设代理人的能力和努力投入都不能被观察到，这个模型与之前的道德风险模型不同，有一个关于类型的信息不对称。为简化讨论，假设委托人和代理人都是风险中性的。代理人的努力成本为 $\Psi(a_t)$，满足 $\Psi'(a_t) > 0$ 和 $\Psi''(a_t) > 0$。

在未来的时期 2，市场上所有的雇主都观察到代理人的产出 q_i。由于在时期 2，代理人不存在劳动的激励，即 $a_2 = 0$，市场对代理人的工资为 $w_2(q_1) = E(\theta|q_1)$。由于能力越高，产出越大，因此在市场上，对代理人能力的后验估计上，第一期代理人的产出越高，对其能力的估计也会越高。在一个纯战略均衡中，假设市场预期代理人在时期 1 的努力投入为 a^*，此时能力的后验信念期望值为：

$$w_2(q_1) = E(\theta|q_1) = q_1 - a^* = \theta + a_1 - a^*.$$

令 δ 是代理人对未来的贴现率，未来时期越长，贴现率会越大，可能会有 $\delta > 1$。

代理人对第一期选择的目标是：

$$\max_{a_1} = w_1 + \delta w_2(q_1) - \Psi(a_1) = w_1 + \delta(\theta + a_1 - a^*) - \Psi(a_1).$$

由于不存在显性激励，w_1 与 q_1 无关，对 a_1 的一阶条件为：

$$\Psi'(a^*) = \delta.$$

最优的劳动投入是：

$$\max_{a_1} a_1 - \Psi(a_1).$$

这样，$\Psi'(a^{FB}) = 1$。当 $\delta > 1$ 时，在隐性激励下，代理人的努力投入会超过社会最优的努力投入，即使不存在委托人对代理人的激励合约。

17.9 激励强度与效率—扭曲间的权衡

在前面的委托—代理问题中，对代理人的激励强度是对效率与风险之间的权衡，其中有一个潜在假设，存在着一个关于委托人利益（目标）的绩效度量，或者说存在对委托人目标的客观度量。然而这一假设在现实中并不一定成立。尽管对上市企业来说，股价可以看成是关于股东利益的客观度量，但对于非上市公司，或者对于政府部门、非营利组织等机构，通常并不存在一个客观度量，或者说，即使存在关于组织的利益，但不能被合约化，而纳入到合约中去，因而绩效度量并不是对于组织目标的客观度量。比如对政府部门来说，社会福利可以看成是政府的目标，但它很难度量；而经济的产出，比如 GDP 容易度量，但它并不等同于社会福利。在这种情形下，委托—代理问题如何来分析讨论这种情形？Baker（1992）在经济学文献中率先引入了这一问题的分析框架，他发现了此时对代理人的激励强度的考量是对激励与扭曲之间的权衡。

假设委托人的目标记为 $V(a,\epsilon)$，其中，a 是代理人的努力投入，其努力投入成本函数假设为 $C(a)=\frac{c}{2}a^2$；ϵ 是外部影响因素。$V(a,\epsilon)$ 不能在合约中规定。假设 $P(a,\epsilon)$ 是可以合约化的绩效度量。为方便讨论，我们假设委托人和代理人都是风险中性的。假设委托人提供的激励合约是 $w(P)=\alpha+\beta P$。若 $P(a,\epsilon)=V(a,\epsilon)$，由于代理人不存在风险成本，次佳合约下的激励强度为：$\beta=1$。若 $P(a,\epsilon)\neq V(a,\epsilon)$，那么次佳合约下的激励强度会是多少呢？

首先我们对绩效度量进行标准化，使得努力对委托人的目标边际贡献与对绩效的贡献是一致的：

$$E[P_a(a,\epsilon)=E[V_a(a,\epsilon].$$

在上面的激励合约下，代理人的效用为：

$$u(w,a)=w-C(a)=\alpha+\beta P(a,\epsilon)-C(a).$$

假设代理人的保留效用为 $\bar{u}$。这样，代理人的激励相容约束和参与约束分别为：

$$\alpha+\beta P(a,\epsilon)-C(a)\geqq\bar{u}, \tag{17.9.95}$$

$$\beta P_a(a^*,\epsilon)=C'(a^*). \tag{17.9.96}$$

委托人的目标是：

$$\max_{\alpha,\beta}E[V(a^*,\epsilon)-\alpha+\beta P(a^*,,\epsilon)],$$

满足约束 (17.9.95) 和（17.9.96），由此得到：

$$\beta^*=\frac{E[V_a a^*_\beta]}{P_a a^*_\beta}. \tag{17.9.97}$$

从式 (17.9.96) 我们有：

$$a^*_\beta=\frac{P_a}{c-\beta P_{aa}}, \tag{17.9.98}$$

其中 $P_{aa}=\frac{\partial^2 P}{\partial a\partial a}$，即 P 对 a 二次偏导。把式 (17.9.98) 代入式 (17.9.97)，我们得到：

$$\beta^*=\frac{E[V_a P_a]}{P_a^2}. \tag{17.9.99}$$

不失一般性，假设在 a^* 上，有 $E[p_a]=E[V_a]=1$，从而式 (17.9.99) 可写为：

$$\beta^*=\frac{Cov(V_a,P_a)+1}{Var(P_a)+1}=\frac{\rho\sigma_{V_a}\sigma_{p_a}+1}{\sigma^2_{P_a}+1}, \tag{17.9.100}$$

其中 $Var(P_a)$ 是 P_a 的方差；ρ 是 V_a 和 P_a 的相关系数；σ_{V_a} 和 σ_{p_a} 分别是 V_a 和 P_a 的标准差。

若 V_a 和 P_a 并不是完全相关的，此时激励强度主要依赖于激励效率 V_a 和 P_a 之间的相关性，相关性越高，委托人对代理人的激励强度越大，同时若 $\rho < 0$，那么在一定的条件下，β^* 甚至可能是负数。

对合约绩效与组织（追求的）价值之间的差异对激励影响更深入的讨论，可以参考 Baker(1992) 的经典论文。

17.10　道德风险和逆向选择混合模型

前一章和本章直到现在，关于委托人和代理人信息不对称的讨论都只是单独考虑逆向选择或道德风险，而没有考虑共存的问题。但在许多情形下，委托人也许既不知道代理人的行动（如努力程度），也不知道他的经济特征（如不知道他的风险厌恶程度或生产成本）。本节考虑代理人的行动及经济特征都是私人信息，委托人都不知道的情形。为此，这里介绍孟大文和田国强在 Meng 和 Tian (GEB, 2013) 中所研究的道德风险和逆向选择的一个混合模型。他们考察了在连续努力和绩效下的多任务线性模型中，当代理人的努力程度和风险厌恶都不可观测情形下的最优工资合约设计问题。在以上分析中，我们一直假定努力 e 和绩效产出 $\tilde{q}$ 都是一维的。现在我们转向更一般的情形，假定努力和绩效都是多维度的，并且连续取值。

这里介绍的模型有很强的现实意义。对中国而言，在要素驱动阶段，劳动力相对丰裕，委托人的目标对代理人努力的反应非常敏感，且绩效指标的不确定性较小，此时激励效应占优于风险效应，与努力程度挂钩的高能激励合约因而是必要和相对最优的。的确，改革开放以来，中国经济的高速增长在很大程度上归功于高强度激励合约的实施。在改革初期，中国所拥有的最丰裕资源就是大量未被充分利用的劳动力。由于计划体制下长期不合理的激励制度使中国这个人口众多的国家到处是人浮于事、消极怠工的懒散景象，有效的劳动供给非常有限。此时，责权明晰、分配合理的高强度激励方案可极大地解放被禁锢的生产力。中国的市场化改革甚至可以说，无论是在政府层面还是个体层面，都是以高能激励不断取代计划经济时期的低强度激励（或称低能激励）的过程。高能激励改革的典型事例是：(1) 以中央与地方政府的财政分权为代表的财政税收体制改革；(2) 基于经济绩效的官员选拔制度；(3) 以家庭联产承包责任制为代表的农村改革；(4) 国有企业的改革。而另一方面，由于改革初期科技发展水平相对低下、市场化程度不高，因此既没有太多的研发风险，也不存在太多由于经济基本面波动带来的经济风险。无论政府、企业还是个人都是简单地靠高投入、高消耗、高激励的要素驱动来推动经济增长。制度设计者要考虑的主要是激发经济个体的干劲，而不是为他们的创新和长期发展规避风险和提供保险。

然而，随着改革的深入和经济发展到了一定阶段，必须要进行从要素驱动到创新驱动的转型，经济个体（尤其是承担主要创新任务的个体）对创新风险提供保险的要求会越来越大。同要素驱动型社会相比，在创新型社会中，代理人（政府、企业或个人）面临的任务往往具有更大的不确定性。比如，中央政府经常要求地方政府在地方科技发展、人才培养、产业结构升级等方面作出成绩而不仅仅是完成某个预先设定的经济总量指标（如税收上缴、GDP、吸引外资总量等）；企业常被要求在具有自主知识产权的产品研发等诸多方面有所突破；高校教师等科技人员的主要任务是创造新知识而不仅仅是传播现有知识或社会服务。可以想象，一个从事基础研发工作的科技人员所面临的不确定性会远远超过按图纸施工的普通工人；一个市场经济中独自面对市场波动并承担技术创新任务的现代企业所承担的不确定性会远远超过计划经济时代的传统企业；一个必须根据复杂形势相机抉择的地方政府所面临的不确定性也会远远超过单纯执行中央指令并依靠中央拨款运行的传统型政府。此时若仍沿用高强度的激励方案就会产生诸多弊端。

比如，财政分权制度和以经济绩效为基础的官员晋升考核制度对经济发展的促进作用主要体现在经济总量指标上，对一些反映经济发展质量的结构性指标并不会产生太多直接的影响；地方政府和官员在其有限的任期内往往会选择风险相对较小同时见效相对迅速的项目，比如进行浮华而庞大的工程建设，而不愿在扶持基础研发和科技人才培养等工作上投入太多精力；在严格的量化考核下，高校往往更在乎校舍扩建、博士点和重点学科数量、招生规模等量化指标而不愿进行基础性科研创新；以论文数量为主要标准的科研考核制度下的科技人员更愿意在自己熟悉的领域内做重复工作而不愿意探索更重要的新领域，也不愿从事基础性的长线研究；独立经营的农户也往往不敢选择技术含量更高、盈利潜力更大但风险也更大的种植、养殖项目。

这样，如何通过顶层激励机制和最优合约的设计，让地方政府和个体有动力转变发展方式，从追求短期绩效转变到注重长期效果，从要素驱动向创新驱动转型，已经成为当前面临的重大理论和现实问题。在前面多任务下的绩效激励一节中，我们看到将绩效系以高能激励会放大噪声带来的不确定性，增加代理人所需承担的风险，但它假定噪声参数是可以被委托人观察到的。而在本节中，我们假定代理人的风险厌恶系数是其私人信息。本节更一般的理论模型揭示，在创新型经济中，由于创新活动风险较大，风险 (保险) 效应占优于激励效应，从而低能激励合约是合理和相对最优的。当道德风险和逆向选择并存时，最优合约的激励强度将进一步降低。这在理论上为现实中普遍存在的低能激励现象提供了一种全新的解释，并证明了低能激励对创新驱动的必要性。

17.10.1 努力不可观测时的最优工资合约

考虑以下的委托—代理问题，委托人需要代理人为其完成 n 项任务，委托人为风险中性的，其总收益可以表示为代理人努力向量 $\mathbf{e}$ 的线性函数：$V(\mathbf{e}) = \beta'\mathbf{e} + \eta$，其中 n 维向量 β 表示委托人收益受代理人努力影响的敏感程度，η 为均值为零的噪声项。代理人选择努力向量 $\mathbf{e} \in \mathcal{R}_+^n$ 需付出努力成本 $\mathbf{e}'C\mathbf{e}/2$。其中 C 为实对称正定矩阵（symmetric positive definite matrix），这可保证成本函数为凸，其主对角线元素 C_{ii} 代表代理人在不同任务上的努力效率，非主对角线元素 C_{ij} 的符号则反映了不同任务之间的关系：$C_{ij} > 0$ 表示两项任务之间互替；$C_{ij} < 0$ 表示两项任务之间互补；$C_{ij} = 0$ 则表示两者之间技术上相互独立（technologically independent）。设代理人的效用函数为常绝对风险厌恶型（CARA）：$u(x) = -\mathbf{e}^{-rx}$，r 为 Arrow-Pratt 绝对风险厌恶系数（ARA），表示代理人所获得的净财富，即工资收入减成本。设代理人的努力程度和绩效之间呈以下线性关系：

$$P_i(\mathbf{e}) = \mathbf{b}_i'\mathbf{e} + \varepsilon_i, i = 1, \cdots, m,$$

其中，系数向量 $\mathbf{b}_i$ 表示第 i 项绩效指标受代理人努力影响的程度，$B = (b_1, \cdots, b_m)'$ 是 $m \times n$

矩阵。这里假定 B 为行满秩，即每个绩效指标都提供了与其他指标不同的信息，因而都是不可或缺的。随机向量 $\epsilon = (\varepsilon_1, \cdots, \varepsilon_m)'$ 代表影响绩效的噪声，服从正态分布，$\epsilon \sim N(0, \Sigma)$。关于绩效评估系统，我们有如下定义。

定义 17.10.1 (正交性) 如对 $\forall i \neq j$，$\mathbf{b}_i' C^{-1} b_j = 0$ ，$\mathrm{Cov}(\varepsilon_i, \varepsilon_j) = 0$，则称绩效评估系统为**正交系统**(orthogonal system)。

定义 17.10.2 (成本调整相关度，cost-adjusted correlation)

$$\rho_{ij}^c = \frac{\mathbf{b}_i' C^{-1} b_j}{\sigma_{ij}}$$

称为两项绩效指标 i 和 j 之间的**成本调整相关度**。

定义 17.10.3 (信号噪音比例，signal-to-noise) 绩效指标 $P_i(\mathbf{e}) = \mathbf{b}_i'\mathbf{e} + \varepsilon_i$ 的**信号噪音比例**（**简称信噪比**）γ_i，被定义为：

$$\gamma_i \equiv \frac{(\nabla P_i(\mathbf{e}))'(\nabla P_i(\mathbf{e}))}{\mathrm{var}(\varepsilon_i)} = \frac{\mathbf{b}_i' \mathbf{b}_i}{\sigma_i^2}.$$

定义 17.10.4 (成本调整一致度，cost-adjusted congruence) 绩效指标 $P_i = \mathbf{b}_i'\mathbf{e} + \varepsilon_i$ 的**成本调整一致度**被定义为

$$\Gamma_i = \frac{\mathbf{b}_i' C^{-1} \beta}{\sqrt{\mathbf{b}_i' C^{-1} \mathbf{b}_i}\sqrt{\beta' C^{-1} \beta}}.$$

委托人通过以下线性合约向代理人支付工资：

$$W(\mathbf{e}) = w_0 + \mathbf{w}' P(\mathbf{e}), \tag{17.10.101}$$

其中 $P(\mathbf{e}) = (P_1(\mathbf{e}), \cdots, P_m(\mathbf{e}))'$ ，w_0 和 $\mathbf{w} = (w_1, \cdots, w_m)'$ 分别代表基本工资和绩效工资。委托人的期望利润为 $\Pi_p = \beta' e - w_0 - \mathbf{w}' B\mathbf{e}$，而代理人的福利可用其确定性等价 $CE_a = w_0 + \mathbf{w}' B\mathbf{e} - \frac{1}{2}\mathbf{e}' C\mathbf{e} - \frac{r}{2}\mathbf{w}' \Sigma \mathbf{w}$ 来表示。委托人的问题是设计一组工资合约 $(w_0, \mathbf{w})$ 最大化其期望利润 Π_p ，此合约要保证代理人愿意参与同时也讲真话。此问题可以表示如下：

$$\begin{cases} \max\limits_{\{w_0, \mathbf{w}, \mathbf{e}\}} \beta' \mathbf{e} - w_0 - \mathbf{w}' B\mathbf{e} \\ \text{s.t.} \quad \mathrm{IR}: w_0 + \mathbf{w}' B\mathbf{e} - \dfrac{1}{2}\mathbf{e}' C\mathbf{e} - \dfrac{r}{2}\mathbf{w}' \Sigma \mathbf{w} \geqq 0, \\ \qquad \mathrm{IC}: \mathbf{e} \in \mathrm{argmax}_{\tilde{e}} \left[w_0 + \mathbf{w}' B\tilde{\mathbf{e}} - \dfrac{1}{2}\tilde{\mathbf{e}}' C\tilde{\mathbf{e}} - \dfrac{r}{2}\mathbf{w}' \Sigma \mathbf{w} \right]. \end{cases} \tag{17.10.102}$$

其中，IR 和 IC 分别表示个体理性约束和激励相容约束。现在我们来考虑给定工资合约下代理人将要选择的努力水平。由于 CE_a 相对于努力向量 $\mathbf{e}$ 的二阶导数为负定矩阵 $-C$ ，所以其最优努力程度可由一阶条件决定。将其代入参与约束 IR，则委托人的最优化问题可以约简为：

$$\max_{\mathbf{w} \in \mathcal{R}^n} \left[\beta' C^{-1} B' \mathbf{w} - \frac{1}{2}\mathbf{w}' \left(B C^{-1} B' + r\Sigma \right) \mathbf{w} \right]$$

由此解出最优工资以及相应的努力向量：

$$\begin{aligned}
\mathbf{w}^p &= \left[BC^{-1}B' + r\Sigma\right]^{-1} BC^{-1}\beta, \\
w_0^p &= \frac{r\mathbf{w}^{p'}\Sigma\mathbf{w}^p - \mathbf{w}^{p'}BC^{-1}B'\mathbf{w}^p}{2}, \\
\mathbf{e}^p &= C^{-1}B'\mathbf{w}^p.
\end{aligned}$$

对应的委托人所获的剩余为：

$$\Pi^p = \frac{1}{2}\beta' C^{-1}B'\left[BC^{-1}B' + r\Sigma\right]^{-1} BC^{-1}\beta.$$

若绩效评估系统为正交系统，且 n 项任务之间在技术上相同且相互独立（$C = cI$），则

$$w_i = \frac{\mathbf{b}_i'\beta}{\mathbf{b}_i'\mathbf{b}_i + rc\sigma_i^2} = \frac{|\mathbf{b}_i||\beta|cos(\widehat{\mathbf{b}_i, \beta})}{|\mathbf{b}_i|^2 + rc\sigma_i^2}.$$

可见，委托人收益对代理人努力的反应越敏感（向量 β_i 的模越大），激励强度越大（即 ω_i 越大）；绩效指标的不确定性越大（σ_i^2 越大），则激励强度越低（即 ω_i 越小）。较大的 $|\beta|$ 和较小的 σ_i^2 是要素（劳动力）驱动型社会的特点；反之，创新驱动型社会则具有较小的 $|\beta|$ 和较大的 σ_i^2。以农业为例，在传统的种植和经营模式下，农业生产是劳动密集型活动，产出对农民努力的反应非常敏感。同时，虽然农业产出也受到气候、水文、病虫害等因素的影响，但总的来说这些扰动都在个体农户的可承受范围之内，以至农民常用“人不哄地、地不欺人”来总结产出和努力之间近乎确定性的经验关系。但在现代化农业中两者的关系却要复杂得多，最典型的是由于农产品的市场波动带来的风险，很多时候这些风险远非个体农户根据经验所能预测，同时也非一户之力所能承受。所以农户根据往年需求决定当年供给的决策经常导致农产品价格出现“蛛网”式波动。因此，在创新型社会中，委托人须通过降低对代理人的激励强度为他们提供更多的保险。

17.10.2 努力及风险厌恶不可观测下的最优工资合约

在现实中，代理人的类型和行为往往都是不可观测的，这样就会出现道德风险和逆向选择的混合问题。本小节将在上面的模型基础上考虑代理人风险厌恶系数不可观测的情形。从上面的分析可见，代理人的风险态度是影响激励强度的关键因素，以往文献中也大多假定这个参数是可以被委托人观察到的。这里，我们假定代理人的风险厌恶系数是其私人信息，而其累积分布函数和密度函数为各方的共同知识。委托人要求代理人申报其“类型”，并据此提供工资合约来最大化自身期望收益。此问题的时序如下：

- 只有代理人了解其风险厌恶系数；
- 委托人向代理人提供工资合约，代理人决定是否接受此合约以及是否如实申报个人信息；
- 代理人选择其努力程度；
- 代理人的绩效和委托人的收益实现；
- 委托人向代理人支付报酬。

如满足以下激励相容约束，则我们称合约是**可执行的**（implementable）：

$$w_0(r)+\frac{1}{2}\mathbf{w}(r)'\left[BC^{-1}B'-r\Sigma\right]\mathbf{w}(r)\geqq w_0(\hat{r})+\frac{1}{2}\mathbf{w}(\hat{r})'\left[BC^{-1}B'-r\Sigma\right]\mathbf{w}(\hat{r}). \quad (17.10.103)$$

令 $U(r,\hat{r})\equiv w_0(\hat{r})+\frac{1}{2}\mathbf{w}(\hat{r})'\left[BC^{-1}B'-r\Sigma\right]\mathbf{w}(\hat{r})$，$U(r)\equiv U(r,r)$，则可执行性条件可以等价地表示为：

$$\exists w_0:[\underline{r},\overline{r}]\to\mathcal{R}_+,\forall(r,\hat{r})\in[\underline{r},\overline{r}]^2,U(r)=\max_{\hat{r}}\left\{w_0(\hat{r})+\frac{1}{2}\mathbf{w}(\hat{r})'\left[BC^{-1}B'-r\Sigma\right]\mathbf{w}(\hat{r})\right\}.$$

根据税收原理（taxation principle）[参见 Guesnerie (1981), Hammond (1979) 以及 Rochet (1985)]，上式等价于以下表达式：

$$\exists w_0:\mathcal{R}^m\to\mathcal{R}_+,\forall r\in[\underline{r},\overline{r}],U(r)=\max_{\mathbf{w}}\left\{w_0(\mathbf{w})+\frac{1}{2}\mathbf{w}'[BC^{-1}B'-r\Sigma]\mathbf{w}\right\}.$$

从中可得：租金函数 $U(r)$ 是连续凸函数，且满足以下包络条件（envelop condition）：

$$U'(r)=-\frac{1}{2}\mathbf{w}'\Sigma\mathbf{w}. \quad (17.10.104)$$

相反，如包络条件和凸性条件满足，则

$$U(r)\geqq U(\hat{r})+(r-\hat{r})U'(\hat{r})=U(\hat{r})-\frac{1}{2}(r-\hat{r})\mathbf{w}'(\hat{r})\Sigma\mathbf{w}(\hat{r}) \quad (17.10.105)$$

成立，从而激励相容条件 $U(r)\geqq qU(r,\hat{r})$ 成立。由此，我们可得以下引理。

引理 17.10.1 当且仅当以下条件成立时合约 $(U(r),w(r))$（或等价的 $(w_0(r),\mathbf{w}(r))$）可执行：

- $U'(r)=-\frac{1}{2}\mathbf{w}'\Sigma\mathbf{w}$;
- $U(r)$ 为凸函数。

将 $U(r)$ 代入委托人的期望收益中可得，

$$\Pi=\int_{\underline{r}}^{\overline{r}}\left\{\beta'C^{-1}B'\mathbf{w}(r)-\frac{1}{2}\mathbf{w}(r)'\left[BC^{-1}B'+r\Sigma\right]\mathbf{w}(r)-U(r)\right\}f(r)dr.$$

委托人的最优化问题为：

$$\max_{U(r),\mathbf{w}(r)}\Pi,\ \text{s.t.:}U(r)\geqq 0,U'(r)=-\frac{1}{2}\mathbf{w}(r)'\Sigma\mathbf{w}(r),U(r)\ \text{为凸函数}.$$

通过求解此问题可以得出风险态度未知情形下的最优合约。

命题 17.10.1 若 $\Phi(r)=r+\frac{F(r)}{f(r)}$ 递增，则最优工资合约为：

$$\begin{aligned}\mathbf{w}^h(r)&=\left[BC^{-1}B'+\Phi(r)\Sigma\right]^{-1}BC^{-1}\beta;\\ w_0^h(r)&=\frac{1}{2}\int_r^{\overline{r}}\mathbf{w}^h(\tilde{r})'\Sigma\mathbf{w}^h(\tilde{r})d\tilde{r}-\frac{1}{2}\mathbf{w}^h(r)'\left[BC^{-1}B'-r\Sigma\right]\mathbf{w}^h(r).\end{aligned}$$

证明 由于 $U'(r) = -\frac{1}{2}\mathbf{w}'\Sigma\mathbf{w} \leqslant 0$，参与约束条件 $U(r) \geqq 0$ 必在区间 $[\underline{r}, \overline{r}]$ 的右端点是紧致的，即 $U(\bar{r}) = 0$。因此，$U(r) = \int_r^{\bar{r}} \frac{1}{2}\mathbf{w}(\tilde{r})'\Sigma\mathbf{w}(\tilde{r})dr$，则委托人的目标函数可表示为：

$$\Pi = \int_{\underline{r}}^{\overline{r}} \left\{\beta' C^{-1}B'\mathbf{w}(r) - \frac{1}{2}\mathbf{w}(r)'\left[BC^{-1}B' + r\Sigma\right]\mathbf{w}(r) - \int_r^{\bar{r}} \frac{1}{2}\mathbf{w}(\tilde{r})'\Sigma\mathbf{w}(\tilde{r})dr\right\} f(r)dr.$$

依分部积分计算可得：

$$\Pi = \int_{\underline{r}}^{\overline{r}} \left\{\beta' C^{-1}B'\mathbf{w}(r) - \frac{1}{2}\mathbf{w}(r)'\left[BC^{-1}B' + \left(r + \frac{F(r)}{f(r)}\right)\Sigma\right]\mathbf{w}(r)\right\} f(r)dr.$$

从中解得：

$$\mathbf{w}^h(r) = \left[BC^{-1}B' + \Phi(r)\Sigma\right]^{-1} BC^{-1}\beta;$$

$$w_0^h(r) = \frac{1}{2}\int_r^{\overline{r}} \mathbf{w}^h(\tilde{r})'\Sigma\mathbf{w}^h(\tilde{r})d\tilde{r} - \frac{1}{2}\mathbf{w}^h(r)'\left[BC^{-1}B' - r\Sigma\right]\mathbf{w}^h(r).$$

现只需验证 $U(r)$ 的凸性。注意到，

$$U''(r) = -(D_r\mathbf{w}^h)'\Sigma\mathbf{w}^h = \Phi'(r)\mathbf{w}^h(r)'\Sigma\left[BC^{-1}B' + \Phi(r)\Sigma\right]^{-1}\Sigma\mathbf{w}^h(r).$$

上式第二个等号源自

$$\begin{aligned} D_r\mathbf{w}^h &= -\left[BC^{-1}B' + \Phi(r)\Sigma\right]^{-1}\Phi'(r)\Sigma\left[BC^{-1}B' + \Phi(r)\Sigma\right]^{-1}BC^{-1}\beta \\ &= -\Phi'(r)\left[BC^{-1}B' + \Phi(r)\Sigma\right]^{-1}\Sigma\mathbf{w}^h. \end{aligned}$$

因为 $\Phi'(r) \geqq 0$，且 $\Sigma\left[BC^{-1}B' + \Phi(r)\Sigma\right]^{-1}\Sigma$ 为正定矩阵，故 $U''(r) \geqq 0$。 □

为比较以上工资合约与基准情形下的工资合约进而证明低能激励现象的合理性，我们施加以下条件。

条件 17.10.1 Σ 是对角矩阵。

条件 17.10.2 $BC^{-1}B'$ 是对角矩阵。

条件 17.10.3 $BC^{-1}B'$ 和 Σ 可交换，即 $BC^{-1}B'\Sigma = \Sigma BC^{-1}B'$。

条件 17.10.4 不等式 $2r\lambda_m^2 + \rho > 0$ 成立，其中

$$\begin{aligned}\rho &= \max\left\{\min_{i=1,m}\lambda_i\mu_m\frac{(\sqrt{k_\lambda}+1)^2 - k_\mu(\sqrt{k_\lambda}-1)^2}{2\sqrt{k_\lambda}}, \min_{i=1,m}\mu_i\lambda_m\frac{(\sqrt{k_\mu}+1)^2 - k_\lambda(\sqrt{k_\mu}-1)^2}{2\sqrt{k_\mu}}\right\} \\ &= \begin{cases} \lambda_m\mu_m\frac{(\sqrt{k_\lambda}+1)^2 - k_\mu(\sqrt{k_\lambda}-1)^2}{2\sqrt{k_\lambda}}, & \text{若} \quad \sqrt{k_\mu} \leqslant \frac{\sqrt{k_\lambda}+1}{\sqrt{k_\lambda}-1}, k_\mu \geqq k_\lambda; \\ \lambda_m\mu_m\frac{(\sqrt{k_\mu}+1)^2 - k_\lambda(\sqrt{k_\mu}-1)^2}{2\sqrt{k_\mu}}, & \text{若} \quad \sqrt{k_\mu} \leqslant \frac{\sqrt{k_\lambda}+1}{\sqrt{k_\lambda}-1}, k_\mu < k_\lambda; \\ \lambda_1\mu_m\frac{(\sqrt{k_\lambda}+1)^2 - k_\mu(\sqrt{k_\lambda}-1)^2}{2\sqrt{k_\lambda}}, & \text{若} \quad \sqrt{k_\mu} > \frac{\sqrt{k_\lambda}+1}{\sqrt{k_\lambda}-1}, k_\mu \geqq k_\lambda; \\ \lambda_m\mu_1\frac{(\sqrt{k_\mu}+1)^2 - k_\lambda(\sqrt{k_\mu}-1)^2}{2\sqrt{k_\mu}}, & \text{若} \quad \sqrt{k_\mu} > \frac{\sqrt{k_\lambda}+1}{\sqrt{k_\lambda}-1}, k_\lambda < k_\lambda, \end{cases}\end{aligned}$$

其中，λ_i 和 μ_i 分别是矩阵 Σ 和 $BC^{-1}B'$ 按降序排列的第 i 个特征根，$k_\lambda = \lambda_1/\lambda_m$ 和 $k_\mu = \mu_1/\mu_m$ 分别表示两个矩阵的谱条件数 (spectral condition number)。

条件 17.10.5 存在常数 λ 满足 $BC^{-1}B' = \lambda\Sigma$。

条件 17.10.1 要求绩效评估指标的噪声项在统计上相互独立。这个假设排除了不同指标的随机项受某个共同冲击（common shock）影响的情况。条件 17.10.2 表明 $b_i'C^{-1}b_j = 0, \forall i \neq j$，其直观含义是当成本被考虑进来之后，不同绩效指标相对于代理人努力的反应方式截然不同。当代理人高度风险厌恶 (r 很大)，或 $BC^{-1}B'$ 和 Σ 中任何一个为良态矩阵（well-conditioned matrix）①时，条件 17.10.4 满足。针对以上各条件的几种特殊情形为：

- 绩效评估系统为正交系统，此时条件 17.10.1、17.10.2、17.10.3 均满足。
- Σ 为数量阵（scalar matrix），此时条件 17.10.1、17.10.2、17.10.4 满足。
- $BC^{-1}B'$ 为数量阵，此时条件 17.10.2、17.10.3、17.10.4 满足。条件 17.10.5 要求对任何两个绩效指标 i, j，其经成本调节后的相关度为常数，即 $\rho_{ij}^c = \lambda$。

命题 17.10.2　我们有如下结论：

(1) 若条件 17.10.1∼17.10.4 中的任何一个成立，则存在 i 使得 $|w_i^h(r)| < |w_i^p(r)|, \forall r \in (\underline{r}, \bar{r}]$；

(2) 若条件 17.10.1 和 17.10.2 同时成立，则对任何 i，$|w_i^h(r)| < |w_i^p(r)|, \forall r \in (\underline{r}, \bar{r}]$；

(3) 令 ω_i，$i \in \mathcal{K} \equiv \{1, 2, \cdots, k\}$ 表示 $BC^{-1}B'$ 相对于 Σ 的广义特征根②，$\mathcal{V}_i \equiv \mathcal{N}(BC^{-1}B' - \omega_i\Sigma)$，为 ω_i 对应的广义特征子空间，$\mathcal{V}_i^{\perp}$ 为其正交补空间。假定 $BC^{-1}\beta \notin \bigcup_{i\in\mathcal{K}} \mathcal{V}_i^{\perp}$。则当且仅当条件 17.10.5 成立时，存在常数 $k \in (0, 1)$ 使得 $\mathbf{w}^h = k\mathbf{w}^p$ 成立。

证明　由于 $BC^{-1}B'$ 和 Σ 为对称方阵，故存在非奇异矩阵 U（注意 U 不一定是正交矩阵），使得

$$U'BC^{-1}B'U = \Lambda, \qquad U'\Sigma U = I.$$

$\Lambda \equiv diag\{\omega_1, \cdots, \omega_m\}$ 为广义特征根组成的对角矩阵。因此有

$$\begin{aligned}(\mathbf{w}^p)'\Sigma\mathbf{w}^p &= \beta'C^{-1}B'U(\Lambda + rI)^{-2}U'BC^{-1}\beta;\\(\mathbf{w}^h)'\Sigma\mathbf{w}^h &= \beta'C^{-1}B'U\left[\Lambda + \Phi(r)I\right]^{-2}U'BC^{-1}\beta.\end{aligned}$$

- 显然，$(\mathbf{w}^h)'\Sigma\mathbf{w}^h < (\mathbf{w}^p)'\Sigma\mathbf{w}^p, \forall r \in (\underline{r}, \bar{r}]$。若 Σ 为对角阵，则至少存在一个 $i \in \{1, \cdots, m\}$，使得 $|w_i^h| < |w_i^p|\ \forall r \in (\underline{r}, \bar{r}]$。
- 同样，我们有

$$\begin{aligned}(\mathbf{w}^p)'BC^{-1}B'\mathbf{w}^p &= \beta'C^{-1}B'V(r\Lambda^{-1} + I)^{-2}V'BC^{-2}\beta,\\(\mathbf{w}^h)'BC^{-1}B'\mathbf{w}^h &= \beta'C^{-1}B'V\left[\Phi(r)\Lambda^{-1} + I\right]^{-2}V'BC^{-1}\beta,\end{aligned}$$

其中，$V = U\Lambda^{-1/2}$。故有 $(\mathbf{w}^h)'BC^{-1}B'\mathbf{w}^h < (\mathbf{w}^p)'BC^{-1}B'\mathbf{w}^p, \forall r \in (\underline{r}, \bar{r}]$。若 $BC^{-1}B'$ 为对角阵，则至少存在一个 $i \in \{1, \cdots, m\}$，使得 $|w_i^h| < |w_i^p|$ 对所有 $r \in (\underline{r}, \bar{r}]$ 成立。

- 若 $BC^{-1}B'\Sigma = \Sigma BC^{-1}B'$，则 $BC^{-1}B'$ 和 Σ 可被同时相似对角化，即存在一个 $m \times m$ 正交矩阵 P，使得 $P'BC^{-1}B'P = D_1$ 和 $P'\Sigma P = D_2$ 成立，其中 D_1 和 D_2 为对角阵。

① 谱条件数接近 1 的矩阵称为良态矩阵，而谱条件数很大的矩阵称为病态（ill-conditioned）矩阵。

② 如存在非零向量 α 满足 $A\alpha = \lambda B\alpha$，则称 λ 为方阵 A 相对于 B 的广义特征根（generalized eigenvalue），α 为 λ 对应的广义特征向量（generalized eigenvector）。

由此可得

$$
\begin{aligned}
(\mathbf{w}^p)'\mathbf{w}^p &= \beta' C^{-1}B'P(D_1+rD_2)^{-2}P'BC^{-1}\beta;\\
(\mathbf{w}^h)'\mathbf{w}^h &= \beta' C^{-1}B'P\left[D_1+\Phi(r)D_2\right]^{-2}P'BC^{-1}\beta.
\end{aligned}
$$

因此存在 i，使得 $|w_i^p|>|w_i^h|$ 成立。

- 从 $\mathbf{w}^p$ 的表达式可得

$$
(\mathbf{w}^p)'\mathbf{w}^p=\beta C^{-1}B'\left[BC^{-1}B'+r\Sigma\right]^{-2}BC^{-1}\beta. \tag{17.10.106}
$$

将式 (17.10.106) 对 r 求导可得

$$
\begin{aligned}
\frac{\partial \mathbf{w}'\mathbf{w}}{\partial r}=&-\beta' C^{-1}B'\left[BC^{-1}B'+r\Sigma\right]^{-2}\\
&\times\left[\Sigma BC^{-1}B'+BC^{-1}B'\Sigma+2r\Sigma^2\right]\left[BC^{-1}B'+r\Sigma\right]^{-2}BC^{-1}\beta.
\end{aligned} \tag{17.10.107}
$$

根据线性代数知识可得

$$
\begin{aligned}
&\lambda_m(\Sigma BC^{-1}B'+BC^{-1}B'\Sigma+2r\Sigma^2)\\
\geqq&\lambda_m(\Sigma BC^{-1}B'+BC^{-1}B'\Sigma)+2r\lambda_m(\Sigma^2)\\
\geqq&\rho+2r\lambda_m^2,
\end{aligned} \tag{17.10.108}
$$

其中

$$
\begin{aligned}
\rho=&\max\left\{\min_{i=1,m}\lambda_i\mu_m\frac{(\sqrt{k_\lambda}+1)^2-k_\mu(\sqrt{k_\lambda}-1)^2}{2\sqrt{k_\lambda}},\ \min_{i=1,m}\mu_i\lambda_m\frac{(\sqrt{k_\mu}+1)^2-k_\lambda(\sqrt{k_\mu}-1)^2}{2\sqrt{k_\mu}}\right\}\\
=&\begin{cases}
\lambda_m\mu_m\frac{(\sqrt{k_\lambda}+1)^2-k_\mu(\sqrt{k_\lambda}-1)^2}{2\sqrt{k_\lambda}}, & 若\quad \sqrt{k_\mu}\leqslant\frac{\sqrt{k_\lambda}+1}{\sqrt{k_\lambda}-1},k_\mu\geqq k_\lambda;\\
\lambda_m\mu_m\frac{(\sqrt{k_\mu}+1)^2-k_\lambda(\sqrt{k_\mu}-1)^2}{2\sqrt{k_\mu}}, & 若\quad \sqrt{k_\mu}\leqslant\frac{\sqrt{k_\lambda}+1}{\sqrt{k_\lambda}-1},k_\mu< k_\lambda;\\
\lambda_1\mu_m\frac{(\sqrt{k_\lambda}+1)^2-k_\mu(\sqrt{k_\lambda}-1)^2}{2\sqrt{k_\lambda}}, & 若\quad \sqrt{k_\mu}>\frac{\sqrt{k_\lambda}+1}{\sqrt{k_\lambda}-1},k_\mu\geqq k_\lambda;\\
\lambda_m\mu_1\frac{(\sqrt{k_\mu}+1)^2-k_\lambda(\sqrt{k_\mu}-1)^2}{2\sqrt{k_\mu}}, & 若\quad \sqrt{k_\mu}>\frac{\sqrt{k_\lambda}+1}{\sqrt{k_\lambda}-1},k_\lambda< k_\lambda.
\end{cases}
\end{aligned}
$$
①

若 $\rho+2r\lambda_m^2>0$ 成立，则矩阵 $\Sigma BC^{-1}B'+BC^{-1}B'\Sigma+2r\Sigma^2$ 为正定的，所以 $\frac{\partial\mathbf{w}'\mathbf{w}}{\partial r}<0$。因此 $\|\mathbf{w}^p\|>\|\mathbf{w}^h\|$。则存在至少一个 i，使 $|w_i^p(r)|<|w_i^h(r)|,\forall r\in(\underline{r},\bar{r}]$ 成立。

---

①此处第二个不等式应用了线性代数中的结论：A 和 B 均为实对称方阵，则

$$
\lambda_m(A+B)\geqq\lambda_m(A)+\lambda_m(B),
$$

其中 $\lambda_m(\cdot)$ 表示最小特征根。此结论证明如下：

$$
\lambda_m(A+B)=\min_{x\neq0}\frac{x'(A+B)x}{x'x}\geqq\min_{x\neq0}\frac{x'Ax}{x'x}+\min_{x\neq0}\frac{x'Bx}{x'x}=\lambda_m(A)+\lambda_m(B).
$$

第三个不等式应用了以下结论：C 是实对称正定方阵 A 和 B 的若当积（Jordan product）$C=AB+BA$，以 a_i,b_i,c_i 分别表示 A,B,C 的按降序排列的特征根，$k_a=\frac{a_1}{a_m}$ 和 $k_b=\frac{b_1}{b_m}$ 分别表示矩阵 A 和 B 的谱条件数，则矩阵 C 的特征根下界可由不等式

$$
c_m\geqq\tilde{C}
$$

- 若条件 17.10.1 和 17.10.2 满足，则

$$w_i^p(r) = \frac{\mathbf{b}_i' C^{-1} \beta}{\mathbf{b}_i' C^{-1} \mathbf{b}_i + r\sigma_i^2};$$
$$w_i^h(r) = \frac{\mathbf{b}_i' C^{-1} \beta}{\mathbf{b}_i' C^{-1} \mathbf{b}_i + \Phi(r)\sigma_i^2}.$$

显然，$|w_i^p(r)| < |w_i^h(r)|$ 对所有 i 和所有 $r \in (\underline{r}, \bar{r}]$ 成立。

- 若 $BC^{-1}B' = \lambda\Sigma$，则显然 $\mathbf{w}^h = \frac{\lambda+r}{\lambda+\Phi(r)}\mathbf{w}^p$。现只需从相反方向证明。如上所示 $BC^{-1}B'$ 和 Σ 可被某个非奇异矩阵 U 同时对角化，则有

$$\mathbf{w}^p(r) = U(\Lambda + r)^{-1} U' B C^{-1} \beta;$$
$$\mathbf{w}^h(r) = U(\Lambda + \Phi(r))^{-1} U' B C^{-1} \beta.$$

如 $\mathbf{w}^h(r) = k\mathbf{w}^p(r)$，则 $\frac{k u_i' B C^{-1}\beta}{r+\omega_i} = \frac{u_i' B C^{-1}\beta}{\Phi(r)+\omega_i}, \forall i$, 其中 u_i 是 U 的第 i 列。由于 $BC^{-1}\beta \notin \bigcup_{i\in\mathcal{K}} \mathcal{V}_i^{\perp}$, $u_i' B C^{-1}\beta \neq 0, \forall i$。我们有 $\omega_i = \lambda \equiv \frac{k\Phi(r)-r}{1-k}$。故而，$BC^{-1}B' = \lambda(XX')^{-1} = \lambda\Sigma$。

如代理人的风险厌恶系数不可观测，则风险厌恶程度较小的代理人可以通过模仿风险厌恶系数较大的代理人而获得信息租金。并且，这种信息租金的数量随被模仿对象获得的激励强度的增强而递增。因此，委托人需要在信息租金抽取和效率之间权衡。一方面，较高的激励强度，即较大的激励工资，有助于激励代理人的努力而使委托人获得较高收益；而另一方面，给风险规避系数大的代理人较高的激励强度也会令风险厌恶程度较小的代理人通过模仿他而获得较多信息租金，这于委托人不利。如条件 17.10.1∼17.10.4 中的任何一个满足，则为了压缩信息租金，委托人必须缩短工资向量的某种“长度”。条件 17.10.1 和 17.10.2 满足时，$\|\mathbf{w}\|_\Sigma \equiv \sqrt{\mathbf{w}'\Sigma\mathbf{w}}$（$\|\mathbf{w}\|_B \equiv \sqrt{\mathbf{w}' B C^{-1} B' \mathbf{w}}$ 将缩短，条件 17.10.4 满足时 $\|\mathbf{w}\| \equiv \sqrt{\mathbf{w}'\mathbf{w}}$ 将缩短），从而至少在一个绩效指标上会出现低能激励；若条件 17.10.1 和 17.10.2 同时满足，则在每个绩效指标上都将会出现低能激励；若条件 17.10.5 满足，即绩效评估指标的确定性部分和随机性部分提供相同的信息时，和基准模型相比，混合模型中的工资合约强度进一步降低，但方向不变（$\mathbf{w}^h // \mathbf{w}^p$，$\|\mathbf{w}^h\| < \|\mathbf{w}^p\|$），换言之，激励发生弱化但不发生扭曲。在前提条件 17.10.3 $BC^{-1}\beta \notin \bigcup_{i\in\mathcal{K}} \mathcal{V}_i^{\perp}$ 下，条件 17.10.5 是保证此结论（弱化而不扭曲）成立的必要条件。我们可以通过以下的例子加以解释。假设 (B, Σ) 为正交系统，即 $BC^{-1}B'$ 和 Σ 均为

给出，其中

$$\tilde{C} = \max\left\{ \min_{i=1,m} a_i b_m \frac{(\sqrt{k_a}+1)^2 - k_b(\sqrt{k_a}-1)^2}{2\sqrt{k_a}}, \min_{i=1,m} b_i a_m \frac{(\sqrt{k_b}+1)^2 - k_a(\sqrt{k_b}-1)^2}{2\sqrt{k_b}} \right\}$$
$$= \begin{cases} a_m b_m \frac{(\sqrt{k_a}+1)^2 - k_b(\sqrt{k_a}-1)^2}{2\sqrt{k_a}}, & \text{若} \quad \sqrt{k_b} \leqslant \frac{\sqrt{k_a}+1}{\sqrt{k_a}-1}, k_b \geqq k_a; \\ a_m b_m \frac{(\sqrt{k_b}+1)^2 - k_b(\sqrt{k_b}-1)^2}{2\sqrt{k_b}}, & \text{若} \quad \sqrt{k_b} \leqslant \frac{\sqrt{k_a}+1}{\sqrt{k_a}-1}, k_b < k_a; \\ a_1 b_m \frac{(\sqrt{k_a}+1)^2 - k_b(\sqrt{k_a}-1)^2}{2\sqrt{k_a}}, & \text{若} \quad \sqrt{k_b} > \frac{\sqrt{k_a}+1}{\sqrt{k_a}-1}, k_b \geqq k_a; \\ a_m b_1 \frac{(\sqrt{k_b}+1)^2 - k_b(\sqrt{k_b}-1)^2}{2\sqrt{k_b}}, & \text{若} \quad \sqrt{k_b} > \frac{\sqrt{k_a}+1}{\sqrt{k_a}-1}, k_b < k_a. \end{cases}$$

此结论的证明见 Alikakos 和 Bates (1984)。

对角矩阵:

$$BC^{-1}B' = \begin{bmatrix} b_1'C^{-1}b_1 & & & \\ & b_2'C^{-1}b_2 & & \\ & & \ddots & \\ & & & b_m'C^{-1}b_m \end{bmatrix}, \Sigma = \begin{bmatrix} \sigma_1^2 & & & \\ & \sigma_2^2 & & \\ & & \ddots & \\ & & & \sigma_m^2 \end{bmatrix}.$$

$BC^{-1}B'$ 相对于 Σ 的第 i 个特征根是 $\omega_i = \rho_{ii} \equiv \frac{\mathbf{b}_i'C^{-1}\mathbf{b}_i}{\sigma_i^2}$，相应的广义特征向量空间的正交补空间为 $\mathcal{V}_i^{\perp} = \{\mathbf{v} = (v_1, v_2, \cdots, v_m) \in \mathcal{R}^m | v_i = 0\}$。$BC^{-1}\beta \notin \bigcup_{i\in\mathcal{K}} \mathcal{V}_i^{\perp}$ 要求 $\mathbf{b}_i'C^{-1}\beta \neq 0, \forall i$。这意味着任何绩效指标都是一致性指标，即 $\Gamma_i \neq 0$(虽然未必是完全一致性指标)。由 $\mathbf{w}^h = k\mathbf{w}^p$ 可得

$$\frac{\mathbf{b}_i'C^{-1}\beta}{\mathbf{b}_i'C^{-1}\mathbf{b}_i + r\sigma_i^2} = k\frac{\mathbf{b}_i'C^{-1}\beta}{\mathbf{b}_i'C^{-1}\mathbf{b}_i + \Phi(r)\sigma_i^2}, \forall i.$$

因此，$BC^{-1}B' = \frac{\Phi(r)-kr}{k-1}\Sigma$。简言之，对绩效指标均一致的正交系统，当且仅当经成本调节后的相关度为常数时，工资向量 $\mathbf{w}^p$ 和 $\mathbf{w}^h$ 同向。 □

这个结果的政策含义是，在机遇与挑战并存的现代创新型社会中，几乎每个经济人都会面临不同程度的不确定性，由此承担不同程度的风险。他们对风险的态度也成为其关键特征，而这一关键参数又往往不为政策制定者所知。这样，为了使他们真实地提供信息，政策制定者不得不向他们支付信息租金，抽租与效率之间的权衡导致了除风险厌恶程度最小者之外的所有代理人获得的激励强度降低。在中国这样具有多分支结构的政府管理体系中，各地方由于经济发展水平和结构的差异会具有不同的抵御风险能力，因而也具有不同的风险态度。有些地区由于脆弱而单一的经济而无力承担过多的创新风险，而有些地区所具有的雄厚的资金和技术实力以及多样化的经营模式使其可以缓冲掉大部分风险。所以，在创新转型过程中，不仅应该降低对所有地区的激励强度，还应该根据各地区的特点给予差异化的激励合约。

17.10.3 努力及其成本不可观测下的最优工资合约

现在我们假设代理人的努力成本 c 而不是风险厌恶程度是私人信息，它不可被委托人观测到。为避免复杂的多维机制设计问题，我们假定各项任务之间在技术上相同且独立，即 $C = cI$, 设随机变量 $\delta = \frac{1}{c}$ 在 $[\underline{\delta}, \overline{\delta}]$ 上服从以累积分布函数 $G(\delta)$ 和密度函数 $g(\delta)$ 代表的连续分布。博弈的时序及讨论与上节类似，除了要求代理人现在报的是 $\hat{\delta}$。此时，工资合约为 $\{w_0(\delta), \mathbf{w}(\delta)\}$ ，当以下激励相容条件成立时，此合约可执行:

$$w_0(\delta) + \frac{1}{2}\mathbf{w}(\delta)'\left[\delta BB' - r\Sigma\right]\mathbf{w}(\delta) \geqq w_0(\hat{\delta}) + \frac{1}{2}\mathbf{w}(\hat{\delta})'\left[\delta BB' - r\Sigma\right]\mathbf{w}(\hat{\delta}), \forall(\delta, \hat{\delta}) \in [\underline{\delta}, \overline{\delta}]^2. \tag{17.10.109}$$

令 $U(\delta, \hat{\delta}) \equiv w_0(\hat{\delta}) + \frac{1}{2}\mathbf{w}(\hat{\delta})'\left[\delta BB' - r\Sigma\right]\mathbf{w}(\hat{\delta})$，$U(\delta) \equiv U(\delta, \delta)$。则 $\{U(\delta), \mathbf{w}(\delta)\}$ 的可执行条件可以等价表述为:

$$\exists w_0 : [\underline{\delta}, \overline{\delta}] \to \mathcal{R}_+, \forall(\delta, \hat{\delta}) \in [\underline{\delta}, \overline{\delta}]^2, U(\delta) = \max_{\hat{\delta}}\left\{w_0(\hat{\delta}) + \frac{1}{2}\mathbf{w}(\hat{\delta})'\left[\delta BB' - r\Sigma\right]\mathbf{w}(\hat{\delta})\right\}. \tag{17.10.110}$$

根据税收原理 (taxation principle)，这个可执行性条件又可以等价表述为：

$$\exists w_0 : \mathcal{R} \to \mathcal{R}_+, \forall \delta \in [\underline{\delta}, \overline{\delta}], U(\delta) = \max_{w \in \mathcal{R}^m} \left\{ w_0(\mathbf{w}) + \frac{1}{2}\mathbf{w}' \left[\delta BB' - r\Sigma\right] \mathbf{w} \right\}. \tag{17.10.111}$$

从中可见，$U(\delta)$ 必为连续、递增的凸函数① 且满足包络条件：

$$U'(\delta) = \frac{1}{2}\mathbf{w}'BB'\mathbf{w}. \tag{17.10.112}$$

反之，如 $U(\delta)$ 满足包络条件 (17.10.112) 且为凸函数则

$$U(\delta) \geqq U(\hat{\delta}) + (\delta - \hat{\delta})U'(\hat{\delta}) = U(\hat{\delta}) + \frac{1}{2}(\delta - \hat{\delta})\mathbf{w}'BB'\mathbf{w} = U(\delta, \hat{\delta}),$$

因此激励相容条件成立。我们据此得出以下引理。

引理 17.10.2　当且仅当以下条件成立时合约 $U(\delta)$ 可执行：

(1) $U'(\delta) = \frac{1}{2}\mathbf{w}'BB'\mathbf{w}$;

(2) $U(\delta)$ 为凸函数。

则委托人的最优化问题可表示为：

$$\begin{cases} \max\limits_{\mathbf{w}(\delta), U(\delta)} \displaystyle\int_{\underline{\delta}}^{\overline{\delta}} \left\{ \delta\beta' B'\mathbf{w}(\delta) - \frac{1}{2}\mathbf{w}(\delta)' \left[\delta BB' + r\Sigma\right] \mathbf{w}(\delta) - U(\delta) \right\} g(\delta) d\delta \\ \text{s.t.} \quad U(\delta) \geqq 0, U'(\delta) = \dfrac{\mathbf{w}'BB'\mathbf{w}}{2}, U(\delta) \text{ 为凸函数}. \end{cases}$$

命题 17.10.3　在成本未知的情形下，若 $\delta H(\delta)$ 单调不增，则最优工资合约可表述为：

$$\mathbf{w}^h(\delta) = \left(H(\delta)BB' + \frac{r\Sigma}{\delta} \right)^{-1} B\beta; \tag{17.10.113}$$

$$w_0^h(\delta) = \frac{1}{2}\int_{\underline{\delta}}^{\delta} \mathbf{w}^h(\tilde{\delta})'BB'\mathbf{w}^h(\tilde{\delta})d\tilde{\delta} - \frac{1}{2}\mathbf{w}^h(\delta)' \left[\delta BB' - r\Sigma\right] \mathbf{w}^h(\delta), \tag{17.10.114}$$

其中，$H(\delta) \equiv 1 + \frac{1-G(\delta)}{\delta g(\delta)}$。

证明　通过分部积分可得

$$\int_{\underline{\delta}}^{\overline{\delta}} U(\delta)g(\delta) = \int_{\underline{\delta}}^{\overline{\delta}} \left[\frac{1 - G(\delta)}{g(\delta)} \right] \frac{\mathbf{w}'BB'\mathbf{w}}{2} dG(\delta).$$

将其代入委托人的目标函数，继而通过逐点优化 (point-wise optimization) 可得最优工资

①在这种情形下，令 $a = \frac{1}{2}\mathbf{w}'BB'\mathbf{w}, b = w_0(\mathbf{w}) - \frac{1}{2}\mathbf{w}'\Sigma\mathbf{w}$，则 $U(\delta) = \max\limits_{a,b}(a\delta + b)$ 依定义可知其凸性。

$\mathbf{w}^h(\delta)$ 和 $w_0^h(\delta)$。将其对参数 δ 求导可得：

$$\begin{aligned}
D_\delta \mathbf{w}^h(\delta) &= -\left[H(\delta)BB' + \frac{r}{\delta}\Sigma\right]^{-1}\left[H'(\delta)BB' - \frac{r\Sigma}{\delta^2}\right]\left[H(\delta)BB' + \frac{r\Sigma}{\delta}\right]^{-1} B\beta \\
&= -\left[H(\delta)BB' + \frac{r\Sigma}{\delta}\right]^{-1}\left[H'(\delta)BB' - \frac{r\Sigma}{\delta^2}\right]\mathbf{w}^h(\delta) \\
&= -\left[H(\delta)BB' + \frac{r\Sigma}{\delta}\right]^{-1}\left\{-\frac{H(\delta)}{\delta}BB' - \frac{r\Sigma}{\delta^2} + \left[\frac{H(\delta)}{\delta} + H'(\delta)\right]BB'\right\}\mathbf{w}^h(\delta) \\
&= \frac{1}{\delta}\left\{(BB')^{-1} - \left[H(\delta)BB' + \frac{r\Sigma}{\delta}\right]^{-1}[H(\delta) + \delta H'(\delta)]\right\}BB'\mathbf{w}^h(\delta).
\end{aligned}$$

由 $\delta + \frac{1-G(\delta)}{g(\delta)} = \delta H(\delta)$ 的递减性可得：矩阵 $\frac{1}{\delta}\left\{(BB')^{-1} - \left[H(\delta)BB' + \frac{r\Sigma}{\delta}\right]^{-1}[H(\delta) + \delta H'(\delta)]\right\}$ 为正定的。因此，

$$\begin{aligned}
U''(\delta) &= D_\delta \mathbf{w}^h(\delta)BB'\mathbf{w}^h(\delta) \\
&= \frac{1}{\delta}\mathbf{w}^h(\delta)'BB'\left\{(BB')^{-1} - \left[H(\delta)BB' + \frac{r\Sigma}{\delta}\right]^{-1}[H(\delta) + \delta H'(\delta)]\right\}BB'\mathbf{w}^h(\delta) \geqq 0,
\end{aligned}$$

从而证明了 $U(\delta)$ 的凸性，证毕。 □

与上节类似，我们需要以下条件来证明低能激励的合理性。

条件 17.10.6 BB' 为对角矩阵。

条件 17.10.7 矩阵 BB' 和 Σ 可交换：$BB'\Sigma = \Sigma BB'$。

条件 17.10.8 $2\nu_m^2 + \frac{r}{\delta}\eta > 0$ 成立，其中

$$\begin{aligned}
\eta &= \max\left\{\min_{i=1,m}\lambda_i\nu_m\frac{(\sqrt{k_\lambda}+1)^2 - k_\nu(\sqrt{k_\lambda}-1)^2}{2\sqrt{k_\lambda}}, \min_{i=1,m}\nu_i\lambda_m\frac{(\sqrt{k_\nu}+1)^2 - k_\lambda(\sqrt{k_\nu}-1)^2}{2\sqrt{k_\nu}}\right\}; \\
&= \begin{cases}
\lambda_m\nu_m\frac{(\sqrt{k_\lambda}+1)^2 - k_\nu(\sqrt{k_\lambda}-1)^2}{2\sqrt{k_\lambda}}, & \text{若} \quad \sqrt{k_\nu} \leqslant \frac{\sqrt{k_\lambda}+1}{\sqrt{k_\lambda}-1}, k_\nu \geqq k_\lambda; \\
\lambda_m\nu_m\frac{(\sqrt{k_\nu}+1)^2 - k_\lambda(\sqrt{k_\nu}-1)^2}{2\sqrt{k_\nu}}, & \text{若} \quad \sqrt{k_\nu} \leqslant \frac{\sqrt{k_\lambda}+1}{\sqrt{k_\lambda}-1}, k_\nu < k_\lambda; \\
\lambda_1\nu_m\frac{(\sqrt{k_\lambda}+1)^2 - k_\nu(\sqrt{k_\lambda}-1)^2}{2\sqrt{k_\lambda}}, & \text{若} \quad \sqrt{k_\nu} > \frac{\sqrt{k_\lambda}+1}{\sqrt{k_\lambda}-1}, k_\nu \geqq k_\lambda; \\
\lambda_m\nu_1\frac{(\sqrt{k_\nu}+1)^2 - k_\lambda(\sqrt{k_\nu}-1)^2}{2\sqrt{k_\nu}}, & \text{若} \quad \sqrt{k_\nu} > \frac{\sqrt{k_\lambda}+1}{\sqrt{k_\lambda}-1}, k_\lambda < k_\lambda
\end{cases}
\end{aligned}$$

表示了 $BB'\Sigma + \Sigma BB'$ 的特征根的下界。λ_i 和 ν_i 分别表示了降序排列的 Σ 和 BB' 的第 i 个特征根。$k_\lambda = \frac{\lambda_1}{\lambda_m}$ 和 $k_\nu = \frac{\nu_1}{\nu_m}$ 则分别代表两个矩阵的谱条件数（spectral condition number）。

条件 17.10.9 存在正数 k 满足 $BB' = k\Sigma$。

特别地，如评估系统为正交的，则条件 (17.10.1)、(17.10.6) 和 (17.10.7) 满足；若 Σ 和 BB' 为数量矩阵，则条件 (17.10.1)、(17.10.6)) 及 (17.10.8) 满足；此外，若矩阵 BB' 或 Σ 为良态矩阵，或者 $\frac{r}{\delta}$ 足够小，则即使 BB' 和 Σ 为非对角矩阵，条件 (17.10.7) 仍成立。通过与基准合约做比较我们有以下定理。

命题 17.10.4 下列结论成立：

(1) 若条件 (17.10.1)、(17.10.6)、(17.10.7) 及 (17.10.8) 中的任何一个成立，则存在一个 $i \in \{1, \cdots, m\}$，使得 $|w_i^h(\delta)| < |w_i^p(\delta)|$，$\forall\, \delta \in [\underline{\delta}, \bar{\delta})$；

(2) 若条件 (17.10.1) 和 (17.10.6) 满足，即评估系统正交，则 $|w_i^h(\delta)| < |w_i^p(\delta)|$, $\forall\ \delta \in [\underline{\delta}, \bar{\delta})$, $\forall\, i$;

(3) 令 τ_i, $i \in \mathcal{L} \equiv \{1, 2, \cdots, l\}$ 表示矩阵 BB' 相对于 Σ 的 l 个相异广义特征根，以 $\mathcal{U}_i \equiv \mathcal{N}(BB' - \tau_i\Sigma)$ 表示与 τ_i 相应的特征子空间，$\mathcal{U}_i^{\perp}$ 为其正交补空间，若 $B\beta \notin \bigcup\limits_{i\in\mathcal{L}} \mathcal{U}_i^{\perp}$ 成立，则当且仅当条件 (17.10.9) 成立时存在常数 $s \in (0, 1)$ 使得 $\mathbf{w}^h = s\mathbf{w}^p$。

此命题的证明与命题 17.10.1 类似，故省略。

当代理人的努力成本为其私人信息时，有效的代理人 (δ 更大) 可以通过模仿低效代理人而获得信息租金。为了压缩信息租金，委托人必须降低对后者的激励强度。特别地，以下任何一个条件成立均可导致在某项绩效指标上出现低能激励：

（1）不同绩效指标的系数向量彼此正交 ($\mathbf{b}_i'\mathbf{b}_j = 0, \forall i \neq j$)；

（2）不同绩效指标对应的随机扰动项不相关 ($\sigma_{ij} = 0, \forall i \neq j$)；

（3）矩阵和中任何一个为良态 (k_ν 或 k_λ 接近 1)；

（4）代理人风险厌恶程度很小 (r 很小)；

（5）代理人的效率很高 (δ 很大)。

对某个正交评估系统，若所有的绩效指标均为一致性指标 ($\mathbf{b}_i\beta = 0, \forall i \neq j$)，则当且仅当系统的信号噪音比例为常数时（即条件 (17.10.9) 成立），成本未知情形下的激励合约相较于基准情形会被弱化但不扭曲。

努力成本是代理人的另一个关键参数。这个参数可以用来衡量地区基础、企业效率、个体能力。虽然不同个体的努力成本不同，但他们都需在社会的创新转型过程中扮演不可或缺的角色。比如，固然一些国有企业、高校和科研院所具有较雄厚的研究实力，应该成为科技创新的主要承担者，但大量的民营企业对创新的贡献也同样不容忽视，而且从发展的眼光看，随着民营企业的发展壮大，它们应该具有更强的创新能力和内在激励。因此，甄别不同代理人的"类型"就显得尤为重要。我们的理论分析表明，委托人不可能无成本地完成这种甄别过程，必须向代理人支付信息租金才能诱使他们讲真话。而且，代理人的努力成本越小（效率越高），这种信息租金越大。因为代理人是通过模仿其低效伙伴而获得信息租金的，而效率越高的代理人可以模仿的对象越多。为了压缩信息租金必须降低给被模仿者的激励强度，因而导致低能激励。

进一步地，我们可以假设风险厌恶系数和努力成本 (r, c) 同时不可观测，这样模型即拓展成道德风险和多维逆向选择的混合模型。关于这种模型的详细讨论请参见 Meng 和 Tian(2013)。

以上结论有很强的政策含义，通过以上规范的理论模型可以看出，中国经济从要素驱动向创新驱动转型的过程中有着实施低能激励的必要性。并且我们发现当道德风险和逆向选择并存时，激励强度应该进一步降低。在这种混合模型中，我们假设代理人拥有关于代理人风险态度和成本（效率）的私人信息。此时，委托人不仅需要通过支付工资确保代理人努力工作，还应为诱导其真实的信息显示而支付信息租金。他不仅需要面对传统道德风险问题中激励与风险间的权衡，还应考虑逆向选择问题中抽租与效率间的取舍。轻度风险厌恶的代理人可能通过模仿高度风险厌恶的代理人，效率较高的代理人可能通过模仿效率较低的代理人而获得信息租金，并且租金量取决于被模仿对象所获得的激励强度。因此，为了压缩信息租金，委托人只能降低提供给被模仿者的激励强度。

在中国，劳动力曾经是最丰裕的生产要素，因此在要素驱动型社会中通过激励机制诱导劳动力的有效投入是促进经济发展的最有效手段之一；而在创新驱动型社会中，这种高能激励手段会越来越显现出其负面作用，即只注重短期模仿效应而忽视长期创新效应。当经济个体的风险态度和效率类型等关键参数不为制度设计者所知时，这种负面作用会被进一步放大。在中国这样一个地区间的发展极不均衡的国家，各地方由于其经济结构和经济发展水平的历史差异而具有不同的风险承受能力，风险承受能力较强从而风险厌恶程度较低的地方政府会通过模仿那些风险承受能力较弱的地方而获得好处，因此中央政府必须降低给后者的激励强度。即中央政府应为风险承受能力较弱的地方政府提供更多的保险，否则这些地方政府会以消极方式抵制中央的政策。比如，面对中央政府制定的旨在引导科技创新的政策，某些地方政府会在其职权范围内选择风险更小从而创新性更低的项目。同样道理，各地方的生产效率、地方官员的工作能力也高低不等，且这方面的信息也是中央政府不完全了解的。激励与抽租的权衡要求中央政府降低对效率较低的地方政府的激励强度，否则它们也会消极应对中央政策。

其实，在企业的微观管理实践中有很多低能激励的做法，这些做法完全可以被借鉴到从要素驱动到创新驱动转型过程中激励制度的选择上。很多大企业对其高级管理和技术人员往往采取年薪制等相对固定的激励方案，而对处于分工末梢的劳动密集型岗位（比如生产线上的工人、普通销售人员）则施行高强度的绩效奖惩制度；国外大学对初获教职的人员施行严格的绩效考核，而对经过严格甄别选出的优秀教员则给予待遇相对固定而丰厚的终身教职。

这些做法大概源于两类岗位所面临的风险不同。再如，在农业改革中，家庭联产承包责任制固然在农业生产以劳动力投入为主的时期为农民提供了高能激励从而解放了农业生产力，但这一制度在日益依靠创新的现代化农业发展过程中也凸显出一些负面作用：比如，个体农户无法承担因采用先进种植技术和种植品种而带来的风险；由于缺乏市场调研能力而不得不承担农产品价格波动而带来的市场风险等。因此，在稳定现有土地承包制度前提下引导农村土地承包经营权有序流转，鼓励和支持承包土地向专业大户、家庭农场、农民合作社流转，发展多种形式的适度规模经营是在农业现代化过程中为农户分担风险的有效措施。虽然这些组织形式降低了对个体农户的激励强度，但同时也减少了他们须承担的风险，而在相对于劳动投入更需要技术创新的现代化农业中，良好的风险分担机制比有效的努力诱导机制更为重要。总之，在从要素驱动到创新驱动的转型中适度降低激励强度，为经济个体提供更多的保险是培育创新、促进结构升级的重要措施。

17.11 【人 物 小 传】

17.11.1 奥斯卡・兰格

奥斯卡・理夏德・兰格 (Oskar Ryszard Lange，1904—1965)，波兰经济学家，政治家，外交家。1928 年获法学博士学位，后在波兰克拉科夫大学讲授统计学和经济学。1938—1945 年在美国密歇根大学、芝加哥大学讲授统计学和经济学。1945—1946 年任波兰驻美国大使。1946—1947 年任波兰驻联合国安全理事会代表。1948 年后一直任波兰华沙大学教授，讲授统计学和经济学。波兰共产党与社会党合并为统一工人党时，他当选为中央委员。

兰格的经济理论对观察和研究社会主义经济关系，探讨现代社会主义经济运行理论都具有十分重要的意义。兰格一生著述颇多，最有影响的有《社会主义经济理论》（1936—1937）、《价格弹性和就业》（1944）、《经济计量学导论》（1958）、《社会主义政治经济学》（第一卷）（1958）、《最优决策》（1964）和《经济控制论导论》（1965）等。兰格 20 世纪 30 年代中期在和米塞斯（1881—1973）、哈耶克（1899—1992) 等人的论战中，第一次提出了社会主义经济的分散模型，即著名的“兰格模型”。他通过对模型的分析, 认为在社会主义经济中, 价格不是随意确立的，而是和自由竞争体制中的市场价格一样具有客观性质。其主张虽然生产资料收归国有，但消费品和劳动力价格还是通过市场来定价，而生产资料的价格则由计划机关模拟市场，按照与竞争性市场机制相同的“试错法”（trial-and-error method）来决定。兰格把市场机制的作用引入社会主义经济，开创了对社会主义经济中市场机制运行分析的先例。第二次世界大战期间，兰格对资本主义经济中的价格和就业问题进行了研究，他从一般均衡理论出发，通过对货币效应的分析，指出价格弹性只有在特殊条件下才能导致自动维持或恢复生产要素的供求平衡。但他认为，自 1914 年第一次世界大战开始后在资本主义经济中取得这种特殊条件的可能性已经很小。兰格在把经济计量学应用于计划社会主义国民经济、把控制论方法应用于经济研究方面，也做了不少开创性工作。他将计划的科学化看成是社会主义经济运行理论的主题，形成了现代的科学计划理论。

17.11.2 詹姆斯 · 莫里斯

詹姆斯 · A · 莫里斯 (James A. Mirrlees) (1936—)，激励理论的奠基者，在信息经济学理论研究上有举足轻重的贡献，与威廉 · 维克瑞一道获得 1996 年诺贝尔经济学奖。莫里斯 1936 年生于苏格兰的明尼加夫，与亚当 · 斯密是同乡。1957 年获得爱丁堡大学数学硕士学位。1963 年获剑桥大学经济学博士学位。1963—1968 年，莫里斯任剑桥大学经济学助理讲师、讲师、剑桥大学三一学院研究员，在此期间曾任卡拉奇巴基斯坦经济开发研究所顾问。1969 年，他被正式聘为牛津大学教授，33 岁时就成了当时牛津大学最年轻的经济学教授。1969—1996 年莫里斯教授一直从教于牛津，任该校埃奇沃思讲座经济学教授，Nuffield 学院院士。

莫里斯自 20 世纪 60 年代便活跃于经济学界，以激励经济理论的研究见长。70 年代，他与斯蒂格利茨、罗思（Alvin E. Roth）、斯宾塞（Michael Spence）等人共同开创了委托—代理理论的研究，并卓有成就。现在流行的委托-代理的模型化方法就是莫里斯所开创的。莫里斯分别于 1974 年、1975 年、1976 年发表的三篇论文，即《关于福利经济学、信息和不确定性的笔记》、《道德风险理论与不可观测行为》、《组织内激励和权威的最优结构》，奠定了委托—代理理论的基本模型框架。莫里斯开创的分析框架后来又由霍尔姆斯特伦（Holmstrom）等人进一步发展，在委托—代理文献中，被称为莫里斯-霍尔姆斯特伦模型方法（Mirrlees-Holmstrom Approach）。莫里斯在经济增长与发展等方面也成就非凡，曾与斯特恩（Stern）合编《经济增长模型》一书，与利特尔（Little）合著《发展中国家的项目签订和计划》一书，并于 1975 年发表《关于利用消费和生产率之间关系的欠发达经济的纯理论》一文，对经济政策尤其是增长理论进行了功利主义分析，探讨了不确定性对适度增长的影响、非再生资源理论、不可分割的增长理论以及耐用品的不可替代性定理等。在发展经济学领域，莫里斯提出了成本收益分析方法，建立了低收入经济的发展模型，研究了国际援助政策的效用与结果。

17.12 习　题

习题 17.1 (道德风险下的借贷) 一个无现金流的企业家希望借款以实施投资项目。以 1 单位的投资，若他投入 $\overline{e} > 0$ 的努力，他有 $\overline{p}$ 的概率得到 q 的产出；若他不努力将有 $\underline{p} > 0$ $(\overline{p} > \underline{p})$ 的概率得到 q 的产出。令 ψ 表示企业家投入努力 $\overline{e}$ 的成本。此外，将企业家的现状效用标准化为 0，假设 $\underline{p}q < r$。一个垄断银行，资金成本为 r，在项目成功时为每一单位的贷款获得偿还 $z - x$。

1. 给出银行所面临的委托—代理问题。
2. 找出银行在满足企业家激励相容约束与参与约束下最大化自己期望利润的最优贷款合同。

习题 17.2 (风险厌恶的委托人与道德风险) 假设风险厌恶的委托人将任务委托给风险中性的代理人。代理人努力的程度记为 e，以概率 e 得到 $\overline{q}$，以概率 $1 - e$ 得到 $\underline{q}$，$\underline{q} < \overline{q}$。风险厌恶的委托人效用为 $v(q - t)$，其中 t 是对代理人的转移支付，$v(\cdot)$ 是一个 CARA 的 VNM 效用函数。代理人努力的成本为 $\psi(e)$ $(\psi' > 0, \psi'' > 0)$。

1. 假设 e 不可观察，计算代理人风险中性时的最优合同。
2. 假设代理人为有限责任保护，计算次佳努力水平。
3. 分析两种极端情形，即 (a) 委托人无限风险厌恶和 (b) 委托人风险中性。解释你的回答。

习题 17.3 (多于两种的努力水平) 考虑教材中的道德风险模型，现在假定努力水平多于两种。假定产出有 n 种可能，分别是 $q_1 < q_2 < \cdots < q_n$，同时有 K 种努力水平，分别是 $0 = e_0 < e_1 < \cdots < e_{K-1}$。我们标准化 $\psi_0 = 0$，ψ_K 关于 K 是递增的。令 π_{ik} 表示当努力水平为 e_K 时，产出是 q_i 的概率。其他条件与教材中道德风险模型相同。

1. 写出这个问题的参与约束和激励相容约束。
2. 求解完全信息的最优化问题。
3. 求解在道德风险问题中的次佳问题。

习题 17.4 (连续的努力水平) 考虑教材中的道德风险模型。假设努力水平是连续的，$e \in [0, 1]$，产出概率为 $\pi(e) = e$。努力的成本 $\psi(e)$ 是关于 e 的递增的凸函数，并且 $\psi(0) = 0$。为了确保内点解存在，我们额外假定努力的成本函数满足稻田条件，$\psi'(0) = 0$，$\psi'(1) = +\infty$，其他条件与教材中的道德风险模型相同。现在考虑一个风险中性的代理人，初始财富为 0，并且具有有限责任约束。

1. 写出这个问题的参与约束和激励相容约束。
2. 求解完全信息的最优化问题。
3. 求解在道德风险问题中的次佳问题。

习题 17.5 (一阶方法) 考虑教材中的道德风险模型，现在我们考虑一个风险规避的代理人，其努力水平为连续变量，$e \in [0, \overline{e}]$，努力的成本 $\psi(e)$ 是关于 e 的递增的凸函数，并

且 $\psi(0)=0$。为了确保内点解存在，我们额外假定努力的成本函数满足稻田条件，$\psi'(0)=0$, $\psi'(\overline{e})=+\infty$，其他条件与教材中的道德风险模型相同。代理人的产出绩效 $q\in[\underline{q},\overline{q}]$，其分布为 $F(q|e)$，密度函数为 $f(q|e)$。假设分布函数 $F(\cdot|e)$ 关于 e 是二次可微的。委托人的支付为 $t(q)$。

1. 写出这个问题的参与约束和激励相容约束。
2. 证明当单调似然条件 (monotone likelihood ratio property, MLRP) 满足时，委托人的支付 $t(q)$ 是关于 q 的增函数。
3. 证明当分布函数的凸性（CDFC）条件满足，即 $F_{ee}(q|e)>0$ 时，委托人的值函数 $U(e)$ 是 e 的凹函数。
4. 证明当 MLRP 和 CDFC 同时满足时，最优合约的解可以由一阶条件得到。
5. 验证教材中的连续问题下的道德风险模型是否满足 MLRP 和 CDFC。
6. 对于 MLRP 和 CDFC，你有什么直觉性的解释？

习题 17.6 考察一个存在道德风险的借贷关系。风险中性的借款者希望从贷款者借到 I 的资金以支持一个无风险、回报为 V 的项目。该项目有 $1-e$ 的概率伤害第三方。借款者的安全努力 e 成本为 $\psi(e)$ ($\psi'>0$, $\psi''>0$, $\psi'''>0$)，记 h 为对第三方伤害的补偿。一个贷款合同是 $(\underline{t},\overline{t})$，其中 $\underline{t}$ $(\overline{t})$ 是借款者在没有（有）环境损害时给银行的偿还。

1. 设 e 可观察。计算最佳 (first best) 安全努力 e 的水平。
2. 设 e 不可观察，银行是竞争性的，借款人有足够的偿还能力。证明若银行能在事故发生时对第三方补偿 h，最佳结果仍是可以实施的。
3. 假设在发生事故时银行必须对第三方补偿 $c<h$，以 w 表示借款人的初始资产。证明当 w 逐渐变小时，最佳结果不再能实施。
4. 计算在满足银行零利润约束、借款人的激励相容约束与有限责任的条件下，最大化借款人期望收益的次佳 (second best) 努力水平。
5. 证明提高银行的偿还责任 c 会降低期望福利水平。
6. 证明当银行业是垄断行业时这一结果不再成立。

习题 17.7 (代理人风险厌恶下的隐藏行动问题) 考察隐藏行动的委托—代理问题，假设 $h(u)=u+\frac{ru^2}{2}$，其中 $r>0$, $u>-\frac{1}{r}$。等价地，$u(x)=\frac{-1+\sqrt{1+2x}}{r}$，其中 $x>-\frac{1}{2r}$。

1. 找出委托人为激励代理人付出高努力水平所需要的次佳转移支付。
2. 找出委托人为激励代理人付出高努力水平所需要的次佳成本。
3. 找出委托人为激励代理人付出高努力水平所允诺的代理人效用 $\overline{u}^{SB}$ 和 $\underline{u}^{SB}$。
4. 找出次佳代理成本 AC（定义为最佳情形与次佳情形下委托人的期望利润之差，即最佳成本与次佳成本之差）。

习题 17.8 某风险规避个体，其效用函数为 $u(\cdot)$，初始财富为 w_0，他面临的风险是有可能因一场事故损失 x 的财富。在竞争性的保险市场上，风险中性的保险人可为其提供 $R(x)$ 的净赔付（不含保险费）。假定 x 的分布依赖于预防事故的努力程度 e，并且在 $x=0$ 处不连续：$f(0,e)=1-p(e)$；当 $x>0$ 时，$f(x,e)=p(e)g(x)$。假定 $p''(e)>0>p'(e)$，个人的努力成本 $\psi(e)$ 是递增的凸函数，并且与效用函数是可分的。求最佳和次佳的保险合约。

习题 17.9 (保险合约) 考虑一个保险模型中的道德风险问题。消费者的 VNM 效用函数

为 $u(w)=\sqrt{w}$，初始财富为 $w_0=500$，假定存在两种可能的损失水平 $l=0$ 和 $l=200$。消费者的努力水平假定也为两种，$e=0$ 和 $e=1$，努力的成本为 $\psi(e)$，其中 $\psi(0)=0$ 和 $\psi(1)=1/3$。财富损失和努力相应的概率分布如下所示:

	$l=0$	$l=51$
$e=0$	1/4	3/4
$e=1$	3/4	1/4

1. 证明上面所给出的概率分布满足单调似然比性质。
2. 假设只有一家保险公司，除此之外，消费者只能选择自我保险的方式。计算出消费者的保留效用水平。
3. 若没有保险公司，消费者选择的努力水平为多少?
4. 证明: 若信息是对称的，则让消费者选择高努力水平，对保险公司来讲是最优的。
5. 若信息是不对称的，证明上一问中的结果会使得消费者选择低努力水平。
6. 在信息不对称下，找出最优合约的解。

习题 17.10 (信息学习) 考察以下委托—代理问题: 一个风险中性的委托人面对一个受有限责任保护的无资金的风险中立的代理人。委托人可以获得关于有风险项目质量的信息并作出决定是否投资有风险的项目。假设存在一个无风险的项目，以 1 的概率带给委托人 0 回报，同时存在一个有风险项目，在没有信息时，有风险的项目以 ν 的概率带来 $\overline{S}$ 的回报，以 $1-\nu$ 的概率带来 $\underline{S}$ 的回报。假设 $\nu\overline{S}+(1-\nu)\underline{S}=0$。通过付出 ψ 的成本，代理人可以获得一个信号 $\sigma\in\{\underline{\sigma},\overline{\sigma}\}$，这个信号可以提供关于风险项目未来回报的有用信息。假设 $\Pr(\overline{\sigma}|\overline{S})=\Pr(\underline{\sigma}|\underline{S})=\theta$，其中 $\theta\in[\frac{1}{2},1]$ 解释为信号的精确程度。

1. 作为基准，假设委托人自己使用信息搜集技术。证明这一项目只有在观察到 $\overline{\sigma}$ 时才会实施，写出最优的信息学习条件。
2. 假设现在由代理人来决定是否实施有风险的项目，委托人采用一个合同 $(\overline{t},\underline{t},t_0)$ 来激励代理人。$\overline{t}$ ($\underline{t}$) 是在代理人选择实施风险项目且 $\overline{S}$ ($\underline{S}$) 实现时代理人收到的转移支付，t_0 是在代理人选择安全项目时收到的转移支付。写下保证风险项目仅在 $\overline{\sigma}$ 被观察到时被实施的激励约束。
3. 写下促使代理人学习信息的激励相容约束。
4. 找出给代理人的合同以及促使代理人学习信息的 $\overline{t}$。
5. 找出委托人遵循的次佳规则。

习题 17.11 假定经济中存在三种状态 $\theta_1,\theta_2,\theta_3$，两种努力水平 e_H,e_L，产出水平和相应的概率如下所示:

自然状态	θ_1	θ_2	θ_3
概率	0.4	0.3	0.3
a_H 下的产出	20	20	1
a_L 下的产出	20	1	1

委托人是风险中性的。代理人的效用函数为 $\sqrt{w}-\psi(e)$，低努力下的成本为 0，高努力下的成本为 1。代理人的保留效用为 1。

1. 求解最优合约。
2. 若只有产出水平可以观察到，求解次佳合约。

3. 假设委托人能够以 1 的价格购买一个信息系统，该系统可以证实自然状态 θ_3 是否发生。那么委托人会不会购买这个信息系统？

习题 17.12 考虑下面的道德风险模型。委托人是风险中性的，代理人的偏好定义在他收入的均值和方差以及他自身的努力程度 e 上。代理人的期望效用为 $E(w)-\phi\mathrm{Var}(w)-g(e)$，其中 $g'(0)=0$，$g'(e),g''(e),g'''(e)>0$ 对所有 $e>0$ 成立，以及以 e 为条件的利润是服从均值为 e，方差为 σ^2 的正态分布。

1. 仅考察线性补偿方案 $w(\pi)=\alpha+\beta\pi$。证明：给定 $w(\pi)$，e 和 σ^2，代理人的期望效用为 $\alpha+\beta e-\phi\beta^2\sigma^2-g(e)$。
2. 推导出 e 可观测情形下的最优合约。
3. 推导出 e 不可观测情形下的最优线性补偿方案，并求 β 变化的效应以及 σ^2 变化的效应。

习题 17.13 委托人需要雇用一个代理人。代理人获得的工作可能是好的 (G) 或坏的 (B)。委托人不知道工作的类型，只知道工作为 G 类型的概率为 $p\in(0,1)$。代理人知道工作的类型，被雇用后，代理人选择投入高努力 H 或低努力 L。工作 G 在高努力下的产出为 4，在低努力下的产出为 2；工作 B 在高努力下的产出为 2，在低努力下的产出为 0。代理人投入高努力会引致 1 单位的成本，投入低努力无成本，代理人的保留效用为 0。委托人观察到产出然后给代理人一个支付。

1. 给出委托人提供给代理人的最优合同。
2. 结论与 p 有何关系？请加以解释。

习题 17.14 考虑下面的道德风险模型。委托人是风险规避的，其效用函数为 $u(w)=\sqrt{w}$，保留效用为 0，代理人的努力水平有三种情况，分别是 $E=\{e_1,e_2,e_3\}$，可能的利润结果有两个：$\pi_H=10$ 和 $\pi_L=0$。概率分布分别为 $f(\pi_H|e_1)=2/3$，$f(\pi_H|e_2)=1/2$，$f(\pi_H|e_3)=1/3$。在代理人努力水平的成本函数中，$g(e_1)=5/3$，$g(e_2)=8/5$，$g(e_3)=4/3$。

1. 推导在努力水平可观测情况下的最优合约。
2. 证明：若努力水平不可观测，那么 e_2 不会得以实施。$g(e_2)$ 为多大时，e_2 是可实施的？
3. 当努力水平不可观测时，求解最优合约。

习题 17.15 接着上题继续讨论。现在假设委托人与代理人的关系持续两期。工作的类型在合同签订前确立并在两期中保持不变，委托人每期都给代理人一个合同。时间顺序为：代理人先知道工作的类型，然后委托人提供第 1 期合同，代理人选择努力水平，产出与支付实现，委托人提供第 2 期合同，代理人选择努力水平，产出与支付实现。假设在第 1 期委托人总是希望让工作为 B 的代理人投入高努力，最优性要求第 2 期中两种类型的代理人都投入高努力，对于剩下的第 1 期中两种可能（G 类型选择 H 努力和 G 类型选择 L 努力）。

1. 分别写出实现这两种结果的最优合同。
2. 假设在两期关系的初始，委托人可以对第 1 期和第 2 期作出承诺，对于先前讨论的两种情形，讨论这种承诺能力对委托人的收益有何种影响。在什么情形下承诺是最优的？
3. 一些组织定期对其员工实施岗位轮转，这一做法经常被批评为牺牲了特定岗位的人力资本。鉴于先前几道题的答案，解释为什么岗位轮转的做法是有好处的。

习题 17.16 假设企业雇用两类工人 θ_H 和 θ_L 生产某产品。类型 θ_L 工人的比例为 λ。当类型

θ 工人支付 T 元消费 x 单位商品时得到的效用为 $u(x,T)=\theta v(x)-T$，其中，$v(x)=\frac{1-(1-x)^2}{2}$。该企业是这种商品的唯一生产者，其单位生产成本 $C>0$。

1. 考虑一个非歧视性的垄断者。推导出该垄断者的定价战略。证明当 θ_L 或是 λ 足够大时，该垄断者将向这两类消费者提供产品。
2. 考虑下面的垄断者，该垄断者能将这两类消费者区分开，但其对每个类型 θ_i 只能索要统一价格 p_i。刻画该垄断者的最优定价。
3. 计算最优的非线性定价。

习题 17.17 (债务融资) 某企业家拥有两个项目，每个项目在 $t=0$ 时都需要金额为 6 的投资。第一个项目在 $t=1$ 时产生的现金流为 $C_1\in\{10,80\}$。第二个项目产生的现金流为 $C_2\in\{0,90\}$。两种情形下获得高现金流的概率均为 v，e 是企业家的努力水平。企业家的努力成本为 $50a^2$，他可以选择三种努力水平：$e\in\{0,1,2\}$。企业没有任何资产。所有人都是风险中性的，不存在贴现。

1. 若企业家自己有能力投资，在两个项目中他分别选择什么样的努力水平？
2. 假定企业家有融资约束，全部项目资金都需要通过债务融资。在两个项目中，他分别选择多大的债务面值 D？若他可以得到无条件贷款，则他会最终选择哪个项目？
3. 企业家是否可以通过发行比例为 s 的股权代替债务融资，从而使自己的境况得到改善？

习题 17.18 (保险合约) 考虑某个风险规避者，效用函数为 $u(\cdot)$，该消费者的初始财富为 W，面临着以概率 p 损失 L 的风险，其中，$W>L>0$。保险公司合约为 (c_1,c_2)，其中 c_1 是损失不发生情形下该消费者拥有的财富额，c_2 是损失发生情形下的财富额。在损失不发生的情况下，他向保险公司支付保费 $W-c_1$，而若发生损失，他从保险公司得到的赔偿为 $c_2-(W-L)$。

1. 假设保险公司是风险中性的垄断者，当消费者发生损失的概率 θ 可观测时，求解最优合约。
2. 若保险公司无法观测到 θ，参数 θ 可能取 $\{\theta_H,\theta_L\}$，$p(\theta_L)=\lambda$。求解这时保险公司的最优合约问题。这时保险购买量是否具有配给性质？

习题 17.19 (规制的政治经济学) 考察一个企业实施价值分别为 S_1 和 S_2 的项目。厂商可以投入努力 e 以减少生产成本。对于项目 i，企业的生产成本为 $C_i=\beta-e_i$。$\beta\in\{\underline{\beta},\overline{\beta}\}$，$\nu=\Pr(\beta=\underline{\beta})$。减少成本的努力会带给企业 $\psi(e_1,e_2)=\frac{1}{2}(e_1^2+e_2^2)+\gamma e_1e_2$，$\gamma>0$。规制者补偿可观察的成本 C_1 和 C_2 后支付给企业 t，因此企业的效用为 $U=t-\psi(e_1,e_2)$，社会福利为 $S_1+S_2-(1+\lambda)(t+C_1+C_2)+U$。

1. 完全信息下的最优机制是什么？
2. 当 β 是企业的私人信息时，最优规制机制是什么？
3. 假设规制机制由多数投票决定，有两种类型的个人：被规制企业的股东或非股东。令 α 表示股东的比例，若 $\alpha>1/2$，股东占有多数，规制的目标是最大化他们的目标函数 $\alpha(S_1+S_2-(1+\lambda)(t_1+C_1+t_2+C_2))+U$；若 $\alpha<1/2$，非股东占有多数，规制目标为 $(1-\alpha)(S_1+S_2-(1+\lambda)(t_1+C_1+t_2+C_2)$。计算在两种情形下，给定信息不完全的最优规制机制。

习题 17.20 (Bolton，2005) 某项目成功的概率为 a，a 同时也是风险中性的代理人所做的努力, 努力成本为 a^2。项目成功时可得到回报 R, 失败时得到的回报为 0。参数 R 的取值有两个, 取 X 的概率为 v, 取 1 的概率为 $1-v$。为了实现这个项目, 代理人需要向委托人借入 I 的资金。事件发生顺序如下:

- 首先委托人和代理人提供一份面值为 D_0 的债务合约, 代理人选择接受或者拒绝。
- 自然决定项目成功时 R 的值, 委托人和代理人都可以观察到这个值, 然后委托人可以选择将债务由 D_0 降到 D_1。
- 代理人选择努力水平 a, 并且 a 对于委托人是不可观测的。
- 项目成功或失败。若成功, 代理人支付 R 的最小值和债务 D_1 的面值。

回答下面的问题:

1. 找出这个博弈的子博弈完美均衡。
2. 何时有 $D_1 < D_0$?

习题 17.21 (对风险厌恶厂商的规制) 考察一个规制者希望实施一个价值为 S 的公共项目, 单个厂商可以投入成本 $C=\beta-e$ 实施这一项目, 其中 $\beta\in\{\underline{\beta},\overline{\beta}\}$ 是一个效率参数, e 是给厂商经理带来 $\psi(e)$ ($\psi'>0$, $\psi''>0$, $\psi'''>0$) 负效用的努力水平。成本 C 能被规制者观察到, 规制者以 $1+\lambda$ 的公共资金价格给厂商 t 的转移支付。厂商经理为风险厌恶的, 效用函数为 $u(t-\psi(e))$ ($u'>0$, $u''<0$)。规制者无法观察 e 和 β, 但 $\nu=\Pr(\beta=\underline{\beta})$ 是公共知识。

1. 对于显示机制 $\{t(\overline{t})=\overline{t}, C(\overline{\beta})=\overline{C}; t(\underline{\beta})=\underline{t}, C(\underline{\beta})=\underline{C}\}$, 写出厂商的激励相容约束与参与约束。
2. 预期社会福利定义为:

$$W=S-(1+\lambda)[\nu(\underline{t}+\underline{C})+(1-\nu)(\overline{t}+\overline{C})]+u^{-1}(\nu(\underline{\pi})+(1-\nu)u(\overline{\pi})),$$

   其中, $\underline{\pi}=\underline{t}-\psi(\underline{\beta}-\underline{C})$, $\overline{\pi}=\overline{t}-\psi(\overline{\beta}-\overline{C})$。解释社会福利函数, 假设它对 $\underline{\pi}$ 和 $\overline{\pi}$ 凹, 找出委托人在中间阶段提供合同的最优规制机制。
3. 将上一问中的结论与厂商经理风险中性的情形进行比较。
4. 考察一种特殊情形 $v(x)=\frac{1}{\rho}(1-e^{-\rho x})$, 证明类型 $\overline{\beta}$ 所需的努力水平随 ρ 递增。

习题 17.22 (合同签订前的信息搜集) 考察一个委托—代理问题: 代理人以 θq 的成本生产 q 产量的某种商品。$\theta\in\{\underline{\theta},\overline{\theta}\}$, $\overline{\theta}>\underline{\theta}$, 令 t 表示委托人给代理人的转移支付, 代理人效用为 $U=t-\theta q$。委托人效用为 $V=S(q)-t$, $S'>0$, $S''<0$。

- 在第一天, 委托人提出合同清单 $(\underline{t},\underline{q}),(\overline{t},\overline{q})$。
- 在第二天, 代理人决定是否以 ψ 的成本学习 θ。令 e 表示这一决策: 若他学习了则 $e=1$, 若没有学习则 $e=0$ 。e 是委托人无法观察的一个道德风险变量。
- 在第三天, 代理人决定是否接受合同。
- 在第四天, 代理人知道 θ (若他在第二天决定不学习的话)。
- 在第五天, 合同被执行。

考察两种合同集: C_1 类型的集合引致代理人选择 $e=1$, C_2 类型的集合引致代理人选择 $e=2$。

1. 写下委托人在满足代理人激励相容约束与预算约束下最大化自己期望效用的最优化问题, 无论是 C_1 还是 C_2 类型的合同。

2. 证明委托人可以通过将合同限制在 $\underline{t}-\underline{\theta q}\neq 0$, $\bar{t}-\overline{\theta}\overline{q}\neq 0$ 来达到一个效用下界。从这一结论推导有意义的合同要求 $\bar{t}-\overline{\theta}\overline{q}\leqq 0$, 证明委托人总能够以一个 C_1 中的合同模仿一个 C_2 中的合同。
3. 求 C_1 类型合同中的最优合同。(讨论 ψ 的范围, 区别事前参与约束是否等号成立、道德风险约束是否等号成立以及两种约束是否同时成立三种情形。)

习题 17.23 一个风险中性的委托人雇用一个风险厌恶的代理人。对于委托人来说, 代理人的努力水平 e 是无法观测到的, 并且委托人得到的利润水平有 n 种可能的结果, 分别为 $q_1<q_2<\cdots<q_n$, 且这 n 种结果是可以观测和验证的。利润 q_i 实现的概率为 $\pi_i(e)$, 相应地代理人所获得的收入为 $I=(I_1,I_2,\cdots,I_n)$, 代理人的保留效用为 $\overline{u}$, 代理人的效用函数为 $u(I,e)=-e^{-r(I-e)}$。

1. 证明最佳的努力水平独立于保留效用 $\overline{u}$。
2. 证明次佳的努力水平独立于保留效用 $\overline{u}$。
3. 证明最优的工资计划可以表示为 $(I_1+k,I_2+k,\cdots,I_n+k)$, 这里, k 只是保留效用 $\overline{u}$ 的函数。
4. 假定代理人的效用函数为 $V(I)-e$, $V'>0$, $V''<0$, 这时前三问的结果仍然正确吗? 说明理由。
5. 假定代理人的效用函数为 $V(I)-e$, $V'>0$, $V''<0$, 并且 $n=2$, 努力水平也只有两种, 努力 e_H 和偷懒 e_L, 在次佳结果下, 委托人想要激励代理人实现努力水平 e_H。证明: 最优的激励计划使得代理人在选择努力和偷懒两种行动下是无差异的。
6. 继续上一问, 证明: 最优的激励计划满足 $I_2>I_1$, $q_2-q_1>I_2-I_1$。

习题 17.24 在一个两期问题中, $t=1,2$, 代理人选择努力水平 $e_t=H$ 或是 $e_t=L$, 相应的利润为 $q_t=1$ 或是 $q_t=0$, 代理人越是努力工作, 其实现高利润水平的概率就越大。特别地, $\Pr(q_t=1|e_t=H)=p_H$, $\Pr(q_t=1|e_t=L)=p_L<p_H$。代理人努力的成本为 $c(e_t)$, 其中 $c=c(H)>c(L)=0$, 代理人的效用函数 $u(s,e_1,e_2)=-e^{-r(s-c(e_1)-c(e_2))}$, s 是委托人付给代理人的工资。代理人的保留效用是零的确定性等价水平, 并且代理人在确定行动 e_2 之前可以观察到 q_1。委托人是风险中性的, 其收益为 q_1+q_2-s, 工资 s 取决于每一期的利润, 并且在第二期的最后支付。

1. 假定委托人希望代理人两期全部努力工作以实现最优, 证明: 实现 (H,H) 最小成本的合约具有如下形式: $s(q_1,q_2)=\alpha(q_1+q_2)+\beta$。
2. 若代理人在确定行动 e_2 之前不可以观察到 q_1, 则上述合约安排仍然是最优的吗? 试说明理由。

习题 17.25 一个垄断厂商以 p 的价格出售其产品, 生产过程只需要投入劳动。为了生产 q 单位的产品, 工人必须付出努力, 努力的成本为 $\frac{q^2}{2}\theta$, 工人数量标准化为 1, 工人的技能水平用 θ 表示, 且委托人无法观测到 θ, 假设有 λ 比例的工人是高技能的, 即 $\theta=\theta_H$, 其余为低技能者, 即 $\theta=\theta_L<\theta_H$。委托人可以雇用任意数量的工人, 每个工人的保留效用是 0, 委托人的利润为其产品收益减去付给工人的工资。

1. 求解最优合约。
2. 假设产出 q 是可以观测和验证的, 并且只有工资 w 可以写入合约中 (对于每个工人 i

的转移支付是相同的，$T_i = w_i q_i$)，求解最优的 w，高技能的工人和低技能的工人所得到的 w 是相同的吗？最优的 w 是否会依赖于高技能工人的比例？

3. 假定任意合约 (q_i, T_i) 是可能的，找到最优的合约安排，并且与上一问的结果作对比。你也许可以假定高技能工人的比例相当低，厂商只雇用高技能工人并不是最优的。

习题 17.26 假定委托人是风险中性的，代理人选择努力水平 e_H 和 e_L，实现三种可能的产量 $q_H > q_M > q_L > 0$。代理人若选择 e_H，其效用水平为 $2\sqrt{x}-5$；若选择 e_L，其效用水平为 $2\sqrt{x}$。若代理人不工作，其效用水平为 3；若代理人选择工作，他的最低工资为 w，$0 \leqq w \leqq 5$。委托人无法观察到代理人的努力水平，但是可以观察到实现的产量，$P(q = q_H|e_H) = \frac{1}{2}$，$P(q = q_M|e_H) = \frac{1}{2}$，$P(q = q_L|e_H) = 0$，$P(q = q_H|e_L) = \frac{1}{4}$，$P(q = q_M|e_L) = 0$，$P(q = q_L|e_L) = \frac{3}{4}$。假设 $q_H - q_M$ 和 $q_M - q_L$ 充分大，求解对于委托人的最优合约。

习题 17.27 定义单调似然率和一阶随机占优。

1. 证明在两种实现结果下，上述两个概念是等价的。
2. 举例说明在一般情况下，上述两个概念是不同的。并且证明若单调似然率满足，则一阶随机占优也满足。

习题 17.28 考虑一个道德风险模型，委托人是风险中性的，代理人是风险厌恶的，代理人可以选择两种努力水平 e_H 和 e_L，选择高努力的成本是 c，低努力的成本是 0，实现的结果有两种，分别为 x_H 和 x_L，$p(x_L|a_L) > p(x_L|a_H)$。代理人的效用函数是 $u(w, c_i) = \ln w - c_i$，代理人的保留效用为 0。

1. 描述实施高努力水平的委托—代理问题。
2. 求解最优的工资。

习题 17.29 (监督成本) 考虑一个融资合约，合约双方分别是一个有财富约束的风险中性的企业家和一个很富有的风险中性的投资者。在 $t = 0$ 时需要投资成本 I。项目在 $t = 1$ 时产生一个随机的收益 $\pi(\theta, I) = 2\min\{\theta, I\}$，其中 θ 是自然状态，服从 $[0,1]$ 上的均匀分布。

1. 描述最优投资水平 I^{FB} 的特征。
2. 假设 $t = 1$ 时，实现的收益只能被企业家观察到，而投资者必须付出 $K > 0$ 的成本才能观察到 $\pi(\theta, I)$。考虑到回报不可能超过收益减去监督成本之差，投资者的期望利润为 0，这时，求解最优合约。
3. 证明次佳投资水平低于最优投资水平 I^{FB}。

习题 17.30 (伪造产出) 某风险规避的企业家，其效用函数为 $u(\cdot)$，企业家的产出 q 是随机的，是一个在区间 $[0, \overline{q}]$ 上的概率分布。这个企业家希望通过与一个风险中性的融资者签订一份合约以分散风险，融资者的初始财富 $w \geqq \overline{q}$。该合约规定给企业家的支付依赖于其产出水平。企业家可以观察到产出。融资者也可以观察到产出，除非企业家篡改账目。在观察到产出 q 后，企业家可以伪造一份产出报告 R，伪造成本 $\psi(q, R) = \frac{1}{4}(q - R) + \frac{1}{2}c(q - R)^2, c > 0$。假设企业家受到有限责任的保护，他的保留效用高于 $\overline{q}/2$。

1. 刻画最优合约。
2. 合约中不存在产出伪造，即对于所有的 $q \in [0, \overline{q}]$，$R(q) = q$。证明最优合约将导致造假。根据最优合约，求企业家伪造产出的均衡解。
3. 最优的无造假合约是什么？证明无造假最优合约对于产出 q 是线性的。

17.13 参考文献

教材和专著:

黄有光, 张定胜 (2008). 高级微观经济学, 上海: 格致出版社.

平新乔 (2001). 微观经济学十八讲, 北京: 北京大学出版社.

Bolton, P. and Dewatripont, M. (2005). *Contract Theory*, MIT Press.

Cheung, Steven N. S. (1969). *The Theory of Share Tenancy*, University of Chicago Press.

Laffont, J. J., and Martimort, D. (2002). *The Theory of Incentives: The Principal-Agent Model*, Princeton and Oxford: Princeton University Press, Chapters 4-5.

Laffont, J. J., and Tirole, J. (1993). *The Theory of Incentives in Procurement and Regulation*, Cambridge: MIT Press.

Luenberger, D. (1995). *Microeconomic Theory*, McGraw-Hill, Inc., Chapter 12.

Mas-Colell, A., Whinston, M.D. and Green, J. (1995). *Microeconomic*, Oxford University Press, Chapter 14.

Tirole, J.(2006) *The Theory of Corporate Finance*, Princeton University Press.

Varian, H. R. (1992). *Microeconomic Analysis, Third Edition*, W.W. Norton and Company, Chapter 25.

Wolfstetter, E. (1999). *Topics in Microeconomics—Industrial Organization, Auctions, and Incentives*, Cambridge Press, Chapters 8-10.

论文:

Alikakos, N. and Bates, P. (1984). "Estimates for the Eigenvalues of the Jordan Product of Hermitian Matrices", *Linear Algebra and its Application*, Vol. 57, 41-56.

Akerlof, G. (1976). "The Market for Lemons: Quality Uncertainty and the Market Mechanism", *Quarterly Journal of Economics*, Vol. 89, 488-500.

Baker, G. P. (1992). "Incentive Contracts and Performance Measurement", *Journal of Political Economy*, Vol. 100, 598-614.

Green, L. R, and Stokey, N. (1983). "A Comparison of Tournaments and Contracts", *Journal of Political Economy*, Vol. 91, 349-364.

Grossman, S., and Hart, O. (1983). "An Analysis of the Principal Agent", *Econometrica*, Vol. 51, 7-45.

Guesnerie, R. (1981). "On Taxation and Incentives, Further Reflections on the Limits of Redistribution", Discussion paper No. 89, Sonderforschungsbereich 21, University of Bonn.

Hammond, P. (1979). "Straightforward Individual Incentive Compatibility in Large Economies", *Review of Economic Studies*, Vol. 46, 263-282.

Holmstrom, B. (1979). "Moral Hazard and Observability", *Bell Journal of Economics*, Vol. 10, 74-91.

Holmstrom, B., and Milgrom, P. (1987). "Aggregation and Linearity in the Provision of Intertemporal Incentives", *Econometrica*, Vol. 55, 303-328.

Holmstrom, B., and Milgrom, P. (1991). "Multitask Principal-Agent Analyses: Incentive Contracts, Asset Ownership, and Job Design", *Journal of Law, Economics and Organization*, Vol. 7, 24-52.

Holmstrom, B. (1982). "Managerial Incentive Problems—A Dynamic Perspective". In *Essays in Economics and Management in Honor of Lars Wahlbeck.* Helsinki: Swedish School of Economics. (See also *Review of Economic Studies*, Vol. 66, No. 1, 169-182, 1999.)

Holmstrom, B., and Tirole, J. (1994). "Financial Intermediation, Loanable Funds, and the Real Sector", *American Economic Review*, Vol.84, 972-991.

Laffont, J. J. (1994). "The New Economics of Regulation Ten Years After", *Econometrica*, Vol. 62, 507-538.

Lazear, E. P., and Rosen, S. (1981). "Rank-Order Tournaments as Optimum Labor Contracts", *Journal of Political Economy*, Vol. 89, 841-864.

Li, J. and Tian, G. (2003). "Optimal Contracts for Central Banks Revised", Working Paper, Texas A&M University.

Meng, D., and Tian, G. (2013). "Multi-task Incentive Contract and Performance Measurement with Multidimensional Types", *Games and Economic Behavior*, Vol. 77, 377-404.

Rochet, J.-C. (1985). "The Taxation Principle and Multi-time Hamilton-Jacobi Equations", *Journal of Mathematical Economics*, Vol. 14, 113-128.

Rogerson, W. P. (1985). "The First-order Approach to Principal-agent Problems", *Econometrica*, Vol. 53, 1357-1367

Shapiro, C., and Stiglitz, J. (1984). "Equilibrium Unemployment as a Worker Discipline Device," *American Economic Review*, Vol. 74, 433-444.

Stiglitz, J. (1974). "Incentives and Risk Sharing in Sharecropping", *Review of Economic Studies*, Vol. 41, 219-255.

第 18 章　完全信息下的一般机制设计

18.1 导　　言

本章介绍一般的机制设计理论，它有两个分支，一个是**执行理论**（**implementation theory**）或者激励机制设计理论，即“临之以利”的激励机制设计理论。在执行理论的激励机制设计中，人们希望找到利益激励相容的机制，即使得个人利益与期望的社会最优结果一致的机制。另一个是**实现理论**（**realization theory**），它主要关注的是机制的信息效率问题，一个主要的指标是机制信息空间越小，该机制的运行（转换）成本越小。因此，本章主要讨论机制的执行理论，然后简要讨论机制的实现理论。

我们在前两章中考察了委托—代理理论，介绍了完全合约情形下委托—代理理论的核心内容。其中逆向选择问题分析了配置效率和抽租之间的权衡，道德风险问题分析了激励与风险之间的权衡。在委托—代理理论中，委托人不知道代理人的基本经济特征或不能观察其行动，从而委托人需要通过设计某种意义上的最优合约来诱导代理人行动来最大化其收益。我们将这样的问题归结成在满足代理人的参与约束和激励相容约束条件下求解委托人利益最大化问题。其基本结论是，当信息不完全时，一般来说，没有最佳结果，最好的结果只是次佳，相对于最佳结果，配置会发生向下扭曲。委托—代理模型与本章研究的一般机制设计问题的最大区别是代理人数量不同。在委托—代理模型中通常考虑的情形是委托人只是面对一个代理人①，单一代理人的假设使我们不需要考虑代理人之间的战略互动，即代理人之间的博弈。

在一个由多个经济人组成的社会中，通常可以通过两种方式实现某个结果。第一种是直接的方式，即通过某个社会选择规则 (social choice rule, SCR) 直接地决定该结果。在这样的方式下，社会计划者或设计者只需要根据不同的“环境”来决定符合某种选择标准的一个或多个备选方案即可。但当有关“环境”的信息分散掌握在每个个体手中时，这种直接方式在大多数情况下很难奏效。这是由于中央计划者只能根据经济人所报的信息才能知道“环境”到底是什么，而在这样的过程中每个经济人由于逐利的原因都有可能谎报自己所掌握的信息或伪装，让“不说假话办不成大事”成为人们为人处世的信条。比如，若政府根据每个居民的偏好来征税，以此提供某种公共品或服务，则每个人都有可能会低报自己的效用，以便少交税，甚至有些实际的获益者会声称该项公共品对自身有害从而获得补偿，更经常看到的是，许多只是口头上喊做事，而实际上不作为，甚至不少贪官口头喊为人民服务，其实是在为人民币服务。这样，当社会计划者不能区分经济人的私人信息从而导致搭便车行为发生时，激励问题就产生了。搭便车者 (free rider) 可以通过隐瞒自身不可观测的特征来提高自身福利。

---

①当然，有些例外的情形下多个委托人面对一个代理人。见 Whinston, Michael(1986). “Common Agency”, *Econometrica*, 54(4): 923-942.

第二种方式是间接方式，是针对避免第一种方式的弊端而采用的，即通过某个激励机制诱导出想要执行的某个既定的结果或目标。在这种方式下中央或社会计划者首先需要设计出某种游戏规则，每个经济人则会在这种规则下作出自己的最优反应，以自己认为最有利的方式发出信息，这些信息会成为选择最终结果的依据。机制设计理论研究的就是在目标既定的前提下如何设计游戏规则诱导自愿选择、自主决策的经济人发出恰当信息，使之最终实现既定的目标。正是在这种意义上，赫维茨 (Hurwicz, 1972) 认为任何机制都是一种信息沟通和处理系统。若这两种方式"殊途同归"，即在任何"环境"下通过某个社会选择规则选出的结果都与通过某个激励机制诱导出的结果完全相同，则称该社会选择规则可以被这个机制"执行"。因此机制设计理论在考虑激励问题时也被称为"执行理论" (implementation theory)。

在具有多个代理人的一般激励机制设计问题中，代理人之间往往会进行博弈，这种博弈可能导致不同的均衡。机制理论最基本的贡献是说明了搭便车行为可能出现也可能不出现，关键取决于具体制度或我们称之为机制的恰当设计。我们先以第 6 章介绍的智猪博弈及其投食方案的设计为例来说明此点。

例 18.1.1 (智猪博弈与激励机制设计)　智猪博弈说的是两头一大一小的猪共同生活在一个猪圈里。猪圈的一端有一个踏板，踏板连着开放饲料的机关。只要踩一下，在猪圈的另一端就会出现 10 个单位食物。任何一头猪去踩这个踏板都会付出相当于 2 个单位食物的体力成本。大猪进食快而小猪进食慢，每只猪都可以选择"踩"或"不踩"踏板。有四种可能的结果：(1) 两只猪都不去踩。没有吃的，获利为 0。(2) 大猪去踩，小猪不踩。大猪尽管因时间耽搁但进食快，食得 6 个单位食物，小猪没有耽误时间，但进食慢，只食得 4 个单位食物，大猪扣除体力成本后获利 4 单位食物，小猪没有付出任何体力因而获利也为 4 个单位食物。(3) 小猪去踩，大猪不踩。小猪赶到槽边时大猪已经吃了 9 个单位食物，小猪只能吃到 1 个单位，倒要付出 2 个单位成本，获利为－1。(4) 同时去踩和回来同时进食。大猪进食快吃到 7 个单位食物，小猪进食慢只能吃到 3 个单位食物，扣除各自的成本，大猪和小猪分别获利 5 和 1 个单位的食物。于是得到下列收益矩阵，见表 18.1。

表 18.1　智猪博弈

		小猪：踩	小猪：不踩
大猪	踩	5, 1	4, 4
大猪	不踩	9, −1	0, 0

其纳什均衡是：小猪不踩、大猪踩。对小猪而言，无论大猪是否踩动踏板，不去踩踏板总比踩踏板好，从而不去踩是占优战略。反观大猪，已知小猪不会去踩踏板，于是踩踏板比不踩强，所以只好亲力亲为地去踩了。

在以上投食方案下，这个"智猪博弈"告诉我们：谁先去踩这个踏板，就会造福全体，但多劳却并不一定多得，这深刻地反映了若制度设计不合理，经济和社会生活中就会出现比比皆是的搭便车现象。无论大猪踏或不踩，小猪都选择不踩；给定小猪不踩，大猪最好去踩。大猪选择踩在主观上是为了自己的利益，但在客观上小猪也享受到了好处。在经济学里，这头小猪被称为"搭便车者"。当然，作为理性人，谁都不愿意长期为他人带来好处，长此以往，大猪恐怕也不愿意干活了，结果全体都偷懒（如改革前的计划经济时代）或跳槽去别的地方干！因此，我们需要重新设计或改革游戏规则。

“智猪博弈”给了竞争中的弱者（小猪）以不作为为最佳战略的启发。但是对于社会而言，因为小猪未能参与竞争，小猪搭便车时的社会资源配置并不处于最佳状态。之所以出现以上结果，是制度、游戏规则设计得不合理。搭便车问题可能出现，也可能不出现，这取决于激励机制的设计，但设计或改革需要理论指导，以期形成激励相容，否则改得不好，就达不到既定效果。不同的制度安排，不同的游戏规则，会导致经济人不同的行为，从而导致不同的选择结果，比如：

减量方案：投食仅为原来的一半（物质贫乏），其结果是小猪、大猪可能都不去踩踏板。比如，假定小猪去踩，大猪将会把食物吃完；大猪去踩，小猪吃了 4 个单位的食物，从而大猪的收益为负。这样，谁去踩踏板，就意味着其收益为负，由此谁也没有动力去踩踏板。在计划经济资源贫乏的年代，所有人无论大猪、小猪，都一律不去踩踏板，都想吃大锅饭，憧憬着别人为自己创造美好的共产主义社会。

增量方案：投食增加了一倍（物质相对丰富），使一方不能把食物吃完，留给对方足够的食品。在这种情况下，其结果是大猪、小猪都有可能去踩踏板。谁想吃，谁就会去踩踏板，反正对方不会一次把食物吃完。小猪和大猪相当于生活在物质相对丰富的共产主义社会或类似一些欧洲采取高社会福利制度的社会，所以竞争意识不强。

减量加移位方案：投食仅为原来的一半，但同时将投食口移到踏板附近，其结果可能是小猪和大猪都拼命抢着去踩踏板，而多劳者多得。无论是创业的大猪，还是打工的小猪，只要在竞争性行业里，利润有限，不够吃，就不得不去适应丛林法则和“恶性”竞争。因此，要解脱，就必须创新。不创新，可能就无法生存，结果就是形成了前面提到的竞争—创新—垄断—竞争这样一种反复动态循环，即市场竞争趋向均衡，而创新却打破均衡，市场不断地进行这样的博弈就会激励企业不断追求创新，通过这种博弈过程，市场经济保持长期活力，使社会福利增加和经济发展。

以上几种方案设计的差异说明了恰当制度设计的至关重要性，为避免搭便车现象出现，使得资源得到最有效配置，需要设计恰当的激励机制。若激励机制设置得不合理，就会出现这种小猪不跑、大猪跑得欢的情况。这样的情况在现实中比比皆是，如大多数事情都是少数人来完成的，多数人坐享其成。社会中大猪和小猪现象何其多，如：百姓为大猪，政府为小猪；民企为大猪，国企为小猪；改革者为大猪，守旧者为小猪；创新者为大猪，跟随者为小猪。国企创造社会财富的主动性是缺失的，盈利主要来自垄断，亏损则由国家承担，因而国企没有改革的动力，也没有创新的激励。民企必须面对竞争和追求创新，否则就意味着淘汰和出局。所以它们必须冲在前面，有改革和创新的动力，附带着解决了社会失业问题并创造了更多的社会财富。民企不得不去踩踏板 (提高效率，努力创新)，这是它们唯一的出路。最大的猪当然还是一般的百姓，他们更加被动，更加没有选择，只有更加努力地踩踏板。

如果一个制度有问题，就需要改革。但改革是需要面对风险和付出成本的。从古至今，总有一些人充当大猪的角色，为改革东奔西走，承担为改革而付出的代价，而另一些人就像小猪一样，没有为改革付出努力，却坐享了改革的成果，甚至还可能说说风凉话，上纲上线地批判一下。如果这个社会人人都想搭便车，都不愿意站出来，那么并不美好的旧制度就会被长期锁定。这也许解释了为什么有些制度明明不合理却又长期存在这一现象。

这个例子告诉我们激励制度设计的重要性，制度的设计是决定性的，不好的规则会对一个国家或单位带来负面激励影响。这也说明邓小平的**"制度好可以使坏人无法任意横行，制度不好可以使好人无法充分做好事，甚至会走向反面"**① 这句话的精辟。这就要求规则的设计者应清楚、慎重地考虑规则的前瞻性、适应性和高效性。如第 1 章中所提及的，让个体和社会利益一致的激励相容机制设计最成功的例子是美国建国初期基本宪法的制定，它导致了美国在 100 多年的时间内成为世界上最强盛的国家，至今没有大的衰败迹象。

我们在前面提到早期对激励问题的探讨是由对社会主义经济机制可行性的争论所引起的，它导致了机制设计理论的产生。其实，代理人战略互动情形的激励机制设计的例子很早就出现了。《圣经·旧约全书》上记载的著名的国王所罗门 (Solomon) 的判决就是其中之一，讲述的是国王如何设计激励机制来解决两个妇女争夺婴儿所属权的著名故事。在这个故事中，两个妇女争吵到所罗门 f 那里，都说自己才是孩子真正的母亲。所罗门所面临的难题是，尽管两个妇女知道谁是真正的母亲，但所罗门不知道。所罗门的解决方案是采用威慑的方法，即宣称将小孩砍成两半，来看妇女有什么反应。其中一个妇女愿意放弃孩子，而另一个妇女则同意将其砍成两半。所罗门根据母亲一般不会看到亲生儿子被杀掉的通常行为，判定前者才是孩子真正的母亲，并将小孩判给了她。所罗门的解决方案其实是有问题的，因为如果两个妇女都宣称将小孩让给对方，则所罗门就会无法判断小孩的归属。(本章的结果说明这个机制事实上是不可纳什执行的。) 中国古时也有类似但更不容易作假的判案，如包公采用的判别小孩归属的方法是：将小孩放在一个画的圆圈中，让两个妇女去拉，谁将小孩拉出来，小孩归谁。其实，即使设计者知道真实信息，也可能存在激励的问题，如分饼的问题。一个饼，要分成若干份，如何分配最公平？这个问题也与如何避免政府官员利用手中权力寻租紧密相关。由此可以看出，无论信息是否对称，都有激励机制设计的问题。解决方案无非是"晓之以理、动之以情、临之以利"。

那么，什么是激励相容问题呢？假定机制设计者 (或称委托人) 有一个目标，一律称之为社会目标，这个目标可以是资源的帕累托最优配置，或在某种意义下的资源公平配置，个人理性配置，或是某个部门、机构或企业主所想实现的目标。设计者认为这个目标是好的，是想要达到的。那么，是否能够激励每个参与者 (消费者、企业、家庭、基层机构等) 按照这个目标去做呢？换句话说，应制定什么样的规则或采用什么样的制度安排，才能使经济活动中每个成员的利己行为的实际结果与给定的社会或集体目标一致呢？或者说，应制定什么样的规则才能使得每个人在追求个人利益的同时使既定的社会目标也被达到了呢？激励机制设计理论主要就是回答这样的问题。应当注意，这里所指的设计者是一个抽象的设计者，并不一定指某个人。根据不同的问题，设计者可以是一个人、一组人、立法机构 (如美国国会、中国人大)、政府部门、政策制定者、改革者、经理厂长、部门主管、提出各种经济模式的经济学家，甚至是约定都要遵守既定游戏规则的所有参与者，或其他制定规则或法则的某种机构。赫维茨就认为，美国的国会或其他立法机构的立法就相当于设计者，设计出新机制。

①《邓小平文选》，2 版，第 2 卷，333 页，北京，人民出版社，1994。

设计者知道哪些社会目标是好的、值得达到的。例如，他们认为有效地配置资源、公平分配、减少企业亏损等目标是好的。经济学家或改革者的任务则是制定具体的规则来执行这个目标。实际上，往往一些很具体的经济政策问题需要以一些很抽象的数学模型来严格描述。当我们认为某种方案不能执行时，我们应该要问究竟是什么阻碍了它的执行。当然，一个明显的限制或障碍就是物质和技术条件。除此之外，还有一个因素：激励相容问题。若一个经济机制不是激励相容的，就会产生激励扭曲，就会导致个人行为与社会目标不一致，往往会出现所谓的"上有政策，下有对策"或者"和尚把经念歪了"的现象，使得制定的政策或制度不能发挥既定的作用。离开人的积极性、主动性，社会目标自然无从实现 (至少是与理想的状态相差太远)。为什么个人或企业的行为结果与政策、法规制定者所想达到的目标经常不一致，中央许多好的政策和改革举措无法落地呢？就是因为这些规章制度、政策或改革举措不是激励相容的。在所制定的规则下，个人或企业不按照设计者所制定的社会目标去做可以得到更大的好处。那么我们应该采取什么样的机制 (或规则) 使得每个人的行为 (不管利己与否) 与社会目标一致呢？这就是本章要介绍的激励机制设计理论所要回答的核心问题之一。

机制设计的执行理论得出的一个基本结论就是要设计导致了既定社会目标的个人激励相容机制并不是一件容易的事情，其困难度取决于代理人博弈（机制）的类型以及其他博弈理论解的概念。在机制给定后，代理人之间会展开博弈，若在任何环境下博弈的"某种"均衡结果正好与预先给定的社会选择结果相同，则称该社会选择可以被以"某种"均衡方式执行。这里的"某种"均衡可以是占优均衡、纳什均衡、子博弈精炼均衡、贝叶斯均衡、精炼贝叶斯均衡、累次严优均衡等。这样，机制设计理论不仅要研究某个社会选择规则是否可以被某个机制"执行"，还要研究其是以何种方式执行的。在考虑机制设计时，我们首先希望可执行的社会选择规则具有一些合意的性质，比如非独裁、帕累托最优等。其次，希望它们被尽量强的博弈解执行。博弈中最强的解是占优均衡，从而每个经济人作决策时不需要他人的信息，因而信息量要求最少。

从本书前面的内容我们知道，当处于占优均衡时，不论其他人采取何种行为，每个代理人都没有激励发生偏离。更重要的是，一个机制的占优均衡和诱导参与人说真话是等价的。最早由吉伯德 (Gibbard，1973) 提出的显示原理指出，任何可以被占优执行的社会选择规则都可以被某个 "直接机制" 占优战略诚实执行。直接机制是指信息空间和个体的类型空间相同的机制。换言之，若某个社会选择规则是可以被占优战略诚实执行的（或称占优战略激励相容、战略防范的（strategy-proof ），则存在一个要求每个代理人直接汇报自身类型的直接机制，该机制执行的结果与通过该社会选择规则选出来的结果完全相同，并且在该机制的诱导下无论他人是否讲真话每个代理人都会如实申报自身类型。显示原理使我们可以只在占优战略诚实执行类中寻找合意的社会选择规则。遗憾的是，几个著名的否定命题使得寻找这样的机制不会有什么成效。

前两章所讨论的是单个代理人的委托—代理模型能诱导人们说真话的次佳（second best）合约机制。①但当参与人个体多于两个时，若其选择范围是无约束的 ②，则著名的吉伯德

①这很容易理解，单个代理人的经济环境自然满足不需要知道他人的信息。
②这说明委托人没有关于代理人偏好的任何信息，在他看来什么形式的偏好都可能产生。

(Gibbard，1973) 和萨特思韦特 (Satterthwaite，1975) 的不可能性定理告诉我们：唯一让人说真话的社会选择机制是独裁机制，也就是独裁者的最优决策也是所有其他人的最优决策，对逐利的个体来说，这样的机制显然是不可能存在的。赫维茨 (Hurwicz，1972) 进而对限制性很强的新古典经济环境①得出一个令人吃惊的结果。赫维茨证明，在至少含有两个代理人的新古典私人品经济中不存在同时满足帕累托最优和个体理性约束的社会选择规则可以被占优战略诚实执行。利亚德和罗伯茨 (1974) 随后在含有公共品的经济环境中也证明了类似的结论。根据福利经济学第一基本定理，在一定条件下②，瓦尔拉斯（林达尔）均衡是帕累托最优的。这样，根据这些不可能性定理的结论，瓦尔拉斯对应和林达尔对应都不可能被占优战略诚实执行。吉伯德–赫维茨–萨特思韦特–利亚德–罗伯茨不可能性定理的基本结论是我们必须在讲真话和帕累托效率（或最佳结果）之间进行取舍。

基于吉伯德–赫维茨–萨特思韦特–利亚德–罗伯茨不可能性定理的启示，随后的研究大体从两个方向展开。一个研究方向是要求设计出每个个体都有激励讲真话的机制，但放弃导致帕累托有效的要求，对定义域进行限制来讨论一个社会目标的执行问题。吉伯德–萨特思韦特不可能性定理的一个前提条件是定义域不受限制，若将这个假设放松，在特定定义域内是否可以找到说真话的社会选择规则呢？答案是肯定的，最著名的结果是在拟线性偏好环境中的 VCG（Vickrey-Clark-Groves）机制。该机制能够诱导代理人讲真话，并且能够执行帕累托有效的结果。戈林和拉丰（1977）进一步证明了 VCG 机制是拟线性环境下唯一能够诱导代理人讲真话并且执行帕累托最优配置的机制。在很多情形下，如考虑管理层面上较为微观的激励机制的设计问题时，我们可以忽略最佳/帕累托效率，因而讲真话的行为可能出现。

另一个研究方向是用更弱的行为解的概念代替占优均衡来执行某个社会选择规则，也就是放弃每个人都必须讲真话的要求，但希望执行既定的社会最优结果，如帕累托有效的结果。当有关代理人特征的信息在他们之间共享而机制设计者却不知道这些信息时（如所罗门的例子），与此相关的均衡概念是纳什均衡。在这一情形下，人们将不要求讲真话，其信息属于一般的信息空间，可以设计出一个纳什均衡导致帕累托有效配置的机制。

赫维茨（1979a）证明了当存在至少三个代理人时，瓦尔拉斯（林达尔）对应可以被完全纳什执行（full Nash implementation）。此后，针对新古典经济环境，设计出具有良好性质的纳什可执行机制有了很多拓展。本书作者与合作者在这方面做了大量工作，具体见 Tian(2010,2009a, 2009b, 2006, 2005, 2004, 2000a, 2000b, 2000c, 2000d, 1999a, 1999b, 1997, 1996a, 1996b, 1994a, 1994b, 1994c, 1993, 1992, 1991, 1990, 1989, 1988) 以及 Li, Nakmura 和 Tian(1995), Tian 和 Li(1995a, 1995b) 等。本章将介绍新古典经济环境中的占优和纳什执行问题。

对一般形式的社会选择规则的纳什执行问题的探讨，发轫之作当属 Maskin (1977)。③ Maskin（1977）证明了，任何社会选择规则能够被完全纳什执行的必要条件是满足马斯金单调性。不过马斯金单调性只是完全纳什执行的必要而非充分条件，在代理人数至少有三个时，

①新古典经济环境是指备选方案集为欧氏空间的子集，个体偏好满足连续性、单调性、凸性，生产集是闭和凸的，不存在不可分产品和外部性等。

②主要指偏好是局部非饱和的。

③虽然此文 1977 年即以工作论文的形式问世，并成为很多后续研究工作的起点和参考，但直到 1999 年才被正式发表在 RES 上。

马斯金单调性和无否决权条件成为纳什执行的充分条件。自 Maskin(1977) 以后，产生了大量关于纳什执行的文献。Maskin（1977）虽然分别给出了纳什执行的充分和必要条件，但存在两点明显的不足：首先，此文结论是在多人环境下得出来的；其次，对于在机制设计领域比较重要的两人博弈环境，结论却并不成立。为此 Moulin (1983)，Moore 和 Repullo（1990），Danilov (1992) 等许多文献讨论了纳什执行的充分必要条件。Moore 和 Repullo (1990)，Dutta 和 Sen (1991) 等文献讨论了两人情形下纳什执行的充分必要条件，总的来说两人情形下的执行难度高于多人情形。本章第 4 节中将详细介绍关于纳什执行的各种充分、必要以及充要条件。

马斯金单调性在一般经济环境下是个较难满足的条件。比如，Saijo(1987) 证明了若个体偏好是完备的和可传递的，则只有常数规则能满足马斯金单调性。为此必须将纳什执行的概念再放松一些。有些文献在准确性执行 (exact implementation) 的基础上引入了近似执行 (virtual implementation) 的概念。所谓近似执行是指某个机制执行的配置结果与某个社会选择规则结果之间的"距离"充分接近。①这样，无须满足马斯金单调性条件，一个社会选择规则就可以被纳什执行。Arbreu 和 Sen(1991) 证明了在多人环境下，任何社会选择规则都是可以被近似纳什执行的；而在两人情形下某个社会选择规则只需满足一定的相交性质（intersection property）即可被近似纳什执行。一个著名的例子是所罗门国王规则 (King Solomon's Rule) 是不能被纳什执行的，因为它不满足马斯金单调性，但却可以被近似纳什执行。Duggan（1997）将近似纳什执行的概念推广到不完全信息环境下，定义了近似贝叶斯执行及其条件。不完全信息下的机制设计的执行问题将在下一章讨论。

本章主要讨论在完全信息下各种均衡行为下的一般激励机制设计的执行（implementation）理论。最后一节将简单介绍信息分散机制设计的实现理论 (realization theory)，它讨论机制的信息效率问题，也就是一个经济机制实现某个目标所要求的最小信息量问题。在这个理论中，只注意经济机制的信息要求 (即运行信息成本问题)，而不考虑激励问题，即不要求个人自利行为 (个人理性) 与既定目标 (集体理性) 一致。在 Hurwicz (1972，1986b) 关于执行理论（作为机制设计理论奠基性文献的一部分）中，设计者主要关心机制信息空间的规模，希望找到具有最小运行成本的经济体制。在社会主义大论战中，哈耶克等人认为，计划经济因为所有市场要素都要由市场确定，因而需要的信息量太大，终究难以实现，虽然计划经济也能够达到资源的有效配置。赫维茨证明了这一结果，赫维茨等人在 1972 年还证明了，在所有已知或者未知的能够实现资源有效配置的机制中，市场机制是所需信息量最小的机制。

18.2 激励机制设计的基本分析框架

在考虑激励相容问题时，经济学家发展了一个研究激励机制设计问题的基本分析框架。这个基本分析框架包含五个组成部分：(1) 经济环境 (由经济人的基本特征和信息结构组成，所给定的经济制度环境不能改变)；(2) 既定、想要达到的社会最优目标；(3) 决定结果的经济机制（即制度安排）；(4) 个人自利行为博弈解概念的描述；(5) 社会最优目标的执行 (均衡时个人利益和社会目标激励相容)。下面进行详述。

①在 Arbreu 和 Sen(1991)，Duggan （1997）等经典文献中都对这种"距离"给出了定义。

18.2.1 经济环境

在激励机制设计的问题中包含两类个体：委托人（也称为设计者或社会计划者）和代理人（也称为经济人、参与人、个体）。前者设计游戏规则，后者则提供信息及参与游戏。设计者可能是具体或抽象的人，如国会或人大这样的制定规则的机构，也可能是参与人事前共同认可的规则或约定。计划者不了解由参与人经济特征所组成的世界真实状态 (real state of the world)，此类信息分散在代理人中。令

$N=\{1,\cdots,n\}$: 代理人的集合。

$e_i=(Z_i,w_i,\succcurlyeq_i,Y_i)$: 个体 i 的经济特征，它由备选方案或结果集合 Z_i、个人初始禀赋（若存在的话）w_i、偏好关系 $\succcurlyeq_i$ 及生产集合（若个体 i 同时也是生产者）Y_i 构成。

$\mathbf{e}=(e_1,\cdots,e_n)$: 经济，也称为经济环境，类型或状态（state）。

E: 所有容许的经济环境构成的集合（事先指定的经济环境的区域允许范围）。

$U=U_1\times\cdots\times U_n$: 所有可能的效用函数构成的集合。

注 在上面的描述中，E 是经济环境的一般表示，U 是它的一个特殊情况。

这样，经济 $\mathbf{e}$ 包含三个方面的内容：人（经济人）、物（备选方案）以及关于经济人特征方面的信息（世界状态）。在大多数情形下，假定 N 和 $Z=\prod_{i\in N}Z_i$ 与状态无关，从而影响环境的因素仅涉及 $\succcurlyeq_i$ (U_i)、Y_i 或 w_i。于是设计者所考虑的经济环境是 $E=U$，或是由所有可能的初始禀赋集或者生产集构成。

机制设计者只知道经济环境的区域允许范围，即 E，但并不知道真实的环境，即不知道个体的具体真实经济特征，但个体知道、部分知道或者不知道其他个体的经济特征，这三种关于经济特征信息的时序（timing）情况分别称为事后 (ex post)、事中 (interim) 和事前 (ex ante)。若每个参与人都知道其他参与人的经济特征，则我们称这种情形为**完全信息**情形①，否则称为**不完全信息**情形。设计者不知道真实的经济环境，只知其范围，即只知道属于 E，但不知道是哪一个。

为讨论简单起见 (但不失一般性)，当个体的经济特征是私人信息时 (不完全信息情形)，我们假设偏好由依赖于参数的效用函数表示。在这种情形下，其类型 $\theta_i\in\Theta_i$ 决定了参与人偏好的类型。假设状态 θ 服从密度为 $\varphi(\cdot)$ 的随机先验分布，其中 $\varphi(\cdot)$ 也可以是有限集 Θ 上的概率，其基本假设是最大化冯 · 诺依曼–摩根斯坦 (von Neumann-Morgenstern) 期望效用。这样，我们假定 $\varphi(\cdot)$ 和 $\{u_i(\cdot,\cdot)\}_{i=1}^n$ 都是公共知识 (common knowledge)。

对不完全信息模型，又可分为两大基本类：(1) 私人价值（private value）模型，即 θ_i 为只有个体 i 才能观察到的私人信息，也就是每个人只知道自己的类型，不知道其他人的类型（但知道其分布，分布也许是独立或相关的），这种时序属于事中（interim）。(2) 相关价值 (interdependent value) 模型。如果每一个体的伯努利 (Bernoulli) 效用函数不仅依赖于自身的类型，同时也依赖于其他参与人的类型，记为 $u_i(\mathbf{y},\theta)$，则此种模型称为**相关价值模型**。如果每一个体的伯努利 (Bernoulli) 效用函数只是依赖于自身的价值，而不依赖于其他参与

①这与只有一个代理人的情形不同，在委托—代理理论中，只要设计者（委托人）不知道个体的信息，就称之为不完全信息。但在本章讨论的一般机制设计理论中，尽管设计者不知道参与人的信息，但只要参与人相互知道其他参与人的信息，就称之为完全信息。了解这些习惯称呼的差异是重要的。

人的类型，即对所有的 $i, \mathbf{y}, \theta_i, \theta_{-i}, \theta'_{-i}$，有 $u_i(\mathbf{y}, (\theta_i, \theta_{-i})) = u_i(\mathbf{y}, (\theta_i, \theta'_{-i}))$，简写为 $u_i(\mathbf{y}, \theta_i)$，则称此种模型为**私人价值模型**。同时，私人价值模型又可再细分为私人价值类型独立分布模型和私人价值类型相关分布模型，注意这些区分非常重要，因结它们往往会导致很不一样的结果。

在本章中我们先讨论完全信息情形，下一章讨论不完全信息情形。

18.2.2 社会目标

激励机制设计理论的另外一个重要组成部分是想要达到的社会目标。给定经济环境和想要达到的既定社会目标（由某种意义下的最优结果组成），每个个体都参与经济活动、作经济决策、获得收益以及为经济活动支付成本。设计者希望根据某种规则来执行这个社会目标。令

$Z = Z_1 \times \cdots \times Z_n$: 结果空间 (例如，$Z = X \times Y$)。

$A \subseteq Z$: 可行结果的集合。

$F : E \rightrightarrows A$: 社会目标，也称之为社会选择对应 (correspondence)，或社会选择规则（social choice rule, SCR）。其中，$F(e)$ 是在经济环境 e 下社会最优结果的集合，是设计者希望在经济 e 下出现的所有结果构成的集合。

这样，一个社会选择规则 F 被定义为从环境（或状态）空间到结果空间的一个映射：若此对应是单值的，则称其为**社会选择函数**(social choice function, SCF)，如允许作出随机化选择则可将 Z 替代为其上的概率分布 $\triangle(Z)$。

社会选择对应的例子：

$P(e)$: 帕累托有效配置集；

$I(e)$: 个人理性配置集；

$W(e)$: 瓦尔拉斯配置集；

$L(e)$: 林达尔（Lindahl）配置集；

$FA(e)$: 公平 (fair) 配置集。

这些资源配置的概念在一般均衡理论中都有过详细讨论。

社会选择函数的例子:

所罗门的目标；

多数投票决定规则。

18.2.3 经济机制

由于机制设计者缺乏关于个人经济特征方面的信息，设计者需要制定恰当的激励机制(游戏规则)，来诱导主观上追求自身利益的个体，使其在客观效果上正好实现既定的社会目标。若计划者完全了解关于经济特征的信息，则他可以按照社会选择规则的要求，直接决定其结果，但实际上他并不了解这些信息，故只能通过间接方式来实现，即需要设计出恰当的规则（激励机制）来诱导个体达到社会想要达到的既定目标，以此调和个体利益和集体利益所可能发生的冲突。在这样的机制下，所有的个体在追求个人利益时都有激励选择导致社会最优的行动，使个体逐利的理性与社会目标这一集体理性激励相容。但能否激励相容依赖于恰当激励机制的设计。比如，在“文化大革命”时，政府的目标是想将粮食产量搞上去，但

农民没有种粮的积极性，其结果是农民自身都不能吃饱饭。改革开放后采用了生产责任制，大大调动了农民发家致富的种粮积极性，政府希望将粮食产量搞上去的目标就这么轻易地达到了。激励机制设计理论就是要解决个体理性和集体理性发生冲突的问题。

为此，设计者可要求参与人报告他们的信息以及是如何根据所报告的信息来确定结果的，即他先决定游戏规则。然后，根据游戏规则和参与人所传递的信息或行动，确定参与人的游戏结果。这样，一个机制由信息空间和结果函数构成。令

M_i：个体 i 的信息空间，对信息的形式和内涵的详细解释见本章最后一节关于信息效率理论的讨论；

$M = M_1 \times \cdots \times M_n$: 所有个体的信息空间；

$m_i \in M_i$: 个体 i 报告的具体信息；

$\mathbf{m} = (m_1, \cdots, m_n) \in M$: 信息向量；

$h : M \to Z$: 将信息转化为结果的结果函数；

$\Gamma = \langle M, h \rangle$: 机制。

这样，在给定的游戏规则下，每个参与人被要求基于他所知道的经济环境发出信息 $m_i : E \to M_i$，计划者根据参与人发出的信息和结果函数（outcome function）$h : \prod_{i \in I} M_i \to Z$ 决定每个参与人的结果。若状态空间 E 具有卡式积结构 $E = \prod_{i \in N} E_i$，且每个人的偏好只受其自身经济特征 E_i(或 U_i, 或“类型” θ_i) 的影响，则其发出的信息为 $m_i : E_i \to M_i$。参与人的信息空间与其类型空间相同（即 $E_i = M_i$）的机制被称为直接机制（direct mechanism）。

注 通常的经济学研究方法是将机制作为已知的，研究它能导致什么样的资源配置。例如，把市场机制作为给定的，而把市场机制的运行结果作为未知的，研究在什么样的经济环境下，市场机制导致了资源的最优配置。然而，对经济机制的设计者来说，他们提出的问题是反向的，是一种情景分析，即给定经济环境类和既定的社会目标 (即设计者知道哪个社会目标是好的，想要达到的)，想找到一个经济机制以实现既定的社会目标，也就是找到一个机制使得人们自利行为的结果和想要达到的社会目标一致。当然并不是所有的社会表现都行得通 (即并不是所有的社会目标都是可达到的)。经济机制设计理论的一个目标就是研究什么样的社会目标能执行，什么样的社会目标是不能执行的。通过对这一问题的研究，可以帮助解决经济理论中一些具有争议性的问题。

注 为了区分于通常的博弈，机制往往也被称为**博弈形式 (game form)**，这里博弈形式与博弈论中通常所说的博弈有以下四个差异：（1）机制设计是规范性分析，机制或游戏规则不是事前给定的，而是需要设计的，从而使得占优均衡在机制设计中存在的可能性大为增加；博弈论是实证分析，博弈或游戏规则是给定的。博弈论之所以重要，是由于它预测给定博弈规则后，经济人是如何博弈的。机制设计向前进了一步：给定经济环境及设计者所面临的其他约束条件，研究什么目标是能够被执行或实现的，并在所有可行的机制中，找出什么样的机制在给定的标准下是最优的。（2）信息显示后所导致的是备选方案或结果，而博弈论中博弈后的所得是效用支付向量。当然，通过个体的偏好和博弈形式（机制）的复合映射可得到标准的博弈。(3) 博弈论的偏好是给定的、已知的，而在机制设计中，设计者不知道个体偏好，只知道其范围，但不确定具体真实的偏好，这是博弈和机制的关键性差别。（4）在机制设计中，人们必须考虑一定意义下的激励相容约束，使得个体利益与设计者想要执行的社会

目标一致。

注 激励机制的设计与本章最后一节所考虑的信息调整机制有所不同。在激励机制设计中，参与人的行为不是由响应函数或信息反馈过程来描述的，而是由参与人根据他们的偏好和采用战略的方式所决定的。不过，将激励机制看作信息调整机制的一种方式是将激励机制的信息空间的所有点看作信息调整机制的平稳点。

再次强调，我们这里的机制设计者也许并非指具体的人，而是整个社会或者群体达成的一种共识、约定、规则或者契约，因此并不是集中或独裁决策机制。

18.2.4 自利行为的解概念

在向委托人传递信息时，参与人会彼此产生战略互动，博弈便会发生。这样，机制设计的第四个组成部分是博弈均衡解的概念。当参与人相互博弈时，不同行为均衡解可能会导致非常不同的结论。

经济学中的一个基本假设（也是最大的客观现实）是个体逐利，在主观上都追求个人利益，根据个人利益行事。他们一般不会刻意地追求集体或社会利益，除非他们能从中获益。因此，参与人的行事战略 (即所送出的信息) 取决于他个人的自利行为及其所面临的游戏规则。这样，行事战略是经济环境和制度的函数。

令 $b(e,\Gamma)$ 为描述个人自利行为的均衡战略集，它是个体战略空间的一个子集。$b(e,\Gamma)$ 可以代表不同形式的均衡，如占优战略均衡、纳什均衡、子博弈精炼均衡、贝叶斯 (纳什) 均衡、精炼贝叶斯 (纳什) 均衡等。与均衡相对应的配置结果记为 $h(b(e,\Gamma))$。

这样，给定 E, M, h 及 b，均衡结果由博弈规则和均衡战略集的复合函数确定，由 $h(b(e,\Gamma))$ 给出。

18.2.5 社会目标激励相容的执行

机制设计的第五个组成部分是社会目标激励相容的执行，即在给定的博弈解下，社会目标和个人利益达成一致，没有发生冲突。我们称这样的问题为执行 (implementation) 问题。若在个人自利行为下社会目标可以达到，则我们称社会目标是可执行的 (implementable)。设计激励机制的目标在于根据事前设定的行为解来执行某个既定的社会最优结果，即给定机制 Γ 和均衡行为假设 $b(e,\Gamma)$，社会选择规则 F 的执行问题是研究如何让 $F(e)$ 和 $h(b(e,\Gamma))$ 的交集非空。其基本思想可由图 18.1 表示。

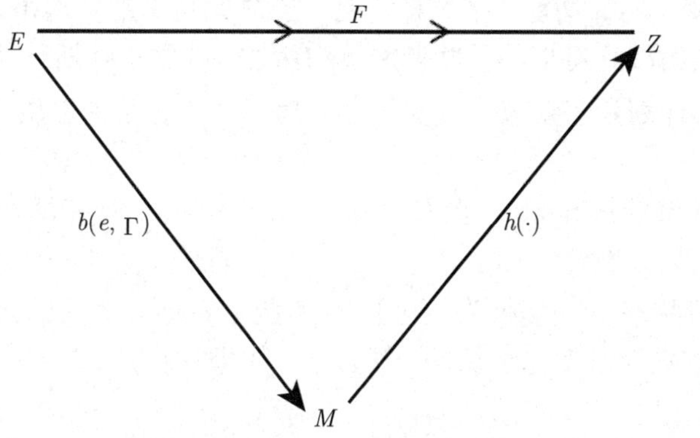

图 18.1 机制设计问题的一个图示

在图 18.1 中，E 为经济环境的集合，Z 是结果选择的集合，社会选择对应为 F 指定了社会想达到的目标，即在某种意义下的社会最优结果。设计者需要设计一个机制来执行这个社会目标。在该机制下，个体相互博弈达到均衡战略状态 $b(e,\Gamma)$，在结果函数下，均衡解对应的结果由 $h(b(e,\Gamma))$ 给出。一般来说，它不总是正好导致了社会最优结果。若 $h(b(e,\Gamma))$ 在 $F(e)$ 中，就形成了激励相容，我们于是称社会目标 F 是可执行或者可部分执行的。正式地，我们有如下定义。

定义 18.2.1 我们称机制 $\langle M,h\rangle$

(i) 在 E 上按均衡战略 $b(e,\Gamma)$**完全执行 (fully implement) 了社会选择对应** F，若对所有的 $e\in E$，有

(a) $b(e,\Gamma)\neq\emptyset$ (均衡解存在),

(b) $h(b(e,\Gamma))=F(e)$ (个人理性与社会理性完全一致);

(ii) 在 E 上按均衡战略 $b(e,\Gamma)$**强执行 (strongly implement) 了社会选择对应** F，若对所有的 $e\in E$，有

(a) $b(e,\Gamma)\neq\varnothing$,

(b) $h(b(e,\Gamma))\subseteq F(e)$(个人理性与社会理性一致);

(iii) 在 E 上按均衡战略 $b(e,\Gamma)$**执行 (implement) 了社会选择对应** F，若对所有的 $e\in E$，有

(a) $b(e,\Gamma)\neq\varnothing$,

(b) 存在一个均衡战略 $m^*\in b(e,\Gamma)$，使得 $h(m^*)\in F(e)$ (个人理性与社会理性有交集，这是个较弱的执行，它也许存在社会非理性均衡结果，即不属于 $F(e)$)。

定义 18.2.2 我们称机制 $\langle M,h\rangle$ 与社会选择对应 F 的 $b(e,\Gamma)$ 均衡是$b(e,\Gamma)$（**完全或强**）**激励相容**，若它按 $b(e,\Gamma)$（完全或强）执行了 F。

注 在文献中，关于以上执行术语的称呼有些混乱。上面定义的“强执行”也常被称为“执行”，而上面的“执行”则被称为“部分执行”（partial implementation）。读文献时，要注意其定义的内涵而不只是表面称呼。

在这里定义可执行性和激励相容时，我们还没有给出具体的博弈解概念。下面我们将说明，社会选择对应是否可执行将取决于自利行为的博弈解概念。当信息完全时，均衡解概念可能是占优战略均衡、纳什均衡、强纳什均衡、子博弈完美纳什均衡、非占优战略均衡等。当信息不完全时，均衡战略可能是贝叶斯纳什均衡、非占优贝叶斯纳什均衡等。

在具体问题中，计划者需要被执行的社会选择规则具有某种性质，以下仅列举常见的一些性质。

定义 18.2.3 序数性质 (ordinality): 若对 $\forall(a,b)\in Z^2$ 和 $\forall(e,e')\in E^2$，均有 $a\succcurlyeq_i b\Leftrightarrow a\succcurlyeq_i' b$，则 $F(e)=F(e')$。

此性质要求，若状态由 e 切换为 e' 时，任何两个备选方案间的排序都不改变，则两个状态下被选中的方案集合必然完全相同。换言之，如果 $F(e)\neq F(e')$，则必存在 $(a,b)\in Z^2$ 使得 $a\succcurlyeq_i b, b\succ_i' a$。

定义 18.2.4 弱帕累托最优性（weak Pareto optimality）：对 $\forall\, e\in E$ 和 $a\in Z$，若存在 $b\in Z$

使得 $b \succ_i a, \forall i \in N$，则 $a \notin F(e)$。

这个性质表明，如果所有人都认为某个备选方案严格劣于另一个，则前者必不被选中。

定义 18.2.5 帕累托最优性（Pareto optimality）：对 $\forall\ e \in E$ 和 $a \in Z$，若存在 $b \in Z$ 使得 $b \succcurlyeq_i a, \forall i \in N$ 且至少有一个严格偏好关系成立，则 $a \notin F(e)$。

定义 18.2.6 帕累托无差异性（Pareto indifference）：对 $\forall (a, e) \in Z \times E$ 和 $b \in F(e)$，如果 $a \sim_i b, \forall i \in N$，则 $a \in F(e)$。

定义 18.2.7 独裁性（dictatorship）：若存在 $i \in I$，使得 $F(e) \subseteq C_i(e, Z) \equiv \{a \in Z : a \succcurlyeq_i^e b, \forall b \in Z\}, \forall e \in E$。

若存在某个体，他的最优选择也为社会最优，则称此社会选择规则为独裁性的，此人即为独裁者。

定义 18.2.8 一致性（unanimity）：$\forall (a, e) \in Z \times E$，若 $a \succcurlyeq_i^e b, \forall i \in I, \forall b \in Z$，则 $a \in F(e)$。

这个性质表明，若某个方案被每个人认为是最好的，则此方案必被选中，成为社会最优。

定义 18.2.9 强一致性（strong unanimity）：$\forall (a, e) \in Z \times E$，若 $a \succ_i b, \forall i \in N, \forall b \neq a$，则 $F(e) = \{a\}$。

此性质表明，若在每个人的偏好中某个方案都是严格最优的，则这个方案必为唯一被选中的对象，从而社会选择对应成为社会选择函数。

定义 18.2.10 无否决权（no veto power）：$\forall (a, j, e) \in Z \times N \times E$，若 $a \succcurlyeq_i b, \forall i \neq j, \forall b \in Z$，则 $a \in F(e)$。

无否决权性质要求，若某个方案是除某个人之外所有人最喜好的，则此方案必被选中，即任何人无权否决其他人一致认可的方案。

定义 18.2.11 马斯金单调性（Maskin monotonicity）：令 $L_i(a, e) = \{b \in Z : a \succcurlyeq_i b\}$。若对任意两个经济 $e, e' \in E$ 及任意的 $a \in F(e)$，$a \succcurlyeq_i b$ 意味着 $a \succcurlyeq_i' b, \forall b \in Z$，则 $a \in F(e')$。

这个性质表明，若某个方案原来被社会选中，而环境的改变只能导致每个人都更加喜欢这个方案，则此方案在新的经济环境 e 下必再次被社会选中。① 单调性在机制设计理论中占有非常重要的地位，在后续章节中我们将详细讨论。

18.3 一些例子

在讨论机制设计理论的一些基本结果之前，我们先给出一些经济环境的典型例子，这些例子说明了需要设计一定的机制来解决激励相容问题。

例 18.3.1 (瓦尔拉斯对应) 考虑如下的纯交换经济环境 e。

- 人：$N = \{1, 2, \cdots, n\}$ 代表消费者集合。
- 物：假设经济中有 L 种私人品，消费者 i 对这些物品的禀赋为 $\omega_i \in \mathcal{R}_+^L$，$X_i$ 代表其消费集，$\mathcal{A} = \{(x_1, \cdots, x_n) | \mathbf{x}_i \in X_i, \sum_{i \in N} \mathbf{x}_i \leqq \sum_{i \in n} \omega_i, \forall i \in n\}$ 代表可行配置集也即备选方案集。

①以选举为例，若在某次大选中某个人，比如奥巴马，被选为总统。四年后环境发生改变，但他在每位选民心目中的位置都上升了，则他必然获得连任。

- 类型（世界状态）：$\theta = (\theta_1, \cdots, \theta_n)$，其中 θ_i 为消费者的偏好参数。假设消费者偏好 $\succcurlyeq_i^\theta$ 在其自身消费 x_i 上严格递增。

可定义瓦尔拉斯式的社会选择规则（Walrasian SCR）如下：

$$W(\theta) = \left\{ \mathbf{x} \in \mathcal{A} \left| \begin{array}{l} \exists \mathbf{p} \in \mathcal{R}_+^L, \text{和}(w_1, \cdots, w_n) \in \mathcal{R}_+^n, \text{使得}\mathbf{p}\mathbf{x}_i \leqq w_i, \\ \text{且}\mathbf{y} \succ_i^\theta \mathbf{x} \Rightarrow \mathbf{p} \cdot \mathbf{y} > w_i, \forall i \in n, \text{其中} \sum_i w_i = \sum_{i=1}^n \mathbf{p}\omega_i \end{array} \right. \right\}. \tag{18.3.1}$$

例 18.3.2 (林达尔对应 (Lindahl correspondence))　经济环境 e 刻画如下：经济中 n 个代理人，有 L 种私人品，K 种公共品。$\mathbf{x}_i \in \mathcal{R}_+^L$ 表示消费者 i 的私人品消费向量，$\mathbf{y} \in \mathcal{R}_+^K$ 代表公共品量。生产技术以生产集 $\mathcal{F}$ 代表。① 消费者的效用函数为 $v_i(x_i, \mathbf{y}, \theta_i)$（与其相应的偏好用 $\succcurlyeq_i^\theta$ 表示），则此环境中的林达尔对应（Lindahl correspondence）为

$$L(\theta) = \left\{ (\mathbf{x}_1, \cdots, \mathbf{x}_n, \mathbf{y}) \in \mathcal{R}_+^{nL+K} \left| \begin{array}{l} (\sum_i \mathbf{x}_i, \mathbf{y}) \in \mathcal{F}, \exists (\mathbf{p}, \mathbf{q}_1, \cdots, \mathbf{q}_n) \in \mathcal{R}_+^{L+nK}, \text{使得} \\ (\mathbf{x}_i, \mathbf{y})\text{最大化} v_i(\cdot, \cdot, \theta_i) \text{ ,s.t. } \mathbf{p}\mathbf{x}_i + \mathbf{q}_i\mathbf{y} \leqq w_i, \\ \text{其中} \sum_{i \in I} w_i = \max_{(\mathbf{x},\mathbf{y}) \in \mathcal{F}} (\mathbf{p}\mathbf{x} + \sum_i \mathbf{q}_i \mathbf{y}) \end{array} \right. \right\}.$$

例 18.3.3 (所罗门国王的选择规则)　《圣经 • 旧约全书》中记载了这样一个故事：两位新生儿的母亲（其中一位母亲的孩子在一个晚上死去了）带着一名男婴来到所罗门国王面前，请求所罗门国王裁决谁才是这个孩子真正的母亲。当所罗门国王建议将孩子劈为两半每位母亲各得一半时，一个说："我愿意放弃这个孩子!" 而另一个则说："就把他劈开吧!" 所罗门国王宣布那位愿意放弃孩子的母亲是真正的母亲，并将孩子判给了她。我们可以用机制设计的语言表述这个问题。以 A 和 B 分别表示两位母亲；以 α 和 β 表示世界的状态，α 表示"A 是真正的母亲"，β 表示"B 是真正的母亲"。国王的备选方案有以下四种：

- a: 把孩子给"A"；
- b: 把孩子给"B"；
- c: 把孩子劈开；
- d: 把所有人（两个母亲，一个婴儿）都处死。

两种状态下两位母亲的偏好为：

$$a \succ_A^\alpha b \succ_A^\alpha c \succ_A^\alpha d;$$
$$a \succ_A^\beta c \succ_A^\beta b \succ_A^\beta d;$$
$$b \succ_B^\alpha c \succ_B^\alpha a \succ_B^\alpha d;$$
$$b \succ_B^\alpha a \succ_B^\alpha c \succ_B^\alpha d.$$

国王想要让真正的母亲得到孩子，即他要执行的社会选择规则 $f(\cdot)$ 满足：$f(\alpha) = a, f(\beta) = b$。

例 18.3.4 (公共品项目)　某个社区中 n 户居民决定是否兴建一项公共项目（比如修一条路、一座桥）。令 y 表示这项工程的规模（y 可以是连续的，比如 $y \in Y = [0, \infty)$；亦可是离散的，如 $\mathbf{y} \in Y = \{y_1, \cdots, y_k\}$；实际中也常用 $y \in Y = \{0, 1\}$ 表示"建"或"不建"。）个体偏好可用拟线性效用函数 $v_i(y, \theta) + t_i$ 表示（若是私人价值模型，则其效用函数为 $v_i(y, \theta_i) + t_i$），其

①例如，公共品可以由私人品以规模报酬不变的生产技术生产出来，经济中私人品的初始禀赋向量为 ω_i，则 $\mathcal{F} = \{(\mathbf{x}, \mathbf{y}) \in \mathcal{R}_+^{l+m} | \mathbf{x} + \mathbf{y} \leqq \sum_{i \in I} \omega_i\}$。

中 $y \in Y$ 代表工程规模；θ_i 代表个体 i 对此公共项目的偏好强度；t_i 表示个体需要交纳的税赋或获得的补偿，则此环境可以刻画如下：

- 人：$N = \{1, \cdots, n\}$。
- 物（备选方案）：选择结果要求给出公共工程规模和每个人交纳的税赋或获得的补贴，同时要求补贴总额不超过税收总额。这样的结果空间为 $Z = \mathcal{R}^{n+1}$，可行结果集为：$A = \{(y, t_1, \cdots, t_n) : y \in Y, t_i \in \mathcal{R}, \sum_i t_i \leqq 0, \forall i \in N\}$。
- 世界状态（偏好、类型）：$\theta = (\theta_1, \cdots, \theta_n)$。

我们的问题是设计何种机制才能保证公共品的有效提供。因此，公共项目有效提供问题可归结成典型的机制设计问题。

例 18.3.5 (分配不可分私人品) 假设要在多人社会中配置不可分物品，如排他性特许权或者要拍卖某个企业。在这种情形下，结果空间为 $Z = \{\mathbf{y} \in \{0,1\}^n : \sum_{i=1}^n y_i = 1\}$，其中 $y_i = 1$ 表示个体 i 获得该物品，$y_i = 0$ 表示个体 i 没有获得该物品。若个体 i 获得该物品，则其净收益为 v_i，否则其净收益为 0。因此，个体 i 的价值函数为

$$v_i(\mathbf{y}) = v_i y_i.$$

注意到由于 $v_i(\mathbf{y}) = v_i y_i = \mathbf{v}^i \mathbf{y}$，这里我们将 $\mathbf{y}$ 看作 n 维向量，其中 $\mathbf{v}^i$ 的第 i 个分量为 v_i，而其他分量为 0，即 $\mathbf{v}^i = (0, \cdots, 0, v_i, 0, \cdots, 0)$。这样，不可分私人品的配置问题也涉及机制设计的问题。

对上述例子中公共项目和不可分私人品的配置问题，社会最优决策显然依赖于个人的真实价值函数 $v_i(\cdot)$。令 $h = (y(\cdot), t_1(\cdot), t_2(\cdot), \cdots, t_n(\cdot)) : \Theta \to Z$ 是关于 $\mathbf{y}$ 和转移支付 t_i 的结果函数，这里 $(t_1(\cdot), t_2(\cdot), \cdots, t_n(\cdot))$ 被称为**分配规则**，$y(\cdot)$ 为**决策规则**。我们称决策规则 $y(\cdot)$ 是**有效的**，当且仅当它最大化了其社会剩余（所有个体剩余之和），即

$$\sum_{i \in N} v_i(y(\theta), \theta) \geqq \sum_{i \in N} v_i(y(\theta'), \theta), \quad \forall \theta' \in \Theta.$$

若是私人价值模型，则成为

$$\sum_{i \in N} v_i(y(\theta), \theta_i) \geqq \sum_{i \in N} v_i(y(\theta'), \theta_i), \quad \forall \theta' \in \Theta.$$

计划者希望所执行的结果最大化了所有个体剩余之和，即通过某个激励机制，能执行以上有效结果。

对以上所有例子，可以考虑更一般的效用或价值函数，而不只是参数化的效用函数。比如，令 V_i 为所有价值函数 v_i 的集合，记 $V = \prod_{i \in N} V_i$，则 $y(\cdot)$ 称为有效的，当且仅当

$$\sum_{i \in N} v_i(\mathbf{y}(\mathbf{v})) \geqq \sum_{i \in N} v_i(\mathbf{y}(\mathbf{v}')), \quad \forall \mathbf{v}' \in V.$$

18.4 占优均衡执行和真实显示机制

本节讨论将占优均衡作为博弈解概念时的激励机制的设计问题。人们之所以关注占优均衡执行，是由于人们关心是否在均衡时有让所有经济人都不假装，是否愿意真实显示自身

私人信息的机制存在。如本节所证明的那样，占优战略均衡和说真话（真实显示经济特征）是等价的。此外，占优均衡是描述自利行为最强的一个解的概念，从信息效率的角度看，占优战略所需要的信息最少。这是由于不管其他个体选择什么战略，占优战略都是最优的，也就是自身的最优战略选择与其他个体的最优战略选择无关，因而不需要其他经济人的信息。博弈论中的一条公理是，只要占优战略存在，则每个人都会选择该战略。

对 $e \in E$，机制 $\Gamma = \langle M, h\rangle$ 有**占优战略均衡**$\mathbf{m}^*$，若对所有的 i，有

$$h_i(m_i^*, \mathbf{m}_{-i}) \succcurlyeq_i h_i(m_i, \mathbf{m}_{-i}),\ \forall \mathbf{m} \in M. \tag{18.4.2}$$

对 $\Gamma = \langle M, h\rangle$ 和 $e \in E$，记占优战略均衡集为 $\mathcal{D}(e, \Gamma)$。

在占优战略存在的假定下，由于每个参与人的最优战略与其他参与人的战略无关，每个个体都不必知道其他个体的特征，因而在个体决策时他们所需要的信息是最少的。这样，占优战略存在是一种最理想的情况。占优战略的另一个优点是占劣均衡结果不会出现。若个体有两个占优战略，则这两个战略必然是收益等价的。占优战略的这一性质对其他均衡战略来说通常并不具备。

给定一个博弈，占优战略一般并不存在。然而，在机制设计中，由于我们可以通过选择博弈形式，而不是给定博弈形式，这样占优战略存在的可能性大为增加。

定义 18.4.1 机制 $\Gamma = \langle M, h\rangle$ 按**占优战略均衡强执行了社会选择对应** F，若对任意的 $e \in E$，都有

(a) $\mathcal{D}(e, \Gamma) \neq \varnothing$;

(b) $h(\mathcal{D}(e, \Gamma)) \subset F(e)$。

定义 18.4.2 机制 $\Gamma = \langle M, h\rangle$ 按**占优战略均衡执行了社会选择对应** F，若对任意的 $e \in E$，都有

(a) $\mathcal{D}(e, \Gamma) \neq \varnothing$;

(b) 存在某个占优均衡 $\mathbf{m}^* = d(e) \in \mathcal{D}(e, \Gamma)$，使得 $h(\mathbf{m}^*) \in F(e)$。

除了以上定义的一般机制，有一种特殊类型的博弈形式在文献中受到特别关注，这种博弈形式称为直接显示或简称为直接或显示机制，若每个参与人 i 的信息空间 M_i 完全由参与人的经济特征 E_i 组成，即在这样的机制下，每个参与人都被要求报告他们自身的特征，虽然所报告的经济特征不一定是他们真实的经济特征。

定义 18.4.3 机制 $\Gamma = \langle M, h\rangle$ 称为**显示机制**，若 $M = E$。

例 18.4.1 第 16 章所讨论的最优合约为显示机制。

例 18.4.2 下面要讨论的维克瑞-克拉克–格罗夫斯（Vickrey–Clark–Groves）机制也是显示机制。

显示机制最具有吸引力的一个性质是，若每个参与人都愿意真实报告其自身经济特征，则一定是占优战略均衡。在公共经济学中，缺乏这样的机制的情形称为“搭便车”问题。

定义 18.4.4 显示机制 $\langle E, h\rangle$ 在 E 上按$b(e, \Gamma)$ **真实地执行了社会选择对应** F，若对每个 $e \in E$, 有

(a) $e \in b(e, \Gamma)$;

(b) $h(e) \subset F(e)$。

注意，按 $b(e, \Gamma)$ 真实执行只是执行而不是强执行，这是由于谎报 e' 也可能是占优均衡。

在直接显示机制中，当每个人讲真话都是占优战略时，我们说 $F(\cdot)$ 是**按占优战略可真**

实执行的 (truthfully implementable in dominant strategies)。

可占优战略真实执行也称为**占优战略激励相容的**、**战略防范的 (strategy-proof)** 或者**战略直截了当的 (strategy straightforward)**。

在考虑说真话的机制或按占优执行的机制时，虽然机制的信息空间可以是任意的，下面所要介绍的显示原理 (revelation principle) 则说明我们只需考虑显示机制即可，而无需考虑更复杂的一般机制。这一原理将大大简化构造机制的复杂性并缩小寻找机制的范围。

定理 18.4.1 (显示原理) *设机制 $\langle M,h\rangle$ 按占优战略执行了社会选择规则 F，则存在直接显示机制 $\langle E,g\rangle$ 按占优战略均衡真实执行了 F。*

显示原理的证明思路同第 16 章一个人情形下的显示原理的证明类似。其核心就是用到了占优战略均衡中各经济人的战略独立于其他经济人战略的思想。

证明 令 d 为机制 $\langle M,h\rangle$ 的占优战略 $\langle M,h\rangle$ 的一个选择，即对任意的 $\mathbf{e}\in E$，有 $\mathbf{m}^*=d(\mathbf{e})\in\mathcal{D}(\mathbf{e},\Gamma)$ 使得 $d(\mathbf{e})\in F(\mathbf{e})$。由于 $\Gamma=\langle M,h\rangle$ 按占优均衡执行了社会选择规则 F，则根据 F 按占优均衡的可执行性，这样的选择存在。由于是占优均衡，每个参与人的最优战略与其他参与人的最优战略相互独立，于是其占优战略可以表示为 $m_i^*=d_i(e_i)$。

对每个 $e\in E$，用 $g(e)\equiv h(d(e))$ 定义显示机制 $\langle E,g\rangle$。我们首先证明如实报告自己的信息总是机制 $\langle E,g\rangle$ 的占优战略均衡。若不然，则存在信息 e' 和个体 i，使得

$$u_i[g(e_i',\mathbf{e}_{-i}')]>u_i[g(e_i,\mathbf{e}_{-i}')].$$

然而，由于 $g=h\circ d$, 我们有

$$u_i[h(d(e_i'),d(\mathbf{e}_{-i}')]>u_i[h(d(e_i),d(\mathbf{e}_{-i}')],$$

这与 $m_i^*=d_i(e_i)$ 是占优战略均衡的事实相矛盾。这是因为当经济环境为 $(e_i,\mathbf{e}_{-i}')$ 时，个体 i 没有激励如实报告 $m_i^*=d_i(e_i)$，但有激励报告 $m_i'=d_i(e_i')$，矛盾。

最后，由于 $\mathbf{m}^*=d(\mathbf{e})\in D(e,\Gamma)$ 和 $\langle M,h\rangle$ 按占优战略执行了社会选择规则 F，我们有 $g(\mathbf{e})=h(d(\mathbf{e}))=h(\mathbf{m}^*)\in F(\mathbf{e})$。因此，该机制按占优战略执行了 F。定理得证。 □

因此，根据显示原理，我们知道若真实执行是我们所需要的，则我们不会考虑其他一般的机制。在文献中，若机制 $\langle E,h\rangle$ 按占优战略真实地执行了社会选择规则 F，则机制 Γ 有时也被称为社会选择对应 F 是**强个人激励相容的 (strongly individually incentive-compatible)**。特别地，当 F 为单值函数 f 时，$\langle E,f\rangle$ 可看作一个显示机制。因此，若机制 $\langle M,h\rangle$ 按占优战略执行了 f，则显示机制 $\langle E,f\rangle$ 是按占优战略激励相容的，或称为强个人激励相容的。

要注意的是，在上面的证明中，占优战略均衡同纳什战略均衡的不同之处是，占优战略均衡中个体的选择同其他个体的最优选择无关，而纳什均衡战略中个体战略的选择与其他个体的最优战略有关，因而我们可以将占优均衡战略写为 $m_i^*=m_i(e_i)$。

注 显示原理仅对执行成立而对完全或强执行可能不成立。显示原理将一般机制 $\langle M,h\rangle$ 的占优战略均衡与直接显示机制的真实显示自身特征之间的对应确定为占优战略均衡。不过，由于显示原理并不要求显示机制具有唯一的占优战略均衡，显示机制 $\langle E,g\rangle$ 可能也存在着非真实报告自身特征的战略均衡 (non-truthful strategy equilibrium)。因此，当从一般（非直接）占优战略均衡转变为直接显示占优战略均衡时，可能由此引入了非真实显示的占优战略。更

糟糕的是，尽管原有的一般机制完全或强执行了 F（即所导致的所有结果都属于 $F(e)$），但直接显示机制下的非真实显示的均衡结果也许不属于 $F(e)$。这样，即使原有的一般机制完全或强执行了社会选择函数，对应的显示机制 $\langle E, g\rangle$ 可能也只是执行，而不是完全或强执行了 F。这样，复合映射所导致的直接显示机制同原有的一般机制是不等价的，从而导致显示原理受到质疑。事实上，在很多情形下，真实显示或说真话是难以达到的，人们很难找到激励相容的机制让每个人都说真话，真实显示自己的经济特征。这样，需要寻找其他制度安排，如社会规范来让人们说真话。

然而，若经济人具有严格偏好关系，即对任意的 $a, b \in \mathcal{A}$，当且仅当 $a = b$ 时 $a \sim_i^e b, \forall i \in n$，则对任何两个不相同的结果（备选方案）不可能是无差异的，从而显示原理对强执行成立。

下面的结果说明，博弈 (Γ, θ) 尽管可能有不止一个占优均衡，但在严格偏好假设下，其均衡结果必唯一，从而直接显示机制按占优战略强执行了社会选择规则。

命题 18.4.1　*假定所有经济人具有严格偏好，则任何机制 $\Gamma = \langle M, h\rangle$ 的占优战略所导致的均衡结果是唯一的，从而直接显示机制按占优战略强执行了社会选择规则。*

证明　假设 $F(\cdot)$ 被机制 $\Gamma = \langle M, h\rangle$ 按占优战略强执行，但占优均衡不是唯一的。于是，存在 $m_i^*, m_i^{*\prime} \in \mathcal{D}_i(\Gamma, \theta)$ 使得 $m_i^* \neq m_i^{*\prime}$，则根据占优均衡定义，对 $\forall \mathbf{m}_{-i} \in M_{-i}$，我们有

$$h(m_i^*, \mathbf{m}_{-i}) \succcurlyeq_i^e h(m_i^{*\prime}, \mathbf{m}_{-i}),$$

$$h(m_i^{*\prime}, \mathbf{m}_{-i}) \succcurlyeq_i^e h(m_i^*, \mathbf{m}_{-i}).$$

于是有 $h(m_i^*, \mathbf{m}_{-i}) \sim_i^e h(m_i^{*\prime}, \mathbf{m}_{-i})$。由于经济人具有严格偏好，则必有 $h(m_i^*, \mathbf{m}_{-i}) = h(m_i^{*\prime}, \mathbf{m}_{-i})$。对每个 i 重复此过程可得：$h(\mathbf{m}^*) = h(\mathbf{m}^{*\prime}), \forall (\mathbf{m}^*, \mathbf{m}^{*\prime}) \in \mathcal{D}(\Gamma, \theta)$。所以，占优均衡结果是唯一的。

这样，对所有的 $\mathbf{m}^* \in \mathcal{D}(e, \Gamma)$，$g(e) \equiv h(\mathbf{m}^*(e))$ 是一个单值映射，从而直接显示机制 $\langle E, g\rangle$ 按占优战略均衡真实执行了 F。 □

作为命题 18.4.1 的一个直接推论，我们知道，当经济人具有严格偏好时，任何被占优战略完全执行的社会选择规则必为单值社会选择函数。正式地，我们有如下推论。

推论 18.4.1　*假定所有经济人具有严格偏好，则任何被占优战略完全执行的社会选择规则（即 $h(\mathcal{D}(e, \Gamma)) = F(e)$）必为单值社会选择函数。*

证明　既然 $F(\cdot)$ 被机制 $\Gamma = \langle M, h\rangle$ 按占优战略完全执行，则有 $h(\mathcal{D}(e, \Gamma)) = F(e)$。于是，根据命题 18.4.1，有 $h(\mathbf{m}^*) = h(\mathbf{m}^{*\prime}), \forall (\mathbf{m}^*, \mathbf{m}^{*\prime}) \in \mathcal{D}(\Gamma, \theta)$。从而可得：对 $\forall \theta \in \Theta$，$f(\theta) = h(\mathcal{D}(\Gamma, \theta))$ 为单值。 □

我们将在下一章讨论事后完全执行时，作为推论给出私人价值下一个社会选择对应占优完全可执行的充分必要条件。这是由于，当参与人的效用只依赖于自身类型时，即 $u_i(h(m(\theta)), \theta) = u_i(h(m(\theta)), \theta_i), \forall i \in N$，其事后均衡就是占优均衡。这样，关于社会选择集事后可完全执行的充分必要条件，在私人价值下也是一个社会选择对应占优完全可执行的充分必要条件。

不过，即使占优均衡是唯一的，或不同的占优均衡导致了同样的占优均衡结果，也可能存在其他解意义下的均衡结果，比如也可能存在着纳什均衡，导致了不同的均衡结果。后面在讨论 VCG 机制的一个特殊形式 —— 二级价格拍卖机制时，我们将给出这样的例子。

18.5 吉伯德–萨特思韦特不可能性定理

社会计划者希望被执行的社会选择规则具有某种良好的性质，比如非独裁性；同时，由于希望信息要求尽可能少的原因，也就希望执行该规则的博弈解尽可能强，比如占优均衡。显示原理对设计占优战略机制非常有用。若人们希望社会选择目标 f 按占优战略执行，则我们只需证明该显示机制 $\langle E, f\rangle$ 是强激励相容的。

不过遗憾的是，一般来说，不可能得到这样的结果。第 12 章的吉伯德–萨特思韦特（Gibbard-Satterthwaite）不可能性定理告诉我们，若不对经济环境类加以限制，则除了独裁 (dictatorial) 机制之外，这样的机制不可能存在。下面我们从机制设计的视角重新考察这个定理。

定理 18.5.1 (吉伯德-萨特思韦特不可能性定理) *若结果空间 $\mathcal{A}$ 包含至少三个选择方案 $|\mathcal{A}| \geqq 3$，社会选择对应 $F: E \rightrightarrows \mathcal{A}$ 的定义域中包含所有严格偏好关系，即 $E^s \subseteq E$，且 $F(\cdot)$ 是按占优战略可真实执行的到上映射 (满射 onto)，则 F 必为独裁的。*

这个定理说明，若个体的选择是无限制的，且要求每个个体都讲真话，则这样的激励机制是不存在的。在证明这个定理之前，先给出以下引理。

引理 18.5.1 *若定义域中包含所有严格偏好关系即 $E = E^s$，结果空间 $\mathcal{A}$ 至少有三个选择方案 $|\mathcal{A}| \geqq 3$，且社会选择规则 $F: E^S \rightrightarrows \mathcal{A}$ 满足***一致性***和***马斯金单调性***，则其必为***独裁的***。*

证明

见表 18.1 至表 18.7。

- 考虑两个备选方案 $a, b \in \mathcal{A}$。假设 $a \succ_i^e x \succ_i^e b, \forall x \in \mathcal{A}, \forall i \in I$。根据一致性可得 $F(e) = a$。在经济人 1 的偏好排序中将 b 每次向前提一个位置。根据马斯金单调性，只要 b 不超过 a，则方案 a 仍被选中。而当 b 超过 a 之后，根据一致性，可能的选择结果是 a 或 b。若被选中的仍然为 a，则对经济人 2 的偏好排序执行同样的操作，依此类推。一定存在某个经济人，在其偏好中当 a 和 b 发生逆转时社会选择结果由 a 变为 b，将此人标记为 j。将 b 与 a 在 j 的偏好序中逆转之前的状态记为 e^1，逆转之后的状态记为 e^2。在 e^1 和 e^2 中，将每个经济人 $i < j$ 的偏好排序中的 a 移到最末端，而将每个经济人 $i > j$ 的偏好排序中的 a 移到倒数第二的位置，经济人 j 的偏好不变，将新的状态分别记为 $e^{1'}$ 和 $e^{2'}$。
- 因为 $F(e^2) = b$ 且 $L_i(b, e^2) = L_i(b, e^{2'}), \forall i \in I$，由马斯金单调性可得 $F(e^{2'}) = b$。而 $e^{2'}$ 和 $e^{1'}$ 相比只有在 j 的偏好中 a 和 b 发生了逆转，这样有 $F(e^{1'}) = a$ 或 b。如 $F(e^{1'}) = b$，由于 $L_i(b, e^{1'}) = L_i(b, e^1), \forall i \in I$，则由马斯金单调性可得 $F(e^1) = b$，从而得出矛盾，因此必有 $F(e^{1'}) = a$。
- 设 $c \neq a, b$ 是另一个备选方案，按照表 18.6 的方式定义状态 e^3。由于 $L_i(a, e^3) = L_i(a, e^{1'})$,
  $\forall i \in I$，根据马斯金单调性可得 $F(e^3) = a$。
- 在状态 e^3 中，将所有 $i > j$ 的个体偏好中 a 和 b 的顺序对调，得到状态 e^4。根据单调性，$F(e^4) = a$ 或 b。显然，$c \succ_i^{e^4} b, \forall i \in I$，从而根据一致性，必然有 $F(e^4) = a$。
- 显然，对任何状态 $\alpha \in E^s$，只要 a 在经济人 j 的偏好中排在首位，则 $L_i(a, e^4) \subseteq$

$L_i(a,\alpha), \forall i \in I$，则由马斯金单调性可得 $F(\alpha) = a$。可见，对于方案 a 个体 j 是个独裁者。

表 18.2　状态 e^1 下的偏好

个体	偏好 $\succ^{\theta^1}$			
1	b	a	$\cdots$	$*$
2	b	a	$\cdots$	$*$
$\cdots$	$\cdots$	$\cdots$	$\cdots$	$\cdots$
$j-1$	b	a	$\cdots$	$*$
j	a	b	$\cdots$	$*$
$j+1$	a	$\cdots$	$\cdots$	b
$\cdots$	$\cdots$	$\cdots$	$\cdots$	$\cdots$
n	a	$\cdots$	$\cdots$	b

表 18.3　状态 e^1 下的偏好

个体	偏好 $\succ^{\theta^{1'}}$				
1	b	$*$	$\cdots$	$*$	a
2	b	$*$	$\cdots$	$*$	a
$\cdots$	$\cdots$	$\cdots$	$\cdots$	$\cdots$	$\cdots$
$j-1$	b	$*$	$\cdots$	$*$	a
j	a	b	$\cdots$	$*$	$*$
$j+1$	$*$	$*$	$\cdots$	a	b
$\cdots$	$\cdots$	$\cdots$	$\cdots$	$\cdots$	$\cdots$
n	$*$	$*$	$\cdots$	a	b

表 18.4　状态 e^2 下的偏好

个体	偏好 $\succ^{\theta^2}$			
1	b	a	$\cdots$	$*$
2	b	a	$\cdots$	$*$
$\cdots$	$\cdots$	$\cdots$	$\cdots$	$\cdots$
$j-1$	b	a	$\cdots$	$*$
j	b	a	$\cdots$	$*$
$j+1$	a	$\cdots$	$\cdots$	b
$\cdots$	$\cdots$	$\cdots$	$\cdots$	$\cdots$
n	a	$\cdots$	$\cdots$	b

表 18.5　状态 $e^{2'}$ 下的偏好

个体	偏好 $\succ^{\theta^{2'}}$				
1	b	$*$	$\cdots$	$*$	a
2	b	$*$	$\cdots$	$*$	a
$\cdots$	$\cdots$	$\cdots$	$\cdots$	$\cdots$	$\cdots$
$j-1$	b	$*$	$\cdots$	$*$	a
j	b	a	$\cdots$	$*$	$*$
$j+1$	$*$	$\cdots$	$\cdots$	a	b
$\cdots$	$\cdots$	$\cdots$	$\cdots$	$\cdots$	$\cdots$
n	$*$	$*$	$\cdots$	a	b

表 18.6 状态 e^3 下的偏好

个体	偏好 $\succ^{\theta^3}$					
1	*	*	*	$\cdots$	c	b	a
2	*	*	*	$\cdots$	c	b	a
$\cdots$	$\cdots$	$\cdots$	$\cdots$	$\cdots$	$\cdots$	$\cdots$	$\cdots$
$j-1$	*	*	*	$\cdots$	c	b	a
j	a	c	b	$\cdots$	*	*	*
j+1	*	*	*	$\cdots$	c	a	b
$\cdots$	$\cdots$	$\cdots$	$\cdots$	$\cdots$	$\cdots$	$\cdots$	$\cdots$
n	*	*	*	$\cdots$	c	a	b

表 18.7 状态 e^4 下的偏好

个体	偏好 $\succ^{\theta^4}$						
1	*	*	*	$\cdots$	c	b	a
2	*	*	*	$\cdots$	c	b	a
$\cdots$	$\cdots$	$\cdots$	$\cdots$	$\cdots$	$\cdots$	$\cdots$	$\cdots$
$j-1$	*	*	*	$\cdots$	c	b	a
j	a	c	b	$\cdots$	*	*	*
j+1	*	*	*	$\cdots$	c	b	a
$\cdots$	$\cdots$	$\cdots$	$\cdots$	$\cdots$	$\cdots$	$\cdots$	$\cdots$
n	*	*	*	$\cdots$	c	b	a

从以上证明可见，在严格偏好关系下，对任何一个备选方案 a，都存在一个独裁者 j，但不可能存在多于一个的独裁者。假设在某种状态 e 下，j 是 a 的独裁者，则 $F(e) = a$; 如再假定 j' 是另一个方案 a' 的独裁者，则 $F(e) = a'$，矛盾。 □

引理 18.5.2 *若社会选择规则 $F : E^s \rightrightarrows \mathcal{A}$ 是占优战略真实执行且为***到上映射***(满射, onto)，则其必满足一致性和马斯金单调性。*

证明

- **马斯金单调性**：假设状态 $e, e' \in E^s$ 满足 $F(e) = a$，且 $L_i(a, e) \subseteq L_i(a, e'), \forall i \in I$。若 $F(e'_1, e_{-1}) \neq a$，则根据占优战略诚实执行和严格偏好关系必有 $a = F(e) \succ_i^e F(e'_1, e_{-1})$，即 $F(e'_1, e_{-1}) \in L_1(a, e)$，从而 $F(e'_1, e_{-1}) \in L_1(a, e')$，即 $a = F(e_1, e_{-1}) \succ_i^{e'} F(e'_1, e_{-1})$，这和 $F(\cdot)$ 被占优战略诚实执行的性质矛盾，故必有 $F(e'_1, e_{-1}) = a$。依此类推。
$$F(e'_1, e_{-1}) = F(e'_1, e'_2, e_3, \cdots, e_n) = \cdots = F(e') = a,$$
从而证明了 $F(\cdot)$ 的马斯金单调性。
- **一致性**：由于 $F(\cdot)$ 是到上映射（满射），所以对任意 $a \in \mathcal{A}$，存在 $e \in E^s$ 使得 $F(e) = a$。假设 β 表示这样的状态：在每个人的偏好中方案 a 都排在首位。显然 $L_i(a, e) \subseteq L_i(a, \beta), \forall i \in I$，根据马斯金单调性可得 $F(\beta) = a$，一致性得证。 □

现在证明吉伯德-萨特思韦特不可能性定理：

证明 根据以上两条引理，$\exists j$ 对 $\forall e \in E^s$ 皆有 $F(e) = M_j(e)$，其中 $M_j(e) = \{x \in \mathcal{A} | x \succ_i^e b, \forall b \in \mathcal{A} \backslash \{x\}\}$ 表示经济人 j 最偏好的方案集合。现只需证明，对 $\forall e \in E \backslash E^s, F(e) = M_j(e)$ 即可。用反证法，假设 $\exists e \in E \backslash E^s$，$a = F(e)$ 但 $a \notin M_j(e)$，则 $\exists b \in M_j(e), b \succ_j^e a$。考虑

另一种状态 $e' \in E^s$ 满足：(i) $a \succ_i^{e'} b \succ_i^{e'} c, \forall i \neq j, c \neq a, b$；(ii) $b \succ_j^{e'} a \succ_j^{e'} c, \forall c \neq a, b$。则 $L_i(a,e) \subseteq L_i(a,e'), \forall i \in I$，且 $F(e') = b$。根据占优战略真实执行，$F(e_1, e_{-1}) \succcurlyeq_i^e F(e_1', e_{-1})$，从而 $F(e_1, e_{-1}) \succcurlyeq_i^{e'} F(e_1', e_{-1})$。而另一方面再次根据占优战略真实执行性质 $F(e_1', e_{-1}) \succcurlyeq_i^{e'} F(e_1, e_{-1})$，所以 $F(e_1', e_{-1}) = F(e_1, e_{-1}) = a$，依此类推可得 $F(e') = a$。从而可得 $F(e') = a \neq M_j(e') = b$，矛盾。因此对 $\forall e \in E \backslash E^s$，$F(e) = M_j(e)$。定理得以证明。 □

总之，吉伯德–萨特思韦特不可能性定理是一个令人比较失望的结果。该结果本质上等价于阿罗不可能性定理。然而，若吉伯德–萨特思韦特不可能性定理的条件中，当经济环境受到约束时，比如将“至少有三个备选方案”和非受限定义域 ($E^s \subseteq E$) 这两个条件放宽，其结论有可能不成立。先看放宽“至少有三个备选方案”的反例。

例 18.5.1　只有两个候选人的简单多数投票 假设 N 个选民对两个候选人 a 和 b 进行投票，每个选民报出其偏好（只需报出其支持的候选人），然后根据如下简单多数规则投票：

$$F(e) = \begin{cases} a & if \quad \#\{i \in I | a \succ_i^e b\} > \#\{i \in I | b \succ_i^e a\}, \\ b & if \quad \#\{i \in I | a \succ_i^e b\} \leqq \#\{i \in I | b \succ_i^e a\}. \end{cases}$$

可见，在此过程中每个选民都会真实申报自己的偏好，无论别人是否讲真话。所以，$F(\cdot)$ 可被占优战略真实执行。

另外的一个例子是下面要讨论的，定义在拟线性效用函数上的 VCG 机制是说真话导致决策有效（社会剩余最大化）的机制。不过，VCG 机制一般不能导致帕累托有效结果。若仍然坚持帕累托有效和个人理想配置的标准，赫维茨得到一个更强的不可能性结果：即使进一步限制到新古典经济环境类，帕累托有效和真实显示两者也是不相容的。

18.6　赫维茨不可能性定理

在机制设计理论产生以前，特别是在赫维茨不可能性定理出现之前，谈到公共品和私人品的其他差别时，经济学家大多认为完全竞争市场机制可以很好地处理私人品，认为在竞争市场中，价格是作为参数给定的 (即每个人的购买量不会影响价格的高低)，每个消费者没有必要隐瞒自己的真正偏好，即没有必要讲假话，从而认为对于只有私人品的经济社会，资源最优配置与个人的利己行为是一致的，不存在激励不相容的问题。

而对于具有公共品的经济社会，资源最优配置与个人的自利行为不一致，因为每个人都有激励想“搭便车”，想从别人对公共品的贡献中得到好处，因而不愿报告自己对公共品的真正偏好，即都宣称公共品对他不重要以减少他自己对此应作出的贡献。例如，从前面处理公共设施开支的例子可以看出，若根据每个人所报的自己消费公共品的程度 (边际替代效用) 来决定个人所应付的税赋，那么经济人可能为了少付而低报自己的真正偏好，但一旦公共品被生产出来，仍然可同样地从消费公共品中得到好处，长此以往就没有人对公共设施的付出感兴趣了。这与对私人品的直觉大不一样，你花钱为你自己买日常用品不会使别人得利。从而真实显示与导致个人理性和帕累托最优配置的社会目标是激励不相容的，竞争市场机制不能很好地处理公共品的有效提供问题。

这种不真实显示自己真正偏好的战略现象最初是由 Samuelson(1954，1955) 针对配置公共品的林达尔均衡 (Lindahl equilibrium) 解的批评而提出的。他进一步猜想对具有公共品的经济环境，不存在任何分散化经济机制，它能导致帕累托最优配置并且使每个人有激励去真实地告诉他自己的偏好。按以上直接显示机制和激励相容的术语来说，萨缪尔森的论断意味着每个参与者为了追求个人利益，不可能真实地显示自己的经济特征，即真实显示偏好战略不是占优均衡。令人吃惊的是这一论断不只对公共品的环境类成立，而且对私人品的环境类也成立。

赫维茨在 1972 年证明了：对参与人个数有限的新古典经济环境类，不可能存在任何经济机制，它能导致个人理性和帕累托最优配置，并使每个人真实地显示自己的经济特征。

定理 18.6.1 (赫维茨不可能性定理, 1972) *对新古典私人品经济环境类，不存在机制 $\langle M, h\rangle$，它按占优战略执行了帕累托有效和个人理性配置。因此，任何产生帕累托有效和个人理性的配置的显示机制 $\langle M, h\rangle$ 必然不是强个人激励相容的（即，每个参与人如实报告其偏好的战略不是占优均衡）。*

证明 根据显示原理，我们只需证明，对某个特别的纯粹交换经济，任何一个显示机制都不能以占优战略均衡来真实地执行帕累托有效和个人理性配置。进而我们只需证明，对某种特别的纯粹交换经济，对任意产生帕累托有效和个人理性配置的显示机制，真实报告自己的信息都不是纳什均衡。

考虑下面具有两个个体 $(n = 2)$ 和两种产品 $(L = 2)$ 的私人品经济：

$$w_1 = (0, 2), w_2 = (2, 0),$$
$$\mathring{u}_i(x, y) = \begin{cases} 3x_i + y_i, & 若 \quad x_i \leqq y_i, \\ x_i + 3y_i, & 若 \quad x_i > y_i. \end{cases}$$

对上述经济，可行配置为：

$$\begin{aligned} A \quad = \quad & \{[(x_1, y_1), (x_2, y_2)] \in R^4_+ : \\ & x_1 + x_2 = 2 \\ & y_1 + y_2 = 2\}. \end{aligned}$$

令 U_i 为经济人 i 可以报告给机制设计者的所有新古典效用函数构成的集合，即该集合中所有函数都是连续拟凹的，则其真实的效用函数 $\mathring{u}_i \in U_i$。因此有

$$U = U_1 \times U_2,$$
$$h : U \to A.$$

注意到若效用函数 $\mathring{u}_i$ 是纳什均衡，则它必然满足

$$\mathring{u}_i(h_i(\mathring{u}_i, \mathring{u}_{-i})) \geqq q\mathring{u}_i(h_i(u_i, \mathring{u}_{-i})). \tag{18.6.3}$$

我们要证明 $\mathring{u}_i$ 不是纳什均衡。注意到

(1) $P(e) = \overline{O_1O_2}$ (契约曲线)；

(2) $IR(e) \cap P(e) = \overline{ab}$；

(3) $h(\mathring{u}_1, \mathring{u}_2) = d \in \overline{ab}$。

假设个体 2 没有如实报告其效用函数，而报告下面的效用函数：

$$u_2(x_2, y_2) = 2x + y, \tag{18.6.4}$$

则在 u_2 战略下，个体 2 的个人理性和帕累托有效配置集为

$$IR(e) \cap P(e) = \overline{ae}. \tag{18.6.5}$$

对个体 2 来说，a 和 e 之间的任意点都严格优于 d。因此，在效用函数对 $(\mathring{u}_1, u_2)$ 下，由任意的机制所确定的个人理性和帕累托有效的配置都必然是 a 和 e 为端点的线段中的某一点，不妨设为 c。由于 $h_2(\mathring{u}_1, u_2) = c \in \overline{ae}$，我们有

$$\mathring{u}_2(h_2(\mathring{u}_1, u_2)) > \mathring{u}_2(h_2(\mathring{u}_1, \mathring{u}_2)). \tag{18.6.6}$$

这样，经济人说真话不是纳什均衡。类似地，若 d 在 $\overline{ae}$ 上，则个体 1 有激励撒谎。因此，任何能导致帕累托有效和个人理性配置的机制都不是强激励相容的。定理得以证明（见图 18.2）。 □

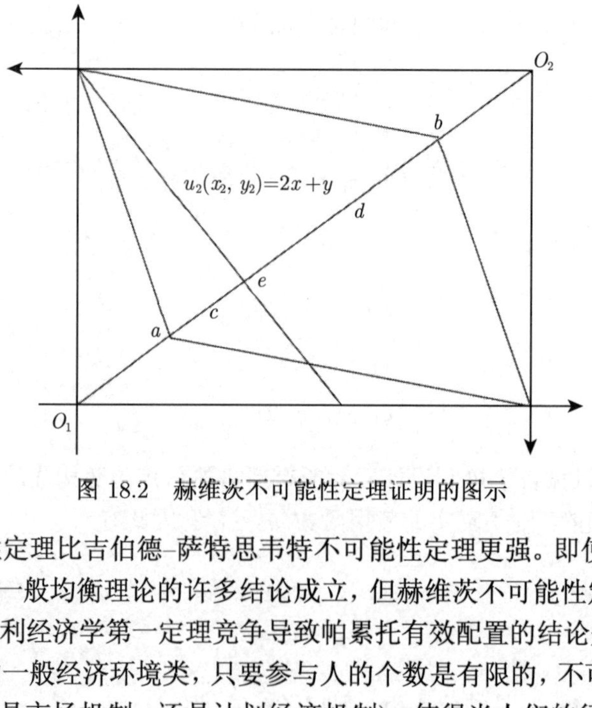

图 18.2　赫维茨不可能性定理证明的图示

赫维茨不可能性定理比吉伯德–萨特思韦特不可能性定理更强。即使考虑约束性很强的新古典经济类，尽管一般均衡理论的许多结论成立，但赫维茨不可能性定理却告诉我们：真实显示自身偏好和福利经济学第一定理竞争导致帕累托有效配置的结论是根本相冲突的。即使对于只有私人品的一般经济环境类，只要参与人的个数是有限的，不可能存在任何信息分散化经济机制 (无论是市场机制，还是计划经济机制)，使得当人们的行为按占优战略决策时，它执行了资源最优配置。其原因在于有限人数经济环境与完全竞争假设相抵触。这使人们意识到，一般均衡理论本质上是基于经济人的数目是无穷的，这当然是非常不现实的。不过，当经济社会中的成员数目与实数轴上的点一样多时 (无穷不可数个点)，“真实显示偏好”是可能的，但这与现实相差太远。当我们要设计某种经济机制时，首先必须牢记这个定理。若想要某个机制能产生帕累托最优配置，我们必须放弃占优均衡假设，即放弃每个人都说真话办真事的假定。对于具有公共品的经济社会，无论这个经济社会的人员数目是多少，即使

无穷，利亚德和罗伯茨 (1974) 也证明了类似的不可能性结果。从这点来说，这两种经济环境 (即具有公共品的经济环境与不具有公共品的经济环境) 没有本质上的差别。当然，如下节所示，从微观管理层面来说，说真话并导致社会剩余最大化（但不是帕累托有效配置）的机制是可能的。

这样，帕累托有效和个人真实显示其经济特征在本质上是不相容的。若我们要得到肯定结果，可采用两种方式放松要求。一是放弃真实显示偏好的要求，也就是放弃直接显示机制，采用更一般的机制，并且利用较弱均衡解的概念，如采用纳什均衡执行，来达到帕累托有效配置。二是放弃帕累托有效配置要求，只考虑局部最优配置的问题。就像一个政策全国各行业行不通时，可以对不同行业制定不同的规则或政策。例如，只要求有效地提供公共品，是否可能找到能导致帕累托有效公共品的提供，并同时真实显示个人特征的机制呢？结果是肯定的。下面就讨论这样的机制。对拟线性效用函数来说，维克瑞–克拉克–格罗夫斯（Vickrey-Clark-Groves，VCG）机制即是这样的机制。

18.7 维克瑞–克拉克–格罗夫斯机制

由第 15 章中关于公共品的理论，我们知道，在公共品经济中，竞争市场的分散决策资源配置机制会导致公共品的提供不足，从而不能达到有效提供的水平，使得市场失灵。采用民主投票方式来提供公共品则会导致过多或者过少的公共品。事实上，以上赫维茨不可能性定理已经证明了不存在任何真实显示偏好机制，能导致资源的有效配置。那么，若人们放弃帕累托最优配置标准，考虑较为微观或局部的问题，比如只考虑公共品或不可分私人品的有效提供问题，那么是否有可能设计出激励机制使得每个参与人有激励真实地显示自己的偏好并能有效提供所需要的公共品呢？

答案是肯定的，这就是本节要介绍的**私人价值情形下的维克瑞–克拉克–格罗夫斯（Vickrey–Clark–Groves）机制，简称 VCG 机制**。这种类型的机制最早是由维克瑞 (William Vickrey，1914—1996，其人物小传见 21.8.1 节) 在 20 世纪 60 年代初提出的二级价格拍卖机制，随后克拉克给出了中枢（pivotal）机制，尽管维克瑞和克拉克没有从机制设计框架的角度来考虑不可分私人品和公共品的有效提供问题。格罗夫斯在 20 世纪 70 年代在机制设计理论框架下给出了这种一般性的机制。人们后来发现，维克瑞的二级价格拍卖机制和克拉克的中枢机制其实都是格罗夫斯的一般机制的特殊情况，因此这种一般性的格罗夫斯机制也称为维克瑞–克拉克–格罗夫斯机制。对准线性**私人价值**类效用函数，维克瑞–克拉克–格罗夫斯机制能够解决公共品的有效提供问题，并且当经济环境足够厚实时，它是唯一能有效提供公共品的激励相容机制，即**维克瑞–克拉克–格罗夫斯机制是唯一按占优均衡真实地执行了社会有效决策规则（个体剩余之和最大化）的机制**。

从简单入手，我们先考虑不可分公共品，也就是公共项目的供应问题。

18.7.1 离散公共品情形下的维克瑞–克拉克–格罗夫斯机制

考虑离散公共品的提供问题。假设经济中有 n 个经济人。修建某个公共设施所需费用是 c。这 n 个人为修建这个公共设施所愿作出的贡献记为 $g_1, g_2, \cdots, g_n$。从第 15 章中的讨论得知，当且仅当 $\sum_{i\in N} g_i > c$，公共设施应被修建，即公共品项目由如下式子确定：

$$y=\begin{cases}1, & \text{若 } \sum_{i=1}^{n} v_i \geqq 0,\\ 0, & \text{若不然}.\end{cases}$$

公共设施给这 n 个人带来的效用记为 $r_1, r_2, \cdots, r_n$。于是，修建公共设施带给第 i 个人的净效用为 $v_i = r_i - g_i$，并且公共品被有效提供 $(y=1)$ 当且仅当

$$\sum_{i\in N} v_i = \sum_{i=1}^{n}(r_i - g_i) \geqq 0.$$

由于每个个体 i 的最大意愿支付 r_i 从而其净收益 v_i 是私人信息，那么应使用何种机制使得每个人都有激励报出他真正的净效用 v_i 呢？一种天真的想法是捐赠靠自觉，让参与人报告他们各自的净收益，然后根据所报净收益之和是否大于零来确定公共品项目是否建设。这样的机制所导致的问题是它不能提供恰当的激励，不能使所有个体有激励如实地报告他们的真正意愿支付 (willingness-to-pay)，反而他们有动机低报其意愿支付。

这样，人们如何才能够诱导每个个体真实报告其对公共品的最大意愿支付呢？答案是采用所谓的维克瑞–克拉克–格罗夫斯（VCG）机制。

假设每个经济人 i 关于其私人品的增益 $x_i - w_i$ 的效用函数是拟线性的：

$$\begin{aligned}&\bar{u}_i(x_i - w_i, y) = x_i - w_i + r_i y\\ &\text{s.t.}\quad x_i + g_i y = w_i + t_i,\end{aligned}$$

其中，t_i 为对个体 i 的转移支付。这样，我们有

$$\begin{aligned}u_i(t_i, y) &= t_i + r_i y - g_i y\\ &= t_i + (r_i - g_i)y\\ &= t_i + v_i y.\end{aligned}$$

1. 简单形式的格罗夫斯机制

在格罗夫斯 (Groves) 机制的简单形式中，个体被要求报告其净价值，记为 b_i。这样，每个参与人 i 的信息空间为 $M_i = \mathcal{R}$。格罗夫斯机制定义为：

$$\Gamma = \langle M_1, \cdots, M_n; y(\cdot), t_1(\cdot), t_2(\cdot), \cdots, t_n(\cdot)\rangle \equiv \langle M, y(\cdot), t(\cdot)\rangle.$$

这里，结果函数为 $h = (y(\cdot), t(\cdot))$，其中

(1) $b_i \in M_i = R$: 经济人 i 所报告的公共品的净价值（可看作对公共品的竞价），它可能是也可能不是个体 i 真实的净价值 v_i。

(2) 由于每个经济人有可能真报或假报，b_i 不一定就等于 v_i，从而需要给予恰当激励，让经济人说真话。为此，根据所有个体的净效用加总后是否大于总成本来决定这个公共设施是否被修建。即，格罗夫斯机制规定，公共设施是否被生产由下式决定：

$$y(b)=\begin{cases}1, & \text{若 } \sum_{i=1}^{n} b_i \geqq 0,\\ 0, & \text{若不然}.\end{cases}$$

(3) 经济人 i 所获得的转移支付 (transfer payment) 为：

$$t_i(b)=\begin{cases}\sum\limits_{j\neq i} b_j, & \text{若 } \sum_{i=1}^n b_i \geqq 0,\\ 0, & \text{若不然}.\end{cases} \tag{18.7.7}$$

若 $t_i<0$，它可解释为附加税。若 $t_i>0$，可视作补偿。个体 i 的收益于是为：

$$\phi_i(b)=\begin{cases}v_i+t_i(b)=v_i+\sum_{j\neq i} b_j, & \text{若 } \sum_{i=1}^n b_i \geqq 0,\\ 0, & \text{若不然}.\end{cases} \tag{18.7.8}$$

我们现在证明，对每个经济人来说，无论其他经济人如何报告他们的信息，他都会如实报告其真实的净价值，即 $b_i=v_i$ 是最优的，即讲真话是占优战略均衡。考虑两种可能的情形。

情形 1: $v_i+\sum_{j\neq i} b_j \geqq 0$。这就意味着参与者 i 希望公共设施被修建，因为修建公共设施为第 i 个人所带来的效用要大于或等于不修建时的效用（因为修建所带来的效用为 $v_i+t_i(b)=v_i+\sum_{j\neq i} b_j \geqq 0$，而不修建时的效用为 0）。当 i 真实地报出 $b_i=v_i$ 时，他能确保公共设施被修建。这是由于，若报 $b_i=v_i$，$\phi_i(v_i,\mathbf{b}_{-i})=v_i+\sum_{j\neq i} b_j=\sum_j b_j \geqq 0$。这样，个人的福利和修建公共设施这一社会目标达到一致，社会计划者和参与人都愿意修建这个公共项目。

情形 2: $v_i+\sum_{j\neq i} b_j<0$。这就意味着参与者 i 不希望公共设施被修建，因为修建公共设施给第 i 个人所带来的效用要小于不修建时的效用（即 $v_i+\sum_{j\neq i} b_j)<0$）。当 i 真实地报出 $b_i=v_i$ 时，他能确保公共设施不被修建。此时有 $\sum_{i=1}^n b_i<0$。在这种情形下，$\phi_i(v_i,\mathbf{b}_{-i})=0>v_i+\sum_{j\neq i} b_j$。这样，个人福利和不修建公共设施这一社会目标达到了一致，即它们都保证了 $\sum_j b_j<0$。

因此，无论对上述两种情形的哪一种，个体 i 都有激励如实报告其真实净收益 v_i。这样，我们证明了真实显示是一个占优均衡解。这意味着对个体 i 来说讲真话是最优的，无论其他个体如何报告他们的信息。并且，讲真话导致了社会剩余最大化，从而真实地执行了社会决策有效结果。

上述偏好显示的格罗夫斯机制有一个很大的弊端：对所有个体的转移支付的总额过大，诱导所有个体讲真话的成本可能会很高。因而从公共品和私人品的经济整体来看，该机制不是帕累托有效的。

理想的机制是对所有个体的转移支付的总额为零，使得可行性条件成立，从而导致帕累托有效配置。但根据赫维茨不可能性定理，这样的机制一般来说并不存在。然而，我们可将上述机制修改为让个体额外地再支付一定的税赋。由于这样的税收仍然有“浪费”，这样形成的公共品配置仍不是帕累托有效的。

让每个经济人支付一定的税赋的基本思想是对个体 i 的转移支付再额外加上一项 $d_i(\boldsymbol{b}_{-i})$，而这受到其他个体战略的影响。

2. 一般格罗夫斯机制 (维克瑞–克拉克–格罗夫斯机制)

每个人的转移支付不依赖自己的战略，而只是依赖于其他人的战略。让每个经济人支付额外的税额 $d_i(\mathbf{b}_{-i})$，是一个独立于 b_i 的任意给定函数。这样所得到的一般格罗夫斯机制也称为**维克瑞–克拉克–格罗夫斯机制**，因为它包含了维克瑞的二级价格拍卖机制和克拉克的中枢机制作为特殊情况。

在这种情形下，转移支付为：

$$t_i(\mathbf{b}) = \begin{cases} \sum_{j\neq t} b_j + d_i(\mathbf{b}_{-i}), & \text{若 } \sum_{i=1}^n b_i \geqq 0, \\ d_i(\mathbf{b}_{-i}), & \text{若 } \sum_{i=1}^n b_i < 0. \end{cases}$$

在这样的机制下，个体 i 的收益形式变为：

$$\phi_i(\mathbf{b}) = \begin{cases} v_i + t_i(\mathbf{b}) + d_i(\mathbf{b}_{-i}) = v_i + \sum_{j\neq i} b_j + d_i(\mathbf{b}_{-i}), & \text{若 } \sum_{i=1}^n b_i \geqq 0, \\ d_i(\mathbf{b}_{-i}), & \text{若不然}. \end{cases} \tag{18.7.9}$$

可完全类似地证明，对一般的格罗夫斯机制，个体如实报告其净收益是占优均衡。总结上面的讨论，我们有下面的命题。

命题 18.7.1 对离散情形下的私人价值公共经济，在维克瑞–克拉克–格罗夫斯 (VCG) 机制下，所有参与人讲真话构成了占优均衡，从而 VCG 机制按占优均衡真实地执行了有效决策规则，导致了公共项目的有效提供。

注 这一结论依赖于**私人价值假设**（几乎所有其他教科书都没有明确指出此点）。如果个人价值同时也依赖于其他人的类型，则以上定义的转移支付函数同时也依赖于自身的类型，从而 VCG 机制并不能导致按占优均衡真实地执行有效决策规则，需要对 VCG 机制进行修改，下一章及拍卖章节讨论相关价值模型时所给出的广义 VCG 机制就是对 VCG 机制的一种修正。

注 VCG 机制在机制设计文献中处于重要的地位，在不完全信息一般机制设计、拍卖理论和动态机制设计上都具有重要性，我们将会给出 VCG 机制的各种变形和推广。

若函数 $d_i(\mathbf{b}_{-i})$ 选择得当，则对所有个体的支付总额将大大减少。一个特别的选择导致了所谓的**克拉克 (Clark) 机制** (也称为**中枢 (pivotal) 机制**):

中枢机制是格罗夫斯一般机制的特殊形式，其中 $d_i(\mathbf{b}_{-i})$ 为：

$$d_i(\mathbf{b}_{-i}) = \begin{cases} -\sum_{j\neq i} b_j, & \text{若 } \sum_{j\neq i} b_j \geqq 0, \\ 0, & \text{若 } \sum_{j\neq i} b_j < 0. \end{cases}$$

在这种情形下，有

$$t_i(\mathbf{b}) = \begin{cases} 0, & \text{若 } \sum_{i=1}^n b_i \geqq 0,\ \sum_{j\neq i} b_j \geqq 0, \\ \sum_{j\neq i} b_j, & \text{若} \sum_{i=1}^n b_i \geqq 0,\ \sum_{j\neq i} b_j < 0, \\ -\sum_{j\neq i} b_j, & \text{若 } \sum_{i=1}^n b_j < 0,\ \sum_{j\neq i} b_j \geqq 0, \\ 0, & \text{若 } \sum_{i=1}^n b_j < 0,\ \sum_{j\neq i} b_j < 0, \end{cases} \tag{18.7.10}$$

即

$$t_i(\mathbf{b}) = \begin{cases} -|\sum_{j\neq i} b_i|, & \text{若 } (\sum_{i=1}^n b_i)(\sum_{j\neq i} b_i) < 0, \\ -|\sum_{j\neq i} b_i|, & \text{若 } \sum_{i=1}^n b_i = 0 \text{ 和 } \sum_{j\neq i} b_i < 0, \\ 0, & \text{若不然}. \end{cases} \tag{18.7.11}$$

因此，个体 i 的收益为：

$$\phi_i(\mathbf{b}) = \begin{cases} v_i, & 若 \sum_{i=1}^n b_i \geqq 0, \quad \sum_{j\neq i} b_j \geqq 0, \\ v_i + \sum_{j\neq i} b_j, & 若 \sum_{i=1}^n b_i \geqq 0, \quad \sum_{j\neq i} b_j < 0, \\ -\sum_{j\neq i} b_j, & 若 \sum_{i=1}^n b_i < 0, \quad \sum_{j\neq i} b_j \geqq 0, \\ 0, & 若 \sum_{i=1}^n b_i < 0, \quad \sum_{j\neq i} b_j < 0. \end{cases} \tag{18.7.12}$$

注 从式 (18.7.11) 关于转移支付的表达式中，可以看出，当个体 i 的战略改变了社会决策时，这样的个体称为中枢人或关键人。个体 i 所需支付的税额为个体 i 报告其意愿支付时对其他个体所造成的损失。个体 i 为改变公共品提供数量所付的代价为其对其他个体所造成的损失的总和。

18.7.2 连续公共品情形下的维克瑞–克拉克–格罗夫斯机制

现在考察私人价值情形下连续公共品的有效提供问题。考虑存在 n 个经济人、一种私人品和 K 种公共品的公共经济。记

x_i: 经济人 i 消费的私人品数量。

$\mathbf{y}$: 所有经济人消费的公共品数量。

t_i: 经济人 i 所得到的转移支付。

$g_i(\mathbf{y})$: 经济人 i 的贡献。

$c(\mathbf{y})$: 生产满足下述条件的数量为 $\mathbf{y}$ 的公共品成本函数：

$$\sum g_i(\mathbf{y}) = c(\mathbf{y}).$$

则个体 i 的预算约束满足：

$$x_i + g_i(\mathbf{y}) = w_i + t_i, \tag{18.7.13}$$

且其效用函数为

$$\bar{u}_i(x_i - w_i, \mathbf{y}) = x_i - w_i + u_i(\mathbf{y}). \tag{18.7.14}$$

将上述两式综合在一起，得：

$$\begin{aligned} u_i(t_i, \mathbf{y}) &= t_i + (u_i(\mathbf{y}) - g_i(\mathbf{y})) \\ &\equiv t_i + v_i(\mathbf{y}), \end{aligned}$$

其中，$v_i(\mathbf{y})$ 称为个体 i 的**价值函数**，假定为凹函数。由预算约束

$$\sum_{i=1}^n \{x_i + g_i(\mathbf{y})\} = \sum_{1=i}^n w_i + \sum_{1=i}^n t_i, \tag{18.7.15}$$

我们有

$$\sum_{i=1}^n x_i + c(\mathbf{y}) = \sum_{i=1}^n w_i + \sum_{1=i}^n t_i. \tag{18.7.16}$$

由上式，可行性 (或预算平衡) 条件为：

$$\sum_{i=1}^n t_i = 0. \tag{18.7.17}$$

而帕累托有效配置为下面优化问题的解：

$$\max \sum a_i \bar{u}_i(x_i, \mathbf{y})$$

$$\text{s.t.} \qquad \sum_{1=i}^{n} x_i + c(\mathbf{y}) = \sum_{1=i}^{n} w_i.$$

对拟线性效用函数，由于在内点帕累托最优配置（无收入效应）处有 $a_i = \lambda$，因而对所有经济人其权重 a_i 都相同，其中 λ 为上述问题的拉格朗日乘子，而 $\mathbf{y}$ 由 $u_i(t_i, \mathbf{y}) = t_i + v_i(\mathbf{y})$ 唯一确定。于是上述最优化问题等价于下述问题

$$\max_{t_i, \mathbf{y}} \left[\sum_{i=1}^{n} (t_i + v_i(\mathbf{y})) \right], \tag{18.7.18}$$

或者等价于

(1) 社会剩余（消费者剩余之和）最大化条件：

$$\max_{\mathbf{y}} \sum_{i=1}^{n} v_i(\mathbf{y}); \tag{18.7.19}$$

(2) 平衡条件：

$$\sum_{i=1}^{n} t_i = 0. \tag{18.7.20}$$

于是，林达尔–萨缪尔森 (Lindahl-Samuelson) 条件为：

$$\sum_{i=1}^{n} \frac{\partial v_i(\mathbf{y})}{\partial y_k} = 0,$$

即

$$\sum_{i=1}^{n} \frac{\partial u_i(\mathbf{y})}{\partial y_k} = \frac{\partial c(\mathbf{y})}{\partial y_k}.$$

因此，对拟线性效用函数，帕累托有效配置完全由林达尔–萨缪尔森条件 $\sum_{i=1}^{n} v_i'(\mathbf{y}) = 0$ 和平衡条件 $\sum_{i=1}^{n} t_i = 0$ 所刻画。

一般来说，机制设计者不知道真实的价值函数 $v_i(\cdot, \cdot)$。设计激励机制的目的是要选择最优的公共品水平，并且每个参与者都有激励真实地显示他的价值函数。用直接显示机制 $\langle V, h \rangle$ 的术语来说，机制要求每个参与者报出他的价值函数，所报的价值函数可以是真实或非真实的，然后设计者给出配置的决策规则 (结果函数)，$h(\cdot) = (\mathbf{y}(\cdot), t_1(\cdot), \cdots, t_n(\cdot)) : V \to \mathcal{R}_+ \times \mathcal{R}^n$，使得这样的真实显示机制导致了最优的公共品提供水平 $\mathbf{y}^*$。

那么，在什么样的机制下，每个个体的利益与社会计划者的利益相容呢？格罗夫斯系统地研究了这样的激励相容机制。

在简单形式的格罗夫斯机制中，每个经济人要求报告其价值函数 $v_i(\mathbf{y})$，记为 $b_i(\mathbf{y})$。

为了有效地提供公共品，机制设计者可以宣布所提供的公共品水平为 $\mathbf{y}^* = \mathbf{y}(\cdot)$，由下述问题的最优解所决定：

$$\max_{\mathbf{y}} \sum_{i=1}^{n} b_i(\mathbf{y}). \tag{18.7.21}$$

格罗夫斯机制具有如下形式：

$$\Gamma = \langle V, h\rangle, \tag{18.7.22}$$

其中 $V = V_1 \times \cdots \times V_n$ 为信息空间，它由所有可能的元素为 $b_i(\mathbf{y}) \in V_i$ 的价值函数构成，$h(\mathbf{b}) = (\mathbf{y}(\mathbf{b}), t_1(\mathbf{b}), t_2(\mathbf{b}), \cdots, t_n(\mathbf{b}))$ 为结果函数。格罗夫斯机制由如下步骤确定：

(1) 设计者让每个个体 i 报告其价值函数 $b_i(\mathbf{y})$，该价值函数可能等于也可能不等于其真实的价值函数 $v_i(\mathbf{y})$;

(2) 求解下述问题确定公共品提供水平 $\mathbf{y}^* = \mathbf{y}(\mathbf{b})$：

$$\max_{\mathbf{y}} \sum_{i=1}^{n} b_i(\mathbf{y}); \tag{18.7.23}$$

(3) 确定经济人 i 的转移支付 t_i，由下式决定：

$$t_i(\mathbf{b}) = \sum_{j\neq i} b_j(\mathbf{y}^*). \tag{18.7.24}$$

经济人 i 的收益为：

$$\phi_i(\mathbf{b}(\mathbf{y}^*)) = v_i(\mathbf{y}^*) + t_i(\mathbf{b}) = v_i(\mathbf{y}^*) + \sum_{j\neq i} b_j(\mathbf{y}^*). \tag{18.7.25}$$

在上述机制下，每个参与人 i 都希望最大化自己的收益：

$$\max_{\mathbf{y}} [v_i(\mathbf{y}) + \sum_{j\neq i} b_j(\mathbf{y})]. \tag{18.7.26}$$

当每个经济人如实报告其真实的价值函数 $b_i(\mathbf{y}) = v_i(\mathbf{y})$ 时，参与人 i 的最大化问题（18.7.26）和社会剩余最大化问题（18.7.21）完全一样。这样，当政府选择 $\mathbf{y}^*$ 使其社会剩余最大化时，也确保 $\mathbf{y}^*$ 同时解了经济人 i 的收益最大问题（18.7.26）。这即是说，个人利益与社会利益完全一致，形成了激励相容。因此，讲真话战略 $b_i(\mathbf{y}) = v_i(\mathbf{y})$ 是占优战略均衡。并且，讲真话导致了社会剩余最大化，从而按占优均衡真实地执行了社会剩余有效结果。

一般来说，$\sum_{i=1}^{n} t_i(\mathbf{b}(\mathbf{y})) \neq 0$，这意味着即使格罗夫斯机制满足林达尔–萨缪尔森条件，也并不一定会导致帕累托有效结果。

类似离散公共品情形，上述机制的转移支付总额可能会很大。不过，我们可以通过如下方式对格罗夫斯机制进行修正：

$$t_i(\mathbf{b}) = \sum_{j\neq i} b_j(\mathbf{y}) + d_i(\mathbf{b}_{-i}),$$

这便得到了格罗夫斯机制 $\Gamma = \langle V, t, \mathbf{y}(\mathbf{b})\rangle$ 的一般形式，称为**维克瑞–克拉克–格罗夫斯（VCG）机制**，它满足

(1) $\sum_{i=1}^{n} b_i(\mathbf{y}(\mathbf{b})) \geqq \sum_{i=1}^{n} b_i(\mathbf{y}), \forall \mathbf{y} \in Y$;

(2) $t_i(\mathbf{b}) = \sum_{j\neq i} b_j(\mathbf{y}) + d_i(\mathbf{b}_{-i})$.

完全类似地可以证明，以上维克瑞–克拉克–格罗夫斯机制真实地执行社会剩余最大化（有效）结果。总结以上讨论，我们有下面命题：

命题 18.7.2 对私人价值连续情形下的公共经济，在维克瑞-克拉克-格罗夫斯机制下，所有参与人讲真话 $(b_1(\mathbf{y}), b_2(\mathbf{y}), \cdots, b_n(\mathbf{y})) = (v_1(\mathbf{y}), v_2(\mathbf{y}), \cdots, v_n(\mathbf{y}))$ 构成了一个占优战略均衡，从而这个机制按占优均衡真实地执行社会有效规则 $\mathbf{y}^*(\cdot)$。

克拉克给出了以上一般格罗夫斯机制的一种特殊情形，称之为克拉克机制或中枢机制，其中 $d_i(\mathbf{b}_{-i}(\mathbf{y}))$ 为

$$d_i(\mathbf{b}_{-i}) = -\max_{\mathbf{y}} \sum_{j \neq i} b_j(\mathbf{y}). \tag{18.7.27}$$

即在中枢机制 $\Gamma = \langle V, t, \mathbf{y}(\mathbf{b}) \rangle$ 中，机制设计者选择 $(\mathbf{y}^*, t_i^*)$，使得

(1) $\sum_{i=1}^n b_i(\mathbf{y}^*) \geqq \sum_{i=1}^n b_i(\mathbf{y}), \forall \mathbf{y} \in Y$;

(2) $t_i(\mathbf{b}) = \sum_{j \neq i} b_j(\mathbf{y}^*) - \max_{\mathbf{y}} \sum_{j \neq i} b_j(\mathbf{y})$.

有趣的是，克拉克机制包括了著名的维克瑞拍卖机制 (也称为二级价格拍卖机制) 作为特殊情况。在维克瑞拍卖机制下，报价最高者获得拍卖品，但成交价等于第二高报价。为了看出维克瑞拍卖机制是克拉克机制的特殊情况，让我们回到前面例 9.3.5 关于某种不可分物品的配置问题。在这种情况下，配置结果空间为 $Z = \{\mathbf{y} \in \{0,1\}^n : \sum_{i=1}^n y_i = 1\}$。$y_i = 1$ 表示第 i 人得到这个物品，$y_i = 0$ 表示这个人没有得到物品。第 i 人的价值函数可表示为：

$$v_i(\mathbf{y}) = v_i y_i,$$

或写成：$v_i(\mathbf{y}) = v^i \mathbf{y}$，这里 $\mathbf{y} = (y_1, \cdots, y_n)$ 及 $\mathbf{v}^i = (0, \cdots, 0, v_i, 0, \cdots, 0)$。于是我们可将 $\mathbf{y}$ 视为 n 维公共品向量，则由上述克拉克机制，我们有：

$$\mathbf{y}^* = g(\mathbf{b}) = \{\mathbf{y} \in Z : \max \sum_{i=1}^n b_i y_i\} = \{\mathbf{y} \in Z : \max_{i \in N} b_i\},$$

且讲真话是占优战略。因此，若 $g_i(\mathbf{v}) = 1$，则 $t_i(v) = \sum_{j \neq i} v_j y_j^* - \max_y \sum_{j \neq i} v_j y_j = -\max_{j \neq i} v_j$。若 $g_i(\mathbf{b}) = 0$，则 $t_i(\mathbf{v}) = 0$。这意味着物品被配置给出价最高的人，其支付的价格为出价第二高的个人对物品的报价。这恰是维克瑞机制所蕴含的结果。

我们在前面提到，即使占优均衡是唯一的，或不同的占优均衡导致了同样的占优均衡结果，但也可能存在其他解意义下的均衡结果，下面我们将给出这样的例子。

例 18.7.1 在二级价格拍卖机制中除了说真话是占优均衡，导致物品的有效配置，还存在着纳什均衡，导致了物品的无效配置，即具有最大价值的经济人没有赢得物品。

为了看出这点，不失一般性，假定经济人对物品的价值满足 $v_1 > v_2 > \cdots > v_n > 0$。考虑下面的战略 $\mathbf{b}^*$:

- $b_j^* > v_1$;
- $b_1^* < v_j$;
- $b_i^* = 0$ 对所有 $i \notin \{1, j\}$ 成立。

显然，$\mathbf{b}^*$ 是纳什均衡。很容易验证，没有任何经济人 k 有激励偏离战略 b_k^*。

值得指出的是，尽管二级价格拍卖机制占优真实执行了有效物品的提供，但一般来说，它不是占优完全可执行的，甚至不是完全纳什可执行的，也不是事后完全可执行的。的确如此，Cason, Saijo, Sjostrom 和 Yamato（2006）证明了，对私人价值模型，二级价格拍卖选择规则不满足完全纳什可执行和事后可执行的必要条件：马斯金单调性和事后单调性。对相关

价值模型，尽管二级价格拍卖选择规则仍然不满足马斯金单调性，但却满足事后单调性和激励相容性，从而是事后可完全执行的（参见 Bergemann 和 Morris（2008））。

18.7.3 VCG 机制的唯一性

除了 VCG 机制，是否存在着其他机制，它真实执行了社会有效决策规则 $\mathbf{y}^*$ 的机制呢？若价值函数 $\mathbf{v}(\mathbf{y},\cdot)$“充分丰富”，则答案是否定的。VCG 机制是唯一能够诱导代理人讲真话并实现公共品有效供给的机制。为了论证这一点，考虑参数化私人价值函数 $v_i(\mathbf{y},\cdot)$，其中类型空间 Θ 是连续统。

即使不要求 $\{v_i(\cdot,\theta_i):\theta_i\in\Theta_i\}=\mathcal{V}$，我们也能得到类似结论（拉丰和马斯金 (1980)），证明相对简单。

命题 18.7.3 (拉丰和马斯金, *Econometrica*, 1980) 假设 $Y=\mathcal{R}$, $\Theta=[\underline{\theta},\bar{\theta}]$ 且 $v_i:Y\times\Theta_i\to\mathcal{R}$, $\forall i\in N$, 为可微函数, 则任意按占优战略执行有效决策规则 $y(\cdot)$ 的机制是维克瑞–克拉克–格罗夫斯机制, 即: 若社会选择规则 $f(\theta)=\{y(\theta),t_1(\theta),\cdots,t_n(\theta)\}$ 可以真实地被执行, 且

$$y(\theta)=\text{argmax}_{y\in Y}\sum_{i=1}^{n}v_i(y,\theta_i),$$

则必有 $t_i(\theta)=\sum_{j\neq i}v_j(y(\theta),\theta_j)+d_i(\theta_{-i})$, 其中 $d_i(\theta_{-i})$ 代表与 θ_i 无关的某个函数。

证明 由于

$$y(\theta)=\text{argmax}_{y\in Y}\sum_{i=1}^{n}v_i(y,\theta_i),$$

我们有

$$\sum_{i=1}^{n}\frac{\partial v_i}{\partial y}(y(\theta),\theta_i)=0. \tag{18.7.28}$$

占优战略真实执行要求，

$$v_i(y(\theta_i,\theta_{-i}),\theta_i)+t_i(\theta_i,\theta_{-i})\geqq v_i(y(\hat{\theta}_i,\theta_{-i}),\theta_i)+t_i(\hat{\theta}_i,\theta_{-i}),\forall\theta_i,\hat{\theta}_{-i},\theta_{-i},$$

从而有

$$\frac{\partial v_i}{\partial y}(y(\theta),\theta_i)\frac{\partial y}{\partial\theta_i}(\theta)+\frac{\partial t_i}{\partial\theta_i}(\theta_i,\theta_{-i})=0,\forall(\theta_i,\theta_{-i})\in\Theta. \tag{18.7.29}$$

设 $d_i(\theta)\triangleq t_i(\theta)-\sum_{j\neq i}v_j(y(\theta),\theta_j)$。我们需证明 $d_i(\theta_i,\theta_{-i})$ 不依赖 θ_i。的确如此，由于

$$\begin{aligned}\frac{\partial d_i}{\partial\theta_i}=&\frac{\partial t_i}{\partial\theta_i}(\theta_i,\theta_{-i})-\sum_{j\neq i}\frac{\partial v_i}{\partial y}(y(\theta),\theta_j)\frac{\partial y}{\partial\theta_i}(\theta_i,\theta_{-i})\\=&\frac{\partial t_i}{\partial\theta_i}(\theta_i,\theta_{-i})+\frac{\partial v_i}{\partial y}(y(\theta),\theta_j)\frac{\partial y}{\partial\theta_i}(\theta_i,\theta_{-i})-\sum_{j=1}^{n}\frac{\partial v_j}{\partial y}(y(\theta),\theta_j)\frac{\partial y}{\partial\theta_i}(\theta_i,\theta_{-i})\\=&0,\end{aligned} \tag{18.7.30}$$

我们有 $d_i(\theta)=d_i(\theta_{-i})$。 □

上述证明背后的直觉是，当每个经济人 i 都是总盈余的剩余索取者时，唯一有激励讲真话的机制是 $U_i(\theta)=\sum_{i=1}^{n}v_i(y(\theta),\theta_i)+d_i(\theta_{-i})$，这即是 VCG 机制的结果。戈林和拉丰

(1979) 在更弱的条件下证明了同样的结果：若消费者对公共品的偏好域不受限制 (即随着 θ_i 的变化每个效用函数 $v_i : \mathcal{D} \to \mathcal{R}$ 都可能出现)，则 VCG 机制是唯一能够诱导代理人讲真话并实现公共品有效供给的机制。其证明 (参见 Mas-Colell, Whinston 和 Green(1995)) 中并未要求 v_i 具有可微性等解析性质。

18.7.4 平衡 VCG 机制

社会剩余 (消费者剩余之和) 最大化决策规则 $y(\cdot)$ 的执行是帕累托有效的必要条件，但并非充分条件。为了得到帕累托有效性，我们需保证事后预算是平衡的 (基准商品 (numeraire) 没有浪费)，也就是需要 VCG 机制是平衡的，即对所有的 $\mathbf{b} \in V$，有：

$$\sum_{i=1}^{n} t_i(\mathbf{b}) = 0. \tag{18.7.31}$$

将 t_i 代入式 (18.7.31)，可看出 VCG 机制导致了帕累托最优配置当且仅当它是平衡的，即

$$(n-1)\sum_{i=1}^{n} v_i(y(\mathbf{v})) + \sum_{i=1}^{n} d_i(\mathbf{b}_{-i}) \equiv 0. \tag{18.7.32}$$

预算平衡这条性质满足说明资源没有被浪费。比如，政府为了修建一项公共工程而向有些居民征税同时给一些受到不利影响的居民补贴，若总税收金额刚好等于总补贴金额说明政府的资金运用是有效的，否则若 $\sum_{i=1}^{n} t_i(\theta) < 0$ 则说明资金会存在一些漏出。若将这多余的资金减除出去，则决策规则 $y(\cdot)$ 的执行就不是帕累托有效的。这是由于一个帕累托最优配置必须满足社会剩余最大化条件 (18.7.19) 和平衡条件 (18.7.20)。若平衡条件不满足，它就不是帕累托有效的。这样，一个有趣的问题是，是否可以找到一个满足预算平衡的 VCG 机制呢？戈林和拉丰 (1979)、霍尔姆斯特伦 (1979)、拉丰和马斯金 (1980) 等文献都给出了否定的回答。

命题 18.7.4 (霍尔姆斯特伦 (1979)，戈林和拉丰 (1979)) 令 $V(\theta) \triangleq \max_{y\in\mathcal{R}} \sum_{i=1}^{n} v_i(y, \theta_i)$，则 VCG 机制是预算平衡的 (从而导致了帕累托有效配置) 当且仅当：

$$\frac{\partial^n V(\theta)}{\partial\theta_1 \cdots \partial\theta_n} = 0, \forall \theta \in \Theta, \tag{18.7.33}$$

这里 $\frac{\partial^{n-1}}{\partial\theta_{-i}} = \frac{\partial^{n-1}}{\partial\theta_1\cdots\partial\theta_{i-1}\partial\theta_{i+1}\cdots\partial\theta_n}$。

证明 **必要性**。若 $\sum_{i=1}^{n} t_i(\theta) = 0$，则根据 VCG 机制的定义，

$$\sum_{i=1}^{n}\sum_{j\neq i} v_j(y(\theta), \theta_j) + \sum_{i=1}^{n} d_i(\theta_{-i}) = (n-1)V(\theta) + \sum_{i=1}^{n} d_i(\theta_{-i}) = 0.$$

容易验证，$\frac{\partial^n}{\partial\theta_1\cdots\partial\theta_n}\sum_{i=1}^{n} d_i(\theta_{-i}) = 0$，故而 $\frac{\partial^n V(\theta)}{\partial\theta_1\cdots\partial\theta_n} = 0$。

充分性。如 $\frac{\partial^n V(\theta)}{\partial\theta_1\cdots\partial\theta_n} = 0$，则必存在一系列函数 $d_i(\theta_{-i}), i = 1, \cdots, n$ 使得 $V(\theta) = \sum_{i=1}^{n} d_i(\theta_{-i})$。令

$$t_i(\theta) = \sum_{j\neq i} v_i(y(\theta), \theta_j) - (n-1)d_i(\theta_{-i}).$$

则

$$\sum_{i=1}^{n} t_i(\theta) = (n-1)V(\theta) - (n-1)\sum_{i=1}^{n} d_i(\theta_{-i}) = 0. \qquad \square$$

下面是有效配置可执行的一个例子。

例 18.7.2 若存在个体 i，使得 $\Theta_i = \{\bar{\theta}_i\}$ 只有一个元素，则对个体 i 来说不存在激励问题，且我们可设

$$t_i(\theta) = -\sum_{j\neq i} t_j(\theta), \forall\theta \in \Theta.$$

这保证了预算是平衡的。

然而，尽管 VCG 机制导致公共品的有效提供，但一般来说它不是平衡的，从而没有导致帕累托有效配置。当 $v(\cdot,\cdot)$ 的集合是“充分稠密时”，不存在满足式 (18.7.31) 的按占优战略真实执行的选择规则 $f(\cdot) = (y^*(\cdot), t_1(\cdot), \cdots, t_n(\cdot))$，其中 $y^*(\cdot)$ 是事后最优的，因此帕累托有效结果不能达到。记 $\mathcal{V}$ 代表所有可能的效用函数 $u : \mathcal{D} \to \mathcal{R}$ 的集合。

命题 18.7.5 若对每个行为人 i，$\{v_i(\cdot,\theta_i) : \theta_i \in \Theta_i\} = \mathcal{V}$，则不存在满足预算平衡的 VCG 机制。

证明 显然，预算平衡性成立的充分必要条件 (18.7.33) 不可能在一般意义上得到满足，因为个体对公共品的偏好不受限制。比如，$n = 2$ 时，

$$\frac{\partial^2 V}{\partial\theta_1\partial\theta_2} = -\frac{\dfrac{\partial^2 v_1}{\partial y\partial\theta_1}\dfrac{\partial^2 v_2}{\partial y\partial\theta_2}}{\dfrac{\partial^2 v_1}{\partial y^2} + \dfrac{\partial^2 v_2}{\partial y^2}}. \tag{18.7.34}$$

对 $\frac{\partial^2 v_i}{\partial y\partial\theta_i} \neq 0, \frac{\partial^2 v_i}{\partial y^2} \neq 0$ 的情形，上式显然不成立。 $\square$

不过，当经济环境类特别小时 (在效用函数空间上是无处稠密的)，我们有可能得到某些肯定性的结果，存在着平衡的格罗夫斯机制。Groves 和 Loeb (1975) 对特殊的二次效用函数形式

$$V_i(y, \theta_i) = \theta_i y - y^2/2$$

及参与人的个数大于 2 证明了这种可能性 (参见 Groves 和 Loeb (1975), Green 和 Laffont (1979), Laffont 和 Maskin (1980))。

此时，

$$V(\theta) = \max_{y\in\mathcal{R}} \sum_{i=1}^{n} v_i(y, \theta_i) = \frac{1}{2n}(\sum_{i=1}^{n}\theta_i)^2,$$

从而

$$\frac{\partial^n V(\theta)}{\partial\theta_1\cdots\partial\theta_n} = 0, \forall\theta \in \Theta, \forall n \geqq 3。$$

著者在 Tian (1996a) 以及 Liu 和 Tian (1999) 分别对更宽类型的价值函数

$$\{v_i(\mathbf{y}, \theta_i) = \psi_i(\theta_i)\phi(\mathbf{y}) - (b\phi(\mathbf{y}) + c)^\alpha\}_{i=1}^n$$

和

$$V_i(\mathbf{y}, \theta_i) = \psi_i(\theta_i)\phi(\mathbf{y}) - G_i(\mathbf{y}) + \varphi_i(\theta_i)$$

研究了平衡的格罗夫斯机制的可能性。

另外，给定状态 θ 上的概率分布 φ，我们对

$$E\left[\sum_i v_i(x(\theta),\theta_i)+\sum_i t_i(\theta)\right]$$

在满足占优激励相容选择规则类 $(y(\cdot),t_1(\cdot),\cdots,t_I(\cdot))$ 上的最大化问题感兴趣。如同我们将在贝叶斯执行一节所看到的一样，在这种情形下，我们可以达到事中有效性 (interim efficiency)。此外，尽管 VCG 机制有效提供了物品，但一般不满足预算平衡，从而不是帕累托有效的。Shao 和 Zhou (2016a，2016b) 证明了，当采用某种加权平均的标准（对社会福利函数取期望），从帕累托效率改进的整体角度来看，VCG 机制不是最有效的，经济人需要付出额外资金才能保证物品的有效提供。若将有效提供物品的成本（代价）也考虑进去，对以上所考虑的公共品环境类，Shao 和 Zhou (2016a) 证明了最有效的机制是某种投票（voting）机制，而对不可分商品的二人经济，Shao 和 Zhou (2016b) 证明最有效的机制则是某种固定价格机制 (fixed price mechanism) 或某种期权机制（option mechanism），这两种机制都会同时满足预算平衡和占优激励相容。

18.8 纳 什 执 行

18.8.1 纳什均衡与纳什执行

占优战略均衡是一个非常强的关于个体自利行为解的概念，无论是个体还是机制设计者对经济人的信息都要求得最少。上面几节就是基于自利行为是占优战略解的假设来讨论一个社会目标的激励相容问题的。然而，尽管 VCG 机制能够让人说真话，真实显示自己的偏好，能有效地提供公共品，但赫维茨不可能性定理以及上一节的结果都说明了真实显示偏好 (占优均衡) 与资源的帕累托最优配置在经济环境类比较大的情形下不可能同时达到。这样，若我们想找到一个执行了帕累托有效和个人理性配置的机制，则必须放弃占优战略执行。如果我们采用较弱的纳什博弈解（从而需要所有个体都知道其他个体的经济特征这样一个较强的设定）的概念来描述个人自利行为，帕累托最优配置是否是纳什可执行的呢？答案是肯定的，这就是本节和下节要考虑的纳什执行问题。

从前面第 6 章关于非合作博弈的讨论中我们知道，所谓纳什战略就是每个参与人都将其他人的战略视为给定的，选择对自己最有利的战略。一个战略是纳什均衡 (Nash equilibrium) 当且仅当每个人的均衡战略是对其他人的均衡战略的最佳反应，一旦达到这种均衡状态，没有人有激励想偏离自己的选择。

定义 18.8.1　给定 $\mathbf{e}\in E$, 我们说机制 $\langle M,h\rangle$ 存在**纳什均衡** $\mathbf{m}^*\in M$，若对所有的 $m_i\in M_i$ 和 i，有

$$h_i(\mathbf{m}^*)\succcurlyeq_i h_i(m_i,\mathbf{m}^*_{-i}). \tag{18.8.35}$$

记 $\mathcal{N}(\mathbf{e},\Gamma)$ 为在机制 Γ 和 $\mathbf{e}\in E$ 下所有纳什均衡的集合。显然，每个占优战略均衡都是纳什均衡，但反之并不成立。

定义 18.8.2 称机制 $\Gamma = \langle M, h\rangle$ 在 E 上**强纳什执行了社会选择对应**F，若对所有的 $\mathbf{e} \in E$，

(a) $\mathcal{N}(\mathbf{e}, \Gamma) \neq \varnothing$;

(b) $h(\mathcal{N}(\mathbf{e}, \Gamma)) \subseteq F(\mathbf{e})$.

称机制 $\Gamma = \langle M, h\rangle$ 在 E 上**完全纳什执行了社会选择对应**F，若对所有的 $\mathbf{e} \in E$，

(a) $\mathcal{N}(\mathbf{e}, \Gamma) \neq \varnothing$;

(b) $h(\mathcal{N}(\mathbf{e}, \Gamma)) = F(\mathbf{e})$.

下述命题证明了，若真实显示战略是一个直接显示机制的纳什均衡，则它一定是一个占优均衡。从而，对显示机制来说，占优均衡和纳什均衡是等价的。

命题 18.8.1 对显示机制 $\Gamma = \langle E, h\rangle$, 讲真话战略 $\mathbf{e}^*$ 是纳什均衡当且仅当它是占优战略均衡。

$$h(e_i^*, \mathbf{e}_{-i}) \succcurlyeq_i h(e_i, \mathbf{e}_{-i}), \quad \forall (e_i, \mathbf{e}_{-i}) \in E \;\&\; i \in N. \tag{18.8.36}$$

证明 既然 $\mathbf{e}^*$ 是纳什均衡，对每个 $\mathbf{e} \in E$ 和经济人 i, 我们有

$$h(e_i, \mathbf{e}_{-i}) \succcurlyeq_i h(e_i', \mathbf{e}_{-i}) \quad \forall e_i' \in E_i.$$

由于上式对所有的 $(e_i', \mathbf{e}_{-i})$ 都成立，因而它是占优战略均衡。命题得以证明。 □

这样，只要坚持采用直接显示机制，采用纳什均衡解并不会得到任何新的结果。为了得到比占优均衡执行更满意的结果，我们必须放弃显示机制，而应考虑更一般的非显示机制，即战略空间不完全是由参与者的经济特征所组成的。当采用一般的信息空间后，即使我们仍然假定人们的自利行为是按纳什均衡原则行事，激励相容与最优资源配置同时达到也并不是不可能的。即使每个人都从个人的利益出发，只要我们用一定的规则去引导，也能够导致资源的最优配置或实现其他社会目标。

需要指出的是，若采用纳什均衡战略来描述人的自利行为，由于可能存在许多纳什均衡，纳什执行不是一个很有用的概念。为了说明这点，考虑任一社会选择对应 F 和以下机制：每个经济人的信息空间由经济环境集构成，即 $M_i = E$。定义结果函数 $h: E \to Z$ 如下：若所有经济人报的经济环境相同，即 $m_i = \mathbf{e}, \quad \forall i \in N$, 则 $h(\mathbf{m}) \in F(\mathbf{e})$，否则每个人都被惩罚得到一个最差的结果 $z_0 \in Z$，即 $h(\mathbf{m}) = z_0$。很容易看出，真实地报出经济特征组合 $\mathbf{e}$ 是这个机制的纳什均衡，所以这个机制执行了社会目标 f。但是，这个机制还存在许多其他的纳什均衡。比如，大家合伙一齐谎报任何一个假的经济特征组合 $\mathbf{e}'$ 也是一个纳什均衡。显然，对纳什解而言，它是一个非常弱的执行形式，$\mathcal{N}(\mathbf{e}, \Gamma)$ 不仅包括了真实的 $\mathbf{e}$，也包括了整个经济环境类 E，从而它有无穷不可数个纳什均衡结果。因此，当我们用纳什均衡作为解概念时，我们要求社会规则是按纳什均衡强执行或完全执行而不是纳什执行。因此，我们所有关于纳什执行的讨论都是关于纳什强执行或完全执行，尽管我们有时候只是提到纳什执行。

18.8.2 纳什执行的刻画

现在讨论何种社会规则是完全或强纳什可执行的。马斯金 (Maskin) 在 1977 年 (直到 1999 年相应的文章才正式发表在*Review of Economic Studies* 上) 给出了任何一个社会目标对应可完全纳什执行的充分必要条件。①

①马斯金在 1975 年、1976 年就得到了上述结果，起先投在*Mathematics of Operations Research*，由于证明有

马斯金的研究不仅能帮助我们理解什么样的社会目标是可完全纳什执行的，而且提供了在其他均衡博弈解概念下研究一个社会目标能否被完全执行的基本技巧和方法。

马斯金给出了一个完全可纳什执行的直观必要条件，称为马斯金单调性（monotonicity），在本章开头给出了定义。为了方便比较两种不同的表述，这里再次给出它的定义，不难看出它们是等价的。马斯金单调性的图示见图 18.3。

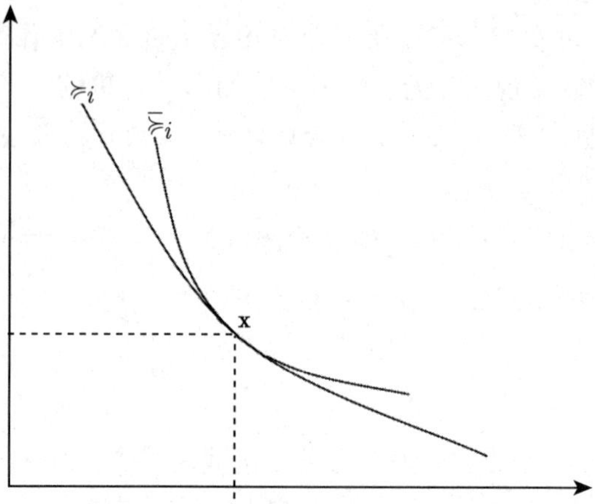

图 18.3　马斯金单调性的图示

定义 18.8.3 (马斯金单调性)　社会选择对应 $F: E \rightrightarrows A$ 称为**马斯金单调的**，若对任意两个经济 $\mathbf{e}, \bar{\mathbf{e}} \in E$ 及任意的 $\mathbf{x} \in F(\mathbf{e})$ 使得 $\mathbf{x} \succcurlyeq_i \mathbf{y} \Rightarrow \mathbf{x} \bar{\succcurlyeq}_i \mathbf{y}, \forall i, \forall \mathbf{y} \in A$，则 $\mathbf{x} \in F(\bar{\mathbf{e}})$。

换句话说，马斯金单调性要求，若结果 x 在环境 e 下是社会最优的，而环境从 $\mathbf{e}$ 到 $\bar{\mathbf{e}}$ 的任何改变只能导致每个人更加喜欢 x，则 x 对新的经济环境 $\bar{e}$ 来说也一定是社会最优的。以上马斯金单调性条件和下面的表述是等价的。

定义 18.8.4 (马斯金单调性的等价表述)　社会选择对应 $F: E \rightrightarrows A$ 是**马斯金单调的**，若对任意两个经济环境 $\mathbf{e}, \bar{\mathbf{e}} \in E$，$\mathbf{x} \in F(\mathbf{e})$，但 $\mathbf{x} \notin F(\bar{\mathbf{e}})$，则存在某个 i 和 $\mathbf{y} \in A$，使得 $\mathbf{x} \succcurlyeq_i \mathbf{y}$，但 $\mathbf{y} \bar{\succ}_i \mathbf{x}$。

这意味着，若结果 $\mathbf{x}$ 在经济 $\mathbf{e}$ 中是社会最优的，但当环境发生变化，从 $\mathbf{e}$ 切换到 $\bar{\mathbf{e}}$ 后，x 不再是社会最优，则至少对某个经济人来说，$\mathbf{x}$ 不再是最佳结果了。

马斯金单调性是个很一般的条件，很多社会选择规则都满足这一条件。

例 18.8.1 (弱帕累托有效性)　弱帕累托最优对应 $P_w: E \rightrightarrows A$ 是马斯金单调的。

证明　若 $\mathbf{x} \in P_w(\mathbf{e})$，则 $\forall \mathbf{y} \in A$，存在 $i \in N$，使得 $\mathbf{x} \succcurlyeq_i \mathbf{y}$。既然对任意的 $j \in N$，有 $\mathbf{x} \succcurlyeq_j \mathbf{y} \Rightarrow \mathbf{x} \bar{\succcurlyeq}_j \mathbf{y}$，当然对某个经济人 i，有 $\mathbf{x} \bar{\succcurlyeq}_i \mathbf{y}$，从而有 $\mathbf{x} \in P_w(\bar{\mathbf{e}})$。　□

例 18.8.2 (多数投票决定规则)　对严格偏好序，多数决定规则 (majority rule) 或孔多塞

纰漏，一直没有发表。随后 Saijo（*Econometrica*, 1988）施加额外条件证明了该结果。Repello（1987）对马斯金定理给出了完整的证明。马斯金在 1999 年正式发表时采用了 Repello(1987) 的证明。由于这篇文章对任意一个社会规则被完全纳什执行给出了充分必要条件，对机制设计理论的发展影响深远，马斯金也由此获得了诺贝尔经济学奖。

(Condorcet) 对应[①] $CON : E \rightrightarrows A$

$$CON(\mathbf{e}) = \{\mathbf{x} \in A : \#\{i|\mathbf{x} \succ_i \mathbf{y}\} \geqq \#\{i|\mathbf{y} \succ_i \mathbf{x}\} \ \forall\, \mathbf{y} \in A\}$$

是马斯金单调的。

证明 若 $\mathbf{x} \in CON(\mathbf{e})$, 则 $\forall \mathbf{y} \in A$,

$$\#\{i|\mathbf{x} \succ_i \mathbf{y}\} \geqq \#\{i|\mathbf{y} \succ_i \mathbf{x}\}. \tag{18.8.37}$$

当环境发生变化，从 $\mathbf{e}$ 切换到 $\bar{\mathbf{e}}$ 时，原来认为 $\mathbf{x}$ 要好于 $\mathbf{y}$ 的人仍然会认为 $\mathbf{x}$ 要好于 $\mathbf{y}$，从而式 (18.8.37) 右边的数目不会减少。因此，$\mathbf{x}$ 在多数投票决定规则下仍然有 $\mathbf{x} \in CON(\bar{\mathbf{e}})$。

□

除了上述例子，瓦尔拉斯 (Walrasian) 及林达尔 (Lindahl) 内点所组成的选择对应也是马斯金单调的。满足单交叉 (single-crossing) 性质的偏好类以及满足冯•诺依曼–摩根斯坦 (von Neumann-Morgenstern) 公理的个人偏好类也满足马斯金单调性。

下述定理说明，马斯金单调性是纳什执行 (Nash-implementability) 的必要条件。

定理 18.8.1 若社会选择对应 $F : E \rightrightarrows A$ 是可完全纳什执行的，则它必然满足马斯金单调性。

证明 假定一个社会选择对应是可完全纳什执行的。这就意味着存在一个可执行的机制 $\Gamma = \langle M, h\rangle$ 使得 $h[\mathcal{N}(\mathbf{e}, \Gamma)] = F(\mathbf{e})$ 对所有的 $\mathbf{e} \in E$ 成立。这样，对任意两个经济 $\mathbf{e}, \bar{\mathbf{e}} \in E$ 及 $\mathbf{x} \in F(\mathbf{e})$，由于 F 可完全纳什执行，存在 $\mathbf{m} \in M$，使得 $\mathbf{m}$ 是纳什均衡，且 $\mathbf{x} = h(\mathbf{m})$。这意味着 $h(\mathbf{m}) \succcurlyeq_i h(m_i', \mathbf{m}_{-i}), \forall i$ 和 $m_i' \in M_i$ 成立。由于 $\mathbf{x} \succcurlyeq_i \mathbf{y}$ 意味着 $\mathbf{x} \bar{\succcurlyeq}_i \mathbf{y}$，我们有 $h(\mathbf{m}) \bar{\succcurlyeq}_i h(m_i', \mathbf{m}_{-i})$，由此可知 $\mathbf{m}$ 也是经济 $\bar{\mathbf{e}}$ 的纳什均衡。因此，根据完全纳什执行的定义，我们有 $\mathbf{x} \in F(\bar{\mathbf{e}})$。

我们可以用另外一个马斯金单调性的等价定义来证明完全纳什执行的必要性：考虑经济环境 $\mathbf{e}$ 和配置结果 $\mathbf{x} \in F(\mathbf{e})$。既然 F 是可完全纳什执行的，于是存在着一个纳什均衡 $\mathbf{m} \in \mathcal{N}(e, \Gamma)$ 使得 $h(\mathbf{m}) = \mathbf{x}$。若存在另外一个经济环境 $\bar{\mathbf{e}}$ 使得 $\mathbf{x} \notin F(\bar{\mathbf{e}})$，则 $\Gamma = \langle M, h\rangle$ 纳什完全执行了 F 这一事实就意味着 $\mathbf{m}$ 不可能是在经济环境下 $\bar{\mathbf{e}}$ 的一个纳什均衡。这样，就必定存在一个 i 和 $\bar{m}_i$ 使得 $h(\bar{m}_i, \mathbf{m}_{-i}) \succ_i h(\mathbf{m})$。既然 $\mathbf{m}$ 是在经济环境 $\mathbf{e}$ 下的一个纳什均衡，我们于是有 $h(\mathbf{m}) \succcurlyeq_i h(\bar{m}_i, \mathbf{m}_{-i})$。令 $y = h(\bar{m}_i, \mathbf{m}_{-i})$，我们有 $\mathbf{x} \succ_i \mathbf{y}$。 □

可见，在任何情况下马斯金单调性是一个机制可完全纳什执行的必要条件。值得注意的是，尽管这个条件较弱，但仍对社会选择规则施加了某些限制。比如我们在前面引理 18.5.1 中给出了在非受限定义域上，满足马斯金单调性和一致性的选择规则必为独裁规则。Hurwicz 和 Schmeidler (1978) 证明了：如果定义域不受限制，则满足马斯金单调性的社会选择规则必然不是帕累托有效的。[①]Saijo (1987) 证明了，在非受限定义域上，任何单值社会选择规则必

①由 18 世纪法国数学家和哲学家孔多塞 (Marquis de Condorcet) 发明。他发明的这个选举方法基本程序是：每位投票人必须把所有参选人排出一个座次来，按自己心中最想让其当选的次序。比如有 A、B、C 三人参选，你必须在他们名下标出 1、2、3 来，而不能只是画圈或叉。所有投票人被标好次序后，按这个次序每两位候选人进行对比，看谁排在前面的次数多，谁就是赢家，赢得最多次的人当选。当然，如第 12 章中所看到的，有可能会产生孔多塞悖论。

①这个结论证明如下。因为定义域不受限制，所以一定存在 $e \in E$ 使 $\bigcap_{i=1}^{n} M_i(e) = \emptyset$，设 $f(e) = a$，则一定存在个体 $j \in I$ 和备选方案 $b \in \mathcal{A}$ 使得 $b \succ_i a$。设在另一种状态 e' 下：(i) 个体 j 的偏好与状态 e 下完全相同；(ii) 对个

为常数，即 $f(\mathbf{e}) = a, \forall \mathbf{e} \in \Theta$。②

马斯金单调性本身并不能保证社会选择对应可完全纳什执行。然而，如再加上无否决权 (no veto power) 假定，则马斯金单调性是社会选择对应可完全纳什执行的充分条件。

定义 18.8.5 (无否决权 (no veto power, NVP)) 称社会选择对应 $F : E \rightrightarrows A$ 满足**单人无否决权**条件，若对任意的 i 及 $\mathbf{x} \succcurlyeq_j \mathbf{y}, \forall \mathbf{y} \in A, \forall j \neq i$，我们有 $\mathbf{x} \in F(\mathbf{e})$。

无否决权 (NVP) 条件意味着，若 $n-1$ 个个体认为结果 x 是最佳选择，则它必定是社会最优的。这是一个非常弱的条件。从理论上来说，几乎所有"标准"的社会选择规则都满足无否决权条件，包括弱帕累托有效和孔多塞对应。当对个体偏好加以限制时，很多社会规则通常都满足这一条件。例如，对具有至少三个参与者的私人品经济，若每个人的效用函数是强单调的，则不存在任何资源配置，它对一个以上的参与者同时是最好的（这是由于每个人都想拥有所有的资源），从而无否决权条件显然满足。

下述定理首先由 Maskin (1977, 1999) 给出，但完全的证明则归功于 Repullo (1987)。

定理 18.8.2 *假定 $n \geqq 3$。在无否决权条件下，若马斯金单调性条件满足，则 F 可完全纳什执行。*

证明 该定理的证明是构造性的。对每个个体 i, 定义其信息空间为

$$M_i = E \times A \times \mathcal{N},$$

其中，$\mathcal{N} = \{1, 2, \cdots\}$。$M_i$ 的元素记为 $m_i = (\mathbf{e}^i, \mathbf{a}^i, \mathbf{v}^i)$，即每个个体 i 所报的信息由经济环境、备选结果和某个整数组成。注意到我们用 $\mathbf{e}^i$ 和 $\mathbf{a}^i$ 来表示所有个体的经济特征和结果，而不仅仅是个体 i 的经济特征和结果。

我们分三种情形来构造结果函数：

情形一：若 $m_1 = m_2 = \cdots = m_n = (\mathbf{e}, \mathbf{a}, \mathbf{v})$，$\mathbf{a} \in F(\mathbf{e})$, 则定义结果函数为：

$$h(\mathbf{m}) = \mathbf{a}.$$

换句话说，若所有个体选择的战略相同且其给出战略 $\mathbf{a}$ 是 F 最优的，则在给定其经济特征 $\mathbf{e}$ 时，结果为 $\mathbf{a}$。

情形二：对所有的 $j \neq i, m_j = (\mathbf{e}, \mathbf{a}, \mathbf{v}), m_i = (\mathbf{e}^i, \mathbf{a}^i, \mathbf{v}^i) \neq (\mathbf{e}, \mathbf{a}, \mathbf{v})$, 以及 $\mathbf{a} \in F(\mathbf{e})$, 定义

$$h(m) = \begin{cases} a^i, & \text{若 } a_i \in L(a, e_i), \\ a, & \text{若 } a_i \notin L(a, e_i). \end{cases}$$

其中，$L(\mathbf{a}, e_i) = \{\mathbf{b} \in A : \mathbf{a}\, R_i\, b\}$ 为 R_i 在 $\mathbf{a}$ 处的下优集。这即是说，假设除个体 i 外的其他个体选择相同的战略，且该战略中的 $\mathbf{a}$ 是 F 最优的，则根据 i 的偏好 R_i，其备选结果由 $\mathbf{a}$ 和 $\mathbf{a}^i$ 中较差的一个给出。这样，个体单方面不能（没有激励）通过改变自己的战略而获利。

情形三：若情形一和情形二都不出现，则定义

$$h(\mathbf{m}) = \mathbf{a}^{i*},$$

体 $i \neq j$, $a \sim_i^{e'} b$ 而除 b 之外的所有备选方案间的排序不变。显然 $L_i(a, e) \subseteq L_i(a, e'), \forall i$, 根据单调性，$f(e') = a$。但这种选择显然不是帕累托有效的，因为 $b \sim_i^{e} a, \forall i \neq j$, $b \succ_j^{e'} a$。

②假设存在 $e, e' \in E$ 使 $f(e) = a \neq a' = f(e')$，则可以构建一个新的环境 $e'' \in E$ 满足：$a \sim_i^{e''} a' \succcurlyeq_i^{e''} b, \forall b \notin \{a, a'\}$，则根据单调性 $\{a, a'\} \subseteq f(e'')$，而这显然与单值性矛盾。

其中，$i* = \max\{i \in \mathcal{N} : \mathbf{v}^i = \max_j \mathbf{v}^j\}$。换句话说，当情形一和情形二都不出现时，备选结果由报最大数的个体所给出的配置决定。

我们想要证明以上所定义的机制 $\langle M, h\rangle$ 完全纳什执行了社会选择对应 F，即 $h(\mathcal{N}(\mathbf{e})) = F(\mathbf{e}), \forall \mathbf{e} \in E$。

首先证明 $F(\mathbf{e}) \subseteq h(\mathcal{N}(\mathbf{e})), \forall \mathbf{e} \in E$，即我们需要证明对所有的 $\mathbf{e} \in E$ 和 $\mathbf{a} \in F(\mathbf{e})$, 存在 $\mathbf{m} \in M$，使得 $\mathbf{a} = h(\mathbf{m})$ 为纳什均衡结果。为此，我们只需证明由情形一给出的任意的 $\mathbf{m}$ 为纳什均衡。注意到 $h(\mathbf{m}) = \mathbf{a}$，因此对任意给定的 $m'_i = (e'^i, a'^i, v'^i) \neq m_i$, 由情形二，有

$$h(m'_i, \mathbf{m}_{-i}) = \begin{cases} \mathbf{a}^i, & 若\ \mathbf{a}^i \in L(\mathbf{a}, e_i), \\ \mathbf{a}, & 若\ \mathbf{a}^i \notin L(\mathbf{a}, e_i). \end{cases}$$

从而有

$$h(\mathbf{m})\ R_i\ h(m'_i, \mathbf{m}_{-i}), \quad \forall m'_i \in M_i.$$

即 $\mathbf{m}$ 为纳什均衡。

我们现在证明对任意的经济环境 $\mathbf{e} \in E$，若 $\mathbf{m}$ 为纳什均衡，则 $h(\mathbf{m}) \in F(\mathbf{e})$。分三种情况进行考虑。首先考虑情形一所给出的纳什均衡 $\mathbf{m}$，使得 $a \in F(\mathbf{e})$，但 $\mathbf{m}$ 是经济环境为 $\mathbf{e}'$ 的纳什均衡，而不是经济环境为 $\mathbf{e}$ 的纳什均衡（如是, 马上得以证明），即 $\mathbf{m} \in \mathcal{N}(\mathbf{e}', \Gamma)$。我们需要证明 $\mathbf{a} \in F(\mathbf{e}')$。由情形一，$h(\mathbf{m}) = \mathbf{a}$。令 $\mathbf{b} \in L(\mathbf{a}, e_i)$（从而有 $\mathbf{a}R_i\mathbf{b}$），并记 $m'_i = (\mathbf{e}, \mathbf{b}, \mathbf{v}^i)$。则由情形二，我们有 $h(m'_i, \mathbf{m}_{-i}) = \mathbf{b}$。既然 $\mathbf{a}$ 为经济环境为 $\mathbf{e}'$ 时的纳什均衡结果，有 $\mathbf{a} = h(\mathbf{m})\ R'_i\ h(m'_i, \mathbf{m}_{-i}) = \mathbf{b}$。这样，我们证明了，对所有的 $i \in N$ 及所有的 $\mathbf{b} \in A$，$\mathbf{a}\ R_i\ \mathbf{b}$ 意味着 $\mathbf{a}\ R'_i\ \mathbf{b}$。因此，根据马斯金单调性条件，我们有 $\mathbf{a} \in F(\mathbf{e}')$。

现在考虑情形二下对应于经济环境 $\mathbf{e}'$ 的纳什均衡 $\mathbf{m}$，此时有 $m_j = (\mathbf{e}, \mathbf{a}, \mathbf{v}), m_i \neq (\mathbf{e}, \mathbf{a}, \mathbf{v}), j \neq i$。令 $\mathbf{a}' = h(\mathbf{m})$。由情形三，每个 $j \neq i$ 都可以通过选择 $(\mathbf{R}^j, \mathbf{b}, \mathbf{v}^j)$（其中 $\mathbf{v}^j$ 充分大，且 $\mathbf{v}^j > \max_{k\neq j} v_k$）使 $\mathbf{b} \in A$ 为 $(m'_i, \mathbf{m}_{-i})$ 时的备选结果，即 $\mathbf{b} = h(m'_i, \mathbf{m}_{-i})$。因此，当 $\mathbf{m}$ 是经济环境为 $\mathbf{e}'$ 时的纳什均衡时，对任意的 $j \neq i$, 我们有

$$\mathbf{a}'\ R'_j\ \mathbf{b}.$$

因此，根据无否决权假设，我们有 $\mathbf{a}' \in F(\mathbf{e}')$。

采用相同的论证方法，我们可以证明，对情形三，若 $\mathbf{m}$ 是经济环境为 $\mathbf{e}'$ 时的纳什均衡，则我们有 $\mathbf{a}' \in F(\mathbf{e}')$。定理得证。 □

虽然马斯金单调性是一个一般性的条件，对许多社会选择规则都成立，但仍有一些社会选择规则并不满足马斯金单调性，从而不是可完全纳什执行的。前面已经提到二级价格拍卖社会选择规则不是马斯金单调的，从而不是可完全纳什执行的。包括边界点的瓦尔拉斯配置、林达尔配置及帕累托配置也不满足马斯金单调性，从而也不是可完全纳什执行的（尽管只是包括内点瓦尔拉斯配置、林达尔配置及帕累托配置可完全纳什执行）。此外，如所罗门 (Solomon) 的判决机制违背了该性质。由于每个妇女都知道谁是小孩真正的母亲，是属于完全信息的情形，这样所罗门的解决方案可以用纳什均衡执行来考虑。不过，他威胁两个妇女将小孩砍成两半的解决方案并不满足马斯金单调性条件，从而不是可完全纳什执行的，也就是说，不存在任何机制，它按纳什战略完全执行了所罗门的社会选择函数。若假冒母亲的妇

女也像小孩亲妈一样说同样的话，他该怎么办？所罗门的问题可以用机制设计的语言重新正式地表述出来。如下所示。

两个妇女: Anne 和 Bets。

两个经济 (状态): $E=\{\alpha,\beta\}$, 其中，

α: Anne 是小孩的母亲；

β: Bets 是小孩的母亲。

所罗门有四种备选结果，其可行集为：$A=\{a,b,c,d\}$, 其中，

a: 将小孩判给 Anne；

b: 将小孩判给 Bets；

c: 将小孩砍（cut）成两半；

d: 判处所有人死刑（dead）。

所罗门希望将小孩判给小孩的亲生母亲（社会目标），

若 α 出现，则 $f(\alpha)=a$；

若 β 出现，则 $f(\beta)=b$。

Anne 和 Bets 的偏好为：

对 Anne 来说，

若 α 出现，则 $a\succ_A^\alpha b\succ_A^\alpha c\succ_A^\alpha d$；

若 β 出现，则 $a\succ_A^\beta c\succ_A^\beta b\succ_A^\alpha d$。

对 Bets 来说，

若 α 出现，则 $b\succ_B^\alpha c\succ_B^\alpha a\succ_B^\alpha d$；

若 β 出现，则 $b\succ_B^\beta a\succ_B^\beta c\succ_B^\alpha$。

为了看出所罗门的解决方式为什么不会奏效，我们只需证明其社会选择目标不是马斯金单调的即可。对 Anne 来说，由于在两种状态下都有：

$$a\succ_A^\alpha b,c,d,$$

$$a\succ_A^\beta b,c,d,$$

且 $f(\alpha)=a$, 根据马斯金单调性，我们应有 $f(\beta)=a$，但实际上却是 $f(\beta)=b$。因此所罗门的社会选择目标不是可完全纳什执行的。这样，所罗门国王所面临的判决问题比《圣经 • 旧约全书》所给出的方法要复杂得多。它意味着纳什均衡结果的集合过大，我们需要采用更精细的博弈解，将纳什均衡进行精炼（即剔除其中的不良均衡）。

值得注意的是，以上定理的充分性条件只适用于 $n\geqq 3$ 的情形，如 $n=2$ 则单调性和 NVP 并不能保证完全纳什执行。下面我们给出一个反例。在本节余下的讨论中，令 $L_i(\mathbf{a},\theta)=\{\mathbf{b}\in A: a\succcurlyeq_i^\theta \mathbf{b}\}$ 为 $\succcurlyeq_i^\theta$ 在 $\mathbf{a}$ 处的下优集。

例 18.8.3　设 $\mathcal{A}=\{a,b\},N=\{1,2\},E=\{\theta,\phi,\xi\}$，偏好和社会选择规则 $F(\cdot)$ 定义如下（见图 18.4）：

	θ		ϕ		ξ	
个体 1	b	a	a	b	b	a
个体 2	a	b	b	a	b	a
$f(\cdot)$	$f(\theta)=\{a, b\}$		$f(\phi)=\{a, b\}$		$f(\xi)=\{b\}$	

图 18.4 一个反例

容易验证，$F(\cdot)$ 满足单调性和 NVP。假设存在机制 $\Gamma = \langle M_1 \times M_2, h\rangle$，它完全纳什执行了 $F(\cdot)$，则存在 $(m_1, m_2) \in \mathcal{N}(\Gamma, \theta), (m_1', m_2') \in \mathcal{N}(\Gamma, \phi)$，满足 $h(m_1, m_2) = h(m_1', m_2') = a$。由此可得，

$$
\begin{aligned}
(m_1, m_2) \in \mathcal{N}(\Gamma, \theta) \Rightarrow h(M_1, m_2) &\subseteq L_1(a, \theta) = L_1(a, \xi) = \{a\}, \\
(m_1', m_2') \in \mathcal{N}(\Gamma, \phi) \Rightarrow h(m_1', M_2) &\subseteq L_2(a, \phi) = L_2(a, \xi) = \{a\}.
\end{aligned}
$$

因此，$h(m_1', m_2) = a$ 且 $(m_1', m_2) \in \mathcal{N}(\Gamma, \xi)$。从而 $a \in F(\xi)$，矛盾!

由以上分析可知单调性是完全纳什执行的必要而非充分条件，三人及以上情形下马斯金单调性和 NVP 是完全纳什执行的充分而非必要条件。那么，是否可以找到完全纳什执行的一个充分必要条件呢？Moore 和 Repullo(*Econometrica*，1990) 给出了这样的条件。

定义 18.8.6 (条件 μ) 我们称**条件 μ 被满足**，若存在集合 $\mathcal{B} \subseteq \mathcal{A}$，对任何 $i \in N, \mathbf{e} \in E$，$\mathbf{a} \in F(\mathbf{e})$，存在集合 $C_i = C_i(\mathbf{a}, \mathbf{e}) \subseteq \mathcal{B}$ 使得 $\mathbf{a} \in C_i \subseteq L_i(\mathbf{a}, \mathbf{e}) \bigcap \mathcal{B}$，且满足以下几个条件:

(i) 如 $C_i \subseteq L_i(\mathbf{a}, \mathbf{e}^*), \forall i \in N$，则 $\mathbf{a} \in F(\mathbf{e}^*)$；

(ii) 如 $\mathbf{c} \in C_i \subseteq L_i(\mathbf{c}, \mathbf{e}^*)$ 且 $\mathcal{B} \subseteq L_j(\mathbf{c}, \mathbf{e}^*), \forall j \neq i$，则 $\mathbf{c} \in F(\mathbf{e}^*)$；

(iii) 如 $\mathbf{c} \in \mathcal{B} \subseteq L_i(\mathbf{c}, \mathbf{e}^*), \forall i$，则 $\mathbf{c} \in F(\mathbf{e}^*)$。

命题 18.8.2 设 $n \geqq 3$，则社会选择规则 $F(\cdot)$ 可被完全纳什执行的充分必要条件是其满足条件 μ。

证明

- **必要性**: 注意到若 $F(\cdot)$ 可被机制 $\Gamma = \langle \prod_{i=1}^n M_i, h\rangle$ 完全纳什执行，则对 $\forall \mathbf{e} \in E, \forall a \in F(\mathbf{e}), \exists \mathbf{m}(\mathbf{a}, \mathbf{e}) \in \mathcal{N}(\Gamma, \mathbf{e})$，使得 $g(\mathbf{m}(\mathbf{a}, \mathbf{e})) = \mathbf{a}$。令 $\mathcal{B} = \{a = g(\mathbf{m}) \in \mathcal{A} | \exists \mathbf{m} \in M\}$，$C_i = C_i(\mathbf{a}, \mathbf{e}) \equiv g(M_i, \mathbf{m}_{-i}(\mathbf{a}, \mathbf{e})) \equiv \{\mathbf{a} = g(\hat{m}_i, \mathbf{m}_{-i}(\mathbf{a}, \mathbf{e})) | \exists \hat{m}_i \in M_i\}$。显然 $\mathbf{a} \in C_i \subseteq L_i(\mathbf{a}, \mathbf{e}) \bigcap \mathcal{B}$。
  - a. 如果 $C_i \subseteq L_i(\mathbf{a}, \mathbf{e}^*) \forall i \in N$，则 $\mathbf{m}(\mathbf{a}, \mathbf{e}) \in \mathcal{N}(\Gamma, \mathbf{e}^*)$。由于 $F(\cdot)$ 可被完全纳什执行，所以 $\mathbf{a} = g(\mathbf{m}(\mathbf{a}, \mathbf{e})) \in g(\mathcal{N}(\Gamma, \mathbf{e}^*)) \equiv F(\mathbf{e}^*)$。这样，条件 (i) 满足。
  - b. 设 $\exists \mathbf{c}$ 满足 $\mathbf{c} \in C_i(\mathbf{a}, \mathbf{e}) \subseteq L_i(\mathbf{c}, \mathbf{e}^*)$ $\mathcal{B} \subseteq L_j(\mathbf{c}, \mathbf{e}^*), \forall j \neq i$。令 $c_i = g(\hat{m}_i, \mathbf{m}_{-i}(\mathbf{a}, \mathbf{e}))$。显然，$(\hat{m}_i, \mathbf{m}_{-i}(\mathbf{a}, \mathbf{e})) \in \mathcal{N}(\Gamma, \mathbf{e}^*)$，所以 $\mathbf{c} = g(\hat{m}_i, \mathbf{m}_{-i}(\mathbf{a}, \mathbf{e})) \in g(\mathcal{N}(\Gamma, \mathbf{e}^*)) = F(\mathbf{e}^*)$。这样，条件 (ii) 满足。
  - c. 如果存在 $\mathbf{c} \in \mathcal{B}$ 满足 $\mathcal{B} \subseteq L_i(\mathbf{c}, \mathbf{e}^*), \forall i \in N$，则 $\forall g^{-1}(\mathbf{c}) = \{m \in M | g(\mathbf{m}) = \mathbf{c}\} \in \mathcal{N}(\Gamma, \mathbf{e}^*)$，所以 $\mathbf{c} \in g(\mathcal{N}(\Gamma, \mathbf{e}^*)) = F(\mathbf{e}^*)$，从而条件 (iii) 满足。
- **充分性**: 我们来构造一个机制 $\Gamma = \langle \prod_{i=1}^n M_i, g\rangle$ 使得 $F(\cdot)$ 能被 Γ 完全纳什执行，即 $F(\mathbf{e}) = g(\mathcal{N}(\Gamma, \mathbf{e})), \forall \mathbf{e} \in E$。

$$
M_i = \{(e_i, a_i, b_i, v_i) \in E \times \mathcal{A} \times \mathcal{B} \times \mathbf{N} | a_i \in F(e_i)\}
$$

结果函数 $g(\cdot)$ 定义如下：

情形 1: 如果 $m_i \equiv (\mathbf{e}, \mathbf{a}, \mathbf{b}, \mathbf{v}), \forall i \in N$, 则 $g(\mathbf{m}) = \mathbf{a}$;

情形 2: 如果存在 $i \in N$ 使得 $m_j = (\mathbf{e}, \mathbf{a}, \mathbf{b}, \mathbf{v}), \forall j \neq i$，$m_i \neq (\mathbf{e}, \mathbf{a}, \mathbf{b}, \mathbf{v})$, 则

$$g(\mathbf{m}) = \begin{cases} b_i, & \text{如果 } b_i \in C_i(\mathbf{a}, \mathbf{e}) \\ \mathbf{a}, & \text{其他}. \end{cases}$$

情形 3: 除此以外的其他情形，$g(\mathbf{m}) = b_i$，$i = \min\{i \in N : v_i = \max_{j \in N} v_j\}$。

首先证明 $F(\mathbf{e}) \subseteq g(\mathcal{N}(\Gamma, \mathbf{e})), \forall \mathbf{e} \in E$。对任意 $\mathbf{e} \in E$，任取 $\mathbf{a} \in F(\mathbf{e})$，令 $m_i \equiv (\mathbf{e}, \mathbf{a}, \mathbf{a}, 0), \forall i \in N$，则 $\mathbf{m} \in \mathcal{N}(\Gamma, \mathbf{e}), g(\mathbf{m}) = \mathbf{a}$，所以 $F(\mathbf{e}) \subseteq g(\mathcal{N}(\Gamma, \mathbf{e})), \forall \mathbf{e}$。再证明 $g(\mathcal{N}(\Gamma, \mathbf{e}^*)) \subseteq F(\mathbf{e}^*), \forall \mathbf{e}^*$。

如果 $\mathbf{m} \in \mathcal{N}(\Gamma, \mathbf{e}^*)$，则必有以下三种情形之一出现：

a. $m_i \equiv (\mathbf{e}^*, \mathbf{a}, \mathbf{b}, \mathbf{v}), \forall i \in N$。此时 $g(\mathbf{m}) = \mathbf{a} \in F(\mathbf{e}^*)$。

b. $m_i \neq m_j = (\mathbf{e}^*, \mathbf{a}, \mathbf{b}, \mathbf{v}), \forall j \neq i$。此时必有 $g(\mathbf{m}) \in C_i \subseteq L_i(g(\mathbf{m}), \mathbf{e}^*), \mathcal{B} \subseteq L_j(g(\mathbf{m}), \mathbf{e}^*)$, $j \neq i$。根据性质 (ii)，$g(\mathbf{m}) \in F(\mathbf{e}^*)$。

c. $m_i, i \in N$ 中至少有两个人的战略不同，则任何人都可以通过报尽量大的 v_i 使自己最合意的 $\mathcal{B}$ 中的方案被选中，所以必有 $\mathcal{B} \subseteq L_i(g(\mathbf{m}), \mathbf{e}^*), \forall i \in N$。根据性质 (iii)，$g(\mathbf{m}) \in F(\mathbf{e}^*)$，从而 $g(\mathcal{N}(\Gamma, \mathbf{e}^*)) \subseteq F(\mathbf{e}^*)$。

综上，$g(\mathcal{N}(\Gamma, \mathbf{e}^*)) = F(\mathbf{e}^*)$。 □

18.9 具有良好性质的纳什执行机制

马斯金定理及穆尔–雷普略 (Moore-Repullo) 定理给出了社会选择对应可完全纳什执行的必要充分条件。这是任何一个社会选择目标可完全纳什执行的特征化结果，回答了什么样的社会目标可以通过纳什执行达到。然而，它所关注的主要是社会选择规则的可完全纳什执行性，而没有考虑其执行机制的复杂性和可行性。的确，从马斯金定理和穆尔–雷普略定理的证明过程可以看到，所给出的执行机制是十分复杂的。首先，由于其信息空间包含了偏好或效用函数，其信息空间一般来说是无限维的，除非考虑非常特别或小的偏好集合，从而其运行机制的信息空间可能很大，从而信息交流成本会变得很大。这样，对社会选择规则可完全纳什执行的刻画尽管是可能的，但所构造的执行机制却非常不现实，不具有可操作性。此外，像大多数文献中的特征化结果一样，由于马斯金机制不是连续的，个体战略选择的微小变动或计算误差可能会导致备选结果大幅度的变化。这些都给实际运用造成了很大困难，一个很自然的问题是，是否存在着具有良好性质又便于操作的机制呢？本节将介绍一些具有良好性质的机制。

18.9.1 格罗夫斯–莱迪亚德机制

格罗夫斯 (Groves)-莱迪亚德 (Ledyard)(*Econometrica*, 1977) 首先对公共品经济给出了具有一些良好性质的机制，以及具有可强纳什执行的帕累托有效配置的机制。

为了说明格罗夫斯-莱迪亚德机制的基本性质及结果，我们对原有的格罗夫斯–莱迪亚德机制进行简化，只考虑具有一种私人品 x_i、一种公共品 y 和三个参与人 $(n = 3)$ 的公共品经

济。公共品的生产函数为 $y = v$。

格罗夫斯–莱迪亚德机制定义如下：

$M_i = R_i$, $i = 1, 2, 3$。M_i 的元素 m_i 可解释为个体 i 所愿意作出的贡献（或者税额）。

$t_i(\mathbf{m}) = m_i^2 + 2m_j m_k$: 当个体报告 m_i 时由机制所确定的个体 i 的实际支付。

$y(\mathbf{m}) = (m_1 + m_2 + m_3)^2$: 由机制决定的公共品 y 的数量。

$x_i(\mathbf{m}) = w_i - t_i(\mathbf{m})$: 由机制决定的私人品的消费数量。

由于

$$\begin{aligned}&\sum_{i=1}^{3} x_i + \sum_{i=1}^{3} t_i(\mathbf{m})\\ =&\sum_{i=1}^{3} x_i + (m_1 + m_2 + m_3)^2\\ =&\sum_{i=3}^{n} x_i + y = \sum_{i=1}^{3} w_i,\end{aligned}$$

该机制是预算平衡的。

个体的收益函数设为：

$$\begin{aligned}v_i(\mathbf{m}) &= u_i(x_i(\mathbf{m}), y(\mathbf{m}))\\ &= u_i(w_i - t_i(\mathbf{m}), y(\mathbf{m})).\end{aligned}$$

为了求纳什均衡，令

$$\frac{\partial v_i(\mathbf{m})}{\partial m_i} = 0, \tag{18.9.38}$$

则有

$$\frac{\partial v_i(\mathbf{m})}{\partial m_i} = \frac{\partial u_i}{\partial x_i}(-2m_i) + \frac{\partial u_i}{\partial y} 2(m_1 + m_2 + m_3) = 0, \tag{18.9.39}$$

从而有：

$$\frac{\frac{\partial u_i}{\partial y}}{\frac{\partial u_i}{\partial x_i}} = \frac{m_i}{m_1 + m_2 + m_3}. \tag{18.9.40}$$

当 u_i 拟凹时，一阶条件也是纳什均衡的充分条件。

对上式加总，在纳什均衡处，我们有：

$$\sum_{i=1}^{3} \frac{\frac{\partial u_i}{\partial y}}{\frac{\partial u_i}{\partial x_i}} = \sum_{i=1}^{3} \frac{m_i}{m_1 + m_2 + m_3} = 1 = \frac{1}{f'(v)}, \tag{18.9.41}$$

即

$$\sum_{i=1}^{3} MRS_{yx_i} = MRTS_{yv}.$$

因此，林达尔–萨缪尔森 (Lindahl-Samuelson) 平衡条件成立。这意味着每个纳什均衡配置都是帕累托有效的。

格罗夫斯和莱迪亚德 (1977) 宣称他们解决了公共品经济的搭便车问题。然而，经济问题通常是复杂的。有人的确认为他们解决了搭便车问题，而另外一些人则不以为然。理由有两点：一是这个机制不能保证导致个人理性的配置，即通过机制所配置的一些结果对某些人来说比他们在初始资源处的效用还要低，从而不愿意参与到这个机制中进行资源的再配置，因为参与后反而损害了自己的利益；二是它不是个人可行的，即对于某些非均衡战略，$x_i(\mathbf{m}) = w_i - t_i(\mathbf{m})$ 可能是负的，通过机制配置的资源不在个人的消费约束集之内。

于是人们也许会问：能否设计这样的机制——它能产生资源的最优配置，而这个配置又是个人理性的配置呢？

18.9.2　沃克机制

一个启示是，我们知道林达尔配置及瓦尔拉斯配置导致了帕累托最优和个人理性的配置，这样只要设计出具有性质良好的机制，它完全纳什执行了林达尔配置，它就会导致既是帕累托有效也是个人理性的配置。赫维茨在 1979 年分别对公共品的经济环境类及私人品的环境类给出了这样的机制，它们分别完全执行了林达尔配置和瓦尔拉斯配置，从而它们导致了资源最优和个人理性配置。沃克 (Walker) (*Econometrica*, 1981) 也给出了类似的机制。下面加以介绍。

仍然考虑具有一个私人品 x_i，一个公共品 y，$n \geqq 3$ 个参与者以及生产函数为 $y = f(v) = v$ 的公共经济环境类。假定参与人 i 的效用函数 $u_i(x_i, y)$ 是连续可微、拟凹、单调的，并且满足稻田条件：$\frac{\partial u}{\partial x_i}(0) = +\infty$ 及 $\lim_{x_i \to 0} \frac{\partial u}{\partial x_i} x_i = 0$，使得内点解存在。

我们先回忆林达尔均衡的定义。

资源配置 $z = (\mathbf{x}, y) = (x_1, x_2, \cdots, x_n, y) \in \mathcal{R}_+^n \times \mathcal{R}_+$ 被称为一个林达尔均衡配置，若它是可行的，并且存在着一组个人化价格向量 $(q_1, \cdots, q_n) \in \mathcal{R}_+^n$ 使得

(1) $x_i + q_i y = w_i, \quad i = 1, \cdots, n$;

(2) 对所有的 $i = 1, \cdots, n$, $u_i(x_i', y') > u_i(x_i, y)$ 意味着 $x_i' + q_i y' > w_i$;

(3) $\sum_{i=1}^n q_i = 1$.

在单调性假设下，每个林达尔配置显然是个人理性的，同时也是帕累托最优的。

沃克机制定义如下：

$M_i = \mathcal{R}$: m_i 为参与人 i 愿意作出的贡献；

$y(\mathbf{m}) = \sum_{i=1}^n m_i$: 公共品提供水平；

$q_i(\mathbf{m}) = \frac{1}{n} + m_{i+1} - m_{i+2}$: 个体 i 愿意对公共品支付的价格；

$t_i(\mathbf{m}) = q_i(\mathbf{m}) y(\mathbf{m})$: 个体 i 对公共品的支付（税额）；

$x_i(\mathbf{m}) = w_i - t_i(\mathbf{m}) = w_i - q_i(\mathbf{m}) y(\mathbf{m})$: 私人品的消费。

则预算约束为：

$$x_i(\mathbf{m}) + q_i(\mathbf{m}) y(\mathbf{m}) = w_i, \qquad \forall m_i \in M_i. \tag{18.9.42}$$

对上述关于所有个体的预算约束累加，得：

$$\sum_{i=1}^{n} x_i(\mathbf{m}) + \sum_{i=1}^{n} q_i(\mathbf{m})y(\mathbf{m}) = \sum_{i=1}^{n} w_i,$$

从而我们有

$$\sum_{i=1}^{n} x_i(\mathbf{m}) + y(\mathbf{m}) = \sum_{i=1}^{n} w_i.$$

这意味着该机制是预算平衡的。

每个个体的支付函数设为：

$$\begin{aligned} v_i(\mathbf{m}) &= u_i(x_i, y) \\ &= u_i(w_i - q_i(\mathbf{m})y(\mathbf{m}), y(\mathbf{m})). \end{aligned}$$

内点解的最佳性条件为：

$$\begin{aligned} \frac{\partial v_i}{\partial m_i} &= -\frac{\partial u_i}{\partial x_i}\left[\frac{\partial q_i}{\partial m_i} y(\mathbf{m}) + q_i(\mathbf{m})\frac{\partial y(\mathbf{m})}{\partial m_i}\right] + \frac{\partial u_i}{\partial y}\frac{\partial y(\mathbf{m})}{\partial m_i} \\ &= -\frac{\partial u_i}{\partial x_i} q_i(\mathbf{m}) + \frac{\partial u_i}{\partial y} = 0 \\ &\Rightarrow \frac{\frac{\partial u_i}{\partial y}}{\frac{\partial u_i}{\partial x_i}} = q_i(\mathbf{m}) \qquad \text{(FOC) 对林达尔配置} \\ &\Rightarrow N(e) \subseteq L(e) \end{aligned}$$

因此，若 u_i 拟凹，则它也是林达尔均衡的充分条件。我们还可以证明每个林达尔均衡配置同时也是纳什均衡配置，即

$$L(\mathbf{e}) \subseteq N(\mathbf{e}). \tag{18.9.43}$$

不妨设 $[(x^*, y^*), q_i^*, \cdots, q_n^*]$ 为林达尔均衡。令 $\mathbf{m}^*$ 为如下方程的解：

$$\begin{aligned} q_i^* &= \frac{1}{n} + m_{i+1} - m_{i+2}, \\ y^* &= \sum_{i=1}^{n} m_i. \end{aligned}$$

则对所有的 $i \in N$，我们有 $x_i(\mathbf{m}^*) = x_i^*$，$y(\mathbf{m}^*) = y^*$ 以及 $q_i(\mathbf{m}^*) = q_i^*$。因此，对所有的 $i \in N$ 和 $m_i \in M_i$，由 $(x(m_i^*, \mathbf{m}_{-i}), y(m_i^*, \mathbf{m}_{-i})) \in \mathcal{R}_+^2$ 和 $x_i(m_i^*, \mathbf{m}_{-i}) + q_i(\mathbf{m}^*)y(m_i^*, \mathbf{m}_{-i}) = w_i$，我们有 $u_i(x_i(\mathbf{m}^*), y(\mathbf{m}^*)) \geqq u_i(x_i(m_i^*, \mathbf{m}_{-i}), y(m_i^*, \mathbf{m}_{-i}))$。这说明 $\mathbf{m}^*$ 的确是纳什均衡。

因此，沃克机制完全纳什执行了既为帕累托有效又是个人理性的林达尔配置。

虽然沃克机制解决了个人理性问题，但它也有缺点，人们对赫维茨和沃克的机制仍不太满意，因为这些机制不能保证个人可行性要求，即它也不是可行的。若报告的支付 t_i 过大，则由机制所决定的私人品的消费水平可能为负，即 $x_i = w_i - t_i < 0$。并且赫维茨的机制利用了一个较大维数的信息空间。赫维茨在他的另外一篇文章里给出了一个保证个人可行性条件的配置机制，这个机制产生了资源有效配置。然而，它不是连续的，即使微小的信息传递

误差也会导致较大差异的资源配置结果，这在实际应用中就会出现精确性问题；另外它也不是预算平衡的，即通过机制配置的资源超过了社会的总资源。那么人们是否能够设计一个既是个人可行又是预算平衡的机制呢？著者在 Tian (1991) 一文中给出了这样的机制，下面进行讨论。

18.9.3 田氏机制

以上所提到的机制总有这样或那样的一些令人不太满意的缺点。于是人们也许会问：是否存在着一个机制，它可以完全执行有效、个人理性的资源配置，并且是连续的、个人可行的、平衡的？著者在 Tian (1989) 一文中回答了这个问题。对具有公共品的经济环境类，在纳什行为下，证明并给出了这样的机制，它具有以上提到的所有性质。在 Tian (JET, 1991) 中给出了一个具有同样性质，但具有最小维数信息空间的激励机制。这个机制和沃克机制的所有其他部分（如信息空间、个人化价格、私人品的确定）都相同，只是公共品提供水平 $y(\mathbf{m})$ 不同。该机制将 $y(\mathbf{m})$ 设为（见图 18.5）：

$$y(\mathbf{m}) = \begin{cases} a(\mathbf{m}), & \text{若} \quad \sum_{i=1}^{n} m_i > a(\mathbf{m}), \\ \sum_{i=1}^{n} m_i, & \text{若} \quad 0 \leqq \sum_{i=1}^{n} m_i \leqq a(\mathbf{m}), \\ 0, & \text{若} \quad \sum_{i=1}^{n} m_i < 0, \end{cases} \tag{18.9.44}$$

其中，$a(\mathbf{m}) = \min_{i \in N'(\mathbf{m})} \frac{w_i}{q_i(\mathbf{m})}$ 可看作可行配置的可行上界，这里 $N'(\mathbf{m}) = \{i \in N : q_i(\mathbf{m}) > 0\}$。注意，由于 $\sum_{i=1}^{n} q_i(\mathbf{m}) > 0$，$N'(\mathbf{m})$ 非空。

对上述机制的解释是，若个体的总贡献在零和可行上界之间，则公共品的提供量就等于所有经济人所报之和；若所报之和小于零，则不提供任何公共品；若所报之和超过可行上界，则公共品提供的水平由可行上界确定。

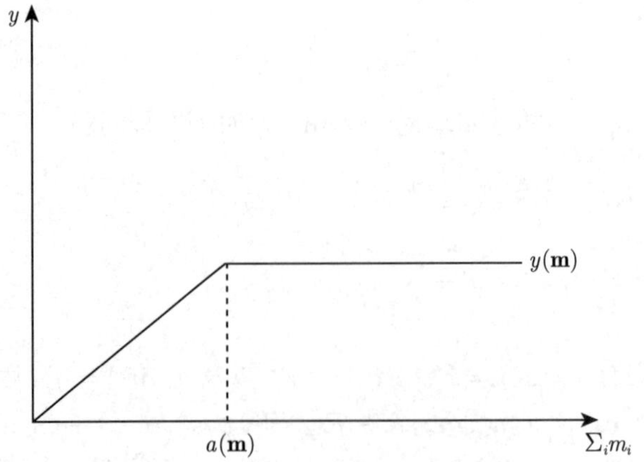

图 18.5 可能的公共品结果函数 $y(m)$

为了证明上述机制具有所有的良好性质，我们需要假定偏好是强单调、递增及凸的。此外，还需进一步假定每个内点配置严格优于边界配置，即对所有的 $i \in N$，有 $(x_i, y)\ P_i\ (x'_i, y')$，$\forall (x_i, y) \in \mathcal{R}^2_{++}, \forall (x'_i, y') \in \partial \mathcal{R}^2_+$，其中 $\partial \mathcal{R}^2_+$ 为 $\mathcal{R}^2_+$ 的边界。这个条件保证了所有林达尔均衡配置是内点，否则具有边界点林达尔对应不能保证马斯金单调性条件成立，从而不可能被可行机制完全执行。

为证明纳什配置和林达尔配置的相等性，我们首先证明下述引理。

引理 18.9.1 若 $(\mathbf{x}(\mathbf{m}^*), y(\mathbf{m}^*)) \in N_{M,h}(\mathbf{e})$，则 $(x_i(\mathbf{m}^*), y(\mathbf{m}^*)) \in \mathcal{R}^2_{++}, \forall i \in N$。

证明 反证法。设 $(x_i(\mathbf{m}^*), y(\mathbf{m}^*)) \in \partial\mathcal{R}^2_{+}$，则对某个 $i \in N$，有 $x_i(\mathbf{m}^*) = 0$ 或 $y(\mathbf{m}^*) = 0$。考虑二次方程：

$$y = \frac{w^*}{2(y+c)}, \tag{18.9.45}$$

其中，$w^* = \min_{i\in N} w_i$; $c = b + n\sum_{i=1}^n |m_i^*|$, $b = 1/n$。方程 (18.9.45) 的最大根为正，记之为 $\tilde{y}$。假设个体 i 选择的信息为 $m_i = \tilde{y} - \sum_{j\neq i}^n m_j^*$，则 $\tilde{y} = m_i + \sum_{j\neq i}^n m_j^* > 0$，且对任意的 $j \in N$，有

$$\begin{aligned} w_j - q_j(m_i^*, \mathbf{m}_{-i})\tilde{y} &\geqq w_j - [b + (n\sum_{s=1}^n |m_s^*| + \tilde{y})]\tilde{y} \\ &= w_j - (\tilde{y} + b + n\sum_{s=1}^n |m_s^*|)\tilde{y} \\ &= w_j - w^*/2 \geqq w_j/2 > 0. \end{aligned} \tag{18.9.46}$$

因此，$y(m_i^*, \mathbf{m}_{-i}) = \tilde{y} > 0$，且对任意的 $j \in N$，有

$$x_j(m_i^*, \mathbf{m}_{-i}) = w_j - q_j(m_i^*, \mathbf{m}_{-i})y(m_i^*, \mathbf{m}_{-i}) = w_j - q_j(m_i^*, \mathbf{m}_{-i})\tilde{y} > 0.$$

于是，由每个内点配置都严格优于边界配置的假定，有

$$(x_i(m_i^*, \mathbf{m}_{-i}), y(m_i^*, \mathbf{m}_{-i}))\ P_i\ (x_i(\mathbf{m}^*), y(\mathbf{m}^*)),$$

这与假设 $(\mathbf{x}(\mathbf{m}^*), y(\mathbf{m}^*)) \in N_{M,h}(\mathbf{e})$ 相矛盾。 □

引理 18.9.2 若 $(\mathbf{x}(\mathbf{m}^*), y(\mathbf{m}^*)) \in N_{M,h}(\mathbf{e})$，则 $y(\mathbf{m}^*)$ 是 $[0, a(\mathbf{m})]$ 的一个内点，从而有 $y(\mathbf{m}^*) = \sum_{i=1}^n m_i^*$。

证明 由引理 18.9.1, 我们得到 $y(\mathbf{m}^*) > 0$。因此我们只需证明 $y(\mathbf{m}^*) < a(\mathbf{m}^*)$。若不然，则有 $y(\mathbf{m}^*) = a(\mathbf{m}^*)$。从而至少存在某个 $j \in N$，使得 $x_j(\mathbf{m}^*) = w_j - q_j(\mathbf{m}^*)y(\mathbf{m}^*) = w_j - q_j(\mathbf{m}^*)a(\mathbf{m}^*) = w_j - w_j = 0$。但根据引理 18.9.1，有 $x(\mathbf{m}^*) > 0$。这就造成了矛盾。 □

命题 18.9.1 若田氏机制有纳什均衡 $\mathbf{m}^*$，则 $(\mathbf{x}(\mathbf{m}^*), y(\mathbf{m}^*))$ 是对应于林达尔价格向量 $(q_1(\mathbf{m}^*), \cdots, q_n(\mathbf{m}^*))$ 的林达尔配置，即 $\mathcal{N}(\Gamma, \mathbf{e}) \subseteq L(\mathbf{e})$。

证明 令 $\mathbf{m}^*$ 为纳什均衡。需证明 $(\mathbf{x}(\mathbf{m}^*), y(\mathbf{m}^*))$ 为对应于价格向量 $(q_1(\mathbf{m}^*), \cdots, q_n(\mathbf{m}^*))$ 的林达尔配置。由于机制是可行的，且 $\sum_{i=1}^n q_i(\mathbf{m}^*) = 1$，$x_i(\mathbf{m}^*) + q_i(\mathbf{m}^*)y(\mathbf{m}^*) = w_i, \forall i \in N$，我们只需证明每个个体最大化了其偏好。可以用反证法。若不然，假设存在某个 $(x_i, y) \in \mathcal{R}^2_+$，使得 $(x_i, y)\ P_i\ (X_i(\mathbf{m}^*), Y(\mathbf{m}^*))$ 和 $x_i + q_i(\mathbf{m}^*)y \leqq w_i$ 同时成立。由于偏好是单调的，我们可得 $x_i + q_i(\mathbf{m}^*)y = w_i$。令 $(x_{i\lambda}, y_\lambda) = (\lambda x_i + (1-\lambda)x_i(\mathbf{m}^*), \lambda y + (1-\lambda)y(\mathbf{m}^*))$。则由偏好的凸性，对任意的 $0 < \lambda < 1$，我们有 $(x_{i\lambda}, y_\lambda)\ P_i\ (x_i(\mathbf{m}^*), y(\mathbf{m}^*))$，从而有 $(x_{i\lambda}, y_\lambda) \in \mathcal{R}^2_+$，$x_{i\lambda} + q_i(\mathbf{m}^*)y_\lambda = w_i$。

假设个体 i 选择信息 $m_i = y_\lambda - \sum_{j\neq i}^n m_j^*$。根据引理 18.9.2，我们可知 $y(\mathbf{m}^*) = \sum_{j=1}^n m_i^*$，从而有 $m_i = y_\lambda - y(\mathbf{m}^*) + m_i^*$。因此当 $\lambda \to 0$ 时，$y_\lambda \to y(\mathbf{m}^*)$，因而有 $m_i \to m_i^*$。根据

引理 18.9.1，对所有的 $j \in N$，我们有 $x_j(\mathbf{m}^*) = w_j - q_j(\mathbf{m}^*)y(\mathbf{m}^*) > 0$，从而有 $w_j - q_j(\mathbf{m}^*, \mathbf{m}_{-i})y_\lambda > 0, \forall j \in N$，其中 λ 是充分小的正数。因此有 $y(m_i^*, \mathbf{m}_{-i}) = y_\lambda$，$x_i(m_i^*, \mathbf{m}_{-i}) = w_i - q_i(\mathbf{m}^*)y(m_i^*, \mathbf{m}_{-i}) = w_i - q_i(\mathbf{m}^*)y_\lambda = x_{i\lambda}$。由 $(x_{i\lambda}, y_\lambda)\ P_i\ (x_i(\mathbf{m}^*), y(\mathbf{m}^*))$，可得 $(x_i(m_i^*, \mathbf{m}_{-i}), y(m_i^*, \mathbf{m}_{-i}))\ P_i\ (x_i(\mathbf{m}^*), y(\mathbf{m}^*))$。但这与 $(x(\mathbf{m}^*), y(\mathbf{m}^*)) \in N_{M,h}(\mathbf{e})$ 相矛盾。这就证明了定理。 □

命题 18.9.2 若 $(\mathbf{x}^*, y^*)$ 为对应于林达尔价格向量 $\mathbf{q}^* = (q_1^*, \cdots, q_n^*)$ 的林达尔配置，则田氏机制存在纳什均衡 $\mathbf{m}^*$，使得对任意的 $i \in N$，有 $x_i(\mathbf{m}^*) = x_i^*$，$q_i(\mathbf{m}^*) = q_i^*$ 和 $y(\mathbf{m}^*) = y^*$ 成立，即 $L(\mathbf{e}) \subseteq N_{M,h}(\mathbf{e})$。

证明　我们需要证明存在信息 $\mathbf{m}^*$ 使得 $(\mathbf{x}^*, y^*)$ 为纳什配置。令 $\mathbf{m}^*$ 为下述线性方程组的解：

$$
\begin{aligned}
q_i^* &= \frac{1}{n} + m_{i+1} - m_{i+2}, \\
y^* &= \sum_{i=1}^{n} m_i.
\end{aligned}
$$

则有 $x_i(\mathbf{m}^*) = x_i^*$，$y(\mathbf{m}^*) = y^*$，$q_i(\mathbf{m}^*) = q_i^*, \forall i \in N$。由 $(x(m_i^*, \mathbf{m}_{-i}), y(m_i^*, \mathbf{m}_{-i})) \in \mathcal{R}_+^2$ 以及 $x_i(m_i^*, \mathbf{m}_{-i}) + q_i(m^*)y(m_i^*, \mathbf{m}_{-i}) = w_i, \forall i \in N, \forall m_i \in M_i$，我们有 $(x_i(\mathbf{m}^*), y(\mathbf{m}^*))\ R_i\ (x_i(m_i^*, \mathbf{m}_{-i}), y(m_i^*, \mathbf{m}_{-i}))$。因此，田氏机制完全纳什执行了林达尔配置。 □

对非完全非传递的偏好关系、具有生产报酬递减或当个人初始资源是不完全信息时，著者在一系列已发表的文章中给出了类似的机制 (Tian(1991，1992); Tian and Li (1991); Li，Nakamura，and Tian (1995))。对于私人品的经济环境类，著者在 Tian(1992) 中也给出了类似的机制。对以上这些结果的详细讨论见后面参考文献中给出的论文。另外，有趣的是赫维茨在 1979 年的另外一篇文章中证明了对于新古典的经济环境类，通过任何经济激励机制所产生的资源有效和个人理性配置都可以通过实施瓦尔拉斯配置来达到。这个结果对于修补市场的局限性有很大的帮助。例如，对于只有几个买者和卖者的市场，我们有充分的理由相信市场不是完全竞争的。这样，市场所导致的配置一般不是有效的。然而人们可以利用其他经济机制，使得它的纳什均衡配置与假定下的完全竞争市场机制所导致的配置一样，从而它导致的配置是帕累托有效的。

以上所设计的激励经济机制都是以私有制经济环境为前提的。前面我们已提到兰格针对公有制提出的边际成本定价机制不是激励相容的。人们也许会问，是否能为公有制设计出一些有效和个人理性的激励机制呢？答案也是肯定的。至少对公共品的情况是如此 (Tian(1994b，2000b，2000c，2000d)，Tian and Li(1994，1995b))。著者通过设计具体的机制证明了国营企业即使在不追求利润最大化的条件下，只要把生产公共品的成本让消费者根据他们自己的偏好来分担，在适当的成本分担机制下，所设计的机制就能导致资源的有效和个人理性的配置。这样，这些机制解决了市场机制不能很好解决公共品的问题。若把这些机制和市场机制结合起来，即使在公有制的情况下，也能解决资源的有效配置问题。当然，所给出的机制离实际应用还有较大差距，并且由前面的信息有效性结果，这些机制不可能是信息有效的。不过，这些模型说明，在具有公共品的情况下，这种由国营企业生产，让消费者分担成本的方式，尽管不是信息有效的，至少在理论上能解决资源有效配置的问题。详细的讨论见相关文章。另外，在具有规模报酬递增的经济环境下，竞争市场是失灵的，著者在 Tian（2009a）中给出了激励相容机制，它执行了边际成本、平均成本定价的资源配置。

需要指出的是，在经济机制设计理论中，大多都是把激励相容问题和信息效率问题分开来进行考虑的。激励相容理论只考虑在给定的自利行为准则下，一个既定目标可执行的条件，而没有考虑机制的信息要求量问题。而本章最后一节要介绍的信息效率理论只考虑实现一个社会目标所需要的信息量 (即信息空间的维数) 的问题，而忽略了机制的激励问题。Reichelstein–Reiter(1988) 同时考虑了这两个问题。他们证明了，在纳什激励相容的条件下，执行一个社会目标所需要的信息量不会少于与不考虑激励问题而实现同一既定目标所需要的信息量。事实上，对公共品的环境类，执行林达尔机制的最小维数和实现林达尔配置的最小维数一样，Walker(1981) 及著者 (Tian(1990，1991)) 给出了具体的激励机制。但是，对私人品的环境类，Reichelstein–Reiter(1988) 证明了完全执行瓦尔拉斯机制的最小维数要比实现瓦尔拉斯配置的最小维数要大。

18.10 精炼纳什执行、近似纳什执行及纳什与强纳什双执行

尽管上面给出了纳什可执行的社会目标的一些例子以及纳什可执行社会目标的充分必要条件，但有许多社会目标不是单调的 (比如所罗门国王解决婴儿归属问题)，因而在纳什均衡解意义上它是不可执行的。经济学文献中给出了可大大地扩大可执行社会目标范围的两种方法。一种是通过采用精炼纳什均衡解的方法。利用纳什战略，可能导致多个纳什均衡解，精炼纳什均衡解的概念给出了剔除那些缺乏说服力的纳什均衡点的方法，这样使得纳什均衡结果的集合大幅度变小，从而使得在精炼纳什解的概念下是可执行的。另外一种是采用近似地纳什执行一个社会目标的方法，它只要求均衡结果任意地接近社会选择对应。此外，还有纳什与强纳什双执行的方法，也会使得纳什均衡结果的集合大幅度变小。

18.10.1 精炼纳什执行

什么样的社会目标在精炼纳什均衡解的假定下是可执行的呢？当任意机制的纳什均衡结果的集合 $\mathcal{N}(\Gamma, e)$ 不可能是社会目标集合 $F(e)$ 的子集合时，这个社会目标就不是纳什可执行的。尽管如此，但由于精炼纳什均衡结果的集合比纳什均衡结果的集合要小得多，精炼纳什均衡结果的集合却可能是社会目标集合 $F(e)$ 的子集合，因而在精炼纳什均衡解的情况下也许是可执行的。情况的确如此，本小节介绍几种精炼纳什可执行的概念。

一个精炼纳什均衡解的概念是强纳什均衡 (strong Nash equilibrium) 假设。它意味着：当一个战略处于强均衡状态时，对任何一组人所形成的一个联盟，当其他人战略给定时，这个联盟中的每个人都不可能从合作中得到更大的好处。显然，强纳什均衡战略是比纳什均衡战略要求更强的均衡假设，每一个强纳什均衡显然是纳什均衡，反之却不成立。这样，强纳什均衡的集合是纳什均衡的一个子集合。由于这个均衡集合比纳什均衡集合可能要小，通过强纳什均衡执行的社会选择目标集合可能会更大。Maskin (1979) 证明：对适当的偏好关系的集合类，任何导致了帕累托最优配置和理性配置的社会选择目标都是强纳什可执行的。

人的利己行为战略假设还可以是泽尔腾 (Selton) 所引进的子博弈完美纳什均衡 (subgame perfect Nash equilibrium) 战略假设或其他精炼纳什均衡 (refinement of Nash equilibrium) 解。另外还有许多种战略均衡解来表达人的个人利己行为，如非占优的纳什均衡 (non-dominated Nash equilibrium) 或其他精炼纳什均衡解。Moore–Repullo (1988)，Abreu–Sen(1990)等人证明了在子博弈纳什均衡解假设下，几乎所有的社会目标都是可执行的。Palfrey Srivastava (1991) 在非占优的纳什均衡的假设下也证明了同样的结果。

18.10.2 近似纳什执行

人们也可通过近似地纳什执行一个社会目标的方法来扩大可执行社会目标的范围。尽管纳什均衡结果的集合 $\mathcal{N}(\Gamma, e)$ 不能完全包含在社会目标 $F(e)$ 集合中，但只要每个纳什均衡配置可以任意地接近 $F(e)$ 中的某个配置 (即这两个配置的差 (距离) 可以任意小)，我们就说这个社会目标是可近似执行的。Matsushima (1988)，Abreu–Sen (1991)，Tian(1997) 等人证明了几乎所有的社会目标都是可近似执行的。

18.10.3 纳什和强纳什双执行

纳什均衡战略是一种非合作的战略均衡概念，它完全排除任何合作的可能性。尽管纳什均衡相对容易达到，但它也许是不稳定的：参与者往往会通过某种形式的合作来应对机制设计者，因为通过合作可能会得到更大的好处。这样，人的利己行为由纳什战略均衡来描述的假设也许是不现实的，从而采用强纳什战略均衡的假设也许会更合理。由于强纳什均衡的集合显然是纳什均衡的子集合，通过强纳什均衡执行一个社会选择目标的可能性会更大。

尽管强纳什均衡假设更为合理，它也许不存在或较难被解出。为了能够相对容易达到，同时也是稳定的，人们自然要求一个社会选择目标能同时被纳什和强纳什均衡执行。这就是所谓的双执行 (double implementation)。Suh (1997) 给出了一个社会选择目标能被纳什和强纳什同时双执行的充分必要条件。由于 Suh 的特征化结果只是考虑了一个社会选择目标被双执行的充分必要条件，而没有考虑机制的复杂性，Peleg (1996a，1996b) 及著者在 Tian (1999a，2000a，2000b，2000c，2000d) 给出了一系列激励机制，它们双执行了瓦尔拉斯配置、林达尔配置，及其他导致了帕累托最优配置和理性配置的社会选择目标。

18.11 机制设计的信息效率问题

本章至今为止，我们考虑的都是激励机制的设计问题，即寻找恰当的机制，使得个体自利行为 (个人理性) 与既定目标 (集体理性) 一致。本节讨论一个经济机制实现某个社会目标 (特别是帕累托最优社会目标) 所要求的最小信息量问题，即我们现在只注意经济机制的信息要求 (即运行成本问题)，而不考虑激励是否相容的问题。

18.11.1 信息机制设计的基本分析框架

从信息的观点来看，一个经济机制可以看作一个信息交换和调整的过程。像市场调整过程那样，当信息的交换处在平稳 (stationary) 位置时，一个配置结果被决定。分散决策从本质上来说是信息不完全的一种特征 —— 信息分散于各个生产和消费决策者的一种特征。人们通过对需求和供给等经济活动的信息交换和传递来作出生产和消费的决策。信息分散化与斯密–哈耶克–弗里德曼所论证的竞争市场机制最优性的特征紧密相关。①那么，信息是什么？信息分散化的严格定义又是什么？它应包括哪些内容？在什么意义下认为信息成本是大还是小？在讨论这些问题时，人们需要一个统一的模型来研究什么是经济机制。这个模型最好能包括信息分散过程、信息集中过程、市场经济机制、计划经济机制以及它们的各种混合形式的机制，因为仅仅把一个个的机制 (如市场机制和计划机制) 分别加以考虑是不够的。我们下面介绍一般的信息调整过程模型，它能研究各种机制的信息成本问题。

假定在一个经济社会中，有 n 个参与者，每个参与者可以既是生产者也是消费者，也可以只是生产者或只是消费者，或是一个家庭、政府的某一个部门或机构，所有参与者的集合记为 N。作为一个生产者，企业有一个生产可能性集合 (生产技术条件约束)，记为 Y_i。作为一个消费者，他有一个消费空间，记为 X_i，有一个消费偏好关系或效用函数 (如存在的话)，记为 R_i(或 u_i)，即对任何两组商品组合，他能比较哪一组商品对他更为有利。每个参与者 i 还有一个初始资源，记为 w_i 。这样，消费空间、初始资源、消费偏好关系、生产技术这四项合起来就构成了这个参与者的经济特征，记为 $e_i = (X_i, w_i, u_i, Y_i)$。抽象地说，一个经济社会就是由所有参与者的经济特征组成的，它也被称为经济或经济环境，记为 $\mathbf{e} = (e_1, e_2, \cdots, e_n)$。所有可能的经济环境形成了一个集合，记为 E。这里对经济环境的描述和前面对激励机制设计的经济环境的描述完全一样。所有资源配置的集合称为资源配置空间，记为 Z。

从信息传播的角度讲，所谓经济机制就是把信息从一个经济单位传递到另一经济单位。从信息物质形态讲，信息的传播形式可以是一封信、一个电话、一个图像等；从信息量化的角度讲，传递的内容可以是一组数、一个向量或一个矩阵。机制设计所需要考虑的一个重要问题就是尽量简化传递过程中的复杂性，或使一个机制合理运行而使用较少的信息，因为较少的信息意味着较少的机制运行 (交易) 成本。由第 i 个人传递出的信息我们记为 m_i。所有这些信息的集合称为第 i 个人的信息空间，记为 M_i。机制的信息空间 M 由所有经济单位的信息空间的乘积构成，即 $M = \prod_{i \in N} M_i$。

为了描述动态调整过程，记 n 个人在时间 t 的一组信息为 $\mathbf{m}(t) = (m_1(t), \cdots, m_n(t))$。由于人们根据所接收到的其他人的信息不断调整和反馈自己所发出的信息，在一个简单的一阶差分模型中，第 i 个参与者在时间 $t+1$ 对时间 t 时的信息响应方式由差分方程

$$m_i(t+1) = \varphi_i(\mathbf{m}(t), \mathbf{e}), \quad i \in N \tag{18.11.47}$$

给出。这里 $\varphi_i : E \to M$ 被称为**响应函数**，决定了信息反馈的调整过程。一旦这种信息反馈调整过程达到平稳点，人们不再改变信息，即 $\mathbf{m}$ 是响应函数的不动点 $m_i = \varphi_i(\mathbf{m}, \mathbf{e}), i \in N$，或达到规定的终点时刻 T 时，通过某个资源配置规则 (称为**结果函数**)$h(\cdot) : M \to Z$ 来决定资源配置结果，即资源的配置由 $z = h(\mathbf{m})$ 来决定。这样的一个信息反馈调整、资源配置过程决定了一个经济机制。它是由信息空间、响应函数及结果函数组成的，记为 $\langle M, \varphi, h\rangle$。

①微观经济学中有两个最重要的定理，那就是本书第三部分中的一般均衡理论所讨论的福利经济学第一基本定理和第二基本定理，它们给出了市场机制与所导致资源配置的有效性 (最优性) 之间的关系。福利经济学第一基本定理阐明完全竞争的市场机制导致了帕累托有效配置。它假定不存在外部效应以及个人偏好满足非饱和性 (自利性) 的特性。福利经济学第二基本定理阐明任何帕累托有效配置都可以通过合适的资产再分配后由完全竞争的市场机制来达到。它假定不存在外部效应以及某种个人偏好的非充分满足的特性。但还要加上另外一些重要假定，如个人偏好的凸性及生产技术不存在按报酬规模递增的现象等假设。帕累托有效 (最优) 配置指的是这样的一种配置：若不存在能改善社会中某个成员的福利而又不损坏其他人的福利的可供选择的可行资源配置，那么这种资源配置就被说成是帕累托有效配置。

这样，这个研究信息效率的模型比本章前面部分研究激励相容机制的模型多了一个信息反馈调整过程，也就是多了一个响应函数 φ。信息空间规定了每个人依据自己的特征送出什么样的信息；响应函数表示了下一时刻输出的信息，它反映了在接到前一时刻的信息以后以怎样的形式作出反应，当然这种响应与经济环境 $\mathbf{e}$ 有关，响应函数决定了平稳信息状态；配置规则 h 是依据各单位送来的信息作出资源配置。任何一个机制都是在一定的约束下运行的，约束的规则却是由政府、立法机关或经济系统中每个参与人共同制定的。每一个人在这种约束下选择认为对他有利的信息。信息集合的元素可以是他自己对某种商品的需求或供给；或是对商品的偏好关系；或是对产品成本的描述等等。配置规则决定了资源的配置。这个规则把信息的传递过程转化为物资资源的配置过程。这样，它建立了从信息空间到资源配置空间的一个关系 (映射)。它根据个人、企业或其他经济单位从信息集中所选的信息来决定社会的生产及个人的消费。

注意，式 (18.11.47) 中响应函数平稳点的集合定义了一个从经济环境空间 E 到信息空间 M 的一个多值对应，记为 $\mu_i : E \rightrightarrows M$，即 $\mu_i(\mathbf{e}) = \{\mathbf{m} \in M : \mathbf{m} = m_T$ 或 $m_i = \varphi_i(\mathbf{m}, \mathbf{e}), i \in N\}$。令

$$\mu(\mathbf{e}) = \bigcap_{i=1}^{n} \mu_i(\mathbf{e}). \tag{18.11.48}$$

我们得到了一个从 E 到 M 的多值对应：$\mu : E \rightrightarrows M$，并且 $\mathbf{m} \in \mu$ 当且仅当 $\mathbf{m}$ 是式 (18.11.47) 的平稳点。这样，一个信息调整机制可等价地定义为 $\langle M, \mu, h\rangle$，这里 $\mu = \bigcap_{i=1}^{n} \mu_i$ 称为平稳信息对应。

方程 (18.11.47) 所反映的调整过程是一种信息集中化调整过程。这是由于参与者 i 在下一时刻输出的信息依赖于整个经济 $\mathbf{e}$。这样，它不仅与自己的经济特征 e_i 有关，也与其他人的特征 $\mathbf{e}_{-i}$ 有关。若在一个经济机制中，每个经济单位只需要知道自己的经济特征，而不知道其他单位的经济特征来决定下一时刻所传递的信息，这样的机制将称为信息分散化机制。它是方程 (18.11.47) 的一个特殊情况，即当参与者 i 在下一时刻输出的信息只依赖于自己的经济特征 e_i，而与其他人的特征无关时，方程 (18.11.47) 于是成为

$$m_i(t+1) = \varphi_i(\mathbf{m}(t), e_i). \tag{18.11.49}$$

方程 (18.11.49) 定义了一个信息分散决策过程或称为隐私保障 (privacy-preserving) 调整过程，相应的均衡信息对应成为 $\mu(\mathbf{e}) = \bigcap_{i=1}^{n} \mu_i(e_i)$，这里 $\mu_i(e_i) = \{\mathbf{m} \in M : \varphi_i(\mathbf{m}, e_i)\}$。

读者可能会觉得以上经济机制的定义比较抽象，不太好理解。下面关于市场竞争机制的信息有效性和唯一性的讨论也许会帮助读者了解经济机制的各个组成部分。我们将讨论如何将市场机制定义成一个信息分散化经济机制的具体步骤。市场机制的信息空间将由价格和交换组成，且实现了市场竞争均衡。

在实际中，交流的信息内容通常是向量。这样，一旦调整过程和信息分散化被定义后，从一个机制的信息空间维数的大小可以评价这个机制的好坏。当考虑实际机制时，我们也许会发现，有些经济机制需要传递非常多的信息，而有些经济机制只需传递很少的信息。从信息的观点来看，对于想要实现的某个社会目标，人们总想找到一个既能实现这个社会目标又有尽可能小的运行成本 (交易成本) 的机制。

当信息空间是无限维时，人们不能通过信息空间维数来比较它的大小，从而需要更一般的比较信息空间大小的方法。一种方法是通过比较信息空间的拓扑空间的大小来决定所用信息量的大小。于是我们有下面比较信息空间大小的定义，它是由 Walker(1977) 给出的。

定义 18.11.1 令 S 和 T 是两个信息拓扑空间。**空间 S 被说成至少用到像空间 T 一样多的信息**，记为 $S \geqq_F T$，若 T 能够被同胚地嵌入在 S 中，即存在着 S 的一个子空间 S' 使得它与 T 同胚（即在 S' 和 T 间存在着一个一对一的连续映射）。若如此，我们称空间 S 至少比空间 T 大。

定义 18.11.2 一个信息分散且导致了资源有效配置的机制 $\langle M, \mu, h\rangle$ 被说成是**信息有效的**，若它的信息空间 M 在所有导致了有效配置的信息分散化机制中是最小的。

定义 18.11.3 一个从经济环境空间 E 到结果空间 Z 的信息机制 $\langle M, \mu, h\rangle$ 定义了一个对应，称作机制的**绩效对应 (performance correspondence)**，记为 $G : E \rightrightarrows Z$，定义为：

$$G(\mathbf{e}) = \{z \in Z : z = h(\mathbf{m}), \mathbf{m} \in \mu(\mathbf{e}) \text{ 对某个 } m \in M\}.$$

定义 18.11.4 给定社会选择对应 $F : E \rightrightarrows Z$ 和信息机制 $\langle M, \mu, h\rangle$，若对所有的经济环境 $\mathbf{e} \in E$，$G(\mathbf{e}) \neq \varnothing$ 并且 $G(\mathbf{e}) \subseteq F(\mathbf{e})$，我们称信息机制 $\langle M, \mu, h\rangle$**实现 (realize) 了社会选择目标** F。若对所有的经济环境 $\mathbf{e} \in E$，$G(\mathbf{e}) \neq \varnothing$ 并且 $G(\mathbf{e}) = F(\mathbf{e})$，我们称信息机制 $\langle M, \mu, h\rangle$**完全地实现了社会选择目标** F。①

资源的有效配置 (即帕累托最优配置) 是被大多数人接受的一个社会标准 (目标)。我们知道竞争的市场机制导致了资源的有效配置。那么人们也许会问：对新古典经济环境类 (即商品是完全可分的，消费者偏好是连续、单调及弱凸的，生产集是闭的，没有规模报酬递增) 是否还存着其他信息分散机制 (如市场社会主义经济机制) 在信息方面比竞争市场机制更有效 (即比竞争市场机制利用了更少的信息 (交易) 成本) 而实现了最优配置？赫维茨等人在 20 世纪 70 年代证明：对纯交换的新古典经济环境类，没有什么其他经济机制既能导致资源有效配置而又比竞争市场机制用到了更少的信息。乔丹 (Jordan) 在 1982 年更进一步证明了对纯交换的新古典经济环境类，竞争市场机制是唯一的利用最少信息并且产生了有效配置的机制。

由于纯交换经济并没有考虑到包括生产的经济环境类，这显然离现实太远，从而这些理论结果从政治经济学的角度来看就大大打了折扣：因为人们若要论证市场机制的信息有效性，就必须证明即使在包括生产的经济环境类情况下，人们也会得到类似的结果。市场机制在一般的生产经济环境下是否也是信息最有效的成为一个一直没有解决的问题。著者在 Tian (2006) 中，通过应用代数拓扑学等数学工具，证明了即使对带有生产的私有经济，竞争市场机制仍然是唯一的利用最少信息并且产生有效配置的机制。由于有生产的经济环境包括没有生产的经济环境作为一个特殊情况，我们下面介绍这个结果，只需对一般的生产经济环境作出讨论。

18.11.2 市场竞争机制的信息有效性及唯一性

假定所考虑的生产经济社会中有 L 种商品和 $n \equiv I + J$ 个参与者，其中有 I 个消费者

①在经济学文献中，人们一般用“实现”(realize) 和“执行”(implement) 来分别表示一个经济机制在达到社会目标时的信息和激励因素。

和 J 个生产者。消费者 i 的经济特征由 $e_i = (X_i, \mathbf{w}_i, R_i)$ 给出。假定 $X_i \subseteq R^L$，$\mathbf{w}_i \in \mathcal{R}^L_+$，$R_i$ 在 X_i 上连续、单调，并且是凸的。①每个生产者的经济特征由 $e_j = (\mathcal{Y}_j)$ 给出。假定对所有的 $j = I+1, \cdots, n$，$\mathcal{Y}_j$ 是非空、闭、凸的，及 $0 \in \mathcal{Y}_j$。所有这样的生产经济环境的集合记为 E，并称之为新古典生产经济类。

令 x_i 表示消费者 i 的净交换, 即 $\mathbf{x}_i = \hat{\mathbf{x}}_i - \mathbf{w}_i$，这里 $\hat{\mathbf{x}}_i$ 是消费者 i 的消费。令 $\mathbf{y}_j$ 表示生产者的生产计划。记 $\mathbf{x} = (x_1, \cdots, x_I)$，$\mathbf{y} = (y_{I+1}, \cdots, y_n)$。$\mathbf{z} := (\mathbf{x}, \mathbf{y}) \in R^{nL}$ 被称为一个资源配置。若对所有的 i，$\mathbf{x}_i + \mathbf{w}_i \in X_i$，对所有的 j, $\mathbf{y}_j \in \mathcal{Y}_j$，我们就称资源配置 $\mathbf{z}$ 是**个人可行的(individually feasible)**。若 $\sum_{i=1}^{I} \mathbf{x}_i = \sum_{j=I+1}^{N} \mathbf{y}_j$ 成立，我们称这个资源配置是**平衡的**(balanced)。若一个资源配置既是个人可行的，又是平衡的，我们就称它为**可行的**(feasible)。

若一个资源配置是可行的，并且不存在另外一个可行的资源配置 $\mathbf{z}' = (\mathbf{x}', \mathbf{y}')$ 使得 $(\mathbf{x}'_i + \mathbf{w}_i) R_i (\mathbf{x}_i + \mathbf{w}_i)$ 对所有 $i = 1, \cdots, I$ 成立, 并且 $(\mathbf{x}'_i + \mathbf{w}_i) P_i (\mathbf{x}_i + \mathbf{w}_i)$ 对某个 $i = 1, \cdots, I$ 成立, 那么一个资源配置 $\mathbf{z} = (\mathbf{x}, \mathbf{y})$ 就被说成是**帕累托有效或最优的(Pareto optimal)**。

对所考虑的新古典经济类，帕累托最优可以由以下有效价格概念完全特征化。令 $\Delta^{L-1} = \{\mathbf{p} \in \mathcal{R}^L_{++} : \sum_{l=1}^{L} p^l = 1\}$ 表示了所有规格化价格向量集合。

非零价格向量 $\mathbf{p} \in \Delta^{L-1}$ 被称为**有效价格向量(efficiency prices vector)**，若对所有的帕累托最优配置 $(\mathbf{x}, \mathbf{y})$，

(a) $\mathbf{p} \cdot \mathbf{x}_i \leqq p \cdot \mathbf{x}'_i$, 对所有的 $i = 1, \cdots, I$ 和 x'_i 使得 $\mathbf{x}'_i + \mathbf{w}_i \in X_i$ 和 $\mathbf{x}'_i \; R_i \; \mathbf{x}_i$；

(b) $\mathbf{p} \cdot \mathbf{y}_j \geqq \mathbf{p} \cdot \mathbf{y}'_j$，对所有的 $\mathbf{y}'_j \in \mathcal{Y}_j$, $j = I+1, \cdots, n$。

人们一般希望资源配置满足参与条件。人们有时也把参与条件称为**个人理性**条件，它意味着：若一个人参与某项活动后所获得的好处比未参与活动前要差，他就不会去参与这个活动。那么，如何对有生产的情况定义个人理性呢？下面的定义是由 Hurwicz (1979b) 给出的，它包括了纯交换经济及生产规模报酬不变的经济环境作为特例。

对于某个固定的分享结构 $\gamma_i(\mathbf{e}; \theta)$，若有 $(\mathbf{x}_i + \mathbf{w}_i) R_i (\gamma_i(\mathbf{e}) + \mathbf{w}_i)$，$i = 1, \cdots, I$，则资源配置 $\mathbf{z} = (\mathbf{x}, \mathbf{y})$ 相对于 $\gamma_i(\mathbf{e}; \theta)$ 被说成是个人理性的 (individually rational)，这里 $\gamma_i(\mathbf{e}; \theta)$ 由下式给出：

$$\gamma_i(\mathbf{e}; \theta) = \frac{\mathbf{p} \cdot \sum_{j=I+1}^{n} \theta_{ij} \mathbf{y}_j}{\mathbf{p} \cdot \mathbf{w}_i} \mathbf{w}_i, \quad i = 1, \cdots, I, \tag{18.11.50}$$

这里，$\mathbf{p}$ 是一个有效价格向量，θ_{ij} 非负，且满足 $\sum_{i=1}^{n} \theta_{ij} = 1$，$j = I+1, \cdots, n$。所有个人理性配置的集合记为 $I_\theta(\mathbf{e})$。

现在定义在私有经济条件下的市场竞争均衡。假定消费者 i 拥有厂商 j 的 θ_{ij} 利润份额。所有制结构于是由向量 $\theta = (\theta_{ij})$ 决定。这些所有制结构的集合记为 Θ。

资源配置 $\mathbf{z} = (\mathbf{x}, \mathbf{y}) = (x_1, x_2, \cdots, x_I, y_{I+1}, y_{I+2}, \cdots, y_n) \in \mathcal{R}^{IL}_+ \times \mathcal{Y}$ 被称为在经济环境 $\mathbf{e}$ 下的一个市场竞争均衡或θ- **瓦尔拉斯配置 (θ-Walrasian allocation)**，当且仅当它是可行的，并且存在着一个价格向量 $\mathbf{p} \in \Delta^{L-1}$ 使得

(1) $\mathbf{p} \cdot \mathbf{x}_i = \sum_{j=I+1}^{N} \theta_{ij} \mathbf{p} \cdot \mathbf{y}_j$,　$i = 1, \cdots, I$；

(2) 对所有的 $i = 1, \cdots, I$，$(\mathbf{x}'_i + \mathbf{w}_i) \; P_i \; (\mathbf{x}_i + \mathbf{w}_i)$ 意味着 $\mathbf{p} \cdot \mathbf{x}'_i > \sum_{j=I+1}^{N} \theta_{ij} \mathbf{p} \cdot \mathbf{y}_j$；

---

①R_i 是凸的，若对任意的消费组合 a, b, $0 < \lambda < 1$ 和 $c = \lambda a + (1-\lambda) b$, $a \; P_i \; b$ 意味着 $c \; P_i \; b$, 这里 P_i 是严格偏好关系。

(3) $\mathbf{p}\cdot\mathbf{y}_j \geqq \mathbf{p}\cdot\mathbf{y}'_j, \quad \mathbf{y}'_j\in\mathcal{Y}_j, j=I+1,\cdots,N$。

所有瓦尔拉斯配置的集合记为 $W_\theta(\mathbf{e})$，所有瓦尔拉斯均衡价格和向量 $(\mathbf{p},\mathbf{z})$ 的集合记为 $\mathcal{W}_\theta(\mathbf{e})$。

注意，每个 θ-瓦尔拉斯配置显然是个人理性的，同时由偏好的单调性，它也是帕累托最优的。这样，对所有的 $\mathbf{e}\in E$，我们有 $W_\theta(\mathbf{e})\subseteq I_\theta(\mathbf{e})\cap P(\mathbf{e})$。

我们现在来构造信息分散化的市场竞争机制。

对每个消费者 $i\ (i=1,\cdots,I)$, 定义超额需求对应 (excess demand correspondence)，D_i : $\Delta^{L-1}\times\Theta\times\mathcal{R}^J_+\times E_i$ 如下：

$$D_i(\mathbf{p},\theta,\pi_{I+1},\cdots,\pi_N,e_i)=\{\mathbf{x}_i:\mathbf{x}_i+\mathbf{w}_i\in X_i,\mathbf{p}\cdot\mathbf{x}_i=\sum_{j=I+1}^{N}\theta_{ij}\pi_j$$
$$(\mathbf{x}'_i+\mathbf{w}_i)\ P_i\ (\mathbf{x}_i+\mathbf{w}_i)\text{ 意味着 }\mathbf{p}\cdot\mathbf{x}'_i>\sum_{j=I+1}^{N}\theta_{ij}\pi_j\}, \tag{18.11.51}$$

这里 π_j 是厂商 j 的利润 $(j=I+1,\cdots,n)$。

对每个生产者 $i\ (i=I+1,\cdots,I+J)$, 定义供给对应 (supply correspondence), S_j : $\Delta^{L-1}\times E_j$ 如下：

$$S_i(\mathbf{p},e_j)=\{\mathbf{y}_j:\mathbf{y}_j\in\mathcal{Y}_j,\mathbf{p}\cdot\mathbf{y}_j\geqq\mathbf{p}\cdot\mathbf{y}'_j,\ \forall\ \mathbf{y}'_j\in\mathcal{Y}_j\}. \tag{18.11.52}$$

注意当 $\mathbf{p}\in\Delta^{L-1}$, $\mathbf{x}_i\in D_i(\mathbf{p},\theta,p\cdot\mathbf{y}_{I+1},\cdots,\mathbf{p}\cdot\mathbf{y}_N)$ $(i=1,\cdots,I)$, $\mathbf{y}_j\in S_j(\mathbf{p},\mathbf{e}_j)$ $(j=I=1,\cdots,N)$，并且资源配置 $(\mathbf{x},\mathbf{y})$ 是平衡时，$(\mathbf{p},\mathbf{x},\mathbf{y})$ 是在经济环境 $\mathbf{e}$ 下的一个瓦尔拉斯均衡。

现在定义竞争市场机制 $\langle M_c,\mu_c,h_c\rangle$。

令 $M_c=\Delta^{L-1}\times Z$。

定义 $\mu_c:E\rightrightarrows M_c$，

$$\mu_c(\mathbf{e})=\cap_{i=1}^{N}\mu_{ci}(e_i), \tag{18.11.53}$$

这里 $\mu_{ci}:E_i\rightrightarrows M_c$ 被定义为

(1) 对 $i=1,\cdots,I$, $\mu_{ci}(e_i)=\{(\mathbf{p},\mathbf{x},\mathbf{y}):\mathbf{p}\in\Delta^{L-1},x_i\in D_i(\mathbf{p},\theta,p\cdot\mathbf{y}_{I+1},\cdots,\mathbf{p}\cdot\mathbf{y}_N,e_i)$, 及 $\sum_{i=1}^{I}x_i=\sum_{j=I+1}^{N}\mathbf{y}_j\}$。

(2) 对 $i=I+1,\cdots,N$，$\mu_{ci}(e_i)=\{(\mathbf{p},\mathbf{x},\mathbf{y}):\mathbf{p}\in\Delta^{L-1},\mathbf{y}_i\in S_i(\mathbf{p},\mathbf{e}_i)$, 及 $\sum_{i=1}^{I}\mathbf{x}_i=\sum_{j=I+1}^{n}\mathbf{y}_j\}$。

这样，对所有的 $\mathbf{e}\in E$ 我们有 $\mu_c(\mathbf{e})=\mathcal{W}_\theta(\mathbf{e})$。

最后，竞争机制的结果函数 $h_c:M_c\to Z$ 由下式给出

$$h_c(\mathbf{p},\mathbf{x},\mathbf{y})=(\mathbf{x},\mathbf{y}), \tag{18.11.54}$$

使得 $(\mathbf{p},\mathbf{x},\mathbf{y})\in W_\theta(\mathbf{e})$。

注意，由于以上所定义的竞争市场机制的信息空间 M_c 的任何一个点 $\mathbf{m}=(\mathbf{p},\mathbf{x}_1,\cdots,\mathbf{x}_I$，$\mathbf{y}_{I+1},\cdots,\mathbf{y}_n)\in\mathcal{R}^L_{++}\times\mathcal{R}^{nL}$ 满足条件：$\sum_{l=1}^{L}p^l=1$, $\sum_{i=1}^{I}\mathbf{x}_i=\sum_{j=I+1}^{n}\mathbf{y}_j$, $\mathbf{p}\cdot\mathbf{x}_i=$

$\sum_{j=I+1}^{n}\theta_{ij}\mathbf{p}\cdot\mathbf{y}_j$ $(i=1,\cdots,I)$，并且由瓦尔拉斯定律，所有消费者预算方程式中的一个不独立，这样 M 是欧氏空间 $(L+IL+JL)-(1+L+I)+1=(L-1)I+LJ$ 的一个子集，从而其维数的上界为 $(L-1)I+LJ$。

为了证明市场机制的信息有效性和唯一性，我们考虑一个特别的生产经济环境类，记为 $E^{cq}=\prod_{i=1}^{N}E_i^{cq}$，这里消费者的偏好关系由 Cobb-Douglas 函数给出，有效生产技术由二次型生产函数给出。

对 $i=1,\cdots,I$，消费者 i 的经济特征的集合 E_i^{cq} 由所有的 $e_i=(X_i,w_i,R_i)$ 给出, 它使得 $X_i=\mathcal{R}_+^L$，$w_i>0$, $u(\mathbf{x}_i+\mathbf{w}_i,a_i)=\prod_{l=1}^{L}(x_i^l+w_i^l)^{a_i^l}$，这里 $a_i\in\Delta^{L-1}$。

对 $i=I+1,\cdots,N$，生产者 i 的经济特征的集合由所有的 $e_i=\mathcal{Y}_i=\mathcal{Y}(\mathbf{b}_i)$ 给出:

$$\begin{aligned}\mathcal{Y}(\mathbf{b}_i)=\{\mathbf{y}_i\in\mathcal{R}^L: b_i^1y_i^1+\sum_{l=2}^{L}(\mathbf{y}^l+\frac{b_i^l}{2}(\mathbf{y}^l)^2)\leqq 0\\ -\frac{1}{b_i^l}\leqq y_i^l\leqq 0\ \text{对所有的}\ l\neq 1\},\end{aligned}\tag{18.11.55}$$

这里，$\mathbf{b}_i=(b_i^1,\cdots,b_i^L)$, $b_i^l>\frac{J}{w_i^l}$。

给定初始资源 $\bar{w}\in\mathcal{R}_{++}^{LI}$，定义子集合 $\bar{E}^{cq}\subset E^{cq}$ 如下:

$$\bar{E}^{cq}=\{\mathbf{e}\in E^{cd}:\mathbf{w}_i=\bar{\mathbf{w}}_i,\ \forall i=1,\cdots,I\},\tag{18.11.56}$$

即初始资源在 $\bar{E}^{cq}$ 中保持不变。令 E^c 为保证瓦尔拉斯均衡存在的所有生产经济环境的集合。于是我们有下列定理。

定理 18.11.1 (信息有效定理) 假定 $\langle M,\mu,h\rangle$ 是定义在生产经济环境上 E^c 的资源配置机制使得:

(i) 它是信息分散化的;

(ii) 它导致了帕累托有效配置;

(iii) M 是 Hausdorff 拓扑空间;

(iv) μ 在某点 $\mathbf{e}\in\bar{E}^{cq}$ 有一个局部连续选择。

则这个机制的信息空间 M 至少像竞争的市场机制的信息空间一样大，即我们有 $M\geqq_F M_c=_F R^{(L-1)I+LJ}$。

这个定理说明了对包括生产的一般新古典经济环境类，没有任何其他经济机制既能导致资源有效配置而又比私有制下的竞争市场机制用到了更少的信息。下面的定理 18.11.2 更进一步证明了定义在 E^{cq} 上的市场机制是唯一信息有效的机制。

定理 18.11.2 (唯一性定理) 假定 $\langle M,\mu,h\rangle$ 是一个定义在经济环境集合 E^{cq} 上的机制, 使得:

(i) 它是信息分散化的;

(ii) 它导致了帕累托有效配置;

(iii) 它相对于固定的分享结构 $\gamma_i(\mathbf{e};\theta)$ 是个人理性的;

(iv) M 是一个 $(L-1)I+LJ$ 维数的流形;

(v) μ 在 E^{cq} 上是一个连续函数。

则存在一个同胚映射从 $\mu(E^{cq})$ 到 M_c 上的 ϕ 使得

(a) $\mu_c = \phi \cdot \mu$;

(b) $h_c \cdot \phi = h$。

这样，这个定理证明了任何定义在 E^{cq} 上，有相同维数且导致了帕累托有效配置的机制事实上是和竞争机制等价的。由于 E^{cq} 是新古典经济环境类的一个子集合，于是我们有如下定理。

定理 18.11.3 假定 $\langle M, \mu, h\rangle$ 是定义在经济环境 E^{cq} 上的非竞争市场机制，使得：

(i) 它是信息分散化的；

(ii) 它导致了帕累托有效配置；

(iii) 它相对于固定的分享结构 $\gamma_i(\mathbf{e};\theta)$ 是个人理性的；

(iv) μ 在 E^{cq} 上是一个连续函数。

则它的信息空间 M 一定会比竞争市场机制的信息空间大，即 $M >_F M_c =_F R^{(L-1)I+LJ}$。

对以上三个定理的证明，请参见 Tian (2006)。

这样，私有产权的竞争市场机制是唯一的利用最少信息并且产生了有效配置和个人理性配置的经济机制。对公共品的情况，著者也得到了类似的结果。在 Tian (2000e) 一文中，对具有公共品的经济环境类，著者证明了没有任何其他经济机制既能导致资源有效配置而又比林达尔机制用到了更少的信息，并且林达尔机制是唯一的利用最少信息并且产生了有效配置和个人理性配置的机制。对具有副产品的公共品的经济环境类，著者在 Tian (1994a) 中讨论了信息有效性机制设计的问题。由于篇幅有限，我们在此不作详细讨论。

于是，从以上这些结果，我们可以得到一个重要的结论：无论是指令性计划经济机制、国有经济、集体经济、股份合作制还是混合所有制，以及任何其他的非市场的经济制度，它们为了实现资源有效配置所需要的信息一定比竞争市场机制所需要的多，从而这些机制不是信息有效率的，即需要花更多的运行成本 (或代价) 来实现资源的最优配置。这个结果告诉人们，在竞争市场机制能够解决资源的最优配置的情况下，应让市场来解决。只有在竞争市场无能为力的情况下，才应该采用其他一些机制来补充市场机制的失灵。这个结果可能对中国为什么要让市场机制发挥基础性和决定性的作用，让民营经济而不是国有经济发挥主导作用及国有经济民营化提供了一个重要的理论基础。它也部分地回答了早期社会主义大论战所争论的信息效率问题，这个推论实际上是比较直观的。从以上将竞争市场机制定义为一个信息分散化经济机制可看出，市场机制的信息空间是由两个向量组成的：一个是价格向量，另一个是资源配置向量 (商品供给和需求所组成的向量)。而当人们运用指令性计划经济机制时，下面的企业必须向上面汇报、传递各种信息，其中包括生产函数 (它反映了企业的技术条件和生产能力)。比如，假定生产函数是用多项式函数给出的，它可能有任意高的次数。这样当一个企业向中央计划部门传递关于多项式生产函数的信息时，信息空间的维数可能变得任意大。中央计划部门同时还可能需要得到消费者需求方面的情况。由于不同的人有不同的消费偏好，也就是具有不同的效用函数，这样计划机制的信息空间的维数可能会变得非常大，甚至是导致无穷维的空间，从而使得政府计划部门要作出生产和消费决策所需要的信息就会变得巨大，使得机制的运行成本非常大。

当然，对一个具有较少维数的经济机制，它的配置规则可能会变得非常复杂。这样运转这个机制的总代价也许比运转某个具有较大维数的机制的总代价还要大。不管怎样，对机制的最小信息空间的研究能够使人们知道运转一个机制至少需要多大的信息量或运行成本。当然，对探索机制的其他方面 (如机制的复杂性) 也是重要的。

此外，对更一般的包括非新古典的经济环境类 (比如，不可分的商品、非凸的偏好关系或生产可能性集)，是否存在着导致了最优资源配置的信息分散决策机制？若存在的话，它和所需信息 (交易成本) 的大小之间的关系是什么？赫维茨等人对非常一般的经济环境证明了这种机制的存在。但是这样的机制是以非常高的信息成本作为代价的。Calsamiglia(1977) 证明了对一类非古典的经济环境类，特别是对非凸的经济环境类，需要一个无限维的信息空间来使得一个机制导致帕累托最优的资源配置。

18.12 【人物小传】

18.12.1 迈克尔·斯宾塞

迈克尔·斯宾塞 (A. Michael Spence，1943—)，生于美国新泽西州，1972 年获美国哈佛大学博士学位，现任美国斯坦福大学、纽约大学教授。2001 年，因其在不对称信息市场分析方面所作出的开创性研究而与乔治·阿克洛夫、约瑟夫·斯蒂格利茨共同获得诺贝尔经济学奖。

斯宾塞最重要的研究成果是市场中具有信息优势的个体为了避免与逆向选择相关的一些问题发生，如何能够将其信息“信号”可信地传递给在信息上具有劣势的个体。信号要求个体采取观察得到且具有代价的措施以使其他个体相信他们的能力，或更为一般地，相信他们产品的价值或质量。斯宾塞的贡献在于形成了这一思想并将之形式化，同时还说明和分析了它所产生的影响。斯宾塞在其 1973 年的开创性研究 (以其博士论文为基础) 中将教育作为劳动力市场上生产效率的信号。其中基本观点是，除非信号成本在其发出者即求职者之间显著不同，否则信号不会有成功的效果。雇主不能将能力强的求职者从能力弱的求职者中区分开来，除非在后者选择较低的教育水平时前者发现自己对所受教育进行的投资能得到回报。假如雇主不能区分高和低的劳动能力之间的区别，那么就会导致劳动力市场以低工资雇用低能力者，形成劳动力市场上“劣币驱逐良币”的现象。斯宾塞还说明了存在教育和工资不同“预期”均衡的可能性，生产效率相同时，男性和白人的工资比女性和黑人的工资高。

斯宾塞随后的研究包括拓展这一理论和证实不同市场信号重要性的大量应用性研究，对大量的经济现象进行了分析，如作为生产率信号的昂贵广告和全面担保；作为市场力信号的主动降价；作为谈判力信号的延缓工资报价战略；作为盈利能力信号的债务融资而非发行新股的融资方式；作为降低居高不下通货膨胀的坚定承诺信号的不惜以衰退为代价的货币政策。

18.12.2 约瑟夫·斯蒂格利茨

约瑟夫·斯蒂格利茨 (Joseph E. Stiglize，1943—)，生于美国印第安纳州一个叫加里的小城，此城以生产钢铁闻名，诞生了两位当代伟大的经济学家，一位是萨缪尔森，另一位就是斯蒂格利茨。2001 年，斯蒂格利茨因对信息经济学的创立作出的重大贡献获诺贝尔经济学奖。斯蒂格利茨在信息经济学文献中堪称被人们引用得最多的经济学家，在更广泛的微观经济学与宏观经济学领域内也是如此。他所倡导的一些前沿理论，如逆向选择和道德风险，已成为经济学家和政策制定者的标准工具。斯蒂格利茨是美国最著名的经济学教育者之一。他所著的《经济学》在 1993 年首次出版后，一版再版，被翻译成多种语言，被公认为最经典的经济学教材之一，成为继萨缪尔森的《经济学》之后西方又一本具有里程碑意义的经济学入门教科书。

斯蒂格利茨较关注发展中国家的状况，常立足于发展中国家的角度阐述问题。他曾尖锐地指责引导经济全球化进程的有关国际机构漠视贫困人群的利益，在消除贫困、促进社会公正方面无所作为。对于国际货币基金组织和世界银行的“消灭贫穷计划”—— 自由贸易，斯蒂格利茨的观点是，欧洲人和美国人在亚洲、非洲和拉丁美洲到处冲破壁垒打开市场，却阻碍第三世界的农产品进入他们的市场。他提倡突出政府在宏观调控中的作用，认为获得持续增长和长期效率的最佳方法是找到政府与市场之间的适当平衡，使得世界经济回到一个更加公平、更加稳定的增长进程中，让人人都受益。

斯蒂格利茨这些思想的起源也许和他的成长过程有关。他出身勤奋的家庭，他的父亲 95 岁才从保险代理人的岗位上退休，他的母亲在 67 岁时按规定从小学教师的岗位上退休后，又开始教人纠正阅读，一直工作到 84 岁。斯蒂格利茨博士在大学的时候，学习成绩非常优秀，对社会活动也很感兴趣。1963 年，也就是大学三年级的时候，他成了学生会主席。在那期间，美国民权运动正如火如荼，斯蒂格利茨博士在华盛顿参加了马丁・路德・金博士领导的大游行，那次游行的高潮就是金博士名垂青史的演讲《我有一个梦》。这些社会活动对于塑造他为人和善、天性乐观的性格和他成名后的力倡公平、公正的市场思想应该说都具有很大影响。

斯蒂格利茨教授是数以百计的学术论文和著作的作者和编者，包括本科教材《公共部门经济学》（诺顿公司）、与宇泽弘文（H.Uzawa）合编的《现代经济增长理论选续》（麻省理工学院出版社，1969 年）、与安东尼・阿特金森合著的《公共经济学讲义》（麦格劳–希尔图书公司，1980 年）、与 D.M.G. 纽伯里合著的《商品价格稳定理论》(牛津大学出版社，1981 年)。1987 年，他创办的《经济学展望杂志》降低了其他主要经济学杂志所设立的专业化障碍。2008 年，他在 CNN 专栏针对由于华尔街房产泡沫出现的经济危机提出了几个预防经济危机再度出现的措施。斯蒂格利茨的经济学著作涉及面很广，但却始终如一地集中于竞争过程中不完全信息的作用。在若干篇开拓性的论文中，他证明了经济单位具有关于可供选择的市场机会的完全信息这样一种常见的假设并不像它看起来的那样无害，这些论文总结在他与格罗斯曼写的《信息与竞争性价格系统》(Information and Competitive Price Systems，载于《美国经济评论》，1976 年第二期）一文中。

18.13 习　题

习题 18.1 假设 X 是一个可选择的集合，$R = R_1 \times \cdots \times R_n$ 是对于 X 的社会偏好集。针对如下论述回答问题：

一个社会选择函数 $f : R \to X$ 是按占优战略机制可执行的，当且仅当该社会选择函数是被一个占优战略激励相容显示机制可执行的。

1. 给出下列名词的严格定义: (1) 占优战略机制; (2) 显示机制; (3) 占优战略激励相容显示机制; (4) 执行。
2. 说明上面的论述是否正确, 若正确予以证明, 否则予以证伪。

习题 18.2 若面临受限定义域, 吉伯德-萨特思韦特不可能性定理的结论可能不成立。试给出一个具体构造证明上述论断。

习题 18.3 (只有两个候选人的简单多数投票) 假设 N 个选民对两个候选人 a 和 b 进行投票, 每个选民报出其偏好 (只需报出其支持的候选人), 然后根据如下简单多数规则投票:

$$F(e) = \begin{cases} a, & \text{若} \quad \#\{i \in I | a \succ_i^e b\} > \#\{i \in I | b \succ_i^e a\}, \\ b, & \text{若} \quad \#\{i \in I | a \succ_i^e b\} \leqq \#\{i \in I | b \succ_i^e a\}. \end{cases}$$

1. 证明: 简单多数规则是防操纵 (strategy−proof) 的, 即每个选民都会真实申报自己的偏好, 无论别人是否讲真话, 从而 $F(\cdot)$ 可被占优战略真实执行。
2. 这个结论对多于两个候选人会成立吗?

习题 18.4 考虑两人两物品的纯交换经济环境。对于每个 $i = 1, 2$, $e^i \in E^i = \{u_c^i, u_l^i\}$。给定

$$u_{ci}(x_i^1, x_i^2) = x_i^1 x_i^2,$$
$$u_{li}(x_i^1, x_i^2) = x_i^1 + 2x_i^2.$$

因此, 在这个环境下 ($E = E^1 \times E^2$), 有四种可能的经济形式。对于每种经济来说, 禀赋是固定的, $\omega^1 = (1, 0)$, $\omega^2 = (1, 2)$。

1. 给出帕累托有效的集合, 并在图中标出个人理性和帕累托有效的集合以及它们的交集。
2. 证明: 对于这个经济环境, 不存在激励相容的直接机制来同时执行个人理性和帕累托有效。

习题 18.5 三个个体采用中枢机制决定一项公共品是否被提供。已知个体 a, b, c 对该公共品价值的汇报分别为 $3, 5, -7$。

1. 该公共品应该被提供吗?
2. 谁是该机制下的中枢人?
3. 对每个个体的转移支付应是多少?
4. 若该公共品对消费者 b 的真实价值为 3, 他是否仍会保持 5 的汇报? 为什么?
5. 该中枢机制是平衡的吗?

习题 18.6 证明: 对私人价值连续情形下的公共经济, 在维克瑞-克拉克-格罗夫斯机制下, 所有参与人讲真话 $(b_1(\mathbf{y}), b_2(\mathbf{y}), \cdots, b_n(\mathbf{y})) = (v_1(\mathbf{y}), v_2(\mathbf{y}), \cdots, v_n(\mathbf{y}))$ 构成了一个占优战略均衡, 从而这个机制按占优均衡真实地执行社会有效规则 $y^*(\cdot)$。

习题 18.7 假定有两种可以降低污染的技术, 每一种技术分别为厂商 i 所拥有, $i \in \{1, 2\}$, 技术是凸性的, 并且依赖于私人信息 θ_i。为了简化, 我们假定成本函数为 $C_i(q_i) = \frac{1}{2}\theta_i q_i^2$, q_i 是通过技术 i 降低的污染量。同时我们假定边际效用是一个线性形式, $MU(q) = 1 - 2q$, 总的降低污染量 $q = q_1 + q_2$。

1. 计算对于两个厂商降低污染量的有效水平, 是 (θ_i, θ_j) 的函数。
2. 计算在中枢 (pivotal) 机制中, 实施有效水平的转移支付。

习题 18.8 考虑公共品的提供问题。两个城镇分别位于一条河的两岸，现在要决定是否要在两个城镇之间建造一座桥梁，建桥的成本是 $1 > c > 0$，令 θ_i 是城镇 i 中打算使用桥梁的居民的数量。假设 θ_i 的先验分布为 $[0,1]$ 上的均匀分布，且 θ_1 与 θ_2 独立。在通过桥梁到达河另一边的城镇后，城镇 i 的居民会对城镇 j 的居民产生一个 $\gamma\theta_i$ 的影响，这个影响可正可负。因此，对于城镇 i 来说，建桥的总价值是 $\theta_i + \gamma\theta_j$。

1. 对于这个问题，一般的 VCG 机制是什么？找出与之相关的事后均衡。
2. 这个问题中按占优战略实施的社会选择规则是什么？

习题 18.9 考虑如下由个体 a, b, c 和公共品 y 构成的经济。个体 i 的效用函数为 $u_i(t_i, y) = t_i + v_i(y)$，其中 $v_i(y) = \bar{\theta}_i \ln y - y$。$t_i$ 表示对个体 i 的转移支付，且政策制定者并不知道真实的 $\bar{\theta}_i$。

1. 写出格罗夫斯机制 $t_a(\theta), t_b(\theta), t_c(\theta), y(\theta)$，其中 θ_i 为个体 i 对其真值 $\bar{\theta}_i$ 的汇报。
2. 写出格罗夫斯–克拉克机制（即中枢机制）。

习题 18.10 假定 $v(\cdot, \theta_i)$ 二阶连续可微，且对 $\theta_i \in [\underline{\theta}_i, \bar{\theta}_i]$，有 $\partial^2 v_i(y, \theta_i)/\partial y^2 < 0$，$\partial^2 v_i(y, \theta_i)/\partial y \partial\theta_i > 0$。证明：连续可微的社会选择函数 $f(\cdot) = (y(\cdot), t_1(\cdot), \cdots, t_n(\cdot))$ 是占优战略真实可执行的，当且仅当 $y(\theta)$ 是 θ_i 的非减函数且 $t_i(\theta_i, \theta_{-i}) = t_i(\underline{\theta}_i, \theta_{-i}) - \int_{\underline{\theta}_i}^{\theta_i} \frac{\partial v_i(y(s,\theta_{-i}),s)}{\partial y} \frac{\partial y(s,\theta_{-i})}{\partial s} ds$。

习题 18.11 证明：若消费者对公共品的偏好域不受限制（即随着 θ_i 的变化每个效用函数 $v_i : \mathcal{D} \to \mathcal{R}$ 都可能出现），则 VCG 机制是唯一能够诱导代理人讲真话并实现公共品有效供给的机制。

习题 18.12 个体 1 和 2 将决定一件物品的归属。考虑如下机制：个体 1 和 2 分别汇报价格 p_1 和 p_2。若 $p_1 > p_2$，则个体 1 获得该物品并向个体 2 支付 p_2；若 $p_1 < p_2$，则个体 2 获得该物品并向个体 1 支付 p_1；若 $p_1 = p_2$，则个体 1 和 2 分别有一半的概率获得该物品并向对方支付 p_1。回答：

1. 该机制是否满足占优战略激励相容？
2. 该机制是个体理性的吗？
3. 该机制是预算平衡的吗？

习题 18.13 考虑 n 个参与人和一个公共品 y 的拟线性经济环境。令 $y^*(\cdot)$ 表示事后有效配置机制，同时定义 $V^*(\theta) = \Sigma_i v_i(y^*(\theta), \theta_i)$。

1. 证明存在事后有效的社会选择函数可以被占优战略真实执行的充分必要条件是函数 $V^*(\cdot) = \sum_i V_i(\theta_{-i})$，这里，对于所有 i 来说，$V_i(\cdot)$ 只是 θ_{-i}。
2. 利用上面的结论，证明当 $n = 3$，$Y = \mathcal{R}$，$\Theta_i = \mathcal{R}_+$，以及对于所有的 i，$v_i(y, \theta) = \theta_i y - \frac{1}{2}y^2$，存在一个可以被占优战略真实执行的事后有效的社会选择函数。
3. 现假设 $v_i(y, \theta_i)$ 函数使得 $V^*(\cdot)$ 是一个 n 次连续可微的函数。证明事后有效的社会选择函数存在的充分必要条件是：对于任一 θ，

$$\frac{\partial^I}{\partial\theta_1 \cdots \partial_n} = 0$$

4. 利用问题 (3) 中结论去验证，当 $n = 2$ 时，不存在事后有效的社会选择函数可以被占优战略真实执行。

习题 18.14 考虑如下由 $n \geqslant 3$ 个个体和公共品 y 构成的经济。个体 i 的效用函数为

$u_i(t_i, y) = t_i + v_i(y)$，其中 $v_i(y) = -1/2y^2 + \bar{\theta}_i y$。

1. 写出格罗夫斯机制。
2. 证明：若 $d_i(\theta_{-1}) = \frac{1}{2n}\sum\limits_{j\neq i}\theta_j^2 + \frac{n-1}{2n(n-2)}\sum\limits_{j\neq i}\sum\limits_{k\neq i,j}\theta_j\theta_k$，则格罗夫斯机制是平衡的。
3. 上述格罗夫斯机制是帕累托有效的吗？

习题 18.15 (Jackson，2003) 考虑两个人和一个公共品供给的问题。$I = \{1, 2\}$，每个参与人的类型分布为 $\theta^i \in \{0, 1\}, i = 1, 2$。公共品是离散的，要么提供要么不提供，假设公共品的供给成本为 $c = \frac{3}{2}$。两个参与人的效用函数满足拟线性，$u_i(y, t_i, \theta_i) = y\theta_i - t_i$，其中 $y \in \{0, 1\}$ 是公共品提供决策，t_i 是参与人 i 的转移支付。一个 $(y(\mathbf{t}), t_i(\mathbf{t}), i \in I)$ 被称为预算平衡的，如果满足:

$$\sum_{i\in I} t_i(\mathbf{t}) = 0, \forall \mathbf{t}.$$

一个 $(y(\mathbf{t}), t_i(\mathbf{t}), i \in I)$ 被称为具有个人理性的，如果满足:

$$u_i(y(\mathbf{t}), t_i(\mathbf{t})) \geqslant 0, \forall \mathbf{t}, \forall i \in I.$$

1. 证明在这个例子中格罗夫斯机制不满足预算平衡。
2. 证明在这个例子中格罗夫斯机制不满足个人理性。

习题 18.16 (显示原理导致非强执行的一个例子) 教材中指出：尽管原有的一般机制完全或强执行了社会选择对应 F，但所派生的显示机制 $\langle E, g\rangle$ 可能只是执行，而不是完全或强执行了 F。现在考虑 Dasgupta, Hammond 和 Maskin(1979) 给出的这样的反例。假设社会可选结果集合为 $A = \{a, b, c, d, e, p, q, r\}$，个体特征由其偏好来刻画。假设个体 1 和 2 的所有特征集合分别为 $\mathcal{R}_1 = \{R_1, R_1'\}$ 和 $\mathcal{R}_2 = \{R_2, R_2'\}$，这些偏好序描述如下:

$$R_1 = \begin{bmatrix} q \\ a-c-e \\ d-b-p \\ r \end{bmatrix}, R_1' = \begin{bmatrix} c-b-p \\ a-d-e \\ q-r \end{bmatrix}, R_2 = \begin{bmatrix} r \\ d-a-e \\ b-c-p \\ q \end{bmatrix}, R_2' = \begin{bmatrix} d \\ b-c \\ a \\ e-p-q-r \end{bmatrix}.$$

考虑一个社会选择规则 (social choice rule)，它定义如下:

$$f(R_1, R_2) = \{a, e\};$$
$$f(R_1', R_2) = \{c, p, b\};$$
$$f(R_1, R_2') = \{d\};$$
$$f(R_1', R_2') = \{b\}.$$

1. 证明社会选择规则 f 满足单调性和帕累托有效性。
2. 证明 f 可以被以下机制 g_1 中按占优均衡强执行，g_1 由下面的表刻画，其中行是参与人 1 的战略选择，列是参与人 2 的战略选择。

a	d	e
c	b	p
a	b	e

3. 证明 f 不能被下面的直接机制 g_2 执行，g_2 由下面的表刻画。

	R_2	R_2'
R_1	a	d
R_1'	c	b

4. 证明这个不能被直接显示机制执行的均衡结果不是帕累托有效的。

习题 18.17 证明或反证以下社会选择对应是否满足马斯金单调性。

1. 弱帕累托有效对应。
2. 孔多塞对应。
3. 个人理性配置集。
4. 瓦尔拉斯对应。
5. 林达尔对应。
6. 约束瓦尔拉斯对应。
7. 约束林达尔对应。
8. 对以上不满足马斯金单调性的社会选择对应，对定义域施加什么样的限制，可使之满足马斯金单调性呢? 证明你的论断。

习题 18.18 证明或反证以下社会选择对应是否满足无否决权性质。

1. 弱帕累托有效对应。
2. 孔多塞对应。
3. 个人理性配置集。
4. 瓦尔拉斯对应。
5. 林达尔对应。
6. 约束瓦尔拉斯对应。
7. 约束林达尔对应。

习题 18.19 在所罗门国王的例子中，由于社会目标不满足马斯金单调性，从而在纳什均衡意义上它是不可执行的。那么，能否借助精炼纳什执行或近似纳什执行的思想，解决所罗门国王面临的问题呢? 给出你的思路。

习题 18.20 若无否决权条件不成立，马斯金单调性并不能保证社会选择对应纳什可完全执行。试举一例证明上述论断。

习题 18.21 无否决权条件是社会选择对应纳什可完全执行的必要条件吗? 若是，给出证明; 若否，举出反例。

习题 18.22 (Borda rule) 经济中存在 N 个人，假设 X 包含有限个备选方案。对于任意一个备选方案 x，$B^i(x)$(Borda count) 是指，对于个体 i，X 中不如 x 好的那些备选方案的数量，Borda rule 如下:

$$xRy \iff \sum_{i=1}^{N} B^i(x) \geqslant \sum_{i=1}^{N} B^i(y).$$

1. 证明这样的对应满足马斯金单调性条件。
2. 这样的对应是否满足无否决权的条件?

习题 18.23 假设 $N=\{1,2,3\}$，$E=\{e,\bar{e}\}$，$A=\{a,b,c\}$。具体偏好如下:

在状态 e 下，$1: b \succ a \succ c$; $2: a \succ c \succ b$; $3: a \succ c \succ b$。

在状态 $\bar{e}$ 下，$1: b \succ c \succ a$; $2: c \succ a \succ b$; $3: c \succ a \succ b$。

对于任意的 $\theta \in E$，定义社会选择规则 F 如下：

(i) $a \in F(\theta)$ 当且仅当按多数投票决定规则 a 好于 b;

(ii) $b \in F(\theta)$ 当且仅当按多数投票决定规则 b 好于 a;

(iii) $c \in F(\theta)$ 当且仅当 $\{x \in A | x \preceq_i^\theta c\} = A$ 对于任意 $i \in N$ 成立。

回答如下问题：

1. F 是否满足马斯金单调性？根据定义说明。
2. F 是否满足无否决权性质？根据定义说明。

习题 18.24　假设 $N = \{1, 2, 3, 4\}$，有 4 个不可分的物品 a_1, a_2, a_3, a_4。对任意 $i \in N$，其初始禀赋 $w_i = a_i$，$E = \{e_1, e_2\}$。具体偏好如下：

在状态 e_1 下，$1: a_1 \succ a_2 \succ a_3 \succ a_4$; $2: a_2 \succ a_1 \succ a_3 \succ a_4$;

$3: a_3 \sim a_4 \succ a_1 \succ a_2$; $4: a_3 \sim a_4 \succ a_2 \succ a_1$。

在状态 e_2 下，$1: a_1 \succ a_2 \succ a_3 \succ a_4$; $2: a_2 \succ a_1 \succ a_3 \succ a_4$;

$3: a_1 \succ a_2 \sim a_3 \succ a_2$; $4: a_3 \succ a_4 \succ a_2 \succ a_1$。

社会目标是将 4 个物品配置给 4 个人，每人分 1 个物品。具体而言，社会目标是一个对应 $\sigma: N \to A$。令 Z 表示所有可能配置组成的集合。配置规则 F 满足个体理性的要求，即：对于任意的 $e_i \in E$, $F(e_i) = \{\sigma \in Z | \sigma_j \succeq_j^{e_i} w_j$, 对于任意 $e_i \in E, j \in N\}$。回答如下问题：

1. F 是否满足马斯金单调性？根据定义说明。
2. F 是否满足无否决权性质？根据定义说明。

习题 18.25　假设 $N = \{1, 2, 3\}$，$E = \{e, \bar{e}\}$，$A = \{a, b, c\}$。具体偏好如下：

在状态 e 下，$1: a \succ b \succ c$; $2: c \succ a \succ b$; $3: b \succ c \succ a$。

在状态 $\bar{e}$ 下，$1: a \succ b \succ c$; $2: c \succ a \succ b$; $3: c \succ b \succ a$。

社会选择规则 F 是按照多数投票决定规则进行选择，确定结果 $F(e) = \{a, b, c\}$，$F(\bar{e}) = \{c\}$。F 是否为纳什可执行的？说明理由。

习题 18.26 (Moore 和 Repullo, 1990)　考虑两个参与人的纳什执行问题。$N = \{1, 2\}$，下面的条件称为 $\mu 2$。

条件 $\mu 2$: 如果教材中定义 18.8.6 的 μ 条件满足，同时满足下面的一个额外条件：

对于任意 $(a, e', b, \hat{e}) \in (A \times E \times A \times E)$ 满足 $a = F(e'), b = F(\hat{e})$，存在一个 $c = C(a, e', b, \hat{e}) \in C_1(a, e') \bigcap C_2(b, \hat{e})$，使得对于任意的 $e^* \in E$，下面条件满足：

$$\text{若} c \in C_1(a, e') \subset L_1(c, e^*), c \in C_2(b, \hat{e}) \subset L_2(c, e^*), \text{则} c \in F(e^*).$$

证明：在两人环境下，F 是可纳什执行的，当且仅当条件 $\mu 2$ 满足。

习题 18.27 (Moore 和 Repullo, 1990)　考虑两人环境下的纳什执行问题。一个社会选择规则 F 满足限制性否决权 (restricted veto power) 性质，若对所有的 $i \in I, e \in E, a \in A$，存在 $b \in range(F) \equiv \{\hat{a} \in A : \hat{a} = F(e), \text{存在某个} e \in E\}$，都有：

$$\text{若} A \subset \bigcap_{j \neq i} L_j(a, e), \text{同时} a \succeq_i b, \text{则} a \in F(e).$$

我们称一个结果 z 是差结果，若对所有的 $e \in E$ 和所有的 $a \in F(e)$，都有 $a \succ_i (e)z$，其中 $\succ_i (e)$ 是在 e 环境下参与人 i 的偏好关系。

证明：在两人环境下，若 F 满足马斯金单调性，满足限制性否决权性质，且同时存在一个差结果，则 F 是可纳什执行的，或者条件 $\mu 2$ 成立。

习题 18.28 试给出一个具体构造，论证格罗夫斯–莱迪亚德机制可能不是个体理性和个人可行的。

习题 18.29 (隐瞒禀赋机制，Tian，1993) 考虑具有一个私人品 x_i，K 个公共品 y，$n \geqq 3$ 个参与者以及生产函数为 $y = f(v) = v$ 的公共经济环境类，记为 E。假定参与人 i 的偏好关系 $\succcurlyeq_i$ 是凹的、关于私人品强单调的，且对所有的 $i \in N$，$(x_i, y)\ P_i\ (x_i', y')$，有 $x_i \in \mathcal{R}_{++}$，$x_i' \in \partial\mathcal{R}_+$，及 $y, y' \in \mathcal{R}_+^K$，这里 $\partial\mathcal{R}_+^m$ 是 $\mathcal{R}_+^m$ 的边界。

对 $i \in N$，定义其信息空间为

$$M_i = (0, 1] \times (0, \mathring{w}_i] \times \mathcal{R}^K \times \mathcal{R}^K,$$

其一般元素可表示为 $(\delta_i, w_i, \phi_i, y_i)$，记 $M = \prod_{i=1}^n M_i$。个人化价格定义为 $q_i(\mathbf{m}) = \frac{1}{n} + m_{i+1} - m_{i+2}$。定义一个对应 B: $M \to 2^{\mathcal{R}_+^K}$，

$$B(\mathbf{m}) = \{y \in \mathcal{R}_+^K : (1 - \delta(\mathbf{m}))w_i - q_i(\mathbf{m}) \cdot y \geqq 0\ \forall\, i \in N\},$$

这里 $\delta(\mathbf{m}) = \min\{\delta_1, \cdots, \delta_n\}$。定义公共品的结果函数 Y: $M \to B$，

$$Y(\mathbf{m}) = \{y : \min_{y \in B(\mathbf{m})} \parallel y - \tilde{y} \parallel\},$$

这里 $\tilde{y} = \sum_{i=1}^n y_i$。对每个 i，定义赋税函数 T_i: $M \to \mathcal{R}$，

$$T_i(\mathbf{m}) = q_i(\mathbf{m}) \cdot Y(\mathbf{m}).$$

可看出，

$$\sum_{i=1}^n T_i(\mathbf{m}) = q(\mathbf{m}) \cdot Y(\mathbf{m}).$$

私人品的结果函数为 $X(\mathbf{m})$: $M \to \mathcal{R}_+$，

$$X_i(\mathbf{m}) = w_i - q_i(\mathbf{m}) \cdot Y(\mathbf{m}).$$

1. 证明对应 B: $M \to 2^{\mathcal{R}_+^K}$ 是一个非空紧凸的连续对应。
2. 证明 $Y(\mathbf{m})$ 在 M 上是单值连续函数。
3. 证明以上机制是一个连续可行的机制。
4. 证明以上机制在 E 上完全地纳什执行了林达尔对应。

习题 18.30 (瓦尔拉斯对应连续可行地完全执行，Tian，1992) 考虑纯交换经济 $e = (\{X_i, \mathbf{w}_i, \succcurlyeq_i\})$，令 E 是所有使得瓦尔拉斯均衡存在的经济类的集合。定义一个完全可行（即个人可行及平衡配置）的连续机制如下：

对 $i \in N$，定义其信息空间为

$$M_i = \mathcal{R}_{++}^L \times \mathcal{R}^{nL},$$

其一般元素可表示为 $m_i = (p_i, x_{i1}, \cdots, x_{in})$，记 $M = \prod_{i=1}^n M_i$。定义价格向量函数 $p: M \to \mathcal{R}^L_{++}$，

$$p(\mathbf{m}) = \begin{cases} \sum_{i=1}^n \frac{a_i}{a} p_i, & 若\ a > 0, \\ \sum_{i=1}^n \frac{1}{n} p_i, & 若\ a = 0, \end{cases}$$

其中 $a_i = \sum_{j,k \neq i} \|p_j - p_k\|$，$a = \sum_{i=1}^n a_i$ 及 $\|\cdot\|$ 表示了欧氏模。

定义个人可行及平衡的对应 $B: M \to\to \mathcal{R}^{nL}_+$，

$$B(\mathbf{m}) = \{x \in \mathcal{R}^{nL}_+ : \sum_{i=1}^n x_i = \sum_{i=1}^n w_i \ \&\ p(\mathbf{m}) \cdot x_i = p(\mathbf{m}) \cdot w_i, \forall\, i \in N\}.$$

令 $\tilde{x}_j = \sum_{i=1}^n x_{ij}$，$\tilde{x} = (\tilde{x}_1, \tilde{x}_2, \cdots, \tilde{x}_n)$。私人品的结果函数 X: $M \to \mathcal{R}^{nL}_+$ 由下式给出

$$X(\mathbf{m}) = \{y \in \mathcal{R}^{nL}_+ : \min_{y \in B(\mathbf{m})} \|y - \tilde{x}\|\}.$$

1. 证明价格向量函数 $p: M \to \mathcal{R}^L_{++}$。
2. 证明对应 B: $M \to 2^{\mathcal{R}^K_+}$ 是一个非空紧凸的连续对应。
3. 证明 $X(\mathbf{m})$ 在 M 上是单值连续函数。
4. 证明：对每个经济 $e \in E$，这个机制的每个纳什均衡结果是一个瓦尔拉斯均衡配置。
5. 证明：对每个经济 $e \in E$，每个瓦尔拉斯均衡配置都是这个机制的某个纳什均衡结果。这样，由问题 (4) 和 (5)，以上这个连续完全可行的机制在 E 上完全纳什执行了瓦尔拉斯对应。

习题 18.31 已知某种耐用品的垄断厂商，其生产成本为 0，且面临着连续统 [0,1] 的消费者。所有消费者中，该耐用品对一半人的价值是 v_H，对另外一半人的价值是 v_L，$v_H > v_L$。该垄断者可以在时间 $t = 1, 2$，分别以价格 p_1，p_2 提供其产品。由于其产品是耐用品，任一消费者可以选择在第一期购买，也可以在第二期购买，甚至两期均不购买，但不会两期均购买。用 δ 表示共同的贴现因子。从而，垄断者的利润为 $\pi_1 + \delta\pi_2$。对于价值为 v 的消费者，若第一期购买，其剩余为 $v - p_1$；若第二期购买，其剩余为 $\delta(v - p_2)$；若两期均未购买，则其剩余为 0。

1. 假设企业可以设置一个单一价格，即 $p_1 = p_2 = p$。最优的价格和相应的利润分别是什么？
2. 现假设该垄断者可以先固定一个价格序列，即 (p_1, p_2)，消费者可以根据该价格序列决定是否购买以及什么时候购买。给出最优价格序列以及相应的利润。
3. 在问题 (2) 中所得的最优价格是动态一致的吗？即是否当第二期到来时，垄断者有动机改变 p_2？请加以解释。
4. 现假设在第一期，该垄断者设定一个价格 p_1，在该点上，每一个消费者决定是否购买。在第二期，垄断者设定一个新的价格 p_2，消费者接着决定是否进行购买。解出子博弈完美均衡价格，以及相应的垄断利润。
5. 最后，假设在第一期之前，垄断者可以生产一个确定数量的该商品，并毁掉其产能。垄断者是否可以从该战略中获益？请加以解释，并给出垄断者可获得的利润。

习题 18.32 (Moore 和 Repullo，1988) 考虑一个两人经济。假设经济有两种状态 $E = \{C, L\}$，当 $e = C$ 时，两个个体的偏好都是柯布–道格拉斯效用函数，配置为 $f(C) \in A$，当 $e = L$ 时，两个个体的偏好都是完全互补的效用函数 (或者里昂惕夫函数形式)，配置为 $f(L) \in A$，假设 $A = \{f(C), f(L), x, y\}$，状态和配置见图 18.6。考虑下面的一个动态博弈 g。

第一阶段：参与人 1 提出报告 r_1，若 $r_1 = L$，博弈结束，结果为 $f(L)$；若 $r_1 = C$，博弈进入第二阶段。

第二阶段：参与人 2 提出报告 $r_2 = C$，博弈结束，结果为 $f(C)$，否则进入第三阶段。

第三阶段：参与人 1 在 $\{x, y\}$ 选择一个结果，博弈结束。

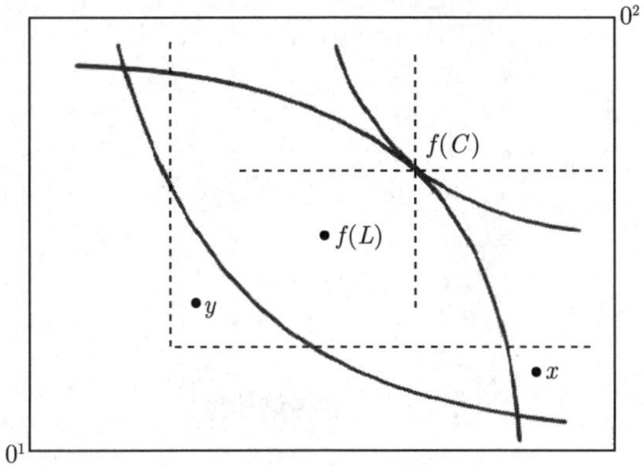

图 18.6　子博弈精炼均衡实施

证明：上面的社会选择规则 f 可以被动态博弈 g 以子博弈精炼均衡实施。

习题 18.33 (Jackson,1992) 对环境 (N, A, E)，其中 $N = \{1, \cdots, n\}$ 是参与人集合，一个机制 $\Gamma = (M, g)$ 由参与人的信息空间 $M = M^1 \times \cdots \times M^n$ 及其结果函数 $g: M \to A$ 组成。我们说 m^i 是**非劣信息**，若不存在信号 m'^i 弱占优于 m^i。将环境 e 下机制 Γ 的所有非劣信号集合记为 $U(\Gamma, e)$，所有纳什均衡记为 $N(\Gamma, e)$，所有非劣纳什均衡记为 $UN(\Gamma, e) = U(\Gamma, e) \bigcap N(\Gamma, e)$。社会选择规则 $F: E \to A$ 称为可以**被非劣纳什均衡执行**，若存在机制 (M, g)，可使得 $F(e) = g(UN(\Gamma, e)), \forall e \in E$。

假设 $N = \{1, 2\}$，$A = \{a, b\}$，$E = \{(R^1, R^2), (\bar{R}^1, R^2)\}$，$aP^1b, b\bar{P}^1aP^2b$。社会选择规则是 $F(R^1, R^2) = b$ 和 $F(\bar{R}^1, R^2) = a$。下面的机制 (M, g) 由图 18.7 描述。

1. 证明 F 不满足帕累托有效和马斯金单调性，即不能被纳什执行。
2. 证明 F 可以被机制 (M, g) 以非劣纳什执行。

习题 18.34 (Matsushima, 1988；Abreu 和 Sen, 1991；Diamantaras, 2009) 对环境 (N, X', E)，$A' = \{a_1, a_2, \cdots, a_K\}$ 是社会可选择的结果集合，A 是定义在 A' 上的所有彩票的集合，即 $A = \{\mathbf{x} \in [0, 1]^K : \sum_{k=1}^K x_k = 1\}$。

我们称环境不是**完全无差异的**(no total indifference)，若对每个 i 和 e，在 A' 中存在两个结果 $a, a' \in A'$，使得 $u_i(a, e) > u_i(a', e)$，其中 u^i 是参与人 i 的效用函数。

我们称两个社会选择规则 F 和 H 之间 ϵ 接近，如果对任意的 $e \in E$，存在一个一一映射 $\tau: F(E) \to H(E)$ 满足 $|\mathbf{x} - \tau(\mathbf{x})| = \sqrt{\sum_{k=1}^K (x_k - \tau(x)_k)^2} < \epsilon$，对任意 $\mathbf{x} \in F(e)$。

一个社会选择规则 F 被称为**可近似纳什执行的**，若存在一个社会选择规则 G 与 F 之

间 ϵ 接近同时可被纳什执行。

F 称为**序数的**(ordinal)，若对 $F(e) \neq F(e')$，存在一个参与人 i 和 $\mathbf{x}, \mathbf{x}' \in A$ 使得 $u^i(\mathbf{x}, e) \geqq u^i(\mathbf{x}', e), u^i(\mathbf{x}', e') > u_i(\mathbf{x}, e')$。

证明：如果参与人数超过 3，$|N| \geqslant 3$，环境不是完全无差异的，此时任意序数的社会选择规则都可以近似纳什执行。

		m^2				M^2					
	m^1	b	a	a	a	$\cdots$	a	a	a	a	$\cdots$
		b	a	a	a	$\cdots$	b	b	b	b	$\cdots$
		b	b	a	a	$\cdots$	b	b	b	b	$\cdots$
		b	b	b	a	$\cdots$	b	b	b	b	$\cdots$
M^1		$\vdots$	$\vdots$	$\vdots$	$\vdots$		$\vdots$	$\vdots$	$\vdots$	$\vdots$	
	$\bar{m}^1$	a	b	b	b	$\cdots$	b	b	b	b	$\cdots$
		a	a	a	a	$\cdots$	a	b	b	b	$\cdots$
		a	a	a	a	$\cdots$	a	a	b	b	$\cdots$
		a	a	a	a	$\cdots$	a	a	a	b	$\cdots$
		$\vdots$	$\vdots$	$\vdots$	$\vdots$		$\vdots$	$\vdots$	$\vdots$	$\vdots$	

图 18.7　非劣纳什执行

18.14　参考文献

教材和专著：

Bolton, P. and Dewatripont, M. (2005). *Contract Theory*, MIT Press.

Corchón, L. C. (1996). *Theory of Implementation of Socially Optimal Decisions in Economics*, Macmilian Press, Ltd.

Diamantaras, D. (2009), *A Toolbox for Economic Design*, Palgrave Macmillan.

Green, J. R. and Laffont, J. J. (1979). *Incentives in Public Decision Making*, North-Holland.

Groves, T. and Ledyard, J. (1985). "Incentive Compatibility Since 1972", *Information, Incentive, and Economic Mechanisms*, T. Groves, R. Radner, and S. Reiter, eds.

Hurwicz, L. (1979c). "Balanced Outcome Functions Yielding Walrasian and Lindahl Allocations at Nash Equilibrium Points for Two or More Agents", in *General Equilibrium, Growth, and Trade*, Jerry R. Green and Jose A. Scheinkman, eds., Academic Press, New York.

Hurwicz, L. (1986a). "Incentive Aspects of Decentralization", in *Handbook of Mathematical Economics*, K. J. Arrow and M. D. Intriligator, eds., Vol. III, North Holland.

Hurwicz, L. (1986b). "On Informational Decentralization and Efficiency in Resource Allocation Mechanism", in *Studies in Mathematical Economics*, S. Reiter, ed., Mathematical Association of America.

Hurwicz, L. (1986c). "On the Implementation of Social Choice Rules in Irrational Societies", in

Social Choice and Public Decision Making Essays in Honor of Kenneth J. Arrow, ed.,Vol. I, Cambridge University Press.

Laffont, J. J. and Maskin, E. (1979). "A Differential Approach to Expected Maximizing Mechanisms", in *Aggregation and Revelation of Preferences*, Laffont, J.J., ed., North Holland.

Laffont, J. J. and Martimort, D. (2002). *The Theory of Incentives: The Principal-Agent Model*, Princeton University Press.

Lange, O. (1938). *On the Economic Theory of Socialism*, Philadelphia: Lippincott.

Lange, O. and Taylor, F. M. (1938). *On the Economic Theory of Socialism*, B.E. Lippincott, ed., New York.

Mas-Colell, A., Whinston, M. D. and Green, J. (1995). *Microeconomic*, Oxford University Press, Chapter 14.

Moulin, H. (1983). *The Strategy of Social Choice*, North-Holland, Amsterdam.

Postlewaite, A. (1985). "Implementation in Nash Equilibria in Economic Environments," in *Social Goal and Social Organization Essays* in Memory of Elisha Pazner, Hurwicz, L., Schmeidler, D., and Sonnenschein, H. eds., Cambridge University Press.

Repullo, R. (1986). "The Revelation Principle under Complete and Incomplete Information", in *Economic Organization as Games*, Binmore, K. and P. Dasgupta, eds., Oxford, Basil Blackwell.

Thomson, W. (1979). "Maximum Strategies and Elicitation of Preferences", in *Aggregation an Revelation of Preferences*, Laffont, J.J. ed., North-Holland.

Varian, H. R. (1992). *Microeconomic Analysis, Third Edition*, W.W. Norton and Company.

Wolfstetter, E. (1999). *Topics in Microeconomics—Industrial Organization, Auctions, and Incentives*, Cambridge Press, Chapters 8-10.

论文：

Abreu, R. and Sen, A. (1990). "Subgame Perfect Implementation: A Necessary and Almost Sufficient Condition", *Journal of Economic Theory*, Vol. 50, 285-299.

Abreu, R. and Sen, A. (1991). "Virtual Implementation in Nash Equilibrium", *Econometrica*, Vol. 59, 997-1021.

Bergemann, Dirk and Morris, Stephen (2008). "Ex Post Implementation", *Games and Economic Behavior*, Vol. 63: 527-566

Bochet, Olivier (2007). "Nash Implementation with Lottery Mechanisms"，*Social Choice and Welfare*, Vol. 28, 111-125.

Calsarniglia, X. (1977). "Decentralized Resource Allocation and Increasing Returns", *Journal of Economic Theory*, Vol. 14, 263-283.

Danilov, V. (1992). "Implementation via Nash Equilibrium", *Econometrica*, Vol. 60, 43-56.

Dasgupta, P., Hammond, P. and Maskin, E. (1979). "The Implementation of Social Choice Rules: Some General Results on Incentive Compatibility", *Review of Economic Studies*, Vol. 46, 185-216.

Duggan, J. (1993). "Virtual Implementation in Bayesian Equilibrium with Infinite Types", *Parts I and II*, Mimeo.

Duggan, J. (1997). "Virtual Bayesian Implementation", *Econometrica*, Vol. 67, 1175-1199.

Dutta, B., and Sen, Arunava (1991). "Implementation under Strong Equilibria: A Complete Characterization", *Journal of Mathematical Economics*, Vol. 20, 49-67.

Green, Jerry and Laffont, Jean-Jacques (1977). "Characterization of Satisfactory Mechanisms for the Revelation of Preferences for Public Goods", *Econometrica*, Vol. 45, 427-438.

Gibbard, A. (1973). "Manipulation of Voting Schemes: A General Result", *Econometrica*, Vol. 41, 587-601.

Groves, T. and Loeb, M. (1975). "Incentives and Public Inputs", *Journal of Public Economics*, Vol. 4, 211-226.

Groves, T. and Ledyard, J. (1977). "Optimal Allocation of Public Goods: A Solution to the Free Rider Problem", *Econometrica*, Vol. 45, No. 4, 783-811.

Hayek, and von, F. A. (1935). "The Present State of the Debate", in *Collectivist Economic Planning*, F. A. von Hayek, ed., London, 201-243.

Hayek, and von, F. A. (1945). "The Use of Knowledge in Society", *American Economic Review*, Vol. 35, 519-530.

Holmstrom, B. (1979). "Groves Scheme on Restricted Domain," *Econometrica*, Vol. 47, 1137-1147.

Hurwicz, L. (1972). "On Informational Decentralized Systems", in *Decision and Organization*, Radner, R. and C. B. McGuire, eds., in Honor of J. Marschak, North-Holland, 297-336.

Hurwicz, L. (1979a). "Outcome Function Yielding Walrasian and Lindahl Allocations at Nash Equilibrium Point", *Review of Economic Studies*, Vol. 2, 397-419.

Hurwicz, L. (1979b). "On Allocations Attainable Through Nash Equilibria", *Journal of Economic Theory*, Vol. 21, No. 1, 140-165.

Hurwicz, L. (1979d). "Socialism and Incentives: Developing a Framework", *Journal of Comparative Economics*, Vol. 3, 207-216.

Hurwicz, L. (1999). "Revisiting Externalities", *Journal of Public Economic Theory*, Vol. 1, 225-246.

Hurwicz, L., Maskin, E. and Postlewaite, A. (1984). "Feasible Implementation of Social Choice Correspondences by Nash Equilibria", Mimeo.

Hurwicz, L., and D. Schmeidler (1978). "Construction of Outcome Functions Guaranteeing Existence and Pareto-optimality of Nash Equilibria", *Econometrica*, Vol. 46, 1447-1474.

Hurwicz, L., and Walker, M. (1990), "On the Generic Nonoptimality of Dominant-Strategy Allocation Mechanism: A General Theorem That Includes Pure Exchange Economies", *Econometrica* Vol. 58, 683-704.

Jackson, M.O. (1992). "Implementation in Undominated Strategies: A Look at Bounded Mechanisms", *Review of Economic Studies*, Vol.59, No. 4, 757-775.

Jackson, M.O. (2001). "A Crash Course in Implementation Theory", *Social Choice and Welfare*, Vol. 18, 655-708.

Jackson, M.O. (2003). "Mechanism Theory",Working Paper.

Jordan, J. S. (1982). "The Competitive Allocation Process in Informationally Efficient Uniquely", *Journal of Economic Theory*, Vol. 28, 1-18.

Laffont, J.J. and Maskin, E. (1980). "A Differential Approach to Dominant Strategy Mechanisms", *Econometrica*, Vol. 48, No. 6 , 1507-1520.

Lange, O. (1936-1937). "On the Economic Theory of Socialism", *Review of Economic Studies*, Vol. 4.

Lange, O. (1942). "The Foundations of Welfare Economics", *Econometrica*, Vol. 10, 215-228.

Ledyard, J., and Roberts, J. (1974). "On the Incentive Problem with Public Goods", Discussion Paper 116.

Lerner, A. P. (1944). *Economics of Control*, New York.

Li, Q., Nakmura, S. and Tian, G. (1995). "Nash Implementation of the Lindahl Correspondence with Decreasing Returns to Scale Technology", *International Economic Review*, Vol. 36, 34-50.

Liu, L., and Tian, G. (1999). "A Characterization of Optimal Dominant Strategy Mechanisms", *Review of Economic Design*, Vol. 4, 205-218.

Maskin, E. (1999). "Nash Equilibrium and Welfare Optimality", *Review of Economic Studies*, Vol. 66, 23-38.

Matsushima, H. (1988). "A New Approach to the Implementation Problem", *Journal of Economic Theory*, Vol. 45, 128-144.

McKelvey, R. (1989). "Game Forms for Nash Implementation of General Social Correspondence", *Social Choice and Welfare*, Vol. 6, 139-156.

Mookherjee, D., and Reichelstein, S. (1990). "Implementation via Augmented Revelation Mechanisms", *Review of Economic Studies*, Vol. 57, 453-475.

Moore, J., and Repullo, R. (1988). "Subgame Perfect Implementation", *Econometrica*, Vol. 56, 1191-1220.

Moore, J., and Repullo, R. (1990). "Nash Implementation: A Full Characterization", *Econometrica*, Vol. 56, 1083-1099.

Mount, K., and Reiter, S. (1974). "Informational Size of Message Spaces", *Journal of Economic Theory*, Vol. 8, 161-191.

Palfrey, T. and Srivastava, S. (1991). "Nash Implementation Using Undominated Strategy", *Econometrica*, Vol. 59, 479-502.

Peleg, B. (1996a). "A Continuous Double Implementation of the Constrained Walrasian Equilibrium", *Economic Design*, Vol. 2, 89-97.

Peleg, B. (1996b). "Double Implementation of the Lindahl Equilibrium by a Continuous Mechanism", *Economic Design*, Vol. 2, 311-324.

Postlewaite, A., and Wettstein, D. (1989). "Continuous and Feasible Implementation", *Review of Economic Studies*, Vol. 56, 603-611.

Reichelstein, S., and S. Reiter (1988). "Game Forms with Minimal Message Spaces", *Econometrica*, Vol. 56, 661-692.

Repullo, R. (1987). "A Simple Proof of Maskin's Theorem on Nash Implementation", *Social Choice and Welfare*, Vol. 4, 39-42.

Saijo, T. (1987). "On Constant Maskin Monotonic Social Choice Functions", *Journal of Economic Theory*, Vol. 42, 382-386.

Saijo, T. (1988). "Strategy Space Reduction in Maskin's Theorem", *Econometrica*, Vol. 56, 693-700.

Samuelson, P. A. (1954). "The Pure Theory of Public Expenditure", *The Review of Economics and Statistics*, Vol. 36, No. 4, 387-389.

Samuelson, P. A. (1955). "Diagrammatic Exposition of a Theory of Public Expenditure", *The Review of Economics and Statistics*, Vol. 37, 350-356.

Satterthwaite, M. A. (1975). "Strategy-proofness and Arrow's Conditions: Existence and Correspondence Theorems for Voting Procedures and Social Welfare Functions", *Journal of Economic Theory*, Vol. 10, 187-217.

Schmeidler, D. (1980). "Walrasian Analysis via Strategic Outcome Functions", *Econometrica*, Vol. 48, 1585-1593.

Shao, R. and Zhou, L. (2016a). "Voting and Optimal Provision of a Public Good," *Journal of Public Economics*, Vol. 134, 35-41.

Shao, R. and Zhou, L. (2016b). "Optimal Allocation of an Indivisible Good," *Games and Economic Behavior*, forthcoming.

Suh, S.C. (1997). "Double Implementation in Nash and Strong Nash Equilibria", *Social Choice and Welfare*, Vol. 14, 439-447.

Tian, G. (1988). "On the Constrained Walrasian and Lindahl Correspondences," *Economics Letters*, Vol. 26, 299-303.

Tian, G. (1989). "Implementation of the Lindahl Correspondence by a Single-Valued, Feasible, and Continuous Mechanism", *Review of Economic Studies*, Vol. 56, 613-621.

Tian, G. (1990). "Completely Feasible and Continuous Nash-Implementation of the Lindahl Correspondence with a Message Space of Minimal Dimension", *Journal of Economic Theory*, Vol. 51, 443-452.

Tian, G. (1991). "Implementation of Lindahl Allocations with Nontotal-Nontransitive Preferences", *Journal of Public Economics*, Vol. 46, 247-259.

Tian, G. (1992). "Implementation of the Walrasian Correspondence without Continuous, Convex, and Ordered Preferences", *Social Choice and Welfare*, Vol. 9, 117- 130.

Tian, G. (1993). "Implementing Lindahl Allocations by a Withholding Mechanism", *Journal of Mathematical Economics*, Vol. 22, 169-179.

Tian, G. (1994). "Implementation of Linear Cost Share Equilibrium Allocations", *Journal of Economic Theory*, Vol. 64, 568-584.

Tian, G. (1994a). "On Informational Efficiency and Incentive Aspects of Generalized Ratio Equilibria", *Journal of Mathematical Economics*, Vol. 23, 323-337.

Tian, G. (1994b). "Implementation of Linear Cost Share Equilibrium Allocations", *Journal of Economic Theory*, Vol. 64, 568-584.

Tian, G. (1995a). "Nash Implementation of the Lindahl Correspondence with Decreasing Returns to Scale Technology" (with Qi Li and S. Nakamura), *International Economic Review*, Vol. 36, 37-52.

Tian, G. (1995b). "On Nash-Implementation in the Presence of Withholding" (with Qi Li), *Games and Economic Behavior*, Vol. 9, 222-233.

Tian, G. (1995c). "Ratio-Lindahl Equilibria and an Informationally Efficient and Implementable Mixed-Ownership System" (with Qi Li), *Journal of Economic Behavior and Organization*, Vol. 26, 391-411.

Tian, G. (1996a). "On the Existence of Optimal Truth-Dominant Mechanisms", *Economics Letters*, Vol. 53, 17-24.

Tian, G. (1996b). "Continuous and Feasible Implementation of Rational Expectation Lindahl Allocations", *Games and Economic Behavior*, Vol. 16, 135-151.

Tian, G. (1997). "Virtual Implementation in Incomplete Information Environments with General Sets of Alternatives and Types", *Journal of Mathematical Economics*, Vol. 28, 313-339.

Tian, G. (1999a). "Double Implementation in Economies with Production Technologies Unknown to the Designer", *Economic Theory*, Vol. 13, 1999, 689-707.

Tian, G. (1999b). "Bayesian Implementation in Exchange Economies with State Dependent Preferences and Feasible Sets", *Social Choice and Welfare*, Vol. 16, 99-119.

Tian, G. (2000a). "Double Implementation of Lindahl Allocations by a Continuous and Feasible Mechanism", *Social Choice and Welfare*, Vol. 17, 125-141.

Tian, G. (2000b). "Incentive Mechanism Design for Production Economies with Both Private and Public Ownership", *Games and Economic Behavior*, Vol. 33, 294-320.

Tian, G. (2000c). "Implementation of Balanced Linear Cost Share Equilibrium Solution in Nash and Strong Nash Equilibria", *Journal of Public Economics*, Vol. 76, 239-261.

Tian, G. (2000d). "Double Implementation of Linear Cost Share Equilibrium Allocations", *Mathematical Social Sciences*, Vol. 40, 175-189.

Tian, G. (2000e). "A Unique Informationally Efficient Allocation Mechanism in Economies with Public Goods", Mimeo.

Tian, G. (2003). "A Solution to the Problem of Consumption Externalities", *Journal of Mathematical Economics*, Vol.39, 831-847.

Tian, G. (2004). "A Unique Informationally Efficient Allocation Mechanism in Economies with Consumption Externalities", *International Economic Review*, Vol. 45, 79-111.

Tian, G. (2005). "Implementation in Production Economies with Increasing Returns", *Mathematical Social Sciences*, Vol. 49, 309-325.

Tian, G. (2006). "The Unique Informational Efficiency of the Competitive Mechanism in Economies with Production", *Social Choice and Welfare*, Vol. 26, 155-182.

Tian, G. (2009a). "Implementation in Economies with Non-Convex Production Technologies Unknown to the Designer", *Games and Economic Behavior*, Vol. 66, 526-545.

Tian, G. (2009b). "Implementation of Pareto Efficient Allocations", *Journal of Mathematical Economics*, Vol. 45, 113-123.

Tian, G. (2010). "Implementation of Marginal Cost Pricing Equilibrium Allocations with Transfers in Economies with Increasing Returns to Scale", *Review of Economic Design*, Vol. 14, 163-184.

Tian, G., and Li, Q. (1991). "Completely Feasible and Continuous Implementation of the Lindahl Correspondence with Any Number of Goods", *Mathematical Social Sciences*, Vol. 21, 67-79.

Tian, G., and Li, Q. (1994). "An Implementable and Informational Efficient State-Ownership System with General Variable Returns", *Journal of Economic Theory*, Vol. 64, 268-297.

Tian, G., and Li, Q. (1995a). "On Nash-Implementation in the Presence of Withholding", *Games and Economic Behavior*, Vol. 9, 222-233.

Tian, G., and Li, Q. (1995b). "Ratio-Lindahl Equilibria and an Informationally Efficient and Implementable Mixed-Ownership System", *Journal of Economic Behavior and Organization*, Vol. 26, 391-411.

Walker, M. (1978). "A Note on the Characterization of Mechanisms for the Revelation of Preferences", *Econometrica*, Vol. 46, 147-152.

Walker, M. (1980). "On the Nonexistence of a Dominant Strategy Mechanism for Making Optimal Public Decisions", *Econometrica*, Vol. 48, 1521-1540.

Walker, M. (1981). "A Simple Incentive Compatible Scheme for Attaining Lindahl Allocations", *Econometrica*, Vol. 49, 65-71.

第19章　不完全信息下的一般机制设计

19.1　导　　言

本章将分析转到不完全信息情形下的执行问题。[①] 至今，我们在两种较为特殊解的概念下考虑了社会选择对应的执行问题。一个是占优均衡解的概念，另一个是纳什均衡解的概念及其细化。占优战略均衡是一个关于个体自利行为解的最强概念，无论是对机制设计者还是对参与人来说，要求了解的信息量最少，除了了解自身的信息，不需要了解任何其他经济人的信息。尽管占优均衡作为解的概念的机制下能让人真实显示自己的偏好，其中 VCG 机制甚至还能有效地提供公共品或不可分物品，但真实显示机制不可能执行帕累托最优配置，而纳什战略均衡及其细化都是关于个体自利行为解的非常弱的概念，对信息的要求很强，每个经济人不仅要求知道自身经济特征，而且要求每个参与人知道所有其他参与人的经济特征。然而，尽管在纳什均衡作为解的概念的机制下能执行帕累托最优配置，但必须放弃让人说真话的要求。

这样，在这两种解的概念下，无论赫维茨的不可能性定理、VCG 机制，还是纳什可执行的机制都说明了真实显示偏好与资源的帕累托最优配置一般来说不可能同时达到。那么，有没有一种解的概念，在某种较弱意义下，真实显示偏好与资源的帕累托最优配置能同时达到呢？答案是肯定的。只要贝叶斯激励相容约束成立（别人都说真话，我说真话是最佳的选择)，我们要介绍的期望外部机制显示了说真话和帕累托最优配置是可以同时达到的。

我们将用海萨尼 (Harsanyi) 所引入的贝叶斯–纳什均衡 (Bayesian–Nash equilibrium) 解概念来描述参与者的自利行为。[②] 贝叶斯解假设要求，尽管参与者不知道其他参与者的经济特征，但知道其概率分布。在这种情况下，不完全信息下的博弈解是贝叶斯–纳什均衡，相应的执行是贝叶斯–纳什执行。人们仍然可以设计出大量的贝叶斯激励相容机制和刻画一般社会选择规则的贝叶斯可完全执行性。

在随后的这章中，我们将首先给出其基本分析框架，介绍不完全信息下的基本模型、贝叶斯–纳什均衡以及在各种意义下贝叶斯可执行的一些基本的概念和定义。为了简单起见，直至本章最后部分，我们都是考虑社会选择函数（而不是社会选择函数的集合）的贝叶斯激励相容和贝叶斯可执行问题。在本章最后两节，我们将考虑社会选择集的贝叶斯可完全执行和事后可执行的特征化问题。

---

① 所谓不完全信息指的是代理人之间不了解彼此的偏好、技术、禀赋等信息。

② 纳什、泽尔腾和海萨尼由于分别发明了纳什、子博弈精炼纳什及贝叶斯–纳什这些均衡解概念而获得 1994 年诺贝尔经济学奖。

19.2　基本分析框架

19.2.1　模型

模型的设定及记号和上一章一样。Z 表示了备选方案所组成的结果的集合，$A \subseteq Z$ 是可行结果的集合。Θ_i 是参与人 i 的类型空间。为讨论简单起见，本章直至最后两节，我们假定参与人 i 的效用函数是依参数 θ_i 而定的**私人价值**函数，记为 $u_i(x, \theta_i)$，这里 $x \in Z$，$\theta_i \in \Theta_i$。所有参与者和机制设计者都知道效用类型向量 $\theta = (\theta_1, \cdots, \theta_n)$ 在先验集 $\Theta = \prod_{i \in N} \Theta_i$ 上按概率密度函数 $\varphi(\theta)$ 分布，因而是公共信息。

每个参与者都知道自身的类型 θ_i，并能计算其他人的条件分布：

$$\varphi(\theta_{-i}|\theta_i) = \frac{\varphi(\theta_i, \theta_{-i})}{\int_{\Theta_{-i}} \varphi(\theta_i, \theta_{-i}) d\theta_{-i}}.$$

令 $M = M_1 \times \cdots \times M_n$ 是信息空间，$h : M \to Z$ 是结果函数。一个经济机制由信息空间和结果函数组成。正式地，我们有如下定义。

定义 19.2.1　我们称由信息空间和结果函数组成的序偶 $\langle M, h \rangle$ 为**机制**，记为 $\Gamma = \langle M, h \rangle$。进一步，若每个参与人的信号都是其类型，即 $M_i = \Theta_i, \forall i$，则称机制 $\Gamma = \langle \Theta, h \rangle$ 为**显示机制 (revelation mechanism)**。

给定机制 $\langle M, h \rangle$，每个参与者 i 的信息选择 m_i 是 θ_i 的函数: $m_i : \Theta_i \to M_i$，个体 i 在 θ_i 处的条件期望效用为：

$$\begin{aligned}\Pi^i_{\langle M,h \rangle}(\mathbf{m}(\theta); \theta_i) &\equiv E_{\theta_{-i}}[u_i(h(m_i(\theta_i), \mathbf{m}_{-i}(\theta_{-i})), \theta_i) \mid \theta_i] \\ &= \int_{\Theta_{-i}} u_i(h(\mathbf{m}(\theta)), \theta_i) \varphi(\theta_{-i}|\theta_i) d\theta_{-i}.\end{aligned} \tag{19.2.1}$$

定义 19.2.2　战略 $\mathbf{m}^*(\cdot)$ 是机制 $\langle M, h \rangle$ 的**贝叶斯–纳什均衡 (Bayesian-Nash equilibrium, BNE)**，若对所有的 $\theta_i \in \Theta_i$，都有

$$\Pi^i(\mathbf{m}^*(\theta); \theta_i) \geqq \Pi^i(m_i, \mathbf{m}^*_{-i}(\theta_{-i}); \theta_i), \quad \forall m_i \in M_i,$$

即若个体 i 相信其他个体将使用战略 $\mathbf{m}^*_{-i}(\cdot)$，则他将选择最大化其期望效用的战略 $m^*_i(\cdot)$。记 $\mathcal{B}(\Gamma)$ 为所有贝叶斯–纳什均衡的集合。贝叶斯–纳什均衡也简称为贝叶斯均衡。

注　对不完全信息环境下的机制 $\Gamma = \langle M, h \rangle$，信息 $m_i : \Theta_i \to M_i$ 是个体 i 的占优战略，若对所有的 $\theta_i \in \Theta_i$ 和所有可能的战略 $\mathbf{m}_{-i}(\theta_{-i})$，有

$$E_{\theta_{-i}}[u_i(h(m_i(\theta_i), \mathbf{m}_{-i}(\theta_{-i})), \theta_i) \mid \theta_i] \geqq E_{\theta_{-i}}[u_i(h(m'_i, \mathbf{m}_{-i}(\theta_{-i})), \theta_i) \mid \theta_i], \forall m'_i \in M_i. \tag{19.2.2}$$

由于条件 (19.2.2) 对所有 θ_i 和所有 $\mathbf{m}_{-i}(\theta_{-i})$ 成立，它等价于下述条件：对所有的 $\theta_i \in \Theta_i$，有①

$$u_i(h(m_i(\theta_i), \mathbf{m}_{-i}), \theta_i) \geqq u_i(h(m'_i, \mathbf{m}_{-i}), \theta_i), \forall m'_i \in M_i, \forall \mathbf{m}_{-i} \in M_{-i}. \tag{19.2.3}$$

① 由于 $\mathbf{m}_{-i}(\theta_{-i}) = \mathbf{m}_{-i}$，若式 (19.2.2) 成立，则式 (19.2.3) 成立。又由于 $E_{\theta_{-i}}[u_i(h(m_i, \mathbf{m}_{-i}(\theta_{-i})), \theta_i) \mid \theta_i] = u_i(h(m_i, \mathbf{m}_{-i}), \theta_i), \forall m_i \in M_i$，因此若式 (19.2.3) 成立，则式 (19.2.2) 成立。

从而，对私人价值模型，我们有如下关于占优均衡的等价定义。

定义 19.2.3 信息 $\mathbf{m}^*$ 是机制 $\Gamma = \langle M, h\rangle$ 的**占优均衡**，若对所有的 i 和所有的 $\theta_i \in \Theta_i$，有

$$u_i(h(m_i^*(\theta_i), \mathbf{m}_{-i}), \theta_i) \geqq u_i(h(m_i'(\theta_i), \mathbf{m}_{-i}), \forall m_i' \in M_i, \forall \mathbf{m}_{-i} \in M_{-i}.$$

上述定义同完全信息情形占优均衡的定义完全一样。

注 显然，每个占优均衡都是贝叶斯–纳什均衡，但反之并不成立。贝叶斯–纳什均衡比占优均衡要求经济人具有更复杂的信念结构。为了求得其最优战略，每个经济人必须对状态具有正确的先验信念 $\varphi(\cdot)$，且必须正确地预见其他个体所使用的均衡战略。

19.2.2 贝叶斯激励相容与贝叶斯执行

为了简单和实际应用起见，直至最后部分，我们本章着重讨论的是社会选择函数而不是社会选择函数的集合的贝叶斯激励相容和贝叶斯可执行问题。令 $f: \Theta \to A$ 为一个社会选择函数。由于在贝叶斯–纳什均衡处，每个参与人达到事中效用最大化，因此在文献中，贝叶斯执行有时也被称为事中执行。和占优及纳什执行类似，我们也有贝叶斯强执行和贝叶斯执行的概念。

定义 19.2.4 我们称机制 $\Gamma = \langle M, h\rangle$**强贝叶斯执行了社会选择函数** f，若对**所有**的贝叶斯–纳什均衡 $\mathbf{m}^*$，都有 $h(\mathbf{m}^*(\theta)) = f(\theta)$, $\forall\theta \in \Theta$。若这样的机制存在，我们称 f 是**可强贝叶斯执行的**。

当存在多个贝叶斯–纳什均衡时，有可能导致不良均衡结果，即不等于 f 的结果（见后面的例 19.7.1），于是有了下面较弱的贝叶斯执行的概念。

定义 19.2.5 我们称机制 $\Gamma = \langle M, h\rangle$**贝叶斯执行了社会选择函数** f，若存在一个贝叶斯–纳什均衡 $\mathbf{m}^*$，使得 $h(\mathbf{m}^*(\theta)) = f(\theta)$, $\forall\theta \in \Theta$。若这样的机制存在，我们称 f 是**贝叶斯可执行的**。

像占优执行一样，我们将会看到一个社会选择函数是贝叶斯可执行的当且仅当它是贝叶斯可真实执行的。

定义 19.2.6 我们称社会选择函数 f 是**贝叶斯可真实执行或贝叶斯激励相容的**，若说真话：$\mathbf{m}^*(\theta) = \theta$, $\forall\theta \in \Theta$，构成了直接显示机制 $\Gamma = (\Theta, f)$ 的一个贝叶斯–纳什均衡，即：

$$E_{\theta_{-i}}[u_i(f(\theta_i, \theta_{-i})), \theta_i) \mid \theta_i] \geqq E_{\theta_{-i}}[u_i(f(\theta'{}_i, \theta_{-i})), \theta_i) \mid \theta_i], \quad \forall i, \forall\theta_i, \theta'{}_i \in \Theta_i.$$

贝叶斯激励相容性意味着，对社会选择规则 f，只要其他人都采用诚实战略，每个经济人也会真实地显示自己的类型，即每个真实显示类型的战略组合都是直接显示机制 $\langle\Theta, f\rangle$ 的贝叶斯–纳什均衡。注意，贝叶斯激励相容并没有说，当其他人没有采用真实战略时，一个经济人的最佳反应战略是什么。当一个机制有多重均衡时，说假话也可能是一个贝叶斯–纳什均衡，其均衡结果也许还是一个不等于 f 的不良均衡结果。当贝叶斯激励相容是基本要求时，它一般只是保证了社会选择函数 f 的贝叶斯可真实执行性，但这并不意味着它是贝叶斯强执行的，也就是说，在社会选择集中，它不能保证其中任何一个机制导致的结果都是可取的。

类似地，我们有下面对贝叶斯执行的显示原理。

定理 19.2.1 (显示原理)　社会选择函数 $f(\cdot)$ 是贝叶斯可执行的，当且仅当它是贝叶斯可真实执行的。

证明　证明方法同前面一样。假设存在一个机制 $\Gamma = (M_1, \cdots, M_n, g(\cdot))$ 和它的一个均衡战略 $\mathbf{m}^*(\cdot) = (m_1^*(\cdot), \cdots, m_n^*(\cdot))$，使得 $g(\mathbf{m}^*(\cdot)) = f(\cdot)$，$\forall i, \forall \theta_i \in \Theta_i$，则有

$$E_{\theta_{-i}}[u_i(g(m_i^*(\theta_i), \mathbf{m}_{-i}^*(\theta_{-i})), \theta_i) \mid \theta_i] \geqq E_{\theta_{-i}}[u_i(g(m_i', \mathbf{m}_{-i}^*(\theta_{-i})), \theta_i) \mid \theta_i], \forall m_i' \in M_i.$$

参与人 i 采用偏离均衡的一个方法是谎报其类型为 $\hat{\theta}_i$ 而非 θ_i，即发出信息 $m_i' = m_i^*(\hat{\theta}_i)$。于是有

$$E_{\theta_{-i}}[u_i(g(m_i^*(\theta_i), \mathbf{m}_{-i}^*(\theta_{-i})), \theta_i) \mid \theta_i] \geqq E_{\theta_{-i}}[u_i(g(m_i^*(\hat{\theta}_i), \mathbf{m}_{-i}^*(\theta_{-i})), \theta_i) \mid \theta_i], \forall \hat{\theta}_i \in \Theta_i.$$

但由于 $g(\mathbf{m}^*(\theta)) = f(\theta), \forall \theta \in \Theta$，则 $\forall i, \forall \theta_i \in \Theta_i$，我们有

$$E_{\theta_{-i}}[u_i(f(\theta_i, \theta_{-i}), \theta_i) \mid \theta_i] \geqq E_{\theta_{-i}}[u_i(f(\hat{\theta}_i, \theta_{-i}), \theta_i) \mid \theta_i], \forall \hat{\theta}_i \in \Theta_i.$$ □

尽管贝叶斯激励相容性是 f 贝叶斯可执行的充分必要条件，它不是贝叶斯可强执行的充分条件。强执行性要求机制能保证所有的均衡结果都等于社会选择结果。多重均衡是贝叶斯可强执行的难点问题，设计机制本来想要通过社会选择规则达到可取结果，但也可能同时导致了不可取均衡结果。Demski 和 Sappington (JET，1984)，Postlewaite 和 Schmeidler (JET，1986)，Repullo (Econometrica，1988) 等人考察了这种多重均衡问题的严重性。

在什么样的条件下，能存在一个机制使得它有唯一的贝叶斯激励相容的均衡结果呢？若这样的机制存在，根据定义，我们知道社会选择函数 f 是贝叶斯可强执行的。其中一个这样的条件就是非占劣贝叶斯–纳什均衡。

定义 19.2.7　一个战略 $\mathbf{m} \in M$ 是机制 $\Gamma = \langle M, h \rangle$ 的**贝叶斯弱劣战略**，若存在参与人 i，θ_i 和另外一个贝叶斯战略 $m_i{}'(\theta_i) \neq m_i$，使得对所有的 $\mathbf{m}_{-i} \in M_{-i}$，

$$\Pi^i(m_i(\theta_i), \mathbf{m}_{-i}; \theta_i) \leqq \Pi^i(m_i'(\theta_i), \mathbf{m}_{-i}; \theta_i)$$

成立，并且对某个 $\mathbf{m}_{-i} \in M_{-i}$，上述严格不等式成立。

定义 19.2.8　一个战略 $m \in M$ 是机制 $\Gamma = \langle M, h \rangle$ 的**非占劣贝叶斯–纳什均衡**，若它是一个贝叶斯–纳什战略，但不是一个弱劣战略。

Palfrey 和 Srivastava(JPE, 1989) 证明了下面任何一个贝叶斯激励相容的社会选择函数 f 是贝叶斯可强执行的充分条件。

命题 19.2.1　对私人价值经济环境类，若存在一个机制，使得所有参与人都没有弱占劣战略，则任何贝叶斯激励相容的社会选择函数 f 是贝叶斯可强执行的。

在本章余下部分中，我们主要考虑社会规则的贝叶斯可（真实）执行的问题。本章最后两节将在更一般的相关价值模型下简要讨论更一般的社会选择规则——社会选择集（从而社会选择函数）是贝叶斯可完全执行（而不只是贝叶斯可执行）的充分必要条件。

19.3 帕累托有效的真实执行

依然考察拟线性私人价值效用函数情形。根据按占优战略执行一节的讨论，我们知道，若采用不需任何信息的占优均衡解概念，则一般来说不存在事后帕累托有效的真实执行。但若个体都采用贝叶斯-纳什均衡这一较弱的行为方式，而非占优战略均衡行为，这时我们需要假设经济人掌握一些关于其他经济人的信息分布函数，则事后（即对环境中的每一个状态）帕累托有效选择规则 $f(\cdot)=(y(\cdot),t_1(\cdot),\cdots,t_i(\cdot))$ 是可真实执行的，其中，$\forall\theta\in\Theta$，

$$y(\theta)\in \text{argmax}_{y\in Y}\sum_{i=1}^{n}v_i(y,\theta_i), \tag{19.3.4}$$

其预算是平衡的：

$$\sum_{i=1}^{n}t_i(\theta)=0. \tag{19.3.5}$$

下面所要介绍的期望外部性机制 (expected externality mechanism) 分别由 D' Aspermont 和 Gerard-Varet (1979) 以及 Arrow (1979) 给出，因而在文献中它也称为 AGV 机制。在下述假定下，该机制能达到事后帕累托有效的真实执行。

假设 19.1 类型分布是相互独立的，即 $\varphi(\theta)=\Pi_{i\in N}\varphi_i(\theta_i),\forall\theta\in\Theta$。

在参与人 i 的 VCG 转移支付中对其他参与人如实报告的价值函数取数学期望，并令

$$t_i(\hat{\theta})=E_{\theta_{-i}}[\sum_{j\neq i}v_j(y(\hat{\theta}_i,\theta_{-i}),\theta_j)]+d_i(\hat{\theta}_{-i}).$$

(根据上述独立性假设，上述关于 θ_{-i} 的期望并不需要对 θ_i 取条件期望。) 不同于 VCG 机制，上式中的第一项只与参与人 i 所报的类型 $\hat{\theta}_i$ 有关，而与其他参与人所报的类型无关。这是由于，上式第一项是在其他参与人 $j\neq i$ 都讲真话而参与人 i 所报的是 $\hat{\theta}_i$ 时，由其他经济人期望效用之和所组成，且它与参与人 $j\neq i$ 的实际所报无关。这意味着 $t_i(\cdot)$ 不是那么的“变化”(variable)，平均来说，它导致了参与人 i 的激励与社会剩余一致。

为了理解给定其他参与人 $j\neq i$ 讲真话时参与人 i 的激励相容条件满足，注意到参与人 i 的最优化问题为

$$\begin{aligned}&\max_{\hat{\theta}_i\in\Theta_i}E_{\theta_{-i}}[v_i(y(\hat{\theta}_i,\theta_{-i}),\theta_i)+t_i(\hat{\theta}_i,\theta_{-i})]\\&\quad=\max_{\hat{\theta}_i\in\Theta_i}E_{\theta_{-i}}[\sum_{j=1}^{n}v_j(y(\hat{\theta}_i,\theta_{-i}),\theta_j)]+E_{\theta_{-i}}d_i(\theta_{-i}).\end{aligned} \tag{19.3.6}$$

类似地，参与人 i 所报的信息只有在决策 $y(\hat{\theta}_i,\theta_{-i})$ 下是重要的。根据有效决策规则 $y(\cdot)$ 的定义，机制设计者总是选择 $y(\cdot)$ 使之最大化了社会福利（总盈余）(19.3.4)。这样，对每个 $\theta_{-i}\in\Theta_{-i}$，当参与人 i 如实报告自己的类型即 $\hat{\theta}_i=\theta_i$ 时，机制设计者和参与人的目标一致。从而，当总盈余（19.3.4）在 $y(\cdot)$ 处实现最大化时，参与人 i 的效用在决策 $y(\theta_i,\theta_{-i})$ 下也达到最大。因此，如实报告最大化了参与人 i 的期望效用（19.3.6）。因此，激励相容性成立。

注　上述论证建立在其他参与人如实报告假设的基础上。从而，一般来说参与人 i 如实报告自己的类型并非总是占优战略。事实上，若参与人 i 预期其他参与人说谎，即报告 $\hat{\theta}_{-i}(\theta_{-i}) \neq \theta_{-i}$，则参与人 i 的期望效用为

$$E_{\theta_{-i}}[v_i(y(\hat{\theta}_i, \hat{\theta}_{-i}(\theta_{-i})), \theta_i) + \sum_{j\neq i}^{n} v_j(y(\hat{\theta}_i, \theta_{-i}), \theta_j)] + E_{\theta_{-i}} d_i(\theta_{-i}),$$

此时只有自己如实报告并不能最大化上述式子。

为了得到事后帕累托有效结果，我们需要选择函数 $d_i(\cdot)$ 使得预算达到平衡。为此，令

$$\xi_i(\theta_i) = E_{\theta_{-i}}[\sum_{j\neq i} v_j(y(\theta_i, \theta_{-i}), \theta_j)],$$

从而期望外部性机制中的转移支付为 $t_i(\theta) = \xi_i(\theta_i) + d_i(\theta_{-i})$。可以证明，我们可用函数 $d(\cdot)$ 来补偿函数 $\xi(\cdot)$，方法如下。

令

$$d_j(\theta_{-j}) = -\sum_{i\neq j} \frac{1}{n-1}\xi_i(\theta_i).$$

则

$$\begin{aligned}\sum_{j=1}^{n} d_j(\theta_{-j}) &= -\frac{1}{n-1}\sum_{j=1}^{n}\sum_{i\neq j}\xi_i(\theta_i) = -\frac{1}{n-1}\sum_{j\neq i}\sum_{i=1}^{n}\xi_i(\theta_i)\\ &= -\frac{1}{n-1}\sum_{i=1}^{n}(n-1)\xi_i(\theta_i) = -\sum_{i=1}^{n}\xi_i(\theta_i),\end{aligned}$$

因此有

$$\sum_{i=1}^{n} t_i(\theta) = \sum_{i=1}^{n}\xi_i(\theta_i) + \sum_{i=1}^{n} d_i(\theta_{-i}) = 0.$$

这样，在私人价值模型中，当参与人的伯努利 (Bernoulli) 效用函数是拟线性的，且参与人的类型在统计上相互独立时，则存在按贝叶斯–纳什均衡可真实执行的事后有效社会选择函数。

19.4　线性模型下占优和贝叶斯激励相容的特征化

在这一节，我们在参与人的效用函数是线性的情形下，对占优激励相容和贝叶斯激励相容进行完全特征化，给出它们的等价表达形式。贝叶斯激励相容特征化定理非常有用。作为一个推论，贝叶斯激励相容特征化定理意味着，对任意两个贝叶斯真实执行了同一决策规则 $y(\cdot)$ 的贝叶斯激励相容机制，它们的事中期望效用 $E_{\theta_{-i}}U_i(\theta)$ 与转移支付 $E_{\theta_{-i}}t_i(\theta)$ 仅相差一个常数。在下一章，我们将用这个结论来证明拍卖理论中著名的收益等价定理：拍卖者在任何出价最高者获得物品的拍卖机制中所获得的收益都是相同的。

考虑决策集为 $Y \subset \mathcal{R}^n$，类型空间为 $\Theta_i = [\underline{\theta}_i; \overline{\theta}_i] \subset \mathcal{R}, \forall i$ 的线性环境，使参与人 i 的效用函数有如下形式：

$$\theta_i y_i + t_i.$$

注意，这样的线性效用函数满足单交叉性条件 (SCP)。

决策集 Y 随着应用的不同可有不同的形式。

两个例子：

(1) 不可分私人品的配置: $Z = \{\mathbf{y} \in \{0,1\}^n : \sum_i y_i = 1\}$。

(2) 非排他性公共品的提供: $Y = \{(q, \cdots, q) \in \mathcal{R}^n : q \in \{0,1\}\}$。

我们能够完全刻画在线性环境下的占优激励相容 (DIC) 和贝叶斯激励相容 (BIC) 选择规则。

令 $U_i(\theta) = \theta_i y_i(\theta) + t_i(\theta)$。对任意给定的 θ_{-i}，我们有如下命题。

命题 19.4.1 (占优激励相容特征化定理) 在私人价值线性模型中，社会选择规则 $(y(\cdot), t_1(\cdot), \cdots, t_n(\cdot))$ 是占优激励相容的当且仅当对所有的 $i \in N$,

(1) [**占优单调性 (DM)**]: $y_i(\theta_i, \theta_{-i})$ 关于 θ_i 非递减;

(2) [**占优激励相容一阶条件 (DICFOC)**]: $U_i(\theta_i, \theta_{-i}) = U_i(\underline{\theta}_i, \theta_{-i}) + \int_{\underline{\theta}_i}^{\theta_i} y_i(\tau, \theta_{-i}) d\tau, \forall \theta \in \Theta$。

证明 **必要性**: 占优激励相容意味着对所有的 $\theta_i' > \theta_i$，我们有

$$U_i(\theta_i, \theta_{-i}) \geqq \theta_i y_i(\theta_i', \theta_{-i}) + t_i(\theta_i', \theta_{-i}) = U_i(\theta_i', \theta_{-i}) + (\theta_i - \theta_i') y_i(\theta_i', \theta_{-i})$$

及

$$U_i(\theta_i', \theta_{-i}) \geqq \theta_i' y_i(\theta_i, \theta_{-i}) + t_i(\theta_i, \theta_{-i}) = U_i(\theta_i, \theta_{-i}) + (\theta_i' - \theta_i) y_i(\theta_i, \theta_{-i}).$$

于是有

$$y_i(\theta_i', \theta_{-i}) \geqq \frac{U_i(\theta_i', \theta_{-i}) - U_i(\theta_i, \theta_{-i})}{\theta_i' - \theta_i} \geqq y_i(\theta_i, \theta_{-i}). \tag{19.4.7}$$

不等式 (19.4.7) 意味着 $y_i(\theta_i, \theta_{-i})$ 关于 θ_i 非递减（注意到 $\theta_i' > \theta_i$）。并且，当 $\theta_i' \to \theta_i$，由式 (19.4.7)，我们有

$$\frac{\partial U_i(\theta)}{\partial \theta_i} = y_i(\theta),$$

从而有

$$U_i(\theta_i, \theta_{-i}) = U_i(\underline{\theta}_i, \theta_{-i}) + \int_{\underline{\theta}_i}^{\theta_i} y_i(\tau, \theta_{-i}) d\tau, \forall \theta \in \Theta.$$

充分性: 考虑任意两个类型 θ_i' 和 θ_i。不失一般性，假定 $\theta_i > \theta_i'$。若 DM 和 DICFO 成立，则有

$$\begin{aligned} U_i(\theta_i, \theta_{-i}) - U_i(\theta_i', \theta_{-i}) &= \int_{\theta_i'}^{\theta_i} y_i(\tau, \theta_{-i}) d\tau \\ &\geqq \int_{\theta_i'}^{\theta_i} y_i(\theta_i', \theta_{-i}) d\tau \\ &= (\theta_i - \theta_i') y_i(\theta_i', \theta_{-i}). \end{aligned}$$

这样，我们有

$$U_i(\theta_i, \theta_{-i}) \geqq U_i(\theta_i', \theta_{-i}) + (\theta_i - \theta_i') y_i(\theta_i', \theta_{-i}) = \theta_i y_i(\theta_i', \theta_{-i}) + t_i(\theta_i', \theta_{-i}).$$

类似地，我们可以推出

$$U_i(\theta_i', \theta_{-i}) \geqq U_i(\theta_i, \theta_{-i}) + (\theta_i' - \theta_i)y_i(\theta_i, \theta_{-i}) = \theta_i' y_i(\theta_i, \theta_{-i}) + t_i(\theta_i, \theta_{-i}).$$

因此，社会选择规则 $(\mathbf{y}(\cdot), t_1(\cdot), \cdots, t_n(\cdot))$ 是占优激励相容的。 □

现在推导社会选择规则 $(\mathbf{y}(\cdot), t_1(\cdot), \cdots, t_n(\cdot))$ 是贝叶斯激励相容的充分必要条件。当参与人 i 报告类型 $\hat{\theta}_i$，而其他参与人真实显示他们的类型时，记其事中期望消费和事中转移支付分别为 $\bar{y}_i(\hat{\theta}_i) = E_{\theta_{-i}} y_i(\hat{\theta}_i, \theta_{-i})$ 和 $\bar{t}_i(\hat{\theta}_i) = E_{\theta_{-i}} t_i(\hat{\theta}_i, \theta_{-i})$。此时，参与人 i 的事中期望效用 $\bar{U}_i(\theta_i, \hat{\theta}_i) = \theta_i \bar{y}_i(\hat{\theta}_i) + \bar{t}_i(\hat{\theta}_i)$ 只与事中期望消费 $E_{\theta_{-i}} y_i(\hat{\theta}_i, \theta_{-i})$ 及事中转移支付 $E_{\theta_{-i}} t_i(\hat{\theta}_i, \theta_{-i})$ 有关。

令参与人 i 真实显示 θ_i 时的事中期望效用表示为

$$\bar{U}_i(\theta_i) \equiv \bar{U}_i(\theta_i, \theta_i) = E_{\theta_{-i}} U_i(\theta) = \theta_i \bar{y}_i(\theta_i) + \bar{t}_i(\theta_i).$$

这样，BIC 意味着在事中阶段如实报告是最优的。对函数 $\bar{U}_i(\theta_i)$ 采用上述关于占优激励相容的充分必要条件的同样证明步骤，我们有如下命题。

命题 19.4.2 (贝叶斯激励相容特征化定理) *在私人价值独立分布线性模型中，社会选择规则 $(\mathbf{y}(\cdot), t_1(\cdot), \cdots, t_n(\cdot))$ 是贝叶斯激励相容的当且仅当对所有的 $i \in N$，*

(1) **[贝叶斯单调性 (BM)]**: *$\bar{y}_i(\theta_i)$ 关于 θ_i 非递减；*

(2) **[贝叶斯激励相容一阶条件 (BICFOC)]**: $E_{\theta_{-i}} U_i(\theta_i) = E_{\theta_{-i}}[U_i(\underline{\theta}_i, \theta_{-i})] + \int_{\underline{\theta}_i}^{\theta_i} E_{\theta_{-i}} y_i(\tau, \theta_{-i}) d\tau, \forall \theta_i \in \Theta_i$。

值得注意的是，BICFOC 是 DICFOC 的一个混同 (pooling)。类似地，BM 是 DM 的一个混同。后者意味着按贝叶斯–纳什可真实执行某些不是按占优均衡可真实执行的决策规则。

上述贝叶斯激励相容特征化定理意味着，对任意两个真实执行了同一决策规则 $y(\cdot)$ 的贝叶斯激励相容机制，它们的事中期望效用 $E_{\theta_{-i}} U_i(\theta)$，从而转移支付 $E_{\theta_{-i}} t_i(\theta)$ 仅相差一个常数。

推论 19.4.1 *在私人价值独立分布线性模型中，对任意真实执行了事后帕累托有效决策规则 $\mathbf{y}(\cdot)$ 的贝叶斯激励相容机制，存在着某个VCG机制，它们具有同样的事中期望转移支付和效用。*

证明 若 $(y(\cdot), t(\cdot))$ 为 BIC 机制，以及 $(y(\cdot), \tilde{t}(\cdot))$ 为 VCG 机制，则根据贝叶斯激励相容特征化定理 (命题 19.4.2)，有 $E_{\theta_{-i}} t_i(\theta) = E_{\theta_{-i}} \tilde{t}_i(\theta) + c_i, \forall \theta_i \in \Theta_i$。令 $\bar{t}_i(\theta) = \tilde{t}_i(\theta) + c_i$，则 $(y(\cdot), \bar{t}(\cdot))$ 也是一个 VCG 机制，且 $E_{\theta_{-i}} \bar{t}_i(\theta) = E_{\theta_{-i}} t_i(\theta)$。 □

这样，期望外部性机制事中等价 (interim-equivalent) 于某个 VCG 机制。其优点是它保证事后（即对环境中的每一个状态）预算平衡。更一般地，若决策规则 $y(\cdot)$ 是按占优均衡可真实执行的，则采用不是占优激励相容的贝叶斯激励相容机制来真实执行该决策规则的唯一理由是，我们关心的是事后转移支付或效用，而不是它们的事中或事前期望。

19.5 帕累托有效最优合约真实执行不可能性定理

在这一章考虑一般机制设计问题时，我们到现在为止还没有将机制视作一个合约，也就是还没有视作一个委托—代理问题。由于合约的签订应该是自愿的，如果一个机制是合约，那么它就应该满足经济人的参与约束条件。这样，如果我们要将委托—代理理论纳入一般机制设计理论的分析框架中来，机制须同时满足参与约束条件。这样，社会选择目标的真实执行不仅要求按占优战略或贝叶斯–纳什占优战略（取决于我们采用的解概念）满足激励相容约束，而且要随所考察的经济环境满足参与约束条件。

当采用占优战略作为解的概念时，赫维茨的不可能性定理告诉我们，不存在任何说真话的占优机制（合约）能导致帕累托有效配置。那么，在贝叶斯意义下，如果不施加参与约束条件，我们知道存在事后帕累托有效机制 (例如期望外部性机制)。那么，如果施加参与约束条件，并将机制视作合约，这样的机制是否可由经济人之间的合约来实施，即是否同时满足参与约束条件？这是本节要回答的问题，不幸的是，像占优机制一样，其答案依然是否定的。

19.5.1 参与约束

若我们将机制视作一个合约，则我们将遇到如下问题：

- 参与人是否会自愿接受该合约，即其参与约束（或称为个人理性）条件是否满足？
- 若由某个参与人设计该合约，他将在保证其他参与人参与约束条件满足的情形下最大化其收益。那么最优合约该如何设计呢？

为了分析这些问题，我们需要根据参与约束条件对社会选择规则施加额外限制。这些约束取决于参与人何时从机制中退出以及他们这样做能得到多少收益。令 $\hat{u}_i(\theta_i)$ 是参与人 i 从机制中退出后所能获得的效用（称为保留效用）。(这意味着当参与人从机制中退出时他将不再关心该机制对其他参与人的影响。) 根据信息显示的时序，我们有三种关于参与约束条件的定义。

定义 19.5.1 我们称社会选择规则 $f(\cdot)$ 为

(1) **事后 (ex post) 个人理性的**，若对所有的 i，有

$$U_i(\theta) \equiv u_i(f(\theta), \theta) \geqq \hat{u}_i(\theta_i), \forall \theta \in \Theta;$$

(2) **事中 (interim) 个人理性的**，若对所有的 i，有

$$E_{\theta_{-i}}[U_i(\theta_i, \theta_{-i})] \geqq \hat{u}_i(\theta_i), \forall \theta \in \Theta;$$

(3) **事前 (ex ante) 个人理性的**，若对所有的 i，有

$$E_\theta[U_i(\theta)] \geqq E_{\theta_i}[\hat{u}_i(\theta_i)].$$

显然，事后个人理性意味着事中个人理性，而事中个人理性又意味着事前个人理性，但反之并不一定成立。当参与人可以在事后阶段退出机制时，自愿参与约束是最强的。这三种参与约束条件的具体意义如下：

事后个人理性：当参与人可以在结果配置方案公布之后的任一阶段退出时，即事后后悔而可以毁约，采用事后个人理性约束更为恰当。例如，任何分散讨价还价方案都是事后个人理性的。这是最严格的参与约束条件。

事中个人理性：当参与人在知道自身类型 θ_i 之后但在知道其他参与人类型之前可退出时，采用事中个人理性约束假设更为恰当。一旦参与人决定参与到机制中，则他必须接受结果配置方案。这些约束相对于事后个人理性约束来说更容易满足一些。

事前个人理性：在事前参与约束下，即使参与人也不知道自己的类型，参与人仍然可以承诺接受合约参与进来。这是最容易满足的约束。例如，在拟线性环境下，当机制所产生的期望总盈余为正时，即

$$E_\theta[\sum_i U_i(\theta)] \geqq E_\theta[\sum_i \hat{u}_i(\theta_i)],$$

通过转移支付在参与人间重新配置期望效用，则所有参与人的事前个人理性约束条件都满足，且参与人的激励相容约束或者预算平衡条件仍能保持成立。

这样，我们主要考察事中个人理性约束下的激励机制设计问题。我们将进一步说明可真实执行社会选择函数的集合所受到的其他限制中还包括参与约束条件。这正是下述重要定理即 Myerson-Satterthwaite (1983) 所要考察的内容。

19.5.2　迈尔森–萨特思韦特不可能性定理

我们知道私人缔约 (private contracting) 并不一定产生有效配置。在委托—代理模型中，委托人能给予抽取代理人信息租金的有效合约。但是否存在能产生有效配置的签约/讨价还价方案呢？例如，在单边信息的委托—代理模型中，若由代理人向没有私人信息的委托人提出合约，则代理人也能抽取所有的盈余且实现有效配置结果。这样，我们现在考虑双方都有私人信息的双边情形 (bilateral situation)。罗杰・迈尔森 (Roger B. Myerson，1951— ，其人物小传见 19.9.2 节) 和马克・萨特思韦特 (Mark Satterthwaite)1983 年证明了，在这种双边私人信息情形下，一般来说并不存在满足双方参与约束的有效机制。

考虑在两个参与者（买者 B 和卖者 S）$I=\{S,B\}$ 之间配置某不可分物品。参与者的类型为 $\theta_i\in\Theta_i=[\underline{\theta}_i,\overline{\theta}_i]\subset\mathcal{R}$，其中 $\theta_i\sim\varphi_i(\cdot)$ 相互独立，且对所有的 $\theta_i\in\Theta_i$，有 $\varphi_i(\cdot)>0$。令 $y\in\{0,1\}$ 表示 B 是否获得该物品。社会选择规则为 $f(\theta)=(y(\theta),t_1(\theta),t_2(\theta))$。则他们的效用可写为

$$u_B(y,\theta_B)=\theta_B y+t_B,$$
$$u_S(y,\theta_S)=-\theta_S y+t_S.$$

很容易看出，导致了经济人盈余之和的有效决策规则 $y(\theta)$ 必然满足：①

$$y(\theta_B,\theta_S)=\begin{cases}1, & 若\ \ \theta_B>\theta_S,\\ 0, & 若\ \ \theta_B<\theta_S.\end{cases}$$

假定采用期望外部性机制按贝叶斯–纳什均衡来真实执行有效决策规则并保证事后预算平衡。同时假定事中个人理性约束也必须被满足：

$$E_{\theta_S}[\theta_B y(\theta_B,\theta_S)+t_B(\theta_B,\theta_S)]\geqq 0,$$
$$E_{\theta_B}[-\theta_S y(\theta_B,\theta_S)+t_S(\theta_B,\theta_S)]\geqq 0.$$

对预算平衡，将事后预算平衡放松为事前预算平衡，有：

$$E_\theta[t_B(\theta_B,\theta_S)+t_S(\theta_B,\theta_S)]\leqq 0.$$

① 给定我们对分布所作的完全支撑（full support）假定，事前有效性意味着决策规则在几乎所有状态下都与 $y(\cdot)$ 一致。

不像事后预算平衡，事前预算平衡意味着可以有借贷，只要平均来说有预算平衡（尽管事中或者事后预算可能并不是平衡的），且意味着可以有盈余，但不能有期望盈余短缺。

即便放松为事前预算平衡，我们仍有下面不可能性结果。

定理 19.5.1 (Myerson-Satterthwaite 定理) 对以上设定的双边私人信息交易环境，假定经济人类型 $\theta_i \sim \varphi_i(\cdot)$ 相互独立。若 $(\underline{\theta}_B, \bar{\theta}_B) \cap (\underline{\theta}_S, \bar{\theta}_S) \neq \varnothing$ (从交易中可能获利，但不能确定)，则不存在有效决策规则且满足事前预算平衡和事中个人理性约束的贝叶斯激励相容社会选择规则。

证明 先考虑情形 $[\underline{\theta}_B, \bar{\theta}_B] = [\underline{\theta}_S, \bar{\theta}_S] = [\underline{\theta}, \bar{\theta}]$。

根据推论 19.4.1，我们知道，对线性模型和任意真实执行了事后帕累托有效决策规则 $y(\cdot)$ 的贝叶斯激励相容机制，存在着某个 VCG 机制，它具有同样的事中期望转移支付和效用。我们不妨考虑 VCG 机制。若这种机制满足事前预算平衡和事中个人理性约束，则它具有下面的形式

$$
\begin{aligned}
t_B(\theta_B, \theta_S) &= -\theta_S y(\theta_B, \theta_S) + d_B(\theta_S), \\
t_S(\theta_B, \theta_S) &= \theta_B y(\theta_B, \theta_S) + d_S(\theta_S).
\end{aligned}
$$

根据 B 类型为 $\underline{\theta}$ 的事中个人理性约束 $E_{\theta_S}[\underline{\theta}_B y(\underline{\theta}_B, \theta_S) + t_B(\underline{\theta}_B, \theta_S)] \geqq 0$ 以及 $y(\underline{\theta}, \theta_S) = 0$ 概率为 1 的事实，我们必有 $E_{\theta_S} d_B(\theta_S) \geqq 0$。类似地，根据 S 类型为 $\bar{\theta}$ 的事中个人理性约束 $E_{\theta_B}[-\bar{\theta}_S y(\theta_B, \bar{\theta}_S) + t_S(\theta_B, \bar{\theta}_S)] \geqq 0$ 以及 $y(\theta_B, \bar{\theta}) = 0$ 概率为 1 的事实，我们必有 $E_{\theta_B} d_S(\theta_B) \geqq 0$。将这些转移支付相加，于是有

$$
\begin{aligned}
E_\theta[t_B(\theta_B, \theta_S) + t_S(\theta_B, \theta_S)] &= E_\theta[(\theta_B - \theta_S) y(\theta_B, \theta_S)] + E_{\theta_S}[d_B(\theta_S)] + E_{\theta_B}[d_S(\theta_B)]. \\
&\geqq E_\theta[\max\{\theta_B - \theta_S, 0\}] > 0.
\end{aligned}
$$

由于 $\Pr(\theta_B > \theta_S) > 0$，从而事前预算平衡不成立，与假设矛盾。

现考虑一般情形。令 $(\underline{\theta}, \bar{\theta}) = (\underline{\theta}_B, \bar{\theta}_B) \cap (\underline{\theta}_S, \bar{\theta}_S)$，注意到每一参与人任意大于 $\bar{\theta}$ 的 [或小于 $\underline{\theta}$ 的] 类型具有相同的交易，因此他们的转移支付必然与该参与人 $\bar{\theta}$ [或 $\underline{\theta}$] 的类型相同。从而，其支付与 $\underline{\theta}$ 和 $\bar{\theta}$ 的相同，就好像这两个参与人的价值都分布在 $[\underline{\theta}, \bar{\theta}]$ 上。定理得以证明。 □

上述证明的直觉很简单：在 VCG 机制中，为了诱导参与人显示其真实类型，每个参与人必须是总盈余的剩余索求者 (因为他的期望效用是所有参与人期望效用之和，再加上一个常数)。这意味着一旦交易实现，则买者支付给卖者在该物品上花费的成本，而卖者获得买者对该物品的价值。为了保证最低价值的买者和最高成本的卖者的事中个人理性约束成立，对参与人的额外支付必然是非负的。因此，每个经济人的效用必须至少等于总盈余。在按贝叶斯–纳什均衡真实执行中，参与人获得的期望效用与 VGC 机制中所获得的相同，因此每个参与人的期望效用必然至少等于期望总盈余。但这不可能做到，除非注入数量为期望总盈余的资金时才可能达到，但由此破坏了预算平衡。

Myerson-Satterthwaite 定理的不可能性结果基于经济人的类型是相互独立的假设。如果私人信息是相关的，后面要讨论的 Cremer-McLean 完全剩余抽取定理告诉我们，Myerson-Satterthwaite 定理所给的次佳结果的结论不再成立了，也就是我们有最佳结果。

定理的解释: 应该由谁在经济人的事中个人理性约束下设计最大化期望总盈余的机制呢?

- 参与人在事前阶段设计机制，此时他们将面对事前而非事中个人理性约束，而这种约束容易满足。例如，如前所述，在拟线性环境下，当机制（如期望外部性机制）所产生的期望总盈余为正，即 $E_\theta[\sum_i U_i(\theta)] \geqq E_\theta[\sum_i \hat{u}_i(\theta_i)]$ 时，通过转移支付在参与人间重新配置期望效用，则所有参与人的事前个人理性约束条件都满足，且参与人的激励相容约束或者预算平衡条件仍能保持成立。
- 某个参与人不存在私人信息，即他的类型空间只包含一个元素，但这种假设现实吗?
- 由某个无私、公正的中间人在事中阶段设计机制，但这样的中间人是否存在呢?
- 由某个参与人在事中阶段设计机制，此时他对有效性可能不感兴趣，而只对最大化其自身收益感兴趣，从而不能形成激励相容。

上述结果更好的解释是将其解释为分散讨价还价方案效率的上界。事实上，任意这样的方案都可以视作一个机制，它必须满足事中个人理性约束（实际上，甚至是事后个人理性约束）和事前预算平衡 (实际上，甚至是事后预算平衡)。该定理说明，在这种情形下，分散讨价还价（议价）不可能产生有效结果。用科斯定理的话来说，私人信息产生了“交易成本”(transaction cost)。

Cramton-Gibbons-Klemperer (1987) 证明，当物品可分且最开始由双方共同持有时，若初始所有权配置充分均等（比如，合办企业或做生意，每人的股份均等），则有效配置有可能达到。例如，假设在最开始买方持有的物品份额为 $\hat{y} \in [0,1]$，则当 $\hat{y}$ 充分接近 1/2 时配置是有效的。因此，当双方形成合约关系时，双方将选择恰当的初始份额以消除因合约解除所带来的无效性。这一结果还可以用来研究最优初始产权配置，但它没有解释产权为什么重要。这即是说，源于产权的事中个人理性约束只会损害模型中的双方。例如，双方可通过签订一份指定 AGV 机制且不允许在事中阶段退出的事前签订的合约来达到完全有效性。这样，我们必须对制定复杂机制的困难性引起充分重视，如重视采用 AGV 这样的机制来解释为什么双方要寻求有助于有效再谈判的最优产权配置的困难性，而不是简单地假定事前制定一个不允许随后退出或再谈判的有效机制。

19.6　类型相关与 Cremer-McLean 完全剩余抽取定理

不完全信息下机制设计理论的一个中心主题是关注经济人对信息租金获取的能力。无论是对现实的随机观测还是经济学直觉都告诉我们，私人信息的存在会让委托人不得不赋予参与人一定的正信息租金。不过，如前面所讨论的那样，这个结论除了基于私人价值假设，还基于经济人的类型是相互独立的假设，及我们考虑的私人价值独立分布模型。如果私人信息是相关的，以上直觉和结论也许都不成立了。这就是 Cremer 和 McLean (1988) 一文的完全剩余抽取定理所给出的基本思想和结论。这个定理证明了，当私人信息是相关的时，作为机制设计者的委托人，通过检查经济人所报的信息并对此进行印证，就可以抽取所有参与人的信息租金，从而得到最佳的帕累托有效配置结果，这一结论称为 Cremer-McLean 定理。这一结论有很多应用，在拍卖理论中，比如利用 Cremer-McLean 定理，拍卖人可以设计一个帕累托有效的拍卖机制。Cremer-McLean 完全剩余抽取定理几乎对任意程度的相关类型都成立，是可执行的。

假设有 n 个参与人，每个参与人的类型是离散的，$\theta_i \in \Theta_i \equiv \{\theta_i^1, \theta_i^2, \cdots, \theta_i^{k_i}\}, \forall i \in N = \{1, \cdots, n\}$，其效用函数具有拟线性的私人价值模型，即 $U_i(\mathbf{y}, \mathbf{t}, \theta_i) = v_i(\mathbf{y}, \theta_i) + t_i$。假设参与人的类型是相关的，所有参与人的类型向量 θ 的密度函数为 $\pi(\theta)$，参与人 i 在自身类型为 θ_i 下对其他参与人的类型信念分布为：

$$\pi_i(\theta_{-i}|\theta_i) = \frac{\pi(\theta)}{\sum_{\theta'_{-i} \in \Theta_{-i}} \pi(\theta'_{-i}, \theta_i)}$$

对于每个参与人 i，建立矩阵 Π_i，其中典型元素为 $\pi_i(\theta_{-i}|\theta_i)$，矩阵 Π_i 有 k_i 行和 $\sum_{j \neq i} k_j$ 列，每一行表示为给定 θ_i 类型下参与人 i 对其他参与人的信号分布信念。若参与人的信号是完全独立的，那么每一行都是相同的，此时矩阵 Π_i 的秩为 1。若参与人的信号是关联的，则不同的行所代表的信念是不同的。我们假设 Π_i 是行满秩，这样秩为 k_i，这意味着，在不同的 θ_i 下，参与人对其他人信号的分布信念是有差异的。

下面著名的 Cremer-McLean 完全剩余抽取定理（full surplus extraction theorem）证明了，即使在占优激励相容的限制下，委托人也可以抽取所有盈余。其证明思路很简单，首先取任意一个有效和占优激励机制（比如 VCG 机制），然后对任意这样的有效占优激励相容机制，都对应一个使得每个参与人事中的个人理性约束紧致，或者信息租金为零的有效占优激励相容机制，从而得到帕累托有效的占优激励机制。

定理 19.6.1 (Cremer-McLean 完全剩余抽取定理) *假定私人价值下的参与人类型相关，其信息矩阵是行满秩，则对任意占优激励相容且有效的社会选择规则 $(y(\cdot), t_1(\cdot), t_2(\cdot))$，都存在另外一个占优激励相容和有效社会选择规则 $(y(\cdot), \tilde{t}_1(\cdot), \tilde{t}_2(\cdot))$，使得事中个人理性约束是紧致的，从而最佳（first best）结果可以达到。*

证明 对任意的占优激励相容社会选择规则 $(y(\cdot), t_1(\cdot), t_2(\cdot))$，由于消费者的效用是私人价值拟线性效用函数，参与人 i 的信号为 θ_i 时在均衡处的事中期望效用可以写为：

$$\bar{U}_i(\theta_i) = \sum_{\theta_{-i}} \pi_i(\theta_{-i}|\theta_i)[u_i(\mathbf{y}(\theta), \theta_i)) + t_i(\theta)].$$

记 $\bar{u}_i^* = [\bar{U}(\theta_i^1), \bar{U}(\theta_i^2), \cdots, \bar{U}(\theta_i^{m_i})]'$。由于 Π_i 是行满秩的，因此存在一个 $\sum_{j \neq i} m_j$ 阶列向量 $c_i = (c_i(\theta_{-i}))_{\theta_{-i} \in \boldsymbol{\Theta}_{-i}}$，使得：

$$\Pi_i c_i = -\bar{u}_i^*,$$

即对于 $\forall \theta_i$，都有：

$$\bar{U}_i(\theta_i) + \sum_{\theta_{-i}} \pi_i(\theta_{-i}|\theta_i) c_i(\theta_{-i}) = 0.$$

为了保证 i 的事中个人理性约束是紧致的，构造如下形式的转移支付：

$$\tilde{t}_i(\theta) = t_i(\theta) + c_i(\theta_{-i}).$$

构造一个新的机制，称之为 Cremer-McLean 机制：

$$(\mathbf{y}(\theta), \tilde{t}_i(\cdot)) = (\mathbf{y}(\theta), t_i(\theta) + c_i(\theta_{-i}), \forall i \in N).$$

由于 $c_i(\theta_{-i})$ 与参与人的类型 θ_i 无关，调整后的 Cremer-McLean 机制仍然具有占优激励相容和有效的特性。但在 Cremer-McLean 机制下，参与人 i 在均衡处的事中期望效用却成为：

$$\begin{aligned}\bar{V}_i(\theta_i) &= \sum_{\theta_{-i}} \pi_i(\theta_{-i}|\theta_i)[u_i(\mathbf{y}(\theta), \theta_i)) + \tilde{t}_i(\theta))] \\ &= \sum_{\theta_{-i}} \pi_i(\theta_{-i}|\theta_i)[u_i(\mathbf{y}(\theta), \theta_i)) + t_i(\theta) + c_i(\theta_{-i})] \\ &= \bar{U}_i(\theta_i) + \sum_{\theta_{-i}} \pi_i(\theta_{-i}|\theta_i) c_i(\theta_{-i}) \\ &= 0.\end{aligned}$$

这样，所有参与人的事中个人理性约束都是紧致的，机制设计者获得了所有的剩余。特别地，委托人可以通过使用 VCG 机制和从代理人那里抽取所有盈余来达到最佳。 □

以上 Cremer-McLean 定理是针对私人价值模型而言的。事实上，对相关价值模型，Cremer-McLean 定理仍然成立。尽管 VCG 机制对相关模型不是占优激励相容机制，但修改后广义 VCG 机制却是占优激励相容机制。我们将在第 21 章相关价值拍卖机制的讨论中，给出这样的广义 VCG 机制，并证明 Cremer-McLean 定理仍然成立。

需要指出的是，Cremer-McLean 完全剩余抽取定理的成立除了依赖拟线性效用函数和无限责任外，还依赖于经济人没有共谋这一隐含假设，否则有可能不成立。对具有两人的公共品经济环境类，Laffont 和 Mortimort (1997, 2000) 证明了设计出共谋防范机制（collusion-proof mechanism）是有成本的，必须要放弃一些信息租金给经济人。委托人不可能找到任何共谋防范机制，可以从代理人那里抽取所有盈余来达到最佳，也就是不存在最佳防范共谋机制，最好的结果是只有次佳的共谋防范机制。

Laffont 和 Mortimort 关于共谋防范有成本的结果依赖于二人经济这一假设。Che 和 Kim(2006) 发展了一个研究一般共谋防范机制的模型。他们证明，当经济人的个数大于 2 时，对一般的经济环境类，都可以设计出无成本的避免操纵信息和套利的共谋防范机制：对类型不相关的环境类，仍然有次佳机制；对类型相关的环境类，仍然有最佳机制，即 Cremer-McLean 完全剩余抽取定理成立。不过，Che 和 Kim(2006) 的结果对只有两人的私人品环境类不成立。著者在 Meng 和 Tian（2014）一文中证明，类型是正相关还是负相关对 Cremer-McLean 完全剩余抽取定理是否成立差异重大。我们的发现是，当经济人的类型负相关时，共谋防范可以是无成本的，也就是 Cremer-McLean 完全剩余抽取定理在类型负相关情形下仍然成立。然而，当经济人类型正相关时，共谋防范是有成本的，从而 Cremer-McLean 完全剩余抽取定理不再成立。

19.7 贝叶斯–纳什执行的刻画

本节考察在一般经济环境类下（如允许价值相关）的任意一个社会选择集 $\hat{F}$ 贝叶斯可完全执行的充分必要条件。

假定参与人 i 的效用函数是依参数 θ 而定的相关价值函数，记为 $u_i(x,\theta)$，这里 $x \in Z$，$\theta_i \in \Theta_i$。所有参与者和机制设计者都知道效用类型向量 $\theta = (\theta_1, \cdots, \theta_n)$ 在先验集 $\Theta = \prod_{i\in N}\Theta_i$ 上按概率密度函数 $\varphi(\theta)$ 分布，因而是公共信息。

令 $X = \{x : \Theta \to A\}$ 表示所有可能的可行结果规则，令 $\hat{F} \subseteq X$ 表示社会选择集，它是一个社会选择函数的集合 $\hat{F} = \{f_1, f_2, \cdots\}$。当社会选择集只包含一个社会选择函数 $\hat{F} = \{f\}$ 时，则称它为社会选择函数，记为 f。我们下面将看到，一个社会选择函数的集合 $\hat{F}$ 一般不同于上一章讨论的社会选择对应，除非每一个状态 $\theta \in \Theta$ 都是共同知识事件，且社会选择集满足封闭性。

给定一个机制 $\langle M, h\rangle$，像纳什执行一样，贝叶斯执行也涉及 $\hat{F}$ 和 $\mathcal{B}(\Gamma)$ 这两个集合的蕴含关系。

定义 19.7.1 称机制 $\Gamma = \langle M, h\rangle$**贝叶斯完全执行了社会选择集** $\hat{F}$，若

(i) 对每个 $f \in \hat{F}$，存在一个贝叶斯–纳什均衡 $\mathbf{m}^*$，使得 $h(\mathbf{m}^*) = f(\cdot)$；

(ii) 若 $\mathbf{m}^*$ 是一个贝叶斯–纳什均衡，则 $h(\mathbf{m}^*) \in \hat{F}$。

若这样的机制存在，我们称 $\hat{F}$ 是**完全贝叶斯可执行的**。若只是条件 (ii) 满足，我们称 $\hat{F}$ 是**贝叶斯可强执行的**。当 $\hat{F}$ 只包含一个社会选择函数，以上定义成为本章开头给出的社会选择函数贝叶斯可强执行的定义。

像所有在其他解下的执行问题一样，贝叶斯完全执行性涉及两个问题：条件 (i) 要求寻找一个机制使得社会选择规则所决定的任何结果是某个贝叶斯–纳什均衡下的结果。而条件 (ii) 则要求所有贝叶斯–纳什均衡结果都要属于社会选择规则下的结果。对贝叶斯–纳什执行而言，一个主要的麻烦在于存在多重均衡，多重均衡是贝叶斯实施中的难点问题。于是，我们需要对社会选择规则给出条件，使得存在一个机制，它的所有贝叶斯–纳什均衡结果都属于社会选择规则下的结果。

下面我们先给出一个例子 (来自 Palfrey 和 Srivastava(1989)) 来说明即使对社会选择函数，贝叶斯均衡的多重性问题如何影响贝叶斯执行。

例 19.7.1 考虑一个由两个人构成的交换经济，经济中有两个物品 1 和 2。参与人 1 有两个偏好 θ_1 和 θ'_1，参与人 2 只有一个偏好 θ_2。参与人 1 的偏好是他的私人信息。在偏好组合 $\theta = (\theta_1, \theta_2)$ 下的帕累托配置结果是 $x(\theta)$，在 $\theta' = (\theta'_1, \theta_2)$ 下的帕累托配置结果是 $x(\theta')$，见图 19.1。在上面的两个配置 $x(\theta)$ 和 $x(\theta')$ 中，θ_1 的参与人更喜欢配置 $x(\theta)$，而对于 θ'_1 的参与人 1，上面两个配置是无差异的，但 θ_2 的参与人更喜欢配置 $x(\theta')$。考虑社会选择规则：$f(\theta) = x(\theta)$ 和 $f(\theta') = x(\theta')$，这一社会选择规则是帕累托有效的。

在上面的交换经济中，考察下面的机制 $\Gamma = (\Theta, h(\cdot), m(\cdot))$：每个参与人（主要是参与人 1）报告自己的类型 $M_1 = \Theta_1 = \{\theta_1, \theta'_1\}, M_2 = \{\theta_2\}$。若报告是 $m = (\theta_1, \theta_2)$，则 $h(\theta_1, \theta_2) = x(\theta)$；若报告是 $m = (\theta'_1, \theta_2)$，则 $h(\theta'_1, \theta_2) = x(\theta')$。这个机制存在着两个贝叶斯均衡：第一个贝叶斯均衡为 $m_1(\tilde{\theta}_1) = \tilde{\theta}_1, \forall\tilde{\theta}_1 \in \Theta_1; m_2(\theta_2) = \theta_2$；第二个贝叶斯均衡为

$m_1(\tilde{\theta}_1) = \theta_1', \forall \tilde{\theta}_1 \in \Theta_1; m_2(\theta_2) = \theta_2$。然而，这两个贝叶斯均衡结果从社会最优角度看并不是一样好，当报告是 $\theta' = (\theta_1', \theta_2)$ 时，第二个贝叶斯均衡不是帕累托有效的。这个例子的情形揭示了贝叶斯执行中多重均衡产生的问题。

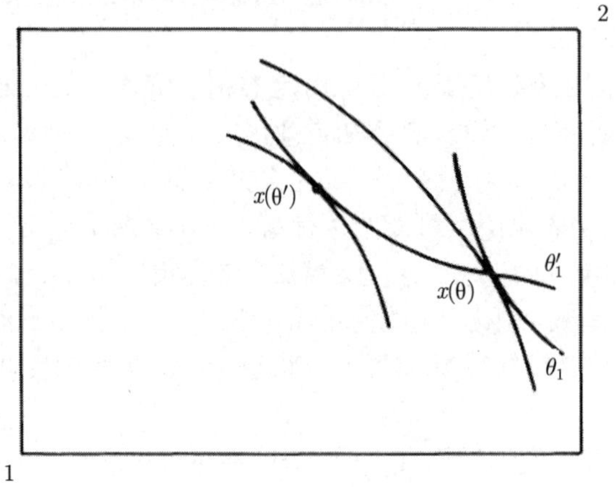

图 19.1　二人交换经济的贝叶斯执行

为了消除坏的贝叶斯均衡结果，考虑下面的一个机制，见表 19.1。

表 19.1　可贝叶斯执行的社会选择规则

		参与人 2	
		θ_2	ρ
参与人 1	θ_1	$x(\theta)$	$x(\theta')$
	θ_1'	$x(\theta')$	$x(\theta)$

在这个机制中，参与人 2 可以有两种不同的报告 θ_2 和 ρ。若参与人 2 报告 ρ，则有 $h(\theta_1, \rho) = x(\theta')$ 和 $h(\theta_1', \rho) = x(\theta)$。在这个机制下 $m_1(\theta_1) = \theta_1$ 就不会是参与人 1 的贝叶斯纳什均衡战略，否则参与人 2 就会选择报告 ρ，其配置结果为 $x(\theta')$。这是由于对参与人 2 而言，$x(\theta')$ 总是比 $x(\theta)$ 要好。当参与人 2 选择 N 时，θ_1 类型的参与人 1 的最优汇报为 $m_1(\theta_1) = \theta_1'$。

容易求解，这一机制有两个贝叶斯均衡：

均衡 1：$m(\theta_1) = \theta_1, m(\theta_1') = \theta_1', m_2(\theta_2) = \theta_2$，其均衡的配置结果为 $h(\theta_1, \theta_2) = x(\theta)$ 和 $h(\theta_1', \theta_2) = x(\theta')$；

均衡 2：$m(\theta_1) = \theta_1', m(\theta_1') = \theta_1, m_2(\theta_2) = \rho$，其均衡的配置结果为 $h(\theta_1, \rho) = x(\theta)$ 和 $h(\theta_1', \rho) = x(\theta')$。

尽管这一机制存在两个贝叶斯均衡，但两个贝叶斯均衡的配置结果与社会选择规则结果却是相同的，即修改后的机制贝叶斯执行了 f。

对一般的社会选择集 $\hat{F}$，Pastlewaite-Schmeidler (JET, 1986)，Palfrey-Srivastava (*Econometrica*, 1989; JPE, 1989; RES, 1989), Mookherjee-Reichelstein (RES, 1990), Jackson (*Econometrica*, 1991), Dutta-Sen (*Econometrica*, 1994) 等，以及著者在 Tian (*Social Choices and*

Welfare，1999；*Journal of Mathematical Economics*，1997) 中对一般社会目标及经济环境类给出了它是贝叶斯可完全执行的充分必要条件。在一些技术性条件下，他们证明了一个社会目标对应是贝叶斯可完全执行的充分必要条件是：$\hat{F}$ 是贝叶斯激励相容的（解决了贝叶斯可完全执行性的第一个问题），且是贝叶斯单调的（解决了贝叶斯可完全执行性的第二个问题）。我们下面讨论这些条件，我们会看到，贝叶斯单调性与马斯金单调性定义类似，只是用期望效用函数取代伯努利 (Bernoulli) 效用函数。贝叶斯激励相容性的定义下面会给出。

定义 19.7.2 一个机制 $\Gamma = \langle M, h\rangle$ **贝叶斯执行了社会选择集** $\hat{F}$，若存在一个贝叶斯–纳什均衡 $\mathbf{m}^*$，使得 $h(\mathbf{m}^*) \in \hat{F}$。若这样的机制存在，我们称 $\hat{F}$ 是**贝叶斯可执行的**。

下面异常重要的贝叶斯激励相容的概念解决了贝叶斯完全执行涉及的第一个问题。

定义 19.7.3 我们称社会选择集 $\hat{F}$ 是**贝叶斯激励相容的或贝叶斯可真实执行的**，若对所有的 $f \in \hat{F}$，说真话，即 $\mathbf{m}^*(\theta) = \theta, \quad \forall \theta \in \Theta$，构成了直接显示机制 $\Gamma = (\Theta, f)$ 的贝叶斯–纳什均衡，即对任意的 $f \in \hat{F}$，都有：

$$E_{\theta_{-i}}[u_i(f(\theta_i, \theta_{-i})), \theta) \mid \theta_i] \geqq E_{\theta_{-i}}[u_i(f({\theta'}_i, \theta_{-i})), \theta) \mid \theta_i], \quad \forall i, \forall \theta_i, {\theta'}_i \in \Theta_i.$$

我们于是有了贝叶斯可完全执行的第一个必要性条件。

命题 19.7.1 *若社会选择集 $\hat{F}$ 是贝叶斯可执行的，则它满足贝叶斯激励相容条件。*

证明 假设机制 $\Gamma = \langle M, h\rangle$ 贝叶斯执行社会选择集 $\hat{F}$。如果某个 $f \in \hat{F}$ 不是贝叶斯激励相容的，则存在 i，以及 $\theta_i, \theta'_i \in \Theta_i$，满足：

$$E_{\theta_{-i}}[u_i(f(\theta_i, \theta_{-i})), \theta) \mid \theta_i] < E_{\theta_{-i}}[u_i(f({\theta'}_i, \theta_{-i})), \theta) \mid \theta_i]. \tag{19.7.8}$$

令 $\mathbf{m} \in \mathcal{B}(\Gamma)$ 使得 $h \circ \mathbf{m} = f$。当参与人 i 的类型为 θ_i 时，如果他选择信号 $m_i(\theta_i)$，此时他的（事中）期望效用为：

$$E_{\theta_{-i}}[u_i(h(m_i(\theta_i), \mathbf{m}_{-i}(\theta_{-i}))), \theta) \mid \theta_i] = E_{\theta_{-i}}[u_i(f(\theta_i, \theta_{-i})), \theta) \mid \theta_i]$$

如果他选择信号为 $m'_i = m_i(\theta'_i)$，此时他的期望效用为：

$$E_{\theta_{-i}}[u_i(h(m_i(\theta'_i), \mathbf{m}_{-i}(\theta_{-i}))), \theta) \mid \theta_i] = E_{\theta_{-i}}[u_i(f(\theta'_i, \theta_{-i})), \theta) \mid \theta_i]$$

根据不等式 (19.7.8)，此时参与人有动机偏离 $m_i(\theta_i)$，与 $\mathbf{m} \in \mathcal{B}(\Gamma)$ 矛盾。 □

接下来，我们考察贝叶斯可完全执行的第二个必要条件，即贝叶斯单调性条件。考虑一个直接机制，参与人 i，以及他的一个战略 $\alpha_i : \Theta_i \to \Theta_i$。如果参与人 i 说真话，意味着 $\alpha_i(\theta_i) = \theta_i, \forall \theta_i \in \Theta_i$，否则 α_i 称为参与人 i 说谎战略。我们称 $\boldsymbol{\alpha}(\theta) = (\alpha_1(\theta_1), \cdots, \alpha_n(\theta_n))$ 为一个欺骗，若至少有一个参与人采取说谎战略。同时令

$$\boldsymbol{\alpha}_{-i}(\theta_{-i}) = (\alpha_1(\theta_1), \cdots, \alpha_{i-1}(\theta_{i-1}), \alpha_{i+1}(\theta_{i+1}), \cdots, \alpha_n(\theta_n)).$$

对于一个社会选择函数 f 和一个欺骗 $\boldsymbol{\alpha}$，$f \circ \boldsymbol{\alpha}$ 表示参与人选择欺骗下的社会选择。当社会的状态为 θ 时，此时的社会选择结果为：$f \circ \boldsymbol{\alpha}(\theta) = f(\boldsymbol{\alpha}(\theta))$。对于每个 $\theta' \in \Theta$，定义 $f_{\alpha_i(\theta_i)}(\theta') \equiv f(\alpha_i(\theta_i), {\theta'}_{-i})$，即只有参与人 i 选择谎话战略时的社会选择结果。

于是有下面类似于马斯金单调性的条件，称为贝叶斯单调性条件。

定义 19.7.4 (贝叶斯单调性) 一个社会选择集 $\hat{F}$ 具有**贝叶斯单调性**，若对于任意 $f \in \hat{F}$，以及对于任何使得 $f \circ \alpha \notin \hat{F}$ 的欺骗 α，都存在一个参与人 i 和一个函数 $y : \Theta_{-i} \to A$，满足：

$$E[u_i(f(\theta_i, \theta_{-i}), \theta)|\theta_i] \geqq E[u_i(y(\theta_{-i}), \theta)|\theta_i] \tag{19.7.9}$$

对所有的 $\theta_i \in \Theta_i$ 都成立，同时对某个 θ'_i 使得

$$E[u_i(f(\theta'_i, \theta_{-i}), \theta')|\theta'_i] < E[u_i(y(\theta_{-i}), \theta')|\theta'_i]. \tag{19.7.10}$$

贝叶斯单调性实际上是马斯金单调性在不完全信息环境下的变形，它的作用在于避免让一些不适当的结果成为贝叶斯–纳什均衡。考虑任何一个贝叶斯完全执行了社会选择集合 $\hat{F}$ 的机制 $\Gamma = \langle M, h \rangle$ ，及一个社会选择函数 $f \in \hat{F}$ 可以被贝叶斯均衡 $\mathbf{m}$ 所执行，即对于任意的 $\theta \in \Theta$，都有 $h(\mathbf{m}(\theta)) = f(\theta)$。假设参与人使用了欺骗 α，此时 $\mathbf{m} \circ \alpha$ 的战略会使得执行的结果变为 $f \circ \alpha$。若 $f \circ \alpha \notin \hat{F}$，那么 $\mathbf{m} \circ \alpha$ 就不可能是一个贝叶斯均衡。贝叶斯单调性条件中的不等式 (19.7.10) 排除 $\mathbf{m} \circ \alpha$ 成为贝叶斯–纳什均衡的可能性，而贝叶斯单调性条件中的另外一个不等式 (19.7.9) 则确保在配置规则为 f 下没有参与人有激励去说谎。

于是我们有了另外一个关于贝叶斯可完全执行的必要条件：贝叶斯单调性。

命题 19.7.2 *若社会选择集合 $\hat{F}$ 是贝叶斯完全可执行的，则 $\hat{F}$ 必然满足贝叶斯单调性。*

证明 假设 $\Gamma = \langle M, h \rangle$ 机制贝叶斯完全执行了社会选择集合 $\hat{F}$，则对任意一个社会选择函数 $f \in \hat{F}$，都有一个贝叶斯均衡 $\mathbf{m}^*$ 使得 $f(\theta) = h(\mathbf{m}^*(\theta)), \forall \theta \in \Theta$。令 $\boldsymbol{\alpha}$ 是一个欺骗，使得 $f \circ \alpha \notin \hat{F}$。考虑战略 $\mathbf{m}^* \circ \alpha$，在这一战略下，对于任意 $\theta \in \Theta$，参与人所选择的信号战略组合为 $\mathbf{m}^* \circ \alpha(\theta) = \mathbf{m}^*(\alpha(\theta))$。由于 $f \circ \alpha \notin \hat{F}$，贝叶斯完全执行意味着 $\mathbf{m}^* \circ \alpha$ 不是一个贝叶斯纳什均衡，这意味着：存在一个 $\theta'_i \in \Theta_i$，使得有动机选择某个信号 $m'_i \neq m^*_i(\alpha_i(\theta'_i))$，使得：

$$E[u_i(h(\mathbf{m}^* \circ \alpha(\theta'_i, \theta_{-i})), (\theta'_i, \theta_{-i}))|\theta'_i] < E[u_i(h(m'_i, \mathbf{m}^*_{-i}(\alpha_{-i}(\theta_{-i})), (\theta'_i, \theta_{-i}))|\theta_i]. \tag{19.7.11}$$

定义 $y : \Theta_{-i} \to A$：$y(\theta_{-i}) = h(m'_i, \mathbf{m}^*_{-i}(\theta_{-i}))$，我们有：

$$y(\alpha_{-i}(\theta_{-i})) = h(\mathbf{m}^*_{-i}(m'_i, \alpha_{-i}(\theta_{-i})).$$

这样，从上面的不等式 (19.7.11) 可以推出贝叶斯单调性定义的不等式 (19.7.10)；而贝叶斯单调性定义的不等式 (19.7.9)，则来自 f 被 $h \circ \mathbf{m}^*$ 贝叶斯完全执行，此时对任意的 θ_i，参与人都会真实披露其信号。 □

除了贝叶斯激励相容性和贝叶斯单调性这两个必要条件，为了使得它们同时也是充分条件，还需要施加一些技术性条件。

对于可完全执行的社会选择集合 $\hat{F}$，首先需要满足封闭性 (closure) 这一技术性条件。我们称一个类型空间的子集 $\Theta' \subseteq \Theta$ 为一个**公共知识事件**，若对任意 $\theta' = (\theta'_i, \theta'_{-i}) \in \Theta', \theta = (\theta_i, \theta_{-i}) \notin \Theta'$，都有 $\varphi(\theta'_{-i}|\theta_i) = 0, \forall i$。如果一个参与人不知道真实的状态，那么在所有可能的状态下，必须预测其他参与人会发什么信号参与人才能确定发什么信号，所有这样的可能状态的集合构成了所有参与人的共同知识，它们是参与人信号发送博弈的基础前提。对不同的公共知识事件关系的刻画就是下面的封闭性的概念。

定义 19.7.5 (社会选择集合的封闭性) 令 Θ_1 和 Θ_2 是 Θ 的任意一个分割，即 $\Theta_1 \bigcap \Theta_2 = \varnothing, \Theta_1 \bigcup \Theta_2 = \Theta$。我们称一个社会选择集合 $\hat{F}$ 具有封闭性，若对任意 $f_1, f_2 \in \hat{F}$，都存在一个 $f \in \hat{F}$ 满足：$f(\theta) = f_1(\theta), \forall \theta \in \Theta_1; f(\theta) = f_2(\theta), \forall \theta \in \Theta_2$。

如果每一个状态 $\theta \in \Theta$ 都是共同知识事件，则回到了上一章的完全信息的环境，此时满足封闭性的任意社会选择集合就对应于社会选择对应。如果一个社会选择集合 $\hat{F}$ 不满足封闭性，比如 $\Theta = \{\theta, \theta'\}$，且每个状态都是公共知识事件，$\hat{F} = \{f_1, f_2\}$ 满足 $f_1(\theta) = f_2(\theta') = a; f_1(\theta') = f_2(\theta) = b, a \neq b$，则社会选择集合 $\hat{F}$ 是不可完全执行的。这是因为，如果 $\hat{F}$ 是可完全执行的，我们需要在这两个状态下 a 和 b 都是贝叶斯–纳什均衡，然而根据 f_1 和 f_2 的定义，没有任何方式可以确保在这两个不同状态下，执行的结果是不同的。这里我们需要注意社会选择集合不等于社会选择对应，即 $\hat{F} \neq F$，其中 $F(\theta) = F(\theta') = \{a, b\}$。

Jackson(1991) 在不完全信息的经济环境下刻画了贝叶斯执行的充分条件，这里先给出不完全信息经济环境的定义。

下面我们来描述在经济环境下贝叶斯执行充分条件的定理。在这之前，我们对经济环境作一个重新表述。

定义 19.7.6 一个环境称为**经济环境**，若对任意状态 $\theta \in \Theta$ 下，以及任意结果 $y \in Y$，存在两个不同的参与人 i 和 j，以及两个结果 y_i 和 y_j，使得：

$$u_i(y_i, \theta) > u_i(y, \theta)$$

和

$$u_j(y_j, \theta) > u_j(y, \theta).$$

通俗地讲，在不完全信息的经济环境中，对于任意一个社会选择函数和状态，至少有两个参与人希望改变在这个状态下的社会选择结果，这意味着一个社会结果不会使得所有人都达到偏好的饱和点，如果在私人经济中每个人的效用在所有状态下都是消费品的增函数，那么显然这一条件被满足。同时这一条件在公共品和外部性的环境下都会成立。

下面的定理是由 Jackson(1991) 给出的关于社会选择集合 (social choice set) 的贝叶斯可完全执行的充分条件。尽管贝叶斯可完全执行的证明和纳什可完全执行的证明类似，但要烦琐得多，这里不加证明地给出以下结果，有兴趣的读者可参考原文章。

命题 19.7.3 (贝叶斯执行的充分必要条件) *对一个参与人数 $N \geqslant 3$ 的经济环境，假定一个社会选择集合 $\hat{F}$ 满足封闭性条件，则 $\hat{F}$ 是贝叶斯可完全执行的当且仅当它满足贝叶斯激励相容性和贝叶斯单调性。*

在更一般的环境下，Jackson(1991) 增强了贝叶斯单调性条件，引入了单调性—无否决权 (monotonicity-no-veto-power) 条件，证明了在参与人数超过 3 人的一般环境下，一个社会选择函数如果满足贝叶斯激励相容和单调性—无否决权性，那么它就是可贝叶斯完全执行的。对于二人的环境，Dutta 和 Sen(1994) 给出了社会选择函数可完全贝叶斯执行的充分条件。

人们可类似地考察精炼贝叶斯执行及近似贝叶斯执行。Palfrey–Srivastava(JPE，1989) 在非劣占优的贝叶斯均衡解的假设下证明了，对至少有三个参与者的经济环境类，一个社会目标对应是非劣占优贝叶斯可执行的充分必要条件是：$\hat{F}$ 是贝叶斯激励相容的。Abreu–Mastsushima (1990)，Matsushima (1993)，Duggan (1993)，及著者 (见 Tian (1997)) 等人在各类技术性条件下证明了一个社会目标对应是近似贝叶斯可执行的充分必要条件是：这个社会目标是贝叶斯激励相容的。

19.8 事后执行的刻画

前面我们讨论了以贝叶斯均衡为解的概念的贝叶斯可执行的机制设计问题。对这一问题讨论的一个基本假设是局中人关于参与人类型分布都是共同知识。然而，施加对类型分布的共同知识对应用却会是一个很大的限制，这是由于，现实中包括机制设计者在内，在不完全信息下，共同知识是非常难达到的，如果不说完全达不到的话。Wilson(1987) 在总结博弈论对现实问题分析的效力和局限时，有一段被广泛引用的话："博弈论在分析具有共同知识的交易规则产生的结果时有很大的优势；而它的不足则恰恰在很大程度上来自对其他特性的共同知识假设，比如某个参与人对其他参与人的偏好或者信息的概率判断等。……博弈论的发展取决于对共同知识假设的持续放松，从而能对现实问题提供有用的分析。只有对共同知识假设的弱化才能使得理论更贴近现实。"

在机制设计理论的发展中，特别是近年来对拍卖的设计实践中，不少研究者关注一个更稳健的均衡概念，即事后均衡 (ex post equilibrium)。简单地讲（在后面会有严格的定义），所谓事后均衡是指，参与人的（事中）均衡战略在事后（即知道了其他人的真实类型后）都不会有动机改变或反悔。前面我们讨论私人价值下的占优均衡就是一个典型的事后均衡，因为在占优战略下，参与人不必考虑其他参与人类型的概率分布，即战略独立于信念。如果参与人的效用函数依赖于其他参与人的信号，此时就需要采用事后均衡的概念。这一节，我们主要讨论社会选择集合（函数或者对应）可以被事后执行 (ex post implementation) 的问题。

与前面讨论的纳什执行和贝叶斯执行类似，事后执行也有自己相关的激励相容条件和单调性条件。本节讨论事后执行的必要条件和充分条件，其讨论主要参考 Bergemann 和 Morris(2005，2008)。

假设参与人的集合为 $N=\{1,\cdots,n\}$，参与人 i 的类型为 $\theta_i\in\Theta_i$，所有参与人的类型组合为 $\theta\in\Theta$。假设可行结果的集合为 A。参与人 i 的效用函数为：$u_i:A\times\Theta\to\mathbb{R}$，参与人的价值依赖于其他人的类型，即相关价值。一个社会选择函数记为 f，所有社会选择函数的集合记为 F，一个社会选择集合记为 $\hat{F}\subseteq F$。$\Gamma=\langle M_1,\cdots,M_n,h(.)\rangle$ 是一个机制，参与人的信号纯战略为 $m_i:\Theta_i\to M_i$，先引入事后均衡定义。

定义 19.8.1 (事后均衡) 战略组合 $\mathbf{m}^*=(m_1^*,\cdots,m_n^*)$ 是机制 $\Gamma=\langle M_1,\cdots,M_n,h(.)\rangle$ 的一个**事后均衡**，若对任意的 $i\in N,\theta\in\Theta,m_i\in M_i$，都有：

$$u_i(h(m_i^*,\mathbf{m}_{-i}^*),\theta)\geqq u_i(h(m_i,\mathbf{m}_{-i}^*),\theta).$$

显然，若参与人的效用只依赖于自身类型，即 $u_i(h(\mathbf{m}(\theta)),\theta)=u_i(h(\mathbf{m}(\theta)),\theta_i),\forall i\in N$，上面的事后均衡就是占优均衡。这样，作为一个推论，本节所给出的关于社会选择集合事后可完全执行的充分必要条件，在私人价值下也是一个社会选择对应占优完全可执行的充分必要条件。在不完全信息的博弈中，事后均衡具有事后不后悔 (ex post no regret) 的特性，即即使参与人知道其他参与人的类型信息，他也不会改变其信号战略。

定义 19.8.2 (完全事后执行) 社会选择集 $\hat{F}$ 是（纯战略）**事后可完全执行的**，若存在一个机制 $\Gamma=(M_1,\cdots,M_n,h(.))$，使得：

(i) 对任意的 $f\in\hat{F}$，存在一个事后均衡 $\mathbf{m}^*$，满足：

$$h(\mathbf{m}^*(\theta))=f(\theta),\quad \forall\theta\in\Theta;$$

(ii) 对任意一个事后均衡 $\mathbf{m}^*$，存在一个社会选择函数 $f\in\hat{F}$，满足：

$$h(\mathbf{m}^*(\theta))=f(\theta),\quad \forall\theta\in\Theta.$$

上面的执行要求机制均衡与社会选择集合的结果完全一致，即完全执行。与之前对完全信息的纳什执行以及不完全信息的贝叶斯执行类似，一个社会选择具有事后执行，通常需要满足激励相容和单调性的条件，下面我们依次介绍事后激励相容 (ex post incentive compatibility) 和事后单调性 (ex post monotonicity)。

定义 19.8.3 (事后激励相容) 社会选择集合 $\hat{F}$ 是**事后激励相容的**，若对任意的 $f\in\hat{F}$，$i\in N,\theta\in\Theta$, 以及 $\theta'_i\in\Theta_i$，都有：

$$u_i(f(\theta),\theta)\geqq u_i(f(\theta'_i,\theta_{-i}),\theta).$$

社会选择集合 $\hat{F}$ 是**事后严格激励相容的**，若以上不等式严格成立，即对所有的 $i\in N,\theta\in\Theta,\theta'_i\neq\theta_i$，都有：

$$u_i(f(\theta),\theta)>u_i(f(\theta'_i,\theta_{-i}),\theta).$$

在一个直接机制中，考虑参与人 i 操纵信息披露，令 $\alpha_i:\Theta_i\to\Theta_i$ 是参与人 i 的一个欺骗，记为 $\alpha_i(\theta_i)\neq\theta_i$，$\alpha(\theta)$ 是参与人的欺骗组合。在社会选择函数 f 下，这一欺骗会使得社会选择的结果为 $f(\alpha(\theta))\neq f(\theta)$。下面的事后单调性条件确保，对每个欺骗，都会存在由某个参与人提供的警报，同时警报的提供满足激励相容性。

定义 19.8.4(事后单调性) 社会选择集合 $\hat{F}$ 具有**事后单调性**，若对任意的 $f\in\hat{F}$ 及 $f\circ\boldsymbol{\alpha}\notin\hat{F}$ 的欺骗 α，存在一个参与人 $i\in N$ 和一个结果 y，使得：

$$u_i(y,\theta)>u_i(f(\alpha(\theta)),\theta),\tag{19.8.12}$$

且

$$u_i(f(\theta'_i,\alpha_{-i}(\theta_{-i})))\geqq u_i(y,(\theta'_i,\alpha_{-i}(\theta_{-i}))),\quad \forall\theta'_i\in\Theta_i.\tag{19.8.13}$$

上面的不等式 (19.8.12) 意味着当出现欺骗 α，参与人 i 有动机提供警报 y；然而不等式 (19.8.13) 意味着，这一警报不会出现在没有欺骗的情形下。为方便讨论，我们下面定义一个给定其他参与人类型为 θ_{-i}，参与人 i 在所有类型 $\theta_i\in\Theta_i$ 下都没有意愿提供警报的集合：

$$Y_i^f(\theta_{-i})\equiv\{y|u_i(y,(\theta'_i,\theta_{-i}))\leqq u_i(f(\theta'_i,\theta_{-i}),(\theta'_i,\theta_{-i})),\forall\theta'_i\in\Theta_i\}.\tag{19.8.14}$$

上面的不等式 (19.8.13) 意味着 $y\in Y_i^f(\theta_{-i})$，$Y_i^f(\theta_{-i})$ 称为奖励集，即奖励参与人 i 真实披露信息，它依赖于社会选择函数 f。同时我们定义一个成功的奖励集：$Y_i^{f*}(\theta_{-i})=\{y:$

$u_i(y,\theta) > u_i(f(\alpha(\theta)),\theta)\} \bigcap Y_i^f(\theta_{-i})$，在这个集合下参与人 i 只在欺骗下发警报，从而可以避免一些不好的选择结果。下面我们讨论事后完全执行的必要条件和充分条件。

注　将事后单调性与马斯金单调性进行比较，感觉事后单调性比马斯金单调性要强。因为在事后单调性的定义中，说真话的约束要对所有的 $\theta_i' \in \Theta_i$ 在 $(\theta_i', \alpha_{-i}(\theta_{-i}))$ 处成立，而马斯金单调性只需要在 $\alpha(\theta)$ 处成立。其实不然，这种差异对事后执行和纳什执行不产生影响。的确如此，如 Bergemann 和 Morris(2008) 所证明的那样，一般来说，它们没有包含关系。事后单调性既不意味着马斯金单调性，马斯金单调性也不意味着事后单调性。比如，弱帕累托有效配置满足马斯金单调性，但不满足事后单调性；而相关价值下的单一物品机制满足事后单调性，但不满足马斯金单调性。然而，对满足单交叉性质的环境类，可以证明，事后单调性和马斯金单调性是等价的。

定理 19.8.1 (事后执行的必要性条件)　*如果社会选择集合 $\cap F$ 是事后可完全执行的，那么它必然满足事后激励相容性和事后单调性。*

证明　令 $\Gamma = (M_1, \cdots, M_n; h(.))$ 是事后可完全执行社会选择集合 $\cap F$ 的机制。给定任意的 $f \in \cap F$，根据可执行条件，必然存在一个事后均衡 $\mathbf{m}^*$，使得 $f = h \circ \mathbf{m}^*$。由于 $\mathbf{m}^*$ 是事后均衡，那么对于任意的 $i \in N, \theta'_i \in \Theta_i, \theta \in \Theta$，都有：

$$u_i(h(\mathbf{m}^*(\theta)),\theta) \geqq u_i(h(m_i^*(\theta'_i), \mathbf{m}^*_{-i}(\theta_{-i})),\theta).$$

由于 $f(\theta) = h(\mathbf{m}^*(\theta)), f(\theta'_i, \theta_{-i}) = h(m_i^*(\theta'_i), \mathbf{m}^*_{-i}(\theta_{-i}))$，为此得到 $\cap F$ 满足事后激励相容。

考虑任意一个满足 $f \circ \alpha \notin \cap F$ 的欺骗 α，则 $\mathbf{m}^* \circ \alpha$ 必然在某个 θ 下不是均衡，这意味着，存在一组 $i \in N, m_i \in M_i$，使得有：

$$u_i(h(m_i, \alpha_{-i}(\theta_{-i})),\theta) > u_i(h(\mathbf{m}^*(\alpha(\theta))),\theta).$$

令 $y \equiv h(m_i, \alpha_{-i}(\theta_{-i}))$，于是得到：

$$u_i(y,\theta) > u_i(h(\mathbf{m}^*(\alpha(\theta)))),\theta).$$

由于 $\mathbf{m}^*$ 是一个事后均衡，同时 $f = h \circ \mathbf{m}^*$，从而有：

$$\begin{aligned} u_i(f(\theta'_i, \alpha_{-i}(\theta_{-i})), (\theta'_i, \alpha_{-i}(\theta_{-i}))) &= u_i(h(\mathbf{m}^*(\theta'_i, \alpha_{-i}(\theta_{-i}))), (\theta'_i, \alpha_{-i}(\theta_{-i}))) \\ &\geqq u_i(h(m_i, \mathbf{m}^*_{-i}(\alpha_{-i}(\theta_{-i}))), (\theta'_i, \alpha_{-i}(\theta_{-i}))) \\ &= u_i(y, (\theta'_i, \alpha_{-i}(\theta_{-i}))). \end{aligned}$$

因此，警报 y 满足参与人 i 的激励相容条件或者 $y \in Y_i^f(\alpha_{-i}(\theta_{-i}))$，同时我们得到 $\hat{F}$ 事后单调性。 □

Bergemann 和 Morris(2008) 在经济环境（见定义 19.7.6）下，同样得到了类似贝叶斯执行的充分条件。

定理 19.8.2 (事后执行的充分性条件)　*在三人以上经济环境的社会中，若社会选择集合 $\hat{F}$ 满足事后激励相容和事后单调性，那么它是可事后执行的。*

对于社会选择集合 $\hat{F}$，Bergemann 和 Morris (2008) 构造了如下的机制来事后执行。

首先，每个参与人的信号空间不只是包含自身的类型，$m_i = (\theta_i, f_i, z_i, y_i)$，其中 θ_i 是参与人 i 自身的类型信号；f_i 是参与人 i 建立的社会选择函数；z_i 类似在马斯金执行机制中的正整数，不过这里约束 z_i 的范围为 $N - \{1, \cdots, n\}$，y_i 是参与人 i 提出的奖励 (结果)，参与人 i 的信号空间为 $M_i = \Theta_i \times \hat{F} \times N \times Y$，其中 Y 是所有可能的结果集合。执行机制由下面的规则制约：

规则 1：如果 $\forall i, f_i = f$，那么 $h(\mathbf{m}) = f(\theta)$。

规则 2：如果存在一个参与人 j 和一个社会选择规则 $f \in \hat{F}$，满足 $\forall i \neq j$，都有 $f_i = f$，$f_j \neq f$，如果 $y_j \in Y_j^f(\theta_{-j})$，那么选择 y_j；否则选择 $f(\theta)$。

规则 3：除前面两种情形外，当 $j(z) = \sum_{i=1}^n z_i (mod \quad n)$，那么选择结果 $y_{j(z)}$。

下面我们来证明在经济环境下事后执行充分条件的定理。

证明 我们首先把参与人的信号写为：$m_i(\theta_i) = (m_i^1(\theta_i), m_i^2(\theta_i), m_i^3(\theta_i), m_i^4(\theta_i)) \in \Theta_i \times \hat{F} \times N \times Y$。下面我们分三个步骤来证明。

第一步：给定任意的 $f \in \hat{F}$，存在一个事后均衡 $\mathbf{m}^*$，使得 $h(\mathbf{m}^*(\theta)) = f(\theta), \forall \theta \in \Theta$。

考虑以下战略组合 $(m_i^*(\theta_i) = (\theta_i, f, ., .), i \in N)$。根据规则 1，$h(\mathbf{m}^*(\theta)) = f(\mathbf{m}^*(\theta))$。我们证明这个组合是事后均衡。给定其他参与人选择上面的战略 $(m_j^*(\theta_i), j \neq i)$，若参与人 i 偏离信号战略 $m_i^*(\theta_i)$，选择发送信号为 $m_i(\theta_i) = (\theta'{}_i, f_i, ., .)$。当 $y_i \notin Y_i^f(\theta_{-i})$，则根据规则 2，社会将选择 $f(\theta'{}_i, \theta_{-i})$，此时对参与人 i 来说，其偏离的收益为：

$$u_i(f(\theta'{}_i, \theta_{-i}), (\theta_i, \theta_{-i})) - u_i(f(\theta_i, \theta_{-i}), (\theta_i, \theta_{-i})) \leqq 0.$$

上面的不等式由事后的激励相容推出，此时参与人没有激励偏离。当 $f_i \neq f, y_i \in Y_i^f(\theta_{-i})$，此时根据规则 2，社会将选择 y_i，对参与人 i 来说，其偏离的收益为：

$$u_i(y, (\theta_i, \theta_{-i})) - u_i(f(\theta_i, \theta_{-i}), (\theta_i, \theta_{-i})) \leqq 0.$$

上面的不等式由 $Y_i^f(\theta_{-i})$ 的定义 (19.8.14) 或者事后单调性的条件 (19.8.13) 推出。当 $f_i = f$，根据规则 1，参与人的其他信号选择将不会改变社会的选择。

第二步：对任意一个事后均衡 $\mathbf{m}^*$，存在一个社会选择函数 $f \in \hat{F}$，使得 $m_i^{*2}(\theta_i) = f, \forall i \in N, \theta \in \Theta$，则根据社会规则 1，$h \circ \mathbf{m}^* = f$。

反证法：假设在某个事后均衡 $\mathbf{m}^*$ 下，对任意 $f \in \cap F$，都存在一个 i 和 θ_i，使得 $m_i^{*2}(\theta_i) \neq f$。于是，存在一个状态 θ，使得规则 1 不能适用。

先假设规则 2 可以适用状态 θ，这意味着存在一个 j 和 f 使得 $f_i = f, i \neq j$。此时对于任意一个自身状态为 θ_i 的参与人 $i \neq j$，在设想其他参与人的状态为 θ_{-i} 时发送信号 $m_i(., f_i, z_i, y_i)$，其中 $f_i \neq f, i = \sum_{k=1}^n z_k (mod \quad n)$。于是，在规则 3 下可以使得社会选择 y_i，此时的效用为 $u_i(y_i, \theta)$。因此，若 $\mathbf{m}^*$ 是一个事后均衡，对任意的 $y \in Y, i \neq j$，必须满足 $u_i(h(\mathbf{m}^*(\theta)), \theta) \geqq u_i(y, \theta)$，这与经济环境的条件相矛盾。

现在假设规则 3 可以适用状态 θ，这意味着对于任意一个自身状态为 θ_i 的参与人，在设想其他参与人的状态为 θ_{-i} 时发送信号 $m_i(., f_i, z_i, y_i)$，其中 $i = \sum_{k=1}^n z_k (mod \quad n)$。则在规则 3 下可以使得社会选择 y_i，此时的效用为 $u_i(y_i, \theta)$。因此，如果 $\mathbf{m}^*$ 是一个事后均衡，对任意的 $y \in Y, i \neq j$，必定有 $u_i(h(\mathbf{m}^*(\theta)), \theta) \geqq u_i(y, \theta)$，这与经济环境的条件相矛盾。

第三步：对任意的社会选择函数 $f \in \cap F$ 以及满足 $m_i^{*2}(\theta_i) = f, \forall i, \theta_i$，的任意事后均衡 $\mathbf{m}^*$，都有 $f \circ m^{*1} \in \cap F$。

反证法：假设 $f \circ m^{*1} \notin \cap F$。根据事后单调性，存在一个 $i, \theta, y \in Y_i^f(m_{-i}^{*1}(\theta_{-i}))$，满足：

$$u_i(y, \theta) > u_i(f(m^{*1}(\theta)), \theta).$$

考虑一个自身状态为 θ_i 的参与人 i，在相信其他参与人的状态为 θ_{-i} 的情形下，发送满足 $f_i \neq f$ 的信号 $m_i = (., f_i, ., y)$。在给定其他参与人选择他们的均衡战略下，由规则 2，社会选择为 $h(m_i, \mathbf{m}_{-i}^*(\theta_{-i})) = y$，从而参与人 i 在 m_i 下的期望效用为：

$$u_i(h(m_i, \mathbf{m}^*(\theta_{-i})), \theta) = u_i(y, \theta) > u_i(f(\mathbf{m}^{*1}(\theta)), \theta) = u_i(h(\mathbf{m}^*(\theta)), \theta).$$

这与 $\mathbf{m}^*$ 是事后均衡假设相矛盾。

由以上三步，我们证明了在经济环境下，事后激励相容和事后单调性对事后执行的充分性结论。 □

对于非经济环境，Bergemann 和 Morris (2008) 在增加“无否决权”的条件下，证明了类似的事后完全执行的充分条件。在这篇文章中，对满足单交叉性质的经济环境类，他们还证明了，任何严格事后激励相容和由内点组成的社会选择集合都满足事后单调性条件，从而是事后完全可执行的。并且，当参与人个数大于 2，下一章将介绍的相关价值环境下的直接显示广义 VCG 机制也满足事后单调性，且有唯一的事后均衡。

此外，对于两人环境下的事后执行，Ohashi (2012) 给出了类似的充分条件和必要条件。另外，在机制设计中，利用事后均衡的概念，Bergemann 和 Morris (2005) 建立了一个稳健机制设计分析框架。

19.9 【人物小传】

19.9.1 让–雅克·拉丰

让–雅克·拉丰 (Jean-Jacques Laffont, 1947—2004)，法国图卢兹大学产业经济研究所创始人，新规制经济学创始人之一，同时也是信息经济学和激励理论的奠基人之一。

让–雅克·拉丰 1947 年出生在法国东南部城市图卢兹，属于法国战后的一代。这一代人在戴高乐将军的影响下成长，他们具有强烈的爱国主义精神，以振兴法兰西民族为己任。1968 年，拉丰毕业于具有深厚数学教育传统的图卢兹大学，获得数学硕士学位，其后前往巴黎大学继续深造，并于 1972 年获得应用数学博士学位。1973 年秋，年轻的拉丰来到美国哈佛大学，师从经济学大师肯尼思·阿罗，与马斯金和赫尔普曼（Elhanan Helpman）一道成为经济学界的传说——哈佛大学经济系三剑客。拉丰仅用一年半的时间就获得了哈佛大学经济学博士学位（1975 年），这在哈佛的历史上是十分罕见的。1978 年，拉丰服完替代兵役后，放弃了在美国任教的机会回到图卢兹大学，他在艰苦的环境下一边传播经济学，一边不懈地开创经济学的新领域。沿着博士论文的研究方向，他很快在公共经济学和机制设计领域作出了重要贡献。

在 20 世纪 70 年代，一般均衡理论仍然占据着经济学的主导地位，但拉丰已经深刻地认识到了激励机制设计理论在未来经济学中的重要地位。对于经济组织中激励问题的关注使得拉丰选择激励理论作为自己的研究方向。20 世纪 70 年代末，现代经济学的一个重要分支——信息经济学正在兴起。信息经济学研究的主要课题是不完全信息和不对称信息下的激励问题，由于在方法论上借鉴并结合了博弈论的研究成果，信息经济学成功地解释了在一般均衡框架下无法解决的诸多难题，显示了该理论强大的生命力，并极大地推动了企业理论和产业组织理论的发展。拉丰以信息经济学作为他研究激励问题的基本框架，开始了整合激励理论体系的思考和探索。

1979 年，拉丰教授的专著《公共决策中的激励》(与格林合著) 出版，确立了他在公共经济学领域的权威地位。他和梯若尔创建了一个关于激励性规制的一般框架，这导致了新规制经济学的诞生。新规制经济学结合了公共经济学与产业组织理论的基本思想以及信息经济学与机制设计理论的基本方法，它提出的激励性规制的基本思想和方法成功地解决了不对称信息下的规制问题。拉丰和梯若尔于 1993 年出版的著作《政府采购与规制中的激励理论》完成了新规制经济学理论框架的构建，从而奠定了他们在这一领域的学术领导者地位。

拉丰教授是一个极其勤奋而又高产的学者，在他短短的 57 岁的人生中，就出版了 12 本专著和 300 多篇高水平的学术论文，他的学术贡献为他在经济学界赢得了极高的声誉。但是拉丰教授并没有像其他许多功成名就的经济学家那样等着获诺贝尔奖，他仍然一如既往地传播经济学并且不断地开拓激励理论的新领域。即使在与癌症抗争的过程中，他仍坚持完成了新著《规制与发展》(2003 年 12 月)。没想到，这本书竟成了他的遗著。

作为一个杰出的经济学家，让–雅克 · 拉丰教授在机制设计理论、公共经济学、激励理论和新规制经济学等领域的突出贡献和成就已经获得经济学界的公认，为此他被推选为世界经济计量学会主席 (1992 年)、欧洲经济学会主席 (1998 年)、美国经济学会荣誉会员 (1991 年)、美国科学院外籍荣誉院士 (1993 年)，并于 1993 年第一个获得欧洲经济学会的 Yrjo-Jahnsson 奖 (该奖与美国经济学会的克拉克奖齐名)。如果健在，他一定至少会和梯若尔一道，获得诺贝尔经济学奖，也许这是他一生最大的遗愿。

19.9.2 罗杰 · 迈尔森

罗杰 · B · 迈尔森 (Roger B. Myerson，1951—)，现芝加哥大学教授，因在创建和发展机制设计理论和拍卖理论方面所作的贡献，其中包括提出显示原理、最优机制设计、收益等价定理等等，在 2007 年获诺贝尔经济学奖。

迈尔森出生于美国波士顿，1976 年获哈佛大学应用数学系哲学博士学位，其博士课题为“一个合作博弈理论”（A Theory of Cooperative Games）。自 2007 年以来他任教于美国芝加哥大学，研究专长包括经济学领域里的博弈论和政治学领域里的投票体制等。迈尔森在 1981 年发表的《最优拍卖理论》是最优机制设计方面的奠基之作。最优拍卖理论力图解决在给定信息分布的情况下，如何设计出某种制度来最大限度地激励经济活动的参与人，也就是最优合同的设计问题。他著有《博弈论：矛盾冲突分析》、《经济决策的概率模型》等书。

在维克瑞之后，大批学者开始对拍卖理论加以关注。其中尤其值得一提的正是迈尔森，他利用新发展起来的机制设计理论对拍卖理论重新进行了研究，在此基础上推广了维克瑞的理论。迈尔森通过严格的数学推导，得出结论：在满足竞拍人对物品的评价相互独立、竞拍人只关心自身的期望收益等一系列假定下，所有可能的拍卖机制都会给拍卖者带来相同的期望收益。显然，这一结论超越了之前维克瑞等学者比较具体拍卖形式的收益的研究思路，而能够研究所有可能的拍卖，这使拍卖理论大大向前推进了一步。

迈尔森是个能让抽象的经济学理论变得很实用的经济学家。他为美国解决了如加州电力危机等在内的很多经济难题，在世界经济学界赫赫有名。20 世纪 80 年代，美国加州的电力改革要打破电力垄断的弊端，可是电力行业实行完全竞争又不可能，最好的办法是寡头垄断。迈尔森用机制设计理论，运用博弈论很好地为加州电力改革设计了方案，这个方案运行至今，效果良好。此外，他还解决了美国医学院的招生难题。美国医生是高收入群体，但是医学院大都是私立的。不控制医学院学生人数，就不能保证医生的质量和高收入。美国政府把迈尔森的机制设计原理引入相关法律，从而限制了医学院招生的数量。迈尔森对现实经济的贡献让美国经济学家感叹：可以因此而创立一门"经济工程学"，把经济学变得同工程学一样实用，一样可以设计经济现象。

19.10 习 题

习题 19.1 考虑一个卖者和一个买者的经济环境。买者的价值为 v_b，卖者的价值为 v_s。已知 v_b 和 v_s 均是在 $[0,1]$ 上的一致分布，且二者相互独立。给定交易机制如下：买者和卖者分别同时报出买价 p_b 和卖价 p_s，若 $p_b \geqq p_s$，交易以价格 $p=(p_b+p_s)/2$ 进行，且买者和卖者的收益分别为：

$$v_b - p,$$

$$p - v_s.$$

若 $p_b < p_s$，无交易发生，双方收益分别为 0。已知在该种机制下，存在着多种均衡报价战略，例如存在着线性均衡报价战略：$p_i(v_i) = a_i + c_i v_i$，$i \in b, s$。

给出买者和卖者的线性均衡战略，并证明其能否执行事后有效。

习题 19.2 (Arrow，1979; d'Aspremont 和 Gerard-Varet，1979; Diamantaras，2009) 假设参与人集合为 N，$|N| = n$，参与人 i 的类型集合为 Θ_i，其效用函数为 $u_i(d,\theta_i,t_i) = v_i(d,\theta_i) + t_i$。AVG机制 $(d(\theta), t_i(\theta))$ 满足：

$$d(\theta) \in \text{argmax}_d \sum_{i\in N} v_i(d,\theta_i);$$

$$t_i(\theta) = E_{\theta_{-i}}[\sum_{j\neq i} v_j(d(\theta),\theta_j)|\theta_i] - \frac{1}{n}\sum_{k\neq i} E_{\theta_{-i}}[\sum_{j\neq k} v_j(d(\theta),\theta_j)|\theta_k].$$

证明：若每个参与人的类型分布是独立的，上面的AVG机制满足贝叶斯激励相容和事中预算平衡。

习题 19.3 (Diamantaras，2009) 考虑两个参与人和一个公共品的经济环境每个参与人的类型为 $\Theta_i = \{0,1\}, i = 1,2$，两种类型等概率，两个参与人的类型独立分布，参与人 i 对公共品的评价为 θ_i。假设公共品的成本为 $c = \frac{3}{4}$。

证明在这个环境下不存在一个机制同时满足下面特性: (i)事中参与约束; (ii)贝叶斯激励相容; (iii) 公共品决策机制是有效的; (iv)机制是可行的, 即不需要外部的额外资源。

习题 19.4 (Palfrey 和 Srivastava, 1989) 考虑参与人集合为 $I=\{1,2,3\}$, 社会可选结果集合为 $A=\{a,b\}$, 及每个参与人的类型都是 $T^i=\{t_a,t_b\}$ 的经济。假设参与人的类型都是独立同分布的, $prob(t^i=t_b)=q>0.5^{1/2}$, 每个参与人的效用函数都是相同的, 满足:

$$u^i(a,t_a)=1>0=u^i(b,t_a);$$

$$u^i(b,t_b)=1>0=u^i(a,t_b).$$

假设社会选择函数 f 刻画如下:

$$f(t^1,t^2,t^3)=\begin{cases} t_a, & 若t^1=t^2=t_a, 或t^1=t^3=t_a, 或t^2=t^3=t_a; \\ t_b, & 若t^1=t^2=t_b, 或t^1=t^3=t_b, 或t^2=t^3=t_b. \end{cases}$$

1. 证明 $f(\cdot)$ 是唯一满足下面五个特性的配置规则: (i) 它是激励相容的; (ii)它是事前、事中、事后都有效的; (iii) $f(\mathbf{t})$ 是多数投票决定规则; (iv) 它最大化阿罗社会福利函数; (v)可以在一个直接显示机制中被占优战略执行。
2. 证明 $f(\cdot)$ 不是强贝叶斯可执行的 (提示: 证明它不满足贝叶斯单调性)。

习题 19.5 (Palfrey 和 Srivastava, 1989) 假设参与人集合为 $I=\{1,2,3\}$, 社会可选结果集合为 $A=\{a,b\}$, 每个参与人的类型都是 $T_i=\{t^a,t^b\}$, 假设每个参与人的类型是独立同分布的, $prob(t_i=t^b)=q>0.5^{1/2}$。假设每个参与人的效用函数都是相同的, 依赖于其他参与人的类型, 他们满足:

$$u_i(a,\mathbf{t})=\begin{cases} 1, & 如果至少有两个参与人的类型是t^a, \\ 0, & 其他. \end{cases}$$

$$u_i(b,\mathbf{t})=\begin{cases} 1, & 如果至少有两个参与人的类型是t^b, \\ 0, & 其他. \end{cases}$$

假设社会选择函数 f 刻画如下:

$$f(t_1,t_2,t_3)=\begin{cases} t^a, & 若t_1=t_2=t^a, 或t_1=t_3=t^a, 或t_2=t_3=t^a, \\ t^b, & 若t_1=t_2=t^b, 或t_1=t_3=t^b, 或t_2=t_3=t^b. \end{cases}$$

证明这一选择函数不能被非劣的贝叶斯均衡执行, 所谓非劣的是指对每个人来说, 不存在别的战略弱占优于它。

习题 19.6 (贝叶斯激励相容特征化) 在私人价值独立分布线性模型中, 社会选择规则 $(\mathbf{y}(\cdot),t_1(\cdot),\cdots,t_n(\cdot))$ 是贝叶斯激励相容的当且仅当对所有的 $i\in N$。

1. 证明 $\bar{y}_i(\theta_i)$ 关于 θ_i 非递减。
2. 证明 $E_{\theta_{-i}}U_i(\theta_i)=E_{\theta_{-i}}[U_i(\underline{\theta}_i,\theta_{-i})]+\int_{\underline{\theta}_i}^{\theta_i}E_{\theta_{-i}}y_i(\tau,\theta_{-i})d\tau,\forall\theta_i\in\Theta_i$。

习题 19.7 一个卖者和一个买者在为一个不可分物品的交易进行讨价还价。卖者的价值 $\theta_b=10$, 买者的价值有两种可能, $\theta_s\in\{0,9\}$。令 t 表示交易发生的时期 $(t=1,2,\cdots)$, P 表示商定的价格, 给定买卖双方的贴现因子均为 δ。

1. 在当前设置的经济环境中，可选项的集合是什么？
2. 设想在该讨价还价过程的一个贝叶斯纳什均衡下，当卖者的价值是 0 时，交易会立即发生；而且当卖者的价值是 θ_s 时，商定的交易价格是 $(10+\theta_s)/2$。问当卖者的价值是 9 时，交易发生的最早可能时期是哪个？

习题 19.8 考虑离散情形的迈尔森–萨特思韦特 (Myerson-Satterthwaite) 双边贸易模型。给定买者的价值 v 以及卖者的成本 c 的分布均是在 $1, 2, 3, 4$ 上的一致分布。

1. 证明有效性贸易是激励相容的。
2. 关于迈尔森–萨特思韦特有效性结论，这个例子告诉我们什么？

习题 19.9 考虑一个激励相容直接机制 $(q, \mathbf{t})$，$\mathbf{t}$ 是事前预算平衡的，即 $E_0 \sum_{i=1}^{N} t_i(\theta) = 0$。假定类型是独立分布的。

1. 证明：存在另外一个贝叶斯激励相容机制 $(q, \mathbf{t}')$，$\mathbf{t}'$ 是事后预算平衡的，$\sum_{i=1}^{N} t_i(\theta) = 0$。
2. 证明：$E_{\theta_{-i}} t_i(\theta) = E_{\theta_{-i}} t_i'(\theta)$。
3. 证明：若存在一个个人理性的VCG 机制 $(q^*, \mathbf{t})$，使得 $E_{\boldsymbol{\theta}} \sum_{i=1}^{N} t_i(\theta) \geqq 0$，则存在一个贝叶斯激励相容、预算平衡、个人理性和有效的机制 $(q^*, \mathbf{t}')$。

习题 19.10 考虑一个双边交易经济，两个参与人起初分别拥有一单位某商品。每个人每消费一单位商品所获价值是 $\theta_i (i = 1, 2)$。假定 θ_i 的分布均是在 $[0, 1]$ 上的一致分布，且相互独立。

1. 刻画在一个事后有效的社会选择函数里的交易规则。
2. 考虑以下机制：每个参与人给一个报价，报价高者获得另一人的单位商品，并支付其报价。给出这个机制的一个对称贝叶斯纳什均衡。
3. 可以被这个机制执行的社会选择函数是什么？验证它是激励相容的。它是否是有效的？满足个人理性吗？直觉上讲，为什么会与迈尔森–萨特思韦特定理的结论存在差异？

习题 19.11 考虑一个供给者与一个消费者之间商品的双边交易问题。供给者每单位供给的成本由其成本类型决定，而成本类型是供给者的私人信息。当供给者是 θ 类型时，若消费者的总支付是 x，前者的利润为 $x - \theta q$。同时，对 q 单位的商品，消费者的价值依赖于供给者的类型 θ，其表达式为 $\pi(q|\theta) = (4 + 2\theta) q^{1/2}$。因此，消费者通过支付 x，从类型为 θ 的供给者那里获得 q 单位商品，所得到的净剩余为 $(4 + 2\theta)\sqrt{(q)} - x$。任何一方均可拒绝参与交易，则 $q = 0$，且 $x = 0$。

1. 当供给者的类型 θ 是共同知识时，求最大化供求双方剩余的商品数量的表达式，$q^*(\theta)$。
2. 假设供给者的类型可能是 $\theta_L = 2$ 或 $\theta_H = 3$，是低成本 θ_L 类型的概率是 p_L，是高成本 θ_H 类型的概率是 $p_H = 1 - p_L$。对于考虑到激励约束和事中参与约束的买者期望净回报最大化问题，寻找一个交易计划并列出有约束的最优化问题。(提示：$\pi(q|\theta_L) = 8\sqrt{q}$ 和 $\pi(q|\theta_H) = 10\sqrt{q}$。)
3. 给出计算买者最优的激励相容交易计划的公式。
4. 现考虑以下情形：买者相信供给者的成本类型服从在 $[2, 3]$ 区间上的一致分布。给出计算买者最优激励相容交易计划的公式，该公式在满足事中参与约束和信息激励约束的条件下，最大化买者的期望剩余。
5. 考虑另一情形：供给者的成本类型是 $\theta_L = 2$ 或 $\theta_H = 3$。在对于任一类型的供给者，买者的剩余均不为负的所有激励相容的计划里，找出对两种类型的供给者均是最优的交易计划。

6. 对于问题 (5) 的解，证明：若 p_L 足够靠近 0，而 p_H 足够靠近 1，那么存在能够带给买者非负期望剩余，而比问题 (5) 中交易计划更优的混同计划。

习题 19.12 有两个建筑公司投标一项政府大楼修建工程。每一个建筑公司是两种类型中的一种：高质量 H 类型的企业可以以成本 C_H 为政府建设价值为 υ_H 的高质量工程；而低质量 L 类型的企业可以以成本 C_L 为政府建设价值为 υ_L 的低质量工程。这里，$C_H > C_L$，$\upsilon_H > \upsilon_L$。假设 $\upsilon_H - C_H > \upsilon_L - C_L > 0$。已知企业的类型是相互独立的且属于私人信息。每个企业有 v 的概率成为高质量的企业。这里我们考虑直接显示机制，当企业宣称其类型为 θ 而另外一个企业宣称其类型为 θ' 时，我们用 $q(\theta,\theta'),\theta,\theta' \in \{H,L\}$ 来表示前一个企业中标的概率；类似地，我们用 $T(\theta,\theta')$ 表示政府对其的支付额。给定政府和两个企业均是风险中性的，政府的目标是最大化其期望盈余 $E(\upsilon-\omega)$。

1. 写出满足参与约束和激励相容约束的政府最优招标设计问题。
2. 求政府最优的招标机制。

习题 19.13 (Dana 和 Spier，1994) 假定有两个企业，$j=1,2$，通过竞争获取给定市场的生产权。一个社会计划者通过设计一个最优的生产权拍卖机制，以最大化社会剩余函数的期望值。社会剩余函数被定义为，

$$W = \Sigma_j \pi_j + S + (\lambda-1)\Sigma_j t_j,$$

其中，π_j 是总的（转移前）企业 j 的利润，S 是消费者的剩余，$\lambda > 1$ 是公共基金的影子成本，t_j 表示企业 j 向计划者的转移。该拍卖给定了每个企业的转移支付以及一种市场的结构，即要么两个企业均没获得生产权，要么一个企业获得生产权，要么两者均获得生产权。

每一个企业 j 独自观察到其固定的生产成本 θ_j。固定成本 θ_1 和 θ_2 服从在 $[\theta^1,\theta^2]$ 上的独立同分布。其密度函数 $\phi(\cdot)$ 和分布函数 $\Phi(\cdot)$ 均是连续可微的。假定 $\frac{\Phi(\cdot)}{\phi(\cdot)}$ 关于 θ 是递增的。企业间有着共同的边际成本 $c<1$，以及生产同质产品，其市场的逆需求是 $p(x)=1-x$。若两个企业均获得了生产权，它们将成为古诺竞争者。

1. 写下生产权的最优拍卖机制问题。
2. 刻画其最优拍卖机制。

习题 19.14 有一个卖者 ($i=0$) 拥有两个相同的不可分商品，同时，存在着两个买者 ($i=1,2$)。对一单位的商品，买者和卖者每人均有一个属于私人信息的支付意愿 θ_i。三者的支付意愿均服从在 $[0,1]$ 上的一致分布，且相互独立，这一点是共同知识。对于该商品超过一单位的部分，每个人的支付意愿均为 0。

1. 描述这两单位商品的有效配置函数 $f(\theta_0,\theta_1,\theta_2)$。
2. 对于一个贝叶斯执行了有效配置这两单位商品的激励相容机制，每个参与人的事中期望效用分别是多少？
3. 每一个参与人的事中参与约束分别是什么？
4. 在不存在外部转移时，是否存在同时满足问题 (3) 中的参与约束，以及激励相容约束，且能有效配置这两单位商品的机制？

习题 19.15　市场上找工作的学生有 L 和 H 两种类型。至少有两个潜在的雇主。雇用 i 类型学生获得的增加利润为 π_i，且 $\pi_H > \pi_L$。应聘按照如下方式进行: (1) 学生观察到自己的类型 (雇主观测不到); (2) 学生选择非生产性的教育水平 e，这是有成本并且可以被雇主观察到的; (3) 雇主给未来的工人 (现在的学生) 提出工资出价，即 w，基于他所观察到的教育水平 (伯特兰竞争); (4) 学生选择雇主并成为工人。接受 w 工资的 i 类型工人的效用方程为 $U(w,e) = w - c_i(e)$。对应的付给 i 类型工人 w 工资的雇主的收益为 $\pi_i - w$。假设 $C'_H(e) > C'_L(e)$，对所有的 $e > 0$。整个过程只考虑纯战略均衡。

1. 这个模型符合斯宾塞–莫里斯单交叉性吗? 解释你的答案。
2. 在分离均衡中类型为 L 的学生获得的教育水平是多少? 推导出分离均衡中类型为 H 的工人的最大和最小教育水平的表达式。
3. 推导出混同均衡中所有学生获得的最小和最大教育水平的表达式。
4. 哪种均衡结果比较占优势? 解释你的答案。
5. 假定政府对教育水平收税 t (即一个接受 e 年教育水平的人将交纳 te 的税收)。并且政府持有所有的税收收益。该税收如何改变了你在 (2) 问和 (3) 问中推导出的分离均衡和混同均衡条件?
6. 只考虑有效分离均衡。基于 (5) 问分别推导出类型 H 和 L 工人效用函数对税收 t 的偏导，写出偏导的符号。该税收如何影响工人的福利?

习题 19.16　回答下列问题:

1. 在完全信息条件下，单交叉性质是否可以推出马斯金单调性? 若是，加以证明; 若不是，举反例说明。
2. 在不完全信息条件下，单交叉性质是否可以推出贝叶斯单调性? 若是，加以证明; 如果不是，举反例说明。

习题 19.17　试举例说明马斯金单调性质与事后单调性质之间的独立性。

习题 19.18　(广义 VCG 机制的非纳什单调性，Bergemann 和 Morris，2008)　考虑相关价值环境下修正的维克瑞机制。我们称机制 $(\Theta, \mathbf{y}^*, \mathbf{t}^*)$ 为广义VCG机制，若出价最高者获得物品，且支付价格为 $\max_{j\neq i} u_j(\vartheta_i(\Theta_{-i}), \Theta_{-i})$(不直接依赖于 θ_i)。

1. 证明广义VCG机制满足事后单调性。
2. 证明广义VCG机制满足事后激励相容性。
3. 然而，广义VCG机制并不满足马斯金单调性，从而它不是纳什可执行的，给出证明。

习题 19.19　证明: 对参与人数 $n=2$ 的经济环境，若社会选择函数 f 满足事后激励相容和事后单调性，则 f 是可事后执行的。

习题 19.20　对于一个参与人数 $N=2$ 的经济环境，若社会选择集合 F 中的元素多于 1 个，试说明 F 满足事后激励相容和事后单调性是否为 F 是可事后执行的充分条件。

习题 19.21　Bargemann 和Morris (2008) 得到: 对于一个参与人数 $N \geqq 3$ 的一般情形，若社会选择函数 f 满足事后激励相容和事后单调无否决权条件，则 f 是可事后执行的。试说明这一结果能否推广到参与人数 $N=2$ 的情形。

习题 19.22　(Bergemann 和 Morris，2005)　考虑两个参与人 1 和 2，他们的类型集合分别为 $\Theta_1 = \{\theta_1, \theta'_1\}$ 和 $\Theta_2 = \{\theta_2, \theta'_2\}$。社会可选择的结果集合为 $A = \{a, b, c\}$。在不同的结果

以及参与人的类型下，他们的效用可以由下表描述(其中每个盒子中的两个数字分别表示参与人 1 和 2 对应的效用)：

a	θ_2	θ_2'
θ_1	$(1,0)$	$(-1,2)$
θ_1'	$(0,0)$	$(0,0)$

b	θ_2	θ_2'
θ_1	$(-1,2)$	$(1,0)$
θ_1'	$(0,0)$	$(0,0)$

c	θ_2	θ_2'
θ_1	$(0,0)$	$(0,0)$
θ_1'	$(1,1)$	$(1,1)$

社会计划者考虑下面的社会选择规则 F，最大化两个参与人效用之和，由下面的表描述：

F	θ_2	θ_2'
θ_1	$\{a,b\}$	$\{a,b\}$
θ_1'	$\{c\}$	$\{c\}$

证明：社会选择规则 F 不能被事后执行。

习题 19.23 (Bergemann 和 Morris，2005) 考虑两个参与人 1 和 2，他们的类型集合分别为 $\Theta_1=\{\theta_1,\theta_1',\theta''_1\}$ 和 $\Theta_2=\{\theta_2,\theta_2'\}$，假设社会可选择的结果集合为 $A=\{a,b,c,d\}$。在不同的结果以及参与人的类型下，他们的效用可以由下面的表描述(其中每个盒子中的两个数字分别表示参与人 1,2 对应的效用)：

a	θ_2	θ_2'
θ_1	$(0,2)$	$(0,2)$
θ_1'	$(-4,0)$	$(1,0)$
θ''_1	$(-4,0))$	$(-4,0)$

b	θ_2	θ_2'
θ_1	$(0,0)$	$(0,0)$
θ_1'	$(0,2)$	$(0,0)$
θ''_1	$(-4,0))$	$(0,0)$

c	θ_2	θ_2'
θ_1	$(0,0)$	$(-4,0)$
θ_1'	$(0,0)$	$(0,2)$
θ''_1	$(0,0))$	$(0,0)$

d	θ_2	θ_2'
θ_1	$(-4,0))$	$(-4,0)$
θ_1'	$(1,0)$	$(-4,0)$
θ''_1	$(0,2)$	$(0,2)$

社会计划者考虑下面的社会选择规则 F，最大化两个参与人效用之和，由下面的表描述：

F	θ_2	θ_2'
θ_1	a	a
θ_1'	b	c
θ''_1	d	d

假设计划者可以对参与人进行转移支付，每个参与人都是拟线性效用函数。

证明：在满足事后预算平衡的条件下，社会选择规则 F 不能被事后执行。

19.11 参考文献

教材和专著：

Bolton, P. and Dewatripont, M. (2005), *Contract Theory*, MIT Press.

Corchón, L. C. (1996). *Theory of Implementation of Socially Optimal Decisions in Economics*, Macmilian Press, Ltd.

Diamantaras, D. (2009). *A Toolbox for Economic Design*, Palgrave Macmillan.

Laffont, J. J., and Martimort, D. (2002). *The Theory of Incentives: The Principal-Agent Model*, Princeton University Press.

Segal, I. (2007). *Lecture Notes in Contract Theory*, Stanford University.

论文：

Abreu, D., and Matsushima, H. (1990). "Virtual Implementation in Iteratively Undominated Strategies: Incomplete Information", Mimeo.

Arrow, K. (1979). "The Property Rights Doctrine and Demand Revelation Under Incomplete Information", in *Economics and Human Welfare*, ed. by M. Boskin. New York: Academic Press.

Anil, Arya , Glover, Jonathan and Rajan, Uday (2000). "Implementation in Principal Agent Models of Adverse Selection", *Journal of Economic Theory*, Vol. 93, 87-109

Bergemann, Dirk and Morris, Stephen (2005). "Robust Mechanism Design", *Econometrica*, Vol. 73, No. 6, 527-566.

Bergemann, Dirk and Morris, Stephen (2008). "Ex Post Implementation", *Games and Economic Behavior*, Vol. 63, 527-566

Che, Y., and Kim, J. (2006). "Robustly Collusion-Proof Implementation", *Econometrica*, Vol. 74, 1063-1107.

Cramton Peter , Gibbons, Robert and Klemperer Paul (1987). "Dissolving a Partnership Efficiently", *Econometrica*,Vol. 55, No. 3, 615-632.

Cremer，J. and R. P. Mclean (1988). "Full Extraction of Surplus in Bayesian and Dominant Strategy Auctions", *Econometrica*, Vol. 56, No. 6, 1247-57.

d'Aspremont, C., and Gerard-Varet, L. (1979). "Incentives and Incomplete Information", *Journal of Public Economics*, Vol.11, 25–45.

Dana, J. D. and Spier, K. E. (1994). "Designing a Private Industry: Government Auctions with Endogenous Market Structure", *Journal of Public Economics*, Vol. 53, No. 1, 127-147.

Demski，J. S. and D. Sappington (1984). "Optimal Incentive Contracts with Multiple Agents", *Journal of Economic Theory*, Vol. 33, No. 1, 152-171.

Duggan, J. (1993). "Virtual Implementation in Bayesian Equilibrium with Infinite Types",

Parts I and II, Mimeo.

Dutta, B., and Arunava Sen (1994). "Bayesian Implementation: The Necessity of Infinite mechanisms", *Journal of Economic Theory*, Vol. 64, 130-141.

Groves, T., and Ledyard, J. (1985). "Incentive Compatibility Since 1972", *Chapter 2: Information, Incentive, and Economic Mechanisms*, T. Groves, R. Radner, and S. Reiter, eds.

Jackson, M. O. (1991). "Bayesian Implementation", *Econometrica*, Vol. 59, 461-477.

Laffont, J., and Martimort, D. (1997). "Collusion Under Asymmetric Information", *Econometrica*, Vol. 65, 875-911.

Laffont, J., and Martimort, D. (2000). "Mechanism Design with Collusion and Correlation", *Econometrica*, Vol. 68, 309-342.

Meng, D., and Tian, G. (2014). "Two-Agent Collusion-Proof Mechanism with Correlation and Arbitrage", working paper.

Matsushima, H. (1993). "Bayesian Monotonicity with Side Payments", *Journal of Economic Theory*, Vol. 59, 107-121.

Myerson, R. B., and Satterthwaite, M. A. (1983). "Efficient Mechanisms for Bilateral Trading", *Journal of Economic Theory*, Vol. 29, 265-281.

Ohashi, Yoshihiro (2012). "Two-person Ex Post Implementation", *Games and Economic Behavior*, Vol. 75, 435–440.

Palfrey, T., and Srivastava, S. (1987). "On Bayesian Implementable Allocations", *Review of Economic Studies*, Vol. 54, 193-208.

Palfrey, T., and Srivastava, S. (1989). "Mechanism Design with Incomplete Information: A Solution to the Implementation Problem", *Journal of Political Economy*, Vol. 97, 668-691.

Palfrey, T., and Srivastava, S. (1989). "Implementation with Incomplete Information in Exchange Economies", *Econometrica*, Vol. 57, 115-134.

Palfrey, T., and Srivastava, S. (1991). "Nash Implementation Using Undominated Strategy", *Econometrica*, Vol. 59, 479-502.

Postlewaite, A., and Schmeidler, D. (1986). "Implementation in Differential Information Economies", *Journal of Economic Theory*, Vol. 39, 14-33.

Repullo, R. (1986). "The Revelation Principle under Complete and Incomplete Information", in *Economic Organization as Games*, Binmore, K. and P. Dasgupta, eds., Oxford, Basil Blackwell.

Tian, G. (1996b). "Continuous and Feasible Implementation of Rational Expectation Lindahl Allocations", *Games and Economic Behavior*, Vol. 16, 135-151.

Tian, G. (1997). "Virtual Implementation in Incomplete Information Environments with General Sets of Alternatives and Types", *Journal of Mathematical Economics*, Vol. 28, 313-339.

Tian, G. (1999b). "Bayesian Implementation in Exchange Economies with State Dependent

Preferences and Feasible Sets", *Social Choice and Welfare*, Vol. 16, 99-119.

Wilson, R. (1987). "Game-Theoretic Analyses of Trading Processes". In: Bewley, T. (Ed.), *Advances in Economic Theory: Fifth World Congress*. Cambridge University Press, Cambridge, 33–70.

第 20 章　动态机制设计

20.1　导　　言

在前面几章，我们讨论了委托—代理和一般的机制设计问题，其实这两类问题具有一些共同特点。合约、机制、制度以及体制，在一定程度上表达的都是同一个意思，它们都是研究“博弈的规则”，即参与成员有什么行动，以及行动会带来什么结果，只不过委托—代理理论或合约理论考虑的是更加微观的管理问题，而机制考虑的是更一般的博弈规则的设计问题。在委托—代理框架中的合约设计，在一定程度上可以转换到机制设计的研究分析框架中去，其中机制是由某个成员（委托人）设计的，使得委托人的目标就是机制的目标。在互动中，代理人要满足激励相容和参与约束条件，而这对应着机制设计中的两种约束。不过，相对于委托—代理问题，机制设计更一般和抽象，讨论在激励相容的要求下什么样的目标是可以执行的。

在现实生活中，人们往往与其他人会有动态互动。我们在重复博弈中介绍了在多期（甚至无穷期）互动中，人们之间的互动模式和静态比较起来会有很大差异。本章就是讨论在动态互动环境下激励机制的设计问题。为此，我们先在一个简单的委托—代理框架下讨论在多期互动中，激励约束和参与约束的变化以及背后的权衡，然后再来讨论一般动态机制的设计问题，特别是有效动态机制的设计问题。

20.2　完全承诺能力下的动态合约

在这一节，我们先讨论一个基础性的动态合约，其中委托人有完全承诺能力，我们分三种情形讨论动态环境下委托人与代理人之间的次佳合约，它们分别是代理人类型不随时间变化，类型在不同时期是独立分布，以及类型在前后时期相关。

20.2.1　固定动态类型

考虑垄断者与消费者的买卖情景，消费者的类型不随时间改变情形下的垄断者的最优合约设计问题。这种情形是最基本的，也是最简单的一类动态合约。垄断者为某个消费者在两期提供商品（或服务），消费者对商品的价值 $\theta \in \{\theta_H, \theta_L\}$ 不随时间变化，与前面相同，消费者的价值是私人信息，假设 θ_L 类型的概率为 β。

图 20.1 刻画了垄断者与消费者在两期购买互动中的时间结构：消费者在 0 时刻了解到自己的类型 θ；在 0.25 时刻，垄断者给消费者提供两期购买合约 $(q_1, T_1(q_1); q_2, T(q_1, q_2))$；在 0.5 时刻，消费者决定是否接受上述合约；若不接受，互动结束，若接受，在时刻 1，消费者购买 q_1，同时支付 $T_1(q_1)$；在时刻 2，消费者购买 q_2，同时支付 $T(q_1, q_2)$)。注意，时刻 2 的支付不仅依赖于时刻 2 的购买，而且也依赖于时刻 1 的购买。

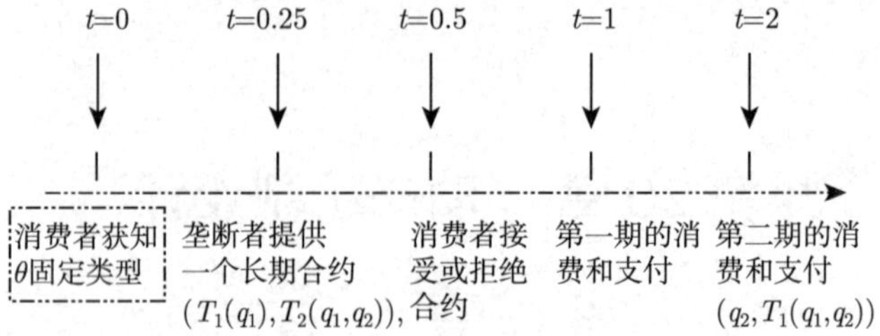

图 20.1 固定类型的两期购买

假设消费者的效用函数是

$$u(\theta, q_1, q_2, T_1, T_2) = \theta v(q_1) - T_1 + \delta[\theta v(q_2) - T_2(q_1, q_2)],$$

同时他的保留效用为 0。

垄断者的效用函数为:

$$T_1 - cq_1 + \delta[T_2 - cq_2].$$

在前面静态逆向选择理论中，我们知道若只有一期，次佳合约是 $(q_H^{SB}, T_H^{SB}; q_L^{SB}, T_L^{SB})$，其中 $q_H^{SB} = q_H^{FB}$ 和 q_L^{SB} 满足:

$$\begin{aligned}
&\theta_H v'(q_H^{SB}) = c, \\
&\theta_L v'(q_L^{SB}) = \frac{c}{1 - (\frac{1-\beta}{\beta}\frac{\theta_H - \theta_L}{\theta_L})}.
\end{aligned}$$

T_H^{SB} 和 T_L^{SB} 满足:

$$\begin{aligned}
\theta_H v(q_H^{SB}) - T_H^{SB} &= U_H = \Delta\theta v(q_L^{SB}), \\
\theta_L v(q_L^{SB}) - T_L^{SB} &= U_L = 0.
\end{aligned}$$

若垄断者有完全承诺能力，那么重复两期的次佳合约也是两期的次佳合约。这是由于，尽管在第一期垄断者通过消费者的选择而知道他的类型，然而在完全承诺能力下，垄断者在合约中必须忽视其第一期掌握的信息，而严格执行合约。我们现在讨论这样的次佳长期合约 (q_1, q_2, T)，这里将 T 理解为两期支付的贴现值，即 $T = T_1 + \delta T_2$。令合约为 $(q_{1H}, q_{2H}, T_H; q_{1L}, q_{2L}, T_L)$。若合约是激励可行的，则需要满足以下关于激励相容约束和参与约束的四个条件:

$$U_H \equiv \theta_H(v(q_{1H}) + \delta v(q_{2H})) - T_H \geqq U_L + \Delta\theta(v(q_{1L}) + \delta v(q_{2L})), \tag{20.2.1}$$

$$U_L \equiv \theta_L(v(q_{1L}) + \delta v(q_{2La})) - T_L \geqq U_H - \Delta\theta(v(q_{1H}) + \delta v(q_{2H})), \tag{20.2.2}$$

$$U_H \geqq 0, \tag{20.2.3}$$

$$U_L \geqq 0. \tag{20.2.4}$$

垄断者的目标函数为:

$$\begin{aligned}
\max_{(q_{1H}, q_{2H}, U_H; q_{1L}, q_{2L}, U_L)} \quad &(1-\beta)[\theta_H(v(q_{1H}) + \delta v(q_{2H})) - U_H - c(q_{1H} + \delta q_{2H})] \\
&+\beta[\theta_L(v(q_{1L}) + \delta v(q_{2L})) - U_L - c(q_{1L} + \delta q_{2L})]
\end{aligned} \tag{20.2.5}$$

满足条件 (20.2.1)、(20.2.2)、(20.2.3) 及 (20.2.4)。

与之前的逆向选择讨论类似，这四个条件只有 (20.2.1) 和 (20.2.4) 是等式约束，从而有：$U_L = 0$，$U_H = \Delta\theta(v(q_{1L}) + \delta v(q_{2L}))$。将它们代入式 (20.2.5)，并对 $q_{1H}, q_{2H}; q_{1L}, q_{2L}$ 分别求解一阶条件得到：

$$\theta_H v'(q_{1H}^{SB}) = \theta_H v'(q_{2H}^{SB}) = c,$$
$$\theta_L v'(q_{1L}^{SB}) = \theta_L v'(q_{2L}^{SB}) = \frac{c}{1 - (\frac{1-\beta}{\beta}\frac{\theta_H - \theta_L}{\theta_L})}.$$

因此，两期动态环境的次佳合约相当于两个一期的次佳合约。

20.2.2 独立动态类型

现考虑另外一种极端情形，即第一期和第二期的类型是独立的。我们讨论独立动态类型下垄断者的次佳合约。

在独立动态类型下，垄断者与消费者的动态互动见图 20.2。与图 20.1 相比，在时刻 0，消费者只知道时刻 1 的类型，而不知道时刻 2 的类型，只有在时刻 1.5 之后才知道其时刻 2 的类型。假设每一期消费者类型是独立同分布的，每期属于 θ_L 类型的概率为 β，属于 θ_H 的概率为 $1-\beta$。其他的设定与前面相同。

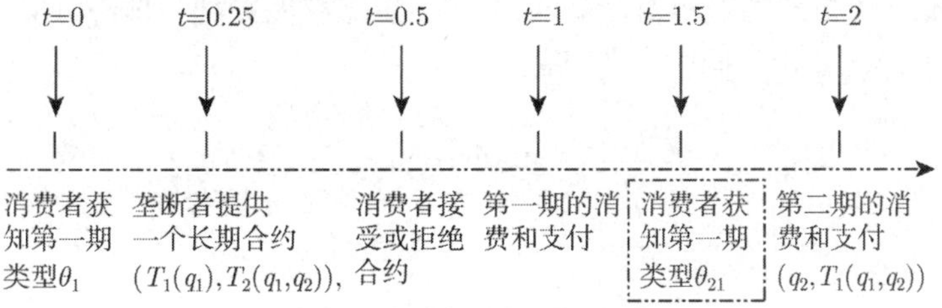

图 20.2 独立类型的两期购买

我们从第二期开始分析消费者与垄断者的互动。假设在第一期消费者汇报的类型是 θ_1，若第二期的购买合约 $(q_{2H}(\theta_1), T_{2H}(\theta_1); q_{2L}(\theta_1), T_{2H}(\theta_1))$ 满足激励相容条件，则有：

$$U_{2H}(\theta_1) \equiv \theta_H(\theta_1)v(q_{2H}(\theta_1)) - T_{2H}(\theta_1) \geqq U_{2L}(\theta_1) + \Delta\theta v(q_{2L}(\theta_1)), \tag{20.2.6}$$

$$U_{2L}(\theta_1) \equiv \theta_L v(q_{2L}(\theta_1)) - T_{2L}(\theta_1) \geqq U_{2H}(\theta_1) - \Delta\theta v(q_{2H}(\theta_1)), \tag{20.2.7}$$

其中 $U_{2H}(\theta_1)$ 和 $U_{2L}(\theta_1)$ 分别是第一期所报类型为 θ_1 时在第二期类型 θ_H 和 θ_L 下的第二期的均衡期望效用。

在第二期的激励相容合约中不需要施加第二期的参与约束，这是因为在两期互动中，只要消费者在两期获得的期望效用之和不低于保留效用，那么在垄断者的完全承诺下，消费者都会接受两期的合约。于是，

$$(q_{1H}, T_{1H}, q_{2H}(\theta_H), T_{2H}(\theta_H)) \text{和} (q_{1L}, T_{1L}, q_{2L}(\theta_L), T_{2L}(\theta_L))$$

构成了一个两期的激励相容合约。令 $U_{1H} = \theta_H v(q_{1H}) - T_{1H}$ 和 $U_{1L} = \theta_L v(q_{1L}) - T_{1L}$。除了满足上面的式 (20.2.6) 和式 (20.2.7) 外，还需要满足第一期的激励相容条件和参与约束条

件：

$$U_{1H}+\delta[(1-\beta)U_{2H}(\theta_H)+\beta U_{2L}(\theta_H)]\geqq U_{1L}+\Delta\theta v q_{1L}+\delta[(1-\beta)U_{2H}(\theta_L)+\beta U_{2L}(\theta_L)], \tag{20.2.8}$$

$$U_{1L}+\delta[(1-\beta)U_{2H}(\theta_L)+\beta U_{2L}(\theta_L)]\geqq U_{1H}-\Delta\theta v q_{1H}+\delta[(1-\beta)U_{2H}(\theta_H)+\beta U_{2L}(\theta_H)], \tag{20.2.9}$$

$$U_{1H}+\delta[(1-\beta)U_{2H}(\theta_H)+\beta U_{2L}(\theta_H)]\geqq 0, \tag{20.2.10}$$

$$U_{1L}+\delta[(1-\beta)U_{2H}(\theta_L)+\beta U_{2L}(\theta_L)]\geqq 0, \tag{20.2.11}$$

其中式 (20.2.8）和式（20.2.9) 是第一期的激励相容约束，式 (20.2.10）和式（20.2.11) 是第一期的参与约束。

显然在第一期的四个约束中，只有式 (20.2.8）和式（20.2.11) 是紧致约束，这样有：

$$\delta[(1-\beta)U_{2H}(\theta_L)+\beta U_{2L}(\theta_L)]=-U_{1L}, \tag{20.2.12}$$

$$\delta[(1-\beta)U_{2H}(\theta_H)+\beta U_{2L}(\theta_H)]=-U_{1H}+\Delta\theta v(q_{1L}). \tag{20.2.13}$$

因此，第二期要满足上面式 (20.2.12）和式（20.2.13) 的事前参与约束。采用与逆向选择中事前参与约束那一节相同的逻辑分析，可知不存在配置的扭曲，即 $q_{2H}(\theta_H)=q_{2H}(\theta_L)=q_H^*, q_{2L}(\theta_H)=q_{2L}(\theta_L)=q_L^*$。同时，我们有

$$U_{2H}(\theta_L)=\frac{-U_{1L}}{\delta}+\beta\Delta\theta v(q_H^*), \tag{20.2.14}$$

$$U_{2L}(\theta_L)=\frac{-U_{1L}}{\delta}-(1-\beta)\Delta\theta v(q_H^*), \tag{20.2.15}$$

$$U_{2H}(\theta_H)=\frac{-U_{1H}+\Delta\theta v(q_L^{SB})}{\delta}+\beta\Delta\theta v(q_H^*), \tag{20.2.16}$$

$$U_{2L}(\theta_H)=\frac{-U_{1H}+\Delta\theta v(q_L^{SB})}{\delta}-(1-\beta)\Delta\theta v(q_H^*). \tag{20.2.17}$$

这样，在次佳合约中，若消费者在两期都是低价值类型，则两个时期的消费是不同的，$q_{1L}=q_L^{SB}$ 和 $q_{2L}=q_L^{S*}$。同时，只有在第一期是高价值类型 θ_H 时，消费者才能获得正的信息租金 $\Delta\theta v(q_L^{SB})$，而当第二期是高价值类型时，消费者没有信息租金，因为此时消费者相对于垄断者没有信息优势。

此外，若消费者在第二期可以选择退出合约，则在第二期需要施加参与约束，即：

$$(1-\beta)U_{2H}(\theta)+\beta U_{2L}(\theta)\geqq 0, \forall\theta\in\{\theta_H,\theta_L\}. \tag{20.2.18}$$

此时，除了需要满足 $U_{1L}=0$ 和 $U_{1H}=\Delta\theta v(q_L^{SB})$ 之外，其他的结论是相同的。

20.2.3　相关的动态类型

在许多情况下，代理人的状态往往并不是一成不变的，他对未来的状态并不完全知晓。即使他有相对信息优势，动态合约仍有新的激励问题，包括他应怎样披露自身的信息，因为这些信息有可能会包含未来的状态信息，从而影响代理人未来的信息租金。这一问题最早由

Baron 和 Besanko(1984) 提出。在最优管制中，若被管制的企业成本类型信息在不同时间存在联系，委托人需要考虑应该怎样设计激励性管制机制，以此诱使代理人披露真实信息，同时在动态环境下如何对信息租金和配置效率进行权衡取舍。

在这一节，我们仍然假设委托人有完全承诺能力，并在垄断跨期价格歧视的框架下讨论类型变化下的动态合约。假设在两个时期垄断者面临一个消费者，消费者在两个时期的类型不是固定的。消费者首先观察到自身在第一期的类型 $\theta_1 \in \{\theta_H, \theta_L\}$，委托人只知道 $\theta_1 = \theta_H$ 的概率是 β。消费者在第一期不能确切地知道在第二期的类型 θ_2，假设两个时期类型之间的关联为：

$$\beta_i = prob(\theta_2 = \theta_H | \theta_1 = \theta_i).$$

假设 $\beta_H \geqq \beta_L$，意味着若第一期是 θ_H 类型，那么相对于第一期的 θ_L 类型，第二期是 θ_H 的概率更高，这种类型的联系称为正关联。当 $\beta_H = 1 > \beta_L = 0$ 时，这相当于消费者的类型是固定的；当 $\beta_H = \beta_L = \beta$ 时，消费者类型在两期是独立的。

垄断者与消费者之间的互动可以用显示原理来刻画。他们之间的互动流程为：(1) 在时刻 0，消费者了解第一期类型 θ_1；(2) 在时刻 0.25，垄断者提出一个完全承诺的合约 $\{(T_1(\tilde{\theta}_1), q_1(\tilde{\theta}_1)), (T_2(\tilde{\theta}_1, \tilde{\theta}_2), q_2(\tilde{\theta}_1, \tilde{\theta}_2))\}$；(3) 在时刻 0.5，消费者选择是否接受；若接受，(4) 在时刻 1，消费者向垄断者报告第一期的类型 $\tilde{\theta}_1$，并实施第一期的购买；(5) 在时刻 1.5，消费者了解到第二期类型 θ_2；(6) 消费者向垄断者报告其第二期的类型 $\tilde{\theta}_2$，并实施第二期的购买。

由于委托人的合约要得到执行，需要满足代理人的激励约束和参与约束，在动态环境下，代理人的激励约束和参与约束是哪些呢？由于消费者在了解到第一期的状态之后、在了解到第二期的状态之前签订合约，代理人要满足两类激励约束，即第一期和第二期类型报告的激励约束，同时满足第一期开始的整个时期的参与约束。

若消费者 θ_i 在时期 t 选择的该期合约为 (T_t, q_t)，则他在该期的效用为 $U_{it} = \theta_i v(q_t) - T_t$。假设 $v(q_t)$ 是凹函数，且消费者是无限风险规避的，即消费者接受购买合约要求在任意状态下获得的效用都不低于保留效用，假设保留效用为 0，这相当于满足消费者事后参与约束（即每一期状态实现后的效用不少于 0）。参与人的时间贴现率为 δ。假设垄断者的成本为零，垄断者的目标函数是最大化两期贴现利润之和。

我们先讨论第二期的激励约束。假设消费者在第一期报告的类型为 $\tilde{\theta}_1$，第二期的激励约束为：

$$U_{H2}(\tilde{\theta}_1) = \theta_H v(q_{H2}(\tilde{\theta}_1)) - T_{H2}(\tilde{\theta}_1) \geqq U_{L2}(\tilde{\theta}_1) + \Delta\theta v(q_{L2}(\tilde{\theta}_1)), \tag{20.2.19}$$

$$U_{L2}(\tilde{\theta}_1) = \theta_L v(q_{L2}(\tilde{\theta}_1)) - T_{L2}(\tilde{\theta}_1) \geqq U_{H2}(\tilde{\theta}_1) - \Delta\theta v(q_{H2}(\tilde{\theta}_1)). \tag{20.2.20}$$

其中 $q_{i2}(\tilde{\theta}_1) = q(\tilde{\theta}_1, \theta_i), i \in \{H, L\}$，是第一期报告类型 $\tilde{\theta}_1$ 且第二期报告类型 θ_i 时的购买量，$q_{i2}(\tilde{\theta}_1)$ 也是类似的。

从式 (20.2.19) 和式 (20.2.20)，我们可以得到：$q_{H2}(\tilde{\theta}_1) \geqq q_{L2}(\tilde{\theta}_1)$，即单调性条件成立。

消费者第二期的参与约束为：

$$U_{H2}(\tilde{\theta}_1) = \theta_H v(q_{H2}(\tilde{\theta}_1)) - T_{H2}(\tilde{\theta}_1) \geqq 0, \tag{20.2.21}$$

$$U_{L2}(\tilde{\theta}_1) = \theta_L v(q_{L2}(\tilde{\theta}_1)) - T_{L2}(\tilde{\theta}_1) \geqq 0. \tag{20.2.22}$$

给定消费者在第一期报告 $\tilde{\theta}_1$，委托人在最优长期合约的选择中，他的第二期最大化问题为：

$$\begin{aligned}\pi_2(\tilde{\theta}_1, q_{H2}(\tilde{\theta}_1), q_{L2}(\tilde{\theta}_1)) = &\max \beta(\tilde{\theta}_1)(T_{H2}(\tilde{\theta}_1) - cq_{H2}(\tilde{\theta}_1)) \\ &+(1-\beta(\tilde{\theta}_1))(T_{L2}(\tilde{\theta}_1) - cq_{H2}(\tilde{\theta}_1))\end{aligned} \tag{20.2.23}$$

满足约束 (20.2.19)、(20.2.20)、(20.2.21) 及 (20.2.22)。

我们知道，在上面的四个约束中，只有式 (20.2.19) 和式 (20.2.22) 是等式约束，于是得到垄断者第二期的利润：

$$\begin{aligned}\pi_2(\tilde{\theta}_1, q_{H2}(\tilde{\theta}_1), q_{L2}(\tilde{\theta}_1)) = &\beta(\tilde{\theta}_1)(\theta_H v(q_{H2}(\tilde{\theta}_1)) - cq_{H2}(\tilde{\theta}_1)) \\ &+(1-\beta(\tilde{\theta}_1))(\theta_L v(q_{L2}(\tilde{\theta}_1)) - cq_{L2}(\tilde{\theta}_1)) \\ &-\beta(\tilde{\theta}_1)\Delta\theta v(q_{L2}(\tilde{\theta}_1)).\end{aligned}$$

现回到第一期。θ_i 消费者第一期的信息租金为：

$$\begin{aligned}U_{H1} &= \theta_H v(q_{H1}) - T_{H1}, \\ U_{L1} &= \theta_L v(q_{L1}) - T_{L1},\end{aligned}$$

其中 $q_{i1} = q_1(\theta_i), T_{i1} = T_1\theta_i, i \in \{H, L\}$。

θ_i 消费者第二期的期望信息租金为：

$$\begin{aligned}EU_2(\theta_H) &= \beta_H \Delta\theta v(q_{L2}(\theta_H)), \\ EU_2(\theta_L) &= \beta_L \Delta\theta v(q_{L2}(\theta_L)).\end{aligned}$$

这样，在第一期的激励约束为：

$$U_{H1} + \delta\beta_H\Delta\theta v(q_{L2}(\theta_H)) \geqq U_{L1} + \Delta\theta v(q_{L1}) + \delta\beta_H\Delta\theta v(q_{L2}(\theta_L)), \tag{20.2.24}$$

$$U_{L1} + \delta\beta_L\Delta\theta v(q_{L2}(\theta_L)) \geqq U_{H1} - \Delta\theta v(q_{H1}) + \delta\beta_L\Delta\theta v(q_{L2}(\theta_H)). \tag{20.2.25}$$

加总上面两个不等式 (20.2.24) 和 (20.2.25)，我们得到：

$$\delta\Delta\theta(v(q_{L2}) - v(q_{H2}))(\theta_H))(\beta_H - \beta_L) + \Delta\theta(v(q_{H1}) - v(q_{L1})) \geqq 0.$$

在前面，我们已经得到 $q_{H2} \geqq q_{L2}$，于是有：$q_{H1} \geqq q_{L1}$。因此，在两个时期，激励相容的消费选择都满足单调性条件。

由于在无限风险规避下，消费者第一期的参与约束为：

$$U_{H1} \geqq 0, \tag{20.2.26}$$

$$U_{L1} \geqq 0. \tag{20.2.27}$$

这样，在整个动态合约的选择中，委托人求解下面的最优化问题：

$$\begin{aligned}\pi = \max \beta(T_{H1} - cq_{H1}) + (1-\beta)(T_{L1} - cq_{L1}) \\ +\delta[\beta\pi_2(\theta_H, q_{H2}(\theta_H), q_{L2}(\theta_H)) \\ +(1-\beta)\pi_2(\theta_L, q_{H2}(\theta_L), q_{L2}(\theta_L))]\end{aligned}$$

满足约束 (20.2.19)、(20.2.20)、(20.2.21) 及 (20.2.22)。

实际上，在上面的参与约束和激励相容约束中，只有式 (20.2.19) 和式 (20.2.22) 是等式约束，因此上面的最优化问题成为：

$$\begin{aligned}\pi = \max_{\{(q_{L1},q_{L2}(\theta_L),q_{H2}(\theta_L)),(q_{H1},q_{L2}(\theta_H),q_{H2}(\theta_H))\}} & \beta(\theta_H v(q_{H1}) - cq_{H1} - U_{H1}) \\ & +(1-\beta)(\theta_L v(q_{L1}) - cq_{L1}) \\ & +\delta[\beta\pi_2(\theta_H, q_{H2}(\theta_H), q_{L2}(\theta_H)) \\ & +(1-\beta)\pi_2(\theta_L, q_{H2}(\theta_L), q_{L2}(\theta_L))],\end{aligned}$$

其中

$$U_{H1} = \Delta\theta v(q_{L1}) + \delta\beta_H\Delta\theta(v(q_{L2}(\theta_L)) - v(q_{L2}(\theta_H))),$$

$\pi_2(\theta_H, q_{H2}(\theta_H), q_{L2}(\theta_H)), \pi_2(\theta_L, q_{H2}(\theta_L), q_{L2}(\theta_L))$ 则来自式 (20.2.24)。

求解一阶条件，得到：

$$\theta_H v'(q_{H1}) = c. \tag{20.2.28}$$

因此，$q_{H1} = q_H^*$，即对于 θ_H，第一期消费是最佳的（社会最优的）。由于

$$(1 - \frac{\Delta\theta}{\theta_L}\frac{\beta}{1-\beta})\theta_L v'(q_{H1}) = c, \tag{20.2.29}$$

$q_{L1} = q_H^{SB}$，从而对 θ_L，第一期消费是静态次佳时的消费，存在向下扭曲。

同时，由于

$$\theta_H v'(q_{H2}(\theta_H)) = c, \tag{20.2.30}$$

$$\theta_H v'(q_{H2}(\theta_L)) = c, \tag{20.2.31}$$

即 $q_{H2}(\theta_H) = q_{H2}(\theta_L) = q_H^*$，则在第二期，$\theta_H$ 类型的消费也是社会最优的。

此外，由于

$$\theta_L v'(q_{L2}(\theta_H)) = c, \tag{20.2.32}$$

即 $q_{L2}(\theta_H) = q_L^*$，这样在第一期 θ_H 和第二期 θ_L 类型的消费也是社会最优的。

最后，由于

$$\left(1 - \frac{\Delta\theta}{\theta_L}\frac{(1-\beta)\theta_L + \beta\beta_H}{(1-\theta_L)(1-\theta)}\right)\theta_L v'(q_{L2}(\theta_L) = c, \tag{20.2.33}$$

这样对于两期都是 θ_L 类型的消费 $q_{L2}(\theta_L)$ 而言，若 $\beta_H = 1, \beta_L = 0$，即类型固定的情形，我们有

$$\left(1 - \frac{\Delta\theta}{\theta_L}\frac{\beta}{1-\beta})\theta_L v'(q_{L2}(\theta_L)\right) = c,$$

从而得到次佳解 $q_{L2}(\theta_L) = q_{L1} = q_H^{SB}$。

而当 $\beta_H = \beta_L = \beta$，即两个类型独立时，我们有：

$$\left(1 - \frac{\Delta\theta}{\theta_L}\frac{\beta}{(1-\beta)^2}\right)\theta_L v'(q_{L2}(\theta_L)) = c,$$

从而得到 $q_{L2}(\theta_L) < q_{L1} = q_H^{SB}$。

20.3 不同承诺能力下的动态合约

在这一节，我们讨论在委托人不同承诺能力下，动态互动是如何影响代理人的激励约束的。在前面的静态逆向选择问题中，委托人通过赋予代理人一定的信息租金来诱使代理人真实披露其类型信息。然而，在多期情形下，若代理人在第一期真实披露其私人信息，但不能完全承诺未来的行为，那么委托人就可以完全利用这些信息，单方面毁约，不再给代理人信息租金。若是这样，代理人就不会有激励在前期汇报真实的类型信息，因为真实披露类型会损害未来的收益。这样，在动态环境下，激励约束会发生变化。在现实中能找到许多这样的例子，比如在管制中，由于管制的价格依赖于企业披露的成本类型，一旦过去的成本信息被利用到未来的管制中，就容易出现“鞭打快牛”(rachet effect) 和说真话倒霉的现象。如果是这样，那谁还愿意起初就真实显示自己的信息呢？Freixas, Guesnerie 和 Tirole(1985) 对此有深入分析。

此外，在逆向选择中，一个基本原则是“信息租金与效率的权衡”，即通过扭曲某些类型的代理人的配置结果，来减少另外一些类型代理人的信息租金。在动态的环境下，一旦类型信息完全披露，委托人和某些类型的代理人都会有动机去减少甚至消除这些扭曲，而这又可能会改变其他类型经济人的激励相容约束。这一情形在文献上又称为动态下的再协商问题。

在动态合约中，存在两类合约，一是即期合约，二是长期合约，即事先规定未来合约的内容。然而，长期合约是否可行依赖于委托人的承诺 (commitment) 能力。文献中，按照委托人承诺能力的大小，分为三种情形：一是完全承诺能力，即合约一旦签订，未来就不能改变；二是完全没有承诺能力，即委托人可以根据自己掌握的信息，单方面毁约；三是部分承诺能力，即合约条款的改变需要得到各方当事人的同意。在现实中，上面三种情形都有可能出现，委托人的承诺能力依赖于所处的环境，比如法律约束、政治制度等。

一个没有完全承诺能力的动态委托—代理问题通常会比较复杂。为简单起见，我们通过例子来刻画在长期合约中代理人所面临的一些新的激励问题。下面我们讨论在两期垄断销售中，在不同承诺能力下委托人的合约选择问题。Hart 和 Tirole（1988）详细分析了这一问题，不过这里我们采用 Segal（2010）对他们模型的简化表述。

为了对这几种情况进行讨论，假设垄断者 (委托人) 与消费者 (代理人) 之间的互动有两个时期，现在和未来，$t=1$ 表示现在，$t=2$ 表示未来，δ 是未来的折现因子，不过，由于未来的时间跨度足够长，有可能 $\delta>1$。由于 δ 刻画了未来相对于现在的利益强度，有可能影响到参与人的行为，在下面的讨论中我们会关注 δ 对于合约的影响。

消费者有自己关于商品价值的私人信息 θ。假设有两种可能类型 $\{\theta_H,\theta_L\},\theta_H>\theta_L>0$，$\theta_H$ 类型的概率是 β。假设在两个时期内，消费者对商品的价值都不会改变。为简化起见，消费者的需求是单位需求，即最多只购买一个单位。令 $x_{it}\in\{0,1\}$ 表示 i 类型的消费者在时期 t 的购买决策。假设商品的单位生产成本为 0，p_t 是时期 t 的价格。消费者的效用为：

$$U(x_{i1},x_{i2})=\sum_{t=1}^{2}\delta^{t-1}(\theta_i x_{it}-p_t).$$

垄断者的期望利润为：

$$\pi(p_1, p_2) = \sum_{t=1}^{2} \delta^{t-1} p_t [\beta x_{H,t} + (1-\beta) x_{L,t}],$$

其中，$x_{H,t}$ 和 $x_{L,t}$ 分别是时期 t 类型 θ_H 和 θ_L 的购买决策。

20.3.1 完全承诺下的合约

为了比较不同情形下的合约，我们先讨论静态情形，即一期的销售合约。

由于垄断者面临一个消费者，显然当 $p \leqq \theta_L$ 时，$x_H = x_L = 1$，利润为 p；当 $\theta_L < p \leqslant \theta_H$ 时，$x_H = 1, x_L = 0$，利润为 βp；当 $p > \theta_H$ 时，$x_H = x_L = 0$，利润为 0。令 $\bar{\beta} = \frac{\theta_L}{\theta_H}$，利润最大化的销售价格为：

$$p^*(\beta) = \begin{cases} \theta_H, & \text{若 } \beta > \bar{\beta}, \\ \theta_L, & \text{若 } \beta < \bar{\beta}, \\ \theta_H \text{或} \theta_L, & \text{若 } \beta = \bar{\beta}. \end{cases}$$

消费者的选择为：

$$(x_H^*, x_L^*) = \begin{cases} (1,0), & \text{若 } \beta > \bar{\beta}, \\ (1,1), & \text{若 } \beta < \bar{\beta}, \\ (1,0)\text{或}(1,1), & \text{若 } \bar{\beta}. \end{cases}$$

此时垄断者在第一期的利润为：

$$\pi_1^*(\beta) = \max\{\beta\theta_H, \theta_L\}.$$

当 $\beta < \bar{\beta}$ 时，θ_H 的效用水平为 $U(\theta_H) = \theta_H - \theta_L$，可以将其理解为 θ_H 类型的信息租金。

下面我们来讨论两期动态的销售合约。

当垄断者具有完全承诺能力时，最优的动态销售合约是上面静态合约的两期重复，即 $p_t^* = p^*, t = 1, 2$，此时消费者的消费选择为 $x_i^*(t) = x_i^*, i \in \{H, L\}$，垄断者的利润为 $\pi^*(\beta) = (1+\delta)\pi_1^*(\beta)$，这是因为在这个合约下，垄断者在每一期都得到了最大可能的利润。

20.3.2 无承诺能力下的动态合约

当垄断者完全没有承诺能力时，即垄断者可以单方面改变合约时，上面的合约会不会被执行，或者说，垄断者有没有动机改变第二期的价格呢？当 $\beta \leqq \bar{\beta}$ 时，由于两个消费者都会购买，垄断者不能从消费者的行为辨别他们的类型，从而不存在对消费者类型的信念修正。因此，在第二期，垄断者还是会遵守该合约，此时是在初始信念下利润最大化的价格。

然而，当 $\beta > \bar{\beta}$ 时，垄断者会有动机单方面改变合约。若第一期消费者不购买 $x_1 = 0$，那么在上面的合约（消费者相信合约会被遵守）下，一定是 θ_L 类型的消费者，此时垄断者会改变合约，使得 $p_2 = \theta_L$。这样，当 θ_H 类型会理性预料到垄断者会在第二期修改合约时，他就不会在第一期选择购买了，从而上面的合约就不会被执行。因此，在 $\beta > \bar{\beta}$ 下，若垄断者没有承诺能力，此时合约只有即期合约，而不存在长期合约。

下面我们的讨论都是在 $\beta > \bar{\beta}$ 下垄断者即期合约的选择。垄断者和消费者的互动时间流程可以总结为：在第一期，垄断者选择 p_1；消费者选择 $x_1 \in \{0,1\}$；在第二期，垄断者选择 $p_2(x_1)$；消费者选择 $x_2 \in \{0,1\}$。垄断者在观察到消费者在第一期的购买后，会修正对消费者类型的信念，记后验信念为 $\hat{\beta}(x_1) = prob(\theta) = prob(\theta_H|x_1)$。

在这个互动中，我们选择的均衡概念是精炼贝叶斯均衡 (PBE)，即在均衡路径上以贝叶斯规则来修正信念，在均衡路径外，后验信念是任意的。

由于消费者第一期的行为可视作一个信息，这个动态博弈可以看成一个信息博弈。通常信息博弈的求解，其均衡有三种情形：分离均衡、混同均衡以及准分离均衡 (即某些私人信息类型的参与人选择混合战略的均衡情形)。下面我们对这三类均衡情形分别进行讨论。

1. *无承诺能力下的分离均衡*

在价格 p_1 下，唯一可能的分离均衡是 $x_H = 1, x_L = 0$，此时

$$\hat{\beta}(x_1) = \begin{cases} 1, & \text{若 } x_1 = 1, \\ 0, & \text{若 } x_1 = 0. \end{cases}$$

根据序贯理性，垄断者第二期的价格选择为

$$p_2(x_1) = \begin{cases} \theta_H, & \text{若 } x_1 = 1, \\ \theta_L, & \text{若 } x_1 = 0. \end{cases}$$

此时，若分离均衡存在，则需满足关于 (θ_H, θ_L) 的激励相容约束条件：

$$\theta_H - p_1 \geqq \delta(\theta_H - \theta_L), \quad \text{若是 } \theta_H \text{ 类型}, \tag{20.3.34}$$

$$\theta_L - p_1 \leqq 0, \quad \text{若是 } \theta_L \text{ 类型}. \tag{20.3.35}$$

在 θ_H 的激励条件 (20.3.34) 下，左边是在第一期购买时的效用，右边是在第一期不购买（第二期的价格为 $p_2 = \theta_L$）时的效用，式 (20.3.34) 可重写为：

$$p_1 \leqq (1-\delta)\theta_H + \delta\theta_L. \tag{20.3.36}$$

在 θ_L 的激励条件 (20.3.35) 下，右边是在第一期不购买时的效用，左边是在第一期购买，第二期不购买（第二期的价格为 $p_2 = \theta_H$）时的效用，因为在短期合约中，消费者并没有在第二期一定要购买的约束。不等式 (20.3.35) 重写为：

$$p_1 \geqq \theta_L. \tag{20.3.37}$$

结合式 (20.3.36）和式（20.3.37)，我们得到 $\delta \leqq 1$。这样，若分离均衡存在，则必然有 $\delta \leqq 1$。这是因为若 $\delta > 1$，θ_H 的激励条件 (20.3.36) 意味着 $p_1 \leqq \theta_L$，此时 θ_H 和 θ_L 都会选择在第一期购买，其中 θ_L 类型的消费者在低价购买后，第二期不再购买，是属于“拿了钱就跑”(take the money and run) 的消费者。

这样，若 $\delta \leqq 1$ 成立，分离均衡存在，且有 $p_1^R = (1-\delta)\theta_H + \delta\theta_L$，垄断者的利润为

$$\pi^R = \beta[(1-\delta)\theta_H + \delta\theta_L] + \delta[\beta\theta_H + (1-\beta)\theta_L] = \beta\theta_H + \delta\theta_L,$$

以及 θ_H 类型的消费者的信息租金为 $\delta(\theta_H - \theta_L)$。

2. 无承诺能力下的混同均衡

在混同均衡中，$x_{H1} = x_{L1}$，于是 $\hat{\beta}(x_1) = \beta > \bar{\beta}$，从而 $p_2 = \theta_H$。尽管混同均衡有两种可能 $x_{H1} = x_{L1} = 0$，及 $x_{H1} = x_{L1} = 1$，但对于垄断者而言，利润最大化的混同均衡为 $x_{H1} = x_{L1} = 1$，混同均衡的存在需要满足 θ_L 的参与约束，从而混同均衡的第一期价格为 $p_1 = \theta_L$。

混同均衡下垄断者的利润为;

$$\pi^p = \theta_L + \delta\beta\theta_H,$$

而 θ_H 类型的消费者的信息租金为 $\theta_H - \theta_L$。

我们现在比较，当 $\delta \leqq 1$ 时，π^R 和 π^p 的大小。由于

$$\pi^R - \pi^p = (\beta\theta_H - \theta_L)(1 - \delta),$$

当 $\delta \leqq 1$ 时，我们有 $\pi^R \geqq \pi^p$。

3. 无承诺能力下的准分离均衡

令 ρ_i 是 θ_i 类型在第一期价格 p_1 下购买的概率。由于 θ_H 类型相对于 θ_L 更有购买激励，因此必然有 $\rho_H > \rho_L$，此时后验信念为：

$$\hat{\beta}(x_1 = 1) = \frac{\beta\rho_H}{\beta\rho_H + (1-\beta)\rho_L} \geqq \beta > \bar{\beta},$$

从而必然有 $p_2(x_1 = 1) = \theta_H$。第二期的价格有两种情形：

(1) 若 $\hat{\beta}(x_1 = 0) \leqq \bar{\beta}$，则 $p_2(1) = \theta_H$ 及 $p_2(0) = \theta_L$。

由于 $\rho_H\,\rho_L \geqq 0$，则满足：

$$\theta_H - p_1 \geqq \delta(\theta_H - \theta_L),$$

这意味着 $p_1 \leqq (1-\delta)\theta_H + \delta\theta_L$。若 $\delta > 1$，则两类消费者都会有动机在第一期购买，于是有 $\rho_H = \rho_L = 1$，从而不是准分离均衡。当 $\delta \leqq 1$ 时，最优利润有两种选择：一是 $p_1 = (1-\delta)\theta_H + \delta\theta_L$，此时有 $\rho_H \in (0,1], \rho_L = 0$，其利润为

$$\pi^S = \rho_H\beta[(1-\delta)\theta_H + \delta\theta_L] + \delta[\beta\theta_H + (1-\beta)\theta_L.$$

此时最大利润与分离均衡的利润相同 $\pi^S = \pi^R$。二是 $p_1 = \theta_L$，此时有 $\rho_H = 1, \rho_L \in (0,1)$，最大利润为 $\pi^S = \pi^p$。由于 $\pi^R > \pi^p$，选择 $p_1 = (1-\delta)\theta_H + \delta\theta_L$，与分离均衡的均衡是一致的。

(2) 若 $\hat{\beta}(x_1 = 0) \geqq \bar{\beta}$，则 $p_2(x_1 = 1) = p_2(x_1 = 0) = \theta_H$。

由于 $\hat{\beta}(x_1 = 0) = \frac{\beta(1-\rho_H)}{\beta(1-\rho_H)+(1-\beta)(1-\rho_L)} > 0$，则 $\rho_H < 1$，从而必然有 $p_1 \geqq \theta_H$。这是由于，若 $p_1 < \theta_H$，则 $\rho_H = 1$，从而有 $\rho_L = 0$。垄断者的第一期价格必然是 $p_1 = \theta_H$。由

$$\hat{\beta}(x_1 = 0) = \frac{\beta(1-\rho_H)}{\beta(1-\rho_H) + (1-\beta)} \geqq \bar{\beta},$$

我们有

$$\rho_H \leqq \hat{\rho}_H = \frac{\beta\theta_H - \theta_L}{\beta(\theta_H - \theta_L)},$$

此时最大可能的利润为

$$\pi^S = \beta\theta_H[\hat{\rho}_H + \delta].$$

当 $\delta \leqq 1$ 时，有 $\pi^R \geqq \pi^p$，下面比较 π^R 和 π^S。

$$\begin{aligned}
\pi^S - \pi^R &= \beta\theta_H\hat{\rho}_H + \beta\theta_H\delta - \beta\theta_H - \delta\theta_L] \\
&= \beta\theta_H\hat{\rho}_H + \delta(\beta\theta_H - \theta_L) - \beta\theta_H \\
&= \theta_H\frac{\beta\theta_H - \theta_L}{\theta_H - \theta_L} + \delta(\beta\theta_H - \theta_L) - \beta\theta_H \\
&= (\beta\theta_H - \theta_L)[\frac{\theta_H}{\theta_H - \theta_L} + \delta] - \beta\theta_H \\
&= \beta\theta_H[\frac{\theta_H}{\theta_H - \theta_L} + \delta - 1] - \theta_L[\frac{\theta_H}{\theta_H - \theta_L} + \delta].
\end{aligned}$$

因此，$\pi^S \geqq \pi^R$ 等价于

$$\beta \geqq \beta^{RS} \equiv \frac{\theta_L}{\theta_H}\frac{\theta_H + \delta(\theta_H - \theta_L)}{\theta_L + \delta(\theta_H - \theta_L)}.$$

下面讨论 $\delta > 1$ 时垄断者的合约选择。由于不存在分离均衡，下面比较 π^p 和 π^S。

$$\begin{aligned}
\pi^S - \pi^p &= \beta\theta_H\hat{\rho}_H + \beta\theta_H\delta - \theta_L - \delta\beta\theta_H \\
&= \beta\theta_H\hat{\rho}_H - \theta_L \\
&= \frac{\beta\theta_H - \theta_L}{\theta_H - \theta_L}\theta_H - \theta_L \\
&= \frac{\theta_H}{\theta_H - \theta_L}[\beta - \frac{\theta_L}{\theta_H}(2 - \frac{\theta_L}{\theta_H})].
\end{aligned}$$

因此，$\pi^S \geqq \pi^p$ 等价于

$$\beta \geqq \beta^{PS} \equiv \beta^{FS} \equiv \frac{\theta_L}{\theta_H}(2 - \frac{\theta_L}{\theta_H}).$$

综合上面对完全无承诺能力下的垄断者合约选择的讨论，我们有如下结论。

命题 20.3.1 对完全无承诺能力下的情形，垄断者最优合约选择为

若 $\beta \leqq \bar{\beta}$，垄断者会选择完全承诺下的合约，并可执行；

若 $\delta \leqq 1$，且 $\beta \in (\bar{\beta}, \beta^{RS}]$，则垄断者选择分离均衡，其最优合约选择是 $p_1 = (1-\delta)\theta_H + \delta\theta_L$，且 $p_2(x_1 = 1) = \theta_H$ 及 $p_2(x_1 = 0) = \theta_L$；

若 $\delta \leqq 1$，且 $\beta > \beta^{RS}$，则垄断者选择准分离均衡，其最优合约选择是 $p_1 = \theta_H$，且 $p_2(x_1 = 1) = p_2(x_1 = 0) = \theta_H$；

若 $\delta > 1$，且 $\beta \in (\bar{\beta}, \beta^{PS}]$，则垄断者选择混同均衡，其最优合约选择是 $p_1 = \theta_L$，且 $p_2(x_1 = 1) = p_2(x_1 = 0) = \theta_H$；

若 $\delta > 1$，且 $\beta > \beta^{PS}$，则垄断者选择准分离均衡，其最优合约选择是 $p_1 = \theta_H$，且 $p_2(x_1 = 1) = p_2(x_1 = 0) = \theta_H$。

20.3.3 部分承诺能力下的动态合约

下面我们讨论部分承诺能力的情形，即只有代理人同意委托人才能修改合约。此时委托人和代理人的互动为：在第一期，委托人提供一个合约 $(p_1; p_2(1), p_2(0))$；代理人选择购买决策 x_1；在第二期，委托人提出新的合约 $(p_2'(1), p_2'(0))$；代理人选择接受新合约，或不接受新合约但初始的合约有效；代理人选择第二期的购买决策。若 $p_2' = p_2$，委托人遵循初始的合约。

这种重新再协商的情形看上去复杂，不过下面的"防止再协商原理"(renegotiation-proof principle) 可以约束委托人的合约选择范围。

命题 20.3.2 (防止再协商原理) *在上面两阶段的销售中，对于任何一个允许再协商的精炼贝叶斯均衡，总存在着一个精炼贝叶斯均衡无须再协商合约，该合约执行的均衡结果与允许再协商的精炼贝叶斯均衡结果是一致的。*

证明 令在精炼贝叶斯均衡中，$(p_1; p_2(1), p_2(0))$ 是初始的合约。在消费者选择行为 x_1 时，委托人选择一个消费者同意的新合约 $(p_2'(1), p_2'(0))$，此时 $(p_1; p_2'(1), p_2'(0))$ 就是一个无须再协商的合约，该合约与允许再协商合约的均衡结果是一致的，因此该合约也是精炼贝叶斯均衡。 □

这一原则在 Dewatripont（1989）中有深入的分析。防止再协商原理与显示原理类似，即对于任意一个均衡，总可以找到一个与均衡结果一致的新均衡，该均衡满足不再协商或者信息真实披露。通过防止再协商原则，在动态合约中，委托人的最优合约的选择可以局限在无须再协商合约集合。

由于在 $\beta \leqq \bar{\beta}$ 时，完全承诺能力的合约在第一期下，所有消费者都会购买，消费者的行为不会修正委托人的信念，因此，完全承诺能力的合约在委托人能单方面改变时也能被执行，当然对委托人在同意才能改变合约下也能被执行。这样，我们只需讨论 $\beta > \bar{\beta}$ 的情形。

首先，完全承诺下的合约 $p_1 = p_2(1) = p_2(0) = \theta_H$ 不是一个防止再协商的合约。这是因为，若 $x_1 = 0$ 会被认为是 θ_L 类型，在序贯理性下，$p_2(0) = \theta_L$ 会被 θ_L 消费者接受，同时也提高了垄断者的利润，因此垄断者有激励提出新合约。这样，在同意才能改变的承诺下，完全承诺下的合约不能被执行。

其次，任意一个在完全没有承诺能力下的即期合约都可以在同意才能改变的承诺下被执行。这是因为，若 p_1^N 和 $(p_2(1)^N, p_2(0)^N)$ 是两个即期合约，显然在观察到 x_1 下在第二期中的合约 $(p_1^N; p_2(1)^N, p_2(0)^N)$ 也会被执行。若委托人提供新合约 $(p_2'(1), p_2'(0))$ 并能被代理人接受，则必然有 $p_2'(1) < p_1^N(1)$ 或 $p_2'(0) < p_1^N(0)$，但在利润最大化的动态即期合约中，给定 x_1 和委托人的信念下，$p_1^N(x_1)$ 是利润最大化的选择。因此，委托人不会有动机改变初始的合约。

第三，相对于无承诺下的即期合约，提高委托人的承诺能力，即在同意才能改变的承诺下，对于委托人会不会更有利呢？考虑下面的合约 $(p_1 = \theta_H + \delta\theta_L; p_2(1) = 0, p_2(0) = \theta_L)$。这个合约在同意才能改变的承诺下是一个分离均衡，这是因为对于 θ_H 的消费者，选择在第一期购买的效用为

$$\theta_H - (\theta_H + \delta\theta_L) + \delta\theta_H = \delta(\theta_H - \theta_L) > 0.$$

而第一期不购买的效用为

$$\delta(\theta_H - \theta_L).$$

因此，该合约满足 θ_H 的激励相容约束和参与约束。

对于 θ_L，若选择在第一期购买，其效用为

$$\theta_L - (\theta_H + \delta\theta_L) + \delta\theta_L = -(\theta_H - \theta_L) < 0,$$

而第一期不购买的效用为

$$\delta(\theta_L - \theta_L = 0).$$

因此，该合约满足 θ_L 的激励相容约束和参与约束。

此外，委托人在同意才能改变的承诺下，委托人在第二期也不会提供新的合约 $(p_2'(1), p_2'(0))$。这是由于，若代理人同意，这意味着 $p_2'(1) < 0$ 或 $p_2'(0) < \theta_L$。显然这不符合委托人的利益。因此，上面的合约是防止再协商的合约。

然而，我们注意到，这个合约在委托人单方面即可改变的承诺下是不可执行的，因为一旦 x_1，消费者必然是 θ_H 类型，此时在序贯理性下，委托人会选择价格 $p_2(1) = \theta_H$，因此在无承诺能力下是不能被执行的。

20.4 序贯甄别

从上面的讨论我们知道，在动态环境下，消费者在不同时期有不同程度的信息优势。在不同时期的决策中，这些信息优势会转换为不同的信息租金。现实中，通常还会有下面的情形：消费者对自己未来需求的了解有一个时间上的过程，在不同时期掌握不同的信息，此时供应商可通过一些机制来诱导消费者逐渐披露他们所掌握的信息，即通过一些合约选择序贯地甄别消费者。Courty 和 Li（2000）在文献中引入了序贯甄别（sequential screening）机制，这个机制解决了在一个逐渐学习的环境下，如何通过设计甄别机制来诱使消费者披露信息。

20.4.1 序贯甄别的一个例子

下面先通过机票预订的例子来讨论序贯背后的逻辑。假设某个垄断航空公司打算推出对未来某个时期的某种机票预售方案。假设市场上有两类消费者，一类是旅游类型 L，另一类是商务类型 B，设前者的比例为 1/3。他们都不能确切知道未来对机票的效用价值，但知道其分布。假设在 $t = 0$ 期，旅游类型的消费者预期其在 $t = 1$ 期的价值 θ_L 服从 $\theta_L \in [1, 2]$ 的均匀分布；商务类型的消费者预期其在 $t = 1$ 期的价值 θ_B 服从 $\theta_B \in [0, 1] \cup [2, 3]$ 的均匀分布，这样商务类型的消费者对机票的价值更具有不确定性。设航空公司提供一个座位的成本为 1。在时期 1，所有消费者都知道他们的价值。航空公司在 $t = 0$ 期时提供合约。假设所有人都是风险中性的。

我们首先考虑航空公司在 $t = 1$ 期的垄断定价 p。对于垄断者来说，消费者对于机票的价值类型是 $[0, 3]$ 的均匀分布，其分布函数 $F(x) = \frac{x}{3}$。此时垄断者的问题是：

$$\max_p (p - 1)(1 - F(p)),$$

得到垄断价格 $p^m = 2$，及利润为 $\pi^m = \frac{1}{3}$。

下面讨论垄断者在 $t = 0$ 期的销售方案。消费者类型只有两类，即旅游类型和商务类型。航空公司考虑下面两种预售方案：一个是售价 $p_l = 1.5$，但没有退票返还，即退票返还 $r_l = 0$；另一个是售价 $p_b = 1.75$，若退票可以返还，$r_b = 1$。我们现验证，在这样的预售方案下，旅游类顾客会选择 (p_l, r_l)；而商务类顾客会选择 (p_b, r_b)。

对旅游类顾客，若选择 (p_l, r_l)，其期望收益为

$$\int_1^2 \theta_L - 1.5d\theta_L = 0 > \int_1^2 \theta_L - 1.75d\theta_L.$$

对商务类顾客，若选择 (p_b, r_b)，其期望收益为

$$\begin{aligned}&\frac{1}{2}\int_0^1 1 - 1.75d\theta_B + \frac{1}{2}\int_2^3 \theta_B - 1.75d\theta_B\\ =0=&\frac{1}{2}\int_0^1 \theta_B - 1.5d\theta_B + \frac{1}{2}\int_2^3 \theta_B - 1.5d\theta_B.\end{aligned}$$

因此，这个甄别预售方案满足激励约束和参与约束，同时两类消费者的期望收益（或者说信息租金）都为 0。在 $t = 0$ 的预售方案中，给垄断者带来的利润为：

$$1/3(1.5-1) + 2/3[\int_0^1 (1.75-1)d\theta_B + \int_2^3 (1.75-1)d\theta_B] = \frac{2}{3} > \pi^m.$$

在 $t = 1$ 期，对于商务类型，若 $\theta_B \in [0, 1]$，会选择退票，若 $\theta_B \in [2, 3]$，则不选择退票，每个商务型消费者给航空公司增加 0.75 的利润。

上面的例子揭示了动态甄别中的基本思想：一方面，随着时间的推移，代理人有越来越多的信息优势，为了甄别这些信息，委托人需要出让更多的信息租金，更早的甄别可以降低代理人的信息租金；另一方面，随着时间的推移，会有更多的信息，可以使得配置更有效，更早的甄别会带来更多的配置效率损失。因此，在动态甄别中也存在关于信息租金与配置效率（在时间上）的权衡取舍。

20.4.2 不完全信息下的序贯甄别

上面的例子所得到的结果是否为垄断者在不完全信息约束下的次佳选择呢？为了讨论不完全信息下的序贯甄别机制，考虑简单的两期和两类型模型。在机票销售背景下，假设有两类顾客，一类是商务乘客，另一类是旅游乘客。假设 $\beta_t, t \in \{B, L\}$ 是 t 类型的概率。消费只发生在第二期，同时是单位需求，消费者与垄断者的互动时间结构为：在时刻 0，消费者知道自己属于哪一种类型；在时刻 1，垄断者给乘客提供一个预期购买合约，$(a_t, k_t)_t$，其中 a_t 是预先支付的票价，k_t 是若第二期退票可以得到的返还。在时刻 1，消费者决定是否接受，若不接受就结束，得到保留效用 $u_0 = 0$，若接受，进入第二期。在时刻 2，消费者知道自己对于旅行的真实价值 $v \in [\underline{v}, \bar{v}]$，同时决定是否退票或者乘坐。假设 t 类型的消费者在时刻 0，了解在第二期旅行的价值的分布函数为 G_t，密度函数为 g_t。以上的信息结构是共同知识。

与上面的例子类似，我们假设商务类型的第二期价值分布 G_B 与旅游类型的第二期价值分布 G_L 有相同的期望值，但前者比后者有更大的不确定性，即方差更大，用更严格的术

语来说，G_B 是 G_L 的 " 均值保持扩散"(mean-preserving spread，简写为MPS)。若 G_B 是 G_L 的 MPS，那么对于 G_B 和 G_L，对应的随机变量为 v_B 和 v_L，使之有 $v_B = v_L + v_\epsilon$，且随机变量 v_ϵ 与 v_L 是独立的。于是，一个基本的结论 (参见第 2 章) 是，对于任意的 $v \in [\underline{v}, \bar{v}]$，都有 $\int_{\underline{v}}^{v}(G_B(u) - G_L(u))du \geqq 0$。

例 20.4.1　在之前的例子中，G_B 和 G_L 分别为：

$$G_B(v) = \begin{cases} \dfrac{v}{2}, & \text{若 } v \in [0,1], \\ \dfrac{1}{2}, & \text{若 } v \in [1,2], \\ \dfrac{v-1}{2}, & \text{若 } v \in [2,3], \end{cases}$$

以及

$$G_L(v) = \begin{cases} 0, & \text{若 } v \in [0,1], \\ v-1, & \text{若 } v \in [1,2], \\ 1, & \text{若 } v \in [2,3]. \end{cases}$$

v_ϵ 的分布函数为：

$$G_\epsilon(v) = \frac{v+2}{4}, v \in [-2,2].$$

于是有:

$$\int_{\underline{v}}^{v}(G_B(u) - G_L(u))du = \begin{cases} \dfrac{v^2}{4} \geqq 0, & \text{若 } v \in [0,1], \\ \dfrac{1}{4} - \dfrac{(v-1)(v-2)}{2} \geqq 0, & \text{若 } v \in [1,2], \\ \dfrac{(v-3)^2}{4} \geqq 0, & \text{若 } v \in [2,3]. \end{cases}$$

此外，假设垄断者提供旅行服务的单位成本为 c。

我们从第二期开始分析垄断者与消费者的互动。显然，对在第二期 t 类型的消费者，若其价值 $v > k_t$，则在第二期会选择乘坐，否则选择退票。因此，在时刻 1，t 类型的消费者选择 $(a_{t'}, k_{t'})$ 的期望效用为：

$$\begin{aligned} u_t(a_{t'}, k_{t'}) &= -a_{t'} + k_{t'}G_t(k_{t'}) + \int_{k_{t'}}^{\bar{v}} v dG_t(v) \\ &= -a_{t'} + k_{t'}G_t(k_{t'}) + \int_{\underline{v}}^{\bar{v}} \max\{v, k_{t'}\} dG_t(v). \end{aligned}$$

若 $(a_B, k_B; a_L, k_L)$ 满足激励约束，则有：

$$-a_B + k_B G_B(k_B) + \int_{\underline{v}}^{\bar{v}} \max\{v, k_B\} dG_B(v)$$
$$\geqq -a_L + k_L G_B(k_L) + \int_{\underline{v}}^{\bar{v}} \max\{v, k_L\} dG_B(v); \tag{20.4.38}$$

$$-a_L + k_L G_L(k_L) + \int_{\underline{v}}^{\bar{v}} \max\{v, k_L\} dG_L(v)$$
$$\geqq -a_B + k_B G_L(k_B) + \int_{\underline{v}}^{\bar{v}} \max\{v, k_B\} dG_L(v); \tag{20.4.39}$$

$$-a_B + k_B G_B(k_B) + \int_{\underline{v}}^{\bar{v}} \max\{v, k_B\} dG_B(v) \geqq 0; \tag{20.4.40}$$

$$-a_L + k_L G_L(k_L) + \int_{\underline{v}}^{\bar{v}} \max\{v, k_L\} dG_L(v) \geqq 0. \tag{20.4.41}$$

上面的式 (20.4.38）和式（20.4.39) 分别是 B 类型和 L 类型的激励相容约束条件，式 (20.4.40）和式（20.4.41) 分别是 B 类型和 L 类型的参与约束条件。

垄断者的问题是求解：

$$\max_{(a_B, k_B; a_L, k_L)} \beta_B[a_B - k_B G_B(k_B) - c(1 - G_B(k_B))]$$
$$+\beta_L[a_L - k_L G_L(k_L) - c(1 - G_L(k_L))] \tag{20.4.42}$$

满足约束 (20.4.38）、(20.4.39）、(20.4.40）及（20.4.41)。

下面我们验证，在次佳合约下，只有式 (20.4.38）和式（20.4.41) 是等式约束。首先，由于 $\max\{v, k_L\}$ 是 v 的凸函数，根据 MPS 的性质，有：

$$\int_{\underline{v}}^{\bar{v}} \max\{v, k_L\} dG_B(v) \geqq \int_{\underline{v}}^{\bar{v}} \max\{v, k_L\} dG_L(v).$$

同时式 (20.4.38) 成立，即

$$-a_B + k_B G_B(k_B) + \int_{\underline{v}}^{\bar{v}} \max\{v, k_B\} dG_B(v) \geqq -a_L + k_L G_B(k_L) + \int_{\underline{v}}^{\bar{v}} \max\{v, k_L\} dG_B(v),$$

得到：

$$-a_B + k_B G_B(k_B) + \int_{\underline{v}}^{\bar{v}} \max\{v, k_B\} dG_B(v) \geqq -a_L + k_L G_B(k_L) + \int_{\underline{v}}^{\bar{v}} \max\{v, k_L\} dG_L(v) \geqq 0,$$

从而得到 B 类型的参与约束 (20.4.40)。

先忽略 L 类型的参与约束 (20.4.39)（稍后会验证在下面的次佳合约下，这一约束自然会满足），把式 (20.4.38）和式（20.4.41) 的等式约束代入式 (20.4.42)，重写垄断者的目标函数：

$$\max_{(k_B, k_L)} \int_{k_B}^{\bar{v}} \beta_B(v - c) dv + \int_{k_L}^{\bar{v}} \beta_L(v - c) g_L(v) - \beta_B(G_L(v) - G_B(v)) dv. \tag{20.4.43}$$

在目标函数 (20.4.43) 中定义 $S_t(k_t) = \int_{k_t}^{\bar{v}}(v-c)g_L(v)dv$ 为 $t \in \{L, B\}$ 类型的消费净剩余，$R_B(k_L) = \int_{k_L}^{\bar{v}}(G_L(v) - G_B(v))dv$ 为 B 类型的信息租金。

在目标函数 (20.4.43) 下的次佳解为：

$$k_B = c, \tag{20.4.44}$$

$$k_L = \text{argmax}_k f_L S(k) - f_B Rk. \tag{20.4.45}$$

垄断者的次佳解体现了配置效率与信息租金的权衡，此时 B 类型对应于之前的高端客户 θ_H，他的消费不存在顶端扭曲，因为对他而言，只有其价值超过 c 他才会消费；而对于 L 类型而言，他对应于之前的低端客户 θ_L，其消费可能存在扭曲，垄断者选择扭曲 L 类型的消费，目的在于权衡配置效率 $S_L(k_L)$ 以及 B 类型的信息租金 $R_B(k_L)$。

下面我们验证在由式 (20.4.44) 和式 (20.4.45) 组成的次佳解下 L 类型的激励相容约束 (20.4.39) 是成立的。

由于式 (20.4.38）是等式约束意味着 $a_L - a_B = \int_{k_B}^{k_L} G_B(v)dv$，因此

$$\begin{aligned}-a_L + k_L G(k_L) + \int_{k_L}^{\bar{v}} v dG_L(v) = &-a_B + k_B G(k_L) + \int_{k_B}^{\bar{v}} v dG_L(v)\\ &- \int_{k_B}^{k_L}(G_B(v) - G_L(v))dv.\end{aligned}$$

这样，式 (20.4.39) 成立等价于 $\int_{k_B}^{k_L}(G_B(v)-G_L(v))dv \leqq 0$。下面验证 $\int_{k_B}^{k_L}(G_B(v)-G_L(v))dv \leqq 0$。当 $k_L = c$ 时，它显然成立。当 $k_L \neq c$ 时，假设有 $\int_{c}^{k_L}(G_B(v) - G_L(v))dv > 0$。考虑一个新的合约，其中 $k'_B = k'_L = c$，则 $S_L(k'_L) = S_L(c) > S_L(k_L)$，同时信息租金为：

$$\begin{aligned}R_B(k'_L) &= \int_c^{\bar{v}}(G_L(v) - G_B(v))dv\\ &= \int_{k_L}^{\bar{v}}(G_L(v) - G_B(v))dv + \int_c^{k_L}(G_L(v) - G_B(v))dv\\ &\leqq \int_{k_L}^{\bar{v}}(G_L(v) - G_B(v))dv = R_B(k_L),\end{aligned}$$

这与 (k_B, k_L) 是给定约束下的次佳合约相矛盾，因此必然有 $\int_c^{k_L}(G_B(v) - G_L(v))dv \leqq 0$，即不等式 (20.4.39) 在式 (20.4.38）和式（20.4.41) 的等式约束下的次佳解是成立的。

下面讨论当次佳解 $k_L \neq c$ 时，到底是 $k_L > c$ 还是 $k_L < c$。我们把 $k_L > c$ 的情形看作 L 类型消费者受到消费配给 (ration)，把 $k_L < c$ 看成是受到补贴，因为当 $v \geqq k_L$ 时，L 类型消费者就会消费。

对于 $S_L(k_L) = \int_{k_L}^{\bar{v}}(v-c)g_L(v)dv, \forall k_L \in [\underline{v}, \bar{v}], S_L(c) \geqq S_L(k_L)$，即当 $k_t = c$ 时，消费者净剩余最大。然而，对信息租金 $R_B(k_L) = \int_{k_L}^{\bar{v}}(G_L(v) - G_B(v))dv = \int_{\underline{v}}^{k_L}(G_B(v) - G_L(v))dv \geqq 0$，当 $k_l = \underline{v}$ 或者 $k_l = \bar{v}$ 时，$R_B(k_L) = 0$，因此在选择域 $[\underline{v}, \bar{v}]$ 的内部，信息租金 R_B 会更大。

下面考虑一种特殊情形，$R_B(k_L)$ 是一个单峰函数，即存在一个 z 使得：$\forall k_L < z, \frac{dR_B(k_L)}{dk_L} > 0$，而 $\forall k_L > z$，$\frac{dR_B(k_L)}{dk_L} < 0$，若同时密度函数 g_B 和 g_L 关于峰值点 z 是对称的，我们会发

现：当 $c < z$(或者 $c > z$) 时，$k_L < c$(或者 $k_L > c$)。下面只讨论 $c < z$ 的情形（$c > z$ 也是类似的）。令 k_L^{SB} 是 k_L 的次佳解。

(1) $k_L^{SB} \notin (c, z]$。这是因为，当 $k_L \in (c, z]$ 时，有 $\frac{dS_L(k_L)}{dk_L} < 0$，同时 $\frac{dR_B(k_L)}{dk_L} > 0$，如果减少 k_L，会增加 $S_L(k_L) - R_B(k_L)$。

(2) $k_L^{SB} \notin (z, 2z-c]$。这是因为，当 $k_L \in (z, 2z-c]$ 时，考虑另外一个 $\tilde{k}_L = 2z - k_L$，此时有 $R_B(\tilde{k}_L) = R_B(k_L)$，但 $c \leqq \tilde{k}_L < k_L$，则 $S_L(\tilde{k}_L) > S_L(k_L)$。

(3) $k_L^{SB} > 2z - c$。这是因为，当 $k_L > 2z - c$ 时，考虑另外一个 $\tilde{k}_L = 2z - k_L$，此时有 $R_B(\tilde{k}_L) = R_B(k_L)$。由于对 $k > 2z - c$，对 $\tilde{k} = 2z - k$，我们有:

$$-\frac{dS_L(k)}{dk} = (k-c)g_L(k) = (k-c)g_L(\tilde{k}) > (c-\tilde{k})g_L(\tilde{k}) = \frac{dS_L(\tilde{k})}{dk}.$$

上面的第二个等式来自 g_L 关于 z 是对称的假设。第三个不等式来自 $k + \tilde{k} = 2z > 2c$。

$$\begin{aligned} S_L(c) - S_L(k_L) &= \int_c^{k_L} -\frac{dS_L(k)}{dk} dk \\ &> \int_{\tilde{k}_L}^{c} \frac{dS_L \tilde{k}}{dk} dk \\ &= S_L(c) - S_L(\tilde{k}_L), \end{aligned}$$

得到: $S_L(\tilde{k}_L) > S_L(k_L)$，与 k_L 是次佳解矛盾。

综上所述，得到: $k_L^{SB} < c$。

例 20.4.2 回到开始的例子，$c = 1$，此时 $S_L(k_L)$ 和 $R_B(k_L)$ 分别是:

$$S_L(k_L) = \int_{k_L}^{\bar{v}} (v-c)g_L(v)dv \begin{cases} \frac{1}{2}, & 若\ k_L \in [0,1], \\ k_L - \frac{k_L^2}{2}, & 若\ k_L \in [1,2], \\ 0, & 若\ k_L \in [2,3], \end{cases}$$

以及

$$R_B(k_L) = \int_{\underline{v}}^{k_L} (G_B(u) - G_L(u))du = \begin{cases} \frac{k_L^2}{4} \geqq 0, & 若\ k_L \in [0,1], \\ \frac{1}{4} - \frac{(k_L-1)(k_L-2)}{2} \geqq 0, & 若\ k_L \in [1,2], \\ \frac{(k_L-3)^2}{4} \geqq 0, & 若\ k_L \in [2,3]. \end{cases}$$

于是，$z = 1.5$，$k_L^{SB} = \text{argmax}_k \frac{1}{3} S_L(k) - \frac{2}{3} R_B(k)$，从而得到 $k_L^{SB} = 0$，具体见图 20.3。

由于 L 类型满足参与约束 (20.4.41)，当 $k_L = 0$ 时，$a_L = 1.5$；由于 $k_B = c = 1$，同时 B 类型满足参与约束 (20.4.38)，于是得到 $a_B = 1.75$。因此，$(a_L = 1.5, k_L = 0; a_B = 1.75, k_B = 1)$ 就是垄断者次佳的票价合约。

Courty 和 Li（2000）进一步讨论了 G_B 和 G_L 在其他假设情形下以及连续类型下的序贯甄别，有兴趣的读者可以进一步阅读他们的论文。

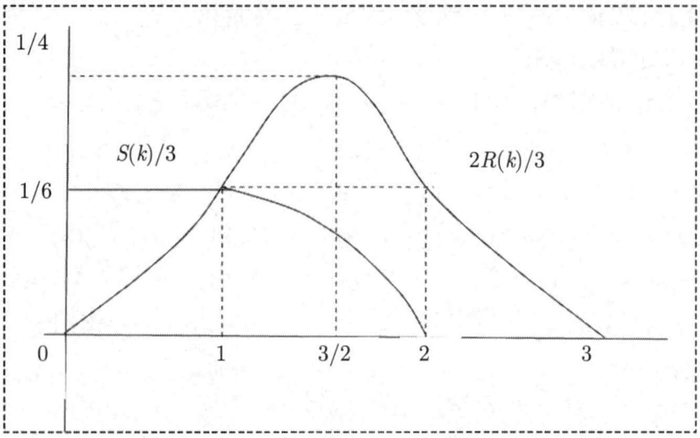

图 20.3　两类型的序贯甄别

20.5　预算平衡的有效动态机制

这一节，我们在一般机制设计的框架下讨论动态最优机制的设计问题。Athey 和 Segal（*Econometrica*, 2013）构建了一个在动态环境下有效机制的分析框架。回顾前面，在静态环境私人信息下的一般机制设计中，若机制的参与人具有拟线性效用函数，则 VCG 机制 (Vickrey-Clark-Groves mechanism) 是一个导致社会福利最大化的有效决策机制，该机制可以诱导参与人真实披露其类型，而且该机制可以在占优均衡概念下执行有效配置。这一机制的一个缺陷是事后的预算约束通常不能满足。由 Arrow（1979）以及 d'Aspremont 和 Gerard-Varet（1979）提出的 AGV 机制（也称为期望外部性机制）在贝叶斯均衡下是一个满足预算约束平衡的有效决策机制，从而是帕累托最优的。不过，Myerson 和 Satterthwaite（1983）揭示这一机制一般不满足参与约束。在这一节，我们忽视参与约束，讨论在动态环境下，如何达到有效配置，同时也是预算平衡的机制。

在前面几节，我们讨论了在动态环境下，委托人和代理人之间的互动存在跨期约束，如怎样控制信息来平衡不同时期之间的信息租金，以及信息租金与配置效率之间的权衡取舍。在一般动态机制中，由于参与人在不同时期的行为可能会显示其类型，在跨期行为选择上会有一些战略性的动态考虑，而这会改变机制中的激励约束。下面，我们通过 Athey 和 Segal（2013）两期的交易机制，来揭示在动态环境下的激励约束机制，从而导致帕累托有效配置。

考虑一个生产者（参与人 1）与一个消费者（参与人 2）的两期交易，$t=1,2$。假设在 $t=1$ 之前生产者观察到自己的成本（随机）类型 $\tilde{\theta}_1 \in [1,2]$。生产者成本真实的类型 θ_1 决定了他在 $t=1,2$ 的生产成本，第 t 期的成本函数是：

$$C(\theta_1, x_t) = \frac{1}{2}\theta_1 {x_t}^2, t=1,2,$$

其中 x_t 是在 t 的产量。

消费者在 $t=1$ 时对单位商品的价值是 1。在 $t=1$ 和 $t=2$ 之间观察到他在第二期对商品价值的随机类型 $\tilde{\theta}_2 \in [0,1]$。

若信息是完全公开的，第一期的最优交易问题为：

$$\max_{x_1} x_1 - \frac{1}{2}\theta_1 {x_1}^2,$$

最优交易量于是为 $x_1(\theta_1) = \frac{1}{\theta_1}$。第二期的最优交易问题为：

$$\max_{x_1} \theta_2 x_2 - \frac{1}{2}\theta_1 {x_2}^2,$$

最优交易量为 $x_2(\theta_1, \theta_2) = \frac{\theta_2}{\theta_1}$。

若在时期 1 之前消费者和生产者都观察到他们各自的类型信息，那么尽管有两期的交易，由于他们同时报告类型，所以是一个静态的互动。我们以此作为参照系，讨论当消费者与生产者观察和报告不同步的动态情形下，激励问题是如何变化的。

20.5.1 静态预算平衡有效机制

由于 AGV 机制能够让参与人内生化对其他参与人造成的外部性（或者收益的改变），在有效的决策规则下，参与人有激励真实披露自身的类型信息。下面先看在这个例子中的 AGV 机制是如何执行有效配置的，即 $x_1(\theta_1) = \frac{1}{\theta_1}$ 和 $x_2(\theta_1, \theta_2) = \frac{\theta_2}{\theta_1}$。

令 $\gamma_i(\theta_i)$ 是参与人 i 在 VCG 机制下得到的支付，激励消费者真实披露 θ_2 的转移支付刚好等于他给生产者带来的期望外部性（这是期望外部性机制的由来）：

$$\begin{aligned}\gamma_2(\theta_2) &= -E_{\tilde{\theta}_1}[\frac{1}{2}\tilde{\theta}_1(x_1(\tilde{\theta}_1))^2 + \frac{1}{2}\tilde{\theta}_1(x_2(\tilde{\theta}_1, \theta_2))^2] \\ &= -\frac{1}{2}E_{\tilde{\theta}_1}[\frac{1}{\tilde{\theta}_1}](1 + (\theta_2)^2).\end{aligned}$$

我们验证在这个支付下，消费者会真实披露类型：假如他报告的类型是 $\hat{\theta}_2$，此时他的期望效用为：

$$\gamma_2(\hat{\theta}_2) + E_{\tilde{\theta}_1}[x_1\tilde{\theta}_1 + \theta_2 x_2(\tilde{\theta}_1, \hat{\theta}_2)] = -\frac{1}{2}E_{\tilde{\theta}_1}[\frac{1}{\tilde{\theta}_1}](1 + (\hat{\theta}_2)^2) + E_{\tilde{\theta}_1}[\frac{1}{\tilde{\theta}_1}](1 + \theta_2\hat{\theta}_2].$$

对 $\hat{\theta}_2$ 的一阶条件为：

$$-E_{\tilde{\theta}_1}[\frac{1}{\tilde{\theta}_1}](\hat{\theta}_2) + E_{\tilde{\theta}_1}[\frac{1}{\tilde{\theta}_1}]\theta_2 = 0,$$

从而得到：

$$\hat{\theta}_2 = \theta_2.$$

类似地，生产者的支付为他带给消费者的期望外部性：

$$\begin{aligned}\gamma_1(\theta_1) &= E_{\tilde{\theta}_2}[x_1(\theta_1) + \tilde{\theta}_2 x_2(\theta_1, \tilde{\theta}_2)] \\ &= \frac{1}{\theta_1}[1 + E_{\tilde{\theta}_2}(\tilde{\theta}_2)^2].\end{aligned}$$

我们同样可以验证，在这个转移支付下，生产者有激励真实披露自身的类型。

然而，上面的转移支付并不满足预算平衡。不过，由于 $\gamma_i(\theta_i)$ 与 $\theta_j, j \neq i$ 无关，当 θ_i 的转移支付是

$$\psi_i(\theta_i, \theta_j) = \gamma_i(\theta_i) - \gamma_j(\theta_j), i \neq j, i, j \in \{1, 2\}$$

时，它是预算平衡的 AGV 机制，在静态环境下，它是贝叶斯执行有效的配置，且满足预算平衡条件。

20.5.2 动态环境下的激励问题

我们回到之前的模型，消费者在时期 1 和时期 2 之间观察到类型 $\tilde{\theta}_2$，而生产者在第一期报告 θ_1，上面的 AGV 机制将不能执行有效配置 $x_1(\theta_1)=\frac{1}{\theta_1}, x_2(\theta_1,\theta_2)=\frac{\theta_2}{\theta_1}$。这是因为若在上面的机制下，生产者真实披露自己的类型 θ_1，消费者可以从第一期的交易 $\chi_1(\theta_i)$ 中推测出 θ_1，从而 $\gamma_2(\theta_2)$ 就不能诱使消费者真实披露自己的类型。若消费者报告 $\hat{\theta}_2$，他的期望效用为：

$$\gamma_2(\hat{\theta}_2)+\theta_1[x_1\theta_1+\theta_2x_2(\theta_1,\hat{\theta}_2)]=-\frac{1}{2}E_{\tilde{\theta}_1}\frac{1}{\tilde{\theta}_1}(1+(\hat{\theta}_2)^2)+\frac{1}{\theta_1}(1+\theta_2\hat{\theta}_2). \tag{20.5.46}$$

对比之前的静态环境，在动态环境下，消费者可以从第一期的交易中获得关于生产者的信息。在消费者期望效用 (20.5.46) 下，对 $\hat{\theta}_2$ 的一阶条件:

$$-E_{\tilde{\theta}_1}[\frac{1}{\tilde{\theta}_1}](\hat{\theta}_2)+\frac{\theta_2}{\theta_1}=0,$$

得到:

$$\frac{\hat{\theta}_2}{\theta_2}=\frac{1}{\theta_1}(E_{\tilde{\theta}_1}[\frac{1}{\tilde{\theta}_1}])^{-1}.$$

因此，当 $\frac{1}{\theta_1}>E_{\tilde{\theta}_1}[\frac{1}{\tilde{\theta}_1}]$ 时，消费者有动机夸大其价值类型；否则低报其价值类型。消费者之所以会扭曲其类型信息，是因为他并不完全承担其外部性。

若我们让消费者承担起外部性，他的外部性为：

$$\tilde{\gamma_2}(\theta_1,\theta_2)=-\frac{1}{2}\theta_1(1+(\theta_2)^2).$$

在这个转移支付下，消费者重新有激励披露真实信息:

$$\tilde{\gamma_2}(\theta_1,\hat{\theta}_2)+\theta_1[x_1\theta_1+\theta_2x_2(\theta_1,\hat{\theta}_2)]=-\frac{1}{2}\theta_1[\frac{1}{\theta_1}](1+(\hat{\theta}_2)^2)+\frac{1}{\theta_1}(1+\theta_2\hat{\theta}_2). \tag{20.5.47}$$

对 $\hat{\theta}_2$ 的一阶条件为:

$$-\frac{1}{\theta_1}(\hat{\theta}_2)+\frac{\theta_2}{\theta_1}=0,$$

从而得到:

$$\hat{\theta}_2=\theta_2.$$

尽管 $\gamma_1(\theta_1)$ 和 $\tilde{\gamma_2}(\theta_1,\theta_2)$ 可以激励生产者和消费者真实披露，但它们显然不是预算平衡的。要考虑预算平衡，将生产者和消费者的支付设为：

$$\psi_1(\theta_1,\theta_2)=\gamma_1(\theta_1)-\tilde{\gamma_2}(\theta_1,\theta_2),$$

$$\psi_2(\theta_1,\theta_2)=\tilde{\gamma_2}(\theta_1,\theta_2)-\gamma_1(\theta_1).$$

但由于 $\tilde{\gamma_2}(\theta_1,\theta_2)$ 依赖于 θ_1，转移支付 $\psi_1(\theta_1,\theta_2)$ 对于 θ_1 则不满足激励相容条件。

20.5.3 预算平衡有效动态机制

上面的激励难题被称为依情形偏离 (contingent deviation) 问题，Athey 和 Segal（2013）提出了一个机制以解决这一难题。在之前的 AGV 机制的构建过程中，有两个基础环节。第一是建立一个激励相容转移支付 $\gamma_1(\theta)$ 和 $\gamma_2(\theta)$，其中 $\theta=(\theta_1,\theta_2)$；第二是建立一个预算平衡转移支付 $\psi_i(\theta)=\gamma_i(\theta)-\gamma_j(\theta)$。由于在动态环境下，第一步构建的 $\gamma_i(\theta)$ 不仅依赖于 θ_i，同时也依赖于 θ_j，要构建的预算平衡转移支付将会破坏之前的激励相容条件，这就出现了激励相容与预算平衡之间的矛盾。Athey 和 Segal（2013）于是提出了一个新的方案，利用这一新方案可以很容易地解决这一矛盾。他们的思路是这样的：建立某种转移机制，尽管参与人 j 会影响参与人 i 的激励相容转移支付 $\gamma_i(\theta_i,\theta_j)$，但在给定参与人 i 的真实披露下，只要参与人 j 不影响参与人 i 的期望支付，就可以同时协调激励相容与预算平衡。

在上面的例子中，假设消费者的激励相容转移支付为：

$$\gamma_2(\theta_1,\theta_2)=-\frac{1}{2\theta_1}[(\theta_2)^2-E_{\tilde{\theta}_2}(\tilde{\theta}_2)^2].$$

这一转移支付对消费者是激励相容的，这是因为：

$$\gamma_2(\theta_1,\hat{\theta}_2)+\theta_1[x_1\theta_1+\theta_2x_2(\theta_1,\hat{\theta}_2)]=-\frac{1}{2\theta_1}[(\hat{\theta}_2)^2-E_{\tilde{\theta}_2}(\tilde{\theta}_2)^2]+\frac{1}{\theta_1}(1+\theta_2(\hat{\theta}_2)).$$

对 $\hat{\theta}_2$ 的一阶条件为：

$$-\frac{1}{\theta_1}(\hat{\theta}_2)+[\frac{1}{\theta_1}]\theta_2=0,$$

从而得到 $\hat{\theta}_2=\theta_2$，所以它满足激励相容条件。

此外，尽管 $\gamma_2(\theta_1,\hat{\theta}_2)$ 依赖于 θ_1，但

$$E_{\tilde{\theta}_2}[\gamma_2(\theta_1,\tilde{\theta}_2)]=0,\forall\theta_1.$$

因此，生产者的行为不会影响激励相容转移支付的期望值。我们在前面知道 $\gamma_1(\theta_1)$ 是生产者的激励相容转移支付，从而总体的转移支付是

$$\begin{aligned}\psi_1(\theta_1,\theta_2)&=\gamma_1(\theta_1)-\gamma_2(\theta_1,\theta_2),\\ \psi_2(\theta_1,\theta_2)&=-\psi_1(\theta_1,\theta_2).\end{aligned}$$

它既满足预算平衡，也没有破坏生产者的转移支付，这是因为生产者报告其类型相对于消费者更早，在这个方案下其期望的转移支付为

$$E_{\tilde{\theta}_2}\psi_1(\theta_1,\tilde{\theta}_2)=\gamma_1(\theta_1).$$

在 Athey 和 Segal 所构造的机制中，参与人的转移支付等于由他的行为给其他人带来的期望现值 (expected present value，EPV) 收益的变化，这一机制可以解决激励相容与预算

平衡之间的矛盾。Athey 和 Segal（2013）系统地论证了在一个一般的动态环境下这一机制的特性，在贝叶斯意义下可以执行有效的资源配置，且同时满足预算平衡。

动态最优机制设计是目前国际学术界研究的一个热点，新的机制不断涌现，比如 Bergemann 和 Valimaki（*Econometrica*, 2010）提出了动态枢纽机制 (dynamic pivot mechanism)，这一机制可以执行有效的配置，同时可以实现事后的激励相容和参与约束，尽管并不能保证预算平衡。Pavan，Segal 和 Toikka（*Econometrica*, 2014）在一个更具体的动态环境下，构建了激励相容同时利润最大化的机制。对这些新动态机制感兴趣的读者，可以参考他们的论文以及他们梳理的文献脉络，此外也可以参考专著 Borgers（2015），其最后一章也讨论了动态的机制设计原理。

20.6 【人物小传】

20.6.1 让 · 梯若尔

让 · 梯若尔（Jean Tirole，1953— ），世界著名的经济学大师，经济学天资过人，被誉为当代“天才经济学家”，所作出的贡献足以令所有经济学家瞠目：300 多篇高水平论文，11 部专著，内容涉及经济学的所有重要领域——从宏观经济学到产业组织理论，从博弈论到激励理论，到国际金融，再到经济学与心理学的交叉研究，梯若尔都作出了改写这些领域的颠覆性贡献。2000 年，作为对十几年垄断行业规制理论与政策研究的总结，他和拉丰合著的《电信竞争》一书，为电信及网络产业的竞争与规制问题的分析和政策的制定提供了一个最为权威的理论依据。梯若尔现任法国图卢兹大学产业经济研究所科研所长、麻省理工学院访问教授，曾任世界计量经济学会主席、欧洲经济学会主席，2014 年获诺贝尔经济学奖，以表彰其“对市场力量和监管的分析”。

梯若尔 1953 年出生于塞纳河畔的特鲁瓦市（Troyes），他的父亲是妇科医生，他的母亲是希腊语、法语教师。梯若尔的母亲非常重视家庭教育，在梯若尔很小的时候，就向他灌输知识重要性的理论。1978 年，在获得巴黎第九大学应用数学博士学位后，梯若尔产生了对经济学的兴趣，他来到著名的美国麻省理工学院继续深造，并于 1981 年获得经济学博士学位。

梯若尔对经济学惊人的直觉是一般经济学家望尘莫及的。他具有非凡的概括与综合能力，他总是能够把经济学的任何一个领域中最为本质的规律和最为重要的成果以最为简洁的经济学模型和语言表达出来，并整理成一个系统的理论框架。梯若尔继承了法国学者重视人文学科的传统，再加上深厚的数学功底，很快就显示出研究经济学的卓越天赋。他当时主要研究宏观经济学和金融学，并于 1982 年和 1985 年在*Econometrica* 发表了两篇经典论文:《理性预期下投机行为的可能性》和《资产泡沫和世代交叠模型》，奠定了他在该领域的权威地位。

欧洲大陆自 20 世纪 80 年代兴起经济学复兴运动以来，最成功的当属法国图卢兹大学产业经济研究所（IDEI）。1988 年，梯若尔从美国回到法国，和著名经济学家让–雅克 · 拉丰教授一起创办了享誉全球的 IDEI，担任科研所长，并最终辞去了麻省理工学院的终身教授职位。他为法国乃至整个欧洲经济学的振兴作出了卓越的贡献。如今的 IDEI 已经成为经济学界公认的世界第一的产业经济学研究中心，也是欧洲的经济学学术中心。

20.6.2 托马斯 · 谢林

托马斯 · C · 谢林（Thomas C. Schelling，1921— ），美国著名学者，经济学家，外交事务、国家安全、核战略以及军备控制方面的研究专家，也是有限战争理论的奠基人之一。1921 年 4 月出生于美国加利福尼亚州，1948 年获哈佛大学经济学博士学位。1977 年他获得了弗兰克 · 塞德曼（Frank E. Seidman）政治经济学杰出贡献奖。2005 年与罗伯特 · 奥曼（Robert Aumann）共同获得诺贝尔经济学奖。

与传统上大量运用数学的博弈论不一样，谢林的主要研究领域被称为“非数理博弈”。谢林和奥曼进一步发展了非合作博弈理论，并开始涉及社会学领域中的一些主要问题。他们分别从两个不同的角度——奥曼从数学的角度、谢林从经济学的角度，认为从博弈论入手有可能重新塑造关于人类交互作用的分析范式。最重要的是，谢林指出，许多人们所熟知的社会交互作用可以从非合作博弈的角度来加以理解；奥曼也发现一些长期的社会交互作用可以利用正式的非合作博弈理论来进行深入分析。

谢林的博弈理论建立在对新古典经济理论分析方法突破的基础之上，与主流的博弈理论在研究方法和侧重点上都有很大的不同，从而完善、丰富和发展了现代博弈论。在其经典著作《冲突的战略》一书中，谢林首次定义并阐明了威慑、强制性威胁与承诺、战略移动等概念，开始把关于博弈论的洞察力作为一个统一的分析框架来研究社会科学问题，并对讨价还价和冲突管理理论作了非常细致的分析。讨价还价理论是谢林早期的主要贡献所在。尽管当时谢林并没有刻意强调建立正式模型问题，但他的很多观点后来随着博弈论的新发展而定型，而他所定义的概念也成为博弈论中最基本的概念，比如，完美均衡概念中的不可置信威胁就源自谢林的可行均衡概念。

他卓有成效的工作促进了博弈论的新发展并且加速了这一理论在社会科学领域的运用，特别是他关于战略承诺的研究对许多现象 (比如公司的竞争性战略、政治决策权的授权等) 给出了解释。1988 年美国经济学会将其评为“杰出资深会员”时，其评语为:“谢林关于社会关系的理论以及他对该理论多方面的应用源于他富有成效地将理论与实践相结合。他有着异于常人的天赋，这使得他能切实涉及有着相同或不同利益的参与人的社会和经济状况的本质，并能具体而生动地把这种本质描述出来。”诺贝尔评奖委员会对他的评价是:“谢林，这位自称‘周游不定的经济学家’，被证明是一位非常杰出、具有开创性的探险者”。

20.7 习　　题

习题 20.1 考虑完全承诺能力下两期的委托人代理人模型。企业作为委托人要生产某种产品，q 单位产品对委托人的价值是 $S(q)$，满足 $S'>0$，$S''<0$，$S(0)=0$。企业想在两期中把生产 q_1 和 q_2 单位产品的任务委托给代理人进行，并提供工资 $t(q_1)$ 和 $t(q_1,q_2)$。代理人有两种类型 $\underline{\theta}$ 和 $\overline{\theta}$，其中 $\underline{\theta}$ 表示生产的边际成本较低，而 $\overline{\theta}$ 表示生产的边际成本较高，代理人自己知道自己的类型信息。而委托人知道的是概率信息，即代理人是每种类型的概率分别为 $\beta(\overline{\theta})=\overline{\beta}$ 和 $\beta(\underline{\theta})=\underline{\beta}$，显然 $\overline{\beta}+\underline{\beta}=1$。企业的目标是要最大化 $S(q_1)-t(q_1)+S(q_2)-t(q_1,q_2)$，同时满足代理人的激励相容约束和参与约束。

1. 在固定动态类型的假定下，求解该委托—代理问题的解。

2. 在独立动态类型的假定下，对该模型求解，并比较该结果和上面的结果。

习题 20.2　在上一道习题的模型下，我们加入两期的类型相关性。代理人在第一期观察到自身第一期的类型 $\theta_1 \in \{\underline{\theta}, \overline{\theta}\}$，委托人只知道 $\theta_1 = \underline{\theta}$ 的概率是 β。对于第二期的信息代理人也不能观察到，只有一个两个时期间类型的关联，即第二期边际成本的概率是

$$\underline{\beta} = prob(\underline{\theta}|\underline{\theta});$$

$$\overline{\beta} = prob(\underline{\theta}|\overline{\theta}).$$

当 $\underline{\beta} > \overline{\beta}$，则是正相关；当 $\underline{\beta} = 1 > \overline{\beta} = 0$，则是固定动态类型；当 $\underline{\beta} = \overline{\beta} = \beta$，则是独立动态类型。用教材正文中分析消费者与垄断者的方式，分析正相关动态类型下的委托—代理问题。

习题 20.3 (Laffont 和 Tirole，1993)　对于无承诺能力的动态合约，考虑如下模型：对于某两期生产活动，在每一期，企业必须完成一个项目，成本为

$$C_\tau = \beta - e_\tau, \tau = 1, 2, \tag{20.7.48}$$

其中，β 是不随时间变化的参数，但只有企业知道这一参数的值；e_τ 反映了 τ 期成本水平的减少，或者说是企业经理付出的努力水平。

在 τ 期，社会福利是：

$$W_\tau = S - (1+\lambda)(C_\tau + t_\tau) + U_\tau, \tag{20.7.49}$$

其中，$U_\tau - \psi(e_\tau)$ 是经理人的效用，S 是项目本身的社会价值，λ 是资金的影子成本，总成本是 $(1+\lambda)(C_\tau + t_\tau)$。社会计划者和企业经理人的贴现因子都为 δ。

考察值为 $[\underline{\beta}, \overline{\beta}]$ 的连续统情形，其先验概率分布为 $F_1(\cdot)$，密度函数 $f_1(\cdot)$ 在 $[\underline{\beta}, \overline{\beta}]$ 上严格为正，且 $\frac{d(F_1(\beta)/f_1(\beta)}{d\beta} > 0$。在这样的假定下，最优静态机制是完全可分离的。

1. 证明：对于任何第一期的方案 $t_1(\cdot)$ 来说，都存在非完全分离的后续均衡。
2. 考察任意的第 1 期激励方案 $t_1(\cdot)$，假定 ψ' 的下界为某一正数。证明：对于任意 ϵ，存在 $\beta_\epsilon < \overline{\beta}$ 使得当 $\underline{\beta}_n \geqslant \beta_\epsilon$ 时，对任意的 n，不存在一种后续均衡能使得社会计划者获得比最优完全混同合约条件下更多的收益。

习题 20.4　考虑买方与卖方的双边经济。当事前买方遇到卖方时，买方对商品的价值 θ 只有私有信号，但不完全知道，只是在后来接受了卖方设计的机制后才完全得知商品的真实值。事前的信号 τ 是离散的：$\tau \in \{\tau_L, \tau_H\}$。每个事前类型是等可能的，$\theta \in [0, 1]$。两种类型的条件分布如下：$F(\theta|\tau_H) = \theta$，及 $F(\theta|\tau_L) = \sqrt{\theta}$。直接显示机制 (q, t) 在这种情况下也可以表示成一个四元组 $(q_L, q_H, t_L, t_H) : [0, 1] \to [0, 1]^2 \times \mathcal{R}^2$。

1. 对于 $i \in \{L, H\}$，定义随机变量 $\gamma_i = F(\theta|\tau_i)$。证明 γ_i 随机独立于 τ 并在 $[0, 1]$ 上均匀分布。
2. 让 $(\tilde{q}^*, \tilde{t}^*)$ 表示激励相容于可观测值 γ 的机制中最优的那个。证明

$$\tilde{q}^*_H(\gamma) = 1, \quad \forall \gamma \in [0, 1];$$

$$\tilde{q}_L^*(\gamma) = \begin{cases} 0, & \text{若 } \gamma < 1/2, \\ 1, & \text{其他}. \end{cases}$$

3. 证明可观测 γ 的最优机制给事前类型 τ_H 的买方带来 1/12 的期望效用。
4. 对于接下来的题目，假设只有买方私自地观察到了 γ。假设所安排的机制 $(\tilde{q}_L^*, \tilde{t}_L)$ 导致事前类型 τ_L 的买方在报告了 τ_L 后真实地报告 γ。证明在这种情况下，存在 $\overline{\tau}_L \in R$ 满足

$$\tilde{t}_L(\gamma) = \begin{cases} \bar{t}_L, & \text{若 } \gamma < 1/2, \\ \bar{t}_L + 1/4, & \text{其他}. \end{cases}$$

5. 证明若 $(\tilde{q}_L^*, \tilde{t}_L)$ 导致事前类型 τ_L 真实地汇报 γ，则对于任意的 $\gamma \in (1/4, 1/2)$，它导致事前类型 τ_H 在汇报了 τ_L 后，不会真实地汇报 γ，而会相反地汇报 γ 超过 1/2。
6. 证明：若 $(\tilde{q}_L^*, \tilde{t}_L)$ 导致事前类型 τ_L 真实地汇报 γ，则事前类型 τ_H 的期望效用以 $11/96 > 1/12$ 超过事前类型 τ_L 的期望效用。
7. 解释问题 (3) 和 (4) 意味着卖方相比较于 γ 完全公开可观测时，当只有买方私人地观测到 γ 时，为了实现 $(\tilde{q}^*, \tilde{t}^*)$，一定要提供更高的信息租金给事前类型 τ_H 的买方。

习题 20.5 (Borgers，2015) 考虑序贯甄别的经济环境。有一个卖方及一个事前和事后类型都是离散的买方。在买方遇到卖方前，他就有一个离散的信号 $\tau \in \{1, 3\}$。卖方给出一个机制。随后，买方接受这个机制，并又收到第二个离散信号 $\sigma \in \{1, 3\}$。买方的价值是 $\theta = \theta_{\tau\sigma} = \tau + \sigma$。每个信号值是等可能的。卖方卖出产品的机会成本是 $c = 1/2$。一个直接显示机制 (q, t) 对于每一个 $(\tau, \sigma) \in \{1, 3\}^2$ 指定了出售概率 $q_{\tau,\sigma} \in [0, 1]$ 和支付 $t_{\tau,\sigma} \in R$。

1. 证明任何直接显示机制都会招致如下非均衡路径的撒谎。事前类型 $\tau = 3$ 的买方在报告了 $\tau = 1$ 后最好总是报告 $\sigma = 3$，而事前类型是 $\tau = 1$ 的买方在报告了 $\tau = 3$ 后最好总是报告 $\sigma = 1$。
2. 证明最优机制 (q, t) 满足 $q_{11} = 1, q_{13} = q_{31} = q_{33} = 1$。
3. 假设买方得不到事后信号 σ。这样事前类型 $\tau = 1$ 的买家对商品的期望值是 $\theta_1 = 3$，而事前类型 $\tau = 3$ 的买家对商品的期望值是 $\theta_3 = 5$。证明在一个（静态的）直接显示机制 $(q_\tau, t_\tau)_{\tau=1,3}$ 里 $q_1 = q_3 = 1$ 是最优的。
4. 证明买家的境况在收到私人事后信号的情况下要比完全收不到事后信号的情况差。

习题 20.6 考虑某个委托人打算委托某个代理人生产 q 单位的产品的问题。q 单位的产品对委托人的价值是 $S(q)$，其中 $S' > 0$，$S'' < 0$，$S(0) = 0$。委托人无法观测代理人的生产成本，边际成本所属集合 $\theta \in \{\underline{\theta}, \overline{\theta}\}$，代理人为高效率 $\underline{\theta}$ 或者低效率 $\overline{\theta}$ 的类型的概率分别为 v 和 $1 - v$，即成本函数为 $C(q, \underline{\theta}) = \underline{\theta} q$，概率为 v；或者 $C(q, \overline{\theta}) = \overline{\theta} q$，概率为 $1 - v$，代理人获得的转移支付是 t。

1. 假设是静态的，求解最优合约。
2. 假设现在有两期，委托人的目标函数是 $V = S(q_1) - t_1 + \delta(S(q_2) - t_2)$，风险中性的代理人也拥有相同的贴现因子，目标函数是 $U = t_1 - \theta q_1 + \delta(t_2 - \theta q_2)$，试求解固定动态类型问题。

习题 20.7 (独立类型与风险中性) 现在假设代理人两期的边际成本的分布是独立的，$\theta \in$

$\{\underline{\theta},\overline{\theta}\}$，代理人为高效率 $\underline{\theta}$ 或者低效率 $\overline{\theta}$ 的类型的概率在两期是相同的，分别为 v 和 $1-v$，风险中性的代理人的效用函数为 $U=t_1-\theta_1 q_1+\delta(t_2-\theta_2 q_2)$，求解完全承诺下独立动态类型的最优合约。

习题 20.8 (重复两期的道德风险问题) 在第17章的道德风险模型中，现在我们假定委托人和代理人的关系重复两期，风险规避的代理人的效用函数是 $U=u(t_1)-\psi(e_1)+\delta(u(t_2)-\psi(e_2))$，$e_i\in\{0,1\}$，且 $\psi(1)=\psi$，$\psi(0)=0$，在每一期代理人的努力水平会以概率 $\pi(e_i)$ 产生一个随机的回报 q_i，其中 $\pi_0=\pi(0),\pi_1=\pi(1)$，委托人是风险中性的，效用函数是 $V=S(q_1)-t_1+\delta(S(q_2)-t_2)$，在这个两期问题中，求解最优合约。

习题 20.9 (防止再协商) 假定委托人和代理人的关系重复两期，风险规避的代理人的效用函数是 $U=u(t_1)-\psi(e_1)+\delta(u(t_2)-\psi(e_2))$，$e_i\in\{0,1\}$，并且 $\psi(1)=\psi$，$\psi(0)=0$，在每一期代理人的努力水平会以概率 $\pi(e_i)$ 产生一个随机的回报 q_i，其中 $\pi_0=\pi(0)$，$\pi_1=\pi(1)$，委托人是风险中性的，效用函数是 $V=S(q_1)-t_1+\delta(S(q_2)-t_2)$，所有条件和上一题一致，给定 $u_2(q_1)$ 为委托人保证的若第一期产出是 q_1 时代理人第二期可以获得的效用水平。防止再协商的条件为 $u_2(q_1)\geqq 0$。

1. 求解在防止再协商条件满足时的最优合约问题。
2. 若这时允许代理人借贷，上面的最优合约问题会发生什么变化？

习题 20.10 (重复无穷期的道德风险问题) 现在将前一题中的两期问题扩展到无穷期，假定委托人和代理人的关系重复无穷期，风险规避的代理人的效用函数是 $U=u(t_1)-\psi(e_1)+\delta(u(t_2)-\psi(e_2))$，$e_i\in\{0,1\}$，且 $\psi(1)=\psi$，$\psi(0)=0$，在每一期代理人的努力水平会以概率 $\pi(e_i)$ 产生一个随机的回报 q_i，其中 $\pi_0=\pi(0)$，$\pi_1=\pi(1)$，委托人是风险中性的，效用函数是 $V=S(q_1)-t_1+\delta(S(q_2)-t_2)$。

1. 用递归结构刻画最优合约问题，并找出这个动态规划问题的状态变量。
2. 求解最优合约，证明最优合约具有马尔可夫性质。

习题 20.11 (Bolton，2005) 考虑一个两期耐用品垄断问题。一个卖方面对一个买方，买方对耐用品的保留效用 $v\in\{v_L,v_H\}$，$v_H>v_L>0$。卖方对买方保留效用的初始信念是 $\Pr(v=v_H)=0.5$。卖方生产商品的成本以相同的可能性取两个值：$c\in\{c_L,c_H\}$ 和 $c_H>c_L\geqq 0$。卖方成本和买方保留效用价值独立分布，并且是私人信息。假设 $v_L-c_L\geqq\frac{v_H-c_L}{2}$，且 $v_L-c_H\geqq\frac{v_H-c_H}{2}$。共同的贴现因子是 $\delta>0$。

1. 问在以下情形中，混同均衡存在的条件是什么？

(1) 两种类型的卖方都设定这样的一期价格：$p_1=v_H-\delta(v_H-v_L)/2$。

(2) 类型 v_H 的买方接受这个价格的概率是 $\gamma=\frac{v_H+c_H-2v_L}{v_H-v_L}$，而类型 v_L 的买方以 1 的概率拒绝。

(3) 在第一期被拒绝以后，类型 c_L 的卖方在第二期设定价格 $p_2^L=v_L$，而类型 c_H 的卖方在第二期设定价格 $p_2^H=v_H$。

2. 解释为什么类型 c_L 的卖方能够从成本为私人信息中获益，而类型 c_H 不行。

习题 20.12 (两期管制模型) 考虑一个两期管制模型，其中企业的类型是内生的。首先，管制者提出一个收益函数 $R_1(q)$，规定对某个产出水平 q 提供的报酬。紧接着，企业投入沉没成本 I，这个沉没成本只有企业自己能观察到。每期的生产成本为 $c(q,I)$，其中 $c(0,I)=c_q(0,I)=$

0，$c_{qq}(q,I)>0$，$c_I(q,I)<0$。企业选择产量 q_1，从而产生一期收益 $R_1(q_1)-c(q_1,I)-I$。若企业放弃，它得到 $-I$，博弈终止。若企业选择产量 q，则管制者的一期收益为 $q_1-R_1(q_1)$。在第二期，管制者观察到 q_1 之后提出 $R_2(q)$，企业放弃或者选择一个产量 q_2，相应地双方的第二期收益分别为 $R_2(q_2)-c(q_2,I)$ 和 $q_2-R_2(q_2)$。

1. 管理者的完全承诺战略是什么？
2. 证明：若没有承诺，$I>0$ 时这个博弈不存在纯战略贝叶斯精炼纳什均衡。

习题 20.13 (重复道德风险，Rogerson，1985) 考虑一个两期道德风险问题。在时期 1，代理人选择努力水平 a，从而在每一期得到独立同分布的利润：$q_1,q_2\in\{q_L,q_H\}$。q_H 发生的概率为 $p(a)$，$p(a)$ 随着 a 严格递增；q_L 发生的概率为 $1-p(a)$。对于所有 $a\in[0,\overline{a}]$，$a<\infty, 1>p(a)>0$。代理人的效用函数为 $u(w)-a$，$u'>0$，$u''<0$。代理人不可以借贷，因此他的每期收入将全部消费掉。委托人是风险中性的，并且能以零利率存贷款。

1. 以 $\{w_L,w_H,w_{LL},w_{LH},w_{HL},w_{HH}\}$ 表示代理人在第一期和第二期的产出依存的支付。证明最优合约满足：
$$\frac{1}{u'(w_i)}=\frac{p(a)}{u(w_{iH})}+\frac{1-p(a)}{u'(w_{iL})}, i=H,L.$$
2. 证明：在最优合约下，当 $1/u'$ 是凹函数时，$w_i\leqq p(a)w_{iH}+[1-p(a)]w_{iL}, i=H,L$。
3. 假设在上述最优合约下，第一期允许代理人在 q_1 实现后存贷款，解释他为何愿意存款。

习题 20.14 (Bolton，2005) 考虑私人信息下的投资保险问题。一个风险规避的代理人在一个项目上投资 $p/2$，在两期 $t=1,2$ 中的收入存在随机冲击，其中 w_i 以 p 的概率等于 1，以 $1-p$ 的概率等于 0，$\Pr(w_2=1|w_1=1)=\gamma\leqq p$，$\Pr\ (w_2=1|w_1=0)=\mu\geqq p$，并且 $\gamma>0.5$，$p<1$。代理人的效用函数是时间可分的，$U(c_1,c_2)=u(c_1)+u(c_2)$，$u(c)$ 是下面的分段线性函数形式：当 $c\geqq 1/2$ 时，$u(c)=c/2+1/4$；当 $c<1/2$ 时，$u(c)=c$。在每一期期初，代理人能够以保险公平费率获取保障收入冲击的保险。

1. 在代理人不能进行私人存款的假设下，刻画最优的消费配置。
2. 假设收入冲击是私人信息，证明当只有即期合约是可行的时候，代理人不能得到任何保险保障。
3. 假定代理人能以 0 利率在一家银行存贷资金。刻画代理人最优的借贷收益。
4. 什么时候存贷形式的保险是最优合约？

习题 20.15 (国际借贷，Atkeson，1991) 在无限期经济中存在两类主体，一类为风险规避的代理人（资金借入者），一类为风险中性的委托人（资金借出者），代理人借到资金后可以拿去投资，并产生一个随机的投资回报。投资回报的分布依赖于投资的数量。代理人在第 0 期拥有初始禀赋 Y_0-d_0，在第 t 期期初，代理人向委托人借入资金 b_t；在第 t 期期末，代理人还给委托人资金 d_{t+1}，代理人的效用取决于每一期的消费水平。设定 $(b_t,d_{t+1}(Y_{t+1}))$ 作为贷款合约，令 $Q_t=Y_t-d_t$。

1. 定义代理人的可行配置。
2. 写出该动态问题的委托人和代理人的参与约束。
3. 写出该动态问题的代理人的激励相容约束，即代理人确实选择了最优的投资水平。
4. 假设代理人一旦违约，从此以后，委托人将终止与其的贷款合约，即代理人会重新回到自给自足的经济状态。写出防止代理人违约的激励约束。

5. 尝试求解该最优合约问题，当观察到产出水平较低时，代理人存在着资本外流现象。

20.8 参考文献

教材和专著：

Borgers, Tilman (2015). *An Introduction to the Theory of Mechanism Design*, Oxford University Press.

Bolton, P. , and Dewatripont, M. (2005). *Contract Theory*, MIT Press.

Laffont, J. J. and Martimort, D. (2002). *The Theory of Incentives: The Principal-Agent Model*, Princeton University Press.

Laffont, J. J. and Tirole, J. (1993). *A Theory of Incentives in Regulation and Procurement*, MIT Press.

Mas-Colell, A. , Whinston, M. D., and Green, J. (1995). *Microeconomics*, Oxford University Press, Chapter 14.

Segal, I. (2010). *Lecture Notes in Contract Theory*, Stanford University.

论文：

Arrow, K. (1979). "The Property Rights Doctrine and Demand Revelation Under Incomplete Information", in *Economics and Human Welfare*, ed. by M. Boskin. New York: Academic Press.

Athey, S. and Segal, I. (2013). "An Efficient Dynamic Mechanism", *Econometrica*, Vol. 81, No. 6, 2463-2485.

Atkeson A. (1991). "International Lending with Moral Hazard and Risk of Repudiation", *Econometrica*, Vol. 59, No. 4, 1069-1089.

Baron, D., and Besanko, D. (1984). "Regulation and Information in a Continuing Relationship", *Information Economics and Policy*, Vol. 1, 447-470.

Bergemann, D., and Valimaki, J. (2010). "The Dynamic Pivot Mechanism", *Econometrica*, Vol. 78, No. 2, 771-789.

Courty, P., and Li, H. (2000). "Sequential Screening", *Review of Economic Studies*, Vol. 67, 697-717.

d'Aspremont, C., and Gerard-Varet, L. (1979). "Incentives and Incomplete Information", *Journal of Public Economics*, Vol. 11, 25-45.

Dewatripont, M. (1989). "Renegotiation and Information Revelation over Time: The Case of Optimal Labor Contracts", *Quarterly Journal of Economics*, Vol. 104, 589-619.

Eso, P., and Szentes, B. (2007). "Optimal Information Disclosure in Auctions and the Handicap Auction", *Review of Economic Studies*, Vol. 74, No. 3, 705-731.

Freixas, X., Guesnerie, R. and Tirole, J. (1985). "Planning under Incomplete Information and the Ratchet Effect", *Review of Economic Studies*, Vol. 52, 173-91.

Hart, O., and Tirole. J. (1988). "Contract Renegotiation and Coasian Dynamics", *Review of*

Economic Studies, Vol. 55, 509-40.

Myerson, R. B., and Satterthwaite, M. A. (1983). "Efficient Mechanisms for Bilateral Trading", *Journal of Economic Theory*, Vol. 29, 265-281.

Pavan, A., Segal, I., and Toikka, J. (2014). "Dynamic Mechanism Design: A Myersonian Approach", *Econometrica*, Vol. 82, No. 2, 601-653.

Rogerson, W. P. (1985). "Repeated Moral Hazard", *Econometrica*, Vol. 53, No. 1, 69-76.

Spear, S. E., and Srivastava, S. (1987). "On Repeated Moral Hazard with Discounting", *The Review of Economic Studies*, Vol. 54, No. 4, 599-617.

第六部分

市 场 设 计

我们在上一部分介绍了委托—代理理论和一般机制设计理论，本书最后的这一部分介绍现代微观经济学的两个热门前沿分领域：拍卖理论和匹配理论，是一般机制设计理论的拓展和延伸。拍卖机制设计和匹配机制设计是市场机制设计的核心问题，通常统称为市场设计，被认为是微观经济的工程设计学 (microeconomic engineering)，在现实中都有着广泛应用。近年来的研究前沿推动了拍卖机制设计从单物品向多物品发展，而匹配机制设计走向高校择校、器官匹配等多方面的应用。

传统的经济学是在给定市场下，讨论市场参与人之间的互动以及互动的均衡和福利结果。由于通常的市场在许多时候 (如不可分商品的配置和公共品的提供) 会失灵，往往需要对市场进行修正，机制设计的问题就应运而生了。同样地，市场设计并不把市场看成是固定的，而是将经济学、博弈论以及经济学的实证结果或者实验结果，应用到市场规则的设计之中。尽管如此，由于拍卖理论和匹配理论发展迅速，且形成了一套自身的分析框架，它们越来越成为现代微观理论的独立分领域。

第 21 章介绍拍卖理论的一些基本结果，包括最基本的拍卖机制。拍卖机制设计为市场设计的一个重要部分，拍卖理论主要是利用价格机制来设计市场中资源的配置。同时，拍卖理论还是一般机制设计理论的拓展和延伸，我们将看到，通过应用上一部分关于一般机制设计理论的一些结果，可容易地得到拍卖理论中的许多基本结果。

第 22 章是本书的最后一章，讨论市场设计中另一类非常重要的机制设计：不可分物品匹配的设计，且在大多数情形下（如人体器官的移植、择校匹配、办公室的匹配等），对这种不可分物品的匹配不允许转移支付，从而是一种非价格机制。我们首先讨论双边市场的匹配机制设计问题，接着讨论单边市场的匹配机制设计问题，最后讨论匹配理论的应用：分析入学问题和器官移植问题中的匹配机制。

第21章　拍卖理论

21.1　导　　言

拍卖理论是当前现代经济学较为热门的前沿研究和应用领域，已形成了系统的理论结果，可用来分析和理解拍卖与招标机制的优越性，也为实际操作提供了许多有用的建议。拍卖理论实际上可视为一般机制设计理论的一个分支或应用，我们将看到，通过应用前面关于一般机制设计理论所得到的结果，可容易地得到拍卖理论中许多基础的结果。

拍卖或招标，作为一种有效的商品交易机制，应用越来越广泛，已经深入到日常经济活动中的方方面面。在现实中，许多巨额的物品或项目都是通过拍卖或招标的方式进行的。经常被拍卖的物品既包括古玩字画、珠宝、旧车、建筑物、农产品等有形资产，也包括一些无形资产，比如土地使用权、油田开采权，甚至一些特别电话号码、车牌号码的使用权。西方许多国家的中央银行经常采用拍卖的方式销售政府债券，内务部也定期拍卖油田开采权。近些年美国联邦通信委员会采用经济学家设计的拍卖机制，分配提供个人通信服务的执照，取得了前所未有的效益，也为美国财政部带来了巨额收入，欧洲各国也相继采用类似的拍卖机制。

在中国，为了防范政府寻租或腐败，政府明确规定政府采购、国家财产和资产的出售或建设项目，都必须采用拍卖或招标的方式进行。中国的地方政府每年要公开拍卖大批量的土地给开发商开发使用，拍卖大量的汽车牌照给消费者。这些拍卖的特点是由多位购买者自由竞价，出价最高的买方赢得物品。拍卖也常用于定向购买物品或服务。比如，数家公司竞投承包一项工程或提供某项服务，在国内习惯将这种交易方式称为招标。在招标中，通常是出价最低的公司赢得合同，但有时也要考虑竞标者的信誉、承诺以及所提供产品或服务的质量等因素。

其实，拍卖的历史至少可追溯到公元前 700 年的古巴比伦时期，一些拍卖事件甚至还影响到了整个历史的进程。公元 193 年，罗马皇帝佩尔提纳克斯 (Pertinax) 因为想整肃军纪而被自己的禁卫军杀害。随后，控制了局面的禁卫军在军营中对帝位进行了拍卖。在这场拍卖中胜出的是狄第乌斯・尤利安努斯 (Didius Julianus)，他以向每位禁卫军士兵支付了相当于近两公斤黄金 (实际支付的是 25,000 赛斯特提罗马货币)，赢得了禁卫军对自己的支持，登上了皇帝的宝座。不过好景不长，两个月后，叛乱的军队冲进罗马城，这位靠竞拍获得帝位的政客最终落得了身首异处的下场。

虽然拍卖的实践已经延续了数千年之久，甚至一些拍卖活动还造成了巨大的历史影响，但是真正用经济学理论来对拍卖进行研究，却是 20 世纪 60 年代的事情。发轫之作是维克瑞 (William Vickrey，1914—1996，其人物小传见 21.8.1 节) 不足 30 页的发表在 1961 年的《金融杂志》上的题为《反投机、拍卖和竞争性密封投标》的经典论文，其中讨论了本章要着重介绍的单物品拍卖中应用最为广泛的四种拍卖形式，得到了对拍卖理论发展具有里程碑意义的结论——收益等价定理，以及在二级密封价格拍卖中，所有的竞拍者都会诚实报价。我们这一章的理论分析主要参考拍卖理论的经典教材 Krishna (2010)。

四种基本的拍卖机制

现实中的拍卖机制有多种形式，最为流行的有四种，其余的是这四种形式的变形。

第一种是增价拍卖（或英式拍卖）。在该规则下，由拍卖主持人公开叫价，价格依次往上升，等价格升高到刚好只剩一个投标人时，该投标人按这一价格支付并获得拍卖品。一种变体是，由投标人喊价，越往后喊价越高，最后只剩一个投标人喊价时，该价格就是成交价格。这种形式在现场拍卖中最经常采用，特别是对文物、字画、二手商品及商业用地 (在中国) 的拍卖。

第二种是减价拍卖（或荷兰式拍卖）。减价拍卖刚好相反，价格从高往低，由拍卖主持人公开从很高价开始叫价，如没有人愿意购买，拍卖人由此价格按事先规定的幅度连续减价，直到有人愿意接受为止。当在某个价格下有投标人接受，那么该投标人按此价格支付，并获得拍卖品。这种拍卖方式，虽为减价拍卖，仍然是价高者得。在欧洲特别是在荷兰对鲜花的拍卖通常采用此形式，因此此形式也被称为荷兰式拍卖。

第三种是一级价格拍卖。在该规则下，每个竞标者在规定的时间内采用密封的形式，独立地向拍卖人提交标书，标明自己愿意出的价格，因此看不到其他竞标者的出价，再由拍卖人在约定的时间，邀请所有竞标者到场当众开标，开标后投标价最高的人获得物品，同时以其投标价支付。出价最高者赢得物品，并支付他自己的报价，因此一级价格拍卖也被称为高价拍卖，亦称招标拍卖或邮递拍卖。这种拍卖方式在中国的工程项目的招投标中经常看到。

第四种是二级价格拍卖 (又称维克瑞拍卖)。在该规则下，也是投标采用密封的形式，开标后投标价最高的人获得物品，但以第二高的投标价支付。此方式在实际中用得较少，但有很好的理论性质。这一机制我们在第 18 章讨论过，是 VCG 机制的一个特殊情况，最先由经济学家维克瑞在 1961 年提出，由此经济学家开始对拍卖进行深入的研究。

在每一种拍卖中，如果几个人的出价相同，并且是最高价，那么拍卖人会在他们中随机挑选一个为赢者。同时，以上只是针对一件物品的拍卖方式的介绍，我们在后面还会讨论多物品的拍卖，拍卖方式也不尽相同，但基本上是以上四种方式的变形。

从上面对这四种基本拍卖机制的介绍可以看出，拍卖主要采用两大类形式，前两种均为公开叫价方式，如古玩字画、二手商品（如二手车）等；后两种则为密封式拍卖，因此人们通常称其为一级密封价格拍卖和二级密封价格拍卖。在很多拍卖或招投标活动中，往往需要对参与者的商业机密进行保密，因而采用的拍卖或招标方式需要尽量避免商业泄密。相对于公开拍卖方式而言，密封价格投标（拍卖）的方式具有这方面的优势，因而采用密封价格投标方式有时是必要的。

此外，对每种拍卖机制，卖方通常会增加两种限制。一种是设定底价，称之为保留价；另一种是收取参加竞标的费用。在一级价格和二级价格拍卖机制下，竞标者的出价必须高于或等于保留价，否则没有成交。至于二级价格拍卖，如果只有一个竞标者出价，而且高于保留价，那么他获得物品并且支付保留价。在增价和减价拍卖中，保留价有着类似的作用。

拍卖理论要讨论的基本问题有两个：(1) 用这些拍卖方式能否有效地配置资源？(2) 对拍卖者来说，哪种拍卖机制能取得最大收益？为回答这两个问题，我们需要描述拍卖机制的基本分析框架，包括介绍竞标者的偏好和界定他们所面临的信息环境，是私人价值环境、关联（interdependent）价值环境，还是共同价值环境（关联价值的特殊情况）。然后我们再考察他们的竞价战略，看是否导致了有效结果并比较拍卖者的期望收益。

为此，我们先考察私人价值经济环境，主要对对称、风险中性、无限责任的私人价值经济环境进行讨论；然后再讨论关联价值经济环境下的拍卖问题。由于拍卖机制是信息不完全下一般机制设计的一个特殊情况，所采用的解概念主要是贝叶斯-纳什均衡解，并且我们要进行类似的性质讨论，为了使读者更容易理解，我们尽可能采用相同的术语和记号进行讨论。在中国，对拍卖理论基本结果的一个好的综述见谭国富（2002）。

21.2　单物品私人价值拍卖

21.2.1　基本分析框架

我们这里主要考虑拍卖理论的私人价值基准模型，它通常包括以下六个假设：

第一，**私人价值**：参与人对物品的价值是私人信息，只依赖于自己的类型，与别人的类型无关。

第二，**独立性**：参与人的类型是独立的。

第三，**对称性**：参与人类型有同样的概率分布。

第四，**风险中性**：参与人的期望效用函数具有风险中性。

第五，**无限责任**：参与人没有预算约束，有能力支付所报的标价。

第六，**非合谋性**：所有买方独立决定自己的竞价战略，不存在任何具有约束力的合作性协议。

对以上这些经济环境的描述称为对称的独立私有价值 (symmetric independent private value) 模型。我们主要考察在这个模型下求解对称贝叶斯-纳什均衡并讨论它们的性质，尽管在一般的效用函数下也许有非对称解。

考虑一个归拍卖者所有的不可分物品及 n 个风险中性投标人形成的拍卖。每个投标人 i 都对物品有一个私人信息的价值，刻画为投标人的类型，记为 θ_i。这样，拍卖模型可视为不可分物品模型 $Y=\{y\in\{0,1\}^n:\sum_i y_i=1\}$ 的一个特例, 买方 i 的收益可写为

$$\theta_i y_i + t_i,$$

其中 t_i 为对应的转移支付。买方的价值是 $[\underline{\theta}_i,\bar{\theta}_i]$ 上相互独立的密度为 $\varphi_i(\cdot)>0$ 的随机变量，其中 $\underline{\theta}_i<\bar{\theta}_i$，其累积分布函数记为 $\Phi_i(\cdot)$。

下面我们先考察在对称情景下这些常见机制的执行，讨论贝叶斯-纳什均衡的形式及其性质，如有效性。然后，我们再比较这些拍卖机制下卖方的期望收益。

21.2.2　拍卖机制均衡解

在私人价值的拍卖中，有一些拍卖规则是结果等价的。比如一级（密封）价格拍卖与荷兰式拍卖，都以开出或者接受的最高价格作为拍卖价格，因此两个拍卖的结果是等价的。对于二级（密封）价格拍卖和英式拍卖，由于拍卖品是私人物品，别的投标人的退出行动不会

影响投标人对物品的价值期望，同时都是以开出或者接受第二高的价格作为拍卖价格，因此两个拍卖也是结果等价的。因此，不失一般性，对私人价值环境类，我们只需讨论一级（密封）价格拍卖和二级（密封）价格拍卖。

下面我们着重讨论对称的情形，假设所有投标人的私人价值是对称的，即对任意的 i，都有 $\theta_i \sim \varphi(\cdot)[0,w]$，对应的分布函数为 $\Phi(\cdot)$，同时考虑对称均衡。在对称均衡中，我们侧重于考察投标人 1 的战略选择。

1. 一级（密封）价格拍卖

在一级价格拍卖中，给定投标人 i 的价值为 θ_i，若他的投标价为 b_i，其他参与人的投标价为 $b_j, j \neq i$，此时投标人 i 的效用为 $U_i = \theta_i y_i(b_i, \mathbf{b}_{-i}) + t_i(b_i, \mathbf{b}_{-i})$，其中

$$y_i(b_i, \mathbf{b}_{-i}) = \begin{cases} 1, & \text{若} b_i > \max_{j\neq i} b_j, \\ 0, & \text{若} b_i < \max_{j\neq i} b_j, \end{cases} \tag{21.2.1}$$

若 $b_i = \max_{j\neq i} b_j$，物品按同等概率随机地决定给谁，

$$t_i(b_i, \mathbf{b}_{-i}) = \begin{cases} -b_i, & \text{若} b_i > \max_{j\neq i} b_j, \\ 0, & \text{若} b_i < \max_{j\neq i} b_j. \end{cases} \tag{21.2.2}$$

考虑对称均衡，记为 $\beta^I(\cdot)$。不失一般性，假定 $i=1$。令 $\vartheta_1, \cdots, \vartheta_{n-1}$ 是对 $\theta_2, \cdots, \theta_n$ 从大到小的排序，或者称为 $\theta_2, \cdots, \theta_n$ 的第 1，$\cdots$，第 $n-1$ 序统计量。我们先假设 $\beta^I(\cdot)$ 是一个增函数，后面会加以验证。

若其他投标人都选择战略 $\beta^I(\cdot)$，那么只有当 $b_1 > \beta(\vartheta_1)$ 时，投标人 1 才能得到物品，否则就得不到物品。由于 ϑ_1 是一个连续的随机变量，$b_1 = \beta(\vartheta_1)$ 的概率为零，因此不必考虑。$\theta_j, j \neq 1$ 都服从 φ 的密度分布 (对应的密度函数为 $\Phi(\cdot)$)，容易求得 ϑ_1 的分布函数为 $\Psi(\cdot) = \Phi^{n-1}(\cdot)$（对应的密度函数为 ψ）。

假定其他投标人选择战略 $\beta(\cdot) = \beta^I(\cdot)$，价值为 θ 同时投标价为 b 的投标人 1 的事中期望效用为：

$$E_{\theta_{-1}} U_1 = \Psi(\beta^{-1}(b))(\theta - b),$$

其中 $\beta^{-1}(\cdot)$ 是 $\beta(\cdot)$ 的反函数。

对 b 的一阶条件为：

$$\frac{\psi(\beta^{-1}(b))(\theta - b)}{\beta'(\beta^{-1}(b))} - \Psi(\beta^{-1}(b)) = 0.$$

在均衡时，有 $b = \beta(\theta)$，得到：

$$\beta'(\theta) = \frac{\psi(\theta)}{\Psi(\theta)}(\theta - \beta(\theta)). \tag{21.2.3}$$

由于 $\beta(0) = 0$，一次微分方程 (21.2.3) 的解为：

$$\beta(\theta) = \frac{1}{\Psi(\theta)} \int_0^\theta \vartheta_1 \psi(\vartheta_1) d\vartheta_1 = E[\vartheta_1 | \vartheta_1 < \theta].$$

显然 $\beta(\theta) < \theta$。从微分方程 (21.2.3) 我们得到：$\beta'(\cdot) > 0$，即 $\beta(\cdot)$ 是一个递增函数。

命题 21.2.1 在对称独立私人价值下，一级（密封）价格拍卖的对称贝叶斯–纳什战略均衡为 $\beta^I(\theta) = E[\vartheta_1|\vartheta_1 < \theta]$。

通过上面的论证过程我们只是得到了战略是贝叶斯–纳什均衡的（一阶）必要条件，下面我们证明命题的充分性。

证明 若其他投标人都选择 $\beta = \beta^I$，投标人 i 在 θ 下选择投标价格为 $\beta(\tilde{\theta})$，此时他的事中期望效用为：

$$\begin{aligned}
\bar{U}_i(\theta, \tilde{\theta}) &\equiv E_{\Theta-i}[\theta y_i(\beta(\tilde{\theta}), \beta_{-i}(\Theta_{-i})) + t_i(\beta(\tilde{\theta}), \beta_{-i}(\Theta_{-i}))] \\
&= \Psi(\tilde{\theta})[\theta - \beta(\tilde{\theta})] \\
&= \Psi(\tilde{\theta})\theta - \Psi(\tilde{\theta})E[\vartheta_1|\vartheta_1 < \tilde{\theta}] \\
&= \Psi(\tilde{\theta})\theta - \int_0^{\tilde{\theta}} \vartheta_1 \psi(\vartheta_1) d\vartheta_1 \\
&= \Psi(\tilde{\theta})\theta - \Psi(\tilde{\theta})\tilde{\theta} + \int_0^{\tilde{\theta}} \Psi(\vartheta_1) d\vartheta_1 \text{（由分部积分）} \\
&= \Psi(\tilde{\theta})(\theta - \tilde{\theta}) + \int_0^{\tilde{\theta}} \Psi(\vartheta_1) d\vartheta_1.
\end{aligned}$$

因此得到，无论 $\theta \geqq \tilde{\theta}$ 或 $\theta \leqq \tilde{\theta}$，都有：

$$\bar{U}(\theta, \theta) - \bar{U}(\theta, \tilde{\theta}) = \Psi(\tilde{\theta})(\tilde{\theta} - \theta) + \int_\theta^{\tilde{\theta}} \Psi(\vartheta_1) d\vartheta_1 \geqq 0.$$ □

利用分部积分，贝叶斯–纳什均衡竞价解可重新写为：

$$\beta^I(\theta) = \theta - \frac{1}{\Psi(\theta)} \int_0^\theta \Psi(\vartheta_1) d\vartheta_1 < \theta. \tag{21.2.4}$$

很容易验证，$\beta^I(\theta)$ 是一个单调增函数。均衡竞价与私人价值有正相关关系，即私人价值高者，其均衡竞价也高，但出价总是小于私人价值，即所有投标人都没有激励显示其真实类型。

然而，由于

$$\frac{\Psi(\vartheta)}{\Psi(\theta)} = \left[\frac{\Phi(\vartheta)}{\Phi(\theta)}\right]^{N-1},$$

则当竞标者的个数 N 增加时，贝叶斯–纳什均衡解 $\beta^I(x)$ 趋向于 x。

例 21.2.1 假定价值在 $[0, \infty)$ 上服从指数分布，有两个竞标人。若 $\Phi(\theta) = 1 - \exp(-\lambda\theta)$，$\lambda > 0$，则

$$\begin{aligned}
\beta^I(\theta) &= \theta - \int_0^\theta \frac{\Phi(\vartheta)}{\Phi(\theta)} d\vartheta \\
&= \frac{1}{\lambda} - \frac{\theta \exp(-\lambda\theta)}{1 - \exp(-\lambda\theta)}.
\end{aligned}$$

2. 二级（密封）价格拍卖

现在讨论二级（密封）价格拍卖均衡。令其他参与人的最高报价为 $\bar{b}_{(i)} \equiv \max_{j \neq i} b_j$，其中 b_j 是参与人 j 的报价。对于一个私人价值为 θ_i 的投标人 i 来说，投标价为 b_i 的效用为 $U_i = \theta_i y_i(b_i, \bar{b}_{(i)}) + t_i(b_i, \bar{b}_{(i)})$，其中

$$y_i(b_i, \bar{b}_{(i)}) = \begin{cases} 1, & 若 b_i > \bar{b}_{(i)}, \\ 0, & 若 b_i < \bar{b}_{(i)}, \end{cases} \tag{21.2.5}$$

$$t_i(b_i, \bar{b}_{(i)}) = \begin{cases} -\bar{b}_{(i)}, & 若 b_i > \bar{b}_{(i)}, \\ 0, & 若 b_i < \bar{b}_{(i)}. \end{cases} \tag{21.2.6}$$

下面的命题给出了二级密封价格拍卖的贝叶斯–纳什均衡战略 β^{II} 的特征。

命题 21.2.2 对二级（密封）价格拍卖机制，所有投标人的贝叶斯–纳什均衡战略 $\beta^{II}(\theta) = \theta$ 是弱占优战略。

可以直接应用维克瑞–克拉克–格罗夫斯机制来得到这个结果。我们现在直接证明这一结果。

证明 当 $\theta_i > \bar{b}_{(i)}$ 时，投标价 $b_i \geqq \bar{b}_{(i)}$ 与投标真实价值 θ_i 所带来的收益 $\theta - \bar{b}_{(i)} > 0$ 相同，但投标价 $b_i < \bar{b}_{(i)}$ 时却失去赢的机会，从而小于投标真实价值 θ_i 所带来的收益。因此，在 $\theta_i > \bar{b}_{(i)}$ 时，$\beta^{II}(\theta) = \theta$ 是一个弱占优战略。

当 $\theta_i < \bar{b}_{(i)}$ 时，投标价 $b_i < \bar{b}_{(i)}$ 与投标真实价值 θ_i 所带来的收益 0 相同，然而投标价 $b_i \geqq \bar{b}_{(i)}$ 时的收益为 $\theta - \bar{b}_{(i)} < 0$ 却小于投标价 θ_i 所带来的收益。因此，当 $\theta_i < \bar{b}_{(i)}$ 时，$\beta^{II}(\theta) = \theta$ 也是一个弱占优战略。

当 $\theta_i = \bar{b}_{(i)}$ 时，选择任何投标价 b_i 都与选择 θ_i 时所得到的收益相同。

因此，对任意的 $\bar{b}_{(i)}$，真实显示 θ_i 都是一个弱占优战略。 □

这样，在二级密封价格拍卖中，所有的竞拍者都会诚实报价，即拍卖品的价值多高，就会报多高的价；而在一级密封价格拍卖中，竞拍者的报价则低于自己对于物品的真实价值水平。这一结论的直觉很简单，在采用一级密封价格拍卖时，若竞拍人按照自己对物品的真实价值报价，那么即使赢得拍卖，也无利可图。为了获得可能的利益，竞拍人就有激励报出低于自身真实价值的价格，而这一问题在二级密封价格拍卖中则可以很好地被克服。

3. 两类拍卖机制的收益比较

如前所述，维克瑞 1961 年的经典之作对单物品拍卖中应用最为广泛的四种拍卖形式进行了比较，得到了对拍卖理论里程碑意义的结论——收益等价定理。我们现在比较在对称情形下，一级 (密封) 价格拍卖与二级 (密封) 价格拍卖对拍卖人的期望收益。

首先对于一级 (密封) 价格拍卖而言，对私人价值为 θ 的投标人 1 付给拍卖人的（事中）期望支出为：

$$-E_{\theta_{-1}} t^I(\theta) = \Psi(\theta)\beta^I(\theta) = \Psi(\theta)E[\vartheta_1|\vartheta_1 < \theta],$$

其中 $\Psi(\theta)$ 是投标人 1 赢得拍卖品的概率，$t^I(\theta) = E[\vartheta_1|\vartheta_1 < \theta]$ 是赢得拍卖品的支付。

因此拍卖人从投标人 i 处获得的事前期望收益为：

$$\begin{aligned}
-E_\theta t^I(\theta) &= -\int_0^w t^I(\theta)\varphi(\theta)d\theta \\
&= \int_0^w \left(\int_0^\theta \vartheta_1\psi(\vartheta_1)d\vartheta_1\right)\varphi(\theta)d\theta \\
&= \int_0^w \left(\int_{\vartheta_1}^w \varphi(\theta)d\theta\right)\vartheta_1\psi(\vartheta_1)d\vartheta_1 \\
&= \int_0^w (1-\Phi(\vartheta_1))\vartheta_1\psi(\vartheta_1)d\vartheta_1.
\end{aligned}$$

这样，拍卖人从 n 个投标人处获得的期望收益为：

$$\begin{aligned}
E_\theta R^I &= -nE_\theta t^I(\theta) \\
&= \int_0^w n(1-\Phi(\vartheta_1))\vartheta_1\psi(\vartheta_1)d\vartheta_1.
\end{aligned}$$

对于二级 (密封) 价格拍卖而言，拍卖人的收入是 n 个投标人中第二高的私人价值，记为 $\vartheta_2^{(n)}$，它的分布函数为

$$\Phi^n(\vartheta_2^{(n)}) + n\Phi^{n-1}(\vartheta_2^{(n)})(1-\Phi(\vartheta_2^{(n)})),$$

其密度函数为：

$$n(n-1)(1-\Phi(\vartheta_2^{(n)}))\Phi^{n-2}(\vartheta_2^{(n)})\varphi(\vartheta_2^{(n)}) = n(1-\Phi(\vartheta_2^{(n)}))\psi(\vartheta_2^{(n)}).$$

因此，二级 (密封) 价格拍卖中拍卖人的期望收益为：

$$\begin{aligned}
E_\theta R^{II} &= \int_0^w n\vartheta_2^{(n)}(1-\Phi(\vartheta_2^{(n)}))\psi(\vartheta_2^{(n)})d\vartheta_2^{(n)} \\
&= E_\theta R^I.
\end{aligned}$$

因此，在对称环境下，私人价值的一级 (密封) 价格拍卖和二级 (密封) 价格拍卖对拍卖人的期望收益是相同的。实际上，我们可以得到一个更一般的结论：所有满足配置规则相同同时在最低私人价值下投标人的期望效用相同的拍卖机制对于委托人的期望收益而言都是等价的。

下面我们进一步来比较一级 (密封) 价格拍卖与二级 (密封) 价格拍卖对拍卖人的事中期望收益。

考虑投标人 1 的支付，当 $\theta_1 < \vartheta_1$ 时，此时不管是哪种拍卖机制，投标人 1 的支付都为零。当 $\theta_1 > \vartheta_1$ 时，一级 (密封) 价格拍卖下投标人 1 的支付为：

$$m^I(\theta_1) \equiv -t_1(\theta_1) = \beta^I(\theta) = E[\vartheta_1|\vartheta_1 < \theta].$$

而对于二级 (密封) 价格拍卖，投标人 1 的期望支付 (注意：这里考察的不是投标人 1 的支付，因为投标人 1 的支付依赖于其他投标人类型中第一序统计量的投标价，是一个随机变量) 为：

$$m^{II}(\theta_1) \equiv -E_\theta(t_1(\theta_1)|\vartheta_1 < \theta_1) = E_\theta[\vartheta_1|\vartheta_1 < \theta_1],$$

这意味着 β^{II} 是 β^{I} 的均值保持扩散。这样，我们有 $m^I(\theta_1) = m^{II}(\theta_1)$。

由于事中支付相同，事前支付一定也相同，这是因为：当 $m^I(\theta_1) = m^{II}(\theta_1)$，在一级价格拍卖下，拍卖人从投标人 1 中获得的事前支付为：

$$E_\theta(m^I) = E_{\theta_1}[\Psi(\theta_1)m^I((\theta_1)].$$

在二级价格拍卖下，拍卖人从投标人 1 中获得的事前支付为：

$$E_\theta(m^{II}) = E_{\theta_1}[\Psi(\theta_1)m^{II}((\theta_1)].$$

这样，$E_\theta(m^I) = E_\theta(m^{II})$，我们以两种方式验证了事前拍卖人的支付在一级价格拍卖和二级价格拍卖下都是相同的。

为了得到拍卖者期望收益的具体表达式，根据式（21.2.4）给出的一级价格拍卖机制竞价表达式

$$\beta^I(\theta) = \theta - \frac{1}{\Psi(\theta)}\int_0^\theta \Psi(\vartheta_1)d\vartheta_1 < \theta, \tag{21.2.7}$$

对上式第二项进行分部积分，有

$$E\beta^I(\theta) = \int_0^\theta \nu(\theta)d\Phi^n(\theta),$$

其中，

$$\nu(\theta) = \theta - \frac{1-\Phi(\theta)}{\phi(\theta)}.$$

这样，我们得到了拍卖者期望收益的具体表达式：

$$E_\theta(m^I) = E_\theta(m^{II}) = \int_0^\theta I(\theta)d\Phi^n(\theta).$$

在拍卖理论和机制设计理论中，$\nu(\theta)$ 起很重要的作用。一个买方 (竞标者) 认为物品最多值 θ，这是他的私人信息，在与卖方打交道时，他会倾向于低报这一信息，能低报多少取决于卖方对 θ 的了解，也就是有关 θ 的分布函数。从卖方的角度看，$\nu(\theta)$ 是由于信息非对称性而调整后买方所愿意支付的最高价。在下面最优拍卖机制的设计一节将会讨论到，$\nu(\theta)$ 其实是竞标者的虚拟价值函数，相当于卖方 (或拍卖人) 的边际收益。

21.2.3　有效配置和收益等价定理

从前面的讨论可以看出，在单物品的四种拍卖中，若所有竞拍者对于拍卖品的评级都是各自独立给出的，则无论采用什么样的拍卖形式，拍卖人都可以获得同样的期望收益。以上四种拍卖机制都有一些共同的特征，就是要求投标者给出他们愿意支付的标价，这些出价决定了谁将获得物品以及支付多少，并且由于价值最高者获得物品，从而都导致了有效结果。还有一个更显著的特征是，尽管分布函数非常不同，出价也不同，甚至也不是战略等价的，但拍卖者所获得的期望收益都是相同的。那么，在多大的范围内这些结果仍然成立呢？

2007 年的诺贝尔经济学奖得主——罗杰 · B · 迈尔森 (Roger B. Myerson，其人物小传见 19.9.2 节)，利用新发展起来的机制设计理论对拍卖理论重新进行了研究，在此基础上推

广了维克瑞的理论，证明了：在满足竞拍人对于物品的价值相互独立、竞拍人只关心自身的期望收益等假定下，所有可能的标准拍卖机制都会给拍卖者带来相同的期望收益。显然，这一结论超越了之前维克瑞关于比较具体的拍卖形式的收益等价结果，而能够研究所有可能的拍卖。这个结果意义重大，使得拍卖理论大大向前推进了一步。在讨论这一结果之前，我们先讨论一级和二级价格拍卖机制的有效性。

由于在一级和二级价格拍卖机制下，竞标者的贝叶斯–纳什均衡竞价函数都是单调连续的，且都是出价最高者赢得物品，因此其配置结果是有效的，于是立刻有下面的有效配置定理。

定理 21.2.1 (有效配置定理) *在对称独立私人价值 (SIPV) 模型中，一级和二级价格拍卖机制导致了有效的资源配置（价值最高者获得物品）。*

我们将看到，当对称性不满足时，二级价格拍卖仍然是有效的，但一级价格拍卖就不一定有效。

现在讨论迈尔森收益等价定理。我们称一个拍卖机制是**标准的**，若出价最高的人获得物品。一个非标准拍卖形式是买彩票，一个投标者赢得的机会依赖于他所投标的数量和所有投标者所投标的总量之比。它之所以是非标准的，是由于尽管投标最多，也不一定获得物品。除了以上四种常见的标准拍卖机制，标准拍卖机制的另外一个例子是“全部支付”的拍卖机制，即所有人都需按照自己的投标来支付，但只有一个人获得物品。比如，游说人大通过某个政策，或向掌握权力的政府官员行贿都属于此类拍卖机制。那么这些拍卖机制对买者的收益来说是否仍然相同呢？下面更一般的迈尔森收益等价定理给出了肯定回答。

我们现在考察标准机制下拍卖者的收入是否等价的问题。仍然考虑在 n 个风险中性买方之间配置不可分物品的线性模型：$Y = \{y \in \{0,1\}^n : \sum_i y_i = 1\}$，买方 i 的收益为 $\theta_i y_i + t_i$，其价值是 $[\underline{\theta}_i, \bar{\theta}_i]$ 上相互独立的密度为 $\varphi_i(\cdot) > 0$ 的随机变量。在拍卖（或线性环境下的更一般的社会选择）规则 $(y(\cdot), t_1, \cdots, t_I)$ 下，拍卖者的期望收益可写为

$$-\sum_i E_\theta t_i(\theta) = \sum_i E_\theta[\theta_i y_i(\theta) - U_i(\theta)] = \sum_i E_\theta[\theta_i y_i(\theta)] - \sum_i E_{\theta_i} E_{\theta_{-i}}[U_i(\theta)].$$

在上式中，第一项为所有参与人的期望总盈余，而第二项为所有参与人的期望效用。根据第 19 章介绍的贝叶斯激励相容特征化定理（命题 19.4.2），第二项由 $E_{\theta_{-i}} U_i(\theta_i) = E_{\theta_{-i}}[U_i(\underline{\theta}_i, \theta_{-i})] + \int_{\underline{\theta}_i}^{\overline{\theta}_i} E_{\theta_{-i}} y(\tau, \theta_{-i}) d\tau$ 给出，从而它由有效（物品配置）决策规则 $y(\cdot)$ 和最低类型的事中期望效用 $E_{\theta_{-i}}[U_i(\underline{\theta}_i, \theta_{-i})]$ 完全确定。由于总盈余不变（所有机制执行了同样的决策规则），我们有下述**收益等价定理 (revenue equivalence theorem)**。

定理 21.2.2 (迈尔森收益等价定理) *假设两个不同的拍卖机制都有贝叶斯–纳什均衡，且在该均衡处：(i) 执行了同一决策（物品配置）规则 $y(\cdot)$；(ii) 当其价值在最低点 $\underline{\theta}_i$ 处时，每个买方 i 具有相同的事中期望效用，则这两个拍卖机制的贝叶斯–纳什均衡对拍卖者所产生的收益是相等的。*

这个定理说明，用事后转移支付 $t_i(\theta)$ 所获得的事中期望转移支付 $\bar{t}_i(\theta_i)$ 的方案可以有很多，这样即使决策规则和最低类型参与人的效用固定，卖方在设计拍卖方案时仍然有很大的自由。

例如，假设买方是对称的（即他们的分布函数相同），卖方希望执行有效决策规则 $y(\cdot)$

且使价值最低买方的期望效用为零。我们可利用二级价格密封拍卖按占优战略来真实执行，也可用一级价格拍卖机制来执行。更一般地，考虑 k 级价格密封拍卖，其中 $1 \leqq k \leqq n$，竞价最高的参与人获得物品，支付第 k 高的竞价。假设买方物品的价值是独立同分布 (i.i.d.) 随机变量则可以证明该拍卖机制的均衡存在、唯一且是对称的，每个参与人的竞价 $b(\theta_i)$ 是其价值的增函数 (参见 Fudenberg-Tirole，*Game Theory*, pp. 223-225)。由于竞价最高者获得物品，该拍卖机制执行了社会最优结果，从而是有效决策规则。同时，价值为 $\underline{\theta}$ 的买方获得物品的概率为零，因而其期望效用为零。因此，根据收益等价定理，对任意的 k，k 级价格密封拍卖对卖方所产生的收益是相同的。全部支付拍卖机制和 k 级价格密封拍卖对卖方所产生的收益也是相同的。

若对给定的竞价方案，当 k 较小时卖方将获得更高的收益，那么上述结果怎么会成立呢？答案是当 k 较小时竞标者的竞价会较低。例如，我们知道在二级价格拍卖中买方的竞价为其真实价值。而在一级价格拍卖中，由于竞价等于其真实价值对自身所带来的期望效用为零，因此买方的竞价将小于其真实价值。收益等价定理说明，对这两种拍卖机制来说，卖方的期望收益是相等的。特别地，我们无须求解拍卖的均衡即可知道这一点。当 $k > 2$ 时，收益等价定理意味着买方的竞价将大于其真实价值（但由于所支付的价格为第 k（$1 \leqq k \leqq n$）高的竞价，它不会大于其真实价值）。

21.2.4　收益等价定理的应用

现实中拍卖方式有很多。除了前面讨论的四种常见的拍卖方式，还有全部支付拍卖 (all-pay auction)、k 级价格拍卖、拍卖人数不确定和其他的拍卖方式。这些拍卖机制在现实中有很多应用，比如全部支付拍卖可以应用于行业竞争中的消耗战，谁坚持到最后谁就获胜，然而这些企业包括中途退出的企业，都在这一过程中付出了成本。另外，全部支付拍卖也可以应用到政治领域中利益集团的游说活动方面等等。尽管 $k \geqq 3$ 级价格拍卖在现实中运用得并不多见，但是这种拍卖形式在理论上却很有意义。我们会发现在三级价格拍卖中，投标人可能会报出超过其自身价值的投标价，其背后存在着一些精细的利益上的平衡。另外，在现实中的很多拍卖，比如网上拍卖，参与投标的人数并不确定，每个投标人又会如何选择自己的战略呢？因此，以上这些拍卖机制有很重要的理论和实践上的意义，然而对于这些拍卖机制，其投标均衡的求解往往会相对复杂，此时应用收益等价定理却给求解过程提供了一些捷径。

1. 全部支付拍卖机制

全部支付拍卖类似最高投标价的参与人获得物品，但是不同的是，每个投标人，不管是否最后获得物品，都按照自己的投标价支付给拍卖人。按照前面机制设计的框架，令 $\theta = (\theta_1, \cdots, \theta_n)$ 是 n 个投标人类型，独立同分布地服从 $\varphi(\cdot)[0, w]$，令 $\mathbf{b} = (b_1, \cdots, b_n)$ 是他们的投标价向量，投标人 i 的效用函数为 $U_i(\theta) = \theta_i y_i(\theta) + t_i(\theta)$，其中：

$$y_i(b_i, \mathbf{b}_{-i}) = \begin{cases} 1, & \text{若} b_i > \max_{j \neq i} b_j, \\ 0, & \text{若} b_i < \max_{j \neq i} b_j, \end{cases} \tag{21.2.8}$$

这里，若 $b_i = \max_{j \neq i} b_j$，按同等概率随机地决定将物品给谁；并且

$$t_i(b_i, \mathbf{b}_{-i}) = -b_i. \tag{21.2.9}$$

与之前相同，$\Psi(\cdot)$ 是 ϑ_1（即其他参与人类型的第一序统计量）的分布函数。我们集中考虑对称均衡 $\beta(\cdot) = \beta^{AP}(\cdot)$ 是单调函数（后面会进一步验证）的情况。由于当 $\theta = 0$ 时，显然投标人会选择投标价 0，同时最高的私人价值的投标人会获得拍卖品。根据收益等价定理，这一拍卖机制与之前的一级价格拍卖及二级价格拍卖，在均衡处，其投标人的（事中）期望效用都是相同的。假设投标人 i 的类型为 θ，在全部支付拍卖机制下均衡时的事中期望效用为：

$$\Pi_i^{AP}(\beta(\tilde{\theta}), \theta) = \Psi(\tilde{\theta})\theta - \beta^{AP}(\theta).$$

在二级拍卖机制下均衡时的事中期望效用为：

$$\Pi_i^{AP}(\beta(\tilde{\theta}), \theta) = \Psi(\tilde{\theta})\theta - \Psi(\tilde{\theta})\frac{\int_0^{\theta} \vartheta_1 \psi(\vartheta_1) d\vartheta_1}{\Psi(\tilde{\theta})}.$$

因此，令上面两式相等，我们得到全部支付拍卖的对称均衡的投标战略：

$$\beta^{AP}(\theta) = \int_0^{\theta} \vartheta_1 \psi(\vartheta_1) d\vartheta_1,$$

它显然是一个严格增函数。

2. 三级价格拍卖机制

考虑三级价格拍卖，首先我们用前面的机制设计框架来刻画三级价格拍卖。令 $\theta = (\theta_1, \cdots, \theta_n)$ 是 n 个投标人类型，独立同分布地服从 $\varphi(\cdot)[0, w]$，令 $\mathbf{b} = (b_1, \cdots, b_n)$ 是他们的投标价向量，投标人 i 的效用函数为 $\theta_i y_i(\theta) + t_i(\theta)$，满足：

$$y_i(b_i, \mathbf{b}_{-i}) = \begin{cases} 1, & 若 b_i > \max_{j \neq i} b_j, \\ 0, & 若 b_i < \max_{j \neq i} b_j, \end{cases} \tag{21.2.10}$$

$$t_i(b_i, \mathbf{b}_{-i}) = \begin{cases} -b_{(3)}, & 若 b_1 > \max_{j \neq 1} b_j, \\ 0, & 若 b_1 < \max_{j \neq 1} b_j. \end{cases} \tag{21.2.11}$$

其中 $b_{(3)} = \max\{\{b_2, \cdots, b_n\} \backslash \{\max_{j \neq 1} b_j\}\}$，即第三高的投标价。

在三级价格拍卖机制下的对称贝叶斯–纳什均衡中，与常见的一级、二级价格拍卖一样，满足：报价最高者获得拍卖品，同时 $\theta = 0$ 类型的投标者的报价为 0，效用为 0。

令 $\beta^{III}(\cdot)$ 是三级价格贝叶斯–纳什均衡战略函数，先假设是递增函数，后面将验证。在对称环境下，考虑投标人 1 的战略选择，显然只有当 $\theta_1 = \theta > \vartheta_1$ 时投标人 1 才能赢得物品，考虑 ϑ_2 是 $\{\theta_2, \cdots, \theta_n\}$ 中第二序统计量，在均衡时，投标人 1 在赢得拍卖品时期望支付为 $E_{\vartheta_2}[\beta^{III}(\vartheta_2)|\vartheta_1 \leqslant \theta]$。根据收益等价定理，得到：

$$\Psi_1(\theta)^{(n-1)} E_{\vartheta_2}[\beta^{III}(\vartheta_2)|\vartheta_1 \leqq \theta] = \int_0^{\theta} \vartheta_1 g(\vartheta_1) d\vartheta_1.$$

令 $\Psi_k^{(m)}$ 是 m 个独立同分布的随机变量第 k 序统计量的分布函数，$\psi_k^{(m)}$ 则是对应的密度函数。$\vartheta_2|\vartheta_1 \leqq \theta$ 的密度函数为：

$$\psi_2^{(n-1)}(\vartheta_2=\tau|\vartheta_1\leqq\theta)=\frac{1}{\Psi_1(\theta)^{(n-1)}}(n-1)[\Phi(\theta)-\Phi(\tau)]\psi_1(\tau)^{(n-2)},$$

其中，$(n-1)[\Phi(\theta)-\Phi(\tau)]$ 是 ϑ_1 的取值范围在 $[\tau,\theta]$ 的概率；$\psi_1(\tau)^{(n-2)}$ 是在 $n-2$ 个独立同分布的随机变量中的第一序统计量的密度函数。

这样，对于 $\theta_1=\theta$ 的投标人而言，其期望支付为：

$$\begin{aligned}&\Psi_1(\theta)^{(n-1)}\int_0^\theta \beta^{III}(\tau)\psi_2^{(n-1)}(\vartheta_2=\tau|\vartheta_1<\theta)d\tau\\ =&\int_0^\theta \beta^{III}(\vartheta_2)(n-1)[\Phi(\theta)-\Phi(\tau)]\psi_1(\tau)^{(n-2)}d\tau.\end{aligned}$$

因此，我们有：

$$\int_0^\theta \beta^{III}(\tau)(n-1)[\Phi(\theta)-\Phi(\tau)]\psi_1(\tau)^{(n-2)}d\tau=\int_0^\theta \vartheta_1\psi(\vartheta_1)d\vartheta_1.$$

对 θ 两边取微分，得到：

$$(n-1)\varphi(\theta)\int_0^\theta \beta^{III}(\vartheta_2)\psi_1(\tau)^{(n-2)}d\tau=\theta\psi(\theta),$$

其中 $\psi(\cdot)$ 是对 ϑ_1 的密度函数，$\psi(\theta)=(n-1)\Phi(\theta)^{n-2}\varphi(\theta)$，得到：

$$\int_0^\theta \beta^{III}(\tau)\psi_1(\tau)^{(n-2)}d\tau=\theta\Phi(\theta)^{n-2}.$$

再次对 θ 两边取微分得到：

$$\beta^{III}(\theta)\psi_1(\theta)^{(n-2)}=\Phi(\theta)^{n-2}+\theta\phi(\theta)^{n-2}.$$

由于 $\Psi_1^{(n-2)}(\tau)=\Psi(\tau)^{n-2}$，我们有

$$\beta^{III}(\theta)=\theta+\frac{\Phi(\theta)}{(n-2)\varphi(\theta)}.$$

比较一级、二级和三级价格拍卖，我们发现：

$$\beta^I(\theta)<\beta^{II}(\theta)=\theta<\beta^{III}(\theta),$$

也就是说，在一级价格拍卖下投标人会低于自身价值报价（否则期望效用小于或者等于零），在二级价格拍卖下投标人会以自身价值报价，而在三级价格拍卖下投标人会超过自身价值报价。之所以在三级价格下会超出其价值报价在于：当其他参与人都以 β^{III} 投标时，若投标人 1 以投标价 $b>\theta_1$ 报价，相对于报价 θ_1 此时在 $\beta^{III}(\vartheta_2)<\theta_1<\beta^{III}(\vartheta_1)<b$ 下会更好，尽管在 $\theta_1<\beta^{III}(\vartheta_2)<\beta^{III}(\vartheta_1)<b$ 下会更差，但是当 $b-\theta=\epsilon$，且 ϵ 很小时，$\beta^{III}(\vartheta_2)<\theta_1<\beta^{III}(\vartheta_1)<b$ 的概率是 ϵ^2 阶的，而 $\theta_1<\beta^{III}(\vartheta_2)<\beta^{III}(\vartheta_1)<b$ 会是 ϵ^3 阶的，此时投标人会有激励超出其价值报价。

3. 不确定投标人数下的拍卖

下面考察不确定投标人数下的拍卖。假设 $N = \{1, 2, \cdots, N\}$ 是潜在的投标者。令 $A \subset N$ 是实际的投标人集合。假设每个潜在的投标人对物品的价值是独立同分布的，其分布函数为 $\Phi(\cdot)$。对于 $i \in A$ 的参与人，假设其面临对手人数是 n 的概率为 p_n，同时这一概率与投标人的身份和对物品的价值是独立的。只要投标人面临对手的类型和人数是一致的，那么对于对称均衡，我们同样可以运用收益等价定理求出贝叶斯–纳什均衡投标函数。假设对称贝叶斯–纳什均衡的投标战略 β 是单调递增函数，投标人 1 面临的对手人数为 n 的概率为 p_n，令 $\vartheta_1^{(n)}$ 是 n 个对手中类型的第一序统计量，其分布函数为 $\Psi^{(n)}(\cdot) = \Phi^n(\cdot)$，当投标人 1 的类型为 θ，投标价为 $\beta(\tilde{\theta})$ 时，其赢得拍卖品的概率为：

$$\Psi(\tilde{\theta}) = \sum_{n=0}^{N-1} p_n \Psi^{(n)}(\tilde{\theta}),$$

其事中期望效用为：

$$\bar{U}_1(\theta, \tilde{\theta}) = \Psi(\tilde{\theta})\theta + \bar{t}_1(\tilde{\theta}),$$

这里的 $\bar{t}_1(\tilde{\theta})$ 是当投标人 1 选择 $b_1 = \beta(\tilde{\theta}_1)$ 时，投标人 1 的事中期望支付。

下面我们来考虑不确定拍卖人数下的一级和二级价格拍卖。首先对于二级价格拍卖，不管对手人数是多少，投标人 1 选择 $\beta(\theta) = \theta$ 都是弱占优战略。此时二级价格拍卖下的事中转移支付为

$$\bar{t}_1^{II}(\tilde{\theta}) = -\sum_{n=0}^{N-1} p_n \Psi^{(n)}(\theta) E[\beta^{II}(\vartheta_1^{(n)}) | \vartheta_1^{(n)} < \theta].$$

对于一级价格拍卖，在均衡时，其事中期望支付为：

$$\bar{t}_1^{I}(\tilde{\theta}) = -\Psi(\theta)\beta^I(\theta).$$

根据（事中）期望收益等价定理，得到：$\bar{t}_1^{II}(\tilde{\theta}) = \bar{t}_1^{I}(\tilde{\theta})$，即

$$\begin{aligned}\beta^I(\theta) &= \sum_{n=0}^{N-1} \frac{p_n \Psi^{(n)}(\theta)}{\Psi(\theta)} E[\beta^{II}(\vartheta_1^{(n)}) | \vartheta_1^{(n)} < \theta] \\ &= \sum_{n=0}^{N-1} \frac{p_n \Psi^{(n)}(\theta)}{\Psi(\theta)} \beta^{I,(n)}(\theta),\end{aligned}$$

其中 $\beta^{I,(n)}(\theta)$ 表示当对手人数为 n 时，自身类型为 θ 时的一级价格拍卖下的均衡投标价格。

这样，对于拍卖人数不确定的一级价格拍卖机制，其对称均衡的投标战略是给定拍卖人数下第一投标价格的一个加权平均，其权重等于对手投标人数的概率分布。

21.2.5 最优拍卖机制的设计

现在讨论卖方的最优拍卖方案，也就是考虑满足贝叶斯激励相容条件和参与约束条件的最优拍卖机制的问题。假设卖方可以保留物品。我们称“保留物品”的卖方为“参与人 0”，其对物品的价值记为 θ_0，其是否保留物品的决策记为 $y_0 \in \{0, 1\}$，则我们必然有 $\sum_{i=0}^{n} y_i = 1$。

于是，卖方的期望收益可写为

$$\theta_0 E_\theta y_0(\theta) + \text{期望收益} = \theta_0 E_\theta y_0(\theta) + \sum_{i=1}^{n} E_\theta[\theta_i y_i(\theta)] - \sum_{i=1}^{n} E_{\theta_i} E_{\theta_{-i}}[U_i(\theta_i, \theta_{-i})].$$

这样，卖方的期望收益等于总盈余和参与人期望信息租金之差。

根据贝叶斯激励相容特征化定理（命题 19.4.2），买方的期望事中效用必然满足

$$E_{\theta_{-i}}[U_i(\theta_i, \theta_{-i})] = E_{\theta_{-i}}[U_i(\underline{\theta}_i, \theta_{-i})] + \int_{\underline{\theta}_i}^{\theta_i} E_{\theta_{-i}} y_i(\tau, \theta_{-i}) d\tau, \forall \theta_i \in \Theta_i.$$

买方的事中个人理性约束为 $E_{\theta_{-i}}[U_i(\underline{\theta}_i, \theta_{-i})] \geqq 0, \forall i$。给定决策规则 $y(\theta)$，理性买方的最优选择是将转移支付设为 $E_{\theta_{-i}}[U_i(\underline{\theta}_i, \theta_{-i})] = 0, \forall i$。对上式分部积分，我们可将买方 i 的期望信息租金写为

$$E_\theta E_{\theta_{-i}}\left[\frac{1}{h_i(\theta_i)} y_i(\theta)\right],$$

其中 $h_i(\theta_i) = \dfrac{\varphi_i(\theta_i)}{1 - \Phi_i(\theta_i)}$ 是参与人 i 的风险率 (hazard rate) 。将其代入卖方的收益表达式中，我们可将其写为期望“虚拟盈余” (virtual surplus)：

$$E_\theta\left[\theta_0 y_0(\theta) + \sum_{i=1}^{n}\left(\theta_i - \frac{1}{h_i(\theta_i)}\right) y_i(\theta)\right].$$

最后，对 $i \geqq 1$, 令 $\nu_i(\theta_i) = \theta_i - 1/h_i(\theta_i)$，我们称之为参与人 i 的“虚拟价值” (virtual valuation)。再令 $\nu_0(\theta_0) = \theta_0$，则卖方的最优化问题可写为

$$\max_{x(\cdot)} E_\theta \quad \left[\sum_{i=0}^{n} \nu_i(\theta_i) y_i(\theta_i)\right] \text{ s.t. } \sum_{i=0}^{n} y_i(\theta) = 1,$$

$$E_{\theta_{-i}} y_i(\theta_i, \theta_{-i}) \text{ 关于 } \theta_i, \forall i \geqq 1 \text{ 非递减. (BM)}$$

暂时忽略上述贝叶斯单调性 (Bayesian monotonicity, BM) 约束。对每个状态 θ，最大化上述期望。将物品给虚拟价值最高的参与人的方案如下：对所有个体 $j \neq i$，当 $\nu_i(\theta_i) > \nu_j(\theta_j)$ 时，$y_i(\theta) = 1$。其对应的决策规则为 $y(\theta) = y(\nu_0(\theta_0), \nu_1(\theta_1), \cdots, \nu_I(\theta_I))$，其中 $y(\cdot)$ 是最佳有效决策规则。从直觉上来说，由于卖方（委托人）无法抽取买方所有的信息租金，因而委托人将采用参与人的虚拟价值而非其真实价值。参与人的虚拟价值小于其真实价值，其原因在于后者包含了参与人的信息租金，委托人不能抽取该租金。利润最大化机制将物品配置给虚拟价值最高的参与人。

那么，在何种条件下我们可以忽略单调性约束呢？注意到当虚拟价值函数 $\nu_i(\theta_i) = \theta_i - 1/h_i(\theta_i)$ 为递增函数时①，在松弛问题的解中，参与人价值的上升将使其更可能获得物品。因此，对所有的 θ_{-i}，$y_i(\theta_i, \theta_{-i})$ 关于 θ_i 非递减，从而根据占优激励相容特征化定理（命题 19.4.1），最优配置规则不仅按贝叶斯–纳什均衡可真实执行，而且可按占优战略均衡真实执

① 这样的一个充分条件是违约率 $h_i(\theta_i)$ 是非递减函数。论证过程同单个参与人情形相同 (注意到对线性效用函数 $\nu(y, \theta) = \theta y$，我们有 $\nu_{y\theta\theta} = 0$)。

行。我们还可通过对 DICFOC(激励相容一阶条件) 积分得到 DIC(激励相容) 转移支付，所得到的转移支付形式为：

$$t_i(\theta) = -p_i(\theta_{-i})y_i(\theta),$$

其中，

$$p_i(\theta_{-i}) = \inf\{\hat{\theta}_i \in [\underline{\theta}_i, \bar{\theta}_i] : y_i(\hat{\theta}_i, \theta_{-i}) = 1\}.$$

因此，对每个买者（代理人）i，存在定价规则 $p_i(\theta_{-i})$，是其他人真实价值的函数。若该参与人的出价大于价格 $p_i(\theta_{-i})$，则该参与人获得物品，其按价格 $p_i(\theta_{-i})$ 支付。这意味着讲真话（真实显示）是占优战略。其论证逻辑与维克瑞拍卖机制相同：撒谎并不影响所支付的价格，而是只影响是否获得物品。参与人希望当自己对物品的价值 θ_1 高于物品价格 $p_i(\theta_{-i})$ 时，刚好获得物品。

假定对所有的 i，$\psi_i = \psi$ 和 $\nu_i = \nu$，也就是个体类型的分布相同，则他们的虚拟价值函数相同，为 $\nu(\cdot)$。假设该函数是递增的，则当委托人出售物品时，由于价值最高的个体 θ_i 的虚拟价值 $\nu(\theta_i)$ 最高，因而该物品必然出售给他。当 $\nu(\max_{i\geq 1}\theta_i) > \theta_0$ 时委托人出售该物品。于是，我们有

$$p_i(\theta_{-i}) = \max\{\nu^{-1}(\theta_0), \max_{j\neq i}\theta_j\}.$$

这样，最优机制按占优战略可真实执行是一个具有保留价格的竞价 $r^* = \nu^{-1}(\theta_0)$ 的第二拍卖机制。最优保留价格有两个特性，第一个特性为若它大于委托人对物品的价值，这相当于垄断定价，其价格高于边际成本。在这个意义上，如果卖方能决定最优保留价格，那么标准拍卖机制并没有达到整体的帕累托效率，物品不可能以社会最优方式出售，因为当最高买方的私人价值在 $\nu^{-1}(\theta_0)$ 和 r^* 之间时，卖方不会把物品转卖给这位买方。其直觉是，委托人将通过减少个体的消费来减少其信息租金。这与单个个体的情形类似。

为什么最优配置物品是基于最优保留价格（虚拟价值）呢？这一结果并不难理解。我们给出以下解释。假设卖方采用要就要，不要就走人的方式以价格 p 将物品卖给买方。若卖方定一个保留价格 r，那么只有在买方的私人价值 θ 高于或等于 p 时，他才购买该物品，则买方接受这个价格水平这一事件发生的概率为 $1 - F(p)$，这也是买方的物品价值超出 p 的概率。若我们将购买的概率视作买方 i 的需求量，从而需求函数为 $q(p) \equiv 1 - F(p)$，这里的 $F(\cdot)$ 是 θ 的分布函数，其逆需求函数是 $p(q) \equiv F^{-1}(1-q)$。这样，卖方的收益函数为

$$p(q) \times q = qF^{-1}(1-q),$$

其关于 q 的导数为

$$\frac{d}{dq}(p(q) \times q) = F^{-1}(1-q) - \frac{q}{F'(F^{-1}(1-q))}.$$

由于 $F^{-1}(1-q) = p$，我们有

$$MR(p) \equiv p - \frac{1-F(p)}{f(p)} = \nu(p),$$

即边际收益等于买方在 $p(q) = p$ 处的虚拟价值。因此，买方的虚拟价值 $\nu(p)$ 可解释为边际收益。由于 ψ 是严格增的，卖方可以按照边际收益等于边际成本 $MR(p) = MC$ 定出垄断价格 r^*。由于后者假定为 θ_0，所以 $MR(r^*) = \nu(r^*) = \theta_0$，或 $r^* = \nu^{-1}(\theta_0)$。

当卖方面临不同类型的购买者时，卖方的最优机制是采用歧视保留价格 $r_i^* = \nu_i^{-1}(\theta_0)$。若没有买方的物品价值超出保留价格 r^*，卖方就保留这个物品。否则，以边际收益卖给购买者，赢得物品的买方被要求支付 $p_i = p_i(\theta_{-i})$，这是买方赢得物品的最低价值。

最优保留价格的第二个特性是，最优保留价格独立于竞标者的人数，但取决于竞标者私人价值的分布。当竞标者的私人价值不是独立时，或当竞标者不是风险中性时，这一结果就不成立。

另外，若虚拟价值函数不是递增的，BM 仍可能是紧的，因而我们需要某种 “熨平”(ironing，见第 16 章的讨论) 方案来确定使 BM 紧的区域。在这种情形下，由于委托人会低估参与人的真实价值，物品不太可能以社会最优方式出售。

21.2.6　影响有效性和收益等价的因素

根据迈尔森的研究，既然对于拍卖人来说，所有可能的拍卖形式都能为他带来同样的期望收益，那么他是否只要任意选择一种具体形式来进行拍卖就可以了呢? 很遗憾，迈尔森的结论虽然在理论上十分优美，但是其赖以成立的条件却很强，以至在现实中，满足迈尔森设定条件的情况几乎不可能存在。而在这些条件有一个不满足的前提下，迈尔森的收益等价定理就不再成立了。从这个意义上讲，迈尔森的结论不是为拍卖理论画上了句号，而是为它发展出更为接近现实的拍卖机制提供了基准理论和新的出发点。的确如此，此后关于拍卖理论的研究，大都是在迈尔森工作的基础上展开的。这一节不详细讨论和给出所有的证明，只是给出基本结论。

1. 竞标人数

拍卖品的价格由竞争来决定，这样竞争越激烈，竞价者的出价就越高，从而拍卖者的收益应该越大。在对称独立私人价值模型中，这一结论很容易被验证。前面两种拍卖机制为卖方带来如下最大平均净利润：

$$E\beta^I(\theta) = \int_0^\theta I(\theta) d\Phi^n(\theta).$$

采用分部积分得到：

$$E\beta^I(\theta) = \int_0^\theta (1 - \Phi^n(\theta)) I'(\theta) d\theta > 0.$$

因此，拍卖者的最大收益随竞标人数增加而上升。在实际拍卖中，吸引更多的竞标者参加拍卖至关重要。

2. 有限责任

在前面的讨论中，我们都假定竞标者能够支付的上限为他的最高价值 $\bar{\theta}_i$。假设无限责任不成立，竞价者的预算 $\tilde{w}$ 是分布在区间 $[0, \bar{w}]$ 上的随机变量。w 是随机变量 $\tilde{w}$ 的一个实现。

可以证明，二级价格拍卖机制有占优均衡，其均衡竞价函数由 $B^{II}(\theta, w) = \min\{x, w\}$ 给出，而一级价格拍卖机制的贝叶斯–纳什均衡竞价函数由 $B^I(\beta(\theta), w)$ 给出，并且拍卖者在一级价格拍卖机制下的期望收益大于二级价格拍卖机制下的期望收益。

3. 竞标者间的非对称性

对称独立私人价值（SIPV）模型中的一个重要假设是对称性，所有竞标者的分布函数是相同的，在现实拍卖环境中，很难想象这种对称性总是满足的。竞标者之间的非对称性会对拍卖产生什么影响呢？

首先，在二级价格拍卖机制下由于说真话是占优均衡，无论拍卖者的分布函数对称与否，出价最高者获得物品，因此二级价格拍卖机制仍然是有效的。但由于在其他机制下说真话也许不是占优均衡，它们不是有效的。比如一级价格拍卖机制就不是有效的。为了看出此点，假定有两个拍卖者，贝叶斯均衡竞争价格函数是连续单调增函数，分别记为 β_1 和 β_2。不妨假设对某个 θ，有 $\beta_1(\theta) < \beta_2(\theta)$。于是，存在充分小的 $\epsilon > 0$，仍然有 $\beta_1(\theta+\epsilon) < \beta_2(\theta-\epsilon)$。这意味着，尽管竞标者 2 的真实价值低，但他得到物品。

其次，对拍卖者而言，不同拍卖机制所得到的收益也许是不一样的。从前面拍卖最优机制设计的讨论中，$\nu(\theta_i)$ 其实是竞标者 i 的虚拟价值函数，相当于卖方 (或拍卖人) 的边际收益。这样，卖方的最优机制是应该把物品卖给边际收益 $\nu'(\theta_i)$ 最高的竞标者，条件是他的边际收益不低于卖方的真实价值或边际成本。这样，当竞标者不对称时，最优拍卖机制是具有歧视性的，赢得物品的竞标者并不一定是私人价值最高的。这也意味着，卖方的最优机制不是帕累托有效的。更进一步，卖方还会给不同的竞标者制定不同的保留价。这种机制就好像垄断价格歧视，垄断厂商根据消费者的不同需求制定不同的价格。

在非对称情况下，在一级和二级价格拍卖机制中，哪一种对卖方有利呢？首先，非对称性并不影响竞标者在二级价格拍卖中的战略，竞投自己的真实价值仍然是占优战略。可是，在一级价格拍卖中，比较弱的竞标者可能会出价更积极。因此，对卖方而言，一级价格拍卖可能比增价拍卖或二级价格拍卖好。详细讨论参见 Krishna (2010)。

4. 风险非中性

对竞标者来说，拍卖机制产生了一定的风险。当竞标者赢时，他盈利；输时，他的收益为零。若竞标者不喜欢风险，或对风险的厌恶程度不同，他的竞价战略也会不一样。

在一级价格拍卖机制下，一个竞标者提高他的出价，会增加他赢的概率，但也会减少赢后的利润。相对于风险中性的竞标者，一个风险厌恶程度高的竞标者会更倾向于提高他的出价。因此，若所有竞标者都是风险厌恶的，一级价格机制会给卖方带来更高的收益。其严格证明，参见 Krishna (2010)。

在二级价格拍卖机制下，无论竞标者是风险中性的，还是风险厌恶的，他的出价都是自己的真实价值。因此，若 SIPV 模型中的其他假定不变，但是所有竞标者都对风险厌恶，那么，收益等价定理不再成立，一级价格拍卖比二级价格或增价拍卖产生更高的平均收益。

5. 串通出价

在许多拍卖实例中，竞标者常常联合起来出价，以减少竞争，降低向卖方支付的价钱。这种串通出价行为表现在多个方面，取决于拍卖规则和信息环境。比如说，部分竞标者在一起举行小拍卖，选取最佳竞标者参加正式的拍卖；有时竞标者轮流参加多次拍卖；在有些情况下，虽然所有竞标者都参加拍卖，但他们事先约好，都出价很低，让一个竞标者赢，事后 (或事前) 分成。

串通出价的战略分析起来很复杂。其最大困难在于，参与者可能会改变他们的战略。那么，为了避免参与者改变他们的战略，串通出价机制必须满足激励相容条件。为了让更多的人串通起来，但不具有强制性，这一机制必须满足参与条件。更进一步，串通出价机制最好是有效的，即让愿意出价最高的竞标者得到拍卖品。

在 SIPV 模型中，McAfee 和 McMillan（AER，1992）证明了，能找到一种包括所有竞标者的直接显示串通机制，它具有有效性和激励相容性。若卖方采用的是一级价格或二级价格等标准拍卖机制，那么每个人都愿意参加这一串通机制。这类机制的基本程序是，在参加正式拍卖前，所有参与者举行自己的拍卖会，选出参加正式拍卖的唯一竞标者，其规则是，每个人独立标价，标价最高者被选上，他必须付出自己的标价，所获收益在所有其他人中平分，被选上的唯一一个竞标者参加正式拍卖，他的最优出价等于卖方的保留价格，因此赢得拍卖品，付出保留价格。这种串通出价机制相当于每个人都想贿赂其他人退出竞争，愿意付最高贿赂的人赢，其他人分享贿赂的钱。

6. 参与成本

当竞标者有参与成本时，低价值竞标者比高价值竞标者更有激励参加串通机制，高价值者否定串通机制送出了一个他价值更高的信号，这样的信号更为可信。Tan 和 Yilankaya (2007) 证明了，当拍卖者采用二级价格拍卖机制时，这样的信息会减少其他竞标者参加拍卖者的拍卖机制，串通机制更难形成，从而使得 McAfee-McMillan 的结论不再成立。Cao, Hsueh 和 Tian (2015) 证明了，当拍卖者采用一级价格拍卖机制，McAfee-McMillan 的结论不再成立。此外，当竞标者有参与成本时，Tan 和 Yilankaya (2006)，Cao 和 Tian (2010, 2013) 及 Cao，Tan，Tian 和 Yilankaya (2014) 讨论了一级价格拍卖机制和二级价格拍卖机制的均衡存在性问题。一般来说，在存在参与成本的情形下，收益等价定理将受到挑战。

除了以上这些因素影响收益等价性结果，下面要着重讨论的相关价值也会影响收益等价定理。

21.3 单物品关联价值拍卖

如上所述，迈尔森收益等价定理的成立依赖于一系列假设，其中最为关键的一点就是所有竞拍人对于拍卖品的价值都是独立给出的，和他人无关。在现实中，这一假设显然不成立，竞拍人对于拍卖品的价值不仅仅取决于他自身，而且和其他竞拍人的价值有着重大的关系。例如，在艺术品的拍卖中，竞拍人在出价时不仅会考虑到自己对于艺术品的喜爱程度，也会考虑若将这件艺术品转卖可能获得的收益，而后者显然受到所有其他竞拍人对于拍卖品价值的影响。竞拍人在考虑到自己的竞争对手的行为后，对物品所认为的价值被称为“关联价值”。当存在关联价值时，迈尔森的理论就不再适用，而拍卖人就可能通过交易机制的设计来提高自身的期望收益。率先对存在关联价值的拍卖机制进行研究的是米尔格罗姆 (Paul Milgrom) 教授（其人物小传见 21.8.2 节）。在 1982 年和韦伯合写的一篇论文中，米尔格罗姆构建了一个存在关联价值时处理信息、价格和拍卖者收益的分析框架。

他们根据对拍卖实践的观察发现投标者的估价可能是关联的：一个竞拍人对拍卖品的较高价值也容易提高其他参与人的价值。于是，拍卖可以理解为，任何买者的报价不仅会显示出他自己关于物品价值的信息，还会部分地揭露出其他买者的私人信息。这样，竞拍人的收益将取决于其信息私人性的程度。一旦拍卖中有信息被揭露出来，竞拍人就能猜测到彼此可能的出价，为赢得拍卖，他们就必须报出更高的价格。因此，对拍卖人而言，能为他带来最高期望收益的拍卖必定是那些能最有效地削弱竞拍人私人信息的拍卖。在拍卖理论的文献中，米尔格罗姆和韦伯将这一发现称为关联原理，下面进行讨论。

21.3.1 基本分析框架

在前面的私人价值拍卖下我们得到了一个期望收益等价性的结果：对任意两个拍卖机制，若最低私人价值下投标人的期望支付相同，同时物品的配置规则也相同，那么它们产生的期望拍卖收入是相同的。在对称的经济环境下，现实中我们所熟悉的拍卖机制，如一级（密封）价格拍卖、二级（密封）价格拍卖、英式拍卖（价格逐渐递增的拍卖）以及荷兰式拍卖（价格逐渐递减的拍卖），它们满足相同的配置规则（即价高者得到物品）和相同的最低私人价值下的期望收益（通常为零），从而任意一个这样的拍卖机制对于拍卖人而言都是无差异的。

然而在现实中，拍卖者通常要花很大的精力和成本来设计一个收益最大化的拍卖机制，有许多知名拍卖理论经济学家（比如 Larry Ausubel, Ken Binmore, Paul Klemperer，Preston McAfee, John McMillan, Paul Milgrom，Robert Wilson 等），在很多现实拍卖中（比如美国的无线频谱、英国的 3G 牌照等等）大显身手，设计了相关拍卖机制，把拍卖理论直接应用到现实中。所有这些拍卖对象都不是私人价值物品，而是具有关联价值 (interdependent value) 的物品。这类物品非常普遍，一个很典型的例子是油田。尽管在没开采之前油田的存储量是未知数，但石油存储量却会影响油田对所有投标人的价值，私人价值的假设就不适用于这类物品的拍卖，此时拍卖机制设计对拍卖结果的影响会非常大。

下面，我们利用机制设计理论来讨论关联价值下的拍卖机制，以及对不同拍卖机制的收益比较。关联价值的拍卖理论最早由米尔格罗姆和韦伯（Milgrom 和 Weber，1982) 开创，这一文献对拍卖理论的发展具有非常重要的影响，在这一节我们主要参考 Krishna (2010) 对这一文献的讨论。

我们首先界定相关概念。有 n 个投标人，投标人 i 对物品价值的信号记为 θ_i，是私人信息，物品价值 V_i 可以表达为投标人私人信号的函数，即 $V_i = u_i(\theta_1, \cdots, \theta_n)$。若 $V_i = u_i(\theta_i)$，那么物品具有私人价值的特性，此时 $\theta_i = E(V_i|\theta_i)$ 就是上一节描述的投标人 i 的私人价值。若 $V_i = u(\theta_1, \cdots, \theta_n) = V$，那么物品具有共同价值的特性。只要 $j \neq i, \theta_j$ 影响到 V_i，那么物品就具有关联价值的特性，因此私人价值可以看成是关联价值的一种极端情形。在上面，投标人对物品的价值完全由他们了解的信号决定。

假设投标人 i 的投标战略为 b_i，投标人获得物品的概率为 $y_i(b_i, \mathbf{b}_{-i})$，同时支付为 $t_i(b_i, \mathbf{b}_{-i})$，遵循之前的机制设计的框架，投标人 i 参与投标机制的收益可以写为：

$$U(\theta_i, \Theta_{-i}, b_i, \mathbf{b}_{-i}) = u_i(\theta_1, \cdots, \theta_n)y_i(b_i, \mathbf{b}_{-i}) + t_i(b_i, \mathbf{b}_{-i}).$$

对于相关类型的四种常见拍卖机制，投标人 i 获得物品的概率 $y_i(b_i, \mathbf{b}_{-i})$ 以及获胜后的（事中）期望支付 $t_i(b_i, \mathbf{b}_{-i})$ 与私人价值的情形是完全相同的。

对于一级密封价格拍卖和荷兰式拍卖，其 $y_i(b_i, \mathbf{b}_{-i})$ 由前面的式 (21.2.1) 给出，而事后转移支付 $t_i(b_i, \mathbf{b}_{-i})$ 由前面的式 (21.2.2) 给出；对于二级密封价格拍卖和英式拍卖，其 $y_i(b_i, \mathbf{b}_{-i})$ 由前面的式 (21.2.5) 给出，而事后转移支付 $t_i(b_i, \mathbf{b}_{-i})$ 由前面的式 (21.2.6) 给出。

对于共同价值类型的物品，令公共价值为 V，假设给定公共价值下私人信号 θ_i 是独立分布的，同时它是关于价值的无偏估计值，即 $E(\theta_i|V=v)=v$。考虑投标人 1，其信号为 $\theta_1=\theta$，此时他对拍卖物品的价值评估为 $E(V|\theta_1=\theta)$。令 $\vartheta_1, \vartheta_2, \cdots, \vartheta_{n-1}$ 分别是 $\theta_2, \theta_3, \cdots, \theta_n$ 排列中最大，第二大，$\cdots$，最小的信号值，或者称为 $\{\theta_2, \cdots, \theta_n\}$ 的第一序统计量，第二序统计量，$\cdots$，第 $n-1$ 序统计量。假设投标人之间是对称的，同时他们选择相同的投标战略函数。

值得一提的是，米尔格罗姆和韦伯在对相关价值拍卖的研究中，发现了“赢者的诅咒”(winner's curse) 存在的可能性。在拍卖实践中，往往会出现竞拍人赢得拍卖后觉得不值的现象，拍卖理论中将这一现象称为赢者的诅咒。若投标人 1 能赢得拍卖品，那么拍卖品对他的价值为 $E(V|\theta_1=\theta, \vartheta_1<\theta)$。显然 $E(V|\theta_1=\theta, \vartheta_1<\theta)<E(V|\theta_1=\theta)$，因此一旦赢得拍卖物品，投标人获得物品的价值低于他初始的估计，这就是赢者的诅咒。通俗地讲，若成功投标者源自对拍卖品过于乐观的估计，那么他会后悔赢得物品，而这就是赢者的诅咒。例如，在现实中经常看到，知道其他竞争对手会报价到一定高位时，有的竞价者会十分豪气地将报价提高到特定高度。而在发现竞争者不再跟价时，他才发现自己报价太高了，而此时却后悔已晚，这就是他在胜利的同时得到的“诅咒”（如公元 700 年前的狄第乌斯 • 尤利安努斯向每位禁卫军士兵支付了相当于近两公斤的黄金，赢得了禁卫军对自己的支持，登上了皇帝的宝座，后果是不仅报价太高，还失去了生命；再如贪官向上级行贿，获得了位子，但也可能被抓）。其实，这是投标者根据 $E(V|\theta_1=\theta, \vartheta_1<\theta)$ 错误地计算了他的期望收益造成的。

显然，传统中假设所有竞拍人对拍卖品独立价值的理论无法解释赢者的诅咒存在的可能性，而在引入关联价值后，一切就变得容易理解了。在战胜其他竞拍人获得拍卖品的同时，胜利的竞拍者也获得了关于其他竞拍人价值的私人信息，而这又使他降低了对自己刚刚获得的战利品的价值。在现实投标中，如果投标人是理性的，为了避免赢者的诅咒，他也会调低自己对于物品的价值，而调低的程度则受到拍卖规则的影响，因此一个恰当的拍卖机制需要尽可能降低投标人由赢者的诅咒带来的影响。从后面的讨论来看，的确如此。若根据 $E(V|\theta_1=\theta)$ 作正确计算，在均衡处就不会发生这样的情况。

基本假设

下面我们放松私人信号是独立分布的假设。假设 n 个投标人获得的私人信号是 $\uptheta=(\theta_1, \cdots, \theta_n)$，若 $\uptheta$ 的分布密度函数不满足 $\varphi(\uptheta)=\Pi_i^n\varphi_i(\theta_i)$，其中 $\varphi_i(\cdot)$ 是 θ_i 的密度函数，那么私人信号的分布不是独立的。下面引入信号之间“关联”(affiliation) 的概念。

定义 21.3.1 定义在 $\Theta \subset \mathcal{R}^n$ 上的随机向量 $\uptheta=(\theta_1, \cdots, \theta_n)$ 是关联的，若对于任意的 $\uptheta, \uptheta' \in \Theta$，都有：

$$\varphi(\uptheta \vee \uptheta')\varphi(\uptheta \wedge \uptheta') \geqq \varphi(\uptheta)\varphi(\uptheta'),$$

其中 $\uptheta \vee \uptheta'=(\max\{\theta_1, \theta_1'\}, \cdots, \max\{\theta_n, \theta_n'\}), \uptheta \wedge \uptheta'=(\min\{\theta_1, \theta_1'\}, \cdots, \min\{\theta_n, \theta_n'\})$。

令 $\vartheta_1, \cdots, \vartheta_{n-1}$ 是 $\{\theta_2, \cdots, \theta_n\}$ 的第一序统计量，第二序统计量，$\cdots$，第 $n-1$ 序统计量。由第 2 章命题 2.11.1，我们知道 (其证明见 Milgrom 和 Weber(1982))：若 $\{\theta_1, \cdots, \theta_n\}$ 是关联的，它们任意子集中的变量是关联的，且 $\{\theta_1, \vartheta_1, \cdots, \vartheta_{n-1}\}$ 也是关联的。同时，若 θ 的密度函数 $\varphi(\cdot)$ 在 Θ 都为正，且满足两阶连续可微，那么 $\{\theta_1, \cdots, \theta_n\}$ 是关联的，等价于 $\frac{\partial^2 \ln(\varphi)}{\partial \theta_i \partial \theta_j} \geqq 0, \forall i \neq j$。

通俗地讲，变量之间具有关联，意味着若一个随机变量取值越大，那么与它关联的其他随机变量取值大的概率就会越高。比如在油田的拍卖中，若一个投标人事前了解到某个油田储量是大的，那么其他投标人也会有很高的概率得到相似的（私人）信息。

定义 $\Psi(\cdot|\theta)$ 是给定 $\theta_1 = \theta$ 下 ϑ_1 的条件分布函数，$\psi(\cdot|\theta)$ 是对应的条件密度函数。θ_1 和 ϑ_1 之间的关联性意味着，若 $\theta' > \theta$，那么 $\Psi(\cdot|\theta')$ 在逆风险率意义上占优于 $\Psi(\cdot|\theta)$，即：

$$\frac{\psi(\vartheta|\theta')}{\Psi(\vartheta|\theta')} \geqq \frac{\psi(\vartheta|\theta)}{\Psi(\vartheta|\theta)}.$$

容易验证，对于递增函数 $h(\cdot)$，有 $E(h(\vartheta_1)|\theta') \geqq E(h(\vartheta_1)|\theta)$。

应用关联的概念，米尔格罗姆和韦伯对几种标准的拍卖机制进行了分析。在英式拍卖中，较早退出拍卖的竞标人的报价显示了他们关于物品价值的信息，拍卖价格被连接到所有未获胜竞拍人的估价上，因而能产生较高的收益。在二级密封价格拍卖中，拍卖价格仅仅被联系到对拍卖品估价第二高的竞拍人上，因此其产生的收益就较低。而在荷兰式拍卖和一级密封价格拍卖中，由于价格没有任何联系，将为拍卖人带来最小的期望收益。米尔格罗姆的这一发现，对于现实中英式拍卖的流行给出了很好的解释。下面讨论这些拍卖机制在相关价值下的均衡解及期望收益差异结果。

21.3.2 拍卖机制均衡解

现在讨论几种基本拍卖机制的均衡解及其相互关系。在私人价值中，由于其他参与人的私人信息不会影响投标人对拍卖品的价值，因此二级（密封）价格拍卖和英式拍卖在拍卖规则上具有等价性。这是由于投标人的价值只依赖于自身的信号，别人的退出不会影响到投标人的期望价值修订，同时投标人赢得拍卖后的以及支付（第二高的价格）的规则也都是相同的。同样地，一级（密封）价格拍卖和荷兰式拍卖在拍卖规则上具有等价性。然而在关联价值和关联信息的情形下，若投标人数目是三个以上，二级（密封）价格拍卖和英式拍卖就不具有等价性。这是由于在英式拍卖中，在不同的价格下投标人依次退出拍卖，为剩余的投标人，特别是赢得拍卖品的投标人，对物品的价值如何修正带来信息，从而改变他们的投标行为，此时两个拍卖规则的拍卖结果是不同的。

若投标人只有两个，一旦有投标人退出，剩下的就是赢得拍卖品的投标人。这样，在某个价格下一个投标人的退出并不会改变赢者的支付，在这种情形下，英式拍卖和二级（密封）价格拍卖下的结果也是等价的。此外，荷兰式拍卖和一级（密封）价格拍卖规则仍然不会影响拍卖结果，因为对于赢者来说，他对拍卖品的价值和支付在这两种情形下是相同的。因此，下面我们主要比较一级（密封）价格拍卖、二级价格拍卖和英式拍卖，同时我们集中于讨论对称的情形。所谓对称，包含两层含义，一是投标人对拍卖品的价值是对称的，二是投标人的信号分布是对称的，从而可以集中讨论对称的投标（战略）均衡。

假设所有投标人的信号都来自同一分布，$\theta_i \in [0, w]$。投标人对物品的价值是对称的，此时投标人 i 的价值函数可以写为 $V_i = u_i(\Theta) = u(\theta_i, \Theta_{-i})$，满足：$u_i(\theta_i, \Theta_{-i}) = u(\theta_i, \tilde{\Theta}_{-i})$，其中 $\tilde{\Theta}_{-i}$ 是对 Θ_{-i} 的任意一个重新排列，比如 $u(\theta_i, \theta_j, \theta_k) = u(\theta_i, \theta_k, \theta_j), i \neq j \neq k \neq i$。当然，具有对称价值的拍卖品并不一定具有共同价值，下面的例子说明了此点。

例 21.3.1 (对称价值函数)　考虑 3 个投标人的拍卖，他们对拍卖品价值信号是 $\theta_1, \theta_2, \theta_3$，假如对任意投标人 i，其价值函数为 $u(\theta_i, \theta_j, \theta_k) = a\theta_i + b\theta_j + c\theta_k$。投标人的价值是对称的，当且仅当 $b = c$。当 $a \neq b = c$ 时，投标人之间的价值是对称的，但是拍卖品并不是共同价值类型。在这一例子中，当且仅当 $a = b = c$ 时，拍卖品是共同价值的。

下面假设 $u(\theta_i, \Theta_{-i})$ 是连续函数，关于 θ_i 严格递增，关于 $\theta_j, \forall j \neq i$ 非递减，同时满足 $u(0, \cdots, 0) = 0, \forall i$。

在对称情形下，我们只需要考虑投标人 1 的选择。首先定义 $v(\theta, \vartheta) = E(V_1|\theta_1 = \theta, \vartheta_1 = \vartheta)$，它刻画的是当投标人 1 的私人信号是 θ，其他投标人私人信号的第一统计量为 ϑ 时，投标人 1 对商品的期望价值，同时我们假设所有投标人都是风险中性的，且 $v(0, 0) = 0$。$\psi(\vartheta|\theta)$ 是在 $\theta_1 = \theta$ 条件下的 $\vartheta_1 = \vartheta$ 的密度函数。

1. 二级价格拍卖

在二级（密封）价格拍卖中，出价最高的投标人得到物品并以第二高的价格进行支付，若没有得到物品则支付为零。我们先给出对称贝叶斯–纳什均衡结果。

命题 21.3.1　*二级（密封）价格拍卖的对称贝叶斯–纳什均衡为* $\beta^{II}(\theta) = v(\theta, \theta)$。

对于私人物品的拍卖，有 $\beta^{II}(\theta) = v(\theta, \theta) = E(V_1|\theta_1 = \theta, \vartheta_1 = \theta) = E(V_1|\theta_1 = \theta)$，此时投标价格等于在私人信号下投标人对物品的条件期望价值，即投标人会以期望的价值作为投标价。

证明　假设 $j \neq 1$ 的投标人都选择投标战略 $\beta = \beta^{II}$，投标人 1 的信号为 θ，选择的投标价格为 b，此时他的事中期望收益 $U(b, \theta)$ 为：

$$
\begin{aligned}
\bar{U}(b, \theta) &= \int_0^{\beta^{-1}(b)} [v(\theta, \vartheta) - \beta(\vartheta)]\psi(\vartheta|\theta)d\vartheta \\
&= \int_0^{\beta^{-1}(b)} [v(\theta, \vartheta) - v(\vartheta, \vartheta)]\psi(\vartheta|\theta)d\vartheta.
\end{aligned}
$$

显然在前面的假设下，$v(\theta, \vartheta)$ 随着 θ 的增加而增加。因此，若 $\vartheta < \theta$，有 $v(\theta, \vartheta) > v(\vartheta, \vartheta)$；若 $\vartheta > \theta$，有 $v(\theta, \vartheta) < v(\vartheta, \vartheta)$，因此当 $\beta^{-1}(b) = \theta$ 时，$U(b, \theta)$ 达到最大，即 β^{II} 是二级（密封）价格拍卖的对称贝叶斯–纳什均衡。 □

在上面的论证过程中，我们发现与私人价值的二级（密封）价格拍卖不同，投标人选择 β^{II} 并不是一个弱占优 (weakly dominant) 战略，因此 β^{II} 也不是一个弱占优均衡，而只是一个贝叶斯–纳什均衡。

2. 英式价格拍卖

在英式拍卖规则下，随着投标价格上升，投标人相继退出投标（退出后不能再参加投标），最后剩余的投标人就是赢者。赢者支付的价格就是最后一个投标人退出时的价格。下

面的讨论都假设 $n \geqq 3$。考虑投标人 1 的选择：当投标人还剩 $k \geqq 2$ 时，令 $p_n, p_{n-1}, \cdots, p_{k+1}$ 分别指的是第一个投标人，第二个投标人，$\cdots$，第 $n-k$ 个投标人依次退出时的价格 (随机变量)，显然若 $j > i$，那么 $p_i \leqq p_j$。若投标人 1 的私人信号为 θ，他愿意退出的最低价格为 $\beta^k(\theta, p_{k+1}, p_{k+2}, \cdots, p_n)$ 取决于剩余的投标人数和之前投标人退出时的价格。这一最低价格相当于在这一情形下的投标价。由于在不同的剩余投标人数下，会有不同的信息以及对拍卖品期望价值的不同信念修正，因此在英式拍卖中投标人的投标战略是一系列投标函数 $\beta = (\beta^n, \beta^{n-1}, \cdots, \beta^2)$。

考虑下面的投标战略：当还没有投标人退出且投标人的私人信号是 θ 时，其投标战略为

$$\beta^n(\theta) = u(\theta, \theta, \cdots, \theta). \tag{21.3.12}$$

假设投标人 n 观察到的信号为 θ_n 最先退出，退出时的价格为 p_n，意味着 $\beta^n(\theta_n) = u(\theta_n, \theta_n, \cdots, \theta_n) = p_n$，由于 $\beta^n(\theta)$ 是关于 θ 连续的严格递增函数，因此等式的 θ_n 是唯一的。当投标人 n 退出后，市场上还有 $n-1$ 个投标人，考虑下面的投标函数，$\beta^{n-1}(\theta, p_n) = u(\theta, \cdots, \theta, \theta_n)$。同样，$\beta^{n-1}(., p_n)$ 是连续单调增函数，若某个投标人，比如第 $n-1$ 投标人，在市场价格 $p_{n-1} > p_n$ 时第二个退出。若他观察到的私人信号是 θ_{n-1}，此时满足 $u(\theta, \cdots, \theta, \theta_{n-1}, \theta_n) = p_{n-1}$。依次逆向递推，市场上在价格 $p_n, p_{n-1}, \cdots, p_{k+1}$ 依次有 $n-k$ 个投标人退出市场，剩余的 k 个投标人的投标函数为：

$$\beta^k(\theta, p_{k+1}, \cdots, p_n) = u(\theta, \theta, \cdots, \theta, \theta_{k+1}, \cdots, \theta_n), k \geqq 2, \tag{21.3.13}$$

其中 $\theta_j, j \geqq k+1$ 满足：$\beta^j(\theta_j, p_{j+1}, \cdots, p_n) = u(\theta_j, \theta_j, \cdots, \theta_j, \theta_{j+1}, \cdots, \theta_n) = p_j$。由于 $\beta^j(\cdot, p_{j+1}, \cdots, p_n)$ 是连续递增函数，因此满足上面等式的 θ_j 是唯一的。

下面的命题刻画了英式拍卖的对称贝叶斯–纳什均衡。

命题 21.3.2 英式拍卖的对称贝叶斯–纳什均衡 $\beta = (\beta^n, \beta^{n-1}, \cdots, \beta^2)$ 由式 (21.3.12) 和式 (21.3.13) 完全决定。

证明 假设除了投标人 1 外其他投标人都遵从上面的投标战略，考虑投标人 1 的战略选择。令 $\vartheta_1, \cdots, \vartheta_{n-1}$ 是 $\theta_2, \cdots, \theta_n$ 的序统计量。假设任意一列实现的序统计量的值 $\vartheta_1 \geqq \vartheta_2 \geqq \cdots \geqq \vartheta_{n-1}$。令 θ 是投标人 1 观察到的私人信号，若投标人 1 也遵从上面的投标战略 β，那么只要 $\theta > \vartheta_1$，投标人就能赢得拍卖品，同时投标人 1 支付的价格是信号 ϑ_1 的投标人退出时的价格，记为 p_2，利用式 (21.3.13)，得到 $p_2 = u(\vartheta_1, \vartheta_1, \vartheta_2, \cdots, \vartheta_n)$。遵从上面的投标战略 β，在 $\theta > \vartheta_1$ 时，投标人 1 的效用为：

$$u(\theta, \vartheta_1, \vartheta_2, \cdots, \vartheta_n) - p_2 = u(\theta, \vartheta_1, \vartheta_2, \cdots, \vartheta_n) - u(\vartheta_1, \vartheta_1, \vartheta_2, \cdots, \vartheta_n) > 0.$$

显然，在 $\theta > \vartheta_1$ 时其他任何投标战略都不能比 β 给投标人 1 带来更高的效用。

在 $\theta < \vartheta_1$，且遵从 β 时，投标人 1 不能赢得拍卖品。若在其他投标战略下，投标人 1 赢得拍卖品，那么他的支付为 $p_2 = u(\vartheta_1, \vartheta_1, \vartheta_2, \cdots, \vartheta_n)$。但是，若 ϑ_1 的投标人在价格 p_2 退出，投标人对物品的价值修正为：$u(\theta, \vartheta_1, \vartheta_2, \cdots, \vartheta_n)$，因而当 $\theta < \vartheta_1$ 时，投标人 1 的效用为：

$$u(\theta, \vartheta_1, \vartheta_2, \cdots, \vartheta_n) - u(\vartheta_1, \vartheta_1, \vartheta_2, \cdots, \vartheta_n) < 0.$$

因此，在 $\theta < \vartheta_1$ 时，也不可能有别的投标战略相对于 β 给投标人 1 带来更高的效用。由于 θ_1 是连续分布的，$\theta_1 = \vartheta_1$ 的概率等于零，此时对投标人的期望效用不会有实质影响。综上所述，任何投标战略相对于 β 都不能给投标人 1 带来更高的期望效用。 □

由式 (21.3.12) 和式 (21.3.13) 刻画的英式拍卖的对称战略均衡只依赖于价值函数 u，不依赖于信号的分布函数 $\varphi(\cdot)$，从而它是事后贝叶斯–纳什均衡，这一特性使得英式拍卖与二级（密封）价格拍卖不同，后者依赖于信号的分布函数，下面要讨论的一级（密封）价格拍卖也是如此，都不是事后贝叶斯–纳什均衡。

3. 一级价格拍卖

在一级（密封）价格拍卖中，价高者赢得拍卖品，同时以投标价支付。假设 β 是对称贝叶斯–纳什均衡，先假设 β 是增函数（后面会验证）。给定其他投标人都选择这一战略，对于投标人 1 来说，他的私人信号为 θ，若他的投标为 $\beta(z)$，他的事中期望效用为：

$$\bar{U}(z,\theta)=\int_0^z[v(\theta,\vartheta)-\beta(z)]\psi(\vartheta|\theta)d\vartheta,$$

其中，$\psi(\cdot|\theta_1=\theta)$ 是给定投标人的私人信号 θ 时，其他参与人信号的第一序统计量的密度函数，$\Psi(\cdot|\theta)$ 是对应的分布函数。

对 z 的一阶条件满足：

$$[v(\theta,z)-\beta(z)]\psi(z|\theta)-\beta'(z)\Psi(z|\theta)=0.$$

若 β 是对称贝叶斯–纳什均衡，那么满足一阶（必要）条件：

$$\beta'(\theta)=v(\theta,\vartheta)-\beta(\theta)\frac{\psi(\theta|\theta)}{\Psi(\theta|\theta)}.$$

由于 $v(0,0)=0$，因此 $\beta(0)=0$，求解上面的一阶微分方程得到：

$$\beta^I(\theta)=\int_0^\theta v(\vartheta,\vartheta)dL(\vartheta|\theta),\tag{21.3.14}$$

其中，$L(\vartheta|\theta)=\exp(-\int_\vartheta^\theta\frac{\psi(t|t)}{\Psi(t|t)}dt)$。

下面的命题刻画了一级（密封）价格拍卖的对称贝叶斯–纳什均衡。

命题 21.3.3　一级（密封）价格拍卖的对称贝叶斯–纳什均衡 $\beta^I(\theta)$ 由式 (21.3.14) 刻画。

首先，$L(\vartheta|\theta)$ 可以理解为 $[0,\theta]$ 上的一个分布函数。由于关联性，对于任意的 $t>0$，都有：

$$\frac{\psi(t|t)}{\Psi(t|t)}>\frac{\psi(t|0)}{\Psi(t|0)}.$$

因此,

$$\begin{aligned}-\int_0^\theta\frac{\psi(t|t)}{\Psi(t|t)}&\leqq-\int_0^\theta\frac{\psi(t|0)}{\Psi(t|0)}\\&=-\int_0^\theta\frac{d}{dt}(\ln\Psi(t|0))dt\\&=\ln\Psi(0|0)-\ln\Psi(\theta|0)\\&=-\infty,\end{aligned}$$

从而得到 $L(0|\theta)=0$，且 $L(\theta|\theta)=1$。若 $\vartheta'>\vartheta$，显然有 $L(\vartheta'|\theta)\leqq L(\vartheta|\theta)$，从而 $L(\vartheta|\theta)$ 是一个分布函数。

其次，对于所有的 $\vartheta\leqq\theta$，若 $\theta'>\theta$，则有 $L(\vartheta|\theta')\leqq L(\vartheta|\theta)$，换句话说，$L(\vartheta|\theta')$ 一阶随机占优于 $L(\vartheta|\theta)$。这样，若 $\theta'>\theta$，则有

$$\beta^I(\theta')=\int_0^{\theta'} v(\vartheta,\vartheta)dL(\vartheta|\theta')\geqq\int_0^{\theta} v(\vartheta,\vartheta)dL(\vartheta|\theta)=\beta^I(\theta).$$

因此，我们验证了 $\beta^I(\theta)$ 是单调递增函数。

由于最大化不仅需要满足一阶条件，还要满足二阶条件，我们需要证明命题 (21.3.3)。

证明 假设其他投标人都选择 β^I 作为投标战略，投标人 1 的信号为 θ，若选择投标价为 $\beta(z)=\beta^I(z)$。此时他的事中期望效用为：

$$U(z,\theta)=\int_0^z[v(\theta,\vartheta)-\beta(z)]\psi(\vartheta|\theta)d\vartheta.$$

对 z 的一阶条件为：

$$\begin{aligned}\frac{\partial U}{\partial z}&=[v(\theta,z)-\beta(z)]\psi(z|\theta)-\beta'(z)\Psi(z|\theta)\\&=\Psi(z|\theta)[(v(\theta,z)-\beta(z))\frac{\psi(z|\theta)}{\Psi(z|\theta)}-\beta'(z).]\end{aligned}$$

若 $z<\theta$，有 $v(\theta,z)>v(z,z)$，同时由于关联性，有：

$$\frac{\psi(z|\theta)}{\Psi(z|\theta)}>\frac{\psi(z|z)}{\Psi(z|z)},$$

得到：

$$\frac{\partial U}{\partial z}>\Psi(z|\theta)[(v(z,z)-\beta(z))\frac{\psi(z|z)}{\Psi(z|z)}-\beta'(z)]=0.$$

类似地，我们可以得到：若 $z>\theta$，有 $\frac{\partial U}{\partial z}<0$。因此，当 $z=\theta$ 时，$U(z,\theta)$ 最大。 □

下面我们来对比私人价值下的一级 (密封) 价格拍卖。在私人价值下，$v(\vartheta,\vartheta)=\vartheta$。当信号是独立分布时，$\Psi(\cdot|\theta)$ 不依赖于 θ，只依赖于 ϑ ，此时 $L(\vartheta|\theta)=\frac{\Psi(\vartheta)}{\Psi(\theta)}$。因此对称的私人价值一级 (密封) 价格拍卖的贝叶斯–纳什均衡为：

$$\beta^{I,p}(\theta)=\int_0^{\theta}\vartheta\frac{\psi(\vartheta)}{\Psi(\theta)}d\vartheta.$$

21.3.3 拍卖机制的收益比较

下面，我们来比较上面三个拍卖规则下拍卖人的期望收益。一个基本的结论是，在对称环境下，对拍卖人而言，英式拍卖获得的收益不低于二级（密封）价格拍卖，而后者又不低于一级 (密封) 价格拍卖下所获得的收益。

首先来比较英式拍卖和二级（密封）价格拍卖。

在对称环境下二级（密封）价格拍卖的均衡投标战略为 $\beta^{II}(\theta)=v(\theta,\theta)$，其中 $v(\theta,\vartheta)\equiv E(V_1|\theta_1=\theta,\vartheta_1=\vartheta)$。若 $\theta>\vartheta$，此时在二级（密封）价格拍卖下，投标人 1 支付的价格（即

拍卖人的收入）为：

$$\begin{aligned}v(\vartheta,\vartheta)&=E(u(\theta_1,\vartheta_1,\cdots,\vartheta_{n-1})|\theta_1=\vartheta,\vartheta_1=\vartheta)\\&=E(u(\vartheta_1,\vartheta_1,\cdots,\vartheta_{n-1})|\theta_1=\vartheta,\vartheta_1=\vartheta)\\&\leqq E(u(\vartheta_1,\vartheta_1,\cdots,\vartheta_{n-1})|\theta_1=\theta,\vartheta_1=\vartheta).\end{aligned}$$

这样，在二级（密封）价格拍卖下，拍卖者的期望收益为：

$$\begin{aligned}E(R^{II})&=E(\beta^{II}(\vartheta_1)|\theta_1>\vartheta_1)\\&=E(v(\vartheta_1,\vartheta_1)|\theta_1>\vartheta_1)\\&\leqq E(E(u(\vartheta_1,\vartheta_1,\cdots,\vartheta_{n-1})|\theta_1=\theta,\vartheta_1=\vartheta)|\theta_1>\vartheta_1)\\&=E(u(\vartheta_1,\vartheta_1,\cdots,\vartheta_{n-1})|\theta_1>\vartheta_1)\\&=E(\beta^2(\vartheta_1,\vartheta_1,\cdots,\vartheta_{n-1}))\\&=E(R^{Eng}),\end{aligned}$$

其中 R^{II},R^{Eng} 分别是二级（密封）价格拍卖和英式拍卖下赢者支付的价格。

接着，我们来比较二级（密封）价格拍卖和一级（密封）价格拍卖下赢者支付的期望价格。

同样也假设投标人 1 的信号值是最高的，在对称贝叶斯–纳什均衡中，我们只需要比较投标人 1 支付的期望价格。

$$\begin{aligned}E(R^{II}(\vartheta_1)|\theta_1=\theta,\theta_1>\vartheta_1)&=E(v(\vartheta_1,\vartheta_1)|\theta_1=\theta,\theta_1>\vartheta_1)\\&=\int_0^\theta v(\vartheta,\vartheta)dK(\vartheta|\theta),\end{aligned}$$

其中，$K(\vartheta|\theta)\equiv\frac{\Psi(\vartheta|\theta)}{\Psi(\theta|\theta)}$，$K(\vartheta|\theta)$ 也是一个在 $[0,\theta]$ 下的分布函数。

而在一级（密封）价格拍卖下，$\beta^I=\int_0^\theta v(\vartheta,\vartheta)dL(\vartheta|\theta)$，下面我们来验证 $K(\vartheta|\theta)$ 是一阶随机占优于 $L(\vartheta|\theta)$。

根据关联性，若 $t<\theta$，有

$$\frac{\psi(t|t)}{\Psi(t|t)}\leqq\frac{\psi(t|\theta)}{\Psi(t|\theta)}.$$

因此，对于任意 $\vartheta<\theta$，都有：

$$\begin{aligned}-\int_\vartheta^\theta\left(\frac{\psi(t|t)}{\Psi(t|t)}\right)dt&\geqslant-\int_\vartheta^\theta\left(\frac{\psi(t|\theta)}{\Psi(t|\theta)}\right)dt\\&=-\int_\vartheta^\theta\frac{d}{dt}(\ln\Psi(t|\theta))dt\\&=\ln\left(\frac{\Psi(\vartheta|\theta)}{\Psi(\theta|\theta)}\right).\end{aligned}$$

从而有

$$L(\vartheta|\theta)=\exp\left(-\int_\vartheta^\theta\left(\frac{\psi(t|t)}{\Psi(t|t)}\right)dt\right)\geqq\frac{\Psi(\vartheta|\theta)}{\Psi(\theta|\theta)}=K(\vartheta|\theta),$$

得到：

$$E(R^{II}(\vartheta_1)|\theta_1=\theta,\theta_1>\vartheta_1)\leqq E(\beta^I(\vartheta_1)|\theta_1=\theta,\theta_1>\vartheta_1).$$

下面的命题总结了三种拍卖方式下赢者支付的期望价格之间的比较。

命题 21.3.4 在对称的环境下，对于拍卖的期望收益而言，英式拍卖下获得的最高，二级(密封) 价格拍卖次之，一级 (密封) 价格拍卖所获最低。

21.3.4 有效和最优机制的设计

1. 拍卖机制的有效性

在对称环境和以上三种拍卖机制的对称贝叶斯–纳什均衡下，私人信号最高的投标人投标价格最高，从而赢得拍卖品。然而它们的拍卖结果是有效的吗？所谓结果的有效性是指，拍卖品被配置给价值最高的投标人 (当然也需要满足他的价值超过拍卖人自身的价值)。下面的例子揭示了以上三种拍卖机制的结果并不是有效的。

例 21.3.2 考虑一个两个投标人的拍卖，他们对拍卖品的价值是对称的。令 θ_1,θ_2 是两个投标人得到的私人信号，假设他们的价值函数为：

$$u_1(\theta_1,\theta_2)=\frac{1}{4}\theta_1+\frac{3}{4}\theta_2;$$
$$u_2(\theta_1,\theta_2)=\frac{1}{4}\theta_2+\frac{3}{4}\theta_1.$$

显然，当 $\theta_1>\theta_2$，$u_1<u_2$，从而在英式拍卖、二级 (密封) 价格拍卖以及一级 (密封) 价格拍卖下，投标人 1 获胜。因此这些拍卖结果不是有效的。

在这个例子中投标人 i 的私人信号 θ_i 对自身的影响不如对其他投标人的影响，正是由于这一点，使得拍卖获胜的投标人对物品的价值不是最高的。因此，我们需要施加一些额外的约束，如单交叉性条件 (single crossing condition)。

定义 21.3.2 (单交叉性条件) 对拍卖品的价值体系，我们称 $u_i,i\in\{1,\cdots,n\}$**满足单交叉性**条件，若对于任意的 $j\neq i$，以及任意的信号 θ，满足：

$$\frac{\partial u_i}{\partial\theta_i}(\theta)\geqq\frac{\partial u_j}{\partial\theta_i}(\theta).$$

若对拍卖品价值体系满足单交叉性条件，在对称环境下，以上三种拍卖机制是有效的吗？或者信号值越高的投标人，其对拍卖品的价值是否也越高呢？答案是肯定的。

假设 $\theta_i>\theta_j$，定义 $\alpha(s)=(1-s)(\theta_j,\theta_i,\Theta_{-ij})+s(\theta_i,\theta_j,\Theta_{-ij})$。利用积分中值定理（参见第 2 章）：

$$u(\theta_i,\theta_j,\Theta_{-ij})-u(\theta_j,\theta_i,\Theta_{-ij})=\int_0^1\nabla u(\alpha(s)).\alpha'(t)dt,$$

其中，$\nabla u(\alpha(s)).\alpha'(s)=\frac{\partial}{\partial\theta_i}u(\alpha(s))(\theta_i-\theta_j)+\frac{\partial}{\partial\theta_j}u(\alpha(s))(\theta_j-\theta_i)$。由于价值函数的对称性，$\frac{\partial}{\partial\theta_i}u(\alpha(s))=\frac{\partial}{\partial\theta_i}u_i(\alpha(t))$，$\frac{\partial}{\partial\theta_j}u(\alpha(s))=\frac{\partial}{\partial\theta_i}u_j(\alpha(s))$，从而由单交叉性条件，得到 $\frac{\partial}{\partial\theta_i}u(\alpha(s))\geqq\frac{\partial}{\partial\theta_j}u(\alpha(s))$，同时由 $\theta_i>\theta_j$，因此我们有

$$u(\theta_i,\theta_j,\Theta_{-ij})\geqq u(\theta_j,\theta_i,\Theta_{-ij}).$$

上面我们在对称的环境下考察了三种常见的拍卖机制，而对于一般环境，比如在非对称环境下，在相关价值的拍卖中一般的有效配置机制 (不一定具有) 应具有什么特征呢？首先，我们需要对价值体系有一定的约束，与之前一样，就是单交叉性条件。下面的例子刻画了若价值体系不满足单交叉性条件，也许不存在有效配置拍卖机制。

例 21.3.3 假设有两个参与人，他们的信号记为 θ_1,θ_2，他们对不可分割物品的价值函数为：

$$u_1(\theta_1,\theta_2)=\theta_1,$$
$$u_2(\theta_1,\theta_2)=\theta_1^2.$$

假设 $\theta_1\in[0,2]$，参与人 2 的信号不影响他们对物品的价值。首先他们的价值函数不满足单交叉性条件，比如 $\frac{\partial u_1}{\partial\theta_1}(1,\theta_2)<\frac{\partial u_2}{\partial\theta_1}(1,\theta_2)$。

当且仅当 $\theta_1<1$，$u_1>u_2$。若 $(\mathbf{y}(\theta_1),\mathbf{t}(\theta_1))$ 有效，其中 $\mathbf{y}(\theta_1)=(y_1(\theta_1),y_2(\theta_1))$ 是参与人 1 和 2 获得物品的概率；$\mathbf{t}(\theta_1)=(t_1(\theta_1),t_2(\theta_1))$ 是参与人 1 和 2 的转移支付，则需要满足：若 $\theta_1<1$，$y_1(\theta_1)=1$；若 $\theta_1>1$，$y_2(\theta_1)=1$。

假设 $\vartheta_1<1<z_1$，有效且激励相容的配置机制需满足：当参与人 1 的私人信号是 z_1 时，有：

$$0-t_1(z_1)\geqq z_1-t_1(\vartheta_1;)$$

当参与人 1 的私人信号是 ϑ_1 时，有：

$$\vartheta_1-t_1(\vartheta_1)\geqq 0-t_1(z_1).$$

上面两个不等式意味着：$\vartheta_1\geqq z_1$，矛盾，因此不存在一个激励相容的有效配置机制。

我们可以进一步论证单交叉性条件是有效配置机制存在的必要条件。若一个有效配置机制存在，根据显示原理，它一定是“讲真话的”机制。假设除了参与人 i 外，其他参与人观察到的信号为 Θ_{-i}，参与人 i 的私人信号是 θ_i。若不管 θ_i 如何取值，对参与人 i 的配置结果都没有影响，即或者一定获得物品，或者一定不能获得物品，此时单交叉性条件对于 θ_i 没有意义。因此，下面我们主要考虑参与人 i 的信号会影响其获得物品的情形，此时称参与人 i 是关键的，若存在 ϑ_i,z_i，满足 $u_i(\vartheta_i,\Theta_{-i})>\max_{j\neq i}u_j(\vartheta_i,\Theta_{-i})$ 和 $u_i(z_i,\Theta_{-i})<\max_{j\neq i}u_j(z_i,\Theta_{-i})$。激励相容条件要求参与人 i 在观察到信号 ϑ_i 时不会报告 z_i，这意味着：

$$u_i(\vartheta_i,\Theta_{-i})-t_i(\vartheta_i,\Theta_{-i})\geqq 0-t_i(z_i,\Theta_{-i}).$$

同样，参与人 i 在观察到信号 z_i 时不会报告 ϑ_i，这意味着：

$$0-t_i(z_i,\Theta_{-i})\geqq u_i(z_i,\Theta_{-i})-t_i(\vartheta_i,\Theta_{-i}).$$

从以上两个不等式，有：

$$u_i(\vartheta_i,\Theta_{-i})\geqq u_i(z_i,\Theta_{-i}).$$

这意味着，参与人 i 获得物品时的价值不会低于没有获得物品时的价值。换句话说，给定其他参与人的信号，参与人 i 的私人信号值的增加不会使得他获得物品的可能性变得更低。因此，从激励相容的条件出发，有效配置机制满足单调性条件（类似于马斯金单调性）。这意味着，若在 θ_i 上，有 $u_i(\theta_i, \theta_{-i}) = u_j(\theta_i, \theta_{-i})$，那么有：

$$\frac{\partial u_i}{\partial \theta_i}(\theta_i, \theta_{-i}) \geqq \frac{\partial u_j}{\partial \theta_i}(\theta_i, \theta_{-i}),$$

即单调性条件成立。因此，若一个激励相容的配置机制是有效的，那么它势必满足单调性条件。

2. 广义 VCG 机制

在对称相关价值的拍卖环境下，若投标人的价值满足单交叉性条件，那么常见的拍卖规则的对称均衡满足有效性。然而，对于一般的关联价值环境类，我们是否可以找到一个有效的配置机制？在前面的一般机制设计理论中，若参与人的价值函数只依赖自身的类型，VCG 机制就是一个有效决策规则的机制。但是，若参与人的价值函数还依赖于其他参与人的类型，是类型相关的，通常的 VCG 机制就不再是一个有效机制。不过，经过适当修正，下面要介绍的广义 VCG 机制却是一个有效的机制。先引入对广义 VCG 机制的描述。

n 个参与人的机制 $(\Theta, \mathbf{y}(\theta), \mathbf{t}(\theta))$，其中 $\theta = (\theta_1, \cdots, \theta_n) \in \Theta$ 是参与人的私人信号，$\mathbf{y}(\theta) = (y_1(\theta), \cdots, y_n(\theta))$ 是参与人对物品配置的概率，$\mathbf{t}(\theta) = (t_1(\theta), \cdots, t_n(\theta))$ 是参与人的转移支付。

若机制是有效的，那么有：

$$y_i^*(\theta) = \begin{cases} 1, & 若 u_i(\theta) > \max_{j \neq i} u_j(\theta), \\ 0, & 若 u_i(\theta) < \max_{j \neq i} u_j(\theta). \end{cases}$$

若对物品的最高价值的人数超过 1，那么物品以相同的概率配置，不过在连续分布情形下，这种情形的概率为 0。

获得物品的参与人的转移支付为：

$$t_i^* = -u_i(\vartheta_i(\theta_{-i}), \theta_{-i}),$$

其中，

$$\vartheta_i(\theta_{-i}) = \inf\{\bar{\theta}_i : u_i(\bar{\theta}_i, \theta_{-i}) \geqq \max_{j \neq i} u_j(\bar{\theta}_i, \theta_{-i})\}$$

即给定其他参与人的信号，在有效配置中参与人 i 获得物品时信号值的下界。若参与人没有得到物品，那么其转移支付为零。可以看出，像私人价值模型一样，这样得到的转移支付不直接依赖于自己的信号。

我们称机制 $(\Theta, \mathbf{y}^*, \mathbf{t}^*)$ 为广义 VCG 机制，它是在关联价值环境下修正的维克瑞机制。若购买者 i 得到物品，其支付价格是给定所有人信号下的第二高价格，即 $\max_{j \neq i} u_j(\theta_i, \theta_{-i})$，由于它依赖于 θ_i，参与人 i 有动机降低信号值的报告，来减少支付，从而通常的 VCG 机制不是说真话的机制。为了恢复对参与人 i 的讲真话的激励，此时赢得物品的参与人 i 只需要支付 $\max_{j \neq i} u_j(\vartheta_i(\theta_{-i}), \theta_{-i})$(不直接依赖于 θ_i)，而不是 $\max_{j \neq i} u_j(\theta_i, \theta_{-i})$。当 $u_i(\theta_i \theta_{-i}) > \max_{j \neq i} u_j(\theta_i \theta_{-i})$ 时，有 $\vartheta_i(\theta_{-i}) \leqq \theta_i$，因此 $\max_{j \neq i} u_j(\vartheta_i(\theta_{-i}), \theta_{-i}) \leqq \max_{j \neq i} u_j(\theta_i, \theta_{-i})$。

下面的命题揭示了在关联价值的环境下，广义 VCG 机制是一个有效机制。

命题 21.3.5 若参与人对物品的价值满足单交叉性条件，上面刻画的广义 VCG 机制就是一个有效占优激励相容 (讲真话) 的机制。

证明　显然，若大家都真实披露信号，广义 VCG 机制是有效的。下面我们证明这一机制是占优激励相容的。

当 $u_i(\theta_i, \theta_{-i}) > \max_{j\neq i} u_j(\theta_i, \theta_{-i})$ 时，参与人 i 获得物品，支付为 $u_i(\vartheta_i(\theta_{-i}), \theta_{-i})$。由于支付不依赖于自身汇报的信号 θ_i ，且 $\theta_i \geqq \vartheta_i(\theta_{-i})$，报告真实的信号所带来的期望效用为：$u_i(\theta_i, \theta_{-i}) - u_i(\vartheta_i(\theta_{-i}), \theta_{-i}) \geqq 0$。报告其他信号 z_i，当 $z_i > \vartheta_i(\theta_{-i})$，其期望效用与报告真实信号时相同，若报告信号 $z_i < \vartheta_i(\theta_{-i})$，则他不能得到物品，期望效用为 0。这样，在有效配置下，参与人 i 获得物品，且没有其他报告战略比真实披露带来更高的期望效用。

当 $u_i(\theta_i, \theta_{-i}) < \max_{j\neq i} u_j(\theta_i, \theta_{-i})$ 时，若真实披露，参与人 i 的期望效用为 0；若其汇报战略 z_i 改变了这一配置结果，单交叉性条件要求：$z_i > \vartheta_i(\theta_{-i}) > \theta_i$，此时参与人 i 获得物品，但是其期望效用为 $u_i(\theta_i, \theta_{-i}) - u_i(\vartheta_i(\theta_{-i}), \theta_{-i}) < 0$。综上所述，广义 VCG 机制是占优激励相容的有效机制。□

在私人价值下，上面的广义 VCG 机制就回归为通常的 VCG 拍卖机制，然而在关联价值下，通常的 VCG 机制不是一个有效真实显示拍卖机制。与此同时，这一机制与 VCG 机制不同，它依赖于技术细节，特别是每个参与人的价值函数才可以制定出转移支付 $u_i(\vartheta_i(\theta_{-i}), \theta_{-i})$。因此，上面的一般形式的 VCG 不是匿名机制，而依赖于参与人的具体特征 (比如偏好)。

3. 最优拍卖机制

下面我们讨论关联价值下的最优拍卖机制的设计。在私人价值的最优拍卖机制下，拍卖品被配置给虚拟价值最高的投标人，同时为了激励投标人说真话，这个虚拟价值最高的投标人会得到一定的信息租金。然而这一结果在关联价值情形下就不再成立，与在前面的类型相关的 Cremer-McLean 完全剩余抽取定理相类似，我们会得到关联价值的最优机制，拍卖人会抽取完全的剩余，下面我们来考察这一结论背后的逻辑关系。

为了更清楚地解释完全剩余抽取定理，我们把连续的信号空间离散化。令 $\Theta_i = \{\theta_i^1, \theta_i^2, \cdots, \theta_i^{m_i}\}$ 是投标人的离散信息空间，这里 $\theta_i^1 < \theta_i^2 < \cdots < \theta_i^{m_i}$。假设 $\theta_i \in \Theta_i$。假设投标人的信号类型为 θ，投标人 i 的价值为 $u_i = u_i(\theta_i, \theta_{-i})$。在离散情形下，我们可类似地定义单交叉性条件为：$j \neq i$，若 $u_i(\theta_i, \theta_{-i}) \geqq u_j(\theta_i, \theta_{-i})$，则 $u_i(\theta_i', \theta_{-i}) \geqq u_j(\theta_i', \theta_{-i})$ 对任意 $\theta_i < \theta_i' \in \Theta$ 成立；同时若条件由 $\geqq$ 变为 $>$，结论也是一致的。

对于每个投标人 i，建立矩阵 Π_i，其中典型元素为 $\pi_i(\theta_{-i}|\theta_i)$，矩阵 Π_i 有 m_i 行和 $\sum_{j\neq i} m_j$ 列，每一行表示为给定 θ_i 类型下投标人 i 对其他投标人的信号分布信念。若投标人的信号是完全独立的，那么每一行都是相同的，此时矩阵 Π_i 的秩为 1。若投标人的信号是关联的，则不同的行所代表的信念是不同的。在下面的定理中，我们假设 Π_i 的秩为 m_i，即意味着在不同的 θ_i 下，投标人对其他人信号的分布信念是有差异的。下面我们先给出在关联信号的关联价值分布下的完全剩余抽取定理。

定理 21.3.1 (关联价值下的完全剩余抽取定理)　假设投标人信号是离散分布，价值满足单交叉性条件，且对于任意的投标人 i，其关于对手信号分布的信念矩阵 Π_i 是满秩的 (即秩为 m_i)，则存在一个有效真实显示机制，使得所有投标人的信息租金 (事中期望效用) 都为零，从而所有的剩余都归拍卖人。

证明 考虑广义 VCG 机制，记为 $(\Theta, \mathbf{y}(\theta), \mathbf{t}(\theta))$。从上一节的讨论中，我们知道这个机制满足有效性和具有说真话的特性。在这个机制下，θ_i 信号的投标人 i 在均衡处的事中期望效用为：

$$\bar{U}_i^*(\theta_i) = \sum_{\theta_{-i}} \pi_i(\theta_{-i}|\theta_i)[y_i(\theta)u_i(\theta) + t_i(\theta)]$$

记 $\bar{u}_i^* = [\bar{U}^*(\theta_i^1), \bar{U}^*(\theta_i^2), \cdots, \bar{U}^*(\theta_i^{m_i})]'$。由于 Π_i 是满秩的，因此存在一个 $\sum_{j\neq i} m_j$ 阶列向量 $c_i = (c_i(\theta_{-i}))_{\theta_{-i}\in\mathbf{\Theta}_{-i}}$，使得：

$$\Pi_i c_i = -\bar{u}_i^*,$$

即对于 $\forall\theta_i$，都有：

$$\sum_{\theta_{-i}} \pi_i(\theta_{-i}|\theta_i)c_i(\theta_{-i}) = \bar{U}_i^*(\theta_i)$$

. 考虑 Cremer-McLean 机制 $(\Theta, \mathbf{y}(\theta), \mathbf{t}(\theta) + c_i(\theta_{-i}))$，与广义 VCG 机制 $(\Theta, \mathbf{y}(\theta), \mathbf{t}(\theta))$ 相比，配置规则不变，每个参与人的转移支付降低 $c_i(\theta_{-i})$ 与参与人 i 的汇报无关，因此，Cremer-McLean 机制仍然具有有效性和说真话的特性，同时让每个投标人的事中期望效用都变为了 0，这意味着拍卖人获得了所有可能的剩余。 □

这一结论很稳健，只要参与人之间存在信号关联性，不管关联度多大，都会使得参与人信息租金变为零。同时这一结论不依赖于价值是否相关，主要依赖于信号的关联性。

21.3.5 事后执行机制

1. 分布未知下的事后执行

标准的拍卖理论假定卖方知道买方价值的分布 F。然而，若分布 F 是未知的，则垄断者所面临的产品需求曲线未知。这相当于假设买方的价值是服从未知分布 F 的独立同分布随机变量，且拍卖机制的设计者对其价值具有贝叶斯先验知识。在这个假设下，买方的类型是相关的。此时我们应该使用何种机制呢？

我们现在只限于考察事后执行的机制设计。在有关单调性约束下，该机制的最大化期望虚拟盈余为：

$$\max_{x(\cdot)} E_\theta \left[\sum_{i=1}^n \nu(\theta_i \mid \theta_{-i})y_i(\theta) - c\left(\sum_{i=1}^n y_i(\theta)\right)\right]$$
$$\text{s.t.} \qquad y_i(\theta_i, \theta_{-i}) \text{ 关于 } \theta_i \text{ 非递减}, \forall i \geqq 1. \quad \text{(DM)}$$

这里，$\nu(\theta_i \mid \theta_{-i}) = \theta_i - \frac{f(\theta_i|\theta_{-i})}{1-F(\theta_i|\theta_{-i})}$ 是买方 i 的条件虚拟价值/边际收益函数 (根据对称性，这一函数对所有的买方都相同) 。

为简单起见，我们考察边际成本为常数 c 的情形。于是，若我们忽略 DM，则当且仅当 $\nu(\theta_i \mid \theta_{-i}) \geq c$，最优机制将物品出售给买方 i。若虚拟价值函数 $\nu(\theta_i \mid \theta_{-i})$ 关于 θ_i 非递增，则该机制实际上也满足 DM。基于每个买方对其他参与人报告的信息，该机制可给每个买方提供一个最优垄断价格 $p(\theta_{-i})$ 并将物品出售给 (所报告的) 其价值大于垄断价格的买方。(买方首先报告自身的价值，然后机制确定垄断价格。) 根据大数定律，当参与人的数目 $n \to \infty$ 时, $p(\theta_{-i})$ 将收敛于最优垄断价格，因此卖方的利润将收敛于 F 已知时的利润。

需要指出的是，上述机制同传统的拍卖机制完全不同：这里，买方 i 的竞价直接影响了其他买方的配置，而非只通过其配置对其他买方的配置产生影响。这种影响由买方之间的"信息关联"而非"技术关联"产生，而后者一般在标准拍卖中通过卖方的成本函数或者生产能力 (capacity) 约束产生影响。

2. 共同价值下的事后执行

在具有共同价值 (common value) 的拟线性环境中，参与人 i 的收益 $v_i(x,\theta)+t_i$ 同时也取决于 θ_{-i}。

在这种情形下，类型相关问题仍然存在。我们可以设定一系列相互独立的共同价值，例如，在"Wallet 博弈"中，所有参与人的收益都与 $\sum_i \theta_i$ 有关。但一个更自然的模型是"采掘权"(mineral rights) 模型，其中参与人的类型是在未知真实状态条件下的独立同分布信息，因而参与人类型都与某个先验分布相关。大多数有关共同价值拍卖的文献都是实证性的——求解若干机制的均衡并对其进行比较，而非寻找最优机制。这方面的研究可追溯到米尔格罗姆和韦伯。最近，一些最优机制设计的研究将注意力转向了"事后执行"，其角度比较新颖，其基本思想是引入"事后激励相容"约束：

$$v_i(x(\theta),\theta)+t_i(\theta_i,\theta_{-i}) \geqq v_i(x(\hat{\theta}_i,\theta_{-i}),\theta)+t_i(\hat{\theta}_i,\theta_{-i}), \forall \theta_i,\hat{\theta}_i \in \Theta_i, \forall \theta_{-i} \in \Theta_{-i}.$$

这意味着，无论其他参与人的类型是什么，只要他们遵从他们的均衡战略（即如实报告），参与人 i 说真话就是最优的。若不作这一假设，则其他参与人可能报告 θ'_{-i}，但其真实的类型则为 θ_{-i}，从而参与人 i 的效用为 $v_i(x(\hat{\theta}_i,\theta'_{-i}),\theta_i,\theta_{-i})+t_i(\hat{\theta}_i,\theta_{-i})$。这样，对参与人 i 来说，真实显示不可能是最优的。在私人价值情形下，事后激励相容约束假设并不需要，因为事后激励相容约束同 DIC 一致。此外，事后执行还可考虑施加事后个人理性约束。有兴趣的读者可参见 Dasgupta 和 Maskin (QJE，2000)。

21.4 多物品价格拍卖机制

本章剩下的部分讨论多物品拍卖，着重考虑私人价值下的多物品拍卖。现实中许多拍卖都是多物品拍卖，然而多物品有多种不同的形式，这些形式在一定程度上依赖于各种物品之间的关系，大致可分为两类情况。

一类是所有拍卖品完全相同，即物品是同质的，而买方或只需要一件物品，或者多件。在买方购买多件物品时，他的边际支付意愿也许会随物品数量的上升而下降。另外一类是异质物品的拍卖，即拍卖品不完全一样，但拍卖品之间有一定的联系。买方对这些物品的支付意愿因物品组合而异。比如说，买方对两件物品一起消费的价值可能会大于对这两件物品分开消费的价值之和，这是物品之间的互补性。两个物品之间也可能存在替代性。在设计拍卖机制时，物品间的互补性或替代性是特别值得注意的因素。

我们先考虑同质多单位物品拍卖这一简单情况，并介绍一些典型的多物品拍卖机制。

假设有 K 单位商品，有 n 个投标人，投标人的集合为 $N=\{1,\cdots,n\}$。投标人 i 对不同数量商品的边际价值为 $\mathbf{V}^i(\theta)=(V_1^i(\theta),\cdots,V_K^i(\theta))$，其中 V_k^i 是投标人 i 对第 k 单位商品的价值，通常假设：$V_k^i \leqq V_l^i, \forall k>l$，表示消费者对同质多物品的价值满足边际效用递减规律，这里 θ_i 是投标人 i 观察到的信号，θ 是所有投标人观察到的信号。投标人 i 的投标函数记为 $\mathbf{b}^i = (b_1^i(\cdot, \mathbf{V}^i), \cdots, b_K^i(\cdot, \mathbf{V}^i))$，其中 b_k^i 是投标人 i 对第 k 个单位的投标价格。由于多物品拍卖机制相对比较复杂，我们这里集中讨论私人价值的情形，即 $\mathbf{V}^i(\theta) = \mathbf{V}^i(\theta_i)$。

文献中对同质多商品拍卖的分析主要分以下两类。一类是同时拍卖 (simultaneous auction，有时也称为密封拍卖)，包括歧视性拍卖 (discriminatory auction)、单一价格拍卖 (uniform-price auction)、维克瑞拍卖 (Vickrey auction)。另一类是序贯拍卖，包括荷兰式拍卖 (Dutch auction)、英式拍卖 (English auction) 和奥萨贝尔拍卖 (Ausubel auction)。我们将讨论在不同规则下物品的配置和相应的转移支付。同时所有这些拍卖形式都是高投标价获得商品，即出价前 K 高的投标获得相应的拍卖物品。

21.4.1 同时多物品拍卖

在静态拍卖机制中，我们通常假设投标人 i 的 K 投标向量 $\mathbf{b}^i = (b_1^i, \cdots, b_K^i)$ 满足 $b_1^i \geqq b_1^i \geqq \cdots \geqq b_K^i$。若投标人有意愿购买 k 个单位，意味着他愿意出价 $b_1^i + \cdots + b_k^i$。给定投标人的投标向量 $\mathbf{b}^i$，我们可以得到投标人 i 的需求函数 d^i：

$$d^i(p) = \max\{k : b_k^i \geqq p\}.$$

显然，$d^i(p)$ 是一个非递增函数。当价格 p 介于 b_k^i 和 b_{k+1}^i 之间时，投标人 i 恰好购买 k 个商品。给定参与人的投标向量，我们可以构造其拍卖品的需求，反过来若已知他对拍卖品的需求，可以得到他的投标向量。这样，这两种方式是等价的。

假设 n 个投标人的投标集合为 $\{b_k^i : i = 1, \cdots, n; k = 1, \cdots, K\}$，$K$ 个单位物品配置给 K 个最高报价的出价人。在歧视性拍卖、单一价格拍卖和维克瑞拍卖三种规则中，物品配置的结果是相同的，但是赢得物品的支付价格却是不同的。

下面我们通过一个简单例子，来介绍上面三种拍卖配置规则和价格规则。

例 21.4.1 假设有 6 个单位相同物品用于拍卖，有三个投标人，其投标分别为：

$$\mathbf{b}^1 = (54, 46, 43, 40, 33, 15),$$
$$\mathbf{b}^2 = (60, 55, 47, 32, 27, 13),$$
$$\mathbf{b}^3 = (48, 45, 35, 24, 14, 9).$$

此时，最高的 6 个报价为：

$$(b_1^2, b_2^2, b_1^1, b_1^3, b_3^2, b_2^1) = (60, 55, 54, 48, 47, 46).$$

这样，投标人 1 获得 2 个单位，投标人 2 获得 3 个单位，投标人 3 获得 1 个单位。

1. 歧视性拍卖

在歧视性拍卖中，赢得 k_i 个单位的投标人需要支付他 k_i 的出价，即总的支付价格为 $b_1^i + \cdots + b_{k_i}^i$。在例 21.4.1 中，投标人 1 获得 2 个单位，其支付为 $54 + 46 = 100$，投标人 2 和 3 分别获得 3 个单位和 1 个单位，其支付分别为 $60 + 55 + 47 = 162$ 和 48。

歧视性价格机制也可以通过剩余供给方程来刻画。在价格 p 下，投标人 i 面临的剩余供给记为 $s^{-i}(p)$，是在这一价格下满足其他参与人总需求后剩下的物品数量，即

$$s^{-i}(p) \equiv \max\{K - \sum_{j \neq i} d^j(p), 0\}.$$

显然，由于 $d^i(p)$ 是一个非递增函数，$s^{-i}(p)$ 是非递减函数。投标人在歧视性拍卖中的总支付等于剩余供给曲线与需求曲线相交处需求曲线的积分面积。在例 21.4.1 中，各投标人的需求函数为：

$$d^1(p) = \begin{cases} 0, & 若 p > 54, \\ 1, & 若 54 \geqq p > 46, \\ 2, & 若 46 \geqq p > 43, \\ 3, & 若 43 \geqq p > 40, \\ 4, & 若 40 \geqq p > 33, \\ 5, & 若 33 \geqq p > 15, \\ 6, & 若 15 \geqq p > 0, \end{cases}$$

$$d^2(p) = \begin{cases} 0, & 若 p > 60, \\ 1, & 若 60 \geqq p > 55, \\ 2, & 若 55 \geqq p > 47, \\ 3, & 若 47 \geqq p > 32, \\ 4, & 若 32 \geqq p > 27, \\ 5, & 若 27 \geqq p > 13, \\ 6, & 若 13 \geqq p > 0, \end{cases}$$

$$d^3(p) = \begin{cases} 0, & 若 p > 48, \\ 1, & 若 48 \geqq p > 45, \\ 2, & 若 45 \geqq p > 35, \\ 3, & 若 35 \geqq p > 24, \\ 4, & 若 24 \geqq p > 14, \\ 5, & 若 14 \geqq p > 9, \\ 6, & 若 9 \geqq p > 0. \end{cases}$$

参与人 1 的剩余供给函数为：

$$s^{-1}(p) = \begin{cases} 6, & 若 p > 60; \\ 5, & 若 60 \geqq p > 55, \\ 4, & 若 55 \geqq p > 48, \\ 3, & 若 48 \geqq p > 47, \\ 2, & 若 47 \geqq p > 45, \\ 1, & 若 45 \geqq p > 35, \\ 0, & 若 35 \geqq p \geqq 0. \end{cases}$$

当 $p \in [45,46]$ 时，$d^1(p)=s^{-1}(p)=2$，投标人 1 赢得 2 个物品时的支付为

$$\int_0^{\infty} \min\{d^1(p),2\}dp = \int_0^2 (d^1)^{-1}(q)dq,$$

即在剩余供给曲线与需求曲线相交处需求曲线的积分面积，其中 $(d^1)^{-1}$ 是 d^1 的反函数。

当 $K=1$ 时，歧视性拍卖相当于一级密封价格拍卖，歧视性价格是一级密封价格拍卖在多物品拍卖下的一个推广形式。

2. 单一价格拍卖

在单一价格拍卖中，所有的物品对所有投标人都按照相同的市场出清价格成交。由于物品不可分割，达到供需平衡的价格是一个区间，这里我们采用的市场出清价格是最高的失败投标价，即所有投标价格中处于第 $K+1$ 高的投标价，在上面的例 21.4.1 中第 7 高的投标价为 45。在一般情形下，若 n 个投标人的投标集合为 $\{b_k^i, i=1,\cdots,n; k=1,\cdots,K\}$，且在前 K 个最高价格中，投标者 i 获得了 k_i 个物品，则市场出清价格为：

$$p=\max_i\{b_{k_i+1}^i\}.$$

令 $\mathbf{c}^{-i}$ 是投标人 i 面临其他参与人的 K 维竞争性投标价格向量。所谓 K 维竞争性投标价格向量是指 $\{b_k^j, j\neq i, k=1,\cdots,K\}$ 按大小顺序排列中的前 K 个投标价格构成的向量，因为只有这些价格会影响到投标人 i 对物品的获得，$\mathbf{c}^{-i}=(c_1^{-i},\cdots,c_K^{-i})$ 是其分量按从大到小排列的价格向量。若投标人 i 的投标价格向量 $\mathbf{b}^i$ 满足 $b_{k_i}^i > c_{K-k_i+1}^{-i}, b_{k_i+1}^i < c_{K-k_i}^{-i}$，则投标人 i 刚好获得 k_i 个物品。于是，投标人 i 的剩余供给函数可写为：

$$s^{-i}(p)=K-\max\{k: c_k^{-i} \geqq p\}.$$

此时，市场出清条件为：

$$p=\max\{b_{k_i+1}^i, c_{K-k_i+1}^{-i}\}.$$

在前面的例 21.4.1 中，

$$\mathbf{b}^1=(54,46,43,40,32,15),$$

$$\mathbf{c}^{-1}=(60,55,48,47,35,32).$$

由于 $b_2^1 > c_5^{-1}$ 和 $b_3^1 < c_4^{-1}$，市场出清价格为 $p=\max\{b_3^1, c_5^{-1}\}=43$，投标人 1 支付 86。当 $K=1$ 时，单一价格拍卖等价于二级密封价格拍卖。然而当 $K>1$ 时，单一价格拍卖与二级密封价格拍卖在许多方面，特别是出价战略上存在很大差异，从而单一价格不是二级密封价格拍卖的直接推广。下面讨论的维克瑞机制则在更大程度上是单物品二级密封价格拍卖的推广。

3. 维克瑞拍卖

在单物品的二级密封价格拍卖中，获胜者的价格是所有失败投标中的最高价格。类似地，在多物品拍卖中，获得 k_i 个物品的获胜者的价格支付也是所有其他投标人的失败投标

中按从高到低排列的前 k_i 个价格，下面我们将看到维克瑞的价格类实际上给出了其他投标人带来的外部性的大小。

假设投标人 i 获得 k_i 物品，在他获得第 1 个物品时，必然有 $b_1^i > c_K^{-i}$，从而在他得到第 1 个物品的时候就给投标价格为 $c_K^{-i} = b_l^j$ 的参与人带来 $v_l^j = b_l^j$ 单位的外部性。尽管这个结论还依赖于 $v_l^j = b_l^j$，不过在后面的讨论中，我们将证明：在维克瑞机制中每个参与人都是按真实价值投标。其背后逻辑很简单，由于参与人的投标价格只影响物品的配置，而不影响投标人赢得物品后的支付价格。当投标人获得第 2 个物品时，必然有 $b_2^i > c_{K-1}^{-i}$，从而他给投标价格 $c_{K-1}^{-i} = b_l^j$ 的投标人带来 c_{K-1}^{-i} 单位的外部性。因此，当投标人得到 k_i 的物品时，会给其他参与人带来 $\sum_{k=1}^{k_i} c_{K-k+1}^{-i}$ 单位的福利。赢得 k_i 物品下投标人 i 的维克瑞价格就等于

$$\sum_{k=1}^{k_i} c_{K-k+1}^{-i}.$$

在上面的例 21.4.1 中，投标人 1 赢得 2 个物品，$\mathbf{c}^{-1} = (60, 55, 48, 47, 35, 32)$，维克瑞价格等于 $32 + 35 = 67$。当 $K = 1$ 时，维克瑞机制与单一价格拍卖一样，等价于二级密封价格拍卖。然而当 $K > 1$ 时，维克瑞机制就是二级密封价格拍卖的多物品下的推广。尽管在维克瑞机制中赢得拍卖品的投标人的价格支付不依赖于他的投标价，但是在单一价格拍卖下，投标人 i 的价格支付却有可能依赖于其投标价。这是由于市场出清价格为 $p = \max\{b_{k_i+1}^i, c_{K-k_i+1}^{-i}\}$，于是有可能由 $b_{k_i+1}^i$ 决定。

21.4.2　序贯多物品拍卖

在单物品拍卖中，特别是在私人价值拍卖下，每个密封拍卖都有其对应的公开拍卖，比如荷兰式拍卖等价于一级密封价格拍卖，英式拍卖等价于二级密封拍卖。在多物品拍卖中，我们也有类似的结果，即多物品的荷兰式拍卖对应于歧视性拍卖，英式拍卖对应于单一价格拍卖，奥萨贝尔拍卖对应于维克瑞拍卖。

1. 荷兰式拍卖

在多物品的荷兰式拍卖下，拍卖人从高价格开始喊价，通常初始价格很高，以至于没有人愿意接受，然后价格依次往下降，当在某个价格水平下有投标者愿意接受时，那么该投标人以该价格获得第一个单位的物品，之后价格继续下降，若在某个价格下，又有投标人愿意接受，该投标人会按此时的价格获得第二个单位的物品，然后继续进行，直到价格下降到某个投标人愿意接受某个价格，使得他以该价格获得第 K 单位的物品，于是拍卖结束。

多物品荷兰式拍卖在结果意义上等价于歧视性价格。若投标人 i 根据其投标向量 $\mathbf{b}^i$ 在荷兰式拍卖中选择接受，他会在价格降到 $p = b_1^i$ 时接受第 1 个单位的物品，在 $p = b_2^i$ 时接受第 2 个单位的物品，等等。然而，它们通常在战略意义上并不等价。这是由于，在信息不对称的情形下，一个投标人在不同单位之间的价值可能具有关联性，这样在荷兰式拍卖中可以观察到其他投标人在之前对某个数量的投标意愿，从而在一定程度上可获得这些投标人在其他数量的投标意愿。但是，在歧视性拍卖中，由于投标人需要同时报告不同数量下

的投标价格，没有对其他投标人投标意愿的信念修正过程，因此两者在战略上并不具有等价性。

2. 英式拍卖

多物品英式拍卖的流程与荷兰式拍卖相反，拍卖人从低往上调整价格，每个投标人在每个拍卖价格上报告他在该价格下愿意购买的数量。在初始低价下，通常所有投标人愿意购买的商品数量总数超过 K，随着拍卖价格逐渐向上调整，投标人会相应地修改其愿意购买的数量，当在某个价格下，投标人愿意购买的总数刚好等于 K 时，该价格就成为市场出清价格，所有投标人都按该价格支付他愿意购买的数量。

和前面荷兰式拍卖与歧视性拍卖的关系类似，英式拍卖在结果意义上等价于单一价格拍卖，同时在战略意义上通常不具有等价性。

3. 奥萨贝尔拍卖

奥萨贝尔 (Ausubel) 拍卖与英式拍卖类似，是从低价开始，价格从低往高依次调整，同时每个人在价格水平 p 报告其需求 $d^i(p)$，当价格增加时，投标人的需求会逐渐递减。然而与英式拍卖不同的是，奥萨贝尔拍卖按下面的规则决定拍卖品的价格。

在初始低价 p，若每个投标人 i 的需求 $d^i(p)$ 较大，此时每个投标人的剩余供给函数

$$s^{-i}(p) \equiv \max\{K - \sum_{j \neq i} d^j(p), 0\} = 0.$$

随着拍卖价格往上增加，投标人的需求下降，当达到某个价格 p' 时，至少有一个投标人 i 的剩余供给函数 $s^{-i}(p') > 0$。此时，对任意一个满足 $s^{-i}(p') > 0$ 的投标人 i 以 p' 的价格出售 $s^{-i}(p') > 0$ 单位的物品，当销售量低于 K 时，继续提高价格。

当价格增加到 p'' 时，至少有一个投标人 $s^{-i}(p'') - s^{-i}(p') > 0$，此时对任意一个满足 $s^{-i}(p'') - s^{-i}(p') > 0$ 的投标人 i 以 p'' 的价格出售 $s^{-i}(p'') - s^{-i}(p') > 0$ 单位的物品。当仍有物品没有售完时，则继续提高价格，直至所有的物品出清，于是拍卖结束。

下面我们利用前面的例 21.4.1 来描述奥萨贝尔拍卖的规则。给定每个人的投标战略不变，即

$$\mathbf{b}^1 = (54, 46, 43, 40, 33, 15),$$
$$\mathbf{b}^2 = (60, 55, 47, 32, 27, 13),$$
$$\mathbf{b}^3 = (48, 45, 35, 24, 14, 9).$$

于是，得到每个人的剩余供给函数：

$$s^{-1}(p) = \begin{cases} 6, & 若 p > 60, \\ 5, & 若 60 \geqq p > 55, \\ 4, & 若 55 \geqq p > 48, \\ 3, & 若 48 \geqq p > 47, \\ 2, & 若 47 \geqq p > 45, \\ 1, & 若 45 \geqq p > 35, \\ 0, & 若 35 \geqq p \geqq 0. \end{cases}$$

$$s^{-2}(p) = \begin{cases} 6, & \text{若} p > 54; \\ 5, & \text{若} 54 \geqq p > 48, \\ 4, & \text{若} 48 \geqq p > 46, \\ 3, & \text{若} 46 \geqq p > 45, \\ 2, & \text{若} 45 \geqq p > 43, \\ 1, & \text{若} 43 \geqq p > 40, \\ 0 & \text{若} 40 \geqq p \geqq 0. \end{cases}$$

$$s^{-3}(p) = \begin{cases} 6, & \text{若} p > 60, \\ 5, & \text{若} 60 \geqq p > 55, \\ 4, & \text{若} 55 \geqq p > 54, \\ 3, & \text{若} 54 \geqq p > 47, \\ 2, & \text{若} 47 \geqq p > 46, \\ 1, & \text{若} 46 \geqq p > 43, \\ 0, & \text{若} 43 \geqq p \geqq 0. \end{cases}$$

假设初始价格 $p^0 \leqq 35$，$s^{-i}(p^0) = 0, \forall i \in N = \{1,2,3\}$；当价格上升到 $p^1 = 35$ 时，$s^{-1}(35) = 1, s^{-j}(35) = 0, \forall j \neq 1$，投标人 1 以 35 的价格购买第 1 个单位的物品。

当价格上升到 $p^2 = 40$ 时，

$$s^{-1}(40) - s^{-1}(35) = 0, s^{-2}(40) - s^{-2}(35) = 1, s^{-3}(40) = 0,$$

此时投标人 2 以 40 的价格购买第 2 个单位的物品。

当价格上升到 $p^3 = 35$ 时，

$$s^{-2}(35) - s^{-1}(28) = s^{-3}(28) - s^{-3}(24) = 1, s^{-2}(28) = 0,$$

则投标人 1 以 28 的价格购买第 3 个单位物品，投标人 3 以 28 的价格购买第 1 个单位物品，总共销售了 4 个单位物品。

当价格上升到 $p^3 = 32$ 时，

$$s^{-2}(32) - s^{-2}(28) = s^{-3}(32) - s^{-3}(28) = 1, s^{-1}(32) - s^{-1}(28) = 0,$$

投标人 2 以 32 的价格购买第 1 个单位物品，投标人 3 以 32 的价格购买第 2 个单位物品，总共销售了 6 个单位物品。

这样，在奥萨贝尔拍卖下：投标人 1 得到 3 个单位的物品，支付价格为 $20+24+28=72$；投标人 2 得到 1 个单位的物品，支付价格为 32；投标人 3 得到 2 个单位的物品，支付价格为 $28+32=60$。拍卖人的总收入为 164。这一结果与维克瑞机制等价。与之前类似，除了在私人价值下，奥萨贝尔拍卖与维克瑞机制在战略上并不等价。

21.5 私人价值同质多物品同时拍卖的均衡

这一节讨论在私人价值下同质多物品的拍卖。由于密封拍卖和公开拍卖是等价的，我们主要讨论三种密封拍卖机制。在单物品拍卖中，当投标人的价值是私人同类型分布、无预算约束及风险中性时，其一级密封价格拍卖和二级密封价格拍卖的对称均衡都是有效的。然而，对多物品拍卖，这个结论不成立，只有维克瑞拍卖是有效的，而歧视性拍卖和单一价格拍卖不是有效的。

21.5.1 维克瑞多物品拍卖机制的特性

我们先讨论多物品的维克瑞拍卖机制。假设拍卖人有 K 单位同质物品，假设投标人 i 对不同单位物品的边际价值为 $\mathbf{V}^i(\theta)=(V_1^i(\theta),\cdots,V_K^i(\theta))$，其中 V_k^i 是投标人 i 对第 k 单位物品的边际价值，满足边际效用递减规律，即 $V_k^i \geqq V_{k+1}^i, \forall k<K$。假设投标人 i 的价值 V^i 是独立同分布的，在价值空间 $\chi=\{\mathbf{v}^i\in[0,w]^K: v_k^i \geqq v_{k+1}^i, \forall k<K\}$ 上服从密度函数为 $\varphi(\mathbf{v}^i)$ 的分布。给定投标人的价值，此时投标人真实的需求函数记为 $\delta^i(p)$，定义为：

$$\delta^i(p)=\max\{k: v_k^i \geqq p\}.$$

从上一节，我们知道参与人报告的需求函数为 $d^i(p)=\max\{k: b_k^i \geqq p\}$。因此，当且仅当投标人按照其真实价值来报价时，真实需求等于报告需求。

在维克瑞多物品拍卖机制下，每个投标人同时提交一个 K 维的投标向量 $\mathbf{b}^i$，满足 $b_k^i \geqq b_{k+1}^i$。所有人的投标向量构成了投标集合 $\{b_k^i, i\in N, k=1,\cdots,K\}$，在这个投标集合中排名前 K 的投标价对应的标获胜，参与人 i 获得 k_i 单位的物品，$\sum_i k_i=K$。$\mathbf{c}^{-i}$ 是参与人 i 面临的 K 维按递减顺序排列的竞争性投标价，这些投标价是来自投标集合 $\{b_k^j, j\neq i, j\in N, k=1,\cdots,K\}$ 中排名前 K 的投标价构成的向量。若在维克瑞拍卖中，参与人 i 获得 k_i 单位的物品，那么意味着 $b_{k_i}^i > c_{K-k_i+1}^{-i}$ 同时 $b_{k_i+1}^i < c_{K-k_i}^{-i}$。同时参与人 i 对 k_i 单位的物品的总付出为 $\sum_{k=1}^{k_i} c_{K+1-k}$。下面我们证明，在维克瑞拍卖机制下，参与人真实地报价，即 $\mathbf{b}^i(\mathbf{v}^i)=\mathbf{v}^i$ 是一个弱占优战略。

定理 21.5.1 *在维克瑞多物品拍卖机制下，对所有投标人 i 来说，选择 $\mathbf{b}^i(\mathbf{v}^i)=\mathbf{v}^i$ 是一个弱占优战略。*

证明 令参与人 i 的真实报价战略为 $\mathbf{b}^i$，他所面临的其他参与人的任何一个竞争性报价向量为 $\mathbf{c}^{-i}$。令 k_i 是参与人 i 选择真实报价获得拍卖品的数量，这意味着 $v_{k_i}^i > c_{K-k_i+1}^{-i}, v_{k_i+1}^i > c_{K-k_i}^{-i}$，总的支付价格为 $\sum_{k=1}^{k_i} c_{K-k+1}^{-i}$，其期望效用为

$$\sum_{k=1}^{k_i}[v_k^i - c_{K-k+1}^{-i}].$$

若参与人 i 选择其他报价 $\mathbf{b}'$，在这一报价下，参与人同样获得 k_i 单位的物品，其期望效用是相同的。若参与人 i 选择其他报价 $\mathbf{b}'$，所获得的拍卖品数量为 $k_i'\neq k_i$。当 $k_i'>k_i$ 时，他在获得第 k 单位物品时，有 $k_i' \geqq k \geqq k_i+1$，所得到的边际净收益为

$$v_k^i - c_{K-k+1}^{-i} \leqq v_{k_i+1}^i - c_{K-k_i+1}^{-i} < 0.$$

这样，他的期望效用在 $\mathbf{b}'$ 时比在 $\mathbf{b}^i$ 时更低；当 $k_i' < k_i$ 时，他不能获得第 $k_1'+1, \cdots, k_i$ 单位物品，而在获得第 $k < k_i$ 单位物品时，他的边际净收益为

$$v_k^i - c_{K-k+1}^{-i} \geqq v_{k_i+1}^i - c_{K-k_i+1}^{-i} > 0.$$

这样，他的期望效用在报价 $\mathbf{b}'$ 处比在 $\mathbf{b}^i$ 处更低。因此，参与人 i 的真实报价战略 $\mathbf{b}^i$ 是一个弱占优战略。 □

在维克瑞机制下，参与人 i 得到的每单位物品的支付价格相当于该物品给其他参与人的机会成本，或者对其他参与人产生的外部性。

Ausubel 和 Milgrom(2006) 对维克瑞机制下参与人的支付用 VCG 的方式进行了定义。令 $\mathbf{v}^i$ 是参与人 i 对多物品的真实价值向量；令 $\hat{\mathbf{v}}_i$ 是参与人报告的价值向量，令 $\mathbf{k} = (k_1, \cdots, k_n)$ 是物品的一个配置，$\mathbf{k}^*$ 是给定所有参与人价值向量下的最优配置方案，即

$$\text{mathbf}k^* = \text{argmax}_{\mathbf{k}} \sum_i \hat{\mathbf{v}}_i(k_i), \text{s.t.} \quad \sum_i k_i \leqq K.$$

此时获得 k_i 单位物品的投标人的支付价格等于

$$t_i(k_i, \hat{\mathbf{v}}) = \bar{\mathbf{v}}_{-i} - \sum_{j \neq i} \hat{\mathbf{v}}_j(k_j^*),$$

其中 $\bar{\mathbf{v}}_{-i} = \max\{\sum_{j\neq i} \hat{\mathbf{v}}_j(k_j) : \sum_{j\neq i} k_j \leqq K\}$。因此，维克瑞多物品拍卖机制是 VCG 机制在多物品拍卖中的一个推广。

由于在维克瑞多物品拍卖机制下每个人选择真实价值作为自己的报价，同时拍卖人在所有的投标集合中，排名前 K 的投标价对应的标获胜，因此维克瑞拍卖是一个有效的拍卖。与此同时，Ausubel 和 Milgrom(2006) 进一步证明了在私人价值下，在同质多单位物品的所有拍卖机制中，维克瑞拍卖机制是唯一的机制，使得真实报价是占优战略，配置规则是有效的，失败投标者不需支付。

以上结论说明了维克瑞拍卖具有良好的特性，但若放松同质物品，特别是引入互补品后，维克瑞拍卖会存在很多问题，我们在后面的章节中将会深入讨论。在同质多单位物品的拍卖中，维克瑞拍卖存在的一个缺陷是对同质物品不同价，会引发类似套利等其他一些问题。下面的例子（来自 Krishna，2010）揭示了维克瑞拍卖中的同质物品不同价的现象。

例 21.5.1 假设存在两个单位的同质物品，两个投标人对物品的价值分别为：$\mathbf{v}^1 = (10, 2)$ 和 $\mathbf{v}^2 = (9, 1)$。在维克瑞拍卖中，两个投标人各获得 1 个单位的物品，他们支付的价格分别为 1 和 2，他们对同质物品支付的价格不同。若投标参与者是两家上市公司，这样的投标以及支付结果很可能会使得支付高价格的公司面临很多的外部压力。

下面我们讨论其他多物品的拍卖，先是单一价格拍卖，接着是歧视性拍卖。在这些拍卖机制下，投标人通常都不会采取真实报价，在配置上通常也不是有效的。

21.5.2 单一价格多物品拍卖的均衡

这一节我们讨论单一价格多物品拍卖。在这种拍卖机制下存在着普遍低报需求的现象，这一现象背后的逻辑与买方垄断是相同的。

前面介绍了在给定投标人的投标向量 $\mathbf{b}=(\mathbf{b}^i)_{i\in N}$ 时单一价格拍卖机制下的价格决定和物品配置。假设有 K 单位相同的拍卖品，投标人 K 维的投标向量为 $\mathbf{b}^i$，投标人对物品的（边际）价值向量为 $\mathbf{v}^i$，同时面临的其他参与人的 K 维竞争性投标向量为 $\mathbf{c}^{-i}$。若参与人 i 获得 k_i 单位的物品，则满足下面的条件：

$$b^i_{k_i}>c^{-i}_{K-k_i+1}\text{同时}b^i_{k_i+1}<c^{-i}_{K-k_i}.$$

单一拍卖价格为：

$$p=\max\{b^i_{k_i+1},c^{-i}_{K-k_i+1}\}.$$

单一价格拍卖机制的战略均衡通常得不到显示解。下面我们主要刻画这一拍卖机制下均衡战略的一些性质。

在单一价格拍卖机制下投标均衡战略有两个重要的特征：一是投标价不会超过边际价值；二是对第一个单位的投标价等于其边际价值。下面我们简单证明这一结论。

假设在投标人 i 的投标战略 $\mathbf{b}^i$ 中存在 $b^i_k>v^i_k$，我们可以验证这一投标战略会被满足 ${b'}^i_k=v^i_k,{b'}^i_{k'}=b^i_{k'},k'\neq k$ 的战略（弱）占优。分四种情形来讨论。(1) $b^i_k=p$。在以上两个投标战略下投标人 i 都获得 $k-1$ 个单位，但选择 ${b'}^i_k=v^i_k$ 时，单一价格 p 可能会下降。(2) $b^i_k<p$。以上两个投标战略对投标人 i 没有影响。(3) $b^i_k>p>v^i_k$。投标人在赢得第 k 个单位时，价格高于其边际价值，会降低其利益，但是在 $\mathbf{b}'^i$，投标人不会获得第 k 个单位物品。(4) $b^i_k>v^i_k>p$。以上两种投标战略对投标人没有影响。因此，在单一价格拍卖下，投标人不会选择高于边际价值的投标价。

当投标人对第一个单位的投标价选择其边际价值，即当 $b^i_1=v^i_1$ 时，它是一个弱占优战略，或者说对于 ${b'}^i_1<v^i_1$ 都是一个弱劣战略。分三种情形讨论：(1) $p\geqq v^i_1>{b'}^i_1$。投标人在以上两种投标战略下都不会获得物品，对投标人来说无差异。(2) $v^i_1\geqq p\geqq {b'}^i_1$。对第一个单位真实报价，投标人 i 可以获得第一个单位物品，同时获得正的收益，但若选择 ${b'}^i_1$，投标人不能获得物品，没有收益。(3) $v^i_1>{b'}^i_1>p$。选择以上两个投标战略对于投标人 i 没有影响。

这样，在单一物品拍卖中，投标人的战略满足投标价不超过真实价值。尽管对第一个单位的投标价等于其价值，但对其他单位物品的投标价小于真实价值。这一现象称为战略性需求降低。

下面我们利用一个简化的模型来刻画在单一价格下战略性需求降低背后的逻辑。假设有两单位的同质拍卖物品，即 $K=2$。假设有两个投标人，每个投标人的边际价值向量 $\mathbf{V}^i$ 在价值空间 $\chi=\{\mathbf{v}^i\in[0,w]^2:v^i_1\geqq v^i_2\}$ 上服从密度函数为 $\varphi(\cdot)$，分布函数为 $\Phi(\cdot)$ 的分布。令 $\Phi_1(\cdot)$ 和 $\Phi_2(\cdot)$ 分别是 V^i_1 和 V^i_2 的边际分布函数。考虑对称情形 (省略上标) 时单一价格拍卖机制下投标人 1 的投标战略选择。假设参与人 1 的边际价值向量为 $(v^1_1,v^1_2)\equiv(v_1,v_2)$，投标向量为 $(b^1_1,b^1_2)\equiv(b_1,b_2)$，面临的竞争性投标向量为 $(b^2_1,b^2_2)=(c^{-1}_1,c^{-1}_2)\equiv(c_1,c_2)$。考虑对称投标均衡，由于 $\mathbf{b}^i(\mathbf{v}^i)=\beta(\mathbf{v}^i)$，$\mathbf{b}^i$ 也是一个随机向量，假设其分布服从 $H(\cdot)$(密度函数为 $h(\cdot)$)，$H_1(\cdot)$ 和 $H_2(\cdot)$ 是 b^2_1 和 b^2_2 的边际分布函数，从而是 c_1 和 c_2 的边际分布函数。

投标人 1 选择投标向量为 $\mathbf{b}^1=(b_1,b_2)$ 的期望效用为：

$$
\begin{aligned}
Eu^1(\mathbf{b},\mathbf{v}) = & \int_{\{\mathbf{c}:c_1<b_2\}}(v_1+v_2-2c_1)h(\mathbf{c})d\mathbf{c} \\
& + \int_{\{\mathbf{c}:c_1>b_2,c_2>b_1\}}(v_1-\max\{c_2,b_2\})h(\mathbf{c})d\mathbf{c} \\
= & H_1(b_2)(v_1+v^2) - 2\int_0^{b_2} c_1h_1(c_1)dc_1 \\
& +[H_2(b_1)-H_1(b_2)]v_1 - [H_2(b_1)-H_1(b_2)]b_2 \\
& - \int_{b_2}^{b_1} c_2h_2(c_2)dc_2.
\end{aligned}
$$

我们知道，对于第一个单位的投标价满足 $b_1=v_1$。对 b_2 求最大化的一阶条件得到：

$$
\frac{dEu^1}{db_2} = h_1(b_2)(v_2-b-2) - [H_2(b_2)-H_1(b_2)].
$$

由于 c_1 一阶占优 c_2，有 $H_2(b_2)-H_1(b_2)>0$，从而得到：

$$
b_2 = v_2 - \frac{H_2(b_2)-H_1(b_2)}{h_1(b_2)} < v_2.
$$

在单一价格拍卖均衡时，除了第一个单位物品外，参与人存在战略性的需求都降低。在更一般的情形下，Ausubel 和 Cramton(2002) 证明了：只要 $K>1$，在单一价格拍卖机制下，投标人的投标在均衡时都会有：$\beta_1^i(v_1^i)=v_1^i, \beta_k^i(v_k^i)<v_k^i, \forall k>1$。

Milgrom (2004) 把单一价格拍卖中的战略性需求降低与买方垄断的需求特性联系起来。考虑一个简单的情形。假设 $K=2$，投标人 1 是单位需求，即 $V_2^1=0$，假设他对 1 单位物品的价值为 V^1，服从 [0,1] 的均匀分布，根据单一价格拍卖的战略特性，得到 $b^1(v^1)=v^1$。投标人 2 的边际价值向量为 v_1,v_2，满足 $1>v_1\geqq v_2>0$，在投标战略的选择中，首先 $b_1^2=v_1$ 是对于 b_2 战略的选择。若 $b_2>v_1$，此时投标人获得两个单位物品。若 $0\leqq b_2<v_1$，则获得一个单位物品。这样，对于投标人 2，选择 b_2 的期望效用为：

$$
Eu_2(b_2,v_1,v_2) = \int_{v^1<b_2}(v_1+v_2-2v^1)dv^1 + \int_{v^1>b_2}(v_1-b_2)dv^1 = v_1 - b_2(1-v_2).
$$

此时，最优的投标战略为 $b_2=0$，即不管 v_2 如何取值，投标人 2 对第二个单位的最优投标价为零。

出现投标人战略性需求降低的原因与垄断买方市场的背后逻辑相同。在垄断买方市场中，垄断者购买 q 单位的支出为 $TE(q)=qp(q)$，其中 $p(q)$ 是市场的供给函数。垄断者购买第 q 单位的边际支出为 $TE'(q)=p(q)+qp'(q)>p(q)$（由于市场的供给函数 $p'(q)>0$）。这样，多购买一个单位的物品，存在两个方面的效应，一是购买物品本身的支出 $p(q)$，二是提高边际内物品的采购成本，即 $qp'(q)$。后一种效应降低了垄断者的需求激励。假设垄断者对于物品的价值为 $v(q)$，则最大效用的购买数量为：

$$
v'(q) - TE'(q) = v'(q) - p(q) - qp'(q) = 0,
$$

这意味着垄断者购买的需求 q 满足 $v'(q)-p(q)>0$，这就是战略性的需求下降背后的逻辑。

在 Milgrom(2004) 的例子中，当投标价 $b_2=0$ 时，投标人 2 可以免费获得一个单位的物品，但若要获得第二个单位的物品，不仅要付出第二个单位的获得成本 v^1，而且增加了第一个单位的获得成本。此时，即使 $v_2>v^1$，投标人 2 也没有动机去获得第二个单位的物品。因此，单一价格多物品拍卖通常不是有效拍卖机制。不过，当每个投标人都是单位需求时，前面我们已经论证了每个投标人都会按照选择真实报价，此时单一价格拍卖也有效。

21.5.3 歧视性多物品拍卖的均衡

下面我们讨论歧视性拍卖机制下的均衡。在歧视性价格拍卖中，在赢得物品时，投标人会按照其报价支付拍卖品。令 $\mathbf{b}^i$ 是投标人 i 的投标向量。若他获得 k_i 单位的物品，他总的支付为 $\sum_{k=1}^{k_i} b_k^i$。与单一价格的拍卖一样，由于一般情形的封闭解很难获得，我们在这里重点考察对称均衡的特征。

下面以两单位物品和两个投标人为例进行讨论。假设投标人的边际价值向量为 $\mathbf{v}^i=(v_1^i,v_2^i)$，考虑对称均衡 (β_1,β_2)，即 $b_1^i=\beta_1(\mathbf{v}^i)$ 和 $b_2^i=\beta_2(\mathbf{v}^i)$。对于对称均衡，我们只需考虑参与人 1 的投标战略。不妨令 $(v_1^1,v_2^1)=(v_1,v_2)$，$(b_1^1,b_2^1)=(b_1,b_2)$。投标人 1 面临的竞争性投标向量为 $\mathbf{c}^{-1}=(b_1^2,b_2^2)$，不妨令 $\mathbf{c}^{-1}=(c_1,c_2)$。与上面类似，令 c_1 和 c_2 的边际分布函数为 $H_1(\cdot)$ 和 $H_2(\cdot)$。

首先对称投标战略有如下性质：

$$\max_{\mathbf{v}}\beta_1(\mathbf{v})=\max_{\mathbf{v}}\beta_2(\mathbf{v}).$$

不妨令 $\bar{b}=\max_{\mathbf{v}}\beta_2(\mathbf{v})$。可以验证：对于投标人 i，$b_1^i>\bar{b}$ 被 $b'^i_1=b_1^i-\epsilon>\bar{b}$ 严格占优，其中 $\epsilon>0$。由于 $b_2^j\leqq\bar{b}$，对参与人 i 来说，b_1^i 或 b'^i_1 都是成功的投标价，但选择 b'^i_1 支付时的成本更低。

当 $c_1<b_2$ 时，投标人 1 可以获得两单位物品；而当 $c_2<b_1$ 和 $c_1>b_2$ 时，投标人 1 可以获得一单位物品。因此，投标人 1 在边际价值向量 $\mathbf{v}^1=(v_1^1,v_2^1)=(v_1,v_2)$ 和投标向量 $\mathbf{b}^1=(b_1^1,b_2^1)=(b_1,b_2)$ 时的期望效用为：

$$\begin{aligned}Eu_1(\mathbf{b}^1,\mathbf{v}^1)&=H_1(b_2)(v_1+v_2-b_1-b_2)+[H_2(b_1)-H_1(b_2)](v_1-b_1)\\&=H_2(b_1)(v_1-b_1)+H_1(b_2)(v_2-b_2),\end{aligned}$$

同时满足约束：

$$b_1\geqq b_2.$$

当最优化选择的约束不是紧约束，即 $b_1>b_2$ 时，对 b_1,b_2 求解一阶条件得到：

$$h_2(b_1)(v_1-b_1)=H_2(b_1),\tag{21.5.15}$$

$$h_1(b_1)(v_2-b_2)=H_1(b_2).\tag{21.5.16}$$

此时，对不同单位的投标是独立的，即 β_1 不依赖于 v_2，同时 β_2 也不依赖于 v_1。当最优化选择中约束是紧约束，即 $b_1=b_2=b$ 时，其一阶条件为：

$$h_2(b)(v_1-b)+h_1(b)(v_2-b)=H_2(b)+H_1(b).$$

此时，投标者对不同单位的需求是“平坦”的，即对每单位物品的报价是相同的。从上面的一阶条件可以进一步得到：若在 $\mathbf{v} = (v_1, v_2)$ 和 $\mathbf{v}' = (v'_1, v'_2)$ 处，对两单位物品都选择相同的投标价 b，那么对于任意 $\lambda \in [0,1]$，在 $\lambda\mathbf{v} + (1-\lambda)\mathbf{v}'$ 的价值下，投标人也会选择相同的投标价 b。

21.5.4　多物品有效拍卖机制的特征

对单一价格拍卖机制，我们知道，除了每个投标人都是单位需求外，单一价格拍卖不是有效拍卖，那么上一节的歧视性拍卖是否是有效的呢？下面我们先给出一个判断多物品有效拍卖机制的特征结论，再讨论上面的歧视性拍卖的有效性。

由于拍卖机制有各种各样的设计，我们讨论的多物品拍卖都是标准拍卖，即将拍卖物品配置给最高 K 个投标价所对应的参与人。给定任意一个标准拍卖，有 K 个拍卖品，令 $\beta = (\beta^1, \cdots, \beta^N)$ 是一个投标均衡，其中 $\beta^i = (\beta^i_1, \cdots, \beta^i_K)$ 是投标人 i 的战略投标向量。假设投标人 i 的边际价值向量为 $\mathbf{v}^i$。若 $\beta^i_k(\mathbf{v}^i)$ 是成功的投标价，这一投标价必然在前 K 个最高投标价中。若拍卖机制是有效的，且 v^i_k 在所有投标人中前 K 个最高边际价值中，那么参与人 i 应该至少获得 k 个单位物品。若拍卖机制是有效的，那么在任意投标均衡中，需要满足如下条件：

$$\beta^i_k(\mathbf{v}^i) > \beta^j_l(\mathbf{v}^j)\text{当且仅当}v^i_k > v^j_l.$$

这一条件意味着：

（1）任意投标人 i 对第 k 单位的投标价必然只依赖于他对于第 k 单位的边际价值 v^i_k，即 $\beta^i_k(\mathbf{v}^i) = \beta^i_k(v^i_k)$。这是由于，若第 k 单位的投标战略依赖于其他单位的边际价值，比如 $v^i_{k'}$，则当 $v^i_k = v^j_l, v^i_{k'} \neq v^j_{l'}$ 时，$\beta^i_k \neq \beta^j_l$，意味着若 v^i_k, v^j_l 都在所有投标人前 K 个最高边际价值中，但 β^i_k, β^j_l 却可能不在前 K 个最高投标价中，这样拍卖均衡不是有效的。因此，对于有效的拍卖机制，投标人对于不同单位的投标战略必然是独立的。

（2）对于任意投标人以及任意单位的投标，投标战略是完全相同的，即 $\forall i, j, k, l$ 都有 $\beta^i_k(\cdot) = \beta^j_l(\cdot) = \hat{\beta}(\cdot)$，否则当 $v^i_k = v^j_l$ 时可能会有 $b^i_k \neq b^j_l$，此时就不是有效的拍卖配置规则了。

回顾前面讨论的三种多物品拍卖机制，维克瑞多物品拍卖机制是有效的，因为此时所有投标人都选择真实报价，即 $b^i_k = \beta^i_k(\mathbf{v}_i) = v^i_k$。对于单一价格拍卖，假设至少有投标人不是单位需求，此时每个投标人对第一单位物品是真实报价，对于其他单位物品的报价会低于其真实边际价值，因此它不是有效拍卖。对于歧视性多物品拍卖，在之前的两单位物品两个投标人的投标战略均衡中：在 $b_1 > b_2$ 情形下，根据一阶条件 (21.5.15）和（21.5.16)，除非满足 $\frac{H_2}{h_2} = \frac{H_1}{h_1}$，尽管对不同单位的投标满足独立性，但却不满足投标战略相同的特性。此外，一旦 $\beta_1(\cdot) = \beta_2(\cdot)$，这就意味着 $H_1(\cdot)$ 一阶占优于 $H_2(\cdot)$，此时有 $\frac{H_2}{h_2} \neq \frac{H_1}{h_1}$。而在 $b_1 = b_2$ 时，当 $v^i_1 > v^i_2$ 时显然也不满足有效性条件。因此，在前面讨论的三种静态多物品拍卖机制中，通常只有维克瑞拍卖是有效的。

21.5.5　多物品拍卖收益等价定理

在前面单一物品拍卖的情形下，若满足私人价值、类型独立、对称、无外部（预算）约束以及风险中性的假设，常见的拍卖机制，如一级密封价格拍卖、二级密封价格拍卖、英式拍卖和荷兰式拍卖等，不仅是有效的，而且满足（事中）收益等价。当单一物品拍卖拓展到多物品拍卖时，前面的讨论说明了，满足以上假设的一些常见的拍卖机制并不都是有效的。此时剩下的一个问题是：收益等价结论能否推广到多物品拍卖呢？这一节讨论这一问题。

单一物品拍卖的收益等价是对具有相同配置结果的拍卖机制而言的，同样在讨论多物品拍卖环境下，下面的讨论也是针对具有相同配置结果的拍卖机制。尽管在前面我们发现一些常见的拍卖机制不是有效的（所谓有效是指在所有的环境下配置结果都有效），但这并不能排除在有些环境下这些拍卖机制的配置结果可能是不相同的。下面我们先假设两种拍卖机制，考察当它们的配置结果相同时，对于拍卖人的事中收益是否是相同的。

假设有 K 单位同质物品，投标人集合为 $N=\{1,\cdots,n\}$，每个投标人的边际价值 (随机) 向量为 $\mathbf{V}^i$，其取值 $\mathbf{v}^i\in\chi\equiv\{\mathbf{v}\in[0,w]^K: v_k\geqq v_{k+1},\forall k\}$，假设它们都是独立分布的，这里不要求同分布，令分布函数为 $\Phi_i(\cdot)$，密度函数为 $\varphi_i(\cdot)$。

下面利用机制设计的框架来讨论多物品拍卖机制下的收益等价结果。令 $(\beta^1,\cdots,\beta^n)$ 是某个拍卖机制，比如 A 机制的均衡投标战略。在均衡时，$\mathbf{v}^i$ 的投标者会选择其战略 $\beta^i(\mathbf{v}^i)$。当边际价值向量为 $\mathbf{v}_i$ 的投标人 i 报告其 $\hat{\mathbf{v}}^i$，即选择投标为 $\beta^i(\hat{\mathbf{v}}^i)$ 时，在拍卖机制 A 下，获得第 k 单位物品的概率为 $y^i_k(\hat{\mathbf{v}}^i)$，其总的支付为 $t^i(\hat{\mathbf{v}}^i)$，此时投标人 i 的期望效用为：

$$u_i(\hat{\mathbf{v}}^i,\mathbf{v}_i)=\mathbf{q}^i(\hat{\mathbf{v}}^i)\mathbf{v}^i-t^i(\hat{\mathbf{v}}^i),$$

其中，$\mathbf{y}^i=(y^i_1,\cdots,y^i_K)$，即参与人 i 物品获得的概率向量。

均衡条件要求：对任意的 $\hat{\mathbf{v}}^i$，都有

$$\mathbf{y}^i(\mathbf{v}^i)\mathbf{v}^i-t^i(\mathbf{v}^i)\geqq\mathbf{y}^i(\hat{\mathbf{v}}^i)\mathbf{v}^i-t^i(\hat{\mathbf{v}}^i). \tag{21.5.17}$$

令 $U_i(\mathbf{v}_i)\equiv u_i(\mathbf{v}^i,\mathbf{v}_i)=\max_{\hat{\mathbf{v}}^i}\mathbf{y}^i(\hat{\mathbf{v}}^i)\mathbf{v}^i-t^i(\hat{\mathbf{v}}^i)$，不等式 (21.5.17) 于是可写为：

$$U_i(\mathbf{v}_i)\geqq U_i(\hat{\mathbf{v}}^i)+\mathbf{y}^i(\hat{\mathbf{v}}^i)(\mathbf{v}_i-\hat{\mathbf{v}}^i). \tag{21.5.18}$$

在不等式 (21.5.18) 中 $\mathbf{y}^i(\hat{\mathbf{v}}^i)$ 可以看成是凸函数 $U_i(\cdot)$ 在点 $\hat{\mathbf{v}}^i$ 上的亚梯度 (subgradient)。

与单一物品的情形相比，多物品的拍卖机制存在多维度的私人价值，即私人边际价值向量。在单一物品中，我们通过求解积分得到 U_i 的值，下面我们通过一个降维技术，也可以同样地把 U_i 表述为一个积分的形式。

对任意 K 维空间上的点 $\mathbf{v}_i$，定义一维函数 $W^i:[0,1]\rightarrow\mathcal{R}$：

$$W^i(s)=U^i(t\mathbf{v}_i).$$

这样，$W^i(0)=U^i(0),W^i(1)=U^i(\mathbf{v}_i)$。由于 $U^i(\cdot)$ 是连续、凸函数，$W^i(\cdot)$ 也是连续、凸函数。

由于一维的连续凸函数是绝对连续的，它在定义域上处处可微。与此同时，由于每个绝对连续函数都是其导数的积分，我们有：

$$W^i(1)=W^i(0)+\int_0^1\frac{dW^i(s)}{ds}ds. \tag{21.5.19}$$

由不等式 (21.5.18)，得到：

$$W^i(s+\Delta) - W^i(s) = U^i((s+\Delta)\mathbf{v}_i) - U^i(s\mathbf{v}_i)) \geqq \mathbf{y}^i(s\mathbf{v}_i)\Delta\mathbf{v}_i.$$

当 $\Delta > 0$ 时，我们得到：

$$\frac{W^i(s+\Delta) - W^i(s)}{\Delta} \geqq \mathbf{y}^i\mathbf{v}_i.$$

当 $\Delta \downarrow 0$ 时，得到：

$$\frac{dW^i(s)}{ds} \geqq \mathbf{y}^i(s\mathbf{v}_i)\mathbf{v}_i.$$

而当 $\Delta < 0$ 时，我们类似得到：

$$\frac{dW^i(s)}{ds} \leqq \mathbf{y}^i(s\mathbf{v}_i)\mathbf{v}_i.$$

由于 $W^i(s)$ 是可微的，我们有：

$$\frac{dW^i(s)}{ds} = \mathbf{y}^i(s\mathbf{v}_i)\mathbf{v}_i.$$

将其代入式 (21.5.19)，得到：

$$U^i(\mathbf{v}_i) = U^i(0) + \int_0^1 \mathbf{y}^i(s\mathbf{v}_i)\mathbf{v}_i ds. \tag{21.5.20}$$

因此，在 $\mathbf{v}_i$ 上，其均衡期望效用 $U^i(\cdot)$ 完全可由 $\mathbf{y}^i$ 决定，由于

$$t^i(\mathbf{y}^i) = \mathbf{y}^i(\mathbf{v}^i)\mathbf{v}^i - U^i(\mathbf{y}^i),$$

下面的定理总结了多物品拍卖下的收益等价结果。

定理 21.5.2 *对任意两个拍卖机制，若配置规则相同，同时在最低类型下的期望效用 $U^i(0)$ 相同，那么拍卖人的事中期望收益也是相同的。*

21.5.6 收益等价定理的应用

当所有投标人都是单位需求时，单一价格拍卖下所有投标人都会真实报价，此时与维克瑞拍卖机制是等价的。尽管在一般多物品拍卖下，单一价格拍卖和歧视性拍卖通常不是有效的，然而在某些情形下，单一价格拍卖和歧视性拍卖也有可能是有效的。通常求解单一价格拍卖和歧视性拍卖的均衡非常困难，不过应用收益等价定理可以求出单一价格拍卖和歧视性拍卖的均衡投标战略。

考虑下面的情形：有三单位同质物品 $K = 3$，假设有两个投标人，每个投标人最多需要两单位物品，即 $v_3^i = 0, i = 1, 2$。两个投标人的边际价值向量为 $\mathbf{V}^i = (V_1^i, V_2^i), i = 1, 2$。假设每个投标人的边际价值向量在空间 $\chi = \{\mathbf{v} \in [0,1]^2 : v_1 \geqq v_2\}$ 中独立同服从于密度函数 $\varphi(\cdot)$，分布函数为 $\Phi(\cdot)$ 的分布。令 $\varphi_1(\cdot)$ 和 $\varphi_2(\cdot)$ 分别是 V_1^i 和 V_2^i 的边际密度函数，对应的分布函数分别为 $\Phi_1(\cdot)$ 和 $\Phi_2(\cdot)$。

在上面的情形下，我们证明单一价格拍卖和歧视性价格拍卖的配置结果，与维克瑞机制一样，都是有效的。

先验证在单一价格拍卖下，配置是有效的。回顾前面对单一价格拍卖机制投标战略的刻画，在第一个单位的投标中，每个投标人都会选择真实报价，即 $b_1^i = v_1^i, i = 1, 2$。由于每

个投标人最多有两单位需求，有三个拍卖品，这样每个投标人至少会获得一单位物品。若存在对称、递增的关于第二单位物品的均衡投标战略 $\beta_2(\cdot)$，则 $\beta_2(v_2^i) > \beta_2(v_2^j), i \neq j$ 意味着 $v_2^i > v_2^j$，此时投标人 i 获得第二单位物品。因此，只要关于第二单位物品的均衡投标战略满足对称性和单调性，那么对于任意 (v_1^1, v_2^1) 和 (v_1^2, v_2^2)，若 $v_2^1 > v_2^2$，此时投标人 1 获得两单位物品，投标人 2 获得 1 单位物品，反之则反是，显然此时单一价格拍卖是一个有效的拍卖机制。

接着我们验证歧视性拍卖的配置结果也是有效的。同样，每个投标人至少获得一单位物品。假设某个投标人的投标向量 (b_1, b_2) 满足 $b_1 > b_2$。减少第一单位的投标价 $b_1 - \epsilon > b_2$，并不影响投标人获得第一单位的物品 (因为每个投标人都会获得至少一单位物品)，同时也不影响他获得第二单位物品，但却能降低他的支付成本。因此，在均衡战略时，必然有 $b_1 = b_2$，即每个投标人会报告一个"平坦需求"(flat demand)。同时均衡投标战略主要由第二单位的边际价值 v_2^i 决定。

若在歧视拍卖中，第二单位的投标报价是一个单调函数 $\beta_2 : [0,1] \to \mathcal{R}_+$，在对称均衡中，每个投标人都会选择投标战略向量 $(\beta_2(v_2^i), \beta_2(v_2^i))$。由于每个投标人都会至少获得一单位物品，若 $\beta_2(v_2^i) > \beta_2(v_2^j)$，意味着 $v_2^i > v_2^j$，此时投标人 i 会获得两单位物品。显然歧视拍卖也是有效的。

下面，我们利用收益等价定理推导出在单一价格拍卖下对第二单位物品的对称均衡战略，以及在歧视性拍卖下对第二单位物品的对称均衡战略。

由于在上面三种拍卖机制下，$\mathbf{v}^i = 0$ 边际价值向量的投标人不会获得物品，满足 $U^i(0) = 0$，同时在上面的情形中三种拍卖都是有效配置，因此满足收益等价定理。

首先我们求解在维克瑞机制下的期望收益。由于在维克瑞拍卖下，所有参与人都会选择真实报价 $b_k^i = v_k^i, i = 1,2, k = 1,2$。对于投标人 i 来说，他面临的竞争性投标 (3 维) 向量为 $\mathbf{c}^{-i} = (v_1^j, v_2^j, 0)$，若 $v_2^i > v_2^j$，投标人 i 获得两单位物品，支付的成本为 $t^i = 0 + v_2^j$。若 $v_2^i < v_2^j$，投标人 i 获得一单位物品，支付的成本为 $t^i = 0$，从而 $\mathbf{v}^i$ 的投标人 i 获得的事中期望收益为：

$$Et^i(\mathbf{v}^i) = \int_0^{v_2^i} v_2 \varphi_2(v_2) dv_2. \tag{21.5.21}$$

接着我们求解单一价格拍卖中的对称第二单位均衡投标战略 $\beta_2^u(v_2^i)$。在均衡中，若 $v_2^i > v_2^j$，投标人 i 获得两单位物品，支付的成本为 $2\beta_2^u(v_2^j)$。若 $v_2^i < v_2^j$，投标人 i 获得一单位物品，支付的成本为 $\beta_2^u(v_2^i)$。因此，在单一价格拍卖下，$\mathbf{v}^i$ 的事中期望支付为：

$$Et^{u,i}(\mathbf{v}^i) = \int_0^{v_2^i} 2\beta_2^u(v_2)\varphi_2(v_2)dv_2 + (1 - \Phi_2(v_2^i))\beta_2^u(v_2^i). \tag{21.5.22}$$

根据事中收益等价定理，$Et^{v,i}(\mathbf{v}^i) = Et^{u,i}(\mathbf{v}^i)$，即：

$$\int_0^{v_2^i} v_2\varphi_2(v_2)dv_2 = \int_0^{v_2^i} 2\beta_2^u(v_2)\varphi_2(v_2)dv_2 + (1 - \Phi_2(v_2^i))\beta_2^u(v_2^i).$$

对上面的方程关于 v_2^i 求导，有：

$$v_2^i\varphi_2(v_2^i) = \beta_2(v_2^i)\varphi_2(v_2^i) + (1 - \Phi_2(v_2^i)){\beta'}_2^u(v_2^i),$$

从而得到微分方程：

$$\beta'^{u}_{2}(v_2^i) = (v_2^i - \beta_2(v_2^i))\lambda_2(v_2^i),$$

其中，

$$\lambda_2(v_2^i) \equiv \frac{\varphi_2(v_2^i)}{1-\Phi_2(v_2^i)}.$$

加上初值条件为 $\beta_2(0)=0$，得到对称第二单位均衡投标战略为：

$$\beta_2^u(v_2^i) = \int_0^{v_2^i} v_2\lambda_2(v_2)dL(v_2|v_2^i),$$

其中 $L(v_2|v_2^i) = \exp(-\int_{v_2}^{v_2^i}\lambda_2(s)ds)$。

显然 $\beta_2^u(\cdot)$ 是增函数。在单一价格拍卖下，我们得到 $\mathbf{v}^i$ 的投标人的均衡投标战略为 $(v_1^i, \beta_2^u(v_2^i))$。

最后我们求解歧视性拍卖中的对称第二单位均衡投标战略。在歧视性拍卖中，我们已经得到 $b_1^i = b_2^i$。令 $\beta_2^d(\cdot)$ 是对称均衡战略。这样，在均衡时，若 $v_2^i > v_2^j$，投标人 i 获得两单位物品，其支付的成本为 $2\beta_2^d(v_2^i)$。若 $v_2^i < v_2^j$，投标人 i 获得一单位物品，其支付的成本为 $\beta_2^d(v_2^i)$。这样，在歧视性拍卖机制下，$\mathbf{v}^i$ 的事中期望支付为：

$$Et^{d,i}(\mathbf{v}^i) = \beta_2^d(v_2^i) + \Phi_2(v_2^i)\beta_2^d(v_2^i). \tag{21.5.23}$$

根据收益等价定理，我们有

$$\int_0^{v_2^i} v_2\varphi_2(v_2)dv_2 = \beta_2^d(v_2^i) + \Phi_2(v_2^i)\beta_2^d(v_2^i).$$

因此，我们得到第二单位的均衡投标战略为：

$$\beta_2^d(v_2^i) = \frac{1}{1+\Phi_2(v_2^i)}\int_0^{v_2^i} v_2\varphi_2(v_2)dv_2.$$

容易验证 $\beta_2^d(\cdot)$ 是增函数。在歧视性拍卖机制下，我们得到 $\mathbf{v}^i$ 的投标人的均衡投标战略为 $(\beta_2^d(v_2^i), \beta_2^d(v_2^i))$。

从上面的例子看到，通过运用收益等价定理，我们可以比较方便地获得一些不容易求解的拍卖机制的均衡投标战略，不过在运用中要确保两个拍卖机制的配置规则相同。

21.6 私人价值同质多物品序贯拍卖的均衡

这一节我们讨论同质多物品的序贯拍卖。所谓序贯拍卖指的是，每次只拍卖一个单位，依次拍卖，直到所有物品拍卖完毕。主要讨论两种拍卖方式：一级密封价格拍卖和二级密封价格拍卖，即每次拍卖时所有投标人进行密封价格拍卖，每次拍卖后公布拍卖价格。多物品的序贯拍卖与前面讨论的一次性多物品拍卖有很大差别，后者在拍卖时投标人可以同时对多个单位投标，而前者则每次只能对一个单位进行投标，然后再多次投标。序贯拍卖会产生一些新的战略性问题，即投标人需要在不同阶段选择不同的投标战略，这种动态性的考虑会使得分析投标人的战略变得相当复杂。为了便于讨论，我们集中关注一种最简单的序贯拍卖的情形，即每个投标人只有单位需求，即对于任意投标人 i 有 $v_k^i = 0, \forall k \geqq 2$。我们首先讨论一级密封价格的序贯拍卖，然后再讨论二级密封价格的序贯拍卖。

21.6.1 一级密封价格的序贯拍卖

假设有 K 个同质拍卖物品，n 个投标人，所有投标人对物品只有单位需求，投标人 i 对物品的私人价值为 $\mathbf{v}^i$。假设所有投标人对物品的价值是来自 $[0,\omega]$ 的独立同分布，其分布函数记为 $\Phi(\cdot)$，密度函数记为 $\varphi_i(\cdot)$。由于投标人可能在 K 轮中投标（若投标人 i 在第 k 轮投标成功，那么他在之后就不再投标），因此，对投标人而言，其投标战略包括 K 个投标函数，记为 $\beta_1^I(\cdot), \cdots, \beta_K^I(\cdot)$，这里的上标 I 表示一级价格拍卖的方式，下标 k 表示在第 k 轮的投标战略。我们只是考虑对称投标均衡，即每个投标人选择相同的投标战略。由于在不同轮次有不同的信息，在第 $k \leqq K$ 轮，投标战略为 $\beta_k^I(v; p_1, \cdots, p_{k-1})$，其中 $p_1, \cdots, p_{k-1}$ 为之前拍卖中第 1 轮到第 $k-1$ 轮的拍卖价格。在序贯拍卖的讨论中，假设前后两轮相隔的时间不长，从而不再考虑时间贴现问题。

若对称投标战略 $\beta_k^I(v; \cdot)$ 是关于 v 的递增函数，则第 1 个物品会被价值最高的投标人获得，价值第 $k \leqq K$ 的投标人在第 k 轮获得拍卖品，从而序贯拍卖机制是有效的。在正式讨论 K 个拍卖品的序贯拍卖之前，我们先从最简单的 $K=2$ 情形开始，从中得到序贯拍卖均衡投标战略的一些基本特征。

1. 两单位同质物品的序贯拍卖

考虑两个同质物品的序贯拍卖，令 (β_1, β_2)(这里省略上标 I) 是对称均衡投标战略。在第 1 轮，投标战略为 $\beta_1^I(\cdot) : [0, w] \to \mathcal{R}_+$，若是严格递增函数，则存在一个反函数，即对于第一轮的拍卖价格 p_1，在第二轮投标开始前，投标人都可以推测出第一轮中赢得拍卖品的参与人的私人价值为 $\beta_1^{-1}(p_1)$。由于是对称均衡，不妨只考虑投标人 1 的投标战略。令 $W_1 \equiv W_1^{(n-1)}$ 是对 $n-1$ 个随机变量 $V^2, \cdots, V^n$ 的第一序统计量，$W_2 \equiv W_2^{(n-1)}$ 是对 $n-1$ 个随机变量 $V^2, \cdots, V^n$ 的第二序统计量，它们的取值记为 w_1 和 w_2，其密度函数分别为 ψ_1 和 ψ_2，分布函数分别为 Ψ_1 和 Ψ_2，其中 $\Psi_1 = \Phi^{(n-1)}(\cdot)$。若投标人 1 在第一期没有获得物品，则 $w_1 = \beta_1^{-1}(p_1)$。假定所考虑的投标均衡概念是子博弈精炼均衡，这要求从第一期投标价格出发，第二轮的投标战略都应该是纳什均衡。下面我们从第二轮拍卖开始分析。

在第二轮拍卖中，假设第一期的拍卖价格为 p_1，若投标人 1 没有在第一轮得到拍卖品，此时他可以推测出 $w_1 = \beta_1^{-1}(p_1)$。假设在第二轮除了投标人 1 外其他投标人都选择 $\beta_2(\cdot; w_1)$。由于 $W_2 < w_1$，$\beta_2(\cdot; w_1)$ 是递增函数，则投标人 1 在第二轮最高的投标不会超过 $\beta_2(w_1; w_1)$。投标人 1 的私人价值为 v^1，若他选择投标价为 $\beta_2(\hat{v^1}; w_1)$，其中 $\hat{v^1} \leqq w_1$，他的期望效用为：

$$Eu_1(\hat{v^1}, v^1; w_1) = \Phi_2(\hat{v^1} | W_1 = w_1)[v^1 - \beta_2(\hat{v^1}; w_1)].$$

对 $\hat{v^1}$ 求一阶条件得：

$$\psi_2(v^1 | W_1 = w_1)[v^1 - \beta_2(v^1; w_1)] - \Psi_2(v^1 | W_1 = w_1)\beta_2'(v^1; w_1) = 0,$$

从而有

$$\beta_2'(v^1; w_1) = \frac{\psi_2(v^1|W_1 = w_1)}{\Psi_2(v^1|W_1 = w_1)}[v^1 - \beta_2(v^1; w_1)], \tag{21.6.24}$$

且初值条件满足 $\beta_2(0; w_1) = 0$。

给定第一轮获得物品的投标人，除了投标人 1 外 $n-1$ 个投标人中最高价值的参与人对物品的价值为 w_1，投标人 1 选择 $\hat{v^1}$ 在第二轮获得物品的概率是 $prob(Y_2 < \hat{v^1})$，等价于 $prob(Y_1^{(n-2)} < \hat{v}^1)$，这里的 $Y_1^{(n-2)}$ 是指除了投标人 1 和第一阶段赢得拍卖品的投标人外，剩下 $n-2$ 个参与人中最高价值的投标人的私人价值。实际上 $W_2^{(n-1)} \equiv W_1^{(n-2)}$。

$$\begin{aligned}\Phi_2(v^1|W_1 = w_1) &= \Psi_1^{(n-2)}(v^1|W_1^{(n-2)} < w_1)\\ &= \frac{\Phi(v^1)^{n-2}}{\Phi(w^1)^{n-2}},\end{aligned} \tag{21.6.25}$$

从而有

$$\phi_2(v^1|W_1 = w_1) = \frac{(n-2)\Phi(v^1)^{n-1}\varphi(v^1)}{\Phi(w^1)^{n-2}}. \tag{21.6.26}$$

将式 (21.6.25) 和式 (21.6.26) 代入式 (21.6.24)，得到：

$$\beta_2'(v^1; w_1) = \frac{(n-2)\phi(v^1)}{\Phi(v^1)}[v^1 - \beta_2(v^1; w_1)],$$

这等价于：

$$\frac{\partial}{\partial v^1}(\Phi(v^1)^{n-2}\beta_2(v^1; w_1)) = (n-2)\Phi(v^1)^{n-3}\phi(v^1)v^1.$$

结合初值条件，我们得到微分方程的解为：

$$\begin{aligned}\beta_2(v^1) &= \frac{1}{\Phi(v^1)^{n-2}}\int_0^{v^1} vd(\Phi(v)^{n-2})\\ &= E[W_1^{(n-2)}|W_1^{(n-2)} < v^1]\\ &= E[W_2|W_2 < v^1 < W_1].\end{aligned} \tag{21.6.27}$$

这样，对于投标人 1，他在第二轮的投标战略为：当 $v^1 \leqq w_1$ 时，按照式 (21.6.27) 选择 $\beta_2(v^1)$；当 $v^1 > w_1$ 时，选择 $\beta_2(w_1)$。在 $v^1 > w_1$ 的情形下，若在第一期选择均衡战略，投标人 1 应该赢得第一轮的拍卖品，这一情形是在均衡路径之外，根据战略的定义，我们必须把这种可能性考虑进去。

下面讨论第一轮均衡战略 $\beta_1(\cdot)$。同样，我们假设投标人 1 的私人价值为 v^1，其他参与人在第一阶段会选择 $\beta_1(\cdot)$，在第二阶段所有投标人，包括投标人 1 在内，都会选择上面第二轮的均衡投标战略 (21.6.27)。我们现在考察 $\beta_1(\cdot)$ 是第一阶段对称投标均衡的条件。

在均衡时，投标人 1 应该选择 $\beta_1(v^1)$。若他选择 $\beta_1(\hat{v}^1)$，则他的期望效用会是多少呢？若 $\hat{v}^1 \geqq v^1$，当 $\hat{v}^1 > W_1$ 时，他会在第一轮赢得拍卖品，当 $z < W_1$ 时，他在第一轮不能获得物品，他会进入第二轮的投标。若 $W_2 < v^1 \leqq \hat{v}^1 < W_1$，投标人 1 在第二轮会获得拍卖品，在其他情形下投标人将不能获得拍卖品。这样选择 $\beta_1(\hat{v}^1)$ 的期望效用为：

$$\begin{aligned}Eu_1(\hat{v}^1, v^1) = &\Psi_1(\hat{v}^1)[v^1 - \beta_1(\hat{v}^1)]\\ &+(n-1)(1 - \Phi(\hat{v}^1))\Phi(v^1)^{n-2}[v^1 - \beta_1(v^1)].\end{aligned} \tag{21.6.28}$$

若 $\hat{v}^1 < v^1$，当 $\hat{v}^1 > W_1$ 时，他会在第一轮赢得拍卖品；当 $\hat{v}^1 < W_1$ 时，若 $W_2 < v^1 < W_1$，他会在第二轮获得拍卖品，其支付成本为 $\beta_2(v^1)$，若 $\hat{v}^1 < W_1 < v^1$，其支付成本为 $\beta(W_1)$，期望效用为：

$$Eu_1(\hat{v}^1, v^1) = \Psi_1(\hat{v}^1)[v^1 - \beta_1(\hat{v}^1)] + [\Psi_2(v^1) - \Psi_1(v^1)][v^1 - \beta_2(v^1)] + \int_{\hat{v}^1}^{v^1} [v^1 - \beta_2(w_1)]\psi_1(w_1)dw_1. \tag{21.6.29}$$

对两个方程 (21.6.28）和（21.6.29) 关于 $\hat{v}^1$ 求解一阶条件，得到：

$$0 = \psi_1(\hat{v}^1)[v^1 - \beta_1(\hat{v}^1)] - \Psi_1(\hat{v}^1)\beta_1'(\hat{v}^1) - (n-1)\phi(\hat{v}^1)\Phi(v^1)^{n-2}[v^1 - \beta_1(v^1)], \tag{21.6.30}$$

$$0 = \psi_1(\hat{v}^1)[v^1 - \beta_1(\hat{v}^1)] - \Psi_1(\hat{v}^1)\beta_1'(\hat{v}^1) - \psi_1(\hat{v}^1)[v^1 - \beta_1(v^1)]. \tag{21.6.31}$$

由于 $\Psi_1(v) = \Phi(v)^{n-1}$，$\psi_1(v) = (n-1)\phi(v)\Phi(v)^{n-2}$。因此，两个方程 (21.6.30) 和 (21.6.31) 相同。若 $\beta_1(\cdot)$ 是第一轮的均衡投标战略，式 (21.6.30) 和式 (21.6.31) 在 $\hat{v^1} = v^1$ 处成立。

从式 (21.6.30) 和式 (21.6.31) 得到：

$$\beta_1'(v^1) = \frac{\psi_1(v^1)}{\Psi_1(v^1)}[\beta_2(v^1) - \beta_1(v^1)]. \tag{21.6.32}$$

结合初值条件 $\beta_1(0) = 0$，得到上面的微分方程的解：

$$\begin{aligned}\beta_1(v^1) &= \frac{1}{\Psi_1}\int_0^{v^i} \beta_2(w_1)\psi_1(w_1)dw_1 \\ &= E[\beta_2(W_1)|W_1 < v^1] \\ &= E[E[W_2|W_2 < W_1]|W_1 < v^1] \\ &= E[W_2|W_1 < v^1].\end{aligned} \tag{21.6.33}$$

这样，结合式 (21.6.33) 和式 (21.6.27)，我们有下面的命题。

命题 21.6.1 若投标人都是单位需求，两单位一级密封价格的序贯拍卖对称均衡战略为：

$$\beta_1^I(v) = E[W_2|W_1 < v],$$

$$\beta_2^I(v) = E[W_2|W_2 < v < W_1],$$

其中 $W_1 \equiv W_1^{(n-1)}, W_2 \equiv W_2^{(n-1)}$，即 $n-1$ 个同分布中独立随机变量的第一序统计量和第二序统计量。

显然 $\beta_1^I(v^1)$ 和 $\beta_2^I(v^1)$ 是关于 v^1 的严格递增函数。下面我们对 $K=2$ 的情形给出两个动态投标均衡的特性。首先，从式 (21.6.33) 我们得到：

$$\beta_1(v^1) = E[\beta_2(W_1)|W_1 < v^1],$$

这意味着，若 v^1 的投标人 1 是最高价值的参与人，则他选择在第一轮获得物品或第二轮获得物品，其期望支付都是相同的，更准确地说，（随机）动态支付价格是鞅 (martingale)。此时，最高价值的投标人没有动机延后赢得拍卖品，从而均衡结果能防止战略性的延后。其次，从式 (21.6.32) 以及 $\beta_1(\cdot)$ 为严格递增函数可以得到：

$$\beta_2(v^1) - \beta_1(v^1) > 0,$$

这意味着在第二轮的投标战略相对于第一轮会更加积极。这是由于，在第二轮后不会再有机会赢得拍卖品，投标人在后面阶段的投标力度将更大。若我们把 $K = 2$ 扩展到更一般的情形，上面两个特性仍然会存在。

2. K单位的序贯拍卖

下面讨论更一般的 $K > 1$ 的序贯拍卖情形，且投标人数超过物品数，$n > K$。假设有 K 个同质物品序贯拍卖，拍卖采用一级密封价格机制。假设在第 k 轮，之前 $k-1$ 轮的拍卖价格依次为 $p_1, \cdots, p_{k-1}$。令 $W_k = W_k^{(n-1)}$ 是 $n-1$ 个同分布独立抽取的随机变量中第 k 高个变量 (又称第 k 序统计量)，假设 W_k 的分布函数、密度函数分别为 $\Psi_k(\cdot)$ 和 $\psi_k(\cdot)$。我们将推导出对称投标均衡 $(\beta_1, \cdots, \beta_K)$，同样只考察投标人 1 的战略。

仍采用倒推法，从最后一轮，即对第 K 单位物品拍卖均衡的讨论开始。采用和前面类似的推理过程，可以得到最后一轮的均衡投标战略 β_K 是

$$\beta_K(v^1) = E[W_K | W_K < v^1 < W_{K-1}]. \tag{21.6.34}$$

下面考虑第 $k < K$ 轮的投标。同样，从投标人 1 的角度，在未来的序贯投标中，所有投标人都会选择 $\beta_{k+1}, \cdots, \beta_K$ 的对称均衡投标战略。当其他投标人在 k 轮都选择投标战略 β_k 时，我们考察投标人的战略选择。假定所有投标人都选择均衡投标战略，若 $v^1 > W_1^{(n-1)}$，投标人 1 在第一轮会获得投标物品，若 $W_{k-1}^{(n-1)} < v^1 < W_k^{(n-1)}, k \leqq K$，投标人会在第 k 轮获得拍卖品；若 $v^1 < W_K^{(n-1)}$，在均衡时，投标人不能获得拍卖品，与此同时，若 $W_k^{(n-1)} > v^1, k \leqq K$，私人价值为 $W_k^{(n-1)}$ 的参与人在第 k 轮获得拍卖品，当 $W_k^{(n-1)} < v^1, k \leqq K-1$ 时，私人价值为 $W_k^{(n-1)}$ 的参与人在第 $k+1$ 轮获得拍卖品。除此之外，其他投标人不能获得拍卖品。因此，若对称均衡投标战略 $(\beta_1, \cdots, \beta_K)$ 是严格增函数，则序贯拍卖是有效的。此外，若在 k 轮之前，所有的投标价为 $p_1, \cdots, p_{k-1}$，投标人可以推测出，赢得前 $k-1$ 个拍卖品的投标人的私人价值分别为：$w_1 = \beta_1^{(-1)}(p_1), \cdots, w_{k-1} = \beta_{k-1}^{(-1)}(p_{k-1})$。

投标人 1 的私人价值为 v^1，在 k 轮均衡时的投标战略为 $\beta_k(v^1)$，假如他选择一个稍微更高的投标价 $\beta_k(v^i + \Delta)$(他选择一个稍微更低的投标价 $\beta_k(v^i - \Delta)$ 也是类似的，对前面 $K = 2$ 的情形，在对第一轮投标的分析中，我们知道，无论投标价更高还是更低，其一阶条件都是相同的)。若 $v^1 > W_k \equiv W_k^{(n-1)}$，他在第 k 轮会获得拍卖品，其支付成本的期望增加额为：

$$\Psi_k(v^1 | W_{k-1} = w_{k-1})[\beta_k(v^i + \Delta) - \beta_k(v^i)].$$

若 $v^1 < W_k < v^i + \Delta$，所选均衡投标战略是在第 k 轮不能赢得拍卖品，但选择 $\beta_k(v^i + \Delta)$ 可以赢得拍卖品。这种情形可以进一步细分为两种情况：情况 1，若 $W_{k+1} < v^1 < W_k < v^1 + \Delta$，

在均衡时，投标人 1 可以在第 $k+1$ 轮得到拍卖品；情况 2，若 $v^1 < W_{k+1} < W_k < v^1+\Delta$，在均衡时，投标人 1 在第 $k+1$ 轮也得不到拍卖品，但仍然可能在 $l > k+1$ 轮获得拍卖品。当 Δ 很小时，$v^1 < W_{k+1} < W_k < v^1+\Delta$ 的发生概率是二阶微小的 (即与 Δ^2 成比例)，而 $W_{k+1} < v^1 < W_k < v^1+\Delta$ 的发生概率是一阶微小的 (即与 Δ 成比例)。因此，当 Δ 很小时，主要影响是情况 1 的情形，此时当投标人 1 的投标战略从 $\beta_k(v^1)$ 变换到 $\beta_k(v^i+\Delta)$ 时，其期望效用增加约等于：

$$[\Psi_k(v^1+\Delta|W_{k-1}=w_{k-1})-\Psi_k(v^1|W_{k-1}=w_{k-1})][(v^1-\beta_k(v^1))-(v^1-\beta_{k+1}(v^1))],$$

从而期望效用总的变化约为：

$$\begin{aligned}&\Psi_k(v^1|W_{k-1}=w_{k-1})[\beta_k(v^i+\Delta)-\beta_k(v^i)]\\&\qquad+[\Psi_k(v^1+\Delta|W_{k-1}=w_{k-1})-\Psi_k(v^1|W_{k-1}=w_{k-1})]\\&\qquad\times[(v^1-\beta_k(v^1))-(v^1-\beta_{k+1}(v^1))].\end{aligned}\tag{21.6.35}$$

对式 (21.6.35) 除以 Δ 并让 $\Delta\to 0$，得到微分方程：

$$\beta_k'(v^1)=\frac{\psi_k(v^1|W_{k-1}=w_{k-1})}{\Psi_k(v^1|W_{k-1}=w_{k-1})}[\beta_{k+1}(v^1)-\beta_k(v^1)],\tag{21.6.36}$$

其中，

$$\begin{aligned}\Psi_k(v^1|W_{k-1}=w_{k-1})&=\Psi_1^{N-k}(v^1|W_{k-1}=w_{k-1})\\&=\frac{\Phi(v^1)^{n-k}}{\Phi(w_{k-1})^{n-k}},\end{aligned}$$

这是因为 $W_k^{(n-1)}=W_1^{(n-k)}$。

结合初值条件 $\beta_k(0)=0$，于是得到微分方程 (21.6.36) 的解：

$$\begin{aligned}\beta_k(v^1)&=\frac{1}{\Phi^{n-k}(v^1)}\int_0^{v^1}\beta_{k+1}(v)d(\Phi^{n-k}(v))\\&=E[\beta_{k+1}(W_1^{(n-k)})|W_1^{(n-k)}<v^1]\\&=E[\beta_{k+1}(W_k)|W_k<v^1<W_{k-1}].\end{aligned}\tag{21.6.37}$$

方程 (21.6.37) 是一阶递推方程，给定最后一轮投标均衡方程 (21.6.34)，可以得到 $K-1$ 轮的均衡投标战略：

$$\begin{aligned}\beta_{K-1}(v^1)&=E[\beta_K(W_{K-1})|W_{K-1}<v^1<W_{K-2}]\\&=E[E[W_K|W_K<W_{K-1}]|W_{K-1}<v^1<W_{K-2}]\\&=E[W_K|W_{K-1}<v^1<W_{K-2}].\end{aligned}\tag{21.6.38}$$

以此逆向递推，得到在 $k<K$ 轮的均衡投标战略：

$$\begin{aligned}\beta_k(v^1)&=E[\beta_{k+1}(W_k)|W_k<v^1<W_{k-1}]\\&=E[E[W_K|W_{k+1}<W_k]|W_k<v^1<W_{k-1}]\\&=E[W_K|W_k<v^1<W_{k-1}].\end{aligned}\tag{21.6.39}$$

令 $W_0 = \infty$，我们得到一级密封价格的序贯拍卖机制的对称均衡。

命题 21.6.2　若投标人都是单位需求，在 K 单位的一级密封价格的序贯拍卖中，对称均衡 $(\beta_1^I(v), \cdots, \beta_K^I(v))$ 为：

$$\beta_k^I(v) = E[W_K | W_k < v < W_{k-1}], k = 1, \cdots, K,$$

其中 $W_k \equiv W_k^{(n-1)}$，即 $n-1$ 个同分布中独立随机变量的第 k 序统计量。

下面讨论序贯拍卖中的两个特性，一是越到后面的拍卖，投标人会选择越积极的投标价格，即 $\beta_k(v) > \beta_m(v)$。这一点可以从 $\beta_k^I(v)$ 为递增函数，以及式 (21.6.36) 中推导出。二是拍卖价格序列是一个鞅序列。假设私人价值为 v^1 投标人 1 在 $k < K$ 轮中赢得拍卖品，则必然有：$W_K < \cdots < W_k < x < W_{k-1} < \cdots < W_1$，且第 k 阶段的（均衡）拍卖价格为 $p_k = \beta_k(v^1)$。第 $k+1$ 轮的拍卖价格是一个随机变量 $P_{k+1} = \beta_{k+1} W_k$。根据式 (21.6.39)，我们有：

$$\begin{aligned} E(P_{k+1} | P_k = p_k) &= E[\beta_{k+1}(W_k) | W_k < v^1 < W_{k-1}] \\ &= \beta_k(v^1) \\ &= p_k. \end{aligned}$$

因此，我们验证了序贯拍卖的价格序列是一个鞅，这一结论背后的逻辑很简单：若 $E(P_{k+1}|P_k = p_k) \neq p_k$，比如 $E(P_{k+1}|P_k = p_k) < p_k$，则会造成在 k 轮获得拍卖品的投标人不愿意其均衡战略为 β_k，因为在下一轮期望的拍卖价格更低，在下一轮获得拍卖期望效用更高。在模型中，我们假设了投标人是风险中性的，不过，在风险厌恶下也有类似的结论。

21.6.2　二级密封价格的序贯拍卖

下面讨论另一种序贯拍卖：每一轮以二级密封价格方式进行拍卖。若在二级密封价格的序贯拍卖中存在一个对称的、递增的投标战略 $(\beta_1^{II}, \cdots, \beta_K^{II})$，则这样的二级密封价格拍卖也是有效的，此时我们可以应用上一节的收益等价定理推导出二级密封价格序贯拍卖的均衡。

令私人价值为 v 的投标人在一级密封价格拍卖的（事中）期望支付和二级密封价值拍卖的（事中）期望支付分别为 $t^I(v), t^{II}(v)$。令 $t_k^I(v)$ 是在一级密封价格序贯拍卖下在第 k 轮的期望支付成本，于是 $t^I(v) = \sum_{k=1}^K t_k^I(v)$。对二级密封价格序贯拍卖也有类似的结果 $t^{II}(v) = \sum_{k=1}^K t_k^{II}(v)$。下面我们首先利用收益等价定理，得到一个更强的收益等价结果

$$t_k^I(v) = t_k^{II}(v), \forall k \in \{1, \cdots, K\}. \tag{21.6.40}$$

式 (21.6.40) 意味着每一轮拍卖都满足收益等价。下面我们用归纳法来验证。首先从第 K 轮开始进行比较。在第 K 轮开始之前，由于两个拍卖机制的均衡投标战略是单调的，剩下 $n-K+1$ 个投标人可以推出之前获胜投标人的私人价值。由对称性，不妨假设投标人 1 在这剩下 $n-K+1$ 人之中，他的价值为 $v^1 = v$，其他剩下的投标人的私人价值为 $W_K, \cdots, W_{n-1}$。第 $K-1$ 轮的获胜者的价值为 $W_{k-1} = w_{k-1}$，根据收益等价定理，有 $t^I(v) = t^{II}(v)$。由于私人价值为 v 的投标人在前面 $K-1$ 轮中没有赢得拍卖品，$t_k^I(v) = t_k^{II}(v) = 0, \forall k \leqq K-1$，从而我们得到：

$$t_K^I(v) = t_K^{II}(v).$$

下面我们考察在第 $K-1$ 轮的拍卖，剩余的物品有待拍卖，有 $n-K+2$ 个投标人。同样，不妨假设投标人 1 在这剩下 $n-K+1$ 人之中，他的价值为 $v^1=v$，除了投标人 1 外，其他剩余投标人对物品的价值为 $W_{K-1},\cdots,W_{n-1}$，第 $K-2$ 轮获胜者的价值为 $W_{k-2}=w_{k-2}$。根据收益等价定理，可以推出：

$$t_{K-1}^I(v)+t_K^I(v)=t_{K-1}^{II}(v)+t_K^{II}(v).$$

由于 $t_K^I(v)=t_K^{II}(v)$，得到 $t_{K-1}^I(v)=t_{K-1}^{II}(v)$。根据同样的归纳思路，可以得到：

$$t_k^I(v)=t_k^{II}(v).$$

下面我们可以利用这一更强的收益等价结论来推导在二级价格序贯拍卖下对称的均衡投标战略。

首先，若投标人 1 在之前的 $K-1$ 轮没有赢得拍卖品，他对物品的私人价值 $v^1=v$。显然在第 K 轮，即最后一轮，他的（弱占优）投标战略为：

$$\beta_K^{II}(v)=v.$$

假设在第 $k<K$ 轮，投标人获得拍卖品，那么此时一定有：

$$W_K<\cdots<W_k<x<W_{k-1}<\cdots<W_1.$$

在二级价格拍卖中，他的支付为 $\beta_k^{II}(W_k)$，对于私人价值为 x 的投标人在第 k 轮的期望支付为：

$$t_k^{II}(v)=Prob[W_k<v<W_{k-1}]\times E[\beta_k^{II}(W_k)|W_k<v<W_{k-1}].$$

而在一级价格序贯拍卖中，私人价值为 x 的投标人在第 k 轮获得物品，其支付成本为：

$$\begin{aligned}t_k^I(v)&=Prob[W_k<v<W_{k-1}]\times\beta_k^I(v)\\&=Prob[W_k<v<W_{k-1}]\times E[\beta_{k+1}^I(W_k)|W_k<v<W_{k-1}],\end{aligned}\tag{21.6.41}$$

式 (21.6.41) 中的第二行等式来自 $\beta_k^I(v)=E[\beta_{k+1}^I(W_k|W_k<v<W_{k-1})]$。根据前面的每阶段收益等价结果，即 $t_k^I(v)=t_k^{II}(v)$，我们有

$$E[\beta_k^{II}(W_k)|W_k<v<W_{k-1}]=E[\beta_{k+1}^I(W_k)|W_k<v<W_{k-1}].$$

对上式左右两边分别关于 v 求导，得到：

$$\beta_k^{II}(v)=\beta_{k+1}^I(v).$$

因此，我们有

$$\beta_k^{II}(v)=E[W_K|W_{k+1}<v<W_k].$$

显然 $\beta_k^{II}(\cdot)$ 是增函数。

对比一级价格序贯拍卖和二级价格序贯拍卖，由于 $\beta_{k+1}^I(v)>\beta_k^I(v)$，我们有 $\beta_k^{II}(v)>\beta_k^I(v)$，即相对于一级价格序贯拍卖，在二级价格序贯拍卖下投标人投标更积极。此外，与一级

价格序贯拍卖相同，在二级价格序贯拍卖下，拍卖价格的序列也是一个鞅。假设 $P_1^{II}, \cdots, P_K^{II}$ 是二级价格序贯拍卖的价格序列。由于 $\beta_k^{II}(v) = \beta_{k+1}^{I}(v)$，我们只需要验证在最后两期之间的价格满足鞅的性质。

假设价值为 v 的投标人 1 在第 $K-1$ 轮赢得拍卖品，于是有 $W_{k_1} < v < W_{k-2}$，在第 $K-1$ 轮的拍卖（随机）价格为 $P_{K-1} = \beta_{K-1}^{II}(W_{K-1})$。令其实际的价格为 $p_{K-1} = \beta_{K-1}^{II}(w_{K-1})$，$w_{K-1}$ 是 W_{K-1} 实现的价值评估。在最后一轮，价值为 w_{K-1} 的投标人获得物品，支付价格为 $P_K = \beta_K^{II}(W_K) = W_K$。这样，我们有：

$$\begin{aligned}E[P_K^{II}|P_{K-1} = p_k] &= E[W_K|W_K < w_{K-1}]\\ &= \beta_{K-1}^{II}(w_{K-1})\\ &= p_{K-1}.\end{aligned}$$

因此，二级价格序贯拍卖机制的 (随机) 价格序列是一个鞅序列，没有参与人会通过战略性延迟来获得拍卖品。

21.7 私人价值异质物品的组合拍卖

上面讨论的多物品拍卖都是同质物品的拍卖。在现实中，很多物品的拍卖都是异质物品，有时物品之间具有替代性，有时具有互补性，有时物品之间不相关，并且对不同的投标人而言物品的相关性也可能因人而异。这样，多物品拍卖会有一个新问题，即对不同物品的组合进行拍卖会产生一些新的复杂情况。比如，两个物品之间具有互补性，若预期可能拍不到互补物品，投标人对于物品的投标就会很小心，这被称为"暴露问题"(exposure problem)。很多拍卖机制都致力于解决多物品拍卖中类似这样的激励问题。由于异质物品的组合拍卖问题会更复杂，在这一节我们主要介绍一些基本的结论，我们集中讨论私人价值的情形。

21.7.1 基本模型

令 $K = \{a, b, c, \cdots\}$ 是有限个不同的拍卖品，$N = \{1, 2, \cdots, n\}$ 为投标人的集合。i 对拍卖品组合 $S \subset K$ 的私人价值为 $v^i(S)$，投标人 i 对所有组合的价值向量为：$\mathbf{v}^i = (v^i(S))_{S\subset K}$。假设 $v^i(\varnothing) = 0$，同时 $v^i(S) \leqq v^i(T), \forall S \subset T \subset K$。投标人 i 所有价值向量的集合记为 χ_i，是一个非负的闭凸集，假设 $\mathbf{0} \in \chi_i$。

对于投标人 i 来说，物品之间可能存在着一定关系，比如替代或互补关系。

定义 21.7.1 (替代性多物品) 对投标人 i 来说，对物品之间具有**替代性**，若对任意 $a \in K, a \notin T, S \subset T$，都满足

$$v^i(S \bigcup a) - v^i(S) \geqq v^i(T \bigcup a) - v^i(T), \forall \mathbf{v}^i \in \chi_i. \tag{21.7.42}$$

上面定义中式 (21.7.42) 等价于下面的不等式：

$$v^i(S) + v^i(t) \geqq v^i(S \bigcup T) + v^i(S \bigcap T), \forall \mathbf{v}^i \in \chi_i. \tag{21.7.43}$$

若式 (21.7.43) 成立，称投标人 i 的价值具有**次模 (submodular)**。若 $\bigcap T = \varnothing$，式 (21.7.43) 变为：

$$v^i(S) + v^i(t) \geqq v^i(S \bigcup T), \forall \mathbf{v}^i \in \chi_i. \tag{21.7.44}$$

若对任意的 $\bigcap T = \varnothing$，式 (21.7.44) 都成立，此时称投标人 i 的价值具有**次可加性 (subadditive)**。

下面定义物品的互补性。

定义 21.7.2 (互补性多物品) 对投标人 i 来说，物品之间具有**互补性**，若对任意 $a \in K, a \notin T, S \subset T$，都有

$$v^i(S\bigcup a) - v^i(S) \leqq v^i(T\bigcup a) - v^i(T), \forall \mathbf{v}^i \in \chi_i. \tag{21.7.45}$$

类似地，我们说投标人 i 的价值具有**超模 (supermodular)**，若满足：

$$v^i(S) + v^i(t) \leqq v^i(S\bigcup T) + v^i(S\bigcap T), \forall \mathbf{v}^i \in \chi_i. \tag{21.7.46}$$

而且，我们说投标人 i 的价值具有**超可加性 (superadditive)**，若满足：

$$v^i(S) + v^i(T) \geqq v^i(S\bigcup T), \forall \mathbf{v}^i \in \chi_i, S\bigcap T = \varnothing. \tag{21.7.47}$$

在多物品拍卖中，令 $y^i \in K$ 表示在配置 $\mathbf{y}$ 中 i 获得的物品集合。一个配置 $\mathbf{y} = (y^1, \cdots, y^n)$ 是可行的，若 $y^i \bigcap y^j = \varnothing, \forall i \neq j$，且 $\bigcup_i y^i = K$。一个可行的配置实际上是对所有拍卖品集合 K 的一个分割 (partition)，所有可行配置的集合记为 Y。

下面我们利用机制设计的框架来讨论多物品拍卖机制。假设所有投标人的价值为 $\mathbf{v} = (\mathbf{v}^1, \cdots, \mathbf{v}^n)$，拍卖机制的配置规则定义为：$y(\mathbf{v}) = y^1(\mathbf{v}), \cdots, y^n(\mathbf{v})$，其中 $y^i(\mathbf{v})$ 是在所有人价值为 $\mathbf{v}$ 时参与人 i 获得的物品集合。我们考虑直接机制，每个参与人报告其价值 $\hat{\mathbf{v}}^i, i \in N$。令 $y^i(\hat{\mathbf{v}}^i) = (y^i(S, \hat{\mathbf{v}}^i)_{S \subset K})$，其中 $y^i(S, \hat{\mathbf{v}}^i)$ 为投标人 i 在汇报其价值 $\hat{\mathbf{v}}^i$ 下获得物品组合 S 的概率，$y^i(\hat{\mathbf{v}}^i)$ 称为投标人 i 获得物品组合的概率向量，其支付成本为 $t^i(\hat{\mathbf{v}}^i)$。

直接机制 $(\mathbf{y}(\cdot), \mathbf{t}(\cdot))$ 是**激励相容的**，若满足：

$$\begin{aligned} U^i(\mathbf{v}^1) &= y^i(\mathbf{v}^i).\mathbf{v}^i - t^i(\mathbf{v}^i) \\ &= \max_{\hat{\mathbf{v}}^i} y^i(\hat{\mathbf{v}}^i).\mathbf{v}^1 - t^i(\hat{\mathbf{v}}^i). \end{aligned}$$

下面我们给出个组合拍卖收益等价定理。

定理 21.7.1 *若两个拍卖机制的配置规则相同，同时在最低价值下投标人的期望效用为零，那么两个拍卖产生相同的事中期望收益。*

证明的过程与前面的收益等价定理 21.5.2 基本相同，除了这里报告价值向量的维度是 $2^{|K|}$ 而不是 K，从而有如下等式：

$$U^i(\mathbf{v}_i) = U^i(0) + \int_0^1 \mathbf{y}^i(s\mathbf{v}_i)\mathbf{v}_i ds. \tag{21.7.48}$$

21.7.2 一个基准的组合拍卖机制：VCG 机制

下面讨论组合拍卖的一个基准机制，即 VCG 多物品拍卖。在私人价值下，与单物品以及前面同质多物品一致，异质多物品组合 VCG 拍卖也是一个有效机制。

一个有效配置规则是指，对于任意一组参与人的价值 $\mathbf{v}$，配置 $\mathbf{y}(\mathbf{v})$ 最大化了社会福利，即

$$\mathbf{y}(\mathbf{v}) \in \text{argmax}_{y^1, \cdots, y^n} \sum_{i \in N} v^i(y^i). \tag{21.7.49}$$

给定参与人的价值 $\mathbf{v}$，在 $\mathbf{y}(\mathbf{v})$ 配置结果下的社会福利为：

$$W(\mathbf{v}) = \sum_{i\in N} \mathbf{v}^i(y^i(\mathbf{v})). \tag{21.7.50}$$

去掉参与人 i 后，其他参与人在 $\mathbf{y}(\mathbf{v})$ 下的社会福利为：

$$W^{-i}(\mathbf{v}) = \sum_{j\neq i} \mathbf{v}^j(y^j(\mathbf{v})). \tag{21.7.51}$$

我们现在定义在组合拍卖下的 VCG 机制，它是一个有效配置机制。给定参与人的价值 $\mathbf{v}$，其配置规则 $\mathbf{y}(\mathbf{v})$ 由式 (21.7.49) 确定，其转移支付规则为：

$$\begin{aligned} t^i(\mathbf{v}^i, \mathbf{v}^{-i}) &= \sum_{j\neq i} \mathbf{v}^j(\mathbf{y}(\mathbf{v}^{-i})) - \sum_{j\neq i} \mathbf{v}^j(\mathbf{y}(\mathbf{v})) \\ &= W^{-i}(\mathbf{v}^{-i}) - W^{-i}(\mathbf{v}). \end{aligned} \tag{21.7.52}$$

我们可以把式 (21.7.52) 定义的 VCG 机制的转移支付理解为投标人 i 给其他参与人带来的外部性。参与人 i 不参与投标时的社会配置规则为 $\mathbf{y}(\mathbf{v}^{-i})$，而参与人 i 参与投标时的社会配置规则变为 $\mathbf{y}(\mathbf{v})$，其他参与人的社会福利变化由式 (21.7.52) 刻画。与前面的 VCG 机制一样，参与人 i 的转移支付 $t^i(v^i, \mathbf{v}^{-i})$ 不依赖于 v^i。同样，在这样定义的 VCG 机制下，参与人报告自己真实的价值是一个弱占优战略。下面的命题刻画了组合拍卖下的 VCG 机制。

命题 21.7.1 *在组合拍卖 VCG 机制下，报告自己的真实价值是每个投标人的弱占优战略。当每个投标人都真实报告自己的价值类型时，VCG 机制是一个有效的拍卖机制。*

21.7.3 VCG 机制的特性

上面讨论了 VCG 机制是一个有效组合拍卖机制，在这一机制下投标人的真实报价是弱占优的，VCG 机制可以增强有效性结论的稳健性，因为 VCG 机制的有效性不依赖于参与人价值类型的分布，因而是事后可执行的。Green 和 Laffont(1979) 以及 Holmstrom(1979) 在一个相对弱的假设下证明了 VCG 机制是唯一具有真实披露的弱占优的有效机制 (参见命题 18.7.3)，且失败投标人 (即没有获得拍卖品的投标人) 效用为零。不过这一结论对投标人的价值类型有一个约束，即光滑的路径相通性 (smoothly path connection) 假设。这一假设在前面证明收益等价定理中已经被使用了。下面先给出一个正式的定义。

定义 21.7.3 投标人的价值具有**光滑路径相通**，若对任意 $\mathbf{v}^i(\cdot), \hat{\mathbf{v}}^i(\cdot) \in \chi_i, \forall i \in N$，存在一族参数为 s 的价值 $\mathbf{v}^i(\cdot, s) \in \chi_i, s \in [0,1]$，使得 $\mathbf{v}^i(\cdot, 0) = \mathbf{v}^i(\cdot), \mathbf{v}^i(\cdot, 1) = \hat{\mathbf{v}}^i(\cdot)$，同时 $\mathbf{v}^i(\cdot, s)$ 对 s 可微，并满足 $\int_0^1 \sup_{S\subset K} |\frac{\partial \mathbf{v}^i(S,s)}{\partial s}| < \infty$。

在上面的条件下 Ausubel 和 Milgrom (2006) 证明了 VCG 机制的唯一性。

命题 21.7.2 *若所有参与人的价值满足光滑的路径相通性，且 $\mathbf{0} \in \chi_i, \forall i \in N$，则 VCG 机制是唯一满足机制，使得真实披露是弱占优战略，配置结果总是有效的，并对于失败的投保人转移支付为 0。*

证明　给定除了投标人 1 外其他参与人的任意报告的价值组合，若一个机制满足以上性质，投标人 1 报告 $\hat{\mathbf{v}}_i = 0$，那么他的 VCG 配置结果为空集，同时转移支付为 0。假定投标人 1 报告了某个价值 $v^1(\cdot, 1)$，并令 $v^1(\cdot, 0) = \mathbf{0}$，$\{v^1(\cdot s) | s \in [0,1]\}$ 是一族光滑的价值函数。假定

$\mathbf{y}(s)$ 是投标人 1 报告 $v^1(\cdot,s)$ 社会最优的配置，$U^1(s)=\max_{s'}\{v^1(y^1(s'),s)-t^i(s')\}$，其中 $\mathbf{y}^i(s')=y(\mathbf{v}^i(\cdot,s'),\mathbf{v}^{-i}),t^i(s')=t^i(\mathbf{v}^i(\cdot,s'),\mathbf{v}^{-i})$ 是 VCG 机制下的投标人 i 获得的配置和转移支付。根据积分形式的包络定理 (见 Milgrom 和 Segal，2002)，我们有

$$U(1)-U(0)=\int_0^1\frac{\partial v^1(\mathbf{y}(s),s)}{\partial s}ds.$$

令 $\hat{t}(s)$ 是任意一个满足占优真实披露、配置有效以及失败投标人零支付的直接显示机制下的转移支付。令 $\hat{U}^1(s)=\max_{s'}\{v^1(y^1(s'),s)-\hat{t}^i(s')\}$，由包络定理，得到：

$$\hat{U}^1(1)-\hat{U}^1(0)=\int_0^1\frac{\partial v^1(y(s),s)}{\partial s}ds=U^1(1)-U^1(0).$$

由于 $U(0)=\hat{U}(0)=0$，我们有

$$v^1(\mathbf{y}(1),1)-t^i(1)=U^1(1)=[\hat{U}^1(1)=v^1(\mathbf{y}(1),1)-\hat{t}^i(1),$$

从而得到 $t^i(1)=\hat{t}^i(1)$，满足占优真实披露、配置有效以及失败投标人零支付的直接显示机制是 VCG 机制。 □

VCG 机制的另外一个重要的性质是，当执行的均衡概念扩展到贝叶斯均衡时，结合前面的收益等价定理 21.7.1，可以得到 VCG 机制下的期望收入不低于任何一个满足激励相容的有效配置的 (静态) 组合拍卖机制。

21.7.4 VCG 组合拍卖机制的缺陷和问题

尽管 VCG 机制有以上良好性质，然而在多物品拍卖的现实中 VCG 机制却很少被采用。原因是多方面的。首先，VCG 机制很复杂，在 1994 年美国联邦通信委员会对第 31 号频谱的拍卖中包含 12 个不同的频谱，若根据 VCG 组合拍卖，投标人要报告 $2^{12}=4,096$ 种可能组合的价值，这不仅会给投标人也会给拍卖机构带来很大的计算负担，随着拍卖物品数量的增加，VCG 拍卖所需要的计算呈指数增长；其次，VCG 机制涉及投标人大量私人信息，一旦披露这些私人信息可能会对以后投标产生影响，这会使得投标人在披露真实价值的意愿上大打折扣；再次，在 VCG 机制中，不同投标人购买相同物品支付的价格很可能不同，这也会引发争议。除了上面提到的这些问题外，这一节从拍卖收入的角度来讨论 VCG 机制的问题：拍卖收入过低，拍卖收入对投标人数和投标价的非单调性，抵御投标合谋的脆弱性，以及投标托 (shill bidding) 的脆弱性等。这一小节主要参考了 Ausubel 和 Milgrom (2002，2006) 的内容。

下面通过一系列例子来讨论 VCG 组合机制的问题和缺陷。

例 21.7.1 考虑有三个投标人和两个物品 $\{a,b\}$ 的拍卖。三个投标人对物品的价值分别为：

$$\mathbf{v}^1=(\mathrm{v}^1_{\mathrm{a}},\mathrm{v}^1_{\mathrm{v}},\mathrm{v}^1_{\{\mathrm{a,b}\}})=(0,0,2),$$

$$\mathbf{v}^2=(\mathrm{v}^2_{\mathrm{a}},\mathrm{v}^2_{\mathrm{v}},\mathrm{v}^2_{\{\mathrm{a,b}\}})=(2,2,2),$$

$$\mathbf{v}^3=(\mathrm{v}^3_{\mathrm{a}},\mathrm{v}^3_{\mathrm{v}},\mathrm{v}^3_{\{\mathrm{a,b}\}})=(2,2,2),$$

同时 $v^i_{\varnothing}=0,\forall i$。容易看出这两个物品对投标人 1 是互补的，但对投标人 2 和 3 则是替代的。此时，有效配置有两个：一个是 $(y^1,y^2,y^3)=(\varnothing,\{a\},\{b\})$；另外一个是 $(y^1,y^2,y^3)=(\varnothing,\{b\},\{a\})$。

在 VCG 机制中，不管是上面哪个配置，投标人 2 和 3 的支付都为零。这是因为：

$$t^2(\mathbf{v}) = W^{-2}(\mathbf{v}^{-2}) - W^{-2}(\mathbf{v}) = 2 - 2 = 0.$$

同样，可以得到 $t^3(\mathbf{v}) = 0$。在这个多物品 VCG 拍卖中，拍卖人的总拍卖收入为 0。

若拍卖人把两个物品捆绑销售，每个投标人对捆绑物品，即 $\{a, b\}$ 的价值都为 2，此时对捆绑物品的拍卖收入为 2。选择多物品的 VCG 机制给拍卖人带来过少的收入。

在这个例子中，我们还发现，对于多物品的 VCG 机制而言，拍卖人的收入并不是拍卖参与人数的递增函数。

例 21.7.2 下面的例子是例 21.7.1 的变形。假设投标人 3 没有参与投标，即只有投标人 1 和 2。同样考虑 VCG 机制，此时有四个可能的有效配置结果以及对应的 VCG 支付：

(1)$(y^1, y^2) = (\{a, b\}, \varnothing)$，且 $t^1 = 2, t^2 = 0$；

(2)$(y^1, y^2) = (\{a\}, \{b\})$，且 $t^1 = 0, t^2 = 2$；

(3)$(y^1, y^2) = (\{b\}, \{a\})$，且 $t^1 = 0, t^2 = 2$；

(4)$(y^1, y^2) = (\varnothing, \{a, b\})$，并且 $t^1 = 0, t^2 = 2$。

在只有投标人 1 和 2 参与投标的 VCG 机制下，拍卖人的收入为 2。此时投标人数越多，可能会使得 VCG 机制的拍卖收入反而越少。

此外，多物品 VCG 机制容易产生投标人的合谋，下面的例子刻画了 VCG 机制的合谋激励。

例 21.7.3 对例 21.7.1 做一个改变，假设投标人 1 的价值不变，但是投标人 2 和 3 对物品的价值只有 0.5，即三个投标人对物品的价值分别为：

$$\mathbf{v}^1 = (v_a^1, v_b^1, v_{\{a,b\}}^1) = (0, 0, 2),$$

$$\mathbf{v}^2 = (v_a^2, v_b^2, v_{\{a,b\}}^2) = (0.5, 0.5, 0.5),$$

$$\mathbf{v}^3 = (v_a^3, v_b^3, v_{\{a,b\}}^3) = (0.5, 0.5, 0.5).$$

此时，有效配置只有一个 $(y^1, y^2, y^3) = (\{a, b\}, \varnothing, \varnothing)$。在 VCG 机制中，$t^1 = 1, t^2 = t^3 = 0$，拍卖收入为 1。

然而，若投标人 2 和 3 合谋，当他们报告的价值都是 $\hat{\mathbf{v}}^2 = \hat{\mathbf{v}}^3 = (2, 2, 2)$ 时，根据例 21.7.1 的分析，在 VCG 机制下，拍卖配置结果成为 $(\varnothing, \{a\}, \{b\})$ 或者 $(\varnothing, \{b\}, \{a\})$，同时 $t^2 = t^3 = 0$。在合谋下 VCG 机制既不有效，同时拍卖人的收益又变为 0。

与此同时，多物品 VCG 机制并不是一个防托机制。拍卖机制中所谓的“托”是指，投标人通过引入虚构投标人来参与投标以获得更高的收益，这里虚构的投标人称为投标人的托。下面的例子表明，在多物品 VCG 机制下，会存在投标人的托。

例 21.7.4 下面考虑例 21.7.3 的一个变形。假定有两个投标人对两个物品 $\{a, b\}$ 的拍卖。投标人 1 的价值与例 21.7.3 相同，投标人 2 可以看成是例 21.7.3 中的投标人 2 和 3 的加总，即投标人 1 和 2 的价值分别为：

$$\mathbf{v}^1 = (v_a^1, v_b^1, v_{\{a,b\}}^1) = (0, 0, 2),$$

$$\mathbf{v}^2 = (v_a^2, v_b^2, v_{\{a,b\}}^2) = (1, 1, 1).$$

在 VCG 机制下的配置结果为 $(y^1, y^2) = (\{a,b\}, \varnothing)$，且 $t^1 = 1, t^2 = 0$，拍卖人获得 1 的收入。

虚构一个投标人 3，假设投标人 2 与虚构投标人 3 的价值报告为：$\hat{\mathbf{v}}^2 = \hat{\mathbf{v}}^3 = (2,2,2)$。与例 21.7.3 的结果相同，在 VCG 机制下，拍卖的配置结果变为 $(\varnothing, \{a\}, \{b\})$ 或者 $(\varnothing, \{b\}, \{a\})$，且 $t^2 = t^3 = 0$，通过虚构投标人 3，投标人可以获得更高的利益，但是拍卖的配置结果不再有效，同时拍卖人的收益降低到 0。

除此之外，VCG 拍卖机制可能会阻止一些有效决策，下面的例子揭示了 VCG 机制会抑制有效组织结构的调整。

例 21.7.5 下面对例 21.7.1 进行变形。三个投标人对物品的价值与例 21.7.1 是相同的。我们可以视投标人 2 和 3 为两个企业，若两个企业合并，令合并后的企业为投标人 4，假设投标人 4 对物品的价值为 $\mathbf{v}^4 = (v_a^4, v_b^4, v_{\{a,b\}}^4) = (4+x, 4+x, 4+x)$。$x$ 可以看成是合并带来的收益，显然只要 $x > 0$，合并都可以产生（对物品价值）效率改进。然而若两个企业合并，合并企业在 VCG 机制中获得物品，同时需要支付 2，合并企业的净收益为 $2 + x$。若两个企业不合并，投标人 2 和 3 可以产生总共 4 的净收益，当且仅当 $x \geqq 2$，两个企业才会有合并的激励。这说明了 VCG 可能会扭曲拍卖之前的合并决策。

注意，在上面 5 个例子中，投标人 1 对拍卖物品的价值不满足替代性。若投标人 1 的价值与投标人 2 和 3 一样，也具有替代性，比如投标人 1 的价值改为：

$$\mathbf{v}^1 = (v_a^1, v_b^1, v_{\{a,b\}}^1) = (1,1,2),$$

上面对 VCG 缺陷讨论的结论都可能会改变。在例 21.7.1 中，可以验证拍卖人在 VCG 机制下可以获得 2 的收入。同时我们可以验证在例 21.7.2～ 例 21.7.5，拍卖者的收入是参与投标人数的递增函数，同时投标人没有合谋，也没有激励虚构别的参与人，也不会扭曲拍卖前的合并决策。拍卖物品的替代性非常重要，影响到拍卖机制的运作效率。当投标人对拍卖物品价值替代性的假设不再满足时，我们需要引入其他的多物品拍卖。Ausubel 和 Milgrom (2002) 设计了一系列递升的组合拍卖，当替代性假设满足时，递升组合拍卖与 VCG 机制相类似，而当替代性假设不满足时，这些拍卖会有更好的特性。

21.7.5 递升组合拍卖机制

这一节主要讨论 Ausubel 和 Milgrom(2002) 的递升组合拍卖机制。首先介绍这一机制：递升组合投标分成多个阶段，在每个阶段，投标人以某个额度货币为单位 (ϵ) 进行投标（即投标价是离散的），令 $b_s^i(S), S \subset K$ 是投标人在第 s 阶段对组合 S 的投标价，$\mathbf{b}^i(s)$ 是投标人 i 在第 s 阶段的投标，所有投标人在每个阶段同时投标。在每阶段末，拍卖人根据收入最大化的标准指定暂时获胜投标 (provisionally winning bids) 集合以及根据这些获胜投标集合对应的配置：给定所有投标人在第 s 阶段的投标为 $\mathbf{b}$，拍卖人指定的获胜投标所对应的配置结果为 $\mathbf{y}_s = (y_s^1, \cdots, y_s^n)$，$\mathbf{y}_s$ 是可行配置，同时满足：

$$\mathbf{y}_s = \text{argmax}_{\mathbf{y}} \sum_{i \in N} b_s^i(y^i). \tag{21.7.53}$$

当 $y_s^i \neq \varnothing$ 时，投标人 i 在第 s 阶段是暂时获胜投标者。在第 $s+1$ 阶段，只要在某个组合上有更高的投标价格，即存在一个 $b_{s+1}^i(S) > \max_{j \in N} b_s^j(S)$，拍卖人会重新选择第 $s+1$ 阶段新的暂时获胜投标集合以及对应的配置，若在第 s^*+1 阶段，没有一个投标人在某个组合下报价超过上一阶段最高的报价，在第 s^* 阶段拍卖结束。令 $\mathbf{y}_{s^*}$ 记为在第 s^* 阶段的获胜投标集合所对应的配置，若 i 是获胜投标人，即 $y^i_{s^*} \neq \varnothing$，他的期望效用为：

$$u^i_{s^*} = \mathbf{v}^i(y^i_{s^*}) - b^i_{s^*}(y^i_{s^*}).$$

当 i 不是获胜投标人时，他的效用为零。

Ausubel 和 Milgrom (2002) 的递升组合拍卖机制采用了投标代理，每个投标人把对物品组合的价值报告给他的代理中介，代理中介以投标人的利益为目标在每阶段进行投标，整个拍卖机制实际上是一个直接机制。Ausubel 和 Milgrom (2002) 的递升代理拍卖机制的目标是确保每个投标人都没有激励向代理人说谎。下面讨论递升代理拍卖的运作：假设投标人 i 的真实价值为 $\mathbf{v}^i$，报告给代理人的价值为 $\hat{\mathbf{v}}_i$。

(1) 在第 0 阶段，由拍卖人设定一个初始可能组合的价格向量，作为第 0 阶段投标价格向量 $\mathbf{b}_0$，同时令 $b^i_0(S) = b^0_0(S), \forall i \in N, S \subset K$，第 0 阶段的暂时获胜人是卖方，$y^0_0 = K, y^i_0 = \varnothing, \forall i \in N$，这里上标 0 表示卖方，定义 $\tilde{N} = N \bigcup \{0\}$，即所有投标人加上卖方构成的集合。

(2) 给定第 $s-1$ 阶段投标价格向量为 $\mathbf{b}_{s-1}$。若 $S \neq S^i_{s-1}$，投标人 i 在第 s 阶段最小的投标为 $\underline{b}^i_s(S) = b^i_{s-1}(S) + \epsilon$，否则投标人 i 在第 s 阶段最小的投标为 $\underline{b}^i_s(S) = b^i_{s-1}(S)$，这里的 ϵ 是投标人想要改变上一阶段暂时的配置结果所需要的最低程度的投标递增。

代理人 i 选择一个基于 $\hat{y}_i$ 最优的组合 $\hat{y}^i$，满足：

$$\hat{y}_i = \text{argmax}_S v^i(S) - \underline{b}^i_s(S).$$

同时，代理人 i 选择报价 $\beta^i_s(S|\hat{\mathbf{v}}_i)$，满足：

$$\beta^i_s(S|\hat{\mathbf{v}}_i) = \begin{cases} \underline{b}^i_s(S), & \text{若 } S = \hat{y}_i \text{ 同时 } \hat{\mathbf{v}}_i(S) \geqq \underline{b}^i_s; \\ b^i_{s-1}(S), & \text{其他}. \end{cases}$$

与此同时，在阶段末，拍卖人根据收入最大化的标准，即式 (21.7.53)，来选择暂时的获胜投标集合，以及对应的配置选择 $\mathbf{y}_t$。

若在某个 s^* 的下一阶段，没有代理人提出新的报价，在第 s^* 阶段，获胜的投标人按照其代理人的报价来支付其拍卖品组合。若下一阶段还有投标代理人提出新报价，那么重复 (2)，直到拍卖结束。由于投标价格是递升的，在有限的阶段内拍卖会结束。注意到，在某些情形下，在拍卖中有一些拍卖品由卖方持有，除非拍卖人设定的初始投标价格向量为零。

当拍卖品之间具有替代性时，递升代理拍卖机制与 VCG 机制的结果相同。在正式证明这一结论之前，我们需要引入一个定义和一个引理。

给定投标人的价值为 $\mathbf{v}$，由一些投标人和卖方组成的联盟记为 $I \subset N$，联盟 $\mathcal{I}$ 在物品配置中获得的最大剩余称为联盟 $\mathcal{I}$ 的价值：

$$w(I) = \max_{\mathbf{y}} \sum_{i \in I} \mathbf{v}^i(y^i). \tag{21.7.54}$$

定义 21.7.4　联盟价值函数具有亚模特性，若对于任意 $\{0\} \in I \subset J \subset \tilde{N}$ 以及 $i \notin J$，都满足下面的不等式：

$$w(I \bigcup i) - w(I) \geqq w(J \bigcup i) - w(J).$$

联盟价值函数的亚模特性是指随着联盟规模的扩大，单个人对联盟剩余的边际贡献下降。在定义中 $\{0\}$ 表示拍卖方。若联盟中不包括买方，显然联盟的价值为零。

在拍卖中联盟价值函数的性质与商品之间的关系密切相关，下面是 Ausubel 和 Milgrom（2002）证明的一个引理。

引理 21.7.1 *若物品对于所有投标人都是替代的，那么联盟价值函数具有亚模特性。*

引理的证明相对复杂，对证明细节有兴趣的读者可以参阅 Ausubel 和 Milgrom(2002)。

下面我们利用联盟价值函数来刻画 VCG 拍卖下投标人的期望效用。给定投标人对物品的价值为 $\mathbf{v}$ 时，根据 $W(\cdot)$ 的定义，即方程 (21.7.50)，我们可以得到：$w(\tilde{N})=W(\mathbf{v})$，且 $w(\tilde{N}\backslash i)=W(\mathbf{v}^{-i})$。根据 VCG 机制转移支付的定义，即方程 (21.7.52)，可以得到投标人 $i\in N$ 在 VCG 机制下的期望效用：

$$\bar{u}^i=(\tilde{N})-w(\tilde{N}\backslash i). \tag{21.7.55}$$

Ausubel 和 Milgrom（2002）证明了当物品是替代品时，递升代理拍卖与 VCG 机制的结果是等价的。

下面讨论这一节的主要结果。如前面所讨论的那样，所谓事后纳什均衡是这样一个战略组合，使得当博弈的所有参与人都知道其他参与人类型的私人信息时，参与人均不会改变自己的战略选择。在不完全信息博弈中，相对于贝叶斯–纳什均衡，事后纳什均衡是一个更稳健的均衡，它不依赖于对参与人类型的分布。显然，事后纳什均衡是贝叶斯均衡，但是反过来则不一定成立。于是有下面的命题，其证明过程是先验证在递升代理拍卖中真实披露价值会导致 VCG 的结果，接着再证明真实披露是一个事后均衡。

命题 21.7.3 *当拍卖品对于所有投标人都是替代的，对代理人真实披露价值是递升代理拍卖的事后纳什均衡，并且递升代理拍卖的结果与 VCG 机制相同。*

证明 假设所有投标人都向代理人真实披露对拍卖品的价值，我们验证递升代理拍卖下每个投标人的效用与 VCG 机制的效用是相同的。令 s^* 是递升代理拍卖结束的阶段，每个投标人在拍卖中得到的效用记为 $u^i_{s^*}$。首先对于任意的 i，都有 $u^i_{s^*}\geqq\bar{u}^i$(相对于 ϵ)。若不然，那么存在某个 $s\leqq s^*$，使得 $u^i_s<\bar{u}^i$。在第 s 阶段投标人 i 必然是暂时的获胜者。令 $\hat{I}=I\backslash 0$ 是在第 s 阶段的暂时获胜者集合，若 $i\notin I$，拍卖人的暂时收入为：

$$\begin{aligned}
w(I)-\sum_{j\in\hat{I}}u^j_s &< w(I)-\sum_{j\in\hat{I}}u^j_s+\bar{u}^i-u^i_s\\
&= w(I)-\sum_{j\in\hat{I}\bigcup i}u^j_s+w(\tilde{N})-w(\tilde{N}\backslash i)\\
&\leqq w(I)-\sum_{j\in\hat{I}\bigcup i}u^j_s+w(I\bigcup i)-w(I)\\
&= w(I\bigcup i)-\sum_{j\in\hat{I}\bigcup i}u^j_s.
\end{aligned}$$

第三行的不等式应用了引理 21.7.3。对于拍卖人而言，把投标人 i 包括进第 s 阶段的暂时收入会更大。然而，在第 s 阶段，投标人的收益 $u^i_s<\bar{u}^i$，反映出 i 的代理人在投标中并没

有按照投标人 i 的最大利益化进行投标，除非 $\bar{u}^i - u_s^i < \epsilon$。我们得到，对于任意的 i，都有 $u_{s^*}^i \geqq \bar{u}^i$(相对于 ϵ)。

假如存在一个 $i \in N$ 满足 $u_{s^*}^i > \bar{u}^i$，那么有：

$$\begin{aligned} w(\tilde{N}) &= u_{s^*}^0 + u_{s^*}^i + \sum_{j \neq i} u_{s^*}^j \\ &> u_{s^*}^0 + w(\tilde{N}) - w(\tilde{N} \backslash i) + \sum_{j \neq i} u_{s^*}^j, \end{aligned}$$

这意味着

$$u_{s^*}^0 + \sum_{j \neq i} u_{s^*}^j < w(\tilde{N} \backslash i). \tag{21.7.56}$$

另一方面，卖方的收入为

$$\begin{aligned} u_{s^*}^0 &= \max_{\mathbf{y}} \sum_{j \in N} b_{s^*}^j (y^j | v^j) \\ &= \max_{\mathbf{y}} \sum_{j \in N} \max(v^j(y^j) - u_{s^*}^j, 0) \\ &= \max_{\mathbf{y}} \max_{\hat{I} \subset N} \sum_{j \in \hat{I}} (v^j(y^j) - u_{s^*}^j) \\ &= \max_{\hat{I} \subset N} \max_{\mathbf{y}} \sum_{j \in \hat{I}} (v^j(y^j) - u_{s^*}^j) \\ &= \max_{\hat{I} \subset N} (w(I) - \sum_{j \in \hat{I}} u_{s^*}^j). \end{aligned}$$

当 $I = \tilde{N} \backslash i$ 时，这意味着

$$u_{s^*}^0 + \sum_{j \neq i} u_{s^*}^j \geqq w(\tilde{N} \backslash i). \tag{21.7.57}$$

显然, 不等式 (21.7.56) 和 (21.7.57) 是矛盾的。因此，在真实披露下，递升代理机制与 VCG 机制的结果是等价的。

下面验证投标人向代理人真实披露是一个事后纳什均衡。假设 $j \neq i$ 投标人都真实披露，我们来讨论投标人 i 的披露激励。从式 (21.7.57) 可以看出，不管投标人 i 如何披露，卖方的收入都满足：

$$u_{s^*}^0 > w(\tilde{N} \backslash i) - \sum_{j \neq i} u_{s^*}^j,$$

其中不等式的右边是卖方收入的下界，除了 i 之外其他投标人都是暂时的获胜投标人。与此同时，卖方收入与所有投标人的事后剩余都不会超过 $w\tilde{N}$，这意味着

$$u_{s^*}^0 \leqq w(\tilde{N}) - \sum_{j \in N} u_{s^*}^j.$$

对于投标人 i 而言，其任意的披露都不会使得其效用超过 $w(\tilde{N}) - w(\tilde{N} \backslash i) = \bar{u}^i$，而等式右边正好是投标人选择真实披露下在递升代理拍卖中获得的期望效用，投标人 i 会有激励真实披露，这样真实披露是一个事后纳什均衡。 □

21.7.6 互补物品的孙–杨组合拍卖机制

Ausubel 和 Milgrom(2002, 2006) 进一步讨论了当拍卖品之间不是替代的时，递升代理拍卖会比 VCG 机制更优，可以克服在前面提到的 VCG 机制面临的缺陷和问题。

递升组合拍卖机制类似一般均衡中的动态调整机制，当商品存在超额需求时，价格会上升，稍微不同的是递升组合拍卖只是单向价格变化 (即递增)，递升组合拍卖的均衡价格实际上是 (离散商品的) 一般均衡价格，投标价格加总对应的需求与拍卖人最优收入的供给是一致的。然而，当物品之间具有互补性的时候，递升代理机制同样会面临一个“暴露问题”(exposure problem)，不存在一般均衡价格。下面我们通过一个例子 (改编自 Milgrom(2000，p.257，脚注 12)) 来讨论多物品中的“暴露问题”。

例 21.7.6 (互补物品拍卖中的暴露问题) 假设物品的集合为 $K=\{a,b,c\}$，有三个投标人 $N=\{1,2,3\}$，物品对于三个投标人具有互补性（价值函数满足超可加性），他们对物品 (组合) 的价值分别为：

$$v^1(a)=1,v^1(b)=1,v^1(c)=0,v^1(\{a,b\})=3,v^1(\{a,c\})=1,v^1(\{b,c\})=1,v^1(\{a,b,c\})=3;$$
$$v^2(a)=0,v^2(b)=0.9,v^2(c)=1,v^2(\{a,b\})=1,v^2(\{a,c\})=1,v^2(\{b,c\})=3,v^2(\{a,b,c\})=3;$$
$$v^3(a)=1,v^3(b)=0,v^3(c)=1,v^3(\{a,b\})=1,v^3(\{a,c\})=3.5,v^3(\{b,c\})=1,v^3(\{a,b,c\})=3.5.$$

若竞争性均衡存在，则配置是有效的。在这个例子中，存在着一个有效配置:

$$y^1=\{b\},y^2=\varnothing,y^1=\{a,c\}.$$

支撑有效配置的价格需满足:

$$p_b \leqq 1, p_a+p_b \geqq 3, p_b+p_c \geqq 3, p_a+p_c \leqq 3.5.$$

然而，由上面的不等式，得到 $p_a+2p_b+p_c \geqq 6$ 及 $p_b \leqq 1$，这意味着 $p_a+p_c \geqq 4$ 与 $p_a+p_c \leqq 3.5$ 矛盾。因此，不存在一般均衡价格。

与多物品拍卖的一般均衡存在性相关的问题被称为“暴露问题”，当拍卖品之间存在互补关系时会产生一些新的问题。若投标人按照真实需求来投标，可能会暴露一种可能的风险，在被列入拍卖人决定的暂时获胜者时，面临着得不到某些互补物品的风险，他将不愿意为其他互补物品支付相应的投标价格。对存在互补关系的多物品设计一个有效拍卖机制具有相当的难度。

这一节简单介绍一个处理多物品互补性的拍卖机制。Sun 和 Yang(JPE，2014) 构造了一个动态拍卖机制来解决互补性多物品的有效拍卖机制的设计，这一动态机制被称为孙–杨拍卖机制。

孙–杨拍卖机制引入了非线性一般均衡概念，当物品对于所有投标人都是互补的时，非线性一般均衡一定存在，尽管 (线性) 一般均衡可能不存在。

假设物品集合为 $K=\{a,b,\cdots\}$，投标人集合 $N=\{1,2,\cdots,n\}$，$i\in N$ 对物品的价值是非负整数的向量，即 $u^i: 2^K \to \mathbb{Z}_+$，这里 2^K 是 K 的所有子集的集合，及 $\mathbb{Z}_+$ 是非负整数的向量。卖方 (上标为 0) 对物品有一个保留价格向量：$u^0: 2^K \to \mathbb{Z}_+$，假设

$u^i(\varnothing)=0, \forall i\in N\bigcup\{0\}$。令所有参与人集合为 $\tilde{N}=N\bigcup 0$。假设投标人的效用函数是拟线性的，同时对物品的价值函数满足超可加性。下面先介绍非线性一般均衡的概念。

我们说一个价格函数：$p: 2^K\rightarrow\mathbb{R}_+$，满足 $p(\varnothing)=0$，是**可行的**，若它满足 $p(S)\geqq u^0(S), \forall S\subset K$。给定价格函数 p，投标人的需求对应 (可能是一个集合) 为：

$$D^i(p)=\text{argmax}_{S\subset K}u^i(S)-p(S).$$

令 $\pi=\{\pi^1,\cdots,\pi^m\}, m\leqq n$ 是对物品集合 K 的一个分割。$\mathbf{y}=(y^0,y^1,\cdots,y^n)$ 是一个可行配置，即：对任意的 y^i，或者 $y^i=\varnothing$，或者 $y^i\in\pi$，$y^i\bigcap y^j=\varnothing, i\neq j, \bigcup_{i\in\tilde{N}}y^i=K$。配置 $\mathbf{y}$ 对应的分割为：$\pi=\{y^i, i\in\tilde{N}: y^i\neq\varnothing\}$。给定价格函数 p，卖方的供给对应为：

$$\mathbf{Y}(p)=\text{argmax}_\pi\sum_{S\in\pi}p(S).$$

一个配置结果 $\mathbf{y}^*=(y^{0*},y^{1*},\cdots,y^{n*})$ 是**有效的**，若对任意一个可行配置 $\mathbf{y}$，都有：

$$\sum_{i\in\tilde{N}}u^i(y^{i*}))\geqq\sum_{i\in\tilde{N}}u^i(y^i)).$$

于是我们有非线性一般均衡的定义。

定义 21.7.5 (非线性一般均衡)　非线性一般均衡是由非线性价格 p^* 和配置 y^* 组成的，使得：

(1) 对于卖方：$y^*\in\mathbf{Y}(p^*)$；

(2) 对于投标人 $i\in N$，$y_i^*\in D^i(p^*)$。

在上面的定义中，与一般均衡类似，条件 (1) 刻画了在非线性均衡价格函数下的供给；条件 (2) 则刻画了在非线性均衡价格函数下的需求，在均衡价格 p^*，供给等于需求。

下面的互补商品例子（来自 Sun 和 Yang）说明了，非线性一般均衡存在，但一般均衡却不存在。

例 21.7.7　假设 $K=\{a,b,c\}$ 物品对于投标人 $N=\{1,2,3\}$ 而言都是互补品。投标人的价值和卖方的保留价格如下：

$$v^1(a)=2, v^1(b)=2, v^1(c)=0, v^1(\{a,b\})=7, v^1(\{a,c\})=4, v^1(\{b,c\})=4, v^1(\{a,b,c\})=7;$$
$$v^2(a)=2, v^2(b)=0, v^2(c)=2, v^2(\{a,b\})=3, v^2(\{a,c\})=6, v^2(\{b,c\})=3, v^2(\{a,b,c\})=6;$$
$$v^3(a)=0, v^3(b)=2, v^3(c)=2, v^3(\{a,b\})=4, v^3(\{a,c\})=3, v^3(\{b,c\})=6, v^3(\{a,b,c\})=7;$$
$$u^0(a)=1, u^0(b)=2, u^0(c)=1, u^0(\{a,b\})=3, u^0(\{a,c\})=3, u^0(\{b,c\})=4, u^0(\{a,b,c\})=5.$$

在这个例子中，存在 2 个有效配置 $y^1=\{a,b\}, y^2=\{c\}, y^3=\varnothing$，以及 $y'^1=\{a,b\}, y'^2=\varnothing, y'^3=\{c\}$。同时，存在着一个非线性一般均衡价格：

$$p^*(a)=p^*(b)=p^*(c)=2, p^*(\{a,b\})=p^*(\{a,c\})=p^*(\{b,c\})=6, p^*(\{a,b,c\})=7.$$

在需求方，$D^1(p^*)=\{a,b\}$,$\{c\}\in D^2(p^*), \varnothing\in D^3(p^*)$; 在供给方，$(\{a,b\},\{c\},\varnothing)\in\mathbf{Y}(p^*)$。同样，$p^*$ 价格和 $\mathbf{y}'$ 也构成一个非线性一般均衡。

然而，却不存在线性价格下的一般均衡。假定存在价格 $p(a), p(b), p(c)$。若配置 $\mathbf{y}$ 和 p 构成一般均衡，则有

对卖方需要满足 $p(a) \geqq 1, p(b) \geqq 2, p(c) \geqq 1$；

对投标人 1，需要满足：$p(a) + p(b) \leqq 7$；

对投标人 2，需要满足：$p(c) \leqq 2, p(a) + p(c) \geqq 6$；

对投标人 3，需要满足：$p(c) \geqq 2, p(b) + p(c) \geqq 6$。

这意味着 $p(c) = 2$，结合 $p(a) + p(c) \geqq 6$ 和 $p(b) + p(c) \geqslant 6$，我们有 $p(a) \geqq 4$ 和 $p(b) \geqq 4$，与 $p(a) + p(b) \leqq 7$ 相矛盾。

Sun 和 Yang (2014) 证明了，若物品对于所有投标人都是互补的，且投标人具有拟线性效用函数，则总存在一个非线性一般均衡。如果对定理的证明细节感兴趣，可以查看 Sun 和 Yang (2012) 工作论文中的证明附录。

Sun 和 Yang (2014) 首先构造了当投标人选择诚实投标时 (下面会有完整定义) 的递升拍卖机制，然后构造了一个更巧妙的动态拍卖机制来确保每个投标人都有激励去诚实投标，更准确地讲，诚实投标是一个精炼的事后纳什均衡。

先引入在一个递升拍卖中诚实投标的概念。

定义 21.7.6 在一个动态拍卖中投标人 i 是**诚实投标的**，若在任意的 t 阶段和任意的价格函数 $p_t(\cdot)$，投标人 i 选择报告需求 d_t^i，使得：

$$d_t^i \in D^i(p_t) = \mathrm{argmax}_{S \subset K}\{u^i(S) - p_t(S)\}.$$

同时当 $\varnothing \in D^i(p_t)$，$d_t^i = \varnothing$。

当投标人选择真实报价时，Sun 和 Yang 构造了下列递升拍卖机制，拍卖的最终结果是一个非线性一般均衡。

定义 21.7.7 (真实报价下的递升拍卖机制) 由以下几个步骤组成：

(1) 卖方向拍卖机构报告其保留价格 u^0，拍卖机构设置初始的价格方程 $p_0 = u^0$。

(2) 在 $t = 0, 1, 2, \cdots$，阶段，给定 t 阶段初始价格 p_t，卖方选择供给 $\mathbf{y}_t \in Y(p_t)$，且每个投标人 i 在 p_t 报告其需求选择 $d_t^i \in D_t^i(p(t))$。当至少存在一个 $i, j, i \neq j$ 使得 $d_t^i = d_t^j = S, S \subset K$，或者只存在一个 i 使得 $d_t^i = S$ 但不存在 k 使得 $S \neq y_t^k$，S 存在超额需求，对所有的超额需求对应的组合 S 调整价格 $p_{t+1}(S) = p_t(S) + 1$，同时循环 (2) 进入 $t+1$ 阶段；若在 t 阶段没有一个组合是超额需求，记为 t^*。

(3) 在 t^*，拍卖机构把 $d_{t^*}^i = y_{t^*}^i$ 配置给投标人 i，后者支付的价格为 $p_{t^*}(y_{t^*}^i)$。若某个组合 S 不存在 i 使得 $S = d_{t^*}^i$，且 $p_{t^*}(S) = u^0(S)$，组合 S 被留给卖方。若 $p_{t^*}(S) > u^0(S)$，把物品组合 S 留给最后放弃选择 S 的投标人。拍卖结束。

下面我们对例 21.7.7 验证真实报价下的递升拍卖机制的结果是非线性一般均衡。

例 21.7.8 记 $p_t = (p_t(a), p_t(b), p_t(c), p_t(\{a,b\}), p_t(\{a,c\}), p_t(\{b,c\}), p_t(\{a,b,c\}))$。在初始阶段，价格、供给和需求分别如下：

$$p_0 = (1,2,1,3,3,4,5), \mathbf{y}_0 = \{\{b,c\}, a\}, d_0^1 = \{a,b\}, d_0^2 = \{a,c\}, d_0^3 = \{a,b,c\}.$$

第 1~6 阶段对应的价格、供给和需求分别为：

$$p_1 = (1,2,1,4,4,4,6), \pi_1 = \{\{a,c\}, b\}, d_1^1 = \{a,b\}, d_1^2 = \{a,c\}, d_1^3 = \{b,c\};$$

$$p_2=(1,2,1,5,4,5,6), \pi_2=\{\{a,b\},c\}, d_2^1=\{a,b\}, d_2^2=\{a,c\}, d_2^3=\{b,c\};$$

$$p_3=(1,2,1,5,5,6,6), \pi_3=\{\{a,c\},b\}, d_3^1=\{a,b\}, d_3^2=\{a,c\}, d_3^3=\{a,b,c\};$$

$$p_4=(1,2,1,6,5,6,7), \pi_4=\{\{a,b\},c\}, d_4^1=\{a,b\}, d_4^2=\{a,c\}, d_4^3=\{c\};$$

$$p_5=(1,2,2,6,6,6,7), \pi_5=\{\{a,c\},b\}, d_5^1=\{a\}, d_5^2=\{a\}, d_5^3=\varnothing;$$

$$p_6=(2,2,2,6,6,6,7), \pi_6=\{\{a,b\},c\}, d_6^1=\{a,b\}, d_6^2=\varnothing, d_6^3=\varnothing,$$

则不存在对任何组合的超额需求，$t^*=6$，均衡价格为 $p^*=(2,2,2,6,6,6,7)$，投标人 1 获得 $\{a,b\}$ 并支付价格 6，投标人 3 获得 $\{c\}$ 并支付价格 2。

对照例 21.7.7 的结果，得到真实报价下的递升拍卖结果是一个非线性一般均衡。

Sun 和 Yang (2014) 构建了一个动态的孙–杨拍卖机制，使得每个投标人都会选择真实报价。由于这一机制涉及不少技术细节和很多符号，这里我们只简单介绍这一机制的基本构造。

在激励相容的动态拍卖机制中，Sun 和 Yang 构造了 $n+1$ 个市场并且每个市场都对应着两个价格：一级价格和二级价格。包括卖方在内，所有参与人在每个阶段都有一个对应各个市场的不同价格，p_t^{-0} 和 p_t^0 是卖方在 t 阶段在 M_{-0} 市场（即只包括 N 参与人）面临的一级和二级价格，p_t^{-i} 和 p_t^i 是投标人 i 在 t 阶段在 M_{-i} 市场（不包括 i 投标人的参与人）面临的一级和二级价格，投标人在这一市场的二级价格 p_t^i 下提出需求；拍卖机构在 $n+1$ 市场在一级价格 $p^{-k}(k\in\tilde{N})$ 基础上确定一个收入最大化的供给计划。对于投标人而言，由于每个市场的价格不同，作需求决策时所面临的价格也不同。当市场对某些组合出现过剩需求时，根据投标人对这一组合需求影响的程度，对不同市场以及不同投标人面临的价格进行不同程度的价格调整。若投标人 i 是提出 S 组合的关键需求者 (即在该组合最高价格提出需求的投标人)，那么投标人 i 面临的价格将提高 1 个单位，而其他不是该组合的关键需求者，则面临的价格不做调整，这种价格调整使得投标人需求报告对市场价格影响的外部性进行了内部化。

Sun 和 Yang (2014) 证明了，在这一动态机制下，投标人对物品的支付是一个广义的 VCG 的支付。孙–杨拍卖机制有很多微妙的设计，对过剩需求分为一级过剩需求和二级过剩需求；价格调整过程是双向的，在对组合物品出现过剩需求时提高价格，而当出现过剩供给时则降低价格；允许投标人撤回之前的投标，不过若撤回次数过多会受到惩罚，孙–杨拍卖总可以在有限的时间内结束，等等。如果对这些细节感兴趣，可以直接参考他们的论文。

孙–杨拍卖机制有很多良好的性质，比如每个投标人面临市场价格只需要提出一个需求，对信息的要求更少，对投标人信息保护程度更高；能对由互补性引起的暴露问题进行很好的处理；可以允许投标人在投标过程中犯错；等等。

在“暴露问题”中更复杂的情形是对多物品而言有些投标人是互补的而有些投标人是替代的，这时非线性一般均衡也可能不存在。Sun 和 Yang (2009, 2015) 结合物品的替代性和互补性提出了其他一些有效拍卖机制。

21.8 【人物小传】

21.8.1 威廉·维克瑞

威廉·维克瑞 (William Vickrey，1914—1996)，拍卖理论的开山鼻祖，在信息经济学、激励理论等方面都作出了重大贡献。1996 年维克瑞与詹姆斯·莫里斯一道获得诺贝尔经济学奖，以表彰他们“在不对称信息下对激励经济理论作出的奠基性贡献”。不幸的是，维克瑞教授在得奖三天之后，在前去开会的途中去世。20 世纪 40 年代末，维克瑞开始在学术界崭露头角，特别是在最优税制结构研究领域成绩斐然，脱颖而出，成为财政经济学方面的领军人物。他在 1949 年出版的《累进税制议程》一书成为研究财政与赋税问题的经典之作。维克瑞以理论的实践性闻名于经济学界，他不仅在赋税、交通、公用事业、定价等方面成就突出，而且因其对激励理论和拍卖理论的开创性研究而闻名于世。他早年著作中有关激励问题的深刻思想直至 20 世纪 70 年代才重新获得经济学界的重视，极大地推动了拍卖理论、信息经济学、激励理论等领域的发展。

如本章导言所述，虽然拍卖的实践延续了数千年之久，甚至一些拍卖活动还造成了巨大的历史影响，但是真正用经济学理论来对拍卖进行研究，却是 20 世纪 60 年代的事情。20 世纪 60 年代，维克瑞开始对拍卖等具体的市场机制进行研究。1960 年，维克瑞在《经济学季刊》上发表文章，探讨了公共要价与秘密投标战略。次年，他又在《金融杂志》上发表了《反投机、拍卖和竞争性密封投标》一文，讨论了拍卖规则与公共要价的激励之间的相互关系，分析了有关拍卖的私人信息、战略报价等问题。特别是在维克瑞 1961 年那篇经典的论文中，讨论了本章中介绍的单物品拍卖中应用最为广泛的四种拍卖形式，得到了一个对拍卖理论具有里程碑意义的结论——收益等价定理，即在单物品的拍卖中，若所有竞拍者对于拍卖品的评级都是各自独立给出的，那么无论采用什么样的拍卖形式，拍卖人都可以获得同样的期望收益。此外，维克瑞发明了二级密封价格拍卖，这个拍卖机制会让所有的竞拍者有激励诚实报价，即对于拍卖品价值多高，就会报多高的价。的确如此，二级拍卖机制是一般维克瑞–克拉克–格罗夫斯（Vickrey–Clark–Groves）机制的特殊情况。尽管维克瑞没有从机制设计框架的角度来考虑物品的有效提供问题，但这一机制却是唯一的能有效提供公共品的激励相容机制，即维克瑞–克拉克–格罗夫斯机制是唯一按占优均衡真实地执行了社会有效决策规则（个体剩余之和最大化）的机制。

上述这两篇文章是研究拍卖问题的开创性之作，为这一领域的研究奠定了基础。维克瑞对于投标的研究，其意义不只局限于投标方面，因为投标方法解决的是如何在信息不完全或信息不对称下最有效率地配置资源的问题，这开创了信息经济学研究的先河。在信息不完全或信息不对称下，掌握较多信息者可以战略性地运用其信息以博取利益，而信息经济学所要探讨的，就是要如何设计契约或机制来处理各种激励与管制的问题。维克瑞对投标与喊价的研究，带来了许多相关的研究，让人们更了解诸如保险市场、信用市场、厂商的内部组织、工资结构、租税制度、社会保险、政治机构等问题。

维克瑞在公用事业与运输的最优定价理论方面也作出了重大贡献，研究范围包括反应性标价、城市的拥挤情况收费、模拟期货市场、通货膨胀对效用调节和计价收费方法的影响等方面。维克瑞研究的虽然多为具体的市场机制，但其研究对于人们认识更为一般的市场机制，建立市场微观结构的一般理论具有重大的价值，诺贝尔经济学奖也是对其理论的一种承认与肯定。

21.8.2　保罗·米尔格罗姆

保罗·米尔格罗姆（Paul Milgrom，1948— ），美国斯坦福大学教授，美国艺术与科学院院士、美国国家科学院成员，世界计量经济学学会成员。米尔格罗姆在拍卖理论、定价战略和机制设计理论方面享有盛誉，作出了开创性的贡献。

保罗·米尔格罗姆 1948 年生于美国密歇根州底特律市，1970 年获密歇根大学数学学士学位，1982 年获耶鲁大学（荣誉）硕士学位，1978 年和 1979 年先后获得斯坦福大学统计学硕士和商学博士学位。博士毕业后，他先是于 1979—1983 年间任教于西北大学凯洛格商学院，其后至 1987 年他又任教于耶鲁大学。1987 年以来，米尔格罗姆一直担任斯坦福大学人类学和社会科学教授、经济学教授。在斯坦福大学求学时，米尔格罗姆师从博弈论大师威尔逊，并在其指导下完成了关于拍卖理论的博士论文。从此，他便和拍卖结下了不解之缘，所提出的"关联价值"以及对于"同时向上叫价拍卖"的设计都极大地丰富了拍卖理论的内容。其著作《竞争拍卖的信息结构》、《拍卖理论与实务》已经成为这个领域的经典。除了对拍卖理论有深入研究外，他还致力于把理论应用于实践之中，其得意之作就是成功设计了美国电信市场的拍卖机制。除拍卖理论外，他还在激励与组织、数理经济与博弈论、网络经济、价格战略、精算科学等领域多有著述。

在维克瑞对拍卖理论具有里程碑意义的结论——收益等价定理之后，大批学者开始对拍卖理论加以关注，包括 2007 年的诺贝尔经济学奖得主——罗杰·迈尔森 (Roger B. Myerson)，他利用新发展起来的机制设计理论对拍卖理论重新进行了研究，在此基础上推广了维克瑞的理论，在满足竞拍人对于物品的价值相互独立、竞拍人只关心自身的期望收益等一系列假定下，证明了所有可能的拍卖机制都会给拍卖者带来相同的期望收益。显然，这一结论超越了之前维克瑞等学者比较具体拍卖形式的收益的研究思路，而能够研究所有可能的拍卖，这使拍卖理论大大向前推进了一步。

然而，对拍卖人来说，所有可能的拍卖形式都能为他带来同样的期望收益，那么是否只要任意选择一种具体形式来进行拍卖就可以了呢？很遗憾，迈尔森的结论虽然在理论上十分优美，但是其赖以成立的前提条件却较为严格，以至在现实中，满足迈尔森设定条件的情况几乎不可能存在，从而使得迈尔森的收益等价定理不再成立，特别是当竞拍人对拍卖品的价值不仅仅取决于他自身，而是和其他竞拍人的价值有着重大关系时。米尔格罗姆率先对存在关联价值的拍卖机制进行了研究。在 1982 年和韦伯合写的一篇论文中，米尔格罗姆构建了一个存在关联价值时处理信息、价格和拍卖者收益的分析框架。他们根据对拍卖实践的观察提出投标者的估价可能是关联的，一个竞拍人对拍卖品的较高价值也容易提高其他参与人的价值。

米尔格罗姆研究领域广泛，包括现实世界的拍卖设计和其他市场、组织经济学、有限理性和经济史等。他与约翰·罗伯茨（John Roberts）合著的《经济学、组织与管理》（*Economics, Organization, and Management*，1992）一书是十分著名的教材。1993 年，米尔格罗姆接受美国前总统克林顿的委托，参与美国联邦电信委员会 (FCC) 电信运营执照的拍卖工作，完成了拍卖机制的主要设计，使 FCC 的拍卖大获成功，因此，米尔格罗姆成为全球拍卖领域和产业经济学界最知名的人物之一。他领导的团队还为德国、墨西哥、加拿大等许多国家设计频道、公用事业拍卖机制。

21.9 习　　题

习题 21.1 全部支付 (all-pay) 拍卖类似于一级价格密封拍卖，其不同之处是要求投标人，无论输赢，均得向卖家支付其投标。假设这里有 n 个投标人，每个投标人的价值分布均是在 $[0,1]$ 上的独立同分布，且相互独立。

1. 对只有两个竞争者刻画当其价值分布均为单位区间上的均匀分布时，在对称环境的全部支付拍卖下的对称均衡。(提示：猜测均衡报价函数为递增的且为二次函数。)
2. 当竞标者为 n 个时，推导对应的对称均衡报价函数。(提示：此时的均衡报价函数具有 $b(v_i)=\alpha(v_i)^n$ 的形式。)
3. 分析均衡投标函数与一级价格密封拍卖下的均衡投标函数的关系。

习题 21.2 (二元分布的一级价格拍卖) 考虑一个对称环境中的一级价格拍卖，其中价格服从二元分布，即竞标人 i 的价值取值 $v_i \in \{v_l, v_h\}$，其中 $0 \leqq v_l < v_h < \infty$。对所有的竞标人 i，事前概率 $\Pr(v_i = v_h) = \alpha$。仅考虑两个竞标人的情况。

1. 刻画该一级价格拍卖的均衡。
2. 当价值服从二元分布时，一级价格拍卖和二级价格拍卖之间的收益等价定理是否仍然成立？

习题 21.3 假定在一级价格拍卖中有 n 个买方，其私有价值服从 $[0,1]$ 上的均匀分布。进一步假定所有买方的效用函数为 $U(x)=x^c$，$c<1$。

1. 当 c 为什么值时，买方是风险厌恶、风险中性、风险偏好的？
2. 证明对称均衡 γ 一定满足下面的微分方程：
$$\gamma'(x) = \frac{n-1}{c}\frac{f(x)}{F(x)}(x-\gamma(x)).$$
3. 证明下面的战略是一个对称均衡：
$$\gamma(v) = v - \frac{\int_0^v F^{\frac{n-1}{c}}(x)dx}{F^{\frac{n-1}{v}}}.$$
4. 当 F 是 $[0,1]$ 上的均匀分布时，计算对称均衡 γ。
5. 卖方的期望收益关于 c 的函数形式是什么？它是否是递增的？

习题 21.4 考虑若买方参与一级价格密封拍卖会发生什么情况。为避免买方 1 报价为 $\frac{1}{4}+\epsilon$ 的情形，其中 $\epsilon>0$ 很小，按如下规则定义函数 p (谁得到拍卖品)：若两个买方均报价 $\frac{1}{4}$，则买方 1 为获胜者，若两个买方均报相同的低于 $\frac{1}{4}$ 的价格，则每人以相同的概率获胜。回答下面的问题，并证明你的结论：

1. 验证下面的战略组合 (β_1,β_2) 是否构成均衡：
$$\beta_1(v_1)=\frac{v_1}{2}, \beta_2(v_2)=\min\left\{\frac{v_2}{2},\frac{1}{4}\right\}.$$

2. 记 (β_1^*, β_2^*) 为一非减函数均衡。$\beta_1^*(0)$ 和 $\beta_2^*(0)$ 等于多少？$\beta_1^*(1) = \beta_2^*(1)$ 是否成立？
3. 在本题中验证收益等价定理是否成立。
4. 在本题中能否验证最大化卖方期望收益的个人理性与激励相容的直接卖出机制是带有保留价格的二级价格拍卖？

习题 21.5 假定有两个私人价值分布在 $[0,1]$ 上的均匀分布且相互独立的买方。买方 2 有预算限制，能竞拍的最大价值为 $\frac{1}{4}$，买方 1 则没有预算限制。回答下面的问题：

1. 若买方参与的是二级价格密封拍卖，找出均衡战略。
2. 计算上述均衡战略下卖方的期望收益。

习题 21.6 考虑以下二级价格拍卖机制的一个变型：有单一不可分物品待售，n 个竞拍者的价值分别由分布在同一区间上的独立随机变量 v_i 给出，已知竞拍者的数量大于 3。若拍得该商品，竞拍者 i 的效用是 $v_i + t_i$；若未拍得该商品，其效用为 t_i。这里 t_i 指的是拍卖者向竞拍者的货币转移，若 $t_i < 0$，则意味着竞拍者向拍卖者支付货币。注意，拍卖者收到的竞拍者向其支付的货币，将不再返还。

拍卖的规则是：所有报价均不得为负；商品将被配置给出价最高者。货币的支付方式如下：出价最高者向拍卖者支付第二高的价格；同时，出价最高者和次高者将从拍卖者那里获得等于第三高出价的 $\frac{1}{n}$ 的回扣。另外，出价最高者还需向拍卖者支付次高出价和第三高出价之间的差额；第三高出价以及更低出价者，将从拍卖者那里收到等于次高出价 $\frac{1}{n}$ 的回扣。

1. 证明每个竞拍者均存在一个占优战略。
2. 证明拍卖者不可能出现亏损。
3. 证明任何一个竞拍者均会参加该拍卖。
4. 问：既然该拍卖似乎具备二级价格拍卖的所有良好性质，而且使得竞拍者获得更多的剩余，为什么大家更关注二级价格拍卖机制，而不是该机制？

习题 21.7 (买方人数不确定) 假定有 N 个潜在的买方，其私人价值 $V_1, V_2, \cdots, V_N$ 相互独立并有着 $[0,1]$ 上相同的分布。累积分布函数为 F。

每个参加拍卖的竞标者都不知道参加这个拍卖的人的数量，每个人认为除了他自己以外，还有 n 个人参与拍卖的概率为 p_n，满足 $\sum_{n=0}^{N-1} = 1$。注意每个人都对拍卖中参与人数的分布有着相同的信念。

1. 当采用的是二级价格密封拍卖时，找出这种情形下的对称均衡。解释为什么这会构成均衡。
2. 记 $G^{(n)}(z) = (F(z))^n$。证明一个价值为 v 并参与到这个拍卖中的买方的期望收益是

$$\sum_{n=0}^{N-1} p_n G^{(n)}(v) E[Y_1^{(n)} | Y_1^{(n)} < v],$$

   其中 $Y_1^{(n)}$ 是有着相同累积分布函数 F 的 n 个随机变量的最大值。

3. 在下面情形下证明收益等价定理：考虑一个有独立私人价值并对称的密封拍卖，记 β 为满足如下假设的单调递增对称均衡：(a) 获胜者是报价最高的买方；(b) 当私人价值为 0 时，买方的期望收益为 0。那么，一个私有价值为 v 的买方的期望收益由问题 (2) 中式子给出。

4. 当卖方采用一级价格密封拍卖时，计算对称均衡战略。

习题 21.8 考虑对某个单一标的物进行拍卖。有 n 个竞标人，其估价为 θ_i，服从区间 $[0,1]$ 上的均匀分布。假设参与人是风险厌恶的，类型为 θ_i 的参与人在价格 p 上赢取该标的物的效用由 $\sqrt{\theta_i - p}$ 给出，其中 $p \leqq \theta_i$。我们假设没有竞标人的出价或支付会超过其估价。

1. 写出一级和二级价格密封拍卖下竞标人的期望支付函数。
2. 证明在一级价格密封拍卖中类型为 θ_i 的竞标人选择竞标战略 $s(\theta_i) = \theta_i \frac{n(n-1)}{n(n-1)+1}$ 会形成一个对称的贝叶斯纳什均衡。
3. 证明在二级价格密封拍卖中，报告其真实估价对每个竞标人来说都是一个（弱）占优战略。
4. 比较卖者得自一级价格和二级价格密封拍卖的期望收益。这个例子是以何种方式与风险中性的竞标人相异的呢？

习题 21.9 (参与人数内生决定拍卖) 有 n 个潜在的竞标人，其私有价值独立同分布在 $[0, \overline{v}]$ 上，累积分布函数为 F，概率密度函数为 f。为参与拍卖，竞标者需要支付不可返还的参与成本 c（比如为参与拍卖做的一些准备工作）。所有竞标人同时作出参与决策，在竞标时不知道别人的参与决策。假定所有人采用相同的战略（参与和报价）。

1. 若卖方采用的是一级价格拍卖，推导竞标人的参与决策与均衡报价。
2. 若卖方采用的是二级价格拍卖，推导竞标人的参与决策与均衡报价。
3. 证明：在对称均衡下，一级价格拍卖和二级价格拍卖产生相同的期望收益。

习题 21.10 (参与人数内生决定拍卖, Cao 和 Tian (2010)) 考虑一级价格拍卖，有 n 个潜在的竞标人，其私人价值独立同分布在 $[0,1]$ 上，累积分布函数为 F，概率密度函数为 f。为参与拍卖，竞标人需要支付不可返还的参与成本 c（比如为参与拍卖做的一些准备工作）。所有竞标人同时作出参与决策，参与者在竞标时能观察到参加拍卖的其他人的人数。我们把重点放在临界值参与战略上，即一个参与者参与到拍卖中当且仅当其估价 v 超过某个临界值 v^*。

1. 若每个人选择相同的临界值并采用相同的报价函数战略，该临界值为多少？对应的报价函数是什么？
2. 在对称均衡下，写出卖方的期望收益并与上题中观察不到参与人数时的期望收益进行比较。
3. 若把潜在竞标人分成两组，每组使用不同的临界值战略，写出求解临界值的方程，并判断在什么条件下，这样的临界值均衡是存在的。

习题 21.11 利用收益等价定理找出如下拍卖的均衡战略。考虑一个对称且相互独立的私人价值拍卖，有 n 个投标人，其估价服从 $[0,1]$ 上的分布函数 $F(v_i)$。假定 F 对应的密度函数连续可微。回答如下问题：

1. 找出全部支付拍卖的均衡战略。
2. 找出二级价格全部支付拍卖的均衡战略。

习题 21.12 (收益等价定理的一个应用) 1991 年美国副总统奎尔(Quayle)提议诉讼案件中的败诉方应该给胜诉方一笔相当于其法务费的费用。奎尔声称这样可以减少花在法律服务上的费用（目前美国的法律规定各方支付自己的法务费）。我们现在来建模分析。假设双方

$i=1,2$ 对于胜诉各有一个私有的估值 v_i，v_i 独立同分布，累积分布函数为 $F(v)$（我们假设最低估价为 $\underline{v}$，即 $F(\underline{v})=0$）。双方独立同时决定要在法务费上花费多少，并且花费法务费多的一方会胜诉。

1. 通过使用收益等价定理，求美国现有法律下双方均衡花费的表达式。若需要，你还需要作出哪些假设来使用收益等价定理？
2. 在不做更多计算的情况下，使用我们的模型评估奎尔的说法。
3. 在欧洲的法律体系中败诉方通常要负责承担胜诉方的一部分法律费用。在不做更多计算的情况下，你认为这个规则会增加还是减少期望法务费支出？

习题 21.13　考虑下面给出的分布特征，刻画其对应的在贝叶斯–纳什均衡解概念意义下的收益最大化机制。思考从中我们可以归纳出什么样的结论，并给出相应的解释。

类型空间Ⅳ

	t_2^1	t_2^2	t_2^3	t_2^4	
t_1^1	$\frac{1}{6}$	0	0	0	θ_1
t_1^2	0	$\frac{1}{6}$	$\frac{1}{6}$	0	θ_1
t_1^3	0	$\frac{1}{6}$	$\frac{1}{6}$	0	θ_2
t_1^4	0	0	0	$\frac{1}{6}$	θ_2
	θ_1	θ_1	θ_2	θ_2	

习题 21.14　考虑有保留价格 r 的一级价格拍卖。假设每个投标人 i 对拍卖品的估值 v_i 都服从一个 $[0,1]$ 区间的累积分布函数 $F(v_i)$（不一定是均匀分布）并且满足 i.i.d.（独立同分布）。

1. 解释说明为什么对于估值高于 r 的所有投标人，进行投标要严格优于不进行投标，即均衡战略是进行处于 $[r,1]$ 区间的投标 $b_i(v_i)$。
2. 证明均衡投标函数是

$$b_i(v_i)=\frac{F(r)^{N-1}r+\int_r^{v_i}x(N-1)xF(x)^{N-2}dx}{F(v_i)^{N-1}}.$$

3. 用分部积分法证明上面的均衡投标函数可以表达成下面的形式

$$b_i(v_i)=v_i-\int_r^{v_i}(\frac{F(x)}{F(v_i)})^{N-1}dx.$$

习题 21.15　在上题的保留价格 r 的一级价格拍卖设定下，利用上题的结果，回答如下两个问题:

1. 若累积分布函数 F_A 随机占优于 F_B，那么是否在 F_A 下的均衡报价会高于在 F_B 下的均衡报价？请加以说明。
2. 均衡报价是否随投标人数 N 的增加而增长？请加以说明。

习题 21.16　考虑有两个投标人的一级价格拍卖。投标人 i 的效用函数是 $u(v_i-b_i)$，假定是凹函数（意味着投标人是风险厌恶的）。投标人 i 的估值服从在区间 $[0,1]$ 上的分布 $F(v_i)$，满足 i.i.d.（独立同分布）。

1. 若效用函数 $u(\cdot):R \to R$ 是递增、严格凹的，并且 $u(0)=0$，证明下式必然成立：

$$\frac{u(x)}{u'(x)} > x, \text{对任意} x > 0.$$

2. 令 $b_i^{RN}(v_i)$ 和 $b_i^{RA}(v_i)$ 分别表示投标人都是风险中性和风险厌恶时的均衡投标函数。证明满足下面的微分方程：

风险中性时，

$$\frac{db_i^{RN}(v_i)}{dv_i} = \frac{f(v_i}{F(v_i)}(v_i - b_i^{RN});$$

风险厌恶时，

$$\frac{db_i^{RA}(v_i)}{dv_i} = \frac{f(v_i}{F(v_i)}\frac{u(v_i - b_i^{RA})}{u'(v_i - b_i^{RA})}.$$

3. 应用问题 (1) 证明的凹性表达式，证明下式成立：

$$\frac{db_i^{RA}(v_i)}{dv_i}\frac{f(v_i}{F(v_i)}(v_i - b_i^{RA}).$$

4. 证明对于所有的 v, $b_i^{RA}(v) \geqq b_i^{RN}(v)$。

习题 21.17 (完全信息一级价格拍卖) 考虑有两个投标人 1 和 2 的一级价格拍卖，他们对拍卖品的估价分别是 $v_1 = 5$ 和 $v_2 = 3$。假设竞拍者知道双方的估值，但他们只可以提交如下三个报价之一：$b_i = 0$，$b_i = 2$，$b_i = 4$。

1. 给出以上问题的支付矩阵。
2. 哪些战略组合在重复剔除严格劣战略后保存了下来？
3. 哪些战略组合可以形成纳什均衡？

习题 21.18 (两人拍卖的期望效用) 考虑拍卖者向两个投标人 1 和 2 拍卖一个物品的情况。投标人 i 的估值 v_i 服从 $[0,10]$ 上的均匀分布，这是拍卖者和所有投标人的公共知识。假设拍卖人 1 的估值是 $v_1 = 8$，分别求参与人 1 在如下两种拍卖机制下的期望效用：

1. 英国式拍卖。
2. 一级价格拍卖，其中投标者的均衡战略是估值的线性函数，即 $b_i(v_i) = \alpha_i v_i + \beta_i$，其中，$\alpha_i, \beta_i > 0$。

习题 21.19 (私人价值的一级价格拍卖) 考虑在两个风险中性竞标者之间进行的一级价格拍卖。每个竞标人 i $(i = 1,2)$ 同时选择报价 $b_i \geqq 0$，报价最高者得到拍卖品并支付自己的报价。若报价相同则两人以相同的概率获得拍卖品。在拍卖发生前每个竞标者 i 私下观察到一个在 $[0,2]$ 上均匀分布的随机变量 t_i 的值。拍卖品的竞标人 i 的实际价值等于 $t_i + 1$，从而竞标人 i 的支付函数为

$$u_i = \begin{cases} t_i + 1 - b_i, & \text{若 } b_i > b_j; \\ \frac{1}{2}(t_i + 1 - b_i), & \text{若 } b_i = b_j; \\ 0, & \text{若 } b_i < b_j. \end{cases}$$

1. 推导该博弈的对称线性纳什均衡（即每个竞标者使用相同的形式为 $b_i = \alpha t_i + \beta$ 的均衡战略）。

2. 在这个均衡中，类型为 t_i 的竞标人 i 的条件期望支付为多少？

习题 21.20 (共同价值一级价格拍卖) 考虑与上题中类似的一级价格拍卖。现在的区别是竞标人 i 的真实价值为 $t_i+t_j(j\neq i)$，从而竞标人 i 的支付函数为

$$u_i=\begin{cases} t_i+t_j-b_i, & \text{若 } b_i>b_j;\\ \dfrac{1}{2}(t_i+t_j-b_i), & \text{若 } b_i=b_j;\\ 0, & \text{若 } b_i<b_j. \end{cases}$$

注意到现在给定竞标人 i 的私有类型 t_i，他对竞拍品的期望价值是 t_i+1，与上题一样。

1. 推导该博弈的线性对称纳什均衡。

2. 在这个均衡中，比较类型为 t_i 的竞标人的均衡报价与上题的区别。解释你的结论。

习题 21.21 (共同价值拍卖) 给定两个竞标人对拍卖品价值的信号 x 及 y 联合分布的密度函数

$$f(x,y)=1,\forall(x,y)\in[0,1]^2$$

和拍卖品的共同价值 $u=3x-2y$。对于一级价格拍卖和二级价格拍卖，分别找出其均衡战略并计算均衡期望收益。

习题 21.22 (共同价值拍卖) 给定两个竞标人对拍卖品价值的信号 x 及 y 联合分布的密度函数

$$f(x,y)=\frac{4(1+xy)}{5},\forall(x,y)\in[0,1]^2,$$

和拍卖品的共同价值 $u=x+y$。

1. 进行二级价格拍卖时，竞标人的均衡战略是什么？拍卖者的期望收益是多少？

2. 若进行一级价格拍卖，竞标人的均衡战略是什么？拍卖者的期望收益是多少？和二级价格拍卖比，拍卖者会更倾向于选择哪种形式？

习题 21.23 (单一价格多物品拍卖) 考虑如下一个 3 物品 2 投标者的单一价格拍卖。每个投标者 i 的价格向量 $\mathbf{X}^i=(X_1^i,X_2^i,X_3^i)$ 在集合 $\{x\in[0,1]^3|x_1\geqq x_2\geqq x_3\}$ 上独立同分布。边际分布如下：

$$F_1(x_1)=(x_1)^2,$$

$$F_2(x_2)=(2-x_2)x_2,$$

F_3 没有具体给出。证明：投标战略 $\beta(x_1,x_2,x_3)=(x_1,(x_2)^2,0)$ 构成该单一价格拍卖的一个对称均衡。

习题 21.24 (序贯拍卖) 考虑 2 单位同质物品以两次序贯进行的二级价格拍卖售出给两位感兴趣的投标者的情形。投标者有对多物品的需求，详情如下。每个投标者都从均匀分布 $F(z)=z$，$z\in[0,1]$ 中独立抽取两次得到 Z_1 和 Z_2。投标者对第 1 个物品的价值是 $X_1=\max\{Z_1,Z_2\}$，而他对第 2 个物品的价值是 $X_2=\min\{Z_1,Z_2\}$。

1. 证明下面的战略是该序贯二级价格拍卖的一个对称均衡：

(a) 在第 1 轮拍卖中，投标 $\beta_1(x_1^i,x_2^i)=\frac{1}{2}x_1^i$；

(b) 在第 2 轮拍卖中诚实投标，即若第 1 轮拍卖中他赢得了拍卖，那么 $\beta_2(x_1^i, x_2^i) = x_2^i$；否则，$\beta_2(x_1^i, x_2^i) = x_1^i$。

2. 证明该均衡价格的序列是下鞅(submartingale)的，即 $E(P_2|P_1 = p_1) \geqq p_1$，并且严格的不等号以正的概率成立。

习题 21.25 设定同上题。考虑如下问题：

1. 证明下面的战略是该序贯二级价格拍卖的另一个对称均衡：
   (a) 在第 1 轮拍卖中，投标 $\beta_1(x_1^i, x_2^i) = x_2^i$；
   (b) 在第 2 轮拍卖中，以真实价值来投标（意义如上题）。
2. 对如上产生的对称均衡价格 (P_1, P_2) 构成的序列作出评论。

习题 21.26 (互补品拍卖) 考虑拍卖 4 个物品 $K = \{a_1, a_2, b_1, b_2\}$ 给 5 个买家。买家 1 只对同时获得 a_1 和 b_1 感兴趣；买家 2 和 3 只对同时获得 a_2 和 b_2 感兴趣；买家 4 只对同时获得 b_1 和 b_2 感兴趣；买家 5 只对同时获得 a_1 和 a_2 感兴趣。具体地，价值如下所示：

$$x^1(a_1b_1) = 10;$$

$$x^2(a_2b_2) = 20;$$

$$x^3(a_2b_2) = 25;$$

$$x^4(b_1b_2) = 10;$$

$$x^5(a_1a_2) = 10.$$

所有其他组合价值均为 0。用VCG机制找出有效配置和对应的支付。

习题 21.27 考虑如下最优拍卖模型：有两个投标人，每个投标人有两种可能类型。对于标的价值，两个投标人有如下先验信念分布。

类型空间 I

	θ_1	θ_2
θ_1	$\frac{1}{3}$	$\frac{1}{6}$
θ_2	$\frac{1}{6}$	$\frac{1}{3}$

假定 $\theta_1 = 1, \theta_2 = 2$。卖家有两个单位的此标的物，并且假定每个买家至多只需要一个单位。因此，这是一个多单位拍卖模型。回答如下问题：

1. 给定如上先验信念分布，计算期望社会剩余。
2. 利用贝叶斯–纳什均衡解概念给出收益最大化机制。在该机制下，最大化收益为多少？
3. 利用事后均衡解概念给出收益最大化机制。在该机制下，最大化收益为多少？

习题 21.28 考虑具有如下类型分布特征的多单位拍卖模型，其中 t_i^j 表示参与者类型，θ_i 表示相应类型参与者的报酬类型。

类型空间 II

	t_2^1	t_2^2	t_2^3	
t_1^1	$\frac{1}{30}$	$\frac{1}{40}$	$\frac{1}{40}$	θ_1
t_1^2	$\frac{1}{10}$	$\frac{1}{30}$	$\frac{1}{30}$	θ_1
t_1^3	$\frac{1}{5}$	$\frac{1}{20}$	0	θ_1
t_1^4	$\frac{1}{20}$	$\frac{1}{5}$	0	θ_2
t_1^5	$\frac{1}{15}$	$\frac{1}{20}$	$\frac{1}{20}$	θ_2
t_1^6	$\frac{1}{20}$	$\frac{1}{60}$	$\frac{1}{60}$	θ_2
	θ_1	θ_2	θ_2	

1. 计算报酬类型的分布。与上题比较有何区别？此时的期望社会收益能否可求？若可以，是多少？
2. 刻画贝叶斯-纳什均衡解概念下的收益最大化机制。在该机制下，最大化收益为多少？

习题 21.29 类型空间Ⅲ对应的报酬类型分布与习题 21.27 中的有何区别？此时，是否可以刻画类似习题 21.28 中的表格所对应的收益最大化机制？为什么？

类型空间III

	t_2^1	t_2^2	
t_1^1	$\frac{1}{30}$	$\frac{1}{20}$	θ_1
t_1^2	$\frac{1}{10}$	$\frac{1}{15}$	θ_1
t_1^3	$\frac{1}{5}$	$\frac{1}{20}$	θ_1
t_1^4	$\frac{1}{20}$	$\frac{1}{5}$	θ_2
t_1^5	$\frac{1}{15}$	$\frac{1}{10}$	θ_2
t_1^6	$\frac{1}{20}$	$\frac{1}{30}$	θ_2
	θ_1	θ_2	

习题 21.30 (组合拍卖，Mochon 和 Saez，2015) 将 A, B, C 三物品卖给 1, 2, 3, 4 四个投标者。投标情况如下:

S	$b_1(S)$	$b_2(S)$	$b_3(S)$	$b_4(S)$
A	200	150	200	100
B	100	250	100	100
C	100	100	300	100
AB	200	200	200	200
AC	250	300	275	200
ABC	500	400	400	500
BC	150	150	150	200

给定以上信息，计算下列问题:

1. 最大化卖家收益的出售组合是什么？
2. 求VCG机制的分配结果。它是核配置吗？若不是，给出一个抵制联盟。

习题 21.31 下面展示了一个两物品两投标人的组合拍卖中的投标。

S	$b_1(S)$	$b_2(S)$
A	30	10
B	20	15
AB	40	20

根据以上信息表，回答下列问题：

1. 列出所有可能的分配结果。价值最高的分配组合是哪个？
2. 若采用单一价格规则，胜出的投标者会支付多少？卖者获得多少收益？
3. 若采用VCG机制，胜出的投标者又会支付多少？卖者又获得多少收益？

习题 21.32 (多物品拍卖) 有 2 单位同质物品要拍卖。有两个竞标者，类型独立同分布。竞标者 i 的类型为 $x_i \in [0,1]$，$i=1,2$，服从均匀分布 $F(x)$。假设竞标者 i 对第 1 个单位物品的效用价值为 $u_1(x_i)=x_i$，对第 2 个单位物品的效用价值为 $u_2(x_i)=\frac{1}{2}x_i$。假设采用序贯二级价格拍卖，回答下面的问题：

1. 给出竞标者的均衡战略。
2. 求卖者在该序贯二级价格拍卖中的期望收益。
3. 收益等价定理在这个 2 单位物品的拍卖中成立吗？为什么？

习题 21.33 (多物品拍卖) 考虑 2 个物品、2 个投标人的经济环境。假设同上题。现在我们考虑采用非序贯拍卖中的歧视性价格拍卖。在同时歧视性拍卖中，赢得 k_i 个单位的投标人 i 需要支付他的出价，即总的支付价格为 $b_1^i+\cdots+b_{k_i}^i$。回答下面的问题：

1. 对于递增均衡，即类型 x 越高者出价越高的均衡，在该经济环境下的均衡战略是什么？
2. 求卖者在该歧视性价格拍卖中的期望收益。

习题 21.34 (多物品拍卖) 经济环境同前面两题。现在考虑采用单一价格多物品拍卖的方式。每个投标人对所有物品都投标一个价格，最后所有投标中和物品数量相同的最高几个投标中标，但中标后付出的价格都一样。对于这个两物品、两个投标人的单一价格拍卖，回答如下问题：

1. 若中标价格等于中标出价中最低的那个，投标的均衡战略是什么？卖家的期望收益是多少？
2. 若中标价格等于中标出价中最高的那个，投标的均衡战略是什么？卖家的期望收益是多少？收益等价定理在这里还适用吗？
3. 若 $u_2(x_i)=x_i$，即物品价值不递减，均衡和收益情况又如何呢？

21.10 参考文献

教材和专著：

谭国富. 拍卖理论. 见田国强主编. 现代经济学与金融前沿发展. 北京：商务印书馆，2002.

Ausubel, L. and Milgrom, P. (2006). “ The Lovely but Lonely Vickrey Auction”, *in Combinatorial Auctions*, edited by P. Cramton, Y. Shoham and R. Steinberg, MIT Press.

Bolton, P. and Dewatripont, M. (2005). *Contract Theory*, MIT Press.

Klemperer, P. (2004). *Auctions: Theory and Practice*, Princeton University Press, Princeton and Oxford.

Krishna, V. (2010). *Auction Theory 2nd Edition*, Academic Press, San Diego.

Laffont, J. J. and Martimort, D. (2002). *The Theory of Incentives: The Principal-Agent Model*, Princeton University Press.

Menezes, Flavio M. and Paulo K. Monteiro (2005). *An Introduction to Auction Theory*, Oxford.

Milgrom, P. (2004). *Putting Auction Theory to Work*, Cambridge University Press, Cambridge.

Mochon, Asuncion and Yago Saez (2015). *Understanding Auctions*, Springer.

Segal, I. (2007). *Lecture Notes in Contract Theory*, Stanford University.

论文：

刘春辉, 田国强. 密封价格拍卖中的有限腐败. 经济研究，2008 年 5 月，116-127.

Ausubel, L. and Cramton, P. (2002). "Demand Reduction and Inefficiency in Multi-Unit Auctions", Working Paper.

Ausubel, L. and Milgrom, P. (2002). "Ascending Auctions with Package Bidding", *Frontiers Theoretical Economics*, Vol. 1, 1-42.

Ausubel, L. and Milgrom, P. (2006). "The Lovely but Lonely Vickrey Auction", in *Combinatorial Auctions*, Peter Cramton, Richard Steinberg and Yoav Shoham, eds., MIT Press.

Cao, X., Hsueh, S. C., and Tian, G. (2014). "On Ratifiability of Efficient Cartel Mechanisms in First-Price Auctions with Participation Costs and Information Leakage", Working Paper.

Cao, X. and Tian, G. (2010). "Equilibria in First Price Auctions with Participation Costs", *Games and Economic Behavior*, Vol. 2, 258-273.

Cao, X. and Tian, G. (2013). "Second Price Auctions with Different Participation Costs", *Journal of Economics and Management Strategy*, Vol. 22, No. 1, 184-205.

Cao, X., Tan, G., Tian, G., and Yilankaya, O. (2014). "Equilibria in Second Price Auctions with Private Participation Costs", Working Paper.

Cason, T. N., T. Saijo，T. Sjostrom，T. Yamato (2006)，"Secure Implementation Experiments: Do Strategy-proof Mechanisms Really Work?"，*Games and Economic Behavior*, Vol. 57, 206-235.

Che, Y. and Kim, J. (2006). "Robustly Collusion-Proof Implementation", *Econometrica*, Vol. 74, 1063-1107.

Cramton, P. C. and Palfrey, T. R. (1995). "Ratifiable Mechanisms: Learning from Disagreement", *Games and Economic Behavior*, Vol. 10, No. 2, 255-283.

Green, J. and Laffont, J. J. (1977). "Characterization of Satisfactory Mechanisms for the Revelation of Preferences for Public Goods", *Econometrica*, Vol. 45, 427-439.

Holmstrom, B. (1979). "Groves Schemes on Restricted Domains", *Econometrica*, Vol. 47, 1137-1144.

Kaolan, R. T., Zamir, S. (2012). "Asymmetric First-price Auctions with Uniform Distributions: Analytic Solutions to the General Case", *Economic Theory*, Vol. 50, 269-302.

Laffont, J. and Martimort, D. (1997). "Collusion Under Asymmetric Information", *Econometrica*, Vol. 65, 875-911.

Laffont, J. and Martimort, D. (2000). "Mechanism Design with Collusion and Correlation", *Econometrica*, Vol.68, 309-342.

Mailath, G. and Zemsky, P. (1991). "Collusion in Second Price Auctions with Heterogeneous Bidders", *Games and Economic Behavior*, Vol. 3, 467-503.

Marshall, R. C. and Marx, L. M. (2007). "Bidder Collusion", *Journal of Economic Theory*, Vol. 133, 374-402.

Maskin, E. and Dasgupta, P. (2000). "Efficient Auctions", *Quarterly Journal of Economics*, Vol. 115: 341-388.

McAfee, R. P. and McMillan, J. (1987b). "Auctions with a Stochastic Number of Bidders", *Journal of Economic Theory*, Vol. 43, No. 1, 1-19.

McAfee, R. P. and McMillan, J. (1992). "Bidding Rings", *American Economic Review*, Vol. 67, 579-599.

Menezes, F. M. and Monterio, P. K. (2000). "Auctions with Endogeneous Participation", *Review of Economic Design*, Vol. 5, 71-89.

Meng, D. and Tian, G. (2013). "Two-Agent Collusion-Proof Mechanism Design with Both Correlations and Arbitrage", Working Paper.

Milgrom, P. (2000). "Putting Auction Theory to Work: The Simutaneous Ascending Auction", *Journal of Political Economics*, Vol. 108, 245-272.

Milgrom, P. and Segal, I. (2002). "Envelope Theorems for Arbitrary Choice Sets", *Econometrica*, 70(2), 583-601.

Milgrom, P. and Weber, R. (1982). "A Theory of Auctions and Competitive Bidding", *Econometrica*, Vol. 50, No. 5, 1089-1122.

Sun, Ning and Yang, Z. (2009). "A Double-Track Adjustment Process for Discrete Markets with Substitutes and Complements", *Econometrica*, Vol. 77, 933-952.

Sun, Ning and Yang, Z. (2012). "An Efficient and Incentive Compatible Dynamic Auction for Multiple Complements", Manuscript.

Sun, Ning and Yang, Z. (2014). "An Efficient and Incentive Compatible Dynamic Auction for Multiple Complements", *Journal of Political Economics*, Vol. 122, No.2, 422-466.

Sun, Ning and Yang, Z. (2015). "An Efficient and Strategy-Proof Double-Track Auction for Substitutes and Complements", Manuscript.

Tan, G. and Yilankaya, O. (2006). "Equilibria in Second Price Auctions with Participation Costs", *Journal of Economic Theory*, Vol. 130, 205-219.

Tan, G. and Yilankaya, O. (2007). "Ratifiability of Efficient Collusive Mechanisms in Second-price Auctions with Participation Costs", *Games and Economic Behavior*, Vol. 59, 383-396.

第22章　匹 配 理 论

22.1　导　　言

这一章，也是本章的最后一章介绍一般机制设计理论的另外一个拓展领域——匹配理论，也是市场设计的核心内容。发轫之作是戴维·盖尔和劳埃德· S ·沙普利 (Lloyd S. Shapley, 1923—2016，其人物小传见本章末) 1962 年发表在《美国数学月刊》的一篇论文。Gale 和 Shapley (1962) 讨论了婚姻市场上的匹配问题，这一通篇没有一个数学公式的数学论文为经济学开启了一个全新的研究领域，即匹配理论。Roth (2015) 揭示了在一些匹配问题上通常的价格机制并不起主导作用，甚至在许多情况下没有转移支付。比如在大学入学问题上，并不是谁出价高谁就可以得到入学名额。与此同时，大学也不是通过学费的高低来调节需求 (学生申请)。在某些职业的就业匹配中，用人单位并不是完全依靠工资水平来挑选员工，单位寻找的是具有某种职业技能而不是工资要价低的员工。在器官移植市场中，绝大多数国家规定不能买卖器官，移植器官的配置通过非价格机制，等等。

在非价格机制的运作中，匹配成为一种重要的机制和工具。本章我们着重讨论在非价格机制下，参与人之间如何通过匹配来实现资源的有效配置，以及参与人之间互动的激励性问题。根据匹配中参与者是否有偏好属性，我们把匹配分为双边匹配 (双边的参与者都有偏好) 和单边匹配 (只有一边的参与者有偏好，另一边通常是物品、名额、职位等等)，介绍在不同匹配中一些常见的匹配机制，并讨论它们的特性。

匹配理论有着非常广泛的具体现实应用，很多经济学家都参与到具体的市场设计中，比如 (2012 年诺贝尔经济学奖得主之一) 阿尔文·罗思 (Alvin E. Roth，1951— ，其人物小传见本章末) 在 1995 年参与了美国国家住院医生匹配项目 (National Resident Matching Program) 的设计，罗思和合作者 (Abdulkadiroglu，Pathak 和 Sonmez) 参与了波士顿公立学校入学匹配设计，罗思等参与了新英格兰肾脏交换机制的设计等等。这些项目的成功设计充分展现了市场设计理论对于解决现实问题的巨大潜力。

本章安排如下：首先讨论双边市场的匹配问题，接着讨论单边市场匹配，最后讨论匹配理论的应用：分析入学问题和器官移植问题中的匹配机制。

22.2　双 边 匹 配

匹配问题是市场机制设计的理论基础，由于它对经济学的影响力以及对现实应用的指导性，2012 年诺贝尔经济学奖授予沙普利和罗思，其人物小传分别见本章 22.5.1 节和 22.5.2 节。根据双边市场的匹配方式，可以细分为一对一、多对一以及多对多匹配。与此同时，根据匹配中是否有其他一些交易媒介或者合约，又可以分为纯粹匹配和有条件 (同时使用货币或签订合约) 的匹配。我们先从双边匹配问题中最简单的一对一匹配出发讨论匹配的一些特性，继而讨论多对一匹配和多对多匹配，以及有条件匹配的相关问题。

22.2.1 一对一匹配

我们先引入一些符号和概念。假设有两类群体，分别对应两类不存在交集的参与人的集合，$M=\{m_1,\cdots,m_n\}$ 和 $W=\{w_1,\cdots,w_k\}$，可以想象为男人集合和女人集合。成员 i 的偏好记为 $\succeq_i$，他的偏好是定义在对立的参与人集合和自身上的。我们主要考虑严格偏好 $\succ_i$ 的情形，即不存在无差异结果，弱偏好情形下的匹配问题要复杂得多，最近这方面的研究开始多了起来。

我们首先定义匹配这一基本概念。

定义 22.2.1 (匹配) 我们称双射函数 $\mu: M\cup W\to M\cup W$ 为一个**匹配**，若满足：

（1）若 $\mu(m)\notin W$，则 $\mu(m)=m,\forall m\in M$；

（2）若 $\mu(w)\notin M$，则 $\mu(w)=w,\forall w\in W$；

（3）若 $\mu(m)=w$，当且仅当 $\mu(w)=m,\forall m\in M,w\in W$。

在定义中，所谓匹配是指一个群体的成员或者跟另一群体的某个成员配对，或者跟自己匹配。在婚姻的匹配下，男人的匹配或是某个女人，或是他自己（我们可以理解为保持单身），对女人的匹配也是类似的。我们说对某个男人 $m\in M$，某个女人 w 是**不可接受的**，若满足条件：$m\succ_m w$，这里 $\succ_m$ 是男人的偏好。

接着我们引入帕累托有效匹配的概念。为了讨论方便，对严格偏好 $\succ_i$，定义弱偏好 $\succeq_i$：$\varphi(i)\succeq_i\mu(i)$ 当且仅当 $\mu(i)\succ_i\varphi(i)$ 不成立（在第 3 章 3.4.5 节，我们称 $\succeq_i$ 为 $\succ_i$ 的完备化，使得 $\succeq_i$ 是一个自反和完备的弱二元关系）。

定义 22.2.2 (帕累托有效匹配) 我们称匹配 μ 是一个**帕累托有效匹配**，若不存在其他匹配 φ，使得 $\varphi(i)\succeq_i\mu(i),\forall i\in W\bigcup M$，同时至少存在一个 $i\in W\bigcup M$, 使得$\varphi(i)\succ_i\mu(i)$。

我们称匹配 μ 是一个**弱帕累托有效匹配**，若不存在其他匹配 φ，使得 $\varphi(i)\succ_i\mu(i),\forall i\in W\bigcup M$。

此外，针对某类人群，也有帕累托有效匹配的概念。

定义 22.2.3 我们称匹配 μ 是

(1) **对 M(或 W) 群体的一个帕累托有效匹配**，若不存在其他匹配 φ，使得 $\varphi(i)\succeq_i\mu(i),\forall i\in M$(或 W)，同时至少存在一个 $i\in M$(或 W)，使得 $\varphi(i)\succ_i\mu(i)$;

(2) **对 M(或 W) 群体的一个弱帕累托有效匹配**，若不存在其他匹配 φ，使得 $\varphi(i)\succ_i\mu(i),\forall i\in M$(或 W)。

下面引入稳定匹配的概念。

定义 22.2.4 (稳定匹配) 我们称匹配 μ 是稳定的，若满足下列条件：

(i) 不存在任何组对 $(m,w)\in M\times W$，使得 $w\succ_m\mu(m)$ 和 $m\succ_w\mu(w)$;

(ii) 对 $i\in M\bigcup W$，若 $\mu(i)\neq i$，则 $\mu(i)\succ_i i$。

稳定匹配条件 (ii) 意味着，若匹配的对象不是自身，那么其匹配对象必然是可接受的，这一条件称为**个体理性**。若一个匹配不满足这一条件，则这种匹配会被个体阻止 (individually blocked)；与此同时，稳定匹配条件 (i) 意味着，不存在任何两个对立群体的个体，他们均喜欢对方胜过自己匹配的对象。若一个匹配不满足这一条件，则会被某一对组合阻止，称为阻

止配对 (pair blocked)。显然，**任何一个稳定的匹配是一个帕累托有效匹配**，这是因为，若不是帕累托有效的，必然导致或不满足个体理性或存在阻止配对。

下面我们通过一个简单的例子 (来自 Roth 和 Sotomayor,1990) 来讨论稳定匹配和不稳定匹配。

例 22.2.1 考虑三男和三女之间的匹配，假设他们的 (严格) 偏好序列表示如下：

$$p(m_1) = w_2, w_1, w_3, \qquad p(w_1) = m_1, m_3, m_2;$$
$$p(m_2) = w_1, w_3, w_2, \qquad p(w_2) = m_3, m_1, m_2;$$
$$p(m_3) = w_1, w_2, w_3, \qquad p(w_3) = m_1, m_3, m_2,$$

其中，$p(m_1) = w_2, w_1, w_3$ 是把 m_1 所有超过自身的匹配对象按偏好从高到低的一个排列，即 $w_2 \succ_{m_1} w_1 \succ_{m_1} w_3 \succ_{m_1} m_1$。

考虑下面两个匹配 μ^1 和 μ^2。

$$\mu^1 = \begin{pmatrix} w_1 & w_2 & w_3 \\ m_1 & m_2 & m_3 \end{pmatrix},$$

在这里的匹配表述中把匹配的两个人列到同一列中，比如 (w_1, m_1) 是其中的一个配对。

对照稳定匹配的定义，μ^1 是不稳定的，这是因为 (m_1, w_2) 构成了一个阻止配对。

$$\mu^2 = \begin{pmatrix} w_1 & w_2 & w_3 \\ m_1 & m_3 & m_2 \end{pmatrix}.$$

可以验证 μ^2 是一个稳定匹配。

1. *延迟接受算法*

讨论匹配，涉及两个重要的问题：稳定匹配的存在性和寻找稳定匹配的算法。Gale 和 Shapley (1962) 解决了这两个问题，他们提出了一个具体的算法，称为**延迟接受算法**（deferred acceptance algorithms），不仅证明它是稳定匹配，而且给出了一个寻找稳定匹配的程序。我们现在就介绍延迟接受算法 (这里的表述来自 Roth，2010)，它与现实中的求婚方式雷同。

将两类群体分为邀约群体和受邀群体，前者向后者提出匹配邀约，后者选择拒绝或者暂时接受。延迟接受算法分为多个阶段，每个阶段有两个步骤，我们先从第一阶段开始。

第一步，邀约群体 (比如男性参与人)：向受邀群体（比如女性参与人）中自己最喜欢的对象邀约，若没有可接受的对象，就不邀约，或者说，邀约对象就是自己；

第二步，受邀群体：先剔除那些不可接受对象的邀约，若还有剩余的邀约，选择一个自己最偏好的对象，而拒绝其他邀约。

在第 k 阶段：邀约群体的参与人在前面第 $k-1$ 阶段被拒绝，可在那些不曾拒绝过自己的可接受对象集合中选择最喜欢的对象邀约。若剩余的对象集合都是不可接受的，就不邀约。受邀群体的参与人将在之前保留的邀约和这一阶段所得到的（若有的话）新邀约的人中进行比较，选择自己最喜欢对象的邀约，而拒绝其他对象。

若不再有新的邀约出现，就进入停止阶段。在停止阶段，受邀群体的参与人与他保留的对象进行匹配。若邀约群体的参与人没有发出邀约或没有邀约被接受，或者受邀群体的参与人没有得到邀约或拒绝了所有邀约，他们与自己匹配。

Gale 和 Shapley (1962) 证明了下面的定理。

定理 22.2.1 *在婚姻市场中，必定存在一个稳定的匹配。*

证明 我们只针对严格偏好情形下的匹配市场进行讨论。由于参与人是有限的，这个算法必定会在有限次停止。所以，我们只需要验证延迟接受算法的结果是一个稳定匹配，记为 μ_{DA}，我们不妨假设男方是邀约群体。首先，延迟接受算法结果所对应的匹配满足个体理性，这是因为每个邀约个体都只选择可以接受的对象，同时受邀个体也只选择可接受的对象。其次，这种匹配不存在阻止配对。假设某对男女 (m, w) 是阻止配对的，即有 $w \succ_m \mu_{DA}(m)$ 和 $m \succ_w \mu_{DA}(w)$。根据延迟接受匹配算法，m 先向 w 发出邀约，被拒绝之后才向 $\mu_{DA}(m)$ 发邀约 (当 $\mu_{DA}(m) = m$ 表示被所有可接受对象集合拒绝之后的匹配)。然而，根据延迟接受匹配算法，w 若在某一阶段拒绝了 m 意味着在这一阶段她有更好的邀约对象，同时越到后面的阶段，w 暂时接受的对象会越来越受 w 偏爱，这与 $m \succ_w \mu_{DA}(w)$ 相矛盾。因此，延迟接受算法的匹配是稳定的。 □

下面我们先通过一个例子来理解延迟接受算法的运行流程。

例 22.2.2 (延迟接受算法的例子) 考虑三男和三女之间的婚姻匹配。每个参与人对对方参与人集合的偏好排序反映如下，若某个对象不可接受，则在偏好序上把他（或她）去除：

$$p(m_1) = w_2, w_1; \qquad p(w_1) = m_1, m_3, m_2;$$
$$p(m_2) = w_1, w_2, w_3; \qquad p(w_2) = m_2, m_1, m_3;$$
$$p(m_3) = w_1, w_2; \qquad p(w_3) = m_1, m_3, m_2.$$

假设男方是邀约群体，则

第一阶段，每个男人都向自己最喜欢的对象提出邀约，即 m_2 和 m_3 都向 w_1 提出邀约，m_1 向 w_2 提出邀约；此时 w_1 拒绝 m_2 并暂时接受 m_3，w_2 暂时接受 m_1。

第二阶段，m_2 向 w_2 提出邀约，w_2 拒绝 m_1 的邀约并暂时接受 m_2。

第三阶段，m_1 向 w_1 提出邀约，w_1 拒绝 m_3 的邀约并暂时接受 m_1。

第四阶段，m_3 向 w_2 提出邀约，w_2 拒绝 m_3 的邀约并暂时接受 m_2，至此不会再有新的邀约出现。

在上面的过程中，没有人向 w_3 提出邀约，此时 w_3 与自己匹配；m_3 被所有可接受的对象拒绝，因此他的匹配也是他自己。最后的匹配结果为：

$$\mu_M^{DA} = \begin{pmatrix} w_1 & w_2 & w_3 & m_3 \\ m_1 & m_2 & w_3 & m_3 \end{pmatrix}.$$

表 22.1 刻画了延迟接受算法的求解过程，其中加底线的是暂时被接受的个体。

表 22.1 延迟接受算法的求解过程

w_1	w_2	w_3	$\varnothing$
$m_2, \underline{m_3}$	$\underline{m_1}$		
	$\underline{m_2}, m_1$		
$\underline{m_1}, m_3$			
	$\underline{m_2}, m_3$		$\underline{m_3}$
$\underline{m_1}$	$\underline{m_2}$		$\underline{m_3}$

其中 $\mu(m_3) = \varnothing$，等价于 $\mu(m_3) = m_3$，即与自己匹配。

在匹配中，稳定匹配往往有多个。下面的例子说明了由男方和女方作为邀约群体的匹配结果是不同的。

例 22.2.3　考虑三男和三女之间的婚姻匹配。每个参与人对对方参与人集合的偏好排序表示如下:

$$p(m_1)=w_1,w_2,w_3;\qquad p(w_1)=m_1,m_2,m_3;$$
$$p(m_2)=w_1,w_2,w_3;\qquad p(w_2)=m_1,m_3,m_2;$$
$$p(m_3)=w_1,w_3,w_2;\qquad p(w_3)=m_1,m_2,m_3.$$

若男方是邀约群体，匹配结果为:

$$\mu_M^{DA}=\begin{pmatrix} m_1 & m_2 & w_3 \\ w_1 & w_2 & w_3. \end{pmatrix}.$$

若女方是邀约群体，匹配结果为:

$$\mu_W^{DA}=\begin{pmatrix} m_1 & m_2 & w_3 \\ w_1 & w_3 & w_2 \end{pmatrix}.$$

从男性群体 M 的视角来看，μ_M^{DA} 匹配结果比 μ_W^{DA} 更好；反过来，从女性群体 W 的视角来看，μ_W^{DA} 匹配结果比 μ_M^{DA} 更好。我们先引入一个关于某类群体的最优稳定匹配的概念。

定义 22.2.5　我们称一个稳定匹配 μ_M 是男性群体中**最优的**（optimal）稳定匹配，若对于任意稳定匹配 μ，都有 $\mu_M \succeq_M \mu$，即 $\forall i\in M, \mu_M(i)\succeq_i \mu(i)$。对女性群体最优的稳定匹配 μ_W 可类似定义。

Gale 和 Shapley（1962）证明了下面的定理。

定理 22.2.2　*若所有参与人具有严格偏好，由男性（或者女性）作为邀约方的延迟接受匹配在所有可能的稳定匹配中，对男性（或者女性）群体来说是最优的匹配，即*

$$\mu_M=\mu_M^{DA}$$

和

$$\mu_W=\mu_W^{DA}.$$

证明　这里简单论证为什么由男方提出邀约的延迟接受匹配规则在所有可能的稳定匹配下对所有男方来说是最优的。

我们先定义可达匹配的概念。我们称 (m,w) 是一个**可达匹配结果**，若存在一个稳定的匹配规则，在该规则下 (m,w) 是其中的一组匹配结果。我们用数学归纳法来验证。从男方邀约的延迟接受匹配规则，我们知道，每个男人都先从他的偏好序列逐次提出邀约。假设在某一轮之前，没有一个男的被可达到的女方拒绝，在这一轮开始某个男方 m 被他邀约的女方 w 拒绝。

我们只要证明在所有可能的稳定匹配规则下都不是可达匹配结果，或者说 (m,w) 是不稳定匹配结果。若女方 w 拒绝了 m，必定是因为她更喜欢向她提邀约的某个其他男人 m'，

而对于 m' 来说，除了那些拒绝他的女方外，w 是剩下可接受的女方中他最喜欢的对象。若存在一个匹配规则 μ，在该规则下有 $\mu(m)=w$ 和 $\mu(w)=m$。显然，这个规则会被 (m',w) 推翻，因此 μ 不是稳定的。这样，我们证明了：由男方提出邀约的延迟接受匹配规则，在所有可能的稳定匹配下，对所有男方来说是最优的。类似地，由女方提出邀约的延迟接受匹配规则，在所有可能的稳定匹配下，对所有女方来说也是最优的。 □

对不同群体对稳定匹配的评价，Knuth（1976）进一步揭示了，对一方来说是最优的匹配对另一方来说却是最差的匹配。

定理 22.2.3 假定所有参与人都具有严格偏好。在所有稳定匹配的集合中，双方群体的利益是对立的，即若 μ 和 φ 是两个稳定匹配，$\mu \succ_M \varphi$ 当且仅当 $\varphi \succ_W \mu$。

证明 μ 和 φ 是两个稳定匹配，满足 $\mu \succ_M \varphi$。假设 $\varphi \succ_W \mu$ 不成立，这意味着存在一个 $w \in W$，满足 $\mu(w) \succ_w \varphi(w) \succeq_w w$。令 $m=\mu(w)$。由于 $w=\mu(m) \succ_m \varphi(m)$ 意味着 (m,w) 构成了对 φ 的阻止配对，从而与 φ 是稳定匹配相矛盾。因此，$\mu \succ_M \varphi$ 意味着 $\varphi \succ_W \mu$。类似地，若 $\varphi \succ_W \mu$，同样可以推出 $\mu \succ_M \varphi$。 □

上面两个定理都要求所有参与人具有严格偏好。若这一条件不满足，这两个定理将不成立。下面的例子来自 Roth 和 Sotomayor (1990)，若有一个参与人的偏好不是严格的，则可能不存在对一方群体最优的稳定匹配，同时在稳定匹配中双方的态度也并不是对立的。

例 22.2.4 假设三男三女的偏好序列如下：

$$\begin{aligned}
&p(m_1)=[w_2 \sim w_3]w_1; \quad && p(w_1)=m_1,m_2,m_3;\\
&p(m_2)=w_2,w_1; && p(w_2)=m_1,m_2;\\
&p(m_3)=w_3,w_1; && p(w_3)=m_1,m_3.
\end{aligned}$$

在延迟接受算法中，由 M 提出邀约或者 W 提出邀约的匹配都不是唯一的，而是下面两个稳定匹配。

$$\mu_{DA}=\begin{pmatrix} m_1 & m_2 & m_3\\ w_2 & w_1 & w_3\end{pmatrix};\ \mu'_{DA}=\begin{pmatrix} m_1 & m_2 & m_3\\ w_3 & w_2 & w_1\end{pmatrix}.$$

然而，不存在对于 M 或者 W 最优的稳定匹配，这是因为 $\mu_{DA}(m_3) \succ_{m_3} \mu'_{DA}(m_3)$，但 $\mu'_{DA}(m_2) \succ_{m_2} \mu_{DA}(m_2)$；同时，$\mu_{DA}(w_2) \succ_{w_2} \mu'_{DA}(w_2)$，但 $\mu'_{DA}(w_3) \succ_{w_3} \mu_{DA}(w_3)$。

对延迟接受算法匹配的一个更进一步的结论由 Roth-Satamayor (1990) 给出，说的是 μ_M^{DA} 在所有理性匹配中是弱帕累托有效的，这一定理对群体 W 也同样成立。

定理 22.2.4 不存在任何满足个人理性的 (稳定或者不稳定) 匹配 μ，使得 $\mu \succ_M \mu_M^{DA}$。

证明 反证法：假设存在着某个个体理性的匹配 μ，使得 $\mu(m) \succ_m \mu_M^{DA}(m), \forall m \in M$。这意味着，对于任意 m 匹配到 w，她在延迟接受算法中曾经拒绝过 m，其目的是接受一个比 m 更好的对象 m' (意味着若 $w=\mu(m)$，必然会有 $\mu_M(w) \succ_w \mu(w)$)。因此，所有在 $\mu(M) \subset W$ 中的女性在 μ_M^{DA} 都得到匹配，即 $\forall w \in \mu(M), \mu_M^{DA}(w) \neq w$，于是有 $\mu_M^{DA}(\mu(M))=M$。这样，所有男性群体在 μ_M^{DA} 和 μ 都获得匹配，且 $\mu_M^{DA}(M)=\mu(M)$(因为 $\mu_M(\mu_M(i))=i, \forall i \in M \bigcup W$)。由于所有男的在 $\mu_M^{DA}(M)$ 得到了 (女方的) 匹配，对任意一个在算法的最后阶段收到一个邀约的女性，她必定不曾拒绝过一个由可接受男性提出的邀约，这意味着当每个在 $\mu_M^{DA}(M)$ 中

的女性得到一个可接受男性提供的邀约后延迟接受算法就结束。这样，在最后阶段收到邀约的女性在匹配 μ 中必然是单身的 (因为 $w = \mu(m) \succ_m \mu_M^{DA}(m)$，根据 μ_M 的稳定性，这意味着 $\mu_M^{DA}(w) \succ_w \mu(w)$)，与 $\mu_M^{DA}(M) = \mu(M)$ 矛盾。 □

2. 稳定匹配的特征

延迟接受算法给出了两种稳定匹配 μ_M^{DA} 和 μ_W^{DA}。然而在很多情形下，稳定匹配不止上面两种匹配结果。下面我们讨论匹配稳定性的一些基本结果。

首先引入格子 (lattice) 这一数学概念。

定义 22.2.6 (格子)　我们称 $(X, \succeq)$ 是一个**格子**，若 $\succeq$ 满足自反性、反对称性和传递性，且对于任意的 $x, x' \in X$，都有 $\sup_{\succeq}\{x, x'\} \in X$ 和 $\inf_{\succeq}\{x, x'\} \in X$。

在上面的定义中 $\succeq$ 满足**反对称性**是指，对任意 $x, y \in X$，若 $x \succeq y$ 和 $y \succeq x$，则 $x = y$。对 $X \subset \mathcal{R}^n$，令 $\mathbf{x} \vee \mathbf{x}' \equiv \sup_{\succeq}\{x, x'\} = (\max\{x_1, x_1'\}, \cdots, \max\{x_n, x_n'\})$，$\mathbf{x} \wedge \mathbf{x}' \equiv \inf_{\succeq}\{x, x'\} = (\min\{x_1, x_1'\}, \cdots, \min\{x_n, x_n'\})$。

对于任意两个匹配 μ 和 μ'，定义 $\bar{\mu}^M = \mu \vee_M \mu'$ 如下：$\bar{\mu}^M(m) = \max_{\succ_m}\{\mu(m), \mu'(m)\}$，$\forall m \in M$；$\bar{\mu}^M(w) = \min_{\succ_w}\{\mu(w), \mu'(w)\}, \forall w \in W$。$\bar{\mu}^M = \mu \vee_M \mu'$ 意味着，对每个男性个体而言，选择一个更好的匹配结果，而对每个女性个体而言，选择一个更坏的匹配结果。定义 $\underline{\mu}^M = \mu \wedge_W \mu'$ 如下：$\underline{\mu}^M(m) = \min_{\succ_m}\{\mu(m), \mu'(m)\}, \forall m \in M$；$\underline{\mu}^M(w) = \max_{\succ_w}\{\mu(w), \mu'(w)\}, \forall w \in W$。类似地，可定义 $\bar{\mu}^W = \mu \vee_W \mu'$ 和 $\underline{\mu}^W = \mu \wedge_W \mu'$。

下面的定理刻画了稳定匹配的格子特征 (来自 Roth-Sotomayor 的表述)。

定理 22.2.5 (格子定理 (Conway))　*当所有参与人都具有严格偏好时，若两个匹配 μ 和 μ' 是稳定的，则 $\bar{\mu}^M = \mu \vee_M \mu'$ 和 $\bar{\mu}^W = \mu \vee_W \mu'$ 也是稳定的匹配。*

证明　这里只证明 $\bar{\mu}^M$ 是一个稳定匹配，因为对 $\bar{\mu}^W$ 的证明是对称的。证明分两步，第一步证明 $\bar{\mu}^M$ 是一个匹配，第二步证明它是稳定的。

为了证明 $\bar{\mu}^M$ 是一个匹配，我们只需验证 $\bar{\mu}^M(m) = w$ 当且仅当 $\bar{\mu}^M(w) = m$。根据 μ 和 μ' 的稳定性，可以推出其必要性：若 $\bar{\mu}^M(m) = w$，则必然会有 $\bar{\mu}^M(w) = m$。的确如此，假如 $\bar{\mu}^M(w) \neq m$。若 $w = \bar{\mu}^M(m) = \mu(m) \succ_m \mu'(m)$，这意味着 $\mu(w) = m \succ_w \bar{\mu}^M(w) = \mu'(w)$，从而 (m, w) 构成了对 μ' 的一个阻止配对。类似地，若 $w = \bar{\mu}^M(m) = \mu'(m) \succ_m \mu(m)$，我们可以推出 (m, w) 构成了对 μ 的一个阻止配对。

充分性：令 $M' = \{m : \bar{\mu}^M(m) \in W\} = \{m : \mu(m) \in W, 或\mu'(m) \in W\}$。利用已经证明的必要性，$\bar{\mu}^M(M') \subset W' = \{w : \bar{\mu}^M(w) \in M\} = \{w : \mu(w) \in M，且\mu'(w) \in M\}$。由于 $\bar{\mu}^M(m) = \bar{\mu}^M(m') = w$ 意味着 $m = m' = \bar{\mu}^M(w)$，我们有 $|\bar{\mu}^M(M')| = |M'| \geqslant |\mu W| = |W'|$，其中 $|\cdot|$ 是关于集合中元素个数的函数，从而有 $\bar{\mu}^M(M') = W'$。因此，对任意的 $w \in W'$，存在一个 $m \in M'$，使得 $m = \bar{\mu}^M(w)$。若 $w \notin W'$，必然有 $\bar{\mu}^M(w) = w$。结合前面证明的必要性条件，若 $\bar{\mu}^M(w) = m$，则有 $\bar{\mu}^M(m) = w$。

下面接着证明 $\bar{\mu}^M$ 是稳定的。假设 (m, w) 是对 $\bar{\mu}^M$ 的阻止配对，则有 $w \succ_m \bar{\mu}^M(m)$，这意味着 $w \succ_m \mu(m)$ 和 $w \succ_m \mu'(m)$。同时，$m \succ_w \bar{\mu}^M(w)$ 意味着 $m \succ_w \mu(w)$，或 $m \succ_w \mu'(w)$，这与 μ 和 μ' 是稳定的相矛盾。 □

此外，对于稳定匹配得到配对的参与人，有下面的结论。

定理 22.2.6 (McVitie-Wilson, 1970) *在所有的稳定匹配中，得到匹配的参与人的集合是相同的。*

证明 令 μ_M 对于 M 来说是最优的稳定匹配，μ 是其他任意稳定匹配。于是，所有男性群体都更喜欢 μ_M，所有女性都更喜欢 μ。定义 $MM(\mu_M) = \{m : \mu_M(m) \neq m\}$ 为在 μ_M 得到匹配的男性成员的集合，定义 $WM(\mu_M) = \{w : \mu_M(w) \neq w\}$ 为在 μ_M 得到匹配的女性成员的集合；类似定义 $MM(\mu)$ 和 $WM(\mu)$。由于所有男性群体都更喜欢 μ_M，有 $MM(\mu) \subset MM(\mu_M)$，从而有 $|MM(\mu_M)| \geqq |MM(\mu)|$；由于所有女性都更喜欢 μ，有 $WM(\mu_M) \subset WM(\mu)$，从而有 $|WM(\mu_M)| \leqq |WM(\mu)|$。由于 $|MM(\mu_M)| \geqq |WM(\mu_M)|$，我们得到：$MM(\mu) = MM(\mu_M)$ 和 $WM(\mu_M) = WM(\mu)$。 □

下面讨论核与稳定匹配的关系。在前面第 8 章中我们讨论了核的概念。在一个联盟博弈中，若一个配置是核，则不存在一个由某些参与人构成的联盟，它可以阻止该配置结果，或者说这个联盟不可能通过执行一些新的配置，使得在新配置下每个联盟成员都获利。在匹配中，不同群体的成员可以构成联盟来阻止匹配结果。我们现在定义婚姻市场上核的概念 (来自 Roth-Sotomayor, 1990)。

定义 22.2.7 (婚姻市场的核) 婚姻市场的匹配 μ 的结果称为一个**核**，若不存在新的匹配 μ' 以及联盟 $A \subset W \bigcup M$，使得：

$$\mu'(m) \in A, \forall m \in A; \tag{22.2.1}$$

$$\mu'(w) \in A, \forall w \in A; \tag{22.2.2}$$

$$\mu'(m) \succ_m \mu(m), \forall m \in A; \tag{22.2.3}$$

$$\mu'(w) \succ_w \mu(w), \forall w \in A. \tag{22.2.4}$$

这里，条件 (22.2.1) 和 (22.2.2) 表示联盟 A 包括一些成员，使得他们在新的匹配 μ' 下形成相互之间的配对，条件 (22.2.3) 和 (22.2.4) 表示对联盟成员而言，新的匹配 μ' 比 μ 所导致的结果更好，称之为在联盟 A 下 μ' 占优于 μ。换句话说，若一个匹配 μ 是核，那么不存在任何联盟，使得可以找到新的匹配 μ' 占优于 μ。

下面的定理 (来自 Roth-Sotomayor，1990) 揭示了核与稳定匹配的关系。

定理 22.2.7 *婚姻市场中匹配的核集合与稳定匹配集合是重合的。*

证明 首先，我们证明每个婚姻市场的核都是稳定匹配。若一个匹配 μ 不满足个体理性，即存在一个 i 使得 $i \succ_i \mu(i)$，则 μ 被由 $A = \{i\}$ 构成的联盟阻止，从而有 $\mu'(i) = i \succ_i \mu(i)$。若匹配存在成对的阻止 (m, w)，使得 $m \succ_w \mu(w)$ 和 $w \succ_m \mu(m)$，则 μ 被由 $A = \{m, w\}$ 构成的联盟阻止，从而对联盟 A，$\mu'(m) = w$ 和 $\mu'(w) = m$ 占优于 μ。因此，不稳定匹配不是婚姻市场的核。

接着证明，若一个匹配不是婚姻市场的核，则它是不稳定的。假设 μ 不是婚姻市场的核，则存在一个联盟 A 使得新的匹配 μ' 占优 μ。假设 μ 是一个稳定匹配，那么 μ 是个体理性的，这意味着 $\mu'(w) \in M, \forall w \in A$。令 $w \in A$，$m = \mu'(w) \in A$ 意味着 $\mu'(m) = w \succ_m \mu(m)$，这样 (m, w) 构成了对 μ 的一个阻止配对，与 μ 是稳定匹配相矛盾。 □

3. 匹配的战略性问题

在现实中，参与人的偏好通常是私人信息，从而在匹配中可能会出现谎报的战略性问题，即为了获得一个好的匹配结果，参与人有可能会扭曲其真实偏好信息。这一节主要讨论这一战略性问题。

我们采用机制设计的框架来讨论匹配中参与人的激励问题。假设参与人 $i \in W \bigcup M$ 的严格偏好为 $\succ_i$。令 $M = \{m_1, \cdots, m_K\}$，$W = \{w_1, \cdots, w_L\}$，所有个体的偏好为 $\succ = (\succ_{m_1}, \cdots, \succ_{m_K}, \succ_{w_1}, \cdots, \succ_{w_L})$。假设所有可能的偏好集合记为 $\mathcal{P}$，所有可能的匹配集合记为 $\mathcal{M}$。一个直接机制 $(f, \mathcal{P}, \mathcal{M})$，其中 $f : \mathcal{P} \to \mathcal{M}$，对每个偏好组合 $\succ$，都决定了一个匹配 $f(\succ) = \mu \in \mathcal{M}$。

定义 22.2.8 一个机制 f 是**稳定的**，若对于任意 $\succ \in \mathcal{P}$，$\mu = f(\succ)$ 是一个稳定匹配；一个机制 f 是**(弱) 帕累托有效的**，若对于任意 $\succ \in \mathcal{P}$，$\mu = f(\succ)$ 是 (弱) 帕累托有效的；一个机制 f 是**个体理性的**，若对于任意 $\succ \in \mathcal{P}$，$\mu = f(\succ)$ 是个体理性匹配。

下面引入激励相容机制的定义。

定义 22.2.9 一个机制 f 是**防操纵的 (strategy-proof)**，若满足：

$$f(\succ_i, \succ_{-i})(i) \succeq_i f(\succ'_i, \succ_{-i})(i),\ \text{对于}\forall i \in M \bigcup W, \forall \succ_i, \succ'_i \in \mathcal{P}_i, \succ_{-i} \in \mathcal{P}_{-i}.$$

Roth (1982a) 证明了下面的定理。

定理 22.2.8 (罗思不可能定理)　*在一对一的匹配中，没有一个机制能同时满足稳定性和防操纵性。*

证明　证明很简单，只要找到一个反例。下面的例子来自 Abdulkadiroglu 和 Sonmez (2013)，它揭示了不存在一个匹配机制，同时满足稳定性和防操纵的特性。

考虑两男两女构成的群体，他们的匹配偏好为：

$$w_1 \succ_{m_1} w_2 \succ_{m_1} m_1;$$

$$w_2 \succ_{m_2} w_1 \succ_{m_2} m_2;$$

$$m_2 \succ_{w_1} m_1 \succ_{w_1} w_1;$$

$$m_1 \succ_{w_2} m_2 \succ_{w_2} w_2.$$

可以验证，只有两个稳定匹配规则：μ_M，使得 $(m_1, w_1), (m_2, w_2)$ 是其稳定匹配；μ_W，使得 $(m_1, w_2), (m_2, w_1)$ 是其稳定匹配。

下面我们验证在这两个稳定匹配规则下都存在可操纵的可能性。令 φ 是稳定匹配规则：

(1) 当 $\varphi = \mu_M$ 时，若 w_1 报告一个虚假偏好 $m_2 \succ_{w'_1} w_1 \succ_{w'_1} m_1$，则在规则 μ_M 下，$\mu_M(w_1 | \succ_{w'_1}) = m_2$，可以使得 w_1 变得更好；

(2) 当 $\varphi = \mu_W$ 时，若 m_1 报告一个虚假偏好 $w_1 \succ_{m'_1} m_1 \succ_{m'_1} w_2$，则在规则 μ_W 下，$\mu_W(m_1 | \succ_{m'_1}) = w_1$，可以使得 m_1 变得更好。　□

下面的推论直接来自上面的罗思不可能定理。

推论 22.2.1　*没有任何稳定匹配机制，使得真实显示偏好是纳什均衡。*

前面的罗思不可能定理揭示了匹配机制的防操纵特性与稳定性是冲突的，下面的定理揭示了防操纵特性与帕累托有效和个人理性也是冲突的。

定理 22.2.9 (Alcalde-Barbera, 1994)　*在匹配中，没有一个机制能同时满足帕累托有效、个人理性和防操纵特性。*

证明 考虑 2 男 2 女的匹配，$M=\{m_1,m_2\}$ 和 $W=\{w_1,w_2\}$。假设 f 是任意一个帕累托有效和个体理性的匹配机制。我们证明它是可操纵的。

考虑下面五种偏好的情形：

情形 1：

$$p^1(m_1)=w_1,w_2; \qquad p^1(w_1)=m_2,m_1;$$
$$p^1(m_2)=w_2,w_1; \qquad p^1(w_2)=m_1,m_2.$$

情形 2：

$$p^1(m_1)=w_1,w_2; \qquad p^1(w_1)=m_2;$$
$$p^1(m_2)=w_2,w_1; \qquad p^1(w_2)=m_1,m_2.$$

情形 3：

$$p^1(m_1)=w_1,w_2; \qquad p^1(w_1)=m_2;$$
$$p^1(m_2)=w_2,w_1; \qquad p^1(w_2)=m_1.$$

情形 4：

$$p^1(m_1)=w_1; \qquad p^1(w_1)=m_2,m_1;$$
$$p^1(m_2)=w_2,w_1; \qquad p^1(w_2)=m_1,m_2.$$

情形 5：

$$p^1(m_1)=w_1; \qquad p^1(w_1)=m_2,m_1;$$
$$p^1(m_2)=w_2; \qquad p^1(w_2)=m_1,m_2.$$

上面五种情形对应的所有个体理性和帕累托有效的匹配机制为：

$$\mu_1^1=\begin{pmatrix} m_1 & m_2 \\ w_1 & w_2 \end{pmatrix}, \mu_2^1=\begin{pmatrix} m_1 & m_2 \\ w_2 & w_1 \end{pmatrix};$$

$$\mu_1^2=\begin{pmatrix} m_1 & m_2 & w_1 \\ m_1 & w_2 & w_1 \end{pmatrix}, \mu_2^2=\begin{pmatrix} m_1 & m_2 \\ w_2 & w_1 \end{pmatrix};$$

$$\mu^3=\begin{pmatrix} m_1 & m_2 \\ w_2 & w_1 \end{pmatrix};$$

$$\mu_1^4=\begin{pmatrix} m_1 & m_2 \\ w_1 & w_2 \end{pmatrix}, \mu_2^4=\begin{pmatrix} m_1 & m_2 & w_2 \\ m_1 & w_1 & w_2 \end{pmatrix};$$

$$\mu^5=\begin{pmatrix} m_1 & m_2 \\ w_1 & w_2 \end{pmatrix}.$$

假设 $f(p^1)=\mu_1^1$。若 $f(p^2)=\mu_2^2$，则 w_1 在 $p^1(w_1)$ 偏好下，有动机谎报偏好为 $p^2(w_1)$；若 $f(p^2)=\mu_1^2$，则 w_2 在 $p^2(w_2)$ 偏好下，有动机谎报偏好为 $p^3(w_2)$。假设 $f(p^1)=\mu_2^1$。若 $f(p^4)=\mu_1^4$，则 m_1 在 $p^1(m_1)$ 偏好下，有动机谎报偏好为 $p^4(m_1)$；若 $f(p^2)=\mu_2^4$，则 m_2 在 $p^4(m_2)$ 偏好下，有动机谎报偏好为 $p^5(m_2)$。

以上我们穷尽了在满足个人理性和帕累托有效下所有可能的匹配机制，在这些情形下都存在有参与人操纵偏好的激励。 □

然而，若我们只考虑某一群体的激励问题，下面的定理揭示了稳定性特征与防操纵性可以兼容。

定理 22.2.10 (单侧稳定防操纵的可能性定理) *在男性最优的稳定匹配中，每个男性讲真话 (真实披露偏好) 是一个弱占优战略；在女性最优的稳定匹配中，每个女性讲真话 (真实披露偏好) 是一个弱占优战略。*

在证明上述结论之前，我们先引入“阻止引理”，这一引理在匹配理论中有很多应用，其证明来自 Hwang 和 Gale-Sotomayor (1985)，它意味着，在个体理性的匹配 μ 下，相较于男性最优稳定匹配 μ_M，若更偏好个体理性匹配 μ 的男性的集合非空，则必定存在着一个男女配对 (m,w)，阻止了理性匹配 μ，其中 m 更偏爱最优稳定匹配。正式地，我们有如下引理。

引理 22.2.1 (阻止引理) *令 μ 是一个在偏好 $\succ$ 下满足个体理性的匹配，μ_M 是男性群体中最优的稳定匹配，M' 是 M 中更偏好 μ 的男性个体的集合。若 $M'\neq\varnothing$，则存在一个阻止了 μ 的配对 (m,w)，其中 $m\in M-M'\equiv M\backslash M'$ 及 $w\in\mu(M')$。*

证明 由于 $\mu\succ_{M'}\mu_M$，在 M' 集合中，在 μ_M 下得到配对的必然在 μ 下也得到配对。因此，我们可以分以下两个情形加以讨论。

情形 1: $\mu(M')\neq\mu_M(M')$。于是，存在一个 $w\in\mu(M')-\mu_M(M')$。令 $m'=\mu(w)$ 和 $m=\mu_M(w)$。由于 $m'\in M'$，有 $w\succ_{m'}\mu_M(m')$，这意味着 $m\succ_w m'$，否则 (m',w) 构成了 μ_M 的一个阻止配对，与 μ_M 矛盾。由于 $w\notin\mu_M$，$m\notin M'$ 意味着 $w\succ_m\mu(m)$。这样，(m,w) 构成了 μ 的一个阻止配对。

情形 2: $\mu(M')=\mu_M(M')$。令 w 是 M' 中在延迟接受算法中最后一个接收到由 M' 群体男性 m' 发来邀约的女性，$m'=\mu_M(w)$。由于所有 W' 的女性在延迟接受算法中都曾拒绝由 M' 群体成员发来的邀约，不妨设 m 是 w 在收到 m' 发来邀约时暂时被 w 接受的男性。我们要证明 (m,w) 构成了 μ 的一个阻止配对。首先 $m\notin M'$，用反证法，若 $m\in M'$，在他被 w 拒绝后，他将向一位 W' 的女性发出邀约，与 w 是最后一位收到 M' 群体发来邀约的相矛盾。

然而，m 在延迟接受算法上被 w 拒绝意味着 $w\succ_m\mu_M(m)$。由于 $m\notin M'$ 意味着 $\mu_M(m)\succ_m\mu(m)$，有 $w\succ_m\mu(m)$。另一方面，由于 m 是被 w 最后拒绝的男性，这意味着 w 在拒绝 m 之前必然拒绝了 $\mu(w)\neq\mu_M(w)=m'$。这样，(m,w) 构成了 μ 的一个阻止配对。□

在阻止引理的基础上，我们可以证明一个比定理 22.2.10 更强的结论。

定理 22.2.11 (Demange-Gale-Sotomayor，1987) *令 p 是一个参与人的 (可以是非严格的) 偏好组合，令 $\bar{p}$ 只在某些地方与 p 有不同，其不同之处在于，在 $\bar{p}$ 下存在一个 $M\bigcup W$ 的子集 A 有激励操纵偏好汇报。则在 $\bar{p}$ 下不存在稳定匹配 μ，使得对任意的稳定匹配 $\hat{\mu}$，都有 $\mu\succ_A\hat{\mu}$。*

证明 反证法。假设在某个非空子集 $A = \bar{M} \bigcup \bar{W} \subset M \bigcup W$，他们会谎报其真实偏好，且他们在 $\bar{p}$ 下的某个稳定匹配 μ 比在所有 p 下的稳定匹配都更好。若 μ 在 p 下不是个体理性的，比如 $i \succ_{p(i)} \mu(i)$，则 i 一定会谎报，且 $i \in \bar{M}$，(与 i 在 μ 比所有 p 下的稳定匹配都更好) 矛盾。

假设 μ 在 p 下是个体理性的，显然 μ 在 p 下是不稳定的。现在我们构造一个 (严格) 偏好组合 p' 使得：若任一参与人 i 在偏好 p 下 $\mu(i)$ 弱偏好于某个匹配对象 j，则都会有在偏好组合 p' 下，i 在 $j, \mu(i)$ 中严格更偏爱 $\mu(i)$。于是，有：若 (m, w) 在 p' 下构成对 μ 的阻止配对，则 (m, w) 在 p 下也必然构成对 μ 的阻止配对。由于在 p' 下每个稳定的匹配在 p 下必然也是稳定的，令 μ_M 和 μ_W 是在 (M, W, p') 下的男性和女性最优的稳定匹配，根据对 μ 的假设 (即对于 A 来说比在 p 下所有稳定匹配都更好)，我们有：

$$\mu(m) \succ_m \mu_M(m), \forall m \in \bar{M}, \tag{22.2.5}$$

$$\mu(w) \succ_w \mu_W(w), \forall w \in \bar{W}. \tag{22.2.6}$$

若 $\bar{M}$ 不是空集，在匹配市场 (M, W, p') 中应用阻止引理，在式 (22.2.5) 中有 $\bar{M} \subset M'$，从而存在 (m, w) 在 p' 下构成对 μ 的阻止配对，这意味着在 p 下也构成对 μ 的阻止配对，因此满足 $\mu_M(m) \succ_m \mu(m)$ 和 $\mu_M(w) \succ_w \mu(w)$，这就意味着 $m, w \notin A$，他们在 p 下不会谎报他们的偏好，这样在 $\bar{p}$ 下也构成对 μ 的阻止配对，与 μ 是稳定的相矛盾。若 $\bar{M} = \varnothing$，在 $\bar{W} = \varnothing$ 上面的逻辑也是对称的。 □

由定理 22.2.11，立即有以下推论。

推论 22.2.2 (Dubins-Freedman，1981；Roth，1982) 令 p 是参与人的 (可以是非严格的) 偏好组合，令 $\bar{p}$ 是一个与 p 不同的偏好组合，它们的区别在于在 $\bar{p}$ 下存在一个 M 的子集 A，子集中的成员有激励操纵偏好汇报。则不存在对于 $\bar{p}$ 下稳定的匹配 μ，且满足 $\mu \succ_A \mu_M$。

推论 22.2.2 揭示了，在 μ_M 的匹配下，不存在由一些男性构成的子集可以通过谎报偏好来达到更好的匹配结果。因此，推论 22.2.2 意味着定理 22.2.10。定理 22.2.10 揭示了，对于男性最优的稳定匹配 μ_M，所有男性真实披露信息是弱占优战略；或者对于女性最优的稳定匹配 μ_W，所有女性真实披露信息是弱占优战略。结合罗思不可能定理 22.2.8，我们会进一步有如下推论。

推论 22.2.3 对于男性最优的稳定匹配 μ_M，在女性群体中至少有一个成员会谎报其偏好；对于女性最优的稳定匹配 μ_W，在男性群体中至少有一个成员会谎报其偏好。

22.2.2 多对一匹配

现实中的匹配有很多是关于个人与机构之间的匹配，这种匹配往往是多对一的匹配，比如大学招生、医院与医学毕业生匹配等等。多对一的匹配有很多结论可以看成是一对一的直接推广，有些则会有不同的结论。下面我们以大学入学招生和医学院就业匹配为背景来设定多对一匹配模型。

假设有两组选择主体，一类称为机构 $H = \{h_1, \cdots, h_n\}$，另一类称为个人 $D = \{d_1, \cdots, d_m\}$。在大学招生的例子中，H 是大学集合，D 就是学生集合；在医学院就业匹配中，H 是医院集合，D 是医学院毕业生的集合。机构 $h \in H$ 从 D 中选择一些对象，假设机构可以选择对象数目的上限为 q_h，称为机构 h 的限额；个人 $d \in D$ 最多只能选择一家机构，或者不选。当 $q_h = 1, \forall h \in H$，此时就是一对一的匹配。

下面我们讨论机构和个人的偏好，个人的 (严格) 偏好 $\succ_d, d \in D$ 与之前的一对一匹配是相同的，同样，$p(d)$ 是把超过自身的其他匹配对象从高到低进行排序所得到的一个排列。然而，机构的偏好在多对一匹配中会更复杂。由于机构对多位个体存在匹配需求，个体之间的关系可能会影响机构的匹配偏好。机构的偏好记为 $\succ_h, h \in H$，$p(h)$ 是把超过自身的其他匹配对象 (组合) 从高到低排序所得到的一个排列。

我们首先定义多对一匹配。

定义 22.2.10　个人 D 和机构 H 构成一个**多对一的匹配**$\mu : H \bigcup D \to 2^{H \cup D}$，若满足下面的关系：

$$\mu(h) \subseteq D \bigcup \{h\}, \text{ 且满足：} |\mu(h)| \leqq q_h, \ \forall h \in H;$$
$$\mu(d) \in H, \ \forall d \in D;$$
$$d \in \mu(h), \text{当且仅当} \mu(d) = h, \ \forall h \in H, d \in D.$$

接下来是多对一稳定匹配的定义。

定义 22.2.11　一个对个人 D 和机构 H 之间的匹配 μ 是一个**稳定匹配**，若

(1) $\mu(h) \neq \{h\}$，则有 $\mu(h) \succ_h \{h\}$；

(2) 若 $\mu(d) \neq d$，则有 $\mu(d) \succ_d d$;

(3) 且不存在一个由个人 D 和机构 H 构成的联盟 $A \in H \bigcup D$，以及与联盟相关的一个匹配 μ'，使得：

$$\mu'(d) \in A, \forall d \in A; \tag{22.2.7}$$
$$\text{若} d' \in \mu'(h), \text{则} d' \in A \bigcup \mu(h), \text{且} \mu'(h) \leqq |q_h|, \forall h \in A; \tag{22.2.8}$$
$$\mu'(d) \succ_d \mu(d), \forall d \in A; \tag{22.2.9}$$
$$\mu'(h) \succ_h \mu(h), \forall h \in A. \tag{22.2.10}$$

稳定匹配首先需满足个人和单位理性，其次阻止任何群体的有利偏离。对于群体的有利偏离有如下定义：$\mu' \in A$ 是构成对匹配 μ 的一个可实施的有利偏离，条件 (22.2.7) 表示在联盟中个人 d 的匹配对象来自联盟中的机构；条件 (22.2.8) 表示，这种偏离对于机构来说，其匹配对象或者来自联盟或者为原来匹配的对象；条件 (22.2.9) 表示联盟中的个人在新匹配下变得更好；条件 (22.2.10) 表示联盟中的机构在新匹配下变得更好，同时机构的匹配对象若在联盟 A 中其利益变得更好，在原先的匹配 $\mu(h)$ 中则利益不变。因此，这种联盟一方面是可实施的，另一方面给成员带来更高的利益。

然而，若不对机构偏好加以限定，稳定匹配可能不存在。

例 22.2.5 (Roth 和 Sotomayor，1990)　考虑有两个机构 $H = \{h_1, h_2\}, q_{h_1} = q_{h_2} = 2$ 和三位个体 $D = \{d_1, d_2, d_3\}$ 之间的匹配。假设机构和个体的偏好排列如下：

$$p(h_1) = \{d_1, d_3\}, \{d_1, d_2\}, \{d_2, d_3\}, \{d_1\}, \{d_2\};$$
$$p(h_2) = \{d_1, d_3\}, \{d_1, d_2\}, \{d_2, d_3\}, \{d_3\}, \{d_1\}, \{d_2\};$$

$$p(d_1) = h_2, h_1;$$
$$p(d_2) = h_2, h_1;$$
$$p(d_3) = h_1, h_2.$$

考虑所有个体理性的匹配。所有个体都有配对的理性匹配有如下 5 个：

$$\mu_1 = \begin{pmatrix} h_1 & h_2 \\ \{d_1, d_3\} & \{d_2\} \end{pmatrix},$$

被 $A = \{h_2, d_1\}$ 联盟以及 $\mu'(h_2) = \{d_1, d_2\}, \mu'(d_1) = h_2$ 所阻止；

$$\mu_2 = \begin{pmatrix} h_1 & h_2 \\ \{d_1, d_2\} & \{d_3\} \end{pmatrix},$$

被 $A = \{h_2, d_1\}$ 联盟以及 $\mu'(h_2) = \{d_1, d_3\}, \mu'(d_1) = h_2$ 所阻止；

$$\mu_3 = \begin{pmatrix} h_1 & h_2 \\ \{d_2, d_3\} & \{d_1\} \end{pmatrix},$$

被 $A = \{h_2, d_2\}$ 联盟以及 $\mu'(h_2) = \{d_1, d_2\}, \mu'(d_2) = h_2$ 所阻止；

$$\mu_4 = \begin{pmatrix} h_1 & h_2 \\ \{d_1\} & \{d_2, d_3\} \end{pmatrix},$$

被 $A = \{h_1, d_3\}$ 联盟以及 $\mu'(h_1) = \{d_1, d_3\}, \mu'(d_3) = h_1$ 所阻止；

$$\mu_5 = \begin{pmatrix} h_1 & h_2 \\ \{d_2\} & \{d_1, d_3\} \end{pmatrix},$$

被 $A = \{h_1, d_3\}$ 联盟以及 $\mu'(h_1) = \{d_2, d_3\}, \mu'(d_3) = h_1$ 所阻止。

此外，若有某个 $d \in D$ 没有得到配对，即 $\mu(d) = d$，则至少有一个 $h \in H$，$|\mu(h)| \leqq 1$，此时 (d, h) 构成一个有利的偏离联盟 $\mu'(h) = \mu(h) \bigcup \{d\}$，$\mu'(d) = h$ 构成一个有利的偏离。

上面穷尽了所有可能的满足个体理性的匹配，我们都可以找到一个有利的偏离联盟。因此，不存在一个稳定的匹配。

为了克服在多对一匹配中稳定匹配的非存在性，Roth (1985) 对机构的偏好引入了响应性 (responsiveness) 条件。

定义 22.2.12 (响应性偏好) 机构 H 具有**响应性偏好**，若对 $\succ_h, \forall h \in H$，满足

(i) 对任意 $J \subseteq D, |J| < q_h$，$d \in D \backslash J$，有：

$$\{d\} \bigcup J \succ_h J \iff \{d\} \succ_h \varnothing;$$

(ii) 对任意 $J \subseteq D, |J| < q_h$，$d, d' \in D \backslash J$，有：

$$\{d\} \bigcup J \succ_h \{d'\} \bigcup J \iff \{d\} \succ_h \{d'\}.$$

显然，例 22.2.5 不满足响应性偏好的特性，这是因为对于 h_2，其偏好有 $\{d_1,d_2\} \succ_{h_2} \{d_2,d_3\}$，但 $\{d_3\} \succ_{h_2} \{d_1\}$。

在响应性偏好下，有一个更简单的稳定匹配的定义，同时它与之前的稳定匹配的定义 22.2.11 是等价的。

定义 22.2.13 对满足响应性偏好的机构 H 和个人 D 之间的匹配 μ 是稳定的，若

(i) 对 $\mu(h) \neq \{h\}$，有 $\mu(h) \succ_h \{h\}$。

(ii) 对 $\mu(d) \neq d$，有 $\mu(d) \succ_d d$。

(iii) 不存在阻止配对 (h,d)，使得：

$$h \succ_d \mu(d); \tag{22.2.11}$$

$$\text{存在} d' \in \mu(h)，\text{满足}\{d\} \succ_h \{d'\}，\text{或}|\mu(h)| < q_h \text{且}\{d\} \succ_h \varnothing. \tag{22.2.12}$$

现证明定义 22.2.11 和定义 22.2.13 是等价的。为此，我们只需证明在定义 22.2.11 中 A 和 μ' 的四个条件 ((22.2.7)、(22.2.8)、(22.2.9) 及 (22.2.10)) 等价于定义 22.2.13 中 (h,d) 的两个条件 (22.2.11) 和 (22.2.12)。

显然，若 μ 存在阻止配对 (h,d)，对应的联盟为 $A=\{h,d\}$，$\mu'(h)=\{d\}\bigcup\mu(h)\backslash\{d'\}$，及 $\mu'(d)=h$ 满足条件 (22.2.7)、(22.2.8)、(22.2.9) 及 (22.2.10)。

若 μ 被 A 和 μ' 阻止，由 $\mu'(h)\succ_h \mu(h)$，在响应性偏好下，这意味着存在 $d\in\mu'(h)-\mu(h)$，及 $d'\in\mu(h)-\mu'(h)$，使得 $\{d\}\succ_h\{d'\}$ 成立。若不然，则对所有满足 $\{d'\}\succeq_h\{d\}$ 的 $d'\in\mu(h)-\mu'(h)$ 及 $d\in\mu'(h)-\mu(h)$，会有 $\mu(h)\succeq_h\mu'(h)$，从而 (h,d) 构成了一个对于 μ 的阻止配对。

从上面的等价性定义，我们发现多对一匹配的稳定性条件与一对一匹配的稳定性条件非常相似。延迟接受算法同样可以应用到多对一的匹配上。下面我们介绍由机构邀约下的延迟接受匹配算法。

定义 22.2.14 (机构邀约下的延迟接受匹配算法) 第 1 步：每个机构 $h\in H$ 向 q_h 个最偏好的个体提出邀约，每个收到邀约的个体选择最偏好的机构发出邀约而拒绝其他邀约。

第 k 步：假设在 $k-1$ 步，机构 h 被个体 d 拒绝，h 对不曾拒绝它的前 q_h 个最偏好的个体发出邀约，每个收到新邀约的个体在新邀约与上个阶段保留的邀约中选择一个最优的，并拒绝其他邀约。

当没有新邀约出现时，算法停止，每位个体与最后一个阶段邀约对应的机构形成配对。

由个人提出邀约的延迟接受匹配算法与上面也是类似的，每个个体在每个阶段向未拒绝他的最偏好机构提出邀约，收到邀约的机构 h 在可接受个体中选择前 q_h 个最偏好的邀约，而拒绝其他。

例 22.2.6 考虑有 2 个机构和 2 个个体之间的匹配，$H=\{h_1,h_2\},D=\{d_1,d_2\}$，他们的偏好排列为：

$$p(h_1)=\{d_1,d_2\},\{d_2\},\{d_1\};$$

$$p(h_2)=\{d_1\},\{d_2\};$$

$$p(d_1)=h_1,h_2;$$

$$p(d_2)=h_2,h_1.$$

由机构提出邀约的延迟接受算法的匹配为:

$$\mu_H = \begin{pmatrix} h_1 & h_2 \\ d_1 & d_2 \end{pmatrix}.$$

可以验证，在这个例子中，由个体提出邀约的延迟接受算法的匹配 $\mu_D = \mu_H$ 是唯一稳定的匹配。

我们可以直接推广一对一匹配下关于延迟接受算法稳定性的结论。

定理 22.2.12 *由机构 (或者个人) 提出邀约的延迟接受算法的匹配是稳定的。*

实际上，很多一对一的结果可以直接推广到多对一的匹配。下面介绍一个转换，可以把多对一的匹配问题转变为一对一的匹配问题，若能证明转换后的一对一匹配的稳定性与多对一匹配的稳定性相同。

定义 22.2.15 (从多对一到一对一的转换) 可以把多对一的匹配问题转变为一对一的匹配问题，若:

(1) 将限额为 q_{h_k} 的机构 h_k 分割为 q_{h_k} 的分支机构 $h_k^1, \cdots, h_k^{q_{h_k}}$，使得每个分支机构的限额为 1。每个分支机构的偏好 h_k^i 满足: $\{d\} \succ_{h_k^i} \{d'\}$ 当且仅当 $\{d\} \succ_{h_k} \{d'\}$; $d \succ_{h_k^i} \varnothing$ 当且仅当 $\{d\} \succ_{h_k} \varnothing$。

(2) 任意个体 $d \in D$ 对同一机构 h_k 的分支机构的评价排序都为 $h_k^1 \succ_d \cdots \succ_d h_k^{q_{h_k}}$，对不同机构的偏好保持不变。这样，在原先偏好 $\succ_d$ 中，若 $h_k \succ_d h_l$，则对于这两个机构对应的分支机构的偏好排序满足 $h_k^i \succ_d h_l^j, \forall i \leqq q_{h_k}, j \leqq q_{h_l}$。

多对一的转换，就是把 q_h 限额的机构 h 分解为 q_h 分支机构，同时赋予个体对机构内部的这些分支一个共同的偏好排序。通过转换，使得原来机构与个体之间的匹配变为一对一的分支机构与个体之间的匹配。先给出一个引理。

引理 22.2.2 *个人与机构之间的多对一匹配是稳定的，当且仅当在其转换下一对一的对应匹配是稳定的。*

证明 令 μ 是原先 (H, D, p) 的一个匹配，$\bar{\mu}$ 是转换下对应的匹配，使得:

$$\mu(d) = h_k \text{当且仅当存在} j \leqq q_h, \bar{\mu}(d) = h_k^j,$$
$$\bar{\mu}(h_k^j) \in \mu(h_k), \text{或} \bar{\mu}(h_k^j) = \varnothing, \forall j \leqq q_h.$$

我们首先验证 μ 非稳定意味着 $\bar{\mu}$ 也不是稳定的。若 (h, d) 构成 μ 的一个阻止配对，这意味着 $h \succ_d \mu(d)$，且存在 $d' \in \mu(h)$，使得 $\{d\} \succ_h \{d'\}$。于是，存在一个 $j \leqq q_h$ 使得 (h_k^j, d) 构成对 $\bar{\mu}$ 的一个阻止配对，或 $|\mu(h)| < q_h$ 和 $\{d\} \succ_h \varnothing$。这样，存在一个 $j \leqq q_h$，使 $\bar{\mu}(h_k^j) = \varnothing$，从而 (h_k^j, d) 构成对 $\bar{\mu}$ 的一个阻止配对。μ 不满足理性条件意味着，或 $\varnothing \succ_h \mu(h)$ 或 $\varnothing \succ_d \mu(d)$，在这两种情形下，显然所对应的匹配 $\bar{\mu}$ 也不是理性的。

另外，$\bar{\mu}$ 不是稳定的意味着 μ 也不稳定，证明思路类似。 □

在引理 22.2.2 的基础上，许多在一对一匹配下的结论直接可以推广到多对一的匹配，下面是其中的一些重要结论。

推论 22.2.4 *我们有下列推论:*

(1) *存在对个体的最优稳定匹配 μ_D，即对所有个体 $d \in D$ 来说，μ_D 比其他稳定匹配的结果都更好，且由个体邀约的延迟接受算法所得到的匹配就是 μ_D。*

(2) 存在对机构的最优稳定匹配 μ_H，即对所有机构 $h \in H$ 来说，μ_H 比其他稳定匹配的结果都更好，且由机构邀约下的延迟接受算法所得到的匹配就是 μ_H。

(3) 个体最优稳定匹配 μ_D 是机构最不喜欢的稳定匹配；同样，机构最优稳定匹配 μ_H 是个体最不喜欢的稳定匹配。

(4) 对任意两个稳定匹配 μ 和 ν，所得到的个体配对集合以及机构配对数目都是相同的，即 $\{d : \mu(d) \neq d\} = \{d : \nu(d) \neq d\}, \forall d$ 以及 $|\mu(h)| = |\nu(h)|$。

(5) 稳定匹配具有格子 (lattice) 特征，若两个匹配 μ 和 μ' 是稳定的，则 $\lambda = \mu \vee_H \mu', \varphi = \mu \vee_D \mu'$ 也是两个稳定的匹配。

(6) 不存在任何理性 (不稳定) 匹配 ν 使得 $\nu(d) \succ_d \mu_D(d), \forall d \in D$。

然而，并不是所有在一对一匹配下的结论都能推广到多对一匹配。下面的例子揭示了，对于机构来说，可能存在一个理性匹配帕累托占优于最优的稳定匹配。

例 22.2.7　考虑有 2 个机构和 2 个个体之间的匹配，$H = \{h_1, h_2\}, D = \{d_1, d_2\}$，他们的偏好排列与例 22.2.6 相同：

$$p(h_1) = \{d_1, d_2\}, \{d_2\}, \{d_1\};$$
$$p(h_2) = \{d_1\}, \{d_2\};$$
$$p(d_1) = h_1, h_2;$$
$$p(d_2) = h_2, h_1.$$

机构提出邀约的延迟接受算法的匹配为：

$$\mu_H = \begin{pmatrix} h_1 & h_2 \\ d_1 & d_2 \end{pmatrix}.$$

但下面的 (不稳定) 匹配 ν

$$\nu = \begin{pmatrix} h_1 & h_2 \\ d_2 & d_1 \end{pmatrix},$$

对于机构来说帕累托占优于 μ_H。

为了证明多对一情形下的匹配的一致性定理，我们需要两个引理 (来自 Knuth, 1976)，第一个称为分解引理，它在匹配理论中有很多应用。

引理 22.2.3(分解引理)　假设 μ 和 μ' 是婚姻市场 (M, W, p) 中的两个稳定匹配。令 $M(\mu') = \{m : \mu'(m) \succ_m \mu(m)\}$ 是更喜欢 μ' 匹配的男性集合，同样定义 $W(\mu)$ 为更喜欢 μ 匹配的女性集合，则 μ 和 μ' 是从 $M(\mu')$ 到 $W(\mu)$ 的一一映射。

证明　根据定义 $m \in M(\mu')$，有 $\mu'(m) \succ_m \mu(m)$，从而 $\mu'(m) \in W$。令 $w = \mu'(m)$。μ 是稳定的意味着 $\mu(w) \succ_w \mu'(w)$，即 $w \in W(\mu)$，从而有 $\mu'(M(\mu')) \subset W(\mu)$。

同样，$w \in W(\mu)$ 意味着 $\mu(w) \succ_w \mu'(w)$。令 $\mu(w) = m$，μ' 是稳定的意味着 $\mu'(m) \succ_m \mu(m)$，即 $m \in M(\mu')$，从而有 $\mu(W(\mu)) \subset M(\mu')$。因此，$\mu$ 和 μ' 是从 $M(\mu')$ 到 $W(\mu)$ 的一一映射。 □

第二个引理刻画了转换匹配下分支机构的配对偏好一致性。

引理 22.2.4 (Roth-Sotomayor，1989) 假定 μ 和 μ' 是机构与个人的两个稳定匹配，$\bar{\mu}$ 和 $\bar{\mu}'$ 是转换匹配下相应的稳定匹配。若对 $h \in H$，$\bar{\mu}(h^i) \succ_h \bar{\mu}'(h^i), i \leqq q_h$，则 $\bar{\mu}(h^j) \succeq_h \bar{\mu}'(h^j)$，$\forall j \leqq q_h$。

证明 假设 $\bar{\mu}(h^i) \succ_h \bar{\mu}'(h^i)$。我们只需证明 $\bar{\mu}(h^j) \succ_h \bar{\mu}'(h^j)$，$\forall j > i$ 即可。假设存在一个 $j > i$ 使得 $\bar{\mu}'(h^j) \succeq_h \bar{\mu}(h^j)$。根据前面推论 22.2.4 中的结论 (4)，$\bar{\mu}'(h^i) = d' \in D$。应用引理 22.2.3，$h^i = \bar{\mu}'(d') \succ_{d'} \bar{\mu}(d')$。进一步，由于 $\bar{\mu}'(h^i) \succ_h \bar{\mu}'(h^j)$(否则 $(h^i, \bar{\mu}'(h^j))$ 构成了对 $\bar{\mu}'$ 的阻止配对)，我们有 $d' \succ_h \bar{\mu}'(h^j) \succeq_h \bar{\mu}(h^j)$。由引理 22.2.3，$\bar{\mu}(d') \neq h^j$，从而得到 $h^j \succ_{d'} \bar{\mu}(d')$，这意味着 (d', h^j) 构成了对 $\bar{\mu}$ 的阻止配对，与 $\bar{\mu}$ 相矛盾。若 i 是满足 $\bar{\mu}(h^i) \succ_h \bar{\mu}'(h^i)$ 最小的指标，当 $i = q_h$ 时，这意味着对所有 $j < q_h$，都有 $\bar{\mu}(h^j) \succeq_h \bar{\mu}'(h^j)$。 □

于是我们有下面关于多对一的匹配的一致性定理。

定理 22.2.13 (Roth，1986) 对稳定匹配 μ，若机构 h 没有得到完全配对 $|\mu(h)| < q_h$，则对任意其他稳定匹配 ν，都有 $\mu(h) = \nu(h)$。

证明 假设 $h \in H$ 满足 $|\mu(h)| < q_h$。根据前面推论 22.2.4 中的结论 (4)，$\mu(h^k) = \varnothing$ 当且仅当 $\mu'(h^k) = \varnothing$。若存在某个 $i < q_h$ 使得 $\mu(h^i) \neq \mu'(h^i)$，不妨假设 $\mu(h^i) \succ_h \mu'(h^i)$，这意味着对于所有的 $q_h \geqq j > i$ 的 j，都有 $\mu(h^j) \succ_h \mu'(h^j)$。但是，$\mu(h^{q_h}) = \mu'(h^{q_h}) = \varnothing$，矛盾。 □

定理 22.2.14 (Roth-Sotomayor，1989) 令 μ 和 ν 是机构和个体之间的两个稳定匹配。若对某个机构 $h \in H$，有 $\mu(h) \succ_h \nu(h)$，则对任意 $d \in \mu(h) \setminus \nu(h)$ 和 $d' \in \nu(h) \setminus \mu(h)$，都有 $d \succ_h d'$。

证明 考虑机构与个体的一对一匹配转换。$\bar{\mu}$ 和 $\bar{\nu}$ 是对应的 μ 和 ν 的稳定匹配。若对某个机构 $h \in H$，有 $\mu(h) \succ_h \nu(h)$，根据定理 22.2.13，则一定有 $|\mu(h)| = |\nu(h)| = q_h$。因此，$\nu(h) \setminus \mu(h) \neq \varnothing$，从而存在 $d' \in \nu(h) \setminus \mu(h)$，$h^i$，$d' = \bar{\nu}(h^i)$，使得 $\bar{\nu}(h^i) \neq \bar{\mu}(h^i)$。根据引理 22.2.4，存在 h^i 使得 $\bar{\nu}(h^i) \succ_h \bar{\mu}(h^i)$。根据引理 22.2.3，有 $h_i \succ_{d'} \bar{\mu}(d')$，这意味着 $h \succ_{d'} \mu(d')$。由于 μ 的稳定性，$\forall d \in \mu(h) - \nu(h)$，我们有 $d \succ_h d'$。 □

激励性问题

下面我们讨论个人与机构匹配中的激励性 (偏好披露) 问题。通过转换，个人与机构之间的多对一匹配可以转变为一对一匹配。下面的结论是婚姻市场激励性定理的直接推广。

推论 22.2.5 (个人与机构匹配中激励性问题的推论) 以下推论成立:

(1) 在个人与机构的多对一匹配中，不存在任何机制可同时具有防操纵性和稳定性。

(2) 在个人与机构的多对一匹配中，不存在任何机制可同时具有防操纵性、帕累托有效和个体理性。

(3) 由个人邀约的延迟接受算法是对个人最优的稳定匹配，且每个人真实披露自己的偏好是一个弱占优战略。

然而，对机构而言，就没有推论 22.2.5 中的推论 (3) 所对应的结论，下面是对机构偏好披露的不可能性定理。

定理 22.2.15 不存在任何稳定匹配 (即使是对机构而言最优的稳定匹配)，可以使得真实披露偏好是机构的弱占优战略。

对这一定理的证明，我们只需要找到一个反例即可。

例 22.2.8　继续考虑例 22.2.7 中的 2 个机构和 2 个个体之间的匹配，$H=\{h_1,h_2\}, D=\{d_1,d_2\}$，他们的偏好排列与例 22.2.6 相同：

$$p(h_1)=\{d_1,d_2\},\{d_2\},\{d_1\};$$
$$p(h_2)=\{d_1\},\{d_2\};$$
$$p(d_1)=h_1,h_2;$$
$$p(d_2)=h_2,h_1.$$

根据例 22.2.6 的分析，唯一稳定匹配是由机构提出邀约的延迟接受算法的匹配：

$$\mu_H=\begin{pmatrix} h_1 & h_2 \\ d_1 & d_2 \end{pmatrix}.$$

考虑机构 h_1，若它操纵偏好汇报为 $p'(h_1)=\{d_2\}$，即报告只有 d_2 个体才是比与自身匹配更好的对象，则对 $p'=(p'(h_1),p(h_2),p(d_1),p(d_2))$，唯一的稳定匹配为：

$$\mu'_H=\begin{pmatrix} h_1 & h_2 \\ d_2 & d_1 \end{pmatrix}.$$

此时，$\mu'_H(h_1)\succ_{h_1} mu_H(h_1)$。这样，我们验证了对于机构而言，稳定性和防操纵性存在冲突。

由于机构存在多个匹配对象，对于机构而言，另一种可能的操纵是关于限额报告的扭曲(在偏好真实披露的情形下)。

定义 22.2.16　匹配机制 f 称为**防限额操纵的**，若不存在 $h\in H$ 可以通过操纵限额而获利，即

$$f(p,q'_h,q_{-h})(h)\succ_h f(p,q_h,q_{-h}),\text{对于任意}q'_h<q_h, q_h\text{是}h\text{真实的限额}.$$

下面的定理刻画了机构在限额披露上的激励。

定理 22.2.16　当匹配的机构数和个人数都不低于 2 时，对机构而言的最优稳定匹配机制不是防限额操纵的。

下面我们通过一个例子来验证这一定理。

例 22.2.9　继续考虑例 22.2.8 中 2 个机构和 2 个个体之间的匹配，$H=\{h_1,h_2\}$，及 $D=\{d_1,d_2\}$。根据例 22.2.6 的分析，唯一稳定匹配，同时也是由机构提出邀约的延迟接受算法的匹配是

$$\mu_H=\begin{pmatrix} h_1 & h_2 \\ d_1 & d_2 \end{pmatrix}.$$

考虑机构 h_1，若它操纵限额汇报为 $q'_{h_1}=1<q_{h_1}$，可以验证，由机构提出邀约的延迟接受算法的匹配是

$$\mu'_H=\begin{pmatrix} h_1 & h_2 \\ d_2 & d_1 \end{pmatrix},$$

从而有 $\mu'_H(h_1)\succ_{h_1}\mu_H(h_1)$，这验证了对于机构而言最优的稳定匹配与防限额操纵会存在冲突。

在这个例子中，由个人邀约的延迟接受算法的匹配是防限额操纵匹配。这是由于，$\mu'_D = \mu_H = \mu_D$。Sonmez (1997) 提出了更一般的与限额相关的激励结论。

定理 22.2.17 (限额操纵定理) 在机构数不低于 2，个人数不低于 3 的匹配中，不存在一个稳定机制，它是防限额操纵的。

我们举一个反例即可。

例 22.2.10 考虑 2 个机构和 3 个个体之间的匹配，$H = \{h_1, h_2\}, D = \{d_1, d_2, d_3\}$。他们的偏好排列为：

$$p(h_1) = \{d_1, d_2, d_3\}, \{d_1, d_2\}, \{d_1, d_3\}, \{d_1\}, \{d_2, d_3\}\{d_2\}, \{d_3\};$$

$$p(h_2) = \{d_1, d_2, d_3\}, \{d_2, d_3\}, \{d_1, d_3\}, \{d_3\}, \{d_1, d_2\}, \{d_2\}, \{d_1\};$$

$$p(d_1) = h_2, h_1;$$

$$p(d_2) = h_1, h_2;$$

$$p(d_3) = h_1, h_2.$$

假设每个机构有两种可能的限额 $q_h \in \{1, 2\}, h = h_1, h_2$。下面我们验证，在所有可能的稳定匹配中，机构有激励操纵匹配限额。

考虑下面三种匹配：

$$\mu_1 = \begin{pmatrix} h_1 & h_2 \\ \{d_2, d_3\} & \{d_1\} \end{pmatrix}, \mu_2 = \begin{pmatrix} h_1 & h_2 \\ \{d_1, d_2\} & \{d_3\} \end{pmatrix}, \mu_3 = \begin{pmatrix} h_1 & h_2 \\ \{d_1\} & \{d_3\} \end{pmatrix}.$$

可以验证，当限额汇报为 $q_{h_1} = 2, q_{h_2} = 2$ 时，唯一的稳定匹配为 μ_1；当 $q_{h_1} = 2, q_{h_2} = 1$ 时，有两个稳定匹配 μ_1, μ_2；当 $q_{h_1} = 1, q_{h_2} = 1$ 时，唯一的稳定匹配为 μ_3。

此时，稳定匹配机制为：

$$f(p, q_1, q_2) = \mu_1, f(p, q_1 = 1, q_2 = 1) = \mu_3, f(p, q_1 = 2, q_2 = 1) \in \{\mu_1, \mu_2\}.$$

当 $f(p, q_1 = 2, q_2 = 1) = \mu_1$ 时，$f(p, q_1 = 1, q_2 = 1)(h_1) = \mu_3(h_1) = \{d_1\}$，而 $f(p, q_1 = 2, q_2 = 1)(h_1) = \mu_1(h_1) = \{d_2, d_3\}$，同时有

$$f(p, q_1 = 1, q_2 = 1)(h_1) \succ_{h_1} f(p, q_1 = 2, q_2 = 1)(h_1).$$

因此，当 $q_{h_2} = 1$ 时，若 h_1 的真实限额为 $q_{h_1} = 2$，则有动机汇报为 $q'_{h_1} = 1$。

当 $f(p, q_1 = 2, q_2 = 1) = \mu_2$ 时，$f(p, q_1 = 2, q_2 = 1)(h_2) = \mu_2(h_2) = \{d_3\}$，而 $f(p, q_1 = 2, q_2 = 2)(h_2) = \mu_1(h_2) = \{d_1\}$，同时

$$f(p, q_1 = 2, q_2 = 1)(h_2) \succ_{h_2} f(p, q_1 = 2, q_2 = 2)(h_2).$$

因此，当 $q_{h_1} = 2$ 时，若 h_1 的真实限额为 $q_{h_2} = 2$，则有动机汇报为 $q'_{h_2} = 1$。

综上所述，所有稳定的匹配机制都不能防止限额操纵。当存在 2 个以上机构时，可以把其他机构的限额限定为零；当存在 3 个以上个体时，可以把其他个体的偏好设定为只喜欢匹配自己，可以把上面的例子推广到超过 2 个机构和 3 个个体之间的匹配。

然而，当个体的数目充分大，且个体的偏好满足延拓最大—最小标准 (extended max-min criterion) 时，Jiao 和 Tian（2015b）证明了机构邀约下的延迟接受匹配机制对机构方来说是弱帕累托有效和防操纵的。个体数目充分大由下面的额度饱和性（quota-saturability）刻画。

定义 22.2.17 (额度饱和性) 令 $\widetilde{S}$ 是 S 中使得每个机构 $c \in C$ 和个体 $s \in \widetilde{S}$ 相互接受的子集。我们称**额度饱和性**条件成立，若 $|\widetilde{S}|$ 足够大使得 $|\widetilde{S}| \geqslant \sum_{c \in C} q_c$，即可供选择和可接受的个体不少于所有机构的总额度 q。

换句话说，额度饱和性意味着有足够多个可接受的个体使得每个机构若愿意的话，都可用完它的限额 q。这样，额度饱和性条件意味着个体市场相对丰富，使得每个机构都可以用完它的限额。

定义 22.2.18 (延拓最大—最小标准) 我们称偏好 $\succ_h$ 满足**延拓最大一最小标准**，若对任何两组 h 可接受的个体集合 $G_1, G_2 \in 2^D$，这里 $|G_1| \leqslant q_h$ 及 $|G_2| \leqslant q_h$，满足

(i) 在个体子集上机构的严格偏好 $\succ_h$ 如下：$G_1 \succ_h G_2$ 当且仅当 G_2 是 G_1 的真子集，或 $|G_1| \geqslant |G_2|$ 及 $\min(G_1) \succ_h \min(G_2)$ (即 h 更偏好 G_1 中最差的个体)，这里 $\min(G_i)$ 表示 G_i 中机构 h 认为最差的个体。

(ii) 在个体子集上机构的弱偏好 $\succeq_h$ 如下：$G_1 \succeq_c G_2$ 当且仅当 $G_1 \succ_c G_2$ 或 $G_1 = G_2$。

延拓最大—最小标准的定义意味着机构总是更愿意录用更多可接受的个体，这显然是非常合理的假设，机构现有的设施和资源应该尽可能得到充分利用，如大学在录取学生时要充分利用现有资源，这里 "最大" 表示了机构总是愿意尽可能匹配更多的个体，"最小" 则表示了机构同时也特别关注弱势（最差）个体，在对两个不同群体进行排序时，其偏好水平由两个群体中最差个体的优劣来决定。

于是，我们有下面的定理：

定理 22.2.18 (Jiao 和 Tian, 2015b) *假定额度饱和性条件成立，且每个机构的偏好满足延拓最大—最小标准，则机构邀约下的延迟接受算法对机构方来说是弱帕累托有效的及防操纵的（即机构真实披露其偏好是弱占优战略）。*

定理的证明需要比较大的篇幅，有兴趣的读者可以参考 Jiao 和 Tian（2015b）。

22.2.3 多对多匹配

下面讨论多对多匹配，在现实的机构和个人的匹配中，在不少情形下，个人可能会同时接受多个机构的邀约，比如一个人同时打几份工，或做兼职工作，如担任大学的兼职教授或特聘教授等。多对多匹配的经典例子是顾问与企业之间的匹配，类似的还有上市公司与独立董事之间的匹配等。多对多匹配可以被看成是对多对一匹配的扩展，然而多对多匹配会有一些自身的特性，本节讨论这些新的特性。

首先，我们引入多对多匹配的分析框架。所考虑的经济环境中有两类参与主体：一类称为机构 $H = \{h_1, \cdots, h_n\}$，另一类称为个人 $D = \{d_1, \cdots, d_m\}$。参与主体 $a \in H \cup D$ 的严格偏好记为 $\succ_a$，其弱偏好记为 $\succeq_a$，其偏好排序为 $p(a)$，其限额记为 q_a。对于机构而言，$h \in H$ 的偏好 $\succ_h$ 是对所有子集 $S \subset D$ 都满足 $|S| \leqslant q_h$ 的一个偏好序关系，这里 $|\varnothing| = 0$，且有 $\varnothing \succ_h S, \forall |S| > q_h$；类似地，对于个人，$d \in D$ 的偏好 $\succ_d$ 是对所有子集 $S \subset H$ 都满足 $|S| \leqslant q_d$ 的一个偏好序关系。记 $p = p(a)_{a \in H \cup D}$ 是一个偏好序组合。当 $|q_d| = 1, \forall d \in D$，多

对多匹配就退化为多对一匹配。

我们现在定义 H 与 D 的多对多匹配 μ。

定义 22.2.19 (多对多匹配) 机构 H 和个人 D 构成一个**多对多匹配**$\mu : H\bigcup D \to 2^{H\cup D}$，若满足下列关系：

$$\mu(h) \subset D \text{ 和 } |\mu(h)| \leqslant q_h,\ \forall h \in H;$$

$$\mu(d) \subset H \text{ 和 } |\mu(d)| \leqslant q_d,\ \forall d \in D;$$

$$d \in \mu(h) \text{ 当且仅当 } h \in \mu(d), \forall d \in D, h \in H.$$

与前面类似，对于多对多匹配，我们重点关注匹配的稳定性、效率特征以及战略性等问题。

在多对多匹配中，我们也可以定义匹配的个体理性的概念。

定义 22.2.20 匹配 μ 是**个体理性的**，若对于任意的 $a \in H \cup D$，以及任意的 $A \subset \mu(a)$，都有 $\mu(a) \succeq_a A$，或者有：

$$\mu(a) = C_a(\mu(a), \succ_a), \forall a \in H \cup D,$$

其中，C_a 是参与者 a 的理性选择。

这里的个体理性的概念更强，在前面定义的个体理性，我们只要求 $\mu(a) \succeq_a \varnothing, \forall a \in H \cup D$。同样可以定义关于匹配 μ 的阻止配对 (h, d)，若满足

$$h \notin \mu(d), h \in C_d(\mu(d) \cup \{h\}, \succ_d), d \in C_h(\mu(h) \cup \{d\}, \succ_h)$$

在多对多匹配下有多个关于匹配稳定性的概念，我们首先介绍成对稳定的概念。

定义 22.2.21 (成对稳定) H 与 D 之间的一个多对多匹配 μ 被称为**成对稳定的 (pairwise stable)**，若 μ 是个体理性的，且不存在 μ 的任何阻止配对 (h, d)。记 $S(p)$ 是在偏好序组合为 p 下所有成对稳定的匹配集合。

下面我们给出另一个稳定性的概念，即核的概念。

定义 22.2.22 (多对多匹配的核) H 与 D 之间的一个多对多匹配 μ 被称为是一个**核**，若不存在一个联盟 $A \subset H \cup D, A \neq \varnothing$ 和一个匹配 μ'，满足:

$$\mu'(a) \subset A,\ \forall a \in A;$$

$$\mu'(a) \succeq_a \mu(a),\ \forall a \in A;$$

$$\mu'(a) \succ_a \mu(a),\ \exists a \in A.$$

记 $C(p)$ 是在偏好序组合为 p 下所有核的匹配集合。

在前面的多对一匹配中，Roth (1985) 为了确保多对一匹配中存在稳定匹配，引入了响应性条件，即

定义 22.2.23 (响应性偏好) 机构 H 和个人 D 具有**响应性偏好**，若

(1) 对 $h \in H$，满足：

对任意 $J \subseteq D, |J| < q_h$，$d \in D \backslash J$，都有：

$$\{d\} \cup J \succ_h J \iff \{d\} \succ_h \varnothing$$

对任意 $J \subseteq D, |J| < q_h$，$d, d' \in D \backslash J$，都有：

$$\{d\} \cup J \succ_h \{d'\} \cup J \iff \{d\} \succ_h \{d'\};$$

(2) 对 $d \in D$, 也有类似的条件。

在响应性偏好下，多对一成对稳定的匹配是核配置。然而，这一结论并不能拓展到多对多匹配中。下面的例子来自 Roth 和 Sotomayor (1990，p.177)。

例 22.2.11 考虑三家企业 $\{h_1, h_2, h_3\}$ 和三个工人 $\{d_1, d_2, d_3\}$ 之间的匹配，每个参与者的额度都是 2，假设他们的偏好序由如下描述给出：

$$p(h_1) = \{d_1, d_2\}, \{d_2, d_3\}, \{d_1\}, \{d_2\}, \{d_3\};$$

$$p(h_2) = \{d_2, d_3\}, \{d_1, d_3\}, \{d_2\}, \{d_1\}, \{d_3\};$$

$$p(h_3) = \{d_1, d_3\}, \{d_1, d_2\}, \{d_3\}, \{d_1\}, \{d_2\};$$

$$p(d_1) = \{h_1, h_2\}, \{h_2, h_3\}, \{h_1\}, \{h_2\}, \{h_3\};$$

$$p(d_2) = \{h_2, d_3\}, \{h_1, d_3\}, \{h_2\}, \{h_1\}, \{h_3\};$$

$$p(d_3) = \{h_1, h_3\}, \{h_1, h_2\}, \{h_3\}, \{h_1\}, \{h_2\}.$$

此时唯一的成对稳定匹配为：

$$\mu(h_i) = d_i, i = 1, 2, 3.$$

然而，μ 会被下面的 μ' 严格占优，即 $\mu'(a) \succ \mu(a), \forall a \in H \cup D$，

$$\mu'(h_1) = \{d_2, d_3\}, \mu'(h_2) = \{d_1, d_3\}, \mu'(h_3) = \{d_1, d_2\},$$

$$\mu'(d_1) = \{h_2, h_3\}, \mu'(d_2) = \{h_1, h_3\}, \mu'(d_3) = \{h_1, h_2\}.$$

在上面的例子中，成对稳定的匹配不是核，同时核也不是成对稳定的匹配。在下面的例子 (来自 Echenique 和 Oviedo，2006) 中，我们会发现核配置甚至不具备个体理性。

例 22.2.12 考虑三家企业 $\{h_1, h_2, h_3\}$ 和三个工人 $\{d_1, d_2, d_3\}$ 之间的匹配，每个参与者的额度都是 2，假设他们的偏好序 (不满足响应性条件) 由如下描述给出：

$$p(h_1) = \{d_3\}, \{d_2, d_3\}, \{d_1, d_3\}, \{d_1\}, \{d_2\};$$

$$p(h_2) = \{d_1\}, \{d_1, d_3\}, \{d_1, d_2\}, \{d_2\}, \{d_3\};$$

$$p(h_3) = \{d_2\}, \{d_1, d_2\}, \{d_2, d_3\}, \{d_3\}, \{d_1\};$$

$$p(d_1) = \{h_3\}, \{h_2, h_3\}, \{h_1, h_3\}, \{h_1\}, \{h_2\};$$

$$p(d_2) = \{h_1\}, \{h_1, h_3\}, \{h_1, h_2\}, \{h_2\}, \{h_3\};$$

$$p(d_3) = \{h_2\}, \{h_1, h_2\}, \{h_2, h_3\}, \{h_3\}, \{h_1\}.$$

考虑下面的匹配 $\mu : \mu(d_1) = \{h_2, h_3\}$，$\mu(d_2) = \{h_1, h_3\}$，$\mu(d_3) = \{h_1, h_2\}$，这个匹配是一个核。这是因为若存在一个联盟 A，以及另外一个匹配 μ'，当 $h_1 \in A$，且 $\mu'(h_1) \succ_{h_1} \mu(h_1)$，则意味着 $w_3 \in A$ 且 $w_2 \notin \mu'(h_1) \subset A$。若要使得 $w_3 \in A$ 在匹配 μ' 下利益不下降，则意味着 $h_2 \in A$；要使得 h_2 在匹配 μ' 下利益不下降，则意味着 $d_1 \in A$，进而意味着 $h_3 \in A$，这与

$w_2 \in A$ 矛盾。根据 $\{h_1, h_2, h_3\}$ 和 $\{d_1, d_2, d_3\}$ 中每个参与人偏好的对称性，以及匹配 μ 的对称性，容易验证，对任意的 $a \in H \cup D$，当 $a \in A$ 且 $\mu'(a) \succ_a \mu(a)$ 时，都会导致类似的矛盾。

然而，这一匹配 μ 不满足前面的个体理性的定义，因为

$$\mu(h_1) = \{d_2, d_3\} \neq C_{h_1}(\mu(h_1), \succ_{h_1}) = \{d_3\},$$

这里在多对多匹配中的个体理性要求，机构可以按自己的意愿选择雇用的个体，h_1 可以开除 d_2 而只保留 d_3。

为了使得匹配在保持核特性下具有个体理性，下面我们引入另外一个关于稳定性的概念。

定义 22.2.24 (个体理性核)　我们称多对多匹配 μ 为**个体理性核**，若它满足个体理性和核。记 $IRC(p)$ 是在偏好序组合为 p 下所有个体理性核的匹配集合。

在多对多匹配中，还有一个重要的稳定性概念，即集合稳定匹配 (setwise stable matching)。

定义 22.2.25 (集合稳定匹配)　我们称多对多匹配 μ 为**集合稳定匹配**，若它是个体理性的，且不存在任何阻止集合 (A, μ')，其中 $\varnothing \neq A \subset H \cup D$，满足：

$$\mu'(a) \backslash \mu(a) \subset A, \ \forall a \in A; \tag{22.2.13}$$

$$\mu'(a) \succ_a \mu(a) \subset A, \ \forall a \in A; \tag{22.2.14}$$

$$\mu'(a) = C_a(\mu'(a), \succ_a), \ \forall a \in A. \tag{22.2.15}$$

记 $SW(p)$ 是在偏好序组合为 p 下所有集合稳定的匹配集合。

集合稳定匹配与个体理性核匹配的区别主要体现在两点：第一，阻止集合 (22.2.13) 只要求新的匹配 μ' 中新加入成员来自偏离联盟 A，并不要求所有的匹配成员都来自偏离联盟。第二，新的匹配要求具有个体理性 (22.2.15)，这意味着加入偏离联盟 A 不会有动机离开联盟。

Echenique 和 Oviedo (2006) 提出了另外一个新的稳定性概念，称为强成对稳定匹配，记 $SS(p)$ 是在偏好序组合为 p 下所有强成对稳定的匹配集合。

定义 22.2.26 (强成对稳定匹配)　我们称多对多匹配 μ 为**强成对稳定 (strong pairwise stable) 匹配**，若它是个体理性的，且不存在任何 $(\hat{D}, h)$ 阻止 μ，$\hat{D} \subset D, h \in H$，使得：

$$\hat{D} \cap \mu(h) = \varnothing, \ \hat{D} \subset C_h(\mu(f) \cup \hat{D}, \succ_h);$$

$$f \in C_d(\mu(d) \cup \{h\}, \succ_d), \ \forall d \in \hat{D}.$$

显然强成对稳定匹配意味着成对匹配。

Echenique 和 Oviedo (2006) 引入了一个不动点的算法，来刻画匹配稳定性的特征。

我们称 $v = (v_H, v_D)$，其中 $v_H : H \to 2^D, v_D : D \to 2^H$，为**前匹配 (pre-matching)**，所有的前匹配集合记为 $\mathcal{V}$。由前匹配 v 出发，分别定义两个集合：

$$U(h, v) = \{d \in D : f \in C_d(v(d) \cup \{h\}, \succ_d)\}; \tag{22.2.16}$$

$$V(d, v) = \{h \in H : d \in C_h(v(h) \cup \{d\}, \succ_h)\}. \tag{22.2.17}$$

由上面的式 (22.2.16) 和式 (22.2.17) 定义的 $U(h,v)$ 和 $V(d,v)$ 分别表示愿意在 $v(d)$ 上选择 h 的所有个体 d 的集合，以及愿意在 $v(h)$ 上选择 d 的所有机构 h 的集合。从这两个集合出发，我们定义一个不动点算法 $T:\mathcal{V}\to\mathcal{V}$:

$$Tv(a)=\begin{cases} C_a(U(a,v),\succ_a) & 若 a\in H;\\ C_a(V(a,v),\succ_a) & 若 a\in D.\end{cases}$$

T 算法的一个直观解释是：$(Tv)(h)$ 是在所有愿意选择机构 h 的个体中 h 最喜欢的个体组合，类似地，$(Tv)(d)$ 是在所有愿意选择个体 d 中 d 最喜欢的机构组合。

给定参与者的偏好序组合 p，所有 T 算法的不动点记为 $\mathcal{E}(p)=\{v:v=TV\}$。有两个重要的前匹配 $v_0,v_1:v_0(h)=v_1(d),v_0(d)=H,v_1(h)=W$。

正如前面在讨论多对一的匹配中，并不是所有的偏好下都存在稳定的匹配，Echenique 和 Oviedo (2006) 引入了替代性和强替代性的条件，以确保上面的稳定匹配成立，同时刻画了上面这些稳定匹配之间的关系。

定义 22.2.27 (替代性)　我们称偏好组合 p 具有**替代性**，若对于任意的 $a\in H\cup D$，及任意的 $S\subset S'$，$b\in C_a(S'\cup b,p(a))$ 意味着 $b\in C_a(S\cup b,p(a))$。

定义 22.2.28 (强替代性)　偏好组合 p 具有**强替代性**，若对于任意的 $a\in H\cup D$，及任意的 S 和 S'，$S'\succ_a S$，$b\in C_a(S'\cup b,p(a))$ 意味着 $b\in C_a(S\cup b,p(a))$。

可以验证强替代性意味着替代性：假设 $S\subset S'$，$b\in X=C_a(S'\cup\{b\},p(a))$，这意味着 $X=C_a(X,p(a))$。由于 $S\cup b\subset S'\cup b$，于是 $X\succeq_a S\cup b$。当 $X=S\cup b$ 时，则意味着 $b\in S\cup b=C_a(S\cup b,p(a))$；当 $X\succ_a S\cup b$ 时，根据强单调性定义，此时有 $b\in C_a(S\cup b,p(a))$。

下面讨论是在替代性以及强替代性下关于匹配稳定的存在性以及各种稳定性之间的关系。

定理 22.2.19

$$\mathcal{E}(p)\subseteq SS(p)\subseteq S(p)$$

若 p 是替代的，则 $\mathcal{E}(p)\neq\varnothing,\mathcal{E}(p)=S(p)$;

$$SW(p)\subseteq\mathcal{E}(p)$$

若 $p(D)$ 是替代的及 $p(H)$ 是强替代的，则 $SW(p)=\mathcal{E}(p)\subset IRC(p)$。

定理的证明篇幅较长，对于细节感兴趣的读者可以阅读 Echenique 和 Oviedo (2006) 的证明原文。

尽管多对多匹配是多对一匹配的推广，然而从多对一匹配到多对多匹配的任何一个细小的变化都会使得匹配结果发生很大的变化，下面的例子说明了这一现象。

例 22.2.13　假设机构的集合为 $H=\{h_1,\cdots,h_K,\bar{h}\}$，个人的集合为 $D=\{\bar{d},d_1,\cdots,d_{2K}\}$。假设个体的偏好序为：

$$p(d_k):h_1,\cdots,h_K,\bar{h},\ k=1,\cdots,2K;$$
$$p(\bar{d}):\{h_1,\bar{h}\},\ \{\bar{h}\},\{h_1\}.$$

假设机构的偏好序为:

$$p(h_k):\{d_{2k-2},d_{2k-1}\},\{d_{2k-1},d_{2k}\},\ \{d_{2k},\bar{d}\},k=2,\cdots,K;$$
$$p(h_1):\{d_1,\bar{d}\},\ \{d_1,d_2\};$$
$$p(\bar{h}):\bar{d},\ h_1,\cdots,h_K.$$

由于 $|q_{\bar{d}}|=2$，这是多对多匹配，若 $|q_{\bar{d}}|=1$，对应的偏好为：$p'(\bar{d}):\{\bar{h}\},\{h_1\}$，此时就成为多对一匹配。容易验证，当偏好序组合为 $(p'(\bar{d}),p_{-\bar{d}}$ 时，多对一唯一的成对稳定匹配为 $\mu(p'(\bar{d}),p_{-\bar{d}})=\mu'$:

$$\mu'=\begin{pmatrix} h_1 & h_2 & \cdots & h_k & \cdots & h_K & \bar{h} \\ \{d_1,d_2\} & \{d_3,d_4\} & \cdots & \{d_{2k-1},d_{2k}\} & \cdots & \{d_{2K-1},d_{2K}\} & \bar{d} \end{pmatrix}.$$

在偏好序为 p 下，此时多对多唯一的成对稳定匹配 $\mu(p(\bar{d}),p_{-\bar{d}})=\mu$ 为:

$$\mu=\begin{pmatrix} h_1 & h_2 & \cdots & h_k & \cdots & h_K & \bar{h} \\ \{\bar{d},d_1\} & \{d_2,d_3\} & \cdots & \{d_{2k-2},d_{2k-1}\} & \cdots & \{d_{2K-2},d_{2K-1}\} & \bar{d} \end{pmatrix}.$$

对于多对多匹配的激励性问题，显然在一般性偏好下，多对一匹配中的不可能性命题对于多对多匹配依然适用，比如不存在对机构而言的激励相容的稳定匹配机制。然而对偏好施加约束以后，同时加上别的一些条件，可能会存在对于机构而言激励相容的稳定匹配机制。在同样的假设下，Jiao 和 Tian (forthcoming) 在多对多匹配情形下，证明了机构邀约下的延迟接受算法对机构来说是防操纵的。为了证明这些结果，Jiao 和 Tian (2015b) 首先在延拓最大—最小标准假设下将 “阻止” 引理 22.2.1 推广到多对一匹配，而 Jiao 和 Tian (forthcoming) 在额度饱和性和延拓最大—最小标准假设下将 “阻止” 引理推广到多对多匹配。

下面的定理来自 Jiao 和 Tian (forthcoming)。

定理 22.2.20 (Jiao 和 Tian, forthcoming) *假定机构的额度饱和性条件成立，且每个经济人(每个机构和每个个体)的偏好满足延拓最大—最小标准，则对机构方而言最优的稳定匹配是弱帕累托有效的及防操纵的(即机构真实披露其偏好是弱占优战略)。*

该定理的证明细节请参考他们的原文。

22.2.4 转移支付下的匹配

在现实中，工资往往作为企业与工人匹配过程中的某个条件，但显然不会是唯一的条件，因为对于任何一方而言，匹配对象是不同质的。这样，若在个体与机构之间多对一的匹配中引入转移支付，这将拓宽前面讨论的个人与机构之间匹配的应用范围。比如大学入学招生，以及研究生招生中，一些大学或研究机构会提供奖学金来影响大学与学生之间的匹配。Kelso 和 Crawford (1982) 最早讨论了结合转移支付的匹配。现在我们重点介绍 Kelso 和 Crawford (1982) 的工资动态调整过程分析。

在下面的模型中，每个企业 (机构) 和工人 (个体) 不仅关心他们的匹配对象是谁，而且还关心他们之间的转移支付，即工人的工资，使市场匹配的结果不仅包括企业和工人的配对，同时也包括匹配中收益在企业 (利润) 和工人 (工资) 中的分配。

假设企业的集合为 $H=\{h_1,\cdots,h_n\}$，工人的集合为 $D=\{d_1,\cdots,d_m\}$。下面我们刻画在引入转移支付下企业和工人的匹配偏好与效用。

工人 $d\in D$ 与 $h\in H$ 在匹配中得到工资 s_d 的效用记为 $u_{dh}(s_d)$。若工人 d 没有得到工作，其效用为 u_{d0}。令 $\underline{s}_{dh}$ 是工人 d 接受企业 h 匹配 (雇用的) 的最低工资，即 $u_{dh}(\underline{s}_{dh})=u_{d0}$。假设工资选择空间是非负整数，不同工资的最小差异 (即工资调整的最小幅度) 为 1。令 $\underline{\mathbf{s}}_d=(\underline{s}_{dh_1},\cdots,\underline{s}_{dh_n})$ 是工人 d 的最低意愿工资向量。

对于企业 $h\in H$ 来说，为简化起见，假设不存在雇用限额，或者说雇用的限额为 m，雇用到的工人的集合为 $A\subset D$，给企业 h 带来的 (用货币度量的) 收益为 $y^h(A)$。下面是对企业匹配收益的一些假设：

$$y^h(\varnothing)=0,\forall h\in H,\tag{22.2.18}$$

$$y^h(A\bigcup\{d\})-y^h(A)\geqq\underline{s}_{dh},\forall d\notin A,\forall A\subset D,\forall h\in H.\tag{22.2.19}$$

假设 (22.2.19) 意味着，对每个企业 h，引入任何一个工人的边际收入增加都超过其最低接受工资。这一假设的限制并不强，只是为了讨论的方便。若某个工人对某个企业的边际产出不如其最低意愿工资，企业雇用该工人可以理解为让工人完全自由，且工资为零，或者说只是名义上的雇用。

在上面的设定中，不存在失业，因为工人加入某个企业对于双方而言是帕累托改进。一个匹配 μ 为 $\mu(d)\in H$，$\mu(h)\subset D$，其匹配结果为 $(\mu,\mathbf{s},\pi)$，$\mu(h)$ 表示 h 雇用的工人集合，$(\mu h_1,\cdots,\mu h_n)$ 是对 D 的一个分割；$d\in\mu(h)$ 的工资为 s_d，企业 h 的利润为：$\pi_h=y^h(\mu(h))-\sum_{d\in\mu(h)}s_d$。

同样，一个匹配 (μ,s,π) 是个体理性的，若

$$s_d\geqq\underline{s}_{d\mu(d)},\forall d\in D;\pi_h\geqq 0,\forall h\in H.$$

下面我们定义稳定匹配概念，Kelso 和 Crawford (1982) 采用了 “核” 的稳定概念。一个匹配 (μ,s,π) 是一个**核配置**，若不存在一组 $(h,A,\mathbf{r}),h\in H,A\subset D$，$\mathbf{r}$ 是一个非负整数的工资向量，使得

$$\pi_h<y^h(A)-\sum_{d\in A}r_d,\tag{22.2.20}$$

$$u_{d\mu(d)}(s_d)<u_{dh}(r_d).\tag{22.2.21}$$

若存在满足上面条件 (22.2.20) 和 (22.2.21) 的匹配，(h,A,r) 则称为是匹配 (μ,s,π) 的一个阻止。不等式 (22.2.20) 表示通过按照 $\mathbf{r}$ 雇用 A 的工人可以获得更高的利润；不等式 (22.2.21) 表示，在 h 企业中获得工资 $\mathbf{r}$ 比匹配 (μ,s,π) 带来更高的效用。

与之前的机构与个人的匹配类似，若不对企业的产出施加限制，稳定的匹配可能不存在。下面的例子刻画了没有稳定匹配的情形。

例 22.2.14　考虑一个包含两家企业、两个工人的经济。两家企业的产出函数如下：

$$y^{h_1}(\{d_1\})=4,\qquad y^{h_2}(\{d_1\})=8;$$

$$y^{h_1}(\{d_2\})=1,\qquad y^{h_2}(\{d_2\})=5;$$

$$y^{h_1}(\{d_1,d_2\})=10,\qquad y^{h_2}(\{d_1,d_2\})=9.$$

假设工人只关心工资，而不关心雇用的企业。对工人 d 和雇用的企业 h，工人的效用函数为 $u_{dh}(s_d) = s_d$，$\underline{s}_{dh} = 0$。没有失业的所有可能配对是以下四种情形：

$$\mu_1 = \begin{pmatrix} h_1 & h_2 \\ \{d_1, d_2\} & \varnothing \end{pmatrix}, \mu_2 = \begin{pmatrix} h_1 & h_2 \\ \varnothing & \{d_1, d_2\} \end{pmatrix}, \mu_3 = \begin{pmatrix} h_1 & h_2 \\ \{d_1\} & \{d_2\} \end{pmatrix}, \mu_4 = \begin{pmatrix} h_1 & h_2 \\ \{d_2\} & \{d_1\} \end{pmatrix}.$$

我们现验证不存在任何配置 (s, π)，使得 (μ_i, s, π) 成为一个核配置。

考虑 μ_1：$s = (s_{d_1}, s_{d_1})$，$\pi_{h_1} = 10 - s_{d_1} - s_{d_2}$，$\pi_{h_2} = 0$，则 $(h_2, \{d_1\}, r_{d_1} = s_{d_1} + 1)$，或者 $(h_2, \{d_2\}, r_{d_2} = s_{d_2} + 1)$ 构成了 (μ_1, s, π) 的一个阻止。否则，需要满足 $0 = \pi_{h_2} \geqq 8 - s_{d_1} - 1$，同时 $0 = \pi_{h_2} \geqq 5 - s_{d_2} - 1$，这意味着 $s_{d_1} + s_{d_1} \geqq 11$，从而 $\pi_{h_1} = 10 - s_{d_1} - s_{d_1} \leqq -1$，与 (μ_i, s, π) 满足个体理性相矛盾。

考虑 μ_2：$s = (s_{d_1}，s_{d_1}), \pi_{h_1} = 0$，$\pi_{h_2} = 9 - s_{d_1} - s_{d_2}$。若 (μ_1, s, π) 不被 $(h_2, \{d_1\}, r_{d_1} = s_{d_1} + 1)$ 或者 $(h_2, \{d_2\}, r_{d_2} = s_{d_2} + 1)$ 阻止，需要满足 $9 - s_{d_1} - s_{d_2} = \pi_{h_2} \geqq 8 - s_{d_1} - 1$，同时 $9 - s_{d_1} - s_{d_2} = \pi_{h_2} \geqq 5 - s_{d_2} - 1$，这意味着 $s_{d_1} + s_{d_2} \geqq 7$。然而，$(h_1, \{d_1, d_2\}, r_{d_1} = s_{d_1} + 1, r_{d_2} = s_{d_2} + 1)$ 构成了一个阻止，否则需要满足：

$$10 - s_{d_1} - s_{d_2} - 2 \leqq \pi_{h_1} = 0,$$

这意味着 $s_{d_1} + s_{d_2} \geqq 8$，矛盾。

考虑 μ_3：$s = (s_{d_1}, s_{d_1})$，$\pi_{h_1} = 4 - s_{d_1}, \pi_{h_2} = 5 - s_{d_2}$，则 $(h_1, \{d_1, d_2\}, r_{d_1} = s_{d_1} + 1, r_{d_2} = s_{d_2} + 1)$ 或者 $(h_2, \{d_1\}, r_{d_1} = s_{d_1} + 1)$ 构成了 (μ_1, s, π) 的一个阻止。否则，需要满足：

$$4 - s_{d_1} = \pi_{h_1} =\geqq 10 - s_{d_1} - s_{d_2} - 2 \leqq \pi_{h_1},$$

$$5 - s_{d_2} = \pi_{h_2} =\geqq 8 - s_{d_1} - 1 \leqq \pi_{h_1},$$

从而 $s_{d_2} \geqq 4, s_{d_1} \geqq 6$，于是有 $\pi_{h_1} = 4 - s_{d_1} \leqq -2$，与 (μ_i, s, π) 满足个体理性相矛盾。

考虑 μ_4：$s = (s_{d_1}, s_{d_1})$，$\pi_{h_1} = 1 - s_{d_2}, \pi_{h_2} = 8 - s_{d_1}$，则 $(h_1, \{d_1, d_2\}, r_{d_1} = s_{d_1} + 1, r_{d_2} = s_{d_2} + 1)$ 或者 $(h_2, \{d_2\}, r_{d_1} = s_{d_1} + 1)$ 构成了 (μ_1, s, π) 的一个阻止。否则，需要满足：

$$1 - s_{d_2} = \pi_{h_1} =\geqq 10 - s_{d_1} - s_{d_2} - 2 \leqq \pi_{h_1},$$

$$8 - s_{d_1} = \pi_{h_2} =\geqq 5 - s_{d_2} - 1 \leqq \pi_{h_1},$$

从而有 $s_{d_2} \geqq 3$。这样，$\pi_{h_1} = 1 - s_{d_2} \leqq -2$，与 (μ_i, s, π) 满足个体理性相矛盾。

在这个例子中，h_1 企业的产出反映了规模报酬递增，或者两个员工在企业 h_1 具有互补性，这种互补性会造成匹配稳定性的丧失。企业 h_1 不能同时做到既能吸引工人不被对方企业 h_2 挖走，同时又能获利。为了使得企业与工人之间的匹配存在稳定解，Kelso 和 Crawford (1982) 引入了替代性的条件。

现引入企业选择集合的概念。定义 $M^h(\mathbf{s})$ 是下面最优化问题 $\max_{A \subset D}[y^h(A) - \sum_{d \in A} s_d]$ 解的集合，$M^h(\mathbf{s})$ 表示在工资 $\mathbf{s}$ 下对于工人集合最优选择的集合，令 $C^h(\mathbf{s}) \in M^h(\mathbf{s})$ 是其中的一个解。

定义 22.2.29 对任意企业 $h \in H$，h 的雇用具有**总替代性** (**gross substitutability**)，若只要 $C^h(\mathbf{s}) \in M^h(\mathbf{s})$，$\mathbf{s}' \geqq \mathbf{s}$，就存在某个 $C^h(\mathbf{s}') \in M^h(\mathbf{s}')$，且 $C^h(\mathbf{s}') \subset C^h(\mathbf{s})$。

雇用总替代性是说，若工人 d 在工资 $\mathbf{s}$ 下被企业 h 雇用，当其他工人 d' 的工资提高到 $s'_{d'} > s_{d'}$ 时，工人 d 在工资 $\mathbf{s}'$ 下仍然会在企业 h 的选择集中。在例 22.2.14 中，当工资为 $\mathbf{s} = (4,4)$ 时，$C^{h_1}(\mathbf{s}) = \{d_1, d_2\}$，而当工资为 $\mathbf{s}' = (7,4)$ 时，$C^{h_1}(\mathbf{s}') = \varnothing$。

当所有企业在雇用上都满足总替代性时，Kelso 和 Crawford (1982) 用类似延迟接受算法给出了一个企业与工人之间匹配和工资调整的动态过程，其结果是一个核配置。

第 1 轮：企业 h 选择初始工资 $(s)_h(0) = (s_{dh}(0) = \underline{s}_{dh})_{d\in D}$，每个企业向所有工人发出邀约 (因为最低意愿工资低于工人的边际产出贡献)。

第 t 轮：在 t 轮的工资 $(s)_h(t) = (s_{dh}(t))_{d\in D}$ 水平下，向某个 $C^h((s)_h(t))$ 中的工人发出邀约。企业 h 在具有相等利润水平的工人组合的集合中按照下面的规则进行选择：在第 $t-1$ 轮中未被拒绝的合约在第 t 轮继续重复。在总替代性假设下，这种选择规则并不会损害企业。这是因为，给定其他工人的工资随时间不下降，若工人 d 没有拒绝之前第 $t-1$ 轮的合约，在上一轮的工资下，企业选择工人 d 总是理性的。在第 t 轮，工人 d 在收到的邀约 (包含邀约企业和工资) 中选择一个最优偏爱，并拒绝其他。当工人接收到的最优邀约不止一个时，工人随意选择其中一个。在第 $t-1$ 轮没有拒绝的邀约在第 t 轮仍然有效。工资动态调整为：

若工人 d 在第 $t-1$ 轮拒绝了来自企业 h 的邀约，那么 $s_{dh}(t) = s_{dh}(t-1)+1$，否则 $s_{dh}(t) = s_{dh}(t-1)$。

在第 t^* 轮中，没有邀约被拒绝，此时匹配结束。在 t^* 中的工资和配对就是这一算法的最后匹配结果。

Kelso 和 Crawford（1982）证明了下面的命题。

定理 22.2.21 (总替代性)　*若所有企业满足总替代性，则核是非空的。*

证明　我们只要验证 Kelso 和 Crawford (1982) 的算法结果是一个核即可。显然，由于工资调整的离散性，Kelso 和 Crawford 的算法总会在有限轮结束。令 $\mathbf{s}^* = (s^*_{d_1}, \cdots, s^*_{d_m})$ 是第 t^* 轮中的工资，企业和工人的匹配由 μ 刻画，企业 h 的利润为 $\pi^*_h = y^h(\mu(h)) - \sum_{d\in\mu(h)} s^*_d$。

在 Kelso 和 Crawford (1982) 的算法中，显然有 $s^*_d \geqq \underline{s}_{d\mu(d)}, \forall d \in D$，且 $\pi^*_h \geqq 0, \forall h \in H$。

在第 t^* 轮时企业 h 的工人选择为：

$$C^h(\mathbf{s}^*) \in \text{argmax}_{A\subset D} y^h(A) - \sum_{d\in A} s^*_d,$$

这意味着：

$$\pi^*_h \geqq y^h(A) - \sum_{d\in A} s^*_d, \forall A \subset D. \tag{22.2.22}$$

若存在一个对于 $(\mu, \mathbf{s}^*, \pi^*)$ 的阻止 $(h, A, \mathbf{r})$，则有

$$u_{dh}(r_d) > u_{d\mu(d)(s_d)}, \forall d \in A, \tag{22.2.23}$$

$$y^h(A) - \sum_{d\in A} r_d > \pi^*_h. \tag{22.2.24}$$

根据 Kelso 和 Crawford (1982) 的算法和不等式 (22.2.23)，工人 $d \in A$ 没有从企业 h 得到不低于 r_d 的工资，这意味着，对 $d \in A$，一定有 $s_{dh}(t^*) \leqq r_d$。从而，根据不等式 (22.2.24)，有

$$\pi^*_h < y^h(A) - \sum_{d\in A} r_d \leqq y^h(A) - \sum_{d\in A} s^*_d,$$

与不等式 (22.2.22) 矛盾。 □

22.2.5 合约下的匹配

Hatfield 和 Milgrom (2005) 对各种双边匹配建立了一般的分析框架，涵盖了一对一、多对一和多对多的匹配，有转移支付和无转移支付的匹配，同时还涵盖了多物品组合拍卖中投标人和物品之间的匹配，比如上一章 Ausubel 和 Milgrom (2002) 的递升组合拍卖机制利用了延迟接受算法。这一节我们介绍合约下的匹配以及相关的匹配特性。

假设有两类参与主体：机构 $H=\{h_1,\cdots,h_n\}$ 和个体 $D=\{d_1,\cdots,d_m\}$。所有合约的集合记为 X，一个合约 x 在匹配框架中至少包含合约的双方 $x_D\in D, x_H\in H$，x_D 是合约 x 中个体的一方，x_H 是合约 x 中机构的一方。在企业和工人的合约中，$X\equiv H\times D\times S$。如何理解匹配中的合约呢？可以用下面的简单例子区别无条件匹配和有合约的匹配：在婚姻市场中，纯粹的匹配是男女双方无条件地选择对方作为伴侣；若引入合约，男女双方在匹配之前彼此之间可以订立合约，比如"结婚之后谁负责干家务"，"房产证上写上某一方的名字"，等等。

$\varnothing\in X$ 表示没有配对的合约。在合约匹配中，$\succ_d$ 和 $\succ_h$ 分别表示个体 d 和机构 h 的对匹配合约的偏好。我们在这里主要在多对一匹配背景下进行讨论。一个合约匹配要求，每个个体 d 只能签订一个合约，个体理性的合约要求 $x\succ_d\varnothing$；每个机构可以选择多个合约，其中每个合约代表着与其中某个个体之间的合约匹配。

现在讨论个体和机构对合约的选择。假设 $X'\subset X$ 是市场中可选择的合约集合，个体 d 对合约的选择记为 $C_d(X')$，定义为：

$$C_d(X')=\begin{cases}\varnothing, & \text{若}\{x\in X':x\succ_d\varnothing\}=\varnothing;\\ \{\max_{\succ_d}\{x\in X':x_D=d\}\}, & \text{其他}.\end{cases} \tag{22.2.25}$$

机构的合约选择记为 $C_h(X')$，定义为：

$$C_h(X')=\max_{\succ_h}\{C\subset X':C\succeq_h A,\forall A\subset X'\}, \tag{22.2.26}$$

使得

$$(\forall h\in H,\forall X'\subset X,\forall x,x'\in C_h(X')),x\neq x'\Rightarrow x_D\neq x'_D.$$

令 $C_D(X')=\bigcup_{d\in D}C_d(X')$，即所有个体选择合约的集合，$R_D(X')=X'-C_D(X')$ 表示不被任何 $d\in D$ 接受的合约，或者被 D 拒绝的合约；类似地，定义 $C_H(X')=\bigcup_{h\in H}C_h(X')$，以及 $R_H(X')=X'-C_H(X')$。

我们关心的是稳定合约匹配均衡。若一个配置是稳定的，则不存在某个机构和与机构匹配的个人可以获得更高的收益，一个等价的条件是不存在一个由机构和个体组成的联盟可以使得联盟成员的利益不下降，同时至少有一个成员的利益变得更高。下面是合约匹配下稳定性的正式定义。

定义 22.2.30 一个合约集合 $X'\subset X$ 是稳定的，若：

$$C_D(X')=C_H(X')=X'; \tag{22.2.27}$$

$$\nexists h\in H, X''\neq C_h(X'), \text{使得} X''=C_h(X'\bigcup X'')\subset C_D(X'\bigcup X''). \tag{22.2.28}$$

若条件 (22.2.27) 不成立，存在一个机构或者某个个体，希望拒绝某些合约，此时这个机构或者个体就阻止了这一合约配置。若条件 (22.2.28) 不成立，意味着存在别的合约集合，对于机构 h 来说收益变得更高，对于个体来说其利益不下降。

下面的定理刻画了稳定合约匹配的特征。

定理 22.2.22 *若 $(X_D, X_H) \subset X^2$ 是下列方程组的解:*

$$X_D = X - R_H(X_H); \tag{22.2.29}$$

$$X_H = X - R_D(X_D), \tag{22.2.30}$$

则 $X' = X_H \bigcap X_D$ 是一个稳定的合约匹配，且满足 $X_H \bigcap X_D = C_D(X_D) = C_H(X_H)$。反过来，对任意稳定匹配合约 $X' \subset X$，存在着 (X_D, X_H)，满足方程组 (22.2.29) 和 (22.2.30)，且 $X' = X_H \bigcap X_D$。

定理中的 X_D 和 X_H 分别是个体和机构面临的合约选择机会集合，$X = X_H \bigcup X_D$。若 X' 是稳定的，则必然有 $X' \subset X_H, X' \subset X_D$，且 X' 不会被机构或者个体拒绝。下面是 Hatfield 和 Milgrom（2005）给出的完整证明。

证明 若 (X_D, X_H) 是式 (22.2.29) 和式 (22.2.30) 的解，则 $X_D \bigcap X_H = X_D \bigcap (X - R_D(X_D)) = X_D - R_D(X_D) = C_D(X_D)$，类似地，可以得到：$X_D \bigcap X_H = C_H(X_H)$。令 $X' = X_H \bigcap X_D$，得到：$X' = C_D(X_D) = C_H(X_H)$。根据显示偏好原理 $(A \subset B, A = C_{\succeq}(B) \Rightarrow A = C_{\succeq}(A))$，可以进一步得到：$X' = C_D(X') = C_H(X')$。因此，关于 X' 的稳定性条件 (22.2.27) 满足。

考虑机构 h 和合约集合 X''，使得 $X'' \subseteq C_D(X' \bigcup X'')$。由于 $X' = C_D(X_D)$，根据显示偏好原理，有 $X'' \bigcap X_D \subseteq C_D(X_D)$，这意味着 $X'' \bigcap R_D(X_D) = X'' \bigcap X_D \bigcap R_D(X_D) \subseteq C_D(X_D) \bigcap R_D(X_D) = \varnothing$，从而 $X'' \subseteq X - R_D(X_D) = X_H$。若 $X'' \neq C_h(X')$，则根据 h 的显示偏好得到：$X'' \succ_h C_H(X_H) = C_H(X')$，从而 $X'' \neq C_h(X' \bigcup X'')$。因此，$X'$ 稳定性的条件 (22.2.28) 也满足。这样，$X' = X_H \bigcap X_D$ 是一个稳定匹配合约集合。

假设 X' 是稳定匹配合约的集合，有 $X' = C_D(X_D)$，$X' = C_D(X') = C_H(X')$。令 X_H 是个体集合 D 弱偏好于 X' 的合约集合，即 $X_H \succeq_D X'$，而 X_D 是 D 相对于 X'(弱) 更不喜欢的合约集合，即 $X' \succeq_D X_D$。此时，$\{X', X_H - X', X_D - X'\}$ 是对 X 的一个分割。若存在一个 $h \in H$，有 $C_h(X_H) \neq C_h(X')$，从而 $X'' = C_h(X_H)$ 与稳定性条件 (22.2.28) 相冲突。因此，必然有 $C_h(X_H) = C_h(X'), \forall h \in H$，从而 $C_H(X_H) = C_H(X') = X'$，$X - R_H(X_H) = X - (X_H - X') = X - (X - X_D) = X_D$。同理，有 $X - R_D(X_D) = X - (X_D - X') = X - (X - X_H) = X_H$，从而 (X_D, X_H) 是式 (22.2.29) 和式 (22.2.30) 的解，且 $X' = C_D(X') = C_H(X')$。 □

与多对一匹配类似，合约匹配也需要引入对机构偏好的约束，即替代性偏好。

定义 22.2.31 X 的合约对机构 h 是**替代的**，若对于任意 $X' \subseteq X'' \subseteq X$，都有 $R_h(X') \subseteq R_h(X'')$。

在替代性偏好的基础上，Hatfield 和 Milgrom (2005) 提出了类似的延迟接受算法。以个体为邀约方的合约匹配过程如下：每个个体 d 向机构提出 x 合约建议，在匹配过程开始之前，没有个体提出合约，或者没有合约被机构拒绝，即 $X_D(0) = X, X_H(0) = \varnothing$。令 $X_H(t)$ 是截至 t 阶段个体向机构提出的累积合约集合，$X_D(t)$ 是截至 t 阶段没有被机构拒绝的合约，

在 t 阶段暂时被接受的合约为 $X_H(t)\bigcap X_D(t)$。阶段间的迭代过程定义如下：

$$X_D(t)=X-R_H(X_H(t-1)), \tag{22.2.31}$$

$$X_H(t)=X-R_D(X_D(t)). \tag{22.2.32}$$

在 t 阶段之前，所有机构收到的累积合约集合为 $X_H(t-1)$，每个机构 h 在收到的合约中选择其中对它最有利的合约集合，而拒绝其他合约，累积拒绝的合约集合为 $R_H(X_H(t-1))$。在 t 阶段，暂时被接受的合约为 $X_D(t)=X-R_H(X_H(t-1))$，当个体 h 在 t 阶段之前的合约被暂时接受，他最近一次提出的合约是 $X_D(t)$ 中对他最有利的合约 $\max_{\succ_h}(X_D(t))$；当个体 h 的之前合约都被拒绝，在 t 阶段他在 $X_D(t)$ 中选择一个对他来说最优的合约，即 $\max_{\succ_h}(X_D(t))$。因此，在 t 阶段被所有个体放弃的合约集合为 $R_D(X_D(t))$。这样，在 t 阶段末，机构得到的累积合约为 $X_H(t)=X-R_D(X_D(t))$。根据前面的定理 22.2.22，当 $X_D(t)$ 和 $X_H(t)$ 是式 (22.2.29) 和式 (22.2.30) 的解，或者是式 (22.2.31) 和式 (22.2.32) 的迭代不动点时，$X_H(t)\bigcap X_D(t)$ 就是 Hatfield-Milgrom 的稳定合约匹配结果。

下面我们先通过一个例子 (来自 Hatfield 和 Milgrom，2005) 来了解 Hatfield-Milgrom 的具体迭代算法。

例 22.2.15 考虑两个个人 $D=\{d_1,d_2\}$ 和两个机构 $H=\{h_1,h_2\}$ 的合约匹配。$X=D\times H$，个体和机构的偏好排序为：

$$h_1\succ_{d_1}h_2,$$

$$h_1\succ_{d_2}h_2,$$

$$\{d_1\}\succ_{h_1}\{d_2\}\succ_{h_1}\varnothing,$$

$$\{d_1,d_2\}\succ_{h_2}\{d_1\}\succ_{h_2}\{d_2\}\succ_{h_2}\varnothing.$$

$X=\{(d_1,h_1),(d_1,h_2),(d_2,h_1),(d_2,h_2)\}$。算法从 $X_D(0)=X,X_H(0)=\varnothing$ 开始。

在第 1 阶段：$X_D(1)=X$，d_1 选择合约 (d_1,h_1)，d_2 选择合约 (d_2,h_1)，在第 1 阶段被个人放弃的合约集合为:$R_D(X_D(1))=\{(d_1,h_2),(d_2,h_2)\}$，所有机构在第 1 阶段收到的合约集合为 $X_H(1)=X-R_D(X_D(1))=\{(d_1,h_1),(d_2,h_1)\}$，此时 h_1 暂时接受合约 (d_1,h_1)，拒绝 (d_2,h_1)。

在第 2 阶段：没被机构拒绝的合约集合为 $X_D(2)=X-R_H(X_H(1))=\{(d_1,h_1),(d_1,h_2),(d_2,h_2)\}$，$d_1$ 依旧选择上一阶段的合约 (d_1,h_1)，d_2 选择合约 (d_2,h_2)，在第 2 阶段放弃的合约为 $R_D(X_D(2))=(d_1,h_2)$。因此，机构在第 2 阶段累积得到的合约集合 $X_H(2)=X-R_D(X_D(2))=\{(d_1,h_1),(d_1,h_2),(d_2,h_2)\}$，此时 h_1 暂时接受合约 (d_1,h_1)，而拒绝 (d_2,h_1)，h_2 暂时接受合约 (d_2,h_2)。

在第 3 阶段，没有被机构拒绝的合约集合为 $X_D(3)=X_D(2)=\{(d_1,h_1),(d_1,h_2),(d_2,h_2)\}$，此时 $(X_D(2),X_H(2))$ 已经构成了式 (22.2.31) 和式 (22.2.32) 的迭代不动点。

由机构提出合约的匹配过程与上面类似，对 $X_D(t),X_H(t)$ 有不同的含义：$X_D(t)$ 表示在 t 阶段之前个体累积收到的合约集合，$X_H(t)$ 表示截止到 t 阶段没有被个体拒绝的累积合约集合。在 t 阶段，个体暂时接受的合约集合为 $X_D(t+1)\bigcap X_H(t)$。初始的值在机构提出合约的算法中也相应变化：$X_D(0)=\varnothing,X_H(t)=X$。

在 Hatfield-Milgrom 的延迟接受算法中，必定存在一个迭代不动点。为给出迭代算法，定义一个引申形式的映射 $F : X \times X \to X \times X$：

$$F_1(X') = X - R_H(X'), \tag{22.2.33}$$

$$F_2(X') = X - R_D(X'), \tag{22.2.34}$$

$$F(X_D, X_H) = (F_1(X_H), F_2(F_1(X_H))). \tag{22.2.35}$$

此时，F 的不动点等价于式 (22.2.31) 和式 (22.2.32) 的迭代不动点。在 $X \times X$ 上定义一个序关系 $\succ$：

$$(X_D, X_H) \succ (X'_D, X'_H)$$

当且仅当

$$X'_D \subseteq X_D, X_H \subseteq X'_H.$$

则 $(X \times X, \succ)$ 构成了一个格子 (lattice)。在这样的序关系下，当合约对于机构来说是替代的时，R_H 是同序映射 (isotone)，即当 $X' \subseteq X''$ 时，有 $R_h(X') \subseteq R_h(X'')$。由显示偏好原理，$R_D : X \to X$ 也是保序映射。容易验证，由式 (22.2.33)、式 (22.2.34) 及式 (22.2.35) 定义的 $F : X \times X \to X \times X$ 也是一个保序映射。在例 22.2.15 中，$X_H(t)$ 集合是逐渐变大 (或不变) 的，而 $X_D(t)$ 则逐步变小 (或不变)。利用 (有限) 格子的不动点定理 (Tarski 不动点定理)，在 $X \times X$ 的最小初值 $(X_D, X_H) = (\varnothing, X)$，或者最大初值 $(X_D, X_H) = (X, \varnothing)$，必定存在不动点。下面的定理刻画了稳定合约匹配的存在，以及对机构或者个人最优稳定合约匹配的结论。

定理 22.2.23 若合约对于机构是替代的，则：

(1) 由式 (22.2.33)、式 (22.2.34) 及式 (22.2.35) 定义在 $X \times X$ 上的 F 存在不动点，同时存在最小的不动点 $(\underline{X}_D, \underline{X}_H)$，以及最大的不动点 $(\bar{X}_D, \bar{X}_H)$；

(2) 由最大初值 $(X_D, X_H) = (X, \varnothing)$ 出发的 Hatfield-Milgrom 延迟接受算法单调收敛到最大的不动点 $(\bar{X}_D, \bar{X}_H)$，其稳定匹配合约 $\bar{X}_D \bigcap \bar{X}_H$ 对于个体来说是最优的稳定匹配；

(3) 由最小初值 $(X_D, X_H) = (\varnothing, X)$ 出发的 Hatfield-Milgrom 延迟接受算法单调收敛到最小的不动点 $(\underline{X}_D, \underline{X}_H)$，其稳定匹配合约 $\underline{X}_D \bigcap \underline{X}_H$ 对于机构来说是最优的稳定匹配。

当合约不是替代的时，稳定的合约匹配可能不存在。此外，在 Hatfield 和 Milgrom 合约匹配的框架中，引入一个加总需求法则 (面临的合约机会集越大，机构意愿的配对集合也越大) 下，在激励问题上与之前的匹配有类似的结论。这样，合约匹配是一个更一般化的匹配问题的分析框架，可以应用到更广的领域，比如组合拍卖理论中。

在双边匹配的文献中，Roth 和 Sotomayor (1990) 是一本经典的教科书。双边匹配的文献在不断发展中，相对全面的综述可以参考 Abdulkadiroglu 和 Sonmez (2013) 以及 Kojima (2015)。此外，当个体之间存在互补性时，比如夫妻同时找工作时，匹配的稳定性一般并不存在，需要对偏好施加更多假设才有稳定性。对这方面的讨论，参见 Kojima，Pathak 和 Roth (2013) 及 Jiang 和 Tian (2014)。

22.3 单边匹配

上一节我们讨论了双边匹配，其主要匹配机制是延迟接受算法。在现实生活中，很多匹配是单边匹配。所谓单边匹配是指在资源匹配过程中，匹配的一侧是不可分割的物品，它不存在偏好特征。单边匹配有很多应用，比如择校问题、器官移植（配置）问题等等。单边匹配问题在文献中又进一步细分为房屋市场（house markets）问题和房屋配置（house allocation）问题。两者的唯一区别是，前者假定房屋是私有产权，参与人各自拥有自己的房子，而后者假定房产是共同或公有产权。我们先讨论房屋市场问题，然后讨论房屋配置问题。

22.3.1 房屋市场问题

房屋市场问题最早由 Shapley 和 Scarf (1974) 引入和进行研究。我们先考虑不可分异质物品的交换，如房子、办公室分配等问题。假设有一群人，他们都拥有自己的房子，房子是不同的，不同人对房子的评价是不同的，若不考虑货币，那么什么样的配置是一个稳定配置，同时又尽可能最大化人们的福利呢？

我们先引入一些概念。假设 $N=\{1,\cdots,n\}$ 是参与人的集合，对参与人 i，其初始拥有的物品记为 h_i，所有初始物品的集合为 H，参与人的数目与房子数目相同，即 $|H|=|N|$。参与人 i 的偏好记为 $\succ_i$。为简化讨论，假定参与人 i 对物品集合的偏好是严格的，即没有两件物品对 i 是无差异的，这样我们排除了存在平局（tie）的情形。同样，p_i 是参与人 i 对物品集合 H 上的偏好从高到低的排序。若 $|\{h'\in H|h'\succ_i h\}|=k-1$，即参与人 i 在物品集合中认为只有 $k-1$ 个物品比 h 好，则 h 在参与人 i 的偏好排序中排第 k 位，记 $h=p_i^k$。

房子交易是房子匹配的一种表现形式，令 μ 是一个匹配，使得：

$$\mu(i)\in H,\mu(i)\neq\mu(j),\forall i,j\in N,i\neq j.$$

我们说匹配 ν**帕累托占优**于 μ，若对任意的 $i\in N,\nu(i)\succeq_i\mu(i)$，存在 $j\in N,\nu(j)\succ_j\mu(j)$。我们称匹配 μ 是**帕累托有效的**，若不存在任何其他匹配 ν，它帕累托占优于 μ。

假设初始时每个人都拥有一套房子，初始的所有权结构为：$\mu^0,\mu^0(i)=h_i\in H$，初始的所有权结构也是一个匹配。

下面讨论稳定匹配的概念。

定义 22.3.1 一个匹配 μ 是**稳定匹配**，若 μ 在房屋市场的**(强) 核中**，即不存在任何联盟 $T\subset N$ 以及其他匹配 ν，使得：

$$\nu(i)\in\{h_j\}_{j\in T},\ \forall i\in T; \tag{22.3.36}$$

$$\nu(i)\succeq_i\mu(i),\ \forall i\in T; \tag{22.3.37}$$

$$\nu(j)\succ_j\mu(j),\ 存在j\in T. \tag{22.3.38}$$

配置是稳定的意味着不存在任何联盟，使得联盟内部通过交换，让联盟内成员变得更好。若一个配置没有最大化人们的福利，就有可能会通过形成联盟得到新的配置来改进他们的福利，此时称 (T,ν) 构成了对 μ 匹配的一个弱占优。

定义在 T 中的 ν 也可以理解为弱帕累托占优于 μ，令 ν^E 是 ν 对于整个参与人集合的延伸匹配，定义为：

$$\nu^E(i) = \nu(i), \forall i \in T,$$

$$\nu^E(i) = \mu(i), \forall i \in N \backslash T.$$

上面的条件 (22.3.36)、(22.3.37) 及 (22.3.38) 意味着：

$$\nu^E(i) \succeq_i \mu(i), \forall i \in N,$$

$$\nu^E(j) \succ_j \mu(j), \text{存在} j \in N.$$

因此，一个匹配 μ 在房屋市场的核中等价于不存在一个其他的匹配 ν^E 弱帕累托占优于 μ。

接下来讨论寻找核配置的方法。Shapley 和 Scarf（1974）的论文率先引入了一个顶端交易循环（top trading cycles）算法，他们把这个机制归功于戴维・盖尔（David Gale）。

在正式描述顶端交易循环之前，先引入顶端循环的概念。

定义 22.3.2(顶端循环)　我们称 $\{i_1, \cdots, i_K\}$ 构成一个 K 环的**顶端循环**，若对任意的 $k < K$，有 $h_{i_{k+1}} = p_{i_k}(1)$，同时有 $h_{i_1} = p_{i_K}(1)$。若对于任意的 j，有 $h_j = p_j(1)$，则 j 本身是一个顶端循环，我们称为**自我循环**。

这里 $p_{i_k}(1)$ 是参与人 i_k 评价第一（最好）的物品。

引理 22.3.1　*对有限的人群，若每个经济人都只有一个物品，则必然存在着顶端循环。*

证明　首先考虑 $N = 2$ 的情形。若存在一个 $i \in \{1, 2\}$，$h_i = p_i(1)$，显然 $\{i\}$ 就是一个顶端循环。若上述情形不存在，则必然有 $h_1 = p_2(1)$，$h_2 = p_1(1)$，从而 $\{1, 2\}$ 就构成了一个顶端循环。

接着考虑 $N = 3$。若存在 $i \in \{1, 2\}$，$h_i = p_i(1)$，则 $\{i\}$ 显然就是一个顶端循环。若上述情形不存在，对参与人 1，或 $h_2 = p_1(1)$，或 $h_3 = p_1(1)$。若是前种情形，考虑参与人 2 的物品排序，若 $h_1 = p_2(1)$，则 $\{1, 2\}$ 就构成了一个顶端循环；若 $h_3 = p_2(1)$，考虑参与人 3 的物品排序，当 $h_2 = p_3(1)$ 时，$\{2, 3\}$ 就构成了一个顶端循环；若 $h_1 = p_3(1)$，$\{1, 2, 3\}$ 则构成了一个顶端循环。对后一种情形也是类似的。这样，$N = 3$ 也必然存在一个顶端循环。

用数学归纳法可以证明对任意有限个体，若每一个体只有一个物品，则必然存在一个顶端循环。当然，我们可以放松每个人只有一个物品的情形，参与人拥有的物品数量是不同的。 □

下面我们介绍盖尔的顶端交易循环算法：

顶端交易循环是一个集中分配机制，每个参与人报告自己的（严格）偏好。

第 1 阶段，每个人都指向自己最喜欢的物品。由于人和物都是有限的，总会存在至少一个顶端循环（包括自我循环），同时顶端循环不存在交叉。令 T^1 是第 1 阶段形成顶端循环的所有参与人 H_{T^1} 拥有的物品，他们在顶端循环中相互交换。自我循环中的参与人仍保持原有的物品。每个在 T^1 中的参与人在这一阶段都得到了最喜欢的物品。

第 t 阶段，除去在之前顶端交易循环的人和物品，对剩余的人，即 $N \backslash \bigcup_{s<t} T^s$ 以及他们的物品，按照他们的偏好进行排序，在剩余的参与人中寻找顶端循环，他们在剩下的物品中寻找一个顶端循环。若还有人和物品没有参与顶端交易循环，进入算法的第 $t+1$ 阶段。

当第 t^* 阶段所有的人和物都进入了（不同阶段）顶端交易循环，停止运行。每个个体在自己所处的顶端交易循环中彼此交换物品。

下面我们先通过一个例子来介绍顶端交易循环机制的运作。

例 22.3.1 (房子的交换) 考虑由四个成员构成的群体，参与人 i 拥有的房子记为 h_i。每个参与人对房子的偏好排序如下 (这里只列出比初始物品更偏好的房子)：

$$p_1 = h_2,$$
$$p_2 = h_1,$$
$$p_3 = h_1, h_2, h_4,$$
$$p_4 = h_3, h_2.$$

$T^1 = \{1, 2\}$ 构成第 1 阶段的顶端循环。

在第 2 阶段，剩下参与人 $\{3, 4\}$ 以及他们拥有的物品。对于剩余的物品，参与人 3 和 4 的偏好为：

$$p_3 = h_4,$$
$$p_4 = h_3.$$

此时，$T^2 = \{3, 4\}$。所有参与人都已经成为前两阶段的顶端循环的参与人。在这个例子中，顶端交易循环的匹配结果 μ 为：

$$\mu = \begin{pmatrix} 1 & 2 & 3 & 4 \\ h_2 & h_1 & h_4 & h_3 \end{pmatrix}.$$

下面我们讨论顶端交易循环的特性。

Roth 和 Postlewaite (1977) 证明了顶端交易循环匹配是唯一核的结论。

定理 22.3.1 (Roth-Postlewaite，1977) *盖尔顶端交易循环的匹配结果是房屋市场中唯一核的配置。*

证明 我们只要验证盖尔顶端交易循环的匹配结果弱占优于其他任意的匹配结果。假设 μ^{TTC} 是顶端交易循环的匹配结果，ν 是其他匹配结果。在顶端交易循环中，存在从第 1 阶段到最后第 t^* 阶段的一系列 $T^1, \cdots, T^{t^*}$ 循环。若存在一个 $i \in T^1$，$\mu^{TTC}(i) \neq \nu(i)$，由于在 μ 的匹配下，T^1 里面的参与人都得到了他们最喜欢的物品，因此 (T^1, μ^{TTC}) 构成了对于 ν 匹配的弱占优。若 $\mu^{TTC}(i) \neq \nu(i), \forall i \in T^1$，存在某个 $j \in T^2$，使得 $\mu^{TTC}(j) \neq \nu(j)$，于是 $(T^1 \bigcup T^2, \mu^{TTC})$ 构成了对于 ν 匹配的弱占优。依此递推，若 $\mu^{TTC}(i) \neq \nu(i), \forall i \in \bigcup_{s<t^*} T^s$，则存在某个 $j \in T^{t^*}$ 使得 $\mu^{TTC}(j) \neq \nu(j)$，则 $(H = \bigcup_{s \leqq t^*} T^s, \mu^{TTC})$ 构成了对于 ν 匹配的弱占优。因此，任意一个匹配 $\nu \neq \mu^{TTC}$ 的匹配结果都被 μ^{TTC} 弱占优。 □

接着我们讨论顶端交易循环的激励特性，假设每个参与人报告他对物品的偏好，然后通过顶端交易循环来决定匹配结果。Roth (1982) 证明了顶端交易循环是可以防操纵的，这一特性与双边匹配的结果有差别。

定理 22.3.2 (Roth，1982) *作为直接显示机制，核的匹配是防操纵的，即披露真实偏好是占优战略。*

完整的证明相对复杂 (参考 Roth，1982)，我们在这里大致提供这个定理背后的逻辑思路。

给定其他参与人汇报的偏好 p_{-i}，参与人 i 的真实偏好为 p_i，$p'_i \neq p_i$ 是任意的偏好操纵，我们要证明：$\mu^{TTC}(p_i, p_{-i}) \succeq_i \mu^{TTC}(p'_i, p_{-i})$，这里 μ^{TTC} 是顶端交易循环下的匹配。

给定其他参与人汇报的偏好 p_{-i}，当参与人 i 报告真实偏好 p_i 时，在 $\mu^{TTC}(p_i, p_{-i})$ 顶端交易循环过程中，$T^1, \cdots, T^{t^*}$ 是从第 1 阶段到第 t^* 阶段的顶端循环，$T^t = \{A_1^t, \cdots, A_{m_t}^t\}$，即 $A_j^t \subset N$ 是第 t 阶段顶端循环中的第 j 个链条。假设 i 出现在第 t 阶段的顶端循环，$i \in A \subset T^t$，则在 $\mu^{TTC}(p_i, p_{-i})$ 下，参与人 i 的收益为 $\max_{h \in RH_k} u_i(h)$，其中 $RH_t = H \backslash \{\bigcup_{s<t} H_{T^s}\}$ 表示在第 t 阶段剩余的房子集合。当参与人 i 报告偏好 $p'_i \neq p_i$ 时，可以验证在这种偏好操纵下，不可能存在一个 $A_j^s, s<k$ 使得 $\{i\} \bigcup A_j^s$ 构成一个顶端循环链条。

现通过数学归纳法来验证。当 $s=1$ 时，对于顶端循环链条 A_j^1 中的个体来说在 H 集合中获得了最偏好的房子，此时 $k \in A_j^1$ 会更偏好 i 的房子 h_i。因此，$\{i\} \bigcup A_j^1$ 不可能构成一个顶端循环链条。当 $s=2$ 时，对于顶端循环链条 A_j^2 中的个体来说，他们在 RH_2 的房子集合中获得最偏好的房子，此时 $k \in A_j^1$ 会更偏好 i 的房子 h_i，因此 $\{i\} \bigcup A_j^2$ 不可能构成一个顶端循环链条。采用类似的推理，当 $s<k$ 时，不存在 $A_j^s, s<k$，在参与人 i 报告偏好 $p'_i \neq p_i$ 时，可以使得 $\{i\} \bigcup A_j^s$ 构成一个顶端循环链条。这样，在参与人 i 报告偏好 $p'_i \neq p_i$ 时，$H \backslash RH_k$ 的房子也不在参与人 i 的选择范围内。同时，真实报告偏好 p_i 可以使得参与人 i 在 RH_k 选择到最偏好的房子。因此，参与人真实报告偏好 p_i 是一个弱占优战略。

我们前面证明了顶端交易循环是唯一的核配置，从而它是帕累托有效和个体理性的，同时也证明了顶端交易循环机制是防操纵的。下面我们证明，若一个机制 ν 满足帕累托有效、个体理性和防操纵，它一定是顶端交易循环。

定理 22.3.3 (Ma，1994)　*任何匹配机制都是帕累托有效、个体理性和防操纵的匹配机制，当且仅当它是顶端交易循环机制。*

证明　假设 $\nu(\cdot) \neq \mu^{TTC}(\cdot)$，即至少存在一个 p，使得 $\nu(p) \neq \mu^{TTC}(p)$。定义 $J(\mu, \mu', p) = \{j \in N : \mu_j(p) \succ_j \mu'_j(p)\}$。我们分以下 4 步来证明。

第 1 步：若 μ 和 μ' 是任意两个满足帕累托有效的匹配机制，$\mu \neq \mu'$ 意味着 $J(\mu, \mu', p) \neq \varnothing$。

$J(\mu, \mu', p) \neq \varnothing$ 意味着 $\mu'_j(p) \succeq_j \mu_j(p), \forall j \in N$。在严格偏好下，$\mu \neq \mu'$ 意味着必定存在一个 $k \in N$，使得 $\mu'_k(p) \succ_k \mu_k(p)$，这与 μ 帕累托有效矛盾。

第 2 步：存在一个 $j \in J(\mu^{TTC}(p), \nu(p), p)$，使得 $\mu_j^{TTC}(p) \succ_j \nu_j(p) \succ_j h_j$。在第 1 步中，我们证明了存在一个 $j \in J(\mu^{TTC}, \nu, p)$。假如不存在一个 $j \in J(\mu^{TTC}, \nu, p)$，使得 $\mu_j^{TTC}(p) \succ_j \nu_j(p) \succ_j h_j$，这意味着 $\nu_j(p) = h_j, \forall j \in J(\mu^{TTC}, \nu, p)$。令 $S = N \backslash \{J(\mu^{TTC}, \nu, p) \bigcup J(\nu, \mu^{TTC}, p)\}$，$T = S \bigcup J(\nu, \mu^{TTC}, p)$，则 $(T, \nu(p))$ 构成了对 μ^{TTC} 的一个弱占优，与 μ^{TTC} 是核矛盾。

定义 $T_p = \{i \in N : 存在h \in H, \mu_i^{TTC}(p) \succ_i h \succ_i h_i\}$。定义偏好排序组合 $p' = (p'_1, \cdots, p'_n)$，使得：

$$p'_i = \begin{cases} \mu_i^{TTC}(p), h_i), & 若i \in T_p, \\ p_i, & 若i \notin T_p. \end{cases} \tag{22.3.39}$$

显然有：

$$\mu^{TTC}(p)=\mu^{TTC}(p')=\mu^{TTC}(p'_{-T},p_T),\forall T\subset N. \tag{22.3.40}$$

第 3 步：$\mu^{TTC}(p')=\nu(p')$。假设 $\mu^{TTC}(p')\neq\nu(p')$，由以上第 2 步，存在 $j\in J(\mu^{TTC}(p'),\nu(p'),p')$，使得

$$\mu_j^{TTC}(p')p'_j\nu_j(p')p'_jh_j. \tag{22.3.41}$$

然而，由式 (22.3.39) 构建的排序组合 p'，以及式 (22.3.40)，我们有：对于 $j\in N$，或在 p'_j 下 h_j 直接排在 $\mu_j^{TTC}(p')$ 之后，或 $h_j=\mu_j^{TTC}(p')$，都与式 (22.3.41) 相矛盾。

第 4 步：$\mu^{TTC}(p'_{-T},p_T)=\nu(p'_{-T},p_T),\forall T\subset N$，$T=N$ 意味着 $\mu^{TTC}(p)=\nu(p)$。我们用数学归纳法来验证。当 $|T|=0$ 时，第 3 步就可以推出第 4 步。假设在 $|T|=k$ 时成立。

当 $|T|=k+1$ 时，存在 $\mu^{TTC}(p'_{-T},p_T)\neq\nu(p'_{-T},p_T)$。令 $q=(p'_{-T},p_T)$。由第 2 步，存在 $j\in J(\mu^{TTC}(q),\nu(q),q)$，使得：

$$\mu_j^{TTC}(q)q_j\nu_j(q)q_jh_j. \tag{22.3.42}$$

当 $j\in N\backslash T$ 时，由式 (22.3.40) 和式 (22.3.42)，有：

$$\mu_j^{TTC}(p)p'_j\nu_j(q)p'_jh_j, \tag{22.3.43}$$

这与 p' 的构造相矛盾。

当 $j\in T$ 时，由式 (22.3.40)，得到：

$$\mu_j^{TTC}(q)=\mu^{TTC}(q_{-j},p'_j). \tag{22.3.44}$$

由归纳法的假设，得到：

$$\mu_j^{TTC}(q_{-j},p'_j)=\nu_j(q_{-j},p'_j). \tag{22.3.45}$$

由式 (22.3.42)、式 (22.3.44) 及式 (22.3.45)，我们得到：

$$\nu_j(q_{-j},p'_j)p_j\nu_j(q). \tag{22.3.46}$$

将 $q=(p'_{-T},p_T)$ 代入式 (22.3.47)，我们有：

$$\nu_j(p'_{-T},p_{T\backslash\{j\}},p'_j)p_j\nu_j(p'_{-T},p_T), \tag{22.3.47}$$

这与 ν 是防操纵的相矛盾。 □

上面的定理揭示了在单边匹配中，顶端交易循环机制有良好的性质：它是唯一的同时满足个体理性、帕累托有效和防操纵的机制。

22.3.2　房屋配置问题

房屋配置问题也属于个体和不可分物品之间的单边匹配，与上面的房屋市场问题不同的是，在房屋配置问题中房屋是共有产权。此时，一个问题是如何 "合理" 地对个体和物品进行配置。首先我们要确定的是配置的效率标准。通常的标准是帕累托有效。除了没有初始的房屋个人所有权禀赋外，这里模型的设定与房屋市场相同。这一问题最早由 Hylland 和 Zeckhauser (1979) 提出。

一个最简单的分配机制，也是现实中最常见的方式，是先给定 N 中的参与人选择顺序，然后根据选择顺序让参与人先后选择。这一机制被称为序列独裁 (serial dictatorship) 机制，下面先给出一个严格定义。

定义 22.3.3 (序列独裁机制)　一个选择顺序由函数 $f : N \to N$ 决定，其中 $f(k), k \in N$ 表示第 k 次序选择参与人的 $f(k)$。一个机制称为**序列独裁机制**，若事前存在着一个由某个函数 f 决定的选择顺序，参与人 $f(i) = 1$ 在 H 中首先选择一个对他最优的物品，依次地，第 k 个行动的参与人 $f(i) = k$ 在剩余的物品集合中选择一个对他最优的物品。

下面的例子描述了序列独裁匹配机制的运作。

例 22.3.2　假设 $H = \{a, b, c\}, N = \{1, 2, 3\}$，选择顺序函数为 $f(1) = 2, f(2) = 3, f(3) = 1$。参与人对房子的偏好排序为：

$$p_1 = a, b, c;$$

$$p_2 = a, c, b;$$

$$p_3 = b, c, a.$$

序列独裁匹配机制的匹配结果为：

$$\mu^f(p) = \begin{pmatrix} a & b & c \\ 2 & 3 & 1 \end{pmatrix}.$$

显然，这种机制满足帕累托有效和防操纵。

若事前按一定规则赋予产权，然后按顶端交易循环机制进行交易，这一机制称为**给定禀赋下的核机制** (core from assigned endowments)，它也是一种分配方式。从上节的讨论中我们知道这一分配结果具有良好的性质，即它在给定的禀赋下是唯一的核配置，并具有防操纵性。Abdulkadiroglu 和 Sonmez (1998) 证明了上面两种方式在一定意义下具有等价性。

我们先引入一些相关符号。$N = \{1, \cdots, n\}$ 是参与人的集合，$H = \{h_1, \cdots, h_n\}$ 是不可分物品的集合。令 $\mu : N \to H$ 是一个匹配，所有匹配的集合记为 $\mathcal{M}$，所有帕累托最优的匹配集合记为 $\mathcal{E}^p \subset \mathcal{M}$。

令 ω 是初始的产权配置，也是一种匹配，所有的匹配集合记为 $\mathcal{M}$。若 $|N| = |H| = n$，有 $|\mathcal{M}| = n!$ 种匹配方式。令 p_i 是参与人 i 对房屋集合 H 的偏好排序 ($\succ_i$ 是对应的偏好)。房屋市场 (N, H, P, ω) 只有唯一的核，即顶端交易循环的匹配机制的结果，记为 μ^ω。在所有可能的初始产权下，对应的所有核的集合记为 $\mathcal{E}^{TTC} = \{\mu^\omega : \omega \in \mathcal{M}\}$。

令 $f : N \to N$ 是顺序决定函数，所有可能的顺序决定函数的集合记为 $\mathcal{F}$，显然 $|\mathcal{F}| = n!$。由顺序 f 决定的序列独裁匹配机制决定的分配为 μ^f，所有可能的序列独裁匹配的结果记为

$\mathcal{E}^{SD}=\{\mu^f: f\in\mathcal{F}\}$。

下面我们讨论给定产权的核机制 (TTC) 和序列独裁匹配机制的分配结果。

给定参与人的 (严格) 偏好排序组合 p，以及初始的产权禀赋 ω，在顶端交易循环中，令在第 t^* 阶段结束的所有顶端循环集合为 $T=\{T^1,\cdots,T^{t^*}\}$，其中 $T^t\subset N$ 是第 t 阶段的顶端循环，同时 T 是对参与人集合 N 的一个分割。令 $k_t=|T^t|$，则有 $n=\sum s\leqq t^*$。令 $C_i(\hat{H}),\hat{H}\subset H$ 是参与人 i 对房屋子集 $\hat{H}$ 的最优选择，$C_i(\hat{H})=\{h: h\succ_i h',\forall h'\neq h,h'\in\hat{H}\}$。在顶端交易循环中，第 $t\leqq t^*$ 阶段开始的房子集合记为 RH_t。显然，$RH_1=H$。当 $i\in T^1$ 时，$\mu_i^\omega=C_i(RH_1)$，在第 1 阶段选择的房子集合或者退出市场的房子集合记为 $H_1=\{\omega_i: i\in T^1\}$。第 2 阶段开始的剩余房子集合为 $RH_2=RH_1\backslash H^1$，当 $i\in T^2$ 时，$\mu_i^\omega=C_i(RH_2)$，在第 1 阶段选择的房子集合或者退出市场的房子集合为 $H_2=\{\omega_i: i\in T^2\}$。依次地，在第 $t\leqq t^*$ 阶段初剩余的房子集合为 $RH_t=RH_{t-1}\backslash H_{t-1}=H\backslash\bigcup_{1\leqq s<t}\{H_s\}$，当 $i\in T^t$ 时，$\mu_i^\omega=C_i(RH_t)$。

在序列独裁机制中，选择次序依次为 $f(1),\cdots,f(n)$。因此，第 1 个选择的参与人 $i=f(1)$ 得到的物品是 $\mu_{f(1)}^f=C_{f(1)}(RH_1^{sd})$，第 $k\leqq n$ 个参与人得到的物品为：$\mu_{f(k)}^f=C_{f(k)}(RH_k^{sd})$，其中 $RH_k^{sd}=H\backslash\bigcup_{1\leqq s<k}\{\mu_{f(s)}^f\}$。容易看出，给定任意 μ^*，当顺序函数 f 满足 $\{f(1),\cdots,f(k_1)\}=T^1$，$\{f(k_1+1),\cdots,f(k_1+k_2)\}=T^2$，$\cdots$，$\{f(k_1+\cdots,k_{t-1}+1),\cdots,f(k_1+\cdots,k_{t-1}+k_t)\}=T^t$ 时，显然有 $\mu^f=\mu^\omega$。与此同时，对于任意的顺序函数 f 以及序列独裁匹配 μ^f，当初始产权结果 ω 满足 $\omega_{f(k)}=\mu_{f(k)}^f$ 时，容易验证 $\mu^\omega=\mu^f$。此外，我们知道给定产权的核机制以及独裁序列匹配机制都是帕累托有效的。同时，对于任意帕累托有效的匹配 $\mu\in\mathcal{E}^p$，当 $\omega=\mu$ 时，由于给定产权的核机制是个体理性的，这意味着 $\mu_i^\omega\succeq\mu(i),\forall i\in N$。同时，由于每个人的偏好都是严格的，必然有 $\mu^\omega=\mu=\omega$，否则与 μ 是帕累托有效的相矛盾。

Abdulkadiroglu 和 Sonmez (1998) 得到了如下结论。

定理 22.3.4 对于任意的帕累托有效的匹配 $\nu(\cdot)$，存在一个序列独裁匹配和给定产权后的顶端交易循环机制，可以同时实现 $\nu(\cdot)$。与此同时，每一个序列独裁匹配都是帕累托有效的，每个给定产权的核匹配机制也是帕累托有效的，即 $\mathcal{E}^p=\mathcal{E}^{TTC}=\mathcal{E}^{SD}$。

由定理 22.3.4，有下面的推论。

推论 22.3.1 一个匹配是帕累托有效的，当且仅当它是某个序列独裁匹配。一个匹配是帕累托有效的，当且仅当它是某种产权下的核匹配 (或顶端交易循环匹配)。

对于任意的帕累托有效匹配 η，定义 $\mathcal{M}^\eta=\{\omega:\mu^\omega=\eta\}$，即使得核机制是帕累托有效匹配 η 所对应的初始产权的集合；同样定义 $\mathcal{F}^\eta=\{f:\mu^f=\eta\}$，即使得序列独裁匹配是帕累托有效匹配 η 所对应的顺序函数的集合。Abdulkadiroglu 和 Sonmez (1998) 进一步得到一个更强的结论，即 $|\mathcal{M}^\eta|=|\mathcal{F}^\eta|,\forall\eta\in\mathcal{E}^p$。由于这一结论证明的细节相对复杂，这里就不展开了，对细节有兴趣的读者可以阅读他们的论文。此外，Long 和 Tian (2014) 将 Abdulkadiroglu 和 Sonmez 的定理 22.3.4 推广到弱偏好情形下也成立。

上面讨论了给定某种确定选择次序和某个确定的初始产权下两种匹配机制之间的关系。这种人为确定选择次序和初始产权的方式往往容易引起争议，谁先选择、谁后选择往往引起很大的争论，比如有人通过手中的权力让自己有选择的优先权，从而造成社会不公。现实中解决这种人为选择的一个办法是，让选择次序和初始产权随机化，比如通过抽签等随机方式来决定。若选择次序的决定是概率分布，同时产权的安排也是概率分布，则我们把前者称为随

机序列独裁 (random serial dictatorship) 机制或者随机优先权（random priority）机制；后者称为随机禀赋下的核机制 (core from random endowment)。考察均匀概率分布，即所有可能的顺序函数的概率是相同的，$prob(f) = \frac{1}{n!}, \forall f \in \mathcal{F}$；或者所有初始的产权，$prob(\omega) = \frac{1}{n!}, \forall \omega \in \mathcal{M}$。在均匀分布下，随机序列独裁匹配 ψ^{rsd} 为：

$$\psi^{rsd} = \sum_{f \in \mathcal{F}} \frac{1}{n!} \mu^f.$$

在均匀分布下，随机禀赋下的核匹配 ψ^{cre} 为：

$$\psi^{cre} = \sum_{\omega \in \mathcal{M}} \frac{1}{n!} \mu^\omega.$$

由结论 $|\mathcal{M}^\eta| = |\mathcal{F}^\eta|, \forall \eta \in \mathcal{E}^p$ 及定理 22.3.4，我们有下面的推论。

推论 22.3.2 在均匀分布下，随机序列独裁匹配 ψ^{rsd} 与随机禀赋下的核匹配 ψ^{cre} 是相同的。

22.3.3 占有者的房屋配置问题

这一节，我们把上面的房屋配量问题和房屋市场问题放在一起来讨论。在很多物品的配置中存在混合产权，既存在私人产权也存在公共产权。同样，我们以房屋配置为例，在某个社会中，由某个机构来分配房子，其中有些个体已经居住了某些房子，新来的个体等待房子分配。这一问题被称为占有者的房屋配置问题。本节的讨论主要参考 Abdulkadiroglu 和 Sonmez (1999)。

我们首先引入一些符号。$\langle N_E, N_U, H_E, H_V, p \rangle$ 是一个占有者的房屋配置问题，其中 N_E 是占有者的群体，N_U 是新来的群体；$H_E = \{h_i\}_{i \in N_E}$ 是占有者的房子集合，H_V 是待分配的房子集合，$h_0 \in H_V$ 表示无房子。若 $|H_E| + |H_V| < |N_E| + |N_U|$，则必然有参与人 $i \in N = N_E \bigcup N_V$ 得不到房子，此时 $h_i = h_0$，$H = H_E \bigcup H_V$ 表示所有房子的集合。一个匹配 $\mu : N \to H$ 是：对于 $i \neq j, i, j \in N$ 使得 $\mu_i, \mu_j \in H$，或者 $\mu(i) = \mu(j) = h_0$，或者 $\mu(i) \neq \mu(j)$。也就是说，可以有多个个体没有分配到房子。令 $p(i)$ 是参与人 i 的 (严格) 偏好排序，对应的偏好为 $\succ_i$，满足 $h \succ_i h_0, \forall h \neq h_o, h \in H, i \in N$。

匹配 μ 是**帕累托有效的**，若不存在其他匹配 ν，使得 $\nu(i) \succeq_i \mu(i), \forall i \in N$，同时存在 $j \in N$ 使得 $\nu(j) \succ_j \mu(j)$。匹配 μ 称为**个人理性的**，若不存在 $i \in N_E$ 使得 $h_i \succ_i \mu(i)$。随机匹配机制是对匹配的一个概率分布，称为事后有效的。一个常见的占有者下的匹配机制，称为占有权下的随机序列独裁机制 (random serial dictatorship with squatting rights)，描述如下：

(1) 每个占有者决定是否参加房子的（随机）分配，若不参与就保留其占有的房子，若参与其房子就进入统一分配的集合。

(2) 按一个特定分布抽取参与人的选择次序。这一分布可以是均匀的，也可以是偏向某些群体的。

(3) 一旦确定选择次序，按照序列独裁机制决定分配。

尽管这一机制在现实中有很多应用，但它并不一定满足事后个体理性或者事后帕累托最优。下面的例子揭示了这一点。

例 22.3.3 考虑三个人和三个房子的匹配，占有者的群体为 $N_E = \{1\}$，新来的群体为 $N_U = \{2,3\}$；被占用的房子集合为 $H_E = \{h_1\}$，未占用的房子集合为 $H_v = \{h_2, h_3\}$，占有者 1 决定是否参与分配。若不参与分配，他获得原来的房子 h_1。若参与分配，可用于分配的房子为 $H = \{h_1, h_2, h_3\}$，分配方式是 (均匀分布) 随机序列独裁机制。假设参与人的偏好排序为：

$$p(1) = h_2, h_1, h_3;$$
$$p(2) = h_1, h_2, h_3;$$
$$p(3) = h_2, h_1, h_3.$$

由于占有者 1 先要决定是否参与分配，需要对比占有者 1 参与或者不参与的期望效用。假设参与人 1 偏好满足期望效用的基本公理，他对于三个房子的效用为：

$$u_1(h_1) = 3,\ u_1(h_2) = 4,\ u_1(h_3) = 1.$$

若占有者 1 不参与分配，他的期望效用为 3。若参与，有六种等概率的顺序函数。下面我们逐一对这六种顺序分别求解序列独裁匹配的结果。

$$f^1 = (i_1, i_2, i_3), \mu^{f^1}(1) = h_2, \mu^{f^1}(2) = h_1, \mu^{f^1}(3) = h_3;$$
$$f^2 = (i_1, i_3, i_2), \mu^{f^2}(1) = h_2, \mu^{f^2}(2) = h_3, \mu^{f^2}(3) = h_1;$$
$$f^3 = (i_2, i_1, i_3), \mu^{f^3}(1) = h_2, \mu^{f^3}(2) = h_1, \mu^{f^3}(3) = h_3;$$
$$f^4 = (i_2, i_3, i_1), \mu^{f^4}(1) = h_3, \mu^{f^4}(2) = h_1, \mu^{f^4}(3) = h_2;$$
$$f^5 = (i_3, i_1, i_2), \mu^{f^5}(1) = h_1, \mu^{f^5}(2) = h_3, \mu^{f^5}(3) = h_2;$$
$$f^6 = (i_3, i_2, i_1), \mu^{f^6}(1) = h_3, \mu^{f^6}(2) = h_1, \mu^{f^6}(3) = h_2.$$

因此，占有者参与分配的期望效用为 $\frac{1}{2}u_1(h_2) + \frac{1}{6}u_1(h_1) + \frac{1}{3}u_1(h_3) = \frac{17}{6} < 3$，从而占有者 1 不参与分配，随机序列独裁匹配的结果为：

$$f'^1 = (i_2, i_3), \mu^{f'^1}(1) = h_1, \mu^{f'^1}(2) = h_2, \mu^{f'^1}(3) = h_3,$$
$$f'^2 = (i_3, i_2), \mu^{f'^2}(1) = h_1, \mu^{f'^2}(2) = h_3, \mu^{f'^2}(3) = h_2.$$

在随机序列独裁匹配下，$\mu^{f'^1}$ 和 $\mu^{f'^2}$ 的概率都是 $\frac{1}{2}$。容易看出，匹配 $\mu^{f'^1}$ 会被匹配 ν 帕累托占优，其中

$$\nu(1) = h_2, \nu(2) = h_1, \nu(1) = h_3.$$

因此，占有权下的随机序列独裁机制不是一个事后帕累托有效的匹配机制。

上面的机制之所以不是事后帕累托有效的，是由于占有者担心匹配会使利益受损而不参加。由于参与人的退出使得一些互利的匹配无法实现，为了修正这一问题，需要引入某种形式的担保机制。在只有一个占有者的情形下，以下顺序调整随机序列独裁机制可以解决这一问题。

顺序调整随机序列独裁机制描述如下：

第 1 步，把所有房子，包括占有者的房子，都用来分配。

第 2 步，按照某一概率分布随机抽取顺序函数。

第 3 步，第一次序的参与人指向最喜欢的房子，第二次序的参与人指向剩余中的最喜欢的房子，依次地，若某一次序参与人指向占有者的房子，进入第 4 步。

第 4 步，若占有者的房子被指向之前，占有者已经匹配到房子，顺序不变，继续按照序列独裁机制分配房子；若占有者之前没有匹配到房子，调整次序，占有者的选择次序插入到指向他房子的参与人次序的前面，其他选择次序保持不变。

下面的例子揭示了这一顺序调整随机序列独裁机制同时满足事后个人理性和帕累托有效。

例 22.3.4　例 22.3.3 续：参与人的偏好和顺序选择的概率分布与之前相同。容易看出，在例 22.3.3 中，在 f^1, f^2, f^5 的顺序函数中，不存在顺序调整，匹配结果与例 22.3.3 相同，即有：

$$f^1 = (i_1, i_2, i_3),\ \mu^{f^1}(1) = h_2,\ \mu^{f^1}(2) = h_1, \mu^{f^1}(3) = h_3;$$
$$f^2 = (i_1, i_3, i_2),\ \mu^{f^2}(1) = h_2,\ \mu^{f^2}(2) = h_3,\ \mu^{f^2}(3) = h_1;$$
$$f^5 = (i_3, i_1, i_2),\ \mu^{f^5}(1) = h_1,\ \mu^{f^5}(2) = h_3,\ \mu^{f^5}(3) = h_2.$$

在 f^3 和 f^4 中，第一次序参与人 2 都指向了占有者 1 的房子，之前占有者 1 没有匹配到房子，从而需要调整。令 f^{3A} 和 f^{4A} 是对应的调整次序：

$$f^3 = (i_2, i_1, i_3),\ f^{3A} = (i_1, i_2, i_3),\ \mu^{f^{3A}}(1) = h_2,\ \mu^{f^{3A}}(2) = h_1, \mu^{f^{3A}}(3) = h_3;$$
$$f^4 = (i_2, i_3,\ i_1),\ f^{4A} = (i_1, i_2, i_3),\ \mu^{f^{4A}}(1) = h_2,\ \mu^{f^{4A}}(2) = h_1,\ \mu^{f^{4A}}(3) = h_3.$$

在 f^6 中，第二次序参与人 2 指向了占有者 1 的房子，之前占有者 1 没有匹配到房子，需要调整。令 f^{6A} 是对应的调整次序

$$f^6 = (i_3, i_2, i_1),\ f^{6A} = (i_3,\ i_1, i_2),\ \mu^{f^{3A}}(1) = h_1,\ \mu^{f^{3A}}(2) = h_3,\ \mu^{f^{3A}}(3) = h_2.$$

顺序调整随机序列独裁机制是在下面的匹配中选择

$$\mu^1 = \begin{pmatrix} 1 & 2 & 3 \\ h_2 & h_1 & h_3 \end{pmatrix},\ \mu^2 = \begin{pmatrix} 1 & 2 & 3 \\ h_2 & h_3 & h_1 \end{pmatrix},\ \mu^3 = \begin{pmatrix} 1 & 2 & 3 \\ h_1 & h_3 & h_2 \end{pmatrix}.$$

显然，这一机制同时满足事后个人理性和帕累托有效。

当占有者群体人数超过 1 时，上面的机制会失效。若有两个占有者互相指向对方的房子，上面的顺序调整将不再适用。

并不是所有的对占有者的担保机制都能实现事后个体理性和帕累托有效。下面的匹配机制，称为等待列表随机序列独裁机制 (random serial dictatorship with waiting list)，在一些领域比如大学的宿舍分配上有广泛的应用，其机制描述如下：

在开始阶段 $RH_1 = H_V$ 是可供分配的房子。对于新来群体的参与人，即 $i \in N_U$，他的可接受房子集合是可供分配的房子集合；对于占有者群体的参与人 $i \in N_E$，他可接受的房子集合是那些比目前占用更好的可供选择分配的房子的集合。

在第 1 阶段，对最高优先度 (第一次序选择) 的参与人 $f(1)$，若可接受的房子至少有一个，他匹配到最偏爱的房子；他匹配的房子在可供分配的房子集合中剔除。若 $f(1) \in N_E$ 得到匹配，他之前占用的房子 $h_{f(1)}$ 加到可供分配的房子集合中。依次地，按照优先度，其他参与人在他可接受的房子中选择最偏爱的，若得到匹配，他是占有者，他所占有的房子加到可供分配的房子集合中进入下一阶段。

在第 t 阶段，可供分配的是上一阶段末的可供分配房子集合。在之前没有得到匹配的优先度最高的参与人在他可接受的房子中选择最偏爱的房子，其匹配的房子在可供分配的房子集合中剔除。若得到匹配，他是占有者，他原先占有的房子加入到可分配的房子集合中。依次地，按照优先度，其他在之前没有得到匹配的参与人，也按照类似的规则匹配，可供分配的房子集合也作出相应的调整。若阶段末可供分配的房子集合不是空集，且还有参与人没有得到匹配，则进入下一阶段。否则，匹配结束。对于 $i \in N_U$ 参与人没有得到匹配，他匹配的房子为 h_0；对于 $i \in N_E$ 的参与人，他匹配的房子为 h_i。

下面的例子揭示了等待列表随机序列独裁机制不是事后帕累托有效的。

例 22.3.5 假设 $N_E = \{1,2,3\}, N_U = \varnothing, H_E = \{h_1,h_2,h_3\}, H_V = \{4\}$。参与人的偏好排列为：

$$p(1) = h_2, h_3, h_1, h_4;$$

$$p(2) = h_3, h_1, h_2, h_4;$$

$$p(3) = h_1, h_4, h_3, h_2.$$

假设选择序列函数为 $f(i) = i, i = 1,2,3$，等待列表随机序列独裁机制匹配过程描述如下：

第 1 阶段，可供分配的房子为 $RH_1 = \{h_4\}$，此时只有参与人 3 得到匹配，$\mu(3) = h_4$，h_3 加入到可供分配房子集合中。

第 2 阶段，可供分配的房子为 $RH_2 = \{h_3\}$，此时只有参与人 1 得到匹配，$\mu(1) = h_3$，h_1 加入到可供分配房子集合中。

第 3 阶段，可供分配的房子为 $RH_3 = \{h_1\}$，此时只有参与人 2 得到匹配，$\mu(2) = h_1$，h_2 加入到可供分配房子集合中。由于所有参与人都得到了匹配，匹配结束。

等待列表随机序列独裁机制匹配结果为：

$$\mu = \begin{pmatrix} 1 & 2 & 3 \\ h_3 & h_1 & h_4 \end{pmatrix}.$$

这一匹配可以担保每个占有者在匹配中利益不会受损，即匹配结果满足事后个人理性，但是它却被下面的匹配帕累托占优：

$$\mu' = \begin{pmatrix} 1 & 2 & 3 \\ h_2 & h_3 & h_1 \end{pmatrix}.$$

Abdulkadiroglu 和 Sonmez (1999) 把序列独裁与顶端交易循环机制融合在一起，提出了一个广义顶端交易循环机制来解决占有者分配中的效率问题。给定一个选择顺序函数 f，以及每个人报告的偏好排序组合 p，下面的步骤描述了广义顶端交易循环机制：

第 1 阶段，$RH_1 = H_V$ 是初始可供分配房子的集合。每个人都指向自己最喜欢的房子，每个占有者对于占有的房子具有最高优先权，同时第一顺序选择参与人 f_1 具有对所有可供分配房子集合的最高优先权。由于参与者人数和房子数是有限的，必然存在顶端循环链条 $A^1 = \{i_1, \cdots, i_k\}$，使得链条中参与人 $i_j, j < k$ 最偏爱房子的最高优先权是 i_{j+1}，i_k 最偏爱房子的最高优先权是 i_1。此时，顶端循环链条的参与人匹配到他们最偏爱的房子，同时顶端交易循环的参与人和他们匹配到的房子退出下一轮的匹配。若占有者位于顶端循环中，匹配之后，他原先占有的房子进入到下一阶段的可供分配房子中。阶段初可供分配的房子集合中扣除退出的房子和加入的房子称为第 1 阶段末可供分配的房子集合，与不在第一轮顶端循环链条中的参与人一起进入下一阶段的匹配。

第 t 阶段，可供分配的房子集合 RH_t 是上一阶段末的可供分配的房子集合。这一阶段剩余的参与人指向剩余房子中最偏爱的房子，每个占有者对于占有的房子具有最高优先权，这一阶段的可供分配的房子集合的最高优先权是剩余的参与人中具有最先选择顺序。同样，存在这一轮的顶端循环链条。链条中的参与人匹配到他们指向的房子，他们和匹配的房子退出下一轮的匹配。若占有者位于链条中，他们占有的房子加入到阶段末可供分配的房子集合中。当所有参与人都得到了匹配时，或者可供分配的房子集合为空集或所有占有者都得到匹配时，匹配结束，否则进入下一轮匹配。若可供分配的房子集合是空集，有新来的参与人没有得到匹配，他们最后的匹配是 h_0。

在广义顶端交易循环机制中的每一阶段都至少存在一个循环链条，按循环链条参与人匹配到下一链条参与人拥有最高优先度的房子。

下面我们先通过一个例子来理解广义顶端交易循环机制。

例 22.3.6 假设 $N_E = \{1,2,3,4\}, N_U = \{5\}, H_E = \{h_1,h_2,h_3,h_4\}, H_V = \{h_5,h_6,h_7\}$。假设 $i \in N_E$ 占有的房子为 h_i，顺序函数 f 满足 $f(i) = i, i \in N$。参与人的偏好排序为：

$$p(1) = h_2, h_6, h_5, h_1, h_4, h_3, h_7;$$

$$p(2) = h_7, h_1, h_6, h_5, h_4, h_3, h_2;$$

$$p(3) = h_2, h_1, h_4, h_7, h_3, h_6, h_5;$$

$$p(4) = h_2, h_4, h_3, h_6, h_1, h_7, h_5;$$

$$p(5) = h_4, h_3, h_7, h_1, h_2, h_5, h_6.$$

第 1 阶段：可供分配的房子集合为 $RH_1 - H_V = \{h_5, h_6, h_7\}$，顶端循环为 1 和 2，他们得到的匹配为：$\mu(1) = h_2$ 和 $\mu(2) = h_7$。

第 2 阶段：可供分配的房子集合为 $RH_1 - H_V = \{h_1, h_5, h_6\}$，顶端循环为 3 和 4，他们得到的匹配为：$\mu(3) = h_1$ 和 $\mu(4) = h_4$。

第 3 阶段：可供分配的房子集合为 $RH_1 - H_V = \{h_3, h_5, h_6\}$，顶端循环为 5，他得到的匹配为：$\mu(5) = h_3$。匹配完毕，最后的匹配结果为：

$$\mu = \begin{pmatrix} 1 & 2 & 3 & 4 & 5 \\ h_2 & h_7 & h_1 & h_4 & h_3 \end{pmatrix}.$$

显然，这一匹配结果满足个体理性和帕累托有效性。广义顶端交易循环机制可以确保每个占有者都有动机参与。这是因为，当且仅当占有者 i 位于某一个阶段的顶端循环时，他才会把占有的房子用于分配。然而，在顶端循环中，他匹配到的房子一定不会比他占有的房子差。

当所有参与人都是占有者，上面的广义顶端交易循环机制就是顶端交易循环机制；若没有参与人是占有者，上面的机制就是序列独裁机制。若占有者的人数只有一个，上面的机制就是顺序调整随机序列独裁机制。

下面讨论广义顶端交易循环机制的特征，我们会发现与顶端交易循环机制类似，它也具有帕累托有效以及防操纵的特性。

给定任意选择顺序及参与人的偏好，由于每个占有者放弃房子的条件是他进入某个顶端循环，也就是说，他匹配到的房子一定不比他占有的房子差。此外，所有占有者都是通过顶端循环匹配到房子。根据前面对顶端交易循环性质的讨论，占有者在广义顶端交易中得到的匹配对占有者群体而言是帕累托有效的，同时每个占有者汇报真实偏好是占优战略。而对于新来群体的参与人来说，他的匹配过程结合了序列独裁机制和顶端交易循环机制，当在某个阶段中，他成为可分配房子集合中优先度最高的参与人时，才能参与顶端交易循环，从中得到匹配，若要提高其利益，需要让他有更早的选择次序，但这必然损害了之前得到匹配的参与人的利益。因此，对任意新来人群的参与人而言，广义顶端交易循环机制的匹配结果是帕累托有效的。此外，对于新来人群的参与人来说，他报告的偏好不会影响到他何时有资格参与顶端循环，一旦他成为可分配房子集合中优先度最高的参与人时，在顶端交易循环环节中，根据顶端交易循环的特性，他披露真实的偏好是占优战略。因此，我们得到下面的定理。

定理 22.3.5 对任意给定的顺序 f，广义顶端交易循环机制是个体理性、帕累托有效和防操纵的。

由定理 22.3.5，我们有如下的推论。

推论 22.3.3 对任意随机分布的顺序函数，广义顶端交易循环机制是事后个体理性、事后帕累托有效和防操纵的。

Abdulkadiroglu 和 Sonmez (1999) 提出了一个称为 “你要我房—我要你位置”(You request my house-I get your turn，简写为 YRMH-IGYT) 的机制，它可以实现广义顶端交易的匹配结果。YRMH-IGYT 机制描述如下：

给定任意的顺序函数 f，给 $f(1)$ 匹配他最喜欢（或指向）的房子，给 $f(2)$ 在剩余的房子中匹配他最喜欢的房子，依此顺序，当某个参与人指向的房子是由占有者拥有时，若该占有者在之前得到了匹配，算法继续。若该占有者之前没有得到匹配，该占有者的顺序插入到指向他房子的参与人之前。若在某个事件下形成了一个循环链条，那么这一循环链条都是由占有者组成的，链条中的每一个人都指向链条的下一个人。假设 A 是一个循环链条 $\{i_1, i_2, \cdots, i_k\} \subset N_E$($i_1$ 指向 i_2 的房子，i_2 指向 i_3 的房子，等等，i_k 指向 i_1 的房子)，链条中的参与人匹配到他指向的房子，链条中匹配的房子都退出分配。

当占有者只有一位时，此时 YRMH-IGYT 机制相当于顺序调整随机序列独裁机制。

定理 22.3.6 给定任意顺序函数 f，YRMH-IGYT 机制执行了广义顶端交易循环机制的结果。

证明　在任意阶段中，当剩余的参与人为 J 和剩余的房子为 G 时，YRMH-IGYT 机制按下面两种可能的情形运行到下一阶段。

情形 1：存在一个参与人的序列 $i_1, i_2, \cdots, i_k(k=1$ 也是允许的)，在这一序列中，i_1 在 J 个房子中有最高优先度，他指向 i_2 的房子，i_2 指向 i_3 的房子，等等，i_k 指向房子 $h \in G$。此时，i_k 匹配到 h 房子，i_{k-1} 匹配到 h_{i_k} 的房子，等等，i_1 匹配到 i_2 的房子。在广义顶端循环中若还剩下参与人是 J 房子集合为 G 时，$i_1, i_2, \cdots, i_k$ 也构成了一个顶端循环，此时的匹配与 YRMH-IGYT 机制相同。

情形 2：存在一个链条 $\{i_1, i_2, \cdots, i_k\} \subset N_E(k=1$ 也是允许的)。此时，i_1 匹配到 i_2 的房子，i_2 匹配到 i_3 的房子，等等，i_k 匹配到 i_1 的房子，这一匹配结果与广义顶端循环也是相同的。

对于任意剩余的参与人和房子集合，YRMH-IGYT 机制总是定位一个循环并执行循环中的匹配，这一情形与广义顶端交易是相同的。　□

在本节所述内容的基础上，Papai (2000) 提出和刻画了等级交换规则（hierarchical exchange rule）。这是一个广义的框架，包括了本节所讲的序列独裁机制、顶端交易循环机制以及 YRMH-IGYT 机制。单边匹配的文献有一些非常好的综述，其中 Abdulkadiroglu 和 Sonmez (2013)，Sonmez 和 Unver (2010) 对单边匹配的理论问题和应用提供了比较全面的讨论和回顾。在房屋配置问题中，由于确定性的配置缺少公平性，随机配置逐渐成为常见的工具。Bogomolnaia 和 Moulin (2001) 提出了一种概率序列（probabilistic serial）机制，它和前面所述的随机序列独裁机制是该领域的主要机制。随机配置是目前单边匹配的主要研究方向之一。除了效率、公平和激励外，当参与人存在外部选择时（即保持未配置状态），机制的配置数目也是社会关心的问题。相关的讨论参见 Bogomolnaia 和 Moulin (2015) 及 Huang 和 Tian (2016)。

22.4　应　　用

下面我们通过应用前面讨论的双边匹配和单边匹配理论来研究具有重大现实意义的两个具体匹配问题：入学匹配和器官移植匹配。我们发现，尽管讨论的问题有差异，但运作机制背后的逻辑却体现了高度的内在一致性。

22.4.1　择校问题

教育是社会前进和发展的重要基础，对于个人来说学校教育是提升人力资本的重要途径。由于资源，包括教育资源（特别是优质教育资源）是稀缺的，有效配置教育资源就成为极其重要的问题。与此同时，教育配置与社会公平密切相关。这样，教育资源的配置不仅涉及效率，也涉及公平，从而教育资源的配置不能仅仅依靠价格机制，还需要公共资源投入和教育政策的引导。

在前面的双边匹配中，我们介绍了大学入学招生中，学校和学生之间可以根据偏好选择不同的邀约对象，当不存在学校和学生之间重新调整匹配来提高他们的收益时，匹配达到稳定。Gale-Shapley 的延迟接受算法就给出了这样的稳定匹配机制。并且，当某一方提出邀约时，通过延迟接受算法得到的匹配对于邀约方来说具有良好的性质，比如满足偏好披露中的激励相容特性，同时在所有稳定匹配中对邀约一方是最优的匹配。

然而，在不同的入学阶段、不同的制度背景下，入学问题却有许多不同的表现形式。比如，在许多国家的大学招生中，绝大部分招生都是根据某些指标来决定的，如中国的高考成绩。在义务教育阶段，以中国为例，学生的入学依赖于户口、居住地与学校的距离等因素。与此同时，在以培养国民素质及提升人力资本为目标的教育中，学生个体才是教育政策最根本的关注点，学校在很大程度上是教育过程的一个载体。因此，在学生入学问题上，更大程度是体现单边匹配的特征。在文献中，这一问题被称为择校问题（school choice problem），社会福利以学生利益为目标函数。下面我们通过严格模型来刻画入学问题。

假设 $N=\{1,2,\cdots,n\}$ 是学生的集合，$S=\{s_1,\cdots,s_m\}$ 是学校的集合，$\mathbf{q}=(q_s)_{s\in S}$ 是学校的招生限额，$\succ_i, i\in N$ 是学生对学校的 (严格) 偏好。对于学校 s 来说，在招生中对学生有一个优先度规则，称为优先序，记为 $\succ_s$。对类似大学招生而言，学生的成绩决定了他们的优先度，而对于义务阶段的招生而言，户口、居住地等决定了学生的优先度。学校对学生的优先度，在双边匹配框架中可以理解为学校的偏好 (但不同的是，在择校问题中，学校不作为一个战略决策者，因此不妨假设学校不能扭曲其偏好)。在单边匹配的框架中，学生的优先度可以在一定程度上理解为某种顺序的选择函数。不过，当不同学校 (比如普通高校和艺术类高校) 有不同的优先度考量时，这种优先度是局部的。

择校问题的一个匹配 $\mu: N\bigcup S\to 2^{N\cup S}$ 需满足以下条件：

$$\mu(i)\subset S,\ |\mu(i)|\leqq 1,\forall i\in N;$$
$$\mu(s)\subset N,\ |\mu(s)|\leqq q_s,\forall s\in S;$$
$$s\in\mu(i)\text{当且仅当}i\in\mu(s),\forall i\in N,\ s\in S,$$

这里 $|\mu(i)|=0$ 意味着 $\mu(i)=\varnothing$，表示参与人 i 没有得到任何学校的录取。

我们称匹配 μ 是**个人理性的**，若对于 $i\in N$，都有 $\mu(i)\succeq_i\varnothing$；称匹配 μ 是**无浪费的**(non-wasteful)，若 $s\succ_i\mu(i),\forall i\in N, s\in S$，则 $|\mu^{-1}(s)|=q_s$；称匹配 μ 是**公平的**，**或消除合理嫉妒的**(eliminate justified envy)，若不存在 $i\succ_{\mu(j)} j$ 满足 $\mu(j)\succ_i\mu(i)$；称 μ 是**帕累托有效的**，若不存在其他匹配 ν，使得 $\nu(i)\succeq_i\mu(i),\forall i\in N$，且存在某个 $j\in N$，使得 $\nu(j)\succ_j\mu(j)$；称 μ 是**稳定的**，若 μ 是个体理性的、无浪费的，同时是消除合理嫉妒的；称稳定 μ 是**学生最优**，若不存在其他稳定的匹配 ν 帕累托占优于 μ。

在择校匹配的特性中，我们关注效率、稳定以及 (偏好披露中的) 激励相容。现实中很多择校机制并不满足激励相容特性，比如 Abdulkadiroglu 和 Sonmez (2003) 提到的波士顿机制 (Boston mechanism)。下面我们先描述波士顿机制。

每个学校，事先给定一个优先度规则 (比如家庭地址、是否有兄弟姐妹上过该学校等)。

每个学生对学校报告其偏好序，如第一志愿、第二志愿等等。

第 1 轮：学校只考虑第一志愿的学生：在所有第一志愿填 s 学校的学生中，按照优先度 $\succ_s$，录取其中最高的 q_s 学生，若没录满，到下一轮再录取，若已经录满，录取结束。

第 k 轮：在剩余的学生中，对于还没有录满的学校只考虑第 k 志愿的学生，按照优先度 $\succ_s$，录取其中最高的学生，录取人数不超过剩余的名额，若这一轮录取满额就招生结束，否则进入下一轮。

直到所有的学校名额录满，或者所有学生都已被录取。

下面的例子揭示了波士顿机制不满足 (偏好披露) 激励相容特性。

例 22.4.1　假设有 3 个学生、3 个学校，$N=\{1,2,3\}, S=\{s_1,s_2,s_3\}, q_s=1, \forall i \in S$，学生的偏好以及学校的优先度描述如下：

$$p_1 = s_2, s_1, s_3; \qquad p_{s_1} = 1, 3, 2;$$

$$p_2 = s_1, s_2, s_3; \qquad p_{s_2} = 2, 1, 3;$$

$$p_3 = s_1, s_2, s_3; \qquad p_{s_3} = 2, 1, 3.$$

按照波士顿匹配机制，其匹配结果为：

$$\mu^B = \begin{pmatrix} s_1 & s_2 & s_3 \\ 3 & 1 & 2 \end{pmatrix}.$$

首先，这一匹配机制不满足消除合理嫉妒性，因为 $s_2 = \mu(1) \succ_2 \mu(2) = s_3$，且 $2 \succ_{s_2} 1$；其次，也不满足激励相容性，因为若参与人 2 报告一个偏好：$p_2' = s_2, s_1, s_3$，匹配结果为：

$$\mu'^B = \begin{pmatrix} s_1 & s_2 & s_3 \\ 3 & 2 & 1 \end{pmatrix}.$$

Abdulkadiroglu 和 Sonmez (2003) 于是提出了两个匹配机制用来解决偏好披露中的激励相容问题。一个是由学生提出邀约的延迟接受算法 μ^{SOSM}，另一个是顶端交易循环机制 μ^{TTC}，其中对 μ^{TTC} 的定义如下：

定义 22.4.1 (择校问题中的顶端交易循环算法)　第 1 步：分配给每个学校一个计数器显以示该学校还有多少剩余席位。将计数器初始设置为学校的招生限额。每个学生按其所报的偏好指向他最喜欢的学校。每个学校指向在该学校拥有最高优先权的学生。由于学生和学校的数目是有限的，因此至少存在一个循环。并且每个学校至多在一个循环中，每个学生也至多在一个循环中。在循环中的每个学生被分配到一个他所指向学校的席位，然后从算法中剔除该学生。每个循环中学校计数器的计数减一，而若计数减至零则该学校也被剔除。其他学校的计数器计数保持不变。

第 k 步：每个剩下的学生指向剩下的学校中他最喜欢的学校。每个剩下的学校指向剩下的学生中在该学校拥有最高优先权的学生。至少会存在一个循环。在循环中的每个学生被分配到一个他所指向学校的席位并被剔除。每个循环中学校计数器的计数减一，若计数减至零则该学校也被剔除。其他学校的计数器计数保持不变。

当所有学生均被分配到一个席位，算法停止。算法的步骤数不会超过学生集合的基数。

根据前面两节的分析结果，我们可以得到如下结论：第一，匹配 μ^{SOSM} 是稳定的，并且是所有稳定匹配中学生最优的；匹配 μ^{SOSM} 满足在偏好披露中的激励相容性。第二，匹配 μ^{TTC} 是帕累托有效的，并且满足偏好披露激励相容性。

下面我们接着例 22.4.1 讨论这两个机制。

例 22.4.2 考虑学生和学校的情形，如例 22.4.1 所述，容易求出由学生提出邀约的延迟接受算法的匹配 μ^{SOSM} 和顶端交易循环匹配 μ^{TTC}。

$$\mu^{SOSM} = \begin{pmatrix} s_1 & s_2 & s_3 \\ 1 & 2 & 3 \end{pmatrix};\ \mu^{TTC} = \begin{pmatrix} s_1 & s_2 & s_3 \\ 2 & 1 & 3 \end{pmatrix}.$$

可看出，μ^{SOSM} 不是帕累托有效的，因为它被匹配 μ^{TTC}（帕累托）占优。同时，μ^{TTC} 也不满足稳定条件中的消除合理嫉妒性，这是因为 $s_1 = \mu(2) \succ_3 \mu(3) = 3$，但 $3 \succ_{s_1} 2$。

然而，在上面的例子中，μ^{TTC} 匹配结果帕累托占优于 μ^{SOSM}，并不是 μ^{TTC} 机制（也就是，不是在所有的偏好下）帕累托占优于 μ^{SOSM}。下面的例子说明了此点。

例 22.4.3 假设有 3 个学生、3 个学校，$N = \{1,2,3\}, S = \{s_1, s_2, s_3\}, q_s = 1, \forall i \in S$，学生的偏好以及学校的优先度描述如下，其中参与人 2 的偏好和例 22.4.1 不同。

$$\begin{aligned} p_1 &= s_2, s_1, s_3; \qquad & p_{s_1} &= 1,3,2; \\ p_2 &= s_1, s_3, s_2; \qquad & p_{s_2} &= 2,1,3; \\ p_3 &= s_1, s_2, s_3; \qquad & p_{s_3} &= 2,1,3. \end{aligned}$$

容易求出，由学生提出邀约的延迟接受算法的匹配 μ^{SOSM} 和顶端交易循环匹配 μ^{TTC} 分别为：

$$\mu^{SOSM} = \begin{pmatrix} s_1 & s_2 & s_3 \\ 3 & 1 & 2 \end{pmatrix};\ \mu^{TTC} = \begin{pmatrix} s_1 & s_2 & s_3 \\ 2 & 1 & 3 \end{pmatrix}.$$

在这个例子中，μ^{SOSM} 与 μ^{TTC} 相互之间不存在帕累托占优的关系。

我们知道 μ^{SOSM} 与 μ^{TTC} 都满足偏好披露中的激励相容特性，且 μ^{TTC} 是帕累托有效的。上面的例子揭示了 μ^{TTC} 并不帕累托占优于 μ^{SOSM}，由此引出的一个问题是：是否存在一个激励相容的帕累托有效的匹配机制可以帕累托占优于 μ^{SOSM}？

Keston(2010) 给予了否定的回答，下面的定理揭示了这一结论。

定理 22.4.1 *若学校的优先序是严格的，则不存在一个激励相容的帕累托有效的匹配机制可以占优于 μ^{SOSM}。*

Keston (2010) 提出了适当牺牲偏好披露的激励相容特性来换取配置效率，并构造了一个改善配置效率的匹配机制，这一机制称为效率调整延迟接受机制 (efficiency-adjusted deferred accepted mechanism)，简写为 EADAM 机制。

我们这里简单介绍这一机制，先引入一个定义。

定义 22.4.2 我们称学生 i 为 (学生邀约的)**延迟接受机制中对学校 s 的扰动者**，若在延迟接受机制下 i 向学校 s 邀约，使得某个学生 j 被学校 s 拒绝，但学校 s 在收到学生 k 的邀约后拒绝学生 i。

在上面的定义中，若学生 i 是学校 s 的扰动者，他的邀约只是让学校 s 拒绝了某个学生，但最后并不接受 i，也就是说，对于 j 来说，i 的行为损人不利己。若事前大家可以签订一个相互之间不扰动的合约，即原本是学校 s 扰动者的学生 i 在合约中承诺不去向学校 s 申请邀约，那么可能会改进匹配的效率。

下面先通过一个例子来寻找扰动者。

例 22.4.4　考虑两个学校和三个学生的匹配。$S=\{s_1,s_2\}, N=\{1,2,3\}, q_s=1, \forall s\in S$，学生的偏好排序和学校的优先序如下：

$$p_1 = s_2, s_1; \qquad p_{s_1} = 1,2,3;$$
$$p_2 = s_1; \qquad p_{s_2} = 3,1;$$
$$p_3 = s_1, s_2.$$

学生邀约延迟接受算法的过程如下 (加方框指的是暂时接受)：

s_1	s_2	$\varnothing$
$\boxed{2}$,3	1	
	1,$\boxed{3}$	
$\boxed{1}$,2	⋮	
	⋮	$\boxed{2}$
$\boxed{1}$	$\boxed{3}$	$\boxed{2}$

匹配结果为：

$$\mu=\begin{pmatrix} s_1 & s_2 & \varnothing \\ 1 & 3 & 2 \end{pmatrix}.$$

我们看到，学生 2 是 s_1 的扰动者。若学生 2 同意把 s_1 在他的偏好列表中去除，即不去选 s_1，此时匹配过程变为：

s_1	s_2	$\varnothing$
$\boxed{3}$	$\boxed{1}$	$\boxed{2}$
$\boxed{3}$	$\boxed{1}$	$\boxed{2}$

匹配结果为：

$$\mu^E=\begin{pmatrix} s_1 & s_2 & \varnothing \\ 3 & 1 & 2 \end{pmatrix}.$$

显然，μ^E 是 μ 的一个帕累托改进，且是帕累托有效匹配。

下面我们简单描述 EADAM 机制：

第 0 轮，运行延迟接受算法（以下简称 DA 算法）。

第 k 轮，找到上一轮最后出现的同意扰动者 (i,s)，把 s 从 i 的偏好中去除，重新运行 DA 算法。

一旦 DA 算法中不再出现同意扰动者，这一轮的 DA 算法的结果就是 EADAM 的匹配结果。

下面我们先通过一个例子来讨论 EADAM 机制。

例 22.4.5 假设有 6 个学生 $N=\{1,\cdots,6\}$、5 所学校 $S=\{s_1,s_2,s_3,s_4,s_5\}$，录取限额为 $q_s=1,\forall s\neq s_5,q_{s_5}=2$。学校的优先序为：

$$p_{s_1}=2,1,5,6,4,3;$$
$$p_{s_2}=3,6,4,1,\cdots;$$
$$p_{s_3}=1,6,2,3,\cdots;$$
$$p_{s_4}=4,3,6,\cdots;$$
$$p_{s_5}=\cdots.$$

其中省略的是无差异或者说对匹配没有影响的排序。学生的偏好列表为：

$$p_1=s_2,s_1,s_3,\cdots;$$
$$p_2=s_3,s_1,s_5,\cdots;$$
$$p_3=s_3,s_4,s_2,\cdots;$$
$$p_4=s_1,s_2,s_4,\cdots;$$
$$p_5=s_1,s_5,\cdots;$$
$$p_6=s_4,s_1,s_3,s_2,s_5,\cdots.$$

假设所有学生都同意不做扰动者，EADAM 机制的运行过程为：

第 0 轮，运行 DA 算法：

阶段	s_1	s_2	s_3	s_4	s_5
1	$\boxed{5}$,4	$\boxed{1}$	$\boxed{2}$,3	$\boxed{6}$	
2		$\boxed{4}$,1		$\boxed{3}$,6	
3	$\boxed{1}$,5,6				
4			$\boxed{6}$,2		$\boxed{5}$
5	$\boxed{2}$,1				
6			$\boxed{1}$,6		
7		$\boxed{6}$,4			
8				$\boxed{4}$,3	
9		$\boxed{3}$,6			
10	$\boxed{2}$	$\boxed{3}$	$\boxed{1}$	$\boxed{4}$	$\boxed{5}$,$\boxed{6}$

第 1 轮，找到上一轮中的第 9 步 $(6,s_2)$ 是最后一组扰动的学生和对应的学校，在学生 6 的偏好中去除 s_2，重新运行 DA 算法，得到：

阶段	s_1	s_2	s_3	s_4	s_5
1	$\boxed{5}$,4	$\boxed{1}$	$\boxed{2}$,3	$\boxed{6}$	
2		$\boxed{4}$,1		$\boxed{3}$,6	
3	$\boxed{1}$,5,6				
4			$\boxed{6}$,2		$\boxed{5}$
5	$\boxed{2}$,1				
6			$\boxed{1}$,6		
7					$\boxed{5}$,$\boxed{6}$
8	$\boxed{2}$	$\boxed{4}$	$\boxed{1}$	$\boxed{3}$	$\boxed{5}$,$\boxed{6}$

第 2 轮，找到上一轮中的第 6 步 $(6, s_3)$ 是最后一组扰动的学生和对应的学校，在学生 6 的偏好中去除 s_3，重新运行 DA 算法，得到：

阶段	s_1	s_2	s_3	s_4	s_5
1	$\boxed{5}$,4	$\boxed{1}$	$\boxed{2}$,3	$\boxed{6}$	
2		$\boxed{4}$,1		$\boxed{3}$,6	
3	$\boxed{1}$,5,6				
4					$\boxed{5}$,$\boxed{6}$
5	$\boxed{1}$	$\boxed{4}$	$\boxed{2}$	$\boxed{3}$	$\boxed{5}$,$\boxed{6}$

第 3 轮，找到上一轮中的第 3 步 $(5, s_1)$ 是最后一组扰动的学生和对应的学校，在学生 5 的偏好中去除 s_1，重新运行 DA 算法，得到：

阶段	s_1	s_2	s_3	s_4	s_5
1	$\boxed{4}$	$\boxed{1}$	$\boxed{2}$,3	$\boxed{6}$	$\boxed{5}$
2				$\boxed{3}$,6	
3	$\boxed{6}$,4				
4		$\boxed{4}$,1			
5	$\boxed{1}$,6				
6					$\boxed{5}$,$\boxed{6}$
7	$\boxed{1}$	$\boxed{4}$	$\boxed{2}$	$\boxed{3}$	$\boxed{5}$,$\boxed{6}$

第 4 轮，找到上一轮中的第 5 步 $(6, s_1)$ 是最后一组扰动的学生和对应的学校，在学生 6 的偏好中去除 s_1，重新运行 DA 算法，得到：

阶段	s_1	s_2	s_3	s_4	s_5
1	$\boxed{4}$	$\boxed{1}$	$\boxed{2}$,3	$\boxed{6}$	$\boxed{5}$
2				$\boxed{3}$,6	
3					$\boxed{5}$,$\boxed{6}$
4	$\boxed{4}$	$\boxed{1}$	$\boxed{2}$	$\boxed{3}$	$\boxed{5}$,$\boxed{6}$

第 5 轮，由于上一轮不存在扰动的学生，算法结束。最后的匹配结果为：

$$\mu^E = \begin{pmatrix} s_1 & s_2 & s_3 & s_4 & s_5 \\ 4 & 1 & 2 & 3 & \{5,6\} \end{pmatrix},$$

这一匹配结果是帕累托有效的。

Kesten (2010) 证明了，只要存在扰动的学生同意去除不能匹配的扰动对应学校，EADAM 机制相对于 μ^{SOSM} 就是帕累托改进；若所有存在扰动的学生都同意，那么 EADAM 机制是一个帕累托有效的匹配。同时，对于不参与协议的学生而言，EADAM 机制可以消除他们的合理嫉妒性，或者满足对他们的公平性。与此同时，在 EADAM 机制下，对于不参加协议的学生，参加协议也不会降低他们的收益。这些结论的证明需要比较大的篇幅，有兴趣的读者可以参考 Kesten (2010) 的论文。

然而，EADAM 机制在偏好披露上并不满足激励相容性，下面的例子揭示了这一点。

例 22.4.6 考虑 3 个学生 $N=\{1,2,3\}$ 和 3 所学校 $S=\{s_1,s_2,s_3\}$ 的匹配，$q_s=1, \forall s \in S$，学生的偏好排序和学校的有限序如下：

$$p_1 = s_1, s_2, \qquad p_{s_1} = 3, 1, 2;$$
$$p_2 = s_1, s_2, s_3, \qquad p_{s_2} = 2, 3;$$
$$p_3 = s_3, s_1, \qquad p_{s_3} = 2, 1.$$

假设所有学生都同意不做扰动者。当所有学生都真实披露偏好时，第 0 轮的 DA 算法运作如下：

阶段	s_1	s_2	s_3
1	[1],2		[3]
2		[2]	
3	[1]	[2]	[3]

同时匹配结果

$$\mu^E(p_2, p_{-2}) = \begin{pmatrix} s_1 & s_2 & s_3 \\ 1 & 2 & 3 \end{pmatrix}$$

是帕累托有效的。若学生 2 操纵偏好的汇报，其报告为：$p_2' = s_1, s_3, s_2$。第 0 轮的 DA 算法运作如下：

阶段	s_1	s_2	s_3
1	[1],2		[3]
2			[2],3
3	[3],1		
4		[1]	
5	[3]	[1]	[2]

第 1 轮，找到上一轮中的第 3 步 $(1, s_1)$ 是最后一组扰动的学生和对应的学校，在学生 1 的偏好中去除 s_1，重新运行 DA 算法，得到：

阶段	s_1	s_2	s_3
1	$\boxed{2}$	$\boxed{1}$	$\boxed{3}$
2	$\boxed{2}$	$\boxed{1}$	$\boxed{3}$

其匹配结果为：

$$\mu^E(p_2', p_{-2}) = \begin{pmatrix} s_1 & s_2 & s_3 \\ 2 & 1 & 3 \end{pmatrix}.$$

显然，学生 2 在偏好操纵中得到更高的利益。

Tang 和 Yu (2014) 从一个新的视角考察了 EADAM 机制，更深入地讨论了学生选择是否同意参与协议的激励问题。从机制设计的视角讨论入学问题的文献还在不断增长中，Abdulkadiroglu (2013)，Erdil 和 Ergin (2013) 的综述较为全面地讨论了入学问题中的效率和激励性问题。

22.4.2 器官移植中的匹配

在本节我们应用前面的匹配理论来分析器官移植中的匹配问题。在很多严重疾病的治疗中，器官移植是一个有效的方法。器官移植不仅是医学问题，也是经济学问题。Abdulkadiroglu 和 Sonmez (2013) 对 2009—2010 年间的美国肾脏移植市场做了一个简单的描述。在 2010 年 7 月，有超过 85,000 个病人等待肾脏移植。2009 年总共有 16,829 例肾脏移植手术，其中有 10,422 例的肾源来自遗体捐献，有 6,387 例的肾源来自活体捐献。而在同一年，有 35,123 个新病人加入到等待遗体肾源移植队伍中，同时有 4,789 个病人在等待肾源过程中死去。对于世界上人口最多的国家，中国的问题可能会更加严重。因此，器官移植市场是资源稀缺市场。与此同时，在器官移植市场中，绝大多数国家禁止器官买卖，器官捐献是唯一可能的来源。下面主要讨论肾脏移植。在肾脏移植中，血缘匹配以及组织排斥问题是影响手术成功的重要因素。很多针对特定个体捐献的肾脏，由于这些问题，不能得以有效利用。

Rapaport (1986) 提出了受捐病人—捐赠者组合之间的交换，可以使得交换后病人都可以得到适合移植的肾源，这种受捐病人—捐赠者组合之间的交换在伦理上容易被接受，这种交换方式被称为直接交换。另外，还有一种间接交换，即在与捐赠者类型冲突的受捐病人与等待遗体肾脏的排队病人之间进行交换，前者把受捐的肾脏给后者，同时得到在等待队伍中较高的优先次序。

Roth，Sonmez 和 Unver (2004) 对这两种交换形式与单边匹配进行了联系和比较。若把捐献的肾脏比作待分配或交换的房子，那么肾源之间的直接交换与房屋交换问题具有等价性，前面讨论的顶端交易循环匹配机制具有良好的性质。受捐病人与排队病人之间的间接交换，与占有者的房屋分配问题相似，对于后者，YRMH-IGYT(你要我房—我要你位置) 匹配机制具有良好的性质。然而，肾脏移植分配和房屋分配存在一些不同的特征。在房屋分配中，待分配的房子集合是事先给定的，但是在肾脏移植中，对于遗体捐赠或者一些不针对特定病人的捐赠，捐赠的肾脏类型和得到肾脏的时间却是未知的和不确定的，从而 YRMH-IGYT 并不能直接应用于间接交换。Roth，Sonmez 和 Unver (2004) 提出了一个新的匹配机制，称为顶端交易循环和链条 (top trading cycles and chains) 机制，简称为 TTCC 机制。下面我们主要介绍这一机制，不过，首先需要引入一些符号和概念。

(静态的) 肾脏交换问题包括以下要素：首先是受捐病人—捐献者的组合对，所有这些组合对的集合为 $\{(k_1,t_1),\cdots,(k_n,t_n)\}$，受捐病人集合为 $T=\{t_1,\cdots,t_n\}$，受捐者的肾源集合记为 $K=\{k_1,\cdots,k_n\}$。令 $K_i\subset K$ 是与受捐病人 t_i 相容的肾源集合。由于排队等待的遗体捐献的肾脏是不确定的，这里并不直接刻画等待的病人集合和未来遗体捐献的肾脏。假设受捐病人 t_i 选择把肾源给排队病人，他会得到等待遗体肾源队伍中的某个优先次序，假设这一优先次序是给定的，得到这一排队次序以及由此可能得到的（不确定）肾源，记为 w。对于受捐病人 t_i 的偏好 $\succ_i$，对应的偏好排序 p_i 是在 $K_i\bigcup\{k_i,w\}$ 上的一个排序。在这一排序中关键的排序是对 k_i 和 w 之间的偏好排序，若 $k_i\succ_i w$，所有比 k_i 差的肾源都不会被 t_i 考虑；若 $w\succ_i k_i$，所有比 w 差的肾源都不会被 t_i 考虑。

在肾脏交换问题中的一个匹配 μ 是：将每个受捐病人匹配到某个相容的捐献肾源或者自己的受捐肾脏或者遗体肾脏等待队伍中的次序，即 $\mu(t_i)\in K_i\bigcup\{k_i,w\}$。我们称匹配 μ 是**帕累托有效的**，若不存在其他匹配 ν，使得 $\nu(i)\succeq_i\mu(i),\forall i\in T$，且存在某个 $j\in N$，使得 $\nu(j)\succ_j\mu(j)$；称匹配机制 $\mu(\cdot)$ 是**帕累托有效的**，若对于任意的偏好排序组合 p，$\mu(p)$ 都是一个帕累托有效的匹配；称匹配机制 $\mu(\cdot)$ 是**防操纵的，或者偏好披露中激励相容的**，若对任意真实的偏好排序组合 p，不存在 $p'_i\neq p_i$ 使得 $\mu(p'_i,p_{-i})\succ_i\mu(p_i,p_{-i})$。

现在定义肾脏交换问题的循环 (cycle)。一个循环是由肾源和病人构成的有序序列 $(k'_1,t'_1,\cdots,k'_m,t'_m)$，且序列中的每个元素都指向下一个元素，其中 t'_m 指向 k'_1。所谓病人指向肾源是指在可选择的集合中病人最偏爱的肾源，肾源指向病人是指肾源是定向捐献给病人的。显然任意两个循环不存在交叉。

接着定义肾脏交换问题中的链条 (chain)。一个链条是由肾源和病人构成的有序序列 $(k'_1,t'_1,\cdots,k'_m,t'_m)$，且序列中的每个元素都指向下一个元素，$t'_m$ 指向 w，t'_1 的肾源 k'_1 交换给等待病人的队伍，(k'_m,t'_m) 称为链条的头，$(k'_1,t'_1,)$ 称为链条的尾。与循环不同，一个受捐病人及其肾源可能出现在多个链条中，下面的例 22.4.7 揭示了这一点。由于链条中可能存在交叉，在 TTCC 机制中需要确定链条选择机制，在介绍 TTCC 机制后再来对链条选择机制进行讨论。

若受捐病人和捐赠者是有限的，且各不相同，则要么存在一个循环，要么存在一个链条。这是因为，假设不存在链条，这意味着每个病人 t 都指向其他病人的肾源。由于病人人数是有限的，与在 TTC 机制中必然存在一个顶端循环链条相似，总会存在一个链条。

下面介绍顶端交易循环和链条机制：

第 1 步：假设所有的初始肾源即 K 都是可选择的，每个受捐病人都是主动参与人。

在每个运行阶段：

(a) 每个剩余的主动受捐病人都在剩余未匹配的肾源中指向最偏爱的肾源，或者指向等待队伍中的 w，若后者更受病人偏爱；

(b) 每个剩余的被动受捐病人继续指向给他的匹配；

(c) 每个剩余的肾源都指向它的受捐病人。

第 2 步：在结束前的每一阶段至少有一个循环或者一个 w 链条，或者两者都有：

(a) 若不存在循环，进入第 3 步；若存在循环，执行循环中的匹配，即每个循环中的病人都得到他指向的肾源，同时在下一阶段的匹配中去除这些链条中的病人和他们匹配到的肾源。

(b) 剩余的受捐病人指向在剩余肾源中最偏爱的肾源，或者指向等待队伍中的 w，若后者更受病人偏爱。若没有链条，进入第 3 步。否则继续执行链条中的匹配，并去除链条中的病人和匹配的肾源。重复这一步，直到没有再出现循环。

第 3 步：若没有受捐病人和捐赠者组合对，算法结束。否则，至少存在一个链条。按照选择机制选择其中一个链条，执行链条中的匹配，即除了链条头的组合对，每个病人匹配到其指向的肾源，链条头中的病人指向等待队伍中的 w。链条选择规则决定选择哪个链条，同时还决定：

(a) 是否去除选择链条中的病人和肾源；

(b) 若保留选择的链条，那么链条中病人变成被动参与人。

第 4 步：每次 w 链条被选择，会存在新的循环和链条，重复第 2 步以及第 3 步，直到不存在主动参与者，于是算法结束。将链条中非头的参与人匹配到指向的肾源，链条头的参与人匹配到一些可能的链条的选择规则:

规则 A：选择最长的 w 链条，在匹配后去除，若最长的链条不止一个，按照某种方式选择其中一个；

规则 B：选择最长的 w 链条，在匹配后保留，若最长的链条不止一个，按照某种方式选择其中一个；

规则 C：首先对受捐病人—捐赠者组合对赋予一个优先次序，选择优先度最高的 w 链条在匹配后去除；

规则 D：首先对受捐病人—捐赠者组合对赋予一个优先次序，选择优先度最高的 w 链条在匹配后保留。

后面我们会讨论到规则 D 具有良好的性质。下面先通过一个例子来揭示（规则 D 下的）TTCC 机制的运作。

例 22.4.7 假设有 12 对受捐病人—捐赠者组合，$\{(k_1,t_1),\cdots,(k_{12},t_{12})\}$。$w$ 是与等待遗体捐赠队伍交换得到的排队次序，受捐病人的排序按照其编号下标从小到大依次排列，即 t_1 排序最高，t_2 次之，等等。受捐病人的偏好排序如下：

$$p_1 = k_9, k_{10}, k_1; \qquad p_7 = k_6, k_1, k_3, k_9, k_{10}, k_1, w;$$
$$p_2 = k_{11}, k_3, k_5, k_6, k_2; \qquad p_8 = k_6, k_4, k_{11}, k_2, k_3, k_8;$$
$$p_3 = k_2, k_4, k_5, k_6, k_7, k_8, w; \qquad p_9 = k_3, k_{11}, w;$$
$$p_4 = k_5, k_9, k_1, k_8, k_{10}, k_3, w; \qquad p_{10} = k_{11}, k_1, k_4, k_5, k_6, k_7, w;$$
$$p_5 = k_3, k_7, k_{11}, k_4, k_5; \qquad p_{11} = k_3, k_6, k_5, k_{11};$$
$$p_6 = k_3, k_5, k_8, k_6; \qquad p_{12} = k_{11}, k_3, k_9, k_8, k_10, k_{12}.$$

第 1 轮：存在唯一的循环，即 $C_1 = (k_2 \to t_2 \to k_{11} \to t_{11} \to k_3 \to t_3)$，执行循环匹配，即 $\mu(t_2) = k_{11}, \mu(t_{11}) = k_3, \mu(t_3) = k_2$，并在下一轮中去除循环 C_1 中的参与人以及匹配的肾源。

第 2 轮：去除 C_1 后，形成一个新的循环，即 $C_2 = (k_5 \to t_5 \to k_7 \to t_7 \to k_6 \to t_6)$，执行循环匹配，即 $\mu(t_5) = k_7, \mu(t_7) = k_6, \mu(t_6) = k_5$，并在下一轮中去除循环 C_2 中的参与人以

及匹配的肾源。

第 3 轮：去除 C_2，没有产生新的循环，此时产生两个最长的链条：$W_1 = (k_8 \to t_8 \to k_4 \to t_4 \to k_9 \to t_9)$ 和 $W_2 = (k_{10} \to t_{10} \to k_1 \to t_1 \to k_9 \to t_9)$。由于在链条 W_2 存在最高的排序受捐病人 t_1，选择 W_2 并执行 W_2 的匹配，即 $\mu(t_{10}) = k_1$，$\mu(t_1) = k_9$，$\mu(t_9) = w$，保留链条 W_2。与此同时，链条 W_2 变成被动参与人。

第 4 轮：固定链条 W_2，形成一个新的循环，即 $C_3 = (k_4 \to t_4 \to k_8 \to t_8)$，执行循环匹配，即 $\mu(t_4) = k_8, \mu(t_8) = k_4$，并在下一轮中去除循环 C_3 中的参与人以及匹配的肾源。

第 5 轮：去除 C_3，没有形成新的循环，此时组合对 (k_{12}, t_{12}) 链接到链条 W_2 的尾端，得到一个更长的链条，$W_3 = (k_{12} \to t_{12} \to k_{10} \to t_{10} \to k_1 \to t_1 \to k_9 \to t_9)$。在新的链条中执行添补中的匹配，即 $\mu(t_{12}) = k_{10}$，此时所有受捐病人都得到了匹配。TTCC 匹配结果为：

$$\mu^{TTCC} = \begin{pmatrix} t_1 & t_2 & t_3 & t_4 & t_5 & t_6 & t_7 & t_8 & t_9 & t_{10} & t_{11} & t_{12} \\ k_9 & k_{11} & k_2 & k_8 & k_7 & k_5 & k_6 & k_4 & w & k_1 & k_3 & k_{10} \end{pmatrix}.$$

在 TTCC 机制中，之所以要选择最长的链条并保持是为了让更多的受捐病人参与交换，提高匹配的效率。Roth，Sonmez 和 Unver (2004) 进一步证明了，在链条选择规则 D 下的 TTCC 机制是一个帕累托有效的匹配机制，同时也是一个防操纵的机制。证明的篇幅较长，有兴趣的读者可以阅读他们的原始文献。若我们把排队次序 w 解释为在占有者房子分配模型中的待分配的空房子，Krishna 和 Wang (2007) 进一步证明了按照链条选择规则 D 下的 TTCC 机制等价于 YRMH-IGYT 机制，有兴趣的读者可以参考他们的原始文献。从经济学视角分析以及设计改进器官移植的文献还在不断的发展中，Sonmez 和 Unver (2013) 提供了在这方面的一个比较全面的综述。

22.5 【人物小传】

22.5.1 劳埃德·沙普利

劳埃德· S ·沙普利（Lloyd S. Shapley，1923—2016），美国杰出的数学家和经济学家，合作博弈和匹配理论的先驱者之一，美国加州大学洛杉矶分校数学和经济系教授。在数理经济学与博弈论领域有卓越贡献。在 20 世纪 40 年代的冯–诺依曼 (von Neumann) 和摩根斯坦（Morgenstern）之后，沙普利被认为是博弈论领域最出色的学者。2012 年他与阿尔文·罗思共同获得诺贝尔经济学奖。

沙普利曾经在中国的土地上与中国军民并肩抗击过日本侵略军。1943 年，作为哈佛大学数学系的一名本科生，他应征入伍成为一名空军中士，并很快奔赴中国成都战区。当时，沙普利就展现出卓越的数学天才，曾因为破解气象密码获得铜星奖章（Bronze Star）。战争结束后，沙普利回到哈佛大学继续念书，在 1948 年取得数学学士学位，随后进入普林斯顿大学数学系，一路念到博士毕业，他的博士生导师也是纳什的导师塔克（A. W. Tucker）教授。此后，他长期在美国著名的战略思想库兰德公司工作，1981 年后，则一直担任美国加州大学洛杉矶分校数学和经济系教授。

除了合作博弈中的沙普利价值，他的贡献还有随机对策理论、Bondareva-Shapley 规则、Shapley-Shubik 权力指数、Gale-Shapley 匹配运算法则、Harsanyi-Shapley 解决理论、

Shapley-Folkman 定理。除此以外，他早期与 R. N. Snow 和 Samuel Karlin 在矩阵对策上的研究如此彻底，以至此后该理论几乎未有补充。他为冯・诺依曼–摩根斯坦稳定集 (von Neumann-Morgenstern stability set) 存在的问题的解决奠定了基础。他在核博弈理论及长期竞争理论上与 Robert Aumann 的工作均对经济学理论产生了巨大影响。即使在他 80 多岁高龄的时期，沙普利在学术上仍有产出，如多人效用和权力分配理论。

22.5.2　阿尔文・罗思

阿尔文・罗思（Alvin E. Roth，1951— ），在市场设计和实验经济学领域曾作出卓越贡献，现任哈佛大学商学院乔治・冈德经济与工商管理学教授。2012 年，因在稳定配置理论及市场设计实践上所作出的贡献，与加州大学洛杉矶分校教授劳埃德・沙普利共同获得诺贝尔经济学奖。罗思是美国杰出年轻教授奖——斯隆奖的获得者，古根海姆基金会会士，美国艺术和科学院院士。

罗思生于美国一个犹太裔家庭，他从小就受到以教育和勤奋为代表性格的犹太民族文化的熏陶，并显现出在数学、逻辑等方面的过人之处。但令人惊愕的是，他其实是一个高三从纽约皇后区退学的孩子。颇具讽刺意味的是他的父母都是高中教师。此后，他来到哥伦比亚大学上一个周末上课的工程班。教授建议他考专科学院，他于是考上并在后来开始了本科学习。1971 年，阿尔文・罗思从哥伦比亚大学本科毕业，获得工程学学士学位。在大学校园，他对运筹学这门当时不是“显学”的年轻学科产生了浓厚兴趣。继而他又来到斯坦福大学，1973 年获运筹学硕士学位，一年后获运筹学博士学位。离开斯坦福大学之后，罗思直到 1982 年一直在伊利诺伊大学任教。此后他在匹兹堡大学担任安德鲁–梅隆经济学教授直到 1998 年，之后他加入哈佛大学并在此工作至今。

罗思在市场设计和实验经济学领域作出了显著贡献，代表作是剑桥大学出版社 1985 年出版的《经济学中的实验室实验：六种观点》。1995 年之前，罗思的所有工作还仅限于学术范围，而从那之后，他便将自己的理论付诸实践。罗思首先解决的是医学院的分配问题，利用他设计的系统可以顺利地将医学院毕业生分配到全美的 2.5 万个住院培训岗位上。由于越来越多的女生选择就读医学院，在校期间结婚的学生数量也出现激增。旧的分配系统是在 20 世纪 50 年代由医生们设计的，它很难满足学生夫妻希望在同一地点接受住院培训的要求。于是，毕业生们只好直接与医院联系。罗思为夫妻共同找工作情形下机构与个体的匹配设计的新系统于 1998 年投入使用，由于运转效果良好，后来又被借鉴到了肠胃病学等专业的分配系统设计上。

22.6　习　题

习题 22.1　对于一对一的匹配问题，若匹配参与人的偏好是严格的，则稳定的匹配一定是帕累托有效的。若偏好不满足严格性的条件，稳定的匹配是否仍为帕累托有效的？若是，予以证明；若不是，举反例说明。

习题 22.2　(室友匹配问题)　假定有 n 个研究生，每个办公室至多可以被分配给两个研究生。每个学生对于余下的 $n-1$ 个学生有严格偏好排序。证明：即使不能被匹配对每个学生来说都是最差的结果，也可能不存在成对稳定的匹配均衡。

习题 22.3 考虑学生择校的多对一双边匹配问题。证明 (1) ~ (4) 小题的论断，并回答第 (5) 题。

1. 稳定匹配的集合与核的集合重合。
2. 学生申请的延迟接受算法，在学生真实按偏好顺序申请时，产生稳定的匹配。
3. 在学生申请的延迟接受算法中，学生真实按偏好顺序申请是弱占优战略。
4. 假定市场一方的所有经济个体对于市场另外一方的经济个体都有相同的偏好序。证明：延迟接受算法与序列独裁机制等同。
5. 给出使得延迟接受算法停止运行的最小和最大步数。

习题 22.4 在多对一择校匹配问题中，若学校的优先序不是严格的，我们采用一个外生的严格优先序将非严格的学校的优先序转换成严格的优先序，然后根据转换后的严格优先序运行延迟接受算法。

1. 采用这种方法得到的配置结果在原优先序下是否是稳定的匹配？
2. 是否为对学生最优的稳定匹配？

习题 22.5 考虑学生择校的多对一双边匹配问题。假设学校的偏好满足响应性(responsiveness)条件。

1. 证明学校邀约的延迟接受算法，在学校真实按偏好顺序邀约时，产生稳定的匹配。
2. 学校邀约的延迟接受算法对所有的学校来讲是弱帕累托有效的吗？若是，证明；若不是，举反例说明。
3. 学校邀约的延迟接受算法中，学校真实按偏好顺序邀约是弱占优战略吗？若是，证明；若不是，举反例说明。

习题 22.6 **(带狗的婚姻匹配市场)** 假定某婚姻市场有 n 位男性，n 位女性，以及 n 只狗。婚姻匹配机制是由如下的三元素构成的集合：即 (m, w, d)，其中 m 表示男性，w 表示女性，d 表示狗；并且要求每个个体至多只能出现在一个三元集里面。给定一匹配机制 μ，若有 $(m, w, d) \in \mu$，则认为在该匹配机制下男性 m、女性 w 以及一只狗 d 被匹配在了一起。假定每个人与每只狗对于另外两个将与自己匹配的伙伴都有自己的偏好。

一个匹配机制被称为稳定的若不存在“三方偏离”的情形，即该机制不包括如下的三元集，其中每个个体都严格偏好于另外的两个伙伴（而不是该机制指定的两个伙伴）。证明：这样的稳定匹配机制也许不存在。

习题 22.7 **(Kojima，2010)** 在一个学生择校的多对一双边匹配机制中，称一个学生是**非专横的** (non-bossy)，若这个学生不能够在不改变自己所分配到的学校的情况下，改变别人的配置情况。若一个机制，在任意的经济环境下的配置结果，是使得每一个学生都是非专横的，则我们称这种机制是**非专横的**。

1. 学生申请的延迟接受 (DA) 机制是非专横的吗？若是，证明；若不是，举出反例。
2. 证明不存在既稳定又非专横的机制。

习题 22.8 **(Hatfield 和 Milgrom，2005)** 对于合约下的匹配问题，我们称 X 的合约对机构 h 满足总需求法则(law of aggregate demand)，若对于任意的 $X_2 \subset X_1 \subset X$，有 $|C_h(X_2)| \leqq |C_h(X_1)|$。

1. 证明在替代性和总需求法则条件下，个人最优稳定的合约匹配是激励相容的（即满足防操纵性)。

2. 若总需求法则不满足, 举例说明个人最优稳定的合约匹配不满足防操纵性。

习题 22.9 考虑学生择校的多对一双边匹配问题。假设 $\succ_s$ 和 $\succ'_s$ 是学生 s 的两个不同的偏好。我们称偏好 $\succ'_s$ 是对学校 c 来说的关于偏好 $\succ_s$ 的**一个改进**, 若(a) 对任意的 $c' \in C$, 由 $c \succ'_s c'$ 可得 $c \succ_s c'$ 和(b) 对任意的 $c_1, c_2 \in C\backslash\{c\}$, $c_1 \succ'_s c_2$ 当且仅当 $c_1 \succ_s c_2$。若对于任意 $s \in S$, $\succ'_s$ 是对学校 c 来说的关于 $\succ_s$ 的一个改进, 我们则称 $\succ'_S$ 是对学校 c 来说关于 $\succ_S$ 的一个改进。假设 φ 是一个匹配机制, 若任意 $\succ'_S$ 是对学校 c 来说关于 $\succ_S$ 的一个改进, 则有 $\varphi(\succ'_S, \succ_C) \succeq_c \varphi(\succ_S, \succ_C)$, 那么我们称匹配机制 φ 满足**单调性**。

若学校具有响应偏好, 学校邀约的延迟接受算法是单调的匹配机制吗? 若是, 证明; 若不是, 举例说明。

习题 22.10 对学生择校的多对一双边匹配问题, 假设有 3 所学校 c_1, c_2, c_3, 其限额分别为 $q_{c_1} = 2, q_{c_2} = 1, q_{c_3} = 1$, 有 4 个学生 s_1, s_2, s_3, s_4。他们的偏好分别为:

$p(s_1)$: c_2, c_1, c_3, $\varnothing$,　　$p(c_1)$: $\{s_1, s_2\}, \cdots$, $\{s_3\}$, $\{s_4\}$, $\varnothing$,

$p(s_2)$: c_3, c_1, c_2, $\varnothing$,　　$p(c_2)$: $\{s_4\}$, $\{s_1\}, \cdots$,

$p(s_3)$: c_1, c_2, c_3, $\varnothing$,　　$p(c_3)$: $\{s_2\}$, $\{s_4\}, \cdots$,

$p(s_4)$: c_3, c_2, c_1, $\varnothing$,

给出这个匹配问题的所有稳定匹配。并说明除了给出的稳定匹配外, 不存在其他的稳定匹配。

习题 22.11 (夫妻共同找工作的匹配问题, Klaus 和 Klijn, 2005) 假设匹配市场上有三个医生 d_1, d_2, d_3, 其中 d_1 与 d_2 是夫妻, 记作 $c = (d_1, d_2)$, 有两家医院 h_1 和 h_2, 假设他们的偏好如下:

$p(c)$: (h_1, h_2), $\varnothing$;　　$p(d_3)$: h_1, h_2, $\varnothing$;

$p(h_1)$: d_1, d_3, $\varnothing$;　　$p(h_2)$: d_3, $d_2, \varnothing$。

证明: 稳定的匹配不存在。

习题 22.12 (Hatfield 和 Kojima, 2009) 对于合约下的匹配问题, 我们称匹配机制 F 是防群操纵的(group strategy-proof), 若对于任意的偏好 $\mathcal{P}_\mathcal{D}$, 不存在 $D' \subset D$ 和偏好 $\mathcal{P}'_{D'} = (\mathcal{P}'_d)_{d\in D'}$ 使得 D' 中的成员都认为 $F(\mathcal{P}'_{D'}, \mathcal{P}_{-D'})$ 比 $F(\mathcal{P}_\mathcal{D})$ 更好。

1. 证明: 在替代性和总需求法则条件下, 个人最优稳定的匹配机制是个人群体激励相容的。
2. 证明: 在替代性和总需求法则条件下, 个人最优稳定的合约匹配对个人群体来讲满足弱帕累托有效性。

习题 22.13 对于一个配置机制 f, 若对于所有的偏好集合 R, 不存在 $M \subseteq N$ 和 $\widetilde{R}_M$ 使得对于所有 $i \in M$, $f_i(\widetilde{R}_M, R_{-M}) R_i f_i(R)$, 并且对于一些 $j \in M$, $f_i(\widetilde{R}_M, R_{-M}) P_i f_i(R)$, 则我们称 f 是**防群操纵的**。

1. 防群操纵的机制是否是非专横的?
2. 证明一个防操纵和非专横的机制是防群操纵的。
3. 序列独裁机制是否是防群操纵的? 随机序列独裁机制呢?
4. 假设在择校问题中学生可以选择不上学。证明: 若一个择校机制 f 是防操纵的和无浪费的，则不存在其他防操纵的机制帕累托占优于它。

习题 22.14 (Jiao 和 Tian，2015a) 对于多对多匹配问题，若匹配的参与者的偏好满足延拓最大—最小标准(extended max-min criterion)，则

1. 证明成对稳定的必然是核稳定的。

2. 证明成对稳定与集合稳定是等价的。

3. 举例说明核稳定的不一定是成对稳定的。

习题 22.15 (Balinski 和 Sönmez, 1999) 在择校的多对一双边匹配问题中，假设某个学生在某些学校的优先序中排得更靠前了，并且在其他学校的优先序中的位置保持不变；其他学生的相对位置也保持不变。若通过延迟接受算法进行配置，该学生匹配到的学校是否会(在他的偏好中)比以前的差？

习题 22.16 在房屋市场中，假设参与人的偏好不是严格的。我们采用一个外生的严格偏好顺序 $\succ$ 来将非严格的个人偏好转换成严格的偏好(即当某人对两个房屋无差异时，按照这两个房屋在 $\succ$ 中的顺序排列它们)，然后根据转换后的严格偏好运行顶端交易循环算法。

1. 采用这种方法得到的配置结果在原偏好下是否是帕累托有效的？

2. 该配置结果是否是弱帕累托有效的？

3. 该机制是否是防操纵的？

习题 22.17 考虑单边匹配，在顶端交易循环算法中：

1. 证明：对每个经纪人都只有一个物品的情况下，必然存在顶端交易循环。

2. 说明顶端交易循环配置和核配置的关系。

3. 若有人有多个物品，给出至少一种帕累托有效的分配方式。

习题 22.18 (Matsubae，2010) 在一个房屋分配市场的单边匹配问题中，假设每个人都事先有一套房子。然后按照顶端交易循环机制给每人分配房屋，即第一轮每个人指向他最喜欢的房屋，把构成循环的交易圈按照指向分配，然后每个没有分到房屋的人再指向尚未分配的房屋中他最喜欢的那个。如此进行直到房屋分完为止。

对于这一市场我们同样定义非专横(non-bossy)的参与人的概念，即一个参与人在不改变自己分配到的房屋的情况下，不能够改变其他人的配置结果。在任意经济环境下的配置结果下，若一个分配房屋的机制都使得每一个参与人是非专横的，则我们称这种机制是非专横的。

1. 说明：前面形容的顶端交易循环机制是非专横的吗？若是，证明；若不是，举出反例。

2. 顶端交易循环机制是稳定的吗？给出答案并解释。

习题 22.19 在随机序列独裁机制中，回答以下问题：

1. 两个报告相同偏好的参与人是否会得到不同的概率分配？

2. 是否会有参与人嫉妒其他参与人的概率分配？

22.7 参考文献

教材和专著：

Knuth, D. (1976). *Marriages Stables*, Montreal: Les Presses.

Roth, A. E. (2015). *Who Gets What and Why: The New Economics of Matchmaking and Market Design*, Eamon Dolan/Houghton Mifflin Harcourt.

Roth, A. E. and M. Sotomayor (1990). *Two-Sided Matching: A Study in Game-Theoretic Modeling and Analysis*, Econometric Society Monograph Series, Cambridge University Press.

论文：

Abdulkadiroglu, A. (2013). "School choice", in Vulkan, N., A. E. Roth, and Z. Neeman, *Handbook of Market Design*, Oxford University Press.

Abdulkadiroglu, A. and T. Sonmez (1998). "Random Serial Dictatorship and the Core from Random Endowments in House Allocation Problems", *Econometrica*, Vol. 66, No. 3, 689-701.

Abdulkadiroglu, A. and T. Sonmez (1999). "House Allocation with Existing Tenants", *Journal of Economic Theory*, Vol. 88, 233-260.

Abdulkadiroglu, A. and T. Sonmez (2003). "School Choice: A Mechanism Design Approach", *American Economic Review*, Vol. 93, No. 3, 729-747.

Abdulkadiroglu, A. and T. Sonmez (2013). "Matching Markets: Theory and Practice", in Daron Acemoglu et al., *Advances in Economics and Econometrics*.

Alcalde, J. and S. Barbera (1994). "Top Dominance and the Possibility of Strategy-proof Stable Solutions to Matching Problems", *Economic Theory*, Vol. 4, No. 3, 417-435.

Bade, S. (2016). "Fairness and Group-strategyproofness Clashs in Assignement Problems", Working Paper.

Balinski, M. and T. Sonmez (1999). "A Tale of Two Mechanisms: Student Placement", *Journal of Economic Theory*, Vol. 84, No. 1, 73-94.

Bogomolnaia, A. and H. Moulin (2001). "A New Solution to the Random Assignment Problem", *Journal of Economic Theory*, Vol. 100, No. 2, 295-328.

Bogomolnaia, A. and H. Moulin (2002). "A Simple Random Assignment Problem with A Unique Solution", *Economic Theory*, Vol. 19, No. 3, 623-636.

Bogomolnaia, A. and H. Moulin (2015). "Size versus Fairness in the Assignment Problem", *Games and Economic Behavior*, Vol. 90, 119-127.

Chen, Yan and Kesten Onur (2014). "Chinese College Admissions and School Choice Reforms: Theory and Experiments," University of Michigan, Working Paper.

Demange, G., David Gale, and M. Sotomayor (1987). "A Further Note on the Stable Matching Problem", *Discrete Applied Mathematics*, Vol. 16, 217-222.

Dubins, Lester E. and David A. Freedman (1981). "Machiavelli and the Gale-Shapley Algorithm", *American Mathematical Monthly*, Vol. 88, No. 7, 485-494.

Echenique, F. and Oviedo, J. (2006). "A Theory of Stability in Many-to-many Matching Markets", *Theoretical Economics*, Vol. 1, 233-273.

Ehlers, L. (2014). "Top Trading with Fixed Tie-breaking in Markets with Indivisible Goods",

Journal of Economic Theory, Vol. 151, 64-87.

Erdil, A. (2011). "Strategy-proof Stochastic Assignment", Working Paper.

Erdil, A. and Ergin, H. (2008). "What's the Matter with Tie-breaking? Improving Efficiency in School Choice", *American Economic Review*, Vol. 98, 669-689.

Erdil, A. and Ergin, H.(2013). "Improving Efficiency in School Choice", *Handbook of Market Design*, Oxford University Press.

Ergin, Haluk (2002). "Efficient Resource Allocation on the Basis of Priorities", *Econometrica*, Vol. 70, No. 6, 2489-2497.

Gale, D. and L. S. Shapley (1962). "College Admissions and the Stability of Marriage", *American Mathematics Monthly*, Vol. 69, No. 1, 9-15.

Gale, D. and M. Sotomayor (1985). "Ms Machiavelli and the Stable Matching Problem", *American Mathematical Monthly*, Vol. 92, No. 4, 261-268.

Hatfield, John and Paul Milgrom. (2005). "Matching with Contracts", *American Economic Review*, Vol. 95, 913-935.

Hatfield, John and Kojima, F. (2009). "Group Incentive Compatibility for Matching with Contracts", *Games and Economic Behavior*, Vol. 67, Iss. 2, 745-749.

Huang, C. and G. Tian (2016). "Guaranteed Size Ratio of Efficient and Fair Mechanism in the Assignment Problem", Working Paper.

Hylland and R. Zeckhauser (1979). "The Efficient Allocation of Individuals to Positions", *Journal of Political Economy*, Vol. 87, No. 2, 293-314.

Jiang, Z. and G. Tian (2014). "Matching with Couples: Semi-stability and Algorithm", Working Paper.

Jiao, Z. and G. Tian (2015a). "The Stability of Many-to-many Matching with Max-min Preferences", *Economics Letters*, Vol. 129, 52-56.

Jiao, Z. and G. Tian (2015b). "The College Admissions Problem Reconsidered", Working Paper.

Jiao, Z. and G. Tian (forthcoming). "The Blocking Lemma and Group Strategy-proofness in Many-to-many Matchings", *Games and Economic Behavior*.

Kelso, A. S. Jr. and V. P. Crawford (1982). "Job Matching, Coalition Formation, and Gross Substitutes", *Econometrica*, Vol. 50, No. 6, 1483-1504.

Kesten, Onur (2010). "School Choice with Consent", *The Quarterly Journal of Economics*, Vol. 125, No. 3, 1297-1348.

Klaus, Bettina and Flip Klijn (2005). "Stable Matchings and Preferences of Couples", *Journal of Economic Theory*, Vol. 121, 75-106.

Kojima, F. (2010). "Impossibility of Stable and Nonbossy Matching Mechanism", *Economic Letters*, Vol. 107, No. 1, 69-70.

Kojima, F. (2015). "Recent Developments in Matching Theory and Its Practical Applications", Working Paper.

Kojima, F., P. A. Pathak and A. V. Roth (2013). "Matching with Couples: Stability and Incentives in Large Markets", *Quarterly Journal of Economics*, Vol. 128, 1585-1632.

Krishna, A. and Y. Wang (2007). "The Relationship between Top Trading Cycles Mechanism and Top Trading Cycles and Chains Mechanism", *Journal of Economic Theory*, Vol. 132, No. 1, 539-547.

Long, X. and G. Tian (2014). "House Allocation Problems with Weak Preferences", Working Paper.

Ma, J. (1994). "Strategy-proofness and the Strict Core in a Market with Strict Indivisibilities", *International Journal of Game Theory*, Vol. 23, No. 1, 75-83.

Matsubae, Taisuke (2010). "Impossibility of Stable and Non-damaging Bossy Matching Mechanism", *Economics Bulletin*, Vol. 30, No. 3, 2092-2096.

McVitie, D. G. and L. B. Wilson (1970), "Stable Marriage Assignment for Unequal Sets", *BIT*, Vol. 10, 295-309.

Miyagawa, E. (2002). "Strategy-proofness and the Core in House Allocation Problems", *Games and Economic Behavior*, Vol. 38, No. 6: 347-361.

Papai, S. (2000). "Strategy Proof Assignment by Hierarchical Exchange", *Econometrica*, Vol. 68, No. 6, 1403-1434.

Postlewaite, A. and A. Roth(1977). "Weak versus Strong Domination in a Market with Indivisible Goods", *Journal of Mathematical Economics*, Vol. 4, No. 2, 131-137.

Rapaport, F. T. (1986). "The Case for a Living Emotionally Related International Kidney Donor Exchange Registry", *Transplantation Proceedings*, Vol. 18, No. 3, 5-9.

Roth, A. E. (1982a). "The Economics of Matching: Stability and Incentives", *Mathematics of Operations Research*, Vol. 7, No. 4, 617-628.

Roth, A. E. (1982b). "Incentive Compatibility in a Market with Indivisibilities", *Economics Letters*, Vol. 9, No. 2, 127-132.

Roth, A. E. (1984a). "The Evolution of the Labor Market for Medical Interns and Residents: A Case Study in Game Theory", *Journal of Political Economy*, Vol. 92, No. 6, 991-1016.

Roth, A. E. (1984b). "Misrepresentation and Stability in the Marriage Problem", *Journal of Economic Theory*, Vol. 34, No. 2, 383-387.

Roth, A. E. (1984c). "Stability and Polarization of Interests in Job Matching", *Econometrica*, Vol. 52, 47-57.

Roth, A. E. (1985). "The College Admissions Problem is not Equivalent to the Marriage Problem", *Journal of Economic Theory*, Vol. 36, Iss. 2, 277-288.

Roth, A. E. (1986). "On the Allocation of Residents to Rural Hospitals: A General Property of Two-Sided Matching Markets", *Econometrica*, Vol. 54, No. 2, 425-427.

Roth, A. E. (2010). "Deferred-Acceptance Algorithms: History, Theory, Practice", in John J. Siegfried(ed.), *Better Living through Economics*, Harvard University Press.

Roth, A. E. and M. Sotomayor(1989). "The College Admissions Problem Revisited", *Econo-*

metrica, Vol. 57, No. 3, 559-570.

Roth, A. E., T. Sonmez, and M. U. Unver(2004). "Kidney Exchange", *Quarterly Journal of Economics*, Vol. 119, No. 2, 457-488.

Shapley, L. S. and Scarf, H. E. (1974). "On Cores and Indivisibility", *Journal of Mathematical Economics*, Vol. 1, No. 1, 23-37.

Shapley, L. S. and M. Shubik (1972). "The Assignment Game I: The Core", *International Journal of Game Theory*, Vol. 1, No. 1, 111-130.

Sonmez, T. (1997). "Manipulation via Capacities in Two-Sided Matching Markets", *Journal of Economic Theory*, Vol. 77, No. 1, 197-204.

Sonmez, T. and U. Unver(2010). "Matching, Allocation, and Exchange of Discrete Resources", in Benhabib, Jess, Alberto Bisin, and Matthew O. Jackson (eds.) *Handbook of Social Economics*, North-Holland.

Sonmez, T. and U. Unver (2013). "Market Design for Kidney Exchange", in Vulkan, N., A. E. Roth, and Z.Neeman, *Handbook of Market Design*, Oxford University Press.

Svensson, Lars-Gunnar (1994). "Queue Allocation of Indivisible Goods", *Social Choice and Welfare*, Vol. 11, No. 4, 223-230.

Svensson, Lars-Gunnar (1999). "Strategy-proof Allocation of Indivisible Goods", *Social Choice and Welfare*, Vol. 16, No. 4, 557-567.

Tang, Qianfeng and Jingsheng Yu(2014). "A New Perspective on Kesten's School Choice with Consent Idea", *Journal of Economic Theory*, Vol. 154, 543-561.

Zhou, L. (1990). "On a Conjecture by Gale about One-sided Matching Problems", *Journal of Economic Theory*, Vol. 52, No. 1, 123-135.

索　　引

E

F

H

J

K

L

M

N

O

P

T

W

X

Y

Z

其他

图书在版编目(CIP)数据

高级微观经济学/田国强. —北京:中国人民大学出版社, 2016.11

21 世纪经济学系列教材

ISBN 978-7-300-23085-6

Ⅰ. ①高… Ⅱ. ①田… Ⅲ. ①微观经济学—高等学校—教材 Ⅳ. ①F016

中国版本图书馆 CIP 数据核字 (2016) 第 153347 号

21 世纪经济学系列教材

高级微观经济学

田国强

Gaoji Weiguan Jingjixue

出版发行	中国人民大学出版社		
社　　址	北京中关村大街 31 号	**邮政编码**	100080
电　　话	010-62511242（总编室）		010-62511770（质管部）
	010-82501766（邮购部）		010-62514148（门市部）
	010-62515195（发行公司）		010-62515275（盗版举报）
网　　址	http://www.crup.com.cn		
	http://www.ttrnet.com（人大教研网）		
经　　销	新华书店		
印　　刷	涿州市星河印刷有限公司		
规　　格	185mm×260mm 16 开本	**版　　次**	2016 年 11 月第 1 版
印　　张	74.75 插页 2	**印　　次**	2020年 7 月第 3 次印刷
字　　数	1 796 000	**定　　价**	118.00 元